編集　国土交通省住宅局建築指導課
　　　建築技術者試験研究会

基本建築関係法令集
〔告示編〕

令和4年版

序

　令和4年版「基本建築関係法令集」は、国土交通省住宅局建築指導課・建築技術者試験研究会の共同編集により、刊行しております。

　本法令集を編集する目的としては、次の二点をあげることができます。

　その一は、建築士を目指す諸氏に対して、試験合格のため必要な法令を体系的に網羅し、試験場に持ち込み可能な受験参考書として提供することであります。

　その二は、建築士諸氏に対して、その資質の維持向上を図るための座右の書を提供することであります。

　また、建築基準法大改正による新規告示の大幅増加に対応するため、法令集を分冊とし、〔法令編〕〔告示編〕として刊行しておりますが、平成16年版より、法令をより理解していただくために、必要と思われる基本的告示を、〔法令編〕にも収録することといたしました。

　これにより、本法令集の更なる充実が図られ、その目的を十分果たし得るものと確信いたします。

　　令和4年1月

　　　　　　　　　　　　　　　　　　　建築技術者試験研究会

＝編集注＝

(1) 令和 4 年版〔告示編〕は、令和 3 年12月10日までに公布された告示を収録した。
(2) 令和 4 年版〔告示編〕において「追録」の発行はしない。
(3) 収録締切日以降に「令和 4 年 1 月 1 日現在施行」となる改正規定等が公布された場合は、弊社ホームページにおいて掲載する。（ホームページ：https://www.inoueshoin.co.jp）

＝凡　例＝

縦書きで公布されることの多い「法令」を、「横書きとして表記」するため、次の凡例に示すように表記した。

(1) 漢数字は、一部（号等）を除き、算用数字とし、諸数値は全て算用数字とし、万以上の桁は「万」の字を使用（表中を除く。）し、諸数値等は算用数値変換後は、位取りをした。ただし、法令・告示等の番号は位取りをしないこととした。

(2) 条文中及び表中において「左の…」とあるのは「次の…」と、「右の…」とあるのは「上の…」と、また、表の欄等を指示する「上欄…」「下欄…」は各々「左欄…」、「右欄…」と表記した。

(3) 割合は、全て分数表記とした。

　　　例　十分の五　⇨　$\dfrac{5}{10}$

(4) 単位記号は、次のように表記した。

　① 基本単位

名	単位記号	補助単位（接頭語）						
		ピコ	マイクロ	ミリ	センチ	デシ	キロ	メガ
メートル	m		μm	mm	cm		km	
平方メートル	m²			mm²	cm²		km²	
立方メートル	m³			mm³	cm³			
リットル	l			ml		dl		
グラム	g	pg		mg			kg	
ニュートン	N						kN	
パスカル	Pa						kPa	MPa
ワット	W						kW	MW
ジュール	J						kJ	MJ
ボルト	V						kV	
アンペア	A			mA				
オーム	Ω						kΩ	MΩ
ファラド	F	pF	μF					
ヘルツ	Hz						kHz	MHz

　　また、次のような場合にも記号で表記した。

　　　ケルビン　　K　　　デシベル　　dB　　　ルクス　　　lx　　　ラジアン　　rad
　　　カンデラ　　cd　　　ヘクタール　ha　　　パーセント　%　　　ルーメン　　lm

　② 異種の単位の組合せ

　　　（例）　トンメートル　t·m　　ニュートンメートル　N·m　　キロボルトアンペア　kVA

　　下記については、適宜、記号表記した。

　　　•一○○○につき△△△

　　　（例）　一メートルにつきニュートン　N/m　　一平方メートルにつきニュートン　N/m²

　　　•一○○○△△△につき□□□

　　　（例）　一メートルケルビンにつきキロワット　kW/(m·K)

　　　•○○○毎△△△

　　　（例）　キログラム毎立法メートル　kg/m³　　メートル毎分　m/min

(5) 本書においては、小文字アルファベットの下付き記号については、小文字表記とした。

基本建築関係法令集〔告示編〕

総目次

1　建築基準法に基づく主要な告示

法律第1章（総則）関係

法律第2章（建築物の敷地、構造及び建築設備）関係

法律第3章（都市計画区域等における建築物の敷地、構造、建築設備及び用途）関係

政令第1章（総則）関係

政令第2章（一般構造）関係

政令第3章（構造強度）関係

政令第4章（耐火構造・準耐火構造・防火構造・防火区画等）関係

政令第5章（避難施設等）関係

政令第5章の2 （特殊建築物等の内装） 関係

政令第5章の3 （避難上の安全の検証）関係

政令第5章の4 （建築設備等）関係

政令第6章（建築物の用途）関係

政令第10章（雑則）関係

省令関係

2 その他の建築関係法に基づく主要な告示

・高齢者、障害者等の移動等の円滑化の促進に関する法律に基づく告示

【省令関係】

・建築物の耐震改修の促進に関する法律に基づく告示

・津波防災地域づくりに関する法律に基づく告示

〔注〕　建築基準法施行規則等の告示における別記様式につきましては、最寄りの特
定行政庁へお問い合わせ下さい。

1　建築基準法に基づく主要な告示

建築基準法に基づく主要な告示

年次別索引

【法律第１章（総則）関係】

〔令和２年２月27日国土交通省告示第197号〕
建築物の周囲において発生する通常の火災時における火熱により燃焼するおそれのない部分を定める件

　建築基準法（昭和25年法律第201号）第２条第六号ロの規定に基づき、建築物の周囲において発生する通常の火災時における火熱により燃焼するおそれのない部分を次のように定める。

　建築基準法（以下「法」という。）第２条第六号ロに規定する建築物の周囲において発生する通常の火災時における火熱により燃焼するおそれのない部分は、次の各号に掲げる場合の区分に応じ、それぞれ当該各号に定める建築物の部分以外の部分とする。

一　隣地境界線等（法第２条第六号に規定する隣地境界線等をいう。以下同じ。）が同一敷地内の２以上の建築物（延べ面積の合計が500 m² 以内の建築物は、一の建築物とみなす。）相互の外壁間の中心線であって、かつ、当該隣地境界線等に面する他の建築物（以下単に「他の建築物」という。）が主要構造部が建築基準法施行令（昭和25年政令第338号）第107条各号、同令第107条の２各号、同令第108条の３第１項第一号イ及びロ若しくは同令第109条の３第一号若しくは第二号に掲げる基準に適合する建築物又は同令第136条の２第一号ロ若しくは第二号ロに掲げる基準に適合する建築物である場合　次のいずれにも該当する建築物の部分

イ　隣地境界線等から、建築物の階の区分ごとに次の式によって計算した隣地境界線等からの距離以下の距離にある当該建築物の部分

$$d = \max \{D, A (1 - 0.000068 \, \theta^2)\}$$

この式において、d、D、A 及び θ は、それぞれ次の数値を表すものとする。

　　d　隣地境界線等からの距離（単位　m）
　　D　次の表の左欄に掲げる建築物の階の区分に応じ、それぞれ同表右欄に掲げる数値（単位　m）

1階	2.5
2階以上	4

　　A　次の表の左欄に掲げる建築物の階の区分に応じ、それぞれ同表右欄に掲げる数値（単位　m）

1階	3
2階以上	5

　　θ　建築物の外壁面（隣地境界線等に面するものに限る。）と当該隣地境界線等とのなす角度のうち最小のもの（当該外壁面が当該隣地境界線等に平行である場合にあっては、０とする。）（単位　度）

21

ロ　他の建築物の地盤面から、次の式によって計算した他の建築物の地盤面からの高さ以下
　　にある建築物の部分

$$h = h\,low + H + 5\sqrt{\{1 - (S / d\,floor)^2\}}$$

> この式において、h、h low、H、S 及び d floor は、それぞれ次の数値を表すものとす
> る。
>
> 　h　他の建築物の地盤面からの高さ（単位　m）
>
> 　h low　他の建築物の高さ（単位　m）
>
> 　H　　次の表の左欄に掲げる他の建築物の高さの区分に応じ、それぞれ同表右欄に掲
> 　　　げる数値（単位　m）

5m 未満	5
5m 以上	10

> 　S　建築物から隣地境界線等までの距離のうち最小のもの（単位　m）
>
> 　d floor　イに規定する隣地境界線等からの距離のうち最大のもの（単位　m）

二　前号に掲げる場合以外の場合　隣地境界線等から、建築物の階の区分ごとに前号イに掲げ
　る式によって計算した隣地境界線等からの距離以下の距離にある建築物の部分

〔平成12年 5 月30日建設省告示第1399号〕
耐火構造の構造方法を定める件

最終改正　令和 3 年 6 月21日国土交通省告示第546号

建築基準法（昭和25年法律第201号）第 2 条第七号の規定に基づき、耐火構造の構造方法を次
のように定める。

第1　壁の構造方法は、次に定めるもの（第二号ヘ及び第五号ハに定める構造方法にあっては、
　防火被覆の取合いの部分、目地の部分その他これらに類する部分（以下「取合い等の部分」と
　いう。）を、当該取合い等の部分の裏面に当て木を設ける等当該建築物の内部への炎の侵入を
　有効に防止することができる構造とするものに限る。）とする。この場合において、かぶり厚
　さ又は厚さは、それぞれモルタル、プラスターその他これらに類する仕上材料の厚さを含むも
　のとする。

　一　建築基準法施行令（昭和25年政令第338号。以下「令」という。）第107条第一号及び第二
　　号に掲げる技術的基準（第一号にあっては、通常の火災による火熱が 2 時間加えられた場合
　　のものに限る。）に適合する耐力壁である間仕切壁の構造方法にあっては、次のイからチま
　　でのいずれかに該当する構造とすることとする。

　　イ　鉄筋コンクリート造（鉄筋に対するコンクリートのかぶり厚さが平成13年国土交通省告
　　　示第1372号第 2 項の基準によるものにあっては、防火上支障のないものに限る。第 5 及び
　　　第 6 を除き、以下同じ。）、鉄骨鉄筋コンクリート造（鉄筋又は鉄骨に対するコンクリート

のかぶり厚さが平成13年国土交通省告示第1372号第2項の基準によるものにあっては、防火上支障のないものに限る。第5及び第6を除き、以下同じ。）又は鉄骨コンクリート造（鉄骨に対するコンクリートのかぶり厚さが3cm未満のものを除く。）で厚さが10cm以上のもの

ロ　軸組を鉄骨造とし、その両面を塗厚さが4cm以上の鉄網モルタルで覆ったもの（塗下地が不燃材料で造られていないものを除く。）

ハ　軸組を鉄骨造とし、その両面を厚さが5cm以上のコンクリートブロック、れんが又は石で覆ったもの

ニ　鉄材によって補強されたコンクリートブロック造、れんが造又は石造で、肉厚及び仕上材料の厚さの合計が8cm以上であり、かつ、鉄材に対するコンクリートブロック、れんが又は石のかぶり厚さが5cm以上のもの

ホ　軸組を鉄骨造とし、その両面を塗厚さが3.5cm以上の鉄網パーライトモルタルで覆ったもの（塗下地が不燃材料で造られていないものを除く。）

ヘ　木片セメント板の両面に厚さ1cm以上モルタルを塗ったものでその厚さの合計が8cm以上のもの

ト　軽量気泡コンクリートパネルで厚さが7.5cm以上のもの

チ　中空鉄筋コンクリート製パネルで中空部分にパーライト又は気泡コンクリートを充填したもので、厚さが12cm以上であり、かつ、肉厚が5cm以上のもの

二　令第107条第一号及び第二号に掲げる技術的基準（第一号にあっては、通常の火災による火熱が1時間加えられた場合のものに限る。）に適合する耐力壁である間仕切壁の構造方法にあっては、前号に定める構造とするか、又は次のイからヘまでのいずれかに該当する構造とすることとする。

イ　鉄筋コンクリート造、鉄骨鉄筋コンクリート造又は鉄骨コンクリート造で厚さが7cm以上のもの

ロ　軸組を鉄骨造とし、その両面を塗厚さが3cm以上の鉄網モルタルで覆ったもの（塗下地が不燃材料で造られていないものを除く。）

ハ　軸組を鉄骨造とし、その両面を厚さが4cm以上のコンクリートブロック、れんが又は石で覆ったもの

ニ　鉄材によって補強されたコンクリートブロック造、れんが造又は石造で、肉厚が5cm以上であり、かつ、鉄材に対するコンクリートブロック、れんが又は石のかぶり厚さが4cm以上のもの

ホ　コンクリートブロック造、無筋コンクリート造、れんが造又は石造で肉厚及び仕上材料の厚さの合計が7cm以上のもの

ヘ　間柱及び下地を木材又は鉄材で造り、かつ、その両側にそれぞれ次の(1)から(3)までのいずれかに該当する防火被覆が設けられたもの

(1)　強化せっこうボード（ボード用原紙を除いた部分のせっこうの含有率を95%以上、ガラス繊維の含有率を0.4%以上とし、かつ、ひる石の含有率を2.5%以上としたものに限る。以下同じ。）を2枚以上張ったもので、その厚さの合計が42mm以上のもの

(2)　強化せっこうボードを2枚以上張ったもので、その厚さの合計が36mm以上のもの

の上に厚さが8mm以上の繊維強化セメント板（けい酸カルシウム板に限る。）を張ったもの

(3)　厚さが15mm以上の強化せっこうボードの上に厚さが50mm以上の軽量気泡コンクリートパネルを張ったもの

三　令第107条第二号に掲げる技術的基準に適合する非耐力壁である間仕切壁の構造方法にあっては、前号に定める構造とすることとする。

四　令第107条に掲げる技術的基準（第一号にあっては、通常の火災による火熱が2時間加えられた場合のものに限る。）に適合する耐力壁である外壁の構造方法にあっては、第一号に定める構造とすることとする。

五　令第107条に掲げる技術的基準（第一号にあっては、通常の火災による火熱が1時間加えられた場合のものに限る。）に適合する耐力壁である外壁の構造方法にあっては、次のイからハまでのいずれかに該当する構造とすることとする。

イ　前号に定める構造とすること。

ロ　第二号イからホまでのいずれかに該当する構造とすること。

ハ　間柱及び下地を木材又は鉄材で造り、かつ、その両側にそれぞれ第二号ヘ(1)から(3)までのいずれかに該当する防火被覆（屋外側の防火被覆が(1)又は(2)に該当するものにあっては、当該防火被覆の上に金属板、軽量気泡コンクリートパネル若しくは窯業系サイディングを張った場合又はモルタル若しくはしっくいを塗った場合に限る。）が設けられた構造とすること。

六　令第107条第二号及び第三号に掲げる技術的基準に適合する非耐力壁である外壁の延焼のおそれのある部分の構造方法にあっては、次のイ又はロのいずれかに該当する構造とすることとする。

イ　前号に定める構造

ロ　気泡コンクリート又は繊維強化セメント板（けい酸カルシウム板に限る。）の両面に厚さが3mm以上の繊維強化セメント板（スレート波板及びスレートボードに限る。）又は厚さが6mm以上の繊維混入ケイ酸カルシウム板を張ったもので、その厚さの合計が3.5cm以上のもの

七　令第107条第二号及び第三号に掲げる技術的基準に適合する非耐力壁である外壁の延焼のおそれのある部分以外の部分の構造方法にあっては、前号に定める構造とすることとする。

第2　柱の構造方法は、次に定めるもの（第二号ハ並びに第三号ニ及びヘに定める構造方法にあっては、防火被覆の取合い等の部分を、当該取合い等の部分の裏面に当て木を設ける等当該建築物の内部への炎の侵入を有効に防止することができる構造とするものに限る。）とする。この場合において、かぶり厚さ又は厚さは、それぞれモルタル、プラスターその他これらに類する仕上材料の厚さを含むものとする。

一　令第107条第一号に掲げる技術的基準（通常の火災による火熱が3時間加えられた場合のものに限る。）に適合する柱の構造方法は、小径を40cm以上とし、かつ、次のイ又はロのいずれかに該当する構造とすることとする。

イ　鉄筋コンクリート造、鉄骨鉄筋コンクリート造又は鉄骨コンクリート造（鉄骨に対するコンクリートのかぶり厚さが6cm未満のものを除く。）

　ロ　鉄骨を塗厚さが8cm（軽量骨材を用いたものについては7cm）以上の鉄網モルタル、厚さが9cm（軽量骨材を用いたものについては8cm）以上のコンクリートブロック又は厚さが9cm以上のれんが若しくは石で覆ったもの

二　令第107条第一号に掲げる技術的基準（通常の火災による火熱が2時間加えられた場合のものに限る。）に適合する柱の構造方法は、次のイからハまでのいずれかに該当する構造とすることとする。

　イ　前号に定める構造

　ロ　小径を25cm以上とし、かつ、次の(1)から(3)までのいずれかに該当する構造とすること。

　　(1)　鉄筋コンクリート造、鉄骨鉄筋コンクリート造又は鉄骨コンクリート造（鉄骨に対するコンクリートのかぶり厚さが5cm未満のものを除く。）

　　(2)　鉄骨を塗厚さが6cm（軽量骨材を用いたものについては5cm）以上の鉄網モルタル、厚さが7cm（軽量骨材を用いたものについては6cm）以上のコンクリートブロック又は厚さが7cm以上のれんが若しくは石で覆ったもの

　　(3)　鉄骨を塗厚さが4cm以上の鉄網パーライトモルタルで覆ったもの

　ハ　鉄骨（断面積（mm^{2}で表した面積とする。以下同じ。）を加熱周長（mmで表した長さとする。以下同じ。）で除した数値が6.7以上のH形鋼並びに鋼材の厚さが9mm以上の角形鋼管及び円形鋼管に限る。）に次の(1)又は(2)に該当する防火被覆が設けられたもの

　　(1)　厚さが50mm以上の繊維強化セメント板（けい酸カルシウム板（かさ比重が0.35以上のものに限る。）に限る。）

　　(2)　厚さが55mm以上の繊維強化セメント板（けい酸カルシウム板（かさ比重が0.15以上のものに限る。）に限る。）

三　令第107条第一号に掲げる技術的基準（通常の火災による火熱が1時間加えられた場合のものに限る。）に適合する柱の構造方法は、次のイからへまでのいずれかに該当する構造とすることとする。

　イ　前号に定める構造

　ロ　鉄筋コンクリート造、鉄骨鉄筋コンクリート造又は鉄骨コンクリート造

　ハ　鉄骨を塗厚さが4cm（軽量骨材を用いたものについては3cm）以上の鉄網モルタル、厚さが5cm（軽量骨材を用いたものについては4cm）以上のコンクリートブロック又は厚さが5cm以上のれんが若しくは石で覆ったもの

　ニ　鉄骨（断面積を加熱周長で除した数値が6.7以上のH形鋼並びに鋼材の厚さが9mm以上の角形鋼管及び円形鋼管に限る。）に次の(1)から(4)までのいずれかに該当する防火被覆が設けられたもの

　　(1)　吹付け厚さが35mm以上の吹付けロックウール（かさ比重が0.3以上のものに限る。）

　　(2)　厚さが20mm以上の繊維強化セメント板（けい酸カルシウム板（かさ比重が0.35以上のものに限る。）に限る。）

　　(3)　厚さが27mm以上の繊維強化セメント板（けい酸カルシウム板（かさ比重が0.15以上のものに限る。）に限る。）

　　(4)　厚さが35mm以上の軽量気泡コンクリートパネル

　ホ　鉄材によって補強されたコンクリートブロック造、れんが造又は石造で鉄材に対するコ

ンクリートブロック、れんが又は石のかぶり厚さが5cm以上のもの

　ヘ　木材又は鉄材に防火被覆（強化せっこうボードを2枚以上張ったもので、その厚さの合計が46mm以上のものに限る。）が設けられたもの

第3　床の構造方法は、次に定めるもの（第二号ホに定める構造方法にあっては、防火被覆の取合い等の部分を、当該取合い等の部分の裏面に当て木を設ける等当該建築物の内部への炎の侵入を有効に防止することができる構造とするものに限る。）とする。この場合において、かぶり厚さ又は厚さは、それぞれモルタル、プラスターその他これらに類する仕上材料の厚さを含むものとする。

一　令第107条第一号及び第二号に掲げる技術的基準（第一号にあっては、通常の火災による火熱が2時間加えられた場合のものに限る。）に適合する床の構造方法は、次のイからハまでのいずれかに該当する構造とすることとする。

　イ　鉄筋コンクリート造又は鉄骨鉄筋コンクリート造で厚さが10cm以上のもの

　ロ　鉄材によって補強されたコンクリートブロック造、れんが造又は石造で、肉厚及び仕上材料の厚さの合計が8cm以上であり、かつ、鉄材に対するコンクリートブロック、れんが又は石のかぶり厚さが5cm以上のもの

　ハ　鉄材の両面を塗厚さが5cm以上の鉄網モルタル又はコンクリートで覆ったもの（塗下地が不燃材料で造られていないものを除く。）

二　令第107条第一号及び第二号に掲げる技術的基準（第一号にあっては、通常の火災による火熱が1時間加えられた場合のものに限る。）に適合する床の構造方法は、次のイからホまでのいずれかに該当する構造とすることとする。

　イ　鉄筋コンクリート造又は鉄骨鉄筋コンクリート造で厚さが7cm以上のもの

　ロ　鉄材によって補強されたコンクリートブロック造、れんが造又は石造で、肉厚が5cm以上であり、かつ、鉄材に対するコンクリートブロック、れんが又は石のかぶり厚さが4cm以上のもの

　ハ　鉄材の両面を塗厚さが4cm以上の鉄網モルタル又はコンクリートで覆ったもの（塗下地が不燃材料で造られていないものを除く。）

　ニ　厚さが100mm以上の軽量気泡コンクリートパネル

　ホ　根太及び下地を木材又は鉄材で造り、その表側の部分に防火被覆（強化せっこうボードを2枚以上張ったもので、その厚さの合計が42mm以上のものに限る。）が設けられ、かつ、その裏側の部分又は直下の天井に防火被覆（強化せっこうボードを2枚以上張ったもので、その厚さの合計が46mm以上のものに限る。）が設けられたもの

第4　はりの構造方法は、次に定めるもの（第二号ニ及び第三号ニに定める構造方法にあっては、防火被覆の取合い等の部分を、当該取合い等の部分の裏面に当て木を設ける等当該建築物の内部への炎の侵入を有効に防止することができる構造とするものに限る。）とする。この場合において、かぶり厚さ又は厚さは、それぞれモルタル、プラスターその他これらに類する仕上材料の厚さを含むものとする。

一　令第107条第一号に掲げる技術的基準（通常の火災による火熱が3時間加えられた場合のものに限る。）に適合するはりの構造方法は、次のイからハまでのいずれかに該当する構造とすることとする。

イ　鉄筋コンクリート造、鉄骨鉄筋コンクリート造又は鉄骨コンクリート造（鉄骨に対する
コンクリートのかぶり厚さが6cm未満のものを除く。）

ロ　鉄骨を塗厚さが8cm（軽量骨材を用いたものについては7cm）以上の鉄網モルタル、
厚さが9cm（軽量骨材を用いたものについては8cm）以上のコンクリートブロック又は
厚さが9cm以上のれんが若しくは石で覆ったもの

ハ　鉄骨を塗厚さが5cm以上の鉄網パーライトモルタルで覆ったもの

二　令第107条第一号に掲げる技術的基準（通常の火災による火熱が2時間加えられた場合の
ものに限る。）に適合するはりの構造方法は、次のイからニまでのいずれかに該当する構造
とすることとする。

イ　鉄筋コンクリート造、鉄骨鉄筋コンクリート造又は鉄骨コンクリート造（鉄骨に対する
コンクリートのかぶり厚さが5cm未満のものを除く。）

ロ　鉄骨を塗厚さが6cm（軽量骨材を用いたものについては5cm）以上の鉄網モルタル、
厚さが7cm（軽量骨材を用いたものについては6cm）以上のコンクリートブロック又は
厚さが7cm以上のれんが若しくは石で覆ったもの

ハ　鉄骨を塗厚さが4cm以上の鉄網パーライトモルタルで覆ったもの

ニ　鉄骨（断面積を加熱周長で除した数値が、上フランジが床スラブに密着した構造で3面
から加熱されるものにあっては6.1以上、その他のものにあっては6.7以上のH形鋼に限
る。）に次の(1)又は(2)に該当する防火被覆が設けられたもの

(1)　厚さが45mm以上の繊維強化セメント板（けい酸カルシウム板（かさ比重が0.35以
上のものに限る。）に限る。）

(2)　厚さが47mm以上の繊維強化セメント板（けい酸カルシウム板（かさ比重が0.15以
上のものに限る。）に限る。）

三　令第107条第一号に掲げる技術的基準（通常の火災による火熱が1時間加えられた場合の
ものに限る。）に適合するはりの構造方法は、次のイからヘまでのいずれかに該当する構造
とすることとする。

イ　前号に定める構造

ロ　鉄筋コンクリート造、鉄骨鉄筋コンクリート造又は鉄骨コンクリート造

ハ　鉄骨を塗厚さが4cm（軽量骨材を用いたものについては3cm）以上の鉄網モルタル、
厚さが5cm（軽量骨材を用いたものについては4cm）以上のコンクリートブロック又は
厚さが5cm以上のれんが若しくは石で覆ったもの

ニ　鉄骨（断面積を加熱周長で除した数値が、上フランジが床スラブに密着した構造で3面
から加熱されるものにあっては6.1以上、その他のものにあっては6.7以上のH形鋼に限
る。）に次の(1)又は(2)に該当する防火被覆が設けられたもの

(1)　第2第三号ニ(1)又は(2)に該当するもの

(2)　厚さが25mm以上の繊維強化セメント板（けい酸カルシウム板（かさ比重が0.15以
上のものに限る。）に限る。）

ホ　第2第三号ヘに定める構造

ヘ　床面からはりの下端までの高さが4m以上の鉄骨造の小屋組で、その直下に天井がな
いもの又は直下に不燃材料又は準不燃材料で造られた天井があるもの

27

第5　令第107条第一号及び第三号に掲げる技術的基準に適合する屋根の構造方法は、次の各号のいずれかに該当する構造（第二号及び第七号に定める構造方法にあっては、防火被覆の取合い等の部分を、当該取合い等の部分の裏面に当て木を設ける等当該建築物の内部への炎の侵入を有効に防止することができる構造とするものに限る。）とすることとする。

一　鉄筋コンクリート造又は鉄骨鉄筋コンクリート造

二　たるきを断面の幅及び高さが、それぞれ、50 mm 以上及び 100 mm 以上の鉄骨（断面積を加熱周長で除した数値が 2.3 以上の H 形鋼及び溝形鋼並びに鋼材の厚さが 2.3 mm 以上のリップ溝形鋼及び角形鋼管に限る。）で造り、これに次の(1)又は(2)のいずれかに該当する防火被覆を設け、かつ、野地板に厚さが 25 mm 以上の硬質木毛セメント板又は厚さが 18 mm 以上の硬質木片セメント板を使用し、厚さが 0.35 mm 以上の鉄板又は鋼板でふいたもの

　(1)　吹付け厚さが 25 mm 以上の吹付けロックウール（かさ比重が 0.28 以上のものに限る。）

　(2)　厚さが 25 mm 以上の繊維強化セメント板（けい酸カルシウム板（かさ比重が 0.35 以上のものに限る。）に限る。）

三　鉄材によって補強されたコンクリートブロック造、れんが造又は石造

四　鉄網コンクリート若しくは鉄網モルタルでふいたもの又は鉄網コンクリート、鉄網モルタル、鉄材で補強されたガラスブロック若しくは網入ガラスで造られたもの

五　鉄筋コンクリート製パネルで厚さ 4 cm 以上のもの

六　軽量気泡コンクリートパネル

七　下地を木材又は鉄材で造り、かつ、その屋内側の部分又は直下の天井に防火被覆（強化せっこうボードを 2 枚以上張ったもので、その厚さの合計が 27 mm 以上のものに限る。）が設けられたもの

第6　令第107条第一号に掲げる技術的基準に適合する階段の構造方法は、次の各号のいずれかに該当する構造（第五号に定める構造方法にあっては、防火被覆の取合い等の部分を、当該取合い等の部分の裏面に当て木を設ける等当該建築物の内部への炎の侵入を有効に防止することができる構造とするものに限る。）とすることとする。

一　鉄筋コンクリート造又は鉄骨鉄筋コンクリート造

二　無筋コンクリート造、れんが造、石造又はコンクリートブロック造

三　鉄材によって補強されたれんが造、石造又はコンクリートブロック造

四　鉄造

五　けた及び下地を木材で造り、かつ、その表側の部分及び裏側の部分に防火被覆（強化せっこうボードを 2 枚以上張ったもので、その厚さの合計が 27 mm 以上のものに限る。）が設けられたもの

　　附　則

1　（略）

2　昭和39年建設省告示第1675号は、廃止する。

3　この告示の施行の際現に存する建築物の部分で、この告示による改正前の昭和39年建設省告示第1675号に適合しているものについては、この告示の施行後も、なお耐火構造であるものとみなす。

〔平成12年5月24日建設省告示第1358号〕
準耐火構造の構造方法を定める件

最終改正　令和3年6月7日国土交通省告示第514号

建築基準法（昭和25年法律第201号）第2条第七号の二の規定に基づき、準耐火構造の構造方法を次のように定める。

第1　壁の構造方法は、次に定めるもの（第一号ハ、第三号ハ及びニ並びに第五号ニ及びホに定める構造方法にあっては、防火被覆の取合いの部分、目地の部分その他これらに類する部分（以下「取合い等の部分」という。）を、当該取合い等の部分の裏面に当て木を設ける等当該建築物の内部への炎の侵入を有効に防止することができる構造とするものに限る。）とする。

一　建築基準法施行令（以下「令」という。）第107条の2第一号及び第二号に掲げる技術的基準に適合する耐力壁である間仕切壁の構造方法にあっては、次に定めるものとする。

イ　1時間準耐火基準に適合する構造とすること。

ロ　建築基準法（以下「法」という。）第21条第1項の規定による認定を受けた主要構造部の構造又は法第27条第1項の規定による認定を受けた主要構造部の構造とすること。

ハ　次の(1)から(4)までのいずれかに該当するもの

(1)　間柱及び下地を木材で造り、かつ、その両側にそれぞれ次の(i)から(v)までのいずれかに該当する防火被覆が設けられたものとすること。

(i)　令和元年国土交通省告示第195号（以下「1時間準耐火構造告示」という。）第1第一号ハ(1)、(3)又は(7)のいずれかに該当するもの

(ii)　厚さが15mm以上のせっこうボード（強化せっこうボードを含む。以下同じ。）

(iii)　厚さが12mm以上のせっこうボードの上に厚さが9mm以上のせっこうボード又は難燃合板を張ったもの

(iv)　厚さが9mm以上のせっこうボード又は難燃合板の上に厚さが12mm以上のせっこうボードを張ったもの

(v)　厚さが7mm以上のせっこうラスボードの上に厚さ8mm以上せっこうプラスターを塗ったもの

(2)　間柱及び下地を木材又は鉄材で造り、かつ、その両側にそれぞれ次の(i)又は(ii)に該当する防火被覆が設けられた構造（間柱及び下地を木材のみで造ったものを除く。）とすること。

(i)　1時間準耐火構造告示第1第一号ハ(1)又は(3)に該当するもの

(ii)　(1)(ii)から(v)までのいずれかに該当するもの

(3)　間柱及び下地を不燃材料で造り、かつ、その両側にそれぞれ次の(i)から(iii)までのいずれかに該当する防火被覆が設けられた構造とすること。

(i)　塗厚さが15mm以上の鉄網モルタル

(ii)　木毛セメント板又はせっこうボードの上に厚さ10mm以上モルタル又はしっくいを塗ったもの

(iii)　木毛セメント板の上にモルタル又はしっくいを塗り、その上に金属板を張ったもの

(4)　間柱若しくは下地を不燃材料以外の材料で造り、かつ、その両側にそれぞれ次の(i)か

ら(viii)までのいずれかに該当する防火被覆が設けられた構造とすること。

 (i)　塗厚さが 20 mm 以上の鉄網モルタル又は木ずりしっくい

 (ii)　木毛セメント板又はせっこうボードの上に厚さ 15 mm 以上モルタル又はしっくいを塗ったもの

 (iii)　モルタルの上にタイルを張ったものでその厚さの合計が 25 mm 以上のもの

 (iv)　セメント板又は瓦の上にモルタルを塗ったものでその厚さの合計が 25 mm 以上のもの

 (v)　土蔵造

 (vi)　土塗真壁造で裏返塗りをしたもの

 (vii)　厚さが 12 mm 以上のせっこうボードの上に亜鉛鉄板を張ったもの

 (viii)　厚さが 25 mm 以上のロックウール保温板の上に亜鉛鉄板を張ったもの

ニ　1時間準耐火構造告示第1第一号ホに定める構造とすること。この場合において、同号ホ(1)(i)(一)中「4.5 cm」とあるのは「3.5 cm」と、同号ホ(1)(i)(二)中「6 cm」とあるのは「4.5 cm」と読み替えるものとする。第三号ホにおいて同じ。

二　令第107条の2第二号に掲げる技術的基準に適合する非耐力壁である間仕切壁の構造方法にあっては、次に定めるものとする。

イ　1時間準耐火基準に適合する構造とすること。

ロ　法第21条第1項の規定による認定を受けた主要構造部の構造又は法第27条第1項の規定による認定を受けた主要構造部の構造とすること。

ハ　前号ハに定める構造とすること。

ニ　1時間準耐火構造告示第1第二号ニに定める構造とすること。この場合において、同号ニ(1)(i)中「4.5 cm」とあるのは「3.5 cm」と、「7.5 cm」とあるのは「6.5 cm」と、同号ニ(1)(i)中「6 cm」とあるのは「4.5 cm」と、「9 cm」とあるのは「7.5 cm」と読み替えるものとする。第四号ニ及び第五号ヘにおいて同じ。

三　令第107条の2に掲げる技術的基準に適合する耐力壁である外壁の構造方法にあっては、次に定めるものとする。

イ　1時間準耐火基準に適合する構造とすること。

ロ　法第21条第1項の規定による認定を受けた主要構造部の構造又は法第27条第1項の規定による認定を受けた主要構造部の構造とすること。

ハ　間柱及び下地を木材で造り、かつ、次に掲げる基準のいずれかに適合する構造とすること。

 (1)　屋外側の部分に次の(i)から(vi)までのいずれかに該当する防火被覆が設けられ、かつ、屋内側の部分に第一号ハ(1)(i)から(v)までのいずれかに該当する防火被覆が設けられていること。

  (i)　1時間準耐火構造告示第1第三号ハ(1)から(6)までのいずれかに該当するもの

  (ii)　厚さが 12 mm 以上のせっこうボードの上に金属板を張ったもの

  (iii)　木毛セメント板又はせっこうボードの上に厚さ 15 mm 以上モルタル又はしっくいを塗ったもの

  (iv)　モルタルの上にタイルを張ったものでその厚さの合計が 25 mm 以上のもの

(ⅴ)　セメント板又は瓦の上にモルタルを塗ったものでその厚さの合計が25mm以上のもの

(ⅵ)　厚さが25mm以上のロックウール保温板の上に金属板を張ったもの

(2)　屋外側の部分に次の(ⅰ)に該当する防火被覆が設けられ、かつ、屋内側の部分に次の(ⅱ)に該当する防火被覆が設けられていること。

(ⅰ)　塗厚さが15mm以上の鉄網軽量モルタル（モルタル部分に含まれる有機物の量が当該部分の重量の8%以下のものに限る。）

(ⅱ)　厚さが50mm以上のロックウール（かさ比重が0.024以上のものに限る。以下同じ。）又はグラスウール（かさ比重が0.01以上のものに限る。）を充填した上に、せっこうボードを2枚以上張ったものでその厚さの合計が24mm以上のもの又は厚さが21mm以上の強化せっこうボード（ボード用原紙を除いた部分のせっこうの含有率を95%以上、ガラス繊維の含有率を0.4%以上とし、かつ、ひる石の含有率を2.5%以上としたものに限る。）を張ったもの

ニ　間柱及び下地を木材又は鉄材で造り、その屋外側の部分に次の(1)又は(2)に該当する防火被覆が設けられ、かつ、その屋内側の部分に第一号ハ(2)(ⅰ)又は(ⅱ)に該当する防火被覆が設けられた構造（間柱及び下地を木材のみで造ったものを除く。）とすること。

(1)　1時間準耐火構造告示第1第三号ハ(1)から(3)までのいずれかに該当するもの

(2)　ハ(1)(ⅱ)から(ⅵ)までのいずれかに該当するもの

ホ　1時間準耐火構造告示第1第一号ホに定める構造とすること。

四　令第107条の2第二号及び第三号に掲げる技術的基準に適合する非耐力壁である外壁の延焼のおそれのある部分の構造方法にあっては、次に定めるものとする。

イ　1時間準耐火基準に適合する構造とすること。

ロ　法第21条第1項の規定による認定を受けた主要構造部の構造又は法第27条第1項の規定による認定を受けた主要構造部の構造とすること。

ハ　前号ハ又はニに定める構造とすること。

ニ　1時間準耐火構造告示第1第二号ニに定める構造とすること。

五　令第107条の2第二号及び第三号に掲げる技術的基準に適合する非耐力壁である外壁の延焼のおそれのある部分以外の部分の構造方法にあっては、次に定めるものとする。

イ　耐火構造とすること。

ロ　法第21条第1項の規定による認定を受けた主要構造部の構造又は法第27条第1項の規定による認定を受けた主要構造部の構造とすること。

ハ　第三号ハ又はニに定める構造とすること。

ニ　間柱及び下地を木材で造り、その屋外側の部分に第三号ハ(1)(ⅰ)から(ⅵ)までのいずれかに該当する防火被覆が設けられ、かつ、その屋内側の部分に次の(1)又は(2)に該当する防火被覆が設けられた構造とすること。

(1)　厚さが8mm以上のスラグせっこう系セメント板

(2)　厚さが12mm以上のせっこうボード

ホ　間柱及び下地を木材又は鉄材で造り、その屋外側の部分に第三号ニ(1)又は(2)に該当する防火被覆が設けられ、かつ、その屋内側の部分にニ(1)又は(2)に該当する防火被覆が設けら

れた構造（間柱及び下地を木材のみで造ったものを除く。）とすること。

　　ヘ　1時間準耐火構造告示第1第二号ニに定める構造とすること。

第2　令第107条の2第一号に掲げる技術的基準に適合する柱の構造方法は、次に定めるものとする。

　一　1時間準耐火基準に適合する構造とすること。

　二　法第21条第1項の規定による認定を受けた主要構造部の構造又は法第27条第1項の規定による認定を受けた主要構造部の構造とすること。

　三　第1第一号ハ(1)(ii)から(v)までのいずれかに該当する防火被覆を設けるか、又は次に掲げる基準に適合する構造とすること。

　　イ　令第46条第2項第一号イ及びロに掲げる基準に適合していること。

　　ロ　当該柱を接合する継手又は仕口が、昭和62年建設省告示第1901号に定める基準に従って、通常の火災時の加熱に対して耐力の低下を有効に防止することができる構造であること。この場合において、同告示第一号イ中「2.5cm」とあるのは「3.5cm」と、同号ロ中「3cm」とあるのは「4.5cm」と読み替えるものとする。第4第三号ロにおいて同じ。

　　ハ　当該柱を有する建築物全体が、昭和62年建設省告示第1902号に定める基準に従った構造計算によって通常の火災により容易に倒壊するおそれのないことが確かめられた構造であること。この場合において、同告示第二号イ中「2.5cm」とあるのは「3.5cm」と、同号ロ中「3cm」とあるのは「4.5cm」と読み替えるものとする。第4第三号ハにおいて同じ。

　　ニ　防火被覆の取合い等の部分を、当該取合い等の部分の裏面に当て木が設けられている等当該建築物の内部への炎の侵入を有効に防止することができる構造とすること。

第3　令第107条の2第一号及び第二号に掲げる技術的基準に適合する床の構造方法は、次に定めるもの（第三号に定める構造方法にあっては、防火被覆の取合い等の部分を、当該取合い等の部分の裏面に当て木を設ける等当該建築物の内部への炎の侵入を有効に防止することができる構造とするものに限る。）とする。

　一　1時間準耐火基準に適合する構造とすること。

　二　法第21条第1項の規定による認定を受けた主要構造部の構造又は法第27条第1項の規定による認定を受けた主要構造部の構造とすること。

　三　根太及び下地を木材又は鉄材で造り、かつ、次に掲げる基準に適合する構造とすること。

　　イ　表側の部分に次の(1)から(4)までのいずれかに該当する防火被覆が設けられていること。

　　　(1)　厚さが12mm以上の構造用合板、構造用パネル、パーティクルボード、デッキプレートその他これらに類するもの（以下この号において「合板等」という。）の上に厚さが9mm以上のせっこうボード若しくは軽量気泡コンクリートパネル又は厚さが8mm以上の硬質木片セメント板を張ったもの

　　　(2)　厚さが12mm以上の合板等の上に厚さ9mm以上モルタル、コンクリート（軽量コンクリート及びシンダーコンクリートを含む。以下同じ。）又はせっこうを塗ったもの

　　　(3)　厚さが30mm以上の木材

　　　(4)　畳（ポリスチレンフォームの畳床を用いたものを除く。）

　　ロ　裏側の部分又は直下の天井に次の(1)から(3)までのいずれかに該当する防火被覆が設けら

れていること。

  (1)　1 時間準耐火構造告示第 3 第三号ロ(1)、(2)又は(4)のいずれかに該当するもの

  (2)　厚さが 15 mm 以上の強化せっこうボード

  (3)　厚さが 12 mm 以上の強化せっこうボード（その裏側に厚さが 50 mm 以上のロックウール又はグラスウール（かさ比重が 0.024 以上のものに限る。以下同じ。）を設けたものに限る。）

四　1 時間準耐火構造告示第 3 第四号に定める構造とすること。この場合において、同号イ(1)(i)中「4.5 cm」とあるのは「3.5 cm」と、同号イ(1)(ii)中「6 cm」とあるのは「4.5 cm」と読み替えるものとする。

第 4　令第107条の 2 第一号に掲げる技術的基準に適合するはりの構造方法は、次に定めるものとする。

一　1 時間準耐火基準に適合する構造とすること。

二　法第21条第 1 項の規定による認定を受けた主要構造部の構造又は法第27条第 1 項の規定による認定を受けた主要構造部の構造とすること。

三　第 3 第三号ロ(2)又は(3)に該当する防火被覆を設けるか、又は次に掲げる基準に適合する構造とすること。

  イ　令第46条第 2 項第一号イ及びロに掲げる基準に適合していること。

  ロ　当該はりを接合する継手又は仕口が、昭和62年建設省告示第1901号に定める基準に従って、通常の火災時の加熱に対して耐力の低下を有効に防止することができる構造であること。

  ハ　当該はりを有する建築物全体が、昭和62年建設省告示第1902号に定める基準に従った構造計算によって、通常の火災により容易に倒壊するおそれのないことが確かめられた構造であること。

  ニ　防火被覆の取合い等の部分が、当該取合い等の部分の裏面に当て木が設けられている等当該建築物の内部への炎の侵入を有効に防止することができる構造とすること。

第 5　屋根の構造方法は、次に定めるもの（第一号ハからホまで及び第二号ハに定める構造方法にあっては、防火被覆の取合い等の部分を、当該取合い等の部分の裏面に当て木を設ける等当該建築物の内部への炎の侵入を有効に防止することができる構造とするものに限る。）とする。

一　令第107条の 2 第一号及び第三号に掲げる技術的基準に適合する屋根（軒裏を除く。）の構造方法にあっては、次に定めるものとする。

  イ　耐火構造とすること。

  ロ　法第21条第 1 項の規定による認定を受けた主要構造部の構造又は法第27条第 1 項の規定による認定を受けた主要構造部の構造とすること。

  ハ　次に定める構造とすること。

   (1)　不燃材料で造るか、又はふいたもの

   (2)　屋内側の部分又は直下の天井に次の(i)から(vii)までのいずれかに該当する防火被覆が設けられたもの

    (i)　厚さが 12 mm 以上の強化せっこうボード

    (ii)　厚さが 9 mm 以上のせっこうボードを 2 枚以上張ったもの

   (iii)　厚さが12mm以上のせっこうボード（その裏側に厚さが50mm以上のロックウール又はグラスウールを設けたものに限る。）

   (iv)　厚さが12mm以上の硬質木片セメント板

   (v)　第1第三号ハ(1)(ii)から(vi)までのいずれかに該当するもの

   (vi)　塗厚さが20mm以上の鉄網モルタル

   (vii)　繊維強化セメント板（けい酸カルシウム板に限る。）を2枚以上張ったもので、その厚さの合計が16mm以上のもの

ニ　野地板に構造用合板、構造用パネル、パーティクルボード、硬質木片セメント板その他これらに類するもので厚さが9mm以上のものを使用し、かつ、その屋内側の部分又は直下の天井にハ(2)(i)に該当する防火被覆が設けられた構造とすること。

ホ　屋内側の部分又は直下の天井に次の(1)から(3)までのいずれかに該当する防火被覆が設けられた構造とすること。

  (1)　第3第三号ロ(2)又は(3)に該当するもの

  (2)　せっこうボードを2枚以上張ったもので、その厚さの合計が21mm以上のもの

  (3)　厚さが12mm以上のせっこうボードの上に厚さが9mm以上のロックウール吸音板を張ったもの

ヘ　構造用集成材、構造用単板積層材又は直交集成板（それぞれ集成材の日本農林規格（平成19年農林水産省告示第1152号）第2条、単板積層材の日本農林規格（平成20年農林水産省告示第701号）第1部箇条3又は直交集成板の日本農林規格（平成25年農林水産省告示第3079号）箇条3に規定する使用環境A又はBの表示をしてあるものに限る。以下同じ。）を使用し、かつ、次に掲げる基準に適合する構造とすること。

  (1)　当該屋根の接合部の構造方法が、次に定める基準に従って、通常の火災時の加熱に対して耐力の低下を有効に防止することができる構造であること。

   (i)　接合部のうち木材で造られた部分の表面（木材その他の材料で防火上有効に被覆された部分を除く。）から内側に、次の(一)又は(二)に掲げる場合に応じて、それぞれ当該(一)又は(二)に掲げる値の部分が除かれたときの残りの部分が、当該接合部の存在応力を伝えることができる構造であること。

    (一)　構造用集成材、構造用単板積層材又は直交集成板に使用する接着剤（(二)において単に「接着剤」という。）として、フェノール樹脂、レゾルシノール樹脂又はレゾルシノール・フェノール樹脂を使用する場合（構造用集成材又は直交集成板を使用する場合にあっては、ラミナの厚さが12mm以上の場合に限る。）　2.5cm

    (二)　接着剤として、(一)に掲げるもの以外のものを使用する場合（構造用集成材又は直交集成板を使用する場合にあっては、ラミナの厚さが21mm以上の場合に限る。）　3cm

   (ii)　接合部にボルト、ドリフトピン、釘、木ねじその他これらに類するものを用いる場合においては、これらが木材その他の材料で防火上有効に被覆されていること。

   (iii)　接合部に鋼材の添え板その他これに類するものを用いる場合においては、これらが埋め込まれ、又は挟み込まれていること。ただし、木材その他の材料で防火上有効に被覆されている場合においては、この限りでない。

　(2)　当該屋根を有する建築物全体が、次に定める基準に従った構造計算によって通常の火災により容易に倒壊するおそれのないことが確かめられた構造であること。

　　(i)　主要構造部である屋根のうち木材で造られた部分の表面（木材その他の材料で防火上有効に被覆された部分を除く。）から内側に、(1)(i)(→)又は(ニ)に掲げる場合に応じて、それぞれ当該(→)又は(ニ)に掲げる値の部分が除かれたときの残りの断面（(ii)において「残存断面」という。）について、令第82条第二号の表に掲げる長期の組合せによる各応力の合計により、長期応力度を計算すること。

　　(ii)　(i)によって計算した長期応力度が、残存断面について令第94条の規定に基づき計算した短期の許容応力度を超えないことを確かめること。

　(3)　取合い等の部分を、当該取合い等の部分の裏面に当て木が設けられている等当該建築物の内部への炎の侵入を有効に防止することができる構造とすること。

二　令第107条の2第二号及び第三号に掲げる技術的基準に適合する軒裏（外壁によって小屋裏又は天井裏と防火上有効に遮られているものを除く。）の構造方法にあっては、次に定めるものとする。

　イ　1時間準耐火基準に適合する構造とすること。

　ロ　法第21条第1項の規定による認定を受けた主要構造部の構造又は法第27条第1項の規定による認定を受けた主要構造部の構造とすること。

　ハ　前号ハ(2)(iv)又は(v)に該当する防火被覆が設けられた構造とすること。

　ニ　野地板（厚さが30mm以上のものに限る。）及びたるきを木材で造り、これらと外壁（軒桁を含む。）とのすき間に厚さが45mm以上の木材の面戸板を設け、かつ、たるきと軒桁との取合い等の部分を、当該取合い等の部分にたるき欠きを設ける等当該建築物の内部への炎の侵入を有効に防止することができる構造とすること。

第6　令第107条の2第一号に掲げる技術的基準に適合する階段の構造方法は、次に定めるものとする。

一　耐火構造とすること。

二　法第21条第1項の規定による認定を受けた主要構造部の構造又は法第27条第1項の規定による認定を受けた主要構造部の構造とすること。

三　段板及び段板を支えるけたが木材で造られたもので、当該木材の厚さが6cm以上のもの又は次のイ若しくはロのいずれかに該当する構造とすること。

　イ　当該木材の厚さが3.5cm以上のもので、段板の裏面に第5第一号ハ(2)(i)から(v)までのいずれかに該当する防火被覆が施され、かつ、けたの外側の部分に第1第五号ニ(1)又は(2)（屋外側にあっては、第1第三号ハ(1)(ii)から(vi)までのいずれか）に該当する防火被覆が設けられたもの

　ロ　段板の裏面に第3第三号ロ(1)から(3)までのいずれかに該当する防火被覆が設けられ、かつ、けたの外側の部分に第1第一号ハ(1)(ii)から(v)までのいずれか（屋外側にあっては、第1第三号ハ(1)(ii)から(vi)までのいずれか）に該当する防火被覆が設けられたもの

　　附　則

平成5年建設省告示第1453号は、廃止する。

35

〔平成12年5月24日建設省告示第1359号〕
防火構造の構造方法を定める件

最終改正　令和3年6月7日国土交通省告示第513号

建築基準法（昭和25年法律第201号）第2条第八号の規定に基づき、防火構造の構造方法を次のように定める。

第1　外壁の構造方法は、次に定めるものとする。

一　建築基準法施行令（昭和25年政令第338号。以下「令」という。）第108条に掲げる技術的基準に適合する耐力壁である外壁の構造方法にあっては、次のいずれかに該当するもの（ハに定める構造方法にあっては、屋内側の防火被覆の取合いの部分、目地の部分その他これらに類する部分（以下この号において「取合い等の部分」という。）を、当該取合い等の部分の裏面に当て木を設ける等当該建築物の内部への炎の侵入を有効に防止することができる構造とし、かつ、屋外側の防火被覆の取合い等の部分の裏面に厚さが12mm以上の合板、構造用パネル、パーティクルボード、硬質木片セメント板その他これらに類するものを設け、又は当該取合い等の部分を相じゃくりとするものに限り、ホ(3)(i)(ハ)及び(ii)(ホ)に掲げる構造方法を組み合わせた場合にあっては、土塗壁と間柱及び桁との取合いの部分を、当該取合いの部分にちりじゃくりを設ける等当該建築物の内部への炎の侵入を有効に防止することができる構造とするものに限る。）とする。

イ　準耐火構造（耐力壁である外壁に係るものに限る。）とすること。

ロ　間柱及び下地を木材で造り、かつ、次に掲げる基準のいずれかに適合する構造（イに掲げる構造を除く。）とすること。

(1)　屋内側の部分に次の(i)に該当する防火被覆が設けられ、かつ、屋外側の部分に次の(ii)に該当する防火被覆が設けられていること。

(i)　厚さが50mm以上のグラスウール（かさ比重が0.01以上のものに限る。(2)(i)において同じ。）又はロックウール（かさ比重が0.024以上のものに限る。）を充填した上に厚さが12mm以上のせっこうボード（強化せっこうボードを含む。以下同じ。）を張ったもの

(ii)　塗厚さが15mm以上の鉄網軽量モルタル（モルタル部分に含まれる有機物の量が当該部分の重量の8％以下のものに限る。）

(2)　屋内側の部分に次の(i)に該当する防火被覆が設けられ、かつ、屋外側の部分に次の(ii)に該当する防火被覆が設けられていること。

(i)　厚さが50mm以上のグラスウール又は厚さが55mm以上のロックウール（かさ比重が0.03以上のものに限る。）を充填した上に厚さが9mm以上のせっこうボードを張ったもの

(ii)　厚さが15mm以上の窯業系サイディング（中空部を有する場合にあっては、厚さが18mm以上で、かつ、中空部を除く厚さが7mm以上のものに限る。）を張ったもの

ハ　間柱及び下地を木材又は鉄材で造り、かつ、ロ(2)に掲げる基準に適合する構造（イに掲げる構造並びに間柱及び下地を木材のみで造ったものを除く。）とすること。

二　間柱及び下地を不燃材料で造り、かつ、次に定める防火被覆が設けられた構造（イに掲げる構造を除く。）とすること。

(1)　屋内側にあっては、次のいずれかに該当するもの

　(i)　平成12年建設省告示第1358号第1第一号ハ(1)(iii)から(v)まで又は(2)(i)のいずれかに該当するもの

　(ii)　厚さが9.5mm以上のせっこうボードを張ったもの

　(iii)　厚さが75mm以上のグラスウール又はロックウールを充填した上に厚さが4mm以上の合板、構造用パネル、パーティクルボード又は木材を張ったもの

(2)　屋外側にあっては、次のいずれかに該当するもの

　(i)　令和元年国土交通省告示第195号第1第三号ハ(1)又は(2)に該当するもの

　(ii)　塗厚さが15mm以上の鉄網モルタル

　(iii)　木毛セメント板又はせっこうボードの上に厚さ10mm以上モルタル又はしっくいを塗ったもの

　(iv)　木毛セメント板の上にモルタル又はしっくいを塗り、その上に金属板を張ったもの

　(v)　モルタルの上にタイルを張ったもので、その厚さの合計が25mm以上のもの

　(vi)　セメント板又は瓦の上にモルタルを塗ったもので、その厚さの合計が25mm以上のもの

　(vii)　厚さが12mm以上のせっこうボードの上に金属板を張ったもの

　(viii)　厚さが25mm以上のロックウール保温板の上に金属板を張ったもの

ホ　間柱又は下地を不燃材料以外の材料で造り、かつ、次のいずれかに該当する構造（イに掲げる構造を除く。）とすること。

(1)　土蔵造

(2)　土塗真壁造で、塗厚さが40mm以上のもの（裏返塗りをしないものにあっては、間柱の屋外側の部分と土壁とのちりが15mm以下であるもの又は間柱の屋外側の部分に厚さが15mm以上の木材を張ったものに限る。）

(3)　次に定める防火被覆が設けられた構造とすること。ただし、真壁造とする場合の柱及びはりの部分については、この限りではない。

　(i)　屋内側にあっては、次のいずれかに該当するもの

　　(イ)　平成12年建設省告示第1358号第1第一号ハ(1)(i)又は(iii)から(v)までのいずれかに該当するもの

　　(ロ)　二(1)(ii)又は(iii)に該当するもの

　　(ハ)　土塗壁で塗厚さが30mm以上のもの

　(ii)　屋外側にあっては、次のいずれかに該当するもの

　　(イ)　令和元年国土交通省告示第195号第1第三号ハ(1)又は(4)から(6)までのいずれかに該当するもの

　　(ロ)　塗厚さが20mm以上の鉄網モルタル又は木ずりしっくい

　　(ハ)　木毛セメント板又はせっこうボードの上に厚さ15mm以上モルタル又はしっくいを塗ったもの

　　(ニ)　土塗壁で塗厚さが20mm以上のもの（下見板を張ったものを含む。）

　　　(ホ)　厚さが 12 mm 以上の下見板（屋内側が(i)(v)に該当する場合に限る。）

　　　(ヘ)　厚さが 12 mm 以上の硬質木片セメント板を張ったもの

　　　(ト)　ロ(2)(ii)又はニ(2)(v)から(viii)までのいずれかに該当するもの

　二　令第108条第二号に掲げる技術的基準に適合する非耐力壁の外壁の構造方法にあっては、次のいずれかに該当するものとする。

　　イ　準耐火構造とすること。

　　ロ　前号ロからホまでのいずれかに該当する構造（イに掲げる構造を除く。）とすること。

第2　令第108条第二号に掲げる技術的基準に適合する軒裏（外壁によって小屋裏又は天井裏と防火上有効に遮られているものを除く。）の構造方法にあっては、次の各号のいずれかに該当するものとする。

　一　準耐火構造とすること。

　二　土蔵造（前号に掲げる構造を除く。）

　三　第1第一号ニ(2)(v)から(viii)まで又はホ(3)(ii)(ロ)から(ニ)までのいずれかに該当する防火被覆が設けられた構造（前2号に掲げる構造を除く。）とすること。

　　　附　則

昭和34年建設省告示第2545号は、廃止する。

〔平成12年5月30日建設省告示第1400号〕
不燃材料を定める件

最終改正　平成16年9月29日国土交通省告示第1178号

　建築基準法（昭和25年法律第201号）第2条第九号の規定に基づき、不燃材料を次のように定める。

　建築基準法施行令（昭和25年政令第338号）第108条の2各号（建築物の外部の仕上げに用いるものにあっては、同条第一号及び第二号）に掲げる要件を満たしている建築材料は、次に定めるものとする。

　一　コンクリート

　二　れんが

　三　瓦

　四　陶磁器質タイル

　五　繊維強化セメント板

　六　厚さが 3 mm 以上のガラス繊維混入セメント板

　七　厚さが 5 mm 以上の繊維混入ケイ酸カルシウム板

　八　鉄鋼

　九　アルミニウム

　十　金属板

　十一　ガラス

　十二　モルタル

十三　しっくい

十四　石

十五　厚さが12mm以上のせっこうボード（ボード用原紙の厚さが0.6mm以下のものに限る。）

十六　ロックウール

十七　グラスウール板

　　附　則

昭和45年建設省告示第1828号は、廃止する。

〔平成12年5月24日建設省告示第1360号〕
防火設備の構造方法を定める件

最終改正　令和2年2月27日国土交通省告示第198号

建築基準法（昭和25年法律第201号）第2条第九号の二ロの規定に基づき、防火設備の構造方法を次のように定める。

第1　建築基準法施行令（昭和25年政令第338号）第109条の2に定める技術的基準に適合する防火設備の構造方法は、次に定めるものとすることとする。

一　令和元年国土交通省告示第194号第2第4項に規定する30分間防火設備

二　通常の火災による火熱が加えられた場合に、加熱開始後20分間加熱面以外の面に火炎を出さないものとして、建築基準法第61条の規定による国土交通大臣の認定を受けたもの

三　鉄材又は鋼材で造られたもので、鉄板又は鋼板の厚さが0.8mm以上のもの（網入りガラス（網入りガラスを用いた複層ガラスを含む。第六号において同じ。）を用いたものを含む。）

四　鉄骨コンクリート又は鉄筋コンクリートで造られたもの

五　土蔵造のもの

六　枠を鉄材又は鋼材で造り、かつ、次のイ又はロのいずれかに該当する構造としたもの

　イ　網入りガラスを用いたもの

　ロ　次に掲げる基準に適合するもの

　(1)　はめごろし戸であること。

　(2)　次のいずれかに該当するガラスが用いられたものであること。

　　(i)　耐熱強化ガラス（厚さが6.5mm以上であり、かつ、エッジ強度が250Mpa以上であるものに限る。以下この号において同じ。）

　　(ii)　耐熱結晶化ガラス（主たる構成物質が二酸化けい素、酸化アルミニウム及び酸化リチウムであるガラスをいい、厚さが5mm以上であり、かつ、線膨張係数が摂氏30度から摂氏750度までの範囲において、1度につき0±0.0000005であるものに限る。以下同じ。）

　　(iii)　複層ガラス（屋外側のガラスが耐熱強化ガラス又は耐熱結晶化ガラスであり、かつ、屋内側のガラスが低放射ガラス（厚さが5mm以上であり、かつ、垂直放射率が0.03以上0.07以下であるものに限る。以下同じ。）であるものに限る。以下この号において同じ。）

(3)　次に掲げるガラスの種類（複層ガラスにあっては、屋外側のガラスの種類）に応じて
それぞれ次に定める開口部に取り付けられたものであること。

(ⅰ)　耐熱強化ガラス　幅が 700 mm 以上 1,200 mm 以下で高さが 850 mm 以上 2,400
mm 以下のもの

(ⅱ)　耐熱結晶化ガラス　幅が 1,000 mm 以上 1,200 mm 以下で高さが 1,600 mm 以上
2,400 mm 以下のもの

(4)　火災時においてガラスが脱落しないよう、次に掲げる方法によりガラスが枠に取り付
けられたものであること。

(ⅰ)　ガラスを鉄材又は鋼材で造られた厚さが 3 mm 以上の取付部材（ガラスを枠に取り
付けるために設置される部材をいう。以下同じ。）により枠に堅固に取り付けること。

(ⅱ)　取付部材を鋼材で造られたねじにより枠に 250 mm 以下の間隔で固定すること。

(ⅲ)　ガラスの下にセッティングブロック（鋼材又はけい酸カルシウム板で造られたもの
に限る。以下同じ。）を設置すること。

(ⅳ)　ガラスの取付部分に含まれる部分の長さ（以下「かかり代長さ」という。）を次に
掲げるガラスの種類に応じてそれぞれ次に定める数値以上とすること。

(一)　耐熱強化ガラス又は耐熱結晶化ガラス　7 mm

(二)　複層ガラス　13 mm

(5)　火災時においてガラスの取付部分に隙間が生じないよう、取付部分に次に掲げる部材
をガラスの全周にわたって設置すること。

(ⅰ)　シーリング材又はグレイジングガスケットで、難燃性を有するもの（シリコーン製
であるものに限る。）

(ⅱ)　加熱により膨張する部材（黒鉛を含有するエポキシ樹脂で造られたものに限る。以
下「加熱膨張材」という。）

七　枠の屋外側の部分をアルミニウム合金材で、屋内側の部分をアルミニウム合金材又は樹脂
（無可塑ポリ塩化ビニルに限る。次号において同じ。）で造り、かつ、次に掲げる基準に適合
するもの

イ　はめごろし戸であること。

ロ　次のいずれかに該当するガラスが用いられたものであること。

(1)　網入りガラス

(2)　耐熱結晶化ガラス

(3)　複層ガラス（屋外側のガラスが網入りガラス又は耐熱結晶化ガラスであり、かつ、屋
内側のガラスが低放射ガラスであるものに限る。以下この号において同じ。）

ハ　次に掲げるガラスの種類（複層ガラスにあっては、屋外側のガラスの種類）に応じてそ
れぞれ次に定める開口部に取り付けられたものであること。

(1)　網入りガラス　幅が 800 mm 以下で高さが 2,250 mm 以下のもの

(2)　耐熱結晶化ガラス　幅が 780 mm 以上 920 mm 以下で高さが 1,100 mm 以上 1,890
mm 以下のもの

ニ　火災時においてガラスが脱落しないよう、次に掲げる方法によりガラスが枠に取り付け
られたものであること。

(1)　ガラスをアルミニウム合金材又は鋼材で造られた厚さが1mm以上の取付部材により枠に堅固に取り付けること。

(2)　取付部材が鋼材で造られたものである場合にあっては、取付部材を鋼材で造られたねじによりアルミニウム合金材で造られた縦枠に350mm以下の間隔で1,100mmにつき3箇所以上固定すること。

(3)　ガラスの下にセッティングブロックを設けること。

(4)　かかり代長さを、取付部材がアルミニウム合金材で造られたものである場合にあっては次に掲げるガラスの種類に応じてそれぞれ次に定める数値以上、鋼材で造られたものである場合にあっては2mm以上とすること。

(ⅰ)　網入りガラス又は耐熱結晶化ガラス　7mm

(ⅱ)　複層ガラス　12mm

ホ　火災時においてガラスの取付部分に隙間が生じないよう、取付部分に次に掲げる部材をガラスの全周にわたって設置すること。

(1)　シーリング材（取付部材がアルミニウム合金材で造られたものである場合に限る。）又はグレイジングガスケットで、難燃性を有するもの（塩化ビニル製又はシリコーン製であるものに限る。）

(2)　加熱膨張材

八　枠を樹脂で造り、かつ、次に掲げる基準に適合するもの

イ　はめごろし戸であること。

ロ　複層ガラス（屋外側のガラスが網入りガラスであり、かつ、屋内側のガラスが低放射ガラスであるものに限る。次号において同じ。）が用いられたものであること。

ハ　幅が800mm以下で高さが1,400mm以下の開口部に取り付けられたものであること。

ニ　枠の内部に補強材（鉄材又は鋼材で造られたものであって、厚さが1.6mm以上であるものに限る。以下この号において同じ。）を設置し、かつ、枠及び補強材を開口部に固定すること。

ホ　火災時においてガラスが脱落しないよう、次に掲げる方法によりガラスが枠に取り付けられたものであること。

(1)　ガラスを鋼材で造られた厚さが1mm以上の取付部材により枠の内部の補強材に堅固に取り付けること。

(2)　取付部材を樹脂で造られた通し材で覆うこと。

(3)　取付部材を鋼材で造られたねじにより枠の内部の補強材に200mm以下の間隔で固定すること。

(4)　ガラスの下にセッティングブロックを設けること。

(5)　かかり代長さを11mm以上とすること。

ヘ　火災時においてガラスの取付部分に隙間が生じないよう、取付部分に次に掲げる部材をガラスの全周にわたって設置すること。

(1)　グレイジングガスケットで難燃性を有するもの（塩化ビニル製又はシリコーン製であるものに限る。）

(2)　加熱膨張材

九　枠（見付寸法が 40 mm 以上であり、かつ、見込寸法が 70 mm 以上であるものに限る。）を木材（気乾比重が 0.45 以上であるものに限る。以下この号において同じ。）で造り、かつ、次に掲げる基準に適合するもの

　　イ　はめごろし戸であること。

　　ロ　複層ガラスが用いられたものであること。

　　ハ　幅が 1,050 mm 以下で高さが 1,550 mm 以下の開口部に取り付けられたものであること。

　　ニ　火災時においてガラスが脱落しないよう、次に掲げる方法によりガラスが枠に取り付けられたものであること。

　　　(1)　ガラスを鋼材で造られた厚さが 1 mm 以上の取付部材により枠に堅固に取り付けること。

　　　(2)　取付部材を木材で造られた通し材で覆うこと。

　　　(3)　取付部材を鋼材で造られた埋込長さが 32 mm 以上のねじにより枠に 150 mm 以下の間隔で固定すること。

　　　(4)　ガラスの下にセッティングブロックを設けること。

　　　(5)　かかり代長さを 13 mm 以上とすること。

　　ホ　火災時においてガラスの取付部分に隙間が生じないよう、取付部分に次に掲げる部材をガラスの全周にわたって設置すること。

　　　(1)　グレイジングガスケットで難燃性を有するもの（塩化ビニル製又はシリコーン製であるものに限る。）

　　　(2)　加熱膨張材

十　骨組を防火塗料を塗布した木材で造り、かつ、屋内面に厚さが 1.2 cm 以上の木毛セメント板又は厚さが 0.9 cm 以上のせっこうボードを張り、屋外面に亜鉛鉄板を張ったもの

十一　開口面積が 0.5 m^2 以内の開口部に設ける戸で、防火塗料を塗布した木材及び網入りガラスで造られたもの

第2　第1第三号、第六号又は第七号（枠の屋内側の部分をアルミニウム合金材で造ったものに限る。）のいずれかに該当する防火設備は、周囲の部分（当該防火設備から屋内側に 15 cm 以内の間に設けられた建具がある場合には、当該建具を含む。）が不燃材料で造られた開口部に取り付けなければならない。

第3　防火戸が枠又は他の防火設備と接する部分は、相じゃくりとし、又は定規縁若しくは戸当りを設ける等閉鎖した際に隙間が生じない構造とし、かつ、防火設備の取付金物は、当該防火設備が閉鎖した際に露出しないように取り付けなければならない。

〔平成27年2月23日国土交通省告示第247号〕
建築基準法第7条の6第1項第二号の国土交通大臣が定める基準等を定める件

最終改正　令和2年4月1日国土交通省告示第508号

　建築基準法（昭和25年法律第201号）第7条の6第1項第二号の規定に基づき、安全上、防火上及び避難上支障がないものとして国土交通大臣が定める基準を第1に定め、建築基準法施行規則（昭和25年建設省令第40号）第4条の16第2項の規定に基づき、仮使用の認定をするために必要な図書として国土交通大臣が定めるものを第2に定め、同条第3項の規定に基づき、国土交通大臣が定める工事を第3に定める。

第1　建築基準法（以下「法」という。）第7条の6第1項第二号の国土交通大臣が定める基準は、次の各項に定めるところによるものとする。

2　次の各号に掲げる場合においては、当該申請に係る建築物及びその敷地が建築基準関係規定に適合するものであること。

　一　建築基準法施行規則第4条の16第3項に規定する増築等に関する工事について、法第7条第1項の規定による申請が受理された後又は指定確認検査機関が法第7条の2第1項の規定による検査の引受けを行った後に仮使用の認定の申請が行われた場合

　二　新築の工事又は第3に定める工事が完了した場合において仮使用の認定の申請が行われた場合

3　新築の工事又は第3に定める工事が完了していない場合において仮使用の認定の申請が行われた場合においては、次の各号に掲げる区分に応じ、当該申請に係る建築物及びその敷地がそれぞれ当該各号に定める基準に適合するものであること。

　一　当該敷地のみに係る工事以外の工事が完了している場合　次に掲げる基準に適合すること。

　　イ　当該建築物が建築基準関係規定（建築基準法施行令（昭和25年政令第338号。以下「令」という。）第127条から令第128条の2まで及び仮使用の部分を使用する者の安全上、防火上及び避難上支障がないもの（建築物の敷地のみに係る部分に限る。）を除く。第二号ハにおいて同じ。）に適合すること。

　　ロ　当該敷地が令第127条から令第128条の2までの規定に適合すること。この場合において、これらの規定中「通路」とあるのは、「通路（仮使用の部分を使用する者の用に供するものに限る。）」と読み替えるものとする。

　　ハ　仮使用の部分の各室から当該建築物の敷地外に通ずる通路と、仮使用の部分以外の部分から当該建築物の敷地外に通ずる通路又は当該建築物の敷地のうち工事関係者が継続的に使用する部分とが重複しないこと。

　　ニ　仮使用をする期間が3年を超えない範囲内であること。

　二　前号に掲げる場合以外の場合　次に掲げる基準に適合すること。

　　イ　仮使用の部分と仮使用の部分以外の部分とを1時間準耐火基準に適合する準耐火構造の床若しくは壁又は特定防火設備（常時閉鎖をした状態にあるものに限る。）で区画すること。

ロ　令第112条第7項、第11項（ただし書を除く。）から第17項まで及び第19項から第21項までの規定は、仮使用の認定の申請に係る建築物について準用する。この場合において、次の表の左欄に掲げる規定中同表の中欄に掲げる字句は、それぞれ同表の右欄に掲げる字句に読み替えるものとする。

令第112条第7項	は、第1項	（以下「高層部分」という。）を仮使用する場合にあっては、平成27年国土交通省告示第247号第1第3項第二号イ
	床面積の合計100m²以内ごとに	高層部分にある仮使用の部分と高層部分にある仮使用の部分以外の部分とを
令第112条第11項	主要構造部	工事完了後において主要構造部
	の竪穴部分	となるものの竪穴部分
	については、当該竪穴部分以外の部分（直接外気に開放されている廊下、バルコニーその他これらに類する部分を除く。）	を仮使用する場合にあっては、平成27年国土交通省告示第247号第1第3項第二号イの規定にかかわらず、当該竪穴部分にある仮使用の部分については、当該竪穴部分にある仮使用の部分以外の部分
	しなければならない	すれば足りる
令第112条第12項及び第13項	の竪穴部分については、当該竪穴部分以外の部分	となるものの竪穴部分を仮使用する場合にあっては、平成27年国土交通省告示第247号第1第3項第二号イの規定にかかわらず、当該竪穴部分にある仮使用の部分については、当該竪穴部分にある仮使用の部分以外の部分
	しなければならない	すれば足りる。
令第112条第19項	若しくは作動をした状態にあるか、又は随時閉鎖若しくは作動をできるもので	をした状態に

ハ　仮使用の部分（仮使用の部分以外の部分から当該建築物の敷地外に通ずる通路に該当する部分を除く。以下ハにおいて同じ。）が建築基準関係規定に適合すること。ただし、令第5章第2節及び第3節並びに令第129条の13の3第2項の規定については、仮使用の部分を一の建築物とみなした場合において、これらの規定に適合しなければならない。

ニ　前号ロからニまでに掲げる基準に適合すること。

ホ　建築物の建替え（現に存する1以上の建築物（以下「従前の建築物」という。）の同一敷地内に新たに建築物を建設し、当該建設の開始後において従前の建築物を1以上除却する

ことをいう。）により新たに建設された建築物又は建築物の部分を仮使用する場合において、当該建築物又は建築物の部分について法第2条第九号の二若しくは第九号の三、法第23条、法第25条、法第28条（居室の採光に有効な部分の面積に係る部分に限る。）、法第3章若しくは令第120条第1項若しくは令第126条の4（これらの規定中令第116条の2第1項第一号に該当する窓その他の開口部を有しない居室に係る部分に限る。）の規定又はこれらに基づく命令若しくは条例の規定に適合しないことがやむを得ないと認められる場合においては、従前の建築物の除却を完了するまでの間これらの規定に適合することを要しない。

4　第3第一号及び第三号に掲げる建築物に対する前2項の規定の適用については、次の表の左欄に掲げる規定中同表の中欄に掲げる字句は、それぞれ同表の右欄に掲げる字句とする。

第2項	建築物	建築物の増築又は改築に係る部分（以下「増改築部分」という。）
	その敷地	建築物の敷地
第3項各号列記以外の部分	建築物	増改築部分
	その敷地	建築物の敷地
第3項第一号イ及びロ	当該建築物	当該増改築部分
	仮使用の部分	仮使用の部分及び増改築部分以外の部分
第3項第一号ハ	仮使用の部分の各室	仮使用の部分及び増改築部分以外の部分の各室
	、仮使用の部分以外の部分	、これらの部分以外の部分
	を仮使用の部分以外の部分	を仮使用の部分以外の部分（増改築部分以外の部分を除く。）
第3項第二号ハ	仮使用の部分以外の部分	仮使用の部分以外の部分（増改築部分以外の部分を除く。）

第2　建築基準法施行規則第4条の16第2項の国土交通大臣が定める図書は、次の表のとおりとする。

図書の種類	明示すべき事項
各階平面図	縮尺、方位、間取、各室の用途、新築又は避難施設等に関する工事に係る建築物又は建築物の部分及び仮使用の部分
	仮使用の部分の各室から建築物の敷地外に通ずる通路
	仮使用の部分以外の部分の各室から建築物の敷地外に通ずる通路
	第1第3項第二号イ又はロの規定による区画（以下「仮使用区画」という。）の位置及び面積

	仮使用区画に用いる壁の構造
	仮使用区画に設ける防火設備の位置及び種別
	仮使用区画を貫通する風道の配置
	仮使用区画を貫通する風道に設ける防火設備の位置及び種別
	給水管、配電管その他の管と仮使用区画との隙間を埋める材料の種別
2面以上の断面図	仮使用区画に用いる床の構造
	令第112条第10項に規定する外壁の位置及び構造
	仮使用区画を貫通する風道に設ける防火設備の位置及び種別
	給水管、配電管その他の管と仮使用区画との隙間を埋める材料の種別
耐火構造等の構造詳細図	仮使用区画に用いる床及び壁の断面の構造、材料の種別及び寸法
	仮使用区画に設ける防火設備の構造、材料の種別及び寸法
配置図	縮尺、方位、工作物の位置及び仮使用の部分
	敷地境界線及び敷地内における建築物の位置
	敷地の接する道路の位置及び幅員
	仮使用の部分の各室から建築物の敷地外に通ずる通路
	仮使用の部分以外の部分の各室から建築物の敷地外に通ずる通路
	建築物の敷地のうち工事関係者が継続的に使用する部分
安全計画書	工事中において安全上、防火上又は避難上講ずる措置の概要
その他法第7条の6第1項第二号の国土交通大臣が定める基準に適合することの確認に必要な図書	法第7条の6第1項第二号の国土交通大臣が定める基準に適合することの確認に必要な事項

第3　建築基準法施行規則第4条の16第3項の国土交通大臣が定める工事は、次の各号に掲げるものとする。

　一　増築の工事であって、次に掲げる要件に該当するもの

　　イ　仮使用の認定の申請前に避難施設等に関する工事（仮使用の部分に係るものに限る。）を完了していること。

　　ロ　増築に係る部分以外の部分に係る避難施設等に関する工事を含まないこと。

　二　建築物の改築（一部の改築を除く。）の工事

　三　建築物が開口部のない自立した構造の壁で区画されている場合における当該区画された部分の改築（一部の改築を除く。）の工事

附　則

この告示は、平成27年6月1日から施行する。

〔昭和60年3月19日建設省告示第606号〕

建築物の維持保全に関する準則又は計画の作成に関し必要な指針

最終改正　令和元年6月21日国土交通省告示第199号

建築基準法（昭和25年法律第201号）第8条第2項の規定に基づき、同法第12条第1項に規定する建築物の維持保全に関する準則又は計画の作成に関し必要な指針を次のように定め、公布の日から施行する。

第1　総則

1　建築基準法（以下「法」という。）第8条第2項第一号及び第二号に規定する建築物（以下単に「建築物」という。）の維持保全に関する準則（以下「準則」という。）又は建築物の維持保全に関する計画（以下「計画」という。）は、建築物の敷地、構造及び建築設備を常時適法な状態に維持するため、この指針に従つて作成するものとする。

2　準則は、建築物について計画を作成する権限を有する者が複数ある場合において、計画相互の整合性を確保する必要があると認められるときに、それらの者の合意により当該建築物について作成するものとする。ただし、複数の建築物が一団地を形成している場合は、当該一団地について作成することができる。

3　計画は、建築物の維持保全を行う上で採るべき措置を定める必要があると認められる場合において、当該建築物の所有者又は管理者が当該建築物又はその部分について作成するものとする。ただし、複数の建築物が一団地を形成している場合は、当該一団地について作成することができる。

第2　準則に定めるべき事項

準則には、第3第1項各号に掲げる事項のうち計画相互の整合性を確保する上で必要であると認められる事項を定めるものとする。

第3　計画に定めるべき事項

1　計画には、おおむね次の各号に掲げる項目につき、それぞれ当該各号に掲げる事項を定めるものとする。

一　建築物の利用計画　建築物又はその部分の用途等、将来の増改築の予定等に関する事項

二　維持保全の実施体制　維持保全を行うための組織、維持保全業務の委託、建築士その他専門技術者の関与等に関する事項

三　維持保全の責任範囲　計画作成者の維持保全の責任範囲に関する事項

四　占有者に対する指導等　建築物の破損時等における通報、使用制限の遵守等に関する事項

五　点検　点検箇所、点検時期、点検者、点検に当たつての判断基準、結果の報告等に関する事項

六　修繕　修繕計画の作成、修繕工事の実施等に関する事項

七　図書の作成、保管等　維持保全計画書、確認通知書、竣工図、設備仕様書等の作成、保管、廃棄等に関する事項

八　資金計画　点検、修繕等の資金の確保、保険等に関する事項

九　計画の変更　計画の変更の手続等に関する事項

十　その他　前各号に掲げるもののほか、維持保全を行うため必要な事項

2　少なくとも、建築基準法施行令（昭和25年政令第338号。以下「令」という。）第13条の3第1項第一号に規定する特殊建築物のうち、3階を同号に規定する用途に供するもので、延べ面積が$200\,m^2$未満のもの（法27条第1項の規定に適合するものを除く。）についての計画の作成に当たつては、次に掲げる事項に留意するものとする。

一　前項第二号に規定する維持保全を行うための組織に関する事項として、当該特殊建築物の点検に関する責任者を定めること。

二　前項第五号に規定する点検時期に関する事項として、次号イ及びロに掲げる点検項目に係る点検は、原則として毎日実施することを定めること。

三　前項第五号に規定する点検に当たつての判断基準に関する事項として、次のイ又はロに掲げる点検項目の区分に応じ、それぞれ当該イ又はロに定める基準を定めること。

　イ　廊下及び階段における物品の放置の状況　避難に支障となる物品が放置されていること。

　ロ　常時閉鎖若しくは作動をした状態にある防火設備又は常時閉鎖した状態にある戸の固定の状況　開放状態に固定されていること。

四　前項第五号に規定する結果の報告等に関する事項として、点検結果を適切に記録し、第一号に規定する責任者に報告することを定めること。

五　前項第七号に規定する維持保全計画書、確認通知書、竣工図、設備仕様書等の作成、保管、廃棄等に関する事項として、点検結果を記録した図書その他維持保全に必要な図書の保管期限を明確に定めること。

3　少なくとも、令第13条の3第1項第二号に規定する特殊建築物のうち、倉庫の用途に供するものについての計画の作成に当たつては、次に掲げる事項に留意するものとする。

一　第1項第二号に規定する維持保全を行うための組織に関する事項として、次に掲げる事項を定めること。

　イ　防火シャッターの点検及びコンベヤーその他の固定された設備（以下「コンベヤー等」という。）の点検に関する責任者

　ロ　コンベヤー等の新設又は防火上若しくは避難上支障を生じるおそれがある変更（以下「新設等」という。）を行う場合に、その旨をイに規定する責任者に報告する体制

二　第1項第三号に規定する計画作成者の維持保全の責任範囲に関する事項として、計画の対象とする建築物又はその部分を明確に定めること。

三　第1項第五号に規定する点検時期に関する事項は、点検項目に応じて定めること。ただし、コンベヤー等の新設等を行つたときは、点検を行うものとする。

四　第1項第五号に規定する点検に当たつての判断基準に関する事項として、次のイからニまでに掲げる点検項目の区分に応じ、それぞれ当該イからニまでに定める基準を定めること。

　イ　防火シャッターの閉鎖の支障となる物品の放置の状況　防火シャッターの閉鎖の支障と

なる物品が放置されていること。

ロ　煙感知器、熱感知器及び熱煙複合式感知器の感知の状況　火災による煙若しくは火熱を感知せず、又は適切な信号を発信しないこと。

ハ　防火シャッターの閉鎖の状況　煙感知器、熱感知器又は熱煙複合式感知器と連動して床面まで降下しないこと。

ニ　防火シャッターの閉鎖に支障が生じることを防止するためにコンベヤー等に設けられる装置の作動の状況　正常に作動しないこと。

五　第1項第五号に規定する結果の報告等に関する事項として、点検結果を適切に記録し、第一号イに規定する責任者に報告することを定めること。

六　第1項第七号に規定する維持保全計画書、確認通知書、竣工図、設備仕様書等の作成、保管、廃棄等に関する事項として、点検結果を記録した図書その他維持保全に必要な図書の保管期限を明確に定めること。

七　第1項第十号に規定する維持保全を行うため必要な事項として、コンベヤー等の新設等を行う場合には、当該新設等後の建築物が法第6条第1項の建築基準関係規定に適合するかどうかを一級建築士が確認することを定めること。

4　特定行政庁は、第1項に規定する計画に定めるべき事項について、規則で、必要な事項を付加することができる。

〔平成28年3月9日国土交通省告示第483号〕
建築基準法第12条の2第1項第一号に掲げる者と同等以上の専門的知識及び能力を有する者等を定める件

建築基準法の一部を改正する法律（平成26年法律第54号）附則第2条第1項の規定に基づき、建築基準法（昭和25年法律第201号）第12条の2第1項第一号に掲げる者と同等以上の専門的知識及び能力を有する者及び同法第12条の3第3項第一号（同法第88条第1項において準用する場合を含む。）に掲げる者と同等以上の専門的知識及び能力を有する者を次のように定める。

第1　建築基準法（以下「法」という。）第12条の2第1項第一号に掲げる者と同等以上の専門的知識及び能力を有する者は、次のとおりとする。

一　建築基準適合判定資格者

二　建築基準法施行規則等の一部を改正する省令（平成28年国土交通省令第10号）による改正前の建築基準法施行規則（昭和25年建設省令第40号。以下「旧施行規則」という。）第4条の20第1項第二号の登録を受けた講習を修了した者

第2　法第12条第2項の点検について法第12条の2第1項第一号に掲げる者と同等以上の専門的知識及び能力を有する者は、国、都道府県又は建築主事を置く市町村（以下「国等」という。）の建築物の維持保全に関して2年以上の実務の経験を有する者とする。

第3　法第12条の3第3項第一号（法第88条第1項において準用する場合を含む。）に掲げる者と同等以上の専門的知識及び能力を有する者は、次のとおりとする。

一　建築基準適合判定資格者

二　旧施行規則第4条の20第2項第二号又は同条第3項第二号の登録を受けた講習を修了した者

三　一般財団法人日本建築防災協会が行う防火設備検査員に関する講習の課程を修了した者（平成28年2月9日までに実施された修了考査に合格した者に限る。）

第4　法第12条第4項の点検について法第12条の3第3項第一号に掲げる者と同等以上の専門的知識及び能力を有する者は、国等の建築物の昇降機、昇降機以外の建築設備又は防火設備の維持保全に関して2年以上の実務の経験を有する者とする。

〔平成19年6月20日国土交通省告示第835号〕

確認審査等に関する指針

最終改正　令和3年6月30日国土交通省告示第757号

建築基準法（昭和25年法律第201号）第18条の3第1項の規定に基づき、同項に規定する確認審査等に関する指針を次のように定める。

第1　確認審査に関する指針

建築基準法（以下「法」という。）第6条第4項及び法第18条第3項（これらの規定を法第87条第1項、法第87条の4並びに法第88条第1項及び第2項において準用する場合を含む。以下同じ。）に規定する審査並びに法第6条の2第1項（法第87条第1項、法第87条の4並びに法第88条第1項及び第2項において準用する場合を含む。以下同じ。）の規定による確認のための審査（以下「確認審査」という。）は、次の各項に定めるところにより行うものとする。

2　法第6条第1項（法第87条第1項、法第87条の4又は法第88条第1項若しくは第2項において準用する場合を含む。以下同じ。）若しくは法第6条の2第1項の規定による確認の申請書の提出又は法第18条第2項（法第87条第1項、法第87条の4又は法第88条第1項若しくは第2項において準用する場合を含む。）の規定による通知を受けたときの審査は、次の各号に定めるところによるものとする。

一　建築基準法施行規則（昭和25年建設省令第40号。以下「施行規則」という。）第1条の3、第2条の2又は第3条（これらの規定を施行規則第3条の3第1項から第3項まで又は施行規則第8条の2第1項、第6項若しくは第7項において準用する場合を含む。以下同じ。）に規定する申請書又は通知書の正本1通及び副本1通並びにこれらに添えた図書及び書類（第4項第三号及び第5項第三号において「申請書等」という。）の記載事項が相互に整合していることを確かめること。

二　申請又は通知に係る建築物が、建築士法（昭和25年法律第202号）第3条第1項（同条第2項の規定により適用される場合を含む。以下同じ。）、第3条の2第1項（同条第2項において準用する同法第3条第2項の規定により適用される場合を含む。以下同じ。）若しくは第3条の3第1項（同条第2項において準用する同法第3条第2項の規定により適用される場合を含む。以下同じ。）に規定する建築物又は同法第3条の2第3項（同法第3条の3第2項において読み替えて準用する場合を含む。以下同じ。）の規定に基づく条例に規定する建築物である場合にあっては、施行規則別記第2号様式による申請書の第2面及び施行規則別記第3号様式による建築計画概要書の第1面又は施行規則別記第42号様式による通知書の第2面に記載された設計者及び工事監理者が、それぞれ同法第3条第1項、第3条の2第1項若しくは第3条の3第1項に規定する建築士又は同法第3条の2第3項の規定に基づく条例に規定する建築士であることを次に掲げる方法のいずれかにより確かめること。

　イ　建築士法第5条第1項に規定する一級建築士名簿、二級建築士名簿又は木造建築士名簿（以下「建築士名簿」という。）により確かめる方法

　ロ　当該建築物の計画に係る申請者又は通知をした国の機関の長等（以下この項において「申請者等」という。）に対し建築士法第5条第2項に規定する一級建築士免許証、二級建築士免許証若しくは木造建築士免許証又は同法第10条の19第1項に規定する一級建築士

免許証明書若しくは同法第10条の21第1項に規定する二級建築士免許証明書若しくは木造建築士免許証明書（以下「建築士免許証等」という。）の提示を求め、当該建築士免許証等により確かめる方法

二の二　申請又は通知に係る建築物が建築士法第20条の2の規定の適用を受ける場合にあっては、施行規則別記第2号様式による申請書の第2面及び施行規則別記第3号様式による建築計画概要書の第1面又は施行規則別記第42号様式による通知書の第2面に記載された構造設計一級建築士である旨の表示をした者が、建築士法第10条の2の2第4項に規定する構造設計一級建築士であることを次に掲げる方法のいずれかにより確かめること。

イ　一級建築士名簿により確かめる方法

ロ　申請者等に対し建築士法第10条の2の2第1項に規定する構造設計一級建築士証（同法第10条の4第1項の規定により中央指定登録機関が交付するものを含む。）の提示を求め、当該構造設計一級建築士証により確かめる方法

二の三　申請又は通知に係る建築物が建築士法第20条の3の規定の適用を受ける場合にあっては、施行規則別記第2号様式による申請書の第2面及び施行規則別記第3号様式による建築計画概要書の第1面又は施行規則別記第42号様式による通知書の第2面に記載された設備設計一級建築士である旨の表示をした者が、建築士法第10条の2の2第4項に規定する設備設計一級建築士であることを次に掲げる方法のいずれかにより確かめること。

イ　一級建築士名簿により確かめる方法

ロ　申請者等に対し建築士法第10条の2の2第1項に規定する設備設計一級建築士証（同法第10条の4第1項の規定により中央指定登録機関が交付するものを含む。）の提示を求め、当該設備設計一級建築士証により確かめる方法

三　申請書又は通知書の正本に添えられた図書に当該図書の設計者の氏名が記載されていることを確かめること。

四　申請又は通知に係る建築物、建築設備又は工作物（以下第1において「申請等に係る建築物等」という。）が、次のイ又はロに掲げる建築物、建築設備又は工作物である場合にあっては、それぞれ当該イ又はロに掲げる書類が添えられていることを確かめること。

イ　法第68条の10第1項（法第88条第1項において準用する場合を含む。）の認定を受けた型式（以下「認定型式」という。）に適合する部分を有するものとする建築物、建築設備又は工作物　認定型式の認定書の写し（その認定型式が建築基準法施行令（昭和25年政令第338号。以下「令」という。）第136条の2の11第一号イに掲げる規定に適合するものであることの認定を受けたものである場合にあっては、認定型式の認定書の写し並びに施行規則第1条の3第5項第一号に規定する国土交通大臣が定める図書及び書類。以下「認定型式の認定書の写し等」という。）

ロ　法第68条の20第1項（法第88条第1項において準用する場合を含む。）に規定する認証型式部材等（以下単に「認証型式部材等」という。）を有するものとする建築物、建築設備又は工作物　認証型式部材等に係る認証書の写し

五　申請又は通知に係る建築物が建築士により構造計算によってその安全性を確かめられたものである場合（建築士法第20条の2の規定の適用を受ける場合を除く。）にあっては、次に定めるところによること。

イ　建築士法第20条第2項に規定する証明書（構造計算書を除く。以下単に「証明書」という。）の写しが添えられていることを確かめること。

ロ　証明書の写し及び施行規則第1条の3第1項第一号の表3の各項（施行規則第3条の3第1項又は施行規則第8条の2第1項において準用する場合を含む。）に規定する構造計算書（以下単に「構造計算書」という。）に構造計算の種類が記載されていることを確かめ、当該建築物の計画が構造計算適合性判定を要するものであるかどうかを判断すること。

六　申請又は通知に係る建築物が建築士法第20条の2の規定の適用を受ける場合にあっては、構造計算書に構造計算の種類が記載されていることを確かめ、当該建築物の計画が構造計算適合性判定を要するものであるかどうかを判断すること。

3　申請等に係る建築物等の計画が、法第6条第1項（法第6条の4第1項の規定により読み替えて適用される場合を含む。）に規定する建築基準関係規定（以下単に「建築基準関係規定」という。）に適合するかどうかの審査（法第20条第1項第一号に定める基準（同号の政令で定める基準に従った構造計算によって安全性が確かめられたものとして国土交通大臣の認定を受けたものであることに係る部分に限る。）又は令第81条第2項又は第3項に規定する基準に適合するかどうかの審査（次項において「構造計算の確認審査」という。）を除く。）は、次の各号に定めるところによるものとする。

一　施行規則第1条の3第1項の表1及び表2、同条第4項の表1、第2条の2第1項の表並びに第3条第1項の表1及び表2の各項の（ろ）欄（これらの規定を施行規則第3条の3第1項又は施行規則第8条の2第1項において準用する場合を含む。）に掲げる図書に記載されたこれらの欄に掲げる明示すべき事項に基づき、建築基準関係規定に適合しているかどうかを審査すること。ただし、施行規則第1条の3第5項各号、第2条の2第2項各号又は第3条第4項各号（これらの規定を施行規則第3条の3第1項から第4項まで又は施行規則第8条の2第1項、第6項若しくは第7項において準用する場合を含む。）の規定により添えることを要しないとされた図書及び明示することを要しないとされた事項については、この限りでない。

二　申請又は通知に係る建築物が施行規則第1条の3第10項の規定の適用を受ける場合にあっては、次に定めるところによること。

イ　検査済証の写しが添えられていることを確かめること。

ロ　施行規則第1条の3第10項（施行規則第3条の3第1項及び第8条の2第1項において準用する場合を含む。）に規定する直前の確認に要した図書及び書類並びに申請書等により申請又は通知に係る建築物が施行規則第1条の3第10項の規定の適用を受けることができるものであることを確かめること。この場合において、直前の確認に要した図書及び書類により令第81条第2項又は第3項に規定する基準に適合するかどうかを審査をすることを要しない。

三　認定型式の認定書の写し等が添えられたものにあっては、当該認定に係る建築物の部分又は工作物の部分の計画が認定型式に適合していることを確かめること。

四　認証型式部材等に係る認証書の写しが添えられたものにあっては、申請等に係る建築物等が有する認証型式部材等が当該認証型式部材等製造者により製造されるものであることを確かめること。

五　法第68条の25第1項（法第88条第1項において準用する場合を含む。以下同じ。）に規定する構造方法等の認定に係る認定書の写しが添えられているものにあっては、申請又は通知に係る建築物若しくはその部分、建築設備又は工作物若しくはその部分の計画が当該認定を受けた構造方法等によるものであることを確かめること。

六　法第38条（法第66条、法第67条の2及び法第88条第1項において準用する場合を含む。）の規定による認定に係る認定書の写しが添えられているものにあっては、申請又は通知に係る建築物若しくはその部分又は工作物若しくはその部分の計画が当該認定を受けた構造方法又は建築材料によるものであることを確かめること。

七　申請等に係る建築物等が、法第86条の7各項（これらの規定を法第87条第4項並びに法第88条第1項及び第2項において準用する場合を含む。この号において同じ。）の規定によりそれぞれ当該各項に規定する増築等をする建築物若しくは工作物又は移転をする建築物である場合にあっては、当該各項に規定する規定が適用されない旨が明示された図書により、申請等に係る建築物等が法第86条の7各項に規定する規定の適用を受けないものであることを確かめること。

八　法第86条の8第1項又は法第87条の2第1項に規定する認定に係る認定書及び添付図書の写しが添えられている場合にあっては、申請等に係る建築物等の計画が認定を受けた全体計画と同一のものであることを確かめること。

九　法第93条第4項に規定する場合以外の場合にあっては、同条第1項本文の規定により申請に係る建築物の工事施工地又は所在地を管轄する消防長（消防本部を置かない市町村にあっては、市町村長。）又は消防署長の同意を得ること。

十　申請等に係る建築物等が、法第39条第2項、第40条（法第88条第1項において準用する場合を含む。）、第43条第3項、第49条から第50条まで又は第68条の2第1項（法第88条第2項において準用する場合を含む。）若しくは第68条の9第1項の規定に基づく条例（法第87条第2項又は第3項においてこれらの規定に基づく条例の規定を準用する場合を含む。）又は第68条の9第2項の規定に基づく条例の規定の適用を受ける建築物、建築設備又は工作物である場合にあっては、第一号の規定によるほか、施行規則第1条の3第7項、第2条の2第4項又は第3条第6項（これらの規定を施行規則第8条の2第1項、第5項又は第6項において準用する場合を含む。）の規定に基づき特定行政庁が申請書に添えるべき図書として規則で定める図書に記載すべきものとされる事項が記載された図書により当該条例の規定に適合しているかどうかを審査すること。

4　構造計算の確認審査は、次の各号に定めるところによるものとする。

一　申請又は通知に係る建築物の安全性を確かめるために行った構造計算の種類が、当該建築物の構造又は規模に照らして法第20条第1項の規定又は令第137条の2各号に掲げる範囲に応じ、それぞれ当該各号に定める基準に適合していることを確かめること。

二　申請又は通知に係る建築物の安全性を確かめるために行った構造計算の種類が、証明書の写しの記載事項と整合していることを確かめること。ただし、当該建築物が建築士法第20条の2の規定の適用を受ける場合にあっては、この限りでない。

三　次のイからニまでに掲げる構造計算の区分に応じ、それぞれ当該イからニまでに定めるところにより審査を行うこと。

　イ　法第20条第１項第一号の規定に基づき令第81条第１項に規定する基準に従った構造計算
　　　申請又は通知に係る建築物の計画が、同号の規定に基づく国土交通大臣の認定に係る認定
　　　書の写しにより、当該認定を受けた構造方法によるものであることを確かめ、かつ、構造
　　　図その他の申請書又は通知書に添えられた図書及び書類の記載事項と整合していることを
　　　確かめること。
　ロ　令第81条第２項に規定する基準に従った構造計算で国土交通大臣が定めた方法によるも
　　　の　次に定めるところにより行うこと。
　(1)　法第６条の３第７項に規定する適合判定通知書又はその写し並びに施行規則第３条の
　　　12に規定する図書及び書類（以下「適合判定通知書等」という。）の提出を受ける前に
　　　おいては、次に定めるところによること。
　　　(i)　申請書等により、別表(い)欄に掲げる建築物の区分に応じ、同表(ろ)欄に掲げる図
　　　　　書に基づき、同表(は)欄に掲げる審査すべき事項について審査すること。ただし、施
　　　　　行規則第１条の３第１項第一号ロ(2)（施行規則第３条の３第１項又は施行規則第８条
　　　　　の２第１項において準用する場合を含む。）の規定に基づく国土交通大臣の認定に係
　　　　　る認定書の写しが添えられたものにあっては、申請又は通知に係る建築物又はその部
　　　　　分の計画が当該認定を受けた建築物又はその部分に適合することを確かめるととも
　　　　　に、当該認定の際に国土交通大臣が指定した構造計算の計算書により審査すること。
　　　(ii)　都道府県知事又は指定構造計算適合性判定機関（以下「都道府県知事等」という。）
　　　　　から施行規則第３条の８（施行規則第３条の10又は第８条の２第８項において準用す
　　　　　る場合を含む。(2)(iii)において同じ。）の規定により留意すべき事項が通知された場合
　　　　　にあっては、当該事項の内容を確かめ、これに留意して審査し、及び当該通知をした
　　　　　都道府県知事等に対して、遅滞なく、当該事項に対する回答をすること。
　　　(iii)　申請又は通知に係る建築物の計画について都道府県知事等が別表(に)欄に掲げる判
　　　　　定すべき事項の審査を行うに当たって留意すべき事項があると認めるときは、施行規
　　　　　則第１条の４（施行規則第３条の３第１項又は第８条の２第２項において準用する場
　　　　　合を含む。）の規定により、当該計画について構造計算適合性判定の申請を受けた都
　　　　　道府県知事等に対し、当該事項の内容を通知すること。
　　　(iv)　都道府県知事等から第２第２項第七号の規定による照会があった場合においては、
　　　　　当該照会をした都道府県知事等に対して、当該照会に対する回答をすること。
　(2)　適合判定通知書等の提出を受けた後においては、次に定めるところによること。
　　　(i)　申請書等と適合判定通知書等の記載事項が相互に整合していることを確かめるこ
　　　　　と。
　　　(ii)　申請書等並びに第２第４項第二号に規定する意見に関する記録及び同項第五号ロに
　　　　　規定する追加説明書により、別表(い)欄に掲げる建築物の区分に応じ、同表(ろ)欄に
　　　　　掲げる図書に基づき、同表(は)欄に掲げる審査すべき事項について審査すること。
　　　(iii)　都道府県知事等から施行規則第３条の８の規定により留意すべき事項が通知された
　　　　　場合にあっては、当該事項の内容を確かめ、これに留意して審査すること。
　　　(iv)　申請又は通知に係る建築物の確認審査の公正かつ適確な実施を確保するため必要が
　　　　　あると認めるときは、適合判定通知書を交付した都道府県知事等に照会すること。

　　ハ　令第81条第2項又は第3項に規定する基準に従った構造計算で国土交通大臣の認定を受けたプログラムによるもの　ロに定めるところにより行うこと。この場合において、国土交通大臣の認定を受けたプログラムの当該認定に係る認定書の写しの内容を確かめるとともに、申請又は通知の際に施行規則第1条の3第1項第一号ロ(2)ただし書（施行規則第3条の3第1項又は施行規則第8条の2第1項において準用する場合を含む。）に規定する磁気ディスク等（第2第3項第三号ロにおいて単に「磁気ディスク等」という。）の提出があったときは、別表(は)欄に掲げる審査すべき事項のうち、国土交通大臣によるプログラムの認定に当たり国土交通大臣が指定した図書以外の図書に係る審査すべき事項については、その審査を省略することができるものとする。

　　ニ　令第81条第3項に規定する基準に従った構造計算で国土交通大臣が定めた方法によるもの　ロ(1)(i)に定めるところによること。

5　前3項の規定によるほか、確認審査の公正かつ適確な実施を確保するため、次の各号に定める措置を行うものとする。

　一　前3項の審査において、申請等に係る建築物等の計画が建築基準関係規定に適合することを確認したときは、当該計画に係る申請者又は通知をした国の機関の長等（以下この項において「申請者等」という。）に法第6条第4項、法第6条の2第1項又は法第18条第3項に規定する確認済証を交付すること。

　二　前3項の審査において、申請等に係る建築物等の計画が建築基準関係規定に適合しないことを認めたときは、法第6条第7項、法第6条の2第4項又は法第18条第14項（これらの規定を法第87条第1項、法第87条の4又は法第88条第1項若しくは第2項において準用する場合を含む。次号において同じ。）の規定に基づき、当該計画に係る申請者等に当該計画が建築基準関係規定に適合しない旨及びその理由を記載した通知書を交付すること。

　三　前3項の審査において、申請等に係る建築物等の計画が建築基準関係規定に適合するかどうかを決定することができない場合であって、次のイ又はロのいずれかに掲げるときは、それぞれイ又はロに定めるところによることとし、法第6条第7項、法第6条の2第4項又は法第18条第14項に規定する正当な理由があるときは、これらの項の規定に基づき、当該計画に係る申請者等に当該計画が建築基準関係規定に適合するかどうかを決定することができない旨及びその理由を記載した通知書を交付すること。

　　イ　申請書等に不備（申請者等が記載しようとした事項が合理的に推測されるものに限る。）がある場合　申請者等に対して相当の期限を定めて申請書等の補正を書面又は電磁的方法（電子情報処理組織を使用する方法その他の情報通信の技術を利用する方法をいう。以下同じ。）により求めること。この場合において、補正が行われたときは、補正された申請書等について前3項の規定による審査を行うこと。

　　ロ　申請書等の記載事項に不明確な点がある場合　申請者等に対して相当の期限を定めて当該不明確な点を説明するための書類（以下この号において「追加説明書」という。）の提出を書面又は電磁的方法により求めること。この場合において、追加説明書が提出されたときは、当該追加説明書を申請書等の一部として前3項の規定による審査を行うこと。

　四　確認審査を行っている期間中において申請者等が申請等に係る建築物等の計画を変更しようとするときは、当該確認審査に係る申請書等の差替え又は訂正は認めないこと。

第2　構造計算適合性判定に関する指針

　　構造計算適合性判定は、次の各項に定めるところにより行うものとする。

2　法第6条の3第1項（法第18条の2第4項の規定により読み替えて適用される場合を含む。）の規定による構造計算適合性判定の申請書の提出又は法第18条第4項（法第18条の2第4項の規定により読み替えて適用される場合を含む。）の規定による通知を受けたときの審査は、次の各号に定めるところによるものとする。

一　施行規則第3条の7（施行規則第3条の10又は施行規則第8条の2第7項において準用する場合を含む。以下同じ。）に規定する申請書又は通知書の正本1通及び副本1通並びにこれらに添えた図書及び書類（第4項において「申請書等」という。）の記載事項が相互に整合していることを確かめること。

二　申請又は通知に係る建築物が、建築士法第3条第1項、第3条の2第1項若しくは第3条の3第1項に規定する建築物又は同法第3条の2第3項の規定に基づく条例に規定する建築物である場合にあっては、施行規則別記第18号の2様式による申請書の第2面及び施行規則別記第3号様式による建築計画概要書の第1面又は施行規則別記第42号の12の2様式による通知書の第2面に記載された設計者が同法第3条第1項、第3条の2第1項若しくは第3条の3第1項に規定する建築士又は同法第3条の2第3項の規定に基づく条例に規定する建築士であることを次に掲げる方法のいずれかにより確かめること。

　イ　建築士名簿により確かめる方法

　ロ　当該計画に係る申請者又は通知をした国の機関の長等（以下この項及び第4項において「申請者等」という。）に対し、建築士免許証等の提示を求め、当該建築士免許証等により確かめる方法

三　申請又は通知に係る建築物が建築士法第20条の2の規定の適用を受ける場合にあっては、施行規則別記第18号の2様式による申請書の第2面及び施行規則別記第3号様式による建築計画概要書の第1面又は施行規則別記第42号の12の2様式による通知書の第2面に記載された構造設計一級建築士である旨の表示をした者が、建築士法第10条の2の2第4項に規定する構造設計一級建築士であることを次に掲げる方法のいずれかにより確かめること。

　イ　一級建築士名簿により確かめる方法

　ロ　申請者等に対し建築士法第10条の2の2第1項に規定する構造設計一級建築士証（同法第10条の4第1項の規定により中央指定登録機関が交付するものを含む。）の提示を求め、当該構造設計一級建築士証により確かめる方法

四　申請書又は通知書の正本に添えられた図書に当該図書の設計者の氏名が記載されていることを確かめること。

五　申請又は通知に係る建築物が建築士により構造計算によってその安全性を確かめられたものである場合（建築士法第20条の2の規定の適用を受ける場合を除く。）にあっては、次に定めるところによること。

　イ　証明書の写しが添えられていることを確かめること。

　ロ　証明書の写し及び構造計算書に構造計算の種類が記載されていることを確かめ、当該建築物の計画が構造計算適合性判定を要するものであるかどうかを判断すること。

六　申請又は通知に係る建築物が建築士法第20条の2の規定の適用を受ける場合にあっては、

構造計算書に構造計算の種類が記載されていることを確かめ、当該建築物の計画が構造計算適合性判定を要するものであるかどうかを判断すること。

七　前2号の審査において、当該建築物の計画が構造計算適合性判定を要するものであるかどうかを判断することができないときは、当該建築物について法第6条第4項又は法第18条第3項に規定する審査をする権限を有する建築主事に照会すること。

3　構造計算適合性判定のための審査は、次の各号に定めるところによるものとする。

一　申請又は通知に係る建築物の安全性を確かめるために行った構造計算の種類が、当該建築物の構造又は規模に照らして法第20条第1項の規定又は令第137条の2各号に掲げる範囲に応じ、それぞれ当該各号に定める基準に適合していることを確かめること。

二　申請又は通知に係る建築物の安全性を確かめるために行った構造計算の種類が、証明書の写しの記載事項と整合していることを確かめること。ただし、当該建築物が建築士法第20条の2の規定の適用を受ける場合にあっては、この限りではない。

三　次に掲げる構造計算の区分に応じ、それぞれ次に定めるところにより審査を行うこと。

イ　令第81条第2項に規定する基準に従った構造計算で国土交通大臣が定めた方法によるもの　次に定めるところにより行うこと。

⑴　申請書等により、別表(い)欄に掲げる建築物の区分に応じ、同表(ろ)欄に掲げる図書に基づき、同表(に)欄に掲げる判定すべき事項について審査すること。

⑵　建築主事又は指定確認検査機関（以下「建築主事等」という。）から施行規則第1条の4（施行規則第3条の3又は施行規則第8条の2第2項において準用する場合を含む。）の規定により留意すべき事項が通知された場合にあっては、当該事項の内容を確かめ、これに留意して審査し、及び当該通知をした建築主事等に対して、遅滞なく、当該事項に対する回答をすること。

⑶　申請又は通知に係る建築物の計画について建築主事等が別表(は)欄に掲げる審査すべき事項の審査を行うに当たって留意すべき事項があると認めるときは、施行規則第3条の8（施行規則第3条の10又は施行規則第8条の2第8項において準用する場合を含む。）の規定により、当該計画について確認の申請を受けた建築主事等に対し、当該事項の内容を通知すること。

ロ　令第81条第2項又は第3項に規定する基準に従った構造計算で国土交通大臣の認定を受けたプログラムによるもの　イ及び次に定めるところにより行うこと。この場合において、国土交通大臣の認定を受けたプログラムの当該認定に係る認定書の写しの内容を確かめるとともに、申請又は通知の際に磁気ディスク等の提出があったときは、別表(に)欄に掲げる判定すべき事項のうち、国土交通大臣によるプログラムの認定に当たり国土交通大臣が指定した図書以外の図書に係る判定すべき事項については、その審査を省略できるものとする。

⑴　構造計算適合性判定に係る建築物の構造の種別、規模その他の条件が国土交通大臣の認定を受けたプログラムの使用条件に適合することを確かめること。

⑵　構造計算適合性判定に係る建築物の設計者が用いた国土交通大臣の認定を受けたプログラムと同一のものを用いて磁気ディスク等に記録された構造設計の条件に係る情報により構造計算を行い、当該構造計算の結果が申請書又は通知書に添えられた構造計算書

に記載された構造計算の結果と一致することを確かめること。

(3)　申請書又は通知書に添えられた構造計算書に国土交通大臣の認定を受けたプログラムによる構造計算の過程について注意を喚起する表示がある場合にあっては、当該注意を喚起する表示に対する検証が適切に行われていることを確かめること。

4　前2項の規定によるほか、構造計算適合性判定の公正かつ適確な実施を確保するため、次の各号に定める措置を行うものとする。

一　前2項の審査において、都道府県知事にあっては構造計算適合性判定のための審査を行う委員会の設置その他の適切な実施体制によって、指定構造計算適合性判定機関にあっては原則として2名以上の構造計算適合性判定員（法第77条の35の9第1項の構造計算適合性判定員をいう。）によって、審査を行うこと。

二　前2項の審査において、法第6条の3第3項又は法第18条第6項（これらの規定を法第18条の2第4項の規定により読み替えて適用する場合を含む。）の規定により意見を聴いたときは、当該意見に関する記録を施行規則第3条の7第1項第一号ロ(1)及び(2)に定める図書及び書類の一部として前2項の規定による審査を行うこと。

三　前2項の審査において、申請又は通知に係る建築物の計画が特定構造計算基準又は特定増改築構造計算基準に適合するものであると判定したときは、法第6条の3第4項又は法第18条第7項（これらの規定を法第18条の2第4項の規定により読み替えて適用する場合を含む。次号において同じ。）の規定に基づき、申請者等に適合判定通知書を交付すること。

四　前2項の審査において、申請又は通知に係る建築物の計画が特定構造計算基準又は特定増改築構造計算基準に適合しないものであると判定したときは、法第6条の3第4項又は法第18条第7項の規定に基づき、当該計画に係る申請者等に当該計画が特定構造計算基準又は特定増改築構造計算基準に適合しない旨及びその理由を記載した通知書を交付すること。

五　前2項の審査において、申請又は通知に係る建築物の計画が特定構造計算基準又は特定増改築構造計算基準に適合するかどうかを決定することができない場合であって、次のイ又はロのいずれかに掲げるときは、それぞれイ又はロに定めるところによることとし、法第6条の3第6項又は法第18条第9項（これらの規定を法第18条の2第4項の規定により読み替えて適用する場合を含む。）に規定する正当な理由があるときは、これらの項の規定に基づき、当該計画に係る申請者等に当該計画が特定構造計算基準又は特定増改築構造計算基準に適合するかどうかを決定することができない旨及びその理由を記載した通知書を交付すること。

イ　申請書等に不備（申請者等が記載しようとした事項が合理的に推測されるものに限る。）がある場合　申請者等に対して相当の期限を定めて申請書等の補正を書面又は電磁的方法により求めること。この場合において、補正が行われたときは、補正された申請書等について前2項の規定による審査を行うこと。

ロ　申請書等の記載事項に不明確な点がある場合　申請者等に対して相当の期限を定めて当該不明確な点を説明するための書類（以下この号において「追加説明書」という。）の提出を書面又は電磁的方法により求めること。この場合において、追加説明書が提出されたときは、当該追加説明書を施行規則第3条の7第1項第一号ロ(1)及び(2)に定める図書及び書類の一部として前2項の規定による審査を行うこと。

六　構造計算適合性判定を行っている期間中において申請者等が構造計算適合性判定の申請又

は通知に係る建築物の計画を変更しようとするときは、当該構造計算適合性判定に係る申請書等の差替え又は訂正は認めないこと。

七　建築主事等から第1第4項第三号ロ(2)(iv)の規定による照会があったときは、当該照会をした建築主事等に対して、遅滞なく、当該照会に対する回答をすること。

第3　完了検査に関する指針

　法第7条第4項、法第7条の2第1項及び法第18条第17項（これらの規定を法第87条の4並びに法第88条第1項及び第2項において準用する場合を含む。以下同じ。）の規定による検査（以下「完了検査」という。）は、次の各項に定めるところにより行うものとする。

2　法第7条第1項（法第87条の4又は法第88条第1項若しくは第2項において準用する場合を含む。）若しくは法第7条の2第1項の規定による完了検査の申請書の提出又は法第18条第16項（法第87条の4又は法第88条第1項若しくは第2項において準用する場合を含む。）の規定による通知を受けたときの審査は、次の各号に定めるところによるものとする。

一　施行規則第4条第1項（施行規則第4条の4の2又は施行規則第8条の2第13項において準用する場合を含む。）に規定する申請書又は通知書並びにこれに添えた図書及び書類の記載事項が相互に整合していることを確かめること。

二　申請又は通知に係る建築物が、建築士法第3条第1項、第3条の2第1項若しくは第3条の3第1項に規定する建築物又は同法第3条の2第3項の規定に基づく条例に規定する建築物である場合で直前の確認又は中間検査の申請の日以降に設計者又は工事監理者に変更があったときは、施行規則別記第19号様式による申請書の第2面又は施行規則別記第42号の13様式による通知書の第2面に記載された設計者及び工事監理者が、それぞれ同法第3条第1項、第3条の2第1項若しくは第3条の3第1項に規定する建築士又は同法第3条の2第3項の規定に基づく条例に規定する建築士であることを次に掲げる方法のいずれかにより確かめること。

　イ　建築士名簿により確かめる方法

　ロ　当該建築物に係る申請者又は通知をした国の機関の長等に対し建築士免許証等の提示を求め、当該建築士免許証等により確かめる方法

三　施行規則別記第19号様式による申請書の第3面又は施行規則別記第42号の13様式による通知書の第3面に確認以降の軽微な変更の概要が記載されている場合にあっては、施行規則第4条第1項第五号（施行規則第4条の4の2又は施行規則第8条の2第13項において準用する場合を含む。）に規定する書類（以下第3において「軽微な変更説明書」という。）が添えられていることを確かめること。

3　申請又は通知に係る建築物、建築設備又は工作物（以下第3において「申請等に係る建築物等」という。）が、建築基準関係規定に適合しているかどうかの検査は、次の各号に定めるところによるものとする。

一　軽微な変更説明書が添えられている場合にあっては、当該書類の内容が施行規則第3条の2に規定する軽微な変更（以下単に「軽微な変更」という。）に該当するかどうかを確かめること。

二　施行規則別記第19号様式による申請書の第4面又は施行規則別記第42号の13様式による通知書の第4面に記載された工事監理の状況、施行規則第4条第1項第二号（施行規則第4条

の4の2又は施行規則第8条の2第13項において準用する場合を含む。）に規定する写真及び施行規則第4条第1項第六号（施行規則第4条の4の2又は施行規則第8条の2第13項において準用する場合を含む。）の書類による検査並びに目視、簡易な計測機器等による測定又は建築物の部分の動作確認その他の方法により、申請等に係る建築物等の工事が、施行規則第4条第1項第一号（施行規則第4条の4の2又は施行規則第8条の2第13項において準用する場合を含む。）及び施行規則第4条第1項第四号（施行規則第4条の4の2又は施行規則第8条の2第13項において準用する場合を含む。）に規定する図書及び書類（次項第三号において「確認等に要した図書及び書類」という。）のとおり実施されたものであるかどうかを確かめること。

4　前2項の規定によるほか、完了検査の公正かつ適確な実施を確保するため、次の各号に定める措置を行うものとする。

一　第2項の審査及び前項の検査において、申請等に係る建築物等が建築基準関係規定に適合することを認めたときは、当該建築物等に係る申請者又は通知をした国の機関の長等（以下この項において「申請者等」という。）に法第7条第5項、法第7条の2第5項又は法第18条第18項（これらの規定を法第87条の4又は法第88条第1項若しくは第2項において準用する場合を含む。）に規定する検査済証を交付すること。

二　第2項の審査及び前項の検査において、申請等に係る建築物等が建築基準関係規定に適合しないことを認めたときは、施行規則第4条の3の2（施行規則第8条の2第15項において準用する場合を含む。次号において同じ。）又は施行規則第4条の5の2の規定に基づき、申請者等に検査済証を交付できない旨及びその理由を記載した通知書（次号において「検査済証を交付できない旨の通知書」という。）を交付すること。

三　第2項の審査及び前項の検査において、軽微な変更説明書の内容が軽微な変更に該当しないとき、申請等に係る建築物等の工事が確認等に要した図書及び書類のとおり実施されたものであるかどうかを確かめることができないときその他申請等に係る建築物等が建築基準関係規定に適合するかどうかを認めることができないときは、施行規則第4条の3の2又は施行規則第4条の5の2の規定に基づき、申請者等に検査済証を交付できない旨の通知書を交付し、検査済証を交付できない旨の通知書の備考欄に次に掲げる事項を記載するとともに、申請者等に対して相当の期限を定めて申請等に係る建築物等が建築基準関係規定に適合することを説明するための書類（以下この号において「追加説明書」という。）の提出を求めること。この場合において、追加説明書が提出されたときは、当該追加説明書を申請書等の一部として第2項の規定による審査又は前項の規定による検査を行うこと。

イ　追加説明書の提出を求める旨

ロ　追加説明書の提出期限

第4　中間検査に関する指針

法第7条の3第4項、法第7条の4第1項及び法第18条第20項（これらの規定を法第87条の4及び法第88条第1項において準用する場合を含む。以下同じ。）の規定による検査（以下「中間検査」という。）は、次の各項に定めるところにより行うものとする。

2　法第7条の3第1項（法第87条の4又は法第88条第1項において準用する場合を含む。）若しくは法第7条の4第1項の規定による中間検査の申請書の提出又は法第18条第19項（法第87

条の4又は法第88条第1項において準用する場合を含む。）の規定による通知を受けたときの審査は、次の各号に定めるところによるものとする。

一　施行規則第4条の8第1項（施行規則第4条の11の2又は施行規則第8条の2第17項において準用する場合を含む。）に規定する申請書又は通知書並びにこれに添えた図書及び書類の記載事項が相互に整合していることを確かめること。

二　申請又は通知に係る建築物が、建築士法第3条第1項、第3条の2第1項若しくは第3条の3第1項に規定する建築物又は同法第3条の2第3項の規定に基づく条例に規定する建築物である場合で直前の確認又は中間検査の申請の日以降に設計者又は工事監理者に変更があったときは、施行規則別記第26号様式による申請書の第2面又は施行規則別記第42号の17様式による通知書の第2面に記載された設計者及び工事監理者が、それぞれ同法第3条第1項、第3条の2第1項若しくは第3条の3第1項に規定する建築士又は同法第3条の2第3項の規定に基づく条例に規定する建築士であることを次に掲げる方法のいずれかにより確かめること。

イ　建築士名簿により確かめる方法

ロ　当該建築物に係る申請者又は通知をした国の機関の長等に対し建築士免許証等の提示を求め、当該建築士免許証等により確かめる方法

三　施行規則別記第26号様式による申請書の第3面又は施行規則別記第42号の17様式による通知書の第3面の確認以降の軽微な変更の概要が記載されている場合にあっては、施行規則第4条の8第1項第三号（施行規則第4条の11の2又は施行規則第8条の2第17項において準用する場合を含む。）に規定する書類（以下第4において「軽微な変更説明書」という。）が添えられていることを確かめること。

3　申請又は通知に係る建築物、建築設備又は工作物（以下第4において「申請等に係る建築物等」という。）について、検査前に施工された工事に係る建築物の部分、建築設備又は工作物の部分及びその敷地（第二号及び第4項第三号において「検査前に施工された工事に係る建築物の部分等」という。）が、建築基準関係規定に適合しているかどうかの検査は、次の各号に定めるところによるものとする。

一　軽微な変更説明書が添えられている場合にあっては、当該書類の内容が施行規則第3条の2に規定する軽微な変更に該当するかどうかを確かめること。

二　施行規則別記第26号様式による申請書の第4面又は施行規則別記第42号の17様式による通知書の第4面に記載された工事監理の状況、施行規則第4条の8第1項第二号（施行規則第4条の11の2又は施行規則第8条の2第17項において準用する場合を含む。）に規定する写真及び施行規則第4条の8第1項第四号（施行規則第4条の11の2又は施行規則第8条の2第17項において準用する場合を含む。）の書類による検査並びに目視、簡易な計測機器等による測定又は建築物の部分の動作確認その他の方法により、検査前に施工された工事に係る建築物の部分等の工事が、施行規則第4条の8第1項第一号（施行規則第4条の11の2又は施行規則第8条の2第17項において準用する場合を含む。）に規定する図書及び書類（次項第三号において「確認に要した図書及び書類」という。）のとおり実施されたものであるかどうかを確かめること。

4　前2項の規定によるほか、中間検査の公正かつ適確な実施を確保するため、次の各号に定め

る措置を行うものとする。

一　第2項の審査及び前項の検査において、申請等に係る建築物等が建築基準関係規定に適合することを認めた場合は、当該建築物等に係る申請者又は通知をした国の機関の長等（以下この項において「申請者等」という。）に法第7条の3第5項、法第7条の4第3項又は法第18条第22項（これらの規定を法第87条の4又は法第88条第1項において準用する場合を含む。）に規定する中間検査合格証を交付すること。

二　第2項の審査及び前項の検査において、申請等に係る建築物等が建築基準関係規定に適合しないことを認めたときは、施行規則第4条の9（施行規則第8条の2第18項において準用する場合を含む。次号において同じ。）又は施行規則第4条の12の2の規定に基づき、申請者等に中間検査合格証を交付できない旨及びその理由を記載した通知書（次号において「中間検査合格証を交付できない旨の通知書」という。）を交付すること。

三　第2項の審査及び前項の検査において、軽微な変更説明書の内容が軽微な変更に該当しないとき、検査前に施工された工事に係る建築物の部分等の工事が確認に要した図書及び書類のとおりに実施されたものであるかどうかを確かめることができないときその他当該申請等に係る建築物等が建築基準関係規定に適合するかどうかを認めることができないときは、施行規則第4条の9又は施行規則第4条の12の2の規定に基づき、申請者等に中間検査合格証を交付できない旨の通知書を交付すること。この場合において、中間検査合格証を交付できない旨の通知書の備考欄に、申請等に係る建築物等の計画を変更し、法第6条第1項、法第6条の2第1項又は法第18条第3項の規定による確認を受ける必要があると認められる場合にあっては、その旨を記載すること。

　　　附　　則　（略）

別表

	（い）	（ろ）	（は）	（に）
	区分	図書の種類	審査すべき事項	判定すべき事項
(1)	令第81条第2項第一号イに規定する保有水平耐力計	共通事項	各階平面図、2面以上の立面図、2面以上の断面図、基礎伏図、各階床伏図、小屋伏図、2面以上の軸組図及び構造詳細図	構造耐力上主要な部分である部材（接合部を含む。）の位置、形状、寸法及び材料の種別並びに開口部の位置、形状及び寸法が明記されており、それらが記載された図書相互において整合していること。	
				構造計算においてその影響を考慮した非構造部材の位置、形状、寸法及び材料の種別が明記されており、それらが記載された図書相互において整合していること。	
			構造計算チェックリスト	プログラムによる構造計算を行う場合において、申請に係る建築物が、当該プログラムによる構造計	プログラムによる構造計算を行う場合において、申請に係る建築物が、当該プログラムによる

算により安全性を確かめた建築物			算によって安全性を確かめることのできる建築物の構造の種別、規模その他のプログラムの使用条件に適合するかどうかを照合するための事項が明記されており、それらがプログラムの使用条件に適合していること。	構造計算によって安全性を確かめることのできる建築物の構造の種別、規模その他のプログラムの使用条件に適合するかどうかを照合するための事項が明記されており、それらがプログラムの使用条件に適合していること。
	使用構造材料一覧表		構造耐力上主要な部分である部材（接合部を含む。）に使用されるすべての材料の種別（規格がある場合にあっては当該規格）及び使用部位が明記されており、それらが記載された構造詳細図その他の図書と整合していること。	
			使用する材料の許容応力度、許容耐力及び材料強度の数値及びそれらの算出方法が明記されており、それらが建築基準法令の規定に適合していること。	
			使用する指定建築材料が法第37条の規定に基づく国土交通大臣の認定を受けたものである場合にあっては、その使用位置、形状及び寸法、当該構造計算において用いた許容応力度及び材料強度の数値並びに認定番号が明記されており、当該認定において指定された条件に適合していること。	
	特別な調査又は研究の結果等説明書		法第68条の25の規定に基づく国土交通大臣の認定を受けた構造方法等その他特殊な構造方法等が使用されている場合にあっては、その認定番号、使用条件及び内容が明記されており、それらが適切であること。	法第68条の25の規定に基づく国土交通大臣の認定を受けた構造方法等その他特殊な構造方法等が使用されている場合にあっては、その認定番号、使用条件及び内容が明記されており、それらが適切であること。
			特別な調査又は研究の結果に基づき構造計算が行われている場合にあっては、その検討内容が明記さ	特別な調査又は研究の結果に基づき構造計算が行われている場合にあっては、その検討内容が

				れており、それらが適切であること。	明記されており、それらが適切であること。
				構造計算の仮定及び計算結果の適切性に関する検討内容が明記されており、それらが適切であること。	構造計算の仮定及び計算結果の適切性に関する検討内容が明記されており、それらが適切であること。
				平成25年国土交通省告示第771号第3第4項第二号に定める構造方法が使用されている場合にあっては、その検討内容が明記されており、それらが適切であること。	平成25年国土交通省告示第771号第3第4項第二号に定める構造方法が使用されている場合にあっては、その検討内容が明記されており、それらが適切であること。
		令第82条各号関係	基礎・地盤説明書（施行規則第1条の3第1項の表3の(1)項の規定に基づき国土交通大臣があらかじめ適切であると認定した算出方法により基礎ぐいの許容支持力を算出する場合で当該認定に係る認定書の写しを添えた場合にあっては、当該算出方法に係る図書のうち国土交通大臣の指定したものを除く。）	地盤調査方法及びその結果が明記されていること。	地盤調査方法及びその結果が明記されていること。
				地層構成、支持地盤及び建築物（地下部分を含む。）の位置が明記されていること。	地層構成、支持地盤及び建築物（地下部分を含む。）の位置が明記されていること。
				地下水位が明記されていること（地階を有しない建築物に直接基礎を用いた場合を除く。）。	地下水位が明記されていること。（地階を有しない建築物に直接基礎を用いた場合を除く。）
				基礎の工法（地盤改良を含む。）の種別、位置、形状、寸法及び材料の種別が明記されており、それらが建築基準法令の規定に適合していること。	基礎の工法（地盤改良を含む。）の種別、位置、形状、寸法及び材料の種別が明記されており、それらが建築基準法令の規定に適合していること。
				構造計算において用いた支持層の位置、層の構成及び地盤調査の結果により設定した地盤の特性値が明記されており、それらが適切であること。	構造計算において用いた支持層の位置、層の構成及び地盤調査の結果により設定した地盤の特性値が明記されており、それらが適切であること。
				地盤の許容応力度並びに基礎及び基礎ぐいの許容支持力の数値及びそれらの算出方法が明記されており、それらが建築基準法令の規定に適合していること。	地盤の許容応力度並びに基礎及び基礎ぐいの許容支持力の数値及びそれらの算出方法が明記されており、それらが建築基準法令の規定に適合していること。
			略伏図	各階の構造耐力上主要な部分である部材の種別、配置及び寸法並び	各階の構造耐力上主要な部分である部材の種別、配置及び寸法

				に開口部の位置が、基礎伏図、床伏図又は小屋伏図の記載事項と整合していること。	並びに開口部の位置が、基礎伏図、床伏図又は小屋伏図の記載事項と整合していること。
			略軸組図	すべての通りの構造耐力上主要な部分である部材の種別、配置及び寸法並びに開口部の位置が、軸組図の記載事項と整合していること。	すべての通りの構造耐力上主要な部分である部材の種別、配置及び寸法並びに開口部の位置が、軸組図の記載事項と整合していること。
			部材断面表	各階及びすべての通りの構造耐力上主要な部分である部材の断面の形状、寸法及び仕様が明記されていること。	
			荷重・外力計算書	固定荷重の数値及びその算出方法が明記されており、それらが建築基準法令の規定に適合していること。	固定荷重の数値及びその算出方法が明記されており、それらが建築基準法令の規定に適合していること。
				各階又は各部分の用途ごとに積載荷重の数値及びその算出方法が明記されており、それらが建築基準法令の規定に適合していること。	各階又は各部分の用途ごとに積載荷重の数値及びその算出方法が明記されており、それらが建築基準法令の規定に適合していること。
				各階又は各部分の用途ごとに大規模な設備、塔屋その他の特殊な荷重（以下この表において「特殊な荷重」という。）の数値及びその算出方法が明記されており、それらが適切に設定されていること。	各階又は各部分の用途ごとに特殊な荷重の数値及びその算出方法が明記されており、それらが適切に設定されていること。
				積雪荷重の数値及びその算出方法が明記されており、それらが建築基準法令の規定に適合していること。	積雪荷重の数値及びその算出方法が明記されており、それらが建築基準法令の規定に適合していること。
				風圧力の数値及びその算出方法が明記されており、それらが建築基準法令の規定に適合していること。	風圧力の数値及びその算出方法が明記されており、それらが建築基準法令の規定に適合していること。
				地震力の数値及びその算出方法が明記されており、それらが建築基準法令の規定に適合しているこ	地震力の数値及びその算出方法が明記されており、それらが建築基準法令の規定に適合してい

				と。	ること。
				土圧、水圧その他考慮すべき荷重及び外力の数値及びそれらの算出方法が明記されており、それらが建築基準法令の規定に適合していること。	土圧、水圧その他考慮すべき荷重及び外力の数値及びそれらの算出方法が明記されており、それらが建築基準法令の規定に適合していること。
				略伏図上に記載した特殊な荷重の分布が明記されており、異常値がないこと。	略伏図上に記載した特殊な荷重の分布が明記されており、異常値がないこと。
			応力計算書（応力図及び基礎反力図を含む。）	構造耐力上主要な部分である部材に生ずる力の数値及びその算出方法が明記されており、それらが適切であること。	構造耐力上主要な部分である部材に生ずる力の数値及びその算出方法が明記されており、それらが適切であること。
				地震時（風圧力によって生ずる力が地震力によって生ずる力を上回る場合にあつては、暴風時）における柱が負担するせん断力及びその分担率並びに耐力壁又は筋かいが負担するせん断力及びその分担率が明記されており、それらが適切であること。	地震時（風圧力によって生ずる力が地震力によって生ずる力を上回る場合にあつては、暴風時）における柱が負担するせん断力及びその分担率並びに耐力壁又は筋かいが負担するせん断力及びその分担率が明記されており、それらが適切であること。
				平成19年国土交通省告示第817号別記第3号様式に定める応力図（以下この表において単に「応力図」という。）が明示されており、それらが適切であること。	応力図が明示されており、それらが適切であること。
				平成19年国土交通省告示第817号別記第4号様式に定める基礎反力図（以下この表において単に「基礎反力図」という。）が明示されており、それらが適切であること。	基礎反力図が明示されており、それらが適切であること。
			断面計算書（断面検定比図を含む。）	断面計算書に記載されている応力と応力計算書に記載されている数値とが整合していること。	断面計算書に記載されている応力と応力計算書に記載されている数値とが整合していること。
				応力度が材料の許容応力度を超えていないこと。	応力度が材料の許容応力度を超えていないこと。
				断面計算書に記載されている構造	

			耐力上主要な部分である部材の断面の形状、寸法及び鉄筋の配置と部材断面表の内容とが整合していること。	
			平成19年国土交通省告示第817号別記第5号様式に定める断面検定比図(以下この表において単に「断面検定比図」という。)が明示されており、それらが適切であること。	断面検定比図が明示されており、それらが適切であること。
		基礎ぐい等計算書	基礎ぐい、床版、小ばりその他の構造耐力上主要な部分である部材に関する構造計算が建築基準法令の規定に適合していること。	基礎ぐい、床版、小ばりその他の構造耐力上主要な部分である部材に関する構造計算が建築基準法令の規定に適合していること。
			基礎ぐい、床版、小ばりその他の構造耐力上主要な部分である部材に生ずる力が応力計算書において適切に反映されていること。	基礎ぐい、床版、小ばりその他の構造耐力上主要な部分である部材に生ずる力が応力計算書において適切に反映されていること。
		使用上の支障に関する計算書	はり又は床版に生ずるたわみが令第82条第四号の規定に適合していること。	
令第82条の2関係	層間変形角計算書		層間変位の計算に用いる地震力と荷重・外力計算書で算出した地震力とが整合していること。	層間変位の計算に用いる地震力と荷重・外力計算書で算出した地震力とが整合していること。
			地震力によって各階に生ずる水平方向の層間変位の算出方法が明記されており、それらが適切であること。	地震力によって各階に生ずる水平方向の層間変位の算出方法が明記されており、それらが適切であること。
			各階及び各方向の層間変形角の算出方法が明記されており、それらが適切であること。	各階及び各方向の層間変形角の算出方法が明記されており、それらが適切であること。
		層間変形角計算結果一覧表	各階及び各方向の層間変形角が$\frac{1}{200}$以内であること。	各階及び各方向の層間変形角が$\frac{1}{200}$以内であること。
			損傷が生ずるおそれのないことについての検証内容が適切であるこ	損傷が生ずるおそれのないことについての検証内容が適切であ

			と（層間変形角が $\frac{1}{200}$ を超え $\frac{1}{120}$ 以内である場合に限る。）。	ること（層間変形角が $\frac{1}{200}$ を超え $\frac{1}{120}$ 以内である場合に限る。）。
令第82条の3関係	保有水平耐力計算書	保有水平耐力計算に用いる地震力と荷重・外力計算書で算出した地震力とが整合していること。	保有水平耐力計算に用いる地震力と荷重・外力計算書で算出した地震力とが整合していること。
		各階及び各方向の保有水平耐力の算出方法が明記されており、それらが適切であること。	各階及び各方向の保有水平耐力の算出方法が明記されており、それらが適切であること。
		令第82条の3第二号に規定する各階の構造特性を表すDs（以下この表において「Ds」という。）の算出方法が明記されており、それらが適切であること。	各階のDsの算出方法が明記されており、それらが適切であること。
		令第82条の3第二号に規定する各階の形状特性を表すFes（以下この表において「Fes」という。）の算出方法が明記されており、それらが適切であること。	各階のFesの算出方法が明記されており、それらが適切であること。
		各階及び各方向の必要保有水平耐力の算出方法が明記されており、それらが適切であること。	各階及び各方向の必要保有水平耐力の算出方法が明記されており、それらが適切であること。
		構造耐力上主要な部分である柱、はり若しくは壁又はこれらの接合部について、局部座屈、せん断破壊等による構造耐力上支障のある急激な耐力の低下が生ずるおそれのないことについての検証内容が適切であること。	構造耐力上主要な部分である柱、はり若しくは壁又はこれらの接合部について、局部座屈、せん断破壊等による構造耐力上支障のある急激な耐力の低下が生ずるおそれのないことについての検証内容が適切であること。
	保有水平耐力計算結果一覧表	各階の保有水平耐力を増分解析により計算する場合における外力分布が明記されており、それらが適切であること。	各階の保有水平耐力を増分解析により計算する場合における外力分布が明記されており、それらが適切であること。
		架構の崩壊形が明記されており、それらが適切であること。	架構の崩壊形が明記されており、それらが適切であること。

69

				保有水平耐力、Ds、Fes 及び必要保有水平耐力の数値が明記されており、それらが建築基準法令の規定に適合していること。	保有水平耐力、Ds、Fes 及び必要保有水平耐力の数値が明記されており、それらが建築基準法令の規定に適合していること。
				各階及び各方向の Ds の算定時における構造耐力上主要な部分である部材に生ずる力の分布及び塑性ヒンジの発生状況が明記されており、それらが適切であること。	各階及び各方向の Ds の算定時における構造耐力上主要な部分である部材に生ずる力の分布及び塑性ヒンジの発生状況が明記されており、それらが適切であること。
				各階及び各方向の構造耐力上主要な部分である部材の部材群としての部材種別が明記されており、それらが適切であること。	各階及び各方向の構造耐力上主要な部分である部材の部材群としての部材種別が明記されており、それらが適切であること。
				各階及び各方向の保有水平耐力時における構造耐力上主要な部分である部材に生ずる力の分布及び塑性ヒンジの発生状況が明記されており、それらが適切であること。	各階及び各方向の保有水平耐力時における構造耐力上主要な部分である部材に生ずる力の分布及び塑性ヒンジの発生状況が明記されており、それらが適切であること。
				各階の保有水平耐力を増分解析により計算する場合において、建築物の各方向それぞれにおけるせん断力と層間変形角の関係が明記されており、それらが適切であること。	各階の保有水平耐力を増分解析により計算する場合において、建築物の各方向それぞれにおけるせん断力と層間変形角の関係が明記されており、それらが適切であること。
				保有水平耐力が必要保有水平耐力以上であること。	保有水平耐力が必要保有水平耐力以上であること。
		令第82条の4関係	各階平面図、2以上の立面図、2以上の断面図及び小屋伏図	屋根ふき材、外装材及び屋外に面する帳壁の位置、形状及び寸法が明記されていること。	
			使用構造材料一覧表	屋根ふき材、外装材及び屋外に面する帳壁に使用されるすべての材料の種別（規格がある場合にあっ	

			ては、当該規格）及び使用部位が明記されており、それらが記載された構造詳細図その他の図書と整合していること。	
			使用する材料の許容応力度、許容耐力及び材料強度の数値及びそれらの算出方法が明記されており、それらが建築基準法令の規定に適合していること。	
			使用する指定建築材料が法第37条の規定に基づく国土交通大臣の認定を受けたものである場合にあっては、その使用位置、形状及び寸法、当該構造計算において用いた許容応力度及び材料強度の数値並びに認定番号が明記されており、当該認定において指定された条件に適合していること。	
		荷重・外力計算書	風圧力の数値及びその算出方法が明記されており、それが建築基準法令の規定に適合していること。	風圧力の数値及びその算出方法が明記されており、それが建築基準法令の規定に適合していること。
		応力計算書	屋根ふき材及び屋外に面する帳壁に生ずる力の数値及びその算出方法が明記されており、それらが適切であること。	屋根ふき材及び屋外に面する帳壁に生ずる力の数値及びその算出方法が明記されており、それらが適切であること。
		屋根ふき材等計算書	屋根ふき材及び屋外に面する帳壁が令第82条の4の規定に適合していること。	屋根ふき材及び屋外に面する帳壁が令第82条の4の規定に適合していること。
(2)	令第81条第2項第一号ロに規定する限界耐力計算により安全	各階平面図、2面以上の立面図、2面以上の断面図、基礎伏図、各階床伏図、小屋伏図、2面以上の軸組	構造耐力上主要な部分である部材（接合部を含む。）の位置、形状、寸法及び材料の種別並びに開口部の位置、形状及び寸法が明記されており、それらが記載された図書相互において整合していること。	
			構造計算においてその影響を考慮した非構造部材の位置、形状、寸法及び材料の種別が明記されてお	

性を確かめた建築物	図及び構造詳細図	り、それらが記載された図書相互において整合していること。	
	構造計算チェックリスト	プログラムによる構造計算を行う場合において、申請に係る建築物が、当該プログラムによる構造計算によって安全性を確かめることのできる建築物の構造の種別、規模その他のプログラムの使用条件に適合するかどうかを照合するための事項が明記されており、それらがプログラムの使用条件に適合していること。	プログラムによる構造計算を行う場合において、申請に係る建築物が、当該プログラムによる構造計算によって安全性を確かめることのできる建築物の構造の種別、規模その他のプログラムの使用条件に適合するかどうかを照合するための事項が明記されており、それらがプログラムの使用条件に適合していること。
	使用構造材料一覧表	構造耐力上主要な部分である部材（接合部を含む。）に使用されるすべての材料の種別（規格がある場合にあっては当該規格）及び使用部位が明記されており、それらが記載された構造詳細図その他の図書と整合していること。	
		使用する材料の許容応力度、許容耐力及び材料強度の数値及びそれらの算出方法が明記されており、それらが建築基準法令の規定に適合していること。	
		使用する指定建築材料が法第37条の規定に基づく国土交通大臣の認定を受けたものである場合にあっては、その使用位置、形状及び寸法、当該構造計算において用いた許容応力度及び材料強度の数値並びに認定番号が明記されており、当該認定において指定された条件に適合していること。	
	特別な調査又は研究の結果等説明書	法第68条の25の規定に基づく国土交通大臣の認定を受けた構造方法等その他特殊な構造方法等が使用されている場合にあっては、その	法第68条の25の規定に基づく国土交通大臣の認定を受けた構造方法等その他特殊な構造方法等が使用されている場合にあって

		認定番号、使用条件及び内容が明記されており、それらが適切であること。	は、その認定番号、使用条件及び内容が明記されており、それらが適切であること。
		特別な調査又は研究の結果に基づき構造計算が行われている場合にあっては、その検討内容が明記されており、それらが適切であること。	特別な調査又は研究の結果に基づき構造計算が行われている場合にあっては、その検討内容が明記されており、それらが適切であること。
		構造計算の仮定及び計算結果の適切性に関する検討内容が明記されており、それらが適切であること。	構造計算の仮定及び計算結果の適切性に関する検討内容が明記されており、それらが適切であること。
	基礎・地盤説明書（施行規則第1条の3第1項の表3の⑵項の規定に基づき国土交通大臣があらかじめ適切であると認定した算出方法により基礎ぐいの許容支持力を算出する場合で当該認定に係る認定書の写しを添えた場合にあっては、当該算出方法に係る図書のうち国土交通大臣の指定したものを除く。）	地盤調査方法及びその結果が明記されていること。	地盤調査方法及びその結果が明記されていること。
		地層構成、支持地盤及び建築物（地下部分を含む。）の位置が明記されていること。	地層構成、支持地盤及び建築物（地下部分を含む。）の位置が明記されていること。
		地下水位が明記されていること（地階を有しない建築物に直接基礎を用いた場合を除く。）。	地下水位が明記されていること。（地階を有しない建築物に直接基礎を用いた場合を除く。）
		基礎の工法（地盤改良を含む。）の種別、位置、形状、寸法及び材料の種別が明記されており、それらが建築基準法令の規定に適合していること。	基礎の工法（地盤改良を含む。）の種別、位置、形状、寸法及び材料の種別が明記されており、それらが建築基準法令の規定に適合していること。
		構造計算において用いた支持層の位置、層の構成及び地盤調査の結果により設定した地盤の特性値が明記されており、それらが適切であること。	構造計算において用いた支持層の位置、層の構成及び地盤調査の結果により設定した地盤の特性値が明記されており、それらが適切であること。
		地盤の許容応力度並びに基礎及び基礎ぐいの許容支持力の数値及びそれらの算出方法が明記されており、それらが建築基準法令の規定に適合していること。	地盤の許容応力度並びに基礎及び基礎ぐいの許容支持力の数値及びそれらの算出方法が明記されており、それらが建築基準法令の規定に適合していること。
	略伏図	各階の構造耐力上主要な部分である部材の種別、配置及び寸法並び	各階の構造耐力上主要な部分である部材の種別、配置及び寸法

			に開口部の位置が、基礎伏図、床伏図又は小屋伏図の記載事項と整合していること。	並びに開口部の位置が、基礎伏図、床伏図又は小屋伏図の記載事項と整合していること。
		略軸組図	すべての通りの構造耐力上主要な部分である部材の種別、配置及び寸法並びに開口部の位置が、軸組図の記載事項と整合していること。	すべての通りの構造耐力上主要な部分である部材の種別、配置及び寸法並びに開口部の位置が、軸組図の記載事項と整合していること。
		部材断面表	各階及びすべての通りの構造耐力上主要な部分である部材の断面の形状、寸法及び仕様が明記されていること。	
		荷重・外力計算書	固定荷重の数値及びその算出方法が明記されており、それらが建築基準法令の規定に適合していること。	固定荷重の数値及びその算出方法が明記されており、それらが建築基準法令の規定に適合していること。
			各階又は各部分の用途ごとに積載荷重の数値及びその算出方法が明記されており、それらが建築基準法令の規定に適合していること。	各階又は各部分の用途ごとに積載荷重の数値及びその算出方法が明記されており、それらが建築基準法令の規定に適合していること。
			各階又は各部分の用途ごとに特殊な荷重の数値及びその算出方法が明記されており、それらが適切に設定されていること。	各階又は各部分の用途ごとに特殊な荷重の数値及びその算出方法が明記されており、それらが適切に設定されていること。
			積雪荷重の数値及びその算出方法が明記されており、それらが建築基準法令の規定に適合していること。	積雪荷重の数値及びその算出方法が明記されており、それらが建築基準法令の規定に適合していること。
			風圧力の数値及びその算出方法が明記されており、それらが建築基準法令の規定に適合していること。	風圧力の数値及びその算出方法が明記されており、それらが建築基準法令の規定に適合していること。
			地震力（令第82条の5第三号ハに係る部分）の数値及びその算出方法が明記されており、それらが建築基準法令の規定に適合していること。	地震力（令第82条の5第三号ハに係る部分）の数値及びその算出方法が明記されており、それらが建築基準法令の規定に適合していること。

			地震力（令第82条の5第五号ハに係る部分）の数値及びその算出方法が明記されており、それらが建築基準法令の規定に適合していること。	地震力（令第82条の5第五号ハに係る部分）の数値及びその算出方法が明記されており、それらが建築基準法令の規定に適合していること。
			土圧、水圧その他考慮すべき荷重及び外力の数値及びそれらの算出方法が明記されており、それらが建築基準法令の規定に適合していること。	土圧、水圧その他考慮すべき荷重及び外力の数値及びそれらの算出方法が明記されており、それらが建築基準法令の規定に適合していること。
			略伏図上に記載した特殊な荷重の分布が明記されており、異常値がないこと。	略伏図上に記載した特殊な荷重の分布が明記されており、異常値がないこと。
		応力計算書（応力図及び基礎反力図を含む。）（地下部分の計算を含む。）	構造耐力上主要な部分である部材に生ずる力の数値及びその算出方法が明記されており、それらが適切であること。	構造耐力上主要な部分である部材に生ずる力の数値及びその算出方法が明記されており、それらが適切であること。
			地震時（風圧力によって生ずる力が地震力によって生ずる力を上回る場合にあつては、暴風時）における柱が負担するせん断力及びその分担率並びに耐力壁又は筋かいが負担するせん断力及びその分担率が明記されており、それらが適切であること。	地震時（風圧力によって生ずる力が地震力によって生ずる力を上回る場合にあつては、暴風時）における柱が負担するせん断力及びその分担率並びに耐力壁又は筋かいが負担するせん断力及びその分担率が明記されており、それらが適切であること。
			応力図が明示されており、それらが適切であること。	応力図が明示されており、それらが適切であること。
			基礎反力図が明示されており、それらが適切であること。	基礎反力図が明示されており、それらが適切であること。
		断面計算書（断面検定比図を含む。）	断面計算書に記載されている応力と応力計算書に記載されている数値とが整合していること。	断面計算書に記載されている応力と応力計算書に記載されている数値とが整合していること。
			応力度が材料の許容応力度を超えていないこと。	応力度が材料の許容応力度を超えていないこと。
			断面計算書に記載されている構造耐力上主要な部分である部材の断面の形状、寸法及び鉄筋の配置と	

			部材断面表の内容とが整合していること。	
			断面検定比図が明示されており、それらが適切であること。	断面検定比図が明示されており、それらが適切であること。
		積雪・暴風時耐力計算書	構造耐力上主要な部分である部材（接合部を含む。）に生ずる力の数値及びその算出方法が明記されており、それらが適切であること。	構造耐力上主要な部分である部材（接合部を含む。）に生ずる力の数値及びその算出方法が明記されており、それらが適切であること。
			構造耐力上主要な部分である部材（接合部を含む。）の耐力の数値及びその算出方法が明記されており、それらが適切であること。	構造耐力上主要な部分である部材（接合部を含む。）の耐力の数値及びその算出方法が明記されており、それらが適切であること。
		積雪・暴風時耐力計算結果一覧表	構造耐力上主要な部分である部材（接合部を含む。）に生ずる力及び耐力並びにその比率が明記されており、それらが適切であること。	構造耐力上主要な部分である部材（接合部を含む。）に生ずる力及び耐力並びにその比率が明記されており、それらが適切であること。
		損傷限界に関する計算書	各階及び各方向の損傷限界変位の数値及びその算出方法が明記されており、それらが適切であること。	各階及び各方向の損傷限界変位の数値及びその算出方法が明記されており、それらが適切であること。
			建築物の損傷限界固有周期の数値及びその算出方法が明記されており、それらが適切であること。	建築物の損傷限界固有周期の数値及びその算出方法が明記されており、それらが適切であること。
			建築物の損傷限界固有周期に応じて求めた地震時に作用する地震力の数値及びその算出方法が明記されており、それらが建築基準法令の規定に適合していること。	建築物の損傷限界固有周期に応じて求めた地震時に作用する地震力の数値及びその算出方法が明記されており、それらが建築基準法令の規定に適合していること。
			地震時に各階に生ずる層間変位の数値及びその算出方法が明記されており、それらが適切であること。	地震時に各階に生ずる層間変位の数値及びその算出方法が明記されており、それらが適切であること。

		表層地盤による加速度の増幅率Gsの数値及びその算出方法が明記されており、それらが適切であること。	表層地盤による加速度の増幅率Gsの数値及びその算出方法が明記されており、それらが適切であること。
		各階及び各方向の損傷限界耐力の数値及びその算出方法が明記されており、それらが適切であること。	各階及び各方向の損傷限界耐力の数値及びその算出方法が明記されており、それらが適切であること。
		各階の損傷限界変位の当該各階の高さに対する割合及びその算出方法が明記されており、それらが適切であること。	各階の損傷限界変位の当該各階の高さに対する割合及びその算出方法が明記されており、それらが適切であること。
	損傷限界に関する計算結果一覧表	令第82条の5第三号ハに規定する地震力が損傷限界耐力を超えていないこと。	令第82条の5第三号ハに規定する地震力が損傷限界耐力を超えていないこと。
		損傷限界変位の当該各階の高さに対する割合が $\frac{1}{200}$ 以内であること。	損傷限界変位の当該各階の高さに対する割合が $\frac{1}{200}$ 以内であること。
		損傷が生ずるおそれのないことについての検証内容が適切であること（損傷限界変位の当該各階の高さに対する割合が $\frac{1}{200}$ を超え $\frac{1}{120}$ 以内である場合に限る。）。	損傷が生ずるおそれのないことについての検証内容が適切であること（損傷限界変位の当該各階の高さに対する割合が $\frac{1}{200}$ を超え $\frac{1}{120}$ 以内である場合に限る。）。
	安全限界に関する計算書	各階及び各方向の安全限界変位の数値及びその算出方法が明記されており、それらが適切であること。	各階及び各方向の安全限界変位の数値及びその算出方法が明記されており、それらが適切であること。
		建築物の安全限界固有周期の数値及びその算出方法が明記されており、それらが適切であること。	建築物の安全限界固有周期の数値及びその算出方法が明記されており、それらが適切であること。
		建築物の安全限界固有周期に応じて求めた地震時に作用する地震力の数値及びその算出方法が明記されており、それらが適切であること。	建築物の安全限界固有周期に応じて求めた地震時に作用する地震力の数値及びその算出方法が明記されており、それらが適切であること。

			各階の安全限界変位の当該各階の高さに対する割合及びその算出方法が明記されており、それらが適切であること。	各階の安全限界変位の当該各階の高さに対する割合及びその算出方法が明記されており、それらが適切であること。
			表層地盤による加速度の増幅率Gs の数値及びその算出方法が明記されており、それらが適切であること。	表層地盤による加速度の増幅率Gs の数値及びその算出方法が明記されており、それらが適切であること。
			各階及び各方向の保有水平耐力の数値及びその算出方法が明記されており、それらが適切であること。	各階及び各方向の保有水平耐力の数値及びその算出方法が明記されており、それらが適切であること。
			構造耐力上主要な部分である柱、はり若しくは壁又はこれらの接合部について、局部座屈、せん断破壊等による構造耐力上支障のある急激な耐力の低下が生ずるおそれのないことについての検証内容が適切であること。	構造耐力上主要な部分である柱、はり若しくは壁又はこれらの接合部について、局部座屈、せん断破壊等による構造耐力上支障のある急激な耐力の低下が生ずるおそれのないことについての検証内容が適切であること。
		安全限界に関する計算結果一覧表	各階の保有水平耐力を増分解析により計算する場合における外力分布が明記されており、それらが適切であること。	各階の保有水平耐力を増分解析により計算する場合における外力分布が明記されており、それらが適切であること。
			各階の安全限界変位の当該各階の高さに対する割合が明記されており、それらが適切であること。	各階の安全限界変位の当該各階の高さに対する割合が明記されており、それらが適切であること。
			各階の安全限界変位の当該各階の高さに対する割合が $\frac{1}{75}$（木造である階にあっては、$\frac{1}{30}$）を超える場合にあっては、建築物の各階が荷重及び外力に耐えることができることについての検証内容が適切であること。	各階の安全限界変位の当該各階の高さに対する割合が $\frac{1}{75}$（木造である階にあっては、$\frac{1}{30}$）を超える場合にあっては、建築物の各階が荷重及び外力に耐えることができることについての検証内容が適切であること。
			表層地盤による加速度の増幅率Gs の数値を精算法で算出する場	表層地盤による加速度の増幅率Gs の数値を精算法で算出する

		合にあっては、工学的基盤の条件が建築基準法令の規定に適合していること。	場合にあっては、工学的基盤の条件が建築基準法令の規定に適合していること。
		令第82条の5第五号ハに規定する地震力が保有水平耐力を超えていないこと。	令第82条の5第五号ハに規定する地震力が保有水平耐力を超えていないこと。
		各階及び各方向の安全限界変形時における構造耐力上主要な部分である部材に生ずる力の分布が明記されており、それらが適切であること。	各階及び各方向の安全限界変形時における構造耐力上主要な部分である部材に生ずる力の分布が明記されており、それらが適切であること。
		各階及び各方向の安全限界変形時における構造耐力上主要な部分である部材に生ずる塑性ヒンジ及び変形の発生状況が明記されており、それらが適切であること。	各階及び各方向の安全限界変形時における構造耐力上主要な部分である部材に生ずる塑性ヒンジ及び変形の発生状況が明記されており、それらが適切であること。
		各階及び各方向の保有水平耐力時における構造耐力上主要な部分である部材に生ずる塑性ヒンジ及び変形の発生状況が明記されており、それらが適切であること。	各階及び各方向の保有水平耐力時における構造耐力上主要な部分である部材に生ずる塑性ヒンジ及び変形の発生状況が明記されており、それらが適切であること。
		各階の保有水平耐力を増分解析により計算する場合において、建築物の各方向それぞれにおけるせん断力と層間変形角の関係が明記されており、それらが適切であること。	各階の保有水平耐力を増分解析により計算する場合において、建築物の各方向それぞれにおけるせん断力と層間変形角の関係が明記されており、それらが適切であること。
	基礎ぐい等計算書	基礎ぐい、床版、小ばりその他の構造耐力上主要な部分である部材に関する構造計算が建築基準法令の規定に適合していること。	基礎ぐい、床版、小ばりその他の構造耐力上主要な部分である部材に関する構造計算が建築基準法令の規定に適合していること。
		基礎ぐい、床版、小ばりその他の構造耐力上主要な部分である部材に生ずる力が応力計算書において適切に反映されていること。	基礎ぐい、床版、小ばりその他の構造耐力上主要な部分である部材に生ずる力が応力計算書において適切に反映されているこ

				と。
		使用上の支障に関する計算書	はり又は床版に生ずるたわみが令第82条第四号の規定に適合していること。	
		屋根ふき材等計算書	屋根ふき材、特定天井及び屋外に面する帳壁が令第82条の５第七号の規定に適合していること。	屋根ふき材、特定天井及び屋外に面する帳壁が令第82条の５第七号の規定に適合していること。
		土砂災害特別警戒区域内破壊防止計算書	居室を有する建築物の外壁等が令第82条の５第八号の規定に適合していること。	居室を有する建築物の外壁等が令第82条の５第八号の規定に適合していること。
⑶	令第81条第２項第二号イに規定する許容応力度等計算により安全性を確かめた建築物	共通事項	各階平面図、２面以上の立面図、２面以上の断面図、基礎伏図、各階床伏図、小屋伏図、２面以上の軸組図及び構造詳細図	構造耐力上主要な部分である部材（接合部を含む。）の位置、形状、寸法及び材料の種別並びに開口部の位置、形状及び寸法が明記されており、それらが記載された図書相互において整合していること。	
				構造計算においてその影響を考慮した非構造部材の位置、形状、寸法及び材料の種別が明記されており、それらが記載された図書相互において整合していること。	
			構造計算チェックリスト	プログラムによる構造計算を行う場合において、申請に係る建築物が、当該プログラムによる構造計算によって安全性を確かめることのできる建築物の構造の種別、規模その他のプログラムの使用条件に適合するかどうかを照合するための事項が明記されており、それらがプログラムの使用条件に適合していること。	プログラムによる構造計算を行う場合において、申請に係る建築物が、当該プログラムによる構造計算によって安全性を確かめることのできる建築物の構造の種別、規模その他のプログラムの使用条件に適合するかどうかを照合するための事項が明記されており、それらがプログラムの使用条件に適合していること。
			使用構造材料一覧表	構造耐力上主要な部分である部材（接合部を含む。）に使用されるすべての材料の種別（規格がある場合にあっては当該規格）及び使	

				用部位が明記されており、それらが記載された構造詳細図その他の図書と整合していること。	
				使用する材料の許容応力度、許容耐力及び材料強度の数値及びそれらの算出方法が明記されており、それらが建築基準法令の規定に適合していること。	
				使用する指定建築材料が法第37条の規定に基づく国土交通大臣の認定を受けたものである場合にあっては、その使用位置、形状及び寸法、当該構造計算において用いた許容応力度及び材料強度の数値並びに認定番号が明記されており、当該認定において指定された条件に適合していること。	
			特別な調査又は研究の結果等説明書	法第68条の25の規定に基づく国土交通大臣の認定を受けた構造方法等その他特殊な構造方法等が使用されている場合にあっては、その認定番号、使用条件及び内容が明記されており、それらが適切であること。	法第68条の25の規定に基づく国土交通大臣の認定を受けた構造方法等その他特殊な構造方法等が使用されている場合にあっては、その認定番号、使用条件及び内容が明記されており、それらが適切であること。
				特別な調査又は研究の結果に基づき構造計算が行われている場合にあっては、その検討内容が明記されており、それらが適切であること。	特別な調査又は研究の結果に基づき構造計算が行われている場合にあっては、その検討内容が明記されており、それらが適切であること。
				構造計算の仮定及び計算結果の適切性に関する検討内容が明記されており、それらが適切であること。	構造計算の仮定及び計算結果の適切性に関する検討内容が明記されており、それらが適切であること。
				平成25年国土交通省告示第771号第3第4項第二号に定める構造方法が使用されている場合にあっては、その検討内容が明記されており、それらが適切であること。	平成25年国土交通省告示第771号第3第4項第二号に定める構造方法が使用されている場合にあっては、その検討内容が明記されており、それらが適切であ

					ること。
	令第82条各号関係	基礎・地盤説明書（施行規則第1条の3第1項の表3の(3)項の規定に基づき国土交通大臣があらかじめ適切であると認定した算出方法により基礎ぐいの許容支持力を算出する場合で当該認定に係る認定書の写しを添えた場合にあっては、当該算出方法に係る図書のうち国土交通大臣の指定したものを除く。）	地盤調査方法及びその結果が明記されていること。		地盤調査方法及びその結果が明記されていること。
			地層構成、支持地盤及び建築物（地下部分を含む。）の位置が明記されていること。		地層構成、支持地盤及び建築物（地下部分を含む。）の位置が明記されていること。
			地下水位が明記されていること（地階を有しない建築物に直接基礎を用いた場合を除く。）。		地下水位が明記されていること。（地階を有しない建築物に直接基礎を用いた場合を除く。）
			基礎の工法（地盤改良を含む。）の種別、位置、形状、寸法及び材料の種別が明記されており、それらが建築基準法令の規定に適合していること。		基礎の工法（地盤改良を含む。）の種別、位置、形状、寸法及び材料の種別が明記されており、それらが建築基準法令の規定に適合していること。
			構造計算において用いた支持層の位置、層の構成及び地盤調査の結果により設定した地盤の特性値が明記されており、それらが適切であること。		構造計算において用いた支持層の位置、層の構成及び地盤調査の結果により設定した地盤の特性値が明記されており、それらが適切であること。
			地盤の許容応力度並びに基礎及び基礎ぐいの許容支持力の数値及びそれらの算出方法が明記されており、それらが建築基準法令の規定に適合していること。		地盤の許容応力度並びに基礎及び基礎ぐいの許容支持力の数値及びそれらの算出方法が明記されており、それらが建築基準法令の規定に適合していること。
		略伏図	各階の構造耐力上主要な部分である部材の種別、配置及び寸法並びに開口部の位置が、基礎伏図、床伏図又は小屋伏図の記載事項と整合していること。		各階の構造耐力上主要な部分である部材の種別、配置及び寸法並びに開口部の位置が、基礎伏図、床伏図又は小屋伏図の記載事項と整合していること。
		略軸組図	すべての通りの構造耐力上主要な部分である部材の種別、配置及び寸法並びに開口部の位置が、軸組図の記載事項と整合していること。		すべての通りの構造耐力上主要な部分である部材の種別、配置及び寸法並びに開口部の位置が、軸組図の記載事項と整合していること。
		部材断面表	各階及びすべての通りの構造耐力上主要な部分である部材の断面の形状、寸法及び仕様が明記されて		

			荷重・外力計算書	いること。	
				固定荷重の数値及びその算出方法が明記されており、それらが建築基準法令の規定に適合していること。	固定荷重の数値及びその算出方法が明記されており、それらが建築基準法令の規定に適合していること。
				各階又は各部分の用途ごとに積載荷重の数値及びその算出方法が明記されており、それらが建築基準法令の規定に適合していること。	各階又は各部分の用途ごとに積載荷重の数値及びその算出方法が明記されており、それらが建築基準法令の規定に適合していること。
				各階又は各部分の用途ごとに特殊な荷重の数値及びその算出方法が明記されており、それらが適切に設定されていること。	各階又は各部分の用途ごとに特殊な荷重の数値及びその算出方法が明記されており、それらが適切に設定されていること。
				積雪荷重の数値及びその算出方法が明記されており、それらが建築基準法令の規定に適合していること。	積雪荷重の数値及びその算出方法が明記されており、それらが建築基準法令の規定に適合していること。
				風圧力の数値及びその算出方法が明記されており、それらが建築基準法令の規定に適合していること。	風圧力の数値及びその算出方法が明記されており、それらが建築基準法令の規定に適合していること。
				地震力（令第82条の5第三号ハに係る部分）の数値及びその算出方法が明記されており、それらが建築基準法令の規定に適合していること。	地震力（令第82条の5第三号ハに係る部分）の数値及びその算出方法が明記されており、それらが建築基準法令の規定に適合していること。
				地震力（令第82条の5第五号ハに係る部分）の数値及びその算出方法が明記されており、それらが建築基準法令の規定に適合していること。	地震力（令第82条の5第五号ハに係る部分）の数値及びその算出方法が明記されており、それらが建築基準法令の規定に適合していること。
				土圧、水圧その他考慮すべき荷重及び外力の数値及びそれらの算出方法が明記されており、それらが建築基準法令の規定に適合していること。	土圧、水圧その他考慮すべき荷重及び外力の数値及びそれらの算出方法が明記されており、それらが建築基準法令の規定に適合していること。

	略伏図上に記載した特殊な荷重の分布が明記されており、異常値がないこと。	略伏図上に記載した特殊な荷重の分布が明記されており、異常値がないこと。	
応力計算書（応力図及び基礎反力図を含む。）	構造耐力上主要な部分である部材に生ずる力の数値及びその算出方法が明記されており、それらが適切であること。	構造耐力上主要な部分である部材に生ずる力の数値及びその算出方法が明記されており、それらが適切であること。	
	地震時（風圧力によって生ずる力が地震力によって生ずる力を上回る場合にあつては、暴風時）における柱が負担するせん断力及びその分担率並びに耐力壁又は筋かいが負担するせん断力及びその分担率が明記されており、それらが適切であること。	地震時（風圧力によって生ずる力が地震力によって生ずる力を上回る場合にあつては、暴風時）における柱が負担するせん断力及びその分担率並びに耐力壁又は筋かいが負担するせん断力及びその分担率が明記されており、それらが適切であること。	
	応力図が明示されており、それらが適切であること。	応力図が明示されており、それらが適切であること。	
	基礎反力図が明示されており、それらが適切であること。	基礎反力図が明示されており、それらが適切であること。	
断面計算書（断面検定比図を含む。）	断面計算書に記載されている応力と応力計算書に記載されている数値とが整合していること。	断面計算書に記載されている応力と応力計算書に記載されている数値とが整合していること。	
	応力度が材料の許容応力度を超えていないこと。	応力度が材料の許容応力度を超えていないこと。	
	断面計算書に記載されている構造耐力上主要な部分である部材の断面の形状、寸法及び鉄筋の配置と部材断面表の内容とが整合していること。		
	断面検定比図が明示されており、それらが適切であること。	断面検定比図が明示されており、それらが適切であること。	
基礎ぐい等計算書	基礎ぐい、床版、小ばりその他の構造耐力上主要な部分である部材に関する構造計算が建築基準法令の規定に適合していること。	基礎ぐい、床版、小ばりその他の構造耐力上主要な部分である部材に関する構造計算が建築基準法令の規定に適合していること。	

			基礎ぐい、床版、小ばりその他の構造耐力上主要な部分である部分に生ずる力が応力計算書において適切に反映されていること。	基礎ぐい、床版、小ばりその他の構造耐力上主要な部分である部分に生ずる力が応力計算書において適切に反映されていること。
		使用上の支障に関する計算書	はり又は床版に生ずるたわみが令第82条第四号の規定に適合していること。	
	令第82条の2関係	層間変形角計算書	層間変位の計算に用いる地震力と荷重・外力計算書で算出した地震力とが整合していること。	層間変位の計算に用いる地震力と荷重・外力計算書で算出した地震力とが整合していること。
			地震力によって各階に生ずる水平方向の層間変位の算出方法が明記されており、それらが適切であること。	地震力によって各階に生ずる水平方向の層間変位の算出方法が明記されており、それらが適切であること。
			各階及び各方向の層間変形角の算出方法が明記されており、それらが適切であること。	各階及び各方向の層間変形角の算出方法が明記されており、それらが適切であること。
		層間変形角計算結果一覧表	各階及び各方向の層間変形角が $\frac{1}{200}$ 以内であること。	各階及び各方向の層間変形角が $\frac{1}{200}$ 以内であること。
			損傷が生ずるおそれのないことについての検証内容が適切であること（層間変形角が $\frac{1}{200}$ を超え $\frac{1}{120}$ 以内である場合に限る。）。	損傷が生ずるおそれのないことについての検証内容が適切であること（層間変形角が $\frac{1}{200}$ を超え $\frac{1}{120}$ 以内である場合に限る。）。
	令第82条の4関係	各階平面図、2以上の立面図、2以上の断面図及び小屋伏図	屋根ふき材、外装材及び屋外に面する帳壁の位置、形状及び寸法が明記されていること。	
		使用構造材料一覧表	屋根ふき材、外装材及び屋外に面する帳壁に使用されるすべての材料の種別（規格がある場合にあっては、当該規格）及び使用部位が明記されており、それらが記載された構造詳細図その他の図書と整	

			合していること。	
			使用する材料の許容応力度、許容耐力及び材料強度の数値及びそれらの算出方法が明記されており、それらが建築基準法令の規定に適合していること。	
			使用する指定建築材料が法第37条の規定に基づく国土交通大臣の認定を受けたものである場合にあっては、その使用位置、形状及び寸法、当該構造計算において用いた許容応力度及び材料強度の数値並びに認定番号が明記されており、当該認定において指定された条件に適合していること。	
		荷重・外力計算書	風圧力の数値及びその算出方法が明記されており、それらが建築基準法令の規定に適合していること。	風圧力の数値及びその算出方法が明記されており、それらが建築基準法令の規定に適合していること。
		応力計算書	屋根ふき材及び屋外に面する帳壁に生ずる力の数値及びその算出方法が明記されており、それらが適切であること。	屋根ふき材及び屋外に面する帳壁に生ずる力の数値及びその算出方法が明記されており、それらが適切であること。
		屋根ふき材等計算書	屋根ふき材及び屋外に面する帳壁が令第82条の4の規定に適合していること。	屋根ふき材及び屋外に面する帳壁が令第82条の4の規定に適合していること。
	令第82条の6関係	剛性率・偏心率等計算書	各階及び各方向の剛性率を計算する場合における層間変形角の算定に用いる層間変位の算出方法が明記されており、それらが適切であること。	各階及び各方向の剛性率を計算する場合における層間変形角の算定に用いる層間変位の算出方法が明記されており、それらが適切であること。
			各階及び各方向の剛性率の算出方法が明記されており、それらが適切であること。	各階及び各方向の剛性率の算出方法が明記されており、それらが適切であること。
			各階の剛心周りのねじり剛性の算出方法が明記されており、それらが適切であること。	各階の剛心周りのねじり剛性の算出方法が明記されており、それらが適切であること。

				各階及び各方向の偏心率の算出方法が明記されており、それらが適切であること。	各階及び各方向の偏心率の算出方法が明記されており、それらが適切であること。
				令第82条の6第三号の規定に基づき国土交通大臣が定める基準による計算の根拠が明記されており、それらが適切であること。	令第82条の6第三号の規定に基づき国土交通大臣が定める基準による計算の根拠が明記されており、それらが適切であること。
			剛性率・偏心率等計算結果一覧表	各階の剛性率が$\frac{6}{10}$以上、各階の偏心率が$\frac{15}{100}$以下であること。	各階の剛性率が$\frac{6}{10}$以上、各階の偏心率が$\frac{15}{100}$以下であること。
				令第82条の6第三号の規定に基づき国土交通大臣が定める基準に適合していること。	令第82条の6第三号の規定に基づき国土交通大臣が定める基準に適合していること。
⑷	令第81条第3項に規定する令第82条各号及び令第82条の4に定めるところによる構造計算によ	共通事項	各階平面図、2面以上の立面図、2面以上の断面図、基礎伏図、各階床伏図、小屋伏図、2面以上の軸組図及び構造詳細図	構造耐力上主要な部分である部材（接合部を含む。）の位置、形状、寸法及び材料の種別並びに開口部の位置、形状及び寸法が明記されており、それらが記載された図書相互において整合していること。	
				構造計算においてその影響を考慮した非構造部材の位置、形状、寸法及び材料の種別が明記されており、それらが記載された図書相互において整合していること。	
			構造計算チェックリスト	プログラムによる構造計算を行う場合において、申請に係る建築物が、当該プログラムによる構造計算によって安全性を確かめることのできる建築物の構造の種別、規模その他のプログラムの使用条件に適合するかどうかを照合するための事項が明記されており、それらがプログラムの使用条件に適合していること。	
			使用構造材料一覧表	構造耐力上主要な部分である部材（接合部を含む。）に使用されるすべての材料の種別（規格がある場合にあっては、当該規格）及び使用部位が明記されており、それら	

			が記載された構造詳細図その他の図書と整合していること。	
り安全性を確かめた建築物			使用する材料の許容応力度、許容耐力及び材料強度の数値及びそれらの算出方法が明記されており、それらが建築基準法令の規定に適合していること。	
			使用する指定建築材料が法第37条の規定に基づく国土交通大臣の認定を受けたものである場合にあっては、その使用位置、形状及び寸法、当該構造計算において用いた許容応力度及び材料強度の数値並びに認定番号が明記されており、当該認定において指定された条件に適合していること。	
		特別な調査又は研究の結果等説明書	法第68条の25の規定に基づく国土交通大臣の認定を受けた構造方法等その他特殊な構造方法等が使用されている場合にあっては、その認定番号、使用条件及び内容が明記されており、それらが適切であること。	
			特別な調査又は研究の結果に基づき構造計算が行われている場合にあっては、その検討内容が明記されており、それらが適切であること。	
			構造計算の仮定及び計算結果の適切性に関する検討内容が明記されており、それらが適切であること。	
	令第82条各号関係	基礎・地盤説明書（施行規則第1条の3第1項の表3の(4)項の規定に基づき国土交通大臣	地盤調査方法及びその結果が明記されていること。	
			地層構成、支持地盤及び建築物（地下部分を含む。）の位置が明記されていること。	
			地下水位が明記されていること（地階を有しない建築物に直接基	

		があらかじめ適切であると認定した算出方法により基礎ぐいの許容支持力を算出する場合で当該認定に係る認定書の写しを添えた場合にあっては、当該算出方法に係る図書のうち国土交通大臣の指定したものを除く。)	礎を用いた場合を除く。)。	
			基礎の工法（地盤改良を含む。）の種別、位置、形状、寸法及び材料の種別が明記されており、それらが建築基準法令の規定に適合していること。	
			構造計算において用いた支持層の位置、層の構成及び地盤調査の結果により設定した地盤の特性値が明記されており、それらが適切であること。	
			地盤の許容応力度並びに基礎及び基礎ぐいの許容支持力の数値及びそれらの算出方法が明記されており、それらが建築基準法令の規定に適合していること。	
		略伏図	各階の構造耐力上主要な部分である部材の種別、配置及び寸法並びに開口部の位置が基礎伏図、床伏図又は小屋伏図の記載事項と整合していること。	
		略軸組図	すべての通りの構造耐力上主要な部分である部材の種別、配置及び寸法並びに開口部の位置が軸組図の記載事項と整合していること。	
		部材断面表	各階及びすべての通りの構造耐力上主要な部分である部材の断面の形状、寸法及び仕様が明記されていること。	
		荷重・外力計算書	固定荷重の数値及びその算出方法が明記されており、それらが建築基準法令の規定に適合していること。	
			各階又は各部分の用途ごとに積載荷重の数値及びその算出方法が明記されており、それらが建築基準法令の規定に適合していること。	

				各階又は各部分の用途ごとに特殊な荷重の数値及びその算出方法が明記されており、それらが適切に設定されていること。	
				積雪荷重の数値及びその算出方法が明記されており、それらが建築基準法令の規定に適合していること。	
				風圧力の数値及びその算出方法が明記されており、それらが建築基準法令の規定に適合していること。	
				地震力（令第82条の5第三号ハに係る部分）の数値及びその算出方法が明記されており、それらが建築基準法令の規定に適合していること。	
				地震力（令第82条の5第五号ハに係る部分）の数値及びその算出方法が明記されており、それらが建築基準法令の規定に適合していること。	
				土圧、水圧その他考慮すべき荷重及び外力の数値及びそれらの算出方法が明記されており、それらが建築基準法令の規定に適合していること。	
				略伏図上に記載した特殊な荷重の分布が明記されており、異常値がないこと。	
			応力計算書（応力図及び基礎反力図を含む。）	構造耐力上主要な部分である部材に生ずる力の数値及びその算出方法が明記されており、それらが適切であること。	
				地震時（風圧力によって生ずる力が地震力によって生ずる力を上回る場合にあつては、暴風時）にお	

			ける柱が負担するせん断力及びその分担率並びに耐力壁又は筋かいが負担するせん断力及びその分担率が明記されており、それらが適切であること。	
			応力図が明示されており、それらが適切であること。	
			基礎反力図が明示されており、それらが適切であること。	
		断面計算書（断面検定比図を含む。）	断面計算書に記載されている応力と応力計算書に記載されている数値とが整合していること。	
			応力度が材料の許容応力度を超えていないこと。	
			断面計算書に記載されている構造耐力上主要な部分である部材の断面の形状、寸法及び鉄筋の配置と部材断面表の内容とが整合していること。	
			断面検定比図が明示されており、それらが適切であること。	
		基礎ぐい等計算書	基礎ぐい、床版、小ばりその他の構造耐力上主要な部分である部材に関する構造計算が建築基準法令の規定に適合していること。	
			基礎ぐい、床版、小ばりその他の構造耐力上主要な部分である部分に生ずる力が応力計算書において適切に反映されていること。	
		使用上の支障に関する計算書	はり又は床版に生ずるたわみが令第82条第四号の規定に適合していること。	
	令第82条の4関	各階平面図、2以上の立面図、2以上の断面図及び小	屋根ふき材、外装材及び屋外に面する帳壁の位置、形状及び寸法が明記されていること。	

係	屋伏図		
	使用構造材料一覧表	屋根ふき材、外装材及び屋外に面する帳壁に使用されるすべての材料の種別（規格がある場合にあっては、当該規格）及び使用部位が明記されており、それらが記載された構造詳細図その他の図書と整合していること。	
		使用する材料の許容応力度、許容耐力及び材料強度の数値及びそれらの算出方法が明記されており、それらが建築基準法令の規定に適合していること。	
		使用する指定建築材料が法第37条の規定に基づく国土交通大臣の認定を受けたものである場合にあっては、その使用位置、形状及び寸法、当該構造計算において用いた許容応力度及び材料強度の数値並びに認定番号が明記されており、当該認定において指定された条件に適合していること。	
	荷重・外力計算書	風圧力の数値及びその算出方法が明記されており、それらが建築基準法令の規定に適合していること。	
	応力計算書	屋根ふき材及び屋外に面する帳壁に生ずる力の数値及びその算出方法が明記されており、それらが適切であること。	
	屋根ふき材等計算書	屋根ふき材及び屋外に面する帳壁が令第82条の4の規定に適合していること。	

（備考）令第81条第2項第一号イ若しくはロ又は同項第二号イ又は同条第3項に規定する国土交通大臣が定める基準に従った構造計算により安全性を確かめた建築物については、施行規則第1条の3第1項第一号ロ(2)(ii)の規定により提出された構造計算書等に基づき、それぞれこの表の各項に準じて審査するものとする。

【法律第 2 章（建築物の敷地、構造及び建築設備）関係】

〔平成19年 5 月18日国土交通省告示第592号〕
建築物の構造方法が安全性を有することを確かめるための構造計算の方法を定める件

最終改正　平成27年 1 月29日国土交通省告示第184号

建築基準法（昭和25年法律第201号）第20条第 1 項第二号イ及び第三号イの規定に基づき、建築物の構造方法が安全性を有することを確かめるための構造計算の方法を次のように定める。

一　建築基準法施行令（昭和25年政令第338号。以下「令」という。）第 3 章第 8 節に規定する基準に従った構造計算は、次のイからハまでに定めるところによるものとする。

イ　令第82条各号、令第82条の 2 、令第82条の 4 、令第82条の 5 （第二号、第三号、第五号及び第八号を除く。）及び第82条の 6 の規定による構造計算又はこれと同等以上に安全性を確かめることができるものとして国土交通大臣が定める基準に従った構造計算を行う場合にあっては、固定モーメント法、たわみ角法その他の解析法のうち荷重及び外力によって建築物の構造耐力上主要な部分その他の部分に生ずる力及び変形を当該建築物の性状に応じて適切に計算できる方法を用いること。

ロ　令第82条の 3 並びに令第82条の 5 第二号及び第八号の規定による構造計算又はこれと同等以上に安全性を確かめることができるものとして国土交通大臣が定める基準に従った構造計算を行う場合にあっては、増分解析若しくは極限解析による方法又は節点振分け法その他の解析法のうち荷重及び外力によって建築物の構造耐力上主要な部分に生ずる力及び各階の保有水平耐力その他の耐力を当該建築物の性状に応じて適切に計算できる方法を用いること。

ハ　令第82条の 5 第三号及び第五号の規定による構造計算を行う場合にあっては、増分解析による方法を用いるものとし、これと同等以上に安全性を確かめることができるものとして国土交通大臣が定める基準に従った構造計算を行う場合にあっては、増分解析法その他の解析法のうち荷重及び外力によって建築物の構造耐力上主要な部分に生ずる力及び変形並びに各階の保有水平耐力その他の耐力を当該建築物の性状に応じて適切に計算できる方法を用いること。

二　前号に定める構造計算を行うに当たって、実験その他の特別な調査又は研究の結果に基づく部材又は架構その他の建築物の部分の耐力算定式又は構造計算上必要となる数値を用いる場合にあっては、当該耐力算定式又は数値が建築物の性状に応じて適切であることを確かめるものとする。

附　則

この告示は、平成19年 6 月20日から施行する。

〔令和元年 6 月21日国土交通省告示第193号〕
建築基準法第21条第 1 項に規定する建築物の主要構造部の構造方法を定める件

最終改正　令和 2 年12月28日国土交通省告示第1593号

建築基準法（昭和25年法律第201号）第21条第 1 項の規定に基づき、建築基準法第21条第 1 項に規定する建築物の主要構造部の構造方法を定める件を次のとおり制定する。

第1　建築基準法施行令（昭和25年政令第338号。以下「令」という。）第109条の 5 第一号に掲げる基準に適合する建築基準法（以下「法」という。）第21条第 1 項に規定する建築物の主要構造部の構造方法は、次の各号に掲げる建築物の区分に応じ、それぞれ当該各号に定めるもの（次の各号のうち 2 以上の号に掲げる建築物に該当するときは、当該 2 以上の号に定める構造方法のうちいずれかの構造方法）とする。

一　次に掲げる基準に適合する建築物　準耐火構造（主要構造部である壁、柱、床、はり及び屋根の軒裏にあっては、火災時倒壊防止構造）とすること。

　　イ　当該建築物（階段室及び付室を除く。）が、床面積の合計 100 m² 以内ごとに火災時倒壊防止構造の床若しくは壁又は通常火災終了時間防火設備で令第112条第19項第一号に規定する構造であるもので区画されていること。ただし、次の表の左欄に掲げる建築物の部分については、それぞれ同表右欄に定める床面積の合計以内ごとに区画されていれば足りる。

建築物の部分	床面積の合計（単位　m²）
スプリンクラー設備（水源として、水道の用に供する水管を連結したものを除く。）、水噴霧消火設備、泡消火設備その他これらに類するもので自動式のもの（以下「スプリンクラー設備等」という。）を設け、天井（天井のない場合においては、屋根。以下同じ。）の室内に面する部分（回り縁、窓台その他これらに類する部分を除く。以下このイ、次号ト及び第四号ロにおいて同じ。）の仕上げを準不燃材料でした部分	200
スプリンクラー設備等を設け、天井の室内に面する部分の仕上げを準不燃材料でした部分（当該部分に設けられた通常火災終了時間防火設備が常時閉鎖又は作動をした状態にあるものである場合に限る。）	500
スプリンクラー設備等を設け、壁及び天井の室内に面する部分の仕上げを準不燃材料でした部分（当該部分に設けられた通常火災終了時間防火設備が常時閉鎖又は作動をした状態にあるものである場合に限る。）	600

　　ロ　給水管、配電管その他の管（以下「給水管等」という。）が、イに規定する火災時倒壊防止構造の床又は壁（以下このロ及びハにおいて「防火区画」という。）を貫通する場合においては、次に掲げる基準に適合するものであること。

　　　⑴　次の⑴から⒤までに掲げる固有通常火災終了時間の区分に応じ、それぞれ当該⑴から

(iv)までに定める基準に適合する防火被覆を防火区画の貫通孔の内側に面する部分に設けていること。

(i) 75分以下である場合　強化せっこうボード（ボード用原紙を除いた部分のせっこうの含有率が95％以上、ガラス繊維の含有率を0.4％以上とし、かつ、ひる石の含有率を2.5％以上としたものに限る。以下同じ。）を2枚以上張ったもので、その厚さの合計が42mm以上であるもの

(ii) 75分を超え、90分以下である場合　強化せっこうボードを2枚以上張ったもので、その厚さの合計が50mm以上であるもの

(iii) 90分を超え、105分以下である場合　強化せっこうボードを2枚以上張ったもので、その厚さの合計が55mm以上であるもの

(iv) 105分を超え、120分以下である場合　強化せっこうボードを3枚以上張ったもので、その厚さの合計が61mm以上であるもの

(2) 給水管等と防火区画との隙間がモルタルその他の不燃材料で埋められており、かつ、当該不燃材料で埋められた部分及び(1)に規定する防火被覆の外面に次の(i)から(iv)までに掲げる固有通常火災終了時間の区分に応じ、それぞれ当該(i)から(iv)までに定める基準に適合する防火被覆を設けていること。

(i) 75分以下である場合　強化せっこうボードを張ったもので、その厚さの合計が21mm以上であるもの

(ii) 75分を超え、90分以下である場合　強化せっこうボードを張ったもので、その厚さの合計が25mm以上であるもの

(iii) 90分を超え、105分以下である場合　強化せっこうボードを張ったもので、その厚さの合計が28mm以上であるもの

(iv) 105分を超え、120分以下である場合　強化せっこうボードを張ったもので、その厚さの合計が31mm以上であるもの

(3) 給水管等の構造が次のいずれかに適合するものであること。

(i) 鉄管又は鋼管であること。

(ii) 給水管等が防火区画を貫通する部分及び当該貫通する部分から両側に1m以内の距離にある部分が不燃材料で造られていること。

(iii) 給水管等の外径が、給水管等の用途、覆いの有無、材質、肉厚及び固有通常火災終了時間に応じ、それぞれ次の表に定める数値未満であり、かつ、その内部に電線等を挿入していない予備配管にあっては、当該予備配管の先端を密閉したものであること。

給水管等の用途	覆いの有無	材質	肉厚（単位 mm）	給水管等の外径（単位 mm）	
				固有通常火災終了時間	
				60分以下である場合	60分を超え、120分以下である場合

給水管		難燃材料又は硬質塩化ビニル	5.5 以上6.6 未満	90	90
			6.6 以上	115	90
配電管		難燃材料又は硬質塩化ビニル	5.5 以上	90	90
排水管及び排水管に附属する通気管	厚 さ0.5 mm以上の鉄板又は鋼板で覆われている場合	難燃材料又は硬質塩化ビニル	5.5 以上6.6 未満	90	90
			6.6 以上	115	90
	その他の場合	難燃材料又は硬質塩化ビニル	4.1 以上5.5 未満	61	61
			5.5 以上	90	61

ハ　換気、暖房又は冷房の設備の風道（以下「換気等設備の風道」という。）が防火区画を貫通する場合においては、当該風道の当該防火区画を貫通する部分又はこれに近接する部分に、昭和48年建設省告示第2565号第三号に定める構造方法を用いる通常火災終了時間防火設備を次に掲げる方法により設けなければならない。

(1)　主要構造部に堅固に取り付けること。

(2)　換気等設備の風道の防火区画を貫通する部分に近接する部分に防火設備を設ける場合にあっては、当該防火設備と当該防火区画との間の風道は、次の(i)から(iii)までに掲げる固有通常火災終了時間の区分に応じ、それぞれ当該(i)から(iii)までに定める厚さ以上の鉄板又は鋼板で造ること。

(i)　60 分以下である場合　1.5 mm

(ii)　60 分を超え、75 分以下である場合　1.6 mm

(iii)　75 分を超え、90 分以下である場合　1.8 mm

(3)　天井、壁等に一辺の長さが45 cm 以上の保守点検が容易に行える点検口並びに防火設備の開閉及び作動状態を確認できる検査口を設けること。

ニ　2階以上の階に居室を有するものにあっては、次に掲げる基準に適合する直通階段（傾斜路を含む。）が設けられていること。

(1)　令第123条第3項各号（同項第三号、第四号、第十号及び第十二号を除く。）に掲げる基準に適合していること。

(2)　階段室、バルコニー及び付室は、令第123条第3項第六号の開口部、同項第八号の窓又は(4)の出入口の部分（令第129条の13の3第3項に規定する非常用エレベーターの乗降ロビーの用に供するバルコニー又は付室にあっては、当該エレベーターの昇降路の出入口の部分を含む。）を除き、次の(i)又は(ii)のいずれかに掲げる壁（防火被覆が設けられていないものを除く。）で囲むこと。

(i)　次の㈠から㈢までに掲げる固有通常火災終了時間に1.6 を乗じた時間の区分に応じ、それぞれ当該㈠から㈢までに定める構造の壁（その全部又は一部に木材を用いた

壁に限る。）

(一)　90分を超える場合　通常火災終了時間が固有通常火災終了時間に1.6を乗じた時間以上である建築物の壁（非耐力壁である外壁にあっては、延焼のおそれのある部分に限る。以下この(一)、(ii)(一)及び次号チ(2)(i)において同じ。）（法第21条第1項に規定する構造方法を用いるもの又は同項の規定による認定を受けたものに限る。）又は特定避難時間が固有通常火災終了時間に1.6を乗じた時間以上である建築物の壁（法第27条第1項に規定する構造方法を用いるもの又は同項の規定による認定を受けたものに限る。）の構造方法を用いる構造

(二)　75分を超え、90分以下である場合　次の(イ)又は(ロ)のいずれかに掲げるもの

(イ)　(一)に定める構造

(ロ)　令和元年国土交通省告示第194号第2第3項第一号イ又はロのいずれかに該当する構造

(三)　75分以下である場合　次の(イ)又は(ロ)のいずれかに掲げるもの

(イ)　(二)に定める構造

(ロ)　75分間準耐火構造

(ii)　次の(一)から(四)までに掲げる固有通常火災終了時間に1.2を乗じた時間の区分に応じ、それぞれ当該(一)から(四)までに定める構造の壁（その全部又は一部に木材を用いた壁以外の壁に限る。）

(一)　90分を超える場合　通常火災終了時間が固有通常火災終了時間に1.2を乗じた時間以上である建築物の壁（法第21条第1項に規定する構造方法を用いるもの又は同項の規定による認定を受けたものに限る。）又は特定避難時間が固有通常火災終了時間に1.2を乗じた時間以上である建築物の壁（法第27条第1項に規定する構造方法を用いるもの又は同項の規定による認定を受けたものに限る。）の構造方法を用いる構造

(二)　75分を超え、90分以下である場合　次の(イ)又は(ロ)のいずれかに掲げるもの

(イ)　(一)に定める構造

(ロ)　令和元年国土交通省告示第194号第2第3項第一号イ又はロのいずれかに該当する構造

(三)　60分を超え、75分以下である場合　次の(イ)又は(ロ)のいずれかに掲げるもの

(イ)　(二)に定める構造

(ロ)　75分間準耐火構造

(四)　60分以下である場合　次の(イ)又は(ロ)のいずれかに掲げるもの

(イ)　(三)に定める構造

(ロ)　令和元年国土交通省告示第195号第1第一号イ若しくはニ又は第三号イ若しくはニのいずれかに定める構造方法を用いる構造

(3)　階段室及び付室の壁及び天井の室内に面する部分の仕上げを不燃材料でしたものであること。

(4)　屋内からバルコニー又は付室に通ずる出入口には通常火災終了時間防火設備で令第112条第19項第二号に規定する構造であるものを、バルコニー又は付室から階段室に通

ずる出入口には法第2条第九号の二ロに規定する防火設備で令第112条第19項第二号に規定する構造であるものを設けていること。

(5)　バルコニー又は付室の床面積（バルコニーで床面積がないものにあっては、床部分の面積。以下この(5)において同じ。）は10m² 以上とし、各階におけるバルコニー又は付室の床面積の合計は、当該階に設ける各居室の床面積に、$\frac{3}{100}$ を乗じたものの合計以上とすること。

ホ　外壁の開口部（次の(1)から(4)までのいずれにも該当しないものに限る。以下「他の外壁の開口部」という。）の下端の中心点を水平方向に、それぞれ平成27年国土交通省告示第255号第1第一号ロ表1に掲げる式によって計算した水平移動距離又は最大水平移動距離のいずれか短い距離だけ移動したときにできる軌跡上の各点を、垂直上方に同号ロ表2に掲げる式によって計算した垂直移動距離又は最大垂直移動距離のいずれか短い距離だけ移動した時にできる軌跡の範囲内の部分（イの規定により区画された各部分のうち他の外壁の開口部が設けられた部分を除く。）である外壁に設けられた開口部に上階延焼抑制防火設備が設けられていること。

(1)　昇降機その他の建築設備の機械室、不燃性の物品を保管する室、便所その他これらに類する室で、壁及び天井の室内に面する部分の仕上げを準不燃材料でしたものに設けられたもの

(2)　(1)に規定する室のみに隣接する通路その他防火上支障のない通路に設けられたもの

(3)　開口部の高さが0.3m 以下のもの

(4)　開口面積が0.2m² 以内のもの

ヘ　居室に避難上支障がないよう自動火災報知設備が設けられていること。

ト　周囲（開口部（居室に設けられたものに限る。）がある外壁に面する部分に限り、道に接する部分を除く。）に幅員が3m 以上の通路（敷地の接する道まで達するものに限る。第三号ロにおいて同じ。）が設けられていること。

チ　用途地域が定められていない土地の区域内にある建築物にあっては、当該建築物の各部分（昇降機その他の建築設備の機械室その他これに類する室及び便所その他これに類する室を除く。）にスプリンクラー設備等が設けられていること。

二　次に掲げる基準に適合する建築物　準耐火構造（主要構造部である壁、柱、床、はり及び屋根の軒裏にあっては、75分間準耐火構造）とすること。

イ　地階を除く階数が4以下であること。

ロ　法別表第1（い）欄(5)項又は(6)項に掲げる用途に供するものでないこと。

ハ　当該建築物（階段室及び付室の部分を除く。）が、床面積の合計200m² 以内ごとに75分間準耐火構造の床若しくは壁又は75分間防火設備で令第112条第19項第一号に規定する構造であるもので区画されていること。ただし、当該防火設備が常時閉鎖又は作動をした状態にあるものである場合にあっては、床面積の合計500m² 以内ごとに区画されていれば足りる。

二　ハの規定により区画された部分ごとにスプリンクラー設備等が設けられていること。

ホ　給水管等がハに規定する75分間準耐火構造の床又は壁（以下このホ及びヘにおいて「防火区画」という。）を貫通する場合においては、次に掲げる基準に適合するものであること。

(1)　前号ロ(1)(i)に定める基準に適合する防火被覆を防火区画の貫通孔の内側に面する部分に設けていること。

(2)　給水管等と防火区画との隙間がモルタルその他の不燃材料で埋められており、かつ、当該不燃材料で埋められた部分及び(1)に規定する防火被覆の外面に前号ロ(2)(i)に定める基準に適合する防火被覆を設けていること。

(3)　給水管等の構造が次のいずれかに適合するものであること。

　(i)　鉄管又は鋼管であること。

　(ii)　給水管等が防火区画を貫通する部分及び当該貫通する部分から両側に1m以内の距離にある部分が不燃材料で造られていること。

　(iii)　給水管等の外径が、給水管等の用途、覆いの有無、材質及び肉厚に応じ、次の表に定める数値未満であり、かつ、その内部に電線等を挿入していない予備配管にあっては、当該予備配管の先端を密閉したものであること。

給水管等の用途	覆いの有無	材質	肉厚 （単位　mm）	給水管等の外径 （単位　mm）
給水管		難燃材料又は硬質塩化ビニル	5.5以上	90
配電管		難燃材料又は硬質塩化ビニル	5.5以上	90
排水管及び排水管に附属する通気管	厚さ0.5mm以上の鉄板又は鋼板で覆われている場合	難燃材料又は硬質塩化ビニル	5.5以上	90
	その他の場合	難燃材料又は硬質塩化ビニル	4.1以上	61

ヘ　換気等設備の風道が防火区画を貫通する場合においては、当該風道の当該防火区画を貫通する部分又はこれに近接する部分に、昭和48年建設省告示第2565号第三号に定める構造方法を用いる75分間防火設備を次に掲げる方法により設けなければならない。

(1)　主要構造部に堅固に取り付けること。

(2)　換気等設備の風道の防火区画を貫通する部分に近接する部分に防火設備を設ける場合にあっては、当該防火設備と当該防火区画との間の風道は、厚さ1.6mm以上の鉄板又は鋼板で造ること。

(3)　天井、壁等に一辺の長さが45cm以上の保守点検が容易に行える点検口並びに防火設備の開閉及び作動状態を確認できる検査口を設けること。

ト　天井の室内に面する部分の仕上げが準不燃材料でされていること。

チ　2階以上の階に居室を有するものにあっては、次に掲げる基準に適合する直通階段（傾斜路を含む。）が設けられていること。

(1)　前号ニ(1)、(3)及び(5)に掲げる基準に適合していること。

　(2)　階段室、バルコニー及び付室は、令第123条第3項第六号の開口部、同項第八号の窓又は(3)の出入口の部分（令第129条の13の3第3項に規定する非常用エレベーターの乗降ロビーの用に供するバルコニー又は付室にあっては、当該エレベーターの昇降路の出入口の部分を含む。）を除き、次の(i)又は(ii)のいずれかに掲げる壁（防火被覆が設けられていないものを除く。）で囲むこと。

　　(i)　その全部又は一部に木材を用いた壁で通常火災終了時間が2時間以上である建築物の壁（法第21条第1項に規定する構造方法を用いるもの又は同項の規定による認定を受けたものに限る。）又は特定避難時間が2時間以上である建築物の壁（法第27条第1項に規定する構造方法を用いるもの又は同項の規定による認定を受けたものに限る。）の構造方法を用いるもの

　　(ii)　令和元年国土交通省告示第194号第2第3項第一号イ又はロのいずれかに該当する構造の壁（その全部又は一部に木材を用いたものを除く。）

　(3)　屋内からバルコニー又は付室に通ずる出入口には75分間防火設備で令第112条第19項第二号に規定する構造であるものを、バルコニー又は付室から階段室に通ずる出入口には法第2条第九号の二ロに規定する防火設備で令第112条第19項第二号に規定する構造であるものを設けること。

リ　他の外壁の開口部の下端の中心点を水平方向に、それぞれ平成27年国土交通省告示第255号第1第一号ロ表1に掲げる式により計算した水平移動距離又は最大水平移動距離のいずれか短い距離だけ移動したときにできる軌跡上の各点を、垂直上方に同号ロ表2に掲げる式により計算した垂直移動距離又は最大垂直移動距離のいずれか短い距離だけ移動したときにできる軌跡の範囲内の部分（ハの規定により区画された各部分のうち他の外壁の開口部が設けられた部分を除く。）である外壁に設けられた開口部に法第2条第九号の二ロに規定する防火設備が設けられていること。

ヌ　前号ヘ及びトに掲げる基準に適合していること。

ル　廊下その他の避難の用に供する部分に令第126条の3第1項に掲げる基準に適合する排煙設備が設けられ、又は当該部分が外気に有効に開放されていること。

ヲ　用途地域が定められている土地の区域内にある建築物であること。

三　次に掲げる基準に適合する建築物（倉庫又は自動車庫の用途に供するものを除く。）　準耐火構造（主要構造部である壁、柱、床、はり及び屋根の軒裏にあっては、1時間準耐火基準に適合する準耐火構造）とすること。

イ　地階を除く階数が3以下であること。

ロ　周囲（道に接する部分を除く。）に幅員が3m以上の通路が設けられていること。ただし、次に掲げる基準に適合する建築物については、この限りでない。

　(1)　延べ面積が200m²を超えるものにあっては、床面積の合計200m²以内ごとに1時間準耐火基準に適合する準耐火構造の床若しくは壁又は法第2条第九号の二ロに規定する防火設備で区画されていること。

　(2)　外壁の開口部から当該開口部のある階の上階の開口部へ延焼するおそれがある場合においては、当該外壁の開口部の上部にひさしその他これに類するもので、次の(i)から(iv)までのいずれかに掲げる構造方法を用いるものが、防火上有効に設けられていること。

　　　(i)　準耐火構造の床又は壁に用いる構造とすること。

　　　(ii)　防火構造の外壁に用いる構造とすること。

　　　(iii)　令第109条の3第二号ハに規定する3階以上の階における床に用いる構造又は令第115条の2第1項第四号に規定する1階の床（直下に地階がある部分に限る。）及び2階の床（通路等の床を除く。）に用いる構造とすること。

　　　(iv)　不燃材料で造ること。

　四　次に掲げる基準に適合する建築物（倉庫又は自動車車庫の用途に供するものを除く。）　令第115条の2第1項第四号から第六号まで、第八号及び第九号の規定に適合する構造とすること。

　　イ　地階を除く階数が2以下であること。

　　ロ　建築物の各室及び各通路について、壁（床面からの高さが1.2m以下の部分を除く。）及び天井の室内に面する部分の仕上げが難燃材料でされ、又はスプリンクラー設備、水噴霧消火設備、泡消火設備その他これらに類するもので自動式のもの及び令第126条の3の規定に適合する排煙設備が設けられていること。

　　ハ　令第46条第2項第一号イ及びロに掲げる基準に適合していること。

2　前項及び第7項の「火災時倒壊防止構造」は、次の各号に掲げる建築物の部分の区分に応じ、それぞれ当該各号に定める基準に適合する構造をいう。

　一　耐力壁　次に掲げる基準

　　イ　自重又は積載荷重（令第86条第2項ただし書の規定によって特定行政庁が指定する多雪区域における建築物にあっては、自重、積載荷重又は積雪荷重）を支える部分の全部又は一部に木材を用いた建築物（以下この項及び第8項において「木造建築物」という。）の耐力壁（その全部又は一部に木材を用いたものでその全部又は一部に防火被覆を設けていないものに限る。）にあっては、次の(1)又は(2)のいずれかに掲げる基準に適合していること。

　　　(1)　構造用集成材、構造用単板積層材又は直交集成板（それぞれ集成材の日本農林規格（平成19年農林水産省告示第1152号）第2条、単板積層材の日本農林規格（平成20年農林水産省告示第701号）第1部箇条3又は直交集成板の日本農林規格（平成25年農林水産省告示第3079号）箇条3に規定する使用環境A又はBの表示をしてあるものに限る。以下この項及び第8項において同じ。）を使用するものであり、かつ、次に掲げる基準に適合する構造であるほか、取合いの部分、目地の部分その他これらに類する部分（以下この項及び第8項において「取合い等の部分」という。）が、当該取合い等の部分の裏面に当て木を設ける等当該建築物の内部への炎の侵入を有効に防止することができる構造（以下この項及び第8項において「炎侵入防止構造」という。）であること。

　　　　(i)　当該耐力壁の接合部の構造方法が、次に定める基準に従って、通常の火災時の加熱に対して耐力の低下を有効に防止することができる構造であること。

　　　　　(一)　接合部のうち木材で造られた部分の片側（当該耐力壁が面する室内において発生する火災による火熱が当該耐力壁の両側に同時に加えられるおそれがある場合にあっては、両側。第8項において同じ。）の表面（木材その他の材料で防火上有効に被覆された部分を除く。）から内側に、次の(イ)又は(ロ)に掲げる場合の区分に応じ、

それぞれ当該(イ)又は(ロ)に定める値の部分が除かれたときの残りの部分が、当該接合部の存在応力を伝えることができる構造であること。

(イ)　構造用集成材、構造用単板積層材又は直交集成板に使用する接着剤（以下単に「接着剤」という。）として、フェノール樹脂、レゾルシノール樹脂又はレゾルシノール・フェノール樹脂（以下「フェノール樹脂等」という。）を使用する場合（構造用集成材又は直交集成板を使用する場合にあっては、ラミナの厚さが12 mm 以上である場合に限る。）　次に掲げる式によって計算した値

$$D_1 = 8.25 \times 10^{-2} \, t\mathit{ff} \, (nc)$$

この式において、D_1 及び $t\mathit{ff} \, (nc)$ は、それぞれ次の数値を表すものとする。

D_1　　　燃えしろ深さ（単位　cm）

$t\mathit{ff} \, (nc)$　補正固有通常火災終了時間（単位　分）

(ロ)　接着剤として、フェノール樹脂等以外のものを使用する場合（構造用集成材又は直交集成板を使用する場合にあっては、ラミナの厚さが21 mm 以上である場合に限る。）　次に掲げる式によって計算した値

$$D_2 = 7.5 \times 10^{-2} \, kc \, t\mathit{ff} \, (nc)$$

この式において、D_2、kc 及び $t\mathit{ff} \, (nc)$ は、それぞれ次の数値を表すものとする。

D_2　燃えしろ深さ（単位　cm）

kc　次の表の左欄に掲げる補正固有通常火災終了時間の区分に応じ、それぞれ同表の右欄に定める炭化速度係数

75 分以下である場合	1.45
75 分を超え、90 分以下である場合	1.6
90 分を超え、120 分以下である場合	1.8
120 分を超え、180 分以下である場合	2.0

$t\mathit{ff} \, (nc)$　補正固有通常火災終了時間（単位　分）

(二)　接合部にボルト、ドリフトピン、釘、木ねじその他これらに類するものを用いる場合においては、これらが木材その他の材料で防火上有効に被覆されていること。

(三)　接合部に鉄材又は鋼材の添え板その他これに類するものを用いる場合においては、これらが埋め込まれ、又は挟み込まれていること。ただし、木材その他の材料で防火上有効に被覆されている場合においては、この限りでない。

(ⅱ)　当該耐力壁を有する建築物全体が、次に定める基準に従った構造計算によって通常の火災により容易に倒壊するおそれのないことが確かめられた構造であること。

(一)　主要構造部である耐力壁のうち木材で造られた部分の表面（木材その他の材料で防火上有効に被覆された部分を除く。）から内側に、(ⅰ)(一)(イ)又は(ロ)に掲げる場合の区分に応じ、それぞれ当該(イ)又は(ロ)に定める値の部分が除かれたときの残りの断面

(㈡及び⒤において「残存断面」という。)について、令第82条第二号の表に掲げる長期の組合せによる各応力の合計により、長期応力度を計算すること。

㈡　㈠によって計算した長期応力度が、残存断面について令第94条の規定に基づき計算した短期の許容応力度を超えないことを確かめること。

⒤　残存断面の厚さが20cm以上であること。

(2)　次の(i)から(iii)までに掲げる補正固有通常火災終了時間の区分に応じ、それぞれ当該(i)から(iii)までに定める構造とするほか、取合い等の部分が炎侵入防止構造であること。

(i)　75分を超える場合　通常火災終了時間が補正固有通常火災終了時間以上である建築物の耐力壁(法第21条第1項に規定する構造方法を用いるもの又は同項の規定による認定を受けたものに限る。)又は特定避難時間が補正固有通常火災終了時間以上である建築物の耐力壁(法第27条第1項に規定する構造方法を用いるもの又は同項の規定による認定を受けたものに限る。)の構造方法を用いる構造

(ii)　60分を超え、75分以下である場合　次の㈠又は㈡のいずれかに掲げる構造

㈠　(i)に定める構造

㈡　75分間準耐火構造

(iii)　60分以下である場合　次の㈠又は㈡のいずれかに掲げる構造

㈠　(ii)㈠又は㈡のいずれかに掲げる構造

㈡　令和元年国土交通省告示第195号第1第一号ホに定める構造方法を用いる構造

ロ　木造建築物の耐力壁(イに規定するものを除く。)にあっては、次の(1)から(4)までに掲げる固有通常火災終了時間の区分に応じ、それぞれ当該(1)から(4)までに定める構造とするほか、取合い等の部分が炎侵入防止構造であること。

(1)　90分を超える場合　通常火災終了時間が固有通常火災終了時間以上である建築物の耐力壁(法第21条第1項に規定する構造方法を用いるもの又は同項の規定による認定を受けたものに限る。)又は特定避難時間が固有通常火災終了時間以上である建築物の耐力壁(法第27条第1項に規定する構造方法を用いるもの又は同項の規定による認定を受けたものに限る。)の構造方法を用いる構造

(2)　75分を超え、90分以下である場合　次の(i)又は(ii)のいずれかに掲げる構造

(i)　(1)に定める構造

(ii)　令和元年国土交通省告示第194号第2第3項第一号イ又はロのいずれかに該当する構造

(3)　60分を超え、75分以下である場合　次の(i)又は(ii)のいずれかに掲げる構造

(i)　(2)(i)又は(ii)のいずれかに掲げる構造

(ii)　75分間準耐火構造

(4)　60分以下である場合　次の(i)又は(ii)のいずれかに掲げる構造

(i)　(3)(i)又は(ii)のいずれかに掲げる構造

(ii)　令和元年国土交通省告示第195号第1第一号イ、ハ若しくはニ又は第三号イ、ハ若しくはニのいずれかに定める構造方法を用いる構造

二　非耐力壁　次に掲げる基準

イ　木造建築物の非耐力壁(その全部又は一部に木材を用いたものでその全部又は一部に防

火被覆を設けていないものに限る。）にあっては、次の(1)又は(2)のいずれかに掲げる基準に適合していること。

(1) 構造用集成材、構造用単板積層材又は直交集成板を使用するものであり、かつ、当該非耐力壁の厚さが次の(i)又は(ii)に掲げる場合の区分に応じ、それぞれ当該(i)又は(ii)に定める値以上であるほか、取合い等の部分が炎侵入防止構造であること。

(i) 接着剤として、フェノール樹脂等を使用する場合（構造用集成材を使用する場合にあってはラミナの厚さが 12 mm 以上の場合に限り、直交集成板を使用する場合にあってはラミナの厚さが 12 mm 以上で、かつ、加熱面の表面から前号イ(1)(i)(一)(イ)に定める値の部分が除かれたときに、互いに接着された平行層と直交層が存在する場合に限る。）次に掲げる式によって計算した値

$$Dt_1 = 8.25 \times 10^{-2} \, t\!f\!f\,(nc) + 3$$

この式において、Dt_1 及び $t\!f\!f\,(nc)$ は、それぞれ次の数値を表すものとする。
Dt_1　　厚さ（単位　cm）
$t\!f\!f\,(nc)$　補正固有通常火災終了時間（単位　分）

(ii) 接着剤として、フェノール樹脂等以外のものを使用する場合（構造用集成材を使用する場合にあってはラミナの厚さが 21 mm 以上の場合に限り、直交集成板を使用する場合にあってはラミナの厚さが 21 mm 以上で、かつ、加熱面の表面から前号イ(1)(i)(一)(ロ)に定める値の部分が除かれたときに、互いに接着された平行層と直交層が存在する場合に限る。）次に掲げる式によって計算した値

$$Dt_2 = 7.5 \times 10^{-2} \, kc \, t\!f\!f(nc) + 3$$

この式において、Dt_2、kc 及び $t\!f\!f\,(nc)$ は、それぞれ次の数値を表すものとする。
Dt_2　　厚さ（単位　cm）
kc　　前号イ(1)(i)(一)(ロ)に規定する炭化速度係数
$t\!f\!f\,(nc)$　補正固有通常火災終了時間（単位　分）

(2) 次の(i)から(iii)までに掲げる補正固有通常火災終了時間の区分に応じ、それぞれ当該(i)から(iii)までに定める構造とするほか、取合い等の部分が炎侵入防止構造であること。

(i) 75分を超える場合　通常火災終了時間が補正固有通常火災終了時間以上である建築物の非耐力壁（外壁にあっては、延焼のおそれのある部分に限る。以下この(i)、ロ(1)及び第8項第二号イ(2)において同じ。）（法第21条第1項に規定する構造方法を用いるもの又は同項の規定による認定を受けたものに限る。）又は特定避難時間が補正固有通常火災終了時間以上である建築物の非耐力壁（法第27条第1項に規定する構造方法を用いるもの又は同項の規定による認定を受けたものに限る。）の構造方法を用いる構造

(ii) 60分を超え、75分以下である場合　次の(一)又は(二)のいずれかに掲げる構造
(一)　(i)に定める構造
(二)　75分間準耐火構造

(iii) 60分以下である場合　次の(一)又は(二)のいずれかに掲げる構造

　　　　㈠　(ii)㈠又は㈡のいずれかに掲げる構造

　　　　㈡　令和元年国土交通省告示第195号第1第二号ニに定める構造方法を用いる構造

　ロ　木造建築物の非耐力壁（イに規定するものを除く。）にあっては、次の(1)から(4)までに掲げる固有通常火災終了時間の区分に応じ、それぞれ当該(1)から(4)までに定める構造とするほか、取合い等の部分が炎侵入防止構造であること。

　　(1)　90分を超える場合　通常火災終了時間が固有通常火災終了時間以上である建築物の非耐力壁（法第21条第1項に規定する構造方法を用いるもの又は同項の規定による認定を受けたものに限る。）又は特定避難時間が固有通常火災終了時間以上である建築物の非耐力壁（法第27条第1項に規定する構造方法を用いるもの又は同項の規定による認定を受けたものに限る。）の構造方法を用いる構造

　　(2)　75分を超え、90分以下である場合　次の(i)又は(ii)のいずれかに掲げる構造

　　　(i)　(1)に定める構造

　　　(ii)　令和元年国土交通省告示第194号第2第3項第一号イ又はロのいずれかに該当する構造

　　(3)　60分を超え、75分以下である場合　次の(i)又は(ii)のいずれかに掲げる構造

　　　(i)　(2)(i)又は(ii)のいずれかに掲げる構造

　　　(ii)　75分間準耐火構造

　　(4)　60分以下である場合　次の(i)又は(ii)のいずれかに掲げる構造

　　　(i)　(3)(i)又は(ii)のいずれかに掲げる構造

　　　(ii)　令和元年国土交通省告示第195号第1第二号イ若しくはハ又は第四号イ若しくはハのいずれかに定める構造方法を用いる構造

　三　柱　次に掲げる基準

　イ　木造建築物の柱（その全部又は一部に木材を用いたものでその全部又は一部に防火被覆を設けていないものに限る。）にあっては、次の(1)又は(2)のいずれかに掲げる基準に適合していること。

　　(1)　構造用集成材又は構造用単板積層材を使用するものであり、かつ、次に掲げる基準に適合する構造であるほか、取合い等の部分が炎侵入防止構造であること。

　　　(i)　令第46条第2項第一号イ及びロに掲げる基準に適合していること。

　　　(ii)　当該柱を接合する継手又は仕口が、昭和62年建設省告示第1901号に定める基準に従って、通常の火災時の加熱に対して耐力の低下を有効に防止することができる構造であること。この場合において、同告示第一号イ中「2.5cm」とあるのは「令和元年国土交通省告示第193号第1第2項第一号イ(1)(i)㈠イ又は㈡に掲げる場合の区分に応じ、それぞれ当該イ又は㈡に定める値」と読み替えるものとする。

　　　(iii)　当該柱を有する建築物全体が、昭和62年建設省告示第1902号に定める基準に従った構造計算によって通常の火災により容易に倒壊するおそれのないことが確かめられた構造であること。この場合において、同告示第二号イ中「2.5cm」とあるのは「令和元年国土交通省告示第193号第1第2項第一号イ(1)(i)㈠イ又は㈡に掲げる場合の区分に応じ、それぞれ当該イ又は㈡に定める値」と読み替えるものとする。

　　　(iv)　主要構造部である柱のうち木材で造られた部分の表面（木材その他の材料で防火上

有効に被覆された部分を除く。）から内側に、第一号イ(1)(i)(一)(イ)又は(ロ)に掲げる場合
の区分に応じ、それぞれ当該(イ)又は(ロ)に定める値の部分が除かれたときの残りの断面
の小径が、20 cm 以上であること。

(2)　次の(i)から(iii)までに掲げる補正固有通常火災終了時間の区分に応じ、それぞれ当該(i)
から(iii)までに定める構造とするほか、取合い等の部分が炎侵入防止構造であること。

(i)　75分を超える場合　通常火災終了時間が補正固有通常火災終了時間以上である建
築物の柱（法第21条第1項に規定する構造方法を用いるもの又は同項の規定による認
定を受けたものに限る。）又は特定避難時間が補正固有通常火災終了時間以上である
建築物の柱（法第27条第1項に規定する構造方法を用いるもの又は同項の規定による
認定を受けたものに限る。）の構造方法を用いる構造

(ii)　60分を超え、75分以下である場合　次の(一)又は(二)のいずれかに掲げる構造

(一)　(i)に定める構造

(二)　75分間準耐火構造

(iii)　60分以下である場合　次の(一)又は(二)のいずれかに掲げる構造

(一)　(ii)(一)又は(二)のいずれかに掲げる構造

(二)　令和元年国土交通省告示第195号第2第三号イからニまでに掲げる基準に適合す
る構造

ロ　木造建築物の柱（イに規定するものを除く。）にあっては、次の(1)から(5)までに掲げる
固有通常火災終了時間の区分に応じ、それぞれ当該(1)から(5)までに定める構造とするほ
か、取合い等の部分が炎侵入防止構造であること。

(1)　180分を超える場合　通常火災終了時間が固有通常火災終了時間以上である建築物の
柱（法第21条第1項に規定する構造方法を用いるもの又は同項の規定による認定を受け
たものに限る。）又は特定避難時間が固有通常火災終了時間以上である建築物の柱（法
第27条第1項に規定する構造方法を用いるもの又は同項の規定による認定を受けたもの
に限る。）の構造方法を用いる構造

(2)　120分を超え、180分以下である場合　次の(i)又は(ii)のいずれかに掲げる構造

(i)　(1)に定める構造

(ii)　耐火構造（3時間通常の火災による火熱が加えられた場合に、構造耐力上支障のあ
る変形、溶融、破壊その他の損傷を生じないものに限る。）

(3)　75分を超え、120分以下である場合　次の(i)又は(ii)のいずれかに掲げる構造

(i)　(2)(i)又は(ii)のいずれかに掲げる構造

(ii)　耐火構造（2時間通常の火災による火熱が加えられた場合に、構造耐力上支障のあ
る変形、溶融、破壊その他の損傷を生じないものに限る。）

(4)　60分を超え、75分以下である場合　次の(i)又は(ii)のいずれかに掲げる構造

(i)　(3)(i)又は(ii)のいずれかに掲げる構造

(ii)　75分間準耐火構造

(5)　60分以下である場合　次の(i)又は(ii)のいずれかに掲げる構造

(i)　(4)(i)又は(ii)のいずれかに掲げる構造

(ii)　令和元年国土交通省告示第195号第2第一号又は第三号のいずれかに定める構造方

　　法（第三号イからニまでに掲げる基準に適合する構造とすることを除く。）を用いる
　　構造

四　床　次に掲げる基準

イ　木造建築物の床（その全部又は一部に木材を用いたものでその全部又は一部に防火被覆
　　を設けていないものに限る。）にあっては、次の(1)又は(2)のいずれかに掲げる基準に適合
　　していること。

　(1)　構造用集成材、構造用単板積層材又は直交集成板を使用するものであり、かつ、次に
　　　掲げる基準に適合する構造であるほか、取合い等の部分が炎侵入防止構造であること。

　　(i)　当該床の接合部の構造方法が、次に定める基準に従って、通常の火災時の加熱に対
　　　　して耐力の低下を有効に防止することができる構造であること。

　　　(一)　接合部のうち木材で造られた部分の表面（木材その他の材料で防火上有効に被覆
　　　　　された部分を除く。）から内側に、第一号イ(1)(i)(一)(イ)又は(ロ)に掲げる場合の区分に
　　　　　応じ、それぞれ当該(イ)又は(ロ)に定める値の部分が除かれたときの残りの部分が、当
　　　　　該接合部の存在応力を伝えることができる構造であること。

　　　(二)　第一号イ(1)(i)(二)及び(三)に定める基準。

　　(ii)　当該床を有する建築物全体が、次に定める基準に従った構造計算によって通常の火
　　　　災により容易に倒壊するおそれのないことが確かめられた構造であること。

　　　(一)　主要構造部である床のうち木材で造られた部分の表面（木材その他の材料で防火
　　　　　上有効に被覆された部分を除く。）から内側に、第一号イ(1)(i)(一)(イ)又は(ロ)に掲げる
　　　　　場合の区分に応じ、それぞれ当該(イ)又は(ロ)に定める値の部分が除かれたときの残り
　　　　　の断面（(二)及び(iii)において「残存断面」という。）について、令第82条第二号の表
　　　　　に掲げる長期の組合せによる各応力の合計により、長期応力度を計算すること。

　　　(二)　(一)によって計算した長期応力度が、残存断面について令第94条の規定に基づき計
　　　　　算した短期の許容応力度を超えないことを確かめること。

　　(iii)　残存断面の厚さが20cm以上であること。

　　(iv)　床の上面に次の(一)から(四)までに掲げる固有通常火災終了時間の区分に応じ、それぞ
　　　　れ当該(一)から(四)までに定める基準に適合する防火被覆を設けていること。

　　　(一)　105分を超え、120分以下である場合　強化せっこうボードを3枚以上張ったも
　　　　　ので、その厚さの合計が61mm以上であるもの

　　　(二)　90分を超え、105分以下である場合　強化せっこうボードを2枚以上張ったもの
　　　　　で、その厚さの合計が55mm以上であるもの

　　　(三)　75分を超え、90分以下である場合　強化せっこうボードを2枚以上張ったもの
　　　　　で、その厚さの合計が50mm以上であるもの

　　　(四)　75分以下である場合　強化せっこうボードを2枚以上張ったもので、その厚さ
　　　　　の合計が42mm以上であるもの

　(2)　次の(i)から(iii)までに掲げる補正固有通常火災終了時間の区分に応じ、それぞれ当該(i)
　　　から(iii)までに定める構造とするほか、取合い等の部分が炎侵入防止構造であること。

　　(i)　75分を超える場合　通常火災終了時間が補正固有通常火災終了時間以上である建
　　　　築物の床（法第21条第1項に規定する構造方法を用いるもの又は同項の規定による認

定を受けたものに限る。）又は特定避難時間が補正固有通常火災終了時間以上である建築物の床（法第27条第1項に規定する構造方法を用いるもの又は同項の規定による認定を受けたものに限る。）の構造方法を用いる構造

    (ii) 60分を超え、75分以下である場合　次の㈠又は㈡のいずれかに掲げる構造

        ㈠　(i)に定める構造

        ㈡　75分間準耐火構造

    (iii) 60分以下である場合　次の㈠又は㈡のいずれかに掲げる構造

        ㈠　(ii)又は㈡のいずれかに掲げる構造

        ㈡　令和元年国土交通省告示第195号第3第四号に定める構造方法を用いる構造

ロ　木造建築物の床（イに規定するものを除く。）にあっては、次の(1)から(4)までに掲げる固有通常火災終了時間の区分に応じ、それぞれ当該(1)から(4)までに定める構造とするほか、取合い等の部分が炎侵入防止構造であること。

  (1) 90分を超える場合　通常火災終了時間が固有通常火災終了時間以上である建築物の床（法第21条第1項に規定する構造方法を用いるもの又は同項の規定による認定を受けたものに限る。）又は特定避難時間が固有通常火災終了時間以上である建築物の床（法第27条第1項に規定する構造方法を用いるもの又は同項の規定による認定を受けたものに限る。）の構造方法を用いる構造

  (2) 75分を超え、90分以下である場合　次の(i)又は(ii)のいずれかに掲げる構造

    (i) (1)に定める構造

    (ii) 平成27年国土交通省告示第250号第2第一号イ(1)から(5)までのいずれかに掲げる構造

  (3) 60分を超え、75分以下である場合　次の(i)又は(ii)のいずれかに掲げる構造

    (i) (2)(i)又は(ii)のいずれかに該当する構造

    (ii) 75分間準耐火構造

  (4) 60分以下である場合　次の(i)又は(ii)のいずれかに掲げる構造

    (i) (3)(i)又は(ii)のいずれかに掲げる構造

    (ii) 令和元年国土交通省告示第195号第3第一号又は第三号のいずれかに定める構造方法を用いる構造

五　はり　次に掲げる基準

イ　木造建築物のはり（その全部又は一部に木材を用いたものでその全部又は一部に防火被覆を設けていないものに限る。）にあっては、次の(1)又は(2)のいずれかに掲げる基準に適合していること。

  (1) 構造用集成材又は構造用単板積層材を使用するものであり、かつ、次に掲げる基準に適合する構造であるほか、取合い等の部分が炎侵入防止構造であること。

    (i) 令第46条第2項第一号イ及びロに掲げる基準に適合していること。

    (ii) 当該はりを接合する継手又は仕口が、昭和62年建設省告示第1901号に定める基準に従って、通常の火災時の加熱に対して耐力の低下を有効に防止することができる構造であること。この場合において、同告示第一号イ中「2.5cm」とあるのは「令和元年国土交通省告示第193号第1第2項第一号イ(1)(i)㈠(イ)又は(ロ)に掲げる場合の区分に

応じ、それぞれ当該(イ)又は(ロ)に定める値」と読み替えるものとする。

(ⅲ)　当該はりを有する建築物全体が、昭和62年建設省告示第1902号に定める基準に従った構造計算によって、通常の火災により容易に倒壊するおそれのないことが確かめられた構造であること。この場合において、同告示第二号イ中「2.5 cm」とあるのは「令和元年国土交通省告示第193号第1第2項第一号(1)(i)(一)(イ)又は(ロ)に掲げる場合の区分に応じ、それぞれ当該(イ)又は(ロ)に定める値」と読み替えるものとする。

(ⅳ)　主要構造部であるはりのうち木材で造られた部分の表面（木材その他の材料で防火上有効に被覆された部分を除く。）から内側に、第一号(1)(i)(一)(イ)又は(ロ)に掲げる場合の区分に応じ、それぞれ当該(イ)又は(ロ)に定める値の部分が除かれたときの残りの断面の小径が、20 cm 以上であること。

(2)　次の(i)から(ⅲ)までに掲げる補正固有通常火災終了時間の区分に応じ、それぞれ当該(i)から(ⅲ)までに定める構造とするほか、取合い等の部分が炎侵入防止構造であること。

(ⅰ)　75分を超える場合　通常火災終了時間が補正固有通常火災終了時間以上である建築物のはり（法第21条第1項に規定する構造方法を用いるもの又は同項の規定による認定を受けたものに限る。）又は特定避難時間が補正固有通常火災終了時間以上である建築物のはり（法第27条第1項に規定する構造方法を用いるもの又は同項の規定による認定を受けたものに限る。）の構造方法を用いる構造

(ⅱ)　60分を超え、75分以下である場合　次の(一)又は(二)のいずれかに掲げる構造

(一)　(i)に定める構造

(二)　75分間準耐火構造

(ⅲ)　60分以下である場合　次の(一)又は(二)のいずれかに掲げる構造

(一)　(ⅱ)(一)又は(二)のいずれかに掲げる構造

(二)　令和元年国土交通省告示第195号第4第三号イからニまでに掲げる基準に適合する構造

ロ　木造建築物のはり（イに規定するものを除く。）にあっては、次の(1)から(5)までに掲げる固有通常火災終了時間の区分に応じ、それぞれ当該(1)から(5)までに定める構造とするほか、取合い等の部分が炎侵入防止構造であること。

(1)　180分を超える場合　通常火災終了時間が固有通常火災終了時間以上である建築物のはり（法第21条第1項に規定する構造方法を用いるもの又は同項の規定による認定を受けたものに限る。）又は特定避難時間が固有通常火災終了時間以上である建築物のはり（法第27条第1項に規定する構造方法を用いるもの又は同項の規定による認定を受けたものに限る。）の構造方法を用いる構造

(2)　120分を超え、180分以下である場合　次の(i)又は(ⅱ)のいずれかに掲げる構造

(ⅰ)　(1)に定める構造

(ⅱ)　耐火構造（3時間通常の火災による火熱が加えられた場合に、構造耐力上支障のある変形、溶融、破壊その他の損傷を生じないものに限る。）

(3)　75分を超え、120分以下である場合　次の(i)又は(ⅱ)のいずれかに掲げる構造

(ⅰ)　(2)(i)又は(ⅱ)のいずれかに掲げる構造

(ⅱ)　耐火構造（2時間通常の火災による火熱が加えられた場合に、構造耐力上支障のあ

る変形、溶融、破壊その他の損傷を生じないものに限る。）

(4)　60分を超え、75分以下である場合　次の(i)又は(ii)のいずれかに掲げる構造

(i)　(3)(i)又は(ii)のいずれかに掲げる構造

(ii)　75分間準耐火構造

(5)　60分以下である場合　次の(i)又は(ii)のいずれかに掲げる構造

(i)　(4)(i)又は(ii)のいずれかに掲げる構造

(ii)　令和元年国土交通省告示第195号第4第一号又は第三号のいずれかに定める構造方法（第三号イからニまでに掲げる基準に適合する構造とすることを除く。）を用いる構造

六　軒裏　次に掲げる基準

イ　木造建築物の軒裏（その全部又は一部に木材を用いたものでその全部又は一部に防火被覆を設けていないものに限る。）にあっては、次の(1)又は(2)のいずれかに掲げる基準に適合していること。

(1)　構造用集成材、構造用単板積層材又は直交集成板を使用するものであり、かつ、当該軒裏の厚さが第二号イ(1)(i)又は(ii)に掲げる場合の区分に応じ、それぞれ当該(i)又は(ii)に定める値以上であるほか、取合い等の部分が炎侵入防止構造であること。

(2)　次の(i)又は(ii)に掲げる補正固有通常火災終了時間の区分に応じ、それぞれ当該(i)又は(ii)に定める構造とするほか、取合い等の部分が炎侵入防止構造であること。

(i)　75分を超える場合　通常火災終了時間が補正固有通常火災終了時間以上である建築物の軒裏（延焼のおそれがある部分に限る。以下この(i)、ロ(1)及び第8項第六号イ(2)において同じ。）（法第21条第1項に規定する構造方法を用いるもの又は同項の規定による認定を受けたものに限る。）又は特定避難時間が補正固有通常火災終了時間以上である建築物の軒裏（法第27条第1項に規定する構造方法を用いるもの又は同項の規定による認定を受けたものに限る。）の構造方法を用いる構造

(ii)　75分以下である場合　次の(一)又は(二)のいずれかに掲げる構造

(一)　(i)に定める構造

(二)　75分間準耐火構造

ロ　木造建築物の軒裏（イに規定するものを除く。）にあっては、次の(1)から(4)までに掲げる固有通常火災終了時間の区分に応じ、それぞれ当該(1)から(4)までに定める構造とするほか、取合い等の部分が炎侵入防止構造であること。

(1)　90分を超える場合　通常火災終了時間が固有通常火災終了時間以上である建築物の軒裏（法第21条第1項に規定する構造方法を用いるもの又は同項の規定による認定を受けたものに限る。）又は特定避難時間が固有通常火災終了時間以上である建築物の軒裏（法第27条第1項に規定する構造方法を用いるもの又は同項の規定による認定を受けたものに限る。）の構造方法を用いる構造

(2)　75分を超え、90分以下である場合　次の(i)又は(ii)のいずれかに掲げる構造

(i)　(1)に定める構造

(ii)　令和元年国土交通省告示第194号第2第3項第二号イ又はロのいずれかに該当する構造

　　(3)　60分を超え、75分以下である場合　次の(i)又は(ii)のいずれかに掲げる構造

　　　(i)　(2)(i)又は(ii)のいずれかに掲げる構造

　　　(ii)　75分間準耐火構造

　　(4)　60分以下である場合　次の(i)又は(ii)のいずれかに掲げる構造

　　　(i)　(3)(i)又は(ii)のいずれかに掲げる構造

　　　(ii)　令和元年国土交通省告示第195号第5第二号又は第三号のいずれかに定める構造方法を用いる構造

3　第1項の「通常火災終了時間防火設備」は、次の各号に掲げる当該建築物の固有通常火災終了時間の区分に応じ、それぞれ当該各号に定める防火設備（周囲の部分（防火設備から内側に15cm以内の間に設けられた建具がある場合においては、その建具を含む。）が不燃材料で造られた開口部に取り付けられたものであって、枠若しくは他の防火設備と接する部分を相じゃくりとし、又は定規縁若しくは戸当たりを設ける等閉鎖した際に隙間が生じない構造とし、かつ、取付金物が当該防火設備が閉鎖した際に露出しないように取り付けられたものに限る。第9項において同じ。）をいう。

一　90分を超える場合　通常の火災による火熱が加えられた場合に、加熱開始後固有通常火災終了時間当該加熱面以外の面に火炎を出さないものとして、法第61条の規定による国土交通大臣の認定を受けた防火設備

二　75分を超え、90分以下である場合　次のイからホまでのいずれかに該当する防火設備

　　イ　前号に定める防火設備

　　ロ　平成27年国土交通省告示第250号第2第一号ロに適合する構造方法を用いる防火設備

　　ハ　骨組を鉄材又は鋼材とし、両面にそれぞれ厚さが1mm以上の鉄板又は鋼板を張った防火設備

　　ニ　鉄材又は鋼材で造られたもので鉄板又は鋼板の厚さが1.8mm以上の防火設備

　　ホ　厚さ30mm以上の繊維強化セメント板で造られた防火設備

三　60分を超え、75分以下である場合　次のイ又はロのいずれかに該当する防火設備

　　イ　前号に定める防火設備

　　ロ　75分間防火設備

四　45分を超え、60分以下である場合　次のイ又はロのいずれかに該当する防火設備

　　イ　前号に定める防火設備

　　ロ　特定防火設備

五　45分である場合　次のイ又はロのいずれかに該当する防火設備

　　イ　前号に定める防火設備

　　ロ　令第114条第5項において読み替えて準用する令第112条第21項に規定する構造方法を用いる防火設備又は同項の規定による国土交通大臣の認定を受けた防火設備

4　前各項の「固有通常火災終了時間」は、次の式によって計算した値とする。

$$t\mathit{ff}(c) = 1.3\left(\frac{\alpha}{460}\right)^{3/2}[max\,(t\,escape,\,t\,region) + t\,travel, f + max\,\{15\,(N-3),\,0\}]$$

　　この式において、$t\mathit{ff}(c)$、α、$t\,escape$、$t\,region$、$t\,travel, f$及びNは、それぞれ次の数値を表すものとする。

$t\,ff\,(c)$　　固有通常火災終了時間（単位　分）

α　　　　平成27年国土交通省告示第255号第1第4項に規定する当該建築物の各室における火災温度上昇係数のうち最大のもの

$t\,escape$　　平成27年国土交通省告示第255号第1第4項に規定する在館者避難時間（単位　分）

$t\,region$　　平成27年国土交通省告示第255号第1第4項に規定する常備消防機関の現地到着時間（単位　分）

$t\,travel,f$　次の式によって計算した当該建築物の各室（以下「火災室」という。）で火災が発生した場合における地上から当該火災室までの移動時間のうち最大のもの（単位　分）

$$t\,travel,fi = t\,travel,i$$

この式において、$t\,travel,fi$ 及び $t\,travel,i$ は、それぞれ次の数値を表すものとする。
$t\,travel,fi$　火災室で火災が発生した場合における地上から当該火災室までの移動時間（単位　分）
$t\,travel,i$　平成27年国土交通省告示第255号第1第7項に規定する火災室で火災が発生した場合における地上から当該火災室までの移動時間（単位　分）

N　当該建築物の階数

5　第2項の「補正固有通常火災終了時間」は、次の式によって計算した値とする。

$$t\,ff\,(nc) = \frac{CR_1[max\,(t\,escape, t\,region) + t\,travel,f + max\,\{15\,(N-3), 0\}] + 12}{0.75}$$

この式において、$t\,ff\,(nc)$、CR_1、$t\,escape$、$t\,region$、$t\,travel,f$ 及び N は、それぞれ次の数値を表すものとする。

$t\,ff\,(nc)$　補正固有通常火災終了時間（単位　分）

CR_1　　次の式によって計算した放水開始以前の炭化速度（単位　mm/分）

$$CR_1 = min\,(1.3, 0.0022\,\alpha - 0.262)$$

この式において、CR_1 及び α は、それぞれ次の数値を表すものとする。
CR_1　放水開始以前の炭化速度（単位　mm/分）
α　　平成27年国土交通省告示第255号第1第4項に規定する当該建築物の各室における火災温度上昇係数のうち最大のもの

$t\,escape$　　平成27年国土交通省告示第255号第1第4項に規定する在館者避難時間（単位　分）

$t\,region$　　平成27年国土交通省告示第255号第1第4項に規定する常備消防機関の現地到着時間（単位　分）

$t\,travel,f$　前項に規定する火災室で火災が発生した場合における地上から当該火災室までの移動時間のうち最大のもの（単位　分）

N　　　　当該建築物の階数

6　第1項の「上階延焼抑制防火設備」は、次の各号に掲げる当該外壁の開口部の必要遮炎時間
　の区分に応じ、それぞれ当該各号に定める防火設備をいう。

一　60分を超える場合　通常の火災による火熱が加えられた場合に、加熱開始後必要遮炎時
　　間加熱面以外の面に火炎を出さないものとして、法第61条の規定による国土交通大臣の認定
　　を受けた防火設備

二　45分を超え、60分以下である場合　次のイ又はロのいずれかに掲げる防火設備
　　イ　前号に定める防火設備
　　ロ　特定防火設備

三　30分を超え、45分以下である場合　次のイ又はロのいずれかに掲げる防火設備
　　イ　前号に定める防火設備
　　ロ　令第114条第5項において読み替えて準用する令第112条第21項に規定する構造方法を用
　　　いる防火設備又は同項の規定による国土交通大臣の認定を受けた防火設備

四　20分を超え、30分以下である場合　次のイ又はロのいずれかに掲げる防火設備
　　イ　前号に定める防火設備
　　ロ　令和元年国土交通省告示第194号第2第4項に規定する30分間防火設備

五　20分以下である場合　次のイ又はロのいずれかに掲げる防火設備
　　イ　前号に定める防火設備
　　ロ　法第2条第九号の二ロに規定する防火設備

7　前項の「必要遮炎時間」は、次の式によって計算した値とする。

$$t\,intg = \left(\frac{\alpha}{460}\right)^{3/2} \frac{t\,spread - t\,ceiling}{1 + \mu}$$

この式において、$t\,intg$、α、$t\,spread$、$t\,ceiling$ 及び μ は、それぞれ次の数値を表すものと
する。

$t\,intg$　　必要遮炎時間（単位　分）

α　　　　平成27年国土交通省告示第255号第1第4項に規定する当該建築物の各室にお
　　　　　　ける火災温度上昇係数のうち最大のもの

$t\,spread$　次の式によって計算した上階延焼抑制時間（単位　分）

$$t\,spread = max\,(t\,escape,\,t\,region) + t\,travel,f + max\,\{15\,(N-3),\,0\}$$

この式において、$t\,spread$、$t\,escape$、$t\,region$、$t\,travel,f$ 及び N は、それぞれ次
の数値を表すものとする。

$t\,spread$　　上階延焼抑制時間（単位　分）

$t\,escape$　　平成27年国土交通省告示第255号第1第4項に規定する在館者避難
　　　　　　　時間（単位　分）

$t\,region$　　平成27年国土交通省告示第255号第1第4項に規定する常備消防機
　　　　　　　関の現地到着時間（単位　分）

$t\,travel,f$　第4項に規定する火災室で火災が発生した場合における地上から当
　　　　　　　該火災室までの移動時間のうち最大のもの（単位　分）

N　　　　　当該建築物の階数

t ceiling 平成27年国土交通省告示第255号第1第7項に規定する天井燃焼抑制時間（単位　分）

μ　　　次の表の左欄に掲げる当該他の外壁の開口部に防火上有効に設けられているひさしその他これに類するもの（火災時倒壊防止構造の床の構造方法を用いるものに限る。）の長さに応じ、それぞれ同表右欄に定める数値

ひさしその他これに類するものの長さ（単位　m）	数　値
0.9 未満	1
0.9 以上 1.5 未満	1.25
1.5 以上 2.0 未満	1.6
2.0 以上	2

8　第1項及び第2項の「75分間準耐火構造」は、次の各号に掲げる建築物の部分の区分に応じ、それぞれ当該各号に定める基準に適合する構造をいう。

一　耐力壁　次に掲げる基準

イ　木造建築物の耐力壁（その全部又は一部に木材を用いたものでその全部又は一部に防火被覆を設けていないものに限る。）にあっては、次の(1)又は(2)のいずれかに掲げる基準に適合すること。

(1)　構造用集成材、構造用単板積層材又は直交集成板を使用するものであり、かつ、次に掲げる基準に適合する構造であるほか、取合い等の部分が炎侵入防止構造であること。

(i)　当該耐力壁の接合部の構造方法が、次に定める基準に従って、通常の火災時の加熱に対して耐力の低下を有効に防止することができる構造であること。

(一)　接合部のうち木材で造られた部分の片側の表面（木材その他の材料で防火上有効に被覆された部分を除く。）から内側に、次の(イ)又は(ロ)に掲げる場合の区分に応じ、それぞれ当該(イ)又は(ロ)に定める値の部分が除かれたときの残りの部分が、当該接合部の存在応力を伝えることができる構造であること。

(イ)　接着剤として、フェノール樹脂等を使用する場合（構造用集成材又は直交集成板を使用する場合にあっては、ラミナの厚さが 12mm 以上の場合に限る。）6.5cm

(ロ)　接着剤として、フェノール樹脂等以外のものを使用する場合（構造用集成材又は直交集成板を使用する場合にあっては、ラミナの厚さが21mm 以上の場合に限る。）8.5cm

(二)　第2項第一号イ(1)(i)(二)及び(三)に定める基準。

(ii)　当該耐力壁を有する建築物全体が、次に定める基準に従った構造計算によって通常の火災により容易に倒壊するおそれのないことが確かめられた構造であること。

(一)　主要構造部である耐力壁のうち木材で造られた部分の表面（木材その他の材料で防火上有効に被覆された部分を除く。）から内側に、(1)(i)(一)(イ)又は(ロ)に掲げる場合の区分に応じ、それぞれ当該(イ)又は(ロ)に定める値の部分が除かれたときの残りの断面（(二)及び(iii)において「残存断面」という。）について、令第82条第二号の表に掲

114

げる長期の組合せによる各応力の合計により、長期応力度を計算すること。

　　　㈡　㈠によって計算した長期応力度が、残存断面について令第94条の規定に基づき計算した短期の許容応力度を超えないことを確かめること。

　　⒤　残存断面の厚さが20cm以上であること。

　⑵　通常火災終了時間が75分間以上である建築物の耐力壁（法第21条第1項に規定する構造方法を用いるもの又は同項の規定による認定を受けたものに限る。）又は特定避難時間が75分間以上である建築物の耐力壁（法第27条第1項に規定する構造方法を用いるもの又は同項の規定による認定を受けたものに限る。）の構造方法を用いる構造であること。

　ロ　木造建築物の耐力壁（イに規定するものを除く。）にあっては、次の⑴から⑶までのいずれかに該当するものであるほか、取合い等の部分が炎侵入防止構造であること。

　⑴　平成27年国土交通省告示第250号第2第一号イ⑴から⑸までのいずれかに該当する構造であるもの

　⑵　間柱及び下地を木材、鉄材又は鋼材で造り、かつ、その両側に防火被覆（強化せっこうボードを2枚以上張ったもので、その厚さの合計が42mm以上のものに限る。）を設け、かつ、当該壁が外壁である場合にあっては、屋外側の防火被覆の上に金属板、軽量気泡コンクリートパネル若しくは窯業系サイディングを張ったもの又はモルタル若しくはしっくいを塗ったもの

　⑶　イ⑵に掲げる基準に適合するもの

二　非耐力壁　次に掲げる基準

　イ　木造建築物の非耐力壁（その全部又は一部に木材を用いたものでその全部又は一部に防火被覆を設けていないものに限る。）にあっては、次の⑴又は⑵のいずれかに掲げる基準に適合すること。

　⑴　構造用集成材、構造用単板積層材又は直交集成板を使用するものであり、かつ、当該非耐力壁の厚さが次の⒤又は⒤に掲げる場合の区分に応じ、それぞれ当該⒤又は⒤に定める値以上であるほか、取合い等の部分が炎侵入防止構造であること。

　　⒤　接着剤として、フェノール樹脂等を使用する場合（構造用集成材を使用する場合にあってはラミナの厚さが12mm以上の場合に限り、直交集成板を使用する場合にあってはラミナの厚さが12mm以上で、かつ、加熱面の表面から6.5cmの部分が除かれたときに、互いに接着された平行層と直交層が存在する場合に限る。）　9.5cm

　　⒤　接着剤として、フェノール樹脂等以外のものを使用する場合（構造用集成材を使用する場合にあってはラミナの厚さが21mm以上の場合に限り、直交集成板を使用する場合にあってはラミナの厚さが21mm以上で、かつ、加熱面の表面から8.5cmの部分が除かれたときに、互いに接着された平行層と直交層が存在する場合に限る。）　11.5cm

　⑵　通常火災終了時間が75分間以上である建築物の非耐力壁（法第21条第1項に規定する構造方法を用いるもの又は同項の規定による認定を受けたものに限る。）又は特定避難時間が75分間以上である建築物の非耐力壁（法第27条第1項に規定する構造方法を用いるもの又は同項の規定による認定を受けたものに限る。）の構造方法を用いる構造

であること。

　　ロ　木造建築物の非耐力壁（イに規定するものを除く。）にあっては、次の(1)から(3)までの
　　　いずれかに該当するものであるほか、取合い等の部分が炎侵入防止構造であること。
　　(1)　平成27年国土交通省告示第250号第 2 第一号イ(1)から(5)までのいずれかに該当する構
　　　　造であるもの
　　(2)　前号ロ(2)に該当する構造であるもの
　　(3)　イ(2)に掲げる基準に適合するもの

三　柱　次に掲げる基準
　　イ　木造建築物の柱（その全部又は一部に木材を用いたものでその全部又は一部に防火被覆
　　　を設けていないものに限る。）にあっては、次の(1)又は(2)のいずれかに掲げる基準に適合
　　　すること。
　　(1)　構造用集成材又は構造用単板積層材を使用するものであり、かつ、次に掲げる基準に
　　　　適合する構造であるほか、取合い等の部分が炎侵入防止構造であること。
　　　(i)　令第46条第 2 項第一号イ及びロに掲げる基準に適合していること。
　　　(ii)　当該柱を接合する継手又は仕口が、昭和62年建設省告示第1901号に定める基準に
　　　　従って、通常の火災時の加熱に対して耐力の低下を有効に防止することができる構造
　　　　であること。この場合において、同告示第一号イ中「2.5cm」とあるのは「令和元
　　　　年国土交通省告示第193号第 1 第 8 項第一号イ(1)(i)㈠(イ)又は(ロ)に掲げる場合の区分に
　　　　応じ、それぞれ当該(イ)又は(ロ)に定める値」と読み替えるものとする。
　　　(iii)　当該柱を有する建築物全体が、昭和62年建設省告示第1902号に定める基準に従った
　　　　構造計算によって通常の火災により容易に倒壊するおそれのないことが確かめられた
　　　　構造であること。この場合において、同告示第二号イ中「2.5cm」とあるのは「令
　　　　和元年国土交通省告示第193号第 1 第 8 項第一号イ(1)(i)㈠(イ)又は(ロ)に掲げる場合の区
　　　　分に応じ、それぞれ当該(イ)又は(ロ)に定める値」と読み替えるものとする。
　　　(iv)　主要構造部である柱のうち木材で造られた部分の表面（木材その他の材料で防火上
　　　　有効に被覆された部分を除く。）から内側に、第一号イ(1)(i)㈠(イ)又は(ロ)に掲げる場合
　　　　の区分に応じ、それぞれ当該(イ)又は(ロ)に定める値の部分が除かれたときの残りの断面
　　　　の小径が、20cm 以上であること。
　　(2)　次の(i)又は(ii)のいずれかに掲げる構造であること。
　　　(i)　耐火構造（ 2 時間通常の火災による火熱が加えられた場合に、構造耐力上支障のあ
　　　　る変形、溶融、破壊その他の損傷を生じないものに限る。第五号イ(2)(i)において同
　　　　じ。）
　　　(ii)　通常火災終了時間が75分間以上である建築物の柱（法第21条第 1 項に規定する構
　　　　造方法を用いるもの又は同項の規定による認定を受けたものに限る。）又は特定避難
　　　　時間が75分間以上である建築物の柱（法第27条第 1 項に規定する構造方法を用いる
　　　　もの又は同項の規定による認定を受けたものに限る。）の構造方法を用いる構造
　　ロ　木造建築物の柱（イに規定するものを除く。）にあっては、次の(1)又は(2)のいずれかに
　　　該当するものであるほか、取合い等の部分が炎侵入防止構造であること。
　　(1)　イ(2)(i)又は(ii)のいずれかに掲げる構造であるもの

⑵　防火被覆（強化せっこうボードを2枚以上張ったもので、その厚さの合計が46mm
　以上のものに限る。）を設けたもの

四　床　次に掲げる基準

イ　木造建築物の床（その全部又は一部に木材を用いたものでその全部又は一部に防火被覆
　を設けていないものに限る。）にあっては、次の⑴又は⑵のいずれかに掲げる基準に適合
　すること。

⑴　構造用集成材、構造用単板積層材又は直交集成板を使用するものであり、かつ、次に
　掲げる基準に適合する構造であるほか、取合い等の部分が炎侵入防止構造であること。

　⒤　当該床の接合部の構造方法が、次に定める基準に従って、通常の火災時の加熱に対
　　して耐力の低下を有効に防止することができる構造であること。

　　㈠　接合部のうち木材で造られた部分の表面（木材その他の材料で防火上有効に被覆
　　　された部分を除く。）から内側に、第一号イ⑴⒤㈠〜㈤又は㈥に掲げる場合の区分に
　　　応じ、それぞれ当該㈤又は㈥に定める値の部分が除かれたときの残りの部分が、当
　　　該接合部の存在応力を伝えることができる構造であること。

　　㈡　第2項第一号イ⑴⒤㈡及び㈣に定める基準。

　�ⅱ　当該床を有する建築物全体が、次に定める基準に従った構造計算によって通常の火
　　災により容易に倒壊するおそれのないことが確かめられた構造であるほか、取合い等
　　の部分が炎侵入防止構造であること。

　　㈠　主要構造部である床のうち木材で造られた部分の表面（木材その他の材料で防火
　　　上有効に被覆された部分を除く。）から内側に、第一号⑴⒤㈠〜㈤又は㈥に掲げる場
　　　合の区分に応じ、それぞれ当該㈤又は㈥に定める値の部分が除かれたときの残りの
　　　断面（㈡及び�lⅱⅲにおいて「残存断面」という。）について、令第82条第二号の表に
　　　掲げる長期の組合せによる各応力の合計により、長期応力度を計算すること。

　　㈡　㈠によって計算した長期応力度が、残存断面について令第94条の規定に基づき計
　　　算した短期の許容応力度を超えないことを確かめること。

　⑴ⅲ　残存断面の厚さが20cm以上であること。

　⑴ⅳ　床の上面に防火被覆（強化せっこうボードを2枚以上張ったもので、その厚さの合
　　計が46mm以上のものに限る。）を設けること。

⑵　通常火災終了時間が75分間以上である建築物の床（法第21条第1項に規定する構造
　方法を用いるもの又は同項の規定による認定を受けたものに限る。）又は特定避難時間
　が75分間以上である建築物の床（法第27条第1項に規定する構造方法を用いるもの又
　は同項の規定による認定を受けたものに限る。）の構造方法を用いる構造であること。

ロ　木造建築物の床（イに規定するものを除く。）にあっては、次の⑴から⑶までのいずれ
　かに該当するものであるほか、取合い等の部分が炎侵入防止構造であること。

⑴　平成27年国土交通省告示第250号第2第一号イ⑴から⑸までのいずれかに該当する構
　造であるもの

⑵　根太及び下地を木材、鉄材又は鋼材で造り、かつ、その表側の部分に防火被覆（強化
　せっこうボードを2枚以上張ったもので、その厚さの合計が42mm以上のものに限る。）
　を設け、かつ、その裏側の部分又は直下の天井に防火被覆（強化せっこうボードを2枚

以上張ったもので、その厚さの合計が 46 mm 以上のものに限る。）を設けたもの

(3)　イ(2)に掲げる基準に適合するもの

五　はり　次に掲げる基準

イ　木造建築物のはり（その全部又は一部に木材を用いたものでその全部又は一部に防火被覆を設けていないものに限る。）にあっては、次の(1)又は(2)のいずれかに掲げる基準に適合すること。

(1)　構造用集成材又は構造用単板積層材を使用し、かつ、次に掲げる基準に適合する構造であるほか、取合い等の部分が炎侵入防止構造であること。

(i)　令第46条第2項第一号イ及びロに掲げる基準に適合していること。

(ii)　当該はりを接合する継手又は仕口が、昭和62年建設省告示第1901号に定める基準に従って、通常の火災時の加熱に対して耐力の低下を有効に防止することができる構造であること。この場合において、同告示第一号イ中「2.5 cm」とあるのは「令和元年国土交通省告示第193号第1第8項第一号イ(1)(i)(一)(イ)又は(ロ)に掲げる場合の区分に応じ、それぞれ当該(イ)又は(ロ)に定める値」と読み替えるものとする。

(iii)　当該はりを有する建築物全体が、昭和62年建設省告示第1902号に定める基準に従った構造計算によって通常の火災により容易に倒壊するおそれのないことが確かめられた構造であること。この場合において、同告示第二号イ中「2.5 cm」とあるのは「令和元年国土交通省告示第193号第1第8項第一号イ(1)(i)(一)(イ)又は(ロ)に掲げる場合の区分に応じ、それぞれ当該(イ)又は(ロ)に定める値」と読み替えるものとする。

(iv)　主要構造部であるはりのうち木材で造られた部分の表面（木材その他の材料で防火上有効に被覆された部分を除く。）から内側に、第一号イ(1)(i)(一)(イ)又は(ロ)に掲げる場合の区分に応じ、それぞれ当該(イ)又は(ロ)に掲げる値の部分が除かれたときの残りの断面の小径が、20 cm 以上であること。

(2)　次の(i)又は(ii)のいずれかに掲げる構造であること。

(i)　耐火構造

(ii)　通常火災終了時間が 75 分間以上である建築物のはり（法第21条第1項に規定する構造方法を用いるもの又は同項の規定による認定を受けたものに限る。）又は特定避難時間が 75 分間以上である建築物のはり（法第27条第1項に規定する構造方法を用いるもの又は同項の規定による認定を受けたものに限る。）の構造方法を用いる構造

ロ　木造建築物のはり（イに規定するものを除く。）にあっては、次の(1)又は(2)のいずれかに該当するものであるほか、取合い等の部分が炎侵入防止構造であること。

(1)　イ(2)(i)又は(ii)のいずれかに掲げる構造であるもの

(2)　第三号ロ(2)に該当するもの

六　軒裏　次に掲げる基準

イ　木造建築物の軒裏（その全部又は一部に木材を用いたものでその全部又は一部に防火被覆を設けていないものに限る。）にあっては、次の(1)又は(2)のいずれかに掲げる基準に適合すること。

(1)　構造用集成材、構造用単板積層材又は直交集成板を使用するものであり、かつ、当該軒裏の厚さが第二号イ(1)(i)又は(ii)に掲げる場合の区分に応じ、それぞれ当該(i)又は(ii)

に定める値以上であるほか、取合い等の部分が炎侵入防止構造であること。

　　(2)　通常火災終了時間が75分間以上である建築物の軒裏（法第21条第1項に規定する構造方法を用いるもの又は同項の規定による認定を受けたものに限る。）又は特定避難時間が75分間以上である建築物の軒裏（法第27条第1項に規定する構造方法を用いるもの又は同項の規定による認定を受けたものに限る。）の構造方法を用いる構造であること。

　ロ　木造建築物の軒裏（イに規定するものを除く。）にあっては、次の(1)から(3)までのいずれかに該当するものであるほか、取合い等の部分が炎侵入防止構造であること。

　　(1)　平成27年国土交通省告示第250号第2第一号イ(1)から(3)まで又は(5)のいずれかに該当する構造であるもの

　　(2)　イ(2)に掲げる基準に適合するもの

　　(3)　第三号ロ(2)に該当するもの

9　第1項及び第3項の「75分間防火設備」は、次の各号のいずれかに掲げる防火設備をいう。

　一　通常の火災による火熱が加えられた場合に、加熱開始後75分間当該加熱面以外の面に火炎を出さないものとして、法第61条の規定による国土交通大臣の認定を受けた防火設備

　二　骨組を鉄材又は鋼材とし、両面にそれぞれ厚さが0.8mm以上の鉄板又は鋼板を張った防火設備

　三　鉄材又は鋼材で造られたもので鉄板又は鋼板の厚さが1.6mm以上の防火設備

　四　厚さ28mm以上の繊維強化セメント板で造られた防火設備

第2　令第109条の5第二号に掲げる基準に適合する法第21条第1項に規定する建築物の主要構造部の構造方法は、耐火構造又は令第108条の3第1項第一号若しくは第二号に該当する構造とすることとする。

　　　　附　　則

1　この告示は、建築基準法の一部を改正する法律（平成30年法律第67号）の施行の日（令和元年6月25日）から施行する。

2　ひさしその他これに類するものの構造方法を定める件(平成27年国土交通省告示第254号)は、廃止する。

〔平成27年2月23日国土交通省告示第250号〕
壁等の構造方法を定める件

　　　　　　　　　　　　　　　　最終改正　　令和2年4月1日国土交通省告示第508号

　建築基準法（昭和25年法律第201号）第21条第2項第二号の規定に基づき、壁等の構造方法を次のように定める。

　建築基準法施行令（昭和25年政令第338号。以下「令」という。）第109条の7に規定する技術的基準に適合する壁等の構造方法は、次に定めるものとする。

第1　この告示は、3階建て以下の建築物（倉庫その他の物品(不燃性の物品を除く。)を保管する用途に供する建築物を除く。）で、屋根の仕上げを不燃材料でしたものについて適用する。

第2　壁等を構成する建築物の部分及び防火設備の構造方法は、次の各号に掲げる区分に応じ、当該各号に定めるものとすること。

一　耐力壁である間仕切壁及び防火設備により区画する場合　次のイ及びロに適合するものであること。

　イ　耐力壁である間仕切壁は、次の(1)から(5)までのいずれかに該当する構造であること。この場合において、かぶり厚さ又は厚さは、それぞれモルタル、プラスターその他これらに類する仕上材料の厚さを含むものとする。

　　(1)　鉄筋コンクリート造（鉄筋に対するコンクリートのかぶり厚さが平成13年国土交通省告示第1372号第2項の基準によるものにあっては、防火上支障のないものに限る。）、鉄骨鉄筋コンクリート造（鉄筋又は鉄骨に対するコンクリートのかぶり厚さが同項の基準によるものにあっては、防火上支障のないものに限る。）又は鉄骨コンクリート造（鉄骨に対するコンクリートのかぶり厚さが30mm未満のものを除く。）で厚さが85mm以上のもの

　　(2)　軸組を鉄骨造とし、その両面を塗厚さが4cm以上の鉄網モルタルで覆ったもの（塗下地が不燃材料で造られていないものを除く。）

　　(3)　軸組を鉄骨造とし、その両面を塗厚さが3.5cm以上の鉄網パーライトモルタルで覆ったもの（塗下地が不燃材料で造られていないものを除く。）

　　(4)　軸組を鉄骨造とし、その両面を厚さが5cm以上のコンクリートブロック、れんが又は石で覆ったもの

　　(5)　間柱及び下地を木材又は鉄材で造り、かつ、その両面を、強化せっこうボード（ボード用原紙を除いた部分のせっこうの含有率を95%以上、ガラス繊維の含有率を0.4%以上とし、かつ、ひる石の含有率を2.5%以上としたものに限る。）を3枚以上張ったもので、その厚さの合計が63mm以上のもので覆ったもの

　ロ　防火設備は、次の(1)又は(2)に掲げる区分に応じ、当該(1)又は(2)に定めるものとすること。

　　(1)　平成27年国土交通省告示第249号第一号ロ(2)の防火設備からの水平距離を火災継続予測時間が90分間以下の場合の数値とした場合において、防火設備の両面が同項ロ(2)に該当する場合　次の(i)から(iii)までに適合するものであること。

　　　(i)　平成27年国土交通省告示第249号第一号イ(2)に規定する特定防火設備又は骨組を鉄製とし、両面にそれぞれ厚さが1mm以上の鋼板及び厚さが30mm以上のケイ酸カルシウム板を張った防火戸（次の(一)及び(二)に適合するものに限る。）であること。

　　　　(一)　周囲の部分（防火設備から内側に15cm以内の間に設けられた建具がある場合においては、その建具を含む。）が不燃材料で造られた開口部に取り付けられていること。

　　　　(二)　防火設備が枠と接する部分は、相じゃくりとし、又は定規縁若しくは戸当りを設ける等閉鎖した際に隙間が生じない構造とし、かつ、防火設備の取付金物は、取付部分が閉鎖した際に露出しないように取り付けられていること。

　　　(ii)　令第112条第19項第一号イからハまでに掲げる要件を満たし、かつ、防火上支障のない遮煙性能を有するとともに、常時閉鎖をした状態にあるもの以外のものにあっては、火災により煙が発生した場合に自動的に閉鎖をするものであること。

(ⅲ)　ラッチその他の開放防止機構を設けること。ただし、ドアクローザーの閉鎖力が、次の式によって計算した数値以上である場合には、この限りではない。

$$F = \frac{\Delta P\, Hd\, Bd}{2}$$

この式において、F、ΔP、Hd 及び Bd は、それぞれ次の数値を表すものとする。

F　ドアクローザーの閉鎖力（単位　N）

ΔP　通常の火災時において防火設備に加わる平均圧力として建築物の階に応じて次の表に定める数値（単位　N/m²）

	1 階	2 階	3 階
地階を除く階数が 3 の建築物	30	25	50
地階を除く階数が 2 の建築物	20	25	－

Hd　床から防火設備の上端までの高さ（単位　m）

Bd　防火設備の幅（単位　m）

(2)　(1)に掲げる場合以外の場合　次の(ⅰ)及び(ⅱ)に適合するものであること。

(ⅰ)　骨組を鉄製とし、両面にそれぞれ厚さが 1 mm 以上の鉄板及び厚さが 30 mm 以上のケイ酸カルシウム板を張った防火戸（(1)(ⅰ)の㈠及び㈡に適合するものに限る。）であること。

(ⅱ)　(1)の(ⅱ)及び(ⅲ)に適合するものであること。

二　間仕切壁、柱及びはり並びに防火設備により区画する場合　次のイからニまでに適合するものであること。

イ　間仕切壁は、次の(1)から(3)までのいずれか（耐力壁にあっては(1)に限る。）に該当する構造であること。

(1)　前号イに定める構造

(2)　間柱及び下地を鉄材で造り、かつ、その両面を、ケイ酸カルシウム板を 2 枚以上張ったもので、その厚さの合計が 30 mm 以上のもので覆ったもの

(3)　軽量気泡コンクリートパネルで、厚さが 75 mm 以上のもの

ロ　柱は、耐火構造（令第107条第一号に掲げる技術的基準（通常の火災による火熱が 2 時間又は 3 時間加えられた場合のものに限る。）に適合するものに限る。）であること。

ハ　はりは、耐火構造（令第107条第一号に掲げる技術的基準（通常の火災による火熱が 2 時間又は 3 時間加えられた場合のものに限る。）に適合するものに限る。）であること。

ニ　防火設備は、前号ロに適合するものであること。

三　令第129条第 2 項に規定する火災の発生のおそれの少ない室（開口部（床の開口部を除く。）に防火設備を設けたものに限る。）を構成する壁等により区画する場合　次のイからヌまでに適合し、かつ、壁等を構成する建築物の部分の接合部を防火上支障がない構造とすること。

イ　耐力壁である間仕切壁は、第一号イに定める構造であること。

ロ　非耐力壁である間仕切壁は、耐火構造であること。

ハ　外壁は、第一号イに定める構造であること。

　　ニ　柱は、前号ロに定める構造であること。

　　ホ　床（最下階の床を除く。）は、第一号イに定める構造（間仕切壁によって壁等で区画された部分（壁等により構成される室の部分を除く。第3において同じ。）と防火上有効に遮られている床にあっては、耐火構造）であること。

　　ヘ　最下階の床は、不燃材料（平成12年建設省告示第1400号に定めるものに限る。第3において同じ。）で造られたもの又は耐火構造であること。

　　ト　はりは、前号ハに定める構造であること。

　　チ　屋根は、耐火構造であること。

　　リ　間仕切壁の開口部に設ける防火設備は、次の(1)又は(2)に掲げる区分に応じ、当該(1)又は(2)に定めるものとすること。

　　　(1)　平成27年国土交通省告示第249号第二号ロ(2)に該当する場合　次の(i)及び(ii)に適合するものであること。

　　　　(i)　特定防火設備であること。

　　　　(ii)　第一号ロ(1)の(ii)及び(iii)に適合するものであること。

　　　(2)　(1)に掲げる場合以外の場合　次の(i)及び(ii)に適合するものであること。

　　　　(i)　次の(一)又は(二)に適合するものであること。

　　　　　(一)　骨組を鉄製とし、両面にそれぞれ厚さが24mm以上のケイ酸カルシウム板を張ったもの（第一号ロ(1)(i)の(一)及び(二)に適合するものに限る。）であること。

　　　　　(二)　第一号ロ(2)(i)に適合するものであること。

　　　　(ii)　第一号ロ(1)の(ii)及び(iii)に適合するものであること。

　　ヌ　外壁の開口部に設ける防火設備は、特定防火設備であること。

第3　第2第三号に掲げる場合には、壁等で区画された部分の一方と壁等により構成される室の部分の床面積の合計がそれぞれ3,000m²を超えず、かつ、壁等の室内の建築物の部分（壁等を構成する建築物の部分を除く。第4において同じ。）（延焼防止上支障のない建築設備を除く。）が不燃材料で造られたもの又は耐火構造（被覆材に可燃性の材料を含まないものに限る。以下第3において同じ。）（構造耐力上主要な部分である壁、柱及びはりにあっては耐火構造）であること。

第4　壁等が、壁等以外の建築物の部分（第2第三号に掲げる場合には、壁等の室内の建築物の部分を除く。）とエキスパンションジョイントその他の相互に応力を伝えない構造方法（延焼防止上支障がないものに限る。）のみで接するものであること。

第5　次の各号に掲げる区分に応じ、当該各号に定める基準に適合するものであること。

　　一　第2第一号又は第二号に掲げる場合　壁等の両端及び上端は、建築物の外壁面及び屋根面から2m以上突出させること。ただし、壁等を設けた部分の外壁又は屋根が、壁等を含み、耐火構造（壁等の部分と接する外壁の一方のみを耐火構造とする場合その他延焼防止上支障がある場合には、第2第一号イに定める構造。以下「耐火構造等」という。）又は防火構造の別に応じて次の表に掲げる式によって計算した幅にわたってこれらの構造（防火構造の場合最下階を除く。）である場合（次のイ及びロに該当する場合に限る。）においては、その部分については、この限りでない。

　　　イ　外壁にあっては、屋外側の仕上げが不燃材料（防火構造の部分にあっては準不燃材料）

でされ、開口部に特定防火設備（防火構造の部分にあっては建築基準法（以下「法」という。）第2条第九号の二ロに規定する防火設備）が設けられていること。

ロ　耐火構造等の部分に接して軒裏、ひさしその他これらに類するものが設けられていないこと。

耐火構造等又は防火構造の別	幅（単位　m）
耐火構造等	4.6（1−L） （3を超える場合3）
防火構造	10（1−0.5L） （6.5を超える場合6.5）
この表において、Lは壁等の両端又は上端を建築物の外壁面又は屋根面から突出させる幅（単位　m）を表すものとする。	

二　第2第三号に掲げる場合　次のイからニまでに適合するものであること。

イ　外壁が、壁等を構成する外壁の全てを含み幅3m以上にわたって耐火構造であること。

ロ　外壁（最下階を除く。）及び屋根が、壁等を構成する外壁及び屋根の全てを含みそれぞれ幅6.5m以上にわたって防火構造であること。

ハ　外壁（イ及びロに適合する耐火構造又は防火構造の部分に限る。）の屋外側の仕上げが不燃材料（防火構造の部分にあっては準不燃材料）でされ、開口部に特定防火設備（防火構造の部分にあっては法第2条第九号の二ロに規定する防火設備）が設けられていること。

ニ　イに適合する耐火構造の部分に接して軒裏、ひさしその他これらに類するものが設けられていないこと。

第6　壁等で区画された部分の外壁面が壁等で区画された他の部分の外壁面となす角度が90度以上であること。この場合において、135度以内の角度をなす外壁面が交差する部分からそれぞれ幅10m以内のこれらの外壁面に、壁等で区画された部分と壁等で区画された他の部分の外壁面（第2第三号に掲げる場合には、壁等を構成する外壁面を除く。）がある場合においては、次の各号に適合するものであること。

一　当該135度以内の角度をなす外壁面を有する外壁のうち、耐火構造である部分（屋外側の仕上げが不燃材料でされ、当該部分の外壁の開口部に特定防火設備が設けられている部分に限る。）以外の部分相互の水平距離が5m以上であること。

二　当該135度以内の角度をなす外壁面を有する外壁のうち、防火構造である部分（屋外側の仕上げが準不燃材料でされ、当該部分の外壁の開口部に法第2条第九号の二ロに規定する防火設備が設けられている部分に限る。）以外の部分相互の水平距離が10m以上であること。

第7　建築物に高さが異なる部分がある場合において、壁等を建築物の低い部分（以下「低い部分」という。）に設ける場合においては、当該壁等からの水平距離が5m以内で、かつ、低い部分の屋根面からの垂直距離が7m以下である建築物の高い部分（以下「高い部分」という。）の外壁（低い部分に面する部分に限る。）が耐火構造であり、かつ、屋外側の仕上げが不燃材料でされ、当該部分の外壁の開口部に特定防火設備が設けられていること。ただし、低い部分

（当該壁等で区画された部分のうち高い部分を含まない部分に限る。）の屋根で、高い部分からの水平距離が5m以下である部分が耐火構造であり、かつ、この部分に開口部がない場合においては、この限りでない。

第8　令第112条第20項の規定は給水管、配電管その他の管が壁等を貫通する場合に、同条第21項の規定は換気、暖房又は冷房の設備の風道が壁等を貫通する場合に準用する。

附　則

この告示は、平成27年6月1日から施行する。

〔平成12年5月24日建設省告示第1361号〕

特定行政庁が防火地域及び準防火地域以外の市街地について指定する区域内における屋根の構造方法を定める件

最終改正　令和元年6月21日国土交通省告示第200号

建築基準法（昭和25年法律第201号）第22条第1項の規定に基づき、特定行政庁が防火地域及び準防火地域以外の市街地について指定する区域内における屋根の構造方法を次のように定める。

第1　建築基準法施行令（昭和25年政令第338号。以下「令」という。）第109条の8各号に掲げる技術的基準に適合する屋根の構造方法は、建築基準法第62条に規定する屋根の構造（令第136条の2の2第二号に掲げる技術的基準に適合するものに限る。）とすることとする。

第2　令第109条の8第一号に掲げる技術的基準に適合する屋根の構造方法は、建築基準法第62条に規定する屋根の構造とすることとする。

〔平成12年5月24日建設省告示第1362号〕

木造建築物等の外壁の延焼のおそれのある部分の構造方法を定める件

最終改正　令和元年6月21日国土交通省告示第200号

建築基準法（昭和25年法律第201号）第23条の規定に基づき、木造建築物等の外壁の延焼のおそれのある部分の構造方法を次のように定める。

第1　建築基準法施行令（昭和25年政令第338号。以下「令」という。）第109条の9に掲げる技術的基準に適合する耐力壁である外壁の構造方法は、次の各号のいずれかに該当するものとする。

一　防火構造（耐力壁である外壁に係るものに限る。）とすること。

二　土塗真壁造で塗厚さが30mm以上のもので、かつ、土塗壁と間柱及び桁との取合いの部分を、当該取合いの部分にちりじゃくりを設ける等当該建築物の内部への炎の侵入を有効に防止することができる構造（前号に掲げる構造を除く。）とすること。

三　次に定める防火被覆が設けられた構造（第一号に掲げる構造を除く。）とすること。ただし、真壁造とする場合の柱及びはりの部分については、この限りでない。

イ　屋内側にあっては、厚さ9.5mm以上のせっこうボードを張るか、又は厚さ75mm以上のグラスウール若しくはロックウールを充填した上に厚さ4mm以上の合板、構造用パネル、パーティクルボード若しくは木材を張ったもの

ロ　屋外側にあっては、次のいずれかに該当するもの

(1)　土塗壁（裏返塗りをしないもの及び下見板を張ったものを含む。）

(2)　下地を準不燃材料で造り、表面に亜鉛鉄板を張ったもの

(3)　せっこうボード又は木毛セメント板（準不燃材料であるもので、表面を防水処理したものに限る。）を表面に張ったもの

(4)　アルミニウム板張りペーパーハニカム芯（パネルハブ）パネル

第2　令第109条の9第二号に掲げる技術的基準に適合する非耐力壁である外壁の構造方法は、次に定めるものとする。

一　防火構造とすること。

二　第1第二号及び第三号に定める構造（前号に掲げる構造を除く。）とすること。

〔平成6年7月28日建設省告示第1716号〕

防火壁又は防火床の設置を要しない畜舎等の基準を定める件

最終改正　令和元年6月21日国土交通省告示第200号

建築基準法（昭和25年法律第201号）第26条第三号の規定に基づき、国土交通大臣が定める基準を次のように定める。

第1　構造

畜舎、堆肥舎並びに水産物の増殖場及び養殖場の上家の用途に供する建築物（以下「畜舎等」という。）は、次に掲げる構造のものであること。

一　畜舎等の外壁に避難上有効な開口部が2以上設けられており、畜舎等の各部分から当該各開口部に至る歩行経路が確保されているものであること。

二　畜舎等を間仕切壁により区画する場合にあっては、当該間仕切壁に開口部を設ける等により畜舎等において作業に従事する者が火災の発生を容易に覚知できるものであること。

第2　用途

畜舎等の各部分が、次に掲げる用途に供されるものでないこと。

一　売場、集会室その他の不特定又は多数の者の利用に供する用途

二　寝室、宿直室その他の人の就寝の用に供する用途

三　調理室、浴室その他の火を使用する設備又は器具を設けて利用する用途

第3　周囲の状況

畜舎等の周囲の状況が、次のいずれかに適合するものであること。

一　次のイ及びロに適合する畜舎等にあっては、6m以内に建築物又は工作物（当該畜舎等に附属する不燃性を有する建築材料で造られたものを除く。次号において同じ。）が存しない

こと。

　イ　階数が1であるもの

　ロ　都市計画法（昭和43年法律第100号）第7条第1項に規定する市街化区域以外の区域内
　　にあるもの

二　前号に掲げるもの以外の畜舎等にあっては、20m以内に建築物又は工作物が存しないこと。

〔平成27年2月23日国土交通省告示第255号〕

建築基準法第27条第1項に規定する特殊建築物の主要構造部の構造方法等を定める件

　　　　　　　　　　　　最終改正　令和3年5月28日国土交通省告示第476号

建築基準法（昭和25年法律第201号）第27条第1項の規定に基づき、同項に規定する特殊建築物の主要構造部の構造方法を第1に、同項に規定する特殊建築物の延焼するおそれがある外壁の開口部に設ける防火設備の構造方法を第2に定め、及び建築基準法施行令（昭和25年政令第338号）第110条の2第二号の規定に基づき、他の外壁の開口部から通常の火災時における火炎が到達するおそれがあるものを第3に定める。

第1　建築基準法施行令（以下「令」という。）第110条第一号に掲げる基準に適合する建築基準法（以下「法」という。）第27条第1項に規定する特殊建築物の主要構造部の構造方法は、次の各号に掲げる建築物の区分に応じ、それぞれ当該各号に定めるもの（次の各号のうち2以上の号に掲げる建築物に該当するときは、当該2以上の号に定める構造方法のうちいずれかの構造方法）とする。

一　次に掲げる基準に適合する建築物　準耐火構造（主要構造部である壁、柱、床、はり及び屋根の軒裏にあっては、避難時倒壊防止構造）とすること。

　イ　2階以上の階に居室を有するものにあっては、次に掲げる基準に適合する直通階段（傾斜路を含む。）が設けられていること。

　　(1)　令第123条第3項各号（同項第三号、第四号、第十号及び第十二号を除く。）に掲げる基準に適合していること。

　　(2)　階段室、バルコニー及び付室は、令第123条第3項第六号の開口部、同項第八号の窓又は(4)の出入口の部分（令第129条の13の3第3項に規定する非常用エレベーターの乗降ロビーの用に供するバルコニー又は付室にあっては、当該エレベーターの昇降路の出入口の部分を含む。）を除き、次の(i)又は(ii)のいずれかに掲げる壁（防火被覆が設けられていないものを除く。）で囲むこと。

　　　(i)　次の㈠から㈢までに掲げる固有特定避難時間に1.6を乗じた時間の区分に応じ、それぞれ当該㈠から㈢までに定める構造の壁（その全部又は一部に木材を用いた壁に限る。）

　　　　㈠　90分を超える場合　通常火災終了時間が固有特定避難時間に1.6を乗じた時間以上である建築物の壁（非耐力壁である外壁にあっては、延焼のおそれのある部分に限る。以下この㈠及び(ii)㈠において同じ。）（法第21条第1項に規定する構造方

法を用いるもの又は同項の規定による認定を受けたものに限る。）又は特定避難時間が固有特定避難時間に1.6を乗じた時間以上である建築物の壁（法第27条第1項に規定する構造方法を用いるもの又は同項の規定による認定を受けたものに限る。）の構造方法を用いる構造

㈡　75分を超え、90分以下である場合　次の(イ)又は(ロ)のいずれかに掲げるもの

(イ)　㈠に定める構造

(ロ)　令和元年国土交通省告示第194号第2第3項第一号イ又はロのいずれかに該当する構造

㈢　75分以下である場合　次の(イ)又は(ロ)のいずれかに掲げるもの

(イ)　㈡に定める構造

(ロ)　75分間準耐火構造（令和元年国土交通省告示第193号第1第8項に規定する75分間準耐火構造をいう。以下同じ。）

(ii)　次の㈠から㈣までに掲げる固有特定避難時間に1.2を乗じた時間の区分に応じ、それぞれ当該㈠から㈣までに定める構造の壁（その全部又は一部に木材を用いた壁以外の壁に限る。）

㈠　90分を超える場合　通常火災終了時間が固有特定避難時間に1.2を乗じた時間以上である建築物の壁（法第21条第1項に規定する構造方法を用いるもの又は同項の規定による認定を受けたものに限る。）又は特定避難時間が固有特定避難時間に1.2を乗じた時間以上である建築物の壁（法第27条第1項に規定する構造方法を用いるもの又は同項の規定による認定を受けたものに限る。）の構造方法を用いる構造

㈡　75分を超え、90分以下である場合　次の(イ)又は(ロ)のいずれかに掲げるもの

(イ)　㈠に定める構造

(ロ)　令和元年国土交通省告示第194号第2第3項第一号イ又はロのいずれかに該当する構造

㈢　60分を超え、75分以下である場合　次の(イ)又は(ロ)のいずれかに掲げるもの

(イ)　㈡に定める構造

(ロ)　75分間準耐火構造

㈣　60分以下である場合　次の(イ)又は(ロ)のいずれかに掲げるもの

(イ)　㈢に定める構造

(ロ)　令和元年国土交通省告示第195号第1第一号イ若しくはニ又は第三号イ若しくはニのいずれかに定める構造方法を用いる構造

(3)　階段室及び付室の壁及び天井（天井がない場合にあっては、屋根。以下同じ。）の室内に面する部分の仕上げを不燃材料でしたものであること。

(4)　屋内からバルコニー又は付室に通ずる出入口には特定避難時間防火設備で令第112条第19項第二号に規定する構造であるものを、バルコニー又は付室から階段室に通ずる出入口には法第2条第九号の二ロに規定する防火設備で令第112条第19項第二号に規定する構造であるものを設けていること。

(5)　バルコニー又は付室の床面積（バルコニーで床面積がないものにあっては、床部分の

面積。以下この(5)において同じ。）は$10\,\mathrm{m}^2$以上とし、各階におけるバルコニー又は付室の床面積の合計は、当該階に設ける各居室の床面積に、$\dfrac{3}{100}$を乗じたものの合計以上とすること。

ロ　外壁の開口部（次の(1)から(4)までのいずれにも該当しないものに限る。以下この項及び第7項において「他の外壁の開口部」という。）の下端の中心点を水平方向に、それぞれ表1に掲げる式によって計算した水平移動距離又は最大水平移動距離のいずれか短い距離だけ移動したときにできる軌跡上の各点を、垂直上方に表2に掲げる式によって計算した垂直移動距離又は最大垂直移動距離のいずれか短い距離だけ移動した時にできる軌跡の範囲内の部分（当該建築物が令第112条第1項、第4項又は第5項の規定により区画された建築物である場合にあっては、当該規定により区画された各部分のうち他の外壁の開口部が設けられた部分を除く。）である外壁に設けられた開口部に上階延焼抑制防火設備が設けられていること。

(1)　昇降機その他の建築設備の機械室、不燃性の物品を保管する室、便所その他これらに類する室で、壁及び天井の室内に面する部分の仕上げを準不燃材料でしたものに設けられたもの

(2)　(1)に規定する室のみに隣接する通路その他防火上支障のない通路に設けられたもの

(3)　開口部の高さが$0.3\,\mathrm{m}$以下のもの

(4)　開口面積が$0.2\,\mathrm{m}^2$以内のもの

表1

水平移動距離（単位　m）	$\dfrac{2}{3}Y(1-0.5L)+\dfrac{1}{2}B$
最大水平移動距離（単位　m）	$3+\dfrac{1}{2}B$

一　この表において、Y、L及びBは、それぞれ次の数値を表すものとする。

　Y　表2に掲げる式により計算した垂直移動距離又は最大垂直移動距離のいずれか短い距離（単位　m）

　L　他の外壁の開口部の側部に袖壁等が防火上有効に設けられている場合における当該袖壁等が外壁面から突出している距離（単位　m）

　B　他の外壁の開口部の幅（単位　m）

二　他の外壁の開口部の周囲の外壁面の仕上げを木材その他の可燃材料による仕上げとした場合においては、当該外壁面の部分の幅を当該開口部の幅に含めるものとする。

表2

垂直移動距離（単位　m）	$\dfrac{B}{H}<2$	$(H+1.1B)(1-0.5L)+H$
	$\dfrac{B}{H}\geqq 2$	$3.2H(1-0.5L)+H$
最大垂直移動距離（単位　m）		$6.2+H$

　一　この表において、B、H 及び L は、それぞれ次の数値を表すものとする。

　　B　他の外壁の開口部の幅（単位　m）

　　H　他の外壁の開口部の高さ（単位　m）

　　L　他の外壁の開口部の上部にひさし等（ひさし、袖壁その他これらに類するもので、次のイからニまでのいずれかに掲げる構造方法を用いるものをいう。以下同じ。）が防火上有効に設けられている場合における当該ひさし等が外壁面から突出している距離（単位　m）

　　　イ　準耐火構造の床又は壁に用いる構造とすること。

　　　ロ　防火構造の外壁に用いる構造とすること。

　　　ハ　令第109条の 3 第二号ハに規定する 3 階以上の階における床に用いる構造又は令第115条の 2 第 1 項第四号に規定する 1 階の床（直下に地階がある場合に限る。）及び 2 階の床（通路等の床を除く。）に用いる構造とすること。

　　　ニ　不燃材料で造ること。

　二　他の外壁の開口部の周囲の外壁面の仕上げを木材その他の可燃材料による仕上げとした場合においては、当該外壁面の部分の幅及び高さを当該開口部の幅及び高さに含めるものとする。

　ハ　居室に避難上支障がないよう自動火災報知設備が設けられていること。

　ニ　周囲（開口部（居室に設けられたものに限る。）がある外壁に面する部分に限り、道に接する部分を除く。第三号ロにおいて同じ。）に幅員が 3 m 以上の通路（敷地の接する道まで達するものに限る。第三号ロにおいて同じ。）が設けられていること。

　ホ　用途地域が定められていない土地の区域内にある建築物にあっては、当該建築物の各部分（昇降機その他の建築設備の機械室その他これに類する室及び便所その他これに類する室を除く。）にスプリンクラー設備（水源として、水道の用に供する水管を当該スプリンクラー設備に連結したものを除く。）、水噴霧消火設備、泡消火設備その他これらに類するもので自動式のもの（以下「スプリンクラー設備等」という。）が設けられていること。

二　法第27条第 1 項第二号に該当する建築物（同項各号（同項第二号にあっては、法別表第 1 (1)項に係る部分に限る。）に該当するものを除く。）　準耐火構造又は令第109条の 3 各号に掲げる基準に適合する構造とすること。

三　地階を除く階数が 3 で、3 階を下宿、共同住宅又は寄宿舎の用途に供するもの（3 階の一部を法別表第 1 （い）欄に掲げる用途（下宿、共同住宅及び寄宿舎を除く。）に供するもの及び法第27条第 1 項第二号（同表(2)項から(4)項までに係る部分を除く。）から第四号までに該当するものを除く。）のうち防火地域以外の区域内にあるものであって、次のイからハまでに掲げる基準（防火地域及び準防火地域以外の区域内にあるものにあっては、イ及びロに掲げる基準）に適合するもの　1 時間準耐火基準に適合する準耐火構造とすること。

　イ　下宿の各宿泊室、共同住宅の各住戸又は寄宿舎の各寝室（以下「各宿泊室等」という。）に避難上有効なバルコニーその他これに類するものが設けられていること。ただし、各宿泊室等から地上に通ずる主たる廊下、階段その他の通路が直接外気に開放されたものであり、かつ、各宿泊室等の当該通路に面する開口部に法第 2 条第九号の二ロに規定する防火

　　　設備が設けられている場合においては、この限りでない。
　　ロ　建築物の周囲に幅員が3m以上の通路が設けられていること。ただし、次に掲げる基
　　　準に適合しているものについては、この限りでない。
　　　⑴　各宿泊室等に避難上有効なバルコニーその他これに類するものが設けられているこ
　　　　と。
　　　⑵　各宿泊室等から地上に通ずる主たる廊下、階段その他の通路が、直接外気に開放され
　　　　たものであり、かつ、各宿泊室等の当該通路に面する開口部に法第2条第九号の二ロに
　　　　規定する防火設備が設けられていること。
　　　⑶　外壁の開口部から当該開口部のある階の上階の開口部へ延焼するおそれがある場合に
　　　　おいては、当該外壁の開口部の上部にひさし等が防火上有効に設けられていること。
　　ハ　3階の各宿泊室等（各宿泊室等の階数が2以上であるものにあっては2階以下の階の部
　　　分を含む。）の外壁の開口部及び当該各宿泊室等以外の部分に面する開口部（外壁の開口
　　　部又は直接外気に開放された廊下、階段その他の通路に面する開口部にあっては、当該開
　　　口部から90cm未満の部分に当該各宿泊室等以外の部分の開口部がないもの又は当該各
　　　宿泊室等以外の部分の開口部と50cm以上突出したひさし等で防火上有効に遮られてい
　　　るものを除く。）に法第2条第九号の二ロに規定する防火設備が設けられていること。
　四　地階を除く階数が3で、3階を法別表第1（い）欄⑶項に掲げる用途に供するもの（3階の
　　一部を法別表第1（い）欄に掲げる用途（同欄⑶項に掲げるものを除く。）に供するもの及び法
　　第27条第1項第二号（同表⑵項から⑷項までに係る部分を除く。）から第四号までに該当する
　　ものを除く。）であって、前号ロ（ただし書を除く。）に掲げる基準に適合するもの　1時間
　　準耐火基準に適合する準耐火構造とすること。
2　前項及び第7項の「避難時倒壊防止構造」は、次の各号に掲げる建築物の部分の区分に応じ、
　それぞれ当該各号に定める基準に適合する構造をいう。
　一　耐力壁　次に掲げる基準
　　イ　自重又は積載荷重（令第86条第2項ただし書の規定によって特定行政庁が指定する多雪
　　　区域における建築物にあっては、自重、積載荷重又は積雪荷重）を支える部分の全部又は
　　　一部に木材を用いた建築物（以下この項において「木造建築物」という。）の耐力壁（そ
　　　の全部又は一部に木材を用いたものでその全部又は一部に防火被覆を設けていないものに
　　　限る。）にあっては、次の⑴又は⑵のいずれかに掲げる基準に適合していること。
　　　⑴　構造用集成材、構造用単板積層材又は直交集成板（それぞれ集成材の日本農林規格（平
　　　　成19年農林水産省告示第1152号）第2条、単板積層材の日本農林規格（平成20年農林水産
　　　　省告示第701号）第1部箇条3又は直交集成板の日本農林規格（平成25年農林水産省告示
　　　　第3079号）箇条3に規定する使用環境A又はBの表示をしてあるものに限る。以下この
　　　　項において同じ。）を使用するものであり、かつ、次に掲げる基準に適合する構造であ
　　　　るほか、取合いの部分、目地の部分その他これらに類する部分（以下この項において「取
　　　　合い等の部分」という。）が、当該取合い等の部分の裏面に当て木を設ける等当該建築
　　　　物の内部への炎の侵入を有効に防止することができる構造（以下この項において「炎侵
　　　　入防止構造」という。）であること。
　　　　⒤　当該耐力壁の接合部の構造方法が、次に定める基準に従って、通常の火災時の加熱

に対して耐力の低下を有効に防止することができる構造であること。

(一)　接合部のうち木材で造られた部分の片側（当該耐力壁が面する室内において発生する火災による火熱が当該耐力壁の両側に同時に加えられるおそれがある場合にあっては、両側。）の表面（木材その他の材料で防火上有効に被覆された部分を除く。）から内側に、次の(イ)又は(ロ)に掲げる場合の区分に応じ、それぞれ当該(イ)又は(ロ)に定める値の部分が除かれたときの残りの部分が、当該接合部の存在応力を伝えることができる構造であること。

(イ)　構造用集成材、構造用単板積層材又は直交集成板に使用する接着剤（以下単に「接着剤」という。）として、フェノール樹脂、レゾルシノール樹脂又はレゾルシノール・フェノール樹脂（以下「フェノール樹脂等」という。）を使用する場合（構造用集成材又は直交集成板を使用する場合にあっては、ラミナの厚さが12mm以上である場合に限る。）　次に掲げる式によって計算した値

$$D_1 = 8.25 \times 10^{-2} \, t \, r, eq \, (nc)$$

　　　この式において、D_1 及び $t \, r, eq \, (nc)$ は、それぞれ次の数値を表すものとする。

　　　　D_1　燃えしろ深さ（単位　cm）

　　　　$t \, r, eq \, (nc)$　補正固有特定避難時間（単位　分）

(ロ)　接着剤として、フェノール樹脂等以外のものを使用する場合（構造用集成材又は直交集成板を使用する場合にあっては、ラミナの厚さが21mm以上である場合に限る。）　次に掲げる式によって計算した値

$$D_2 = 7.5 \times 10^{-2} \, kc \, t \, r, eq \, (nc)$$

　　　この式において、D_2、kc 及び $t \, r, eq \, (nc)$ は、それぞれ次の数値を表すものとする。

　　　　D_2　燃えしろ深さ（単位　cm）

　　　　kc　次の表の左欄に掲げる補正固有特定避難時間の区分に応じ、それぞれ同表の右欄に定める炭化速度係数

75分以下である場合	1.45
75分を超え、90分以下である場合	1.6
90分を超え、120分以下である場合	1.8
120分を超え、180分以下である場合	2.0

　　　　$t \, r, eq \, (nc)$　補正固有特定避難時間（単位　分）

(二)　接合部にボルト、ドリフトピン、釘、木ねじその他これらに類するものを用いる場合においては、これらが木材その他の材料で防火上有効に被覆されていること。

(三)　接合部に鉄材又は鋼材の添え板その他これに類するものを用いる場合においては、これらが埋め込まれ、又は挟み込まれていること。ただし、木材その他の材料で防火上有効に被覆されている場合においては、この限りでない。

（ⅱ）　当該耐力壁を有する建築物全体が、次に定める基準に従った構造計算によって通常の火災により容易に倒壊するおそれのないことが確かめられた構造であること。

（一）　主要構造部である耐力壁のうち木材で造られた部分の表面（木材その他の材料で防火上有効に被覆された部分を除く。）から内側に、(ⅰ)(一)(イ)又は(ロ)に掲げる場合の区分に応じ、それぞれ当該(イ)又は(ロ)に定める値の部分が除かれたときの残りの断面（(二)及び(ⅲ)において「残存断面」という。）について、令第82条第二号の表に掲げる長期の組合せによる各応力の合計により、長期応力度を計算すること。

（二）　(一)によって計算した長期応力度が、残存断面について令第94条の規定に基づき計算した短期の許容応力度を超えないことを確かめること。

（ⅲ）　残存断面の厚さが20cm以上であること。

(2)　次の(ⅰ)から(ⅲ)までに掲げる補正固有特定避難時間の区分に応じ、それぞれ当該(ⅰ)から(ⅲ)までに定める構造とするほか、取合い等の部分が炎侵入防止構造であること。

(ⅰ)　75分を超える場合　通常火災終了時間が補正固有特定避難時間以上である建築物の耐力壁（法第21条第1項に規定する構造方法を用いるもの又は同項の規定による認定を受けたものに限る。）又は特定避難時間が補正固有特定避難時間以上である建築物の耐力壁（法第27条第1項に規定する構造方法を用いるもの又は同項の規定による認定を受けたものに限る。）の構造方法を用いる構造

(ⅱ)　60分を超え、75分以下である場合　次の(一)又は(二)のいずれかに掲げる構造

（一）　(ⅰ)に定める構造

（二）　75分間準耐火構造

(ⅲ)　60分以下である場合　次の(一)又は(二)のいずれかに掲げる構造

（一）　(ⅱ)(一)又は(二)のいずれかに掲げる構造

（二）　令和元年国土交通省告示第195号第1第一号ホに定める構造方法を用いる構造

ロ　木造建築物の耐力壁（イに規定するものを除く。）又は組積造、鉄骨造、鉄筋コンクリート造若しくは鉄骨鉄筋コンクリート造の建築物（以下「組積造の建築物等」という。）の耐力壁にあっては、次の(1)から(4)までに掲げる固有特定避難時間の区分に応じ、それぞれ当該(1)から(4)までに定める構造とするほか、取合い等の部分が炎侵入防止構造であること。

(1)　90分を超える場合　通常火災終了時間が固有特定避難時間以上である建築物の耐力壁（法第21条第1項に規定する構造方法を用いるもの又は同項の規定による認定を受けたものに限る。）又は特定避難時間が固有特定避難時間以上である建築物の耐力壁（法第27条第1項に規定する構造方法を用いるもの又は同項の規定による認定を受けたものに限る。）の構造方法を用いる構造

(2)　75分を超え、90分以下である場合　次の(ⅰ)又は(ⅱ)のいずれかに掲げる構造

(ⅰ)　(1)に定める構造

(ⅱ)　令和元年国土交通省告示第194号第2第3項第一号イ又はロのいずれかに該当する構造

(3)　60分を超え、75分以下である場合　次の(ⅰ)又は(ⅱ)のいずれかに掲げる構造

(ⅰ)　(2)(ⅰ)又は(ⅱ)のいずれかに掲げる構造

　　(ii)　75分間準耐火構造

　(4)　60分以下である場合　次の(i)又は(ii)のいずれかに掲げる構造

　　(i)　(3)(i)又は(ii)のいずれかに掲げる構造

　　(ii)　令和元年国土交通省告示第195号第1第一号イ、ハ若しくはニ又は第三号イ、ハ若しくはニのいずれかに定める構造方法を用いる構造

二　非耐力壁　次に掲げる基準

　イ　木造建築物の非耐力壁（その全部又は一部に木材を用いたものでその全部又は一部に防火被覆を設けていないものに限る。）にあっては、次の(1)又は(2)のいずれかに掲げる基準に適合していること。

　(1)　構造用集成材、構造用単板積層材又は直交集成板を使用するものであり、かつ、当該非耐力壁の厚さが次の(i)又は(ii)に掲げる場合の区分に応じ、それぞれ当該(i)又は(ii)に定める値以上であるほか、取合い等の部分が炎侵入防止構造であること。

　　(i)　接着剤として、フェノール樹脂等を使用する場合（構造用集成材を使用する場合にあってはラミナの厚さが12mm以上の場合に限り、直交集成板を使用する場合にあってはラミナの厚さが12mm以上で、かつ、加熱面の表面から前号(1)(i)(一)(イ)に定める値の部分が除かれたときに、互いに接着された平行層と直交層が存在する場合に限る。）　次に掲げる式によって計算した値

$$Dt_1 = 8.25 \times 10^{-2}\, t\,r,eq\,(nc) + 3$$

　　　　　この式において、Dt_1 及び $t\,r,eq\,(nc)$ は、それぞれ次の数値を表すものとする。
　　　　　Dt_1　厚さ（単位　cm）
　　　　　$t\,r,eq\,(nc)$　補正固有特定避難時間（単位　分）

　　(ii)　接着剤として、フェノール樹脂等以外のものを使用する場合（構造用集成材を使用する場合にあってはラミナの厚さが21mm以上の場合に限り、直交集成板を使用する場合にあってはラミナの厚さが21mm以上で、かつ、加熱面の表面から前号イ(1)(i)(一)(ロ)に定める値の部分が除かれたときに、互いに接着された平行層と直交層が存在する場合に限る。）　次に掲げる式によって計算した値

$$Dt_2 = 7.5 \times 10^{-2}\, kc\, t\,r,eq\,(nc) + 3$$

　　　　　この式において、Dt_2、kc 及び $t\,r,eq\,(nc)$ は、それぞれ次の数値を表すものとする。
　　　　　Dt_2　厚さ（単位　cm）
　　　　　kc　前号イ(1)(i)(一)(ロ)に規定する炭化速度係数
　　　　　$t\,r,eq\,(nc)$　補正固有特定避難時間（単位　分）

　(2)　次の(i)から(iii)までに掲げる補正固有特定避難時間の区分に応じ、それぞれ当該(i)から(iii)までに定める構造とするほか、取合い等の部分が炎侵入防止構造であること。

　　(i)　75分を超える場合　通常火災終了時間が補正固有特定避難時間以上である建築物の非耐力壁（外壁にあっては、延焼のおそれのある部分に限る。以下この(i)及びロ(1)において同じ。）（法第21条第1項に規定する構造方法を用いるもの又は同項の規定による認定を受けたものに限る。）又は特定避難時間が補正固有特定避難時間以上であ

る建築物の非耐力壁（法第27条第1項に規定する構造方法を用いるもの又は同項の規定による認定を受けたものに限る。）の構造方法を用いる構造

(ii)　60分を超え、75分以下である場合　次の㈠又は㈡のいずれかに掲げる構造

㈠　(i)に定める構造

㈡　75分間準耐火構造

(iii)　60分以下である場合　次の㈠又は㈡のいずれかに掲げる構造

㈠　(ii)㈠又は㈡のいずれかに掲げる構造

㈡　令和元年国土交通省告示第195号第1第二号ニに定める構造方法を用いる構造

ロ　木造建築物の非耐力壁（イに規定するものを除く。）又は組積造の建築物等の非耐力壁にあっては、次の(1)から(4)までに掲げる固有特定避難時間の区分に応じ、それぞれ当該(1)から(4)までに定める構造とするほか、取合い等の部分が炎侵入防止構造であること。

(1)　90分を超える場合　通常火災終了時間が固有特定避難時間以上である建築物の非耐力壁（法第21条第1項に規定する構造方法を用いるもの又は同項の規定による認定を受けたものに限る。）又は特定避難時間が固有特定避難時間以上である建築物の非耐力壁（法第27条第1項に規定する構造方法を用いるもの又は同項の規定による認定を受けたものに限る。）の構造方法を用いる構造

(2)　75分を超え、90分以下である場合　次の(i)又は(ii)のいずれかに掲げる構造

(i)　(1)に定める構造

(ii)　令和元年国土交通省告示第194号第2第3項第一号イ又はロのいずれかに該当する構造

(3)　60分を超え、75分以下である場合　次の(i)又は(ii)のいずれかに掲げる構造

(i)　(2)(i)又は(ii)のいずれかに掲げる構造

(ii)　75分間準耐火構造

(4)　60分以下である場合　次の(i)又は(ii)のいずれかに掲げる構造

(i)　(3)(i)又は(ii)のいずれかに掲げる構造

(ii)　令和元年国土交通省告示第195号第1第二号イ若しくはハ又は第四号イ若しくはハのいずれかに定める構造方法を用いる構造

三　柱　次に掲げる基準

イ　木造建築物の柱（その全部又は一部に木材を用いたものでその全部又は一部に防火被覆を設けていないものに限る。）にあっては、次の(1)又は(2)のいずれかに掲げる基準に適合していること。

(1)　構造用集成材又は構造用単板積層材を使用するものであり、かつ、次に掲げる基準に適合する構造であるほか、取合い等の部分が炎侵入防止構造であること。

(i)　令第46条第2項第一号イ及びロに掲げる基準に適合していること。

(ii)　当該柱を接合する継手又は仕口が、昭和62年建設省告示第1901号に定める基準に従って、通常の火災時の加熱に対して耐力の低下を有効に防止することができる構造であること。この場合において、同告示第一号イ中「2.5cm」とあるのは「平成27年国土交通省告示第255号第1第2項第一号イ(1)(i)㈠又は㈡に掲げる場合の区分に応じ、それぞれ当該㈡又は㈡に定める値」と読み替えるものとする。

134

　　(iii)　当該柱を有する建築物全体が、昭和62年建設省告示第1902号に定める基準に従った構造計算によって通常の火災により容易に倒壊するおそれのないことが確かめられた構造であること。この場合において、同告示第二号イ中「2.5cm」とあるのは「平成27年国土交通省告示第255号第1第2項第一号イ(1)(i)(一)(イ)又は(ロ)に掲げる場合の区分に応じ、それぞれ当該(イ)又は(ロ)に定める値」と読み替えるものとする。

　　(iv)　主要構造部である柱のうち木材で造られた部分の表面（木材その他の材料で防火上有効に被覆された部分を除く。）から内側に、第一号イ(1)(i)(一)(イ)又は(ロ)に掲げる場合の区分に応じ、それぞれ当該(イ)又は(ロ)に定める値の部分が除かれたときの残りの断面の小径が、20cm以上であること。

　(2)　次の(i)から(iii)までに掲げる補正固有特定避難時間の区分に応じ、それぞれ当該(i)から(iii)までに定める構造とするほか、取合い等の部分が炎侵入防止構造であること。

　　(i)　75分を超える場合　通常火災終了時間が補正固有特定避難時間以上である建築物の柱（法第21条第1項に規定する構造方法を用いるもの又は同項の規定による認定を受けたものに限る。）又は特定避難時間が補正固有特定避難時間以上である建築物の柱（法第27条第1項に規定する構造方法を用いるもの又は同項の規定による認定を受けたものに限る。）の構造方法を用いる構造

　　(ii)　60分を超え、75分以下である場合　次の(一)又は(二)のいずれかに掲げる構造

　　　(一)　(i)に定める構造

　　　(二)　75分間準耐火構造

　　(iii)　60分以下である場合　次の(一)又は(二)のいずれかに掲げる構造

　　　(一)　(ii)(一)又は(二)のいずれかに掲げる構造

　　　(二)　令和元年国土交通省告示第195号第2第三号イからニまでに掲げる基準に適合する構造

ロ　木造建築物の柱（イに規定するものを除く。）又は組積造の建築物等の柱にあっては、次の(1)から(5)までに掲げる固有特定避難時間の区分に応じ、それぞれ当該(1)から(5)までに定める構造とするほか、取合い等の部分が炎侵入防止構造であること。

　(1)　180分を超える場合　通常火災終了時間が固有特定避難時間以上である建築物の柱（法第21条第1項に規定する構造方法を用いるもの又は同項の規定による認定を受けたものに限る。）又は特定避難時間が固有特定避難時間以上である建築物の柱（法第27条第1項に規定する構造方法を用いるもの又は同項の規定による認定を受けたものに限る。）の構造方法を用いる構造

　(2)　120分を超え、180分以下である場合　次の(i)又は(ii)のいずれかに掲げる構造

　　(i)　(1)に定める構造

　　(ii)　耐火構造（3時間通常の火災による火熱が加えられた場合に、構造耐力上支障のある変形、溶融、破壊その他の損傷を生じないものに限る。）

　(3)　75分を超え、120分以下である場合　次の(i)又は(ii)のいずれかに掲げる構造

　　(i)　(2)(i)又は(ii)のいずれかに掲げる構造

　　(ii)　耐火構造（2時間通常の火災による火熱が加えられた場合に、構造耐力上支障のある変形、溶融、破壊その他の損傷を生じないものに限る。）

　(4)　60分を超え、75分以下である場合　次の(ⅰ)又は(ⅱ)のいずれかに掲げる構造

　(ⅰ)　(3)(ⅰ)又は(ⅱ)のいずれかに掲げる構造

　(ⅱ)　75分間準耐火構造

　(5)　60分以下である場合　次の(ⅰ)又は(ⅱ)のいずれかに掲げる構造

　(ⅰ)　(4)(ⅰ)又は(ⅱ)のいずれかに掲げる構造

　(ⅱ)　令和元年国土交通省告示第195号第２第一号又は第三号のいずれかに定める構造方法(第三号イからニまでに掲げる基準に適合する構造とすることを除く。)を用いる構造

四　床　次に掲げる基準

イ　木造建築物の床(その全部又は一部に木材を用いたものでその全部又は一部に防火被覆を設けていないものに限る。)にあっては、次の(1)又は(2)のいずれかに掲げる基準に適合していること。

　(1)　構造用集成材、構造用単板積層材又は直交集成板を使用するものであり、かつ、次に掲げる基準に適合する構造であるほか、取合い等の部分が炎侵入防止構造であること。

　(ⅰ)　当該床の接合部の構造方法が、次に定める基準に従って、通常の火災時の加熱に対して耐力の低下を有効に防止することができる構造であること。

　(一)　接合部のうち木材で造られた部分の表面(木材その他の材料で防火上有効に被覆された部分を除く。)から内側に、第一号イ(1)(ⅰ)(一)(イ)又は(ロ)に掲げる場合の区分に応じ、それぞれ当該(イ)又は(ロ)に定める値の部分が除かれたときの残りの部分が、当該接合部の存在応力を伝えることができる構造であること。

　(二)　第一号イ(1)(ⅰ)(二)及び(三)に定める基準に適合していること。

　(ⅱ)　当該床を有する建築物全体が、次に定める基準に従った構造計算によって通常の火災により容易に倒壊するおそれのないことが確かめられた構造であること。

　(一)　主要構造部である床のうち木材で造られた部分の表面(木材その他の材料で防火上有効に被覆された部分を除く。)から内側に、第一号イ(1)(ⅰ)(一)(イ)又は(ロ)に掲げる場合の区分に応じ、それぞれ当該(イ)又は(ロ)に定める値の部分が除かれたときの残りの断面(二)及び(ⅲ)において「残存断面」という。)について、令第82条第二号の表に掲げる長期の組合せによる各応力の合計により、長期応力度を計算すること。

　(二)　(一)によって計算した長期応力度が、残存断面について令第94条の規定に基づき計算した短期の許容応力度を超えないことを確かめること。

　(ⅲ)　残存断面の厚さが20cm以上であること。

　(2)　次の(ⅰ)から(ⅲ)までに掲げる補正固有特定避難時間の区分に応じ、それぞれ当該(ⅰ)から(ⅲ)までに定める構造とするほか、取合い等の部分が炎侵入防止構造であること。

　(ⅰ)　75分を超える場合　通常火災終了時間が補正固有特定避難時間以上である建築物の床(法第21条第１項に規定する構造方法を用いるもの又は同項の規定による認定を受けたものに限る。)又は特定避難時間が補正固有特定避難時間以上である建築物の床(法第27条第１項に規定する構造方法を用いるもの又は同項の規定による認定を受けたものに限る。)の構造方法を用いる構造

　(ⅱ)　60分を超え、75分以下である場合　次の(一)又は(二)のいずれかに掲げる構造

　　　　(一)　(i)に定める構造

　　　　(二)　75分間準耐火構造

　　　(iii)　60分以下である場合　次の(一)又は(二)のいずれかに掲げる構造

　　　　(一)　(ii)(一)又は(二)のいずれかに掲げる構造

　　　　(二)　令和元年国土交通省告示第195号第3第四号に定める構造方法を用いる構造

　ロ　木造建築物の床（イに規定するものを除く。）又は組積造の建築物等の床にあっては、次の(1)から(4)までに掲げる固有特定避難時間の区分に応じ、それぞれ当該(1)から(4)までに定める構造とするほか、取合い等の部分が炎侵入防止構造であること。

　　(1)　90分を超える場合　通常火災終了時間が固有特定避難時間以上である建築物の床（法第21条第1項に規定する構造方法を用いるもの又は同項の規定による認定を受けたものに限る。）又は特定避難時間が固有特定避難時間以上である建築物の床（法第27条第1項に規定する構造方法を用いるもの又は同項の規定による認定を受けたものに限る。）の構造方法を用いる構造

　　(2)　75分を超え、90分以下である場合　次の(i)又は(ii)のいずれかに掲げる構造

　　　(i)　(1)に定める構造

　　　(ii)　平成27年国土交通省告示第250号第2第一号イ(1)から(5)までのいずれかに該当する構造

　　(3)　60分を超え、75分以下である場合　次の(i)又は(ii)のいずれかに掲げる構造

　　　(i)　(2)(i)又は(ii)のいずれかに掲げる構造

　　　(ii)　75分間準耐火構造

　　(4)　60分以下である場合　次の(i)又は(ii)のいずれかに掲げる構造

　　　(i)　(3)(i)又は(ii)のいずれかに掲げる構造

　　　(ii)　令和元年国土交通省告示第195号第3第一号又は第三号のいずれかに定める構造方法を用いる構造

五　はり　次に掲げる基準

　イ　木造建築物のはり（その全部又は一部に木材を用いたものでその全部又は一部に防火被覆を設けていないものに限る。）にあっては、次の(1)又は(2)のいずれかに掲げる基準に適合していること。

　　(1)　構造用集成材又は構造用単板積層材を使用するものであり、かつ、次に掲げる基準に適合する構造であるほか、取合い等の部分が炎侵入防止構造であること。

　　　(i)　令第46条第2項第一号イ及びロに掲げる基準に適合していること。

　　　(ii)　当該はりを接合する継手又は仕口が、昭和62年建設省告示第1901号に定める基準に従って、通常の火災時の加熱に対して耐力の低下を有効に防止することができる構造であること。この場合において、同告示第一号イ中「2.5cm」とあるのは「平成27年国土交通省告示第255号第1第2項第一号イ(1)(i)(一)又は(ロ)に掲げる場合の区分に応じ、それぞれ当該(イ)又は(ロ)に定める値」と読み替えるものとする。

　　　(iii)　当該はりを有する建築物全体が、昭和62年建設省告示第1902号に定める基準に従った構造計算によって、通常の火災により容易に倒壊するおそれのないことが確かめられた構造であること。この場合において、同告示第二号イ中「2.5cm」とあるのは「平

成27年国土交通省告示第255号第1第2項第一号イ(1)(i)(一)イ又は(ロ)に掲げる場合の区分に応じ、それぞれ当該(イ)又は(ロ)に定める値」と読み替えるものとする。

(iv)　主要構造部であるはりのうち木材で造られた部分の表面（木材その他の材料で防火上有効に被覆された部分を除く。）から内側に、第一号イ(1)(i)(一)イ又は(ロ)に掲げる場合の区分に応じ、それぞれ当該(イ)又は(ロ)に定める値の部分が除かれたときの残りの断面の小径が、20 cm 以上であること。

(2)　次の(i)から(iii)までに掲げる補正固有特定避難時間の区分に応じ、それぞれ当該(i)から(iii)までに定める構造とするほか、取合い等の部分が炎侵入防止構造であること。

(i)　75分を超える場合　通常火災終了時間が補正固有特定避難時間以上である建築物のはり（法第21条第1項に規定する構造方法を用いるもの又は同項の規定による認定を受けたものに限る。）又は特定避難時間が補正固有特定避難時間以上である建築物のはり（法第27条第1項に規定する構造方法を用いるもの又は同項の規定による認定を受けたものに限る。）の構造方法を用いる構造

(ii)　60分を超え、75分以下である場合　次の(一)又は(二)のいずれかに掲げる構造

(一)　(i)に定める構造

(二)　75分間準耐火構造

(iii)　60分以下である場合　次の(一)又は(二)のいずれかに掲げる構造

(一)　(ii)(一)又は(二)のいずれかに掲げる構造

(二)　令和元年国土交通省告示第195号第4第三号イからニまでに掲げる基準に適合する構造

ロ　木造建築物のはり（イに規定するものを除く。）又は組積造の建築物等のはりにあっては、次の(1)から(5)までに掲げる固有特定避難時間の区分に応じ、それぞれ当該(1)から(5)までに定める構造とするほか、取合い等の部分が炎侵入防止構造であること。

(1)　180分を超える場合　通常火災終了時間が固有特定避難時間以上である建築物のはり（法第21条第1項に規定する構造方法を用いるもの又は同項の規定による認定を受けたものに限る。）又は特定避難時間が固有特定避難時間以上である建築物のはり（法第27条第1項に規定する構造方法を用いるもの又は同項の規定による認定を受けたものに限る。）の構造方法を用いる構造

(2)　120分を超え、180分以下である場合　次の(i)又は(ii)のいずれかに掲げる構造

(i)　(1)に定める構造

(ii)　耐火構造（3時間通常の火災による火熱が加えられた場合に、構造耐力上支障のある変形、溶融、破壊その他の損傷を生じないものに限る。）

(3)　75分を超え、120分以下である場合　次の(i)又は(ii)のいずれかに掲げる構造

(i)　(2)(i)又は(ii)のいずれかに掲げる構造

(ii)　耐火構造（2時間通常の火災による火熱が加えられた場合に、構造耐力上支障のある変形、溶融、破壊その他の損傷を生じないものに限る。）

(4)　60分を超え、75分以下である場合　次の(i)又は(ii)のいずれかに掲げる構造

(i)　(3)(i)又は(ii)のいずれかに掲げる構造

(ii)　75分間準耐火構造

（5）　60分以下である場合　次の(i)又は(ii)のいずれかに掲げる構造

(i)　(4)(i)又は(ii)のいずれかに掲げる構造

(ii)　令和元年国土交通省告示第195号第4第一号又は第三号のいずれかに定める構造方法（第三号イからニまでに掲げる基準に適合する構造とすることを除く。）を用いる構造

六　軒裏　次に掲げる基準

イ　木造建築物の軒裏（その全部又は一部に木材を用いたものでその全部又は一部に防火被覆を設けていないものに限る。）にあっては、次の(1)又は(2)のいずれかに掲げる基準に適合していること。

（1）　構造用集成材、構造用単板積層材又は直交集成板を使用するものであり、かつ、当該軒裏の厚さが第二号イ(1)(i)又は(ii)に掲げる場合の区分に応じ、それぞれ当該(i)又は(ii)に定める値以上であるほか、取合い等の部分が炎侵入防止構造であること。

（2）　次の(i)又は(ii)に掲げる補正固有特定避難時間の区分に応じ、それぞれ当該(i)又は(ii)に定める構造とするほか、取合い等の部分が炎侵入防止構造であること。

(i)　75分を超える場合　通常火災終了時間が補正固有特定避難時間以上である建築物の軒裏（延焼のおそれがある部分に限る。以下この(i)及びロ(1)において同じ。）（法第21条第1項に規定する構造方法を用いるもの又は同項の規定による認定を受けたものに限る。）又は特定避難時間が補正固有特定避難時間以上である建築物の軒裏（法第27条第1項に規定する構造方法を用いるもの又は同項の規定による認定を受けたものに限る。）の構造方法を用いる構造

(ii)　75分以下である場合　次の(一)又は(二)のいずれかに掲げる構造

(一)　(i)に定める構造

(二)　75分間準耐火構造

ロ　木造建築物の軒裏（イに規定するものを除く。）又は組積造の建築物等の軒裏にあっては、次の(1)から(4)までに掲げる固有特定避難時間の区分に応じ、それぞれ当該(1)から(4)までに定める構造とするほか、取合い等の部分が炎侵入防止構造であること。

（1）　90分を超える場合　通常火災終了時間が固有特定避難時間以上である建築物の軒裏（法第21条第1項に規定する構造方法を用いるもの又は同項の規定による認定を受けたものに限る。）又は特定避難時間が固有特定避難時間以上である建築物の軒裏（法第27条第1項に規定する構造方法を用いるもの又は同項の規定による認定を受けたものに限る。）の構造方法を用いる構造

（2）　75分を超え、90分以下である場合　次の(i)又は(ii)のいずれかに掲げる構造

(i)　(1)に定める構造

(ii)　令和元年国土交通省告示第194号第2第3項第二号イ又はロのいずれかに該当する構造

（3）　60分を超え、75分以下である場合　次の(i)又は(ii)のいずれかに掲げる構造

(i)　(2)(i)又は(ii)に定める構造

(ii)　75分間準耐火構造

（4）　60分以下である場合　次の(i)又は(ii)のいずれかに掲げる構造

（i）　(3)(i)又は(ii)のいずれかに掲げる構造

（ii）　令和元年国土交通省告示第195号第5第二号又は第三号のいずれかに定める構造方法を用いる構造

3　第1項の「特定避難時間防火設備」は、次の各号に掲げる当該建築物の固有特定避難時間の区分に応じ、それぞれ当該各号に定める防火設備（周囲の部分（防火設備から内側に15cm以内の間に設けられた建具がある場合においては、その建具を含む。）が不燃材料で造られた開口部に取り付けられたものであって、枠若しくは他の防火設備と接する部分を相じゃくりとし、又は定規縁若しくは戸当たりを設ける等閉鎖した際に隙間が生じない構造とし、かつ、取付金物が当該防火設備が閉鎖した際に露出しないように取り付けられたものに限る。）をいう。

一　90分を超える場合　通常の火災による火熱が加えられた場合に、加熱開始後固有特定避難時間当該加熱面以外の面に火炎を出さないものとして、法第61条の規定による国土交通大臣の認定を受けた防火設備

二　75分を超え、90分以下である場合　次のイからホまでのいずれかに該当する防火設備

イ　前号に定める防火設備

ロ　平成27年国土交通省告示第250号第2第一号ロに適合する構造方法を用いる防火設備

ハ　骨組を鉄材又は鋼材とし、両面にそれぞれ厚さが1mm以上の鉄板又は鋼板を張った防火設備

ニ　鉄材又は鋼材で造られたもので鉄板又は鋼板の厚さが1.8mm以上の防火設備

ホ　厚さ30mm以上の繊維強化セメント板で造られた防火設備

三　60分を超え、75分以下である場合　次のイ又はロのいずれかに該当する防火設備

イ　前号に定める防火設備

ロ　75分間防火設備（令和元年国土交通省告示第193号第1第9項に規定する75分間防火設備をいう。）

四　45分を超え、60分以下である場合　次のイ又はロのいずれかに該当する防火設備

イ　前号に定める防火設備

ロ　特定防火設備

五　45分である場合　次のイ又はロのいずれかに該当する防火設備

イ　前号に定める防火設備

ロ　令第114条第5項において読み替えて準用する令第112条第21項に規定する構造方法を用いる防火設備又は同項の規定による国土交通大臣の認定を受けた防火設備

4　前各項の「固有特定避難時間」は、次の式によって計算した値とする。

$$t\,r,eq\,(c) = \left(\frac{\alpha}{460}\right)^{3/2} tr$$

この式において、$t\,r,eq\,(c)$、α及びtrは、それぞれ次の数値を表すものとする。

$t\,r,eq\,(c)$　固有特定避難時間（単位　分）

α　次の式によって計算した当該建築物の各室における火災温度上昇係数のうち最大のもの

$$ai = max\left\{1280\left(\frac{qb}{\sqrt{\sum\,(Ai\,Ii)}\,\sqrt{fop}}\right)^{2/3}, 460\right\}$$

この式において、αi、qb、Ai、Ii 及び fop は、それぞれ次の数値を表すものとする。

αi　当該建築物の各室における火災温度上昇係数

qb　平成12年建設省告示第1433号第2に規定する当該室内の可燃物の1秒間当たりの発熱量（単位　MW）

Ai　当該室の壁、床及び天井の各部分の表面積（単位　m²）

Ii　次の式によって計算した当該室の壁、床及び天井の各部分の熱慣性（単位　kW·s$^{1/2}$/(m²·K)）

$$Ii = \sqrt{k \rho c}$$

この式において、Ii、k、ρ 及び c は、それぞれ次の数値を表すものとする。

Ii　当該室の壁、床及び天井の各部分の熱慣性（単位　kW·s$^{1/2}$/(m²·K)）

k　当該室の壁、床及び天井の各部分の熱伝導率（単位　kW/(m·K)）

ρ　当該室の壁、床及び天井の各部分の密度（単位　kg/m³）

c　当該室の壁、床及び天井の各部分の比熱（単位　kJ/(kg·K)）

fop　平成12年建設省告示第1433号第3第一号イ(2)に規定する有効開口因子（単位　m$^{5/2}$）

tr　次の式によって計算した実特定避難時間（単位　分）

$$tr = max \, (t \, escape, \, t \, region) + t \, search + t \, retreat$$

この式において、tr、$t \, escape$、$t \, region$、$t \, search$ 及び $t \, retreat$ は、それぞれ次の数値を表すものとする。

tr　実特定避難時間（単位　分）

$t \, escape$　次の式によって計算した在館者避難時間（単位　分）

$$t \, escape = t \, escape(w) + t \, escape(c)$$

この式において、$t \, escape$、$t \, escape(w)$ 及び $t \, escape(c)$ は、それぞれ次の数値を表すものとする。

$t \, escape$　在館者避難時間（単位　分）

$t \, escape(w)$　次の式によって計算した当該建築物の各部分から地上までの避難を終了するまでに要する歩行時間のうち最大のもの（単位　分）

$$t \, escape(wi) = \frac{L}{v}$$

この式において、$t \, escape(wi)$、L 及び v は、それぞれ次の数値を表すものとする。

$t \, escape(wi)$　当該建築物の各部分から地上までの避難を終了するまでに要する歩行時間（単位　分）

L　当該部分から地上への出口の一に至る歩行距離（単位　m）

v　当該部分の用途、建築物の部分の種類及び避難の方向に応じ、次の表に定める歩行速度（単位　m/分）

当該部分の用途		建築物の部分の種類	避難の方向	歩行速度
劇場、映画館、演芸場、観覧場、公会堂、集会場その他これらに類する用途		階段	上り	9
			下り	12
		その他の部分	―	30
児童福祉施設等（令第115条の3第一号に規定する児童福祉施設等をいう。以下同じ。）（通所のみにより利用されるものに限る。）その他これに類する用途	乳児又は満2歳に満たない幼児を保育する場合（当該用途に供する階が3階以下の階である場合に限る。）	階段	下り	2.5
		保育室	―	12
		廊下	―	8
		その他の部分	―	30
	乳児又は満2歳に満たない幼児を保育する場合以外の場合（当該用途に供する階が5階以下の階である場合に限る。）	階段	上り	4.5
			下り	6
		その他の部分	―	15
百貨店、展示場その他これらに類する用途又は共同住宅、ホテルその他これらに類する用途(病院、診療所及び児童福祉施設等を除く。)		階段	上り	9
			下り	12
		その他の部分	―	30
学校（幼保連携型認定こども園を除く。）、事務所その他これらに類する用途		階段	上り	12
			下り	16
		その他の部分	―	39

$t\,escape\,(c)$　次の式によって計算した当該建築物の各部分から地上までの避難を終了するまでに要する各階段における滞留時間のうち最大のもの（単位　分）

$$t\,escape\,(ci) = \frac{P}{R}$$

この式において、$t\,escape\,(ci)$、P 及び R は、それぞれ次の数値を表すものとする。

$t\,escape\,(ci)$　当該建築物の各部分から地上までの避難を終了するまでに要する各階段における滞留時間（単位　分）

P　次の式によって計算した当該階段を経由して避難する者（以下「避難者」という。）の数（単位　人）

$$P = \sum p\,Aarea$$

この式において、P、p 及び $Aarea$ は、それぞれ次の数値を表すものとする。

P　在室者の数（単位　人）

p　次の表の左欄に掲げる避難者の存する居室の種類に応じ、それぞれ同表右欄に定める在館者密度（単位　人/m²）

住宅の居室		0.06
住宅以外の建築物における寝室	固定ベッドの場合	ベッド数を床面積で除した数値
	その他の場合	0.16
事務室、会議室その他これらに類するもの		0.125
教室		0.7
百貨店又は物品販売業を営む店舗	売場の部分	0.5
	売場に附属する通路の部分	0.25
飲食室		0.7
劇場、映画館、演芸場、観覧場、公会堂、集会場その他これらに類する用途に供	固定席の場合	座席数を床面積で除した数値
	その他の場合	1.5

	する居室		
	展示室その他これに類するもの		0.5
	保育所又は幼保連携型認定こども園の用途に供する居室	乳児又は満2歳に満たない幼児を保育する用途に供する場合	0.6
		その他の場合	0.5
	児童福祉施設等（保育所及び幼保連携型認定こども園を除き、通所のみにより利用されるものに限る。）の用途に供する居室		0.33

　　　　Aarea　避難者の存する居室の床面積（単位　m²）
　R　次の式によって計算した当該階段における流動量（単位　人/分）

$$R = min \ (90Dco, \ Rd, \ Rst)$$

　　この式において、*R*、*Dco*、*Rd* 及び *Rst* は、それぞれ次の数値を表すものとする。
　　　R　当該階段における流動量（単位　人/分）
　　　Dco　当該階段から地上に通ずる廊下の幅のうち最小のもの（単位　m）
　　　Rd　次の式によって計算した当該階段から地上に通ずる各出口の有効流動量のうち最小のもの（単位　人/分）

$$Rdi = Bd \ Nd$$

　　　　この式において、*Rdi*、*Bd* 及び *Nd* は、それぞれ次の数値を表すものとする。
　　　　　Rdi　当該階段から地上に通ずる各出口の有効流動量（単位　人/分）
　　　　　Bd　当該出口の幅（単位　m）
　　　　　Nd　次の表の左欄に掲げる当該出口の区分に応じ、それぞれ同表の右欄に定める当該出口の流動係数（単位　人/(分·m)）

階段及び居室に設けられた出口	90

階段及び居室以外の部分に設けられた出口	$min \{max (150 - 60Bd／Dco, 90), 120\}$

この表において、Bd 及び Dco は、それぞれ次の数値を表すものとする。

　Bd　当該出口の幅（単位　m）

　Dco　当該階段から地上に通ずる廊下の幅のうち最小のもの（単位　m）

Rst　次の式によって計算した当該階段の有効流動量（単位　人/分）

$$Rst = Dst\,Nst$$

この式において、Rst、Dst 及び Nst は、それぞれ次の数値を表すものとする。

　Rst　当該階段における有効流動量（単位　人/分）

　Dst　当該階段の幅（単位　m）

　Nst　次の表の左欄及び中欄に掲げる場合の区分に応じ、それぞれ同表の右欄に定める当該階段の流動係数（単位　人/（分·m））

下り	$Dlanding < Dst$	$min \{72 - 48 (1 - Dlanding／Dst), 90Dlanding／Dst\}$
	$Dlanding \geq Dst$	72
上り	$Dlanding < Dst$	$min \{60 - 36 (1 - Dlanding／Dst), 90Dlanding／Dst\}$
	$Dlanding \geq Dst$	60

この表において、$Dlanding$ 及び Dst は、それぞれ次の数値を表すものとする。

　$Dlanding$　当該階段の踊り場の幅（単位　m）

　　　　　　　　　　　　　　　　Dst　当該階段の幅（単位　m）

t region　次の表の左欄に掲げる建築物が立地する土地の区域の区分に応じ、
それぞれ同表の右欄に定める常備消防機関の現地到着時間（単位　分）

用途地域が定められている土地の区域	20
用途地域が定められていない土地の区域の
うち特定行政庁が指定する区域	30以上であって特定行政庁
が定める時間

t search　次の式によって計算した当該建築物の各室（以下「火災室」という。）
で火災が発生した場合における当該建築物の捜索時間のうち最大のもの（単
位　分）

$$t \, search, i = \frac{L_1}{60} + \frac{L_2}{vfb} + \frac{A_1}{V_1} + \frac{A_2}{V_2} + \frac{A_3}{50}$$

　この式において、*t search, i*、L_1、L_2、*vfb*、A_1、V_1、A_2、V_2及びA_3は、
それぞれ次の数値を表すものとする。

　　t search, i　火災室で火災が発生した場合における当該建築物の捜索
　　　時間（単位　分）

　　L_1　地上から当該建築物へ通ずる出入口から避難階の階段室（火災室
　　　で火災が発生した場合における当該火災室のある階（以下「出火階」
　　　という。）に通ずるものに限る。以下この項において同じ。）までの
　　　歩行距離（単位　m）

　　L_2　避難階の階段室から出火階の階段室までの歩行距離（単位　m）

　　vfb　次の表の左欄に掲げる建築物の部分の種類に応じ、同表の右欄に
　　　定める避難階の階段室から出火階の階段室までの移動速度（単位
　　　m/分）

建築物の部分の種類	移動速度
非常用の昇降機が設けられている部分	60
連結送水管が設けられている部分	15
その他の部分	10.8

　　A_1　出火階の床面積（単位　m²）

　　V_1　次の表の左欄に掲げる建築物の部分の種類に応じ、同表の右欄
　　　に定める出火階における捜索速度（単位　m²/分）

建築物の部分の種類	捜索速度
スプリンクラー設備等及び令第126条の3の規定
に適合する排煙設備が設けられている部分（当該
建築物が令第112条第1項、第4項又は第5項の	50

規定により区画された建築物である場合にあっては、当該区画された各部分のうち火災室が存する部分が2以上の階にわたる場合を除く。）	
令第126条の3の規定に適合する排煙設備が設けられている部分	25
その他の部分	5

A_2　出火階の直上階の床面積（単位　m²）

V_2　次の表の左欄に掲げる建築物の部分の種類に応じ、同表の右欄に定める出火階の直上階における捜索速度（単位　m²/分）

建築物の部分の種類	捜索速度
令第126条の3第1項に掲げる基準に適合する排煙設備が設けられている部分	50
その他の部分	25

　　　A_3　出火階及び出火階の直上階以外の階の床面積（単位　m²）

$t\ retreat$　次の式によって計算した退避時間（単位　分）

$$t\ retreat = \frac{L_1}{60} + \frac{L_2}{25}$$

この式において、$t\ retreat$、L_1 及び L_2 は、それぞれ次の数値を表すものとする。

　$t\ retreat$　退避時間（単位　分）

　L_1　地上から当該建築物へ通ずる出入口から避難階の階段室までの歩行距離（単位　m）

　L_2　避難階の階段室から出火階の階段室までの歩行距離（単位　m）

5　第2項の「補正固有特定避難時間」は、次の式によって計算した値とする。

$$t\ r, eq\ (nc) = \frac{CR_1}{0.75}\ tr$$

この式において、$t\ r, eq\ (nc)$、CR_1 及び tr は、それぞれ次の数値を表すものとする。

　$t\ r, eq\ (nc)$　補正固有特定避難時間（単位　分）

　CR_1　次の式によって計算した炭化速度（単位　mm/分）

　　　$CR_1 = min\ (1.3,\ 0.0022\ \alpha - 0.262)$

この式において、CR_1 及び α は、それぞれ次の数値を表すものとする。

　CR_1　炭化速度（単位　mm/分）

　α　前項に規定する当該建築物の各室における火災温度上昇係数のうち最大のもの

　tr　前項に規定する実特定避難時間（単位　分）

6　第1項の「上階延焼抑制防火設備」は、次の各号に掲げる当該外壁の開口部の必要遮炎時間の区分に応じ、それぞれ当該各号に定める防火設備をいう。

一　60分を超える場合　通常の火災による火熱が加えられた場合に、加熱開始後必要遮炎時間加熱面以外の面に火炎を出さないものとして、法第61条の規定による国土交通大臣の認定を受けた防火設備

二　45分を超え、60分以下である場合　次のイ又はロのいずれかに掲げる防火設備

　イ　前号に定める防火設備

　ロ　特定防火設備

三　30分を超え、45分以下である場合　次のイ又はロのいずれかに掲げる防火設備

　イ　前号に定める防火設備

　ロ　令第114条第5項において読み替えて準用する令第112条第21項に規定する構造方法を用いる防火設備又は同項の規定による国土交通大臣の認定を受けた防火設備

四　20分を超え、30分以下である場合　次のイ又はロのいずれかに掲げる防火設備

　イ　前号に定める防火設備

　ロ　令和元年国土交通省告示第194号第2第4項に規定する30分間防火設備

五　20分以下である場合　次のイ又はロのいずれかに掲げる防火設備

　イ　前号に定める防火設備

　ロ　法第2条第九号の二ロに規定する防火設備

7　前項の「必要遮炎時間」は、次の式によって計算した値とする。

$$t\,intg = \left(\frac{\alpha}{460}\right)^{3/2} \frac{t\,spread - t\,ceiling}{1 + \mu}$$

この式において、$t\,intg$、α、$t\,spread$、$t\,ceiling$ 及び μ は、それぞれ次の数値を表すものとする。

　$t\,intg$　必要遮炎時間（単位　分）

　α　第4項に規定する当該建築物の各室における火災温度上昇係数のうち最大のもの

　$t\,spread$　次の式によって計算した上階延焼抑制時間（単位　分）

$$t\,spread = max\,(t\,escape,\ t\,region) + t\,travel + max\,\{15\,(N-3),\ 0\}$$

この式において、$t\,spread$、$t\,escape$、$t\,region$、$t\,travel$ 及び N は、それぞれ次の数値を表すものとする。

　$t\,spread$　上階延焼抑制時間（単位　分）

　$t\,escape$　第4項に規定する在館者避難時間（単位　分）

　$t\,region$　第4項に規定する常備消防機関の現地到着時間（単位　分）

　$t\,travel$　次の式によって計算した火災室で火災が発生した場合における地上から当該火災室までの移動時間のうち最大のもの（単位　分）

$$t\,travel,\ i = \sum\left(\frac{L_1}{60} + \frac{L_2}{vfb}\right) + \frac{L_1 + L_2}{40} + \frac{Lf}{vf} + 6$$

この式において、$t\,travel,\ i$、L_1、L_2、vfb、Lf 及び vf は、それぞれ次の数値を表すものとする。

  $t\ travel,\ i$ 火災室で火災が発生した場合における地上から当該火災室
    までの移動時間（単位　分）

  L_1 地上から当該建築物へ通ずる出入口から避難階の階段室までの歩
    行距離（単位　m）

  L_2 避難階の階段室から出火階の階段室までの歩行距離（単位　m）

  vfb 第 4 項に規定する避難階の階段室から出火階の階段室までの歩行
    速度（単位　m/分）

  Lf 出火階の階段のバルコニー又は付室から火災室までの歩行距離
    （単位　m）

  vf 次の表の左欄に掲げる場合の区分に応じ、それぞれ同表の右欄に
    定める出火階における歩行速度（単位　m/分）

出火階の階段のバルコニー若しくは付室から火災室までの廊下その他の避難の用に供する部分に令第126条の3 第 1 項に掲げる基準に適合する排煙設備が設けられ、又は当該部分が外気に有効に開放されている場合	15
その他の場合	3

 N 当該建築物の階数

$t\ ceiling$ 次の表の左欄及び中欄に掲げる当該他の外壁の開口部が設けられた室の区分
に応じ、それぞれ同表の右欄に定める天井燃焼抑制時間（単位　分）

スプリンクラー設備等が設けられている場合	天井の室内に面する部分（回り縁、窓台その他これらに類する部分を除く。以下この表において同じ。）の仕上げが準不燃材料でされている場合	22
	壁及び天井の室内に面する部分の仕上げが準不燃材料でされている場合	24
	その他の場合	0
その他の場合	天井の室内に面する部分の仕上げが準不燃材料でされている場合	2
	壁及び天井の室内に面する部分の仕上げが準不燃材料でされている場合	4
	その他の場合	0

μ 次の表の左欄に掲げる当該他の外壁の開口部に防火上有効に設けられているひさし
その他これに類するもの（避難時倒壊防止構造の床の構造方法を用いるものに限る。）
の長さに応じ、それぞれ同表右欄に定める数値

ひさしその他これに類するものの長さ（単位　m）	数値
0.9 未満	1
0.9 以上 1.5 未満	1.25
1.5 以上 2.0 未満	1.6
2.0 以上	2

8　令第110条第二号に掲げる基準に適合する法第27条第1項に規定する特殊建築物の主要構造部の構造方法は、耐火構造又は令第108条の3第1項第一号若しくは第二号に該当する構造とすることとする。

第2　令第110条の3に規定する技術的基準に適合する法第27条第1項の特殊建築物の延焼するおそれがある外壁の開口部に設ける防火設備の構造方法は、令第137条の10第四号に規定する20分間防火設備とすることとする。

第3　令第110条の2第二号に規定する他の外壁の開口部から通常の火災時における火炎が到達するおそれがあるものは、第1第1項第四号に掲げる建築物（1時間準耐火基準に適合する準耐火構造(耐火構造を除く。)としたものに限る。）及び法第27条第1項第一号に該当する特殊建築物で令第110条第一号に掲げる基準に適合するものとして同項の規定による認定を受けたものの外壁の開口部（次の各号のいずれにも該当しないものに限る。以下「他の外壁の開口部」という。）の下端の中心点を水平方向に、それぞれ第1第一号ロ表1に掲げる式により計算した水平移動距離又は最大水平移動距離のいずれか短い距離だけ移動したときにできる軌跡上の各点を、垂直上方に第1第一号ロ表2に掲げる式により計算した垂直移動距離又は最大垂直移動距離のいずれか短い距離だけ移動したときにできる軌跡の範囲内の部分である外壁の開口部（令第110条の2第一号に掲げるもの及び他の外壁の開口部が設けられた防火区画内に設けられたものを除く。）とする。

一　スプリンクラー設備、水噴霧消火設備、泡消火設備その他これらに類するもので自動式のものを設けた室（通路に該当する室を除く。以下同じ。）に設けられたもの

二　天井の室内に面する部分の仕上げを準不燃材料による仕上げとした室（床面積が40m^{2}以下であるものを除く。）に設けられたもの

三　昇降機その他の建築設備の機械室、不燃性の物品を保管する室、便所その他これらに類する室で、壁及び天井の室内に面する部分の仕上げを準不燃材料でしたものに設けられたもの

四　第一号から前号までに規定する室のみに隣接する通路その他防火上支障のない通路に設けられたもの

五　法第2条第九号の二ロに規定する防火設備を設けたもの

六　開口部の高さが0.3m以下のもの

七　開口面積が0.2m^{2}以内のもの

　　附　則

この告示は、平成27年6月1日から施行する。

〔平成18年9月29日国土交通省告示第1172号〕
石綿等をあらかじめ添加した建築材料で石綿等を飛散又は発散させるおそれがないものを定める件

建築基準法（昭和25年法津第201号）第28条の2第二号に規定する石綿等を飛散又は発散させるおそれがないものとして国土交通大臣が定める石綿等をあらかじめ添加した建築材料は、次に掲げるもの以外の石綿をあらかじめ添加した建築材料とする。

一　吹付け石綿

二　吹付けロックウールでその含有する石綿の重量が当該建築材料の重量の0.1％を超えるもの

　　附　則

この告示は、石綿による健康等に係る被害を防止するための大気汚染防止法等の一部を改正する法律の施行の日（平成18年10月1日）から施行する。

〔昭和45年12月28日建設省告示第1827号〕
遮音性能を有する長屋又は共同住宅の界壁及び天井の構造方法を定める件

最終改正　令和2年2月27日国土交通省告示第200号

建築基準法（昭和25年法律第201号）第30条の規定に基づき、遮音性能を有する長屋又は共同住宅の界壁の構造方法を次のように定める。

第1　下地等を有しない界壁の構造方法

建築基準法施行令（昭和25年政令第338号。以下「令」という。）第22条の3第1項に規定する技術的基準に適合する間柱及び胴縁その他の下地（堅固な構造としたものに限る。以下「下地等」という。）を有しない界壁の構造方法は、次の各号のいずれかに該当するものとする。

一　鉄筋コンクリート造、鉄骨鉄筋コンクリート造又は鉄骨コンクリート造で厚さが10cm以上のもの

二　コンクリートブロック造、無筋コンクリート造、れんが造又は石造で肉厚及び仕上げ材料の厚さの合計が10cm以上のもの

三　土蔵造で厚さが15cm以上のもの

四　厚さが10cm以上の気泡コンクリートの両面に厚さが1.5cm以上のモルタル、プラスター又はしつくいを塗つたもの

五　肉厚が5cm以上の軽量コンクリートブロックの両面に厚さが1.5cm以上のモルタル、プラスター又はしつくいを塗つたもの

六　厚さが8cm以上の木片セメント板（かさ比重が0.6以上のものに限る。）の両面に厚さが1.5cm以上のモルタル、プラスター又はしつくいを塗つたもの

七　鉄筋コンクリート製パネルで厚さが4cm以上のもの（1m²当たりの質量が110kg以上のものに限る。）の両面に木製パネル（1m²当たりの質量が5kg以上のものに限る。）を堅固に取り付けたもの

八　厚さが7cm以上の土塗真壁造（真壁の四周に空隙のないものに限る。）

第2　下地等を有する界壁の構造方法

令第22条の3第1項に規定する技術的基準に適合する下地等を有する界壁の構造方法は、次の各号のいずれかに該当するものとする。

一　下地等の両面を次のイからニまでのいずれかに該当する仕上げとした厚さが13cm以上の大壁造であるもの

イ　鉄網モルタル塗又は木ずりしつくい塗で塗厚さが2cm以上のもの

ロ　木毛セメント板張又はせつこうボード張の上に厚さ1.5cm以上のモルタル又はしつくいを塗つたもの

ハ　モルタル塗の上にタイルを張つたものでその厚さの合計が2.5cm以上のもの

ニ　セメント板張又は瓦張の上にモルタルを塗つたものでその厚さの合計が2.5cm以上のもの

二　次のイ及びロに該当するもの

イ　界壁の厚さ（仕上材料の厚さを含まないものとする。）が10cm以上であり、その内部に厚さが2.5cm以上のグラスウール（かさ比重が0.02以上のものに限る。）又はロックウール（かさ比重が0.04以上のものに限る。）を張つたもの

ロ　界壁の両面を次の(1)又は(2)のいずれかに該当する仕上材料で覆つたもの

(1)　厚さが1.2cm以上のせつこうボード、厚さが2.5cm以上の岩綿保温板又は厚さが1.8cm以上の木毛セメント板の上に厚さが0.09cm以上の亜鉛めつき鋼板を張つたもの

(2)　厚さが1.2cm以上のせつこうボードを2枚以上張つたもの

第3　天井の構造方法

令第22条の3第2項に規定する技術的基準に適合する天井の構造方法は、次の各号のいずれかに該当するものとする。

一　厚さが0.95cm以上のせつこうボード（その裏側に厚さが10cm以上のグラスウール（かさ比重が0.016以上のものに限る。）又はロックウール（かさ比重が0.03以上のものに限る。）を設けたものに限る。）とすること

二　平成28年国土交通省告示第694号に定める構造方法（開口部を設ける場合にあつては、当該開口部が遮音上有効な構造であるものに限る。）

〔昭和55年7月14日建設省告示第1292号〕
屎尿浄化槽及び合併処理浄化槽の構造方法を定める件

最終改正　平成18年1月17日国土交通省告示第154号

建築基準法（昭和25年法律第201号）第31条第2項の規定に基づき、屎尿浄化槽の構造方法を第4及び第5に、建築基準法施行令（昭和25年政令第338号）第35条第1項の規定に基づき、合併処理浄化槽の構造方法を第1から第3まで及び第6から第12までに定める。

第1　環境省関係浄化槽法施行規則（昭和59年厚生省令第17号）第1条の2に規定する放流水の水質の技術上の基準に適合する合併処理浄化槽の構造は、第一号から第三号まで、第6第一号から第五号まで、第7第一号若しくは第二号、第8第一号若しくは第二号、第9第一号若しくは第二号、第10第一号若しくは第二号又は第11第一号若しくは第二号に該当し、かつ、第四号に定める構造としたものとする。

一　分離接触ばっ気方式

　　㈠から㈣までに定める構造の沈殿分離槽、接触ばっ気槽、沈殿槽及び消毒槽をこの順序に組み合わせた構造で処理対象人員が50人以下であるもの。

　㈠　沈殿分離槽

　㈲　2室に区分し、直列に接続すること。

　㈹　有効容量は、処理対象人員に応じて、次の表の式によつて計算した数値以上とすること。

n ≦ 5	V = 2.5
6 ≦ n ≦ 10	V = 2.5 + 0.5（n − 5）
11 ≦ n ≦ 50	V = 5 + 0.25（n − 10）
この表において、n及びVは、それぞれ次の数値を表すものとする。 　n　処理対象人員（単位　人） 　V　有効容量（単位　m³）	

　㈺　第1室の有効容量は、沈殿分離槽の有効容量のおおむね$\frac{2}{3}$とすること。

　㈻　各室の有効水深は、1.2m（処理対象人員が10人を超える場合においては、1.5m）以上とすること。

　㈲　第1室においては、流入管の開口部の位置を水面から有効水深のおおむね$\frac{1}{3}$から$\frac{1}{4}$までの深さとし、沈殿汚泥を撹乱しない構造とすること。

　㈮　各室においては、流出管又はバッフルの下端の開口部の位置を水面から有効水深のおおむね$\frac{1}{2}$から$\frac{1}{3}$までの深さとし、浮上物の流出し難い構造とすること。

　㈷　ポンプにより沈殿分離槽へ汚水を移送する場合においては、当該ポンプは、次の⑴から⑶までに定めるところによること。

　　⑴　2台以上備え、閉塞を生じ難い構造とすること。

　　⑵　1日当たりの送水容量は、1台ごとに、日平均汚水量のおおむね2.5倍に相当する容量とすること。

(3)　ポンプ升の有効容量は、1台のポンプで移送した場合に、汚水があふれ出ない容量とすること。

(二)　接触ばつ気槽

(イ)　有効容量が5.2m³を超える場合においては、2室に区分し、直列に接続すること。

(ロ)　有効容量は、処理対象人員に応じて、次の表の式によつて計算した数値以上とすること。

$n \leq 5$	$V = 1$
$6 \leq n \leq 10$	$V = 1 + 0.2 (n - 5)$
$11 \leq n \leq 50$	$V = 2 + 0.16 (n - 10)$
この表において、n及びVは、それぞれ次の数値を表すものとする。 　　n　処理対象人員（単位　人） 　　V　有効容量（単位　m³）	

(ハ)　2室に区分する場合においては、第1室の有効容量は、接触ばつ気槽の有効容量のおおむね$\frac{3}{5}$とすること。

(二)　有効水深（接触ばつ気槽を2室に区分する場合においては、第1室の有効水深）は、1.2m（処理対象人員が10人を超える場合においては、1.5m）以上とすること。

(ホ)　汚水が長時間接触材に接触する構造とすること。

(ヘ)　接触材は、次の(1)から(3)までに定めるところによること。

(1)　接触ばつ気槽の底部との距離を適切に保持する等当該槽内の循環流を妨げず、かつ、当該槽内の水流が短絡しないように充填すること。

(2)　有効容量に対する充填率は、おおむね55％とすること。

(3)　生物膜による閉塞が生じ難い形状とし、生物膜が付着しやすく、十分な物理的強度を有する構造とすること。

(ト)　ばつ気装置は、次の(1)から(3)までに定めるところによること。

(1)　室内の汚水を均等に撹拌することができる構造とすること。

(2)　1時間当たりに送気できる空気量は、処理対象人員に応じて、次の表の式によつて計算した数値以上とすること。

$n \leq 5$	$Q = 2$
$6 \leq n \leq 10$	$Q = 2 + 0.4 (n - 5)$
$11 \leq n \leq 50$	$Q = 4 + 0.25 (n - 10)$
この表において、n及びQは、それぞれ次の数値を表すものとする。 　　n　処理対象人員（単位　人） 　　Q　1時間当たりに送気できる空気量（単位　m³/h）	

(3)　空気量を調節できる構造とすること。

(チ)　生物膜を効率よく逆洗し、はく離することができる機能を有し、かつ、はく離汚泥そ

の他の浮遊汚泥を沈殿分離槽へ移送することができる構造とすること。ただし、2室に区分する場合においては、各室は、はく離汚泥その他の浮遊汚泥を引き抜くことにより、沈殿分離槽へ移送することができる構造とすること。なお、ポンプ等により強制的に移送する場合においては、移送量を調整することができる構造とすること。

(リ)　有効容量が $5.2\,m^3$ を超える場合においては、消泡装置を設けること。

(三)　沈殿槽

(イ)　有効容量は、処理対象人員に応じて、次の表の式によつて計算した数値以上とすること。

$n \leqq 5$	$V = 0.3$
$6 \leqq n \leqq 10$	$V = 0.3 + 0.08 \, (n - 5)$
$11 \leqq n \leqq 50$	$V = 0.7 + 0.04 \, (n - 10)$
この表において、n及びVは、それぞれ次の数値を表すものとする。 　n　処理対象人員（単位　人） 　V　有効容量（単位　m^3）	

(ロ)　有効容量が $1.5\,m^3$ 以下の場合においては、沈殿槽の底部にスロットを設け、汚泥を重力により接触ばつ気槽へ速やかに移送することができる構造とし、有効容量が $1.5\,m^3$ を超える場合においては、当該槽の底部をホッパー型とし、汚泥を有効に集積し、かつ、自動的に引き抜くことにより、沈殿分離槽へ移送することができる構造とすること。

(ハ)　沈殿槽の底部がホッパー型の場合においては、当該槽の水面の面積は、水面の面積 $1\,m^2$ 当たりの日平均汚水量（以下「水面積負荷」という。）が $8\,m^3$ 以下となるようにすること。

(ニ)　越流せきを設けて汚水が沈殿槽から消毒槽へ越流する構造とし、当該越流せきの長さは、越流せきの長さ $1\,m$ 当たりの日平均汚水量（以下「越流負荷」という。）が $20\,m^3$ 以下となるようにすること。

(ホ)　有効水深は、$1\,m$ 以上とすること。ただし、沈殿槽の底部がホッパー型の場合においては、ホッパー部の高さの $\frac{1}{2}$ に相当する長さを当該有効水深に含めないものとする。

(ヘ)　沈殿槽の底部がホッパー型の場合においては、当該槽の平面の形状を円形又は正多角形（正三角形を除く。）とすること。

(ト)　ホッパーは、勾配を水平面に対し60度以上とし、底部を汚泥の有効な引き抜きをすることができる構造とすること。

(チ)　浮上物の流出を防止することができる構造とすること。

(四)　消毒槽

消毒槽は、汚水の塩素接触による消毒作用を有効に継続して行うことができる構造とすること。

二　嫌気濾床接触ばつ気方式

(一)から(四)までに定める構造の嫌気濾床槽、接触ばつ気槽、沈殿槽及び消毒槽をこの順序に組み合わせた構造で処理対象人員が50人以下であるもの。

㈠　嫌気濾床槽

　⑷　2室以上に区分し、直列に接続すること。

　㋺　有効容量は、処理対象人員に応じて、次の表の式によつて計算した数値以上とすること。

$n \leqq 5$	$V = 1.5$
$6 \leqq n \leqq 10$	$V = 1.5 + 0.4 \, (n - 5)$
$11 \leqq n \leqq 50$	$V = 3.5 + 0.2 \, (n - 10)$
この表において、n及びVは、それぞれ次の数値を表すものとする。 　n　　処理対象人員（単位　人） 　V　　有効容量（単位　m³）	

　㈨　第1室の有効容量は、嫌気濾床槽の有効容量のおおむね $\frac{1}{2}$ からおおむね $\frac{2}{3}$ までとすること。

　㈦　各室の有効水深は、1.2 m（処理対象人員が10人を超える場合においては、1.5 m）以上とすること。

　㈲　各室の有効容量に対する濾材の充填率は、第1室にあつてはおおむね40％とし、その他の室にあつてはおおむね60％とすること。

　㈻　濾材は、汚泥を捕捉しやすく、かつ、嫌気濾床槽内の水流が短絡し難い形状とし、当該槽の底部との距離を適切に保持する等当該槽内に閉塞が生じ難い構造とすること。

　㈷　濾材に汚泥清掃孔（直径15 cm以上の円が内接するものに限る。）を設けるほか、各室の浮上物及び汚泥の有効な引き抜きができる構造とすること。

　㈹　ポンプにより嫌気濾床槽へ汚水を移送する場合においては、当該ポンプは、次の⑴から⑶までに定めるところによること。

　　⑴　2台以上備え、閉塞を生じ難い構造とすること。

　　⑵　1日当たりの送水容量は、1台ごとに、日平均汚水量のおおむね2.5倍に相当する容量とすること。

　　⑶　ポンプ升の有効容量は、1台のポンプで移送した場合に、汚水があふれ出ない容量とすること。

㈡　接触ばつ気槽

　　前号㈦に定める構造に準ずるものとすること。この場合において、同号㈡㈹中「沈殿分離槽」を「嫌気濾床槽」と、「なお、ポンプ等により強制的に移送する場合においては、移送量を調整することができる構造とすること。」を「ただし、ポンプ等により強制的に移送し、かつ、移送量を調整することができる構造に限る。」と読み替えるものとする。

㈢　沈殿槽

　　前号㈢に定める構造に準ずるものとすること。この場合において、同号㈢㋺中「沈殿分離槽」を「嫌気濾床槽」と読み替えるものとする。

㈣　消毒槽

　　第一号㈣に定める構造とすること。

156

三　脱窒濾床接触ばつ気方式

　㈠から㈣までに定める構造の脱窒濾床槽、接触ばつ気槽、沈殿槽及び消毒槽をこの順序に組み合わせた構造で処理対象人員が50人以下であるもの。

㈠　脱窒濾床槽

　㈷　2室以上に区分し、直列に接続すること。

　㈹　有効容量は、処理対象人員に応じて、次の表の式によつて計算した数値以上とすること。

n ≦ 5	V = 2.5
6 ≦ n ≦10	V = 2.5 + 0.5（n − 5）
11≦ n ≦50	V = 5 + 0.3（n − 10）
この表において、n 及びVは、それぞれ次の数値を表すものとする。 　　n　　処理対象人員（単位　人） 　　V　　有効容量（単位　m³）	

　㈼　第1室の有効容量は、脱窒濾床槽の有効容量のおおむね $\frac{1}{2}$ から $\frac{2}{3}$ までとすること。

　㈽　各室の有効水深は、1.4m（処理対象人員が10人を超える場合においては、1.5m）以上とすること。

　㈻　各室の有効容量に対する濾材の充填率は、第1室にあつてはおおむね40％とし、その他の室にあつてはおおむね60％とすること。

　㈺　濾材は、汚泥を捕捉しやすく、かつ、脱窒濾床槽内の水流が短絡し難い形状とし、当該槽の底部との距離を適切に保持する等当該槽内に閉塞が生じ難い構造とすること。

　㈷　濾材に汚泥清掃孔（直径15cm以上の円が内接するものに限る。）を設けるほか、各室の浮上物及び汚泥の有効な引き抜きができる構造とすること。

　㈲　ポンプにより脱窒濾床槽へ汚水を移送する場合においては、当該ポンプは、次の⑴から⑶までに定めるところによること。

　　⑴　2台以上備え、閉塞を生じ難い構造とすること。

　　⑵　1日当たりの送水容量は、1台ごとに、日平均汚水量のおおむね2.5倍に相当する容量とすること。

　　⑶　ポンプ升の有効容量は、1台のポンプで移送した場合に、汚水があふれ出ない容量とすること。

㈡　接触ばつ気槽

　㈷　処理対象人員が18人を超える場合においては、2室に区分し、直列に接続すること。

　㈹　有効容量は、処理対象人員に応じて、次の表の式によつて計算した数値以上とすること。

n ≦ 5	V = 1.5
6 ≦ n ≦10	V = 1.5 + 0.3（n − 5）
11≦ n ≦50	V = 3 + 0.26（n − 10）

> この表において、n及びVは、それぞれ次の数値を表すものとする。
>
> n　処理対象人員（単位　人）
>
> V　有効容量（単位　m³）

(ハ)　2室に区分する場合においては、第1室の有効容量は、接触ばっ気槽の有効容量のおおむね $\frac{3}{5}$ とすること。

(ニ)　有効水深（接触ばっ気槽を2室に区分する場合においては、第1室の有効水深）は、1.4m（処理対象人員が10人を超える場合においては、1.5m）以上とすること。

(ホ)　汚水が長時間接触材に接触する構造とすること。

(ヘ)　接触材は、次の(1)から(3)までに定めるところによること。

　(1)　接触ばっ気槽の底部との距離を適切に保持する等当該槽内の循環流を妨げず、かつ、当該槽内の水流が短絡しないように充填すること。

　(2)　有効容量に対する充填率は、おおむね55％とすること。

　(3)　生物膜による閉塞が生じ難い形状とし、生物膜が付着しやすく、十分な物理的強度を有する構造とすること。

(ト)　ばっ気装置は、次の(1)から(3)までに定めるところによること。

　(1)　室内の汚水を均等に撹拌することができる構造とすること。

　(2)　1時間当たりに送気できる空気量は、処理対象人員に応じて、次の表の式によって計算した数値以上とすること。

n ≦ 5	Q = 5
6 ≦ n ≦ 10	Q = 5 + 0.9（n − 5）
11 ≦ n ≦ 50	Q = 9.5 + 0.67（n − 10）
この表において、n及びQは、それぞれ次の数値を表すものとする。	
n　処理対象人員（単位　人）	
Q　1時間当たりに送気できる空気量（単位　m³/h）	

　(3)　空気量を調節できる構造とすること。

(チ)　生物膜を効率よく逆洗し、はく離することができる機能を有し、はく離汚泥その他の浮遊汚泥を引き抜くことにより、脱窒濾床槽第1室へ強制的に移送することができ、かつ、当該移送量を容易に調整することができる構造とすること。

(リ)　循環装置を有し、接触ばっ気槽（当該槽を2室に区分する場合においては、第2室）から脱窒濾床槽第1室の流入管の開口部付近へ汚水を安定して移送することができ、かつ、当該移送量を容易に調整し、及び計量することができる構造とすること。

(ヌ)　処理対象人員が18人を超える場合においては、消泡装置を設けること。

(三)　沈殿槽

　　第一号(三)に定める構造に準ずるものとすること。この場合において、同号(三)(ロ)中「沈殿分離槽」を「脱窒濾床槽」と読み替えるものとする。

(四)　消毒槽

第一号四に定める構造とすること。

四　一般構造

イ　槽の底、周壁及び隔壁は、耐水材料で造り、漏水しない構造とすること。

ロ　槽は、土圧、水圧、自重及びその他の荷重に対して安全な構造とすること。

ハ　腐食、変形等のおそれのある部分には、腐食、変形等のし難い材料又は有効な防腐、補強等の措置をした材料を使用すること。

ニ　槽の天井がふたを兼ねる場合を除き、天井にはマンホール（径45cm（処理対象人員が51人以上の場合においては、60cm）以上の円が内接するものに限る。）を設け、かつ、密閉することができる耐水材料又は鋳鉄で造られたふたを設けること。

ホ　通気及び排気のための開口部は、雨水、土砂等の流入を防止することができる構造とするほか、昆虫類が発生するおそれのある部分に設けるものには、防虫網を設けること。

ヘ　悪臭を生ずるおそれのある部分は、密閉するか、又は臭突その他の防臭装置を設けること。

ト　機器類は、長時間の連続運転に対して故障が生じ難い堅牢な構造とするほか、振動及び騒音を防止することができる構造とすること。

チ　流入水量、負荷量等の著しい変動に対して機能上支障がない構造とすること。

リ　合併処理浄化槽に接続する配管は、閉塞、逆流及び漏水を生じない構造とすること。

ヌ　槽の点検、保守、汚泥の管理及び清掃を容易かつ安全にすることができる構造とし、必要に応じて換気のための措置を講ずること。

ル　汚水の温度低下により処理機能に支障が生じない構造とすること。

ヲ　調整及び計量が、適切に行われる構造とすること。

ワ　イからヲまでに定める構造とするほか、合併処理浄化槽として衛生上支障がない構造とすること。

第2及び第3　削除

第4　生物化学的酸素要求量（以下「BOD」という。）の除去率が55％以上及び屎尿浄化槽からの放流水のBODが120mg/l以下である性能を有し、かつ、衛生上支障がないものの構造は、次に定める構造の腐敗室及び消毒室をこの順序に組み合わせた構造で屎尿を単独で処理するものとし、かつ、第1第四号に定める構造としたものとする。この場合において、第1第四号中「合併処理浄化槽」とあるのは「屎尿浄化槽」と読み替えるものとする。

一　腐敗室

腐敗室は、汚水の沈殿分離作用及び消化作用を行う機能を有するものとし、次の㈠又は㈡によること。

㈠　多室型

（イ）　2室以上4室以下の室に区分し、直列に接続すること。

（ロ）　有効容量は、1.5m³以上とし、処理対象人員が5人を超える場合においては、5人を超える部分1人当たり0.1m³以上をこれに加算すること。

（ハ）　第1室の有効容量は、2室型の場合にあつては腐敗室の有効容量のおおむね$\frac{2}{3}$、3室型又は4室型の場合にあつては腐敗室の有効容量のおおむね$\frac{1}{2}$とすること。

（ニ）　最終の室に予備濾過装置を設け、当該装置の下方より汚水を通ずる構造とすること。

　　　　この場合において、当該装置の砕石層又はこれに準ずるものの体積は、有効容量の $\frac{1}{10}$ を限度として当該有効容量に算入することができるものとする。

　　㈣　各室の有効水深は、1m以上3m以下とすること。

　　㈤　第1室においては、流入管の開口部の位置を水面から有効水深のおおむね $\frac{1}{3}$ の深さとすること。

　　㈥　各室においては、流出管又はバッフルの下端の開口部の位置を水面から有効水深のおおむね $\frac{1}{2}$ の深さとし、浮上物の流出し難い構造とすること。

　㈡　変形多室型

　　㈠　沈殿室の下方に消化室を設け、汚水が消化室を経由して沈殿室に流入する構造とすること。

　　㈡　有効容量は、㈠㈡に定める数値とすること。

　　㈢　消化室の有効容量は、腐敗室の有効容量のおおむね $\frac{3}{4}$ とすること。

　　㈣　沈殿室から浮上物の流出を防止することができる構造とすること。

　　㈤　沈殿室のホッパーのスロットの位置は、水面から有効水深のおおむね $\frac{1}{2}$ の深さとすること。

　　㈥　沈殿室のホッパーは、勾配を水平面に対し50度以上、スロットの幅を3cm以上10cm以下、オーバーラップを水平距離でスロットの幅以上とし、閉塞を来さない滑らかな構造とすること。

二　消毒室

　　第1第一号㈣に定める構造とすること。

第5　一次処理装置による浮遊物質量の除去率が55%以上、一次処理装置からの流出水に含まれる浮遊物質量が250mg/l以下及び一次処理装置からの流出水が滞留しない程度の地下浸透能力を有し、かつ、衛生上支障がない屎尿浄化槽の構造は、次の各号に定める構造としたものとする。

一　第4第一号に定める構造で、かつ、第1第四号に定める構造とした一次処理装置とこれからの流出水を土壌に均等に散水して浸透処理する地下浸透部分とを組み合わせた構造とすること。この場合において、第1第四号中「合併処理浄化槽」とあるのは「屎尿浄化槽」と読み替えるものとする。

二　地下浸透部分は、地下水位が地表面（地質が不浸透性の場合においては、トレンチの底面）から1.5m以上深い地域に、かつ、井戸その他の水源からの水平距離が30m以上の位置に設けること。

三　処理対象人員1人当たりの地下浸透部分の面積は、次の表に掲げる数値以上とすること。ただし、土壌の浸透時間は、次号に定める試験方法により測定するものとする。

土壌の浸透時間 （単位　min）	1	2	3	4	5	10	15	30	45	60
1人当たりの浸透面積（単位　m²）	1.5	2.0	2.5	3.0	3.5	7.0	9.0	11.0	15.0	16.5

四　土壌の浸透時間試験方法は、次の㈠から㈢までに定める方法によること。

(一)　3箇所ないし5箇所に設置した試験孔においてそれぞれ測定した浸透時間の平均値を浸透処理予定地の浸透時間とすること。

(二)　試験孔は、浸透処理予定地又はその近接地において、径を30cm、深さを散水管の深さにおおむね15cmを加算したもの（地盤面より40cm未満の場合においては、40cm）とした円筒形の下底に厚さがおおむね5cmの砂利を敷いたものとすること。

(三)　浸透速度の測定は、降雨時を避けて次の順序に従い行うものとすること。

(イ)　砂利上25cmの深さになるよう清水を注水し、水深が10cm下つた時は砂利上おおむね25cmの深さにもどるまで注水し、水深の変動と時間とをフックゲージにより測定し、浸透水量が一定化するまで繰り返すこと。

(ロ)　浸透水量が一定化してから20分経過後水位を砂利上25cmにもどし、土質が粘質の場合にあつては10mm、その他の場合にあつては30mm水が下降するに要する時間を測定し、1分当りの浸透水深（単位　mm）で25mmを除した数値を浸透時間とすること。

五　トレンチは、均等に散水することができる構造とし、幅を50cm以上70cm以下、深さを散水管の深さに15cm以上を加算したものとし、砂利又は砂で埋めること。

六　トレンチは、長さを20m以下とし、散水管相互の間隔を2m以上とすること。

七　トレンチは、泥、ごみ、雨水等の浸入を防ぐため地表面を厚さおおむね15cm突き固めた土で覆うこと。

第6　水質汚濁防止法（昭和45年法律第138号）第3条第1項又は第3項の規定により、同法第2条第1項に規定する公共用水域に放流水を排出する合併処理浄化槽に関して、合併処理浄化槽からの放流水のBOD（以下「放流水のBOD」という。）を20mg/l以下とする排水基準が定められている場合においては、当該合併処理浄化槽の構造は、第一号から第五号までのいずれかに該当し、かつ、第1第四号に定める構造としたものとする。ただし、屎尿と雑排水とを合併して処理する方法による場合に限る。

一　回転板接触方式

(一)及び(五)から(七)までに定める構造の沈殿分離槽、回転板接触槽、沈殿槽及び消毒槽をこの順序に組み合わせた構造で処理対象人員が51人以上500人以下であるもの又は(二)及び(三)に定める構造のスクリーン及び沈砂槽に、(四)から(七)までに定める構造の流量調整槽、回転板接触槽、沈殿槽及び消毒槽をこの順序に組み合わせ、(八)に定める構造の汚泥濃縮貯留槽（処理対象人員が501人以上の場合においては、(九)及び(十)に定める構造の汚泥濃縮設備及び汚泥貯留槽）を備えた構造で処理対象人員が101人以上であるもの。

(一)　沈殿分離槽

(イ)　2室又は3室に区分し、直列に接続すること。

(ロ)　有効容量は、処理対象人員に応じて、次の表の式によつて計算した数値以上とすること。

n ≦ 100	V = 1.65 q n
101 ≦ n ≦ 200	V = 165 q + 1.1 q（n − 100）
n ≧ 201	V = 275 q + 0.55 q（n − 200）

161

この表において、n、V及びqは、それぞれ次の数値を表すものとする。

n　処理対象人員（単位　人）

V　有効容量（単位　m³）

q　1人当たりの日平均汚水量（単位　m³）

(ハ)　第1室の有効容量は、2室に区分する場合においては、沈殿分離槽の有効容量のおおむね $\frac{2}{3}$ とし、3室に区分する場合においては、おおむね $\frac{1}{2}$ とすること。

(ニ)　各室の有効水深は、1.8 m以上5 m以下とすること。

(ホ)　第1室においては、流入管の開口部の位置を水面から有効水深のおおむね $\frac{1}{3}$ から $\frac{1}{4}$ までの深さとし、沈殿汚泥を撹乱しない構造とすること。

(ヘ)　各室においては、流出管又はバッフルの下端の開口部の位置を水面から有効水深のおおむね $\frac{1}{2}$ から $\frac{1}{3}$ までの深さとし、浮上物の流出し難い構造とすること。

(ト)　ポンプにより沈殿分離槽へ汚水を移送する場合においては、当該ポンプの1日当たりの送水容量を日平均汚水量のおおむね2.5倍に相当する容量とし、ポンプ升の有効容量は、当該ポンプで移送した場合に、汚水があふれ出ない容量とすること。

(チ)　流入水の流量変動が大きい場合においては、流量を調整することができる構造とすること。

(二)　スクリーン

(イ)　荒目スクリーン（処理対象人員が500人以下の場合においては、荒目スクリーン及び沈砂槽に代えて、ばっ気型スクリーンを設けることができる。）及び微細目スクリーンをこの順序に組み合わせた構造とすること。ただし、微細目スクリーンは、流量調整槽の次に設けることができる。

(ロ)　荒目スクリーンは、目幅の有効間隔をおおむね50 mmとし、スクリーンに付着した汚物等を除去することができる装置を設け、スクリーンから除去した汚物等を貯留し、容易に掃除することができる構造とすること。

(ハ)　ばっ気型スクリーンは、目幅の有効間隔を30 mmから50 mm程度とし、下部に散気装置を設け、スクリーンに付着した汚物等を除去することができる構造とするほか、除去した汚物等及び砂等を貯留することができる構造とすること。

(ニ)　微細目スクリーンは、目幅の有効間隔を1 mmから2.5 mm程度とし、スクリーンに付着した汚物等を自動的に除去することができる装置を設け、スクリーンから除去した汚物等を貯留し、容易に掃除することができる構造とするとともに、目幅の有効間隔が5 mm以下のスクリーンを備えた副水路を設けること。

(ホ)　微細目スクリーンを流量調整槽の前に設ける場合は、破砕装置と組み合わせること。ただし、処理対象人員が500人以下の場合においては、この限りでない。

(ヘ)　破砕装置は、汚物等を有効に破砕することができる構造とし、目幅の有効間隔がおおむね20 mmのスクリーンを備えた副水路を設けること。

(三)　沈砂槽

(イ)　有効容量は、1時間当たりの最大汚水量の $\frac{1}{60}$ に相当する容量以上とすること。ただし、ばっ気装置を設ける場合においては、1時間当たりの最大汚水量の $\frac{3}{60}$ に相当する

容量以上とし、かつ、消泡装置を設けるものとする。

　(ロ)　槽の底部は、ホッパー型とし、排砂装置を設けること。

　(ハ)　槽の底部から排砂装置により排出された砂等を貯留する排砂槽を設けること。

(四)　流量調整槽

　(イ)　流量調整槽から移送する1時間当たりの汚水量は、当該槽に流入する日平均汚水量の $\frac{1}{24}$ の1倍以下となる構造とすること。

　(ロ)　汚水を撹拌することができる装置を設けること。

　(ハ)　有効水深は、1m（処理対象人員が501人以上の場合においては、1.5m）以上とすること。ただし、槽の底部及び上端から50cmまでの部分を当該有効水深に含めないものとする。

　(ニ)　当該槽において、異常に水位が上昇した場合に、次の槽に有効に汚水を移送することができる構造とすること。

　(ホ)　ポンプにより汚水を移送する場合においては、2台以上のポンプを設けること。

　(ヘ)　当該槽に流入する1日当たりの汚水量を計量し、及び記録することができる装置を設けること。

　(ト)　当該槽から移送する1時間当たりの汚水量を容易に調整し、及び計量することができる装置を設けること。

(五)　回転板接触槽

　(イ)　3室以上に区分し、汚水が長時間回転板に接触する構造とすること。

　(ロ)　有効容量は、流量調整槽を設けない場合にあつては日平均汚水量の $\frac{1}{4}$ に相当する容量以上、流量調整槽を設ける場合にあつては日平均汚水量の $\frac{1}{6}$ に相当する容量以上とすること。

　(ハ)　回転板の表面積は、回転板の表面積1m^{2}に対する1日当たりの平均の流入水のBOD（以下「日平均流入水BOD」という。）が5g以下となるようにすること。

　(ニ)　回転板は、その表面積のおおむね40％が汚水に接触すること。

　(ホ)　回転板は、回転板相互の間隔を20mm以上とし、生物膜が付着しやすい構造とすること。

　(ヘ)　回転板の円周速度は、1分間につき20m以下とすること。

　(ト)　槽の壁及び底部は、回転板との間隔を回転板の径のおおむね10％とする等汚泥の堆積が生じ難く、かつ、汚水が回転板に有効に接触する構造とすること。

　(チ)　槽には上家等を設け、かつ、通気を十分に行うことができる構造とすること。

(六)　沈殿槽

　(イ)　有効容量は、流量調整槽を設けない場合にあつては日平均汚水量の $\frac{1}{6}$ に相当する容量以上、流量調整槽を設ける場合にあつては日平均汚水量の $\frac{1}{8}$ に相当する容量以上とすること。ただし、処理対象人員が90人以下の場合にあつては、次の表の計算式によつて計算した容量以上とすること。

$V = 2.3 + (15q - 2.3)(n - 50)/40$
この表において、n、V及びqは、それぞれ次の数値を表すものとする。

　　　n　処理対象人員（単位　人）

　　　V　有効容量（単位　m³）

　　　q　1人当たりの日平均汚水量（単位　m³）

(ロ)　槽の水面の面積は、水面積負荷が流量調整槽を設けない場合にあつては 8 m³ 以下、流量調整槽を設ける場合にあつては 12 m³（処理対象人員が 500 人を超える部分については、15 m³）以下となるようにすること。

(ハ)　越流せきを設けて沈殿槽から汚水が越流する構造とし、越流せきの長さは、越流負荷が流量調整槽を設けない場合にあつては 30 m³ 以下、流量調整槽を設ける場合にあつては 45 m³（処理対象人員が 500 人を超える部分については、50 m³）以下となるようにすること。

(ニ)　有効水深は、処理対象人員が 100 人以下の場合にあつては 1 m 以上、101 人以上 500 人以下の場合にあつては 1.5 m 以上、501 人以上の場合にあつては 2 m 以上とすること。ただし、槽の底部がホッパー型の場合においては、ホッパー部の高さの $\frac{1}{2}$ に相当する長さを当該有効水深に含めないものとする。

(ホ)　槽の底部がホッパー型の場合においては、当該槽の平面の形状を円形又は正多角形（正三角形を除く。）とすること。

(ヘ)　ホッパーは、勾配を水平面に対し 60 度以上とし、底部を汚泥の有効な引抜きをすることができる構造とすること。

(ト)　汚泥を有効に集積し、かつ、自動的に引き抜くことにより、沈殿分離槽、汚泥濃縮貯留槽又は汚泥濃縮設備へ移送することができる構造とすること。

(チ)　浮上物が生ずるおそれのあるものにあつては、浮上物を除去することができる装置を設けること。

(七)　消毒槽

　　第 1 第一号(四)に定める構造とすること。

(八)　汚泥濃縮貯留槽

(イ)　汚泥の濃縮により生じた脱離液を流量調整槽へ移送することができる構造とすること。

(ロ)　有効容量は、流入汚泥量及び濃縮汚泥の搬出計画に見合う容量とし、有効水深は、1.5 m 以上 5 m 以下とすること。

(ハ)　流入管の開口部及び流出管又はバッフルの下端の開口部は、汚泥の固液分離を妨げない構造とすること。

(ニ)　汚泥の搬出を容易に行うことができる構造とすること。

(ホ)　構内を撹拌することができる装置を設けること。

(九)　汚泥濃縮設備

　　汚泥濃縮設備は、汚泥を濃縮し、脱離液を流量調整槽へ、濃縮汚泥を汚泥貯留槽へそれぞれ移送することができる構造とし、(イ)又は(ロ)によること。

(イ)　汚泥濃縮槽

(1)　有効容量は、濃縮汚泥の引抜計画に見合う容量とし、有効水深は、2 m 以上 5 m

以下とすること。

　　(2)　流入管の開口部及び流出管又はバッフルの下端の開口部は、汚泥の固液分離を妨げない構造とすること。

　　(3)　汚泥かきよせ装置を設ける場合にあつては底部の勾配は $\frac{5}{100}$ 以上とし、当該装置を設けない場合にあつては底部をホッパー型とし、ホッパーの勾配を水平面に対し 45 度以上とすること。

　(ロ)　汚泥濃縮装置

　　(1)　汚泥を脱離液と濃縮汚泥とに有効に分離することができる構造とすること。

　　(2)　濃縮汚泥中の固形物の濃度をおおむね 4 ％に濃縮できる構造とすること。

　(十)　汚泥貯留槽

　　(イ)　有効容量は、汚泥の搬出計画に見合う容量とすること。

　　(ロ)　汚泥の搬出を容易に行うことができる構造とすること。

　　(ハ)　槽内を撹拌することができる装置を設けること。

二　接触ばつ気方式

　　前号に定める合併処理浄化槽の構造で同号(五)の回転板接触槽を(一)から(九)までに定める構造の接触ばつ気槽に置き換えた構造としたもの。

　(一)　2 室以上に区分し、汚水が長時間接触材に接触する構造とすること。

　(二)　有効容量は、有効容量 1 m³ に対する日平均流入水 BOD が 0.3 kg 以下となるようにし、かつ、日平均汚水量の $\frac{2}{3}$ に相当する容量以上とすること。

　(三)　第 1 室の有効容量は、第 1 室の有効容量 1 m³ に対する日平均流入水 BOD が 0.5 kg 以下となるようにし、かつ、接触ばつ気槽の有効容量の $\frac{3}{5}$ に相当する容量以上とすること。

　(四)　有効水深は、1.5 m 以上 5 m 以下とすること。

　(五)　有効容量に対する接触材の充填率は、55 ％以上とし、接触ばつ気槽の底部との距離を適切に保持する等、当該槽内の循環流を妨げず、かつ、当該槽内の水流が短絡しないように充填すること。

　(六)　接触材は、生物膜による閉塞が生じ難い形状とし、生物膜が付着しやすく、十分な物理的強度を有する構造とすること。

　(七)　ばつ気装置を有し、室内の汚水を均等に撹拌し、溶存酸素を 1 mg/l 以上に保持し、かつ、空気量を容易に調整することができる構造とすること。

　(八)　各室は、生物膜を効率よく逆洗し、はく離することができる機能を有し、かつ、はく離汚泥その他の浮遊汚泥を引き抜き、沈殿分離槽、沈殿槽、汚泥濃縮貯留槽又は汚泥濃縮設備へ移送することができる構造とすること。なお、ポンプ等により強制的に移送する場合においては、移送量を調整することができる構造とすること。

　(九)　消泡装置を設けること。

三　散水濾床方式

　　(一)及び(二)に定める構造のスクリーン及び沈砂槽に、(三)から(六)までに定める構造の流量調整槽、散水濾床、沈殿槽及び消毒槽をこの順序に組み合わせ、(七)及び(八)に定める構造の汚泥濃縮設備及び汚泥貯留槽を備えた構造で処理対象人員が 501 人以上であるもの。

　(一)　スクリーン

　(イ)　荒目スクリーン及び微細目スクリーンをこの順序に組み合わせた構造とすること。ただし、微細目スクリーンは、流量調整槽の次に設けることができる。

　(ロ)　荒目スクリーンは、目幅の有効間隔をおおむね50mmとし、スクリーンに付着した汚物等を除去することができる装置を設け、スクリーンから除去した汚物等を貯留し、容易に掃除することができる構造とすること。

　(ハ)　微細目スクリーンは、目幅の有効間隔を1mmから2.5mm程度とし、スクリーンに付着した汚物等を自動的に除去することができる装置を設け、スクリーンから除去した汚物等を貯留し、容易に掃除することができる構造とするとともに、目幅の有効間隔が5mm以下のスクリーンを備えた副水路を設けること。

　(ニ)　微細目スクリーンを流量調整槽の前に設ける場合は、破砕装置と組み合わせること。

　(ホ)　破砕装置は、汚物等を有効に破砕することができる構造とし、目幅の有効間隔がおおむね20mmのスクリーンを備えた幅水路を設けること。

(二)　沈砂槽

　　第一号(三)に定める構造とすること。

(三)　流量調整槽

　　第一号(四)に定める構造とすること。

(四)　散水濾床

　(イ)　濾材の部分の有効容量は、砕石を用いる場合にあつては濾材1m³に対する日平均流入水BODが0.1kg以下、砕石以外のものを用いる場合にあつては濾材の表面積1m²に対する日平均流入水BODが3g以下となるようにすること。

　(ロ)　濾材の部分の深さは、砕石を用いる場合にあつては1.2m以上、砕石以外のものを用いる場合にあつては2.5m以上とすること。

　(ハ)　散水量は、砕石を用いる場合にあつては濾床の表面積1m²に対して1日当たり10m³以下、砕石以外のものを用いる場合にあつては濾材の表面積1m²に対して1日当たり0.6m³以上とすること。

　(ニ)　固定ノズル又は回転散水機(回転散水機の散水口と濾床の表面との間隔を15cm以上としたものに限る。)によつて濾床の表面に均等に散水することができる構造とすること。

　(ホ)　濾材受けの下面と槽の底部との間隔は、30cm以上とし、かつ、槽の底部の勾配は、$\frac{1}{50}$以上とすること。

　(ヘ)　送気及び排気のための通気設備を設けること。

　(ト)　濾材には、径が5cm以上7.5cm以下の硬質の砕石又はこれと同等以上に好気性生物膜を生成しやすく、1m³当たりの表面積が80m²以上、かつ、空隙率が90%以上であるものを用いること。

　(チ)　ポンプ升を有し、当該ポンプ升には、浮遊物によつて閉塞しない構造で、かつ、十分な処理能力を有する散水用ポンプを2台以上設けること。

　(リ)　分水装置を有し、当該装置は、砕石を用いる場合にあつては日平均汚水量の100%に相当する容量以上、砕石以外のものを用いる場合にあつては濾材の部分の深さが2.5mのときに日平均汚水量の200%以上に相当する容量(濾材の部分の深さが異なる場

合においては、当該深さに応じた容量）以上の散水濾床からの流出水をポンプ升へ1日に移送することができる構造とすること。

(五)　沈殿槽

　　　第一号(六)に定める構造とすること。

(六)　消毒槽

　　　第1第一号(四)に定める構造とすること。

(七)　汚泥濃縮設備

　　　第一号(九)に定める構造とすること。

(八)　汚泥貯留槽

　　　第一号(十)に定める構造とすること。

四　長時間ばつ気方式

　　(一)及び(二)に定める構造のスクリーン及び沈砂槽に、(三)から(六)までに定める構造の流量調整槽、ばつ気槽、沈殿槽及び消毒槽をこの順序に組み合わせ、(七)に定める構造の汚泥濃縮貯留槽（処理対象人員が501人以上の場合においては、(八)及び(九)に定める構造の汚泥濃縮設備及び汚泥貯留槽）を備えた構造で処理対象人員が101人以上であるもの。

(一)　スクリーン

　(イ)　荒目スクリーンに細目スクリーン、破砕装置又は微細目スクリーンのいずれかをこの順序に組み合わせた構造とすること。ただし、微細目スクリーンにあつては、流量調整槽の次に設けることができる。

　(ロ)　荒目スクリーンは、目幅の有効間隔をおおむね50mmとし、スクリーンに付着した汚物等を除去することができる装置を設け、スクリーンから除去した汚物等を貯留し、容易に掃除することができる構造とすること。

　(ハ)　細目スクリーンは、目幅の有効間隔をおおむね20mmとし、スクリーンに付着した汚物等を除去することができる装置を設け、スクリーンから除去した汚物等を貯留し、容易に掃除することができる構造とすること。

　(ニ)　破砕装置は、汚物等を有効に破砕することができる構造とし、目幅の有効間隔がおおむね20mmのスクリーンを備えた副水路を設けること。

　(ホ)　微細目スクリーンは、目幅の有効間隔を1mmから2.5mm程度とし、スクリーンに付着した汚物等を自動的に除去することができる装置を設け、スクリーンから除去した汚物等を貯留し、容易に掃除することができる構造とするとともに、目幅の有効間隔がおおむね20mmのスクリーンを備えた副水路を設けること。

　(ヘ)　微細目スクリーンを流量調整槽の前に設ける場合は、破砕装置と組み合わせること。

　(ト)　処理対象人員が500人以下の場合においては、(イ)から(ヘ)までにかかわらず、第一号(二)によることができる。

(二)　沈砂槽

　　　第一号(三)に定める構造とすること。

(三)　流量調整槽

　　　第一号(四)に定める構造とすること。

(四)　ばつ気槽

(イ)　有効容量は、有効容量 $1\,m^3$ に対する日平均流入水 BOD が $0.2\,kg$（処理対象人員が500 人を超える部分については、$0.3\,kg$）以下となるようにし、かつ、日平均汚水量の $\frac{2}{3}$ に相当する容量以上とすること。

(ロ)　有効水深は、$1.5\,m$（処理対象人員が501 人以上の場合においては、$2\,m$）以上 $5\,m$ 以下とすること。ただし、特殊な装置を設けた場合においては、$5\,m$ を超えることができる。

(ハ)　ばっ気装置を有し、室内の汚水を均等に攪拌（かくはん）し、溶存酸素をおおむね $1\,mg/l$ 以上に保持し、かつ、空気量を容易に調整することができる構造とすること。

(ニ)　沈殿槽からの汚泥返送量を容易に調整し、及び計量することができる装置を設けること。

(ホ)　消泡装置を設けること。

(五)　沈殿槽

(イ)　有効容量は、日平均汚水量の $\frac{1}{6}$ に相当する容量以上とすること。

(ロ)　槽の水面の面積は、水面積負荷が $8\,m^3$（処理対象人員が500 人を超える部分については、$15\,m^3$）以下となるようにすること。

(ハ)　越流せきを設けて沈殿槽から汚水が越流する構造とし、越流せきの長さは、越流負荷が $30\,m^3$（処理対象人員が500 人を超える部分については、$50\,m^3$）以下となるようにすること。

(ニ)　有効水深は、$1.5\,m$（処理対象人員が501人以上の場合においては、$2\,m$）以上とすること。ただし、槽の底部がホッパー型の場合においては、ホッパー部の高さの $\frac{1}{2}$ に相当する長さを当該有効水深に含めないものとする。

(ホ)　槽の底部がホッパー型の場合においては、当該槽の平面の形状を円形又は正多角形（正三角形を除く。）とすること。

(ヘ)　ホッパーは、勾配（こう）を水平面に対し 60 度以上とし、底部を汚泥の有効な引抜きをすることができる構造とすること。

(ト)　汚泥を有効に集積し、かつ、自動的に引き抜くことにより、汚泥濃縮貯留槽又は汚泥濃縮設備へ移送するとともに、ばっ気槽へ日平均汚水量の 200 ％ 以上に相当する汚泥を 1 日に移送することができる構造とすること。

(チ)　浮上物が生ずるおそれのあるものにあつては、浮上物を除去することができる装置を設けること。

(六)　消毒槽

第1第一号(四)に定める構造とすること。

(七)　汚泥濃縮貯留槽

第一号(八)に定める構造に準ずるものとすること。この場合において、同号(八)(イ)中「流量調整槽」を「流量調整槽又はばっ気槽」と読み替えるものとする。

(八)　汚泥濃縮設備

第一号(九)に定める構造に準ずるものとすること。この場合において、同号(九)中「流量調整槽」を「流量調整槽又はばっ気槽」と読み替えるものとする。

(九)　汚泥貯留槽

第一号(十)に定める構造とすること。

五　標準活性汚泥方式

(一)及び(二)に定める構造のスクリーン及び沈砂槽に、(三)から(六)までに定める構造の流量調整槽、ばっ気槽、沈殿槽及び消毒槽をこの順序に組み合わせ、(七)及び(八)に定める構造の汚泥濃縮設備及び汚泥貯留槽を備えた構造で処理対象人員が5,001人以上であるもの。

(一)　スクリーン

前号(一)に定める構造とすること。

(二)　沈砂槽

第一号(三)に定める構造とすること。

(三)　流量調整槽

第一号(四)に定める構造とすること。

(四)　ばっ気槽

前号(四)に定める構造に準ずるものとすること。この場合において、同号(四)(イ)中「0.2kg（処理対象人員が500人を超える部分については、0.3kg）」を「0.6kg」と、「$\frac{2}{3}$」を「$\frac{1}{3}$」と、同号(四)(ロ)中「1.5m（処理対象人員が501人以上の場合においては、2m）」を「3m」と読み替えるものとする。

(五)　沈殿槽

前号(五)に定める構造に準ずるものとすること。この場合において、同号(五)(イ)中「$\frac{1}{6}$」を「$\frac{1}{8}$」と、同号(五)(ロ)中「8m^3（処理対象人員が500人を超える部分については、15m^3）」を「18m^3」と、同号(五)(ト)中「200％」を「100％」と読み替えるものとする。

(六)　消毒槽

第1第一号(四)に定める構造とすること。

(七)　汚泥濃縮設備

第一号(九)に定める構造に準ずるものとすること。この場合において、同号(九)中「流量調整槽」を「流量調整槽又はばっ気槽」と読み替えるものとする。

(八)　汚泥貯留槽

第一号(十)に定める構造とすること。

第7　水質汚濁防止法第3条第1項又は第3項の規定により、同法第2条第1項に規定する公共用水域に放流水を排出する合併処理浄化槽に関して、放流水のBODを10mg/l以下とする排水基準が定められている場合においては、当該合併処理浄化槽の構造は、第一号又は第二号に該当し、かつ、第1第四号に定める構造としたものとする。ただし、屎尿と雑排水とを合併して処理する方法による場合に限る。

一　接触ばっ気・濾過方式

(一)から(六)までに定める構造の接触ばっ気槽、沈殿槽、濾過原水槽、濾過装置、濾過処理水槽及び消毒槽をこの順序に組み合わせ、第6の各号に定める合併処理浄化槽の構造から消毒槽を除いたものの後に設けた構造としたもの。ただし、流量調整槽を備えた構造に限る。

(一)　接触ばっ気槽

(イ)　汚水が長時間接触材に接触する構造とすること。

(ロ)　有効容量は、日平均汚水量に濾過装置の1日の逆洗水量を加えた水量（以下本号にお

いて「移流計画汚水量」という。）の $\frac{1}{6}$ に相当する容量以上とすること。

　(ハ)　有効水深は、1.5 m以上5 m以下とすること。

　(ニ)　有効容量に対する接触材の充填率は、55％以上とし、接触ばつ気槽の底部との距離を適切に保持する等、当該槽内の循環流を妨げず、かつ、当該槽内の水流が短絡しないように充填すること。

　(ホ)　接触材は、生物膜による閉塞が生じ難い形状とし、生物膜が付着しやすく、十分な物理的強度を有する構造とすること。

　(ヘ)　ばつ気装置を有し、室内の汚水を均等に撹拌し、溶存酸素を1 mg/l 以上に保持し、かつ、空気量を容易に調整することができる構造とすること。

　(ト)　生物膜を効率よく逆洗し、はく離することができる機能を有し、かつ、はく離汚泥その他の浮遊汚泥を引き抜き、沈殿槽、汚泥濃縮貯留槽又は汚泥濃縮設備へ移送することができる構造とすること。なお、ポンプ等により強制的に移送する場合においては、移送量を調整することができる構造とすること。

　(チ)　消泡装置を設けること。

(二)　沈殿槽

　(イ)　有効容量は、移流計画汚水量の $\frac{1}{8}$ に相当する容量以上とすること。

　(ロ)　槽の水面の面積は、水面積負荷が30 m³以下となるようにすること。

　(ハ)　越流せきを設けて沈殿槽から汚水が越流する構造とし、越流せきの長さは、越流負荷が50 m³以下となるようにすること。

　(ニ)　有効水深は、1.5 m（処理対象人員が501人以上の場合においては、2 m）以上とすること。ただし、槽の底部がホッパー型の場合においては、ホッパー部の高さの $\frac{1}{2}$ に相当する長さを当該有効水深に含めないものとする。

　(ホ)　槽の底部がホッパー型の場合においては、当該槽の平面の形状を円形又は正多角形（正三角形を除く。）とすること。

　(ヘ)　ホッパーは、勾配を水平面に対し60度以上とし、底部を汚泥の有効な引き抜きをすることができる構造とすること。

　(ト)　汚泥を有効に集積し、かつ、自動的に引き抜くことにより、汚泥濃縮貯留槽又は汚泥濃縮設備へ移送することができる構造とすること。

　(チ)　浮上物が生ずるおそれのあるものにあつては、浮上物を除去することができる装置を設けること。

(三)　濾過原水槽

　(イ)　有効容量は、移流計画汚水量の $\frac{1}{144}$ に相当する容量以上とすること。

　(ロ)　汚水を濾過装置に移送するためのポンプを2台以上設け、当該ポンプは閉塞を生じ難い構造とすること。

(四)　濾過装置

　(イ)　濾過装置は2台以上設け、目詰まりを生じ難い構造とすること。

　(ロ)　濾材部分の深さ及び充填方法並びに濾材の大きさは、汚水を濾過し、汚水中の浮遊物質を有効に除去することができる深さ、充填方法及び大きさとすること。

　(ハ)　濾材を洗浄し、濾材に付着した浮遊物質を有効に除去することができる機能を有し、

かつ、除去された浮遊物質を流量調整槽へ移送することができる構造とすること。

　　　�=　濾過された汚水を集水することができる機能を有し、かつ、集水された汚水を濾過処理水槽へ移送することができる構造とするほか、汚水の集水により濾材が流出し難く、かつ、閉塞を生じ難い構造とすること。

　㈤　濾過処理水槽

　　　有効容量は、濾過装置の1回当たりの逆洗水量の1.5倍に相当する容量以上とすること。

　㈥　消毒槽

　　　第1第一号㈣に定める構造とすること。

二　凝集分離方式

　㈠から㈣までに定める構造の中間流量調整槽、凝集槽、凝集沈殿槽及び消毒槽をこの順序に組み合わせ、第6の各号に定める合併処理浄化槽の構造から消毒槽を除いたものの後に設けた構造としたもの。

　㈠　中間流量調整槽

　　　㈑　1時間当たり一定の汚水量を移送することができる構造とし、当該汚水量を容易に調整し、及び計量することができる装置を設けること。

　　　㈹　有効容量は、日平均汚水量の$\frac{5}{24}$（処理対象人員が500人を超える部分については、$\frac{1}{12}$）に相当する容量以上とすること。ただし、流量調整槽を備えた構造の場合においては、日平均汚水量の$\frac{1}{12}$（処理対象人員が500人を超える部分については、$\frac{1}{48}$）に相当する容量以上とすることができる。

　　　㈸　汚水を撹拌することができる装置を設けること。

　　　㈤　有効水深は、1m以上とすること。ただし、槽の底部及び上端から50cmまでの部分を当該有効水深に含めないものとする。

　　　㈲　ポンプにより汚水を移送する場合においては、2台以上のポンプを設けること。

　　　㈥　当該槽に流入する1日当たりの汚水量を計量し、及び記録することができる装置を設けること。ただし、流量調整槽を設ける場合においては、この限りでない。

　㈡　凝集槽

　　　㈑　有効容量は、日平均汚水量のおおむね$\frac{1}{48}$（処理対象人員が500人を超える部分については、$\frac{1}{72}$）に相当する容量とすること。

　　　㈹　2室に区分し、第1室の有効容量は、凝集槽の有効容量の$\frac{1}{3}$以上$\frac{1}{2}$以下とし、第1室に急速撹拌装置を、第2室に緩速撹拌装置をそれぞれ設けること。

　　　㈸　各室の平面の形状は、正方形又は長方形とすること。ただし、水流を迂回させる板等を設け、当該室内に乱流が発生する構造とした場合においては、円形とすることができる。

　　　㈤　凝集剤その他の薬品の注入装置を2台以上設け、当該装置は、薬品の注入量を調整することができる構造とすること。

　　　㈲　凝集剤その他の薬品を10日分以上貯蔵することができる構造とすること。

　　　㈥　槽内の水素イオン濃度（水素指数）を自動的に調整することができる構造とすること。

　　　㈦　㈑から㈥までに定める構造とするほか、凝集機能に支障を生じない構造とすること。

　㈢　凝集沈殿槽

(イ)　有効容量は、日平均汚水量の$\frac{1}{8}$に相当する容量以上とすること。

(ロ)　槽の水面の面積は、水面積負荷が30㎥以下となるようにすること。

(ハ)　越流せきを設けて凝集沈殿槽から汚水が越流する構造とし、越流せきの長さは、越流負荷が50㎥以下となるようにすること。

(ニ)　有効水深は、処理対象人員が100人以下の場合にあつては1m以上、101人以上500人以下の場合にあつては1.5m以上、501人以上の場合にあつては2m以上とすること。ただし、槽の底部がホッパー型の場合においては、ホッパー部の高さの$\frac{1}{2}$に相当する長さを当該有効水深に含めないものとする。

(ホ)　槽の底部がホッパー型の場合においては、当該槽の平面の形状を円形又は正多角形（正三角形を除く。）とすること。

(ヘ)　ホッパーは、勾配を水平面に対し60度以上とし、底部を汚泥の有効な引き抜きをすることができる構造とすること。

(ト)　汚泥を有効に集積し、かつ、自動的に引き抜くことにより、沈殿分離槽、汚泥濃縮貯留槽又は汚泥濃縮設備へ移送することができる構造とすること。

(チ)　浮上物が生ずるおそれのあるものにあつては、浮上物を有効に除去することができる装置を設けること。

(四)　消毒槽

第1第一号(四)に定める構造とすること。

第8　水質汚濁防止法第3条第1項又は第3項の規定により、同法第2条第1項に規定する公共用水域に放流水を排出する合併処理浄化槽に関して、放流水のBODを10mg/l以下又は放流水の化学的酸素要求量を10mg/l以下とする排水基準が定められている場合においては、当該合併処理浄化槽の構造は、第一号又は第二号に該当し、かつ、第1第四号に定める構造としたものとする。ただし、屎尿と雑排水とを合併して処理する方法による場合に限る。

一　接触ばつ気・活性炭吸着方式

　　(一)から(八)までに定める構造の接触ばつ気槽、沈殿槽、濾過原水槽、濾過装置、活性炭吸着原水槽、活性炭吸着装置、活性炭吸着処理水槽及び消毒槽をこの順序に組み合わせ、第6の各号に定める合併処理浄化槽の構造から消毒槽を除いたものの後に設けた構造としたもの。ただし、流量調整槽を備えた構造に限る。

(一)　接触ばつ気槽

(イ)　汚水が長時間接触材に接触する構造とすること。

(ロ)　有効容量は、日平均汚水量に濾過装置及び活性炭吸着装置の1日の逆洗水量を加えた水量（以下本号において「移流計画汚水量」という。）の$\frac{1}{6}$に相当する容量以上とすること。

(ハ)　有効水深は、1.5m以上5m以下とすること。

(ニ)　有効容量に対する接触材の充填率は、55％以上とし、接触ばつ気槽の底部との距離を適切に保持する等、当該槽内の循環流を妨げず、かつ、当該槽内の水流が短絡しないように充填すること。

(ホ)　接触材は、生物膜による閉塞が生じ難い形状とし、生物膜が付着しやすく、十分な物理的強度を有する構造とすること。

(ヘ)　ばつ気装置を有し、室内の汚水を均等に撹拌し、溶存酸素を 1 mg/l 以上に保持し、かつ、空気量を容易に調整することができる構造とすること。

(ト)　生物膜を効率よく逆洗し、はく離することができる機能を有し、かつ、はく離汚泥その他の浮遊汚泥を引き抜き、沈殿槽、汚泥濃縮貯留槽又は汚泥濃縮設備へ移送することができる構造とすること。なお、ポンプ等により強制的に移送する場合においては、移送量を調整することができる構造とすること。

(チ)　消泡装置を設けること。

(二)　沈殿槽

(イ)　有効容量は、移流計画汚水量の $\frac{1}{8}$ に相当する容量以上とすること。

(ロ)　槽の水面の面積は、水面積負荷が 30 m³ 以下となるようにすること。

(ハ)　越流せきを設けて沈殿槽から汚水が越流する構造とし、越流せきの長さは、越流負荷が 50 m³ 以下となるようにすること。

(ニ)　有効水深は、1.5 m（処理対象人員が 501 人以上の場合においては、2 m）以上とすること。ただし、槽の底部がホッパー型の場合においては、ホッパー部の高さの $\frac{1}{2}$ に相当する長さを当該有効水深に含めないものとする。

(ホ)　槽の底部がホッパー型の場合においては、当該槽の平面の形状を円形又は正多角形（正三角形を除く。）とすること。

(ヘ)　ホッパーは、勾配を水平面に対し 60 度以上とし、底部を汚泥の有効な引き抜きをすることができる構造とすること。

(ト)　汚泥を有効に集積し、かつ、自動的に引き抜くことにより、汚泥濃縮貯留槽又は汚泥濃縮設備へ移送することができる構造とすること。

(チ)　浮上物が生ずるおそれのあるものにあつては、浮上物を除去することができる装置を設けること。

(三)　濾過原水槽

(イ)　有効容量は、移流計画汚水量の $\frac{1}{144}$ に相当する容量以上とすること。

(ロ)　汚水を濾過装置に移送するためのポンプを 2 台以上設け、当該ポンプは閉塞を生じ難い構造とすること。

(四)　濾過装置

(イ)　濾過装置は 2 台以上設け、目詰まりを生じ難い構造とすること。

(ロ)　濾材部分の深さ及び充填方法並びに濾材の大きさは、汚水を濾過し、汚水中の浮遊物質を有効に除去することができる深さ、充填方法及び大きさとすること。

(ハ)　濾材を洗浄し、濾材に付着した浮遊物質を有効に除去することができる機能を有し、かつ、除去された浮遊物質を流量調整槽へ移送することができる構造とすること。

(ニ)　濾過された汚水を集水することができる機能を有し、かつ、集水された汚水を活性炭吸着原水槽へ移送することができる構造とするほか、汚水の集水により濾材が流出し難く、かつ、閉塞を生じ難い構造とすること。

(五)　活性炭吸着原水槽

(イ)　有効容量は、移流計画汚水量の $\frac{1}{144}$ に相当する容量以上とし、かつ、濾過装置の 1 回当たりの逆洗水量の 1.5 倍に相当する容量以上とすること。

　　（ロ）　汚水を活性炭吸着装置に移送するためのポンプを2台以上設け、当該ポンプは閉塞を生じ難い構造とすること。

　（六）　活性炭吸着装置

　　（イ）　活性炭吸着装置は2台以上設け、目詰まりを生じ難い構造とすること。

　　（ロ）　活性炭部分の深さ及び充填方法並びに活性炭の大きさは、汚水を濾過し、汚水中の浮遊物質及び有機物質を有効に除去することができる深さ、充填方法及び大きさとすること。

　　（ハ）　活性炭を洗浄し、活性炭に付着した浮遊物質を有効に除去することができる機能を有し、かつ、除去された浮遊物質を流量調整槽へ移送することができる構造とすること。

　　（ニ）　濾過された汚水を集水することができる機能を有し、かつ、集水された汚水を活性炭吸着処理水槽へ移送することができる構造とするほか、汚水の集水により活性炭が流出し難く、かつ、閉塞が生じ難い構造とすること。

　（七）　活性炭吸着処理水槽

　　　有効容量は、活性炭吸着装置の1回当たりの逆洗水量の1.5倍に相当する容量以上とすること。

　（八）　消毒槽

　　　第1第一号（四）に定める構造とすること。

二　凝集分離・活性炭吸着方式

　　（一）から（七）までに定める構造の中間流量調整槽、凝集槽、凝集沈殿槽、活性炭吸着原水槽、活性炭吸着装置、活性炭吸着処理水槽及び消毒槽をこの順序に組み合わせ、第6の各号に定める合併処理浄化槽の構造から消毒槽を除いたものの後に設けた構造としたもの。

　（一）　中間流量調整槽

　　（イ）　1時間当たり一定の汚水量を移送することができる構造とし、当該汚水量を容易に調整し、及び計量することができる装置を設けること。

　　（ロ）　有効容量は、日平均汚水量に活性炭吸着装置の1日当たりの逆洗水量を加えた水量（以下本号において「移流計画汚水量」という。）の $\frac{5}{24}$ （処理対象人員が500人を超える部分については、 $\frac{1}{12}$ ）に相当する容量以上とすること。ただし、流量調整槽を備えた構造の場合においては、移流計画汚水量の $\frac{1}{12}$ （処理対象人員が500人を超える部分については、 $\frac{1}{48}$ ）に相当する容量以上とすることができる。

　　（ハ）　汚水を撹拌することができる装置を設けること。

　　（ニ）　有効水深は、1m以上とすること。ただし、槽の底部及び上端から50cmまでの部分を当該有効水深に含めないものとする。

　　（ホ）　ポンプにより汚水を移送する場合においては、2台以上のポンプを設けること。

　（二）　凝集槽

　　（イ）　有効容量は、移流計画汚水量のおおむね $\frac{1}{48}$ （処理対象人員が500人を超える部分については、 $\frac{1}{72}$ ）に相当する容量とすること。

　　（ロ）　2室に区分し、第1室の有効容量は、凝集槽の有効容量の $\frac{1}{3}$ 以上 $\frac{1}{2}$ 以下とし、第1室に急速撹拌装置を、第2室に緩速撹拌装置をそれぞれ設けること。

　　（ハ）　各室の平面の形状は、正方形又は長方形とすること。ただし、水流を迂回させる板等

を設け、当該室内に乱流が発生する構造とした場合においては、円形とすることができる。

(ニ) 凝集剤その他の薬品の注入装置を2台以上設け、当該装置は、薬品の注入量を調整することができる構造とすること。

(ホ) 凝集剤その他の薬品を10日分以上貯蔵することができる構造とすること。

(ヘ) 槽内の水素イオン濃度（水素指数）を自動的に調整することができる構造とすること。

(ト) (イ)から(ヘ)までに定める構造とするほか、凝集機能に支障を生じない構造とすること。

(三) 凝集沈殿槽

(イ) 有効容量は、移流計画汚水量の $\frac{1}{8}$ に相当する容量以上とすること。

(ロ) 槽の水面の面積は、水面積負荷が30 m³以下となるようにすること。

(ハ) 越流せきを設けて凝集沈殿槽から汚水が越流する構造とし、越流せきの長さは、越流負荷が50 m³以下となるようにすること。

(ニ) 有効水深は、処理対象人員が100人以下の場合にあつては1 m以上、101人以上500人以下の場合にあつては1.5 m以上、501人以上の場合にあつては2 m以上とすること。ただし、槽の底部がホッパー型の場合においては、ホッパー部の高さの $\frac{1}{2}$ に相当する長さを当該有効水深に含めないものとする。

(ホ) 槽の底部がホッパー型の場合においては、当該槽の平面の形状を円形又は正多角形（正三角形を除く。）とすること。

(ヘ) ホッパーは、勾配を水平面に対し60度以上とし、底部を汚泥の有効な引き抜きをすることができる構造とすること。

(ト) 汚泥を有効に集積し、かつ、自動的に引き抜くことにより、沈殿分離槽、汚泥濃縮貯留槽又は汚泥濃縮設備へ移送することができる構造とすること。

(チ) 浮上物が生ずるおそれのあるものにあつては、浮上物を有効に除去することができる装置を設けること。

(四) 活性炭吸着原水槽

(イ) 有効容量は、移流計画汚水量の $\frac{1}{144}$ に相当する容量以上とすること。

(ロ) 汚水を活性炭吸着装置に移送するためのポンプを2台以上設け、当該ポンプは閉塞を生じ難い構造とすること。

(五) 活性炭吸着装置

(イ) 活性炭吸着装置は2台以上設け、目詰まりを生じ難い構造とすること。

(ロ) 活性炭部分の深さ及び充填方法並びに活性炭の大きさは、汚水を濾過し、汚水中の浮遊物質及び有機物質を有効に除去することができる深さ、充填方法及び大きさとすること。

(ハ) 活性炭を洗浄し、活性炭に付着した浮遊物質を有効に除去することができる機能を有し、かつ、流量調整槽を備えた構造の場合にあつては、除去された浮遊物質を流量調整槽へ移送することができる構造とし、流量調整槽を備えていない構造の場合にあつては、除去された浮遊物質を中間流量調整槽へ移送することができる構造とすること。

(ニ) 濾過された汚水を集水することができる機能を有し、かつ、集水された汚水を活性炭吸着処理水槽へ移送することができる構造とするほか、汚水の集水により活性炭が流出

し難く、かつ、閉塞(そく)が生じ難い構造とすること。

(六)　活性炭吸着処理水槽

有効容量は、活性炭吸着装置の1回当たりの逆洗水量の1.5倍に相当する容量以上とすること。

(七)　消毒槽

第1第一号(四)に定める構造とすること。

第9　水質汚濁防止法第3条第1項又は第3項の規定により、同法第2条第1項に規定する公共用水域に放流水を排出する合併処理浄化槽に関して、放流水のBODを10mg/l以下、放流水の窒素含有量を20mg/l以下又は放流水の燐(りん)含有量を1mg/l以下とする排水基準が定められている場合においては、当該合併処理浄化槽の構造は、第一号又は第二号に該当し、かつ、第1第四号に定める構造としたものとする。ただし、屎(し)尿と雑排水とを合併して処理する方法による場合に限る。

一　硝化液循環活性汚泥方式

(一)及び(二)に定める構造のスクリーン及び沈砂槽に、(三)から(九)までに定める構造の流量調整槽、生物反応槽、沈殿槽、中間流量調整槽、凝集槽、凝集沈殿槽及び消毒槽をこの順序に組み合わせ、(十)に定める構造の汚泥濃縮貯留槽(処理対象人員が501人以上の場合においては、(土)及び(圭)に定める構造の汚泥濃縮設備及び汚泥貯留槽)を備えた構造で、処理対象人員が51人以上であり、かつ、日平均汚水量が10m³以上であるもの。

(一)　スクリーン

(イ)　荒目スクリーン(処理対象人員が500人以下の場合においては、荒目スクリーン及び沈砂槽に代えて、ばつ気型スクリーンを設けることができる。)に細目スクリーン又は破砕装置のいずれか及び微細目スクリーンをこの順序に組み合わせた構造とすること。ただし、微細目スクリーンは、流量調整槽の次に設けることができる。

(ロ)　荒目スクリーンは、目幅の有効間隔をおおむね50mmとし、スクリーンに付着した汚物等を除去することができる装置を設け、スクリーンから除去した汚物等を貯留し、容易に掃除することができる構造とすること。

(ハ)　ばつ気型スクリーンは、目幅の有効間隔を30mmから50mm程度とし、下部に散気装置を設け、スクリーンに付着した汚物等を除去することができる構造とするほか、除去した汚物等及び砂等を貯留することができる構造とすること。

(二)　細目スクリーンは、目幅の有効間隔をおおむね20mmとし、スクリーンに付着した汚物等を自動的に除去することができる装置を設け、スクリーンから除去した汚物等を貯留し、容易に掃除することができる構造とすること。

(ホ)　破砕装置は、汚物等を有効に破砕することができる構造とし、目幅の有効間隔がおおむね20mmのスクリーンを備えた副水路を設けること。

(ヘ)　微細目スクリーンは、目幅の有効間隔を1mmから2.5mm程度とし、2台以上設け、運転中のスクリーンに故障等が生じた場合は、自動的に予備のスクリーンに切り替えられる構造とすること。また、スクリーンに付着した汚物等を自動的に除去することができる装置を設け、スクリーンから除去した汚物等を貯留し、容易に掃除することができる構造とすること。

　(ト)　微細目スクリーンを流量調整槽の前に設ける場合は、破砕装置と組み合わせること。ただし、処理対象人員が500人以下の場合においては、この限りでない。

　㈡　沈砂槽

　　　第6第一号㈢に定める構造とすること。

　㈢　流量調整槽

　　　第6第一号㈣に定める構造とすること。

　㈣　生物反応槽

　　　生物反応槽は、(イ)及び(ロ)に定める脱窒槽及び硝化槽をこの順序に組み合わせた構造とし、有効容量は、有効容量1m³に対する日平均流入水BODが0.15kg以下となるようにすること。

　　(イ)　脱窒槽

　　⑴　2室以上に区分し、かつ、槽内の水流が短絡し難い構造とすること。

　　⑵　有効容量は、有効容量1m³に対する1日当たりの平均の流入水の総窒素量（以下「日平均流入水T－N」という。）が0.12kg以下となるようにし、かつ、日平均汚水量の$\frac{5}{12}$に相当する容量以上とすること。

　　⑶　有効水深は、1.5m（処理対象人員が501人以上の場合においては、2m）以上5m以下とすること。ただし、特殊な装置を設けた場合においては、5mを超えることができる。

　　⑷　室内の汚水を均等に撹拌することができる装置を設け、溶存酸素をおおむね0mg/lに保持することができる構造とすること。

　　⑸　沈殿槽からの汚泥の返送量を容易に調整し、及び計量することができる装置を設けること。

　　⑹　⑴から⑸までに定める構造とするほか、脱窒機能に支障が生じない構造とすること。

　　(ロ)　硝化槽

　　⑴　2室以上に区分し、かつ、槽内の水流が短絡し難い構造とすること。

　　⑵　有効容量は、有効容量1m³に対する日平均流入水T－Nが0.055kg以下となるようにし、かつ、日平均汚水量の$\frac{11}{12}$に相当する容量以上とすること。

　　⑶　有効水深は、1.5m（処理対象人員が501人以上の場合においては、2m）以上5m以下とすること。ただし、特殊な装置を設けた場合においては、5mを超えることができる。

　　⑷　ばつ気装置を有し、室内の汚水を均等に撹拌し、溶存酸素をおおむね1mg/l以上に保持し、かつ、空気量を容易に調整することができる構造とすること。

　　⑸　消泡装置を設けること。

　　⑹　1日に日平均汚水量の3倍以上に相当する汚水を脱窒槽に返送することができる装置を設け、かつ、当該返送量を容易に調整し、及び計量することができる構造とすること。

　　⑺　槽内の水素イオン濃度（水素指数）を自動的に調整することができる構造とすること。

　　⑻　槽内の溶存酸素濃度を計測し、及び記録することができる構造とすること。

　(9)　(1)から(8)までに定める構造とするほか、硝化機能に支障が生じない構造とすること。

(五)　沈殿槽

　　第6第四号(五)に定める構造に準ずるものとすること。この場合において、同号(五)(ト)中「ばっ気槽」を「脱窒槽」と読み替えるものとする。

(六)　中間流量調整槽

　(イ)　1時間当たり一定の汚水量を移送することができる構造とし、当該汚水量を容易に調整し、及び計量することができる装置を設けること。

　(ロ)　有効容量は、日平均汚水量の $\frac{1}{12}$ （処理対象人員が500人を超える部分については、$\frac{1}{48}$ ）に相当する容量以上とすること。

　(ハ)　汚水を撹拌することができる装置を設けること。

　(ニ)　有効水深は、1m以上とすること。ただし、槽の底部及び上端から50cmまでの部分を当該有効水深に含めないものとする。

　(ホ)　ポンプにより汚水を移送する場合においては、2台以上のポンプを設けること。

(七)　凝集槽

　　第7第二号(ニ)に定める構造とすること。

(八)　凝集沈殿槽

　(イ)　有効容量は、日平均汚水量の $\frac{1}{6}$ に相当する容量以上とすること。

　(ロ)　槽の水面の面積は、水面積負荷が8m³（処理対象人員が500人を超える部分については、15m³）以下となるようにすること。

　(ハ)　越流せきを設けて凝集沈殿槽から汚水が越流する構造とし、越流せきの長さは、越流負荷が30m³（処理対象人員が500人を超える部分については、50m³）以下となるようにすること。

　(ニ)　有効水深は、処理対象人員が100人以下の場合にあつては1m以上、101人以上500人以下の場合にあつては1.5m以上、501人以上の場合にあつては2m以上とすること。ただし、槽の底部がホッパー型の場合においては、ホッパー部の高さの $\frac{1}{2}$ に相当する長さを当該有効水深に含めないものとする。

　(ホ)　槽の底部がホッパー型の場合においては、当該槽の平面の形状を円形又は正多角形（正三角形を除く。）とすること。

　(ヘ)　ホッパーは、勾配を水平面に対し60度以上とし、底部を汚泥の有効な引き抜きをすることができる構造とすること。

　(ト)　汚泥を有効に集積し、かつ、自動的に引き抜くことにより、汚泥濃縮貯留槽又は汚泥濃縮設備へ移送することができる構造とすること。

　(チ)　浮上物が生ずるおそれのあるものにあつては、浮上物を有効に除去することができる装置を設けること。

(九)　消毒槽

　　第1第一号(四)に定める構造とすること。

(十)　汚泥濃縮貯留槽

　　第6第一号(八)に定める構造に準ずるものとすること。この場合において、同号(八)(イ)中「流量調整槽」を「流量調整槽又は脱窒槽」と読み替えるものとする。

㈩　汚泥濃縮設備

第6第一号㈨に定める構造に準ずるものとすること。この場合において、同号㈨中「流量調整槽」を「流量調整槽又は脱窒槽」と読み替えるものとする。

㈪　汚泥貯留槽

第6第一号㈩に定める構造とすること。

二　三次処理脱窒・脱燐方式

㈠から㈦までに定める構造の中間流量調整槽、硝化用接触槽、脱窒用接触槽、再ばっ気槽、凝集槽、凝集沈殿槽及び消毒槽をこの順序に組み合わせ、第6の各号に定める合併処理浄化槽の構造から消毒槽を除いたものの後に設けた構造としたもの。

㈠　中間流量調整槽

(イ)　1時間当たり一定の汚水量を移送することができる構造とし、当該汚水量を容易に調整し、及び計量することができる装置を設けること。

(ロ)　有効容量は、日平均汚水量の $\frac{5}{24}$（処理対象人員が500人を超える部分については、$\frac{1}{12}$）に相当する容量以上とすること。ただし、流量調整槽を備えた構造の場合においては、日平均汚水量の $\frac{1}{12}$（処理対象人員が500人を超える部分については、$\frac{1}{48}$）に相当する容量以上とすることができる。

(ハ)　汚水を撹拌することができる装置を設けること。

(ニ)　有効水深は、1m以上とすること。ただし、槽の底部及び上端から50cmまでの部分を当該有効水深に含めないものとする。

(ホ)　ポンプにより汚水を移送する場合においては、2台以上のポンプを設けること。

(ヘ)　当該槽に流入する1日当たりの汚水量を計量し、及び記録することができる装置を設けること。ただし、流量調整槽を設ける場合においては、この限りでない。

㈡　硝化用接触槽

(イ)　2室以上に区分し、汚水が長時間接触材に接触する構造とすること。

(ロ)　有効容量は、有効容量1m³に対する日平均流入水T-Nが0.08kg以下となるようにし、かつ、日平均汚水量の $\frac{1}{2}$ に相当する容量以上とすること。

(ハ)　第1室の有効容量は、硝化用接触槽の有効容量のおおむね $\frac{1}{2}$ とすること。

(ニ)　有効水深は、1.5m（処理対象人員が500人を超える場合においては、2m）以上5m以下とすること。

(ホ)　有効容量に対する接触材の充填率は、55％以上とし、硝化用接触槽の底部との距離を適切に保持する等、当該槽内の循環流を妨げず、かつ、当該槽内の水流が短絡しないように充填すること。

(ヘ)　接触材は、生物膜による閉塞が生じ難い形状とし、生物膜が付着しやすく、十分な物理的強度を有する構造とすること。

(ト)　ばっ気装置を有し、室内の汚水を均等に撹拌し、溶存酸素をおおむね1mg/l以上に保持し、かつ、空気量を容易に調整することができる構造とすること。

(チ)　各室は、生物膜を効率よく逆洗し、はく離することができる機能を有し、かつ、はく離汚泥その他の浮遊汚泥を引き抜き、沈殿分離槽、沈殿槽、汚泥濃縮貯留槽又は汚泥濃縮設備へ移送することができる構造とすること。

179

(リ)　各室の水素イオン濃度（水素指数）を自動的に調整することができる構造とすること。

(ヌ)　消泡装置を設けること。

(ル)　(イ)から(ヌ)までに定める構造とするほか、硝化機能に支障が生じない構造とすること。

(三)　脱窒用接触槽

(イ)　2室以上に区分し、汚水が長時間接触材に接触する構造とすること。

(ロ)　有効容量は、有効容量 1 m³ に対する日平均流入水 T-N が 0.13 kg 以下となるようにし、かつ、日平均汚水量の $\frac{7}{24}$ に相当する容量以上とすること。

(ハ)　第1室の有効容量は、脱窒用接触槽の有効容量のおおむね $\frac{1}{2}$ とすること。

(ニ)　有効水深は、1.5 m（処理対象人員が 500 人を超える場合においては、2 m）以上5 m 以下とすること。

(ホ)　有効容量に対する接触材の充填率は、60％以上とし、脱窒用接触槽の底部との距離を適切に保持する等、当該槽内の循環流を妨げず、かつ、当該槽内の水流が短絡しないように充填すること。

(ヘ)　接触材は、生物膜による閉塞が生じ難い形状とし、生物膜が付着しやすく、十分な物理的強度を有する構造とすること。

(ト)　室内の汚水を均等に撹拌することができる装置を設け、溶存酸素をおおむね 0 mg/l に保持することができる構造とすること。

(チ)　各室は、生物膜を効率よく逆洗し、はく離することができる機能を有し、かつ、はく離汚泥その他の浮遊汚泥を引き抜き、沈殿分離槽、沈殿槽、汚泥濃縮貯留槽又は汚泥濃縮設備へ移送することができる構造とすること。

(リ)　適正量の水素供与体を自動的に供給することができる構造とすること。

(ヌ)　(イ)から(リ)までに定める構造とするほか、脱窒機能に支障が生じない構造とすること。

(四)　再ばっ気槽

(イ)　有効容量は、日平均汚水量の $\frac{1}{12}$ に相当する容量以上とすること。

(ロ)　有効水深は、1.5 m（処理対象人員が 500 人を超える場合においては、2 m）以上5 m 以下とすること。

(ハ)　有効容量に対する接触材の充填率は、おおむね 55％とし、再ばっ気槽の底部との距離を適切に保持する等、当該槽内の循環流を妨げず、かつ、当該槽内の水流が短絡しないように充填すること。

(ニ)　接触材は、生物膜による閉塞が生じ難い形状とし、生物膜が付着しやすく、十分な物理的強度を有する構造とすること。

(ホ)　ばっ気装置を有し、室内の汚水を均等に撹拌し、溶存酸素をおおむね 1 mg/l 以上に保持し、かつ、空気量を容易に調整することができる構造とすること。

(ヘ)　生物膜を効率よく逆洗し、はく離することができる機能を有し、かつ、はく離汚泥その他の浮遊汚泥を引き抜き、沈殿分離槽、沈殿槽、汚泥濃縮貯留槽又は汚泥濃縮設備へ移送することができる構造とすること。

(ト)　消泡装置を設けること。

(五)　凝集槽

第7第二号(二)に定める構造とすること。

㈥　凝集沈殿槽

　　第一号㈧に定める構造に準ずるものとすること。この場合において、同号㈧㈧中「汚泥濃縮貯留槽又は汚泥濃縮設備」を「沈殿分離槽、汚泥濃縮貯留槽又は汚泥濃縮設備」と読み替えるものとする。

㈦　消毒槽

　　第1第一号㈣に定める構造とすること。

第10　水質汚濁防止法第3条第1項又は第3項の規定により、同法第2条第1項に規定する公共用水域に放流水を排出する合併処理浄化槽に関して、放流水のBODを10mg/*l*以下、放流水の窒素含有量を15mg/*l*以下又は放流水の燐（りん）含有量を1mg/*l*以下とする排水基準が定められている場合においては、当該合併処理浄化槽の構造は、第一号又は第二号に該当し、かつ、第1第四号に定める構造としたものとする。ただし、屎（し）尿と雑排水とを合併して処理する方法による場合に限る。

一　硝化液循環活性汚泥方式

　　㈠及び㈡に定める構造のスクリーン及び沈砂槽に㈢から㈦までに定める構造の流量調整槽、生物反応槽、沈殿槽、中間流量調整槽、脱窒用接触槽、再ばっ気槽、凝集槽、凝集沈殿槽及び消毒槽をこの順序に組み合わせ、㈦に定める構造の汚泥濃縮貯留槽（処理対象人員が501人以上の場合においては、㈦及び㈦に定める構造の汚泥濃縮設備及び汚泥貯留槽）を備えた構造で、処理対象人員が51人以上であり、かつ、日平均汚水量が10m³以上であるもの。

㈠　スクリーン

　　第9第一号㈠に定める構造とすること。

㈡　沈砂槽

　　第6第一号㈢に定める構造とすること。

㈢　流量調整槽

　　第9第一号㈢に定める構造とすること。

㈣　生物反応槽

　　第9第一号㈣に定める構造とすること。

㈤　沈殿槽

　　第9第一号㈤に定める構造とすること。

㈥　中間流量調整槽

　　第9第一号㈥に定める構造とすること。

㈦　脱窒用接触槽

　　第9第二号㈢に定める構造に準ずるものとすること。この場合において、同号㈢㈥中「0.13kg」を「0.12kg」と、「$\frac{7}{24}$」を「$\frac{1}{6}$」と読み替え、同号㈢㈦中「、沈殿分離槽」を削除するものとする。

㈧　再ばっ気槽

　　第9第二号㈣に定める構造に準ずるものとすること。この場合において、同号㈣㈥中「、沈殿分離槽」を削除するものとする。

㈨　凝集槽

　　第7第二号㈡に定める構造とすること。

(十) 凝集沈殿槽

　　第9第一号(ハ)に定める構造とすること。

(土) 消毒槽

　　第1第一号(四)に定める構造とすること。

(圭) 汚泥濃縮貯留槽

　　第9第一号(十)に定める構造とすること。

(圭) 汚泥濃縮設備

　　第9第一号(圭)に定める構造とすること。

(圭) 汚泥貯留槽

　　第6第一号(十)に定める構造とすること。

二　三次処理脱窒・脱燐方式

　　第9第二号に定める合併処理浄化槽の構造に準ずるもの。この場合において、同号(ニ)(ロ)中「0.08 kg」を「0.07 kg」と、「$\frac{1}{2}$」を「$\frac{7}{12}$」と、同号(三)(ロ)中「0.13 kg」を「0.1 kg」と、「$\frac{7}{24}$」を「$\frac{9}{24}$」と読み替えるものとする。

第11　水質汚濁防止法第3条第1項又は第3項の規定により、同法第2条第1項に規定する公共用水域に放流水を排出する合併処理浄化槽に関して、放流水のBODを10 mg/l以下、放流水の窒素含有量を10 mg/l以下又は放流水の燐含有量を1 mg/l以下とする排水基準が定められている場合においては、当該合併処理浄化槽の構造は、第一号又は第二号に該当し、かつ、第1第四号に定める構造としたものとする。ただし、屎尿と雑排水とを合併して処理する方法による場合に限る。

一　硝化液循環活性汚泥方式

　　第10第一号に定める合併処理浄化槽の構造に準ずるもの。この場合において、同号(七)中「0.12 kg」を「0.1 kg」と、「$\frac{1}{6}$」を「$\frac{5}{24}$」と読み替えるものとする。

二　三次処理脱窒・脱燐方式

　　第9第二号に定める合併処理浄化槽の構造に準ずるもの。この場合において、同号(ニ)(ロ)中「0.08 kg」を「0.06 kg」と、「$\frac{1}{2}$」を「$\frac{2}{3}$」と、同号(三)(ロ)中「0.13 kg」を「0.09 kg」と、「$\frac{7}{24}$」を「$\frac{5}{12}$」と読み替えるものとする。

第12　水質汚濁防止法第3条第1項又は第3項の規定により、同法第2条第1項に規定する公共用水域に放流水を排出する合併処理浄化槽に関して、化学的酸素要求量、浮遊物質量、ノルマルヘキサン抽出物質含有量（動植物油脂類含有量）、水素イオン濃度（水素指数）又は大腸菌群数についての排水基準が次の表の(い)欄に掲げるように定められている場合においては、当該合併処理浄化槽の構造は、同表(ろ)欄に掲げる構造としたものとする。

(い)					(ろ)
化学的酸素要求量（単位　mg/l）	浮遊物質量（単位　mg/l）	ノルマルヘキサン抽出物質含有量(動植物油脂類含有量)	水素イオン濃度（水素指数）	大腸菌群数（単位　個/cm³）	構　造

		（単位 mg/l）			
60 以下	70 以下	20 以下	5.8 以上 8.6 以下	3,000 以下	第6から第11までのいずれかに定める構造
45 以下	60 以下	20 以下	5.8 以上 8.6 以下	3,000 以下	第6から第11までのいずれかに定める構造
30 以下	50 以下	20 以下	5.8 以上 8.6 以下	3,000 以下	第6から第11までのいずれかに定める構造
15 以下	15 以下	20 以下	5.8 以上 8.6 以下	3,000 以下	第7から第11までのいずれかに定める構造
10 以下	15 以下	20 以下	5.8 以上 8.6 以下	3,000 以下	第8に定める構造

附　則

昭和44年建設省告示第1726号は、廃止する。

〔平成12年5月31日建設省告示第1446号〕
建築物の基礎、主要構造部等に使用する建築材料並びにこれらの建築材料が適合すべき日本産業規格又は日本農林規格及び品質に関する技術的基準を定める件

最終改正　　令和2年8月28日国土交通省告示第821号

　建築基準法（昭和25年法律第201号）第37条の規定に基づき、建築物の基礎、主要構造部等に使用する建築材料並びにこれらの建築材料が適合すべき日本工業規格〔現行＝日本産業規格＝平成30年5月法律第33号により改正〕又は日本農林規格及び品質に関する技術的基準を次のように定める。

第1　建築基準法（以下「法」という。）第37条の建築物の基礎、主要構造部その他安全上、防火上又は衛生上重要である部分に使用する建築材料で同条第一号又は第二号のいずれかに該当すべきものは、次に掲げるものとする。ただし、法第20条第1項第一号の規定による国土交通大臣の認定を受けた構造方法を用いる建築物に使用される建築材料で平成12年建設省告示第1461号第九号ハの規定に適合するもの、現に存する建築物又は建築物の部分（法第37条の規定又は法第40条の規定に基づく条例の建築材料の品質に関する制限を定めた規定に違反した建築物又は建築物の部分を除く。）に使用されている建築材料及び建築基準法施行令（昭和25年政令第338号。以下「令」という。）第138条第1項に規定する工作物でその存続期間が2年以内のものに使用される建築材料にあっては、この限りでない。

一　構造用鋼材及び鋳鋼

二　高力ボルト及びボルト

三　構造用ケーブル

四　鉄筋

五　溶接材料（炭素鋼、ステンレス鋼及びアルミニウム合金材の溶接）

六　ターンバックル

七　コンクリート

八　コンクリートブロック

九　免震材料（平成12年建設省告示第2009号第1第一号に規定する免震材料その他これに類するものをいう。以下同じ。）

十　木質接着成形軸材料（木材の単板を積層接着又は木材の小片を集成接着した軸材をいう。以下同じ。）

十一　木質複合軸材料（製材、集成材、木質接着成形軸材料その他の木材を接着剤によりI形、角形その他所要の断面形状に複合構成した軸材をいう。以下同じ。）

十二　木質断熱複合パネル（平板状の有機発泡剤の両面に構造用合板その他これに類するものを接着剤により複合構成したパネルのうち、枠組がないものをいう。以下同じ。）

十三　木質接着複合パネル（製材、集成材、木質接着成形軸材料その他の木材を使用した枠組に構造用合板その他これに類するものを接着剤により複合構成したパネルをいう。以下同じ。）

十四　タッピンねじその他これに類するもの（構造用鋼材にめねじを形成し又は構造用鋼材を切

削して貫入するものに限る。)

十五　打込み鋲（構造用鋼材に打込み定着するものをいう。以下同じ。）

十六　アルミニウム合金材

十七　トラス用機械式継手

十八　膜材料、テント倉庫用膜材料及び膜構造用フィルム

十九　セラミックメーソンリーユニット

二十　石綿飛散防止剤

二一　緊張材

二二　軽量気泡コンクリートパネル

二三　直交集成板（ひき板又は小角材(これらをその繊維方向を互いにほぼ平行にして長さ方向に接合接着して調整したものを含む。)をその繊維方向を互いにほぼ平行にして幅方向に並べ又は接着したものを、主として繊維方向を互いにほぼ直角にして積層接着し3層以上の構造を持たせたものをいう。以下同じ。）

第2　法第37条第一号の日本産業規格又は日本農林規格は、別表第1(い)欄に掲げる建築材料の区分に応じ、それぞれ同表(ろ)欄に掲げるものとする。

第3　法第37条第二号の品質に関する技術的基準は、次のとおりとする。

一　別表第2(い)欄に掲げる建築材料の区分に応じ、それぞれ同表(は)欄に掲げる測定方法等により確認された同表(ろ)欄に掲げる品質基準に適合するものであること。

二　別表第3(い)欄に掲げる建築材料の区分に応じ、それぞれ同表(ろ)欄に掲げる検査項目について、同表(は)欄に掲げる検査方法により検査が行われていること。

三　別表第2の(ろ)欄に掲げる品質基準に適合するよう、適切な方法により、製造、運搬及び保管がなされていること。

四　検査設備が検査を行うために必要な精度及び性能を有していること。

五　次に掲げる方法により品質管理が行われていること。

イ　社内規格が次のとおり適切に整備されていること。

(1)　次に掲げる事項について社内規格が具体的かつ体系的に整備されていること。

(i)　製品の品質、検査及び保管に関する事項

(ii)　資材の品質、検査及び保管に関する事項

(iii)　工程ごとの管理項目及びその管理方法、品質特性及びその検査方法並びに作業方法に関する事項

(iv)　製造設備及び検査設備の管理に関する事項

(v)　外注管理（製造若しくは検査又は設備の管理の一部を外部に行わせている場合における当該発注に係る管理をいう。以下同じ。）に関する事項

(vi)　苦情処理に関する事項

(2)　製品の検査方法その他の製品が所定の品質であることを確認するために必要な事項（免震材料(出荷時において性能検査により個々の製品の性能を確認しているものに限る。以下ト及びチにおいて同じ。)にあっては、発注者又は発注者が指定する第三者が、製品について、所定の性能を満たしていることを確認するために必要な事項を含む。）が社内規格に定められていること。

　　(3)　社内規格が適切に見直されており、かつ、就業者に十分周知されていること。

　ロ　製品及び資材の検査及び保管が社内規格に基づいて適切に行われていること。

　ハ　工程の管理が次のとおり適切に行われていること。

　　(1)　製造及び検査が工程ごとに社内規格に基づいて適切に行われているとともに、作業記録、検査記録又は管理図を用いる等必要な方法によりこれらの工程が適切に管理されていること。

　　(2)　工程において発生した不良品又は不合格ロットの処置、工程に生じた異常に対する処置及び再発防止対策が適切に行われていること。

　　(3)　作業の条件及び環境が適切に維持されていること。

　ニ　製造設備及び検査設備について、点検、検査、校正、保守等が社内規格に基づいて適切に行われており、これらの設備の精度及び性能が適正に維持されていること。

　ホ　外注管理が社内規格に基づいて適切に行われていること。

　ヘ　苦情処理が社内規格に基づいて適切に行われているとともに、苦情の要因となった事項の改善が図られていること。

　ト　製品の管理（製品の品質及び検査結果に関する事項（免震材料にあっては、検査結果の信頼性及び正確性を確認するために必要な事項を含む。）を含む。）、資材の管理、工程の管理、設備の管理、外注管理、苦情処理等に関する記録が必要な期間保存されており、かつ、品質管理の推進に有効に活用されていること。

　チ　免震材料については、製品の検査結果について改ざん防止のための措置が講じられていること。

六　その他品質保持に必要な技術的生産条件を次のとおり満たしていること。

　イ　次に掲げる方法により品質管理の組織的な運営が図られていること。

　　(1)　品質管理の推進が工場その他の事業場（以下「工場等」という。）の経営方針として確立されており、品質管理が計画的に実施されていること。

　　(2)　工場等における品質管理を適切に行うため、各組織の責任及び権限が明確に定められているとともに、品質管理推進責任者を中心として各組織間の有機的な連携がとられており、かつ、品質管理を推進する上での問題点が把握され、その解決のために適切な措置がとられていること。

　　(3)　工場等における品質管理を推進するために必要な教育訓練が就業者に対して計画的に行われており、また、工程の一部を外部の者に行わせている場合においては、その者に対し品質管理の推進に係る技術的指導が適切に行われていること。

　ロ　次に定めるところにより、品質管理推進責任者が配置されていること。

　　(1)　工場等において、製造部門とは独立した権限を有する品質管理推進責任者を選任し、次に掲げる職務を行わせていること。

　　　(i)　品質管理に関する計画の立案及び推進

　　　(ii)　社内規格の制定、改正等についての統括

　　　(iii)　製品の品質水準の評価

　　　(iv)　各工程における品質管理の実施に関する指導及び助言並び部門間の調整

　　　(v)　工程に生じた異常、苦情等に関する処置及びその対策に関する指導及び助言

　(vi)　就業者に対する品質管理に関する教育訓練の推進

　(xii)　外注管理に関する指導及び助言

　(xiii)　製品の品質基準への適合性の承認

　(ix)　製品の出荷の承認

(2)　品質管理推進責任者は、製品の製造に必要な技術に関する知識を有し、かつ、これに関する実務の経験を有する者であって、学校教育法（昭和22年法律第26号）に基づく大学、短期大学若しくは工業に関する高等専門学校、旧大学令（大正7年勅令第388号）に基づく大学、旧専門学校令（明治36年勅令第61号）に基づく専門学校若しくは外国におけるこれらの学校に相当する学校の工学若しくはこれに相当する課程において品質管理に関する科目を修めて卒業し（当該科目を修めて同法による専門職大学の前期課程を修了する場合を含む。）、又はこれに準ずる品質管理に関する科目の講習会の課程を修了することにより品質管理に関する知見を有すると認められるものであること。

2　前項の規定にかかわらず、製品の品質保証の確保及び国際取引の円滑化に資すると認められる場合は、次に定める基準によることができる。

一　製造設備、検査設備、検査方法、品質管理方法その他品質保持に必要な技術的生産条件が、日本産業規格Q9001（品質マネジメントシステム－要求事項）-2000の規定に適合していること。

二　前項第一号から第四号まで、第五号イ(2)及び第六号ロの基準に適合していること。

三　製造をする建築材料の規格等に従って社内規格が具体的かつ体系的に整備されており、かつ、製品について規格等に適合することの検査及び保管が、社内規格に基づいて適切に行われていること。

別表第1（法第37条第一号の日本産業規格又は日本農林規格）

（い）	（ろ）
第1第一号に掲げる建築材料	日本産業規格（以下「JIS」という。）A5525（鋼管ぐい）-1994、JIS A5526（H形鋼ぐい）-1994、JIS E1101（普通レール及び分岐器類用特殊レール）-2001、JIS E1103（軽レール）-1993、JIS G3101（一般構造用圧延鋼材）-1995、JIS G3106（溶接構造用圧延鋼材）-1999、JIS G3114（溶接構造用耐候性熱間圧延鋼材）-1998、JIS G3136（建築構造用圧延鋼材）-1994、JIS G3138（建築構造用圧延棒鋼）-1996、JIS G3201（炭素鋼鍛鋼品）-1988、JIS G3302（溶融亜鉛めっき鋼板及び鋼帯）-1998、JIS G3312（塗装溶融亜鉛めっき鋼板及び鋼帯）-1994、JIS G3321（溶融55％アルミニウム－亜鉛合金めっき鋼板及び鋼帯）-1998、JIS G3322（塗装溶融55％アルミニウム－亜鉛合金めっき鋼板及び鋼帯）-1998、JIS G3350（一般構造用軽量形鋼）-1987、JIS G3352（デッキプレート）-2003、JIS G3353（一般構造用溶接軽量H形鋼）-1990、JIS G3444（一般構造用炭素鋼鋼管）-1994、JIS G3466（一般構造用角形鋼管）-1988、JIS G3475（建築構造用炭素鋼鋼管）-1996、JIS G4051（機械構造用炭素鋼鋼材）-1979、JIS G4053（機械構造用合金鋼鋼材）-2003、JIS G4321（建築構造用ステンレス鋼材）-2000、JIS G5101（炭素鋼鋳鋼品）-1991、JIS G5102（溶接構造用鋳鋼品）-1991、JIS G5111（構造用高張力炭素鋼及び低

	合金鋳鋼品)-1991又は JIS G5201(溶接構造用遠心力鋳鋼管)-1991
第1第二号に掲げる建築材料	JIS B1051(炭素鋼及び合金鋼製締結用部品の機械的性質-第1部：ボルト、ねじ及び植込みボルト)-2000、JIS B1054-1(耐食ステンレス鋼製締結用部品の機械的性質-第1部：ボルト、ねじ及び植込みボルト)-2001、JIS B1054-2(耐食ステンレス鋼製締結用部品の機械的性質-第2部：ナット)-2001、JIS B1180(六角ボルト)-1994、JIS B1181(六角ナット)-1993、JIS B1186(摩擦接合用高力六角ボルト・六角ナット・平座金のセット)-1995、JIS B1256(平座金)-1998又は JIS B1057(非鉄金属製ねじ部品の機械的性質)-2001
第1第三号に掲げる建築材料	JIS G3525(ワイヤロープ)-1998、JIS G3546(異形線ロープ)-2000、JIS G3549(構造用ワイヤロープ)-2000又は JIS G3550(構造用ステンレス鋼ワイヤロープ)-2003
第1第四号に掲げる建築材料	JIS G3112(鉄筋コンクリート用棒鋼)-1987又は JIS G3117(鉄筋コンクリート用再生棒鋼)-1987
第1第五号に掲げる建築材料	JIS Z3183(炭素鋼及び低合金鋼用サブマージアーク溶着金属の品質区分及び試験方法)-1993、JIS Z3211(軟鋼用被覆アーク溶接棒)-1991、JIS Z3212(高張力鋼用被覆アーク溶接棒)-1990、JIS Z3214(耐候性鋼用被覆アーク溶接棒)-1999、JIS Z3221(ステンレス鋼被覆アーク溶接棒)-2003、JIS Z3312(軟鋼及び高張力鋼用マグ溶接ソリッドワイヤ)-1999、JIS Z3313(軟鋼、高張力鋼及び低温用鋼用アーク溶接フラックス入りワイヤ)-1999、JIS Z3315(耐候性鋼用炭酸ガスアーク溶接ソリッドワイヤ)-1999、JIS Z3320(耐候性鋼用炭酸ガスアーク溶接フラックス入りワイヤ)-1999、JIS Z3323(ステンレス鋼アーク溶接フラックス入りワイヤ)-2003、JIS Z3324(ステンレス鋼サブマージアーク溶接ソリッドワイヤ及びフラックス)-1999、JIS Z3353(軟鋼及び高張力鋼用エレクトロスラグ溶接ソリッドワイヤ並びにフラックス)-1999又は JIS Z3232(アルミニウム及びアルミニウム合金溶加棒並びに溶接ワイヤ)-2000
第1第六号に掲げる建築材料	JIS A5540(建築用ターンバックル)-2003、JIS A5541(建築用ターンバックル胴)-2003又は JIS A5542(建築用ターンバックルボルト)-2003
第1第七号に掲げる建築材料	JIS A5308(レディーミクストコンクリート)-2019
第1第八号に掲げる建築材料	JIS A5406(建築用コンクリートブロック)-1994
第1第十号に掲げる建築材料	単板積層材の日本農林規格（平成20年農林水産省告示第701号）に規定する構造用単板積層材の規格
第1第十四号に掲げる建築材料	JIS B1055(タッピンねじ-機械的性質)-1995又は JIS B1059(タッピンねじのねじ山をもつドリルねじ-機械的性質及び性能)-2001

第1第十六号に掲げる建築材料	JIS H4000（アルミニウム及びアルミニウム合金の板及び条）-1999、JIS H4040（アルミニウム及びアルミニウム合金の棒及び線）-1999、JIS H4100（アルミニウム及びアルミニウム合金の押出形材）-1999、JIS H4140（アルミニウム及びアルミニウム合金鍛造品）-1988、JIS H5202（アルミニウム合金鋳物）-1999又はJIS Z3263（アルミニウム合金ろう及びブレージングシート）-1992（ブレージングシートに限る。）
第1第十九号に掲げる建築材料	JIS A5210（建築用セラミックメーソンリーユニット）-1994
第1第二十一号に掲げる建築材料	JIS G3536（PC鋼線及びPC鋼より線）-1999、JIS G3109（PC鋼棒）-1994又はJIS G3137（細径異形PC鋼棒）-1994
第1第二十二号に掲げる建築材料	JIS A5416（軽量気泡コンクリートパネル）-1997
第1第二十三号に掲げる建築材料	直交集成板の日本農林規格（平成25年農林水産省告示第3079号。以下「直交集成板規格」という。）に規定する直交集成板の規格

別表第2（品質基準及びその測定方法等）

（い）	（ろ）	（は）
建築材料の区分	品　質　基　準	測　定　方　法　等
第1第一号に掲げる建築材料	一　降伏点又は0.2％耐力（ステンレス鋼にあっては、0.1％耐力）の上下限、降伏比、引張強さ及び伸びの基準値が定められていること。ただし、令第3章第8節に規定する構造計算を行わない建築物に用いられるものの強度は、次の数値を満たすこと。 イ　炭素鋼の場合 　(1)　降伏点又は0.2％耐力が235 N/mm² 以上 　(2)　引張強さが400 N/mm² 以上 ロ　ステンレス鋼の場合 　(1)　降伏点又は0.1％耐	一　次に掲げる方法によるか又はこれと同等以上に降伏点若しくは0.2％耐力（ステンレス鋼にあっては、0.1％耐力）の上下限、降伏比、引張強さ及び伸びを測定できる方法によること。 イ　引張試験片は、JIS G0404（鋼材の一般受渡し条件）-1999に従い、JIS Z2201（金属材料引張試験片）-1998に基づき、鋼材の該当する形状の引張試験片を用いること。 ロ　引張試験方法及び各特性値の算定方法は、JIS Z2241（金属材料引張試験方法）-1998によること。

力が 235 N/mm² 以上

(2) 引 張 強 さ が
520 N/mm² 以上

二　炭素鋼の場合は、炭素含有量は 1.7 % 以下（地震力等による塑性変形が生じない部分に用いるもので、伸びの基準値が 10 % 以上のものについては、4.5 % 以下）の範囲で、C、Si、Mn、P 及び S の化学成分の含有量の基準値が定められていること。ステンレス鋼の場合は、C、Si、Mn、P、S 及び Cr の化学成分の含有量の基準値が定められていること。

これらの化学成分のほか、固有の性能を確保する上で必要となる化学成分の含有量の基準値が定められていること。

二　次に掲げる方法によるか又はこれと同等以上に化学成分の含有量を測定できる方法によること。

イ　分析試験の一般事項及び分析試料の採取法は、JIS G0417（鉄及び鋼－化学成分定量用試料の採取及び調整）-1999によること。

ロ　各成分の分析は、次に掲げる定量方法及び分析方法のいずれかによること。

(1)　JIS G0321（鋼材の製品分析方法及びその許容変動値）-1966

(2)　JIS G1211（鉄及び鋼－炭素定量方法）-1995

(3)　JIS G1212（鉄及び鋼－けい素定量方法）-1997

(4)　JIS G1213（鉄及び鋼－マンガン定量方法）-2001

(5)　JIS G1214（鉄及び鋼－りん定量方法）-1998

(6)　JIS G1215（鉄及び鋼－硫黄定量方法）-1994

(7)　JIS G1216（鉄及び鋼－ニッケル定量方法）-1997

(8)　JIS G1217（鉄及び鋼中のクロム定量方法）-1992

(9)　JIS G1218（鉄及び鋼－モリブデン定量方法）-1994

(10)　JIS G1219（鉄及び鋼－銅定量方法）-1997

(11)　JIS G1221（鉄及び鋼－バナジウム定量方法）-1998

(12)　JIS G1223（鉄及び鋼－チタン定量方法）-1997

(13)　JIS G1224（鉄及び鋼－アルミニウム定量方法）-2001

(14)　JIS G1227（鉄及び鋼－ほう素定量方法）-1999

⒂　JIS G1228（鉄及び鋼－窒素定量方法）-1997

⒃　JIS G1232（鋼中のジルコニウム定量方法）-1980

⒄　JIS G1237（鉄及び鋼－ニオブ定量方法）-1997

⒅　JIS G1253（鉄及び鋼－スパーク放電発光分光分析方法）-2002

⒆　JIS G1256（鉄及び鋼－蛍光X線分析方法）-1997

⒇　JIS G1257（鉄及び鋼－原子吸光分析方法）-1994

(21)　JIS G1258（鉄及び鋼－誘導結合プラズマ発光分光分析方法）-1999

三　溶接を行う炭素鋼については、炭素当量（Ceq）又は溶接割れ感受性組成（P_{CM}）及びシャルピー吸収エネルギーの基準値が定められていること。

三　次に掲げる方法によるか又はこれと同等以上に炭素当量（Ceq）若しくは溶接割れ感受性組成（P_{CM}）及びシャルピー吸収エネルギーを測定できる方法によること。

イ　炭素当量（Ceq）又は溶接割れ感受性組成（P_{CM}）は、成分分析結果に基づき、次の式によって計算すること。

$$Ceq = C + \frac{Mn}{6} + \frac{Si}{24} + \frac{Ni}{40} + \frac{Cr}{5} + \frac{Mo}{4} + \frac{V}{14}$$

この式において、Ceq、C、Mn、Si、Ni、Cr、Mo及びVは、それぞれ次の数値を表す。

Ceq　炭素当量（単位　%）

C　　炭素分析値（単位　%）

Mn　マンガン分析値（単位　%）

Si　　けい素分析値（単位　%）

Ni　　ニッケル分析値（単位　%）

Cr　　クロム分析値（単位　%）

Mo　モリブデン分析値（単位　%）

V　　バナジウム分析値（単位　%）

$$P_{CM} = C + \frac{Mn}{20} + \frac{Si}{30} + \frac{Cu}{20} + \frac{Ni}{60} + \frac{Cr}{20} + \frac{Mo}{15} + \frac{V}{10} + 5B$$

	この式において、P_{CM}、C、Mn、Si、Cu、Ni、Cr、Mo、V 及 び B は、それぞれ次の数値を表す。 　P_{CM} 溶接割れ感受性組成(単位 ％) 　C　炭素分析値(単位 ％) 　Mn　マンガン分析値(単位 ％) 　Si　けい素分析値(単位 ％) 　Cu　銅分析値(単位 ％) 　Ni　ニッケル分析値(単位 ％) 　Cr　クロム分析値(単位 ％) 　Mo　モリブデン分析値(単位 ％) 　V　バナジウム分析値(単位 ％) 　B　ほう素分析値(単位 ％)
	ロ　シャルピー吸収エネルギーの測定は、JIS Z2202(金属材料衝撃試験片)-1998を用いて、JIS Z2242(金属材料衝撃試験方法)-1998によって行うこと。
四　鋼材の形状、寸法及び単位質量の基準値が定められていること。	四　次に掲げる方法によるか又はこれと同等以上に鋼材の形状、寸法及び単位質量を測定できる方法によること。 　イ　鋼材の形状及び寸法の測定は、任意の位置において、規定されている各寸法を、適切な測定精度を有する計測機器を用いて測定すること。 　ロ　単位質量の測定は、次のいずれかの方法によること。 　　(1)　鋼材の断面積に対して、密度を乗じて求めること。 　　(2)　製品10本以上又は1 t 以上の供試材をまとめて計量した実測質量を全供試材の長さの総和で除した値を単位質量とすること。
五　構造耐力上有害な欠け、割れ、錆及び付着物がないこと。	五　JIS G0404(鋼材の一般受渡し条件)-1999によるか又はこれと同等以上に構造耐力上有害な欠け、割れ、錆及び付着物がないことを確認できる方法によること。
六　鋼材に表面処理等が施されている場合は、表面仕上げの組成及び付着量の基準値が定められていること。	六　めっき厚の測定は、JIS G3302(溶融亜鉛めっき鋼板及び鋼帯)-1998の16.1めっき付着量試験によるか又はこれと同等以上に表面仕上げの組成及び付着量が測定できる

<table>
<tr>
<td></td>
<td></td>
<td>方法によること。</td>
</tr>
<tr>
<td></td>
<td>七　前各号に掲げるもののほか、必要に応じて鋼材のクリープ、疲労特性、耐久性、高温特性及び低温特性等の基準値が定められていること。</td>
<td>七　次に掲げる方法によるか又はこれと同等以上に鋼材のクリープ、疲労特性、耐久性、高温特性及び低温特性等を測定できる方法によること。
イ　クリープ特性の測定は、JIS Z2271（金属材料のクリープ及びクリープ破断試験方法）-1999によること。
ロ　疲労特性の測定は、JIS Z2273（金属材料の疲れ試験方法通則）-1978によること。
ハ　耐久性の腐食試験は、JIS Z2371（塩水噴霧試験方法）-2000によること。
ニ　高温特性の測定は、JIS G0567（鉄鋼材料及び耐熱合金の高温引張試験方法）-1998によること。
ホ　低温特性の測定は、所定の温度における機械的性質を、第一号に準じて測定すること。</td>
</tr>
<tr>
<td>第1第二号に掲げる建築材料</td>
<td>一　ボルトセットの構成が定められていること。</td>
<td></td>
</tr>
<tr>
<td></td>
<td>二　ボルトセットの構成材の降伏点又は0.2％耐力、引張強さ、伸び、絞り、硬さ及びシャルピー吸収エネルギーの基準値が定められていること。ただし、衝撃特性等を必要としない場合においては、シャルピー吸収エネルギー等を規定しなくてもよい。また、引張試験片の採取が困難な場合は、硬さの基準値が定められていること。
　製品試験でボルトセットが最小荷重未満で破壊することなく、また更に荷重を増加した時に想定した破壊箇所以外で破壊しないこと及び保証荷重作用下で想定した破壊箇所</td>
<td>二　次に掲げる方法によるか又はこれと同等以上に（ろ）欄の基準値を測定できる方法によること。
イ　各構成材から採取した試験片の、耐力、引張強さ、伸び及び絞りの測定は、次に掲げる方法によること。
（1）　JIS Z2201（金属材料引張試験片）-1998に規定する試験片に基づき、該当する形状の引張試験片を用いること。
（2）　引張試験方法及び各特性値の算定方法は、JIS Z2241（金属材料引張試験方法）-1998によること。
ロ　衝撃特性の測定は、JIS Z2202（金属材料衝撃試験片）-1998に定める試験片を用いて、JIS Z2242（金属材料衝撃試験方法）-1998により測定すること。
ハ　各構成材の硬さ試験は、JIS Z2243（ブ</td>
</tr>
</table>

193

以外に異常や永久変形が生じないこと。	リネル硬さ試験－試験法)-1998、JIS Z2244(ビッカース硬さ試験－試験法)-1998又は JIS Z2245(ロックウェル硬さ試験－試験方法)-1998に規定する方法によること。 ニ　製品試験は、JIS B1186(摩擦接合用高力六角ボルト・六角ナット・平座金のセット)-1995の11.1の機械的性質試験、JIS B1051(炭素鋼及び合金鋼製締結用部品の機械的性質－第1部：ボルト、ねじ及び植込みボルト)-2000の8.の試験方法によること。
三　各構成材の主成分と固有の性能を発揮する化学成分の含有量の基準値が定められていること。	三　第1第一号に掲げる建築材料の項(は)欄第二号に掲げる方法によること。
四　ボルトセットの構成材の形状・寸法の基準値が定められていること。	四　限界ゲージ又はこれと同等以上の測定器具を用いて行うこと。
五　ボルトセットの構成材は、焼割れ及び構造耐力上有害な傷、かえり、錆、ねじ山のいたみ及び著しい湾曲等の欠点がないこと。また、必要に応じて表面粗さが規定されていること。	五　次に掲げる方法によるか又はこれと同等以上に欠陥の有無及び外観の状況を測定できる方法によること。 イ　外観の状況の測定は、ボルトセットの構成材について、JIS B0659-1(製品の幾何特性仕様(GPS)－表面性状：輪郭曲線方式：測定標準－第1部：標準片)-2002に規定される表面粗さ標準片又は JIS B0651(製品の幾何特性仕様(GPS)－表面性状：輪郭曲線方式－触針式表面粗さ測定機の特性)-2001に規定される表面粗さ測定機並びに目視によって行うこと。 ロ　表面欠陥試験は、JIS Z2343-1(非破壊試験－浸透探傷試験－第1部：一般通則：浸透探傷試験方法及び浸透指示模様の分類)-2001に規定される浸透探傷試験方法、JIS G0565(鉄鋼材料の磁粉探傷試験方法及び磁粉模様の分類)-1992に規定される磁粉探傷試験方法によること。 ハ　ねじがある場合のねじの外観の状況の

		測定は、ねじ用限界ゲージを用いて行うこと。
	六　ボルトセットにめっきを施す場合は、組成及び付着量の基準値が定められていること。	六　めっき付着量の測定は、JIS H0401（溶融亜鉛めっき試験方法）-1999の4.の付着量試験方法によるか又はこれと同等以上に表面仕上げの組成及び付着量を測定できる方法によること。
	七　前各号に掲げるもののほか、必要に応じて耐久性、疲労特性、高温特性、軸力を導入する場合のボルトセットのトルク係数値及びリラクセーション特性等の基準値が定められていること。	七　次に掲げる方法によるか又はこれと同等以上に（ろ）欄の基準値を測定できる方法によること。 イ　耐久性の測定は、JIS Z2371（塩水噴霧試験方法）-2000に、疲労特性の測定は、JIS Z2273（金属材料の疲れ試験方法通則）-1978に、高温特性の測定は、JIS G0567（鉄鋼材料及び耐熱合金の高温引張試験方法）-1998によること。 ロ　軸力を導入する場合のセットのトルク係数値試験は、JIS B1186（摩擦接合用高力六角ボルト・六角ナット・平座金のセット）-1995の11.2のセットのトルク係数値試験によること。 ハ　リラクセーション特性の測定は、JIS Z2271（金属材料のクリープ及びクリープ破断試験方法）-1999、JIS Z2276（金属材料の引張リラクセーション試験方法）-2000の試験方法によること。
第1第三号に掲げる建築材料	一　降伏点又は0.2％耐力、引張強さ及び伸びの基準値が定められていること。また、必要に応じて、鋼素線の曲げねじり特性（ねじり、巻付け及び巻戻し特性）、鋼より線のリラクセーション特性などの基準値が規定されていること。	一　次に掲げる方法によるか又はこれと同等以上に（ろ）欄の基準値を測定できる方法によること。 イ　鋼素線から採取した試験片の降伏点又は0.2％耐力、引張強さ及び伸びの測定は、JIS Z2201（金属材料引張試験片）-1998に規定する試験片において該当する形状の引張試験片を用いて、JIS Z2241（金属材料引張試験方法）-1998に規定する引張試験の方法及び各特性値の算定方法によって行うこと。鋼より線もこれに準じること。 ロ　鋼素線のねじり試験は、試験片の両端

を線径の100倍のつかみ間隔で固くつかみ、たわまない程度に緊張しながらその一方を同一方向に破断するまで回転し、そのときのねじり回数、破断面の状況及びねじれの状況を調べることによって行うこと。巻付け試験は、線径を半径とする円弧に沿い、曲げ角度90度に曲げ、破断の有無及びきず発生の状況を調べることによって行うこと。また、巻戻し試験は、試験片をこれと同一径の心金の周囲に5回密着して巻き付け、さらにこれを巻き戻した後、試験片の折損の有無を調べることによって行うこと。

ハ　鋼より線のリラクセーション試験は、常温で試験片を適当な間隔でつかみ、載荷速度を1分間に1mm^{2}につき200±50Nの割合で、基準値として規定する引張強さの最小値の70％に相当する荷重（載荷荷重）をかけ、その荷重を120±2秒維持した後、1,000時間つかみ間隔をそのまま保持して荷重の減少を測定し、元の荷重に対するその減少した荷重の百分率をリラクセーション値とすることによって行うこと。

二　組成として化学成分の含有量の基準値が定められたものであること。

二　第1第一号に掲げる建築材料の項(は)欄第二号に掲げる方法によること。

三　鋼素線の径及び偏径差の基準値が定められていること。
単層又は多層の鋼より線を構成する鋼素線数、よりの長さ、より方向及びより線の外形寸法の基準値が定められていること。
多層の鋼より線の断面寸法、それを構成する各単層の鋼より線の作るらせんのピッチの基準値が定められていること。

三　次に掲げる方法によるか又はこれと同等以上に(ろ)欄の基準値を測定できる方法によること。
イ　径の測定は、鋼素線ではマイクロメータで同一断面において2方向以上を測定し、その平均値をもって径とすること。
ロ　偏径差の測定は、同種線径の各試験片について、最大のものと最小のものとの差を求め、その値をもって偏径差とすること。
ハ　鋼より線の断面寸法の測定は、ノギスで同一断面において2方向以上を測定し、その平均値をもって断面寸法とする

		こと。 ニ　よりの長さ等の測定は、ノギスにより行うこと。
	四　全長を通じて、つぶれ、きずなどの構造耐力上有害な欠陥や錆等の欠点がないこと。	四　目視によって行うこと。
	五　前各号に掲げるもののほか、必要に応じて、鋼素線及び鋼より線の定着装置の引張耐力及び限界耐力が規定されていること。	五　定着装置に鋼素線又は鋼より線を取り付けた試験片について引張試験を実施する方法又はこれと同等以上に引張耐力及び有害な変形を生じない限界耐力を測定できる方法によること。
第1第四号に掲げる建築材料	一　降伏点又は0.2%耐力、引張強さ、伸び、曲げ性能及び降伏比の基準値が定められていること。ただし、せん断補強筋に用いる棒鋼類の伸び及び降伏比については、この限りでない。 　令第3章第8節に規定する構造計算を行わない建築物に用いられるものの降伏点又は0.2%耐力は、235N/mm²以上とすること。	一　次に掲げる方法によるか又はこれと同等以上に(ろ)欄の基準値を測定できる方法によること。 イ　降伏点又は0.2%耐力、引張強さ、伸び及び降伏比の測定は、次に示す引張試験によること。 (1)　引張試験片は、JIS Z2201(金属材料引張試験片)-1998の2号又は3号試験片とすること。異形棒鋼の標点距離及び平行部の長さの決定は公称直径によること。試験片はいずれも製品のままとし、機械仕上げを行わないこと。（ただし、コイルの場合は常温で矯正してから採取すること。） (2)　引張試験はJIS Z2241(金属材料引張試験方法)-1998によること。異形棒鋼の降伏点又は0.2%耐力及び引張強さを求める場合の断面積は公称直径より算定すること。 (3)　降伏比は、降伏点又は0.2%耐力を引張強さで除して求めること。 ロ　曲げ性能の測定は、次に示す曲げ試験によること。 (1)　曲げ試験片は、JIS Z2204(金属材料曲げ試験片)-1996の2号試験片とすること。試験片はいずれも製品のままとし、機械仕上げを行わないこと。（ただし、コイルの場合は常温で矯正して

	から採取すること。)
	(2)　曲げ試験は、JIS Z2248(金属材料曲げ試験方法)-1996によること。
二　主成分は鉄とし、その他の組成として、C、Si、Mn、P及びSのほか、固有の化学成分の含有量の基準値が定められていること。	二　次に掲げる方法によるか又はこれと同等以上に(ろ)欄の基準値を測定できる方法によること。 イ　分析試験の一般事項及び分析試料の採取法は、JIS G0417(鉄及び鋼－化学成分定量用試料の採取及び調製)-1999によること。 ロ　各成分の分析は次の定量方法及び分析方法のいずれかによること。 (1)　JIS G1211(鉄及び鋼－炭素定量方法)-1995 (2)　JIS G1212(鉄及び鋼－けい素定量方法)-1997 (3)　JIS G1213(鉄及び鋼－マンガン定量方法)-2001 (4)　JIS G1214(鉄及び鋼－りん定量方法)-1998 (5)　JIS G1215(鉄及び鋼－硫黄定量方法)-1994 (6)　JIS G1253(鉄及び鋼－スパーク放電発光分光分析方法)-2002 (7)　JIS G1256(鉄及び鋼－蛍光X線分析方法)-1997 (8)　JIS G1257(鉄及び鋼－原子吸光分析方法)-1994
三　丸鋼にあっては直径及び単位質量の基準値が、異形棒鋼にあっては公称直径、単位質量、節の間隔、節の高さ、節の幅及び節と軸線との角度の基準値が定められていること。	三　次に掲げる方法によるか又はこれと同等以上に(ろ)欄の基準値を測定できる方法によること。 イ　丸鋼の直径及び単位質量の測定における供試材の採取法は、JIS G3191(熱間圧延棒鋼とバーインコイルの形状、寸法及び重量並びにその許容差)-1966によること。 ロ　異形棒鋼の公称直径、単位質量、節の間隔、節の高さ、節の幅及び節と軸線との角度の測定における供試材の採取法及び測定方法は、次によること。

<table>
<tr><td></td><td></td><td>

(1)　供試材の長さは0.5m以上とすること。コイルの場合は常温で矯正してから採取すること。

(2)　単位質量は、10本以上又は1t以上の供試材をまとめて計量した実測質量を、全供試材の長さの総和で除した値とすること。

(3)　節の平均間隔は、連続する10個の節間隔を節の中央線上で測定した値、又はこれに相当する長さを軸線方向の他の線上で測定した値のいずれかを $\frac{1}{10}$ にした値とすること。

(4)　節の高さは、その節の4等分点で測定した3つの高さの平均値とすること。

(5)　節の幅は、10個の節について測定した値の平均値とすること。

(6)　節と軸線との角度は、異形棒鋼の表面の展開図で測定すること。

</td></tr>
<tr><td></td><td>

四　構造耐力上有害な欠け、割れ、錆、付着物等がないこと。

</td><td>

四　目視により、必要な場合にはノギス等で測定すること。

</td></tr>
<tr><td>

第1第五号に掲げる建築材料

</td><td>

一　炭素鋼の溶接における溶着金属又は溶接金属の引張強さ、降伏点又は0.2％耐力、伸び及びシャルピー吸収エネルギーの基準値が定められていること。

　ステンレス鋼の溶接における溶着金属又は溶接金属の引張強さ及び伸びの基準値が定められていること。

　アルミニウム合金材の溶接における溶着金属又は溶接金属の引張強さの基準値が定められていること。

</td><td>

一　次に掲げる方法によるか又はこれと同等以上に(ろ)欄の基準値を測定できる方法によること。

イ　溶着金属の引張強さ、降伏点又は0.2％耐力及び伸びの測定は、次に示す引張試験によること。

(1)　引張試験は、JIS Z3111(溶着金属の引張及び衝撃試験方法)-1986によること。

(2)　引張試験片は、JIS Z2201(金属材料引張試験片)-1998によること。

ロ　溶接金属の引張強さ、降伏点又は0.2％耐力及び伸びの測定は、次に示す引張試験によること。

(1)　試験方法全般は、JIS Z3040(溶接施工方法の確認試験方法)-1995によること。

(2)　引張試験方法は、JIS Z3121(突合せ溶接継手の引張試験方法)-1993による

</td></tr>
</table>

		こと。 ハ　溶着金属のシャルピー吸収エネルギーの測定は、次に示す衝撃試験によること。 　⑴　衝撃試験は、JIS Z3111（溶着金属の引張及び衝撃試験方法）-1986によること。 　⑵　衝撃試験片は、JIS Z2202（金属材料衝撃試験片）-1998によること。 ニ　溶接金属のシャルピー吸収エネルギーの測定は、次に示す衝撃試験によること。 　⑴　試験方法全般は、JIS Z3040（溶接施工方法の確認試験方法）-1995によること。 　⑵　衝撃試験方法は、JIS Z3128（溶接継手の衝撃試験方法）-1996によること。
二　炭素鋼のソリッドワイヤ、溶着金属又は溶接金属のC、Si、Mn、P及びSのほか、固有の化学成分の含有量の基準値が定められており、めっきが有る場合には、その成分の基準値が定められていること。また、必要に応じて溶着金属の水素量の基準値が定められていること。 　ステンレス鋼の溶着金属又は溶接金属のC、Si、Mn、P、S、Ni、Cr及びMoのほか、固有の化学成分の含有量の基準値が定められていること。 　アルミニウム合金材の溶接における溶着金属又は溶接金属のSi、Fe、Cu、Mn、Zn、Mg、Cr及びTiのほか、固有の化学成分の含有量の基準値が定められていること。		二　次に掲げる方法によるか又はこれと同等以上に（ろ）欄の基準値を測定できる方法によること。 イ　溶着金属の水素量以外の測定は、第1第一号に掲げる建築材料の項（は）欄第二号に掲げる方法によること。 ロ　溶着金属の水素量の測定は、JIS Z3118（鋼溶接部の水素量測定方法）-1992によること。
三　溶接材料の径、長さ等の寸法及び質量の基準値が定められていること。		三　JIS Z3200（溶接材料-寸法、許容差、製品の状態、表示及び包装）-1999によるか又はこれと同等以上に（ろ）欄の基準値を測定できる方法によること。

第1第六号に掲げる建築材料	一　ターンバックルの構成（ターンバックル胴、ターンバックルボルト等）が定められていること。	
	二　ターンバックルの構成材の引張強度、保証荷重及びこの荷重時の永久変形等の基準値が定められていること。	二　次に掲げる方法によるか又はこれと同等以上に(ろ)欄の基準値を測定できる方法によること。 イ　胴の引張強度の測定は、それに適合する片ネジボルトを十分はめ込み、このボルトを通して胴の軸方向に規定する引張荷重を加え、破断の有無を調べることによって行うこと。 ロ　胴の永久変形の測定は、保証荷重を15秒間与えた後に除荷し、胴の長さを測定して行うこと。 ハ　ボルトの引張強度の測定は、ボルトが使用される状態に準じた状態を作ることができる適当なジグを用い、ボルトのねじ部には完全ねじ山がボルトの円筒部側に3山以上残るようにジグ又はナットをはめ合わせ、羽子板ボルト、アイボルトのボルト頭部のボルト穴には取付ボルトを通し、両ねじボルトのボルト頭部には取付ナットをはめ合わせ、軸方向に規定された引張荷重を加え、破断の有無を調べることによって行うこと。 ニ　ボルトの永久変形の測定は、保証荷重を15秒間与えた後に除荷し、構造耐力上有害な変形の有無を調べることによって行うこと。
	三　各構成材の主成分と固有の性能を発揮する化学成分の含有量の基準値が定められたものであること。	三　第1第一号に掲げる建築材料の項(は)欄第二号に掲げる方法によること。
	四　各構成材の形状及び寸法の基準値が定められていること。	四　次に掲げる方法によるか又はこれと同等以上に(ろ)欄の基準値を測定できる方法によること。 イ　形状及び寸法の測定は、ノギス又は限界ゲージを用いて行うこと。

201

		ロ　ねじの精度の測定は、限界ゲージを用いて行うこと。
	五　胴は、構造耐力上有害なひび・割れ・きずがないこと。また、軸心は通りよく、偏心・曲がりがないこと。	五　目視によって行うこと。
第1第七号に掲げる建築材料	一　コンクリートに使用するセメントは、密度、比表面積、凝結（始発時間及び終結時間）、安定性、圧縮強さ及び水和熱の基準値及び組成が定められたものであること。ただし、水和熱にあっては、コンクリートの材料特性値に影響しない場合においては、この限りでない。	一　密度、凝結、安定性及び圧縮強さの測定は、JIS R5201（セメントの物理試験方法）-1997、水和熱の測定は、JIS R5203（セメントの水和熱測定方法（溶解熱方法））-1995、組成の測定は、JIS R5202（ポルトランドセメントの化学分析方法）-1999又はJIS R5204（セメントの蛍光X線分析方法）-2002によること。
	二　コンクリートに使用する骨材は、次に掲げる基準に適合するものであること。イ　絶乾密度、吸水率及び粒度の基準値が定められたものであること。ロ　アルカリシリカ反応性が無害であるものであること。ただし、コンクリートのアルカリ骨材反応の抑制について有効な措置を行う場合にあっては、この限りでない。	二　次に掲げる方法によること。イ　絶乾密度及び吸水率の測定は、細骨材にあっては、JIS A1109（細骨材の密度及び吸水率試験方法）-1999、粗骨材にあっては、JIS A1110（粗骨材の密度及び吸水率試験方法）-1999によること。粒度の測定は、JIS A1102（骨材のふるい分け試験方法）-1999による。ロ　アルカリシリカ反応性は、JIS A1145（骨材のアルカリシリカ反応性試験方法（化学法））-2001又はJIS A1146（骨材のアルカリシリカ反応性試験方法（モルタルバー法））-2001によるか、又はこれらと同等以上にアルカリシリカ反応性を判定できる方法によること。
	三　圧縮強度の基準値が定められていること。	三　昭和56年建設省告示第1102号によること。
	四　スランプ又はスランプフローの基準値が定められていること。ただし、固まらないときのコンクリートの変形性状、流動性状及び材料分離に対する抵抗性についてスラン	四　スランプにあっては、JIS A1101（コンクリートのスランプ試験方法）-1998に、スランプフローにあっては、JIS A1150（コンクリートのスランプフロー試験方法）-2001によること。ただし、スランプ又はスランプフロー以外の特性値とする場合にあって

	プ又はスランプフローによる場合と同等以上に評価できる特性値にあっては、当該特性値とすることができる。	は、当該特性値について固まらない時のコンクリートの変形性状、流動性及び材料分離に対する抵抗性を、スランプによる場合又はスランプフローと同等以上に測定できる試験方法によること。
	五　空気量の基準値が、3％から6％（軽量コンクリートにあっては、3.5％から6.5％）の間で定められていること。ただし、凍結融解作用に対する抵抗性についてこれと同等以上であるコンクリート又は凍結融解作用を受けるおそれのないコンクリートにあっては、空気量をこれと異なる値とすることができる。	五　JIS A1128（フレッシュコンクリートの空気量の圧力による試験方法－空気室圧力方法）-1999、A1118（フレッシュコンクリートの空気量の容積による試験方法（容積方法））-1997、A1116（フレッシュコンクリートの単位容積質量試験方法及び空気量の質量による試験方法（質量方法））-1998によること。
	六　塩化物含有量の基準値が、塩化物イオン量として0.3kg/m³ 以下に定められていること。ただし、防錆剤の使用その他鉄筋の防錆について有効な措置を行う場合においては、これと異なる値とすることができる。	六　JIS A1144（フレッシュコンクリート中の水の塩化物イオン濃度試験方法）-2001又はこれと同等以上に塩化物含有量を測定できる方法によること。
第1第八号に掲げる建築材料	一　容積空洞率（コンクリートブロックの空洞部全体の容積をコンクリートブロックの外部形状容積（ただし化粧を有するコンクリートブロックにあっては、その化粧部分の容積を除く。）で除して得た数値を百分率で表したものをいう。）の基準値が定められていること。	一　各部の寸法を実測して行うこと。
	二　各部の形状、寸法及び寸法精度の基準値が定められていること。	二　各部の寸法及び寸法精度の測定は、JIS A5406（建築用コンクリートブロック）-1994によるか又はこれと同等以上に寸法及び寸法精度を測定できる方法によること。

	三　圧縮強さの基準値が定められていること。ただし、令第3章第8節に規定する構造計算を行わない建築物に用いられるものの圧縮強さは、8 N/mm² 以上であること。	三　JIS A5406(建築用コンクリートブロック)-1994の圧縮試験方法によるか又はこれと同等以上に圧縮強さを測定できる方法によること。
	四　吸水率の基準値が定められていること。ただし、圧縮強さが 15 N/mm² 以下の場合においては、気乾かさ比重によることができる。	四　JIS A5406(建築用コンクリートブロック)-1994の吸水率の試験方法によるか又はこれと同等以上に吸水率を測定できる方法によること。
	五　透水性の基準値が定められていること。ただし、防水性を要求しない場合においては、この限りでない。	五　JIS A5406(建築用コンクリートブロック)-1994の透水性の試験方法によるか又はこれと同等以上に透水性を測定できる方法によること。
	六　前各号に掲げるもののほか、第1第七号に掲げる建築材料の項(ろ)欄各号の品質基準の基準値が定められていること。	六　第1第七号に掲げる建築材料の項(は)欄各号の方法によること。
第1第九号に掲げる建築材料	一　免震材料の構成が定められていること。	
	二　各部の形状、寸法及び寸法精度の基準値が定められていること。	二　各部の形状及び寸法の測定は、任意の位置において、規定されている各寸法を、適切な測定精度を有する計測機器を用いて測定すること。
	三　水平方向の限界ひずみ又は限界変形の基準値及び当該ひずみ又は変形に至るまでの水平方向の荷重の履歴が定められていること。 　　また、流体系の減衰材にあっては、限界速度の基準値が定められていること。	三　限界ひずみ及び限界変形の測定は、実大モデル（当該免震材料の品質を代表できる類似の形状を含む。以下同じ。）又は性能を代表できる縮小モデルによる試験体について、次に掲げる方法又はこれらと同等以上の精度を有する方法によること。 イ　支承材にあっては、試験体にかかる鉛直方向及び水平方向の力を同時に載荷することができる二軸せん断試験装置を用い、次に掲げる方法によること。 　(1)　弾性系の支承材にあっては、水平方向へ一方向に載荷し、破断した時のひ

ずみ又は変形の値をそれぞれ限界ひず
み又は限界変形とすること。

(2) すべり系及び転がり系の支承材に
あっては、支承材の脱落その他の障害
を生ずることなく水平方向に安定した
特性を保持する限界の変形の値を限界
変形とすること。

ロ　減衰材にあっては、試験体にかかる外
力を載荷することができる一軸又は二軸
の載荷試験装置を用い、次に掲げる方法
によること。

(1) 弾塑性系の減衰材にあっては、定変
位繰り返し載荷試験により破断に至る
繰り返し載荷回数を求め、当該回数が
5回以上となる変形の値を限界変形と
すること。ただし、鉛材その他の疲労
損傷蓄積の少ない材料を用いた減衰材
にあっては、一方向載荷による最大荷
重時の変形の値を限界変形とすること
ができる。

(2) 流体系及び摩擦系の減衰材にあって
は、可動範囲の $\frac{1}{2}$ の変形の値を限界
変形とすること。

(3) 粘弾性系の減衰材にあっては、静的
な一方向載荷を加えた場合に破断した
時のひずみ又は変形をそれぞれ限界ひ
ずみ又は限界変形とすること。

(4) 流体系の減衰材（作動油を用いたも
のに限る。）にあっては、抵抗力 – 速
度関係を用いて、抵抗力を安定して発
揮できる速度の最大値を限界速度とす
ること。

(5) 流体系の減衰材（作動油を用いたも
のを除く。）にあっては、せん断ひず
み速度の上限値から限界速度を求める
こと。

四　支承材にあっては、次に掲
げる基準値が定められている
こと。
イ　圧縮限界強度、鉛直剛性

四　各基準値の測定は、(は)欄第三号イに掲
げる試験装置を用い、実大モデル又は性
能を代表できる縮小モデルによる試験体
について、次に掲げる方法又はこれらと

205

及び引張限界強度の基準値
ロ　水平方向の一次剛性、二次剛性、荷重軸との交点の荷重（以下「切片荷重」という。）又は降伏荷重、等価剛性及び等価粘性減衰定数のうち必要な基準値（減衰材としての機能を有する支承材であって、減衰材としての性能を分離して評価することができるものについては、それぞれの基準値）
ハ　すべり系又は転がり系の支承材にあっては、すべり摩擦係数又は転がり摩擦係数の基準値
ニ　ロ及びハに掲げる基準値に対するばらつきの基準値

同等以上の精度を有する方法によること。
イ　圧縮限界強度、鉛直剛性及び引張限界強度にあっては、次に掲げる方法によること。
　(1)　圧縮限界強度の基準値は、水平方向の変形に応じて支承材が座屈し、又は破断することなく安全に支持できる鉛直荷重を免震材料の水平有効断面積で除した数値とすること。
　(2)　鉛直剛性の基準値は、水平方向の変形が0の時の圧縮限界強度の10％以上30％以下に相当する面圧（以下「基準面圧」という。）にその数値の30％の数値を加え、及び減じたそれぞれの面圧で鉛直方向への繰り返し載荷を行うことにより得られた前履歴の特性に比して変化が十分小さな履歴（以下「定常履歴」という。）における荷重－変形関係を用いて求めること。
　(3)　引張限界強度の基準値は、規定ひずみ又は規定変形（当該支承材の限界ひずみ又は限界変形の基準値の20％以上70％以下の数値をいう。以下同じ。）を生じさせることとなる力で水平方向への載荷を行うことにより得られた振幅（水平方向の変形により当該支承材にせん断ひずみ又はせん断変形が発生しない場合は、0とする。）を与えた状態で鉛直方向の引張荷重を漸増して加え、支承材が降伏した時の引張力を当該免震材料の水平有効断面積で除した数値とすること。
ロ　水平方向の一次剛性、二次剛性、切片荷重又は降伏荷重、等価剛性及び等価粘性減衰定数の基準値は、基準面圧を与えた状態で、正負の規定ひずみ（すべり系及び転がり系の支承材にあっては、正負の規定変形）を生じさせることとなる力で水平方向への繰り返し載荷を行うこと

により得られた定常履歴における荷重－
変形関係を用いて求めること。
　ハ　すべり摩擦係数及び転がり摩擦係数の
　　　基準値は、基準面圧を与えた状態で、正
　　　負の規定変形を生じさせることとなる力
　　　で水平方向への繰り返し載荷を行うこと
　　　により得られた定常履歴における荷重－
　　　変形関係を用いて正方向及び負方向の切
　　　片荷重と基準面圧に相当する荷重より求
　　　めること。

五　減衰材にあっては、次に掲
　　げる基準値が定められている
　　こと。
　イ　弾塑性系及び摩擦系の減
　　　衰材にあっては、一次剛性、
　　　二次剛性、降伏荷重及び等
　　　価粘性減衰定数の基準値
　ロ　流体系の減衰材にあって
　　　は、抵抗力、降伏速度及び
　　　等価粘性減衰係数の基準値
　ハ　粘弾性系の減衰材にあっ
　　　ては、弾性剛性及び等価粘
　　　性減衰係数の基準値

五　各基準値の測定は、(は)欄第三号ロに掲
　　げる試験装置を用い、実大モデル又は性
　　能を代表できる縮小モデルによる試験体
　　について、次に掲げる方法又はこれと同
　　等以上の精度を有する方法によること。
　イ　弾塑性系及び摩擦系の減衰材の各基準
　　　値は、次に掲げる方法によること。
　(1)　弾塑性系の減衰材のうち鋼材その他
　　　これに類する材料を用いたもので、速
　　　度による変化率が性能上無視できる減
　　　衰材にあっては、弾性変形限界以下の
　　　静的漸増載荷により一次剛性を求めた
　　　のち、正負の規定変形を生じさせるこ
　　　ととなる力で一定の正負変形間隔で静
　　　的繰り返し載荷を行うことにより得ら
　　　れた荷重－変形関係を用いて求める
　　　か、又は(2)に掲げる方法によること。
　(2)　弾塑性系の減衰材のうち鉛材その他
　　　これに類する材料を用いたもの及び摩
　　　擦系の減衰材にあっては、基準周期(免
　　　震材料の特性を損なわない加振周期の
　　　範囲における代表的な周期をいい、2
　　　秒以上とする。)を用いた正負の規定
　　　変形を生じさせることとなる力で正弦
　　　波加振(以下「規定載荷」という。)
　　　を行うことにより得られた定常履歴に
　　　おける荷重－変形関係を用いて求める
　　　こと。
　ロ　流体系の減衰材の各基準値は、規定載
　　　荷を行うことにより得られた抵抗力－速

度関係を用いて求めること。

ハ　粘弾性系の減衰材の各基準値は、規定載荷を行うことにより得られた定常履歴における荷重－変形関係を用いて求めること。

六　支承材及び減衰材にあっては、温度変化及び経年変化による水平剛性及び減衰性能の変化率その他使用環境条件に応じて必要となる各種性能の変化率の基準値が定められていること。ただし、当該要因による性能の変化が無視できるほど小さい場合においては、この限りでない。	**六**　各要因による各基準値の変化率の測定は、実大モデル又は性能を代表できる縮小モデルによる試験体について、次に掲げる方法又はこれらと同等以上の精度を有する方法によること。 イ　支承材にあっては、(は)欄第三号イに掲げる試験機及び老化試験機（温度変化による水平剛性、減衰性能その他の性能の変化率を測定する場合にあっては、温度管理をする場合を除き、恒温槽付きとする。）を用い、次に掲げる方法によること。ただし、弾性系の支承材にあっては、せん断試験片を用い、恒温槽付き一軸試験機により試験することができる。 (1)　弾性系の支承材の温度変化による各基準値の変化率は、正負の規定ひずみを与えた状態で、摂氏0度から40度までの温度範囲又は零下10度から30度までの温度範囲のそれぞれについて、10度刻みの任意の3点以上の温度（以下「規定温度」という。）で(は)欄第四号に掲げる方法により求めた基準値の摂氏20度における基準値に対する比率として求めること。 (2)　弾性系の支承材の経年変化による各基準値の変化率は、アレニウス則に基づき活性化エネルギーを算出し、老化条件を定めて、JIS K6257（加硫ゴムの老化試験方法）-1993に準じた自動温度調節器を備える老化試験機を用い、加熱促進老化を行った後、(は)欄第四号に掲げる方法により求めた基準値の(ろ)欄第四号の該当する基準値に対する比率として求めること。 (3)　クリープひずみの変化率は、鉛直方

向の荷重を長期間安定して試験体に載荷することができ、かつ、試験体の鉛直方向の変形の測定ができる錘荷重方式又は油圧荷重方式の試験機を用い、常温下又は加熱促進により、時間とクリープひずみの関係が適切に評価できる測定時間（1,000時間を下限とする。）の試験に基づき求めること。ただし、温度換算式が明らかな場合にあっては、加熱促進試験により求めることができる。

(4)　弾性系の支承材のせん断ひずみによる各基準値の変化率は、3以上の段階のせん断ひずみで定常履歴により性能を求め、規定ひずみにおける値に対する比率として求めること。

(5)　すべり系及び転がり系の支承材の摩擦係数の面圧による変化率は、(は)欄第四号ハに掲げる方法により基準面圧の0.5倍から2.0倍までの3以上の段階の面圧時の摩擦係数を測定し、基準面圧時の摩擦係数に対する比率として求めること。

(6)　すべり系及び転がり系の支承材の摩擦係数の速度による変化率は、(は)欄第四号ハに掲げる方法により低速から高速までの定常履歴を用いて摩擦係数を測定し、(ろ)欄第四号ハに掲げる基準値に対する比率として求めること。ただし、試験方法はJIS K7218（プラスチックの滑り摩耗試験方法）-1986に準じた方法とすることができる。

(7)　すべり系及び転がり系の支承材の摩擦係数の繰り返し回数による変化率は、基準面圧及び規定変形において40回以上の水平方向の載荷を行い、3履歴目の摩擦係数に対する摩擦係数の比率として求めること。

ロ　減衰材にあっては、(は)欄第三号ロに掲げる試験装置及び老化試験機を用い、

次に掲げる方法によること。

(1)　弾塑性系及び摩擦系の減衰材の温度
変化による減衰性能の変化率は、規定
温度における規定載荷を行うことによ
り得られた定常履歴における荷重－変
形関係を用いて履歴吸収エネルギー量
を求め、同一方法により求めた摂氏
20度における履歴吸収エネルギー量
に対する比率として求めること。

(2)　流体系の減衰材（作動油を用いたも
のに限る。）の温度変化による減衰性
能の変化率は、規定温度における規定
載荷を行うことにより得られた定常履
歴における荷重－変形関係を用いて等
価粘性減衰係数を求め、同一方法によ
り求めた摂氏20度における等価粘性
減衰係数に対する比率として求めるこ
と。

(3)　流体系の減衰材（作動油を用いたも
のを除く。）の温度変化による減衰性
能の変化率は、規定温度においてJIS
K7117-1（プラスチック－液状、乳濁
状又は分散状の樹脂－ブルックフィー
ルド形回転粘度計による見掛け粘度の
測定方法)-1999又はJIS K7117-2（プ
ラスチック－液状、乳濁状又は分散状
の樹脂－回転粘度計による定せん断速
度での粘度の測定方法)-1999により粘
度を測定し、同一方法により測定した
摂氏20度における粘度に対する比率
として求めること。

(4)　粘弾性系の減衰材の温度変化による
減衰性能の変化率は、規定温度におけ
る規定載荷を行うことにより得られた
定常履歴における各性能の値を求め、
摂氏20度における当該性能の値に対
する比率として求めること。

(5)　粘弾性系の減衰材の経年変化による
減衰性能の変化率は、アレニウス則に
基づき活性化エネルギーを算出し、老

		化条件を定め、JIS K6257（加硫ゴムの老化試験方法）-1993に準じた自動温度調節器を備える老化試験機を用い、加熱促進老化を行った後、(は)欄第五号に掲げる方法により求めた基準値の(ろ)欄第五号の該当する基準値に対する比率として求めること。
		(6)　弾塑性系及び摩擦系の減衰材の周期による減衰の性能の変化率は、3以上の段階（ただし、1秒以上とする。）における周期を用いて、(は)欄第五号イ(2)に掲げる方法により求めた基準値の(ろ)欄第五号の該当する基準値に対する比率として求めること。
	七　復元材にあっては、第四号から前号までに掲げる支承材及び減衰材に係る品質基準のうち関連するものの例によること。	七　復元材の基準値は、復元材にかかる外力を載荷することができる一軸又は二軸の載荷試験装置を用い、実大モデル又は性能を代表できる縮小モデルによる試験体について、支承材及び減衰材のうち関連する測定方法を準用して行うこと。
	八　防錆その他各種性能を維持させるのに必要となる措置等の基準が定められていること。	八　免震材料に規定されている防錆処理その他の措置等について方法を確認するとともに、測定する部位については適切な測定精度を有する計測機器を用いて行うこと。
	九　令第3章第8節に規定する構造計算を行わない建築物に用いられるものにあっては、材料の組合せ並びに当該組合せにおける降伏荷重、限界変形、等価粘性減衰定数及び設計限界変形が定められていること。	
第1第十号に掲げる建築材料	一　寸法及び曲がりの基準値が定められていること。ただし、湾曲部を有する形状に成形した木質接着成形軸材料の曲がりの基準値については、この限りでない。	一　寸法及び曲がりの測定は、次に掲げる方法又はこれと同等以上の精度を有する測定方法によること。 イ　試験体は、次に掲げる方法により採取すること。 (1)　標本は、生産の段階で同定可能な母集団から、当該母集団の材料特性を適

		切に表すものとなるように採取すること。 （2）　同一の標本から採取する試験体の数は、母集団の特性値を適切に推定できる数とすること。 ロ　試験体は、温度摂氏20度±2度、相対湿度65％±5％の環境下で平衡状態になるまで静置すること。 ハ　寸法の測定は、ノギス、マイクロメータ又はこれらと同等以上の測定精度を有する測定器具を用いて行うこと。 ニ　曲がりの測定は、製材の日本農林規格（平成19年農林水産省告示第1083号）第1部箇条6に規定する測定方法によって行うこと。
二　曲げ強さ及び曲げ弾性係数の基準値が定められていること。	二　曲げ強さ及び曲げ弾性係数の測定は、次に掲げる方法又はこれと同等以上に曲げ強さ及び曲げ弾性係数を測定できる方法によること。 イ　試験体は、（は）欄第一号イに掲げる方法により採取すること。 ロ　試験体は、（は）欄第一号ロに掲げる方法により静置すること。 ハ　試験を行う環境は、ロで試験体を静置した環境と同一とすること。 ニ　単板積層材の日本農林規格第2部4.9に掲げる方法によること。この場合において、「曲げヤング係数」とあるのは、「曲げ弾性係数」と読み替えるものとする。
三　せん断強さ及びせん断弾性係数の基準値が定められていること。	三　せん断強さ及びせん断弾性係数の測定は、次に掲げる方法又はこれと同等以上にせん断強さ及びせん断弾性係数を測定できる方法によること。 イ　試験体は、（は）欄第一号イに掲げる方法により採取すること。 ロ　試験体は、（は）欄第一号ロに掲げる方法により静置すること。 ハ　試験を行う環境は、ロで試験体を静置した環境と同一とすること。 ニ　せん断強さは、単板積層材の日本農林

	規格第2部4.5に掲げる方法によること。この場合において、「水平せん断強さ」とあるのは、「せん断強さ」と読み替えるものとする。 ホ　せん断弾性係数は、ハに規定する方法により得られた荷重－変形関係を用いて求めること。
四　めりこみの応力の生ずる部分に用いる場合にあっては、めりこみ強さの基準値が定められていること。	四　めりこみ強さの測定は、次に掲げる方法又はこれと同等以上にめりこみ強さを測定できる方法によること。 イ　試験体は、(は)欄第一号イに掲げる方法により採取すること。 ロ　試験体は、(は)欄第一号ロに掲げる方法により静置すること。 ハ　試験を行う環境は、ロで試験体を静置した環境と同一とすること。 ニ　試験体の形状は、1辺が2cm以上の正方形の断面であり、当該辺の長さの3倍の数値の長さを有するものとすること。 ホ　試験は、次に掲げる方法によること。 　(1)　試験体の長さ方向の直角方向を荷重方向とし、試験体は底面による全面支持とすること。 　(2)　荷重は、試験体の幅と等しい幅及び当該幅より大きな長さを有する鋼製ブロックを試験体の上面におき、当該鋼製ブロックの上から試験体の中央に加えること。この場合において、試験体の長さ方向の直角方向を鋼製ブロックの長さ方向としなければならない。 　(3)　試験体に作用する荷重及び収縮量を適切な精度を有する方法で測定すること。 ヘ　めりこみ強さの基準値は、ホに規定する試験による試験体の収縮量が試験体の厚さの5％に達したときの荷重を試験体の受圧面積で除して得た各試験体ごとのめりこみ強さの信頼水準75％の95％下側許容限界値とすること。
五　含水率の基準値が定められ	五　含水率の測定は、JIS Z2101（木材の試験

ていること。

方法)-1994の3.2の含水率の測定方法又は
これと同等以上に含水率を測定できる方法
によること。

六　湿潤状態となるおそれのある部分に用いる場合にあっては、第二号に規定する曲げ強さ及び曲げ弾性係数、第三号に規定するせん断強さ及びせん断弾性係数並びに第四号に規定するめりこみ強さに対する含水率の調整係数が定められていること。ただし、せん断強さ若しくはめりこみ強さ又はせん断弾性係数に対する含水率の調整係数は、合理的な方法により曲げ強さ又は曲げ弾性係数に対する含水率の調整係数と同等以上であることが確かめられた場合にあっては、曲げ強さ又は曲げ弾性係数に対する含水率の調整係数により代替することができる。

六　曲げ強さ、曲げ弾性係数、せん断強さ、せん断弾性係数及びめりこみ強さ（以下この号において「各力学特性値」という。）に対する含水率の調整係数の測定は、次に掲げる方法又はこれと同等以上に含水率の調整係数を測定できる方法によること。

イ　試験体は、(は)欄第一号イによるほか、次に掲げる方法により採取すること。

(1)　標本の数は、10以上とすること。

(2)　各標本より採取する調整係数用本試験体の数は、1とすること。

(3)　(2)の調整係数用本試験体に隣接する位置又は材料特性の差が最も小さくなる位置から採取するサイドマッチング用試験体の数は、2とすること。

ロ　サイドマッチング用試験体は、(は)欄第一号ロに規定する方法により静置し、当該環境下で(は)欄第二号から第四号まで（試験及び試験体ごとの各力学特性値の測定に係る部分に限る。）に規定する方法により各力学特性値を求めること。

ハ　調整係数用本試験体は、次に掲げる使用環境に応じて、(1)又は(2)のいずれかに定める環境下で平衡状態となるまで静置し、当該環境下で(は)欄第二号から第四号まで（試験及び試験体ごとの各力学特性値の測定に係る部分に限る。）に規定する方法により各力学特性値を求めること。

(1)　常時湿潤状態となるおそれのある環境（以下「常時湿潤環境」という。）
気温摂氏20度±2度及び相対湿度95％±5％

(2)　屋外に面する部分（防水紙その他これに類するもので有効に防水されている部分を除く。）における環境又は湿潤状態となるおそれのある環境（常時

214

		湿潤状態となるおそれのある環境を除く。）（以下「断続湿潤環境」という。） 　　気温摂氏20度±2度及び相対湿度85％±5％ 　ニ　各力学特性値に対する含水率の調整係数は、ハで得られた調整係数用本試験体ごとの各力学特性値のロで得られた対応するサイドマッチング用試験体の各力学特性値の平均値に対する比率を各標本ごとに求め、それらの数値を平均して得た数値（1.0を超える場合は1.0とする。）とすること。
七　第二号に規定する曲げ強さ、第三号に規定するせん断強さ及び第四号に規定するめりこみ強さに対する荷重継続時間の調整係数が定められていること。ただし、せん断強さ又はめりこみ強さに対する荷重継続時間の調整係数は、合理的な方法により曲げ強さに対する荷重継続時間の調整係数と同等以上であることが確かめられた場合にあっては、曲げ強さに対する荷重継続時間の調整係数により代替することができる。	七　曲げ強さ、せん断強さ及びめりこみ強さ（以下この号において「各力学特性値」という。）に対する荷重継続時間の調整係数の測定は、次に定める方法又はこれと同等以上に荷重継続時間の調整係数を測定できる方法によること。 　イ　試験体は、（は）欄第六号イに掲げる方法により採取すること。 　ロ　試験体は、（は）欄第一号ロに掲げる方法により静置すること。 　ハ　試験を行う環境は、ロで試験体を静置した環境と同一とすること。 　ニ　サイドマッチング用試験体について、（は）欄第二号から第四号まで（試験及び試験体ごとの各力学特性値の測定に係る部分に限る。）に規定する方法により各力学特性値を求めること。 　ホ　1を超えない範囲内の数値（以下「応力レベル」という。）を3以上選択し、これを各調整係数用本試験体に対応するサイドマッチング用試験体の各力学特性値の平均値に乗じた応力に対応する荷重を調整係数用本試験体に加え、当該試験体が破壊するまでの時間（以下「破壊荷重継続時間」という。）を測定すること。この場合において、少なくとも1以上の応力レベルにつき、すべての試験体の半数以上の破壊荷重継続時間を6ケ月以上

215

としなければならない。

ヘ　各力学特性値に対する荷重継続時間の調整係数は、ホの規定により測定した各調整係数用本試験体の応力レベルごとの破壊荷重継続時間の常用対数と応力レベルとの関係について回帰直線を求め、回帰直線上において破壊継続時間が50年に相当する応力レベルの数値（1.0を超える場合は、1.0とする。）とすること。

八　第二号に規定する曲げ弾性係数及び第三号に規定するせん断弾性係数に対するクリープの調整係数が定められていること。ただし、せん断弾性係数に対するクリープの調整係数は、合理的な方法により曲げ弾性係数に対するクリープの調整係数と同等以上であることが確かめられた場合にあっては、曲げ弾性係数に対するクリープの調整係数により代替することができる。	八　曲げ弾性係数及びせん断弾性係数（以下この号において「各力学特性値」という。）に対するクリープの調整係数の測定は、次に定める方法又はこれと同等以上にクリープの調整係数を測定できる方法によること。 イ　試験体は、（は）欄第六号イに掲げる方法により採取すること。 ロ　試験体は、（は）欄第一号ロに掲げる方法により静置すること。 ハ　試験を行う環境は、ロで試験体を静置した環境と同一とすること。 ニ　サイドマッチング用試験体について、（は）欄第二号及び第三号（試験及び試験体ごとの各力学特性値の測定に係る部分に限る。）に規定する方法により各力学特性値を求めること。 ホ　調整係数用本試験体について、対応するサイドマッチング用試験体のニで求めた各力学特性値の平均値に（ろ）欄第六号に規定する含水率の調整係数、（ろ）欄第七号に規定する荷重継続時間の調整係数及び $\frac{2}{3}$ を乗じて得られる応力に相当する荷重を加え、各力学特性値を測定する際に用いた部分に相当する部分の変形を、荷重を加え始めてから、1分、5分、10分、100分及び500分後並びにその後24時間ごとに5週間以上測定すること。 ヘ　ホの調整係数用本試験体それぞれについて、各時間ごとに測定された変形に対する荷重を加え始めて1分後に測定され

た変形の比（以下「クリープ変形比」という。）を計算すること。

ト　へにより計算した各調整係数用本試験体のそれぞれの時間に対応したクリープ変形比（１分及び５分に対応するものを除く。）の常用対数と、時間の常用対数との関係について、回帰直線を求めること。

チ　各力学特性値に対するクリープの調整係数は、トで得られた回帰直線上の、時間が50年に相当するクリープ変形比の数値（1.0を超える場合は1.0とする。）とすること。

九　第二号に規定する曲げ強さ及び曲げ弾性係数、第三号に規定するせん断強さ及びせん断弾性係数並びに第四号に規定するめりこみ強さに対する事故的な水掛りを考慮した調整係数が定められていること。ただし、せん断強さ若しくはめりこみ強さ又はせん断弾性係数に対する事故的な水掛りを考慮した調整係数は、合理的な方法により曲げ強さ又は曲げ弾性係数に対する事故的な水掛りを考慮した調整係数と同等以上であることが確かめられた場合にあっては、曲げ強さ又は曲げ弾性係数に対する事故的な水掛りを考慮した調整係数により代替することができる。	**九**　曲げ強さ、曲げ弾性係数、せん断強さ、せん断弾性係数及びめりこみ強さ（以下この号において「各力学特性値」という。）に対する事故的な水掛りを考慮した調整係数の測定は、次に定める方法又はこれと同等以上に事故的な水掛りを考慮した調整係数を測定できる方法によること。 イ　試験体は、（は）欄第六号イに掲げる方法により採取すること。 ロ　試験体は、（は）欄第一号ロに掲げる方法により静置すること。 ハ　試験を行う環境は、ロで試験体を静置した環境と同一とすること。 ニ　サイドマッチング用試験体について、（は）欄第二号から第四号まで（試験及び試験体ごとの各力学特性値の測定に係る部分に限る。）に規定する方法により各力学特性値を求めること。 ホ　調整係数用本試験体は、採取後に試験体の片面に均一に散水できる装置により72時間散水した後、自然乾燥、熱風による乾燥その他これらに類する方法で当該試験体の質量がロに規定する方法により静置された当該試験体の質量を下回るまで乾燥させること。 ヘ　ホの処理後の調整係数用本試験体について、（は）欄第二号から第四号まで（試

| | | 験及び試験体ごとの各力学特性値の測定に係る部分に限る。）に規定する方法により各力学特性値を求めること。
ト　各力学特性値に対する事故的な水掛りを考慮した調整係数は、ヘで得られた調整係数用本試験体ごとの力学特性値のニで得られた対応するサイドマッチング試験体の各力学特性値の平均値に対する比率を各標本ごとに求め、それらの数値を平均して得た数値（1.0を超える場合は、1.0とする。）とすること。 |
| | 十　接着耐久性に関する強さの残存率が、それぞれ0.5以上として定められていること。 | 十　接着耐久性に関する強さの残存率の測定は、次に定める方法又はこれと同等以上に接着耐久性に関する強さの残存率を測定できる方法によること。
イ　試験体は、（は）欄第六号イに掲げる方法により採取すること。
ロ　サイドマッチング用試験体について、（は）欄第二号（試験及び試験体ごとの曲げ強さの測定に係る部分に限る。）に規定する方法により（ろ）欄第二号に規定する曲げ強さを求めること。
ハ　調整係数用本試験体について、ホに規定する劣化処理を行うこと。
ニ　ハの劣化処理後の試験体について、（は）欄第二号（試験及び試験体ごとの曲げ強さの測定に係る部分に限る。）に規定する方法により（ろ）欄第二号に規定する曲げ強さを求めること。
ホ　劣化処理は、次の分類に応じ、⑴から⑶までに掲げる方法とすること。
　⑴　加熱冷却法　次の(i)から(vi)までの処理を順に行う方法
　　(i)　摂氏49度±2度の水中に1時間浸せきする。
　　(ii)　摂氏93度±3度の水蒸気中に3時間静置する。
　　(iii)　摂氏－12度±3度の空気中に20時間静置する。
　　(iv)　摂氏99度±2度の乾燥空気中に |

　　　3 時間静置する。

　　(v)　摂氏 93 度±3 度の水蒸気中に 3
　　　　時間静置する。

　　(vi)　摂氏 99 度±2 度の乾燥空気中に
　　　　18 時間静置する。

　(2)　煮沸法　次の(i)から(iii)までの処理を
　　　順に行う方法

　　(i)　沸騰水中に 4 時間以上浸せきす
　　　　る。

　　(ii)　常温水中に 1 時間以上浸せきす
　　　　る。

　　(iii)　摂氏 70 度±3 度に設定した恒温
　　　　乾燥器中で当該試験体の質量がロに
　　　　規定する方法により静置されたサイ
　　　　ドマッチング用試験体の質量を下回
　　　　るまで乾燥する。

　(3)　減圧加圧法　次の(i)から(iii)までの処
　　　理を順に行う方法

　　(i)　635 mmHg に減圧した常温水中
　　　　に 5 分間以上浸せきする。

　　(ii)　1 cm^2 あたり 51 ± 2.9 N に加圧し
　　　　た常温水中に 1 時間以上浸せきする。

　　(iii)　摂氏 70 度±3 度に設定した恒温
　　　　乾燥器中で当該試験体の質量がロに
　　　　規定する方法により静置されたサイ
　　　　ドマッチング用試験体の質量を下回
　　　　るまで乾燥する。

ヘ　接着耐久性に関する強さの残存率は、
　ニで得られた調整係数用本試験体ごとの
　曲げ強さのロで得られた対応するサイド
　マッチング試験体の曲げ強さの平均値に
　対する比率を各標本ごとに求め、それら
　の数値を平均して得た数値のうち、使用
　する環境に応じて、それぞれ次の(1)から
　(3)までの条件を満たす数値とすること。

　(1)　常時湿潤環境　加熱冷却法を 6 回繰
　　　り返し行った調整係数用本試験体を用
　　　いて得られた数値

　(2)　断続湿潤環境　煮沸法を 2 回繰り返
　　　し行った調整係数用本試験体を用いて

		得られた数値及び減圧加圧法を2回繰り返し行った調整係数用本試験体を用いて得られた数値のうちいずれか小さい数値 (3)　乾燥環境（(1)又は(2)以外の環境をいう。以下同じ。）　煮沸法を行った調整係数用本試験体を用いて得られた数値及び減圧加圧法を行った調整係数用本試験体を用いて得られた数値のうちいずれか小さい数値
	十一　防腐処理（インサイジングを含む。以下同じ。）による力学特性値の低下率の基準値が定められ、かつ、防腐処理に用いる木材防腐剤の名称が明らかにされていること。この場合において、注入処理による場合にあっては、当該木材防腐剤の有効成分の含有量の基準値が定められていること。	十一　防腐処理による力学特性値の低下率の測定及び木材防腐剤の有効成分の含有量の測定は、次に掲げる方法又はこれと同等以上に防腐処理による力学特性値の低下率及び木材防腐剤の有効成分の含有量を測定できる方法によること。 イ　防腐処理による各力学特性値の低下率は、防腐処理を施したものについての(ろ)欄第二号から第四号までの各基準値の防腐処理を施さないものについての当該基準値に対する比率とすること。 ロ　注入処理に用いる木材防腐剤の種類及びその有効成分の含有量の測定は、JIS K1570（木材防腐剤）-1998の7.　試験方法によること。
第1第十一号に掲げる建築材料	一　各部の寸法及び曲がりの基準値が定められていること。ただし、湾曲部を有する形状に成形した木質複合軸材料の曲がりの基準値については、この限りでない。	一　第1第十号に掲げる建築材料の項(は)欄第一号に掲げる方法によること。
	二　各部の曲げ強さ及びせん断強さの基準値、曲げ弾性係数及びせん断弾性係数の基準値並びにめりこみ強さの基準値（めりこみの応力が生ずる部分に用いる場合に限る。）が定められていること。	二　各部の曲げ強さ、せん断強さ及びめりこみ強さの基準値並びに曲げ弾性係数及びせん断弾性係数の基準値は、各部の受入時に、納品書、検査証明書又は試験証明書等の書類によること。
	三　各部相互の接着に用いる接	三　接着の性能を維持させるのに必要となる

着剤について、接着の性能を維持させるのに必要となる次に掲げる事項が定められていること。

イ　接着剤の名称（一般的名称があるものにあっては、その一般的名称）

ロ　pH（接着剤フィルムの場合は、2.5以上とする。）

ハ　調合及び貯蔵の過程

ニ　必要最小限度の塗布量

ホ　必要最小限度の圧締圧

ヘ　被着材の条件

ト　被着材の含水率の許容最大値及び許容最小値

チ　可使時間（使用環境温度及び被着材の含水率に応じて、当該接着剤を塗布した面が空気にさらされて溶剤が蒸発し得る状態で放置されている時間及び当該接着剤を塗布した面が空気にさらされない状態で圧縮されるまで放置されている時間をいう。）

リ　接着時の最低温度及び最低養生時間

ヌ　せん断強さ（含水率が12％のベイマツ（比重0.43以上の無欠点材とする。）を被着材とした圧縮せん断試験によるものとし、当該試験により得られるせん断強さが7.38 N/mm^{2}以上の数値を満たすこと。ただし、被着材の種類に応じて、含水率が12％のベイマツを被着材とした圧縮せん断試験により得られるせん断強さと同等以上のせん断強

事項は、接着剤の受入時に、納品書、検査証明書又は試験証明書等の書類によること。

	さを有する接着となること を確かめた場合にあって は、この限りでない。） ル　促進劣化試験の方法と当 　該試験による強さの残存率 ヲ　促進劣化試験後のはく離 　試験による木部破断率	
四　最大曲げモーメント及び曲 げ剛性の基準値が定められて いること。	四　最大曲げモーメント及び曲げ剛性の測定 は、各部の曲げ強さ及び曲げ弾性係数並び に各部間の接着強さ及び接着剛性に基づい て統計的に合理性を有する方法で計算し、 当該計算により得られた数値が、基準値の 種類に応じて、次の表に掲げる条件式を満 たすことを確かめる方法又はこれと同等以 上に最大曲げモーメント及び曲げ剛性を測 定できる方法によること。ただし、次に掲 げる方法により試験を行った場合における 数値とすることができる。 イ　試験体の数は、ロに規定する試験を行 　う試験体の厚さごとにそれぞれ10以上 　とすること。ただし、当該厚さを3以下 　とする場合にあっては、試験体の合計を 　53以上としなければならない。 ロ　試験は、次に掲げる方法によること。 　(1)　支点間距離は、試験体の厚さの17 　　倍以上21倍以下とすること。 　(2)　載荷点は、(1)の支点間距離を3等分 　　する位置に2点設け、局部的な損傷が 　　生ずるおそれのある場合にあってはク 　　ロスヘッド（載荷点及び支点に用いる 　　十分な曲率を有する鋼材をいう。以下 　　同じ。）の使用その他の有効な損傷防 　　止措置を講ずること。この場合におい 　　て、載荷点における荷重が分散しない 　　ものとすること。 　(3)　(2)の2点の載荷点にはそれぞれ等し 　　い荷重を、試験体が破壊するまで漸増 　　して加えること。この場合において、 　　荷重を加え始めてから試験体が破壊す 　　るまでの時間は、1分以上としなけれ

ばならない。

ハ　最大曲げモーメントの基準値は、ロに
規定する試験により得られた最大荷重か
ら、試験体ごとの最大曲げモーメントの
信頼水準 75 ％の 95 ％下側許容限界値
とすること。

ニ　曲げ剛性は、ロに規定する試験により
得られた荷重—変形関係から、試験体ご
との平均値として求めること。

表

基準値の種類	条　件　式
最大曲げ モーメント	$T_1 < E_1$
曲げ剛性	$\dfrac{T_2}{E_2} < 1.0 + \dfrac{\sigma\left(\dfrac{T_2}{E_2}\right)}{\sqrt{n}}$

この表において、T_1、E_1、T_2、E_2、
$\sigma\left(\dfrac{T_2}{E_2}\right)$ 及び n は、それぞれ次の数値
を表すものとする。

T_1　計算により得られた最大曲げモー
　　メント（単位　N·m）

E_1　3 以上の試験体についてイからハ
　　までに規定する試験により得られた
　　最大曲げモーメント（単位　N·m）

T_2　計算により得られた曲げ剛性
　　（単位　N·mm²）

E_2　3 以上の試験体についてイ、ロ及
　　びニに規定する試験により確認され
　　た曲げ剛性（単位　N·mm²）

$\sigma\left(\dfrac{T_2}{E_2}\right)$　$\dfrac{T_2}{E_2}$ の標準偏差

n　イに規定する試験体の数

五　せん断強さ及びせん断弾性
係数の基準値が定められてい
ること。

五　せん断強さ及びせん断弾性係数の測定
は、次に掲げる方法又はこれと同等以上に
せん断強さ及びせん断弾性係数を測定でき
る方法によること。

イ　試験体の数は、ロに規定する試験を行
う試験体の厚さごとにそれぞれ 10 以上

とすること。ただし、当該厚さを3以下
とする場合にあっては、試験体の合計を
53以上としなければならない。

ロ　試験は、次に掲げる方法によること。

(1)　載荷点は、試験体の中央に1点又は
中央から等しい距離だけ離した2点と
すること。

(2)　支点は、(1)の載荷点から試験体の端
部側にそれぞれ試験体の厚さの1.5倍
以上の距離だけ離して設けること。

(3)　荷重（載荷点を2点とした場合は、
それぞれ等しい荷重とする。）は、(1)
の載荷点の上面にクロスヘッドを置
き、当該クロスヘッドの上から試験体
が破壊するまで漸増して加えること。
この場合において、荷重を加え始めて
から試験体が破壊するまでの時間は、
1分以上としなければならない。

(4)　(3)のクロスヘッドの形状は、試験体
に局部的な損傷が生ずるおそれのない
ものとすること。

(5)　I形の断面形状に複合構成された建
築材料であって、ウェブが継手を設け
ている場合にあっては、これを(2)の載
荷点と支点による応力集中がない部分
に位置しなければならない。

ハ　せん断強さの基準値は、ロに規定する
試験により得られた荷重−変形関係か
ら、回帰分析により各試験体ごとのせん
断強さの信頼水準75%の95%下側許
容限界値とすること。

ニ　せん断弾性係数は、ロに規定する試験
により得られた各試験体の最大荷重か
ら、各試験体ごとのせん断弾性係数の平
均値とすること。

六　めりこみの応力が生ずる部分に用いる場合にあっては、めりこみ強さの基準値が定められていること。	**六**　めりこみ強さの測定は、第1第十号に掲げる建築材料の項(は)欄第四号に掲げる方法（この場合において、試験体の寸法は、長さを試験体の幅の3倍とするものとする。）又はこれと同等以上にめりこみ強さ

	を測定できる方法によること。ただし、各部の組合せに対するめりこみの応力の影響を考慮し、めりこみの応力の生ずる各部のめりこみ強さの基準値を用いて計算する場合は、当該数値とすることができる。
七　含水率の基準値が定められていること。ただし、各部ごとに含水率の基準値が定められている場合は、この限りでない。	七　第1第十号に掲げる建築材料の項(は)欄第五号に掲げる方法によること。
八　湿潤状態となるおそれのある部分に用いる場合にあっては、第四号に規定する最大曲げモーメント及び曲げ剛性、第五号に規定するせん断強さ及びせん断弾性係数並びに第六号に規定するめりこみ強さに対する含水率の調整係数が定められていること。ただし、せん断強さ若しくはめりこみ強さ又はせん断弾性係数に対する含水率の調整係数は、合理的な方法により最大曲げモーメント又は曲げ剛性に対する含水率の調整係数と同等以上であることが確かめられた場合にあっては、最大曲げモーメント又は曲げ剛性に対する含水率の調整係数により代替することができる。	八　第1第十号に掲げる建築材料の項(は)欄第六号に掲げる方法によること。この場合において、同号中「曲げ強さ、曲げ弾性係数、せん断強さ、せん断弾性係数及びめりこみ強さ」とあるのは、「最大曲げモーメント、曲げ剛性、せん断強さ、せん断弾性係数及びめりこみ強さ」と、「(は)欄第二号から第四号まで」とあるのは、「第1第十一号に掲げる建築材料の項(は)欄第四号から第六号まで」とそれぞれ読み替えるものとする。ただし、各部の組合せに対する含水率の影響を考慮し、各部の含水率の調整係数を用いて計算した場合は、当該数値とすることができる。
九　第四号に規定する最大曲げモーメント、第五号に規定するせん断強さ及び第六号に規定するめりこみ強さに対する荷重継続時間の調整係数が定められていること。ただし、せん断強さ及びめりこみ強さに対する荷重継続時間の調整係数は、合理的な方法により	九　第1第十号に掲げる建築材料の項(は)欄第七号に掲げる方法によること。この場合において、同号中「曲げ強さ、せん断強さ及びめりこみ強さ」とあるのは、「最大曲げモーメント、せん断強さ及びめりこみ強さ」と、「(は)欄第二号から第四号まで」とあるのは、「第1第十一号に掲げる建築材料の項(は)欄第四号から第六号まで」とそれぞれ読み替えるものとする。ただし、

最大曲げモーメントに対する荷重継続時間の調整係数と同等以上であることが確かめられた場合にあっては、最大曲げモーメントに対する荷重継続時間の調整係数により代替することができる。	各部の組合せに対する荷重継続時間の影響を考慮し、各部の荷重継続時間の調整係数を用いて計算した場合は、当該数値とすることができる。
十　第四号に規定する曲げ剛性及び第五号に規定するせん断弾性係数に対するクリープの調整係数が定められていること。ただし、せん断弾性係数に対するクリープの調整係数は、合理的な方法により曲げ剛性に対するクリープの調整係数と同等以上であることが確かめられた場合にあっては、曲げ剛性に対するクリープの調整係数により代替することができる。	十　第1第十号に掲げる建築材料の項(は)欄第八号に掲げる方法によること。この場合において、同号中「曲げ弾性係数及びせん断弾性係数」とあるのは、「曲げ剛性及びせん断弾性係数」と、「(は)欄第二号及び第三号」とあるのは、「第1第十一号に掲げる建築材料の項(は)欄第四号及び第五号」とそれぞれ読み替えるものとする。ただし、各部の組合せに対するクリープの影響を考慮し、各部のクリープの調整係数を用いて計算した場合は、当該数値とすることができる。
十一　第四号に規定する最大曲げモーメント及び曲げ剛性、第五号に規定するせん断強さ及びせん断弾性係数並びに第六号に規定するめりこみ強さに対する事故的な水掛りを考慮した調整係数が定められていること。ただし、せん断強さ若しくはめりこみ強さ又はせん断弾性係数に対する事故的な水掛りを考慮した調整係数は、合理的な方法により最大曲げモーメント又は曲げ剛性に対する事故的な水掛りを考慮した調整係数と同等以上であることが確かめられた場合にあっては、最大曲げモーメント又は曲げ剛性に対する事故的な水掛りを考慮した調整係数により代替することがで	十一　第1第十号に掲げる建築材料の項(は)欄第九号に掲げる方法によること。この場合において、同号中「曲げ強さ、曲げ弾性係数、せん断強さ、せん断弾性係数及びめりこみ強さ」とあるのは、「最大曲げモーメント、曲げ剛性、せん断強さ、せん断弾性係数及びめりこみ強さ」と、「(は)欄第二号から第四号まで」とあるのは、「第1第十一号に掲げる建築材料の項(は)欄第四号から第六号まで」とそれぞれ読み替えるものとする。ただし、各部の組合せに対する事故的な水掛りの影響を考慮し、各部の事故的な水掛りを考慮した調整係数を用いて計算した場合は、当該数値とすることができる。

	きる。	
	十一　接着耐久性に関する強さの残存率が、それぞれ0.5以上として定められていること。ただし、第三号に掲げる接着剤の品質が確認され、かつ、促進劣化試験による強さの残存率が接着の性能を維持するために必要な数値である場合にあっては、この限りでない。	十一　第1第十号に掲げる建築材料の項(は)欄第十号に掲げる方法によること。この場合において、「(は)欄第二号(試験及び試験体ごとの曲げ強さの測定に係る部分に限る。)に規定する方法により(ろ)欄第二号に規定する曲げ強さ」とあるのは、「第1第十一号に掲げる建築材料の項(は)欄第四号(試験及び試験体ごとの最大曲げモーメントの測定に係る部分に限る。)に規定する方法により第1第十一号に掲げる建築材料の項(ろ)欄第四号に規定する最大曲げモーメント」と読み替えるものとする。ただし、各部の組合せに対する接着の影響を考慮し、各部及び接着剤の強さの残存率を用いて計算した場合は、当該数値とすることができる。
	十二　防腐処理による力学特性値の低下率の基準値が定められ、かつ、防腐処理に用いる木材防腐剤の名称が明らかにされていること。この場合において、注入処理による場合にあっては、当該木材防腐剤の有効成分の含有量の基準値が定められていること。	十二　第1第十号に掲げる建築材料の項(は)欄第十一号に掲げる方法によること。この場合において、同号中「(ろ)欄第二号から第四号まで」とあるのは、「第1第十一号に掲げる建築材料の項(ろ)欄第四号から第六号まで」と読み替えるものとする。
第1第十二号に掲げる建築材料	一　寸法の基準値が定められていること。	一　寸法の測定は、ノギス、マイクロメータ又はこれらと同等以上の精度を有する測定器具を用いて行うこと。
	二　各部の品質が定められていること。	二　各部の受入時に、納品書、検査証明書又は試験証明書等の書類によること。
	三　面内圧縮の応力が生ずる部分に用いる場合にあっては、面内圧縮強さの基準値が定められていること。	三　面内圧縮強さの測定は、JIS A1414-2(建築用パネルの性能試験方法-第二部：力学特性に関する試験)-2010の5.1の面内圧縮試験又はこれと同等以上に面内圧縮強さを測定できる方法によること。
	四　面外曲げ強さ及び曲げ弾性係数の基準値が定められてい	四　面外曲げ強さ及び曲げ弾性係数の測定は、JIS A1414-2(建築用パネルの性能試

ること。	験方法−第二部：力学特性に関する試験)−2010の5.3の曲げ試験又はこれと同等以上に面外曲げ強さ及び曲げ弾性係数を測定できる方法によること。ただし、試験体に加える荷重については、エアバッグ等を用いた等分布荷重とすることができる。
五　めりこみの応力が生ずる部分に用いる場合にあっては、めりこみ強さの基準値が定められていること。	**五**　めりこみ強さの測定は、JIS A1414-2(建築用パネルの性能試験方法−第二部：力学特性に関する試験)−2010の5.2の局部圧縮試験又はこれと同等以上にめりこみ強さを測定できる方法によること。
六　せん断の応力が生ずる部分に用いる場合にあっては、せん断耐力及びせん断剛性の基準値が定められていること。	**六**　せん断耐力及びせん断剛性の測定は、次に掲げる方法又はこれと同等以上にせん断耐力及びせん断剛性を測定できる方法によること。 イ　試験体の幅は、同一の仕様ごとに910 mm、1,000 mm、1,820 mm 及び2,000 mm とすること。 ロ　試験体の数は、イに規定する試験体の幅の区分ごとにそれぞれ3以上とすること。 ハ　試験体の各部の含水率が、それぞれ20％以下となるまで静置すること。 ニ　試験は、次に掲げる方法により行うこと。 　(1)　試験体は、下部の3以上の箇所において試験台に固定し、ストッパーの設置その他の有効な拘束措置を講ずること。 　(2)　試験体の頂部における一方の端部を、正負両方向への繰り返し載荷を行うことが可能な油圧ジャッキで加力すること。この場合において、当該試験体が回転することにより耐力が低減するおそれのある場合は、当該試験体の端部を次の(i)若しくは(ii)のいずれか又はこれらと同等以上に当該試験体が回転することを防止する方法により拘束しなければならない。 　　(i)　両端部付近のタイロッドによる締

付け

(ii) 頂部への1mあたり2kNの載荷

(3) ローラーの設置その他の試験体の面外方向への変形を拘束するための措置を行うこと。

(4) 加力は、回転の拘束の方法に応じて、それぞれ次の表に掲げる式により計算したせん断変形角を $\frac{1}{600}$ rad、$\frac{1}{450}$ rad、$\frac{1}{300}$ rad、$\frac{1}{200}$ rad、$\frac{1}{150}$ rad、$\frac{1}{100}$ rad、$\frac{1}{75}$ rad 及び $\frac{1}{50}$ rad の順に生じさせることとなる力で正負両方向への繰り返し載荷をそれぞれ3回以上行うことにより得られる荷重－変形関係を適切な精度を有する方法で測定すること。

	回転の拘束の方法	せん断変形角（単位　rad）
(1)	ニ(2)(i)に掲げる方法	$\dfrac{d_1 - d_2}{H} - \dfrac{d_3 - d_4}{V}$
(2)	(1)以外の方法	$\dfrac{d_1 - d_2}{H}$

この表において、d_1、d_2、H、d_3、d_4 及び V は、それぞれ次の数値を表すものとする。

d_1　試験体の頂部の水平方向の変位（単位　mm）

d_2　試験体の脚部の水平方向の変位（単位　mm）

H　水平方向の変位を測定する計測機器相互間の鉛直距離（単位　mm）

d_3　加力点から遠いほうの脚部の鉛直変位（単位　mm）

d_4　加力点から近いほうの脚部の鉛直変位（単位　mm）

V　鉛直方向の変位を測定する計測機器相互間の水平距離（単位　mm）

(5) (4)に掲げる方法により荷重－変形関係を測定した後、荷重を漸増して加え、最大荷重が測定された後に測定される最大荷重の80％に相当する荷重又はせん断変形角が$\frac{1}{15}$radに達するまでの荷重－変形関係を適切な精度を有する方法で測定すること。

ホ　当該試験体の仕様ごとに、ニに規定する試験により求めたそれぞれの試験体の荷重－変形関係のうち、ニ(5)に掲げる方法により測定された最大荷重の80％に相当する荷重又は$\frac{1}{15}$radとなるせん断変形角を有する荷重の軸と変形の軸により囲まれる荷重－変形関係から得た包絡線（以下この号において「耐力曲線」という。）を用い、次に定めるところにより、当該試験体の最大耐力、降伏耐力、降伏変位、終局耐力及び塑性率の数値を計算すること。

(1) 最大耐力は、耐力曲線上における最大荷重とする。

(2) 降伏耐力及び降伏変位は、次による。

(i) 耐力曲線上における(1)の最大荷重が測定される前に測定された荷重のうち、(1)の最大荷重のそれぞれ0.1倍及び0.4倍となる荷重に対応する2点を通る直線を第Ⅰ直線とする。

(ii) 耐力曲線上における(1)の最大荷重が測定される前に測定された荷重のうち、(1)の最大荷重のそれぞれ0.4倍及び0.9倍となる荷重に対応する2点を通る直線を第Ⅱ直線とする。

(iii) 耐力曲線上における接線のうち、第Ⅱ直線に平行となる直線を第Ⅲ直線とする。

(iv) 降伏耐力は、第Ⅰ直線と第Ⅲ直線との交点における荷重とする。

(v) 降伏変位は、降伏耐力を表す直線を第Ⅳ直線とし、第Ⅳ直線と耐力曲線との交点における変位（複数の交

　　　　点が得られる場合にあっては、最小

　　　　となる変位）とする。

　　⑶　終局耐力は、次による。

　　　⒤　ニ⑸に掲げる方法による加力の終

　　　　了時の変位を終局変位とする。

　　　⒤⒤　耐力曲線、終局変位を表す直線及

　　　　び変形の軸により囲まれる部分の面

　　　　積を計算する。

　　　⒤⒤⒤　原点と⑵(v)で得た降伏変位となる

　　　　点を通る直線を第V直線とする。

　　　(iv)　終局耐力は、当該終局耐力を表す

　　　　直線、変形の軸、第V直線及び終局

　　　　変位を表す直線で囲まれる台形の部

　　　　分の面積が(ii)で計算した面積と等し

　　　　くなる場合の耐力とする。

　　⑷　塑性率は、⑵(v)の第Ⅳ直線と⑶(iii)の

　　　　第V直線との交点における変位を求

　　　　め、当該変位の数値で⑶⒤で得た終局

　　　　変位の数値を除して得た数値とする。

　ヘ　せん断耐力の基準値は、当該試験体の

　　仕様ごとに、ホに規定するそれぞれの数

　　値を用いて次の表の⑴項から⑷項までの

　　式によって計算した数値の信頼水準75

　　％の50％下側許容限界値のうちいずれ

　　か小さい数値とすること。

⑴	$P = Py$
⑵	$P = 0.2\,Pu\sqrt{2\mu - 1}$
⑶	$P = \dfrac{2}{3}\,Pmax$
⑷	$P = P'$

　　この表において、P、Py、Pu、μ、

　Pmax 及び P' は、それぞれ次の数値

　を表すものとする。

　　P　　せん断耐力の計算に用いる数値

　　　　（単位　kN）

　　Py　ホ⑵に規定する降伏耐力

　　　　（単位　kN）

　　Pu　ホ⑶に規定する終局耐力

　　　　（単位　kN）

		μ　ホ(4)に規定する塑性率 Pmax　ホ(1)に規定する最大耐力 　　　（単位　kN） P′　耐力曲線上における二(4)に規定 　　　するせん断変形角が$\frac{1}{150}$（回転 　　　の拘束の方法を二(2)(i)に掲げる方 　　　法以外の方法とした場合にあって 　　　は、$\frac{1}{120}$）radとなる変形に対応 　　　した耐力（単位　kN）
		ト　せん断剛性は、当該試験体の仕様ごと に、ホ(3)(iii)に規定する第V直線の傾きの 数値を求め、それらの平均値とすること。
七　温度による著しい変形のお それがある部分に用いる場合に あっては、耐熱性能の基準 値が定められていること。		七　耐熱性能の測定は、JIS A1414-3（建築 用パネルの性能試験方法－第三部：温湿 度・水分に対する試験)-2010の5.1の温度 に対する性能試験又はこれと同等以上に耐 熱性能を測定できる方法によること。
八　湿潤状態となるおそれのあ る部分に使用する場合にあっ ては、第四号に規定する面外 曲げ強さ及び曲げ弾性係数に 対する含水率の調整係数が定 められていること。		八　面外曲げ強さ及び曲げ弾性係数（以下こ の号において「各力学特性値」という。） に対する含水率の調整係数は、次に定める 方法又はこれと同等以上に含水率の調整係 数を測定できる方法によること。ただし、 各部の組合せに対する含水率の影響を考慮 し、有機発泡剤及び当該建築材料の表層面 に用いる構造用合板その他これに類するも のに対する含水率の調整係数から計算した 場合は、当該数値とすることができる。 イ　試験体は、次に掲げる方法により採取 　すること。 　(1)　標本は、生産の段階で同定可能な母 　　集団から、当該母集団の材料特性を適 　　切に表すものとなるように10以上を 　　採取すること。 　(2)　各標本より採取する調整係数用本試 　　験体の数は、1とすること。 　(3)　(2)の調整係数用本試験体に隣接する 　　位置又は材料特性の差が最も小さくな 　　る位置から採取するサイドマッチング 　　用試験体の数は、2とすること。

(4)　試験体の形状及び寸法はすべて同一とし、次に掲げるものによること。

(i)　試験体の厚さは、当該建築材料の厚さと同じとすること。

(ii)　試験体の幅は、当該建築材料の厚さの2倍以上とすること。

(iii)　試験体の長さは、ロ及びハに規定する試験における支点間距離（試験体の厚さの12倍以上とする。）に5cm又は試験体の厚さの$\frac{1}{2}$を加えた長さとすること。ただし、支点間距離及び当該建築材料の厚さが試験に与えるせん断の影響を適切に考慮してこれと同等以上の精度で試験の結果が得られる長さであることが確かめられた場合にあっては、この限りでない。

ロ　サイドマッチング用試験体は、温度摂氏20度±2度、相対湿度65％±5％の環境下で平衡状態となるまで静置し、当該環境下で(は)欄第四号（試験及び試験体ごとの各力学特性値の測定に係る部分に限る。）に規定する方法により各力学特性値を求めること。

ハ　調整係数用本試験体は、次に掲げる使用環境に応じて(1)又は(2)のいずれかに定める環境下で静置し、当該環境下で(は)欄第四号（試験及び試験体ごとの各力学特性値の測定に係る部分に限る。）に規定する方法により各力学特性値を求めること。

(1)　常時湿潤環境　気温摂氏20度±2度及び相対湿度95％±5％

(2)　断続湿潤環境　気温摂氏20度±2度及び相対湿度85％±5％

ニ　各力学特性値に対する含水率の調整係数は、ハで得られた調整係数用本試験体ごとの各力学特性値のロで得られた対応するサイドマッチング試験体の各力学特性値の平均値に対する比率を各標本ごと

に求め、それらの数値を平均して得た数値（1.0を超える場合は1.0とする。）とすること。

九　第三号に規定する面内圧縮強さ、第四号に規定する面外曲げ強さ及び第五号に規定するめりこみ強さに対する荷重継続時間の調整係数が定められていること。	九　面内圧縮強さ、面外曲げ強さ及びめりこみ強さ（以下この号において「各力学特性値」という。）に対する荷重継続時間の調整係数の測定は、次に定める方法又はこれと同等以上に荷重継続時間の調整係数を測定できる方法によること。ただし、各部の組合せに対する荷重継続時間の影響を考慮し、有機発泡剤及び当該建築材料の表層面に用いる構造用合板その他これに類するものに対する荷重継続時間の調整係数から計算した場合は、当該数値とすることができる。 イ　試験体は、(は)欄第八号イに掲げる方法により採取すること。 ロ　試験体は、温度摂氏20度±2度、相対湿度65％±5％の環境下で平衡状態となるまで静置すること。 ハ　試験を行う環境は、ロで試験体を静置した環境と同一とすること。 ニ　サイドマッチング用試験体について、(は)欄第三号から第五号まで（試験及び試験体ごとの各力学特性値の測定に係る部分に限る。）に規定する方法により各力学特性値を求めること。 ホ　1を超えない範囲内の数値（以下「応力レベル」という。）を3以上選択し、これを各調整係数用本試験体に対応するサイドマッチング用試験体の各力学特性値の平均値に乗じた応力に対応する荷重をそれぞれ10体以上の調整係数用本試験体に加え、破壊荷重継続時間を測定すること。この場合において、少なくとも1以上の応力レベルにつき、すべての試験体の半数以上の破壊荷重継続時間を6ケ月以上としなければならない。 ヘ　各力学特性値に対する荷重継続時間の調整係数は、ホの規定により測定した各

| | | 調整係数用本試験体の応力レベルごとの破壊荷重継続時間の常用対数と応力レベルとの関係について回帰直線を求め、回帰直線上において破壊荷重継続時間が50年に相当する応力レベルの数値（1.0を超える場合は、1.0とする。）とすること。 |
| | 十　第四号に規定する曲げ弾性係数に対するクリープの調整係数が定められていること。 | 十　曲げ弾性係数に対するクリープの調整係数の測定は、次に掲げる方法又はこれと同等以上にクリープの調整係数を測定できる方法によること。ただし、各部の組合せに対するクリープの影響を考慮し、有機発泡剤及び当該建築材料の表層面に用いる構造用合板その他これに類するものに対するクリープの調整係数から計算した場合は、当該数値とすることができる。
イ　試験体は、（は）欄第八号イに掲げる方法により採取すること。
ロ　試験体は、温度摂氏20度±2度、相対湿度65％±5％の環境下で平衡状態となるまで静置すること。
ハ　試験を行う環境は、ロで試験体を静置した環境と同一とすること。
ニ　サイドマッチング用試験体について、（は）欄第四号（試験及び試験体ごとの曲げ弾性係数の測定に係る部分に限る。）に規定する方法により曲げ弾性係数を求めること。
ホ　調整係数用本試験体について、対応するサイドマッチング用試験体のニで求めた曲げ弾性係数の平均値に（ろ）欄第八号に規定する含水率の調整係数、（ろ）欄第九号に規定する荷重継続時間の調整係数及び $\frac{2}{3}$ を乗じて得られる応力に相当する荷重を加え、曲げ弾性係数を測定する際に用いた部分に相当する部分の変形を、荷重を加え始めてから1分、5分、10分、100分及び500分後並びにその後24時間ごとに5週間以上測定すること。
ヘ　ホの調整係数用本試験体それぞれについて、クリープ変形比を計算すること。 |

ト　ヘにより計算した各調整係数用本試験
体のそれぞれの時間に対応したクリープ
変形比（1分及び5分に対応するものを
除く。）の常用対数と、時間の常用対数
との関係について、回帰直線を求めるこ
と。

チ　曲げ弾性係数に対するクリープの調整
係数は、トで得られた回帰直線上の、時
間が50年に相当するクリープ変形比の
数値（1.0を超える場合は1.0とする。）
とすること。

十一　第三号に規定する面内圧縮強さ、第四号に規定する面外曲げ強さ及び曲げ弾性係数並びに第五号に規定するめりこみ強さに対する事故的な水掛りを考慮した調整係数が定められていること。	十一　面内圧縮強さ、面外曲げ強さ、曲げ弾性係数及びめりこみ強さ（以下この号において「各力学特性値」という。）に対する事故的な水掛りを考慮した調整係数の測定は、次に定める方法又はこれと同等以上に事故的な水掛りを考慮した調整係数を測定できる方法によること。ただし、各部の組合せに対する事故的な水掛りの影響を考慮し、有機発泡剤及び当該建築材料の表層面に用いる構造用合板その他これに類するものに対する事故的な水掛りを考慮した調整係数から計算した場合は、当該数値とすることができる。

イ　試験体は、(は)欄第八号イに掲げる方
法により採取すること。

ロ　試験体は温度摂氏20度±2度、相対
湿度65％±5％の環境下で平衡状態と
なるまで静置すること。

ハ　試験を行う環境は、ロで試験体を静置
した環境と同一とすること。

ニ　サイドマッチング用試験体について、
(は)欄第三号から第五号まで（試験及び
試験体ごとの各力学特性値の測定に係る
部分に限る。）に規定する方法により各
力学特性値を求めること。

ホ　調整係数用本試験体は、採取後に試験
体の片面に均一に散水できる装置により
72時間散水した後、自然乾燥、熱風に
よる乾燥その他これらに類する方法で当

該試験体の質量がロに規定する方法により静置された当該試験体の質量を下回るまで乾燥させること。

ヘ　ホの処理後の調整係数用本試験体について、(は)欄第三号から第五号まで（試験及び試験体ごとの各力学特性値の測定に係る部分に限る。）に規定する方法により各力学特性値を求めること。

ト　各力学特性値に対する事故的な水掛りを考慮した調整係数は、ヘで得られた調整係数用本試験体ごとの各力学特性値のニで得られた対応するサイドマッチング試験体の各力学特性値の平均値に対する比率を各標本ごとに求め、それらの数値を平均して得た数値（1.0を超える場合は1.0とする。）とすること。

士　接着耐久性に関する強さの残存率が、それぞれ0.5以上として定められていること。	士　接着耐久性に関する強さの残存率の測定は、次に定める方法又はこれと同等以上に接着耐久性に関する強さの残存率を測定できる方法によること。ただし、各部の組合せに対する接着の影響を考慮し、有機発泡剤及び当該建築材料の表層面に用いる構造用合板その他これに類するもの並びに接着剤の強さの残存率から計算した場合は、当該数値とすることができる。 イ　試験体は、(は)欄第八号イに掲げる方法により採取すること。ただし、試験体の形状及び寸法については、次に掲げるところによること。 (1)　試験体の厚さは、当該建築材料の厚さと同じとすること。 (2)　試験体の上面及び底面は矩形とし、辺の長さは25 mm以上とすること。 ロ　サイドマッチング用試験体について、次に掲げる方法によりはく離強さを求めること。 (1)　試験体は、温度摂氏20度±2度、相対湿度65%±5%の環境下で平衡状態となるまで静置すること。 (2)　試験は、次に掲げる方法によること。

　　　　(i)　試験体の底面を試験台に、上面を
　　　　　　荷重ブロックに接着すること。

　　　　(ii)　(i)の荷重ブロックの上から、当該
　　　　　　試験体の厚さ方向に引張荷重を漸増
　　　　　　して加えること。

　　　　(iii)　試験は、当該試験体が破壊するま
　　　　　　で行い、当該試験体に加える荷重を
　　　　　　適切な精度を有する計測機器で測定
　　　　　　すること。

　　(3)　サイドマッチング用試験体のはく離
　　　　強さは、(2)の試験で当該試験体に加え
　　　　た最大の荷重を受圧面積で除した数値
　　　　とすること。

ハ　調整係数用本試験体について、ホに規
　　定する劣化処理を行うこと。

ニ　ハの劣化処理後の試験体について、ロ
　　(試験及び試験体ごとのはく離強さの測
　　定に係る部分に限る。) に規定する方法
　　によりはく離強さを求めること。

ホ　劣化処理は、次の分類に応じ、(1)から
　　(3)までに掲げる方法によること。

　　(1)　加熱冷却法　次の(i)から(vi)までの処
　　　　理を順に行う方法

　　　　(i)　摂氏49度±2度の水中に1時間
　　　　　　浸せきする。

　　　　(ii)　摂氏93度±3度の水蒸気中に3
　　　　　　時間静置する。

　　　　(iii)　摂氏-12度±3度の空気中に20
　　　　　　時間静置する。

　　　　(iv)　摂氏99度±2度の乾燥空気中に
　　　　　　3時間静置する。

　　　　(v)　摂氏93度±3度の水蒸気中に3
　　　　　　時間静置する。

　　　　(vi)　摂氏99度±2度の乾燥空気中に
　　　　　　18時間静置する。

　　(2)　煮沸法　次の(i)から(iii)までの処理を
　　　　順に行う方法

　　　　(i)　沸騰水中に4時間以上浸せきす
　　　　　　る。

　　　　(ii)　常温水中に1時間以上浸せきす

238

　　る。

　　(iii)　摂氏70度±3度に設定した恒温
　　　乾燥器中で当該試験体の質量がロ(1)
　　　に規定する方法により静置されたサ
　　　イドマッチング用試験体の質量を下
　　　回るまで乾燥する。

(3)　減圧法　次の(i)から(iii)までの処理を
　　順に行う方法

　　(i)　635mmHgに減圧した常温水中
　　　に30分間以上浸せきするか又は635
　　　mmHgに減圧した後温度摂氏65度
　　　の水中に1時間以上浸せきする。

　　(ii)　常温水中に30分以上浸せきする。

　　(iii)　摂氏70度±3度に設定した恒温
　　　乾燥器中で6時間以上（偶数サイク
　　　ル及び最終サイクルは15時間以上
　　　とする。）当該試験体の質量がロ(1)
　　　に規定する方法により静置されたサ
　　　イドマッチング用試験体の質量を下
　　　回るまで乾燥する。

ヘ　接着耐久性に関する強さの残存率は、
　ニで得られた調整係数用本試験体ごとの
　はく離強さのロで得られた対応するサイ
　ドマッチング試験体のはく離強さの平均
　値に対する比率を各標本ごとに求め、そ
　れらの数値を平均して得た数値のうち、
　使用する環境に応じて、それぞれ次の(1)
　から(3)までの条件を満たす数値とするこ
　と。

(1)　常時湿潤環境　加熱冷却法を6回繰
　　り返し行った調整係数用本試験体を用
　　いて得られた数値

(2)　断続湿潤環境　煮沸法を行った調整
　　係数用本試験体を用いて得られた数値
　　及び減圧法を6回繰り返し行った調整
　　係数用本試験体を用いて得られた数値
　　のうちいずれか小さい数値（接着剤の
　　品質がJIS K6806（水性高分子－イソシ
　　アネート系木材接着剤）-1995に規定す
　　る一種一号に適合する場合にあって

		は、減圧法を6回繰り返し行った調整係数用本試験体を用いて得られた数値） (3)　乾燥環境　減圧法を行った調整係数用本試験体を用いて得られた数値
	士　防腐処理による力学特性値の低下率の基準値が定められ、かつ、防腐処理に用いる木材防腐剤の名称が明らかにされていること。この場合において、注入処理による場合にあっては、当該木材防腐剤の有効成分の含有量の基準値が定められていること。	士　防腐処理による力学特性値の低下率の測定及び木材防腐剤の有効成分の含有量の測定は、次に掲げる方法又はこれと同等以上に防腐処理による力学特性値の低下率及び木材防腐剤の有効成分の含有量を測定できる方法によること。 イ　防腐処理による各力学特性値の低下率は、防腐処理を施したものについての(ろ)欄第三号から第六号までの各基準値の防腐処理を施さないものについての当該基準値に対する比率とすること。 ロ　注入処理に用いる木材防腐剤の種類及びその有効成分の含有量の測定は、JIS K1570（木材防腐剤）-1998の7.試験方法によること。
第1第十三号に掲げる建築材料	一　寸法の基準値が定められていること。	一　第1第十二号に掲げる建築材料の項(は)欄第一号に掲げる方法によること。
	二　各部の品質が定められていること。各部相互を接着する接着剤について、その品質がJIS K6806（水性高分子－イソシアネート系木材接着剤）-1995に規定する一種一号に適合する接着剤と同等以上に接着の性能を維持させることができるものを用いていること。	二　第1第十二号に掲げる建築材料の項(は)欄第二号に掲げる方法によること。
	三　面内圧縮の応力が生ずる部分に用いる場合にあっては、面内圧縮強さの基準値が定められていること。	三　第1第十二号に掲げる建築材料の項(は)欄第三号に掲げる方法によること。
	四　面外曲げ強さ及び曲げ弾性係数の基準値が定められていること。	四　第1第十二号に掲げる建築材料の項(は)欄第四号に掲げる方法によること。

五　せん断の応力が生ずる部分に用いる場合にあっては、せん断耐力及びせん断剛性の基準値が定められていること。	**五**　第1第十二号に掲げる建築材料の項(は)欄第六号に掲げる方法によること。
六　湿潤状態となるおそれのある部分に用いる場合にあっては、第四号に規定する面外曲げ強さ及び曲げ弾性係数に対する含水率の調整係数が定められていること。	**六**　第1第十二号に掲げる建築材料の項(は)欄第八号に掲げる方法によること。この場合において、同号中「有機発泡剤及び当該建築材料の表層面に用いる構造用合板その他これに類するもの」とあるのは、「当該建築材料の表層面に用いる構造用合板その他これに類するもの及び枠組材」と、「(は)欄第四号」とあるのは、「第1第十三号に掲げる建築材料の項(は)欄第四号」とそれぞれ読み替えるものとする。
七　第三号に規定する面内圧縮強さ及び第四号に掲げる面外曲げ強さに対する荷重継続時間の調整係数が定められていること。	**七**　第1第十二号に掲げる建築材料の項(は)欄第九号に掲げる方法によること。この場合において、同号中「面内圧縮強さ、面外曲げ強さ及びめりこみ強さ」とあるのは、「面内圧縮強さ及び面外曲げ強さ」と、「有機発泡剤及び当該建築材料の表層面に用いる構造用合板その他これに類するもの」とあるのは、「当該建築材料の表層面に用いる構造用合板その他これに類するもの及び枠組材」と、「(は)欄第八号イ」とあるのは、「第1第十三号に掲げる建築材料の項(は)欄第六号イ」と、「(は)欄第三号から第五号まで」とあるのは、「第1第十三号に掲げる建築材料の項(は)欄第三号及び第四号」とそれぞれ読み替えるものとする。
八　第四号に規定する曲げ弾性係数に対するクリープの調整係数が定められていること。	**八**　第1第十二号に掲げる建築材料の項(は)欄第十号に掲げる方法によること。この場合において、同号中「有機発泡剤及び当該建築材料の表層面に用いる構造用合板その他これに類するもの」とあるのは、「当該建築材料の表層面に用いる構造用合板その他これに類するもの及び枠組材」と、「(は)欄第八号イ」とあるのは、「第1第十三号に掲げる建築材料の項(は)欄第六号イ」と、

241

		「(は)欄第四号」とあるのは、「第1第十三号に掲げる建築材料の項(は)欄第四号」と、「(ろ)欄第八号」とあるのは、「第1第十三号に掲げる建築材料の項(ろ)欄第六号」と、「(ろ)欄第九号」とあるのは、「第1第十三号に掲げる建築材料の項(ろ)欄第七号」とそれぞれ読み替えるものとする。
	九　第三号に規定する面内圧縮強さ、第四号に規定する面外曲げ強さ及び曲げ弾性係数に対する事故的な水掛りを考慮した調整係数が定められていること。	九　第1第十二号に掲げる建築材料の項(は)欄第十一号に掲げる方法によること。この場合において、同号中「面内圧縮強さ、面外曲げ強さ、曲げ弾性係数及びめりこみ強さ」とあるのは、「面内圧縮強さ、面外曲げ強さ及び曲げ弾性係数」と、「有機発泡剤及び当該建築材料の表層面に用いる構造用合板その他これに類するもの」とあるのは、「当該建築材料の表層面に用いる構造用合板その他これに類するもの及び枠組材」と、「(は)欄第八号イ」とあるのは、「第1第十三号に掲げる建築材料の項(は)欄第六号イ」と、「(は)欄第三号から第五号まで」とあるのは、「第1第十三号に掲げる建築材料の項(は)欄第三号及び第四号」とそれぞれ読み替えるものとする。
	十　防腐処理による力学特性値の低下率の基準値が定められ、かつ、防腐処理に用いる木材防腐剤の名称が明らかにされていること。この場合において、注入処理による場合にあっては、当該木材防腐剤の有効成分の含有量の基準値が定められていること。	十　第1第十二号に掲げる建築材料の項(は)欄第十三号に掲げる方法によること。この場合において、同号中「(ろ)欄第三号から第六号まで」とあるのは、「第1第十三号に掲げる建築材料の項(ろ)欄第三号から第五号まで」と読み替えるものとする。
第1第十四号に掲げる建築材料	一　表面硬さ、硬化層深さ、心部硬さ及びねじり強さの基準値が定められていること。	一　次に掲げる方法によるか又はこれらと同等以上に表面硬さ、硬化層深さ、心部硬さ及びねじり強さを測定できる方法によること。 イ　表面硬さの測定は、JIS B1055(タッピンねじ－機械的性質)-1995の6.1.1の表面硬さ試験によること。

	ロ　硬化層深さの測定は、JIS B1055（タッピンねじ－機械的性質）-1995の6.1.2の表面硬さ試験によること。 ハ　心部硬さの測定は、JIS B1055（タッピンねじ－機械的性質）-1995の6.1.3の心部硬さ試験によること。 ニ　ねじり強さの測定は、JIS B1055（タッピンねじ－機械的性質）-1995の6.2.2のねじり強さ試験によること。
二　ねじ部を有するものにあっては、鋼板にねじ込んだとき、ねじ山が変形することなく、めねじを鋼板に成形できるものであること。	二　次に掲げる材料の種類に応じ、それぞれイ及びロ又はこれらと同等以上にねじ込み性能を測定できる方法によること。 イ　タッピンねじ　JIS B1055（タッピンねじ－機械的性質）-1995の6.2.1のねじ込み試験によること。 ロ　ドリリングタッピンねじ　JIS B1125（ドリリングタッピンねじ）-1995の10.4のねじ込み試験によること。
三　主成分と固有の性能を発揮する化学成分の含有量の基準値が定められていること。	三　第1第一号に掲げる建築材料の項（は）欄第二号に掲げる方法によること。
四　形状・寸法の基準値が定められていること。	四　JIS B1071（ねじ部品の精度測定方法）-1985によるか又はこれと同等以上の精度を有する測定方法によること。
五　構造耐力上有害な傷、かえり、錆、ねじ山のいたみ及び著しい湾曲等の欠点がないこと。	五　ねじ用限界ゲージ若しくはこれと同等以上のねじ測定器具によるか又は目視によって行うこと。
六　めっきを施す場合は、組成及び付着量の基準値が定められていること。	六　めっきの付着量の測定は、JIS H0401（溶融亜鉛めっき試験方法）-1999の4.の付着量の試験によるか又はこれと同等以上に表面仕上げの組成及び付着量を測定できる方法によること。
第1第十五号に掲げる建築材料	一　表面硬さ及び心部硬さの基準値が定められていること。	一　次に掲げる方法によるか又はこれらと同等以上に表面硬さ及び心部硬さを測定できる方法によること。 イ　表面硬さの測定は、第1第十四号に掲げる建築材料の項（は）欄第一号イに掲げ

る方法によること。

ロ　心部硬さの測定は、第1第十四号に掲
げる建築材料の項（は）欄第一号ハに掲げ
る方法によること。

二　鋼材に打込んだとき、折れ、曲がりその他の耐力上の欠点がなく、当該鋼材内部において十分に定着されるものであること。

二　次に掲げる方法によるか又はこれらと同
等以上に打込み性能を測定できる方法によ
ること。

イ　試験を行う鋼材は、打込み鋲の品質及
び種類並びに使用条件ごとに適切なもの
を用いること。

ロ　試験を行う打込み鋲の数は、3体以上
とすること。

ハ　試験は、イの鋼材に供試材を打込み、
適当なジグを介して一方向加力の可能な
載荷装置を用いて行うほか、次に定める
ところによること。

⑴　荷重は性能に応じた方向に漸増する
ものとすること。

⑵　供試材に作用する荷重及び変形量を
適切な精度を有する方法で測定するこ
と。

二　次に定めるところにより引抜き性能を
測定すること。

⑴　荷重は、供試材の抜け出しに至るま
で加えること。

⑵　⑴の載荷の終了時に供試材の降伏又
は破断その他の有害な耐力の低下等の
起こらないことを確かめること。

ホ　次に定めるところによりせん断性能を
測定すること。

⑴　供試材にせん断力を作用させるため
の鋼板を設け、当該鋼板の破断に至る
まで荷重を加えること。ただし、鋼板
の降伏が明確に把握できる場合にあっ
ては、この限りでない。

⑵　⑴の載荷の終了時に供試材の破断又
は降伏若しくは抜け出しその他の有害
な耐力の低下等の起こらないことを確
かめること。

ヘ　折れ、曲がり等の測定は、二及びホの

	試験における供試材の打込み時の状態について、目視又はゲージ等を用いて行うこと。
三　最大引抜き耐力、最大せん断耐力及び降伏せん断耐力の基準値が定められていること。	三　次に掲げる方法によるか又はこれらと同等以上に最大引抜き耐力、降伏せん断耐力及び最大せん断耐力を測定できる方法によること。 イ　最大引抜き耐力は、前号ニ(1)の試験で得られたそれぞれの供試材の最大荷重の平均値として求めること。 ロ　最大せん断耐力は、前号ホ(1)の試験で得られたそれぞれの供試材の最大荷重の平均値として求めること。 ハ　降伏せん断耐力は、次による。 (1)　前号ホ(1)の試験で測定された初期の荷重−変形関係に相当する直線を第Ⅰ直線とする。 (2)　(1)の試験で測定された荷重−変形関係のうち、第Ⅰ直線以降その曲率が最大となる点（最大荷重に相当する変形以前の点に限る。）における接線を第Ⅱ直線とする。 (3)　第Ⅰ直線と第Ⅱ直線との交点に相当する荷重を、降伏荷重とする。 (4)　降伏せん断耐力は、前号ホ(1)の試験で得られたそれぞれの供試材の降伏荷重の平均値とすること。
四　主成分と固有の性能を発揮する化学成分の含有量の基準値が定められていること。	四　第1第一号に掲げる建築材料の項(は)欄第二号に掲げる方法によること。
五　形状・寸法の基準値が定められていること。	五　ノギス、マイクロメータ又はこれらと同等以上の測定器具を用いて行うこと。
六　構造耐力上有害な傷、錆及び著しい湾曲等の欠点がないこと。	六　目視によって行うこと。
七　めっきを施す場合は、組成及び付着量の基準値が定められていること。	七　第1第十四号に掲げる建築材料の項(は)欄第六号に掲げる方法によること。
第1第十六	一　降伏点又は0.2％耐力の	一　次に掲げる方法によるか又はこれと同等

号に掲げる建築材料	上下限（地震力等による塑性変形を生じない部分に用いるアルミニウム合金材にあっては、下限のみとする。）、降伏比、引張強さ及び伸びの基準値が定められていること。		以上に降伏点若しくは0.2％耐力の上下限、降伏比、引張強さ及び伸びを測定できる方法によること。 イ　引張試験片は、JIS H0321（非鉄金属材料の検査通則）-1973に従い、JIS Z2201（金属材料引張試験片）-1998に基づき、アルミニウム合金材の該当する形状の引張試験片を用いること。 ロ　引張試験方法及び各特性値の算定方法は、JIS Z2241（金属材料引張試験方法）-1998によること。
	二　Si、Fe、Cu、Mn、Zn、Mg、Cr及びTiの化学成分の含有量の基準値が定められていること。これらの化学成分のほか、固有の性能を確保する上で必要とする化学成分の含有量の基準値が定められていること。	二	次に掲げる方法によるか又はこれと同等以上に化学成分の含有量を測定できる方法によること。 イ　分析試験の一般事項及び分析試料の採取法は、JIS H0321（非鉄金属材料の検査通則）-1973の5によること。 ロ　各成分の分析は、次に掲げる定量方法及び分析方法のいずれかによること。 (1) JIS H1305（アルミニウム及びアルミニウム合金の光電測光法による発光分光分析方法）-1976 (2) JIS H1306（アルミニウム及びアルミニウム合金の原子吸光分析方法）-1999 (3) JIS H1352（アルミニウム及びアルミニウム合金中のけい素定量方法）-1997 (4) JIS H1353（アルミニウム及びアルミニウム合金中の鉄定量方法）-1999 (5) JIS H1354（アルミニウム及びアルミニウム合金中の銅定量方法）-1999 (6) JIS H1355（アルミニウム及びアルミニウム合金中のマンガン定量方法）-1999 (7) JIS H1356（アルミニウム及びアルミニウム合金中の亜鉛定量方法）-1999 (8) JIS H1357（アルミニウム及びアルミニウム合金中のマグネシウム定量方法）-1999 (9) JIS H1358（アルミニウム及びアルミニウム合金中のクロム定量方法）-1998

	⑽　JIS H1359(アルミニウム及びアルミニウム合金中のチタン定量方法)-1998
	⑾　JIS H1362(アルミニウム及びアルミニウム合金中のバナジウム定量方法)-1994
	⑿　JIS H1363(アルミニウム合金中のジルコニウム定量方法)-1971
三　アルミニウム合金材の形状、寸法及び単位質量の基準値が定められていること。	三　第1第一号に掲げる建築材料の項(は)欄第四号に掲げる方法によること。
四　構造耐力上有害な欠け、割れ及び付着物がないこと。	四　JIS H0321(非鉄金属材料の検査通則)-1973の3によるか又はこれと同等以上に構造耐力上有害な欠け、割れ及び付着物がないことを確認できる方法によること。
五　表面処理等が施されている場合は、表面仕上げの組成及び厚さ等の基準値が定められていること。	五　JIS H8680(アルミニウム及びアルミニウム合金の陽極酸化皮膜厚さ試験方法)-1998によるか又はこれと同等以上に表面仕上げの組成及び厚さ等を測定できる方法によること。
六　前各号に掲げるもののほか、必要に応じてクリープ、疲労特性、耐久性、高温特性、低温特性及び加熱の影響による機械的性質の低下の基準値が定められていること。	六　次に掲げる方法によるか又はこれと同等以上にクリープ、疲労特性、耐久性、高温特性、低温特性及び加熱の影響による機械的性質の低下の基準値を測定できる方法によること。 イ　クリープ、疲労特性、耐久性、高温特性及び低温特性の測定は、第1第一号に掲げる建築材料の項(は)欄第七号によること。 ロ　加熱の影響による機械的性質の低下の測定は、加熱を行った後の機械的性質を、第一号に準じて測定すること。
第1第十七号に掲げる建築材料	一　材料の構成及び組み合わせの条件並びに力の伝達機構が定められていること。	
	二　構成材（前号(ろ)欄において力の伝達に寄与しないとしたものを除く。）の降伏点又は0.2%オフセット耐力（ス	二　実大又は当該トラス用機械式継手の品質を代表できる類似の形状による試験体（以下第六号までにおいて単に「試験体」という。）について、次に掲げる方法又はこれ

247

テンレス鋼にあっては、0.1％オフセット耐力）、引張強度、伸び及び絞りのうち各構成材の使用上必要な基準値が定められていること。また、引張試験片の採取が困難な場合は、硬さの基準値が定められていること。ただし、構成材として第1第一号から第五号まで及び第1第十六号に該当する建築材料を用いる場合にあっては、当該材料の項(ろ)欄のうちそれぞれの基準値とすることができる。	らと同等以上に(ろ)欄の基準値を測定できる方法によること。この場合において、試験体の数は、当該品質を精度よく測定するために必要な数とすること。 イ　降伏点又は0.2％オフセット耐力（ステンレス鋼にあっては、0.1％オフセット耐力）、引張強度、伸び及び絞りは、第1第二号に掲げる建築材料の項(は)欄第二号イに定める方法によること。 ロ　硬さは、第1第二号に掲げる建築材料の項(は)欄第二号ハに定める方法によること。
三　各構成材の主成分と固有の性能を発揮する化学成分の含有量の基準値が定められていること。ただし、構成材として第1第一号から第五号まで及び第1第十六号に該当する建築材料を用いる場合は、当該材料の項(ろ)欄のうちそれぞれの基準値とすることができる。	三　次に掲げる各構成材の材料に応じ、それぞれイからハまでに定める方法又はこれらと同等以上に成分を測定できる方法によること。 イ　鋼材　第1第一号に掲げる建築材料の項(は)欄第二号に定める方法によること。 ロ　アルミニウム合金材　第1第十六号に掲げる建築材料の項(は)欄第二号に定める方法によること。 ハ　イ及びロ以外の材料　当該構成材の性質及び化学成分を考慮し、必要な測定方法によること。
四　構成材の形状及び寸法の基準値が定められていること。	四　次に掲げる方法によるか又はこれと同等以上に構成材の形状及び寸法を測定できる方法によること。 イ　形状及び寸法の測定は、ノギス又はマイクロメータを用いて行うこと。 ロ　ねじの精度の測定は、限界ゲージを用いて行うこと。
五　必要に応じて、構成材（熱処理を行うものに限る。）の硬さ及び硬さの分布の基準値が定められていること。	五　構成材に熱処理を行ったのち、次に掲げる方法又はこれと同等以上に(ろ)欄の基準値を測定できる方法によること。この場合において、試験体の数は、当該品質を精度よく測定するために必要な数とする。

		イ　硬さの測定は、第1第二号に掲げる建築材料の項(は)欄第二号ハに定める方法によること。
		ロ　硬さの分布は、イに掲げる試験（硬さに関するものに限る。）を行い、構成材の種類に応じてそれぞれ次の(1)又は(2)のいずれかに掲げる位置について求めること。
		(1)　ボルト　断面方向（当該ボルトの径が大きく断面の入熱の状況が均一にならないおそれのある場合に限る。）又は軸方向に適切な間隔で定めた部位
		(2)　ボルト以外の構成材　当該構成材の使用法及び性質を考慮して定めた部位
六　圧縮及び引張りの許容耐力及び終局耐力が定められていること。また、必要に応じて曲げの許容耐力及び終局耐力が定められていること。	六　試験体について、次に掲げる方法又はこれらと同等以上に(ろ)欄の基準値を測定できる方法によること。ただし、許容耐力について、構成材の降伏等により構造耐力上支障のある剛性の低下を生じないことが確かめられた場合は、各構成材及びそれら相互の接合の力学的特性を用い当該数値を計算により求めることができる。この場合において、終局耐力の数値は、当該計算をしたそれぞれの許容耐力の数値の1.1倍の数値とするものとする。
		イ　必要に応じて、試験体に加力用の支持材を接合すること。
		ロ　圧縮試験及び引張試験は、次に掲げる方法によること。
		(1)　荷重は、適切なジグを介し支持材の軸方向に漸増して加えること。必要な場合においては、座屈止めの設置その他の試験体の加力方向以外の方向への変形を拘束するための措置を行わなければならない。
		(2)　試験体に作用する荷重及び変形を適切な精度を有する方法で測定すること。
		ハ　曲げ試験は、次に掲げる方法によること。

	(1)　支持材を試験体の両側に軸心が一致するように接合し、支点間距離を当該支持材の小径の10倍以上とすること。
	(2)　試験体は支点の中央部に位置するように配置すること。
	(3)　荷重は、試験体の中央部に適切なジグを介し漸増して加えること。
	(4)　試験体に作用する荷重及び試験体の中央におけるたわみ量を適切な精度を有する方法で測定すること。
	ニ　許容耐力は、ロ及びハの試験で確認された最大の荷重のそれぞれ70％以下の値とする。
	ホ　終局耐力は、ロ及びハの試験で確認された最大の荷重のそれぞれ90％以下の数値とする。
	ヘ　ロ及びハの試験において許容耐力時までに構造耐力上有害な変形が生じないことを確かめること。
七　(は)欄第六号イの接合の方法及び条件が定められていること。	七　材料及び接合の方法に応じ、イ又はロのいずれかに定める方法によること。 イ　鋼材の溶接接合　JIS G0553(鋼のマクロ組織試験方法)-1996、JIS G0565(鉄鋼材料の磁粉探傷試験方法及び磁粉模様の分類)-1992、JIS Z2343-1(非破壊試験－浸透探傷試験－第1部：一般通則：浸透探傷試験方法及び浸透指示模様の分類)-2001、JIS Z2344(金属材料のパルス反射法による超音波探傷試験方法通則)-1993に規定する方法又はこれらと同等以上に接合の健全性を確認できる方法によること。 ロ　イ以外の接合　イによる場合と同等以上に接合部位の健全性が確認できる部位及び試験方法によること。
八　つぶれ、きず、焼割れ等の構造耐力上有害な欠陥や錆等の欠点がないこと。	八　目視によって行うこと。
九　前各号に掲げるほか、必要	九　次の方法又はこれらと同等以上に(ろ)欄

	に応じて耐久性、疲労特性、高温特性、軸力を導入する場合のトルク係数値及びリラクセーション特性等の基準値が定められていること。	の基準値を測定できる方法によること。 イ　耐久性の測定は、JIS Z2371(塩水噴霧試験方法)-2000に、疲労特性の測定は、JIS Z2273(金属材料の疲れ試験方法通則)-1978に、高温特性の測定は、JIS G0567(鉄鋼材料及び耐熱合金の高温引張試験方法)-1998によること。 ロ　軸力を導入する場合のトルク係数値試験は、JIS B1186(摩擦接合用高力六角ボルト・六角ナット・平座金のセット)-1995の11.2のセットのトルク係数値試験によること。 ハ　リラクセーション特性の測定は、JIS Z2271(金属材料のクリープ及びクリープ破断試験方法)-1999、JIS Z2276(金属材料の引張リラクセーション試験方法)-2000の試験方法によること。
第1第十八号に掲げる建築材料	一　膜材料、テント倉庫用膜材料及び膜構造用フィルム(以下「膜材料等」という。)の基布(繊維糸による織物又は網目状織物をいう。以下同じ。)、コーティング材(基布に塗布し又は貼り合わせたものをいう。以下同じ。)その他の膜材料等の構成材が定められているとともに、単位質量並びに織糸密度及び織糸密度のばらつきの基準値が定められていること。	一　次に掲げる方法によること。 イ　各構成材の品質は、各構成材の受入時に、納品書、検査証明書又は試験証明書等の書類によること。 ロ　単位質量の基準値は、次に掲げる方法によること。 　(1)　膜材料等の単位質量の基準値は、100mm四方の試験片を膜材料等全体から偏らないように5枚(テント倉庫用膜材料にあっては、3枚)以上採取し、0.01gまで測定し、それらの平均値とすること。 　(2)　膜材料及びテント倉庫用膜材料の基布の単位質量の基準値は、基布の製造時に100mm四方の基布試験片を偏らないように5枚(テント倉庫用膜材料にあっては、3枚)以上採取し、0.01gまで測定して求めるか又は50mm四方の試験片について、コーティング材を溶剤で溶解し又は燃焼させて除去し、基布の質量を0.01gまで測定し、それらの平均値とすること。 　(3)　膜材料及びテント倉庫用膜材料の

コーティング材の単位質量の基準値
は、当該膜材料等の質量の基準値から
基布の質量の基準値を差し引いた数値
とすること。

ハ　膜材料の織糸密度及び織糸密度のばら
つきの基準値は、次に掲げる方法による
こと。

(1)　織糸密度の基準値は、JIS L1096(一
般織物試験方法)-1999によるか又は
これと同等以上に織糸密度を測定できる
方法により当該膜材料等の異なる5箇
所以上についてたて糸及びよこ糸それ
ぞれの単位幅当たりの本数を測定し、
それらの平均値とすること。

(2)　織糸密度のばらつきの基準値は、(1)
で測定した織糸密度から求めること。

二　厚さの基準値が定められて いること。	二　厚さの測定は、次に掲げる膜材料等の種 類に応じ、それぞれイ若しくはロに定める 方法によるか又は膜材料等の品質に応じて これらと同等以上に厚さを測定できる方法 によること。 イ　膜材料及びテント倉庫用膜材料　厚さ 測定器を用いて、膜材料及びテント倉庫 用膜材料の75mm以上間隔をおいた5 箇所以上について測定した値の平均値と すること。 ロ　膜構造用フィルム　JIS K7130(プラス チック-フィルム及びシート-厚さ測定 方法)-1999によること。
三　膜材料にあっては、布目曲 がりの基準値が定められてい ること。	三　布目曲がりの測定は、JIS L1096(一般織 物試験方法)-1999により当該膜材料の 300mm以上の間隔をおいた5箇所以上に ついて測定するか又は膜材料の品質に応じ てこれと同等以上に布目曲がりを測定でき る方法によること。
四　たて糸方向及びよこ糸方向 （膜構造用フィルムにあって は、ロール方向及びロール直 交方向。以下同じ。）の引張	四　たて糸方向及びよこ糸方向の引張強さ及 び伸び率並びに伸び率2.5％時の応力及 び伸び率10％時の応力の測定は、次に掲 げる方法によるか又は膜材料等の品質に応

強さ及び伸び率並びに伸び率2.5％時の応力及び伸び率10％時の応力の基準値が定められていること。

じてこれと同等以上に引張強さ及び伸び率並びに伸び率2.5％時の応力及び伸び率10％時の応力を測定できる方法によること。

イ　試験片はたて糸方向及びよこ糸方向それぞれについて5枚（テント倉庫用膜材料にあっては3枚）以上とすること。

ロ　載荷は、次に掲げる膜材料等の種類に応じ、それぞれ次の(1)又は(2)に定める方法により行うこと。

(1)　膜材料及びテント倉庫用膜材料　JIS L1096(一般織物試験方法)-1999の定速伸長形引張試験機を用いたストリップ法（試験片の幅は30 mm又は50 mmに限る。）によること。

(2)　膜構造用フィルム　JIS K7127(プラスチック-引張特性の試験方法－第三部：フィルム及びシートの試験条件)-1999によること。

ハ　引張強さの基準値は、ロに定める試験による破断時の荷重を各試験片ごとに求め、それらの平均値とすること。

ニ　伸び率の基準値は、ロに定める試験による破断時の伸び率を各試験片ごとに求め、それらの平均値とすること。

ホ　膜構造用フィルムの伸び率2.5％時の応力及び伸び率10％時の応力の基準値は、ロ(2)に定める試験による伸び率2.5％時の荷重及び伸び率10％時の荷重を各試験片ごとに求め、それらの平均値とすること。

五　たて糸方向及びよこ糸方向の引裂強さの基準値が定められていること。

五　たて糸方向及びよこ糸方向の引裂強さの測定は、次に掲げる方法によるか又は膜材料等の品質に応じてこれと同等以上に引裂強さを測定できる方法によること。

イ　試験片はたて糸方向及びよこ糸方向それぞれについて5枚（テント倉庫用膜材料にあっては3枚）以上とすること。

ロ　載荷は、次に掲げる膜材料等の種類に応じ、それぞれ次の(1)から(3)までに定め

る方法により行うこと。

(1)　膜材料　　JIS L1096（一般織物試験方法）-1999のトラペゾイド法によること。

(2)　テント倉庫用膜材料　　JIS L1096（一般織物試験方法）-1999のシングルタング法によること。

(3)　膜構造用フィルム　　JIS K7128-3（プラスチック－フィルム及びシートの引裂き強さ試験方法－第三部：直角形引裂法）-1998によること。

ハ　引裂強さの基準値は、ロに定める試験による最大荷重を各試験片ごとに求め、それらの平均値とすること。

六　膜材料にあっては、たて糸方向及びよこ糸方向のコーティング層の密着強さの基準値が定められていること。	六　たて糸方向及びよこ糸方向のコーティング層の密着強さの測定は、次に掲げる方法によるか又は膜材料等の品質に応じてこれと同等以上にコーティング層の密着強さを測定できる方法によること。 イ　試験片はたて糸方向及びよこ糸方向それぞれについて5枚以上とし、試験片の幅は30mm又は50mmとすること。 ロ　JIS K6404-5（ゴム引布・プラスチック引布試験方法－第5部：接着試験）-1999の試験方法Bによりコーティング層を剥離させること。 ハ　ロに定める試験から荷重－剥離長さ関係を求め、極大点となる荷重のうち、大きい方から五つの荷重を選択し、それらの平均値を剥離荷重とすること。 ニ　密着強さの基準値は、ハで求めた各試験片の剥離荷重の平均値とすること。
七　膜材料及び膜構造用フィルムにあっては、たて糸方向及びよこ糸方向の引張クリープによる伸び率の基準値が定められていること。	七　次に掲げる方法によるか又は膜材料等の品質に応じてこれと同等以上に引張クリープによる伸び率を測定できる方法によること。 イ　試験片はたて糸方向及びよこ糸方向それぞれについて5枚以上とすること。 ロ　載荷は、次に掲げる膜材料等の種類に応じ、それぞれ次の(1)又は(2)に定める方

法により行うこと。

(1) 膜材料　JIS K6859（接着剤のクリープ破壊試験方法）-1994の試験方法（試験片の幅は、30 mm 又は 50 mm に限る。）又は JIS K7115（プラスチック-クリープ特性の試験方法－第一部：引張クリープ）-1999の試験方法（試験片の幅は、30 mm 又は 50 mm に限る。）によること。

(2) 膜構造用フィルム　JIS K7115（プラスチック-クリープ特性の試験方法－第一部：引張クリープ）-1999の試験方法（当該試験方法に定めるもののほか、幅 25 mm の短冊型の試験片を含む。）によること。

ハ　載荷は、ロに定める試験方法により、次の(1)及び(2)に掲げる載荷をそれぞれ行うこと。

(1) 室温においてたて糸方向及びよこ糸方向の引張強さの基準値の $\frac{1}{4}$ 以上（膜構造用フィルムにあっては、伸び率 10 ％ 時の応力の基準値の $\frac{1}{2}$ 以上）の荷重で 24 時間の載荷を行うこと。

(2) 温度摂氏 60 度（基布にガラス繊維を用い、かつ、コーティング材に四ふっ化エチレン樹脂、四ふっ化エチレンパーフルオロアルキルビニルエーテル共重合樹脂又は四ふっ化エチレン－六ふっ化プロピレン共重合樹脂を用いた膜材料及び膜構造用フィルムにあっては、摂氏 150 度）雰囲気内でたて糸方向及びよこ糸方向の引張強さ（膜構造用フィルムにあっては、伸び率 10 ％ 時の応力）の基準値の $\frac{1}{10}$ 以上の荷重で 6 時間の載荷を行うこと。

ニ　ロ及びハに定める載荷を行い、試験片が破断しないこと。

ホ　ロ及びハに定める載荷を行った各試験片について伸び率を測定し、それらの平均値を引張クリープによる伸び率の基準

255

値とすること。

| 八　繰り返し荷重を受ける場合の引張強さの基準値が定められていること。ただし、膜材料等の構成材及び使用環境条件等に応じて当該基準値を要求しない場合においては、この限りでない。 | 八　繰り返し荷重を受ける場合の引張強さの測定は、次に掲げる方法によるか又は膜材料等の品質に応じてこれと同等以上に繰り返し荷重を受ける場合の引張強さの基準値を測定できる方法によること。 |

イ　引張りの繰り返し荷重を受ける場合の引張強さの測定は、次に掲げる方法によること。

(1)　試験片はたて糸方向及びよこ糸方向それぞれについて5枚以上とすること。

(2)　最大荷重をたて糸方向及びよこ糸方向の引張強さの基準値の$\frac{1}{5}$以上（膜構造用フィルムにあっては、伸び率10％時の応力の基準値の$\frac{4}{5}$以上）、最小荷重を20N/cm以下（膜構造用フィルムにあっては、2N/mm²以下）とした繰り返し引張疲労試験を、たて糸方向及びよこ糸方向それぞれについて30万回行うこと。

(3)　(2)の載荷を行った試験片について(は)欄第四号に規定する引張試験を行い破断時の荷重を測定すること。

(4)　たて糸方向及びよこ糸方向について(3)の破断時の荷重の平均値を引張りの繰り返し荷重を受ける場合の引張強さの基準値とすること。

ロ　折曲げの繰り返し荷重を受ける場合の引張強さの測定は、次に掲げる方法によること。

(1)　試験片はたて糸方向及びよこ糸方向それぞれについて5枚以上とし、その幅を15mm（膜構造用フィルムにあっては、6mm又は15mm）とすること。

(2)　載荷はJIS P8115(紙及び板紙－耐折強さ試験方法－MIT試験機法)-2001に定める方法（折り曲げ面は、3mm（膜構造用フィルムにあっては、1mm）の曲率半径とする。）により行い、試

		験片を1,000回往復して折曲げること。
		(3)　(2)の載荷を行った試験片について(は)欄第四号に規定する引張試験を行い破断時の荷重を測定すること。
		(4)　たて糸方向及びよこ糸方向について(3)の破断時の荷重の平均値を折曲げの繰り返し荷重を受ける場合の引張強さの基準値とすること。
	九　膜材料及びテント倉庫用膜材料にあっては、もみ摩擦により、コーティング材その他の構成材のはがれ、ひび割れがないこと。	九　次に掲げる方法によること。 イ　試験片はたて糸方向及びよこ糸方向それぞれについて5枚（テント倉庫用膜材料にあっては3枚）以上とすること。 ロ　JIS K6404-6（ゴム引布・プラスチック引布試験方法－第6部：もみ試験）-1999により、つかみ具の移動距離を50mmとし、かつ、押圧を10Nとして1,000回のもみ操作を行うこと。 ハ　ロの載荷を行った試験片について目視によりコーティング材その他の構成材のはがれ、ひび割れがないことを確かめること。
	十　傷、コーティング材のはがれ、ひび割れ、破れ及びしわ等の耐力上の欠点がないこと。	十　目視により行うこと。
	十一　前各号に掲げるもののほか、膜材料等の構成材及び使用環境条件等に応じて必要となる品質の基準値が定められていること。	
第1第十九号に掲げる建築材料	一　容積空洞率（セラミックメーソンリーユニットの空洞部全体の容積をセラミックメーソンリーユニットの外部形状容積で除して得た数値を百分率で表したものをいう。）の基準値が定められていること。	一　各部の寸法を実測して行うこと。

	二　各部の形状、寸法及び寸法精度の基準値が定められていること。	二　各部の寸法及び寸法精度の測定は、JIS A5210（建築用セラミックメーソンリーユニット）-1994によるか又はこれと同等以上に寸法及び寸法精度を測定できる方法によること。
	三　圧縮強さの基準値が定められていること。ただし、令第3章第8節に規定する構造計算を行わない建築物に用いられるものの圧縮強さは、8 N/mm² 以上であること。	三　JIS A5210（建築用セラミックメーソンリーユニット）-1994の圧縮試験方法によるか又はこれと同等以上に圧縮強さを測定できる方法によること。
	四　吸水率の基準値が定められていること。	四　JIS A5210（建築用セラミックメーソンリーユニット）-1994の吸水率の試験方法によるか又はこれと同等以上に吸水率を測定できる方法によること。
第1第二十号に掲げる建築材料	一　密度及び粘度の基準値が定められていること。	一　石綿飛散防止剤の密度及び粘度の測定は、次に掲げる方法又はこれと同等以上に石綿飛散防止剤の密度及び粘度を測定できる方法によること。 イ　密度の測定は、JIS K5600·2·4（塗料一般試験方法－第2部：塗料の性状・安定性－第4節：密度）-1999によること。 ロ　粘度については、JIS K5600·2·2（塗料一般試験方法－第2部：塗料の性状・安定性－第2節：粘度）-1999によること。
	二　塗布量の下限の基準値及び塗布方法が定められていること。	二　石綿飛散防止剤の塗布量の測定は、次に掲げる方法によること。 イ　試験体は、厚さ12mmの日本農林規格に定める合板（コンクリート型枠用合板一類）の底板と40×30×470mmの木材を釘打ちした木枠で構成された型枠に、JIS A9504-2004のロックウール35質量パーセント、JIS R5210-2003のポルトランドセメント15質量パーセント及び水50質量パーセントで、厚さ40mmになるように、吹き付けたものとすること。 ロ　イの試験体に石綿飛散防止剤をエアレススプレーその他の均一な塗布が確保さ

	れる方法を用いて塗布すること。 ハ　塗布量は、ロの塗布前後の薬剤量を適切な測定精度を有する測定機器を用いて測定する。
三　石綿飛散防止剤を塗布した建築材料に空調機器等による風圧を加えた際に、当該建築材料からの繊維の飛散が認められないこと。	三　石綿飛散防止剤を塗布した建築材料に空調機器等による風圧を加えた際の当該建築材料からの繊維の飛散本数の測定は、次に掲げる方法又はこれと同等以上に繊維の飛散本数を測定できる方法によること。 イ　試験体は、(は)欄前号イの試験体に石綿飛散防止剤を塗布したものについて、それぞれ、次の(1)及び(2)に該当するものとすること。 　(1)　摂氏60度±3度、相対湿度95%±5%の環境下に16時間放置し、その後直ちに摂氏60度±3度の環境下で乾燥を8時間行う過程を10回繰り返したもの 　(2)　(1)の過程を経ていないもの ロ　比較用の試験体は、清浄な塗装鉄板、プラスチック板等の繊維の発生しないことが明らかであるものとすること。 ハ　空気の吹き出し装置は、外径9.5mmから11.5mm、内径1.7mm、長さ25mmから35mm、拡散角度90度のノズルを有するものとすること。 ニ　繊維の飛散の測定は、装置内を清浄にした後に、試験体を設置し、ハの装置のノズルから圧力差98kPaの空気を吹き出し、当該空気を約15cm離れた位置からイの試験体に均一に当て、装置内の空気を径25mmのメンブランフィルターで、毎分1.5ℓずつ、60分間以上採取し、採取された空気中の繊維の本数を位相差顕微鏡を用いてJIS K3850-1空気中の繊維状粒子測定方法−第1部：位相差顕微鏡法及び走査電子顕微鏡法-2000の測定方法により測定すること。ただし、同規格における6.1.3a)の規定は適用せず、繊維全てを計数し、計数視野数

は100以上とする。

ホ　ニの測定をロの比較用の試験体及びイの試験体について行い、測定値を比較すること。

四　石綿飛散防止剤を塗布した建築材料に固形物が衝突した際に、その衝撃によって生じる飛散防止層（石綿飛散防止剤により被覆又は固着された当該建築材料の部分）のくぼみの深さが石綿飛散防止剤を塗布しない場合と比較して大きくなく、その衝撃による飛散防止層の脱落の発生がないこと。

四　石綿飛散防止剤を塗布した建築材料に固形物が衝突した際の飛散防止層のくぼみの深さの測定及び当該部分からの脱落の発生の有無の確認は、次に掲げる方法又はこれと同等以上に飛散防止層のくぼみの深さを測定し、当該部分からの脱落の発生の有無を確認できる方法によること。

イ　試験体は、(は)欄第二号イの試験体に石綿飛散防止剤を塗布したものと塗布しないものとすること。

ロ　衝撃を与える装置は、磁石等によって試験体の上面から1m上の高さからJIS B1501玉軸受用鋼球-1988に規定する呼び二並級の鋼球（直径50.8mm、質量約530g）を回転しないように自由落下させる機構を持つ装置とすること。

ハ　衝撃は、気乾状態のセメント強度用標準砂（厚さ約10cm）上に表面を上にして平らに置いたイの試験体に、ロの装置を使用して試験体の中央部に1mの高さから鋼球を落下させることによって与えること。

ニ　衝撃による飛散防止層のくぼみの深さは、60cm離れたところから目視して表面に生じていると認められるくぼみについて、ノギスにより1mm単位まで測定すること。

ホ　衝撃による飛散防止層からの脱落の発生の有無は、ニによる観察を終えた試験体を表面が下になるようにつり上げ、目視により確認すること。

五　石綿飛散防止剤を塗布した建築材料に引張力が作用した際に、飛散防止層に脱落又は損傷を発生させる付着強度の低下が認められないこと。

五　石綿飛散防止剤を塗布した建築材料に引張力が作用した際の飛散防止層の付着強度の測定は、次に掲げる方法又はこれと同等以上に飛散防止層の付着強度を測定できる方法によること。

		イ　試験体は、(は)欄第二号イの試験体に石綿飛散防止剤を塗布したものと塗布しないものとする。
		ロ　引張試験の試験片は、イの試験体の中央付近に 10 cm 四方の鋼板を無溶剤型の 2 液形エポキシ接着剤で接着させ、質量約 1 kg のおもりを載せて 24 時間静置したものとすること。
		ハ　付着強度の測定は、ロの試験片の鋼板の周辺に沿ってカッターで 20 mm まで切り込みを入れたものを、試験面の鉛直方向に毎分 1 mm の速度で引張力を破断するまで加えることにより行うこと。
		ニ　石綿飛散防止剤を塗布したものと塗布しないものについて、ハで測定された付着強度を比較すること。
第1第二十一号に掲げる建築材料	―　耐力又は 0.2 % 永久伸びに対する荷重、引張強さ又は引張荷重、伸び及びリラクセーションの基準値が定められていること。	―　引張試験方法及び各特性値の算定方法は、JIS G3536 (PC 鋼線及び PC 鋼より線)-1999、JIS G3109 (PC 鋼棒)-1994若しくは JIS G3137 (細径異形 PC 鋼棒)-1994に定める方法によるか又はこれらと同等以上に耐力又は 0.2 % 永久伸びに対する荷重、引張強さ又は引張荷重、伸び及びリラクセーションを測定できる方法によること。
	二　棒鋼の場合は、P、S 及び Cu の化学成分の含有量の基準値が、単一鋼線又は鋼より線の場合は、これらを構成する素線について C、Si、Mn、P、S 及び Cu の化学成分の含有量の基準値が定められていること。 　これらの化学成分のほか、固有の性能を確保する上で必要とする化学成分の含有量の基準値が定められていること。	二　次に掲げる方法によるか又はこれと同等以上に化学成分の含有量を測定できる方法によること。 イ　分析試験の一般事項及び分析試料の採取法は、JIS G0303 (鋼材の検査通則)-2000によること。 ロ　各成分の分析は、次に掲げる定量方法及び分析方法のいずれかによること。 ⑴　JIS G1211 (鉄及び鋼-炭素定量方法)-1995 ⑵　JIS G1212 (鉄及び鋼-けい素定量方法)-1997 ⑶　JIS G1213 (鉄及び鋼中のマンガン定量方法)-1981 ⑷　JIS G1214 (鉄及び鋼-りん定量方法)-1998

		(5) JIS G1215 (鉄及び鋼 − 硫黄定量方法) -1994
		(6) JIS G1219 (鉄及び鋼 − 銅定量方法) -1997
		(7) JIS G1253 (鉄及び鋼 − スパーク放電発光分光分析方法) -1995
		(8) JIS G1256 (鉄及び鋼 − 蛍光X線分析方法) -1997
		(9) JIS G1257 (鉄及び鋼 − 原子吸光分析方法) -1994
	三 緊張材の形状、寸法及び公称断面積の基準値（単一鋼線又は鋼より線にあってはこれらに加え単位質量）が定められていること。	三 次に掲げる方法によるか又はこれらと同等以上に緊張材の形状、寸法、公称断面積及び単位質量を測定できる方法によること。 イ 形状及び寸法の測定は次に掲げる方法によること。 (1) 棒鋼及び単一鋼線の測定は、任意の箇所の同一断面における最大径と最小径を測定すること。 (2) 鋼より線の測定は、任意の箇所の外接円の最大径と最小径を測定すること。 ロ 断面積はイで測定した形状及び寸法（鋼より線にあっては、更に素線の断面積）より算定すること。 ハ 単位質量の測定は、次のいずれかの方法によること。 (1) 断面積に対して、密度を乗じて求めること。 (2) 1t以上の供試材をまとめて計量した実測質量を全供試材の長さの総和で除した値を単位質量とすること。
	四 構造耐力上有害な欠け、割れ、錆及び付着物がないこと。	四 目視によって行うこと。
第1第二十二号に掲げる建築材料	一 軽量気泡コンクリートの原料、補強材、防錆材その他の使用材料が定められていること。	
	二 各部の形状、寸法及び寸法	二 各部の寸法及び寸法精度の測定は、JIS

	精度の基準値が定められていること。	A5416（軽量気泡コンクリートパネル）-1997によるか又はこれと同等以上に（ろ）欄の基準値を測定できる方法によること。
	三　圧縮強度及び密度の基準値が定められていること。	三　JIS A5416（軽量気泡コンクリートパネル）-1997の圧縮強度及び密度の試験方法によるか又はこれと同等以上に（ろ）欄の基準値を測定できる方法によること。
	四　乾燥収縮率の基準値が定められていること。	四　JIS A5416（軽量気泡コンクリートパネル）-1997の乾燥収縮率の試験方法によるか又はこれと同等以上に（ろ）欄の基準値を測定できる方法によること。
	五　曲げひび割れ荷重の下限値を加えたときのたわみの基準値が定められていること。	五　JIS A5416（軽量気泡コンクリートパネル）-1997の曲げ強さの試験方法によるか又はこれと同等以上に（ろ）欄の基準値を測定できる方法によること。
	六　構造耐力上有害な亀裂、気泡のむら、欠け、反りその他の欠陥がないこと。	六　目視によって行うこと。
第1第二十三号に掲げる建築材料	一　寸法の基準値が定められていること。	一　第1第十二号に掲げる建築材料の項（は）欄第一号に掲げる方法によること。
	二　面内圧縮の応力が生ずる部分に用いる場合にあっては、面内圧縮強さ及び面内圧縮の弾性係数の基準値が定められていること。	二　面内圧縮強さ及び面内圧縮の弾性係数の測定は、次に掲げる方法又はこれと同等以上に面内圧縮強さ及び面内圧縮の弾性係数を測定できる方法によること。 イ　面内圧縮強さは、第1第十二号に掲げる建築材料の項（は）欄第三号に掲げる方法によること。 ロ　面内圧縮の弾性係数は、イに掲げる方法により得られた荷重－変形関係を用いて求めること。
	三　面外曲げ強さ及び面外曲げ弾性係数の基準値が定められていること。面内曲げの応力が生ずる部分に用いる場合にあっては、面内曲げ強さ及び面内曲げ弾性係数の基準値が定められていること。	三　面外曲げ強さ、面外曲げ弾性係数、面内曲げ強さ及び面内曲げ弾性係数の測定は、次のいずれかに掲げる方法又はこれらと同等以上に面外曲げ強さ、面外曲げ弾性係数、面内曲げ強さ及び面内曲げ弾性係数を測定できる方法によること。 イ　JIS A1414-2（建築用パネルの性能試験方法－第二部：力学特性に関する試験）

	-2010の5.3の曲げ試験によること。ただし、試験体に加える荷重については、エアバッグ等を用いた等分布荷重とすることができる。 ロ　直交集成板規格6.6に掲げる方法によること。この場合において、「曲げヤング係数」とあるのは、「曲げ弾性係数」と読み替えるものとする。
四　めりこみの応力が生ずる部分に用いる場合にあっては、めりこみ強さの基準値が定められていること。	四　第1第十号に掲げる建築材料の項(は)欄第四号に掲げる方法によること。
五　面外せん断の応力が生ずる部分に用いる場合にあっては、面外せん断強さ及び面外せん断弾性係数の基準値が定められていること。面内せん断の応力が生ずる部分に用いる場合にあっては、面内せん断強さ及び面内せん断弾性係数の基準値が定められていること。	五　面外せん断強さ、面外せん断弾性係数、面内せん断強さ及び面内せん断弾性係数の測定は、次に掲げる方法又はこれと同等以上に面外せん断強さ、面外せん断弾性係数、面内せん断強さ及び面内せん断弾性係数を測定できる方法によること。 イ　面外せん断強さは、直交集成板規格6.8に掲げる方法によること。 ロ　面外せん断弾性係数は、イに掲げる方法により得られた荷重－変形関係を用いて求めること。 ハ　面内せん断強さ及び面内せん断弾性係数は、次に定める方法によること。 ⑴　試験体は、次に掲げる方法により採取すること。 　⒤　標本は、生産の段階で同定可能な母集団から、当該母集団の材料特性を適切に表すものとなるように採取すること。 　⒨　同一の標本から採取する試験体の数は、母集団の特性値を適切に推定できる数とすること。 ⑵　試験体は、温度摂氏20度±2度、相対湿度65％±5％の環境下で平衡状態となるまで静置すること。 ⑶　試験を行う環境は、⑵で試験体を静置した環境と同一とすること。 ⑷　試験体の形状及び寸法は、次による

こと。

(ⅰ) 試験体の短辺は、400 mm 程度とすること。

(ⅱ) 試験体の長辺は、600 mm ± 1 mm とすること。

(ⅲ) 幅100 mm 程度で長さ600 mm 以上の鋼板を試験体の両長辺に接着その他の方法により緊結し、試験体の短辺（鋼板が接していない部分に限る。）を 200 mm ± 0.5 mm 以上とすること。この場合において、(5)の試験により、鋼板及び緊結部分が当該試験体よりも先に塑性化しないものとすること。

(5) 試験は、次の方法によること。

(ⅰ) 試験体の両長辺に緊結した鋼板をそれぞれ平行に、かつ逆方向に引くこと。

(ⅱ) 試験体に作用する荷重及びせん断ひずみを適切な精度を有する方法で測定すること。

(6) 面内せん断強さの基準値は、(5)に掲げる試験による最大荷重を試験体のせん断面積で除して得た各試験体ごとのせん断強さの信頼水準 75％ の 95％ 下側許容限界値とすること。

(7) 面内せん断弾性係数は、(5)に掲げる試験により得られた荷重－変形関係を用いて求めること。

六　含水率の基準値が定められていること。	六　第1第十号に掲げる建築材料の項(は)欄第五号に掲げる方法によること。
七　湿潤状態となるおそれのある部分に用いる場合にあっては、第二号に規定する面内圧縮強さ及び面内圧縮の弾性係数、第三号に規定する面外曲げ強さ、面外曲げ弾性係数、面内曲げ強さ及び面内曲げ弾性係数、第四号に規定するめりこみ強さ並びに第五号に規	七　第1第十号に掲げる建築材料の項(は)欄第六号に掲げる方法によること。この場合において、同号中「曲げ強さ、曲げ弾性係数、せん断強さ、せん断弾性係数及びめりこみ強さ」とあるのは「面内圧縮強さ、面内圧縮の弾性係数、面外曲げ強さ、面外曲げ弾性係数、面内曲げ強さ、面内曲げ弾性係数、めりこみ強さ、面外せん断強さ、面外せん断弾性係数、面内せん断強さ及び面

定する面外せん断強さ、面外せん断弾性係数、面内せん断強さ及び面内せん断弾性係数に対する含水率の調整係数が定められていること。ただし、面内圧縮強さ、面内曲げ強さ、めりこみ強さ、面外せん断強さ若しくは面内せん断強さ又は面内圧縮の弾性係数、面内曲げ弾性係数、面外せん断弾性係数若しくは面内せん断弾性係数に対する含水率の調整係数は、合理的な方法により面外曲げ強さ又は面外曲げ弾性係数に対する含水率の調整係数と同等以上であることが確かめられた場合にあっては、面外曲げ強さ又は面外曲げ弾性係数に対する含水率の調整係数により代替することができる。

内せん断弾性係数」と、「(は)欄第二号から第四号まで」とあるのは「第1第二十三号に掲げる建築材料の項(は)欄第二号から第五号まで」と読み替えるものとする。ただし、各部の組合せに対する含水率の影響を考慮し、各部の含水率の調整係数を用いて計算した場合は、当該数値とすることができる。

八　長期に生ずる力を受ける部分に用いる場合にあっては、第二号に規定する面内圧縮強さ、第三号に規定する面外曲げ強さ及び面内曲げ強さ、第四号に規定するめりこみ強さ並びに第五号に規定する面外せん断強さ及び面内せん断強さに対する荷重継続時間の調整係数が定められていること。ただし、面内圧縮強さ、面内曲げ強さ、めりこみ強さ、面外せん断強さ又は面内せん断強さに対する荷重継続時間の調整係数は、合理的な方法により面外曲げ強さに対する荷重継続時間の調整係数と同等以上であることが確かめられた場合にあっては、面外曲

八　第1第十号に掲げる建築材料の項(は)欄第七号に掲げる方法によること。この場合において、同号中「曲げ強さ、せん断強さ及びめりこみ強さ」とあるのは「面内圧縮強さ、面外曲げ強さ、面内曲げ強さ、めりこみ強さ、面外せん断強さ及び面内せん断強さ」と、「(は)欄第二号から第四号まで」とあるのは「第1第二十三号に掲げる建築材料の項(は)欄第二号から第五号まで」と読み替えるものとする。ただし、各部の組合せに対する荷重継続時間の影響を考慮し、各部の荷重継続時間の調整係数を用いて計算した場合は、当該数値とすることができる。

げ強さに対する荷重継続時間の調整係数により代替することができる。	
九　長期に生ずる力を受ける部分に用いる場合にあっては、第二号に規定する面内圧縮の弾性係数、第三号に規定する面外曲げ弾性係数及び面内曲げ弾性係数並びに第五号に規定する面外せん断弾性係数及び面内せん断弾性係数に対するクリープの調整係数が定められていること。ただし、面内圧縮の弾性係数、面内曲げ弾性係数、面外せん断弾性係数又は面内せん断弾性係数に対するクリープの調整係数は、合理的な方法により面外曲げ弾性係数に対するクリープの調整係数と同等以上であることが確かめられた場合にあっては、面外曲げ弾性係数に対するクリープの調整係数により代替することができる。	**九**　第1第十号に掲げる建築材料の項(は)欄第八号に掲げる方法によること。この場合において、同号中「曲げ弾性係数及びせん断弾性係数」とあるのは「面内圧縮の弾性係数、面外曲げ弾性係数、面内曲げ弾性係数、面外せん断弾性係数及び面内せん断弾性係数」と、「(は)欄第二号及び第三号」とあるのは「第1第二十三号に掲げる建築材料の項(は)欄第三号及び第五号」と、「(ろ)欄第六号」とあるのは「第1第二十三号に掲げる建築材料の項(ろ)欄第七号」と、「(ろ)欄第七号」とあるのは「同欄第八号」と読み替えるものとする。ただし、各部の組合せに対するクリープの影響を考慮し、各部のクリープの調整係数を用いて計算した場合は、当該数値とすることができる。
十　第二号に規定する面内圧縮強さ及び面内圧縮の弾性係数、第三号に規定する面外曲げ強さ、面外曲げ弾性係数、面内曲げ強さ及び面内曲げ弾性係数、第四号に規定するめりこみ強さ並びに第五号に規定する面外せん断強さ、面外せん断弾性係数、面内せん断強さ及び面内せん断弾性係数に対する事故的な水掛りを考慮した調整係数が定められていること。ただし、面内圧縮強さ、面内曲げ強さ、めりこみ強さ、面外せん断強さ若し	**十**　第1第十号に掲げる建築材料の項(は)欄第九号に掲げる方法によること。この場合において、同号中「曲げ強さ、曲げ弾性係数、せん断強さ、せん断弾性係数及びめりこみ」とあるのは「面内圧縮強さ、面内圧縮の弾性係数、面外曲げ強さ、面外曲げ弾性係数、面内曲げ強さ、面内曲げ弾性係数、めり込み強さ、面外せん断強さ、面外せん断弾性係数、面内せん断強さ及び面内せん断弾性係数」と、「(は)欄第二号から第四号まで」とあるのは「第1第二十三号に掲げる建築材料の項(は)欄第二号から第五号まで」と読み替えるものとする。ただし、各部の組合せに対する事故的な水掛りの影響を考慮し、各部の事故的な水掛りを考慮

くは面内せん断強さ又は面内圧縮の弾性係数、面内曲げ弾性係数、面外せん断弾性係数若しくは面内せん断弾性係数に対する事故的な水掛りを考慮した調整係数は、合理的な方法により面外曲げ強さ又は面外曲げ弾性係数に対する事故的な水掛りを考慮した調整係数と同等以上であることが確かめられた場合にあっては、面外曲げ強さ又は面外曲げ弾性係数に対する事故的な水掛りを考慮した調整係数により代替することができる。	した調整係数を用いて計算した場合は、当該数値とすることができる。
十一　接着耐久性に関する強さの残存率が、それぞれ0.5として定められていること。ただし、直交集成板規格箇条4に規定する品質のうち、接着の程度の基準に適合する場合にあっては、この限りでない。	十一　接着耐久性に関する強さの測定は、第1第十号に掲げる建築材料の項(は)欄第十号に掲げる方法によること。この場合において、同号中「(は)欄第二号」とあるのは「第1第二十三号に掲げる建築材料の項(は)欄第三号」と、「(ろ)欄第二号」とあるのは「同項(ろ)欄第三号」と読み替えるものとする。
十二　防腐処理による力学特性値の低下率の基準値が定められ、かつ、防腐処理に用いる木材防腐剤の名称が明らかにされていること。この場合において、注入処理による場合にあっては、当該木材処理剤の有効成分の含有量の基準値が定められていること。	十二　第1第十号に掲げる建築材料の項(は)欄第十一号に掲げる方法によること。この場合において、同号中「(は)欄第二号から第四号まで」とあるのは、「第1第二十三号に掲げる建築材料の項(は)欄第二号から第五号まで」と読み替えるものとする。

別表第3（検査項目及び検査方法）

（い）	（ろ）	（は）
建築材料の区分	検 査 項 目	検 査 方 法
第1第一号に掲げる建築材料	別表第2（ろ）欄に規定する品質基準のすべて	一　別表第2（は）欄に規定する測定方法等によって行う。ただし、組成の検査は資材の受入時に、資料の納品書、検査証明書又は試験証明書等の書類によって行ってもよい。 二　引張試験に関する試験片の数は、同一溶鋼に属し、最大厚さが最小厚さの2倍以内のものを一括して1組とし、引張試験片を1個採取する。ただし、1組の質量が50tを超えるときは、引張試験片を2個採取する。この場合、製品1個で50tを超える場合は、引張試験片の数は、製品1個につき1個とする。 三　形状・寸法の検査は、同一形状・寸法のもの1ロールごとに1個以上について行う。ただし、鋳鋼にあっては、各製品ごとに行うものとする。 四　その他検査に関わる一般事項は、JIS G0404（鋼材の一般受渡し条件）-1999による。
第1第二号に掲げる建築材料	別表第2（ろ）欄に規定する品質基準のうち第二号から第七号まで	一　別表第2（は）欄に規定する測定方法等によって行う（組成の検査を除く。）。 二　組成の検査は、資材の受入時に、資材の納品書、検査証明書又は試験証明書等の書類によって行う。 三　機械的性質を調べる試験の抜取検査方式は、JIS Z9003（計量規準型1回抜取検査（標準偏差既知でロットの平均値を保証する場合及び標準偏差既知でロットの不良率を保証する場合））-1979に規定する計量抜取検査方式による。
第1第三号に掲げる建築材料	別表第2（ろ）欄に規定する品質基準のすべて	一　別表第2（は）欄に規定する測定方法等によって行う（組成の検査を除く。）。 二　組成の検査は、資材の受入時に、資材の納品書、検査証明書又は試験証明書等の書類によって行う。 三　鋼素線の検査（外観検査を除く。）は、同一溶鋼の材料を用いた同一線径の素線で、同一条件によって連続して製造されたものが3コイル以上の場合は任意の3コイルの両端から1本ず

		つ、3コイルに満たない場合は各コイルの両端から1本ずつ試験体を採取して行う。ただし、外観検査は、全コイルについて行う。なお、1コイルとは、製造直後に巻き取られた単位をいう。 四　鋼より線の検査は、1条ごとに行う。同一の鋼素線を用い、同一の機械によって連続して製造された複数の鋼より線の場合は、そのうちの任意の1条を選んでもよい。
第1第四号に掲げる建築材料	別表第2（ろ）欄に規定する品質基準のすべて	一　別表第2（は）欄に規定する測定方法等によって行う（組成の検査を除く。）。 二　組成の検査は、資材の受入時に、資材の納品書、検査証明書又は試験証明書等の書類によって行う。 三　引張試験及び曲げ試験に関する試験片の数は、同一溶鋼に属し、径又は公称直径の差10mm未満のものを一括してそれぞれ1個以上とする。ただし、50tを超えるときは、それぞれ2個以上とする。 四　形状・寸法に関する供試材は、同一形状・寸法のもの1ロールごとに1個以上を採取する。 五　単位質量に関する供試材は、同一形状・寸法のもの1ロールごとに10本以上又は1t以上を採取する。
第1第五号に掲げる建築材料	別表第2（ろ）欄に規定する品質基準のすべて	一　別表第2（は）欄に規定する測定方法等によって行う。ただし、組成の検査は資材の受入時に資材の納品書、検査証明書又は試験証明書等の書類によって行ってもよい。
第1第六号に掲げる建築材料	別表第2（ろ）欄に規定する品質基準のうち第二号から第五号まで	一　別表第2（は）欄に規定する測定方法等によって行う（組成の検査を除く。）。 二　組成の検査は、資材の受入時に、資材の納品書、検査証明書又は試験証明書等の書類によって行う。 三　機械的性質の検査は、3体以上の試験体について行う。
第1第七号に掲げる建築材料	別表第2（ろ）欄に規定する品質基準のすべて	一　別表第2（は）欄に規定する測定方法等によって行う（セメント及び骨材の検査を除く。）。 二　セメント及び骨材の検査は、それらの受入時に、それらの納品書、検査証明書又は試験証明

		書等の書類によって行う。 三　コンクリートの検査は、150 m³ につき1回の割合で行う。 四　コンクリートの種類に応じて、これによる場合と同等以上に品質を確保することができる場合にあっては、前各号の規定によらないことができる。
第1第八号に掲げる建築材料	別表第2(ろ)欄に規定する品質基準のすべて	一　別表第2(は)欄に規定する測定方法等によって行う。
第1第九号に掲げる建築材料	別表第2(ろ)欄に規定する品質基準のすべて	一　支承材の検査は、別表第2(ろ)欄のうち第一号、第二号及び第八号に規定する品質基準並びに第四号ロ及びハのうち当該支承の特性を代表する品質基準について、別表第2(は)欄に規定する測定方法により、JIS Z9015-0(計数値検査に対する抜取検査手順－第0部 JIS Z9015 抜取検査システム序論)-1999及び JIS Z9015-1(計数値検査に対する抜取検査手順－第1部ロットごとの検査に対する AQL 指標型抜取検査方式)-1999に規定するロットごとの抜取率に従い、各製品ごとに行う。 二　減衰材の検査は、別表第2(ろ)欄のうち第一号、第二号及び第八号に規定する品質基準について、前号に規定する測定方法により、前号に規定するロットごとの抜取率に従い、各製品ごとに行う。 三　復元材の検査は、支承材及び減衰材の品質基準のうち関連する品質基準について、第一号に規定する測定方法により、第一号に規定するロットごとの抜取率に従い、各製品ごとに行う。 四　前各号に掲げる品質基準以外の品質基準に係る検査は、前各号に規定する検査によるほか、同一の条件下で生産された同種の製品（当該免震材料の品質を代表し得る類似の形状のものを含む。）の検査成績証又は製品の性能を表現できる縮小モデルによることができる。
第1第十号に掲げる建築材料	別表第2(ろ)欄に規定する品質基準のすべて	一　各部の種類、接着剤の種類又は生産方法の条件が異なるごとに別表第2(は)欄に規定する測定方法等によって行う。ただし、当該建築材料ごとの曲げ強さ、曲げ弾性係数、せん断強さ、

		せん断弾性係数及びめりこみ強さ（以下この号において「各力学特性値」という。）並びに調整係数による各力学特性値の低減の度合を考慮して、代表的な品質基準に係る測定方法等により当該建築材料の品質を確保することができる場合においては、この限りでない。 二　形状・寸法の検査は、資材の受入時に、資材の納品書、検査成績書又は試験証明書等の書類によって行う。
第1第十一号に掲げる建築材料	別表第2（ろ）欄に規定する品質基準のすべて	一　各部の種類、接着剤の種類又は生産方法の条件が異なるごとに別表第2（は）欄に規定する測定方法等によって行う。ただし、当該建築材料ごとの最大曲げモーメント、曲げ剛性、せん断強さ、せん断弾性係数及びめりこみ強さ（以下この号において「各力学特性値」という。）並びに調整係数による各力学特性値の低減の度合を考慮して、代表的な品質基準に係る測定方法等により当該建築材料の品質を確保することができる場合においては、この限りでない。 二　形状・寸法の検査は、資材の受入時に、資材の納品書、検査成績書又は試験証明書等の書類によって行う。
第1第十二号に掲げる建築材料	別表第2（ろ）欄に規定する品質基準のすべて	一　各部の種類、接着剤の種類又は生産方法の条件が異なるごとに別表第2（は）欄に規定する測定方法等によって行う。ただし、当該建築材料ごとの面内圧縮強さ、面外曲げ強さ、曲げ弾性係数、めりこみ強さ、せん断耐力及びせん断剛性（以下この号において「各力学特性値」という。）並びに調整係数による各力学特性値の低減の度合を考慮して、代表的な品質基準に係る測定方法等により当該建築材料の品質を確保することができる場合においては、この限りでない。 二　形状・寸法の検査は、資材の受入時に、資材の納品書、検査成績書又は試験証明書等の書類によって行う。
第1第十三号に掲げる建築材料	別表第2（ろ）欄に規定する品質基準のすべて	一　各部の種類、接着剤の種類又は生産方法の条件が異なるごとに別表第2（は）欄に規定する測定方法等によって行う。ただし、当該建築材料

<table>
<tr><td colspan="2"></td><td>ごとの面内圧縮強さ、面外曲げ強さ、曲げ弾性係数、せん断耐力及びせん断剛性（以下この号において「各力学特性値」という。）並びに調整係数による各力学特性値の低減の度合を考慮して、代表的な品質基準に係る測定方法等により当該建築材料の品質を確保することができる場合においては、この限りでない。
二　形状・寸法の検査は、資材の受入時に、資材の納品書、検査成績書又は試験証明書等の書類によって行う。</td></tr>
<tr><td>第１第十四号に掲げる建築材料</td><td>別表第２（ろ）欄に規定する品質基準のすべて</td><td>一　別表第２（は）欄に規定する測定方法等によって行う（組成及びねじ込み性能の検査を除く。）。
二　組成の検査は、資材の受入時に、資材の納品書、検査証明書又は試験証明書等の書類によって行う。
三　第一号に掲げる検査を行う試験体の数は、同一素線及び同一形状・寸法（熱処理等を施す場合にあっては、更に同一の処理条件）のものを１組とし、それぞれ１体以上とする。ただし、次に掲げる検査における試験体の数は、それぞれイ及びロに定めるところによらなければならない。
イ　外観の検査　10体以上
ロ　表面硬さの検査　３体以上</td></tr>
<tr><td>第１第十五号に掲げる建築材料</td><td>別表第２（ろ）欄に規定する品質基準のうち第一号、第二号及び第四号から第七号まで</td><td>一　別表第２（は）欄に規定する測定方法等によって行う（組成の検査、表面硬さの検査及び打込み性能の検査のうち引抜きに係る部分を除く。）。この場合において、打込み鋲のせん断性能の検査のうち別表第２（は）欄第二号ホ(1)の試験に用いる荷重の最大値は 15kN とするものとする。
二　組成の検査は、資材の受入時に、資材の納品書、検査証明書又は試験証明書等の書類によって行う。
三　第一号に掲げる検査を行う試験体の数は、同一素線及び同一形状・寸法（熱処理等を施す場合にあっては、更に同一の処理条件）のものを１組とし、それぞれ１体以上とする。ただし、次に掲げる検査の種類についての試験体の数は、それぞれイ及びロに定めるところによらな</td></tr>
</table>

		ければならない。 イ　外観の検査　10体以上 ロ　打込みの検査　10体以上
第1第十六号に掲げる建築材料	別表第2(ろ)欄に規定する品質基準のすべて	一　別表第2(は)欄に規定する測定方法等によって行う。ただし、組成の検査は資材の受入時に、資料の納品書、検査証明書又は試験証明書等の書類によって行ってもよい。 二　引張試験に関する試験片の数は、同一溶解組に属し、種類、質別及び厚さの同じものにつき、厚さ6mm以下のものは原則として1,000kg又はその端数を1組として、厚さ6mmを超えるものは2,000kg又はその端数を1組として、各組から任意に1個採取する。ただし、製品1個で2,000kgを超える場合は、引張試験片の数は、製品1個につき1個とする。 三　形状・寸法の検査は、同一形状・寸法のもの1ロールごとに1個以上について行う。 四　その他検査に関わる一般事項は、JIS H0321 (非鉄金属材料の検査通則)-1973による。
第1第十七号に掲げる建築材料	別表第2(ろ)欄に規定する品質基準のうち第二号から第四号まで、第八号及び第九号	一　別表第2(は)欄に規定する測定方法等によって行う（組成及び機械的性質の検査を除く。）。 二　組成の検査は、資材の受け入れ時に、資材の納品書、検査証明書又は試験証明書等の書類によって行う。 三　機械的性質の検査は、各構成材ごとに同一形状・寸法（熱処理を施す場合にあっては、更に同一の処理条件）のものを1組とし、それぞれ1体以上を採取した試験片について、別表第2(は)欄第二号に規定する測定方法等によって行う。ただし、別表第2(ろ)欄第二号ただし書の適用を受けた場合にあっては、資材の受け入れ時に、資材の納品書、検査証明書又は試験証明書等の種類によって行ってもよい。 四　別表第2(ろ)欄第一号において力の伝達に寄与しないものとした構成材にあっては、必要に応じて、組成及び機械的性質の検査を、資材の受け入れ時に、資材の納品書、検査証明書又は試験証明書等の種類によって行う。
第1第十八	別表第2(ろ)欄に規定する	一　同一の機械によって連続して製造された基布

号に掲げる建築材料	品質基準のすべて	を使用し、同一の機械によって同時期に製造された膜材料等の製品（膜構造用フィルムにあっては、同一の機械によって連続して製造された膜構造用フィルムの製品）ごとに別表第2（は）欄に規定する測定方法等によって行う。ただし、代表的な品質基準に係る測定方法等により当該建築材料の品質を確保できる場合においては、この限りでない。 二　膜材料及びテント倉庫用膜材料の基布の質量の検査は、基布の受入時に、基布の検査成績書等の書類によって行ってもよい。
第1第十九号に掲げる建築材料	別表第2（ろ）欄に規定する品質基準のすべて	一　別表第2（は）欄に規定する測定方法等によって行う。
第1第二十号に掲げる建築材料	別表第2（ろ）欄に規定する品質基準のうち、第一号及び第二号	一　資材の受入時に、資材の納品書、検査証明書又は試験証明書等の書類によって行う。
第1第二十一号に掲げる建築材料	別表第2（ろ）欄に規定する品質基準のすべて	一　別表第2（は）欄に規定する測定方法等によって行う。ただし、組成の検査は、資材の受け入れ時に、資材の納品書、検査証明書又は試験証明書等の書類によって行ってもよい。
第1第二十二号に掲げる建築材料	別表第2（ろ）欄に規定する品質基準のすべて	一　別表第2（は）欄に規定する測定方法等によって行う。
第1第二十三号に掲げる建築材料	別表第2（ろ）欄に規定する品質基準の全て	一　各部の種類、接着剤の種類又は生産方法の条件が異なるごとに別表第2（は）欄に規定する測定方法等によって行う。ただし、当該建築材料ごとの面内圧縮強さ、面内圧縮の弾性係数、面外曲げ強さ、面外曲げ弾性係数、面内曲げ強さ、面内曲げ弾性係数、めりこみ強さ、面外せん断強さ、面外せん断弾性係数、面内せん断強さ及び面内せん断弾性係数（以下この号において「各力学特性値」という。）並びに調整係数による各力学特性値の低減の度合いを考慮して、代表的な品質基準に係る測定方法等により当該建築材料の品質を確保することができる場合においては、この限りでない。 二　形状・寸法の検査は、資材の受入時に、資材の納品書、検査成績書又は試験証明書等の書類

			によって行う。

【法律第3章(都市計画区域等における建築物の敷地、構造、建築設備及び用途)関係】

〔令和元年6月21日国土交通省告示第194号〕

防火地域又は準防火地域内の建築物の部分及び防火設備の構造方法を定める件

最終改正　令和2年4月1日国土交通省告示第508号

建築基準法(昭和25年法律第201号)第61条の規定に基づき、防火地域又は準防火地域内の建築物の部分及び防火設備の構造方法を定める件を次のように定める。

第1　建築基準法施行令(昭和25年政令第338号。以下「令」という。)第136条の2第一号イに掲げる基準に適合する建築物の部分及び外壁開口部設備(同号イに定める外壁開口部設備をいう。以下同じ。)の構造方法は、次に定めるものとする。

一　主要構造部は、耐火構造又は令第108条の3第1項第一号若しくは第二号に該当する構造とすること。

二　外壁開口部設備は、建築基準法(以下「法」という。)第2条第九号の二ロに規定する防火設備とすること。

第2　令第136条の2第一号ロに掲げる基準に適合する建築物の部分及び外壁開口部設備の構造方法は、次の各号に掲げる建築物の区分に応じ、それぞれ当該各号に定めるものとする。

一　次に掲げる基準に適合する建築物　次の表2に掲げる建築物の区分に応じ、それぞれ同表に定める構造方法

　イ　地階を除く階数が3以下であること。

　ロ　延べ面積が3,000 m^2(一戸建ての住宅にあっては、200 m^2)以下であること。

　ハ　各階における外壁の開口部の面積の合計の当該外壁の面積に対する割合が、次の表1に掲げる場合の区分に応じ、それぞれ同表に定める数値以下であること。

　　1

s ≦ 1 の場合	0.05
1 < s ≦ 3 の場合	s を10 で除して得た数値から0.05 を減じて得た数値
3 < s の場合	0.25

　　この表において、sは、当該外壁の開口部から隣地境界線、当該建築物と同一敷地内の他の建築物(同一敷地内の建築物の延べ面積の合計が500 m^{2}以内である場合における当該他の建築物を除く。第4第一号イ(1)(ii)(三)において同じ。)との外壁間の中心線(第4第一号において「隣地境界線等」という。)又は道路中心線までの水平距離(単位　m)を表すものとする。

　ニ　次の表2の(1)から(3)までに掲げる建築物のうち延べ面積が500 m^2(同表の(2)に掲げる建築物にあっては、100 m^2)を超えるものにあっては、床面積の合計500 m^2(同表の(2)に

掲げる建築物にあっては、100 m²）以内ごとに1時間準耐火基準に適合する準耐火構造の床若しくは壁又は特定防火設備で区画され、かつ、当該区画された部分ごとにスプリンクラー設備（水源として、水道の用に供する水管を連結したものを除く。）、水噴霧消火設備、泡消火設備その他これらに類するもので自動式のものが設けられていること。

ホ　次の表2の⑷に掲げる建築物にあっては、令第112条第11項に規定する竪穴部分と当該竪穴部分以外の部分とが準耐火構造の床若しくは壁又は令第112条第12項ただし書に規定する10分間防火設備で区画されていること。

2

	建　築　物	主要構造部(外壁、屋根及び階段を除く。)の構造方法	外壁及び屋根の軒裏の構造方法	屋根(軒裏を除く。)及び階段の構造方法	外壁開口部設備の構造方法
(1)	別表第1（い）欄(1)項、(3)項若しくは(4)項に掲げる用途（物品販売業を営む店舗を除く。）又は事務所の用途に供する建築物	1時間準耐火基準に適合する準耐火構造とすること。	75分間準耐火構造とすること。	準耐火構造とすること。	法第2条第九号のニロに規定する防火設備とすること。
(2)	法別表第1（い）欄(2)項に掲げる用途に供する建築物	1時間準耐火基準に適合する準耐火構造とすること。	90分間準耐火構造とすること。	準耐火構造とすること。	法第2条第九号のニロに規定する防火設備とすること。
(3)	物品販売業を営む店舗の用途に供する建築物	1時間準耐火基準に適合する準耐火構造とすること。	90分間準耐火構造とすること。	準耐火構造とすること。	30分間防火設備とすること。
(4)	一戸建ての住宅	準耐火構造とすること。	75分間準耐火構造とすること。	準耐火構造とすること。	法第2条第九号のニロに規定する防火設備とすること。

二　卸売市場の上家、機械製作工場その他これらと同等以上に火災の発生のおそれが少ない用途に供する建築物　次のイ及びロに掲げる構造方法

イ　主要構造部は、不燃材料で造られたものその他これに類する構造とすること。

ロ　外壁開口部設備は、20分間防火設備（令第137条の10第四号に規定する20分間防火設備をいう。以下同じ。）とすること。

2　前項第一号の「75分間準耐火構造」とは、令和元年国土交通省告示第193号第1第8項に規

定する75分間準耐火構造をいう。

3　第1項第一号の「90分間準耐火構造」とは、次の各号に掲げる建築物の部分の区分に応じ、それぞれ当該各号に定める構造をいう。

一　壁　次のイ又はロのいずれかに該当する構造

イ　平成27年国土交通省告示第250号第2第一号イ(1)から(5)までのいずれかに該当する構造

ロ　法第21条第1項の規定により令第109条の5第一号に掲げる基準に適合する建築物とした建築物（通常火災終了時間が90分間以上であるものに限る。次号ロにおいて同じ。）又は法第27条第1項の規定により令第110条第一号に掲げる基準に適合する建築物とした建築物（特定避難時間が90分間以上であるものに限る。次号ロにおいて同じ。）の壁（非耐力壁である外壁にあっては、延焼のおそれのある部分に限る。）の構造方法を用いる構造

二　軒裏　次のイ又はロのいずれかに該当する構造

イ　平成27年国土交通省告示第250号第2第一号イ(1)から(3)まで又は(5)のいずれかに該当する構造

ロ　法第21条第1項の規定により令第109条の5第一号に掲げる基準に適合する建築物とした建築物又は法第27条第1項の規定により令第110条第一号に掲げる基準に適合する建築物とした建築物の軒裏（延焼のおそれのある部分に限る。）の構造方法を用いる構造

4　第1項第一号の「30分間防火設備」とは、次に掲げる防火設備（第二号又は第三号に掲げる防火設備にあっては、周囲の部分（当該防火設備から屋内側に15cm以内の間に設けられた建具がある場合には、当該建具を含む。）が不燃材料で造られた開口部に取り付けられたものであって、枠又は他の防火設備と接する部分を相じゃくりとし、又は定規縁若しくは戸当りが設けられていることその他の閉鎖した際に隙間が生じない構造とし、かつ、取付金物を当該防火設備が閉鎖した際に露出しないように取り付けたものに限る。）をいう。

一　令第114条第5項において読み替えて準用する令第112条第21項に規定する構造方法を用いる防火設備又は同項の規定による認定を受けた防火設備

二　鉄材又は鋼材で造られた防火設備で、鉄板又は鋼板の厚さが1.0mm以上のもの（耐熱結晶化ガラス（主たる構成物質が二酸化けい素、酸化アルミニウム及び酸化リチウムであるガラスをいい、厚さが5mm以上であり、かつ、線膨張係数が摂氏30度から摂氏750度までの範囲において、1度につき0±0.0000005であるものに限る。次号イにおいて同じ。）を用いたものを含む。）

三　枠を鉄材又は鋼材で造り、かつ、次のイからホまでに掲げる基準に適合する構造とした防火設備

イ　耐熱結晶化ガラスを用いたものであること。

ロ　はめごろし戸であること。

ハ　幅が1,000mm以上1,200mm以下で高さが1,600mm以上2,400mm以下の開口部に取り付けられたものであること。

ニ　火災時においてガラスが脱落しないよう、次に掲げる方法によりガラスが枠に取り付けられたものであること。

(i)　ガラスを鉄材又は鋼材で造られた厚さが3mm以上の取付部材（ガラスを枠に取り付けるために設置される部材をいう。(ii)において同じ。）により枠に堅固に取り付けるこ

と。
 (ⅱ) 取付部材を鋼材で造られたねじにより枠に250mm以下の間隔で固定すること。
 (ⅲ) ガラスの下にセッティングブロック（鋼材又はけい酸カルシウム板で造られたものに限る。）を設置すること。
 (ⅳ) ガラスの取付部分に含まれる部分の長さを7mm以上とすること。
 ホ 火災時においてガラスの取付部分に隙間が生じないよう、取付部分に次に掲げる部材をガラスの全周にわたって設置すること。
  (ⅰ) シーリング材又はグレイジングガスケットで、難燃性を有するもの（シリコーン製であるものに限る。）
  (ⅱ) 加熱により膨張する部材（黒鉛を含有するエポキシ樹脂で造られたものに限る。）

第3 令第136条の2第二号イに掲げる基準に適合する建築物の部分及び外壁開口部設備の構造方法は、次に定めるものとする。
一 主要構造部は、準耐火構造又は令第109条の3第一号若しくは第二号に掲げる基準に適合する構造とすること。
二 外壁開口部設備は、法第2条第九号のニロに規定する防火設備とすること。

第4 令第136条の2第二号ロに掲げる基準に適合する建築物の部分及び外壁開口部設備の構造方法は、次の各号に掲げる建築物の区分に応じ、それぞれ当該各号に定めるものとする。
一 準防火地域内にある建築物のうち地階を除く階数が3で延べ面積が500m²以下のもの（第三号に掲げる建築物で同号に定める構造方法を用いるものを除く。）次のイ又はロのいずれかに掲げる構造方法
 イ 次に掲げる構造とすること。
  (1) 外壁は、次に掲げる基準に適合する構造とすること。
   (ⅰ) 準耐火構造又は次に掲げる基準に適合する構造であること。
    (一) 防火構造であること。
    (二) 当該外壁（天井裏（直下の天井が(5)に定める構造であるものに限る。(3)において同じ。）又は床下にある部分を除く。）の屋内側の部分に次の(イ)から(ハ)までのいずれかに該当する防火被覆を設けた構造であること。
     (イ) 厚さが12mm以上のせっこうボード
     (ロ) 厚さが5.5mm以上の難燃合板又は厚さが9mm以上のせっこうボードの上に厚さが9mm以上のせっこうボードを張ったもの
     (ハ) 厚さが7mm以上のせっこうラスボードの上に厚さが8mm以上のせっこうプラスターを塗ったもの
    (三) 防火被覆の取合いの部分、目地の部分その他これらに類する部分（以下第4において「取合い等の部分」という。）が、当該取合い等の部分の裏面に当て木が設けられていることその他の外壁の内部への炎の侵入を有効に防止することができる構造であること。
   (ⅱ) 隣地境界線等又は道路中心線に面する外壁にあっては、その開口部（防火上有効な公園、広場、川その他の空地又は水面、耐火構造の壁その他これらに類するものに面するものを除く。以下同じ。）で、当該隣地境界線等又は道路中心線からの水平距離

が5m以下のものについて、当該開口部の面積が、当該隣地境界線等又は道路中心線からの水平距離に応じて次に定める基準に適合するものであること。

(一)　張り間方向又は桁行方向と直交し、かつ、当該建築物に面する平面（以下この(一)及び(二)において「基準面」という。）のそれぞれについて、各開口部の当該基準面への張り間方向又は桁行方向の投影面積（単位　m²）（以下この(一)において「投影面積」という。）を当該開口部に面する隣地境界線等又は道路中心線から当該開口部までの水平距離の区分に応じて次の表に掲げる数値で除して得た数値を合計したものが1を超えないものであること。この場合において、法第2条第九号のニロに規定する防火設備で、令第112条第19項第一号イ及びニに掲げる要件を満たすもの又ははめごろし戸であるものを設けた開口部以外の開口部の投影面積は、当該投影面積の1.5倍であるものとみなす。

隣地境界線等又は道路中心線からの水平距離（単位　m）	投影面積を除する数値
1以下	9
1を超え、2以下	16
2を超え、3以下	25
3を超え、4以下	36
4を超え、5以下	49

(二)　外壁面の基準面への張り間方向又は桁行方向の投影長さが10mを超える場合においては、(一)の数値の合計は当該基準面の長さ10m以内ごとに区分された部分について算定する。この場合において、(一)の表の数値に当該区分された部分の長さのメートルの数値を10で除した数値を乗じて得た数値を同表の数値とする。

(三)　道路の幅員又は当該建築物と同一敷地内の他の建築物の外壁との水平距離（以下この(三)において「道路の幅員等」という。）が6mを超える場合においては、(一)の適用に当たっては、道路中心線又は当該建築物と同一敷地内の他の建築物との外壁間の中心線（以下この(三)において「道路中心線等」という。）からの水平距離に道路の幅員等の $\frac{1}{2}$ を加えたもののメートルの数値から3を減じたものを道路中心線等からの水平距離のメートルの数値とみなす。

(2)　構造耐力上主要な部分に枠組壁工法を用いた建築物（平成13年国土交通省告示第1540号第1から第12までに規定する技術的基準に適合する建築物をいう。(5)において同じ。）の耐力壁は、準耐火構造又は(3)(ii)(一)〜(イ)及び(ロ)に掲げる基準に適合する構造とすること。

(3)　主要構造部である柱及びはりは、準耐火構造又は次に掲げる基準に適合する構造とすること。

(i)　全部又は一部に木材を用いたものであること。

(ii)　次の(一)から(四)までのいずれかに該当するものを除き、その小径が12cm以上であること。

(一)　次に掲げる基準に適合する壁の内部にあるもの

　　(イ)　壁（準耐火構造であるもの及び天井裏又は床下にある部分を除く。）の屋内側
　　　　の部分に(1)(i)(二)(イ)から(ハ)までのいずれかに該当する防火被覆が設けられた構造で
　　　　あること。

　　(ロ)　防火被覆の取合い等の部分が、当該取合い等の部分の裏面に当て木が設けられ
　　　　ていることその他の壁の内部への炎の侵入を有効に防止することができる構造で
　　　　あること。

　(二)　(4)に規定する構造の床、準耐火構造の床又は令第109条の3第二号ハ若しくは第
　　　115条の2第1項第四号に規定する構造の床の内部にあるもの

　(三)　(6)に規定する構造の屋根の内部にあるもの

　(四)　天井裏にあるもの

(4)　床（最下階の床を除く。）は、次の(i)に掲げる基準に適合する構造とすること。ただし、
　当該床の直下の天井を次の(ii)に掲げる基準に適合する構造とする場合においては、この
　限りでない。

　(i)　令第109条の3第二号ハに規定する構造又は次に掲げる基準に適合する構造であ
　　　ること。

　　(一)　床の裏側の部分に次の(イ)又は(ロ)のいずれかに該当する防火被覆が設けられた構造
　　　　であること。

　　　(イ)　厚さが12mm以上のせっこうボード

　　　(ロ)　厚さが5.5mm以上の難燃合板又は厚さが9mm以上のせっこうボードの上に
　　　　　厚さが9mm以上のせっこうボード又は厚さが9mm以上のロックウール吸音板
　　　　　を張ったもの

　　(二)　防火被覆の取合い等の部分が、当該取合い等の部分の裏面に当て木が設けられて
　　　　いることその他の床の内部への炎の侵入を有効に防止することができる構造であ
　　　　ること。

　(ii)　令第109条の3第二号ハに規定する構造又は次に掲げる基準に適合する構造であ
　　　ること。

　　(一)　(i)(一)(イ)又は(ロ)のいずれかに該当する防火被覆が設けられた構造であること。

　　(二)　防火被覆の取合い等の部分が、当該取合い等の部分の裏面に当て木が設けられて
　　　　いることその他の天井裏の内部への炎の侵入を有効に防止することができる構造で
　　　　あること。

(5)　構造耐力上主要な部分に枠組壁工法を用いた建築物のトラス（小屋組に用いる場合に
　限る。）の直下の天井は、(4)(ii)に掲げる基準に適合する構造とすること。

(6)　屋根は、次の(i)に掲げる基準に適合する構造とすること。ただし、当該屋根の直下の
　天井を次の(ii)に掲げる基準に適合する構造とする場合は、この限りでない。

　(i)　令第109条の3第一号に規定する構造又は次に掲げる基準に適合する構造であるこ
　　　と。

　　(一)　屋根の屋内側の部分に次の(イ)又は(ロ)のいずれかに該当する防火被覆が設けられた
　　　　構造であること。

　　　(イ)　厚さが12mm以上のせっこうボードの上に厚さが9mm以上のせっこうボー

ド又は厚さが9mm以上のロックウール吸音板を張ったもの

(ロ)　厚さが9mm以上のせっこうボードの上に厚さが12mm以上のせっこうボードを張ったもの

(ニ)　防火被覆の取合い等の部分が、当該取合い等の部分の裏面に当て木が設けられていることその他の屋根の内部への炎の侵入を有効に防止することができる構造であること。

(ⅱ)　次に掲げる基準に適合する構造であること。

(一)　(ⅰ)(一)(イ)又は(ロ)のいずれかに該当する防火被覆が設けられた構造であること。

(ニ)　(4)(ⅱ)に規定する構造であること。

(7)　軒裏は、防火構造とすること。

(8)　3階の室の部分は、それ以外の部分と間仕切壁又は戸（ふすま、障子その他これらに類するものを除く。）で区画すること。

(9)　外壁開口部設備は、20分間防火設備とすること。ただし、隣地境界線等に面する外壁の開口部で、当該隣地境界線等からの水平距離が1m以下のもの（換気孔又は居室以外の室（かまど、こんろその他火を使用する設備又は器具を設けたものを除く。）に設ける換気のための窓で、開口面積が各々0.2m²以内のものを除く。）に設ける外壁開口部設備にあっては、法第2条第九号のニロに規定する防火設備で、昭和48年建設省告示第2563号第3若しくは第4に規定する構造方法を用いるもの又ははめごろし戸であるものとすることとする。

ロ　次に掲げる基準に適合する構造とすること。

(1)　主要構造部は、令第108条の3第1項第一号又は第二号に該当する構造であること。

(2)　外壁開口部設備は、法第2条第九号のニロに規定する防火設備であること。

二　延べ面積が50m²以内の平家建ての附属建築物　次のイ又はロのいずれかに掲げる構造方法

イ　次に掲げる基準に適合する構造とすること。

(1)　外壁及び軒裏は、防火構造であること。

(2)　外壁開口部設備は、20分間防火設備であること。

ロ　次に掲げる基準に適合する構造とすること。

(1)　主要構造部は、令第108条の3第1項第一号又は第二号に該当する構造であること。

(2)　外壁開口部設備は、法第2条第九号のニロに規定する防火設備であること。

三　卸売市場の上家、機械製作工場その他これらと同等以上に火災の発生のおそれが少ない用途に供する建築物　次のイ又はロに掲げる構造方法

イ　第2第1項第二号イ及びロに掲げる構造方法

ロ　次に掲げる基準に適合する構造とすること。

(1)　主要構造部は、令第108条の3第1項第一号又は第二号に該当する構造であること。

(2)　外壁開口部設備は、法第2条第九号のニロに規定する防火設備であること。

四　前3号に掲げる建築物以外の建築物　次に掲げる基準に適合する構造とすること。

イ　主要構造部は、令第108条の3第1項第一号又は第二号に該当する構造であること。

ロ　外壁開口部設備は、法第2条第九号のニロに規定する防火設備であること。

第5　令第136条の2第三号イに掲げる基準に適合する建築物の部分及び外壁開口部設備の構造方法は、次の各号のいずれかに定めるものとする。

　一　次に掲げる基準に適合する構造とすること。

　　イ　外壁及び軒裏で延焼のおそれのある部分は、防火構造であること。

　　ロ　外壁開口部設備は、20分間防火設備であること。

　二　次に掲げる基準に適合する構造とすること。

　　イ　主要構造部は、令第108条の3第1項第一号又は第二号に該当する構造であること。

　　ロ　外壁開口部設備は、法第2条第九号の二ロに規定する防火設備であること。

第6　令第136条の2第四号イに掲げる基準に適合する外壁開口部設備の構造方法は、20分間防火設備とすることとする。

第7　令第136条の2第五号に掲げる基準に適合する門又は塀（準防火地域内にある木造建築物等に附属するものにあっては、当該門又は塀が建築物の1階であるとした場合に延焼のおそれのある部分に限る。）の構造方法は、門にあっては第一号、塀にあっては第二号に定めるものとする。

　一　次に掲げる構造方法

　　イ　不燃材料で造り、又は覆うこと。

　　ロ　道に面する部分を厚さ24mm以上の木材で造ること。

　二　次に掲げる構造方法

　　イ　不燃材料で造り、又は覆うこと。

　　ロ　厚さ24mm以上の木材で造ること。

　　ハ　土塗真壁造で塗厚さが30mm以上のもの（表面に木材を張ったものを含む。）とすること。

第8　第1第二号、第3第二号及び第4第四号ロの規定は、準防火地域内にある建築物で法第86条の4各号のいずれかに該当するものの外壁開口部設備には適用しない。

2　第2第1項第二号ロ、第4第一号イ(10)及びロ(2)、第二号イ(2)及びロ(2)並びに第三号ロ(2)、第5第一号ロ及び第二号ロ並びに第6の規定は、法第86条の4各号のいずれかに該当する建築物の外壁開口部設備には適用しない。

　　　　附　則

1　この告示は、建築基準法の一部を改正する法律（平成30年法律第67号）の施行の日（令和元年6月25日）から施行する。

2　外壁の開口部の面積に関する基準を定める件（昭和62年建設省告示第1903号）、建築物の部分を指定する件（昭和62年建設省告示第1904号）及び外壁、主要構造部である柱及びはり、床、床の直下の天井、屋根、屋根の直下の天井並びに国土交通大臣が指定する建築物の部分の構造方法を定める件（昭和62年建設省告示第1905号）は、廃止する。

〔平成12年5月25日建設省告示第1365号〕
防火地域又は準防火地域内の建築物の屋根の構造方法を定める件

　建築基準法（昭和25年法律第201号）第63条〔現行＝第62条＝平成30年6月法律第67号により改正〕の規定に基づき、防火地域又は準防火地域内の建築物の屋根の構造方法を次のように定める。

第1　建築基準法施行令（昭和25年政令第338号。以下「令」という。）第136条の2の2各号に掲げる技術的基準に適合する屋根の構造方法は、次に定めるものとする。

　一　不燃材料で造るか、又はふくこと。

　二　屋根を準耐火構造（屋外に面する部分を準不燃材料で造ったものに限る。）とすること。

　三　屋根を耐火構造（屋外に面する部分を準不燃材料で造ったもので、かつ、その勾配が水平面から30度以内のものに限る。）の屋外面に断熱材（ポリエチレンフォーム、ポリスチレンフォーム、硬質ポリウレタンフォームその他これらに類する材料を用いたもので、その厚さの合計が50 mm以下のものに限る。）及び防水材（アスファルト防水工法、改質アスファルトシート防水工法、塩化ビニル樹脂系シート防水工法、ゴム系シート防水工法又は塗膜防水工法を用いたものに限る。）を張ったものとすること。

第2　令第136条の2の2第一号に掲げる技術的基準に適合する屋根の構造方法は、第1に定めるもののほか、難燃材料で造るか、又はふくこととする。

【政令第1章（総則）関係】

〔平成12年5月30日建設省告示第1401号〕
準不燃材料を定める件

建築基準法施行令（昭和25年政令第338号）第1条第五号の規定に基づき、準不燃材料を次のように定める。

第1　通常の火災による火熱が加えられた場合に、加熱開始後10分間建築基準法施行令（以下「令」という。）第108条の2各号に掲げる要件を満たしている建築材料は、次に定めるものとする。

一　不燃材料のうち通常の火災による火熱が加えられた場合に、加熱開始後20分間令第108条の2各号に掲げる要件を満たしているもの

二　厚さが9mm以上のせっこうボード（ボード用原紙の厚さが0.6mm以下のものに限る。）

三　厚さが15mm以上の木毛セメント板

四　厚さが9mm以上の硬質木片セメント板（かさ比重が0.9以上のものに限る。）

五　厚さが30mm以上の木片セメント板（かさ比重が0.5以上のものに限る。）

六　厚さが6mm以上のパルプセメント板

第2　通常の火災による火熱が加えられた場合に、加熱開始後10分間令第108条の2第一号及び第二号に掲げる要件を満たしている建築材料は、次に定めるものとする。

一　不燃材料

二　第1第二号から第六号までに定めるもの

　　　附　則

昭和51年建設省告示第1231号は、廃止する。

〔平成12年5月30日建設省告示第1402号〕
難燃材料を定める件

建築基準法施行令（昭和25年政令第338号）第1条第六号の規定に基づき、難燃材料を次のように定める。

第1　通常の火災による火熱が加えられた場合に、加熱開始後5分間建築基準法施行令（以下「令」という。）第108条の2各号に掲げる要件を満たしている建築材料は、次に定めるものとする。

一　準不燃材料のうち通常の火災による火熱が加えられた場合に、加熱開始後10分間令第108条の2各号に掲げる要件を満たしているもの

二　難燃合板で厚さが5.5mm以上のもの

三　厚さが7mm以上のせっこうボード（ボード用原紙の厚さが0.5mm以下のものに限る。）

第2　通常の火災による火熱が加えられた場合に、加熱開始後5分間令第108条の2第一号及び第二号に掲げる要件を満たしている建築材料は、次に定めるものとする。

　　一　準不燃材料
　　二　第1第二号及び第三号に定めるもの

〔平成5年6月24日建設省告示第1437号〕
国土交通大臣が高い開放性を有すると認めて指定する構造

最終改正　平成12年12月26日建設省告示第2465号

　建築基準法施行令（昭和25年政令第338号）第2条第1項第二号の規定に基づき、国土交通大臣が高い開放性を有すると認めて指定する構造は、次に掲げるものとする。
　　一　外壁を有しない部分が連続して4m以上であること
　　二　柱の間隔が2m以上であること
　　三　天井の高さが2.1m以上であること
　　四　地階を除く階数が1であること

〔昭和50年4月1日建設省告示第644号〕
工作物の築造面積の算定方法

　建築基準法施行令（昭和25年政令第338号）第2条第1項第五号の規定に基づき、工作物の築造面積の算定方法を次のように定める。
　建築基準法施行令第138条第3項第二号に掲げる自動車車庫の用途に供する工作物で機械式駐車装置を用いるものの築造面積は、15m²に当該工作物に収容することができる自動車の台数を乗じて算定するものとする。

〔平成11年6月3日建設省告示第1314号〕
建築基準法第77条の18第1項の確認検査の業務と同等以上の知識及び能力を要する業務

最終改正　平成27年1月29日国土交通省告示第183号

　建築基準法施行令（昭和25年政令第338号）第2条の2第三号〔現行＝第2条の3第三号＝平成19年3月政令第49号により改正〕の規定に基づき、建築基準法（昭和25年法律第201号）第77条の18第1項の確認検査の業務と同等以上の知識及び能力を要する業務を、次のとおり定める。
　　一　住宅の品質確保の促進等に関する法律（平成11年法律第81号）第13条の評価員に同法第5条第1項の登録住宅性能評価機関が実施させる同法第7条第1項の評価の業務
　　二　旧財団法人住宅保証機構が行っていた住宅性能保証制度における検査員として行っていた審査業務

三　平成20年国土交通省告示第383号第1条第三号の現場検査員として行う同告示第1条第二号の現場検査の業務

四　独立行政法人住宅金融支援機構法（平成17年法律第82号）附則第10条の規定による廃止前の住宅金融公庫法（昭和25年法律第156号）第23条第1項第四号イに掲げる業務（貸付金に係る住宅、幼稚園等、関連利便施設、災害復興住宅、地すべり等関連住宅又は合理的土地利用耐火建築物等の工事の審査に限る。）及び同号ロに掲げる業務並びに住宅金融公庫法等の一部を改正する法律（平成12年法律第42号）による改正前の住宅金融公庫法第23条第1項第二号イに掲げる業務（中高層耐火建築物等の工事の審査に限る。）

五　独立行政法人住宅金融支援機構法施行令（平成19年政令第30号）第7条第1項第三号イに掲げる業務（貸付金に係る建築物若しくは建築物の部分の工事の審査に限る。）及び同号ロに掲げる業務

六　建築基準法の一部を改正する法律（平成26年法律第54号）による改正前の建築基準法第77条の35の7第1項の構造計算適合性判定員として行っていた同法の規定による構造計算適合性判定の業務

七　建築基準法第77条の66第1項の登録を受けた者として行う同法の規定による構造計算適合性判定の業務

八　その他国土交通大臣が建築基準法第77条の18第1項の確認検査の業務と同等以上の知識及び能力を要すると認めた業務

〔平成27年1月29日国土交通省告示第179号〕

構造計算適合性判定の業務と同等以上の知識及び能力を要する業務の指定

建築基準法施行令（昭和25年政令第338号）第8条の4第三号の規定に基づき、建築基準法（昭和25年法律第201号）第6条の3第1項の構造計算適合性判定の業務と同等以上の知識及び能力を要する業務を、次のとおり定める。

一　住宅の品質確保の促進等に関する法律（平成11年法律第81号）第13条の評価員に同法第5条第1項の登録住宅性能評価機関が実施させる同法第7条第1項の評価の業務（評価方法基準（平成13年国土交通省告示第1347号）第5の1－1⑶及び⑷、1－2⑶及び⑷、1－3⑶及び⑷、1－4⑶及び⑷、1－5⑶及び⑷、1－6⑶及び⑷並びに1－7⑶及び⑷に定める評価基準に従って行う評価の業務を含むものに限る。）

二　その他国土交通大臣が建築基準法第6条の3第1項の構造計算適合性判定の業務と同等以上の知識及び能力を要すると認めた業務

　　附　則

この告示は、平成27年6月1日から施行する。

〔平成19年8月22日国土交通省告示第1119号〕
建築基準法施行令第10条第三号ロ及び第四号ロの国土交通大臣の指定する基準を定める件

最終改正　令和3年6月30日国土交通省告示第749号

建築基準法施行令（昭和25年政令第338号）第10条第三号ロ及び第四号ロの国土交通大臣の指定する基準は、次に掲げるものとする。

一　昭和58年建設省告示第1320号第1から第12まで

二　平成13年国土交通省告示第1026号第1から第8まで

三　平成13年国土交通省告示第1540号第1から第8まで

四　平成14年国土交通省告示第410号第1から第8まで

〔平成13年3月29日国土交通省告示第361号〕
建築基準法施行令第14条第一号又は第二号に該当する者と同等以上の建築行政に関する知識及び能力を有すると認めたもの

建築基準法施行令（昭和25年政令第338号）第14条第三号の規定による建築の実務に関し技術上の責任のある地位にあつた建築士で国土交通大臣が同条第一号又は第二号に該当する者と同等以上の建築行政に関する知識及び能力を有すると認めたものは、次に掲げる者とする。

平成13年度以降において国土交通省組織令（平成12年政令第255号）第199条に規定する国土交通大学校が行う建築指導科研修（専門課程）の課程を修了した者

附　則

1　（略）

2　昭和46年建設省告示第1016号及び昭和47年建設省告示第1295号は、廃止する。

3　この告示の施行前に中央省庁等改革に伴い関係政令等を廃止する政令（平成12年政令第314号）第四十号の規定による改正前の建設省組織令（昭和27年政令第394号）第78条に規定する建設大学校の行つた建築指導科研修の課程を修了した者は、建築基準法施行令第14条第三号の規定による建築の実務に関し技術上の責任のある地位にあつた建築士で国土交通大臣が同条第一号又は第二号に該当する者と同等以上の建築行政に関する知識及び能力を有すると認めたものとみなす。

4　この告示の施行前に財団法人全国建設研修センターが行つた建築指導科研修の課程を修了した者は、建築基準法施行令第14条第三号の規定による建築の実務に関し技術上の責任のある地位にあつた建築士で国土交通大臣が同条第一号又は第二号に該当する者と同等以上の建築行政に関する知識及び能力を有すると認めたものとみなす。

〔平成28年1月21日国土交通省告示第240号〕
定期報告を要しない通常の火災時において避難上著しい支障が生ずるおそれの少ない建築物等を定める件

最終改正　令和元年6月21日国土交通省告示第200号

　建築基準法施行令（昭和25年政令第338号）第16条第1項の規定に基づき、定期報告を要しない通常の火災時において避難上著しい支障が生ずるおそれの少ない建築物を第1に、同条第3項第一号の規定に基づき、定期報告を要しない人が危害を受けるおそれのある事故が発生するおそれの少ない昇降機を第2に、及び同項第二号の規定に基づき、定期報告を要しない通常の火災時において避難上著しい支障が生ずるおそれの少ない防火設備を第3に定める。

第1　建築基準法施行令（以下「令」という。）第16条第1項に規定する通常の火災時において避難上著しい支障が生ずるおそれの少ない建築物は、次に掲げるもの（避難階以外の階を建築基準法（昭和25年法律第201号。以下「法」という。）別表第1（い）欄(1)項から(4)項までに掲げる用途に供しないものを除く。）以外のものとする。

一　地階又は3階以上の階を法別表第1（い）欄(1)項に掲げる用途（屋外観覧場を除く。）に供する建築物（地階及び3階以上の階における当該用途に供する部分の床面積の合計がそれぞれ100 m² 以下のもの（以下「特定規模建築物」という。）を除く。）及び当該用途に供する部分（客席の部分に限る。）の床面積の合計が200 m² 以上の建築物

二　劇場、映画館又は演芸場の用途に供する建築物で、主階が1階にないもの

三　地階又は3階以上の階を病院、診療所（患者の収容設備があるものに限る。第3第二号において同じ。）、ホテル又は旅館の用途に供する建築物（特定規模建築物を除く。）及び当該用途に供する2階の部分（病院又は診療所にあっては、その部分に患者の収容設備がある場合に限る。）の床面積の合計が300 m² 以上の建築物

四　地階又は3階以上の階を次項に規定する高齢者、障害者等の就寝の用に供する用途に供する建築物（特定規模建築物を除く。）及び当該用途に供する2階の部分の床面積の合計が300 m² 以上の建築物

五　3階以上の階を法別表第1（い）欄(3)項に掲げる用途（学校又は学校に附属する体育館その他これに類する用途を除く。）に供する建築物（特定規模建築物を除く。）及び当該用途に供する部分の床面積の合計が2,000 m² 以上の建築物

六　地階又は3階以上の階を法別表第1（い）欄(4)項に掲げる用途に供する建築物（特定規模建築物を除く。）、当該用途に供する部分の床面積の合計が3,000 m² 以上の建築物及び当該用途に供する2階の部分の床面積の合計が500 m² 以上の建築物

2　高齢者、障害者等の就寝の用に供する用途は、次に掲げるものとする。

一　共同住宅及び寄宿舎（サービス付き高齢者向け住宅又は老人福祉法（昭和38年法律第133号）第5条の2第6項に規定する認知症対応型老人共同生活援助事業若しくは障害者の日常生活及び社会生活を総合的に支援するための法律（平成17年法律第123号）第5条第17項に規定する共同生活援助を行う事業の用に供するものに限る。）

二　助産施設、乳児院及び障害児入所施設

三　助産所

四　盲導犬訓練施設

五　救護施設及び更生施設

六　老人短期入所施設その他これに類するもの

七　養護老人ホーム、特別養護老人ホーム及び軽費老人ホーム並びに有料老人ホーム

八　母子保健施設

九　障害者支援施設、福祉ホーム及び障害福祉サービス事業（自立訓練又は就労移行支援を行う事業に限る。）の用に供する施設（利用者の就寝の用に供するものに限る。）

第2　令第16条第3項第一号に規定する人が危害を受けるおそれのある事故が発生するおそれの少ない昇降機は、次に掲げるものとする。

一　籠が住戸内のみを昇降するもの

二　労働安全衛生法施行令（昭和47年政令第318号）第12条第1項第六号に規定するエレベーター

三　小荷物専用昇降機で、昇降路の全ての出し入れ口の下端が当該出し入れ口が設けられる室の床面よりも50cm以上高いもの

第3　令第16条第3項第二号に規定する通常の火災時において避難上著しい支障が生ずるおそれの少ない防火設備は、次に掲げる建築物に設ける随時閉鎖又は作動をできるもの（防火ダンパーを除く。）以外のものとする。

一　第1第1項各号に掲げる建築物（避難階以外の階を法別表第1（い）欄(1)項から(4)項までに掲げる用途に供しないものを除く。）

二　病院、診療所又は第1第2項に規定する高齢者、障害者等の就寝の用に供する用途に供する部分の床面積の合計が200 m² を超える建築物

　　　附　則

この告示は、平成28年6月1日から施行する。

【政令第2章（一般構造）関係】

〔昭和55年12月1日建設省告示第1800号〕

照明設備の設置、有効な採光方法の確保その他これらに準ずる措置の基準等

最終改正　平成30年3月22日国土交通省告示第474号

建築基準法施行令（昭和25年政令第338号）第19条第3項ただし書の規定に基づき、照明設備の設置、有効な採光方法の確保その他これらに準ずる措置の基準及び居室の窓その他の開口部で採光に有効な部分の面積のその床面積に対する割合で別に定めるものを次のように定める。

第1　照明設備の設置、有効な採光方法の確保その他これらに準ずる措置の基準

一　幼稚園の教室、幼保連携型認定こども園の教室若しくは保育室又は保育所の保育室にあつては、床面において200lx以上の照度を確保することができるよう照明設備を設置すること。

二　小学校、中学校、義務教育学校、高等学校又は中等教育学校の教室にあつては、次のイ及びロに定めるものとする。

イ　床面からの高さが50cmの水平面において200lx以上の照度を確保することができるよう照明設備を設置すること。

ロ　窓その他の開口部で採光に有効な部分のうち床面からの高さが50cm以上の部分の面積が、当該教室の床面積の$\frac{1}{7}$以上であること。

三　小学校、中学校、義務教育学校、高等学校又は中等教育学校の音楽教室又は視聴覚教室で建築基準法施行令第20条の2に規定する技術的基準に適合する換気設備が設けられたものにあつては、前号イに定めるものとする。

第2　窓その他の開口部で採光に有効な部分の面積のその床面積に対する割合で国土交通大臣が別に定めるもの

一　第1第一号又は第二号に定める措置が講じられている居室にあつては、$\frac{1}{7}$とする。

二　第1第三号に定める措置が講じられている居室にあつては、$\frac{1}{10}$とする。

〔平成15年3月28日国土交通省告示第303号〕

建築物の開口部で採光に有効な部分の面積の算定方法で別に定めるものを定める件

最終改正　平成30年3月22日国土交通省告示第474号

建築基準法施行令（昭和25年政令第338号。以下「令」という。）第20条第1項ただし書の規定に基づき、建築物の開口部で採光に有効な部分の面積の算定方法で別に定めるものを次のように定める。ただし、令第111条第1項第一号又は令第116条の2第1項第一号に規定する採光に有効

な部分の面積を計算する場合においては、第二号の規定は、適用しない。

一　特定行政庁が土地利用の現況その他の地域の状況を考慮して規則で指定する区域内の建築
物の居室（長屋又は共同住宅にあっては、同一の住戸内の居室に限る。）の窓その他の開口
部（以下「開口部」という。）ごとの面積に、それぞれ令第20条第2項各号のうちから特定
行政庁が当該規則で指定する号に掲げるところにより計算した数値（天窓にあっては当該数
値に3.0を乗じて得た数値、その外側に幅90cm以上の縁側（ぬれ縁を除く。）その他これに
類するものがある開口部にあっては当該数値に0.7を乗じて得た数値とする。ただし、3.0
を超える場合にあっては、3.0とする。）を乗じて得た面積を合計して算定するものとする。

二　2以上の居室（2以上の居室が、一体的な利用に供され、かつ、衛生上の支障がないもの
として特定行政庁の規則で定める基準に適合すると特定行政庁が認めるものに限る。）の開
口部ごとの面積にそれぞれ令第20条第1項の採光補正係数（前号に掲げる居室にあっては、
前号に掲げる数値）を乗じて得た面積を合計して算定した面積の当該2以上の居室の床面積
の合計に対する割合が、建築基準法（昭和25年法律第201号）第28条第1項に定める割合以
上である場合は、当該2以上の居室の各居室については、採光に有効な部分の面積は、それ
ぞれその居室の床面積に対する当該割合以上のものとみなす。

三　近隣商業地域内又は商業地域内の住宅の居室（長屋又は共同住宅にあっては、同一の住戸内
の居室に限る。）で開口部を有する壁によって区画された2の居室について、いずれか一の
居室の開口部ごとの面積に、それぞれ令第20条第1項の採光補正係数を乗じて得た面積を合
計して算定した採光に有効な部分の面積が、当該2の居室の床面積の合計の$\frac{1}{7}$以上である
場合は、その他の居室については、当該壁の開口部で採光に有効な部分の面積は、当該開口
部の面積とする。

〔昭和45年12月28日建設省告示第1826号〕
換気設備の構造方法を定める件

最終改正　平成12年12月26日建設省告示第2465号

建築基準法施行令（昭和25年政令第338号）第20条の2第一号イ(3)及びロ(3)並びに第20条の3
第2項第一号イ(3)、(4)、(6)及び(7)並びに第三号の規定に基づき、換気設備の衛生上有効な換気を
確保するための構造方法を次のように定める。

第1　居室に設ける自然換気設備

建築基準法施行令（以下「令」という。）第20条の2第一号イ(3)の規定に基づき定める衛生
上有効な換気を確保するための自然換気設備の構造方法は、次の各号に適合するものとする。

一　令第20条の2第一号イ(1)に規定する排気筒の有効断面積の計算式によつて算出されたAv
が0.00785未満のときは、0.00785とすること。

二　排気筒の断面の形状及び排気口の形状は、矩形、だ円形、円形その他これらに類するもの
とし、かつ、短辺又は短径の長辺又は長径に対する割合を$\frac{1}{2}$以上とすること。

三　排気筒の頂部が排気シャフトその他これに類するもの（以下「排気シャフト」という。）
に開放されている場合においては、当該排気シャフト内にある立上り部分は、当該排気筒に

排気上有効な逆流防止のための措置を講ずる場合を除き、2m以上のものとすること。この場合において、当該排気筒は、直接外気に開放されているものとみなす。

四　給気口及び排気口の位置及び構造は、室内に取り入れられた空気の分布を均等にするとともに、著しく局部的な空気の流れが生じないようにすること。

第2　居室に設ける機械換気設備

令第20条の2第一号ロ(3)の規定に基づき定める衛生上有効な換気を確保するための機械換気設備の構造方法は、次の各号に適合するものとする。

一　給気機又は排気機の構造は、換気経路の全圧力損失（直管部損失、局部損失、諸機器その他における圧力損失の合計をいう。）を考慮して計算により確かめられた給気又は排気能力を有するものとすること。ただし、居室の規模若しくは構造又は換気経路その他換気設備の構造により衛生上有効な換気を確保できることが明らかな場合においては、この限りでない。

二　給気口及び排気口の位置及び構造は、室内に取り入れられた空気の分布を均等にするとともに、著しく局部的な空気の流れが生じないようにすること。

第3　調理室等に設ける換気設備

一　令第20条の3第2項第一号イ(3)の規定により給気口の有効開口面積又は給気筒の有効断面積について国土交通大臣が定める数値は、次のイからホまでに掲げる場合に応じ、それぞれ次のイからホまでに定める数値（排気口、排気筒（排気フードを有するものを含む。）若しくは煙突又は給気口若しくは給気筒に換気上有効な換気扇その他これに類するもの（以下「換気扇等」という。）を設けた場合には、適当な数値）とすること。

イ　ロからホまでに掲げる場合以外の場合　第二号ロの式によつて計算した数値

ロ　火を使用する設備又は器具に煙突（令第115条第1項第七号の規定が適用される煙突を除く。ハにおいて同じ。）を設ける場合であつて、常時外気又は通気性の良い玄関等に開放された給気口又は給気筒（以下この号において「常時開放型給気口等」という。）を設けるとき　第三号ロの式によつて計算した数値

ハ　火を使用する設備又は器具に煙突を設ける場合であつて、常時開放型給気口等以外の給気口又は給気筒を設けるとき　第二号ロの式（この場合においてn、l及びhの数値は、それぞれ第三号ロの式のn、l及びhの数値を用いるものとする。）によつて計算した数値

ニ　火を使用する設備又は器具の近くに排気フードを有する排気筒を設ける場合であつて、常時開放型給気口等を設けるとき　第四号ロの式によつて計算した数値

ホ　火を使用する設備又は器具の近くに排気フードを有する排気筒を設ける場合であつて、常時開放型給気口等以外の給気口又は給気筒を設けるとき　第二号ロの式（この場合において、n、l及びhの数値は、それぞれ第四号ロの式のn、l及びhの数値を用いるものとする。）によつて計算した数値

二　令第20条の3第2項第一号イ(4)の規定により国土交通大臣が定める数値は、次のイ又はロに掲げる場合に応じ、それぞれイ又はロに定める数値とすること。

イ　排気口又は排気筒に換気扇等を設ける場合　次の式によつて計算した換気扇等の有効換気量の数値

$$V = 40KQ$$

　　　　　この式において、V、K及びQは、それぞれ次の数値を表すものとする。

　　　　　　V　換気扇等の有効換気量（単位　m³/h）

　　　　　　K　燃料の単位燃焼量当たりの理論廃ガス量（別表(い)欄に掲げる燃料の種類については、同表(ろ)欄に掲げる数値によることができる。以下同じ。）（単位　m³）

　　　　　　Q　火を使用する設備又は器具の実況に応じた燃料消費量（単位　kW 又は kg/h）

　　ロ　排気口又は排気筒に換気扇等を設けない場合　次の式によつて計算した排気口の有効開口面積又は排気筒の有効断面積の数値

$$Av = \frac{40\,K\,Q}{3600}\sqrt{\frac{3+5n+0.2l}{h}}$$

　　　　　この式において、Av、K、Q、n、l及びhは、それぞれ次の数値を表すものとする。

　　　　　　Av　排気口の有効開口面積又は排気筒の有効断面積（単位　m²）

　　　　　　K　イに定めるKの量（単位　m³）

　　　　　　Q　イに定めるQの量（単位　kW 又は kg/h）

　　　　　　n　排気筒の曲りの数

　　　　　　l　排気口の中心から排気筒の頂部の外気に開放された部分の中心までの長さ
　　　　　　　（単位　m）

　　　　　　h　排気口の中心から排気筒の頂部の外気に開放された部分の中心までの高さ
　　　　　　　（単位　m）

三　令第20条の3第2項第一号イ(6)の規定により国土交通大臣が定める数値は、次のイ又はロに掲げる場合に応じ、それぞれイ又はロに定める数値とすること。

　　イ　煙突に換気扇等を設ける場合　次の式によつて計算した換気扇等の有効換気量の数値
　　　（火を使用する設備又は器具が煙突に直結しており、かつ、正常な燃焼を確保するための給気機等が設けられている場合には、適当な数値）

$$V = 2\,K\,Q$$

　　　　　この式において、V、K及びQは、それぞれ次の数値を表すものとする。

　　　　　　V　換気扇等の有効換気量（単位　m³/h）

　　　　　　K　燃料の単位燃焼量当たりの理論廃ガス量（単位　m³）

　　　　　　Q　火を使用する設備又は器具の実況に応じた燃料消費量（単位　kW 又は kg/h）

　　ロ　煙突に換気扇等を設けない場合　次の式によつて計算した煙突の有効断面積の数値

$$Av = \frac{2\,K\,Q}{3600}\sqrt{\frac{0.5+0.4n+0.1l}{h}}$$

　　　　　この式において、Av、K、Q、n、l及びhは、それぞれ次の数値を表すものとする。

　　　　　　Av　煙突の有効断面積（単位　m²）

　　　　　　K　イに定めるKの量（単位　m³）

　　　　　　Q　イに定めるQの量（単位　kW 又は kg/h）

　　　　　　n　煙突の曲りの数

　　　　　　l　火源（煙突又は火を使用する設備若しくは器具にバフラー等の開口部を排気上有効に設けた場合にあつては当該開口部の中心。以下この号において同じ。）か

ら煙突の頂部の外気に開放された部分の中心までの長さ（単位　m）

　　h　火源から煙突の頂部の外気に開放された部分の中心（lが8を超える場合にあ
　　　つては火源からの長さが8mの部分の中心）までの高さ（単位　m）

四　令第20条の3第2項第一号イ(7)の規定により国土交通大臣が定める数値は、次のイ又はロ
に掲げる場合に応じ、それぞれイ又はロに定める数値とすること。

　イ　排気フードを有する排気筒に換気扇等を設ける場合　次の式によつて計算した換気扇等
　　の有効換気量の数値

$$V = N K Q$$

　　　この式において、V、N、K及びQは、それぞれ次の数値を表すものとする。

　　　V　換気扇等の有効換気量（単位　m³/h）

　　　N　(イ)に定める構造の排気フードを有する排気筒にあつては30と、(ロ)に定める構
　　　　造の排気フードを有する排気筒にあつては20とする。

　　　(イ)　次の(i)から(iii)までにより設けられた排気フード又は廃ガスの捕集についてこ
　　　　　れと同等以上の効力を有するように設けられた排気フードとすること。

　　　　(i)　排気フードの高さ（火源又は火を使用する設備若しくは器具に設けられた
　　　　　　排気のための開口部の中心から排気フードの下端までの高さをいう。以下同
　　　　　　じ。）は、1m以下とすること。

　　　　(ii)　排気フードは、火源又は火を使用する設備若しくは器具に設けられた排気
　　　　　　のための開口部（以下「火源等」という。）を覆うことができるものとする
　　　　　　こと。ただし、火源等に面して下地及び仕上げを不燃材料とした壁その他こ
　　　　　　れに類するものがある場合には、当該部分についてはこの限りでない。

　　　　(iii)　排気フードの集気部分は、廃ガスを一様に捕集できる形状を有するものと
　　　　　　すること。

　　　(ロ)　次の(i)から(iii)までにより設けられた排気フード又は廃ガスの捕集についてこ
　　　　　れと同等以上の効力を有するように設けられた排気フードとすること。

　　　　(i)　排気フードの高さは、1m以下とすること。

　　　　(ii)　排気フードは、火源等及びその周囲（火源等から排気フードの高さの
　　　　　　$\frac{1}{2}$以内の水平距離にある部分をいう。）を覆うことができるものとすること。
　　　　　　ただし、火源等に面して下地及び仕上げを不燃材料とした壁その他これに類
　　　　　　するものがある場合には、当該部分についてはこの限りでない。

　　　　(iii)　排気フードは、その下部に5cm以上の垂下り部分を有し、かつ、その集
　　　　　　気部分は、水平面に対し10度以上の傾斜を有するものとすること。

　　　K　燃料の単位燃焼量当たりの理論廃ガス量（単位　m³）

　　　Q　火を使用する設備又は器具の実況に応じた燃料消費量（単位　kW又はkg/h）

　ロ　排気フードを有する排気筒に換気扇等を設けない場合　次の式によつて計算した排気筒
　　の有効断面積

$$Av = \frac{N K Q}{3600} \sqrt{\frac{2+4n+0.21}{h}}$$

この式において、Av、N、K、Q、n、l及びhは、それぞれ次の数値を表すものとする。

Av　排気筒の有効断面積（単位　m^2）

N　イに定めるNの値

K　イに定めるKの量（単位　m^3）

Q　イに定めるQの量（単位　kW又はkg/h）

n　排気筒の曲りの数

l　排気フードの下端から排気筒の頂部の外気に開放された部分の中心までの長さ（単位　m）

h　排気フードの下端から排気筒の頂部の外気に開放された部分の中心までの高さ（単位　m）

第4　令第20条の3第2項第三号の規定に基づき定める居室に廃ガスその他の生成物を逆流させず、かつ、他の室に廃ガスその他の生成物を漏らさない排気口及びこれに接続する排気筒並びに煙突の構造方法は、次に定めるものとする。

一　排気筒又は煙突の頂部が排気シャフトに開放されている場合においては、当該排気シャフト内にある立上り部分は、逆流防止ダンパーを設ける等当該排気筒又は煙突に排気上有効な逆流防止のための措置を講ずること。この場合において、当該排気筒又は煙突は、直接外気に開放されているものとみなす。

二　煙突には、防火ダンパーその他温度の上昇により排気を妨げるおそれのあるものを設けないこと。

三　火を使用する設備又は器具を設けた室の排気筒又は煙突は、他の換気設備の排気筒、風道その他これらに類するものに連結しないこと。

四　防火ダンパーその他温度の上昇により排気を妨げるおそれのあるものを設けた排気筒に煙突を連結する場合にあつては、次に掲げる基準に適合すること。

イ　排気筒に換気上有効な換気扇等が設けられており、かつ、排気筒は換気上有効に直接外気に開放されていること。

ロ　煙突内の廃ガスの温度は、排気筒に連結する部分において65度以下とすること。

ハ　煙突に連結する設備又は器具は、半密閉式瞬間湯沸器又は半密閉式の常圧貯蔵湯沸器若しくは貯湯湯沸器とし、かつ、故障等により煙突内の廃ガスの温度が排気筒に連結する部分において65度を超えた場合に自動的に作動を停止する装置が設けられていること。

別表

（い）　燃料の種類		（ろ）理論廃ガス量
燃料の名称	発熱量	
(1)　都市ガス		0.93 m^3/kWh
(2)　LPガス（プロパン主体）	50.2 MJ/kg	0.93 m^3/kWh
(3)　灯油	43.1 MJ/kg	12.1 m^3/kg

〔平成14年12月26日国土交通省告示第1112号〕
クロルピリホスを発散させるおそれがない建築材料を定める件

最終改正　平成18年9月29日国土交通省告示第1169号

　建築基準法施行令（昭和25年政令第338号）第20条の5第1項第二号〔現行＝第20条の6第二号＝平成18年9月政令第308号により改正〕の規定に基づき、クロルピリホスを発散させるおそれがないものとして国土交通大臣が定める建築材料を次のように定める。

　クロルピリホスを発散させるおそれがないものとして国土交通大臣が定める建築材料は、クロルピリホスをあらかじめ添加した建築材料のうち、建築物に用いられた状態でその添加から5年以上経過しているものとする。

　　　附　則
　この告示は、平成15年7月1日から施行する。

〔平成14年12月26日国土交通省告示第1113号〕
第一種ホルムアルデヒド発散建築材料を定める件

最終改正　令和元年6月25日国土交通省告示第203号

　建築基準法施行令（昭和25年政令第338号）第20条の7第1項第一号の規定に基づき、第一種ホルムアルデヒド発散建築材料を次のように定める。

　建築基準法施行令第20条の7第1項第一号に規定する夏季においてその表面積1 m² につき毎時0.12 mgを超える量のホルムアルデヒドを発散させるものとして国土交通大臣が定める建築材料は、次に定めるもののうち、建築物に用いられた状態で5年以上経過しているものを除くものとする。

　一　次に掲げる建築材料
　　イ　合板（合板の日本農林規格(平成15年農林水産省告示第233号)に規定する普通合板、コンクリート型枠用合板、構造用合板、化粧ばり構造用合板、天然木化粧合板又は特殊加工化粧合板の規格に適合するもののうち、そのホルムアルデヒド放散量がF☆☆☆☆、F☆☆☆及びF☆☆の規格に適合するもの並びに登録認証機関又は登録外国認証機関がホルムアルデヒドを含む接着剤を使用していないこと、ホルムアルデヒドを含む接着剤及びホルムアルデヒドを放散する塗料等を使用していないこと並びにホルムアルデヒドを含む接着剤及びホルムアルデヒドを放散する材料を使用していないことを認めたものを除く。）
　　ロ　木質系フローリング（1枚のひき板（これを縦継ぎしたものを含む。）を基材とした構成層が1のもの並びにフローリングの日本農林規格(昭和49年農林省告示第1073号)に規定するフローリングの規格に適合するもののうち、そのホルムアルデヒド放散量がF☆☆☆☆、F☆☆☆及びF☆☆の規格に適合するもの並びに接着剤及び塗料等を使用していないもの並びに登録認証機関又は登録外国認証機関がホルムアルデヒドを含む接着剤を使用していないこと、ホルムアルデヒドを放散する塗料等を使用していないこと並びにホルムアルデ

　　ヒドを含む接着剤及びホルムアルデヒドを放散する塗料等を使用していないことを認めた
　　ものを除く。）

　ハ　構造用パネル（構造用パネルの日本農林規格（昭和62年農林水産省告示第360号）に規定
　　する構造用パネルの規格に適合するもののうち、そのホルムアルデヒド放散量がF☆☆☆
　　☆、F☆☆☆及びF☆☆の規格に適合するもの並びに登録認証機関又は登録外国認証機関
　　がホルムアルデヒドを含む接着剤を使用していないことを認めたものを除く。）

　ニ　集成材（集成材の日本農林規格（平成19年農林水産省告示第1152号）に規定する造作用集
　　成材、化粧ばり造作用集成材、構造用集成材又は化粧ばり構造用集成柱の規格に適合する
　　もののうち、そのホルムアルデヒド放散量がF☆☆☆☆、F☆☆☆及びF☆☆の規格に適
　　合するもの並びに登録認証機関又は登録外国認証機関がホルムアルデヒドを含む接着剤を
　　使用していないことを認めたものを除く。）

　ホ　単板積層材（次の(1)及び(2)に掲げるものを除く。）
　　(1)　単板積層材の日本農林規格（平成20年農林水産省告示第701号）に規定する造作用単
　　　板積層材の規格に適合するもののうち、そのホルムアルデヒド放散量がF☆☆☆☆、F
　　　☆☆☆及びF☆☆の規格に適合するもの並びに登録認証機関又は登録外国認証機関がホ
　　　ルムアルデヒドを含む接着剤を使用していないこと並びにホルムアルデヒドを含む接着
　　　剤及びホルムアルデヒドを放散する塗料を使用していないことを認めたもの
　　(2)　単板積層材の日本農林規格に規定する構造用単板積層材の規格に適合するもののう
　　　ち、そのホルムアルデヒド放散量がF☆☆☆☆、F☆☆☆及びF☆☆の規格に適合する
　　　もの並びに登録認証機関又は登録外国認証機関がホルムアルデヒドを含む接着剤を使用
　　　していないことを認めたもの

　ヘ　ミディアムデンシティファイバーボード（日本産業規格（以下「JIS」という。）A5905（繊
　　維板）に規定するミディアムデンシティファイバーボードの規格に適合するもののうち、
　　そのホルムアルデヒド放散量がF☆☆☆☆等級、F☆☆☆等級及びF☆☆等級の規格に適
　　合するものを除く。）

　ト　パーティクルボード（JIS A5908（パーティクルボード）に規定するパーティクルボード
　　の規格に適合するもののうち、そのホルムアルデヒド放散量がF☆☆☆☆等級、F☆☆☆
　　等級及びF☆☆等級の規格に適合するものを除く。）

　チ　木材のひき板、単板又は小片その他これらに類するものをユリア樹脂、メラミン樹脂、
　　フェノール樹脂、レゾルシノール樹脂又はホルムアルデヒド系防腐剤を使用した接着剤に
　　より面的に接着し、板状に成型したもの（イからトまでに掲げる建築材料（括弧内に掲げ
　　るものを含む。）並びに直交集成板の日本農林規格（平成25年農林水産省告示第3079号）に規
　　定する直交集成板の規格に適合するもののうち、そのホルムアルデヒド放散量がF☆☆☆
　　☆及びF☆☆☆の規格に適合するもの又は登録認証機関若しくは登録外国認証機関がホル
　　ムアルデヒドを含む接着剤を使用していないこと若しくはホルムアルデヒドを含む接着剤
　　及びホルムアルデヒドを放散する塗料を使用していないことを認めたものを除く。）

　リ　ユリア樹脂板

　ヌ　壁紙（JIS A6921（壁紙）に規定する壁紙の規格に適合するもののうち、そのホルムアル
　　デヒド放散量がF☆☆☆☆等級の規格に適合するものを除く。）

ル　次に掲げる接着剤（イからトまで、ヌ、ヲ(1)及び(2)、カ(1)から(3)まで、次号イ(1)から(11)まで並びにハの括弧内に掲げる建築材料に含有されるものを除く。）

(1)　壁紙施工用でん粉系接着剤（JIS A6922(壁紙施工用及び建具用でん粉系接着剤)に規定する壁紙施工用でん粉系接着剤の規格に適合するもののうち、そのホルムアルデヒド放散量がF☆☆☆☆等級の規格に適合するものを除く。）

(2)　ホルムアルデヒド水溶液を用いた建具用でん粉系接着剤

(3)　ユリア樹脂、メラミン樹脂、フェノール樹脂、レゾルシノール樹脂又はホルムアルデヒド系防腐剤を使用した接着剤（(2)に掲げるものを除く。）

ヲ　次に掲げる保温材

(1)　ロックウール保温板、ロックウールフェルト、ロックウール保温帯及びロックウール保温筒（JIS A9504(人造鉱物繊維保温材)に規定するロックウール保温板、ロックウールフェルト、ロックウール保温帯又はロックウール保温筒の規格に適合するもののうち、そのホルムアルデヒド放散がF☆☆☆☆等級、F☆☆☆等級及びF☆☆等級の規格に適合するものを除く。）

(2)　グラスウール保温板、グラスウール波形保温板、グラスウール保温帯及びグラスウール保温筒（JIS A9504(人造鉱物繊維保温材)に規定するグラスウール保温板、グラスウール波形保温板、グラスウール保温帯又はグラスウール保温筒の規格に適合するもののうち、そのホルムアルデヒド放散がF☆☆☆☆等級、F☆☆☆等級及びF☆☆等級の規格に適合するものを除く。）

(3)　フェノール樹脂を使用した保温材（JIS A9511(発泡プラスチック保温材)に規定するフェノールフォーム保温板又はフェノールフォーム保温筒の規格に適合するもののうち、そのホルムアルデヒド放散がF☆☆☆☆等級及びF☆☆☆等級の規格に適合するものを除く。）

ワ　次に掲げる緩衝材

(1)　浮き床用ロックウール緩衝材（ヲ(1)に掲げる建築材料を除く。）

(2)　浮き床用グラスウール緩衝材（ヲ(2)に掲げる建築材料を除く。）

カ　次に掲げる断熱材

(1)　ロックウール断熱材（JIS A9521(建築用断熱材)に規定するロックウール断熱材の規格に適合するもののうち、そのホルムアルデヒド放散がF☆☆☆☆等級及びF☆☆☆等級の規格に適合するものを除く。）

(2)　グラスウール断熱材（JIS A9521(建築用断熱材)に規定するグラスウール断熱材の規格に適合するもののうち、そのホルムアルデヒド放散がF☆☆☆☆等級及びF☆☆☆等級の規格に適合するものを除く。）

(3)　インシュレーションファイバー断熱材（JIS A9521(建築用断熱材)に規定するインシュレーションファイバー断熱材の規格に適合するもののうち、そのホルムアルデヒド放散がF☆☆☆☆等級の規格に適合するものを除く。）

(4)　フェノールフォーム断熱材（JIS A9521(建築用断熱材)に規定するフェノールフォーム断熱材の規格に適合するもののうち、そのホルムアルデヒド放散がF☆☆☆☆等級及びF☆☆☆等級の規格に適合するものを除く。）

(5)　吹込み用グラスウール断熱材（JIS A9523(吹込み用繊維質断熱材)に規定する吹込み用グラスウール断熱材の規格に適合するもののうち、そのホルムアルデヒド放散がF☆☆☆☆等級及びF☆☆☆☆等級の規格に適合するものを除く。）

(6)　ユリア樹脂又はメラミン樹脂を使用した断熱材

二　次に掲げる建築材料（施工時に塗布される場合に限る。）

イ　次に掲げる塗料（ユリア樹脂、メラミン樹脂、フェノール樹脂、レゾルシノール樹脂又はホルムアルデヒド系防腐剤を使用したものに限る。）

(1)　アルミニウムペイント（JIS K5492(アルミニウムペイント)に規定するアルミニウムペイントの規格に適合するもののうち、そのホルムアルデヒド放散等級がF☆☆☆☆、F☆☆☆及びF☆☆の規格に適合するものを除く。）

(2)　油性調合ペイント（JIS K5511(油性調合ペイント)に規定する油性調合ペイントの規格に適合するもののうち、そのホルムアルデヒド放散等級がF☆☆☆☆、F☆☆☆及びF☆☆の規格に適合するものを除く。）

(3)　合成樹脂調合ペイント（JIS K5516(合成樹脂調合ペイント)に規定する合成樹脂調合ペイントの規格に適合するもののうち、そのホルムアルデヒド放散等級がF☆☆☆☆、F☆☆☆及びF☆☆の規格に適合するものを除く。）

(4)　フタル酸樹脂ワニス（JIS K5562(フタル酸樹脂ワニス)に規定するフタル酸樹脂ワニスの規格に適合するもののうち、そのホルムアルデヒド放散等級がF☆☆☆☆、F☆☆☆及びF☆☆の規格に適合するものを除く。）

(5)　フタル酸樹脂エナメル（JIS K5572(フタル酸樹脂エナメル)に規定するフタル酸樹脂エナメルの規格に適合するもののうち、そのホルムアルデヒド放散等級がF☆☆☆☆、F☆☆☆及びF☆☆の規格に適合するものを除く。）

(6)　油性系下地塗料（JIS K5591(油性系下地塗料)に規定する油性系下地塗料の規格に適合するもののうち、そのホルムアルデヒド放散等級がF☆☆☆☆、F☆☆☆及びF☆☆の規格に適合するものを除く。）

(7)　一般用さび止めペイント（JIS K5621(一般用さび止めペイント)に規定する一般用さび止めペイントの規格に適合するもののうち、そのホルムアルデヒド放散等級がF☆☆☆☆、F☆☆☆及びF☆☆の規格に適合するものを除く。）

(8)　多彩模様塗料（JIS K5667(多彩模様塗料)に規定する多彩模様塗料の規格に適合するもののうち、そのホルムアルデヒド放散等級がF☆☆☆☆、F☆☆☆及びF☆☆の規格に適合するものを除く。）

(9)　鉛・クロムフリーさび止めペイント（JIS K5674(鉛・クロムフリーさび止めペイント)に規定する鉛・クロムフリーさび止めペイントの規格に適合するもののうち、そのホルムアルデヒド放散等級がF☆☆☆☆、F☆☆☆及びF☆☆の規格に適合するものを除く。）

(10)　家庭用屋内木床塗料（JIS K5961(家庭用屋内木床塗料)に規定する家庭用屋内木床塗料の規格に適合するもののうち、そのホルムアルデヒド放散等級がF☆☆☆☆、F☆☆☆及びF☆☆の規格に適合するものを除く。）

(11)　家庭用木部金属部塗料（JIS K5962(家庭用木部金属部塗料)に規定する家庭用木部金属部塗料の規格に適合するもののうち、そのホルムアルデヒド放散等級がF☆☆☆☆、

F☆☆☆及びF☆☆の規格に適合するものを除く。)
⑿　建物用床塗料（JIS K5970（建物用床塗料）に規定する建物用床塗料の規格に適合する
　ものうち、そのホルムアルデヒド放散等級がF☆☆☆☆、F☆☆☆及びF☆☆の規格
　に適合するものを除く。)
ロ　次に掲げる仕上塗材（ユリア樹脂、メラミン樹脂、フェノール樹脂、レゾルシノール樹
　脂又はホルムアルデヒド系防腐剤を使用したものに限る。)
　⑴　内装合成樹脂エマルション系薄付け仕上塗材
　⑵　内装合成樹脂エマルション系厚付け仕上塗材
　⑶　軽量骨材仕上塗材
　⑷　合成樹脂エマルション系複層仕上塗材
　⑸　防水形合成樹脂エマルション系複層仕上塗材
ハ　次に掲げる接着剤（ユリア樹脂、メラミン樹脂、フェノール樹脂、レゾルシノール樹脂
　又はホルムアルデヒド系防腐剤を使用したものに限る。)
　⑴　酢酸ビニル樹脂系溶剤形接着剤（JIS A5536（床仕上げ材用接着剤）、JIS A5537（木れ
　　ん用接着剤）、JIS A5538（壁・天井ボード用接着剤）、JIS A5547（発泡プラスチック保
　　温板用接着剤）又は JIS A5549（造作用接着剤）に規定する酢酸ビニル樹脂系溶剤形接着
　　剤の規格に適合するもののうち、そのホルムアルデヒド放散がF☆☆☆☆等級、F☆☆
　　☆等級及びF☆☆等級の規格に適合するものを除く。)
　⑵　ゴム系溶剤形接着剤（JIS A5536（床仕上げ材用接着剤）、JIS A5538（壁・天井ボード
　　用接着剤）、JIS A5547（発泡プラスチック保温板用接着剤）、JIS A5549（造作用接着剤）
　　又は JIS A5550（床根太用接着剤）に規定するゴム系溶剤形接着剤の規格に適合するもの
　　のうち、そのホルムアルデヒド放散がF☆☆☆☆等級、F☆☆☆等級及びF☆☆等級の
　　規格に適合するものを除く。)
　⑶　ビニル共重合樹脂系溶剤形接着剤（JIS A5536（床仕上げ材用接着剤）又は JIS A5549
　　（造作用接着剤）に規定するビニル共重合樹脂系溶剤形接着剤の規格に適合するもののう
　　ち、そのホルムアルデヒド放散がF☆☆☆☆等級、F☆☆☆等級及びF☆☆等級の規格
　　に適合するものを除く。)
　⑷　再生ゴム系溶剤形接着剤（JIS A5547（発泡プラスチック保温板用接着剤）又は JIS
　　A5549（造作用接着剤）に規定する再生ゴム系溶剤形接着剤の規格に適合するもののう
　　ち、そのホルムアルデヒド放散がF☆☆☆☆等級、F☆☆☆等級及びF☆☆等級の規格
　　に適合するものを除く。)
　附　則
この告示は、平成15年7月1日から施行する。

〔平成14年12月26日国土交通省告示第1114号〕
第二種ホルムアルデヒド発散建築材料を定める件

最終改正　令和元年6月25日国土交通省告示第203号

建築基準法施行令（昭和25年政令第338号）第20条の7第1項第二号の規定に基づき、第二種ホルムアルデヒド発散建築材料を次のように定める。

建築基準法施行令第20条の7第1項第二号に規定する夏季においてその表面積1m²につき毎時0.02mgを超え0.12mg以下の量のホルムアルデヒドを発散させるものとして国土交通大臣が定める建築材料は、次に定めるもののうち、建築物に用いられた状態で5年以上経過しているものを除くものとする。

　一　次に掲げる建築材料

　　イ　合板の日本農林規格（平成15年農林水産省告示第233号）に規定する普通合板、コンクリート型枠用合板、構造用合板、化粧ばり構造用合板、天然木化粧合板又は特殊加工化粧合板の規格に適合するもののうち、そのホルムアルデヒド放散量がF☆☆の規格に適合する合板

　　ロ　フローリングの日本農林規格（昭和49年農林省告示第1073号）に規定するフローリングの規格に適合するもののうち、そのホルムアルデヒド放散量がF☆☆の規格に適合するフローリング

　　ハ　構造用パネルの日本農林規格（昭和62年農林水産省告示第360号）に規定する構造用パネルの規格に適合するもののうち、そのホルムアルデヒド放散量がF☆☆の規格に適合する構造用パネル

　　ニ　集成材の日本農林規格（平成19年農林水産省告示第1152号）に規定する造作用集成材、化粧ばり造作用集成材、構造用集成材又は化粧ばり構造用集成柱の規格に適合するもののうち、そのホルムアルデヒド放散量がF☆☆の規格に適合する集成材

　　ホ　単板積層材の日本農林規格（平成20年農林水産省告示第701号）に規定する造作用単板積層材又は構造用単板積層材の規格に適合するもののうち、そのホルムアルデヒド放散量がF☆☆の規格に適合する単板積層材

　　ヘ　日本産業規格（以下「JIS」という。）A5905（繊維板）に規定するミディアムデンシティファイバーボードの規格に適合するもののうち、そのホルムアルデヒド放散量がF☆☆等級の規格に適合するミディアムデンシティファイバーボード

　　ト　JIS A5908（パーティクルボード）に規定するパーティクルボードの規格に適合するもののうち、そのホルムアルデヒド放散量がF☆☆等級の規格に適合するパーティクルボード

　　チ　次に掲げる保温材

　　　(1)　JIS A9504（人造鉱物繊維保温材）に規定するロックウール保温板、ロックウールフェルト、ロックウール保温帯又はロックウール保温筒の規格に適合するもののうち、そのホルムアルデヒド放散がF☆☆等級の規格に適合するロックウール保温板、ロックウールフェルト、ロックウール保温帯及びロックウール保温筒

　　　(2)　JIS A9504（人造鉱物繊維保温材）に規定するグラスウール保温板、グラスウール波形保温板、グラスウール保温帯又はグラスウール保温筒の規格に適合するもののうち、ホ

ルムアルデヒド放散がF☆☆等級の規格に適合するグラスウール保温板、グラスウール
波形保温板、グラスウール保温帯及びグラスウール保温筒

二　次に掲げる建築材料（施工時に塗布される場合に限る。）

イ　次に掲げる塗料（ユリア樹脂、メラミン樹脂、フェノール樹脂、レゾルシノール樹脂又
はホルムアルデヒド系防腐剤を使用したものに限る。）

(1)　JIS K5492（アルミニウムペイント）に規定するアルミニウムペイントの規格に適合す
るもののうち、そのホルムアルデヒド放散等級がF☆☆の規格に適合するアルミニウム
ペイント

(2)　JIS K5511（油性調合ペイント）に規定する油性調合ペイントの規格に適合するものの
うち、そのホルムアルデヒド放散等級がF☆☆の規格に適合する油性調合ペイント

(3)　JIS K5516（合成樹脂調合ペイント）に規定する合成樹脂調合ペイントの規格に適合す
るもののうち、そのホルムアルデヒド放散等級がF☆☆の規格に適合する合成樹脂調合
ペイント

(4)　JIS K5562（フタル酸樹脂ワニス）に規定するフタル酸樹脂ワニスの規格に適合するも
ののうち、そのホルムアルデヒド放散等級がF☆☆の規格に適合するフタル酸樹脂ワニ
ス

(5)　JIS K5572（フタル酸樹脂エナメル）に規定するフタル酸樹脂エナメルの規格に適合す
るもののうち、そのホルムアルデヒド放散等級がF☆☆の規格に適合するフタル酸樹脂
エナメル

(6)　JIS K5591（油性系下地塗料）に規定する油性系下地塗料の規格に適合するもののう
ち、そのホルムアルデヒド放散等級がF☆☆の規格に適合する油性系下地塗料

(7)　JIS K5621（一般用さび止めペイント）に規定する一般用さび止めペイントの規格に適
合するもののうち、そのホルムアルデヒド放散等級がF☆☆の規格に適合する一般用さ
び止めペイント

(8)　JIS K5667（多彩模様塗料）に規定する多彩模様塗料の規格に適合するもののうち、そ
のホルムアルデヒド放散等級がF☆☆の規格に適合する多彩模様塗料

(9)　JIS K5674（鉛・クロムフリーさび止めペイント）に規定する鉛・クロムフリーさび止
めペイントの規格に適合するもののうち、そのホルムアルデヒド放散等級がF☆☆の規
格に適合する鉛・クロムフリーさび止めペイント

(10)　JIS K5961（家庭用屋内木床塗料）に規定する家庭用屋内木床塗料の規格に適合するも
ののうち、そのホルムアルデヒド放散等級がF☆☆の規格に適合する家庭用屋内木床塗料

(11)　JIS K5962（家庭用木部金属部塗料）に規定する家庭用木部金属部塗料の規格に適合す
るもののうち、そのホルムアルデヒド放散等級がF☆☆の規格に適合する家庭用木部金
属部塗料

(12)　JIS K5970（建物用床塗料）に規定する建物用床塗料の規格に適合するもののうち、そ
のホルムアルデヒド放散等級がF☆☆の規格に適合する建物用床塗料

ロ　次に掲げる接着剤（ユリア樹脂、メラミン樹脂、フェノール樹脂、レゾルシノール樹脂
又はホルムアルデヒド系防腐剤を使用したものに限る。）

(1)　JIS A5536（床仕上げ材用接着剤）、JIS A5537（木れんが用接着剤）、JIS A5538（壁・

天井ボード用接着剤）、JIS A5547（発泡プラスチック保温板用接着剤）又は JIS A5549
（造作用接着剤）に規定する酢酸ビニル樹脂系溶剤形接着剤の規格に適合するもののう
ち、そのホルムアルデヒド放散が F☆☆等級の規格に適合する酢酸ビニル樹脂系溶剤形
接着剤

(2)　JIS A5536（床仕上げ材用接着剤）、JIS A5538（壁・天井ボード用接着剤）、JIS A5547
（発泡プラスチック保温板用接着剤）、JIS A5549（造作用接着剤）又は JIS A5550（床根
太用接着剤）に規定するゴム系溶剤形接着剤の規格に適合するもののうち、そのホルム
アルデヒド放散が F☆☆等級の規格に適合するゴム系溶剤形接着剤

(3)　JIS A5536（床仕上げ材用接着剤）又は JIS A5549（造作用接着剤）に規定するビニル共
重合樹脂系溶剤形接着剤の規格に適合するもののうち、そのホルムアルデヒド放散が F
☆☆等級の規格に適合するビニル共重合樹脂系溶剤形接着剤

(4)　JIS A5547（発泡プラスチック保温板用接着剤）又は JIS A5549（造作用接着剤）に規定
する再生ゴム系溶剤形接着剤の規格に適合するもののうち、そのホルムアルデヒド放散
が F☆☆等級の規格に適合する再生ゴム系溶剤形接着剤

　附　則

この告示は、平成15年7月1日から施行する。

〔平成14年12月26日国土交通省告示第1115号〕
第三種ホルムアルデヒド発散建築材料を定める件

　　　　　　　　　最終改正　令和元年6月25日国土交通省告示第203号

建築基準法施行令（昭和25年政令第338号）第20条の7第1項第二号の規定に基づき、第三種
ホルムアルデヒド発散建築材料を次のように定める。

建築基準法施行令第20条の7第1項第二号に規定する夏季においてその表面積1㎡につき毎
時0.005mg を超え0.02mg 以下の量のホルムアルデヒドを発散させるものとして国土交通大臣
が定める建築材料は、次に定めるもののうち、建築物に用いられた状態で5年以上経過している
ものを除くものとする。

一　次に掲げる建築材料

イ　合板の日本農林規格（平成15年農林水産省告示第233号）に規定する普通合板、コンクリー
ト型枠用合板、構造用合板、化粧ばり構造用合板、天然木化粧合板又は特殊加工化粧合板
の規格に適合するもののうち、そのホルムアルデヒド放散量が F☆☆☆の規格に適合する
合板

ロ　フローリングの日本農林規格（昭和49年農林省告示第1073号）に規定するフローリング
の規格に適合するもののうち、そのホルムアルデヒド放散量が F☆☆☆の規格に適合する
フローリング

ハ　構造用パネルの日本農林規格（昭和62年農林水産省告示第360号）に規定する構造用パ
ネルの規格に適合するもののうち、そのホルムアルデヒド放散量が F☆☆☆の規格に適合
する構造用パネル

ニ　集成材の日本農林規格（平成19年農林水産省告示第1152号）に規定する造作用集成材、
　　化粧ばり造作用集成材、構造用集成材又は化粧ばり構造用集成柱の規格に適合するものの
　　うち、そのホルムアルデヒド放散量がF☆☆☆の規格に適合する集成材

ホ　単板積層材の日本農林規格（平成20年農林水産省告示第701号）に規定する造作用単板
　　積層材又は構造用単板積層材の規格に適合するもののうち、そのホルムアルデヒド放散量
　　がF☆☆☆の規格に適合する単板積層材

ヘ　日本産業規格（以下「JIS」という。）A5905（繊維板）に規定するミディアムデンシティファ
　　イバーボードの規格に適合するもののうち、そのホルムアルデヒド放散量がF☆☆☆等級
　　の規格に適合するミディアムデンシティファイバーボード

ト　JIS A5908（パーティクルボード）に規定するパーティクルボードの規格に適合するもの
　　のうち、そのホルムアルデヒド放散量がF☆☆☆等級の規格に適合するパーティクルボー
　　ド

チ　直交集成板の日本農林規格（平成25年農林水産省告示第3079号）に規定する直交集成板
　　の規格に適合するもののうち、そのホルムアルデヒド放散量がF☆☆☆の規格に適合する
　　もの

リ　次に掲げる保温材

⑴　JIS A9504（人造鉱物繊維保温材）に規定するロックウール保温板、ロックウールフェ
　　ルト、ロックウール保温帯又はロックウール保温筒の規格に適合するもののうち、その
　　ホルムアルデヒド放散がF☆☆☆等級の規格に適合するロックウール保温板、ロック
　　ウールフェルト、ロックウール保温帯及びロックウール保温筒

⑵　JIS A9504（人造鉱物繊維保温材）に規定するグラスウール保温板、グラスウール波形
　　保温板、グラスウール保温帯又はグラスウール保温筒の規格に適合するもののうち、ホ
　　ルムアルデヒド放散がF☆☆☆等級の規格に適合するグラスウール保温板、グラスウー
　　ル波形保温板、グラスウール保温帯及びグラスウール保温筒

⑶　JIS A9511（発泡プラスチック保温材）に規定するフェノールフォーム保温板又はフェ
　　ノールフォーム保温筒の規格に適合するもののうち、そのホルムアルデヒド放散がF☆
　　☆☆等級の規格に適合するフェノールフォーム保温板及びフェノールフォーム保温筒

ヌ　次に掲げる断熱材

⑴　JIS A9521（建築用断熱材）に規定するロックウール断熱材の規格に適合するもののう
　　ち、そのホルムアルデヒド放散がF☆☆☆等級の規格に適合するロックウール断熱材

⑵　JIS A9521（建築用断熱材）に規定するグラスウール断熱材の規格に適合するもののう
　　ち、そのホルムアルデヒド放散がF☆☆☆等級の規格に適合するグラスウール断熱材

⑶　JIS A9521（建築用断熱材）に規定するフェノールフォーム断熱材の規格に適合するも
　　ののうち、そのホルムアルデヒド放散がF☆☆☆等級の規格に適合するフェノール
　　フォーム断熱材

⑷　JIS A9523（吹込み用繊維質断熱材）に規定する吹込み用グラスウール断熱材の規格に
　　適合するもののうち、そのホルムアルデヒド放散がF☆☆☆等級の規格に適合する吹込
　　み用グラスウール断熱材

二　次に掲げる建築材料（施工時に塗布される場合に限る。）

　イ　次に掲げる塗料（ユリア樹脂、メラミン樹脂、フェノール樹脂、レゾルシノール樹脂又
　　はホルムアルデヒド系防腐剤を使用したものに限る。）

　　⑴　JIS K5492（アルミニウムペイント）に規定するアルミニウムペイントの規格に適合す
　　　るもののうち、そのホルムアルデヒド放散等級がF☆☆☆の規格に適合するアルミニウ
　　　ムペイント

　　⑵　JIS K5511（油性調合ペイント）に規定する油性調合ペイントの規格に適合するものの
　　　うち、そのホルムアルデヒド放散等級がF☆☆☆の規格に適合する油性調合ペイント

　　⑶　JIS K5516（合成樹脂調合ペイント）に規定する合成樹脂調合ペイントの規格に適合す
　　　るもののうち、そのホルムアルデヒド放散等級がF☆☆☆の規格に適合する合成樹脂調
　　　合ペイント

　　⑷　JIS K5562（フタル酸樹脂ワニス）に規定するフタル酸樹脂ワニスの規格に適合するも
　　　ののうち、そのホルムアルデヒド放散等級がF☆☆☆の規格に適合するフタル酸樹脂ワ
　　　ニス

　　⑸　JIS K5572（フタル酸樹脂エナメル）に規定するフタル酸樹脂エナメルの規格に適合す
　　　るもののうち、そのホルムアルデヒド放散等級がF☆☆☆の規格に適合するフタル酸樹
　　　脂エナメル

　　⑹　JIS K5591（油性系下地塗料）に規定する油性系下地塗料の規格に適合するもののう
　　　ち、そのホルムアルデヒド放散等級がF☆☆☆の規格に適合する油性系下地塗料

　　⑺　JIS K5621（一般用さび止めペイント）に規定する一般用さび止めペイントの規格に適
　　　合するもののうち、そのホルムアルデヒド放散等級がF☆☆☆の規格に適合する一般用
　　　さび止めペイント

　　⑻　JIS K5667（多彩模様塗料）に規定する多彩模様塗料の規格に適合するもののうち、そ
　　　のホルムアルデヒド放散等級がF☆☆☆の規格に適合する多彩模様塗料

　　⑼　JIS K5674（鉛・クロムフリーさび止めペイント）に規定する鉛・クロムフリーさび止
　　　めペイントの規格に適合するもののうち、そのホルムアルデヒド放散等級がF☆☆☆の
　　　規格に適合する鉛・クロムフリーさび止めペイント

　　⑽　JIS K5961（家庭用屋内木床塗料）に規定する家庭用屋内木床塗料の規格に適合するも
　　　ののうち、そのホルムアルデヒド放散等級がF☆☆☆の規格に適合する家庭用屋内木床
　　　塗料

　　⑾　JIS K5962（家庭用木部金属部塗料）に規定する家庭用木部金属部塗料の規格に適合す
　　　るもののうち、そのホルムアルデヒド放散等級がF☆☆☆の規格に適合する家庭用木部
　　　金属部塗料

　　⑿　JIS K5970（建物用床塗料）に規定する建物用床塗料の規格に適合するもののうち、そ
　　　のホルムアルデヒド放散等級がF☆☆☆の規格に適合する建物用床塗料

　ロ　次に掲げる接着剤（ユリア樹脂、メラミン樹脂、フェノール樹脂、レゾルシノール樹脂
　　又はホルムアルデヒド系防腐剤を使用したものに限る。）

　　⑴　JIS A5536（床仕上げ材用接着剤）、JIS A5537（木れんが用接着剤）、JIS A5538（壁・
　　　天井ボード用接着剤）、JIS A5547（発泡プラスチック保温板用接着剤）又は JIS A5549
　　　（造作用接着剤）に規定する酢酸ビニル樹脂系溶剤形接着剤の規格に適合するもののう

ち、そのホルムアルデヒド放散がF☆☆☆等級の規格に適合する酢酸ビニル樹脂系溶剤形接着剤

⑵　JIS A5536（床仕上げ材用接着剤）、JIS A5538（壁・天井ボード用接着剤）、JIS A5547（発泡プラスチック保温板用接着剤）、JIS A5549（造作用接着剤）又は JIS A5550（床根太用接着剤）に規定するゴム系溶剤形接着剤の規格に適合するもののうち、そのホルムアルデヒド放散がF☆☆☆等級の規格に適合するゴム系溶剤形接着剤

⑶　JIS A5536（床仕上げ材用接着剤）又は JIS A5549（造作用接着剤）に規定するビニル共重合樹脂系溶剤形接着剤の規格に適合するもののうち、そのホルムアルデヒド放散がF☆☆☆等級の規格に適合するビニル共重合樹脂系溶剤形接着剤

⑷　JIS A5547（発泡プラスチック保温板用接着剤）又は JIS A5549（造作用接着剤）に規定する再生ゴム系溶剤形接着剤の規格に適合するもののうち、そのホルムアルデヒド放散がF☆☆☆等級の規格に適合する再生ゴム系溶剤形接着剤

　附　則

この告示は、平成15年7月1日から施行する。

〔平成15年3月27日国土交通省告示第273号〕
ホルムアルデヒドの発散による衛生上の支障がないようにするために必要な換気を確保することができる居室の構造方法を定める件

最終改正　令和元年6月21日国土交通省告示第200号

建築基準法施行令（昭和25年政令第338号）第20条の7第1項第二号の表及び第20条の8第2項の規定に基づき、ホルムアルデヒドの発散による衛生上の支障がないようにするために必要な換気を確保することができる居室の構造方法を次のように定める。

第1　換気回数が0.7以上の機械換気設備を設けるものに相当する換気が確保される居室

建築基準法施行令（以下「令」という。）第20条の7第1項第二号の表に規定する換気回数が0.7以上の機械換気設備を設けるものに相当する換気が確保される居室の構造方法は、天井の高さを2.7m以上とし、かつ、次の各号に適合する機械換気設備を設けるものとする。

一　有効換気量（m³/hで表した量とする。以下同じ。）又は有効換気換算量（m³/hで表した量とする。以下同じ。）が次の式によって計算した必要有効換気量以上とすること。

$$Vr = n A h$$

この式において、Vr、n、A及びhは、それぞれ次の数値を表すものとする。

Vr　必要有効換気量（単位　m³/h）

n　居室の天井の高さの区分に応じて次の表に掲げる数値

3.3m 未満	0.6
3.3m 以上4.1m 未満	0.5

4.1m以上5.4m未満	0.4
5.4m以上8.1m未満	0.3
8.1m以上16.1m未満	0.2
16.1m以上	0.1

　A　居室の床面積（単位　m²）
　h　居室の天井の高さ（単位　m）

二　令第129条の2の5第2項のほか、令第20条の8第1項第一号イ(2)及び(3)又はロ(2)及び(3)並びに同項第二号に適合するものとすること。

第2　換気回数が0.5以上0.7未満の機械換気設備を設けるものに相当する換気が確保される住宅等の居室以外の居室

　令第20条の7第1項第二号の表に規定する換気回数が0.5以上0.7未満の機械換気設備を設けるものに相当する換気が確保される住宅等の居室以外の居室（第1に適合するものを除く。）の構造方法は、次の各号のいずれかに適合するものとする。

一　天井の高さを2.9m以上とし、かつ、次のイ及びロに適合する機械換気設備（第1の各号に適合するものを除く。）を設けるものとすること。

イ　有効換気量又は有効換気換算量が次の式によって計算した必要有効換気量以上とすること。

$$Vr = n A h$$

　この式において、Vr、n、A及びhは、それぞれ次の数値を表すものとする。
　Vr　必要有効換気量（単位　m³/h）
　n　居室の天井の高さの区分に応じて次の表に掲げる数値

3.9m未満	0.4
3.9m以上5.8m未満	0.3
5.8m以上11.5m未満	0.2
11.5m以上	0.1

　A　居室の床面積（単位　m²）
　h　居室の天井の高さ（単位　m）

ロ　令第129条の2の5第2項のほか、令第20条の8第1項第一号イ(2)及び(3)又はロ(2)及び(3)並びに同項第二号に適合するものとすること。

二　外気に常時開放された開口部等の換気上有効な面積の合計が、床面積に対して、$\frac{15}{10,000}$以上とすること。

三　ホテル又は旅館の宿泊室その他これらに類する居室以外の居室（常時開放された開口部を

通じてこれと相互に通気が確保される廊下その他の建築物の部分を含む。）で、使用時に外気に開放される開口部等の換気上有効な面積の合計が、床面積に対して、$\frac{15}{10,000}$ 以上とすること。

四　真壁造の建築物（外壁に合板その他これに類する板状に成型した建築材料を用いないものに限る。）の居室で、天井及び床に合板その他これに類する板状に成型した建築材料を用いないもの又は外壁の開口部に設ける建具（通気が確保できる空隙のあるものに限る。）に木製枠を用いるものとすること。

第3　ホルムアルデヒドの発散による衛生上の支障がないようにするために必要な換気を確保することができる住宅等の居室

令第20条の8第2項に規定する同条第1項に規定する基準に適合する換気設備を設ける住宅等の居室と同等以上にホルムアルデヒドの発散による衛生上の支障がないようにするために必要な換気を確保することができる住宅等の居室の構造方法は、次の各号のいずれかに適合するものとする。

一　第1に適合するものとすること。

二　第2の各号のいずれかに適合するものとすること。ただし、第2第三号中「ホテル又は旅館の宿泊室その他これらに類する居室以外の居室」とあるのは「家具その他これに類する物品の販売業を営む店舗の売場」と読み替えて適用するものとする。

第4　ホルムアルデヒドの発散による衛生上の支障がないようにするために必要な換気を確保することができる住宅等の居室以外の居室

令第20条の8第2項に規定する同条第1項に規定する基準に適合する換気設備を設ける住宅等の居室以外の居室と同等以上にホルムアルデヒドの発散による衛生上の支障がないようにするために必要な換気を確保することができる住宅等の居室以外の居室の構造方法は、次の各号のいずれかに適合するものとする。

一　第1に適合するものとすること。

二　第2の各号のいずれかに適合するものとすること。

三　天井の高さを3.5m以上とし、かつ、次のイ及びロに適合する機械換気設備を設けるものとすること。

イ　有効換気量又は有効換気換算量が次の式によって計算した必要有効換気量以上とすること。

$$Vr = n A h$$

この式において、Vr、n、A及びhは、それぞれ次の数値を表すものとする。

Vr　必要有効換気量（単位　m³/h）

n　居室の天井の高さの区分に応じて次の表に掲げる数値

6.9m 未満	0.2
6.9m 以上 13.8m 未満	0.1
13.8m 以上	0.05

```
  │    A    居室の床面積（単位　m²）
  │    h    居室の天井の高さ（単位　m）
```
　ロ　令第129条の2の5第2項のほか、令第20条の8第1項第一号イ(2)及び(3)又はロ(2)及び
　　(3)並びに同項第二号に適合するものとすること。

附　則

この告示は、平成15年7月1日から施行する。

〔平成15年3月27日国土交通省告示第274号〕

ホルムアルデヒドの発散による衛生上の支障がないようにするために必要な換気を確保することができる換気設備の構造方法を定める件

最終改正　平成18年9月29日国土交通省告示第1169号

　建築基準法施行令（昭和25年政令第338号）第20条の8第1項第一号イ(3)、ロ(3)及びハの規定に基づき、ホルムアルデヒドの発散による衛生上の支障がないようにするために必要な換気を確保することができる換気設備の構造方法を次のように定める。

第1　機械換気設備

　建築基準法施行令（以下「令」という。）第20条の8第1項第一号イ(3)及びロ(3)に規定するホルムアルデヒドの発散による衛生上の支障がないようにするために必要な換気を確保することができる機械換気設備の構造方法は、次の各号に適合するものとする。

一　給気機又は排気機の構造は、換気経路の全圧力損失（直管部損失、局部損失、諸機器その他における圧力損失の合計をいう。）を考慮して計算により確かめられた給気能力又は排気能力を有するものとすること。ただし、居室の規模若しくは構造又は換気経路その他機械換気設備の構造によりホルムアルデヒドの発散による衛生上の支障がないようにするために必要な換気を確保できることが明らかな場合においては、この限りでない。

二　機械換気設備を継続して作動させる場合において、その給気口及び排気口並びに給気機及び排気機の位置及び構造は、気流、温度、騒音等により居室の使用に支障が生じないものとすること。

三　居室の空気圧が、当該居室に係る天井裏、小屋裏、床裏、壁、物置その他これらに類する建築物の部分（次のイ又はロに該当するものを除く。）の空気圧以上とすること。

　イ　平成11年建設省告示第998号3(3)イ(イ)に掲げる材料その他これらと同等以上に気密性を有する材料を用いて連続した気密層又は通気止めを設けることにより当該居室と区画されたもの

　ロ　下地材、断熱材その他これらに類する面材に令第20条の7第1項第一号に規定する第一種ホルムアルデヒド発散建築材料、同項第二号に規定する第二種ホルムアルデヒド発散建築材料及び同条第2項の規定により国土交通大臣の認定を受けたもの以外の建築材料のみを用いるもの

第2　中央管理方式の空気調和設備

令第20条の8第1項第一号ハに規定するホルムアルデヒドの発散による衛生上の支障がないようにするために必要な換気を確保することができる中央管理方式の空気調和設備の構造方法は、次の各号に適合するものとする。

一　居室における有効換気量（m³/hで表した量とする。以下この号において同じ。）が、次の式によって計算した必要有効換気量以上とすること。ただし、令第20条の7第1項第二号の規定に適合する居室に設けるものにあっては、当該居室における有効換気量が令第20条の8第1項第一号イ(1)の式によって計算した必要有効換気量以上とすること。

$$Vr = 10 \, (E + 0.02 \, n \, A)$$

> この式において、Vr、E、n 及び A は、それぞれ次の数値を表すものとする。
>
> Vr　必要有効換気量（単位　m³/h）
>
> E　居室の壁、床及び天井（天井のない場合においては、屋根）並びにこれらの開口部に設ける戸その他の建具の室内に面する部分（回り縁、窓台その他これらに類する部分を除く。）の仕上げに用いる建築材料から発散するホルムアルデヒドの量（単位　mg/(m²·h)）
>
> n　令第20条の7第1項第二号の表備考一の号に規定する住宅等の居室にあっては3、その他の居室にあっては1
>
> A　居室の床面積（単位　m²）

二　第1第三号に適合するものとすること。

　　附　　則

この告示は、平成15年7月1日から施行する。

〔平成12年5月31日建設省告示第1430号〕
地階における住宅等の居室に設ける開口部及び防水層の設置方法を定める件

建築基準法施行令（昭和25年政令第338号）第22条の2第一号イ及び第二号イ(1)の規定に基づき、地階における住宅等の居室に設ける開口部及び防水層の設置方法を次のように定める。

第1　住宅等の居室の開口部は、次に定めるところにより設けられていることとする。

一　次のイ又はロのいずれかに掲げる場所に面すること。

　イ　居室が面する土地の部分を掘り下げて設けるからぼり（底面が当該開口部より低い位置にあり、かつ、雨水を排水するための設備が設けられているものに限る。）の次に掲げる基準に適合する部分

　　(1)　上部が外気に開放されていること。

　　(2)　当該居室の外壁からその壁の面するからぼりの周壁までの水平距離が1m以上であり、かつ、開口部の下端からからぼりの上端までの垂直距離（以下「開口部からの高さ」という。）の $\frac{4}{10}$ 以上であること。

(3)　(2)の基準に適合する部分の当該居室の壁に沿った水平方向の長さが2m以上であり、かつ、開口部からの高さ以上であること。

ロ　当該開口部の前面に、当該住宅等の敷地内で当該開口部の下端よりも高い位置に地面がない場所

二　その換気に有効な部分の面積が、当該居室の床面積に対して、$\frac{1}{20}$以上であること。

第2　住宅等の居室の外壁等には、次に掲げる方法により防水層を設けることとする。

一　埋戻しその他工事中に防水層が損傷を受けるおそれがある場合において、き裂、破断その他の損傷を防止する保護層を設けること。

二　下地の種類、土圧、水圧の状況等に応じ、割れ、すき間等が生じることのないよう、継ぎ目等に十分な重ね合わせをする等の措置を講じること。

〔平成26年6月27日国土交通省告示第709号〕
建築基準法施行令第23条第1項の規定に適合する階段と同等以上に昇降を安全に行うことができる階段の構造方法を定める件

最終改正　令和元年6月24日国土交通省告示第202号

建築基準法施行令（昭和25年政令第338号）第23条第4項の規定に基づき、同条第1項の規定に適合する階段と同等以上に昇降を安全に行うことができる階段の構造方法を次のように定める。

第1　建築基準法施行令（以下「令」という。）第23条第4項に規定する同条第1項の規定に適合する階段と同等以上に昇降を安全に行うことができる階段の構造方法は、次に掲げる基準に適合するものとする。

一　階段及びその踊場の幅並びに階段の蹴上げ及び踏面の寸法が、次の表の各項に掲げる階段の種別の区分に応じ、それぞれ当該各項に定める寸法（次の表の各項のうち2以上の項に掲げる階段の種別に該当するときは、当該2以上の項に定める寸法のうちいずれかの寸法）であること。ただし、屋外階段の幅は、令第120条又は令第121条の規定による直通階段にあっては90cm以上、その他のものにあっては60cm以上とすることができる。

階段の種別		階段及びその踊場の幅（単位　cm）	蹴上げの寸法（単位　cm）	踏面の寸法（単位　cm）
(1)	令第23条第1項の表の(1)に掲げるもの	140以上	18以下	26以上
(2)	令第23条第1項の表の(2)に掲げるもの	140以上	20以下	24以上
(3)	令第23条第1項の表の(4)に掲げるもの	75以上	23以下	19以上
(4)	階数が2以下で延べ面積が200m²未満の建築物におけるもの	75以上	23以下	15以上

二　階段の両側に、手すりを設けたものであること。

三　階段の踏面の表面を、粗面とし、又は滑りにくい材料で仕上げたものであること。

四　第一号の表(4)の項に掲げる階段の種別に該当する階段で同項に定める寸法に適合するもの（同表(1)から(3)までの各項のいずれかに掲げる階段の種別に該当する階段でそれぞれ当該各項に定める寸法に適合するものを除く。）にあっては、当該階段又はその近くに、見やすい方法で、十分に注意して昇降を行う必要がある旨を表示したものであること。

第2　令第23条第2項の規定は第1第一号の踏面の寸法について、同条第3項の規定は同号の階段及びその踊場の幅について準用する。

　　　　附　則

この告示は、平成26年7月1日から施行する。

〔平成12年5月29日建設省告示第1386号〕

くみ取便所並びに特殊建築物及び特定区域の便所の構造方法並びに改良便槽内の汚水の温度の低下を防止するための措置の基準を定める件

建築基準法施行令（昭和25年政令第338号）第29条及び第30条第1項並びに第31条第三号の規定に基づき、くみ取便所並びに特殊建築物及び特定区域の便所の構造方法並びに改良便槽内の汚水の温度の低下を防止するための措置の基準を次のように定める。

第1　くみ取便所の構造方法は、次に定める構造とすることとする。

一　便器から便槽まで連絡する管及び便槽（便槽の上部が開放されている場合においては、その上口の周囲を含む。）は、耐水材料で造り、浸透質の耐水材料で造る場合においては、防水モルタル塗その他これに類する有効な防水の措置を講じて漏水しない構造とすること。

二　便所の床下は、耐水材料で他の部分と区画すること。ただし、便器から便槽まで連絡する管及び便槽に開口部（便器の開口部並びに便槽のくみ取口及び点検口を除く。）がない場合にあっては、この限りでない。

三　くみ取口は、次のイ又はロのいずれかに定める構造とすること。

イ　くみ取口の下端を地盤面上10cm以上とし、かつ、これに密閉することができるふたを取り付けること。

ロ　密閉することができる耐水材料で造られたふたを取り付けること。

第2　特殊建築物及び特定区域の便所の構造方法は、次に定める構造とすることとする。

一　不浸透質の便器を設けること。

二　小便器から便槽まで不浸透質の汚水管で連絡すること。

三　水洗便所以外の大便所の窓その他換気のための開口部には、はえを防ぐための網を張ること。

第3　改良便槽内の汚水の温度の低下を防止するための措置の基準は、次の各号のいずれかに定

めるものとする。

一　槽の周りを断熱材で覆うこと。

二　槽に保温のための装置を設けること。

〔昭和44年7月3日建設省告示第3184号〕

処理対象人員の算定方法

最終改正　令和元年6月25日国土交通省告示第203号

建築基準法施行令（昭和25年政令第338号）第32条第1項表中の規定に基づき、処理対象人員の算定方法を次のように定める。

処理対象人員の算定方式は、日本産業規格「建築物の用途別による屎尿浄化槽の処理対象人員算定基準（JIS A 3302)」に定めるところによるものとする。

附　則

昭和44年建設省告示第1727号は、廃止する。

〔日本産業規格 JIS A 3302〕

建築物の用途別による屎尿浄化槽の処理対象人員算定基準

1960－制定　2000－改正

❶　**適用範囲**　この規格は、建築物の用途別による屎尿浄化槽の処理対象人員算定基準について規定する。

❷　**建築用途別処理対象人員算定基準**　建築物の用途別による屎尿浄化槽の処理対象人員算定基準は、**表**のとおりとする。ただし、建築物の使用状況により、類似施設の使用水量その他の資料から**表**が明らかに実情に添わないと考えられる場合は、当該資料などを基にしてこの算定人員を増減することができる。

❸　**特殊の建築用途の適用**

3.1　特殊の建築用途の建築物又は定員未定の建築物については、**表**に準じて算定する。

3.2　同一建築物が2以上の異なった建築用途に供される場合は、それぞれの建築用途の項を適用加算して処理対象人員を算定する。

3.3　2以上の建築物が共同で屎尿浄化槽を設ける場合は、それぞれの建築用途の項を適用加算して処理対象人員を算定する。

3.4　学校その他で、特定の収容される人だけが移動することによって、2以上の異なった建築用途に使用する場合には、**3.2**及び**3.3**の適用加算又は建築物ごとの建築用途別処理対象人員を軽減することができる。

表

類似用途別番号	建築用途			処理対象人員	
				算定式	算定単位
1	集会場施設関係	イ	公会堂・集会場・劇場・映画館・演芸場	$n = 0.08\,A$	n：人員（人） A：延べ面積（m^2）
		ロ	競輪場・競馬場・競艇場	$n = 16\,C$	n：人員（人） $C^{(1)}$：総便器数（個）
		ハ	観覧場・体育館	$n = 0.065\,A$	n：人員（人） A：延べ面積（m^2）
2	住宅施設関係	イ	住宅　$A \leq 130(^2)$の場合	$n = 5$	n：人員（人） A：延べ面積（m^2）
			$130(^2) < A$の場合	$n = 7$	
		ロ	共同住宅	$n = 0.05\,A$	n：人員（人） ただし、1戸当たりのnが、3.5人以下の場合は、1戸当たりのnを3.5人又は2人〔1戸が1居室(^{3})だけで構成されている場合に限る。〕とし、1戸当たりのnが6人以上の場合は、1戸当たりのnを6人とする。 A：延べ面積（m^2）
		ハ	下宿・寄宿舎	$n = 0.07\,A$	n：人員（人） A：延べ面積（m^2）
		ニ	学校寄宿舎・自衛隊キャンプ宿舎・老人ホーム・養護施設	$n = P$	n：人員（人） P：定員（人）
3	宿泊施設関係	イ	ホテル・旅館　結婚式場又は宴会場をもつ場合	$n = 0.15\,A$	n：人員（人） A：延べ面積（m^2）
			結婚式場又は宴会場をもたない場合	$n = 0.075\,A$	
		ロ	モーテル	$n = 5\,R$	n：人員（人） R：客室数
		ハ	簡易宿泊所・合宿所・ユースホステル・青年の家	$n = P$	n：人員（人） P：定員（人）

317

4	医療施設関係	イ	病院・療養所・伝染病院	業務用厨房設備又は洗濯設備を設ける場合	300床未満の場合	$n = 8\,B$	n：人員（人） B：ベッド数（床）
					300床以上の場合	$n = 11.43(B-300)$ $+2,400$	
				業務用厨房設備又は洗濯設備を設けない場合	300床未満の場合	$n = 5\,B$	
					300床以上の場合	$n = 7.14(B-300)$ $+1,500$	
		ロ	診療所・医院			$n = 0.19\,A$	n：人員（人） A：延べ面積（m^2）
5	店舗関係	イ	店舗・マーケット			$n = 0.075\,A$	n：人員（人） A：延べ面積（m^2）
		ロ	百貨店			$n = 0.15\,A$	
		ハ	飲食店	一般の場合		$n = 0.72\,A$	
				汚濁負荷の高い場合		$n = 2.94\,A$	
				汚濁負荷の低い場合		$n = 0.55\,A$	
		ニ	喫茶店			$n = 0.80\,A$	
6	娯楽施設関係	イ	玉突場・卓球場			$n = 0.075\,A$	n：人員（人） A：延べ面積（m^2）
		ロ	パチンコ店			$n = 0.11\,A$	
		ハ	囲碁クラブ・マージャンクラブ			$n = 0.15\,A$	
		ニ	ディスコ			$n = 0.50\,A$	
		ホ	ゴルフ練習場			$n = 0.25\,S$	n：人員（人） S：打席数（席）
		ヘ	ボーリング場			$n = 2.50\,L$	n：人員（人） L：レーン数（レーン）
		ト	バッティング場			$n = 0.20\,S$	n：人員（人） S：打席数（席）
		チ	テニス場	ナイター設備を設ける場合		$n = 3\,S$	n：人員（人） S：コート面数（面）
				ナイター設備を設けない場合		$n = 2\,S$	
		リ	遊園地・海水浴場			$n = 16\,C$	n：人員（人） $C(^1)$：総便器数（個）

	ヌ	プール・スケート場		$n = \dfrac{20\,C + 120\,U}{8} \times t$	n ：人員（人） C ：大便器数（個） $U\,(^4)$：小便器数（個） t ：単位便器当たり 1 日 　　平均使用時間(h) 　　$t = 1.0 \sim 2.0$
	ル	キャンプ場		$n = 0.56\,P$	n ：人員（人） P ：収容人員（人）
	ヲ	ゴルフ場		$n = 21\,H$	n ：人員（人） H ：ホール数（ホール）
7 駐車場関係	イ	サービスエリア	便所 一般部	$n = 3.60\,P$	n ：人員（人） P ：駐車ます数（ます）
			便所 観光部	$n = 3.83\,P$	
			便所 売店なし PA	$n = 2.55\,P$	
			売店 一般部	$n = 2.66\,P$	
			売店 観光部	$n = 2.81\,P$	
	ロ	駐車場・自動車車庫		$n = \dfrac{20\,C + 120\,U}{8} \times t$	n ：人員（人） C ：大便器数（個） $U\,(^4)$：小便器数（個） t ：単位便器当たり 1 日 　　平均使用時間(h) 　　$t = 0.4 \sim 2.0$
	ハ	ガソリンスタンド		$n = 20$	n ：人員（人） 1営業所当たり
8 学校施設関係	イ	保育所・幼稚園・小学校・中学校		$n = 0.20\,P$	n ：人員（人） P ：定員（人）
	ロ	高等学校・大学・各種学校		$n = 0.25\,P$	
	ハ	図　書　館		$n = 0.08\,A$	n ：人員（人） A ：延べ面積（m²）
9 事務所関係	イ	事務所	業務用厨房設備を設ける場合	$n = 0.075\,A$	n ：人員（人） A ：延べ面積（m²）
			業務用厨房設備を設けない場合	$n = 0.06\,A$	
10 作業場関係	イ	工場・作業所・研究所・試験所	業務用厨房設備を設ける場合	$n = 0.75\,P$	n ：人員（人） P ：定員（人）
			業務用厨房設備を設けない場合	$n = 0.30\,P$	

11	1～10の用途に属さない施設	イ	市　場	$n = 0.02\,A$	n：人員（人） A：延べ面積（m²）
		ロ	公衆浴場	$n = 0.17\,A$	
		ハ	公衆便所	$n = 16\,C$	n：人員（人） $C(^1)$：総便器数（個）
		ニ	駅・バスターミナル	$P < 100{,}000$の場合 $\quad n = 0.008\,P$	n：人員（人） P：乗降客数（人／日）
				$100{,}000 \leqq P <$ $200{,}000$の場合 $\quad n = 0.010\,P$	
				$200{,}000 \leqq P$の場合 $\quad n = 0.013\,P$	

注　(^{1})　大便器数、小便器数及び両用便器数を合計した便器数。

　　　(^{2})　この値は、当該地域における住宅の一戸当たりの平均的な延べ面積に応じて、増減できるものとする。

　　　(^{3})　居室とは、建築基準法による用語の定義でいう居室であって、居住、執務、作業、集会、娯楽その他これらに類する目的のために継続的に使用する室をいう。ただし、共同住宅における台所及び食事室を除く。

　　　(^{4})　女子専用便所にあっては、便器数のおおむね $\frac{1}{2}$ を小便器とみなす。

【政令第 3 章（構造強度）関係】

〔平成19年 5 月18日国土交通省告示第593号〕

建築基準法施行令第36条の 2 第五号の国土交通大臣が指定する建築物を定める件

〔昭和55年11月27日建設省告示第1790号を全文改正〕

最終改正　令和元年 6 月25日国土交通省告示第203号

建築基準法施行令（昭和25年政令第338号。以下「令」という。）第36条の 2 第五号の規定に基づき、その安全性を確かめるために地震力によって地上部分の各階に生ずる水平方向の変形を把握することが必要であるものとして、構造又は規模を限って国土交通大臣が指定する建築物は、次に掲げる建築物（平成14年国土交通省告示第474号に規定する特定畜舎等建築物を除く。）とする。

一　地階を除く階数が 3 以下、高さが13ｍ以下及び軒の高さが 9 ｍ以下である鉄骨造の建築物であって、次のイからハまでのいずれか（薄板軽量形鋼造の建築物及び屋上を自動車の駐車その他これに類する積載荷重の大きな用途に供する建築物にあっては、イ又はハ）に該当するもの以外のもの

イ　次の(1)から(5)までに該当するもの

(1)　架構を構成する柱の相互の間隔が 6 ｍ以下であるもの

(2)　延べ面積が 500 ㎡以内であるもの

(3)　令第88条第 1 項に規定する地震力について標準せん断力係数を 0.3 以上とする計算をして令第82条第一号から第三号までに規定する構造計算をした場合に安全であることが確かめられたもの。この場合において、構造耐力上主要な部分のうち冷間成形により加工した角形鋼管（厚さ 6 ㎜以上のものに限る。）の柱にあっては、令第88条第 1 項に規定する地震力によって当該柱に生ずる力の大きさの値にその鋼材の種別並びに柱及びはりの接合部の構造方法に応じて次の表に掲げる数値以上の係数を乗じて得た数値を当該柱に生ずる力の大きさの値としなければならない。ただし、特別な調査又は研究の結果に基づき、角形鋼管に構造耐力上支障のある急激な耐力の低下を生ずるおそれのないことが確かめられた場合にあっては、この限りでない。

鋼材の種別	柱及びはりの接合部の構造方法	
	（い）	（ろ）
	内ダイアフラム形式（ダイアフラムを落とし込む形式としたものを除く。）	（い）欄に掲げる形式以外の形式
日本産業規格 G3466（一般		

(1)	構造用角形鋼管）-2006に適合する角形鋼管	1.3	1.4
(2)	(1)に掲げる角形鋼管以外の角形鋼管のうち、ロール成形その他断面のすべてを冷間成形により加工したもの	1.2	1.3
(3)	(1)に掲げる角形鋼管以外の角形鋼管のうち、プレス成形その他断面の一部を冷間成形により加工したもの	1.1	1.2

　(4)　水平力を負担する筋かいの軸部が降伏する場合において、当該筋かいの端部及び接合部が破断しないことが確かめられたもの

　(5)　特定天井が平成25年国土交通省告示第771号第3第2項若しくは第3項に定める基準に適合するもの、令第39条第3項の規定に基づく国土交通大臣の認定を受けたもの又は同告示第3第4項第一号に定める構造計算によって構造耐力上安全であることが確かめられたもの

ロ　次の(1)から(7)までに該当するもの

　(1)　地階を除く階数が2以下であるもの

　(2)　架構を構成する柱の相互の間隔が12m以下であるもの

　(3)　延べ面積が500 m² 以内（平家建てのものにあっては、3,000 m² 以内）であるもの

　(4)　イ(3)及び(4)の規定に適合するもの

　(5)　令第82条の6第二号ロの規定に適合するもの

　(6)　構造耐力上主要な部分である柱若しくははり又はこれらの接合部が局部座屈、破断等によって、又は構造耐力上主要な部分である柱の脚部と基礎との接合部がアンカーボルトの破断、基礎の破壊等によって、それぞれ構造耐力上支障のある急激な耐力の低下を生ずるおそれのないことが確かめられたもの

　(7)　イ(5)の規定に適合するもの

ハ　建築基準法施行規則（昭和25年建設省令第40号。以下「施行規則」という。）第1条の3第1項第一号ロ(2)の規定に基づき、国土交通大臣があらかじめ安全であると認定した構造の建築物又はその部分

二　高さが20 m 以下である鉄筋コンクリート造（壁式ラーメン鉄筋コンクリート造、壁式鉄筋コンクリート造及び鉄筋鉄筋コンクリート組積造を除く。）若しくは鉄骨鉄筋コンクリート造の建築物又はこれらの構造を併用する建築物であって、次のイ又はロに該当するもの以外のもの

イ　次の(1)から(3)までに該当するもの

　(1)　地上部分の各階の耐力壁（平成19年国土交通省告示第594号第1第三号イ(1)に規定する開口周比が0.4以下であるものに限る。以下この号において同じ。）並びに構造耐力上主要な部分である柱及び耐力壁以外の鉄筋コンクリート造又は鉄骨鉄筋コンクリート

造の壁（上端及び下端が構造耐力上主要な部分に緊結されたものに限る。）の水平断面積が次の式に適合するもの。ただし、鉄骨鉄筋コンクリート造の柱にあっては、同式中「0.7」とあるのは「1.0」とする。

$$\Sigma\, 2.5\,\alpha\, Aw + \Sigma\, 0.7\,\alpha\, Ac \geqq Z\, W\, Ai$$

> この式において、α、Aw、Ac、Z、W 及び Ai は、それぞれ次の数値を表すものとする。
>
> α　コンクリートの設計基準強度による割り増し係数として、設計基準強度が 18 N/mm² 未満の場合にあっては 1.0、18 N/mm² 以上の場合にあっては使用するコンクリートの設計基準強度（単位　N/mm²）を 18 で除した数値の平方根の数値（当該数値が 2 の平方根の数値を超えるときは、2 の平方根の数値）
>
> Aw　当該階の耐力壁のうち計算しようとする方向に設けたものの水平断面積（単位　mm²）
>
> Ac　当該階の構造耐力上主要な部分である柱の水平断面積及び耐力壁以外の鉄筋コンクリート造又は鉄骨鉄筋コンクリート造の壁（上端及び下端が構造耐力上主要な部分に緊結されたものに限る。）のうち計算しようとする方向に設けたものの水平断面積（単位　mm²）
>
> Z　令第88条第1項に規定する Z の数値
>
> W　令第88条第1項の規定により地震力を計算する場合における当該階が支える部分の固定荷重と積載荷重との和（令第86条第2項ただし書の規定により特定行政庁が指定する多雪区域においては、更に積雪荷重を加えるものとする。）（単位　N）
>
> Ai　令第88条第1項に規定する当該階に係る Ai の数値

(2) 構造耐力上主要な部分が、地震力によって当該部分に生ずるせん断力として次の式によって計算した設計用せん断力に対して、せん断破壊等によって構造耐力上支障のある急激な耐力の低下を生ずるおそれのないことが確かめられたものであること。

$$Q_D = \min\{\, Q_L + n\, Q_E,\ Q_O + Q_y \,\}$$

> この式において、Q_D、Q_L、n、Q_E、Q_O 及び Q_y は、それぞれ次の数値を表すものとする。
>
> Q_D　設計用せん断力（単位　N）
>
> Q_L　固定荷重と積載荷重との和（令第86条第2項ただし書の規定により特定行政庁が指定する多雪区域においては、更に積雪荷重を加えるものとする。以下この号において「常時荷重」という。）によって生ずるせん断力。ただし、柱の場合には 0 とすることができる。（単位　N）
>
> n　鉄筋コンクリート造にあっては 1.5（耐力壁にあっては 2.0）、鉄骨鉄筋コンクリート造にあっては 1.0 以上の数値
>
> Q_E　令第88条第1項の規定により地震力を計算する場合における当該地震力によって生ずるせん断力（単位　N）

> Q_0　柱又ははりにおいて、部材の支持条件を単純支持とした場合に常時荷重によって生ずるせん断力。ただし、柱の場合には0とすることができる。（単位　N）
>
> Q_y　柱又ははりにおいて、部材の両端に曲げ降伏が生じた時のせん断力。ただし、柱の場合には柱頭に接続するはりの曲げ降伏を考慮した数値とすることができる。（単位　N）

 (3)　前号イ(5)の規定に適合するもの

 ロ　施行規則第1条の3第1項第一号ロ(2)の規定に基づき、国土交通大臣があらかじめ安全であると認定した構造の建築物又はその部分

三　木造、組積造、補強コンクリートブロック造及び鉄骨造のうち2以上の構造を併用する建築物又はこれらの構造のうち1以上の構造と鉄筋コンクリート造若しくは鉄骨鉄筋コンクリート造とを併用する建築物であって、次のイからへまでに該当するもの以外のもの（次号イ又はロに該当するものを除く。）

 イ　地階を除く階数が3以下であるもの

 ロ　高さが13m以下で、かつ、軒の高さが9m以下であるもの

 ハ　延べ面積が500m²以内であるもの

 ニ　鉄骨造の構造部分を有する階が第一号イ(1)、(3)及び(4)に適合するもの

 ホ　鉄筋コンクリート造及び鉄骨鉄筋コンクリート造の構造部分を有する階が前号イ(1)及び(2)に適合するもの

 ヘ　第一号イ(5)の規定に適合するもの

四　木造と鉄筋コンクリート造の構造を併用する建築物であって、次のイ又はロに該当するもの以外のもの（前号イからへまでに該当するものを除く。）

 イ　次の(1)から(11)までに該当するもの

  (1)　次の(i)又は(ii)に該当するもの

   (i)　地階を除く階数が2又は3であり、かつ、1階部分を鉄筋コンクリート造とし、2階以上の部分を木造としたもの

   (ii)　地階を除く階数が3であり、かつ、1階及び2階部分を鉄筋コンクリート造とし、3階部分を木造としたもの

  (2)　高さが13m以下で、かつ、軒の高さが9m以下であるもの

  (3)　延べ面積が500m²以内であるもの

  (4)　地上部分について、令第82条の2に適合することが確かめられたもの

  (5)　(1)(i)に該当するもののうち地階を除く階数が3であるものにあっては、2階及び3階部分について、令第82条の6第二号イに適合することが確かめられたもの。この場合において、同号イ中「当該建築物」とあるのは、「2階及び3階部分」と読み替えるものとする。

  (6)　(1)(ii)に該当するものにあっては、1階及び2階部分について、令第82条の6第二号イに適合することが確かめられたもの。この場合において、同号イ中「当該建築物」とあるのは、「1階及び2階部分」と読み替えるものとする。

  (7)　地上部分について、各階の偏心率が令第82条の6第二号ロに適合することが確かめられたもの

(8)　鉄筋コンクリート造の構造部分について、昭和55年建設省告示第1791号第3第一号に定める構造計算を行ったもの

(9)　木造の構造部分について、昭和55年建設省告示第1791号第1に定める構造計算を行ったもの

(10)　CLTパネル工法を用いた建築物の構造部分について、平成28年国土交通省告示第611号第9第二号に定める構造計算を行ったもの

(11)　第一号イ(5)の規定に適合するもの

ロ　次の(1)から(5)までに該当するもの

(1)　地階を除く階数が2であり、かつ、1階部分を鉄筋コンクリート造とし、2階部分を木造としたもの

(2)　イ(2)、(4)及び(7)から(10)までに該当するもの

(3)　延べ面積が3,000 m² 以内であるもの

(4)　2階部分の令第88条第1項に規定する地震力について、標準せん断力係数を0.3以上（同項ただし書の区域内における木造のもの（令第46条第2項第一号に掲げる基準に適合するものを除く。）にあっては、0.45以上）とする計算をし、当該地震力によって令第82条第一号から第三号までに規定する構造計算をした場合に安全であることが確かめられたもの又は特別な調査若しくは研究の結果に基づき当該建築物の振動特性を適切に考慮し、安全上支障のないことが確かめられたもの

(5)　第一号イ(5)の規定に適合するもの

五　構造耐力上主要な部分である床版又は屋根版にデッキプレート版を用いた建築物であって、デッキプレート版を用いた部分以外の部分（建築物の高さ及び軒の高さについては当該屋根版を含む。以下同じ。）が次のイからへまでのいずれか及びト二該当するもの以外のもの

イ　高さが13 m以下で、かつ、軒の高さが9 m以下である木造のもの

ロ　地階を除く階数が3以下である組積造又は補強コンクリートブロック造のもの

ハ　地階を除く階数が3以下、高さが13 m以下及び軒の高さが9 m以下である鉄骨造のものであって、第一号イ又はロ（薄板軽量形鋼造のもの及び屋上を自動車の駐車その他これに類する積載荷重の大きな用途に供するものにあっては、イ）に該当するもの

ニ　高さが20 m以下である鉄筋コンクリート造（壁式ラーメン鉄筋コンクリート造、壁式鉄筋コンクリート造及び鉄筋コンクリート組積造を除く。）若しくは鉄骨鉄筋コンクリート造のもの又はこれらの構造を併用するものであって、第二号イに該当するもの

ホ　木造、組積造、補強コンクリートブロック造及び鉄骨造のうち2以上の構造を併用するもの又はこれらの構造のうち1以上の構造と鉄筋コンクリート造若しくは鉄骨鉄筋コンクリート造とを併用するものであって、第三号イ(1)から(5)までに該当するもの

ヘ　木造と鉄筋コンクリート造の構造を併用するものであって、前号イ(1)から(10)まで又は前号ロ(1)から(4)までに該当するもの

ト　第一号イ(5)の規定に適合するもの

六　構造耐力上主要な部分である床版又は屋根版に軽量気泡コンクリートパネルを用いた建築物であって、軽量気泡コンクリートパネルを用いた部分以外の部分（建築物の高さ及び軒の

高さについては当該屋根版を含む。以下同じ。）が前号イ若しくはハ又はホ（木造と鉄骨造の構造を併用するものに限る。）及びトに該当するもの以外のもの

七　屋根版にシステムトラスを用いた建築物であって、屋根版以外の部分（建築物の高さ及び軒の高さについては当該屋根版を含む。以下同じ。）が第五号イからへまでのいずれか及びトに該当するもの以外のもの

八　平成14年国土交通省告示第666号に規定する骨組膜構造の建築物であって、次のイ又はロに該当するもの以外のもの

　イ　次の(1)及び(2)に該当するもの

　　(1)　平成14年国土交通省告示第666号第1第2項第一号ロ(1)から(3)までに規定する構造方法に該当するもの

　　(2)　骨組の構造が第五号イからへまでのいずれかに該当し、天井がトに該当するもの

　ロ　次の(1)及び(2)に該当するもの

　　(1)　平成14年国土交通省告示第666号第5第1項各号及び第2項から第6項まで（第4項を除く。）に規定する構造計算によって構造耐力上安全であることが確かめられたもの

　　(2)　第一号イ(5)の規定に適合するもの

　　附　則

1　この告示は、平成19年6月20日から施行する。

2　昭和55年建設省告示第1790号は、廃止する。

〔平成12年5月23日建設省告示第1347号〕
建築物の基礎の構造方法及び構造計算の基準を定める件

最終改正　令和元年6月25日国土交通省告示第203号

建築基準法施行令（昭和25年政令第338号）第38条第3項及び第4項の規定に基づき、建築物の基礎の構造方法及び構造計算の基準を次のように定める。

第1　建築基準法施行令（以下「令」という。）第38条第3項に規定する建築物の基礎の構造は、次の各号のいずれかに該当する場合を除き、地盤の長期に生ずる力に対する許容応力度（改良された地盤にあっては、改良後の許容応力度とする。以下同じ。）が20kN/m² 未満の場合にあっては基礎ぐいを用いた構造と、20kN/m² 以上30kN/m² 未満の場合にあっては基礎ぐいを用いた構造又はべた基礎と、30kN/m² 以上の場合にあっては基礎ぐいを用いた構造、べた基礎又は布基礎としなければならない。

一　次のイ又はロに掲げる建築物に用いる基礎である場合

　イ　木造の建築物のうち、茶室、あずまやその他これらに類するもの

　ロ　延べ面積が10m² 以内の物置、納屋その他これらに類するもの

二　地盤の長期に生ずる力に対する許容応力度が70kN/m² 以上の場合であって、木造建築物又は木造と組積造その他の構造とを併用する建築物の木造の構造部分のうち、令第42条第1項ただし書の規定により土台を設けないものに用いる基礎である場合

三　門、塀その他これらに類するものの基礎である場合

四　建築基準法（昭和25年法律第201号）第85条第2項、第5項又は第6項に規定する仮設建築物（同法第6条第1項第二号及び第三号に掲げる建築物を除く。）に用いる基礎である場合

2　建築物の基礎を基礎ぐいを用いた構造とする場合にあっては、次に定めるところによらなければならない。

一　基礎ぐいは、構造耐力上安全に基礎ぐいの上部を支えるよう配置すること。

二　木造の建築物若しくは木造と組積造その他の構造とを併用する建築物の木造の構造部分（平家建ての建築物で延べ面積が50m²以下のものを除く。）の土台の下又は組積造の壁若しくは補強コンクリートブロック造の耐力壁の下にあっては、一体の鉄筋コンクリート造（2以上の部材を組み合わせたもので、部材相互を緊結したものを含む。以下同じ。）の基礎ばりを設けること。

三　基礎ぐいの構造は、次に定めるところによるか、又はこれらと同等以上の支持力を有するものとすること。

イ　場所打ちコンクリートぐいとする場合にあっては、次に定める構造とすること。

(1)　主筋として異形鉄筋を6本以上用い、かつ、帯筋と緊結したもの

(2)　主筋の断面積の合計のくい断面積に対する割合を0.4％以上としたもの

ロ　高強度プレストレストコンクリートぐいとする場合にあっては、日本産業規格A5337（プレテンション方式遠心力高強度プレストレストコンクリートくい）-1995に適合するものとすること。

ハ　遠心力鉄筋コンクリートぐいとする場合にあっては、日本産業規格A5310（遠心力鉄筋コンクリートくい）-1995に適合するものとすること。

ニ　鋼管ぐいとする場合にあっては、くいの肉厚は6mm以上とし、かつ、くいの直径の$\frac{1}{100}$以上とすること。

3　建築物の基礎をべた基礎とする場合にあっては、次に定めるところによらなければならない。

一　一体の鉄筋コンクリート造とすること。ただし、地盤の長期に生ずる力に対する許容応力度が70kN/m²以上であって、かつ、密実な砂質地盤その他著しい不同沈下等の生ずるおそれのない地盤にあり、基礎に損傷を生ずるおそれのない場合にあっては、無筋コンクリート造とすることができる。

二　木造の建築物若しくは木造と組積造その他の構造とを併用する建築物の木造の土台の下又は組積造の壁若しくは補強コンクリートブロック造の耐力壁の下にあっては、連続した立上り部分を設けるものとすること。

三　立上り部分の高さは地上部分で30cm以上と、立上り部分の厚さは12cm以上と、基礎の底盤の厚さは12cm以上とすること。

四　根入れの深さは、基礎の底部を雨水等の影響を受けるおそれのない密実で良好な地盤に達したものとした場合を除き、12cm以上とし、かつ、凍結深度よりも深いものとすることその他凍上を防止するための有効な措置を講ずること。

五　鉄筋コンクリート造とする場合には、次に掲げる基準に適合したものであること。

イ　立上り部分の主筋として径12mm以上の異形鉄筋を、立上り部分の上端及び立上り部分の下部の底盤にそれぞれ1本以上配置し、かつ、補強筋と緊結したものとすること。

ロ　立上り部分の補強筋として径9mm以上の鉄筋を30cm以下の間隔で縦に配置したものとすること。

ハ　底盤の補強筋として径9mm以上の鉄筋を縦横に30cm以下の間隔で配置したものとすること。

ニ　換気口を設ける場合は、その周辺に径9mm以上の補強筋を配置すること。

4　建築物の基礎を布基礎とする場合にあっては、次に定めるところによらなければならない。

一　前項各号（第五号ハを除く。）の規定によること。ただし、根入れの深さにあっては24cm以上と、底盤の厚さにあっては15cm以上としなければならない。

二　底盤の幅は、地盤の長期に生ずる力に対する許容応力度及び建築物の種類に応じて、次の表に定める数値以上の数値とすること。ただし、基礎ぐいを用いた構造とする場合にあっては、この限りでない。

底盤の幅（単位　cm） 地盤の長期に生ずる力に対する許容応力度 （単位　kN/m²）	建　築　物　の　種　類		その他の建築物
	木造又は鉄骨造その他これに類する重量の小さな建築物		
	平家建て	2階建て	
30以上50未満の場合	30	45	60
50以上70未満の場合	24	36	45
70以上の場合	18	24	30

三　鉄筋コンクリート造とする場合にあって、前号の規定による底盤の幅が24cmを超えるものとした場合には、底盤に補強筋として径9mm以上の鉄筋を30cm以下の間隔で配置し、底盤の両端部に配置した径9mm以上の鉄筋と緊結すること。

第2　令第38条第4項に規定する建築物の基礎の構造計算の基準は、次のとおりとする。

一　建築物、敷地、地盤その他の基礎に影響を与えるものの実況に応じて、土圧、水圧その他の荷重及び外力を採用し、令第82条第一号から第三号までに定める構造計算を行うこと。

二　前号の構造計算を行うに当たり、自重による沈下その他の地盤の変形等を考慮して建築物又は建築物の部分に有害な損傷、変形及び沈下が生じないことを確かめること。

〔昭和46年1月29日建設省告示第109号〕
屋根ふき材、外装材及び屋外に面する帳壁の構造方法

最終改正　令和2年12月7日国土交通省告示第1435号

建築基準法施行令（昭和25年政令第338号）第39条第2項の規定に基づき、屋根ふき材、外装材及び屋外に面する帳壁の構造方法を次のように定める。

第1　屋根ふき材は、次に定めるところによらなければならない。

一　屋根ふき材は、荷重又は外力により、脱落又は浮き上がりを起さないように、たるき、梁、けた、野地板その他これらに類する構造部材に取り付けるものとすること。

二　屋根ふき材及び緊結金物その他これらに類するものが、腐食又は腐朽するおそれがある場合には、有効なさび止め又は防腐のための措置をすること。

三　屋根瓦は、次のイからニまでに掲げる屋根の部分の区分に応じ、それぞれ当該イからニまでに定める方法でふき、又はこれと同等以上の耐力を有するようにふくこと。ただし、平成12年建設省告示第1458号に定める基準に従つた構造計算によつて構造耐力上安全であることが確かめられた場合においては、この限りでない。

イ　軒　　J形（日本産業規格（以下「JIS」という。）A5208(粘土がわら)-1996に規定するJ形をいう。）の軒瓦（JIS A5208(粘土がわら)-1996に適合するもの又はこれと同等以上の性能を有するものに限る。）又はS形（JIS A5208(粘土がわら)-1996に規定するS形をいう。）若しくはF形（JIS A5208(粘土がわら)-1996に規定するF形をいう。以下同じ。）の桟瓦（JIS A5208(粘土がわら)-1996に適合するもの又はこれと同等以上の性能を有するものに限る。以下同じ。）を3本以上のくぎ（容易に抜け出ないように加工されたものに限る。）又はねじ（以下「くぎ等」という。）で下地に緊結する方法

ロ　けらば　袖瓦（JIS A5208(粘土がわら)-1996に適合するもの又はこれと同等以上の性能を有するものに限る。）を3本以上のくぎ等で下地に緊結する方法

ハ　むね　下地に緊結した金物に芯材を取り付け、冠瓦（JIS A5208(粘土がわら)-1996に適合するもの又はこれと同等以上の性能を有するものに限る。）をねじで当該芯材に緊結する方法

ニ　イからハまでに掲げる屋根の部分以外の屋根の部分　桟瓦をくぎ等で下地に緊結し、かつ、次の(1)又は(2)のいずれかに該当する場合においては、隣接する桟瓦をフックその他これに類する部分によつて構造耐力上有効に組み合わせる方法

(1)　V_0（建築基準法施行令第87条第2項に規定するV_0をいう。以下同じ。）が38m/s以上の区域である場合

(2)　V_0が32m/s以上の区域においてF形の桟瓦を使用する場合（当該桟瓦を2本以上のくぎ等で下地に緊結する場合を除く。）

第2　外装材は、次の各号に定めるところによらなければならない。

一　建築物の屋外に面する部分に取り付ける飾石、張り石その他これらに類するものは、ボルト、かすがい、銅線その他の金物で軸組、壁、柱又は構造耐力上主要な部分に緊結すること。

二　建築物の屋外に面する部分に取り付けるタイルその他これらに類するものは、銅線、くぎその他の金物又はモルタルその他の接着剤で下地に緊結すること。

第3　地階を除く階数が3以上である建築物の屋外に面する帳壁は、次に定めるところによらなければならない。

一　帳壁及びその支持構造部分は、荷重又は外力により脱落することがないように構造耐力上主要な部分に取り付けること。

二　プレキャストコンクリート板を使用する帳壁は、その上部又は下部の支持構造部分において可動すること。ただし、構造計算又は実験によつてプレキャストコンクリート板を使用する帳壁及びその支持構造部分に著しい変形が生じないことを確かめた場合にあつては、この限りでない。

三　鉄鋼モルタル塗の帳壁に使用するラスシート、ワイヤラス又はメタルラスは、JIS A5524

（ラスシート（角波亜鉛鉄板ラス））-1994、JIS A5504（ワイヤラス）-1994又は JIS A5505（メタ
ルラス）-1995にそれぞれ適合するか、又はこれらと同等以上の性能を有することとし、かつ、
間柱又は胴縁その他の下地材に緊結すること。

四　帳壁として窓にガラス入りのはめごろし戸（網入ガラス入りのものを除く。）を設ける場
合にあつては、硬化性のシーリング材を使用しないこと。ただし、ガラスの落下による危害
を防止するための措置が講じられている場合にあつては、この限りでない。

五　高さ31mを超える建築物（高さ31m以下の部分で高さ31mを超える部分の構造耐力上
の影響を受けない部分を除く。）の屋外に面する帳壁は、その高さの $\frac{1}{150}$ の層間変位に対し
て脱落しないこと。ただし、構造計算によつて帳壁が脱落しないことを確かめた場合において
は、この限りでない。

〔平成25年8月5日国土交通省告示第771号〕
特定天井及び特定天井の構造耐力上安全な構造方法を定める件

最終改正　令和元年6月25日国土交通省告示第203号

建築基準法施行令（昭和25年政令第338号）第39条第3項の規定に基づき、特定天井を第2に、
特定天井の構造方法を第3に定める。

第1　この告示において次の各号に掲げる用語の意義は、それぞれ当該各号に定めるところによ
る。

一　吊り天井　天井のうち、構造耐力上主要な部分又は支持構造部（以下「構造耐力上主要な
部分等」という。）から天井面構成部材を吊り材により吊り下げる構造の天井をいう。

二　天井材　天井面構成部材、吊り材、斜め部材その他の天井を構成する材料をいう。

三　天井面構成部材　天井面を構成する天井板、天井下地材及びこれに附属する金物をいう。

四　天井面構成部材等　天井面構成部材並びに照明設備その他の建築物の部分又は建築物に取
り付けるもの（天井材以外の部分のみで自重を支えるものを除く。）であつて、天井面構成
部材に地震その他の震動及び衝撃により生ずる力を負担させるものをいう。

五　吊り材　吊りボルト、ハンガーその他の構造耐力上主要な部分等から天井面構成部材を吊
るための部材をいう。

六　斜め部材　地震の震動により天井に生ずる力を構造耐力上主要な部分等に伝達するために
天井面に対して斜めに設ける部材をいう。

七　吊り長さ　構造耐力上主要な部分（支持構造部から吊り下げる天井で、支持構造部が十分
な剛性及び強度を有する場合にあつては、支持構造部）で吊り材が取り付けられた部分から
天井面の下面までの鉛直方向の長さをいう。

第2　特定天井

特定天井は、吊り天井であつて、次の各号のいずれにも該当するものとする。

一　居室、廊下その他の人が日常立ち入る場所に設けられるもの

二　高さが6mを超える天井の部分で、その水平投影面積が200㎡を超えるものを含むもの

三　天井面構成部材等の単位面積質量（天井面の面積の1㎡当たりの質量をいう。以下同じ。）

が2kgを超えるもの

第3　特定天井の構造方法

特定天井の構造方法は、次の各項のいずれかに定めるものとする

2　次の各号に掲げる基準に適合する構造とすること。

一　天井面構成部材等の単位面積質量は、20kg以下とすること。

二　天井材（グラスウール、ロックウールその他の軟質な繊維状の材料から成る単位面積質量が4kg以下の天井板で、他の天井面構成部材に適切に取り付けられているものを除く。）は、ボルト接合、ねじ接合その他これらに類する接合方法により相互に緊結すること。

三　支持構造部は十分な剛性及び強度を有するものとし、建築物の構造耐力上主要な部分に緊結すること。

四　吊り材には日本産業規格（以下「JIS」という。）A6517（建築用鋼製下地(壁・天井)）–2010に定めるつりボルトの規定に適合するもの又はこれと同等以上の引張強度を有するものを用いること。

五　吊り材及び斜め部材（天井材に緊結するものを除く。）は、埋込みインサートを用いた接合、ボルト接合その他これらに類する接合方法により構造耐力上主要な部分等に緊結すること。

六　吊り材は、天井面構成部材を鉛直方向に支持し、かつ、天井面の面積が1m²当たりの平均本数を1本（天井面構成部材等の単位面積質量が6kg以下のものにあっては、0.5本）以上とし、釣合い良く配置しなければならない。

七　天井面構成部材に天井面の段差その他の地震時に有害な応力集中が生ずるおそれのある部分を設けないこと。

八　吊り長さは、3m以下とし、おおむね均一とすること。

九　斜め部材（JIS　G3302（溶融亜鉛めっき鋼板及び鋼帯）–2010、JIS　G3321(溶融55％アルミニウム－亜鉛合金めっき鋼板及び鋼帯)–2010又はこれと同等以上の品質を有する材料を使用したものに限る。）は、2本の斜め部材の下端を近接してV字状に配置したものを一組とし、次の表に掲げる式により算定した組数以上を張り間方向及びけた行方向に釣合い良く配置しなければならない。ただし、水平方向に同等以上の耐力を有することが確かめられ、かつ、地震その他の震動及び衝撃により天井に生ずる力を伝達するために設ける部材が釣合い良く配置されている場合にあっては、この限りでない。

式	$n = \dfrac{k\,W}{3\,\alpha\,B} \cdot \gamma \cdot Lb^3$

この式において、n、k、W、α、B、γ及びLbは、それぞれ次の数値を表すものとする。

　n　　2本の斜め部材から構成される組数

　k　　天井を設ける階に応じて次の表に掲げる水平震度

	天井を設ける階	水平震度
(1)	0.3（2N＋1）を超えない整数に1を加えた階から最上階までの階	2.2r
(2)	(1)及び(3)以外の階	1.3r

| (3) | 0.11（2N+1）を超えない整数の階から最下階までの階 | 0.5 |

この表において、N及びrは、それぞれ次の数値を表すものとする。

N　地上部分の階数

r　次に定める式によって計算した数値

$$r = \min \left[\frac{1 + 0.125(N-1)}{1.5}, \ 1.0 \right]$$

W　天井面構成部材及び天井面構成部材に地震その他の震動及び衝撃により生ずる力を
　　負担させるものの総重量（単位　kN）

α　斜め部材の断面形状及び寸法に応じて次の表に掲げる数値

	断面形状	寸法（単位　mm）			α
		高さ	幅	板厚	
(1)	溝形	38	12	1.2	0.785
(2)	溝形	38	12	1.6	1.000
(3)		40	20	1.6	4.361
(4)	その他の断面形状又は寸法				I／1080

この表において、Iは次の数値を表すものとする。

I　当該断面形状及び寸法の斜め部材の弱軸周りの断面二次モーメント
　　（単位　mm⁴）

B　斜め部材の水平投影長さ（単位　m）

γ　斜め部材の細長比に応じて次の表に掲げる割増係数

細長比	割増係数
λ＜130の場合	$\left\{ \dfrac{18}{65\left(\dfrac{\lambda}{130}\right)^2} \right\} \left\{ \dfrac{\dfrac{3}{2} + \dfrac{2}{3}\left(\dfrac{\lambda}{130}\right)^2}{1 - \dfrac{2}{5}\left(\dfrac{\lambda}{130}\right)^2} \right\}$
λ≧130の場合	1

この表において、λは斜め部材の細長比を表す。

Lb　斜め部材の長さ（単位　m）

十　天井面構成部材と壁、柱その他の建築物の部分又は建築物に取り付けるもの（構造耐力上
　　主要な部分以外の部分であって、天井面構成部材に地震その他の震動及び衝撃により生ずる
　　力を負担させるものを除く。以下「壁等」という。）との間に、6cm以上の隙間（当該隙
　　間の全部又は一部に相互に応力を伝えない部分を設ける場合にあっては、当該部分は隙間と
　　みなす。以下同じ。）を設けること。ただし、特別な調査又は研究の結果に基づいて、地震

時に天井面構成部材が壁等と衝突しないよう天井面構成部材と壁等との隙間を算出する場合においては、当該算出によることができるものとする。

十一　建築物の屋外に面する天井は、風圧により脱落することがないように取り付けること。

3　次の各号に掲げる基準に適合する構造とすること。

一　前項第一号から第四号まで及び第七号に掲げる基準に適合すること。

二　天井板にはせっこうボード（JIS A6901(せっこうボード製品)-2014に規定するせっこうボードをいう。）のうち厚さ9.5mm以上のもの又はこれと同等以上の剛性及び強度を有するものを用いること。

三　天井面構成部材（天井板を除く。）にはJIS A6517（建築用鋼製下地(壁・天井)）-2010に定める天井下地材の規定に適合するもの又はこれと同等以上の剛性及び強度を有するものを用いること。

四　吊り材は、埋込みインサートを用いた接合、ボルト接合その他これらに類する接合方法により構造耐力上主要な部分等に緊結すること。

五　吊り材は、天井面構成部材を鉛直方向に支持し、かつ、天井面の面積が1m²当たりの平均本数を1本以上とし、釣合い良く配置しなければならない。

六　天井面は水平とすること。

七　吊り長さは、1.5m（吊り材の共振を有効に防止する補剛材等を設けた場合にあっては、3m）以下とすること。

八　天井面の長さは、張り間方向及び桁行方向それぞれについて、次の式によって計算した数値（当該計算した数値が20m以上となる場合にあっては、20m）以下とすること。

式	$Lmax = Pa / (k \cdot w)$

この式において、$Lmax$、Pa、k及びwは、それぞれ次の数値を表すものとする。

$Lmax$　天井面の長さ（単位　m）

Pa　次に定める式によって計算した天井面の幅1m当たりの許容耐力

$Pa = Pcr \cdot R_{HL} \cdot Ro / 1.5$

　　この式において、Pcr、R_{HL}及びRoは、それぞれ次の数値を表すものとする。

Pcr　加力試験により求めた天井面の幅1m当たりの損傷耐力

R_{HL}　試験体の吊り長さを設計吊り長さで除した値を2乗した値（1.0を超える場合にあっては、1.0）

Ro　幅開口率（天井に設ける開口部(天井下地材を切り欠いたものに限る。)を加力方向に水平投影した長さの合計のその天井の幅に対する割合をいう。以下同じ。）に応じて次の表に掲げる低減率

幅　開　口　率	低　減　率
20％未満	1.0
20％以上50％未満	$(100 - Wo) / 80$
50％以上	0

この表において、Woは幅開口率（単位　％）を表すものとする。

k　天井を設ける階に応じて次の表に掲げる水平震度

天井を設ける階		水平震度
(1)	0.3（2N+1）を超えない整数に1を加えた階から最上階までの階	3.0 r
(2)	(1)及び(3)以外の階	1.7 r
(3)	0.11（2N+1）を超えない整数の階から最下階までの階	0.7
この表において、N及びrは、それぞれ次の数値を表すものとする。 N　地上部分の階数 r　次に定める式によって計算した数値 $$r = \min\left[\frac{1+0.125(N-1)}{1.5},\ 1.0\right]$$		

w　天井面構成部材並びに天井面構成部材に地震その他の震動及び衝撃により生ずる力を負担させるものの単位面積重量（単位　kN/m²）

九　天井面の周囲には、壁等を天井面の端部との間に隙間が生じないように設けること。この場合において、天井面構成部材並びに天井面構成部材に地震その他の震動及び衝撃により生ずる力を負担させるものの単位面積重量に、天井を設ける階に応じて前号の表に掲げる水平震度以上の数値を乗じて得られた水平方向の地震力を壁等に加えた場合に、構造耐力上支障のある変形及び損傷が生じないことを確かめること。

十　天井面を貫通して地震時に天井面と一体的に振動しないおそれのある部分が設けられている場合にあっては、天井面と当該部分との間に、5cm（当該部分が柱である場合にあっては、2.5cm）以上の隙間を設けること。

十一　斜め部材を設けないこと。

十二　屋外に面しないものとすること。

4　次の各号のいずれかに定める構造計算によって構造耐力上安全であることが確かめられた構造とすること。

一　次のイからニまでに定めるところによること。この場合において、吊り材、斜め部材その他の天井材は釣合い良く配置することとし、吊り材を支持構造部に取り付ける場合にあっては、支持構造部は十分な剛性及び強度を有するものとしなければならない。

イ　天井面構成部材の各部分が、地震の震動により生ずる力を構造耐力上有効に当該天井面構成部材の他の部分に伝えることができる剛性及び強度を有することを確かめること。

ロ　天井面構成部材及び天井面構成部材に地震その他の震動及び衝撃により生ずる力を負担させるものの総重量に、天井を設ける階に応じて次の表に掲げる水平震度以上の数値を乗じて得られた水平方向の地震力（計算しようとする方向の柱の相互の間隔が15mを超える場合にあっては、当該水平方向の地震力に加えて、天井面構成部材及び天井面構成部材に地震その他の震動及び衝撃により生ずる力を負担させるものの総重量に数値が1以上の鉛直震度を乗じて得られた鉛直方向の地震力）により天井に生ずる力が当該天井の許容耐

力（繰り返し載荷試験その他の試験又は計算によって確認した損傷耐力（天井材の損傷又は接合部分の滑り若しくは外れが生ずる力に対する耐力をいう。）に $\frac{2}{3}$ 以下の数値を乗じた値をいう。）を超えないことを確かめること。

	天井を設ける階	水平震度
(1)	0.3(2N＋1) を超えない整数に1を加えた階から最上階までの階	2.2 r Z
(2)	(1)及び(3)以外の階	1.3 r Z
(3)	0.11(2N＋1) を超えない整数の階から最下階までの階	0.5

この表において、N、r及びZは、それぞれ次の数値を表すものとする。

N　地上部分の階数

r　次に定める式によって計算した数値

$$r = \min\left[\frac{1+0.125\,(N-1)}{1.5},\ 1.0\right]$$

Z　建築基準法施行令（昭和25年政令第338号）第88条第1項に規定するZの数値

ハ　天井面構成部材と壁等との隙間が、6cmに吊り長さが3mを超える部分の長さに $\frac{1.5}{200}$ を乗じた値を加えた数値以上であることを確かめること。ただし、特別な調査又は研究の結果に基づいて、地震時に天井面構成部材が壁等と衝突しないよう天井面構成部材と壁等との隙間を算出する場合においては、当該算出によることができるものとする。

ニ　イからハまでの構造計算を行うに当たり、風圧並びに地震以外の震動及び衝撃を適切に考慮すること。

二　平成12年建設省告示第1457号第11第二号イからニまでに定めるところによること。

　　　附　則

この告示は、平成26年4月1日から施行する。

〔昭和62年11月10日建設省告示第1897号〕
建築基準法施行令の規定に基づき地盤が軟弱な区域として特定行政庁が区域を指定する基準

建築基準法施行令（昭和25年政令第338号）第42条第1項の規定に基づき、地盤が軟弱な区域として特定行政庁が区域を指定する基準を次のように定める。

地盤が軟弱な区域は、次の各号の一に該当する区域であるものとする。

一　地耐力度が小さく不同沈下のおそれがある区域

二　地震時に液状化するおそれがある砂質土地盤区域

三　地盤が昭和55年建設省告示第1793号第2の表中 Tc に関する表に掲げる第三種地盤に該当する区域

〔平成28年4月22日国土交通省告示第690号〕
柱と基礎とを接合する構造方法等を定める件

建築基準法施行令（昭和25年政令第338号）第42条第1項第三号の規定に基づき、柱と基礎とを接合する構造方法及び当該柱に構造耐力上支障のある引張応力が生じないことを確かめる方法を次のように定める。

第1　建築基準法施行令（以下「令」という。）第42条第1項第三号に規定する柱と基礎を接合する構造方法は、次に掲げる基準に適合するものとする。

一　直径11mmの鋼材のだぼ（JIS　G3101（一般構造用圧延鋼材）-1995に規定するSS400に適合するものに限る。）を基礎に緊結し、当該だぼを小径105mm以上の柱（構造耐力上主要な部分である柱で最下階の部分に使用するものをいう。以下同じ。）に長さ90mm以上埋込む方法又はこれと同等以上の耐力を有するだぼ継ぎによって、構造耐力上有効に接合すること。

二　腐食のおそれのある部分又は常時湿潤状態となるおそれのある部分に用いる場合には、有効なさび止めその他の劣化防止のための措置を講ずること。

第2　令第42条第1項第三号に規定する柱に構造耐力上支障のある引張応力が生じないことを確かめる方法は、次のいずれかに定めるものとする。

一　全ての柱（基礎に緊結した柱を除く。）において、柱の周囲の軸組の種類及び配置を考慮して、当該柱に引張応力が生じないこと並びに45mmの柱の浮き上がりに対してだぼが外れるおそれがないことを確かめること。

二　令第46条第4項の規定による各階における張り間方向及び桁行方向の軸組の長さの合計に、軸組の種類に応じた倍率の各階における最大値に応じた次の表に掲げる低減係数を乗じて得た数値が、同項の規定による各階の床面積に同項の表2の数値（特定行政庁が令第88条第2項の規定によって指定した区域内における場合においては、同表の数値のそれぞれ1.5倍とした数値）を乗じて得た数値以上であること並びに120mmの柱の浮き上がりに対してだぼが外れるおそれがないことを確かめること。

軸組の種類に応じた倍率の各階における最大値	低減係数		
	階数が1の建築物	階数が2の建築物の1階	階数が2の建築物の2階
1.0以下の場合	1.0	1.0	1.0
1.0を超え、1.5以下の場合	1.0	1.0	0.9
1.5を超え、3.0以下の場合	0.6	0.9	0.5

　附　則

この告示は、平成28年6月1日から施行する。

〔平成12年5月23日建設省告示第1349号〕
木造の柱の構造耐力上の安全性を確かめるための構造計算の基準を定める件

　　　　　　　　　　　　　最終改正　平成13年6月12日国土交通省告示第1024号

　建築基準法施行令（昭和25年政令第338号）第43条第1項ただし書及び第2項ただし書の規定に基づき、木造の柱の構造耐力上の安全性を確かめるための構造計算の基準を次のように定める。
　建築基準法施行令（以下「令」という。）第43条第1項ただし書及び第2項ただし書に規定する木造の柱の構造耐力上の安全性を確かめるための構造計算の基準は、次のとおりとする。
　一　令第3章第8節第2款に規定する荷重及び外力によって当該柱に生ずる力を計算すること。
　二　前号の当該柱の断面に生ずる長期及び短期の圧縮の各応力度を令第82条第二号の表に掲げる式によって計算すること。
　三　前号の規定によって計算した長期及び短期の圧縮の各応力度が、平成13年国土交通省告示第1024号第1第一号ロに定める基準に従って計算した長期に生ずる力又は短期に生ずる力に対する圧縮材の座屈の各許容応力度を超えないことを確かめること。

〔昭和62年11月10日建設省告示第1898号〕
構造耐力上主要な部分である柱及び横架材に使用する集成材その他の木材の品質の強度及び耐久性に関する基準を定める件

　　　　　　　　　　　　　最終改正　令和2年8月28日国土交通省告示第821号

　建築基準法施行令（昭和25年政令第338号）第46条第2項第一号イの規定に基づき、構造耐力上主要な部分である柱及び横架材（間柱、小ばりその他これらに類するものを除く。）に使用する集成材その他の木材の品質の強度及び耐久性に関する基準を次のように定める。
　構造耐力上主要な部分である柱及び横架材（間柱、小ばりその他これらに類するものを除く。）に使用する集成材その他の木材は、次のいずれかに適合すること。
　一　集成材の日本農林規格（平成19年農林水産省告示第1152号）第5条に規定する構造用集成材の規格及び第6条に規定する化粧ばり構造用集成柱の規格
　二　単板積層材の日本農林規格（平成20年農林水産省告示第701号）第1部4.2に規定する構造用単板積層材の規格
　三　平成13年国土交通省告示第1024号第3第三号の規定に基づき、国土交通大臣が基準強度の数値を指定した集成材
　四　建築基準法（昭和25年法律第201号）第37条第二号の規定による国土交通大臣の認定を受け、かつ、平成13年国土交通省告示第1540号第2第三号の規定に基づき、国土交通大臣がその許容応力度及び材料強度の数値を指定した木質接着成形軸材料又は木質複合軸材料
　五　製材の日本農林規格（平成19年農林水産省告示第1083号）第3部に規定する目視等級区分

構造用製材の規格又は同告示第4部に規定する機械等級区分構造用製材の規格のうち、含水率の基準が15％以下（次のイ又はロに掲げる接合とした場合にあっては、当該接合の種類に応じてそれぞれ次のイ又はロに定める数値以下）のもの

　イ　径24mmの込み栓を用いた接合又はこれと同等以上に乾燥割れにより耐力が低下するおそれの少ない構造の接合　30％

　ロ　乾燥割れにより耐力が低下するおそれの少ない構造の接合（イに掲げる接合を除く。）20％

六　平成12年建設省告示第1452号第六号の規定に基づき、国土交通大臣が基準強度の数値を指定した木材のうち、含水率の基準が15％以下（前号イ又はロに掲げる接合とした場合にあっては、当該接合の種類に応じてそれぞれ同号イ又はロに定める数値以下）のもの

〔昭和62年11月10日建設省告示第1899号〕
木造若しくは鉄骨造の建築物又は建築物の構造部分の構造耐力上安全であることを確かめるための構造計算の基準

最終改正　平成19年5月18日国土交通省告示第617号

建築基準法施行令（昭和25年政令第338号）第46条第2項第一号ハ及び第3項、第48条第1項第二号ただし書並びに第69条の規定に基づき、木造若しくは鉄骨造の建築物又は建築物の構造部分が構造耐力上安全であることを確かめるための構造計算の基準を次のように定める。

建築基準法施行令（以下「令」という。）第46条第2項第一号ハ及び第3項、第48条第1項第二号ただし書並びに第69条の規定に基づき、木造若しくは鉄骨造の建築物又は建築物の構造部分が構造耐力上安全であることを確かめるための構造計算の基準は、次のとおりとする。

一　令第82条各号に定めるところによること。

二　令第82条の2に定めるところによること。ただし、令第88条第1項に規定する標準せん断力係数を0.3以上とした地震力によって構造耐力上主要な部分に生ずる力を計算して令第82条第一号から第三号までに規定する構造計算を行って安全性が確かめられた場合にあっては、この限りでない。

三　木造の建築物にあっては、令第82条の6第二号ロに定めるところにより張り間方向及びけた行方向の偏心率を計算し、それぞれ0.15を超えないことを確かめること。ただし、偏心率が0.15を超える方向について、次のいずれかに該当する場合にあっては、この限りでない。

　イ　偏心率が0.3以下であり、かつ、令第88条第1項に規定する地震力について標準層せん断力係数を0.2に昭和55年建設省告示第1792号第7の表2の式によって計算したFeの数値を乗じて得た数値以上とする計算をして令第82条第一号から第三号までに規定する構造計算を行って安全性が確かめられた場合

　ロ　偏心率が0.3以下であり、かつ、令第88条第1項に規定する地震力が作用する場合における各階の構造耐力上主要な部分の当該階の剛心からの距離に応じたねじれの大きさを考慮して当該構造耐力上主要な部分に生ずる力を計算して令第82条第一号から第三号までに

規定する構造計算を行って安全性が確かめられた場合

ハ 令第82条の3の規定に適合する場合

〔平成28年4月22日国土交通省告示第691号〕
床組及び小屋ばり組に木板その他これに類するものを打ち付ける基準を定める件

建築基準法施行令（昭和25年政令第338号）第46条第3項の規定に基づき、床組及び小屋ばり組に木板その他これに類するものを打ち付ける基準を次のように定める。

建築基準法施行令（以下「令」という。）第46条第3項に規定する床組及び小屋ばり組に木板その他これに類するものを打ち付ける基準は、次のいずれかとする。

一 床組及び小屋ばり組の隅角に火打ち材を使用すること。

二 床組及び小屋ばり組（次に掲げる基準に適合するものに限る。）の根太又ははり（以下「根太等」といい、根太等の相互の間隔が500mm以下の場合に限る。）に対して、厚さ30mm以上、幅180mm以上の板材をJIS G5508（くぎ）-2005に規定するN90を用いて60mm以下の間隔で打ち付けること又はこれと同等以上の耐力を有するようにすること。

イ 横架材の上端と根太等の上端の高さを同一に納めること。

ロ 各階の張り間方向及び桁行方向において、耐力壁線（次の(i)又は(ii)に該当するものをいう。以下同じ。）の相互の間隔が、耐力壁線の配置に応じて、次の表に定める数値以下であること。この場合において、耐力壁線から直交する方向に1m以内の耐力壁（令第46条第4項の表1の軸組の種類の欄に掲げるものをいう。以下同じ。）は同一直線上にあるものとみなすことができる。

(i) 各階の張り間方向及び桁行方向において、外壁線の最外周を通る平面上の線（(ii)に該当するものを除く。）

(ii) 各階の張り間方向及び桁行方向において、床の長さの $\frac{6}{10}$ の長さ以上で、かつ、4m以上の有効壁長（耐力壁の長さに当該壁の倍率（令第46条第4項の表1の倍率の欄に掲げる数値をいう。）を乗じた値をいう。以下同じ。）を有する平面上の線

耐力壁線の配置	耐力壁線の相互の間隔（単位 m）			
	階数が1の建築物	階数が2の建築物の1階		階数が2の建築物の2階
		2階の耐力壁線が1階の耐力壁線の直上にのみある場合	左欄に掲げる場合以外の場合	
床組及び小屋ばり組が接する当該階の耐力壁線のいずれもが(ii)に該当する場合	10	8.6	4.3	6.6

上に掲げる場合以外の場合	5	2.2（1階の耐力壁線の(i)に該当するものの直上の2階の耐力壁線が(i)に該当するものである場合にあっては、4.4）	2.2	3.3

ハ　耐力壁線の長さに対する当該耐力壁線の相互の間隔の比（以下「アスペクト比」という。）が、耐力壁線の配置に応じて、次の表に定める数値以下であること。この場合において、耐力壁線から直交する方向に1m以内の耐力壁は同一直線上にあるものとみなすことができる。

耐力壁線の配置	アスペクト比			
	階数が1の建築物	階数が2の建築物の1階		階数が2の建築物の2階
		2階の耐力壁線が1階の耐力壁線の直上にのみある場合	左欄に掲げる場合以外の場合	
床組及び小屋ばり組が接する当該階の耐力壁線のいずれもがロ(ii)に該当する場合	1.4	1.4	0.7	1.4
上に掲げる場合以外の場合	0.7	0.4（1階の耐力壁線のロ(i)に該当するものの直上の2階の耐力壁線がロ(i)に該当するものである場合にあっては、0.8）	0.4	0.7

　　附　則

この告示は、平成28年6月1日から施行する。

〔平成12年5月23日建設省告示第1351号〕

木造の建築物に物置等を設ける場合に階の床面積に加える面積を定める件

　建築基準法施行令（昭和25年政令第338号）第46条第4項の規定に基づき、木造の建築物に物置等を設ける場合に階の床面積に加える面積を次のように定める。

　建築基準法施行令（以下「令」という。）第46条第4項に規定する木造の建築物に物置等を設

ける場合に階の床面積に加える面積は、次の式によって計算した値とする。ただし、当該物置等の水平投影面積がその存する階の床面積の $\frac{1}{8}$ 以下である場合は、0とすることができる。

$$a = \frac{h}{2.1} A$$

この式において、a、h及びAは、それぞれ次の数値を表すものとする。
　a　階の床面積に加える面積（単位　m²）
　h　当該物置等の内法高さの平均の値（ただし、同一階に物置等を複数個設ける場合にあっては、それぞれのhのうち最大の値をとるものとする。）（単位　m）
　A　当該物置等の水平投影面積（単位　m²）

〔平成12年5月23日建設省告示第1352号〕
木造建築物の軸組の設置の基準を定める件

最終改正　平成19年9月27日国土交通省告示第1227号

建築基準法施行令（昭和25年政令第338号）第46条第4項の規定に基づき、木造建築物の軸組の設置の基準を次のように定める。

建築基準法施行令（以下「令」という。）第46条第4項に規定する木造建築物においては、次に定める基準に従って軸組を設置しなければならない。ただし、令第82条の6第二号ロに定めるところにより構造計算を行い、各階につき、張り間方向及びけた行方向の偏心率が0.3以下であることを確認した場合においては、この限りでない。

一　各階につき、建築物の張り間方向にあってはけた行方向の、けた行方向にあっては張り間方向の両端からそれぞれ $\frac{1}{4}$ の部分（以下「側端部分」という。）について、令第46条第4項の表1の数値に側端部分の軸組の長さを乗じた数値の和（以下「存在壁量」という。）及び同項の表2の数値に側端部分の床面積（その階又は上の階の小屋裏、天井裏その他これらに類する部分に物置等を設ける場合においては、平成12年建設省告示第1351号に規定する数値を加えた数値とする。）を乗じた数値（以下「必要壁量」という。）を求めること。この場合において、階数については、建築物全体の階数にかかわらず、側端部分ごとに独立して計算するものとする。

二　各側端部分のそれぞれについて、存在壁量を必要壁量で除した数値（以下「壁量充足率」という。）を求め、建築物の各階における張り間方向及びけた行方向双方ごとに、壁量充足率の小さい方を壁量充足率の大きい方で除した数値（次号において「壁率比」という。）を求めること。

三　前号の壁率比がいずれも0.5以上であることを確かめること。ただし、前号の規定により算出した側端部分の壁量充足率がいずれも1を超える場合においては、この限りでない。

〔昭和56年6月1日建設省告示第1100号〕
建築基準法施行令第46条第4項表1⑴項から⑺項までに掲げる軸組と同等以上の耐力を有する軸組及び当該軸組に係る倍率の数値

最終改正　令和元年6月25日国土交通省告示第203号

建築基準法施行令（昭和25年政令第338号）第46条第4項表1⑻項の規定に基づき、同表⑴項から⑺項までに掲げる軸組と同等以上の耐力を有する軸組及び当該軸組に係る倍率の数値をそれぞれ次のように定める。

第1　建築基準法施行令（以下「令」という。）第46条第4項表1⑴項から⑺項までに掲げる軸組と同等以上の耐力を有する軸組は、次の各号に定めるものとする。

一　別表第1⒤欄に掲げる材料を、同表⟨ろ⟩欄に掲げる方法によつて柱及び間柱並びにはり、けた、土台その他の横架材の片面に打ち付けた壁を設けた軸組（材料を継ぎ合わせて打ち付ける場合には、その継手を構造耐力上支障が生じないように柱、間柱、はり、けた若しくは胴差又は当該継手を補強するために設けた胴つなぎその他これらに類するものの部分に設けたものに限る。）

二　厚さ1.5cm以上で幅4.5cm以上の木材を31cm以下の間隔で柱及び間柱並びにはり、けた、土台その他の横架材にくぎ（日本産業規格（以下「JIS」という。）A5508-1975（鉄丸くぎ）に定めるN50又はこれと同等以上の品質を有するものに限る。）で打ち付けた胴縁に、別表第1⒤欄に掲げる材料をくぎ（JIS A5508-1975（鉄丸くぎ）に定めるN32又はこれと同等以上の品質を有するものに限る。）で打ち付けた壁（くぎの間隔が15cm以下のものに限る。）を設けた軸組

三　厚さ3cm以上で幅4cm以上の木材を用いて柱及びはり、けた、土台その他の横架材にくぎ（JIS A5508-1975（鉄丸くぎ）に定めるN75又はこれと同等以上の品質を有するものに限る。）で打ち付けた受け材（床下地材の上から打ち付けたものを含む。）（くぎの間隔は、別表第2⑴項に掲げる軸組にあつては12cm以下、同表⑵項及び⑶項に掲げる軸組にあつては20cm以下、その他の軸組にあつては30cm以下に限る。）並びに間柱及び胴つなぎその他これらに類するものに、同表⒤欄に掲げる材料を同表⟨ろ⟩欄に掲げる方法によつて打ち付けた壁を設けた軸組（材料を継ぎ合わせて打ち付ける場合にあつては、その継手を構造耐力上支障が生じないように間柱又は胴つなぎその他これらに類するものの部分に設けたものに限り、同表⑺項に掲げる材料を用いる場合にあつては、その上にせつこうプラスター（JIS A6904-1976（せつこうプラスター）に定めるせつこうプラスター又はこれと同等以上の品質を有するものに限る。次号において同じ。）を厚さ15mm以上塗つたものに限る。）

四　厚さ1.5cm以上で幅9cm以上の木材を用いて61cm以下の間隔で5本以上設けた貫（継手を設ける場合には、その継手を構造耐力上支障が生じないように柱の部分に設けたものに限る。）に、別表第2⒤欄に掲げる材料を同表⟨ろ⟩欄に掲げる方法によつて打ち付けた壁を設けた軸組（材料を継ぎ合わせて打ち付ける場合にあつては、その継手を構造耐力上支障が生じないように貫の部分に設けたものに限り、同表⑺項に掲げる材料を用いる場合にあつ

ては、その上にせつこうプラスターを厚さ 15 mm 以上塗つたものに限る。）

五　厚さ 3 cm 以上で幅 4 cm 以上（別表第 3 (1)項から(3)項までに掲げる軸組にあつては、6 cm 以上）の木材を用いて、床下地材の上からはり、土台その他の横架材にくぎ（JIS A5508-2005(くぎ)に定める N75 又はこれと同等以上の品質を有するものに限る。）で打ち付けた受け材（くぎの間隔は、同表(1)項から(3)項までに掲げる軸組にあつては 12 cm 以下、同表(4)項及び(5)項に掲げる軸組にあつては 20 cm 以下、その他の軸組にあつては 30 cm 以下に限る。）並びに柱及び間柱並びにはり、けたその他の横架材の片面に、同表(い)欄に掲げる材料を同表(ろ)欄に掲げる方法によつて打ち付けた壁を設けた軸組

六　厚さ 1.5 cm 以上で幅 10 cm 以上の木材を用いて 91 cm 以下の間隔で、柱との仕口にくさびを設けた貫（当該貫に継手を設ける場合には、その継手を構造耐力上支障が生じないように柱の部分に設けたものに限る。）を 3 本以上設け、幅 2 cm 以上の割竹又は小径 1.2 cm 以上の丸竹を用いた間渡し竹を柱及びはり、けた、土台その他の横架材に差し込み、かつ、当該貫にくぎ（JIS A5508-2005(くぎ)に定める SFN25 又はこれと同等以上の品質を有するものに限る。）で打ち付け、幅 2 cm 以上の割竹を 4.5 cm 以下の間隔とした小舞竹（柱及びはり、けた、土台その他の横架材との間に著しい隙間がない長さとしたものに限る。以下同じ。）又はこれと同等以上の耐力を有する小舞竹（土と一体の壁を構成する上で支障のないものに限る。）を当該間渡し竹にシュロ縄、パーム縄、わら縄その他これらに類するもので締め付け、荒壁土（100 l の荒木田土、荒土、京土その他これらに類する粘性のある砂質粘土に対して 0.4 kg 以上 0.6 kg 以下のわらすさを混合したもの又はこれと同等以上の強度を有するものに限る。）を両面から全面に塗り、かつ、中塗り土（100 l の荒木田土、荒土、京土その他これらに類する粘性のある砂質粘土に対して 60 l 以上 150 l 以下の砂及び 0.4 kg 以上 0.8 kg のもみすさを混合したもの又はこれと同等以上の強度を有するものに限る。）を別表第 4 (い)欄に掲げる方法で全面に塗り、土塗壁の塗り厚（柱の外側にある部分の厚さを除く。）を同表(ろ)欄に掲げる数値とした土塗壁を設けた軸組

七　次に定めるところにより、土塗りの垂れ壁（当該垂れ壁の上下の横架材の中心間距離が 0.75 m 以上であるものに限る。次号において同じ。）を設けた軸組

　イ　当該軸組の両端の柱の小径（当該小径が異なる場合にあつては、当該小径のうちいずれか小さいもの。次号において同じ。）を別表第 5 (い)欄に掲げる数値と、中心間距離を同表(ろ)欄に掲げる数値とすること。

　ロ　当該垂れ壁を別表第 5 (は)欄に掲げる倍率の数値に応じた軸組に設けられる土塗壁とすること。

　ハ　当該軸組の両端の柱と当該垂れ壁の下の横架材をほぞ差し込み栓打ち又はこれと同等以上の強度を有する接合方法により接合すること。

八　次に定めるところにより、土塗りの垂れ壁及び高さ 0.8 m 以上の腰壁を設けた軸組

　イ　当該軸組の両端の柱の小径を別表第 6 (い)欄に掲げる数値と、中心間距離を同表(ろ)欄に掲げる数値とすること。

　ロ　土塗りの垂れ壁及び腰壁を別表第 6 (は)欄に掲げる倍率の数値（当該数値が異なる場合にあつては、当該数値のうちいずれか小さいもの）に応じた軸組に設けられる土塗壁とすること。

ハ　当該軸組の両端の柱と当該垂れ壁の下の横架材及び当該腰壁の上の横架材をほぞ差し込み栓打ち又はこれと同等以上の強度を有する接合方法により接合すること。

九　別表第7(い)欄に掲げる木材（含水率が15％以下のものに限る。）を、同表(ろ)欄に掲げる間隔で互いに相欠き仕口により縦横に組んだ格子壁（継手のないものに限り、大入れ、短ほぞ差し又はこれらと同等以上の耐力を有する接合方法によって柱及びはり、けた、土台その他の横架材に緊結したものに限る。）を設けた軸組

十　厚さ2.7cm以上で別表第8(い)欄に掲げる幅の木材（継手のないものに限り、含水率が15％以下のものに限る。以下「落とし込み板」という。）と当該落とし込み板に相接する落とし込み板を同表(ろ)欄に掲げるだぼ又は吸付き桟を用いて同表(は)欄に掲げる接合方法により接合し、落とし込み板が互いに接する部分の厚さを2.7cm以上として、落とし込み板を同表(に)欄に掲げる方法によつて周囲の柱及び上下の横架材に設けた溝（構造耐力上支障がなく、かつ、落とし込み板との間に著しい隙間がないものに限る。以下同欄において同じ。）に入れて、はり、けた、土台その他の横架材相互間全面に、水平に積み上げた壁を設けた軸組（柱相互の間隔を同表(ほ)欄に掲げる間隔としたものに限る。）

十一　別表第9(い)欄及び(ろ)欄に掲げる壁又は筋かいを併用した軸組

十二　別表第10(い)欄、(ろ)欄及び(は)欄に掲げる壁又は筋かいを併用した軸組

十三　別表第11(い)欄、(ろ)欄、(は)欄及び(に)欄に掲げる壁又は筋かいを併用した軸組

十四　前各号に掲げるもののほか、国土交通大臣がこれらと同等以上の耐力を有すると認める軸組

第2　倍率の数値は、次の各号に定めるものとする。

一　第1第一号に定める軸組にあつては、当該軸組について別表第1(は)欄に掲げる数値

二　第1第二号に定める軸組にあつては、0.5

三　第1第三号に定める軸組にあつては、当該軸組について別表第2(は)欄に掲げる数値

四　第1第四号に定める軸組にあつては、当該軸組について別表第2(に)欄に掲げる数値

五　第1第五号に定める軸組にあつては、当該軸組について別表第3(は)欄に掲げる数値

六　第1第六号に定める軸組にあつては、当該軸組について別表第4(は)欄に掲げる数値

七　第1第七号に定める軸組にあつては、当該軸組について別表第5(に)欄に掲げる数値

八　第1第八号に定める軸組にあつては、当該軸組について別表第6(に)欄に掲げる数値

九　第1第九号に定める軸組にあつては、当該軸組について別表第7(は)欄に掲げる数値

十　第1第十号に定める軸組にあつては、当該軸組について別表第8(へ)欄に掲げる数値

十一　第1第十一号から第十三号までに定める軸組にあつては、併用する壁又は筋かいを設け又は入れた軸組の第一号から第十号まで又は令第46条第4項表1の倍率の欄に掲げるそれぞれの数値の和（当該数値の和が5を超える場合は5）

十二　第1第十四号に定める軸組にあつては、当該軸組について国土交通大臣が定めた数値

附　則

昭和47年建設省告示第163号は、廃止する。

別表第1

	（い）	（ろ）		（は）
	材　　料	くぎ打の方法		倍率
		くぎの種類	くぎの間隔	
(1)	構造用パーティクルボード（JIS A5908-2015（パーティクルボード）に規定する構造用パーティクルボードに限る。）又は構造用 MDF（JIS A5905-2014（繊維板）に規定する構造用 MDF に限る。）	N50	1枚の壁材につき外周部分は7.5cm 以下、その他の部分は15cm以下	4.3
(2)	構造用合板又は化粧ばり構造用合板（合板の日本農林規格（平成15年農林水産省告示第233号）に規定するもの（屋外に面する壁又は常時湿潤の状態となるおそれのある壁（以下「屋外壁等」という。）に用いる場合は特類に限る。）で、厚さが9mm 以上のものに限る。）	CN50		3.7
(3)	構造用パネル（構造用パネルの日本農林規格（昭和62年農林水産省告示第360号）に規定するもので、厚さが9mm 以上のものに限る。）	N50		
(4)	構造用合板又は化粧ばり構造用合板（合板の日本農林規格に規定するもの（屋外壁等）に用いる場合は特類に限る。）で、厚さが5mm（屋外壁等においては、表面単板をフェノール樹脂加工した場合又はこれと同等以上の安全上必要な耐候措置を講じた場合を除き、7.5mm）以上のものに限る。）			2.5
(5)	パーティクルボード（JIS A5908-1994（パーティクルボード）に適合するもの（曲げ強さによる区分が8タイプであるものを除く。）で厚さが12mm 以上のものに限る。）、構造用パーティクルボード（JIS A5908 2015（パーティクルボード）に規定する構造用パーティクルボードに限る。）、構造用 MDF（JIS A5905-2014（繊維板）に規定する構造用 MDF に限る。）又は構造用パネル（構造用パネルの日本農林規格に規定するものに限る。）	N50		
(6)	ハードボード（JIS A5907-1977（硬質繊維板）に定める450又は350で厚さが5mm 以上のものに限る。）			
(7)	硬質木片セメント板（JIS A5417-1985（木片セメント板）に定める0.9Cで厚さが12mm 以上のものに限る。）			2

(8)	炭酸マグネシウム板（JIS A6701-1983（炭酸マグネシウム板）に適合するもので厚さ 12mm 以上のものに限る。）	GNF40 又は GNC40	15cm 以下	
(9)	パルプセメント板（JIS A5414-1988（パルプセメント板）に適合するもので厚さが 8mm 以上のものに限る。）			1.5
(10)	構造用せつこうボードA種（JIS A6901-2005（せつこうボード製品）に定める構造用せつこうボードA種で厚さが 12mm 以上のものに限る。）（屋外壁等以外に用いる場合に限る。）			1.7
(11)	構造用せつこうボードB種（JIS A6901-2005（せつこうボード製品）に定める構造用せつこうボードB種で厚さが 12mm 以上のものに限る。）（屋外壁等以外に用いる場合に限る。）			1.2
(12)	せつこうボード（JIS A6901-2005（せつこうボード製品）に定めるせつこうボードで厚さが 12mm 以上のものに限る。）（屋外壁等以外に用いる場合に限る。）又は強化せつこうボード（JIS A6901-2005（せつこうボード製品）に定める強化せつこうボードで厚さが 12mm 以上のものに限る。）（屋外壁等以外に用いる場合に限る。）			0.9
(13)	シージングボード（JIS A5905-1979（軟質繊維板）に定めるシージングインシュレーションボードで厚さが 12mm 以上のものに限る。）	SN40	1枚の壁材につき外周部分は 10cm 以下、その他の部分は 20cm 以下	1
(14)	ラスシート（JIS A5524-1977（ラスシート（角波亜鉛鉄板ラス））に定めるもののうち角波亜鉛鉄板の厚さが 0.4mm 以上、メタルラスの厚さが 0.6mm 以上のものに限る。）	N38	15cm 以下	

1　この表において、N38、N50、CN50、GNF40、GNC40及びSN40は、それぞれ JIS A5508-2005（くぎ）に定める N38、N50、CN50、GNF40、GNC40及びSN40又はこれらと同等以上の品質を有するくぎをいう

2　表中（い）欄に掲げる材料（(10)項から(12)項までに掲げるものを除く。）を地面から 1m 以内の部分に用いる場合には、必要に応じて防腐措置及びしろありその他の虫による害を防ぐための措置を講ずるものとする。

3　2以上の項に該当する場合は、これらのうち（は）欄に掲げる数値が最も大きいものである項に該当するものとする。

別表第2

	（い）		（ろ）		（は）	（に）
	材　　料		くぎ打の方法		第1第三号に定める軸組に係る倍率	第1第四号に定める軸組に係る倍率
			くぎの種類	くぎの間隔		
(1)	構造用パーティクルボード(JIS A5908-2015(パーティクルボード)に規定する構造用パーティクルボードに限る。)又は構造用MDF（JIS A5905-2014(繊維板)に規定する構造用MDFに限る。)		N50	1枚の壁材につき外周部分は7.5cm以下、その他の部分は15cm以下	4.0	―
(2)	構造用合板又は化粧ばり構造用合板（合板の日本農林規格に規定するもの（屋外壁等に用いる場合は特類に限る。)で、厚さが9mm以上のものに限る。)		CN50		3.3	―
(3)	構造用パネル（構造用パネルの日本農林規格に規定するもので、厚さが9mm以上のものに限る。)		N50			
(4)	構造用合板又は化粧ばり構造用合板（合板の日本農林規格に適合するもの（屋外壁等に用いる場合は特類に限る。)で、厚さが7.5mm以上のものに限る。)		N50		2.5	1.5
(5)	パーティクルボード（JIS A5908-1994(パーティクルボード)に適合するもの(曲げ強さによる区分が8タイプであるものを除く。)で厚さが12mm以上のものに限る。)又は構造用パネル（構造用パネルの日本農林規格に規定するものに限る。)					
(6)	構造用パーティクルボード(JIS A5908-2015(パーティクルボード)に規定する構造用パーティクルボードに限る。)又は構造用MDF（JIS A5905-2014(繊維板)に規定する構造用MDFに限る。)					―

(7)	せつこうラスボード（JIS A6906-1983（せつこうラスボード）に適合するもので厚さが 9 mm 以上のものに限る。）	GNF32 又は GNC32	15 cm 以下	1.5	1.0
(8)	構造用せつこうボードA種（JIS A6901-2005（せつこうボード製品）に定める構造用せつこうボードA種で厚さが 12 mm 以上のものに限る。）（屋外壁等以外に用いる場合に限る。）	第1第三号による場合はGNF40 又はGNC40、第1第四号による場合はGNF32 又はGNC32		1.5	0.8
(9)	構造用せつこうボードB種（JIS A6901-2005（せつこうボード製品）に定める構造用せつこうボードB種で厚さが 12 mm 以上のものに限る。）（屋外壁等以外に用いる場合に限る。）			1.3	0.7
(10)	せつこうボード（JIS A6901-2005（せつこうボード製品）に定めるせつこうボードで厚さが 12 mm 以上のものに限る。）（屋外壁等以外に用いる場合に限る。）又は強化せつこうボード（JIS A6901-2005（せつこうボード製品）に定める強化せつこうボードで厚さが 12 mm 以上のものに限る。）（屋外壁等以外に用いる場合に限る。）			1.0	0.5

1　この表において、N50、CN50、GNF32、GNC32、GNF40及び GNC40は、それぞれ JIS A5508-2005（くぎ）に定める N50、CN50、GNF32、GNC32、GNF40及び GNC40又はこれらと同等以上の品質を有するくぎをいう。

2　表中（い）欄に掲げる材料（（7）項から（10）項までに掲げるものを除く。）を地面から 1 m 以内の部分に用いる場合には、必要に応じて防腐措置及びしろありその他の虫による害を防ぐための措置を講ずるものとする。

3　2以上の項に該当する場合は、これらのうち、第1第三号に定める軸組にあつては（は）欄に掲げる数値、第1第四号に定める軸組にあつては（に）欄に掲げる数値が、それぞれ最も大きいものである項に該当するものとする。

別表第3

	（い）	（ろ）		（は）
	材　　料	くぎ打の方法		倍率
		くぎの種類	くぎの間隔	
(1)	構造用パーティクルボード（JIS A5908-2015（パーティクルボード）に規定する構造用パーティクルボードに限る。）又は構造用 MDF（JIS A5905-2014（繊維板）に規定する構造用 MDF に限る。）	N50	1枚の壁材につき外周部分は7.5cm 以下、その他の部分は15cm 以下	4.3
(2)	構造用合板又は化粧ばり構造用合板（合板の日本農林規格に規定するもの（屋外壁等に用いる場合は特類に限る。）で、厚さが9mm 以上のものに限る。）	CN50		3.7
(3)	構造用パネル（構造用パネルの日本農林規格に規定するもので、厚さが9mm 以上のものに限る。）			
(4)	構造用合板又は化粧ばり構造用合板（合板の日本農林規格に規定するもの（屋外壁等に用いる場合は特類に限る。）で、厚さが5mm（屋外壁等においては、表面単板をフェノール樹脂加工した場合又はこれと同等以上の安全上必要な耐候措置を講じた場合を除き、7.5mm）以上のものに限る。）	N50		2.5
(5)	パーティクルボード（JIS A5908-1994（パーティクルボード）に適合するもの（曲げ強さによる区分が八タイプであるものを除く。）で厚さが12mm 以上のものに限る。）、構造用パーティクルボード（JIS A5908-2015（パーティクルボード）に規定する構造用パーティクルボードに限る。）、構造用 MDF（JIS A5905-2014（繊維板）に規定する構造用 MDF に限る。）又は構造用パネル（構造用パネルの日本農林規格に規定するものに限る。）		15 cm 以下	
(6)	構造用せつこうボードA種（JIS A6901-2005（せつこうボード製品）に定める構造用せつこうボードA種で厚さが12mm 以上のものに限る。）（屋外壁等以外に用いる場合に限る。）			1.6
(7)	構造用せつこうボードB種（JIS A6901-2005（せつこうボード製品）に定める構造用せつこうボードB種で厚さが12mm 以上のものに限る。）（屋外壁等以外に用いる場合に限る。）	GNF40 又はGNC40		1.0
	せつこうボード（JIS A6901-2005（せつこうボード製			

(8)	品)に定めるせつこうボードで厚さが 12 mm 以上のものに限る。）（屋外壁等以外に用いる場合に限る。）又は強化せつこうボード（JIS A6901-2005(せつこうボード製品）に定める強化せつこうボードで厚さが 12 mm 以上のものに限る。）（屋外壁等以外に用いる場合に限る。）			0.9

1　この表において、N50、CN50、GNF40及び GNC40は、それぞれ JIS A5508-2005（くぎ）に定める N50、CN50、GNF40及び GNC40又はこれらと同等以上の品質を有するくぎをいう。

2　表中（い）欄に掲げる材料（(6)項から(8)項までに掲げるものを除く。）を地面から 1 m 以内の部分に用いる場合には、必要に応じて防腐措置及びしろありその他の虫による害を防ぐための措置を講ずるものとする。

3　2 以上の項に該当する場合は、これらのうち(は)欄に掲げる数値が最も大きいものである項に該当するものとする。

別表第 4

	（い）	（ろ）	（は）
	中塗り土の塗り方	土塗壁の塗り厚	倍　率
(1)	両面塗り	7 cm 以上	1.5
(2)		5.5 cm 以上	1.0
(3)	片面塗り		1.0

別表第 5

	（い）		（ろ）	（は）	（に）
	軸組の両端の柱			土塗壁の倍率	倍　率
	小　径	中心間距離			
(1)	0.15 m 未満	0.45 m 以上 1.5 m 未満		0.5 以上 1.0 未満	0.1 を軸組の両端の柱の中心間距離で除した数値
(2)				1.0 以上 1.5 未満	0.2 を軸組の両端の柱の中心間距離で除した数値
(3)				1.5 以上 2.0 未満	0.3 を軸組の両端の柱の中心間距離で除した数値
(4)		1.5 m 以上		0.5 以上 2.0 未満	0.1 を軸組の両端の柱の中心間距離で除した数値
(5)				0.5 以上 1.0 未満	0.1 を軸組の両端の柱の中心間距離で除した数値

(6)	0.15 m 以上	0.45 m 以上	1.0 以上 1.5 未満	0.2 を軸組の両端の柱の中心間距離で除した数値
(7)			1.5 以上 2.0 未満	0.3 を軸組の両端の柱の中心間距離で除した数値

別表第 6

	(い)		(は)	(に)
	軸組の両端の柱		土塗壁の倍率	倍　率
	小　径	中心間距離		
(1)			0.5 以上 1.0 未満	0.2 を軸組の両端の柱の中心間距離で除した数値
(2)	0.13 m 以上 0.15 m 未満	0.45 m 以上 1.5 m 未満	1.0 以上 1.5 未満	0.5 を軸組の両端の柱の中心間距離で除した数値
(3)			1.5 以上 2.0 未満	0.8 を軸組の両端の柱の中心間距離で除した数値
(4)			0.5 以上 1.0 未満	0.2 を軸組の両端の柱の中心間距離で除した数値
(5)	0.15 m 以上	0.45 m 以上	1.0 以上 1.5 未満	0.5 を軸組の両端の柱の中心間距離で除した数値
(6)			1.5 以上 2.0 未満	0.8 を軸組の両端の柱の中心間距離で除した数値

別表第 7

	(い)		(ろ)	(は)
	木　材		格子の間隔	倍率
	見付け幅	厚　さ		
(1)	4.5 cm 以上	9.0 cm 以上	9 cm 以上 16 cm 以下	0.9
(2)	9.0 cm 以上		18 cm 以上 31 cm 以下	0.6
(3)	10.5 cm 以上	10.5 cm 以上		1.0

別表第8

	（い）	（ろ）	（は）	（に）	（ほ）	（へ）
	落とし込み板の幅	だぼ又は吸付き桟	接合方法	柱及び上下の横架材との固定方法	柱相互の間隔	倍率
(1)	13 cm 以上	相接する落とし込み板に十分に水平力を伝達できる長さを有する小径が 1.5 cm 以上の木材のだぼ（なら、けやき又はこれらと同等以上の強度を有する樹種で、節等の耐力上の欠点のないものに限る。）又は直径 9 mm 以上の鋼材のだぼ（JIS G3112-1987（鉄筋コンクリート用棒鋼）に規定する SR235 若しくは SD295A に適合するもの又はこれらと同等以上の強度を有するものに限る。）	落とし込み板が互いに接する部分に 62 cm 以下の間隔で 3 箇所以上の穴（（ろ）欄に掲げるだぼと同寸法のものに限る。以下同じ。）を設け、当該穴の双方に隙間なく当該だぼを設けること。	柱に設けた溝に落とし込み板を入れること。	180 cm 以上 230 cm 以下	0.6
(2)	20 cm 以上		落とし込み板が互いに接する部分に 50 cm 以下の間隔で 90 cm につき 2 箇所以上の穴を設け、当該穴の双方にだぼの径の 3 倍以上の長ずつ隙間なく当該だぼを設けること。	周囲の柱及び上下の横架材に設けた溝に落とし込み板を入れ、落とし込み板1枚ごとに柱に対して 15 cm 以下の間隔で 2 本以上、上下の横架材に対して 15 cm 以下の間隔で、それぞれくぎ（JIS A5508-1975（鉄丸くぎ）に定める CN75 又はこれと同等以上の品質を有するものに限る。）を打ち付けること。	90 cm 以上 230 cm 以下	2.5
(3)		相接する落とし込み板に十分に水平力を伝達できる長さを有する小径が 2.4 cm 以上の木材の吸付き桟（なら、けやき又はこれらと同等以上の強度を有する樹種で、節等の耐力上の欠点のないものに限る。）	落とし込み板の片面に 30 cm 以下の間隔で 90 cm につき 3 箇所以上の深さ 15 mm 以上の溝を設け、当該溝の双方に（ろ）欄に掲げる吸付き桟の小径の 3 倍以上の長ずつ隙間なく当該吸付き桟を設け、外れないよう固定すること。			3.0

別表第9

	（い）	（ろ）
(1)	第1第一号から第五号までに掲げる壁のうち1	第1第一号から第五号まで若しくは第十号に掲げる壁若しくは令第46条第4項表1(1)項に掲げる壁又は(2)項から(6)項までに掲げる筋かいのうち1
(2)	第1第一号若しくは第二号に掲げる壁、令第46条第4項表1(1)項に掲げる壁（土塗壁を除く。）又は(2)項に掲げる壁のうち1	第1第六号又は第九号に掲げる壁のうち1
(3)	第1第十号に掲げる壁	令第46条第4項表1(1)項に掲げる壁又は(2)項から(4)項まで若しくは(6)項（同表(4)項に掲げる筋かいをたすき掛けに入れた軸組を除く。）に掲げる壁又は筋かいのうち1

別表第10

	（い）	（ろ）	（は）
(1)	第1第一号から第五号までに掲げる壁のうち1	令第46条第4項表1(1)項に掲げる壁	令第46条第4項表1(2)項から(6)項までに掲げる筋かいのうち1
(2)	第1第一号又は第二号に掲げる壁のうち1	令第46条第4項表1(1)項に掲げる壁（土塗壁を除く。）	第1第十号に掲げる壁
(3)	第1第一号から第五号までに掲げる壁のうち1	第1第一号から第五号までに掲げる壁のうち1	第1第十号に掲げる壁又は令第46条第4項表1(2)項から(6)項までに掲げる筋かいのうち1
(4)	第1第一号又は第二号に掲げる壁のうち1	第1第一号若しくは第二号に掲げる壁又は令第46条第4項表1(1)項に掲げる壁（土塗り壁を除く。）のうち1	第1第六号又は第九号に掲げる壁のうち1
(5)	第1第一号若しくは第二号に掲げる壁、令第46条第4項表1(1)項に掲げる壁（土塗壁を除く。）又は(2)項に掲げる壁のうち1	第1第十号に掲げる壁	令第46条第4項表1(1)項に掲げる土塗壁又は(2)項から(4)項まで若しくは(6)項（同表(4)項に掲げる筋かいをたすき掛けに入れた軸組を除く。）に掲げる筋かいのうち1

別表第11

（い）	（ろ）	（は）	（に）
第1第一号又は第二号に掲げる壁のうち1	第1第六号又は第九号に掲げる壁のうち1	第1第十号に掲げる壁	令第46条第4項表1(1)項に掲げる土塗壁又は(2)項から(4)項まで若しくは(6)項（同表(4)項に掲げる筋かいをたすき掛けに入れた軸組を除く。）に掲げる筋かいのうち1

〔平成12年5月31日建設省告示第1460号〕
木造の継手及び仕口の構造方法を定める件

最終改正　令和元年6月25日国土交通省告示第203号

建築基準法施行令（昭和25年政令第338号）第47条第1項の規定に基づき、木造の継手及び仕口の構造方法を次のように定める。

建築基準法施行令（以下「令」という。）第47条に規定する木造の継手及び仕口の構造方法は、次に定めるところによらなければならない。ただし、令第82条第一号から第三号までに定める構造計算によって構造耐力上安全であることが確かめられた場合においては、この限りでない。

一　筋かいの端部における仕口にあっては、次に掲げる筋かいの種類に応じ、それぞれイからホまでに定める接合方法又はこれらと同等以上の引張耐力を有する接合方法によらなければならない。

イ　径9mm以上の鉄筋　柱又は横架材を貫通した鉄筋を三角座金を介してナット締めとしたもの又は当該鉄筋に止め付けた鋼板添え板に柱及び横架材に対して長さ9cmの太め鉄丸くぎ（日本産業規格（以下「JIS」という。）A5508（くぎ）-1992のうち太め鉄丸くぎに適合するもの又はこれと同等以上の品質を有するものをいう。以下同じ。）を8本打ち付けたもの

ロ　厚さ1.5cm以上で幅9cm以上の木材　柱及び横架材を欠き込み、柱及び横架材に対してそれぞれ長さ6.5cmの鉄丸くぎ（JIS A5508（くぎ）-1992のうち鉄丸くぎに適合するもの又はこれと同等以上の品質を有するものをいう。以下同じ。）を5本平打ちしたもの

ハ　厚さ3cm以上で幅9cm以上の木材　厚さ1.6mmの鋼板添え板を、筋かいに対して径12mmのボルト（JIS B1180（六角ボルト）-1994のうち強度区分4.6に適合するもの又はこれと同等以上の品質を有するものをいう。以下同じ。）締め及び長さ6.5cmの太め鉄丸くぎを3本平打ち、柱に対して長さ6.5cmの太め鉄丸くぎを3本平打ち、横架材に対して長さ6.5cmの太め鉄丸くぎを4本平打ちとしたもの

ニ　厚さ4.5cm以上で幅9cm以上の木材　厚さ2.3mm以上の鋼板添え板を、筋かいに対して径12mmのボルト締め及び長さ50mm、径4.5mmのスクリューくぎ7本の平打ち、柱及び横架材に対してそれぞれ長さ50mm、径4.5mmのスクリューくぎ5本の平打ちとしたもの

ホ　厚さ9cm以上で幅9cm以上の木材　柱又は横架材に径12mmのボルトを用いた一面せん断接合としたもの

二　壁を設け又は筋かいを入れた軸組の柱の柱脚及び柱頭の仕口にあっては、軸組の種類と柱の配置に応じて、平家部分又は最上階の柱にあっては次の表1に、その他の柱にあっては次の表2に、それぞれ掲げる表3（い）から（ぬ）までに定めるところによらなければならない。ただし、次のイ又はロに該当する場合においては、この限りでない。

イ　当該仕口の周囲の軸組の種類及び配置を考慮して、柱頭又は柱脚に必要とされる引張力が、当該部分の引張耐力を超えないことが確かめられた場合

ロ　次のいずれにも該当する場合

(1) 当該仕口（平家部分又は階数が2の建築物の1階の柱の柱脚のものに限る。）の構造方法が、次の表3（い）から（ぬ）までのいずれかに定めるところによるもの（120mmの柱の浮き上がりに対してほぞが外れるおそれがないことを確かめられるものに限る。）であること。

(2) 令第46条第4項の規定による各階における張り間方向及び桁行方向の軸組の長さの合計に、軸組の種類に応じた倍率の各階における最大値に応じた次の表4に掲げる低減係数を乗じて得た数値が、同項の規定による各階の床面積に同項の表2の数値（特定行政庁が令第88条第2項の規定によって指定した区域内における場合においては、同表の数値のそれぞれ1.5倍とした数値）を乗じて得た数値以上であることが確かめられること。

表1

軸　組　の　種　類		出隅の柱	その他の軸組端部の柱
木ずりその他これに類するものを柱及び間柱の片面又は両面に打ち付けた壁を設けた軸組		表3（い）	表3（い）
厚さ1.5cm以上幅9cm以上の木材の筋かい又は径9mm以上の鉄筋の筋かいを入れた軸組		表3（ろ）	表3（い）
厚さ3cm以上幅9cm以上の木材の筋かいを入れた軸組	筋かいの下部が取り付く柱	表3（ろ）	表3（い）
	その他の柱	表3（に）	表3（ろ）
厚さ1.5cm以上幅9cm以上の木材の筋かいをたすき掛けに入れた軸組又は径9mm以上の鉄筋の筋かいをたすき掛けに入れた軸組		表3（に）	表3（ろ）
厚さ4.5cm以上幅9cm以上の木材の筋かいを入れた軸組	筋かいの下部が取り付く柱	表3（は）	表3（ろ）
	その他の柱	表3（ほ）	
構造用合板等を昭和56年建設省告示第1100号別表第1(4)項又は(5)項に定める方法で打ち付けた壁を設けた軸組		表3（ほ）	表3（ろ）
厚さ3cm以上幅9cm以上の木材の筋かいをたすき掛けに入れた軸組		表3（と）	表3（は）
厚さ4.5cm以上幅9cm以上の木材の筋かいをたすき掛けに入れた軸組		表3（と）	表3（に）

表2

軸　組　の　種　類	上階及び当該階の柱が共に出隅の柱の場合	上階の柱が出隅の柱であり、当該階の柱が出隅の柱でない場合	上階及び当該階の柱が共に出隅の柱でない場合
木ずりその他これに類するものを柱及び間柱の片面又は両面に打ち付けた壁を設けた軸組	表3(い)	表3(い)	表3(い)
厚さ1.5cm以上幅9cm以上の木材の筋かい又は径9mm以上の鉄筋の筋かいを入れた軸組	表3(ろ)	表3(い)	表3(い)
厚さ3cm以上幅9cm以上の木材の筋かいを入れた軸組	表3(に)	表3(ろ)	表3(い)
厚さ1.5cm以上幅9cm以上の木材の筋かいをたすき掛けに入れた軸組又は径9mm以上の鉄筋の筋かいをたすき掛けに入れた軸組	表3(と)	表3(は)	表3(ろ)
厚さ4.5cm以上幅9cm以上の木材の筋かいを入れた軸組	表3(と)	表3(は)	表3(ろ)
構造用合板等を昭和56年建設省告示第1100号別表第1(4)項又は(5)項に定める方法で打ち付けた壁を設けた軸組	表3(ち)	表3(へ)	表3(は)
厚さ3cm以上幅9cm以上の木材の筋かいをたすき掛けに入れた軸組	表3(り)	表3(と)	表3(に)
厚さ4.5cm以上幅9cm以上の木材の筋かいをたすき掛けに入れた軸組	表3(ぬ)	表3(ち)	表3(と)

表3

(い)	短ほぞ差し、かすがい打ち又はこれらと同等以上の接合方法としたもの
(ろ)	長ほぞ差し込み栓打ち若しくは厚さ2.3mmのL字型の鋼板添え板を、柱及び横架材に対してそれぞれ長さ6.5cmの太め鉄丸くぎを5本平打ちとしたもの又はこれらと同等以上の接合方法としたもの
(は)	厚さ2.3mmのT字型の鋼板添え板を用い、柱及び横架材にそれぞれ長さ6.5cmの太め鉄丸くぎを5本平打ちしたもの若しくは厚さ2.3mmのV字型の鋼板添え板を用い、柱及び横架材にそれぞれ長さ9cmの太め鉄丸くぎを4本平打ちとしたもの又はこれらと同等以上の接合方法としたもの
	厚さ3.2mmの鋼板添え板に径12mmのボルトを溶接した金物を用い、柱に対

（に）	して径12mmのボルト締め、横架材に対して厚さ4.5mm、40mm角の角座金を介してナット締めをしたもの若しくは厚さ3.2mmの鋼板添え板を用い、上下階の連続する柱に対してそれぞれ径12mmのボルト締めとしたもの又はこれらと同等以上の接合方法としたもの
（ほ）	厚さ3.2mmの鋼板添え板に径12mmのボルトを溶接した金物を用い、柱に対して径12mmのボルト締め及び長さ50mm、径4.5mmのスクリュー釘打ち、横架材に対して厚さ4.5mm、40mm角の角座金を介してナット締めしたもの又は厚さ3.2mmの鋼板添え板を用い、上下階の連続する柱に対してそれぞれ径12mmのボルト締め及び長さ50mm、径4.5mmのスクリュー釘打ちとしたもの又はこれらと同等以上の接合方法としたもの
（へ）	厚さ3.2mmの鋼板添え板を用い、柱に対して径12mmのボルト2本、横架材、布基礎若しくは上下階の連続する柱に対して当該鋼板添え板に止め付けた径16mmのボルトを介して緊結したもの又はこれと同等以上の接合方法としたもの
（と）	厚さ3.2mmの鋼板添え板を用い、柱に対して径12mmのボルト3本、横架材（土台を除く。）、布基礎若しくは上下階の連続する柱に対して当該鋼板添え板に止め付けた径16mmのボルトを介して緊結したもの又はこれと同等以上の接合方法としたもの
（ち）	厚さ3.2mmの鋼板添え板を用い、柱に対して径12mmのボルト4本、横架材（土台を除く。）、布基礎若しくは上下階の連続する柱に対して当該鋼板添え板に止め付けた径16mmのボルトを介して緊結したもの又はこれと同等以上の接合方法としたもの
（り）	厚さ3.2mmの鋼板添え板を用い、柱に対して径12mmのボルト5本、横架材（土台を除く。）、布基礎若しくは上下階の連続する柱に対して当該鋼板添え板に止め付けた径16mmのボルトを介して緊結したもの又はこれと同等以上の接合方法としたもの
（ぬ）	（と）に掲げる仕口を2組用いたもの

表4

軸組の種類に応じた倍率の各階における最大値	低減係数		
	階数が1の建築物	階数が2の建築物の1階	階数が2の建築物の2階
1.0以下の場合	1.0	1.0	1.0
1.0を超え1.5以下の場合	1.0	1.0	0.9
1.5を超え3.0以下の場合	0.6	0.9	0.5

三　前2号に掲げるもののほか、その他の構造耐力上主要な部分の継手又は仕口にあっては、ボルト締、かすがい打、込み栓打その他の構造方法によりその部分の存在応力を伝えるよう

357

に緊結したものでなくてはならない。

〔平成12年5月31日建設省告示第1453号〕
学校の木造の校舎の日本産業規格を指定する件

最終改正　令和元年6月25日国土交通省告示第203号

建築基準法施行令（昭和25年政令第338号）第48条第2項第二号の規定に基づき、学校の木造の校舎の日本工業規格〔現行＝日本産業規格＝平成30年5月法律第33号により改正〕を次のように指定する。

建築基準法施行令第48条第2項第二号に規定する学校の木造の校舎の日本産業規格は、日本産業規格 A3301（木造校舎の構造設計標準）-2015とする。

　　附　則

昭和56年建設省告示第1108号は、廃止する。

〔平成12年5月23日建設省告示第1353号〕
補強された組積造の建築物の部分等の構造耐力上の安全性を確かめるための構造計算の基準を定める件

最終改正　平成19年9月27日国土交通省告示第1228号

建築基準法施行令（昭和25年政令第338号）第51条第1項ただし書の規定に基づき、補強された組積造の建築物の部分等の構造耐力上の安全性を確かめるための構造計算の基準を次のように定める。

建築基準法施行令（以下「令」という。）第51条第1項ただし書に規定する鉄筋、鉄骨又は鉄筋コンクリートで補強された組積造の建築物の部分等の構造耐力上の安全性を確かめるための構造計算の基準は、令第82条各号及び令第82条の4に定めるところによる構造計算を行うこととする。

〔平成12年5月23日建設省告示第1354号〕
組積造の建築物等を補強する構造方法を定める件

建築基準法施行令（昭和25年政令第338号）第59条の2の規定に基づき、組積造の建築物等を補強する構造方法を次のように定める。

建築基準法施行令（以下「令」という。）第59条の2に規定する組積造の建築物等を補強する構造方法は、次のとおりとする。

　一　組積造を鉄筋によって補強する場合にあっては、次に定めるところによらなければならない。

イ　鉄筋で補強する組積造の耐力壁は、その端部及び隅角部に径12 mm 以上の鉄筋を縦に配置するほか、径9 mm 以上の鉄筋を縦横に 80 cm 以下の間隔で配置したもの又は鉄筋を縦横に配置してこれと同等以上の耐力を有するものとすること。

ロ　鉄筋で補強する組積造の耐力壁は、イの規定による縦筋の末端をかぎ状に折り曲げてその縦筋の径の 40 倍以上基礎又は基礎ばり及び臥梁(がりょう)又は屋根版に定着する等の方法により、これらと互いにその存在応力を伝えることができる構造とすること。

ハ　イの規定による横筋は、次に定めるところによるものとすること。

(1)　末端は、かぎ状に折り曲げること。ただし、鉄筋で補強する組積造の耐力壁の端部以外の部分における異形鉄筋の末端にあっては、この限りでない。

(2)　継手の重ね長さは、溶接する場合を除き、径の 25 倍以上とすること。

(3)　鉄筋で補強する組積造の耐力壁の端部が他の耐力壁又は構造耐力上主要な部分である柱に接着する場合には、横筋の末端をこれらに定着するものとし、鉄筋に溶接する場合を除き、定着される部分の長さを径の 25 倍以上とすること。

ニ　組積材は、その目地塗面の全部にモルタルが行きわたるように組積し、鉄筋を入れた空洞部及び縦目地に接する空洞部は、モルタル又はコンクリートで埋めなければならない。

ホ　組積材の耐力壁、門又は塀の縦筋は、組積材の空洞部内で継いではならない。ただし、溶接接合その他これと同等以上の強度を有する接合方法による場合においては、この限りでない。

二　組積造を鉄骨によって補強する場合にあっては、補強する組積造の壁の組積造の部分は、鉄骨造の軸組にボルト、かすがいその他の金物で緊結したものとしなければならない。

三　組積造を鉄筋コンクリートによって補強する場合にあっては、補強する組積造の壁の組積造の部分は、鉄筋コンクリート造の軸組又は耐力壁にシアキー（接合部分に相互に設けた嵌(かん)合部をいう。）、鉄筋による接着その他これらに類する方法で緊結したものとしなければならない。

〔平成12年 5 月23日建設省告示第1355号〕

補強コンクリートブロック造の塀の構造耐力上の安全性を確かめるための構造計算の基準を定める件

建築基準法施行令（昭和25年政令第338号）第62条の 8 ただし書の規定に基づき、補強コンクリートブロック造の塀の構造耐力上の安全性を確かめるための構造計算の基準を次のように定める。

建築基準法施行令（以下「令」という。）第62条の 8 ただし書に規定する補強コンクリートブロック造の塀の安全性を確かめるための構造計算の基準は、次のとおりとする。

一　補強コンクリートブロック造の塀の風圧力に関する構造計算は、次に定めるところによること。

イ　令第87条第 2 項の規定に準じて計算した速度圧に、同条第 4 項の規定に準じて定めた風力係数を乗じて得た風圧力に対して構造耐力上安全であることを確かめること。

ロ　必要に応じ、風向と直角方向に作用する風圧力に対して構造耐力上安全であることを確

かめること。

二　補強コンクリートブロック造の塀の地震力に関する構造計算は、次に定めるところによること。

イ　補強コンクリートブロック造の塀の地上部分の各部分の高さに応じて次の表に掲げる式によって計算した地震力により生ずる曲げモーメント及びせん断力に対して構造耐力上安全であることを確かめること。

曲げモーメント（単位　N·m）	$0.4\,h\,\text{Csi}\,W$
せん断力（単位　N）	$\text{Csi}\,W$

　この表において、h、Csi 及び W は、それぞれ次の数値を表すものとする。

　　h　　補強コンクリートブロック造の塀の地盤面からの高さ（単位　m）

　　Csi　補強コンクリートブロック造の塀の地上部分の高さ方向の力の分布を表す係数で、計算しようとする当該補強コンクリートブロック造の塀の部分の高さに応じて次の式に適合する数値

$$\text{Csi} \geq 0.3\,Z\left(1 - \frac{hi}{h}\right)$$

　　　　この式において、Z 及び hi は、それぞれ次の数値を表すものとする。

　　　　Z　　令第88条第1項に規定する Z の数値

　　　　hi　補強コンクリートブロック造の塀の地上部分の各部分の地盤面からの高さ（単位　m）

　　W　　補強コンクリートブロック造の塀の固定荷重と積載荷重との和（単位　N）

ロ　補強コンクリートブロック造の塀の地下部分は、地下部分に作用する地震力により生ずる力及び地上部分から伝えられる地震力により生ずる力に対して構造耐力上安全であることを確かめること。この場合において、地下部分に作用する地震力は、補強コンクリートブロック造の塀の地下部分の固定荷重と積載荷重との和に次の式に適合する水平震度を乗じて計算するものとする。

$$k \geq 0.1\left(1 - \frac{H}{40}\right)Z$$

　　この式において、k、H 及び Z は、それぞれ次の数値を表すものとする。

　　k　　水平震度

　　H　　補強コンクリートブロック造の塀の地下部分の各部分の地盤面からの深さ（20を超えるときは、20とする。）（単位　m）

　　Z　　令第88条第1項に規定する Z の数値

〔平成12年5月31日建設省告示第1456号〕
鉄骨造の柱の脚部を基礎に緊結する構造方法の基準を定める件

最終改正　平成30年9月12日国土交通省告示第1098号

　建築基準法施行令（昭和25年政令第338号）第66条の規定に基づき、鉄骨造の柱の脚部を基礎に緊結する構造方法の基準を次のように定める。

　建築基準法施行令（以下「令」という。）第66条に規定する鉄骨造の柱の脚部は、建築基準法（昭和25年法律第201号）第85条第2項、第5項又は第6項に規定する仮設建築物（同法第6条第1項第二号及び第三号に掲げる建築物を除く。）のものを除き、次の各号のいずれかに定める構造方法により基礎に緊結しなければならない。ただし、第一号（ロ及びハを除く。）、第二号（ハを除く。）及び第三号の規定は、令第82条第一号から第三号までに規定する構造計算を行った場合においては、適用しない。

一　露出形式柱脚にあっては、次に適合するものであること。

イ　アンカーボルトが、当該柱の中心に対して均等に配置されていること。

ロ　アンカーボルトには座金を用い、ナット部分の溶接、ナットの二重使用その他これらと同等以上の効力を有する戻り止めを施したものであること。

ハ　アンカーボルトの基礎に対する定着長さがアンカーボルトの径の20倍以上であり、かつ、その先端をかぎ状に折り曲げるか又は定着金物を設けたものであること。ただし、アンカーボルトの付着力を考慮してアンカーボルトの抜け出し及びコンクリートの破壊が生じないことが確かめられた場合においては、この限りでない。

ニ　柱の最下端の断面積に対するアンカーボルトの全断面積の割合が20％以上であること。

ホ　鉄骨柱のベースプレートの厚さをアンカーボルトの径の1.3倍以上としたものであること。

ヘ　アンカーボルト孔の径を当該アンカーボルトの径に5mmを加えた数値以下の数値とし、かつ、縁端距離（当該アンカーボルトの中心軸からベースプレートの縁端部までの距離のうち最短のものをいう。以下同じ。）を次の表に掲げるアンカーボルトの径及びベースプレートの縁端部の種類に応じてそれぞれ次の表に定める数値以上の数値としたものであること。

アンカーボルトの径（単位 mm）	縁端距離（単位 mm）	
	せん断縁又は手動ガス切断縁	圧延縁、自動ガス切断縁、のこ引き縁又は機械仕上げ縁等
10以下の場合	18	16
10を超え12以下の場合	22	18
12を超え16以下の場合	28	22
16を超え20以下の場合	34	26

20 を超え 22 以下の場合	38	28
22 を超え 24 以下の場合	44	32
24 を超え 27 以下の場合	49	36
27 を超え 30 以下の場合	54	40
30 を超える場合	$\dfrac{9\,d}{5}$	$\dfrac{4\,d}{3}$
この表において、d は、アンカーボルトの径（単位　mm）を表すものとする。		

二　根巻き形式柱脚にあっては、次に適合するものであること。

　　イ　根巻き部分（鉄骨の柱の脚部において鉄筋コンクリートで覆われた部分をいう。以下同じ。）の高さは、柱幅（張り間方向及びけた行方向の柱の見付け幅のうち大きい方をいう。第三号イ及びハにおいて同じ。）の2.5倍以上であること。

　　ロ　根巻き部分の鉄筋コンクリートの主筋（以下「立上り主筋」という。）は4本以上とし、その頂部をかぎ状に折り曲げたものであること。この場合において、立上り主筋の定着長さは、定着位置と鉄筋の種類に応じて次の表に掲げる数値を鉄筋の径に乗じて得た数値以上の数値としなければならない。ただし、その付着力を考慮してこれと同等以上の定着効果を有することが確かめられた場合においては、この限りでない。

定着位置	鉄　筋　の　種　類	
	異形鉄筋	丸　　鋼
根巻き部分	25	35
基礎	40	50

　　ハ　根巻き部分に令第77条第二号及び第三号に規定する帯筋を配置したものであること。ただし、令第3章第8節第1款の2に規定する保有水平耐力計算を行った場合においては、この限りでない。

三　埋込み形式柱脚にあっては、次に適合するものであること。

　　イ　コンクリートへの柱の埋込み部分の深さが柱幅の2倍以上であること。

　　ロ　側柱又は隅柱の柱脚にあっては、径9mm以上のU字形の補強筋その他これに類するものにより補強されていること。

　　ハ　埋込み部分の鉄骨に対するコンクリートのかぶり厚さが鉄骨の柱幅以上であること。

〔平成12年5月31日建設省告示第1464号〕
鉄骨造の継手又は仕口の構造方法を定める件

　建築基準法施行令（昭和25年政令第338号）第67条第2項の規定に基づき、鉄骨造の継手又は仕口の構造方法を次のように定める。

　建築基準法施行令（以下「令」という。）第67条第2項に規定する鉄骨造の継手又は仕口の構造は、次の各号に掲げる接合方法の区分に応じ、それぞれ当該各号に定める構造方法を用いるものとしなければならない。

一　高力ボルト、ボルト又はリベット（以下「ボルト等」という。）による場合　次に定めるところによる。

　イ　ボルト等の縁端距離（当該ボルト等の中心軸から接合する鋼材の縁端部までの距離のうち最短のものをいう。以下同じ。）は、ボルト等の径及び接合する鋼材の縁端部の種類に応じ、それぞれ次の表に定める数値以上の数値としなければならない。ただし、令第82条第一号から第三号までに定める構造計算を行った場合においては、この限りでない。

ボルト等の径 （単位　mm）	縁端距離（単位　mm）	
	せん断縁又は手動ガス切断縁	圧延縁、自動ガス切断縁、のこ引き縁又は機械仕上げ縁等
10 以下の場合	18	16
10 を超え 12 以下の場合	22	18
12 を超え 16 以下の場合	28	22
16 を超え 20 以下の場合	34	26
20 を超え 22 以下の場合	38	28
22 を超え 24 以下の場合	44	32
24 を超え 27 以下の場合	49	36
27 を超え 30 以下の場合	54	40
30 を超える場合	$\dfrac{9d}{5}$	$\dfrac{4d}{3}$

　この表において、dは、ボルト等の径（単位　mm）を表すものとする。

　ロ　高力ボルト摩擦接合部の摩擦面は、次に掲げる鋼材の種類に応じ、それぞれ次の(1)又は(2)に定める状態としなければならない。ただし、令第92条の2に規定する許容せん断応力度をすべり係数に応じて低減させて構造計算を行う場合においては、当該摩擦面に溶融亜鉛メッキ等を施すことができる。

　(1)　炭素鋼　黒皮等を除去した後に自然放置して表面に赤さびが発生した状態又はショットブラスト、グリッドブラスト等の方法によってこれと同等以上のすべり係数を有する状態

(2) ステンレス鋼　無機ステンレス粉末入塗料塗装処理、ステンレス粉末プラズマ溶射処理等の方法によって(1)と同等以上のすべり係数を有する状態

二　溶接による場合　次に定めるところによる。

イ　溶接部は、割れ、内部欠陥等の構造耐力上支障のある欠陥がないものとし、かつ、次に定めるところによらなければならない。

(1) 柱とはりの仕口のダイアフラムとフランジのずれにおいては、ダイアフラムとフランジの間に配置する鋼材の厚さが、フランジの厚さよりも大きい場合にあっては当該フランジの厚さの $\frac{1}{4}$ の値以下かつ5mm以下とし、当該フランジの厚さ以下の場合にあっては当該フランジの厚さの $\frac{1}{5}$ の値以下かつ4mm以下としなければならない。ただし、仕口部の鋼材の長期に生ずる力及び短期に生ずる力に対する各許容応力度に基づき求めた当該部分の耐力以上の耐力を有するように適切な補強を行った場合においては、この限りでない。

(2) 突合せ継手の食い違いは、鋼材の厚さが15mm以下の場合にあっては1.5mm以下とし、厚さが15mmを超える場合にあっては厚さの $\frac{1}{10}$ の値以下かつ3mm以下でなければならない。この場合において、通しダイアフラム（柱の断面を横断するダイアフラムをいう。以下同じ。）とはりフランジの溶接部にあっては、はりフランジは通しダイアフラムを構成する鋼板の厚みの内部で溶接しなければならない。ただし、継手部の鋼材の長期に生ずる力及び短期に生ずる力に対する各許容応力度に基づき求めた当該部分の耐力以上の耐力を有するように適切な補強を行った場合においては、この限りでない。

(3) 0.3mmを超えるアンダーカットは、存在してはならない。ただし、アンダーカット部分の長さの総和が溶接部分全体の長さの10％以下であり、かつ、その断面が鋭角的でない場合にあっては、アンダーカットの深さを1mm以下とすることができる。

ロ　鋼材を溶接する場合にあっては、溶接される鋼材の種類に応じ、それぞれ次の表に定める溶着金属としての性能を有する溶接材料を使用しなければならない。

溶接される鋼材の種類	溶着金属としての性能	
400N級炭素鋼	降伏点又は0.2％耐力	235N/mm^{2}以上
	引張強さ	400N/mm^{2}以上
490N級炭素鋼	降伏点又は0.2％耐力	325N/mm^{2}以上
	引張強さ	490N/mm^{2}以上
520N級炭素鋼	降伏点又は0.2％耐力	355N/mm^{2}以上
	引張強さ	520N/mm^{2}以上
235N級ステンレス鋼	引張強さ	520N/mm^{2}以上
325N級ステンレス鋼	引張強さ	690N/mm^{2}以上

〔平成12年5月23日建設省告示第1356号〕
鉄骨造の建築物について一の柱のみの火熱による耐力の低下に よって建築物全体が容易に倒壊するおそれがある場合等を定める 件

　建築基準法施行令（昭和25年政令第338号）第70条の規定に基づき、鉄骨造の建築物について 一の柱のみの火熱による耐力の低下によって建築物全体が容易に倒壊するおそれがある場合等を 次のように定める。

第1　建築基準法施行令（以下「令」という。）第70条に規定する一の柱のみの火熱による耐力 の低下によって建築物全体が容易に倒壊するおそれがある場合は、一の柱を除いたと仮定した 建築物の構造耐力上主要な部分に、当該建築物に常時作用している荷重（固定荷重と積載荷重 との和（令第86条第2項ただし書の規定によって特定行政庁が指定する多雪区域においては、 更に積雪荷重を加えたものとする。））によって生ずる応力度が、建築物の構造耐力上主要な部 分の各断面のいずれかにおいて短期に生ずる力に対する許容応力度を超える場合とする。

第2　通常の火災による火熱が加えられた場合に、加熱開始後30分間構造耐力上支障のある変形、 溶融、破壊その他の損傷を生じない柱の構造方法は次の各号のいずれかに該当するものとする。
一　厚さが12mm以上の石膏ボードで覆ったもの
二　厚さが12mm以上の窯業系サイディングで覆ったもの
三　厚さが12mm以上の繊維強化セメント板で覆ったもの
四　厚さが9mm以上の石膏ボードに厚さが9mm以上の石膏ボード又は難燃合板を重ねて 覆ったもの
五　厚さが15mm以上の鉄網モルタル塗りで覆ったもの

〔平成12年5月31日建設省告示第1463号〕
鉄筋の継手の構造方法を定める件

　建築基準法施行令（昭和25年政令第338号）第73条第2項ただし書（第79条の4において準用 する場合を含む。）の規定に基づき、鉄筋の継手の構造方法を次のように定める。

1　建築基準法施行令（以下「令」という。）第73条第2項本文（第79条の4において準用する 場合を含む。）の規定を適用しない鉄筋の継手は、構造部材における引張力の最も小さい部分 に設ける圧接継手、溶接継手及び機械式継手で、それぞれ次項から第4項までの規定による構 造方法を用いるものとする。ただし、一方向及び繰り返し加力実験によって耐力、靱性及び付 着に関する性能が継手を行う鉄筋と同等以上であることが確認された場合においては、次項か ら第4項までの規定による構造方法によらないことができる。

2　圧接継手にあっては、次に定めるところによらなければならない。
一　圧接部の膨らみの直径は主筋等の径の1.4倍以上とし、かつ、その長さを主筋等の径の 1.1倍以上とすること。

二　圧接部の膨らみにおける圧接面のずれは主筋等の径の$\frac{1}{4}$以下とし、かつ、鉄筋中心軸の偏心量は、主筋等の径の$\frac{1}{5}$以下とすること。

三　圧接部は、強度に影響を及ぼす折れ曲がり、焼き割れ、へこみ、垂れ下がり及び内部欠陥がないものとすること。

3　溶接継手にあっては、次に定めるところによらなければならない。

一　溶接継手は突合せ溶接とし、裏当て材として鋼材又は鋼管等を用いた溶接とすること。ただし、径が25mm以下の主筋等の場合にあっては、重ねアーク溶接継手とすることができる。

二　溶接継手の溶接部は、割れ、内部欠陥等の構造耐力上支障のある欠陥がないものとすること。

三　主筋等を溶接する場合にあっては、溶接される棒鋼の降伏点及び引張強さの性能以上の性能を有する溶接材料を使用すること。

4　機械式継手にあっては、次に定めるところによらなければならない。

一　カップラー等の接合部分は、構造耐力上支障のある滑りを生じないように固定したものとし、継手を設ける主筋等の降伏点に基づき求めた耐力以上の耐力を有するものとすること。ただし、引張力の最も小さな位置に設けられない場合にあっては、当該耐力の1.35倍以上の耐力又は主筋等の引張強さに基づき求めた耐力以上の耐力を有するものとしなければならない。

二　モルタル、グラウト材その他これに類するものを用いて接合部分を固定する場合にあっては、当該材料の強度を50N/mm^{2}以上とすること。

三　ナットを用いたトルクの導入によって接合部分を固定する場合にあっては、次の式によって計算した数値以上のトルクの数値とすること。この場合において、単位面積当たりの導入軸力は、30N/mm^{2}を下回ってはならない。

$$T = \frac{0.2\,a\,\phi\,\sigma s}{1,000}$$

この式において、T、a、ϕ及びσsは、それぞれ次の数値を表すものとする。

　　T　固定部分の最低トルク値（単位　N·m）

　　a　主筋等の断面積（単位　mm^2）

　　ϕ　主筋等の径（単位　mm）

　　σs　単位面積当たりの導入軸力（単位　N/mm^2）

四　圧着によって接合部分を固定する場合にあっては、カップラー等の接合部分を鉄筋に密着させるものとすること。

〔平成23年4月27日国土交通省告示第432号〕

鉄筋コンクリート造の柱に取り付けるはりの構造耐力上の安全性を確かめるための構造計算の基準を定める件

建築基準法施行令（昭和25年政令第338号）第73条第3項ただし書の規定に基づき、鉄筋コンクリート造の柱に取り付けるはりの構造耐力上の安全性を確かめるための構造計算の基準を次の

ように定める。

第1　建築基準法施行令（以下「令」という。）第73条第3項ただし書に規定する鉄筋コンクリート造の柱に取り付けるはりの安全性を確かめるための構造計算の基準は、柱に取り付けるはりの引張り鉄筋が建築基準法（昭和25年法律第201号）第37条第一号に該当する異形鉄筋である場合においては、次のとおりとする。

一　令第3章第8節第2款に規定する荷重及び外力によって当該柱に取り付けるはりに生ずる力を平成19年国土交通省告示第594号第2の規定に従って計算すること。

二　当該柱に取り付けるはりの、はりが柱に取りつく部分の鉄筋の断面に生ずる短期の応力度を令第82条第二号の表に掲げる式によって計算すること。

三　当該応力度が次の式に適合することを確かめること。

$$l \geq \frac{k\sigma d}{F/4 + 9}$$

この式において、l、k、F、σ 及び d は、それぞれ次の数値を表すものとする。

l　柱に取り付けるはりの引張り鉄筋の、柱に定着される部分の水平投影の長さ（単位　mm）

k　1.57（軽量骨材を使用する鉄筋コンクリート造については、1.96）

F　令第74条第1項第二号に定める設計基準強度（単位　N/mm²）

σ　第二号の規定によって計算した短期の応力度（当該応力度の数値が令第90条に定める短期に生ずる力に対する許容応力度の数値未満の場合にあっては、当該許容応力度の数値とする。）（単位　N/mm²）

d　柱に取り付けるはりの引張り鉄筋の径（単位　mm）

第2　特別な調査又は研究の結果に基づき当該柱に取り付けるはりの引張り鉄筋の付着力を考慮して当該鉄筋の抜け出し及びコンクリートの破壊が生じないことが確かめられた場合においては、第1に定める基準によらないことができる。

　　　附　則

この告示は、平成23年5月1日から施行する。

〔昭和56年6月1日建設省告示第1102号〕
設計基準強度との関係において安全上必要なコンクリート強度の基準等

最終改正　令和元年6月25日国土交通省告示第203号

建築基準法施行令（昭和25年政令第338号）第74条第1項第二号の規定に基づき、設計基準強度との関係において安全上必要なコンクリートの強度の基準を次の第1のように定め、同条第2項の規定に基づき、コンクリートの強度試験を次の第2のように指定する。

第1　コンクリートの強度は、設計基準強度との関係において次の各号のいずれかに適合するものでなければならない。ただし、特別な調査又は研究の結果に基づき構造耐力上支障がないと認められる場合は、この限りでない。

一　コンクリートの圧縮強度試験に用いる供試体で現場水中養生又はこれに類する養生を行つたものについて強度試験を行つた場合に、材齢が28日の供試体の圧縮強度の平均値が設計基準強度の数値以上であること。

二　コンクリートから切り取つたコア供試体又はこれに類する強度に関する特性を有する供試体について強度試験を行つた場合に、材齢が28日の供試体の圧縮強度の平均値が設計基準強度の数値に $\frac{7}{10}$ を乗じた数値以上であり、かつ、材齢が91日の供試体の圧縮強度の平均値が設計基準強度の数値以上であること。

三　コンクリートの圧縮強度試験に用いる供試体で標準養生（水中又は飽和蒸気中で行うものに限る。）を行つたものについて強度試験を行つた場合に、材齢が28日の供試体の圧縮強度の平均値が、設計基準強度の数値にセメントの種類及び養生期間中の平均気温に応じて次の表に掲げる構造体強度補正値を加えて得た数値以上であること。

セメントの種類		養生期間中の平均気温	構造体強度補正値
普通ポルトランドセメント	Fc≦36の場合	$25 \leq \theta$ の場合	6
		$10 \leq \theta < 25$ の場合 ・	3
		$\theta < 10$ の場合	6
	$36 < Fc \leq 48$ の場合	$15 \leq \theta$ の場合	9
		$\theta < 15$ の場合	6
	$48 < Fc \leq 60$ の場合	$25 \leq \theta$ の場合	12
		$\theta < 25$ の場合	9
	$60 < Fc \leq 80$ の場合	$25 \leq \theta$ の場合	15
		$15 \leq \theta < 25$ の場合	12
		$\theta < 15$ の場合	9
早強ポルトランドセメント	Fc≦36の場合	$5 \leq \theta$ の場合	3
		$\theta < 5$ の場合	6
中庸熱ポルトランドセメント	Fc≦36の場合	$10 \leq \theta$ の場合	3
		$\theta < 10$ の場合	6
	$36 < Fc \leq 60$ の場合	－	3
	$60 < Fc \leq 80$ の場合		6
低熱ポルトランドセメント	Fc≦36の場合	$15 \leq \theta$ の場合	3
		$\theta < 15$ の場合	6
	$36 < Fc \leq 60$ の場合	$5 \leq \theta$ の場合	0
		$\theta < 5$ の場合	3

		60＜Fc≦80の場合	－	3
高炉セメントB種	Fc≦36の場合	25≦θの場合		6
		15≦θ＜25の場合		3
		θ＜15の場合		6
フライアッシュ セメントB種	Fc≦36の場合	25≦θの場合		6
		10≦θ＜25の場合		3
		θ＜10の場合		6

　この表において、Fc及びθは、それぞれ次の数値を表すものとする。

Fc　設計基準強度（単位　N/mm²）

θ　　養生期間中の平均気温（単位　摂氏度）

第2　コンクリートの強度を求める強度試験は、次の各号に掲げるものとする。

一　日本産業規格 A1108(コンクリートの圧縮強度試験方法)-2012

二　日本産業規格 A1107(コンクリートからのコア及びはりの切取り方法及び強度試験方法)
　-2012のうちコアの強度試験方法

〔昭和46年1月29日建設省告示第110号〕

現場打コンクリートの型わく及び支柱の取りはずしに関する基準

最終改正　令和元年6月25日国土交通省告示第203号

建築基準法施行令（昭和25年政令第338号）第76条第2項の規定に基づき、現場打コンクリートの型わく及び支柱の取りはずしに関する基準を次のように定める。

第1　せき板及び支柱の存置期間は、建築物の部分、セメントの種類及び荷重の状態並びに気温又は養生温度に応じて、次の各号に定めるところによらなければならない。ただし、特別な調査又は研究の結果に基づき、せき板及び支柱の存置期間を定めることができる場合は、当該存置期間によることができる。

一　せき板は、別表(ろ)欄に掲げる存置日数以上経過するまで又は次のイ若しくはロに掲げる方法により求めたコンクリートの強度が同表(は)欄に掲げるコンクリートの圧縮強度以上になるまで取り外さないこと。

　イ　日本産業規格(以下「JIS」という。)A1108(コンクリートの圧縮強度試験方法)-2012によること（コンクリートの圧縮強度試験に用いる供試体が現場水中養生、現場封かん養生又はこれらに類する養生を行つたものである場合に限る。）。

　ロ　次の式によつて計算すること。

$$fcte = exp\left\{s\left[1-\left(\frac{28}{(te-0.5)\diagup to}\right)^{1/2}\right]\right\}\cdot fc_{28}$$

この式において、$fcte$、s、te、to 及び fc_{28} はそれぞれ次の数値を表すものとする。

$fcte$　コンクリートの圧縮強度（単位　N/mm²）

s　セメントの種類に応じて次の表に掲げる数値

セメントの種類	数値
普通ポルトランドセメント	0.31
早強ポルトランドセメント	0.21
中庸熱ポルトランドセメント	0.60
低熱ポルトランドセメント	1.06
高炉セメントB種及び高炉セメントC種	0.54
フライアッシュセメントB種及びフライアッシュセメントC種	0.58

te　次の式によつて計算したコンクリートの有効材齢（単位　日）

$$te=\frac{1}{24}\sum\Delta ti\cdot exp\left[13.65-\frac{4000}{273+Ti\diagup To}\right]$$

この式において、Δti、Ti 及び T_0 はそれぞれ次の数値を表すものとする。

Δti　（i－1）回目のコンクリートの温度の測定（以下単に「測定」という。）から i 回目の測定までの期間（単位　時間）

Ti　i 回目の測定により得られたコンクリートの温度（単位　摂氏度）

To　1（単位　摂氏度）

t_0　1（単位　日）

fc_{28}　JIS A5308（レディーミクストコンクリート）-2019に規定する呼び強度の強度値（建築基準法（昭和25年法律第201号）第37条第二号の国土交通大臣の認定を受けたコンクリートにあつては、設計基準強度に当該認定において指定された構造体強度補正値を加えた値）（単位　N/mm²）

二　支柱は、別表（ろ）欄に掲げる存置日数以上経過するまで取り外さないこと。ただし、次のイ又はロに掲げる方法により求めたコンクリートの強度が、同表（は）欄に掲げるコンクリートの圧縮強度以上又は 12 N/mm²（軽量骨材を使用する場合においては、9 N）以上であり、かつ、施工中の荷重及び外力によつて著しい変形又は亀裂が生じないことが構造計算により確かめられた場合においては、この限りでない。

イ　前号イに掲げる方法によること（コンクリートの圧縮強度試験に用いる供試体が現場水中養生、現場封かん養生又はこれらに類する養生を行つたものである場合に限る。）。

ロ　JIS A1107（コンクリートからのコアの採取方法及び圧縮強度試験方法）-2012の圧縮強度試験によること（コンクリートの圧縮強度試験に用いる供試体が、コンクリートから切り取つたコア供試体又はこれに類する強度に関する特性を有する供試体である場合に限る。）。

第2　支柱の盛りかえは、次の各号に定めるところによらなければならない。

一　大ばりの支柱の盛りかえは行なわないこと。

二　直上階に著しく大きい積載荷重がある場合においては、支柱（大ばりの支柱を除く。以下同じ。）の盛りかえは、行なわないこと。

三　支柱の盛りかえは、養生中のコンクリートに有害な影響をもたらすおそれのある振動又は衝撃を与えないように行なうこと。

四　支柱の盛りかえは、逐次行なうものとし、同時に多数の支柱について行なわないこと。

五　盛りかえ後の支柱の頂部には、十分な厚さ及び大きさを有する受板、角材その他これらに類するものを配置すること。

別表

（い）			（ろ）			（は）
せき板又は支柱の区分	建築物の部分	セメントの種類	存置日数			コンクリートの圧縮強度
			存置期間中の平均気温			
			摂氏15度以上	摂氏15度未満摂氏5度以上	摂氏5度未満	
せき板	基礎、はり側、柱及び壁	早強ポルトランドセメント	2	3	5	5N/mm²
		普通ポルトランドセメント、高炉セメントA種、フライアッシュセメントA種及びシリカセメントA種	3	5	8	
		高炉セメントB種、フライアッシュセメントB種及びシリカセメントB種	5	7	10	
		中庸熱ポルトランドセメント、低熱ポルトランドセメント、高炉セメントC種、フライアッシュセメントC種及びシリカセメントC種	6	8	12	
	版下及びはり下	早強ポルトランドセメント	4	6	10	コンクリートの設計基準強度の50％
		普通ポルトランドセメント、高炉セメントA種、フライアッシュセメントA種及びシリカセメントA種	6	10	16	
		中庸熱ポルトランドセメント、高炉セメントB種、高炉セメン				

支柱		セメント種別				
		トC種、フライアッシュセメントB種、フライアッシュセメントC種、シリカセメントB種及びシリカセメントC種	8	12	18	
		低熱ポルトランドセメント	10	15	21	
	版　下	早強ポルトランドセメント	8	12	15	
		普通ポルトランドセメント、高炉セメントA種、フライアッシュセメントA種及びシリカセメントA種	17	25	28	コンクリートの設計基準強度の85％
		中庸熱ポルトランドセメント、低熱ポルトランドセメント、高炉セメントB種、高炉セメントC種、フライアッシュセメントB種、フライアッシュセメントC種、シリカセメントB種及びシリカセメントC種		28		
	は　り　下	普通ポルトランドセメント、早強ポルトランドセメント、中庸熱ポルトランドセメント、低熱ポルトランドセメント、高炉セメント、フライアッシュセメント及びシリカセメント		28		コンクリートの設計基準強度の100％

〔昭和56年6月1日建設省告示第1106号〕

鉄筋コンクリート造の柱の帯筋比を算出する方法

　建築基準法施行令（昭和25年政令第338号）第77条第三号〔現行＝第四号＝平成14年12月政令第393号により改正〕の規定に基づき、鉄筋コンクリート造の柱の帯筋比を算出する方法を次のように定める。

　鉄筋コンクリート造の柱の帯筋比は、柱の軸を含む断面における1組の帯筋の断面の中心を通る直線と、相隣り合う1組の帯筋の断面の中心を通る直線とではさまれた部分のコンクリートの面積に対する帯筋の面積の割合として算出するものとする。

　　附　則

　昭和46年建設省告示第2056号は、廃止する。

〔平成23年4月27日国土交通省告示第433号〕
鉄筋コンクリート造の柱の構造耐力上の安全性を確かめるための構造計算の基準を定める件

　建築基準法施行令（昭和25年政令第338号）第77条第五号の規定に基づき、鉄筋コンクリート造の柱の構造耐力上の安全性を確かめるための構造計算の基準を次のように定める。

　建築基準法施行令（以下「令」という。）第77条第五号ただし書に規定する鉄筋コンクリート造の柱の構造耐力上の安全性を確かめるための構造計算の基準は、次のとおりとする。ただし、特別な調査又は研究の結果に基づき当該鉄筋コンクリート造の柱が座屈しないことが確かめられた場合にあっては、これによらないことができる。

　一　令第3章第8節第2款に規定する荷重及び外力によって当該柱に生ずる力を平成19年国土交通省告示第594号第2の規定に従って計算すること。

　二　当該柱の断面に生ずる長期及び短期の圧縮及び引張りの各応力度を令第82条第二号の表に掲げる式によって計算すること。

　三　次の表の柱の小径をその構造耐力上主要な支点間の距離で除した数値の欄に掲げる区分に応じて、前号の規定によって計算した長期及び短期の圧縮及び引張りの各応力度に同表の割増係数の欄に掲げる数値を乗じて、長期及び短期の圧縮及び引張りの各設計用応力度を計算すること。

柱の小径をその構造耐力上主要な支点間の距離で除した数値	割　増　係　数
$\dfrac{1}{15}$	1.0
$\dfrac{1}{20}$	1.25
$\dfrac{1}{25}$	1.75
この表に掲げる柱の小径をその構造耐力上主要な支点間の距離で除した数値以外の柱の小径をその構造耐力上主要な支点間の距離で除した数値に応じた割増係数は、表に掲げる数値をそれぞれ直線的に補間した数値とする。	

　四　前号の規定によって計算した長期及び短期の圧縮及び引張りの各設計用応力度が、それぞれ令第3章第8節第3款の規定による長期に生ずる力又は短期に生ずる力に対する圧縮及び引張りの各許容応力度を超えないことを確かめること。

　　附　則
この告示は、平成23年5月1日から施行する。

〔平成13年8月21日国土交通省告示第1372号〕
建築基準法施行令第79条第1項の規定を適用しない鉄筋コンク
リート造の部材及び同令第79条の3第1項の規定を適用しない
鉄骨鉄筋コンクリート造の部材の構造方法を定める件

最終改正　令和元年6月25日国土交通省告示第203号

建築基準法施行令（昭和25年政令第338号）第79条第2項及び第79条の3第2項の規定に基づき、平成13年国土交通省告示第1372号の一部を次のように改正する。

建築基準法施行令（以下「令」という。）第79条第1項の規定（令第139条から令第142条までの規定において準用する場合を含む。）を適用しない鉄筋コンクリート造の部材及び令第79条の3第1項の規定（令第139条から令第141条までの規定において準用する場合を含む。）を適用しない鉄骨鉄筋コンクリート造の部材の構造方法は、次に定めるところによるものとする。

1　令第79条第1項の規定を適用しないプレキャスト鉄筋コンクリートで造られた部材及び令第79条の3第1項の規定を適用しないプレキャスト鉄骨鉄筋コンクリートで造られた部材は、次に掲げるものとする。

一　プレキャスト鉄筋コンクリート又はプレキャスト鉄骨鉄筋コンクリートで造られた部材で、地階を除く階数が3以下の建築物の基礎ぐい以外の部分又は擁壁に用いられるものであり、その構造が次のイからニまでに定める基準に適合しているもの又は当該基準と同等以上の耐久性を確保するために必要なタイル貼り、モルタル塗りその他の措置が講じられており、鉄筋に対するコンクリートの付着割裂についてニ(2)(i)から(iii)までに定めるいずれかの構造計算によって安全であることが確かめられたもの

イ　コンクリートの設計基準強度が30 N/mm^{2}以上であること。

ロ　コンクリートに使用するセメントの品質が日本産業規格（以下「JIS」という。）R5210（ポルトランドセメント）-2003に適合するものとし、単位セメント量が300 kg/m^{3}以上であること。

ハ　耐久性上支障のあるひび割れその他の損傷がないものであること。

ニ　かぶり厚さが次に定める基準に適合していること。

(1)　耐力壁以外の間仕切壁の鉄筋に対するかぶり厚さにあっては、1 cm以上であること。

(2)　耐力壁以外の間仕切壁以外の部材にあっては、令第79条第1項に定めるかぶり厚さの数値（鉄骨鉄筋コンクリート造の鉄骨に対するかぶり厚さにあっては、令第79条の3第1項に定める数値）であること。ただし、鉄筋に対するコンクリートの付着割裂について(i)から(iii)までに定めるいずれかの構造計算によって安全であることが確かめられた場合においては、プレキャスト鉄筋コンクリート造で造られた部材の鉄筋に対するかぶり厚さは耐力壁、柱又ははりにあっては2 cm以上、直接土に接する壁、柱、床若しくははり又は布基礎の立上り部分にあっては3 cm以上、基礎（布基礎の立上り部分を除く。）にあっては捨コンクリートの部分を除いて4 cm以上、プレキャスト鉄骨鉄筋コンクリート造で造られた部材の鉄骨に対するかぶり厚さは4 cm以上とすることができる。

(i)　次に定める構造計算を行い安全であることが確かめられた場合

(一)　令第82条第一号から第三号までに規定する構造計算を行うこと。

(二)　鉄筋のコンクリートに対する付着部分に生ずる力を次の表に掲げる式によって計算し、当該部分に生ずる力が、それぞれ令第3章第8節第4款の規定による材料強度によって計算した当該部分の耐力を超えないことを確かめること。

荷重及び外力について想定する状態	一般の場合	令第86条第2項ただし書の規定によって特定行政庁が指定する多雪区域における場合	備　考
積雪時	G＋P＋1.4S	G＋P＋1.4S	
暴風時	G＋P＋1.6W	G＋P＋1.6W	建築物の転倒、柱の引抜き等を検討する場合においては、Pについては、建築物の実況に応じて積載荷重を減らした数値によるものとする。
		G＋P＋0.35S＋1.6W	
地震時	G＋P＋K	G＋P＋0.35S＋K	

この表において、G、P、S、W及びKは、それぞれ次の力（軸方向力、曲げモーメント、せん断力等をいう。）を表すものとする。

G　令第84条に規定する固定荷重によって生ずる力

P　令第85条に規定する積載荷重によって生ずる力

S　令第86条に規定する積雪荷重によって生ずる力

W　令第87条に規定する風圧力によって生ずる力

K　令第88条に規定する地震力によって生ずる力（標準せん断力係数を1.0以上とする。ただし、当該建築物の振動に関する減衰性及び当該部材を含む階の靱性を適切に評価して計算をすることができる場合においては、標準せん断力係数を当該計算により得られた数値（当該数値が0.3未満のときは0.3）とすることができる。）

(ii)　令第81条第2項第一号ロに規定する構造計算を行った場合

(iii)　建築基準法第20条第1項第一号の規定により国土交通大臣の認定を受けた場合

二　プレキャスト鉄筋コンクリートで造られた基礎ぐいで、その構造が次のいずれかに該当するもの

イ　JIS A5372(プレキャスト鉄筋コンクリート製品)-2004　附属書6　鉄筋コンクリートくい

ロ　JIS A5373(プレキャストプレストレストコンクリート製品)-2004　附属書5　プレストレストコンクリートくい

ハ　イ又はロと同等以上の品質を有するもの

三　令第138条第1項第二号に掲げるもので、その構造が JIS A5373(プレキャストプレストレストコンクリート製品)-2004　附属書1　ポール類に適合するもの（鉄筋に対するコンクリートのかぶり厚さを 15 mm 以上としたものに限る。）

2　コンクリートに加えてコンクリート以外の材料を使用する部材の構造方法は、次に掲げる基準に適合するものとする。

一　コンクリート以外の材料にあっては、次に掲げる基準に適合するポリマーセメントモルタル又はこれと同等以上の品質を有するエポキシ樹脂モルタル（ただし、ロ(1)の曲げ強さにあっては、10 N/mm² 以上とする。）を用いること。

イ　JIS A6203(セメント混和用ポリマーディスパージョン及び再乳化形粉末樹脂)-2000に適合するセメント混和用ポリマー又はこれと同等以上の品質（不揮発分及び揮発分に係る品質を除く。）を有するものであること。

ロ　JIS A1171(ポリマーセメントモルタルの試験方法)-2000に規定する試験によって、次に掲げる試験の種類ごとに、それぞれ(1)から(4)までに掲げる強さの数値以上であることが確かめられたものであること。

(1)　曲げ強さ　6 N/mm²

(2)　圧縮強さ　20 N/mm²

(3)　接着強さ　1 N/mm²

(4)　接着耐久性　1 N/mm²

二　鉄筋に対するかぶり厚さ（前号に規定する材料の部分の厚さを含む。以下この号において同じ。）が令第79条第1項に規定するかぶり厚さの数値以上であり、鉄骨に対するかぶり厚さが令第79条の3第1項に規定する数値以上であること。

三　第一号に規定する材料の付着及び充てんに際し、コンクリート、鉄筋及び鉄骨の表面に汚れ、さび等がないものとし、水、空気、酸又は塩により腐食するおそれのある部分には、有効なさび止め又は防腐のための措置を講ずるものとすること。

四　耐久性上支障のあるひび割れその他の損傷のないものとすること。

五　第一号に規定する材料の部分を除いた部材又は架構の構造耐力が、令第79条第1項（令第139条から令第142条までの規定において準用する場合を含む。）又は令第79条の3第1項（令第139条から令第141条までの規定において準用する場合を含む。）に規定するコンクリートのかぶり厚さによる場合よりも著しく低下しないものであること。

〔平成13年10月15日国土交通省告示第1540号〕

枠組壁工法又は木質プレハブ工法を用いた建築物又は建築物の構造部分の構造方法に関する安全上必要な技術的基準を定める件

〔昭和57年1月18日建設省告示第56号を全文改正〕

最終改正　令和2年8月28日国土交通省告示第821号

　建築基準法施行令（昭和25年政令第338号）第80条の2第一号の規定に基づき、構造耐力上主要な部分に枠組壁工法（木材を使用した枠組に構造用合板その他これに類するものを打ち付けることにより、壁及び床版を設ける工法をいう。以下同じ。）又は木質プレハブ工法（木材を使用した枠組に構造用合板その他これに類するものをあらかじめ工場で接着することにより、壁及び床版を設ける工法をいう。）を用いた建築物又は建築物の構造部分（以下「建築物等」という。）の構造方法に関する安全上必要な技術的基準を第1から第10までに、同令第94条及び第99条の規定に基づき、木質接着成形軸材料（平成12年建設省告示第1446号第1第十号に規定する木質接着成形軸材料をいう。以下同じ。）、木質複合軸材料（平成12年建設省告示第1446号第1第十一号に規定する木質複合軸材料をいう。以下同じ。）、木質断熱複合パネル（平成12年建設省告示第1446号第1第十二号に規定する木質断熱複合パネルをいう。以下同じ。）及び木質接着複合パネル（平成12年建設省告示第1446号第1第十三号に規定する木質接着複合パネルをいう。以下同じ。）並びに第2第一号及び第二号に掲げるもの以外の木材の許容応力度及び材料強度を第2第三号に定め、同令第36条第1項の規定に基づき、建築物等の構造方法に関する安全上必要な技術的基準のうち耐久性等関係規定を第11に、同条第2項第一号の規定に基づき、同令第81条第2項第一号イに規定する保有水平耐力計算によって安全性を確かめる場合に適用を除外することができる技術的基準を第12にそれぞれ指定し、並びに同号イの規定に基づき、枠組壁工法又は木質プレハブ工法を用いた建築物等の構造計算が、第9に適合する場合においては、当該構造計算は、同号イに規定する保有水平耐力計算と同等以上に安全性を確かめることができるものと認める。

第1　階数

　地階を除く階数は3以下としなければならない。

第2　材料

一　構造耐力上主要な部分に使用する枠組材の品質は、構造部材の種類に応じ、次の表に掲げる規格に適合するものとしなければならない。

	構造部材の種類	規　　　　　格
(1)	土台、端根太、側根太、まぐさ、たるき及びむ	枠組壁工法構造用製材及び枠組壁工法構造用たて継ぎ材の日本農林規格（昭和49年農林省告示第600号。以下「枠組壁工法構造用製材等規格」という。）に規定する甲種枠組材の特級、一級若しくは二級若しくは甲種たて継ぎ材の特級、一級若しくは二級、枠組壁工法構造用製材等規格第1部4.4に規定するMSR枠組材の規格若しくは第1部4.8に規定するMSRたて継ぎ材の規格、単板積層材の日本農林規

	なき	格（平成20年農林水産省告示第701号）に規定する構造用単板積層材の特級、一級若しくは二級又は集成材の日本農林規格（平成19年農林水産省告示第1152号。以下「集成材規格」という。）第5条に規定する構造用集成材の規格若しくは第6条に規定する化粧ばり構造用集成柱の規格
(2)	床根太及び天井根太	(1)に掲げる規格、日本産業規格（以下「JIS」という。）G3302（溶融亜鉛めっき鋼板及び鋼帯）-1998に規定する鋼板及び鋼帯の規格、JIS G3312（塗装溶融亜鉛めっき鋼板及び鋼帯）-1994に規定する鋼板及び鋼帯の規格、JIS G3321（溶融55％アルミニウム－亜鉛合金めっき鋼板及び鋼帯）-1998に規定する鋼板及び鋼帯の規格、JIS G3322（塗装溶融55％アルミニウム－亜鉛合金めっき鋼板及び鋼帯）-1998に規定する鋼板及び鋼帯の規格又はJIS G3353（一般構造用溶接軽量H形鋼）-1990に規定する形鋼の規格（鋼材の厚さが2.3mm以上6mm以下に係る部分に限る。以下「軽量H形鋼規格」という。）
(3)	壁の上枠及び頭つなぎ	(2)に掲げる規格（軽量H型鋼規格を除く。耐力壁に使用する場合にあっては、(1)に掲げる規格に限る。）又は枠組壁工法構造用製材等規格に規定する甲種枠組材の三級若しくは乙種枠組材のコンストラクション若しくはスタンダード、甲種たて継ぎ材の三級若しくは乙種たて継ぎ材のコンストラクション若しくはスタンダード
(4)	壁のたて枠	(3)に掲げる規格（集成材規格第5条に規定する非対称異等級構成集成材に係るものを除く。）又は枠組壁工法構造用等規格に規定するたて枠用たて継ぎ材の規格
(5)	壁の下枠	(3)に掲げる規格又は枠組壁工法構造用製材等規格に規定する乙種枠組材のユティリティ若しくは乙種たて継ぎ材のユティリティ
(6)	筋かい	(3)に掲げる規格（(2)に掲げる規格（(1)に掲げる規格を除く。）及び集成材規格第5条に規定する非対称異等級構成集成材に係るものを除く。）又は製材の日本農林規格（平成19年農林水産省告示第1083号）に規定する下地用製材の板類の一級

二　構造耐力上主要な部分に使用する床材、壁材又は屋根下地材の品質は、構造部材及び材料の種類に応じ、次の表に掲げる規格（構造耐力に係る規定に限る。）に適合するものとしなければならない。

	構造部材の種類	材料の種類	規　　　　格
(1)	屋外に面する部分（防水紙その他これに類するもので有効に防水されている部分を除く。）に用いる壁材又は湿潤状態となるおそれのある部分（常時湿潤状態となるおそれのある部分を除く。）に用いる壁材	構造用合板	合板の日本農林規格（平成15年農林水産省告示第233号。以下「合板規格」という。）に規定する特類
		化粧ばり構造用合板	合板規格に規定する特類
		構造用パネル	構造用パネルの日本農林規格（昭和62年農林水産省告示第360号。以下「構造用パネル規格」という。）に規定する一級、二級、三級又は四級
		パーティクルボード	JIS A5908（パーティクルボード）-1994に規定する18タイプ、13タイプ、24－10タイプ、17.5－10.5タイプ又は30－15タイプ
		ハードボード	JIS A5905（繊維板）-1994に規定するハードファイバーボードの35タイプ又は45タイプ
		硬質木片セメント板	JIS A5404（木質系セメント板）-2001に規定する硬質木片セメント板
		フレキシブル板	JIS A5430（繊維強化セメント板）-2001に規定するフレキシブル板
		パルプセメント板	JIS A5414（パルプセメント板）-1993に規定する1.0板
		製　　材	製材の日本農林規格（平成19年農林水産省告示第1083号）に規定する下地用製材の板類の一級
		シージングボード	JIS A5905（繊維板）-1994に規定するシージングボード
		ミディアムデンシティファイバーボード	JIS A5905（繊維板）-1994に規定するミディアムデンシティファイバーボード30タイプ（Mタイプ、Pタイプ）
		火山性ガラス質複層板	JIS A5440（火山性ガラス質複層板（VSボード））-2000に規定するHⅢ
		ラスシート	JIS A5524（ラスシート）-1994
(2)	常時湿潤状態となるおそれのある部分及び(1)に掲げる部分以外の部分に用いる	(1)に掲げる材料	(1)に掲げるそれぞれの規格（構造用合板及び化粧ばり構造用合板については、合板規格に規定する一類を含む。）
		せっこうボー	JIS A6901（せっこうボード製品）-2005に規定す

379

	壁材	ド	るせっこうボード、構造用せっこうボードA種及びB種並びに強化せっこうボード
(3)	床材又は屋根下地材	構造用合板	合板規格に規定する特類又は一類
		化粧ばり構造用合板	合板規格に規定する特類又は一類
		構造用パネル	構造用パネル規格に規定する一級、二級、三級又は四級
		パーティクルボード	JIS A5908（パーティクルボード）-1994に規定する18タイプ、13タイプ、24 − 10タイプ、17.5 − 10.5タイプ又は30 − 15タイプ
		硬質木片セメント板	JIS A5417（木片セメント板）-1992に規定する硬質木片セメント板
		ミディアムデンシティファイバーボード	JIS A5905（繊維板）-1994に規定するミディアムデンシティファイバーボード30タイプ（Mタイプ、Pタイプ）
		火山性ガラス質複層板	JIS A5440（火山性ガラス質複層板（VS ボード））-2000に規定するH Ⅲ

三　次のいずれかに該当するもののうち、建築基準法（昭和25年法律第201号。以下「法」という。）第37条第一号の規定に適合するもの（トに該当するものに限る。）若しくは同条第二号の国土交通大臣の認定を受けたもの（ハからへまでのいずれかに該当するものにあっては、国土交通大臣がその許容応力度及び材料強度の数値を指定したものに限る。）、建築基準法施行規則（昭和25年建設省令第40号）第8条の3の国土交通大臣の認定を受けた耐力壁に使用するもの又は前2号に掲げるもの以外の木材で国土交通大臣がその樹種、区分及び等級等に応じてそれぞれ許容応力度及び材料強度の数値を指定したものについては、前2号の規定にかかわらず、当該材料を構造耐力上主要な部分に使用する材料とすることができる。

イ　構造用鋼材のうち厚さ2.3 mm 未満の鋼板又は鋼帯としたもの（床根太、天井根太、耐力壁以外の壁の上枠、頭つなぎ、耐力壁以外の壁のたて枠及び耐力壁以外の壁の下枠に用いる場合に限る。）

ロ　構造用鋼材のうち鋼材の厚さを2.3 mm 以上 6 mm 以下としたもの（床根太及び天井根太に用いる場合に限る。）

ハ　木質接着成形軸材料

ニ　木質複合軸材料

ホ　木質断熱複合パネル

ヘ　木質接着複合パネル

ト　直交集成板（平成12年建設省告示第1446号第1 第二十三号に規定する直交集成板をいう。以下同じ。）（床版又は屋根版に用いる場合に限る。）

四　第一号及び第三号の場合において、厚さ 2.3 mm 未満の鋼板又は鋼帯を床根太、天井根太、耐力壁以外の壁の上枠、頭つなぎ、耐力壁以外の壁のたて枠及び耐力壁以外の壁の下枠に用いる場合は、当該鋼板又は鋼帯の厚さを 0.4 mm 以上のものとし、かつ、冷間成形による曲げ部分（当該曲げ部分の内法の寸法を当該鋼板又は鋼帯の厚さの数値以上とする。）又はかしめ部分を有するもの（以下「薄板軽量形鋼」という。）としなければならない。

第3　土台

一　1階の耐力壁の下部には、土台を設けなければならない。ただし、地階を設ける等の場合であって、当該耐力壁の直下の床根太等を構造耐力上有効に補強したときは、この限りでない。

二　土台は、次に定めるところにより、基礎に径 12 mm 以上で長さ 35 cm 以上のアンカーボルト又はこれと同等以上の引張耐力を有するアンカーボルトで緊結しなければならない。

　イ　アンカーボルトは、その間隔を 2 m 以下として、かつ、隅角部及び土台の継ぎ手の部分に配置すること。

　ロ　地階を除く階数が 3 の建築物のアンカーボルトは、イに定める部分のほか、1 階の床に達する開口部の両端のたて枠から 15 cm 以内の部分に配置すること。

三　土台の寸法は、枠組壁工法構造用製材等規格に規定する寸法型式 204、205、206、208、304、306、404、406 若しくは 408 に適合するもの又は厚さ 38 mm 以上で幅 89 mm 以上のものであって、かつ、土台と基礎若しくは床根太、端根太若しくは側根太との緊結に支障がないものとしなければならない。

第4　床版

一　床根太、端根太及び側根太の寸法は、枠組壁工法構造用製材等規格に規定する寸法型式 206、208、210、212 若しくは 306 に適合するもの又は厚さ 38 mm 以上で幅 140 mm 以上のものであって、かつ、床根太、端根太若しくは側根太と土台、頭つなぎ若しくは床材との緊結に支障がないものとしなければならない。

二　床根太の支点間の距離は、8 m 以下としなければならない。この場合において、床根太に枠組壁工法構造用製材等規格に規定する寸法型式 212 に適合するもの又は辺長比（当該床根太に使用する製材の厚さに対する幅の比をいう。）が 286 を 38 で除した数値より大きい数値の製材を使用する場合（当該床根太を 2 以上緊結して用いる場合又は床根太の支点間の距離を 4.5 m 未満とする場合を除く。）にあっては、3 m 以下ごとに転び止を設けなければならない。

三　床根太相互及び床根太と側根太との間隔（以下「床根太間隔」という。）は、65 cm 以下としなければならない。

四　床版に設ける開口部は、これを構成する床根太と同寸法以上の断面を有する床根太で補強しなければならない。

五　2 階又は 3 階の耐力壁の直下に耐力壁を設けない場合においては、当該耐力壁の直下の床根太は、構造耐力上有効に補強しなければならない。

六　床材は、厚さ 15 mm 以上の構造用合板若しくは化粧ばり構造用合板（以下「構造用合板等」という。）、厚さ 18 mm 以上のパーティクルボード又は構造用パネル（構造用パネル規格に規定する一級のものに限る。）としなければならない。ただし、床根太間隔を 50 cm 以下と

する場合においては、厚さ12mm以上の構造用合板等、厚さ15mm以上のパーティクルボード又は構造用パネル（構造用パネル規格に規定する一級、二級又は三級（床根太相互又は床根太と側根太との間隔が31cmを超える場合においては、同規格に規定する一級又は二級）のものに限る。）と、床根太間隔を31cm以下とする場合においては、厚さ18mm以上の硬質木片セメント板と、それぞれすることができる。

七　床版の各部材相互及び床版の枠組材（床根太、端根太又は側根太をいう。以下同じ。）と土台又は頭つなぎ（第5第十一号ただし書の規定により耐力壁の上枠と床版の枠組材とを緊結する場合にあっては、当該上枠。以下この号において同じ。）とは、次の表の緊結する部分の欄に掲げる区分に応じ、それぞれ同表の緊結の方法の欄に掲げるとおり緊結しなければならない。ただし、接合部の短期に生ずる力に対する許容せん断耐力が、同表の緊結する部分の欄に掲げる区分に応じ、それぞれ同表の許容せん断耐力の欄に掲げる数値以上であることが確かめられた場合においては、この限りでない。

緊結する部分			緊結の方法			許容せん断耐力
			くぎの種類	くぎの本数	くぎの間隔	
(1)	床根太と土台又は頭つなぎ		CN75 CNZ75	2本	―	1箇所当たり 1,100N
			CN65 CNZ65 BN75	3本		
			BN65	4本		
(2)	端根太又は側根太と土台又は頭つなぎ	地階を除く階数が3の建築物の1階	CN75 CNZ75	―	25cm以下	1m当たり 2,200N
			BN75	―	18cm以下	
		その他の階	CN75 CNZ75	―	50cm以下	1m当たり 1,100N
			BN75	―	36cm以下	
(3)	床版の枠組材と床材	床材の外周部分	CN50 CNZ50	―	15cm以下	1m当たり 2,800N
			BN50	―	10cm以下	
		その他の部分	CN50 CNZ50	―	20cm以下	1m当たり 2,100N
			BN50	―	15cm以下	

この表において、くぎの種類の欄に掲げる記号は、JIS A5508（くぎ）-2005に規定する規格を表すものとする。以下第5第十五号及び第7第九号の表において同様とする。

八　次に掲げる場合において、建築基準法施行令（以下「令」という。）第82条第一号から第三号までに定める構造計算及び建築物等の地上部分について行う令第82条の6第二号に定める構造計算により、構造耐力上安全であることを確かめられたものについては、前各号の規定は、適用しない。

　イ　2階以上の階の床版を鉄筋コンクリート造とする場合

　ロ　2階以上の階の床版に直交集成板を使用する場合

　ハ　2階以上の階の床根太に軽量H形鋼規格に規定する形鋼又は第2第三号ロに規定する構造用鋼材（以下これらを総称して「軽量H形鋼」という。）を使用する場合

九　前号に掲げるもののほか、次に掲げる場合において、令第82条第一号から第三号までに定める構造計算により、構造耐力上安全であることを確かめられたものについては、第一号から第七号までの規定は、適用しない。この場合において、同条各号中「構造耐力上主要な部分」とあるのは、「床版」と読み替えて計算を行うものとする。

　イ　1階の床版を鉄筋コンクリート造とする場合

　ロ　床ばり又はトラスを用いる場合

　ハ　床版に木質断熱複合パネルを使用する場合

　ニ　床版に木質接着複合パネルを使用する場合

　ホ　1階の床版に直交集成板を使用する場合

　ヘ　床根太、端根太又は側根太に木質接着成形軸材料又は木質複合軸材料を使用する場合

　ト　床根太に薄板軽量形鋼を使用する場合

　チ　1階の床根太に軽量H形鋼を使用する場合

十　前2号に掲げるもののほか、大引き又は床つかを用いる場合において、当該大引き又は床つか及びそれらの支持する床版に常時作用している荷重（固定荷重と積載荷重との和（令第86条第2項ただし書の規定によって特定行政庁が指定する多雪区域においては、更に積雪荷重を加えたものとする。））によって生ずる応力度が、当該大引き又は床つか及びそれらの支持する床版の各断面の長期に生ずる力に対する許容応力度を超えないことを確かめられたものについては、第一号から第七号までの規定は適用しない。

第5　壁等

一　耐力壁は、外壁又は間仕切壁のそれぞれについて、木質接着複合パネルを使用するものとこれ以外の工法によるものとを併用してはならない。

二　耐力壁は、建築物に作用する水平力及び鉛直力に対して安全であるように、釣合い良く配置しなければならない。この場合において、耐力壁の負担する鉛直力を負担する柱又は耐力壁以外の壁（常時作用している荷重（固定荷重と積載荷重との和（令第86条第2項ただし書の規定によって特定行政庁が指定する多雪区域においては、更に積雪荷重を加えたものとする。））によって生ずる応力度が、当該柱又は耐力壁以外の壁の各断面の長期に生ずる力に対する許容応力度を超えないことが確かめられたものに限る。）を設ける場合においては、当該耐力壁にかえて当該柱又は耐力壁以外の壁を配置することができる。

三　2階部分又は3階部分に耐力壁を設けず当該部分を小屋裏とする場合においては、直下階の構造耐力上主要な部分が当該小屋裏の荷重を直接負担する構造としなければならない。

四　耐力壁の下枠、たて枠及び上枠の寸法は、枠組壁工法構造用製材等規格に規定する寸法型

式204、205、206、208、304、306、404、405、406、408 若しくは204W に適合するもの又は厚さ38mm 以上で幅89mm 以上のものであって、かつ、下枠、たて枠若しくは上枠と床版の枠組材、頭つなぎ、まぐさ受け若しくは筋かいの両端部との緊結及び下枠若しくは上枠とたて枠との緊結に支障がないものとしなければならない。

五　各階の張り間方向及びけた行方向に配置する耐力壁は、それぞれの方向につき、当該耐力壁の水平力に対する長さ1m 当たりの耐力を令第46条第4項表1⑵項に掲げる軸組の種類の水平力に対する長さ1m 当たりの耐力で除して得た数値に当該耐力壁の長さを乗じて得た長さの合計を、その階の床面積（その階又は上の階の小屋裏、天井裏その他これらに類する部分に物置等を設ける場合にあっては、平成12年建設省告示第1351号に定める面積をその階の床面積に加えた面積）に次の表1に掲げる数値（特定行政庁が令第88条第2項の規定によって指定した区域内における場合においては、次の表1に掲げる数値のそれぞれ1.5倍とした数値）を乗じて得た数値以上で、かつ、その階（その階より上の階がある場合においては、当該上の階を含む。）の見付面積（張り間方向又はけた行方向の鉛直投影面積をいう。以下同じ。）からその階の床面からの高さが1.35m 以下の部分の見付面積を減じたものに次の表2に掲げる数値を乗じて得た数値以上としなければならない。

表1

建　築　物		階の床面積に乗ずる数値（単位　cm/m²）						
		地階を除く階数が1の建築物（以下「平屋建ての建築物」という。）	地階を除く階数が2の建築物（以下「2階建ての建築物」という。）		地階を除く階数が3の建築物で、3階部分に耐力壁を設けず当該部分を小屋裏とし、かつ、3階の床面積が2階の床面積の $\frac{1}{2}$ 以下の建築物（以下「3階建ての小屋裏利用建築物」という。）		地階を除く階数が3の建築物で、左欄に掲げる建築物以外のもの（以下「3階建ての建築物」という。）		
			1階	2階	1階	2階	1階	2階	3階
令第86条第2項ただし書の規定によって特定行	屋根を金属板、石板、木板その他これらに類する軽い材料でふ	11	29	15	38	25	46	34	18

(1)	政庁が指定する多雪区域（以下単に「多雪区域」という。）以外の区域における建築物	いたもの								
		屋根をその他の材料でふいたもの	15	33	21	42	30	50	39	24
(2)	多雪区域における建築物	令第86条第1項に規定する垂直積雪量（以下単に「垂直積雪量」という。）が1mの区域におけるもの	25	43	33	52	42	60	51	35
		垂直積雪量が1mを超え2m未満の区域におけるもの	25と39とを直線的に補間した数値	43と57とを直線的に補間した数値	33と51とを直線的に補間した数値	52と66とを直線的に補間した数値	42と60とを直線的に補間した数値	60と74とを直線的に補間した数値	51と68とを直線的に補間した数値	35と55とを直線的に補間した数値
		垂直積雪量が2mの区域におけるもの	39	57	51	66	60	74	68	55

この表において、屋根に雪止めがなく、かつ、その勾配が30度を超える建築物又は雪下ろしを行う慣習のある地方における建築物については、垂直積雪量をそれぞれ次のイ又はロに定める数値とみなして(2)を適用した場合における数値とすることができる。この場合において、

385

垂直積雪量が1m未満の区域における建築物とみなされるものについては、平屋建て建築物にあっては25と39とを、2階建ての建築物の1階にあっては43と57とを、2階建ての建築物の2階にあっては33と51とを、3階建ての小屋裏利用建築物の1階にあっては52と66とを、3階建ての小屋裏利用建築物の2階にあっては42と60とを、3階建ての建築物の1階にあっては60と74とを、3階建ての建築物の2階にあっては51と68とを、3階建ての建築物の3階にあっては35と55とをそれぞれ直線的に延長した数値とする。

イ　令第86条第4項に規定する屋根形状係数を垂直積雪量に乗じた数値（屋根の勾配が60度を超える場合は、0）

ロ　令第86条第6項の規定により積雪荷重の計算に用いられる垂直積雪量の数値

表2

	区　　　　　域	見付面積に乗ずる数値（単位　cm/m^2）
(1)	特定行政庁がその地方における過去の風の記録を考慮してしばしば強い風が吹くと認めて規則で指定した区域	50を超え、75以下の範囲において特定行政庁がその地方における風の状況に応じて規則で定めた数値
(2)	(1)に掲げる区域以外の区域	50

六　耐力壁線相互の距離は12m以下とし、かつ、耐力壁線により囲まれた部分の水平投影面積は40m^{2}以下としなければならない。ただし、床版の枠組材と床材とを緊結する部分を構造耐力上有効に補強した場合にあっては、当該水平投影面積を60m^2（耐力壁線により囲まれた部分の長辺の長さに対する短辺の長さの比が$\frac{1}{2}$を超える場合にあっては72m^2）以下とすることができることとする。

七　外壁の耐力壁線相互の交さする部分（以下この号及び第10第一号において「交さ部」という。）には、長さ90cm以上の耐力壁を1以上設けなければならない。ただし、交さ部を構造耐力上有効に補強した場合において、交さ部に接する開口部又は交さ部からの距離が90cm未満の開口部で、幅（交さ部から開口部までの距離を含み、外壁の双方に開口部を設ける場合は、それらの幅の合計とする。）が4m以下のものを設けるときは、この限りでない。

八　耐力壁のたて枠相互の間隔は、次の表に掲げる数値以下（たて枠に枠組壁工法構造用製材等規格に規定する寸法型式206、306若しくは406に適合する製材又は厚さ38mm以上で幅140mm以上の製材を使用する耐力壁については、50cm（当該耐力壁を3階建ての建築物の3階、2階建ての建築物の2階又は平屋建ての建築物に用いる場合については、65cm）以下、たて枠に枠組壁工法構造用製材等規格に規定する寸法型式208若しくは408に適合する製材又は厚さ38mm以上で幅184mm以上の製材を使用する耐力壁については65cm以下）としなければならない。ただし、令第82条第一号から第三号までに定める構造計算によって構造耐力上安全であることが確かめられた場合においては、たて枠相互の間隔は、当該計算に用いた数値（当該耐力壁に木質断熱複合パネルを用いる場合を除き、当該数値が65cmを超えるときは、65cm）とすることができる。この場合において、同条各号中「構造耐力上主要な部分」とあるのは、「耐力壁」と読み替えて計算を行うものとする。

建　　築　　物	3階建ての建築物の3階、2階建ての建築物の2階又は平屋建ての建築物（単位　cm）	3階建ての建築物の2階、3階建ての小屋裏利用建築物の2階又は2階建ての建築物の1階（単位　cm）	3階建ての小屋裏利用建築物の1階（単位　cm）
(1) 多雪区域以外の区域における建築物	65	50	45
(2) 多雪区域における建築物 / 垂直積雪量が1mの区域におけるもの	50	45	35
垂直積雪量が1mを超え1.5m以下の区域におけるもの	50	35	31
垂直積雪量が1.5mを超え2m以下の区域におけるもの	45	35	31

　この表において、屋根に雪止めがなく、かつ、その勾配が30度を超える建築物又は雪下ろしを行う慣習のある地方における建築物については、垂直積雪量がそれぞれ第五号の表1のイ又はロに定める数値の区域における建築物とみなして、この表の(2)を適用した場合における数値とすることができる。この場合において、垂直積雪量が1m未満の区域における建築物とみなされるものについては、次の表のとおりとする。

建　　築　　物	3階建ての建築物の3階、2階建ての建築物の2階又は平屋建ての建築物（単位　cm）	3階建ての建築物の2階、3階建ての小屋裏利用建築物の2階又は2階建ての建築物の1階（単位　cm）	3階建ての小屋裏利用建築物の1階（単位　cm）
垂直積雪量が50cm以下の区域における建築物とみなされるもの	50	50	45
垂直積雪量が50cmを超え1m未満の区			

域における建築物とみ なされるもの	50	45	41

九　各耐力壁の隅角部及び交さ部には次に定めるところによりたて枠を用いるものとし、当該たて枠は相互に構造耐力上有効に緊結しなければならない。

イ　耐力壁のたて枠に枠組壁工法構造用製材等規格に規定する寸法型式204、205、304、405又は204Wに適合する製材のみを使用し、かつ、当該たて枠相互の間隔を前号の表に掲げる数値以下とする場合にあっては、当該耐力壁により構成される隅角部及び交さ部に同規格に規定する寸法型式204、205又は304に適合する製材を3本以上使用すること。ただし、同規格に規定する寸法型式204Wに適合する製材を1本使用したときは、同規格に規定する寸法型式204に適合する製材を2本使用したものとみなし、同規格に規定する寸法型式405に適合する製材を1本使用したときは、同規格に規定する寸法型式204に適合する製材を3本使用したものとみなす。

ロ　耐力壁のたて枠に枠組壁工法構造用製材等規格に規定する寸法型式206、208、306、404、406又は408に適合する製材を使用し、かつ、当該たて枠相互の間隔を前号の表に掲げる数値以下とする場合にあっては、当該耐力壁により構成される隅角部及び交さ部に同規格に規定する寸法型式206、208、306、404、406又は408に適合する製材を2本以上使用すること。

ハ　イ及びロ以外の場合にあっては、次に定めるところによる。

(1)　耐力壁のたて枠に枠組壁工法構造用製材等規格に規定する寸法型式206に適合する製材又は厚さが38mmを超え、幅が140mmを超える製材を使用し、かつ、当該たて枠相互の間隔を50cm以下（3階建ての建築物の3階、2階建ての建築物の2階又は平屋建ての建築物の耐力壁のたて枠にあっては65cm以下）とする場合にあっては、当該耐力壁により構成される隅角部及び交さ部に同規格に規定する寸法型式206に適合する製材を3本以上又は厚さが38mmを超え、幅が140mmを超える製材を2本以上使用すること。

(2)　耐力壁のたて枠に枠組壁工法構造用製材等規格に規定する寸法型式208に適合する製材又は厚さが38mmを超え、幅が184mmを超える製材を使用し、かつ、当該たて枠相互の間隔を65cm以下とする場合にあっては、当該耐力壁により構成される隅角部及び交さ部に同規格に規定する寸法型式208に適合する製材を3本以上（3階建ての建築物の3階、2階建ての建築物の2階又は平屋建ての建築物にあっては2本以上）又は厚さが38mmを超え、幅が184mmを超える製材を2本以上使用すること。

十　屋外に面する部分で、かつ、隅角部又は開口部の両端の部分にある耐力壁のたて枠は、直下の床の枠組に金物（くぎを除く。以下同じ。）又は壁材で構造耐力上有効に緊結しなければならない。

十一　耐力壁の上部には、当該耐力壁の上枠と同寸法の断面を有する頭つなぎを設け、耐力壁相互を構造耐力上有効に緊結しなければならない。ただし、当該耐力壁の上枠と同寸法以上の断面を有する床版の枠組材又は小屋組の部材（たるき、天井根太又はトラスをいう。以下同

じ。）を当該上枠に緊結し、耐力壁相互を構造耐力上有効に緊結する場合においては、この限りでない。

十一　耐力壁線に設ける開口部の幅は4m以下とし、かつ、その幅の合計は当該耐力壁線の長さの $\frac{3}{4}$ 以下としなければならない。

十二　幅90cm以上の開口部の上部には、開口部を構成するたて枠と同寸法以上の断面を有するまぐさ受けによってささえられたまぐさを構造耐力上有効に設けなければならない。ただし、構造耐力上有効な補強を行った場合においては、この限りでない。

十三　筋かいには、欠込みをしてはならない。

十五　壁の各部材相互及び壁の各部材と床版、頭つなぎ（第十一号ただし書の規定により耐力壁の上枠と床版の枠組材又は小屋組の部材とを緊結する場合にあっては、当該床版の枠組材又は小屋組の部材。以下この号において同じ。）又はまぐさ受けとは、次の表の緊結する部分の欄に掲げる区分に応じ、それぞれ同表の緊結の方法の欄に掲げるとおり緊結しなければならない。ただし、接合部の短期に生ずる力に対する許容せん断耐力が、同表の緊結する部分の欄に掲げる区分に応じ、それぞれ同表の許容せん断耐力の欄に掲げる数値以上であることが確かめられた場合においては、この限りでない。

緊結する部分			緊結の方法			許容せん断耐力
			くぎの種類	くぎの本数	くぎの間隔	
(1)	たて枠と上枠又は下枠		C N 90 C N Z 90	2本	—	1箇所当たり 1,000 N
			C N 75 C N Z 75 B N 90 C N 65 C N Z 65 B N 75	3本		
			B N 65	4本		
(2)	下枠と床版の枠組材	3階建ての建築物の1階	C N 90 C N Z 90	—	25cm以下	1m当たり 3,200 N
			B N 90	—	17cm以下	
		その他の階	C N 90 C N Z 90	—	50cm以下	1m当たり 1,600 N
			B N 90	—	34cm以下	
(3)	上枠と頭つなぎ		C N 90 C N Z 90	—	50cm以下	1m当たり 1,600 N
			B N 90	—	34cm以下	

(4)	たて枠とたて枠又はまぐ さ受け	C N 75 C N Z 75	—	30 cm以下	1 m 当たり 2,200 N
		B N 75	—	20 cm以下	

十六　地階の壁は、一体の鉄筋コンクリート造（2以上の部材を組み合わせたもので、部材相互を緊結したものを含む。）としなければならない。ただし、直接土に接する部分及び地面から 30 cm 以内の外周の部分以外の壁は、これに作用する荷重及び外力に対して、第二号及び第四号から前号までの規定に準じ、構造耐力上安全なものとした枠組壁工法による壁とすることができる。

第6　根太等の横架材

床根太、天井根太その他の横架材には、その中央部付近の下側に構造耐力上支障のある欠込みをしてはならない。

第7　小屋組等

一　たるき及び天井根太の寸法は、枠組壁工法構造用製材等規格に規定する寸法型式 204、205、206、208、210、212、304 若しくは 306 に適合するもの又は厚さ 38 mm 以上で幅 89 mm 以上のものであって、かつ、たるき若しくは天井根太とむなぎ、頭つなぎ若しくは屋根下地材との緊結に支障がないものとしなければならない。

二　たるき相互の間隔は、65 cm 以下としなければならない。

三　たるきには、たるきつなぎを構造耐力上有効に設けなければならない。

四　トラスは、これに作用する荷重及び外力に対して構造耐力上安全なものとしなければならない。

五　たるき又はトラスは、頭つなぎ及び上枠に金物で構造耐力上有効に緊結しなければならない。ただし、たるき又はトラスと次に掲げる部材のいずれかとを金物で構造耐力上有効に緊結する場合においては、この限りでない。

　　イ　上枠（第5第十一号ただし書の規定により耐力壁の上枠とたるき又はトラスとを緊結する場合に限る。）

　　ロ　上枠及び天井根太（第5第十一号ただし書の規定により耐力壁の上枠と天井根太とを緊結する場合に限る。）

六　小屋組は、振れ止めを設ける等水平力に対して安全なものとしなければならない。

七　屋根版は、風圧力その他の外力に対して安全なものとしなければならない。

八　屋根版に使用する屋根下地材は、厚さ 12 mm 以上の構造用合板等、厚さ 15 mm 以上のパーティクルボード又は構造用パネル（構造用パネル規格に規定する一級若しくは二級のものに限る。）としなければならない。ただし、たるき相互の間隔を 50 cm 以下とする場合においては、厚さ 9 mm 以上の構造用合板等、厚さ 12 mm 以上のパーティクルボード、構造用パネル（たるき相互の間隔が 31 cm を超える場合においては、構造用パネル規格に規定する一級、二級若しくは三級のものに限る。）又は厚さ 15 mm 以上の硬質木片セメント板（たるき相互の間隔が 31 cm を超える場合においては、厚さ 18 mm 以上のものに限る。）とすることができる。

九　小屋組の各部材相互及び小屋組の部材と頭つなぎ（第5第十一号ただし書の規定により耐力壁の上枠と小屋組の部材とを緊結する場合にあっては、当該上枠。以下この号において同じ。）又は屋根下地材とは、次の表の緊結する部分の欄に掲げる区分に応じ、それぞれ同表の緊結の方法の欄に掲げるとおり緊結しなければならない。ただし、接合部の短期に生ずる力に対する許容せん断耐力が、同表の緊結する部分の欄に掲げる区分に応じ、それぞれ同表の許容せん断耐力の欄に掲げる数値以上であることが確かめられた場合においては、この限りでない。

緊結する部分		緊結 の 方 法			許容せん断耐力
		くぎの種類	くぎの本数	くぎの間隔	
(1)	たるきと天井根太	C N 90 C N Z 90	3 本	—	1 箇所当たり 2,400 N
		C N 75 C N Z 75	4 本		
		B N 90 B N 75	5 本		
(2)	たるきとむなぎ	C N 75 C N Z 75	3 本	—	1 箇所当り 1,700 N
		B N 75	4 本		
(3)	たるき、天井根太又はトラスと頭つなぎ	C N 75 C N Z 75	2 本	—	1 箇所当たり 1,100 N
		C N 65 C N Z 65 B N 75 B N 65	3 本		
(4)	たるき又はトラスと屋根下地材 / 屋根下地材の外周部分	C N 50 C N Z 50	—	15 cm以下	1 m 当たり 2,600 N
		B N 50	—	10 cm以下	
	その他の部分	C N 50 C N Z 50	—	30 cm以下	1 m 当たり 1,300 N
		B N 50	—	20 cm以下	

十　令第82条第一号から第三号に定める構造計算によって構造耐力上安全であることが確かめられた場合（この場合において、同条各号中「構造耐力上主要な部分」とあるのは、「小屋組又は屋根版」と読み替えるものとする。）を除き、小屋の屋根又は外壁（以下「屋根等」という。）に設ける開口部の幅は 2 m 以下とし、かつ、その幅の合計は当該屋根等の下端の幅の $\frac{1}{2}$ 以下としなければならない。ただし、構造耐力上有効な補強を行った開口部であっ

て次のイからハまでに該当するものは、その幅を3m以下とすることができる。

　イ　小屋の屋根に設けられるものであること。

　ロ　屋根の端部からの距離が90cm以上であること。

　ハ　他の開口部からの距離が180cm以上であること。

十一　屋根等に設ける幅90cm以上の開口部の上部には、開口部を構成する部材と同寸法以上の断面を有するまぐさ受けによって支持されるまぐさを構造耐力上有効に設けなければならない。ただし、これと同等以上の構造耐力上有効な補強を行った場合においては、この限りでない。

十二　母屋及び小屋つかを用いた小屋組とする場合又は木質断熱複合パネル若しくは木質接着複合パネルを用いた屋根版とする場合においては、令第82条第一号から第三号までに定める構造計算により、構造耐力上安全であることを確かめなければならない。この場合において、同条各号中「構造耐力上主要な部分」とあるのは、「小屋組又は屋根版」と読み替えて計算を行うものとする。

十三　前号に掲げるもののほか、屋根版に直交集成板を使用する場合においては、令第82条第一号から第三号までに定める構造計算及び建築物等の地上部分について行う令第82条の6第二号に定める構造計算により、構造耐力上安全であることを確かめなければならない。

十四　前2号に掲げるもののほか、天井根太に軽量H形鋼を使用する場合において、令第82条第一号から第三号までに定める構造計算及び建築物等の地上部分について行う令第82条の6第二号に定める構造計算により、構造耐力上安全であることを確かめられたものについては、第一号の規定は、適用しない。

第8　防腐措置等

一　土台が基礎と接する面及び鉄網モルタル塗その他の壁の枠組材が腐りやすい構造である部分の下地には、防水紙その他これに類するものを使用しなければならない。

二　土台には、枠組壁工法構造用製材等規格に規定する防腐処理その他これに類する防腐処理を施した旨の表示がしてあるものを用いなければならない。ただし、同規格に規定する寸法型式404、406又は408に適合するものを用いる場合においては、防腐剤塗布、浸せきその他これに類する防腐措置を施したものを用いることができる。

三　地面から1m以内の構造耐力上主要な部分（床根太及び床材を除く。）に使用する木材には、有効な防腐措置を講ずるとともに、必要に応じて、しろありその他の虫による害を防ぐための措置を講じなければならない。

四　構造耐力上主要な部分のうち、直接土に接する部分及び地面から30cm以内の外周の部分、鉄筋コンクリート造、鉄骨造その他腐朽及びしろありその他の虫による害を防ぐための措置を講じなければならない。

五　腐食のおそれのある部分及び常時湿潤状態となるおそれのある部分の部材を緊結するための金物には、有効なさび止めのための措置を講じなければならない。

六　構造耐力上主要な部分に薄板軽量形鋼又は軽量H形鋼を用いる場合にあっては、当該薄板軽量形鋼又は軽量H形鋼の表面仕上げはJIS G3302（溶融亜鉛めっき鋼板及び鋼帯）-1998に規定するめっきの付着量表示記号Z27その他これに類する有効なさび止め及び摩損防止のための措置を講じたものとしなければならない。ただし、次に掲げる場合にあっては、この限

りでない。

　　イ　薄板軽量形鋼又は軽量H形鋼を屋外に面する部分（防水紙その他これに類するもので有効に防水されている部分を除く。）及び湿潤状態となるおそれのある部分以外の部分に使用する場合

　　ロ　薄板軽量形鋼又は軽量H形鋼に床材、壁材又は屋根下地材等による被覆その他これに類する有効な摩損防止のための措置を講じた場合

第9　保有水平耐力計算と同等以上に安全性を確かめることができる構造計算

　　令第81条第2項第一号イに規定する保有水平耐力計算と同等以上に安全性を確かめることができる構造計算を次の各号に定める。

一　令第82条各号に定めるところによること。

二　構造耐力上主要な部分に使用する構造部材相互の接合部がその部分の存在応力を伝えることができるものであることを確かめること。

三　建築物等の地上部分について、令第87条第1項に規定する風圧力（以下「風圧力」という。）によって各階に生ずる水平方向の層間変位の当該各階の高さに対する割合が$\frac{1}{200}$（風圧力による構造耐力上主要な部分の変形によって建築物等の部分に著しい損傷が生ずるおそれのない場合にあっては、$\frac{1}{120}$）以内であることを確かめること。

四　建築物等の地上部分について、令第88条第1項に規定する地震力（以下「地震力」という。）によって各階に生じる水平方向の層間変位の当該各階の高さに対する割合が$\frac{1}{200}$（地震力による構造耐力上主要な部分の変形によって建築物等の部分に著しい損傷が生ずるおそれのない場合にあっては、$\frac{1}{120}$）以内であることを確かめること。

五　建築物等の地上部分について、令第82条の3各号に定めるところによること。この場合において、耐力壁に木質接着複合パネルを用いる場合にあっては、同条第二号中「各階の構造特性を表すものとして、建築物の構造耐力上主要な部分の構造方法に応じた減衰性及び各階の靭性を考慮して国土交通大臣が定める数値」とあるのは、「0.55以上の数値。ただし、当該建築物の振動に関する減衰性及び当該階の靭性を適切に評価して算出することができる場合においては、当該算出した数値によることができる。」と読み替えるものとする。

第10　構造計算によって構造耐力上安全であることが確かめられた建築物等

一　次のイ及びロに定めるところにより行う構造計算によって構造耐力上安全であることが確かめられた建築物等については、第4第二号（床根太の支点間の距離に係る部分に限る。）及び第七号、第5第五号、第六号、第七号（交さ部に設けた外壁の耐力壁の長さの合計が90cm以上である場合に限る。）、第十二号及び第十五号並びに第7第九号の規定は適用しない。

　　イ　第9第一号及び第二号に定めるところによること。

　　ロ　建築物等の地上部分について、令第82条の6第二号ロに定めるところによること。

二　第9第一号及び第二号に定めるところにより行う構造計算によって構造耐力上安全であることが確かめられた建築物等については、第3第二号、第4第三号（床根太相互の間隔を1m以下とする場合に限る。）及び第七号、第5第五号、第九号、第十一号及び第十五号並びに第7第二号（たるき相互の間隔を1m以下とする場合に限る。）及び第九号の規定は適用しない。

第11　耐久性等関係規定の指定

　　令第36条第1項に規定する耐久性等関係規定として、第8に定める安全上必要な技術的基準を指定する。

第12　令第36条第2項第一号の規定に基づく技術的基準の指定

　　令第36条第2項第一号の規定に基づき、第9に規定する構造計算を行った場合に適用を除外することができる技術的基準として、第1及び第3から第7までの規定（第5第一号の規定を除く。）に定める技術的基準を指定する。

〔平成14年5月15日国土交通省告示第411号〕

丸太組構法を用いた建築物又は建築物の構造部分の構造方法に関する安全上必要な技術的基準を定める件

最終改正　　令和2年8月28日国土交通省告示第821号

　建築基準法施行令（昭和25年政令第338号）第80条の2第一号の規定に基づき、構造耐力上主要な部分に丸太組構法（丸太、製材その他これに類する木材(以下「丸太材等」という。)を水平に積み上げることにより壁を設ける工法をいう。）を用いた建築物又は建築物の構造部分の構造方法に関する安全上必要な技術的基準を第1から第8までに定め、同令第36条第1項の規定に基づき、構造耐力上主要な部分に丸太組構法を用いた建築物又は建築物の構造部分の構造方法に関する安全上必要な技術的基準のうち耐久性等関係規定を第9に指定する。

第1　適用の範囲

　一　地階を除く階数は2以下としなければならない。

　二　地階を除く階数が2の建築物は、1階部分の構造耐力上主要な部分を丸太組構法を用いたものとし、2階部分の構造耐力上主要な部分を木造（建築基準法施行令(以下「令」という。)第46条第2項による場合、丸太組構法及び平成13年国土交通省告示第1540号に規定する枠組壁工法(以下単に「枠組壁工法」という。)を除く。以下この号において同じ。）としたもの又は丸太組構法若しくは枠組壁工法を用いたもののいずれかとし、他の構造を併用してはならない。ただし、建築物の1階部分から2階部分までの外壁を連続した丸太組構法を用いたものとした場合においては、2階部分は、丸太組構法を用いたものと木造としたもの又は枠組壁工法を用いたものとを併用することができる。

　三　第一号の規定にかかわらず、1階部分の構造耐力上主要な部分を鉄筋コンクリート造（2以上の部材を組み合わせたもので、部材相互を緊結したものを含む。）又は鉄骨造（平成13年国土交通省告示第1651号に規定する薄板軽量形鋼造を除く。）（以下「鉄筋コンクリート造等」という。）とし、2階以上の部分の構造耐力上主要な部分を丸太組構法を用いたものとした建築物（以下「鉄筋コンクリート造等併用建築物」という。）とし、最上階部分に耐力壁を設けず当該部分を小屋裏とした場合においては、地階を除く階数を3以下とすることができる。この場合において、第3中「基礎」とあるのは「1階部分の構造耐力上主要な部分又は2階部分の床版についても鉄筋コンクリート造等とした建築物の2階部分の床版」と、第3第一号及び第4第二号中「1階部分」とあるのは「2階部分」と、第4第二号中「小屋

裏利用2階建て建築物」とあるのは「鉄筋コンクリート造等併用建築物」と、第4第四号中「地階を除く階数が1の建築物又は小屋裏利用2階建て建築物の耐力壁の高さは土台等の上端から耐力壁と屋根版が接する部分のうち最も高い部分における耐力壁の上端までとし、地階を除く階数が2の建築物(小屋裏利用2階建ての建築物を除く。以下この号において同じ。)の1階部分の耐力壁の高さは土台等の上端から2階部分の床版の上面までとし、2階部分の耐力壁の高さは2階部分の床版の上面から耐力壁と屋根版が接する部分のうち最も高い部分における耐力壁の上端までとする。」とあるのは「鉄筋コンクリート造等併用建築物の耐力壁の高さは土台等の上端から耐力壁と屋根版が接する部分のうち最も高い部分における耐力壁の上端までとする。」と読み替えるものとし、第2第三号、第4第三号及び第十一号並びに第5の規定は適用しない。

2　次に掲げる建築物は、令第82条第一号から第三号までに定める構造計算（以下「許容応力度計算」という。）により構造耐力上安全であることを確かめなければならない。

一　延べ面積が300㎡を超える建築物

二　高さが8.5mを超える建築物

三　地階を除く階数が2以上の建築物（2階部分に耐力壁を設けず当該部分を小屋裏とした建築物(以下「小屋裏利用2階建て建築物」という。)を除く。)

第2　材料

一　構造耐力上主要な部分に使用する丸太材等の樹種は、枠組壁工法構造用製材及び枠組壁工法構造用たて継ぎ材の日本農林規格（昭和49年農林省告示第600号）表D.1の樹種又は集成材の日本農林規格（平成19年農林水産省告示第1152号）第5条表12の樹種としなければならない。

二　構造耐力上主要な部分に使用する木材の品質は、腐れ、著しい曲がり等による耐力上の欠点がないものでなければならない。

三　2階部分に丸太組構法を用いた建築物の構造耐力上主要な部分に使用する丸太材等の含水率は、20％以下としなければならない。ただし、小屋裏利用2階建て建築物にあっては、この限りでない。

第3　土台等

一　1階部分の耐力壁の下部には、基礎に存在応力を伝えることのできる形状とした丸太材等又は土台（以下「土台等」という。）を設けなければならない。

二　土台等は、次に定めるところにより、径13mm以上のアンカーボルト又はこれと同等以上の引張耐力を有するアンカーボルトで、基礎に緊結しなければならない。ただし、次に定める接合と同等以上に存在応力を伝えることができるものとした場合においては、この限りでない。

イ　アンカーボルトの基礎に定着される部分の長さがその径の25倍以上であること。

ロ　アンカーボルトは、土台等の両端部及び継手の部分に配置すること。

ハ　ロに定める部分のほか、土台等の長さが2mを超える場合においては、アンカーボルトの間隔を2m以下として土台等の部分に配置すること。

第4　耐力壁等

一　耐力壁は、建築物に作用する水平力及び鉛直力に対して安全であるように、釣合い良く配

置しなければならない。

二　小屋裏利用２階建て建築物においては、１階部分の構造耐力上主要な部分が当該建築物の
　　小屋裏の荷重を直接負担する構造としなければならない。

三　耐力壁を構成する丸太材等は、これらに接する部材に円滑に存在応力を伝えることのでき
　　る形状とするほか、次に定めるところによらなければならない。

　　イ　２階部分に丸太組構法を用いた建築物（小屋裏利用２階建て建築物を除く。）の丸太材
　　　　等の断面積（壁相互の交さ部、耐力壁の最下部等で欠き取ることが必要とされる部分を除
　　　　く。以下同じ。）は、150 cm² 以上で、かつ、丸太材等相互の上下に接する部分の幅は、
　　　　９cm 以上としなければならない。ただし、丸太材等相互の接触の実況その他の当該耐力
　　　　壁の実況に応じた許容応力度計算又は加力実験により、構造耐力上支障のあるめり込み及
　　　　び耐力壁の座屈を生じないことが確かめられた場合にあっては、丸太材等の断面積を 120 cm²
　　　　以上で、かつ、丸太材等相互の上下に接する部分の幅を７cm 以上とすることができる。

　　ロ　イに掲げる建築物以外の建築物の丸太材等の断面積は、105 cm² 以上 1,400 cm² 以下と
　　　　しなければならない。ただし、許容応力度計算によって構造耐力上安全であることが確か
　　　　められた場合においては、この限りでない。

四　耐力壁の高さ（地階を除く階数が１の建築物又は小屋裏利用２階建て建築物の耐力壁の高
　　さは土台等の上端から耐力壁と屋根版が接する部分のうち最も高い部分における耐力壁の上
　　端までとし、地階を除く階数が２の建築物（小屋裏利用２階建ての建築物を除く。以下この
　　号において同じ。）の１階部分の耐力壁の高さは土台等の上端から２階部分の床版の上面まで
　　とし、２階部分の耐力壁の高さは２階部分の床版の上面から耐力壁と屋根版が接する部分の
　　うち最も高い部分における耐力壁の上端までとする。）は４m 以下とし、かつ、幅は当該耐
　　力壁の高さに0.3を乗じて得た数値以上としなければならない。この場合において、地階を
　　除く階数が２の建築物で１階部分と２階部分の耐力壁に丸太組構法を用いる場合にあって
　　は、１階部分と２階部分の耐力壁の高さの和は、６m 以下としなければならない。

五　各階の耐力壁線相互の距離は６m 以下とし、かつ、耐力壁線により囲まれた部分の水平投
　　影面積は 30 m² 以下としなければならない。ただし、許容応力度計算によって構造耐力上安
　　全であることが確かめられた場合においては、この限りでない。この場合において、各階の
　　耐力壁線相互の距離が 10 m を超える場合又は耐力壁線により囲まれた部分の水平投影面積が
　　60 m² を超える場合にあっては、令第82条の６第二号ロに定める構造計算を行い、当該階に
　　つき、張り間方向及びけた行方向の偏心率が 0.15 以下であることを確認しなければならな
　　い。

六　耐力壁線相互の交さ部においては、張り間方向及びけた行方向に耐力壁を設け、かつ、丸
　　太材等を構造耐力上有効に組み、壁面から端部を 20 cm 以上突出させなければならない。
　　ただし、当該交さ部に対して構造耐力上有効な補強を行った場合においては、壁面からの丸
　　太材等の突出を 20 cm 以下とすることができる。

七　外壁の耐力壁相互の交さ部においては、耐力壁の最上部から土台等までを貫く直径13
　　mm 以上の通しボルトを設けなければならない。ただし、許容応力度計算によって構造耐力
　　上安全であることが確かめられた場合においては、この限りでない。

八　耐力壁線に設ける開口部の上部には、丸太材等により構成される壁を構造耐力上有効に設

けなければならない。ただし、これと同等以上の構造耐力上有効な補強を行った場合においては、この限りでない。

九　耐力壁の端部及び開口部周囲は、通しボルト等により構造耐力上有効に補強しなければならない。

十　丸太材等には、継手を設けてはならない。ただし、構造耐力上有効な補強を行った場合においては、この限りでない。

十一　2階部分の耐力壁線の直下には、1階部分の耐力壁線を設けなければならない。

十二　耐力壁内には、次に定めるところにより、構造耐力上有効にだぼを設けなければならない。ただし、許容応力度計算によって構造耐力上安全であることが確かめられ、かつ、ホに定めるところによる場合は、この限りでない。

イ　だぼの材料は、日本産業規格(以下「JIS」という。) G3112(鉄筋コンクリート用棒鋼)-1987に規定する SR235若しくは SD295A に適合する直径 9 mm 以上の鋼材若しくはこれと同等以上の耐力を有する鋼材又は小径が 25 mm 以上の木材で第2第一号に規定する樹種とし、かつ、節等の耐力上の欠点がないものとすること。

ロ　だぼの長さは、相接する丸太材等に十分に水平力を伝えることのできる長さとすること。

ハ　張り間方向及びけた行方向に配置するだぼの本数は、それぞれの方向につき、丸太材等の各段ごとに、次の(1)の式によって得られる数値又は次の(2)の式によって得られる数値のいずれか多い数値以上としなければならない。この場合において、だぼの本数は、だぼ相互の間隔が 45 cm 以上のものについて算定する。

(1)　$nw = \dfrac{Sw}{Sf}$

(2)　$nk = \dfrac{Sk}{Sf}$

(1)の式及び(2)の式において、nw、nk、Sw、Sk 及び Sf はそれぞれ次の数値を表すものとする。

　nw 及び nk　だぼの本数

　Sw　令第87条に規定する風圧力によるせん断力（単位　N）

　Sk　令第88条に規定する地震力によるせん断力（単位　N）

　Sf　だぼの種類に応じて、それぞれ次の表のせん断強度の欄に掲げる数値

だぼの種類		せん断強度（単位　N）
鋼材のだぼ		$3.9\{2\sqrt{1+20(d/D)^2}-1\}\,d\,D$、$42\,d^2$ 又は $7.9\,d\,D$ のうち最も小さい数値
木材のだぼ	断面形状が長方形その他これに類するもの	$0.94\{2\sqrt{1+15(d/D)^2}-1\}\,d\,D$、$8.9\,d^2$ 又は $1.9\,d\,D$ のうち最も小さい数値
	断面形状が円形のもの	$0.94\{2\sqrt{1+10(d/D)^2}-1\}\,d\,D$、$7.2\,d^2$ 又は $1.9\,d\,D$ のうち最も小さい数値
この表において、d はだぼの小径（鋼材のだぼにあっては 16 を超える場		

合においては16、木材のだぼにあっては30を超える場合においては30)(単位 mm)を、Dは各段の丸太材等の見付け高さ(単位 mm)を表すものとする。

ニ　イに掲げる耐力及びロに掲げる長さを有するアンカーボルト、通しボルトその他これらに類するボルトについては、ハの規定によるだぼの本数の算定に当たってだぼとみなすことができる。

ホ　耐力壁内に設けるだぼは、建築物に作用する水平力に対して安全であるように、次に定めるところにより釣合い良く配置しなければならない。ただし、令第82条の6第二号ロに定める構造計算を行い、各階につき、張り間方向及びけた行方向の偏心率が0.3以下であることを確認した場合においては、この限りでない。

(1)　各階につき、建築物の張り間方向にあってはけた行方向の、けた行方向にあっては張り間方向の両端からそれぞれ $\frac{1}{4}$ の部分(以下「側端部分」という。)について、それぞれ張り間方向又はけた行方向の耐力壁のだぼの本数(以下「存在だぼ量」という。)及びハ(2)に定めるだぼの本数(以下「必要だぼ量」という。)を求めること。この場合において、必要だぼ量は、側端部分ごとに独立して計算するものとする。

(2)　各側端部分のそれぞれについて、存在だぼ量を必要だぼ量で除した数値(以下この号において「だぼ量充足率」という。)を求め、建築物の各階における張り間方向及びけた行方向双方ごとに、だぼ量充足率の小さい方をだぼ量充足率の大きい方で除した数値((3)において「だぼ率比」という。)を求めること。

(3)　(2)のだぼ率比がいずれも0.5以上であることを確かめること。ただし、(2)の規定により算出した側端部分のだぼ量充足率がいずれも1を超える場合においては、この限りでない。

十二　地階の壁は、一体の鉄筋コンクリート造(2以上の部材を組み合わせたもので、部材相互を緊結したものを含む。)としなければならない。

第5　床版

1階部分及び2階部分の構造耐力上主要な部分に丸太組構法を用いた建築物の2階部分の床版は、次に定めるところによらなければならない。ただし、小屋裏利用2階建建築物にあっては、この限りでない。

一　2階部分の床材は、厚さ12mmの構造用合板若しくは化粧ばり構造用合板(合板の日本農林規格(平成15年農林水産省告示第233号)に規定する二級をいう。)、構造用パネル(構造用パネルの日本農林規格(昭和62年農林水産省告示第360号)に規定する一級又は二級をいう。)又はこれらと同等以上の剛性及び耐力を有するものとしなければならない。

二　床材と床ばり又は根太とは、くぎ(JIS A5508(くぎ)-1992に規定するN50に適合するものをいう。)を15cm以下の間隔で打ち付ける接合方法又はこれと同等以上のせん断耐力を有する接合部となる接合方法により、緊結しなければならない。

第6　根太等の横架材

床根太、天井根太その他の横架材には、その中央部付近の下側に構造耐力上支障のある欠込みをしてはならない。

第7　小屋組等

一　屋根版は、風圧力その他の外力に対して安全なものとしなければならない。

二　小屋組は、風圧力に対して安全であるように、構造耐力上主要な部分と緊結しなければならない。

第8　防腐措置等

一　地面から1m以内の構造耐力上主要な部分（床根太及び床材を除く。）、基礎の上端から30cm以内の高さの丸太材等及び木製のだぼで常時湿潤状態となるおそれのある部分に用いられるものには、有効な防腐措置を講ずるとともに、必要に応じて、しろありその他の虫による害を防ぐための措置を講じなければならない。

二　常時湿潤状態となるおそれのある部分の部材を緊結するための金物には、有効なさび止めのための措置を講じなければならない。

第9　耐久性等関係規定の指定

令第36条第1項に規定する耐久性等関係規定として、第2第二号及び第8に定める安全上必要な技術的基準を指定する。

　　　附　則

昭和61年建設省告示第859号は、廃止する。

〔平成19年5月18日国土交通省告示第599号〕
構造耐力上主要な部分である床版又は屋根版に軽量気泡コンクリートパネルを用いる場合における当該床版又は屋根版の構造方法に関する安全上必要な技術的基準を定める件

最終改正　令和元年6月25日国土交通省告示第203号

建築基準法施行令（昭和25年政令第338号）第80条の2第一号の規定に基づき、木造又は鉄骨造の建築物又は建築物の構造部分として、特殊の構造方法によるものとして、構造耐力上主要な部分である床版又は屋根版に軽量気泡コンクリートパネル（石灰質原料及びけい酸質原料を主原料とし、オートクレーブ養生した軽量気泡コンクリートによる製品のうち、鉄筋その他の補強材で補強したパネルをいう。以下同じ。）を用いた構造方法に関する安全上必要な技術的基準を第1から第3までに定め、及び同令第36条第1項の規定に基づき、安全上必要な技術的基準のうち耐久性等関係規定を第4に指定する。

第1　材料

構造耐力上主要な部分である床版又は屋根版に用いる軽量気泡コンクリートパネルの材料は、次に定めるところによらなければならない。

一　軽量気泡コンクリートの密度及び圧縮強度は、それぞれ次に定めるところによること。

　イ　密度　　450kg/m³ 以上 550kg/m³ 未満

　ロ　圧縮強度　3N/mm² 以上

二　軽量気泡コンクリートは、構造耐力上有害な亀裂、気泡のむら、欠け、反りその他の欠陥

がないものとすること。

第2　床版又は屋根版

　構造耐力上主要な部分である床版又は屋根版に用いる軽量気泡コンクリートパネルは、次に定めるところによらなければならない。

一　軽量気泡コンクリートパネルは、斜材の併用その他の措置を講ずることにより建築物に作用する水平力を負担しない構造方法としなければならない。

二　床版又は屋根版に用いる軽量気泡コンクリートパネルの厚さは、次の表に掲げる数値以上の数値としなければならない。

建築物の部分	厚さ（単位　cm）
床版	$\dfrac{l}{25}$
屋根版	$\dfrac{l}{30}$
この表において、lは、支点間の距離（単位　cm）を表すものとする。	

三　軽量気泡コンクリートパネルに用いる補強材は鉄筋とし、軽量気泡コンクリートパネルの主筋（支点間の距離の方向に配置する鉄筋をいう。以下同じ。）は、床版にあってはパネルの幅61 cmにつき圧縮側に2本以上及び引張り側に3本以上を、屋根版にあってはパネルの幅61 cmにつき3本以上を、それぞれ釣合い良く配置するものとし、横筋（主筋と直交方向に配置する鉄筋をいう。以下同じ。）と溶接により接合しなければならない。ただし、日本産業規格 A5416(軽量気泡コンクリートパネル)-1997に規定された曲げ試験によって、軽量気泡コンクリートパネルの曲げに対する性能が当該主筋及び横筋を配置した場合と同等以上であることが確かめられた場合にあっては、この限りでない。

四　床版又は屋根版に用いる軽量気泡コンクリートパネルは、金物、モルタル等で構造耐力上有効に周囲の構造耐力上主要な部分に取り付けなければならない。

2　前項第一号に規定する構造方法とした場合又は建築基準法施行令第82条第一号から第三号までに規定する構造計算によって構造耐力上安全であることが確かめられた場合を除き、建築物の構造耐力上主要な部分である床版又は屋根版に軽量気泡コンクリートを用いた建築物は、次に定めるものとしなければならない。

一　地階を除く階数を5以下とし、かつ、平面形状及び立面形状を長方形その他これらに類する形状とすること。

二　最下階の床版にあって一体の鉄筋コンクリート造（2以上の部材を組み合わせたもので、部材相互を緊結したものを除く。）の基礎ばり（べた基礎及び布基礎の立上り部分を含む。）に緊結する場合を除き、床版又は屋根版に用いる軽量気泡コンクリートパネルを並べて配置する場合は、当該軽量気泡コンクリートパネル相互の接合部をコッター又は金物によって構造耐力上有効に接合すること。

第3　防食措置等

一　吸水、吸湿又は変質その他使用環境によって性能に支障を生じるおそれのある部分に使用する軽量気泡コンクリートパネルにあっては、防水、防湿又は変質その他使用環境によって

性能に支障を生じることを防止するための措置を講じなければならない。

二　鉄筋その他の補強材は、耐久性上支障のないよう防錆又は防食に関する措置を講じなければならない。

第4　耐久性等関係規定の指定

令第36条第1項に規定する耐久性等関係規定として、第1及び第3に定める安全上必要な技術的基準を指定する。

附　則

この告示は、平成19年6月20日から施行する。

〔平成13年11月15日国土交通省告示第1641号〕
薄板軽量形鋼造の建築物又は建築物の構造部分の構造方法に関する安全上必要な技術的基準を定める等の件

　　　　　　　　　　最終改正　令和元年6月25日国土交通省告示第203号

建築基準法施行令（昭和25年政令第338号）第80条の2第一号の規定に基づき、薄板軽量形鋼造（薄板の構造用鋼材で、冷間成形による曲げ部分（当該曲げ部分の内法の寸法を当該薄板の構造用鋼材の厚さの数値以上とする。）又はかしめ部分を有するもの（以下「薄板軽量形鋼」という。）を使用した枠組を構造耐力上主要な部分に用いる構造をいう。以下同じ。）の建築物又は建築物の構造部分（以下「建築物等」という。）の構造方法に関する安全上必要な技術的基準を第1から第9までに定め、同令第36条第1項の規定に基づき、建築物等の構造方法に関する安全上必要な技術的基準のうち耐久性等関係規定を第10に、同条第2項第一号の規定に基づき、同令第81条第2項第一号イに規定する保有水平耐力計算によって安全性を確かめる場合に適用を除外することができる技術的基準を第11にそれぞれ指定し、並びに同号イの規定に基づき、建築物等の構造計算が、第12第一号イに適合する場合においては、当該構造計算は、同令第81条第2項第一号イに規定する保有水平耐力計算と同等以上に安全性を確かめることができるものと認め、同号ロの規定に基づき、建築物等の構造計算が第12第一号ロに適合する場合においては、当該構造計算は、同令第81条第2項第一号ロに規定する限界耐力計算と同等以上に安全性を確かめることができるものと認め、同令第81条第3項の規定に基づき、建築物等の構造計算が第12第一号ハに適合する場合においては、当該構造計算は、同令第82条各号及び同令第82条の4に定めるところによる構造計算と同等以上に安全性を確かめることができるものと認める。

第1　階数

薄板軽量形鋼造の建築物又は薄板軽量形鋼造と鉄骨造（薄板軽量形鋼造を除く。以下同じ。）、鉄筋コンクリート造その他の構造とを併用する建築物の地階を除く階数は3以下としなければならない。

第2　材料

一　建築物の構造耐力上主要な部分に使用する枠組材は、厚さが0.4mm以上2.3mm未満の薄板軽量形鋼とし、折れ、ゆがみ、欠け等による耐力上の欠点のないものでなければならない。

二　前号に掲げる薄板軽量形鋼の断面形状は、次の表の(1)項から(5)項までのいずれかによるものとし、それぞれ当該右欄に掲げる寸法以上とすること。ただし、当該枠組材の実況に応じた加力実験によって構造耐力上支障のある断面形状のゆがみ等が生じないことが確かめられた場合は、この限りでない。

断　面　形　状	寸　法（単位　mm）		
	高　さ	幅	リップ長さ
(1)　軽角形鋼	89	44.5	－
(2)　軽溝形鋼	91	30	－
(3)　軽Z形鋼	89	40	－
(4)　リップ溝形鋼	80	30	12
(5)　リップZ形鋼	89	40	12

　この表において、軽角形鋼は、角形の断面形状を、軽溝形鋼、軽Z形鋼、リップ溝形鋼及びリップZ形鋼は、日本産業規格（以下「JIS」という。）G3350（一般構造用軽量形鋼）-1987の表1－2に定める軽溝形鋼、軽Z形鋼、リップ溝形鋼及びリップZ形鋼を表すものとする。

第3　土台

一　1階の耐力壁の下部には、土台を設けなければならない。ただし、地階を設ける等の場合であって当該耐力壁の直下の床根太等を構造耐力上有効に補強したとき又は当該耐力壁の下枠として設けた枠組材を基礎に緊結した場合若しくは当該耐力壁の直下の床版を基礎に緊結し、当該床版を介して耐力壁と存在応力を相互に伝えることができる場合は、この限りでない。

二　土台は、次に定めるところにより、基礎に緊結しなければならない。ただし、第12第一号ハに定める構造計算（建築基準法施行令（以下「令」という。）第82条第一号から第三号までに規定する構造計算に限る。）を行った場合は、この限りでない。

　イ　径12mm以上で長さ25cm以上のアンカーボルト又はこれと同等以上の付着強度を有するアンカーボルトにより緊結すること。

　ロ　アンカーボルトは、その間隔を2m以下とし、かつ、隅角部及び土台の継ぎ手の部分に配置すること。

三　土台の寸法は、丈38mm以上で幅89mm以上のものであって、かつ、土台と基礎若しくは床根太、端根太若しくは側根太との緊結に支障がないものとしなければならない。

第4　床版

　構造耐力上主要な部分である床版は、床材に構造用合板、構造用パネルその他これらに類する材料（以下「構造用合板等」という。）を使用するものとし、かつ、水平力によって生ずる力を構造耐力上有効に耐力壁、柱及び横架材（最下階の床版にあっては、基礎）に伝えることができる剛性及び耐力をもった構造としなければならない。

第5　壁

一　耐力壁は、建築物に作用する水平力及び鉛直力に対して安全であるように、釣合い良く配置しなければならない。

二　耐力壁は、次に定める構造としなければならない。ただし、一方向及び繰り返し加力実験によって確認された耐力壁の剛性及び耐力を考慮して、第12第一号ハに定める構造計算（令第82条第一号から第三号までに規定する構造計算に限る。）を行った場合は、この限りでない。

イ　薄板軽量形鋼を使用した枠組材と構造用合板等を使用した壁材とを緊結し、存在応力を相互に伝えることができるものとすること。

ロ　長さは、45cm 以上とすること。

ハ　耐力壁のたて枠相互の間隔は、50cm 以内とすること。

ニ　構造耐力上支障のある開口部を設けないものとすること。

ホ　端部のたて枠（連続する耐力壁相互の接合部となるたて枠を除く。）を、厚さ3.2mm の鋼板添え板を用い、当該たて枠に対してドリリングタッピンねじ6本、横架材、基礎又は土台に対して当該鋼板添え板に止め付けた径12mm のボルトを介して緊結したもの又はこれと同等以上の接合方法とすること。

ヘ　壁材の種類及び周囲の枠組材との接合は、次の表に定めるところによること。

壁材の種類		周囲の枠組材との接合の方法	
		接合材	間　隔
(1)	厚さ9mm 以上の構造用合板、化粧ばり構造用合板、構造用パネル及びパーティクルボード又は厚さ7mm 以上のミディアムデンシティファイバーボード	ドリリングタッピンねじ	壁材の外周部分は22.5cm 以下、その他の部分は45cm 以下
		スクリューくぎ	壁材の外周部分は7.5cm 以下、その他の部分は15cm 以下
(2)	厚さ12.5mm 以上のせっこうボード（枠組材の両面にねじ込んだものに限る。）	ドリリングタッピンねじ	壁材の外周部分は15cm 以下、その他の部分は30cm 以下

三　耐力壁線相互の距離は12m 以下とし、かつ、耐力壁線により囲まれた部分の水平投影面積は72m² 以下とすること。

四　耐力壁の上部には、当該耐力壁の上枠と同寸法以上の幅を有する頭つなぎを設け、耐力壁相互を構造耐力上有効に緊結すること。ただし、床版又は小屋組を耐力壁の上部に緊結し、存在応力を相互に伝えることができる場合は、この限りでない。

第6　柱等

構造耐力上主要な部分である柱、横架材及び斜材は、次に定めるところによらなければならない。

一　厚さ0.8mm 以上の薄板軽量形鋼を用いること。

二　圧縮材（圧縮力を負担する部材をいう。）の有効細長比を、柱にあっては200以下、柱以外のものにあっては250以下とすること。

三　柱の脚部は、基礎に緊結すること。

四　2以上の薄板軽量形鋼を組み合わせるものとし、周囲の部材との接合及び当該部材による座屈拘束等の実況を考慮して、これらの薄板軽量形鋼相互を次に定めるところにより緊結すること。ただし、当該接合部分の実況に応じた加力実験によって次に定める接合と同等以上に存在応力を伝えることができるものであることが確認された場合においては、この限りでない。

イ　径4mm以上のドリリングタッピンねじを用いること。

ロ　フランジ部分の接合にあっては、ドリリングタッピンねじを30cm以下の間隔で配置すること。

ハ　ウェブ部分の接合にあっては、ドリリングタッピンねじを30cm以下の間隔で2列に配置すること。

第7　小屋組等

一　構造耐力上主要な部分である屋根版には屋根下地材に構造用合板等を使用するものとし、かつ、水平力によって生ずる力を構造耐力上有効に耐力壁、柱及び横架材に伝えることができる剛性及び耐力をもった構造としなければならない。

二　たるきには、たるきつなぎを構造耐力上有効に設けなければならない。

三　トラスは、厚さ0.8mm以上の薄板軽量形鋼を用いなければならない。ただし、第12第一号イに定める構造計算によって構造耐力上安全であることが確かめられた場合は、厚さ0.6mm以上の薄板軽量形鋼とすることができる。

四　トラスは、これに作用する荷重及び外力に対して構造耐力上安全なものとしなければならない。

五　たるき又はトラスは、頭つなぎ及び上枠に金物で構造耐力上有効に緊結しなければならない。

六　小屋組（木材の小屋組を含む。）は、振れ止めを設ける等水平力に対して安全なものとしなければならない。

七　屋根版は、風圧力その他の外力に対して安全なものとしなければならない。

第8　接合

構造耐力上主要な部分に使用する薄板軽量形鋼の接合は、次のいずれかによらなければならない。

一　ドリリングタッピンねじ又はスクリューくぎ（以下「ドリリングタッピンねじ等」という。）を用い、薄板軽量形鋼を垂直に打ち抜くことによって部材相互を構造耐力上有効に緊結するものとするほか、接合の種類に応じてそれぞれ次に定めるところによること。ただし、当該接合部分の実況に応じた加力実験によって次に定める接合と同等以上に存在応力を伝えることができるものであることが確認された場合においては、この限りでない。

イ　第6に規定する柱、横架材又は斜材相互の継手又は仕口の接合　次に掲げる方法とする。

(1)　径4mm以上のドリリングタッピンねじを用いること。

(2)　ドリリングタッピンねじを3本以上用い、釣合い良く配置すること。

(3)　ガセットプレート等を介した接合とする場合、接合する横架材等の丈が大きい場合その他これらに類する構造耐力上支障のある局部応力が生ずるおそれのある場合にあって

は、当該部分を鋼板添え板等によって補強すること。

ロ　耐力壁の枠組材と床版等の構造用合板等並びに土台又は頭つなぎの材軸方向の接合　次に掲げる方法とする。

(1)　径4mm以上のドリリングタッピンねじを用いること。

(2)　ドリリングタッピンねじを1m当たり5本(鋼材の頭つなぎを用いる場合にあっては、4本)以上用いること。

ハ　イ及びロに掲げる以外の継手又は仕口の接合　その部分の存在応力を伝えるように緊結したものとする。

ニ　ドリリングタッピンねじ相互の距離及び縁端距離（当該ドリリングタッピンねじの中心軸から接合する薄板軽量形鋼の縁端部までの距離のうち最短のものをいう。）は、当該ドリリングタッピンねじの径の3倍（端抜けのおそれのない場合は、1.5倍）以上の数値とすること。

二　令第67条に規定する溶接接合、リベット接合（添え板リベット接合の適用に関する部分を除く。）又はボルト接合とすること。

三　前2号に掲げるもののほか、かしめによる接合であって、当該接合部分の成形後の形状及び接触の状況に応じた一方向又は繰り返し加力実験によって、耐力に関する性能が前2号の規定に適合する接合と同等以上であることが確認された場合においては、当該かしめによる接合とすることができる。

第9　防腐措置等

一　構造耐力上主要な部分に木材を使用する場合には、次によらなければならない。

イ　土台が基礎と接する面には、防水紙その他これに類するものを使用しなければならない。

ロ　土台には、枠組壁工法構造用製材及び枠組壁工法構造用たて継ぎ材の日本農林規格（昭和49年農林省告示第600号）に規定する防腐処理その他これに類する防腐処理を施した旨の表示がしてあるものを用いなければならない。ただし、同規格に規定する寸法型式404、406又は408に適合するものを用いる場合においては、防腐剤塗布、浸せきその他これに類する防腐措置を施したものを用いることができる。

ハ　地面から1m以内の構造耐力上主要な部分（床根太及び床材を除く。）に使用する木材には、有効な防腐措置を講ずるとともに、必要に応じて、しろありその他の虫による害を防ぐための措置を講じなければならない。

ニ　腐食のおそれのある部分及び常時湿潤状態となるおそれのある部分の部材を緊結するための金物（くぎを除く。）には、有効なさび止めのための措置を講じなければならない。

二　構造耐力上主要な部分に使用する薄板軽量形鋼の表面仕上げは、JIS G3302(溶融亜鉛めっき鋼板及び鋼帯)-1998に規定するめっきの付着量表示記号Z27その他これに類する有効なさび止め及び摩損防止のための措置を講じたものとしなければならない。ただし、次に掲げる場合にあっては、この限りでない。

イ　薄板軽量形鋼を屋外に面する部分（防水紙その他これに類するもので有効に防水されている部分を除く。）及び湿潤状態となるおそれのある部分以外の部分に使用する場合

ロ　薄板軽量形鋼に床材、壁材又は屋根下地材等による被覆その他これに類する有効な摩損

防止のための措置を講じた場合

三　構造耐力上主要な部分に使用する薄板軽量形鋼のうち木材防腐剤による防腐処理を施した木材その他の薄板軽量形鋼以外の材料との接触により薄板軽量形鋼の表面仕上げ面が構造耐力上支障のある腐食を生じやすい場合には、薄板軽量形鋼と薄板軽量形鋼以外の材料との間にゴムシートを使用した絶縁その他これに類する有効な防食措置を講じなければならない。

四　構造耐力上主要な部分に使用する薄板軽量形鋼の接合に使用するドリリングタッピンねじ等にあっては、薄板軽量形鋼の防錆上支障のないものとしなければならない。

第10　耐久性等関係規定の指定

令第36条第1項に規定する耐久性等関係規定として、第2第一号及び第9に定める安全上必要な技術的基準を指定する。

第11　令第36条第2項第一号の規定に基づく技術的基準の指定

令第36条第2項第一号の規定に基づき、令第81条第2項第一号イに規定する保有水平耐力計算によって安全性を確かめる場合に適用を除外することができる技術的基準として、第1（次の各号のいずれかに掲げる建築物に限る。）、第2第二号、第4、第5（第四号の規定を除く。）、第6第四号、第7第一号、第二号及び第五号並びに第8第一号に定める技術的基準を指定する。

一　地階を除く階数が4である建築物

二　最上階から数えた階数が4以内の階（以下「上層階」という。）を薄板軽量形鋼造とし、かつ、上層階以外の階を鉄骨造、鉄筋コンクリート造その他の構造とする建築物

三　上層階を薄板軽量形鋼造と鉄骨造、鉄筋コンクリート造その他の構造とを併用し、かつ、上層階以外の階を鉄骨造、鉄筋コンクリート造その他の構造とする建築物

四　薄板軽量形鋼造と鉄骨造、鉄筋コンクリート造その他の構造とを併用する建築物であって、上層階以外の階における薄板軽量形鋼造の建築物の構造部分が、建築物の自重、積載荷重、積雪荷重その他の鉛直方向の荷重を支えないもの又は上層階以外の階における構造耐力上主要な部分である柱、横架材及び斜材並びに耐力壁を薄板軽量形鋼造としないもの

第12　構造計算

一　薄板軽量形鋼造の建築物の構造計算は、次のいずれかに掲げる構造計算によらなければならない。この場合において、構造耐力上主要な部分に使用する薄板軽量形鋼に生ずる圧縮の応力度を計算する場合にあっては、有効断面（薄板軽量形鋼の断面形状及び座屈の種類に応じて、当該薄板軽量形鋼の断面を形作っているフランジ、ウェブその他の平板状の要素（以下「板要素」という。）のうち構造耐力上有効に圧縮の応力度を負担する部分の断面をいう。以下同じ。）を当該薄板軽量形鋼の断面として計算するものとする。

イ　令第81条第2項第一号イに規定する保有水平耐力計算

ロ　令第81条第2項第一号ロに規定する限界耐力計算

ハ　令第81条第3項に規定する令第82条各号及び令第82条の4に定めるところによる構造計算

二　前号に規定する有効断面の面積は、薄板軽量形鋼の板要素ごとに次に掲げる式によって計算しなければならない。

$$Ae = \min\left[b, \ 0.86\frac{b}{p\lambda}\right] \cdot t$$

この式において、Ae、b、pλ及びtは、それぞれ次の数値を表すものとする。

Ae　板要素の有効断面の面積（単位　mm²）

b　板要素の幅（単位　mm）

pλ　次の式によって計算した数値

$$p\lambda = \sqrt{\dfrac{F}{\sigma p}}$$

この式において、pλ、F及びσpは、それぞれ次の数値を表すものとする。

pλ　板要素の一般化幅厚比

F　平成12年建設省告示第2464号第1に規定する基準強度（単位　N/mm²）

σp　第五号イに規定する板要素の弾性座屈強度（単位　N/mm²）

t　板要素の厚さ（単位　mm）

三　第一号に規定する構造計算を行う場合に用いる薄板軽量形鋼の許容応力度は、令第3章第8節第3款の規定によるほか、次に掲げるものとする。

イ　圧縮材の座屈の許容応力度は、次の表の数値によらなければならない。ただし、長期に生ずる力に対する圧縮材の座屈の許容応力度について、軽角形鋼を使用した場合以外、薄板軽量形鋼として対をなす2面を構造用合板等にそれぞれ緊結し、座屈に対して有効に補強された場合以外及び第五号の規定に基づき当該圧縮材の弾性座屈強度を固有値解析等の手法によって計算した場合以外の場合にあって、令第90条に規定する長期に生ずる力に対する圧縮の許容応力度の数値の0.45倍の数値を超える場合においては、当該数値を長期に生ずる力に対する圧縮材の座屈の許容応力度の数値としなければならない。

圧縮材の一般化有効細長比	長期に生ずる力に対する圧縮材の座屈の許容応力度（単位　N/mm²）	短期に生ずる力に対する圧縮材の座屈の許容応力度（単位　N/mm²）
cλ ≦ 1.3 の場合	$F\left\{\dfrac{1-0.24\,c\lambda^2}{\dfrac{3}{2}+\dfrac{2}{3}\left(\dfrac{c\lambda}{1.3}\right)^2}\right\}$ 又は 令第90条に規定する長期に生ずる力に対する圧縮の許容応力度の数値のうちいずれか小さい数値	長期に生ずる力に対する圧縮材の座屈の許容応力度の数値の1.5倍とする。
cλ > 1.3 の場合	$\dfrac{6}{13}\cdot\dfrac{F}{c\lambda^2}$ 又は 令第90条に規定する長期に生ずる力に対する圧縮の許容応力度の数値のうちいずれか小さい数値	

この表において、F及びcλは、それぞれ次の数値を表すものとする。

F　平成12年建設省告示第2464号第1に規定する基準強度（単位　N/mm²）

cλ　次の式によって計算した軸方向力に係る一般化有効細長比

$$c\lambda = \sqrt{\frac{F}{\sigma c}}$$

> この式において、σc は、第五号ロに規定する圧縮材の弾性座屈強度を
> 表すものとする。

ロ　曲げ材（軽角形鋼を使用した場合及び曲げを受ける薄板軽量形鋼の圧縮側の板要素を構造用合板等に緊結し、横座屈に対して有効に補強された場合を除く。以下ロ及び次号ロにおいて同じ。）の座屈の許容応力度は、次の表の数値によらなければならない。ただし、長期に生ずる力に対する曲げ材の座屈の許容応力度について、第五号の規定に基づき、当該曲げ材の弾性座屈強度を固有値解析等の手法によって計算した場合以外の場合にあって、令第90条に規定する長期に生ずる力に対する曲げの許容応力度の数値の 0.45 倍の数値を超える場合においては、当該数値を長期に生ずる力に対する曲げ材の座屈の許容応力度の数値としなければならない。

曲げ材の一般化有効細長比	長期に生ずる力に対する曲げ材の座屈の許容応力度（単位　N/mm²）	短期に生ずる力に対する曲げ材の座屈の許容応力度（単位　N/mm²）
bλ ≦ 1.3 の場合	$(1 - 0.24\,b\lambda^2)\dfrac{F}{1.5}$ 又は令第90条に規定する長期に生ずる力に対する曲げの許容応力度の数値のうちいずれか小さい数値	長期に生ずる力に対する曲げ材の座屈の許容応力度の数値の 1.5 倍とする。
bλ > 1.3 の場合	$\dfrac{1}{b\lambda^2} \cdot \dfrac{F}{1.5}$ 又は令第90条に規定する長期に生ずる力に対する曲げの許容応力度の数値のうちいずれか小さい数値	

この表において、F 及び bλ は、それぞれ次の数値を表すものとする。

F　平成12年建設省告示第2464号第1に規定する基準強度（単位　N/mm²）

bλ　次の式によって計算した曲げモーメントに係る一般化有効細長比

$$b\lambda = \sqrt{\frac{F}{\sigma b}}$$

> この式において、σb は、第五号ハに規定する曲げ材の弾性座屈強度を
> 表すものとする。

ハ　曲げ材のウェブのせん断に対する座屈の許容応力度は、次の表の数値によらなければならない。

曲げ材のウェブの一般化幅厚比	長期に生ずる力に対する曲げ材のウェブのせん断に対する座屈の許	短期に生ずる力に対する曲げ材のウェブのせん断に対する

	容応力度（単位　N/mm²）	座屈の許容応力度 （単位　N/mm²）
wλ≦1.4 の場合	$\dfrac{0.83}{\text{w}\lambda}\cdot\dfrac{F}{1.5\sqrt{3}}$ 又は 令第90条に規定する長期に生ずる力に対するせん断の許容応力度の数値のうちいずれか小さい数値	長期に生ずる力に対する曲げ材のウェブのせん断に対する座屈の許容応力度の数値の1.5倍とする。
wλ＞1.4 の場合	$\dfrac{1.16}{\text{w}\lambda^{2}}\cdot\dfrac{F}{1.5\sqrt{3}}$ 又は 令第90条に規定する長期に生ずる力に対するせん断の許容応力度の数値のうちいずれか小さい数値	

この表において、F 及び wλ は、それぞれ次の数値を表すものとする。
F　平成12年建設省告示第2464号第1に規定する基準強度（単位　N/mm²）
wλ　次の式によって計算した一般化幅厚比

$$\text{w}\lambda=\sqrt{\dfrac{F}{\sqrt{3}\,\sigma s}}$$

この式において、σs は、第五号ニに規定する曲げ材のウェブの弾性座屈強度を表すものとする。

ニ　薄板軽量形鋼の支圧の許容応力度は、次の表の数値（(2)項において異種の薄板軽量形鋼が接合する場合においては、小さい値となる数値）によらなければならない。

支　圧　の　形　式		長期に生ずる力に対する支圧の許容応力度（単位　N/mm²）	短期に生ずる力に対する支圧の許容応力度（単位　N/mm²）
(1)	ボルト又はリベットによって接合される薄板軽量形鋼のボルトの軸部分に接触する面に支圧が生ずる場合その他これに類する場合	1.05 F	長期に生ずる力に対する支圧の許容応力度の数値の1.5倍とする。
(2)	(1)に掲げる場合以外の場合	$\dfrac{F}{1.3}$	

この表において、F は、平成12年建設省告示第2464号第1に規定する基準強度の数値（単位　N/mm²）を表すものとする。

ホ　ドリリングタッピンねじを用いた接合部におけるドリリングタッピンねじの軸断面に対する引張り及びせん断の許容応力度は、次の表の数値によらなければならない。

長期に生ずる力に対する許容応力度 （単位　N/mm²）	短期に生ずる力に対する許容応力度（単位　N/mm²）

引張り	せ　ん　断	引　張　り	せ　ん　断
$0.51\left(\dfrac{t_2}{d}\right)F$	$2.2\,\eta^{0.5}\left(\dfrac{t_2}{d}\right)^{1.5}F$、 $0.43\{0.6+12\left(\dfrac{t_2}{d}\right)\}\cdot\left(\dfrac{t_1}{d}\right)F$ 又は $0.43\{1.5+6.7\left(\dfrac{t_1}{d}\right)\}\cdot\left(\dfrac{t_2}{d}\right)F$ のうちいずれか小さい数値	長期に生ずる力に対する引張り又はせん断の許容応力度のそれぞれの数値の1.5倍とする。	

この表において、F、η、d、t_1 及び t_2 は、それぞれ次の数値を表すものとする。

F　平成12年建設省告示第2464号第1に規定する基準強度（単位　N/mm²）

η　接合する薄板軽量形鋼の厚さの比率に係る影響係数で、次に定める式によって計算した数値

$$\eta = 3.1 - 5.6\left(\dfrac{t_1}{t_2}\right) + 3.5\left(\dfrac{t_1}{t_2}\right)^2$$

d　ドリリングタッピンねじの呼び径（単位　mm）

t_1　ねじ頭側の薄板軽量形鋼の厚さ（単位　mm）

t_2　ねじ先側の薄板軽量形鋼の厚さ（単位　mm）

四　第一号に規定する構造計算を行う場合に用いる薄板軽量形鋼の材料強度は、令第3章第8節第4款の規定によるほか、次に掲げるものとする。

イ　圧縮材の座屈の材料強度は、次の表の数値によらなければならない。ただし、軽角形鋼を使用した場合以外、薄板軽量形鋼として対をなす2面を構造用合板等にそれぞれ緊結し、座屈に対して有効に補強された場合以外及び第五号の規定に基づき当該圧縮材の弾性座屈強度を固有値解析等の手法によって計算した場合以外の場合にあって、令第96条に規定する圧縮の材料強度の数値の0.45倍の数値を超える場合においては、当該数値を圧縮材の座屈の材料強度の数値としなければならない。

圧縮材の一般化有効細長比	圧縮材の座屈の材料強度（単位　N/mm²）
$c\lambda \leqq 1.3$ の場合	$(1 - 0.24\,c\lambda^2)F$
$c\lambda > 1.3$ の場合	$\dfrac{1}{c\lambda^2}F$

この表において、F 及び $c\lambda$ は、それぞれ次の数値を表すものとする。

F　平成12年建設省告示第2464号第3に規定する基準強度（単位　N/mm²）

$c\lambda$　次の式によって計算した軸方向力に係る一般化有効細長比

$$c\lambda = \sqrt{\dfrac{F}{\sigma c}}$$

（この式において、σc は、第五号ロに規定する圧縮材の弾性座屈強度を表すものとする。）

ロ　曲げ材の座屈の材料強度は、前号ロに規定する短期に生ずる力に対する曲げ材の座屈の

許容応力度の数値としなければならない。

ハ　曲げ材のウェブのせん断に対する座屈の材料強度は、前号ハに規定する短期に生ずる力に対する曲げ材のウェブの座屈の許容応力度の数値としなければならない。

ニ　薄板軽量形鋼の支圧の材料強度は、前号ニに規定する短期に生ずる力に対する支圧の許容応力度の数値としなければならない。

ホ　ドリリングタッピンねじを用いた接合部におけるドリリングタッピンねじの軸断面に対する引張り及びせん断の材料強度は、それぞれ前号ホに規定する長期に生ずる力に対する許容応力度の3倍の数値としなければならない。

五　第二号に規定する有効断面の面積、第三号に規定する許容応力度及び前号に規定する材料強度の計算に用いる弾性座屈強度は、当該薄板軽量形鋼の断面形状及び周囲の部材との接合並びに座屈又は横座屈に対して補強された状況等に基づき、固有値解析等の手法によって計算するものとする。ただし、第2第二号の表に規定する断面形状その他これらに類する断面形状の薄板軽量形鋼の弾性座屈強度にあっては、次のイからニまでに定めるところによることができる。

イ　第二号に規定する有効断面の面積の計算に用いる板要素の弾性座屈強度は、次に掲げる式によって計算した数値とする。

$$\sigma p = k \pi^2 E \frac{\left(\dfrac{t}{b}\right)^2}{12(1-\nu^2)}$$

この式において、k、E、t、b及びνは、それぞれ次の数値を表すものとする。

k　次の表に掲げる板要素の位置に応じた座屈係数

板　要　素　の　位　置	座屈係数
圧縮を受ける軽角形鋼、リップ溝形鋼及びリップZ形鋼のフランジ及びウェブ	4.0
圧縮を受ける軽溝形鋼のフランジ並びに圧縮を受けるリップ溝形鋼及びリップZ形鋼のリップ	0.425
曲げを受けるウェブ	8.98

E　ヤング係数（単位　N/mm²）

t　板要素の厚さ（単位　mm）

b　板要素の幅（単位　mm）

ν　ポアソン比

ロ　第三号イに規定する圧縮材の座屈の許容応力度の計算に用いる圧縮材の弾性座屈強度は、次の表に掲げる数値によるものとする。

断　面　形　状	圧縮材の弾性座屈強度 （単位　N/mm²）
軽角形鋼その他これに類する閉鎖形断面（板要素を構造	

(1)	用合板等に緊結し、ねじりに対して有効に補強された場合における(2)又は(3)のいずれかに該当する断面を含む。)	σf
(2)	二軸対称断面（(1)項に該当するものを除く。）及び軽Z形鋼その他これに類する点対称断面	min[σf, σt]
(3)	軽溝形鋼その他これに類する一軸対称断面	min[σf, σft]

　この表において、σf、σt及びσftは、座屈の種類に応じてそれぞれ次の表の(1)項、(2)項及び(3)項に規定する圧縮材の弾性座屈強度の数値を表すものとする。

座　屈　の　種　類	圧縮材の弾性座屈強度（単位　N/mm²）
(1)　弾性曲げ座屈	$\dfrac{\pi^2 E}{(lk/i)^2}$
(2)　弾性ねじり座屈	$\dfrac{GJ + \pi^2 E\, Cw/lt^2}{A\, ro^2}$
(3)　弾性曲げねじり座屈	$\dfrac{\dfrac{\pi^2 E}{(lkx/ix)^2} \cdot \dfrac{GJ + \pi^2 E\, Cw/lt^2}{A\, ro^2}}{\dfrac{\pi^2 E}{(lkx/ix)^2} + \dfrac{GJ + \pi^2 E\, Cw/lt^2}{A\, ro^2}}$

　この表において、E、lk、i、G、J、Cw、lt、A、ro及びlkxは、それぞれ次の数値を表すものとする。

　E　　ヤング係数（単位　N/mm²）

　lk　　弾性曲げ座屈に対する有効座屈長さ（単位　mm）

　i　　弾性曲げ座屈が生ずる軸に対する断面二次半径（単位　mm）

　G　　圧縮材のせん断弾性係数（単位　N/mm²）

　J　　圧縮材のサンブナンねじり定数（単位　mm⁴）

　Cw　圧縮材の曲げねじり定数（単位　mm⁶）

　lt　　弾性ねじり座屈に対する有効座屈長さ（単位　mm）

　A　　圧縮材の断面積（単位　mm²）

　ro　　次に定める式によって計算した数値（単位　mm）

$$ro = \sqrt{ix^2 + iy^2 + xo^2}$$

> この式において、ix、iy及びxoは、それぞれ次の数値を表すものとする。
>
> 　ix　　強軸周りの断面二次半径（単位　mm）
>
> 　iy　　弱軸周りの断面二次半径（単位　mm）
>
> 　xo　　圧縮材の断面における重心とせん断中心間の距離（単位　mm）

　lkx　強軸周りの弾性曲げ座屈に対する有効座屈長さ（単位　mm）

　ハ　第三号ロに規定する曲げ材の座屈の許容応力度の計算に用いる曲げ材の弾性座屈強度は、次の表の(1)項及び(2)項に掲げる当該曲げ材の断面形状に応じて得られた数値とする。

断　面　形　状	曲げ材の弾性座屈強度（単位　N/mm²）
(1) 軽角形鋼その他これに類する二軸対称断面及び軽溝形鋼その他これに類する一軸対称断面	$\dfrac{C\,rl\,A}{Zm}\sqrt{\dfrac{\pi^2 E}{(lkn\diagup in)^2}\cdot\dfrac{GJ+\pi^2 E\,Cw\diagup lt^2}{A\,ro^2}}$
(2) 軽Z形鋼その他これに類する点対称断面	(1)項に掲げる曲げ材の弾性座屈強度を2で除した数値

　この表において、C、rl、A、Zm、E、lkn、in、G、J、Cw、lt 及び ro は、それぞれ次の数値を表すものとする。

　C　次の式によって計算した修正係数（2.3を超える場合には2.3とし、補剛区間内の曲げモーメントが M₁ より大きい場合には1とする。）

$$C = 1.75 + 1.05\left(\frac{M_2}{M_1}\right) + 0.3\left(\frac{M_2}{M_1}\right)^2$$

　　　この式において、M₂ 及び M₁ は、それぞれ座屈区間端部における小さい方及び大きい方の強軸周りの曲げモーメントを表すものとし、M₂／M₁は、当該曲げモーメントが複曲率となる場合には正と、単曲率となる場合には負とするものとする。

　rl　次に定める式によって計算した数値

$$rl = \sqrt{im^2 + in^2 + xl^2}$$

　　　この式において、im、in 及び xl は、それぞれ次の数値を表すものとする。

　　　im　曲げ材の曲げを受ける軸に対する断面二次半径（単位　mm）
　　　in　曲げ材の曲げを受ける軸に直交する軸に対する断面二次半径（単位　mm）
　　　xl　曲げ材の曲げを受ける軸上における断面の重心とせん断中心との間の距離（単位　mm）

　A　薄板軽量形鋼の断面積（単位　mm²）

　Zm　曲げを受ける軸に対する断面係数（単位　mm³）

　E　ヤング係数（単位　N/mm²）

　lkn　横座屈補剛間隔（構造用合板等が有効な横補剛として圧縮側となる断面に接合する場合にあっては、当該接合に用いる材料の種類及び接合方法の実況による数値）（単位　mm）

　in　曲げ材の曲げを受ける軸に直交する軸に対する断面二次半径（単位　mm）

　G　曲げ材のせん断弾性係数（単位　N/mm²）

　J　曲げ材のサンブナンねじり定数（単位　mm⁴）

　Cw　曲げ材の曲げねじり定数（単位　mm⁶）

　lt　ねじれに対する有効座屈長さ（単位　mm）

　ro　ロの表に規定する ro（単位　mm）

二　第三号ハに規定する曲げ材のウェブのせん断に対する座屈の許容応力度の計算に用いる曲げ材のウェブの弾性座屈強度は、次の式によって計算した数値とする。

$$\sigma s = 5.34 \pi^2 E \frac{\left(\frac{t}{h}\right)^2}{12(1-\nu^2)}$$

この式において、σs、E、t、h 及び ν は、それぞれ次の数値を表すものとする。

　σs　曲げ材のウェブの弾性座屈強度（単位　N/mm^2）

　E　ヤング係数（単位　N/mm^2）

　t　曲げ材のウェブの厚さ（単位　mm）

　h　曲げ材のウェブの幅（単位　mm）

　ν　ポアソン比

〔平成14年5月27日国土交通省告示第464号〕
コンクリート充填鋼管造の建築物又は建築物の構造部分の構造方法に関する安全上必要な技術的基準を定める件

最終改正　平成19年5月18日国土交通省告示第610号

建築基準法施行令（昭和25年政令第338号）第80条の2第一号の規定に基づき、コンクリート充填鋼管造の建築物又は建築物の構造部分の構造方法に関する安全上必要な技術的基準を第1から第9までに定め、及び同令第36条第1項の規定に基づき、コンクリート充填鋼管造の建築物又は建築物の構造部分の構造方法に関する安全上必要な技術的基準のうち耐久性等関係規定を第10に、同条第2項第一号の規定に基づき、同令第81条第2項第一号イに規定する保有水平耐力計算によって安全性を確かめる場合に適用を除外することができる技術的基準を第11にそれぞれ指定する。

第1　適用の範囲

　　コンクリート充填鋼管造の建築物又は建築物の構造部分の構造方法は、建築基準法施行令（以下「令」という。）第3章第5節の規定（令第65条（柱に係る規定に限る。）を除く。）によらなければならない。

第2　材料

　　鋼管に充填するコンクリートの材料は、次に定めるところによらなければならない。

一　骨材、水及び混和材料は、鋼材及び鉄筋をさびさせ、又はコンクリートの凝結及び硬化を妨げるような酸、塩、有機物又は泥土を含まないこと。

二　骨材は、鉄筋相互間及び鉄筋と鋼管との間を容易に通る大きさであること。

三　骨材は、適切な粒度及び粒形のもので、かつ、当該コンクリートに必要な強度、耐久性及び耐火性が得られるものであること。

2　コンクリートを充填する鋼管は、コンクリートの充填により著しい変形、損傷その他の耐力上の欠点が生じないものとしなければならない。

第3　鋼管に充填するコンクリートの強度

　　鋼管に充填するコンクリートの強度は、設計基準強度（設計に際し採用する圧縮強度をいう。以下同じ。）との関係において昭和56年建設省告示第1102号第1の規定に適合するものとしな

ければならない。

2　前項に規定する設計基準強度は、24N/mm² 以上としなければならない。

3　第1項に規定するコンクリートの強度を求める場合においては、昭和56年建設省告示第1102号第2各号に掲げる強度試験によらなければならない。

4　鋼管に充塡するコンクリートは、打上りが均質で密実になり、かつ、必要な強度が得られるようにその調合及び充塡方法を定めなければならない。

第4　コンクリートの充塡

コンクリートの充塡と打継ぎは、次に定めるところによらなければならない。

一　コンクリートは、一度に高さ8mを超えて充塡しないこと。ただし、実況に応じた試験によって、鋼管にコンクリートが密実に、かつ、すき間なく充塡されること及び鋼管に充塡するコンクリートが必要な強度となることが確認された場合は、この限りでない。

二　コンクリートの打継ぎをする部分は、柱とはりの仕口から30cm以上の間隔をあけた部分とし、当該打継ぎ部分に径10mm以上20mm以下の水抜き孔を設置すること。ただし、鋼管に充塡するコンクリートへの高い流動性を有するコンクリートの使用その他の有効な打継ぎ部分に空隙等の構造耐力上支障となる欠陥が生じないための措置を講ずる場合は、この限りでない。

第5　鋼管に充塡するコンクリートの養生

鋼管に充塡するコンクリートの養生は、次に定めるところによらなければならない。

一　コンクリートの打込み中及び打込み後5日間は、コンクリートの温度が2度を下らないようにし、かつ、乾燥、震動等によってコンクリートの凝結及び硬化が妨げられないように養生すること。ただし、コンクリートの凝結及び硬化を促進するための特別の措置を講ずる場合は、この限りでない。

二　コンクリートを充塡する鋼管のうち既にコンクリートが充塡されている部分と周囲の部材とを溶接接合する場合においては、溶接することによる加熱の影響によりコンクリートが必要な強度となることが妨げられないようにすること。

2　加熱養生を行う場合は、コンクリートの最高温度を70度以下とし、急激な温度の上昇及び下降を行わないようにしなければならない。ただし、実況に応じた強度試験によって、加熱養生をしたコンクリートが必要な強度となることが確認された場合は、この限りでない。

第6　コンクリートを充塡する鋼管の接合

コンクリートを充塡する鋼管相互又は当該鋼管と周囲の部材との接合は、当該鋼管のうち既にコンクリートが充塡されている部分（あらかじめ遠心成形（遠心力を利用し、充塡するコンクリートが中空断面となるように成形する方法をいう。）によりコンクリートが充塡されている鋼管の部分を除く。）以外の部分で行わなければならない。この場合において、コンクリートを充塡する鋼管相互又は当該鋼管と周囲の部材とを溶接接合する場合は、当該鋼管のうち既にコンクリートが充塡されている部分から30cm以上離れた部分又は溶接することによる加熱の影響により当該鋼管に著しい変形、損傷その他の耐力上の欠点が生じない部分で行わなければならない。

第7　柱の構造

構造耐力上主要な部分である柱の小径に対する座屈長さの比は12以下としなければならな

い。

2　コンクリートを充填する鋼管は、厚さ12mm以上とし、鋼管の断面形状に応じて次に定めるところによらなければならない。

　一　円形断面　鋼管に使用する鋼材の厚さに対する鋼管の径の比が50以下であること。

　二　角形断面　鋼管に使用する鋼材の厚さに対する幅の比が34以下であること。

3　柱に用いる鋼管の内部に鉄筋を使用する場合は、令第73条の規定によらなければならない。

4　柱に用いる鋼管は、次に定めるところにより蒸気抜き孔を設けなければならない。ただし、コンクリートの発熱を抑えるための措置を講ずる場合又は次に定めるところと同等以上に有効な鋼管内の蒸気を抜くための措置を講ずる場合は、この限りでない。

　一　径10mm以上20mm以下の蒸気抜き孔を柱頭及び柱脚の部分に、かつ、同じ高さに柱の中心に対して均等に2箇所設置すること。

　二　蒸気抜き孔を垂直方向の距離で5m以下の間隔で設置すること。

第8　はりの構造

　構造耐力上主要な部分であるはりは、鉄骨造又は鉄骨鉄筋コンクリート造としなければならない。

第9　柱とはりの仕口の構造

　コンクリート充填鋼管造の柱とはりの仕口は、次に定めるところによらなければならない。

　一　柱に用いる鋼管には、ダイアフラムの設置その他これに類する有効な柱とはりとの存在応力を伝達するための補強を行うこと。

　二　ダイアフラムを柱に用いる鋼管の内側に設ける場合その他コンクリートが密実に、かつ、すき間なく柱に用いる鋼管に充填されないおそれがある場合にあっては、次に定めるところによること。ただし、次に定めるところと同等以上に有効なコンクリートが密実に、かつ、すき間なく充填されるための措置を講ずる場合は、この限りでない。

　　イ　鋼管に充填するコンクリートに高い流動性を有するコンクリートを使用すること。

　　ロ　ダイアフラムに鋼管内の空気を抜くための孔を設置すること。

第10　耐久性等関係規定の指定

　令第36条第1項に規定する耐久性等関係規定として、第2第1項、第3、第4並びに第5第1項第一号及び第2項に定める安全上必要な技術的基準を指定する。

第11　令第36条第2項第一号の規定に基づく技術的基準の指定

　令第36条第2項第一号の規定に基づき、令第81条第2項第一号イに規定する保有水平耐力計算によって安全性を確かめる場合に適用を除外することができる技術的基準として、第7第1項及び第2項（鋼管の実況を考慮し鋼管に充填されたコンクリートに対する鋼管の拘束効果を低減した構造計算によって安全性が確かめられた場合に限る。）並びに第8に定める技術的基準を指定する。

〔平成13年６月12日国土交通省告示第1025号〕
壁式ラーメン鉄筋コンクリート造の建築物又は建築物の構造部分の構造方法に関する安全上必要な技術的基準を定める等の件

最終改正　平成19年５月18日国土交通省告示第602号

建築基準法施行令（昭和25年政令第338号）第80条の２第一号の規定に基づき、壁式ラーメン鉄筋コンクリート造の建築物又は建築物の構造部分の構造方法に関する安全上必要な技術的基準を第１から第12までに定め、同令第36条第１項の規定に基づき、壁式ラーメン鉄筋コンクリート造の建築物又は建築物の構造部分の構造方法に関する安全上必要な技術的基準のうち耐久性等関係規定を第13に指定し、並びに同令第81条第２項第一号イの規定に基づき、壁式ラーメン鉄筋コンクリート造の建築物又は建築物の構造部分の構造計算が、第８から第12までに適合する場合においては、当該構造計算は、同条第２項第一号イに規定する保有水平耐力計算と同等以上に安全性を確かめることができるものと認める。

第１　適用の範囲等

　壁式ラーメン鉄筋コンクリート造の建築物又は建築物の構造部分の構造方法は、建築基準法施行令（以下「令」という。）第３章第６節に定めるところによるほか、次に定めるところによる。

一　地階を除く階数が15以下で、かつ、軒の高さが45ｍ以下とすること。

二　けた行方向のそれぞれの架構が剛節架構であること。

三　張り間方向のそれぞれの架構が最下階から最上階まで連続している耐力壁（以下「連層耐力壁」という。）による壁式構造又は剛節架構のいずれかのみであること。ただし、張り間方向の架構が剛節架構の場合にあっては、１階の外壁となる場合を除き、地上２階及びそれ以上の階に連続して耐力壁を設けたものとすることができる。

四　張り間方向の耐力壁線の数は４以上、かつ、剛節架構線の数は耐力壁線の数未満とすること。

五　耐力壁線の間にある剛節架構線の数は２以下とすること。

六　建築物の平面形状及び立面形状は、長方形その他これらに類する形状とすること。

七　構造耐力上主要な部分を、プレキャスト鉄筋コンクリートで造られた部分を含む構造とする場合にあっては、プレキャスト鉄筋コンクリートで造られた部材相互又はプレキャスト鉄筋コンクリートで造られた部材と現場打ち鉄筋コンクリートで造られた部材の接合部は、その部分の存在応力を伝えるとともに、必要な剛性及び靱性を有するよう緊結すること。

第２　コンクリート及びモルタルの強度

一　コンクリート及びモルタルの設計基準強度は、これらを構造耐力上主要な部分に使用する場合にあっては、21 N/mm²以上としなければならない。

二　モルタルの強度は、令第74条（第１項第一号を除く。）及び昭和56年建設省告示第1102号の規定を準用する。

第３　鉄筋の種類

　構造耐力上主要な部分に使用する鉄筋のうち、柱の主筋及び帯筋、はりの主筋及びあばら筋

並びに耐力壁の鉄筋にあっては、丸鋼を用いてはならない。

第4　けた行方向の構造

一　構造耐力上主要な部分である柱は、次のイからニまで（張り間方向の剛節架構を構成する柱にあっては、イからハまでを除く。）に定める構造としなければならない。

イ　張り間方向の小径は、30 cm 以上とし、かつ、けた行方向の小径は、3 m 以下とすること。

ロ　すみ柱及び外壁である連層耐力壁に接着する柱を除き、けた行方向の小径は、張り間方向の小径の2倍以上かつ5倍以下（地上部分の最下階を除く柱においては2倍以上かつ8倍以下）とすること。

ハ　各階の柱の小径をその上に接する柱の小径より小さくしないこと。

ニ　地上部分の各階の柱の水平断面積の和は、最下階のものについては次の(1)の式に、それ以外の階のものについては次の(2)の式に、それぞれ適合すること。

(1)　$\Sigma Ac \geqq 25 \alpha c \, Z \, N \, Si \, \beta$

(2)　$\Sigma Ac \geqq 18 \alpha c \, Z \, N \, Si \, \beta$

> この式において、Ac、αc、Z、N、Si 及び β は、それぞれ次の数値を表すものとする。
>
> 　Ac　当該階の柱の水平断面積（単位　cm^2）
>
> 　αc　張り間方向の耐力壁線の数に応じた次の数値
>
> 　　　耐力壁線の数が4の場合　　　1.125
>
> 　　　耐力壁線の数が5以上の場合　1.0
>
> 　Z　令第88条第1項に規定する Z の数値
>
> 　N　当該建築物の地上部分の階数
>
> 　Si　当該階の床面積（単位　m^2）
>
> 　β　コンクリートの設計基準強度による低減係数として、21 を使用するコンクリートの設計基準強度（単位　N/mm^2）で除した数値の平方根の数値（当該数値が21 を 36 で除した数値の平方根の数値未満のときは、21 を 36 で除した数値の平方根の数値）

二　構造耐力上主要な部分であるはりは、次のイ及びロに定める構造としなければならない。

イ　幅は、30 cm 以上とすること。

ロ　丈は、50 cm 以上とし、かつ、はりの長さ（はりに相隣って接着する2つの柱がそのはりに接着する部分間の距離をいう。）の $\frac{1}{2}$ 以下とすること。

三　柱の張り間方向の小径は、その柱に接着するけた行方向のはりの幅以上としなければならない。

第5　張り間方向の構造

一　耐力壁は、次のイからハまでに定める構造としなければならない。

イ　厚さは、15 cm 以上とすること。

ロ　両端を柱に緊結して設けること。

ハ　地上部分の各階の耐力壁の水平断面積は、最下階のものについては次の(1)の式に、それ以外の階のものについては、次の(2)の式にそれぞれ適合すること。

(1)　$\Sigma Aw \geqq 20 Z N Si \beta$

(2)　$\Sigma Aw \geqq 15 Z N Si \beta$

> この式において、Aw、Z、N、Si 及び β は、それぞれ次の数値を表すものとする。
>
> 　Aw　当該階の耐力壁の水平断面積（単位　cm^2）
>
> 　Z　　第4第一号ニに定める Z の数値
>
> 　N　　第4第一号ニに定める N の数値
>
> 　Si　　第4第一号ニに定める Si の数値
>
> 　β　　第4第一号ニに定める β の数値

二　1つの耐力壁線が複数の連層耐力壁によりなる場合にあっては、連層耐力壁間相互は、耐力壁の厚さ以上の幅を有するはりにより連結するとともに、当該はりに相隣って接着する2つの柱のけた行方向の小径は、当該耐力壁の厚さ以上としなければならない。

三　剛節架構を構成する構造耐力上主要な部分である柱及びはりは、次のイからハまでに定める構造としなければならない。

　イ　柱は、第4第一号イ及びハの規定を満たすこと。

　ロ　はりは、第4第二号の規定を満たすこと。

　ハ　柱のけた行方向の小径は、その柱に接着する張り間方向のはりの幅以上とすること。

第6　床版及び屋根版の構造

　構造耐力上主要な部分である床版及び屋根版は、次の各号に定める構造としなければならない。

一　鉄筋コンクリート造とすること。

二　水平力によって生ずる力を構造耐力上有効に柱、はり及び耐力壁（最下階の床版にあっては、布基礎又は基礎ばり）に伝えることができる剛性及び耐力を有する構造とすること。

三　厚さは、13 cm 以上とすること。

第7　基礎ばり

　基礎ばり（べた基礎及び布基礎の立上り部分を含む。以下同じ。）は、一体の鉄筋コンクリート造（2以上の部材を組み合わせたもので、部材相互を緊結したものを含む。）としなければならない。

第8　層間変形角

　壁式ラーメン鉄筋コンクリート造の建築物又は建築物の構造部分の構造計算をするに当たっては、壁式ラーメン鉄筋コンクリート造の建築物又は建築物の構造部分の地上部分について、令第88条第1項に規定する地震力（以下「地震力」という。）によって各階に生ずる水平方向の層間変位の当該各階の高さに対する割合が $\dfrac{1}{200}$ 以内であることを確かめなければならない。

第9　剛性率及び偏心率

　壁式ラーメン鉄筋コンクリート造の建築物又は建築物の構造部分の構造計算をするに当たっては、第8の規定によるほか、壁式ラーメン鉄筋コンクリート造の建築物又は建築物の構造部分の地上部分について、令第82条の6第二号イ及びロに定めるところによる各階（最上階を除く。）の剛性率及び偏心率の計算を行わなければならない。この場合において、同条第二号ロ中「$\dfrac{15}{100}$」とあるのは、「$\dfrac{45}{100}$」と読み替えて計算を行うものとする。

第10　保有水平耐力

　　壁式ラーメン鉄筋コンクリート造の建築物又は建築物の構造部分の構造計算をするに当たっ
　ては、第8及び第9の規定によるほか、壁式ラーメン鉄筋コンクリート造の建築物又は建築物
　の構造部分の地上部分について、次のイからホまでに定めるところによらなければならない。
　イ　令第3章第8節第4款に規定する材料強度によって各階の水平力に対する耐力（以下「保
　　有水平耐力」という。）を計算すること。
　ロ　地震力に対する各階の必要保有水平耐力を次の式によって計算すること。

　　　　Qun = Ds Fe Qud

　　　　この式において、Qun、Ds、Fe及びQudはそれぞれ、次の数値を表すものとする。
　　　　Qun　各階の必要保有水平耐力
　　　　Ds　　各階の構造特性を表すものとして、建築物の構造耐力上主要な部分の構造方
　　　　　　　法に応じた減衰性及び各階の靱性を考慮してニに定めるところにより算出した
　　　　　　　数値
　　　　Fe　　各階の形状特性を表すものとして、各階の偏心率に応じて、ホに定める方法
　　　　　　　により算出した数値
　　　　Qud　令第88条第1項及び第3項に規定する地震力によって各階に生ずる水平力
　ハ　イの規定によって計算した保有水平耐力が、ロの規定によって計算した必要保有水平耐
　　力以上であることを確かめること。
　ニ　ロに定める建築物の各階のDsは、次の表1及び表2に掲げる数値以上の数値を用いる
　　ものとする。ただし、当該建築物の構造耐力上主要な部分の構造方法に応じた減衰性及び
　　当該階の靱性を適切に評価して算出できる場合においては当該算出によることができる。

表1　（張り間方向）

架 構 の 性 状		張り間方向のDs
(1)	架構を構成する部材に生ずる力に対してせん断破壊その他の耐力が急激に低下する破壊が著しく生じ難いこと等のため、塑性変形の度が特に高いもの	0.4
(2)	(1)に掲げるもの以外のもので、架構を構成する部材に生ずる力に対して、せん断破壊その他の耐力が急激に低下する破壊が生じ難いこと等のため、塑性変形の度が高いもの	0.45
(3)	(1)及び(2)に掲げるもの以外のもので、架構を構成する部材に生ずる力に対して、当該部材にせん断破壊が生じないこと等のため、耐力が急激に低下しないもの	0.5
(4)	(1)、(2)及び(3)に掲げる以外のもの	0.6

表2　(けた行方向)

架　構　の　性　状		地上階数	けた行方向の Ds
(1)	架構を構成する部材に生ずる力に対してせん断破壊その他の耐力が急激に低下する破壊が著しく生じ難いこと等のため、塑性変形の度が特に高いもの	5まで	0.4
		6から8まで	0.35
		9	0.34
		10	0.33
		11	0.32
		12から15まで	0.3
(2)	(1)に掲げるもの以外のもので、架構を構成する部材に生ずる力に対して、せん断破壊その他の耐力が急激に低下する破壊が生じ難いこと等のため、塑性変形の度が高いもの	5まで	(1)の数値にそれぞれ0.05を加えた数値
		6から8まで	
		9	
		10	
		11	
		12から15まで	
(3)	(1)及び(2)に掲げるもの以外のもので、架構を構成する部材に生ずる力に対して当該部材に、せん断破壊が生じないこと等のため、耐力が急激に低下しないもの	5まで	(1)の数値にそれぞれ0.1を加えた数値
		6から8まで	
		9	
		10	
		11	
		12から15まで	

ホ　ロに定める建築物の各階の Fe は、当該階について、第9の規定による偏心率に応じた次の表に掲げる数値以上の数値を用いるものとする。

偏　心　率		Fe の数値
(1)	0.15 以下の場合	1.0
(2)	0.15 を超えて 0.45 未満の場合	(1)と(3)とに掲げる数値を直線的に補間した数値
(3)	0.45 以上の場合	2.0

第11　靱性の確保

けた行方向の架構については、構造計算によって、第10イに定める保有水平耐力を計算するに当たっての各部に生ずる力に対して、特定の階の層間変位が急激に増加するおそれがないことを確かめなければならない。

第12　その他の計算

令第82条及び第82条の4に定める計算を行うこと。

第13 耐久性等関係規定の指定

　　令第36条第1項に規定する耐久性等関係規定として、第2第一号及び第3に定める安全上必要な技術的基準を指定する。

　　附　則

1　（略）

2　昭和62年建設省告示第1598号は、廃止する。

〔平成13年6月12日国土交通省告示第1026号〕
壁式鉄筋コンクリート造の建築物又は建築物の構造部分の構造方法に関する安全上必要な技術的基準を定める件

　　　　　　　　最終改正　令和元年6月25日国土交通省告示第203号

　　建築基準法施行令（昭和25年政令第338号）第80条の2第一号の規定に基づき、壁式鉄筋コンクリート造の建築物又は建築物の構造部分の構造方法に関する安全上必要な技術的基準を第1から第8までに定め、第36条第1項の規定に基づき、壁式鉄筋コンクリート造の建築物又は建築物の構造部分の構造方法に関する安全上必要な技術的基準のうち耐久性等関係規定を第9に、同条第2項第一号の規定に基づき、同令第81条第2項第一号イに規定する保有水平耐力計算によって安全性を確かめる場合に適用を除外することができる技術的基準を第10に、それぞれ指定する。

第1　適用の範囲等

　　壁式鉄筋コンクリート造の建築物又は建築物の構造部分の構造方法は、建築基準法施行令（以下「令」という。）第3章第6節に定めるところによるほか、次に定めるところによる。

一　地階を除く階数が5以下で、かつ、軒の高さは20m以下とすること。

二　壁式鉄筋コンクリート造の建築物の構造部分を有する階の階高（床版の上面からその直上階の床版の上面（最上階又は階数が1の建築物にあっては、構造耐力上主要な壁と屋根版が接して設けられる部分のうち最も低い部分における屋根版の上面）までの高さをいう。）は3.5m以下とすること。

三　平成19年国土交通省告示第593号第二号イを満たすものであること。

四　構造耐力上主要な部分を、プレキャスト鉄筋コンクリートで造られた部分を含む構造とする場合にあっては、プレキャスト鉄筋コンクリートで造られた部材相互又はプレキャスト鉄筋コンクリートで造られた部材と現場打ち鉄筋コンクリートで造られた部材の接合部（以下「接合部」という。）は、その部分の存在応力を伝えることができるものとすること。

第2　コンクリート及びモルタルの強度

一　コンクリート及びモルタルの設計基準強度は、これらを構造耐力上主要な部分に使用する場合にあっては18N/mm²以上としなければならない。

二　モルタルの強度は、令第74条（第1項第一号を除く。）及び昭和56年建設省告示第1102号の規定を準用する。

第3　接合部に使用する構造用鋼材の品質

接合部に使用する構造用鋼材は、日本産業規格(以下「JIS」という。)G3101(一般構造用圧延鋼材)-2004、JIS G3106(溶接構造用圧延鋼材)-2004若しくは JIS G3136(建築構造用圧延鋼材)-1994に適合するもの又はこれらと同等以上の品質を有するものとしなければならない。

第4　基礎ばり

基礎ばり(べた基礎及び布基礎の立上り部分を含む。以下第5において同じ。)は、一体の鉄筋コンクリート造(2以上の部材を組み合わせたもので、部材相互を緊結したものを含む。)としなければならない。

第5　床版及び屋根版の構造

構造耐力上主要な部分である床版及び屋根版は、鉄筋コンクリート造とし、かつ、水平力によって生ずる力を構造耐力上有効に耐力壁及び壁ばり(最下階の床版にあっては、基礎ばり)に伝えることができる剛性及び耐力をもった構造としなければならない。

第6　耐力壁

一　耐力壁は、釣り合い良く配置しなければならない。

二　各階の張り間方向及びけた行方向に配置する耐力壁の長さの合計を、それぞれの方向につき、その階の床面積で除した数値(以下「壁量」という。)は、次の表1(壁式プレキャスト鉄筋コンクリート造の建築物又は建築物の構造部分にあっては表2)に掲げる数値以上としなければならない。

表1

階		数値(単位　cm/m²)
地上階	最上階から数えた階数が4及び5の階	15
	その他の階	12
地　階		20

表2

階		数値(単位　cm/m²)
地上階	地階を除く階数が4及び5の建築物の各階	15
	地階を除く階数が1から3までの建築物の各階	12
地　階		20

三　次のイからハまでに該当する場合にあっては、前号表1(壁式プレキャスト鉄筋コンクリート造の建築物又は建築物の構造部分にあっては表2)に掲げる数値から5を減じた数値を限度として、イからハまでのそれぞれに掲げる数値を前号表1(壁式プレキャスト鉄筋コンクリート造の建築物又は建築物の構造部分にあっては表2)に乗じた数値とすることができる。

イ　耐力壁の厚さが第五号イの表1(壁式プレキャスト鉄筋コンクリート造の建築物又は建築物の構造部分にあっては表2)に掲げる数値を超える場合　第五号イの表1(壁式プレキャスト鉄筋コンクリート造の建築物又は建築物の構造部分にあっては表2)の数値に耐力壁の長さの合計を乗じた数値を、耐力壁の厚さに当該耐力壁の長さの合計を乗じた数値

の和で除した数値

ロ　令第88条第1項に規定するZの数値（以下「Zの数値」という。）が1未満の地域の場合　Zの数値

ハ　耐力壁に使用するコンクリートの設計基準強度が18N/mm²を超える場合　18を使用するコンクリートの設計基準強度（単位　N/mm²）で除した数値の平方根の数値（当該数値が$\frac{1}{2}$の平方根の数値未満のときは、$\frac{1}{2}$の平方根の数値）

四　壁式プレキャスト鉄筋コンクリート造の建築物又は建築物の構造部分の耐力壁の中心線により囲まれた部分の水平投影面積は、60m²以下としなければならない。ただし、令第82条第一号から第三号までに定める構造計算によって構造耐力上安全であることが確かめられた場合においては、この限りでない。

五　耐力壁は、次のイからハまでに定める構造としなければならない。。

イ　耐力壁の厚さは、次の表1（壁式プレキャスト鉄筋コンクリート造の建築物又は建築物の構造部分にあっては表2）に掲げる数値以上とすること。ただし、令第82条第一号から第三号までに定める構造計算によって構造耐力上安全であることが確かめられた場合においては、当該計算に基づく数値（当該数値が12cm未満のときは、12cm）とすることができる。

表1

階			耐力壁の厚さ（単位　cm）
地上階	地階を除く階数が1の建築物		12
	地階を除く階数が2の建築物		15
	地階を除く階数が3以上の建築物	最上階	15
		その他の階	18
地　階			18

表2

階		耐力壁の厚さ（単位　cm）
地上階	最上階及び最上階から数えた階数が2の階	12
	その他の階	15
地　階		18

ロ　縦筋及び横筋の鉄筋比（耐力壁の壁面と直交する断面（縦筋にあっては水平断面、横筋にあっては鉛直断面）におけるコンクリートの断面積に対する鉄筋の断面積の和の割合をいう。以下この号において同じ。）は、それぞれ次の表1（壁式プレキャスト鉄筋コンクリート造の建築物又は建築物の構造部分にあっては表2）に掲げる数値以上とすること。ただし、令第82条第一号から第三号までに定める構造計算によって構造耐力上安全であることが確かめられた場合においては、当該計算に基づく数値（当該数値が0.15%（壁式プレキャスト鉄筋コンクリート造の建築物又は建築物の構造部分にあっては0.2%）未満のときは、

0.15％(壁式プレキャスト鉄筋コンクリート造の建築物又は建築物の構造部分にあっては0.2％))とすることができる。

表1

階			鉄筋比（単位　％）
地上階	地階を除く階数が1の建築物		0.15
	地階を除く階数が2以上の建築物	最上階	0.15
		最上階から数えた階数が2の階	0.2
		その他の階	0.25
地　階			0.25

表2

階			鉄筋比（単位　％）
地上階	地階を除く階数が2以下の建築物の各階		0.2
	地階を除く階数が3以上の建築物	最上階	0.2
		最上階から数えた階数が2及び3の階	0.25
		その他の階	0.3
地　階			0.3

　　ハ　プレキャスト鉄筋コンクリートで造られた耐力壁にあっては、その頂部及び脚部に径12mm以上の鉄筋を配置すること。

第7　壁ばりの構造

　　壁ばりは、次に定める構造としなければならない。

一　丈は45cm以上とすること。ただし、壁式鉄筋コンクリート造の建築物又は建築物の構造部分の地上部分について、令第82条第一号から第三号までに定める構造計算によって構造耐力上安全であることが確かめられた場合においては、この限りでない。

二　複筋ばりとすること。

三　主筋は、径12mm以上とすること。

四　あばら筋比（はりの軸を含む水平断面における1組のあばら筋の断面の中心を通る直線と、相隣り合う1組のあばら筋の断面の中心を通る直線とではさまれた部分のコンクリートの面積に対するあばら筋の断面積の和の割合をいう。）は、0.15％（壁式プレキャスト鉄筋コンクリート造の建築物又は建築物の構造部分にあっては0.2％）以上とすること。

第8　接合部の構造

　　接合部は、次に定める構造としなければならない。ただし、令第82条第一号から第三号までに定める構造計算によって構造耐力上安全であることが確かめられた場合においては、第一号の規定は適用しない。

一　耐力壁相互の鉛直方向の接合部は、ウェットジョイントによるものとし、径9mm以上の

コッター筋によって構造耐力上有効に接合することができるものとすること。

二　床版、屋根版、壁ばり及び耐力壁の水平方向の接合部は、その部分の存在応力を伝えることができるものとすること。

三　接合部に使用する鉄筋、金物等は、防錆上及び耐火上有効に被覆すること。

第9　耐久性等関係規定の指定

令第36条第1項に規定する耐久性等関係規定として、第2第一号及び第3に定める安全上必要な技術的基準を指定する。

第10　令第36条第2項第一号の規定に基づく技術的基準の指定

令第36条第2項第一号の規定に基づき、令第81条第2項第一号イに掲げる保有水平耐力計算によって安全性を確かめる場合に適用を除外することができる技術的基準として、第1第二号及び第三号（令第82条の2に規定する層間変形角が $\frac{1}{2,000}$ 以内である場合に限る。）、第2第一号（軽量骨材を使用する場合であって、令第82条の2に規定する層間変形角が $\frac{1}{2,000}$ 以内である場合に限る。）、第5、第6第二号（令第82条の2に規定する層間変形角が $\frac{1}{2,000}$ 以内である場合に限る。）並びに第7第二号及び第三号に定める技術的基準を指定する。

附　則

1　（略）

2　昭和58年建設省告示第1319号は、廃止する。

〔平成15年4月28日国土交通省告示第463号〕
鉄筋コンクリート組積造の建築物又は建築物の構造部分の構造方法に関する安全上必要な技術的基準を定める件

最終改正　令和元年6月25日国土交通省告示第203号

建築基準法施行令（昭和25年政令第338号）第80条の2第一号の規定に基づき、鉄筋コンクリート造の建築物又は建築物の構造部分で、特殊の構造方法によるものとして、鉄筋コンクリート組積造（組積ユニット（コンクリートブロック又はセラミックメーソンリーユニットで型わく状のものをいう。以下同じ。）を組積し、それらの空洞部に縦横に鉄筋を配置し、コンクリートを充填して一体化した構造をいう。以下同じ。）の建築物又は建築物の構造部分（以下「鉄筋コンクリート組積造の建築物等」という。）の構造方法に関する安全上必要な技術的基準を第1から第11までに定め、同令第36条第1項の規定に基づき、耐久性等関係規定を第12に、同条第2項第一号の規定に基づき、同令第81条第2項第一号イに規定する保有水平耐力計算によって安全性を確かめる場合に適用を除外することができる技術的基準を第13にそれぞれ指定し、同号イの規定に基づき、鉄筋コンクリート組積造の建築物等の構造計算が、第11第一号イ及びロ、第三号並びに第四号に適合する場合においては、当該構造計算は、同項第一号イに規定する保有水平耐力計算と同等以上に安全性を確かめることができるものと認め、同令第81条第2項第二号イの規定に基づき、鉄筋コンクリート組積造の建築物等の構造計算が、第11第一号及び第四号に適合する場合においては、当該構造計算は、同項第二号イに規定する許容応力度等計算と同等以上に安全性を確かめることができるものと認める。

第1　適用の範囲

　　鉄筋コンクリート組積造の建築物又は建築物の構造部分の構造方法は、建築基準法施行令（以下「令」という。）第3章第6節（第76条、第77条、第78条、第78条の2第1項第三号及び第79条の規定を除く。）に定めるところによるほか、第2から第11までに定めるところによる。

第2　階数等

　一　地階を除く階数は、3以下としなければならない。

　二　軒の高さは、12m以下としなければならない。

　三　鉄筋コンクリート組積造の建築物の構造部分を有する階の階高（床版の上面からその直上階の床版の上面(最上階又は階数が1の建築物にあっては、構造耐力上主要な壁と屋根版が接して設けられる部分のうち最も低い部分における屋根版の上面)までの高さをいう。）は、3.5m以下としなければならない。

第3　構造耐力上主要な部分に使用する充填コンクリートの設計基準強度及び構造耐力上主要な部分に使用する鉄筋の種類

　一　充填コンクリートは、18N/mm²以上の設計基準強度のものとしなければならない。

　二　鉄筋は、径9mm以上の異形鉄筋としなければならない。

第4　構造耐力上主要な部分に使用する組積ユニットの品質

　一　ひび割れ、きず、ひずみ等による耐力上の欠点がないものでなければならない。

　二　基本形組積ユニットにあっては、その形状は、次のイからへまでに定めるものとしなければならない。

　　イ　容積空洞率（組積ユニットの空洞部全体の容積を組積ユニットの外部形状容積（化粧を有するコンクリートブロックにあっては、その化粧の部分の容積を除く。）で除して得た数値を百分率で表したものをいう。）は、50%以上70%以下であること。

　　ロ　フェイスシェル（充填コンクリートの型わくとなる部分をいう。以下同じ。）の最小厚さは、25mm以上であること。

　　ハ　ウェブ（フェイスシェルを連結する部分をいう。以下同じ。）の形状は、組積した場合にコンクリートの充填に支障のないものであること。

　　ニ　ウェブの鉛直断面積の合計は、モジュール寸法（呼称寸法に目地厚さを加えたものをいう。以下同じ。）によるフェイスシェルの鉛直断面積の8%以上であること。

　　ホ　ウェブの中央部の高さは、モジュール寸法による組積ユニットの高さの65%以下であること。

　　へ　打込み目地組積ユニットにあっては、そのフェイスシェルの内端部の開先（隣接する組積ユニットにより形成される凹部をいう。以下同じ。）の幅は、8mm以上12mm以下、隣接する打込み目地組積ユニットのフェイスシェルの接触面の内端から内側に3mmの位置における開先の幅は3mm以上、奥行長さは10mm以上であること。ただし、高い流動性を有するコンクリートの使用その他の目地部にコンクリートを密実に充填するための有効な措置を講ずる場合は、この限りでない。

　三　前号（イ、ニ及びホを除く。）の規定は、異形組積ユニットについて準用する。

　四　圧縮強度は、コンクリートブロックにあっては20N/mm²以上、セラミックメーソンリーユニットにあっては40N/mm²以上としなければならない。

五　体積吸水率（表乾重量から絶乾重量を引いた数値を表乾重量から水中重量を引いた数値で除して得たものを百分率で表したものをいう。以下この号において同じ。）は、組積ユニットの種類に応じて、次の表に掲げる式によって計算した数値以下の数値としなければならない。

組積ユニットの種類	体積吸水率（単位　％）
コンクリートブロック	$20-\left(\dfrac{2\sigma}{5}-8\right)$
セラミックメーソンリーユニット	$20-\left(\dfrac{2\sigma}{5}-16\right)$
この表において、σは、圧縮強度（単位　N/mm^2）を表すものとする。	

六　フェイスシェルの吸水層（24時間以上浸したときに水が浸透する部分をいう。以下同じ。）の厚さは、当該フェイスシェルの厚さの$\dfrac{2}{3}$以下としなければならない。ただし、鉄筋と組積ユニットとの適当な間隔の保持その他の鉄筋のさび止めのための有効な措置を講ずる場合は、この限りでない。

七　外壁に用いるものにあっては、日本産業規格 A5406（建築用コンクリートブロック）-1994の透水性試験により測定された透水性は、1 m^{2}につき 200 ml/h 以下としなければならない。ただし、防水剤の塗布その他の建築物の内部に生ずる漏水を防止するための有効な措置を講ずる場合は、この限りでない。

第5　構造耐力上主要な部分に使用する鉄筋コンクリート組積体の設計基準強度

鉄筋コンクリート組積体は、18 N/mm^{2}以上の設計基準強度（打込み目地鉄筋コンクリート組積体（打込み目地組積ユニットを組積し、それらの空洞部にコンクリートを充填し、打込み目地部を形成して一体化したものをいう。以下同じ。）にあっては、等価設計基準強度（設計基準強度に打込み目地組積ユニットの厚さに対するその打込み目地部を含む水平断面における充填コンクリートの最大厚さの比を乗じて得た数値をいう。以下同じ。））のものとしなければならない。

第6　構造耐力上主要な部分に使用する鉄筋コンクリート組積体の構造

一　組積ユニットの空洞部は、コンクリートで密実に充填しなければならない。

二　組積ユニットは、その目地塗面の全部（打込み目地組積ユニットにあっては、床版、土台その他これらに類するものに接する部分に限る。）にモルタルが行きわたるように組積しなければならない。

三　異形組積ユニットを使用する場合は、基本形組積ユニットと組み合わせて使用しなければならない。

四　各空洞部に配置する鉄筋は、一方向につき2本以下としなければならない。ただし、鉄筋の実況に応じた引抜きに関する実験によって、これと同等以上に鉄筋に対する充填コンクリートの付着割裂が生じるおそれのないことが確かめられた場合にあっては、この限りでない。

五　継手及び定着に使用する部分にあっては、前号の規定にかかわらず、鉄筋を一方向につき

3本以上とすることができる。

第7　構造耐力上主要な部分である基礎ばりの構造

基礎ばり（べた基礎及び布基礎の立上り部分を含む。第8において同じ。）は、一体の鉄筋コンクリート造（2以上の部材を組み合わせたもので、これらの部材相互を緊結したものを含む。第8及び第9第八号において同じ。）としなければならない。ただし、鉄筋コンクリート組積造にあっては、フェイスシェルの吸水層の厚さが当該フェイスシェルの厚さの $\frac{2}{3}$ 以下であるコンクリートブロックを用いたもので、かつ、令第82条第一号から第三号までに定める構造計算を行い、構造耐力上安全であることが確かめられたものでなければならない。

第8　構造耐力上主要な部分である床版及び屋根版の構造

一　鉄筋コンクリート造としなければならない。

二　水平力によって生ずる力を構造耐力上有効に耐力壁及び壁ばり（建築物の最下階の床版にあっては、基礎ばり）に伝えることができる剛性及び耐力を有する構造としなければならない。

第9　耐力壁の構造

一　各地上階の耐力壁のうち計算しようとする方向に設けたものの水平断面積の和は、それぞれ次の式に適合するものとしなければならない。

$$\Sigma\,Aw \geq Z\,W\,Ai\,\beta$$

この式において、Aw、Z、W、Ai及び β は、次の数値を表すものとする。

Aw　当該階の耐力壁のうち計算しようとする方向に設けたものの水平断面積
（単位　mm²）

Z　令第88条第1項に規定するZの数値

W　令第88条第1項の規定により地震力を計算する場合における当該階が支える部分の固定荷重と積載荷重との和（令第86条第2項ただし書の規定により特定行政庁が指定する多雪区域においては、更に積雪荷重を加えるものとする。）（単位　N）

Ai　令第88条第1項に規定する当該階に係るAiの数値

β　鉄筋コンクリート組積体の設計基準強度（打込み目地鉄筋コンクリート組積体にあっては、等価設計基準強度）（単位　N/mm²）で18を除した数値の平方根（ $\frac{1}{2}$ の平方根未満のときは、 $\frac{1}{2}$ の平方根）

二　耐力壁は、釣合い良く配置しなければならない。

三　耐力壁の中心線により囲まれた部分の水平投影面積は、60 m² 以下としなければならない。ただし、令第82条第一号から第三号までに定める構造計算によって構造耐力上安全であることが確かめられた場合にあっては、この限りでない。

四　耐力壁の長さは、両端部の縦筋及び1以上の中間縦筋（両端部の縦筋以外の縦筋をいう。）を配置できる長さ（590 mm を超えるときは590 mm）以上としなければならない。

五　耐力壁の厚さは、鉛直方向の力に対する構造耐力上主要な支点間の鉛直距離を22で除して得た数値以上で、かつ、190 mm 以上としなければならない。ただし、令第82条第一号から第三号までに定める構造計算によって構造耐力上安全であることが確かめられた場合にあっては、120 mm 以上とすることができる。

六　耐力壁に用いる縦筋は、次のイからハまでに定めるものとしなければならない。

　イ　縦筋の鉄筋比（耐力壁の水平断面における鉄筋コンクリート組積体の断面積に対する縦筋の断面積の和の割合をいう。）は、0.2％以上とすること。ただし、令第82条第一号から第三号までに定める構造計算によって構造耐力上安全であることが確かめられた場合にあっては、0.15％以上とすることができる。

　ロ　縦筋の間隔は、モジュール寸法による組積ユニットの長さ以下で、かつ、400 mm以下とすること。

　ハ　両端部の縦筋の径は、階の区分に応じて次の表に掲げる数値以上とすること。ただし、令第82条第一号から第三号までに定める構造計算によって構造耐力上安全であることが確かめられた場合にあっては、12 mm以上とすることができる。

階		端部の縦筋の径（単位　mm）
地上階	最上階から数えた階数が3以内の階	12
	最上階から数えた階数が4以上の階	15
地　階		

七　耐力壁に用いる横筋については、その鉄筋比（耐力壁の壁面と直交する鉛直断面における鉄筋コンクリート組積体の断面積に対する横筋の断面積の和の割合をいう。以下この号において同じ。）及び横筋の間隔は、階の区分に応じてそれぞれ次の表によらなければならない。ただし、横筋の鉄筋比を0.15％以上とし、かつ、令第82条第一号から第三号までに定める構造計算によって構造耐力上安全であることが確かめられた場合にあっては、この限りでない。

階		横筋の鉄筋比（単位　％）	横筋の間隔
地上階	最上階から数えた階数が3以内の階	0.2 以上	モジュール寸法による組積ユニットの高さ又は300 mmのうちいずれか大きい数値以下
	最上階から数えた階数が4以上の階	0.25 以上	モジュール寸法による組積ユニットの高さ又は200 mmのうちいずれか大きい数値以下
地　階			

八　地階の耐力壁は、一体の鉄筋コンクリート造としなければならない。ただし、鉄筋コンクリート組積造にあっては、フェイスシェルの吸水層の厚さが当該フェイスシェルの厚さの$\frac{2}{3}$以下であるコンクリートブロックを用いたもので、かつ、令第82条第一号から第三号までに定める構造計算を行い、構造耐力上安全であることが確かめられたものでなければならない。

第10　構造耐力上主要な部分である壁ばりの構造

一　丈は、450 mm以上としなければならない。ただし、令第82条第一号から第三号までに定める構造計算によって構造耐力上安全であることが確かめられた場合にあっては、この限りでない。

二　複筋ばりとしなければならない。

三　壁ばりに用いる鉄筋は、次のイからニまでに定めるものとしなければならない。

　イ　壁ばりの長さ方向に配置される鉄筋相互間の間隔は、それぞれ 400 mm 以下とすること。

　ロ　上端筋及び下端筋（壁ばりの長さ方向に配置される鉄筋のうちそれぞれ上端及び下端に配置されるものをいう。以下この号において同じ。）は、径 12 mm 以上とし、上端筋の断面積の合計及び下端筋の断面積の合計がそれぞれ次の式に適合するように配置すること。

$$at \geqq 0.002\,b\,d$$

> この式において、at、b 及び d は、それぞれ次の値を表すものとする。
>
> 　at　上端筋の断面積の合計又は下端筋の断面積の合計（単位　mm²）
>
> 　b　壁ばりの厚さ（単位　mm）
>
> 　d　壁ばりの有効丈（引張側端部の鉄筋と圧縮縁との重心間の距離をいう。）（単位　mm）

　ハ　あばら筋相互間の間隔は、200 mm 以下とすること。

　ニ　あばら筋比（はりの軸を含む水平断面における一組のあばら筋の断面の中心を通る直線と、隣り合う一組のあばら筋の断面の中心を通る直線とではさまれた部分の鉄筋コンクリート組積体の断面積に対するあばら筋の断面積の和の割合をいう。）は 0.25 %（壁ばりの内法長さを丈で除して得た数値が 1.5 未満の場合にあっては、0.3 %）以上とすること。

第11　構造計算によって構造耐力上安全であることが確かめられた建築物又は建築物の構造部分

一　次のイからハまでに定めるところにより行う構造計算によって構造耐力上安全が確かめられた建築物又は建築物の構造部分については、第2第一号中「3 以下」とあるのは「5 以下」と、第2第二号中「12 m 以下」とあるのは「20 m 以下」と読み替えて適用する。

　イ　令第82条各号に定めるところによること。

　ロ　令第82条の2に規定する層間変形角が、鉄筋コンクリート組積造の構造部分を有する階にあっては $\dfrac{1}{2,000}$ 以内であり、かつ、その他の階にあっては $\dfrac{1}{200}$（地震力による構造耐力上主要な部分の変形によって建築物の部分に著しい損傷が生ずるおそれのない場合にあっては、$\dfrac{1}{120}$）以内であることを確かめること。

　ハ　令第82条の6第二号に定めるところによること。

　ニ　各地上階の耐力壁のうち計算しようとする方向に設けたものの水平断面積の和が次の式に適合することを確かめること。

$$\Sigma 2\,Aw \geqq Z\,W\,Ai\,\beta$$

> この式において、Aw、Z、W、Ai 及び β は、それぞれ第9第一号に定める数値を表すものとする。

二　前号に掲げる建築物又は建築物の構造部分については、第9第一号の規定は適用しない。

三　第一号イ及びロに定めるところにより行う構造計算によって構造耐力上安全であることが確かめられ、かつ、令第82条の3第一号の規定によって計算した各地上階の水平力に対する耐力が同条第二号の規定によって計算した必要保有水平耐力以上であることが確かめられた建築物又は建築物の構造部分については、第2第一号中「3 以下」とあるのは「5 以下」と、

第2第二号中「12m以下」とあるのは「20m以下」と、第10第三号ニ中「0.25％」とあるのは「0.15％」と読み替えて適用する。

四　令第82条の4に定めるところによること。

第12　耐久性等関係規定の指定

令第36条第1項に規定する耐久性等関係規定として、第3第一号、第4（第二号イ及び同号ニからへまで並びに第三号（第二号へを準用する部分に限る。）を除く。）、第5及び第6第一号に定める安全上必要な技術的基準を指定する。

第13　令第36条第2項第一号の規定に基づく技術的基準の指定

令第36条第2項第一号の規定に基づき、第11第一号イ及びロ、第三号並びに第四号に規定する構造計算を行った場合に適用を除外することができる技術的基準として、第2第三号、第8第一号、第9第一号及び第10第三号ロに定める技術的基準を指定する。

〔平成14年4月16日国土交通省告示第326号〕
構造耐力上主要な部分である床版又は屋根版にデッキプレート版を用いる場合における当該床版又は屋根版の構造方法に関する安全上必要な技術的基準を定める件

最終改正　令和元年6月25日国土交通省告示第203号

建築基準法施行令（昭和25年政令第338号）第80条の2第一号の規定に基づき、建築物の構造耐力上主要な部分である床版又は屋根版にデッキプレート版（平板状若しくは波板状の鋼板その他これに類する成形を行ったもの又は当該鋼板にコンクリートを打込んで鋼板とコンクリートが一体化した板状のもの（有効なコンクリートの定着のための措置を行ったものに限る。）以下同じ。）を用いた構造方法に関する安全上必要な技術的基準を第1から第3までに定め、及び同令第36条第1項の規定に基づき、安全上必要な技術的基準のうち耐久性等関係規定を第4に、同条第2項第一号の規定に基づき、同令第81条第2項第一号イに掲げる保有水平耐力計算によって安全性を確かめる場合に適用を除外することができる技術的基準を第5にそれぞれ指定する。

第1　床版又は屋根版

構造耐力上主要な部分である床版又は屋根版に用いるデッキプレート版は、次に定めるところによらなければならない。ただし、建築基準法施行令（以下「令」という。）第82条各号に定めるところによる構造計算によって安全性が確かめられた場合は、第二号ロ及びホ並びに第三号（イ及びハ(1)を除く。）の規定を除き、適用しない。

一　デッキプレート版に用いる鋼板（以下単に「鋼板」という。）にコンクリートを打込み、当該鋼板とコンクリートとを一体化すること。

二　鋼板は、次に定めるところによること。

イ　構造用鋼材を用いること。

ロ　折れ、ゆがみ、欠け等による耐力上の欠点のないものとすること。

ハ　鋼板の形状及び寸法が次に定めるところによること。

 (1) 日本産業規格(以下「JIS」という。)G3352(デッキプレート)-2003に適合する形状とすること。

 (2) 厚さは、1.2 mm 以上とすること。

 (3) 高さは、50 mm 以上とすること。

 (4) みぞ下寸法は、38 mm 以上とすること。

 (5) みぞ上寸法は、58 mm 以上とすること。

 (6) 単位幅は、205 mm 以下とすること。

 (7) みぞの方向の有効長さは、1.8 m 以下とすること。

ニ 鋼板の上フランジに、径6 mm 以上の鉄筋をみぞの方向と垂直に溶接すること。この場合において、鉄筋相互の間隔を30 cm 以下とすること。ただし、鋼板の立体的な加工、頭付きスタッドの設置その他これに類する有効なコンクリートの定着のための措置を行った場合は、この限りでない。

ホ 鋼板を並べて配置する場合は、溶接その他の方法により鋼板相互を緊結すること、又は鋼板相互が構造耐力上支障となるずれ等の生ずるおそれのない嵌合若しくはかしめその他の接合方法により接合すること。ただし、鋼板に打込むコンクリート及びコンクリート内部の鉄筋若しくは溶接金網又は頭付きスタッド等を介して存在応力を相互に伝えることができる場合は、この限りでない。

三 鋼板に打込むコンクリートは、令第72条及び令第74条から令第76条までの規定を準用するほか、次に定めるところによること。この場合において、令第72条第二号の規定中「鉄筋相互間及び鉄筋とせき板」とあるのは、「鉄筋、溶接金網又は頭付きスタッド等(以下この号において「鉄筋等」という。)相互間並びに鉄筋等とせき板及び鋼板」と読み替えるものとする。

イ コンクリートの厚さ(コンクリートの表面から鋼板の上面までの距離をいう。)は、5 cm 以上とすること。

ロ はり等の横架材を介してデッキプレート版を連続して設けることにより鋼板に打込んだコンクリートにひび割れを生じさせる引張り応力が生ずる場合その他のこれに類する構造耐力上の支障となるコンクリートのひび割れを生ずるおそれのある場合にあっては、溶接金網の設置その他これらに類する有効なひび割れ防止のための措置を講ずること。

ハ コンクリートの内部に鉄筋を設ける場合にあっては、次に定めるところによること。

 (1) 構造耐力上主要な鉄筋の継手及び定着については、令第73条の規定を準用すること。

 (2) 鋼板に接する部分以外の部分のコンクリートの鉄筋に対するかぶり厚さについては、令第79条の規定を準用すること。

第2 接合

 構造耐力上主要な部分に使用するデッキプレート版の接合は、周囲のはり等に存在応力を伝えることができるものとするほか、当該デッキプレート版と接合する部材の種類に応じてそれぞれ次に定めるところによること。

一 鉄骨その他の鋼材との接合 次に定めるところによらなければならない。

イ 鋼板の端部において接合すること。ただし、令第82条各号に定めるところによる構造計算によって安全性が確かめられた場合は、この限りでない。

ロ　鋼板に設けたみぞの方向に垂直な方向の端部において接合する場合にあっては、当該鋼板の各みぞの下フランジにおいて接合しなければならない。

ハ　次の(1)から(5)までに掲げるいずれかに定めるところによること。

(1)　ボルト接合又は高力ボルト接合で、その相互間の中心間距離を60cm以下とし、令第68条の規定を準用すること。

(2)　溶接接合で、溶接部の長さを5cm以上としたもの、鋼板に設けた各みぞの下フランジをみぞの方向に垂直な方向の全長にわたり溶接したもの又は鋼板に設けた各みぞの下フランジをみぞの方向に垂直な方向の両端から均等に溶接して、その合計した長さを5cm以上としたもので、断続的に溶接する場合は、間隔を60cm以下とすること。

(3)　径3.7mm以上の打込み鋲による接合で、次に該当すること。

(i)　鋼板の厚さを1.6mm以下とすること。

(ii)　鋼板を垂直に、かつ、打込み鋲の先端が十分に鉄骨その他の鋼材の部分に埋まるように打抜くことによって部材相互を緊結すること。

(iii)　打込み鋲相互間の中心距離を当該打込み鋲の径の3倍かつ15mm以上とし、60cm以下とすること。

(iv)　打込み鋲の縁端距離（当該打込み鋲の中心軸から接合する鋼材等の縁端部までの距離のうち最短のものをいう。）を次に掲げる鋼材の部位に応じ、それぞれ(イ)及び(ロ)に定める長さの数値とすること（端抜けのおそれのない部分に用いるものを除く。）。

(イ)　デッキプレート版のうち鋼板の部分　25mm以上

(ロ)　鉄骨その他の鋼材の部分　15mm以上

(4)　焼抜き栓溶接による接合で、次に該当すること。

(i)　鋼板の厚さを1.6mm以下とすること。

(ii)　溶接部に割れ、内部欠陥等の構造耐力上支障のある欠陥のないこと。

(iii)　溶接部周辺における鋼板と鉄骨その他の鋼材との隙間を2mm以下とすること。

(iv)　溶接部の直径を18mm以上とすること。

(v)　溶接部相互間の中心距離を60cm以下とすること。

(vi)　溶接部（端抜けのおそれのない部分を除く。）の縁端距離（当該溶接部の中心から接合する鋼材等の縁端部までの距離のうち最短のものをいう。）を20mm以上とすること。

(vii)　焼き切れ及び余盛不足のないものとすること。

(5)　鋼板に打込むコンクリート及び鉄骨その他の鋼材の部分に溶接した頭付きスタッド等を介して、(1)から(4)に定めるところによる接合と同等以上に存在応力を相互に伝えることができるものとすること。

二　鋼板に打込んだコンクリート以外のコンクリートとの接合　埋込み長さが3cm（鋼板のみぞの方向に平行な方向の端部にあっては、1cm）以上の鋼板の埋込みによる接合としなければならない。ただし、鋼板に打込むコンクリート及びコンクリートの内部の鉄筋若しくは溶接金網又は頭付きスタッド等を介して存在応力を相互に伝えることができる場合は、この限りでない。

第3　防錆措置等

一　構造耐力上主要な部分に用いるデッキプレート版の鋼板（厚さ2.3mm未満のものに限る。）の表面仕上げは、JIS G3302（溶融亜鉛めっき鋼板及び鋼帯）-1998に規定するめっきの付着量表示記号Z27その他これに類する有効なさび止めのための措置を講じたものとすること。ただし、次に掲げる場合にあっては、この限りでない。

　　イ　鋼板をJIS G3125（高耐候性圧延鋼材）-1987に適合する鋼帯その他これに類する腐食に耐える性質を有するものとする場合

　　ロ　鋼板を屋外に面する部分及び湿潤状態となるおそれのある部分以外の部分に使用する場合

二　構造耐力上主要な部分に使用する鋼板のうち当該鋼板以外の材料との接触により鋼板が構造耐力上支障のある腐食を生じやすい場合には、鋼板と鋼板以外の材料との間にゴムシートを使用した絶縁その他これに類する有効な防食措置を講じなければならない。

三　構造耐力上主要な部分に使用する鋼板の接合に使用するボルト等の材料にあっては、鋼板の防錆上支障のないものとしなければならない。

第4　耐久性等関係規定の指定

　　令第36条第1項に規定する耐久性等関係規定として、第1第二号ロ及び第三号（イ及びハ(1)を除く。）並びに第3に定める安全上必要な技術的基準を指定する。

第5　令第36条第2項第一号の規定に基づく技術的基準の指定

　　令第36条第2項第一号の規定に基づき、令第81条第2項第一号イに規定する保有水平耐力計算によって安全性を確かめる場合に適用を除外することができる技術的基準として、第1第一号、第二号イ、ハ及びニ並びに第三号イ及びハ(1)並びに第2第一号イ及びハ(1)（令第68条第4項の規定の準用に係る部分に限る。）に定める技術的基準を指定する。

〔平成28年4月1日国土交通省告示第611号〕
CLTパネル工法を用いた建築物又は建築物の構造部分の構造方法に関する安全上必要な技術的基準を定める等の件

最終改正　　令和元年11月6日国土交通省告示第763号

　　建築基準法施行令（昭和25年政令第338号）第80条の2第一号の規定に基づき、構造耐力上主要な部分にCLTパネル工法（直交集成板を用いたパネルを水平力及び鉛直力を負担する壁として設ける工法をいう。以下同じ。）を用いた建築物又は建築物の構造部分（以下「建築物等」という。）の構造方法に関する安全上必要な技術的基準を第2から第7までに定め、同令第36条第1項の規定に基づき、建築物等の構造方法に関する安全上必要な技術的基準のうち耐久性等関係規定を第11に、同条第2項第一号の規定に基づき、同令第81条第2項第一号イに規定する保有水平耐力計算によって安全性を確かめる場合に適用を除外することができる技術的基準を第12にそれぞれ指定し、同号イの規定に基づき、CLTパネル工法を用いた建築物等の構造計算が、第8に適合する場合においては、当該構造計算は、同号イに規定する保有水平耐力計算と同等以上に安全性を確かめることができるものと認め、同項第二号イの規定に基づき、CLTパネル工法を用いた建築物等の構造計算が、第9に適合する場合においては、当該構造計算は、同号イに規定

する許容応力度等計算と同等以上に安全性を確かめることができるものと認め、同条第3項の規定に基づき、CLTパネル工法を用いた建築物等の構造計算が、第10に適合する場合においては、当該構造計算は、同項に規定する同令第82条各号及び同令第82条の4に定めるところによる構造計算と同等以上に安全性を確かめることができるものと認める。

第1　適用の範囲

　　CLTパネル工法を用いた建築物等の構造方法は、次の各号に掲げる建築物の区分に応じ、それぞれ当該各号に定める基準に適合するものでなければならない。

一　高さが60mを超える建築物　第11に指定する耐久性等関係規定（以下単に「耐久性等関係規定」という。）に適合し、かつ、建築基準法（昭和25年法律第201号。以下「法」という。）第20条第1項第一号後段に規定する構造計算によって安全性が確かめられたものであること。

二　高さが31mを超え、又は地階を除く階数が4以上の建築物（前号に掲げるものを除く。）次のいずれかに適合するものであること。

　イ　第2から第7までに規定する技術的基準（第12に指定するものを除く。）に適合し、かつ、第8に規定する構造計算によって安全性が確かめられたものであること。

　ロ　耐久性等関係規定に適合し、かつ、建築基準法施行令（以下「令」という。）第81条第2項第一号ロに規定する構造計算によって安全性が確かめられたものであること。

　ハ　前号に定める基準に適合するものであること。

三　高さが31m以下及び地階を除く階数が3以下の建築物（次号に掲げる建築物を除く。）次のいずれかに適合するものであること。

　イ　第2から第7までに規定する技術的基準に適合し、かつ、第9に規定する構造計算によって安全性が確かめられたものであること。

　ロ　前2号に定める基準のいずれかに適合するものであること。

四　高さが13m以下、軒の高さが9m以下及び地階を除く階数が3以下の建築物　次のいずれかに適合するものであること。

　イ　第2から第7までに規定する技術的基準に適合し、かつ、第10に規定する構造計算によって安全性が確かめられたものであること。

　ロ　前3号に定める基準のいずれかに適合するものであること。

第2　材料

一　構造耐力上主要な部分（間柱、小ばりその他これらに類するものを除く。）に使用する直交集成板は、直交集成板の日本農林規格（平成25年農林水産省告示第3079号。以下「直交集成板規格」という。）に規定する直交集成板又は法第37条第二号の規定による国土交通大臣の認定を受け、かつ、平成13年国土交通省告示第1024号第1第十九号ニ及び第2第十八号ニの規定に基づき、国土交通大臣がその許容応力度及び材料強度の数値を指定した直交集成板（これらの直交集成板の各ラミナの厚さが24mm以上36mm以下である場合に限る。ただし、特別な調査又は研究の結果に基づき、直交集成板の材料特性を適切に考慮し、安全上支障のないことが確かめられた場合にあっては、この限りでない。）とすること。

二　構造耐力上主要な部分である柱及び横架材（間柱、小ばりその他これらに類するものを除く。）に使用する集成材その他の木材は、昭和62年建設省告示第1898号第一号から第六号ま

でに掲げる基準のいずれかに適合すること。

三　接合部に使用する材料は、その種類に応じて構造耐力上必要な品質を有するものとすること。

第3　土台

一　構造耐力上主要な部分である土台を設ける場合にあっては、当該土台は基礎に緊結しなければならない。

二　構造耐力上主要な部分である土台を設ける場合にあっては、当該土台の幅は当該土台の上部に設ける耐力壁の厚さと同寸法以上にしなければならない。

第4　床版

一　床版は、水平力によって生ずる力を構造耐力上有効に耐力壁（最下階に床版を設ける場合にあっては、土台又は基礎）に伝えることができる剛性及び耐力を有する構造としなければならない。ただし、建築物に作用する水平力を負担しない部分については、この限りでない。

二　床版に床パネル（一の直交集成板で次のイからハまでのいずれかに該当するものをいう。以下同じ。）を使用する場合にあっては、床パネルとして使用する直交集成板の外層ラミナの方向は、当該床パネルの長辺方向又は短辺方向と平行でなければならない。

　イ　形状が矩形であり、かつ、構造耐力上支障のある開口部又は欠き込み（以下「開口部等」という。）を設けないもの

　ロ　形状が矩形であるものに開口部等を設けたもので、かつ、開口部等を設けない場合と同等以上の剛性及び耐力を有するように当該開口部等の周囲が補強されているもの

　ハ　形状が矩形であるものに開口部等を設けたもので、かつ、当該パネルの剛性及び耐力の低減について特別な調査又は研究の結果に基づき算出した上で構造耐力上主要な部分として構造計算を行うもの

三　床版に床パネルを使用する場合にあっては、床パネルは、平行する二つの壁又ははりによって、構造耐力上有効に支持しなければならない。ただし、特別な調査又は研究の結果に基づき、安全上及び使用上支障のないことが確かめられた場合にあっては、この限りでない。

四　床版に床パネルを使用する場合にあっては、床パネル相互は、構造耐力上有効に緊結しなければならない。この場合において、床パネル相互が接する線と耐力壁線が交さする部分は、当該部分に生ずる引張応力を伝えるように緊結しなければならない。

五　吹抜きその他床版を設けない部分で外壁に接する部分は、はりを設けることその他の方法により風圧力その他の外力に対して構造耐力上有効に補強しなければならない。

第5　壁等

一　耐力壁は、壁パネル（次に掲げるものをいう。以下同じ。）を使用したものとし、建築物に作用する水平力及び鉛直力に対して安全であるように釣合いよく配置するとともに、CLTパネル工法を用いる建築物等の最下階の壁パネルを除き、床版の上部に配置しなければならない。この場合において、耐力壁の負担する鉛直力を負担する柱又は耐力壁以外の壁を設ける場合においては、当該耐力壁に代えて当該柱又は耐力壁以外の壁を配置することができる。

　イ　無開口壁パネル（一の直交集成板で第4第二号イからハまでのいずれかに該当するものをいう。以下同じ。）

ロ　有開口壁パネル（開口部等を有する一の直交集成板でイに規定する無開口壁パネルに該当しないものをいう。以下同じ。）であって、垂れ壁部分（当該開口部等の直上の部分をいう。以下同じ。）、腰壁部分（当該開口部等の直下の部分をいう。以下同じ。）及び袖壁部分（腰壁部分及び垂れ壁部分以外の部分をいう。以下同じ。）がそれぞれ第4第二号イからハまでのいずれかに該当するもの

二　壁パネルとして使用する直交集成板の外層ラミナの方向は、当該壁パネルの長辺方向又は短辺方向と平行でなければならない。

三　耐力壁の構造は、次のイからハまでのいずれかに適合しなければならない。

イ　次の(1)から(3)までに掲げる基準に適合すること

(1)　無開口壁パネルを使用し、かつ、有開口壁パネルを使用しないこと。

(2)　垂れ壁パネル（無開口壁パネルを垂れ壁として使用する場合における当該無開口壁パネルをいう。以下同じ。）を設ける場合にあっては当該垂れ壁パネルの両側、腰壁パネル（無開口壁パネルを腰壁として使用する場合における当該無開口壁パネルをいう。以下同じ。）を設ける場合にあっては当該腰壁パネルの両側に、袖壁パネル（無開口壁パネルを袖壁として使用する場合における当該無開口壁パネルをいう。以下同じ。）（ロに適合する耐力壁の構造と同一の方向（張り間方向及び桁行方向をいう。以下同じ。）で併用する場合にあっては、袖壁パネル及び有開口壁パネルの袖壁部分）を設け、構造耐力上有効に緊結しなければならない。

(3)　無開口壁パネルは、構造耐力上主要な部分である床版その他の部分と構造耐力上有効に緊結しなければならない。この場合において、無開口壁パネル（垂れ壁パネル及び腰壁パネルを除く。）の上下四隅は、次に掲げる基準に適合しなければならない。

(i)　次に掲げる部分を緊結すること。

(イ)　CLTパネル工法を用いる建築物等の最下階の壁パネルと基礎又はこれに類する部分

(ロ)　上下階の壁パネル相互又は壁パネルと床版、小屋組若しくは屋根版

(ii)　接合部は、当該接合部に生ずる引張応力を伝えるように緊結すること。

ロ　次の(1)から(3)までに掲げる基準に適合すること

(1)　有開口壁パネル又は有開口壁パネル及び無開口壁パネル（垂れ壁パネル、腰壁パネル及び袖壁パネルを除く。以下「独立無開口壁パネル」という。）を使用すること。

(2)　有開口壁パネルの端に袖壁部分を設けない場合にあっては、当該有開口壁パネルの垂れ壁部分又は腰壁部分（袖壁を設けていない部分に限る。）は、当該有開口壁パネルと同一方向に設けた独立無開口壁パネル（イに適合する耐力壁の構造と同一の方向で併用する場合にあっては、無開口壁パネル（垂れ壁パネル及び腰壁パネルを除く。））又は他の有開口壁パネルの袖壁部分と構造耐力上有効に緊結しなければならない。

(3)　独立無開口壁パネル及び有開口壁パネルは、構造耐力上主要な部分である床版その他の部分と構造耐力上有効に緊結しなければならない。この場合において、独立無開口壁パネル及び有開口壁パネルの袖壁部分の上下四隅は、イ(3)(i)及び(ii)に掲げる基準に適合しなければならない。

ハ　次の(1)及び(2)に掲げる基準に適合すること

(1)　ロ(1)及び(2)に掲げる基準に適合すること。

(2)　独立無開口壁パネル及び有開口壁パネルは、構造耐力上主要な部分である床版その他の部分と構造耐力上有効に緊結しなければならない。この場合において、独立無開口壁パネル及び有開口壁パネルの上下四隅（有開口壁パネルの端に袖壁部分を設けない場合にあっては、当該有開口壁パネルの垂れ壁部分又は腰壁部分（袖壁を設けていない部分に限る。）の隅部を除く。）は、イ(3)(ⅰ)及び(ⅱ)に掲げる基準に適合しなければならない。

四　地階の壁は、鉄筋コンクリート造としなければならない。ただし、直接土に接する部分及び地面から30cm以内の外周の部分以外の壁は、構造耐力上安全なものとした壁パネルを使用することができる。

第6　小屋組等

第4第一号から第五号までに掲げる基準に適合する構造としなければならない。この場合において、これらの規定（第4第一号を除く。）中「床版」とあるのは「小屋組又は屋根版」と、「床パネル」とあるのは「屋根パネル」と、同号中「床版は」とあるのは「小屋組又は屋根版は」と、「耐力壁（最下階に床版を設ける場合にあっては、土台又は基礎）」とあるのは「耐力壁」と読み替えるものとする。

第7　防腐措置等

一　土台及び耐力壁が基礎と接する面の下地には、防水紙その他これに類するものを使用しなければならない。

二　地面から1m以内の構造耐力上主要な部分（床版の屋外に面しない部分を除く。）に使用する木材には、有効な防腐措置を講ずるとともに、必要に応じて、しろありその他の虫による害を防ぐための措置を講じなければならない。

三　構造耐力上主要な部分のうち、直接土に接する部分及び地面から30cm以内の外周の部分は、鉄筋コンクリート造若しくは鉄骨造とするか、又は腐朽及びしろありその他の虫による害を防ぐための措置を講じなければならない。

四　腐食のおそれのある部分及び常時湿潤状態となるおそれのある部分の部材を緊結するための金物には、有効なさび止めのための措置を講じなければならない。

第8　保有水平耐力計算と同等以上に安全性を確かめることができる構造計算

令第81条第2項第一号イに規定する保有水平耐力計算と同等以上に安全性を確かめることができる構造計算は、次に定める基準に従った構造計算とする。

一　令第3章第8節第1款の2に定めるところによること。この場合において、令第82条の3第二号中「各階の構造特性を表すものとして、建築物の構造耐力上主要な部分の構造方法に応じた減衰性及び各階の靱性を考慮して国土交通大臣が定める数値」とあるのは、「平成28年国土交通省告示第611号第8第二号に定める数値」と読み替えるものとする。

二　建築物の各階のDsは、次のイからまでに定める基準に適合する場合にあっては耐力壁の構造並びに無開口壁パネル（垂れ壁パネル及び腰壁パネルを除く。）及び有開口壁パネルの袖壁部分（以下「無開口壁パネル等」という。）の長さに応じて次の表に掲げる数値以上の数値とし、当該基準に適合しない場合にあっては0.75以上の数値とする。ただし、特別な調査又は研究の結果に基づき、当該建築物の振動に関する減衰性及び当該階の靱性を適切に評価して算出することができる場合においては、当該算出によることができる。

イ　耐力壁の構造が、次のいずれかに適合するものであること。
　(1)　第5第二号及び第三号イ（(2)を除く。）又はロ（(2)を除く。）に掲げる基準に適合すること。
　(2)　第5第二号及び第三号ハ（(1)（同号ロ(2)に係る部分に限る。）を除く。）に掲げる基準に適合すること。
ロ　無開口壁パネル等の長さが90cm以上であること。
ハ　垂れ壁パネル及び有開口壁パネルの垂れ壁部分（以下「垂れ壁パネル等」という。）並びに腰壁パネル及び有開口壁パネルの腰壁部分（以下「腰壁パネル等」という。）の長さが70cm以上4m以下であること。
ニ　引張応力を負担する接合部（以下「引張接合部」という。）が、その緊結する部分に応じて、それぞれ次に定める基準に適合すること。
　(1)　第5第三号イ(3)(i)(イ)に掲げる部分　当該接合部の引張応力に対して有効な部分の終局引張耐力時の変形量が4cm以上で、伸び率（当該接合部の引張応力に対して有効な部分の長さに対する当該部分の終局引張耐力時の変形量の割合をいう。以下同じ。）が10％以上であること。
　(2)　第5第三号イ(3)(i)(ロ)に掲げる部分　当該接合部の引張応力に対して有効な部分の終局耐力時の変形量が2cm以上で、伸び率が10％以上であること。
ホ　垂れ壁パネル等を設ける場合にあっては、次に掲げる措置又はこれと同等以上に有効な垂れ壁パネル等の脱落防止措置を講じていること。
　(1)　垂れ壁パネルを設ける場合にあっては、袖壁パネルに幅が45mm以上の欠き込みを設け、又は厚さが当該垂れ壁パネルと同寸法以上で幅が45mm以上の受け材を設置すること。
　(2)　有開口壁パネルに垂れ壁部分を設ける場合にあっては、厚さが当該垂れ壁部分と同寸法以上で幅が45mm以上の受け材を設置すること。
ヘ　耐力壁線上に壁パネルを設けない部分を有する場合にあっては、当該部分の上部に設けられたはり、床版又は屋根版が脱落しないための措置を講じていること。
ト　第5第三号イ(3)(i)(イ)に掲げる部分の接合部が降伏する場合において、当該接合部以外のCLTパネル工法を用いる建築物等の部分が降伏しないことが確かめられたものであること。

耐力壁の構造	無開口壁パネル等の長さ		
	90cm以上、1.5m以下の場合	1.5mを超え、2m以下の場合	2mを超える場合
イ(1)に適合するもの	0.4	0.5	0.55
イ(2)に適合するもの	0.55	0.55	0.55

　この表において、Dsを計算する階における耐力壁の構造及び無開口壁パネル等の長さについて、異なる区分のものが混在する場合は、異なる区分ごとの数値のうち最大の数値を当該階のDsとする。

第9　許容応力度等計算と同等以上に安全性を確かめることができる構造計算

　　令第81条第2項第二号イに規定する許容応力度等計算と同等以上に安全性を確かめることができる構造計算は、次に定める基準に従った構造計算とする。

一　令第82条の6に定めるところによること。

二　令第82条第一号の規定により計算した当該階の構造耐力上主要な部分に生ずる令第88条第1項の規定による地震力による応力の数値に、構造耐力上主要な部分の種類に応じて次に掲げる応力増し係数を乗じて得た数値を当該応力の数値として令第82条第二号及び第三号に規定する構造計算を行うこと。

　　イ　引張接合部（第5第三号イ(3)(i)(イ)に掲げる部分の接合部を除く。）及びせん断応力を負担する接合部（以下「せん断接合部」という。）　2.5以上の数値とする。

　　ロ　イ以外の構造耐力上主要な部分　次に掲げる基準に適合する場合にあっては耐力壁の構造及び無開口壁パネル等の長さに応じて次の表に掲げる数値以上の数値とし、当該基準に適合しない場合にあっては2.5以上の数値とする。

　　(1)　第8第二号ロからトまでに掲げる基準に適合すること。

　　(2)　耐力壁の構造が、次のいずれかに適合するものであること。

　　　(i)　第5第三号イ又はロに掲げる基準に適合すること。

　　　(ii)　第5第三号ハに掲げる基準に適合すること。

耐力壁の構造	無開口壁パネル等の長さ		
	90cm以上、1.5m以下の場合	1.5mを超え、2m以下の場合	2mを超える場合
ロ(2)(i)に適合するもの	1.3	1.6	1.8
ロ(2)(ii)に適合するもの	1.8	1.8	1.8

　　この表において、応力割増し係数を計算する階における耐力壁の構造及び無開口壁パネル等の長さについて、異なる区分のものが混在する場合は、異なる区分ごとの数値のうち最大の数値を当該階の応力割増し係数とする。

第10　令第82条各号及び令第82条の4に定めるところによる構造計算と同等以上に安全性を確かめることができる構造計算

　　令第81条第3項に規定する令第82条各号及び令第82条の4に定めるところによる構造計算と同等以上に安全性を確かめることができる構造計算は、次の各号に定める基準のいずれかに従った構造計算とする。

一　次に定めるところによること。

　　イ　令第82条各号及び令第82条の4に定めるところによること。

　　ロ　令第88条第1項に規定する標準層せん断力係数を0.3以上として計算した地震力によって構造耐力上主要な部分（耐力壁を除く。）に生ずる力を計算して令第82条第一号から第三号までに規定する構造計算を行うこと。

ハ　令第82条の6第二号ロに定めるところにより張り間方向及び桁行方向の偏心率を計算
し、それぞれ0.15を超えないことを確かめること。ただし、偏心率が0.15を超える方向
について、次のいずれかに該当する場合にあっては、この限りでない。

(1)　偏心率が0.3以下であり、かつ、令第88条第1項に規定する地震力について標準層せ
ん断力係数を0.2に昭和55年建設省告示第1792号第7の表2に掲げるFeの数値を乗じ
て得た数値以上とする計算をして令第82条第一号から第三号までに規定する構造計算を
行って安全性が確かめられた場合

(2)　偏心率が0.3以下であり、かつ、令第88条第1項に規定する地震力が作用する場合に
おける各階の構造耐力上主要な部分の当該階の剛心からの距離に応じたねじれの大きさ
を考慮して当該構造耐力上主要な部分に生ずる力を計算して令第82条第一号から第三号
までに規定する構造計算を行って安全性が確かめられた場合

二　前号イに定めるところによること。

2　前項の場合において、同項第一号に定める基準に従った構造計算は、次の各号に定める基準
に適合する場合に適用し、同項第二号に定める基準に従った構造計算は、建築物が平成19年国
土交通省告示第593号第四号イ又はロに該当する場合に適用する。

一　耐力壁の構造が、第5第三号イ又はロに掲げる基準に適合するものであること。

二　耐力壁として設ける無開口壁パネル又は有開口壁パネルの袖壁部分、垂れ壁部分若しくは
腰壁部分に第4第二号ハに該当する開口部等を設ける場合にあっては、当該開口部等の寸法
は、24cm角以下であること。

三　耐力壁として設ける無開口壁パネル等の下階に、次に掲げる基準に適合する無開口壁パネ
ル等を耐力壁として設けること。

イ　上階の無開口壁パネル等と同じ長さ、かつ、同寸法以上の厚さであること。

ロ　接合部（第5第三号イ(3)(i)(イ)に掲げる部分の接合部を除く。）は、上階の無開口壁パネ
ル等の接合部と同等の耐力及び変形性能を有するものであること。

四　各階の耐力壁として設ける無開口壁パネル等の長さは、次の式に適合するものとするこ
と。

$$\sum Qa\,L \geqq P$$

この式において、Qa、L及びPは、それぞれ次の数値を表すものとする。

Qa　当該階の耐力壁として設ける無開口壁パネル等（長さが90cm以上2m以下である
ものに限り、第二号の規定による開口部等を設けたものを除く。）のうち計算しようと
する方向に設けたものの許容せん断耐力で、次の式によって計算した数値（単位
kN/m）

$$Qa = \frac{3}{H}\,(Qo + 1.5\,n)$$

この式において、H、Qo及びnはそれぞれ次の数値を表すものとする。

H　当該階の階高（当該階高が3m以下である場合は、3とする。）（単位　m）

Qo　地階を除く階数が2以下の場合にあっては15、3の場合にあっては10（単位
kN/m）

　　n　耐力壁の構造が第5第三号イに掲げる基準に適合する場合にあっては、当該独立
　　無開口壁パネル及び袖壁パネル（その上下階の独立無開口壁パネル及び袖壁パネル
　　を含む。）に緊結された垂れ壁パネル及び腰壁パネル（長さが90cm以上4m以下で、
　　高さが50cm以上のものに限り、第二号の規定による開口部等を設けたものを除
　　く。）を合計した数値、耐力壁の構造が第5第三号ロに掲げる基準に適合する場合に
　　あっては、当該独立無開口壁パネル及び有開口壁パネルの袖壁部分（その上下階の
　　独立無開口壁パネル及び有開口壁パネルの袖壁部分を含む。）に接する垂れ壁部分及
　　び腰壁部分（次に掲げる基準に適合するものに限り、第二号の規定による開口部等
　　を設けたものを除く。）を合計した数値

　　　　(イ)　長さが90cm以上4m以下であること。

　　　　(ロ)　高さが50cm以上であること。

　　　　(ハ)　高さが、当該垂れ壁部分又は腰壁部分に接する独立無開口壁パネル又は有開
　　　　口壁パネルの袖壁部分の長さに1.67（当該独立無開口壁パネル又は有開口壁パ
　　　　ネルの袖壁部分が二の垂れ壁部分又は腰壁部分に接する場合にあっては、0.83）
　　　　を乗じて得た数値以下であること。ただし、当該垂れ壁部分又は腰壁部分に接
　　　　する独立無開口壁パネル又は有開口壁パネルの袖壁部分が曲げ破壊又はせん断
　　　　破壊する時の力が、当該独立無開口壁パネル又は有開口壁パネルの袖壁部分の
　　　　Qaに3.75を乗じて得た数値以上であることが確かめられた場合にあっては、
　　　　この限りでない。

　　L　当該階の耐力壁として設ける無開口壁パネル等（長さが90cm以上2m以下であるも
　　のに限り、第二号の規定による開口部等を設けたものを除く。）のうち計算しようとす
　　る方向に設けたものの長さ（単位　m）

　　P　各階に生ずる外力として、前項第一号イにより計算した令第88条第1項の規定による
　　地震力（単位　kN）

五　第8第二号ホに掲げる基準に適合すること。

六　耐力壁として設ける壁パネルには、直交集成板規格箇条4に規定する強度等級S60-3-
3若しくはMx60-5-5に該当する直交集成板でラミナの厚さが24mm以上36mm以下の
もの又はこれと同等以上の耐力を有するものを使用すること。

七　引張接合部が、緊結する部分に応じ、それぞれ次に掲げるものであること。

　イ　第5第三号イ(3)(i)(イ)に掲げる部分　次のいずれかに適合するもの

　　(1)　U形の鋼材その他これに類するものにJIS B1220（構造用転造両ねじアンカーボルト
　　セット）-2010のうちABR490に適合するもの（以下単に「ABR490」という。）でねじ
　　の呼びがM16のボルトを有効長さ40cm以上を確保して接合した金物を、直交集成板
　　に終局引張耐力が86kN以上となるように緊結したもの

　　(2)　ABR490でねじの呼びがM16のボルトを有効長さ40cm以上を確保して、直交集成
　　板に鋼板を介して終局引張耐力が86kN以上となるように緊結したもの

　ロ　第5第三号イ(3)(i)(ロ)に掲げる部分　次のいずれかに適合するもの

　　(1)　U形の鋼材その他これに類するものにABR490でねじの呼びがM20以上のボルト

を有効長さ 20 cm 以上を確保して接合した金物を、直交集成板に終局引張耐力が 135 kN 以上となるように緊結したもの

(2)　ABR490 でねじの呼びが M 20 以上のボルトを有効長さ 20 cm 以上を確保して、直交集成板に鋼板を介して終局引張耐力が 135 kN 以上となるように緊結したもの

(3)　第 8 第二号ニ(2)に定める基準に適合し、かつ、135 kN 以上の終局引張耐力を有するもの

八　壁パネル相互を緊結する場合にあっては接合部の短期に生ずる力に対する許容せん断耐力が一箇所当たり 52 kN 以上、床パネル相互又は耐力壁線上に設けるはりその他の横架材相互を緊結する場合にあっては接合部（床パネル相互を緊結する場合にあっては、床パネル相互が接する線と耐力壁線が交さする部分に限る。）の短期に生ずる力に対する許容引張耐力が一箇所当たり 52 kN 以上となるようにすること。

九　耐力壁である壁パネルと次に掲げる部分を緊結する場合にあっては、金物その他これに類するものの間隔を 1 m 以下として当該壁パネルの部分に配置するとともに、当該接合部の短期に生ずる力に対する許容せん断耐力が次に掲げる部分に応じて、それぞれ次に掲げる数値以上となるようにすること。

イ　基礎又は土台　一箇所当たり 47 kN

ロ　床版、小屋組又は屋根版　一箇所当たり 54 kN

第11　耐久性等関係規定の指定

令第36条第 1 項に規定する耐久性等関係規定として、第 7 に定める安全上必要な技術的基準を指定する。

第12　令第36条第 2 項第一号の規定に基づく技術的基準の指定

令第36条第 2 項第一号の規定に基づき、第 8 に規定する構造計算を行った場合に適用を除外することができる技術的基準として、第 3 第二号、第 4 、第 5 （第三号イ(3)前段、ロ(3)前段及びハ(2)前段を除く。）及び第 6 に定める技術的基準を指定する。

〔平成14年 5 月27日国土交通省告示第463号〕
構造耐力上主要な部分にシステムトラスを用いる場合における当該構造耐力上主要な部分の構造方法に関する安全上必要な技術的基準を定める件

最終改正　令和元年 6 月25日国土交通省告示第203号

建築基準法施行令（昭和25年政令第338号）第80条の 2 第一号及び第二号の規定に基づき、建築物の構造耐力上主要な部分にシステムトラス（トラス用機式継手を使用し、鋼管、形鋼、棒鋼その他これらに類する形状の鋼材若しくはアルミニウム合金材（以下「主部材」という。）又は主部材に代わるロッド若しくはケーブルその他これらに類する引張り力を負担する部材（以下「ロッド等」という。）を相互に連結し構成されたトラスをいう。）を用いた構造方法に関する安全上必要な技術的基準を第 1 から第 3 までに定め、同令第36条第 1 項の規定に基づき、安全上必要

な技術的基準のうち耐久性等関係規定を第4に、同条第2項第一号の規定に基づき、同令第81条第2項第一号イに規定する保有水平耐力計算によって安全性を確かめる場合に適用を除外することができる技術的基準を第5にそれぞれ指定する。

第1　適用の範囲

構造耐力上主要な部分に用いるシステムトラスの構造方法は、次に定めるところによらなければならない。

一　システムトラスに使用する主部材は、次に定めるところによらなければならない。

　イ　折れ、ゆがみ、欠け等による耐力上の欠点のないものとすること。

　ロ　鋼管又は管状のアルミニウム合金材とすること。

　ハ　長さは、1.8m以下とすること。

　ニ　厚さは、1.6mm（アルミニウム合金材にあっては1mm）以上とすること。

　ホ　径は、34mm（アルミニウム合金材にあっては25mm）以上とすること。

　ヘ　圧縮材（圧縮力を負担する部材をいう。）の有効細長比は、160（アルミニウム合金材にあっては110）以下とすること。

二　システムトラスに用いる主部材は、トラス用機械式継手を使用して相互に接合するものとし、主部材と接合部材（トラス用機械式継手のうち、複数の主部材を相互に構造耐力上安全に接合できるよう加工した球状又は円筒状の部分をいう。以下同じ。）との接合は、接合部の実況に応じた加力試験によって接合部の剛性及び耐力に関する性能が確認された次のいずれかの接合方法によらなければならない。

　イ　次に定めるところによるボルトによる接合方法

　　⑴　主部材の端部に端部金物（ボルトを取り付けられるように加工した金物で、主部材の存在応力をボルト、接合部材その他のトラス用機械式継手の部分に伝達するために設ける金物をいう。以下同じ。）を緊結すること。

　　⑵　径12mm以上のボルトを主部材の方向と平行に用いて、当該ボルト及び主部材の軸心が接合部材の中心を通るように、⑴の規定により主部材に緊結した端部金物及び接合部材を接合すること。

　　⑶　接合部材及び端部金物の種類に応じて、接合部の実況に応じた加力試験によって確認された所定の性能を発揮するために必要なボルトのはめあい長さを有すること。

　　⑷　戻り止めの設置、ボルトへの張力の導入その他これらと同等以上の効力を有するボルトに緩みが生じないための措置を講ずること。

　ロ　次に定めるところによる嵌合

　　⑴　主部材及び接合部材にアルミニウム合金材を用いること。

　　⑵　主部材の端部を接合部材と接合すること。

　　⑶　建築基準法施行令（以下「令」という。）第82条第一号から第三号までに定める構造計算によって接合部分に抜け出し、折れその他の構造耐力上支障のある変形及び損傷が生じないことを確かめること。この場合において、同条各号中「構造耐力上主要な部分」とあるのは、「システムトラスを用いた構造耐力上主要な部分」と読み替えるものとする。

三　システムトラスに使用する主部材に代わるロッド等は、当該ロッド等と同等以上の耐力を有する接合部材と接合しなければならない。この場合において、当該ロッド等と当該接合部

材は、直接接合すること又は接合具を用いて接合することとする。

2　前項の規定によるほか、構造耐力上主要な部分である屋根版に用いるシステムトラスは、次に定めるところによらなければならない。

一　主部材を格子状に組み合わせ平面状又は曲面状としたものを2層に配置した立体的な架構とすること。

二　屋根版の水平投影面積及び鉛直投影面積は、それぞれ100m²以下とすること。

三　屋根版の最も低い部分から最も高い部分までの鉛直距離を3m以下とすること。

四　屋根版の端からの水平距離が3m以内の屋根版の部分に9m以下の間隔で釣り合い良く配置された柱、はり又は壁により屋根版が構造耐力上安全に支えられること。

3　第1項の規定によるほか、構造耐力上主要な部分（屋根版を除く。）に用いるシステムトラスは、令第82条各号及び令第82条の4に定めるところによる構造計算によって安全性が確かめられた構造方法としなければならない。

第2　接合

構造耐力上主要な部分に使用するシステムトラスと周囲の構造耐力上主要な部分（システムトラスを用いた部分を除く。）との接合は、次のいずれかに定めるところによらなければならない。ただし、当該接合部が滑節構造であり、かつ、周囲の構造耐力上主要な部分（システムトラスを用いた部分を除く。）に存在応力を伝えることができるものとした場合においては、この限りでない。

一　ベースプレートと一体となった接合部材を周囲の構造耐力上主要な部分（システムトラスを用いた部分を除く。）に接合し、かつ、接合する部材の種類に応じてそれぞれ次に定めるところによること。

イ　鋼材又はアルミニウム合金材との接合　溶接接合、ボルト接合又は高力ボルト接合とすること。この場合において、ボルト接合又は高力ボルト接合とした場合にあっては、令第68条（アルミニウム合金材と接合する場合にあっては、平成14年国土交通省告示第410号第5第2項第一号）の規定を準用すること。

ロ　コンクリートとの接合　アンカーボルトにより接合し、次に定めるところによること。

(1)　アンカーボルトが、接合部の中心に対して均等に配置されていること。ただし、令第82条第一号から第三号までに定める構造計算によって安全性が確かめられた場合は、この限りでない。

(2)　アンカーボルトには座金を用い、ナット部分の溶接、ナットの二重使用その他これらと同等以上の効力を有する戻り止めを施したものであること。

(3)　アンカーボルトの構造耐力上主要な部分に対する定着長さが当該アンカーボルトの径の20倍以上であり、かつ、当該アンカーボルトの先端をかぎ状に折り曲げたもの又は当該アンカーボルトに定着金物を設けたものとすること。ただし、アンカーボルトの付着力に応じてアンカーボルトの抜け出し及びコンクリートの破壊が生じないことが確かめられた場合においては、この限りでない。

(4)　接合部のベースプレートに接する部分の断面積に対するアンカーボルトの全断面積の割合が20％以上あること。ただし、令第82条第一号から第三号までに定める構造計算によって安全性が確かめられた場合は、この限りでない。

(5)　接合部材と一体としたベースプレートの厚さをアンカーボルトの径の1.3倍（当該
　　　ベースプレートがアルミニウム合金材である場合は、2.0倍）以上としたものであること。

(6)　アンカーボルト孔の径を当該アンカーボルトの径に5mmを加えた数値以下の数値と
　　　し、かつ、縁端距離（当該アンカーボルトの中心軸からベースプレートの縁端部までの
　　　距離のうち最短のものをいう。）を平成12年建設省告示第1456号第一号への表に掲げる
　　　アンカーボルトの径及びベースプレートの縁端部の種類に応じてそれぞれ同表に定める
　　　数値（当該ベースプレートがアルミニウム合金材である場合は、当該アンカーボルトの
　　　径の1.5倍の数値に5mmを加えて得た数値）以上の数値としたものであること。ただ
　　　し、令第82条第一号から第三号までに定める構造計算によって安全性が確かめられた場
　　　合は、この限りでない。

二　接合部材を周囲の構造耐力上主要な部分（システムトラスを用いた部分を除く。）と溶接
　接合すること。ただし、令第81条第2項第一号イに規定する保有水平耐力計算によって安全
　性が確かめられた場合には、主部材を周囲の構造耐力上主要な部分（システムトラスを用い
　た部分を除く。）と溶接接合することができる。

三　接合部材を周囲の構造耐力上主要な部分（システムトラスを用いた部分を除く。）に用い
　る部材（鋼管、形鋼、棒鋼その他これらに類する形状の鋼材又はアルミニウム合金材に限る。）
　と第1第1項第二号に定める接合方法により接合すること。この場合において、同号中「シ
　ステムトラスに用いる主部材は、トラス用機械式継手を使用して相互に接合する」とあるの
　は「周囲の構造耐力上主要な部分（システムトラスを用いた部分を除く。）に用いる部材は、
　トラス用機械式継手を使用して接合する」と、「主部材」とあるのは「周囲の構造耐力上主
　要な部分（システムトラスを用いた部分を除く。）に用いる部材」と読み替えるものとする。

第3　防錆措置等

一　構造耐力上主要な部分に用いるシステムトラスの主部材及び接合部材に厚さが2.3mm未
　満の鋼材（ステンレス鋼を除く。）を使用する場合の当該主部材及び接合部材の表面仕上げ
　は、日本産業規格 G3302(溶融亜鉛めっき鋼板及び鋼帯)-1998に規定するめっきの付着量表
　示記号 Z27その他これに類する有効なさび止めのための措置を講じたものとすること。ただ
　し、主部材及び接合部材を屋外に面する部分及び湿潤状態となるおそれのある部分以外の部
　分に使用する場合にあっては、この限りでない。

二　構造耐力上主要な部分に用いるシステムトラスに使用するアルミニウム合金材のうち当該
　アルミニウム合金材以外の材料との接触によりアルミニウム合金材が構造耐力上支障のある
　腐食を生じやすい場合には、アルミニウム合金材に合成樹脂塗料の塗布その他これに類する
　有効な防食措置を講じなければならない。

三　構造耐力上主要な部分に用いるシステムトラスの鋼材を使用した主部材及び接合部材の接
　合に使用する端部金物、ボルトその他のトラス用機械式継手を構成する部材にあっては、主
　部材及び接合部材の防錆上支障のないものとしなければならない。

第4　耐久性等関係規定の指定

　　令第36条第1項に規定する耐久性等関係規定として、第1第1項第一号イ及び同項第二号イ
　(4)並びに第3の規定で定める安全上必要な技術的基準を指定する。

第5　令第36条第2項第一号の規定に基づく技術的基準の指定

令第36条第2項第一号の規定に基づき、令第81条第2項第一号イに規定する保有水平耐力計算によって安全性を確かめる場合に適用を除外することができる技術的基準として、第1第1項（第一号イ、ニ及びヘ並びに第二号を除く。）及び第2項並びに第2第一号イ（令第68条（アルミニウム合金材と接合する場合にあっては、平成14年国土交通省告示第410号第5第2項第一号）の規定の準用に係る部分に限る。）及びロに定める技術的基準を指定する。

〔平成14年5月29日国土交通省告示第474号〕
特定畜舎等建築物の構造方法に関する安全上必要な技術的基準を定める等の件（抄）

最終改正　令和元年6月25日国土交通省告示第203号

建築基準法施行令（昭和25年政令第338号）第80条の2第一号の規定に基づき、木造、補強コンクリートブロック造、鉄骨造又は鉄筋コンクリート造の建築物のうち畜舎又は堆肥舎の用途に供する建築物（以下「特定畜舎等建築物」という。）の構造方法に関する安全上必要な技術的基準を第1に、同令第38条第4項の規定に基づき、特定畜舎等建築物の基礎の構造計算を第2に定め、及び同令第81条第3項の規定に基づき、特定畜舎等建築物の構造計算が第3に適合する場合においては、当該構造計算は、同令第82条各号及び同令第82条の4に定めるところによる構造計算と同等以上に安全性を確かめることができるものと認める。

第1　適用の範囲

　特定畜舎等建築物の構造方法は、建築基準法施行令（以下「令」という。）第3章第3節、第4節の2、第5節及び第6節に定めるところによるほか、次に定めるところによらなければならない。この場合において、木造の建築物について第3第1項第一号から第三号までに定める構造計算によって構造耐力上安全であることが確かめられた場合には、令第43条第1項及び第46条の規定によらないことができる。

一　木造、補強コンクリートブロック造、鉄骨造若しくは鉄筋コンクリート造の建築物又はこれらの構造のうち2以上の構造を併用する建築物であること。

二　階数が1であること。

三　高さが13m以下で、かつ、軒の高さが9m以下であること。

四　架構を構成する柱の相互の間隔が15m以下であること。

五　都市計画法（昭和43年法律第100号）第7条第1項に定める市街化区域以外の区域に建設し、かつ、居室を設けないこと。

第2　特定畜舎等建築物の基礎について定める構造計算

　令第38条第4項に規定する特定畜舎等建築物の基礎の構造計算は、次に定める基準に従った構造計算とする。

一　特定畜舎等建築物、敷地、地盤その他の基礎に影響を与えるものの実況に応じて、土圧、水圧その他の荷重及び外力を採用し、第3第1項第一号から第三号までに定める構造計算を行うこと。

二　前号の構造計算を行うに当たり、自重による沈下その他の地盤の変形等を考慮して特定畜舎等建築物に有害な損傷、変形及び沈下が生じないことを確かめること。

第3　特定畜舎等建築物の安全性を確かめることができる構造計算

令第81条第3項に規定する令第82条各号及び令第82条の4に定めるところによる構造計算と同等以上に特定畜舎等建築物の安全性を確かめることができる構造計算は、次に定める基準に従った構造計算とする。

一　令第3章第8節第2款並びに次項及び第3項に規定する荷重及び外力によって特定畜舎等建築物の構造耐力上主要な部分に生ずる力を計算すること。

二　前号の構造耐力上主要な部分の断面に生ずる長期及び短期の各応力度を次の表に掲げる式によって計算すること。

力の種類	荷重及び外力について想定する状態	一般の場合	令第86条第2項ただし書の規定によって特定行政庁が指定する多雪区域（以下単に「多雪区域」という。）における場合		備　考
			次項第二号に規定する積雪荷重の低減を行う場合以外の場合	次項第二号に規定する積雪荷重の低減を行う場合	
長期に生ずる力	常時	G+P	G+P	G+P	
	積雪時		G+P+0.7S	G+P+S	
短期に生ずる力	積雪時	G+P+S	G+P+S	G+P+S	特定畜舎等建築物の転倒、柱の引抜き等を検討する場合においては、Pについては、特定畜舎等建築物の実況に応じて積載荷重を減らした数値によるものとする。
	暴風時	G+P+W	G+P+W	G+P+W	
			G+P+0.35S+W	G+P+S+W	
	地震時	G+P+K	G+P+0.35S+K	G+P+S+K	

この表において、G、P、S、W及びKは、それぞれ次の力（軸方向力、曲げモーメント、せん断力等をいう。）を表すものとする。

G　令第84条に規定する固定荷重によって生ずる力

P　令第85条に規定する積載荷重によって生ずる力

S　次項に規定する積雪荷重によって生ずる力

> W　第3項に規定する風圧力によって生ずる力
> K　令第88条に規定する地震力によって生ずる力

三　第一号の構造耐力上主要な部分ごとに、前号の規定によって計算した長期及び短期の各応力度が、それぞれ令第3章第8節第3款の規定による長期に生ずる力又は短期に生ずる力に対する各許容応力度を超えないことを確かめること。

四　平成12年建設省告示第1459号第1に定める場合においては、構造耐力上主要な部分である構造部材の変形又は振動によって特定畜舎等建築物の使用上の支障が起こらないことを同告示第2に定める方法によって確かめること。

五　鉄骨造の特定畜舎等建築物にあっては、前各号の規定によるほか、昭和55年建設省告示第1791号第2に定める構造計算を行うこと。

2　積雪荷重は、令第86条の規定によること。この場合において、屋根ふき材に日本産業規格A5701（ガラス繊維強化ポリエステル波板）-1995に定める波板を使用する等屋根面の断熱性が低く、滑雪の妨げのない構造とし、かつ、屋根の勾配が11度以上ある場合にあっては、次に定めるところによることができる。

一　次に掲げる式によって屋根の積雪荷重を計算すること。

$$S = \gamma \cdot d \cdot Rs \cdot \mu b$$

> この式において、S、γ、d、Rs 及び μb はそれぞれ次の数値を表すものとする。
>
> 　S　屋根の積雪荷重（単位　N/m²）
> 　γ　積雪の単位荷重（多雪区域にあっては23、多雪区域以外の区域にあっては20とする。）（単位　積雪量1cmごとにN/m²）
> 　d　垂直積雪量として市町村の区域に応じた別表に掲げる数値以上の数値（単位　cm）
> 　Rs　特定畜舎等建築物の種類及び前項第二号に規定する荷重及び外力について想定する状態に応じた次の表に掲げる数値以上の数値

特定畜舎等建築物の種類	前項第二号に規定する荷重及び外力について想定する状態	数　値	
		d≧70の場合	d＜70の場合
堆肥舎	常時又は積雪時	0.84	0.78
	暴風時又は地震時	1.00	1.00
豚舎、鶏舎その他これらに類する家畜の飼養施設（以下「飼養施設」という。）	常時又は積雪時	0.87	0.82
	暴風時又は地震時	1.00	1.00
搾乳施設、集乳施設その他これらに類する生乳の生産のための施設（以下「搾乳施設等」という。）	常時又は積雪時	0.93	0.90
	暴風時又は地震時	1.00	1.00

μb　特定畜舎等建築物が建築される区域における1月と2月の2ヶ月間の平均風速に応じた次の表に掲げる数値

当該区域における1月と2月の2ヶ月間の平均風速　V（単位　m/s）	μb
2.0以下	0.9
3.0	0.8
4.0	0.7
4.5以上	0.6

　　この表に掲げるVの数値以外のVに応じたμbは、表に掲げる数値をそれぞれ直線的に補間した数値とする。

二　堆肥舎の屋根勾配が11度以上ある場合は、屋根の積雪荷重を$600\,\mathrm{N/m^2}$まで減らして計算することができる。

三　前2号の規定により屋根の積雪荷重を減らして計算した特定畜舎等建築物については、その出入口又はその他の見やすい場所に、その軽減の実況その他必要な事項を表示しなければならない。

3　風圧力は、次の各号に定めるところによること。

一　令第87条の規定によること。この場合において、同条第2項に規定するV_0は、平成12年建設省告示第1454号第2に規定する数値に特定畜舎等建築物の種類に応じて次の表に掲げる数値以上の数値を乗じて得た数値とすることができる。

特定畜舎等建築物の種類	数　値
堆肥舎	0.85
飼養施設	0.90
搾乳施設等	0.95

二　令第87条第2項に規定するEを算出する場合においては、平成12年建設省告示第1454号第1第2項に規定するZbを3mとすることができる。

三　前2号の規定により風圧力を減らして計算した特定畜舎等建築物については、その出入口又はその他の見やすい場所に、その軽減の実況その他必要な事項を表示しなければならない。

別　表　（略）

〔平成12年10月17日建設省告示第2009号〕
免震建築物の構造方法に関する安全上必要な技術的基準を定める等の件

最終改正　平成28年5月31日国土交通省告示第791号

　建築基準法施行令（昭和25年政令第338号）第38条第3項の規定に基づき、免震建築物の基礎の構造方法を第3に、及び同令第80条の2第二号の規定に基づき、免震建築物の構造方法に関する安全上必要な技術的基準を第4に定め、同令第36条第1項の規定に基づき、免震建築物の耐久性等関係規定を第5に指定し、並びに同令第81条第2項第一号ロの規定に基づき、限界耐力計算と同等以上に免震建築物の安全性を確かめることができる構造計算を第6のように定める。

第1　この告示において次の各号に掲げる用語の意義は、それぞれ当該各号に定めるところによる。

一　免震材料　建築材料のうち、建築物に作用する地震力を低減する機能を有するものとして次に掲げる支承材、減衰材又は復元材に該当するものをいう。

　イ　支承材　水平に設置され、主として建築物に作用する鉛直荷重を支持し、建築物の水平方向の変形性能を確保するもので、次の表に掲げる種類に応じてそれぞれ同表に掲げる材料を用いたもの

種　　類	材　　　　料
弾性系	積層ゴムその他これに類する弾性体
すべり系	四フッ化エチレンその他これに類するすべり材
転がり系	鋼球その他これに類する転がり材

　ロ　減衰材　速度及び変形の程度に応じた減衰の作用により上部構造の振動のエネルギーを吸収するもので、次の表に掲げる種類に応じてそれぞれ同表に掲げる材料を用いたもの

種　　類	材　　　　料
弾塑性系	鉛材、鋼材その他これらに類する材料
流体系	作動油その他これに類する粘性体

　ハ　復元材　変形の程度に応じた復元の作用により建築物の周期を調整するもの

二　免震層　免震材料を緊結した床版又はこれに類するものにより挟まれた建築物の部分をいう。

三　免震建築物　免震層を配置した建築物をいう。

四　上部構造　免震建築物のうち、免震層より上に位置する建築物の部分をいう。

五　下部構造　免震建築物のうち、免震層より下に位置する建築物の部分（基礎の立上り部分を含む。）をいう。

第2　免震建築物（高さが60mを超える建築物を除く。）の構造方法は次の各号（建築基準法（昭和25年法律第201号。以下「法」という。）第20条第1項第二号及び第三号に掲げる建築物にあっ

ては、第二号又は第三号）のいずれかに、高さが60mを超える免震建築物の構造方法は第三号に該当するものとしなければならない。

一　建築基準法施行令（以下「令」という。）第3章第1節及び第2節並びに第3及び第4に定めるところによる構造方法

二　令第36条第1項に規定する耐久性等関係規定（以下単に「耐久性等関係規定」という。）に適合し、かつ、第6に規定する構造計算によって安全性が確認された構造方法

三　耐久性等関係規定に適合し、かつ、法第20条第1項第一号の規定により国土交通大臣の認定を受けた構造方法

2　前項第一号に該当する構造方法を用いた免震建築物は、地盤の長期に生ずる力に対する許容応力度（改良された地盤にあっては、改良後の許容応力度）が50kN/m² 以上である地盤に建築されなければならない。

第3　免震建築物の基礎の構造は、次に掲げる基準に適合するものとしなければならない。

一　基礎ぐいを用いた構造又は一体の鉄筋コンクリート造（2以上の部材を組み合わせたもので、これらの部材相互を緊結したものを含む。以下同じ。）のべた基礎とすること。

二　基礎の底部を、昭和55年建設省告示第1793号第2の表中 Tc に関する表に掲げる第一種地盤又は第二種地盤（地震時に液状化するおそれのないものに限る。）に達するものとすること。

三　基礎ぐいを用いた構造とする場合にあっては、次に定めるところによること。

イ　基礎ぐいは、構造耐力上安全に基礎ぐいの上部を支えるよう配置すること。

ロ　基礎ぐいの構造は、平成12年建設省告示第1347号第1第2項第三号に定めるところによること。

四　べた基礎とする場合にあっては、次に定めるところによること。

イ　基礎の底盤の厚さは、25cm以上とすること。

ロ　根入れの深さは、基礎の底部を雨水等の影響を受けるおそれのない密実で良好な地盤に達したものとした場合を除き、15cm以上とし、かつ、凍結深度よりも深いものとすることその他凍上を防止するための有効な措置を講ずること。

ハ　立上り部分の主筋として径12mm以上の異形鉄筋を、立上り部分の上端に1本以上、かつ、立上り部分の下部の底盤に2本以上配置し、それぞれニ及びホの補強筋と緊結したものとすること。

ニ　立上り部分の補強筋として径9mm以上の鉄筋を30cm以下の間隔で縦に配置したものとすること。

ホ　底盤の補強筋として径12mm以上の鉄筋を縦横に20cm以下の間隔で複配筋として配置したものとすること。

第4　令第80条の2第二号に掲げる建築物である免震建築物の構造方法に関する安全上必要な技術的基準は、次に掲げるものとする。

一　免震層にあっては、次に掲げる基準に適合するものとすること。

イ　免震層の上下の床版又はこれに類するものの間隔が、免震材料及び配管その他の建築設備の点検上支障のないものとすること。

ロ　上部構造に作用する荷重及び外力を、免震材料のみによって安全に下部構造に伝える構造とすること。ただし、地震に対して安全上支障のないことを確かめた場合にあっては、

暴風により生ずる免震層の著しい変位を防止するための措置に必要な部材を設けることができる。

ハ　免震材料が、次に掲げる基準に適合すること。

(1)　検査及び点検を容易に行うことができる位置に設けること。

(2)　上部構造の構造耐力上主要な柱及び耐力壁に対し釣合いよく配置すること。

(3)　次号トに規定する床版その他これに類する上部構造の構造耐力上主要な部分及び第3第四号イに定める基礎の底盤又は第三号ロに規定する床版その他これらに類する下部構造の構造耐力上主要な部分に緊結すること。

ニ　第6第2項第四号に規定する免震層の設計限界変位（以下単に「免震層の設計限界変位」という。）が35cm以上であること。

ホ　上部構造の建築面積を支承材の総数で除した数値が15m²以下であること。

ヘ　次の表に掲げる建築物の種類に応じて、それぞれ次に定めるところによること。

(1)　免震層の降伏時に各免震材料に生ずる水平力（単位　kN）の合計を建築面積で除した数値を、(1)の欄に掲げる数値以上(2)の欄に掲げる数値以下とすること。

(2)　免震層において、免震層の設計限界変位に相当する変位が生じている時（以下「免震層の設計限界変位時」という。）に各免震材料に生ずる水平力（単位　kN）の合計を建築面積で除した数値を、(3)の欄に掲げる数値以上(4)の欄に掲げる数値以下とすること。

建築物の種類		(1)	(2)	(3)	(4)
木造、鉄骨造その他これらに類する重量の小さな建築物	平家建	0.22	0.36	0.72	1.09
	2階建	0.29	0.49	0.98	1.47
その他の建築物		0.34	0.58	1.17	1.75

ト　免震層の設計限界変位時の等価粘性減衰定数が20%以上であること。

二　上部構造にあっては、次に掲げる基準に適合するものとすること。

イ　令第3章第3節から第7節の2までの規定（令第42条第1項本文及び第2項、第57条第5項（基礎に関する部分に限る。）、第62条の4第5項（基礎及び基礎ばりに関する部分に限る。）、第66条及び第78条の2第2項第三号（基礎及び基礎ばりに関する部分に限り、令第79条の4及び昭和58年建設省告示第1320号第11第2項において準用する場合を含む。）、平成13年国土交通省告示第1025号第6第二号（基礎及び基礎ばりに関する部分に限る。）、平成13年国土交通省告示第1026号第5（基礎及び基礎ばりに関する部分に限る。）、平成13年国土交通省告示第1540号第3第二号、平成13年国土交通省告示第1641号第3第二号、平成14年国土交通省告示第410号第4、平成14年国土交通省告示第411号第3第二号（基礎に関する部分に限る。）、平成14年国土交通省告示第667号第3第1項、平成15年国土交通省告示第463号第8第二号（基礎及び基礎ばりに関する部分に限る。）並びに平成28年国土交通省告示第611号第3第一号を除く。）に適合すること。

ロ　上部構造の最下階の構造耐力上主要な部分である柱及び耐力壁の脚部並びに土台（丸太組構法におけるこれに代わる丸太材等を含む。）は、トに定める床版その他これに類する部分に存在応力を伝えるよう緊結すること。

　　ハ　平面形状が長方形その他これに類する整形な形状であり、張り間方向及びけた行方向の
　　　長さの数値の大きい方の数値を小さい方の数値で除した数値が4以下であること。
　　ニ　立面形状が長方形その他これに類する安定した形状であること。
　　ホ　倉庫その他これに類する積載荷重の変動の大きな用途に供するものでないこと。
　　ヘ　上部構造と当該建築物の下部構造及び周囲の構造物その他の物件との水平距離が、上部
　　　構造の部分ごとに、次の表に掲げる当該部分の周囲の使用状況に応じた距離以上であるこ
　　　と。

	周囲の使用状況	距離（単位　m）
(1)	人の通行がある場合	0.5
(2)	(1)に掲げる場合以外の場合	0.4

　　ト　上部構造の最下階の床版は、厚さ18cm以上の一体の鉄筋コンクリート造とし、かつ、
　　　径12mm以上の異形鉄筋を縦横に20cm以下の間隔で複配筋として配置すること。
　三　下部構造（基礎を除く。）にあっては、次に掲げる基準に適合するものとすること。
　　イ　一体の鉄筋コンクリート造とすること。
　　ロ　下部構造の上端に鉄筋コンクリート造の床版を設け、第一号ハ(3)の規定により免震材料
　　　と緊結する場合にあっては、当該床版の厚さは18cm以上とし、径12mm以上の異形鉄
　　　筋を縦横に20cm以下の間隔で複配筋として配置し、その周囲の構造耐力上主要な部分
　　　に存在応力を伝えるよう緊結すること。
　　ハ　階を設ける場合にあっては、土圧がその全周にわたり一様に作用していること。
　四　免震建築物の周囲に安全上支障のある空隙を生じさせないものとすること。
　五　出入口その他の見やすい場所に、免震建築物であることその他必要な事項を表示すること。
　六　暴風により生ずる免震層の著しい変位を防止するための措置を講じた場合にあっては、構
　　造耐力上安全であることを確かめること。
　七　必要がある場合においては、積雪時に免震建築物の変位を妨げないような措置を講ずるこ
　　と。
　八　必要に応じて免震材料の交換を行うことのできる構造とすること。
　九　免震層に浸水するおそれのある場合にあっては、基礎の底盤に排水口を設ける等免震材料
　　の冠水を防止するための措置を講ずること。
第5　令第36条第1項に規定する耐久性等関係規定として、第4第一号イ、ロ及びハ(1)、第四号、
　　第五号並びに第七号から第九号まで（第6に規定する構造計算を行う場合にあっては、更に第
　　3第二号並びに第4第一号ハ(3)及び第三号ハの規定を含むものとする。）に定める安全上必要
　　な技術的基準を指定する。
第6　令第81条第2項第一号ロに規定する限界耐力計算と同等以上に免震建築物の安全性を確か
　　めることができる構造計算は、次項から第5項までに定める基準に従った構造計算とする。
　2　免震層について、次に定めるところにより構造計算を行うこと。
　一　地震時及び暴風時を除き、令第82条第一号から第三号まで（地震及び暴風に係る部分を除
　　く。）に定めるところによること。この場合において、免震材料の許容応力度は、第6項に

定めるところによるものとする。

二　暴風時を除き、令第82条の5第二号（暴風に係る部分を除く。）に定めるところによること。この場合において、免震材料の材料強度は、第7項に定めるところによるものとする。

三　令第82条の6第二号ロの規定の例により計算した免震層の偏心率が$\frac{3}{100}$以内であることを確かめること。ただし、免震建築物のねじれによる変形の割増を考慮して安全上支障のないことが確かめられた場合においては、この限りでない。

四　免震層の設計限界変位を、当該免震層に設置した免震材料のうち一の材料がその種類に応じて次の式によって計算したそれぞれの設計限界変形に達した場合の層間変位以下の変位として求めること。

$$m\delta d = \beta \, \delta u$$

この式において、mδd、β及びδuは、それぞれ次の数値を表すものとする。

mδd　各免震材料の設計限界変形（単位　m）

β　　各免震材料の荷重の支持条件に関する係数で、免震材料の種類に応じて次の表に定める数値。ただし、免震材料に作用する荷重に関する変形の特性を適切に考慮し、安全上支障のないことが確認された場合においては、この限りでない。

免震材料の種類		βの数値
支承材	弾性系	0.8
	すべり系及び転がり系	0.9
減衰材		1.0
復元材		1.0

δu　第9項に定める免震材料の水平基準変形（単位　m）

五　地震により免震層に生ずる水平方向の最大の層間変位（以下「免震層の地震応答変位」という。）を、次に定めるところによって計算し、当該地震応答変位が、免震層の設計限界変位を超えないことを確かめること。

イ　免震層の設計限界変位時の建築物の固有周期（以下「設計限界固有周期」という。）を、次の式によって計算すること。ただし、免震層の剛性及び減衰性に基づき固有値解析等の手法によって当該建築物の周期を計算することができる場合においては、当該計算によることができる。

$$Ts = 2\pi\sqrt{\frac{M}{K}}$$

この式において、Ts、M及びKは、それぞれ次の数値を表すものとする。

Ts　設計限界固有周期（単位　s）

M　上部構造の総質量（上部構造の固定荷重と積載荷重との和（令第86条第2項ただし書の規定によって特定行政庁が指定する多雪区域においては、更に積雪荷重を加えたものとする。）を重力加速度で除した数値をいう。以下同じ。）（単位　t）

　　K　免震層の等価剛性（免震層の設計限界変位時に各免震材料に生ずる水平力の合計を免震層の設計限界変位で除した数値をいう。以下同じ。）（単位　kN/m）

ロ　地震により免震層に作用する地震力を、次に定めるところによって計算すること。

⑴　支承材及び弾塑性系の減衰材（以下「履歴免震材料」という。）による免震層の等価粘性減衰定数を、次の式によって計算すること。

$$hd = \frac{0.8}{4\pi} \cdot \frac{\Sigma\,\Delta Wi}{\Sigma\,Wi}$$

この式において、hd、ΔWi 及び Wi は、それぞれ次の数値を表すものとする。

　　hd　　履歴免震材料による免震層の等価粘性減衰定数

　　ΔWi　　免震層の設計限界変位時に各履歴免震材料に生ずる変形が最大となる場合における当該履歴免震材料の履歴特性を表す曲線により囲まれた面積（単位　kN·m）

　　Wi　　免震層の設計限界変位時に各履歴免震材料に生ずる変形にその際の当該材料の耐力を乗じて2で除した数値（単位　kN·m）

⑵　流体系の減衰材による免震層の等価粘性減衰定数を、次の式によって計算すること。

$$hv = \frac{1}{4\pi} \cdot \frac{Ts\,\Sigma\,Cvi}{M}$$

この式において、hv、Ts、Cvi 及び M は、それぞれ次の数値を表すものとする。

　　hv　流体系の減衰材による免震層の等価粘性減衰定数

　　Ts　設計限界固有周期（単位　s）

　　Cvi　流体系の減衰材の減衰係数で、免震層に次の式によって計算した等価速度が生じている時に各流体系の減衰材に生ずる減衰力を当該等価速度で除した数値

$$Veq = 2\pi\frac{\delta s}{Ts}$$

この式において、Veq 及び δs は、それぞれ次の数値を表すものとする。

　　　Veq　免震層の等価速度（単位　m/s）

　　　δs　免震層の設計限界変位（単位　m）

　　M　上部構造の総質量（単位　t）

⑶　設計限界固有周期における免震層の震動の減衰による加速度の低減率を、次の式によって計算すること。ただし、免震層の剛性及び減衰性の影響を考慮した計算手法によって加速度の低減率を算出することができる場合においては、当該計算によることができる。

$$Fh = \frac{1.5}{1 + 10(hd + hv)}$$

この式において、Fh、hd 及び hv は、それぞれ次の数値を表すものとする。

　　Fh　免震層の振動の減衰による加速度の低減率（0.4を下回る場合にあっては、0.4とする。）

　　hd　⑴に規定する履歴免震材料による免震層の等価粘性減衰定数

　　hv　⑵に規定する流体系の減衰材による免震層の等価粘性減衰定数

(4)　地震によって免震層に作用する地震力を、設計限界固有周期に応じて次の表に掲げる式によって計算すること。

Ts＜0.16 の場合	$Q = (3.2 + 30\,Ts)\,M\,Fh\,Z\,Gs$
0.16 ≦ Ts＜0.64 の場合	$Q = 8\,M\,Fh\,Z\,Gs$
0.64 ≦ Ts の場合	$Q = \dfrac{5.12\,M\,Fh\,Z\,Gs}{Ts}$

　この表において、Ts、Q、M、Fh、Z 及び Gs は、それぞれ次の数値を表すものとする。

　Ts　設計限界固有周期（単位　s）

　Q　地震によって免震層に作用する地震力（単位　kN）

　M　上部構造の総質量（単位　t）

　Fh　(3)に規定する加速度の低減率

　Z　令第88条第1項に規定する Z の数値

　Gs　令第82条の5第五号の表に規定する Gs の数値

ハ　免震層の地震応答変位を、次の式によって計算すること。

$$\delta r = 1.1 \delta r'$$

　この式において、δr 及び δr′ は、それぞれ次の数値を表すものとする。

　　δr　免震層の地震応答変位（単位　m）

　　δr′ 次に定めるところによって計算した免震層の代表変位（各免震材料の特性の変動を考慮して免震層の代表変位の最大値を求めることができる場合においては、当該計算によることができる。）（単位　m）

$$\delta r' = \alpha \, \delta$$

　　　この式において、α 及び δ は、それぞれ次の数値を表すものとする。

　　　α　免震材料のばらつき、環境及び経年変化に関する係数（1.2を下回る場合は、1.2とする。）

　　　δ　ロ(4)に定めるところにより計算した地震によって免震層に作用する地震力を免震層の等価剛性で除して得た数値（以下「免震層の基準変位」という。）（単位　m）

六　暴風により免震層に作用する力を次に定めるところによって計算し、当該力が作用しているときに免震層に生ずる変位（以下「免震層の風応答変位」という。）が免震層の設計限界変位（支承材にあっては、第四号の表中に規定する β の数値を、1.0とする。）を超えないことを確かめること。この場合において、第4第一号ロただし書きの規定に基づき講じた措置によって免震層の風応答変位の最大値が別に定まる場合にあっては、当該最大値を免震層の風応答変位とすることができる。

イ　暴風時に建築物に作用する風圧力を、令第87条の規定によって計算した風圧力の1.6倍

の数値として計算すること。

ロ　暴風により免震層に作用する力を、建築物にイに規定する風圧力並びに令第3章第8節第2款に規定する荷重及び外力（令第87条に規定する風圧力を除き、暴風時に建築物に作用するものに限る。）が作用するものとして計算すること。

七　免震層が次の式によって計算した応答速度に達する場合に各流体系の減衰材に生ずる速度が、当該減衰材の平成12年建設省告示第1446号別表第2第1第九号に掲げる建築材料の項（ろ）欄第三号に規定する限界速度を超えないことを確かめること。ただし、各免震材料の特性の変動を考慮して応答速度を求めることができる場合においては、この限りでない。

$$Vr = 2.0 \sqrt{\frac{(Qh + Qe)\,\delta r}{M}}$$

この式において、Vr、Qh、Qe、δr 及び M は、それぞれ次の数値を表すものとする。

Vr　免震層の応答速度（単位　m/s）

Qh　免震層において免震層の基準変位に相当する変位が生じている時に弾塑性系の減衰材及びこれと同等の減衰特性を有する支承材又は支承材の部分が負担する水平力の合計（単位　kN）

Qe　免震層において免震層の基準変位に相当する変位が生じている時に支承材（弾塑性系の減衰材と同等の減衰の特性を有する部分を除く。）及び復元材が負担する水平力の合計（単位　kN）

δr　第五号ハに規定する免震層の地震応答変位（単位　m）

M　上部構造の総質量（単位　t）

八　地震によって免震層に作用する力のうち減衰材（これと同等の減衰特性を有する支承材を含む。）の負担する割合として次の式によって計算した減衰材の負担せん断力係数が、0.03以上となることを確かめること。

$$\mu = \frac{\sqrt{(Qh + Qe)^2 + 2\,\varepsilon\,(Qh + Qe)Qv + Qv^2}}{M \cdot g} \cdot \frac{Qh + Qv}{Qh + Qv + Qe}$$

この式において、μ、Qh、Qe、ε、Qv 及び M は、それぞれ次の数値を表すものとする。

μ　減衰材の負担せん断力係数

Qh、Qe　前号に規定する Qh 及び Qe の数値（単位　kN）

ε　流体系の減衰材の特性に応じて次の表に掲げる数値

Vr′ ≦ Vy の場合	0
Vr′ ＞ Vy の場合	0.5

この表において、Vr′ 及び Vy は、それぞれ次の数値を表すものとする。

Vr′　前号に規定する免震層の応答速度 Vr の式のうち、δr を第五号ハに規定する免震層の基準変位で読み替えた数値（単位　m/s）

> Vy　流体系の各減衰材の降伏速度の最小値（単位　m/s）

> Qv　免震層においてεの表に規定するVr'に相当する速度が生じている時に各流体系の減衰材に生ずる速度に、それぞれ当該速度における各流体系の減衰材の減衰係数を乗じて得た数値の合計（単位　kN）

> M　上部構造の総質量（単位　t）

九　免震建築物の接線周期を次の式によって計算し、当該接線周期が、2.5秒（建築物の高さが13m以下であり、かつ、軒の高さが9m以下である場合にあっては、2秒）以上となることを確かめること。

$$Tt = 2\pi\sqrt{\frac{M}{Kt}}$$

> この式において、Tt、M及びKtは、それぞれ次の数値を表すものとする。

> Tt　免震建築物の接線周期（単位　s）

> M　上部構造の総質量（単位　t）

> Kt　各免震材料の応答変形（免震層において免震層の基準変位に相当する変位を生じている時の各免震材料の変形をいう。）における接線剛性（当該変形における免震材料の荷重の変化量の変形の変化量に対する割合をいう。）の合計（単位　kN/m）

十　免震材料（鉛直荷重を支持するものに限る。）について、次に定めるところにより構造計算を行うこと。

イ　上部構造の総質量の1.3倍に相当する荷重と次項第一号の規定によって計算した上部構造の地震力による圧縮力との和により各免震材料に生ずる圧縮の応力度が当該免震材料の材料強度を超えないことを確かめること。

ロ　上部構造の総質量（積雪荷重を除く。）の0.7倍に相当する荷重と次項第一号の規定によって計算した上部構造の地震力による引張力との和により各免震材料に生ずる圧縮の応力度が0未満とならないことを確かめること。

3　上部構造について、次に定めるところにより構造計算を行うこと。ただし、法第20条第1項第四号に掲げる建築物である免震建築物において、上部構造が第4第二号イ及びロの規定に適合し、かつ、第一号の規定の式によって計算した上部構造の最下階における地震層せん断力係数が0.2以下の数値となる場合にあっては、第一号から第三号まで、第六号及び第七号の規定については、適用しない。

一　令第82条第一号から第三号までに定めるところによること。この場合において、令第88条に定めるところにより地震力を計算するに当たっては、同条第1項中「建築物の地上部分」とあるのは、「免震建築物のうち下部構造を除いた部分」と読み替えるものとし、地震層せん断力係数は、次の式によって計算するものとする。

$$Cri = \gamma\,\frac{\sqrt{(Qh+Qe)^2 + 2\varepsilon(Qh+Qe)Qv + Qv^2}}{M \cdot g} \cdot \frac{Ai(Qh+Qv) + Qe}{Qh+Qv+Qe}$$

> この式において、Cri、γ、Qh、Qe、Qv、ε、M及びAiは、それぞれ次の数値を表すものとする。

　　　Cri　免震建築物のうち下部構造を除いた部分の一定の高さにおける地震層せん断力係
　　　　　数

　　　γ　免震材料のばらつき、環境及び経年変化に関する係数で、1.3を下回る場合には、
　　　　　1.3とする。ただし、免震材料のばらつき、環境及び経年変化の影響を考慮して当
　　　　　該係数を求めることができる場合においては、この限りでない。

　　　Qh、Qe　前項第七号に規定する Qh 及び Qe の数値（単位　kN）

　　　Qv　前項第八号に規定する Qv の数値（単位　kN）

　　　ε　前項第八号に規定する ε の数値

　　　M　上部構造の総質量（単位　t）

　　　Ai　令第88条第1項に規定する Ai の数値

二　令第82条の5第二号に定めるところによること。ただし、上部構造が第4第二号イ及びロ
　　の規定に適合する場合にあっては、この限りでない。

三　上部構造の各階の層間変形角（第一号の地震力によって各階に生ずる層間変位の当該各階
　　の高さに対する割合をいう。）が $\frac{1}{300}$（上部構造の高さが13m以下であり、かつ、軒の高さ
　　が9m以下である場合にあっては、$\frac{1}{200}$）以内であることを確かめること。

四　上部構造の最下階の床版又はこれに類するものが、水平力によって生ずる力を構造耐力上
　　有効に免震層に伝えることができる剛性及び強度を有することを確かめること。

五　上部構造と当該建築物の下部構造及び周囲の構造物その他の物件との水平距離が、上部構
　　造の部分ごとに、それぞれ免震層の地震応答変位に次の表に掲げる当該部分の周囲の使用状
　　況に応じた距離を加えた数値以上であること及び免震層の風応答変位以上であることを確か
　　めること。

周囲の使用状況		距離（単位　m）
(1)	通行の用に供する場合	0.8
(2)	(1)に掲げる場合以外の人の通行がある場合	0.2
(3)	(1)及び(2)に掲げる場合以外の場合	0.1

六　令第82条第四号の規定によること。

七　令第82条の4の規定によること。

八　特定天井について、次に定めるところによること。ただし、平成25年国土交通省告示第
　　771号第3第2項に定める基準（この場合において、同項第九号の表中の k は、天井を設け
　　る階にかかわらず、0.5以上とすることができる。）に適合するもの、同告示第3第3項に
　　定める基準（この場合において、同項第八号の表中の k は、天井を設ける階にかかわらず、
　　0.7以上とすることができる。）に適合するもの又は令第39条第3項の規定に基づく国土交
　　通大臣の認定を受けたものにあっては、この限りでない。

　イ　天井面構成部材（天井面を構成する天井板、天井下地材及びこれに附属する金物をいう。
　　　以下同じ。）の各部分が、地震の震動により生ずる力を構造耐力上有効に当該天井面構成
　　　部材の他の部分に伝えることができる剛性及び強度を有することを確かめること。

　ロ　天井面構成部材及び天井面構成部材に地震その他の震動及び衝撃により生ずる力を負担

461

させるものの総重量に水平震度0.5以上の数値を乗じて得られた水平方向の地震力（計算しようとする方向の柱の相互の間隔が15mを超える場合にあっては、当該水平方向の地震力に加えて、天井面構成部材及び天井構成部材に地震その他の震動及び衝撃により生ずる力を負担させるものの総重量に数値が1以上の鉛直震度を乗じて得られた鉛直方向の地震力）により天井に生ずる力が当該天井の許容耐力（繰り返し載荷試験その他の試験又は計算によって確認した損傷耐力(天井材の損傷又は接合部分の滑り若しくは外れが生ずる力に対する耐力をいう。)に $\frac{2}{3}$ 以下の数値を乗じた値をいう。）を超えないことを確かめること。ただし、特別な調査又は研究の結果に基づいて地震力により天井に生ずる力を算出する場合においては、当該算出によることができるものとする。

　ハ　天井面構成部材と壁、柱その他の建築物の部分又は建築物に取り付けるもの（構造耐力上主要な部分以外の部分であって、天井面構成部材に地震その他の震動及び衝撃により生ずる力を負担させるものを除く。以下「壁等」という。）との隙間（当該隙間の全部又は一部に相互に応力を伝えない部分を設ける場合にあっては、当該部分は隙間とみなす。以下同じ。）が、6cmに吊り長さが3mを超える部分の長さに $\frac{1.5}{200}$ を乗じた値を加えた数値以上であることを確かめること。ただし、特別な調査又は研究の結果に基づいて、地震時に天井面構成部材が壁等と衝突しないよう天井面構成部材と壁等との隙間を算出する場合においては、当該算出によることができるものとする。

　ニ　イからハまでの構造計算を行うに当たり、風圧並びに地震以外の震動及び衝撃を適切に考慮すること。

4　下部構造について、次に定めるところにより構造計算を行うこと。

　一　地震時を除き、令第82条第一号から第三号まで（地震に係る部分を除く。）に定めるところによること。

　二　令第82条の5第二号に定めるところによること。ただし、下部構造が第3及び第4第三号の規定に適合している場合にあっては、この限りでない。

　三　令第88条第4項に規定する地震力の2倍の地震力及び次の式によって計算した免震層に作用する地震力により下部構造の構造耐力上主要な部分の断面に生ずる短期の応力度を令第82条第一号及び第二号の規定によって計算し、当該応力度が令第3章第8節第3款の規定による短期に生ずる力に対する許容応力度を超えないことを確かめること。

$$Qiso = \gamma \sqrt{(Qh + Qe)^2 + 2\varepsilon(Qh + Qe)Qv + Qv^2}$$

　　この式において、Qiso、γ、Qh、Qe、Qv及びεは、それぞれ次の数値を表すものとする。

　　Qiso　免震層に作用する地震力（単位　kN）

　　γ　　前項第一号に規定するγの数値

　　Qh、Qe　第2項第七号に規定するQh及びQeの数値（単位　kN）

　　Qv　第2項第八号に規定するQvの数値（単位　kN）

　　ε　　第2項第八号に規定するεの数値

　四　令第82条第四号の規定によること。

5　土砂災害警戒区域等における土砂災害防止対策の推進に関する法律（平成12年法律第57号）

第8条第1項に規定する土砂災害特別警戒区域内における居室を有する建築物にあっては、令第80条の3ただし書の場合を除き、土砂災害の発生原因となる自然現象の種類に応じ、それぞれ平成13年国土交通省告示第383号第2第二号イからハまで、第3第二号イ及びロ又は第4第二号イ及びロの規定によること。

6　免震材料の許容応力度は、免震材料の種類に応じて、次の表に掲げる数値とする。

種　類 ＼ 許容応力度	長期に生ずる力に対する許容応力度（単位　N/mm²）		短期に生ずる力に対する許容応力度（単位　N/mm²）	
	圧　縮	せん断	圧　縮	せん断
支承材	$\dfrac{Fc}{3}$	Fs_1	$\dfrac{2Fc}{3}$	Fs_2
減衰材	—	Fs_1	—	Fs_2
復元材	—	Fs_1	—	Fs_2

　この表において、Fc、Fs_1 及び Fs_2 は、それぞれ次の数値を表すものとする。
　Fc　支承材の鉛直基準強度（単位　N/mm²）
　Fs_1　免震材料に当該免震材料の水平基準変形の $\dfrac{1}{3}$ の変形を与えた時の水平方向の応力度又は当該免震材料の水平基準変形を与えた時の水平方向の応力度を3で除した数値のうちいずれか大きい数値（単位　N/mm²）
　Fs_2　免震材料に当該免震材料の水平基準変形の $\dfrac{2}{3}$ の変形を与えた時の水平方向の応力度又は当該免震材料の水平基準変形を与えた時の水平方向の応力度を1.5で除した数値のうちいずれか大きい数値（単位　N/mm²）

7　免震材料の材料強度は、免震材料の種類に応じて、次の表に掲げる数値とする。

種　　類	材料強度（単位　N/mm²）	
	圧　　縮	せん断
支承材	Fc	Fs
減衰材	—	Fs
復元材	—	Fs

　この表において、Fc 及び Fs は、それぞれ次の数値を表すものとする。
　Fc　支承材の鉛直基準強度（単位　N/mm²）
　Fs　免震材料に当該免震材料の水平基準変形を与えた時の水平方向の応力度（単位　N/mm²）

8　第6項及び前項の「支承材の鉛直基準強度」とは、当該支承材の平成12年建設省告示第1446号別表第2第1第九号に掲げる建築材料の項(ろ)欄第四号に規定する圧縮限界強度に0.9を乗じた数値以下の数値（単位　N/mm²）とする。

9　第6項及び第7項の「免震材料の水平基準変形」とは、当該免震材料の種類に応じてそれぞ

れ次に定めるところによる。

一　支承材にあっては、前項に規定する支承材の鉛直基準強度（変形を生じていない場合の値とする。）の$\frac{1}{3}$に相当する荷重における当該免震材料の水平方向の限界の変形（単位　m）とする。

二　減衰材及び復元材にあっては、平成12年建設省告示第1446号別表第2第1第九号に掲げる建築材料の項(ろ)欄第三号に規定する限界変形（単位　m）とする。

〔昭和58年7月25日建設省告示第1320号〕
プレストレストコンクリート造の建築物又は建築物の構造部分の構造方法に関する安全上必要な技術的基準

最終改正　平成28年5月31日国土交通省告示第791号

建築基準法施行令（昭和25年政令第338号）第80条の2第二号の規定に基づき、プレストレストコンクリート造の建築物又は建築物の構造部分（以下「プレストレストコンクリート造の建築物等」という。）の構造方法に関する安全上必要な技術的基準を第1から第12までに定め、同令第36条第1項の規定に基づき、プレストレストコンクリート造の建築物等の構造方法に関する安全上必要な技術的基準のうち耐久性等関係規定を第19に、同条第2項第一号の規定に基づき、同令第81条第2項第一号イに規定する保有水平耐力計算によつて安全性を確かめる場合に適用を除外することができる技術的基準を第20にそれぞれ指定し、並びに同条第3項の規定に基づき、プレストレストコンクリート造の建築物等の構造計算が、第13及び第17に適合する場合においては、当該構造計算は、同令第82条各号及び同令第82条の4に定めるところによる構造計算と同等以上に安全性を確かめることができるものと認め、同令第81条第2項第二号イの規定に基づき、プレストレストコンクリート造の建築物等の構造計算が、第13、第14、第15第一号及び第17に適合する場合においては、当該構造計算は、同項第二号イに規定する許容応力度等計算と同等以上に安全性を確かめることができるものと認め、同項第一号イの規定に基づき、プレストレストコンクリート造の建築物等の構造計算が、第13、第14、第15第二号及び第17に適合する場合、又は第13、第14、第16及び第17に適合する場合においては、当該構造計算は、同項第一号イに規定する保有水平耐力計算と同等以上に安全性を確かめることができるものと認め、同号ロの規定に基づき、プレストレストコンクリート造の建築物等の構造計算が、第18に適合する場合においては、当該構造計算は、同号ロに規定する限界耐力計算と同等以上に安全性を確かめることができるものと認める。

第1　コンクリートの材料

プレストレストコンクリート造に使用するコンクリートの材料については、建築基準法施行令（以下「令」という。）第72条の規定を準用する。この場合において、同条第二号中「鉄筋相互間及び鉄筋とせき板」とあるのは、「緊張材及び鉄筋の間並びにこれらとせき板」と読み替えるものとする。

第2　緊張材の定着及び接合並びに鉄筋の定着及び継手

一　緊張材の端部は、定着装置によつて固定し、緊張材の引張り力を有効に保持しなければな

らない。ただし、次のいずれかに該当する場合にあつては、定着装置の設置を省略すること
ができる。

　　イ　緊張材をコンクリート又はグラウトとの付着によつて定着する場合
　　ロ　緊張材の端部をループエンド形状とし、当該端部を剛強な支持物によつて支承する場合
　　ハ　プレテンション法による場合で、載荷試験等の結果により安全であることが確かめられ
　　　た場合
　二　緊張材の接合は、接合具によつて行い、当該緊張材の引張り力を有効に保持しなければな
　　らない。
　三　鉄筋の定着及び継手については、令第73条の規定を準用する。

第3　グラウト

　ポストテンション法による場合に次のいずれかに該当する場合を除き、緊張材と緊張材配置
孔との間に、緊張材と緊張材配置孔との付着が良好なグラウトで充填されなければならない。
この場合において、当該グラウトは、緊張材の防錆に有効であり、かつ、高温下においても付
着力の著しい低下のないものとしなければならない。

　一　耐力壁以外の壁、床又は小ばりをプレストレストコンクリート造とする場合で、あらかじ
　　め有効な防錆材で被覆された緊張材を配置し、コンクリートを打ち込む場合
　二　柱、はり又は耐力壁にあらかじめ有効な防錆材で被覆された付着のない緊張材を配置する
　　場合（付着が良好な鉄筋又は緊張材との併用その他当該緊張材が破断した場合に柱、はり又
　　は耐力壁の崩壊を防止するための有効な措置が講じられ、かつ、第18に定める構造計算によ
　　つて構造耐力上安全であることが確かめられた場合に限る。）

第4　コンクリートの強度

　一　プレストレストコンクリート造に使用するコンクリートの強度は、設計基準強度との関係
　　において昭和56年建設省告示第1102号第1の規定に適合するものでなければならない。この
　　場合において、設計基準強度は、プレテンション法によるときにあつては 35 N/mm² 以上、
　　ポストテンション法によるときにあつては 30 N/mm²（プレストレスト鉄筋コンクリート造
　　（緊張材及び鉄筋を併用したプレストレストコンクリート造をいう。）にあつては 21 N/mm²）
　　以上としなければならない。
　二　前号に規定するコンクリートの強度を求める場合においては、昭和56年建設省告示第1102
　　号第2各号に掲げる JIS による強度試験によらなければならない。
　三　コンクリートは、打上りが均質で密実になり、かつ、必要な強度が得られるようにその調
　　合を定めなければならない。

第5　コンクリートの養生

　一　コンクリートの打込み中及び打込み後5日間は、コンクリートの温度が2度を下らないよ
　　うにし、かつ、乾燥、震動等によつてコンクリートの凝結及び硬化が妨げられないように養
　　生しなければならない。ただし、コンクリートの凝結及び硬化を促進するための特別の措置
　　を講ずる場合においては、この限りでない。
　二　加熱養生を行う場合にあつては、コンクリートの最高温度を70度以下とし、急激な温度
　　の上昇又は下降を行わないようにしなければならない。

第6　プレストレスの導入

プレストレスの導入は、プレストレスを受ける部分のコンクリートの強度が、次の各号に規定する強度に達するまで行つてはならない。この場合において、当該コンクリートの強度を求めるときは、昭和56年建設省告示第1102号第2第一号に掲げる強度試験によるものとする。

一　プレストレス導入直後の最大圧縮応力度の1.7倍

二　プレテンション法にあつては$30\,\mathrm{N/mm^2}$、ポストテンション法にあつては$20\,\mathrm{N/mm^2}$

第7　型わく及び支柱の除去

一　構造耐力上主要な部分に係る型わくの取りはずしについては、令第76条及び昭和46年建設省告示第110号の規定を準用する。ただし、構造耐力上必要なプレストレスの導入が完了した後においては、この限りでない。

二　構造耐力上主要な部分であるはり、床版及び屋根版の型わくの支柱は、構造耐力上必要なプレストレスの導入が完了するまで取りはずしてはならない。

第8　柱の構造

構造耐力上主要な部分である柱は、次の各号に定める構造としなければならない。

一　主筋は、4本以上とすること。

二　主筋は、帯筋と緊結すること。

三　帯筋の径は、6mm以上とし、その間隔は、15cm（柱に接著する壁、はりその他の横架材から上方又は下方に柱の小径の2倍以内の距離にある部分においては、10cm）以下、かつ、最も細い主筋の径の15倍以下とすること。

四　帯筋比（柱の軸を含むコンクリートの断面の面積に対する帯筋の断面積の和の割合として昭和56年建設省告示第1106号に定める方法により算出した数値をいう。）は、0.2%以上とすること。

五　柱の小径は、その構造耐力上主要な支点間の距離の$\frac{1}{15}$以上とすること。

六　緊張材は、主筋と帯筋によつて囲まれた部分に有効に配置すること。

七　主筋の断面積の和は、コンクリートの断面積の0.8%以上とすること。この場合において、緊張材の断面積は、その応力分担の実況に応じて、主筋の断面積として算入することができるものとする。

第9　床版の構造

構造耐力上主要な部分である床版は、次に定める構造としなければならない。ただし、第13第二号ニ及び第三号に定める構造計算によつて変形又は振動による使用上の支障が起こらないことが確かめられた場合にあつては、この限りでない。

一　厚さは、8cm以上とし、かつ、短辺方向における有効張り間長さの$\frac{1}{40}$以上とすること。

二　最大曲げモーメントを受ける部分における引張鉄筋の間隔は、短辺方向において20cm以下、長辺方向において30cm以下で、かつ、床版の厚さの3倍以下とすること。

2　前項の床版のうちプレキャストプレストレストコンクリートで造られた床版は、同項の規定によるほか、次に定める構造としなければならない。

一　周囲のはり等との接合部は、その部分の存在応力を伝えることができるものとすること。

二　2以上の部材を組み合わせるものにあつては、これらの部材相互を緊結すること。

第10　はりの構造

構造耐力上主要な部分であるはりは、複筋ばりとし、これにあばら筋をはりの丈の$\frac{3}{4}$以下、

かつ、45cm以下の間隔で配置しなければならない。

第11　耐力壁

耐力壁は、次に定める構造としなければならない。

一　厚さは、12cm以上とすること。

二　開口部周囲に径12mm以上の補強筋を配置すること。

三　次に掲げる建築物の区分に応じ、それぞれ次のイ又はロに定める間隔により径9mm以上の鉄筋を縦横に配置すること。

　イ　地階を除く階数が1の建築物　35cm（複配筋として配置する場合においては、50cm）以下の間隔

　ロ　イ以外の建築物　30cm（複配筋として配置する場合においては、45cm）以下の間隔

四　周囲の柱及びはりとの接合部は、その部分の存在応力を伝えることができるものとすること。

2　壁式構造の耐力壁については、令第78条の2第2項の規定を準用する。

第12　緊張材及び鉄筋のかぶり厚さ

一　緊張材に対するコンクリートのかぶり厚さは、耐力壁以外の壁又は床にあつては3.5cm以上、耐力壁、柱又ははりにあつては5cm以上、直接土に接する壁、柱、床若しくははり又は布基礎の立上り部分にあつては6cm以上、基礎（布基礎の立上り部分を除く。）にあつては捨コンクリートの部分を除いて8cm以上としなければならない。ただし、次のいずれかに定める基準のいずれかに適合する場合にあつては、この限りでない。

　イ　交換可能な部材で、単一鋼線、2本より線その他これらに類する緊張材を多数分散配置する場合で当該かぶり厚さを2cm以上とした場合

　ロ　プレキャストコンクリートで造られた部材に緊張材を配置する構造で次に掲げる基準に適合している場合。ただし、次の(1)から(3)までの規定は、当該基準と同等以上の耐久性を確保するために必要なタイル貼り、モルタル塗りその他の措置が講じられた場合にあつては、この限りでない。

　　(1)　プレキャストコンクリートに用いるコンクリートの設計基準強度が、プレテンション法によるときにあつては35N/mm²以上、ポストテンション法によるときにあつては30N/mm²以上であること。

　　(2)　プレキャストコンクリートに用いるコンクリートに使用するセメントの品質をJIS R5210（ポルトランドセメント）-2003に適合するものとし、単位セメント量が300kg/m³以上であること。

　　(3)　耐久性上支障のあるひび割れその他の損傷がないものであること。

　　(4)　緊張材に対するかぶり厚さが次に定める基準に適合していること。

　　　(i)　耐力壁以外の壁又は床にあつては、2.5cm以上であること。

　　　(ii)　緊張材に対するコンクリートの付着割裂について次に定めるいずれかの構造計算によつて安全であることが確かめられた場合においては、耐力壁、柱又ははりにあつては3cm以上、直接土に接する壁、柱、床若しくははり又は布基礎の立上り部分にあつては5cm以上、基礎（布基礎の立上り部分を除く。）にあつては捨コンクリートの部分を除いて6cm以上とすることができる。

(一)　第13第二号及び第15第二号又は第16に定める構造計算

(二)　第18に定める構造計算

(三)　法第20条第1項第一号の規定により国土交通大臣の認定を受けた構造方法

ハ　平成13年国土交通省告示第1372号第2項の規定を準用してコンクリート以外の材料を用
いて緊張材に対するかぶり厚さを確保した場合。この場合において、同項第五号中「令第
79条第1項（令第139条から令第142条までの規定において準用する場合を含む。）又は令
第79条の3第1項（令第139条から令第141条までの規定において準用する場合を含む。）」
とあるのは、「昭和58年建設省告示第1320号第12第一号本文」と読み替えるものとする。

二　鉄筋に対するコンクリートのかぶり厚さについては、令第79条の規定を準用する。

第13　応力度等

一　令第3章第8節第2款に規定する荷重及び外力並びにプレストレスによつて建築物の構造
耐力上主要な部分に生ずる力を平成19年国土交通省告示第594号第2の規定に従つて計算し
なければならない。

二　プレストレストコンクリート造の建築物又は建築物の構造部分については、次に定める構
造計算を行わなければならない。

イ　令第82条第二号の表に掲げる長期に生ずる力とプレストレスにより生ずる力とを組み合
わせた長期に生ずる力によつて部材の断面に生ずる長期の応力度が、令第3章第8節第3
款の規定による長期に生ずる力に対する許容応力度を超えないことを確かめること。

ロ　プレストレス導入時に部材の断面に生ずる力に対して安全上支障がないことを確かめる
こと。

ハ　破壊に対する断面耐力の数値が、次の表に掲げる組合せによる各力の合計の数値以上で
あることを確かめること。

荷重及び外力につい て想定する状態	一般の場合	令第86条第2項ただし書の規定によつて特 定行政庁が指定する多雪区域における場合
常　　　　　時	$1.2G + 2P$	$1.2G + 2P + 0.7S$
	$1.7(G + P)$	$1.7(G + P) + 0.7S$
積　雪　時	$G + P + 1.4S$	$G + P + 1.4S$
暴　風　時	$G + P + 1.6W$	$G + P + 1.6W$
		$G + P + 0.35S + 1.6W$
地　震　時	$G + P + 1.5K$	$G + P + 0.35S + 1.5K$

この表において、G、P、S、W及びKは、それぞれ令第82条第二号の表に掲げる
力を表すものとする。

二　建築物の部分に応じて次の表に掲げる条件式を満たす場合以外の場合においては、構造
耐力上主要な部分である構造部材の変形又は振動によつて建築物の使用上の支障が起こら
ないことを平成12年建設省告示第1459号第2に定める構造計算によつて確かめること。こ
の場合において、同告示第2第二号に規定する変形増大係数は次表に掲げるものを用いる

ものとし、固定荷重及び積載荷重からプレストレスによる吊上げ荷重分を引いて計算する
ものとする。

建築物の部分	条　件　式	変形増大係数
はり	$\dfrac{D}{l} > \dfrac{1}{18 - 8\sqrt{1-\lambda}}$	$8 - 4\lambda^2$
床版（片持ち以外の場合）	$\dfrac{t}{lx} > \dfrac{1}{40 - 10\sqrt{1-\lambda}}$	$16 - 8\lambda^2$
床版（片持ちの場合）	$\dfrac{t}{lx} > \dfrac{1}{15 - 5\sqrt{1-\lambda}}$	

この表において、D、l、t、lx 及び λ は、それぞれ次の数値を表すものとする。

　D　　はりのせい（単位　mm）

　l　　はりの有効長さ（単位　mm）

　t　　床版の厚さ（単位　mm）

　lx　　床版の短辺方向の有効長さ（単位　mm）

　λ　　部材の曲げ強度に及ぼす PC 鋼材の寄与率として次の式により計算した数値

　　$\lambda = \dfrac{Mp}{Mp + Mr}$

　　　この式において、Mp 及び Mr は、それぞれ次の数値を表すものとする。
　　　Mp　令第3章第8節第4款に定める材料強度に基づく緊張材による曲げ強度
　　　Mr　令第3章第8節第4款に定める材料強度に基づく鉄筋による曲げ強度

三　プレストレストコンクリート造以外の構造部分については、令第82条各号に定める構造計
　　算を行わなければならない。

第14　層間変形角

　　次の各号に掲げる建築物以外の建築物の構造計算をするに当たつては、第13の規定によるほ
　か、建築物の地上部分について、令第88条第1項に規定する地震力（以下「地震力」という。）
　によつて各階に生ずる水平方向の層間変位を平成19年国土交通省告示第594号第3の規定に従
　つて計算し、当該各階の高さに対する割合を $\frac{1}{200}$（地震力による構造耐力上主要な部分の変
　形によつて建築物の部分に著しい損傷が生ずるおそれのない場合にあつては、$\frac{1}{120}$）以内であ
　ることを確かめなければならない。

一　プレストレストコンクリート造の建築物又はプレストレストコンクリート造と鉄筋コンク
　　リート造若しくは鉄骨鉄筋コンクリート造とを併用する建築物で次のイ及びロに該当するも
　　の

　　イ　高さが 20 m 以下であるもの

　　ロ　地上部分の各階の耐力壁（平成19年国土交通省告示第594号第1第三号イ(1)に規定する
　　　　開口周比が 0.4 以下であるものに限る。以下この号において同じ。）並びに構造耐力上主
　　　　要な部分である柱及び耐力壁以外のプレストレストコンクリート造、鉄筋コンクリート造
　　　　又は鉄骨鉄筋コンクリート造の壁（上端及び下端が構造耐力上主要な部分に緊結されたも

のに限る。）の水平断面積が次の式に適合するもの。ただし、鉄骨鉄筋コンクリート造の柱にあつては、同式中「0.7」とあるのは「1.0」とする。

$$\Sigma 2.5\,\alpha\,Aw + \Sigma 0.7\,\alpha\,Ac \geqq Z\,W\,Ai$$

> この式において、α、Aw、Ac、Z、W 及び Ai は、それぞれ次の数値を表すものとする。
>
> α　コンクリートの設計基準強度による割り増し係数として、設計基準強度が18 N/mm² 未満の場合にあつては1.0、18 N/mm² 以上の場合にあつては使用するコンクリートの設計基準強度（単位　N/mm²）を18で除した数値の平方根の数値（当該数値が2の平方根の数値を超えるときは、2の平方根の数値）
>
> Aw　当該階の耐力壁のうち計算しようとする方向に設けたものの水平断面積（単位　mm²）
>
> Ac　当該階の構造耐力上主要な部分である柱の水平断面積及び耐力壁以外のプレストレストコンクリート造、鉄筋コンクリート造又は鉄骨鉄筋コンクリート造の壁（上端及び下端が構造耐力上主要な部分に緊結されたものに限る。）のうち計算しようとする方向に設けたものの水平断面積（単位　mm²）
>
> Z　　令第88条第1項に規定する Z の数値
>
> W　　令第88条第1項の規定により地震力を計算する場合における当該階が支える部分の固定荷重と積載荷重との和（令第86条第2項ただし書の規定により特定行政庁が指定する多雪区域においては、さらに積雪荷重を加えるものとする。）（単位　N）
>
> Ai　令第88条第1項に規定する当該階に係る Ai の数値

二　プレストレストコンクリート造と木造、組積造、補強コンクリートブロック造、鉄骨造、鉄筋コンクリート造及び鉄骨鉄筋コンクリート造のうち1以上とを併用する建築物（前号に掲げる建築物を除く。）で、次のイ及びロに該当するもの

　イ　平成19年国土交通省告示第593号第三号イからニまでに該当するもの

　ロ　プレストレストコンクリート造、鉄筋コンクリート造及び鉄骨鉄筋コンクリート造の構造部分を有する階が前号ロに適合するもの

第15　剛性率、偏心率等

一　第14各号に掲げる建築物以外の建築物で高さが31 m 以下のものの構造計算をするに当たつては、第13及び第14の規定によるほか、建築物の地上部分について、次のイ及びロに定めるところによらなければならない。

　イ　各階の剛性率及び偏心率について、令第82条の6第二号イ及びロに定める構造計算を行うこと。

　ロ　昭和55年建設省告示第1791号第3各号に定める構造計算に準じた構造計算のうちいずれかを行うこと。この場合において、同告示第3各号中「鉄筋コンクリート造又は鉄骨鉄筋コンクリート造」とあるのは、「プレストレストコンクリート造、鉄筋コンクリート造又は鉄骨鉄筋コンクリート造」と読み替えるものとする。ただし、実験によつて耐力壁並びに構造耐力上主要な部分である柱及びはりが地震に対して十分な強度を有し若しくは十分

な靱性をもつことが確かめられた場合又はプレストレストコンクリート造と鉄骨造とを併用する建築物について昭和55年建設省告示第1791号第2各号に定める構造計算を行つた場合においては、この限りでない。

二　前号の規定は、建築物の地上部分について第16に定める構造計算を行つた場合又は耐力壁若しくは構造耐力上主要な部分である柱若しくははりにプレストレストコンクリート造の構造部分を有する建築物の地上部分について次のイ及びロに定める構造計算を行つた場合においては、適用しない。

イ　構造耐力上主要な部分における破壊に対する断面耐力の数値が次の表に掲げる組合せによる各力の合計の数値以上であることを確かめること。

一般の場合	令第86条第2項ただし書の規定によつて特定行政庁が指定する多雪区域における場合
G + P + 1.5 Fes K	G + P + 0.35 S + 1.5 Fes K
この表において、G、P、K及びSはそれぞれ令第82条第二号の表に掲げる力を、Fes は令第82条の3第二号に掲げる数値（軸方向力を計算する場合にあつては、1.0）を表すものとする。	

ロ　構造耐力上主要な部分に生じうるものとして計算した最大の力に対してせん断破壊が生ずるおそれのないことを確かめること。

第16　保有水平耐力

第14各号に掲げる建築物以外の建築物で高さが31mを超えるものの構造計算をするに当たつては、第13及び第14の規定によるほか、建築物の地上部分について、令第82条の3に規定する構造計算を行わなければならない。

第17　屋根ふき材等の構造計算

屋根ふき材、外装材及び屋外に面する帳壁については、平成12年建設省告示第1458号に定める構造計算によつて風圧に対して構造耐力上安全であることを確かめること。

第18　限界耐力計算と同等以上に安全性を確かめることができる構造計算

一　地震時を除き、第13（地震に係る部分及び第二号ハを除く。）に定めるところによるとともに、令第82条第二号の表（地震に係る部分を除く。）に掲げる短期に生ずる力とプレストレスにより生ずる力とを組み合わせた短期に生ずる力によつて部材の断面に生ずる短期の応力度が、令第3章第8節第3款の規定による短期に生ずる力に対する許容応力度を超えないことを確かめること。

二　積雪時又は暴風時に、建築物の構造耐力上主要な部分に生ずる力を第13第二号ハの表に掲げる式によつて計算し、当該構造耐力上主要な部分に生ずる力が、それぞれ令第3章第8節第4款の規定による材料強度によつて計算した当該構造耐力上主要な部分の耐力を超えないことを確かめること。

三　地震による加速度によつて建築物の地上部分の各階に作用する地震力及び各階に生ずる層間変位を次に定めるところによつて計算し、当該地震力が、損傷限界耐力（建築物の各階の構造耐力上主要な部分の断面に生ずる応力度が令第3章第8節第3款の規定による短期に生

ずる力に対する許容応力度に達する場合の建築物の各階の水平力に対する耐力をいう。以下この号において同じ。）を超えないことを確かめるとともに、層間変位の当該各階の高さに対する割合が$\frac{1}{200}$（地震力による構造耐力上主要な部分の変形によつて建築物の部分に著しい損傷が生ずるおそれのない場合にあつては、$\frac{1}{120}$）を超えないことを確かめること。

イ　各階が、損傷限界耐力に相当する水平力その他のこれに作用する力に耐えている時に当該階に生ずる水平方向の層間変位（以下この号において「損傷限界変位」という。）を平成12年建設省告示第1457号第2に定める方法により計算すること。

ロ　建築物のいずれかの階において、イによつて計算した損傷限界変位に相当する変位が生じている時の建築物の固有周期（以下この号及び第六号において「損傷限界固有周期」という。）を平成12年建設省告示第1457号第3に定める方法により計算すること。

ハ　地震により建築物の各階に作用する地震力を、損傷限界固有周期に応じて令第82条の5第三号ハの表に掲げる式によつて計算した当該階以上の各階に水平方向に生ずる力の総和として計算すること。

ニ　各階が、ハによつて計算した地震力その他のこれに作用する力に耐えている時に当該階に生ずる水平方向の層間変位を平成12年建設省告示第1457号第5に定める方法により計算すること。

四　令第88条第4項に規定する地震力により建築物の地下部分の構造耐力上主要な部分の断面に生ずる応力度を令第82条第一号及び第二号の規定によつて計算し、それぞれ令第3章第8節第3款の規定による短期に生ずる力に対する許容応力度を超えないことを確かめること。

五　地震による加速度によつて建築物の各階に作用する地震力を次に定めるところによつて計算し、当該地震力が保有水平耐力を超えないことを確かめること。

イ　各階が、保有水平耐力に相当する水平力その他のこれに作用する力に耐えている時に当該階に生ずる水平方向の最大の層間変位（以下この号において「安全限界変位」という。）を平成12年建設省告示第1457号第6に定める方法により計算すること。

ロ　建築物のいずれかの階において、イによつて計算した安全限界変位に相当する変位が生じている時の建築物の周期（以下この号において「安全限界固有周期」という。）を平成12年建設省告示第1457号第7に定める方法により計算すること。

ハ　地震により建築物の各階に作用する地震力を、安全限界固有周期に応じて令第82条の5第五号ハの表に掲げる式（Bsiは、平成12年建設省告示第1457号第8に定める方法により算出したものとする。この場合において、部材の構造形式に応じた減衰特性を表す係数は、次の式によるものとする。）によつて計算した当該階以上の各階に水平方向に生ずる力の総和として計算すること。

$$\gamma_1 = 0.06 + 0.19\sqrt{1-\lambda}$$

（この式において、λは第13第二号ニの表に規定するλの数値を表すものとする。）

六　屋根ふき材、特定天井、外装材及び屋外に面する帳壁については、次のイ及びロに定めるところによる。

イ　屋根ふき材、外装材及び屋外に面する帳壁が、第三号の地震力を考慮して、平成12年建設省告示第1457号第11第一号に定める構造計算により風圧並びに地震その他の震動及び衝

撃に対して構造耐力上安全であることを確かめること。

　ロ　特定天井が、平成12年建設省告示第1457号第11第二号の規定に基づく構造計算によって荷重及び外力に対し構造耐力上安全であることを確かめること。ただし、平成25年国土交通省告示第771号第3第2項若しくは第3項に定める基準に適合するもの、令第39条第3項の規定に基づく国土交通大臣の認定を受けたもの又は同告示第3第4項第一号に定める構造計算によつて構造耐力上安全であることが確かめられた場合においては、この限りでない。

2　前項第三号及び第五号に規定する構造計算を行うに当たつては、増分解析に基づき行うものとし、かつ、安全限界変位に達するまでに各階における耐力の低下がないことを確かめなければならない。

第19　耐久性等関係規定の指定

　令第36条第1項に規定する耐久性等関係規定として、第1、第3から第7まで及び第12に定める安全上必要な技術的基準を指定する。

第20　令第36条第2項第一号の規定に基づく技術的基準の指定

　令第36条第2項第一号の規定に基づき、第13、第14、第15第二号及び第17に定める構造計算を行つた場合又は第13、第14、第16及び第17に定める構造計算を行つた場合に適用を除外することができる技術的基準として、次に定める技術的基準を指定する。

一　第8、第9第2項及び第10（プレキャストプレストレストコンクリートで造られたはりで、2以上の部材を組み合わせるものの接合部に限る。）並びに第11第1項第三号

二　前号に規定するほか、2以上のプレキャストコンクリート部材をプレストレスによつて圧着接合し一体の柱、はり若しくは耐力壁とした場合又は柱及びはりの接合部を剛接合とした場合にあつては、次のイからハまでに定める技術的基準

　イ　柱にあつては第8第一号、第二号、第六号及び第七号

　ロ　はりにあつては第10（複筋ばりの部分に限る。）

　ハ　耐力壁にあつては第11第1項第三号及び第四号

　　附　則

昭和48年建設省告示第949号は、廃止する。

〔平成14年5月14日国土交通省告示第410号〕
アルミニウム合金造の建築物又は建築物の構造部分の構造方法に関する安全上必要な技術的基準を定める件

最終改正　令和3年6月30日国土交通省告示第750号

　建築基準法施行令（昭和25年政令第338号）第80条の2第二号の規定に基づき、アルミニウム合金造の建築物又は建築物の構造部分の構造方法に関する安全上必要な技術的基準を第1から第8までに定め、及び同令第36条第1項の規定に基づき、アルミニウム合金造の建築物又は建築物の構造部分の構造方法に関する安全上必要な技術的基準のうち耐久性等関係規定を第9に、同条

第2項第一号の規定に基づき、同令第81条第2項第一号イに規定する保有水平耐力計算によって安全性を確かめる場合に適用を除外することができる技術的基準を第10にそれぞれ指定する。

第1　適用の範囲

アルミニウム合金造の建築物は、延べ面積を $200\,\mathrm{m^2}$ 以下としなければならない。ただし、アルミニウム合金造の建築物又は建築物の構造部分について次のいずれかに該当する構造方法とした場合は、この限りでない。

一　木造、鉄骨造その他の構造の建築物のうち、一部に設けた床面積 $30\,\mathrm{m^2}$ 以下のアルミニウム合金造の建築物の構造部分であって、当該構造部分以外の部分の自重及び積載荷重を負担しない架構とした構造方法

二　建築基準法施行令（以下「令」という。）第82条各号及び第82条の4に定めるところによる構造計算によって安全性が確かめられた構造方法で、かつ、次のイからへまでに該当するもの

イ　地階を除く階数が3以下であるもの

ロ　高さが $13\,\mathrm{m}$ 以下で、かつ、軒の高さが $9\,\mathrm{m}$ 以下であるもの

ハ　架構を構成する柱の相互の間隔が $6\,\mathrm{m}$ 以下であるもの

ニ　延べ面積が $500\,\mathrm{m^2}$ 以内であるもの

ホ　令第88条第1項に規定する地震力について標準せん断力係数を 0.3 以上とする計算をして令第82条第一号から第三号までに規定する構造計算をした場合に安全であることが確かめられるもの

へ　水平力を負担する筋かいの軸部が降伏する場合において、当該筋かいの端部及び接合部が破断しないことが確かめられるもの

三　令第81条第2項第二号イに規定する構造計算によって安全性が確かめられた構造方法で、かつ、次のイからへまでに該当するもの

イ　高さが $31\,\mathrm{m}$ 以下であるもの

ロ　建築物の地上部分の塔状比（計算しようとする方向における架構の幅に対する高さの比をいう。）が4以下であるもの

ハ　令第82条の6第二号イ及びロの規定を満たすもの

ニ　昭和55年建設省告示1791号第2第一号及び第二号の規定を満たすもの

ホ　次の表の(い)欄に掲げる柱及びはりの区分に応じ、幅厚比（円形鋼管にあっては、径厚比とする。）が同表の(ろ)欄に掲げる数値以下の数値となることを確かめられたもの

(い)			(ろ)
柱及びはりの区分			数　値
部材	断面形状	部　位	
柱	H形断面	フランジ	$0.27\sqrt{E/F}$
		ウェブ	$0.83\sqrt{E/F}$
	角形断面	—	$1.2\sqrt{E/F}$

はり	円形断面	—	0.097（E／F）
	H形断面	フランジ	$0.27\sqrt{E／F}$
		ウェブ	$1.2\sqrt{E／F}$

この表において、E はアルミニウム合金材のヤング係数（単位　N/mm²）を、F は平成13年国土交通省告示第1024号第3第七号の表に規定するアルミニウム合金材の基準強度（溶接による接合とする部材にあっては、同表に規定する溶接部の基準強度）（単位　N/mm²）を、それぞれ表すものとする。

へ　イからホまでに掲げるもののほか、構造耐力上主要な部分である柱若しくははり又はこれらの接合部が局部座屈、破断等によって、又は構造耐力上主要な部分である柱の脚部の基礎との接合部がアンカーボルトの破断、基礎の破壊等によって、それぞれ構造耐力上支障のある急激な耐力の低下を生ずるおそれのないもの

第2　材料

アルミニウム合金造の建築物又は建築物の構造部分の構造耐力上主要な部分の材料は、厚さ1 mm 以上のアルミニウム合金材としなければならない。

第3　圧縮材の有効細長比

構造耐力上主要な部分であるアルミニウム合金材の圧縮材（圧縮力を負担する部材をいう。以下同じ。）の有効細長比は、柱にあっては140以下、柱以外のものにあっては180以下としなければならない。

第4　柱の脚部

構造耐力上主要な部分である柱の脚部は、次に定めるところにより基礎に緊結しなければならない。ただし、滑節構造である場合においては、この限りでない。

一　露出形式柱脚にあっては、次に適合するものであること。ただし、イ及びニからへまでの規定は、令第82条第一号から第三号までに規定する構造計算によって安全性が確かめられた場合には、適用しない。

　イ　鋼材のアンカーボルトが、当該柱の中心に対して均等に配置されていること。

　ロ　アンカーボルトには座金を用い、かつ、ナット部分の溶接、ナットの二重使用その他これと同等以上の効力を有する戻り止めを施したものであること。

　ハ　アンカーボルトの基礎に対する定着長さがアンカーボルトの径の20倍以上であり、かつ、当該アンカーボルトの先端をかぎ状に折り曲げたもの又は定着金物を設けたものであること。ただし、アンカーボルトの付着力に応じてアンカーボルトの抜け出し及びコンクリートの破壊が生じないことが確かめられた場合においては、この限りでない。

　ニ　柱の最下端の断面積に対するアンカーボルトの全断面積の割合が20％以上であること。

　ホ　柱のベースプレートの厚さをアンカーボルトの径の2倍以上としたものであること。

　へ　アンカーボルト孔の径を当該アンカーボルトの径に5 mm を加えた数値以下の数値とし、かつ、縁端距離（当該アンカーボルトの中心軸からベースプレートの縁端部までの距離のうち最短のものをいう。）を、当該アンカーボルトの径の1.5倍の数値に5 mm を加

えて得た数値以上の数値としたものであること。

二　根巻き形式柱脚にあっては、次に適合するものであること。

イ　根巻き部分（アルミニウム合金部材（アルミニウム合金材を使用した部材をいう。以下同じ。）の柱の脚部において鉄筋コンクリートで覆われた部分をいう。以下同じ。）の高さは、柱幅（張り間方向及びけた行方向の柱の見付け幅のうち大きい方をいう。第三号イ及びハにおいて同じ。）の2.5倍以上であること。

ロ　根巻き部分の鉄筋コンクリートの主筋（以下「立上り主筋」という。）は4本以上とし、その頂部をかぎ状に折り曲げたものであること。この場合において、立上り主筋の定着長さは、定着位置と鉄筋の種類に応じて次の表に掲げる数値を鉄筋の径に乗じて得た数値以上の数値としなければならない。ただし、当該コンクリートの付着力を考慮してこれと同等以上の定着効果を有することが確かめられた場合においては、この限りでない。

定　着　位　置	鉄　筋　の　種　類	
	異形鉄筋	丸　　鋼
根巻き部分	25	35
基礎	40	50

ハ　根巻き部分に令第77条第二号及び第三号に規定する帯筋を配置したものであること。

三　埋込み形式柱脚にあっては、次に適合するものであること。ただし、令第82条第一号から第三号までに規定する構造計算によって安全性が確かめられた場合においては、この限りでない。

イ　コンクリートへの柱の埋込み部分の深さが柱幅の2倍以上であること。

ロ　側柱又は隅柱の柱脚にあっては、径9mm以上のU字形の補強筋その他これに類するものにより補強されていること。

ハ　埋込み部分のアルミニウム合金部材に対するコンクリートのかぶり厚さがアルミニウム合金材の柱幅以上であること。

第5　接合

構造耐力上主要な部分であるアルミニウム合金材の接合は、高力ボルト接合（溶融亜鉛めっき高力ボルトを用いたものに限る。以下同じ。）又はリベット接合（構造耐力上主要な部分である継手又は仕口に係るリベット接合にあっては、添板リベット接合）によらなければならない。ただし、次の各号に掲げる建築物に該当する場合にあっては、それぞれ当該各号に定める接合によることができる。

一　接合部からの距離が25mm以内のアルミニウム合金材の部分又は接合部の実況に応じた試験によって加熱の影響により強度及び剛性の低下が生じるアルミニウム合金材の部分について、令第81条第2項第一号イに規定する保有水平耐力計算によって安全性が確かめられた建築物又は第1第二号若しくは第三号に該当する建築物（平成13年国土交通省告示第1024号第3第七号に定める溶接部の基準強度を用いた場合に限る。）　溶接、摩擦圧接又は摩擦撹拌による接合（摩擦圧接又は摩擦撹拌による接合とする場合は、接合部分の実況に応じた一方向又は繰り返し加力実験によって高力ボルト又はリベット接合と同等以上に存在応力を伝

えることができるものであることが確認されたものに限る。)

二　軒の高さが9m以下で、かつ、架構を構成する柱相互の間隔が6m以下の建築物（延べ面積が200m²を超えるものを除く。）　ボルト接合（ボルトが緩まないようにコンクリートで埋め込んだもの、ナット部分を溶接したもの又はナットを二重に使用したものその他これらと同等以上の効力を有する戻り止めをしたものに限る。）又はタッピンねじ接合

2　構造耐力上主要な部分である継手又は仕口の構造は、その部分の存在応力を伝えることができるものとして、次の各号に掲げる接合方法の区分に応じ、それぞれ当該各号に定める構造方法を用いるものとしなければならない。

一　高力ボルト、ボルト又はリベット（以下のこの項において「ボルト等」という。）による場合　次に定めるところによる。

　　イ　高力ボルト、ボルト又はリベットの相互間の中心距離は、その径の2.5倍以上としなければならない。

　　ロ　高力ボルト孔の径は、高力ボルトの径より2mmを超えて大きくしてはならない。ただし、2面せん断接合とした場合においては、添え板以外のアルミニウム合金部材に設ける孔の径を高力ボルトの径の1.25倍まで大きくすることができる。

　　ハ　ボルト孔の径は、ボルトの径より0.5mmを超えて大きくしてはならない。

　　ニ　リベットは、リベット孔に充分埋まるように打たなければならない。

　　ホ　ボルト等の縁端距離（当該ボルト等の中心軸から接合するアルミニウム合金部材の縁端部までの距離のうち最短のものをいう。）は、ボルトの径の1.5倍の数値以上の数値としなければならない。ただし、令第82条第一号から第三号までに規定する構造計算によって安全性が確かめられた場合においては、この限りでない。

　　ヘ　高力ボルト摩擦接合部の摩擦面は、日本産業規格（以下「JIS」という。）R6001（研削といし用研磨材の粒度）-1998の表1に定める粒度の種類F30からF150に適合する研磨材を用いたアルミナグリッドブラスト処理を施した摩擦面又はこれと同等以上のすべり係数を有する摩擦面としなければならない。ただし、摩擦面の実況に応じた令第82条第一号から第三号までに規定する構造計算によって安全性が確かめられた場合においては、この限りでない。

二　溶接による場合　次に定めるところによる。

　　イ　溶接部は、割れ、内部欠陥等の構造耐力上支障のある欠陥がないものとし、かつ、次に定めるところによらなければならない。

　　　(1)　柱とはりの仕口のダイアフラムとフランジのずれにおいては、ダイアフラムとフランジの間に配置するアルミニウム合金材の厚さが、フランジの厚さよりも大きい場合にあっては当該フランジの厚さの$\frac{1}{4}$の値以上かつ5mm以下とし、当該フランジの厚さ以下の場合にあっては当該フランジの厚さの$\frac{1}{5}$の値以下かつ4mm以下としなければならない。ただし、仕口部のアルミニウム合金材の長期に生ずる力及び短期に生ずる力に対する各許容応力度に基づき求めた当該部分の耐力以上の耐力を有するように適切な補強を行った場合においては、この限りでない。

　　　(2)　突合せ継手の食い違いは、アルミニウム合金材の厚さの$\frac{15}{100}$の値に0.5mmを加えた値以下かつ3mm以下でなければならない。この場合において、通しダイアフラム（柱

の断面を横断するダイアフラムをいう。以下同じ。）とはりフランジの溶接部にあっては、はりフランジは通しダイアフラムを構成するアルミニウム合金材の厚みの内部で溶接しなければならない。ただし、継手部のアルミニウム合金材の長期に生ずる力及び短期に生ずる力に対する各許容応力度に基づき求めた当該部分の耐力以上の耐力を有するように適切な補強を行った場合においては、この限りでない。

(3)　0.3mm を超えるアンダーカットは、存在してはならない。ただし、アンダーカット部分の長さの総和が溶接部分 100mm につき 25％ 以下（当該溶接部分全体の長さが 100mm 未満の場合にあっては、当該溶接部分全体の長さの 25％ 以下）であり、かつ、その断面が鋭角的でない場合にあっては、アンダーカットの深さを 0.5mm 以下とすることができる。

ロ　アルミニウム合金材を溶接する場合にあっては、溶接されるアルミニウム合金材の種類及び質別に応じ、それぞれ平成13年国土交通省告示第1024号第3第七号に定める溶接部の基準強度以上の引張強さを有する溶接材料を使用しなければならない。

三　タッピンねじによる場合　次に定めるところによる。ただし、当該接合部分の実況に応じた一方向又は繰り返し加力実験によって次に定める接合と同等以上に存在応力を伝えることができるものであることが確認された場合においては、この限りでない。

イ　アルミニウム合金材を垂直に打ち抜くことによって部材相互を構造耐力上有効に緊結するものとすること。

ロ　接合されるアルミニウム合金材の厚さを 1mm 以上 4mm 以下とすること。

ハ　径 3mm 以上 6mm 以下のタッピンねじを用いること。

ニ　ねじ部の種類は、JIS B1007(タッピンねじのねじ部の形状・寸法)-1987に規定するタッピンねじの2種、3種又は4種のいずれかとすること。

ホ　タッピンねじ孔の径を、当該タッピンねじの径より 0.5mm を超えて大きくしないこと。

ヘ　接合されるアルミニウム合金材のうち、ねじ先側にあるものに設けるタッピンねじ孔の径は、タッピンねじの種類及び径並びに当該アルミニウム合金材の厚さに応じ次の表に掲げる数値以下の数値とすること。

タッピンねじの種類	タッピンねじの径 (単位 mm)	アルミニウム合金材の厚さ（単位　mm）					
		1.0以上 1.2未満	1.2以上 1.6未満	1.6以上 2.0未満	2.0以上 2.6未満	2.6以上 3.2未満	3.2以上 4.0以下
2種及び4種	3.0	2.5	2.6	2.6	2.7	−	−
	3.5	2.8	2.9	2.9	3.0	3.2	−
	4.0	3.1	3.2	3.3	3.4	3.6	3.7
	4.5	3.6	3.7	3.8	3.9	4.0	4.1
	5.0	4.0	4.1	4.2	4.3	4.4	4.5
	6.0	4.8	4.9	5.0	5.1	5.3	5.5
	3.0	2.5	2.5	2.5	2.6	2.7	2.7

3種	3.5	2.9	3.0	3.0	3.1	3.1	3.2
	4.0	3.3	3.4	3.5	3.5	3.6	3.6
	4.5	3.8	3.9	3.9	4.0	4.0	4.1
	5.0	4.3	4.3	4.4	4.5	4.6	4.6
	6.0	5.3	5.4	5.4	5.5	5.5	5.5

この表において、2種、3種及び4種は、それぞれ JIS B1007(タッピンねじのねじ部の形状・寸法)-1987に規定するねじ部の種類をいう。

四　ドリリングタッピンねじによる場合　前号イからハまでの規定によること。この場合において、前号ハの規定中「タッピンねじ」とあるのは、「ドリリングタッピンねじ」と読み替えるものとする。ただし、接合部分の実況に応じた一方向又は繰り返し加力実験によって、前号イからハまでの規定による接合と同等以上に存在応力を伝えることができるものであることが確認された場合においては、この限りでない。

3　前2項の規定は、接合部の実況に応じた一方向又は繰り返し加力実験によって前2項に定める接合と同等以上に存在応力を伝えることができるものであることが確認された場合においては、適用しない。

第6　斜材、壁等の配置

軸組、床組及び小屋ばり組には、すべての方向の水平力に対して安全であるように、アルミニウム合金部材の斜材又は鉄筋コンクリート造の壁、屋根版若しくは床版を釣合いよく配置しなければならない。ただし、第1第二号又は第三号の規定を満たす場合にあっては、この限りでない。

第7　柱の防火被覆

柱の防火被覆については、令第70条の規定を準用する。

第8　防食措置

構造耐力上主要な部分に使用するアルミニウム合金材のうち、アルミニウム合金材以外の材料との接触により、構造耐力上の支障のある腐食を生じやすい場合には、アルミニウム合金材に合成樹脂塗料の塗布その他これに類する有効な防食措置を講じなければならない。

第9　耐久性等関係規定の指定

令第36条第1項に規定する耐久性等関係規定として、第7及び第8に定める安全上必要な技術的基準を指定する。

第10　令第36条第2項第一号の規定に基づく技術的基準の指定

令第36条第2項第一号の規定に基づき、令第81条第2項第一号イに掲げる保有水平耐力計算によって安全性を確かめる場合に適用を除外することができる技術的基準として、第1、第2のうち厚さ、第4及び第6に定める技術的基準を指定する。

〔平成14年7月23日国土交通省告示第666号〕
膜構造の建築物又は建築物の構造部分の構造方法に関する安全上必要な技術的基準を定める等の件

最終改正　令和元年6月25日国土交通省告示第203号

建築基準法施行令（昭和25年政令第338号）第80条の2第二号の規定に基づき、膜構造の建築物又は建築物の構造部分の構造方法に関する安全上必要な技術的基準を第1から第3までに定め、同令第36条第1項の規定に基づき、膜構造の建築物又は建築物の構造部分の構造方法に関する安全上必要な技術的基準のうち耐久性等関係規定を第4に指定し、同令第81条第2項第一号イの規定に基づき、膜構造の建築物又は膜構造とその他の構造とを併用する建築物の構造計算が、第5第1項各号及び第2項から第5項まで（第4項第二号を除く。）に適合する場合においては、当該構造計算は、同条第2項第一号イに規定する保有水平耐力計算と同等以上に安全性を確かめることができるものと認め、同令第81条第2項第二号イの規定に基づき、膜構造の建築物又は膜構造とその他の構造とを併用する建築物の構造計算が、第5第1項各号及び第2項から第5項まで（第4項第三号を除く。）に適合する場合においては、当該構造計算は、同条第2項第二号イに規定する許容応力度等計算と同等以上に安全性を確かめることができるものと認め、同令第81条第3項の規定に基づき、膜構造の建築物の構造計算が、第5第1項各号及び第2項から第6項まで（第4項を除く。）に適合する場合においては、当該構造計算は、同令第82条各号及び同令第82条の4に定めるところによる構造計算と同等以上に安全性を確かめることができるものと認める。

第1　適用の範囲等

この告示において次の各号に掲げる用語の意義は、それぞれ当該各号に定めるところによる。

一　骨組膜構造　鉄骨造その他の構造の骨組に膜材料又は膜構造用フィルム（以下「膜材料等」という。）を張り、当該骨組及び当該膜材料等を一体とし、膜材料等に張力を導入して荷重及び外力を常時負担することのできる平面又は曲面とすることにより、構造耐力上主要な部分である屋根版又は壁を設ける構造をいう。

二　サスペンション膜構造　構造用ケーブルに膜材料等を張り、膜材料等に張力を導入して荷重及び外力を常時負担することのできる平面又は曲面とすることにより、構造耐力上主要な部分である屋根版又は壁を設ける構造をいう。

2　膜構造の建築物又は建築物の構造部分の構造方法は、次に掲げる膜構造の種類に応じてそれぞれ当該各号に定めるところによる。

一　骨組膜構造　次のイからホまでに定めるところによること。

イ　建築物の高さは、13m以下とすること。ただし、第5に定める構造計算によって構造耐力上安全であることが確かめられた場合にあっては、この限りでない。

ロ　構造耐力上主要な部分に用いる膜面（張力を導入した膜材料等及び当該膜材料等と一体となる骨組又は構造用ケーブルにより荷重及び外力を負担するものをいう。以下同じ。）の水平投影面積又は鉛直投影面積のうち最も大きい面積（以下「膜面の投影面積」という。）の建築物全体における合計は、1,000m² 以下とすること。ただし、第5に定める構造計

算によって構造耐力上安全であることが確かめられた建築基準法（昭和25年法律第201号）第85条第2項、第5項若しくは第6項に規定する仮設建築物（以下単に「仮設建築物」という。）であって強風時において当該仮設建築物を撤去することを条件として特定行政庁の許可を受けた場合又は次に定める構造方法とした場合にあっては、この限りでない。

(1) 膜面のうち骨組を構成する部材その他の剛性を有する部材（以下「骨組等」という。）で囲まれる膜面の部分の水平投影面積又は鉛直投影面積のうち最も大きい面積を、300 m² 以下とすること。この場合において、周囲の骨組等が膜材料等に生ずる力を直接負担する構造とすること。

(2) 膜面における支点間距離（骨組等又は構造用ケーブルと膜材料等との定着部又は接触部（荷重及び外力に応じて膜材料等を支持するものに限る。）の相互間の距離をいう。以下同じ。）は、4 m 以下とすること。

(3) 膜面を用いた屋根の形式は、切妻屋根面、片流れ屋根面又は円弧屋根面とすること。

ハ　構造耐力上主要な部分に用いる膜面に使用する膜材料等は、鉄骨造その他の構造の骨組に2 m（建築基準法施行令（以下「令」という。）第86条第2項ただし書の規定により特定行政庁が指定する多雪区域にあっては、1 m）以下の間隔で定着させること。ただし、第5に定める構造計算によって構造耐力上安全であることが確かめられた場合にあっては、この限りでない。

ニ　構造耐力上主要な部分に用いる膜面に使用する鉄骨造その他の構造の骨組は、令第3章第3節から第7節の2までの規定に適合すること。

ホ　膜面に使用する骨組を構成する鉛直部材の脚部をけた行方向のみに移動する滑節構造とし、屋根版及び壁に用いる膜面を折りたたむことにより伸縮する構造とする当該屋根版及び壁の部分にあっては、次に定めるところによること。

(1) 可動式膜面の部分の直下にある土台に用いる鋼材は、日本産業規格（以下「JIS」という。）E1101（普通レール及び分岐器類用特殊レール）-2001若しくは JIS E1103（軽レール）-1993又はこれらと同等以上の品質を有するものとすること。

(2) 可動式膜面の部分の骨組を構成する鉛直部材の脚部の可動部分（当該鉛直部材の脚部をけた行方向に移動させるための車輪及びこれを支持する部分をいう。）は、荷重及び外力によって生ずる力を構造耐力上有効に当該鉛直部材の脚部の直下にある土台に伝えることができる剛性及び耐力を有する構造とすること。

(3) 可動式膜面の部分の骨組を構成する鉛直部材の浮き上がり及び当該鉛直部材の脚部の可動部分の脱輪を防止するために必要な措置を講じ、かつ、端部における鉛直部材の脚部の可動部分を固定するための装置を設けること。

二　サスペンション膜構造　次のイ及びロに定めるところによること。

イ　構造耐力上主要な部分に用いる膜面の投影面積の建築物全体における合計は、1,000 m² 以下とすること。ただし、仮設建築物であって強風時において当該仮設建築物を撤去することを条件として特定行政庁の許可を受けた場合にあっては、この限りでない。

ロ　第5に定める構造計算によって構造耐力上安全であることが確かめられた構造方法とすること。

第2　膜面の構造

　構造耐力上主要な部分に用いる膜面は、当該膜面に使用する膜材料等に張力を導入して平面又は曲面の形状を保持することができるもの（袋状にした膜構造用フィルムの内部の空気圧を高めることにより、当該膜構造用フィルムに張力を導入して平面又は曲面の形状を保持することができるものを含む。）とし、当該膜面に変形が生じた場合であっても、当該膜面を定着させる部分以外の部分と接触させてはならない。ただし、接触に対して有効な膜面の摩損防止のための措置を施した場合にあっては、当該膜面を定着させる部分以外の部分を膜面に接触させることができる。

2　構造耐力上主要な部分に用いる膜面に使用する膜材料は、次の各号に掲げる基準に適合しなければならない。

一　きず、はがれ、摩損その他の耐力上の欠点のないものとすること。

二　膜材料は次の表の基布（繊維糸を使用した織布又は網目状織物をいう。以下同じ。）に使用する繊維糸の種類に応じて、コーティング材（基布の摩損防止等のために基布に塗布し又は張り合わせた樹脂又はゴムをいう。以下同じ。）を塗布し又は張り合わせたものとすること。ただし、仮設建築物にあっては、この限りでない。

	基布に使用する繊維糸	コーティング材
(1)	JIS R3413（ガラス糸）-1999に適合する単繊維（繊維径3.30μmから4.05μmまでの3(B)に限る。）を使用したガラス繊維糸	四ふっ化エチレン樹脂、四ふっ化エチレンパーフルオロアルキルビニルエーテル共重合樹脂又は四ふっ化エチレン－六ふっ化プロピレン共重合樹脂
(2)	JIS R3413（ガラス糸）-1999に適合する単繊維を使用したガラス繊維糸	塩化ビニル樹脂、ポリウレタン樹脂、ふっ素系樹脂（四ふっ化エチレン樹脂、四ふっ化エチレンパーフルオロアルキルビニルエーテル共重合樹脂及び四ふっ化エチレン－六ふっ化プロピレン共重合樹脂を除く。）、クロロプレンゴム、クロロスルフォン化ポリエチレンゴム又はオレフィン系樹脂
(3)	ポリアミド系、ポリアラミド系、ポリエステル系、ポリビニルアルコール系又はオレフィン系樹脂の合成繊維糸（ケナフ植物繊維と混織されるものを含む。）	

三　厚さの基準値は、0.5mm以上とすること。

四　単位質量の基準値は、550g/m²（合成繊維糸による基布とした膜材料にあっては、500g）以上であること。

五　織糸密度は、一様であること。

六　布目曲がり（膜材料のたて糸と平行な端部に直交する2直線によって膜材料のよこ糸を挟みこんだときの当該2直線の距離を膜材料の幅で除した数値をいう。）の基準値は、10%以内であること。

七　コーティング材の密着強さの基準値は、膜材料の引張強さの1%以上、かつ、幅1cmにつき10N以上であること。

八　引張強さの基準値は、幅1cmにつき200N以上であること。

九　伸び率の基準値は、35%以下であること。

十　引裂強さの基準値は、100 N 以上、かつ、引張強さに 1 cm を乗じて得た数値の 15 ％ 以上であること。

十一　引張クリープによる伸び率の基準値は、15 ％（合成繊維糸による基布とした膜材料にあっては、25 ％）以下であること。

十二　構造耐力上主要な部分で特に変質又は摩損のおそれのあるものについては、変質若しくは摩損しにくい膜材料又は変質若しくは摩損防止のための措置をした膜材料とすること。

3　構造耐力上主要な部分に用いる膜面に使用する膜構造用フィルムは、次の各号に掲げる基準に適合しなければならない。

一　きず、はがれ、摩損その他の耐力上の欠点のないものとすること。

二　膜構造用フィルムは、エチレン―四ふっ化エチレン共重合樹脂フィルムとすること。

三　厚さの基準値は、0.1 mm 以上とすること。

四　単位質量の基準値は、175 g/m² 以上であること。

五　引張強さの基準値は、40 N/mm² 以上であること。

六　伸び率の基準値は、300 ％ 以上であること。

七　引裂強さの基準値は、厚さ 1 mm につき 160 N 以上、かつ、引張強さに 10 mm を乗じて得た数値の 15 ％ 以上であること。

八　引張クリープによる伸び率の基準値は、15 ％ 以下であること。

九　構造耐力上主要な部分で特に変質又は摩損のおそれのあるものについては、変質若しくは摩損しにくい膜構造用フィルム又は変質若しくは摩損防止のための措置をした膜構造用フィルムとすること。

4　構造耐力上主要な部分に用いる膜面に使用する構造用ケーブルは、次に掲げる基準に適合しなければならない。

一　ねじれ、折れ曲がりその他の耐力上の欠点のないものとすること。

二　構造用ケーブルの端部の定着部は、次のいずれかの構造方法とし、存在応力の伝達に支障のないものとすること。ただし、仮設建築物にあっては、構造用ケーブルの端部の定着部が存在応力の伝達に支障のないイ、ロ及びハ以外の構造方法とすることができる。

　　イ　ソケット止め（茶せん状にばらした構造用ケーブルの端部に亜鉛―銅合金等を鋳込んだ金具を用い、ケーブル張力を円滑かつ確実に支持構造へ伝達するための構造方法をいう。）

　　ロ　圧縮止め（構造用ケーブルの端部に圧着した金具を用い、ケーブル張力を円滑かつ確実に支持構造へ伝達するための構造方法をいう。）

　　ハ　アイ圧縮止め（構造用ケーブルの端部を折り返して当該端部と重なる構造用ケーブルの部分とを筒状の金具により圧着して形成したループを用い、ケーブル張力を円滑かつ確実に支持構造へ伝達するための構造方法をいう。）

三　構造用ケーブルの交差部は、交点金具による緊結、被覆ケーブルの使用その他の構造用ケーブルの摩擦による損傷が生じないための措置を講ずること。

四　構造用ケーブルの端部以外の部分を他の構造用ケーブル又は柱その他の周囲の構造耐力上主要な部分で支える場合にあっては、当該部分に当該構造用ケーブルの直径の 8 倍（当該構造用ケーブルの応力状態の実況に応じて第 5 に規定する構造計算によって構造耐力上安全であることが確かめられた場合は、4 倍）以上の曲率半径を有する支持具を設けること。ただ

し、仮設建築物にあっては、この限りでない。

5 構造耐力上主要な部分に用いる膜面に使用する膜材料等相互の接合は、膜材料等が相互に存在応力を伝えることができるものとして、次の各号のいずれか（膜構造用フィルムにあっては、第一号ニ）に定める接合方法としなければならない。ただし、次の各号に掲げる接合方法と同等以上に膜材料等が相互に存在応力を伝えることができるものとする場合においては、この限りでない。

一　次の表に定める膜材料等の種類に応じた次に定める接合方法

イ　縫製接合（接合する膜材料の重ね合わせた部分を端部と平行に縫製する接合方法をいう。以下同じ。）　次に定めるところによること。

(1)　縫製部は、縫い糸切れ、目飛び、ずれその他の耐力上の欠点がないものとすること。

(2)　実況に応じた暴露試験その他の耐候性に関する試験によって耐久性上支障のないことが確認されたものとすること。

(3)　接合する膜材料を重ね合わせた部分を端部と平行に4列以上縫製し、かつ、膜材料相互の重ね幅を40mm以上とすること。ただし、膜面における支点間距離を3m以下、膜面の投影面積を200m²以下とし、かつ、第5に定める構造計算によって構造耐力上安全であることが確かめられた場合は、膜材料の端部と平行に2列以上縫製し、かつ、重ね幅を20mm以上とすることができる。

(4)　接合部の引張強さは、使用する膜材料の引張強さに0.7を乗じて得た数値以上とすること。ただし、第5に定める構造計算によって構造耐力上安全であることが確かめられた場合は、使用する膜材料の引張強さに0.6を乗じて得た数値以上とすることができる。

(5)　縫製部には、有効な縫い糸の劣化防止及び防水のための措置を施すこと。ただし、仮設建築物にあっては、この限りでない。

ロ　熱風溶着接合（熱風により、接合する膜材料の重ね合わせた部分のコーティング材を溶融し、当該接合する膜材料を圧着する接合方法をいう。以下同じ。）　次に定めるところによること。

(1)　溶着部は、はがれ、ずれ、ひび割れ、破れ、しわその他の耐力上の欠点がないものとすること。

(2)　実況に応じた暴露試験その他の耐候性に関する試験によって耐久性上支障のないことが確認されたものとすること。

(3)　溶着幅を40mm以上とすること。ただし、膜面における支点間距離を3m以下、膜面の投影面積を200m²以下とし、かつ、第5に定める構造計算によって構造耐力上安全であることが確かめられた場合は、溶着幅を20mm以上とすることができる。

(4)　接合部の引張強さは、使用する膜材料の引張強さに0.8を乗じて得た数値以上とすること。ただし、第5に定める構造計算によって構造耐力上安全であることが確かめられた場合は、使用する膜材料の引張強さに0.7を乗じて得た数値以上とすることができる。

ハ　高周波溶着接合（高周波電界を与えることにより、接合する膜材料の重ね合わせた部分のコーティング材を溶融し、当該接合する膜材料を圧着する接合方法をいう。以下同じ。）　次に定めるところによること。

(1)　溶着部は、ロ(1)及び(2)に定めるところによること。

(2)　溶着幅及び接合部の引張強さは、ロ(3)及び(4)に定めるところによること。

ニ　熱板溶着接合(熱板を押し当てることにより、接合する膜材料の重ね合わせた部分のコーティング材若しくは当該部分に挿入した溶着フィルム又は接合する膜構造用フィルムの重ね合わせた部分を溶融し、当該接合する膜材料等を圧着する接合方法をいう。以下同じ。)　次に定めるところによること。

(1)　溶着部は、ロ(1)及び(2)に定めるところによること。

(2)　膜材料等の種類に応じて次に定めるところによること。

〔i〕　第2項第二号の表の(1)に掲げる膜材料　厚さ0.12mm以上の溶着フィルムを使用し、溶着幅を75mm(膜面における支点間距離を3m以下、膜面の投影面積を200m²以下とし、かつ、第5に定める構造計算によって構造耐力上安全であることが確かめられた場合は、37.5mm)以上とすること。

〔ii〕　第2項第二号の表の(2)又は(3)に掲げる膜材料　溶着幅を40mm(膜面における支点間距離を3m以下、膜面の投影面積を200m²以下とし、かつ、第5に定める構造計算によって構造耐力上安全であることが確かめられた場合は、20mm)以上とすること。

〔iii〕　第3項第二号に掲げる膜構造用フィルム　溶着幅を8mm以上とすること。

(3)　接合部の引張強さは、膜材料等の種類に応じて次に定めるところによること。

〔i〕　第2項第二号に掲げる膜材料　ロ(4)に定めるところによること。

〔ii〕　第3項第二号に掲げる膜構造用フィルム　使用する膜構造用フィルムの伸び率10%時の応力に1.2を乗じて得た数値以上とすること。ただし、第5に定める構造計算によって構造耐力上安全であることが確かめられた場合は、使用する膜構造用フィルムの伸び率10%時の応力に1.1を乗じて得た数値以上とすることができる。

	膜材料等の種類	接 合 方 法
(1)	第2項第二号の表の(1)に掲げる膜材料又は第3項第二号に掲げる膜構造用フィルム	熱板溶着接合
(2)	第2項第二号の表の(2)又は(3)に掲げる膜材料	縫製接合、熱風溶着接合、高周波溶着接合又は熱板溶着接合
(3)	(1)及び(2)に掲げる膜材料以外の膜材料等	膜材料の品質及び使用環境その他の実況に応じた実験により(1)又は(2)と同等以上に存在応力を伝達できることが確かめられた接合

二　次に定める合成繊維ロープを用いた接合方法

イ　端部を二重にすることその他膜材料の摩損防止のための措置を講ずること。

ロ　接合部の耐力は、接合する膜材料と同等以上の耐力を有するものとすること。ただし、当該接合部の耐力を引張試験によって確認し、第5に定める構造計算によって構造耐力上安全であることが確認された場合は、この限りでない。

ハ　合成繊維ロープは、JIS L2703(ビニロンロープ)-1992、JIS L2704(ナイロンロープ)-1992、JIS L2705(ポリエチレンロープ)-1992、JIS L2706(ポリプロピレンロープ)-1992

　　　若しくは JIS L2707（ポリエステルロープ）-1992のいずれかに適合するものとすること。
　　ニ　接合する膜材料の端部と平行にハトメ（膜材料に合成繊維ロープを通すために設ける孔に取り付ける膜材料の摩損防止のための金具をいう。以下同じ。）を設けた孔を当該接合する膜材料の相互に均等に設け、合成繊維ロープを交互に当該接合する膜材料のハトメを設けた孔に通して編み合せることにより接合すること。
　三　次に定める金物を用いたボルトによる接合方法
　　イ　プレートその他の金物を介してボルトにより接合すること。
　　ロ　接合する膜材料の端部を重ね合わせること。
　　ハ　端部を二重にすることその他膜材料の摩損防止のための措置を講ずること。
　　ニ　接合部の耐力は、接合する膜材料と同等以上の耐力を有するものとすること。ただし、当該接合部の耐力を引張試験によって確認し、第5に定める構造計算によって構造耐力上安全であることが確認された場合は、この限りでない。
　　ホ　膜材料の端部に補強用の合成繊維ロープの設置その他の有効な端抜け防止のための措置を講ずること。
　四　次に定める構造用ケーブルを用いた接合方法
　　イ　端部を二重にすることその他膜材料の摩損防止のための措置を講ずること。
　　ロ　接合部の耐力は、接合する膜材料と同等以上の耐力を有するものとすること。ただし、当該接合部の耐力を引張試験によって確認し、第5に定める構造計算によって構造耐力上安全であることが確認された場合は、この限りでない。
　　ハ　膜材料を折り返して当該膜材料の端部と当該端部と重なる部分を第一号に定める接合方法により接合し、膜材料の端部に構造用ケーブルを通すことのできる袋を設けること。
　　ニ　ハに定めるところにより袋状に加工された膜材料の端部に一定の長さで切り込みを入れ、接合する膜材料の端部における切り込みを互い違いに組み合わせ、当該接合する膜材料の端部を組み合わせた部分における接合する膜材料の端部に設けた袋に相互に構造用ケーブルを通すことにより接合すること。

6　構造耐力上主要な部分に用いる膜面に使用する膜材料等を骨組又は構造用ケーブルに定着させる場合においては、次に定めるところによらなければならない。
　一　次のいずれか（膜構造用フィルムにあっては、イ）に定める定着方法によるか又はこれらと同等以上に存在応力を伝達できる定着方法により当該膜材料等を骨組又は構造用ケーブルに定着させること。
　　イ　膜材料等の端部をプレートその他の金物により補強し、金具を介して骨組又は構造用ケーブルに定着させること。
　　ロ　次に掲げる方法によること。
　　　⑴　前項第二号イからハまでに定めるところによること。
　　　⑵　定着させる膜材料の端部と平行にハトメを設けた孔を当該定着させる膜材料に設け、合成繊維ロープを当該定着させる膜材料のハトメを設けた孔に通して編み合せることにより骨組又は構造用ケーブルに定着させること。
　　ハ　ハトメ布又は抱き込み掛け布（膜面に使用する膜材料を骨組、構造用ケーブルその他の部分に定着させるために当該膜材料に接合したハトメを有する膜材料をいう。）を膜材料

に接合し、合成繊維ロープを当該ハトメ布又は抱き込み掛け布のハトメを設けた孔に通して編み合せることにより骨組又は構造用ケーブルに定着させること。

二　定着部の耐力は、定着させる膜面に使用する膜材料等と同等以上の耐力を有するものとすること。ただし、当該定着部の耐力を引張試験によって確認し、第5に定める構造計算によって構造耐力上安全であることが確認された場合は、この限りでない。

三　定着部は、膜材料等の折れ曲がり、局部応力等により膜材料等が損傷しないよう補強又は養生を行うこと。

7　膜面の応力が集中するおそれのある開口部分の周囲、隅角部分その他の部分にあっては、実況に応じて膜材料等の二重使用、構造用ケーブル又は金属プレートの取付けその他の有効な補強を行わなければならない。

8　構造耐力上主要な部分に用いる膜面が雨水、滑雪、融雪水その他の滞留により膜面の変形が進行することのないようにしなければならない。

9　構造耐力上主要な部分に用いる膜面に積雪、風圧並びに地震その他の震動及び衝撃による構造耐力上の支障となる破損が生じないようにしなければならない。

第3　膜面の定着

　　構造耐力上主要な部分に用いる膜面に使用する膜材料等と周囲の構造耐力上主要な部分（膜面の部分を除く。）との定着部は、その部分の存在応力を伝えることができるものとして、次に掲げる基準に適合するものとしなければならない。ただし、次の各号に掲げる定着と同等以上にその部分の存在応力を伝えることができるものとする場合においては、この限りでない。

一　膜材料等の種類に応じて次のいずれかに適合する定着方法とすること。

　イ　第2第2項第二号に掲げる膜材料　次のいずれかに定める定着方法とすること。

　　(1)　第2第5項第三号（ロを除く。）に定める定着方法とすること。

　　(2)　次に定める定着方法によること。

　　　(i)　定着させる膜材料は第2第2項第一号の表の(2)又は(3)に掲げる膜材料とすること。

　　　(ii)　第2第5項第二号イからハまでに定めるところによること。

　　　(iii)　定着させる膜材料の端部にハトメを設けた孔を当該定着させる膜材料に設け、合成繊維ロープを当該定着させる膜材料のハトメを設けた孔に通して、周囲の構造耐力上主要な部分に定着させること。

　ロ　第2第3項第二号に掲げる膜構造用フィルム　第2第6項第一号イに定める定着方法とすること。

二　定着部の耐力は、定着させる膜面に使用する膜材料等と同等以上の耐力を有するものとすること。ただし、当該定着部の耐力を引張試験によって確認し、第5に定める構造計算によって構造耐力上安全であることが確認された場合は、この限りでない。

三　定着部は、膜材料等の折れ曲がり、局部応力等により膜材料等が損傷しないよう補強又は養生を行うこと。

2　膜面に使用する膜材料等に膜材料等以外の部材又は金物を常時接触状態とする場合にあっては、次に定めるところによらなければならない。

一　構造耐力上主要な部分に用いる膜面に使用する膜材料等に接触する部材に応じて、次に定めるところにより膜面に使用する膜材料等の摩損その他の損傷のおそれのないものとするこ

と。

　　イ　構造用ケーブル　接触する部分の膜材料等を二重にし、かつ、構造用ケーブルに被覆材
　　　を取り付けること。ただし、仮設建築物にあっては、この限りでない。

　　ロ　構造用ケーブル以外の部材又は金物　部材の角部分を削り落とす等の措置を行い膜面に
　　　使用する膜材料等への接触面を平滑にし、実況に応じて膜材料等の二重使用、ゴム等を膜
　　　面に使用する膜材料等と部材又は金物との間に挟み込む等の措置を併せて行うこと。

　二　合成繊維糸による基布とした膜材料以外の膜材料を使用する場合にあっては、第5第1項
　　第二号に定める構造計算（暴風時に限る。更に、令第82条第二号の表に定める W について
　　は令第87条に規定する風圧力の $\frac{1}{2}$ に相当する風圧力によって生ずる力とする。）を行い接触
　　部分の $\frac{2}{3}$ 以上の部分が遊離しないことを確かめること。ただし、仮設建築物にあっては、
　　この限りでない。

第4　耐久性等関係規定の指定

　　令第36条第1項に規定する耐久性等関係規定として、第2第1項、第2項第一号及び第八号
　　から第十二号まで、第3項第一号、第五号、第八号及び第九号、第4項第一号から第三号まで、
　　第5項第一号イ(1)、(2)及び(5)、ロ(1)及び(2)、ハ(1)及びニ(1)及び同号の表並びに第3第1項第三
　　号及び第2項に定める安全上必要な技術的基準を指定する。

第5　保有水平耐力計算、許容応力度等計算又は令第82条各号及び令第82条の4に定めるところ
　　による構造計算と同等以上に安全性を確かめることができる構造計算

　　令第81条第2項第一号イに規定する保有水平耐力計算と同等以上に膜構造の建築物及び膜構
　　造とその他の構造とを併用する建築物の安全性を確かめることができる構造計算を次の各号及
　　び次項から第5項まで（第4項第二号を除く。）に定め、令第81条第2項第二号イに規定する
　　許容応力度等計算と同等以上に膜構造の建築物及び膜構造とその他の構造とを併用する建築物
　　の安全性を確かめることができる構造計算を次の各号及び次項から第5項まで（第4項第三号
　　を除く。）に定め、令第81条第3項に規定する令第82条各号及び令第82条の4に定めるところ
　　による構造計算と同等以上に膜構造の建築物の安全性を確かめることができる構造計算を次の
　　各号及び次項から第6項まで（第4項を除く。）に定める。

　一　令第3章第8節第2款に規定する荷重及び外力並びに膜面の張力によって建築物の構造耐
　　力上主要な部分に生ずる力を計算すること。

　二　前号の構造耐力上主要な部分の断面に生ずる長期及び短期の各応力度を令第82条第二号の
　　表に掲げる式に膜面の張力によって生ずる力を加えることによって計算すること。

　三　第一号の構造耐力上主要な部分ごとに、前号の規定によって計算した長期及び短期の各応
　　力度が、それぞれ第6の規定による長期に生ずる力又は短期に生ずる力に対する各許容応力
　　度を超えないことを確かめること。

　四　平成12年建設省告示第1459号第1に定める場合においては、構造耐力上主要な部分である
　　構造部材の変形又は振動によって建築物の使用上の支障が起こらないことを同告示第2に定
　　める方法によって確かめること。

2　暴風時に、屋外に面する膜面における支点（骨組等又は構造用ケーブルのうち荷重及び外力
　　に応じて膜材料等を支持するものをいう。）及び当該支点の周囲の膜材料等の部分について、
　　平成12年建設省告示第1458号第1項第一号に規定する風圧力に対して安全上支障がないことを

確かめること。

3　令第82条第二号の表の荷重及び外力について想定する状態において、次に定める膜面の部分の構造方法に応じ、それぞれ当該各号に定める構造計算を行うこと。

一　膜面における支点間距離が4m以下である膜面の部分　令第82条第二号の表の短期に生ずる力について、積雪時及び暴風時（同表に定めるWについては令第87条に規定する風圧力の$\frac{1}{2}$に相当する風圧力によって当該部分に生ずる力とする。）における膜材料等の部分の常時の状態からの相対変形量を計算し、当該変形量が当該膜面における支点間距離のそれぞれ$\frac{1}{15}$及び$\frac{1}{20}$（その膜材料の部分の周囲の一部を構造用ケーブルに定着させた場合又は当該部分に膜構造用フィルムを使用する場合にあっては、いずれも$\frac{1}{10}$）以下であることを確かめること。

二　膜面における支点間距離が4mを超える膜面の部分　令第82条第二号の表の短期に生ずる力について、積雪時及び暴風時における膜材料等の部分の常時の状態からの相対変形量を計算し、当該変形量が当該膜面における支点間距離の$\frac{1}{15}$（その膜材料の部分の周囲の一部を構造用ケーブルに定着させた場合又は当該部分に膜構造用フィルムを使用する場合にあっては、$\frac{1}{10}$）以下であることを確かめること。

4　前各項の規定によるほか、次に定める構造計算を行うこと。

一　地上部分の層間変形角については、令第82条の2の規定を準用する。

二　高さが31m以下のものの地上部分の剛性率及び偏心率等については、令第82条の6第二号の規定を準用する。

三　高さが31mを超えるものの地上部分の保有水平耐力については、令第82条の3の規定を準用する。この場合において、同条中「第4款に規定する材料強度」とあるのは、「第7に規定する材料強度」と読み替えるものとする。

5　令第82条の4の規定によること。

6　令第82条第二号の表に掲げる式により、地震時の短期に生ずる力が積雪時又は暴風時の短期に生ずる力に比べ小さいことを確かめること。

第6　許容応力度

膜材料等の引張りの許容応力度は、次に掲げるものとする。

一　膜材料の引張りの許容応力度は、接合等の状況に応じ、それぞれ次の表の数値によらなければならない。

接　合　等　の　状　況		長期に生ずる力に対する引張りの許容応力度（単位 N/mm²）	短期に生ずる力に対する引張りの許容応力度（単位 N/mm²）
(1) 接合部のない場合又は接合幅若しくは溶着幅が40mm（第2第2項第二号の表の(1)に掲げる膜材料にあっては、75mm）以上の場合	折りたたみを行わない場合	$\frac{Fm}{80t}$	$\frac{Fm}{40t}$
	折りたたみを行う場合	$\frac{Fm}{80t}$	$\frac{Fm}{50t}$

489

(2)	(1)項に掲げる場合以外の場合	$\dfrac{Fm}{100\,t}$	$\dfrac{Fm}{50\,t}$

この表において、Fm 及び t は、それぞれ次の数値を表すものとする。
Fm　第8に規定する膜材料の各糸方向の基準強度（単位　N/cm）
t　　膜材料の厚さ（単位　mm）

二　膜構造用フィルムの引張りの許容応力度は、次の表の数値によらなければならない。

		長期に生ずる力に対する引張りの許容応力度（単位　N/mm²）	短期に生ずる力に対する引張りの許容応力度（単位　N/mm²）
積雪時以外	折りたたみを行わない場合	$\dfrac{F_1}{2}$	F_1
	折りたたみを行う場合	$\dfrac{F_1}{2}$	$\dfrac{4\,F_1}{5}$
積雪時	折りたたみを行わない場合	$\dfrac{1.4\,F_1}{2}$	$\dfrac{4.5\,F_1}{5}$
	折りたたみを行う場合	$\dfrac{1.4\,F_1}{2}$	$\dfrac{3.6\,F_1}{5}$

この表において、F_1 は、第8に規定する膜構造用フィルムのロール方向及びロール直交方向の第一基準強度（単位　N/mm²）を表すものとする。

三　膜面を袋状にした膜構造用フィルムの内部の空気圧を高めることにより当該膜構造用フィルムに張力を導入するものとする場合において、暴風時の構造計算をするに当たっては、短期に生ずる力に対する引張りの許容応力度は、次の表に掲げる数値とすることができる。

短期に生ずる力に対する引張りの許容応力度（単位　N/mm²）
$\dfrac{6\,F_1}{5}$

この表において、F_1 は、前号の表に規定する膜構造用フィルムのロール方向及びロール直交方向の第一基準強度（単位　N/mm²）を表すものとする。

2　膜面の定着部の引張りの許容応力度は、次に掲げるものとする。
一　膜面の定着部の引張りの許容応力度は、次の表に掲げる許容耐力を膜面の定着部の種類及び形状に応じて求めた有効断面積で除した数値（膜構造用フィルムを使用する場合において、構造計算をするに当たっては、当該数値又は前項第二号の規定による引張りの許容応力度の数値のうちいずれか小さい数値）によらなければならない。

		長期に生ずる力に対する引張りの許容耐力（単位　N）	短期に生ずる力に対する引張りの許容耐力（単位　N）
膜材料		$\dfrac{Fj}{6}$	$\dfrac{Fj}{3}$
膜構造用フィルム	積雪時以外	$\dfrac{Ffj}{3}$	$\dfrac{2\,Ffj}{3}$
	積雪時	$\dfrac{1.4\,Ffj}{3}$	$\dfrac{1.8\,Ffj}{3}$

この表において、Fj 及び Ffj は、それぞれ次の数値を表すものとする。
Fj　膜材料の膜面の定着部の実況に応じた引張試験によって求めた引張強さ
　（単位　N）
Ffj　膜構造用フィルムの膜面の定着部の実況に応じた引張試験によって求めた引張強
　さ（単位　N）

二　膜面を袋状にした膜構造用フィルムの内部の空気圧を高めることにより当該膜構造用フィルムに張力を導入するものとする場合において、暴風時の構造計算をするに当たっては、短期に生ずる力に対する定着部の引張りの許容応力度は次の表に掲げる許容耐力を膜面の定着部の種類及び形状に応じて求めた有効断面積で除した数値とすることができる。

短期に生ずる力に対する引張りの許容耐力（単位　N）
$\dfrac{2.4\,Ffj}{3}$

この表において、Ffj は、前号の表に規定する膜構造用フィルムの膜面の定着部の実況に応じた引張試験によって求めた引張強さ（単位　N）を表すものとする。

3　前2項に掲げる膜材料等及び膜面の定着部以外の材料の許容応力度は、令第3章第8節第3款の規定によらなければならない。

第7　材料強度

一　膜材料等の引張りの材料強度は、次の表の数値によらなければならない。

		引張りの材料強度（単位　N/mm^2）
膜材料		$\dfrac{Fm}{40\,t}$
膜構造用フィルム	積雪時以外	F_2
	積雪時	$\dfrac{6\,F_1}{5}$

この表において、Fm、t、F_1 及び F_2 は、それぞれ次の数値を表すものとする。
Fm　第6第1項第一号の表に規定する膜材料の各糸方向の基準強度（単位　N/cm）
t　　膜材料の厚さ（単位　mm）

F_1　第6第1項第二号の表に規定する膜構造用フィルムのロール方向及びロール直交方向の第一基準強度（単位　N/mm²）

F_2　第8に規定する膜構造用フィルムのロール方向及びロール直交方向の第二基準強度（単位　N/mm²）

二　膜面の定着部の引張りの材料強度は、次の表に掲げる終局耐力を膜面の定着部の種類及び形状に応じて求めた有効断面積で除した数値（膜構造用フィルムを使用する場合において、構造計算をするに当たっては、当該数値又は前号の規定による引張りの材料強度のうちいずれか小さい数値）としなければならない。

	引張りの終局耐力（単位　N）
膜材料	$\dfrac{Fj}{3}$
膜構造用フィルム	$\dfrac{2.5\,Ffj}{3}$

この表において、Fj 及び Ffj は、それぞれ次の数値を表すものとする。

Fj　第6第2項第一号の表に規定する膜材料を用いた膜面の定着部の引張強さ（単位　N）

Ffj　第6第2項第一号の表に規定する膜構造用フィルムの膜面の定着部の実況に応じた引張試験によって求めた引張強さ（単位　N）

三　前各号に掲げる膜材料等及び膜面の定着部以外の材料の材料強度は、令第3章第8節第4款の規定によらなければならない。

第8　基準強度

第6第1項第一号の表に規定する膜材料の各糸方向の基準強度、同項第二号の表に規定する膜構造用フィルムのロール方向及びロール直交方向の第一基準強度及び第7第一号の表に規定する膜構造用フィルムのロール方向及びロール直交方向の第二基準強度は、その品質に応じて国土交通大臣が指定した数値とする。

〔平成14年7月23日国土交通省告示第667号〕

テント倉庫建築物の構造方法に関する安全上必要な技術的基準を定める等の件

最終改正　令和元年6月25日国土交通省告示第203号

建築基準法施行令（昭和25年政令第338号）第80条の2第二号の規定に基づき、膜構造の建築物のうち倉庫の用途に供する建築物（以下「テント倉庫建築物」という。）の構造方法に関する安全上必要な技術的基準を第1から第3までに定め、同令第36条第1項の規定に基づき、テント倉庫建築物の構造方法に関する安全上必要な技術的基準のうち耐久性等関係規定を第4に指定

し、同令第38条第4項の規定に基づき、テント倉庫建築物の基礎の構造計算を第5に定め、同令第81条第3項の規定に基づき、テント倉庫建築物の構造計算が、第6に適合する場合においては、当該構造計算は、同令第82条各号及び同令第82条の4に定めるところによる構造計算と同等以上に安全性を確かめることができるものと認める。

第1　適用の範囲等

　　テント倉庫建築物の構造方法は、次に定めるところによらなければならない。

　一　膜構造の建築物とし、鉄骨造の骨組に膜材料、テント倉庫用膜材料又は膜構造用フィルム（以下「膜材料等」という。）を張り、当該骨組及び当該膜材料等を一体とし、膜材料等に張力を導入して荷重及び外力を負担することのできる安定した平面又は曲面とすることにより、構造耐力上主要な部分である屋根版及び壁を設けること。

　二　階数が1であること。

　三　延べ面積が1,000 m² 以下であること。

　四　軒の高さが5 m 以下であること。

　五　膜面（張力を導入した膜材料等及び当該膜材料等と一体となる骨組又は構造用ケーブルにより荷重及び外力を負担するものをいう。以下同じ。）を用いた屋根の形式は、切妻屋根面、片流れ屋根面又は円弧屋根面とすること。

　六　構造耐力上主要な部分に用いる膜面に使用する膜材料等は、けた行方向に1.5 m 以下の間隔で鉄骨造の骨組に定着させること。ただし、第6第1項第一号から第三号までに定める構造計算によって構造耐力上安全であることが確かめられた場合には、3 m 以下の間隔で定着させることができる。

第2　膜面の構造

　　構造耐力上主要な部分に用いる膜面は、当該膜面に使用する膜材料等に張力を導入して有効に平面又は曲面の形状を保持することができるもの（袋状にした膜構造用フィルムの内部の空気圧を高めることにより、当該膜構造用フィルムに張力を導入して平面又は曲面の形状を保持することができるものを含む。）とし、当該膜面に変形が生じた場合であっても、膜面を定着させる部分以外の部分と接触させてはならない。

　2　構造耐力上主要な部分に用いる膜面に使用する膜材料及びテント倉庫用膜材料は、次の各号に掲げる基準に適合しなければならない。この場合において、膜面に使用する骨組を構成する鉛直部材の脚部をけた行方向のみに移動する滑節構造とし、屋根版及び壁に用いる膜面を折りたたむことにより伸縮する構造とする当該屋根版及び壁の部分（以下「可動式膜面の部分」という。）に使用する膜材料及びテント倉庫用膜材料には、ガラス繊維糸を使用してはならない。

　一　厚さの基準値は0.45 mm 以上とし、かつ、単位質量の基準値は400 g/m² 以上であること。

　二　引張強さの基準値は、幅1 cm につき400 N 以上であること。

　三　伸び率の基準値は、40 % 以下であること。

　四　引裂強さの基準値は、78 N 以上であること。

　五　構造耐力上主要な部分で特に変質又は摩損のおそれのあるものについては、変質若しくは摩損しにくい膜材料及びテント倉庫用膜材料又は変質若しくは摩損防止のための措置をした膜材料及びテント倉庫用膜材料とすること。

　3　構造耐力上主要な部分に用いる膜面に使用する膜構造用フィルムは、次の各号に掲げる基準

に適合しなければならない。

一　膜構造用フィルムは、エチレン－四ふっ化エチレン共重合樹脂フィルムとすること。

二　厚さの基準値は0.1mm以上とし、かつ、単位質量の基準値は175g/m²以上であること。

三　引張強さの基準値は、40N/mm²以上であること。

四　伸び率の基準値は、300％以上であること。

五　引裂強さの基準値は、厚さ1mmにつき160N以上であること。

六　構造耐力上主要な部分で特に変質又は摩損のおそれのあるものについては、変質若しくは摩損しにくい膜構造用フィルム又は変質若しくは摩損防止のための措置をした膜構造用フィルムとすること。

4　構造耐力上主要な部分に用いる膜面に使用する骨組は、次に定めるところによらなければならない。

一　骨組に用いる鋼材は、日本産業規格(以下「JIS」という。)G3101(一般構造用圧延鋼材)-1995、JIS G3106(溶接構造用圧延鋼材)-1999、JIS G3114(溶接構造用耐候性熱間圧延鋼材)-1998、JIS G3136(建築構造用圧延鋼材)-1994、JIS G3350(一般構造用軽量形鋼)-1987、JIS G3444(一般構造用炭素鋼管)-1994、JIS G3466(一般構造用角形鋼管)-1988、JIS G3112(鉄筋コンクリート用棒鋼)-1987若しくはJIS G3117(鉄筋コンクリート用再生棒鋼)-1987のいずれかの規格に適合するもの又はこれらと同等以上の品質を有するものとしなければならない。

二　骨組を構成する部材(間柱、小ばりその他これらに類するものを除く。)相互の接合は、次に定めるところによらなければならない。

イ　高力ボルト接合又は溶接接合によること。ただし、張り間が13m以下のテント倉庫建築物について、ボルトが緩まないようにコンクリートで埋め込む場合、ナットの部分を溶接し、又はナットを二重に使用する場合その他これらと同等以上の効力を有する戻り止めをする場合においては、ボルト接合によることができる。

ロ　イにおいて、高力ボルト接合又はボルト接合とした場合にあっては、建築基準法施行令(以下「令」という。)第68条の規定を準用すること。

三　骨組の継手又は仕口の構造は、その部分の存在応力を伝えることができるものとして、平成12年建設省告示第1464号に定める構造方法を用いるものとしなければならない。この場合において、同告示第一号中「令第82条第一号から第三号までに定める構造計算」とあるのは「第6第1項第一号から第三号までに定める構造計算」と読み替えるものとする。

四　骨組は、適切に水平力を負担する筋かいを設ける等水平力に対して安全なものとしなければならない。

五　骨組を構成する鉛直部材のけた行方向の間隔は、3m以下としなければならない。ただし、第6第1項第一号から第三号までに定める構造計算によって構造耐力上安全であることが確かめられた場合は、この限りでない。

六　骨組を構成する鉛直部材の張り間方向の間隔は、8m以下としなければならない。ただし、第6第1項第一号から第三号までに定める構造計算によって構造耐力上安全であることが確かめられた場合は、当該張り間方向の間隔を30m以下とすることができる。

七　骨組を構成する水平部材(けた行方向の端部に設置するものに限る。)の相互の間隔は、2m

以下としなければならない。ただし、第6第1項第一号から第三号までに定める構造計算によって構造耐力上安全であることが確かめられた場合は、この限りでない。

八　前7号に定めるところによるほか、可動式膜面の部分の骨組は、次に定めるところによらなければならない。

　イ　可動式膜面の部分の骨組は、可動式膜面の部分をけた行方向に伸縮させる時に風圧力その他の外力に対して著しい揺れ又はねじれを生じないものとすること。

　ロ　可動式膜面の部分に構造用ケーブルを用いる場合にあっては、膜面を閉じた状態において当該構造用ケーブルにたるみが生じないために必要な措置を講ずること。

　ハ　可動式膜面の部分の骨組を構成する鉛直部材のけた行方向の相互の間隔は、1.5m以下とすること。

　ニ　可動式膜面の部分の骨組のうち鉛直部材の張り間方向の間隔は、8m以下とすること。ただし、第6第1項第一号から第三号までに定める構造計算によって構造耐力上安全であることが確かめられた場合は、当該張り間方向の間隔を20m以下とすることができる。

5　構造耐力上主要な部分に用いる膜面に使用する構造用ケーブルは、ねじれ、折れ曲がりその他の耐力上の欠点のないものとしなければならない。

6　構造耐力上主要な部分に用いる膜面に使用する膜材料等相互の接合は、膜材料等の存在応力を伝えることができるものとして、次の各号に掲げる膜材料等の種類に応じ、それぞれ当該各号に定める接合としなければならない。

一　膜材料　平成14年国土交通省告示第666号第2第5項に定める接合方法によること。この場合において、同項中「40mm以上」とあるのは、「20mm以上」とする。

二　テント倉庫用膜材料　縫製接合（接合する膜材料等の重ね合わせた部分を端部と平行に縫製する接合方法をいう。以下同じ。）、熱風溶着接合（熱風により、接合する膜材料等の重ね合わせた部分のコーティング材を溶融し、当該接合する膜材料等を圧着する接合方法をいう。以下同じ。）、高周波溶着接合（高周波電界を与えることにより、接合する膜材料等の重ね合わせた部分のコーティング材を溶融し、当該接合する膜材料等を圧着する接合方法をいう。以下同じ。）又は熱板溶着接合（熱板を押し当てることにより、接合する膜材料等の重ね合わせた部分のコーティング材又は当該部分に挿入した溶着フィルムを溶融し、当該接合する膜材料等を圧着する接合方法をいう。以下同じ。）のいずれかとし、次に定めるところによること。

　イ　テント倉庫用膜材料相互の接合幅又は溶着幅は20mm以上とすること。

　ロ　接合部の引張強さは使用するテント倉庫用膜材料の引張強さの数値に0.7を乗じて得た数値以上とすること。

　ハ　縫製接合とする場合にあっては、縫製部は、縫い糸切れ、目飛び、ずれその他の耐力上の欠点がないものとすること。この場合において、縫製部には、有効な縫い糸の劣化防止及び防水のための措置を施すこと。

　ニ　熱風溶着接合、高周波溶着接合又は熱板溶着接合とする場合にあっては、溶着部は、はがれ、ずれ、ひび割れ、破れ、しわその他の耐力上の欠点のないものとすること。

三　膜構造用フィルム　平成14年国土交通省告示第666号第2第5項第一号ニに定める接合方法によること。

7　構造耐力上主要な部分に用いる膜面に使用する膜材料等を骨組又は構造用ケーブルに定着させる場合においては、平成14年国土交通省告示第666号第2第6項の規定によらなければならない。

8　構造耐力上主要な部分に用いる膜面に雨水、滑雪、融雪水等の滞留が生じないようにしなければならない。

第3　膜面と基礎又は土台との接合

　　構造耐力上主要な部分に用いる膜面は、骨組に使用する鉛直部材の脚部において、平成12年建設省告示第1456号の規定に従ったアンカーボルトによる緊結その他の構造方法により基礎に緊結しなければならない。ただし、第6第1項第一号から第三号までに定める構造計算によって構造耐力上安全であることが確かめられた場合は、この限りでない。

2　可動式膜面の部分にあっては、前項の規定にかかわらず、次に定めるところによらなければならない。

　一　可動式膜面の部分の直下にある土台に用いる鋼材は、JIS E1101（普通レール及び分岐器類用特殊レール）-2001若しくは JIS E1103（軽レール）-1993又はこれらと同等以上の品質を有するものとすること。

　二　可動式膜面の部分の骨組を構成する鉛直部材の脚部の可動部分（当該鉛直部材の脚部をけた行方向に移動させるための車輪及びこれを支持する部分をいう。以下次号において同じ。）は、荷重及び外力によって生ずる力を構造耐力上有効に当該鉛直部材の脚部の直下にある土台に伝えることができる剛性及び耐力を有する構造とすること。

　三　可動式膜面の部分の骨組を構成する鉛直部材の浮き上がり及び当該鉛直部材の脚部の可動部分の脱輪を防止するために必要な措置を講じ、かつ、端部における鉛直部材の脚部の可動部分を固定するための装置を設けること。

第4　耐久性等関係規定の指定

　　令第36条第1項に規定する耐久性等関係規定として、第2第1項、第2項第二号から第五号まで、第3項第三号及び第六号、第4項第一号及び第八号イ及びロ、第5項及び第6項第二号ハ及びニ並びに第3第2項第一号及び第三号に定める安全上必要な技術的基準を指定する。

第5　テント倉庫建築物の基礎について定める構造計算

　　令第38条第4項に規定するテント倉庫建築物の基礎の構造計算は、次に定める基準に従った構造計算とする。

　一　テント倉庫建築物、敷地、地盤その他の基礎に影響を与えるものの実況に応じて、土圧、水圧その他の荷重及び外力を採用し、第6第1項第一号から第三号までに定める構造計算を行うこと。

　二　前号の構造計算を行うに当たり、自重による沈下その他の地盤の変形等を考慮してテント倉庫建築物に有害な損傷、変形及び沈下が生じないことを確かめること。

第6　テント倉庫建築物の安全性を確かめることができる構造計算

　　令第81条第3項に規定する令第82条各号及び令第82条の4に定めるところによる構造計算と同等以上にテント倉庫建築物の安全性を確かめることができる構造計算を次に定める。

　一　令第3章第8節第2款及び次条に規定する荷重及び外力によってテント倉庫建築物の構造耐力上主要な部分に生ずる力を計算すること。

二　前号の構造耐力上主要な部分の断面に生ずる長期及び短期の各応力度を令第82条第二号の表に掲げる式によって計算すること。この場合において、同表中「令第87条に規定する風圧力によって生ずる力」とあるのは、「次項に規定する風圧力によって生ずる力」と読み替えるものとする。

三　第一号の構造耐力上主要な部分ごとに、前号の規定によって計算した長期及び短期の各応力度が、それぞれ第3項から第6項までの規定による長期に生ずる力又は短期に生ずる力に対する各許容応力度を超えないことを確かめること。

四　平成12年建設省告示第1459号第1に定める場合においては、構造耐力上主要な部分である構造部材の変形又は振動によってテント倉庫建築物の使用上の支障が起こらないことを同告示第2に定める方法によって確かめること。

2　前項第二号の風圧力は、次の各号によらなければならない。

一　令第87条の規定によること。この場合において、同条第2項に規定する V_0 は、平成12年建設省告示第1454号第2に規定する数値に0.8以上の数値を乗じて得た数値（当該数値が28未満のときは、28）とすることができる。

二　前号の規定により速度圧を減らして風圧力を計算したテント倉庫建築物については、その出入口又はその他の見やすい場所に、その軽減の実況その他必要な事項を表示すること。

3　第1項第三号の長期に生ずる力又は短期に生ずる力に対する各許容応力度のうち、膜材料等の引張りの許容応力度は、次に掲げるものとする。

一　膜材料及びテント倉庫用膜材料の引張りの許容応力度は、次の表の数値によらなければならない。

長期に生ずる力に対する引張りの許容応力度（単位　N/mm²）	短期に生ずる力に対する引張りの許容応力度（単位　N/mm²）
$\dfrac{Fm}{60\,t}$	$\dfrac{Fm}{30\,t}$

この表において、Fm 及び t は、それぞれ次の数値を表すものとする。

Fm　第7項第一号及び第二号に規定する膜材料等の各糸方向の基準強度（単位　N/cm）

t　　膜材料等の厚さ（単位　mm）

二　膜構造用フィルムの引張りの許容応力度は、次の表の数値によらなければならない。

	長期に生ずる力に対する引張りの許容応力度（単位　N/mm²）	短期に生ずる力に対する引張りの許容応力度（単位　N/mm²）
積雪時以外	$\dfrac{F_1}{2}$	F_1
積雪時	$\dfrac{1.4\,F_1}{2}$	$\dfrac{4.5\,F_1}{5}$

この表において、F_1 は、第7項第二号に規定する膜構造用フィルムのロール方向及びロール直交方向の第一基準強度（単位　N/mm²）を表すものとする。

三　膜面を袋状にした膜構造用フィルムの内部の空気圧を高めることにより当該膜構造用フィルムに張力を導入するものとする場合において、暴風時の構造計算をするに当たっては、短期に生ずる力に対する引張りの許容応力度は、次の表に掲げる数値とすることができる。

短期に生ずる力に対する引張りの許容耐力（単位　N/mm²）
$\dfrac{6F_1}{5}$
この表において、F_1 は、前号の表に規定する膜構造用フィルムのロール方向及びロール直交方向の第一基準強度（単位　N/mm²）を表すものとする。

4　第1項第三号の長期に生ずる力又は短期に生ずる力に対する各許容応力度のうち、膜面の定着部の引張りの許容応力度は、次に掲げるものとする。

一　膜面の定着部の引張りの許容応力度は、次の表に掲げる許容耐力を膜面の定着部の種類及び形状に応じて求めた有効断面積で除した数値（膜構造用フィルムを使用する場合において、構造計算をするに当たっては、当該数値又は前項第二号の規定による引張りの許容応力度の数値のうちいずれか小さい数値）によらなければならない。

		長期に生ずる力に対する引張りの許容耐力（単位　N）	短期に生ずる力に対する引張りの許容耐力（単位　N）
膜材料及びテント倉庫用膜材料		$\dfrac{Fj}{4}$	$\dfrac{Fj}{2}$
膜構造用フィルム	積雪時以外	$\dfrac{Ffj}{3}$	$\dfrac{2Ffj}{3}$
	積雪時	$\dfrac{1.4Ffj}{3}$	$\dfrac{1.8Ffj}{3}$
この表において、Fj 及び Ffj は、それぞれ次の数値を表すものとする。			
Fj　膜材料及びテント倉庫用膜材料の膜面の定着部の実況に応じた引張試験によって求めた引張強さ（単位　N）			
Ffj　膜構造用フィルムの膜面の定着部の実況に応じた引張試験によって求めた引張強さ（単位　N）			

二　膜面を袋状にした膜構造用フィルムの内部の空気圧を高めることにより当該膜構造用フィルムに張力を導入するものとする場合において、暴風時の構造計算をするに当たっては、短期に生ずる力に対する定着部の引張りの許容応力度は次の表に掲げる許容耐力を膜面の定着部の種類及び形状に応じて求めた有効断面積で除した数値とすることができる。

短期に生ずる力に対する引張りの許容耐力（単位　N/mm²）
$\dfrac{2.4\,\mathrm{Ffj}}{3}$
この表において、Ffjは、前号の表に規定する膜構造用フィルムの膜面の定着部の実況に応じた引張試験によって求めた引張強さ（単位　N）を表すものとする。

5　第1項第三号の長期に生ずる力又は短期に生ずる力に対する各許容応力度のうち、可動式膜面の部分の直下にある土台に用いるレールの支圧の許容応力度は、次の表の数値によらなければならない。

長期に生ずる力に対する支圧の許容応力度（単位　N/mm²）	短期に生ずる力に対する支圧の許容応力度（単位　N/mm²）
$\dfrac{10\,\mathrm{HBW}}{\nu}$	$\dfrac{15\,\mathrm{HBW}}{\nu}$
この表において、HBW及びνは、それぞれ次の数値を表すものとする。 HBW　　JIS Z2243（ブリネル硬さ試験－試験方法）-1998に定めるブリネル硬さ試験方法により求めたブリネル硬さ ν　　　次の式によって計算した数値 $\nu = 2\left(\dfrac{\mathrm{HBW}^2}{900,000}+1\right)$	

6　第1項第三号の長期に生ずる力又は短期に生ずる力に対する各許容応力度のうち、第3項から前項までに掲げる膜材料等、膜面の定着部及びレール以外の材料の許容応力度は、令第3章第8節第3款の規定によらなければならない。

7　テント倉庫建築物の構造耐力上主要な部分に使用する膜材料等の許容応力度の基準強度は、次に定めるところによらなければならない。

一　第3項第一号に規定するテント倉庫用膜材料の各糸方向の基準強度は、その品質に応じて国土交通大臣が指定した数値とする。

二　第3項第一号に規定する膜材料の各糸方向の基準強度及び同項第二号に規定する膜構造用フィルムのロール方向及びロール直交方向の第一基準強度は、平成14年国土交通省告示第666号第8によることとする。

〔平成13年3月30日国土交通省告示第383号〕

土砂災害特別警戒区域内における居室を有する建築物の外壁等の構造方法並びに当該構造方法を用いる外壁等と同等以上の耐力を有する門又は塀の構造方法を定める件

最終改正　平成19年5月18日国土交通省告示第624号

建築基準法施行令（昭和25年政令第338号。以下「令」という。）第80条の3の規定に基づき、土砂災害特別警戒区域内における居室を有する建築物の外壁等の構造方法及び当該構造方法を用いる外壁等と同等以上の耐力を有する門又は塀の構造方法を次のように定める。

第1　この告示において次の各号に掲げる用語の意義は、それぞれ当該各号に定めるところによる。

一　急傾斜地の崩壊に伴う土石等の移動による最大の力の大きさ　土砂災害特別警戒区域の指定において都道府県知事が定めた急傾斜地の崩壊に伴う土石等の移動により建築物の地盤面に接する部分に作用すると想定される力の大きさのうち最大のもの

二　急傾斜地の崩壊に伴い移動する土石等の高さ　土砂災害特別警戒区域の指定において都道府県知事が定めた急傾斜地の崩壊に伴う土石等の移動による最大の力が建築物に作用する場合の土石等の高さ

三　急傾斜地の崩壊に伴う土石等の堆積による最大の力の大きさ　土砂災害特別警戒区域の指定において都道府県知事が定めた急傾斜地の崩壊に伴う土石等の堆積により建築物の地盤面に接する部分に作用すると想定される力の大きさのうち最大のもの（当該力が建築物に作用する場合の堆積する土石等の高さが外壁等の高さを超える場合にあっては、土石等の堆積による最大の力の大きさに当該外壁等の高さ等を乗じ当該土石等の高さで除したもの）

四　急傾斜地の崩壊に伴い堆積する土石等の高さ　土砂災害特別警戒区域の指定において都道府県知事が定めた急傾斜地の崩壊に伴う土石等の堆積による最大の力が建築物に作用する場合の土石等の高さ（当該高さが外壁等の高さを超える場合にあっては外壁等の高さ）

五　土石流による最大の力の大きさ　土砂災害特別警戒区域の指定において都道府県知事が定めた土石流により建築物の地盤面に接する部分に作用すると想定される力の大きさのうち最大のもの

六　土石流の高さ　土砂災害特別警戒区域の指定において都道府県知事が定めた土石流による最大の力が建築物に作用する場合の土石流の高さ（当該高さが外壁等の高さを超える場合にあっては外壁等の高さ）

七　地滑り地塊の滑りに伴って生じた土石等の堆積による力の大きさ　土砂災害特別警戒区域の指定において都道府県知事が定めた地滑り地塊の滑りに伴って生じた土石等の移動により建築物の地盤面に接する部分に作用すると想定される力の大きさ

八　地滑り地塊の滑りに伴って生じた土石等の高さ　土砂災害特別警戒区域の指定において都道府県知事が定めた地滑り地塊の滑りに伴って生じた土石等の堆積による力が建築物に作用する場合の土石等の高さ（当該高さが外壁等の高さを超える場合にあっては外壁等の高さ）

第2　令第80条の3に規定する外壁等の構造方法は、自然現象の種類が急傾斜地の崩壊である場

合にあっては、次の第一号又は第二号（急傾斜地の崩壊に伴う土石等の移動による最大の力の大きさが 100 kN/m² を超える場合、急傾斜地の崩壊に伴う土石等の移動による最大の力の大きさが 50 kN/m² を超え、かつ、急傾斜地の崩壊に伴い移動する土石等の高さが 1.0 m を超える場合、急傾斜地の崩壊に伴い移動する土石等の高さが 2.0 m を超える場合又は急傾斜地の崩壊に伴い堆積する土石等の高さが 5.0 m を超える場合には、第二号）に該当するものとしなければならない。

一　次のイからハまでのいずれかに該当する構造方法

　イ　外壁、当該外壁に接着する控壁及び基礎を設ける構造とし、当該外壁、控壁及び基礎をそれぞれ次に掲げる構造方法とするもの

　　(1)　外壁の構造方法

　　　(i)　鉄筋コンクリート造とし、当該鉄筋コンクリート造に使用するコンクリートの設計基準強度は 18 N/mm² 以上であること。

　　　(ii)　開口部（開口面積が 100 cm² 以内で、その周囲に径 12 mm 以上の補強筋を配置した給気口又は排気口を除く。）を設けないこと。ただし、急傾斜地の崩壊に伴う土石等の移動又は堆積による力が作用すると想定される建築物の部分が存する階に居室を有しない場合又は当該力が作用すると想定される外壁の屋内側に居室を有せず、かつ、居室以外の室と居室との間に壁（第一号イ(1)(i)及び(iii)から(v)までの規定に適合し、かつ、開口部を有しないものに限る。）が設けられている場合にあっては、この限りでない。

　　　(iii)　厚さは、15 cm 以上とすること。

　　　(iv)　長さ 1 m 当たりの縦筋の断面積の和は、次の表 1 の数値以上とすること。

表1

急傾斜地の崩壊に伴い移動する土石等の高さ（単位　m）	急傾斜地の崩壊に伴い堆積する土石等の高さ（単位　m）	縦筋の断面積の和（単位　mm²/m）
1.0 以下の場合	1.0 以下の場合	18.3 p 又は 7.9 w のうちいずれか大きい値
	1.0 を超え 2.0 以下の場合	11.2 p 又は 11.9 w のうちいずれか大きい値
	2.0 を超え 3.0 以下の場合	8.3 p 又は 15.1 w のうちいずれか大きい値
	3.0 を超え 4.0 以下の場合	7.1 p 又は 17.1 w のうちいずれか大きい値
	4.0 を超え 5.0 以下の場合	6.0 p 又は 18.5 w のうちいずれか大きい値
	1.0 を超え 2.0 以下の場合	26.8 p 又は 11.9 w のうちいずれか大きい値
	2.0 を超え	

1.0 を超える場合	3.0 以下の場合	20.4 p 又は 15.1 w のうちいずれか大きい値
	3.0 を超え 4.0 以下の場合	16.3 p 又は 17.1 w のうちいずれか大きい値
	4.0 を超え 5.0 以下の場合	13.7 p 又は 18.5 w のうちいずれか大きい値

この表において、p 及び w は、それぞれ次の数値を表すものとする。
　p　急傾斜地の崩壊に伴う土石等の移動による最大の力の大きさの値
　　　（単位　kN/m²）
　w　急傾斜地の崩壊に伴う土石等の堆積による最大の力の大きさの値
　　　（単位　kN/m²）

　(ⅴ)　補強筋として径 9 mm 以上の鉄筋を 30 cm 以下の間隔で横に配置すること。
(2)　控壁の構造方法
　(ⅰ)　鉄筋コンクリート造とし、当該鉄筋コンクリート造に使用するコンクリートの設計基準強度が 18 N/mm² 以上であること。
　(ⅱ)　開口部（開口面積が 100 cm² 以内で、その周囲に径 12 mm 以上の補強鉄筋を配置した給気口又は排気口を除く。）を設けないこと。
　(ⅲ)　厚さは、15 cm 以上とすること。
　(ⅳ)　外壁と接する端部及び隅角部に縦筋を配置し、その縦筋の断面積の和を、次の表2の数値以上とすること。

表2

急傾斜地の崩壊に伴い移動する土石等の高さ（単位　m）	急傾斜地の崩壊に伴い堆積する土石等の高さ（単位　m）	縦筋の断面積の和（単位　mm²）
1.0 以下の場合	1.0 以下の場合	$\frac{3.4\,p}{d}$ 又は $\frac{w}{d}$ のうちいずれか大きい値
	1.0 を超え 2.0 以下の場合	$\frac{3.4\,p}{d}$ 又は $\frac{7.1\,w}{d}$ のうちいずれか大きい値
	2.0 を超え 3.0 以下の場合	$\frac{3.4\,p}{d}$ 又は $\frac{18.9\,w}{d}$ のうちいずれか大きい値
	3.0 を超え 4.0 以下の場合	$\frac{3.4\,p}{d}$ 又は $\frac{36.0\,w}{d}$ のうちいずれか大きい値
	4.0 を超え 5.0 以下の場合	$\frac{3.4\,p}{d}$ 又は $\frac{60.1\,w}{d}$ のうちいずれか大きい値
	1.0 を超え 2.0 以下の場合	$\frac{25.2\,p}{d}$ 又は $\frac{7.1\,w}{d}$ のうちいずれか大きい値

1.0 を超える場合	2.0 を超え3.0 以下の場合	$\dfrac{25.2\,\mathrm{p}}{\mathrm{d}}$ 又は $\dfrac{18.9\,\mathrm{w}}{\mathrm{d}}$ のうちいずれか大きい値
	3.0 を超え4.0 以下の場合	$\dfrac{25.2\,\mathrm{p}}{\mathrm{d}}$ 又は $\dfrac{36.0\,\mathrm{w}}{\mathrm{d}}$ のうちいずれか大きい値
	4.0 を超え5.0 以下の場合	$\dfrac{25.2\,\mathrm{p}}{\mathrm{d}}$ 又は $\dfrac{60.1\,\mathrm{w}}{\mathrm{d}}$ のうちいずれか大きい値

この表において、p、w 及び d は、それぞれ次の数値を表すものとする。
p　急傾斜地の崩壊に伴う土石等の移動による最大の力の大きさの値 　（単位　kN/m²）
w　急傾斜地の崩壊に伴う土石等の堆積による最大の力の大きさの値 　（単位　kN/m²）
d　控壁の突出した長さ（単位　m）

(v) (iv)に定めるもののほか、補強筋として径 9 mm 以上の鉄筋を 30 cm 以下の間隔で縦横に配置すること。

(vi) (1)の構造方法を用いる外壁の屋内側に当該外壁に対し垂直に設けるものとし、高さは(1)の構造方法を用いる外壁の高さ以上とすること。

(vii) 控壁が外壁に接着する部分間の中心距離は、4 m 以下とすること。

(3) 基礎の構造方法

(i) 鉄筋コンクリート造とし、当該鉄筋コンクリート造に使用するコンクリートの設計基準強度は 18 N/mm² 以上であること。

(ii) 開口部（令第22条に規定する換気孔で、その周囲に径 12 mm 以上の補強筋を配置したものを除く。）を設けないこと。

(iii) 立上り部分の厚さは 20 cm 以上と、底盤の厚さは 30 cm 以上とすること。

(iv) 根入れの深さは、60 cm 以上とすること。

(v) 立上り部分の補強筋として、径 12 mm 以上の鉄筋を 20 cm 以下の間隔で配置すること。

(vi) 底盤の補強筋として径 12 mm 以上の鉄筋を縦横に 15 cm 以下の間隔で配置すること。

(vii) 布基礎とする場合にあっては、底盤の幅を 60 cm 以上とし、底盤に補強筋として径 12 mm 以上の鉄筋を配置すること。この場合において、底盤の長さ 1 m 当たりの鉄筋の断面積の和は、次の表 3 の数値以上とすること。

表3

急傾斜地の崩壊に伴い移動する土石等の高さ（単位　m）	急傾斜地の崩壊に伴い堆積する土石等の高さ（単位　m）	鉄筋の断面積の和（単位　mm²/m）
	1.0 以下の場合	5.2p 又は 1.3w のうちいずれか大きい値
	1.0 を超え2.0 以下の場合	5.2p 又は 8.4w のうちいずれか大きい値

1.0 以下の場合	2.0 を超え3.0 以下の場合	5.2 p 又は 22.6 w のうちいずれか大きい値
	3.0 を超え4.0 以下の場合	5.2 p 又は 43.5 w のうちいずれか大きい値
	4.0 を超え5.0 以下の場合	5.2 p 又は 70.1 w のうちいずれか大きい値
1.0 を超える場合	1.0 を超え2.0 以下の場合	31.5 p 又は 8.4 w のうちいずれか大きい値
	2.0 を超え3.0 以下の場合	31.5 p 又は 22.6 w のうちいずれか大きい値
	3.0 を超え4.0 以下の場合	31.5 p 又は 43.5 w のうちいずれか大きい値
	4.0 を超え5.0 以下の場合	31.5 p 又は 70.1 w のうちいずれか大きい値

この表において、p 及び w は、それぞれ次の数値を表すものとする。

p　急傾斜地の崩壊に伴う土石等の移動による最大の力の大きさの値
　　（単位　kN/m²）

w　急傾斜地の崩壊に伴う土石等の堆積による最大の力の大きさの値
　　（単位　kN/m²）

ロ　各階の高さを3m以下とし、かつ、外壁、当該外壁に接着する柱及びはり並びに基礎を設ける構造（急傾斜地の崩壊に伴う土石等の移動又は堆積による力が作用すると想定される建築物の部分に居室を有しない場合にあっては、外壁、当該外壁に接着する柱及びはり並びに基礎又は柱、はり及び基礎を設ける構造）とし、当該外壁（当該力が作用すると想定される外壁の屋内側に居室を有する場合の当該外壁に限る。）、柱、はり及び基礎をそれぞれ次に掲げる構造方法とするもの

(1)　外壁の構造方法

　　第一号イ(1)に定める構造方法とすること。

(2)　柱の構造方法

　(i)　鉄筋コンクリート造とし、当該鉄筋コンクリート造に使用するコンクリートの設計基準強度は 18N/mm² 以上であること。

　(ii)　柱の小径及び柱の引張鉄筋比（柱の軸と垂直な断面において、当該断面の面積に対する柱に外力が加わった場合に主筋のうち引張力を負担する鉄筋の断面積の和の割合をいう。以下同じ。）は、それぞれ次の表4の数値以上で、かつ、次の表5の数値以上とすること。

表4

急傾斜地の崩壊に伴う土石等の移動による最大の力の大きさ（単位　kN/m²）	急傾斜地の崩壊に伴い移動する土石等の高さ（単位　m）	柱の小径（単位　cm）	柱の引張鉄筋比（単位　%）
50 以下の場合	1.0 以下の場合	30	0.44
	1.0 を超え 2.0 以下の場合	35	0.44
50 を超え 100 以下の場合	1.0 以下の場合	35	0.49

表5

急傾斜地の崩壊に伴い堆積する土石等の高さ（単位　m）	柱の小径（単位　cm）	柱の引張鉄筋比（単位　%）
3.0 以下の場合	30	0.44
3.0 を超え 4.0 以下の場合	35	0.65
4.0 を超え 5.0 以下の場合	35	0.93

　(iii)　柱が外壁に接着する部分間の中心距離は、4 m 以下とすること。

(3)　はりの構造方法

　(i)　鉄筋コンクリート造とし、当該鉄筋コンクリート造に使用するコンクリートの設計基準強度は 18 N/mm² 以上であること。

　(ii)　あばら筋比（はりの軸を含む水平断面における1組のあばら筋の断面の中心を通る直線と、相隣り合う1組のあばら筋の断面の中心を通る直線とではさまれた部分のコンクリートの面積に対するあばら筋の断面積の和の割合をいう。以下同じ。）は 0.2 % 以上とすること。

　(iii)　はりの丈は 35 cm 以上とすること。

　(iv)　はりの引張鉄筋比（はりの軸と垂直な断面において、はりに外力が加わった場合に鉄筋のうち引張力を負担するもののそれぞれの中心を通る直線と、当該断面の圧縮側最外縁とではさまれた部分のコンクリートの断面積に対する当該引張力を負担する鉄筋の断面積の和の割合をいう。以下同じ。）は、0.76 % 以上とすること。

(4)　基礎の構造方法

　(i)　鉄筋コンクリート造とし、当該鉄筋コンクリート造に使用するコンクリートの設計基準強度は 18 N/mm² 以上であること。

　(ii)　開口部（令第22条に規定する換気孔で、その周囲に径 12 mm 以上の補強筋を配置したものを除く。）を設けないこと。

　(iii)　立上り部分の厚さは 20 cm 以上と、底盤の厚さは 20 cm 以上とすること。

　(iv)　根入れの深さは、50 cm 以上とすること。

　(v)　基礎ばりの丈は 80 cm 以上と、引張鉄筋比は 0.4 % 以上と、あばら筋比は 0.2 % 以上とすること。

　(vi)　底盤の補強筋として径 12 mm 以上の鉄筋を縦横に 15 cm 以下の間隔で配置すること。

(vii)　布基礎とする場合にあっては、底盤の幅を110cm以上とし、底盤に補強筋として径12mm以上の鉄筋を25cm以下の間隔で配置し、底盤の両端部に配置した径12mm以上の鉄筋と緊結すること。

ハ　各階の高さを3m以下とし、かつ、平成13年国土交通省告示第1026号に定める壁式鉄筋コンクリート造の建築物又は建築物の構造部分の構造方法を用いる構造とし、急傾斜地の崩壊に伴う土石等の移動又は堆積による力が作用すると想定される外壁、耐力壁及び基礎をそれぞれ次に掲げる構造方法とするもの

(1)　外壁の構造方法

第一号イ(1)に定める構造方法とすること。

(2)　耐力壁の構造方法

(i)　鉄筋コンクリート造とし、当該鉄筋コンクリート造に使用するコンクリートの設計基準強度は18N/mm^{2}以上であること。

(ii)　厚さは、15cm以上とすること。

(iii)　縦筋及び横筋の鉄筋比（耐力壁の壁面と直交する断面（縦筋にあっては水平断面、横筋にあっては鉛直断面）におけるコンクリートの断面積に対する鉄筋の断面積の和の割合をいう。以下同じ。）は、それぞれ0.32％以上とすること。

(iv)　長さは、次の表6の数値以上で、かつ、次の表7の数値以上とすること。

表6

急傾斜地の崩壊に伴う土石等の移動による最大の力の大きさ（単位　kN/m^2）	急傾斜地の崩壊に伴い移動する土石等の高さ（単位　m）	長さ（単位　cm）
50以下の場合	1.0以下の場合	60
	1.0を超え2.0以下の場合	75
50を超え100以下の場合	1.0以下の場合	75

表7

急傾斜地の崩壊に伴い堆積する土石等の高さ（単位　m）	長さ（単位　cm）
2.0以下の場合	45
2.0を超え3.0以下の場合	60
3.0を超え4.0以下の場合	75
4.0を超え5.0以下の場合	90

(v)　耐力壁が外壁に接着する部分間の中心距離は、4m以下とすること。

(vi)　壁ばりの丈は60cm以上とすること。

(vii)　主筋は、径12mm以上とし、あばら筋は、0.2％以上とすること。

(3)　基礎の構造方法

第一号ロ(4)に定める構造方法とすること。

二　次のイからハまでに定めるところにより急傾斜地の崩壊により想定される衝撃が作用した場合においても破壊を生じないことが確かめられた構造方法

　　イ　土石等の移動による衝撃の作用時又は土石等の堆積による土圧の作用時に、建築物の外壁等に生ずる力を次の表8に掲げる式によって計算し、当該外壁等に生ずる力が、それぞれ令第3章第8節第4款の規定による材料強度によって計算した当該外壁等（当該外壁の開口部に設けられた戸その他の設備を含む。）の耐力を超えないことを確かめること。

表8

荷重及び外力について想定する状態	一般の場合	令第86条第2項ただし書の規定によって特定行政庁が指定する多雪区域における場合
土石等の移動による衝撃の作用時	G＋P＋Sm	G＋P＋0.35S＋Sm
土石等の堆積による土圧の作用時	G＋P＋Sa	G＋P＋0.35S＋Sa

　　この表において、G、P、S、Sm及びSaは、それぞれ次の力（軸方向力、曲げモーメント、せん断力等をいう。）を表すものとする。
　　G　　令第84条に規定する固定荷重によって生ずる力
　　P　　令第85条に規定する積載荷重によって生ずる力
　　S　　令第86条に規定する積雪荷重によって生ずる力
　　Sm　第二号ロに規定する土石等の移動による衝撃力によって生ずる力
　　Sa　第二号ハに規定する土石等の堆積による土圧力によって生ずる力

　　ロ　土石等の移動による衝撃力は、急傾斜地の崩壊に伴い移動する土石等の高さ以下の部分に作用する力とし、急傾斜地の崩壊に伴う土石等の移動による最大の力の大きさの値とすること。

　　ハ　土石等の堆積による土圧力は、急傾斜地の崩壊に伴い堆積する土石等の高さ以下の部分に作用する力とし、急傾斜地の崩壊に伴う土石等の堆積による最大の力の大きさにイの建築物の各部分の高さにおける次の式によって計算した土圧分布係数を乗じた数値とする。

$$a = \frac{Hs - h}{Hs}$$

　　この式において、a、Hs及びhは、それぞれ次の数値を表すものとする。
　　a　　土圧分布係数
　　Hs　急傾斜地の崩壊に伴い堆積する土石等の高さ（単位　m）
　　h　　建築物の各部分の高さ（単位　m）

第3　令第80条の3に規定する外壁等の構造方法は、自然現象の種類が土石流である場合にあっては、次の第一号又は第二号（土石流による最大の力の大きさが100kN/m²を超える場合、土石流による最大の力の大きさが50kN/m²を超え、かつ、土石流の高さが1.0mを超える場合又は土石流の高さが2.0mを超える場合には、第二号）に該当するものとしなければならない。
　　一　次のイからハまでのいずれかに該当する構造方法

イ　外壁、当該外壁に接着する控壁及び基礎を設ける構造とし、当該外壁、控壁及び基礎を
それぞれ次に掲げる構造方法とするもの

(1)　外壁の構造方法

（i）　第2第一号イ(1)（(iv)を除く。）に定める構造方法とする。この場合において、第2
第一号(1)(ii)中「急傾斜地の崩壊に伴う土石等の移動又は堆積による力」とあるのは、
「土石流による力」とする。

（ii）　長さ1m当たりの縦筋の断面積の和は、次の表9の数値以上とすること。

表9

土石流の高さ（単位　m）	縦筋の断面積の和（単位　mm²/m）
1.0以下	18.3p
1.0を超え2.0以下	26.8p

この表において、pは、土石流による最大の力の大きさの値（単位　kN/m²）
を表すものとする。

(2)　控壁の構造方法

（i）　第2第一号イ(2)（(iv)及び(vi)を除く。）に定める構造方法とすること。

（ii）　外壁と接する端部及び隅角部に縦筋を配置し、その縦筋の断面積の和を、次の表
10の数値以上とすること。

表10

土石流の高さ（単位　m）	縦筋の断面積の和（単位　mm²）
1.0以下	$\dfrac{3.4p}{d}$
1.0を超え2.0以下	$\dfrac{25.2p}{d}$

この表において、p及びdは、それぞれ次の数値を表すものとする。

p　土石流による最大の力の大きさの値（単位　kN/m²）

d　控壁の突出した長さ（単位　m）

（iii）　(1)の構造方法を用いる外壁の屋内側に当該外壁に対し垂直に設けるものとし、高さ
は(1)の構造方法を用いる外壁の高さ以上とすること。

(3)　基礎の構造方法

（i）　第2第一号イ(3)（(vii)を除く。）に定める構造方法とすること。

（ii）　布基礎とする場合にあっては、底盤の幅を60cm以上とし、底盤に補強筋として
径12mm以上の鉄筋を配置すること。この場合において、底盤の長さ1m当たりの
鉄筋の断面積の和は、次の表11の数値以上とすること。

表11

土石流の高さ（単位　m）	鉄筋の断面積の和（単位　mm²/m）
1.0 以下	5.2p
1.0 を超え 2.0 以下	31.5p

　この表において、pは、土石流による最大の力の大きさの値（単位　kN/m²）を表すものとする。

ロ　各階の高さを3m以下とし、かつ、外壁、当該外壁に接着する柱及びはり並びに基礎を設ける構造（土石流による力が作用すると想定される建築物の部分に居室を有しない場合にあっては、外壁、当該外壁に接着する柱及びはり並びに基礎又は柱、はり及び基礎を設ける構造）とし、当該外壁（当該力が作用すると想定される外壁の屋内側に居室を有する場合の当該外壁に限る。）、柱、はり及び基礎をそれぞれ次に掲げる構造方法とするもの

(1)　外壁の構造方法
　　　第一号イ(1)に定める構造方法とすること。

(2)　柱の構造方法
　(i)　第2第一号ロ(2)((ii)を除く。）に定める構造方法とすること。
　(ii)　柱の小径及び柱の引張鉄筋比は、それぞれ次の表12の数値以上とすること。

表12

土石流による最大の力の大きさ（単位　kN/m²）	土石流の高さ（単位　m）	柱の小径（単位　cm）	柱の引張鉄筋比（単位　%）
50 以下の場合	1.0 以下の場合	30	0.44
	1.0 を超え 2.0 以下の場合	35	0.49
50 を超え 100 以下の場合	1.0 以下の場合	35	0.49

(3)　はりの構造方法
　　　第2第一号ロ(3)に定める構造方法とすること。

(4)　基礎の構造方法
　　　第2第一号ロ(4)に定める構造方法とすること。

ハ　各階の高さを3m以下とし、かつ、平成13年国土交通省告示第1026号に定める壁式鉄筋コンクリート造の建築物又は建築物の構造部分の構造方法を用いる構造とし、土石流による力が作用すると想定される外壁、耐力壁及び基礎をそれぞれ次に掲げる構造方法とするもの

(1)　外壁の構造方法
　　　第一号イ(1)に定める構造方法とすること。

(2)　耐力壁の構造方法
　(i)　第2第一号ハ(2)((iv)を除く。）に定める構造方法とすること。
　(ii)　長さは、次の表13の数値以上とすること。

表13

土石流による最大の力の大きさ （単位　kN/m²）	土石流の高さ（単位　m）	長さ（単位　cm）
50 以下の場合	1.0 以下の場合	60
	1.0 を超え 2.0 以下の場合	75
50 を超え 100 以下の場合	1.0 以下の場合	75

(3)　基礎の構造方法

　　　第2第一号ロ(4)に定める構造方法とすること。

二　次のイ及びロに定めるところにより土石流により想定される衝撃が作用した場合においても破壊を生じないことが確かめられた構造方法

　イ　土石流による衝撃の作用時に、建築物の外壁等に生ずる力を次の表14に掲げる式によって計算し、当該外壁等に生ずる力が、それぞれ令第3章第8節第4款の規定による材料強度によって計算した当該外壁等（当該外壁の開口部に設けられた戸その他の設備を含む。）の耐力を超えないことを確かめること。

表14

荷重及び外力について想定する状態	一般の場合	令第86条第2項ただし書の規定によって特定行政庁が指定する多雪区域における場合
土石流による衝撃の作用時	G＋P＋D	G＋P＋0.35S＋D

　　この表において、G、P、S 及び D は、それぞれ次の力（軸方向力、曲げモーメント、せん断力等をいう。）を表すものとする。

　　G　　令第84条に規定する固定荷重によって生ずる力

　　P　　令第85条に規定する積載荷重によって生ずる力

　　S　　令第86条に規定する積雪荷重によって生ずる力

　　D　　第二号ロに規定する土石流による衝撃力によって生ずる力

　ロ　土石流による衝撃力は、土石流の高さ以下の部分に作用する力とし、土石流による最大の力の大きさの値とすること。

第4　令第80条の3に規定する外壁等の構造方法は、自然現象の種類が地滑りである場合にあっては、次の第一号又は第二号（地滑り地塊の滑りに伴って生じた土石等の高さが1.1mを超える場合には、第二号）に該当するものとしなければならない。

一　次のイからハまでのいずれかに該当する構造方法

　イ　外壁、当該外壁に接着する控壁及び基礎を設ける構造とし、当該外壁、控壁及び基礎をそれぞれ次に掲げる構造方法とするもの

　(1)　外壁の構造方法

　　(i)　第2第一号イ(1)（(iv)を除く。）に定める構造方法とする。この場合において、第2第一号イ(1)(ii)中「急傾斜地の崩壊に伴う土石等の移動又は堆積による力」とあるのは、

「地滑り地塊の滑りに伴って生じた土石等の堆積による力」とする。

(ⅱ)　長さ1m当たりの縦筋の断面積の和は、次の表15の数値以上とすること。

表15

地滑り地塊の滑りに伴って生じた土石等の高さ（単位　m）	縦筋の断面積の和（単位　mm²/m）
1.0以下の場合	7.9 w
1.0を超え1.1以下の場合	11.2 w
この表において、w は、地滑り地塊の滑りに伴って生じた土石等の堆積による力の大きさの値（単位　kN/m²）を表すものとする。	

(2)　控壁の構造方法

(ⅰ)　第2第一号イ(2)((ⅳ)及び(ⅵ)を除く。)に定める構造方法とすること。

(ⅱ)　外壁と接する端部及び隅角部に縦筋を配置し、その縦筋の断面積の和を、次の表16の数値以上とすること。

表16

地滑り地塊の滑りに伴って生じた土石等の高さ（単位　m）	縦筋の断面積の和（単位　mm²）
1.0以下の場合	$\dfrac{w}{d}$
1.0を超え1.1以下の場合	$\dfrac{1.5\,w}{d}$
この表において、w 及び d は、それぞれ次の数値を表すものとする。　w　地滑りの地塊の滑りに伴って生じた土石等の堆積による力の大きさの値（単位　kN/m²）　d　控壁の突出した長さ（単位　m）	

(ⅲ)　(1)の構造方法を用いる外壁の屋内側に当該外壁に対し垂直に設けるものとし、高さは(1)の構造方法を用いる外壁の高さ以上とすること。

(3)　基礎の構造方法

(ⅰ)　第2第一号イ(3)((ⅶ)を除く。)に定める構造方法とすること。

(ⅱ)　布基礎とする場合にあっては、底盤の幅を60cm以上とし、底盤に補強筋として径12mm以上の鉄筋を配置すること。この場合において、底盤の長さ1m当たりの鉄筋の断面積の和は、次の表17の数値以上とすること。

表17

地滑り地塊の滑りに伴って生じた土石等の高さ（単位　m）	鉄筋の断面積の和（単位　mm²/m）
1.0以下の場合	w

1.0 を超え1.1 以下の場合	1.5 w

　この表において、w は、地滑り地塊の滑りに伴って生じた土石等の堆積による力の大きさの値（単位　kN/m²）を表すものとする。

ロ　各階の高さを3m以下とし、かつ、外壁、当該外壁に接着する柱及びはり並びに基礎を設ける構造（地滑り地塊の滑りに伴って生じた土石等の堆積による力が作用すると想定される建築物の部分に居室を有しない場合にあっては、外壁、当該外壁に接着する柱及びはり並びに基礎又は柱、はり及び基礎を設ける構造）とし、当該外壁（当該力が作用すると想定される外壁の屋内側に居室を有する場合の当該外壁に限る。）、柱、はり及び基礎をそれぞれ次に掲げる構造方法とするもの

(1)　外壁の構造方法

　　第一号イ(1)に定める構造方法とすること。

(2)　柱の構造方法

　(i)　第2第一号ロ(2)（(ii)を除く。）に定める構造方法とすること。

　(ii)　柱の小径及び柱の引張鉄筋比は、それぞれ次の表18の数値以上とすること。

表18

地滑り地塊の滑りに伴って生じた土石等の高さ（単位　m）	柱の小径（単位　cm）	柱の引張鉄筋比（単位　％）
1.0 以下の場合	30	0.44
1.0 を超え1.1 以下の場合	30	0.46

(3)　はりの構造方法

　　第2第一号ロ(3)に定める構造方法とすること。

(4)　基礎の構造方法

　　第2第一号ロ(4)に定める構造方法とすること。

ハ　各階の高さを3m以下とし、かつ、平成13年国土交通省告示第1026号に定める壁式鉄筋コンクリート造の建築物又は建築物の構造部分の構造方法を用いる構造とし、地滑り地塊の滑りに伴って生じた土石等の堆積による力が作用すると想定される外壁、耐力壁及び基礎をそれぞれ次に掲げる構造方法とするもの

(1)　外壁の構造方法

　　第2第一号イ(1)に定める構造方法とすること。

(2)　耐力壁の構造方法

　(i)　第2第一号ハ(2)（(iv)を除く。）に定める構造方法とすること。

　(ii)　長さは、次の表19の数値以上とすること。

表19

地滑り地塊の滑りに伴って生じた土石等の高さ（単位　m）	長さ（単位　cm）
1.0 以下の場合	45

1.0 を超え 1.1 以下の場合	60

(3) 基礎の構造方法

第2第一号ロ(4)に定める構造方法とすること。

二　次のイ及びロに定めるところにより地滑りにより想定される衝撃が作用した場合においても破壊を生じないことが確かめられた構造方法

イ　地滑りによる土圧の作用時に、建築物の外壁等に生ずる力を次の表20に掲げる式によって計算し、当該外壁等に生ずる力が、それぞれ令第3章第8節第4款の規定による材料強度によって計算した当該外壁等（当該外壁の開口部に設けられた戸その他の設備を含む。）の耐力を超えないことを確かめること。

表20

荷重及び外力について想定する状態	一般の場合	令第86条第2項ただし書の規定によって特定行政庁が指定する多雪区域における場合
地滑りによる土圧の作用時	G+P+L	G+P+0.35S+L

この表において、G、P、S 及び L は、それぞれ次の力（軸方向力、曲げモーメント、せん断力等をいう。）を表すものとする。

G　令第84条に規定する固定荷重によって生ずる力
P　令第85条に規定する積載荷重によって生ずる力
S　令第86条に規定する積雪荷重によって生ずる力
L　第二号ロに規定する土石等の堆積よる土圧力によって生ずる力

ロ　土石等の堆積による土圧力は、地滑り地塊の滑りに伴って生じた土石等の高さ以下の部分に作用する力とし、地滑り地塊の滑りに伴って生じた土石等の堆積による力の大きさにイの建築物の各部分の高さにおける次の式によって計算した土圧分布係数を乗じた数値とする。

$$a = \frac{Hs - h}{Hs}$$

この式において、a、Hs 及び h は、それぞれ次の数値を表すものとする。

a　土圧分布係数
Hs　地滑り地塊の滑りに伴って生じた土石等の高さ（単位　m）
h　建築物の各部分の高さ（単位　m）

第5　令第80条の3ただし書に規定する土石等の高さ等以上の高さの門又は塀の構造方法は、最大の力の大きさ又は力の大きさ及び土石等の高さ等に応じ、それぞれ次の構造方法とすること。

一　自然現象が急傾斜地の崩壊である場合には、第2第一号イ又は第二号に定める構造方法とすること。この場合において、第2第一号イ（(1)(ii)を除く。）及び第二号中「外壁等」とあり、及び「外壁」とあるのは、「門又は塀」とし、第2第一号イ(2)(vi)中「屋内側」とあるのは、「急傾斜地の崩壊に伴う土石等の移動又は堆積による力が作用すると想定される面の裏面」

とする。

二　自然現象が土石流である場合には、第3第一号イ又は第二号に定める構造方法とすること。この場合において、第3第一号イ（(1)(ⅰ)中第2第一号イ(1)((ⅳ)を除く。)に定める構造方法とする場合においては、第2第一号イ(1)(ⅱ)を除く。）及び第二号中「外壁等」とあり、及び「外壁」とあるのは、「門又は塀」とし、第3第一号イ(2)(ⅲ)中「屋内側」とあるのは、「土石流による力が作用すると想定される面の裏面」とする。

三　自然現象が地滑りである場合には、第4第一号イ又は第二号に定める構造方法とすること。この場合において、第4第一号イ（(1)(ⅰ)中第2第一号イ(1)((ⅳ)を除く。)に定める構造方法とする場合においては、第2第一号イ(1)(ⅱ)を除く。）及び第二号中「外壁等」とあり、及び「外壁」とあるのは、「門又は塀」とし、第4第一号イ(2)(ⅲ)中「屋内側」とあるのは、「地滑り地塊の滑りに伴って生じた土石等の堆積による力が作用すると想定される面の裏面」とする。

〔平成12年5月31日建設省告示第1461号〕
超高層建築物の構造耐力上の安全性を確かめるための構造計算の基準を定める件

最終改正　平成28年6月1日国土交通省告示第794号

　建築基準法施行令（昭和25年政令第338号）第81条第1項第四号の規定に基づき、超高層建築物の構造耐力上の安全性を確かめるための構造計算の基準を次のように定める。

　建築基準法施行令（以下「令」という。）第81条第1項第四号に規定する超高層建築物の構造耐力上の安全性を確かめるための構造計算の基準は、次のとおりとする。

一　建築物の各部分の固定荷重及び積載荷重その他の実況に応じた荷重及び外力（令第86条第2項ただし書の規定によって特定行政庁が指定する多雪区域における積雪荷重を含む。）により建築物の構造耐力上主要な部分に損傷を生じないことを確かめること。

二　建築物に作用する積雪荷重について次に定める方法による構造計算を行うこと。

　イ　令第86条に規定する方法によって建築物に作用する積雪荷重を計算すること。ただし、特別な調査又は研究により当該建築物の存する区域における50年再現期待値（年超過確率が2％に相当する値をいう。）を求めた場合においては、当該値とすることができる。

　ロ　イの規定によって計算した積雪荷重によって、建築物の構造耐力上主要な部分に損傷を生じないことを確かめること。

　ハ　イの規定によって計算した積雪荷重の1.4倍に相当する積雪荷重によって、建築物が倒壊、崩壊等しないことを確かめること。

　ニ　イからハまでに規定する構造計算は、融雪装置その他積雪荷重を軽減するための措置を講じた場合には、その効果を考慮して積雪荷重を低減して行うことができる。この場合において、その出入口又はその他の見やすい場所に、その軽減の実況その他必要な事項を表示すること。

三　建築物に作用する風圧力について次に定める方法による構造計算を行うこと。この場合において、水平面内での風向と直交する方向及びねじれ方向の建築物の振動並びに屋根面においては鉛直方向の振動を適切に考慮すること。

　イ　地上10mにおける平均風速が令第87条第2項の規定に従って地表面粗度区分を考慮して求めた数値以上である暴風によって、建築物の構造耐力上主要な部分（建築物の運動エネルギーを吸収するために設けられた部材であって、疲労、履歴及び減衰に関する特性が明らかであり、ロに規定する暴風及び第四号ハに規定する地震動に対して所定の性能を発揮することが確かめられたもの（以下「制振部材」という。）を除く。）に損傷を生じないことを確かめること。

　ロ　地上10mにおける平均風速がイに規定する風速の1.25倍に相当する暴風によって、建築物が倒壊、崩壊等しないことを確かめること。

四　建築物に作用する地震力について次に定める方法による構造計算を行うこと。ただし、地震の作用による建築物への影響が暴風、積雪その他の地震以外の荷重及び外力の作用による影響に比べ小さいことが確かめられた場合にあっては、この限りでない。この場合において、建築物の規模及び形態に応じた上下方向の地震動、当該地震動に直交する方向の水平動、地

震動の位相差及び鉛直方向の荷重に対する水平方向の変形の影響等を適切に考慮すること。

　イ　建築物に水平方向に作用する地震動は、次に定めるところによること。ただし、敷地の周辺における断層、震源からの距離その他地震動に対する影響及び建築物への効果を適切に考慮して定める場合においては、この限りでない。

　　⑴　解放工学的基盤（表層地盤による影響を受けないものとした工学的基盤（地下深所にあって十分な層厚と剛性を有し、せん断波速度が約400m/s以上の地盤をいう。））における加速度応答スペクトル（地震時に建築物に生ずる加速度の周期ごとの特性を表す曲線をいい、減衰定数5％に対するものとする。）を次の表に定める数値に適合するものとし、表層地盤による増幅を適切に考慮すること。

周　期（s）	加速度応答スペクトル（単位　m/s^2）	
	稀に発生する地震動	極めて稀に発生する地震動
T＜0.16	（0.64＋6T）Z	稀に発生する地震動に対する加速度応答スペクトルの5倍の数値とする。
0.16≦T＜0.64	1.6Z	
0.64≦T	（1.024／T）Z	

　　この表において、T及びZは、それぞれ建築物の周期（単位　s）及び令第88条第1項に規定するZの数値を表す。

　　⑵　開始から終了までの継続時間を60秒以上とすること。
　　⑶　適切な時間の間隔で地震動の数値（加速度、速度若しくは変位又はこれらの組み合わせ）が明らかにされていること。
　　⑷　建築物が地震動に対して構造耐力上安全であることを検証するために必要な個数以上であること。

　ロ　イに規定する稀に発生する地震動によって建築物の構造耐力上主要な部分が損傷しないことを、運動方程式に基づき確かめること。ただし、制振部材にあっては、この限りでない。

　ハ　イに規定する極めて稀に発生する地震動によって建築物が倒壊、崩壊等しないことを、運動方程式に基づき確かめること。

　ニ　イからハまでの規定は、建築物が次に掲げる基準に該当する場合にあっては、適用しない。
　　⑴　地震が応答の性状に与える影響が小さいものであること。
　　⑵　イに規定する稀に発生する地震動と同等以上の効力を有する地震力によって建築物が損傷しないことを確かめたものであること。
　　⑶　イに規定する極めて稀に発生する地震動と同等以上の効力を有する地震力によって建築物が倒壊、崩壊等しないことを確かめたものであること。

五　第二号から第四号までに規定する構造計算を行うにあたり、第一号に規定する荷重及び外力を適切に考慮すること。

六　第一号に規定する実況に応じた荷重及び外力に対して、構造耐力上主要な部分である構造

部材の変形又は振動によって建築物の使用上の支障が起こらないことを確かめること。

七　屋根ふき材、特定天井、外装材及び屋外に面する帳壁が、風圧並びに地震その他の震動及び衝撃に対して構造耐力上安全であることを確かめること。

八　土砂災害警戒区域等における土砂災害防止対策の推進に関する法律（平成12年法律第57号）第8条第1項に規定する土砂災害特別警戒区域内における居室を有する建築物にあっては、令第80条の3ただし書の場合を除き、土砂災害の発生原因となる自然現象の種類に応じ、それぞれ平成13年国土交通省告示第383号第2第二号、第3第二号又は第4第二号に定める外力によって外壁等（令第80条の3に規定する外壁等をいう。）が破壊を生じないものであることを確かめること。この場合において第一号に規定する荷重及び外力を適切に考慮すること。

九　前各号の構造計算が、次に掲げる基準に適合していることを確かめること。

　イ　建築物のうち令第3章第3節から第7節の2までの規定に該当しない構造方法とした部分（当該部分が複数存在する場合にあっては、それぞれの部分）について、当該部分の耐力及び靱性その他の建築物の構造特性に影響する力学特性値が明らかであること。

　ロ　イの力学特性値を確かめる方法は、次のいずれかに定めるところによること。

　　(1)　当該部分及びその周囲の接合の実況に応じた加力試験

　　(2)　当該部分を構成するそれぞれの要素の剛性、靱性その他の力学特性値及び要素相互の接合の実況に応じた力及び変形の釣合いに基づく構造計算

　ハ　特殊な建築材料（平成12年建設省告示第1446号第1各号に掲げる建築材料で建築基準法（昭和25年法律第201号）第37条各号に該当しないものをいう。）を使用する部分（当該部分が複数存在する場合にあっては、それぞれの部分）について、当該建築材料の品質が同告示第3第1項第一号に掲げる基準に適合すること。

　ニ　構造計算を行うに当たり、構造耐力に影響する材料の品質が適切に考慮されていること。

〔平成27年1月29日国土交通省告示第189号〕
建築物の張り間方向又は桁行方向の規模又は構造に基づく保有水平耐力計算と同等以上に安全性を確かめることができる構造計算の基準を定める件

最終改正　令和3年6月30日国土交通省告示第758号

建築基準法施行令（昭和25年政令第338号。以下「令」という。）第81条第2項第一号イの規定に基づき、保有水平耐力計算と同等以上に安全性を確かめることができる構造計算の基準は、次の各号に定める基準とする。

一　建築基準法（昭和25年法律第201号。以下「法」という。）第20条第1項第二号に掲げる建築物（高さが31m以下のものに限る。）が令第3章第1節から第7節の2までの規定に適合する場合（次号から第四号までに掲げる場合を除く。）にあっては、次のイ及びロに該当するものであること。

　イ　建築物の張り間方向又は桁行方向のいずれかの方向について、令第3章第8節第1款の

4に規定する許容応力度等計算によって構造耐力上安全であることが確かめられたもの

ロ　イの規定により構造耐力上安全であることが確かめられた方向以外の方向について、令第3章第8節第1款の2に規定する保有水平耐力計算によって構造耐力上安全であることが確かめられたもの

二　地階を除く階数が3以下、高さが13m以下及び軒の高さが9m以下である鉄骨造の建築物が令第3章第1節から第7節の2までの規定に適合し、かつ、当該建築物の張り間方向又は桁行方向のいずれかの方向が平成19年国土交通省告示第593号第一号イの規定を満たす場合にあっては、次のイ又はロのいずれかに該当するものであること。

イ　前号イ及びロに定める基準に該当するもの

ロ　次の(1)及び(2)に該当するもの

(1)　建築物の張り間方向又は桁行方向のうち平成19年国土交通省告示第593号第一号イの規定を満たす方向について、令第82条各号及び令第82条の4に定めるところによる構造計算によって構造耐力上安全であることが確かめられたもの

(2)　(1)の規定により構造耐力上安全であることが確かめられた方向以外の方向について、次の(i)及び(ii)に該当するもの

(i)　令第3章第8節第1款の2に規定する保有水平耐力計算によって構造耐力上安全であることが確かめられたもの

(ii)　平成19年国土交通省告示第593号第一号イ(1)の規定を満たすもの

三　地階を除く階数が2以下、高さが13m以下及び軒の高さが9m以下である鉄骨造の建築物が令第3章第1節から第7節の2までの規定に適合し、かつ、当該建築物の張り間方向又は桁行方向のいずれかの方向が平成19年国土交通省告示第593号第一号ロの規定を満たす場合にあっては、次のイ又はロのいずれかに該当するものであること。

イ　第一号イ及びロに定める基準に該当するもの

ロ　次の(1)及び(2)に該当するもの

(1)　建築物の張り間方向又は桁行方向のうち平成19年国土交通省告示第593号第一号ロの規定を満たす方向について、令第82条各号及び令第82条の4に定めるところによる構造計算によって構造耐力上安全であることが確かめられたもの

(2)　(1)の規定により構造耐力上安全であることが確かめられた方向以外の方向について、次の(i)及び(ii)に該当するもの

(i)　令第3章第8節第1款の2に規定する保有水平耐力計算によって構造耐力上安全であることが確かめられたもの

(ii)　平成19年国土交通省告示第593号第一号ロ(2)の規定を満たすもの

四　高さが20m以下である鉄筋コンクリート造（壁式ラーメン鉄筋コンクリート造、壁式鉄筋コンクリート造及び鉄筋コンクリート組積造を除く。）又は鉄骨鉄筋コンクリート造の建築物が令第3章第1節から第7節の2までの規定に適合し、かつ、当該建築物の張り間方向又は桁行方向のいずれかの方向が平成19年国土交通省告示第593号第二号イの規定を満たす場合にあっては、次のイ又はロのいずれかに該当するものであること。

イ　第一号イ及びロに定める基準に該当するもの

ロ　次の(1)及び(2)に該当するもの

　(1)　建築物の張り間方向又は桁行方向のうち平成19年国土交通省告示第593号第二号イの
　　　規定を満たす方向について、令第82条各号及び令第82条の4に定めるところによる構造
　　　計算によって構造耐力上安全であることが確かめられたもの

　(2)　(1)の規定により構造耐力上安全であることが確かめられた方向以外の方向について、
　　　令第3章第8節第1款の2に規定する保有水平耐力計算によって構造耐力上安全である
　　　ことが確かめられたもの

五　法第20条第1項第三号に掲げる建築物が令第3章第1節から第7節の2までの規定に適合
　　する場合にあっては、次のイ又はロのいずれかに該当するものであること。

　イ　第一号イ及びロに定める基準に該当するもの

　ロ　次の(1)及び(2)に該当するもの

　(1)　建築物の張り間方向又は桁行方向のいずれかの方向について、令第82条各号及び令第
　　　82条の4に定めるところによる構造計算によって構造耐力上安全であることが確かめら
　　　れたもの

　(2)　(1)の規定により構造耐力上安全であることが確かめられた方向以外の方向について、
　　　令第3章第8節第1款の2に規定する保有水平耐力計算によって構造耐力上安全である
　　　ことが確かめられたもの

　附　則

この告示は、平成27年6月1日から施行する。

〔平成17年6月28日国土交通省告示第631号〕
エネルギーの釣合いに基づく耐震計算等の構造計算を定める件

最終改正　平成28年5月31日国土交通省告示第791号

建築基準法施行令（昭和25年政令第338号）第81条第2項第一号ロの規定に基づき、限界耐力
計算と同等以上に建築物の安全性を確かめることのできる構造計算を次のように定める。

第1　この告示において次の各号に掲げる用語の意義は、それぞれ当該各号に掲げるところによる。

一　ダンパー部分　建築物の構造耐力上主要な部分のうちエネルギー吸収部材（地震によって
　　建築物に作用するエネルギーを吸収するために設けられた弾塑性系の部材その他これに類す
　　る履歴特性を有するものをいう。以下同じ。）を用いて構成される部分（エネルギー吸収部
　　材を相互に又は周囲のはり等に接合するために設けた十分な剛性及び耐力を有する部材を含
　　む。）で、地震による繰り返し変形を受けた後に剛性及び耐力が低下せず、かつ、建築物の
　　自重、積載荷重、積雪その他の鉛直方向の荷重を支えないものをいう。

二　主架構　建築物の構造耐力上主要な部分のうち、ダンパー部分を除いた部分をいう。

第2　地震時を除き、建築基準法施行令（以下「令」という。）第82条第一号から第三号まで（地
　　震に係る部分を除く。）に定めるところによること。

第3　令第82条の5第二号に定めるところによること。

第4　建築物の地上部分について、次に定めるところにより構造計算を行うこと。

一　建築物が損傷限界に達する時（1階（建築物の地上部分の最下階をいう。以下同じ。）の地震

層せん断力係数（地震により生じる層せん断力を各階の構造耐力上主要な部分が支える固定荷重と積載荷重との和（令第86条第2項ただし書の規定によって特定行政庁が指定する多雪区域においては、更に積雪荷重を加えたものとする。）によって除した数値をいう。以下同じ。）に対する各階の地震層せん断力係数の比を昭和55年建設省告示第1793号第3を準用して Ai の数値として求め（同告示第3 Ai の式の T の定義中「第2に定める T の数値」とあるのは「平成17年国土交通省告示第631号第4第二号に規定する Td の数値」と読み替えるものとする。）、当該 Ai により算定した層せん断力その他の各階に作用する力によって、主架構の断面に生ずる応力度が令第3章第8節第3款の規定による当該主架構の断面の短期に生ずる力に対する許容応力度に達する時をいう。以下同じ。）までに吸収することができるエネルギー量を、次の式によって計算すること。

$$We = \Sigma\{Wfi + (Wdei + Wdpi)\}$$

この式において We、Wfi、$Wdei$ 及び $Wdpi$ は、それぞれ次の数値を表すものとする。

We　建築物が損傷限界に達する時までに吸収することができるエネルギー量
　　　（単位　kN·m）

Wfi　各階の主架構に弾性ひずみエネルギーとして吸収されるエネルギー量で、次の式によって計算した数値（単位　kN·m）

$$Wfi = \frac{1}{2}Qfi \cdot \delta i$$

この式において、Qfi 及び δi は、それぞれ次の数値を表すものとする。

Qfi　建築物が損傷限界に達する時に各階の主架構に生ずる層せん断力
　　　（単位　kN）

δi　Qfi の数値を各階の主架構の水平方向の剛性で除して得た各階の層間変位（以下「損傷限界時層間変位」という。）（単位　m）

$Wdei$　各階のダンパー部分に弾性ひずみエネルギーとして吸収されるエネルギー量で、次の式によって計算した数値（単位　kN·m）

$$Wdei = \frac{1}{2}Q^*dui \cdot \delta^*dui$$

この式において、Q^*dui 及び δ^*dui は、それぞれ次の数値を表すものとする。

Q^*dui　各階のダンパー部分の保有水平耐力（各階の保有水平耐力（令第3章第8節第4款に規定する材料強度によって計算した各階の水平力に対する耐力をいう。以下同じ。）のうちダンパー部分に係る耐力）
　　　（単位　kN）

ただし、建築物が損傷限界に達する時に各階のダンパー部分に生じる層せん断力がダンパー部分の保有水平耐力を下回る場合にあっては、当該層せん断力とする。

δ^*dui　Q^*dui の数値を、当該階のダンパー部分の水平方向の剛性で除して得た各階のダンパー部分の層間変位（単位　m）

$Wdpi$　各階のダンパー部分に塑性ひずみエネルギーとして吸収されるエネルギー量

で、次の式によって計算した数値（単位　kN·m）

$$Wdpi = 2(\delta i - \delta dui)Qdui \cdot ni$$

この式において、δi、δdui、$Qdui$ 及び ni は、それぞれ次の数値を表すものとする。

δi　　各階の損傷限界時層間変位（単位　m）

δdui　$Qdui$ の値を、各階のダンパー部分の水平方向の剛性で除して得た各階のダンパー部分の層間変位（δi が δdui を下回る場合は、δi とする。）（単位　m）

$Qdui$　各階のダンパー部分の保有水平耐力（単位　kN）

ni　　各階のダンパー部分の塑性変形の累積の程度を表す数値で、2（架構の形式その他の各階の地震応答に影響を与えるものの実況に応じて当該数値を別に計算することができる場合は、当該計算によることができる。）

二　地震により建築物に作用するエネルギー量を次の式によって計算すること。

$$Ed = \frac{1}{2}M \cdot Vd^2$$

この式において、Ed、M 及び Vd は、それぞれ次の数値を表すものとする。

Ed　地震により建築物に作用するエネルギー量（単位　kN·m）

M　建築物の地上部分の全質量（固定荷重と積載荷重との和（令第86条第2項ただし書の規定によって特定行政庁が指定する多雪区域においては、更に積雪荷重を加えたものとする。）を重力加速度で除したものをいう。以下同じ。）（単位　t）

Vd　次の表1に掲げる式によって計算した地震により建築物に作用するエネルギー量の速度換算値（単位　m/s）（建築物の減衰等を考慮して地震により建築物に作用するエネルギー量の速度換算値を別に計算することができる場合は、当該速度換算値とすることができる。）

ただし、地盤の種別を確かめた場合においては、更に表2に掲げる r を乗じて得た数値とすることができる。

1

$Td < 0.16$ の場合	$Vd = \dfrac{Td}{2\pi}(0.64 + 6Td)Z \cdot Gs$
$0.16 \leq Td < 0.64$ の場合	$Vd = \dfrac{Td}{2\pi}1.6\ Z \cdot Gs$
$0.64 \leq Td$ の場合	$Vd = \dfrac{1}{2\pi}1.024\ Z \cdot Gs$

この表において、Td、Z 及び Gs は、それぞれ次の数値を表すものとする。

Td　建築物の各部分の質量及び剛性に基づき固有値解析等の手法によって計算した、当該建築物が損傷限界に達する時の建築物の固有周期（建築物と

　　地盤との相互作用に応じて当該周期を別に計算することができる場合は、当該計算によることができる。）（単位　s）

Z　　令第88条第1項に規定する Z の数値

Gs　　平成12年建設省告示第1457号第10を準用して求めた Gs の数値（同告示第10中「損傷限界固有周期」及び「第3第1項に規定する建築物の損傷限界固有周期」とあるのは「平成17年国土交通省告示第631号第4第二号に規定する Td」と、「安全限界固有周期」とあるのは「平成17年国土交通省告示第631号第6第一号ロ(1)に規定する Ts」と、「建築物の損傷限界時」とあるのは「平成17年国土交通省告示第631号第4に規定する構造計算を行うとき」と、「安全限界時の」とあるのは「平成17年国土交通省告示第631号第6に規定する構造計算を行うとき」と、「建築物の安全限界時」とあるのは「平成17年国土交通省告示第631号第6に規定する構造計算を行うとき」と、「第3第2項に規定する周期調整係数」とあるのは「第3第2項に規定する周期調整係数（「前項に規定する建築物の損傷限界固有周期」とあるのは「平成17年国土交通省告示第631号第4第二号に規定する Td」と読み替えて算出した数値とする。）」と、それぞれ読み替えるものとする。）

2

Td	r
$Td < 0.16$ の場合	$1.00 - \dfrac{0.10}{0.16}\,Td$
$0.16 \leq Td < Ta$ の場合	0.90
$Ta \leq Td < Tb$ の場合	$0.90 + 0.10 \cdot \dfrac{Td - Ta}{Tb - Ta}$

　この表において、Td、Ta 及び Tb は、それぞれ次の数値を表すものとする。

Td　表1に掲げる Td の数値

Ta 及び Tb　昭和55年建設省告示第1793号第2の表中 Tc に関する表に掲げる地盤の種別に応じて、次の表に掲げる数値（単位　s）

地盤の種別	Ta	Tb
第一種地盤	0.576	0.640
第二種地盤	0.864	0.960
第三種地盤	1.152	1.280

三　前号の規定によって計算した地震により建築物に作用するエネルギー量が、第一号の規定によって計算した建築物が損傷限界に達する時までに吸収することができるエネルギー量を超えないことを確かめること。

四　建築物の各階に作用する層せん断力を次の式によって計算し、当該層せん断力その他の各

階に作用する力による層間変位の当該各階の高さに対する割合が$\frac{1}{200}$（層せん断力その他の各階に作用する力による構造耐力上主要な部分の変形によって建築物の部分に著しい損傷が生ずるおそれのない場合にあっては、$\frac{1}{120}$）を超えないことを確かめること。

$$Qi = C_1 \cdot Ai \sum_{j=i}^{N} mj \cdot g$$

> この式において、Qi、C_1、Ai 及び mi は、それぞれ次の数値を表すものとする。
>
> Qi　各階に作用する層せん断力（単位　kN）
>
> C_1　1階の地震層せん断力係数（各階に層せん断力が作用する場合の各階の層間変位に対して第一号の規定を準用して計算した各階のひずみエネルギー量の総和が、第二号の規定によって計算した地震により建築物に作用するエネルギー量以上となる数値）
>
> Ai　第4第一号に規定する地震層せん断力係数の比
>
> N　建築物の地上部分の階数
>
> mi　各階の質量（各階の固定荷重及び積載荷重との和（第86条第2項ただし書きの規定によって特定行政庁が指定する多雪区域においては、更に積雪荷重を加えたものとする。）を重力加速度で除したもの）（単位　t）

五　ダンパー部分を有する場合にあっては、層間変位、主架構及びダンパー部分の剛性及び耐力その他の実況を考慮して、第二号の規定によって計算した地震により建築物に作用するエネルギーが作用した後に生ずる残留層間変位その他の残留変形によって、当該建築物に構造耐力上の支障が生じないものであることを確かめること。

第5　令第82条の5第四号の規定によること。

第6　建築物の地上部分について、次に定めるところにより構造計算を行うこと。

一　イの規定によって計算した各階の主架構の吸収できるエネルギー量（以下「保有エネルギー吸収量」という。）が、ロの規定によって計算した各階の主架構の必要エネルギー吸収量以上であることを確かめること。ただし、ロの規定によって計算した各階の主架構の必要エネルギー吸収量を当該階の主架構が吸収できることを別に確認した場合又はロ(1)に規定するEsの数値が負となる場合においては、この限りでない。

　イ　建築物の各階の主架構の保有エネルギー吸収量を、当該階の主架構のいずれかの部分又は部材（以下「部材等」という。）が当該部材等の保有塑性ひずみエネルギー量（部材等に繰り返し変形を加える場合において、当該部材等が破断その他の耐力の急激な低下を生ずるまでに吸収することができる塑性ひずみエネルギー量をいう。以下同じ。）に達する時の当該階の主架構のエネルギー吸収量（保有塑性ひずみエネルギー量に達した部材等を取り除いたと仮定した架構がなお倒壊、崩壊等に至っていないことが確認された場合においては、当該架構に基づき求められた当該階の主架構の保有エネルギー吸収量の増加分を含む。）以下の数値として求めること。

　ロ　建築物の各階の主架構の必要エネルギー吸収量を次に定めるところによって計算すること。

　　(1)　地震によって建築物に作用するエネルギー量のうち建築物の必要エネルギー吸収量を、次の式によって計算すること。

$$Es = \frac{1}{2} M \cdot Vs^2 - We$$

この式において、Es、M、Vs 及び We は、それぞれ次の数値を表すものとする。

Es　建築物の必要エネルギー吸収量（単位　kN·m）

M　建築物の地上部分の全質量（単位　t）

Vs　次の表に掲げる式によって計算した地震により建築物に作用するエネルギー量の速度換算値（建築物の減衰等を考慮して地震により建築物に作用するエネルギー量の速度換算値を別に定めることができる場合は、当該速度換算値とすることができる。）（単位　m/s）

　ただし、地盤の種別を確かめた場合においては、更に第4第二号の表2に規定する r を乗じて得た数値（同表中「Td」とあるのは「次の表に掲げる Ts」と読み替えるものとする。）とすることができる。

$Ts < 0.16$ の場合	$Vs = \dfrac{Ts}{2\pi}(3.2 + 30Ts)Z \cdot Gs$
$0.16 \leq Ts < 0.64$ の場合	$Vs = \dfrac{Ts}{2\pi} 8Z \cdot Gs$
$0.64 \leq Ts$ の場合	$Vs = \dfrac{1}{2\pi} 5.12 Z \cdot Gs$

　この表において、Ts、Z 及び Gs は、それぞれ次の数値を表すものとする。

Ts　第4第二号に規定する Td の数値から構造形式等に応じて次の表に掲げる倍率を当該 Td に乗じて得た数値までの間において最大の Vs を算出することができる数値（建築物と地盤との相互作用、架構の形式その他の建築物の地震応答に影響を与えるものの実況に応じて建築物の有効周期を別に計算することができる場合は、当該計算によることができる。）（単位　s）

	構　造　形　式　等	倍率
(1)	鉄骨造で水平力を負担する筋かいのない剛節架構その他の地震による塑性変形を受けた後に剛性及び耐力が低下しない復元力特性を有するもの	1.2
(2)	(1)に掲げるもの以外のもの	1.4

Z　令第88条第1項に規定する Z の数値

Gs　平成12年建設省告示第1457号第10を準用して求めた Gs の数値（同告示第10中「損傷限界固有周期」及び「第3第1項に規定する建築物の損傷限界固有周期」とあるのは「平成17年国土交通省告示第631号第4第二号に規定する Td」と、「安全限界固有周期」とあるのは「平成17年国土交通省告示第631号第6第一号ロ(1)に規定する Ts」と、「建築物の損傷限界時」とあるのは「平成17年国土交通省告示第631号第4に規定

する構造計算を行うとき」と、「安全限界時の」とあるのは「平成17年
国土交通省告示第631号第6に規定する構造計算を行うとき」と、「建築
物の安全限界時」とあるのは「平成17年国土交通省告示第631号第6に
規定する構造計算を行うとき」と、「第3第2項に規定する周期調整係数」
とあるのは「第3第2項に規定する周期調整係数（「前項に規定する建築
物の損傷限界固有周期」とあるのは「平成17年国土交通省告示第631号
第4第二号に規定する Td」と読み替えて算出した数値とする。）」と、
それぞれ読み替えるものとする。）

We　第4第一号の規定を準用して計算した建築物が損傷限界に達する時までに
吸収することができるエネルギー量（この場合において、同号の ni の定義中
「2」とあるのは「5」と読み替えるものとする。）（単位　kN·m）

　ただし、建築物が損傷限界に達する時に各階に生ずる層せん断力と令第82
条の3に規定する当該各階の保有水平耐力との比に応じて当該建築物に弾性
ひずみエネルギーとして吸収されるエネルギー量を別に計算できる場合にお
いては、当該計算によることができる。

(2)　建築物の各階の必要エネルギー吸収量を、次の式によって計算すること。ただし、建
築物と地盤との相互作用、架構の形式その他の建築物の地震応答に影響を与えるものの
実況に応じて各階の必要エネルギー吸収量を別に計算できる場合においては、当該計算
によることができる。

$$Esi = \frac{si\,(pi \cdot pti)^{-n}}{\sum_{j=1}^{N} sj\,(pj \cdot ptj)^{-n}} \cdot Es$$

この式において、Esi、si、pi、pti、n、N 及び Es は、それぞれ次の数値を表すも
のとする。

　Esi　各階の必要エネルギー吸収量（単位　kN·m）

　si　　次の式によって計算した1階の必要エネルギー吸収量に対する各階の必要エ
ネルギー吸収量の比を表す基準値

$$si = \left(\sum_{j=i}^{N} \frac{mj}{M}\right)^2 Ai^2 \frac{Qu_1 \cdot \delta fui}{Qui \cdot \delta ful}$$

この式において、mi、M、Ai、Qui 及び δfui は、それぞれ次の数値を表
すものとする。

　　　mi　　各階の質量（単位　t）

　　　M　　建築物の地上部分の全質量（単位　t）

　　　Ai　　第4第一号に規定する地震層せん断力係数の比

　　　Qui　保有水平耐力（単位　kN）

　　　δfui　主架構の保有水平耐力を当該主架構の水平方向の剛性で除して得
た各階の層間変位（単位　m）

　pi　　1階の保有水平層せん断力係数に対する各階の保有水平層せん断力係数の比
と Ai の数値との比を表すものとして次の式により計算した数値

$$pi = \frac{\alpha i}{\alpha_1 \cdot Ai}$$

この式において、αi 及び Ai は、それぞれ次の数値を表すものとする。

αi　各階の保有水平層せん断力係数

Ai　第4第一号に規定する地震層せん断力係数の比

pti　各階の必要エネルギー吸収量に係る当該階の偏心による割増に等価な保有水平層せん断力係数の低減係数で、令第82条の6第二号ロの規定によって計算した各階の偏心率に応じた次の表に掲げる数値（各階の構造耐力上主要な部分の水平力に対する剛性、耐力及びそれらの配置の状況を考慮して各階の必要エネルギー吸収量に与える偏心の影響に基づいて計算する場合においては、当該計算によることができる。）

偏 心 率		pti の 数 値
(1)	$Re \leq 0.15$ の場合	1.0
(2)	$0.15 < Re < 0.3$ の場合	(1)と(3)に掲げる数値を直線的に補間した数値
(3)	$0.3 \leq Re$ の場合	0.85

この表において、Re は、各階の偏心率を表すものとする。

n　建築物の必要エネルギー吸収量を各階の剛性及び耐力に応じて各階に分配する程度を表す数値で、架構の性状等に応じて次の表に掲げる数値（架構の形式その他の建築物の地震応答に影響を与えるものの実況に応じて、当該程度を表す数値を別に計算することができる場合は、当該計算によることができる。）

架 構 の 性 状 等		nの数値
(1)	建築物の地上部分の全ての柱とはりとの接合部（最上階の柱頭部分及び1階の柱脚部分を除く。）において柱の耐力和がはりの耐力和より十分に大きな剛節架構その他の建築物に塑性ひずみエネルギーとして吸収されるエネルギーが特定の層に集中し難い架構	4
(2)	(1)に掲げる架構以外の架構	8

N　建築物の地上部分の階数

Es　建築物の必要エネルギー吸収量（単位　kN·m）

(3)　建築物の各階の主架構の必要エネルギー吸収量を、次の式によって計算すること。

$$Esfi = Esi\,\frac{Qfui}{Qui}$$

この式において、$Esfi$、Esi、$Qfui$ 及び Qui は、それぞれ次の数値を表すものとする。

$Esfi$　各階の主架構の必要エネルギー吸収量（単位　kN·m）

Esi　各階の必要エネルギー吸収量（単位　kN·m）

> $Qfui$　主架構の保有水平耐力（単位　kN）
>
> Qui　　保有水平耐力（単位　kN）

二　ダンパー部分を有する場合にあっては、イの規定によって計算した各階のダンパー部分の保有エネルギー吸収量が、ロの規定によって計算した各階のダンパー部分の必要エネルギー吸収量以上であることを確かめること。

イ　建築物の各階のダンパー部分の保有エネルギー吸収量を、前号イの規定を準用して計算すること。この場合において、「主架構」とあるのは「ダンパー部分」と読み替えるものとする。

ロ　建築物の各階のダンパー部分の必要エネルギー吸収量を次の式によって計算すること。

$$Esdi = Esi \frac{Qdui}{Qui} + Esdpi + \beta \cdot Eddpi$$

> この式において $Esdi$、Esi、$Qdui$、Qui、$Esdpi$、β 及び $Eddpi$ は、それぞれ次の数値を表すものとする。
>
> 　$Esdi$　各階のダンパー部分の必要エネルギー吸収量（単位　kN·m）
>
> 　Esi　　前号ロ(2)の規定によって計算した各階の必要エネルギー吸収量（前号ロ(1)に規定する Es の数値が負となる場合にあっては、0とする。）（単位　kN·m）
>
> 　$Qdui$　ダンパー部分の保有水平耐力（単位　kN）
>
> 　Qui　　保有水平耐力（単位　kN）
>
> 　$Esdpi$　次の式によって計算した前号ロ(1)に規定する地震に対してダンパー部分のみが塑性変形している時に当該ダンパー部分に塑性ひずみエネルギーとして吸収されるエネルギー量（単位　kN·m）
>
> 　　　$Esdpi = 2\,(\delta i - \delta dui)\,Qdui \cdot nsi$
>
> > この式において、δi、δdui、$Qdui$ 及び nsi は、それぞれ次の数値を表すものとする。
> >
> > 　δi　　建築物に前号ロ(1)に規定する We が作用する時の各階の層間変位として第4第四号の規定を準用して計算した数値（第4第四号の C_1 の定義中「第二号の規定によって計算した地震により建築物に作用するエネルギー量」とあるのは「第6第一号ロ(1)に規定する We の数値」と、第4第一号の ni の定義中「2」とあるのは「5」と読み替えるものとする。）（単位　m）
> >
> > 　　　ただし、前号ロ(1)に規定する Es の値が負となる場合にあっては、第4第四号の規定を準用して求めた各階の層間変位とする。この場合において、同号の C_1 の定義中「第二号の規定によって計算した地震により建築物に作用するエネルギー量」とあるのは「第6第一号ロ(1)に規定する Es と We との和」と、第4第一号の ni の定義中「2」とあるのは「5」と読み替えるものとする。
> >
> > 　δdui　$Qdui$ の値を、各階のダンパー部分の水平方向の剛性で除して得た各階のダンパー部分の層間変位（δi が δdui を下回る場合は、

δ i とする。)（単位　m）

　　　Qdui　ダンパー部分の保有水平耐力（単位　kN）

　　　nsi　　各階のダンパー部分の塑性変形の累積の程度を表す数値で、20
　　　　　　（架構の形式その他の各階の地震応答に影響を与えるものの実況に
　　　　　　応じてダンパー部分の塑性変形の累積の程度を別に計算することが
　　　　　　できる場合は、当該計算によることができる。）

　　β　　　第4第二号に規定する地震による必要エネルギー吸収量の割増係数で、5
　　　　　　（地震の発生頻度等に応じて当該係数を別に計算できる場合は、当該計算に
　　　　　　よることができる。）

　Eddpi　次の式によって計算した第4第二号に規定する地震によって作用するエネ
　　　　　ルギーのうちダンパー部分に塑性ひずみエネルギーとして吸収されるエネル
　　　　　ギー量（単位　kN·m）

$$Eddpi = 2\,(\delta i - \delta dui)\,Qdui \cdot ndi$$

　　この式において、δ i、δ dui、Qdui 及び ndi は、それぞれ次の数値を表す。

　　　δ i　　第4第四号の規定によって計算した各階の層間変位（単位　m）

　　　δ dui　第4第一号に規定する各階のダンパー部分の層間変位（単位　m）

　　　Qdui　ダンパー部分の保有水平耐力（単位　kN）

　　　ndi　　各階のダンパー部分の塑性変形の累積の程度を表す数値で、10
　　　　　　（架構の形式その他の各階の地震応答に影響を与えるものの実況に
　　　　　　応じて当該数値を別に計算することができる場合は、当該計算によ
　　　　　　ることができる。）

第7　令第82条第四号の規定によること。

第8　屋根ふき材、特定天井、外装材及び屋外に面する帳壁については、次の各号に定めるところによる。

一　屋根ふき材、外装材及び屋外に面する帳壁が、第4第四号の地震力を考慮して平成12年建設省告示第1457号第11第一号に定める構造計算を準用して風圧並びに地震その他の震動及び衝撃に対して構造耐力上安全であることを確かめること。この場合において、同告示第11第一号ロ中「令第82条の5第三号の規定」とあるのは「第4第四号の規定」と、同号ロ(1)及び(2)中「令第82条の5第三号の地震力を考慮して、」とあるのは「第4第二号に規定する地震によるエネルギーが建築物に作用する時に」と、同号ロ(3)中「令第82条の5第三号の地震力を考慮して、」とあるのは「第4第四号の規定によって」と読み替えるものとする。

二　特定天井が、平成12年建設省告示第1457号第11第二号の規定に基づく構造計算によって荷重及び外力に対し構造耐力上安全であることを確かめること。この場合において、同号ロ中「令第82条の5第三号の地震力を考慮して」とあるのは「第4第二号に規定する地震によるエネルギーが建築物に作用する時に」と読み替えるものとする。ただし、平成25年国土交通省告示第771号第3第2項若しくは第3項に定める基準に適合するもの、令第39条第3項の規定に基づく国土交通大臣の認定を受けたもの又は同告示第3第4項第一号に定める構造計算によって構造耐力上安全であることが確かめられた場合においては、この限りでない。

第9 令第82条の5第八号の規定によること。

　　附　則

　この告示は、平成17年9月1日から施行する。

〔平成19年10月5日国土交通省告示第1274号〕
許容応力度等計算と同等以上に安全性を確かめることができる構造計算の基準を定める件

　　　　　　　　　　　最終改正　令和3年6月30日国土交通省告示第755号

　建築基準法施行令（昭和25年政令第338号。以下「令」という。）第81条第2項第二号イの規定に基づき、許容応力度等計算と同等以上に安全性を確かめることができる構造計算の基準は、次の各号に定める基準とする。

一　地階を除く階数が3以下、高さが13m以下及び軒の高さが9m以下である鉄骨造の建築物の張り間方向又は桁行方向のいずれかの方向が平成19年国土交通省告示第593号第一号イの規定を満たす場合にあっては、次のイ及びロに該当するものであること。

　イ　建築物の張り間方向又は桁行方向のうち平成19年国土交通省告示第593号第一号イの規定を満たす方向について、令第82条各号及び令第82条の4に定めるところによる構造計算によって構造耐力上安全であることが確かめられたもの

　ロ　イの規定により構造耐力上安全であることが確かめられた方向以外の方向について、次の(1)及び(2)に該当するもの

　　(1)　令第3章第8節第1款の4に規定する許容応力度等計算によって構造耐力上安全であることが確かめられたもの

　　(2)　平成19年国土交通省告示第593号第一号イ(1)の規定を満たすもの

二　地階を除く階数が2以下、高さが13m以下及び軒の高さが9m以下である鉄骨造の建築物の張り間方向又は桁行方向のいずれかの方向が平成19年国土交通省告示第593号第一号ロの規定を満たす場合にあっては、次のイ及びロに該当するものであること。

　イ　建築物の張り間方向又は桁行方向のうち平成19年国土交通省告示第593号第一号ロの規定を満たす方向について、令第82条各号及び令第82条の4に定めるところによる構造計算によって構造耐力上安全であることが確かめられたもの

　ロ　イの規定により構造耐力上安全であることが確かめられた方向以外の方向について、次の(1)及び(2)に該当するもの

　　(1)　令第3章第8節第1款の4に規定する許容応力度等計算によって構造耐力上安全であることが確かめられたもの

　　(2)　平成19年国土交通省告示第593号第一号ロ(2)の規定を満たすもの

三　高さが20m以下である鉄筋コンクリート造（壁式ラーメン鉄筋コンクリート造、壁式鉄筋コンクリート造及び鉄筋コンクリート組積造を除く。）又は鉄骨鉄筋コンクリート造の建築物の張り間方向又は桁行方向のいずれかの方向が平成19年国土交通省告示第593号第二号

イの規定を満たす場合にあっては、次のイ及びロに該当するものであること。

イ　建築物の張り間方向又は桁行方向のうち平成19年国土交通省告示第593号第二号イの規定を満たす方向について、令第82条各号及び令第82条の4に定めるところによる構造計算によって構造耐力上安全であることが確かめられたもの

ロ　イの規定により構造耐力上安全であることが確かめられた方向以外の方向について、令第3章第8節第1款の4に規定する許容応力度等計算によって構造耐力上安全であることが確かめられたもの

四　建築基準法（昭和25年法律第201号）第20条第1項第三号に掲げる建築物にあっては、次のイ及びロに該当するものであること。

イ　建築物の張り間方向又は桁行方向のいずれかの方向について、令第82条各号及び令第82条の4に定めるところによる構造計算によって構造耐力上安全であることが確かめられたもの

ロ　イの規定により構造耐力上安全であることが確かめられた方向以外の方向について、令第3章第8節第1款の4に規定する許容応力度等計算によって構造耐力上安全であることが確かめられたもの

五　建築基準法施行規則（昭和25年建設省令第40号）第1条の3第1項第一号ロ(2)の規定により国土交通大臣があらかじめ安全であると認定した構造の建築物又はその部分にあっては、当該構造であることを確かめることができるものとして国土交通大臣が指定した構造計算の基準（許容応力度等計算と同等以上に安全性を確かめることができるものとして国土交通大臣が指定したものに限る。）

〔平成19年6月19日国土交通省告示第832号〕

建築基準法施行令第82条各号及び同令第82条の4に定めるところによる構造計算と同等以上に安全性を確かめることができる構造計算の基準を定める件

最終改正　令和3年6月30日国土交通省告示第756号

建築基準法施行令（昭和25年政令第338号。以下「令」という。）第81条第3項の規定に基づき、同令第82条各号及び同令第82条の4に定めるところによる構造計算と同等以上に安全性を確かめることができる構造計算の基準は、建築基準法施行規則（昭和25年建設省令第40号）第1条の3第1項第一号ロ(2)の規定により国土交通大臣があらかじめ安全であると認定した構造の建築物又はその部分について当該構造であることを確かめることができるものとして国土交通大臣が指定した構造計算の基準（令第82条各号及び令第82条の4に定めるところによる構造計算と同等以上に安全性を確かめることができるものとして国土交通大臣が指定したものに限る。）とする。

　　附　則

この告示は、平成19年6月20日から施行する。

〔平成19年5月18日国土交通省告示第594号〕
保有水平耐力計算及び許容応力度等計算の方法を定める件
最終改正　令和元年6月25日国土交通省告示第203号

建築基準法施行令（昭和25年政令第338号）第82条第一号、第82条の2、第82条の3第一号及び第82条の6第二号ロの規定に基づき、保有水平耐力計算及び許容応力度等計算の方法を次のように定める。

第1　構造計算に用いる数値の設定方法

一　建築物の架構の寸法、耐力、剛性、剛域その他の構造計算に用いる数値については、当該建築物の実況に応じて適切に設定しなければならない。

二　前号の数値の設定を行う場合においては、接合部の構造方法その他当該建築物の実況に応じて適切な設定の組み合わせが複数存在するときは、それらすべての仮定に基づき構造計算をして当該建築物の安全性を確かめなければならない。

三　壁に開口部を設ける場合にあっては、開口部を設けない場合と同等以上の剛性及び耐力を有するように当該開口部の周囲が補強されている場合を除き、次のイ又はロの区分に応じ、それぞれ当該各号に定める方法により当該壁の剛性及び耐力を低減した上で耐力壁として構造計算を行うか、当該壁を非構造部材（構造耐力上主要な部分以外の部分をいう。以下同じ。）として取り扱った上で第2第二号の規定によることとする。この場合において、開口部の上端を当該階のはりに、かつ、開口部の下端を当該階の床版にそれぞれ接するものとした場合にあっては、当該壁を一の壁として取り扱ってはならないものとする。

イ　鉄筋コンクリート造とした耐力壁（周囲の構造耐力上主要な部分である柱及びはりに緊結されたものとした場合に限る。）に開口部を設ける場合であって、当該開口部が(1)に適合することを確かめた場合　当該開口部を有する耐力壁のせん断剛性の数値に(2)によって計算した低減率を乗じるとともに、当該開口部を有する耐力壁のせん断耐力の数値に(3)によって計算した低減率を乗じて構造計算を行うこと。

(1)　次の式によって計算した開口周比が0.4以下であること。

$$r_0 = \sqrt{(h_0 \cdot l_0) / (h \cdot l)}$$

> この式において、r_0、h_0、l_0、h及びlは、それぞれ次の数値を表すものとする。
> r_0　開口周比
> h_0　開口部の高さ（単位　m）
> l_0　開口部の長さ（単位　m）
> h　開口部を有する耐力壁の上下のはりの中心間距離（単位　m）
> l　開口部を有する耐力壁の両端の柱の中心間距離（単位　m）

(2)　当該開口部を有する耐力壁のせん断剛性の低減率を次の式によって計算すること。

$$r_1 = 1 - 1.25 \, r_0$$

> この式において、r_1はせん断剛性の低減率を表すものとし、r_0は(1)に規定するr_0の数値を表すものとする。

⑶　当該開口部を有する耐力壁のせん断耐力の低減率を次の式によって計算すること。

$$r_2 = 1 - \max\{r_0,\ l_0 \diagup l,\ h_0 \diagup h\}$$

$$\left[\begin{array}{l}\text{この式において、}r_2\text{はせん断耐力の低減率を表すものとし、}r_0、l_0、l、h_0\text{及び}\\ h\text{は、それぞれ⑴に規定する}r_0、l_0、l、h_0\text{及び}h\text{を表すものとする。}\end{array}\right.$$

ロ　開口部を有する耐力壁の剛性及び耐力の低減について特別な調査又は研究が行われている場合　当該開口部を有する耐力壁の剛性及び耐力を当該特別な調査又は研究の結果に基づき低減して構造計算を行うこと。

四　壁以外の部材に開口部を設ける場合にあっては、開口部を設けない場合と同等以上の剛性及び耐力を有するように当該開口部の周囲が補強されている場合を除き、当該部材の剛性及び耐力の低減について特別な調査又は研究の結果に基づき算出した上で構造耐力上主要な部分として構造計算を行うか、当該部材を非構造部材として取り扱った上で第2第二号の規定によることとする。

第2　荷重及び外力によって建築物の構造耐力上主要な部分に生ずる力の計算方法

一　建築基準法施行令（以下「令」という。）第82条第一号の規定に従って構造耐力上主要な部分に生ずる力を計算するに当たっては、次のイ及びロに掲げる基準に適合するものとしなければならない。

イ　構造耐力上主要な部分に生ずる力は、当該構造耐力上主要な部分が弾性状態にあるものとして計算すること。

ロ　基礎又は基礎ぐいの変形を考慮する場合にあっては、平成13年国土交通省告示第1113号第1に規定する地盤調査の結果に基づき、当該基礎又は基礎ぐいの接する地盤が弾性状態にあることを確かめること。

二　前号の計算に当たっては、非構造部材から伝達される力の影響を考慮して構造耐力上主要な部分に生ずる力を計算しなければならない。ただし、特別な調査又は研究の結果に基づき非構造部材から伝達される力の影響がないものとしても構造耐力上安全であることが確かめられた場合にあっては、この限りでない。

三　前2号の規定によって構造耐力上主要な部分に生ずる力を計算するほか、次のイからホまでに掲げる場合に応じてそれぞれ当該イからホまでに定める方法によって計算を行わなければならない。ただし、特別な調査又は研究の結果に基づき、イからホまでに定める方法による計算と同等以上に建築物又は建築物の部分が構造耐力上安全であることを確かめることができる計算をそれぞれ行う場合にあっては、この限りでない。

イ　建築物の地上部分の剛節架構の一部に鉄筋コンクリート造又は鉄骨鉄筋コンクリート造である耐力壁を配置する架構とし、かつ、地震時に当該架構を設けた階における耐力壁（その端部の柱を含む。）が負担するせん断力の和が当該階に作用する地震力の$\frac{1}{2}$を超える場合　当該架構の柱（耐力壁の端部となる柱を除く。）について、当該柱が支える部分の固定荷重と積載荷重との和（令第86条第2項ただし書の規定により特定行政庁が指定する多雪区域においては、更に積雪荷重を加えるものとする。以下「常時荷重」という。）に令第88条第1項に規定する地震層せん断力係数を乗じた数値の0.25倍以上となるせん断力が作用するものとし、これと常時荷重によって生ずる力を組み合わせて計算した当該柱の

断面に生ずる応力度が令第3章第8節第3款の規定による短期に生ずる力に対する許容応力度を超えないことを確かめること。

ロ　地階を除く階数が4以上である建築物又は高さが20mを超える建築物のいずれかの階において、当該階が支える部分の常時荷重の20％以上の荷重を支持する柱を架構の端部に設ける場合　建築物の張り間方向及びけた行方向以外の方向に水平力が作用するものとして令第82条第一号から第三号までに規定する構造計算を行い安全であることを確かめること。

ハ　地階を除く階数が4以上である建築物又は高さが20mを超える建築物であって、昇降機塔その他これに類する建築物の屋上から突出する部分（当該突出する部分の高さが2mを超えるものに限る。）又は屋外階段その他これに類する建築物の外壁から突出する部分を設ける場合　作用する荷重及び外力（地震力にあっては、当該部分が突出する方向と直交する方向の水平震度（令第88条第1項に規定するZの数値に1.0以上の数値を乗じて得た数値又は特別な調査若しくは研究に基づき当該部分の高さに応じて地震動の増幅を考慮して定めた数値を乗じて得た数値とする。）に基づき計算した数値とする。）に対して、当該部分及び当該部分が接続される構造耐力上主要な部分に生ずる力を計算して令第82条第一号から第三号までに規定する構造計算を行い安全であることを確かめること。

ニ　片持ちのバルコニーその他これに類する建築物の外壁から突出する部分（建築物の外壁から突出する部分の長さが2m以下のものを除く。）を設ける場合　作用する荷重及び外力（地震力にあっては、当該部分の鉛直震度（令第88条第1項に規定するZの数値に1.0以上の数値を乗じて得た数値とする。）に基づき計算した数値とする。）に対して、当該部分及び当該部分が接続される構造耐力上主要な部分に生ずる力を計算して令第82条第一号から第三号までに規定する構造計算を行い安全であることを確かめること。

ホ　令第86条第2項ただし書の規定により特定行政庁が指定する多雪区域以外の区域（同条第1項に規定する垂直積雪量が0.15m以上である区域に限る。）内にある建築物（屋根版を鉄筋コンクリート造又は鉄骨鉄筋コンクリート造としたものを除く。）が特定緩勾配屋根部分（屋根勾配が15度以下で、かつ、最上端から最下端までの水平投影の長さが10m以上の屋根の部分をいう。以下同じ。）を有する場合　特定緩勾配屋根部分に作用する荷重及び外力（積雪荷重にあっては、同条に規定する方法によって計算した積雪荷重に次の式によって計算した割り増し係数を乗じて得た数値(屋根面における雨水が滞留するおそれのある場合にあっては、当該数値にその影響を考慮した数値)とする。）に対して、特定緩勾配屋根部分及び特定緩勾配屋根部分が接続される構造耐力上主要な部分に生ずる力を計算して令第82条第一号から第三号までに規定する構造計算を行い安全であることを確かめること。

$$\alpha = 0.7 + \sqrt{\frac{dr}{\mu b d}}$$

この式において、α、dr、μb及びdは、それぞれ次の数値を表すものとする。

α　割り増し係数（当該数値が1.0未満の場合には、1.0）

dr　特定緩勾配屋根部分の最上端から最下端までの水平投影の長さ及び屋根勾配に応じて、次の表に掲げる数値（単位　m）

最上端から最下端までの水平投影の長さ（単位　m）	屋根勾配（単位　度）	dr の数値
10	2以下	0.05
	15	0.01
50以上	2以下	0.14
	15	0.03

　この表に掲げる最上端から最下端までの水平投影の長さ及び屋根勾配の数値以外の当該数値に応じた dr は、表に掲げる数値をそれぞれ直線的に補間した数値とする。

μb　　令第86条第4項に規定する屋根形状係数

d　　　令第86条第1項に規定する垂直積雪量（単位　m）

第3　地震力によって各階に生ずる水平方向の層間変位の計算方法

一　令第82条の2に規定する層間変位は、地震力が作用する場合における各階の上下の床版と壁又は柱とが接する部分の水平方向の変位の差の計算しようとする方向の成分として計算するものとする。この場合において、同条に規定する層間変形角（当該層間変位の当該各階の高さに対する割合をいう。）については、上下の床版に接する壁及び柱のすべてについて確かめなければならない。

二　前号の規定にかかわらず、令第82条の6第二号イの規定に従って剛性率を計算する場合における層間変形角の算定に用いる層間変位は、各階において当該階が計算しようとする方向のせん断力に対して一様に変形するものとして計算した水平剛性の数値に基づき計算するものとする。ただし、特別な調査又は研究によって建築物の層間変位を計算した場合にあっては、この限りでない。

第4　保有水平耐力の計算方法

一　令第82条の3第一号に規定する保有水平耐力は、建築物の地上部分の各階ごとに、架構が次に定める崩壊形に達する時における当該各階の構造耐力上主要な部分に生じる水平力の和のうち最も小さい数値以下の数値として計算するものとする。

　イ　全体崩壊形（建築物のすべてのはり（最上階のはり及び1階の床版に接するはりを除く。）の端部並びに最上階の柱頭及び1階の柱脚に塑性ヒンジが生じること、1階の耐力壁の脚部に塑性ヒンジが生じることその他の要因によって建築物の全体が水平力に対して耐えられなくなる状態をいう。以下同じ。）

　ロ　部分崩壊形（全体崩壊形以外の状態であって、建築物の特定の階においてすべての柱頭及び柱脚に塑性ヒンジが生じること、耐力壁がせん断破壊することその他の要因によって建築物の特定の階が水平力に対して耐えられなくなる状態をいう。以下同じ。）

　ハ　局部崩壊形（建築物の構造耐力上主要な部分のいずれかが破壊し、架構が水平力に対しては引き続き耐えられる状態であっても、常時荷重に対して架構の一部が耐えられなくなる状態をいう。以下同じ。）

二　各階の保有水平耐力を増分解析により計算する場合にあっては、建築物の地上部分の各階について標準せん断力係数（令第88条に規定する地震力の計算時に用いる係数をいう。）の数値を漸増させ、これに応じた地震層せん断力係数に当該各階が支える部分の常時荷重を乗じた数値を水平力として作用させるものとする。この場合において、当該地震層せん断力係数を計算する場合に用いる Ai は、令第88条第1項に規定する Ai（以下単に「Ai」という。）を用いなければならない。ただし、次のイからハまでのいずれかに該当する場合にあっては、Ai に同項に規定する Ds（以下単に「Ds」という。）及び Fes（以下単に「Fes」という。）を乗じた数値を Ai に替えて用いることができる。

イ　Ai を用いて増分解析を行い、架構の崩壊状態が全体崩壊形となることが確かめられた場合

ロ　Ai を用いて増分解析を行い、架構の崩壊状態が部分崩壊形又は局部崩壊形となることが確かめられ、かつ、崩壊する階（部分崩壊形にあっては水平力に対して不安定になる階を、局部崩壊形にあっては局部的な崩壊が生じる階をいう。）以外の階である建築物の部分（崩壊する階が架構の中間である場合にあっては、当該階の上方及び下方のそれぞれの建築物の部分）について、すべてのはり（当該建築物の部分の最上階のはり及び最下階の床版に接するはりを除く。）の端部並びに最上階の柱頭及び最下階の柱脚に塑性ヒンジが生じることその他の要因によって当該建築物の部分の全体が水平力に対して耐えられなくなる状態となることが確かめられた場合

ハ　建築物の振動特性に関する特別な調査又は研究によって地震力に耐えている建築物の各階の層せん断力の高さ方向の分布について Ds 及び Fes を考慮して計算した数値とすることができることが確かめられた場合

三　構造耐力上主要な部分である柱、はり若しくは壁又はこれらの接合部について、第一号における架構の崩壊状態の確認に当たっては、局部座屈、せん断破壊等による構造耐力上支障のある急激な耐力の低下が生ずるおそれのないことを、次のイからニまでに掲げる方法その他特別な調査又は研究の結果に基づき適切であることが確かめられた方法によるものとする。

イ　木造の架構にあっては、構造耐力上主要な部分である柱若しくははり又はこれらの接合部がその部分の存在応力を伝えることができるものであること。

ロ　鉄骨造の架構において冷間成形により加工した角形鋼管（厚さ6mm以上のものに限る。以下ロにおいて単に「角形鋼管」という。）を構造耐力上主要な部分である柱に用いる場合にあっては、次に定める構造計算を行うこと。ただし、特別な調査又は研究の結果に基づき、角形鋼管に構造耐力上支障のある急激な耐力の低下を生ずるおそれのないことが確かめられた場合にあっては、この限りでない。

(1)　構造耐力上主要な部分である角形鋼管を用いた柱が日本産業規格（以下「JIS」という。）G3466（一般構造用角形鋼管）-2006に適合する場合にあっては、構造耐力上主要な部分である柱及びはりの接合部（最上階の柱の柱頭部及び1階の柱の脚部である接合部を除く。）について、昭和55年建設省告示第1791号第2第三号イに適合することを確かめるほか、当該柱が1階の柱である場合にあっては、地震時に柱の脚部に生ずる力に1.4（柱及びはりの接合部の構造方法を内ダイアフラム形式（ダイアフラムを落とし込む形式と

したものを除く。）とした場合は1.3）以上の数値を乗じて令第82条第一号から第三号までに規定する構造計算をして当該建築物が安全であることを確かめること。

⑵　構造耐力上主要な部分である角形鋼管を用いた柱がJIS G3466（一般構造用角形鋼管）-2006に適合する角形鋼管以外の角形鋼管である場合にあっては、当該柱の存する階ごとに、柱及びはりの接合部（最上階の柱頭部及び1階の柱脚部を除く。）について次の式に適合することを確かめること。ただし、次の式に適合しない階に設けた角形鋼管の柱の材端（はりその他の横架材に接着する部分をいう。以下⑵において同じ。）、最上階の角形鋼管の柱頭部及び1階の角形鋼管の柱脚部の耐力を、鋼材の種別並びに柱及びはりの接合部の構造方法に応じて次の表に掲げる係数を乗じて低減し、かつ、当該耐力を低減した柱に接着するはりの材端（柱に接着する部分をいう。以下⑵において同じ。）において塑性ヒンジを生じないものとして令第82条の3に規定する構造計算を行い安全であることを確かめた場合にあっては、この限りでない。

$$\Sigma \mathrm{Mpc} \geqq \Sigma \min \{1.5\,\mathrm{Mpb},\ 1.3\,\mathrm{Mpp}\}$$

この式において、Mpc、Mpb及びMppは、それぞれ次の数値を表すものとする。

Mpc　各階の柱及びはりの接合部において柱の材端に生じうるものとした最大の曲げモーメント（単位　N・m）

Mpb　各階の柱及びはりの接合部においてはりの材端に生じうるものとした最大の曲げモーメント（単位　N・m）

Mpp　各階の柱及びはりの接合部に生じうるものとした最大の曲げモーメント（単位　N・m）

鋼材の種別	柱及びはりの接合部の構造方法	
	(い) 内ダイアフラム形式（ダイアフラムを落とし込む形式としたものを除く。）	**(ろ)** (い)欄に掲げる形式以外の形式
ロール成形その他断面のすべてを冷間成形により加工したもの	0.80	0.75
プレス成形その他断面の一部を冷間成形により加工したもの	0.85	0.80

ハ　鉄筋コンクリート造の架構にあっては、使用する部分及び第一号の計算を行う場合における部材（せん断破壊を生じないものとした部材に限る。）の状態に応じ、次の表の式によって構造耐力上主要な部分にせん断破壊を生じないことを確かめること。ただし、特別な調査又は研究の結果に基づき、構造耐力上主要な部分にせん断破壊を生じないことが確かめられた場合にあっては、この限りでない。

使用する部分	第一号の計算を行う場合における部材の状態	
	（い）	**（ろ）**
	部材の両端にヒンジが生ずる状態	（い）欄に掲げる状態以外の状態
はり	$Qb \geqq Q_0 + 1.1\, Q_M$	$Qb \geqq Q_0 + 1.2\, Q_M$
柱	$Qc \geqq 1.1\, Q_M$	$Qc \geqq 1.25\, Q_M$
耐力壁	—	$Qw \geqq 1.25\, Q_M$

　この表において、Qb、Qc、Qw、Q_0 及び Q_M は、それぞれ次の数値を表すものとする。

Qb　次の式によって計算したはりのせん断耐力（単位　N）

$$Qb = \left\{ \frac{0.068\, pt^{0.23} \cdot (Fc + 18)}{M/(Q \cdot d) + 0.12} + 0.85 \sqrt{pw \cdot \sigma wy} \right\} \cdot b \cdot j$$

　　この式において、pt、Fc、M／Q、d、pw、σwy、b 及び j は、それぞれ次の数値を表すものとする。

pt　　引張鉄筋比（単位　％）

Fc　　コンクリートの設計基準強度（設計に際し採用する圧縮強度をいう。以下同じ。）（単位　N/mm²）

M／Q　はりのシアスパン（はりの有効長さ内における当該はりに作用する最大の曲げモーメント M と最大のせん断力 Q の比とし、M／Q の数値が d 未満となる場合にあっては d とし、d に 3 を乗じて得た数値を超える場合にあっては d に 3 を乗じて得た数値とする。）（単位　mm）

d　　はりの有効せい（単位　mm）

pw　　せん断補強筋比（小数とする。）

σwy　せん断補強筋の材料強度（単位　N/mm²）

b　　はりの幅（単位　mm）

j　　応力中心距離（はりの有効せいに $\frac{7}{8}$ を乗じて計算した数値とする。）（単位　mm）

Qc　次の式によって計算した柱のせん断耐力（単位　N）

$$Qc = Qb + 0.1\, \sigma_0 \cdot b \cdot j$$

　　この式において、Qb、σ_0、b 及び j は、それぞれ次の数値を表すものとする。

Qb　当該柱をはりとみなして計算した場合における部材のせん断耐力（単位　N）

σ_0　平均軸応力度（Fc に 0.4 を乗じた数値を超える場合は、Fc に 0.4 を乗じた数値とする。）（単位　N/mm²）

b　柱の幅（単位　mm）

j　応力中心距離（柱の有効せいに $\frac{7}{8}$ を乗じて計算した数値とする。）（単位　mm）

Qw　次の式によって計算した耐力壁のせん断耐力（単位　N）

$$Qw = \left\{ \frac{0.068 \, pte^{0.23} \cdot (Fc + 18)}{\sqrt{M/(Q \cdot D)} + 0.12} + 0.85 \sqrt{pwh \cdot \sigma wh} + 0.1 \sigma_0 \right\} \cdot te \cdot j$$

この式において、pte、at、te、Fc、M／Q、D、pwh、σwh、σ₀及びjは、それぞれ次の数値を表すものとする。

pte　　等価引張鉄筋比（100 at／（te・d））によって計算した数値とする。この場合において、d は耐力壁の有効長さとして、周囲の柱及びはりと緊結された耐力壁で水平方向の断面が I 形とみなせる場合（以下「 I 形断面の場合」という。）にあっては D − Dc／2（Dc は圧縮側柱のせい）、耐力壁の水平方向の断面が長方形の場合（以下「長方形断面の場合」という。）にあっては 0.95 D とする。）（単位　％）

at　　　 I 形断面の場合は引張側柱内の主筋断面積、耐力壁の水平方向の断面が長方形の場合は端部の曲げ補強筋の断面積（単位　mm²）

te　　　耐力壁の厚さ（ I 形断面の場合にあっては、端部の柱を含む水平方向の断面の形状に関して長さと断面積とがそれぞれ等しくなるように長方形の断面に置き換えたときの幅の数値とし、耐力壁の厚さの1.5倍を超える場合にあっては、耐力壁の厚さの1.5倍の数値とする。）（単位　mm）

Fc　　　コンクリートの設計基準強度（単位　N/mm²）

M／Q　耐力壁のシアスパン（当該耐力壁の高さの内における最大の曲げモーメント M と最大のせん断力 Q の比とし、M／Q の数値が D 未満となる場合にあっては D とし、D に 3 を乗じて得た数値を超える場合にあっては D に 3 を乗じて得た数値とする。）（単位　mm）

D　　　耐力壁の全長（ I 形断面の場合にあっては端部の柱のせいを加えた数値とする。）（単位　mm）

pwh　　te を厚さと考えた場合の耐力壁のせん断補強筋比（小数とする。）

σwh　　せん断補強筋の材料強度（単位　N/mm²）

σ₀　　　耐力壁の全断面積に対する平均軸方向応力度（単位　N/mm²）

j　　　　応力中心距離（耐力壁の有効長さに $\frac{7}{8}$ を乗じて計算した数値とする。）（単位　mm）

Q₀　　第一号の計算において部材に作用するものとした力のうち長期に生ずるせん断力（単位　N）

Q_M　　第一号の計算において部材に作用するものとした力のうち地震力によって生ずるせん断力（単位　N）

ニ　平成19年国土交通省告示第593号第二号イ(2)の規定によること。この場合において、式中「n　1.5（耐力壁にあっては 2.0 ）以上の数値」とあるのは、「n　1.5（耐力壁にあっては 1.0 ）以上の数値」と読み替えるものとする。ただし、特別な調査又は研究の結果に基づき鉄筋コンクリート造である構造耐力上主要な部分に損傷を生じないことを別に確かめることができる場合にあっては、この限りでない。

四　鉄筋コンクリート造又は鉄骨鉄筋コンクリート造である建築物の構造部分であって、令第73条、第77条第二号から第六号までのいずれか、第77条の2第2項、第78条又は第78条の2

第1項第三号の規定に適合しないものについては、当該構造部分に生ずる力を次の表に掲げる式によって計算し、当該構造部分に生ずる力が、それぞれ令第3章第8節第4款の規定による材料強度によって計算した当該構造部分の耐力を超えないことを確かめるものとする。ただし、当該構造部分の実況に応じた加力実験によって耐力、靭性及び付着に関する性能が当該構造部分に関する規定に適合する部材と同等以上であることが確認された場合にあっては、この限りでない。

荷重及び外力について想定する状態	一般の場合	令第86条第2項ただし書の規定により特定行政庁が指定する多雪区域における場合	備　　　考
積雪時	G＋P＋1.4S	G＋P＋1.4S	
暴風時	G＋P＋1.6W	G＋P＋1.6W	建築物の転倒、柱の引抜き等を検討する場合においては、Pについては、建築物の実況に応じて積載荷重を減らした数値によるものとする。
		G＋P＋0.35S＋1.6W	
地震時	G＋P＋K	G＋P＋0.35S＋K	

　この表において、G、P、S、W及びKは、それぞれ次の力（軸方向力、曲げモーメント、せん断力等をいう。）を表すものとする。

G　令第84条に規定する固定荷重によって生ずる力

P　令第85条に規定する積載荷重によって生ずる力

S　令第86条に規定する積雪荷重によって生ずる力

W　令第87条に規定する風圧力によって生ずる力

K　令第88条に規定する地震力によって生ずる力（標準せん断力係数を1.0以上とする。ただし、当該建築物の振動に関する減衰性及び当該部材を含む階の靭性を適切に評価して計算をすることができる場合においては、標準せん断力係数を当該計算により得られた数値（当該数値が0.3未満のときは0.3）とすることができる。）

五　建築物の地上部分の塔状比（計算しようとする方向における架構の幅に対する高さの比をいう。）が4を超える場合にあっては、次のイ又はロに掲げる層せん断力のいずれかが作用するものとした場合に建築物の地盤、基礎ぐい及び地盤アンカーに生ずる力を計算し、当該力が地盤にあっては平成13年国土交通省告示第1113号第1に規定する方法による地盤調査（以下この号において単に「地盤調査」という。）によって求めた極限応力度に基づき計算した極限支持力の数値を、基礎ぐい及び地盤アンカーにあっては令第3章第8節第4款の規定による材料強度に基づき計算した当該基礎ぐい及び地盤アンカーの耐力並びに地盤調査によって求めた圧縮方向及び引抜き方向の極限支持力の数値をそれぞれ超えないことを確かめるものとする。ただし、特別な調査又は研究によって地震力が作用する建築物の全体の転倒

が生じないことを確かめた場合にあっては、この限りでない。

　イ　令第88条第1項に規定する地震力について標準せん断力係数を0.3以上として計算した
　　層せん断力

　ロ　第一号の規定によって計算した保有水平耐力に相当する層せん断力が生ずる場合に各階
　　に作用するものとした層せん断力

第5　各階の剛心周りのねじり剛性の計算方法

令第82条の6第二号ロの各階の剛心周りのねじり剛性は、当該階が計算しようとする方向のせ
ん断力に対して一様に変形するものとして計算した水平剛性の数値に基づき、次の式によって
計算した数値とする。ただし、特別な調査又は研究の結果に基づき各階の剛心周りのねじり剛
性を計算した場合にあっては、この限りでない。

$$K_R = \Sigma(kx \cdot \overline{Y}^2) + \Sigma(ky \cdot \overline{X}^2)$$

　　この式において、K_R、kx、$\overline{Y}$、ky 及び $\overline{X}$ は、それぞれ次の数値を表すものとする。

K_R　剛心周りのねじり剛性（単位　$N \cdot m$）

kx　令第82条の2に規定する構造計算を行う場合における各部材の張り間方向の剛性
　　（単位　N/m）

$\overline{Y}$　剛心と各部材をそれぞれ同一水平面上に投影させて結ぶ線をけた行方向の平面に投影
　　させた線の長さ（単位　m）

ky　令第82条の2に規定する構造計算を行う場合における各部材のけた行方向の剛性
　　（単位　N/m）

$\overline{X}$　剛心と各部材をそれぞれ同一水平面上に投影させて結ぶ線を張り間方向の平面に投影
　　させた線の長さ（単位　m）

　　附　則

1　この告示は、平成19年6月20日から施行する。

2　平成13年国土交通省告示第1371号及び平成15年国土交通省告示第995号は、廃止する。

〔平成12年5月31日建設省告示第1459号〕

建築物の使用上の支障が起こらないことを確かめる必要がある 場合及びその確認方法を定める件

最終改正　平成19年5月18日国土交通省告示第621号

建築基準法施行令（昭和25年政令第338号）第82条第四号の規定に基づき、建築物の使用上の
支障が起こらないことを確かめる必要がある場合及びその確認方法を次のように定める。

第1　建築基準法施行令（以下「令」という。）第82条第四号に規定する使用上の支障が起こら
ないことを検証することが必要な場合は、建築物の部分に応じて次の表に掲げる条件式を満た
す場合以外の場合とする。

建　築　物　の　部　分		条件式
木造	はり（床面に用いるものに限る。以下この表において同じ。）	$\dfrac{D}{l} > \dfrac{1}{12}$
鉄骨造	デッキプレート版（床版としたもののうち平成14年国土交通省告示第326号の規定に適合するものに限る。以下同じ。）	$\dfrac{t}{lx} > \dfrac{1}{25}$
	はり	$\dfrac{D}{l} > \dfrac{1}{15}$
鉄筋コンクリート造	床版（片持ち以外の場合）	$\dfrac{t}{lx} > \dfrac{1}{30}$
	床版（片持ちの場合）	$\dfrac{t}{lx} > \dfrac{1}{10}$
	はり	$\dfrac{D}{l} > \dfrac{1}{10}$
鉄骨鉄筋コンクリート造	はり	$\dfrac{D}{l} > \dfrac{1}{12}$
アルミニウム合金造	はり	$\dfrac{D}{l} > \dfrac{1}{10}$
軽量気泡コンクリートパネルを用いた構造	床版	$\dfrac{t}{lx} > \dfrac{1}{25}$

この表において、t、lx、D及びlは、それぞれ以下の数値を表すものとする。

t　床版の厚さ（単位　mm）

lx　床版の短辺方向の有効長さ（デッキプレート版又は軽量気泡コンクリートパネルにあっては、支点間距離）（単位　mm）

D　はりのせい（単位　mm）

l　はりの有効長さ（単位　mm）

第2　令第82条第四号に規定する建築物の使用上の支障が起こらないことを確認する方法は、次のとおりとする。

一　当該建築物の実況に応じた固定荷重及び積載荷重によってはり又は床版に生ずるたわみの最大値を計算すること。ただし、令第85条の表に掲げる室の床の積載荷重については、同表（は）欄に定める数値によって計算することができる。

二　前号で求めたたわみの最大値に、構造の形式に応じて次の表に掲げる長期間の荷重により変形が増大することの調整係数（以下「変形増大係数」という。）を乗じ、更に当該部材の有効長さで除して得た値が$\dfrac{1}{250}$以下であることを確認すること。ただし、変形増大係数を載荷実験により求めた場合においては、当該数値を用いることができる。

構　造　の　形　式		変形増大係数
木造		2
鉄骨造		1（デッキプレート版にあっては、1.5）
鉄筋コンクリート造	床版	16
	はり	8
鉄骨鉄筋コンクリート造		4
アルミニウム合金造		1
軽量気泡コンクリートパネルを用いた構造		1.6

〔昭和55年11月27日建設省告示第1792号〕

Ds 及び Fes を算出する方法を定める件

最終改正　平成19年5月18日国土交通省告示第596号

建築基準法施行令（昭和25年政令第338号）第82条の3第二号の規定に基づき、Ds 及び Fes を算出する方法を次のように定める。

第1　Ds を算出する方法

建築物の各階の Ds は、柱及びはりの大部分が木造である階にあつては第2に、柱及びはりの大部分が鉄骨造である階にあっては第3に、柱及びはりの大部分が鉄筋コンクリート造である階にあっては第4に、柱及びはりの大部分が鉄骨鉄筋コンクリートである階にあっては第5に、その他の階にあっては第6に、それぞれ定める方法によるものとする。ただし、特別な調査又は研究の結果に基づき当該建築物の振動に関する減衰性及び当該階の靱性を適切に評価して算出することができる場合においては、当該算出によることができる。

第2　柱及びはりの大部分が木造である階について Ds を算出する方法

柱及びはりの大部分が木造である階のうち、建築基準法施行令（以下「令」という。）第46条第2項第一号イ及びロに掲げる基準に適合するもの（柱及びはりの小径が15cm以上で、かつ、木材の繊維方向と直行する断面の面積が300cm² 以上である部材を用いるものに限る。）にあっては、次の各号に定める方法により Ds を算出するものとする。

一　柱及びはりの種別は、建築物の架構が崩壊形（当該階の柱及びはりの接合部の破壊、はりの曲げ破壊その他の要因によって当該階が水平力に対して耐えられなくなる状態をいう。第2において同じ。）に達する時に当該部材に生ずる力が令第3章第8節第4款に規定する材料強度によって計算した当該部材の耐力の $\frac{2}{3}$ 以下である場合にあっては FA とし、それ以外の場合にあっては FC とすること。

二　接合部の種別を、次の表に掲げる接合部の構造方法に応じて定めること。

	接　合　部　の　構　造　方　法	接合部の種別
(1)	木材のめりこみにより破壊する接合部（接合部に木材のめりこみの材料強度に相当する応力が作用する場合において、当該接合部に割裂き、せん断等による破壊が生じないものに限る。）	SA
(2)	(1)に掲げるもの以外のもので、接合する木材の厚さが当該接合に用いるボルトその他これに類する接合具（以下この表において「ボルト等」という。）の径の12倍以上である接合部（ボルト等の降伏時に木材部分に割裂き、せん断等による損傷が生じないものに限る。）	SB
(3)	(1)及び(2)に掲げるもの以外のもので、接合する木材の厚さが当該接合に用いるボルト等の径の8倍以上である接合部（ボルト等の降伏時に木材部分に割裂き、せん断等による損傷が生じないものに限る。）	SC
(4)	(1)から(3)までに掲げるもの以外の接合部	SD

三　Dsを計算する階における柱及びはり並びに接合部について、異なる種別が混在する場合の部材群としての種別は、次のイ及びロによって定めること。

　イ　FA及びFCの種別の柱及びはりが存在する場合にあってはFCとする。

　ロ　接合部にあっては、次に定めるところによること。

　　⑴　SC及びSDの種別が存在しない場合にあってはSBとする。

　　⑵　SDの種別が存在せず、SCの種別が存在する場合にあってはSCとする。

　　⑶　SDの種別が存在する場合にあってはSDとする。

四　各階のDsは、次の表の(い)欄に掲げる部材群としての種別及び同表の(ろ)欄から(に)欄までに掲げる架構の形式に応じ、次の表に従って定めた数値以上の数値とする。

	(い)		(ろ)	(は)	(に)
	部材群としての種別		架　構　の　形　式		
	柱及びはりの部材群としての種別	接合部の部材群としての種別	剛節架構又はアーチ架構で筋かいを設けない構造とした場合	(ろ)欄及び(に)欄に掲げる架構以外の架構の場合	$\beta u \geqq 0.7$の場合
⑴	FA	SA	0.25	0.3	0.35
⑵		SB	0.3	0.35	0.4
⑶		SC	0.35	0.4	0.45
⑷	柱及びはりの部材群としての種別がFCである場合又は接合部の部材群としての種別がSDである場合		0.4	0.45	0.5

　この表において、βuは、筋かいの水平耐力の和を保有水平耐力の数値で除した数値を表すものとする。

2　柱及びはりの大部分が木造である階のうち、前項に規定する以外の階にあっては、当該階のDsは、0.55以上の数値とする。ただし、第1ただし書の規定による場合にあっては、架構の性状及び架構の形式に応じ、次の表に掲げる数値以上の数値とすることができる。

架構の形式　　　　架構の性状	（い） （ろ）欄に掲げる架構以外の架構	（ろ） 各階に生ずる水平力の大部分を当該階の筋かいによって負担する形式の架構
（1） 架構を構成する部材に生ずる応力に対して割裂き、せん断破壊等の耐力が急激に低下する破壊が著しく生じ難いこと等のため、塑性変形の度が特に高いもの	0.3	0.35
（2） (1)に掲げるもの以外のもので架構を構成する部材に生ずる応力に対して割裂き、せん断破壊等の耐力が急激に低下する破壊が生じ難いこと等のため、塑性変形の度が高いもの	0.35	0.4
（3） (1)及び(2)に掲げるもの以外のもので架構を構成する部材に塑性変形を生じさせる応力に対して当該部材に割裂き、せん断破壊等が生じないこと等のため、耐力が急激に低下しないもの	0.4	0.45
（4） (1)から(3)までに掲げるもの以外のもの	0.45	0.5

第3　柱及びはりの大部分が鉄骨造である階について Ds を算出する方法

　柱及びはりの大部分が鉄骨造である階にあっては、次に定める方法により Ds を算出するものとする。

一　筋かいの種別を、次の表に従い、有効細長比（断面の最小二次率半径に対する座屈長さの比をいう。以下同じ。）の数値に応じて定めること。

	有　効　細　長　比	筋かいの種別
（1）	$\lambda \leqq 495 / \sqrt{F}$	BA
（2）	$495 / \sqrt{F} < \lambda \leqq 890 / \sqrt{F}$ 又は $1980 / \sqrt{F} \leqq \lambda$	BB
（3）	$890 / \sqrt{F} < \lambda < 1980 / \sqrt{F}$	BC

　この表において、λ及びFは、それぞれ次の数値を表すものとする。

　λ　筋かいの有効細長比

　F　平成12年建設省告示第2464号第1に規定する基準強度（単位　N/mm²）

二　柱及びはりの種別を、次のイからハまでに掲げるところによって定めること。

イ　炭素鋼（平成12年建設省告示第2464号第1に規定する基準強度が205 N/mm² 以上で、かつ、375 N/mm² 以下であるものに限る。）の場合にあっては、柱及びはりの種別は、次の表に従い、柱及びはりの区分に応じて幅厚比（円形鋼管にあつては、径厚比とする。）の数値が、同表に掲げる式によつて計算した数値以下の数値となる種別として定めること。

柱　及　び　は　り　の　区　分			
部材	柱		
断面形状	H形鋼		角形鋼管
部位	フランジ	ウェブ	－
幅厚比又は径厚比	$9.5\sqrt{235/F}$	$43\sqrt{235/F}$	$33\sqrt{235/F}$
	$12\sqrt{235/F}$	$45\sqrt{235/F}$	$37\sqrt{235/F}$
	$15.5\sqrt{235/F}$	$48\sqrt{235/F}$	$48\sqrt{235/F}$
	FA、FB 及び FC のいずれにも該当しない場合		

この表において、F は平成12年建設省告示第2464号第1に規

	はり		柱及びはりの種別
円形鋼管	H形鋼		
－	フランジ	ウェブ	
50（235/F）	$9\sqrt{235/F}$	$60\sqrt{235/F}$	FA
70（235/F）	$11\sqrt{235/F}$	$65\sqrt{235/F}$	FB
100（235/F）	$15.5\sqrt{235/F}$	$71\sqrt{235/F}$	FC
			FD

定する基準強度（単位　N/mm²）を表すものとする。

ロ　ステンレス鋼の場合にあっては、柱及びはりの種別は、次の表に従い、柱及びはりの区分に応じてH形鋼の幅厚比にあつては、同表に掲げる式によつて計算した数値が1以下となる種別として、角形鋼管の幅厚比及び円形鋼管の径厚比にあつては、それぞれ同表に掲げる数値以下の数値となる種別として定めること。

部材	柱					
断面形状	H形鋼		角形鋼管		円形鋼管	
鋼種	235N級鋼	325N級鋼	235N級鋼	325N級鋼	235N級鋼	325N級鋼
幅厚比又は径厚比	$\left(\dfrac{b/tf}{11}\right)^2$ $+\left(\dfrac{d/tw}{43}\right)^2$	$\left(\dfrac{b/tf}{11}\right)^2$ $+\left(\dfrac{d/tw}{31}\right)^2$	25	25	72	44
	$\left(\dfrac{b/tf}{13}\right)^2$ $+\left(\dfrac{d/tw}{51}\right)^2$ 及び $(d/tw)/47$	$\left(\dfrac{b/tf}{13}\right)^2$ $+\left(\dfrac{d/tw}{38}\right)^2$	28	28	83	51
	$\left(\dfrac{b/tf}{18}\right)^2$ $+\left(\dfrac{d/tw}{67}\right)^2$ 及び $(d/tw)/48$	$\left(\dfrac{b/tf}{18}\right)^2$ $+\left(\dfrac{d/tw}{51}\right)^2$ 及び $(d/tw)/41$	34	34	112	68
	FA、FB 及び FC のいずれにも該当しない場合					

この表において、b、d、tf 及び tw は、それぞれ次の数値を表すもの

b　フランジの半幅（フランジの半分の幅をいう。）（単位　mm）

d　ウェブのせい（単位　mm）

tf　フランジの厚さ（単位　mm）

tw　ウェブの厚さ（単位　mm）

はり						柱及びはりの種別
H形鋼		角形鋼管		円形鋼管		
235N級鋼	325N級鋼	235N級鋼	325N級鋼	235N級鋼	325N級鋼	
$\left(\dfrac{b/tf}{13}\right)^2$ $+\left(\dfrac{d/tw}{67}\right)^2$ 及び $(d/tw)/65$	$\left(\dfrac{b/tf}{9}\right)^2$ $+\left(\dfrac{d/tw}{47}\right)^2$ 及び $(d/tw)/58$	32	32	72	44	FA
$\left(\dfrac{b/tf}{12}\right)^2$ $+\left(\dfrac{d/tw}{90}\right)^2$ 及び $(d/tw)/68$	$\left(\dfrac{b/tf}{12}\right)^2$ $+\left(\dfrac{d/tw}{66}\right)^2$ 及び $(d/tw)/58$	38	38	88	53	FB
$\left(\dfrac{b/tf}{18}\right)^2$ $+\left(\dfrac{d/tw}{153}\right)^2$ 及び $(d/tw)/71$	$\left(\dfrac{b/tf}{18}\right)^2$ $+\left(\dfrac{d/tw}{101}\right)^2$ 及び $(d/tw)/61$	51	51	132	80	FC
						FD

とする。

ハ　イ及びロに定めるほか、崩壊形に達する場合に塑性ヒンジを生じないことが明らかな柱の種別は、はりの種別によることとし、種別の異なる柱及びはりが接合されている場合における柱の種別（崩壊形に達する場合に塑性ヒンジを生じないことが明らかな柱の種別を含む。）は、当該柱及びはりの接合部において接合される部材（崩壊形（当該階の柱に接着するすべてのはりの端部に塑性ヒンジが生じることその他の要因によって当該階が水平力に対して耐えられなくなる状態をいう。以下同じ。）が明確な場合にあっては、崩壊形に達する場合に塑性ヒンジが生じる部材に限る。）の種別に応じ、次に定めるところによること。

⑴　FC及びFDの種別が存在しない場合にあってはFBとする。

⑵　FDの種別が存在せず、FCの種別が存在する場合にあってはFCとする。

(3)　FD の種別が存在する場合にあっては FD とする。

三　Ds を計算する階における筋かい並びに柱及びはりの部材群としての種別は、次のイ及び
ロによって定めること。

イ　次の(1)から(3)までに掲げる場合に該当する場合にあっては、当該階の部材の耐力の割合
の数値に応じ、次の表に従って定めること。

(1)　筋かい端部の接合部が昭和55年建設省告示第1791号第2第二号に適合する場合

(2)　柱及びはりの接合部が昭和55年建設省告示第1791号第2第七号に適合する場合

(3)　はりの横補剛が十分であって急激な耐力の低下のおそれがない場合

	部　材　の　耐　力　の　割　合	部材群としての種別
(1)	$\gamma_A \geq 0.5$ かつ $\gamma_C \leq 0.2$	A
(2)	$\gamma_C < 0.5$（部材群としての種別が A の場合を除く。）	B
(3)	$\gamma_C \geq 0.5$	C

この表において、γ_A 及び γ_C は、それぞれ次の数値を表すものとする。

γ_A　　筋かいの部材群としての種別を定める場合にあっては種別 BA である筋かいの耐
力の和をすべての筋かいの水平耐力の和で除した数値、柱及びはりの部材群として
の種別を定める場合にあっては種別 FA である柱の耐力の和を種別 FD である柱を
除くすべての柱の水平耐力の和で除した数値

γ_C　　筋かいの部材群としての種別を定める場合にあっては種別 BC である筋かいの耐
力の和をすべての筋かいの水平耐力の和で除した数値、柱及びはりの部材群として
の種別を定める場合にあっては種別 FC である柱の耐力の和を種別 FD である柱を
除くすべての柱の水平耐力の和で除した数値

ロ　イの(1)から(3)までに掲げる場合に該当しない場合又は部材の種別が FD である柱及びは
りについて当該部材を取り除いた建築物の架構に局部崩壊が生ずる場合にあっては、柱及
びはりの部材群としての種別は D としなければならない。

四　各階の Ds は、前号の規定に従って求めた当該階の筋かい並びに柱及びはりの部材群とし
ての種別に応じ、次の表に掲げる数値以上の数値とすること。

			柱及びはりの部材群としての種別			
			A	B	C	D
筋かいの部材群としての種別	A 又は $\beta u = 0$ の場合		0.25	0.3	0.35	0.4
	B	$0 < \beta u \leq 0.3$ の場合	0.25	0.3	0.35	0.4
		$0.3 < \beta u \leq 0.7$ の場合	0.3	0.3	0.35	0.45
		$\beta u > 0.7$ の場合	0.35	0.35	0.4	0.5
	C	$0 < \beta u \leq 0.3$ の場合	0.3	0.3	0.35	0.4
		$0.3 < \beta u \leq 0.5$ の場合	0.35	0.35	0.4	0.45

| | $\beta u > 0.5$ の場合 | 0.4 | 0.4 | 0.45 | 0.5 |

　この表において、βu は、筋かい（耐力壁を含む。）の水平耐力の和を保有水平耐力の数値で除した数値を表すものとする。

第4　柱及びはりの大部分が鉄筋コンクリート造である階について Ds を算出する方法

　柱及びはりの大部分が鉄筋コンクリート造である階にあっては、次に定める方法により Ds を算出するものとする。

一　柱及びはりの種別を、次の表に従い、柱及びはりの区分に応じて定めること。ただし、崩壊形に達する場合に塑性ヒンジを生じないことが明らかな柱の種別は、表によらずはりの種別によることとし、種別の異なる柱及びはりが接合されている場合における柱の種別（崩壊形に達する場合に塑性ヒンジを生じないことが明らかな柱の種別を含む。）は、当該柱及びはりの接合部において接合される部材（崩壊形に達する場合に塑性ヒンジが生じる部材に限る。）の種別に応じ、次に定めるところによること。

⑴　FC 及び FD の種別が存在しない場合にあっては FB とする。

⑵　FD の種別が存在せず、FC の種別が存在する場合にあっては FC とする。

⑶　FD の種別が存在する場合にあっては FD とする。

		柱　及　び　は　り　の　区　分						柱及びはりの種別
部材	柱及びはり	柱					はり	
	破壊の形式	h_0/D の数値	σ_0/Fc の数値	pt の数値	$\tau u/Fc$ の数値	$\tau u/Fc$ の数値		
条件	せん断破壊、付着割裂破壊及び圧縮破壊その他の構造耐力上支障のある急激な耐力の低下のおそれのある破壊を生じないこと。	2.5以上	0.35以下	0.8以下	0.1以下	0.15以下		FA
		2.0以上	0.45以下	1.0以下	0.125以下	0.2以下		FB
		—	0.55以下	—	0.15以下	—		FC
	FA、FB 又は FC のいずれにも該当しない場合							FD

一　この表において、h_0、D、σ_0、Fc、pt 及び τu は、それぞれ次の数値を表すものとする。

　　h_0　　柱の内のり高さ（単位　cm）

　　D　　柱の幅（単位　cm）

　　σ_0　　Ds を算定しようとする階が崩壊形に達する場合の柱の断面に生ずる軸方向応力度（単位　N/mm²）

　　pt　　引張り鉄筋比（単位　％）

　　Fc　　コンクリートの設計基準強度（単位　N/mm²）

　　　τu　Ds を算定しようとする階が崩壊形に達する場合の柱又ははりの断面に生ずる平均せん断応力度（単位　N/mm²）

　二　柱の上端又は下端に接着するはりについて、崩壊形に達する場合に塑性ヒンジが生ずることが明らかな場合にあっては、表中の h₀／D に替えて 2 M／（Q・D）を用いることができるものとする。この場合において、M は崩壊形に達する場合の当該柱の最大曲げモーメントを、Q は崩壊形に達する場合の当該柱の最大せん断力を表すものとする。

二　耐力壁の種別を、次の表に従い、耐力壁の区分に応じて定めること。

耐　力　壁　の　区　分				耐力壁の種別
部材	耐力壁	壁式構造以外の構造の耐力壁	壁式構造の耐力壁	
	破壊の形式	τu／Fc の数値	τu／Fc の数値	
条件	せん断破壊その他の構造耐力上支障のある急激な耐力の低下のおそれのある破壊を生じないこと。	0.2 以下	0.1 以下	WA
		0.25 以下	0.125 以下	WB
		—	0.15 以下	WC
	WA、WB 又は WC のいずれにも該当しない場合			WD

　この表において、τu 及び Fc は、それぞれ前号の表に規定する τu 及び Fc の数値を表すものとする。

三　Ds を計算する階における柱及びはり並びに耐力壁の部材群としての種別を、次の表に従い、当該階の部材の耐力の割合の数値に応じて定めること。ただし、部材の種別が FD である柱及びはり並びに部材の種別が WD である耐力壁について当該部材を取り除いた建築物の架構に局部崩壊が生ずる場合にあっては、部材群としての種別はそれぞれ D としなければならない。

	部　材　の　耐　力　の　割　合	部材群としての種別
(1)	$\gamma_A \geqq 0.5$ かつ $\gamma_C \leqq 0.2$	A
(2)	$\gamma_C < 0.5$（部材群としての種別が A の場合を除く。）	B
(3)	$\gamma_C \geqq 0.5$	C

　この表において、γ_A 及び γ_C は、それぞれ次の数値を表すものとする。

　γ_A　柱及びはりの部材群としての種別を定める場合にあっては種別 FA である柱の耐力の和を種別 FD である柱を除くすべての柱の水平耐力の和で除した数値、耐力壁の部材群としての種別を定める場合にあっては種別 WA である耐力壁の耐力の和を種別 WD である耐力壁を除くすべての耐力壁の水平耐力の和で除した数値

　γ_C　柱及びはりの部材群としての種別を定める場合にあっては種別 FC である柱の耐力の和を種別 FD である柱を除くすべての柱の水平耐力の和で除した数値、耐力壁の部

材群としての種別を定める場合にあっては種別 WC である耐力壁の耐力の和を種別 WD である耐力壁を除くすべての耐力壁の水平耐力の和で除した数値

四　各階の Ds は、次のイからハまでのいずれかによって定める数値とすること。

イ　耐力壁を設けない剛節架構とした場合にあっては、前号の規定により定めた当該階の柱及びはりの部材群としての種別に応じ、次の表に掲げる数値以上の数値とする。

柱及びはりの部材群としての種別	Ds の数値
A	0.3
B	0.35
C	0.4
D	0.45

ロ　壁式構造とした場合にあっては、前号の規定により定めた当該階の耐力壁の部材群としての種別に応じ、次の表に掲げる数値以上の数値とする。

耐力壁の部材群としての種別	Ds の数値
A	0.45
B	0.5
C	0.55
D	0.55

ハ　剛節架構と耐力壁を併用した場合にあっては、前号の規定により定めた当該階の柱及びはり並びに筋かいの部材群としての種別に応じ、次の表に掲げる数値以上の数値とする。

			柱及びはりの部材群としての種別			
			A	B	C	D
耐力壁の部材群としての種別	A	$0 < \beta u \leqq 0.3$ の場合	0.3	0.35	0.4	0.45
		$0.3 < \beta u \leqq 0.7$ の場合	0.35	0.4	0.45	0.5
		$\beta u > 0.7$ の場合	0.4	0.45	0.45	0.55
	B	$0 < \beta u \leqq 0.3$ の場合	0.35	0.35	0.4	0.45
		$0.3 < \beta u \leqq 0.7$ の場合	0.4	0.4	0.45	0.5
		$\beta u > 0.7$ の場合	0.45	0.45	0.5	0.55
	C	$0 < \beta u \leqq 0.3$ の場合	0.35	0.35	0.4	0.45
		$0.3 < \beta u \leqq 0.7$ の場合	0.4	0.45	0.45	0.5
		$\beta u > 0.7$ の場合	0.5	0.5	0.5	0.55

D	$0 < \beta u \leqq 0.3$ の場合	0.4	0.4	0.45	0.45
	$0.3 < \beta u \leqq 0.7$ の場合	0.45	0.5	0.5	0.5
	$\beta u > 0.7$ の場合	0.55	0.55	0.55	0.55

　　この表において、βu は、耐力壁（筋かいを含む。）の水平耐力の和を保有水平耐力の数値で除した数値を表すものとする。

五　第一号の計算において各階の崩壊形を増分解析を用いて確認する場合にあっては、地上部分の各階について標準せん断力係数（令第88条に規定する地震力の計算に用いる係数をいう）の数値を漸増させ、これに応じた地震層せん断力係数に当該各階が支える部分の固定荷重と積載荷重との和（令第86条第2項ただし書の規定により特定行政庁が指定する多雪区域においては、更に積雪荷重を加えるものとする。）を乗じた数値を水平力として作用させるものとすること。この場合において、当該地震層せん断力係数を計算する場合に用いる Ai は、令第88条第1項に規定する Ai を用いなければならない。

第5　柱及びはりの大部分が鉄骨鉄筋コンクリート造である階について Ds を算出する方法

　　柱及びはりの大部分が鉄骨鉄筋コンクリート造である階にあっては、次に定める方法により Ds を算出するものとする。

一　柱の種別を、次の表に従い、崩壊形に達する時に柱に生ずる力の条件及び部材の破壊の状況に応じて定めること。

崩壊形に達する時に柱に生ずる力の条件		部材の破壊の状況	
		曲げ破壊	せん断破壊
$N／N_0 \leqq 0.3$ の場合	$sM_0／M_0 \geqq 0.4$ の場合	FA	FB
	$sM_0／M_0 < 0.4$ の場合	FB	FC
$0.3 < N／N_0 \leqq 0.4$ の場合	$sM_0／M_0 \geqq 0.4$ の場合	FB	FC
	$sM_0／M_0 < 0.4$ の場合	FC	FD
$N／N_0 > 0.4$ の場合		FD	FD

　　この表において、N、N_0、sM_0 及び M_0 は、それぞれ次の数値を表すものとする。

N　　　崩壊形に達する時に柱に生ずる圧縮力（単位　kN）

N_0　　令第3章第8節第4款に規定する材料強度によって計算した柱の圧縮耐力
　　　（単位　kN）

sM_0　令第3章第8節第4款に規定する材料強度によって計算した柱の鉄骨部分の曲げ耐
　　　力（単位　kN·m）

M_0　　令第3章第8節第4款に規定する材料強度によって計算した柱の曲げ耐力
　　　（単位　kN·m）

二　耐力壁の種別は、崩壊形に達する時の当該耐力壁の破壊の状況がせん断破壊である場合にあっては WC とし、せん断破壊以外の破壊である場合にあっては WA とすること。

三　Dsを計算する階における柱及び耐力壁の部材群としての種別を、次の表に従い、当該階の部材の耐力の割合の数値に応じて定めること。ただし、部材の種別がFDである柱について当該部材を取り除いた建築物の架構に局部崩壊が生ずる場合にあっては、部材群としての種別はDとしなければならない。

	部 材 の 耐 力 の 割 合	部材群としての種別
(1)	$\gamma_A \geqq 0.5$ かつ $\gamma_C \leqq 0.2$	A
(2)	$\gamma_C < 0.5$（部材群としての種別がAの場合を除く。）	B
(3)	$\gamma_C \geqq 0.5$	C

　この表において、γ_A及びγ_Cは、それぞれ次の数値を表すものとする。

γ_A　　柱の部材群としての種別を定める場合にあっては種別FAである柱の耐力の和を種別FDである柱を除くすべての柱の水平耐力の和で除した数値、耐力壁の部材群としての種別を定める場合にあっては種別WAである耐力壁の耐力の和をすべての耐力壁の水平耐力の和で除した数値

γ_C　　柱の部材群としての種別を定める場合にあっては種別FCである柱の耐力の和を種別FDである柱を除くすべての柱の水平耐力の和で除した数値、耐力壁の部材群としての種別を定める場合にあっては種別WCである耐力壁の耐力の和をすべての耐力壁の水平耐力の和で除した数値

四　各階のDsは、次のイからハまでのいずれかによって定める数値とすること。

　イ　耐力壁を設けない剛節架構とした場合にあっては、前号の規定により定めた当該階の柱及びはりの部材群としての種別に応じ、次の表に掲げる数値以上の数値とする。

柱及びはりの部材群としての種別	Dsの数値
A	0.25
B	0.3
C	0.35
D	0.4

　ロ　壁式構造とした場合にあっては、前号の規定により定めた当該階の耐力壁の部材群としての種別に応じ、次の表に掲げる数値以上の数値とする。

耐力壁の部材群としての種別	Dsの数値
A	0.4
B	0.45
C	0.5
D	0.5

ハ　剛節架構と耐力壁を併用した場合にあっては、前号の規定により定めた当該階の柱及び
はり並びに筋かいの部材群としての種別に応じ、次の表に掲げる数値以上の数値とする。

			柱及びはりの部材群としての種別			
			A	B	C	D
耐力壁の部材群としての種別	A	$0 < \beta u \leq 0.3$ の場合	0.25	0.3	0.35	0.4
		$0.3 < \beta u \leq 0.7$ の場合	0.3	0.35	0.4	0.45
		$\beta u > 0.7$ の場合	0.35	0.4	0.4	0.5
	B	$0 < \beta u \leq 0.3$ の場合	0.3	0.3	0.35	0.4
		$0.3 < \beta u \leq 0.7$ の場合	0.35	0.35	0.4	0.45
		$\beta u > 0.7$ の場合	0.4	0.4	0.45	0.5
	C	$0 < \beta u \leq 0.3$ の場合	0.3	0.3	0.35	0.4
		$0.3 < \beta u \leq 0.7$ の場合	0.35	0.4	0.4	0.45
		$\beta u > 0.7$ の場合	0.45	0.45	0.45	0.5
	D	$0 < \beta u \leq 0.3$ の場合	0.35	0.35	0.4	0.4
		$0.3 < \beta u \leq 0.7$ の場合	0.4	0.45	0.45	0.45
		$\beta u > 0.7$ の場合	0.5	0.5	0.5	0.5

この表において、βu は、耐力壁（筋かいを含む。）の水平耐力の和を保有水平耐力
の数値で除した数値を表すものとする。

五　第4第五号の規定によること。

第6　その他の階について Ds を算出する方法

第2から第5までに掲げる階以外の階にあっては、次の表の数値以上の数値を用いるものと
する。

	架構の形式	（い）	（ろ）	（は）
架構の性状		剛節架構又はこれに類する形式の架構	（い）欄及び（は）欄に掲げるもの以外のもの	各階に生ずる水平力の大部分を当該階の耐力壁又は筋かいによって負担する形式の架構
(1)	架構を構成する部材に生ずる応力に対してせん断破壊等耐力が急激に低下する破壊が著しく生じ難いこと等のため、塑性変形の度が特に高いもの	0.3	0.35	0.4

(2)	(1)に掲げるもの以外のもので架構を構成する部材に生ずる応力に対してせん断破壊等耐力が急激に低下する破壊が生じ難いこと等のため、塑性変形の度が高いもの	0.35	0.4	0.45
(3)	(1)及び(2)に掲げるもの以外のもので架構を構成する部材に塑性変形を生じさせる応力に対して当該部材にせん断破壊等が生じないこと等のため、耐力が急激に低下しないもの	0.4	0.45	0.5
(4)	(1)から(3)までに掲げるもの以外のもの	0.45	0.5	0.55

第7　Fes を算出する方法

　建築物の各階の Fes は、当該階について、令第82条の6第二号イの規定による剛性率に応じた次の表1に掲げる Fs の数値に同号ロの規定による偏心率に応じた次の表2に掲げる Fe の数値を乗じて算出するものとする。ただし、当該階の剛性率及び偏心率と形状特性との関係を適切に評価して算出することができる場合においては、当該算出によることができる。

1

剛　性　率	Fs の 数 値
(1) Rs ≧ 0.6 の場合	1.0
(2) Rs < 0.6 の場合	$2.0 - \dfrac{Rs}{0.6}$
この表において、Rs は、各階の剛性率を表すものとする。	

2

偏　心　率	Fe の 数 値
(1) Re ≦ 0.15 の場合	1.0
(2) 0.15 < Re < 0.3 の場合	(1)と(3)とに掲げる数値を直線的に補間した数値
(3) Re ≧ 0.3 の場合	1.5
この表において、Re は、各階の偏心率を表すものとする。	

〔平成12年5月31日建設省告示第1458号〕
屋根ふき材及び屋外に面する帳壁の風圧に対する構造耐力上の安全性を確かめるための構造計算の基準を定める件

　　　　　　　　　　　　　最終改正　平成19年9月27日国土交通省告示第1231号

　建築基準法施行令（昭和25年政令第338号）第82条の4の規定に基づき、屋根ふき材及び屋外に面する帳壁の風圧に対する構造耐力上の安全性を確かめるための構造計算の基準を次のように定める。

1　建築基準法施行令（以下「令」という。）第82条の4に規定する屋根ふき材及び屋外に面する帳壁（高さ13mを超える建築物（高さ13m以下の部分で高さ13mを超える部分の構造耐力上の影響を受けない部分及び1階の部分又はこれに類する屋外からの出入口（専ら避難に供するものを除く。）を有する階の部分を除く。）の帳壁に限る。）の風圧に対する構造耐力上の安全性を確かめるための構造計算の基準は、次のとおりとする。

一　次の式によって計算した風圧力に対して安全上支障のないこと。

$$W = \bar{q}\ \hat{C}f$$

　この式において、W、$\bar{q}$ 及び $\hat{C}f$ は、それぞれ次の数値を表すものとする。

　　W　風圧力（単位　N/m²）

　　$\bar{q}$　次の式によって計算した平均速度圧（単位　N/m²）

　　　$$\bar{q} = 0.6\ Er^2\ V_0^2$$

　　　この式において、Er 及び V_0 は、それぞれ次の数値を表すものとする。

　　　　Er　平成12年建設省告示第1454号第1第2項に規定する Er の数値。ただし、地表面粗度区分がⅣの場合においては、地表面粗度区分がⅢの場合における数値を用いるものとする。

　　　　V_0　平成12年建設省告示第1454号第2に規定する基準風速の数値

　　$\hat{C}f$　屋根ふき材又は屋外に面する帳壁に対するピーク風力係数で、風洞試験によって定める場合のほか、次項又は第3項に規定する数値

二　帳壁にガラスを使用する場合には、第一号の規定により計算した風圧力が、当該ガラスの種類、構成、板厚及び見付面積に応じて次の表により計算した許容耐力を超えないことを確かめること。

単板ガラス及び合わせガラス	$P = \dfrac{300\,k_1\,k_2}{A}\left(t + \dfrac{t^2}{4}\right)$
複層ガラス	構成するそれぞれのガラスごとに上に掲げる式を適用して計算した値のうち、いずれか小さい数値

　この式において、P、k_1、k_2、A 及び t は、それぞれ次の数値を表すものとする。

　　P　ガラスの許容耐力（単位　N/m²）

　　k_1　ガラスの種類に応じて次の表に掲げる数値（合わせガラスの場合においては、構

成するそれぞれのガラスの合計の厚さに対応した単板ガラスの数値又は構成するそ
れぞれのガラスの厚さに対応したk_1の数値のうち、いずれか小さな数値とする。）

普通板ガラス			1.0
磨き板ガラス			0.8
フロート板ガラス	厚さ	8 mm 以下	1.0
		8 mm を超え、12 mm 以下	0.9
		12 mm を超え、20 mm 以下	0.8
		20 mm 超	0.75
倍強度ガラス			2.0
強化ガラス			3.5
網入、線入磨き板ガラス			0.8
網入、線入型板ガラス			0.6
型板ガラス			0.6
色焼付ガラス			2.0

k_2　ガラスの構成に応じて次の表に掲げる数値

単板ガラス	1.0
合わせガラス	0.75
複層ガラス	$0.75(1+r^3)$

　　この表において、rは、Pを計算しようとする複層ガラスのそれぞれのガラ
スの厚さに対する対向ガラス（複層ガラスとして対をなすガラスをいう。）の
厚さの割合の数値（2を超える場合は、2とする。）を表すものとする。

A　ガラスの見付面積（単位　m^2）

t　ガラスの厚さ（合わせガラスにあっては中間膜を除いたそれぞれのガラスの厚さ
　の合計の厚さとし、複層ガラスにあってはこれを構成するそれぞれのガラスの厚さ
　とする。）（単位　mm）

2　屋根ふき材に対するピーク風力係数は、次の各号に掲げる屋根の形式に応じ、それぞれ当該
各号に定めるところにより計算した数値とする。

一　切妻屋根面、片流れ屋根面及びのこぎり屋根面　イに規定するピーク外圧係数（屋外から
当該部分を垂直に押す方向を正とする。以下同じ。）からロに規定するピーク内圧係数（屋
内から当該部分を垂直に押す方向を正とする。以下同じ。）を減じた値とする。

　イ　ピーク外圧係数は、正の場合にあっては次の表1に規定するC_{pe}に次の表2に規定す
　るG_{pe}を乗じて得た数値とし、負の場合にあっては次の表3に規定する数値とする。

　ロ　ピーク内圧係数は、次の表6に規定する数値とする。

二　円弧屋根面　イに規定するピーク外圧係数からロに規定するピーク内圧係数を減じた値とする。

　イ　ピーク外圧係数は、正の場合にあっては次の表4に規定するCpeに次の表2に規定するGpeを乗じて得た数値とし、負の場合にあっては次の表5に規定する数値とする。

　ロ　ピーク内圧係数は、次の表6に規定する数値とする。

三　独立上家　平成12年建設省告示第1454号第3に規定する風力係数に、当該風力係数が0以上の場合にあっては次の表2に、0未満の場合にあっては次の表7にそれぞれ規定するGpeを乗じて得た数値とすること。

表1　切妻屋根面、片流れ屋根面及びのこぎり屋根面の正のCpe

θ	10度	30度	45度	90度
Cpe	0	0.2	0.4	0.8

　この表において、θは、表3の図中に掲げるθとする。また、この表に掲げるθの値以外のθに応じたCpeは、表に掲げる数値をそれぞれ直線的に補間した数値とし、θが10度未満の場合にあっては当該係数を用いた計算は省略することができる。

表2　屋根面の正圧部のGpe

H　　地表面粗度区分	(1)　5以下の場合	(2)　5を超え、40未満の場合	(3)　40以上の場合
Ⅰ	2.2	(1)と(3)とに掲げる数値を直線的に補間した数値	1.9
Ⅱ	2.6		2.1
Ⅲ及びⅣ	3.1		2.3

　この表において、Hは、建築物の高さと軒の高さとの平均（単位　m）を表すものとする。

表3　切妻屋根面、片流れ屋根面及びのこぎり屋根面の負のピーク外圧係数

部位　　　θ	10度以下の場合	20度	30度以上の場合
▭	-2.5	-2.5	-2.5
▭の部位	-3.2	-3.2	-3.2
▭の部位	-4.3	-3.2	-3.2
▭の部位	-3.2	-5.4	-3.2

　この表において、部位の位置は、次図に定めるものとする。また、表に掲げるθの値以外のθに応じたピーク外圧係数は、表に掲げる数値をそれぞれ直線的に補間した数値とし、θが10度以下の切妻屋根面については、当該θの値における片流れ屋根面の数値を用いるものとする。

この図において、H、θ 及び a′ は、それぞれ次の数値を表すものとする。

H　建築物の高さと軒の高さとの平均（単位　m）

θ　屋根面が水平面となす角度（単位　度）

a′　平面の短辺長さと H の2倍の数値のうちいずれか小さな数値（30を超えるときは、30とする。）（単位　m）

表4　円弧屋根面の正の Cpe

$\dfrac{\text{h}}{\text{d}}$ ＼ $\dfrac{\text{f}}{\text{d}}$	0.05	0.2	0.3	0.5 以上
0	0.1	0.2	0.3	0.6
0.5 以上	0	0	0.2	0.6

この表において、f、d 及び h は、表5の図中に規定する f、d 及び h とする。また、表に掲げる $\dfrac{\text{f}}{\text{d}}$ 及び $\dfrac{\text{h}}{\text{d}}$ 以外の当該比率に対応する Cpe は、表に掲げる数値をそれぞれ直線的に補間した数値とし、$\dfrac{\text{f}}{\text{d}}$ が 0.05 未満の場合にあっては、当該係数を用いた計算は省略することができる。

表5　円弧屋根面の負のピーク外圧係数

［□］の部位	−2.5
［▨］の部位	−3.2

この表において、部位の位置は、次図に定めるものとする。

この図において、H、d、h、f 及び a′ は、それぞれ次の数値を表すものとする。

H　建築物の高さと軒の高さとの平均（単位　m）

d　円弧屋根面の張り間方向の長さ（単位　m）

h　建築物の軒の高さ（単位　m）

f　建築物の高さと軒の高さとの差（単位　m）

a′　平面の短辺の長さと H の2倍の数値のうちいずれか小さな数値（30を超える

ときは、30とする。）（単位　m）

表6　屋根面のピーク内圧係数

閉鎖型の建築物	ピーク外圧係数が0以上の場合	−0.5
	ピーク外圧係数が0未満の場合	0
開放型の建築物	風上開放の場合	1.5
	風下開放の場合	−1.2

表7　独立上家のGpe（平成12年建設省告示第1454号第3に規定する風力係数が0未満である場合）

□ の部位	3.0
▨ の部位	4.0

この表において、部位の位置は、次図に定めるものとする。

この図において、θ及びa′は、それぞれ次の数値を表すものとする。

θ　屋根面が水平面となす角度（単位　度）

a′　平面の短辺の長さとHの2倍の数値のうちいずれか小さな数値（30を超えるときは、30とする。）（単位　m）

3　屋外に面する帳壁に対するピーク風力係数は、第一号に規定するピーク外圧係数から第二号に規定するピーク内圧係数を減じた値とする。

一　ピーク外圧係数は、正の場合にあっては次の表8に規定するCpeに次の表9に規定するGpeを乗じて得た数値とし、負の場合にあっては次の表10に規定する数値とすること。

二　ピーク内圧係数は、表11に規定する数値とすること。

表8　帳壁の正のCpe

Hが5以下の場合		1.0
Hが5を超える場合	Zが5以下の場合	$\left(\dfrac{5}{H}\right)^{2\alpha}$
	Zが5を超える場合	$\left(\dfrac{Z}{H}\right)^{2\alpha}$

この表において、H、Z及びαは、それぞれ次の数値を表すものとする。

H　建築物の高さと軒の高さとの平均（単位　m）

Z　帳壁の部分の地盤面からの高さ（単位　m）

α　平成12年建設省告示第1454号第1第3項に規定する数値（地表面粗度区分がⅣ
　　の場合にあっては、地表面粗度区分がⅢの場合における数値を用いるものとす
　　る。）

表9　帳壁の正圧部の Gpe

地表面粗度区分 ＼ Z	(1) 5 以下の場合	(2) 5 を超え、40 未満の場合	(3) 40 以上の場合
Ⅰ	2.2	(1)と(3)とに掲げる数値を 直線的に補間した数値	1.9
Ⅱ	2.6		2.1
Ⅲ及びⅣ	3.1		2.3

この表において、Z は、帳壁の部分の地盤面からの高さ（単位　m）を表すものと
する。

表10　帳壁の負のピーク外圧係数

部位 ＼ H	(1) 45以下の場合	(2) 45 を超え、60 未満の場合	(3) 60以上の場合
▭ の部位	−1.8	(1)と(3)とに掲げる数値を 直線的に補間した数値	−2.4
▬ の部位	−2.2		−3.0

この表において、部位の位置は、次図に定めるものとする。

この図において、H 及び a′ は、それぞれ次の数値を表すものとする。

H　建築物の高さと軒の高さとの平均（単位　m）

a′　平面の短辺の長さと H の2倍の数値のうちいずれか小さな数値（単位　m）

表11　帳壁のピーク内圧係数

閉鎖型の建築物	ピーク外圧係数が0以上の場合	−0.5
	ピーク外圧係数が0未満の場合	0

開放型の建築物	風上開放の場合	1.5
	風下開放の場合	−1.2

〔平成12年5月31日建設省告示第1457号〕

損傷限界変位、Td、Bdi、層間変位、安全限界変位、Ts、Bsi、Fh 及び Gs を計算する方法並びに屋根ふき材等及び外壁等の構造耐力上の安全を確かめるための構造計算の基準を定める件

最終改正　平成28年5月31日国土交通省告示第791号

建築基準法施行令（昭和25年政令第338号）第82条の5第三号イからニまで、第五号、第七号並びに第八号の規定に基づき、損傷限界変位、Td、Bdi、層間変位、安全限界変位、Ts、Bsi、Fh 及び Gs を計算する方法並びに屋根ふき材等の構造耐力上の安全を確かめるための構造計算の基準を次のように定める。

第1　建築基準法施行令（以下「令」という。）第82条の5に規定する限界耐力計算（第三号及び第五号に係る部分に限る。）は、増分解析に基づき行うものとし、かつ、各階が第6の規定によって計算した安全限界変位に達するまでに当該各階における有害な耐力の低下がないことを確かめなければならない。

第2　令第82条の5第三号イに規定する建築物の各階の損傷限界変位は、平成19年国土交通省告示第594号第1の規定に従って架構を定め、各階の架構がそれぞれ当該階の損傷限界耐力に相当する水平力その他のこれに作用する力（平成19年国土交通省告示第594号第2第三号の規定を準用して計算する力を含む。）に耐えている場合における当該力に対する架構の水平方向の変位として計算しなければならない。

第3　令第82条の5第三号ロに規定する建築物の損傷限界固有周期 Td は、次の式によって計算するものとする。ただし、平成13年国土交通省告示第1113号第1に規定する方法による地盤調査（以下「地盤調査」という。）により地盤の特性を求めた場合においては更に次項の規定によって計算した周期調整係数を乗じることができるものとし、建築物の各部分の質量及び剛性に基づき固有値解析その他の方法によって当該周期を計算できる場合においては、当該計算によることができるものとする。

$$\mathrm{Td} = 2\pi\sqrt{\mathrm{Mud}\frac{\Delta \mathrm{d}}{\mathrm{Qd}}}$$

この式において、Td、Mud、Δd 及び Qd は、それぞれ次の数値を表すものとする。

Td　建築物の損傷限界固有周期（単位　s）

Mud　次の式によって計算した建築物の有効質量（単位　t）

$$\mathrm{Mud} = \frac{(\Sigma \mathrm{mi}\,\delta\mathrm{di})^2}{\Sigma \mathrm{mi}\,\delta\mathrm{di}^2}$$

この式において、mi 及び δdi は、それぞれ次の数値を表すものとする。

mi 第 i 階の質量（単位　t）

δdi 第 i 階に次の式によって計算した建築物の損傷限界耐力に相当する水平力 Pdi（単位　kN）が作用しているとき（以下「建築物の損傷限界時」という。）に生ずる第 i 階の基礎からの変位（単位　m）

$$Pdi = \frac{Bdi\,mi}{\sum_{j=1}^{N}Bdj\,mj} \cdot Qd$$

> この式において、Bdi 及び Qd は、それぞれ次の数値を表すものとする。
>> Bdi 第2の規定による第 i 階における加速度の分布係数
>> Qd 建築物の損傷限界耐力（単位　kN）

Qd 次に定めるところにより計算した建築物の損傷限界耐力（単位　kN）

　　各階について次の式によって計算した損傷限界耐力の1階層せん断力係数換算値 qdi のうち最小の値に、建築物の全重量を乗じた値として計算すること。

$$qdi = \frac{Qdi}{\dfrac{\sum_{j=1}^{N}Bdj \cdot mj}{\sum_{j=1}^{N}Bdj \cdot mj} \cdot \sum_{j=1}^{N}mj \cdot g}$$

> この式において、qdi、Qdi、Bdi 及び mi は、それぞれ次の数値を表すものとする。
>> qdi 第 i 階の損傷限界耐力の1階層せん断力係数換算値
>> Qdi 第 i 階の損傷限界耐力（単位　kN）
>> Bdi 第2の規定による第 i 階における加速度の分布係数
>> mi 第 i 階の質量（単位　t）

Δd 次の式によって計算した建築物の代表変位（単位　m）

$$\Delta d = \frac{\sum mi\,\delta di^2}{\sum mi\,\delta di}$$

> この式において、mi 及び δdi は、それぞれ次の数値を表すものとする。
>> mi 第 i 階の質量（単位　t）
>> δdi Mud の計算式に規定する第 i 階の基礎からの変位（単位　m）

2　周期調整係数は、次の式によって計算するものとする。

$$r = \sqrt{1 + \left[\frac{Tsw}{Td}\right]^2 + \left[\frac{Tro}{Td}\right]^2}$$

> この式において、r、Tsw、Td 及び Tro は、それぞれ次の数値を表すものとする。
>> r　　　周期調整係数
>> Tsw　次の式によって計算したスウェイ固有周期（単位　s）
>>
>> $$Tsw = 2\pi\sqrt{\frac{Mud}{Kh}}$$
>>
>>> この式において、Mud 及び Kh は、それぞれ次の数値を表すものとする。
>>>> Mud　前項に規定する建築物の有効質量（単位　t）
>>>> Kh　地盤調査の結果による地震時の表層地盤のせん断ひずみに応じた水平地盤ばね定数（単位　kN/m）
>> Td　前項に規定する建築物の損傷限界固有周期（単位　s）

Tro　次の式によって計算したロッキング固有周期（単位　s）

$$\text{Tro} = 2\pi\sqrt{\dfrac{\text{Mud}}{\text{Kr}}} \cdot \text{H}$$

この式において、Mud、Kr 及び H は、それぞれ次の数値を表すものとする。

Mud　前項に規定する建築物の有効質量（単位　t）

Kr　地盤調査の結果による地震時の表層地盤のせん断ひずみに応じた回転地盤ばね定数（単位　kN・m/rad）

H　前項の規定による建築物の代表変位と建築物の基礎からの変位が同一となる地上部分の高さ（以下「代表高さ」という。）に基礎底面までの地下部分の深さを加えた値（単位　m）

3　令第82条の5第四号に規定する建築物の地下部分の計算に当たっては、当該建築物の損傷限界時に地下部分に生ずる力を用いて計算しなければならない。ただし、第5ただし書の規定によって建築物の各階の層間変位を計算した場合にあっては、建築物の各階の変位が当該層間変位に達する場合に地下部分に生ずる力を用いて計算することができる。

第4　令第82条の5第三号ハの表に規定する建築物の各階に生ずる加速度の分布係数 Bdi は、建築物の損傷限界時の各階の変形の分布に基づき、損傷限界固有周期に応じた刺激関数によって計算し、次の表に掲げる p 及び q を乗じて得た数値とする。ただし、建築物が地階を除く階数が5以下である場合においては、階の区分に応じて次の表の(1)項又は(2)項に掲げる式によって各階につき計算した bdi を用いて、次の表の(3)項に掲げる式により計算することができる。

(1)	最上階の bdi	$\text{bdi} = 1 + (\sqrt{\alpha\text{i}} - \alpha\text{i}^2) \cdot \dfrac{2\,\text{h}(0.02 + 0.01\lambda)}{1 + 3\,\text{h}(0.02 + 0.01\lambda)} \cdot \dfrac{\Sigma\text{mi}}{\text{m}_\text{N}}$
(2)	最上階以外の階の bdi	$\text{bdi} = 1 + (\sqrt{\alpha\text{i}} - \sqrt{\alpha_{\text{i}+1}} - \alpha\text{i}^2 + \alpha_{\text{i}+1}^2) \cdot$ $\dfrac{2\,\text{h}(0.02 + 0.01\lambda)}{1 + 3\,\text{h}(0.02 + 0.01\lambda)} \dfrac{\Sigma\text{mi}}{\text{mi}}$
(3)	加速度の分布係数 Bdi	$\text{Bdi} = \text{p q}\dfrac{\text{Mud}}{\Sigma_{j=1}^{N}\text{mj}} \cdot \text{bdi}$

この式において、αi、h、λ、mi、p、q 及び Mud は、それぞれ次の数値を表す。

αi　建築物の bdi を計算しようとする高さの部分が支える部分の固定荷重と積載荷重との和（令第86条第2項ただし書の規定によって特定行政庁が指定する多雪区域においては、更に積雪荷重を加えるものとする。以下同じ。）を当該建築物の地上部分の固定荷重と積載荷重との和で除した数値

h　建築物の高さ（単位　m）

λ　建築物のうち柱及びはりの大部分が木造又は鉄骨造である階（地階を除く。）の高さの合計の h に対する比

mi　第 i 階の質量（単位　t）

p　建築物の階数及び損傷限界固有周期に応じて次の表に掲げる式によって計算した数値

階　数 ＼ 損傷限界固有周期	0.16秒以下の場合	0.16秒を超える場合
1	$1.00 - \dfrac{0.20}{0.16}\,Td$	0.80
2	$1.00 - \dfrac{0.15}{0.16}\,Td$	0.85
3	$1.00 - \dfrac{0.10}{0.16}\,Td$	0.90
4	$1.00 - \dfrac{0.05}{0.16}\,Td$	0.95
5以上	1.00	1.00

　この表において、Td は、建築物の損傷限界固有周期（単位　s）を表すものとする。

　q　建築物の全質量に対する有効質量の比率（以下「有効質量比」という。）に応じて次の表に掲げる式によって計算した数値

有効質量比	0.75未満	$0.75\,\dfrac{\Sigma mi}{Mud}$
	0.75以上	1.0

Mud　前項に規定する建築物の有効質量（単位　t）

第5　令第82条の5第三号ニに規定する各階に生ずる水平方向の層間変位は、第3第1項に規定する建築物の損傷限界時における各階に生ずる水平方向の層間変位とする。ただし、建築物に生ずる水平力と変位の関係に基づき、建築物の各部分の質量及び剛性に基づく固有値解析その他の方法によって第3第1項に規定する損傷限界固有周期 Td を計算した場合にあっては、当該損傷限界固有周期 Td における各階の変位を層間変位とすることができる。

第6　令第82条の5第五号イに規定する各階の安全限界変位は、建築物の各階が保有水平耐力に相当する水平力その他これに作用する力に対して耐えているときに、当該階の一の部材が次の式によって計算した部材の限界変形角に達した場合の層間変位以下の変位とする。ただし、限界変形角に達した部材を取り除いたと仮定した架構がなお倒壊、崩壊等に至っていないことが確認された場合においては、当該架構に基づき各階の安全限界変位を求めることができるものとする。

　Ru ＝ Rb＋Rs＋Rx

　この式において、Ru、Rb、Rs 及び Rx は、それぞれ次の数値を表すものとする。
　　Ru　部材の限界変形角（単位　rad）
　　Rb　次の式によって計算した曲げに対する部材の変形角（単位　rad）

$$Rb = \frac{\phi y \, a}{3} + (\phi u - \phi y) \, lp \left[1 - \frac{lp}{2a}\right]$$

この式において、ϕy、ϕu、lp 及び a は、それぞれ次の数値を表すものとする。

ϕy　損傷限界時における部材の曲率（単位　rad/m）

ϕu　部材の最大耐力時のヒンジ領域での曲率（単位　rad/m）

　　　ただし、建築物の安全限界耐力時に当該部材に作用する力に対し部材の耐力が低下していない場合にあっては、そのときの曲率とすることができる。

lp　ヒンジ領域の長さ（単位　m）

a　部材のせん断スパン長さ（せん断力を受ける部分の長さをいう。）で、部材の内法長さに0.5を乗じた数値（単位　m）

Rs　安全限界耐力時に当該部材に作用する力により生ずる部材のせん断変形角（単位　rad）

Rx　隣接する他の部材との接合部分における変形、その他構造形式に応じて実況により求まる部材の変形角（単位　rad）

2　前項の規定により建築物の各階について定める安全限界変位の当該各階の高さに対する割合は、それぞれ $\frac{1}{75}$（木造である階にあっては、$\frac{1}{30}$）を超えないものとしなければならない。ただし、特別な調査又は研究の結果に基づき安全限界変位に相当する変位が生ずる建築物の各階が当該建築物に作用する荷重及び外力に耐えることができることが確かめられた場合にあっては、この限りでない。

第7　令第82条の5第五号ロに規定する建築物の安全限界固有周期 Ts は、次の式によって計算するものとする。ただし、地盤調査によって地盤の特性を求めた場合においては、更に次項の規定によって計算した周期調整係数を乗じることができるものとし、建築物の各部分の質量及び剛性に基づき固有値解析等の手法によって当該周期を計算できる場合においては、当該計算によることができるものとする。

$$Ts = 2\pi \sqrt{Mus \frac{\Delta s}{Qs}}$$

この式において、Ts、Mus、Δs 及び Qs は、それぞれ次の数値を表すものとする。

Ts　建築物の安全限界固有周期（単位　s）

Mus　次の式によって計算した建築物の有効質量（単位　t）

$$Mus = \frac{(\Sigma \, mi \, \delta si)^2}{\Sigma \, mi \, \delta si^2}$$

この式において、mi 及び δsi は、それぞれ次の数値を表すものとする。

mi　第 i 階の質量（単位　t）

δsi　第 i 階に次の式によって計算した建築物の安全限界耐力に相当する水平力 Psi（単位　kN）が作用しているとき（以下「建築物の安全限界時」という。）に生ずる第 i 階の基礎からの変位（単位　m）

$$Psi = \frac{Bsi \, mi}{\sum_{j=1}^{N} Bsj \cdot mj} \cdot Qs$$

この式において、Bsi 及び Qs は、それぞれ次の数値を表すものとする。

Bsi　第8の規定による第 i 階各階における加速度の分布係数

Qs　建築物の安全限界耐力（単位　kN）

Qs　次に定めるところにより計算した建築物の安全限界耐力（単位　kN）

各階について次の式によって計算した安全限界耐力の1階層せん断力係数換算値 qsi のうち最小の値に、建築物の全重量を乗じた値として計算すること。

$$qsi = \frac{Qui}{Fei \cdot \frac{\sum_{j=1}^{N} Bsj \cdot mj}{\sum_{j=1}^{N} Bsj \cdot mj} \cdot \sum_{j=1}^{N} mj \cdot g}$$

この式において、qsi、Qui、Fei、Bsi 及び mi は、それぞれ次の数値を表すものとする。

qsi　第 i 階の保有水平耐力の1階層せん断力係数換算値

Qui　第 i 階の保有水平耐力（単位　kN）

Fei　昭和55年建設省告示第1792号に定める基準の第7表2に掲げる建築物の第 i 階における Fe の数値。ただし、構造耐力上主要な部分の水平力に対する剛性、耐力及びそれらの配置の状況を考慮して保有水平耐力に与える偏心の影響に基づいて計算する場合においては、当該計算によることができるものとする。

Bsi　第8の規定による第 i 階に生ずる加速度の分布係数

mi　第 i 階の質量（単位　t）

Δs　次の式によって計算した建築物の代表変位（単位　m）

$$\Delta s = \frac{\sum mi \, \delta si^2}{\sum mi \, \delta si}$$

この式において、mi 及び δsi は、それぞれ次の数値を表すものとする。

mi　第 i 階の質量（単位　t）

δsi　Mus の計算式に規定する第 i 階の基礎からの変位（単位　m）

2　周期調整係数 r は、第3第2項の式によって計算するものとする。この場合において、Td 及び Mud は、それぞれ Ts 及び Mus と読み替えるものとする。

3　建築物の安全限界時において、構造部材である柱、はり若しくは壁又はこれらの接合部が、せん断破壊その他これに類する構造耐力上主要な部分の脆性的な破壊等によって構造耐力上支障のある急激な耐力の低下が生ずるおそれがないことを次に定めるところによって確かめること。

一　建築物の安全限界時において塑性ヒンジを生ずる構造耐力上主要な部分（以下この項において「塑性ヒンジ部材」という。）にあっては、第1項に規定する Δs の数値を1.5倍した場合における各階の層間変位を計算し、当該層間変位における各塑性ヒンジ部材の変形角が、第6第1項の規定によって計算した限界変形角を、それぞれ超えないことを確かめること。

二　塑性ヒンジ部材以外の構造耐力上主要な部分にあっては、平成19年国土交通省告示第594号第4第三号の規定に準じた構造計算を行うこと。

4　建築物の地上部分の塔状比（計算しようとする方向における架構の幅に対する高さの比をいう。）が4を超える場合にあっては、次の各号に掲げる層せん断力のいずれかが作用するもの

とした場合に建築物の地盤、基礎ぐい又は地盤アンカーに生ずる力を計算し、当該力が地盤にあっては地盤調査によって求めた極限応力度に基づき計算した極限支持力の数値を、基礎ぐい及び地盤アンカーにあっては令第3章第8節第4款に規定する材料強度によって計算した当該基礎ぐい及び地盤アンカーの耐力並びに地盤調査によって求めた圧縮方向及び引抜き方向の極限支持力の数値を、それぞれ超えないことを確かめるものとする。ただし、特別な調査又は研究によって地震力が作用する建築物の全体の転倒が生じないことを確かめた場合にあっては、この限りでない。

— 令第88条第1項に規定する地震力について標準せん断力係数を0.3以上として計算した層せん断力

二 建築物の安全限界時に各階に作用するものとした層せん断力

第8 令第82条の5第五号ハに規定する建築物の各階に生ずる加速度の分布係数Bsiは、第4の規定によって計算するものとする。この場合において、第三号ハの表損傷限界、Td、Mud及びbdiは、それぞれ第五号ハの表、安全限界、Ts、Mus及びbsiと読み替えるものとする。

第9 令第82条の5第五号ハに規定する振動の減衰による加速度の低減率Fhは、次の式によって計算するものとする。ただし、建築物の地震応答に対する部材又は建築物の減衰性の影響を考慮した計算手法によってFhを算出できる場合においては、当該計算によることができる。

$$\text{Fh} = \frac{1.5}{1 + 10\,\text{h}}$$

2 前項の式において、hは、次の各号（鉄筋コンクリート造その他これに類する架構において弾性状態における剛性の低下が生ずるおそれのある構造方法とする場合にあっては、第二号を除く。）のいずれかにより求めた建築物の減衰を表す数値とする。ただし、部材又は建築物の減衰性を、これらを弾性とみなした場合の粘性減衰定数によって表すことができる場合においては、当該数値とすることができる。

— 建築物の減衰を表す数値hを個々の部材の減衰特性から求める場合は、次の式によって計算するものとする。

$$\text{h} = \frac{\sum_{i=1}^{N} \text{mhei} \cdot \text{mWi}}{\sum_{i=1}^{N} \text{mWi}} + 0.05$$

この式において、h、mhei及びmWiは、それぞれ次の数値を表すものとする。

h　建築物の減衰性を表す数値

mhei　建築物の安全限界時の各部材の減衰特性を表す数値で、木造、鉄骨造及び鉄筋コンクリート造にあっては、イの規定によることとし、木造、鉄骨造及び鉄筋コンクリート造以外の構造又は部材の耐力に応じた変形の特性に基づく場合には、ロの規定によることとする。

mWi　建築物の安全限界変形時の各部材の変形にその時の各部材の耐力を乗じて2で除した値（単位　kN·m）

イ　木造、鉄骨造及び鉄筋コンクリート造の部材におけるmheiは、次の式によって計算するものとする。

$$\text{mhei} = \gamma_1(1 - 1/\sqrt{\text{mDfi}})$$

この式において、γ_1 及び mDfi は、それぞれ次の数値を表すものとする。

γ_1　　部材の構造形式に応じた減衰特性を表す係数で、次の表に掲げる数値

構　造　形　式	γ_1
部材を構成する材料及び隣接する部材との接合部が緊結された部材	0.25
その他の部材又は地震力が作用するときに座屈による耐力低下を生ずる圧縮力を負担する筋かい部材	0.2

mDfi　各部材の塑性の程度を表すものとして次の式により計算した数値（1を下回る場合には、1とする。）

$$\text{mDfi} = \frac{\text{m}\delta\text{si}}{\text{m}\delta\text{di}}$$

この式において、mδsi 及び mδdi は、それぞれ次の数値を表すものとする。

mδsi　建築物の安全限界変位時に各部材に生ずる変形（単位　m）

mδdi　各部材の損傷限界変形（単位　m）

ロ　木造、鉄骨造及び鉄筋コンクリート造以外の構造又は部材の耐力に応じた変形の特性に基づく場合の mhei は、γ_1 を 0.25 としてイの規定を準用することで計算した数値を上限として、次の式によって計算した建築物の安全限界時における当該部材の等価粘性減衰定数に 0.8 を乗じた数値以下の数値とすることができる。

$$\text{mhei} = \frac{1}{4\pi} \frac{\Delta\text{Wi}}{\text{mWi}}$$

この式において、ΔWi 及び mWi は、それぞれ次の数値を表すものとする。

ΔWi　建築物の安全限界時に各部材に生ずる変形を最大点とする履歴特性曲線で囲まれる面積（単位　kN·m）

mWi　建築物の安全限界時に各部材に生ずる変形にその際の各部材の耐力を乗じて2で除した数値（単位　kN·m）

二　前号イに規定する建築物の塑性の程度を表す数値 mDfi が1以上である部材について、イに規定する γ_1 がすべて等しい場合には、建築物の減衰性を表す数値 h は、次の式によって計算することができる。

$$h = \gamma_1(1 - 1/\sqrt{\text{Df}}) + 0.05$$

この式において、γ_1 及び Df は、それぞれ次の数値を表すものとする。

γ_1　その構成する部材の構造形式に応じた建築物の減衰特性を表す係数で、前号イに規定する γ_1 の表に掲げる数値

Df　建築物の塑性の程度を表すものとして次の式によって計算した数値（ただし、1を下回る場合には、1とする）

$$Df = \frac{\Delta s \ Qd}{\Delta d \ Qs}$$

この式において、Δs、Qd、Δd 及び Qs は、それぞれ次の数値を表すものとする。

Δs　第7第1項に規定する建築物の安全限界時における代表変位（単位　m）

Qd　第3第1項に規定する建築物の損傷限界耐力（単位　kN）

Δd　第3第1項に規定する建築物の損傷限界時における代表変位（単位　m）

Qs　第7第1項に規定する建築物の安全限界耐力（単位　kN）

三　建築物の減衰を表す数値 h を建築物に生ずる水平力と当該水平力により建築物に生ずる変位の関係から求める場合は、次の式によって計算するものとする。

$$h = \gamma_1(1 - 1 / \sqrt{Df}) + 0.05$$

この式において、γ_1 及び Df は、それぞれ次の数値を表すものとする。

γ_1　第一号に規定する部材の構造形式に応じた建築物の減衰特性を表す係数

Df　建築物の塑性の程度を表すものとして次の式によって計算した数値（ただし、1を下回る場合には1とする。）

$$Df = \Delta s / \Delta y$$

この式において、Δs 及び Δy は、それぞれ次の数値を表すものとする。

Δs　第7第1項に規定する建築物の安全限界時における代表変位（単位　m）

Δy　次の図の点 X_2 における建築物に生ずる変位（単位　m）

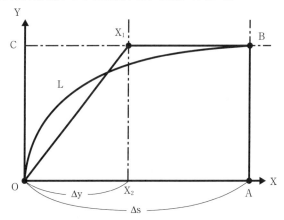

この図において、X軸、Y軸、点O、曲線L、点A、点B、点C、点 X_1 及び点 X_2 はそれぞれ次に定めるものを表すものとし、X軸とY軸は互いに直角に交わるものとする。

X軸　建築物に生ずる変位（単位　m）

Y軸　建築物に作用する水平力（単位　kN）

点O　X軸とY軸の交点

曲線L　建築物に作用する水平力と当該水平力により建築物に生ずる変位の関係を示した曲線（以下この号において「特性曲線」という。）

点A　建築物に生ずる変位が Δs のときのX軸上の点

点B　点Aを通りX軸と直角に交わる直線と曲線Lの交点

点C　建築物に作用する水平力が第7第1項に規定する建築物の安全限界耐力のY軸上の点

点 X_1　点Cと点Bを結ぶ直線上の点で、その点、点B、点A及び点Oを頂点とする四角形の面積が曲線L、点Bと点Aを結ぶ直線及び点Aと点Oを結ぶ直線により囲まれる図形の面積と等しくなるときの点。ただし、令第82条の5第三号ハの表に規定する地震力による建築物の各階の水平方向の変位を特性曲線を用いて計算し、当該変位を安全限界変位とする場合にあっては、点Cと点Bを結ぶ直線に替えて、特性曲線の安全限界変位における接線を用いることができるものとする。

点 X_2　点 X_1 を通りX軸と直角に交わる直線とX軸の交点

四　地盤調査によって地盤の特性を求めた場合には、建築物の減衰性を表す数値 h は、次の式によって計算することができる。

$$h = \frac{1}{r^3}\left\{ hsw\left(\frac{Tsw}{Ts}\right)^3 + hro\left(\frac{Tro}{Ts}\right)^3 + hb \right\}$$

この式において、r、hsw、Tsw、Ts、hro、Tro 及び hb は、それぞれ次の数値を表すものとする。

r　　第7第2項に規定する安全限界時の周期調整係数

hsw　地盤調査の結果による地震時の表層地盤のせん断ひずみに応じた水平地盤粘性減衰定数（hsw に $\frac{Tsw}{r \cdot Ts}$ を乗じて得た数値が 0.3 を超える場合には、0.3 を $\frac{Tsw}{r \cdot Ts}$ で除した数値とする。）

Tsw　第7第2項に規定する安全限界時のスウェイ固有周期（単位　s）

Ts　　第7第1項に規定する安全限界固有周期（単位　s）

hro　地盤調査の結果による地震時の表層地盤のせん断ひずみに応じた回転地盤粘性減衰定数（hro に $\frac{Tro}{r \cdot Ts}$ を乗じて得た数値が 0.15 を超える場合には、0.15 を $\frac{Tro}{r \cdot Ts}$ で除した数値とする。）

Tro　第7第2項に規定する安全限界時のロッキング固有周期（単位　s）

hb　前3号のいずれかにより求めた建築物の減衰性を表す数値 h を、当該建築物の地上部分の減衰性を表す数値 h を表すものとして読み替えた数値

第10　令第82条の5第三号の表に規定する表層地盤（次項第一号に規定する工学的基盤上面以浅の地盤をいう。以下同じ。）による加速度の増幅率を表す数値 Gs は、地盤が昭和55年建設省告示第1793号第2の表中 Tc に関する表に掲げる第一種地盤に該当する区域にあっては次の表1に掲げる式により、第二種地盤又は第三種地盤に該当する区域にあっては次の表2に掲げる

式により計算すること。

1

T < 0.576	Gs = 1.5
0.576 ≦ T < 0.64	$Gs = \dfrac{0.864}{T}$
0.64 < T	Gs = 1.35

この表において、T は、建築物の固有周期（単位　s）を表すものとする。

2

T < 0.64	Gs = 1.5
0.64 ≦ T < Tu	$Gs = 1.5\left(\dfrac{T}{0.64}\right)$
Tu < T	Gs = gv

この表において、T、Tu 及び gv は、それぞれ次の数値を表すものとする。

T　　建築物の固有周期（単位　s）

Tu　次の式によって計算した数値（単位　s）

$$Tu = 0.64\left(\dfrac{gv}{1.5}\right)$$

gv　地盤種別に応じて次の表に掲げる数値

第二種地盤	2.025
第三種地盤	2.7

2　前項の規定にかかわらず、令第82条の5第五号ハの表に規定する Gs の数値は、地盤の液状化による表層地盤の変形による影響が Gs の計算に支障を生じるおそれのない場合で、かつ、建築物の敷地は、がけ地その他これらに類する傾斜した地盤又はその近傍にない場合（特別な調査又は研究の結果に基づき傾斜した地盤における工学的基盤からの増幅と同等以上の増幅を計算できる場合を除く。）においては、第一号から第三号までに定めるところにより計算することができるものとする。

一　地盤調査によって地下深所に至る十分な層厚と剛性を有し、かつ、次のイからハまでに掲げる基準に適合する工学的基盤を有することを確かめること。

　　イ　地盤のせん断波速度が約 400 m/s 以上であること。

　　ロ　地盤の厚さが 5 m 以上であること。

　　ハ　建築物の直下を中心とし、表層地盤の厚さの 5 倍程度の範囲において地盤の深さが一様なものとして 5 度以下の傾斜であること。ただし、特別な調査又は研究の結果に基づき傾斜する工学的基盤からの地震動の増幅と同等以上の増幅を計算できる場合にあっては、この限りでない。

二　Gs は、次の表の(い)欄に掲げる建築物の安全限界固有周期に応じて、イによって計算し

た地盤の卓越周期及び口によって計算した表層地盤の増幅率を用いて、次の表の(ろ)欄に掲げる式によって計算すること。この場合において、建築物の安全限界時の Gs が 1.23 を下回るときは 1.23 とするものとし、更に、建築物と表層地盤との相互作用を考慮してハによって計算される相互作用に関する係数 β を乗じることができるものとする。

	(い)	(ろ)
(1)	$T \leqq 0.8\,T_2$	$Gs = Gs_2 \dfrac{T}{0.8\,T_2}$
(2)	$0.8\,T_2 < T \leqq 0.8\,T_1$	$Gs = \dfrac{Gs_1 - Gs_2}{0.8(T_1 - T_2)}T + Gs_2 - 0.8\dfrac{Gs_1 - Gs_2}{0.8(T_1 - T_2)}T_2$
(3)	$0.8\,T_1 < T \leqq 1.2\,T_1$	$Gs = Gs_1$
(4)	$1.2\,T_1 < T$	$Gs = \dfrac{Gs_1 - 1}{\dfrac{1}{1.2\,T_1} - 0.1} \cdot \dfrac{1}{T} + Gs_1 - \dfrac{Gs_1 - 1}{\dfrac{1}{1.2\,T_1} - 0.1} \cdot \dfrac{1}{1.2\,T_1}$

この表において、T、T_1、T_2、Gs_1 及び Gs_2 は、それぞれ次の数値を表すものとする。

T　　建築物の損傷限界固有周期又は安全限界固有周期（単位　s）

T_1　　表層地盤の一次卓越周期（単位　s）

T_2　　表層地盤の二次卓越周期（単位　s）

Gs_1　　表層地盤の一次卓越周期に対する増幅率

Gs_2　　表層地盤の二次卓越周期に対する増幅率

イ　表層地盤の一次卓越周期及び二次卓越周期は、それぞれ次に掲げる式によって計算する。

(1)　$T_1 = \dfrac{4(\Sigma Hi)^2}{\Sigma \sqrt{\dfrac{Gi}{\rho i}}\,Hi}$

(2)　$T_2 = \dfrac{T_1}{3}$

これらの式において、T_1、T_2、Hi、Gi 及び ρi は、それぞれ次の値を表すものとする。

T_1　　表層地盤の一次卓越周期（単位　s）

T_2　　表層地盤の二次卓越周期（単位　s）

Hi　　地盤調査によって求められた地盤の各層の層厚（単位　m）

Gi　　地盤調査の結果による地盤の各層のせん断剛性で、地震時に生ずる地盤のせん断ひずみに応じて計算した数値

ρi　　地盤調査によって求められた地盤の各層の密度（単位　t／m³）

ロ　表層地盤の一次卓越周期に対する増幅率 Gs_1 及び二次卓越周期に対する増幅率 Gs_2 は、それぞれ次に掲げる式によって計算するものとする。

(1)　$Gs_1 = \dfrac{1}{1.57\,h + \alpha}$

(2)　$Gs_2 = \dfrac{1}{4.71\,h + \alpha}$

これらの式において、α 及び h は、それぞれ次の数値を表すものとする。

α　次の式によって計算した波動インピーダンス比

$$\alpha = \frac{\Sigma \sqrt{\dfrac{Gi}{\rho i}} \, Hi \cdot \Sigma \rho i \, Hi}{(\Sigma Hi)^2} \cdot \frac{1}{\rho_B V_B}$$

この式において、ρ_B 及び V_B は、それぞれ次の数値を表すものとする。

ρ_B　地盤調査によって求められた工学的基盤の密度（単位　t／m³）

V_B　地盤調査によって求められた工学的基盤のせん断波速度
（単位　m/s）

h　地震時の表層地盤によるエネルギー吸収の程度を表すものとして次の式に
よって計算した数値（0.05 未満となる場合には、0.05 とする。）

$$h = \frac{\Sigma hi \, wi}{\Sigma wi}$$

この式において、hi 及び wi は、それぞれ次の数値を表すものとする。

hi　地盤調査の結果による表層地盤の各層の減衰定数で、地震時に生ずる
表層地盤のせん断ひずみに応じて計算した数値

wi　地震時における表層地盤の各層の最大弾性ひずみエネルギーを表すも
のとして次の式によって計算した数値

$$wi = \frac{Gi}{2 \, Hi}(ui - u_{i-1})^2$$

この式において、ui は、地震時における地盤の各層における最
上部の工学的基盤からの相対変位（単位　m）を表すものとする。

ハ　建築物と表層地盤との相互作用に関する係数 β は、次の式によって計算するものとす
る。ただし、β が 0.75 を下回る場合にあっては、0.75 とする。

$$\beta = \frac{Khb\left\{1 - \left(1 - \dfrac{1}{Gs}\right)\dfrac{De}{\Sigma Hi}\right\} + Khe}{Khb + Khe}$$

この式において、Khb、Gs、De、Hi 及び Khe は、それぞれ次の数値を表すものと
する。

Khb　地盤調査によって求められた建築物の地下部分の底面における水平地盤ばね
定数（単位　kN/m）

Gs　第二号に規定する Gs の数値

De　地表面から基礎底面までの深さ（単位　m）

Hi　イに規定する地盤の各層の層厚（単位　m）

Khe　地盤調査によって求められた建築物の地下部分の側面における水平地盤ばね
定数（単位　kN/m）

三　敷地内の表層地盤の各層について、当該層の上層においてせん断波速度に地盤密度を乗じ
て得た数値が 2 倍程度変化する場合にあっては、当該層を工学的基盤とみなして前号の規定
により Gs を計算し、当該数値と前号の規定による数値のいずれか大きな数値を当該地盤の
Gs とすること。

第11　令第82条の5第七号に規定する屋根ふき材、特定天井、外装材及び屋外に面する帳壁の構造計算の基準は、次のとおりとする。

　一　屋根ふき材、外装材及び屋外に面する帳壁の構造計算の基準は、次のとおりとする。

　　イ　風圧力に対して、平成12年建設省告示第1458号に規定する構造計算を行うこと。

　　ロ　地震力に対して、次に定める方法により構造計算を行うこと。ただし、令第39条の規定に適合し、かつ、令第82条の5第三号の規定により求めた建築物の層間変位の各階の高さに対する割合が$\frac{1}{200}$以下であることが確かめられた場合においては、この限りでない。

　　　(1)　屋根ふき材について、令第82条の5第三号の地震力を考慮して、屋根ふき材が取り付く階に生ずる加速度によって当該屋根ふき材の面内及び面外に作用する力を求め、当該力により緊結部分に生ずる応力度が短期に生ずる力に対する許容応力度を超えないことを確かめること。

　　　(2)　外装材及び屋外に面する帳壁（以下「外装材等」という。）について、令第82条の5第三号の地震力を考慮して、外装材等が取り付く部分の上下の部分に生ずる加速度によって当該帳壁等の面内及び面外に作用する力を求め、当該力により緊結部分に生ずる応力度が短期に生ずる力に対する許容応力度を超えないことを確かめること。

　　　(3)　外装材等について、令第82条の5第三号の地震力を考慮して、外装材等が取り付く階に生ずる層間変位を求め、当該変位により緊結部分に生ずる応力度が短期に生ずる力に対する許容応力度を超えないことを確かめること。ただし、当該部分の脱落防止その他有効な手法を用いて、地震に対する安全性が同等以上であることが確かめられた場合においては、この限りでない。

　　ハ　イ及びロの構造計算を行うに当たり、地震以外の震動及び衝撃を適切に考慮すること。

　二　特定天井の構造計算の基準は、次のとおりとする。ただし、平成25年国土交通省告示第771号第3第2項若しくは第3項に定める基準に適合するもの、令第39条第3項の規定に基づく国土交通大臣の認定を受けたもの又は同告示第3第4項第一号に定める構造計算によって構造耐力上安全であることが確かめられた場合においては、この限りでない。

　　イ　天井面構成部材（天井面を構成する天井板、天井下地材及びこれに附属する金物をいう。以下同じ。）の各部分が、地震の震動により生ずる力を構造耐力上有効に当該天井面構成部材の他の部分に伝えることができる剛性及び強度を有することを確かめること。

　　ロ　令第82条の5第三号の地震力を考慮して、天井が取り付く部分に生ずる水平方向の加速度（計算しようとする方向の柱の相互の間隔が15mを超える場合にあっては、水平方向及び鉛直方向の加速度）によって天井面に作用する力を求め、当該力により天井に生ずる力が当該天井の許容耐力（繰り返し載荷試験その他の試験又は計算によって確認した損傷耐力（天井材の損傷又は接合部分の滑り若しくは外れが生ずる力に対する耐力をいう。）に$\frac{2}{3}$以下の数値を乗じた値をいう。）を超えないことを確かめること。ただし、特別な調査又は研究の結果に基づいて天井面に作用する力を算出する場合においては、当該算出によることができるものとする。

　　ハ　天井面構成部材と壁、柱その他の建築物の部分又は建築物に取り付けるもの（構造耐力上主要な部分以外の部分であって、天井面構成部材に地震その他の震動及び衝撃により生ずる力を負担させるものを除く。以下「壁等」という。）との隙間（当該隙間の全部又は

一部に相互に応力を伝えない部分を設ける場合にあっては、当該部分は隙間とみなす。以下同じ。）が、天井面に作用する力及び天井を設ける階に生ずる層間変位を考慮して次に定める式によって算定した値以上であることを確かめること。ただし、特別な調査又は研究の結果に基づいて、地震時に天井面構成部材が壁等と衝突しないよう天井面構成部材と壁等との隙間を算出する場合においては、当該算出によることができるものとする。

$$dcl = \frac{3}{2}\left(\frac{Tcl}{2\pi}\right)^2 acl + \frac{3}{2}Lcl \cdot R$$

　この式において、dcl、Tcl、acl、Lcl 及び R は、それぞれ次の数値を表すものとする。

dcl　天井面構成部材と壁等との隙間（単位　cm）

Tcl　天井の水平方向の固有周期（単位　s）

acl　ロの水平方向の加速度により天井面に生ずる加速度（単位　cm/s^2）

Lcl　衝突が生じないことを確かめる位置での吊り長さ（単位　cm）

R　令第82条の5第三号の規定により求めた建築物の層間変位の各階の高さに対する割合

ニ　イからハまでの構造計算を行うに当たり、風圧並びに地震以外の震動及び衝撃を適切に考慮すること。

第12　土砂災害警戒区域等における土砂災害防止対策の推進に関する法律（平成12年法律第57号）第8条第1項に規定する土砂災害特別警戒区域内における居室を有する建築物にあっては、令第80条の3ただし書の場合を除き、土砂災害の発生原因となる自然現象の種類に応じ、それぞれ平成13年国土交通省告示第383号第2第二号イからハまで、第3第二号イ及びロ又は第4第二号イ及びロの規定によること。

〔昭和55年11月27日建設省告示第1791号〕
建築物の地震に対する安全性を確かめるために必要な構造計算の基準を定める件

　　　　　　　　　　　最終改正　　令和元年6月25日国土交通省告示第203号

建築基準法施行令（昭和25年政令第338号）第82条の6第三号の規定に基づき、建築物の地震に対する安全性を確かめるために必要な構造計算の基準を次のように定める。

第1　木造の建築物等に関する基準

　木造の建築物又は木造とその他の構造とを併用する建築物については、次の各号に定める構造計算を行うこと。

一　水平力を負担する筋かいを設けた階（地階を除く。）を含む建築物にあつては、建築基準法施行令（以下「令」という。）第82条第一号の規定により計算した当該階の構造耐力上主要な部分に生ずる令第88条第1項の規定による地震力による応力の数値に次の表の数値以上の数値又は特別な調査若しくは研究に基づき当該階の筋かいを入れた軸組の減衰性及び靱性を考慮して定めた数値を乗じて得た数値を当該応力の数値として令第82条第二号及び第三号に規定する構造計算を行うこと。

$\beta \leqq \dfrac{5}{7}$ の場合	$1 + 0.7\beta$
$\beta > \dfrac{5}{7}$ の場合	1.5

この表において、βは、令第88条第1項に規定する地震力により建築物の各階に生ずる水平力に対する当該階の筋かいが負担する水平力の比を表すものとする。

二　水平力を負担する筋かいで木材を使用したものについては、当該筋かいの端部又は接合部に木材のめりこみの材料強度に相当する応力が作用する場合において、当該筋かいに割裂き、せん断破壊等が生じないことを確かめること。

三　水平力を負担する筋かいでその軸部に専ら木材以外の材料を使用したものについては、当該筋かいの軸部が降伏する場合において、当該筋かいの端部及び接合部が破断しないことを確かめること。

四　建築物の地上部分の塔状比（計算しようとする方向における架構の幅に対する高さの比をいう。）が4を超えないことを確かめること。

五　前各号に掲げるもののほか、必要がある場合においては、構造耐力上主要な部分である柱若しくははり又はこれらの接合部が、割裂き、せん断破壊等によつて構造耐力上支障のある急激な耐力の低下を生ずるおそれのないことを確かめること。

第2　鉄骨造の建築物等に関する基準

鉄骨造の建築物又は鉄骨造とその他の構造とを併用する建築物については、次の各号に定める構造計算を行うこと。

一　水平力を負担する筋かいを設けた階（地階を除く。）を含む建築物にあつては、令第82条第一号の規定により計算した当該階の構造耐力上主要な部分に生ずる令第88条第1項の規定による地震力による応力の数値に次の表の数値以上の数値を乗じて得た数値を当該応力の数値として令第82条第二号及び第三号に規定する構造計算を行うこと。

$\beta \leqq \dfrac{5}{7}$ の場合	$1 + 0.7\beta$
$\beta > \dfrac{5}{7}$ の場合	1.5

この表において、βは、令第88条第1項に規定する地震力により建築物の各階に生ずる水平力に対する当該階の筋かいが負担する水平力の比を表すものとする。

二　水平力を負担する筋かいの軸部が降伏する場合において、当該筋かいの端部及び接合部が破断しないことを確かめること。

三　冷間成形により加工した角形鋼管（厚さ6mm以上のものに限る。以下この号において単に「角形鋼管」という。）を構造耐力上主要な部分である柱に用いる場合にあつては、次に定める構造計算を行うこと。ただし、特別な調査又は研究の結果に基づき、角形鋼管に構造耐力上支障のある急激な耐力の低下を生ずるおそれのないことが確かめられた場合にあつて

は、この限りでない。

イ　構造耐力上主要な部分である柱及びはりの接合部（最上階の柱の柱頭部及び1階の柱の脚部である接合部を除く。）について、次の式に適合することを確かめること。

$$\Sigma\,\mathrm{Mpc} \geqq 1.5\,\Sigma\,\mathrm{Mpb}$$

> この式において、Mpc及びMpbは、それぞれ次の数値を表すものとする。
> Mpc　当該接合部における柱の材端（はりその他の横架材に接着する部分をいう。）に生じうるものとして計算した最大の曲げモーメント（単位　N·m）
> Mpb　当該接合部におけるはりの材端（柱に接着する部分をいう。）に生じうるものとして計算した最大の曲げモーメント（単位　N·m）

ロ　構造耐力上主要な部分である角形鋼管を用いた柱が1階の柱であり、かつ、日本産業規格G3466（一般構造用角形鋼管）-2006に適合する場合にあつては、イに掲げるほか、地震時に当該柱の脚部に生ずる力に1.4（柱及びはりの接合部の構造方法を内ダイアフラム形式（ダイアフラムを落とし込む形式としたものを除く。）とした場合は1.3）以上の数値を乗じて令第82条第一号から第三号までに規定する構造計算をした場合に当該建築物が安全であることを確かめること。

四　柱及びはりに炭素鋼（平成12年建設省告示第2464号第1に規定する基準強度が$205\,\mathrm{N/mm^2}$以上$375\,\mathrm{N/mm^2}$以下であるものに限る。）を用いる場合にあつては、次の表の(い)欄に掲げる柱及びはりの区分に応じ、幅厚比（円形鋼管にあつては、径厚比とする。）が同表の(ろ)欄に掲げる数値以下の数値となることを確かめること。ただし、特別な調査又は研究の結果に基づき、鋼材の断面に構造耐力上支障のある局部座屈を生じないことが確かめられた場合にあつては、この限りでない。

(い)			(ろ)
柱及びはりの区分			数　値
部材	断面形状	部　位	
柱	H形鋼	フランジ	$9.5\sqrt{235/\mathrm{F}}$
		ウェブ	$43\sqrt{235/\mathrm{F}}$
	角形鋼管	—	$33\sqrt{235/\mathrm{F}}$
	円形鋼管	—	$50\,(235/\mathrm{F})$
はり	H形鋼	フランジ	$9\sqrt{235/\mathrm{F}}$
		ウェブ	$60\sqrt{235/\mathrm{F}}$
この表において、Fは平成12年建設省告示第2464号第1に規定する基準強度（単位　$\mathrm{N/mm^2}$）を表すものとする。			

五　柱及びはりにステンレス鋼を用いる場合にあつては、次の表の(い)欄に掲げる柱及びはりの区分に応じ、H形鋼にあつては同表の(ろ)欄に掲げる式によつて計算した数値が1以下になることを、角形鋼管の幅厚比及び円形鋼管の径厚比にあつてはそれぞれ同欄に掲げる数値

以下の数値となることを、それぞれ確かめること。ただし、特別な調査又は研究の結果に基づき、鋼材の断面に構造耐力上支障のある局部座屈を生じないことが確かめられた場合にあつては、この限りでない。

(い)			(ろ)
柱及びはりの区分			数　値
部材	断面形状	鋼　種	
柱	H形鋼	235N級鋼	$\left(\dfrac{b\diagup tf}{11}\right)^2+\left(\dfrac{d\diagup tw}{43}\right)^2$
		325N級鋼	$\left(\dfrac{b\diagup tf}{11}\right)^2+\left(\dfrac{d\diagup tw}{31}\right)^2$
	角形鋼管	235N級鋼	25
		325N級鋼	25
	円形鋼管	235N級鋼	72
		325N級鋼	44
はり	H形鋼	235N級鋼	$\left(\dfrac{b\diagup tf}{9}\right)^2+\left(\dfrac{d\diagup tw}{67}\right)^2$ 及び $(d\diagup tw)\diagup 65$
		325N級鋼	$\left(\dfrac{b\diagup tf}{9}\right)^2+\left(\dfrac{d\diagup tw}{47}\right)^2$
	角形鋼管	235N級鋼	32
		325N級鋼	32
	円形鋼管	235N級鋼	72
		325N級鋼	44

　この表において、b、d、tf及びtwは、それぞれ次の数値を表すものとする。
b　　フランジの半幅（フランジの半分の幅をいう。）（単位　mm）
d　　ウェブのせい（単位　mm）
tf　　フランジの厚さ（単位　mm）
tw　　ウェブの厚さ（単位　mm）

六　第1第四号の規定によること。

七　前各号に掲げるもののほか、構造耐力上主要な部分である柱若しくははり又はこれらの接合部が局部座屈、破断等によつて、又は構造耐力上主要な部分である柱の脚部の基礎との接合部がアンカーボルトの破断、基礎の破壊等によつて、それぞれ構造耐力上支障のある急激な耐力の低下を生ずるおそれのないことを確かめること。

第3　鉄筋コンクリート造又は鉄骨鉄筋コンクリート造の建築物等に関する基準
　　鉄筋コンクリート造の建築物若しくは鉄筋コンクリート造とその他の構造とを併用する建築

物又は鉄骨鉄筋コンクリート造の建築物若しくは鉄骨鉄筋コンクリート造とその他の構造とを
併用する建築物については、次の各号に定める構造計算のうちいずれかを行うこと。ただし、
第一号ハ及び第二号ロ（第一号ロの規定の適用に係る部分を除く。）の規定以外の規定にあつ
ては、実験によつて耐力壁並びに構造耐力上主要な部分である柱及びはりが地震に対して十分
な強度を有し、又は十分な靱性をもつことが確かめられる場合においては、この限りでない。
一　次のイからハまでに掲げる基準に適合することを確かめること。

イ　各階の鉄筋コンクリート造又は鉄骨鉄筋コンクリート造の耐力壁（平成19年国土交通省
告示第594号第1第三号イ(1)に規定する開口周比が0.4以下であるものに限る。以下同
じ。）、構造耐力上主要な部分である柱及び耐力壁以外の壁（上端及び下端が構造耐力上主
要な部分に緊結されたものに限る。）の水平断面積が次の式に適合すること。ただし、鉄
骨鉄筋コンクリート造の柱にあつては、同式中「0.7」とあるのは「1.0」とする。

$$\Sigma 2.5\,\alpha\,Aw + \Sigma 0.7\,\alpha\,Ac \geqq 0.75\,Z\,W\,Ai$$

この式において、α、Aw、Ac、Z、W及びAiは、それぞれ次の数値を表すもの
とする。

α　　コンクリートの設計基準強度による割り増し係数として、設計基準強度が
18 N/mm^{2}未満の場合にあつては1.0、18 N/mm^{2}以上の場合にあつては使用す
るコンクリートの設計基準強度（単位　N/mm^2）を18で除した数値の平方根の
数値（当該数値が2の平方根の数値を超えるときは、2の平方根の数値）

Aw　　当該階の耐力壁のうち計算しようとする方向に設けたものの水平断面積
（単位　mm^2）

Ac　　当該階の構造耐力上主要な部分である柱の水平断面積及び耐力壁以外の壁（上
端及び下端が構造耐力上主要な部分に緊結されたものに限る。）のうち計算しよ
うとする方向に設けたものの水平断面積（単位　mm^2）

Z　　令第88条第1項に規定するZの数値

W　　令第88条第1項の規定により地震力を計算する場合における当該階が支える部
分の固定荷重と積載荷重との和（令第86条第2項ただし書の規定により特定行政
庁が指定する多雪区域においては、更に積雪荷重を加えるものとする。）
（単位　N）

Ai　　令第88条第1項に規定する当該階に係るAiの数値

ロ　構造耐力上主要な部分が、地震力によつて当該部分に生ずるせん断力として次の式によ
つて計算した設計用せん断力に対して、せん断破壊等によつて構造耐力上支障のある急激
な耐力の低下を生ずるおそれのないこと。

$$Q_D = \min\{Q_L + n\,Q_E, Q_O + Q_Y\}$$

この式において、Q_D、Q_L、n、Q_E、Q_O及びQ_Yは、それぞれ次の数値を表すも
のとする。

Q_D　　設計用せん断力（単位　N）

Q_L　　固定荷重と積載荷重との和（令第86条第2項ただし書の規定により特定行政庁

が指定する多雪区域においては、更に積雪荷重を加えるものとする。以下この号及び第五号において「常時荷重」という。）によつて生ずるせん断力。ただし、柱の場合には0とすることができる。（単位　N）

n　　2.0（構造耐力上主要な部分でない腰壁又は垂れ壁が取り付く柱にあつては、2.0と階高を開口部の高さで除した数値のうちいずれか大きい数値）以上の数値

Q_E　　令第88条第1項の規定により地震力を計算する場合における当該地震力によつて生ずるせん断力（単位　N）

Q_O　　単純支持とした時の常時荷重によつて生ずるせん断力。ただし、柱の場合には0とすることができる。（単位　N）

Q_Y　　柱又ははりの両端が曲げ耐力に達した時のせん断力。ただし、柱において柱頭に接続するはりの曲げ耐力の和の $\frac{1}{2}$（最上階の柱頭にあつては、曲げ耐力の和）の数値が当該柱頭部の曲げ耐力を超えない場合にあつては、当該数値を柱頭部の曲げ耐力の数値とすることができる。（単位　N）

ハ　第1第四号の規定によること。

二　次のイ及びロに掲げる基準に適合することを確かめること。

イ　各階の鉄筋コンクリート造又は鉄骨鉄筋コンクリート造の耐力壁及び構造耐力上主要な部分である柱の水平断面積が次の式に適合すること。ただし、鉄骨鉄筋コンクリート造の柱及びこれに緊結された耐力壁にあつては、「1.8」とあるのは「2.0」とする。

$$\Sigma 1.8\alpha Aw + \Sigma 1.8\alpha Ac \geq Z W Ai$$

この式において、α、Aw、Ac、Z、W 及び Ai は、それぞれ次の数値を表すものとする。

α、Aw、Z、W 及び Ai　　前号イに定める α、Aw、Z、W 及び Ai の数値

Ac　　当該階の構造耐力上主要な部分である柱の水平断面積（単位　mm²）

ロ　前号ロ及びハの規定によること。

583

〔平成12年5月31日建設省告示第1455号〕
多雪区域を指定する基準及び垂直積雪量を定める基準を定める件

　建築基準法施行令（昭和25年政令第338号）第86条第2項ただし書及び第3項の規定に基づき、多雪区域を指定する基準及び垂直積雪量を定める基準を次のように定める。

第1　建築基準法施行令（以下「令」という。）第86条第2項ただし書に規定する多雪区域を指定する基準は、次の各号のいずれかとする。

一　第2の規定による垂直積雪量が1m以上の区域

二　積雪の初終間日数（当該区域中の積雪部分の割合が $\frac{1}{2}$ を超える状態が継続する期間の日数をいう。）の平年値が30日以上の区域

第2　令第86条第3項に規定する垂直積雪量を定める基準は、市町村の区域（当該区域内に積雪の状況の異なる複数の区域がある場合には、それぞれの区域）について、次に掲げる式によって計算した垂直積雪量に、当該区域における局所的地形要因による影響等を考慮したものとする。ただし、当該区域又はその近傍の区域の気象観測地点における地上積雪深の観測資料に基づき統計処理を行う等の手法によって当該区域における50年再現期待値（年超過確率が2%に相当する値をいう。）を求めることができる場合には、当該手法によることができる。

$$d = \alpha \cdot ls + \beta \cdot rs + \gamma$$

　この式において、d、ls、rs、α、β及びγはそれぞれ次の数値を表すものとする。
　　d　　垂直積雪量（単位　m）
　　α、β、γ　　区域に応じて別表の当該各欄に掲げる数値
　　ls　　区域の標準的な標高（単位　m）
　　rs　　区域の標準的な海率（区域に応じて別表のRの欄に掲げる半径（単位　km）の円の
　　　　面積に対する当該円内の海その他これに類するものの面積の割合をいう。）

　　　附　則
昭和27年建設省告示第1074号は、廃止する。

別表

	区　　域	α	β	γ	R
(1)	北海道のうち 稚内市　天塩郡のうち天塩町、幌延町及び豊富町 　宗谷郡　枝幸郡のうち浜頓別町及び中頓別町 礼文郡　利尻郡	0.0957	2.84	−0.80	40
(2)	北海道のうち 中川郡のうち美深町、音威子府村及び中川町　苫前郡のうち羽幌町及び初山別村　天塩郡のうち遠別町　枝幸郡のうち枝幸町及び歌登町	0.0194	−0.56	2.18	20

(3)	北海道のうち 　旭川市　夕張市　芦別市　士別市　名寄市　千歳市　富良野市　虻田郡のうち真狩村及び留寿都村　夕張郡のうち由仁町及び栗山町　上川郡のうち鷹栖町、東神楽町、当麻町、比布町、愛別町、上川町、東川町、美瑛町、和寒町、剣淵町、朝日町、風連町、下川町及び新得町　空知郡のうち上富良野町、中富良野町及び南富良野町　勇払郡のうち占冠村、追分町及び穂別町　沙流郡のうち日高町及び平取町　有珠郡のうち大滝村	0.0027	8.51	1.20	20
(4)	北海道のうち 　札幌市　小樽市　岩見沢市　留萌市　美唄市　江別市　赤平市　三笠市　滝川市　砂川市　歌志内市　深川市　恵庭市　北広島市　石狩市　石狩郡　厚田郡　浜益郡　虻田郡のうち喜茂別町、京極町及び倶知安町　岩内郡のうち共和町　古宇郡　積丹郡　古平郡　余市郡　空知郡のうち北村、栗沢町、南幌町、奈井江町及び上砂川町　夕張郡のうち長沼町　樺戸郡　雨竜郡　増毛郡　留萌郡　苫前郡のうち苫前町	0.0095	0.37	1.40	40
(5)	北海道のうち 　松前郡　上磯郡のうち知内町及び木古内町　桧山郡　爾志郡　久遠郡　奥尻郡　瀬棚郡　島牧郡　寿都郡　磯谷郡　虻田郡のうちニセコ町　岩内郡のうち岩内町	−0.0041	−1.92	2.34	20
(6)	北海道のうち 　紋別市　常呂郡のうち佐呂間町　紋別郡のうち遠軽町、上湧別町、湧別町、滝上町、興部町、西興部村及び雄武町	−0.0071	−3.42	2.98	40
(7)	北海道のうち 　釧路市　根室市　釧路郡　厚岸郡　川上郡のうち標茶町　阿寒郡　白糠郡のうち白糠町　野付郡　標津郡	0.0100	−1.05	1.37	20
(8)	北海道のうち 　帯広市　河東郡のうち音更町、士幌町及び鹿追町　上川郡のうち清水町　河西郡　広尾郡　中川郡のうち幕別町、池田町及び豊頃町　十勝郡　白糠郡のうち音別町	0.0108	0.95	1.08	20

(9)	北海道のうち 　函館市　室蘭市　苫小牧市　登別市　伊達市　上磯郡のうち上磯郡　亀田郡　茅部郡　山越郡　虻田郡のうち豊浦町、虻田町及び洞爺村　有珠郡のうち壮瞥町　白老郡　勇払郡のうち早来町、厚真町及び鵡川町　沙流郡のうち門別町　新冠郡　静内郡　三石郡　浦河郡　様似郡　幌泉郡	0.0009	-0.94	1.23	20
(10)	北海道 ((1)から(9)までに掲げる区域を除く)	0.0019	0.15	0.80	20
(11)	青森県のうち 　青森市　むつ市　東津軽郡のうち平内町、蟹田町、今別町、蓬田村及び平舘村　上北郡のうち横浜町　下北郡	0.0005	-1.05	1.97	20
(12)	青森県のうち 　弘前市　黒石市　五所川原市　東津軽郡のうち三厩村　西津軽郡のうち鰺ヶ沢町、木造町、深浦町、森田村、柏村、稲垣村及び車力村　中津軽郡のうち岩木町　南津軽郡のうち藤崎町、尾上町、浪岡町、常盤村及び田舎館村　北津軽郡	-0.0285	1.17	2.19	20
(13)	青森県のうち 　八戸市　十和田市　三沢市　上北郡のうち野辺地町、七戸町、百石町、十和田湖町、六戸町、上北町、東北町、天間林村、下田町及び六ヶ所村　三戸郡	0.0140	0.55	0.33	40
(14)	青森県 ((11)から(13)までに掲げる区域を除く) 秋田県のうち 　能代市　大館市　鹿角市　鹿角郡　北秋田郡　山本郡のうち二ツ井町、八森町、藤里町及び峰浜村	0.0047	0.58	1.01	40
(15)	秋田県のうち 　秋田市　本荘市　男鹿市　山本郡のうち琴丘町、山本町及び八竜町　南秋田郡　河辺郡のうち雄和町　由利郡のうち仁賀保町、金浦町、象潟町、岩城町、由利町、西目町及び大内町 山形県のうち 　鶴岡市　酒田市　東田川郡　西田川郡　飽海郡	0.0308	-1.88	1.58	20
(16)	岩手県のうち 　和賀郡のうち湯田町及び沢内村 秋田県 ((14)及び(15)に掲げる区域を除く) 山形県のうち	0.0050	1.01	1.67	40

	新庄市　村山市　尾花沢市　西村山郡のうち西川町、朝日町及び大江町　北村山郡　最上郡				
(17)	岩手県のうち 　宮古市　久慈市　釜石市　気仙郡のうち三陸町　上閉伊郡のうち大槌町　下閉伊郡のうち田老町、山田町、田野畑村及び普代村　九戸郡のうち種市町及び野田村	−0.0130	5.24	−0.77	20
(18)	岩手県のうち 　大船渡市　遠野市　陸前高田市　岩手郡のうち葛巻町　気仙郡のうち住田町　下閉伊郡のうち岩泉町、新里村及び川井村　九戸郡のうち軽米町、山形村、大野村及び九戸村 宮城県のうち 　石巻市　気仙沼市　桃生郡のうち河北町、雄勝町及び北上町　牡鹿郡　本吉郡	0.0037	1.04	−0.10	40
(19)	岩手県（(16)から(18)までに掲げる区域を除く） 宮城県のうち 　古川市　加美郡　玉造郡　遠田郡　栗原郡　登米郡　桃生郡のうち桃生町	0.0020	0.00	0.59	0
(20)	宮城県（(18)及び(19)に掲げる区域を除く） 福島県のうち 　福島市　郡山市　いわき市　白河市　原町市　須賀川市　相馬市　二本松市　伊達郡　安達郡　岩瀬郡　西白河郡　東白川郡　石川郡　田村郡　双葉郡　相馬郡 茨城県のうち 　日立市　常陸太田市　高萩市　北茨城市　東茨城郡のうち御前山村　那珂郡のうち大宮町、山方町、美和村及び緒川村　久慈郡　多賀郡	0.0019	0.15	0.17	40
(21)	山形県のうち 　山形市　米沢市　寒河江市　上山市　長井市　天童市　東根市　南陽市　東村山郡　西村山郡のうち河北町　東置賜郡　西置賜郡のうち白鷹町	0.0099	0.00	−0.37	0
(22)	山形県（(15)、(16)及び(21)に掲げる区域を除く） 福島県のうち 　南会津郡のうち只見町　耶麻郡のうち熱塩加納村、山都町、西会津町及び高郷村　大沼郡のうち三島町及び金山町	0.0028	−4.77	2.52	20

	新潟県のうち 　東蒲原郡のうち津川町、鹿瀬町及び上川村				
(23)	福島県（(20)及び(22)に掲げる区域を除く）	0.0026	23.0	0.34	40
(24)	茨城県（(20)に掲げる区域を除く） 栃木県 群馬県（(25)及び(26)に掲げる区域を除く） 埼玉県 千葉県 東京都 神奈川県 静岡県 愛知県 岐阜県のうち 　多治見市　関市　中津川市　瑞浪市　羽島市　恵 　那市　美濃加茂市　土岐市　各務原市　可児市 　羽島郡　海津郡　安八郡のうち輪之内町、安八町 　及び墨俣町　加茂郡のうち坂祝町、富加町、川辺 　町、七宗町及び八百津町　可児郡　土岐郡　恵那 　郡のうち岩村町、山岡町、明智町、串原村及び上 　矢作町	0.0005	−0.06	0.28	40
(25)	群馬県のうち 　利根郡のうち水上町 長野県のうち 　大町市　飯山市　北安曇郡のうち美麻村、白馬村 　及び小谷村　下高井郡のうち木島平村及び野沢温 　泉村　上水内郡のうち豊野町、信濃町、牟礼村、 　三水村、戸隠村、鬼無里村、小川村及び中条村 　下水内郡 岐阜県のうち 　岐阜市　大垣市　美濃市　養老郡　不破郡　安八 　郡のうち神戸町　揖斐郡　本巣郡　山県郡　武儀 　郡のうち洞戸村、板取村及び武芸川町　郡上郡 　大野郡のうち清見村、荘川村及び宮村　吉城郡 滋賀県のうち 　大津市　彦根市　長浜市　近江八幡市　八日市市 　　草津市　守山市　滋賀郡　栗太郡　野洲郡　蒲 　生郡のうち安土町及び竜王町　神崎郡のうち五個 　荘町及び能登川町　愛知郡　犬上郡　坂田郡　東 　浅井郡　伊香郡　高島郡	0.0052	2.97	0.29	40

	京都府のうち 　福知山市　綾部市　北桑田郡のうち美山町　船井 　郡のうち和知町　天田郡のうち夜久野町　加佐郡 兵庫県のうち 　朝来郡のうち和田山町及び山東町				
(26)	群馬県のうち 　沼田市　吾妻郡のうち中之条町、草津町、六合村 　及び高山村　利根郡のうち白沢村、利根村、片品 　村、川場村、月夜野町、新治村及び昭和村 長野県のうち 　長野市　中野市　更埴市　木曽郡　東筑摩郡　南 　安曇郡　北安曇郡のうち池田町、松川村及び八坂 　村　更級郡　埴科郡　上高井郡　下高井郡のうち 　山ノ内町　上水内郡のうち信州新町 岐阜県のうち 　高山市　武儀郡のうち武儀町及び上之保村　加茂 　郡のうち白川町及び東白川村　恵那郡のうち坂下 　町、川上村、加子母村、付知町、福岡町及び蛭川 　村　益田郡　大野郡のうち丹生川村、久々野町、 　朝日村及び高根村	0.0019	0.00	−0.16	0
(27)	山梨県 長野県（(25)及び(26)に掲げる区域を除く）	0.0005	6.26	0.12	40
(28)	岐阜県（(24)から(26)までに掲げる区域を除く） 新潟県のうち 　糸魚川市　西頚城郡のうち能生町及び青海町 富山県 福井県 石川県	0.0035	−2.33	2.72	40
(29)	新潟県のうち 　三条市　新発田市　小千谷市　加茂市　十日町市 　見附市　栃尾市　五泉市　北蒲原郡のうち安田 　町、笹神村、豊浦町及び黒川村　中蒲原郡のうち 　村松町　南蒲原郡のうち田上町、下田村及び栄町 　東蒲原郡のうち三川村　古志郡　北魚沼郡　南 　魚沼郡　中魚沼郡　岩船郡のうち関川村	0.0100	−1.20	2.28	40
(30)	新潟県（(22)、(28)及び(29)に掲げる区域を除く）	0.0052	−3.22	2.65	20
(31)	京都府のうち 　舞鶴市　宮津市　与謝郡　中郡　竹野郡　熊野郡 兵庫県のうち	0.0076	1.51	0.62	40

	豊岡市　城崎郡　出石郡　美方郡　養父郡				
(32)	三重県 大阪府 奈良県 和歌山県 滋賀県　(25)に掲げる区域を除く) 京都府　(25)及び(31)に掲げる区域を除く) 兵庫県　(25)及び(31)に掲げる区域を除く)	0.0009	0.00	0.21	0
(33)	鳥取県 島根県 岡山県のうち 　阿哲郡のうち大佐町、神郷町及び哲西町　真庭郡 　　苫田郡 広島県のうち 　三次市　庄原市　佐伯郡のうち吉和村　山県郡 　高田郡　双三郡のうち君田村、布野村、作木村及 　び三良坂町　比婆郡 山口県のうち 　萩市　長門市　豊浦郡のうち豊北町　美祢郡　大 　津郡　阿武郡	0.0036	0.69	0.26	40
(34)	岡山県　(33)に掲げる区域を除く) 広島県　(33)に掲げる区域を除く) 山口県　(33)に掲げる区域を除く)	0.0004	−0.21	0.33	40
(35)	徳島県 香川県 愛媛県のうち 　今治市　新居浜市　西条市　川之江市　伊予三島 　市　東予市　宇摩郡　周桑郡　越智郡　上浮穴郡 　のうち面河村	0.0011	−0.42	0.41	20
(36)	高知県　(37)に掲げる区域を除く)	0.0004	−0.65	0.28	40
(37)	愛媛県　(35)に掲げる区域を除く) 高知県のうち 　中村市　宿毛市　土佐清水市　吾川郡のうち吾川 　村　高岡郡のうち中土佐町、窪川町、梼原町、大 　野見村、東津野村、葉山村及び仁淀村　幡多郡	0.0014	−0.69	0.49	20
	福岡県 佐賀県 長崎県				

(38)	熊本県 大分県のうち 　中津市　日田市　豊後高田市　宇佐市　西国東郡 　のうち真玉町及び香々地町　日田郡　下毛郡	0.0006	−0.09	0.21	20
(39)	大分県（(38)に掲げる区域を除く） 宮崎県	0.0003	−0.05	0.10	20
(40)	鹿児島県	−0.0001	−0.32	0.46	20

〔平成12年5月31日建設省告示第1454号〕

E の数値を算出する方法並びに V₀ 及び風力係数の数値を定める件

最終改正　令和2年12月7日国土交通省告示第1437号

　建築基準法施行令（昭和25年政令第338号）第87条第2項及び第4項の規定に基づき、E の数値を算出する方法並びに V₀ 及び風力係数の数値を次のように定める。

第1　建築基準法施行令（以下「令」という。）第87条第2項に規定する E の数値は、次の式によって算出するものとする。

$$E = Er^2 Gf$$

この式において、Er 及び Gf は、それぞれ次の数値を表すものとする。
　Er　次項の規定によって算出した平均風速の高さ方向の分布を表す係数
　Gf　第3項の規定によって算出したガスト影響係数

2　前項の式の Er は、次の表に掲げる式によって算出するものとする。ただし、局地的な地形や地物の影響により平均風速が割り増されるおそれのある場合においては、その影響を考慮しなければならない。

H が Zb 以下の場合	$Er = 1.7\left(\dfrac{Zb}{Z_G}\right)^{\alpha}$
H が Zb を超える場合	$Er = 1.7\left(\dfrac{H}{Z_G}\right)^{\alpha}$

　この表において、Er、Zb、Z_G、α 及び H は、それぞれ次の数値を表すものとする。
　Er　平均風速の高さ方向の分布を表す係数
　Zb、Z_G 及び α　地表面粗度区分に応じて次の表に掲げる数値

地表面粗度区分		Zb （単位 m）	Z_G （単位 m）	α
I	極めて平坦で障害物がないものとして特定行政庁が規則で定める区域	5	250	0.10

II	地表面粗度区分 I 若しくは IV の区域以外の区域のうち、海岸線若しくは湖岸線（対岸までの距離が 1,500 m 以上のものに限る。以下同じ。）までの距離が 500 m 以内の地域（建築物の高さが 13 m 以下である場合又は当該海岸線若しくは湖岸線からの距離が 200 m を超え、かつ、建築物の高さが 31 m 以下である場合を除く。）又は当該地域以外の地域のうち、極めて平坦で障害物が散在しているものとして特定行政庁が規則で定める区域	5	350	0.15
III	地表面粗度区分 I、II 又は IV の区域以外の区域	5	450	0.20
IV	都市化が極めて著しいものとして特定行政庁が規則で定める区域	10	550	0.27

　H　建築物の高さと軒の高さとの平均（単位　m）

3　第1項の式の G_f は、前項の表の地表面粗度区分及び H に応じて次の表に掲げる数値とする。ただし、当該建築物の規模又は構造特性及び風圧力の変動特性について、風洞試験又は実測の結果に基づき算出する場合にあっては、当該算出によることができる。

地表面粗度区分 ＼ H	(1) 10 以下の場合	(2) 10 を超え 40 未満の場合	(3) 40 以上の場合
I	2.0	(1)と(3)とに掲げる数値を直線的に補間した数値	1.8
II	2.2		2.0
III	2.5		2.1
IV	3.1		2.3

第2　令第87条第2項に規定する V_0 は、地方の区分に応じて次の表に掲げる数値とする。

(1)	(2)から(9)までに掲げる地方以外の地方	30
	北海道のうち 　札幌市　小樽市　網走市　留萌市　稚内市　江別市　紋別市　名寄市　千歳市　恵庭市　北広島市　石狩市　石狩郡　厚田郡　浜益郡　空知郡のうち南幌町　夕張郡のうち由仁町及び長沼町　上川郡のうち風連町及び下川町　中川郡のうち美深町、音威子府村及び中川町　増毛郡　留萌郡　苫前郡　天塩郡　宗谷郡　枝幸郡　礼文郡　利尻郡　網走郡のうち東藻琴村、女満別町及び美幌町　斜里郡のうち清里町及び小清水町　常呂郡のうち端野町、佐呂間町及び常呂町　紋別郡のうち上湧別町、湧別町、興部町、西興部村及び雄武	

町　勇払郡のうち追分町及び穂別町　沙流郡のうち平取町　新冠郡　静内郡
三石郡　浦河郡　様似郡　幌泉郡　厚岸郡のうち厚岸町　川上郡

岩手県のうち

久慈市　岩手郡のうち葛巻町　下閉伊郡のうち田野畑村及び普代村　九戸郡
のうち野田村及び山形村　二戸郡

秋田県のうち

秋田市　大館市　本荘市　鹿角市　鹿角郡　北秋田郡のうち鷹巣町、比内町、
合川町及び上小阿仁村　南秋田郡のうち五城目町、昭和町、八郎潟町、飯田
川町、天王町及び井川町　由利郡のうち仁賀保町、金浦町、象潟町、岩城町
及び西目町

山形県のうち

鶴岡市　酒田市　西田川郡　飽海郡のうち遊佐町

茨城県のうち

水戸市　下妻市　ひたちなか市　東茨城郡のうち内原町　西茨城郡のうち友
部町及び岩間町　新治郡のうち八郷町　真壁郡のうち明野町及び真壁町　結
城郡　猿島郡のうち五霞町、猿島町及び境町

埼玉県のうち

川越市　大宮市　所沢市　狭山市　上尾市　与野市　入間市　桶川市　久喜
市　富士見市　上福岡市　蓮田市　幸手市　北足立郡のうち伊奈町　入間郡
のうち大井町及び三芳町　南埼玉郡　北葛飾郡のうち栗橋町、鷲宮町及び杉
戸町

東京都のうち

八王子市　立川市　昭島市　日野市　東村山市　福生市　東大和市　武蔵村
山市　羽村市　あきる野市　西多摩郡のうち瑞穂町

神奈川県のうち

足柄上郡のうち山北町　津久井郡のうち津久井町、相模湖町及び藤野町

新潟県のうち

両津市　佐渡郡　岩船郡のうち山北町及び粟島浦村

福井県のうち

敦賀市　小浜市　三方郡　遠敷郡　大飯郡

山梨県のうち

富士吉田市　南巨摩郡のうち南部町及び富沢町　南都留郡のうち秋山村、道
志村、忍野村、山中湖村及び鳴沢村

岐阜県のうち

多治見市　関市　美濃市　美濃加茂市　各務原市　可児市　揖斐郡のうち藤
橋村及び坂内村　本巣郡のうち根尾村　山県郡　武儀郡のうち洞戸村及び武
芸川町　加茂郡のうち坂祝町及び富加町

(2)

静岡県のうち

静岡市　浜松市　清水市　富士宮市　島田市　磐田市　焼津市　掛川市　藤
枝市　袋井市　湖西市　富士郡　庵原郡　志太郡　榛原郡のうち御前崎町、

32

相良町、榛原町、吉田町及び金谷町　小笠郡　磐田郡のうち浅羽町、福田町、
竜洋町及び豊田町　浜名郡　引佐郡のうち細江町及び三ヶ日町

愛知県のうち

　豊橋市　瀬戸市　春日井市　豊川市　豊田市　小牧市　犬山市　尾張旭市
日進市　愛知郡　丹羽郡　額田郡のうち額田町　宝飯郡　西加茂郡のうち三
好町

滋賀県のうち

　大津市　草津市　守山市　滋賀郡　栗太郡　伊香郡　高島郡

京都府

大阪府のうち

　高槻市　枚方市　八尾市　寝屋川市　大東市　柏原市　東大阪市　四條畷市
交野市　三島郡　南河内郡のうち太子町、河南町及び千早赤阪村

兵庫県のうち

　姫路市　相生市　豊岡市　龍野市　赤穂市　西脇市　加西市　篠山市　多可
郡　飾磨郡　神崎郡　揖保郡　赤穂郡　宍粟郡　城崎郡　出石郡　美方郡
養父郡　朝来郡　氷上郡

奈良県のうち

　奈良市　大和高田市　大和郡山市　天理市　橿原市　桜井市　御所市　生駒
市　香芝市　添上郡　山辺郡　生駒郡　磯城郡　宇陀郡のうち大宇陀町、菟
田野町、榛原町及び室生村　高市郡　北葛城郡

鳥取県のうち

　鳥取市　岩美郡　八頭郡のうち郡家町、船岡町、八東町及び若桜町

島根県のうち

　益田市　美濃郡のうち匹見町　鹿足郡のうち日原町　隠岐郡

岡山県のうち

　岡山市　倉敷市　玉野市　笠岡市　備前市　和気郡のうち日生町　邑久郡
児島郡　都窪郡　浅口郡

広島県のうち

　広島市　竹原市　三原市　尾道市　福山市　東広島市　安芸郡のうち府中町
佐伯郡のうち湯来町及び吉和村　山県郡のうち筒賀村　賀茂郡のうち河内
町　豊田郡のうち本郷町　御調郡のうち向島町　沼隈郡

福岡県のうち

　山田市　甘木市　八女市　豊前市　小郡市　嘉穂郡のうち桂川町、稲築町、
碓井町及び嘉穂町　朝倉郡　浮羽郡　三井郡　八女郡　田川郡のうち添田
町、川崎町、大任町及び赤村　京都郡のうち犀川町　築上郡

熊本県のうち

　山鹿市　菊池市　玉名郡のうち菊水町、三加和町及び南関町　鹿本郡　菊池
郡　阿蘇郡のうち一の宮町、阿蘇町、産山村、波野村、蘇陽町、高森町、白
水村、久木野村、長陽村及び西原村

大分県のうち

　大分市　別府市　中津市　日田市　佐伯市　臼杵市　津久見市　竹田市　豊

　　後高田市　杵築市　宇佐市　西国東郡　東国東郡　速見郡　大分郡のうち野
　　津原町、挾間町及び庄内町　北海部郡　南海部郡　大野郡　直入郡　下毛郡
　　宇佐郡
　宮崎県のうち
　　西臼杵郡のうち高千穂町及び日之影町　東臼杵郡のうち北川町

　北海道のうち
　　函館市　室蘭市　苫小牧市　根室市　登別市　伊達市　松前郡　上磯郡　亀
　　田郡　茅部郡　斜里郡のうち斜里町　虻田郡　岩内郡のうち共和町　積丹郡
　　古平郡　余市郡　有珠郡　白老郡　勇払郡のうち早来町、厚真町及び鵡川
　　町　沙流郡のうち門別町　厚岸郡のうち浜中町　野付郡　標津郡　目梨郡
　青森県
　岩手県のうち
　　二戸市　九戸郡のうち軽米町、種市町、大野村及び九戸村
　秋田県のうち
　　能代市　男鹿市　北秋田郡のうち田代町　山本郡　南秋田郡のうち若美町及
　　び大潟村
　茨城県のうち
　　土浦市　石岡市　龍ヶ崎市　水海道市　取手市　岩井市　牛久市　つくば市
　　東茨城郡のうち茨城町、小川町、美野里町及び大洗町　鹿島郡のうち旭村、
　　鉾田町及び大洋村　行方郡のうち麻生町、北浦町及び玉造町　稲敷郡　新治
　　郡のうち霞ヶ浦町、玉里村、千代田町及び新治村　筑波郡　北相馬郡
　埼玉県のうち
　　川口市　浦和市　岩槻市　春日部市　草加市　越谷市　蕨市　戸田市　鳩ヶ
　　谷市　朝霞市　志木市　和光市　新座市　八潮市　三郷市　吉川市　北葛飾
　　郡のうち松伏町及び庄和町
　千葉県のうち
　　市川市　船橋市　松戸市　野田市　柏市　流山市　八千代市　我孫子市
　　鎌ヶ谷市　浦安市　印西市　東葛飾郡　印旛郡のうち白井町
　東京都のうち
　　23区　武蔵野市　三鷹市　府中市　調布市　町田市　小金井市　小平市　国
　　分寺市　国立市　田無市　保谷市　狛江市　清瀬市　東久留米市　多摩市
　　稲城市
　神奈川県のうち
　　横浜市　川崎市　平塚市　鎌倉市　藤沢市　小田原市　茅ヶ崎市　相模原市
　　秦野市　厚木市　大和市　伊勢原市　海老名市　座間市　南足柄市　綾瀬
　　市　高座郡　中郡　足柄上郡のうち中井町、大井町、松田町及び開成町　足
　　柄下郡　愛甲郡　津久井郡のうち城山町
　岐阜県のうち
　　岐阜市　大垣市　羽島市　羽島郡　海津郡　養老郡　不破郡　安八郡　揖斐
　　郡のうち揖斐川町、谷汲村、大野町、池田町、春日村及び久瀬村　本巣郡の

(3)	うち北方町、本巣町、穂積町、巣南町、真正町及び糸貫町 静岡県のうち 　沼津市　熱海市　三島市　富士市　御殿場市　裾野市　賀茂郡のうち松崎町、西伊豆町及び賀茂村　田方郡　駿東郡 愛知県のうち 　名古屋市　岡崎市　一宮市　半田市　津島市　碧南市　刈谷市　安城市　西尾市　蒲郡市　常滑市　江南市　尾西市　稲沢市　東海市　大府市　知多市　知立市　高浜市　岩倉市　豊明市　西春日井郡　葉栗郡　中島郡　海部郡　知多郡　幡豆郡　額田郡のうち幸田町　渥美郡 三重県 滋賀県のうち 　彦根市　長浜市　近江八幡市　八日市市　野洲郡　甲賀郡　蒲生郡　神崎郡　愛知郡　犬上郡　坂田郡　東浅井郡 大阪府のうち 　大阪市　堺市　岸和田市　豊中市　池田市　吹田市　泉大津市　貝塚市　守口市　茨木市　泉佐野市　富田林市　河内長野市　松原市　和泉市　箕面市　羽曳野市　門真市　摂津市　高石市　藤井寺市　泉南市　大阪狭山市　阪南市　豊能郡　泉北郡　泉南郡　南河内郡のうち美原町 兵庫県のうち 　神戸市　尼崎市　明石市　西宮市　洲本市　芦屋市　伊丹市　加古川市　宝塚市　三木市　高砂市　川西市　小野市　三田市　川辺郡　美嚢郡　加東郡　加古郡　津名郡　三原郡 奈良県のうち 　五條市　吉野郡　宇陀郡のうち曽爾村及び御杖村 和歌山県 島根県のうち 　鹿足郡のうち津和野町、柿木村及び六日市町 広島県のうち 　呉市　因島市　大竹市　廿日市市　安芸郡のうち海田町、熊野町、坂町、江田島町、音戸町、倉橋町、下蒲刈町及び蒲刈町　佐伯郡のうち大野町、佐伯町、宮島町、能美町、沖美町及び大柿町　賀茂郡のうち黒瀬町　豊田郡のうち安芸津町、安浦町、川尻町、豊浜町、豊町、大崎町、東野町、木江町及び瀬戸田町 山口県 徳島県のうち 　三好郡のうち三野町、三好町、池田町及び山城町 香川県 愛媛県 高知県のうち 　土佐郡のうち大川村及び本川村　吾川郡のうち池川町	34

福岡県のうち

　北九州市　福岡市　大牟田市　久留米市　直方市　飯塚市　田川市　柳川市　筑後市　大川市　行橋市　中間市　筑紫野市　春日市　大野城市　宗像市　太宰府市　前原市　古賀市　筑紫郡　糟屋郡　宗像郡　遠賀郡　鞍手郡　嘉穂郡のうち筑穂町、穂波町、庄内町及び頴田町　糸島郡　三潴郡　山門郡　三池郡　田川郡のうち香春町、金田町、糸田町、赤池町及び方城町　京都郡のうち苅田町、勝山町及び豊津町

佐賀県

長崎県のうち

　長崎市　佐世保市　島原市　諫早市　大村市　平戸市　松浦市　西彼杵郡　東彼杵郡　北高来郡　南高来郡　北松浦郡　南松浦郡のうち若松町、上五島町、新魚目町、有川町及び奈良尾町　壱岐郡　下県郡　上県郡

熊本県のうち

　熊本市　八代市　人吉市　荒尾市　水俣市　玉名市　本渡市　牛深市　宇土市　宇土郡　下益城郡　玉名郡のうち岱明町、横島町、天水町、玉東町及び長洲町　上益城郡　八代郡　葦北郡　球磨郡　天草郡

宮崎県のうち

　延岡市　日向市　西都市　西諸県郡のうち須木村　児湯郡　東臼杵郡のうち門川町、東郷町、南郷村、西郷村、北郷村、北方町、北浦町、諸塚村及び椎葉村　西臼杵郡のうち五ヶ瀬町

北海道のうち

　山越郡　桧山郡　爾志郡　久遠郡　奥尻郡　瀬棚郡　島牧郡　寿都郡　岩内郡のうち岩内町　磯谷郡　古宇郡

茨城県のうち

　鹿嶋市　鹿島郡のうち神栖町及び波崎町　行方郡のうち牛堀町及び潮来町

千葉県のうち

　千葉市　佐原市　成田市　佐倉市　習志野市　四街道市　八街市　印旛郡のうち酒々井町、富里町、印旛村、本埜村及び栄町　香取郡　山武郡のうち山武町及び芝山町

神奈川県のうち

　横須賀市　逗子市　三浦市　三浦郡

静岡県のうち

　伊東市　下田市　賀茂郡のうち東伊豆町、河津町及び南伊豆町

徳島県のうち

　徳島市　鳴門市　小松島市　阿南市　勝浦郡　名東郡　名西郡　那賀郡のうち那賀川町及び羽ノ浦町　板野郡　阿波郡　麻植郡　美馬郡　三好郡のうち井川町、三加茂町、東祖谷山村及び西祖谷山村

高知県のうち

　宿毛市　長岡郡　土佐郡のうち鏡村、土佐山村及び土佐町　吾川郡のうち伊野町、吾川村及び吾北村　高岡郡のうち佐川町、越知町、梼原町、大野見村、

⑷

36

	東津野村、葉山村、仁淀村及び日高村　幡多郡のうち大正町、大月町、十和村、西土佐村及び三原村 長崎県のうち 　福江市　南松浦郡のうち富江町、玉之浦町、三井楽町、岐宿町及び奈留町 宮崎県のうち 　宮崎市　都城市　日南市　小林市　串間市　えびの市　宮崎郡　南那珂郡　北諸県郡　西諸県郡のうち高原町及び野尻町　東諸県郡 鹿児島県のうち 　川内市　阿久根市　出水市　大口市　国分市　鹿児島郡のうち吉田町　薩摩郡のうち樋脇町、入来町、東郷町、宮之城町、鶴田町、薩摩町及び祁答院町　出水郡　伊佐郡　始良郡　曽於郡	
(5)	千葉県のうち 　銚子市　館山市　木更津市　茂原市　東金市　八日市場市　旭市　勝浦市　市原市　鴨川市　君津市　富津市　袖ヶ浦市　海上郡　匝瑳郡　山武郡のうち大網白里町、九十九里町、成東町、蓮沼村、松尾町及び横芝町　長生郡　夷隅郡　安房郡 東京都のうち 　大島町　利島村　新島村　神津島村　三宅村　御蔵島村 徳島県のうち 　那賀郡のうち鷲敷町、相生町、上那賀町、木沢村及び木頭村　海部郡 高知県のうち 　高知市　安芸市　南国市　土佐市　須崎市　中村市　土佐清水市　安芸郡のうち馬路村及び芸西村　香美郡　吾川郡のうち春野町　高岡郡のうち中土佐町及び窪川町　幡多郡のうち佐賀町及び大方町 鹿児島県のうち 　鹿児島市　鹿屋市　串木野市　垂水市　鹿児島郡のうち桜島町　肝属郡のうち串良町、東串良町、高山町、吾平町、内之浦町及び大根占町　日置郡のうち市来町、東市来町、伊集院町、松元町、郡山町、日吉町及び吹上町	38
(6)	高知県のうち 　室戸市　安芸郡のうち東洋町、奈半利町、田野町、安田町及び北川村 鹿児島県のうち 　枕崎市　指宿市　加世田市　西之表市　揖宿郡　川辺郡　日置郡のうち金峰町　薩摩郡のうち里村、上甑村、下甑村及び鹿島村　肝属郡のうち根占町、田代町及び佐多町	40
(7)	東京都のうち 　八丈町　青ヶ島村　小笠原村 鹿児島県のうち 　熊毛郡のうち中種子町及び南種子町	42
(8)	鹿児島県のうち	44

	鹿児島郡のうち三島村　熊毛郡のうち上屋久町及び屋久町	
(9)	鹿児島県のうち 　名瀬市　鹿児島郡のうち十島村　大島郡 沖縄県	46

第3　令第87条第1項の風力係数の数値は、次の図1から図7までに掲げる形状の建築物又は工作物にあってはそれぞれ当該形状に応じて表1から表9までに掲げる数値を用いて次の式により算出するものとし、その他の形状のものにあってはそれぞれ類似の形状のものの数値に準じて定めるものとする。ただし、風洞試験の結果に基づき算出する場合においては、当該数値によることができる。

$$Cf = Cpe - Cpi$$

この式において、Cf、Cpe及びCpiは、それぞれ次の数値を表すものとする。

　Cf　　風力係数

　Cpe　閉鎖型及び開放型の建築物の外圧係数で、次の表1から表4までに掲げる数値（屋外から当該部分を垂直に押す方向を正とする。）

　Cpi　閉鎖型及び開放型の建築物の内圧係数で、次の表5に掲げる数値（室内から当該部分を垂直に押す方向を正とする。）

　　　　ただし、独立上家、ラチス構造物、金網その他の網状の構造物及び煙突その他の円筒形の構造物にあっては、次の表6から表9までに掲げる数値（図中の→の方向を正とする。）をCfとするものとする。

図1　閉鎖型の建築物（張り間方向に風を受ける場合。表1から表5までを用いるものとする。）

図2　閉鎖型の建築物（けた行方向に風を受ける場合。表1、表2及び表5を用いるもの
とする。）

注　屋根面につい
ては、張り間方向
に風を受ける陸屋
根と同じ扱いとす
る。

図3　開放型の建築物（表1、表3及び表5を用いるものとする。）

表1　壁面の Cpe

部位	風上壁面	側　壁　面		風下壁面
		風上端部より0.5aの領域	左に掲げる領域以外の領域	
	▭	▦	▦	▨
Cpe	0.8 kz	−0.7	−0.4	−0.4

表2　陸屋根面の Cpe

部位	風上端部より0.5aの領域	左に掲げる領域以外の領域
	▬	▬
Cpe	−1.0	−0.5

表3　切妻屋根面、片流れ屋根面及びのこぎり屋根面の Cpe

θ　部位	風　上　面		風下面
	▭		▬
	正の係数	負の係数	
10度未満	—	−1.0	
10度	0	−1.0	−0.5
30度	0.2	−0.3	

45 度	0.4	0
90 度	0.8	—

　この表に掲げる θ の数値以外の θ に応じた Cpe は、表に掲げる数値をそれぞれ直線的に補間した数値とする。ただし、θ が 10 度未満の場合にあっては正の係数を、θ が 45 度を超える場合にあっては負の係数を用いた計算は省略することができる。

表4　円弧屋根面の Cpe

$\frac{f}{D}$ / 部位	R1 部				R2 部	R3 部
	$\frac{h}{D}$が0の場合		$\frac{h}{D}$が0.5以上の場合			
	正の係数	負の係数	正の係数	負の係数		
0.05 未満	—	0	—	−1.0		
0.05	0.1	0	0	−1.0		
0.2	0.2	0	0	−1.0	−0.8	−0.5
0.3	0.3	0	0.2	−0.4		
0.5 以上	0.6	—	0.6	—		

　この表に掲げる $\frac{h}{D}$ 及び $\frac{f}{D}$ の数値以外の当該比率に応じた Cpe は、表に掲げる数値をそれぞれ直線的に補間した数値とする。ただし、R1 部において、$\frac{f}{D}$ が 0.05 未満の場合にあっては正の係数を、$\frac{f}{D}$ が 0.3 を超える場合にあっては負の係数を用いた計算を省略することができる。
　また、図1における円弧屋根面の境界線は、弧の4分点とする。

表5　閉鎖型及び開放型の建築物の Cpi

型式	閉鎖型	開　放　型	
		風上開放	風下開放
Cpi	0 及び −0.2	0.6	−0.4

図4　独立上家（表6を用いるものとする。）

表6　独立上家の Cf

θ ＼ 部位		切妻屋根				翼型屋根			
		風上屋根		風下屋根		風上屋根		風下屋根	
		正	負	正	負	正	負	正	負
(1)	10 度以下の場合	0.6	−1.0	0.2	−0.8	0.6	−1.0	0.2	−0.8
(2)	10 度を超え、30 度未満の場合	(1)と(3)とに掲げる数値を直線的に補間した数値							
(3)	30 度	0.9	−0.5	0	−1.5	0.4	−1.2	0.8	−0.3

　けた行方向に風を受ける場合にあっては、10 度以下の場合の数値を用いるものとし、風上から H 相当の範囲は風上屋根の数値を、それ以降の範囲は風下屋根の数値を用いるものとする。

図5　ラチス構造物（表7を用いるものとする。）

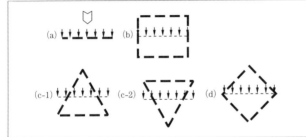

注1　左図はラチスばり及びラチス柱の断面を表す。

注2　風圧作用面積としては、▷の作用する方向から見たラチス構面の見付面積とする。

表7　ラチス構造物の Cf

種類 ＼ φ		(1)	(2)	(3)
		0.1 以下	0.1 を超え 0.6 未満	0.6
鋼管	（a）	1.4 kz		1.4 kz
	（b）	2.2 kz		1.5 kz
	（c-1、2）	1.8 kz		1.4 kz
	（d）	1.7 kz	(1)と(3)とに掲げる数値を直線的に補間した数値	1.3 kz
形鋼	（a）	2.0 kz		1.6 kz
	（b）	3.6 kz		2.0 kz
	（c-1、2）	3.2 kz		1.8 kz
	（d）	2.8 kz		1.7 kz

図6　金網その他の網状の構造物（表8を用いるものとする。）

注1　左図は、金網等の断面を表すものとする。

注2　風圧作用面積は、▷の作用する方向から見た金網等の見付面積とする。

表8　金網その他の網状の構造物のCf

Cf	1.4 kz

図7　煙突その他の円筒形の構造物（表9を用いるものとする。）

注1　左図は、煙突等の断面を表すものとする。

注2　風圧作用面積は、▷の作用する方向から見た煙突等の見付面積とする。

表9　煙突その他の円筒形の構造物のCf

$\dfrac{H}{B}$	(1)	(2)	(3)
	1以下の場合	1を超え8未満の場合	8以上の場合
Cf	0.7 kz	(1)と(3)とに掲げる数値を直線的に補間した数値	0.9 kz

2　前項の図表において、H、Z、B、D、kz、a、h、f、θ及びϕはそれぞれ次の数値を、▷は風向を表すものとする。

　　　H　建築物の高さと軒の高さとの平均（単位　m）

　　　Z　当該部分の地盤面からの高さ（単位　m）

　　　B　風向に対する見付幅（単位　m）

　　　D　風向に対する奥行（単位　m）

　　　kz　次に掲げる表によって計算した数値

HがZb以下の場合		1.0
	ZがZb以下の場合	$\left(\dfrac{Zb}{H}\right)^{2\alpha}$

H が Zb を超える場合	Z が Zb を超える場合	$\left(\dfrac{Z}{H}\right)^{2\alpha}$

この表において、Zb 及び α は、それぞれ次の数値を表すものとする。
Zb　第1第2項の表に規定する Zb の数値
α　第1第2項の表に規定する α の数値

a　BとHの2倍の数値のうちいずれか小さな数値（単位　m）
h　建築物の軒の高さ（単位　m）
f　建築物の高さと軒の高さとの差（単位　m）
θ　屋根面が水平面となす角度（単位　度）
ϕ　充実率（風を受ける部分の最外縁により囲まれる面積に対する見付面積の割合）

〔昭和55年11月27日建設省告示第1793号〕

Z の数値、Rt 及び Ai を算出する方法並びに地盤が著しく軟弱な区域として特定行政庁が指定する基準を定める件

最終改正　平成19年5月18日国土交通省告示第597号

建築基準法施行令（昭和25年政令第338号）第88条第1項、第2項及び第4項の規定に基づき、Z の数値、Rt 及び Ai を算出する方法並びに地盤が著しく軟弱な区域として特定行政庁が指定する基準をそれぞれ次のように定める。

第1　Z の数値

Z は、次の表の左欄に掲げる地方の区分に応じ、同表右欄に掲げる数値とする。

地　　　　　　方		数値
(1)	(2)から(4)までに掲げる地方以外の地方	1.0
	北海道のうち 　札幌市　函館市　小樽市　室蘭市　北見市　夕張市　岩見沢市　網走市　苫小牧市　美唄市　芦別市　江別市　赤平市　三笠市　千歳市　滝川市　砂川市　歌志内市　深川市　富良野市　登別市　恵庭市　伊達市　札幌郡　石狩郡　厚田郡　浜益郡　松前郡　上磯郡　亀田郡　茅部郡　山越郡　檜山郡　爾志郡　久遠郡　奥尻郡　瀬棚郡　島牧郡　寿都郡　磯谷郡　虻田郡　岩内郡　古宇郡　積丹郡　古平郡　余市郡　空知郡　夕張郡　樺戸郡　雨竜郡　上川郡（上川支庁）のうち東神楽町、上川町、東川町及び美瑛町　勇払郡　網走郡　斜里郡　常呂郡　有珠郡　白老郡 青森県のうち 　青森市　弘前市　黒石市　五所川原市　むつ市　東津軽郡　西津軽郡　中津軽郡　南津軽郡　北津軽郡　下北郡	

(2)	秋田県 山形県 福島県のうち 　会津若松市　郡山市　白河市　須賀川市　喜多方市　岩瀬郡　南会津郡　北 　会津郡　耶麻郡　河沼郡　大沼郡　西白河郡 新潟県 富山県のうち 　魚津市　滑川市　黒部市　下新川郡 石川県のうち 　輪島市　珠洲市　鳳至郡　珠洲郡 鳥取県のうち 　米子市　倉吉市　境港市　東伯郡　西伯郡　日野郡 島根県 岡山県 広島県 徳島県のうち 　美馬郡　三好郡 香川県のうち 　高松市　丸亀市　坂出市　善通寺市　観音寺市　小豆郡　香川郡　綾歌郡 　仲多度郡　三豊郡 愛媛県 高知県 熊本県（(3)に掲げる市及び郡を除く。） 大分県（(3)に掲げる市及び郡を除く。） 宮崎県	0.9
(3)	北海道のうち 　旭川市　留萌市　稚内市　紋別市　士別市　名寄市　上川郡（上川支庁）の 　うち鷹栖町、当麻町、比布町、愛別町、和寒町、剣淵町、朝日町、風連町及 　び下川町　中川郡（上川支庁）　増毛郡　留萌郡　苫前郡　天塩郡　宗谷郡 　枝幸郡　礼文郡　利尻郡　紋別郡 山口県 福岡県 佐賀県 長崎県 熊本県のうち 　八代市　荒尾市　水俣市　玉名市　本渡市　山鹿市　牛深市　宇土市　飽託 　郡　宇土郡　玉名郡　鹿本郡　葦北郡　天草郡 大分県のうち 　中津市　日田市　豊後高田市　杵築市　宇佐市　西国東郡　東国東郡　速見 　郡　下毛郡　宇佐郡	0.8

	鹿児島県（名瀬市及び大島郡を除く。）	
(4)	沖縄県	0.7

第2 Rtを算出する方法

Rtは、次の表の式によつて算出するものとする。ただし、特別の調査又は研究の結果に基づき、地震時における基礎及び基礎ぐいの変形が生じないものとして構造耐力上主要な部分の初期剛性を用いて算出した建築物の振動特性を表す数値が同表の式によつて算出した数値を下回ることが確かめられた場合においては、当該調査又は研究の結果に基づく数値（この数値が同表の式によつて算出した数値に $\frac{3}{4}$ を乗じた数値に満たないときは、当該数値）まで減じたものとすることができる。

$T < Tc$ の場合	$Rt = 1$
$Tc \leqq T < 2Tc$ の場合	$Rt = 1 - 0.2\left(\dfrac{T}{Tc} - 1\right)^2$
$2Tc \leqq T$ の場合	$Rt = \dfrac{1.6\,Tc}{T}$

この表において、T及びTcは、それぞれ次の数値を表すものとする。

T　次の式によつて計算した建築物の設計用一次固有周期（単位　s）

$$T = h\,(0.02 + 0.01\,\alpha)$$

この式において、h及び α は、それぞれ次の数値を表すものとする。

h　当該建築物の高さ（単位　m）

α　当該建築物のうち柱及びはりの大部分が木造又は鉄骨造である階（地階を除く。）の高さの合計のhに対する比

Tc　建築物の基礎の底部（剛強な支持ぐいを使用する場合にあつては、当該支持ぐいの先端）の直下の地盤の種別に応じて、次の表に掲げる数値（単位　s）

第一種地盤	岩盤、硬質砂れき層その他主として第三紀以前の地層によつて構成されているもの又は地盤周期等についての調査若しくは研究の結果に基づき、これと同程度の地盤周期を有すると認められるもの	0.4
第二種地盤	第一種地盤及び第三種地盤以外のもの	0.6
第三種地盤	腐植土、泥土その他これらに類するもので大部分が構成されている沖積層（盛土がある場合においてはこれを含む。）で、その深さがおおむね30m以上のもの、沼沢、泥海等を埋め立てた地盤の深さがおおむね3m以上であり、かつ、これらで埋め立てられてからおおむね30年経過していないもの又は地盤周期等についての調査若しくは研究の結果に基づき、これらと同程度の地盤周期を有すると認められるもの	0.8

第3　Aiを算出する方法

　Aiは、次の式によって算出するものとする。ただし、地震時における基礎及び基礎ぐいの変形が生じないものとして構造耐力上主要な部分の初期剛性を用いて算出した建築物の振動特性についての特別な調査又は研究の結果に基づいて算出する場合においては、当該算出によることができるものとする。

$$Ai = 1 + \left(\frac{1}{\sqrt{\alpha i}} - \alpha i \right) \frac{2T}{1 + 3T}$$

　この式において、αi 及び T は、それぞれ次の数値を表すものとする。

　　αi　建築物の Ai を算出しようとする高さの部分が支える部分の固定荷重と積載荷重との和（建築基準法施行令第86条第2項ただし書の規定により特定行政庁が指定する多雪区域においては、更に積雪荷重を加えるものとする。以下同じ。）を当該建築物の地上部分の固定荷重と積載荷重との和で除した数値

　　T　第2に定める T の数値

第4　地盤が著しく軟弱な区域を定める基準

　地盤が著しく軟弱な区域を定める基準は、地盤が第2の表中 Tc に関する表に掲げる第三種地盤に該当する区域であるものとする。

〔平成12年5月31日建設省告示第1452号〕

木材の基準強度 Fc、Ft、Fb 及び Fs を定める件

最終改正　令和2年8月28日国土交通省告示第821号

　建築基準法施行令（昭和25年政令第338号）第89条第1項の規定に基づき、木材の基準強度 Fc、Ft、Fb 及び Fs を次のように定める。

　建築基準法施行令第89条第1項に規定する木材の基準強度 Fc、Ft、Fb 及び Fs は、次の各号に掲げる木材の種類及び品質に応じて、それぞれ当該各号に掲げるところによるものとする。

一　製材の日本農林規格（平成19年農林水産省告示第1083号）に適合する構造用製材（ただし、円柱類にあってはすぎ、からまつ及びひのきに限る。）の目視等級区分によるもの　その樹種、区分及び等級に応じてそれぞれ次の表の数値とする。ただし、たる木、根太その他荷重を分散して負担する目的で並列して設けた部材（以下「並列材」という。）にあっては、曲げに対する基準強度 Fb の数値について、当該部材群に構造用合板又はこれと同等以上の面材をはる場合には1.25を、その他の場合には1.15を乗じた数値とすることができる。

樹　　　種	区　　　分	等級	基準強度（単位　N/mm²）			
			Fc	Ft	Fb	Fs
	甲種構造材	一級	27.0	20.4	33.6	
		二級	16.8	12.6	20.4	
		三級	11.4	9.0	14.4	

あかまつ	乙種構造材	一級	27.0	16.2	26.4	2.4
		二級	16.8	10.2	16.8	
		三級	11.4	7.2	11.4	
べいまつ	甲種構造材	一級	27.0	20.4	34.2	2.4
		二級	18.0	13.8	22.8	
		三級	13.8	10.8	17.4	
	乙種構造材	一級	27.0	16.2	27.0	
		二級	18.0	10.8	18.0	
		三級	13.8	8.4	13.8	
からまつ	甲種構造材	一級	23.4	18.0	29.4	2.1
		二級	20.4	15.6	25.8	
		三級	18.6	13.8	23.4	
	乙種構造材	一級	23.4	14.4	23.4	
		二級	20.4	12.6	20.4	
		三級	18.6	10.8	17.4	
ダフリカからまつ	甲種構造材	一級	28.8	21.6	36.0	2.1
		二級	25.2	18.6	31.2	
		三級	22.2	16.8	27.6	
	乙種構造材	一級	28.8	17.4	28.8	
		二級	25.2	15.0	25.2	
		三級	22.2	13.2	22.2	
ひば	甲種構造材	一級	28.2	21.0	34.8	2.1
		二級	27.6	21.0	34.8	
		三級	23.4	18.0	29.4	
	乙種構造材	一級	28.2	16.8	28.2	
		二級	27.6	16.8	27.6	
		三級	23.4	12.6	20.4	
	甲種構造材	一級	30.6	22.8	38.4	
		二級	27.0	20.4	34.2	
		三級	23.4	17.4	28.8	

ひのき		一級	30.6	18.6	30.6	2.1
	乙種構造材	二級	27.0	16.2	27.0	
		三級	23.4	13.8	23.4	
べいつが	甲種構造材	一級	21.0	15.6	26.4	2.1
		二級	21.0	15.6	26.4	
		三級	17.4	13.2	21.6	
	乙種構造材	一級	21.0	12.6	21.0	
		二級	21.0	12.6	21.0	
		三級	17.4	10.2	17.4	
えぞまつ及びとどまつ	甲種構造材	一級	27.0	20.4	34.2	1.8
		二級	22.8	17.4	28.2	
		三級	13.8	10.8	17.4	
	乙種構造材	一級	27.0	16.2	27.0	
		二級	22.8	13.8	22.8	
		三級	13.8	5.4	9.0	
すぎ	甲種構造材	一級	21.6	16.2	27.0	1.8
		二級	20.4	15.6	25.8	
		三級	18.0	13.8	22.2	
	乙種構造材	一級	21.6	13.2	21.6	
		二級	20.4	12.6	20.4	
		三級	18.0	10.8	18.0	

二　製材の日本農林規格に適合する構造用製材（ただし、円柱類にあってはすぎ、からまつ及びひのきに限る。）の機械等級区分によるもの　その樹種及び等級に応じてそれぞれ次の表の数値とする。ただし、並列材にあっては、曲げに対する基準強度Fbの数値について、当該部材群に構造用合板又はこれと同等以上の面材をはる場合には1.15を乗じた数値とすることができる。

樹　　種	等級	基準強度（単位　N/mm²）			
		Fc	Ft	Fb	Fs
あかまつ、べいまつ、ダフリカからまつ、べいつが、えぞまつ及びとどまつ	E70	9.6	7.2	12.0	
	E90	16.8	12.6	21.0	
	E110	24.6	18.6	30.6	

	E130	31.8	24.0	39.6	樹種に
	E150	39.0	29.4	48.6	応じ、
からまつ、ひのき及びひば	E50	11.4	8.4	13.8	前号の
	E70	18.0	13.2	22.2	表の基
	E90	24.6	18.6	30.6	準強度
	E110	31.2	23.4	38.4	による。
	E130	37.8	28.2	46.8	
	E150	44.4	33.0	55.2	
すぎ	E50	19.2	14.4	24.0	
	E70	23.4	17.4	29.4	
	E90	28.2	21.0	34.8	
	E110	32.4	24.6	40.8	
	E130	37.2	27.6	46.2	
	E150	41.4	31.2	51.6	

三　枠組壁工法構造用製材及び枠組壁工法構造用たて継ぎ材の日本農林規格（昭和49年農林省告示第600号。以下「枠組壁工法構造用製材等規格」という。）に適合する枠組壁工法構造用製材のうち、寸法型式が104、203、204、304、404若しくは204Wのもの又は枠組壁工法構造用たて継ぎ材のうち、寸法型式が203、204、304、404若しくは204Wのもの　その樹種群、区分及び等級に応じてそれぞれ次の表1に掲げる数値とする。この場合において、当該寸法型式以外の寸法型式の枠組壁工法構造用製材及び枠組壁工法構造用たて継ぎ材については、同表に掲げる数値に次の表2に掲げる数値を乗じた数値とする。更に、並列材にあっては、曲げに対する基準強度 Fb の数値について、当該部材群に構造用合板又はこれと同等以上の面材を張る場合には1.25を、その他の場合には1.15を乗じた数値とすることができる。

表1

樹　種　群	区分	等　　級	強度（単位　N/mm²）			
			Fc	Ft	Fb	Fs
DFir-L	甲種	特級	25.8	24.0	36.0	2.4
		一級	22.2	16.2	24.6	
		二級	19.2	15.0	21.6	
		三級	11.4	8.4	12.6	
		コンストラクション	21.6	11.4	16.2	

	乙種	スタンダード	17.4	6.6	9.6
		ユーティリティ	11.4	3.0	4.2
	たて枠用たて継ぎ材		17.4	6.6	9.6
Hem – Tam	甲種	特級	18.0	13.8	29.4
		一級	15.0	8.4	18.0
		二級	12.6	6.6	13.8
		三級	7.2	3.6	8.4
	乙種	コンストラクション	14.4	4.8	10.2
		スタンダード	11.4	3.0	5.4
		ユーティリティ	7.2	1.2	3.0
	たて枠用たて継ぎ材		11.4	3.0	5.4
Hem – Fir	甲種	特級	24.0	22.2	34.2
		一級	20.4	15.0	23.4
		二級	18.6	12.6	20.4
		三級	10.8	7.2	12.0
	乙種	コンストラクション	19.8	9.6	15.6
		スタンダード	16.8	5.4	9.0
		ユーティリティ	10.8	2.4	4.2
	たて枠用たて継ぎ材		16.8	5.4	9.0
S – P – F 又は Spruce – Pine – Fir	甲種	特級	20.4	16.8	30.0
		一級	18.0	12.0	22.2
		二級	17.4	11.4	21.6
		三級	10.2	6.6	12.6
	乙種	コンストラクション	18.6	8.4	16.2
		スタンダード	15.6	4.8	9.0
		ユーティリティ	10.2	2.4	4.2
	たて枠用たて継ぎ材		15.6	4.8	9.0
	甲種	特級	15.0	14.4	23.4
		一級	12.6	10.2	16.8
		二級	10.2	10.2	16.2

（Hem – Tam 2.1 / Hem – Fir 2.1 / S – P – F 1.8）

W Cedar		三級	6.0	6.0	9.6	1.8
	乙種	コンストラクション	11.4	7.2	12.0	
		スタンダード	9.0	4.2	6.6	
		ユーティリティ	6.0	1.8	3.6	
		たて枠用たて継ぎ材	9.0	4.2	6.6	
SYP	甲種	特級	24.1	26.2	39.0	2.4
		一級	20.7	16.1	24.4	
		二級	18.7	11.9	18.5	
		三級	10.7	6.8	10.6	
	乙種	コンストラクション	19.9	8.9	13.9	
		スタンダード	16.5	5.0	7.8	
		ユーティリティ	10.7	2.3	3.7	
		たて枠用たて継ぎ材	16.5	5.0	7.8	
JSI	甲種	特級	24.9	20.6	33.6	2.1
		一級	21.1	14.1	23.7	
		二級	18.2	12.5	22.2	
		三級	10.6	7.3	12.9	
	乙種	コンストラクション	19.8	9.5	16.9	
		スタンダード	16.0	5.3	9.3	
		ユーティリティ	10.6	2.5	4.4	
		たて枠用たて継ぎ材	16.0	5.3	9.3	
JSII	甲種	特級	15.7	16.0	28.4	1.8
		一級	15.7	12.2	20.4	
		二級	15.7	12.2	19.5	
		三級	9.1	7.1	11.3	
	乙種	コンストラクション	15.7	9.3	14.8	
		スタンダード	13.8	5.1	8.2	
		ユーティリティ	9.1	2.4	3.9	
		たて枠用たて継ぎ材	13.8	5.1	8.2	
		特級	20.9	16.9	22.5	

JSIII	甲種	一級	18.3	11.3	16.1	2.1
		二級	17.0	9.7	15.5	
		三級	9.8	5.7	9.0	
	乙種	コンストラクション	17.9	7.4	11.8	
		スタンダード	14.9	4.1	6.5	
		ユーティリティ	9.8	1.9	3.1	
	たて枠用たて継ぎ材		14.9	4.1	6.5	

表2

応力の種類 寸法型式	圧縮	引張り	曲げ	せん断
106　205　206　306　405　406	0.96	0.84	0.84	1.00
208　408	0.93	0.75	0.75	
210	0.91	0.68	0.68	
212	0.89	0.63	0.63	

四　枠組壁工法構造用製材等規格に適合する MSR 枠組材及び MSR たて継ぎ材　その MSR 等級に応じてそれぞれ次の表に掲げる数値とする。ただし、並列材にあっては、曲げに対する基準強度 Fb の数値について、当該部材群に構造用合板又はこれと同等以上の面材を張る場合には 1.15 を乗じた数値とすることができる。

MSR 等級	基準強度（単位　N/mm²）			
	Fc	Ft	Fb	Fs
900Fb‐0.6E 900Fb‐1.0E 900Fb‐1.2E	9.6	5.4	13.2	
1200Fb‐0.7E 1200Fb‐0.8E 1200Fb‐1.2E 1200Fb‐1.5E	12.6	9.0	17.4	
1350Fb‐1.2E 1350Fb‐1.3E 1350Fb‐1.8E	13.8	11.4	19.8	
1450Fb‐1.2E 1450Fb‐1.3E	15.0	12.0	21.0	

1500Fb－1.2E 1500Fb－1.3E 1500Fb－1.4E 1500Fb－1.8E	15.6	13.2	22.2	樹種群に応じ、枠組壁工法構造用製材及び枠組壁工法構造用たて継ぎ材の基準強度による。
1650Fb－1.3E 1650Fb－1.4E 1650Fb－1.5E 1650Fb－1.8E	16.8	15.0	24.0	
1800Fb－1.6E 1800Fb－2.1E	18.6	17.4	26.4	
1950Fb－1.5E 1950Fb－1.7E	19.8	20.4	28.8	
2100Fb－1.8E	21.6	23.4	30.6	
2250Fb－1.6E 2250Fb－1.9E	22.8	25.8	33.0	
2400Fb－1.7E 2400Fb－2.0E	24.6	28.2	34.8	
2550Fb－2.1E	26.4	30.0	37.2	
2700Fb－2.2E	27.6	31.2	39.6	
2850Fb－2.3E	29.4	33.6	41.4	
3000Fb－2.4E	30.6	34.8	43.8	
3150Fb－2.5E	32.4	36.6	45.6	
3300Fb－2.6E	35.4	38.4	48.0	

五　無等級材（日本農林規格に定められていない木材をいう。）　その樹種に応じてそれぞれ次の表に掲げる数値とする。ただし、並列材にあっては、曲げに対する基準強度Fbの数値について、当該部材群に構造用合板又はこれと同等以上の面材を張る場合には1.25を、その他の場合には1.15を乗じた数値とすることができる。

樹　　種		基準強度（単位　N/mm²）			
		Fc	Ft	Fb	Fs
針葉樹	あかまつ、くろまつ及びべいまつ	22.2	17.7	28.2	2.4
	からまつ、ひば、ひのき、べいひ及びべいひば	20.7	16.2	26.7	2.1
	つが及びべいつが	19.2	14.7	25.2	2.1

	もみ、えぞまつ、とどまつ、べにまつ、すぎ、べいすぎ及びスプルース	17.7	13.5	22.2	1.8
広葉樹	かし	27.0	24.0	38.4	4.2
	くり、なら、ぶな、けやき	21.0	18.0	29.4	3.0

六　前各号に掲げる木材以外で、国土交通大臣が指定したもの　その樹種、区分及び等級等に応じてそれぞれ国土交通大臣が指定した数値とする。

〔平成12年５月31日建設省告示第1451号〕

炭素鋼のボルトのせん断に対する許容応力度及び材料強度を定める件

建築基準法施行令（昭和25年政令第338号）第90条及び第96条の規定に基づき、炭素鋼のボルトのせん断に対する許容応力度及び材料強度を次のように定める。

第1　建築基準法施行令（以下「令」という。）第90条に規定する基準強度が240 N/mm^{2}を超える炭素鋼のボルトの長期に生ずる力に対するせん断の許容応力度は、基準強度に応じて次の表に掲げる数値とする。

基準強度（単位　N/mm^2）	長期に生ずる力に対するせん断の許容応力度（単位　N/mm^2）
240 を超え 180$\sqrt{3}$ 以下の場合	120
180$\sqrt{3}$ を超える場合	$\dfrac{F}{1.5\sqrt{3}}$

　この表において、Fは、令第90条に規定する鋼材の基準強度（単位　N/mm^2）を表すものとする。

第2　令第96条に規定する基準強度が240 N/mm^{2}を超える炭素鋼のボルトのせん断に対する材料強度は、第1に規定する長期に生ずる力に対するせん断の許容応力度の数値の1.5倍の数値とする。

〔平成12年12月26日建設省告示第2464号〕

鋼材等及び溶接部の許容応力度並びに材料強度の基準強度を定める件

最終改正　令和元年６月25日国土交通省告示第203号

建築基準法施行令（昭和25年政令第338号）第90条、第92条、第96条及び第98条の規定に基づき、

鋼材等及び溶接部の許容応力度並びに鋼材等及び溶接部の材料強度の基準強度を次のように定める。

第1　鋼材等の許容応力度の基準強度

一　鋼材等の許容応力度の基準強度は、次号に定めるもののほか、次の表の数値とする。

鋼 材 等 の 種 類 及 び 品 質			基準強度（単位　N/mm²）
		SKK400 SHK400 SHK400M SS400 SM400A SM400B SM400C SMA400AW SMA400AP SMA400BW SMA400BP SMA400CW SMA400CP	鋼材の厚さが40 mm 以下のもの	235
		SN400A SN400B SN400C SNR400A SNR400B SSC400 SWH400 SWH400L STK400 STKR400 STKN400W STKN400B	鋼材の厚さが40 mm を超え100 mm 以下のもの	215
		SGH400 SGC400 CGC400 SGLH400 SGLC400 CGLC400		280
		SHK490M	鋼材の厚さが40 mm 以下のもの	315

炭素鋼	構造用鋼材	SS490	鋼材の厚さが40mm以下のもの	275
			鋼材の厚さが40mmを超え100mm以下のもの	255
		SKK490 SM490A SM490B SM490C SM490YA SM490YB SMA490AW SMA490AP SMA490BW	鋼材の厚さが40mm以下のもの	325
		SMA490BP SMA490CW SMA490CP SN490B SN490C SNR490B STK490 STKR490 STKN490B	鋼材の厚さが40mmを超え100mm以下のもの	295
		SGH490 SGC490 CGC490 SGLH490 SGLC490 CGLC490		345
		SM520B SM520C	鋼材の厚さが40mm以下のもの	355
			鋼材の厚さが40mmを超え75mm以下のもの	335
			鋼材の厚さが75mmを超え100mm以下のもの	325
		SS540	鋼材の厚さが40	375

			mm 以下のもの	
	SDP1T SDP1TG		鋼材の厚さが 40 mm 以下のもの	205
	SDP2 SDP2G SDP3		鋼材の厚さが 40 mm 以下のもの	235
ボルト	黒　皮			185
	仕上げ	強度 区分	4.6 4.8	240
			5.6 5.8	300
			6.8	420
構造用ケーブル			構造用ケーブルの種類に応じて、次のいずれかの数値とすること。 一　日本産業規格（以下「JIS」という。）G3525（ワイヤロープ）-1998の付表1から付表10までの区分に応じてそれぞれの表に掲げる破断荷重（単位　kN）に $\frac{1,000}{2}$ を乗じた数値を構造用ケーブルの種類及び形状に応じて求めた有効断面積（単位　mm^2）で除した数値 二　JIS G3546（異形線ロープ）-2000の付表1から付表6までの区分に応じてそれぞれの表に掲げる破断荷重（単位　kN）に $\frac{1,000}{2}$ を乗じた数値を構造用ケーブルの種類及び形状に応じて求めた有効断面積（単位　mm^2）で除した数値 三　JIS G3549（構造用ワイヤロープ）-2000の付表1から付表16までの区分に応じてそれぞれの表に掲げる破断荷重（単位　kN）に $\frac{1,000}{2}$ を乗じた数値を構造用ケーブルの種類及び形状に応じて求めた有効断面積（単	

			位　mm²）で除した数値
	リベット鋼		235
	鋳　鋼	SC480 SCW410 SCW410CF	235
		SCW480 SCW480CF	275
		SCW490CF	315
ステンレス鋼	構造用 鋼材	SUS304A SUS316A SDP4 SDP5	235
		SUS304N2A SDP6	325
	ボルト	A2-50 A4-50	210
	構造用ケーブル		JIS G3550（構造用ステンレス鋼ワイヤロープ）-2003の付表の区分に応じてそれぞれの表に掲げる破断荷重（単位　kN）に $\frac{1,000}{2}$ を乗じた数値を構造用ケーブルの種類及び形状に応じて求めた有効断面積（単位　mm²）で除した数値
	鋳　鋼	SCS13AA-CF	235
鋳　鉄			150
丸　鋼	SR235 SRR235		235
	SR295		295
異形鉄筋	SDR235		235
	SD295A SD295B		295
	SD345		345
	SD390		390
鉄線の径が4mm以上の溶接金網			295

　この表において、SKK400及びSKK490は、JIS A5525（鋼管ぐい）-1994に定める
SKK400及びSKK490を、SHK400、SHK400M及びSHK490Mは、JIS A5526（H形鋼ぐい）
-1994に定めるSHK400、SHK400M及びSHK490Mを、SS400、SS490及びSS540は、JIS
G3101（一般構造用圧延鋼材）-1995に定めるSS400、SS490及びSS540を、SM400A、
SM400B、SM400C、SM490A、SM490B、SM490C、SM490YA、SM490YB、SM520B及び
SM520Cは、JIS G3106（溶接構造用圧延鋼材）-1999に定めるSM400A、SM400B、SM400C、
SM490A、SM490B、SM490C、SM490YA、SM490YB、SM520B 及 び SM520C を、
SMA400AW、SMA400AP、SMA400BW、SMA400BP、SMA400CW、SMA400CP、
SMA490AW、SMA490AP、SMA490BW、SMA490BP、SMA490CW及びSMA490CPは、
JIS G3114（溶接構造用耐候性熱間圧延鋼材）-1998に定めるSMA400AW、SMA400AP、
SMA400BW、SMA400BP、SMA400CW、SMA400CP、SMA490AW、SMA490AP、
SMA490BW、SMA490BP、SMA490CW及びSMA490CPを、SN400A、SN400B、SM400C、
SN490B及びSN490Cは、JIS G3136（建築構造用圧延鋼材）-1994に定めるSN400A、
SN400B、SN400C、SN490B及びSN490Cを、SNR400A、SNR400B及びSNR490Bは、JIS
G3138（建築構造用圧延棒鋼）-1996に定めるSNR400A、SNR400B及びSNR490Bを、
SGH400、SGC400、SGH490及びSGC490は、JIS G3302（溶融亜鉛めっき鋼板及び鋼帯）
-1998に定めるSGH400、SGC400、SGH490及びSGC490を、CGC400及びCGC490は、
JIS G3312（塗装溶融亜鉛めっき鋼板及び鋼帯）-1994に定めるCGC400及びCGC490を、
SGLH400、SGLC400、SGLH490及びSGLC490は、JIS G3321（溶融55％アルミニウム－
亜鉛合金めっき鋼板及び鋼帯）-1998に定めるSGLH400、SGLC400、SGLH490及び
SGLC490を、CGLC400及びCGLC490は、JIS G3322（塗装溶融55％アルミニウム－亜鉛
合金めっき鋼板及び鋼帯）-1998に定めるCGLC400及びCGLC490を、SSC400は、JIS
G3350（一般構造用軽量形鋼）-1987に定めるSSC400を、SDP1T、SDP1TG、SDP2、
SDP2G、SDP3、SDP4、SDP5及びSDP6は、JIS G3352（デッキプレート）-2003に定める
SDP1T、SDP1TG、SDP2、SDP2G、SDP3、SDP4、SDP5及びSDP6を、SWH400及び
SWH400Lは、JIS G3353（一般構造用溶接軽量H形鋼）-1990に定めるSWH400及び
SWH400Lを、STK400及びSTK490は、JIS G3444（一般構造用炭素鋼管）-1994に定める
STK400及びSTK490を、STKR400及びSTKR490は、JIS G3466（一般構造用角形鋼管）
-1988に定めるSTKR400及びSTKR490を、STKN400W、STKN400B及びSTKN490Bは
JIS G3475（建築構造用炭素鋼管）-1996に定めるSTKN400W、STKN400B及び
STKN490Bを、4.6、4.8、5.6、5.8及び6.8は、JIS B1051（炭素鋼及び合金鋼製締結用部
品の機械的性質－第1部：ボルト、ねじ及び植込みボルト）-2000に定める強度区分であ
る4.6、4.8、5.6、5.8及び6.8を、SC480は、JIS G5101（炭素鋼鋳鋼品）-1991に定める
SC480を、SCW410及びSCW480は、JIS G5102（溶接構造用鋳鋼品）-1991に定める
SCW410及びSCW480を、SCW410CF、SCW480CF及びSCW490CFは、JIS G5201（溶
接構造用遠心力鋳鋼管）-1991に定めるSCW410CF、SCW480CF及びSCW490CFを、
SUS304A、SUS316A、SUS304N2A及びSCS13AA-CFは、JIS G4321（建築構造用ステ
ンレス鋼材）-2000に定めるSUS304A、SUS316A、SUS304N2A及びSCS13AA-CFを、
A2-50及びA4-50は、JIS B1054-1（耐食ステンレス鋼製締結用部品の機械的性質－第1
部：ボルト、ねじ及び植込みボルト）-2001に定めるA2-50及びA4-50を、SR235、SR295、

SD295A、SD295B、SD345及び SD390は、JIS G3112（鉄筋コンクリート用棒鋼）-1987に定める SR235、SR295、SD295A、SD295B、SD345 及び SD390 を、SRR235 及び SDR235 は、JIS G3117（鉄筋コンクリート用再生棒鋼）-1987に定める SRR235及び SDR235を、それぞれ表すものとする。以下第2の表において同様とする。

二　建築基準法（昭和25年法律第201号。以下「法」という。）第37条第一号の国土交通大臣の指定する JIS に適合するもののうち前号の表に掲げる種類以外の鋼材等及び同条第二号の国土交通大臣の認定を受けた鋼材等の許容応力度の基準強度は、その種類及び品質に応じてそれぞれ国土交通大臣が指定した数値とする。

三　前2号の場合において、鋼材等を加工する場合には、加工後の当該鋼材等の機械的性質、化学成分その他の品質が加工前の当該鋼材等の機械的性質、化学成分その他の品質と同等以上であることを確かめなければならない。ただし、次のイからハまでのいずれかに該当する場合は、この限りでない。

　イ　切断、溶接、局部的な加熱、鉄筋の曲げ加工その他の構造耐力上支障がない加工を行うとき。

　ロ　摂氏 500 度以下の加熱を行うとき。

　ハ　鋼材等（鋳鉄及び鉄筋を除く。以下ハにおいて同じ。）の曲げ加工（厚さが 6 mm 以上の鋼材等の曲げ加工にあっては、外側曲げ半径が当該鋼材等の厚さの 10 倍以上となるものに限る。）を行うとき。

第2　溶接部の許容応力度の基準強度

一　溶接部の許容応力度の基準強度は、次号に定めるもののほか、次の表の数値（異なる種類又は品質の鋼材を溶接する場合においては、接合される鋼材の基準強度のうち小さい値となる数値。次号並びに第4第一号本文及び第二号において同じ。）とする。

鋼 材 の 種 類 及 び 品 質			基準強度（単位　N/mm^2）
		SKK400 SHK400M SS400 SM400A SM400B SM400C SMA400AW SMA400AP SMA400BW SMA400BP SMA400CW SMA400CP SN400A SN400B	鋼材の厚さが 40 mm 以下のもの	235

		SN400C SNR400B SSC400 SWH400 SWH400L STK400 STKR400 STKN400W STKN400B	鋼材の厚さが40mmを超え100mm以下のもの	215
		SGH400 SGC400 CGC400 SGLH400 SGLC400 CGLC400		280
		SHK490M	鋼材の厚さが40mm以下のもの	315
	構造用鋼材	SKK490 SM490A SM490B SM490C SM490YA SM490YB SMA490AW SMA490AP SMA490BW	鋼材の厚さが40mm以下のもの	325
炭素鋼		SMA490BP SMA490CW SMA490CP SN490B SN490C SNR490B STK490 STKR490 STKN490B	鋼材の厚さが40mmを超え100mm以下のもの	295
		SGH490 SGC490 CGC490 SGLH490		345

		SGLC490 CGLC490		
		SM520B SM520C	鋼材の厚さが 40 mm 以下の もの	355
			鋼材の厚さが 40 mm を超え 75 mm 以下のもの	335
			鋼材の厚さが 75 mm を超え 100 mm 以下のもの	325
		SDP1T SDP1TG	鋼材の厚さが 40 mm 以下の もの	205
		SDP2 SDP2G SDP3	鋼材の厚さが 40 mm 以下の もの	235
	鋳　　鋼	SCW410 SCW410CF		235
		SCW480 SCW480CF		275
		SCW490CF		315
ステン レ ス 鋼	構造用鋼材	SUS304A SUS316A SDP4 SDP5		235
		SUS304N2A SDP6		325
	鋳　　鋼	SCS13AA-CF		235
丸　　鋼		SR235 SRR235		235
		SR295		295
異形鉄筋		SDR235		235
		SD295A SD295B		295
		SD345		345
		SD390		390

二　法第37条第一号の国土交通大臣の指定する JIS に適合するもののうち前号の表に掲げる種

623

類以外の鋼材等及び同条第二号の国土交通大臣の認定を受けた鋼材に係る溶接部の許容応力
度の基準強度は、その種類及び品質に応じてそれぞれ国土交通大臣が指定した数値とする。

第3　鋼材等の材料強度の基準強度

一　鋼材等の材料強度の基準強度は、次号に定めるもののほか、第1の表の数値とする。ただ
し、炭素鋼の構造用鋼材、丸鋼及び異形鉄筋のうち、同表に掲げる JIS に定めるものについ
ては、同表の数値のそれぞれ1.1倍以下の数値とすることができる。

二　法第37条第一号の国土交通大臣の指定する JIS に適合するもののうち第1の表に掲げる種
類以外の鋼材等及び同条第二号の国土交通大臣の認定を受けた鋼材等の材料強度の基準強度
は、その種類及び品質に応じてそれぞれ国土交通大臣が指定した数値とする。

三　第1第三号の規定は、前2号の場合に準用する。

第4　溶接部の材料強度の基準強度

一　溶接部の材料強度の基準強度は、次号に定めるもののほか、第2の表の数値とする。ただ
し、炭素鋼の構造用鋼材、丸鋼及び異形鉄筋のうち、同表に掲げる JIS に定めるものについ
ては、同表の数値のそれぞれ1.1倍以下の数値とすることができる。

二　法第37条第一号の国土交通大臣の指定する JIS に適合するもののうち第2の表に掲げる種
類以外の鋼材等及び同条第二号の国土交通大臣の認定を受けた鋼材に係る溶接部の材料強度
の基準強度は、その種類及び品質に応じてそれぞれ国土交通大臣が指定した数値とする。

　　　附　則

1　昭和55年建設省告示第1794号は、廃止する。

2、3　（略）

〔平成12年5月31日建設省告示第1450号〕

コンクリートの付着、引張り及びせん断に対する許容応力度及び材料強度を定める件

建築基準法施行令（昭和25年政令第338号）第91条及び第97条の規定に基づき、コンクリート
の付着、引張り及びせん断に対する許容応力度及び材料強度を次のように定める。

第1　建築基準法施行令（以下「令」という。）第91条第1項に規定する異形鉄筋として異形棒
鋼又は再生棒鋼を用いる場合のコンクリートの付着に対する長期に生ずる力に対する許容応力
度及び短期に生ずる力に対する許容応力度は、次のとおりとする。

一　長期に生ずる力に対する付着の許容応力度は、鉄筋の使用位置及び令第74条第1項第二号
に規定するコンクリートの設計基準強度（以下「設計基準強度」という。）に応じ、それぞ
れ次の表に掲げる式によって計算した数値とする。ただし、コンクリート中に設置した異形
鉄筋の引抜きに関する実験によって付着強度を確認した場合においては、当該付着強度の
$\frac{1}{3}$ の数値とすることができる。

鉄筋の使用位置	設計基準強度（単位　N/mm²）	
	22.5以下の場合	22.5を超える場合

(1)	はりの上端	$\dfrac{1}{15}F$	$0.9 + \dfrac{2}{75}F$
(2)	(1)に示す位置以外の位置	$\dfrac{1}{10}F$	$1.35 + \dfrac{1}{25}F$

この表において、Fは、設計基準強度を表すものとする。

二　短期に生ずる力に対する付着の許容応力度は、前号に定める数値の2倍の数値とする。

第2　令第91条第1項に規定する設計基準強度が21 N/mm² を超えるコンクリートの長期に生ずる力に対する引張り及びせん断の各許容応力度は、設計基準強度に応じて次の式により算出した数値とする。ただし、実験によってコンクリートの引張又はせん断強度を確認した場合においては、当該強度にそれぞれ $\dfrac{1}{3}$ を乗じた数値とすることができる。

$$Fs = 0.49 + \dfrac{F}{100}$$

この式において、Fs及びFは、それぞれ次の数値を表すものとする。

Fs　コンクリートの長期に生ずる力に対する許容応力度（単位　N/mm²）

F　設計基準強度（単位　N/mm²）

第3　令第97条に規定する異形鉄筋を用いた場合のコンクリートの付着に対する材料強度は、第1第一号に定める数値の3倍の数値とする。

2　令第97条に規定する設計基準強度が21 N/mm² を超えるコンクリートの引張り及びせん断に対する材料強度は、第2に定める数値の3倍の数値とする。

〔平成12年12月26日建設省告示第2466号〕

高力ボルトの基準張力、引張接合部の引張りの許容応力度及び材料強度の基準強度を定める件

最終改正　令和元年6月25日国土交通省告示第203号

建築基準施行令（昭和25年政令第338号）第92条の2、第94条及び第96条の規定に基づき、高力ボルトの基準張力、高力ボルト引張接合部の引張りの許容応力度及び高力ボルトの材料強度の基準強度をそれぞれ次のように定める。

第1　高力ボルトの基準張力

一　高力ボルトの基準張力は、次号に定めるもののほか、次の表の数値とする。

	高力ボルトの品質		高力ボルトの基準張力
	高力ボルトの種類	高力ボルトの締付ボルト張力（単位　N/mm²）	（単位　N/mm²）
(1)	1　　種	400 以上	400
(2)	2　　種	500 以上	500

| (3) | 3　　種 | 535 以上 | 535 |

この表において、1種、2種及び3種は、日本産業規格（以下「JIS」という。）B1186（摩擦接合用高力六角ボルト・六角ナット・平座金のセット）-1995に定める1種、2種及び3種の摩擦接合用高力ボルト、ナット及び座金の組合せを表すものとする。

二　建築基準法（昭和25年法律第201号。以下「法」という。）第37条第二号の国土交通大臣の認定を受けた高力ボルトの基準張力は、その品質に応じてそれぞれ国土交通大臣が指定した数値とする。

第2　高力ボルト引張接合部の引張りの許容応力度

一　高力ボルト引張接合部の高力ボルトの軸断面に対する引張りの許容応力度は、次号に定めるもののほか、次の表の数値とする。

高力ボルトの品質	長期に生ずる力に対する引張りの許容応力度（単位　N/mm²）	短期に生ずる力に対する引張りの許容応力度（単位　N/mm²）
第1の表中(1)項に掲げるもの	250	長期に生ずる力に対する引張りの許容応力度の数値の1.5倍とする
第1の表中(2)項に掲げるもの	310	
第1の表中(3)項に掲げるもの	330	

二　法第37条第二号の国土交通大臣の認定を受けた高力ボルト引張接合部の引張りの許容応力度は、その品質に応じてそれぞれ国土交通大臣が指定した数値とする。

第3　高力ボルトの材料強度の基準強度

一　高力ボルトの材料強度の基準強度は、次号に定めるもののほか、次の表の数値とする。

高力ボルトの品質	基準強度（単位　N/mm²）
F8T	640
F10T	900
F11T	950

この表において、F8T、F10T及びF11Tは、JIS B1186（摩擦接合用高力六角ボルト・六角ナット・平座金のセット）-1995に定めるF8T、F10T及びF11Tの高力ボルトを表すものとする。

二　法第37条第二号の国土交通大臣の認定を受けた高力ボルトの材料強度の基準強度は、その品質に応じてそれぞれ国土交通大臣が指定した数値とする。

　　附　則

昭和55年建設省告示第1795号は、廃止する。

〔平成13年7月2日国土交通省告示第1113号〕

地盤の許容応力度及び基礎ぐいの許容支持力を求めるための地盤調査の方法並びにその結果に基づき地盤の許容応力度及び基礎ぐいの許容支持力を定める方法等を定める件

最終改正　令和元年6月25日国土交通省告示第203号

　建築基準法施行令（昭和25年政令第338号）第93条の規定に基づき、地盤の許容応力度及び基礎ぐいの許容支持力を求めるための地盤調査の方法を第1に、その結果に基づき地盤の許容応力度及び基礎ぐいの許容支持力を定める方法を第2から第6に定め、並びに同令第94条の規定に基づき、地盤アンカーの引抜き方向の許容応力度を第7に、くい体又は地盤アンカー体に用いる材料の許容応力度を第8に定める。

第1　地盤の許容応力度及び基礎ぐいの許容支持力を求めるための地盤調査の方法は、次の各号に掲げるものとする。

一　ボーリング調査

二　標準貫入試験

三　静的貫入試験

四　ベーン試験

五　土質試験

六　物理探査

七　平板載荷試験

八　載荷試験

九　くい打ち試験

十　引抜き試験

第2　地盤の許容応力度を定める方法は、次の表の(1)項、(2)項又は(3)項に掲げる式によるものとする。ただし、地震時に液状化するおそれのある地盤の場合又は(3)項に掲げる式を用いる場合において、基礎の底部から下方2m以内の距離にある地盤にスウェーデン式サウンディングの荷重が1kN以下で自沈する層が存在する場合若しくは基礎の底部から下方2mを超え5m以内の距離にある地盤にスウェーデン式サウンディングの荷重が500N以下で自沈する層が存在する場合にあっては、建築物の自重による沈下その他の地盤の変形等を考慮して建築物又は建築物の部分に有害な損傷、変形及び沈下が生じないことを確かめなければならない。

	長期に生ずる力に対する地盤の許容応力度を定める場合	短期に生ずる力に対する地盤の許容応力度を定める場合
(1)	$qa = \dfrac{1}{3}(ic\,\alpha\,C\,Nc + i\gamma\,\beta\,\gamma_1\,B\,N\gamma + iq\,\gamma_2\,Df\,Nq)$	$qa = \dfrac{2}{3}(ic\,\alpha\,C\,Nc + i\gamma\,\beta\,\gamma_1\,B\,N\gamma + iq\,\gamma_2\,Df\,Nq)$
(2)	$qa = qt + \dfrac{1}{3}N'\,\gamma_2\,Df$	$qa = 2qt + \dfrac{1}{3}N'\,\gamma_2\,Df$

(3)	$qa = 30 + 0.6\,\overline{Nsw}$	$qa = 60 + 1.2\,\overline{Nsw}$

この表において、qa、ic、iγ、iq、α、β、C、B、Nc、Nγ、Nq、γ_1、γ_2、Df、qt、N′及び $\overline{Nsw}$ は、それぞれ次の数値を表すものとする。

qa　地盤の許容応力度（単位　kN/m²）

ic、iγ及びiq　基礎に作用する荷重の鉛直方向に対する傾斜角に応じて次の式によって
　計算した数値

$$ic = iq = (1 - \theta / 90)^2$$
$$i\gamma = (1 - \theta / \phi)^2$$

これらの式において、θ及びϕは、それぞれ次の数値を表すものとする。
　θ　基礎に作用する荷重の鉛直方向に対する傾斜角（θがϕを超える場合は、ϕ
　　とする。）（単位　度）
　ϕ　地盤の特性によって求めた内部摩擦角（単位　度）

α及びβ　基礎荷重面の形状に応じて次の表に掲げる係数

係数　＼　基礎荷重面の形状	円　　形	円形以外の形状
α	1.2	$1.0 + 0.2\dfrac{B}{L}$
β	0.3	$0.5 - 0.2\dfrac{B}{L}$

この表において、B及びLは、それぞれの基礎荷重面の短辺又は短径及び長辺
又は長径の長さ（単位　m）を表すものとする。

C　基礎荷重面下にある地盤の粘着力（単位　kN/m²）

B　基礎荷重面の短辺又は短径（単位　m）

Nc、Nγ及びNq　地盤内部の摩擦角に応じて次の表に掲げる支持力係数

支持力係数　＼　内部摩擦角	0度	5度	10度	15度	20度	25度	28度	32度	36度	40度以上
Nc	5.1	6.5	8.3	11.0	14.8	20.7	25.8	35.5	50.6	75.3
Nγ	0	0.1	0.4	1.1	2.9	6.8	11.2	22.0	44.4	93.7
Nq	1.0	1.6	2.5	3.9	6.4	10.7	14.7	23.2	37.8	64.2

この表に掲げる内部摩擦角以外の内部摩擦角に応じた Nc、Nγ 及び Nq は、表
に掲げる数値をそれぞれ直線的に補間した数値とする。

γ_1　基礎荷重面下にある地盤の単位体積重量又は水中単位体積重量（単位　kN/m³）

γ_2　基礎荷重面より上方にある地盤の平均単位体積重量又は水中単位体積重量
　　（単位　kN/m³）

Df　基礎に接近した最低地盤面から基礎荷重面までの深さ（単位　m）

qt　平板載荷試験による降伏荷重度の$\frac{1}{2}$の数値又は極限応力度の$\frac{1}{3}$の数値のうちいずれか小さい数値（単位　kN/m²）

N′　基礎荷重面下の地盤の種類に応じて次の表に掲げる係数

係数＼地盤の種類	密実な砂質地盤	砂質地盤（密実なものを除く。）	粘土質地盤
N′	12	6	3

$\overline{Nsw}$　基礎の底部から下方2m以内の距離にある地盤のスウェーデン式サウンディングにおける1mあたりの半回転数（150を超える場合は150とする。）の平均値（単位　回）

第3　セメント系固化材を用いて改良された地盤の改良体（セメント系固化材を改良前の地盤と混合し固結したものをいう。以下同じ。）の許容応力度を定める方法は、次の表に掲げる改良体の許容応力度によるものとする。この場合において、改良体の設計基準強度（設計に際し採用する圧縮強度をいう。以下第3において同じ。）は、改良体から切り取ったコア供試体若しくはこれに類する強度に関する特性を有する供試体について行う強度試験により得られた材齢が28日の供試体の圧縮強度の数値又はこれと同程度に構造耐力上支障がないと認められる圧縮強度の数値以下とするものとする。

長期に生ずる力に対する改良体の許容応力度（単位　kN/m²）	短期に生ずる力に対する改良体の許容応力度（単位　kN/m²）
$\frac{1}{3}F$	$\frac{2}{3}F$
この表において、Fは、改良体の設計基準強度（単位　kN/m²）を表すものとする。	

第4　第2及び第3の規定にかかわらず、地盤の許容応力度を定める方法は、適用する改良の方法、改良の範囲及び地盤の種類ごとに、基礎の構造形式、敷地、地盤その他の基礎に影響を与えるものの実況に応じた平板載荷試験又は載荷試験の結果に基づいて、次の表に掲げる式によることができるものとする。

長期に生ずる力に対する改良された地盤の許容応力度を定める場合	短期に生ずる力に対する改良された地盤の許容応力度を定める場合
qa ＝ $\frac{1}{3}$ qb	qa ＝ $\frac{2}{3}$ qb
この表において、qa及びqbは、それぞれ次の数値を表すものとする。	

qa　改良された地盤の許容応力度（単位　kN/m²）

qb　平板載荷試験又は載荷試験による極限応力度（単位　kN/m²）

第5　基礎ぐいの許容支持力を定める方法は、基礎ぐいの種類に応じて、次の各号に定めるとこ

ろによるものとする。

一　支持ぐいの許容支持力は、打込みぐい、セメントミルク工法による埋込みぐい又はアースドリル工法、リバースサーキュレーション工法若しくはオールケーシング工法による場所打ちコンクリートぐい（以下「アースドリル工法等による場所打ちぐい」という。）の場合にあっては、次の表の(1)項又は(2)項の式（基礎ぐいの周囲の地盤に軟弱な粘土質地盤、軟弱な粘土質地盤の上部にある砂質地盤又は地震時に液状化するおそれのある地盤が含まれる場合にあっては(2)項の式）、その他の基礎ぐいの場合にあっては、次の表の(1)項の式（基礎ぐいの周囲の地盤に軟弱な粘土質地盤、軟弱な粘土質地盤の上部にある砂質地盤又は地震時に液状化するおそれのある地盤が含まれない場合に限る。）によりそれぞれ計算した地盤の許容支持力又はくい体の許容耐力のうちいずれか小さい数値とすること。ただし、同表の(1)項の長期に生ずる力に対する地盤の許容支持力は、同表の(1)項の短期に生ずる力に対する地盤の許容支持力の数値未満の数値で、かつ、限界沈下量（載荷試験からくい頭荷重の載荷によって生ずるくい頭沈下量を求め、くい体及び建築物又は建築物の部分に有害な損傷、変形及び沈下が生じないと認められる場合におけるくい頭沈下量をいう。以下同じ。）に対応したくい頭荷重の数値とすることができる。

	長期に生ずる力に対する地盤の許容支持力	短期に生ずる力に対する地盤の許容支持力
(1)	$Ra = \dfrac{1}{3} Ru$	$Ra = \dfrac{2}{3} Ru$
(2)	$Ra = qp\, Ap + \dfrac{1}{3} R_F$	$Ra = 2\, qp\, Ap + \dfrac{2}{3} R_F$

　この表において、Ra、Ru、qp、Ap及びR_Fは、それぞれ次の数値を表すものとする。

　Ra　地盤の許容支持力（単位　kN）

　Ru　載荷試験による極限支持力（単位　kN）

　qp　基礎ぐいの先端の地盤の許容応力度（次の表の左欄に掲げる基礎ぐいにあっては右欄の当該各項に掲げる式により計算した数値とする。）（単位　kN/m²）

基礎ぐいの種類	基礎ぐいの先端の地盤の許容応力度
打込みぐい	$qp = \dfrac{300}{3} \overline{N}$
セメントミルク工法による埋込みぐい	$qp = \dfrac{200}{3} \overline{N}$
アースドリル工法等による場所打ちぐい	$qp = \dfrac{150}{3} \overline{N}$

　この表において、$\overline{N}$は、基礎ぐいの先端付近の地盤の標準貫入試験による打撃回数の平均値（60を超えるときは60とする。）（単位　回）を表すものとする。

　Ap　基礎ぐいの先端の有効断面積（単位　m²）

R_F　次の式により計算した基礎ぐいとその周囲の地盤（地震時に液状化するおそれのある地盤を除き、軟弱な粘土質地盤又は軟弱な粘土質地盤の上部にある砂質地盤にあっては、建築物の自重による沈下その他の地盤の変形等を考慮して建築物又は建築物の部分に有害な損傷、変形及び沈下が生じないことを確かめたものに限る。以下この表において同じ。）との摩擦力（単位　kN）

$$R_F = \left(\frac{10}{3} \, \overline{N_S} \, L_S + \frac{1}{2} \, \overline{qu} \, L_C \right) \phi$$

この式において、$\overline{N_S}$、L_S、$\overline{qu}$、L_C 及び ϕ は、それぞれ次の数値を表すものとする。

$\overline{N_S}$　基礎ぐいの周囲の地盤のうち砂質地盤の標準貫入試験による打撃回数（30を超えるときは30とする。）の平均値（単位　回）

L_S　基礎ぐいがその周囲の地盤のうち砂質地盤に接する長さの合計（単位　m）

$\overline{qu}$　基礎ぐいの周囲の地盤のうち粘土質地盤の一軸圧縮強度（200を超えるときは200とする。）の平均値（単位　kN/m²）

L_C　基礎ぐいがその周囲の地盤のうち粘土質地盤に接する長さの合計（単位　m）

ϕ　基礎ぐいの周囲の長さ（単位　m）

二　摩擦ぐいの許容支持力は、打込みぐい、セメントミルク工法による埋込みぐい又はアースドリル工法等による場所打ちぐいの場合にあっては、次の表の(1)項又は(2)項の式（基礎ぐいの周囲の地盤に軟弱な粘土質地盤、軟弱な粘土質地盤の上部にある砂質地盤又は地震時に液状化するおそれのある地盤が含まれる場合にあっては(2)項の式）、その他の基礎ぐいの場合にあっては、次の表の(1)項の式（基礎ぐいの周囲の地盤に軟弱な粘土質地盤、軟弱な粘土質地盤の上部にある砂質地盤又は地震時に液状化するおそれのある地盤が含まれない場合に限る。）によりそれぞれ計算した基礎ぐいとその周囲の地盤との摩擦力又はくい体の許容耐力のうちいずれか小さい数値とすること。ただし、同表の(1)項の長期に生ずる力に対する基礎ぐいとその周囲の地盤との摩擦力は、同表の(1)項の短期に生ずる力に対する基礎ぐいとその周囲の地盤との摩擦力の数値未満の数値で、かつ、限界沈下量に対応したくい頭荷重の数値とすることができる。

	長期に生ずる力に対する基礎ぐいとその周囲の地盤との摩擦力	短期に生ずる力に対する基礎ぐいとその周囲の地盤との摩擦力
(1)	$Ra = \frac{1}{3} Ru$	$Ra = \frac{2}{3} Ru$
(2)	$Ra = \frac{1}{3} R_F$	$Ra = \frac{2}{3} R_F$

この表において、Ra は、基礎ぐいとその周囲の地盤との摩擦力（単位　kN）を、Ru 及び R_F は、それぞれ前号に掲げる数値を表すものとする。

三　基礎ぐいの引抜き方向の許容支持力は、打込みぐい、セメントミルク工法による埋込みぐい又はアースドリル工法等による場所打ちぐいの場合にあっては、次の表の(1)項又は(2)項の式（基礎ぐいの周囲の地盤に軟弱な粘土質地盤、軟弱な粘土質地盤の上部にある砂質地盤又は地震時に液状化するおそれのある地盤が含まれる場合にあっては(2)項の式）、その他の基礎ぐいの場合にあっては、次の表の(1)項の式（基礎ぐいの周囲の地盤に軟弱な粘土質地盤、軟弱な粘土質地盤の上部にある砂質地盤又は地震時に液状化するおそれのある地盤が含まれない場合に限る。）によりそれぞれ計算した地盤の引抜き方向の許容支持力又はくい体の許容耐力のうちいずれか小さい数値とすること。

	長期に生ずる力に対する地盤の引抜き方向の許容支持力	短期に生ずる力に対する地盤の引抜き方向の許容支持力
(1)	$tRa = \dfrac{1}{3}\, tRu + wp$	$tRa = \dfrac{2}{3}\, tRu + wp$
(2)	$tRa = \dfrac{4}{15}\, R_F + wp$	$tRa = \dfrac{8}{15}\, R_F + wp$

この表において、tRa、tRu、R_F 及び wp は、それぞれ次の数値を表すものとする。

tRa　地盤の引抜き方向の許容支持力（単位　kN）

tRu　引抜き試験により求めた極限引抜き抵抗力（単位　kN）

R_F　第一号に掲げる R_F（単位　kN）

wp　基礎ぐいの有効自重（基礎ぐいの自重より実況によって求めた浮力を減じた数値をいう。）（単位　kN）

第6　第5の規定にかかわらず、基礎ぐいの許容支持力又は基礎ぐいの引抜き方向の許容支持力を定める方法は、基礎の構造形式、敷地、地盤その他の基礎に影響を与えるものの実況に応じて次に定めるところにより求めた数値によることができるものとする。

一　基礎ぐいの許容支持力は、次の表に掲げる式により計算した地盤の許容支持力又は基礎ぐいの許容耐力のうちいずれか小さい数値とすること。ただし、地盤の許容支持力は、適用する地盤の種類及び基礎ぐいの構造方法ごとに、それぞれ基礎ぐいを用いた載荷試験の結果に基づき求めたものとする。

長期に生ずる力に対する地盤の許容支持力	短期に生ずる力に対する地盤の許容支持力
$Ra = \dfrac{1}{3}\{\alpha\, \overline{N}\, Ap + (\beta\, \overline{Ns}\, Ls + \gamma\, \overline{qu}\, Lc)\, \psi\}$	$Ra = \dfrac{2}{3}\{\alpha\, \overline{N}\, Ap + (\beta\, \overline{Ns}\, Ls + \gamma\, \overline{qu}\, Lc)\, \psi\}$

この表において、Ra、$\overline{N}$、Ap、$\overline{Ns}$、Ls、$\overline{qu}$、Lc、ψ、α、β 及び γ は、それぞれ次の数値を表すものとする。

Ra　地盤の許容支持力（単位　kN）

$\overline{N}$　基礎ぐいの先端付近の地盤の標準貫入試験による打撃回数の平均値（60を超えるときは60とする。）（単位　回）

Ap　基礎ぐいの先端の有効断面積（単位　m²）

$\overline{Ns}$　基礎ぐいの周囲の地盤のうち砂質地盤の標準貫入試験による打撃回数の平均値

（単位　回）

Ls　基礎ぐいがその周囲の地盤のうち砂質地盤に接する長さの合計（単位　m）

$\overline{qu}$　基礎ぐいの周囲の地盤のうち粘土質地盤の一軸圧縮強度の平均値（単位　kN/m^2）

Lc　基礎ぐいがその周囲の地盤のうち粘土質地盤に接する長さの合計（単位　m）

ϕ　基礎ぐいの周囲の長さ（単位　m）

α、β及びγ　基礎ぐいの先端付近の地盤又は基礎ぐいの周囲の地盤（地震時に液状化するおそれのある地盤を除き、軟弱な粘土質地盤又は軟弱な粘土質地盤の上部にある砂質地盤にあっては、建築物の自重による沈下その他の地盤の変形等を考慮して建築物又は建築物の部分に有害な損傷、変形及び沈下が生じないことを確かめたものに限る。）の実況に応じた載荷試験により求めた数値

二　基礎ぐいの引抜き方向の許容支持力は、次の表に掲げる式により計算した地盤の引抜き方向の許容支持力又は基礎ぐいの許容耐力のうちいずれか小さい数値とすること。ただし、地盤の引抜き方向の許容支持力は、適用する地盤の種類及び基礎ぐいの構造方法ごとに、それぞれ基礎ぐいを用いた引抜き試験の結果に基づき求めたものとする。

長期に生ずる力に対する地盤の引抜き方向の許容支持力	短期に生ずる力に対する地盤の引抜き方向の許容支持力
$tRa = \dfrac{1}{3}\{\kappa\,\overline{N}\,Ap + (\lambda\,\overline{Ns}\,Ls + \mu\,\overline{qu}\,Lc)\,\phi\} + wp$	$tRa = \dfrac{2}{3}\{\kappa\,\overline{N}\,Ap + (\lambda\,\overline{Ns}\,Ls + \mu\,\overline{qu}\,Lc)\,\phi\} + wp$

この表において、tRa、$\overline{N}$、Ap、$\overline{Ns}$、Ls、$\overline{qu}$、Lc、ϕ、wp、κ、λ及びμは、それぞれ次の数値を表すものとする。

tRa　地盤の引抜き方向の許容支持力（単位　kN）

$\overline{N}$　基礎ぐいの先端付近の地盤の標準貫入試験による打撃回数の平均値（60を超えるときは60とする。）（単位　回）

Ap　基礎ぐいの先端の有効断面積（単位　m^2）

$\overline{Ns}$　基礎ぐいの周囲の地盤のうち砂質地盤の標準貫入試験による打撃回数の平均値（単位　回）

Ls　基礎ぐいがその周囲の地盤のうち砂質地盤に接する長さの合計（単位　m）

$\overline{qu}$　基礎ぐいの周囲の地盤のうち粘土質地盤の一軸圧縮強度の平均値（単位　kN/m^2）

Lc　基礎ぐいがその周囲の地盤のうち粘土質地盤に接する長さの合計（単位　m）

ϕ　基礎ぐいの周囲の長さ（単位　m）

wp　基礎ぐいの有効自重（基礎ぐいの自重より実況によって求めた浮力を減じた数値をいう。）（単位　kN）

κ、λ及びμ　基礎ぐいの先端付近の地盤又は基礎ぐいの周囲の地盤（地震時に液状化するおそれのある地盤を除き、軟弱な粘土質地盤又は軟弱な粘土質地盤の上部にある砂質地盤にあっては、建築物の自重による沈下その他の地盤の変形等を考慮して建築物又は建築物の部分に有害な損傷、変形及び沈下が生じないことを確かめたものに限る。）の実況に応じた引抜き試験により求めた数値

第7　地盤アンカーの引抜き方向の許容応力度は、鉛直方向に用いる場合に限り、次の表に掲げる式により計算した地盤の引抜き方向の許容支持力又は地盤アンカー体の許容耐力のうちいずれか小さな数値を地盤アンカー体の種類及び形状により求まる有効面積で除した数値によらなければならない。

長期に生ずる力に対する地盤の引抜き方向の許容支持力	短期に生ずる力に対する地盤の引抜き方向の許容支持力
$tRa = \dfrac{1}{3}\,tRu$	$tRa = \dfrac{2}{3}\,tRu$
この表において、tRa 及び tRu は、それぞれ次の数値を表すものとする。 tRa　地盤の引抜き方向の許容支持力（単位　kN） tRu　第1に定める引抜き試験により求めた極限引抜き抵抗力（単位　kN）	

第8　くい体又は地盤アンカー体に用いる材料の許容応力度は、次に掲げるところによる。

一　場所打ちコンクリートぐいに用いるコンクリートの許容応力度は、くい体の打設の方法に応じて次の表の数値によらなければならない。この場合において、建築基準法施行令（以下「令」という。）第74条第1項第二号に規定する設計基準強度（以下第8において単に「設計基準強度」という。）は 18 N/mm² 以上としなければならない。

くい体の打設の方法		長期に生ずる力に対する許容応力度（単位　N/mm²）			短期に生ずる力に対する許容応力度（単位　N/mm²）		
		圧縮	せん断	付着	圧縮	せん断	付着
(1)	掘削時に水若しくは泥水を使用しない方法によって打設する場合又は強度、寸法及び形状をくい体の打設の状況を考慮した強度試験により確認できる場合	$\dfrac{F}{4}$	$\dfrac{F}{40}$ 又は $\dfrac{3}{4}\left(0.49+\dfrac{F}{100}\right)$ のうちいずれか小さい数値	$\dfrac{3}{40}F$ 又は $\dfrac{3}{4}\left(1.35+\dfrac{F}{25}\right)$ のうちいずれか小さい数値	長期に生ずる力に対する圧縮の許容応力度の数値の2倍とする。	長期に生ずる力に対するせん断又は付着の許容応力度のそれぞれの数値の1.5倍とする。	
(2)	(1)以外の場合	$\dfrac{F}{4.5}$ 又は6のうちいずれか小さい	$\dfrac{F}{45}$ 又は $\dfrac{3}{4}\left(0.49+\dfrac{F}{100}\right)$ のうちいずれか小さい数値	$\dfrac{F}{15}$ 又は $\dfrac{3}{4}\left(1.35+\dfrac{F}{25}\right)$ のうちいずれか小さい数値			

	数値				

この表において、Fは、設計基準強度（単位　N/mm²）を表すものとする。

二　遠心力鉄筋コンクリートくい及び振動詰め鉄筋コンクリートくいに用いるコンクリートの許容応力度は、次の表の数値によらなければならない。この場合において、設計基準強度は40 N/mm² 以上としなければならない。

長期に生ずる力に対する許容応力度 （単位　N/mm²）			短期に生ずる力に対する許容応力度 （単位　N/mm²）		
圧　縮	せん断	付　着	圧　縮	せん断	付　着
$\dfrac{F}{4}$ 又は11のうちいずれか小さい数値	$\dfrac{3}{4}\left(0.49+\dfrac{F}{100}\right)$ 又は0.7のうちいずれか小さい数値	$\dfrac{3}{4}\left(1.35+\dfrac{F}{25}\right)$ 又は2.3のうちいずれか小さい数値	長期に生ずる力に対する圧縮の許容応力度の数値の2倍とする。	長期に生ずる力に対するせん断又は付着の許容応力度のそれぞれの数値の1.5倍とする。	

この表において、Fは、設計基準強度（単位　N/mm²）を表すものとする。

三　外殻鋼管付きコンクリートくいに用いるコンクリートの圧縮の許容応力度は、次の表の数値によらなければならない。この場合において、設計基準強度は80 N/mm² 以上としなければならない。

長期に生ずる力に対する圧縮の許容応力度（単位　N/mm²）	短期に生ずる力に対する圧縮の許容応力度（単位　N/mm²）
$\dfrac{F}{3.5}$	長期に生ずる力に対する圧縮の許容応力度の数値の2倍とする。

この表において、Fは、設計基準強度（単位　N/mm²）を表すものとする。

四　プレストレストコンクリートくいに用いるコンクリートの許容応力度は、次の表の数値によらなければならない。この場合において、設計基準強度は50 N/mm² 以上としなければならない。

長期に生ずる力に対する許容応力度 （単位　N/mm²）			短期に生ずる力に対する許容応力度 （単位　N/mm²）		
圧　縮	曲げ引張り	斜め引張り	圧　縮	曲げ引張り	斜め引張り
$\dfrac{F}{4}$ 又は15のうちいずれか小さい数値	$\dfrac{\sigma e}{4}$ 又は2のうちいずれか小さい数値	$\dfrac{0.07}{4}$ F 又は0.9のうちいずれか小さい数値	長期に生ずる力に対する圧縮又は曲げ引張りの許容応力度のそれぞれの数値の2倍とする。		長期に生ずる力に対する斜め引張りの許容応力度の数値の1.5倍とする。

この表において、F及びσeは、それぞれ次の数値を表すものとする。

F　設計基準強度（単位　N/mm²）

σe　有効プレストレス量（単位　N/mm²）

五　遠心力高強度プレストレストコンクリートくい（日本産業規格（以下「JIS」という。）A5373（プレキャストプレストレストコンクリート製品）-2004　附属書5　プレストレストコンクリートくいに適合するものをいう。）に用いるコンクリートの許容応力度は、次の表の数値によらなければならない。この場合において、設計基準強度は80 N/mm²以上としなければならない。

長期に生ずる力に対する許容応力度（単位　N/mm²）			短期に生ずる力に対する許容応力度（単位　N/mm²）		
圧　縮	曲げ引張り	斜め引張り	圧　縮	曲げ引張り	斜め引張り
$\dfrac{F}{3.5}$	$\dfrac{\sigma e}{4}$又は2.5のうちいずれか小さい数値	1.2	長期に生ずる力に対する圧縮又は曲げ引張りの許容応力度のそれぞれの数値の2倍とする。	長期に生ずる力に対する斜め引張りの許容応力度の数値の1.5倍とする。

この表において、F及びσeは、それぞれ次の数値を表すものとする。

F　設計基準強度（単位　N/mm²）

σe　有効プレストレス量（単位　N/mm²）

六　前各号の規定にかかわらず、くい体の構造方法及び施工方法並びに当該くい体に用いるコンクリートの許容応力度の種類ごとに応じて行われたくい体を用いた試験により構造耐力上支障がないと認められる場合にあっては、当該くい体のコンクリートの許容応力度の数値を当該試験結果により求めた許容応力度の数値とすることができる。

七　くい体又は地盤アンカー体に用いる緊張材の許容応力度は、平成13年国土交通省告示第1024号第1第十七号の規定を準用しなければならない。

八　くい体又は地盤アンカー体に用いる鋼材等の許容応力度は、令第90条に定めるところによらなければならない。ただし、鋼管ぐいにあっては、腐食しろを除いたくい体の肉厚をくい体の半径で除した数値が0.08以下の場合においては、圧縮及び曲げに対する許容応力度に対して、次に掲げる式によって計算した低減係数を乗じるものとする。

$$Rc = 0.80 + 2.5\frac{t-c}{r}$$

この式において、Rc、t、c及びrは、それぞれ次の数値を表すものとする。

Rc　低減係数

t　　くい体の肉厚（単位　mm）

c　　腐食しろ（有効な防食措置を行なう場合を除き、1以上とする。）（単位　mm）

r　　くい体の半径（単位　mm）

2　くい体に継手を設ける場合にあっては、くい体に用いる材料の長期に生ずる力に対する圧縮

の許容応力度は、継手部分の耐力、剛性及び靱性に応じて低減させなければならない。ただし、溶接継手（鋼管ぐいとする場合にあっては、JIS A5525（鋼管ぐい）-1994に適合するものに限る。）又はこれと同等以上の耐力、剛性及び靱性を有する継手を用いる場合にあっては、この限りでない。

附　則

1　（略）

2　昭和46年建設省告示第111号は、廃止する。

〔平成13年6月12日国土交通省告示第1024号〕
特殊な許容応力度及び特殊な材料強度を定める件

最終改正　令和2年8月28日国土交通省告示第821号

　建築基準法施行令（昭和25年政令第338号）第94条の規定に基づき、木材のめりこみ及び木材の圧縮材の座屈の許容応力度、集成材及び構造用単板積層材（以下「集成材等」という。）の繊維方向、集成材等のめりこみ及び集成材等の圧縮材の座屈の許容応力度、鋼材等の支圧、鋼材等の圧縮材の座屈及び鋼材等の曲げ材の座屈の許容応力度、溶融亜鉛メッキ等を施した高力ボルト摩擦接合部の高力ボルトの軸断面に対する許容せん断応力度、ターンバックルの引張りの許容応力度、高強度鉄筋の許容応力度、タッピンねじその他これに類するもの（以下「タッピンねじ等」という。）の許容応力度、アルミニウム合金材、アルミニウム合金材の溶接継目ののど断面、アルミニウム合金材の支圧、アルミニウム合金材の圧縮材の座屈、アルミニウム合金材の曲げ材の座屈、アルミニウム合金材の高力ボルト摩擦接合部及びタッピンねじ又はドリリングタッピンねじを用いたアルミニウム合金材の接合部の許容応力度、トラス用機械式継手の許容応力度、コンクリート充填鋼管造の鋼管の内部に充填されたコンクリートの圧縮、せん断及び付着の許容応力度、組積体（鉄筋コンクリート組積体を含む。以下同じ。）の圧縮及びせん断並びに鉄筋コンクリート組積体の付着の許容応力度、鉄線の引張りの許容応力度、同令第67条第1項の国土交通大臣の認定を受けた鋼材の接合、同条第2項の国土交通大臣の認定を受けた継手又は仕口及び同令第68条第3項の国土交通大臣の認定を受けた高力ボルト接合の許容応力度、あと施工アンカーの接合部の引張り及びせん断の許容応力度、丸鋼とコンクリートの付着の許容応力度、炭素繊維、アラミド繊維その他これらに類する材料の引張りの許容応力度、緊張材の引張りの許容応力度、軽量気泡コンクリートパネルに使用する軽量気泡コンクリートの圧縮及びせん断の許容応力度並びに直交集成板の繊維方向、直交集成板のめりこみ及び直交集成板の圧縮材の座屈の許容応力度（以下「特殊な許容応力度」という。）並びに同令第99条の規定に基づき、木材のめりこみ及び木材の圧縮材の座屈の材料強度、集成材等の繊維方向、集成材等のめりこみ及び集成材等の圧縮材の座屈の材料強度、鋼材等の支圧及び鋼材等の圧縮材の座屈の材料強度、ターンバックルの引張りの材料強度、高強度鉄筋の材料強度、タッピンねじ等の材料強度、アルミニウム合金材、アルミニウム合金材の溶接継目ののど断面、アルミニウム合金材の支圧、アルミニウム合金材の圧縮材の座屈及びタッピンねじ又はドリリングタッピンねじを用いたアルミニウム合金材の接合部の材料強度、トラス用機械式継手の材料強度、コンクリート充填鋼管造の鋼管の内部に充填されたコンクリートの圧縮、せん断及び付着の材料強度、鉄筋コンクリート組積体の圧縮の材料強度、鉄線の引張りの材料強度、同令第67条第1項の国土交通大臣の認定を受けた接合、同条第2項の国土交通大臣の認定を受けた継手又は仕口及び同令第68条第3項の国土交通大臣の認定を受けた高力ボルト接合の材料強度、あと施工アンカーの接合部の引張り及びせん断の材料強度、丸鋼とコンクリートの付着の材料強度、炭素繊維、アラミド繊維その他これらに類する材料の引張りの材料強度、緊張材の引張りの材料強度、軽量気泡コンクリートパネルに使用する軽量気泡コンクリートの圧縮及びせん断の材料強度並びに直交集成板の繊維方向、直交集成板のめりこみ及び直交集成板の圧縮材の座屈の材料強度（以下「特殊な材料強度」という。）をそれぞれ次のように定める。

第1　特殊な許容応力度

一　木材のめりこみ及び木材の圧縮材（以下この号において単に「圧縮材」という。）の座屈の許容応力度は、次に掲げるものとする。

イ　木材のめりこみの許容応力度は、その繊維方向と加力方向とのなす角度に応じて次に掲げる数値（基礎ぐい、水槽、浴室その他これらに類する常時湿潤状態にある部分に使用する場合においては、当該数値の70％に相当する数値）によらなければならない。

(1)　10度以下の場合　建築基準法施行令（以下「令」という。）第89条第1項の表に掲げる圧縮の許容応力度の数値

(2)　10度を超え、70度未満の場合　(1)と(3)とに掲げる数値を直線的に補間した数値

(3)　70度以上90度以下の場合　次の表に掲げる数値

建築物の部分		長期に生ずる力に対するめりこみの許容応力度 （単位　N/mm^2）		短期に生ずる力に対するめりこみの許容応力度 （単位　N/mm^2）	
		積雪時	積雪時以外	積雪時	積雪時以外
(1)	土台その他これに類する横架材（当該部材のめりこみによって他の部材の応力に変化が生じない場合に限る。）	$\dfrac{1.5\,Fcv}{3}$	$\dfrac{1.5\,Fcv}{3}$	$\dfrac{2\,Fcv}{3}$	$\dfrac{2\,Fcv}{3}$
(2)	(1)項に掲げる場合以外の場合	$\dfrac{1.43\,Fcv}{3}$	$\dfrac{1.1\,Fcv}{3}$	$\dfrac{1.6\,Fcv}{3}$	$\dfrac{2\,Fcv}{3}$

この表において、Fcv は、木材の種類及び品質に応じて第3第一号に規定するめりこみに対する基準強度（単位　N/mm^2）を表すものとする。

ロ　圧縮材の座屈の許容応力度は、その有効細長比（断面の最小二次率半径に対する座屈長さの比をいう。以下同じ。）に応じて、次の表の各式によって計算した数値（基礎ぐい、水槽、浴室その他これらに類する常時湿潤状態にある部分に使用する場合においては、当該数値の70％に相当する数値）によらなければならない。ただし、令第82条第一号から第三号までの規定によって積雪時の構造計算をするに当たっては、長期に生ずる力に対する許容応力度は同表の数値に1.3を乗じて得た数値と、短期に生ずる力に対する許容応力度は同表の数値に0.8を乗じて得た数値としなければならない。

有効細長比	長期に生ずる力に対する座屈の許容応力度（単位　N/mm^2）	短期に生ずる力に対する座屈の許容応力度（単位　N/mm^2）
$\lambda \leqq 30$ の場合	$\dfrac{1.1}{3}Fc$	$\dfrac{2}{3}Fc$

$30 < \lambda \leq 100$ の場合	$\dfrac{1.1}{3}(1.3-0.01\lambda)\,Fc$	$\dfrac{2}{3}(1.3-0.01\lambda)\,Fc$
$\lambda > 100$ の場合	$\dfrac{1.1}{3}\cdot\dfrac{3,000}{\lambda^2}\,Fc$	$\dfrac{2}{3}\cdot\dfrac{3,000}{\lambda^2}\,Fc$

この表において、λ 及び Fc は、それぞれ次の数値を表すものとする。

λ　有効細長比

Fc　令第89条第1項の表に掲げる圧縮に対する基準強度（単位　N/mm²）

二　集成材等の繊維方向、集成材等のめりこみ及び集成材等の圧縮材（以下この号において単に「圧縮材」という。）の座屈の許容応力度は、次に掲げるものとする。

イ　集成材等の繊維方向の許容応力度は、次の表の数値（基礎ぐい、水槽、浴室その他これらに類する常時湿潤状態にある部分に使用する場合においては、当該数値の70％に相当する数値）によらなければならない。ただし、令第82条第一号から第三号までの規定によって積雪時の構造計算をするに当たっては、長期に生ずる力に対する許容応力度は同表の数値に1.3を乗じて得た数値と、短期に生ずる力に対する許容応力度は同表の数値に0.8を乗じて得た数値としなければならない。

長期に生ずる力に対する許容応力度 （単位　N/mm²）				短期に生ずる力に対する許容応力度 （単位　N/mm²）			
圧縮	引張り	曲げ	せん断	圧縮	引張り	曲げ	せん断
$\dfrac{1.1Fc}{3}$	$\dfrac{1.1Ft}{3}$	$\dfrac{1.1Fb}{3}$	$\dfrac{1.1Fs}{3}$	$\dfrac{2Fc}{3}$	$\dfrac{2Ft}{3}$	$\dfrac{2Fb}{3}$	$\dfrac{2Fs}{3}$

この表において、Fc、Ft、Fb 及び Fs は、それぞれ集成材等の種類及び品質に応じて第3第二号イに規定する圧縮、引張り、曲げ及びせん断に対する基準強度（単位　N/mm²）を表すものとする。

ロ　集成材等のめりこみの許容応力度は、その繊維方向と加力方向とのなす角度に応じて次に掲げる数値（基礎ぐい、水槽、浴室その他これらに類する常時湿潤状態にある部分に使用する場合においては、当該数値の70％に相当する数値）によらなければならない。

(1)　10度以下の場合　イの表に掲げる圧縮の許容応力度の数値

(2)　10度を超え、70度未満の場合　(1)と(3)とに掲げる数値を直線的に補間した数値

(3)　70度以上90度以下の場合　次の表に掲げる数値

建築物の部分		長期に生ずる力に対するめりこみの許容応力度 （単位　N/mm²）		短期に生ずる力に対するめりこみの許容応力度 （単位　N/mm²）	
		積雪時	積雪時以外	積雪時	積雪時以外
	土台その他これに類する横架材（当				

(1)	該部材のめりこみによって他の部材の応力に変化が生じない場合に限る。)	$\dfrac{1.5\,Fcv}{3}$	$\dfrac{1.5\,Fcv}{3}$	$\dfrac{2\,Fcv}{3}$	$\dfrac{2\,Fcv}{3}$
(2)	(1)項に掲げる場合以外の場合	$\dfrac{1.43\,Fcv}{3}$	$\dfrac{1.1\,Fcv}{3}$	$\dfrac{1.6\,Fcv}{3}$	$\dfrac{2\,Fcv}{3}$

　　この表において、Fcv は、集成材等の種類及び品質に応じて第3第二号ロに規定するめりこみに対する基準強度（単位　N/mm²）を表すものとする。

　ハ　圧縮材の座屈の許容応力度は、その有効細長比に応じて、次の表の各式によって計算した数値（基礎ぐい、水槽、浴室その他これらに類する常時湿潤状態にある部分に使用する場合においては、当該数値の70％に相当する数値）によらなければならない。ただし、令第82条第一号から第三号までの規定によって積雪時の構造計算をするに当たっては、長期に生ずる力に対する許容応力度は同表の数値に1.3を乗じて得た数値と、短期に生ずる力に対する許容応力度は同表の数値に0.8を乗じて得た数値としなければならない。

有効細長比	長期に生ずる力に対する座屈の許容応力度（単位　N/mm²）	短期に生ずる力に対する座屈の許容応力度（単位　N/mm²）
$\lambda \leqq 30$ の場合	$\dfrac{1.1}{3}Fc$	$\dfrac{2}{3}Fc$
$30 < \lambda \leqq 100$ の場合	$\dfrac{1.1}{3}(1.3-0.01\lambda)Fc$	$\dfrac{2}{3}(1.3-0.01\lambda)Fc$
$\lambda > 100$ の場合	$\dfrac{1.1}{3}\cdot\dfrac{3{,}000}{\lambda^2}Fc$	$\dfrac{2}{3}\cdot\dfrac{3{,}000}{\lambda^2}Fc$

　　この表において、λ 及び Fc は、それぞれ次の数値を表すものとする。
　　λ　　有効細長比
　　Fc　第3第二号イに規定する圧縮に対する基準強度（単位　N/mm²）

三　鋼材等の支圧、鋼材等の圧縮材（以下この号において単に「圧縮材」という。）の座屈及び鋼材等の曲げ材（以下この号において単に「曲げ材」という。）の座屈の許容応力度は、次に掲げるものとする。
　イ　鋼材等の支圧の許容応力度は、次の表の数値（(1)項及び(3)項において異種の鋼材等が接合する場合においては、小さい値となる数値）によらなければならない。

支圧の形式	長期に生ずる力に対する支圧の許容応力度（単位　N/mm²）	短期に生ずる力に対する支圧の許容応力度（単位　N/mm²）
すべり支承又はローラー支		

(1)	承の支承部に支圧が生ずる場合その他これに類する場合	1.9 F	長期に生ずる力に対する支圧の許容応力度の数値の1.5倍とする。
(2)	ボルト又はリベットによって接合される鋼材等のボルト又はリベットの軸部分に接触する面に支圧が生ずる場合その他これに類する場合	1.25 F	
(3)	(1)及び(2)に掲げる場合以外の場合	$\dfrac{F}{1.1}$	

この表において、Fは、平成12年建設省告示第2464号第1に規定する基準強度の数値（単位　N/mm²）を表すものとする。

ロ　圧縮材の座屈の許容応力度は、炭素鋼及び鋳鉄にあっては次の表1、ステンレス鋼にあっては次の表2の数値によらなければならない。

表1

圧縮材の有効細長比と限界細長比との関係	長期に生ずる力に対する圧縮材の座屈の許容応力度（単位　N/mm²）	短期に生ずる力に対する圧縮材の座屈の許容応力度（単位　N/mm²）
$\lambda \leqq \Lambda$ の場合	$F\left\{\dfrac{1-\dfrac{2}{5}\left(\dfrac{\lambda}{\Lambda}\right)^2}{\dfrac{3}{2}+\dfrac{2}{3}\left(\dfrac{\lambda}{\Lambda}\right)^2}\right\}$	長期に生ずる力に対する圧縮材の座屈の許容応力度の数値の1.5倍とする。
$\lambda > \Lambda$ の場合	$\dfrac{\dfrac{18}{65}F}{\left(\dfrac{\lambda}{\Lambda}\right)^2}$	

この表において、F、λ及びΛは、それぞれ次の数値を表すものとする。

F　平成12年建設省告示第2464号第1に規定する基準強度（単位　N/mm²）

λ　有効細長比

Λ　次の式によって計算した限界細長比

$$\Lambda = \frac{1,500}{\sqrt{\dfrac{F}{1.5}}}$$

表2

圧縮材の一般化有効細長比	長期に生ずる力に対する圧縮材の座屈の許容応力度（単位　N/mm²）	短期に生ずる力に対する圧縮材の座屈の許容応力度（単位　N/mm²）

cλ ≦ 0.2 の場合	$\dfrac{F}{1.5}$	長期に生ずる力に対する圧縮材の座屈の許容応力度の数値の1.5倍とする
0.2 < cλ ≦ 1.5 の場合	$\dfrac{(1.12 - 0.6\,c\lambda)\,F}{1.5}$	
1.5 < cλ の場合	$\dfrac{1}{3} \cdot \dfrac{F}{c\lambda^2}$	

この表において、cλ及びFは、それぞれ次の数値を表すものとする。

cλ　次の式によって計算した軸方向力に係る一般化有効細長比

$$c\lambda = \left(\dfrac{lk}{i}\right)\sqrt{\dfrac{F}{\pi^2 E}}$$

この式において、*l*k、i、F及びEは、それぞれ次の数値を表すものとする。

*l*k　有効座屈長さ（単位　mm）

i　最小断面二次半径（単位　mm）

F　平成12年建設省告示第2464号第1に規定する基準強度（単位　N/mm²）

E　ヤング係数（単位　N/mm²）

F　平成12年建設省告示第2464号第1に規定する基準強度（単位　N/mm²）

ハ　曲げ材の座屈の許容応力度は、炭素鋼にあっては次の表1、ステンレス鋼にあっては次の表2の数値によらなければならない。ただし、令第90条に規定する曲げの許容応力度の数値を超える場合においては、当該数値を曲げ材の座屈の許容応力度の数値としなければならない。

表1

曲げ材の種類及び曲げの形式	長期に生ずる力に対する曲げ材の座屈の許容応力度（単位　N/mm²）	短期に生ずる力に対する曲げ材の座屈の許容応力度（単位　N/mm²）
(1) 荷重面内に対称軸を有する圧延形鋼及びプレートガーダーその他これに類する組立材で、強軸周りに曲げを受ける場合	$F\left\{\dfrac{2}{3} - \dfrac{4}{15} \cdot \dfrac{(lb/i)^2}{C\,\Lambda^2}\right\}$ 又は $\dfrac{89{,}000}{\left(\dfrac{lb\,h}{Af}\right)}$ のうち大きい数値	長期に生ずる力に対する曲げ材の座屈の許容応力度の数値の1.5倍とする。
(2) 鋼管及び箱形断面材の場合、(1)に掲げる曲げ材で弱軸周りに曲げを受ける場合並びにガセットプレートで面内に曲げを受ける場合	$\dfrac{F}{1.5}$	
(3) みぞ形断面材及び荷重面内に対称軸を有しない材の場合	$\dfrac{89{,}000}{\left(\dfrac{lb\,h}{Af}\right)}$	

この表において、F、lb、i、C、Λ、h及びAfは、それぞれ次の数値を表すものとする。

F　平成12年建設省告示第2464号第1に規定する基準強度（単位　N/mm²）

lb　圧縮フランジの支点間距離（単位　mm）

i　圧縮フランジと曲げ材のせいの $\frac{1}{6}$ とからなるT形断面のウェブ軸周りの断面二次半径（単位　mm）

C　次の式によって計算した修正係数（2.3を超える場合は2.3とし、補剛区間内の曲げモーメントが M_1 より大きい場合には1とする。）

$$C = 1.75 + 1.05 \left(\frac{M_2}{M_1} \right) + 0.3 \left(\frac{M_2}{M_1} \right)^2$$

この式において、M_2 及び M_1 は、それぞれ座屈区間端部における小さい方及び大きい方の強軸周りの曲げモーメントを表すものとし、M_2/M_1 は、当該曲げモーメントが複曲率となる場合には正と、単曲率となる場合には負とするものとする。

Λ　ロの表1に規定する限界細長比

h　曲げ材のせい（単位　mm）

Af　圧縮フランジの断面積（単位　mm²）

表2

				長期に生ずる力に対する曲げ材の座屈の許容応力度（単位　N/mm²）	短期に生ずる力に対する曲げ材の座屈の許容応力度（単位　N/mm²）
(1)	荷重面内に対称軸を有する圧延形鋼及びプレートガーダーその他これに類する組立材で、強軸周りに曲げを受ける場合	-0.5 $\leq Mr \leq$ 1.0 の場合	$b\lambda \leq b\lambda y$ の場合	$\dfrac{F}{1.5}$	長期に生ずる力に対する曲げ材の座屈の許容応力度の数値の1.5倍とする。
			$b\lambda y < b\lambda \leq 1.3$ の場合	$\dfrac{1 - 0.4 \dfrac{b\lambda - b\lambda y}{1.3 - b\lambda y}}{1.5 + 0.7 \dfrac{b\lambda - b\lambda y}{1.3 - b\lambda y}} F$	
			$1.3 < b\lambda$ の場合	$\dfrac{F}{2.2\, b\lambda^2}$	
		-1.0 $\leq Mr <$ -0.5 の場合	$b\lambda \leq \dfrac{0.46}{\sqrt{C}}$ の場合	$\dfrac{F}{1.5}$	
			$\dfrac{0.46}{\sqrt{C}} < b\lambda \leq \dfrac{1.3}{\sqrt{C}}$ の場合	$\dfrac{0.693}{\sqrt{C}\, b\lambda + 0.015} \cdot \dfrac{F}{1.12 + 0.83\, b\lambda \sqrt{C}}$	

		$\dfrac{1.3}{\sqrt{C}}<b\lambda$ の場合	$\dfrac{F}{2.2\,C\,b\lambda^2}$
(2)		鋼管及び箱形断面材の場合、(1)に掲げる曲げ材で弱軸周りに曲げを受ける場合並びにガセットプレートで面内に曲げを受ける場合	$\dfrac{F}{1.5}$
(3)	みぞ形断面材及び荷重面内に対称軸を有しない材の場合	$b\lambda\leqq b\lambda y$ の場合	$\dfrac{F}{1.5}$

この表において、Mr、bλ、C、F 及び bλy は、それぞれ次の数値を表すものとする。

Mr　M_2（表1に規定する M_2 をいう。以下同じ。）を M_1（表1に規定する M_1 をいう。以下同じ。）で除して得た数値

bλ　次の式によって計算した曲げモーメントに係る一般化有効細長比

$$b\lambda=\sqrt{\dfrac{My}{Me}}$$

この式において、My 及び Me は、それぞれ次の数値を表すものとする。

My　降伏曲げモーメント（単位　N·mm）

Me　次の式によって計算した弾性横座屈曲げモーメント（単位　N·mm）

$$Me=C\cdot\sqrt{\dfrac{\pi^4\cdot E^2\cdot Iy\cdot Iw}{(kb\cdot lb)^4}+\dfrac{\pi^2\cdot E\cdot Iy\cdot G\cdot J}{lb^2}}$$

この式において、C、E、Iy、Iw、lb、kb、G 及び J は、それぞれ次の数値を表すものとする。

C　表1に規定する修正係数

E　ヤング係数（単位　N/mm²）

Iy　曲げ材の弱軸周りの断面二次モーメント（単位　mm⁴）

Iw　曲げ材の曲げねじり定数（単位　mm⁶）

lb　横座屈補剛間隔（単位　mm）

kb　有効横座屈長さ係数として、曲げ材の一方の材端が剛接合されている場合には 0.55 とし、スパン中間で補剛されている場合には 0.75 とする。ただし、計算によって当該係数を算出できる場合においては、当該計算によることができる。

G　曲げ材のせん断弾性係数（単位　N/mm²）

J　曲げ材のサンブナンねじり定数（単位　mm⁴）

C　表1に規定する修正係数

F　平成12年建設省告示第2464号第1に規定する基準強度（単位　N/mm²）

bλy　次の式によって計算した一般化降伏限界細長比

$$b\lambda y = 0.7 + 0.17\left(\frac{M_2}{M_1}\right) - 0.07\left(\frac{M_2}{M_1}\right)^2$$

四　溶融亜鉛メッキ等を施した高力ボルト摩擦接合部の高力ボルトの軸断面に対する許容せん断応力度は、次の表の数値によらなければならない。

許容せん断応力度 種　類	長期に生ずる力に対する 許容せん断応力度 （単位　N/mm²）	短期に生ずる力に対する 許容せん断応力度 （単位　N/mm²）
1面せん断	$\dfrac{\mu\,T_0}{1.5}$	長期に生ずる力に対する許容せん断応力度の数値の1.5倍とする
2面せん断	$\dfrac{2\mu\,T_0}{1.5}$	

この表において、μ 及び T_0 は、それぞれ次の数値を表すものとする。
μ　　高力ボルト摩擦接合部のすべり係数
T_0　　平成12年建設省告示第2466号第1に規定する基準張力（単位　N/mm²）

五　ターンバックルの引張りの許容応力度は、次の表の数値によらなければならない。

長期に生ずる力に対する引張りの許容 応力度（単位　N/mm²）	短期に生ずる力に対する引張りの許容 応力度（単位　N/mm²）
$\dfrac{F}{1.5}$	長期に生ずる力に対する引張りの許容応力度の数値の1.5倍とする。

この表において、F は、ターンバックルの種類及び品質に応じて第3第四号に規定する基準強度（単位　N/mm²）を表すものとする。

六　高強度鉄筋の許容応力度は、次の表の数値によらなければならない。

許容応 　　力度 種類	長期に生ずる力に対する許容応力度（単位　N/mm²）			短期に生ずる力に対する許容応力度（単位　N/mm²）		
	圧　縮	引張り		圧　縮	引張り	
		せん断補強 以外に用い る場合	せん断補強 に用いる場 合		せん断補強 以外に用い る場合	せん断補強 に用いる場 合
	$\dfrac{F}{1.5}$ （当該数値 が215を超 える場合	$\dfrac{F}{1.5}$ （当該数値 が215を超 える場合	$\dfrac{F}{1.5}$ （当該数値 が195を超 える場合	F	F	F （当該数値 が490を超 える場合

径28mm以下のもの	（建築基準法（以下「法」という。）第37条第二号の国土交通大臣の認定を受けた場合を除く。）には、215）	（法第37条第二号の国土交通大臣の認定を受けた場合を除く。）には、215）	（法第37条第二号の国土交通大臣の認定を受けた場合を除く。）には、195）			（法第37条第二号の国土交通大臣の認定を受けた場合を除く。）には、490）
径28mmを超えるもの	$\dfrac{F}{1.5}$（当該数値が195を超える場合（法第37条第二号の国土交通大臣の認定を受けた場合を除く。）には、195）	$\dfrac{F}{1.5}$（当該数値が195を超える場合（法第37条第二号の国土交通大臣の認定を受けた場合を除く。）には、195）	$\dfrac{F}{1.5}$（当該数値が195を超える場合（法第37条第二号の国土交通大臣の認定を受けた場合を除く。）には、195）	F	F	F（当該数値が490を超える場合（法第37条第二号の国土交通大臣の認定を受けた場合を除く。）には、490）

　この表において、Fは、高強度鉄筋の種類に応じて第3第五号に規定する基準強度（単位　N/mm²）を表すものとする。

七　タッピンねじ等の許容応力度は、次の表の数値によらなければならない。

長期に生ずる力に対する許容応力度 （単位　N/mm²）		短期に生ずる力に対する許容応力度 （単位　N/mm²）	
引張り	せん断	引張り	せん断
$\dfrac{F}{1.5}$	$\dfrac{F}{1.5\sqrt{3}}$	長期に生ずる力に対する引張り又はせん断の許容応力度のそれぞれの数値の1.5倍とする。	

　この表において、Fは、タッピンねじ等の種類に応じて第3第六号に規定する基準強度（単位　N/mm²）を表すものとする。

八　アルミニウム合金材、アルミニウム合金材の溶接継目ののど断面、アルミニウム合金材の支圧、アルミニウム合金材の圧縮材の座屈、アルミニウム合金材の曲げ材の座屈、アルミニウム合金材の高力ボルト摩擦接合部及びタッピンねじ又はドリリングタッピンねじを用いた

アルミニウム合金材の接合部の許容応力度は、次に掲げるものとする。

イ　アルミニウム合金材の許容応力度は、次の表に掲げる数値によらなければならない。

		長期に生ずる力に対する許容応力度（単位　N/mm²）				短期に生ずる力に対する許容応力度（単位　N/mm²）			
		圧縮	引張り	曲げ	せん断	圧縮	引張り	曲げ	せん断
アルミニウム合金材	軟化域以外	$\dfrac{F}{1.5}$	$\dfrac{F}{1.5}$	$\dfrac{F}{1.5}$	$\dfrac{F}{1.5\sqrt{3}}$	長期に生ずる力に対する圧縮、引張り、曲げ又はせん断の許容応力度のそれぞれの数値の1.5倍とする。			
	軟化域	$\dfrac{Fw}{1.5}$	$\dfrac{Fw}{1.5}$	$\dfrac{Fw}{1.5}$	$\dfrac{Fw}{1.5\sqrt{3}}$				
ボルト		—	$\dfrac{F}{1.5}$	—	$\dfrac{F}{1.5\sqrt{3}}$				
リベット		—	$\dfrac{F}{1.5}$	—	$\dfrac{F}{1.5\sqrt{3}}$				

　この表において、F及びFwは、それぞれアルミニウム合金材の種類及び質別に応じて第3第七号に規定する基準強度及び溶接部の基準強度（単位　N/mm²）を表すものとする。また、軟化域は、加熱の影響により強度及び剛性の低下が生じるアルミニウム合金材の部分をいう。

ロ　アルミニウム合金材の溶接継目ののど断面に対する許容応力度は、次の表の数値によらなければならない。

継目の形式	長期に生ずる力に対する許容応力度（単位　N/mm²）				短期に生ずる力に対する許容応力度（単位　N/mm²）			
	圧縮	引張り	曲げ	せん断	圧縮	引張り	曲げ	せん断
突合せ	$\dfrac{Fw}{1.5}$			$\dfrac{Fw}{1.5\sqrt{3}}$	長期に生ずる力に対する圧縮、引張り、曲げ又はせん断の許容応力度のそれぞれの数値の1.5倍とする。			
突合せ以外のもの	$\dfrac{Fw}{1.5\sqrt{3}}$			$\dfrac{Fw}{1.5\sqrt{3}}$				

　この表において、Fwは、溶接されるアルミニウム合金材の種類及び質別に応じてイの表に定める溶接部の基準強度（単位　N/mm²）を表すものとする。

ハ　アルミニウム合金材の支圧の許容応力度は、次の表の数値（(1)項及び(3)項において、異種のアルミニウム合金材が接触する場合においては、小さい値となる数値）によらなければならない。

支圧の形式	長期に生ずる力に対する支圧の許容応力度（単位　N/mm²）	短期に生ずる力に対する支圧の許容応力度（単位　N/mm²）

(1)	すべり支承又はローラー支承の支承部に支圧が生ずる場合その他これに類する場合	$1.65\,F$	長期に生ずる力に対する支圧の許容応力度のそれぞれの数値の1.5倍とする。
(2)	ボルト又はリベットによって接合されるアルミニウム合金材のボルト又はリベットの軸部分に接触する面に支圧が生ずる場合（ボルト又はリベットの径の板厚に対する比が4以上で座金を用いない場合を除く。）その他これに類する場合	$1.1\,F$	
(3)	(1)項及び(2)項に掲げる場合以外の場合	$\dfrac{F}{1.25}$	

　この表において、F は、アルミニウム合金材の種類及び質別に応じてイの表に定める基準強度（単位　N/mm²）を表すものとする。

ニ　アルミニウム合金部材の圧縮材の座屈の許容応力度は、次の表の数値によらなければならない。

圧縮材の曲げ座屈細長比と限界細長比との関係	長期に生ずる力に対する圧縮材の座屈の許容応力度（単位　N/mm²）	短期に生ずる力に対する圧縮材の座屈の許容応力度（単位　N/mm²）
$c\lambda \leqq c\lambda p$ の場合	$\dfrac{F}{\nu}$	長期に生ずる力に対する圧縮材の座屈の許容応力度の数値の1.5倍とする。
$c\lambda p < c\lambda \leqq c\lambda e$ の場合	$\left(1.0 - 0.5\,\dfrac{c\lambda - c\lambda p}{c\lambda e - c\lambda p}\right)\dfrac{F}{\nu}$	
$c\lambda e < c\lambda$ の場合	$\dfrac{1}{c\lambda^2} \cdot \dfrac{F}{\nu}$	

　この表において、$c\lambda$、$c\lambda p$、$c\lambda e$、F 及び ν は、それぞれ次の数値を表すものとする。
　$c\lambda$　　次の式によって計算した軸方向力に係る一般化有効細長比

$$c\lambda = \left(\frac{lk}{i}\right)\sqrt{\frac{F}{\pi^2 E}}$$

　　　この式において、lk、i、F 及び E は、それぞれ次の数値を表すものとする。
　　　　lk　　有効座屈長さ（単位　mm）
　　　　i　　最小断面二次半径（単位　mm）
　　　　F　　アルミニウム合金部材の種類及び質別に応じてイの表に定める基準強度（単位　N/mm²）
　　　　E　　ヤング係数（単位　N/mm²）
　$c\lambda p$　　塑性限界細長比（0.2とする。）

$c\lambda e$　　弾性限界細長比（$\dfrac{1}{\sqrt{0.5}}$ とする。）

F　　　アルミニウム合金部材の種類及び質別に応じてイの表に定める基準強度
（単位　N/mm^2）

ν　　　次の式によって計算した数値（2.17 を超える場合は、2.17 とする。）

$$\nu = \frac{3}{2} + \frac{2}{3} \cdot \left(\frac{c\lambda}{c\lambda e}\right)^2$$

ホ　アルミニウム合金部材の曲げ材（荷重面に対称軸を持ち、かつ、弱軸回りに曲げモーメントを受けるH形断面材又は角形断面材その他これらに類する横座屈の生ずるおそれのないものを除く。）の座屈の許容応力度は、次の表の数値によらなければならない。

曲げ材の横座屈細長比と限界細長比との関係	長期に生ずる力に対する曲げ材の座屈の許容応力度（単位　N/mm^2）	短期に生ずる力に対する曲げ材の座屈の許容応力度（単位　N/mm^2）
$b\lambda \leqq b\lambda p$ の場合	$\dfrac{F}{\nu}$	長期に生ずる力に対する曲げ材の座屈の許容応力度の数値の1.5倍とする。
$b\lambda p < b\lambda \leqq b\lambda e$ の場合	$\left(1.0 - 0.5\,\dfrac{b\lambda - b\lambda p}{b\lambda e - b\lambda p}\right)\dfrac{F}{\nu}$	
$b\lambda e < b\lambda$ の場合	$\dfrac{1}{b\lambda^2} \cdot \dfrac{F}{\nu}$	

この表において、$b\lambda$、$b\lambda p$、$b\lambda e$、F 及び ν は、それぞれ次の数値を表すものとする。

$b\lambda$　　次の式によって計算した曲げモーメントに係る一般化有効細長比

$$b\lambda = \sqrt{\frac{My}{Me}}$$

この式において、My 及び Me は、それぞれ次の数値を表すものとする。

My　降伏曲げモーメント（単位　N·mm）

Me　次の式によって計算した弾性横座屈曲げモーメント（単位　N·mm）

$$Me = C \cdot \sqrt{\frac{\pi^4 E^2\, Iy\, Iw}{(kb\ lb)^4} + \frac{\pi^2\, E\, Iy\, G\, J}{lb^2}}$$（断面の形状が角形、溝形、

Z形又は荷重面に対称軸を持たない一軸対称断面に該当する場合は、

$C \cdot \sqrt{\dfrac{\pi^2\, E\, Iy\, G\, J}{lb^2}}$ とする。）

この式において、C、E、Iy、Iw、lb、kb、G 及び J は、それぞれ次の数値を表すものとする。

C　　次の式によって計算した修正係数（2.3 を超える場合は、2.3とする。）。ただし、次の表に掲げる荷重の状況及び部材の支持条件等に該当する場合にあっては、それぞれ当該右欄に掲げる数値とすることができる。

$$C = 1.75 + 1.05 \left(\frac{M_2}{M_1}\right) + 0.3 \left(\frac{M_2}{M_1}\right)^2$$

この式において、M_2 及び M_1 は、それぞれ座屈区間端部
における小さい方及び大きい方の強軸回りの曲げモーメン
トを表すものとし、M_2 / M_1 は、当該曲げモーメントが複
曲率となる場合には正と、単曲率となる場合には負とする
ものとする。以下同じ。

荷重の状況及び部材の支持条件等	C の数値
補剛区間内の曲げモーメントが M_1 より大きい場合	1.0
中間に横補剛支点を持たない単純ばりにおいて等分布荷重が作用する場合	1.13
中間に横補剛支点を持たない単純ばりにおいて中間集中荷重が作用する場合	1.36

E　ヤング係数（単位　N/mm^2）

Iy　曲げ材の弱軸周りの断面二次モーメント（単位　mm^4）

Iw　曲げ材の曲げねじり定数（単位　mm^6）

lb　横座屈補剛間隔（単位　mm）

kb　有効座屈長さ係数として、曲げ材の一方の材端が剛接合され
　　ている場合には0.55とし、スパン中間で補剛されている場合
　　には0.75とする。ただし、計算によって当該係数を計算でき
　　る場合においては、当該計算によることができる。

G　曲げ材のせん断弾性係数（単位　N/mm^2）

J　曲げ材のサンブナンねじり定数（単位　mm^4）

$b\lambda p$　次の式によって計算した塑性限界細長比（補剛区間内の曲げモーメントが
　　　M_1 より大きい場合には0.3とする。）

$$b\lambda p = 0.6 + 0.3 \left(\frac{M_2}{M_1}\right)$$

$b\lambda e$　弾性限界細長比 $\left(\dfrac{1}{\sqrt{0.5}}\ とする。\right)$

F　イの表に定める基準強度（単位　N/mm^2）

ν　次の式によって計算した数値（2.17を超える場合は、2.17とする。）

$$\nu = \frac{3}{2} + \frac{2}{3} \cdot \left(\frac{b\lambda}{b\lambda e}\right)^2$$

ヘ　アルミニウム合金材の高力ボルト摩擦接合部の高力ボルトの軸断面に対する許容せん断
　　応力度については、第1第四号の規定を準用する。

ト　タッピンねじ又はドリリングタッピンねじを用いたアルミニウム合金材の接合部の許容
　　応力度は、次の表の数値としなければならない。

長期に生ずる力に対する許容応力度（単位　N/mm²）		短期に生ずる力に対する許容応力度（単位　N/mm²）	
引張り	せん断	引張り	せん断
$2.1\beta\left(\dfrac{d^2-d_1^2}{p\,d^4}\right)^{0.5}t^{1.2}F_T$	$2.1\left(\dfrac{t}{d}\right)^{1.5}F_T$	長期に生ずる力に対する引張り又はせん断の許容応力度のそれぞれの数値の1.5倍とする。	

この表において、β、d、d_1、p、t及びF_Tは、それぞれ次の数値を表すものとする。

β　被接合材の面外変形のある場合には0.6、面外変形のない場合には1.0とした数値

d　タッピンねじ又はドリリングタッピンねじの径（単位　mm）

d_1　タッピンねじの先端側の被接合材に設けた孔の径（ドリリングタッピンねじにあっては、当該ドリリングタッピンねじの径の数値に0.75を乗じて得た数値とする。）（単位　mm）

p　タッピンねじ又はドリリングタッピンねじのねじ山相互の間隔（単位　mm）

t　タッピンねじ又はドリリングタッピンねじの先端側の被接合材の厚さ（単位　mm）

F_T　第3第七号に定めるタッピンねじを用いた接合部の基準強度（単位　N/mm²）

九　トラス用機械式継手の許容応力度は、次の表に掲げる許容耐力をトラス用機械式継手の種類及び形状並びに力の種類に応じて求めた有効面積（曲げにあっては有効断面係数）で除した数値によらなければならない。

長期に生ずる力に対する許容耐力			短期に生ずる力に対する許容耐力		
圧　縮	引張り	曲　げ	圧　縮	引張り	曲　げ
$\dfrac{2Fc}{3}$	$\dfrac{2Ft}{3}$	$\dfrac{2Fb}{3}$	長期に生ずる力に対する圧縮、引張り及び曲げの許容耐力のそれぞれの数値の1.5倍の数値とする。		

この表において、Fc、Ft及びFbは、それぞれトラス用機械式継手の実況及び力の種類に応じた加力試験により求めた次の数値を表すものとする。

Fc　圧縮の最大耐力の70％以下の数値で、かつ、圧縮の降伏耐力（トラス用機械式継手が降伏する耐力をいう。以下同じ。）以下の数値（単位　N）

Ft　引張りの最大耐力の70％以下の数値で、かつ、引張りの降伏耐力以下の数値（単位　N）

Fb　曲げの最大耐力の70％以下の数値で、かつ、曲げの降伏耐力以下の数値（単位　N・m）

十　コンクリート充填鋼管造の鋼管の内部に充填されたコンクリートの圧縮、せん断及び付着の許容応力度は、次に掲げるものとする。

イ　コンクリート充填鋼管造の鋼管の内部に充填されたコンクリートの圧縮及びせん断の許容応力度は次のコンクリートの鋼管への充填方法に応じて、次の表の数値によらなければならない。ただし、実験によってコンクリートのせん断強度を確認した場合においては、長期に生ずる力に対するせん断の許容応力度は、当該せん断強度に $\frac{1}{3}$ を乗じた数値とすることができる。

コンクリートの鋼管への充填方法	長期に生ずる力に対する許容応力度 （単位　N/mm²）		短期に生ずる力に対する許容応力度 （単位　N/mm²）	
	圧　縮	せん断	圧　縮	せん断
(1) 充填されたコンクリート強度を鋼管への充填の状況を考慮した強度試験により確認する場合	$\frac{F}{3}$	$\frac{F}{30}$ 又は $(0.49+\frac{F}{100})$ のうちいずれか小さい数値	$\frac{2(F+\alpha)}{3}$ 又は F のうちいずれか小さい数値	長期に生ずる力に対する許容応力度の1.5倍
(2) (1)によらず、次に定める落し込み充填工法又は圧入工法によった場合 一　落し込み充填工法にあっては次に定めるところによること。 　イ　トレミー管、フレキシブルホースその他鋼管内に密実に、かつ、すき間なくコンクリートを打設できる方法を用いること。 　ロ　コンクリートの自由落下高さを1m以内にすること。 　ハ　鋼管の内部からのコンクリートの締固めその他密実に、かつ、すき間なくコンクリートを充填する措置を講ずること。 二　圧入工法にあっては次に定めるところによること。 　イ　圧入口は、鋼管のシーム部（鋼管を形成する鋼板の	$\frac{F}{3}$	$\frac{F}{30}$ 又は $(0.49+\frac{F}{100})$ のうちいずれか小さい数値	$\frac{2F}{3}$	長期に生ずる力に対する許容応力度の1.5倍

継ぎ目部分をいう。）並びに鋼管の柱の床面及びはり下からそれぞれ1m又は柱幅のいずれか大きい方の数値以下の位置に設けないとともに、開口部の補強を行うこと。ただし、平成13年国土交通省告示第1371号第2に定める構造計算を行い、鋼管について構造耐力上安全であることが確かめられた場合は、これと異なる位置に設けることができる。 ロ　圧入1回当たりのコンクリート圧入量を確保して圧入を開始する方法によること。				

この表において、F及びαは次の数値を表すものとする。

F　設計基準強度（単位　N/mm²）

α　鋼管とコンクリートの相互拘束効果によるコンクリート強度の割り増しについて実況に応じた強度試験により求めた数値（単位　N/mm²）

ロ　鋼管の内部に充填（てん）されたコンクリートと鋼管の内部との付着の許容応力度は、次に掲げる数値によらなければならない。

(1)　コンクリートと鋼管（炭素鋼に限る。）の内部との長期に生ずる力に対する許容付着応力度は、1mm²につき円形断面にあっては0.15N、角形断面にあっては0.1Nとすること。

(2)　コンクリートと鋼管の内部との付着に関する実験によって、コンクリートの種類、鋼管の種類、鋼管内部の加工状態その他の実況に応じた付着強度を確認した場合においては、長期に生ずる力に対する許容付着応力度は、(1)の規定によらず当該付着強度の$\frac{1}{3}$の数値とすることができる。

(3)　コンクリートと鋼管の内部との短期に生ずる力に対する許容付着応力度は、長期に生ずる力に対する許容付着応力度の数値の1.5倍の数値とすること。

十二　組積体の圧縮及びせん断並びに鉄筋コンクリート組積体の付着の許容応力度は次に掲げるものとする。

イ　組積体の圧縮及びせん断の許容応力度は、次の表に掲げる数値によらなければならない。

許容応力度　　　種類	長期に生ずる力に対する許容応力度（単位　N/mm²）		短期に生ずる力に対する許容応力度（単位　N/mm²）	
	圧　縮	せん断	圧　縮	せん断
組積体（打込み目地鉄筋コンクリート組積体を除く。）	$\dfrac{F}{3}$	$\dfrac{\sqrt{0.1\,F}}{3}$	$\dfrac{2\,F}{3}$	$\dfrac{\sqrt{0.1\,F}}{2}$
打込み目地鉄筋コンクリート組積体	$\dfrac{F}{3}$	$\dfrac{\sqrt{0.1\,\alpha\,F}}{3}$	$\dfrac{2\,F}{3}$	$\dfrac{\sqrt{0.1\,\alpha\,F}}{2}$

一　この表において、打込み目地鉄筋コンクリート組積体は、打込み目地組積ユニットを組積し、それらの空洞部にコンクリートを充填し、打込み目地部を形成して一体化したものをいう。

二　この表において、F及びαは、それぞれ次の数値を表すものとする。

F　設計基準強度（実況に応じた圧縮強度試験により求めた材齢が28日の供試体の圧縮強度の平均値以下のものに限る。以下ロにおいて同じ。）（単位　N/mm²）

α　打込み目地組積ユニットの厚さに対するその打込み目地部を含む水平断面における充填コンクリートの最大厚さの比

ロ　鉄筋コンクリート組積体における充填コンクリートの鉄筋との付着の許容応力度は、平成12年建設省告示第1450号第1各号の規定を準用するものとする。この場合において、第1第一号中「令第74条第1項第二号に規定するコンクリートの設計基準強度」とあるのは「鉄筋コンクリート組積体の設計基準強度（充填コンクリートの設計基準強度が鉄筋コンクリート組積体の設計基準強度を下回る場合にあっては、その設計基準強度）」と、同号ただし書中「コンクリート」とあるのは「鉄筋コンクリート組積体」と読み替えるものとする。

十一　鉄線の引張りの許容応力度は次の表の数値によらなければならない。

長期に生ずる力に対する引張りの許容応力度（単位　N/mm²）	短期に生ずる力に対する引張りの許容応力度（単位　N/mm²）
$\dfrac{F}{1.5}$	F

この表において、Fは、鉄線の種類及び品質に応じて第3第八号に規定する基準強度（単位　N/mm²）を表すものとする。

十二　令第67条第1項の国土交通大臣の認定を受けた鋼材の接合、同条第2項の国土交通大臣の認定を受けた継手又は仕口及び令第68条第3項の国土交通大臣の認定を受けた高力ボルト接合の許容応力度は、令第89条から第92条まで、第1第一号から前号まで及び平成13年国土交通省告示第1540号第2第三号に定める数値によらなければならない。ただし、国土交通大臣が別に数値を定める場合においては、この限りでない。

十四　あと施工アンカー（既存の鉄筋コンクリート造等の部材とこれを補強するための部材との接合に用いるものをいう。第2第十三号において同じ。）の接合部の引張り及びせん断の許容応力度は、その品質に応じてそれぞれ国土交通大臣が指定した数値とする。

十五　丸鋼とコンクリートの付着の許容応力度は、丸鋼の使用位置及び令第74条第1項第二号に規定するコンクリートの設計基準強度（以下「設計基準強度」という。）に応じ、それぞれ次の表に掲げる式によって計算した数値としなければならない。ただし、コンクリート中に設置した丸鋼の引抜きに関する実験によって付着強度を確認した場合においては、長期に生ずる力に対する付着の許容応力度について当該付着強度の $\frac{1}{3}$ の数値とすることができる。

	丸鋼の使用位置	長期に生ずる力に対する付着の許容応力度（単位　N/mm²）	短期に生ずる力に対する付着の許容応力度（単位　N/mm²）
(1)	はりの上端	$(4／100)F$ 又は0.9のうちいずれか小さい数値	長期に生ずる力に対する付着の許容応力度の数値の2倍とする。
(2)	(1)に示す位置以外の位置	$(6／100)F$ 又は1.35のうちいずれか小さい数値	

この表において、F は、設計基準強度（単位　N/mm²）を表すものとする。

十六　既存の鉄筋コンクリート造等の柱、はり等を補強するために用いる炭素繊維、アラミド繊維その他これらに類する材料の引張りの許容応力度は、その品質に応じてそれぞれ国土交通大臣が指定した数値とする。

十七　緊張材の許容応力度は、次の表の数値によらなければならない。

緊張材の種類	長期に生ずる力に対する引張りの許容応力度（単位　N/mm²）	短期に生ずる力に対する引張りの許容応力度（単位　N/mm²）
径が13mm以下のねじ切り鋼棒	$0.65Fu$ 又は $0.75Fy$ のうちいずれか小さい数値	$0.9Fy$
その他の緊張材	$0.7Fu$ 又は $0.8Fy$ のうちいずれか小さい数値	

この表において、Fu 及び Fy は、それぞれ次の表に掲げる引張強さ及び耐力を表すものとする。ただし、法第37条第二号の国土交通大臣の認定を受けた緊張材の引張強さ及び耐力は、その種類及び品質に応じてそれぞれ国土交通大臣が指定した数値とする。

緊張材の種類及び品質		引張強さ（単位　N/mm²）	耐力（単位　N/mm²）
SWPR1AN、SWPR1AL、	径が5mmのもの	1,620	1,420
	径が7mmのもの	1,515	1,325

単一鋼線	丸線及び異形線	SWPD1N、SWPD1L	径が8mmのもの	1,470	1,275
			径が9mmのもの	1,420	1,225
		SWPR1BN、SWPR1BL	径が5mmのもの	1,720	1,520
			径が7mmのもの	1,615	1,425
			径が8mmのもの	1,570	1,375
	2本より線	SWPR2N、SWPR2L	2.9mm2本より	1,930	1,710
	3本より線	SWPD3N、SWPD3L	2.9mm3本より	1,925	1,705
	7本より線	SWPR7AN、SWPR7AL	9.3mm7本より	1,720	1,460
			10.8mm7本より	1,720	1,460
			12.4mm7本より	1,720	1,460
			15.2mm7本より	1,730	1,470
		SWPR7BN、SWPR7BL	9.5mm7本より	1,860	1,580
			11.1mm7本より	1,860	1,590
			12.7mm7本より	1,850	1,580
			15.2mm7本より	1,880	1,600
	19本より線	SWPR19N、SWPR19L	17.8mm19本より	1,855	1,580
			19.3mm19本より	1,850	1,585
			20.3mm19本より	1,825	1,555
			21.8mm19本より	1,830	1,580
			28.6mm19本より	1,780	1,515
棒鋼	PC鋼棒	SBPR785／1030	径が40mm以下のもの	1,030	785
		SBPR930／1080		1,080	930
		SBPR930／1180		1,180	930
		SBPR1080／1230		1,230	1,080
	細径異形PC鋼棒	SBPDN(L)930／1080	径が13mm以下のもの	1,080	930
		SBPDN(L)1080／1230		1,230	1,080
		SBPDN(L)1275／1420		1,420	1,275

　この表において、単一鋼線、鋼より線で示される緊張材の種類は、それぞれ日本産業規格（以下「JIS」という。）G3536（PC鋼線及びPC鋼より線）-1999に定める緊張材

の種類を、PC鋼棒で示される緊張材の種類は、JIS G3109(PC鋼棒)-1994に定める緊張材の種類を、細径異形PC鋼棒で示される緊張材の種類は、JIS G3137(細径異形PC鋼棒)-1994に定める緊張材の種類をそれぞれ表すものとする。

六　軽量気泡コンクリートパネルに使用する軽量気泡コンクリートの圧縮及びせん断の許容応力度は、次の表の数値によらなければならない。ただし、法第37条第二号の国土交通大臣の認定を受けた軽量気泡コンクリートパネルに使用する軽量気泡コンクリートの圧縮及びせん断の許容応力度にあっては、その品質に応じてそれぞれ国土交通大臣が指定した数値とする。

長期に生ずる力に対する許容応力度 (単位　N/mm^2)		短期に生ずる力に対する許容応力度 (単位　N/mm^2)	
圧縮	せん断	圧縮	せん断
1.3	0.08	2.0	0.12

九　直交集成板の繊維方向(強軸方向及び弱軸方向をいう。以下この号、第2第十八号及び第3第九号において同じ。)、直交集成板のめりこみ及び直交集成板の圧縮材の座屈の許容応力度は、次に掲げるものとする。

イ　次に掲げる基準に適合する直交集成板(ニ及び第2第十八号ニを除き、以下単に「直交集成板」という。)の繊維方向の許容応力度は、次の表の数値(基礎ぐい、水槽、浴室その他これらに類する常時湿潤状態にある部分に使用する場合においては、当該数値の70％に相当する数値)によらなければならない。ただし、令第82条第一号から第三号までの規定によって積雪時の構造計算をするに当たっては、長期に生ずる力に対する許容応力度は同表の数値に1.3を乗じて得た数値と、短期に生ずる力に対する許容応力度は同表の数値に0.8を乗じて得た数値としなければならない。

(1)　直交集成板の日本農林規格(平成25年農林水産省告示第3079号)に適合すること。

(2)　次に掲げる基準に適合すること。ただし、特別な調査又は研究の結果に基づき、直交集成板の強度が当該基準に適合するものと同等以上であることが確かめられた場合にあっては、この限りでない。

(i)　小角材をその繊維方向を互いにほぼ平行にして幅方向に接着したものが、ラミナとして使用されていないこと。

(ii)　各ラミナの厚さが、12mm以上36mm以下であること。

(iii)　直交集成板の幅及び長さが、36cm以上であること。

長期に生ずる力に対する許容応力度 (単位　N/mm^2)				短期に生ずる力に対する許容応力度 (単位　N/mm^2)			
圧縮	引張り	曲げ	せん断	圧縮	引張り	曲げ	せん断
$\dfrac{1.1Fc}{3}$	$\dfrac{1.1Ft}{3}$	$\dfrac{1.1Fb}{3}$	$\dfrac{1.1Fs}{3}$	$\dfrac{2Fc}{3}$	$\dfrac{2Ft}{3}$	$\dfrac{2Fb}{3}$	$\dfrac{2Fs}{3}$

　　この表において、F_c、F_t、F_b及びF_sは、それぞれ直交集成板の種類及び品質に応じて第3第九号イからニまでに規定する圧縮、引張り、曲げ及びせん断に対する基準強度（単位　N/mm^2）を表すものとする。

ロ　直交集成板のめりこみの許容応力度は、その表面と加力方向のなす角度に応じて次に掲げる数値（基礎ぐい、水槽、浴室その他これらに類する常時湿潤状態にある部分に使用する場合においては、当該数値の70％に相当する数値）によらなければならない。

(1)　10度以下の場合　イの表に掲げる圧縮の許容応力度の数値

(2)　10度を超え、70度未満の場合　(1)と(3)とに掲げる数値を直線的に補間した数値

(3)　70度以上90度以下の場合　次の表に掲げる数値

建築物の部分		長期に生ずる力に対するめりこみの許容応力度 （単位　N/mm^2）		短期に生ずる力に対するめりこみの許容応力度 （単位　N/mm^2）	
		積雪時	積雪時以外	積雪時	積雪時以外
(1)	土台その他これに類する横架材（当該部材のめりこみによって他の部材の応力に変化が生じない場合に限る。）	$\dfrac{1.5F_{cv}}{3}$	$\dfrac{1.5F_{cv}}{3}$	$\dfrac{2F_{cv}}{3}$	$\dfrac{2F_{cv}}{3}$
(2)	(1)項に掲げる場合以外の場合	$\dfrac{1.43F_{cv}}{3}$	$\dfrac{1.1F_{cv}}{3}$	$\dfrac{1.6F_{cv}}{3}$	$\dfrac{2F_{cv}}{3}$

　　この表において、F_{cv}は、直交集成板の種類に応じて第3第九号ホに規定するめりこみに対する基準強度（単位　N/mm^2）を表すものとする。

ハ　直交集成板の圧縮材（以下ハ及び第2第十八号ハにおいて単に「圧縮材」という。）の許容応力度は、その有効細長比に応じて、次の表の各式によって計算した数値（基礎ぐい、水槽、浴室その他これらに類する常時湿潤状態にある部分に使用する場合においては、当該数値の70％に相当する数値）によらなければならない。ただし、令第82条第一号から第三号までの規定によって積雪時の構造計算をするに当たっては、長期に生ずる力に対する許容応力度は同表の数値に1.3を乗じて得た数値と、短期に生ずる力に対する許容応力度は同表の数値に0.8を乗じて得た数値としなければならない。

有効細長比		長期に生ずる力に対する座屈の許容応力度（単位　N/mm^2）	短期に生ずる力に対する座屈の許容応力度（単位　N/mm^2）
(1)	$\lambda \leq 30$の場合	$\dfrac{1.1}{3}F_c$	$\dfrac{2}{3}F_c$

(2)	$30<\lambda\leqq100$ の場合	$\dfrac{1.1}{3}(1.3-0.01\lambda)\,Fc$	$\dfrac{2}{3}(1.3-0.01\lambda)\,Fc$
(3)	$100<\lambda$ の場合	$\dfrac{1.1}{3}\cdot\dfrac{3{,}000}{\lambda^2}Fc$	$\dfrac{2}{3}\cdot\dfrac{3{,}000}{\lambda^2}Fc$

この表において、λ 及び Fc は、それぞれ次の数値を表すものとする。

λ　次の式によって計算した有効細長比

$$\lambda=l\sqrt{\frac{A}{I}}$$

この式において、l、A 及び I は、それぞれ次の数値を表すものとする。

l　座屈長さ（単位　mm）

A　圧縮材の強軸方向の許容応力度を計算する場合にあっては圧縮材の断面積、圧縮材の弱軸方向の許容応力度を計算する場合にあっては圧縮材のうち外層を除いた部分の断面積（単位　mm^2）

I　圧縮材の強軸方向の許容応力度を計算する場合にあっては圧縮材の断面二次モーメント、圧縮材の弱軸方向の許容応力度を計算する場合にあっては圧縮材のうち外層を除いた部分の断面二次モーメント（単位　mm^4）

Fc　第3第九号イに規定する圧縮に対する基準強度（単位　N/mm^2）

ニ　法第37条第二号の国土交通大臣の認定を受けた直交集成板（以下ニ及び第2第十八号ニにおいて「認定直交集成板」という。）の繊維方向、認定直交集成板のめりこみ及び認定直交集成板の圧縮材の座屈の許容応力度は、その品質に応じてそれぞれ国土交通大臣が指定した数値とする。

第2　特殊な材料強度

一　木材のめりこみ及び木材の圧縮材（以下この号において単に「圧縮材」という。）の座屈の材料強度は、次に掲げるとおりとする。

イ　木材のめりこみの材料強度は、その繊維方向と加力方向とのなす角度に応じて次に掲げる数値（基礎ぐい、水槽、浴室その他これらに類する常時湿潤状態にある部分に使用する場合においては、当該数値の70％に相当する数値）によらなければならない。ただし、土台その他これに類する横架材（当該部材のめりこみによって他の部材の応力に変化が生じない場合に限る。）以外について、令第82条の5第二号の規定によって積雪時の構造計算をするに当たっては、当該数値に0.8を乗じて得た数値としなければならない。

(1)　10度以下の場合　令第95条第1項の表に掲げる圧縮の材料強度の数値

(2)　10度を超え、70度未満の場合　(1)と(3)とに掲げる数値を直線的に補間した数値

(3)　70度以上90度以下の場合　木材の種類及び品質に応じて第3第一号の表に掲げるめりこみに対する基準強度の数値

ロ　圧縮材の座屈の材料強度は、その有効細長比に応じて、次の表の各式によって計算した数値（基礎ぐい、水槽、浴室その他これらに類する常時湿潤状態にある部分に使用する場合においては、当該数値の70％に相当する数値）によらなければならない。ただし、土台その他これに類する横架材（当該部材のめりこみによって他の部材の応力に変化が生じ

ない場合に限る。）以外について、令第82条の5第二号の規定によって積雪時の構造計算
をするに当たっては、同表の数値に 0.8 を乗じて得た数値としなければならない。

有効細長比	圧縮材の座屈の材料強度（単位　N/mm^2）
$\lambda \leqq 30$ の場合	Fc
$30 < \lambda \leqq 100$ の場合	$(1.3 - 0.01\lambda)$ Fc
$\lambda > 100$ の場合	$\dfrac{3,000}{\lambda^2}$ Fc

この表において、λ及びFcは、それぞれ次の数値を表すものとする。
　λ　　有効細長比
　Fc　令第89条第1項の表に掲げる圧縮の基準強度（単位　N/mm^2）

二　集成材等の繊維方向、集成材等のめりこみ及び集成材等の圧縮材（以下この号において単
　に「圧縮材」という。）の座屈の材料強度は、次に掲げるものとする。
　イ　集成材等の繊維方向の材料強度は、次の表の数値（基礎ぐい、水槽、浴室その他これら
　　に類する常時湿潤状態にある部分に使用する場合においては、当該数値の 70 ％に相当す
　　る数値）によらなければならない。ただし、土台その他これに類する横架材（当該部材の
　　めりこみによって他の部材の応力に変化が生じない場合に限る。）以外について、令第82
　　条の5第二号の規定によって積雪時の構造計算をするに当たっては、同表の数値に 0.8 を
　　乗じて得た数値としなければならない。

材料強度（単位　N/mm^2）			
圧　縮	引張り	曲　げ	せん断
Fc	Ft	Fb	Fs

　　この表において、Fc、Ft、Fb及びFsは、それぞれ第1第二号イの表に規定する
　基準強度を表すものとする。

　ロ　集成材等のめりこみの材料強度は、その繊維方向と加力方向とのなす角度に応じて次に
　　掲げる数値（基礎ぐい、水槽、浴室その他これらに類する常時湿潤状態にある部分に使用
　　する場合においては、当該数値の 70 ％に相当する数値）によらなければならない。ただ
　　し、土台その他これに類する横架材（当該部材のめりこみによって他の部材の応力に変化
　　が生じない場合に限る。）以外について、令第82条の5第二号の規定によって積雪時の構
　　造計算をするに当たっては、当該数値に 0.8 を乗じて得た数値としなければならない。
　　(1)　10 度以下の場合　　イの表に掲げる圧縮の材料強度の数値
　　(2)　10 度を超え、70 度未満の場合　　(1)と(3)とに掲げる数値を直線的に補間した数値
　　(3)　70 度以上 90 度以下の場合　　集成材等の種類及び品質に応じて第3第二号ロの表に掲
　　　げるめりこみに対する基準強度の数値
　ハ　圧縮材の座屈の材料強度は、その有効細長比に応じて、次の表の各式によって計算した
　　数値（基礎ぐい、水槽、浴室その他これらに類する常時湿潤状態にある部分に使用する場

合においては、当該数値の70％に相当する数値）によらなければならない。ただし、土台その他これに類する横架材（当該部材のめりこみによって他の部材の応力に変化が生じない場合に限る。）以外について、令第82条の5第二号の規定によって積雪時の構造計算をするに当たっては、同表の数値に0.8を乗じて得た数値としなければならない。

有効細長比	圧縮材の座屈の材料強度（単位　N/mm^2）
$\lambda \leq 30$ の場合	Fc
$30 < \lambda \leq 100$ の場合	$(1.3 - 0.01\lambda)$ Fc
$\lambda > 100$ の場合	$\dfrac{3,000}{\lambda^2}$ Fc

　この表において、λ及びFcは、それぞれ次の数値を表すものとする。
　λ　　有効細長比
　Fc　第1第二号イの表に掲げる圧縮に対する基準強度（単位　N/mm^2）

三　鋼材等の支圧及び鋼材等の圧縮材（以下この号において単に「圧縮材」という。）の座屈の材料強度は、次に掲げるとおりとする。
　イ　鋼材等の支圧の材料強度は、次の表の数値（(1)項及び(3)項において異種の鋼材等が接合する場合においては、小さい値となる数値）によらなければならない。

支圧の形式		支圧の材料強度（単位　N/mm^2）
(1)	すべり支承又はローラー支承の支承部に支圧が生ずる場合その他これに類する場合	2.9F
(2)	ボルト又はリベットによって接合される鋼材等のボルト又はリベットの軸部分に接触する面に支圧が生ずる場合その他これに類する場合	1.9F
(3)	(1)及び(2)に掲げる場合以外の場合	1.4F

　この表において、Fは、平成12年建設省告示第2464号第3に規定する基準強度の数値（単位　N/mm^2）を表すものとする。

　ロ　圧縮材の座屈の材料強度は、炭素鋼及び鋳鉄にあっては次の表1、ステンレス鋼にあっては次の表2の数値によらなければならない。

　表1

圧縮材の有効細長比と限界細長比との関係	圧縮材の座屈の材料強度（単位　N/mm^2）
$\lambda \leq \Lambda$ の場合	$F\left\{1 - \dfrac{2}{5}\left(\dfrac{\lambda}{\Lambda}\right)^2\right\}$

$\lambda > \Lambda$ の場合	$\dfrac{\dfrac{3}{5}F}{\left(\dfrac{\lambda}{\Lambda}\right)^2}$

この表において、F、λ 及び Λ は、それぞれ次の数値を表すものとする。

F　平成12年建設省告示第2464号第3に規定する基準強度（単位　N/mm²）

λ　有効細長比

Λ　次の式によって計算した限界細長比

$$\Lambda = \dfrac{1,500}{\sqrt{\dfrac{F}{1.5}}}$$

表2

圧縮材の一般化有効細長比	圧縮材の座屈の材料強度（単位　N/mm²）
$c\lambda \leq 0.2$ の場合	F
$0.2 < c\lambda \leq 1.5$ の場合	$(1.12 - 0.6\,c\lambda)\,F$
$1.5 < c\lambda$ の場合	$\dfrac{1}{2} \cdot \dfrac{F}{c\lambda^2}$

この表において、$c\lambda$ 及び F は、それぞれ次の数値を表すものとする。

$c\lambda$　次の式によって計算した軸方向力に係る一般化有効細長比

$$c\lambda\left(\dfrac{lk}{i}\right)\sqrt{\dfrac{F}{\pi^2 E}}$$

この式において、lk、i、F 及び E は、それぞれ次の数値を表すものとする。

　　lk　有効座屈長さ（単位　mm）

　　i　最小断面二次半径（単位　mm）

　　F　平成12年建設省告示第2464号第3に規定する基準強度（単位　N/mm²）

　　E　ヤング係数（単位　N/mm²）

F　平成12年建設省告示第2464号第3に規定する基準強度（単位　N/mm²）

四　ターンバックルの引張りの材料強度は、ターンバックルの種類及び品質に応じて第3第四号に規定する基準強度の数値としなければならない。

五　高強度鉄筋の材料強度は、次の表の数値によらなければならない。

材料強度（単位　N/mm²）		
圧　　縮	引　　張　　り	
	せん断補強以外に用いる場合	せん断補強に用いる場合
F	F	F （当該数値が 490 を超える場合（法第37条第二号の国土交

		通大臣の認定を受けた場合を除く。)には、490)
この表において、Fは、第1第六号の表に規定する基準強度を表すものとする。		

六　タッピンねじ等の材料強度は、次の表の数値によらなければならない。

材料強度（単位　N/mm²）	
引　張　り	せ　ん　断
F	$\dfrac{F}{\sqrt{3}}$
この表において、Fは、第1第七号の表に規定する基準強度を表すものとする。	

七　アルミニウム合金材、アルミニウム合金材の溶接継目ののど断面、アルミニウム合金材の支圧、アルミニウム合金材の圧縮材の座屈及びタッピンねじ又はドリリングタッピンねじを用いたアルミニウム合金材の接合部の材料強度は、次に掲げるものとする。

イ　アルミニウム合金材の材料強度は、次の表によらなければならない。

		材料強度（単位　N/mm²）			
		圧　縮	引張り	曲　げ	せん断
アルミニウム合金材	軟化域以外	F	F	F	$\dfrac{F}{\sqrt{3}}$
	軟化域	Fw	Fw	Fw	$\dfrac{Fw}{\sqrt{3}}$
ボルト		—	F	—	$\dfrac{F}{\sqrt{3}}$
リベット		—	F	—	$\dfrac{F}{\sqrt{3}}$

　この表において、F及びFwは、それぞれ第1第八号イの表に規定するF及びFw（単位　N/mm²）を表すものとする。また、軟化域は、加熱の影響により強度及び剛性の低下が生じるアルミニウム合金材の部分をいう。

ロ　アルミニウム合金材の溶接継目ののど断面に対する材料強度は、次の表の数値によらなければならない。

継目の形式	材料強度（単位　N/mm²）			
	圧　縮	引張り	曲　げ	せん断
突合せ	Fw			$\dfrac{Fw}{\sqrt{3}}$

突合せ以外のもの	$\dfrac{Fw}{\sqrt{3}}$	$\dfrac{Fw}{\sqrt{3}}$

　この表において、Fw は、第1第八号ロの表に定める Fw（単位　N/mm²）を表すものとする。

ハ　アルミニウム合金材の支圧の材料強度は、第1第八号ハに規定する短期に生ずる力に対する許容応力度の数値としなければならない。

ニ　アルミニウム合金部材の圧縮材の座屈の材料強度は、次の表の数値によらなければならない。

圧縮材の曲げ座屈細長比 と限界細長比との関係	圧縮材の座屈の材料強度（単位　N/mm²）
$c\lambda \leqq c\lambda p$ の場合	F
$c\lambda p < c\lambda \leqq c\lambda e$ の場合	$\left(1.0 - 0.5\dfrac{c\lambda - c\lambda p}{c\lambda e - c\lambda p}\right)F$
$c\lambda e < c\lambda$ の場合	$\dfrac{F}{c\lambda^2}$

　この表において、$c\lambda$、$c\lambda p$、$c\lambda e$ 及び F は、それぞれ次の数値を表すものとする。

　$c\lambda$　　次の式によって計算した軸方向力に係る一般化有効細長比

$$c\lambda = \left(\frac{lk}{i}\right)\sqrt{\frac{F}{\pi^2 E}}$$

　　　　この式において、lk、i、F 及び E は、それぞれ次の数値を表すものとする。

　　　　lk　　有効座屈長さ（単位　mm）

　　　　i　　最小断面二次半径（単位　mm）

　　　　F　　アルミニウム合金部材の種類及び質別に応じて第1第八号イの表に定める基準強度（単位　N/mm²）

　　　　E　　ヤング係数（単位　N/mm²）

　$c\lambda p$　塑性限界細長比（0.2とする。）

　$c\lambda e$　弾性限界細長比（$\dfrac{1}{\sqrt{0.5}}$ とする。）

　F　　アルミニウム合金部材の種類及び質別に応じて第1第八号イの表に定める基準強度（単位　N/mm²）

ホ　タッピンねじ又はドリリングタッピンねじを用いたアルミニウム合金材の接合部の材料強度は、第1第八号トに規定する短期に生ずる力に対する許容応力度の数値としなければならない。

八　トラス用機械式継手の材料強度は、次の表に掲げる終局耐力をトラス用機械式継手の種類及び形状並びに力の種類に応じて求めた有効面積（曲げにあっては有効断面係数）で除した数値によらなければならない。

終　局　耐　力		
圧　縮	引張り	曲　げ
Fcu	Ftu	Fbu
この表において、Fcu、Ftu 及び Fbu は、それぞれトラス用機械式継手の実況及び力の種類に応じた加力試験により求めた次の数値を表すものとする。 　Fcu　圧縮の最大耐力の90％以下の数値（単位　N） 　Ftu　引張りの最大耐力の90％以下の数値（単位　N） 　Fbu　曲げの最大耐力の90％以下の数値（単位　N・m）		

九　コンクリート充填鋼管造の鋼管の内部に充填されたコンクリートの圧縮、せん断及び付着の材料強度は、次に掲げるものとする。

　　イ　鋼管の内部に充填されたコンクリートの圧縮及びせん断の材料強度は、圧縮にあっては第1第十号イの表に定める短期に生ずる力に対する圧縮の許容応力度の数値の1.5倍、せん断にあっては同表に定める長期に生ずる力に対するせん断の許容応力度の3倍の数値としなければならない。

　　ロ　鋼管の内部とコンクリートとの付着の材料強度は、第1第十号ロ(1)又は(2)の長期に生ずる力に対する許容付着応力度の数値の3倍の数値としなければならない。

十　鉄筋コンクリート組積体の圧縮の材料強度は、種類に応じて第1第十一号イの表に規定する長期に生ずる力に対する圧縮の許容応力度の数値の3倍としなければならない。

十一　鉄線の引張りの材料強度は、第1第十二号の表に規定する短期に生ずる力に対する引張りの許容応力度の数値によらなければならない。

十二　令第67条第1項の国土交通大臣の認定を受けた鋼材の接合、同条第2項の国土交通大臣の認定を受けた継手又は仕口及び令第68条第3項の国土交通大臣の認定を受けた高力ボルト接合の材料強度は、令第95条から第98条まで、第2第一号から前号まで及び平成13年国土交通省告示第1540号第2第三号に定める数値によらなければならない。ただし、国土交通大臣が別に数値を定める場合においては、この限りでない。

十三　あと施工アンカーの接合部の引張り及びせん断の材料強度は、その品質に応じてそれぞれ国土交通大臣が指定した数値とする。

十四　丸鋼とコンクリートの付着の材料強度は、第1第十五号の表に規定する長期に生ずる力に対する付着の許容応力度の数値の3倍の数値としなければならない。

十五　既存の鉄筋コンクリート造等の柱、はり等を補強するために用いる炭素繊維、アラミド繊維その他これらに類する材料の引張りの材料強度は、その品質に応じてそれぞれ国土交通大臣が指定した数値とする。

十六　緊張材の材料強度は、第1第十七号の表に規定する耐力の数値によらなければならない。

十七　軽量気泡コンクリートパネルに使用する軽量気泡コンクリートの圧縮及びせん断の材料強度は、第1第十八号の表に規定する短期に生ずる力に対する圧縮の許容応力度の数値の1.5倍としなければならない。

十八　直交集成板の繊維方向、直交集成板のめりこみ及び直交集成板の圧縮材の座屈の材料強度

は、次に掲げるものとする。

イ　直交集成板の繊維方向の材料強度は、次の表の数値（基礎ぐい、水槽、浴室その他これ
　らに類する常時湿潤状態にある部分に使用する場合においては、当該数値の70％に相当
　する数値）によらなければならない。ただし、土台その他これに類する横架材（当該部材
　のめりこみによって他の部材の応力に変化が生じない場合に限る。）以外について、令第
　82条の５第二号の規定によって積雪時の構造計算をするに当たっては、同表の数値に0.8
　を乗じて得た数値としなければならない。

材料強度（単位　N/mm²）			
圧縮	引張り	曲げ	せん断
Fc	Ft	Fb	Fs
この表において、Fc、Ft、Fb 及び Fs は、それぞれ直交集成板の種類及び品質に応じて第３第九号イからニまでに規定する圧縮、引張り、曲げ及びせん断に対する基準強度（単位　N/mm²）を表すものとする。			

ロ　直交集成板のめりこみの材料強度は、その表面と加力方向のなす角度に応じて次に掲げ
　る数値（基礎ぐい、水槽、浴室その他これらに類する常時湿潤状態にある部分に使用する
　場合においては、当該数値の70％に相当する数値）によらなければならない。ただし、
　土台その他これに類する横架材（当該部材のめりこみによって他の部材の応力に変化が生
　じない場合に限る。）以外について、令第82条の５第二号の規定によって積雪時の構造計
　算をするに当たっては、同表の数値に0.8を乗じて得た数値としなければならない。
　(1)　10度以下の場合　イの表に掲げる圧縮の材料強度の数値
　(2)　10度を超え、70度未満の場合　(1)と(3)とに掲げる数値を直線的に補間した数値
　(3)　70度以上90度以下の場合　直交集成板の種類及び品質に応じて第３第九号ホに規定
　　するめりこみに対する基準強度の数値

ハ　圧縮材の座屈の材料強度は、その有効細長比に応じて、次の表の各式によって計算した
　数値（基礎ぐい、水槽、浴室その他これらに類する常時湿潤状態にある部分に使用する場
　合においては、当該数値の70％に相当する数値）によらなければならない。ただし、土
　台その他これに類する横架材（当該部材のめりこみによって他の部材の応力に変化が生じ
　ない場合に限る。）以外について、令第82条の５第二号の規定によって積雪時の構造計算
　をするに当たっては、同表の数値に0.8を乗じて得た数値としなければならない。

	有効細長比	圧縮材の座屈の材料強度（単位　N/mm²）
(1)	$\lambda \leq 30$ の場合	Fc
(2)	$30 < \lambda \leq 100$ の場合	$(1.3 - 0.01\lambda)Fc$
(3)	$100 < \lambda$ の場合	$\dfrac{3,000}{\lambda^2}Fc$
この表において、λ 及び Fc は、それぞれ次の数値を表すものとする。		

　　λ　第1第十九号ハの表に規定する有効細長比

　　Fc　第3第九号イに規定する圧縮に対する基準強度（単位　N/mm²）

二　認定直交集成板の繊維方向、認定直交集成板のめりこみ及び認定直交集成板の圧縮材の
　座屈の材料強度は、その品質に応じてそれぞれ国土交通大臣が指定した数値とする。

第3　基準強度

一　第1第一号イ(3)に規定する木材のめりこみに対する基準強度Fcvは、次に掲げる木材の
　種類に応じて、それぞれ次に掲げるものとする。

　イ　製材の日本農林規格（平成19年農林水産省告示第1083号）に適合する構造用製材（ただ
　　し、円柱類にあってはすぎ、からまつ及びひのきに限る。）の目視等級区分若しくは機械
　　等級区分によるもの又は無等級材（日本農林規格に定められていない木材をいう。）　そ
　　の樹種に応じてそれぞれ次の表1に掲げる数値

　ロ　枠組壁工法構造用製材及び枠組壁工法構造用たて継ぎ材の日本農林規格（昭和49年農林
　　省告示第600号）に適合する枠組壁工法構造用製材及び枠組壁工法構造用たて継ぎ材　そ
　　の樹種群に応じてそれぞれ次の表2に掲げる数値

表1

樹種		基準強度（単位　N/mm²）
針葉樹	あかまつ、くろまつ及びべいまつ	9.0
	からまつ、ひば、ひのき、べいひ及びべいひば	7.8
	つが、べいつが、もみ、えぞまつ、とどまつ、べにまつ、すぎ、べいすぎ及びスプルース	6.0
広葉樹	かし	12.0
	くり、なら、ぶな及びけやき	10.8

表2

樹種群	基準強度（単位　N/mm²）
DFir−L	9.0
Hem−Tam	7.8
Hem−Fir	6.0
S−P−F 又は Spruce−Pine−Fir	6.0
W Cedar	6.0
SYP	9.0
JSI	7.8
JSII	6.0
JSIII	7.8

二　第1第二号イに規定する集成材等の繊維方向の基準強度 Fc、Ft、Fb 及び Fs 並びに同号ロ(3)に規定する集成材等のめりこみに対する基準強度 Fcv は、それぞれ次に掲げるものとする。

イ　第1第二号イに規定する集成材等の繊維方向の基準強度は、圧縮、引張り及び曲げの基準強度については集成材の日本農林規格（平成19年農林水産省告示第1152号。以下「集成材規格」という。）第5条に規定する構造用集成材の規格に適合する対称異等級構成集成材、特定対称異等級構成集成材、非対称異等級構成集成材、同一等級構成集成材及び同規格第6条に規定する化粧ばり構造用集成柱の規格に適合する化粧ばり構造用集成柱並びに単板積層材の日本農林規格（平成20年農林水産省告示第701号。以下「単板積層材規格」という。）第1部4.2に規定する構造用単板積層材の規格に適合するA種構造用単板積層材及びB種構造用単板積層材の区分に応じて次の表1から表7までに掲げる数値と、せん断の基準強度については次の表8から表10までに掲げる数値とする。

表1　対称異等級構成集成材（特定対称異等級構成集成材を除く。）の圧縮、引張り及び曲げの基準強度

強度等級	基準強度（単位　N/mm²)			
	Fc	*Ft*	*Fb*	
			積層方向（それぞれの数値に、集成材の厚さ方向の辺長（単位mm）が対応する集成材規格第5条表18（等級が異なるひき板で構成された内層特殊構成集成材にあっては表32）の左欄の区分に応じて、同表右欄に掲げる数値を乗じたものとする。)	幅方向
E170－F495	38.4	33.5	49.5	35.4
E150－F435	33.4	29.2	43.5	30.6
E135－F375	29.7	25.9	37.5	27.6
E120－F330	25.9	22.4	33.0	24.0
E105－F300	23.2	20.2	30.0	21.6

E95 – F270	21.7	18.9	27.0	20.4
E85 – F255	19.5	17.0	25.5	18.0
E75 – F240	17.6	15.3	24.0	15.6
E65 – F225	16.7	14.6	22.5	15.0
E65 – F220	15.3	13.4	22.0	12.6
E55 – F200	13.3	11.6	20.0	10.2

　この表において、強度等級は、集成材規格第5条表17（等級が異なるひき板で構成された内層特殊構成集成材にあっては表30）に規定する強度等級を表すものとする。

表2　特定対称異等級構成集成材の圧縮、引張り及び曲げの基準強度

強度等級	基準強度（単位　N/mm²）			
	Fc	Ft	Fb	
			積層方向（それぞれの数値に、集成材の厚さ方向の辺長（単位mm）が対応する集成材規格第5条表18の左欄の区分に応じて、同表右欄に掲げる数値を乗じたものとする。）	幅方向
ME120 – F330	20.2	17.6	33.0	12.7
ME105 – F300	17.9	15.6	30.0	11.7
ME95 – F270	16.6	14.5	27.0	11.1
ME85 – F255	15.9	13.9	25.5	11.0

　この表において、強度等級は、集成材規格第5条表17に規定する強度等級を表すものとする。以下表3において同じ。

表3　非対称異等級構成集成材の圧縮、引張り及び曲げの基準強度

	基準強度（単位　N/mm²）	
		Fb
		積層方向（それぞれの数値

強度等級	Fc	Ft	に、集成材の厚さ方向の辺長（単位　mm）が対応する集成材規格第5条表18の左欄の区分に応じて、同表右欄に掲げる数値を乗じたものとする。）		幅方向
			正の曲げ	負の曲げ	
E160 – F480	36.5	31.8	48.0	34.5	31.8
E140 – F420	31.7	27.7	42.0	28.5	27.0
E125 – F360	28.2	24.6	36.0	25.5	24.0
E110 – F315	24.5	21.3	31.5	24.0	21.6
E100 – F285	22.1	19.3	28.5	22.5	19.2
E90 – F255	20.7	18.1	25.5	21.0	18.0
E80 – F240	18.5	16.2	24.0	19.5	15.0
E70 – F225	16.6	14.5	22.5	18.0	13.8
E60 – F210	15.7	13.7	21.0	16.5	13.2
E60 – F205	14.3	12.5	20.5	16.0	10.8
E50 – F170	12.2	10.6	17.0	14.0	8.4

　この表において、正の曲げは、引張り側最外層用ひき板が接着されている側（以下「引張り側」という。）において引張りの力が生じる場合の曲げを、負の曲げは、引張り側において圧縮の力が生じる場合の曲げを、それぞれ表すものとする。

表4　同一等級構成集成材の圧縮、引張り及び曲げの基準強度

ひき板の積層数	強度等級	基準強度（単位　N/mm²）		
		Fc	Ft	Fb（それぞれの数値に、集成材の厚さ方向の辺長（単位　mm）が対応する集成材規格第5条表26（等級が同じひき板で構成された内層特殊構成集成材にあっては表33）の左欄の区分に応じて、同表

				右欄に掲げる数値を乗じたものとする。)
4層以上（等級が同じひき板で構成された内層特殊構成集成材にあっては3層以上）	E190－F615	50.3	43.9	61.5
	E170－F540	44.6	38.9	54.0
	E150－F465	39.2	34.2	46.5
	E135－F405	33.4	29.2	40.5
	E120－F375	30.1	26.3	37.5
	E105－F345	28.1	24.5	34.5
	E95－F315	26.0	22.7	31.5
	E85－F300	24.3	21.2	30.0
	E75－F270	22.3	19.4	27.0
	E65－F255	20.6	18.0	25.5
	E55－F225	18.6	16.2	22.5
3層	E190－F555	45.8	40.3	55.5
	E170－F495	40.5	35.6	49.5
	E150－F435	35.6	31.4	43.5
	E135－F375	30.4	26.7	37.5
	E120－F330	27.4	24.1	33.0
	E105－F300	25.5	22.4	30.0
	E95－F285	23.6	20.8	28.5
	E85－F270	22.1	19.5	27.0
	E75－F255	20.3	17.8	25.5
	E65－F240	18.8	16.5	24.0
	E55－F225	16.9	14.9	22.5
2層	E190－F510	45.8	36.6	51.0
	E170－F450	40.5	32.4	45.0
	E150－F390	35.6	28.5	39.0
	E135－F345	30.4	24.3	34.5
	E120－F300	27.4	21.9	30.0
	E105－F285	25.5	20.4	28.5

E95 – F270	23.6	18.9	27.0
E85 – F255	22.1	17.7	25.5
E75 – F240	20.3	16.2	24.0
E65 – F225	18.8	15.0	22.5
E55 – F200	16.9	13.5	20.0

この表において、強度等級は、集成材規格第5条表25（等級が同じひき板で構成された内層特殊構成集成材にあっては表31）に規定する強度等級を表すものとする。

表5　化粧ばり構造用集成柱の圧縮、引張り及び曲げの基準強度

樹　　種	基準強度（単位　N/mm²）		
	Fc	Ft	Fb
アピトン	36.6	32.4	45.6
いたやかえで、かば、ぶな、みずなら、けやき、ダフリカからまつ、サザンパイン、べいまつ及びウエスタンラーチ	31.8	28.2	40.2
ひのき、ひば、からまつ、あかまつ、くろまつ及びべいひ	29.4	25.8	37.2
つが、たも、しおじ、にれ、アラスカイエローシダー、ラジアタパイン及びべいつが	27.6	24.0	34.2
もみ、とどまつ、えぞまつ、べいもみ、スプルース、ロッジポールパイン、べにまつ、ポンデローサパイン、おうしゅうあかまつ、ジャックパイン及びラワン	25.2	22.2	31.2
すぎ、べいすぎ及びホワイトサイプレスパイン	24.0	21.0	29.4

表6　A種構造用単板積層材の圧縮、引張り及び曲げの基準強度

曲げヤング係数区分	等　級	曲げ性能の表示	基準強度（単位　N/mm²）			
			Fc	Ft	Fb	
					平使い	縦使い
180E	特級	180E － 675F$_{HV}$	46.8	34.8	58.2	
	一級	180E － 580F$_H$ － 675F$_V$	45.0	30.0	49.8	58.2
		180E － 580F$_{HV}$	45.0	30.0	49.8	
	二級	180E － 485F$_H$ － 675F$_V$	42.0	25.2	42.0	58.2
		180E － 485F$_H$ － 580F$_V$	42.0	25.2	42.0	49.8

		$180E-485F_{HV}$	42.0	25.2	42.0	
160E	特級	$160E-600F_{HV}$	41.4	31.2	51.6	
	一級	$160E-515F_H-600F_V$	40.2	27.0	44.4	51.6
		$160E-515F_{HV}$	40.2	27.0	44.4	
	二級	$160E-430F_H-600F_V$	37.2	22.2	37.2	51.6
		$160E-430F_H-515F_V$	37.2	22.2	37.2	44.4
		$160E-430F_{HV}$	37.2	22.2	37.2	
140E	特級	$140E-525F_{HV}$	36.0	27.0	45.0	
	一級	$140E-450F_H-525F_V$	34.8	23.4	39.0	45.0
		$140E-450F_{HV}$	34.8	23.4	39.0	
	二級	$140E-375F_H-525F_V$	32.4	19.8	32.4	45.0
		$140E-375F_H-450F_V$	32.4	19.8	32.4	39.0
		$140E-375F_{HV}$	32.4	19.8	32.4	
120E	特級	$120E-450F_{HV}$	31.2	23.4	39.0	
	一級	$120E-385F_H-450F_V$	30.0	19.8	33.0	39.0
		$120E-385F_{HV}$	30.0	19.8	33.0	
	二級	$120E-320F_H-450F_V$	27.6	16.8	27.6	39.0
		$120E-320F_H-385F_V$	27.6	16.8	27.6	33.0
		$120E-320F_{HV}$	27.6	16.8	27.6	
110E	特級	$110E-410F_{HV}$	28.2	21.6	35.4	
	一級	$110E-350F_H-410F_V$	27.0	18.0	30.0	35.4
		$110E-350F_{HV}$	27.0	18.0	30.0	
	二級	$110E-295F_H-410F_V$	25.8	15.6	25.8	35.4
		$110E-295F_H-350F_V$	25.8	15.6	25.8	30.0
		$110E-295F_{HV}$	25.8	15.6	25.8	
100E	特級	$100E-375F_{HV}$	25.8	19.8	32.4	
	一級	$100E-320F_H-375F_V$	25.2	16.8	27.6	32.4
		$100E-320F_{HV}$	25.2	16.8	27.6	
	二級	$100E-270F_H-375F_V$	23.4	14.4	23.4	32.4

	二級	100E－270F$_H$－320F$_V$	23.4	14.4	23.4	27.6
		100E－270F$_{HV}$	23.4	14.4	23.4	
90E	特級	90E－335F$_{HV}$	23.4	17.4	28.8	
	一級	90E－290F$_H$－335F$_V$	22.8	15.0	25.2	28.8
		90E－290F$_{HV}$	22.8	15.0	25.2	
	二級	90E－240F$_H$－335F$_V$	21.0	12.6	21.0	28.8
		90E－240F$_H$－290F$_V$	21.0	12.6	21.0	25.2
		90E－240F$_{HV}$	21.0	12.6	21.0	
80E	特級	80E－300F$_{HV}$	21.0	15.6	25.8	
	一級	80E－255F$_H$－300F$_V$	19.8	13.2	22.2	25.8
		80E－255F$_{HV}$	19.8	13.2	22.2	
	二級	80E－215F$_H$－300F$_V$	18.6	11.4	18.6	25.8
		80E－215F$_H$－255F$_V$	18.6	11.4	18.6	22.2
		80E－215F$_{HV}$	18.6	11.4	18.6	
70E	特級	70E－260F$_{HV}$	18.0	13.8	22.8	
	一級	70E－225F$_H$－260F$_V$	17.4	12.0	19.8	22.8
		70E－225F$_{HV}$	17.4	12.0	19.8	
	二級	70E－185F$_H$－260F$_V$	16.2	9.6	16.2	22.8
		70E－185F$_H$－225F$_V$	16.2	9.6	16.2	19.8
		70E－185F$_{HV}$	16.2	9.6	16.2	
60E	特級	60E－225F$_{HV}$	15.6	12.0	19.8	
	一級	60E－190F$_H$－225F$_V$	15.0	10.2	16.8	19.8
		60E－190F$_{HV}$	15.0	10.2	16.8	
	二級	60E－160F$_H$－225F$_V$	13.8	8.4	13.8	19.8
		60E－160F$_H$－190F$_V$	13.8	8.4	13.8	16.8
		60E－160F$_{HV}$	13.8	8.4	13.8	
50E	特級	50E－185F$_{HV}$	12.7	9.5	15.9	
	一級	50E－160F$_H$－185F$_V$	12.3	8.2	13.7	15.9
		50E－160F$_{HV}$	12.3	8.2	13.7	

二級	50E －130F$_H$ －185F$_V$	11.1	6.7	11.1	15.9
	50E －130F$_H$ －160F$_V$	11.1	6.7	11.1	13.7
	50E －130F$_{HV}$	11.1	6.7	11.1	

　この表において、曲げヤング係数区分は単板積層材規格第1部の表17に掲げる曲げヤング係数区分を、曲げ性能の表示は同表に掲げる曲げヤング係数区分及び等級ごとの表示を表すものとする。

表7　B種構造用単板積層材の圧縮、引張り及び曲げの基準強度

曲げヤング係数区分	基準強度（単位　N/mm²）					
	Fc		Ft		Fb	
	強軸	弱軸	強軸	弱軸	強軸	弱軸
140E	21.9	4.3	18.3	2.9	32.2	5.8
120E	18.7	3.7	15.6	2.5	27.5	4.9
110E	17.2	3.4	14.4	2.3	25.3	4.5
100E	15.7	3.1	13.2	2.1	23.2	4.1
90E	14.0	2.8	11.7	1.8	20.6	3.7
80E	12.5	2.5	10.5	1.6	18.4	3.3
70E	10.8	2.1	9.0	1.4	15.9	2.8
60E	9.3	1.8	7.8	1.2	13.7	2.4
50E	7.6	1.5	6.3	1.0	11.1	2.0
40E	6.1	1.2	5.1	0.8	9.0	1.6
30E	4.6	0.9	3.9	0.6	6.8	1.2

　この表において、曲げヤング係数区分は、単板積層材規格第1部の表9に掲げる曲げヤング係数区分を表すものとする。

表8　集成材のせん断の基準強度

樹　　種	基準強度（単位　N/mm²）	
	積層方向	幅　方　向
いたやかえで、かば、ぶな、みずなら、けやき及びアピトン	4.8	4.2
たも、しおじ及びにれ	4.2	3.6
ひのき、ひば、からまつ、あかまつ、くろまつ、べいひ、		

ダフリカからまつ、サザンパイン、べいまつ、ホワイトサイプレスパイン及びウエスタンラーチ	3.6	3.0
つが、アラスカイエローシダー、べにまつ、ラジアタパイン及びべいつが	3.3	2.7
もみ、とどまつ、えぞまつ、べいもみ、スプルース、ロジポールパイン、ポンデローサパイン、おうしゅうあかまつ、ジャックパイン及びラワン	3.0	2.4
すぎ及びべいすぎ	2.7	2.1

　ただし、せん断面に幅はぎ未評価ラミナを含む構造用集成材にあつては、表中の数値に0.6を乗じた数値とする。

表9　A種構造用単板積層材のせん断の基準強度

水平せん断区分	基準強度（単位　N/mm^2）
65V−55H	4.2
60V−51H	3.6
55V−47H	3.6
50V−43H	3.0
45V−38H	3.0
40V−34H	2.4
35V−30H	2.4

　この表において、水平せん断性能は、単板積層材規格第1部の表4に掲げる水平せん断性能を表すものとする。

表10　B種構造用単板積層材のせん断の基準強度

水平せん断区分	基準強度（単位　N/mm^2）	
	縦使い方向	平使い方向
65V−43H	4.3	2.8
60V−40H	4.0	2.6
55V−36H	3.6	2.4
50V−33H	3.3	2.2
45V−30H	3.0	2.0
40V−26H	2.6	1.7
35V−23H	2.3	1.5

| 30V－20H | 2.0 | 1.3 |
| 25V－16H | 1.6 | 1.0 |

　この表において、水平せん断区分は、単板積層材規格第1部の表5に掲げる水平せん断区分を表すものとする。

ロ　第1第二号ロ(3)に規定する集成材等のめりこみに対する基準強度Fcvは、その樹種に応じてそれぞれ次の表1の数値とする。ただし、A種構造用単板積層材のめり込みに対する基準強度Fcvにあっては、そのめりこみ性能の表示の区分に応じてそれぞれ次の表2の数値とすることができる。

表1　集成材等のめり込みに対する基準強度

樹　　種	基準強度（単位　N/mm²）
いたやかえで、かば、ぶな、みずなら、けやき、アピトン、たも、しおじ及びにれ	10.8
あかまつ、くろまつ、ダフリカからまつ、サザンパイン、べいまつ、ホワイトサイプレスパイン、ラワン及びウエスタンラーチ	9.0
ひのき、ひば、からまつ及びべいひ	7.8
つが、アラスカイエローシダー、べにまつ、ラジアタパイン、べいつが、もみ、とどまつ、えぞまつ、べいもみ、スプルース、ロッジポールパイン、ポンデローサパイン、おうしゅうあかまつ、すぎ、べいすぎ及びジャックパイン	6.0

表2　A種構造用単板積層材のめり込みに対する基準強度

めりこみ性能の表示の区分	基準強度（単位　N/mm²）
180B	18.0
160B	16.0
135B	13.5
90B	9.0

　この表において、めりこみ性能の表示の区分は、単板積層材規格第1部の表10に掲げる表示の区分を表すものとする。

三　前各号に掲げる木材及び集成材等以外の基準強度は、その樹種、区分及び等級に応じてそれぞれ国土交通大臣が指定した数値とする。

四　第1第五号に規定するターンバックルの基準強度は、次の表の数値とする。ただし、法第37条第二号の国土交通大臣の認定を受けたターンバックルの基準強度にあっては、その品質に応じてそれぞれ国土交通大臣が指定した数値とする。

品　　質	基準強度（単位　N/mm²）
ターンバックル	235

　この表において、ターンバックルは、JIS A5540（建築用ターンバックル）-2003、JIS A5541（建築用ターンバックル胴）-2003及び JIS A5542（建築用ターンバックルボルト）-2003に規定するターンバックルを表すものとする。

五　第1第六号に規定する高強度鉄筋の基準強度は、次の表の数値とする。ただし、法第37条第二号の国土交通大臣の認定を受けた高強度鉄筋の基準強度にあっては、その品質に応じてそれぞれ国土交通大臣が指定した数値とする。

品　　質	基準強度（単位　N/mm²）
SD490	490

　この表において、SD490は、JIS G3112（鉄筋コンクリート用棒鋼）-1987に規定するSD490を表すものとする。

六　第1第七号に規定するタッピンねじ等の基準強度は、次の表の数値とする。ただし、法第37条第一号の国土交通大臣の指定する JIS に適合するもののうち次の表に掲げる品質以外のタッピンねじ等及び同条第二号の国土交通大臣の認定を受けたタッピンねじ等の基準強度にあっては、その品質に応じてそれぞれ国土交通大臣が指定した数値とする。

品　　質	基準強度（単位　N/mm²）
ドリリングタッピンねじ	570

　この表において、ドリリングタッピンねじは、JIS B1055（タッピンねじ－機械的性質）-1995又は JIS B1059（タッピンねじのねじ山をもつドリルねじ－機械的性質及び性能）-2001に適合するドリリングタッピンねじを表すものとする。

七　第1第八号イに規定するアルミニウム合金材の基準強度及び溶接部の基準強度並びに第1第八号トに規定するタッピンねじを用いた接合部の基準強度は、次の表の数値とする。ただし、法第37条第一号の国土交通大臣の指定する JIS に適合するもののうち次の表に掲げる種類及び質別以外のアルミニウム合金材及び同条第二号の国土交通大臣の認定を受けたアルミニウム合金材の基準強度、溶接部の基準強度及びタッピンねじを用いた接合部の基準強度にあっては、その種類及び質別に応じてそれぞれ国土交通大臣が指定した数値とする。

アルミニウム合金材の種類及び質別		基準強度（単位　N/mm²）	溶接部の基準強度（単位　N/mm²）	タッピンねじを用いた接合部の基準強度（単位　N/mm²）
	A3004-H32	145	60	95
	A3005-H24	130	45	80
	A5052-H112	110	65	95

板材	A5052-H34	175	65	110
	A5083-H112 A5083-O	110	110	110
	A5083-H32	210	110	130
押出材	A5052-H112	110	65	95
	A5083-H112 A5083-O	110	110	110
	A6061-T6	210	110	130
	A6063-T5	110	50	70
	A6063-T6	165	50	100
	KA6082-T6	240	110	155
	A6N01-T5	175	100	110
	A6N01-T6	210	100	130
	A7003-T5	210	155	130
鍛造品	A6061-T6	210	110	130
鋳物	AC4CH-T6	120	—	75
	AC7A-F	70	—	45
ボルト	AL3	210	—	—
	AL4	260	—	—
リベット	A2117-T4	170	—	—
	A5052-O	115	—	—
	A5N02-O	145	—	—
	A6061-T6	190	—	—

　この表において、板材の項に掲げる A3004-H32、A3005-H24、A5052-H112、A5052-H34、A5083-H112、A5083-O 及び A5083-H32は、JIS H4000(アルミニウム及びアルミニウム合金の板及び条)-1999に定める A3004-H32、A3005-H24、A5052-H112、A5052-H34、A5083-H112、A5083-O 及び A5083-H32を、押出材の項に掲げる A5052-H112、A5083-H112、A5083-O、A6061-T6、A6063-T5、A6063-T6、KA6082-T6、A6N01-T5、A6N01-T6及び A7003-T5は、JIS H4040(アルミニウム及びアルミニウム合金の棒及び線)-1976、JIS H4080(アルミニウム及びアルミニウム合金の継目無管)-1999又は JIS H4100(アルミニウム及びアルミニウム合金押出形材)-1999に定める A5052-H112、A5083-H112、A5083-O、A6061-T6、A6063-T5、A6063-T6、KA6082-T6、A6N01-T5、A6N01-T6及び A7003-T5を、鍛造品の項に掲げる A6061-T6は、JIS H4140(アルミニウム及びア

ルミニウム合金鍛造品)-1988に定める A6061-T6を、鋳物の項に掲げる AC4CH-T6及び AC7A-F は、JIS H5202(アルミニウム合金鋳物)-1999に定める AC4CH-T6及び AC7A-F を、ボルトの項に掲げる AL3及び AL4は、JIS B1057(非鉄金属製ねじ部品の機械的性質)-1994に定める AL3及び AL4を、リベットの項に掲げる A2117-T4、A5052-O、A5N02-O 及び A6061-T6は、JIS H4040(アルミニウム合金及びアルミニウム合金の棒及び線)-1999 に定める A2117-T4、A5052-O、A5N02-O 及び A6061-T6を、それぞれ表すものとする。

八　第1第十二号に規定する鉄線の基準強度は、次の表の数値とする。

種類及び品質			基準強度（単位　N/mm^2）
普通鉄線	SWM-B	径が9mm以下のもの	235
コンクリート用鉄線	SWM-P		
この表において、SWM-B及びSWM-PはJIS G3532(鉄線)-2000に規定する SWM-B 及び SWM-P をそれぞれ表すものとする。			

九　第1第十九号イに規定する直交集成板の繊維方向の基準強度Fc、Ft、Fb 及び Fs 並びに同号ロ(3)に規定する直交集成板のめりこみに対する基準強度 Fcv は、次のイからホまでに掲げるものとする。

イ　第1第十九号イに規定する直交集成板の圧縮の基準強度Fc は、次に掲げる式によって計算した数値とする。

$$Fc = 0.75\, \sigma c\_oml \frac{A_A}{A_0}$$

この式において、σc_oml、A_A 及び A_0 は，それぞれ次の数値を表すものとする。

σc_oml　強軸方向の基準強度を計算する場合にあっては外層に使用するラミナの圧縮強度、弱軸方向の基準強度を計算する場合にあっては内層の最も外側の層に使用するラミナの圧縮強度（単位　N/mm^2）

この場合において、ラミナの圧縮強度は、MSR 区分又は機械等級区分によるものにあっては次の表1に掲げる数値と、目視等級区分によるものにあっては次の表2に掲げる数値とする。

表1

等級区分機による等級	圧縮強度（単位　N/mm^2）
M120A 又は M120B	33.6
M90A 又は M90B	27.6
M60A 又は M60B	21.6
M30A 又は M30B	15.6

表2

樹　　種	等級	圧縮強度（単位　N/mm²）
ダフリカからまつ、サザンパイン、べいまつ及びウエスタンラーチ	一等	36.0
	二等	26.4
ひのき、ひば、からまつ、あかまつ、くろまつ及びべいひ	一等	33.6
	二等	24.0
つが、アラスカイエローシダー、ラジアタパイン及びべいつが	一等	31.2
	二等	21.6
もみ、とどまつ、えぞまつ、べいもみ、スプルース、ロッジポールパイン、べにまつ、ポンデローサパイン、おうしゅうあかまつ及びジャックパイン	一等	28.8
	二等	19.2
すぎ、べいすぎ及びホワイトサイプレスパイン	一等	26.4
	二等	16.8

A_A　次の式によって計算した直交集成板の等価断面の断面積（単位　mm²）

$$A_A = \frac{\sum E_i A_i}{E_0}$$

　　この式において、E_i、A_i 及び E_0 は、それぞれ次の数値を表すものとする。

　E_i　一方の外層から数えて i 番目の層（以下単に「 i 番目の層」という。）に使用するラミナの曲げヤング係数（単位　N/mm²）

　　　この場合において、強軸方向の基準強度を計算する場合における直交層に使用するラミナの曲げヤング係数及び弱軸方向の基準強度を計算する場合における平行層に使用するラミナの曲げヤング係数は0とする。

　A_i　i 番目の層の断面積（単位　mm²）

　E_0　強軸方向の基準強度を計算する場合にあっては外層に使用するラミナの曲げヤング係数、弱軸方向の基準強度を計算する場合にあっては内層の最も外側に使用するラミナの曲げヤング係数（単位　N/mm²）

　A_0　直交集成板の断面積（単位　mm²）

ロ　第1第十九号イに規定する直交集成板の引張りの基準強度 F_t は、次に掲げる式によって計算した数値とする。

$$F_t = 0.75\, \sigma t\_oml \frac{A_A}{A_0}$$

　　この式において、σt_oml、A_A 及び A_0 は、それぞれ次の数値を表すものとする。

　σt_oml　強軸方向の基準強度を計算する場合にあっては外層に使用するラミナの引張り強度、弱軸方向の基準強度を計算する場合にあっては内層の最も外側の層に使用

するラミナの引張り強度（単位　N/mm²）

この場合において、ラミナの引張り強度は MSR 区分又は機械等級区分によるものにあっては次の表1に掲げる数値と、目視等級区分によるものにあっては次の表2に掲げる数値とする。

表1

等級区分機による等級	引張り強度（単位　N/mm²）
M120A 又は M120B	25.0
M90A 又は M90B	20.5
M60A 又は M60B	16.0
M30A 又は M30B	11.5

表2

樹　　種	等級	引張り強度（単位　N/mm²）
ダフリカからまつ、サザンパイン、べいまつ及びウエスタンラーチ	一等	26.5
	二等	20.0
ひのき、ひば、からまつ、あかまつ、くろまつ及びべいひ	一等	24.5
	二等	18.0
つが、アラスカイエローシダー、ラジアタパイン及びべいつが	一等	23.5
	二等	16.5
もみ、とどまつ、えぞまつ、べいもみ、スプルース、ロッジポールパイン、べにまつ、ポンデローサパイン、おうしゅうあかまつ及びジャックパイン	一等	21.5
	二等	14.5
すぎ、べいすぎ及びホワイトサイプレスパイン	一等	20.0
	二等	12.5

A_A　イに規定する直交集成板の等価断面の断面積（単位　mm²）

A_0　直交集成板の断面積（単位　mm²）

ハ　第1第十九号イに規定する直交集成板（積層方向でかつ強軸方向の長期に生ずる力に対する許容応力度を計算する場合にあっては、構成の方法が3層3プライ、3層4プライ、5層5プライ又は5層7プライであるものに限り、積層方向でかつ弱軸方向の長期に生ずる力に対する許容応力度を計算する場合にあっては、3層3プライ、3層4プライ、5層5プライ、5層7プライ又は7層7プライであるものに限る。）の曲げの基準強度 Fb は、その方向に応じて、次の表に掲げる式によって計算した数値とする。

(1)	積層方向	$Fb = 0.4875\, \sigma b\_oml\, \dfrac{\mathrm{I_A}}{\mathrm{I_0}}$
(2)	幅方向	$Fb = 0.6\, \sigma b\_oml\, \dfrac{\mathrm{A_A}}{\mathrm{A_0}}$

　この表において、σb_oml、$\mathrm{I_A}$、$\mathrm{I_0}$、$\mathrm{A_A}$ 及び $\mathrm{A_0}$ は、それぞれ次の数値を表すものとする。

σb_oml　強軸方向の基準強度を計算する場合にあっては外層に使用するラミナの曲げ強度、弱軸方向の基準強度を計算する場合にあっては内層の最も外側の層に使用するラミナの曲げ強度（単位　N/mm²）

　　　この場合において、ラミナの曲げ強度はMSR区分又は機械等級区分によるものにあっては次の表1に掲げる数値と、目視等級区分によるものにあっては次の表2に掲げる数値とする。

表1

等級区分機による等級	曲げ強度（単位　N/mm²）
M120A 又は M120B	42.0
M90A 又は M90B	34.5
M60A 又は M60B	27.0
M30A 又は M30B	19.5

表2

樹　　種	等　級	曲げ強度（単位　N/mm²）
ダフリカからまつ、サザンパイン、べいまつ及びウエスタンラーチ	一等	45.0
	二等	33.0
ひのき、ひば、からまつ、あかまつ、くろまつ及びべいひ	一等	42.0
	二等	30.0
つが、アラスカイエローシダー、ラジアタパイン及びべいつが	一等	39.0
	二等	27.0
もみ、とどまつ、えぞまつ、べいもみ、スプルース、ロッジポールパイン、べにまつ、ポンデローサパイン、おうしゅうあかまつ及びジャックパイン	一等	36.0
	二等	24.0
すぎ、べいすぎ及びホワイトサイプレスパイン	一等	33.0
	二等	21.0

I$_A$　次の式によって計算した直交集成板の等価断面の断面二次モーメント
（単位　mm^4）

$$I_A = \frac{\sum (E_i I_i + E_i A_i z_i^2)}{E_0}$$

この式において、E$_i$、I$_i$、A$_i$、z$_i$ 及び E$_0$ は、それぞれ次の数値を表すものとする。

E$_i$　i 番目の層に使用するラミナの曲げヤング係数（単位　N/mm^2）

この場合において、強軸方向の基準強度を計算する場合における直交層に使用するラミナの曲げヤング係数及び弱軸方向の基準強度を計算する場合における平行層に使用するラミナの曲げヤング係数は 0 とする。

I$_i$　i 番目の層の断面二次モーメント（単位　mm^4）

A$_i$　i 番目の層の断面積（単位　mm^2）

z$_i$　直交集成板の中立軸と i 番目の層のラミナの重心との距離（単位　mm）

E$_0$　強軸方向の基準強度を計算する場合にあっては外層に使用するラミナの曲げヤング係数、弱軸方向の基準強度を計算する場合にあっては内層の最も外側に使用するラミナの曲げヤング係数（単位　N/mm^2）

I$_0$　直交集成板の断面二次モーメント（単位　mm^4）

A$_A$　イに規定する直交集成板の等価断面の断面積（単位　mm^2）

A$_0$　直交集成板の断面積（mm^2）

二　第1第十九号イに規定する直交集成板（積層方向でかつ強軸方向の長期に生ずる力に対する許容応力度を計算する場合にあっては、構成の方法が3層3プライ、3層4プライ、5層5プライ又は5層7プライであるものに限り、積層方向でかつ弱軸方向の長期に生ずる力に対する許容応力度を計算する場合にあっては、3層3プライ、3層4プライ、5層5プライ、5層7プライ又は7層7プライであるものに限る。）のせん断の基準強度 F$_s$ は、その方向に応じて、それぞれ次の表の数値（複数の樹種を使用した直交集成板のせん断の基準強度にあっては、それぞれの樹種に応じた数値のうちいずれか小さい数値）とする。

(1)	積層方向	ひのき、ひば、からまつ、あかまつ、くろまつ、べいひ、ダフリカからまつ、サザンパイン、べいまつ、ホワイトサイプレスパイン及びウエスタンラーチ	1.2
		つが、アラスカイエローシダー、べにまつ、ラジアタパイン及びべいつが	1.1
		もみ、とどまつ、えぞまつ、べいもみ、スプルース、ロッジポールパイン、ポンデローサパイン、おうしゅうあかまつ及びジャックパイン	1.0
		すぎ及びべいすぎ	0.9

| (2) | 幅方向 | $Fs = min\left\{ fv\_lam\_0,\ fv\_lam\_{90}\ \dfrac{tnet}{tgross},\ \dfrac{3}{8}\dfrac{b\ nca}{tgross} \cdot\right.$ $\left.\dfrac{1}{\dfrac{1}{fv\_tor}\left(1-\dfrac{1}{m^2}\right)+\dfrac{2}{f_R}\left(\dfrac{1}{m}-\dfrac{1}{m^2}\right)}\right\}$ |

　この表において、fv_lam_0、fv_lam_{90}、$tnet$、$tgross$、b、nca、fv_tor、f_R 及び m は、それぞれ次の数値を表すものとする。

fv_lam_0　ラミナの繊維方向のせん断強度（単位　N/mm²）

　　　この場合において、ラミナの繊維方向のせん断強度は、次の表の数値とする。

樹　　種	ラミナの繊維方向のせん断強度（単位　N/mm²）
ひのき、ひば、からまつ、あかまつ、くろまつ、べいひ、ダフリカからまつ、サザンパイン、べいまつ、ホワイトサイプレスパイン及びウエスタンラーチ	3.6
つが、アラスカイエローシダー、べにまつ、ラジアタパイン及びべいつが	3.3
もみ、とどまつ、えぞまつ、べいもみ、スプルース、ロッジポールパイン、ポンデローサパイン、おうしゅうあかまつ及びジャックパイン	3.0
すぎ及びべいすぎ	2.7

fv_lam_{90}　ラミナの繊維方向と直交する方向のせん断強度（単位　N/mm²）

　　　この場合において、ラミナの繊維方向と直交する方向のせん断強度は、次の表の数値とする。

樹　　種	ラミナの繊維方向と直交する方向のせん断強度（単位　N/mm²）
ひのき、ひば、からまつ、あかまつ、くろまつ、べいひ、ダフリカからまつ、サザンパイン、べいまつ、ホワイトサイプレスパイン及びウエスタンラーチ	10.8
つが、アラスカイエローシダー、べにまつ、ラジアタパイン及びべいつが	9.9
もみ、とどまつ、えぞまつ、べいもみ、スプルース、	

ロッジポールパイン、ポンデローサパイン、おうしゅうあかまつ及びジャックパイン	9.0
すぎ及びべいすぎ	8.1

tnet　　直交層の厚さの合計（単位　mm）

tgross　直交集成板の厚さ（単位　mm）

b　　　ラミナの幅（単位　mm）

nca　　直交集成板の直交接着層の数

fv_tor　接着された直交する二つのラミナの交差面のねじりせん断強度（単位　N/mm²）

　　この場合において、接着された直交する二つのラミナの交差面のねじりせん断強度は、次の表の数値（特別な調査又は研究の結果に基づき直交集成板の材料特性を適切に評価して数値を定めた場合は、その数値）とする。

樹　　種	接着された直交する二つのラミナの交差面のねじりせん断強度（単位　N/mm²）
ひのき、ひば、からまつ、あかまつ、くろまつ、べいひ、ダフリカからまつ、サザンパイン、べいまつ、ホワイトサイプレスパイン及びウエスタンラーチ	4.7
つが、アラスカイエローシダー、べにまつ、ラジアタパイン、べいつが、もみ、とどまつ、えぞまつ、べいもみ、スプルース、ロッジポールパイン、ポンデローサパイン、おうしゅうあかまつ、ジャックパイン、すぎ及びべいすぎ	3.0

fR　ローリングシア強度（単位　N/mm²）

　　この場合において、ローリングシア強度は、次の表の数値とする。

樹　　種	ローリングシア強度（単位　N/mm²）
ひのき、ひば、からまつ、あかまつ、くろまつ、べいひ、ダフリカからまつ、サザンパイン、べいまつ、ホワイトサイプレスパイン及びウエスタンラーチ	2.0
つが、アラスカイエローシダー、べにまつ、ラジアタパイン及びべいつが	1.8
もみ、とどまつ、えぞまつ、べいもみ、スプルース、	

ロッジポールパイン、ポンデローサパイン、おうしゅうあかまつ及びジャックパイン	1.6
すぎ及びべいすぎ	1.5

m　各層のラミナの幅方向の数のうち最小の値

ホ　第1第十九号ロに規定する直交集成板のめりこみの基準強度 F_{cv} は、外層に使用するラミナの樹種に応じて、それぞれ次の表の数値とする。

樹　　種	基準強度（単位　N/mm²）
あかまつ、くろまつ、ダフリカからまつ、サザンパイン、べいまつ、ホワイトサイプレスパイン及びウエスタンラーチ	9.0
ひのき、ひば、からまつ及びべいひ	7.8
つが、アラスカイエローシダー、べいまつ、ラジアタパイン、べいつが、もみ、とどまつ、えぞまつ、べいもみ、スプルース、ロッジポールパイン、ポンデローサパイン、おうしゅうあかまつ、すぎ、べいすぎ及びジャックパイン	6.0

附　則

1　（略）

2　昭和55年建設省告示第1799号は、廃止する。

3　（略）

【政令第4章（耐火構造・準耐火構造・防火構造・防火区画等）関係】

〔平成12年5月31日建設省告示第1432号〕
可燃物燃焼温度を定める件

建築基準法施行令（昭和25年政令第338号）第107条第二号の規定に基づき、可燃物燃焼温度を次のとおり定める。

建築基準法施行令第107条第二号に規定する可燃物燃焼温度は、次の各号に掲げる区分に応じ、それぞれ当該各号に定める温度のいずれか高い方の温度とする。

一　加熱面以外の面のうち最も温度が高い部分の温度　摂氏200度
二　加熱面以外の面の全体について平均した場合の温度　摂氏160度

〔平成28年4月22日国土交通省告示第692号〕
内装の仕上げを不燃材料ですることその他これに準ずる措置の基準等を定める件

建築基準法施行令（昭和25年政令第338号）第108条の3第1項第一号イ(2)及びロ(2)の規定に基づき、内装の仕上げを不燃材料ですることその他これに準ずる措置の基準及び別に定める温度を次のように定める。

第1　建築基準法施行令第108条の3第1項第一号イ(2)及びロ(2)に規定する内装の仕上げを不燃材料ですることその他これに準ずる措置の基準は、室内の可燃物の位置、内装の仕上げその他の事項について、防火上支障がないようにするための措置を講ずることとする。

第2　建築基準法施行令第108条の3第1項第一号イ(2)及びロ(2)に規定する別に定める温度は、同項第二号の規定による国土交通大臣の認定において、第1の措置の内容に応じて認める温度とする。

　　附　則
この告示は、平成28年6月1日から施行する。

〔平成12年5月31日建設省告示第1433号〕
耐火性能検証法に関する算出方法等を定める件

　　　　　　　最終改正　平成27年2月23日国土交通省告示第258号

建築基準法施行令（昭和25年政令第338号）第108条の3第2項第一号から第三号まで及び第5

項第二号の規定に基づき、耐火性能検証法に関する算出方法等を次のように定める。

第1 　建築基準法施行令（以下「令」という。）第108条の3第2項第一号に規定する当該室内の可燃物の発熱量は、次の式によって算出するものとする。

$$Qr = ql\,Ar + \Sigma\,(qf\,Af\,df) + \Sigma\,fa\,\{qla\,Ara + \Sigma\,(qfa\,Afa\,dfa)\}$$

> この式において、Qr、ql、Ar、qf、Af、df、fa、qla、Ara、qfa、Afa、及びdfaは、それぞれ次の数値を表すものとする。
>
> Qr 　当該室内の可燃物の発熱量（単位　MJ）
>
> ql 　当該室内の収納可燃物の床面積1m²当たりの発熱量（単位　MJ/m²）
>
> Ar 　当該室の床面積（単位　m²）
>
> qf 　当該室の壁、床及び天井（天井のない場合においては、屋根。以下同じ。）の室内に面する部分の仕上げに用いる建築材料（以下「内装用建築材料」という。以下同じ。）の表面積1m²厚さ1mm当たりの発熱量（単位　MJ/(m²·mm)）
>
> Af 　当該室の内装用建築材料の種類ごとの各部分の表面積（単位　m²）
>
> df 　当該室の内装用建築材料の厚さ（単位　mm）
>
> fa 　当該室と隣接室の間の壁又は床の種類及び壁又は床の開口部の種類に応じて次の表の熱侵入係数の欄に掲げる数値

壁　又　は　床	壁又は床の開口部	熱侵入係数
耐火構造（令第108条の3第3項の規定により耐火構造とみなされるものを含む。以下この表において同じ。）であるもの	特定防火設備（令第108条の3第4項の規定により特定防火設備とみなされるものを含む。以下この表において同じ。）が設けられたもの	0.0
	法第2条第九号の二ロに規定する防火設備が設けられたもの	0.07
1時間準耐火基準に適合する準耐火構造（耐火構造を除く。以下この表において同じ。）であるもの	特定防火設備が設けられたもの	0.01
	法第2条第九号の二ロに規定する防火設備が設けられたもの	0.08
準耐火構造（耐火構造及び1時間準耐火基準に適合する準耐火構造を除く。）であるもの	特定防火設備が設けられたもの	0.05
	法第2条第九号の二ロに規定する防火設備が設けられたもの	0.09
その他のもの		0.15

> qla 　当該室の隣接室の収納可燃物の床面積1m²当たりの発熱量（単位　MJ/m²）
>
> Ara 　当該室の隣接室の床面積（単位　m²）
>
> qfa 　当該室の隣接室の内装用建築材料の表面積1m²厚さ1mm当たりの発熱量

（単位　MJ/(m²·mm))

Afa 当該室の隣接室の内装用建築材料の種類ごとの各部分の表面積（単位　m²)

dfa 当該室の隣接室の内装用建築材料の厚さ（単位　mm)

2　前項の室内の収納可燃物の床面積1m²当たりの発熱量は、当該室の種類に応じて次の表に定める数値とする。

室　　の　　種　　類			発　熱　量 （単位　MJ/m²)
(1)	住宅の居室		720
	住宅以外の建築物における寝室又は病室		240
(2)	事務室その他これに類するもの		560
	会議室その他これに類するもの		160
(3)	教室		400
	体育館のアリーナその他これに類するもの		80
	博物館又は美術館の展示室その他これらに類するもの		240
(4)	百貨店の売場又は物品販売業を営む店舗その他これらに類するもの	家具又は書籍の売場その他これらに類するもの	960
		その他の部分	480
	飲食店その他の飲食室	簡易な食堂	240
		その他の飲食室	480
(5)	劇場、映画館、演芸場、観覧場、公会堂、集会室その他これらに類する用途に供する室	客席部分　固定席の場合	400
		客席部分　その他の場合	480
		舞台部分	240
(6)	自動車車庫又は自動車修理工場	車室その他これに類する部分	240
		車路その他これに類する部分	32
(7)	玄関ホール、ロビーその他これらに類するもの	廊下、階段その他の通路	32
		劇場、映画館、演芸場、観覧場、公会堂若しくは集会場その他これらに類する用途又は百貨店若しくは物品販売業を営む店舗その他これらに類する用途に供する建築物におけるもの	160
		その他のもの	80
(8)	昇降機その他の設備の機械室		160

(9)	屋上広場又はバルコニー	80
(10)	倉庫その他の物品の保管の用に供する室	2,000

3　第1項の内装用建築材料の表面積1m²厚さ1mm当たりの発熱量は、内装用建築材料の種類に応じて次の表に定める数値とする。

内装用建築材料	発熱量（単位　MJ/(m²·mm)）
不燃材料	0.8
準不燃材料（不燃材料を除く。）	1.6
難燃材料（準不燃材料を除く。）	3.2
木材その他これに類するもの（難燃材料を除く。）	8.0

第2　令第108条の3第2項第一号に規定する当該室内の可燃物の1秒間当たりの発熱量は、当該室の燃焼型支配因子に応じて次の表の1秒間当たりの発熱量の欄に掲げる式によって算出するものとする。

燃焼型支配因子	1秒間当たりの発熱量（単位　MW）
$\chi \leq 0.081$ の場合	$qb = 1.6 \times \chi \times Afuel$
$0.081 < \chi \leq 0.1$ の場合	$qb = 0.13 \times Afuel$
$\chi > 0.1$ の場合	$qb = (2.5 \times \chi \times \exp(-11 \times \chi) + 0.048) \times Afuel$

この表においてχ、qb及び$Afuel$は、それぞれ次の数値を表すものとする。

χ　次の式によって計算した燃焼型支配因子

$$\chi = \max \left[\frac{\Sigma (Aop \sqrt{Hop})}{Afuel}, \frac{Ar \sqrt{Hr}}{70 Afuel} \right]$$

この式においてAop、Hop、$Afuel$、Ar及びHrは、それぞれ次の数値を表すものとする。

Aop　各開口部の面積（単位　m²）

Hop　各開口部の上端から下端までの垂直距離（単位　m）

Ar　当該室の床面積（単位　m²）

Hr　当該室の床面から天井までの平均高さ（単位　m）

$Afuel$　次の式によって計算した可燃物表面積（単位　m²）

$$Afuel = 0.26 \times ql^{1/3} \times Ar + \Sigma \phi \times Af$$

この式において、ql、Ar、Af及びϕは、それぞれ次の数値を表すものとする。

ql　当該室内の収納可燃物の床面積1m²当たりの発熱量（単位　MJ/m²）

Ar　当該室の床面積（単位　m²）

Af　当該室の壁、床及び天井の室内に面する部分の仕上げに用いる建築材料の種類ごとの各部分の表面積（単位　m²）

ϕ　建築材料の種類に応じて次の表の酸素消費係数の欄に掲げる数値

建 築 材 料 の 種 類	酸素消費係数
不燃材料	0.1
準不燃材料（不燃材料であるものを除く。）	0.2
難燃材料（準不燃材料であるものを除く。）	0.4
木材その他これに類するもの（難燃材料を除く。）	1.0

qb　当該室内の可燃物の1秒間当たりの発熱量（単位　MW）

$Afuel$　可燃物表面積（単位　m²）

第3　令第108条の3第2項第二号に規定する屋内火災保有耐火時間を求める方法は、次の各号に掲げる建築物の部分に応じ、それぞれ当該各号に定めるところによるものとする。

一　壁（耐力壁に限る。）当該構造の構造方法の区分に応じ、それぞれ次に定めるところにより屋内火災保有耐火時間を求めること。

イ　鉄筋コンクリート造（コンクリートの設計基準強度が60N/m²以下のものに限る。第4第一号イにおいて同じ。）で、鉄筋に対するコンクリートのかぶり厚さが3cm以上のもの　次に定めるところにより屋内火災保有耐火時間を求めること。

(1)　屋内火災保有耐火時間を次の式によって計算すること。

$$tfr = \min \left[\max \left\{ \frac{16772 \, (c \, d)^2}{\alpha^{3/2} \left(\mathrm{loge} \frac{0.673}{(c \, d)^{1/3}} \right)^2}, \, \left(\frac{480}{\alpha} \right)^6 \right\}, \, \frac{118.4 \, c_D \, D^2}{\alpha^{3/2}} \right]$$

この式において、tfr、c、d、α、c_D及びDは、次の数値を表すものとする。

tfr　屋内火災保有耐火時間（単位　min）

c　次の表に掲げる熱特性係数

コンクリートの区分	熱特性係数
普通コンクリート（設計基準強度が60N/mm²以下のものに限る。以下同じ。）	0.21
一種軽量コンクリート（粗骨材が軽量骨材であり、かつ、細骨材が砂であるものをいう。以下同じ。）	0.23

d　次の式によって計算した熱劣化深さ（単位　mm）

$$d = \min \left\{ D - \frac{3P}{2Fc}, \, 2 \, ds \right\}$$

この式において、d、D、P、Fc及びdsは、次の数値を表すものとする。

d　熱劣化深さ（単位　mm）

D　壁の厚さ（単位　mm）

P　壁に作用する壁の長さ1mm当たりの荷重（単位　N/mm）

Fc　コンクリートの常温時の設計基準強度（単位　N/mm²）
ds　加熱を受ける部分の鉄筋に対するかぶり厚さの最小値（単位　mm）
α　火災温度上昇係数
c_D　次の表に掲げる遮熱特性係数

コンクリートの区分	遮熱特性係数
普通コンクリート	1.0
一種軽量コンクリート	1.2

D　壁の厚さ（単位　mm）

(2)　(1)の火災温度上昇係数は、次の式によって計算するものとする（ロ、第二号から第七号まで及び第5各号において同じ。）。

$$\alpha = 1280 \left(\frac{qb}{\sqrt{\Sigma\,(Ac\,Ih)}\,\sqrt{fop}} \right)^{\frac{2}{3}}$$

この式において、α、qb、Ac、Ih及びfopは、それぞれ次の数値を表すものとする。

α　火災温度上昇係数
qb　令第108条の3第2項第一号に規定する当該室内の可燃物の1秒間当たりの発熱量（単位　MW）
Ac　当該室の壁、床及び天井の部分ごとの表面積（単位　m²）
Ih　次の表に掲げる式によって計算した数値（単位　kW·s^{1/2}/(m²·K)）

構　　　造	熱慣性
鉄筋コンクリート、コンクリートブロックその他これらに類する材料で造られたもの	1.75
軽微な間仕切り壁その他これに類するもの	0.3
金属板屋根、膜構造その他これらに類するもの	2.8
その他のもの	$Ih=\sqrt{k\rho c}$

この表において、Ih、k、ρ及びcは、次の数値を表すものとする。
Ih　当該室の壁、床及び天井の部分ごとの熱慣性
　　（単位　kW·s^{1/2}/(m²·K)）
k　当該室の壁、床及び天井の部分ごとの熱伝導率
　　（単位　kW/(m·K)）
ρ　当該室の壁、床及び天井の部分ごとの密度（単位　kg/m³）
c　当該室の壁、床及び天井の部分ごとの比熱（単位　kJ/(kg·K)）

fop　次の式によって計算した有効開口因子（単位　m^{5/2}）

$$fop = \max\{\Sigma\,(Aop\sqrt{Hop}),\ \frac{Ar\sqrt{Hr}}{70}\}$$

この式において、fop、Aop、Hop、Ar及びHrは、次の数値を表すもの

とする。

　　　fop　　有効開口因子（単位　m$^{5/2}$）

　　　Aop　当該室の壁、床及び天井に設けられた各開口部の面積（単位　m^2）

　　　Hop　当該室の壁、床及び天井に設けられた各開口部の上端から下端ま
　　　　　　　での垂直距離（単位　m）

　　　Ar　　当該室の床面積（単位　m^2）

　　　Hr　　当該室の床面から天井までの平均高さ（単位　m）

ロ　イに掲げるもの以外の耐火構造である構造方法　次の式によって屋内火災保有耐火時間
　を計算すること。

$$tfr = t_A \left(\frac{460}{\alpha}\right)^{3/2}$$

　この式において、tfr、t_A及びαは、次の数値を表すものとする。

　　tfr　屋内火災保有耐火時間（単位　min）

　　t_A　耐火構造として通常の火災による火熱に対して耐えるべき時間として定められ
　　　　又は認定を受けた時間（令第107条各号に掲げる時間のうち、最も短いものをいい、
　　　　以下「耐火時間」という。）（単位　min）

　　α　火災温度上昇係数

二　壁（非耐力壁に限る。）　　当該構造の構造方法の区分に応じ、それぞれ次に定めるところ
により屋内火災保有耐火時間を求めること。

　イ　鉄筋コンクリート造　屋内火災保有耐火時間を次の式によって計算すること。

$$tfr = \frac{118.4\, c_D\, D^2}{\alpha^{3/2}}$$

　　この式において、tfr、c_D、D及びαは、次の数値を表すものとする。

　　　tfr　屋内火災保有耐火時間（単位　min）

　　　c_D　次の表に掲げる遮熱特性係数

コンクリートの区分	遮熱特性係数
普通コンクリート	1.0
一種軽量コンクリート	1.2

　　　D　壁の厚さ（単位　mm）

　　　α　火災温度上昇係数

ロ　イに掲げるもの以外の耐火構造である構造方法　屋内火災保有耐火時間を次の式によっ
　て計算すること。

$$tfr = t_A \left(\frac{460}{\alpha}\right)^{3/2}$$

　　この式において、tfr、t_A及びαは、次の数値を表すものとする。

　　　tfr　屋内火災保有耐火時間（単位　min）

　　　t_A　耐火時間（単位　min）

　　　α　火災温度上昇係数

三　柱　当該構造の構造方法の区分に応じ、それぞれ次のイからホまでに定めるところにより

屋内火災保有耐火時間を求めること。

イ　鉄骨造（防火被覆したものを除く。）　次に定めるところにより屋内火災保有耐火時間を求めること。

(1)　屋内火災保有耐火時間を、次の式によって計算すること。

$$tfr = \max\{tfr_1, \ tfr_2\}$$

この式において、tfr、tfr_1 及び tfr_2 は、次の数値を表すものとする。

　tfr　屋内火災保有耐火時間（単位　min）

　tfr_1 次の表に掲げる式によって計算した数値

$\dfrac{987}{h}\{\dfrac{1}{\log e\{h^{1/6}(Tcr-20)/1250\}}\}^2 \geq \alpha\, l^{3/2}$ の場合	$tfr_1 = \dfrac{19732}{\alpha^{3/2}h}\{\dfrac{1}{\log e\{h^{1/6}(Tcr-20)/1250\}}\}^2$
$\dfrac{987}{h}\{\dfrac{1}{\log e\{h^{1/6}(Tcr-20)/1250\}}\}^2 < \alpha\, l^{3/2}$ の場合	$tfr_1 = 0$

　　　　この表において、α、$\alpha\, l$、h 及び Tcr は、次の数値を表すものとする。

　　　　α　　火災温度上昇係数

　　　　$\alpha\, l$　部材近傍火災温度上昇係数

　　　　h　　部材温度上昇係数

　　　　Tcr 限界部材温度（単位　度）

　tfr_2 次の式によって計算した数値（単位　min）

$$tfr_2 = \left(\frac{Tcr-20}{\max\{\alpha, \ \alpha\, l\}}\right)^6$$

　　　　この式において、α、$\alpha\, l$ 及び Tcr は、次の数値を表すものとする。

　　　　α　　火災温度上昇係数

　　　　$\alpha\, l$　部材近傍火災温度上昇係数

　　　　Tcr 限界部材温度（単位　度）

(2)　(1)の部材近傍火災温度上昇係数は、床面からの高さに応じて次の表に掲げる式によって計算するものとする（ニ並びに第五号イ(1)及びニにおいて同じ。）。

$z \leqq 2$ の場合	$\alpha\, l = 500$
$2 < z \leqq 7$ の場合	$\alpha\, l = 500 - 100\,(z-2)$
$z > 7$ の場合	$\alpha\, l = 0$

　　この表において、z 及び $\alpha\, l$ は、次の数値を表すものとする。

　　z　　当該部材の床面からの高さ（単位　m）

　　$\alpha\, l$ 部材近傍火災温度上昇係数

(3)　(1)の部材温度上昇係数は、次の表に掲げる式によって計算するものとする。

構　　　造	部材温度上昇係数
H型鋼柱	$h = 0.00089 \, (Hs／As)$
角型鋼管又は円形鋼管柱	$h = 0.00116 \, (Hs／As)$

　この表において、h、Hs 及び As は、次の数値を表すものとする。

　h　部材温度上昇係数

　Hs　部材の加熱周長（単位　m）

　As　部材の断面積（単位　m²）

(4)　(1)の限界部材温度は、次の式によって計算するものとする（ロ(1)において同じ。）。

$$Tcr = \min \{T_B, \ T_{LB}, \ T_{DP}, \ 550\}$$

　この式において、Tcr、T_B、T_{LB} 及び T_{DP} は、それぞれ次の数値を表すものとする。

　Tcr　限界部材温度（単位　度）

　T_B　次の表に掲げる式によって計算した柱の全体座屈に対する上限温度
　（単位　度）

無次元化有効細長比	柱の全体座屈に対する上限温度
$\lambda < 0.1$ の場合	$T_B = 700 - 375p$
$0.1 \leq \lambda \leq 1$ の場合	$T_B = \max \left\{ 700 - 375p - 55.8(p + 30p^2)(\lambda - 0.1), \ 500\sqrt{1 - \dfrac{p(1 + 0.267\lambda^2)}{1 - 0.24\lambda^2}} \right\}$

　この表において、λ、T_B 及び p は、次の数値を表すものとする。

　λ　次の式によって計算した無次元化有効細長比

$$\lambda = \frac{le／i}{3.14\sqrt{E／F}}$$

　　この式において、le、i、E 及び F は、次の数値を表すものとする。

　　　le　柱の長さ（単位　mm）

　　　i　柱の断面の最小二次率半径（単位　mm）

　　　E　鋼材の常温時の弾性係数（単位　N/mm²）

　　　F　鋼材の常温時の基準強度（単位　N/mm²）

　T_B　柱の全体座屈に対する上限温度（単位　度）

　p　次の式によって計算した柱の常温時における軸力比

$$p = \frac{P}{F \, Ac}$$

　　この式において、p、P、F 及び Ac は、次の数値を表すものとする。

　　　p　柱の常温時における軸力比

　　　P　当該柱が負担する圧縮力（単位　N）

　　　F　鋼材の常温時の基準強度（単位　N/mm²）

Ac　当該柱の断面積（単位　mm^2）

T_{LB}　次の式によって計算した柱の局部座屈に対する上限温度（単位　度）

$$T_{LB} = 700 - \frac{375\,p}{\min(R_{LBO},\ 0.75)}$$

この式において、T_{LB}、p 及び R_{LBO} は、それぞれ次の数値を表すものとする。

　T_{LB}　柱の局部座屈に対する上限温度（単位　度）

　p　　常温時における軸力比

　R_{LBO}　次の表に掲げる式によって計算した数値

断面の形状	R_{LBO}
H 形断面	$R_{LBO} = \min\{ \dfrac{7}{0.72\dfrac{Bf}{tf}+0.11\dfrac{Bw}{tw}},\ 21\dfrac{tw}{Bw} \}$
正方形中空断面（熱間成形又は溶接集成部材であるものに限る。）	$R_{LBO} = 21\dfrac{t}{B}$
正方形中空断面（冷間成形部材に限る。）	$R_{LBO} = 17\dfrac{t}{B}$
円形中空断面	$R_{LBO} = \dfrac{35.6}{D / tcy + 10.6}$

　　この表において、Bf、Bw、tf、tw、B、t、D 及び tcy は、次の数値を表すものとする。

　　Bf　鋼材のフランジ幅に0.5を乗じたもの（単位　mm）

　　Bw　鋼材のウェブ幅（単位　mm）

　　tf　鋼材のフランジ厚（単位　mm）

　　tw　鋼材のウェブ厚（単位　mm）

　　B　鋼材の断面の小径（単位　mm）

　　t　鋼材の板厚（単位　mm）

　　D　鋼材の断面の外径（単位　mm）

　　tcy　鋼材の管厚（単位　mm）

T_{DP}　次の式によって計算した数値（単位　度）

$$T_{DP} = 20 + \frac{18000}{\sqrt{S}}$$

この式において、T_{DP} 及び S は、それぞれ次の数値を表すものとする。

　T_{DP}　柱の熱変形に対する上限温度（単位　度）

$$\left\{ \left\{ \quad S \quad \text{当該柱が面する室の床面積（単位　m}^2) \qquad \right\} \right\}$$

ロ　鉄骨造で、吹付け厚さが 25 mm 以上の吹付けロックウール（比重が 0.28 以上で、かつ、ロックウールのセメントに対する重量比が 1.5 以上のものに限る。以下同じ。）又は厚さが 20 mm 以上の繊維混入ケイ酸カルシウム板（比重が 0.35 以上であるものに限る。以下同じ。）で被覆したもの　次に定めるところにより屋内火災保有耐火時間を求めること。

(1)　屋内火災保有耐火時間を次の式によって計算すること。

$$tfr = \max \left[\frac{9866}{\alpha^{3/2}} \left\{ \frac{2}{h} \left\{ \frac{1}{\log e\, \{h^{1/6}\,(Tcr-20)\,/1250\}} \right\}^2 + \frac{aw}{(Hi/Ai)^2} \right\}, \left(\frac{Tcr-20}{\alpha} \right)^6 \right]$$

この式において、tfr、α、h、aw、Hi、Ai 及び Tcr は、次の数値を表すものとする。

tfr　屋内火災保有耐火時間（単位　min）

α　火災温度上昇係数

h　部材温度上昇係数

aw　次の表に掲げる温度上昇遅延時間係数

防火被覆の区分	鋼材の区分	温度上昇遅延時間係数
吹付けロックウール（H 型鋼にあっては、ラス吹き工法のものを除く。）	H 型鋼	22,000
	角型鋼管又は円形鋼管	19,600
繊維混入ケイ酸カルシウム板（箱貼り工法のものに限る。）	H 型鋼	28,300
	角型鋼管又は円形鋼管	32,000

Hi　被覆材の加熱周長（単位　m）

Ai　被覆材の断面積（単位　m^2）

Tcr　限界部材温度（単位　度）

(2)　部材温度上昇係数は、次の式によって計算するものとする。

$$h = \frac{\phi K_0\,(Hs/As)}{\left\{ 1 + \dfrac{\phi R}{Hi/Ai} \right\} \left\{ 1 + \dfrac{\phi C\,(Hs/As)}{2\,(Hi/Ai)} \right\}}$$

この式において、h、ϕ、K_0、Hs、As、R、Hi、Ai 及び C は、次の数値を表すものとする。

h　部材温度上昇係数

ϕ　次の式によって計算した加熱周長比

$$\phi = \frac{Hi}{Hs}$$

この式において、ϕ、Hi 及び Hs は、次の数値を表すものとする。

ϕ　加熱周長比

Hi　被覆材の加熱周長（単位　m）

（　　Hs　部材の加熱周長（単位　m）　　　　　　　　　　　　　）

K_0　次の表に掲げる基本温度上昇速度（単位　m/min）

鋼材の区分	基本温度上昇速度
H 型鋼	0.00089
角型鋼管又は円形鋼管	0.00116

Hs　部材の加熱周長（単位　m）

As　部材の断面積（単位　m²）

R　　次の表に掲げる熱抵抗係数

防火被覆の区分	鋼材の区分	熱抵抗係数
吹付けロックウール（H 型鋼にあっては、ラス吹き工法のものを除く。）	H 型鋼	310
	角型鋼管又は円形鋼管	390
繊維混入ケイ酸カルシウム板（箱貼り工法のものに限る。）	H 型鋼	815
	角型鋼管又は円形鋼管	700

Hi　被覆材の加熱周長（単位　m）

Ai　被覆材の断面積（単位　m²）

C　　次の表に掲げる熱容量比

防火被覆の区分	熱 容 量 比
吹付けロックウール	0.081
繊維混入ケイ酸カルシウム板	0.136

ハ　小径と長さの比が 10 以下の鉄筋コンクリート造（コンクリートの設計基準強度が 60 N/mm² 以下のものに限る。）で、鉄筋に対するコンクリートのかぶり厚さが 3 cm 以上のもの　屋内火災保有耐火時間を次の式によって計算すること。

$$tfr = \max \left\{ \frac{16772\,(c\,d)^2}{\alpha^{3/2}\left(\log e\,\dfrac{0.673}{(c\,d)^{1/3}}\right)^2}\,,\ \left(\frac{480}{\alpha}\right)^6 \right\}$$

この式において、tfr、α、c 及び d は、次の数値を表すものとする。

tfr　屋内火災保有耐火時間（単位　min）

α　　火災温度上昇係数

c　　次の表に掲げる熱特性係数

コンクリートの区分	熱特性係数
普通コンクリート	0.21

一種軽量コンクリート	0.23

　　　d　次の式によって計算した熱劣化深さ（単位　mm）

$$d = \min \left\{ \frac{Ac - \dfrac{3P}{2Fc}}{Hc}, \ 2ds \right\}$$

　　　　この式において、d、Ac、P、Fc、Hc 及び ds は、次の数値を表すものとする。

　　　　　d　　熱劣化深さ（単位　mm）

　　　　　Ac　柱の断面積（単位　mm²）

　　　　　P　　当該柱が負担する圧縮力（単位　N）

　　　　　Fc　コンクリートの常温時の設計基準強度（単位　N/mm²）

　　　　　Hc　柱の断面の加熱を受ける部分の周長（単位　mm）

　　　　　ds　加熱を受ける部分の鉄筋に対するかぶり厚さの最小値（単位　mm）

　ニ　小径が 20 cm 以上の木造　屋内火災保有耐火時間を次の式によって計算すること。

$$tfr = \left(\frac{240}{\max(\alpha, \ \alpha l)} \right)^{6}$$

　　　　この式において、tfr、α 及び αl は、次の数値を表すものとする。

　　　　　tfr　屋内火災保有耐火時間（単位　min）

　　　　　α　火災温度上昇係数

　　　　　αl　部材近傍火災温度上昇係数

　ホ　イからニまでに掲げるもの以外の耐火構造である構造方法　屋内火災保有耐火時間を次の式によって計算すること。

$$tfr = t_A \left(\frac{460}{\alpha} \right)^{3/2}$$

　　　　この式において、tfr、t_A 及び α は、次の数値を表すものとする。

　　　　　tfr　屋内火災保有耐火時間（単位　min）

　　　　　t_A　耐火時間（単位　min）

　　　　　α　火災温度上昇係数

四　床　当該構造の構造方法の区分に応じ、それぞれ次のイ及びロに定めるところにより屋内火災保有耐火時間を求めること。

　イ　釣合い鉄筋比以下の鉄筋比の鉄筋コンクリート造で、鉄筋に対するコンクリートのかぶり厚さが 2 cm 以上のもの（床の断面が長方形のものであって、水平各方向について等断面形状のものに限る。）　屋内火災保有耐火時間を次の式によって計算すること。

$$tfr = \min \left[\max \left\{ \frac{16772\,(cd)^2}{\alpha^{3/2} \left(\log e \dfrac{0.673}{(cd)^{1/3}} \right)^2}, \ \left(\frac{480}{\alpha} \right)^6 \right\}, \ \frac{118.4\,c_D\,D^2}{\alpha^{3/2}} \right]$$

　　　　この式において、tfr、α、c、d、c_D 及び D は、次の数値を表すものとする。

　　　　　tfr　屋内火災保有耐火時間（単位　min）

　　　　　α　火災温度上昇係数

701

　c　次の表に掲げる熱特性係数

コンクリートの区分	熱特性係数
普通コンクリート	0.21
一種軽量コンクリート	0.23

　d　次の式によって計算した熱劣化深さ（単位　mm）

$$d = \min\left\{ \frac{(Mxp_1 + Mxp_2 + 2Mxp_3) + (Myp_1 + Myp_2 + 2Myp_3)\left(\frac{lx}{ly}\right)^2 - 250\,wlx^2}{\left(\frac{Mxp_1}{Dx_1} + \frac{Mxp_2}{Dx_2} + \frac{Mxp_3}{dx_3}\right) + \left(\frac{Myp_1}{Dy_1} + \frac{Myp_2}{Dy_2} + \frac{Myp_3}{dy_3}\right)\left(\frac{lx}{ly}\right)^2} ,\ 2dx_3,\ 2dy_3 \right\}$$

> この式において、d、Mxp_1、Mxp_2、Mxp_3、Myp_1、Myp_2、Myp_3、lx、ly、w、Dx_1、Dx_2、dx_3、Dy_1、Dy_2 及び dy_3 は、次の数値を表すものとする。
>
> 　　d　　熱劣化深さ（単位　mm）
>
> 　Mxp_1、Mxp_2　床の短辺方向の材端部の拘束条件に応じ、それぞれ次の表に掲げる式によって計算した数値
>
> | 当該材端部が隣接する部材に剛接合されている場合 | $Mxpi = 0.9\,Fxi\,Axi\,Dxi\ (i = 1,\,2)$ |
> |---|---|
> | その他の場合 | $Mxpi = 0\ (i = 1,\,2)$ |
>
> 　　この表において、$Mxpi$、Fxi、Axi 及び Dxi は、次の数値を表すものとする。
>
> 　　$Mxpi$　　床の短辺方向の材端部における床の長辺方向の長さ1m当たりの曲げモーメント（単位　N·mm/m）
>
> 　　Fxi　　床の材端部において短辺方向に配する主筋のうち引張り力を負担するものの基準強度（単位　N/mm²）
>
> 　　Axi　　床の材端部において短辺方向に配する主筋のうち引張り力を負担するものの床の長辺方向の長さ1m当たりの断面積の合計（単位　mm²/m）
>
> 　　Dxi　　床の材端部において短辺方向に配する主筋のうち引張り力を負担するものの重心から当該断面の圧縮側最外縁までの長さの最小値（単位　mm）
>
> 　Mxp_3　次の式によって計算した数値
>
> 　　　$Mxp_3 = 0.9\,Fx_3\,Ax_3\,Dx_3$
>
> > この式において、Mxp_3、Fx_3、Ax_3 及び Dx_3 は、次の数値を表すものとする。

Mxp_3 　床の中央部における床の長辺方向の長さ1m当たりの短辺方向の曲げモーメント（単位　N・mm/m）

Fx_3 　　床の中央部において床の短辺方向に配する主筋のうち引張り力を負担するものの基準強度（単位　N/mm²）

Ax_3 　　床の中央部において床の短辺方向に配する主筋のうち引張り力を負担するものの床の長辺方向の長さ1m当たりの断面積の合計（単位　mm²/m）

Dx_3 　　床の中央部において床の短辺方向に配する主筋のうち引張り力を負担するものの重心から当該断面の圧縮側最外縁までの長さの最小値（単位　mm）

Myp_1、Myp_2 　長辺方向の材端部の拘束条件に応じ、それぞれ次の表に掲げる式によって計算した数値

当該材端部が隣接する部材に剛接合されている場合	$Mypi = 0.9 \, Fyi \, Ayi \, Dyi \, (i = 1, 2)$
その他の場合	$Mypi = 0 \, (i = 1, 2)$

この表において、$Mypi$、Fyi、Ayi 及び Dyi は、次の数値を表すものとする。

$Mypi$ 　床の長辺方向の材端部における床の短辺方向の長さ1m当たりの曲げモーメント（単位　N・mm/m）

Fyi 　床の材端部において長辺方向に配する主筋のうち引張り力を負担するものの基準強度（単位　N/mm²）

Ayi 　床の材端部において長辺方向に配する主筋のうち引張り力を負担するものの床の短辺方向の長さ1m当たりの断面積の合計（単位　mm²/m）

Dyi 　床の材端部において床の長辺方向に配する主筋のうち引張り力を負担するものの重心から当該断面の圧縮側最外縁までの長さの最小値（単位　mm）

Myp_3 　　次の式によって計算した数値

$$Myp_3 = 0.9 \, Fy_3 \, Ay_3 \, Dy_3$$

この式において、Myp_3、Fy_3、Ay_3 及び Dy_3 は、次の数値を表すものとする。

Myp_3 　床の中央部における床の短辺方向の長さ1m当たりの辺方向の曲げモーメント（単位　N・mm/m）

Fy_3 　床の中央部において床の短辺方向に配する主筋のうち引張り力を負担するものの基準強度（単位　N/mm²）

Ay_3 　床の中央部において床の短辺方向に配する主筋のうち引張り力を負担するものの床の長辺方向の長さ1m当たりの

　　　　　　　　　　　断面積の合計（単位　mm²/m）

　　　　　　Dy_3　床の中央部において床の短辺方向に配する主筋のうち引
　　　　　　　　　張り力を負担するものの重心から当該断面の圧縮側最外縁
　　　　　　　　　までの長さの最小値（単位　mm）

　　　lx　床の短辺方向の長さ（単位　m）

　　　ly　床の長辺方向の長さ（単位　m）

　　　w　床に作用する等分布床荷重（単位　N/m²）

　　　Dx_1、Dx_2　床の短辺方向に配する主筋のうち材端部において引張り力
　　　　　　を負担するものの重心から当該断面の圧縮側最外縁までの長さ
　　　　　　（単位　mm）

　　　dx_3　床の短辺方向に配する主筋のうち床中央部で引張り力を負担するも
　　　　　　のに対するコンクリートのかぶり厚さの最小値（単位　mm）

　　　Dy_1、Dy_2　床の長辺方向に配する主筋のうち材端部において引張り力を
　　　　　　負担するものの重心から当該断面の圧縮側最外縁までの長さ（単位　mm）

　　　dy_3　床の長辺方向に配する主筋のうち床中央部で引張り力を負担するも
　　　　　　のに対するコンクリートのかぶり厚さの最小値（単位　mm）

　　c_D　次の表に掲げる遮熱特性係数

コンクリートの区分	遮熱特性係数
普通コンクリート	1.0
一種軽量コンクリート	1.2

　　D　床の厚さ（単位　mm）

　ロ　イに掲げるもの以外の耐火構造である構造方法　屋内火災保有耐火時間を次の式によっ
　　て計算すること。

$$tfr = t_A \left(\frac{460}{\alpha}\right)^{3/2}$$

　　　この式において、tfr、t_A及びαは、次の数値を表すものとする。

　　　tfr　屋内火災保有耐火時間（単位　min）

　　　t_A　耐火時間（単位　min）

　　　α　火災温度上昇係数

五　はり　当該構造の構造方法の区分に応じ、それぞれ次のイからホまでに定めるところにより
　　り屋内火災保有耐火時間を求めること。

　イ　鉄骨造（はりの長さ方向について等断面形状のものに限り、防火被覆したものを除く。）
　　にあっては、次に定めるところにより屋内火災保有耐火時間を求めること。

　⑴　屋内火災保有耐火時間を、次の式によって計算すること。

$$tfr = \max\{tfr_1,\ tfr_2\}$$

　　　この式において、tfr、tfr_1及びtfr_2は、次の数値を表すものとする。

tfr　屋内火災保有耐火時間（単位　min）

tfr_1　次の表に掲げる式によって計算した数値

$\dfrac{987}{h}\{\dfrac{1}{\log e\{h^{1/6}(Tcr-20)/1250\}}\}^2 \geqq \alpha\, l^{3/2}$ の場合	$tfr_1 = \dfrac{19732}{\alpha^{3/2}h}\{\dfrac{1}{\log e\{h^{1/6}(Tcr-20)/1250\}}\}^2$
$\dfrac{987}{h}\{\dfrac{1}{\log e\{h^{1/6}(Tcr-20)/1250\}}\}^2 < \alpha\, l^{3/2}$ の場合	$tfr_1 = 0$
この表において、α、αl、h 及び Tcr は、次の数値を表すものとする。 　α　火災温度上昇係数 　αl　部材近傍火災温度上昇係数 　h　　部材温度上昇係数 　Tcr　限界部材温度（単位　度）	

tfr_2　次の式によって計算した数値（単位　min）

$$tfr_2 = \left(\frac{Tcr-20}{\max\{\alpha,\ \alpha l\}}\right)^6$$

　この式において、α、αl 及び Tcr は、次の数値を表すものとする。
　　α　火災温度上昇係数
　　αl　部材近傍火災温度上昇係数
　　Tcr　限界部材温度（単位　度）

(2)　(1)の部材温度上昇係数は、次の表に掲げる式によって計算するものとする。

構　　　　　造	部材温度上昇係数
上フランジが床スラブに密着した構造のH型鋼はりで、3面から加熱されるもの	$h = 0.00067\ (Hs/As)$
その他のH型鋼はり	$h = 0.00089\ (Hs/As)$

　この表において、h、Hs 及び As は、次の数値を表すものとする。
　　h　　部材温度上昇係数
　　Hs　部材の加熱周長（単位　m）
　　As　部材の断面積（単位　m²）

(3)　(1)の限界部材温度は、次の式によって計算するものとする。（ロ(1)において同じ。）

$$Tcr = \min(T_Bcr, T_{DP},\ 550)$$

　この式において、Tcr、T_Bcr 及び T_{DP} は、それぞれ次の数値を表すものとする。
　　Tcr　　限界部材温度（単位　度）
　　T_Bcr　次の式によって計算したはりの高温耐力によって定まる上限温度

（単位　度）

$$T_B cr = 700 - \frac{750\, l^2\, (w_1 + w_2)}{Mp_B\, (\sqrt{R_{B1} + R_{B3}} + \sqrt{R_{B2} + R_{B3}})^2}$$

この式において、$T_B cr$、w_1、w_2、l、Mp_B、R_{B1}、R_{B2} 及び R_{B3} は、それぞれ次の数値を表すものとする。

$T_B cr$　はりの高温耐力によって定まる上限温度（単位　度）

w_1　　当該はりに作用している分布荷重と同等の効果を与えるはりの長さ 1 m 当たりの荷重（単位　N/m）

w_2　　次の式によって計算した数値

$$w_2 = a \sum_{i=1}^{n} \frac{Qi}{2\,l}$$

> この式において、w_2、a、Qi、l 及び n は、それぞれ次の数値を表すものとする。
>
> 　w_2　当該はりに作用している集中荷重と同等の効果を与えるはりの長さ 1 m 当たりの荷重（単位　N/m）
>
> 　a　　当該はりに作用している集中荷重の加力点の数に応じて次の表に掲げる数値
>
> | $n = 1$ の場合 | 2.0 |
> |---|---|
> | $n = 2$ の場合 | 1.5 |
> | $n \geqq 3$ の場合 | 1.2 |
>
> 　　この表において、n は、当該はりに作用している集中荷重の加力点の数を表すものとする。
>
> 　Qi　当該はりに作用している集中荷重（単位　N）
>
> 　l　　当該はりの長さに0.5を乗じた数値（単位　m）
>
> 　n　　当該はりに作用している集中荷重の加力点の数

l　　　当該はりの長さに0.5を乗じた数値（単位　m）

Mp_B　次の式によって計算した常温時の全塑性モーメント（単位　N·m）

$$Mp_B = \frac{F\, Zp_B x}{1000}$$

> この式において、Mp_B、F 及び $Zp_B x$ は、それぞれ次の数値を表すものとする。
>
> 　Mp_B　常温時の全塑性モーメント（単位　N·m）
>
> 　F　　鋼材の基準強度（単位　N/mm²）
>
> 　$Zp_B x$　当該はりの断面の強軸周りの塑性断面係数（単位　mm³）

R_{B1}、R_{B2}　当該はりの各材端部の支持状態に応じ、それぞれ次の表に掲げる式によって計算した数値

当該材端部が隣接する部材に剛に接合されている場合	$R_Bi = 1\ (i = 1,\ 2)$
その他の場合	$R_Bi = 0\ (i = 1,\ 2)$

R_{B3}　はり上端の拘束条件に応じて、次の表に掲げる式によって計算した数値

はり上端が床スラブに緊結されている場合	$R_{B3} = 1$
その他の場合	$R_{B3} = \dfrac{Zp_By}{Zp_Bx}$
この表において、Zp_Bx 及び Zp_By は、次の数値を表すものとする。 Zp_Bx　部材の断面の強軸周りの塑性断面係数（単位　mm³） Zp_By　部材の断面の弱軸周りの塑性断面係数（単位　mm³）	

T_{DP}　次の式によって計算したはりの熱変形に対する上限温度（単位　度）

$$T_{DP} = 20 + \frac{18000}{\sqrt{S}}$$

この式において、T_{DP} 及び S は、それぞれ次の数値を表すものとする。

T_{DP}　はりの熱変形に対する上限温度（単位　度）

S　　当該はりが面する室の床面積（単位　m²）

ロ　鉄骨造で、吹付け厚さが 25 mm 以上のロックウール又は厚さが 20 mm 以上の繊維混入ケイ酸カルシウム板で被覆したもの　次に定めるところにより屋内火災保有耐火時間を求めること。

(1)　屋内火災保有耐火時間を、次の式によって計算すること。

$$lfr = \max\left[\frac{9866}{\alpha^{3/2}} \left\{ \frac{2}{h} \left\{ \frac{1}{\log e\{h^{1/6}(Tcr - 20)/1250\}} \right\}^2 + \frac{aw}{(Hi/Ai)^2} \right\},\ \left\{ \frac{Tcr - 20}{\alpha} \right\}^6 \right]$$

この式において、tfr、α、h、aw、Hi、Ai 及び Tcr は、次の数値を表すものとする。

tfr　屋内火災保有耐火時間（単位　min）

α　　火災温度上昇係数

h　　部材温度上昇係数

aw　次の表に掲げる温度上昇遅延時間係数

防火被覆の区分	鋼材の区分	温度上昇遅延時間係数
吹付けロックウール（ラス吹き	上フランジが床スラブに密着した構造のH	26,000

707

	型鋼はりで、3面から加熱されるもの	
工法のものを除く。)	その他のH型鋼はり	22,000
繊維混入ケイ酸カルシウム板（箱貼り工法のものに限る。）	上フランジが床スラブに密着した構造のH型鋼はりで、3面から加熱されるもの	20,300
	その他のH型鋼はり	28,300

Hi　被覆材の加熱周長（単位　m）

Ai　被覆材の断面積（単位　m²）

Tcr　限界部材温度（単位　度）

(2)　(1)の部材温度上昇係数は、次の式によって計算するものとする。

$$h = \frac{\phi K_0 (Hs/As)}{\left\{1 + \dfrac{\phi R}{(Hi/Ai)}\right\}\left\{1 + \dfrac{\phi C(Hs/As)}{2(Hi/Ai)}\right\}}$$

この式において、h、ϕ、K_0、Hs、As、R、Hi、Ai 及び C は、次の数値を表すものとする。

　h　　部材温度上昇係数

　ϕ　　次の式によって計算した加熱周長比

$$\phi = \frac{Hi}{Hs}$$

　　この式において、ϕ、Hi 及び Hs は、次の数値を表すものとする。

　　　ϕ　　加熱周長比

　　　Hi　被覆材の加熱周長（単位　m）

　　　Hs　部材の加熱周長（単位　m）

　K_0　次の表に掲げる基本温度上昇速度（単位　m/min）

鋼　材　の　区　分	基本温度上昇速度
上フランジが床スラブに密着した構造のH型鋼はりで、3面から加熱されるもの	0.00067
その他のH型鋼はり	0.00089

　Hs　部材の加熱周長（単位　m）

　As　部材の断面積（単位　m²）

　R　　次の表に掲げる熱抵抗係数

防火被覆の区分	鋼材の区分	熱抵抗係数
	上フランジが床スラブ	

吹付けロックウール（ラス吹き工法のものを除く。）	に密着した構造のH型鋼はりで、3面から加熱されるもの	235
	その他のH型鋼はり	310
繊維混入ケイ酸カルシウム板（箱貼り工法のものに限る。）	上フランジが床スラブに密着した構造のH型鋼はりで、3面から加熱されるもの	365
	その他のH型鋼はり	815

Hi　被覆材の加熱周長（単位　m）

Ai　被覆材の断面積（単位　m²）

C　次の表に掲げる熱容量比

防火被覆の区分	熱容量比
吹付けロックウール	0.081
繊維混入ケイ酸カルシウム板	0.136

ハ　釣合い鉄筋比以下の鉄筋比の鉄筋コンクリート造で、鉄筋に対するコンクリートのかぶり厚さが3cm以上のもの（はりの材軸の直行方向の断面が長方形のもので、かつ、長さ方向について等断面形状のものに限る。）屋内火災保有耐火時間を次の式によって計算すること。

$$tfr = \max\left\{ \frac{16772\,(c\,d)^2}{\alpha^{3/2}\left(\log e\,\dfrac{0.673}{(c\,d)^{1/3}}\right)^2},\ \left(\frac{480}{\alpha}\right)^6 \right\}$$

この式において、tfr、α、c 及び d は、次の数値を表すものとする。

tfr　屋内火災保有耐火時間（単位　min）

α　火災温度上昇係数

c　次の表に掲げる熱特性係数

コンクリートの区分	熱特性係数
普通コンクリート	0.21
一種軽量コンクリート	0.23

d　次の式によって計算した熱劣化深さ（単位　mm）

$$d = \min\left\{ \frac{Mp_1 + Mp_2 + 2\,Mp_3 - 1000(w_1 + w_2)\,l^2}{\dfrac{Mp_1}{D_1} + \dfrac{Mp_2}{D_2} + \dfrac{Mp_3}{d_3}},\ 2\,d_3 \right\}$$

この式において、d、Mp_1、Mp_2、Mp_3、w_1、w_2、l、D_1、D_2 及び d_3 は、

次の数値を表すものとする。

　　d　　熱劣化深さ（単位　mm）

　Mp_1、Mp_2　　当該はりの各材端部の支持状態に応じ、それぞれ次の表に掲げる式によって計算した数値

隣接する部材に剛接合されている場合	$Mpi = 0.9 Fri\, Ari\, Di$　$(i = 1, 2)$
その他の場合	$Mpi = 0$　$(i = 1, 2)$

　　この表において、Mpi、Fri、Ari 及び Di は、次の数値を表すものとする。

　　　Mpi　　当該はりの材端部における曲げモーメント（単位　N·mm）

　　　Fri　　当該はりの材端部における引張り側の主筋の基準強度
　　　　　　（単位　N/mm²）

　　　Ari　　当該はりの材端部における引張り側の主筋の断面積の合計
　　　　　　（単位　mm²）

　　　Di　　当該はりの材端部における、引張り側の主筋の重心から当該断面の圧縮側最外縁までの長さの最小値（単位　mm）

　Mp_3　　次の式によって計算した当該はりの中央部における曲げモーメントの値

$$Mp_3 = 0.9 Fr_3\, Ar_3\, D_3$$

　　この式において、Mp_3、Fr_3、Ar_3 及び D_3 は、次の数値を表すものとする。

　　　Mp_3　　当該はりの中央部における曲げモーメントの値
　　　　　　（単位　N·mm）

　　　Fr_3　　当該はりの中央部における引張り側の主筋の基準強度
　　　　　　（単位　N/mm²）

　　　Ar_3　　当該はりの中央部における引張り側の主筋の断面積の合計
　　　　　　（単位　mm²）

　　　D_3　　当該はりの中央部における、引張り側の主筋の重心から当該断面の圧縮側最外縁までの長さ（単位　mm）

　w_1　当該はりに作用している分布荷重と同等の効果を与えるはりの長さ1 m 当たりの荷重（単位　N/m）

　w_2　次の式によって計算した数値

$$w_2 = a \sum_{i=1}^{n} \frac{Qi}{2\,l}$$

　　この式において、w_2、a、Qi、l 及び n は、それぞれ次の数値を表すものとする。

w_2　当該はりに作用している集中荷重と同等の効果を与えるはり
　　　　の長さ1m当たりの荷重（単位　N/m）

a　　当該はりに作用している集中荷重の加力点の数に応じて次の
　　　　表に掲げる数値

$n = 1$ の場合	2.0
$n = 2$ の場合	1.5
$n \geqq 3$ の場合	1.2
この表において、n は、当該はりに作用している集中荷重の加力点の数を表すものとする。	

Qi　当該はりに作用している集中荷重（単位　N）

l　　当該はりの長さに0.5を乗じた数値（単位　m）

n　　当該はりに作用している集中荷重の加力点の数

l　　当該はりの長さに0.5を乗じた数値（単位　m）

Di　当該はりの材端部における主筋のうち引張り力を負担するものの重心
　　　　から当該断面の圧縮側最外縁までの長さの最小値（単位　mm）

d_3　当該はりの材端部以外の部分における主筋のうち引張り力を負担する
　　　　ものに対するかぶり厚さの最小値（単位　mm）

ニ　小径が20cm以上の木造　屋内火災保有耐火時間を次の式によって計算すること。

$$tfr = \left(\frac{240}{\max(\alpha,\ \alpha l)} \right)^6$$

この式において、tfr、α 及び αl は、次の数値を表すものとする。

tfr　屋内火災保有耐火時間（単位　min）

α　　火災温度上昇係数

αl　部材近傍火災温度上昇係数

ホ　イからニまでに掲げるもの以外の耐火構造である構造方法　屋内火災保有耐火時間を次
の式によって計算すること。

$$tfr = t_A \left(\frac{460}{\alpha} \right)^{3/2}$$

この式において、tfr、t_A 及び α は、次の数値を表すものとする。

tfr　屋内火災保有耐火時間（単位　min）

t_A　耐火時間（単位　min）

α　　火災温度上昇係数

六　屋根のうち耐火構造であるもの　屋内火災保有耐火時間を次の式によって計算すること。

$$tfr = t_A \left(\frac{460}{\alpha} \right)^{3/2}$$

この式において、tfr、t_A 及び α は、次の数値を表すものとする。

tfr　屋内火災保有耐火時間（単位　min）

t_A　耐火時間（単位　min）

α　火災温度上昇係数

七　階段のうち耐火構造であるもの　屋内火災保有耐火時間を次の式によって計算すること。

$$tfr = t_A \left(\frac{460}{\alpha}\right)^{3/2}$$

この式において、tfr、t_A 及び α は、次の数値を表すものとする。

tfr　屋内火災保有耐火時間（単位　min）

t_A　耐火時間（単位　min）

α　火災温度上昇係数

2　前項各号において主要構造部に作用している力を計算する場合にあっては、当該建築物の自重及び積載荷重（令第86条第2項ただし書の規定により特定行政庁が指定する多雪区域における建築物の主要構造部にあっては、自重、積載荷重及び積雪荷重。）の合計により計算するものとする。

第4　令第108条の3第2項第三号に規定する屋外火災保有耐火時間を求める方法は、次の各号に掲げる建築物の部分に応じ、それぞれ当該各号に定めるところによるものとする。

一　外壁（耐力壁に限る。）　当該構造の構造方法の区分に応じ、それぞれ次のイ及びロに定めるところにより屋外火災保有耐火時間を求めること。

イ　鉄筋コンクリート造で、鉄筋に対するコンクリートのかぶり厚さが3cm以上のもの　屋外火災保有耐火時間を次の式によって計算すること。

$$tfr = \min \left[\max \left\{ \frac{1.7\,(c\,d)^2}{\left(\log e \dfrac{0.673}{(c\,d)^{1/3}}\right)^2} , 1.29 \right\}, 0.012\,c_D\,D^2 \right]$$

この式において、tfr、c、d、c_D 及び D は、次の数値を表すものとする。

tfr　屋外火災保有耐火時間（単位　min）

c　次の表に掲げる熱特性係数

コンクリートの区分	熱特性係数
普通コンクリート	0.21
一種軽量コンクリート	0.23

d　次の式によって計算した熱劣化深さ（単位　mm）

$$d = \min \left\{ D - \frac{3\,P}{2\,Fc} , 2\,ds \right\}$$

この式において、d、D、P、Fc 及び ds は、次の数値を表すものとする。

d　熱劣化深さ（単位　mm）

D　壁の厚さ（単位　mm）

P　壁に作用する壁の長さ1mm当たりの荷重（単位　N/mm）

Fc　コンクリートの常温時の設計基準強度（単位　N/mm²）

ds　鉄筋に対するかぶり厚さの最小値（単位　mm）

c_D　次の表に掲げる遮熱特性係数

コンクリートの区分	遮熱特性係数
普通コンクリート	1.0
一種軽量コンクリート	1.2

D　壁の厚さ（単位　mm）

ロ　イに掲げるもの以外の耐火構造である構造方法　屋外火災保有耐火時間を次の式によって計算すること。

$$tfr = t_A$$

この式において、tfr 及び t_A は、次の数値を表すものとする。

tfr　屋外火災保有耐火時間（単位　min）

t_A　耐火時間（単位　min）

二　外壁（非耐力壁に限る。）　当該構造の構造方法の区分に応じ、それぞれ次のイ及びロに定めるところにより屋外火災保有耐火時間を算出すること。

イ　鉄筋コンクリート造　屋外火災保有耐火時間を次の式によって計算すること。

$$tfr = 0.012\, c_D\, D^2$$

この式において、tfr、c_D及び D は、次の数値を表すものとする。

tfr　屋外火災保有耐火時間（単位　min）

c_D　次の表に掲げる遮熱特性係数

コンクリートの区分	遮熱特性係数
普通コンクリート	1.0
一種軽量コンクリート	1.2

D　壁の厚さ（単位　mm）

ロ　イに掲げるもの以外の耐火構造である構造方法　屋外火災保有耐火時間を次の式によって計算すること。

$$tfr = t_A$$

この式において、tfr 及び t_Aは、次の数値を表すものとする。

tfr　屋外火災保有耐火時間（単位　min）

t_A　耐火時間（単位　min）

2　第3第2項の規定は、前項各号において主要構造部に作用している力を計算する場合について準用する。

第5　令第108条の3第5項第二号に規定する保有遮炎時間を求める方法は、次の各号に掲げる構造方法の区分に応じ、それぞれ当該各号に定めるところによるものとする。

一　法第2条第九号のニロに規定する防火設備（防火戸に限る。）であるもの　保有遮炎時間

を次の式によって計算すること。

$$tfs = 20\left(\frac{460}{\alpha}\right)^{3/2}$$

この式において、tfs 及び α は、次の数値を表すものとする。

　tfs　保有遮炎時間（単位　min）

　α　火災温度上昇係数

二　特定防火設備(防火戸に限る。)であるもの　保有遮炎時間を次の式によって計算すること。

$$tfs = 60\left(\frac{460}{\alpha}\right)^{3/2}$$

この式において、tfs 及び α は、次の数値を表すものとする。

　tfs　保有遮炎時間（単位　min）

　α　火炎温度上昇係数

〔平成12年5月25日建設省告示第1367号〕

準耐火建築物と同等の性能を有する建築物等の屋根の構造方法を定める件

最終改正　平成17年6月1日国土交通省告示第568号

建築基準法施行令（昭和25年政令第338号）第109条の3第一号及び第113条第1項第三号の規定に基づき、準耐火建築物と同等の性能を有する建築物等の屋根の構造方法を次のように定める。

第1　屋内において発生する通常の火災による火熱が加えられた場合に、加熱開始後20分間屋外に火炎を出す原因となるき裂その他の損傷を生じない屋根の構造方法は、次に定めるものとする。

一　準耐火構造とすること。

二　次のイからハまでのいずれかに該当する構造とすること。ただし、イ及びロに掲げるものにあっては、野地板及びたるきが準不燃材料で造られている場合又は軒裏が防火構造である場合に限り、ハに掲げるものにあっては、金属板に接するたるき（たるきがない場合においては、もや）が不燃材料で造られている場合に限る。

　イ　瓦又は厚さが4mm以上の繊維強化版（スレート波板及びスレートボードに限る。）でふいたもの

　ロ　木毛セメント板の上に金属板をふいたもの

　ハ　金属板でふいたもの

〔平成12年5月25日建設省告示第1368号〕
床又はその直下の天井の構造方法を定める件

最終改正　平成16年9月29日国土交通省告示第1176号

建築基準法施行令（昭和25年政令第338号）第109条の3第二号ハ及び第115条の2第1項第四号の規定に基づき、床又はその直下の天井の構造方法を次のように定める。

第1　屋内において発生する通常の火災による火熱が加えられた場合に、加熱開始後30分間構造耐力上支障のある変形、溶融、き裂その他の損傷を生じず、かつ、加熱面以外の面（屋内に面するものに限る。）の温度が可燃物燃焼温度以上に上昇しない床又はその直下の天井の構造方法は、次に定めるものとする。

一　準耐火構造とすること。

二　根太及び下地を不燃材料で造った床又はつり木、受け木その他これらに類するものを不燃材料で造った天井にあっては、次のイからハまでのいずれかに該当する構造とすること。

　イ　鉄網モルタル塗で塗厚さが1.5cm以上のもの

　ロ　木毛セメント板張又はせっこうボード張の上に厚さ1cm以上モルタル又はしっくいを塗ったもの

　ハ　木毛セメント板の上にモルタル又はしっくいを塗り、その上に金属板を張ったもの

三　根太若しくは下地を不燃材料以外の材料で造った床にあっては、次のイからチまでのいずれかに該当するもの

　イ　鉄網モルタル塗又は木ずりしっくい塗で塗厚さが2cm以上のもの

　ロ　木毛セメント板張又はせっこうボード張の上に厚さ1.5cm以上モルタル又はしっくいを塗ったもの

　ハ　モルタル塗の上にタイルを張ったものでその厚さの合計が2.5cm以上のもの

　ニ　セメント板張又は瓦張の上にモルタルを塗ったものでその厚さの合計が2.5cm以上のもの

　ホ　土蔵造

　ヘ　土塗真壁造で裏返塗りをしたもの

　ト　厚さが1.2cm以上のせっこうボード張の上に亜鉛鉄板を張ったもの

　チ　厚さが2.5cm以上の岩綿保温板張の上に亜鉛鉄板を張ったもの

〔平成27年2月23日国土交通省告示第249号〕
壁等の加熱面以外の面で防火上支障がないものを定める件

最終改正　令和元年6月21日国土交通省告示第200号

建築基準法施行令（昭和25年政令第338号）第109条の5第二号〔現行＝第109条の7第二号＝令和元年6月政令第30号により改正〕の規定に基づき、壁等の加熱面以外の面で防火上支障がないものを次のように定める。

建築基準法施行令（以下「令」という。）第109条の7第二号に規定する壁等の加熱面以外の面で防火上支障がないものは、次の各号に掲げる区分に応じ、当該各号に定めるものとする。

一　耐力壁である間仕切壁及び防火設備により区画する場合又は間仕切壁、柱及びはり並びに防火設備により区画する場合　壁等を構成する防火設備の面で、次のイ及びロに該当するもの

　イ　防火設備が次の(1)又は(2)に該当するものであること。

　　(1)　通常の火災による火熱が加えられた場合に、加熱開始後火災継続予測時間当該加熱面以外の面に火炎を出さないものであること。

　　(2)　特定防火設備（平成12年建設省告示第1369号に定めるものに限る。）のうち、骨組を鉄材若しくは鋼材で造り、両面にそれぞれ厚さが1mm以上の鉄板若しくは鋼板を張ったもの又は鉄材若しくは鋼材で造られたもので、鉄板若しくは鋼板の厚さが1.8mm以上のものであること（火災継続予測時間が90分間以下である場合に限る。）。

　ロ　次の(1)又は(2)に該当するものであること。

　　(1)　防火設備に通常の火災による火熱が火災継続予測時間加えられた場合に、防火設備の加熱面以外の面が面する室内の建築物の部分（壁等の部分を除く。）及び収納可燃物の温度が当該建築物の部分及び収納可燃物が燃焼する温度以上に上昇しないこと。

　　(2)　防火設備の加熱面以外の面が令第129条第2項に規定する火災の発生のおそれの少ない室（以下(2)において「室」という。）に面するものであり、かつ、当該室内の建築物の部分（壁等の部分を除く。）の室内に面する部分（防火設備からの水平距離が火災継続予測時間に応じて次の表1に掲げる式により計算した数値以下である部分に限る。）の仕上げが準不燃材料でされ、かつその下地が準不燃材料で造られたもの又は仕上げに厚さ2.5cm以上のせっこう若しくは厚さ4.5cm以上のモルタルを塗ったものであること。ただし、天井又は室の区画を構成する壁については、防火設備の上端から天井までの垂直距離又は防火設備の両端から当該壁までの水平距離が次の表2に掲げる式により計算した数値以上である場合には、この限りでない。

表1

防火設備からの水平距離（単位　m）	
火災継続予測時間が1時間以下	火災継続予測時間が90分間以下
$\sqrt{A}$	$1.2\sqrt{A}$
この表において、Aは防火設備の面積（単位　m²）を表すものとする。	

表2

防火設備の上端から天井までの垂直距離又は防火設備の両端から室の区画を構成する壁までの水平距離（単位　m）	
火災継続予測時間が1時間以下	火災継続予測時間が90分間以下
$\dfrac{A}{25}+0.28$	$\dfrac{A}{20}+0.36$

| （0.38aを超える場合は0.38a） | （0.54aを超える場合は0.54a） |

　　この表において、A及びaは、それぞれ次の数値を表すものとする。
　A　防火設備の面積（単位　m²）
　a　防火設備の高さ（単位　m）

二　令第129条第２項に規定する火災の発生のおそれの少ない室（開口部（床の開口部を除く。）に防火設備を設けたものに限る。）を構成する壁等により区画する場合　壁等の室内に面する面（次のイ及びロに該当する場合には、壁等の加熱面以外の防火設備の面（屋内に面するものに限り、かつ、壁等の室内に面するものを除く。）を含む。）

イ　壁等の加熱面以外の面（屋内に面するものに限り、かつ、壁等の室内に面するものを除く。）が面する室に面する防火設備が次の(1)又は(2)に該当するものであること。
　(1)　壁等に通常の火災による火熱が加えられた場合に、加熱開始後火災継続予測時間当該加熱面以外の面に火炎を出さないものであること。
　(2)　特定防火設備であること（火災継続予測時間が90分間以下である場合に限る。）。

ロ　次の(1)又は(2)に該当するものであること。
　(1)　壁等に通常の火災による火熱が火災継続予測時間加えられた場合に、壁等の加熱面以外の面（屋内に面するものに限り、かつ、壁等の室内に面するものを除く。）が面する室内の建築物の部分（壁等の部分を除く。）及び収納可燃物の温度が当該建築物の部分及び収納可燃物が燃焼する温度以上に上昇しないこと。
　(2)　第一号ロ(2)に該当すること（火災継続予測時間が90分間以下である場合に限る。）。この場合において、同号ロ(2)中、「防火設備の加熱面以外の面」とあるのは「壁等の加熱面以外の防火設備の面（屋内に面するものに限り、かつ、壁等の室内に面するものを除く。）」と読み替え、同号ロ(2)の防火設備からの水平距離は、火災継続予測時間が１時間以下の場合の数値とする。

　　附　則
この告示は、平成27年６月１日から施行する。

〔平成28年４月22日国土交通省告示第693号〕
不燃性の物品を保管する倉庫に類する用途等を定める件

最終改正　令和元年６月21日国土交通省告示第200号

　建築基準法施行令（昭和25年政令第338号）第109条の６〔現行＝第109条の８＝令和元年６月政令第30号により改正〕及び第136条の２の２の規定に基づき、不燃性の物品を保管する倉庫に類する用途及び通常の火災による火の粉が屋内に到達した場合に建築物の火災が発生するおそれのない構造方法を次のように定める。

第1　建築基準法施行令（以下「令」という。）第109条の８及び令第136条の２の２に規定する不燃性の物品を保管する倉庫に類する用途は、次に掲げるものとする。

　一　スケート場、水泳場、スポーツの練習場その他これらに類する運動施設

　二　不燃性の物品を取り扱う荷捌き場その他これと同等以上に火災の発生のおそれの少ない用
　　途

　三　畜舎、堆肥舎並びに水産物の増殖場及び養殖場

　四　劇場、映画館、演芸場、観覧場、公会堂及び集会場

　五　アトリウムその他の大規模な空間を通行の用に供する用途

第2　令第109条の8及び令第136条の2の2に規定する通常の火災による火の粉が屋内に到達し
た場合に建築物の火災が発生するおそれのない構造方法は、次の各号に掲げる用途の区分に応
じ、それぞれ当該各号に定めるものとする。

　一　第1第一号から第三号までに掲げる用途　屋根以外の主要構造部が準不燃材料で造られた
　　ものとすること。

　二　第1第四号に掲げる用途　次に掲げる基準に適合するものとすること。

　　イ　屋根以外の主要構造部を準不燃材料で造られたものとすること。

　　ロ　次に掲げる室以外の室の屋根が、令第109条の8各号又は令第136条の2の2各号に掲げ
　　　る技術的基準に適合するものであること。

　　　(1)　次に掲げる基準に適合する室

　　　　(ⅰ)　屋内の客席が固定席その他これに類するものであり、かつ、当該客席及び天井が難
　　　　　燃材料で造られたものその他の通常の火災又は市街地の火災を想定した火の粉による
　　　　　屋根の損傷によって屋内に到達した火の粉(以下「火の粉」という。)により建築物
　　　　　の火災が発生するおそれがない構造のものであること。

　　　　(ⅱ)　特定屋根部分(建築基準法(昭和25年法律第201号)第22条第1項の市街地の区域内
　　　　　にある建築物にあっては令第109条の8第二号、防火地域又は準防火地域内にある建
　　　　　築物にあっては令第136条の2の2第二号に掲げる基準に適合しない屋根の部分をい
　　　　　う。以下同じ。)が面する居室の壁(主要構造部を除く。)及び屋根(特定屋根部分を
　　　　　除く。)の当該室内に面する部分の仕上げを難燃材料でしたものであること。ただし、
　　　　　床、壁その他の建築物の部分で防火上有効に遮られている部分その他当該居室の構造
　　　　　又は特定屋根部分からの距離により火の粉が到達しないことが明らかな部分は、この
　　　　　限りでない。

　　　(2)　次のいずれかに該当する室で、壁及び天井(天井がない場合にあっては、屋根(特定
　　　　屋根部分を除く。))の室内に面する部分の仕上げを令128条の5第1項第二号に掲げる
　　　　仕上げとしたもの

　　　　(ⅰ)　昇降機その他の建築設備の機械室、不燃性の物品を保管する室その他これらに類す
　　　　　るもの

　　　　(ⅱ)　廊下、階段その他の通路、便所その他これらに類するもの

　三　第1第五号に掲げる用途　前号イ及びロ(1)(ⅱ)に掲げる基準に適合するものとすること。

　　　附　則

1　この告示は、平成28年6月1日から施行する。

2　平成12年建設省告示第1434号は、廃止する。

〔令和元年6月21日国土交通省告示第198号〕
警報設備の構造方法及び設置方法を定める件

建築基準法施行令（昭和25年政令第338号）第110条の5の規定に基づき、警報設備の構造方法及び設置方法を定める件を次のように定める。

第1　建築基準法施行令（第2において「令」という。）第110条の5に規定する警報設備の構造方法は、次の各号に掲げる警報設備の種類の区分に応じ、それぞれ当該各号に定める規定に適合するものとする。

一　自動火災報知設備　次に掲げる規定

イ　消防法施行令（昭和36年政令第37号）第21条第2項第一号、第二号及び第四号の規定

ロ　消防法施行規則（昭和36年自治省令第6号）第23条第4項第二号、第四号イ、ニ及びホ、第四号の二ハ及びニ、第四号の三ハ及びニ、第七号の六並びに第九号、第5項、第6項、第7項（構造方法に係る部分に限る。）並びに第9項第一号、第24条第一号、第一号のニロ、第二号（ニを除く。）、第三号、第四号（ロ及びハにあっては、構造方法に係る部分に限る。）、第五号（ニを除く。）、第五号の二（構造方法に係る部分に限る。）、第六号から第八号まで、第八号のニニ及びホ並びに第九号（構造方法に係る部分に限る。）並びに第24条の2の規定

二　特定小規模施設用自動火災報知設備（特定小規模施設における必要とされる防火安全性能を有する消防の用に供する設備等に関する省令（平成20年総務省令第156号）第2条第二号に規定する特定小規模施設用自動火災報知設備をいう。第2第二号において同じ。）　次に掲げる規定

イ　特定小規模施設における必要とされる防火安全性能を有する消防の用に供する設備等に関する省令第3条第2項第一号及び第三号の規定

ロ　特定小規模施設用自動火災報知設備の設置及び維持に関する技術上の基準（平成20年消防庁告示第25号）第2第一号（消防法施行規則第23条第4項第一号ヘに係る部分を除き、構造方法に係る部分に限る。）及び第二号から第十二号まで（第二号、第四号、第五号及び第七号から第九号までにあっては、構造方法に係る部分に限る。）の規定

第2　令第110条の5に規定する警報設備は、次の各号に掲げる警報設備の種類の区分に応じ、それぞれ当該各号に定める規定に適合するように設けるものとする。

一　自動火災報知設備　次に掲げる規定

イ　消防法施行令第21条第2項第三号の規定

ロ　消防法施行規則第23条第4項第一号（ヘを除く。）、第三号、第四号ロ及びハ、第四号の二イ及びロ、第四号の三イ及びロ、第五号から第七号の四まで並びに第八号、第7項（構造方法に係る部分を除く。）並びに第9項第二号並びに第24条第一号のニイ、第二号ニ、第四号ロ及びハ（いずれも構造方法に係る部分を除く。）、第五号ニ、第五号の二（構造方法に係る部分を除く。）、第八号のニイからハまで並びに第九号（構造方法に係る部分を除く。）の規定

二　特定小規模施設用自動火災報知設備　次に掲げる規定

イ　特定小規模施設における必要とされる防火安全性能を有する消防の用に供する設備等に

関する省令第3条第2項第二号の規定

ロ　特定小規模施設用自動火災報知設備の設置及び維持に関する技術上の基準第2第一号（消防法施行規則第23条第4項第一号へに係る部分及び構造方法に係る部分を除く。）並びに第二号、第四号、第五号及び第七号から第九号まで（いずれも構造方法に係る部分を除く。）の規定

附　則

この告示は、建築基準法の一部を改正する法律（平成30年法律第67号）の施行の日（令和元年6月25日）から施行する。

〔令和2年3月6日国土交通省告示第249号〕
主要構造部を耐火構造等とすることを要しない避難上支障がない居室の基準を定める件

建築基準法施行令（昭和25年政令第338号）第111条第1項の規定に基づき、主要構造部を耐火構造等とすることを要しない避難上支障がない居室の基準を次のように定める。

建築基準法施行令（以下「令」という。）第111条第1項に規定する避難上支障がない居室の基準は、次に掲げるものとする。

一　次のイからハまでのいずれかに該当すること。

イ　床面積が30m²以内の居室（寝室、宿直室その他の人の就寝の用に供するものを除く。以下同じ。）であること。

ロ　避難階の居室で、当該居室の各部分から当該階における屋外への出口の一に至る歩行距離が30m以下のものであること。

ハ　避難階の直上階又は直下階の居室で、当該居室の各部分から避難階における屋外への出口又は令第123条第2項に規定する屋外に設ける避難階段に通ずる出入口の一に至る歩行距離が20m以下のものであること。

二　令第110条の5に規定する基準に従って警報設備（自動火災報知設備に限る。）を設けた建築物の居室であること。

附　則

この告示は、建築基準法施行令の一部を改正する政令（令和元年政令第181号）の施行の日（令和2年4月1日）から施行する。

〔平成12年5月25日建設省告示第1369号〕
特定防火設備の構造方法を定める件

最終改正　令和2年2月27日国土交通省告示第198号

建築基準法施行令（昭和25年政令第338号）第112条第1項の規定に基づき、特定防火設備の構造方法を次のように定める。

第1　通常の火災による火熱が加えられた場合に、加熱開始後1時間加熱面以外の面に火炎を出さない防火設備の構造方法は、次に定めるものとすることとする。

　一　令和元年国土交通省告示第193号第1第9項に規定する75分間防火設備

　二　建築基準法（昭和25年法律第201号）第21条第2項第二号に規定する構造方法を用いるもの又は同号の規定による認定を受けたもの（建築基準法施行令第109条の7第一号に規定する火災継続予測時間が1時間以上である場合に限り、同条第二号の国土交通大臣が定める面を有するものを除く。）

　三　通常の火災による火熱が加えられた場合に、加熱開始後1時間加熱面以外の面に火炎を出さないものとして、法第61条の規定による国土交通大臣の認定を受けたもの

　四　平成27年国土交通省告示第250号第2第三号リ(2)(i)(一)に規定する構造としたもの

　五　骨組を鉄材又は鋼材で造り、両面にそれぞれ厚さが0.5mm以上の鉄板又は鋼板を張ったもの

　六　鉄材又は鋼材で造られたもので、鉄板又は鋼板の厚さが1.5mm以上のもの

　七　鉄骨コンクリート又は鉄筋コンクリートで造られたもので、厚さが3.5cm以上のもの

　八　土蔵造で厚さが15cm以上のもの

　九　建築基準法施行令第109条第2項の規定により同条第1項の防火設備とみなされる外壁、袖壁、塀その他これらに類するもので、防火構造としたもの

　十　開口面積が100cm²以内の換気孔に設ける鉄板、モルタル板その他これらに類する材料で造られた防火覆い又は地面からの高さが1m以下の換気孔に設ける網目2mm以下の金網

第2　第1第五号又は第六号のいずれかに該当する防火設備は、周囲の部分（当該防火設備から屋内側に15cm以内の間に設けられた建具がある場合には、当該建具を含む。）が不燃材料で造られた開口部に取り付けなければならない。

第3　防火戸（第1第九号又は第十号のいずれかに該当するものを除く。）が枠又は他の防火設備と接する部分は、相じゃくりとし、又は定規縁若しくは戸当りを設ける等閉鎖した際に隙間が生じない構造とし、かつ、防火設備の取付金物は、当該防火設備が閉鎖した際に露出しないように取り付けなければならない。

　　　　附　則

平成2年建設省告示第1125号は、廃止する。

〔令和元年6月21日国土交通省告示第195号〕

1時間準耐火基準に適合する主要構造部の構造方法を定める件

最終改正　令和2年8月28日国土交通省告示第821号

　建築基準法施行令（昭和25年政令第338号）第112条第2項の規定に基づき、1時間準耐火基準に適合する主要構造部の構造方法を定める件を次のように定める。

　建築基準法施行令（以下「令」という。）第112条第2項に規定する1時間準耐火基準に適合する主要構造部の構造方法は次のとおりとする。

第1　壁の構造方法は、次に定めるもの（第一号ハ及びニ並びに第三号ハ及びニに定める構造方

法にあっては、取合いの部分、目地の部分その他これらに類する部分（以下「取合い等の部分」という。）を、当該取合い等の部分の裏面に当て木を設けることその他の当該建築物の内部への炎の侵入を有効に防止することができる構造とするものに限る。）とする。

一　令第112条第2項第一号及び第二号に定める基準に適合する耐力壁である間仕切壁の構造方法にあっては、次に定めるものとする。

イ　耐火構造とすること。

ロ　特定準耐火構造（通常火災終了時間が1時間以上である建築物の主要構造部（建築基準法（昭和25年法律第201号。以下「法」という。）第21条第1項に規定する構造方法を用いるもの又は同項の規定による認定を受けたものに限る。）又は特定避難時間が1時間以上である建築物の主要構造部（法第27条第1項に規定する構造方法を用いるもの又は同項の規定による認定を受けたものに限る。）の構造方法をいう。以下同じ。）とすること。

ハ　間柱及び下地を木材で造り、かつ、その両側にそれぞれ次の(1)から(7)までのいずれかに該当する防火被覆が設けられたものとすること。

(1)　平成12年建設省告示第1399号第1第二号ヘ(1)から(3)までのいずれかに該当するもの

(2)　厚さが12mm以上のせっこうボード（強化せっこうボードを含む。以下同じ。）を2枚以上張ったもの

(3)　厚さが8mm以上のスラグせっこう系セメント板の上に厚さが12mm以上のせっこうボードを張ったもの

(4)　厚さが16mm以上の強化せっこうボード

(5)　厚さが12mm以上の強化せっこうボードの上に厚さが9mm以上のせっこうボード又は難燃合板を張ったもの

(6)　厚さが9mm以上のせっこうボード又は難燃合板の上に厚さが12mm以上の強化せっこうボードを張ったもの

(7)　厚さが35mm以上の軽量気泡コンクリートパネル

ニ　間柱及び下地を木材又は鉄材で造り、かつ、その両側にハ(1)から(6)までのいずれかに該当する防火被覆が設けられた構造（間柱及び下地を木材のみで造ったものを除く。）とすること。

ホ　構造用集成材、構造用単板積層材又は直交集成板（それぞれ集成材の日本農林規格（平成19年農林水産省告示第1152号）第2条、単板積層材の日本農林規格（平成20年農林水産省告示第701号）第1部箇条3又は直交集成板の日本農林規格（平成25年農林水産省告示第3079号）箇条3に規定する使用環境A又はBの表示をしてあるものに限る。以下同じ。）を使用し、かつ、次に掲げる基準に適合する構造とすること。

(1)　当該壁の接合部の構造方法が、次に定める基準に従って、通常の火災時の加熱に対して耐力の低下を有効に防止することができる構造であること。

(ⅰ)　接合部のうち木材で造られた部分の片側（当該壁が面する室内において発生する火災による火熱が当該壁の両側に同時に加えられるおそれがある場合にあっては、両側。以下同じ。）の表面（木材その他の材料で防火上有効に被覆された部分を除く。）から内側に、次の(一)又は(二)に掲げる場合の区分に応じ、それぞれ当該(一)又は(二)に定める値の部分が除かれたときの残りの部分が、当該接合部の存在応力を伝えることがで

きる構造であること。

（一）　構造用集成材、構造用単板積層材又は直交集成板に使用する接着剤（以下単に「接着剤」という。）として、フェノール樹脂、レゾルシノール樹脂又はレゾルシノール・フェノール樹脂（以下「フェノール樹脂等」という。）を使用する場合（構造用集成材又は直交集成板を使用する場合にあっては、ラミナの厚さが 12 mm 以上の場合に限る。）　4.5 cm

（二）　接着剤として、フェノール樹脂等以外のものを使用する場合（構造用集成材又は直交集成板を使用する場合にあっては、ラミナの厚さが 21 mm 以上の場合に限る。）　6 cm

(ii)　接合部にボルト、ドリフトピン、釘、木ねじその他これらに類するものを用いる場合においては、これらが木材その他の材料で防火上有効に被覆されていること。

(iii)　接合部に鋼材の添え板その他これに類するものを用いる場合においては、これらが埋め込まれ、又は挟み込まれていること。ただし、木材その他の材料で防火上有効に被覆されている場合においては、この限りでない。

(2)　当該壁を有する建築物全体が、次に定める基準に従った構造計算によって通常の火災により容易に倒壊するおそれのないことが確かめられた構造であること。

(i)　主要構造部である壁のうち木材で造られた部分の表面（木材その他の材料で防火上有効に被覆された部分を除く。）から内側に、(1)(i)(一)又は(二)に掲げる場合の区分に応じ、それぞれ当該(一)又は(二)に定める値の部分が除かれたときの残りの断面（(ii)において「残存断面」という。）について、令第82条第二号の表に掲げる長期の組合せによる各応力の合計により、長期応力度を計算すること。

(ii)　(i)によって計算した長期応力度が、残存断面について令第94条の規定に基づき計算した短期の許容応力度を超えないことを確かめること。

(3)　取合い等の部分を、当該取合い等の部分の裏面に当て木を設けることその他の当該建築物の内部への炎の侵入を有効に防止することができる構造とすること。

二　令第112条第2項第二号に定める基準に適合する非耐力壁である間仕切壁の構造方法にあっては、次に定めるものとする。

イ　耐火構造とすること。

ロ　特定準耐火構造とすること。

ハ　前号ハ又はニに定める構造とすること。

ニ　構造用集成材、構造用単板積層材又は直交集成板を使用し、かつ、次に掲げる基準に適合する構造とすること。

(1)　壁の厚さが、次の(i)又は(ii)に掲げる場合の区分に応じ、それぞれ当該(i)又は(ii)に定める値以上であること。

(i)　接着剤として、フェノール樹脂等を使用する場合（構造用集成材を使用する場合にあってはラミナの厚さが 12 mm 以上の場合に限り、直交集成板を使用する場合にあってはラミナの厚さが 12 mm 以上で、かつ、加熱面の表面から 4.5 cm の部分が除かれたときに、互いに接着された平行層と直交層が存在する場合に限る。）　7.5 cm

(ii)　接着剤として、フェノール樹脂等以外のものを使用する場合（構造用集成材を使用

する場合にあってはラミナの厚さが21mm以上の場合に限り、直交集成板を使用する場合にあってはラミナの厚さが21mm以上で、かつ、加熱面の表面から6cmの部分が除かれたときに、互いに接着された平行層と直交層が存在する場合に限る。）

9cm

⑵　取合い等の部分を、当該取合い等の部分の裏面に当て木を設けることその他の当該建築物の内部への炎の侵入を有効に防止することができる構造とすること。

三　令第112条第2項に定める基準に適合する耐力壁である外壁の構造方法にあっては、次に定めるものとする。

イ　耐火構造とすること。

ロ　特定準耐火構造とすること。

ハ　間柱及び下地を木材で造り、その屋外側の部分に次の⑴から⑹までのいずれかに該当する防火被覆が設けられ、かつ、その屋内側の部分に第一号ハ⑴から⑺までのいずれかに該当する防火被覆が設けられた構造とすること。

⑴　平成12年建設省告示第1399号第1第二号ヘ⑴から⑶までのいずれかに該当する防火被覆（同号ヘ⑴又は⑵に該当するものにあっては、当該防火被覆の上に金属板、軽量気泡コンクリートパネル若しくは窯業系サイディングを張ったもの又はモルタル若しくはしっくいを塗ったものに限る。）

⑵　厚さが18mm以上の硬質木片セメント板

⑶　塗厚さが20mm以上の鉄網モルタル

⑷　塗厚さが20mm以上の鉄網軽量モルタル（モルタル部分に含まれる有機物の量が当該部分の重量の8％以下のものに限る。以下同じ。）

⑸　第一号ハ⑺に該当するもの

⑹　厚さが12mm以上の硬質木片セメント板の上に厚さが10mm以上の鉄網軽量モルタルを塗ったもの

ニ　間柱及び下地を木材又は鉄材で造り、その屋外側の部分にハ⑴から⑶までのいずれかに該当する防火被覆が設けられ、かつ、その屋内側の部分に第一号ハ⑴から⑹までのいずれかに該当する防火被覆が設けられた構造（間柱及び下地を木材のみで造ったものを除く。）とすること。

ホ　第一号ホに定める構造とすること。

四　令第112条第2項第二号及び第三号に定める基準に適合する非耐力壁である外壁の延焼のおそれのある部分の構造方法にあっては、次に定めるものとする。

イ　耐火構造とすること。

ロ　特定準耐火構造とすること。

ハ　前号ハ又はニに定める構造とすること。

ニ　第二号ニに定める構造とすること。

第2　令第112条第2項第一号に定める基準に適合する柱の構造方法は、次に定めるものとする。

一　耐火構造とすること。

二　特定準耐火構造とすること。

三　第1第一号ハ⑵から⑹までのいずれかに該当する防火被覆を設け、又は次に掲げる基準に

適合する構造とすること。

イ　令第46条第2項第一号イ及びロに掲げる基準に適合していること。

ロ　当該柱を接合する継手又は仕口が、昭和62年建設省告示第1901号に定める基準に従って、通常の火災時の加熱に対して耐力の低下を有効に防止することができる構造であること。この場合において、同告示第一号イ中「2.5cm」とあるのは「4.5cm」と、同号ロ中「3cm」とあるのは「6cm」と読み替えるものとする。第4第三号ロにおいて同じ。

ハ　当該柱を有する建築物全体が、昭和62年建設省告示第1902号に定める基準に従った構造計算によって通常の火災により容易に倒壊するおそれのないことが確かめられた構造であること。この場合において、同告示第二号イ中「2.5cm」とあるのは「4.5cm」と、同号ロ中「3cm」とあるのは「6cm」と読み替えるものとする。第4第三号ハにおいて同じ。

ニ　取合い等の部分を、当該取合い等の部分の裏面に当て木を設けることその他の当該建築物の内部への炎の侵入を有効に防止することができる構造とすること。

第3　令第112条第2項第一号及び第二号に定める基準に適合する床の構造方法は、次に定めるもの（第三号に定める構造方法にあっては、取合い等の部分を、当該取合い等の部分の裏面に当て木を設けることその他の当該建築物の内部への炎の侵入を有効に防止することができる構造とするものに限る。）とする。

一　耐火構造とすること。

二　特定準耐火構造とすること。

三　根太及び下地を木材又は鉄材で造り、かつ、次に掲げる基準に適合する構造とすること。

イ　表側の部分に次の(1)から(4)までのいずれかに該当する防火被覆が設けられていること。

(1)　厚さが12mm以上の構造用合板、構造用パネル、パーティクルボード、デッキプレートその他これらに類するもの（以下「合板等」という。）の上に厚さが12mm以上のせっこうボード、硬質木片セメント板又は軽量気泡コンクリートパネルを張ったもの

(2)　厚さが12mm以上の合板等の上に厚さ12mm以上モルタル、コンクリート（軽量コンクリート及びシンダーコンクリートを含む。以下同じ。）又はせっこうを塗ったもの

(3)　厚さ40mm以上の木材

(4)　畳（ポリスチレンフォームの畳床を用いたものを除く。）

ロ　裏側の部分又は直下の天井に次の(1)から(4)までのいずれかに該当する防火被覆が設けられていること。

(1)　厚さが12mm以上のせっこうボードを2枚以上張ったもの（その裏側に厚さが50mm以上のロックウール（かさ比重が0.024以上のものに限る。以下同じ。）又はグラスウール（かさ比重が0.024以上のものに限る。以下同じ。）を設けたものに限る。）

(2)　厚さが12mm以上の強化せっこうボードを2枚以上張ったもの

(3)　厚さが15mm以上の強化せっこうボード（その裏側に厚さが50mm以上のロックウール又はグラスウールを設けたものに限る。）

(4)　厚さが12mm以上の強化せっこうボードの上に厚さが9mm以上のロックウール吸音板を張ったもの

四　構造用集成材、構造用単板積層材又は直交集成板を使用し、かつ、次に掲げる基準に適合

する構造とすること。

イ　当該床の接合部の構造方法が、次に定める基準に従って、通常の火災時の加熱に対して耐力の低下を有効に防止することができる構造であること。

(1)　接合部のうち木材で造られた部分の表面（木材その他の材料で防火上有効に被覆された部分を除く。）から内側に、次の(i)又は(ii)に掲げる場合の区分に応じ、それぞれ当該(i)又は(ii)に定める値の部分が除かれたときの残りの部分が、当該接合部の存在応力を伝えることができる構造であること。

(i)　接着剤として、フェノール樹脂等を使用する場合（構造用集成材又は直交集成板を使用する場合にあっては、ラミナの厚さが12mm以上の場合に限る。）　4.5cm

(ii)　接着剤として、フェノール樹脂等以外のものを使用する場合（構造用集成材又は直交集成板を使用する場合にあっては、ラミナの厚さが21mm以上の場合に限る。）　6cm

(2)　接合部にボルト、ドリフトピン、釘、木ねじその他これらに類するものを用いる場合においては、これらが木材その他の材料で防火上有効に被覆されていること。

(3)　接合部に鋼材の添え板その他これに類するものを用いる場合においては、これらが埋め込まれ、又は挟み込まれていること。ただし、木材その他の材料で防火上有効に被覆されている場合においては、この限りでない。

ロ　当該床を有する建築物全体が、次に定める基準に従った構造計算によって通常の火災により容易に倒壊するおそれのないことが確かめられた構造であること。

(1)　主要構造部である床のうち木材で造られた部分の表面（木材その他の材料で防火上有効に被覆された部分を除く。）から内側に、イ(1)(i)又は(ii)に掲げる場合の区分に応じ、それぞれ当該(i)又は(ii)に定める値の部分が除かれたときの残りの断面（(2)において「残存断面」という。）について、令第82条第二号の表に掲げる長期の組合せによる各応力の合計により、長期応力度を計算すること。

(2)　(1)によって計算した長期応力度が、残存断面について令第94条の規定に基づき計算した短期の許容応力度を超えないことを確かめること。

ハ　取合い等の部分を、当該取合い等の部分の裏面に当て木を設けることその他の当該建築物の内部への炎の侵入を有効に防止することができる構造とすること。

第4　令第112条第2項第一号に定める基準に適合するはりの構造方法は、次に定めるものとする。

一　耐火構造とすること。

二　特定準耐火構造とすること。

三　第3第三号ロ(1)から(4)までのいずれかに該当する防火被覆を設け、又は次に掲げる基準に適合する構造とすること。

イ　令第46条第2項第一号イ及びロに掲げる基準に適合していること。

ロ　当該はりを接合する継手又は仕口が、昭和62年建設省告示第1901号に定める基準に従って、通常の火災時の加熱に対して耐力の低下を有効に防止することができる構造であること。

ハ　当該はりを有する建築物全体が、昭和62年建設省告示第1902号に定める基準に従った構

造計算によって、通常の火災により容易に倒壊するおそれのないことが確かめられた構造であること。

　　ニ　取合い等の部分を、当該取合い等の部分の裏面に当て木を設けることその他の当該建築物の内部への炎の侵入を有効に防止することができる構造とすること。

第5　令第112条第2項第二号に定める基準に適合する軒裏の構造方法は、次に定めるもの（第二号に定める構造方法にあっては、取合い等の部分を、当該取合い等の部分の裏面に当て木を設けることその他の当該建築物の内部への炎の侵入を有効に防止することができる構造とするものに限る。）とする。

　一　特定準耐火構造とすること。

　二　次のいずれかに該当する防火被覆が設けられた構造とすること。

　　イ　厚さが15mmの強化せっこうボードの上に金属板を張ったもの

　　ロ　繊維強化セメント板（けい酸カルシウム板に限る。）を2枚以上張ったもので、その厚さの合計が16mm以上のもの

　　ハ　第1第三号ハ(2)から(4)まで又は(6)のいずれかに該当するもの

　三　野地板（厚さが30mm以上のものに限る。）及びたるきを木材で造り、これらと外壁（軒桁を含む。）との隙間に次のいずれかに該当する防火被覆を設け、かつ、たるきと軒桁との取合い等の部分を、当該取合い等の部分にたるき欠きを設けることその他の当該建築物の内部への炎の侵入を有効に防止することができる構造とすること。

　　イ　厚さが12mm以上の木材の面戸板の屋内側に厚さが40mm以上のしっくい、土又はモルタル（ロにおいて「しっくい等」という。）を塗ったもの

　　ロ　厚さが30mm以上の木材の面戸板の屋内側又は屋外側に厚さが20mm以上のしっくい等を塗ったもの（屋内側にしっくい等を塗ったものにあっては、火災により当該面戸板が除かれた場合に当該しっくい等が自立する構造であるものに限る。）

　　　附　則

1　この告示は、建築基準法の一部を改正する法律（平成30年法律第67号）の施行の日（令和元年6月25日）から施行する。

2　主要構造部を木造とすることができる大規模の建築物の主要構造部の構造方法を定める件（平成27年国土交通省告示第253号）は、廃止する。

〔令和2年4月1日国土交通省告示第522号〕
通常の火災時において相互に火熱による防火上有害な影響を及ぼさない建築物の2以上の部分の構造方法を定める件

　建築基準法施行令（昭和25年政令第338号）第112条第3項の規定に基づき、通常の火災時において相互に火熱による防火上有害な影響を及ぼさない建築物の2以上の部分の構造方法を次のように定める。

　建築基準法施行令（以下「令」という。）第112条第3項に規定する通常の火災時において相互に火熱による防火上有害な影響を及ぼさない建築物の2以上の部分の構造方法は、次に定めるも

のとする。

一　当該2以上の部分を、次に掲げる基準に適合する特定空間部分（令第112条第3項に規定する空間部分をいい、当該部分に階段（令第120条又は第121条の規定による直通階段（令第123条第1項又は第2項の規定による避難階段及び同条第3項の規定による特別避難階段を除く。）を除く。）の部分（当該部分からのみ人が出入りすることのできる便所、公衆電話所その他これらに類するものを含む。）又は昇降機の昇降路の部分（当該昇降機の乗降のためのロビーの部分を含む。）がある場合においては、これらの部分を含む。以下同じ。）に接する部分（特定空間部分と床で区画されたものを除く。）とすること。

イ　居室（玄関ホール、ロビーその他これらに類するものを除く。）を有しないこと。

ロ　高さが6m以上の吹抜きとなっている部分であること。

ハ　各階における水平断面が直径6m以上の円が内接することができるものであること。

ニ　壁及び天井（天井のない場合においては、屋根。以下同じ。）の室内に面する部分（回り縁、窓台その他これらに類する部分を除く。）の仕上げを準不燃材料でしたものであること。

ホ　特定空間部分に接する部分（特定空間部分と耐火構造の床若しくは壁又は特定防火設備で区画されたものを除く。トにおいて同じ。）が、廊下その他の通路であって、壁及び天井の室内に面する部分の仕上げを準不燃材料でしたもの（以下「廊下等」という。）であること。

ヘ　特定空間部分に接する部分（特定空間部分と床で区画されたものを除く。チ(5)(ii)及び次号において同じ。）の最下階の特定廊下等（特定空間部分に接する廊下等をいい、特定空間部分と耐火構造の床若しくは壁又は特定防火設備で区画されたものを除く。以下同じ。）の幅が4.6m以上であること。

ト　特定空間部分と特定空間部分に接する部分とが特定防火設備で区画されているものとみなして令第112条第1項の規定を適用した場合において、特定空間部分がいずれの階においても2以上のみなし防火区画部分（同項の規定により耐火構造の床若しくは壁又は特定防火設備で区画された部分であって、特定空間部分と特定防火設備で区画されているものとみなされたものをいう。以下このトにおいて同じ。）に接しないこと。ただし、みなし防火区画部分が当該部分の存する階において他のみなし防火区画部分に接しない場合（当該みなし防火区画部分と特定空間部分との接点と当該他のみなし防火区画部分と特定空間部分との接点とを結んだ線の長さの最小値が6m以上である場合に限る。）にあっては、この限りではない。

チ　次に定める構造とした排煙設備を設けたものであること。

(1)　令第126条の3第1項第二号、第七号及び第十号から第十二号までの規定に適合すること。

(2)　排煙口は、特定空間部分の天井の高さの$\frac{1}{2}$以上の高さの位置に設け、直接外気に接する場合を除き、排煙風道に直結すること。

(3)　排煙口には、常時外気に開放された構造である場合を除き、手動開放装置（令第126条の3第1項第五号に定める構造であるものに限る。以下この(3)において同じ。）又は遠隔操作方式による開放装置及び手動開放装置又は煙感知器と連動する自動開放装置を

設けること。

(4)　排煙口には、常時外気に開放された構造である場合を除き、(3)の手動開放装置若しくは煙感知器と連動する自動開放装置又は遠隔操作方式による開放装置により開放された場合を除き閉鎖状態を保持し、かつ、開放時に排煙に伴い生ずる気流により閉鎖されるおそれのない構造の戸その他これに類するものを設けること。

(5)　排煙口が直接外気に接する場合を除き、次に定める構造とした排煙機を設けること。

(i)　一の排煙口の開放に伴い自動的に作動するものとすること。

(ii)　次の式によって計算した排煙風量以上の空気を排出する能力を有するものとすること。

$$v = 1.23\,m$$

> この式において、v 及び m は、それぞれ次の数値を表すものとする。
>
> v　排煙風量（単位　m³/秒）
>
> m　次に掲げる式によって計算した各火災部分（特定部分（特定廊下等に接する特定空間部分以外の部分（当該特定廊下等と耐火構造の床若しくは壁又は特定防火設備で区画された部分を除く。）であって、特定廊下等以外の部分と耐火構造の床若しくは壁又は特定防火設備で区画された部分をいう。以下同じ。）又は特定空間部分をいう。以下同じ。）で火災が発生した場合の特定空間部分における熱気流の質量流量のうち最大のもの（単位　kg/秒）
>
> $$mi = max\left[\frac{Q}{140} - 0.015\{Ac + Lw\,(Hc - 1.8)\},\right.$$
> $$\left. 0.08Q^{1/3}\,(0.4Hop\,(max) + z_0 + 1.8)^{5/3}\right]$$
>
> > この式において、mi、Q、Ac、Lw、Hc、$Hop\,(max)$ 及び z_0 は、それぞれ次の数値を表すものとする。
> >
> > mi　各火災部分で火災が発生した場合の特定空間部分における熱気流の質量流量（単位　kg/秒）
> >
> > Q　当該火災部分の種類に応じ、それぞれ次の表に掲げる式によって計算した特定空間部分における1秒間当たりの発熱量（単位　kW）
> >
> > | 当該火災部分の種類 | 特定空間部分における
1秒間当たりの発熱量 |
> > | --- | --- |
> > | 特定部分 | $Q = Qd + max\,(1000\,qb - qv,\ 0)$ |
> > | 特定空間部分 | $Q = 3000$ |
> >
> > > この表において、Q、Qd、qb 及び qv は、それぞれ次の数値を表すものとする。
> > >
> > > Q　特定空間部分における1秒間当たりの発熱量（単位　kW）
> > >
> > > Qd　次の式によって計算した当該火災部分からの噴出熱気流の運搬熱量（単位　kW）

$$Qd = md（Tf - 20）$$

この式において、Qd、md 及び Tf は、それぞれ次の数値を表すものとする。

Qd　当該火災部分からの噴出熱気流の運搬熱量（単位　kW）

md　次の式によって計算した当該火災部分からの噴出熱気流の質量流量（単位　kg/秒）

$$md = 0.5 Hop(max)^{1/2} Aop'$$

この式において、md、$Hop(max)$ 及び Aop' は、それぞれ次の数値を表すものとする。

md　当該火災部分からの噴出熱気流の質量流量（単位　kg/秒）

$Hop(max)$　当該火災部分の特定廊下等に面する壁に設けた各開口部の下端のうち最も低い位置から当該各開口部の上端のうち最も高い位置までの高さ（単位　m）

Aop'　当該火災部分の特定廊下等に面する壁に設けた開口部の開口面積の合計（単位　m²）

Tf　次の式によって計算した当該火災部分の温度（単位　度）

$$Tf = \alpha \, tf^{1/6} + 20$$

この式において、Tf、α 及び tf は、それぞれ次の数値を表すものとする。

Tf　当該火災部分の温度（単位　度）

α　平成12年建設省告示第1433号（以下この(ii)において「耐火性能検証法告示」という。）第3第一号イ(2)に掲げる式によって計算した当該火災部分における火災温度上昇係数

tf　次の式によって計算した当該火災部分における火災継続時間（単位　分）

$$tf = \frac{Qr}{60qb}$$

この式において、tf、Qr 及び qb は、それぞれ次の数値を表すものとする。

　　　　　　　　　　tf　当該火災部分における火災継
　　　　　　　　　　　続時間（単位　分）

　　　　　　　　　　Qr　耐火性能検証法告示第1第1
　　　　　　　　　　　項に掲げる式によって計算した
　　　　　　　　　　　当該火災部分内の可燃物の発熱
　　　　　　　　　　　量（単位　MJ）

　　　　　　　　　　qb　耐火性能検証法告示第2に掲
　　　　　　　　　　　げる式によって計算した当該火
　　　　　　　　　　　災部分内の可燃物の1秒間当た
　　　　　　　　　　　りの発熱量（単位　MW）

　　qb　耐火性能検証法告示第2に掲げる式によって計算した当
　　　該火災部分内の可燃物の1秒間当たりの発熱量（単位
　　　MW）

　　qv　次の式によって計算した噴出火炎の1秒間当たりの発生
　　　限界発熱量（単位　kW）

$$qv = 150 A_T{}^{2/5} fop^{3/5}$$

　　　　この式において、*qv*、A_T 及び *fop* は、それぞれ次の数
　　　値を表すものとする。

　　　　　qv　噴出火炎の1秒間当たりの発生限界発熱量（単
　　　　　　位　kW）

　　　　　A_T　当該火災部分の壁、床及び天井の室内に面する
　　　　　　部分の表面積（単位　m²）

　　　　　fop　次の式によって計算した当該火災部分の壁に設
　　　　　　けた各開口部（特定廊下等に面する壁に設けたも
　　　　　　の又は直接外気に接するものに限る。以下この(ii)
　　　　　　において同じ。）の開口因子の合計（単位　m⁵/²）

　　　　　$$fop = \sum \left(Aop \sqrt{Hop} \right)$$

　　　　　　この式において、*fop*、*Aop* 及び *Hop* は、そ
　　　　　　れぞれ次の数値を表すものとする。

　　　　　　　fop　当該火災部分の壁に設けた各開口部の
　　　　　　　　開口因子の合計（単位　m⁵/²）

　　　　　　　Aop　当該開口部の面積（単位　m²）

　　　　　　　Hop　当該開口部の高さ（単位　m）

　　Ac　特定空間部分の天井の室内に面する部分の表面積（単位　m²）

　　Lw　当該火災部分の存する階（当該火災部分が特定空間部分である
　　　場合にあっては、特定空間部分に接する部分の最下階。以下この(ii)

において「出火階」という。）の直上階以上の各階における特定空間部分の周長の平均（単位　m）

Hc　当該火災部分の種類に応じ、それぞれ次の表に定める高さ（単位　m）

当該火災部分の種類	高さ
特定部分	当該火災部分の特定廊下等に面する壁に設けた開口部の上端のうち最も高い位置から特定空間部分に接する部分の最上階に存する特定廊下等の天井までの高さ
特定空間部分	当該火災部分の床面の最も高い位置から当該火災部分に接する部分の最上階に存する特定廊下等の天井までの高さ

$Hop(max)$　当該火災部分の特定廊下等に面する壁に設けた各開口部の下端のうち最も低い位置から当該各開口部の上端のうち最も高い位置までの高さ（当該火災部分が特定空間部分である場合にあっては、0）（単位　m）

z_0　当該火災部分の種類に応じ、それぞれ次の表に掲げる式によって計算した距離（単位　m）

当該火災部分の種類	距離
特定部分	$z_0 = \dfrac{4.55md^{3/5}}{Qd^{1/5}}$
特定空間部分	$z_0 = 0$
この表において、z_0、md 及び Qd は、それぞれ次の数値を表すものとする。 　z_0　距離（単位　m） 　md　当該火災部分からの噴出熱気流の質量流量 　　　（単位　kg/秒） 　Qd　当該火災部分からの噴出熱気流の運搬熱量（単位　kW）	

(6)　排煙口が直接外気に接する場合にあっては、給気口（特定空間部分又は特定廊下等の特定空間部分の床面からの高さが1.8m以下の部分に設けたものであって、排煙口の開放に連動して自動的に開放され又は常時開放状態にあるものに限る。以下この(6)において同じ。）を設け、かつ、排煙口の開口面積は次の式によって計算した開口面積以上とすること。

$$Ae = \frac{1.22m}{\sqrt{max\left\{4.5\,(He-1.8)-\left(\dfrac{m}{Ad}\right)^2, 0.01\right\}}}$$

> この式において、Ae、m、He 及び Ad は、それぞれ次の数値を表すものとする。
>
> Ae　開口面積（単位　m²）
>
> m　(5)(ⅱ)に規定する各火災部分で火災が発生した場合の特定空間部分における熱気流の質量流量のうち最大のもの（単位　kg/秒）
>
> He　特定空間部分における熱気流の質量流量が最大となる火災部分の種類に応じ、それぞれ次の表に定める高さ（単位　m）
>
> | 特定空間部分における熱気流の質量流量が最大となる火災部分の種類 | 高さ |
> |---|---|
> | 特定部分 | 当該火災部分の特定廊下等に面する壁に設けた開口部の上端のうち最も高い位置から排煙口の中心までの高さ |
> | 特定空間部分 | 当該火災部分の床面の最も高い位置から排煙口の中心までの高さ |
>
> Ad　特定空間部分及び特定廊下等に設けた給気口の開口面積の合計（単位　m²）

二　当該2以上の部分を、次に掲げる方法によって、火炎の放射熱が、特定空間部分を通じて当該2以上の部分（火災が発生した部分を除く。）に防火上有害な影響を及ぼさないことが確かめられた構造とすること。

イ　各特定部分（特定空間部分に接する部分の最下階に存するものを除く。）について、次の式によって計算した特定空間部分で火災が発生した場合における火炎による各特定部分に対する放射熱が $8\,\mathrm{kw/m^2}$ 以下であることを確かめること。

$$I_1 = 81F_1$$

> この式において、I_1 及び F_1 は、それぞれ次の数値を表すものとする。
>
> I_1　火炎による各特定部分に対する放射熱（単位　kW/m²）
>
> F_1　特定空間部分の床面から当該特定部分の床面（当該特定部分に接する特定廊下等に腰壁（耐火構造の壁に用いる構造方法を用いるものに限る。以下この号において同じ。）がある場合にあっては、当該腰壁の上端。以下このイにおいて同じ。）までの高さに応じ、それぞれ次の表に掲げる式によって計算した火炎の放射面から当該特定部分への形態係数
>
> | 特定空間部分の床面から当該特定部分の床面までの高さ | 火炎の放射面から当該特定部分への形態係数 |
> |---|---|
> | 5.2 m 以上である場合 | $F_1 = 0$ |
> | 5.2 m 未満である場合 | $F_1 = \dfrac{1.5\,(5.2 - Hh)}{W_1 c^2 \pi \sqrt{\left\{1 + \dfrac{(5.2 - Hh)^2}{W_1 c^2 \pi}\right\}\left(1 + \dfrac{2.25}{W_1 c^2 \pi}\right)}}$ |
>
> この表において、F_1、Hh 及び W_1c は、それぞれ次の数値を表すものとする。

F_1　火炎の放射面から当該特定部分への形態係数

Hh　特定空間部分の床面から当該特定部分の床面までの高さ（単位　m）

W_1c　当該特定部分に接する特定廊下等の幅（単位　m）

ロ　各特定部分について、次の式によって計算した各特定部分で火災が発生した場合における火炎による当該特定部分の存する階の直上階の特定部分に対する放射熱が8 kW/m² 以下であることを確かめること。

$$I_2 = 81F_2$$

この式において、I_2 及び F_2 は、それぞれ次の数値を表すものとする。

I_2　火炎による当該特定部分の存する階の直上階の特定部分に対する放射熱（単位　kW/m²）

F_2　次の式によって計算した火炎の放射面から当該特定部分の存する階の直上階の特定部分への形態係数

$$F_2 = \frac{Lf\,Bop}{W_2c^2\,\pi\,\sqrt{\left(1 + \dfrac{Lf^2}{W_2c^2\,\pi}\right)\left(1 + \dfrac{Bop^2}{W_2c^2\,\pi}\right)}}$$

この式において、F_2、Lf、Bop 及び W_2c は、それぞれ次の数値を表すものとする。

F_2　火炎の放射面から当該特定部分の存する階の直上階の特定部分への形態係数

Lf　次の式によって計算した当該特定部分の存する階の直上階の床面（当該階に存する特定廊下等(当該特定部分と床で区画された特定部分に接するものに限る。)に腰壁がある場合にあっては、当該腰壁の上端。以下このロにおいて同じ。）から火炎の上端までの高さ（単位　m）

$$Lf = max\,(0.024Q'^{2/3}Bop^{-2/3} - Lh,\ 0)$$

この式において、Lf、Q'、Bop 及び Lh は、それぞれ次の数値を表すものとする。

Lf　当該特定部分の存する階の直上階の床面から火炎の上端までの高さ（単位　m）

Q'　前号(5)(ii)に掲げる式によって計算した当該特定部分が火災部分である場合の特定空間部分における1秒間当たりの発熱量（単位　kW）

Bop　当該特定部分の特定廊下等に面する壁に設けた開口部の幅の合計（単位　m）

Lh　当該特定部分の特定廊下等に面する壁に設けた開口部の上端のうち最も高い位置から当該特定部分の存する階の直上階の床面までの鉛直距離及び当該開口部から特定空間部分までの水

$$\left(\begin{array}{l} \quad\quad\text{平距離の合計（単位　m）} \\ Bop \quad \text{当該特定部分の特定廊下等に面する壁に設けた開口部の幅の合計} \\ \quad\quad \text{（単位　m）} \\ W_2c \quad \text{当該特定部分の存する階の直上階に存する特定廊下等（当該特定部} \\ \quad\quad \text{分と床で区画された特定部分に接するものに限る。）の幅（単位　m）} \end{array}\right)$$

附　則

この告示は、建築基準法施行令の一部を改正する政令（令和元年政令第181号）の施行の日（令和2年4月1日）から施行する。

〔平成26年8月22日国土交通省告示第860号〕

間仕切壁を準耐火構造としないこと等に関して防火上支障がない部分を定める件

最終改正　令和2年4月1日国土交通省告示第508号

建築基準法施行令（昭和25年政令第338号）第112条第2項〔現行＝第112条第4項＝令和元年12月政令第181号により改正〕及び第114条第2項の規定に基づき、間仕切壁を準耐火構造としないこと等に関して防火上支障がない部分を次のように定める。

建築基準法施行令第112条第4項及び第114条第2項に規定する防火上支障がない部分は、居室の床面積が100 m² 以下の階又は居室の床面積 100 m² 以内ごとに準耐火構造の壁若しくは建築基準法（昭和25年法律第201号）第2条第九号の二ロに規定する防火設備で区画されている部分（これらの階又は部分の各居室（以下「各居室」という。）に消防法施行令（昭和36年政令第37号）第5条の6第二号に規定する住宅用防災報知設備若しくは同令第7条第3項第一号に規定する自動火災報知設備又は住宅用防災警報器及び住宅用防災報知設備に係る技術上の規格を定める省令（平成17年総務省令第11号）第2条第四号の三に規定する連動型住宅用防災警報器（いずれも火災の発生を煙により感知するものに限る。）を設けたものに限る。）で、次の各号のいずれかに該当するものとする。

一　各居室から直接屋外への出口等（屋外への出口若しくは避難上有効なバルコニーで、道若しくは道に通ずる幅員 50 cm 以上の通路その他の空地に面する部分又は準耐火構造の壁若しくは建築基準法第2条第九号の二ロに規定する防火設備で区画されている他の部分をいう。以下同じ。）へ避難することができること。

二　各居室の出口（各居室から屋外への出口等に通ずる主たる廊下その他の通路（以下「通路」という。）に通ずる出口に限る。）から屋外への出口等の一に至る歩行距離が8 m（各居室及び通路の壁（各居室の壁にあっては、床面からの高さが1.2 m 以下の部分を除く。）及び天井（天井のない場合においては、屋根）の室内に面する部分（回り縁、窓台その他これらに類する部分を除く。）の仕上げを難燃材料でした場合又は建築基準法施行令第128条の5第1項第一号ロに掲げる仕上げとした場合は、16 m）以下であって、各居室と通路とが間仕切壁及び戸（ふすま、障子その他これらに類するものを除き、常時閉鎖した状態にあるか、又は火

災により煙が発生した場合に自動的に閉鎖するものに限る。）で区画されていること。

〔平成28年4月22日国土交通省告示第694号〕
強化天井の構造方法を定める件

最終改正　令和2年4月1日国土交通省告示第508号

建築基準法施行令（昭和25年政令第338号）第112条第2項第一号〔現行＝第112条第4項第一号＝令和元年12月政令第181号により改正〕の規定に基づき、強化天井の構造方法を次のように定める。

建築基準法施行令（以下「令」という。）第112条第4項第一号に規定する強化天井の構造方法は、次に掲げる基準に適合するものとする。

一　強化せっこうボード（ボード用原紙を除いた部分のせっこうの含有率を95％以上、ガラス繊維の含有率を0.4％以上とし、かつ、ひる石の含有率を2.5％以上としたものに限る。）を2枚以上張ったもので、その厚さの合計が36mm以上のものが設けられていること。

二　給水管、配電管その他の管が強化天井を貫通する場合においては、当該管と強化天井との隙間をロックウールその他の不燃材料で埋めるとともに、当該管の構造を令第129条の2の4第1項第七号イからハまでのいずれかに適合するものとすること。この場合において、同号ハ中「20分間（第112条第1項若しくは第4項から第6項まで、同条第7項（同条第8項の規定により床面積の合計200 m²以内ごとに区画する場合又は同条第9項の規定により床面積の合計500 m²以内ごとに区画する場合に限る。）、同条第10項（同条第8項の規定により床面積の合計200 m²以内ごとに区画する場合又は同条第9項の規定により床面積の合計500 m²以内ごとに区画する場合に限る。）若しくは同条第18項の規定による準耐火構造の床若しくは壁又は第113条第1項の防火壁若しくは防火床にあつては1時間、第114条第1項の界壁、同条第2項の間仕切壁又は同条第3項若しくは第4項の隔壁にあつては45分間）」とあるのは、「1時間」と読み替えるものとする。ただし、1時間準耐火基準に適合する準耐火構造の床若しくは壁又は特定防火設備で建築物の他の部分と区画されたパイプシャフト、パイプダクトその他これらに類するものの中にある部分については、この限りでない。

三　換気、暖房又は冷房の設備の風道が強化天井を貫通する場合においては、当該風道の強化天井を貫通する部分又はこれに近接する部分に令第112条第21項に規定する構造の特定防火設備を設けていること。

四　防火被覆の取合いの部分、目地の部分その他これらに類する部分が、当該部分の裏面に当て木が設けられている等天井裏への炎の侵入を有効に防止することができる構造であること。

　　　附　則

この告示は、平成28年6月1日から施行する。

〔令和2年2月27日国土交通省告示第198号〕
10分間防火設備の構造方法を定める件

最終改正　令和2年4月1日国土交通省告示第508号

　建築基準法施行令（昭和25年政令第338号）第112条第11項ただし書〔現行＝第112条第12項ただし書＝令和元年12月政令第181号により改正〕の規定に基づき、10分間防火設備の構造方法を次のように定める。

第1　建築基準法施行令第112条第12項ただし書に規定する10分間防火設備の構造方法は、次に定めるものとする。

　一　建築基準法（昭和25年法律第201号。以下「法」という。）第2条第九号の二ロに規定する防火設備とすること。

　二　通常の火災による火熱が加えられた場合に、加熱開始後10分間当該加熱面以外の面に火炎を出さないものとして、法第61条の規定による国土交通大臣の認定を受けた防火設備とすること。

　三　次に掲げる基準に適合するものとすること。

　　イ　補強材（鉄材又は鋼材で造られたものに限る。）の両面にそれぞれ厚さが0.5mm以上の鉄板又は鋼板（ハにおいて「表面材」という。）が堅固に取り付けられたものであること。

　　ロ　充填材を用いる場合にあっては、防火上支障のない性能を有するものが用いられたものであること。

　　ハ　ガラスを用いる場合にあっては、次に掲げる場合の区分に応じ、それぞれ次に定める基準に適合するものであること。

　　（1）　枠に鉄材若しくは鋼材を用いる場合又は枠を設けない場合　次の(i)又は(ii)のいずれかに該当する構造であること。

　　（i）　網入りガラス（網入りガラスを用いた複層ガラスを含む。）を用いたもの

　　（ii）　次に掲げる基準に適合するもの

　　　㈠　はめごろし戸であること。

　　　㈡　次のいずれかに該当するガラスが用いられたものであること。

　　　　(イ)　強化ガラス（厚さが5mm以上であり、かつ、表面圧縮応力が140MPa以上であるものに限る。(2)において同じ。）

　　　　(ロ)　耐熱強化ガラス（厚さが5mm以上であり、かつ、エッジ強度が250MPa以上であるものに限る。(2)において同じ。）

　　　　(ハ)　耐熱結晶化ガラス（主たる構成物質が二酸化けい素、酸化アルミニウム及び酸化リチウムであるガラスをいい、厚さが5mm以上であり、かつ、線膨張係数が摂氏30度から摂氏750度までの範囲において、1度につき0±0.0000005であるものに限る。(2)において同じ。）

　　　㈢　幅が700mm以下で高さが2,100mm以下の開口部に取り付けられたものであること。

　　　㈣　火災時においてガラスが脱落しないよう、次に掲げる方法によりガラスが枠（枠を設けない場合にあっては、表面材。(イ)において同じ。）に取り付けられたもので

あること。

　(イ)　ガラスを鉄材、鋼材又はアルミニウム合金材で造られた厚さが1mm以上の取付部材（ガラスを枠に取り付けるために設置される部材をいう。(2)において同じ。）により枠に堅固に取り付けること。

　(ロ)　ガラスの下にセッティングブロックを設けること。

　(ハ)　ガラスの取付部分に含まれる部分の長さを6mm以上とすること。

　(五)　火災時においてガラスの取付部分に隙間が生じないよう、取付部分にシーリング材又はグレイジングガスケットで、難燃性を有するもの（シリコーン製であるものに限る。(2)において同じ。）がガラスの全周にわたって設置されたものであること。

　(六)　枠に鉄材又は鋼材を用いる場合にあっては、表面材の枠に含まれる部分の長さが2mm以上であること。

(2)　枠にアルミニウム合金材を用いる場合　次に掲げる基準に適合するものであること。

　(i)　はめごろし戸であること。

　(ii)　次のいずれかに該当するガラスが用いられたものであること。

　　(一)　網入りガラス

　　(二)　強化ガラス

　　(三)　耐熱強化ガラス

　　(四)　耐熱結晶化ガラス

　(iii)　幅が700mm以下で高さが2,100mm以下の開口部に取り付けられたものであること。

　(iv)　火災時においてガラスが脱落しないよう、次に掲げる方法によりガラスが枠に取り付けられたものであること。

　　(一)　ガラスを鉄材、鋼材又はアルミニウム合金材で造られた厚さが1mm以上の取付部材により枠に堅固に取り付けること。

　　(二)　ガラスの下にセッティングブロックを設けること。

　　(三)　ガラスの取付部分に含まれる部分の長さを6mm以上とすること。

　(v)　火災時においてガラスの取付部分に隙間が生じないよう、取付部分にシーリング材又はグレイジングガスケットで、難燃性を有するものがガラスの全周にわたって設置されたものであること。

　(vi)　表面材の枠に含まれる部分の長さが2mm以上であること。

第2　第1第三号に該当する防火設備は、周囲の部分（当該防火設備から屋内側に15cm以内の間に設けられた建具がある場合には、当該建具を含む。）が準不燃材料で造られた開口部に取り付けなければならない。

第3　防火戸が枠又は他の防火設備と接する部分は、相じゃくりとし、又は定規縁若しくは戸当りを設ける等閉鎖した際に隙間が生じない構造とし、かつ、防火設備の取付金物は、当該防火設備が閉鎖した際に露出しないように取り付けなければならない。

〔令和2年3月6日国土交通省告示第250号〕
警報設備を設けることその他これに準ずる措置の基準を定める件

建築基準法施行令（昭和25年政令第338号）第112条第18項ただし書の規定に基づき、警報設備を設けることその他これに準ずる措置の基準を次のように定める。

第1　この告示は、建築基準法（昭和25年法律第201号。以下「法」という。）第27条第1項各号、第2項各号又は第3項各号のいずれかに該当する建築物の部分（以下「特定用途部分」という。）を次に掲げる用途に供する場合であって、特定用途部分と特定用途部分に接する部分（特定用途部分の存する階にあるものを除く。）とを1時間準耐火基準に適合する準耐火構造とした床若しくは壁又は特定防火設備で区画し、かつ、特定用途部分に接する部分（特定用途部分の存する階にあるものに限る。第2において同じ。）を法別表第1（い）欄(1)項に掲げる用途又は病院、診療所（患者の収容施設があるものに限る。）若しくは児童福祉施設等（建築基準法施行令（以下「令」という。）第115条の3第一号に規定するものをいう。以下同じ。）（通所のみにより利用されるものを除く。）の用途に供しない場合について適用する。

一　ホテル

二　旅館

三　児童福祉施設等（通所のみにより利用されるものに限る。）

四　飲食店

五　物品販売業を営む店舗

第2　令第112条第18項ただし書に規定する警報設備を設けることその他これに準ずる措置の基準は、特定用途部分及び特定用途部分に接する部分に令第110条の5に規定する構造方法を用いる警報設備（自動火災報知設備に限る。）を同条に規定する設置方法により設けることとする。

　　　附　則

この告示は、建築基準法施行令の一部を改正する政令（令和元年政令第181号）の施行の日（令和2年4月1日）から施行する。

〔昭和48年12月28日建設省告示第2563号〕
防火区画に用いる防火設備等の構造方法を定める件

最終改正　令和2年4月1日国土交通省告示第508号

建築基準法施行令（昭和25年政令第338号）第112条第13項第一号〔現行＝第112条第19項第一号＝令和元年12月政令第181号により改正〕、第129条の13の2及び第136条の2第一号の規定に基づき、防火区画に用いる防火設備等の構造方法を次のように定める。

第1　建築基準法施行令（以下「令」という。）第112条第19項第一号に規定する同号イからニまでに掲げる要件（ニに掲げる要件にあつては、火災により煙が発生した場合に、自動的に閉鎖又は作動をするものであることに限る。）を満たす防火設備の構造方法は、次の各号のいずれ

かに定めるものとする。

一　次に掲げる基準に適合する常時閉鎖状態を保持する構造の防火設備とすること。

　イ　次の(1)又は(2)のいずれかに適合するものであること。

　　(1)　面積が3m²以内の防火戸で、直接手で開くことができ、かつ、自動的に閉鎖するもの（以下「常時閉鎖式防火戸」という。）であること。

　　(2)　面積が3m²以内の防火戸で、昇降路の出入口に設けられ、かつ、人の出入りの後20秒以内に閉鎖するものであること。

　ロ　当該防火設備が開いた後に再び閉鎖するに際して、次に掲げる基準に適合するものであること。ただし、人の通行の用に供する部分以外の部分に設ける防火設備にあつては、この限りでない。

　　(1)　当該防火設備の質量（単位　kg）に当該防火設備の閉鎖時の速度（単位　m/s）の2乗を乗じて得た値が20以下となるものであること。

　　(2)　当該防火設備の質量が15kg以下であること。ただし、水平方向に閉鎖をするものであつてその閉鎖する力が150N以下であるもの又は周囲の人と接触することにより停止するもの（人との接触を検知してから停止するまでの移動距離が5cm以下であり、かつ、接触した人が当該防火設備から離れた後に再び閉鎖又は作動をする構造であるものに限る。）にあつては、この限りでない。

二　次に掲げる基準に適合する随時閉鎖することができる構造の防火設備とすること。

　イ　当該防火設備が閉鎖するに際して、前号ロ(1)及び(2)に掲げる基準に適合するものであること。ただし、人の通行の用に供する部分以外の部分に設ける防火設備にあつては、この限りでない。

　ロ　居室から地上に通ずる主たる廊下、階段その他の通路に設けるものにあつては、当該防火設備に近接して当該通路に常時閉鎖式防火戸が設けられている場合を除き、直接手で開くことができ、かつ、自動的に閉鎖する部分を有し、その部分の幅、高さ及び下端の床面からの高さが、それぞれ、75cm以上、1.8m以上及び15cm以下である構造の防火設備とすること。

　ハ　煙感知器又は熱煙複合式感知器、連動制御器、自動閉鎖装置及び予備電源を備えたものであること。

　ニ　煙感知器又は熱煙複合式感知器は、次に掲げる基準に適合するものであること。

　　(1)　消防法（昭和23年法律第186号）第21条の2第1項の規定による検定に合格したものであること。

　　(2)　次に掲げる場所に設けるものであること。

　　　(i)　防火設備からの水平距離が10m以内で、かつ、防火設備と煙感知器又は熱煙複合式感知器との間に間仕切壁等がない場所

　　　(ii)　壁（天井から50cm以上下方に突出したたれ壁等を含む。）から60cm以上離れた天井等の室内に面する部分（廊下等狭い場所であるために60cm以上離すことができない場合にあつては、当該廊下等の天井等の室内に面する部分の中央の部分）

　　　(iii)　次に掲げる場所以外の場所

　　　　(イ)　換気口等の空気吹出口に近接する場所

　　㈡　じんあい、微粉又は水蒸気が多量に滞留する場所

　　㈋　腐食性ガスの発生するおそれのある場所

　　㈁　厨房等正常時において煙等が滞留する場所

　　㈎　排気ガスが多量に滞留する場所

　　㈭　煙が多量に流入するおそれのある場所

　　㈠　結露が発生する場所

　⑶　倉庫の用途に供する建築物で、その用途に供する部分の床面積の合計が5万m²以上のものの当該用途に供する部分に設ける火災情報信号（火災によつて生ずる熱又は煙の程度その他火災の程度に係る信号をいう。）を発信する煙感知器又は熱煙複合式感知器（スプリンクラー設備、水噴霧消火設備、泡消火設備その他これらに類するもので自動式のものを設けた部分に設けるものを除く。）にあつては、煙感知器又は熱煙複合式感知器に用いる電気配線が、次の(i)又は(ii)のいずれかに定めるものであること。

　　(i)　煙感知器又は熱煙複合式感知器に接続する部分に、耐熱性を有する材料で被覆することその他の短絡を有効に防止する措置を講じたもの

　　(ii)　短絡した場合にあつても、その影響が準耐火構造の床若しくは壁又は建築基準法（昭和25年法律第201号）第2条第九号の二ロに規定する防火設備で区画された建築物の部分でその床面積が3,000m²以内のもの以外の部分に及ばないように断路器その他これに類するものを設けたもの

ホ　連動制御器は、次に定めるものであること。

　⑴　煙感知器又は熱煙複合式感知器から信号を受けた場合に自動閉鎖装置に起動指示を与えるもので、随時、制御の監視ができるもの

　⑵　火災による熱により機能に支障をきたすおそれがなく、かつ、維持管理が容易に行えるもの

　⑶　連動制御器に用いる電気配線及び電線が、次に定めるものであるもの

　　(i)　昭和45年建設省告示第1829号第二号及び第三号に定める基準によるもの

　　(ii)　常用の電源の電気配線は、他の電気回路（電源に接続する部分及び消防法施行令（昭和36年政令第37号）第7条第3項第一号に規定する自動火災報知設備の中継器又は受信機に接続する部分を除く。）に接続しないもので、かつ、配電盤又は分電盤の階別主開閉器の電源側で分岐しているもの

ヘ　自動閉鎖装置は、次に定めるものであること。

　⑴　連動制御器から起動指示を受けた場合に防火設備を自動的に閉鎖させるもの

　⑵　自動閉鎖装置に用いる電気配線及び電線が、ホの⑶に定めるものであるもの

ト　予備電源は、昭和45年建設省告示第1829号第四号に定める基準によるものであること。

第2　令第112条第19項第一号に規定する同号イからニまでに掲げる要件（ニに掲げる要件にあつては、火災により温度が急激に上昇した場合に、自動的に閉鎖又は作動をするものであることに限る。）を満たす防火設備の構造方法は、次の各号のいずれかに定めるものとする。

一　第1第一号に定める構造の防火設備とすること。

二　次に掲げる基準に適合する随時閉鎖することができる構造の防火設備とすること。

　イ　第1第二号イ及びロに掲げる基準に適合すること。

　ロ　熱感知器又は熱煙複合式感知器と連動して自動的に閉鎖する構造のものにあつては、次に掲げる基準に適合すること。

　　⑴　熱感知器又は熱煙複合式感知器、連動制御器、自動閉鎖装置及び予備電源を備えたものであること。

　　⑵　熱感知器は、次に定めるものであること。

　　　（ⅰ）　消防法第21条の2第1項の規定による検定に合格した熱複合式若しくは定温式のもので特種の公称作動温度（補償式（熱複合式のもののうち多信号機能を有しないものをいう。）のものにあつては公称定温点、以下同じ。）が60度から70度までのもの（ボイラー室、厨房等最高周囲温度が50度を超える場所にあつては、当該最高周囲温度より20度高い公称作動温度のもの）

　　　（ⅱ）　第1第二号ニ⑵（ⅰ）及び（ⅱ）に掲げる場所に設けるもの

　　　（ⅲ）　第1第二号ニ⑶に定めるもの

　　⑶　熱煙複合式感知器は、次に定めるものであること。

　　　（ⅰ）　消防法第21条の2第1項の規定による検定に合格したもののうち、定温式の性能を有するもので特種の公称作動温度が60度から70度までのもの（ボイラー室等最高周囲温度が50度を超える場所にあつては、当該最高周囲温度より20度高い公称作動温度のもの）

　　　（ⅱ）　第1第二号ニ⑵に掲げる場所に設けられたもの

　　　（ⅲ）　第1第二号ニ⑶に定めるもの

　　⑷　連動制御器、自動閉鎖装置及び予備電源は、第1第二号ホからトまでに定めるものであること。

　ハ　温度ヒューズと連動して自動的に閉鎖する構造のものにあつては、次に掲げる基準に適合すること。

　　⑴　温度ヒューズ、連動閉鎖装置及びこれらの取付部分を備えたもので、別記に規定する試験に合格したものであること。

　　⑵　温度ヒューズが、天井の室内に面する部分又は防火戸若しくは防火戸の枠の上部で熱を有効に感知できる場所において、断熱性を有する不燃材料に露出して堅固に取り付けられたものであること。

　　⑶　連動閉鎖装置の可動部部材が、腐食しにくい材料を用いたものであること。

第3　令第129条の13の2第三号に規定する令第112条第19項第一号イ、ロ及びニに掲げる要件（ニに掲げる要件にあつては、火災により煙が発生した場合に、自動的に閉鎖又は作動をするものであることに限る。）を満たす防火設備の構造方法は、次の各号のいずれかに定めるものとする。

一　第1第一号に定める構造の防火設備とすること。

二　第1第二号イ及びハからトまでに掲げる基準に適合する随時閉鎖することができる構造の防火設備とすること。

第4　令第129条の13の2第三号に規定する令第112条第19項第一号イ、ロ及びニに掲げる要件（ニに掲げる要件にあつては、火災により温度が急激に上昇した場合に、自動的に閉鎖又は作動をするものであることに限る。）を満たす防火設備の構造方法は、次の各号のいずれかに定める

ものとする。

一　第1第一号に定める構造の防火設備とすること。

二　第1第二号イ並びに第2第二号ロ及びハに掲げる基準に適合する随時閉鎖することができ
る構造の防火設備とすること。

別　記（略）

別　図（略）

〔昭和48年12月28日建設省告示第2564号〕

防火区画に用いる遮煙性能を有する防火設備等の構造方法を定める件

最終改正　令和2年4月1日国土交通省告示第508号

建築基準法施行令（昭和25年政令第338号）第112条第13項第二号〔現行＝第112条第19項第二
号＝令和元年12月政令第181号により改正〕、第126条の2第2項〔現行＝第126条の2第2項第一
号＝令和元年12月政令第181号により改正〕及び第145条第1項第二号の規定に基づき、防火区画
に用いる遮煙性能を有する防火設備の構造方法を次のように定める。

一　建築基準法施行令（以下「令」という。）第112条第19項第二号に規定する同号イ及びロに
掲げる要件を満たす防火設備又は令第145条第1項第二号に規定する同号イ及びロに掲げる
要件を満たす防火設備の構造方法は、次に定めるものとする。

イ　昭和48年建設省告示第2563号第1第一号又は第二号に定める構造とすること。

ロ　防火戸が枠又は他の防火設備と接する部分が相じやくり、又は定規縁若しくは戸当りを
設けたもの等閉鎖した際に隙間が生じない構造とし、かつ、防火設備の取付金物を当該防
火設備が閉鎖した際に露出しないように取り付けられたもの（シャッターにあつては、内
のり幅が5m以下で、別記に規定する遮煙性能試験に合格したもの又はシャッターに近
接する位置に網入りガラスその他建築基準法（昭和25年法律第201号）第2条第九号の二ロ
に規定する防火設備を固定して併設したもので、内のり幅が8m以下のものに限る。）と
すること。

二　令第112条第19項第二号に規定する同号イ及びロに掲げる要件を満たす戸の構造方法は、
次に定めるものとする。

イ　昭和48年建設省告示第2563号第1第一号又は第二号に定める構造とすること。この場合
において、同告示第1第一号又は第二号中「防火設備」及び「防火戸」とあるのは、「戸」
と読み替えることとする。

ロ　戸の開閉する部分が当該戸の枠又は他の戸と接する部分を相じやくり、又は定規縁若し
くは戸当りを設けたもの等閉鎖した際に隙間が生じない構造とし、かつ、戸の取付金物を
当該戸が閉鎖した際に露出しないように取り付けられたものとすること。

三　令第126条の2第2項第一号に規定する令第112条第19項第一号イ及びロ並びに第二号ロに
掲げる要件を満たす防火設備の構造方法は、次に定めるものとする。

イ　昭和48年建設省告示第2563号第3第一号又は第二号に定める構造とすること。

ロ　第一号ロに定める構造とすること。

別　記（略）

別　図（略）

〔昭和48年12月28日建設省告示第2565号〕
防火区画を貫通する風道に設ける防火設備の構造方法を定める件

最終改正　令和2年4月1日国土交通省告示第508号

建築基準法施行令（昭和25年政令第338号）第112条第15項〔現行＝第112条第21項＝令和元年12月政令第181号により改正〕の規定に基づき、防火区画を貫通する風道に設ける防火設備の構造方法を次のように定める。

建築基準法施行令第112条第21項に掲げる要件を満たす防火設備の構造方法は、次の各号に定める場合に応じ、それぞれ当該各号に定めるものとする。

一　風道が、建築基準法施行令第112条第1項第二号、第6項、第10項から第13項まで又は第18項の規定による防火区画を貫通する場合（2以上の階にわたり煙が流出するおそれのない場合その他避難上及び防火上支障がないと認められる場合を除く。）　次に掲げる基準に適合し、かつ、別記に規定する漏煙試験に合格した構造の防火ダンパーとすること。
イ　鉄製であること。
ロ　昭和48年建設省告示第2563号第1第二号ハ、同号ニ(1)及び同号ホからトまでに掲げる基準に適合すること。この場合において、同号ヘ(1)中「防火戸」とあるのは、「防火ダンパー」と読み替えるものとする。
ハ　煙感知器は、次に掲げる場所に設けるものであること。
　(1)　間仕切壁等で区画された場所で、当該防火ダンパーに係る風道の換気口等がある場所
　(2)　昭和48年建設省告示第2563号第1第二号ニ(2)(ii)及び(iii)に掲げる場所
二　主要構造部を準耐火構造とし、かつ、地階又は3階以上の階に居室を有する建築物において、2以上の階に換気口等（空気吹出口又は空気吹込口をいう。以下同じ。）を有する同一系統の風道が、換気口等を有する階の直上の耐火構造等の防火区画である床を貫通する場合（2以上の階にわたり煙が流出するおそれのない場合その他避難上及び防火上支障がないと認められる場合を除く。）　前号に定める構造方法
三　前2号以外の場合　次のいずれかに定める構造の防火ダンパーとすること。
イ　鉄製で、昭和48年建設省告示第2563号第1第二号ハからトまでに掲げる基準（同号ニ(2)(i)及びヘ(1)に掲げる基準にあつては、「防火戸」とあるのは、「防火ダンパー」と読み替えるものとする。）に適合する構造で、かつ、別記に規定する漏煙試験に合格したもの
ロ　次のいずれかに該当する構造で、かつ、別記に規定する漏煙試験に合格したもの
　(1)　鉄製で、昭和48年建設省告示第2563号第2第二号ロに掲げる基準に適合するもの
　(2)　鉄製で、昭和48年建設省告示第2563号第2第三号ハ(1)及び(3)に掲げる基準に適合する構造であり、かつ、温度ヒューズが、当該温度ヒューズに連動して閉鎖するダンパーに

近接した場所で風道の内部に設けられたもの

附　則（平成12年建設省告示第1372号）

昭和56年建設省告示第1097号は、廃止する。

別　記（略）
別　図（略）

〔昭和49年12月28日建設省告示第1579号〕
風道の耐火構造等の防火区画を貫通する部分等にダンパーを設けないことにつき防火上支障がないと認める場合を指定

最終改正　令和2年4月1日国土交通省告示第508号

建築基準法施行令（昭和25年政令第338号。以下「令」という。）第112条第15項〔現行＝第112条第21項＝令和元年12月政令第181号により改正〕の規定に基づき、風道の耐火構造等の防火区画を貫通する部分等にダンパーを設けないことにつき防火上支障がないと認める場合を次のように指定し、昭和50年1月1日から施行する。

第1　令第20条の4第1項第一号に規定する設備又は器具（以下「密閉式燃焼設備等」という。）の換気の設備の風道がダクトスペースに貫通し、かつ、当該風道及びダクトスペースが次に該当するものである場合

一　風道は、次に定めるものであること。

イ　鉄製で鉄板の厚さが0.6mm以上のもの又は建設大臣がこれと同等以上の耐火性能を有すると認めるものであること。

ロ　主要構造部に堅固に取り付けるものであること。

ハ　当該貫通する部分と耐火構造等の防火区画とのすき間をモルタルその他の不燃材料で埋めるものであること。

二　ダクトスペースは、次に定めるものであること。

イ　密閉式燃焼設備等の換気以外の用に供しないものであること。

ロ　頂部を直接外気に開放するものであること。

第2　密閉式燃焼設備等の換気の設備の風道以外の換気の設備の風道がダクトスペースに貫通し、かつ、当該風道及びダクトスペースが次に該当するものである場合

一　風道は、次に定めるものであること。

イ　鉄製で鉄板の厚さが0.8mm以上のもの又は建設大臣がこれと同等以上の耐火性能を有すると認めるものであること。

ロ　第1の一のロ及びハに定めるものであること。

ハ　ダクトスペース内において2m以上の立り部分を有し、かつ、当該立上り部分と耐火構造等の防火区画に堅固に取り付けるものであること。ただし、有効な煙の逆流防止のための措置を講ずる場合は、この限りでない。

ニ　他の設備の風道に連結しないものであること。

ホ　当該貫通する部分の断面積が250cm²以下のものであること。

二　ダクトスペースは、次に定めるものであること。

イ　換気（密閉式燃焼設備等の換気を除く。）以外の用に供しないものであること。

ロ　第1の二のロに定めるものであること。ただし、頂部に換気上有効な排気機を設ける場合は、この限りでない。

第3　密閉式燃焼設備等の換気の設備の風道が令第112条第16項本文の規定による耐火構造又は準耐火構造の外壁（以下「耐火構造等の外壁」という。）を貫通し、かつ、当該風道が次に定めるものである場合

イ　第1の一のイからハまでに定めるものであること。

ロ　当該貫通する部分の断面積が1,500cm²以下のものであること。

第4　密閉式燃焼設備等の換気の設備の風道以外の換気の設備の風道が耐火構造等の外壁を貫通し、かつ、当該風道が次に定めるものである場合

イ　第2の一のイ、ロ及びホに定めるものであること。

ロ　直接外気に開放された開口部に第2の一のイに規定する構造を有し、かつ、随時閉鎖することができる設備を設けるものであること。

〔平成12年5月26日建設省告示第1376号〕

防火区画を貫通する風道に防火設備を設ける方法を定める件

最終改正　令和2年4月1日国土交通省告示第508号

建築基準法施行令（昭和25年政令第338号）第112条第15項〔現行＝第112条第21項＝令和元年12月政令第181号により改正〕の規定に基づき、防火区画を貫通する風道に防火設備を設ける方法を次のように定める。

第1　主要構造部に堅固に取り付けること。

第2　換気、暖房又は冷房の設備の風道が建築基準法施行令第112条第20項に規定する準耐火構造の防火区画を貫通する部分に近接する部分に防火設備を設ける場合にあっては、当該防火設備と当該防火区画との間の風道は、厚さ1.5mm以上の鉄板で造り、又は鉄網モルタル塗その他の不燃材料で被覆すること。

第3　天井、壁等に一辺の長さが45cm以上の保守点検が容易に行える点検口並びに防火設備の開閉及び作動状態を確認できる検査口を設けること。

〔令和元年6月21日国土交通省告示第197号〕

防火壁及び防火床の構造方法を定める件

最終改正　令和2年4月1日国土交通省告示第508号

建築基準法施行令（昭和25年政令第338号）第113条第1項第二号及び第三号の規定に基づき、防火壁及び防火床の構造方法を次のように定める。

第1　建築基準法施行令（以下「令」という。）第113条第1項第二号に規定する通常の火災によ

る防火壁又は防火床以外の建築物の部分の倒壊によって生ずる応力が伝えられた場合に倒壊しない防火壁及び防火床の構造方法は、次に定めるものとする。

一　木造の建築物においては、無筋コンクリート造又は組積造としないこと。

二　防火壁にあっては、自立する構造とすること。

三　防火床にあっては、これを支持する壁（耐力壁に限る。）、柱及びはりを耐火構造とすること。

第2　令第113条第1項第三号に規定する通常の火災時において防火壁又は防火床で区画された部分から屋外に出た火炎による当該防火壁又は防火床で区画された他の部分への延焼を有効に防止できる防火壁及び防火床の構造方法は、次に定めるものとする。

一　防火壁にあっては、その両端及び上端を、建築物の外壁面及び屋根面から50cm（防火壁の中心線から水平距離1.8m以内の部分において、外壁が防火構造であり、かつ、屋根の構造が平成12年建設省告示第1367号の規定に適合するもの又は令第109条の3第一号の規定による認定を受けたものである場合において、これらの部分に開口部がないときにあっては、10cm）以上突出させること。ただし、防火壁を設けた部分の外壁又は屋根が防火壁を含み桁行方向に幅3.6m以上にわたって耐火構造であり、かつ、これらの部分に開口部がない場合又は開口部があって、これに建築基準法（昭和25年法律第201号。以下「法」という。）第2条第九号の二ロに規定する防火設備が設けられている場合においては、その部分については、この限りでない。

二　防火床にあっては、次に掲げる基準に適合する構造とすること。

イ　次に掲げる基準のいずれかに適合するものであること。

(1)　防火床（屋外にある部分の裏側の部分の仕上げを不燃材料でしたものに限る。）が建築物の外壁面から1.5m以上突出したものであるほか、防火床の上方で、防火床の中心線から垂直距離5m以内の部分において、外壁及び軒裏が防火構造であり、かつ、外壁及び軒裏の屋外側の部分の仕上げが準不燃材料でされ、外壁の開口部に法第2条第九号の二ロに規定する防火設備が設けられていること。

(2)　防火床の下方で、防火床の中心線から垂直距離5m以内の部分において、外壁が耐火構造であり、かつ、外壁の屋外側の部分の仕上げが不燃材料でされ、外壁の開口部に法第2条第九号の二ロに規定する防火設備が設けられていること。

(3)　防火床の上方及び下方で、防火床の中心線から垂直距離5m以内の部分において、外壁及び軒裏が準耐火構造であり、かつ、外壁及び軒裏の屋外側の部分の仕上げが準不燃材料でされ、外壁の開口部に法第2条第九号の二ロに規定する防火設備が設けられていること。

ロ　防火床を貫通する竪穴部分（令第112条第11項に規定する竪穴部分をいう。以下同じ。）と当該竪穴部分以外の部分とが耐火構造の床若しくは壁又は特定防火設備で同条第19項第一号に規定する構造であるもので区画されていること。

附　則

この告示は、建築基準法の一部を改正する法律（平成30年法律第67号）の施行の日（令和元年6月25日）から施行する。

〔平成6年8月26日建設省告示第1882号〕

建築基準法施行令第114条第3項第三号の規定に基づき国土交通大臣が定める基準

最終改正　平成16年5月6日国土交通省告示第512号

建築基準法施行令（昭和25年政令第338号）第114条第3項第二号〔現行＝第三号＝平成12年4月政令第211号により改正〕の規定に基づき、国土交通大臣が定める基準を次のように定める。

第1　構造

畜舎、堆肥舎並びに水産物の増殖場及び養殖場の上家の用途に供する建築物（以下「畜舎等」という。）は、次に掲げる構造のものであること。

一　畜舎等の外壁に避難上有効な開口部が2以上設けられており、畜舎等の各部分から当該各開口部に至る歩行経路が確保されているものであること。

二　畜舎等を間仕切壁により区画する場合にあっては、当該間仕切壁に開口部を設ける等により畜舎等において作業に従事する者が火災の発生を容易に覚知できるものであること。

第2　用途

畜舎等の各部分が、次に掲げる用途に供されるものでないこと。

一　売場、集会室その他の不特定又は多数の者の利用に供する用途

二　寝室、宿直室その他の人の就寝の用に供する用途

三　調理室、浴室その他の火を使用する設備又は器具を設けて利用する用途

第3　周囲の状況

畜舎等の周囲の状況が、次のいずれかに適合するものであること。

一　次のイ及びロに適合する畜舎等にあっては、6m以内に建築物又は工作物（当該畜舎等に附属する不燃性を有する建築材料で造られたものを除く。次号において同じ。）が存しないこと。

イ　階数が1であるもの

ロ　都市計画法（昭和43年法律第100号）第7条第1項に規定する市街化区域以外の区域内にあるもの

二　前号に掲げるもの以外の畜舎等にあっては、15m以内に建築物又は工作物が存しないこと。

〔平成12年5月26日建設省告示第1377号〕

建築物の界壁、間仕切壁又は隔壁を貫通する風道に設ける防火設備の構造方法を定める件

最終改正　令和2年4月1日国土交通省告示第508号

建築基準法施行令（昭和25年政令第338号）第114条第5項において準用する同令第112条第15項〔現行＝第112条第21項＝令和元年12月政令第181号により改正〕の規定に基づき、建築物の界壁、間仕切壁又は隔壁を貫通する風道に設ける防火設備の構造方法を次のように定める。

　建築基準法施行令第114条第5項において読み替えて準用する同令第112条第21項に規定する通常の火災による火熱が加えられた場合に、加熱開始後45分間加熱面以外の面に火炎を出さない防火設備の構造方法は、特定防火設備とすることとする。

〔平成16年9月29日国土交通省告示第1168号〕
煙突の上又は周囲にたまるほこりを煙突内の廃ガスその他の生成物の熱により燃焼させない煙突の小屋裏、天井裏、床裏等にある部分の構造方法を定める件

　建築基準法施行令（昭和25年政令第338号）第115条第1項第三号イ(1)の規定に基づき、煙突の上又は周囲にたまるほこりを煙突内の廃ガスその他の生成物の熱により燃焼させない煙突の小屋裏、天井裏、床裏等にある部分の構造方法を次のように定める。

　建築基準法施行令第115条第1項第三号イ(1)に規定する煙突の上又は周囲にたまるほこりを煙突内の廃ガスその他の生成物の熱により燃焼させない煙突の小屋裏、天井裏、床裏等にある部分の構造方法は、次の各号のいずれかに適合するものとする。

一　不燃材料で造り、かつ、有効に断熱された構造とすること。

二　金属その他の断熱性を有しない不燃材料で造った部分（前号に掲げる基準に適合するものを除く。）にあっては、次のイ又はロに掲げる基準に適合していること。

　イ　煙道の外側に筒を設け、その筒の先端から煙道との間の空洞部に屋外の空気が有効に取り入れられる構造で防火上支障がないものとすること。

　ロ　断熱性を有する不燃材料で覆い、有効に断熱された構造とすること。

　　附　則

　この告示は、建築基準法施行令の一部を改正する政令（平成16年政令第210号）の一部の施行の日（平成16年10月1日）から施行する。

〔昭和56年6月1日建設省告示第1112号〕
ボイラーの燃料消費量、煙道接続口の中心から頂部までの高さの基準等

最終改正　平成12年5月29日建設省告示第1387号

　建築基準法施行令（昭和25年政令第338号）第115条第1項第七号の規定に基づき、ボイラーの燃料消費量並びにボイラーの煙突の煙道接続口の中心から頂部までの高さの基準及び防火上必要な構造方法を次のように定める。

第1　ボイラーの燃料消費量

　ボイラーの燃料消費量の数値は、ボイラーの定格出力を当該ボイラーに使用する燃料の低発熱量と当該ボイラーの効率との積で除して得たものとする。

第2　ボイラーの煙突の煙道接続口の中心から頂部までの高さの基準

　　ボイラーの煙突の煙道接続口の中心から頂部までの高さは、ボイラーの燃料消費量に応じ、次の式に適合するものとすること。ただし、特別な調査又は研究の結果に基づいて算出する場合においては、当該算出によることができるものとする。

$$h \geqq \frac{1}{A_V{}^2}\left(\frac{VQ}{3600}\right)^2\left(\frac{0.021}{\sqrt{A_V}}+0.3n+0.6\right)+0.2(Pb-Zf)$$

　　この式において、h、A_V、V、Q、l、n、Pb 及び Zf は、それぞれ次の数値を表すものとする。

　　　h　　ボイラーの煙突の煙道接続口の中心から頂部までの高さ（単位　m）

　　　A_V　煙突の有効断面積（単位　m²）

　　　V　　燃料の単位消費量当たりの廃ガス量（別表（い）欄に掲げる燃料の種類については、同表（ろ）欄に掲げる数値によることができる。）（単位　m³）

　　　Q　　第1に定めるところにより計算した燃料消費量（単位　m³/h 又は kg/h）

　　　l　　ボイラーの煙突の煙道接続口の中心から頂部までの長さ（単位　m）

　　　n　　煙突の曲りの数

　　　Pb　ボイラー内部の通風抵抗（単位　Pa）

　　　Zf　ボイラーの送風機の通風力（単位　Pa）

第3　ボイラーの煙突の防火上必要な構造の基準

　　ボイラーの煙突の地盤面からの高さは、15m以上（重油、軽油、灯油、コークス又はガスを使用するボイラーにあつては、9m以上）とすること。ただし、ストーカー、ガス発生器等特殊の装置の設置、地形その他の周囲の状況等により、防火上支障のない場合においては、この限りでない。

別表

	（い）		（ろ）
	燃　料　の　種　類		廃　ガ　ス　量
	燃　料　の　名　称	低　発　熱　量	
(1)	A　　重　　油	42.7 MJ/kg	15.0 m³/kg
(2)	B　　重　　油	41.4 MJ/kg	14.4 m³/kg
(3)	C　　重　　油	40.8 MJ/kg	14.1 m³/kg
(4)	軽　　　　油	43.1 MJ/kg	15.2 m³/kg
(5)	灯　　　　油	43.5 MJ/kg	15.3 m³/kg
(6)	石　　　　炭	23.0 MJ/kg	9.7 m³/kg （ストーカーだきの場合に限る。）
(7)	都　市　ガ　ス	16.7 MJ/m³	6.2 m³/m³
(8)	都　市　ガ　ス	18.8 MJ/m³	6.9 m³/m³

(9)	都　　市　　ガ　　ス	41.9 MJ/m³	14.7 m³/m³
(10)	ＬＰガス（プロパン主体）	96.3 MJ/m³	33.3 m³/m³

附　則

昭和31年建設省告示第1037号は、廃止する。

〔昭和56年6月1日建設省告示第1098号〕
建築基準法施行令第115条第1項第一号から第三号までの規定を適用しないことにつき防火上支障がない煙突の基準を定める件

最終改正　平成12年5月30日建設省告示第1404号

建築基準法施行令（昭和25年政令第338号）第115条第2項の規定に基づき、同条第1項第一号から第三号までの規定を適用しないことにつき防火上支障がない基準を次のように定める。

第1　建築基準法施行令（以下「令」という。）第115条第1項第一号又は第二号の規定を適用しないことにつき防火上支障がないものとして定める基準は、次に掲げるものとする。

一　煙突（ボイラーに設ける煙突を除く。以下同じ。）が、次のイからハまでの一に該当するものであること。

イ　換気上有効な換気扇その他これに類するもの（以下「換気扇等」という。）を有する火を使用する設備又は器具に設けるものであること。

ロ　換気扇等を有するものであること。

ハ　直接屋外から空気を取り入れ、かつ、廃ガスその他の生成物（以下「廃ガス等」という。）を直接屋外に排出することができる火を使用する設備又は器具に設けるものであること。

二　廃ガス等が、火粉を含まず、かつ、廃ガス等の温度（煙道接続口（火を使用する設備又は器具がバフラーを有する場合においては、その直上部）における温度をいう。以下同じ。）が、260度以下であること。

三　木材その他の可燃材料（以下「木材等」という。）が、次に掲げる位置にないこと。

イ　先端を下向きにした煙突にあつては、その排気のための開口部の各点からの水平距離が15 cm以内で、かつ、垂直距離が上方30 cm、下方60 cm以内の位置

ロ　防風板等を設けて廃ガス等が煙突の全周にわたつて吹き出すものとした構造で、かつ、廃ガス等の吹き出し方向が水平平面内にある煙突にあつては、その排気のための開口部の各点からの水平距離が30 cm以内で、かつ、垂直距離が上方30 cm、下方15 cm以内の位置

ハ　防風板等を設けて廃ガス等が煙突の全周にわたつて吹き出すものとした構造で、かつ、廃ガス等の吹き出し方向が鉛直平面内にある煙突にあつては、その排気のための開口部の各点からの水平距離が15 cm以内で、かつ、垂直距離が上方60 cm、下方15 cm以内の位置

第2　令第115条第1項第三号の規定を適用しないことにつき防火上支障がないものとして定める基準は、次に掲げるものとする。

一　廃ガス等の温度が、260度以下であること。

二　次のイからニまでの一に該当すること。

　　イ　煙突が、木材等から当該煙突の半径以上離して設けられること。

　　ロ　煙道の外側に筒を設け、その筒の先端から煙道との間の空洞部に屋外の空気が有効に取り入れられるものとした構造の煙突で防火上支障がないものであること。

　　ハ　厚さが2cm以上の金属以外の不燃材料で有効に断熱された煙突の部分であること。

　　ニ　煙突の外壁等の貫通部で不燃材料で造られためがね石等を防火上支障がないように設けた部分であること。

三　煙突の小屋裏、天井裏、床裏等にある部分は、金属以外の不燃材料で覆うこと。

第3　令第115条第1項第一号から第三号の規定を適用しないことにつき防火上支障がないものとして定める基準は、次に掲げるものとする。

一　第1第一号に適合するものであること。

二　廃ガス等が、火粉を含まず、かつ、廃ガス等の温度が、100度以下であること。

三　煙突が延焼のおそれのある外壁を貫通する場合にあつては、煙突は不燃材料で造ること。ただし、外壁の開口面積が100cm^{2}以内で、かつ、外壁の開口部に鉄板、モルタル板その他これらに類する材料で造られた防火覆いを設ける場合又は地面からの高さが1m以下の開口部に網目2mm以下の金網を設ける場合にあつては、この限りでない。

〔昭和62年11月10日建設省告示第1900号〕

耐火構造の床又は壁を貫通する給水管、配電管その他の管の部分及びその周囲の部分の構造方法を定める件

最終改正　令和2年4月1日国土交通省告示第508号

建築基準法施行令（昭和25年政令第338号）第115条の2第1項第六号の規定に基づき、耐火構造の床又は壁を貫通する給水管、配電管その他の管の部分及びその周囲の部分の構造方法を次のように定める。

　耐火構造の床又は壁を貫通する給水管、配電管その他の管の部分及びその周囲の部分の構造方法は、次の各号に定めるものとする。

一　給水管、配電管その他の管と耐火構造の床又は壁とのすき間がモルタルその他の不燃材料で埋められていること。

二　給水管、配電管その他の管の構造を建築基準法施行令第129条の2の4第1項第七号イからハまでのいずれかに適合するものとすること。ただし、耐火構造の床若しくは壁又は特定防火設備で建築物の他の部分と区画されたパイプシャフト、パイプダクトその他これらに類するものの中にある部分については、この限りでない。

三　換気、暖房又は冷房の設備の風道の耐火構造の床又は壁を貫通する部分又はこれに近接する部分に令第112条第21項に規定する構造の特定防火設備が同項に規定する防火設備を設け

る方法により設けられていること。

〔昭和62年11月10日建設省告示第1901号〕
通常の火災時の加熱に対して耐力の低下を有効に防止すること
ができる主要構造部である柱又ははりを接合する継手又は仕口
の構造方法を定める件

最終改正　平成19年12月21日国土交通省告示第1666号

建築基準法施行令（昭和25年政令第338号）第115条の2第1項第八号の規定に基づき、通常の火災時の加熱に対して耐力の低下を有効に防止することができる主要構造部である柱又ははりを接合する継手又は仕口の構造方法を次のように定める。

主要構造部である柱又ははりを接合する継手又は仕口（床下の部分にあるものを除く。）の構造方法は、次の各号に定めるものとする。

一　継手又は仕口のうち木材で造られた部分の表面（木材その他の材料で防火上有効に被覆された部分を除く。）から内側に、次に掲げる集成材その他の木材の区分に応じ、それぞれイ、ロ又はハに掲げる値の部分を除く部分が、当該継手又は仕口の存在応力を伝えることができる構造であること。

　イ　昭和62年建設省告示第1898号第一号から第二号までに規定する規格に適合するもの
　　2.5cm

　ロ　昭和62年建設省告示第1898号第五号に規定する規格に適合するもの　3cm

　ハ　イ及びロに掲げる木材以外の木材で国土交通大臣が指定したもの（建築基準法（昭和25年法律第201号）第37条第二号の規定による国土交通大臣の認定を受けたものに限る。）　国土交通大臣が指定した数値

二　継手又は仕口にボルト、ドリフトピン、釘、木ねじその他これらに類するものを用いる場合においては、これらが木材その他の材料で防火上有効に被覆されていること。

三　継手又は仕口に鋼材の添え板を用いる場合においては、当該添え板が埋め込まれ、又は挟み込まれていること。ただし、木材その他の材料で防火上有効に被覆されている場合又は当該継手又は仕口に生ずる応力が圧縮応力のみである場合においては、この限りでない。

四　継手又は仕口に鋼材で造られたピンジョイントを用いる場合においては、当該鋼材の厚さが9mm以上であること。

〔昭和62年11月10日建設省告示第1902号〕

通常の火災により建築物全体が容易に倒壊するおそれのない構造であることを確かめるための構造計算の基準

最終改正　平成19年12月21日国土交通省告示第1667号

建築基準法施行令（昭和25年政令第338号。以下「令」という。）第115条の2第1項第九号の規定に基づき、通常の火災により建築物全体が容易に倒壊するおそれのない構造であることを確かめるための構造計算の基準を次のように定める。

通常の火災により建築物全体が容易に倒壊するおそれのない構造であることを確かめるための構造計算は、次の各号に定めるものであること。

一　令第3章第8節第2款に規定する荷重及び外力によつて主要構造部である柱又ははりに生ずる応力を計算すること。

二　前号の主要構造部である柱又ははりのうち木材で造られた部分については、その表面（木材その他の材料で防火上有効に被覆された部分を除く。）から内側に、次に掲げる集成材その他の木材の区分に応じ、それぞれイ、ロ又はハに掲げる値の部分が除かれるものとして、令第82条第二号の表に掲げる長期の組合せによる各応力の合計により、残りの断面に生ずる長期応力度を計算すること。

　　イ　昭和62年建設省告示第1898号第一号から第二号までに規定する規格に適合するもの
　　　　2.5cm

　　ロ　昭和62年建設省告示第1898号第五号に規定する規格に適合するもの　3cm

　　ハ　イ及びロに掲げる木材以外の木材で国土交通大臣が指定したもの（建築基準法（昭和25年法律第201号）第37条第二号の規定による国土交通大臣の認定を受けたものに限る。）　国土交通大臣が指定した数値

三　前号によつて計算した長期応力度が、令第3章第8節第3款の規定による短期の許容応力度を超えないことを確かめること。

四　第一号の主要構造部である柱又ははりのうち鋼材で造られた部分（耐火構造とした部分を除く。）については、令第82条第二号の表に掲げる長期の組合せによる応力が圧縮応力のみであり、かつ、火災時に座屈により急激な耐力の低下を生ずるおそれがないことを確かめること。

【政令第5章（避難施設等）関係】

〔平成28年4月22日国土交通省告示第695号〕
通常の火災時において相互に火熱又は煙若しくはガスによる防火上有害な影響を及ぼさない構造方法を定める件

最終改正　令和2年12月28日国土交通省告示第1593号

　建築基準法施行令（昭和25年政令第338号）第117条第2項第二号の規定に基づき、通常の火災時において相互に火熱又は煙若しくはガスによる防火上有害な影響を及ぼさない構造方法を次のように定める。

　建築基準法施行令（以下「令」という。）第117条第2項第二号に規定する通常の火災時において相互に火熱又は煙若しくはガスによる防火上有害な影響を及ぼさない構造方法は、建築物の2以上の部分（以下「被区画部分」という。）を連絡する室として、次の各号に掲げる基準に適合する渡り廊下のみを設けたものとすることとする。

一　通行の用にのみ供する室で、壁及び天井（天井がない場合にあっては、屋根）の室内に面する部分の仕上げを準不燃材料でしたものであること。

二　一の被区画部分から他の被区画部分への避難の用に供しないこと。

三　一の渡り廊下の同一階における一の被区画部分に連絡する渡り廊下の開口部（屋外に面する部分に設けるものを除く。以下「区画開口部」という。）と他の被区画部分に連絡する区画開口部との距離は、区画開口部の幅（一の被区画部分に連絡する区画開口部が複数ある場合にあっては、その合計）又は高さ（一の被区画部分に連絡する区画開口部が複数ある場合にあっては、その高さのうち最も大きいもの）の数値のうち、いずれか大きい数値に2.5を乗じて得た数値以上であること。ただし、避難上支障がない場合においては、この限りでない。

四　主要構造部が耐火構造であること。

五　渡り廊下の区画開口部以外の開口部に、建築基準法（昭和25年法律第201号）第27条第1項に規定する防火設備を設けていること。ただし、当該開口部と被区画部分との水平距離が90cm以上である場合又は当該開口部が外壁面から50cm以上突出した準耐火構造の袖壁その他これに類するもので防火上有効に遮られている場合においては、この限りでない。

六　区画開口部に、次に掲げる基準に適合する特定防火設備を設けていること。

　　イ　令第112条第19項第二号イ及びロに掲げる構造とすること。ただし、渡り廊下に令第126条の3第1項に適合する排煙設備を設けた場合にあっては、令第112条第19項第二号ロの規定については、この限りでない。

　　ロ　直接手で開くことができ、かつ、自動的に閉鎖する戸又は戸の部分は、渡り廊下から避難の方向に開くことができるものとすること。

七　渡り廊下の室内に面する部分（防火設備からの垂直距離及び水平距離が防火設備の面積の数値の平方根以下である部分に限る。）が次のイ又はロに適合するものであること。ただし、

天井又は渡り廊下の区画を構成する壁については、防火設備の上端から天井までの垂直距離又は防火設備の両端から当該壁までの水平距離が次に掲げる式により計算した数値以上である場合には、この限りでない。

$$\frac{A}{25} + 0.28 \ (0.38\,\mathrm{a}\,を超える場合は\,0.38\,\mathrm{a})$$

この式において、A及びaは、それぞれ次の数値を表すものとする。

A　防火設備の面積（単位　m^2）

a　防火設備の高さ（単位　m）

イ　下地が準不燃材料で造られたものであること。

ロ　仕上げが塗厚さ25mm以上のせっこう又は塗厚さ45mm以上のモルタルを塗ったものであること。

八　給水管、配電管その他の管が渡り廊下の壁（屋外に面するものを除く。）を貫通する場合においては、当該管と当該壁との隙間をモルタルその他の不燃材料で埋めるとともに、当該管の構造を令第129条の2の4第1項第七号イからハまでのいずれかに適合するものとすること。ただし、1時間準耐火基準に適合する準耐火構造の床若しくは壁又は特定防火設備で建築物の他の部分と区画されたパイプシャフト、パイプダクトその他これらに類するものの中にある部分については、この限りでない。この場合において、同号ハ中「20分間（第112条第1項若しくは第4項から第6項まで、同条第7項（同条第8項の規定により床面積の合計200m²以内ごとに区画する場合又は同条第9項の規定により床面積の合計500m²以内ごとに区画する場合に限る。）、同条第10項（同条第8項の規定により床面積の合計200m²以内ごとに区画する場合又は同条第9項の規定により床面積の合計500m²以内ごとに区画する場合に限る。）若しくは同条第18項の規定による準耐火構造の床若しくは壁又は第113条第1項の防火壁若しくは防火床にあつては1時間、第114条第1項の界壁、同条第2項の間仕切壁又は同条第3項若しくは第4項の隔壁にあつては45分間）」とあるのは、「1時間」と読み替えるものとする。

九　換気、暖房又は冷房の設備の風道が渡り廊下の壁（屋外に面するものを除く。）を貫通する場合においては、当該風道の当該壁を貫通する部分又はこれに近接する部分に令第112条第21項に規定する構造の特定防火設備を設けていること。

十　区画開口部と居室から直通階段の出入口に通ずる通路との距離が当該区画開口部の幅又は高さのうちいずれか大きい数値に1.5を乗じて得た数値以上となるように区画開口部を設けること。ただし、避難上支障がない場合においては、この限りでない。

　　　附　則

この告示は、平成28年6月1日から施行する。

〔平成28年4月22日国土交通省告示第696号〕
特別避難階段の階段室又は付室の構造方法を定める件

　建築基準法施行令（昭和25年政令第338号）第123条第3項第二号の規定に基づき、特別避難階段の階段室又は付室の構造方法を次のように定める。

　建築基準法施行令（以下「令」という。）第123条第3項第二号に規定する特別避難階段の付室の構造方法は、次の各号に定めるものとする。

一　通常の火災時に生ずる煙を付室から有効に排出できるものとして、外気に向かって開くことのできる窓（常時開放されている部分を含む。以下同じ。）（次に掲げる基準に適合するものに限る。）を設けたものであること。

　　イ　排煙時に煙に接する部分は、不燃材料で造ること。

　　ロ　付室の天井（天井のない場合においては、屋根。以下同じ。）又は壁の上部（床面からの高さが天井の高さの$\frac{1}{2}$以上の部分をいう。）に設けること。

　　ハ　開口面積は、2m²（付室を令第129条の13の3第3項に規定する非常用エレベーターの乗降ロビーの用に供する場合（以下「兼用する場合」という。）にあっては、3m²）以上とすること。

　　ニ　常時閉鎖されている部分の開放は、手動開放装置により行なうものとすること。

　　ホ　ニの手動開放装置のうち手で操作する部分は、付室内の壁面の床面から0.8m以上1.5m以下の高さの位置に設け、かつ、見やすい方法でその使用方法を示す標識を設けること。

二　通常の火災時に生ずる煙を付室から有効に排出できるものとして、最上部を直接外気に開放する排煙風道による排煙設備（次に掲げる基準に適合するものに限る。）を設けたものであること。

　　イ　排煙設備の排煙口、排煙風道、給気口、給気風道その他排煙時に煙に接する排煙設備の部分は、不燃材料で造ること。

　　ロ　排煙口は、開口面積を4m²（兼用する場合にあっては、6m²）以上とし、前号ロの例により設け、かつ、排煙風道に直結すること。

　　ハ　排煙口には、前号ホの例により手動開放装置を設けること。

　　ニ　排煙口は、ハの手動開放装置、煙感知器と連動する自動開放装置又は遠隔操作方式による開放装置により開放された場合を除き、閉鎖状態を保持し、かつ、開放時に排煙に伴い生ずる気流により閉鎖されるおそれのない構造の戸その他これに類するものを有すること。

　　ホ　排煙風道は、内部の断面積を6m²（兼用する場合にあっては、9m²）以上とし、鉛直に設けること。

　　ヘ　給気口は、開口面積を1m²（兼用する場合にあっては、1.5m²）以上とし、付室の床又は壁の下部（床面からの高さが天井の高さの$\frac{1}{2}$未満の部分をいう。）に設け、かつ、内部の断面積が2m²（兼用する場合にあっては、3m²）以上で直接外気に通ずる給気風道に直結すること。

　　ト　電源を必要とする排煙設備には、予備電源を設けること。

　　チ　電源、電気配線及び電線については、昭和45年建設省告示第1829号の規定に適合するも

のであること。

三　通常の火災時に生ずる煙を付室から有効に排出できるものとして、排煙機による排煙設備
（次に掲げる基準に適合するものに限る。）を設けたものであること。

イ　排煙口は、第一号ロの例により設け、かつ、排煙風道に直結すること。

ロ　排煙機は、1秒間につき4m³（兼用する場合にあっては、6m³）以上の空気を排出す
る能力を有し、かつ、排煙口の一の開放に伴い、自動的に作動するものとすること。

ハ　前号イ、ハ、ニ及びへからチまでに掲げる基準に適合すること。

四　通常の火災時に生ずる煙を付室から有効に排出できるものとして、令第126条の3第2項
に規定する送風機を設けた排煙設備その他の特殊な構造の排煙設備（平成12年建設省告示第
1437号第一号又は第二号に掲げる基準に適合するものに限る。）を設けたものであること。

五　通常の火災時に生ずる煙が付室に流入することを有効に防止することができるものとし
て、加圧防煙設備（次に掲げる基準に適合するものに限る。）を設けたものであること。

イ　付室に設ける給気口その他の排煙設備の部分にあつては、次に掲げる基準に適合する構
造であること。

(1)　給気口その他の排煙設備の煙に接する部分は、不燃材料で造ること。

(2)　給気口は、次に掲げる基準に適合する構造であること。

(i)　第一号ホの例により手動開放装置を設けること。

(ii)　給気風道に直結すること。

(iii)　開放時に給気に伴い生ずる気流により閉鎖されるおそれのない構造の戸その他これ
に類するものを有するものであること。

(3)　給気風道は、煙を屋内に取り込まない構造であること。

(4)　(2)の給気口には、送風機が設けられていること。

(5)　送風機の構造は、給気口の開放に伴い、自動的に作動するものであること。

ロ　付室は、次の(1)から(5)までに該当する空気逃し口を設けている隣接室（付室と連絡する
室のうち階段室以外の室をいう。以下同じ。）又は当該空気逃し口を設けている一般室（隣
接室と連絡する室のうち付室以外の室をいう。以下同じ。）と連絡する隣接室と連絡して
いるものであること。

(1)　イ(2)の給気口の開放に伴つて開放されるものであること。

(2)　次の(i)又は(ii)のいずれかに該当するものであること。

(i)　直接外気に接するものであること。

(ii)　厚さが0.15cm以上の鉄板及び厚さが2.5cm以上の金属以外の不燃材料で造られ
ており、かつ、常時開放されている排煙風道と直結するものであること。

(3)　次の(i)及び(ii)に該当する構造の戸その他これに類するものを設けること。

(i)　(1)の規定により開放された場合を除き、閉鎖状態を保持すること。ただし、当該空
気逃し口に直結する排煙風道が、他の排煙口その他これに類するものに直結する風道
と接続しない場合は、この限りでない。

(ii)　開放時に生ずる気流により閉鎖されるおそれのない構造であること。

(4)　不燃材料で造られていること。

(5)　開口面積（m²で表した面積とする。ハ(2)(i)(ロ)において同じ。）が、次の式で定める必

要開口面積以上であること。ただし、必要開口面積の値が0以下となる場合は、この限りでない。

$$Ap = \frac{(VH - Ve)}{7}$$

この式において、Ap、V、H及びVeは、それぞれ次の数値を表すものとする。

Ap　必要開口面積（単位　m²）

V　付室と隣接室を連絡する開口部（以下「遮煙開口部」という。）を通過する排出風速（単位　m/s）

H　遮煙開口部の開口高さ（単位　m）

Ve　当該隣接室又は一般室において当該空気逃し口からの水平距離が30m以下となるように設けられた排煙口のうち、令第126条の3第1項第七号の規定に適合する排煙風道で、かつ、開放されているものに直結する排煙口（不燃材料で造られ、かつ、付室の給気口の開放に伴い自動的に開放されるものに限る。）の排煙機（当該排煙口の開放に伴い自動的に作動するものに限る。）による排出能力（単位　m³/s）

ハ　遮煙開口部にあっては、次の(1)及び(2)に定める基準に適合する構造であること。

(1)　遮煙開口部における排出風速（m/sで表した数値とする。）が、当該遮煙開口部の開口幅を40cmとしたときに、次の(i)から(iii)までに掲げる場合に応じ、それぞれ(i)から(iii)までの式によって計算した必要排出風速以上であること。

(i)　隣接室が、1時間準耐火基準に適合する準耐火構造の壁（小屋裏又は天井裏に達したもので、かつ、給水管、配電管その他の管が当該壁を貫通する場合においては、当該管と当該壁との隙間をモルタルその他の不燃材料で埋めたものに限る。）又は特定防火設備（当該特定防火設備を設ける開口部の幅の総和を当該壁の長さの$\frac{1}{4}$以下とする場合に限る。）で区画され、かつ、令第129条第2項に規定する火災の発生のおそれの少ない室（以下単に「火災の発生のおそれの少ない室」という。）である場合

$$V = 2.7\sqrt{H}$$

(ii)　隣接室が、平成12年建設省告示第1400号第十五号に規定する不燃材料の壁（小屋裏又は天井裏に達したもので、かつ、給水管、配電管その他の管が当該壁を貫通する場合においては、当該管と当該壁との隙間をモルタルその他の不燃材料で埋めたものに限る。）又は建築基準法（昭和25年法律第201号。以下「法」という。）第2条第九号のニロに規定する防火設備で区画され、かつ、火災の発生のおそれの少ない室である場合

$$V = 3.3\sqrt{H}$$

(iii)　(i)又は(ii)に掲げる場合以外の場合

$$V = 3.8\sqrt{H}$$

(i)から(iii)までの式において、V及びHは、それぞれ次の数値を表すものとする。

V　必要排出風速（単位　m/s）

H　遮煙開口部の開口高さ（単位　m）

(2)　次に掲げる基準のいずれかに適合するものであること。

(ⅰ)　次の(イ)及び(ロ)に適合するものであること。

(イ)　遮煙開口部に設けられている戸の部分のうち、天井から80 cmを超える距離にある部分にガラリその他の圧力調整装置が設けられていること。ただし、遮煙開口部に近接する部分（当該遮煙開口部が設けられている壁の部分のうち、天井から80 cmを超える距離にある部分に限る。）に(ロ)に規定する必要開口面積以上の開口面積を有する圧力調整ダンパーその他これに類するものが設けられている場合においては、この限りでない。

(ロ)　(イ)の圧力調整装置の開口部の開口面積が、次の式で定める必要開口面積以上であること。

$$Admp = 0.04\,V\,H$$

この式において、Admp、V及びHは、それぞれ次の数値を表すものとする。

Admp　必要開口面積（単位　m²）

V　遮煙開口部を通過する排出風速（単位　m/s）

H　遮煙開口部の開口高さ（単位　m）

(ⅱ)　遮煙開口部に設けられた戸が、イ(4)の送風機を作動させた状態で、100 N以下の力で開放することができるものであること。

ニ　第二号ト及びチに掲げる基準に適合すること。

ホ　法第34条第2項に規定する建築物に設ける加圧防排煙設備の制御及び作動状態の監視は、中央管理室において行うことができるものとすること。

附　則

この告示は、平成28年6月1日から施行する。

〔平成12年5月31日建設省告示第1436号〕

排煙設備の設置を要しない火災が発生した場合に避難上支障のある高さまで煙又はガスの降下が生じない建築物の部分を定める件

最終改正　令和2年4月1日国土交通省告示第508号

建築基準法施行令（昭和25年政令第338号）第126条の2第1項第五号の規定に基づき、火災が発生した場合に避難上支障のある高さまで煙又はガスの降下が生じない建築物の部分を次のように定める。

建築基準法施行令（以下「令」という。）第126条の2第1項第五号に規定する火災が発生した場合に避難上支障のある高さまで煙又はガスの降下が生じない建築物の部分は、次に掲げるものとする。

一　次に掲げる基準に適合する排煙設備を設けた建築物の部分

イ　令第126条の3第1項第一号から第三号まで、第七号から第十号まで及び第十二号に定める基準

ロ　当該排煙設備は、一の防煙区画部分（令第126条の3第1項第三号に規定する防煙区画部分をいう。以下同じ。）にのみ設置されるものであること。

ハ　排煙口は、常時開放状態を保持する構造のものであること。

ニ　排煙機を用いた排煙設備にあっては、手動始動装置を設け、当該装置のうち手で操作する部分は、壁に設ける場合においては床面から80cm以上1.5m以下の高さの位置に、天井からつり下げて設ける場合においては床面からおおむね1.8mの高さの位置に設け、かつ、見やすい方法でその使用する方法を表示すること。

二　令第112条第1項第一号に掲げる建築物の部分（令第126条の2第1項第二号及び第四号に該当するものを除く。）で、次に掲げる基準に適合するもの

イ　令第126条の3第1項第二号から第八号まで及び第十号から第十二号までに掲げる基準

ロ　防煙壁（令第126条の2第1項に規定する防煙壁をいう。以下同じ。）によって区画されていること。

ハ　天井（天井のない場合においては、屋根。以下同じ。）の高さが3m以上であること。

ニ　壁及び天井の室内に面する部分の仕上げを準不燃材料でしてあること。

ホ　排煙機を設けた排煙設備にあっては、当該排煙機は、1分間に500m³以上で、かつ、防煙区画部分の床面積（2以上の防煙区画部分に係る場合にあっては、それらの床面積の合計）1m²につき1m³以上の空気を排出する能力を有するものであること。

三　次に掲げる基準に適合する排煙設備を設けた建築物の部分（天井の高さが3m以上のものに限る。）

イ　令第126条の3第1項各号（第三号中排煙口の壁における位置に関する規定を除く。）に掲げる基準

ロ　排煙口が、床面からの高さが、2.1m以上で、かつ、天井（天井のない場合においては、屋根）の高さの$\frac{1}{2}$以上の壁の部分に設けられていること。

ハ　排煙口が、当該排煙口に係る防煙区画部分に設けられた防煙壁の下端より上方に設けられていること。

ニ　排煙口が、排煙上、有効な構造のものであること。

四　次のイからホまでのいずれかに該当する建築物の部分

イ　階数が2以下で、延べ面積が200m²以下の住宅又は床面積の合計が200m²以下の長屋の住戸の居室で、当該居室の床面積の$\frac{1}{20}$以上の換気上有効な窓その他の開口部を有するもの

ロ　避難階又は避難階の直上階で、次に掲げる基準に適合する部分（当該基準に適合する当該階の部分（以下「適合部分」という。）以外の建築物の部分の全てが令第126条の2第1項第一号から第三号までのいずれか、前各号に掲げるもののいずれか若しくはイ及びハからホまでのいずれかに該当する場合又は適合部分と適合部分以外の建築物の部分とが準耐火構造の床若しくは壁若しくは同条第2項に規定する防火設備で区画されている場合に限る。）

(1)　建築基準法（昭和25年法律第201.号。以下「法」という。）別表第1（い）欄に掲げる用途以外の用途又は児童福祉施設等（令第115条の3第1項第一号に規定する児童福祉施設等をいい、入所する者の使用するものを除く。）、博物館、美術館若しくは図書館の用途に供するものであること。

(2)　(1)に規定する用途に供する部分における主たる用途に供する各居室に屋外への出口等（屋外への出口、バルコニー又は屋外への出口に近接した出口をいう。以下同じ。）（当該各居室の各部分から当該屋外への出口等まで及び当該屋外への出口等から道までの避難上支障がないものに限る。）その他当該各居室に存する者が容易に道に避難することができる出口が設けられていること。

ハ　法第27条第3項第二号の危険物の貯蔵場又は処理場、自動車車庫、通信機械室、繊維工場その他これらに類する建築物の部分で、法令の規定に基づき、不燃性ガス消火設備又は粉末消火設備を設けたもの

ニ　高さ31m以下の建築物の部分（法別表第1（い）欄に掲げる用途に供する特殊建築物の主たる用途に供する部分で、地階に存するものを除く。）で、室（居室を除く。）にあっては(1)又は(2)に、居室にあっては(3)又は(4)に該当するもの

(1)　壁及び天井の室内に面する部分の仕上げを準不燃材料でし、かつ、屋外に面する開口部以外の開口部のうち、居室又は避難の用に供する部分に面するものに法第2条第九号の二ロに規定する防火設備で令第112条第19項第一号に規定する構造であるものを、それ以外のものに戸又は扉を、それぞれ設けたもの

(2)　床面積が100m²以下で、令第126条の2第1項に掲げる防煙壁により区画されたもの

(3)　床面積100m²以内ごとに準耐火構造の床若しくは壁又は法第2条第九号の二ロに規定する防火設備で令第112条第19項第一号に規定する構造であるものによって区画され、かつ、壁及び天井の室内に面する部分の仕上げを準不燃材料でしたもの

(4)　床面積が100m²以下で、壁及び天井の室内に面する部分の仕上げを不燃材料でし、かつ、その下地を不燃材料で造ったもの

ホ　高さ31mを超える建築物の床面積100m²以下の室で、耐火構造の床若しくは壁又は法第2条第九号の二に規定する防火設備で令第112条第19項第一号に規定する構造であるもので区画され、かつ、壁及び天井の室内に面する部分の仕上げを準不燃材料でしたもの

　　附　則

昭和47年建設省告示第30号、建設省告示第31号、建設省告示第32号及び建設省告示第33号は、廃止する。

〔令和2年6月10日国土交通省告示第663号〕

通常の火災時において相互に煙又はガスによる避難上有害な影響を及ぼさない建築物の2以上の部分の構造方法を定める件

建築基準法施行令（昭和25年政令第338号）第126条の2第2項第二号の規定に基づき、通常の火災時において相互に煙又はガスによる避難上有害な影響を及ぼさない建築物の2以上の部分の

構造方法を次のように定める。

　建築基準法施行令（以下「令」という。）第126条の2第2項第二号に規定する通常の火災時において相互に煙又はガス（以下「煙等」という。）による避難上有害な影響を及ぼさない建築物の2以上の部分の構造方法は、次に定めるものとする。

一　当該2以上の部分を、令和2年国土交通省告示第522号第一号及び第二号に定める構造方法を用いる構造とすること。

二　当該2以上の部分と特定空間部分（令和2年国土交通省告示第522号第一号に規定する特定空間部分をいう。以下同じ。）とを、通常の火災時に生じた煙等が特定空間部分を通じて当該2以上の部分（火災が発生した部分を除く。）に流入することを有効に防止できるものであることについて、次に掲げる方法により確かめられた防煙壁で区画すること。

　イ　各火災部分（令和2年国土交通省告示第522号第一号チ(5)(ii)に規定する火災部分をいう。以下同じ。）ごとに、当該火災部分において発生した火災により生じた煙等の下端の位置が防煙壁の下端のうち最も高い位置（以下「防煙壁の下端」という。）にある時における特定空間部分の煙等発生量を次の式によって計算すること。

$$Vs, i = \frac{4.8Q^{1/3}(0.4Hop(max) + z_0 + Hsw)^{5/3}}{\rho s}$$

　　この式において、Vs, i、Q、$Hop(max)$、z_0、Hsw 及び ρs は、それぞれ次の数値を表すものとする。

　　Vs, i　　　　特定空間部分の煙等発生量（単位　m³/分）

　　Q　　　　　当該火災部分の種類に応じ、それぞれ令和2年国土交通省告示第522号第一号チ(5)(ii)の表に掲げる式によって計算した特定空間部分における1秒間当たりの発熱量（単位　kW）

　　$Hop(max)$　当該火災部分の特定廊下等（令和2年国土交通省告示第522号第一号ヘに規定する特定廊下等をいう。以下同じ。）に面する壁に設けた各開口部の下端のうち最も低い位置から当該各開口部の上端のうち最も高い位置までの高さ（当該火災部分が特定空間部分である場合にあっては、0。以下同じ。）（単位　m）

　　z_0　　　　　当該火災部分の種類に応じ、それぞれ令和2年国土交通省告示第522号第一号チ(5)(ii)の表に掲げる式によって計算した距離（以下「仮想点熱源距離」という。）（単位　m）

　　Hsw　　　　当該火災部分の種類に応じ、それぞれ次の表に定める高さ（以下「防煙壁下端高さ」という。）（単位　m）

当該火災部分の種類	高　　さ
特定部分（令和2年国土交通省告示第522号第一号チ(5)(ii)に規定する特定部分をいう。以下同じ。）	当該火災部分の特定廊下等に面する壁に設けた開口部の上端のうち最も低い位置から防煙壁の下端までの高さ
特定空間部分	当該火災部分の床面の最も低い位置から防煙壁の下端までの高さ

ρs　次の式によって計算した特定空間部分の煙層密度（単位　kg/m³）

$$\rho s = \frac{353}{\Delta Ts + 293}$$

この式において、ρs 及び ΔTs は、それぞれ次の数値を表すものとする。

　ρs　特定空間部分の煙層密度（単位　kg/m³）

　ΔTs　次の式によって計算した特定空間部分の煙層上昇温度（単位　度）

$$\Delta Ts =$$
$$min\left(\frac{Q}{0.08Q^{1/3}\left(0.4Hop\,(max) + z_0 + Hsw\right)^{5/3} + 0.015\,(Ac + Aw)},\ 925\right)$$

この式において、ΔTs、Q、$Hop\,(max)$、z_0、Hsw、Ac 及び Aw は、それぞれ次の数値を表すものとする。

　ΔTs　　　特定空間部分の煙層上昇温度（単位　度）

　Q　　　　特定空間部分における1秒間当たりの発熱量（単位　kW）

　$Hop\,(max)$　当該火災部分の特定廊下等に面する壁に設けた各開口部の下端のうち最も低い位置から当該各開口部の上端のうち最も高い位置までの高さ（単位　m）

　z_0　　　　仮想点熱源距離（単位　m）

　Hsw　　　防煙壁下端高さ（単位　m）

　Ac　　　　特定空間部分の天井（天井のない場合においては、屋根。以下同じ。）の室内に面する部分の表面積（単位　m²）

　Aw　　　　防煙壁の特定空間部分に面する部分の表面積（単位　m²）

ロ　各火災部分ごとに、当該火災部分において発生した火災により生じた煙等の下端の位置が防煙壁の下端にある時における特定空間部分に設けられた各有効開口部（壁又は天井に設けられた開口部の床面からの高さが防煙壁の下端の床面からの高さ以上の部分をいう。以下同じ。）及び当該有効開口部の開放に伴い開放される特定空間部分に設けられた他の有効開口部のうち当該有効開口部からの距離が30m以内であるもの（以下「他の有効開口部」という。）の排煙量の合計を、特定空間部分に設けられた有効開口部の種類に応じ、それぞれ次の表に掲げる式によって計算した当該有効開口部及び他の有効開口部の排煙量を合計することにより計算すること。

特定空間部分に設けられた有効開口部の種類	有効開口部の排煙量（単位　m³/分）
有効開口部を排煙口とした場合に、特定空間部分に設けられた排煙設備が令第126条の3第1項第二号、第三号（排煙口の壁における位置に係る部分を除く。）、第四号から第六号まで及び第十号から第十二号までの規定（以下「自然排煙関係規定」という。）に適合し、	

かつ、特定空間部分又は特定廊下等の特定空間部分の床面からの高さが防煙壁の下端の特定空間部分の床面からの高さ以下の部分に排煙口の開放に連動して自動的に開放され又は常時開放状態にある給気口が設けられたもの（特定空間部分に設けられた当該排煙設備以外の排煙設備が同項第二号、第三号（排煙口の壁における位置に係る部分を除く。）、第四号から第七号まで、第八号（排煙口の開口面積に係る部分を除く。）、第九号（空気を排出する能力に係る部分を除く。）及び第十号から第十二号までの規定（以下「機械排煙関係規定」という。）に適合する場合を除く。）	$Ve,i = 186\left(\dfrac{1.2-\rho s}{\rho s}\right)^{1/2} \times$ $max\left[\dfrac{As\sqrt{hs}}{4}, \dfrac{As\sqrt{Hc-Hsw}}{\sqrt{1+\left(\dfrac{As'}{Aa}\right)^2}}\right]$
有効開口部を排煙口とした場合に、特定空間部分に設けられた排煙設備が機械排煙関係規定に適合し、かつ、特定空間部分又は特定廊下等の特定空間部分の床面からの高さが防煙壁の下端の特定空間部分の床面からの高さ以下の部分に排煙口の開放に連動して自動的に開放され又は常時開放状態にある給気口が設けられたもの（イに規定する特定空間部分の煙層上昇温度が260度以上である場合にあっては、排煙口が、厚さ1.5mm以上の鉄板又は鋼板で造り、かつ、厚さ25mm以上のロックウールで覆われた風道に直結するものに限る。）（特定空間部分に設けられた当該排煙設備以外の排煙設備が自然排煙関係規定に適合する場合を除く。）	$Ve,i = w$
その他の有効開口部	$Ve,i = 0$

　この表において、Ve,i、ρs、As、hs、Hc、Hsw、As'、Aa及びwは、それぞれ次の数値を表すものとする。

　Ve,i　特定空間部分に設けられた各有効開口部の排煙量（単位　m³/分）

　ρs　イに規定する特定空間部分の煙層密度（単位　kg/m³）

　As　当該有効開口部の開口面積（単位　m²）

　hs　当該有効開口部の上端と下端の垂直距離（単位　m）

　Hc　当該火災部分の種類に応じ、それぞれ次の表に定める高さ（単位　m）

当該火災部分の種類	高　　さ
特定部分	当該火災部分の特定廊下等に面する壁に設けた開口部の

765

	上端のうち最も低い位置から当該有効開口部の中心までの高さ
特定空間部分	当該火災部分の床面のうち最も低い位置から当該有効開口部の中心までの高さ

Hsw　防煙壁下端高さ（単位　m）

As'　当該有効開口部及び他の有効開口部の開口面積の合計（単位　m²）

Aa　特定空間部分及び特定廊下等に設けられた給気口（当該有効開口部の開放に伴い開放され又は常時開放状態にある給気口に限る。）の開口面積の合計（単位　m²）

w　当該有効開口部の排煙機の空気を排出することができる能力（単位　m³/分）

ハ　各火災部分についてイの規定によって計算した特定空間部分の煙等発生量が、ロの規定によって計算した特定空間部分に設けられた各有効開口部及び他の有効開口部の排煙量の合計のうち最小のものを超えないことを確かめること。

〔昭和45年12月28日建設省告示第1829号〕

火災時に生ずる煙を有効に排出することができる排煙設備の構造方法を定める件

最終改正　平成12年5月26日建設省告示第1382号

建築基準法施行令（昭和25年政令第338号）第126条の3第十二号〔現行＝第1項第十二号＝平成12年4月政令第211号により改正〕の規定に基づき、火災時に生ずる煙を有効に排出することができる排煙設備の構造方法を次のように定める。

一　排煙設備の電気配線は、他の電気回路（電源に接続する部分を除く。）に接続しないものとし、かつ、その途中に一般の者が容易に電源を遮断することのできる開閉器を設けないこと。

二　排煙設備の電気配線は、耐火構造の主要構造部に埋設した配線、次のイからニまでの一に該当する配線又はこれらと同等以上の防火措置を講じたものとすること。

イ　下地を不燃材料で造り、かつ、仕上げを不燃材料でした天井の裏面に鋼製電線管を用いて行う配線

ロ　準耐火構造の床若しくは壁又は建築基準法（昭和25年法律第201号）第2条第九号の二ロに規定する防火設備で区画されたダクトスペースその他これに類する部分に行う配線

ハ　裸導体バスダクト又は耐火バスダクトを用いて行う配線

ニ　MIケーブルを用いて行う配線

三　排煙設備に用いる電線は、600V二種ビニル絶縁電線又はこれと同等以上の耐熱性を有するものとすること。

四　電源を必要とする排煙設備の予備電源は、自動充電装置又は時限充電装置を有する蓄電池（充電を行なうことなく30分間継続して排煙設備を作動させることができる容量以上で、

かつ、開放型の蓄電池にあつては、減液警報装置を有するものに限る。）、自家用発電装置その他これらに類するもので、かつ、常用の電源が断たれた場合に自動的に切り替えられて接続されるものとすること。

〔平成12年５月31日建設省告示第1437号〕
通常の火災時に生ずる煙を有効に排出することができる特殊な構造の排煙設備の構造方法を定める件

最終改正　令和２年４月１日国土交通省告示第508号

建築基準法施行令（昭和25年政令第338号）第126条の３第２項の規定に基づき、通常の火災時に生ずる煙を有効に排出することができる特殊な構造の排煙設備の構造方法を次のように定める。

建築基準法施行令（以下「令」という。）第126条の３第２項に規定する通常の火災時に生ずる煙を有効に排出することができる特殊な構造の排煙設備の構造方法は、次のとおりとする。

一　各室において給気及び排煙を行う排煙設備の構造方法にあつては、次に定めるものとする。

イ　当該排煙設備は、次に定める基準に適合する建築物の部分に設けられるものであること。

(1)　床面積が1,500 m² 以内の室（準耐火構造の壁若しくは床又は建築基準法（昭和25年法律第201号。以下「法」という。）第２条第九号の二のロに規定する防火設備で令第112条第19項第二号に規定する構造のものでその他の部分と区画されたものに限る。）であること。

(2)　当該排煙設備を設ける室以外の建築物の部分が令第126条の２及び令第126条の３第１項の規定に適合していること。

ロ　次に定める基準に適合する構造の排煙口を設けること。

(1)　当該室の各部分から排煙口の一に至る水平距離が30 m 以下となること。

(2)　天井又は壁の上部（天井から80 cm 以内の距離にある部分をいう。以下同じ。）に設けること。

(3)　直接外気に接すること。

(4)　開口面積が、当該室の床面積の数値を550で除した数値以上で、かつ、当該室の床面積の数値を60で除した数値以下であること。

ハ　次に定める基準に適合する構造の給気口を設けること。

(1)　当該室の壁の下部（床面からの高さが天井の高さの $\frac{1}{2}$ 未満の部分をいう。以下同じ。）に設けること。

(2)　次に定める基準に適合する構造の風道に直結すること。

(i)　屋内に面する部分を不燃材料で造ること。

(ii)　風道が令第126条の２第１項に規定する防煙壁（以下単に「防煙壁」という。）を貫通する場合には、当該風道と防煙壁との隙間をモルタルその他の不燃材料で埋めること。

(3)　次に定める基準に適合する構造の送風機が風道を通じて設けられていること。

(i)　一の排煙口の開放に伴い自動的に作動すること。

　　　　（ii）　1分間に、当該室の床面積 1 m² につき 1 m³ 以上で、かつ、排煙口の開口面積の合計値に 550 を乗じた数値（単位　m³/min）以下の空気を排出することができる能力を有するものであること。

　二　令第126条の 3 第 1 項第二号、第四号から第六号まで及び第十号から第十二号までの規定に適合する構造とすること。

二　複数の室を統合した給気及び各室ごとに排煙を行う排煙設備の構造方法にあっては、次に定めるものとする。

　イ　当該排煙設備は、次に定める基準に適合する建築物の部分に設けられるものであること。

　　(1)　準耐火構造の壁若しくは床又は法第 2 条第九号の二ロに規定する防火設備で令第112条第19項第二号に規定する構造のものでその他の部分と区画されていること。

　　(2)　当該排煙設備を設ける建築物の部分には、準耐火構造の壁若しくは床又は法第 2 条第九号の二ロに規定する防火設備で令第112条第19項第二号に規定する構造のもの（ハ(2)(iii)(ロ)の規定によりガラリその他の圧力調整装置を設けた場合にあっては、法第 2 条第九号の二ロに規定する防火設備）で区画され、ハ(1)に定める給気口を設けた付室（以下「給気室」という。）を設け、当該給気室を通じて直通階段に通じていること。

　　(3)　床面積 500 m² 以内ごとに防煙壁（間仕切壁であるものに限る。）が設けられていること。

　　(4)　当該排煙設備を設ける建築物の部分以外の部分が令第126条の 2 及び第126条の 3 第 1 項の規定に適合していること。

　ロ　次に定める基準に適合する構造の排煙口を設けること。

　　(1)　イ(2)又は(3)の規定により区画された部分（以下「防煙区画室」という。）のそれぞれについて、当該防煙区画室の各部分から排煙口の一に至る水平距離が 30 m 以下となること。

　　(2)　天井又は壁の上部に設けること。

　　(3)　直接外気に接すること。

　　(4)　開口面積が、当該排煙口に係る防煙区画室の床面積の数値を 550 で除した数値以上で、かつ、当該防煙区画室の床面積の数値を 60 で除した数値以下であること。

　　(5)　煙感知器と連動する自動開放装置又は遠隔操作方式による開放装置により開放された場合を除き、閉鎖状態を保持し、開放時に排煙に伴い生ずる気流により閉鎖されるおそれのない構造の戸その他これに類するものが設けられていること。

　ハ　次の(1)又は(2)に掲げる防煙区画室の区分に応じ、それぞれ当該(1)又は(2)に定める構造の給気口を設けること。

　　(1)　給気室　次に定める基準に適合する構造

　　　（i）　前号ハ(1)及び(2)に掲げる基準

　　　（ii）　次に定める基準に適合する構造の送風機が風道を通じて設けられていること。

　　　　（イ）　一の排煙口の開放に伴い自動的に作動すること。

　　　　（ロ）　1分間に、防煙区画室のうち床面積が最大のものについて、その床面積 1 m² につき 1 m³ 以上の空気を排出することができ、かつ、防煙区画室（給気室を除く。）のうち排煙口の開口面積の合計が最小のものの当該排煙口の開口面積の合計値に 550 を乗じた数値（単位　m³/min）以下の空気を排出することができる能力を有

するものであること。

(2)　給気室以外の室　次に定める基準に適合する構造

(i)　当該室の壁の下部（排煙口の高さ未満の部分に限る。）に設けられていること。

(ii)　当該給気口から給気室に通ずる建築物の部分（以下「連絡経路」という。）が次に定める基準に適合すること。

(イ)　吹抜きの部分でないこと。

(ロ)　吹抜きとなっている部分、昇降機の昇降路の部分その他これらに類する部分に面する開口部（法第2条第九号の二ロに規定する防火設備で令第112条第19項第二号に規定する構造のものが設けられたものを除く。）が設けられていないこと。

(iii)　連絡経路に開口部（排煙口を除く。）を設ける場合には、次に定める基準に適合する構造の戸を設けること。

(イ)　常時閉鎖状態を保持し、直接手で開くことができ、かつ、自動的に閉鎖する構造又は煙感知器と連動する自動閉鎖装置を設けた随時閉鎖することができる構造であること。

(ロ)　給気室に通ずる開口部である場合は、ガラリその他の圧力調整装置を有すること。ただし、当該防火設備に近接する部分に圧力調整ダンパーその他これに類するものが設けられている場合においては、この限りでない。

(iv)　開口面積が、給気室の開口部（当該給気口に通ずるものに限る。）の開口面積以上であること。

二　令第126条の3第1項第二号及び第十号から第十二号までの規定に適合する構造とすること。

〔平成12年5月31日建設省告示第1411号〕
非常用の照明装置を設けることを要しない避難階又は避難階の直上階若しくは直下階の居室で避難上支障がないものその他これらに類するものを定める件

最終改正　平成30年3月29日国土交通省告示第516号

建築基準法施行令（昭和25年政令第338号）第126条の4第四号の規定に基づき、非常用の照明装置を設けることを要しない避難階又は避難階の直上階若しくは直下階の居室で避難上支障がないものその他これらに類するものを次のように定める。

建築基準法施行令（以下「令」という。）第126条の4第四号に規定する避難階又は避難階の直上階若しくは直下階の居室で避難上支障がないものその他これらに類するものは、次の各号のいずれかに該当するものとする。

一　令第116条の2第1項第一号に該当する窓その他の開口部を有する居室及びこれに類する建築物の部分（以下「居室等」という。）で、次のイ又はロのいずれかに該当するもの

イ　避難階に存する居室等にあっては、当該居室等の各部分から屋外への出口の一に至る歩行距離が30m以下であり、かつ、避難上支障がないもの

769

　　ロ　避難階の直下階又は直上階に存する居室等にあっては、当該居室等から避難階における
　　　屋外への出口又は令第123条第2項に規定する屋外に設ける避難階段に通ずる出入口に至
　　　る歩行距離が20m以下であり、かつ、避難上支障がないもの
　二　床面積が30m²以下の居室（ふすま、障子その他随時開放することができるもので仕切ら
　　　れた2室は、1室とみなす。）で、地上への出口を有するもの又は当該居室から地上に通ず
　　　る建築物の部分が次のイ又はロに該当するもの
　　イ　令第126条の5に規定する構造の非常用の照明装置を設けた部分
　　ロ　採光上有効に直接外気に開放された部分
　　　附　則
昭和47年建設省告示第34号は、廃止する。

〔昭和45年12月28日建設省告示第1830号〕
非常用の照明装置の構造方法を定める件

　　　　　　　　　最終改正　　令和元年6月25日国土交通省告示第203号

　建築基準法施行令（昭和25年政令第338号）第126条の5第一号ロ及びニの規定に基づき、非常
用の照明器具及び非常用の照明装置の構造方法を次のように定める。

第1　照明器具
　一　照明器具は、耐熱性及び即時点灯性を有するものとして、次のイからハまでのいずれかに
　　　掲げるものとしなければならない。
　　イ　白熱灯（そのソケットの材料がセラミックス、フェノール樹脂、不飽和ポリエステル樹
　　　脂、芳香族ポリエステル樹脂、ポリフェニレンサルファイド樹脂又はポリブチレンテレフ
　　　タレート樹脂であるものに限る。）
　　ロ　蛍光灯（即時点灯性回路に接続していないスターター型蛍光ランプを除き、そのソケッ
　　　トの材料がフェノール樹脂、ポリアミド樹脂、ポリカーボネート樹脂、ポリフェニレンサ
　　　ルファイド樹脂、ポリブチレンテレフタレート樹脂、ポリプロピレン樹脂、メラミン樹脂、
　　　メラミンフェノール樹脂又はユリア樹脂であるものに限る。）
　　ハ　LEDランプ（次の(1)又は(2)に掲げるものに限る。）
　　(1)　日本産業規格C8159-1（一般照明用GX16t-5口金付直管LEDランプ－第一部：安全
　　　仕様）-2013に規定するGX16t-5口金付直管LEDランプを用いるもの（そのソケットの
　　　材料がフェノール樹脂、ポリアミド樹脂、ポリカーボネート樹脂、ポリフェニレンサル
　　　ファイド樹脂、ポリブチレンテレフタレート樹脂、ポリプロピレン樹脂、メラミン樹脂、
　　　メラミンフェノール樹脂又はユリア樹脂であるものに限る。）
　　(2)　日本産業規格C8154（一般照明用LEDモジュール－安全仕様）-2015に規定するLED
　　　モジュールで難燃材料で覆われたものを用い、かつ、口金を有しないもの（その接続端
　　　子部（当該LEDモジュールの受け口をいう。第三号ロにおいて同じ。）の材料がセラミッ
　　　クス、銅、銅合金、フェノール樹脂、不飽和ポリエステル樹脂、芳香族ポリエステル樹
　　　脂、ポリアミド樹脂、ポリカーボネート樹脂、ポリフェニレンサルファイド樹脂、ポリ

フタルアミド樹脂、ポリブチレンテレフタレート樹脂、ポリプロピレン樹脂、メラミン樹脂、メラミンフェノール樹脂又はユリア樹脂であるものに限る。)

二　照明器具内の電線（次号ロに掲げる電線を除く。）は、二種ビニル絶縁電線、架橋ポリエチレン絶縁電線、けい素ゴム絶縁電線又はふっ素樹脂絶縁電線としなければならない。

三　照明器具内に予備電源を有し、かつ、差込みプラグにより常用の電源に接続するもの（ハにおいて「予備電源内蔵コンセント型照明器具」という。）である場合は、次のイからハまでに掲げるものとしなければならない。

　　イ　差込みプラグを壁等に固定されたコンセントに直接接続し、かつ、コンセントから容易に抜けない措置を講じること。

　　ロ　ソケット（第一号ハ(2)に掲げる LED ランプにあつては、接続端子部）から差込みプラグまでの電線は、前号に規定する電線その他これらと同等以上の耐熱性を有するものとすること。

　　ハ　予備電源内蔵コンセント型照明器具である旨を表示すること。

四　照明器具（照明カバーその他照明器具に付属するものを含む。）のうち主要な部分は、難燃材料で造り、又は覆うこと。

第2　電気配線

一　電気配線は、他の電気回路（電源又は消防法施行令(昭和36年政令第37号)第7条第4項第二号に規定する誘導灯に接続する部分を除く。）に接続しないものとし、かつ、その途中に一般の者が、容易に電源を遮断することのできる開閉器を設けてはならない。

二　照明器具の口出線と電気配線は、直接接続するものとし、その途中にコンセント、スイッチその他これらに類するものを設けてはならない。

三　電気配線は、耐火構造の主要構造部に埋設した配線、次のイからニまでのいずれかに該当する配線又はこれらと同等以上の防火措置を講じたものとしなければならない。

　　イ　下地を不燃材料で造り、かつ、仕上げを不燃材料でした天井の裏面に鋼製電線管を用いて行う配線

　　ロ　準耐火構造の床若しくは壁又は建築基準法（昭和25年法律第201号）第2条第九号の二ロに規定する防火設備で区画されたダクトスペースその他これに類する部分に行う配線

　　ハ　裸導体バスダクト又は耐火バスダクトを用いて行う配線

　　ニ　ＭＩケーブルを用いて行う配線

四　電線は、600V二種ビニル絶縁電線その他これと同等以上の耐熱性を有するものとしなければならない。

五　照明器具内に予備電源を有する場合は、電気配線の途中にスイッチを設けてはならない。この場合において、前各号の規定は適用しない。

第3　電源

一　常用の電源は、蓄電池又は交流低圧屋内幹線によるものとし、その開閉器には非常用の照明装置用である旨を表示しなければならない。ただし、照明器具内に予備電源を有する場合は、この限りでない。

二　予備電源は、常用の電源が断たれた場合に自動的に切り替えられて接続され、かつ、常用の電源が復旧した場合に自動的に切り替えられて復帰するものとしなければならない。

三　予備電源は、自動充電装置又は時限充電装置を有する蓄電池（開放型のものにあつては、予備電源室その他これに類する場所に定置されたもので、かつ、減液警報装置を有するものに限る。以下この号において同じ。）又は蓄電池と自家用発電装置を組み合わせたもの（常用の電源が断たれた場合に直ちに蓄電池により非常用の照明装置を点灯させるものに限る。）で充電を行うことなく30分間継続して非常用の照明装置を点灯させることができるものその他これに類するものによるものとし、その開閉器には非常用の照明装置用である旨を表示しなければならない。

第4　その他

一　非常用の照明装置は、常温下で床面において水平面照度で1 lx（蛍光灯又はLEDランプを用いる場合にあつては、2 lx）以上を確保することができるものとしなければならない。

二　前号の水平面照度は、十分に補正された低照度測定用照度計を用いた物理測定方法によつて測定されたものとする。

〔平成12年5月31日建設省告示第1438号〕
屋外からの進入を防止する必要がある特別の理由を定める件

建築基準法施行令（昭和25年政令第338号）第126条の6の規定に基づき、屋外からの進入を防止する必要がある特別な理由を次のように定める。

建築基準法施行令（以下「令」という。）第126条の6の屋外からの進入を防止する必要がある特別の理由は、次に掲げるものとする。

一　次のいずれかに該当する建築物について、当該階に進入口を設けることにより周囲に著しい危害を及ぼすおそれがあること。

イ　放射性物質、有害ガスその他の有害物質を取り扱う建築物

ロ　細菌、病原菌その他これらに類するものを取り扱う建築物

ハ　爆発物を取り扱う建築物

ニ　変電所

二　次に掲げる用途に供する階（階の一部を当該用途に供するものにあつては、当該用途に供する部分以外の部分を一の階とみなした場合に令第126条の6及び第126条の7の規定に適合するものに限る。）に進入口を設けることによりその目的の実現が図られないこと。

イ　冷蔵倉庫

ロ　留置所、拘置所その他人を拘禁することを目的とする用途

ハ　美術品収蔵庫、金庫室その他これらに類する用途

ニ　無響室、電磁しゃへい室、無菌室その他これらに類する用途

〔平成28年5月30日国土交通省告示第786号〕

一定の規模以上の空間及び高い開放性を有する通路その他の部分の構造方法を定める件

建築基準法施行令（昭和25年政令第338号）第126条の6第三号の規定に基づき、一定の規模以上の空間及び高い開放性を有する通路その他の部分の構造方法を次のように定める。

第1　建築基準法施行令第126条の6第三号に規定する一定の規模以上の空間（以下単に「空間」という。）は、吹抜けとなっている部分で、避難上及び消火上支障がないものとして次に掲げる基準に適合するものとする。

一　吹抜けとなっている部分が屋根まで達するか、又は当該部分の頂部が直接外気に開放したものであること。

二　吹抜けとなっている部分の床又は地面は、直径40m以上の円が内接することのできるものであること。

三　次に掲げる基準に適合する通路に通ずるものであること。ただし、避難上及び消火上支障がない場合にあっては、この限りでない。

イ　幅員及び天井までの高さが4m以上であること。

ロ　通路の壁及び天井の室内に面する部分の仕上げが準不燃材料でされたものであること。

ハ　道（都市計画区域又は準都市計画区域内においては、建築基準法（昭和25年法律第201号）第42条に規定する道路をいう。以下同じ。）又は道に通ずる幅員4m以上の通路その他の空地に通ずること。

第2　建築基準法施行令第126条の6第三号に規定する高い開放性を有する通路その他の部分の構造方法は、次に掲げる基準に適合する構造（観覧場の用途に供するものに設けたものに限る。）とする。

一　次のいずれかに該当するものであること。

イ　空間との間に壁を有しないこと。

ロ　空間から開放し又は破壊して進入できる構造であること。

二　空間に長さ40m以下の間隔で設けたものであること。

三　空間の高さ31m以下の部分にあること。

　　　附　則

この告示は、平成28年6月1日から施行する。

〔昭和45年12月28日建設省告示第1831号〕

非常用の進入口の機能を確保するために必要な構造の基準

建築基準法施行令（昭和25年政令第338号）第126条の7第七号の規定に基づき、非常用の進入口の機能を確保するために必要な構造の基準を次のとおり定める。

第1　非常用の進入口又はその近くに掲示する赤色燈は、次の各号に適合しなければならない。

一　常時点燈（フリッカー状態を含む。以下同じ。）している構造とし、かつ、一般の者が容易に電源を遮断することができる開閉器を設けないこと。

二　自動充電装置又は時限充電装置を有する蓄電池（充電を行なうことなく30分間継続して点燈させることができる容量以上のものに限る。）その他これに類するものを用い、かつ、常用の電源が断たれた場合に自動的に切り替えられて接続される予備電源を設けること。

三　赤色燈の明るさ及び取り付け位置は、非常用の進入口の前面の道又は通路その他の空地の幅員の中心から点燈していることが夜間において明らかに識別できるものとすること。

四　赤色燈の大きさは、直径10cm以上の半球が内接する大きさとすること。

第2　非常用の進入口である旨の表示は、赤色反射塗料による一辺が20cmの正三角形によらなければならない。

〔昭和44年5月1日建設省告示第1729号〕
地下街の各構えの接する地下道の壁等の耐火性能

最終改正　平成5年6月25日建設省告示第1444号

建築基準法施行令（昭和25年政令第338号）第128条の3第1項第一号の規定に基づき、地下街の各構えの接する地下道の壁、柱、床、はり及び床版の耐火性能を次のように定める。

　地下街の各構えの接する地下道の壁、柱、床、はり及び床版の耐火性能は、通常の火災時の加熱に1時間以上耐える性能（鉄筋コンクリート造、れんが造等の構造が有する性能に限る。）とする。

〔昭和44年5月1日建設省告示第1730号〕
地下街の各構えの接する地下道に設ける非常用の照明設備、排煙設備及び排水設備の構造方法を定める件

最終改正　平成12年12月26日建設省告示第2465号

建築基準法施行令（昭和25年政令第338号）第128条の3第1項第六号の規定に基づき、地下街の各構えの接する地下道に設ける非常用の照明設備、排煙設備及び排水設備の構造方法を次のように定める。ただし、国土交通大臣がこの基準の一部又は全部と同等以上の効力を有すると認めるものについては、当該部分の規定によらないことができる。

第1　非常用の照明設備の構造方法

一　地下道の床面において10lx以上の照度を確保しうるものとすること。

二　照明設備には、常用の電源が断たれた場合に自動的に切り替えられて接続される予備電源（自動充電装置又は時限充電装置を有する蓄電池（充電を行なうことなく30分間継続して照明設備を作動させることのできる容量を有し、かつ、開放型の蓄電池にあっては、減液警報装置を有するものに限る。）、自家用発電装置その他これらに類するもの）を設けること。

三　照明器具（照明カバーその他照明器具に附属するものを含む。）は、絶縁材料で軽微なも

のを除き、不燃材料で造り、又はおおい、かつ、その光源（光の拡散のためのカバーその他これに類するものがある場合には、当該部分）の最下部は、天井（天井のない場合においては、床版。以下同じ。）面から50cm以上下方の位置に設けること。

四　照明設備の電気配線は、他の電気回路（電源に接続する部分を除く。）に接続しないものとし、かつ、その途中に地下道の一般歩行者が、容易に電線を遮断することのできる開閉器を設けないこと。

五　照明設備に用いる電線は、600V二種ビニル絶縁電線又はこれと同等以上の耐熱性を有するものを用い、かつ、地下道の耐火構造の主要構造部に埋設した配線、次のイからニまでの一に該当する配線又はこれらと同等以上の防火措置を講じたものとすること。

　イ　下地を不燃材料で造り、かつ、仕上げを不燃材料でした天井の裏面に鋼製電線管を用いて行なう配線

　ロ　耐火構造の床若しくは壁又は建築基準法（昭和25年法律第201号）第2条第九号のニロに規定する防火設備で区画されたダクトスペースその他これに類する部分に行なう配線

　ハ　裸導体バスダクト又は耐火バスダクトを用いて行なう配線

　ニ　ＭＩケーブルを用いて行なう配線

六　前各号に定めるほか、非常用の照明設備として有効な構造のものとすること。

第2　非常用の排煙設備の構造方法

一　地下道は、その床面積300m²以内ごとに、天井面から80cm以上下方に突出した垂れ壁その他これと同等以上の煙の流動を防げる効力のあるもので、不燃材料で造り、又はおおわれたもので区画すること。

二　排煙設備の排煙口、排煙風道その他排煙時に煙に接する排煙設備の部分は、不燃材料で造ること。

三　排煙口は、第一号により区画された部分（以下「防煙区画部分」という。）のそれぞれに1以上を、天井又は「壁の上部」（天井から80cm以内の距離にある部分をいう。）に設け、かつ、排煙風道に直結すること。

四　排煙口には、手動開放装置を設けること。

五　前号の手動開放装置のうち手で操作する部分は、壁面に設ける場合においては、床面から0.8m以上1.5m以下の高さの位置に、天井から吊り下げて設ける場合においては床面からおおむね1.8mの高さの位置に、それぞれ設け、かつ、見やすい方法でその使用方法を示す標識を設けること。

六　排煙口は、第四号の手動開放装置、煙感知器と連動する自動開放装置又は遠隔操作方法による開放装置により開放された場合を除き、閉鎖状態を保持し、かつ、開放時に排煙に伴い生ずる気流により閉鎖されるおそれのない構造の戸その他これに類するものを有すること。

七　排煙風道が防煙区画部分を区画する壁等を貫通する場合においては、当該風道と防煙区画部分を区画する壁等とのすき間をモルタルその他の不燃材料で埋めること。

八　排煙は、排煙口の一の開放に伴い、自動的に作動を開始する構造を有し、かつ、1秒間に5m³（一の排煙機が2以上の防煙区画部分に係る場合にあっては10m³）以上の室内空気を排出する能力を有する排煙機により行なうこと。ただし、排煙口が当該排煙口の設けられた防煙区画部分の床面積の$\frac{1}{50}$以上の開口面積を有し、かつ、直接外気に接する場合において

は、この限りでない。

九　電源を必要とする排煙設備には、第1第二号の例により予備電源を設けること。

十　排煙設備の電気配線は、第1第四号の例によること。

十一　排煙設備に用いる電線には、第1第五号の例により防火措置を講ずること。

十二　排煙設備は、前各号に定めるほか、火災時に生ずる煙を地下道内から地上に有効に排出することができるものとすること。

第3　非常用の排水設備の構造方法

一　排水設備の下水管、下水溝、ためますその他汚水に接する部分は、耐水材料でかつ、不燃材料であるもので造ること。

二　排水設備の下水管、下水溝等の末端は、公共下水道、都市下水路その他これらに類する施設に、排水上有効に連結すること。

三　排水設備（排水ポンプを含む。以下同じ。）の処理能力は、当該排水設備に係る地下道及びこれに接する地下街の各構えの汚水排出量の合計（地下水の湧出又は地表水の浸出がある場合においては、これを含む。）の2倍の水量を排出し得るものとすること。

四　電源を必要とする排水設備には、第1第二号の例により予備電源を設けること。

五　排水設備の電気配線は、第1第四号の例によること。

六　排水設備に用いる電線には、第1第五号の例により防火措置を講ずること。

七　排水設備は、前各号に定めるほか、非常用の排水設備として有効な構造とすること。

【政令第 5 章の 2（特殊建築物等の内装）関係】

〔平成12年 5 月31日建設省告示第1439号〕
難燃材料でした内装の仕上げに準ずる仕上げを定める件

最終改正　平成28年 4 月25日国土交通省告示第707号

建築基準法施行令（昭和25年政令第338号）第128条の 5 第 1 項第一号ロ及び同条第 4 項第二号の規定に基づき、難燃材料でした内装の仕上げに準ずる仕上げを次のように定める。

第 1　建築基準法施行令第128条の 5 第 1 項第一号ロ及び同条第 4 項第二号に規定する難燃材料でした内装の仕上げに準ずる材料の組合せは、次に定めるものとする。

一　天井（天井のない場合においては、屋根）の室内に面する部分（回り縁、窓台その他これらに類する部分を除く。）の仕上げにあっては、準不燃材料ですること。

二　壁の室内に面する部分（回り縁、窓台その他これらに類する部分を除く。）の仕上げにあっては、木材、合板、構造用パネル、パーティクルボード若しくは繊維版（これらの表面に不燃性を有する壁張り下地用のパテを下塗りする等防火上支障がないように措置した上で壁紙を張ったものを含む。以下「木材等」という。）又は木材等及び難燃材料ですること。

第 2　建築基準法施行令第128条の 5 第 1 項第一号ロ及び同条第 4 項第二号に規定する難燃材料でした内装の仕上げに準ずる仕上げの方法は、第 1 第二号の木材等に係る仕上げの部分を次に定めるところによりすることとする。ただし、実験によって防火上支障がないことが確かめられた場合においては、この限りでない。

一　木材等の表面に、火炎伝搬を著しく助長するような溝を設けないこと。

二　木材等の取付方法は、次のイ又はロのいずれかとすること。ただし、木材等の厚さが25mm 以上である場合においては、この限りでない。

イ　木材等の厚さが10mm 以上の場合にあっては、壁の内部での火炎伝搬を有効に防止することができるよう配置された柱、間柱その他の垂直部材及びはり、胴縁その他の横架材（それぞれ相互の間隔が 1 m 以内に配置されたものに限る。）に取り付け、又は難燃材料の壁に直接取り付けること。

ロ　木材等の厚さが10min 未満の場合にあっては、難燃材料の壁に直接取り付けること。

　　附　則
平成 4 年建設省告示第548号は、廃止する。

〔平成21年 2 月27日国土交通省告示第225号〕
準不燃材料でした内装の仕上げに準ずる仕上げを定める件

最終改正　令和 2 年12月28日国土交通省省告示第1593号

建築基準法施行令（昭和25年政令第338号）第128条の 5 第 1 項第二号ロの規定に基づき、準不燃材料でした内装の仕上げに準ずる仕上げを次のように定める。

第1　建築基準法施行令（以下「令」という。）第128条の5第1項第二号ロに規定する準不燃材料でした内装の仕上げに準ずる材料の組合せは、令第128条の4第4項に規定する内装の制限を受ける調理室等（令第128条の5第1項から第5項までの規定によってその壁及び天井（天井のない場合においては、屋根。以下同じ。）の室内に面する部分（回り縁、窓台その他これらに類する部分を除く。）の仕上げを同条第1項第二号に掲げる仕上げとしなければならない室及びホテル、旅館、飲食店等の厨房その他これらに類する室を除く。）にあっては、次の各号に掲げる当該室の種類に応じ、それぞれ当該各号に定めるものとする。

一　こんろ（専ら調理のために用いるものであって、1口における1秒間当たりの発熱量が4.2kW以下のものに限る。以下同じ。）を設けた室（こんろの加熱部の中心点を水平方向に25cm移動したときにできる軌跡上の各点を、垂直上方に80cm移動したときにできる軌跡の範囲内の部分（回り縁、窓台その他これらに類する部分を含む場合にあっては、当該部分の仕上げを不燃材料（平成12年建設省告示第1400号第一号から第八号まで、第十号及び第十二号から第十七号までに規定する建築材料に限る。以下「特定不燃材料」という。）でしたものに限る。）に壁又は天井が含まれる場合にあっては、当該壁又は天井の間柱及び下地を特定不燃材料としたものに限る。）　次に定める材料の組合せであること。

　イ　こんろの加熱部の中心点から天井までの垂直距離（以下この号において「こんろ垂直距離」という。）が235cm以上の場合にあっては、当該中心点を水平方向に80cm移動したときにできる軌跡上の各点を、垂直上方に235cm移動したときにできる軌跡の範囲内の部分（回り縁、窓台その他これらに類する部分を含む場合にあっては、当該部分の仕上げを特定不燃材料でしたものに限る。以下「こんろ可燃物燃焼部分」という。）の壁及び天井の室内に面する部分の仕上げを、次の(1)又は(2)に掲げる場合の区分に応じ、それぞれ当該(1)又は(2)に定めるところによりするものとする。

　(1)　こんろ可燃物燃焼部分の間柱及び下地を特定不燃材料とした場合　特定不燃材料ですること。

　(2)　(1)に規定する場合以外の場合　次の(i)から(iii)までのいずれかに該当するものですること。

　　(i)　厚さが12.5mm以上のせっこうボードを張ったもの

　　(ii)　厚さが5.6mm以上の繊維混入ケイ酸カルシウム板又は繊維強化セメント板を2枚以上張ったもの

　　(iii)　厚さが12mm以上のモルタルを塗ったもの

　ロ　こんろ垂直距離が235cm未満の場合にあっては、こんろの加熱部の中心点を水平方向に80cm移動したときにできる軌跡上の各点を、垂直上方にこんろ垂直距離だけ移動したときにできる軌跡の範囲内の部分及び当該中心点の垂直上方にある天井部の点を235cmからこんろ垂直距離を減じた距離だけ移動したときにできる軌跡の範囲内の部分（回り縁、窓台その他これらに類する部分を含む場合にあっては、当該部分の仕上げを特定不燃材料でしたものに限る。）の壁及び天井の室内に面する部分の仕上げを、イ(1)又は(2)に掲げる場合の区分に応じ、それぞれ当該(1)又は(2)に定めるところによりするものとする。

　ハ　イ又はロの規定にかかわらず、こんろの加熱部の中心点を水平方向に25cm移動したときにできる軌跡上の各点を、垂直上方に80cm移動したときにできる軌跡の範囲内の

　　　部分の壁及び天井の室内に面する部分の仕上げを特定不燃材料でするものとする。

　ニ　イ又はロに規定する部分以外の部分の壁及び天井の室内に面する部分の仕上げを難燃材料又は平成12年建設省告示第1439号第1第二号に規定する木材等（以下「難燃材料等」という。）でするものとする。

二　ストーブその他これに類するもの（飛び火による火災を防止する構造その他の防火上支障のない構造であって、1秒間当たりの発熱量が18kW以下のものに限る。以下この号において「ストーブ等」という。）を設けた室　次のイ又はロに掲げる場合の区分に応じ、それぞれ当該イ又はロに定める材料の組合せであること。

　イ　ストーブ等の水平投影外周線の各点（当該水平投影外周線が頂点を有する場合にあっては、当該頂点を除く。）における法線に垂直な平面であって当該各点からの最短距離が次の表に掲げる式によって計算したストーブ等可燃物燃焼水平距離である点を含むもので囲まれた部分のうち、当該ストーブ等の表面の各点について、当該各点を垂直上方に次の(1)の規定により計算したストーブ等可燃物燃焼垂直距離だけ移動したときにできる軌跡上の各点（以下この号において単に「軌跡上の各点」という。）を、水平方向に次の(2)の規定により計算したストーブ等可燃物燃焼基準距離だけ移動したときにできる軌跡の範囲内の部分（回り縁、窓台その他これらに類する部分を含む場合にあっては、当該部分の仕上げを特定不燃材料でしたものに限る。以下この号において「ストーブ等可燃物燃焼部分」という。）の間柱及び下地を特定不燃材料とした場合（ロの場合を除く。）　次の(3)及び(4)に掲げる材料の組合せであること。

ストーブ等の室内に面する開口部（以下この号において「ストーブ等開口部」という。）がある面	ストーブ等開口部がガラス等の材料によって適切に覆われている場合	$L_{SOP} = 2.40\sqrt{A_V}$
	ストーブ等開口部がガラス等の材料によって適切に覆われている場合以外の場合	$L_{SOP} = 3.16\sqrt{A_V}$
ストーブ等開口部がある面以外の面		$L_{SSL} = 1.59\sqrt{A_V}$
この表において、L_{SOP}、A_V及びL_{SSL}は、それぞれ次の数値を表すものとする。 L_{SOP}　ストーブ等開口部がある面からのストーブ等可燃物燃焼水平距離（単位　cm） A_V　ストーブ等の鉛直投影面積（単位　cm²） L_{SSL}　ストーブ等開口部がある面以外の面からのストーブ等可燃物燃焼水平距離 　　（単位　cm）		

　(1)　ストーブ等可燃物燃焼垂直距離は、次の式によって計算すること。

$$H_S = 0.0106\left(1 + \frac{10000}{A_H + 800}\right)A_H$$

　　　　　　この式において、H_S及びA_Hは、それぞれ次の数値を表すものとする。
　　　　　　H_S　ストーブ等可燃物燃焼垂直距離（単位　cm）
　　　　　　A_H　ストーブ等の水平投影面積（単位　cm²）

　(2)　ストーブ等可燃物燃焼基準距離は、次の式によって計算すること。

$$D_S = \left(\frac{H_S - h}{H_S}\right) L_S$$

　　　　この式において、D_S、H_S、h 及び L_S は、それぞれ次の数値を表すものとする。
　　　D_S　ストーブ等可燃物燃焼基準距離（単位　cm）
　　　H_S　(1)に定める H_S の数値
　　　h　　ストーブ等の表面の各点から軌跡上の各点までの垂直距離（単位　cm）
　　　L_S　ストーブ等可燃物燃焼水平距離（単位　cm）

(3)　ストーブ等可燃物燃焼部分の壁及び天井の室内に面する部分の仕上げにあっては、特定不燃材料ですること。

(4)　(3)に掲げる部分以外の部分の壁及び天井の室内に面する部分の仕上げにあっては、難燃材料等ですること。

ロ　次の(1)から(3)までに定める方法により、ストーブ等可燃物燃焼部分の壁及び天井の室内に面する部分に対する火熱の影響が有効に遮断されている場合　壁及び天井の室内に面する部分の仕上げを難燃材料等ですること。

(1)　次の(i)及び(ii)に定めるところにより、ストーブ等とストーブ等可燃物燃焼部分の壁及び天井の室内に面する部分との間に特定不燃材料の板等であって、火熱の影響が有効に遮断されるもの（以下「遮熱板等」という。）を設けること。

　(i)　ストーブ等とストーブ等可燃物燃焼部分の壁との間にあっては、ストーブ等との距離は 27.5 cm 以上、ストーブ等可燃物燃焼部分の壁との距離は 2.5 cm 以上とすること。

　(ii)　ストーブ等とストーブ等可燃物燃焼部分の天井との間にあっては、ストーブ等との距離は 42.5 cm 以上、ストーブ等可燃物燃焼部分の天井との距離は 2.5 cm 以上とすること。

(2)　ストーブ等と壁の室内に面する部分との距離は、ストーブ等可燃物燃焼水平距離の $\frac{1}{3}$ 以上とすること。ただし、ストーブ等可燃物燃焼水平距離の $\frac{1}{3}$ が 30 cm 未満の場合は、30 cm 以上とすること。

(3)　ストーブ等と天井の室内に面する部分との距離は、ストーブ等可燃物燃焼垂直距離の $\frac{1}{2}$ 以上とすること。ただし、ストーブ等可燃物燃焼垂直距離の $\frac{1}{2}$ が 45 cm 未満の場合は、45 cm 以上とすること。

三　壁付暖炉（壁付暖炉が設けられている壁に火熱の影響を与えない構造であって、壁付暖炉の室内に面する開口部（以下この号において「暖炉開口部」という。）の幅及び高さが、それぞれ、100 cm 以内及び 75 cm 以内のものに限る。）を設けた室　次のイ又はロに掲げる場合の区分に応じ、それぞれ当該イ又はロに定める材料の組合せであること。

イ　暖炉開口部の各点から当該各点を含む平面に対し垂直方向に次の表に掲げる式によって計算した壁付暖炉可燃物燃焼基準距離だけ離れた各点を、壁付暖炉可燃物燃焼基準距離だけ移動したときにできる軌跡の範囲内の部分（回り縁、窓台その他これらに類する部分を含む場合にあっては、当該部分の仕上げを特定不燃材料でしたものに限る。以下この号において「壁付暖炉可燃物燃焼部分」という。）の間柱及び下地を特定不燃材料とした場合（ロの場合を除く。）　次の(1)及び(2)に掲げる材料の組合せであること。

暖炉開口部がガラス等の材料によって適切に覆われている場合	$L_F = 1.20\sqrt{Aop}$
暖炉開口部がガラス等の材料によって適切に覆われている場合以外の場合	$L_F = 1.58\sqrt{Aop}$

　この表において、L_F 及び Aop は、それぞれ次の数値を表すものとする。

L_F　　壁付暖炉可燃物燃焼基準距離（単位　cm）

Aop　暖炉開口部の面積（単位　cm²）

(1)　壁付暖炉可燃物燃焼部分の壁及び天井の室内に面する部分の仕上げにあっては、特定不燃材料とすること。

(2)　(1)に掲げる部分以外の部分の壁及び天井の室内に面する部分の仕上げにあっては、難燃材料等とすること。

ロ　次の(1)から(3)までに定める方法により、壁付暖炉可燃物燃焼部分の壁及び天井の室内に面する部分に対する火熱の影響が有効に遮断されている場合　壁及び天井の室内に面する部分の仕上げを難燃材料等とすること。

(1)　次の(ⅰ)及び(ⅱ)に定めるところにより、暖炉開口部と壁付暖炉可燃物燃焼部分の壁及び天井の室内に面する部分との間に遮熱板等を設けること。

(ⅰ)　暖炉開口部と壁付暖炉可燃物燃焼部分の壁との間にあっては、暖炉開口部との距離は 27.5 cm 以上、壁付暖炉可燃物燃焼部分の壁との距離は 2.5 cm 以上とすること。

(ⅱ)　暖炉開口部と壁付暖炉可燃物燃焼部分の天井との間にあっては、暖炉開口部との距離は 42.5 cm 以上、壁付暖炉可燃物燃焼部分の天井との距離は 2.5 cm 以上とすること。

(2)　暖炉開口部と壁の室内に面する部分との距離は、壁付暖炉可燃物燃焼基準距離の $\frac{2}{3}$ 以上とすること。ただし、壁付暖炉可燃物燃焼基準距離の $\frac{2}{3}$ が 30 cm 未満の場合は、30 cm 以上とすること。

(3)　暖炉開口部と天井の室内に面する部分との距離は、壁付暖炉可燃物燃焼基準距離の $\frac{1}{2}$ 以上とすること。ただし、壁付暖炉可燃物燃焼基準距離の $\frac{1}{2}$ が 45 cm 未満の場合は、45 cm 以上とすること。

四　いろり（長幅が 90 cm 以下のものに限る。）を設けた室（いろりの端の各点を水平方向に 95 cm 移動したときにできる軌跡上の各点を、垂直上方に 130 cm 移動したときにできる軌跡の範囲内の部分（回り縁、窓台その他これらに類する部分を含む場合にあっては、当該部分の仕上げを特定不燃材料でしたものに限る。以下この号において「いろり可燃物燃焼部分」という。）に壁又は天井が含まれる場合にあっては、当該壁又は天井の間柱及び下地を特定不燃材料としたものに限る。）　次に定める材料の組合せであること。

イ　いろり可燃物燃焼部分の壁及び天井の室内に面する部分の仕上げを特定不燃材料とすること。

ロ　いろり可燃物燃焼部分以外の部分（いろりの端の各点を水平方向に 150 cm 移動したときにできる軌跡上の各点を、垂直上方に 420 cm 移動したときにできる軌跡の範囲内の部分に限る。）の壁及び天井の室内に面する部分の仕上げを難燃材料等とすること。

第2　令第128条の5第1項第二号ロに規定する準不燃材料でした内装の仕上げに準ずる仕上げ

の方法は、次に定めるものとする。

一　第 1 第一号に掲げる室にあっては、こんろ可燃物燃焼部分の壁及び天井の室内に面する部分の仕上げの材料の表面に、火炎伝搬を著しく助長するような溝を設けないこと。

二　第 1 第一号イ(2)若しくはロ、第 1 第二号ロ又は第 1 第三号ロの場合にあっては、壁及び天井の室内に面する部分について、必要に応じて、当該部分への着火を防止するための措置を講じること。

　　　附　　則

この告示は、平成21年 4 月 1 日から施行する。

〔令和 2 年 3 月 6 日国土交通省告示第251号〕
壁及び天井の室内に面する部分の仕上げを防火上支障がないようにすることを要しない火災が発生した場合に避難上支障のある高さまで煙又はガスの降下が生じない建築物の部分を定める件

　建築基準法施行令（昭和25年政令第338号）第128条の 5 第 7 項の規定に基づき、壁及び天井の室内に面する部分の仕上げを防火上支障がないようにすることを要しない火災が発生した場合に避難上支障のある高さまで煙又はガスの降下が生じない建築物の部分を次のように定める。

　建築基準法施行令（以下「令」という。）第128条の 5 第 7 項に規定する火災が発生した場合に避難上支障のある高さまで煙又はガスの降下が生じない建築物の部分は、次の各号のいずれかに該当するもの（第一号又は第二号に該当するものにあっては、建築基準法（昭和25年法律第201号。以下「法」という。）別表第 1 （い）欄(1)項に掲げる用途又は病院、診療所(患者の収容施設があるものに限る。)若しくは児童福祉施設等(令第115条の 3 第一号に規定する児童福祉施設等をいい、通所のみにより利用されるものを除く。)の用途に供するもの並びに令第128条の 3 の 2 に規定する居室、令第128条の 4 第 1 項第二号又は第三号に掲げる特殊建築物の部分及び同条第 4 項に規定する内装の制限を受ける調理室等を除く。）とする。

一　次のイ及びロに掲げる基準に適合する居室（当該居室以外の部分と間仕切壁又は法第 2 条第九号の二ロに規定する防火設備(当該居室にスプリンクラー設備その他これに類するものを設けた場合にあっては、令第112条第12項に規定する 10 分間防火設備)で同条第19項第二号に規定する構造であるもので区画されているものに限る。）

　　イ　床面積が 100 m² 以内であること。

　　ロ　天井（天井のない場合においては、屋根。以下同じ。）の高さが 3 m 以上であること。

二　次のイ及びロに掲げる基準に適合する建築物の部分（避難階又は避難階の直上階にある部分であって、令第110条の 5 に規定する基準に従って警報設備(自動火災報知設備に限る。)を設けた建築物の部分であり、かつ、屋外への出口等(屋外への出口、バルコニー又は屋外への出口に近接した出口をいい、当該部分の各部分から当該屋外への出口等まで及び当該屋外への出口等から道までの避難上支障がないものに限る。)その他当該部分に存する者が容易に

道に避難することができる出口を設けたものに限る。)

　　イ　延べ面積が 500 m² 以内の建築物の部分であること。

　　ロ　スプリンクラー設備、水噴霧消火設備、泡消火設備その他これらに類するもので自動式
　　　　のもの（以下「スプリンクラー設備等」という。）を設けていること。

　三　スプリンクラー設備等を設けた建築物の部分（天井の室内に面する部分(回り縁、窓台そ
　　　の他これらに類する部分を除く。)の仕上げを準不燃材料でしたものに限り、令第128条の3
　　　の2に規定する居室、令第128条の4第1項第二号又は第三号に掲げる特殊建築物の部分及
　　　び同条第4項に規定する内装の制限を受ける調理室等を除く。)

　四　スプリンクラー設備等及び令第126条の3の規定に適合する排煙設備を設けた建築物の部
　　　分

　　　附　則

1　この告示は、建築基準法施行令の一部を改正する政令（令和元年政令第181号）の施行の日（令
　　和2年4月1日）から施行する。

2　（略）

【政令第5章の3（避難上の安全の検証）関係】

〔平成12年5月31日建設省告示第1440号〕

火災の発生のおそれの少ない室を定める件

最終改正　令和2年12月28日国土交通省告示第1593号

　建築基準法施行令（昭和25年政令第338号）第129条第2項〔現行＝第128条の6第2項＝令和元年12月政令第181号により改正〕の規定に基づき、火災の発生のおそれの少ない室を次のように定める。

　建築基準法施行令第128条の6第2項に規定する火災の発生のおそれの少ない室は、次の各号のいずれかに該当するもので、壁及び天井（天井がない場合にあっては、屋根）の室内に面する部分の仕上げを準不燃材料でしたものとする。

　一　昇降機その他の建築設備の機械室、不燃性の物品を保管する室その他これらに類するもの

　二　廊下、階段その他の通路、便所その他これらに類するもの

〔令和2年4月1日国土交通省告示第509号〕

区画部分からの避難に要する時間に基づく区画避難安全検証法に関する算出方法等を定める件

最終改正　令和3年5月28日国土交通省告示第474号

　建築基準法施行令（昭和25年政令第338号）第128条の6第3項第一号イ、ロ、ニ及びホの規定に基づき、区画部分からの避難に要する時間に基づく区画避難安全検証法に関する算出方法等を次のように定める。

　一　建築基準法施行令（以下「令」という。）第128条の6第3項第一号に規定する方法を用いる場合における同号イに規定する当該居室に存する者（当該居室を通らなければ避難することができない者を含む。以下「在室者」という。）の全てが当該居室において火災が発生してから当該居室からの避難を終了するまでに要する時間は、次に掲げる時間を合計して計算するものとする。

　　イ　次の式によって計算した火災が発生してから在室者が避難を開始するまでに要する時間（以下「居室避難開始時間」という。）（単位　分）

$$t\,start\,(room) = \frac{\sqrt{\sum Aarea}}{30}$$

　　　この式において、$t\,start\,(room)$ 及び $Aarea$ は、それぞれ次の数値を表すものとする。

　　　$t\,start\,(room)$　　居室避難開始時間（単位　分）

　　　$Aarea$　　　　　　当該居室及び当該居室を通らなければ避難することができない建築物の部分（以下「当該居室等」という。）の各部分の床面積（単位　m²）

　　ロ　次の式によって計算した在室者が当該居室等の各部分から当該居室の出口（当該居室か

ら当該区画部分以外の部分等（令第128条の6第2項に規定する当該区画部分以外の部分等をいう。以下同じ。）に通ずる主たる廊下その他の通路に通ずる出口に限る。以下同じ。）の一に達するまでに要する歩行時間のうち最大のもの（単位　分）

$$t_{travel(room),i} = \sum \frac{l_{room}}{v}$$

この式において、$t_{travel(room),i}$、l_{room} 及び v は、それぞれ次の数値を表すものとする。

$t_{travel(room),i}$　在室者が当該居室等の各部分から当該居室の出口の一に達するまでに要する歩行時間（単位　分）

l_{room}　　　　当該居室等の各部分から当該居室の出口の一に至る歩行距離（単位　m）

v　　　　　　歩行速度（令和2年国土交通省告示第510号第一号ロに規定するものをいう。以下同じ。）（単位　m/分）

ハ　次の式によって計算した在室者が当該居室の出口を通過するために要する時間（以下「居室出口通過時間」という。）（単位　分）

$$t_{queue(room)} = \frac{\sum p_{Aarea}}{\sum N_{eff(room)} B_{eff(room)}}$$

この式において、$t_{queue(room)}$、p、A_{area}、$N_{eff(room)}$ 及び $B_{eff(room)}$ は、それぞれ次の数値を表すものとする。

$t_{queue(room)}$　居室出口通過時間（単位　分）

p　　　　　　在館者密度（令和2年国土交通省告示第510号第一号ハに規定するものをいう。以下同じ。）（単位　人/m²）

A_{area}　　　　当該居室等の各部分の床面積（単位　m²）

$N_{eff(room)}$　　当該居室の各出口の幅、当該居室の種類及び当該居室の各出口に面する部分（以下「居室避難経路等の部分」という。）の収容可能人数に応じ、それぞれ次の表に掲げる式によって計算した当該居室の各出口の有効流動係数（単位　人/(分·m)）

当該居室の各出口の幅	当該居室の種類	居室避難経路等の部分の収容可能人数	当該居室の各出口の有効流動係数
60 cm 未満である場合		–	$N_{eff(room)} = 0$
その他の場合	地上への出口を有する場合	–	$N_{eff(room)} = 90$
	その他の場合	$\sum \frac{A_{co}}{a_{n(room)}} \geq \sum p A_{load(room)}$	$N_{eff(room)} = 90$

785

		である場合	
		$\displaystyle\sum\frac{Aco}{an\,(room)} <$ $\displaystyle\sum p\,Aload\,(room)$ である場合	$Neff\,(room) = max$ $\displaystyle\left(\frac{80Bneck\,(room)\sum\dfrac{Aco}{an\,(room)}}{Broom\sum p\,Aload\,(room)},\right.$ $\displaystyle\left.\frac{80Bneck\,(room)}{Bload\,(room)}\right)$

この表において、$Neff\,(room)$、Aco、$an\,(room)$、p、$Aload\,(room)$、$Bneck\,(room)$、$Broom$ 及び $Bload\,(room)$ は、それぞれ次の数値を表すものとする。

$Neff\,(room)$　　当該居室の各出口の有効流動係数（単位　人/(分·m)）

Aco　　　　　　当該居室避難経路等の部分の各部分（当該部分が階段室である場合にあっては、当該居室の存する階からその直下階までの階段室（当該居室の存する階が地階である場合にあっては当該居室の存する階からその直上階までの階段室、当該居室の存する階が避難階である場合にあっては当該居室の存する階の階段室）に限る。）の床面積（単位　m²）

$an\,(room)$　　　令和2年国土交通省告示第510号第一号ハに規定する必要滞留面積（単位　m²/人）

p　　　　　　　在館者密度（単位　人/m²）

$Aload\,(room)$　　当該居室避難経路等の部分を通らなければ避難することができない建築物の各部分（当該居室の存する階にあるものに限る。）の床面積（単位　m²）

$Bneck\,(room)$　　当該出口の幅又は当該出口の通ずる当該居室避難経路等の部分の出口（当該区画部分以外の部分等に通ずるものに限る。）の幅のうち最小のもの（単位　m）

$Broom$　　　　　当該出口の幅（単位　m）

$Bload\,(room)$　　当該出口の通ずる当該居室避難経路等の部分を通らなければ避難することができない建築物の部分（当該居室の存する階にあるものに限る。）の当該出口の通ずる当該居室避難経路等の部分に面する出口の幅の合計（単位　m）

$Beff\,(room)$　当該居室の各出口の幅及び火災が発生してから在室者が当該居室の出口の一に達するまでに要する時間に応じ、それぞれ次の表に掲げる式によって計算した当該居室の各出口の有効出口幅（単位　m）

当該居室の各出口の幅	火災が発生してから在室者が当該居室の出口の一に達するまでに要する時間	当該居室の各出口の有効出口幅
	$t\,reach\,(room) \leqq$	

当該出口の幅が当該居室の出口の幅のうち最大のものである場合	$\dfrac{0.14}{\sqrt{af+am}}$ である場合	$Beff\,(room)=Broom$
	$t\,reach\,(room)>$ $\dfrac{0.14}{\sqrt{af+am}}$ である場合	$Beff\,(room)=max\,(Broom$ $-7.2\sqrt{af+am}\ t\,reach\,(room)+1,\ 0)$
その他の場合		$Beff\,(room)=Broom$

この表において、$t\,reach\,(room)$、af、am、$Beff\,(room)$ 及び $Broom$ は、それぞれ次の数値を表すものとする。

$t\,reach\,(room)$　次の式によって計算した火災が発生してから在室者が当該居室の出口の一に達するまでに要する時間（単位　分）

$$t\,reach\,(room)=t\,start\,(room)+t\,travel\,(room)$$

この式において、$t\,reach\,(room)$、$t\,start\,(room)$ 及び $t\,travel\,(room)$ は、それぞれ次の数値を表すものとする。

$t\,reach\,(room)$　火災が発生してから在室者が当該居室の出口の一に達するまでに要する時間（単位　分）

$t\,start\,(room)$　イに規定する居室避難開始時間（単位　分）

$t\,travel\,(room)$　ロに規定する在室者が当該居室等の各部分から当該居室の出口の一に達するまでに要する歩行時間のうち最大のもの（単位　分）

af　積載可燃物の火災成長率（令和2年国土交通省告示第510号第一号ハに規定するものをいう。以下同じ。）

am　内装材料の火災成長率（令和2年国土交通省告示第510号第一号ハに規定するものをいう。以下同じ。）

$Beff\,(room)$　当該居室の各出口の有効出口幅（単位　m）

$Broom$　当該出口の幅（単位　m）

二　令第128条の6第3項第一号ロに規定する当該居室において発生した火災により生じた煙又はガス（以下「煙等」という。）が避難上支障のある高さまで降下するために要する時間（以下「居室煙降下時間」という。）は、次の式によって計算するものとする。

$$ts\,(room)=\frac{Aroom\,(Hroom-1.8)}{max\,(Vs\,(room)-Ve\,(room),\,0.01)}$$

この式において、$ts\,(room)$、$Aroom$、$Hroom$、$Vs\,(room)$ 及び $Ve\,(room)$ は、それぞれ次の数値を表すものとする。

$ts\,(room)$　居室煙降下時間（単位　分）

$Aroom$　当該居室の床面積（単位　m²）

$Hroom$　　当該居室の基準点（床面の最も高い位置をいう。以下同じ。）から天井（天井がない場合にあっては屋根。以下同じ。）までの高さの平均（単位　m）

$Vs(room)$　次の式によって計算した当該居室の煙等発生量（単位　m³/分）

$$Vs(room)=9\{(\alpha f+\alpha m)\,Aroom\}^{1/3}\{Hlow^{5/3}+(Hlow-Hroom+1.8)^{5/3}\}$$

> この式において、$Vs(room)$、αf、αm、$Aroom$、$Hlow$ 及び $Hroom$ は、それぞれ次の数値を表すものとする。
>
> $Vs(room)$　　当該居室の煙等発生量（単位　m³/分）
>
> αf　　　　積載可燃物の火災成長率
>
> αm　　　　内装材料の火災成長率
>
> $Aroom$　　　当該居室の床面積（単位　m²）
>
> $Hlow$　　　当該居室の床面の最も低い位置から天井までの高さの平均（単位　m）
>
> $Hroom$　　当該居室の基準点から天井までの高さの平均（単位　m）

$Ve(room)$　　　次のイ又はロに掲げる当該居室の区分に応じ、それぞれ当該イ又はロに定める当該居室の有効排煙量（単位　m³/分）

イ　床面積 1,500 m² 以内ごとに、天井面から 30 cm 以上下方に突出した垂れ壁その他これと同等以上に煙の流動を妨げる効力のあるもので、不燃材料で造り、又は覆われたもの（以下「防煙垂れ壁」という。）によって区画された居室（床面から防煙垂れ壁の下端までの高さが 1.8 m 以上である場合に限る。）　次の式によって計算した各防煙区画（防煙垂れ壁で区画された部分をいう。以下この号において同じ。）の有効排煙量のうち最小のもの（単位　m³/分）

$$Ve(room),i=A^*(room)\,E(sc)$$

> この式において、$Ve(room),i$、$A^*(room)$ 及び $E(sc)$ は、それぞれ次の数値を表すものとする。
>
> $Ve(room),i$　　各防煙区画の有効排煙量（単位　m³/分）
>
> $A^*(room)$　　　当該防煙区画の壁又は天井に設けられた開口部の床面からの高さが 1.8 m 以上の部分（以下「有効開口部」という。）の有無及びその上端の位置に応じ、それぞれ次の表に掲げる式によって計算した当該防煙区画の排煙効果係数

有効開口部の有無	有効開口部の上端の位置	当該防煙区画の排煙効果係数
有効開口部がない場合	－	$A^*(room)=0$

有効開口部がある場合	$\overline{Hst\,(room)}<$ $Hw\,(room)$ である場合	$A^*(room)=0.4\left(\dfrac{\overline{Hst\,(room)}-1.8}{Htop\,(room)-1.8}\right)$
	$\overline{Hst\,(room)}\geqq$ $Hw\,(room)$ である場合	$A^*(room)=0.4\left(\dfrac{\overline{Hst\,(room)}-1.8}{Htop\,(room)-1.8}\right)+$ $0.6\left(1-\dfrac{Asc}{Aroom}\right)\left(\dfrac{\overline{Hst\,(room)}-Hw\,(room)}{\overline{Hst\,(room)}-1.8}\right)^2$

　この表において、$A^*(room)$、$\overline{Hst\,(room)}$、$Hw\,(room)$、$Htop\,(room)$、Asc 及び $Aroom$ は、それぞれ次の数値を表すものとする。

$A^*(room)$	当該防煙区画の排煙効果係数
$\overline{Hst\,(room)}$	当該居室の基準点から当該防煙区画に設けられた各有効開口部の上端までの高さの平均（単位　m）
$Hw\,(room)$	当該居室の基準点から当該防煙区画における防煙垂れ壁の下端までの高さのうち最大のもの（単位　m）
$Htop\,(room)$	当該居室の基準点から当該防煙区画の天井までの高さのうち最大のもの（単位　m）
Asc	当該防煙区画の床面積（単位　m²）
$Aroom$	当該居室の床面積（単位　m²）

$E\,(sc)$　当該防煙区画に設けられた有効開口部の種類に応じ、それぞれ次の表に掲げる式によって計算した当該防煙区画に設けられた各有効開口部の排煙量（当該防煙区画に設けられた有効開口部の種類が同表㈠又は㈡に掲げるものである場合にあっては、当該防煙区画に設けられた各有効開口部及び当該有効開口部の開放に伴い開放される当該防煙区画に設けられた他の有効開口部のうち当該有効開口部からの距離が30m以内であるもの（以下このイにおいて「他の有効開口部」という。）の排煙量の合計）のうち最小のもの（単位　m³/分）

	当該防煙区画に設けられた有効開口部の種類	当該防煙区画に設けられた各有効開口部の排煙量
㈠	有効開口部を排煙口とした場合に、当該防煙区画に設けられた排煙設備が令第126条の3第1項第二号、第三号（排煙口の壁における位置に係る部分を除く。）、第四号から第六号まで及び第十号から第十二号までの規定（以下「自然排煙関係規定」という。）に適合し、かつ、当	$e\,(sc)=max\left\{19As\,(sc)\sqrt{hs\,(sc)},\ \dfrac{76As\,(sc)\sqrt{Hc\,(sc)-1.8}}{\sqrt{1+\left(\dfrac{A's\,(sc)}{Aa}\right)^2}}\right\}$

	該居室の壁の床面からの高さが1.8m以下の部分に排煙口の開放に連動して自動的に開放され又は常時開放状態にある給気口が設けられたもの(当該居室に設けられた当該排煙設備以外の排煙設備が同項第二号、第三号(排煙口の壁における位置に係る部分を除く。)、第四号から第七号まで、第八号(排煙口の開口面積に係る部分を除く。)、第九号(空気を排出する能力に係る部分を除く。)及び第十号から第十二号までの規定(以下「機械排煙関係規定」という。)に適合する場合を除く。)	
(二)	有効開口部を排煙口とした場合に、当該防煙区画に設けられた排煙設備が機械排煙関係規定に適合し、かつ、当該居室の壁の床面からの高さが1.8m以下の部分に排煙口の開放に連動して自動的に開放され又は常時開放状態にある給気口が設けられたもの(当該居室に設けられた当該排煙設備以外の排煙設備が自然排煙関係規定に適合する場合を除く。)	$e\,(sc) = min\,\{w\,(sc),$ $3.9\,(Hc\,(sc)-1.8)\,w\,(sc)^{2/3}\}$
(三)	有効開口部を排煙口とした場合に、当該防煙区画に設けられた排煙設備が平成12年建設省告示第1437号第一号イ、ロ(1)及び(3)、ハ(1)、(2)及び(3)(i)並びにニ又は第二号イ、ロ(1)、(3)及び(5)、ハ(1)(i)、(ii)(イ)及び(2)並びにニの規定に適合するもの	$e\,(sc) = min\,(s\,(sc),\,550As\,(sc))$
(四)	その他の有効開口部	$e\,(sc) = 0$

　この表において、$e\,(sc)$、$As\,(sc)$、$hs\,(sc)$、$Hc\,(sc)$、$A's\,(sc)$、Aa、$w\,(sc)$及び$s\,(sc)$は、それぞれ次の数値を表すものとする。

$e_{(sc)}$　　　当該防煙区画に設けられた各有効開口部の排煙量（単位　m³/分）

$As_{(sc)}$　　当該有効開口部の開口面積（単位　m²）

$hs_{(sc)}$　　当該有効開口部の上端と下端の垂直距離（単位　m）

$Hc_{(sc)}$　　当該居室の基準点から当該有効開口部の中心までの高さ
（単位　m）

$A's_{(sc)}$　　当該有効開口部及び他の有効開口部の開口面積の合計（単位　m²）

Aa　　　　当該居室に設けられた給気口（当該有効開口部の開放に伴い開放され又は常時開放状態にある給気口に限る。）の開口面積の合計（単位　m²）

$w_{(sc)}$　　当該有効開口部の排煙機の空気を排出することができる能力（単位　m³/分）

$s_{(sc)}$　　　当該防煙区画に係る送風機の当該防煙区画に設けられた有効開口部から空気を排出することができる能力
（単位　m³/分）

ロ　イに掲げる居室以外の居室で床面積が1,500 m²以下のもの　次の式によって計算した当該居室の有効排煙量（単位　m³/分）

$$Ve_{(room)} = 0.4\left(\frac{\overline{Hst_{(room)}} - 1.8}{Htop_{(room)} - 1.8}\right)E$$

この式において、$Ve_{(room)}$、$\overline{Hst_{(room)}}$、$Htop_{(room)}$ 及び E は、それぞれ次の数値を表すものとする。

$Ve_{(room)}$　　　当該居室の有効排煙量（単位　m³/分）

$\overline{Hst_{(room)}}$　　　当該居室の基準点から当該居室に設けられた各有効開口部の上端までの高さの平均（単位　m）

$Htop_{(room)}$　　当該居室の基準点から天井までの高さのうち最大のもの（単位　m）

E　　　　　当該居室に設けられた有効開口部の種類に応じ、それぞれ次の表に掲げる式によって計算した当該居室に設けられた各有効開口部の排煙量（当該居室に設けられた有効開口部の種類が同表㈠又は㈡に掲げるものである場合にあっては、当該居室に設けられた各有効開口部及び当該有効開口部の開放に伴い開放される当該居室に設けられた他の有効開口部のうち当該有効開口部からの距離が30 m以内であるもの（以下このロにおいて「他の有効開口部」という。）の排煙量の合計）のうち最小のもの（単位　m³/分）

当該居室に設けられた 有効開口部の種類	当該居室に設けられた 各有効開口部の排煙量
(一) 有効開口部を排煙口とした場合に、当該居室に設けられた排煙設備が自然排煙関係規定に適合し、かつ、当該居室の壁の床面からの高さが 1.8 m 以下の部分に排煙口の開放に連動して自動的に開放され又は常時開放状態にある給気口が設けられたもの（当該居室に設けられた当該排煙設備以外の排煙設備が機械排煙関係規定に適合する場合を除く。）	$e = max \left\{ 19As\sqrt{hs}, \dfrac{76As\sqrt{Hc-1.8}}{\sqrt{1+\left(\dfrac{A's}{Aa}\right)^2}} \right\}$
(二) 有効開口部を排煙口とした場合に、当該居室に設けられた排煙設備が機械排煙関係規定に適合し、かつ、当該居室の壁の床面からの高さが 1.8 m 以下の部分に排煙口の開放に連動して自動的に開放され又は常時開放状態にある給気口が設けられたもの（当該居室に設けられた当該排煙設備以外の排煙設備が自然排煙関係規定に適合する場合を除く。）	$e = min \{w, 3.9\,(Hc-1.8)\,w^{2/3}\}$
(三) 有効開口部を排煙口とした場合に、当該居室に設けられた排煙設備が平成12年建設省告示第1437号第一号イ、ロ(1)及び(3)、ハ(1)、(2)及び(3)(i)並びにニ又は第二号イ、ロ(1)、(3)及び(5)、ハ(1)(i)、(ii)(イ)及び(2)並びにニの規定に適合するもの	$e = min\ (s, 550As)$
(四) その他の有効開口部	$e = 0$

この表において、e、As、hs、Hc、$A's$、Aa、w 及び s は、それぞれ次の数値を表すものとする。

e　　当該居室に設けられた各有効開口部の排煙量（単位　m³/分）

As　　当該有効開口部の開口面積（単位　m²）

hs　　当該有効開口部の上端と下端の垂直距離（単位　m）

Hc　　当該居室の基準点から当該有効開口部の中心までの高さ（単位　m）

$A's$　　当該有効開口部及び他の有効開口部の開口面積の合計（単位　m²）

> Aa　当該居室に設けられた給気口（当該有効開口部の開放に伴い開放され又は常時開放状態にある給気口に限る。）の開口面積の合計（単位　m²）
>
> w　当該有効開口部の排煙機の空気を排出することができる能力（単位　m³/分）
>
> s　当該居室に係る送風機の当該居室に設けられた有効開口部から空気を排出することができる能力（単位　m³/分）

三　令第128条の6第3項第一号ニに規定する区画部分に存する者の全てが当該火災室で火災が発生してから当該区画部分からの避難を終了するまでに要する時間（以下「区画避難完了時間」という。）は、次に掲げる時間を合計して計算するものとする。

イ　当該区画部分（当該区画部分以外の部分に当該区画部分を通らなければ避難することができない建築物の部分がないものに限り、竪穴部分（令第112条第11項に規定する竪穴部分をいう。）に面する場合にあっては、出入口の部分を除き、当該区画部分と当該竪穴部分とが準耐火構造の壁又は建築基準法（昭和25年法律第201号）第2条第九号の二ロに規定する防火設備で令第112条第19項第二号に規定する構造であるものであって、はめごろし戸であるもので区画されているものに限る。以下同じ。）の用途に応じ、それぞれ次の表に掲げる式によって計算した火災が発生してから区画部分に存する者が避難を開始するまでに要する時間（以下「区画避難開始時間」という。）（単位　分）

当該区画部分の用途	区画避難開始時間
共同住宅、ホテルその他これらに類する用途（病院、診療所及び児童福祉施設等（令第115条の3第一号に規定する児童福祉施設等をいう。以下同じ。）を除く。）	$t\,start(comp) = \dfrac{\sqrt{\sum Aarea(comp)}}{30} + 5$
その他の用途（病院、診療所及び児童福祉施設等を除く。）	$t\,start(comp) = \dfrac{\sqrt{\sum Aarea(comp)}}{30} + 3$

　この表において、$t\,start(comp)$ 及び $Aarea(comp)$ は、それぞれ次の数値を表すものとする。

　　$t\,start(comp)$　区画避難開始時間（単位　分）

　　$Aarea(comp)$　当該区画部分の各部分の床面積（単位　m²）

ロ　次の式によって計算した区画部分に存する者が当該区画部分の各室の各部分から当該区画部分以外の部分等の一に達するまでに要する歩行時間のうち最大のもの（単位　分）

$$t\,travel(comp),i = \sum \frac{l\,comp}{v}$$

　この式において、$t\,travel(comp),i$、$l\,comp$ 及び v は、それぞれ次の数値を表すものとする。

　　$t\,travel(comp),i$　区画部分に存する者が当該区画部分の各室の各部分から当該区画部分以外の部分等の一に達するまでに要する歩行時間（単位　分）

$l\,comp$　　　　　　　　当該区画部分の各室の各部分から当該区画部分以外の部分等への
　　　　　　　　　　　　出口（当該火災室が当該区画部分以外の部分等への出口を有する場
　　　　　　　　　　　　合においては、当該火災室の当該区画部分以外の部分等への出口の
　　　　　　　　　　　　うち、その幅が最大のものを除く。）の一に至る歩行距離（単位　m）

v　　　　　　　　　　歩行速度（単位　m/分）

ハ　次の式によって計算した区画部分に存する者が当該区画部分から当該区画部分以外の部
　分等への出口を通過するために要する時間（単位　分）

$$t\,queue\,(comp) = \frac{\sum p\,Aarea\,(comp)}{\sum Neff\,(comp)\,Bcomp}$$

この式において、$t\,queue\,(comp)$、p、$Aarea\,(comp)$、$Neff\,(comp)$ 及び $Bcomp$ は、そ
れぞれ次の数値を表すものとする。

$t\,queue\,(comp)$　　　区画部分に存する者が当該区画部分から当該区画部分以外の部分
　　　　　　　　　　　　等への出口を通過するために要する時間（単位　分）

p　　　　　　　　　　在館者密度（単位　人/m²）

$Aarea\,(comp)$　　　当該区画部分の各部分の床面積（単位　m²）

$Neff\,(comp)$　　　　当該区画部分から当該区画部分以外の部分等への各出口（当該火
　　　　　　　　　　　災室が当該区画部分以外の部分等への出口を有する場合においては、
　　　　　　　　　　　当該火災室の当該区画部分以外の部分等への出口のうち、その幅が
　　　　　　　　　　　最大のものを除く。以下このハにおいて同じ。）の幅、当該区画部分
　　　　　　　　　　　の種類、当該区画部分から当該区画部分以外の部分等への各出口の
　　　　　　　　　　　種類及び当該区画部分から当該区画部分以外の部分等への各出口の
　　　　　　　　　　　通ずる直通階段の階段室の床面積に応じ、それぞれ次の表に掲げる
　　　　　　　　　　　式によって計算した当該区画部分から当該区画部分以外の部分等へ
　　　　　　　　　　　の各出口の有効流動係数（単位　人/(分·m)）

当該区画部分から当該区画部分以外の部分等への各出口の幅	当該区画部分の種類	当該区画部分から当該区画部分以外の部分等への各出口の種類	当該区画部分から当該区画部分以外の部分等への各出口の通ずる直通階段の階段室の床面積	当該区画部分から当該区画部分以外の部分等への各出口の有効流動係数
60 cm 未満である場合			－	$Neff\,(comp) = 0$
	避難階に存する場合	地上への出口である場合	－	$Neff\,(comp) = 90$
		その他の		$Neff\,(comp) =$

その他の場合	場合	－	$\dfrac{90Bneck\,(comp)}{Bcomp}$
	その他の場合	$\sum Ast \geqq 0.25 \sum p\,Aarea\,(comp)$ である場合	$Neff\,(comp)=90$
		$\sum Ast < 0.25 \sum p\,Aarea\,(comp)$ である場合	$Neff\,(comp)=$ $\dfrac{320Bneck\,(comp)\sum Ast}{Bcomp\sum p\,Aarea\,(comp)}$

この表において、$Neff\,(comp)$、$Bneck\,(comp)$、$Bcomp$、Ast、p 及び $Aarea\,(comp)$ は、それぞれ次の数値を表すものとする。

$Neff\,(comp)$　　当該区画部分から当該区画部分以外の部分等への各出口の有効流動係数（単位　人/（分・m））

$Bneck\,(comp)$　　当該出口の幅、当該出口の通ずる直通階段への出口の幅、当該直通階段の幅又は当該直通階段から地上若しくは避難階への出口の幅（当該区画部分が避難階に存する場合にあっては、当該出口の幅又は当該出口の通ずる地上への出口の幅）のうち最小のもの（単位　m）

$Bcomp$　　当該出口の幅（単位　m）

Ast　　当該区画部分から当該区画部分以外の部分等への各出口の通ずる直通階段の当該区画部分の存する階からその直下階（当該区画部分の存する階が地階である場合にあっては、その直上階）までの階段室の床面積（単位　m²）

p　　在館者密度（単位　人/m²）

$Aarea\,(comp)$　　当該区画部分の各部分の床面積（単位　m²）

$Bcomp$　　当該出口の幅（単位　m）

四　令第128条の6第3項第一号ホに規定する当該火災室において発生した火災により生じた煙等が、当該区画部分の各居室（当該火災室を除く。）及び当該居室から当該区画部分以外の部分等に通ずる主たる廊下その他の建築物の部分において避難上支障のある高さまで降下するために要する時間は、当該火災室から当該区画部分以外の部分等への出口を有する室に通ずる各経路上にある各室について次の式によって計算した時間（以下「室煙降下時間」という。）の合計のうち最小のものとする。

$$ts\,(comp)=\dfrac{Aroom\,(comp)\,(Hroom\,(comp)-Hlim)}{max\,(Vs\,(comp)-Ve\,(comp),\,0.01)}$$

この式において、$ts\,(comp)$、$Aroom\,(comp)$、$Hroom\,(comp)$、$Hlim$、$Vs\,(comp)$ 及び $Ve\,(comp)$ は、それぞれ次の数値を表すものとする。

$ts\,(comp)$　　室煙降下時間（単位　分）

$Aroom\,(comp)$　　当該室の床面積（単位　m²）

$Hroom\,(comp)$　　当該室の基準点から天井までの高さの平均（単位　m）

| | *Hlim* | 当該室の種類及び当該室の開口部に設けられた防火設備の構造に応じ、それぞれ次の表に定める数値（以下「限界煙層高さ」という。）（単位　m） |

当該室の種類	当該室の開口部に設けられた防火設備の構造	限界煙層高さ
当該区画部分以外の部分等への出口を有する室	－	1.8
その他の室	常時閉鎖式の防火設備（建築基準法第 2 条第九号の二ロに規定する防火設備に限る。以下同じ。）又は随時閉鎖することができ、かつ、煙感知器と連動する自動閉鎖装置を設けた防火設備	当該室の床面から各開口部の上端までの高さのうち最大のものの $\frac{1}{2}$ の高さ
	その他の構造	当該室の床面から各開口部の上端までの高さのうち最大のもの

Vs(comp)　　次のイ又はロに掲げる当該室の区分に応じ、それぞれ当該イ又はロに定める当該室の煙等発生量（単位　m³/分）

イ　火災室　次の式によって計算した当該室の煙等発生量（単位　m³/分）

$$Vs(comp) = 9\left\{(\alpha f + \alpha m)\, Aroom(comp)\right\}^{1/3}$$
$$\left\{Hlow(comp)^{5/3} + (Hlow(comp) - Hroom(comp) + Hlim)^{5/3}\right\}$$

この式において、*Vs(comp)*、*αf*、*αm*、*Aroom(comp)*、*Hlow(comp)*、*Hroom(comp)* 及び *Hlim* は、それぞれ次の数値を表すものとする。

Vs(comp)	当該室の煙等発生量（単位　m³/分）
αf	積載可燃物の火災成長率
αm	内装材料の火災成長率
Aroom(comp)	当該室の床面積（単位　m²）
Hlow(comp)	当該室の床面の最も低い位置から天井までの高さの平均（単位　m）
Hroom(comp)	当該室の基準点から天井までの高さの平均（単位　m）
Hlim	限界煙層高さ（単位　m）

ロ　火災室以外の室　当該火災室と当該室とを区画する壁（当該室が当該火災室に隣接していない場合にあっては、当該経路(当該火災室から当該室に至る部分に限る。以下このロにおいて同じ。)上にある室の壁(当該経路上にある他の室に面

するものであって、開口部が設けられたものに限る。）のうちいずれかの壁。以下
このロにおいて同じ。）及び当該壁の開口部の構造に応じ、それぞれ次の表に掲
げる式によって計算した当該室の煙等発生量（単位　m³/分）

当該火災室と当該室とを区画する壁及び 当該壁の開口部の構造	当該室の煙等発生量
準耐火構造の壁又は不燃材料で覆われた壁の開口部に令第112条第19項第二号に規定する構造である防火設備が設けられている場合	$Vs(comp) = 0.2 Aop$
準耐火構造の壁又は不燃材料で覆われた壁の開口部に令第112条第19項第一号に規定する構造である防火設備が設けられている場合	$Vs(comp) = 2 Aop$
その他の場合	$Vs(comp) = max\ (Vs_0$ $- Ve(comp), f, 0)$

　この表において、$Vs(comp)$、Aop、Vs_0 及び $Ve(comp), f$ は、それぞれ次の
数値を表すものとする。

$Vs(comp)$　　　当該室の煙等発生量（単位　m³/分）

Aop　　　　　当該火災室と当該室とを区画する壁の開口部の面積の合計（単位　m²）

Vs_0　　　　　イに掲げる式によって計算した当該火災室の煙等発生量（単位　m³/分）

$Ve(comp), f$　次の(1)又は(2)に掲げる当該火災室の区分に応じ、それぞれ当
　　　　　　　該(1)又は(2)に定める当該火災室の有効排煙量（自然排煙関係規
　　　　　　　定に適合した排煙設備を設け、かつ、当該火災室の壁の床面か
　　　　　　　らの高さが1.8m以下の部分に排煙口の開放に連動して自動的
　　　　　　　に開放され又は常時開放状態にある給気口を設けた場合以外の
　　　　　　　場合には、0とする。）（単位　m³/分）

(1)　床面積1,500m²以内ごとに、防煙垂れ壁によって区画された火災室
　　（床面から防煙垂れ壁の下端までの高さが限界煙層高さ以上である場合
　　に限る。）次の式によって計算した各防煙区画（防煙垂れ壁で区画され
　　た部分をいう。以下この号において同じ。）の有効排煙量のうち最小の
　　もの（以下「防煙区画有効排煙量」という。）（単位　m³/分）

$Ve(comp), i = A^*(comp) E(comp, sc)$

　　　この式において、$Ve(comp), i$、$A^*(comp)$ 及び $E(comp, sc)$ は、そ
　　れぞれ次の数値を表すものとする。

　　　$Ve(comp), i$　各防煙区画の有効排煙量（単位　m³/分）

　　　$A^*(comp)$　　当該防煙区画の壁又は天井に設けられた開口部の
　　　　　　　　　床面からの高さが限界煙層高さ以上の部分（以下「限

界煙層高さ有効開口部」という。）の有無及びその上
端の位置に応じ、それぞれ次の表に掲げる式によっ
て計算した当該防煙区画の排煙効果係数

限界煙層高さ有効開口部の有無	限界煙層高さ有効開口部の上端の位置	当該防煙区画の排煙効果係数
限界煙層高さ有効開口部がない場合	－	$A^*(comp) = 0$
限界煙層高さ有効開口部がある場合	$\overline{Hst(comp)} <$ $Hw(comp)$ である場合	$A^*(comp) =$ $0.4\left(\dfrac{\overline{Hst(comp)} - Hlim}{Htop(comp) - Hlim}\right)$
	$\overline{Hst(comp)} \geqq$ $Hw(comp)$ である場合	$A^*(comp) =$ $0.4\left(\dfrac{\overline{Hst(comp)} - Hlim}{Htop(comp) - Hlim}\right.$ $\left. + 0.6\left(1 - \dfrac{Asc}{Aroom(comp)}\right)\right.$ $\left.\left(\dfrac{\overline{Hst(comp)} - Hw(comp)}{\overline{Hst(comp)} - Hlim}\right)^2\right)$

この表において、$A^*(comp)$、$\overline{Hst(comp)}$、$Hw(comp)$、
$Hlim$、$Htop(comp)$、Asc 及び $Aroom(comp)$ は、それぞれ
次の数値を表すものとする。

$A^*(comp)$　　　当該防煙区画の排煙効果係数
$\overline{Hst(comp)}$　　当該室の基準点から当該防煙区画に設け
　　　　　　　られた各限界煙層高さ有効開口部の上端ま
　　　　　　　での高さの平均（単位　m）
$Hw(comp)$　　当該室の基準点から当該防煙区画におけ
　　　　　　　る防煙垂れ壁の下端までの高さのうち最大
　　　　　　　のもの（単位　m）
$Hlim$　　　　　限界煙層高さ（単位　m）
$Htop(comp)$　　当該室の基準点から当該防煙区画の天井
　　　　　　　までの高さのうち最大のもの（単位　m）
Asc　　　　　当該防煙区画の床面積（単位　m²）
$Aroom(comp)$　当該室の床面積（単位　m²）

$E(comp,sc)$　当該防煙区画に設けられた限界煙層高さ有効開口
　　　部の種類に応じ、それぞれ次の表に掲げる式によって計算し
　　　た当該防煙区画に設けられた各限界煙層高さ有効開口部の排

煙量（当該防煙区画に設けられた限界煙層高さ有効開口部の
種類が同表㈠又は㈡に掲げるものである場合にあっては、当
該防煙区画に設けられた各限界煙層高さ有効開口部及び当該
限界煙層高さ有効開口部の開放に伴い開放される当該防煙区
画に設けられた他の限界煙層高さ有効開口部のうち当該限界
煙層高さ有効開口部からの距離が30m以内であるもの（以下
この⑴において「他の限界煙層高さ有効開口部」という。）の
排煙量の合計）のうち最小のもの（単位　m³/分）

	当該防煙区画に設けられた限界煙層高さ有効開口部の種類	当該防煙区画に設けられた各限界煙層高さ有効開口部の排煙量
㈠	限界煙層高さ有効開口部を排煙口とした場合に、当該防煙区画に設けられた排煙設備が自然排煙関係規定に適合し、かつ、当該室の壁の床面からの高さが1.8m以下の部分に排煙口の開放に連動して自動的に開放され又は常時開放状態にある給気口が設けられたもの（当該室に	$e\,(comp,sc) =$ $$max\left\{ 19As\,(comp,sc)\sqrt{hs\,(comp,sc)},\ \frac{76As\,(comp,sc)\sqrt{Hc\,(comp,sc) - Hlim}}{\sqrt{1 + \left(\dfrac{A's\,(comp,sc)}{Aa\,(comp)}\right)^2}} \right\}$$

			設けられた当該排煙設備以外の排煙設備が機械排煙関係規定に適合する場合を除く。)	
		(二)	限界煙層高さ有効開口部を排煙口とした場合に、当該防煙区画に設けられた排煙設備が機械排煙関係規定に適合し、かつ、当該室の壁の床面からの高さが1.8m以下の部分に排煙口の開放に連動して自動的に開放され又は常時開放状態にある給気口が設けられたもの（当該室に設けられた当該排煙設備以外の排煙設備が自然排煙関係規定に適合する場合を	$e(comp, sc) = min \{w(comp, sc),$ $3.9 (Hc(comp, sc) - Hlim)$ $w(comp, sc)^{2/3}\}$

		除く。)
(三)	限界煙層高さ有効開口部を排煙口とした場合に、当該防煙区画に設けられた排煙設備が平成12年建設省告示第1437号第一号イ、ロ(1)及び(3)、ハ(1)、(2)及び(3)(i)並びにニ又は第二号イ、ロ(1)、(3)及び(5)、ハ(1)(i)、(ii)(イ)及び(2)並びにニの規定に適合するもの	$e(comp,sc) = min\ (s(comp,sc),$ $550\,As(comp,sc))$
(四)	その他の限界煙層高さ有効開口部	$e(comp,sc) = 0$

この表において、$e(comp,sc)$、$As(comp,sc)$、$hs(comp,sc)$、$Hc(comp,sc)$、$Hlim$、$A's(comp,sc)$、$Aa(comp)$、$w(comp,sc)$及び$s(comp,sc)$は、それぞれ次の数値を表すものとする。

$e(comp,sc)$　　当該防煙区画に設けられた各限界煙層高さ有効開口部の排煙量（単位　m³/分）

$As(comp,sc)$　　当該限界煙層高さ有効開口部の開口面積（単位　m²）

$hs(comp,sc)$　　当該限界煙層高さ有効開口部の上端と下端の垂直距離（単位　m）

$Hc(comp,sc)$　　当該室の基準点から当該限界煙層高さ有効開口部の中心までの高さ（単位　m）

$Hlim$　　　　　　限界煙層高さ（単位　m）

$A's(comp,sc)$ 　当該限界煙層高さ有効開口部及び他の限界煙層高さ有効開口部の開口面積の合計（単位　m²）

$Aa(comp)$ 　当該室に設けられた給気口（当該限界煙層高さ有効開口部の開放に伴い開放され又は常時開放状態にある給気口に限る。）の開口面積の合計（単位　m²）

$w(comp,sc)$ 　当該限界煙層高さ有効開口部の排煙機の空気を排出することができる能力（単位　m³/分）

$s(comp,sc)$ 　当該防煙区画に係る送風機の当該防煙区画に設けられた限界煙層高さ有効開口部から空気を排出することができる能力（単位　m³/分）

(2)　(1)に掲げる火災室以外の火災室で床面積が1,500 m²以下のもの　次の式によって計算した当該室の有効排煙量（以下「室有効排煙量」という。）（単位　m³/分）

$$Ve(comp)=0.4\left(\frac{\overline{Hst(comp)}-Hlim}{Htop(comp)-Hlim}\right)E(comp)$$

この式において、$Ve(comp)$、$\overline{Hst(comp)}$、$Hlim$、$Htop(comp)$ 及び$E(comp)$ は、それぞれ次の数値を表すものとする。

$Ve(comp)$ 　当該室の有効排煙量（単位　m³/分）

$\overline{Hst(comp)}$ 　当該室の基準点から当該室に設けられた各限界煙層高さ有効開口部の上端までの高さの平均（単位　m）

$Hlim$ 　限界煙層高さ（単位　m）

$Htop(comp)$ 　当該室の基準点から天井までの高さのうち最大のもの（単位　m）

$E(comp)$ 　当該室に設けられた限界煙層高さ有効開口部の種類に応じ、それぞれ次の表に掲げる式によって計算した当該室に設けられた各限界煙層高さ有効開口部の排煙量（当該室に設けられた限界煙層高さ有効開口部の種類が同表㈠又は㈡に掲げるものである場合にあっては、当該室に設けられた各限界煙層高さ有効開口部及び当該限界煙層高さ有効開口部の開放に伴い開放される当該室に設けられた他の限界煙層高さ有効開口部のうち当該限界煙層高さ有効開口部からの距離が30 m以内であるもの（以下この(2)におい

て「他の限界煙層高さ有効開口部」という。）の排煙
量の合計）のうち最小のもの（単位　m³/分）

	当該室に設けられた限界煙層高さ有効開口部の種類	当該室に設けられた各限界煙層高さ有効開口部の排煙量
(一)	限界煙層高さ有効開口部を排煙口とした場合に、当該室に設けられた排煙設備が自然排煙関係規定に適合し、かつ、当該室の壁の床面からの高さが1.8m以下の部分に排煙口の開放に連動して自動的に開放され又は常時開放状態にある給気口が設けられたもの（当該室に設けられた当該排煙設備以外の排煙設備が機械排煙関係規定に適合する場合を除く。）	$e(comp) =$ $max\left\{ 19As(comp)\sqrt{hs(comp)},\ \dfrac{76As(comp)\sqrt{Hc(comp)-Hlim}}{\sqrt{1+\left(\dfrac{A's(comp)}{Aa(comp)}\right)^2}} \right\}$
(二)	限界煙層高さ有効開口部を排煙口とした場合に、当該室に設けられた排煙設備が機械排煙関係規定に適合し、かつ、当該室の壁の床面か	

	らの高さが1.8m以下の部分に排煙口の開放に連動して自動的に開放され又は常時開放状態にある給気口が設けられたもの（当該室に設けられた当該排煙設備以外の排煙設備が自然排煙関係規定に適合する場合を除く。）	$e\,(comp) = min\,\{w\,(comp),$ $\qquad 3.9\,(Hc\,(comp) - Hlim)$ $\qquad\qquad w\,(comp)^{2/3}\}$
(三)	限界煙層高さ有効開口部を排煙口とした場合に、当該室に設けられた排煙設備が平成12年建設省告示第1437号第一号イ、ロ(1)及び(3)、ハ(1)、(2)及び(3)(i)並びにニ又は第二号イ、ロ(1)、(3)及び(5)、ハ(1)(i)、(ii)(イ)及び(2)並びにニの規定に適合するもの	$e\,(comp) = min\,(s\,(comp),$ $\qquad\qquad 550\,As\,(comp))$
(四)	その他の限界煙層高さ有効開口部	$e\,(comp) = 0$

この表において、$e\,(comp)$、$As\,(comp)$、$hs\,(comp)$、Hc $(comp)$、$Hlim$、$A's\,(comp)$、$Aa\,(comp)$、$w\,(comp)$ 及 び s $(comp)$ は、それぞれ次の数値を表すものとする。

　$e\,(comp)$　　　当該室に設けられた各限界煙層高さ有効開

　　　　　　　口部の排煙量（単位　m³/分）

As(comp)　　当該限界煙層高さ有効開口部の開口面積（単位　m²）

hs(comp)　　当該限界煙層高さ有効開口部の上端と下端の垂直距離（単位　m）

Hc(comp)　　当該室の基準点から当該限界煙層高さ有効開口部の中心までの高さ（単位　m）

$Hlim$　　　限界煙層高さ（単位　m）

$A's$(comp)　　当該限界煙層高さ有効開口部及び他の限界煙層高さ有効開口部の開口面積の合計（単位　m²）

Aa(comp)　　当該室に設けられた給気口（当該限界煙層高さ有効開口部の開放に伴い開放され又は常時開放状態にある給気口に限る。）の開口面積の合計（単位　m²）

w(comp)　　当該限界煙層高さ有効開口部の排煙機の空気を排出することができる能力（単位　m³/分）

s(comp)　　当該室に係る送風機の当該室に設けられた限界煙層高さ有効開口部から空気を排出することができる能力（単位　m³/分）

Ve(comp)　　次のイ又はロに掲げる当該室の区分に応じ、それぞれ当該イ又はロに定める当該室の有効排煙量（単位　m³/分）

　イ　床面積1,500m²以内ごとに、防煙垂れ壁によって区画された室（床面から防煙垂れ壁の下端までの高さが限界煙層高さ以上である場合に限る。）　防煙区画有効排煙量（単位　m³/分）

　ロ　イに掲げる室以外の室で床面積が1,500m²以下のもの　室有効排煙量（単位　m³/分）

〔令和3年5月28日国土交通省告示第474号〕
火災により生じた煙又はガスの高さに基づく区画避難安全検証法に関する算出方法等を定める件

　建築基準法施行令（昭和25年政令第338号）第128条の6第3項第一号イ及びニ並びに第二号イからニまでの規定に基づき、火災により生じた煙又はガスの高さに基づく区画避難安全検証法に関する算出方法等を次のように定める。

一　建築基準法施行令（以下「令」という。）第128条の6第3項第二号に規定する方法を用いる場合における同項第一号イに規定する当該居室に存する者（当該居室を通らなければ避難することができない者を含む。以下「在室者」という。）の全てが当該居室において火災が発生してから当該居室からの避難を終了するまでに要する時間（以下「居室避難完了時間」という。）は、次に掲げる時間を合計して計算するものとする。

イ　当該居室の種類に応じ、それぞれ次の表に掲げる式によって計算した火災が発生してから在室者が避難を開始するまでに要する時間（以下「居室避難開始時間」という。）（単位　分）

当該居室の種類	居室避難開始時間
当該居室を通らなければ避難することができない部分がない場合又は当該居室を通らなければ避難することができない全ての部分が当該居室への出口（幅が60cm未満であるものを除く。）を有する場合	$t\,start(room) = \min\left(5 \times 10^{-3}\,Lwall(room)^{6/5},\; \dfrac{2 \times 10^{-3}\,Lwall(room)^{6/5}}{\alpha\,room^{1/5}} + t_0(room)\right)$
その他の場合	$t\,start(room) = \min\left(5 \times 10^{-3}\,Lwall(room)^{6/5},\; \dfrac{2 \times 10^{-3}\,Lwall(room)^{6/5}}{\alpha\,room^{1/5}} + t_0(room)\right) + 3$

この表において、$t\,start(room)$、$Lwall(room)$、$\alpha\,room$ 及び $t_0(room)$ は、それぞれ次の数値を表すものとする。

$t\,start(room)$　　居室避難開始時間（単位　分）

$Lwall(room)$　　当該居室の周長（単位　m）

$\alpha\,room$　　　　次の式によって計算した当該居室又は当該居室に隣接する室（当該居室と準耐火構造の壁若しくは準不燃材料で造り、若しくは覆われた壁又は令第112条第12項に規定する10分間防火設備（以下単に「10分間防火設備」という。）で区画されたものを除く。以下同じ。）の火災成長率のうち最大のもの（以下「居室火災成長率」という。）

$\alpha\,room,i = \max\,(1.51 \times 10^{-4}\,q\,l,\; 0.0125) \times k\,m$

この式において、$\alpha\,room,i$、$q\,l$ 及び $k\,m$ は、それぞれ次の数値を表すものとする。

$\alpha\,room,i$　当該居室又は当該居室に隣接する室の火災成長率

$q\,l$　　　　当該室の種類に応じ、それぞれ次の表に定める積載可燃物の1m²当たりの発熱量（単位　MJ/m²）

当該室の種類	積載可燃物の1m²当たりの発熱量

住宅の居室			720
住宅以外の建築物における寝室			240
事務室その他これに類するもの			560
会議室その他これに類するもの			160
教室			400
体育館のアリーナその他これに類するもの			80
博物館又は美術館の展示室その他これらに類するもの			240
百貨店又は物品販売業を営む店舗その他これらに類するもの	家具又は書籍の売場その他これらに類するもの		960
	その他の部分		480
飲食店その他の飲食室	簡易な食堂		240
	その他の飲食室		480
劇場、映画館、演芸場、観覧場、公会堂、集会室その他これらに類する用途に供する室	客席部分	固定席の場合	400
		その他の場合	480
	舞台部分		240
自動車車庫又は自動車修理工場	車室その他これに類する部分		240
	車路その他これに類する部分		32
廊下、階段その他の通路			32
玄関ホール、ロビーその他これらに類するもの	劇場、映画館、演芸場、観覧場、公会堂若しくは集会場その他これらに類する用途又は百貨店若しくは物品販売業を営む店舗その他これらに類する用途に供する建築物の玄関ホール、ロビーその他これらに類するもの		160
	その他のもの		80
昇降機その他の建築設備の機械室			160
屋上広場又はバルコニー			80
倉庫その他の物品の保管の用に供する室			2,000
診療所（患者の収容施設を有しないものに限る。）の診察室又は待合室			240

保育所又は幼保連携型認定こども園の用途に供する室	240
児童福祉施設等（令第115条の3第一号に規定する児童福祉施設等をいう。以下同じ。）（保育所及び幼保連携型認定こども園を除き、通所のみにより利用されるものに限る。）の用途に供する室	400

$k m$　内装燃焼係数（令和3年国土交通省告示第475号第一号イに規定する内装燃焼係数をいう。以下同じ。）

$t_0(room)$　次の式によって計算した当該居室の燃焼拡大補正時間（単位　分）

$$t_0(room) = \frac{100 - \left(\dfrac{100}{\alpha\,room}\right)^{1/2}}{60}$$

この式において、$t_0(room)$ 及び $\alpha\,room$ は、それぞれ次の数値を表すものとする。

$t_0(room)$　当該居室の燃焼拡大補正時間（単位　分）

$\alpha\,room$　居室火災成長率

ロ　当該居室及び当該居室を通らなければ避難することができない建築物の部分（以下「当該居室等」という。）の各部分から当該居室の出口（幅が60cm未満であるものを除き、当該居室から当該区画部分以外の部分等（令第128条の6第2項に規定する当該区画部分以外の部分等をいう。以下同じ。）に通ずる主たる廊下その他の通路に通ずる出口に限る。以下同じ。）を経由して直通階段（避難階又は地上に通ずるものに限る。以下同じ。）（当該居室が避難階に存する場合にあっては地上）に至る各経路（避難の用に供するものであって、当該経路上にある各出口の幅が60cm以上であるものに限る。以下このロにおいて「避難経路」という。）ごとに、当該居室等の種類及び居室出口滞留時間に応じ、それぞれ次の表に掲げる式によって計算した在室者が当該居室等の各部分から当該居室の出口の一に達し、当該出口を通過するために要する時間（以下「居室出口通過時間」という。）のうち最大のもの（単位　分）

当該居室等の種類	居室出口滞留時間	居室出口通過時間
準耐火構造の壁若しくは準不燃材料で造り、若しくは覆われた壁又は10分間防火設備で区画されたもの	$t\,crowd(room) \leqq$ 3である場合	$t\,pass(room),i =$ $\max\left(\sum \dfrac{l\,room}{v\,crowd},\ t\,crowd(room)\right)$
	$t\,crowd(room) >$ 3である場合	$t\,pass(room),i =$ $\max\left(\sum \dfrac{l\,room}{v\,crowd},\ t\,crowd(room)\right)+3$
	$t\,crowd(room) \leqq$ 1.5である場合	$t\,pass(room),i =$ $\max\left(\sum \dfrac{l\,room}{v\,crowd},\ t\,crowd(room)\right)$

| その他のもの | $t\,crowd\,(room) >$ 1.5である場合 | $t\,pass\,(room),i =$ $\max\left(\sum\dfrac{l\,room}{v\,crowd},\ t\,crowd\,(room)\right)+4.5$ |

この表において、$t\,crowd\,(room)$、$t\,pass\,(room),i$、$l\,room$ 及び $v\,crowd$ は、それぞれ次の数値を表すものとする。

$t\,crowd\,(room)$　当該居室等の用途及び当該避難経路上にある当該居室の出口の幅の合計に応じ、それぞれ次の表に掲げる式によって計算した居室出口滞留時間（単位　分）

当該居室等の用途	当該避難経路上にある当該居室の出口の幅の合計	居室出口滞留時間
児童福祉施設等（通所のみにより利用されるものに限る。）	$90\,Broom \leqq$ $Rneck\,(room)$ である場合	$t\,crowd\,(room)=\dfrac{Proom}{45\,Broom}$
	$90\,Broom >$ $Rneck\,(room)$ である場合	$t\,crowd\,(room)=$ $\dfrac{min\left(Proom,\ \sum\dfrac{k\,co\,Aco}{a\,n}\right)}{45\,Broom}+$ $\dfrac{max\left(Proom-\sum\dfrac{k\,co\,Aco}{a\,n},\ 0\right)}{0.5\,Rneck\,(room)}$
その他の用途（病院、診療所（患者の収容施設があるものに限る。）及び児童福祉施設等を除く。）	$90\,Broom \leqq$ $Rneck\,(room)$ である場合	$t\,crowd\,(room)=\dfrac{Proom}{90\,Broom}$
	$90\,Broom >$ $Rneck\,(room)$ である場合	$t\,crowd\,(room)=$ $\dfrac{min\left(Proom,\ \sum\dfrac{k\,co\,Aco}{a\,n}\right)}{90\,Broom}+$ $\dfrac{max\left(Proom-\sum\dfrac{k\,co\,Aco}{a\,n},\ 0\right)}{Rneck\,(room)}$

この表において、$Broom$、$Rneck\,(room)$、$t\,crowd\,(room)$、$Proom$、$k\,co$、Aco 及び $a\,n$ は、それぞれ次の数値を表すものとする。

$Broom$　　　当該避難経路上にある当該居室の出口の幅の合計（単位　m）

$Rneck\,(room)$　次の式によって計算した当該避難経路の流動量（単位　人/分）

$$Rneck\,(room)=min\,(90\,Dco\,(room),\ Rd\,(room),\ Rst\,(room))$$

この式において、$Rneck\,(room)$、$Dco\,(room)$、$Rd\,(room)$ 及び $Rst\,(room)$ は、それぞれ次の数値を表すものとする。

$Rneck\,(room)$　当該避難経路の流動量（単位　人/分）

$Dco\,(room)$　　当該避難経路上の各廊下（当該居室等に設けられた

廊下を除く。以下このロにおいて同じ。）の幅のうち
最小のもの（単位　m）

$Rd(room)$　　次の式によって計算した当該避難経路上にある各出
口（当該居室等に設けられた出口を除く。以下このロ
において同じ。）の有効流動量のうち最小のもの（単
位　人/分）

$$Rd(room), i = Bd(room)\, Nd(room)$$

この式において、$Rd(room), i$、$Bd(room)$ 及び $Nd(room)$ は、
それぞれ次の数値を表すものとする。

$Rd(room), i$　当該避難経路上にある各出口の有効流動量
（単位　人/分）

$Bd(room)$　　当該出口の幅（単位　m）

$Nd(room)$　　当該出口の種類に応じ、それぞれ次の表に
掲げる式によって計算した当該出口の流動係
数（単位　人/(分·m)）

当該出口 の種類	当該出口の流動係数
階段又は 居室に設 けられた 出口	$Nd(room) = 90$
その他の 出口	$Nd(room) =$ $min\left\{max\left(150 - \dfrac{60\,Bd(room)}{Dco(room)},\ 90\right),\ 120\right\}$

この表において、$Nd(room)$、$Bd(room)$ 及び Dco
$(room)$ は、それぞれ次の数値を表すものとする。

$Nd(room)$　　当該出口の流動係数
（単位　人/(分·m)）

$Bd(room)$　　当該出口の幅（単位　m）

$Dco(room)$　当該避難経路上の各廊下の幅のうち
最小のもの（単位　m）

$Rst(room)$　次の式によって計算した当該避難経路上の各階段（当
該居室等に設けられた階段を除く。以下このロにおいて
同じ。）又は直通階段の有効流動量のうち最小のもの（単
位　人/分）

$$Rst(room), i = Dst(room)\, Nst(room)$$

この式において、$Rst(room),i$、$Dst(room)$ 及び $Nst(room)$ は、それぞれ次の数値を表すものとする。

$Rst(room),i$　当該避難経路上の各階段又は直通階段の有効流動量（単位　人/分）

$Dst(room)$　当該階段の幅（単位　m）

$Nst(room)$　当該階段の種類、避難の方向及び当該階段の幅に応じ、それぞれ次の表に掲げる式によって計算した当該階段の流動係数（単位　人/（分·m））

当該階段の種類	避難の方向	当該階段の幅	当該階段の流動係数
屋内と階段室とが付室を通じて連絡しており、かつ、屋内と付室とが準耐火構造の壁若しくは不燃材料で造り、若しくは覆われた壁若しくは建築基準法（昭和25年法律第201号。以下「法」という。）第2条第九号の二ロに規定する防火設備で令	下り	$Dlanding(room) < Dst(room)$ である場合	$Nst(room) = min\left\{72 - 48\left(1 - \dfrac{Dlanding(room)}{Dst(room)}\right), 90\dfrac{Dlanding(room)}{Dst(room)}\right\}$
		$Dlanding(room) \geqq Dst(room)$ である場合	$Nst(room) = 72$
	上り	$Dlanding(room) < Dst(room)$ である場合	$Nst(room) = min\left\{60 - 36\left(1 - \dfrac{Dlanding(room)}{Dst(room)}\right), 90\dfrac{Dlanding(room)}{Dst(room)}\right\}$
		$Dlanding(room) \geqq Dst(room)$ である場合	$Nst(room) = 60$

第112条第19項第二号に規定する構造であるもので区画された直通階段又は直通階段以外の階段			
その他の直通階段	下り	$Dlanding(room) < Dst(room)$ である場合	$Nst(room) =$ $min\left\{72-48\left(1-\dfrac{Dlanding(room)}{Dst(room)}\right),\ 90\dfrac{Dlanding(room)}{Dst(room)}\right\}$ $\times 0.5^{max(N'-2.0)}$
		$Dlanding(room) \geqq Dst(room)$ である場合	$Nst(room) =$ $72 \times 0.5^{max(N'-2.0)}$
	上り	$Dlanding(room) < Dst(room)$ である場合	$Nst(room) =$ $min\left\{60-36\left(1-\dfrac{Dlanding(room)}{Dst(room)}\right),\ 90\dfrac{Dlanding(room)}{Dst(room)}\right\}$ $\times 0.5^{max(N'-2.0)}$
		$Dlanding(room) \geqq Dst(room)$ である場合	$Nst(room) =$ $60 \times 0.5^{max(N'-2.0)}$

　この表において、$Dlanding(room)$、$Dst(room)$、$Nst(room)$ 及び N' は、それぞれ次の数値を表すもの

とする。

　　　　$Dlanding(room)$　当該階段の踊り場の幅（単位
　　　　　　　　　　　　　　m）
　　　　$Dst(room)$　　　当該階段の幅（単位　m）
　　　　$Nst(room)$　　　当該階段の流動係数（単位　人/
　　　　　　　　　　　　　（分・m））
　　　　N'　　　　　　　当該建築物の階数

$t\,crowd(room)$　居室出口滞留時間（単位　分）
$Proom$　　　　　次の式によって計算した在室者のうち当該避難経路上にある
　　　　　　　　当該居室の出口を通って避難する者の数（単位　人）

$$Proom = \sum p\,Aarea(room) \times \left(\frac{Broom}{Bload(room)}\right)$$

この式において、$Proom$、p、$Aarea(room)$、$Broom$ 及び $Bload(room)$
は、それぞれ次の数値を表すものとする。
　　$Proom$　在室者のうち当該避難経路上にある当該居室の出口を通っ
　　　　　て避難する者の数（単位　人）
　　p　　　建築物の部分の種類に応じ、それぞれ次の表に定める在館
　　　　　者密度（単位　人/m²）

建築物の部分の種類		在館者密度
住宅の居室		0.06
住宅以外の建築物における寝室	固定ベッドの場合	ベッド数を床面積で除した数値
	その他の場合	0.16
事務室、会議室その他これに類するもの		0.125
教室		0.7
百貨店又は物品販売業を営む店舗その他これらに類するもの	売場の部分	0.5
	売場に附属する通路の部分	0.25
飲食室		0.7
劇場、映画館、演芸場、観覧場、公会堂、集会場その他これらに類する用途に供する居室	固定席の場合	座席数を床面積で除した数値
	その他の場合	1.5
展示室その他これに類するもの		0.5
診療所（患者の収容施設を有しないものに限		0.16

る。以下この表において同じ。）の診察室		
診療所の待合室		0.5
保育所又は幼保連携型認定こども園の用途に供する居室	乳児又は満2歳に満たない幼児を保育する用途に供する場合	0.6
	その他の場合	0.5
児童福祉施設等（保育所及び幼保連携型認定こども園を除き、通所のみにより利用されるものに限る。）の用途に供する居室		0.33

$Aarea(room)$　当該居室等の各部分の床面積（単位　m²）

$Broom$　　　当該避難経路上にある当該居室の出口の幅の合計（単位　m）

$Bload(room)$　当該居室の出口の幅の合計（単位　m）

$k co$　有効滞留面積率（令和3年国土交通省告示第475号第一号ロに規定する有効滞留面積率をいう。）

Aco　当該避難経路上にある当該居室の出口に面する部分（以下「居室避難経路等の部分」という。）の各部分（当該部分が階段室である場合にあっては、当該居室の存する階からその直下階までの階段室（当該居室の存する階が地階である場合にあっては当該居室の存する階からその直上階までの階段室、当該居室の存する階が避難階である場合にあっては当該居室の存する階の階段室）に限る。）の床面積（単位　m²）

$a n$　居室避難経路等の部分の各部分の用途及び種類に応じ、それぞれ次の表に定める必要滞留面積（単位　m²/人）

居室避難経路等の部分の各部分の用途	居室避難経路等の部分の各部分の種類	必要滞留面積
児童福祉施設等（通所のみにより利用されるものに限る。）	－	1.0
その他の用途（病院、診療所（患者の収容施設があるものに限る。）及び児童福祉施設等を除く。）	居室、廊下その他の通路又は玄関ホール、ロビーその他これらに類するもの	0.3
	階段室	0.25
	階段の付室又はバルコニー	0.2

$t pass(room),i$　居室出口通過時間（単位　分）

　　　$l\,room$　　　　　当該居室等の各部分から当該避難経路上にある当該居室の出口の一
　　　　　　　　　　　　に至る歩行距離（単位　m）

　　　$v\,crowd$　　　　　建築物の部分の用途及び種類並びに避難の方向に応じ、それぞれ次
　　　　　　　　　　　　の表に定める滞留時歩行速度（単位　m/分）

建築物の部分の用途		建築物の部分の種類	避難の方向	滞留時歩行速度
劇場、映画館、演芸場、観覧場、公会堂、集会場その他これらに類する用途		階段	上り	9
			下り	12
		その他の部分	－	30
診療所（患者の収容施設を有しないものに限る。）		階段	上り	9
			下り	12
		その他の部分	－	30
児童福祉施設等（通所のみにより利用されるものに限る。）その他これに類する用途	乳児又は満2歳に満たない幼児を保育する場合（当該用途に供する階が3階以下の階である場合に限る。）	階段	下り	2.5
		保育室	－	12
		廊下	－	8
		その他の部分	－	30
	乳児又は満2歳に満たない幼児を保育する場合以外の場合（当該用途に供する階が5階以下の階である場合に限る。）	階段	上り	4.5
			下り	6
		その他の部分	－	15
百貨店、展示場その他これらに類する用途又は共同住宅、ホテルその他これらに類する用途（病院、診療所及び児童福祉施設等を除く。）		階段	上り	9
			下り	12
		その他の部分	－	30
学校（幼保連携型認定こども園を除く。）、事務所その他これらに類する用途		階段	上り	12
			下り	16
		その他の部分	－	39

二　令第128条の6第3項第二号イに規定する同項第一号イの規定によって計算した居室避難
完了時間が経過した時における当該居室において発生した火災により生じた煙又はガス（以
下「煙等」という。）の高さ（当該居室の基準点(床面の最も高い位置をいう。以下同じ。)か
ら煙等の下端の位置までの高さとする。以下「居室煙層下端高さ」という。）は、居室避難

完了時間が経過した時における当該居室の煙層上昇温度（以下単に「当該居室の煙層上昇温度」という。）及び居室避難完了時間に応じ、それぞれ次の表に掲げる式によって計算するものとする。

当該居室の煙層上昇温度		居室避難完了時間	居室煙層下端高さ
$\Delta Tr, room > 180$ である場合		−	$Zroom = 0$
$\Delta Tr, room \leqq 180$ である場合	$\Delta Tr, room \leqq \sqrt{\dfrac{500}{3\,t\,pass\,(room)}}$ である場合	−	$Zroom = 1.8$
	$\Delta Tr, room > \sqrt{\dfrac{500}{3\,t\,pass\,(room)}}$ である場合	$t\,escape$ $(room) \leqq \dfrac{5}{3}$ である場合	$Zroom = max\left[\left\{\dfrac{11\,t\,escape\,(room)^{5/3}}{\rho\,r, room\,Aroom} + \dfrac{1}{(Hroom + h\,room)^{2/3}}\right\}^{-3/2} - h\,room, 0\right]$
		$t\,escape$ $(room) > \dfrac{5}{3}$ である場合	$Zroom = max\Bigg[Zphase1\,(room) - \dfrac{max\,(Vs\,(r, room) - Ve\,(r, room), 0.01)}{Aroom}$ $\times \left(t\,escape\,(room) - \dfrac{5}{3}\right), 0\Bigg]$

　この表において、$\Delta Tr, room$、$Zroom$、$t\,pass\,(room)$、$t\,escape\,(room)$、$\rho\,r, room$、$Aroom$、$Hroom$、$h\,room$、$Zphase1\,(room)$、$Vs\,(r, room)$ 及び $Ve\,(r, room)$ は、それぞれ次の数値を表すものとする。

$\Delta Tr, room$　居室避難完了時間に応じ、それぞれ次の表に掲げる式によって計算した当該居室の煙層上昇温度（単位　度）

居室避難完了時間	当該居室の煙層上昇温度
$t\,escape\,(room) \leqq$ $t\,m\,(room)$ である場合	$\Delta Tr, room =$ $min\left\{\dfrac{Qr, room}{0.37\,Qr, room^{1/3} + 0.015\,Aw\,(room)}, \Delta Troom\,(max)\right\}$
$t\,escape\,(room) >$ $t\,m\,(room)$ である場合	$\Delta Tr, room = \Delta Troom\,(max)$

　この表において、$t\,escape\,(room)$、$t\,m\,(room)$、$\Delta Tr, room$、$Qr, room$、$Aw\,(room)$

及び $\Delta T room (max)$ は、それぞれ次の数値を表すものとする。

$t\,escape\,(room)$　　前号に規定する居室避難完了時間（単位　分）

$t\,m\,(room)$　　　　当該居室又は当該居室に隣接する室の内装仕上げの種類に応じ、それぞれ次の表に掲げる式によって計算した当該居室又は当該居室に隣接する室の燃焼抑制時間のうち最小のもの（単位　分）

	当該居室又は当該居室に隣接する室の内装仕上げの種類	当該居室又は当該居室に隣接する室の燃焼抑制時間
(一)	壁（床面からの高さが1.2m以下の部分を除く。以下この表において同じ。）及び天井（天井のない場合においては、屋根。以下同じ。）の室内に面する部分（回り縁、窓台その他これらに類する部分を除く。以下この表において同じ。）の仕上げを不燃材料でしたもの	$t\,m\,(room),i = 20$
(二)	壁及び天井の室内に面する部分の仕上げを準不燃材料でしたもの（(一)に掲げるものを除く。）	$t\,m\,(room),i = 10$
(三)	壁及び天井の室内に面する部分の仕上げを難燃材料でしたもの又は壁の室内に面する部分の仕上げを木材等（平成12年建設省告示第1439号第1第二号に規定する木材等をいう。以下同じ。）でし、かつ、天井の室内に面する部分の仕上げを準不燃材料でしたもの（(一)及び(二)に掲げるものを除く。）	$t\,m\,(room),i = 5$
(四)	壁及び天井の室内に面する部分の仕上げを木材等でしたもの（(一)から(三)までに掲げるものを除く。）	$t\,m\,(room),i =$ $\min\left\{ t_0\,(room) + \dfrac{1}{60}\left(\dfrac{18\,Hroom\,(min)^{5/2}}{\alpha\,room,i}\right)^{1/2}, 2\right\}$

この表において、$t\,m\,(room),i$、$t_0\,(room)$、$Hroom\,(min)$ 及び $\alpha\,room,i$ は、それぞれ次の数値を表すものとする。

$t\,m\,(room),i$　　当該居室又は当該居室に隣接する室の燃焼抑制時間（単位　分）

$t_0\,(room)$　　　前号イに規定する当該居室の燃焼拡大補正時間（単位　分）

$Hroom\,(min)$　　当該室の基準点から天井の最も低い位置までの高さ（単位　m）

$\alpha\,room,i$　　前号イに規定する当該居室又は当該居室に隣接する室の火災成長率

$\Delta Tr,room$　　当該居室の煙層上昇温度（単位　度）

$Qr,room$　　居室避難完了時間に応じ、それぞれ次の表に掲げる式によって計算した当該居室における1秒間当たりの発熱量（単位　kW）

居室避難完了時間	当該居室における1秒間当たりの発熱量
$t\,escape\,(room) \leqq \dfrac{5}{3}$ である場合	$Qr,room = 0.01(60\,t\,escape\,(room))^2$
$t\,escape\,(room) > \dfrac{5}{3}$ である場合	$Qr,room = \alpha\,room\,(60\,t\,escape\,(room) - 60\,t_0\,(room))^2$

この表において、$t\,escape\,(room)$、$Qr,room$、$\alpha\,room$ 及び $t_0\,(room)$ は、それぞれ次の数値を表すものとする。

$t\,escape\,(room)$　　前号に規定する居室避難完了時間（単位　分）

$Qr,room$　　当該居室における1秒間当たりの発熱量（単位　kW）

$\alpha\,room$　　前号イに規定する居室火災成長率

$t_0\,(room)$　　前号イに規定する当該居室の燃焼拡大補正時間（単位　分）

$Aw\,(room)$　　当該居室の壁（基準点からの高さが1.8m以下の部分を除く。）及び天井の室内に面する部分の表面積（単位　m²）

$\Delta Troom\,(max)$　　最大煙層上昇温度（令和3年国土交通省告示第475号第二号に規定する最大煙層上昇温度をいう。以下同じ。）（単位　度）

$Zroom$　　居室煙層下端高さ（単位　m）

$t\,pass\,(room)$　　前号ロに規定する居室出口通過時間のうち最大のもの（単位　分）

$t\,escape\,(room)$　　前号に規定する居室避難完了時間（単位　分）

$\rho\,r,room$　　次の式によって計算した居室避難完了時間が経過した時における当該居室の煙層密度（以下単に「当該居室の煙層密度」という。）（単位　kg/m³）

$$\rho\,r,room = \frac{353}{\Delta Tr,room + 293}$$

この式において、$\rho\,r,room$ 及び $\Delta Tr,room$ は、それぞれ次の数値を表すものとする。

$\rho\,r,room$　　当該居室の煙層密度（単位　kg/m³）

$\Delta Tr,room$　　当該居室の煙層上昇温度（単位　度）

$Aroom$　　当該居室の床面積（単位　m²）

$Hroom$	当該居室の基準点から天井までの高さの平均（単位　m）
$h\,room$	当該居室の床面の最も低い位置から基準点までの高さ（単位　m）
$Zphase1(room)$	次の式によって計算した火災発生後100秒間が経過した時における居室煙層下端高さ（単位　m）

$$Zphase1(room) = max\left[\left\{\frac{26}{\rho\,r,room\;Aroom} + \frac{1}{(Hroom + h\,room)^{2/3}}\right\}^{-3/2} - h\,room, 0\right]$$

> この式において $Zphase1(room)$、$\rho\,r,room$、$Aroom$、$Hroom$ 及び $h\,room$ は、それぞれ次の数値を表すものとする。
>
> | | |
> |---|---|
> | $Zphase1(room)$ | 火災発生後100秒間が経過した時における居室煙層下端高さ（単位　m） |
> | $\rho\,r,room$ | 当該居室の煙層密度（単位　kg/m³） |
> | $Aroom$ | 当該居室の床面積（単位　m²） |
> | $Hroom$ | 当該居室の基準点から天井までの高さの平均（単位　m） |
> | $h\,room$ | 当該居室の床面の最も低い位置から基準点までの高さ（単位　m） |

$Vs(r,room)$　次の式によって計算した当該居室の煙等発生量（単位　m³/分）

$$Vs(r,room) = \frac{4.2\left(\dfrac{Qr,room}{3}\right)^{1/3}\left\{(Zphase1(room) + h\,room)^{5/3} + (h\,room + 1.8)^{5/3}\right\}}{\rho\,r,room}$$

> この式において、$Vs(r,room)$、$Qr,room$、$Zphase1(room)$、$h\,room$ 及び $\rho\,r,room$ は、それぞれ次の数値を表すものとする。
>
> | | |
> |---|---|
> | $Vs(r,room)$ | 当該居室の煙等発生量（単位　m³/分） |
> | $Qr,room$ | 当該居室における1秒間当たりの発熱量（単位　kW） |
> | $Zphase1(room)$ | 火災発生後100秒間が経過した時における居室煙層下端高さ（単位　m） |
> | $h\,room$ | 当該居室の床面の最も低い位置から基準点までの高さ（単位　m） |
> | $\rho\,r,room$ | 当該居室の煙層密度（単位　kg/m³） |

$Ve(r,room)$　次の式によって計算した当該居室の有効排煙量（単位　m³/分）

$$Ve(r,room) = min\,(1.5\,Aroom^{-0.15},\;0.8) \times \left(\frac{\overline{Hst(room)} - 1.8}{Htop(room) - 1.8}\right) Er,room$$

> この式において、$Ve(r,room)$、$Aroom$、$\overline{Hst(room)}$、$Htop(room)$ 及び $Er,room$ は、それぞれ次の数値を表すものとする。
>
> | | |
> |---|---|
> | $Ve(r,room)$ | 当該居室の有効排煙量（単位　m³/分） |
> | $Aroom$ | 当該居室の床面積（単位　m²） |
> | $\overline{Hst(room)}$ | 当該居室の基準点から当該居室に設けられた各有効開口部（壁又は天井に設けられた開口部の床面からの高さが1.8m以上の部分をいう。以下同じ。）の上端までの高さの平均（単位　m） |
> | $Htop(room)$ | 当該居室の基準点から天井までの高さのうち最大のもの（単位 |

m)

Er,room 当該居室に設けられた有効開口部の種類に応じ、それぞれ次の表に掲げる式によって計算した当該居室に設けられた各有効開口部及び当該有効開口部の開放に伴い開放される当該居室に設けられた他の有効開口部のうち当該有効開口部からの距離が30m以内であるもの（以下この号において「他の有効開口部」という。）の排煙量の合計のうち最小のもの（当該居室に設けられた有効開口部の種類が同表㈡に掲げるものである場合にあっては、当該居室に設けられた各有効開口部及び他の有効開口部の排煙量の合計のうち最小のもの又は当該居室に設けられた給気口（当該居室に設けられた有効開口部の開放に伴い開放され又は常時開放状態にある給気口に限る。）の開口面積の合計に550を乗じたもののうち、いずれか小さい数値）（単位　m³/分）

	当該居室に設けられた有効開口部の種類	当該居室に設けられた各有効開口部の排煙量
㈠	有効開口部を排煙口とした場合に、当該居室に設けられた排煙設備が令第126条の3第1項第二号、第三号（排煙口の壁における位置に係る部分を除く。）、第四号から第六号まで及び第十号から第十二号までの規定（以下「自然排煙関係規定」という。）に適合し、かつ、当該居室の壁の床面からの高さが1.8m以下の部分に排煙口の開放に連動して自動的に開放され又は常時開放状態にある給気口が設けられたもの（当該居室に設けられた当該排煙設備以外の排煙設備が同項第二号、第三号（排煙口の壁における位置に係る部分を除く。）、第四号から第七号まで、第八号（排煙口の開口面積に係る部分を除く。）、第九号（空気を排出する能力に係る部分を除く。）及び第十号から第十二号までの規定（以下「機械排煙関係規定」という。）に適合する場合	$e_{r,room} =$ $$186\left(\frac{1.205 - \rho_{r,room}}{\rho_{r,room}}\right)^{1/2} \times$$ $$max\left\{\frac{As(room)\sqrt{h_s(room)}}{4},\right.$$ $$\left.\frac{As(room)\sqrt{Hc(room)-1.8}}{\sqrt{1+\left(\frac{A's(room)}{Aa(room)}\right)^2}}\right\}$$

		を除く。)
（二）	有効開口部を排煙口とした場合に、当該居室に設けられた排煙設備が機械排煙関係規定に適合し、かつ、当該居室の壁の床面からの高さが1.8m以下の部分に排煙口の開放に連動して自動的に開放され又は常時開放状態にある給気口が設けられたもの（当該居室に設けられた当該排煙設備以外の排煙設備が自然排煙関係規定に適合する場合を除く。)	$e_{r,room} =$ $min\left\{ w_{room}, 3.7 \times 10^4 \dfrac{\Delta T_{r,room}}{\rho_{r,room}(\Delta T_{r,room}+293)^2} (Hc_{(room)}-1.8) w_{room}^{3/5} \right\}$
（三）	その他の有効開口部	$e_{r,room} = 0$

この表において、$e_{r,room}$、$\rho_{r,room}$、$As_{(room)}$、$h_{s(room)}$、$Hc_{(room)}$、$A's_{(room)}$、$Aa_{(room)}$、w_{room} 及び $\Delta T_{r,room}$ は、それぞれ次の数値を表すものとする。

> $e_{r,room}$　　当該居室に設けられた各有効開口部の排煙量（単位　m³/分）
>
> $\rho_{r,room}$　　当該居室の煙層密度（単位　kg/m³）
>
> $As_{(room)}$　　当該有効開口部の開口面積（単位　m²）
>
> $h_{s(room)}$　　当該有効開口部の上端と下端の垂直距離（単位　m）
>
> $Hc_{(room)}$　　当該居室の基準点から当該有効開口部の中心までの高さ（単位　m）
>
> $A's_{(room)}$　　当該有効開口部及び他の有効開口部の開口面積の合計（単位　m²）
>
> $Aa_{(room)}$　　当該居室に設けられた給気口（当該有効開口部の開放に伴い開放され又は常時開放状態にある給気口に限る。）の開口面積の合計（単位　m²）
>
> w_{room}　　当該有効開口部の排煙機の空気を排出することができる能力（単位　m³/分）
>
> $\Delta T_{r,room}$　　当該居室の煙層上昇温度（単位　度）

三　令第128条の6第3項第二号ロに規定する避難上支障のある高さは、1.8mとする。

四　令第128条の6第3項第二号に規定する方法を用いる場合における同項第一号ニに規定する区画部分に存する者の全てが当該火災室で火災が発生してから当該区画部分からの避難を終了するまでに要する時間（以下「区画避難完了時間」という。）は、次に掲げる時間を合

計して計算するものとする。

イ　当該区画部分（当該区画部分以外の部分に当該区画部分を通らなければ避難することができない建築物の部分がないものに限り、竪穴部分（令第112条第11項に規定する竪穴部分をいう。）に面する場合にあっては、出入口の部分を除き、当該区画部分と当該竪穴部分とが準耐火構造の壁又は法第2条第九号の二ロに規定する防火設備で令第112条第19項第二号に規定する構造であるものであって、はめごろし戸であるもので区画されているものに限る。以下同じ。）の用途に応じ、それぞれ次の表に掲げる式によって計算した火災が発生してから区画部分に存する者が避難を開始するまでに要する時間（以下「区画避難開始時間」という。）（単位　分）

当該区画部分の用途	区画避難開始時間
共同住宅、ホテルその他これらに類する用途（病院、診療所及び児童福祉施設等を除く。）	$t\,start(comp) = min\left(5\times10^{-3}Lwall(comp)^{6/5},\; \dfrac{2\times10^{-3}\,Lwall(comp)^{6/5}}{\alpha\,comp^{1/5}} + t_0(comp)\right)+5$
その他の用途（病院、診療所（患者の収容施設があるものに限る。）及び児童福祉施設等（通所のみに利用されるものを除く。）を除く。）	$t\,start(comp) = min\left(5\times10^{-3}Lwall(comp)^{6/5},\; \dfrac{2\times10^{-3}\,Lwall(comp)^{6/5}}{\alpha\,comp^{1/5}} + t_0(comp)\right)+3$

この表において、$t\,start(comp)$、$Lwall(comp)$、$\alpha\,comp$ 及び $t_0(comp)$ は、それぞれ次の数値を表すものとする。

$t\,start(comp)$　　区画避難開始時間（単位　分）

$Lwall(comp)$　　当該火災室の周長（単位　m）

$\alpha\,comp$　　　次の式によって計算した当該火災室又は当該火災室に隣接する室（当該火災室と準耐火構造の壁若しくは準不燃材料で造り、若しくは覆われた壁又は10分間防火設備で区画されたものを除く。以下同じ。）の火災成長率のうち最大のもの（以下「火災室火災成長率」という。）

$$\alpha\,comp,i = max\{5.8\times10^{-4}\,(0.26\,q\,l^{1/3} - \varphi\,sp)\,q\,l^{2/3},\; 0.0125\}\times k\,m$$

この式において、$\alpha\,comp,i$、$q\,l$、$\varphi\,sp$ 及び $k\,m$ は、それぞれ次の数値を表すものとする。

$\alpha\,comp,i$　　当該火災室又は当該火災室に隣接する室の火災成長率

$q\,l$　　　　　第一号イに規定する積載可燃物の1 m²当たりの発熱量（単位　MJ/m²）

$\varphi\,sp$　　　　燃焼表面積低減率（令和3年国土交通省告示第475号第四号イに規定する燃焼表面積低減率をいう。）

$k\,m$　　　　　内装燃焼係数

$t_0(comp)$　　　次の式によって計算した当該火災室の燃焼拡大補正時間（単位　分）

$$t_0(comp) = \frac{100 - \left(\dfrac{100}{\alpha\,comp}\right)^{1/2}}{60}$$

この式において、$t_0(comp)$ 及び $\alpha\,comp$ は、それぞれ次の数値を表すものとする。

$t_0(comp)$　当該火災室の燃焼拡大補正時間（単位　分）

$\alpha\,comp$　　火災室火災成長率

ロ　当該区画部分の各室の各部分から、当該区画部分から当該区画部分以外の部分等への出口（幅が60cm未満であるものを除き、当該区画部分から直通階段（当該区画部分が避難階に存する場合にあっては地上）に通ずる主たる廊下その他の通路に通ずる出口に限る。以下同じ。）を経由して直通階段（当該区画部分が避難階に存する場合にあっては地上）に至る各経路（避難の用に供するものであって当該経路上にある各出口の幅が60cm以上であるものに限り、当該室が当該火災室又は当該火災室（居室であるものに限る。）を通らなければ避難することができない部分である場合以外の場合にあっては、当該火災室を経由するものを除く。以下このロにおいて「避難経路」という。）ごとに、区画出口滞留時間に応じ、それぞれ次の表に掲げる式によって計算した区画部分に存する者が当該区画部分の各室の各部分から当該区画部分から当該区画部分以外の部分等への出口の一に達し、当該出口を通過するために要する時間（以下「区画出口通過時間」という。）のうち最大のもの（単位　分）

区画出口滞留時間	区画出口通過時間
$t\,crowd(comp) \leqq 3$ である場合	$t\,pass(comp),i = max\left(\sum \dfrac{l\,comp}{v\,crowd},\ t\,crowd(comp)\right)$
$t\,crowd(comp) > 3$ である場合	$t\,pass(comp),i = max\left(\sum \dfrac{l\,comp}{v\,crowd},\ t\,crowd(comp)\right)$ $+3 \times max\,(1,\ N'-2)$

この表において、$t\,croud(comp)$、$t\,pass(comp),i$、$l\,comp$、$v\,croud$ 及び N' は、それぞれ次の数値を表すものとする。

$t\,croud(comp)$　当該区画部分の用途及び当該避難経路上にある当該区画部分から当該区画部分以外の部分等への出口の幅の合計に応じ、それぞれ次の表に掲げる式によって計算した区画出口滞留時間（単位　分）

当該区画部分の用途	当該避難経路上にある当該区画部分から当該区画部分以外の部分等への出口の幅の合計	区画出口滞留時間
児童福祉施設等（通所	$90\,Bcomp \leqq$ $Rneck(comp)$ である場合	$t\,croud(comp) = \dfrac{Pcomp}{45\,Bcomp}$

のみにより利用されるものに限る。）	$90\,Bcomp >$ $Rneck\,(comp)$ である場合	$t\,croud\,(comp)=$ $\dfrac{Pcomp}{0.5\,Rneck\,(comp)}$
その他の用途（病院、診療所（患者の収容施設があるものに限る。）及び児童福祉施設等を除く。）	$90\,Bcomp \leqq$ $Rneck\,(comp)$ である場合	$t\,croud\,(comp)=\dfrac{Pcomp}{90\,Bcomp}$
	$90\,Bcomp >$ $Rneck\,(comp)$ である場合	$t\,croud\,(comp)=$ $\dfrac{Pcomp}{Rneck\,(comp)}$

　この表において、$Bcomp$、$Rneck\,(comp)$、$t\,crowd\,(comp)$ 及び $Pcomp$ は、それぞれ次の数値を表すものとする。

$Bcomp$　　　　当該避難経路上にある当該区画部分から当該区画部分以外の部分等への出口の幅の合計（単位　m）

$Rneck\,(comp)$　　次の式によって計算した当該避難経路の流動量（単位　人/分）

$$Rneck\,(comp)= min\,(90\,Dco\,(comp),\ Rd\,(comp),\ Rst\,(comp))$$

　　この式において、$Rneck\,(comp)$、$Dco\,(comp)$、$Rd\,(comp)$ 及び $Rst\,(comp)$ は、それぞれ次の数値を表すものとする。

　　　$Rneck\,(comp)$　　当該避難経路の流動量（単位　人/分）

　　　$Dco\,(comp)$　　　当該避難経路上の各廊下（当該区画部分に設けられた廊下を除く。以下この口において同じ。）の幅のうち最小のもの（単位　m）

　　　$Rd\,(comp)$　　　次の式によって計算した当該避難経路上にある各出口（当該区画部分に設けられた出口を除く。以下この口において同じ。）の有効流動量のうち最小のもの（単位　人/分）

$$Rd\,(comp),i = Bd\,(comp)\,Nd\,(comp)$$

　　　　この式において、$Rd\,(comp),i$、$Bd\,(comp)$ 及び $Nd\,(comp)$ は、それぞれ次の数値を表すものとする。

　　　　　$Rd\,(comp),i$　当該避難経路上にある各出口の有効流動量（単位　人/分）

　　　　　$Bd\,(comp)$　　当該出口の幅（単位　m）

　　　　　$Nd\,(comp)$　　当該出口の種類に応じ、それぞれ次の表に掲げる式によって計算した当該出口の流動係数（単位　人/（分·m））

当該出口の種類	当該出口の流動係数

階段又は居室に設けられた出口	$Nd\,(comp) = 90$
その他の出口	$Nd\,(comp) = min$ $\left\{ max\left(150 - \dfrac{60\,Bd\,(comp)}{Dco\,(comp)},\ 90\right),\ 120 \right\}$

　この表において、$Nd\,(comp)$、$Bd\,(comp)$ 及び $Dco\,(comp)$ は、それぞれ次の数値を表すものとする。

　　$Nd\,(comp)$　　当該出口の流動係数
　　　　　　　　　　（単位　人/（分・m））
　　$Bd\,(comp)$　　当該出口の幅（単位　m）
　　$Dco\,(comp)$　　当該避難経路上の各廊下の幅のうち最
　　　　　　　　　　小のもの（単位　m）

$Rst\,(comp)$　　次の式によって計算した当該避難経路上の各階段（当
　　　　　　該区画部分に設けられた階段を除く。以下このロにおい
　　　　　　て同じ。）又は直通階段の有効流動量のうち最小のもの
　　　　　　（単位　人/分）

$$Rst\,(comp),i = Dst\,(comp)\ Nst\,(comp)$$

　この式において、$Rst\,(comp),i$、$Dst\,(comp)$ 及び $Nst\,(comp)$ は、それぞれ次の数値を表すものとする。

　　$Rst\,(comp),i$　　当該避難経路上の各階段又は直通階段の有
　　　　　　　　　　効流動量（単位　人/分）
　　$Dst\,(comp)$　　当該階段の幅（単位　m）
　　$Nst\,(comp)$　　当該階段の種類、避難の方向及び当該階段
　　　　　　　　　　の幅に応じ、それぞれ次の表に掲げる式によっ
　　　　　　　　　　て計算した当該階段の流動係数（単位　人/
　　　　　　　　　　（分・m））

当該階段の種類	避難の方向	当該階段の幅	当該階段の流動係数
屋内と階段室とが付室を通じて連絡しており、かつ、	下り	$Dlanding\,(comp) < Dst\,(comp)$ である場合	$Nst\,(comp) =$ $min\left\{72 - 48\left(1 - \dfrac{Dlanding\,(comp)}{Dst\,(comp)}\right),\right.$

屋内と付室とが準耐火構造の壁若しくは不燃材料で造り、若しくは覆われた壁若しくは法第2条第九号の二ロに規定する防火設備で令第112条第19項第二号に規定する構造であるもので区画された直通階段又は直通階段以外の階段	上り		$90\dfrac{Dlanding(comp)}{Dst(comp)}\Big\}$
		$Dlanding$ $(comp) \geqq$ $Dst(comp)$ である場合	$Nst(comp) = 72$
		$Dlanding$ $(comp) <$ $Dst(comp)$ である場合	$Nst(comp) =$ $min\Big\{60-36\Big(1-$ $\dfrac{Dlanding(comp)}{Dst(comp)}\Big),$ $90\dfrac{Dlanding(comp)}{Dst(comp)}\Big\}$
		$Dlanding$ $(comp) \geqq$ $Dst(comp)$ である場合	$Nst(comp) = 60$
	下り	$Dlanding$ $(comp) <$ $Dst(comp)$ である場合	$Nst(comp) =$ $min\Big\{72-48\Big(1-$ $\dfrac{Dlanding(comp)}{Dst(comp)}\Big),$ $90\dfrac{Dlanding(comp)}{Dst(comp)}\Big\}$ $\times 0.5^{max(N'-2.0)}$
		$Dlanding$ $(comp) \geqq$ $Dst(comp)$ である場合	$Nst(comp) =$ $72 \times 0.5^{max(N'-2.0)}$
	その他の直通階段		

上り	$Dlanding$ $(comp) <$ $Dst(comp)$ である場合	$Nst(comp) =$ $min\left\{60 - 36\left(1 - \dfrac{Dlanding(comp)}{Dst(comp)}\right),\right.$ $\left. 90\dfrac{Dlanding(comp)}{Dst(comp)}\right\}$ $\times 0.5^{max\,(N'-2.0)}$
	$Dlanding$ $(comp) \geqq$ $Dst(comp)$ である場合	$Nst(comp) =$ $60 \times 0.5^{max\,(N'-2.0)}$

この表において、$Dlanding(comp)$、$Dst(comp)$、$Nst(comp)$ 及び N' は、それぞれ次の数値を表すものとする。

$Dlanding(comp)$　当該階段の踊り場の幅（単位　m）

$Dst(comp)$　当該階段の幅（単位　m）

$Nst(comp)$　当該階段の流動係数（単位　人/（分・m））

N'　当該建築物の階数

$t\,crowd(comp)$　区画出口滞留時間（単位　分）

$Pcomp$　次の式によって計算した当該区画部分に存する者のうち当該避難経路上にある当該区画部分から当該区画部分以外の部分等への出口を通って避難する者の数（単位　人）

$$Pcomp = \sum p\,Aarea(comp) \times \left(\frac{Bcomp}{Bload(comp)}\right)$$

この式において、$Pcomp$、p、$Aarea(comp)$、$Bcomp$ 及び $Bload(comp)$ は、それぞれ次の数値を表すものとする。

$Pcomp$　　当該区画部分に存する者のうち当該避難経路上にある当該区画部分から当該区画部分以外の部分等への出口を通って避難する者の数（単位　人）

p　　第一号ロに規定する在館者密度（単位　人/m²）

$Aarea(comp)$　当該区画部分の各部分の床面積（単位　m²）

$Bcomp$　　当該避難経路上にある当該区画部分から当該区画部分以外の部分等への出口の幅の合計（単位　m）

$Bload(comp)$　当該区画部分から当該区画部分以外の部分等への出口の幅の合計（単位　m）

　　　$t\,pass(comp),i$　　区画出口通過時間（単位　分）

　　　$l\,comp$　　　　　当該区画部分の各室の各部分から当該避難経路上にある当該区画部

　　　　　　　　　　　　分から当該区画部分以外の部分等への出口の一に至る歩行距離（単位

　　　　　　　　　　　　m）

　　　$v\,crowd$　　　　第一号ロに規定する滞留時歩行速度（単位　m/分）

　　　N'　　　　　　　当該建築物の階数

五　令第128条の6第3項第二号ハに規定する同項第一号ニの規定によって計算した区画避難
完了時間が経過した時における当該火災室において発生した火災により生じた煙等の当該区
画部分の各居室（当該火災室を除く。以下この号において同じ。）及び当該居室から当該区
画部分以外の部分等に通ずる主たる廊下その他の建築物の部分における高さ（当該室の基準
点から煙等の下端の位置までの高さとする。）は、次のイからハまでに掲げる建築物の部分
の区分に応じ、それぞれ当該イからハまでに定める数値とする。

イ　当該火災室に面する部分（当該火災室（居室であるものに限る。）を通らなければ避難す
ることができない部分及びハに掲げる部分を除く。以下「火災室隣接部分」という。）　区
画避難完了時間、区画避難完了時間が経過した時における当該火災室隣接部分の煙層上昇
温度（以下単に「火災室隣接部分の煙層上昇温度」という。）及び当該火災室における漏
煙開始時間に応じ、それぞれ次の表に掲げる式によって計算した数値（以下「火災室隣接
部分の煙層下端高さ」という。）（単位　m）

区画避難完了時間	火災室隣接部分の煙層上昇温度		当該火災室における漏煙開始時間	火災室隣接部分の煙層下端高さ
$t\,escape$ $(comp)>$ 10である場合	－			$Zcomp=0$
$t\,escape$ $(comp)\leqq$ 10である場合	$\Delta Tc,comp>180$である場合		－	$Zcomp=0$
	$\Delta Tc,comp\leqq180$である場合	$\Delta Tc,comp\leqq\sqrt{\dfrac{500}{3t\,pass(comp)}}$ である場合	－	$Zcomp=1.8$
		$\Delta Tc,comp>\sqrt{\dfrac{500}{3t\,pass(comp)}}$ である場合	$t\,escape$ $(comp)\leqq$ $t\,d(room)$ である場合	$Zcomp=Hcomp$

$$Zcomp = max \left[Hcomp - \frac{max \left(Vs(c,comp) - Ve(c,comp), \; 0.01 \right) \times Acomp}{(t \, escape(comp) - t \, d(room))}, \; 0 \right]$$

$t \, escape(comp) > t \, d(room)$ である場合

この表において、$t \, escape(comp)$、$Zcomp$、$\Delta Tc,comp$、$t \, pass(comp)$、$t \, d(room)$、$Hcomp$、$Vs(c,comp)$、$Ve(c,comp)$ 及び $Acomp$ は、それぞれ次の数値を表すものとする。

$t \, escape(comp)$　　前号に規定する区画避難完了時間（単位　分）

$Zcomp$　　　　　　火災室隣接部分の煙層下端高さ（単位　m）

$\Delta Tc,comp$　　　　次の式によって計算した火災室隣接部分の煙層上昇温度（単位　度）

$$\Delta Tc,comp = \frac{Qc,comp}{0.37 \, Qc,comp^{1/3} + 0.015 \, Aw(comp)}$$

この式において、$\Delta Tc,comp$、$Qc,comp$ 及び $Aw(comp)$ は、それぞれ次の数値を表すものとする。

$\Delta Tc,comp$　火災室隣接部分の煙層上昇温度（単位　度）

$Qc,comp$　　次の式によって計算した当該火災室からの噴出熱気流の運搬熱量（単位　kW）

$$Qc,comp = max \left\{ m \, d - \frac{0.005 \rho \, c,room \, Ec,room \times min \left(\sum Cd \, Ad, Aa(comp,r) \right)}{min \left(\sum Cd \, Ad, Aa(comp,r) \right) + Aa(c,room)}, \; 0 \right\} \times \Delta Tc,room$$

この式において、$Qc,comp$、$m \, d$、$\rho \, c,room$、$Ec,room$、Cd、Ad、$Aa(comp,r)$、$Aa(c,room)$ 及び $\Delta Tc,room$ は、それぞれ次の数値を表すものとする。

$Qc,comp$　　当該火災室からの噴出熱気流の運搬熱量（単位　kW）

$m \, d$　　　　次に掲げる式によって計算した当該火災室からの噴出熱気流の質量流量（単位　kg/秒）

$$m \, d = 0.5 Hd(max)^{1/2} \sum Cd \, Ad + 0.5 \sum Cw \, Bw \, Hw^{3/2}$$

この式において、$m \, d$、$Hd(max)$、Cd、Ad、Cw、Bw 及び Hw は、それぞれ次の数値を表すものとする。

$m \, d$　　　　当該火災室からの噴出熱気流の質量流量（単位　kg/秒）

829

Hd(max)　当該火災室の当該火災室隣接部分に面する壁に設けられた各開口部の下端のうち最も低い位置から当該各開口部の上端のうち最も高い位置までの高さ（単位　m）

Cd　　　　当該火災室の当該火災室隣接部分に面する壁に設けられた開口部の種類に応じ、それぞれ次の表に定める当該火災室の当該火災室隣接部分に面する壁に設けられた開口部の開口率

当該火災室の当該火災室隣接部分に面する壁に設けられた開口部の種類		当該火災室の当該火災室隣接部分に面する壁に設けられた開口部の開口率
法第2条第九号のニロに規定する防火設備が設けられたもの	令第112条第19項第一号に規定する構造である防火設備（同項第二号に規定する構造であるものを除く。）が設けられたもの	0.01
	令第112条第19項第二号に規定する構造である防火設備が設けられたもの	0.001
10分間防火設備（法第2条第九号のニロに規定する防火設備を除き、令第112条第19項第二号に規定する構造であるものに限る。）が設けられたもの（当該火災室の壁（床面からの高さが1.2m以下の部分を除く。）及び	昭和48年建設省告示第2564号第一号ロに定める構造方法を用いる構造である防火設備（同告示別記に規定する遮煙性能試験に合格したものに限る。）が設けられたもの	0.001

天井の室内に面する部分(回り縁、窓台その他これらに類する部分を除く。)の仕上げを木材等でしたものにあっては、当該火災室にスプリンクラー設備(水源として、水道の用に供する水管を当該スプリンクラー設備に連結したものを除く。以下同じ。)、水噴霧消火設備、泡消火設備その他これらに類するもので自動式のもの(以下「スプリンクラー設備等」という。)が設けられている場合に限る。)	その他のもの	0.01
その他のもの		1.0

Ad　当該火災室の当該火災室隣接部分に面する壁に設けられた開口部の開口面積(単位　m²)

Cw　当該火災室の内装仕上げの種類及び当該火災室隣接部分に面する壁の種類に応じ、それぞれ次の表に定める当該火災室の当該火災室隣接部分に面する壁の開口率

当該火災室の内装仕上げの種類	当該火災室の当該火災室隣接部分に面する壁の種類	当該火災室の当該火災室隣接部分に面する壁の開口率
壁(床面からの高さが1.2m以下の部分を除く。)及び天井の室内に面する部分(回り縁、窓台そ	準耐火構造の壁又は不燃材料で造り、若しくは覆われた壁(以下この表において「準耐火構	0

の他これらに類する部分を除く。）の仕上げを木材等でしたもの	造の壁等」という。）	
	その他の壁	1.0
	準耐火構造の壁等	0
	準不燃材料で造り、又は覆われた壁（準耐火構造の壁等を除く。）	0
その他のもの	難燃材料（準不燃材料を除く。）で造り、又は覆われた壁（準耐火構造の壁等を除く。） t escape (comp) ≦ 5 である場合	0
	t escape (comp) > 5 である場合	1.0
	その他の壁	1.0

この表において、t escape (comp) は前号に規定する区画避難完了時間（単位　分）を表すものとする。

Bw　当該火災室の当該火災室隣接部分に面する壁の幅（単位　m）

Hw　当該火災室の当該火災室隣接部分に面する壁の高さ（単位　m）

ρc,room　次の式によって計算した区画避難完了時間が経過した時における当該火災室の煙層密度（以下単に「当該火災室の煙層密度」という。）（単位　kg/m³）

$$\rho c, room = \frac{353}{\Delta Tc, room + 293}$$

この式において、ρc,room 及び ΔTc,room は、それぞれ次の数値を表すものとする。

ρc,room　当該火災室の煙層密度（単位　kg/m³）

ΔTc,room　区画避難完了時間に応じ、それぞれ次の表に掲げる式によって計算した区画避難完了時間が経過した時における当該火災室の煙層上昇温度

（以下単に「当該火災室の煙層上昇温度」という。）（単位　度）

区画避難完了時間	当該火災室の煙層上昇温度
$t\,escape\,(comp)$ $\leqq t\,m\,(comp)$ である場合	$\Delta Tc,room = min$ $\left[\dfrac{Qc,room}{0.04\,Qc,room^{1/3}\,Hroom^{5/3}} + 0.015\,Aw\,(c,room) + \dfrac{}{0.34\,m\,sp\,Hroom},\right.$ $\left.\Delta Troom\,(max)\right]$
$t\,escape\,(comp)$ $> t\,m\,(comp)$ である場合	$\Delta Tc,room = \Delta Troom\,(max)$

　この表において、$t\,escape\,(comp)$、$t\,m\,(comp)$、$\Delta Tc,room$、$Qc,room$、$Hroom$、$Aw\,(c,room)$、$m\,sp$ 及び $\Delta Troom\,(max)$ は、それぞれ次の数値を表すものとする。

　　$t\,escape\,(comp)$　前号に規定する区画避難完了時間（単位　分）

　　$t\,m\,(comp)$　　当該火災室又は当該火災室に隣接する室の内装仕上げの種類に応じ、それぞれ次の表に掲げる式によって計算した当該火災室又は当該火災室に隣接する室の燃焼抑制時間のうち最小のもの（以下「火災室燃焼抑制時間」という。）（単位　分）

	当該火災室又は当該火災室に隣接する室の内装仕上げの種類	当該火災室又は当該火災室に隣接する室の燃焼抑制時間
（一）	壁（床面からの高さが	

	1.2m以下の部分を除く。以下この表において同じ。）及び天井の室内に面する部分（回り縁、窓台その他これらに類する部分を除く。以下この表において同じ。）の仕上げを不燃材料でしたもの	$t\,m\,(comp),i=20$
（二）	壁及び天井の室内に面する部分の仕上げを準不燃材料でしたもの（（一）に掲げるものを除く。）	$t\,m\,(comp),i=10$
（三）	壁及び天井の室内に面する部分の仕上げを難燃材料でしたもの又は壁の室内に面する部分の仕上げを木材等でし、かつ、天井の室内に面する部	$t\,m\,(comp),i=5$

		分の仕上げを準不燃材料でしたもの（㈠及び㈡に掲げるものを除く。）
㈣	壁及び天井の室内に面する部分の仕上げを木材等でしたもの（㈠から㈢までに掲げるものを除く。）	$t\,m\,(comp),i = min$ $\left\{ t_0(comp) + \dfrac{1}{60} \right.$ $\left(\dfrac{18\,Hcomp\,(min)^{5/2}}{\alpha\,comp,i} \right)^{1/2},$ $\left. 2 \right\}$

この表において、$t\,m\,(comp),i$、$t_0(comp)$、$Hcomp\,(min)$ 及び $\alpha\,comp,i$ は、それぞれ次の数値を表すものとする。

$t\,m\,(comp),i$　　当該火災室又は当該火災室に隣接する室の燃焼抑制時間（単位　分）

$t_0(comp)$　　　前号イに規定する当該火災室の燃焼拡大補正時間（単位　分）

$Hcomp\,(min)$　　当該室の基準点から天井の最も低い位置までの高さ（単位　m）

$\alpha\,comp,i$　　　前号イに規定する当該火災室又は当該火災室に隣接する室の火災成長率

$\Delta Tc,room$　　当該火災室の煙層上昇温度（単位　度）

$Qc,room$　　区画避難完了時間に応じ、それぞれ次の表に掲げる式によって計算した当該火災室における1秒間当たりの発熱量（単位　kW）

区画避難 完了時間	当該火災室における 1秒間当たりの発熱量
$t\,escape$ $(comp) \leqq \dfrac{5}{3}$ である場合	$Qc,room =$ $0.01\,(60\,t\,escape\,(comp))^2$
$t\,escape$ $(comp) > \dfrac{5}{3}$ である場合	$Qc,room =$ $\alpha\,comp\,(60\,t\,escape\,(comp)$ $-60\,t_0\,(comp))^2$

この表において、$t\,escape\,(comp)$、$Qc,room$、$\alpha\,comp$ 及び $t_0\,(comp)$ は、それぞれ次の数値を表すものとする。

$t\,escape\,(comp)$　　前号に規定する区画避難完了時間（単位　分）

$Qc,room$　　　　当該火災室における1秒間当たりの発熱量（単位　kW）

$\alpha\,comp$　　　　前号イに規定する火災室火災成長率

$t_0\,(comp)$　　　前号イに規定する当該火災室の燃焼拡大補正時間（単位　分）

$Hroom$　　　　当該火災室の基準点から天井までの高さの平均（単位　m）

$Aw(c,room)$　　当該火災室の壁（基準点からの高さが天井の高さの $\dfrac{1}{2}$ 以下の部分を除く。）及び天井の室内に面する部分の表面積（単位　m²）

$m\,sp$　　　　　スプリンクラー設備等の1秒間当たりの有効散水量（令和3年国土交通省告示第475号第五号イに規定するスプリンクラー設備等の1秒間当たりの有効散水量をいう。）（単位　kg/秒）

$\Delta Troom\,(max)$　　最大煙層上昇温度（単位　度）

$Ec,room$　当該火災室に設けられた限界煙層高さ有効開口部（壁又は天井に設けられた開口部の床面からの高さが限界煙

層高さ(令和2年国土交通省告示第509号第四号に規定する限界煙層高さをいう。以下同じ。)以上の部分をいう。以下同じ。)の種類に応じ、それぞれ次の表に掲げる式によって計算した当該火災室に設けられた各限界煙層高さ有効開口部及び当該限界煙層高さ有効開口部の開放に伴い開放される当該火災室に設けられた他の限界煙層高さ有効開口部のうち当該限界煙層高さ有効開口部からの距離が30m以内であるもの(以下「他の限界煙層高さ有効開口部」という。)の排煙量の合計のうち最小のもの(当該火災室に設けられた限界煙層高さ有効開口部の種類が同表(二)に掲げるものである場合にあっては、当該火災室に設けられた各限界煙層高さ有効開口部及び他の限界煙層高さ有効開口部の排煙量の合計のうち最小のもの又は当該火災室に設けられた給気口(当該火災室に設けられた限界煙層高さ有効開口部の開放に伴い開放され又は常時開放状態にある給気口に限る。)の開口面積の合計に550を乗じたもののうち、いずれか小さい数値。以下「当該火災室の排煙量」という。)(単位　m³/分)

	当該火災室に設けられた限界煙層高さ有効開口部の種類	当該火災室に設けられた各限界煙層高さ有効開口部の排煙量
(一)	限界煙層高さ有効開口部を排煙口とした場合に、当該火災室に設けられた排煙設備が自然排煙関係規定に適合し、かつ、当該火災室の壁の床面からの高さが限界煙層高さ以下の部分に排煙口の開放に連動して自動的に開放され又は常時開放状態にある給気口が設け	$e_{c,room} = 186 \left(\dfrac{1.205 - \rho_{c,room}}{\rho_{c,room}} \right)^{1/2} \times$ $\max\left\{ \dfrac{As(c,room)\sqrt{hs(c,room)}}{4}, \dfrac{As(c,room)\sqrt{Hc(c,room) - Hlim}}{\sqrt{1 + \left(\dfrac{A's(c,room)}{Aa(c,room)'} \right)^2}} \right\}$

られたもの（当該火災室に設けられた当該排煙設備以外の排煙設備が機械排煙関係規定に適合する場合を除く。）

（ニ）限界煙層高さ有効開口部を排煙口とした場合に、当該火災室に設けられた排煙設備が機械排煙関係規定に適合し、かつ、当該火災室の壁の床面からの高さが限界煙層高さ以下の部分に排煙口の開放に連動して自動的に開放され又は常時開放状態にある給気口が設けられたもの（当該火災室の煙層上昇温度が260度以上である場合にあっては、排煙口が、厚さが1.5mm以上の鉄板又は鋼板で造り、かつ、厚さが25mm以上のロックウールで覆われた風道に直結するものに限る。）（当該火災室に

$$e\,c,room = min\left\{ w\,c,room,\ 3.7 \times 10^4 \frac{\Delta Tc,room}{\rho\,c,room\,(\Delta Tc,room + 293)^2}\,(Hc(c,room) - Hlim)\,w\,c,room^{3/5} \right\}$$

		設けられた当該排煙設備以外の排煙設備が自然排煙関係規定に適合する場合を除く。)	
(三)		その他の限界煙層高さ有効開口部	$e_{c,room} = 0$

　この表において、$e_{c,room}$、$\rho_{c,room}$、$As(c,room)$、h_s $(c,room)$、$Hc(c,room)$、$Hlim$、$A's(c,room)$、$Aa(c,room)'$、$w_{c,room}$ 及び $\Delta Tc,room$ は、それぞれ次の数値を表すものとする。

$e_{c,room}$　　　当該火災室に設けられた各限界煙層高さ有効開口部の排煙量（単位　m³/分）

$\rho_{c,room}$　　　当該火災室の煙層密度（単位　kg/m³）

$As(c,room)$　当該限界煙層高さ有効開口部の開口面積（単位　m²）

$h_s(c,room)$　当該限界煙層高さ有効開口部の上端と下端の垂直距離（単位　m）

$Hc(c,room)$　当該火災室の基準点から当該限界煙層高さ有効開口部の中心までの高さ（単位　m）

$Hlim$　　　　限界煙層高さ（単位　m）

$A's(c,room)$　当該限界煙層高さ有効開口部及び他の限界煙層高さ有効開口部の開口面積の合計（単位　m²）

$Aa(c,room)'$　当該火災室に設けられた給気口（当該限界煙層高さ有効開口部の開放に伴い開放され又は常時開放状態にある給気口に限る。）の開口面積の合計（単位　m²）

$w_{c,room}$　　　当該限界煙層高さ有効開口部の排煙機の空気を排出することができる能力（単位　m³/分）

$\Delta Tc,room$　　当該火災室の煙層上昇温度（単位　度）

Cd　　　　　当該火災室の当該火災室隣接部分に面する壁に設けられた開口部の開口率

Ad　　　　　当該火災室の当該火災室隣接部分に面する壁に設けられた開口部の開口面積（単位　m²）

$Aa(comp,r)$　　当該火災室隣接部分に設けられた給気口（当該火災室に設けられた限界煙層高さ有効開口部の開放に伴い開放され又は常時開放状態にあるものに限る。）の開口面積の合計（単位　m²）

$Aa(c,room)$　　当該火災室に設けられた給気口（当該火災室に設けられた限界煙層高さ有効開口部の開放に伴い開放され又は常時開放状態にあるものに限る。）の開口面積の合計（単位　m²）

$\Delta Tc,room$　　当該火災室の煙層上昇温度（単位　度）

$Aw(comp)$　　当該火災室隣接部分の壁（基準点からの高さが1.8m以下の部分を除く。）及び天井の室内に面する部分の表面積（単位　m²）

$t\,pass(comp)$　　前号ロに規定する区画出口通過時間のうち最大のもの（単位　分）

$t\,d(room)$　　次の式によって計算した当該火災室における漏煙開始時間（単位　分）

$$t\,d(room) = min\left[\frac{Aroom\,(Zphase1\,(comp) - Hlim)}{max\,(Vs(c,room) - Ve(c,room),\ 0.01)} + \frac{5}{3},\ t\,m(comp)\right]$$

この式において、$t\,d(room)$、$Aroom$、$Zphase1(comp)$、$Hlim$、$Vs(c,room)$、$Ve(c,room)$及び$t\,m(comp)$は、それぞれ次の数値を表すものとする。

$t\,d(room)$　　当該火災室における漏煙開始時間（単位　分）

$Aroom$　　当該火災室の床面積（単位　m²）

$Zphase1(comp)$　　次の式によって計算した火災発生後100秒間が経過した時における当該火災室の基準点から煙等の下端の位置までの高さ（以下「火災室煙層下端高さ」という。）（単位　m）

$$Zphase1(comp) = max$$
$$\left[\left\{\frac{26}{\rho\,c,roomAroom} + \frac{1}{(Hroom + h\,room)^{2/3}}\right\}^{-3/2} - h\,room,\ Hlim\right]$$

この式において、$Zphase1(comp)$、$\rho\,c,room$、$Aroom$、$Hroom$、$h\,room$及び$Hlim$は、それぞれ次の数値を表すものとする。

$Zphase1(comp)$　　火災発生後100秒間が経過した時における火災室煙層下端高さ（単位　m）

$\rho\,c,room$　　当該火災室の煙層密度（単位　kg/m³）

$Aroom$　　当該火災室の床面積（単位　m²）

$Hroom$　　当該火災室の基準点から天井までの高さの平均（単位　m）

$h\,room$　　当該火災室の床の最も低い位置から基準点までの高さ（単位　m）

$Hlim$　　限界煙層高さ（単位　m）

$Hlim$　　限界煙層高さ（単位　m）

$Vs(c,room)$　　次の式によって計算した当該火災室の煙等発生量（単位

m³/分）

$Vs(c,room) =$

$$\frac{4.2\left(\dfrac{Qc,room}{3}\right)^{1/3}\{(Zphase1(comp)+h\,room)^{5/3}+(Hlim+h\,room)^{5/3}\}}{\rho\,c,room}$$

この式において、$Vs(c,room)$、$Qc,room$、$Zphase1(comp)$、$h\,room$、$Hlim$ 及び $\rho\,c,room$ は、それぞれ次の数値を表すものとする。

$Vs(c,room)$	当該火災室の煙等発生量（単位　m³/分）
$Qc,room$	当該火災室における1秒間当たりの発熱量（単位　kW）
$Zphase1(comp)$	火災発生後100秒間が経過した時における火災室煙層下端高さ（単位　m）
$h\,room$	当該火災室の床面の最も低い位置から基準点までの高さ（単位　m）
$Hlim$	限界煙層高さ（単位　m）
$\rho\,c,room$	当該火災室の煙層密度（単位　kg/m³）

$Ve(c,room)$　次の式によって計算した当該火災室の有効排煙量（単位　m³/分）

$Ve(c,room) =$

$$min\,(1.5\,Aroom^{-0.15},\ 0.8)\times\left(\frac{\overline{Hst(room)}-Hlim}{Htop(room)-Hlim}\right)Ec,room$$

この式において、$Ve(c,room)$、$Aroom$、$\overline{Hst(room)}$、$Hlim$、$Htop(room)$ 及び $Ec,room$ は、それぞれ次の数値を表すものとする。

$Ve(c,room)$	当該火災室の有効排煙量（単位　m³/分）
$Aroom$	当該火災室の床面積（単位　m²）
$\overline{Hst(room)}$	当該火災室の基準点から当該火災室に設けられた各限界煙層高さ有効開口部の上端までの高さの平均（単位　m）
$Hlim$	限界煙層高さ（単位　m）
$Htop(room)$	当該火災室の基準点から天井までの高さのうち最大のもの（単位　m）
$Ec,room$	当該火災室の排煙量（単位　m³/分）

$t\,m(comp)$　火災室燃焼抑制時間（単位　分）

$Hcomp$　当該火災室隣接部分の基準点から天井までの高さの平均（単位　m）

$Vs(c,comp)$　次の式によって計算した当該火災室隣接部分の煙等発生量（単位　m³/分）

$$Vs(c,comp) = \frac{4.2\,Qc,comp^{1/3}\{(Hcomp+h\,comp)^{5/3}+(1.8+h\,comp)^{5/3}\}}{\rho\,c,comp}$$

この式において、$Vs(c,comp)$、$Qc,comp$、$Hcomp$、$h\,comp$ 及び $\rho\,c,comp$ は、それぞれ次の数値を表すものとする。

$Vs(c,comp)$　当該火災室隣接部分の煙等発生量（単位　m³/分）

$Qc,comp$　　当該火災室からの噴出熱気流の運搬熱量（単位　kW）

$Hcomp$　　　当該火災室隣接部分の基準点から天井までの高さの平均（単位　m）

$h\,comp$　　　当該火災室隣接部分の床面の最も低い位置から基準点までの高さ（単位　m）

$\rho\,c,comp$　次の式によって計算した区画避難完了時間が経過した時における当該火災室隣接部分の煙層密度（以下単に「火災室隣接部分の煙層密度」という。）（単位　kg/m³）

$$\rho\,c,comp = \frac{353}{\Delta Tc,comp + 293}$$

この式において、$\rho\,c,comp$ 及び $\Delta Tc,comp$ は、それぞれ次の数値を表すものとする。

$\rho\,c,comp$　火災室隣接部分の煙層密度（単位　kg/m³）

$\Delta Tc,comp$　火災室隣接部分の煙層上昇温度（単位　度）

$Ve(c,comp)$　次の式によって計算した当該火災室隣接部分の有効排煙量（単位　m³/分）

$$Ve(c,comp) = min\,(1.5\,Acomp^{-0.15},\ 0.8) \times \left(\frac{\overline{Hst(comp)} - 1.8}{Htop(comp) - 1.8}\right) Ec,comp$$

この式において、$Ve(c,comp)$、$Acomp$、$\overline{Hst(comp)}$、$Htop(comp)$ 及び $Ec,comp$ は、それぞれ次の数値を表すものとする。

$Ve(c,comp)$　当該火災室隣接部分の有効排煙量（単位　m³/分）

$Acomp$　　　当該火災室隣接部分の床面積（単位　m²）

$\overline{Hst(comp)}$　当該火災室隣接部分の基準点から当該火災室隣接部分に設けられた各有効開口部の上端までの高さの平均（単位　m）

$Htop(comp)$　当該火災室隣接部分の基準点から天井までの高さのうち最大のもの（単位　m）

$Ec,comp$　　当該火災室隣接部分に設けられた有効開口部の種類に応じ、それぞれ次の表に掲げる式によって計算した当該火災室隣接部分に設けられた各有効開口部及び当該有効開口部の開放に伴い開放される当該火災室隣接部分に設けられた他の有効開口部のうち当該有効開口部からの距離が 30 m 以内であるもの（以下「他の有効開口部」という。）の排煙量の合計のうち最小のもの（当該火災室隣接部分に設けられた有効開口部の種類が同表㈡に掲げるものである場合にあっては、当該火災室隣接部分に設けられた各有効開口部及び他の有効開口部の排煙量の合計のうち最小のもの又は当該火災室隣接部分に設けられた給気口（当該

火災室隣接部分に設けられた有効開口部の開放に伴い開放され又は常時開放状態にある給気口に限る。）の開口面積の合計に550を乗じたもののうち、いずれか小さい数値）（単位　m³/分）

	当該火災室隣接部分に設けられた有効開口部の種類	当該火災室隣接部分に設けられた各有効開口部の排煙量
(一)	有効開口部を排煙口とした場合に、当該火災室隣接部分に設けられた排煙設備が自然排煙関係規定に適合し、かつ、当該火災室隣接部分の壁の床面からの高さが1.8m以下の部分に排煙口の開放に連動して自動的に開放され又は常時開放状態にある給気口が設けられたもの（当該火災室隣接部分に設けられた当該排煙設備以外の排煙設備が機械排煙関係規定に適合する場合を除く。）	$ec,comp =$ $$186\left(\frac{1.205-\rho c,comp}{\rho c,comp}\right)^{1/2} \times$$ $$max\left\{\frac{As(c,comp)\sqrt{hs(c,comp)}}{4},\right.$$ $$\left.\frac{As(c,comp)\sqrt{Hc(c,comp)-1.8}}{\sqrt{1+\left(\frac{A's(c,comp)}{Aa(c,comp)}\right)^2}}\right\}$$
(二)	有効開口部を排煙口とした場合に、当該火災室隣接部分に設けられた排煙設備が機械排煙関係規定に適合し、かつ、当該火災室隣接部分の壁の床面からの高さが1.8m以下の部分に排煙口の開放に連動して自動的に開放され又は常時開放状態にある給気口が設けられたもの（当該火災室隣接部分に設けられた当該排煙設備以外の排煙設備が自然排煙関係規定に適合する場合を除く。）	$ec,comp =$ $$min\left\{wc,comp,\ 3.7\times\right.$$ $$10^4\frac{\Delta Tc,comp}{\rho c,comp(\Delta Tc,comp+293)^2}$$ $$\left.(Hc(c,comp)-1.8)wc,comp^{3/5}\right\}$$
(三)	その他の有効開口部	$ec,comp = 0$

この表において、$ec,comp$、$\rho c,comp$、$As(c,comp)$、$hs(c,comp)$、

$Hc(c,comp)$、$A's(c,comp)$、$Aa(c,comp)$、$wc,comp$ 及び $\Delta Tc,comp$ は、それぞれ次の数値を表すものとする。

$ec,comp$	当該火災室隣接部分に設けられた各有効開口部の排煙量（単位　m³/分）
$\rho c,comp$	火災室隣接部分の煙層密度（単位　kg/m³）
$As(c,comp)$	当該有効開口部の開口面積（単位　m²）
$hs(c,comp)$	当該有効開口部の上端と下端の垂直距離（単位　m）
$Hc(c,comp)$	当該火災室隣接部分の基準点から当該有効開口部の中心までの高さ（単位　m）
$A's(c,comp)$	当該有効開口部及び他の有効開口部の開口面積の合計（単位　m²）
$Aa(c,comp)$	当該火災室隣接部分に設けられた給気口（当該有効開口部の開放に伴い開放され又は常時開放状態にある給気口に限る。）の開口面積の合計（単位　m²）
$wc,comp$	当該有効開口部の排煙機の空気を排出することができる能力（単位　m³/分）
$\Delta Tc,comp$	火災室隣接部分の煙層上昇温度（単位　度）

$Acomp$　当該火災室隣接部分の床面積（単位　m²）

ロ　火災室隣接部分以外の部分（ハに掲げる部分を除く。）　イの規定によって計算した各火災室隣接部分の煙層下端高さのうち最小のものに応じ、それぞれ次の表に定める数値（以下「火災室隣接部分以外の部分の煙層下端高さ」という。）（単位　m）

各火災室隣接部分の煙層下端高さのうち最小のもの	火災室隣接部分以外の部分の煙層下端高さ
1.8m以上である場合	1.8
1.8m未満である場合	0

ハ　直通階段の付室（当該直通階段の階段室又は当該付室の構造が平成28年国土交通省告示第696号に定める構造方法（同告示第四号に定める構造方法にあっては、送風機が1分間につき90m³以上の空気を排出することができる能力を有するものに限る。）を用いる構造であるものに限る。）　1.8m

六　令第128条の6第3項第二号ニに規定する避難上支障のある高さは、1.8mとする。

〔令和2年4月1日国土交通省告示第510号〕
階からの避難に要する時間に基づく階避難安全検証法に関する算出方法等を定める件

〔平成12年建設省告示第1441号を全部改正〕

最終改正　令和3年5月28日国土交通省告示第475号

建築基準法施行令（昭和25年政令第338号）第129条第3項第一号イ、ロ、ニ及びホの規定に基づき、階避難安全検証法に関する算出方法等を定める件（平成12年建設省告示第1441号）の全部を改正する告示を次のように定める。

建築基準法施行令（昭和25年政令第338号。以下「令」という。）第129条第3項第一号イ、ロ、ニ及びホの規定に基づき、階からの避難に要する時間に基づく階避難安全検証法に関する算出方法等を次のように定める。

一　令第129条第3項第一号に規定する方法を用いる場合における同号イに規定する当該居室に存する者（当該居室を通らなければ避難することができない者を含む。以下「在室者」という。）の全てが当該居室において火災が発生してから当該居室からの避難を終了するまでに要する時間は、次に掲げる時間を合計して計算するものとする。

イ　次の式によって計算した火災が発生してから在室者が避難を開始するまでに要する時間（以下「居室避難開始時間」という。）（単位　分）

$$t_{start(room)} = \frac{\sqrt{\sum A_{area}}}{30}$$

この式において、$t_{start(room)}$ 及び A_{area} は、それぞれ次の数値を表すものとする。

$t_{start(room)}$　居室避難開始時間（単位　分）

A_{area}　　当該居室及び当該居室を通らなければ避難することができない建築物の部分（以下「当該居室等」という。）の各部分の床面積（単位　m²）

ロ　次の式によって計算した在室者が当該居室等の各部分から当該居室の出口（当該居室から直通階段（避難階又は地上に通ずるものに限り、避難階にあっては地上。以下同じ。）（当該直通階段が令第123条第3項に規定する特別避難階段である場合にあっては、当該直通階段への出口を有する室を同項第三号、第四号、第六号及び第九号（これらの規定中バルコニー又は付室に係る部分に限る。）並びに第十号（バルコニー又は付室から階段室に通ずる出入口に係る部分に限る。）に定める構造としたものに限る。以下同じ。）に通ずる主たる廊下その他の通路に通ずる出口に限る。以下同じ。）の一に達するまでに要する歩行時間のうち最大のもの（単位　分）

$$t_{travel(room),i} = \sum \frac{l_{room}}{v}$$

この式において、$t_{travel(room),i}$、l_{room} 及び v は、それぞれ次の数値を表すものとする。

$t_{travel(room),i}$　在室者が当該居室等の各部分から当該居室の出口の一に達するまでに要する歩行時間（単位　分）

	$l\,room$	当該居室等の各部分から当該居室の出口の一に至る歩行距離（単位　m）
	v	建築物の部分の用途及び種類並びに避難の方向に応じ、それぞれ次の表に定める歩行速度（単位　m/分）

建築物の部分の用途	建築物の部分の種類	避難の方向	歩行速度
劇場、映画館、演芸場、観覧場、公会堂、集会場その他これらに類する用途	階段	上り	27
		下り	36
	客席部分	－	30
	その他の部分	－	60
百貨店、展示場その他これらに類する用途又は共同住宅、ホテルその他これらに類する用途（病院、診療所及び児童福祉施設等（令第115条の3第一号に規定する児童福祉施設等をいう。以下同じ。）を除く。）	階段	上り	27
		下り	36
	その他の部分	－	60
学校（幼保連携型認定こども園を除く。）、事務所その他これらに類する用途	階段	上り	35
		下り	47
	その他の部分	－	78

ハ　次の式によって計算した在室者が当該居室の出口を通過するために要する時間（以下「居室出口通過時間」という。）（単位　分）

$$t\,queue\,(room) = \frac{\sum p\,Aarea}{\sum Neff\,(room)\,Beff\,(room)}$$

この式において、$t\,queue\,(room)$、p、$Aarea$、$Neff\,(room)$ 及び $Beff\,(room)$ は、それぞれ次の数値を表すものとする。

	$t\,queue\,(room)$	居室出口通過時間（単位　分）
	p	建築物の部分の種類に応じ、それぞれ次の表に定める在館者密度（単位　人/m²）

建築物の部分の種類		在館者密度
住宅の居室		0.06
住宅以外の建築物における寝室	固定ベッドの場合	ベッド数を床面積で除した数値
	その他の場合	0.16
事務室、会議室その他これらに類するもの		0.125

教室		0.7
百貨店又は物品販売業を営む店舗その他これらに類するもの	売場の部分	0.5
	売場に附属する通路の部分	0.25
飲食室		0.7
劇場、映画館、演芸場、観覧場、公会堂、集会場その他これらに類する用途に供する居室	固定席の場合	座席数を床面積で除した数値
	その他の場合	1.5
展示室その他これに類するもの		0.5

$Aarea$　　　当該居室等の各部分の床面積（単位　㎡）

$Neff(room)$　当該居室の各出口の幅、当該居室の種類及び当該居室の各出口に面する部分（以下「居室避難経路等の部分」という。）の収容可能人数に応じ、それぞれ次の表に掲げる式によって計算した当該居室の各出口の有効流動係数（単位　人/（分·m））

当該居室の各出口の幅	当該居室の種類	居室避難経路等の部分の収容可能人数	当該居室の各出口の有効流動係数
60cm未満である場合		－	$Neff(room)=0$
その他の場合	地上への出口を有する場合	－	$Neff(room)=90$
	その他の場合	$\sum\dfrac{Aco}{an(room)}\geqq\sum p\,Aload(room)$ である場合	$Neff(room)=90$
		$\sum\dfrac{Aco}{an(room)}<\sum p\,Aload(room)$ である場合	$Neff(room)=max\left(\dfrac{80Bneck(room)\sum\dfrac{Aco}{an(room)}}{Broom\sum p\,Aload(room)},\dfrac{80Bneck(room)}{Bload(room)}\right)$

　この表において、$Neff(room)$、Aco、$an(room)$、p、$Aload(room)$、$Bneck(room)$、$Broom$ 及び $Bload(room)$ は、それぞれ次の数値を表すものとする。

Neff (room)　　当該居室の各出口の有効流動係数（単位　人/（分·m））

Aco　　　　　当該居室避難経路等の部分の各部分（当該部分が階段室である
　　　　　　　場合にあっては、当該居室の存する階からその直下階までの階段
　　　　　　　室（当該居室の存する階が地階である場合にあっては当該居室の
　　　　　　　存する階からその直上階までの階段室、当該居室の存する階が避
　　　　　　　難階である場合にあっては当該居室の存する階の階段室）に限
　　　　　　　る。）の床面積（単位　m²）

an (room)　　　当該居室避難経路等の部分の各部分の種類に応じ、それぞれ次
　　　　　　　の表に定める必要滞留面積（単位　m²/人）

当該居室避難経路等の部分の各部分の種類	必要滞留面積
階段の付室又はバルコニー	0.2
階段室	0.25
居室又は廊下その他の通路	0.3

p　　　　　　在館者密度（単位　人/m²）

Aload (room)　当該居室避難経路等の部分を通らなければ避難することができ
　　　　　　　ない建築物の各部分（当該居室の存する階にあるものに限
　　　　　　　る。）の床面積（単位　m²）

Bneck (room)　当該出口の幅又は当該出口の通ずる当該居室避難経路等の部
　　　　　　　分の出口（直通階段に通ずるものに限る。）の幅のうち最小の
　　　　　　　もの（単位　m）

Broom　　　　当該出口の幅（単位　m）

Bload (room)　当該出口の通ずる当該居室避難経路等の部分を通らなければ
　　　　　　　避難することができない建築物の部分（当該居室の存する階に
　　　　　　　あるものに限る。）の当該出口の通ずる当該居室避難経路等の
　　　　　　　部分に面する出口の幅の合計（単位　m）

Beff (room)　当該居室の各出口の幅及び火災が発生してから在室者が当該居室の出
　　　　　　口の一に達するまでに要する時間に応じ、それぞれ次の表に掲げる式に
　　　　　　よって計算した当該居室の各出口の有効出口幅（単位　m）

当該居室の各出口の幅	火災が発生してから在室者が当該居室の出口の一に達するまでに要する時間	当該居室の各出口の有効出口幅
当該出口の幅が当該居室の出口の幅のう	$t\,reach\,(room) \leqq \dfrac{0.14}{\sqrt{\alpha f + \alpha m}}$ である場合	$Beff\,(room) = Broom$
		$Beff\,(room) =$

ち最大のもの である場合	$t\,reach\,(room) > \dfrac{0.14}{\sqrt{\alpha f + \alpha m}}$ である場合	$max\,(Broom - 7.2\sqrt{\alpha f + \alpha m}$ $t\,reach\,(room) + 1,0)$
その他の場合		$Beff\,(room) = Broom$

　この表において、$t\,reach\,(room)$、αf、αm、$Beff\,(room)$ 及び $Broom$ は、それぞれ次の数値を表すものとする。

$t\,reach\,(room)$　　次の式によって計算した火災が発生してから在室者が当該居室の出口の一に達するまでに要する時間（単位　分）

$$t\,reach\,(room) = t\,start\,(room) + t\,travel\,(room)$$

　　　この式において、$t\,reach\,(room)$、$t\,start\,(room)$ 及び $t\,travel\,(room)$ は、それぞれ次の数値を表すものとする。

$t\,reach\,(room)$　　火災が発生してから在室者が当該居室の出口の一に達するまでに要する時間（単位　分）

$t\,start\,(room)$　　イに規定する居室避難開始時間（単位　分）

$t\,travel\,(room)$　　ロに規定する在室者が当該居室等の各部分から当該居室の出口の一に達するまでに要する歩行時間のうち最大のもの（単位　分）

αf　当該室の積載可燃物の1m²当たりの発熱量に応じ、それぞれ次の表に掲げる式によって計算した積載可燃物の火災成長率

当該室の積載可燃物の 1m²当たりの発熱量	積載可燃物の火災成長率
$ql \leqq 170$ である場合	$\alpha f = 0.0125$
$ql > 170$ である場合	$\alpha f = 2.6 \times 10^{-6} ql^{5/3}$

　この表において、ql 及び αf は、それぞれ次の数値を表すものとする。

ql　当該室の種類に応じ、それぞれ次の表に定める当該室の積載可燃物の1m²当たりの発熱量（単位　MJ/m²）

当該室の種類	当該室の積載可燃物の1m²当たりの発熱量
住宅の居室	720
住宅以外の建築物における寝室	240
事務室その他これに類するもの	560
会議室その他これに類するもの	160
教室	400

体育館のアリーナその他これに類するもの			80
博物館又は美術館の展示室その他これらに類するもの			240
百貨店又は物品販売業を営む店舗その他これらに類するもの	家具又は書籍の売場その他これらに類するもの		960
	その他の部分		480
飲食店その他の飲食室	簡易な食堂		240
	その他の飲食室		480
劇場、映画館、演芸場、観覧場、公会堂、集会室その他これらに類する用途に供する室	客席部分	固定席の場合	400
		その他の場合	480
	舞台部分		240
自動車車庫又は自動車修理工場	車室その他これに類する部分		240
	車路その他これに類する部分		32
廊下、階段その他の通路			32
玄関ホール、ロビーその他これらに類するもの	劇場、映画館、演芸場、観覧場、公会堂若しくは集会場その他これらに類する用途又は百貨店若しくは物品販売業を営む店舗その他これらに類する用途に供する建築物の玄関ホール、ロビーその他これらに類するもの		160
	その他のもの		80
昇降機その他の建築設備の機械室			160
屋上広場又はバルコニー			80
倉庫その他の物品の保管の用に供する室			2,000

αf　積載可燃物の火災成長率

αm　当該室の内装仕上げの種類に応じ、それぞれ次の表に定める内装材料の火災成長率

	当該室の内装仕上げの種類	内装材料の火災成長率
(一)	壁（床面からの高さが1.2m以下の部分を除く。以下この表において同じ。）及び天井（天井がない場合にあっては屋根。以下同じ。）の室内に面する部分（回り縁、窓台その他これらに類する部分を除く。以下この表において同じ。）の仕上げを不燃材料でしたもの	0.0035
(二)	壁及び天井の室内に面する部分の仕上げを準不燃材料でしたもの（(1)に掲げるものを除く。）	0.014
(三)	壁及び天井の室内に面する部分の仕上げを令第128条の5第1項第一号に掲げる仕上げとしたもの（(1)及び(2)に掲げるものを除く。）	0.056
(四)	壁及び天井の室内に面する部分の仕上げを木材その他これに類する材料でしたもの（(1)から(3)までに掲げるものを除く。）	0.35

$Beff(room)$　当該居室の各出口の有効出口幅（単位　m）

$Broom$　当該出口の幅（単位　m）

二　令第129条第3項第一号ロに規定する当該居室において発生した火災により生じた煙又はガス（以下「煙等」という。）が避難上支障のある高さまで降下するために要する時間（以下「居室煙降下時間」という。）は、次の式によって計算するものとする。

$$ts(room) = \frac{Aroom\,(Hroom-1.8)}{max\,(Vs(room)-Ve(room),\ 0.01)}$$

この式において、$ts(room)$、$Aroom$、$Hroom$、$Vs(room)$及び$Ve(room)$は、それぞれ次の数値を表すものとする。

$ts(room)$　居室煙降下時間（単位　分）

$Aroom$　当該居室の床面積（単位　m²）

$Hroom$　当該居室の基準点（床面の最も高い位置をいう。以下同じ。）から天井までの高さの平均（単位　m）

$Vs(room)$　　次の式によって計算した当該居室の煙等発生量（単位　$m^3/$分）

$$Vs(room) = 9\{(\alpha f + \alpha m)\, Aroom\}^{1/3}\{Hlow^{5/3} + (Hlow - Hroom + 1.8)^{5/3}\}$$

この式において、$Vs(room)$、αf、αm、$Aroom$、$Hlow$ 及び $Hroom$ は、それぞれ次の数値を表すものとする。

　$Vs(room)$　　当該居室の煙等発生量（単位　$m^3/$分）

　αf　　　　前号ハに規定する積載可燃物の火災成長率

　αm　　　　前号ハに規定する内装材料の火災成長率

　$Aroom$　　　当該居室の床面積（単位　m^2）

　$Hlow$　　　　当該居室の床面の最も低い位置から天井までの高さの平均（単位　m）

　$Hroom$　　　当該居室の基準点から天井までの高さの平均（単位　m）

$Ve(room)$　　次のイ又はロに掲げる当該居室の区分に応じ、それぞれ当該イ又はロに定める当該居室の有効排煙量（単位　$m^3/$分）

イ　床面積 $1,500\,m^2$ 以内ごとに、天井面から $30\,cm$ 以上下方に突出した垂れ壁その他これと同等以上に煙の流動を妨げる効力のあるもので、不燃材料で造り、又は覆われたもの（以下「防煙垂れ壁」という。）によって区画された居室（床面から防煙垂れ壁の下端までの高さが $1.8\,m$ 以上である場合に限る。）　次の式によって計算した各防煙区画（防煙垂れ壁で区画された部分をいう。以下この号において同じ。）の有効排煙量のうち最小のもの（単位　$m^3/$分）

$$Ve(room), i = A^*(room)\, E(sc)$$

この式において、$Ve(room), i$、$A^*(room)$ 及び $E(sc)$ は、それぞれ次の数値を表すものとする。

　$Ve(room), i$　　各防煙区画の有効排煙量（単位　$m^3/$分）

　$A^*(room)$　　　当該防煙区画の壁又は天井に設けられた開口部の床面からの高さが $1.8\,m$ 以上の部分（以下「有効開口部」という。）の有無及びその上端の位置に応じ、それぞれ次の表に掲げる式によって計算した当該防煙区画の排煙効果係数

有効開口部の有無	有効開口部の上端の位置	当該防煙区画の排煙効果係数
有効開口部がない場合	－	$A^*(room) = 0$
有効開口部がある場合	$\overline{Hst(room)} < \overline{Hw(room)}$ である場合	$A^*(room) = 0.4\left(\dfrac{\overline{Hst(room)} - 1.8}{\overline{Htop(room)} - 1.8}\right)$
	$\overline{Hst(room)} \geq \overline{Hw(room)}$	$A^*(room) = 0.4\left(\dfrac{\overline{Hst(room)} - 1.8}{\overline{Htop(room)} - 1.8}\right)$

<table>
<tr><td>である場合</td><td>$+0.6\left(1-\dfrac{Asc}{Aroom}\right)$
$\left(\dfrac{\overline{Hst(room)}-\overline{Hw(room)}}{\overline{Hst(room)}-1.8}\right)^2$</td></tr>
</table>

この表において、$A^*(room)$、$\overline{Hst(room)}$、$\overline{Hw(room)}$、$\overline{Htop(room)}$、Asc 及び $Aroom$ は、それぞれ次の数値を表すものとする。

$A^*(room)$　　当該防煙区画の排煙効果係数

$\overline{Hst(room)}$　　当該居室の基準点から当該防煙区画に設けられた各有効開口部の上端までの高さの平均（単位　m）

$\overline{Hw(room)}$　　当該居室の基準点から当該防煙区画における防煙垂れ壁の下端までの高さのうち最大のもの（単位　m）

$\overline{Htop(room)}$　　当該居室の基準点から当該防煙区画の天井までの高さのうち最大のもの（単位　m）

Asc　　当該防煙区画の床面積（単位　m²）

$Aroom$　　当該居室の床面積（単位　m²）

$E(sc)$　当該防煙区画に設けられた有効開口部の種類に応じ、それぞれ次の表に掲げる式によって計算した当該防煙区画に設けられた各有効開口部の排煙量（当該防煙区画に設けられた有効開口部の種類が同表㈠又は㈡に掲げるものである場合にあっては、当該防煙区画に設けられた各有効開口部及び当該有効開口部の開放に伴い開放される当該防煙区画に設けられた他の有効開口部のうち当該有効開口部からの距離が30m以内であるもの(以下このイにおいて「他の有効開口部」という。)の排煙量の合計)のうち最小のもの（単位　m³/分）

	当該防煙区画に設けられた 有効開口部の種類	当該防煙区画に設けられた 各有効開口部の排煙量
㈠	有効開口部を排煙口とした場合に、当該防煙区画に設けられた排煙設備が令第126条の3第1項第二号、第三号（排煙口の壁における位置に係る部分を除く。）、第四号から第六号まで及び第十号から第十二号までの規定（以下「自然排煙関係規定」という。）に適合し、かつ、当該居室の壁の床面からの高さが1.8m以下の部分に排煙口の開放に連動して自動的に開放され又	$e(sc)=max\left\{19As(sc)\sqrt{hs(sc)},\right.$ $\left.\dfrac{76As(sc)\sqrt{Hc(sc)-1.8}}{\sqrt{1+\left(\dfrac{A's(sc)}{Aa}\right)^2}}\right\}$

			は常時開放状態にある給気口が設けられたもの（当該居室に設けられた当該排煙設備以外の排煙設備が同項第二号、第三号（排煙口の壁における位置に係る部分を除く。）、第四号から第七号まで、第八号（排煙口の開口面積に係る部分を除く。）、第九号（空気を排出する能力に係る部分を除く。）及び第十号から第十二号までの規定（以下「機械排煙関係規定」という。）に適合する場合を除く。）	
		(二)	有効開口部を排煙口とした場合に、当該防煙区画に設けられた排煙設備が機械排煙関係規定に適合し、かつ、当該居室の壁の床面からの高さが1.8m以下の部分に排煙口の開放に連動して自動的に開放され又は常時開放状態にある給気口が設けられたもの（当該居室に設けられた当該排煙設備以外の排煙設備が自然排煙関係規定に適合する場合を除く。）	$e(sc)=min\{w(sc),$ $3.9(Hc(sc)-1.8)\,w(sc)^{2/3}\}$
		(三)	有効開口部を排煙口とした場合に、当該防煙区画に設けられた排煙設備が平成12年建設省告示第1437号第一号イ、ロ(1)及び(3)、ハ(1)、(2)及び(3)(i)並びにニ又は第二号イ、ロ(1)、(3)及び(5)、ハ(1)(i)、(ii)(イ)及び(2)並びにニの規定に適合するもの	$e(sc)=min\,(s(sc),\ 550\,As(sc))$
		(四)	その他の有効開口部	$e(sc)=0$

　この表において、$e(sc)$、$As(sc)$、$hs(sc)$、$Hc(sc)$、$A's(sc)$、Aa、$w(sc)$及び$s(sc)$は、それぞれ次の数値を表すものとする。

　　　　　　$e\,(sc)$　　当該防煙区画に設けられた各有効開口部の排煙量（単位
　　　　　　　　　　　　$m^3/$分）

　　　　　　$As\,(sc)$　当該有効開口部の開口面積（単位　m^2）

　　　　　　$hs\,(sc)$　当該有効開口部の上端と下端の垂直距離（単位　m）

　　　　　　$Hc\,(sc)$　当該居室の基準点から当該有効開口部の中心までの高さ
　　　　　　　　　　　　（単位　m）

　　　　　　$A's\,(sc)$　当該有効開口部及び他の有効開口部の開口面積の合計（単
　　　　　　　　　　　　位　m^2）

　　　　　　Aa　　　　当該居室に設けられた給気口（当該有効開口部の開放に伴
　　　　　　　　　　　　い開放され又は常時開放状態にある給気口に限る。）の開口
　　　　　　　　　　　　面積の合計（単位　m^2）

　　　　　　$w\,(sc)$　　当該有効開口部の排煙機の空気を排出することができる能
　　　　　　　　　　　　力（単位　$m^3/$分）

　　　　　　$s\,(sc)$　　当該防煙区画に係る送風機の当該防煙区画に設けられた有
　　　　　　　　　　　　効開口部から空気を排出することができる能力
　　　　　　　　　　　　（単位　$m^3/$分）

ロ　イに掲げる居室以外の居室で床面積が$1,500\,m^2$以下のもの　次の式によって
　　計算した当該居室の有効排煙量（単位　$m^3/$分）

$$Ve\,(room) = 0.4 \left(\frac{\overline{Hst\,(room)} - 1.8}{Htop\,(room) - 1.8} \right) E$$

　　この式において、$Ve\,(room)$、$\overline{Hst\,(room)}$、$Htop\,(room)$ 及び E は、それぞれ
　　次の数値を表すものとする。

　　　　$Ve\,(room)$　　　当該居室の有効排煙量（単位　$m^3/$分）

　　　　$\overline{Hst\,(room)}$　　当該居室の基準点から当該居室に設けられた各有効開口部
　　　　　　　　　　　　の上端までの高さの平均（単位　m）

　　　　$Htop\,(room)$　　当該居室の基準点から天井までの高さのうち最大のもの（単
　　　　　　　　　　　　位　m）

　　　　E　　　　　　　当該居室に設けられた有効開口部の種類に応じ、それぞれ
　　　　　　　　　　　　次の表に掲げる式によって計算した当該居室に設けられた各
　　　　　　　　　　　　有効開口部の排煙量（当該居室に設けられた有効開口部の種
　　　　　　　　　　　　類が同表㈠又は㈡に掲げるものである場合にあっては、当該
　　　　　　　　　　　　居室に設けられた各有効開口部及び当該有効開口部の開放に
　　　　　　　　　　　　伴い開放される当該居室に設けられた他の有効開口部のうち
　　　　　　　　　　　　当該有効開口部からの距離が$30\,m$以内であるもの（以下この
　　　　　　　　　　　　ロにおいて「他の有効開口部」という。）の排煙量の合計）の
　　　　　　　　　　　　うち最小のもの（単位　$m^3/$分）

当該居室に設けられた 有効開口部の種類	当該居室に設けられた 各有効開口部の排煙量

(一)	有効開口部を排煙口とした場合に、当該居室に設けられた排煙設備が自然排煙関係規定に適合し、かつ、当該居室の壁の床面からの高さが1.8m以下の部分に排煙口の開放に連動して自動的に開放され又は常時開放状態にある給気口が設けられたもの（当該居室に設けられた当該排煙設備以外の排煙設備が機械排煙関係規定に適合する場合を除く。）	$e = max \left\{ 19As\sqrt{hs}, \dfrac{76As\sqrt{Hc-1.8}}{\sqrt{1+\left(\dfrac{A's}{Aa}\right)^2}} \right\}$
(二)	有効開口部を排煙口とした場合に、当該居室に設けられた排煙設備が機械排煙関係規定に適合し、かつ、当該居室の壁の床面からの高さが1.8m以下の部分に排煙口の開放に連動して自動的に開放され又は常時開放状態にある給気口が設けられたもの（当該居室に設けられた当該排煙設備以外の排煙設備が自然排煙関係規定に適合する場合を除く。）	$e = min \{ w, \; 3.9\,(Hc-1.8)\,w^{2/3} \}$
(三)	有効開口部を排煙口とした場合に、当該居室に設けられた排煙設備が平成12年建設省告示第1437号第一号イ、ロ(1)及び(3)、ハ(1)、(2)及び(3)(i)並びにニ又は第二号イ、ロ(1)、(3)及び(5)、ハ(1)(i)、(ii)(イ)及び(2)並びにニの規定に適合するもの	$e = min\,(s,\,550\,As)$
(四)	その他の有効開口部	$e = 0$

この表において、e、As、hs、Hc、$A's$、Aa、w及びsは、それぞれ次の数値を表すものとする。

e　　当該居室に設けられた各有効開口部の排煙量（単位　m³/分）

As　当該有効開口部の開口面積（単位　m²）

hs　当該有効開口部の上端と下端の垂直距離（単位　m）

Hc　当該居室の基準点から当該有効開口部の中心までの高さ（単位　m）

$A's$　当該有効開口部及び他の有効開口部の開口面積の合計（単位　m²）

Aa　当該居室に設けられた給気口（当該有効開口部の開放に伴い開放され又は常時開放状態にある給気口に限る。）の開口面積の合計（単位　m²）

w　　当該有効開口部の排煙機の空気を排出することができる能力（単位　m³/分）

> s　当該居室に係る送風機の当該居室に設けられた有効開口部か
> ら空気を排出することができる能力（単位　m³/分）

三　令第129条第3項第一号ニに規定する当該階に存する者（当該階を通らなければ避難する
　ことができない者を含む。以下「階に存する者」という。）の全てが当該火災室で火災が発
　生してから当該階からの避難を終了するまでに要する時間（以下「階避難完了時間」という。）
　は、次に掲げる時間を合計して計算するものとする。

イ　当該階の各室及び当該階を通らなければ避難することができない建築物の部分（以下
　「当該階の各室等」という。）の用途に応じ、それぞれ次の表に掲げる式によって計算し
　た火災が発生してから階に存する者が避難を開始するまでに要する時間（以下「階避難開
　始時間」という。）（単位　分）

当該階の各室等の用途	階避難開始時間
共同住宅、ホテルその他これらに類する用途（病院、診療所及び児童福祉施設等を除く。）	$t\,start\,(floor) = \dfrac{\sqrt{\sum Aarea\,(floor)}}{30} + 5$
その他の用途（病院、診療所及び児童福祉施設等を除く。）	$t\,start\,(floor) = \dfrac{\sqrt{\sum Aarea\,(floor)}}{30} + 3$

　この表において、$t\,start\,(floor)$ 及び $Aarea\,(floor)$ は、それぞれ次の数値を表すものと
する。
　　$t\,start\,(floor)$　階避難開始時間（単位　分）
　　$Aarea\,(floor)$　当該階の各室等の各部分の床面積（単位　m²）

ロ　次の式によって計算した階に存する者が当該階の各室等の各部分から直通階段の一に達
　するまでに要する歩行時間のうち最大のもの（単位　分）

$$t\,travel\,(floor),i = \sum \frac{l\,floor}{v}$$

　この式において、$t\,travel\,(floor),i$、$l\,floor$ 及び v は、それぞれ次の数値を表すものと
　する。
　　$t\,travel\,(floor),i$　階に存する者が当該階の各室等の各部分から直通階段の一に達す
　　　　　　　　　　るまでに要する歩行時間（単位　分）
　　$l\,floor$　　　　　当該階の各室等の各部分から直通階段への出口（当該火災室が直
　　　　　　　　　　通階段への出口を有する場合においては、当該火災室の直通階段へ
　　　　　　　　　　の出口のうち、その幅が最大のものを除く。）の一に至る歩行距離
　　　　　　　　　　（単位　m）
　　v　　　　　　　第一号ロに規定する歩行速度（単位　m/分）

ハ　次の式によって計算した階に存する者が当該階から直通階段への出口を通過するために
　要する時間（単位　分）

$$t\,queue\,(floor) = \frac{\sum p\,Aarea\,(floor)}{\sum Neff\,(floor)\,Bst}$$

　この式において、$t\,queue\,(floor)$、p、$Aarea\,(floor)$、$Neff\,(floor)$ 及び Bst は、それぞれ次の数値を表すものとする。

$t\,queue\,(floor)$　　階に存する者が当該階から直通階段への出口を通過するために要する時間（単位　分）

p　　　　　　　　第一号ハに規定する在館者密度（単位　　人/m²）

$Aarea\,(floor)$　　当該階の各室等の各部分の床面積（単位　m²）

$Neff\,(floor)$　　　当該階から直通階段への各出口（当該火災室が直通階段への出口を有する場合においては、当該火災室の直通階段への出口のうち、その幅が最大のものを除く。以下このハにおいて同じ。）の幅及び種類並びに当該階から直通階段への各出口の通ずる直通階段の階段室の床面積に応じ、それぞれ次の表に掲げる式によって計算した当該階から直通階段への各出口の有効流動係数（単位　　人/（分·m））

当該階から直通階段への各出口の幅	当該階から直通階段への各出口の種類	当該階から直通階段への各出口の通ずる直通階段の階段室の床面積	当該階から直通階段への各出口の有効流動係数
60cm 未満である場合		–	$Neff\,(floor)=0$
その他の場合	地上への出口である場合	–	$Neff\,(floor)=90$
	その他の場合	$\sum Ast \geqq 0.25 \sum p\,Aload\,(floor)$ である場合	$Neff\,(floor)=90$
		$\sum Ast < 0.25 \sum p\,Aload\,(floor)$ である場合	$Neff\,(floor)=\dfrac{320Bneck\,(floor)\sum Ast}{Bst\sum p\,Aload\,(floor)}$

　この表において、$Neff\,(floor)$、Ast、p、$Aload\,(floor)$、$Bneck\,(floor)$ 及び Bst は、それぞれ次の数値を表すものとする。

$Neff\,(floor)$　　　当該階から直通階段への各出口の有効流動係数（単位　人/（分·m））

Ast　　　　　　　当該階から直通階段への各出口の通ずる直通階段の当該階からその直下階（当該階が地階である場合にあっては、その直上階）までの階段室の床面積（単位　m²）

p　　　　　　　　第一号ロに規定する在館者密度（単位　人/m²）

$Aload\,(floor)$　　当該階から直通階段への各出口を通らなければ避難することができない建築物の各部分の床面積（単位　m²）

$Bneck\,(floor)$　　当該出口の幅、当該出口の通ずる直通階段の幅又は当該直通階段から地上若しくは避難階への出口の幅のうち最小のも

	の（単位　m）
Bst	当該出口の幅（単位　m）

Bst　当該出口の幅（単位　m）

四　令第129条第3項第一号ホに規定する当該火災室において発生した火災により生じた煙等が、当該階の各居室（当該火災室を除く。）及び当該居室から直通階段に通ずる主たる廊下その他の建築物の部分において避難上支障のある高さまで降下するために要する時間は、当該火災室から直通階段への出口を有する室に通ずる各経路上にある各室について次の式によって計算した時間（以下「室煙降下時間」という。）の合計のうち最小のものとする。

$$ts(floor) = \frac{Aroom(floor)(Hroom(floor) - Hlim)}{max(Vs(floor) - Ve(floor),\ 0.01)}$$

この式において、$ts(floor)$、$Aroom(floor)$、$Hroom(floor)$、$Hlim$、$Vs(floor)$ 及び $Ve(floor)$ は、それぞれ次の数値を表すものとする。

$ts(floor)$　　　室煙降下時間（単位　分）

$Aroom(floor)$　当該室の床面積（単位　m²）

$Hroom(floor)$　当該室の基準点から天井までの高さの平均（単位　m）

$Hlim$　　　　　当該室の種類及び当該室の開口部に設けられた防火設備の構造に応じ、それぞれ次の表に定める数値（以下「限界煙層高さ」という。）（単位　m）

当該室の種類	当該室の開口部に設けられた防火設備の構造	限界煙層高さ
直通階段への出口を有する室	－	1.8
その他の室	常時閉鎖式の防火設備（建築基準法(昭和25年法律第201号)第2条第九号のニロに規定する防火設備に限る。以下同じ。）又は随時閉鎖することができ、かつ、煙感知器と連動する自動閉鎖装置を設けた防火設備	当該室の床面から各開口部の上端までの高さのうち最大のものの $\frac{1}{2}$ の高さ
	その他の構造	当該室の床面から各開口部の上端までの高さのうち最大のもの

$Vs(floor)$　次のイ又はロに掲げる当該室の区分に応じ、それぞれ当該イ又はロに定める当該室の煙等発生量（単位　m³/分）

　イ　火災室　次の式によって計算した当該室の煙等発生量（単位　m³/分）

$$Vs(floor) = 9\{(\alpha f + \alpha m)\ Aroom(floor)\}^{1/3}$$

$$\{Hlow\,(floor)^{5/3} + (Hlow\,(floor) - Hroom\,(floor) + Hlim)^{5/3}\}$$

この式において、$Vs\,(floor)$、αf、αm、$Aroom\,(floor)$、$Hlow\,(floor)$、$Hroom$ $(floor)$ 及び $Hlim$ は、それぞれ次の数値を表すものとする。

$Vs\,(floor)$	当該室の煙等発生量（単位　m³/分）
αf	第一号ハに規定する積載可燃物の火災成長率
αm	第一号ハに規定する内装材料の火災成長率
$Aroom\,(floor)$	当該室の床面積（単位　m²）
$Hlow\,(floor)$	当該室の床面の最も低い位置から天井までの高さの平均（単位　m）
$Hroom\,(floor)$	当該室の基準点から天井までの高さの平均（単位　m）
$Hlim$	限界煙層高さ（単位　m）

ロ　火災室以外の室　当該火災室と当該室とを区画する壁（当該室が当該火災室に隣接していない場合にあっては、当該経路（当該火災室から当該室に至る部分に限る。以下このロにおいて同じ。）上にある室の壁（当該経路上にある他の室に面するものであって、開口部が設けられたものに限る。以下このロにおいて同じ。）のうちいずれかの壁。以下このロにおいて同じ。）及び当該壁の開口部の構造に応じ、それぞれ次の表に掲げる式によって計算した当該室の煙等発生量（単位　m³/分）

当該火災室と当該室とを区画する壁及び当該壁の開口部の構造	当該室の煙等発生量
準耐火構造の壁又は不燃材料で覆われた壁の開口部に令第112条第19項第二号に規定する構造である防火設備が設けられている場合	$Vs\,(floor) = 0.2\,Aop$
準耐火構造の壁又は不燃材料で覆われた壁の開口部に令第112条第19項第一号に規定する構造である防火設備が設けられている場合	$Vs\,(floor) = 2\,Aop$
その他の場合	$Vs\,(floor) = max\,(Vs_0 - Ve\,(floor),\,f,\,0)$

この表において、$Vs\,(floor)$、Aop、Vs_0 及び $Ve\,(floor)$, f は、それぞれ次の数値を表すものとする。

$Vs\,(floor)$	当該室の煙等発生量（単位　m³/分）
Aop	当該火災室と当該室とを区画する壁の開口部の面積の合計（単位　m²）
Vs_0	イに掲げる式によって計算した当該火災室の煙等発生量（単位　m³/分）
$Ve\,(floor)$, f	次の(1)又は(2)に掲げる当該火災室の区分に応じ、それぞれ当該(1)又は(2)に定める当該火災室の有効排煙量（自然排煙関係規定に

適合した排煙設備を設け、かつ、当該火災室の壁の床面からの高さが 1.8 m 以下の部分に排煙口の開放に連動して自動的に開放され又は常時開放状態にある給気口を設けた場合以外の場合には、0 とする。）（単位　m³/分）

(1) 床面積 1,500 m² 以内ごとに、防煙垂れ壁によって区画された火災室（床面から防煙垂れ壁の下端までの高さが限界煙層高さ以上である場合に限る。）次の式によって計算した各防煙区画（防煙垂れ壁で区画された部分をいう。以下この号において同じ。）の有効排煙量のうち最小のもの（以下「防煙区画有効排煙量」という。）（単位　m³/分）

$$Ve\,(floor),i = A^*\,(floor)\,E\,(floor,sc)$$

この式において、$Ve\,(floor),i$、$A^*\,(floor)$ 及び $E\,(floor,sc)$ は、それぞれ次の数値を表すものとする。

$Ve\,(floor),i$　　各防煙区画の有効排煙量（単位　m³/分）

$A^*\,(floor)$　　当該防煙区画の壁又は天井に設けられた開口部の床面からの高さが限界煙層高さ以上の部分（以下「限界煙層高さ有効開口部」という。）の有無及びその上端の位置に応じ、それぞれ次の表に掲げる式によって計算した当該防煙区画の排煙効果係数

限界煙層高さ有効開口部の有無	限界煙層高さ有効開口部の上端の位置	当該防煙区画の排煙効果係数
限界煙層高さ有効開口部がない場合	－	$A^*\,(floor) = 0$
限界煙層高さ有効開口部がある場合	$\overline{Hst\,(floor)} < Hw\,(floor)$ である場合	$A^*\,(floor) =$ $0.4\left(\dfrac{\overline{Hst\,(floor)} - Hlim}{Htop\,(floor) - Hlim}\right)$
	$\overline{Hst\,(floor)} \geqq Hw\,(floor)$ である場合	$A^*\,(floor) =$ $0.4\left(\dfrac{\overline{Hst\,(floor)} - Hlim}{Htop\,(floor) - Hlim}\right)$ $+0.6\left(1 - \dfrac{Asc}{Aroom\,(floor)}\right)$ $\left(\dfrac{\overline{Hst\,(floor)} - Hw\,(floor)}{\overline{Hst\,(floor)} - Hlim}\right)^2$

この表において、$A^*\,(floor)$、$\overline{Hst\,(floor)}$、$Hw\,(floor)$、$Hlim$、$Htop\,(floor)$、Asc 及び $Aroom\,(floor)$ は、それぞれ次の数値

を表すものとする。

A^* *(floor)*	当該防煙区画の排煙効果係数
Hst *(floor)*	当該室の基準点から当該防煙区画に設けられた各限界煙層高さ有効開口部の上端までの高さの平均（単位　m）
Hw *(floor)*	当該室の基準点から当該防煙区画における防煙垂れ壁の下端までの高さのうち最大のもの（単位　m）
$Hlim$	限界煙層高さ（単位　m）
$Htop$ *(floor)*	当該室の基準点から当該防煙区画の天井までの高さのうち最大のもの（単位　m）
Asc	当該防煙区画の床面積（単位　m²）
$Aroom$ *(floor)*	当該室の床面積（単位　m²）

E *(floor, sc)*　当該防煙区画に設けられた限界煙層高さ有効開口部の種類に応じ、それぞれ次の表に掲げる式によって計算した当該防煙区画に設けられた各限界煙層高さ有効開口部の排煙量（当該防煙区画に設けられた限界煙層高さ有効開口部の種類が同表㈠又は㈡に掲げるものである場合にあっては、当該防煙区画に設けられた各限界煙層高さ有効開口部及び当該限界煙層高さ有効開口部の開放に伴い開放される当該防煙区画に設けられた他の限界煙層高さ有効開口部のうち当該限界煙層高さ有効開口部からの距離が30m以内であるもの（以下この(1)において「他の限界煙層高さ有効開口部」という。）の排煙量の合計）のうち最小のもの（単位　m³/分）

	当該防煙区画に設けられた限界煙層高さ有効開口部の種類	当該防煙区画に設けられた各限界煙層高さ有効開口部の排煙量
㈠	限界煙層高さ有効開口部を排煙口とした場合に、当該防煙区画に設けられた排煙設備が自然排煙関係規定に適合し、かつ、当該室の壁の床面からの高さが1.8m以下の部分に排煙口の開放に連動して自動的に開放され又は常時開放状態にある給	e *(floor, sc)* $=$ $$max\left\{ 19As\,(sc)\sqrt{hs\,(sc)},\; \frac{76As\,(sc)\sqrt{Hc\,(sc)-Hlim}}{\sqrt{1+\left(\dfrac{A's\,(sc)}{Aa\,(floor)}\right)^2}} \right\}$$

				気口が設けられたもの（当該室に設けられた当該排煙設備以外の排煙設備が機械排煙関係規定に適合する場合を除く。）	
			(二)	限界煙層高さ有効開口部を排煙口とした場合に、当該防煙区画に設けられた排煙設備が機械排煙関係規定に適合し、かつ、当該室の壁の床面からの高さが1.8m以下の部分に排煙口の開放に連動して自動的に開放され又は常時開放状態にある給気口が設けられたもの（当該室に設けられた当該排煙設備以外の排煙設備が自然排煙関係規定に適合する場合を除く。）	$e\,(floor,\,sc) = min\,\{w\,(sc),$ $3.9\,(Hc\,(sc) - Hlim)$ $w\,(sc)^{2/3}\}$
			(三)	限界煙層高さ有効開口部を排煙口とした場合に、当該防煙区画に設けられた排煙設備が平成12年建設省告示第1437号第一号イ、ロ(1)及び(3)、ハ(1)、(2)及び(3)(i)並びにニ又は第二号イ、ロ(1)、(3)及び(5)、ハ(1)(i)、(ii)(イ)及び(2)並びにニの規定に適合するもの	$e\,(floor,\,sc) =$ $min\,(s\,(sc),\,550As\,(sc))$
			(四)	その他の限界煙層高さ有効開口部	$e\,(floor,\,sc) = 0$

　この表において、$e\,(floor,\,sc)$、$As\,(sc)$、$hs\,(sc)$、$Hc\,(sc)$、$Hlim$、$A's\,(sc)$、$Aa\,(floor)$、$w\,(sc)$ 及び $s\,(sc)$ は、それぞれ

次の数値を表すものとする。

$e\,(floor,\ sc)$　当該防煙区画に設けられた各限界煙層高さ有効開口部の排煙量（単位　$m^3/分$）

$As\,(sc)$　　当該限界煙層高さ有効開口部の開口面積（単位　m^2）

$hs\,(sc)$　　当該限界煙層高さ有効開口部の上端と下端の垂直距離（単位　m）

$Hc\,(sc)$　　当該室の基準点から当該限界煙層高さ有効開口部の中心までの高さ（単位　m）

$Hlim$　　　限界煙層高さ（単位　m）

$A's\,(sc)$　　当該限界煙層高さ有効開口部及び他の限界煙層高さ有効開口部の開口面積の合計（単位　m^2）

$Aa\,(floor)$　当該室に設けられた給気口（当該限界煙層高さ有効開口部の開放に伴い開放され又は常時開放状態にある給気口に限る。）の開口面積の合計（単位　m^2）

$w\,(sc)$　　当該限界煙層高さ有効開口部の排煙機の空気を排出することができる能力（単位　$m^3/分$）

$s\,(sc)$　　当該防煙区画に係る送風機の当該防煙区画に設けられた限界煙層高さ有効開口部から空気を排出することができる能力（単位　$m^3/分$）

(2)　(1)に掲げる火災室以外の火災室で床面積が$1,500\,m^2$以下のもの　次の式によって計算した当該室の有効排煙量（以下「室有効排煙量」という。）（単位　$m^3/分$）

$$Ve\,(floor) = 0.4\left(\frac{\overline{Hst\,(floor)} - Hlim}{Htop\,(floor) - Hlim}\right) E\,(floor)$$

この式において、$Ve\,(floor)$、$\overline{Hst\,(floor)}$、$Hlim$、$Htop\,(floor)$及び$E\,(floor)$は、それぞれ次の数値を表すものとする。

$Ve\,(floor)$　　当該室の有効排煙量（単位　$m^3/分$）

$\overline{Hst\,(floor)}$　当該室の基準点から当該室に設けられた各限界煙層高さ有効開口部の上端までの高さの平均（単位　m）

$Hlim$　　　限界煙層高さ（単位　m）

$Htop\,(floor)$　当該室の基準点から天井までの高さのうち最大のもの（単位　m）

$E\,(floor)$　　当該室に設けられた限界煙層高さ有効開口部の種類に応じ、それぞれ次の表に掲げる式によって計算した当該室に設けられた各限界煙層高さ有効開口部

の排煙量（当該室に設けられた限界煙層高さ有効開口部の種類が同表㈠又は㈡に掲げるものである場合にあっては、当該室に設けられた各限界煙層高さ有効開口部及び当該限界煙層高さ有効開口部の開放に伴い開放される当該室に設けられた他の限界煙層高さ有効開口部のうち当該限界煙層高さ有効開口部からの距離が30m以内であるもの（以下この(2)において「他の限界煙層高さ有効開口部」という。）の排煙量の合計）のうち最小のもの（単位　m³/分）

	当該室に設けられた限界煙層高さ有効開口部の種類	当該室に設けられた各限界煙層高さ有効開口部の排煙量
㈠	限界煙層高さ有効開口部を排煙口とした場合に、当該室に設けられた排煙設備が自然排煙関係規定に適合し、かつ、当該室の壁の床面からの高さが1.8m以下の部分に排煙口の開放に連動して自動的に開放され又は常時開放状態にある給気口が設けられたもの（当該室に設けられた当該排煙設備以外の排煙設備が機械排煙関係規定に適合する場合を除く。）	$e\,(floor) =$ $$max\left\{19As\,(floor)\sqrt{hs\,(floor)},\ \frac{76As\,(floor)\sqrt{Hc\,(floor)-Hlim}}{\sqrt{1+\left(\dfrac{A's\,(floor)}{Aa\,(floor)}\right)^2}}\right\}$$
㈡	限界煙層高さ有効開口部を排煙口とした場合に、	

		当該室に設けられた排煙設備が機械排煙関係規定に適合し、かつ、当該室の壁の床面からの高さが1.8m以下の部分に排煙口の開放に連動して自動的に開放され又は常時開放状態にある給気口が設けられたもの（当該室に設けられた当該排煙設備以外の排煙設備が自然排煙関係規定に適合する場合を除く。）	$e\,(floor) = \min\,\{w\,(floor),$ $3.9\,(Hc\,(floor) - Hlim)$ $w\,(floor)^{2/3}\}$
	（三）	限界煙層高さ有効開口部を排煙口とした場合に、当該室に設けられた排煙設備が平成12年建設省告示第1437号第一号イ、ロ(1)及び(3)、ハ(1)、(2)及び(3)(i)並びにニ又は第二号イ、ロ(1)、(3)及び(5)、ハ(1)(i)、(ii)(イ)及び(2)並びにニの規定に適合するもの	$e\,(floor) =$ $\min\,(s\,(floor),\ 550As\,(floor))$
	（四）	その他の限界煙層高さ有効開口部	$e\,(floor) = 0$

　この表において、$e\,(floor)$、$As\,(floor)$、$hs\,(floor)$、$Hc\,(floor)$、

$Hlim$、$A's\,(floor)$、$Aa\,(floor)$、$w\,(floor)$及び$s\,(floor)$は、それぞれ次の数値を表すものとする。

$e\,(floor)$　当該室に設けられた各限界煙層高さ有効開口部の排煙量（単位　m^3/分）

$As\,(floor)$　当該限界煙層高さ有効開口部の開口面積（単位　m^2）

$hs\,(floor)$　当該限界煙層高さ有効開口部の上端と下端の垂直距離（単位　m）

$Hc\,(floor)$　当該室の基準点から当該限界煙層高さ有効開口部の中心までの高さ（単位　m）

$Hlim$　限界煙層高さ（単位　m）

$A's\,(floor)$　当該限界煙層高さ有効開口部及び他の限界煙層高さ有効開口部の開口面積の合計（単位　m^2）

$Aa\,(floor)$　当該室に設けられた給気口（当該限界煙層高さ有効開口部の開放に伴い開放され又は常時開放状態にある給気口に限る。）の開口面積の合計（単位　m^2）

$w\,(floor)$　当該限界煙層高さ有効開口部の排煙機の空気を排出することができる能力（単位　m^3/分）

$s\,(floor)$　当該室に係る送風機の当該室に設けられた限界煙層高さ有効開口部から空気を排出することができる能力（単位　m^3/分）

$Ve\,(floor)$　次のイ又はロに掲げる当該室の区分に応じ、それぞれ当該イ又はロに定める当該室の有効排煙量（単位　m^3/分）

イ　床面積1,500m^{2}以内ごとに、防煙垂れ壁によって区画された室（床面から防煙垂れ壁の下端までの高さが限界煙層高さ以上である場合に限る。）　防煙区画有効排煙量（単位　m^3/分）

ロ　イに掲げる室以外の室で床面積が1,500/m^{2}以下のもの　室有効排煙量（単位　m^3/分）

〔令和3年5月28日国土交通省告示第475号〕

火災により生じた煙又はガスの高さに基づく階避難安全検証法に関する算出方法等を定める件

建築基準法施行令（昭和25年政令第338号）第129条第3項第一号イ及びニ並びに第二号イからニまでの規定に基づき、火災により生じた煙又はガスの高さに基づく階避難安全検証法に関する

算出方法等を次のように定める。

一　建築基準法施行令（以下「令」という。）第129条第3項第二号に規定する方法を用いる場合における同項第一号イに規定する当該居室に存する者（当該居室を通らなければ避難することができない者を含む。以下「在室者」という。）の全てが当該居室において火災が発生してから当該居室からの避難を終了するまでに要する時間（以下「居室避難完了時間」という。）は、次に掲げる時間を合計して計算するものとする。

イ　当該居室の種類に応じ、それぞれ次の表に掲げる式によって計算した火災が発生してから在室者が避難を開始するまでに要する時間（以下「居室避難開始時間」という。）（単位　分）

当該居室の種類		居室避難開始時間
(一)	当該居室及び当該居室を通らなければ避難することができない建築物の部分（以下「当該居室等」という。）が病院、診療所（患者の収容施設があるものに限る。）又は児童福祉施設等（令第115条の3第一号に規定する児童福祉施設等をいう。以下同じ。）（通所のみにより利用されるものを除く。）の用途に供するものである場合	$t\,start(room) =$ $min\left(5\times10^{-3}Lwall(room)^{6/5},\ \dfrac{2\times10^{-3}Lwall(room)^{6/5}}{\alpha\,room^{1/5}} + t_0(room)\right)$
(二)	当該居室を通らなければ避難することができない部分がない場合又は当該居室を通らなければ避難することができない全ての部分が当該居室への出口（幅が60cm未満であるものを除く。）を有する場合（(一)に掲げるものを除く。）	$t\,start(room) =$ $min\left(5\times10^{-3}Lwall(room)^{6/5},\ \dfrac{2\times10^{-3}Lwall(room)^{6/5}}{\alpha\,room^{1/5}} + t_0(room)\right)$
(三)	その他の場合	$t\,start(room) =$ $min\left(5\times10^{-3}Lwall(room)^{6/5},\ \dfrac{2\times10^{-3}Lwall(room)^{6/5}}{\alpha\,room^{1/5}} + t_0(room)\right)+3$

この表において、$t\,start(room)$、$Lwall(room)$、$\alpha\,room$ 及び $t_0(room)$ は、それぞれ次の数値を表すものとする。

$t\,start(room)$　居室避難開始時間（単位　分）

$Lwall(room)$　当該居室の周長（単位　m）

$\alpha\,room$　　　　次の式によって計算した当該居室又は当該居室に隣接する室（当該居室と準耐火構造の壁若しくは準不燃材料で造り、若しくは覆われた壁又

は令第112条第12項に規定する10分間防火設備(以下単に「10分間防火設備」という。)で区画されたものを除く。以下同じ。)の火災成長率のうち最大のもの（以下「居室火災成長率」という。）

$$\alpha\,room,i = \max\,(1.51 \times 10^{-4}\,q\,l,\ 0.0125) \times k\,m$$

この式において、$\alpha\,room,i$、$q\,l$ 及び $k\,m$ は、それぞれ次の数値を表すものとする。

$\alpha\,room,i$　　当該居室又は当該居室に隣接する室の火災成長率

$q\,l$　　　　当該室の種類に応じ、それぞれ次の表に定める積載可燃物の1m²当たりの発熱量（単位　MJ/m²）

当該室の種類			積載可燃物の1m²当たりの発熱量
住宅の居室			720
住宅以外の建築物における寝室（児童福祉施設等の用途に供するものを除く。）又は病室			240
事務室その他これに類するもの			560
会議室その他これに類するもの			160
教室			400
体育館のアリーナその他これに類するもの			80
博物館又は美術館の展示室その他これらに類するもの			240
百貨店又は物品販売業を営む店舗その他これらに類するもの	家具又は書籍の売場その他これらに類するもの		960
	その他の部分		480
飲食店その他の飲食室	簡易な食堂		240
	その他の飲食室		480
劇場、映画館、演芸場、観覧場、公会堂、集会室その他これらに類する用途に供する室	客席部分	固定席の場合	400
		その他の場合	480
	舞台部分		240
自動車車庫又は自動車修理工場	車室その他これに類する部分		240
	車路その他これに類する部分		32
廊下、階段その他の通路			32
	劇場、映画館、演芸場、観覧場、		

玄関ホール、ロビーその他これらに類するもの	公会堂若しくは集会場その他これらに類する用途又は百貨店若しくは物品販売業を営む店舗その他これらに類する用途に供する建築物の玄関ホール、ロビーその他これらに類するもの	160
	その他のもの	80
昇降機その他の建築設備の機械室		160
屋上広場又はバルコニー		80
倉庫その他の物品の保管の用に供する室		2,000
病院又は診療所の診察室又は待合室		240
保育所又は幼保連携型認定こども園の用途に供する室		240
児童福祉施設等(保育所及び幼保連携型認定こども園を除く。)の用途に供する室		400

k_m　当該室の内装仕上げの種類に応じ、それぞれ次の表に定める内装燃焼係数

	当該室の内装仕上げの種類	内装燃焼係数
(一)	壁(床面からの高さが1.2m以下の部分を除く。以下この表において同じ。)及び天井(天井のない場合においては、屋根。以下同じ。)の室内に面する部分(回り縁、窓台その他これらに類する部分を除く。以下この表において同じ。)の仕上げを平成21年国土交通省告示第225号第1第一号に規定する特定不燃材料(平成12年建設省告示第1400号第十五号に規定する建築材料を除く。)でしたもの	1.0
(二)	壁及び天井の室内に面する部分の仕上げを不燃材料でしたもの((一)に掲げるものを除く。)	1.1
(三)	壁及び天井の室内に面する部分の仕上げを準不燃材料でしたもの((一)及び(二)に掲げるものを除く。)	1.2
(四)	壁及び天井の室内に面する部分の仕上げを難燃材料でしたもの((一)から(三)までに掲げるものを除く。)	1.5
(五)	壁の室内に面する部分の仕上げを木材等(平成12年建設省告示第1439号第1第二号に規定する木材等をいう。以下同じ。)でし、かつ、天井の室内に面する部分の仕上げを準不燃材料でしたもの((一)	2.0

		から㈣までに掲げるものを除く。）	
	㈥	壁及び天井の室内に面する部分の仕上げを木材等でしたもの（㈠から㈤までに掲げるものを除く。）	2.2

$t_0(room)$　次の式によって計算した当該居室の燃焼拡大補正時間（単位　分）

$$t_0(room) = \frac{100 - \left(\dfrac{100}{\alpha\,room}\right)^{1/2}}{60}$$

この式において、$t_0(room)$ 及び $\alpha\,room$ は、それぞれ次の数値を表すものとする。

　　$t_0(room)$　当該居室の燃焼拡大補正時間（単位　分）

　　$\alpha\,room$　　居室火災成長率

ロ　当該居室等の各部分から当該居室の出口（幅が60cm未満であるものを除き、当該居室から直通階段（避難階又は地上に通ずるものに限り、当該直通階段が令第123条第3項に規定する特別避難階段である場合にあっては、当該直通階段への出口を有する室を同項第二号並びに第三号、第四号、第六号及び第九号（これらの規定中バルコニー又は付室に係る部分に限る。）並びに第十号（バルコニー又は付室から階段室に通ずる出入口に係る部分に限る。）に定める構造としたものに限る。以下同じ。）（当該居室が避難階に存する場合にあっては地上）に通ずる主たる廊下その他の通路に通ずる出口に限る。以下同じ。）を経由して直通階段（当該居室が避難階に存する場合にあっては地上）に至る各経路（避難の用に供するものであって、当該経路上にある各出口の幅が60cm以上であるものに限る。以下このロにおいて「避難経路」という。）ごとに、当該居室等の種類、当該避難経路上にある当該居室の出口に面する部分（以下「居室避難経路等の部分」という。）の収容可能人数及び居室出口滞留時間に応じ、それぞれ次の表に掲げる式によって計算した在室者が当該居室等の各部分から当該居室の出口の一に達し、当該出口を通過するために要する時間（以下「居室出口通過時間」という。）のうち最大のもの（単位　分）

当該居室等の種類	居室避難経路等の部分の収容可能人数	居室出口滞留時間	居室出口通過時間
病院、診療所（患者の収容施設があるものに限る。）又は児童福祉施設等（通所のみにより利用されるものを除く。）の用途に供するもの	$Pco \geqq Proom$ である場合	－	$t\,pass(room),i = \sum \dfrac{l\,room}{v\,crowd}$

その他のもの	準耐火構造の壁若しくは準不燃材料で造り、若しくは覆われた壁又は10分間防火設備で区画されたもの	–	$t\,crowd(room)$ ≦3である場合	$t\,pass(room),i = max\left(\sum\dfrac{l\,room}{v\,crowd},\ t\,crowd(room)\right)$

その他のもの	準耐火構造の壁若しくは準不燃材料で造り、若しくは覆われた壁又は10分間防火設備で区画されたもの	–	$t\,crowd(room)$ ≦3である場合	$t\,pass(room),i = max\left(\sum\dfrac{l\,room}{v\,crowd},\ t\,crowd(room)\right)$
		–	$t\,crowd(room)$ >3である場合	$t\,pass(room),i = max\left(\sum\dfrac{l\,room}{v\,crowd},\ t\,crowd(room)\right)+3$
	その他のもの	–	$t\,crowd(room)$ ≦1.5である場合	$t\,pass(room),i = max\left(\sum\dfrac{l\,room}{v\,crowd},\ t\,crowd(room)\right)$
		–	$t\,crowd(room)$ >1.5である場合	$t\,pass(room),i = max\left(\sum\dfrac{l\,room}{v\,crowd},\ t\,crowd(room)\right)+4.5$

この表において、Pco、$Proom$、$t\,pass(room),i$、$l\,room$、$v\,crowd$ 及び $t\,crowd(room)$ は、それぞれ次の数値を表すものとする。

Pco　次の式によって計算した居室避難経路等の部分の収容可能人数（単位　人）

$$Pco = \sum\frac{k\,coAco}{a\,n}$$

この式において、Pco、$k\,co$、Aco 及び $a\,n$ は、それぞれ次の数値を表すものとする。

Pco　居室避難経路等の部分の収容可能人数（単位　人）

$k\,co$　居室避難経路等の部分の各部分の種類に応じ、それぞれ次の表に定める有効滞留面積率

居室避難経路等の部分の各部分の種類	有効滞留面積率
居室	0.5
玄関ホール、ロビーその他これらに類するもの	0.7
廊下その他の通路、階段室又は階段の付室（令第123条第3項第二号から第四号まで、第六号、第九号及び第十号に定める構造であるものに限る。）若しくはバルコニー（同項第三号、第六号、第九号及び第十号に定める構造であるものに限る。）	1.0

Aco　居室避難経路等の部分の各部分（当該部分が階段室である場合にあっては、当該居室の存する階からその直下階までの階段室（当該居室の存する階が地階である場合にあっては当該居室の存する階からその直上階までの階段室、当該居室の存する階が避難階である場合にあっては

当該居室の存する階の階段室)に限る。)の床面積（単位　m²)

an　　居室避難経路等の部分の各部分の用途及び種類に応じ、それぞれ次
の表に定める必要滞留面積（単位　m²/人)

居室避難経路等の部分の 各部分の用途	居室避難経路等の 部分の各部分の種類	必要滞留 面積
病院、診療所（患者の収容施設を有するものに限る。)又は児童福祉施設等（通所のみにより利用されるものを除く。)	－	4.0
児童福祉施設等（通所のみにより利用されるものに限る。)	－	1.0
その他の用途	居室、廊下その他の通路又は玄関ホール、ロビーその他これらに類するもの	0.3
	階段室	0.25
	階段の付室又はバルコニー	0.2

$Proom$　　次の式によって計算した在室者のうち当該避難経路上にある当該居室の出口
を通って避難する者の数（単位　人)

$$Proom = \sum p\, Aarea\,(room) \times \left(\frac{Broom}{Bload\,(room)}\right)$$

この式において、$Proom$、p、$Aarea\,(room)$、$Broom$ 及び $Bload\,(room)$ は、
それぞれ次の数値を表すものとする。

$Proom$　　在室者のうち当該避難経路上にある当該居室の出口を通って避難
する者の数（単位　人)

p　　　　建築物の部分の種類に応じ、それぞれ次の表に定める在館者密度
（単位　人/m²)

建築物の部分の種類		在館者密度
住宅の居室		0.06
住宅以外の建築物における寝室又は病室	固定ベッドの場合	ベッド数を床面積で除した数値
	その他の場合	0.16
事務室、会議室その他これらに類するもの		0.125
教室		0.7

百貨店又は物品販売業を営む店舗その他これらに類するもの	売場の部分	0.5
	売場に附属する通路の部分	0.25
飲食室		0.7
劇場、映画館、演芸場、観覧場、公会堂、集会場その他これらに類する用途に供する居室	固定席の場合	座席数を床面積で除した数値
	その他の場合	1.5
展示室その他これに類するもの		0.5
病院又は診療所の診察室		0.16
病院又は診療所の待合室		0.5
保育所又は幼保連携型認定こども園の用途に供する居室	乳児又は満2歳に満たない幼児を保育する用途に供する場合	0.6
	その他の場合	0.5
児童福祉施設等（保育所及び幼保連携型認定こども園を除く。）の用途に供する居室（寝室を除く。）		0.33

$A_{area(room)}$　　当該居室等の各部分の床面積（単位　m²）

B_{room}　　　　当該避難経路上にある当該居室の出口の幅の合計（単位　m）

$B_{load(room)}$　　当該居室の出口の幅の合計（単位　m）

$t_{pass(room),i}$　居室出口通過時間（単位　分）

l_{room}　　　　当該居室等の各部分から当該避難経路上にある当該居室の出口の一に至る歩行距離（単位　m）

v_{crowd}　　　　建築物の部分の用途及び種類並びに避難の方向に応じ、それぞれ次の表に定める滞留時歩行速度（単位　m/分）

建築物の部分の用途	建築物の部分の種類	避難の方向	滞留時歩行速度
劇場、映画館、演芸場、観覧場、公会堂、集会場その他これらに類する用途	階段	上り	9
		下り	12
	その他の部分	–	30
病院、診療所（患者の収容施設がある	寝室（入所する者の使用するものに限る。）又は病室	–	15

ものに限る。) 又は児童福祉施設等（通所のみにより利用されるものを除く。)	廊下	－	3
	その他の部分（階段を除く。)	－	30
診療所（患者の収容施設を有しないものに限る。)	階段	上り	9
		下り	12
	その他の部分	－	30
児童福祉施設等（通所のみにより利用されるものに限る。) その他これに類する用途	乳児又は満2歳に満たない幼児を保育する場合（当該用途に供する階が3階以下の階である場合に限る。)	階段 下り	2.5
		保育室	12
		廊下	8
		その他の部分	30
	乳児又は満2歳に満たない幼児を保育する場合以外の場合（当該用途に供する階が5階以下の階である場合に限る。)	階段 上り	4.5
		下り	6
		その他の部分	－ 15
百貨店、展示場その他これらに類する用途又は共同住宅、ホテルその他これらに類する用途（病院、診療所及び児童福祉施設等を除く。)	階段	上り	9
		下り	12
	その他の部分	－	30
学校（幼保連携型認定こども園を除く。)、事務所その他これらに類する用途	階段	上り	12
		下り	16
	その他の部分	－	39

t crowd (room)　当該居室等の用途及び当該避難経路上にある当該居室の出口の幅の合計に応じ、それぞれ次の表に掲げる式によって計算した居室出口滞留時間（単位　分）

当該居室等の用途	当該避難経路上にある当該居室の出口の幅の合計	居室出口滞留時間
児童福祉施設等（通所のみにより利用されるものに限る。)	$90\,Broom \leqq Rneck\,(room)$ である場合	$t\,crowd\,(room) = \dfrac{Proom}{45\,Broom}$
	$90\,Broom > Rneck\,(room)$ である場合	$t\,crowd\,(room) = \dfrac{min\,(Proom,\ Pco)}{45\,Broom} + \dfrac{max\,(Proom - Pco,\ 0)}{0.5\,Rneck\,(room)}$

	$90\,Broom \leqq Rneck$ $(room)$ である場合	$t\,crowd\,(room) = \dfrac{Proom}{90\,Broom}$
その他の用途	$90\,Broom > Rneck$ $(room)$ である場合	$t\,crowd\,(room) = \dfrac{min\,(Proom,\;Pco)}{90\,Broom} + \dfrac{max\,(Proom - Pco,\;0)}{Rneck\,(room)}$

　この表において、$Broom$、$Rneck(room)$、$t\,crowd\,(room)$、$Proom$ 及び Pco は、それぞれ次の数値を表すものとする。

$Broom$　　　　　当該避難経路上にある当該居室の出口の幅の合計（単位　m）

$Rneck(room)$　　次の式によって計算した当該避難経路の流動量（単位　人/分）

$$Rneck(room) = min\,(90\,Dco(room),\;Rd(room),\;Rst(room))$$

　　この式において、$Rneck(room)$、$Dco(room)$、$Rd(room)$ 及び $Rst(room)$ は、それぞれ次の数値を表すものとする。

　　$Rneck(room)$　当該避難経路の流動量（単位　人/分）

　　$Dco(room)$　　当該避難経路上の各廊下（当該居室等に設けられた廊下を除く。以下このロにおいて同じ。）の幅のうち最小のもの（単位　m）

　　$Rd(room)$　　　次の式によって計算した当該避難経路上にある各出口（当該居室等に設けられた出口を除く。以下このロにおいて同じ。）の有効流動量のうち最小のもの（単位　人/分）

$$Rd(room),i = Bd(room)\,Nd(room)$$

　　　この式において、$Rd(room),i$、$Bd(room)$ 及び $Nd(room)$ は、それぞれ次の数値を表すものとする。

　　　$Rd(room),i$　当該避難経路上にある各出口の有効流動量（単位　人/分）

　　　$Bd(room)$　当該出口の幅（単位　m）

　　　$Nd(room)$　　当該出口の種類に応じ、それぞれ次の表に掲げる式によって計算した当該出口の流動係数（単位　人/(分·m)）

当該出口の種類	当該出口の流動係数
階段又は居室に設けられた出口	$Nd(room) = 90$
その他の出口	$Nd(room) = min\left\{max\left(150 - \right.\right.$

$$\left.\frac{60\,Bd\,(room)}{Dco\,(room)}\right),\ 90\Bigg),\ 120\Bigg\}$$

この表において、Nd(room)、Bd(room)及びDco
(room)は、それぞれ次の数値を表すものとする。

Nd(room)　　当該出口の流動係数
　　　　　　　　（単位　人/（分·m））

Bd(room)　　当該出口の幅（単位　m）

Dco(room)　　当該避難経路上の各廊下の幅のうち最
　　　　　　　　小のもの（単位　m）

Rst(room)　次の式によって計算した当該避難経路上の各階段（当
　　　　　該居室等に設けられた階段を除く。以下このロにおいて
　　　　　同じ。）又は直通階段の有効流動量のうち最小のもの（単
　　　　　位　人/分）

$$Rst\,(room),i = Dst\,(room)\,Nst\,(room)$$

この式において、Rst(room),i、Dst(room)及びNst(room)は、
それぞれ次の数値を表すものとする。

Rst(room),i　　当該避難経路上の各階段又は直通階段の有
　　　　　　　　効流動量（単位　人/分）

Dst(room)　　当該階段の幅（単位　m）

Nst(room)　　当該階段の種類、避難の方向及び当該階段
　　　　　　　　の幅に応じ、それぞれ次の表に掲げる式によっ
　　　　　　　　て計算した当該階段の流動係数（単位　人/
　　　　　　　　（分·m））

当該階段の種類	避難の方向	当該階段の幅	当該階段の流動係数
屋内と階段室とが付室を通じて連絡しており、かつ、屋内と付室とが準耐火構造の壁若し	下り	Dlanding (room) < Dst(room) である場合	$Nst\,(room) =$ $min\Big\{72-48\Big(1-\dfrac{Dlanding\,(room)}{Dst\,(room)}\Big),\ 90\dfrac{Dlanding\,(room)}{Dst\,(room)}\Big\}$

くは不燃材料で造り、若しくは覆われた壁若しくは建築基準法（昭和25年法律第201号。以下「法」という。）第2条第九号の二ロに規定する防火設備で令第112条第19項第二号に規定する構造であるもので区画された直通階段又は直通階段以外の階段	上り	$Dlanding(room) \geqq Dst(room)$ である場合	$Nst(room) = 72$
		$Dlanding(room) < Dst(room)$ である場合	$Nst(room) = min\left\{60 - 36\left(1 - \dfrac{Dlanding(room)}{Dst(room)}\right),\ 90\dfrac{Dlanding(room)}{Dst(room)}\right\}$
		$Dlanding(room) \geqq Dst(room)$ である場合	$Nst(room) = 60$
	下り	$Dlanding(room) < Dst(room)$ である場合	$Nst(room) = min\left\{72 - 48\left(1 - \dfrac{Dlanding(room)}{Dst(room)}\right),\ 90\dfrac{Dlanding(room)}{Dst(room)}\right\} \times 0.5^{max\ (N'-2.0)}$
		$Dlanding(room) \geqq Dst(room)$	$Nst(room) = 72 \times 0.5^{max\ (N'-2.0)}$

			である場合	
その他の直通階段				
	上り	$Dlanding$ $(room) <$ $Dst(room)$ である場合	$Nst(room) =$ $min\left\{60 - 36\left(1 - \dfrac{Dlanding(room)}{Dst(room)}\right),\right.$ $\left.90\dfrac{Dlanding(room)}{Dst(room)}\right\}$ $\times 0.5^{\,max\,(N'-2.0)}$
		$Dlanding$ $(room) \geqq$ $Dst(room)$ である場合	$Nst(room) =$ $60 \times 0.5^{\,max\,(N'-2.0)}$

この表において、$Dlanding(room)$、$Dst(room)$、$Nst(room)$ 及び N' は、それぞれ次の数値を表すものとする。

$Dlanding(room)$	当該階段の踊り場の幅（単位　m）
$Dst(room)$	当該階段の幅（単位　m）
$Nst(room)$	当該階段の流動係数（単位　人/（分・m））
N'	当該建築物の階数

$t\,crowd(room)$	居室出口滞留時間（単位　分）
$Proom$	在室者のうち当該避難経路上にある当該居室の出口を通って避難する者の数（単位　人）
Pco	居室避難経路等の部分の収容可能人数（単位　人）

二　令第129条第3項第二号イに規定する同項第一号イの規定によって計算した居室避難完了時間が経過した時における当該居室において発生した火災により生じた煙又はガス（以下「煙等」という。）の高さ（当該居室の基準点(床面の最も高い位置をいう。以下同じ。)から煙等の下端の位置までの高さとする。以下「居室煙層下端高さ」という。）は、居室避難完了時間が経過した時における当該居室の煙層上昇温度（以下単に「当該居室の煙層上昇温度」という。）及び居室避難完了時間に応じ、それぞれ次の表に掲げる式によって計算するものとする。

当該居室の煙層上昇温度		居室避難完了時間	居室煙層下端高さ
$\Delta Tr, room > 180$ である場合		$-$	$Zroom = 0$
$\Delta Tr, room \leqq 180$ である場合	$\Delta Tr, room \leqq \sqrt{\dfrac{500}{3t\,pass(room)}}$ である場合	$-$	$Zroom = 1.8$
	$\Delta Tr, room > \sqrt{\dfrac{500}{3t\,pass(room)}}$ である場合	$t\,escape(room) \leqq \dfrac{5}{3}$ である場合	$Zroom = max\left[\left\{\dfrac{11\,t\,escape(room)^{5/3}}{\rho\,r, roomAroom} + \dfrac{1}{(Hroom + h\,room)^{2/3}}\right\}^{-3/2} - h\,room,\ 0\right]$
		$t\,escape(room) > \dfrac{5}{3}$ である場合	$Zroom = max\left[Zphase1(room) - \dfrac{max\,(Vs(r,room) - Ve(r,room),\ 0.01)}{Aroom} \times \left(t\,escape(room) - \dfrac{5}{3}\right),\ 0\right]$

この表において、$\Delta Tr, room$、$Zroom$、$t\,pass(room)$、$t\,escape(room)$、$\rho\,r, room$、$Aroom$、$Hroom$、$h\,room$、$Zphase1(room)$、$Vs(r, room)$ 及び $Ve(r, room)$ は、それぞれ次の数値を表すものとする。

$\Delta Tr, room$　居室避難完了時間に応じ、それぞれ次の表に掲げる式によって計算した当該居室の煙層上昇温度（単位　度）

居室避難完了時間	当該居室の煙層上昇温度
$t\,escape(room) \leqq t\,m(room)$ である場合	$\Delta Tr, room = min\left\{\dfrac{Qr, room}{0.37\,Qr, room^{1/3} + 0.015\,Aw(room)},\ \Delta Troom(max)\right\}$
$t\,escape(room) > t\,m(room)$ である場合	$\Delta Tr, room = \Delta Troom(max)$

この表において、$t\,escape(room)$、$t\,m(room)$、$\Delta Tr, room$、$Qr, room$、$Aw(room)$ 及び $\Delta Troom(max)$ は、それぞれ次の数値を表すものとする。

$t\,escape(room)$　前号に規定する居室避難完了時間（単位　分）

$t\,m(room)$　　　当該居室又は当該居室に隣接する室の内装仕上げの種類に応じ、それぞれ次の表に掲げる式によって計算した当該居室又は当該居室に隣接する室の燃焼抑制時間のうち最小のもの（単位　分）

当該居室又は当該居室に隣接する室の内装仕上げの種類	当該居室又は当該居室に隣接する室の燃焼抑制時間
(一) 壁（床面からの高さが1.2m以下の部分を除く。以下この表において同じ。）及び天井の室内に面する部分（回り縁、窓台その他これらに類する部分を除く。以下この表において同じ。）の仕上げを不燃材料でしたもの	$t_{m(room),i} = 20$
(二) 壁及び天井の室内に面する部分の仕上げを準不燃材料でしたもの（(一)に掲げるものを除く。）	$t_{m(room),i} = 10$
(三) 壁及び天井の室内に面する部分の仕上げを難燃材料でしたもの又は壁の室内に面する部分の仕上げを木材等でし、かつ、天井の室内に面する部分の仕上げを準不燃材料でしたもの（(一)及び(二)に掲げるものを除く。）	$t_{m(room),i} = 5$
(四) 壁及び天井の室内に面する部分の仕上げを木材等でしたもの（(一)から(三)までに掲げるものを除く。）	$t_{m(room),i} = min\left\{ t_0(room) + \dfrac{1}{60}\left(\dfrac{18 Hroom(min)^{5/2}}{\alpha room,i} \right)^{1/2}, 2 \right\}$

この表において、$t_{m(room),i}$、$t_0(room)$、$Hroom(min)$及び$\alpha room,i$は、それぞれ次の数値を表すものとする。

$t_{m(room),i}$　　当該居室又は当該居室に隣接する室の燃焼抑制時間（単位　分）

$t_0(room)$　　　前号イに規定する当該居室の燃焼拡大補正時間（単位　分）

$Hroom(min)$　　当該室の基準点から天井の最も低い位置までの高さ（単位　m）

$\alpha room,i$　　　前号イに規定する当該居室又は当該居室に隣接する室の火災成長率

$\Delta Tr,room$　当該居室の煙層上昇温度（単位　度）

$Qr,room$　　　居室避難完了時間に応じ、それぞれ次の表に掲げる式によって計算した当該居室における1秒間当たりの発熱量（単位　kW）

居室避難完了時間	当該居室における1秒間当たりの発熱量
$t\,escape\,(room) \leqq \dfrac{5}{3}$ である場合	$Qr,room = 0.01\,(60\,t\,escape\,(room))^2$
$t\,escape\,(room) > \dfrac{5}{3}$ である場合	$Qr,room = \alpha\,room\,(60\,t\,escape\,(room) - 60\,t_0\,(room))^2$

　この表において、$t\,escape\,(room)$、$Qr,room$、$\alpha\,room$ 及び $t_0\,(room)$ は、それぞれ次の数値を表すものとする。

　$t\,escape\,(room)$　　前号に規定する居室避難完了時間（単位　分）

　$Qr,room$　　　　　当該居室における1秒間当たりの発熱量（単位　kW）

　$\alpha\,room$　　　　　前号イに規定する居室火災成長率

　$t_0\,(room)$　　　　前号イに規定する当該居室の燃焼拡大補正時間（単位　分）

$Aw\,(room)$　　　　当該居室の壁（基準点からの高さが1.8m以下の部分を除く。）及び天井の室内に面する部分の表面積（単位　m^2）

$\Delta\,Troom\,(max)$　　当該室の内装仕上げの種類に応じ、それぞれ次の表に定める最大煙層上昇温度（単位　度）

	当該室の内装仕上げの種類	最大煙層上昇温度
(一)	壁（床面からの高さが1.2m以下の部分を除く。以下この表において同じ。）及び天井の室内に面する部分（回り縁、窓台その他これらに類する部分を除く。以下この表において同じ。）の仕上げを難燃材料でしたもの又は壁の室内に面する部分の仕上げを木材等でし、かつ、天井の室内に面する部分の仕上げを準不燃材料でしたもの	630
(二)	壁及び天井の室内に面する部分の仕上げを木材等でしたもの（(一)に掲げるものを除く。）	945

$Zroom$　　　　　居室煙層下端高さ（単位　m）

$t\,pass\,(room)$　　前号ロに規定する居室出口通過時間のうち最大のもの（単位　分）

$t\,escape\,(room)$　前号に規定する居室避難完了時間（単位　分）

$\rho\,r,room$　　　　次の式によって計算した居室避難完了時間が経過した時における当該居室の煙層密度（以下単に「当該居室の煙層密度」という。）（単位　kg/m^3）

$$\rho\,r,room = \frac{353}{\Delta\,Tr,room + 293}$$

> この式において、$\rho r,room$ 及び $\Delta Tr,room$ は、それぞれ次の数値を表すもの
> とする。
>
> $\rho r,room$　　当該居室の煙層密度（単位　kg/m³）
>
> $\Delta Tr,room$　当該居室の煙層上昇温度（単位　度）

$Aroom$　　　　当該居室の床面積（単位　m²）

$Hroom$　　　　当該居室の基準点から天井までの高さの平均（単位　m）

$h\,room$　　　　当該居室の床面の最も低い位置から基準点までの高さ（単位　m）

$Zphase1\,(room)$　次の式によって計算した火災発生後100秒間が経過した時における居
　　　　　　室煙層下端高さ（単位　m）

$$Zphase1\,(room) = max\left[\left\{\frac{26}{\rho\,r,roomAroom} + \frac{1}{(Hroom + h\,room)^{2/3}}\right\}^{-3/2} - h\,room,\,0\right]$$

> この式において、$Zphase1\,(room)$、$\rho\,r,room$、$Aroom$、$Hroom$ 及び $h\,room$ は、
> それぞれ次の数値を表すものとする。
>
> $Zphase1\,(room)$　火災発生後100秒間が経過した時における居室煙層下端高さ
> 　　　　　　　　（単位　m）
>
> $\rho\,r,room$　　　当該居室の煙層密度（単位　kg/m³）
>
> $Aroom$　　　　当該居室の床面積（単位　m²）
>
> $Hroom$　　　　当該居室の基準点から天井までの高さの平均（単位　m）
>
> $h\,room$　　　　当該居室の床面の最も低い位置から基準点までの高さ（単位
> 　　　　　　　　m）

$Vs(r,room)$　次の式によって計算した当該居室の煙等発生量（単位　m³/分）

$$Vs(r,room) = \frac{4.2\left(\dfrac{Qr,room}{3}\right)^{1/3}\{(Zphase1\,(room) + h\,room)^{5/3} + (h\,room + 1.8)^{5/3}\}}{\rho\,r,room}$$

> この式において、$Vs(r,room)$、$Qr,room$、$Zphase1\,(room)$、$h\,room$ 及び
> $\rho\,r,room$ は、それぞれ次の数値を表すものとする。
>
> $Vs(r,room)$　　当該居室の煙等発生量（単位　m³/分）
>
> $Qr,room$　　　当該居室における1秒間当たりの発熱量（単位　kW）
>
> $Zphase1\,(room)$　火災発生後100秒間が経過した時における居室煙層下端高さ
> 　　　　　　　　（単位　m）
>
> $h\,room$　　　　当該居室の床面の最も低い位置から基準点までの高さ（単位
> 　　　　　　　　m）
>
> $\rho\,r,room$　　　当該居室の煙層密度（単位　kg/m³）

$Ve(r,room)$　次の式によって計算した当該居室の有効排煙量（単位　m³/分）

$$Ve(r,room) = min\,(1.5Aroom^{-0.15},\,0.8) \times \left(\frac{\overline{Hst}\,(room) - 1.8}{Htop\,(room) - 1.8}\right)Er,room$$

> この式において、$Ve(r,room)$、$Aroom$、$\overline{Hst}\,(room)$、$Htop\,(room)$ 及 び
> $Er,room$ は、それぞれ次の数値を表すものとする。
>
> $Ve(r,room)$　　当該居室の有効排煙量（単位　m³/分）

$A room$　　　　当該居室の床面積（単位　m²）

$\overline{Hst(room)}$　　当該居室の基準点から当該居室に設けられた各有効開口部（壁又は天井に設けられた開口部の床面からの高さが1.8m以上の部分をいう。以下同じ。）の上端までの高さの平均（単位　m）

$Htop(room)$　　当該居室の基準点から天井までの高さのうち最大のもの（単位　m）

$Er,room$　　　当該居室に設けられた有効開口部の種類に応じ、それぞれ次の表に掲げる式によって計算した当該居室に設けられた各有効開口部及び当該有効開口部の開放に伴い開放される当該居室に設けられた他の有効開口部のうち当該有効開口部からの距離が30m以内であるもの（以下この号において「他の有効開口部」という。）の排煙量の合計のうち最小のもの（当該居室に設けられた有効開口部の種類が同表㈡に掲げるものである場合にあっては、当該居室に設けられた各有効開口部及び他の有効開口部の排煙量の合計のうち最小のもの又は当該居室に設けられた給気口（当該居室に設けられた有効開口部の開放に伴い開放され又は常時開放状態にある給気口に限る。）の開口面積の合計に550を乗じたもののうち、いずれか小さい数値）（単位　m³/分）

	当該居室に設けられた 有効開口部の種類	当該居室に設けられた 各有効開口部の排煙量
㈠	有効開口部を排煙口とした場合に、当該居室に設けられた排煙設備が令第126条の3第1項第二号、第三号（排煙口の壁における位置に係る部分を除く。）、第四号から第六号まで及び第十号から第十二号までの規定（以下「自然排煙関係規定」という。）に適合し、かつ、当該居室の壁の床面からの高さが1.8m以下の部分に排煙口の開放に連動して自動的に開放され又は常時開放状態にある給気口が設けられたもの（当該居室に設けられた当該排煙設備以外の排煙設備が同項第二号、第三号（排煙口の壁における位置に係る部分を除く。）、第四号から第	$er,room =$ $$186\left(\frac{1.205-\rho\,r,room}{\rho\,r,room}\right)^{1/2}\times$$ $$max\left\{\frac{As(room)\sqrt{h\,s(room)}}{4},\right.$$ $$\left.\frac{As(room)\sqrt{Hc(room)-1.8}}{\sqrt{1+\left(\frac{A's(room)}{Aa(room)}\right)^2}}\right\}$$

<table>
<tr><td></td><td></td><td colspan="2">七号まで、第八号(排煙口の開口面積に係る部分を除く。)、第九号(空気を排出する能力に係る部分を除く。)及び第十号から第十二号までの規定(以下「機械排煙関係規定」という。)に適合する場合を除く。)</td></tr>
<tr><td></td><td>(二)</td><td>有効開口部を排煙口とした場合に、当該居室に設けられた排煙設備が機械排煙関係規定に適合し、かつ、当該居室の壁の床面からの高さが1.8m以下の部分に排煙口の開放に連動して自動的に開放され又は常時開放状態にある給気口が設けられたもの(当該居室に設けられた当該排煙設備以外の排煙設備が自然排煙関係規定に適合する場合を除く。)</td><td>$e\,r,room = min\left\{w\,room,\ 3.7\times 10^4\dfrac{\Delta Tr,room}{\rho\,r,room\,(\Delta Tr,room + 293)^2}(Hc(room) - 1.8)\,w\,room^{3/5}\right\}$</td></tr>
<tr><td></td><td>(三)</td><td>その他の有効開口部</td><td>$e\,r,room = 0$</td></tr>
</table>

この表において、$e\,r,room$、$\rho\,r,room$、$As(room)$、$h\,s(room)$、$Hc(room)$、$A's(room)$、$Aa(room)$、$w\,room$ 及び $\Delta Tr,room$ は、それぞれ次の数値を表すものとする。

$e\,r,room$　　当該居室に設けられた各有効開口部の排煙量（単位　m^3/分）

$\rho\,r,room$　　当該居室の煙層密度（単位　kg/m^3）

$As(room)$　　当該有効開口部の開口面積（単位　m^2）

$h\,s(room)$　　当該有効開口部の上端と下端の垂直距離（単位　m）

$Hc(room)$　　当該居室の基準点から当該有効開口部の中心までの高さ（単位　m）

$A's(room)$　　当該有効開口部及び他の有効開口部の開口面積の合計（単位　m^2）

$Aa(room)$　　当該居室に設けられた給気口（当該有効開口部の開放に伴い開放され又は常時開放状態にある給気口に限る。）の開口面積の合計（単位　m^2）

$w\,room$　　当該有効開口部の排煙機の空気を排出することができる能力（単位　m^3/分）

$\Delta Tr, room$　　当該居室の煙層上昇温度（単位　度）

三　令第129条第3項第二号ロに規定する避難上支障のある高さは、1.8mとする。

四　令第129条第3項第二号に規定する方法を用いる場合における同項第一号ニに規定する階に存する者の全てが当該火災室で火災が発生してから当該階からの避難を終了するまでに要する時間（以下「階避難完了時間」という。）は、次に掲げる時間を合計して計算するものとする。

イ　当該階の各室及び当該階を通らなければ避難することができない建築物の部分（以下「当該階の各室等」という。）の用途に応じ、それぞれ次の表に掲げる式によって計算した火災が発生してから階に存する者が避難を開始するまでに要する時間（以下「階避難開始時間」という。）（単位　分）

当該階の各室等の用途	階避難開始時間
病院、診療所（患者の収容施設があるものに限る。）又は児童福祉施設等（通所のみにより利用されるものを除く。）	$t\,start(floor) = min\left(5 \times 10^{-3} Lwall(floor)^{6/5}, \dfrac{2 \times 10^{-3}\,Lwall(floor)^{6/5}}{\alpha\,floor^{1/5}} + t_0(floor)\right)$
共同住宅、ホテルその他これらに類する用途（病院、診療所及び児童福祉施設等を除く。）	$t\,start(floor) = min\left(5 \times 10^{-3} Lwall(floor)^{6/5}, \dfrac{2 \times 10^{-3}\,Lwall(floor)^{6/5}}{\alpha\,floor^{1/5}} + t_0(floor)\right) + 5$
その他の用途	$t\,start(floor) = min\left(5 \times 10^{-3} Lwall(floor)^{6/5}, \dfrac{2 \times 10^{-3}\,Lwall(floor)^{6/5}}{\alpha\,floor^{1/5}} + t_0(floor)\right) + 3$

この表において、$t\,start(floor)$、$Lwall(floor)$、$\alpha\,floor$ 及び $t_0(floor)$ は、それぞれ次の数値を表すものとする。

$t\,start(floor)$　　階避難開始時間（単位　分）

$Lwall(floor)$　　当該火災室の周長（単位　m）

$\alpha\,floor$　　　　次の式によって計算した当該火災室又は当該火災室に隣接する室（当該火災室と準耐火構造の壁若しくは準不燃材料で造り、若しくは覆われた壁又は10分間防火設備で区画されたものを除く。以下同じ。）の火災成長率のうち最大のもの（以下「火災室火災成長率」という。）

$\alpha\,floor,i = max\{5.8 \times 10^{-4}\,(0.26q\,l^{1/3} - \varphi\,sp)\,q\,l^{2/3},\ 0.0125\} \times k\,m$

この式において、$\alpha\,floor,i$、$q\,l$、$\varphi\,sp$ 及び $k\,m$ は、それぞれ次の数値を表すものとする。

$\alpha\,floor,i$　　当該火災室又は当該火災室に隣接する室の火災成長率

$q\,l$　　　　　第一号イに規定する積載可燃物の1m²当たりの発熱量（単位　MJ/m²）

$\varphi\,sp$　　当該室の種類に応じ、それぞれ次の表に定める燃焼表面積低減率

当該室の種類	燃焼表面積低減率
天井の高さが3.5m以下であり、かつ、天井の室内に面する部分（回り縁、窓台その他これらに類する部分を除く。）の仕上げを準不燃材料でした室（スプリンクラー設備（水源として、水道の用に供する水管を当該スプリンクラー設備に連結したものを除く。以下同じ。）、水噴霧消火設備、泡消火設備その他これらに類するもので自動式のもの（以下「スプリンクラー設備等」という。）が設けられたものに限る。）	0.5
その他の室	0

$k\,m$　　第一号イに規定する内装燃焼係数

$t_0(floor)$　　次の式によって計算した当該火災室の燃焼拡大補正時間（単位　分）

$$t_0(floor)=\frac{100-\left(\dfrac{100}{\alpha\,floor}\right)^{1/2}}{60}$$

この式において、$t_0(floor)$ 及び $\alpha\,floor$ は、それぞれ次の数値を表すものとする。

　　$t_0(floor)$　　当該火災室の燃焼拡大補正時間（単位　分）

　　$\alpha\,floor$　　火災室火災成長率

ロ　当該階の各室等の各部分から直通階段（当該階が避難階以外の階で病院、診療所（患者の収容施設を有するものに限る。）又は児童福祉施設等（通所のみにより利用されるものを除く。）の用に供するものである場合にあっては、令第123条第3項第一号から第十一号までに定める構造とした直通階段に限り、当該階が避難階である場合にあっては地上とする。以下このロにおいて同じ。）に至る各経路（避難の用に供するものであって、当該経路上にある各出口の幅が60cm以上であるものに限り、当該室が当該火災室又は当該火災室（居室であるものに限る。）を通らなければ避難することができない部分である場合以外の場合にあっては、当該火災室を経由するものを除く。以下このロにおいて「避難経路」という。）ごとに、当該階の各室等の用途、当該階の種類、当該直通階段の種類及び階出口滞留時間に応じ、それぞれ次の表に掲げる式によって計算した階に存する者が当該階の各室等の各部分から当該階から直通階段への出口（幅が60cm未満であるものを除く。以下同じ。）の一に達し、当該出口を通過するために要する時間（以下「階出口通過時間」という。）のうち最大のもの（単位　分）

当該階の各室等の用途	当該階の種類	当該直通階段の種類	階出口滞留時間	階出口通過時間
病院、診療所（患者の収容施設があるものに限る。）又は児童福祉施設等（通所のみにより利用されるものを除く。）	避難階	－	－	$t\,pass\,(floor),i=$ $\sum \dfrac{l\,floor}{v\,crowd}$
	避難階以外の階（当該階に設けられた直通階段の階段室と屋内とを連絡するバルコニー又は付室の床面積（バルコニーで床面積がないものにあっては、床部分の面積）の合計が当該階にあるベッドの数に4を乗じた数値以上であるものに限る。）	－	－	$t\,pass\,(floor),i=$ $\sum \dfrac{l\,floor}{v\,crowd}$
その他の用途	避難階	－	$t\,crowd$ $(floor)\leqq$ 3 である場合	$t\,pass\,(floor),i=$ $max\left(\sum\dfrac{l\,floor}{v\,crowd},\right.$ $\left.t\,crowd\,(floor)\right)$
		－	$t\,crowd$ $(floor)>$ 3 である場合	$t\,pass\,(floor),i=$ $max\left(\sum\dfrac{l\,floor}{v\,crowd},\right.$ $t\,crowd\,(floor)\big)$ $+3\times max\,(1,\ N'-2)$
		屋内と階段室とが付室を通じて連絡しており、かつ、屋内と付室とが準耐火構造の壁又は法第2条第九号の二ロに規定する防火設備（令第	$t\,crowd$ $(floor)\leqq$ 6 である場合	$t\,pass\,(floor),i=$ $max\left(\sum\dfrac{l\,floor}{v\,crowd},\right.$ $\left.t\,crowd\,(floor)\right)$
			$t\,crowd$	$t\,pass\,(floor),i=$ $max\left(\sum\dfrac{l\,floor}{v\,crowd},\right.$

避難階以外の階	112条第19項第二号に規定する構造であるものに限る。）で区画された直通階段	$(floor) > 6$ である場合	$t\,crowd\,(floor)\big) + 3 \times max\,(1,\ N'-2)$
	その他の直通階段	$t\,crowd\,(floor) \leqq 3$ である場合	$t\,pass\,(floor),i = max\left(\sum \dfrac{l\,floor}{v\,crowd},\ t\,crowd\,(floor)\right)$
		$t\,crowd\,(floor) > 3$ である場合	$t\,pass\,(floor),i = max\left(\sum \dfrac{l\,floor}{v\,crowd},\ t\,crowd\,(floor)\right) + 3 \times max\,(1,\ N'-2)$

　この表において、$t\,pass\,(floor),i$、$l\,floor$、$v\,crowd$、$t\,crowd\,(floor)$ 及び N' は、それぞれ次の数値を表すものとする。

$t\,pass\,(floor),i$　　階出口通過時間（単位　分）

$l\,floor$　　　　　当該階の各室等の各部分から当該避難経路上にある当該階から直通階段への出口の一に至る歩行距離（単位　m）

$v\,crowd$　　　　　第一号ロに規定する滞留時歩行速度（単位　m/分）

$t\,crowd\,(floor)$　当該階の各室等の用途及び当該避難経路上にある当該階から直通階段への出口の幅の合計に応じ、それぞれ次の表に掲げる式によって計算した階出口滞留時間（単位　分）

当該階の各室等の用途	当該避難経路上にある当該階から直通階段への出口の幅の合計	階出口滞留時間
児童福祉施設等（通所のみにより利用されるものに限る。）	$90\,Bfloor \leqq Rst\,(floor)$ である場合	$t\,crowd\,(floor) = \dfrac{Pfloor}{45\,Bfloor}$
	$90\,Bfloor > Rst\,(floor)$ である場合	$t\,crowd\,(floor) = \dfrac{Pfloor}{0.5\,Rst\,(floor)}$
その他の用途	$90\,Bfloor \leqq Rst\,(floor)$ である場合	$t\,crowd\,(floor) = \dfrac{Pfloor}{90\,Bfloor}$
	$90\,Bfloor > Rst\,(floor)$ である場合	$t\,crowd\,(floor) = \dfrac{Pfloor}{Rst\,(floor)}$

この表において、$Bfloor$、$Rst(floor)$、$t\,crowd(floor)$ 及び $Pfloor$ は、それぞれ次の数値を表すものとする。

$Bfloor$　　当該避難経路上にある当該階から直通階段への出口の幅の合計（単位　m）

$Rst(floor)$　　次の式によって計算した当該避難経路上の直通階段の有効流動量（単位　人/分）

$$Rst(floor) = Dst(floor)\,Nst(floor)$$

この式において、$Rst(floor)$、$Dst(floor)$ 及び $Nst(floor)$ は、それぞれ次の数値を表すものとする。

$Rst(floor)$　　当該避難経路上の直通階段の有効流動量（単位　人/分）

$Dst(floor)$　　当該直通階段の幅（単位　m）

$Nst(floor)$　　当該直通階段の種類、避難の方向及び当該直通階段の幅に応じ、それぞれ次の表に掲げる式によって計算した当該直通階段の流動係数（単位　人/（分・m））

当該直通階段の種類	避難の方向	当該直通階段の幅	当該直通階段の流動係数
屋内と階段室とが付室を通じて連絡しており、かつ、屋内と付室とが準耐火構造の壁若しくは不燃材料で造り、若しくは覆われた壁又は法第2条第九号の二ロに規定する防火設備で令第112条第19項第二号に規定する構	下り	$Dlanding$ $(floor) <$ $Dst(floor)$ である場合	$Nst(floor) = min\left\{72 - 48\left(1 - \dfrac{Dlanding(floor)}{Dst(floor)}\right), \ 90\dfrac{Dlanding(floor)}{Dst(floor)}\right\}$
		$Dlanding$ $(floor) \geqq$ $Dst(floor)$ である場合	$Nst(floor) = 72$
	上り	$Dlanding$ $(floor) <$ $Dst(floor)$ である場合	$Nst(floor) = min\left\{60 - 36\left(1 - \dfrac{Dlanding(floor)}{Dst(floor)}\right), \ 90\dfrac{Dlanding(floor)}{Dst(floor)}\right\}$
		$Dlanding$ $(floor) \geqq$	

造であるもので区画された直通階段		$Dst\,(floor)$ である場合	$Nst\,(floor) = 60$
その他の直通階段	下り	$Dlanding\,(floor) < Dst\,(floor)$ である場合	$Nst\,(floor) = min\left\{72 - 48\left(1 - \dfrac{Dlanding\,(floor)}{Dst\,(floor)}\right), 90\dfrac{Dlanding\,(floor)}{Dst\,(floor)}\right\} \times 0.5^{\,max\,(N'-2.0)}$
		$Dlanding\,(floor) \geqq Dst\,(floor)$ である場合	$Nst\,(floor) = 72 \times 0.5^{\,max\,(N'-2.0)}$
	上り	$Dlanding\,(floor) < Dst\,(floor)$ である場合	$Nst\,(floor) = min\left\{60 - 36\left(1 - \dfrac{Dlanding\,(floor)}{Dst\,(floor)}\right), 90\dfrac{Dlanding\,(floor)}{Dst\,(floor)}\right\} \times 0.5^{\,max\,(N'-2.0)}$
		$Dlanding\,(floor) \geqq Dst\,(floor)$ である場合	$Nst\,(floor) = 60 \times 0.5^{\,max\,(N'-2.0)}$

この表において、$Dlanding\,(floor)$、$Dst\,(floor)$、$Nst\,(floor)$ 及び N' は、それぞれ次の数値を表すものとする。

$Dlanding\,(floor)$	当該直通階段の踊り場の幅（単位　m）
$Dst\,(floor)$	当該直通階段の幅（単位　m）
$Nst\,(floor)$	当該直通階段の流動係数（単位　人／（分・m））
N'	当該建築物の階数

$t\,crowd\,(floor)$　　階出口滞留時間（単位　分）

$Pfloor$　　　　　次の式によって計算した当該階に存する者のうち当該避難経路上にある当該階から直通階段への出口を通って避難する者の数（単位　人）

$$Pfloor = \sum p \, Aarea\,(floor) \times \left(\frac{Bfloor}{Bload\,(floor)} \right)$$

この式において、$Pfloor$、p、$Aarea\,(floor)$、$Bfloor$ 及び $Bload\,(floor)$ は、それぞれ次の数値を表すものとする。

$Pfloor$　　　当該階に存する者のうち当該避難経路上にある当該階から直通階段への出口を通って避難する者の数（単位　人）

p　　　　　第一号ロに規定する在館者密度（単位　人/m²）

$Aarea\,(floor)$　当該階の各室等の各部分の床面積（単位　m²）

$Bfloor$　　　当該避難経路上にある当該階から直通階段への出口の幅の合計（単位　m）

$Bload\,(floor)$　当該階から直通階段への出口の幅の合計（単位　m）

N'　当該建築物の階数

五　令第129条第3項第二号ハに規定する同項第一号ニの規定によって計算した階避難完了時間が経過した時における当該火災室において発生した火災により生じた煙等の当該階の各居室（当該火災室を除く。以下この号において同じ。）及び当該居室から直通階段（当該居室が避難階に存する場合にあっては地上）に通ずる主たる廊下その他の建築物の部分における高さ（当該室の基準点から煙等の下端の位置までの高さとする。）は、次のイからハまでに掲げる建築物の部分の区分に応じ、それぞれ当該イからハまでに定める数値とする。

イ　当該火災室に面する部分（当該火災室（居室であるものに限る。）を通らなければ避難することができない部分及びハに掲げる部分を除く。以下「火災室隣接部分」という。）階避難完了時間、階避難完了時間が経過した時における当該火災室隣接部分の煙層上昇温度（以下単に「火災室隣接部分の煙層上昇温度」という。）及び当該火災室における漏煙開始時間に応じ、それぞれ次の表に掲げる式によって計算した数値（以下「火災室隣接部分の煙層下端高さ」という。）（単位　m）

階避難完了時間	火災室隣接部分の煙層上昇温度	当該火災室における漏煙開始時間	火災室隣接部分の煙層下端高さ
$t\,escape\,(floor)$ >10である場合	−		$Zfloor = 0$
	$\Delta Tf.floor$ >180である場合	−	$Zfloor = 0$
	$\Delta Tf.floor \leq \sqrt{\dfrac{500}{3\,t\,pass\,(floor)}}$ である場合	−	$Zfloor = 1.8$

| $t\,escape\,(floor)$ ≦10 である場合 | $\Delta Tf.floor$ ≦180 である場合 | $\Delta Tf.floor >$ $\sqrt{\dfrac{500}{3\,t\,pass\,(floor)}}$ である場合 | $t\,escape$ $(floor)$ ≦ $t\,d\,(room)$ である場合 | $Zfloor = Hfloor$ |
| | | | $t\,escape$ $(floor)$ > $t\,d\,(room)$ である場合 | $Zfloor = max\left[Hfloor - \dfrac{max\,(Vs\,(f.floor)-Ve\,(f.floor),\ 0.01)\times Afloor}{(t\,escape\,(floor)-t\,d\,(room))},\,0\right]$ |

この表において、$t\,escape\,(floor)$、$Zfloor$、$\Delta Tf.floor$、$t\,pass\,(floor)$、$t\,d\,(room)$、$Hfloor$、$Vs\,(f.floor)$、$Ve\,(f.floor)$ 及び $Afloor$ は、それぞれ次の数値を表すものとする。

$t\,escape\,(floor)$　　前号に規定する階避難完了時間（単位　分）

$Zfloor$　　　　　　　火災室隣接部分の煙層下端高さ（単位　m）

$\Delta Tf.floor$　　　　　次の式によって計算した火災室隣接部分の煙層上昇温度（単位　度）

$$\Delta Tf.floor = \frac{Qf.floor}{0.37\,Qf.floor^{1/3} + 0.015\,Aw\,(floor)}$$

この式において、$\Delta Tf.floor$、$Qf.floor$ 及び $Aw\,(floor)$ は、それぞれ次の数値を表すものとする。

　$\Delta Tf.floor$　火災室隣接部分の煙層上昇温度（単位　度）

　$Qf.floor$　　　次の式によって計算した当該火災室からの噴出熱気流の運搬熱量（単位　kW）

$$Qf.floor = max\left\{m\,d - \frac{0.005\,\rho\,f.room\,Ef.room \times min\,(\sum Cd\,Ad\,A\alpha\,(floor,r))}{min\,(\sum Cd\,Ad,\,A\alpha\,(floor,r)) + A\alpha\,(f.room)},\,0\right\}$$

$$\times \Delta Tf.room$$

この式において、$Qf.floor$、$m\,d$、$\rho\,f.room$、$Ef.room$、Cd、Ad、$A\alpha\,(floor,r)$、$A\alpha\,(f.room)$ 及び $\Delta Tf.room$ は、それぞれ次の数値を表すものとする。

　　$Qf.floor$　　当該火災室からの噴出熱気流の運搬熱量（単位　kW）

　　$m\,d$　　　　次に掲げる式によって計算した当該火災室からの噴出熱気流の質量流量（単位　kg/秒）

$$m\,d = 0.5\,Hd\,(max)^{1/2}\sum Cd\,Ad + 0.5\sum Cw\,Bw\,Hw^{3/2}$$

この式において、*m d*、*Hd(max)*、*Cd*、*Ad*、*Cw*、*Bw* 及び *Hw* は、それぞれ次の数値を表すものとする。

m d　　　当該火災室からの噴出熱気流の質量流量（単位　kg/秒）

Hd(max)　当該火災室の当該火災室隣接部分に面する壁に設けられた各開口部の下端のうち最も低い位置から当該各開口部の上端のうち最も高い位置までの高さ（単位　m）

Cd　　　当該火災室の当該火災室隣接部分に面する壁に設けられた開口部の種類に応じ、それぞれ次の表に定める当該火災室の当該火災室隣接部分に面する壁に設けられた開口部の開口率

当該火災室の当該火災室隣接部分に面する壁に設けられた開口部の種類		当該火災室の当該火災室隣接部分に面する壁に設けられた開口部の開口率
法第2条第九号のニロに規定する防火設備が設けられたもの	令第112条第19項第一号に規定する構造である防火設備（同項第二号に規定する構造であるものを除く。）が設けられたもの	0.01
	令第112条第19項第二号に規定する構造である防火設備が設けられたもの	0.001
10分間防火設備（法第2条第九号のニロに規定する防火設備を除き、令第112条第	昭和48年建設省告示第2564号第一号ロに定める構造方	

19項第二号に規定する構造であるものに限る。）が設けられたもの（当該火災室の壁（床面からの高さが1.2m以下の部分を除く。）及び天井の室内に面する部分(回り縁、窓台その他これらに類する部分を除く。)の仕上げを木材等でしたものにあっては、当該火災室にスプリンクラー設備等が設けられている場合に限る。）	法を用いる構造である防火設備（同告示別記に規定する遮煙性能試験に合格したものに限る。）が設けられたもの	0.001
	その他のもの	0.01
その他のもの		1.0

Ad　当該火災室の当該火災室隣接部分に面する壁に設けられた開口部の開口面積（単位　m²）

Cw　当該火災室の内装仕上げの種類及び当該火災室隣接部分に面する壁の種類に応じ、それぞれ次の表に定める当該火災室の当該火災室隣接部分に面する壁の開口率

当該火災室の内装仕上げの種類	当該火災室の当該火災室隣接部分に面する壁の種類	当該火災室の当該火災室隣接部分に面する壁の開口率
壁（床面からの高さが1.2m以下の部分を除く。）及び天井の室内に面する部分（回り縁、窓台その他これらに類する部分を除く。）の仕上げを木材等で	準耐火構造の壁又は不燃材料で造り、若しくは覆われた壁（以下この表において「準耐火構造の壁等」という。）	0
	その他の壁	1.0

したもの			
	準耐火構造の壁等		0
	準不燃材料で造り、又は覆われた壁（準耐火構造の壁等を除く。）		0
その他のもの	難燃材料（準不燃材料を除く。）で造り、又は覆われた壁（準耐火構造の壁等を除く。）	t escape (floor) ≦ 5である場合	0
		t escape (floor) > 5である場合	1.0
	その他の壁		1.0

この表において、*t escape (floor)* は前号に規定する階避難完了時間（単位　分）を表すものとする。

Bw 当該火災室の当該火災室隣接部分に面する壁の幅（単位　m）

Hw 当該火災室の当該火災室隣接部分に面する壁の高さ（単位　m）

ρf, room 次の式によって計算した階避難完了時間が経過した時における当該火災室の煙層密度（以下単に「当該火災室の煙層密度」という。）（単位　kg/m³）

$$\rho f, room = \frac{353}{\Delta Tf, room + 293}$$

この式において、ρf, room 及び ΔTf, room は、それぞれ次の数値を表すものとする。

ρf, room 当該火災室の煙層密度（単位　kg/m³）

ΔTf, room 階避難完了時間に応じ、それぞれ次の表に掲げる式によって計算した階避難完了時間が経過した時における当該火災室の煙層上昇温度（以下単に「当該火災室の煙層上昇温度」という。）（単位　度）

階避難完了時間	当該火災室の煙層上昇温度
$t\,escape\,(floor)$ $\leqq t\,m\,(floor)$ で ある場合	$\Delta Tf, room = min$ $\left[\dfrac{Qf, room}{0.04\,Qf, room^{1/3}\,Hroom^{5/3}} \\ +0.015\,Aw\,(f, room)+ \\ 0.34\,m\,sp\,Hroom\,,\right.$ $\left.\Delta Troom\,(max)\right]$
$t\,escape\,(floor)$ $> t\,m\,(floor)$ で ある場合	$\Delta Tf, room = \Delta Troom\,(max)$

　この表において、$t\,escape\,(floor)$、$t\,m\,(floor)$、$\Delta Tf, room$、$Qf, room$、$Hroom$、$Aw\,(f, room)$、$m\,sp$ 及び $\Delta Troom\,(max)$ は、それぞれ次の数値を表すものとする。

　$t\,escape\,(floor)$　前号に規定する階避難完了時間（単位　分）

　$t\,m\,(floor)$　　当該火災室又は当該火災室に隣接する室の内装仕上げの種類に応じ、それぞれ次の表に掲げる式によって計算した当該火災室又は当該火災室に隣接する室の燃焼抑制時間のうち最小のもの（以下「火災室燃焼抑制時間」という。）（単位　分）

	当該火災室又は当該火災室に隣接する室の内装仕上げの種類	当該火災室又は当該火災室に隣接する室の燃焼抑制時間
(一)	壁（床面からの高さが1.2m以下の部分を除く。以下この表におい	

897

		て同じ。）及び天井の室内に面する部分（回り縁、窓台その他これらに類する部分を除く。以下この表において同じ。）の仕上げを不燃材料でしたもの	$t\,m\,(floor),i=20$
	(二)	壁及び天井の室内に面する部分の仕上げを準不燃材料でしたもの（(一)に掲げるものを除く。）	$t\,m\,(floor),i=10$
	(三)	壁及び天井の室内に面する部分の仕上げを難燃材料でしたもの又は壁の室内に面する部分の仕上げを木材等でし、かつ、天井の室内に面する部分の仕上げを準不燃材料でしたもの（(一)及び	$t\,m\,(floor),i=5$

		（二）に掲げるものを除く。）	
（四）	壁及び天井の室内に面する部分の仕上げを木材等でしたもの（（一）から（三）までに掲げるものを除く。）	$t_{m(floor),i} = min\left\{t_{0(floor)} + \dfrac{1}{60}\left(\dfrac{18 H_{floor(min)}{}^{5/2}}{\alpha_{floor,i}}\right)^{1/2}, 2\right\}$

この表において、$t_{m(floor),i}$、$t_{0(floor)}$、$H_{floor(min)}$ 及び $\alpha_{floor,i}$ は、それぞれ次の数値を表すものとする。

$t_{m(floor),i}$　　当該火災室又は当該火災室に隣接する室の燃焼抑制時間（単位　分）

$t_{0(floor)}$　　前号イに規定する当該火災室の燃焼拡大補正時間（単位　分）

$H_{floor(min)}$　　当該室の基準点から天井の最も低い位置までの高さ（単位　m）

$\alpha_{floor,i}$　　前号イに規定する当該火災室又は当該火災室に隣接する室の火災成長率

$\Delta T_{f,room}$　　当該火災室の煙層上昇温度（単位　度）

$Q_{f,room}$　　階避難完了時間に応じ、それぞれ次の表に掲げる式によって計算した当該火災室における1秒間当たりの発熱量（単位　kW）

階避難完了時間	当該火災室における1秒間当たりの発熱量
$t_{escape(floor)} \leqq \dfrac{5}{3}$	$Q_{f,room} = 0.01\,(60\,t_{escape(floor)})^2$

899

である場合	
$t\,escape$ $(floor) > \dfrac{5}{3}$ である場合	$Qf,room =$ $\alpha\,floor\,(60\,t\,escape\,(floor) -$ $60\,t_0\,(floor))^2$

　この表において、$t\,escape\,(floor)$、$Qf,room$、$\alpha\,floor$ 及び $t_0\,(floor)$ は、それぞれ次の数値を表すものとする。

$t\,escape\,(floor)$　前号に規定する階避難完了時間（単位　分）

$Qf,room$　　　　当該火災室における1秒間当たりの発熱量（単位　kW）

$\alpha\,floor$　　　　前号イに規定する火災室火災成長率

$t_0\,(floor)$　　　前号イに規定する当該火災室の燃焼拡大補正時間（単位　分）

$Hroom$　　　当該火災室の基準点から天井までの高さの平均（単位　m）

$Aw\,(f,room)$　当該火災室の壁（基準点からの高さが天井の高さの $\dfrac{1}{2}$ 以下の部分を除く。）及び天井の室内に面する部分の表面積（単位　m²）

$m\,sp$　　　　当該火災室のスプリンクラー設備等（スプリンクラー設備又は水噴霧消火設備で自動式のものに限る。以下このイにおいて同じ。）の設置の状況に応じ、それぞれ次の表に定めるスプリンクラー設備等の1秒間当たりの有効散水量（単位　kg/秒）

当該火災室のスプリンクラー設備等の設置の状況	スプリンクラー設備等の1秒間当たりの有効散水量
スプリンクラー設備等が設けられている場合	2.7
その他の場合	0

$\Delta Troom\,(max)$　第二号に規定する最大煙層上昇温度（単位　度）

$Ef,room$　当該火災室に設けられた限界煙層高さ有効開口部（壁又は天井に設けられた開口部の床面からの高さが限界煙層高さ（令和2年国土交通省告示第510号第四号に規定する限界煙層高さをいう。以下同じ。）以上の部分をいう。以下同じ。）の種類に応じ、それぞれ次の表に掲げる式によって計算した当該火災室に設けられた各限界煙層高さ有効開口部及び当該限界煙層高さ有効開口部の開放に伴い開放される当該火災室に設けられた他の限界煙層高さ有効開口部のうち当該限界煙層高さ有効開口部からの距離が30m以内であるもの（以下「他の限界煙層高さ有効開口部」という。）の排煙量の合計のうち最小のもの（当該火災室に設けられた限界煙層高さ有効開口部の種類が同表㈡に掲げるものである場合にあっては、当該火災室に設けられた各限界煙層高さ有効開口部及び他の限界煙層高さ有効開口部の排煙量の合計のうち最小のもの又は当該火災室に設けられた給気口（当該火災室に設けられた限界煙層高さ有効開口部の開放に伴い開放され又は常時開放状態にある給気口に限る。）の開口面積の合計に550を乗じたもののうち、いずれか小さい数値。以下「当該火災室の排煙量」という。）（単位　m³/分）

	当該火災室に設けられた限界煙層高さ有効開口部の種類	当該火災室に設けられた各限界煙層高さ有効開口部の排煙量
㈠	限界煙層高さ有効開口部を排煙口とした場合に、当該火災室に設けられた排煙設備が自然排煙関係規定に適合し、かつ、当該火災室の壁の床面からの高さが限界煙層高さ以下の部分に排煙口の開放に連動して自動的	$ef,room =$ $186\left(\dfrac{1.205 - \rho f,room}{\rho f,room}\right)^{1/2} \times$ $max\left\{\dfrac{As\,(f,room)\sqrt{h\,s\,(f,room)}}{4},\right.$ $\left.\dfrac{As\,(f,room)\sqrt{Hc\,(f,room) - Hlim}}{\sqrt{1+\left(\dfrac{A's\,(f,room)}{A\alpha\,(f,room)}\right)^2}}\right\}$

に開放され又は常時開放状態にある給気口が設けられたもの(当該火災室に設けられた当該排煙設備以外の排煙設備が機械排煙関係規定に適合する場合を除く。)

(二) 限界煙層高さ有効開口部を排煙口とした場合に、当該火災室に設けられた排煙設備が機械排煙関係規定に適合し、かつ、当該火災室の壁の床面からの高さが限界煙層高さ以下の部分に排煙口の開放に連動して自動的に開放され又は常時開放状態にある給気口が設けられたもの(当該火災室の煙層上昇温度が260度以上である場合にあっては、排煙口が、厚さが1.5mm以上の鉄板又は鋼板で造り、かつ、厚さが25mm以上のロックウールで覆われた風道に直結するものに限る。)(当該火災室に設けられた当該排煙設備以外の排煙設備が自然排煙関係

$$ef,room = min\left\{wf,room,\ 3.7\times 10^4\ \frac{\Delta Tf,room}{\rho f,room\,(\Delta Tf,room+293)^2}\ (Hc(f,room)-Hlim)\ wf,room^{3/5}\right\}$$

	規定に適合する場合を除く。）	
（三）	その他の限界煙層高さ有効開口部	$e f, room = 0$

　この表において、$e f, room$、$\rho f, room$、$As (f, room)$、$h s$ $(f, room)$、$Hc (f, room)$、$Hlim$、$A's (f, room)$、$A\alpha (f, room)'$、$w f, room$ 及び $\Delta Tf, room$ は、それぞれ次の数値を表すものとする。

$e f, room$　　　当該火災室に設けられた各限界煙層高さ有効開口部の排煙量（単位　m³/分）

$\rho f, room$　　　当該火災室の煙層密度（単位　kg/m³）

$As (f, room)$　　当該限界煙層高さ有効開口部の開口面積（単位　m²）

$h s (f, room)$　　当該限界煙層高さ有効開口部の上端と下端の垂直距離（単位　m）

$Hc (f, room)$　　当該火災室の基準点から当該限界煙層高さ有効開口部の中心までの高さ（単位　m）

$Hlim$　　　　限界煙層高さ（単位　m）

$A's (f, room)$　　当該限界煙層高さ有効開口部及び他の限界煙層高さ有効開口部の開口面積の合計（単位　m²）

$A\alpha (f, room)'$　　当該火災室に設けられた給気口（当該限界煙層高さ有効開口部の開放に伴い開放され又は常時開放状態にある給気口に限る。）の開口面積の合計（単位　m²）

$w f, room$　　　当該限界煙層高さ有効開口部の排煙機の空気を排出することができる能力（単位　m³/分）

$\Delta Tf, room$　　当該火災室の煙層上昇温度（単位　度）

Cd　　　　当該火災室の当該火災室隣接部分に面する壁に設けられた開口部の開口率

Ad　　　　当該火災室の当該火災室隣接部分に面する壁に設けられた開口部の開口面積（単位　m²）

$A\alpha (floor, r)$　当該火災室隣接部分に設けられた給気口（当該火災室に設けられた限界煙層高さ有効開口部の開放に伴い開放され又は常時開放状態にあるものに限る。）の開口面積の合計（単位　m²）

$A\alpha (f, room)$　当該火災室に設けられた給気口（当該火災室に設け

られた限界煙層高さ有効開口部の開放に伴い開放され
又は常時開放状態にあるものに限る。）の開口面積の
合計（単位　m²）

$\Delta Tf,room$　当該火災室の煙層上昇温度（単位　度）

$Aw(floor)$　当該火災室隣接部分の壁（基準点からの高さが1.8m以下の
部分を除く。）及び天井の室内に面する部分の表面積（単位　m²）

$t\,pass(floor)$　前号ロに規定する階出口通過時間のうち最大のもの（単位　分）

$t\,d(room)$　次の式によって計算した当該火災室における漏煙開始時間（単位　分）

$$t\,d(room) = min\left[\frac{Aroom\,(Zphase1\,(floor) - Hlim)}{max\,(Vs(f,room) - Ve(f,room),\ 0.01)} + \frac{5}{3},\ t\,m(floor)\right]$$

この式において、$t\,d(room)$、$Aroom$、$Zphase1(floor)$、$Hlim$、$Vs(f,room)$、
$Ve(f,room)$ 及び $t\,m(floor)$ は、それぞれ次の数値を表すものとする。

$t\,d(room)$　　当該火災室における漏煙開始時間（単位　分）

$Aroom$　　　当該火災室の床面積（単位　m²）

$Zphase1(floor)$　次の式によって計算した火災発生後100秒間が経過した時
における当該火災室の基準点から煙等の下端の位置までの高
さ（以下「火災室煙層下端高さ」という。）（単位　m）

$$Zphase1(floor) = max$$
$$\left[\left\{\frac{26}{\rho f,roomAroom} + \frac{1}{(Hroom + h\,room)^{2/3}}\right\}^{-3/2} - h\,room,\ Hlim\right]$$

この式において、$Zphase1(floor)$、$\rho f,room$、$Aroom$、$Hroom$、
$h\,room$ 及び $Hlim$ は、それぞれ次の数値を表すものとする。

$Zphase1(floor)$　火災発生後100秒間が経過した時における火災室
煙層下端高さ（単位　m）

$\rho f,room$　　　当該火災室の煙層密度（単位　kg/m³）

$Aroom$　　　当該火災室の床面積（単位　m²）

$Hroom$　　　当該火災室の基準点から天井までの高さの平均
（単位　m）

$h\,room$　　　当該火災室の床面の最も低い位置から基準点まで
の高さ（単位　m）

$Hlim$　　　　限界煙層高さ（単位　m）

$Hlim$　　　限界煙層高さ（単位　m）

$Vs(f,room)$　次の式によって計算した当該火災室の煙等発生量（単位
m³/分）

$$Vs(f,room) =$$
$$\frac{4.2\left(\dfrac{Qf,room}{3}\right)^{1/3}\{(Zphase1\,(floor) + h\,room)^{5/3} + (Hlim + h\,room)^{5/3}\}}{\rho f,room}$$

この式において、$Vs(f, room)$、$Qf, room$、$Zphase1(floor)$、$h\ room$、$Hlim$ 及び $\rho f, room$ は、それぞれ次の数値を表すものとする。

$Vs(f, room)$　　当該火災室の煙等発生量（単位　m^3/分）

$Qf, room$　　当該火災室における1秒間当たりの発熱量（単位　kW）

$Zphase1(floor)$　火災発生後100秒間が経過した時における火災室煙層下端高さ（単位　m）

$h\ room$　　当該火災室の床面の最も低い位置から基準点までの高さ（単位　m）

$Hlim$　　限界煙層高さ（単位　m）

$\rho f, room$　　当該火災室の煙層密度（単位　kg/m^3）

$Ve(f, room)$　　次の式によって計算した当該火災室の有効排煙量（単位　m^3/分）

$$Ve(f, room) = min(1.5\,Aroom^{-0.15},\ 0.8) \times \left(\frac{\overline{Hst(room)} - Hlim}{Htop(room) - Hlim}\right) Ef, room$$

この式において、$Ve(f, room)$、$Aroom$、$\overline{Hst(room)}$、$Hlim$、$Htop(room)$ 及び $Ef, room$ は、それぞれ次の数値を表すものとする。

$Ve(f, room)$　　当該火災室の有効排煙量（単位　m^3/分）

$Aroom$　　当該火災室の床面積（単位　m^2）

$\overline{Hst(room)}$　当該火災室の基準点から当該火災室に設けられた各限界煙層高さ有効開口部の上端までの高さの平均（単位　m）

$Hlim$　　限界煙層高さ（単位　m）

$Htop(room)$　当該火災室の基準点から天井までの高さのうち最大のもの（単位　m）

$Ef, room$　　当該火災室の排煙量（単位　m^3/分）

$t\ m(floor)$　火災室燃焼抑制時間（単位　分）

$Hfloor$　　当該火災室隣接部分の基準点から天井までの高さの平均（単位　m）

$Vs(f, floor)$　　次の式によって計算した当該火災室隣接部分の煙等発生量（単位　m^3/分）

$$Vs(f, floor) = \frac{4.2\,Qf, floor^{1/3}\{(Hfloor + h\ floor)^{5/3} + (1.8 + h\ floor)^{5/3}\}}{\rho f, floor}$$

この式において、$Vs(f, floor)$、$Qf, floor$、$Hfloor$、$h\ floor$ 及び $\rho f, floor$ は、それぞれ次の数値を表すものとする。

$Vs(f, floor)$　　当該火災室隣接部分の煙等発生量（単位　m^3/分）

$Qf, floor$　　当該火災室からの噴出熱気流の運搬熱量（単位　kW）

$Hfloor$　　当該火災室隣接部分の基準点から天井までの高さの平均（単

位　m）

h floor 　　　　当該火災室隣接部分の床面の最も低い位置から基準点までの
　　　　　　　　高さ（単位　m）

ρ f.floor 　　　次の式によって計算した階避難完了時間が経過した時におけ
　　　　　　　　る当該火災室隣接部分の煙層密度（以下単に「火災室隣接部分
　　　　　　　　の煙層密度」という。）（単位　kg/m³）

$$\rho f.floor = \frac{353}{\Delta Tf.floor + 293}$$

> この式において、ρ f.floor 及び $\Delta Tf.floor$ は、それぞれ次の数値を
> 表すものとする。
> 　ρ f.floor 　　火災室隣接部分の煙層密度（単位　kg/m³）
> 　$\Delta Tf.floor$ 　火災室隣接部分の煙層上昇温度（単位　度）

Ve (f.floor) 　　次の式によって計算した当該火災室隣接部分の有効排煙量（単位　m³/
　　　　　　　　分）

$$Ve (f.floor) = min \ (1.5 Afloor^{-0.15}, \ 0.8) \times \left(\frac{\overline{Hst (floor)} - 1.8}{Htop (floor) - 1.8} \right) Ef.floor$$

> この式において、Ve (f.floor)、Afloor、$\overline{Hst (floor)}$、Htop (floor) 及び Ef.floor
> は、それぞれ次の数値を表すものとする。
> 　Ve (f.floor) 　当該火災室隣接部分の有効排煙量（単位　m³/分）
> 　Afloor 　　　当該火災室隣接部分の床面積（単位　m²）
> 　$\overline{Hst (floor)}$ 　当該火災室隣接部分の基準点から当該火災室隣接部分に設け
> 　　　　　　　られた各有効開口部の上端までの高さの平均（単位　m）
> 　Htop (floor) 　当該火災室隣接部分の基準点から天井までの高さのうち最大
> 　　　　　　　のもの（単位　m）
> 　Ef.floor 　　当該火災室隣接部分に設けられた有効開口部の種類に応じ、
> 　　　　　　　それぞれ次の表に掲げる式によって計算した当該火災室隣接部
> 　　　　　　　分に設けられた各有効開口部及び当該有効開口部の開放に伴い
> 　　　　　　　開放される当該火災室隣接部分に設けられた他の有効開口部の
> 　　　　　　　うち当該有効開口部からの距離が 30 m 以内であるもの（以下
> 　　　　　　　「他の有効開口部」という。）の排煙量の合計のうち最小のもの
> 　　　　　　　（当該火災室隣接部分に設けられた有効開口部の種類が同表㈡
> 　　　　　　　に掲げるものである場合にあっては、当該火災室隣接部分に設
> 　　　　　　　けられた各有効開口部及び他の有効開口部の排煙量の合計のう
> 　　　　　　　ち最小のもの又は当該火災室隣接部分に設けられた給気口(当該
> 　　　　　　　火災室隣接部分に設けられた有効開口部の開放に伴い開放され
> 　　　　　　　又は常時開放状態にある給気口に限る。)の開口面積の合計に
> 　　　　　　　550 を乗じたもののうち、いずれか小さい数値）（単位　m³/分）

当該火災室隣接部分に設けられた有効開口部の種類	当該火災室隣接部分に設けられた各有効開口部の排煙量
(一) 有効開口部を排煙口とした場合に、当該火災室隣接部分に設けられた排煙設備が自然排煙関係規定に適合し、かつ、当該火災室隣接部分の壁の床面からの高さが1.8m以下の部分に排煙口の開放に連動して自動的に開放され又は常時開放状態にある給気口が設けられたもの（当該火災室隣接部分に設けられた当該排煙設備以外の排煙設備が機械排煙関係規定に適合する場合を除く。）	$ef.floor =$ $186\left(\dfrac{1.205 - \rho f.floor}{\rho f.floor}\right)^{1/2} \times$ $max\left\{\dfrac{As(f.floor)\sqrt{hs(f.floor)}}{4},\right.$ $\left.\dfrac{As(f.floor)\sqrt{Hc(f.floor)-1.8}}{\sqrt{1+\left(\dfrac{A's(f.floor)}{Aa(f.floor)}\right)^2}}\right\}$
(二) 有効開口部を排煙口とした場合に、当該火災室隣接部分に設けられた排煙設備が機械排煙関係規定に適合し、かつ、当該火災室隣接部分の壁の床面からの高さが1.8m以下の部分に排煙口の開放に連動して自動的に開放され又は常時開放状態にある給気口が設けられたもの（当該火災室隣接部分に設けられた当該排煙設備以外の排煙設備が自然排煙関係規定に適合する場合を除く。）	$ef.floor = min\left\{wf.floor,\ 3.7\times\right.$ $10^4\dfrac{\Delta Tf.floor}{\rho f.floor\,(\Delta Tf.floor + 293)^2}$ $\left.(Hc(f.floor)-1.8)\,wf.floor^{3/5}\right\}$
(三) その他の有効開口部	$ef.floor = 0$

この表において、$ef.floor$、$\rho f.floor$、$As(f.floor)$、$hs(f.floor)$、$Hc(f.floor)$、$A's(f.floor)$、$Aa(f.floor)$、$wf.floor$ 及び $\Delta Tf.floor$ は、それぞれ次の数値を表すものとする。

$ef.floor$ 　　当該火災室隣接部分に設けられた各有効開口部の排煙量（単位　m³/分）

$\rho f.floor$ 　　火災室隣接部分の煙層密度（単位　kg/m³）

> $As(f,floor)$　　当該有効開口部の開口面積（単位　㎡）
>
> $hs(f,floor)$　　当該有効開口部の上端と下端の垂直距離（単位　m）
>
> $Hc(f,floor)$　　当該火災室隣接部分の基準点から当該有効開口部の中心までの高さ（単位　m）
>
> $A's(f,floor)$　　当該有効開口部及び他の有効開口部の開口面積の合計（単位　㎡）
>
> $Aa(f,floor)$　　当該火災室隣接部分に設けられた給気口（当該有効開口部の開放に伴い開放され又は常時開放状態にある給気口に限る。）の開口面積の合計（単位　㎡）
>
> $wf,floor$　　当該有効開口部の排煙機の空気を排出することができる能力（単位　㎥/分）
>
> $\Delta Tf,floor$　　火災室隣接部分の煙層上昇温度（単位　度）
>
> $Afloor$　　当該火災室隣接部分の床面積（単位　㎡）

ロ　火災室隣接部分以外の部分（ハに掲げる部分を除く。）　イの規定によって計算した各火災室隣接部分の煙層下端高さのうち最小のものに応じ、それぞれ次の表に定める数値（以下「火災室隣接部分以外の部分の煙層下端高さ」という。）（単位　m）

各火災室隣接部分の煙層下端高さ のうち最小のもの	火災室隣接部分以外の部分の 煙層下端高さ
1.8m以上である場合	1.8
1.8m未満である場合	0

ハ　直通階段の付室（当該直通階段の階段室又は当該付室の構造が平成28年国土交通省告示第696号に定める構造方法(同告示第四号に定める構造方法にあっては、送風機が1分間につき90㎥以上の空気を排出することができる能力を有するものに限る。)を用いる構造であるものに限る。）　1.8m

六　令第129条第3項第二号ニに規定する避難上支障のある高さは、1.8mとする。

〔令和2年4月1日国土交通省告示第511号〕
建築物からの避難に要する時間に基づく全館避難安全検証法に関する算出方法等を定める件

〔平成12年建設省告示第1442号を全部改正〕

最終改正　令和3年5月28日国土交通省告示第476号

建築基準法施行令（昭和25年政令第338号）第129条の2第4項第一号ロ及びハの規定に基づき、全館避難安全検証法に関する算出方法等を定める件（平成12年建設省告示第1442号）の全部を改

正する告示を次のように定める。

　建築基準法施行令（昭和25年政令第338号。以下「令」という。）第129条の2第4項第一号ロ及びハの規定に基づき、建築物からの避難に要する時間に基づく全館避難安全検証法に関する算出方法等を次のように定める。

一　令第129条の2第4項第一号に規定する方法を用いる場合における同号ロに規定する当該建築物に存する者（以下「在館者」という。）の全てが、当該火災室で火災が発生してから当該建築物からの避難を終了するまでに要する時間は、次に掲げる時間を合計して計算するものとする。

イ　当該建築物の用途に応じ、それぞれ次の表に掲げる式によって計算した火災が発生してから在館者が避難を開始するまでに要する時間（以下「避難開始時間」という。）（単位　分）

当該建築物の用途	避難開始時間
共同住宅、ホテルその他これらに類する用途（病院、診療所及び児童福祉施設等（令第115条の3第一号に規定する児童福祉施設等をいう。以下同じ。）を除く。）	$t\,start = \dfrac{2\sqrt{\sum Afloor}}{15} + 5$
その他の用途（病院、診療所及び児童福祉施設等を除く。）	$t\,start = \dfrac{2\sqrt{\sum Afloor}}{15} + 3$
この表において、$t\,start$ 及び $Afloor$ は、それぞれ次の数値を表すものとする。 $t\,start$　避難開始時間（単位　分） $Afloor$　当該火災室の存する階（以下「出火階」という。）の各室及び出火階を通らなければ避難することができない建築物の部分の各部分の床面積（単位　m²）	

ロ　次の式によって計算した在館者が当該建築物の各室の各部分から地上への出口の一に達するまでに要する歩行時間のうち最大のもの（単位　分）

$$t\,travel,i = \sum \frac{l_l}{v}$$

　この式において、$t\,travel,i$、l_l 及び v は、それぞれ次の数値を表すものとする。
　　$t\,travel,i$　在館者が当該建築物の各室の各部分から地上への出口の一に達するまでに要する歩行時間（単位　分）
　　l_l　　　当該建築物の各室の各部分から地上への出口（当該火災室が地上への出口を有する場合においては、当該火災室の地上への出口のうち、その幅が最大のものを除く。）の一に至る歩行距離（単位　m）
　　v　　　令和2年国土交通省告示第510号第一号ロに規定する歩行速度（単位　m/分）

ハ　次の式によって計算した在館者が当該建築物から地上への出口を通過するために要する時間（単位　分）

$$t\,queue = \frac{\sum p\,Aroom}{\sum Neff\,Bd}$$

この式において、$t\,queue$、p、$Aroom$、$Neff$及びBdは、それぞれ次の数値を表すものとする。

$t\,queue$　　在館者が当該建築物から地上への出口を通過するために要する時間（単位　分）

p　　　　　在館者密度（令和2年国土交通省告示第510号第一号ハに規定するものをいう。以下同じ。）（単位　人/m²）

$Aroom$　　避難階以外の階からの主たる避難経路である地上への各出口（当該火災室が避難階以外の階からの主たる避難経路である地上への出口を有する場合においては、当該火災室の避難階以外の階からの主たる避難経路である地上への出口のうち、その幅が最大のものを除く。以下このハにおいて単に「地上への各出口」という。）を通らなければ避難することができない建築物の各部分の床面積（単位　m²）

$Neff$　　　地上への各出口の幅及び地上への各出口に通ずる直通階段（当該直通階段が令第123条第3項に規定する特別避難階段である場合にあっては、当該直通階段に通ずる室を同項第四号、第六号及び第九号の規定（これらの規定中バルコニー又は付室に係る部分に限る。）に定める構造としたものに限る。以下同じ。）の階段室の床面積に応じ、次の表に掲げる式によって計算した地上への各出口の有効流動係数（単位　人/（分·m））

地上への各出口の幅	地上への各出口に通ずる階段室の床面積		地上への各出口の有効流動係数
60cm 未満である場合	–		$Neff=0$
その他の場合	$\sum Ast \geqq 0.25 \sum p\,Aroom$ の場合		$Neff=80$
	$\sum Ast < 0.25 \sum p\,Aroom$ の場合		$Neff=\dfrac{320Bneck\sum Ast}{Bst\sum p\,Aroom}$

この表において、$Neff$、Ast、p、$Aroom$、$Bneck$及びBstは、それぞれ次の数値を表すものとする。

$Neff$　　　地上への各出口の有効流動係数（単位　人/（分·m））

Ast　　　　地上への各出口に通ずる直通階段の階段室の床面積（単位　m²）

p　　　　　在館者密度（単位　人/m²）

$Aroom$　　地上への各出口を通らなければ避難することができない建築物の各部分の床面積（単位　m²）

$Bneck$　　当該地上への出口に通ずる直通階段の幅又は当該直通階段から地上若しくは避難階への出口の幅のうち最小のもの（単位　m）

Bst　　　　当該地上への出口に通ずる直通階段の幅（単位　m）

Bd　当該地上への出口の幅（単位　m）

二　令第129条の2第4項第一号ハに規定する当該火災室において発生した火災により生じた

煙又はガス（以下「煙等」という。）が、階段の部分又は当該階の直上階以上の階の一に流入するために要する時間は、当該火災室から出火階の直通階段への出口を有する室又は竪穴部分（令第112条第11項に規定する竪穴部分をいう。）に面する室に通ずる各経路上にある各室について次の式によって計算した時間（以下「室煙降下時間」という。）の合計のうち最小のものとする。

$$ts = \frac{Aroom\,(Hroom - Hlim)}{max\,(Vs - Ve, 0.01)}$$

この式において、ts、$Aroom$、$Hroom$、$Hlim$、Vs 及び Ve は、それぞれ次の数値を表すものとする。

ts　　室煙降下時間（単位　分）

$Aroom$　当該室の床面積（単位　m²）

$Hroom$　当該室の床面の最も高い位置（以下「基準点」という。）からの天井（天井がない場合にあっては屋根。以下同じ。）までの高さの平均（単位　m）

$Hlim$　当該室の開口部に設けられた防火設備の構造に応じ、それぞれ次の表に定める数値（以下「限界煙層高さ」という。）（単位　m）

当該室の開口部に設けられた防火設備の構造	限界煙層高さ
常時閉鎖式の防火設備（建築基準法(昭和25年法律第201号)第2条第九号の二ロに規定する防火設備に限る。以下同じ。）又は随時閉鎖することができ、かつ、煙感知器と連動する自動閉鎖装置を設けた防火設備	当該室の床面から各開口部の上端までの高さのうち最大のものの $\frac{1}{2}$ の高さ
その他の構造	当該室の床面から各開口部の上端までの高さのうち最大のもの

Vs　次のイ又はロに掲げる当該室の区分に応じ、それぞれ当該イ又はロに定める当該室の煙等発生量（単位　m³/分）

イ　火災室　次の式によって計算した当該室の煙等発生量（単位　m³/分）

$$Vs = 9\,\{(\alpha f + \alpha m)\,Aroom\}^{1/3}\,\{Hlow^{5/3} + (Hlow - Hroom + Hlim)^{5/3}\}$$

この式において、Vs、αf、αm、$Aroom$、$Hlow$、$Hroom$ 及び $Hlim$ は、それぞれ次の数値を表すものとする。

Vs　　当該室の煙等発生量（単位　m³/分）

αf　　令和2年国土交通省告示第510号第一号ハに規定する積載可燃物の火災成長率

αm　　令和2年国土交通省告示第510号第一号ハに規定する内装材料の火災成長率

$Aroom$　当該室の床面積（単位　m²）

$Hlow$　当該室の床面の最も低い位置から天井までの高さの平均（単位

　　　　　　　　　m）

　　　　　Hroom　当該室の基準点からの天井までの高さの平均（単位　m）

　　　　　Hlim　限界煙層高さ（単位　m）

ロ　火災室以外の室　当該火災室と当該室とを区画する壁（当該室が当該火災室
　に隣接していない場合にあっては、当該経路(当該火災室から当該室に至る部
　分に限る。以下このロにおいて同じ。)上にある室の壁(当該経路上にある他の
　室に面するものであって、開口部が設けられたものに限る。)のうちいずれかの
　壁。以下このロにおいて同じ。）及び当該壁の開口部の構造に応じ、次の表に
　掲げる式によって計算した当該室の煙等発生量（単位　m³/分）

当該火災室と当該室とを区画する壁及び 当該壁の開口部の構造	当該室の煙等発生量
準耐火構造の壁又は不燃材料で覆われた壁の開口部に令第112条第19項第二号に規定する構造である防火設備が設けられている場合	$Vs = 0.2\,Aop$
準耐火構造の壁又は不燃材料で覆われた壁の開口部に令第112条第19項第一号に規定する構造である防火設備が設けられている場合	$Vs = 2\,Aop$
その他の場合	$Vs = max\,(Vs_0 - Ve.f,\ 0)$

　　この表において、*Vs*、*Aop*、*Vs₀* 及び *Ve.f* は、それぞれ次の数値を表す
　ものとする。

　　Vs　　当該室の煙等発生量（単位　m³/分）

　　Aop　当該火災室と当該室とを区画する壁の開口部の面積の合計（単位
　　　　m²）

　　Vs₀　イに掲げる式によって計算した当該火災室の煙等発生量（単位
　　　　m³/分）

　　Ve.f　次の(1)又は(2)に掲げる当該火災室の区分に応じ、それぞれ当該(1)又
　　　　は(2)に定める当該火災室の有効排煙量（令第126条の3第1項第二号、
　　　　第三号(排煙口の壁における位置に係る部分を除く。)、第四号から第
　　　　六号まで及び第十号から第十二号までの規定(以下「自然排煙関係規
　　　　定」という。)に適合した排煙設備を設け、かつ、当該火災室の壁の床
　　　　面からの高さが1.8m以下の部分に排煙口の開放に連動して自動的
　　　　に開放され又は常時開放状態にある給気口を設けた場合以外の場合に
　　　　は、0とする。）（単位　m³/分）

　　　(1)　床面積1,500m²以内ごとに、天井から30cm以上下方に突出した
　　　　垂れ壁その他これと同等以上に煙の流動を妨げる効力のあるもので、
　　　　不燃材料で造り、又は覆われたもの（以下「防煙垂れ壁」という。）
　　　　によって区画された火災室（床面から防煙垂れ壁の下端までの高さが

限界煙層高さ以上である場合に限る。）次の式によって計算した各防煙区画（防煙垂れ壁で区画された部分をいう。以下この号において同じ。）の有効排煙量のうち最小のもの（以下「防煙区画有効排煙量」という。）（単位　m³/分）

$$Ve,i = A^* \, E(sc)$$

この式において、Ve,i、A^* 及び $E(sc)$ は、それぞれ次の数値を表すものとする。

Ve,i　各防煙区画の有効排煙量（単位　m³/分）

A^*　当該防煙区画の壁又は天井に設けられた開口部の床面からの高さが限界煙層高さ以上の部分（以下「有効開口部」という。）の有無及びその上端の位置に応じ、それぞれ次の表に掲げる式によって計算した当該防煙区画の排煙効果係数

有効開口部の有無	有効開口部の上端の位置	当該防煙区画の排煙効果係数
有効開口部がない場合	－	$A^* = 0$
有効開口部がある場合	$\overline{Hst} < Hw$ の場合	$A^* = 0.4 \left(\dfrac{\overline{Hst} - Hlim}{Htop - Hlim} \right)$
	$\overline{Hst} \geq Hw$ の場合	$A^* = 0.4 \left(\dfrac{\overline{Hst} - Hlim}{Htop - Hlim} \right)$ $+ 0.6 \left(1 - \dfrac{Asc}{Aroom} \right)$ $\left(\dfrac{\overline{Hst} - Hw}{\overline{Hst} - Hlim} \right)^2$

この表において、A^*、$\overline{Hst}$、Hw、$Hlim$、$Htop$、Asc 及び $Aroom$ は、それぞれ次の数値を表すものとする。

A^*　　当該防煙区画の排煙効果係数

$\overline{Hst}$　　当該室の基準点から当該防煙区画に設けられた各有効開口部の上端までの高さの平均（単位　m）

Hw　　当該室の基準点から当該防煙区画における防煙垂れ壁の下端までの高さのうち最大のもの（単位　m）

$Hlim$　限界煙層高さ（単位　m）

$Htop$　当該室の基準点から当該防煙区画の天井まで

　　　　　の高さのうち最大のもの（単位　m）

　　　Asc　　　当該防煙区画の床面積（単位　m²）

　　　Aroom　当該室の床面積（単位　m²）

E (sc)　当該防煙区画に設けられた有効開口部の種類に応じ、それぞれ次の表に掲げる式によって計算した当該防煙区画に設けられた各有効開口部の排煙量（当該防煙区画に設けられた有効開口部の種類が同表㈠又は㈡に掲げるものである場合にあっては、当該防煙区画に設けられた各有効開口部及び当該有効開口部の開放に伴い開放される当該防煙区画に設けられた他の有効開口部のうち当該有効開口部からの距離が 30 m 以内であるもの（以下この(1)において「他の有効開口部」という。）の排煙量の合計）のうち最小のもの（単位　m³/分）

	当該防煙区画に設けられた有効開口部の種類	当該防煙区画に設けられた各有効開口部の排煙量
㈠	有効開口部を排煙口とした場合に、当該防煙区画に設けられた排煙設備が自然排煙関係規定に適合し、かつ、当該居室の壁の床面からの高さが 1.8 m 以下の部分に排煙口の開放に連動して自動的に開放され又は常時開放状態にある給気口が設けられたもの（当該居室に設けられた当該排煙設備以外の排煙設備が令第126 条の 3 第 1 項第二号、第三号（排煙口の壁における位置に係る部分を除く。）、第四号から第七号まで、第八号（排	$$e\,(sc) = max\left\{ 19As\,(sc)\,\sqrt{hs\,(sc)},\ \frac{76As\,(sc)\,\sqrt{Hc\,(sc) - Hlim}}{\sqrt{1 + \left(\dfrac{A's\,(sc)}{Aa}\right)^2}} \right\}$$

				煙口の開口面積に係る部分を除く。)、第九号(空気を排出する能力に係る部分を除く。)及び第十号から第十二号までの規定(以下「機械排煙関係規定」という。)に適合する場合を除く。)	
			(二)	有効開口部を排煙口とした場合に、当該防煙区画に設けられた排煙設備が機械排煙関係規定に適合し、かつ、当該居室の壁の床面からの高さが1.8m以下の部分に排煙口の開放に連動して自動的に開放され又は常時開放状態にある給気口が設けられたもの(当該居室に設けられた当該排煙設備以外の排煙設備が自然排煙関係規定に適合する場合を除く。)	$e\,(sc)=min\,\{w\,(sc),\ 3.9$ $(Hc\,(sc)-Hlim)\,w\,(sc)^{2/3}\}$
			(三)	有効開口部を排煙口とした場合に、当該防煙区画に設けられた排煙設備が平成12年建設省告示第1437号第一号イ、ロ(1)及び(3)、ハ(1)、(2)及び(3)(i)並びにニ又は第二号イ、ロ(1)、(3)及び(5)、ハ(1)(i)、(ii)(イ)及び(2)並びに	$e\,(sc)=min\,(s\,(sc),\ 550As\,(sc))$

	ニの規定に適合する もの	
（四）	その他の有効開口部	$e(sc)=0$

この表において、$e(sc)$、$As(sc)$、$hs(sc)$、$Hc(sc)$、$Hlim$、$A's(sc)$、Aa、$w(sc)$ 及び $s(sc)$ は、それぞれ次の数値を表すものとする。

$e(sc)$　　当該防煙区画に設けられた各有効開口部の排煙量（単位　m³/分）

$As(sc)$　当該有効開口部の開口面積（単位　m²）

$hs(sc)$　当該有効開口部の上端と下端の垂直距離（単位　m）

$Hc(sc)$　当該室の基準点から当該有効開口部の中心までの高さ（単位　m）

$Hlim$　　限界煙層高さ（単位　m）

$A's(sc)$　当該有効開口部及び他の有効開口部の開口面積の合計（単位　m²）

Aa　　　当該室に設けられた給気口（当該有効開口部の開放に伴い開放され又は常時開放状態にある給気口に限る。）の開口面積の合計（単位　m²）

$w(sc)$　当該有効開口部の排煙機の空気を排出することができる能力（単位　m³/分）

$s(sc)$　当該防煙区画に係る送風機の当該防煙区画に設けられた有効開口部から空気を排出することができる能力（単位　m³/分）

(2)　(1)に掲げる火災室以外の火災室で床面積が 1,500 m² 以下のもの　次の式によって計算した当該室の有効排煙量（以下「室有効排煙量」という。）（単位　m³/分）

$$Ve = 0.4\left(\frac{\overline{Hst}-Hlim}{Htop-Hlim}\right)E$$

この式において、Ve、$\overline{Hst}$、$Hlim$、$Htop$ 及び E は、それぞれ次の数値を表すものとする。

Ve　　　当該室の有効排煙量（単位　m³/分）

$\overline{Hst}$　　当該室の基準点から当該室に設けられた各有効開口部の上端までの高さの平均（単位　m）

$Hlim$　　限界煙層高さ（単位　m）

$Htop$　　当該室の基準点から天井までの高さのうち最大のもの（単位　m）

E　　　　当該室に設けられた有効開口部の種類に応じ、それぞれ次の表に掲げる式によって計算した当該室に設けられ

た各有効開口部の排煙量（当該室に設けられた有効開口
部の種類が同表㈠又は㈡に掲げるものである場合にあっ
ては、当該室に設けられた各有効開口部及び当該有効開
口部の開放に伴い開放される当該室に設けられた他の有
効開口部のうち当該有効開口部からの距離が30m以内
であるもの（以下この⑵において「他の有効開口部」と
いう。）の排煙量の合計）のうち最小のもの

（単位　m³/分）

	当該室に設けられた 有効開口部の種類	当該室に設けられた 各有効開口部の排煙量
㈠	有効開口部を排煙口とした場合に、当該室に設けられた排煙設備が自然排煙関係規定に適合し、かつ、当該室の壁の床面からの高さが1.8m以下の部分に排煙口の開放に連動して自動的に開放され又は常時開放状態にある給気口が設けられたもの（当該室に設けられた当該排煙設備以外の排煙設備が機械排煙関係規定に適合する場合を除く。）	$e = max\left\{19As\sqrt{hs},\ \dfrac{76As\sqrt{Hc-Hlim}}{\sqrt{1+\left(\dfrac{A's}{Aa}\right)^2}}\right\}$
㈡	有効開口部を排煙口とした場合に、当該室に設けられた排煙設備が機械排煙関係規定に適合し、かつ、当該室の壁の床面からの高さが1.8m以下の部分に排煙口の開放に連動して自動的に開放され又は常時開放状態にある給気口が設けられたもの（当該室に設けられた当該排煙設備以外の排煙設備が自然排煙関係規定に適合する場合を除く。）	$e = min\{w,\ 3.9\,(Hc-Hlim)\,w^{2/3}\}$
㈢	有効開口部を排煙口とし	

	た場合に、当該室に設けられた排煙設備が平成12年建設省告示第1437号第一号イ、ロ(1)及び(3)、ハ(1)、(2)及び(3)(i)並びにニ又は第二号イ、ロ(1)、(3)及び(5)、ハ(1)(i)、(ii)(イ)及び(2)並びにニの規定に適合するもの	$e = min\,(s, 550As)$
四	その他の有効開口部	$e = 0$

この表において、e、As、hs、Hc、$Hlim$、$A\prime s$、Aa、w及びsは、それぞれ次の数値を表すものとする。

e　　当該室に設けられた各有効開口部の排煙量（単位　m³/分）

As　当該有効開口部の開口面積（単位　m²）

hs　当該有効開口部の上端と下端の垂直距離（単位　m）

Hc　当該室の基準点から当該有効開口部の中心までの高さ（単位　m）

$Hlim$　限界煙層高さ（単位　m）

$A\prime s$　当該有効開口部及び他の有効開口部の開口面積の合計（単位　m²）

Aa　当該室に設けられた給気口（当該有効開口部の開放に伴い開放され又は常時開放状態にある給気口に限る。）の開口面積の合計（単位　m²）

w　　当該有効開口部の排煙機の空気を排出することができる能力（単位　m³/分）

s　　当該室に係る送風機の当該室に設けられた有効開口部から空気を排出することができる能力（単位　m³/分）

Ve　次のイ又はロに掲げる当該室の区分に応じ、それぞれ当該イ又はロに定める当該室の有効排煙量（単位　m³/分）

　イ　床面積1,500m²以内ごとに、防煙垂れ壁によって区画された室（床面から防煙垂れ壁の下端までの高さが限界煙層高さ以上である場合に限る。）　防煙区画有効排煙量（単位　m³/分）

　ロ　イに掲げる室以外の室で床面積1,500m²以下のもの　室有効排煙量（単位　m³/分）

〔令和3年5月28日国土交通省告示第476号〕
火災により生じた煙又はガスの高さに基づく全館避難安全検証法に関する算出方法等を定める件

　建築基準法施行令（昭和25年政令第338号）第129条の2第4項第一号ロ並びに第二号ロ及びハの規定に基づき、火災により生じた煙又はガスの高さに基づく全館避難安全検証法に関する算出方法等を次のように定める。

　一　この告示は、次に掲げる基準に適合する建築物について適用する。

　　イ　直通階段（避難階又は地上に通ずるものに限る。以下同じ。）の階段室と屋内とを連絡するバルコニー又は付室の床面積（バルコニーで床面積がないものにあっては、床部分の面積。以下このイにおいて「付室面積」という。）がそれぞれ10 m²以上であり、かつ、避難階以外の各階における付室面積の合計が、次の式によって計算した必要付室面積以上であること。

$$Aatt = \sum k\,r\,p\,Afloor$$

　　　この式において、$Aatt$、kr、p及び$Afloor$は、それぞれ次の数値を表すものとする。

　　　$Aatt$　　必要付室面積（単位　m²）

　　　kr　　　当該階の各室及び当該階を通らなければ避難することができない建築物の部分（以下このイにおいて「当該階の各室等」という。）の用途に応じ、それぞれ次の表に定める自力避難困難者混在率

当該階の各室等の用途	自力避難困難者混在率
児童福祉施設等（建築基準法施行令(以下「令」という。)第115条の3第一号に規定する児童福祉施設等をいう。以下同じ。）（通所のみにより利用されるものに限る。）	1.0
その他の用途（病院、診療所(患者の収容施設があるものに限る。)及び児童福祉施設等を除く。）	0.02

　　　p　　　　令和3年国土交通省告示第474号第一号ロに規定する在館者密度（単位　人／m²）

　　　$Afloor$　　当該階の各室等の各部分の床面積（単位　m²）

　　ロ　令第123条第3項に規定する特別避難階段への出口を有する室が同項第二号並びに第四号、第六号及び第九号の規定（これらの規定中バルコニー又は付室に係る部分に限る。）に定める構造であること。

　　ハ　竪穴部分（令第112条第11項に規定する竪穴部分をいい、直通階段の部分を除く。以下同じ。）の壁及び天井（天井のない場合においては、屋根。以下同じ。）の室内に面する部分の仕上げを準不燃材料でしたものであること。

　二　令第129条の2第4項第二号に規定する方法を用いる場合における同項第一号ロに規定す

る当該建築物に存する者（以下「在館者」という。）の全てが、当該火災室で火災が発生し
てから当該建築物からの避難を終了するまでに要する時間（以下「避難完了時間」という。）
は、次に掲げる時間を合計して計算するものとする。

イ　当該建築物の用途に応じ、それぞれ次の表に掲げる式によって計算した火災が発生して
　　から在館者が避難を開始するまでに要する時間（以下「避難開始時間」という。）（単位
　　分）

当該建築物の用途	避難開始時間
共同住宅、ホテルその他これらに類する用途（病院、診療所及び児童福祉施設等を除く。）	$t\,start = min\left(5\times10^{-3}\,Lwall^{6/5},\right.$ $\left.\dfrac{2\times10^{-3}\,Lwall^{6/5}}{\alpha^{1/5}}+t_0\right)+8$
その他の用途（病院、診療所（患者の収容施設があるものに限る。）及び児童福祉施設等（通所のみに利用されるものを除く。）を除く。）	$t\,start = min\left(5\times10^{-3}\,Lwall^{6/5},\right.$ $\left.\dfrac{2\times10^{-3}\,Lwall^{6/5}}{\alpha^{1/5}}+t_0\right)+6$

この表において、$t\,start$、$Lwall$、α 及び t_0 は、それぞれ次の数値を表すものとする。

$t\,start$　　避難開始時間（単位　分）

$Lwall$　　準耐火構造であるか、若しくは不燃材料で造り、若しくは覆われた床若しく
　　　　　は壁又は建築基準法（昭和25年法律第201号。以下「法」という。）第2条第九
　　　　　号の二ロに規定する防火設備で区画された部分で当該火災室を含むもの（当該
　　　　　火災室が準耐火構造であるか、若しくは不燃材料で造り、若しくは覆われた床
　　　　　若しくは壁又は法第2条第九号の二ロに規定する防火設備で区画された部分で
　　　　　ある場合にあっては、当該火災室。以下「火災部分」という。）の周長（単位
　　　　　m）

α　　　　次の式によって計算した火災部分の各室の火災成長率のうち最大のもの（以
　　　　　下「火災部分火災成長率」という。）

　　　$\alpha\,i = max\,\{5.8\times10^{-4}\,(0.26q\,l^{1/3}-\varphi\,sp)\,q\,l^{2/3},\ 0.0125\}\times k\,m$

　　　　この式において、$\alpha\,i$、$q\,l$、$\varphi\,sp$ 及び $k\,m$ は、それぞれ次の数値を表すものと
　　　　する。

　　　　$\alpha\,i$　　　火災部分の各室の火災成長率

　　　　$q\,l$　　　積載可燃物の1m²当たりの発熱量（令和3年国土交通省告示第474
　　　　　　　　号第一号イに規定する積載可燃物の1m²当たりの発熱量をいう。以
　　　　　　　　下同じ。）（単位　MJ/m²）

　　　　$\varphi\,sp$　　令和3年国土交通省告示第475号第四号イに規定する燃焼表面積低
　　　　　　　　減率

　　　　$k\,m$　　　令和3年国土交通省告示第475号第一号イに規定する内装燃焼係数

t_0　　次の式によって計算した火災部分の燃焼拡大補正時間（単位　分）

$$t_0 = \frac{100 - \left(\dfrac{100}{\alpha}\right)^{1/2}}{60}$$

> この式において、t_0 及び α は、それぞれ次の数値を表すものとする。
>
> t_0　火災部分の燃焼拡大補正時間（単位　分）
>
> α　火災部分火災成長率

ロ　次の式によって計算した在館者が当該建築物の各室の各部分から地上への出口（幅が60cm未満であるものを除く。）の一に達し、かつ、当該出口を通過するために要する時間（以下「出口通過時間」という。）（単位　分）

$$t\,pass = t\,escape\,(w) + t\,escape\,(c)$$

> この式において、$t\,pass$、$t\,escape\,(w)$ 及び $t\,escape\,(c)$ は、それぞれ次の数値を表すものとする。
>
> $t\,pass$　　　　出口通過時間（単位　分）
>
> $t\,escape\,(w)$　平成27年国土交通省告示第255号第1第4項に規定する当該建築物の各部分から地上までの避難を終了するまでに要する歩行時間のうち最大のもの（単位　分）
>
> $t\,escape\,(c)$　平成27年国土交通省告示第255号第1第4項に規定する当該建築物の各部分から地上までの避難を終了するまでに要する各階段における滞留時間のうち最大のもの（単位　分）

三　令第129条の2第4項第二号ロに規定する同項第一号ロの規定によって計算した避難完了時間が経過した時における当該火災室において発生した火災により生じた煙又はガス（以下「煙等」という。）の階段の部分及び当該火災室の存する階（以下「出火階」という。）の直上階以上の各階の各部分における高さ（当該各部分の基準点（床面の最も高い位置をいう。以下同じ。）から煙等の下端の位置までの高さとする。）は、次のイ又はロに掲げる建築物の部分の区分に応じ、それぞれ当該イ又はロに定める数値とする。

イ　直通階段の部分　出火階の種類、当該直通階段に隣接する各室（出火階にあるものに限る。以下「階段隣接室」という。）における煙等の高さ（当該各室の基準点から煙等の下端の位置までの高さとする。以下「階段隣接室の煙層下端高さ」という。）のうち最小のもの及び当該直通階段から地上に至る経路上にある各室（以下「階段避難経路の部分」という。）における煙等の高さ（当該各室の基準点から煙等の下端の位置までの高さとする。以下「階段避難経路の部分の煙層下端高さ」という。）のうち最小のものに応じ、それぞれ次の表に掲げる式によって計算した数値（以下「直通階段の部分の煙層下端高さ」という。）（単位　m）

出火階の種類	階段隣接室の煙層下端高さのうち最小のもの	階段避難経路の部分の煙層下端高さのうち最小のもの	直通階段の部分の煙層下端高さ
		$Zroom\,(ev) \geqq 1.8$ である場合	$Zdst = Hdst$

避難階	$Zroom(st) \geqq Hlim$ である場合	$Zroom(ev) < 1.8$ である場合	$Zdst = 0$
	$Zroom(st) < Hlim$ である場合	–	$Zdst = 0$
避難階以外の階	$Zroom(st) \geqq Hlim$ である場合	–	$Zdst = Hdst$
	$Zroom(st) < Hlim$ である場合	–	$Zdst = 0$

　この表において、$Zroom(st)$、$Hlim$、$Zroom(ev)$, $Zdst$ 及び $Hdst$ は、それぞれ次の数値を表すものとする。

$Zroom(st)$　避難完了時間、当該階段隣接室の種類、避難完了時間が経過した時における当該階段隣接室の煙層上昇温度（以下単に「階段隣接室の煙層上昇温度」という。）及び火災部分から当該階段隣接室への噴出熱気流の運搬熱量に応じ、それぞれ次の表に掲げる式によって計算した階段隣接室の煙層下端高さのうち最小のもの（単位　m）

避難完了時間	当該階段隣接室の種類	階段隣接室の煙層上昇温度	火災部分から当該階段隣接室への噴出熱気流の運搬熱量	階段隣接室の煙層下端高さ
$t\,escape > t\,fr\\(room)$ である場合	–	–	–	$Zroom(st), i = 0$
	直通階段の付室（火災部分又は火災部分の一部であるものを除き、当該直通階段の階段室又は当該付室の			

		構造が平成28年国土交通省告示第696号に定める構造方法(同告示第四号に定める構造方法にあっては、送風機が1分間につき90 m³ 以上の空気を排出することができる能力を有するものに限る。)を用いる構造であるものに限る。以下同じ。)	–	–	$Zroom(st), i = Hlim$	
	$t\,escape$ $\leqq t\,fr$ $(room)$ である場合	$\Delta Troom$ $(st) >$ 180 である場合	–	–	$Zroom(st), i = 0$	
			$\Delta Troom$ $(st) \leqq$ $\sqrt{\dfrac{500}{3t\,pass}}$ である場合	–	$Zroom(st), i = Hlim$	
				$Qroom(st)$ $\leqq$		

その他のもの	$\Delta Troom(st) \leqq 180$ である場合	$\Delta Troom(st) > \sqrt{\dfrac{500}{3\,t\,pass}}$ である場合	$\left(\dfrac{\rho\ room(st)}{8.4Hlim^{5/3}}Eroom(st)\right)^3$ である場合	$Zroom(st), i = Hlim$
			$Qroom(st) > \left(\dfrac{\rho\ room(st)}{8.4Hlim^{5/3}}Eroom(st)\right)^3$ である場合	$Zroom(st), i = max\left[Hroom(st) - \dfrac{max(Vs(room(st)) - Ve(room(st)), 0.01)}{Aroom(st)} \times \left(t\,escape - \dfrac{5}{3}\right), 0\right]$

この表において、$t\,escape$、$t\,fr(room)$、$Zroom(st), i$、$Hlim$、$\Delta Troom(st)$、$t\,pass$、$Qroom(st)$、$\rho\,room(st)$、$Eroom(st)$、$Hroom(st)$、$Vs(room(st))$、$Ve(room(st))$ 及び $Aroom(st)$ は、それぞれ次の数値を表すものとする。

$t\,escape$　　　前号に規定する避難完了時間（単位　分）

$t\,fr(room)$　　火災部分を区画する床又は壁の構造に応じ、それぞれ次の表に定める時間（火災部分にスプリンクラー設備（水源として、水道の用に供する水管を当該スプリンクラー設備に連結したものを除く。）、水噴霧消火設備、泡消火設備その他これらに類するもので自動式のもの（以下「スプリンクラー設備等」という。）が設けられている場合にあっては、同表に定める時間に2を乗じた数値）のうち最小のもの（以下「火災部分保有遮炎時間」という。）（単位　分）

	火災部分を区画する床又は壁の構造	時間
(一)	通常火災終了時間が90分以上である建築物の床又は壁（法第21条第1項に規定する構造方法を用いるもの又は同項の規定による認定を受けたものに限る。）の構造方法を用いる構造	当該建築物の通常火災終了時間
(二)	特定避難時間が90分以上である建築物の床又は壁（法第27条第1項に規定する構造方法を用いるもの又は同項の規定による認定を受けたものに限る。）の構造方法を用いる構造	当該建築物の特定避難時間
(三)	平成27年国土交通省告示第250号第2第一号イ(1)から(5)までのいずれかに該当する構造（(一)及び(二)に掲げる	90

	ものを除く。)		
㈣	令和元年国土交通省告示第193号第1第8項に規定する75分間準耐火構造 (㈠から㈢までに掲げるものを除く。)		75
㈤	耐火構造 (㈠から㈣までに掲げるものを除く。)		60
㈥	準耐火構造 (㈠から㈤までに掲げるものを除く。)	1時間準耐火基準に適合するもの	60
		その他のもの	45
㈦	不燃材料で造り、又は覆われたもの (㈠から㈥までに掲げるものを除く。)		20

$Zroom(st),i$　　階段隣接室の煙層下端高さ (単位　m)

$Hlim$　　　　　限界煙層高さ (令和2年国土交通省告示第511号第二号に規定する限界煙層高さをいう。以下同じ。) (単位　m)

$\Delta Troom(st)$　当該階段隣接室の種類に応じ、それぞれ次の表に掲げる式によって計算した階段隣接室の煙層上昇温度 (単位　度)

当該階段隣接室の種類	階段隣接室の煙層上昇温度
火災部分に隣接する部分	$\Delta Troom(st) = min$ $$\left(\frac{Qroom(st)}{0.14 Qroom(st)^{1/3} Hlim^{5/3} + 0.015 Aw(room(st))}, \quad \Delta Troom(f) \right)$$
その他のもの (火災部分又は火災部分の一部であるものを除く。)	$\Delta Troom(st) = min$ $$\left(\frac{Qroom(st)}{0.14 Qroom(st)^{1/3} Hlim^{5/3} + 0.015 Aw(room(st))}, \quad \Delta Troom(m(st)) \right)$$

この表において、$\Delta Troom(st)$、$Qroom(st)$、$Hlim$、$Aw(room(st))$、$\Delta Troom(f)$ 及び $\Delta Troom(m(st))$ は、それぞれ次の数値を表すものとする。

$\Delta Troom(st)$　階段隣接室の煙層上昇温度 (単位　度)

$Qroom(st)$　　　当該階段隣接室の種類に応じ、それぞれ次の表に掲げる式によって計算した火災部分から当該階段隣接室への噴出熱気流の運搬熱量 (単位　kW)

当該階段隣接室の種類	火災部分から当該階段隣接室への噴出熱気流の運搬熱量

火災部分に隣接する部分	$Qroom\,(st) = max\,\{\,m\,d\,(f,st) -$ $\dfrac{0.005\rho\,room\,(f)\,Eroom\,(f) \times min}{min\,(\sum Cd\,(f,st)\,Ad\,(f,st),}$ $\dfrac{(\sum Cd\,(f,st)\,Ad\,(f,st),\ Aa\,(room\,(st),f))}{Aa\,(room\,(st),f) + Aa\,(room\,(f))},$ $0\,\}\times \Delta Troom\,(f)$
その他のもの（火災部分又は火災部分の一部であるものを除く。）	$Qroom\,(st) = min\,\{\,max\,(Qroom\,(m\,(st)) -$ $0.015\,Aw\,(room\,(m\,(st))),\ 0),$ $m\,d\,(m\,(st),st)\,\Delta Troom\,(m\,(st))\}$

この表において、$Qroom\,(st)$、$m\,d\,(f,st)$、$\rho\,room\,(f)$、$Eroom$ (f)、$Cd\,(f,st)$、$Ad\,(f,st)$、$Aa\,(room\,(st),f)$、$Aa\,(room\,(f))$、$\Delta Troom$ (f)、$Qroom\,(m\,(st))$、$Aw\,(room\,(m\,(st)))$、$m\,d\,(m\,(st),st)$ 及び $\Delta Troom\,(m\,(st))$ は、それぞれ次の数値を表すものとする。

$Qroom\,(st)$　火災部分から当該階段隣接室への噴出熱気流の運搬熱量（単位　kW）

$m\,d\,(f,st)$　　次の式によって計算した火災部分から当該階段隣接室への噴出熱気流の質量流量（単位　kg/秒）

$$m\,d\,(f,st) = 0.5\,Hd\,(f,st)(max)^{1/2}\sum Cd\,(f,st)\,Ad\,(f,st) +$$
$$0.5\sum Cw\,(f,st)\,Bw\,(f,st)\,Hw\,(f,st)^{3/2}$$

この式において、$m\,d\,(f,st)$、$Hd\,(f,st)(max)$、$Cd\,(f,st)$、$Ad\,(f,st)$、$Cw\,(f,st)$、$Bw\,(f,st)$ 及び $Hw\,(f,st)$ は、それぞれ次の数値を表すものとする。

$m\,d\,(f,st)$　　　　火災部分から当該階段隣接室への噴出熱気流の質量流量（単位　kg/秒）

$Hd\,(f,st)(max)$　　火災部分の当該階段隣接室に面する壁に設けられた各開口部の下端のうち最も低い位置から当該各開口部の上端のうち最も高い位置までの高さ（単位　m）

$Cd\,(f,st)$　　　　避難完了時間及び火災部分の当該階段隣接室に面する壁に設けられた開口部の種類に応じ、それぞれ次の表に定める火災部分の当該階段隣接

室に面する壁に設けられた開口部の
開口率

避難完了時間	火災部分の当該階段隣接室に面する壁に設けられた開口部の種類	火災部分の当該階段隣接室に面する壁に設けられた開口部の開口率
$t\,escape$ $\leqq t\,fr(d)$ である場合	令第112条第19項第一号に規定する構造である防火設備（同項第二号に規定する構造であるものを除く。）が設けられたもの	0.01
	令第112条第19項第二号に規定する構造である防火設備が設けられたもの	0.001
	その他のもの	1.0
$t\,escape$ $> t\,fr(d)$ である場合	－	1.0

　この表において、$t\,escape$ 及び $t\,fr(d)$ は、それぞれ次の数値を表すものとする。

$t\,escape$　　前号に規定する避難完了時間（単位　分）

$t\,fr(d)$　　当該開口部に設けられた防火設備の種類に応じ、それぞれ次の表に定める時間（火災部分にスプリンクラー設備等が設けられている場合にあっては、同表に定める時間に2を乗じた数値。以下「防火設備保有遮炎時間」という。）（単位　分）

	当該開口部に設けられた防火設備の種類	時間
(一)	法第61条の規定によ	通常の火災

		る国土交通大臣の認定を受けた防火設備	による火熱が加えられた場合に、当該加熱面以外の面に火炎を出さないものとして国土交通大臣の認定を受けた時間
	(二)	令和元年国土交通省告示第193号第1第3項第二号に規定する防火設備（(一)に掲げるものを除く。）	90
	(三)	令和元年国土交通省告示第193号第1第9項に規定する75分間防火設備（(一)及び(二)に掲げるものを除く。）	75
	(四)	特定防火設備（(一)から(三)までに掲げるものを除く。）	60
	(五)	令第114条第5項において読み替えて準用する令第112条第21項に規定する構造方法を用いる防火設備又は同項の規定による国土交通大臣の認定を受けた防火設備（(一)から(四)までに掲げるものを除く。）	45
	(六)	令和元年国土交通省告示第194号第2第4項に規定する30分間防火設備（(一)から(五)	30

	までに掲げるものを除く。）	
(七)	法第2条第九号の二ロに規定する防火設備（(一)から(六)までに掲げるものを除く。）	20
(八)	その他のもの	0

Ad(f, st)　火災部分の当該階段隣接室に面する壁に設けられた開口部の開口面積（単位　m²）

Cw(f, st)　避難完了時間に応じ、それぞれ次の表に定める火災部分の当該階段隣接室に面する壁の開口率

避難完了時間	火災部分の当該階段隣接室に面する壁の開口率
t escape ≦ *t fr(w)* である場合	0
t escape > *t fr(w)* である場合	1.0

　この表において、*t escape* 及び *t fr(w)* は、それぞれ次の数値を表すものとする。

t escape　前号に規定する避難完了時間（単位　分）

t fr(w)　当該壁の構造に応じ、それぞれ次の表に定める時間（火災部分にスプリンクラー設備等が設けられている場合にあっては、同表に定める時間に2を乗じた数値。以下「壁保有遮炎時間」という。）（単位　分）

	当該壁の構造	時間
(一)	通常火災終了時間が90分以上である建築物の壁（法第21条第1項に規定する構造方法を用いるもの又は同項の規定による認定を受けた	当該建築物の通常火災終了時間

		ものに限る。）の構造方法を用いる構造	
（二）		特定避難時間が90分以上である建築物の壁（法第27条第1項に規定する構造方法を用いるもの又は同項の規定による認定を受けたものに限る。）の構造方法を用いる構造	当該建築物の特定避難時間
（三）		平成27年国土交通省告示第250号第2第一号イ(1)から(5)までのいずれかに該当する構造（（一）及び（二）に掲げるものを除く。）	90
（四）		令和元年国土交通省告示第193号第1第8項に規定する75分間準耐火構造（（一）から（三）までに掲げるものを除く。）	75
（五）		耐火構造（（一）から（四）までに掲げるものを除く。）	60
（六）	準耐火構造（（一）から（五）までに掲げるものを除く。）	1時間準耐火基準に適合するもの	60
		その他のもの	45
（七）		不燃材料で造り、又は覆われたもの（（一）から（六）までに掲げるものを除く。）	20
（八）		その他のもの	0

$Bw\,(f,st)$　火災部分の当該階段隣接室に面する壁の幅（単位　m）

$Hw(f, st)$　火災部分の当該階段隣接室に面する壁の
高さ（単位　m）

$\rho\,room(f)$　次の式によって計算した避難完了時間が経過した
時における火災部分の煙層密度（以下単に「火災部
分の煙層密度」という。）（単位　kg/m³）

$$\rho\,room(f) = \frac{353}{\Delta Troom(f) + 293}$$

この式において、$\rho\,room(f)$ 及び $\Delta Troom(f)$ は、それ
ぞれ次の数値を表すものとする。

$\rho\,room(f)$　火災部分の煙層密度（単位　kg/m³）

$\Delta Troom(f)$　火災部分の内装仕上げの種類に応じ、
それぞれ次の表に定める避難完了時間が
経過した時における火災部分の煙層上昇
温度（以下単に「火災部分の煙層上昇温
度」という。）（単位　度）

	火災部分の内装仕上げの種類	火災部分の煙層上昇温度
(一)	壁（床面からの高さが1.2m以下の部分を除く。以下この表において同じ。）及び天井の室内に面する部分（回り縁、窓台その他これらに類する部分を除く。以下この表において同じ。）の仕上げを不燃材料でしたもの	860
(二)	壁及び天井の室内に面する部分の仕上げを準不燃材料でしたもの（(一)に掲げるものを除く。）	895
(三)	壁及び天井の室内に面する部分の仕上げを難燃材料でしたもの又は壁の室内に面する部分の仕上げを木材等（平成12年建設省告示第1439号第1第二号に規定する木材等をいう。(四)において同じ。）でし、かつ、天井の室内に面する部分の仕上げを準不燃材料でしたもの（(一)及び(二)に掲げるものを除く。）	910

(四)	壁及び天井の室内に面する部分の仕上げを木材等でした場合（(一)から(三)までに掲げるものを除く。）	1,300

E_{room} (f)　火災部分に設けられた限界煙層高さ有効開口部（壁又は天井に設けられた開口部の床面からの高さが限界煙層高さ以上の部分をいう。以下同じ。）の種類に応じ、それぞれ次の表に掲げる式によって計算した火災部分に設けられた各限界煙層高さ有効開口部及び当該限界煙層高さ有効開口部の開放に伴い開放される火災部分に設けられた他の限界煙層高さ有効開口部のうち当該限界煙層高さ有効開口部からの距離が 30 m 以内であるもの（以下「他の限界煙層高さ有効開口部」という。）の排煙量の合計のうち最小のもの（火災部分に設けられた限界煙層高さ有効開口部の種類が同表(二)に掲げるものである場合にあっては、火災部分に設けられた各限界煙層高さ有効開口部及び他の限界煙層高さ有効開口部の排煙量の合計のうち最小のもの又は火災部分に設けられた給気口（火災部分に設けられた限界煙層高さ有効開口部の開放に伴い開放され又は常時開放状態にある給気口に限る。）の開口面積の合計に 550 を乗じたもののうち、いずれか小さい数値。以下「火災部分の排煙量」という。）（単位　m³/分）

	火災部分に設けられた限界煙層高さ有効開口部の種類	火災部分に設けられた各限界煙層高さ有効開口部の排煙量
(一)	限界煙層高さ有効開口部を排煙口とした場合に、火災部分に設けられた排煙設備が令第126条の3	

第1項第二号、第三号（排煙口の壁における位置に係る部分を除く。）、第四号から第六号まで及び第十号から第十二号までの規定（以下「自然排煙関係規定」という。）に適合し、かつ、火災部分の壁の床面からの高さが限界煙層高さ以下の部分に排煙口の開放に連動して自動的に開放され又は常時開放状態にある給気口が設けられたもの（火災部分に設けられた当該排煙設備以外の排煙設備が同項第二号、第三号(排煙口の壁における位置に

$$e\ room\ (f) = 186\left(\frac{1.205 - \rho\ room\ (f)}{\rho\ room\ (f)}\right)^{1/2} \times max\left\{\frac{As\ (room\ (f))\sqrt{h\ s\ (room\ (f))}}{4}, \frac{As\ (room\ (f))\sqrt{Hc\ (room\ (f)) - Hlim}}{\sqrt{1 + \left(\frac{A's\ (room\ (f))}{Aa\ (room\ (f))}\right)^2}}\right\}$$

係る部分を除く。）、第四号から第七号まで、第八号（排煙口の開口面積に係る部分を除く。）、第九号（空気を排出する能力に係る部分を除く。）及び第十号から第十二号までの規定（以下「機械排煙関係規定」という。）に適合する場合を除く。）

(ニ)	限界煙層高さ有効開口部を排煙口とした場合に、火災部分に設けられた排煙設備が機械排煙関係規定に適合し、かつ、火災部分の壁の床面からの高さが限界煙層高さ以下の部分に排煙口の開放に連動し

	て自動的に開放され又は常時開放状態にある給気口が設けられたもの（排煙口が、厚さが1.5mm以上の鉄板又は鋼板で造り、かつ、厚さが25mm以上のロックウールで覆われた風道に直結するものに限る。）（火災部分に設けられた当該排煙設備以外の排煙設備が自然排煙関係規定に適合する場合を除く。）	$e\,room\,(f) = min\left(w\,room\,(f),\ 3.7 \times 10^4\ \dfrac{\Delta Troom\,(f)}{\rho\,room\,(f)\,(\Delta Troom\,(f)+293)^2}\ (Hc\,(room\,(f)) - Hlim)\,w\,room\,(f)^{3/5}\right)$
（三）	その他の限界煙層高さ有効開口部	$e\,room\,(f) = 0$

この表において、$e\,room\,(f)$、$\rho\,room\,(f)$、$As\,(room\,(f))$、$h\,s\,(room\,(f))$、$Hc\,(room\,(f))$、$Hlim$、$A's\,(room\,(f))$、$Aa\,(room\,(f))$、$w\,room\,(f)$ 及び $\Delta Troom\,(f)$ は、それぞれ次の数値を表すものとする。

　　$e\,room\,(f)$　　　火災部分に設けられた各限界煙層高さ有効開口部の排煙量（単位　m^3/分）

　　$\rho\,room\,(f)$　　　火災部分の煙層密度（単位　kg/m^3）

　　$As\,(room\,(f))$　　当該限界煙層高さ有効開口部の開口面

935

積（単位　m²）

$h s (room (f))$　　　当該限界煙層高さ有効開口部の上端と
下端の垂直距離（単位　m）

$Hc (room (f))$　　　火災部分の基準点から当該限界煙層高
さ有効開口部の中心までの高さ（単位
m）

$Hlim$　　　　　　　限界煙層高さ（単位　m）

$A's (room (f))$　　　当該限界煙層高さ有効開口部及び他の
限界煙層高さ有効開口部の開口面積の合
計（単位　m²）

$Aa (room (f))$　　　火災部分に設けられた給気口（当該限
界煙層高さ有効開口部の開放に伴い開放
され又は常時開放状態にある給気口に限
る。）の開口面積の合計（単位　m²）

$w room (f)$　　　　当該限界煙層高さ有効開口部の排煙機
の空気を排出することができる能力（単
位　m³/分）

$\Delta T room (f)$　　　火災部分の煙層上昇温度（単位　度）

$Cd (f, st)$　　　　　火災部分の当該階段隣接室に面する壁に
設けられた開口部の開口率

$Ad (f, st)$　　　　　火災部分の当該階段隣接室に面する壁に
設けられた開口部の開口面積（単位　m²）

$Aa (room (st), f)$　　当該階段隣接室に設けられた給気口（火
災部分に設けられた限界煙層高さ有効開口
部の開放に伴い開放され又は常時開放状態
にあるものに限る。）の開口面積の合計（単
位　m²）

$Aa (room (f))$　　　火災部分に設けられた給気口（火災部分
に設けられた限界煙層高さ有効開口部の開
放に伴い開放され又は常時開放状態にある
ものに限る。）の開口面積の合計（単位　m²）

$\Delta T room (f)$　　　火災部分の煙層上昇温度（単位　度）

$Qroom (m (st))$　　次の式によって計算した火災部分から階
段隣接室中間部分（火災部分から当該階段
隣接室に至る経路の部分をいう。以下同
じ。）への噴出熱気流の運搬熱量（単位
kW）

$$Qroom(m(st)) = \max\Big\{m\,d(f,m(st)) -$$

$$\frac{0.005\,\rho\,room(f)\,Eroom(f) \times \min}{\min(\sum Cd(f,m(st))\,Ad(f,m(st)),}$$

$$\frac{(\sum Cd(f,m(st))\,Ad(f,m(st)),\;\;Aa(room(m(st)),f)}{Aa(room(m(st)),f) + Aa(room(f))},$$

$$0\Big\} \times \Delta Troom(f)$$

この式において、$Qroom(m(st))$、$m\,d(f,m(st))$、$\rho\,room(f)$、$Eroom(f)$、$Cd(f,m(st))$、$Ad(f,m(st))$、$Aa(room(m(st)),f)$、$Aa(room(f))$ 及び $\Delta Troom(f)$ は、それぞれ次の数値を表すものとする。

$Qroom(m(st))$　　火災部分から階段隣接室中間部分への噴出熱気流の運搬熱量（単位　kW）

$m\,d(f,m(st))$　　次の式によって計算した火災部分から階段隣接室中間部分への噴出熱気流の質量流量（単位　kg/秒）

$$m\,d(f,m(st)) = 0.5\,Hd(f,m(st))(max)^{1/2}$$
$$\sum Cd(f,m(st))\,Ad(f,m(st)) +$$
$$0.5\sum Cw(f,m(st))\,Bw(f,m(st))\,Hw(f,m(st))^{3/2}$$

この式において、$m\,d(f,m(st))$、$Hd(f,m(st))$ (max)、$Cd(f,m(st))$、$Ad(f,m(st))$、$Cw(f,m(st))$、$Bw(f,m(st))$ 及び $Hw(f,m(st))$ は、それぞれ次の数値を表すものとする。

$m\,d(f,m(st))$　　　火災部分から階段隣接室中間部分への噴出熱気流の質量流量（単位　kg/秒）

$Hd(f,m(st))(max)$　火災部分の階段隣接室中間部分に面する壁に設けられた各開口部の下端のうち最も低い位置から当該各開口部の上端のうち最も高い位置までの高さ（単位　m）

$Cd(f,m(st))$　　　　避難完了時間及び火災部分の階段隣接室中間部

分に面する壁に設けられた開口部の種類に応じ、それぞれ次の表に定める火災部分の階段隣接室中間部分に面する壁に設けられた開口部の開口率

避難完了時間	火災部分の階段隣接室中間部分に面する壁に設けられた開口部の種類	火災部分の階段隣接室中間部分に面する壁に設けられた開口部の開口率
$t\,escape \leqq t\,fr(d)$ である場合	令第112条第19項第一号に規定する構造である防火設備（同項第二号に規定する構造であるものを除く。）が設けられたもの	0.01
	令第112条第19項第二号に規定する構造である防火設備が設けられたもの	0.001
	その他のもの	1.0
$t\,escape > t\,fr(d)$ である場合	−	1.0

この表において、$t\,escape$ 及び $t\,fr(d)$

は、それぞれ次の数値を表すものとする。

$t\,escape$　前号に規定する避難完了時間（単位　分）

$t\,fr(d)$　防火設備保有遮炎時間（単位　分）

$Ad(f,m(st))$　火災部分の階段隣接室中間部分に面する壁に設けられた開口部の開口面積（単位　m²）

$Cw(f,m(st))$　避難完了時間に応じ、それぞれ次の表に定める火災部分の階段隣接室中間部分に面する壁の開口率

避難完了時間	火災部分の階段隣接室中間部分に面する壁の開口率
$t\,escape \leqq t\,fr(w)$ である場合	0
$t\,escape > t\,fr(w)$ である場合	1.0

この表において、$t\,escape$ 及び $t\,fr(w)$ は、それぞれ次の数値を表すものとする。

$t\,escape$　前号に規定する避難完了時間（単位　分）

$t\,fr(w)$　壁保有遮炎時間（単位　分）

$Bw(f,m(st))$　火災部分の階段隣接室中間部分に面する壁の幅（単位　m）

$Hw(f,m(st))$　火災部分の階段隣接室中間部分に面する壁の高さ（単位　m）

$\rho\,room(f)$　火災部分の煙層密度（単位　kg/m³）

$Eroom(f)$　火災部分の排煙量（単位　m³

/分）

$Cd(f, m(st))$　　　　火災部分の階段隣接室中間部
　　　　　　　　　　分に面する壁に設けられた開口
　　　　　　　　　　部の開口率

$Ad(f, m(st))$　　　　火災部分の階段隣接室中間部
　　　　　　　　　　分に面する壁に設けられた開口
　　　　　　　　　　部の開口面積（単位　m²）

$Aa(room(m(st)), f)$　階段隣接室中間部分に設けら
　　　　　　　　　　れた給気口（火災部分に設けら
　　　　　　　　　　れた限界煙層高さ有効開口部の
　　　　　　　　　　開放に伴い開放され又は常時開
　　　　　　　　　　放状態にあるものに限る。）の開
　　　　　　　　　　口面積の合計（単位　m²）

$Aa(room(f))$　　　　火災部分に設けられた給気口
　　　　　　　　　　（火災部分に設けられた限界煙
　　　　　　　　　　層高さ有効開口部の開放に伴い
　　　　　　　　　　開放され又は常時開放状態にあ
　　　　　　　　　　るものに限る。）の開口面積の合
　　　　　　　　　　計（単位　m²）

$\Delta Troom(f)$　　　　火災部分の煙層上昇温度（単
　　　　　　　　　　位　度）

$Aw(room(m(st)))$　　階段隣接室中間部分の壁（基準点からの
　　　　　　　　　　高さが天井の高さの $\frac{1}{2}$ 以下の部分を除く。）
　　　　　　　　　　及び天井の室内に面する部分の表面積（単
　　　　　　　　　　位　m²）

$m\,d(m(st), st)$　　　次の式によって計算した階段隣接室中間
　　　　　　　　　　部分から当該階段隣接室への噴出熱気流の
　　　　　　　　　　質量流量（単位　kg/秒）

$m\,d(m(st), st) =$

$$0.5 Hd(m(st), st)(max)^{1/2} \sum Cd(m(st), st) \, Ad(m(st), st)$$

$$+ 0.5 \sum Cw(m(st), st) \, Bw(m(st), st) \, Hw(m(st), st)^{3/2}$$

この式において、$m\,d(m(st), st)$、$Hd(m(st), st)(max)$、
$Cd(m(st), st)$、　　　$Ad(m(st), st)$、　　　$Cw(m(st), st)$、
$Bw(m(st), st)$ 及び $Hw(m(st), st)$ は、それぞれ次の数
値を表すものとする。

$m\,d(m(st), st)$　　　階段隣接室中間部分から当該階
　　　　　　　　　　段隣接室への噴出熱気流の質量流

量（単位　kg/秒）

$Hd(m(st),st)(max)$　階段隣接室中間部分の当該階段隣接室に面する壁に設けられた各開口部の下端のうち最も低い位置から当該各開口部の上端のうち最も高い位置までの高さ（単位　m）

$Cd(m(st),st)$　　避難完了時間及び階段隣接室中間部分の当該階段隣接室に面する壁に設けられた開口部の種類に応じ、それぞれ次の表に定める階段隣接室中間部分の当該階段隣接室に面する壁に設けられた開口部の開口率

避難完了時間	階段隣接室中間部分の当該階段隣接室に面する壁に設けられた開口部の種類	階段隣接室中間部分の当該階段隣接室に面する壁に設けられた開口部の開口率
$t\ escape \leqq$ $t\,fr(d)$ である場合	令第112条第19項第一号に規定する構造である防火設備（同項第二号に規定する構造であるものを除く。）が設けられたもの	0.01
	令第112条第19項第二号に規定する構造である防火設備が設けられたもの	0.001
	その他のもの	1.0
$t\ escape >$ $t\,fr(d)$ である場合	－	1.0

　この表において、$t\ escape$ 及び $t\,fr(d)$ は、それぞれ次の数値を表すものとする。

　$t\ escape$　前号に規定する避難完了時間（単位

分）

$t\,fr\,(d)$　防火設備保有遮炎時間（単位　分）

$Ad\,(m\,(st),st)$　階段隣接室中間部分の当該階段隣接室に面する壁に設けられた開口部の開口面積（単位　m²）

$Cw\,(m\,(st),st)$　避難完了時間に応じ、それぞれ次の表に定める階段隣接室中間部分の当該階段隣接室に面する壁の開口率

避難完了時間	階段隣接室中間部分の当該階段隣接室に面する壁の開口率
$t\,escape \leqq t\,fr\,(w)$ である場合	0
$t\,escape > t\,fr\,(w)$ である場合	1.0

この表において、$t\,escape$ 及び $t\,fr\,(w)$ は、それぞれ次の数値を表すものとする。

$t\,escape$　　前号に規定する避難完了時間（単位　分）

$t\,fr\,(w)$　　壁保有遮炎時間（単位　分）

$Bw\,(m\,(st),st)$　階段隣接室中間部分の当該階段隣接室に面する壁の幅（単位　m）

$Hw\,(m\,(st),st)$　階段隣接室中間部分の当該階段隣接室に面する壁の高さ（単位　m）

$\Delta Troom\,(m\,(st))$　次の式によって計算した避難完了時間が経過した時における階段隣接室中間部分の煙層上昇温度（以下単に「階段隣接室中間部分の煙層上昇温度」という。）（単位　度）

$$\Delta Troom(m\,(st)) =$$
$$min\left(\frac{Qroom(m\,(st))}{0.04\,Qroom\,(m\,(st))^{1/3}Hroom\,(m\,(st))^{5/3}} \right.$$
$$\left. \overline{+0.015\,Aw\,(room\,(m\,(st)))}, \quad \Delta Troom\,(f) \right)$$

この式において、$\Delta Troom\,(m\,(st))$、$Qroom\,(m\,(st))$、$Hroom\,(m\,(st))$、$Aw\,(room\,(m\,(st)))$ 及び $\Delta Troom\,(f)$ はそれぞれ次の数値を表すものとする。

$\Delta Troom\,(m\,(st))$　　　階段隣接室中間部分の煙層上昇
温度（単位　度）

$Qroom\,(m\,(st))$　　　火災部分から階段隣接室中間部
分への噴出熱気流の運搬熱量（単
位　kW）

$Hroom\,(m\,(st))$　　　階段隣接室中間部分の基準点か
ら天井までの高さの平均（単位
m）

$Aw\,(room\,(m\,(st)))$　　階段隣接室中間部分の壁（基準
点からの高さが天井の高さの$\dfrac{1}{2}$
以下の部分を除く。）及び天井の
室内に面する部分の表面積（単位
m²）

$\Delta Troom\,(f)$　　　火災部分の煙層上昇温度（単位
度）

$Hlim$　　　　限界煙層高さ（単位　m）

$Aw\,(room\,(st))$　　当該階段隣接室の壁（基準点からの高さが限界煙層
高さ以下の部分を除く。）及び天井の室内に面する部
分の表面積（単位　m²）

$\Delta Troom\,(f)$　　火災部分の煙層上昇温度（単位　度）

$\Delta Troom\,(m\,(st))$　階段隣接室中間部分の煙層上昇温度（単位　度）

$t\,pass$　　　前号ロに規定する出口通過時間（単位　分）

$Qroom\,(st)$　　火災部分から当該階段隣接室への噴出熱気流の運搬熱量（単位
kW）

$\rho\,room\,(st)$　　　次の式によって計算した避難完了時間が経過した時における当
該階段隣接室の煙層密度（以下単に「階段隣接室の煙層密度」と
いう。）（単位　kg/m³）

$$\rho\,room\,(st) = \frac{353}{\Delta Troom\,(st) + 293}$$

この式において、$\rho\,room\,(st)$ 及び $\Delta Troom\,(st)$ は、それぞれ次の数値
を表すものとする。

$\rho\,room\,(st)$　　階段隣接室の煙層密度（単位　kg/m³）

$\Delta Troom\,(st)$　階段隣接室の煙層上昇温度（単位　度）

$Eroom\,(st)$　　当該階段隣接室に設けられた限界煙層高さ有効開口部の種類に
応じ、それぞれ次の表に掲げる式によって計算した当該階段隣接
室に設けられた各限界煙層高さ有効開口部及び他の限界煙層高さ
有効開口部の排煙量の合計のうち最小のもの（当該階段隣接室に
設けられた限界煙層高さ有効開口部の種類が同表㈡に掲げるもの

である場合にあっては、当該階段隣接室に設けられた各限界煙層層高さ有効開口部及び他の限界煙層高さ有効開口部の排煙量の合計のうち最小のもの又は当該階段隣接室に設けられた給気口(当該階段隣接室に設けられた限界煙層高さ有効開口部の開放に伴い開放され又は常時開放状態にある給気口に限る。)の開口面積の合計に550を乗じたもののうち、いずれか小さい数値。以下「階段隣接室の排煙量」という。)(単位　m³/分)

	当該階段隣接室に設けられた限界煙層高さ有効開口部の種類	当該階段隣接室に設けられた各限界煙層高さ有効開口部の排煙量
(一)	限界煙層高さ有効開口部を排煙口とした場合に、当該階段隣接室に設けられた排煙設備が自然排煙関係規定に適合し、かつ、当該階段隣接室の壁の床面からの高さが限界煙層高さ以下の部分に排煙口の開放に連動して自動的に開放され又は常時開放状態にある給気口が設けられたもの（当該階段隣接室に設けられた当該排煙設備以外の排煙設備が機械排煙関係規定に適合する場合を除く。）	$e\,room\,(st) = 186 \left(\dfrac{1.205 - \rho\,room\,(st)}{\rho\,room\,(st)} \right)^{1/2}$ $\times max \left\{ \dfrac{As\,(room\,(st))\sqrt{h\,s\,(room\,(st))}}{4}, \right.$ $\left. \dfrac{As\,(room\,(st))\sqrt{Hc\,(room\,(st)) - Hlim}}{\sqrt{1 + \left(\dfrac{A's\,(room\,(st))}{Aa\,(room\,(st))} \right)^2}} \right\}$
(二)	限界煙層高さ有効開口部を排煙口とした場合に、当該階段隣接室に設けられた排煙設備が機械排煙関係規定に適合し、かつ、当該階段隣接室の壁の床面からの高さが限界煙層高さ以下の部分に排煙口の開放に連動して自動的に開放され又は常時開放状態にある給気口が設けられたもの（当該階段隣接室に設けられた当該排	$e\,room\,(st) = min \left\{ w\,room\,(st), 3.7 \right.$ $\times 10^4 \dfrac{\Delta Troom\,(st)}{\rho\,room\,(st)\,(\Delta Troom\,(st) + 293)^2}$ $\left. (Hc\,(room\,(st)) - Hlim)\,w\,room\,(st)^{3/5} \right\}$

	煙設備以外の排煙設備が自然排煙関係規定に適合する場合を除く。）	
（三）	その他の限界煙層高さ有効開口部	$e\,room\,(st) = 0$

　この表において、$e\,room\,(st)$、$\rho\,room\,(st)$、$As\,(room\,(st))$、$h\,s\,(room\,(st))$、$Hc\,(room\,(st))$、$Hlim$、$A's\,(room\,(st))$、$Aa\,(room\,(st))'$、$w\,room\,(st)$ 及び $\Delta Troom\,(st)$ は、それぞれ次の数値を表すものとする。

$e\,room\,(st)$　　　当該階段隣接室に設けられた各限界煙層高さ有効開口部の排煙量（単位　m³/分）

$\rho\,room\,(st)$　　　階段隣接室の煙層密度（単位　kg/m³）

$As\,(room\,(st))$　当該限界煙層高さ有効開口部の開口面積（単位　m²）

$h\,s\,(room\,(st))$　当該限界煙層高さ有効開口部の上端と下端の垂直距離（単位　m）

$Hc\,(room\,(st))$　当該階段隣接室の基準点から当該限界煙層高さ有効開口部の中心までの高さ（単位　m）

$Hlim$　　　　　限界煙層高さ（単位　m）

$A's\,(room\,(st))$　当該限界煙層高さ有効開口部及び他の限界煙層高さ有効開口部の開口面積の合計（単位　m²）

$Aa\,(room\,(st))'$　当該階段隣接室に設けられた給気口（当該限界煙層高さ有効開口部の開放に伴い開放され又は常時開放状態にある給気口に限る。）の開口面積の合計（単位　m²）

$w\,room\,(st)$　　　当該限界煙層高さ有効開口部の排煙機の空気を排出することができる能力（単位　m³/分）

$\Delta Troom\,(st)$　　　階段隣接室の煙層上昇温度（単位　度）

$Hroom\,(st)$　　　当該階段隣接室の基準点から天井までの高さの平均（単位　m）

$Vs\,(room\,(st))$　　　次の式によって計算した当該階段隣接室の煙等発生量（単位　m³/分）

$$Vs\,(room\,(st)) = \frac{4.2\,Qroom\,(st)^{1/3}\{(Hroom\,(st) + h\,room\,(st))^{5/3} + (Hlim + h\,room\,(st))^{5/3}\}}{\rho\,room\,(st)}$$

　この式において、$Vs\,(room\,(st))$、$Qroom\,(st)$、$Hroom\,(st)$、$h\,room\,(st)$、$Hlim$ 及び $\rho\,room\,(st)$ は、それぞれ次の数値を表すものとする。

$Vs\,(room\,(st))$　当該階段隣接室の煙等発生量（単位　m³/分）

$Qroom\,(st)$　　　火災部分から当該階段隣接室への噴出熱気流の運搬熱量（単位　kW）

$Hroom(st)$　　当該階段隣接室の基準点から天井までの高さの平均（単位　m）

$h\,room(st)$　　当該階段隣接室の床面の最も低い位置から基準点までの高さ（単位　m）

$Hlim$　　　　限界煙層高さ（単位　m）

$\rho\,room(st)$　　階段隣接室の煙層密度（単位　kg/m³）

$Ve(room(st))$　次の式によって計算した当該階段隣接室の有効排煙量（単位　m³/分）

$$Ve(room(st)) = min\left(1.5\,Aroom(st)^{-0.15},\ 0.8\right) \times \left(\frac{\overline{Hst(room(st))} - Hlim}{Htop(room(st)) - Hlim}\right) Eroom(st)$$

この式において、$Ve(room(st))$、$Aroom(st)$、$\overline{Hst(room(st))}$、$Hlim$、$Htop(room(st))$ 及び $Eroom(st)$ は、それぞれ次の数値を表すものとする。

$Ve(room(st))$　　当該階段隣接室の有効排煙量（単位　m³/分）

$Aroom(st)$　　　当該階段隣接室の床面積（単位　m²）

$\overline{Hst(room(st))}$　当該階段隣接室の基準点から当該階段隣接室に設けられた各限界煙層高さ有効開口部の上端までの高さの平均（単位　m）

$Hlim$　　　　　限界煙層高さ（単位　m）

$Htop(room(st))$　当該階段隣接室の基準点から天井までの高さのうち最大のもの（単位　m）

$Eroom(st)$　　　階段隣接室の排煙量（単位　m³/分）

$Aroom(st)$　　当該階段隣接室の床面積（単位　m²）

$Hlim$　　　限界煙層高さ（単位　m）

$Zroom(ev)$　　避難完了時間、当該階段避難経路の部分の種類、避難完了時間が経過した時における当該階段避難経路の部分の煙層上昇温度（以下単に「階段避難経路の部分の煙層上昇温度」という。）及び火災部分から当該階段避難経路の部分への噴出熱気流の運搬熱量に応じ、それぞれ次の表に掲げる式によって計算した階段避難経路の部分の煙層下端高さのうち最小のもの（単位　m）

避難完了時間	当該階段避難経路の部分の	階段避難経路の部分の煙層上昇温度	火災部分から当該階段避難経路の部分への噴出熱気流の運搬熱量	階段避難経路の部分の煙層下端高さ

種類					
$t_{escape}>t_{fr(room)}$である場合	−	−	−		$Z_{room(ev),i}=0$
$t_{escape}\leqq t_{fr(room)}$である場合	直通階段の付室	−	−		$Z_{room(ev),i}=1.8$
	その他のもの	$\Delta T_{room(ev)}>180$である場合	−	−	$Z_{room(ev),i}=0$
		$\Delta T_{room(ev)}\leqq180$である場合	$\Delta T_{room(ev)}\leqq\sqrt{\dfrac{500}{3\,t_{pass}}}$である場合	−	$Z_{room(ev),i}=1.8$
			$\Delta T_{room(ev)}>\sqrt{\dfrac{500}{3\,t_{pass}}}$である場合	$Q_{room(ev)}\leqq\left(\dfrac{\rho_{room(ev)}}{22.4}E_{room(ev)}\right)^3$である場合	$Z_{room(ev),i}=1.8$
				$Q_{room(ev)}>\left(\dfrac{\rho_{room(ev)}}{22.4}E_{room(ev)}\right)^3$である場合	$Z_{room(ev),i}=\max\left[H_{room(ev)}-\dfrac{\max\left(V_{s(room(ev))}-V_{e(room(ev))},\,0.01\right)}{A_{room(ev)}}\times\left(t_{escape}-\dfrac{5}{3}\right),\ 0\right]$

　この表において、t_{escape}、$t_{fr(room)}$、$Z_{room(ev),i}$、$\Delta T_{room(ev)}$、t_{pass}、$Q_{room(ev)}$、$\rho_{room(ev)}$、$E_{room(ev)}$、$H_{room(ev)}$、$V_{s(room(ev))}$、$V_{e(room(ev))}$及び$A_{room(ev)}$は、それぞれ次の数値を表すものとする。

　t_{escape}　　　　前号に規定する避難完了時間（単位　分）

$t\,fr\,(room)$　　　火災部分保有遮炎時間（単位　分）

$Zroom\,(ev),i$　　階段避難経路の部分の煙層下端高さ（単位　m）

$\Delta Troom\,(ev)$　　当該階段避難経路の部分の種類に応じ、それぞれ次の表に掲げる式によって計算した階段避難経路の部分の煙層上昇温度（単位　度）

当該階段避難経路の部分の種類	階段避難経路の部分の煙層上昇温度
火災部分に隣接する部分	$\Delta Troom\,(ev) = min$ $\left(\dfrac{Qroom\,(ev)}{0.37Qroom\,(ev)^{1/3}+0.015Aw\,(room\,(ev))},\ \Delta Troom\,(f) \right)$
その他のもの（火災部分又は火災部分の一部であるものを除く。）	$\Delta Troom\,(ev) = min$ $\Big(\dfrac{Qroom\,(ev)}{0.37Qroom\,(ev)^{1/3}+0.015Aw\,(room\,(ev))},$ $\Delta Troom(m(ev)) \Big)$

　この表において、$\Delta Troom\,(ev)$、$Qroom\,(ev)$、$Aw\,(room\,(ev))$、$\Delta Troom\,(f)$ 及び $\Delta Troom(m\,(ev))$ は、それぞれ次の数値を表すものとする。

$\Delta Troom\,(ev)$　階段避難経路の部分の煙層上昇温度（単位　度）

$Qroom\,(ev)$　　当該階段避難経路の部分の種類に応じ、それぞれ次の表に掲げる式によって計算した火災部分から当該階段避難経路の部分への噴出熱気流の運搬熱量（単位　kW）

当該階段避難経路の部分の種類	火災部分から当該階段避難経路の部分への噴出熱気流の運搬熱量
火災部分に隣接する部分	$Qroom\,(ev) = max\Big\{ m\,d\,(f,ev) -$ $\dfrac{0.005\rho\,room\,(f)\,Eroom\,(f) \times min\,(\sum Cd\,(f,ev)}{min\,(\sum Cd\,(f,ev)\,Ad\,(f,ev),\ Aa\,(room\,(ev),f))}$ $\dfrac{Ad\,(f,ev),\ Aa\,(room\,(ev),f)}{+Aa\,(room\,(f))},\ 0\Big\} \times \Delta Troom\,(f)$
その他のもの（火災部分又は火災部	$Qroom\,(ev) = min\Big\{ max\Big(Qroom\,(m\,(ev)) -$ $0.015Aw\,(room\,(m\,(ev))),\ 0\Big),$

$$m\,d\,(m\,(ev),ev)\,\Delta Troom\,(m\,(ev))\,\Big\}$$

この表において、$Qroom\,(ev)$、$m\,d\,(f,ev)$、$\rho\,room\,(f)$、$Eroom$ (f)、$Cd\,(f,ev)$、$Ad\,(f,ev)$、$Aa\,(room\,(ev),f)$、$Aa\,(room\,(f))$、$\Delta Troom\,(f)$、$Qroom\,(m\,(ev))$、$Aw\,(room\,(m\,(ev)))$、$m\,d\,(m\,(ev),ev)$ 及び $\Delta Troom\,(m\,(ev))$ は、それぞれ次の数値を表すものとする。

$Qroom\,(ev)$　　火災部分から当該階段避難経路の部分への噴出
熱気流の運搬熱量（単位　kW）

$m\,d\,(f,ev)$　　次の式によって計算した火災部分から当該階段
避難経路の部分への噴出熱気流の質量流量（単位
kg/秒）

$$m\,d\,(f,ev)=0.5Hd\,(f,ev)\,(max)^{1/2}\sum Cd\,(f,ev)\,Ad\,(f,ev)+$$
$$0.5\sum Cw\,(f,ev)\,Bw\,(f,ev)\,Hw\,(f,ev)^{3/2}$$

この式において、$m\,d\,(f,ev)$、$Hd\,(f,ev)\,(max)$、$Cd\,(f,ev)$、$Ad\,(f,ev)$、$Cw\,(f,ev)$、$Bw\,(f,ev)$ 及び $Hw\,(f,ev)$ は、それぞれ次の数値を表すものとする。

$m\,d\,(f,ev)$　　　　　火災部分から当該階段避難経路の
部分への噴出熱気流の質量流量（単
位　kg/秒）

$Hd\,(f,ev)\,(max)$　　火災部分の当該階段避難経路の部
分に面する壁に設けられた各開口部
の下端のうち最も低い位置から当該
各開口部の上端のうち最も高い位置
までの高さ（単位　m）

$Cd\,(f,ev)$　　　　　避難完了時間及び火災部分の当該
階段避難経路の部分に面する壁に設
けられた開口部の種類に応じ、それ
ぞれ次の表に定める火災部分の当該
階段避難経路の部分に面する壁に設
けられた開口部の開口率

	火災部分の当該階段避難経路の部分に面する壁に設けられた開	火災部分の当該階段避難経路の部分に面する壁に設けられた開
避難完了時間		

口部の種類	口部の開口率
$t\,escape \leqq$ $t\,fr(d)$ である場合	令第112条第19項第一号に規定する構造である防火設備（同項第二号に規定する構造であるものを除く。）が設けられたもの	0.01
	令第112条第19項第二号に規定する構造である防火設備が設けられたもの	0.001
	その他のもの	1.0
$t\,escape >$ $t\,fr(d)$ である場合	－	1.0

この表において、$t\,escape$ 及び $t\,fr(d)$ は、それぞれ次の数値を表すものとする。

$t\,escape$　前号に規定する避難完了時間（単位　分）

$t\,fr(d)$　防火設備保有遮炎時間（単位　分）

$Ad(f,ev)$　火災部分の当該階段避難経路の部分に面する壁に設けられた開口部の開口面積（単位　m²）

$Cw(f,ev)$　避難完了時間に応じ、それぞれ次に定める火災部分の当該階段避難経路の部分に面する壁の開口率

避難完了時間	火災部分の当該階段避難経路の部分に面する壁の開口率
$t\,escape \leqq t\,fr(w)$ である場合	0
$t\,escape > t\,fr(w)$ である場合	1.0

> この表において、$t\,escape$ 及び $t\,fr(w)$ は、それぞれ次の数値を表すものとする。
>
> $t\,escape$　前号に規定する避難完了時間（単位　分）
>
> $t\,fr(w)$　壁保有遮炎時間（単位　分）

$Bw(f,ev)$　火災部分の当該階段避難経路の部分に面する壁の幅（単位　m）

$Hw(f,ev)$　火災部分の当該階段避難経路の部分に面する壁の高さ（単位　m）

$\rho\,room(f)$　　火災部分の煙層密度（単位　kg/m³）

$Eroom(f)$　　火災部分の排煙量（単位　m³/分）

$Cd(f,ev)$　　火災部分の当該階段避難経路の部分に面する壁に設けられた開口部の開口率

$Ad(f,ev)$　　火災部分の当該階段避難経路の部分に面する壁に設けられた開口部の開口面積（単位　m²）

$Aa(room(ev),f)$　当該階段避難経路の部分に設けられた給気口（火災部分に設けられた限界煙層高さ有効開口部の開放に伴い開放され又は常時開放状態にあるものに限る。）の開口面積の合計（単位　m²）

$Aa(room(f))$　　火災部分に設けられた給気口（火災部分に設けられた限界煙層高さ有効開口部の開放に伴い開放され又は常時開放状態にあるものに限る。）の開口面積の合計（単位　m²）

$\Delta Troom(f)$　　火災部分の煙層上昇温度（単位　度）

$Qroom(m(ev))$　次の式によって計算した火災部分から階段避難経路中間部分（火災部分から当該階段避難経路の部分に至る経路の部分をいう。以下同じ。）への噴出熱気流の運搬熱量（単位　kW）

$$Qroom(m(ev)) = max\left\{m\,d(f,m(ev))\right.$$

$$-\frac{0.005\,\rho\,room(f)\,Eroom(f) \times min\,(\sum Cd(f,m(ev))}{min\,(\sum Cd(f,m(ev))\,Ad(f,m(ev)),}$$

$$\left.\frac{Ad(f,m(ev)),\ Aa(room(m(ev)),f))}{Aa(room(m(ev)),f) + Aa(room(f))},\ 0\right\}$$

$$\times \Delta Troom(f)$$

この式において、$Qroom\,(m\,(ev))$、$m\,d\,(f,m\,(ev))$、$\rho\,room\,(f)$、$Eroom\,(f)$、$Cd\,(f,m\,(ev))$、$Ad\,(f,m\,(ev))$、$Aa\,(room\,(m\,(ev))\,,f)$、$Aa\,(room\,(f))$ 及び $\Delta Troom\,(f)$ は、それぞれ次の数値を表すものとする。

$Qroom\,(m\,(ev))$　火災部分から階段避難経路中間部分への噴出熱気流の運搬熱量（単位　kW）

$m\,d\,(f,m\,(ev))$　次の式によって計算した火災部分から階段避難経路中間部分への噴出熱気流の質量流量（単位　kg/秒）

$$m\,d\,(f,m\,(ev))=0.5Hd\,(f,m\,(ev))\,(max)^{1/2}$$
$$\sum Cd\,(f,m\,(ev))\,Ad\,(f,m\,(ev))+$$
$$0.5\sum Cw\,(f,m\,(ev))\,Bw\,(f,m\,(ev))\,Hw\,(f,m\,(ev))^{3/2}$$

この式において、$m\,d\,(f,m\,(ev))$、$Hd\,(f,m\,(ev))$ (max)、$Cd\,(f,m\,(ev))$、$Ad\,(f,m\,(ev))$、$Cw\,(f,m\,(ev))$、$Bw\,(f,m\,(ev))$ 及び $Hw\,(f,m\,(ev))$ は、それぞれ次の数値を表すものとする。

$m\,d\,(f,m\,(ev))$　　火災部分から階段避難経路中間部分への噴出熱気流の質量流量（単位　kg/秒）

$Hd\,(f,m\,(ev))\,(max)$　火災部分の階段避難経路中間部分に面する壁に設けられた各開口部の下端のうち最も低い位置から当該各開口部の上端のうち最も高い位置までの高さ（単位　m）

$Cd\,(f,m\,(ev))$　　避難完了時間及び火災部分の階段避難経路中間部分に面する壁に設けられた開口部の種類に応じ、それぞれ次の表に定める火災部分の階段避難経路中間部分に面する壁に設けられた開口部の開口率

避難完了時間	火災部分の階段避難経路中間部分に面する壁に設けられた開口部の種類	火災部分の階段避難経路中間部分に面する壁に設けられた開口部の開口率
$t\,escape \leqq t\,fr(d)$ である場合	令第112条第19項第一号に規定する構造である防火設備（同項第二号に規定する構造であるものを除く。）が設けられたもの	0.01
	令第112条第19項第二号に規定する構造である防火設備が設けられたもの	0.001
	その他のもの	1.0
$t\,escape > t\,fr(d)$ である場合	−	1.0

　この表において、$t\,escape$ 及び $t\,fr(d)$ は、それぞれ次の数値を表すものとする。

　　$t\,escape$　前号に規定する避難完了時間（単位　分）

　　$t\,fr(d)$　防火設備保有遮炎時間（単位　分）

$Ad(f, m(ev))$　　火災部分の階段避難経路中間部分に面する壁に設けられた開口部の開口面積（単位　m²）

$Cw(f, m(ev))$　　避難完了時間に応じ、それぞれ次の表に定める火災部分の階段避難経路中間部分に面する壁の開口率

避難完了時間	火災部分の階段避難経路中間部分に面する壁の開口率
$t\,escape \leqq t\,fr(w)$ である場合	0
$t\,escape > t\,fr(w)$ である場合	1.0

　この表において、$t\,escape$ 及び $t\,fr(w)$ は、それぞれ次の数値を表すものとする。

　$t\,escape$　前号に規定する避難完了時間（単位　分）

　$t\,fr(w)$　壁保有遮炎時間（単位　分）

$Bw(f, m(ev))$　　火災部分の階段避難経路中間部分に面する壁の幅（単位　m）

$Hw(f, m(ev))$　　火災部分の階段避難経路中間部分に面する壁の高さ（単位　m）

$\rho\,room(f)$　　火災部分の煙層密度（単位　kg/m³）

$Eroom(f)$　　火災部分の排煙量（単位　m³/分）

$Cd(f, m(ev))$　　火災部分の階段避難経路中間部分に面する壁に設けられた開口部の開口率

$Ad(f, m(ev))$　　火災部分の階段避難経路中間部分に面する壁に設けられた開口部の開口面積（単位　m²）

$Aa_{(room(m(ev)),f)}$　階段避難経路中間部分に設けられた給気口（火災部分に設けられた限界煙層高さ有効開口部の開放に伴い開放され又は常時開放状態にあるものに限る。）の開口面積の合計（単位　m²）

$Aa_{(room(f))}$　　火災部分に設けられた給気口（火災部分に設けられた限界煙層高さ有効開口部の開放に伴い開放され又は常時開放状態にあるものに限る。）の開口面積の合計（単位　m²）

$\Delta Troom_{(f)}$　　　火災部分の煙層上昇温度（単位　度）

$Aw_{(room(m(ev)))}$　階段避難経路中間部分の壁（基準点からの高さが天井の高さの $\frac{1}{2}$ 以下の部分を除く。）及び天井の室内に面する部分の表面積（単位　m²）

$m\,d_{(m(ev),ev)}$　　次の式によって計算した階段避難経路中間部分から当該階段避難経路の部分への噴出熱気流の質量流量（単位　kg/秒）

$$m\,d_{(m(ev),ev)}=0.5Hd_{(m(ev),ev)(max)}^{1/2}$$
$$\sum Cd_{(m(ev),ev)}\,Ad_{(m(ev),ev)}+0.5\sum Cw_{(m(ev),ev)}$$
$$Bw_{(m(ev),ev)}\,Hw_{(m(ev),ev)}^{3/2}$$

この式において、$m\,d_{(m(ev),ev)}$、$Hd_{(m(ev),ev)(max)}$、$Cd_{(m(ev),ev)}$、　$Ad_{(m(ev),ev)}$、　$Cw_{(m(ev),ev)}$、$Bw_{(m(ev),ev)}$ 及び $Hw_{(m(ev),ev)}$ は、それぞれ次の数値を表すものとする。

$m\,d_{(m(ev),ev)}$　　　階段避難経路中間部分から当該階段避難経路の部分への噴出熱気流の質量流量（単位　kg/秒）

$Hd_{(m(ev),ev)(max)}$　階段避難経路中間部分の当該階段避難経路の部分に面する壁に設けられた各開口部の下端のうち最も低い位置から当該各開口部の上端のうち最も高い位置までの高さ（単位　m）

$Cd(m(ev),ev)$　避難完了時間及び階段避難経路中間部分の当該階段避難経路の部分に面する壁に設けられた開口部の種類に応じ、それぞれ次の表に定める階段避難経路中間部分の当該階段避難経路の部分に面する壁に設けられた開口部の開口率

避難完了時間	階段避難経路中間部分の当該階段避難経路の部分に面する壁に設けられた開口部の種類	階段避難経路中間部分の当該階段避難経路の部分に面する壁に設けられた開口部の開口率
$t\,escape \leqq$ $t\,fr(d)$ である場合	令第112条第19項第一号に規定する構造である防火設備（同項第二号に規定する構造であるものを除く。）が設けられたもの	0.01
	令第112条第19項第二号に規定する構造である防火設備が設けられたもの	0.001
	その他のもの	1.0
$t\,escape >$ $t\,fr(d)$ である場合	－	1.0

この表において、$t\,escape$ 及び $t\,fr(d)$ は、それぞれ次の数値を表すものとする。

$t\,escape$　前号に規定する避難完了時間（単位　分）

$t\,fr(d)$　防火設備保有遮炎時間（単位　分）

$Ad(m(ev),ev)$　階段避難経路中間部分の当該階段避

難経路の部分に面する壁に設けられた
開口部の開口面積（単位　m²）

$Cw_{(m(ev),ev)}$　避難完了時間に応じ、それぞれ次の
表に定める階段避難経路中間部分の当
該階段避難経路の部分に面する壁の開
口率

避難完了時間	階段避難経路中間部分の当該階段避難経路の部分に面する壁の開口率
$t\,escape \leqq t\,fr_{(w)}$ である場合	0
$t\,escape > t\,fr_{(w)}$ である場合	1.0

　この表において、$t\,escape$ 及び $t\,fr_{(w)}$ は、そ
れぞれ次の数値を表すものとする。
　　$t\,escape$　前号に規定する避難完了時間（単位
　　　　　　分）
　　$t\,fr_{(w)}$　壁保有遮炎時間（単位　分）

$Bw_{(m(ev),ev)}$　　階段避難経路中間部分の当該階段
避難経路の部分に面する壁の幅（単
位　m）

$Hw_{(m(ev),ev)}$　　階段避難経路中間部分の当該階段
避難経路の部分に面する壁の高さ
（単位　m）

$\Delta Troom_{(m(ev))}$　次の式によって計算した避難完了時間が経
過した時における階段避難経路中間部分の煙
層上昇温度（以下単に「階段避難経路中間部
分の煙層上昇温度」という。）（単位　度）

$$\Delta Troom_{(m(ev))} = min\left(\frac{Qroom_{(m(ev))}}{0.04\,Qroom_{(m(ev))}^{1/3}\,Hroom_{(m(ev))}^{5/3} + 0.015\,Aw_{(room(m(ev)))}},\ \Delta Troom_{(f)}\right)$$

この式において、$\Delta Troom_{(m(ev))}$、$Qroom_{(m(ev))}$、
$Hroom_{(m(ev))}$、$Aw_{(room(m(ev)))}$ 及 び $\Delta Troom_{(f)}$
はそれぞれ次の数値を表すものとする。
　　$\Delta Troom_{(m(ev))}$　　階段避難経路中間部分の煙層上

昇温度（単位　度）

$Qroom\,(m\,(ev))$　　火災部分から階段避難経路中間
部分への噴出熱気流の運搬熱量
（単位　kW）

$Hroom\,(m\,(ev))$　　階段避難経路中間部分の基準点
から天井までの高さの平均（単位
m）

$Aw\,(room\,(m\,(ev)))$　階段避難経路中間部分の壁（基
準点からの高さが天井の高さの
$\frac{1}{2}$ 以下の部分を除く。）及び天井
の室内に面する部分の表面積（単
位　m²）

$\Delta Troom\,(f)$　　　火災部分の煙層上昇温度（単位
度）

$Aw\,(room\,(ev))$　　当該階段避難経路の部分の壁（基準点からの高さが
1.8 m 以下の部分を除く。）及び天井の室内に面する
部分の表面積（単位　m²）

$\Delta Troom\,(f)$　　　火災部分の煙層上昇温度（単位　度）

$\Delta Troom\,(m\,(ev))$　階段避難経路中間部分の煙層上昇温度（単位　度）

$t\,pass$　　　前号ロに規定する出口通過時間（単位　分）

$Qroom\,(ev)$　火災部分から当該階段避難経路の部分への噴出熱気流の運搬熱
量（単位　kW）

$\rho\,room\,(ev)$　次の式によって計算した避難完了時間が経過した時における当
該階段避難経路の部分の煙層密度（以下単に「階段避難経路の部
分の煙層密度」という。）（単位　kg/m³）

$$\rho\,room\,(ev) = \frac{353}{\Delta Troom\,(ev) + 293}$$

この式において、$\rho\,room\,(ev)$ 及び $\Delta Troom\,(ev)$ は、それぞれ次の数
値を表すものとする。

$\rho\,room\,(ev)$　階段避難経路の部分の煙層密度（単位　kg/m³）

$\Delta Troom\,(ev)$　階段避難経路の部分の煙層上昇温度（単位　度）

$Eroom\,(ev)$　当該階段避難経路の部分に設けられた有効開口部（壁又は天井
に設けられた開口部の床面からの高さが 1.8 m 以上の部分をい
う。以下同じ。）の種類に応じ、それぞれ次の表に掲げる式によっ
て計算した当該階段避難経路の部分に設けられた各有効開口部及
び当該有効開口部の開放に伴い開放される当該階段避難経路の部
分に設けられた他の有効開口部のうち当該有効開口部からの距離

が30m以内であるもの（以下「他の有効開口部」という。）の排煙量の合計のうち最小のもの（当該階段避難経路の部分に設けられた有効開口部の種類が同表㈡に掲げるものである場合にあっては、当該階段避難経路の部分に設けられた各有効開口部及び他の有効開口部の排煙量の合計のうち最小のもの又は当該階段避難経路の部分に設けられた給気口(当該階段避難経路の部分に設けられた有効開口部の開放に伴い開放され又は常時開放状態にある給気口に限る。)の開口面積の合計に550を乗じたもののうち、いずれか小さい数値。以下「階段避難経路の部分の排煙量」という。）（単位　m³/分）

	当該階段避難経路の部分に設けられた有効開口部の種類	当該階段避難経路の部分に設けられた各有効開口部の排煙量
㈠	有効開口部を排煙口とした場合に、当該階段避難経路の部分に設けられた排煙設備が自然排煙関係規定に適合し、かつ、当該階段避難経路の部分の壁の床面からの高さが1.8m以下の部分に排煙口の開放に連動して自動的に開放され又は常時開放状態にある給気口が設けられたもの（当該階段避難経路の部分に設けられた当該排煙設備以外の排煙設備が機械排煙関係規定に適合する場合を除く。）	$e\,room\,(ev) =$ $$186\left(\frac{1.205 - \rho\,room\,(ev)}{\rho\,room\,(ev)}\right)^{1/2} \times$$ $$max\left\{\frac{As\,(room\,(ev))\sqrt{h\,s\,(room\,(ev))}}{4},\right.$$ $$\left.\frac{As\,(room\,(ev))\sqrt{Hc\,(room\,(ev)) - 1.8}}{\sqrt{1+\left(\frac{A's\,(room\,(ev))}{Aa\,(room\,(ev))'}\right)^2}}\right\}$$
㈡	有効開口部を排煙口とした場合に、当該階段避難経路の部分に設けられた排煙設備が機械排煙関係規定に適合し、かつ、当該階段避難経路の部分の壁の床面からの高さが1.8m	$e\,room\,(ev) = min\left\{w\,room\,(ev), 3.7\right.$

	以下の部分に排煙口の開放に連動して自動的に開放され又は常時開放状態にある給気口が設けられたもの（当該階段避難経路の部分に設けられた当該排煙設備以外の排煙設備が自然排煙関係規定に適合する場合を除く。）	$\times 10^4 \dfrac{\Delta Troom\,(ev)}{\rho\,room\,(ev)(\Delta Troom\,(ev)+293)^2}$ $(Hc\,(room\,(ev))-1.8)\,w\,room\,(ev)^{3/5}\Big\}$
(三)	その他の有効開口部	$e\,room\,(ev)=0$

この表において、$e\,room\,(ev)$、$\rho\,room\,(ev)$、$As\,(room\,(ev))$、$h\,s\,(room\,(ev))$、$Hc\,(room\,(ev))$、$A'\,s\,(room\,(ev))$、$Aa\,(room\,(ev))'$、$w\,room\,(ev)$ 及び $\Delta Troom\,(ev)$ は、それぞれ次の数値を表すものとする。

$e\,room\,(ev)$　　　当該階段避難経路の部分に設けられた各有効開口部の排煙量（単位　m³/分）

$\rho\,room\,(ev)$　　　階段避難経路の部分の煙層密度（単位　kg/m³）

$As\,(room\,(ev))$　　当該有効開口部の開口面積（単位　m²）

$h\,s\,(room\,(ev))$　　当該有効開口部の上端と下端の垂直距離（単位　m）

$Hc\,(room\,(ev))$　　当該階段避難経路の部分の基準点から当該有効開口部の中心までの高さ（単位　m）

$A'\,s\,(room\,(ev))$　当該有効開口部及び他の有効開口部の開口面積の合計（単位　m²）

$Aa\,(room\,(ev))'$　当該階段避難経路の部分に設けられた給気口（当該有効開口部の開放に伴い開放され又は常時開放状態にある給気口に限る。）の開口面積の合計（単位　m²）

$w\,room\,(ev)$　　　当該有効開口部の排煙機の空気を排出することができる能力（単位　m³/分）

$\Delta Troom\,(ev)$　　階段避難経路の部分の煙層上昇温度（単位　度）

$Hroom\,(ev)$　　　当該階段避難経路の部分の基準点から天井までの高さの平均（単位　m）

$Vs\,(room\,(ev))$　　次の式によって計算した当該階段避難経路の部分の煙等発生量（単位　m³/分）

$$Vs\,(room\,(ev))=$$
$$\frac{4.2Qroom\,(ev)^{1/3}\{(Hroom\,(ev)+h\,room\,(ev))^{5/3}+(1.8+h\,room\,(ev))^{5/3}\}}{\rho\,room\,(ev)}$$

この式において、$Vs\,(room\,(ev))$、$Qroom\,(ev)$、$Hroom\,(ev)$、$h\,room\,(ev)$

及び $\rho\,room\,(ev)$ は、それぞれ次の数値を表すものとする。

$Vs\,(room\,(ev))$　当該階段避難経路の部分の煙等発生量（単位　m³/分）

$Qroom\,(ev)$　　火災部分から当該階段避難経路の部分への噴出熱気流の運搬熱量（単位　kW）

$Hroom\,(ev)$　　当該階段避難経路の部分の基準点から天井までの高さの平均（単位　m）

$h\,room\,(ev)$　　当該階段避難経路の部分の床面の最も低い位置から基準点までの高さ（単位　m）

$\rho\,room\,(ev)$　　階段避難経路の部分の煙層密度（単位　kg/m³）

$Ve\,(room\,(ev))$　次の式によって計算した当該階段避難経路の部分の有効排煙量（単位　m³/分）

$$Ve\,(room\,(ev)) = min\,(1.5Aroom\,(ev)^{-0.15},\ 0.8) \times \left(\frac{\overline{Hst\,(room\,(ev))}-1.8}{Htop\,(room\,(ev))-1.8}\right) Eroom\,(ev)$$

この式において、$Ve\,(room\,(ev))$、$Aroom\,(ev)$、$\overline{Hst\,(room\,(ev))}$、$Htop\,(room\,(ev))$ 及び $Eroom\,(ev)$ は、それぞれ次の数値を表すものとする。

$Ve\,(room\,(ev))$　　当該階段避難経路の部分の有効排煙量（単位　m³/分）

$Aroom\,(ev)$　　当該階段避難経路の部分の床面積（単位　m²）

$\overline{Hst\,(room\,(ev))}$　　当該階段避難経路の部分の基準点から当該階段避難経路の部分に設けられた各有効開口部の上端までの高さの平均（単位　m）

$Htop\,(room\,(ev))$　　当該階段避難経路の部分の基準点から天井までの高さのうち最大のもの（単位　m）

$Eroom\,(ev)$　　階段避難経路の部分の排煙量（単位　m³/分）

$Aroom\,(ev)$　当該階段避難経路の部分の床面積（単位　m²）

$Zdst$　直通階段の部分の煙層下端高さ（単位　m）

$Hdst$　直通階段の部分の基準点から天井までの高さの平均（単位　m）

ロ　階段の部分（直通階段の部分を除く。）及び出火階の直上階以上の各階の各部分　出火階の直上階以上の各階における竪穴部分（出火階の一部を含むものに限る。以下このロにおいて同じ。）に隣接する各室（以下「竪穴隣接室」という。）における煙等の高さ（当該各室の基準点から煙等の下端の位置までの高さとする。以下「竪穴隣接室の煙層下端高さ」という。）のうち最小のものに応じ、それぞれ次の表に定める高さ（以下「階段の部分及び出火階の直上階以上の各階の各部分の煙層下端高さ」という。）（単位　m）

竪穴隣接室の煙層下端高さのうち最小のもの	階段の部分及び出火階の直上階以上の各階の各部分の煙層下端高さ
$Zroom(up(s)) \geq 1.8$ である場合	1.8
$Zroom(up(s)) < 1.8$ である場合	0

　この表において、$Zroom(up(s))$ は、避難完了時間及び避難完了時間が経過した時における当該竪穴隣接室の煙層上昇温度（以下単に「竪穴隣接室の煙層上昇温度」という。）に応じ、それぞれ次の表に掲げる式によって計算した竪穴隣接室の煙層下端高さのうち最小のもの（単位　m）

避難完了時間	竪穴隣接室の煙層上昇温度		竪穴隣接室の煙層下端高さ
$t\,escape >$ $t\,fr(room)$ である場合	－		$Zroom(up(s)), i = 0$
$t\,escape \leq$ $t\,fr(room)$ である場合	$\Delta Troom$ $(up(s)) >$ 180 である場合		$Zroom(up(s)), i = 0$
	$\Delta Troom$ $(up(s)) \leq$ 180 である場合	$\Delta Troom(up(s))$ $\leq \sqrt{\dfrac{500}{3\,t\,pass}}$ である場合	$Zroom(up(s)), i = 1.8$
		$\Delta Troom(up(s))$ $> \sqrt{\dfrac{500}{3\,t\,pass}}$ である場合	$Zroom(up(s)), i = max\left[Hroom(up(s)) - \dfrac{max(Vs(room(up(s))),\ 0.01) \times}{Aroom(up(s))} \left(t\,escape - \dfrac{5}{3}\right), 0\right]$

　この表において、$t\,escape$、$t\,fr(room)$、$Zroom(up(s)), i$、$\Delta Troom(up(s))$、$t\,pass$、$Hroom(up(s))$、$Vs(room(up(s)))$ 及び $Aroom(up(s))$ は、それぞれ次の数値を表すものとする。

　　$t\,escape$　　　　　前号に規定する避難完了時間（単位　分）

　　$t\,fr(room)$　　　　イに規定する火災部分保有遮炎時間（単位　分）

　　$Zroom(up(s)), i$　竪穴隣接室の煙層下端高さ（単位　m）

　　$\Delta Troom(up(s))$　次の式によって計算した竪穴隣接室の煙層上昇温度（単位　度）

$$\Delta Troom\,(up\,(s)) =$$

$$min\left(\frac{Qroom\,(up\,(s))}{0.37Qroom\,(up\,(s))^{1/3}+0.015Aw\,(room\,(up\,(s)))},\ \Delta Troom\,(sft)\right)$$

この式において、$\Delta Troom\,(up\,(s))$、$Qroom\,(up\,(s))$、$Aw\,(room\,(up\,(s)))$ 及び $\Delta Troom\,(sft)$ は、それぞれ次の数値を表すものとする。

$\Delta Troom\,(up\,(s))$　　竪穴隣接室の煙層上昇温度（単位　度）

$Qroom\,(up\,(s))$　　当該竪穴隣接室が隣接する竪穴部分（以下このロにおいて単に「竪穴部分」という。）の種類に応じ、それぞれ次の表に掲げる式によって計算した火災部分から当該竪穴隣接室への噴出熱気流の運搬熱量（単位　kW）

竪穴部分の種類	火災部分から当該竪穴隣接室への噴出熱気流の運搬熱量
火災部分又は火災部分の一部	$Qroom\,(up\,(s)) = m\,d\,(s,up\,(s))\,\Delta Troom\,(sft)$
その他の部分	$Qroom\,(up\,(s)) = min\{max\ (Qroom\,(sft)-0.015Aw\,(room\,(sft)),\ 0),\ m\,d\,(s,up\,(s))\,\Delta Troom\,(sft)\}$

この表において、$Qroom\,(up\,(s))$、$m\,d\,(s,up\,(s))$、$\Delta Troom\,(sft)$、$Qroom\,(sft)$ 及び $Aw\,(room\,(sft))$ は、それぞれ次の数値を表すものとする。

$Qroom\,(up\,(s))$　　火災部分から当該竪穴隣接室への噴出熱気流の運搬熱量（単位　kW）

$m\,d\,(s,up\,(s))$　　次の式によって計算した竪穴部分から当該竪穴隣接室への噴出熱気流の質量流量（単位　kg/秒）

$$m\,d\,(s,up\,(s)) = (0.5\textstyle\sum Cd\,(s,up\,(s))\,Ad\,(s,up\,(s)) + 0.5\textstyle\sum Cw\,(s,up\,(s))\,Bw\,(s,up\,(s))\,Hw\,(s,up\,(s)))\,\sqrt{h\,sft}$$

この式において、$m\,d\,(s,up\,(s))$、$Cd\,(s,up\,(s))$、$Ad\,(s,up\,(s))$、$Cw\,(s,up\,(s))$、$Bw\,(s,up\,(s))$、$Hw\,(s,up\,(s))$ 及び $h\,sft$ は、それぞれ次の数値を表すものとする。

$m\,d\,(s,up\,(s))$　　竪穴部分から当該竪穴隣接室への噴出熱気流の質量流量（単位　kg/秒）

$Cd\,(s,up\,(s))$　　避難完了時間及び竪穴部分の当該竪穴隣接室に面する壁に設けられた開口部の種類に応じ、それぞれ次の表に定める竪穴部分の当該竪穴隣接室に面す

る壁に設けられた開口部の開口率

避難完了時間	竪穴部分の当該竪穴隣接室に面する壁に設けられた開口部の種類	竪穴部分の当該竪穴隣接室に面する壁に設けられた開口部の開口率
$t\,escape \leqq$ $t\,fr(d)$ である場合	令第112条第19項第一号に規定する構造である防火設備（同項第二号に規定する構造であるものを除く。）が設けられたもの	0.01
	令第112条第19項第二号に規定する構造である防火設備が設けられたもの	0.001
	その他のもの	1.0
$t\,escape >$ $t\,fr(d)$ である場合	－	1.0

　この表において、$t\,escape$ 及び $t\,fr(d)$ は、それぞれ次の数値を表すものとする。

　　$t\,escape$　前号に規定する避難完了時間（単位　分）

　　$t\,fr(d)$　イに規定する防火設備保有遮炎時間（単位　分）

$Ad(s,up(s))$　竪穴部分の当該竪穴隣接室に面する壁に設けられた開口部の開口面積（単位　m²）

$Cw(s,up(s))$　避難完了時間に応じ、それぞれ次の表に定める竪穴部分の当該竪穴隣接室に面する壁の開口率

避難完了時間	竪穴部分の当該竪穴隣接室に面する壁の開口率
$t\,escape \leqq t\,fr(w)$ である場合	0
$t\,escape > t\,fr(w)$ である場合	1.0

この表において、$t\,escape$ 及び $t\,fr(w)$ は、それぞれ次の数値を表すものとする。

$t\,escape$　前号に規定する避難完了時間（単位　分）

$t\,fr(w)$　イに規定する壁保有遮炎時間（単位　分）

$Bw(s,up(s))$　竪穴部分の当該竪穴隣接室に面する壁の幅（単位　m）

$Hw(s,up(s))$　竪穴部分の当該竪穴隣接室に面する壁の高さ（単位　m）

$h\,sft$　　火災部分又は竪穴中間部分（火災部分から竪穴部分に至る経路の部分をいう。以下同じ。）の竪穴部分に面する壁に設けられた各開口部の下端のうち最も低い位置（竪穴部分が火災部分又は火災部分の一部である場合にあっては、竪穴部分の床面の最も低い位置）から竪穴部分の当該竪穴隣接室に面する壁に設けられた各開口部の上端のうち最も高い位置までの高さ（単位　m）

$\Delta Troom(sft)$　竪穴部分の種類に応じ、それぞれ次の表に掲げる式によって計算した避難完了時間が経過した時における竪穴部分の煙層上昇温度（以下単に「竪穴部分の煙層上昇温度」という。）（単位　度）

竪穴部分の種類	竪穴部分の煙層上昇温度
火災部分又は火災部分の一部	$\Delta Troom(sft) = min \left(\dfrac{Qsft}{0.04Qsft^{1/3}Hroom(sft)^{5/3} + 0.015Aw(room(sft))}, \Delta Troom(f) \right)$
	$\Delta Troom(sft) = min$

その他の部分	$\left(\dfrac{Qroom\,(sft)}{0.04Qroom\,(sft)^{1/3}Hroom\,(sft)^{5/3}+} \cdot \Delta Troom\,(f)\right)$
	$\overline{0.015Aw\,(room\,(sft))}$

この表において、$\Delta Troom\,(sft)$、$Qsft$、$Hroom\,(sft)$、$Aw\,(room\,(sft))$、$\Delta Troom\,(f)$ 及び $Qroom\,(sft)$ は、それぞれ次の数値を表すものとする。

$\Delta Troom\,(sft)$　　竪穴部分の煙層上昇温度（単位　度）

$Qsft$　　　　　　火災部分の種類に応じ、それぞれ次の表に掲げる式によって計算した竪穴部分における1秒間当たりの発熱量（単位　kW）

火災部分の種類	竪穴部分における1秒間当たりの発熱量
ロビーその他これに類するもの	$Qsft = min\,(68Asft,\ 3,000)$
その他のもの	$Qsft = 12.5\sum q\,l^{1/3}\,Asft,i$

この表において、$Qsft$、$Asft$、$q\,l$ 及び $Asft,i$ は、それぞれ次の数値を表すものとする。

$Qsft$　　竪穴部分における1秒間当たりの発熱量（単位　kW）

$Asft$　　火災部分の床面積（単位　m²）

$q\,l$　　　積載可燃物の1m² 当たりの発熱量（単位　MJ/m²）

$Asft,i$　火災部分の各室の床面積（単位　m²）

$Hroom\,(sft)$　　竪穴部分の基準点から天井までの高さの平均（単位　m）

$Aw\,(room\,(sft))$　竪穴部分及び竪穴中間部分の壁（基準点からの高さが天井の高さの $\dfrac{1}{2}$ 以下の部分を除く。）及び天井の室内に面する部分の表面積（単位　m²）

$\Delta Troom\,(f)$　　火災部分の煙層上昇温度（単位　度）

$Qroom\,(sft)$　　　次の式によって計算した火災部分から竪穴部分への噴出熱気流の運搬熱量（単位　kW）

$$Qroom\,(sft) = m\,d\,(f,s)\,\Delta Troom\,(f)$$

この式において、$Qroom(sft)$、$m\,d(f,s)$ 及び $\Delta Troom(f)$ は、それぞれ次の数値を表すものとする。

$Qroom(sft)$　火災部分から竪穴部分への噴出熱気流の運搬熱量（単位　kW）

$m\,d(f,s)$　　次の式によって計算した火災部分から竪穴部分への噴出熱気流の質量流量（単位　kg/秒）

$$m\,d(f,s) = \left(0.5\sum Cd(f,s)\,Ad(f,s) + 0.5\sum Cw(f,s)\,Bw(f,s)\,Hw(f,s)\right)\sqrt{h\,sft}$$

この式において、$m\,d(f,s)$、$Cd(f,s)$、$Ad(f,s)$、$Cw(f,s)$、$Bw(f,s)$、$Hw(f,s)$ 及び $h\,sft$ は、それぞれ次の数値を表すものとする。

$m\,d(f,s)$　火災部分から竪穴部分への噴出熱気流の質量流量（単位　kg/秒）

$Cd(f,s)$　　避難完了時間及び火災部分又は竪穴中間部分の竪穴部分に面する壁に設けられた開口部の種類に応じ、それぞれ次の表に定める火災部分又は竪穴中間部分の竪穴部分に面する壁に設けられた開口部の開口率

避難完了時間	火災部分又は竪穴中間部分の竪穴部分に面する壁に設けられた開口部の種類	火災部分又は竪穴中間部分の竪穴部分に面する壁に設けられた開口部の開口率
	令第112条第19項第一号に	

$t\,escape \leqq$ $t\,fr(d)$ である場合	規定する構造である防火設備（同項第二号に規定する構造であるものを除く。）が設けられたもの	0.01
	令第112条第19項第二号に規定する構造である防火設備が設けられたもの	0.001
	その他のもの	1.0
$t\,escape >$ $t\,fr(d)$ である場合	–	1.0

この表において、$t\,escape$ 及び $t\,fr(d)$ は、それぞれ次の数値を表すものとする。

$t\,escape$　前号に規定する避難完了時間（単位　分）

$t\,fr(d)$　イに規定する防火設備保有遮炎時間（単位　分）

$Ad(f,s)$　火災部分又は竪穴中間部分の竪穴部分に面する壁に設けられた開口部の開口面積（単位　m²）

$Cw(f,s)$　避難完了時間に応じ、それぞれ次の表に定める火災部分

又は竪穴中間部分の竪穴部分
に面する壁の開口率

避難完了時間	火災部分又は竪穴中間部分の竪穴部分に面する壁の開口率
$t\,escape \leqq t\,fr(w)$ である場合	0
$t\,escape > t\,fr(w)$ である場合	1.0

この表において、$t\,escape$ 及び $t\,fr(w)$ は、それぞれ次の数値を表すものとする。

$t\,escape$　前号に規定する避難完了時間（単位　分）

$t\,fr(w)$　イに規定する壁保有遮炎時間（単位　分）

$Bw\,(f,s)$　火災部分又は竪穴中間部分の竪穴部分に面する壁の幅（単位　m）

$Hw\,(f,s)$　火災部分又は竪穴中間部分の竪穴部分に面する壁の高さ（単位　m）

$h\,sft$　　　火災部分又は竪穴中間部分の竪穴部分に面する壁に設けられた各開口部の下端のうち最も低い位置（竪穴部分が火災部分又は火災部分の一部である場合にあっては、竪穴部分の床面の最も低い位置）から竪穴部分の当該竪穴隣接室に面する壁に設けられた各開口部の上端のうち最も高い位置までの高さ（単位　m）

$\Delta Troom\,(f)$　火災部分の煙層上昇温度（単位　度）

$Qroom\,(sft)$　　　火災部分から竪穴部分への噴出熱気流の運搬熱量（単位　kW）

$Aw\,(room\,(sft))$　竪穴部分及び竪穴中間部分の壁（基準点からの高さが天井の高さの $\frac{1}{2}$ 以下の部分を除く。）及び天井の室内に面する部分の表面積（単位　m²）

$Aw\,(room\,(up\,(s)))$　当該竪穴隣接室の壁（基準点からの高さが 1.8m 以下の部分を除く。）及び天井の室内に面する部分の表面積（単位　m²）

$\Delta Troom\,(sft)$　　竪穴部分の煙層上昇温度（単位　度）

$t\,pass$　　　　　　前号ロに規定する出口通過時間（単位　分）

$Hroom\,(up\,(s))$　当該竪穴隣接室の基準点から天井までの高さの平均（単位　m）

$Vs\,(room(up\,(s)))$　次の式によって計算した当該竪穴隣接室の煙等発生量（単位　m³/分）

$$Vs\,(room(up\,(s))) = \frac{4.2\,Qroom\,(up\,(s))^{1/3}\{(Hroom\,(up\,(s)) + h\,room\,(up\,(s)))^{5/3}}{\rho\,room\,(up\,(s))}$$
$$+ (1.8 + h\,room\,(up\,(s)))^{5/3}\}$$

この式において、$Vs\,(room\,(up\,(s)))$、$Qroom\,(up\,(s))$、$Hroom\,(up\,(s))$、$h\,room\,(up\,(s))$ 及び $\rho\,room\,(up\,(s))$ は、それぞれ次の数値を表すものとする。

$Vs\,(room(up\,(s)))$　当該竪穴隣接室の煙等発生量（単位　m³/分）

$Qroom\,(up\,(s))$　　火災部分から当該竪穴隣接室への噴出熱気流の運搬熱量（単位　kW）

$Hroom\,(up\,(s))$　　当該竪穴隣接室の基準点から天井までの高さの平均（単位　m）

$h\,room\,(up\,(s))$　　当該竪穴隣接室の床面の最も低い位置から基準点までの高さ（単位　m）

$\rho\,room\,(up\,(s))$　　次の式によって計算した避難完了時間が経過した時における当該竪穴隣接室の煙層密度（以下単に「竪穴隣接室の煙層密度」という。）（単位　kg/m³）

$$\rho\,room\,(up\,(s)) = \frac{353}{\Delta Troom\,(up\,(s)) + 293}$$

この式において、$\rho\,room\,(up\,(s))$ 及び $\Delta Troom\,(up\,(s))$ は、それぞれ次の数値を表すものとする。

$\rho\,room\,(up\,(s))$　　竪穴隣接室の煙層密度（単位　kg/m³）

$\Delta Troom\,(up\,(s))$　竪穴隣接室の煙層上昇温度（単位　度）

$A_{room\,(up\,(s))}$　　　当該竪穴隣接室の床面積（単位　㎡）

四　令第129条の2第4項第二号ハに規定する避難上支障のある高さは、1.8mとする。

【政令第5章の4（建築設備等）関係】

〔平成12年5月29日建設省告示第1388号〕
建築設備の構造耐力上安全な構造方法を定める件

最終改正　平成24年12月12日国土交通省告示1447号

　建築基準法施行令（昭和25年政令第338号）第129条の2の4第二号〔現行＝第129条の2の3第二号＝令和元年6月政令第30号により改正〕の規定に基づき、建築設備の構造耐力上安全な構造方法を次のように定める。

第1　建築設備（昇降機を除く。以下同じ。）、建築設備の支持構造部及び緊結金物で腐食又は腐朽のおそれがあるものには、有効なさび止め又は防腐のための措置を講ずること。

第2　屋上から突出する水槽、煙突、冷却塔その他これらに類するもの（以下「屋上水槽等」という。）は、支持構造部又は建築物の構造耐力上主要な部分に、支持構造部は、建築物の構造耐力上主要な部分に、緊結すること。

第3　煙突は、第1及び第2の規定によるほか、次に定める構造とすること。

一　煙突の屋上突出部の高さは、れんが造、石造、コンクリートブロック造又は無筋コンクリート造の場合は鉄製の支枠を設けたものを除き、90cm以下とすること。

二　煙突で屋内にある部分は、鉄筋に対するコンクリートのかぶり厚さを5cm以上とした鉄筋コンクリート造又は厚さが25cm以上の無筋コンクリート造、れんが造、石造若しくはコンクリートブロック造とすること。

第4　建築物に設ける給水、排水その他の配管設備（建築物に設ける電気給湯器その他の給湯設備（屋上水槽等のうち給湯設備に該当するものを除く。以下単に「給湯設備」という。）を除く。）は、第1の規定によるほか、次に定める構造とすること。

一　風圧、土圧及び水圧並びに地震その他の震動及び衝撃に対して安全上支障のない構造とすること。

二　建築物の部分を貫通して配管する場合においては、当該貫通部分に配管スリーブを設ける等有効な管の損傷防止のための措置を講ずること。

三　管の伸縮その他の変形により当該管に損傷が生ずるおそれがある場合において、伸縮継手又は可撓継手を設ける等有効な損傷防止のための措置を講ずること。

四　管を支持し、又は固定する場合においては、つり金物又は防振ゴムを用いる等有効な地震その他の震動及び衝撃の緩和のための措置を講ずること。

第5　給湯設備は、第1の規定によるほか、風圧、土圧及び水圧並びに地震その他の震動及び衝撃に対して安全上支障のない構造とすること。この場合において、給湯設備の質量、支持構造部の質量及び給湯設備を満水した場合における水の質量の総和（以下単に「質量」という。）が15kgを超える給湯設備に係る地震に対して安全上支障のない構造は、給湯設備の周囲に当該給湯設備の転倒、移動等により想定される衝撃が作用した場合においても著しい破壊が生じない丈夫な壁又は囲いを設ける場合その他給湯設備の転倒、移動等により人が危害を受けるおそれのない場合を除き、次の各号のいずれかに定めるところによらなければならない。

一　次の表の給湯設備を設ける場所の欄、質量の欄及びアスペクト比（給湯設備の幅又は奥行き（支持構造部を設置する場合にあっては、支持構造部を含めた幅又は奥行き）の小さい方に対する給湯設備の高さ（支持構造部を設置する場合にあっては、支持構造部の高さを含めた高さ）の比をいう。以下同じ。）の欄の区分に応じ、給湯設備の底部又は支持構造部の底部を、同表のアンカーボルトの種類の欄及びアンカーボルトの本数の欄に掲げるアンカーボルトを釣合い良く配置して、当該給湯設備を充分に支持するに足りる建築物又は敷地の部分等（以下単に「建築物の部分等」という。）に緊結すること。ただし、給湯設備の底部又は支持構造部の底部を緊結するアンカーボルトの1本当たりの引張耐力が、同表の給湯設備を設ける場所の欄、質量の欄、アスペクト比の欄及びアンカーボルトの本数の欄の区分に応じ、同表の引張耐力の欄に掲げる数値以上であることが確かめられた場合においては、当該引張耐力を有するアンカーボルトとすることができる。

給湯設備を設ける場所	質量（単位　kg）	アスペクト比	アンカーボルトの種類	アンカーボルトの本数	引張耐力（単位　kN）
地階及び1階並びに敷地の部分	15を超え200以下	4.5以下	径が8mm以上であり、かつ、埋込長さが35mm以上であるおねじ形のあと施工アンカー	3本以上	2.8
		6以下	径が6mm以上であり、かつ、埋込長さが30mm以上であるおねじ形のあと施工アンカー	4本以上	2.2
	200を超え350以下	4以下	径が10mm以上であり、埋込長さが40mm以上であるおねじ形のあと施工アンカー	3本以上	3.6
		5以下	径が6mm以上であり、かつ、埋込長さが30mm以上であるおねじ形のあと施工アンカー	4本以上	2.2
	350を超え600以下	4以下	径が12mm以上であり、かつ、埋込長さが50mm以上であるおねじ形のあと施工アンカー	3本以上	5.8
		5以下	径が10mm以上であり、かつ、埋込長さが40mm以上であるおねじ形	4本以上	3.6

			のあと施工アンカー		
中間階	15を超え200以下	4以下	径が10mm以上であり、かつ、埋込長さが40mm以上であるおねじ形のあと施工アンカー	3本以上	3.6
		6以下	径が8mm以上であり、かつ、埋込長さが35mm以上であるおねじ形のあと施工アンカー	4本以上	2.8
	200を超え350以下	4以下	径が12mm以上であり、かつ、埋込長さが50mm以上であるおねじ形のあと施工アンカー	3本以上	5.8
		5以下	径が10mm以上であり、かつ、埋込長さが40mm以上であるおねじ形のあと施工アンカー	4本以上	3.6
	350を超え600以下	3.5以下	径が16mm以上であり、かつ、埋込長さが60mm以上であるおねじ形のあと施工アンカー	3本以上	8.0
		5以下	径が12mm以上であり、かつ、埋込長さが50mm以上であるおねじ形のあと施工アンカー	4本以上	5.8
上層階及び屋上	15を超え200以下	6以下	径が12mm以上であり、かつ、埋込長さが50mm以上であるおねじ形のあと施工アンカー	4本以上	5.8
	200を超え350以下	5以下	径が12mm以上であり、かつ、埋込長さが50mm以上であるおねじ形のあと施工アンカー	4本以上	5.8
	350を超え600以下	5以下	径が10mm以上であり、かつ、埋込長さが100mm以上であるＪ形の埋込アンカー	4本以上	9.0

この表において、上層階とは、地階を除く階数が2以上6以下の建築物にあっては最上階、地階を除く階数が7以上9以下の建築物にあっては最上階及びその直下階、地階を除く階数が10以上12以下の建築物にあっては最上階及び最上階から数えた階数が3以内の階、地階を除く階数が13以上の建築物にあっては最上階及び最上階から数えた階数が4以内の階をいい、中間階とは、地階、1階及び上層階を除く階をいうものとする。次号から第四号までの表において同じ。

二　次の表の給湯設備を設ける場所の欄及び質量の欄の区分に応じ、給湯設備の上部を、同表の上部の緊結方法の欄に掲げる方法により建築物の部分等に緊結し、かつ、質量が15kgを超え60kg以下である給湯設備にあっては、自立する構造とし、質量が60kgを超え600kg以下である給湯設備にあっては、その底部又は支持構造部の底部を、同表のアンカーボルト等（アンカーボルト、木ねじその他これらに類するものをいう。以下同じ。）の種類の欄及びアンカーボルト等の本数の欄に掲げるアンカーボルト等を釣合い良く配置して、建築物の部分等に緊結すること。ただし、質量が60kgを超え600kg以下である給湯設備にあっては、給湯設備の底部又は支持構造部の底部を緊結するアンカーボルト等の1本当たりのせん断耐力が、同表の給湯設備を設ける場所の欄、質量の欄、上部の緊結方法の欄及びアンカーボルト等の本数の欄の区分に応じ、同表のせん断耐力の欄に掲げる数値以上であることが確かめられた場合においては、当該せん断耐力を有するアンカーボルト等とすることができる。

給湯設備を設ける場所	質量（単位 kg）	上部の緊結方法	アンカーボルト等の種類	アンカーボルト等の本数	せん断耐力（単位 kN）
地階及び1階並びに敷地の部分	15を超え60以下	径が5mm以上であり、かつ、埋込長さが20mm以上であるおねじ形のあと施工アンカー1本以上による緊結	―	―	―
		径が4.8mm以上であり、かつ、有効打ち込み長さが15mm以上である木ねじ1本以上による緊結			
		引張耐力の合計が0.3kN以上のアンカーボルト等による緊結			
	60を超え350以下	径が5mm以上であり、かつ、埋込長さが20mm以上であるおねじ形のあと施工アンカー1本以上	径が8mm以上であり、かつ、埋込長さが	3本以上	0.3

		による緊結	35 mm 以上であるおねじ形のあと施工アンカー		
		径が 4.8 mm 以上であり、かつ、有効打ち込み長さが 12 mm 以上である木ねじ 4 本以上による緊結			
		引張耐力の合計が 0.8 kN 以上のアンカーボルト等による緊結			
	350 を超え 600 以下	径が 6 mm 以上であり、かつ、埋込長さが 30 mm 以上であるおねじ形のあと施工アンカー 2 本以上による緊結	径が 10 mm 以上であり、かつ、埋込長さが 40 mm 以上であるおねじ形のあと施工アンカー	3 本以上	0.5
		径が 5.5 mm 以上であり、かつ、有効打ち込み長さが 15 mm 以上である木ねじ 4 本以上による緊結			
		引張耐力の合計が 1.4 kN 以上のアンカーボルト等による緊結			
中間階、上層階及び屋上	15 を超え 60 以下	径が 5 mm 以上であり、かつ、埋込長さが 20 mm 以上であるおねじ形のあと施工アンカー 1 本以上による緊結	―	―	―
		径が 4.8 mm 以上であり、かつ、有効打ち込み長さが 15 mm 以上である木ねじ 2 本以上による緊結			
		引張耐力の合計が 0.6 kN 以上のアンカーボルト等による緊結			
	60 を超え 350 以下	径が 6 mm 以上であり、かつ、埋込長さが 30 mm 以上であるおねじ形のあと施工アンカー 1 本以上による緊結	径が 8 mm 以上であり、かつ、埋込長さが 35 mm 以上であるお	3 本以上	0.7
		径が 4.8 mm 以上であり、			

		かつ、有効打ち込み長さが25mm以上である木ねじ4本以上による緊結	ねじ形のあと施工アンカー		
		引張耐力の合計が2.0kN以上のアンカーボルト等による緊結			
	350を超え600以下	径が8mm以上であり、かつ、埋込長さが35mm以上であるおねじ形のあと施工アンカー2本以上による緊結	径が10mm以上であり、かつ、埋込長さが40mm以上であるおねじ形のあと施工アンカー	3本以上	1.2
		径が5.5mm以上であり、かつ、有効打ち込み長さが25mm以上である木ねじ6本以上による緊結			
		引張耐力の合計が3.6kN以上のアンカーボルト等による緊結			

この表において、木ねじとは、JIS B1112（十字穴付き木ねじ）-1995又はJIS B1135（すりわり付き木ねじ）-1995に適合する木ねじをいうものとする。次号の表において同じ。

三　次の表の給湯設備を設ける場所の欄及び質量の欄の区分に応じ、給湯設備の側部を同表のアンカーボルト等の種類の欄及びアンカーボルト等の本数の欄に掲げるアンカーボルト等を釣合い良く配置して、建築物の部分等に緊結すること。ただし、給湯設備の側部を緊結するアンカーボルト等の1本当たりの引張耐力が、給湯設備を設ける場所の欄、質量の欄及びアンカーボルト等の本数の欄の区分に応じ、同表の引張耐力の欄に掲げる数値以上であることが確かめられた場合においては、当該引張耐力を有するアンカーボルト等とすることができる。

給湯設備を設ける場所	質量（単位　kg）	アンカーボルト等の種類	アンカーボルト等の本数	引張耐力（単位　kN）
地階及び1階並びに敷地の部分	15を超え60以下	径が6mm以上であり、かつ、埋込長さが30mm以上であるあと施工アンカー	2本以上	0.3
		径が4.8mm以上であり、かつ、有効打ち込み長さが12mm以上である木ねじ	4本以上	0.2
	60を超え100以下	径が6mm以上であり、かつ、埋込長さが30mm以上であるあと施工アンカー	2本以上	0.5
		径が4.8mm以上であり、かつ、有効打ち込み長さが15mm以上である木ねじ	4本以上	0.3

中間階、上層階及び屋上	15を超え60以下	径が6mm以上であり、かつ、埋込長さが30mm以上であるあと施工アンカー	2本以上	0.5
		径が4.8mm以上であり、かつ、有効打ち込み長さが15mm以上である木ねじ	4本以上	0.3
	60を超え100以下	径が6mm以上であり、かつ、埋込長さが30mm以上であるあと施工アンカー	4本以上	0.5
		径が5.5mm以上であり、かつ、有効打ち込み長さが15mm以上である木ねじ	8本以上	0.4

四　給湯設備又は支持構造部の建築物の部分等への取付け部分が荷重及び外力によって当該部分に生ずる力（次の表に掲げる力の組合せによる各力の合計をいう。）に対して安全上支障のないことを確認すること。ただし、特別な調査又は研究の結果に基づき地震に対して安全上支障のないことを確認することができる場合においては、この限りでない。

力の種類	力　の　組　合　せ
長期に生ずる力	$G+P$
短期に生ずる力	$G+P+K$

　この表において、G、P及びKは、それぞれ次の力（軸方向力、曲げモーメント、せん断力等をいう。）を表すものとする。

G　給湯設備及び支持構造部の固定荷重によって生ずる力

P　給湯設備の積載荷重によって生ずる力

K　地震力によって生ずる力

　この場合において、地震力は、特別な調査又は研究の結果に基づき定める場合のほか、次の式によって計算した数値とするものとする。

$$P = kw$$

　この式において、P、k及びwは、それぞれ次の数値を表すものとする。

P　地震力（単位　N）

k　水平震度（建築基準法施行令第88条第1項に規定するZの数値に次の表の給湯設備を設ける場所の欄の区分に応じ、同表の設計用標準震度の欄に掲げる数値以上の数値を乗じて得た数値とする。）

給湯設備を設ける場所	設計用標準震度
地階及び1階並びに敷地の部分	0.4
中間階	0.6
上層階及び屋上	1.0

w　給湯設備及び支持構造部の固定荷重と給湯設備の積載荷重との和（単位　N）

〔平成12年5月29日建設省告示第1389号〕
屋上から突出する水槽、煙突等の構造計算の基準を定める件

最終改正 平成27年1月29日国土交通省告示第184号

建築基準法施行令(昭和25年政令第338号)第129条の2の4第三号〔現行＝第129条の2の3第三号＝令和元年6月政令第30号により改正〕の規定に基づき、法第20条第1項第二号イ又はロに規定する建築物に設ける屋上から突出する水槽、煙突等の構造計算の基準を次のように定める。

建築基準法(昭和25年法律第201号)第20条第1項第二号イ又はロに規定する建築物に設ける屋上から突出する水槽、冷却塔、煙突その他これらに類するもの(以下「屋上水槽等」という。)の構造計算の基準は、次のとおりとする。

一 屋上水槽等、支持構造部、屋上水槽等の支持構造部への取付け部分及び屋上水槽等又は支持構造部の建築物の構造耐力上主要な部分への取付け部分は、荷重及び外力によって当該部分に生ずる力(次の表に掲げる組合せによる各力の合計をいう。)に対して安全上支障のないことを確認すること。

力の種類	荷重及び外力について想定する状態	一般の場合	建築基準法施行令(以下「令」という。)第86条第2項ただし書の規定によって特定行政庁が指定する多雪区域における場合	備　考
長期に生ずる力	常　時	G + P	G + P	
	積雪時		G + P + 0.7S	
短期に生ずる力	積雪時	G + P + S	G + P + S	
	暴風時	G + P + W	G + P + W	水又はこれに類するものを貯蔵する屋上水槽等にあっては、これの重量を積載荷重から除くものとする。
			G + P + 0.35S + W	
	地震時	G + P + K	G + P + 0.35S + K	

この表において、G、P、S、W及びKは、それぞれ次の力(軸方向力、曲げモーメント、せん断力等をいう。)を表すものとする。

G　屋上水槽等及び支持構造部の固定荷重によって生ずる力

P　屋上水槽等の積載荷重によって生ずる力

S　令第86条に規定する積雪荷重によって生ずる力

W　風圧力によって生ずる力

この場合において、風圧力は、次のイによる速度圧に次のロに定める風力係数を乗じて計算した数値とするものとする。ただし、屋上水槽等又は支持構造部の前面

にルーバー等の有効な遮へい物がある場合においては、当該数値から当該数値の $\frac{1}{4}$ を超えない数値を減じた数値とすることができる。

ロ　速度圧は、令第87条第2項の規定に準じて定めること。この場合において、「建築物の高さ」とあるのは、「屋上水槽等又は支持構造部の地盤面からの高さ」と読み替えるものとする。

ロ　風力係数は、令第87条第4項の規定に準じて定めること。

K　地震力によって生ずる力

この場合において、地震力は、特別な調査又は研究の結果に基づき定める場合のほか、次の式によって計算した数値とするものとする。ただし、屋上水槽等又は屋上水槽等の部分の転倒、移動等による危害を防止するための有効な措置が講じられている場合にあっては、当該数値から当該数値の $\frac{1}{2}$ を超えない数値を減じた数値とすることができる。

$$P = kw$$

この式において、P、k及びwは、それぞれ次の数値を表すものとする。

P　地震力（単位　N）

k　水平震度（令第88条第1項に規定するZの数値に1.0以上の数値を乗じて得た数値とする。）

w　屋上水槽等及び支持構造部の固定荷重と屋上水槽等の積載荷重との和（令第86条第2項ただし書の規定によって特定行政庁が指定する多雪区域においては、更に積雪荷重を加えるものとする。）（単位　N）

二　屋上水槽等又は支持構造部が緊結される建築物の構造上主要な部分は、屋上水槽等又は支持構造部から伝達される力に対して安全上支障のないことを確認すること。

附　則

昭和56年建設省告示第1101号は、廃止する。

〔平成17年6月1日国土交通省告示第570号〕
昇降機の昇降路内に設けることができる配管設備の構造方法を定める件

最終改正　令和元年6月21日国土交通省告示第200号

建築基準法施行令（昭和25年政令第338号）第129条の2の5第1項第三号ただし書〔現行＝第129条2の4第1項第三号ただし書＝令和元年6月政令第30号により改正〕の規定に基づき、昇降機の昇降路内に設けることができる配管設備で、地震時においても昇降機のかごの昇降、かご及び出入口の戸の開閉その他の昇降機の機能並びに配管設備の機能に支障がないものの構造方法を次のように定める。

建築基準法施行令第129条の2の4第1項第三号ただし書に規定する昇降機の昇降路内に設けることができる配管設備で、地震時においても昇降機のかごの昇降、かご及び出入口の戸の開閉

その他の昇降機の機能並びに配管設備の機能に支障がないものの構造方法は、次の各号に適合するものでなければならない。

　一　次のいずれかに該当するものであること。

　　イ　昇降機に必要な配管設備

　　ロ　光ファイバー又は光ファイバーケーブル（電気導体を組み込んだものを除く。）でイに掲げるもの以外のもの

　　ハ　ロに掲げる配管設備のみを通すための配管設備

　二　地震時においても昇降機のかご又はつり合おもりに触れるおそれのないものであること。

　三　第一号ロ又はハに掲げるものにあっては、次に適合するものであること。

　　イ　地震時においても鋼索、電線その他のものの機能に支障が生じない構造のものであること。

　　ロ　昇降機の点検を行う者の見やすい場所に当該配管設備の種類が表示されているものであること。

　四　第一号ハに掲げるものにあっては、前号に規定するほか、難燃材料で造り、又は覆ったものであること。

〔平成12年5月31日建設省告示第1412号〕

建築物に設ける換気、暖房又は冷房の設備の風道及びダストシュート、メールシュート、リネンシュートその他これらに類するものの設置に関して防火上支障がない部分を定める件

最終改正　令和2年4月1日国土交通省告示第508号

　建築基準法施行令（昭和25年政令第338号）第129条の2の5第1項第六号〔現行＝第129条2の4第1項第六号＝令和元年6月政令第30号により改正〕の規定に基づき、建築物に設ける換気、暖房又は冷房の設備の風道及びダストシュート、メールシュート、リネンシュートその他これらに類するものの設置に関して防火上支障がない部分を次のように定める。

　建築基準法施行令（以下「令」という。）第129条の2の4第1項第六号に規定する防火上支障がない部分は、次のとおりとする。

　一　接合部におけるガスケット及びたわみ継手部分その他構造上軽微な部分

　二　下宿の各宿泊室、住宅の各住戸又は寄宿舎の各寝室（以下「各宿泊室等」という。）又は各居室（建築基準法（昭和25年法律第201号。以下「法」という。）別表第1（い）欄(2)項に掲げる用途の特殊建築物以外の特殊建築物の居室を除き、附属して設けられる便所、浴室、洗面所その他これらに類するものを含む。）及び便所、浴室、洗面所その他これらに類するもの（以下「各居室等」という。）に設ける換気、暖房又は冷房の設備（以下「換気設備等」という。）で、各宿泊室等（各居室等が2以上の階を有する場合にあっては、当該各宿泊室等の各階）又は各居室等の当該部分ごとに設ける換気設備等（令第20条の3第2項に規定する換気設備を除く。以下同じ。）の風道（各宿泊室等又は各居室等以外の居室を経由することなく外気に開放されるものに限る。）で次のイ又はロのいずれかに該当するもの

　イ　延焼のおそれのある外壁の当該風道の開口部から1m以内の距離にある部分を不燃材
　　料又は硬質塩化ビニルで造られた内管と繊維モルタルで造られた外管の二層構造としたも
　　ので、別表に掲げる寸法に適合するもの
　ロ　延焼のおそれのある外壁の当該風道の開口部に令第109条に規定する防火設備又は令第
　　112条第21項に規定する特定防火設備（法第2条第九号の二ロに規定する防火設備によっ
　　て区画すべき準耐火構造の防火区画を貫通する場合にあっては、法第2条第九号の二ロに
　　規定する防火設備）を設けたもの

別表

呼称寸法	内　管		外　管	
	外径（単位　mm）	肉厚（単位　mm）	外径（単位　mm）	肉厚（単位　mm）
50 mm	60 以下	1.8 以上	73 以上	6.0 以上
65 mm	76 以下	2.2 以上	89 以上	6.0 以上
75 mm	89 以下	2.7 以上	102 以上	6.0 以上
100 mm	114 以下	3.1 以上	129 以上	6.5 以上
125 mm	140 以下	4.1（管の内部を均等に分割する隔壁を設けたものにあっては3.2）以上	156 以上	7.0 以上

〔平成12年5月31日建設省告示第1422号〕

準耐火構造の防火区画等を貫通する給水管、配電管その他の管の外径を定める件

最終改正　令和2年4月1日国土交通省告示第508号

　建築基準法施行令（昭和25年政令第338号）第129条の2の5第1項第七号ロ〔現行＝第129条
2の4第1項第七号ロ＝令和元年6月政令第30号により改正〕の規定に基づき、準耐火構造の防
火区画等を貫通する給水管、配電管その他の管の外径を次のように定める。
　建築基準法施行令（以下「令」という。）第129条の2の4第1項第七号ロの規定に基づき国土
交通大臣が定める準耐火構造の防火区画等を貫通する給水管、配電管その他の管（以下「給水管
等」という。）の外径は、給水管等の用途、覆いの有無、材質、肉厚及び当該給水管等が貫通す
る床、壁、柱又ははり等の構造区分に応じ、それぞれ次の表に掲げる数値とする。

給水管等の用途	覆いの有無	材質	肉厚	給水管等の外径			
				給水管等が貫通する床、壁、柱又ははり等の構造区分			
				防火構造	30分耐火構造	1時間耐火構造	2時間耐火構造
給水管		難燃材料又は硬質塩化ビニル	5.5mm以上	90mm	90mm	90mm	90mm
			6.6mm以上	115mm	115mm	115mm	90mm
配電管		難燃材料又は硬質塩化ビニル	5.5mm以上	90mm	90mm	90mm	90mm
排水管及び排水管に附属する通気管	覆いのない場合	難燃材料又は硬質塩化ビニル	4.1mm以上	61mm	61mm	61mm	61mm
			5.5mm以上	90mm	90mm	90mm	61mm
			6.6mm以上	115mm	115mm	90mm	61mm
	厚さ0.5mm以上の鉄板で覆われている場合	難燃材料又は硬質塩化ビニル	5.5mm以上	90mm	90mm	90mm	90mm
			6.6mm以上	115mm	115mm	115mm	90mm
			7.0mm以上	141mm	141mm	115mm	90mm

1　この表において、30分耐火構造、1時間耐火構造及び2時間耐火構造とは、通常の火災時の加熱にそれぞれ30分、1時間及び2時間耐える性能を有する構造をいう。

2　給水管等が貫通する令第112条第16項ただし書の場合における同項ただし書のひさし、床、袖壁その他これらに類するものは、30分耐火構造とみなす。

3　内部に電線等を挿入していない予備配管にあっては、当該管の先端を密閉してあること。

　　附　則

昭和44年建設省告示第3183号は、廃止する。

〔昭和56年6月1日建設省告示第1099号〕
3階以上の階を共同住宅の用途に供する建築物の住戸に設ける ガスの配管設備の基準

最終改正　昭和62年11月14日建設省告示第1925号

建築基準法施行令（昭和25年政令第338号）第129条の2の2第1項第九号〔現行＝第129条の2の4第1項第八号＝令和元年6月政令第30号により改正〕の規定に基づき、3階以上の階を共同住宅の用途に供する建築物の住戸に設けるガスの配管設備の基準を次のように定める。

第1　ガスせんの構造

　3階以上の階を共同住宅の用途に供する建築物の住戸に設けるガスせん（バルコニーその他漏れたガスが滞留しない場所に設けるものを除く。以下同じ。）の構造は、次の第一号又は第二号に定めるところによらなければならない。

一　ガスを使用する設備又は器具に接続する金属管、金属可とう管又は強化ガスホース（金属線入りのものに限る。）とねじ接合することができるものであること。

二　過流出安全弁その他のガスが過流出した場合に自動的にガスの流出を停止することができる機構を有するものであること。

第2　適用の除外

　ガス漏れを検知し、警報する設備（以下「ガス漏れ警報設備」という。）をガスの種類に応じて次の第一号又は第二号に定める設置の基準に適合するように設けた場合においては、第1は適用しない。

一　空気に対する比重が1より小さいガスのガス漏れ警報設備の設置の基準は、次のとおりとする。

　(1)　検知部は、次に定めるところにより設けられていること。

　　イ　ガスの濃度が爆発下限界の$\frac{1}{4}$以上のとき確実に作動し、低濃度のガス、調理等の際に発生する湯気等に対して容易に作動せず、防爆性能その他ガス漏れ検知上有効な性能を有するものであること。

　　ロ　一般の者が容易に取り外すことができないように取り付けるものとすること。ただし、(2)ニの(イ)又は(ロ)に掲げる場所に設けられた警報部から発する音により検知部の取外しが行われた住戸を確知することができる場合においては、この限りでない。

　　ハ　次に掲げる場所に設けるものであること。

　　　(イ)　ガスせんからの水平距離が8m以内で、かつ、ガスせんと検知部との間に間仕切壁、天井から60cm以上下方に突出したたれ壁等又は戸がない場所

　　　(ロ)　天井面から30cm以内の場所

　　　(ハ)　次に掲げる場所以外の場所

　　　　(i)　ガスを使用する設備又は器具の直上の場所

　　　　(ii)　換気口等の空気吹出口に近接する場所

　　　　(iii)　水蒸気、煙等が直接当たるおそれのある場所

　　　　(iv)　家具のかげ等漏れたガスが流通しにくい場所

(v)　周囲温度又は輻射温度が 50 度以上になるおそれのある場所

(2)　警報部は、次に定めるところにより設けられていること。

イ　検知部に有効に連動すること。

ロ　通電している旨の表示灯が、設けられていること。

ハ　ガス漏れを検知した場合に発する警報音が、警報部から 1 m 離れた場所において 70 dB 以上となること。

ニ　住戸内の場所及び次の(イ)又は(ロ)に掲げる場所に設けること。

(イ)　当該住戸に係る共用の廊下又は階段その他これらに類する場所

(ロ)　管理事務所、守衛所その他常時建築物を管理する者が勤務する場所

ホ　ニ(イ)又は(ロ)に掲げる場所に設けるものにあつては、ガス漏れが発生した住戸を確知することができること。

(3)　ガス漏れ警報設備に係る電気配線は、次に定めるところによること。ただし、(2)ニの(イ)又は(ロ)に掲げる場所に設けられた警報部から発する音により断線等が発生した住戸を確知することができる場合においては、この限りでない。

イ　住戸内の全ての電気回路を同時に電源から遮断することができる開閉器に接続すること。

ロ　イに定める開閉器の負荷側において、次に定めるところによること。

(イ)　電線管を用いること、天井の裏面に配線すること等により一般の者が容易に電流を遮断することのできない構造とすること。

(ロ)　一般の者が容易に電流を遮断することのできる開閉器等を設けていないこと。

(ハ)　専らガス漏れ警報設備に用いられること。

二　空気に対する比重が 1 より大きいガスのガス漏れ警報設備の設置の基準は、次のとおりとする。

(1)　液化石油ガスのガス漏れを検知するものにあつては、次に定める基準により設けられていること。

イ　液化石油ガスの保安の確保及び取引きの適正化に関する法律（昭和42年法律第149号）第80条の 4 第 1 項の規定に基づく液化石油ガス器具等の検定等に関する省令（昭和43年通商産業省令第23号）第44条の規定による液化石油ガス用ガス漏れ警報器の技術上の基準に適合するガス漏れ警報器が設けられていること。

ロ　検知部は、次に定めるところにより設けられていること。

(イ)　前号(1)ロに定めるところによるものであること。

(ロ)　次に掲げる場所に設けられていること。

(i)　ガスせんからの水平距離が 4 m 以内で、かつ、ガスせんと検知部との間に間仕切壁又は戸がない場所

(ii)　床面からの高さが 30 cm 以内の場所

(iii)　前号(1)ハ(ハ)の(i)から(iv)までに掲げる場所以外の場所

(iv)　周囲温度又は輻射温度が 40 度以上になるおそれのない場所

ハ　警報部及び電気配線は、前号(2)及び(3)に定めるところによるものであること。

(2)　液化石油ガス以外のガス漏れを検知するものにあつては、次に定める基準により設けら

れていること。

イ　前号(1)イに定める検知部が設けられていること。

ロ　検知部は、(1)ロに定めるところにより設けられていること。

ハ　警報部及び電気配線は、前号(2)及び(3)に定めるところによるものであること。

〔平成12年5月29日建設省告示第1390号〕

建築物に設ける飲料水の配管設備の構造方法を定める件

最終改正　令和元年6月21日国土交通省告示第200号

　建築基準法施行令（昭和25年政令第338号）第129条の2の5第2項第三号〔現行＝第129条の2の4第2項第三号＝令和元年6月政令第30号により改正〕の規定に基づき、建築物に設ける飲料水の配管設備の構造方法を次のように定める。

　建築基準法施行令第129条の2の4第2項第三号に掲げる基準に適合する飲料水の配管設備（これと給水系統を同じくする配管設備を含む。以下同じ。）の構造方法は、次の各号のいずれかに定めるものとする。

一　配管設備の材質は、不浸透質の耐水材料その他水が汚染されるおそれのないものとすること。

二　配管設備のうち当該設備とその外部を区画する部分の材質を前号に掲げる材質とし、かつ、配管設備の内部に次に掲げる基準に適合する活性炭等の濾材その他これに類するもの（以下「濾材等」という。）を内蔵した装置を設けること。

イ　容易に清掃、点検又は交換できる構造とすること。

ロ　逆止弁を設ける等逆流を防止できる構造とすること。

ハ　濾材等が飲料水に流出しないこと。

ニ　濾材等により飲料水中の残留塩素が除去される構造の装置にあっては、配管設備に有効に塩素消毒設備を設けること。ただし、一の住戸又は一団として設けられた水栓にのみ給水する配管設備に設ける装置にあっては、この限りでない。

〔昭和50年12月20日建設省告示第1597号〕

建築物に設ける飲料水の配管設備及び排水のための配管設備の構造方法を定める件

最終改正　平成22年3月29日国土交通省告示第243号

　建築基準法施行令（昭和25年政令第338号）第129条の2の5第2項第六号〔現行＝第129条の2の4第2項第六号＝令和元年6月政令第30号により改正〕及び第3項第五号の規定に基づき、建築物に設ける飲料水の配管設備及び排水のための配管設備を安全上及び衛生上支障のない構造とするための構造方法を次のように定める。

第1　飲料水の配管設備の構造は、次に定めるところによらなければならない。

一　給水管

イ　ウォーターハンマーが生ずるおそれがある場合においては、エアチャンバーを設ける等有効なウォーターハンマー防止のための措置を講ずること。

ロ　給水立て主管からの各階への分岐管等主要な分岐管には、分岐点に近接した部分で、かつ、操作を容易に行うことができる部分に止水弁を設けること。

二　給水タンク及び貯水タンク

イ　建築物の内部、屋上又は最下階の床下に設ける場合においては、次に定めるところによること。

　⑴　外部から給水タンク又は貯水タンク（以下「給水タンク等」という。）の天井、底又は周壁の保守点検を容易かつ安全に行うことができるように設けること。

　⑵　給水タンク等の天井、底又は周壁は、建築物の他の部分と兼用しないこと。

　⑶　内部には、飲料水の配管設備以外の配管設備を設けないこと。

　⑷　内部の保守点検を容易かつ安全に行うことができる位置に、次に定める構造としたマンホールを設けること。ただし、給水タンク等の天井がふたを兼ねる場合においては、この限りでない。

　　㈤　内部が常時加圧される構造の給水タンク等（以下「圧力タンク等」という。）に設ける場合を除き、ほこりその他衛生上有害なものが入らないように有効に立ち上げること。

　　㈥　直径60cm以上の円が内接することができるものとすること。ただし、外部から内部の保守点検を容易かつ安全に行うことができる小規模な給水タンク等にあつては、この限りでない。

　⑸　⑷のほか、水抜管を設ける等内部の保守点検を容易に行うことができる構造とすること。

　⑹　圧力タンク等を除き、ほこりその他衛生上有害なものが入らない構造のオーバーフロー管を有効に設けること。

　⑺　最下階の床下その他浸水によりオーバーフロー管から水が逆流するおそれのある場所に給水タンク等を設置する場合にあつては、浸水を容易に覚知することができるよう浸水を検知し警報する装置の設置その他の措置を講ずること。

　⑻　圧力タンク等を除き、ほこりその他衛生上有害なものが入らない構造の通気のための装置を有効に設けること。ただし、有効容量が$2\,m^3$未満の給水タンク等については、この限りでない。

　⑼　給水タンク等の上にポンプ、ボイラー、空気調和機等の機器を設ける場合においては、飲料水を汚染することのないように衛生上必要な措置を講ずること。

ロ　イの場所以外の場所に設ける場合においては、次に定めるところによること。

　⑴　給水タンク等の底が地盤面下にあり、かつ、当該給水タンク等からくみ取便所の便槽、し尿浄化槽、排水管（給水タンク等の水抜管又はオーバーフロー管に接続する排水管を除く。）、ガソリンタンクその他衛生上有害な物の貯溜又は処理に供する施設までの水平距離が5m未満である場合においては、イの⑴及び⑶から⑻までに定めるところによること。

(2) (1)の場合以外の場合においては、イの(3)から(8)までに定めるところによること。

第2　排水のための配管設備の構造は、次に定めるところによらなければならない。

一　排水管

イ　掃除口を設ける等保守点検を容易に行うことができる構造とすること。

ロ　次に掲げる管に直接連結しないこと。

(1) 冷蔵庫、水飲器その他これらに類する機器の排水管

(2) 滅菌器、消毒器その他これらに類する機器の排水管

(3) 給水ポンプ、空気調和機その他これらに類する機器の排水管

(4) 給水タンク等の水抜管及びオーバーフロー管

ハ　雨水排水立て管は、汚水排水管若しくは通気管と兼用し、又はこれらの管に連結しないこと。

二　排水槽（排水を一時的に滞留させるための槽をいう。以下この号において同じ。）

イ　通気のための装置以外の部分から臭気が洩れない構造とすること。

ロ　内部の保守点検を容易かつ安全に行うことができる位置にマンホール（直径60cm以上の円が内接することができるものに限る。）を設けること。ただし、外部から内部の保守点検を容易かつ安全に行うことができる小規模な排水槽にあつては、この限りでない。

ハ　排水槽の底に吸い込みピットを設ける等保守点検がしやすい構造とすること。

ニ　排水槽の底の勾配は吸い込みピットに向かつて$\frac{1}{15}$以上$\frac{1}{10}$以下とする等内部の保守点検を容易かつ安全に行うことができる構造とすること。

ホ　通気のための装置を設け、かつ、当該装置は、直接外気に衛生上有効に開放すること。

三　排水トラップ（排水管内の臭気、衛生害虫等の移動を有効に防止するための配管設備をいう。以下同じ。）

イ　雨水排水管（雨水排水立て管を除く。）を汚水排水のための配管設備に連結する場合においては、当該雨水排水管に排水トラップを設けること。

ロ　二重トラップとならないように設けること。

ハ　汚水に含まれる汚物等が付着し、又は沈殿しない措置を講ずること。ただし、阻集器を兼ねる排水トラップについては、この限りでない。

ニ　排水トラップの深さ（排水管内の臭気、衛生害虫等の移動を防止するための有効な深さをいう。）は、5cm以上10cm以下（阻集器を兼ねる排水トラップにあつては、5cm以上）とすること。

ホ　容易に掃除ができる措置を講ずること。

四　阻集器

イ　汚水が油脂、ガソリン、土砂その他排水のための配管設備の機能を著しく妨げ、又は排水のための配管設備を損傷するおそれがある物を含む場合においては、有効な位置に阻集器を設けること。

ロ　汚水から油脂、ガソリン、土砂等を有効に分離することができる構造とすること。

ハ　容易に掃除ができる構造とすること。

五　通気管

イ　排水トラップの封水部に加わる排水管内の圧力と大気圧との差によつて排水トラップが

破封しないように有効に設けること。

ロ　汚水の流入により通気が妨げられないようにすること。

ハ　直接外気に衛生上有効に開放すること。ただし、配管内の空気が屋内に漏れることを防止する装置が設けられている場合にあつては、この限りでない。

六　排水再利用配管設備（公共下水道、都市下水路その他の排水施設に排水する前に排水を再利用するために用いる排水のための配管設備をいう。以下この号において同じ。）

イ　他の配管設備（排水再利用設備その他これに類する配管設備を除く。）と兼用しないこと。

ロ　排水再利用水の配管設備であることを示す表示を見やすい方法で水栓及び配管にするか、又は他の配管設備と容易に判別できる色とすること。

ハ　洗面器、手洗器その他誤飲、誤用のおそれのある衛生器具に連結しないこと。

ニ　水栓に排水再利用水であることを示す表示をすること。

ホ　塩素消毒その他これに類する措置を講ずること。

第3　適用の特例

建築基準法（昭和25年法律第201号）別表第1（い）欄に掲げる用途以外の用途に供する建築物で、階数が2以下で、かつ、延べ面積が500 m² 以下のものに設ける飲料水の配管設備及び排水のための配管設備については、第1（第一号ロを除く。）並びに第2第三号イ及び第四号の規定は、適用しない。ただし、2以上の建築物（延べ面積の合計が500 m² 以下である場合を除く。）に対して飲料水を供給するための給水タンク等又は有効容量が5 m³ を超える給水タンク等については、第1第二号の規定の適用があるものとする。

〔昭和45年12月28日建設省告示第1832号〕
中央管理方式の空気調和設備の構造方法を定める件

最終改正　平成12年5月29日建設省告示第1391号

建築基準法施行令（昭和25年政令第338号）第129条の2の6第3項〔現行＝第129条の2の5第3項＝令和元年6月政令第30号により改正〕の規定に基づき、中央管理方式の空気調和設備の構造方法を次のように定める。

一　中央管理方式の空気調和設備は、建築基準法施行令第20条の2第一号ロ(1)及び(2)に規定する有効換気量（同号ロ(1)中「Af　居室の床面積（特殊建築物の居室以外の居室が換気上有効な窓その他の開口部を有する場合においては、当該開口部の換気上有効な面積に20を乗じて得た面積を当該居室の床面積から減じた面積）」は、「Af　居室の床面積」と読み替えて計算するものとする。）以上の有効換気量を換気する能力を有するものとすること。

二　給気機又は排気機は、換気経路の全圧力損失（直管部損失、局部損失、諸機器その他における圧力損失の合計をいう。）を考慮して計算により確かめられた必要な給気又は排気能力を有するものとすること。ただし、居室の規模、構造又は換気経路その他空気調和設備の構造により、衛生上有効な換気を確保できることが明らかな場合においては、この限りでない。

三　風道は、断熱材を用いて内部結露が発生しないようにする場合等衛生上支障がない場合を除き、吸湿しない材料で造ること。

四　中央管理方式の空気調和設備の空気浄化装置に設ける濾過材、フイルターその他これらに
　　類するものは、容易に取り替えられる構造とすること。

五　空気調和設備の風道は、火を使用する設備又は器具を設けた室の換気設備の風道その他こ
　　れに類するものに連結しないこと。

六　居室における温度を外気の温度より低くする場合においては、その差を著しくしないよう
　　制御できる構造とすること。

七　前各号に掲げるもののほか、空気調和設備は、次のイからホまでに掲げる空気調和負荷に
　　基づいた構造とすること。

　　イ　壁、床又は天井（天井のない場合においては、屋根）よりの負荷
　　ロ　開口部よりの負荷
　　ハ　換気及びすき間風による負荷
　　ニ　室内で発生する負荷
　　ホ　その他建築物の実況に応じて生ずる負荷

〔昭和40年12月18日建設省告示第3411号〕
地階を除く階数が11以上である建築物の屋上に設ける冷却塔設備の防火上支障のない構造方法、建築物の他の部分までの距離及び建築物の他の部分の温度を定める件

最終改正　令和元年6月25日国土交通省告示第203号

建築基準法施行令（昭和25年政令第338号）第129条の2の7〔現行＝第129条の2の6＝令和
元年6月政令第30号により改正〕の規定に基づき、地階を除く階数が11以上である建築物の屋
上に設ける冷却塔設備の防火上支障のない構造方法、建築物の他の部分までの距離及び建築物の
他の部分の温度を次のように定める。

第1　建築基準法施行令（以下「令」という。）第129条の2の6第一号に規定する冷却塔設備の
　　防火上支障がない構造方法は、次の各号のいずれかに該当する構造としなければならない。

一　充てん材を硬質塩化ビニル、難燃処理した木材その他これらと同等以上の難燃性を有する
　　材料（以下「難燃性の材料」という。）とし、ケーシング（下部水槽を含む。以下同じ。）を
　　難燃材料又は強化ポリエステル板、硬質塩化ビニル板（日本産業規格A1321（建築物の内装
　　材料及び工法の難燃性試験方法）-1994に規定する難燃3級のものに限る。）若しくは加熱に
　　よる変形性、燃焼性及び排気温度特性についてこれらと同等以上の防火性能を有する材料（以
　　下「難燃材料に準ずる材料」という。）であるもので造り、その他の主要な部分を準不燃材
　　料で造つたもの

二　充てん材を難燃性の材料以外の材料とし、その他の主要な部分を準不燃材料で造つたもの
　　（難燃材料に準ずる材料で造つたケーシングの表面を準不燃材料で覆つたものを含む。）で
　　次のイ及びロに該当するもの

　　イ　冷却塔の容量が3,400kW以下（冷却塔の容量が3,400kWをこえる場合において、そ
　　　　の内部が、容量3,400kWにつき1以上に防火上有効に区画されているときを含む。）で

あるもの

　ロ　ケーシングの開口部に網目又は呼称網目の大きさが 26 mm 以下の金網を張つたもの

三　ケーシングを難燃性の材料で造つたもので、冷却塔の容量が 450 kW 以下であるもの

第2　令第129条の2の6第二号に規定する建築物の他の部分までの距離は、次に定める構造の冷却塔から他の冷却塔（当該冷却塔の間に防火上有効な隔壁が設けられている場合を除く。）までにあつては 2 m とし、建築物の開口部（建築基準法（昭和25年法律第201号）第 2 条第九号の二ロに規定する防火設備が設けられている場合を除く。）までにあつては 3 m とする。

一　充てん材を難燃性の材料以外の材料とし、ケーシングを難燃材料に準ずる材料で造り、その他の主要な部分を準不燃材料で造ること。

二　冷却塔の容量を 2,200 kW 以下（冷却塔の容量が 2,200 kW を超える場合において、その内部が容量 2,200 kW につき 1 以上に防火上有効に区画されている場合を含む。）とすること。

三　ケーシングの開口部に網目又は呼称網目の大きさが 26 mm 以下の金網を張ること。

第3　令第129条の2の6第三号に規定する国土交通大臣が定める温度は、260 度とする。

〔平成12年 5 月31日建設省告示第1413号〕
特殊な構造又は使用形態のエレベーター及びエスカレーターの構造方法を定める件

最終改正　令和元年 6 月25日国土交通省告示第203号

建築基準法施行令（昭和25年政令第338号）第129条の 3 第 2 項第一号及び第二号の規定に基づき、特殊な構造又は使用形態のエレベーター及びエスカレーターの構造方法を次のように定める。

第1　建築基準法施行令（以下「令」という。）第129条の 3 第 2 項第一号に掲げる規定を適用しない特殊な構造又は使用形態のエレベーターは、次の各号に掲げるエレベーターの種類に応じ、それぞれ当該各号に定める構造方法を用いるものとする。ただし、第七号から第十号までに掲げるエレベーターにあっては第一号から第六号までの規定、非常用エレベーターにあっては第一号、第二号及び第四号から第十号までの規定は、それぞれ適用しない。

一　籠の天井部に救出用の開口部を設けないエレベーター　令第129条の 6 第二号、第三号及び第五号、第129条の 7 、第129条の 8 第 2 項第二号、第129条の 9 並びに第129条の10第 3 項及び第 4 項の規定によるほか、次に定める構造とすること。ただし、第二号に適合するものにあっては令第129条の 7 第一号の規定、第三号に適合するものにあっては令第129条の 7 第一号及び第129条の 9 の規定、第四号又は第五号に適合するものにあっては令第129条の10第 3 項第二号の規定、第六号に適合するもの（籠の床面積が 1.1 m² 以下のものに限る。第三号及び第四号において同じ。）にあっては令第129条の10第 3 項第四号イの規定は、それぞれ適用しない。

イ　籠は、平成20年国土交通省告示第1455号第 1 に定める構造方法を用いるものとすること。この場合において、同告示第 1 第一号中「令第129条の 6 第四号に規定する開口部」とあるのは「非常の場合において籠内の人を安全に籠外に救出することができる籠の壁又は囲

いに設ける開口部」と、第二号中「、かご内」とあるのは「、鍵を用いなければ籠内」と読み替えるものとする。

ロ　次のいずれかに適合するものとすること。

(1)　常用の電源が絶たれた場合においても、制御器を操作することによって籠を昇降させることができるものであること。

(2)　手動で籠を昇降させることができるものであること。

二　昇降路の壁又は囲いの一部を有しないエレベーター　令第129条の6、第129条の7第二号から第五号まで、第129条の8第2項第二号、第129条の9並びに第129条の10第3項及び第4項の規定によるほか、次に定める構造とすること。ただし、第一号に適合するものにあっては令第129条の6第一号及び第四号の規定、第三号に適合するものにあっては令第129条の9の規定、第四号に適合するものにあっては令第129条の10第3項第二号の規定は、それぞれ適用しない。

イ　昇降路の壁又は囲いの一部を有しない部分の構造が次に掲げる基準に適合するものとすること。

(1)　吹抜きに面した部分又は建築物の外に面する部分であること。

(2)　建築物の床（その上部が吹抜きとなっている部分の床（以下「吹抜き部分の床」という。）を除く。）から水平距離で1.5m以上離れた部分であること。

(3)　吹抜き部分の床若しくは昇降路に面する地面（人が立ち入らない構造となっているからぼりの底部の地面を除く。以下この号において同じ。）と昇降路が接している部分又は昇降路とこれに面する吹抜き部分の床先若しくは地面との水平距離が1.5m以下の部分にあっては、次の(i)又は(ii)のいずれかに適合しているものであること。

(i)　昇降路の周囲に柵、水面等を設け昇降路から水平距離で1.5m以下の部分に人が立ち入らない構造とし、かつ、昇降路に吹抜き部分の床又は地面から1.8m以上の高さの壁又は囲いを設けていること。

(ii)　昇降路に吹抜き部分の床又は地面から2.4m以上の高さの壁を設けていること。

ロ　昇降路は、平成20年国土交通省告示第1454号第二号から第十一号までに定める基準に適合する壁又は囲い及び出入口の戸を設けたものとすること。

三　機械室を有しないエレベーター　令第129条の6、第129条の7第二号から第五号まで、第129条の8第2項第二号、第129条の10第3項及び第4項並びに第129条の13の3第2項、第3項及び第5項から第13項までの規定によるほか、次に定める構造とすること。ただし、第一号に適合するものにあっては令第129条の6第一号及び第四号の規定、第二号に適合するものにあっては令第129条の7第一号の規定、第四号又は第五号に適合するものにあっては令第129条の10第3項第二号の規定、第六号に適合するものにあっては令第129条の10第3項第四号イの規定、非常用エレベーター以外のエレベーターにあっては令第129条の13の3の規定は、それぞれ適用しない。

イ　昇降路は、平成20年国土交通省告示第1454号（第六号に適合するものにあっては、同告示第六号を除く。）に定める基準に適合する壁又は囲い及び出入口の戸を設けたものとすること。この場合において、同告示第一号中「機械室に通ずる主索、電線その他のものの周囲」とあるのは「換気上有効な開口部」と読み替えるものとする。

ロ　非常用エレベーターの昇降路は、非常用エレベーター2基以内ごとに、乗降ロビーに通ずる出入口及び換気上有効な開口部を除き、耐火構造の床及び壁で囲まれたものとすること。

ハ　非常用エレベーターにあっては、駆動装置及び制御器（以下この号において「駆動装置等」という。）は、昇降路内（籠が停止する最下階の床面より上方に限る。）に設けること。この場合において、当該駆動装置等を籠が停止する最上階の床面より下方に設ける場合にあっては、当該駆動装置等は、日本産業規格C0920（電気機械器具の外郭による保護等級（IPコード））-2003に規定するIPX2に適合するもの又はこれと同等以上の防水の措置を講じたものとすること。

ニ　駆動装置等を設ける場所には、換気上有効な開口部、換気設備又は空気調和設備を設けること。ただし、機器の発熱により駆動装置等を設けた場所の温度が摂氏7度以上上昇しないことが計算により確かめられた場合においては、この限りでない。

ホ　駆動装置等は、その設置する部分を除き、籠、釣合おもりその他の昇降する部分が触れるおそれのないように設けること。

ヘ　駆動装置等から昇降路の壁又は囲いまでの水平距離は、保守点検に必要な範囲において50cm以上とすること。

ト　制御器を昇降路内に設けるものにあっては、非常の場合に昇降路外において、籠を制御することができる装置を設けること。この場合において、当該装置がワイヤロープを用いた構造のものにあっては、非常の場合及び保守点検を行う場合を除き、ワイヤロープの変位が生じないようワイヤロープを壁、床その他の建築物の部分に固定することその他の必要な措置を講ずること。

チ　駆動装置等を昇降路の底部に設けるものにあっては、トに掲げる装置のほか、保守点検を安全に行うことができるよう次に掲げる装置を設け、かつ、籠又は釣合おもりが緩衝器に衝突した場合においても駆動装置等に触れるおそれのないものとすること。ただし、高さが1m以上の退避上有効な空間が確保されたものにあっては、(3)に掲げる装置を設けないこととすることができる。

(1)　昇降路外において、籠の降下を停止することができる装置

(2)　昇降路内において、機械的に籠の降下を停止することができる装置

(3)　非常の場合に昇降路内において、動力を切ることにより、籠の降下を停止することができる装置

四　昇降行程が7m以下の乗用エレベーター及び寝台用エレベーター　令第129条の6、第129条の7、第129条の8第2項第二号、第129条の9、第129条の10第3項第一号、第三号及び第四号並びに同条第4項の規定によること。ただし、第一号に適合するものにあっては令第129条の6第一号及び第四号の規定、第二号に適合するものにあっては令第129条の7第一号の規定、第三号に適合するものにあっては令第129条の7第一号及び第129条の9の規定、第六号に適合するものにあっては令第129条の10第3項第四号イの規定は、それぞれ適用しない。

五　かごの定格速度が240m以上の乗用エレベーター及び寝台用エレベーター　令第129条の6、第129条の7、第129条の8第2項第二号、第129条の9、第129条の10第3項第一号、第

三号及び第四号並びに同条第4項の規定によるほか、平成20年国土交通省告示第1536号に規定する地震時等管制運転装置を設けること。この場合において、次の表の左欄に掲げるかごの定格速度の区分に応じて、同告示第2第三号ロの規定中同表の中欄に掲げる字句は、それぞれ同表の右欄に掲げる字句に読み替えるものとする。ただし、第一号に適合するものにあっては令第129条の6第一号及び第四号の規定、第三号に適合するものにあっては令第129条の7第一号及び第129条の9の規定は、それぞれ適用しない。

240m 以上 280m 未満の場合	検知後 10 秒	検知後 15 秒
	かごを 10 秒以内	かごを 15 秒以内
280m 以上、600m 未満の場合	検知後 10 秒	検知後 15 秒
	かごを 10 秒以内	かごを 15 秒以内
	42m	50m
600m 以上の場合	検知後 10 秒	検知後 20 秒
	かごを 10 秒以内	かごを 20 秒以内
	42m	50m

六　籠が住戸内のみを昇降するエレベーターで、籠の床面積が 1.3 m² 以下のもの　令第129条の6第一号、第二号、第四号及び第五号、第129条の7第二号から第五号まで、第129条の8第2項第二号、第129条の9並びに第129条の10第3項及び第4項の規定によるほか、次に定める構造とすること。ただし、第一号に適合するものにあっては令第129条の6第一号及び第四号の規定、第三号に適合するものにあっては令第129条の9の規定、第四号に適合するものにあっては令第129条の10第3項第二号の規定、籠の床面積が 1.1 m² 以下のものにあっては同項第四号イの規定は、それぞれ適用しない。

イ　籠は、次に定める構造とすること。

(1)　平成20年国土交通省告示第1455号第2第一号及び第三号から第八号までに定める基準に適合するものとすること。

(2)　籠の出入口の戸は、開き戸、折りたたみ戸又は引き戸とすること。ただし、乗用エレベーター及び寝台用エレベーター以外のエレベーターにあっては、上げ戸、下げ戸又は上下戸とすることができる。

(3)　開き戸又は折りたたみ戸である籠の出入口の戸は、閉じたときに、次の(i)から(iii)までに掲げるものを除き、隙間が生じないものであること。

(i)　籠の出入口の戸と出入口枠の隙間で、8mm 以下のもの

(ii)　籠の出入口の戸と床の隙間で、8mm 以下のもの

(iii)　籠の出入口の戸の突合せ部分の隙間で、8mm 以下のもの

(4)　開き戸又は折りたたみ戸である籠の出入口の戸は、籠の昇降中に、籠外に向かって開くことができない構造とすること。

(5)　自動的に開閉する構造の開き戸又は折りたたみ戸である籠の出入口の戸は、次に掲げる基準に適合するものとすること。

　　　（i）　戸の質量（単位　kg）に戸の開閉時の速度（単位　m/s）の2乗を乗じて得た値が
　　　　　20以下となるものであること。
　　　（ii）　戸は、150N以下の力により開閉するものであること。
　ロ　昇降路は、次に定める構造とすること。ただし、第三号に適合するものにあっては、(1)
　　　の規定は適用しない。
　　(1)　平成20年国土交通省告示第1454号第一号から第五号まで及び第七号から第十一号まで
　　　　に定める基準に適合するものとすること。
　　(2)　昇降路の出入口の戸は、開き戸、折りたたみ戸又は引き戸とすること。ただし、乗用
　　　　エレベーター及び寝台用エレベーター以外のエレベーターにあっては、上げ戸、下げ戸
　　　　又は上下戸とすることができる。
　　(3)　開き戸又は折りたたみ戸である昇降路の出入口の戸は、閉じたときに、次の(i)から(iii)
　　　　までに掲げるものを除き、隙間が生じないものであること。
　　　（i）　昇降路の出入口の戸と出入口枠の隙間で、6mm以下のもの
　　　（ii）　昇降路の出入口の戸と床の隙間で、6mm以下のもの
　　　（iii）　昇降路の出入口の戸の突合せ部分の隙間で、6mm以下のもの
　　(4)　自動的に開閉する構造の開き戸又は折りたたみ戸である昇降路の出入口の戸は、次に
　　　　掲げる基準に適合するものとすること。
　　　（i）　戸の質量（単位　kg）に戸の開閉時の速度（単位　m/s）の2乗を乗じて得た値が
　　　　　20以下となるものであること。
　　　（ii）　戸は、150N以下の力により開閉するものであること。
　ハ　籠外に向かって開く開き戸若しくは折りたたみ戸である籠の出入口の戸又は昇降路外に
　　　向かって開く開き戸若しくは折りたたみ戸である昇降路の出入口の戸を設ける場合には、
　　　地震時の転倒等により当該戸の開閉に支障を生じさせるおそれのある物を置かない旨を明
　　　示した標識を当該戸の近くの見やすい場所に掲示すること。
七　自動車運搬用エレベーターで、かごの壁又は囲い、天井及び出入口の戸の全部又は一部を
　　有しないもの　令第129条の6第二号及び第五号、第129条の7第一号から第三号まで及び第
　　五号、第129条の8第2項第二号、第129条の9、第129条の10第3項第一号から第三号まで
　　並びに同条第4項の規定によるほか、次に定める構造とすること。
　イ　かごは、次に定める構造とすること。
　　(1)　出入口の部分を除き、高さ1.4m以上の壁又は囲いを設けること。
　　(2)　車止めを設けること。
　　(3)　かご内に操作盤（動力を切る装置を除く。）を設ける場合にあっては、当該操作盤は
　　　　自動車の運転席から自動車の外に出ることなく操作ができる場所に設けること。
　　(4)　平成20年国土交通省告示第1455号第1第七号及び第八号に定める構造方法を用いるも
　　　　のであって、同告示第2第二号及び第五号から第七号までに定める基準に適合するもの
　　　　とすること。
　ロ　昇降路は、かご内の人又は物が挟まれ、又は障害物に衝突しないものとすること。
　ハ　自動車がかご内の通常の停止位置以外の場所にある場合にかごを昇降させることができ
　　　ない装置を設けること。

八　ヘリコプターの発着の用に供される屋上に突出して停止するエレベーターで、屋上部分の昇降路の囲いの全部又は一部を有しないもの　令第129条の6第二号、第四号及び第五号、第129条の7第一号（屋上部分の昇降路に係るものを除く。）、第二号、第四号及び第五号、第129条の9、第129条の10第3項第一号、第三号及び第四号並びに同条第4項の規定によるほか、次に定める構造とすること。

イ　かごは、次に定める構造とすること。

(1)　かご内の人又は物が釣合おもり、昇降路の壁その他のかご外の物に容易に触れることができない構造とした丈夫な壁又は囲い及び出入口の戸を設けること。

(2)　平成20年国土交通省告示第1455号第1第六号から第九号までに定める構造方法を用いるものであって、同告示第2第二号及び第五号から第八号までに定める基準に適合するものとすること。

ロ　屋上部分の昇降路は、次に定める構造とすること。

(1)　屋上部分の昇降路は、周囲を柵で囲まれたものとすること。

(2)　屋上と他の出入口及びかご内とを連絡することができる装置を設けること。

(3)　かごが屋上に突出して昇降する場合において、警報を発する装置を設けること。

ハ　昇降路の出入口の戸（屋上の昇降路の開口部の戸を除く。）には、平成20年国土交通省告示第1447号に定める基準に適合する施錠装置を設けること。この場合において、同告示第一号中「出入口の戸」とあるのは「出入口の戸（屋上の昇降路の開口部の戸を除く。以下同じ。）」と読み替えるものとする。

ニ　制御器は、平成12年建設省告示第1429号第1第二号から第四号までに定める基準に適合するものとすること。この場合において、同告示第1第二号中「戸」とあるのは「戸（屋上の昇降路の開口部の戸を除く。以下同じ。）」と、同第三号中「建築基準法施行令第129条の7第三号」とあるのは「平成12年国土交通省告示第1413号第八号ハ」と読み替えるものとする。

ホ　鍵を用いなければかごの昇降ができない装置を設けること。

ヘ　屋上と最上階との間を昇降するものとすること。

九　車いすに座ったまま使用するエレベーターで、かごの定格速度が15m以下で、かつ、その床面積が2.25m²以下のものであって、昇降行程が4m以下のもの又は階段及び傾斜路に沿って昇降するもの　令第129条の7第五号の規定によるほか、次に定める構造とすること。

イ　かごは、次に定める構造とすること。

(1)　次に掲げるエレベーターの種類に応じ、それぞれ次に定めるものとすること。

(i)　かごの昇降の操作をかご内の人が行うことができない1人乗りのエレベーター　出入口の部分を除き、高さ65cm以上の丈夫な壁又は囲いを設けていること。ただし、昇降路の側壁その他のものに挟まれるおそれのない部分に面するかごの部分で、かごの床から7cm（出入口の幅が80cm以下の場合にあっては、6cm）以上の立ち上がりを設け、かつ、高さ65cm以上の丈夫な手すりを設けた部分にあっては、この限りでない。

(ii)　(i)以外のエレベーター　出入口の部分を除き、高さ1m以上の丈夫な壁又は囲いを設けていること。ただし、昇降路の側壁その他のものに挟まれるおそれのない部分に面するかごの部分で、かごの床から高さ15cm以上の立ち上がりを設け、かつ、高

さ1m以上の丈夫な手すりを設けた部分にあっては、この限りでない。

(2) 出入口には、戸又は可動式の手すりを設けること。

(3) 用途、積載量（kgで表した重量とする。）及び最大定員（積載荷重を平成12年建設省告示第1415号第五号に定める数値とし、重力加速度を9.8m/s²とし、1人当たりの体重を65kg、車いすの重さを110kgとして計算した定員をいう。）並びに1人乗りのエレベーターにあっては車いすに座ったまま使用する1人乗りのものであることを明示した標識をかご内の見やすい場所に掲示すること。

ロ　昇降路は、次に定める構造とすること。

(1) 高さ1.8m以上の丈夫な壁又は囲い及び出入口の戸又は可動式の手すりを設けること。ただし、かごの底と当該壁若しくは囲い又は床との間に人又は物が挟まれるおそれがある場合において、かごの下にスカートガードその他これに類するものを設けるか、又は強く挟まれた場合にかごの昇降を停止する装置を設けた場合にあっては、この限りでない。

(2) 出入口の床先とかごの床先との水平距離は、4cm以下とすること。

(3) 釣合おもりを設ける場合にあっては、人又は物が釣合おもりに触れないよう壁又は囲いを設けること。

(4) かご内の人又は物が挟まれ、又は障害物に衝突しないものとすること。

ハ　制御器は、かご及び昇降路の全ての戸又は可動式の手すりが閉じていなければかごを昇降させることができないものとすること。

ニ　次に掲げる安全装置を設けること。

(1) かごが折りたたみ式のもので動力を使用してかごを開閉するものにあっては、次に掲げる装置

(i) 鍵を用いなければかごの開閉ができない装置

(ii) 開閉中のかごに人又は物が挟まれた場合にかごの開閉を制止する装置

(iii) かごの上に人がいる場合又は物がある場合にかごを折りたたむことができない装置

(2) かごが着脱式のものにあっては、かごとレールが確実に取りつけられていなければかごを昇降させることができない装置

(3) 住戸内のみを昇降するもの以外のものにあっては、積載荷重を著しく超えた場合において警報を発し、かつ、かごを昇降させることができない装置又は鍵を用いなければ、かごの昇降ができない装置

十　階段及び傾斜路に沿って1人の者がいすに座った状態で昇降するエレベーターで、定格速度が9m以下のもの　令第129条の6第五号及び第129条の7第五号の規定によるほか、次に定める構造とすること。

イ　昇降はボタン等の操作によって行い、ボタン等を操作し続けている間だけ昇降する構造とすること。

ロ　人又は物がかごと階段又は床との間に強く挟まれた場合にかごの昇降を停止する装置を設けること。

ハ　転落を防止するためのベルトを、背もたれ、ひじ置き、座席及び足を載せる台を有するいすに設けること。

998

第2　令第129条の3第2項第二号に掲げる規定を適用しない特殊な構造又は使用形態のエスカ
レーターは、次の各号に掲げるエスカレーターの種類に応じ、それぞれ当該各号に定める構造
方法を用いるものとする。

一　勾配が30度を超えるエスカレーター　令第129条の12第1項第一号、第三号、第四号及び
第六号の規定によるほか、次に定める構造であること。

イ　勾配は、35度以下としていること。

ロ　踏段の定格速度は、30m以下としていること。

ハ　揚程は、6m以下としていること。

ニ　踏段の奥行きは、35cm以上としていること。

ホ　昇降口においては、2段以上の踏段のそれぞれの踏段と踏段の段差（踏段の勾配を15
度以下としたすりつけ部分を除く。以下同じ。）を4mm以下としていること。

ヘ　平成12年建設省告示第1417号第1ただし書に規定する車いす使用者用エスカレーターで
ないこと。

二　踏段の幅が1.1mを超えるエスカレーター　令第129条の12第1項第一号、第三号、第五
号及び第六号の規定によるほか、次に定める構造であること。

イ　勾配は、4度以下としていること。

ロ　踏段と踏段の段差は、4mm以下としていること。

ハ　踏段の幅は、1.6m以下とし、踏段の端から当該踏段の端の側にある手すりの上端部の
中心までの水平距離は、25cm以下としていること。

三　速度が途中で変化するエスカレーター　令第129条の12第1項第六号の規定によるほか、
次に定める構造であること。

イ　毎分の速度が50m以上となる部分にあっては、手すりの上端部の外側から壁その他の
障害物（毎分の速度が50m以上となる部分において連続している壁で踏段の上の人が挟
まれるおそれのないものを除く。）までの距離は、50cm以上としていること。

ロ　踏段側部とスカートガードのすき間は、5mm以下としていること。

ハ　踏段と踏段のすき間は、5mm以下としていること。

ニ　踏段と踏段の段差は、4mm以下としていること。

ホ　勾配は、踏段の速度が変化する部分にあっては4度以下とし、それ以外の部分にあって
は8度以下としていること。

ヘ　踏段の幅は、1.6m以下とし、踏段の端から当該踏段の端の側にある手すりの上端部の
中心までの水平距離は、25cm以下としていること。

ト　踏段の両側に手すりを設け、その手すりが次の(1)又は(2)のいずれかの基準に適合するも
のであること。

(1)　手すりの上端部が、通常の場合において当該手すりの上端部をつかむ人が乗る踏段と
同一方向に同一速度で連動するようにしたものとしていること。

(2)　複数の速度が異なる手すりを、これらの間に固定部分を設ける等により挟まれにくい
構造として組み合せたもので、次の手すりを持ち替えるまでの間隔が2秒以上（おおむ
ね手すりと同一の高さとした手すりの間の固定部分の長さを15cm以下としたものを除
く。）で、かつ、それぞれの手すりの始点から終点に至るまでの手すりと踏段との進む

距離の差が 40 cm 以下であること。

チ　踏段の毎分の速度は、昇降口において、50 m 以下としていること。

リ　踏段の速度の変化により踏段の上の人に加わる加速度は、速度が変わる部分の踏段の勾配が 3 度以下の部分にあっては 0.5 m/s² 以下、3 度を超え 4 度以下の部分にあっては 0.3 m/s² 以下としていること。

〔平成12年5月31日建設省告示第1414号〕
エレベーター強度検証法の対象となるエレベーター、エレベーター強度検証法及び屋外に設けるエレベーターに関する構造計算の基準を定める件

最終改正　平成25年10月29日国土交通省告示第1054号

建築基準法施行令（昭和25年政令第338号）第129条の4第1項第二号、第2項及び第3項第七号の規定に基づき、エレベーター強度検証法の対象となるエレベーター、エレベーター強度検証法及び屋外に設けるエレベーターに関する構造計算の基準を次のように定める。

第1　建築基準法施行令（以下「令」という。）第129条の4第1項第二号のエレベーター強度検証法の対象となるエレベーターは、かごを鎖でつるエレベーターとする。

第2　かごを主索でつるエレベーターに係る強度検証法については、次の各号に定めるところによる。

一　令第129条の4第2項第二号に規定する α_1 及び α_2（以下単にそれぞれ「α_1」及び「α_2」という。）の数値は、次に掲げる数値とすること。

イ　α_1 は、次に掲げる場合に応じ、それぞれ(1)又は(2)に掲げる数値とする。

(1)　(2)以外の場合　2.0

(2)　エレベーターが次に掲げるものである場合　1.6

(i)　かごの定格速度が 45 m 以下であること。

(ii)　かごの積載荷重が 3,100 N 以下であること。

(iii)　昇降行程が 13 m 以下であること。

ロ　α_2 は、レールにあっては次に掲げる場合に応じて、それぞれ(1)又は(2)に掲げる数値とし、レール以外の部分にあっては2.0とする。

(1)　非常止め装置が次第ぎき非常止め装置の場合　3.0

(2)　非常止め装置が早ぎき非常止め装置の場合　6.0

二　かごを主索でつるエレベーターのかごの床版及び枠、支持ばり並びにレールに係る令第129条の4第2項第三号に基づき規定する安全率（以下単に「安全率」という。）は、次の表に定める数値とする。ただし、レールの安全率については、強度試験に基づき許容応力度を定めた場合においては、材料の破壊強度をその許容応力度で除した数値とすることができる。

イ　かごの床版及び枠

常　時　の　安　全　率	安全装置作動時の安全率
3.0	2.0

ロ　支持ばり

	種　　　　　類	常時の安全率	安全装置作動時の安全率
(1)	鉄骨造又は鉄骨鉄筋コンクリート造の鋼材の部分	3.0	2.0
(2)	鉄筋コンクリート造又は鉄骨鉄筋コンクリート造のコンクリートの部分	7.0	1.5

ハ　レール

	種　　　　　類	常時の安全率（レールにかごの固定荷重又は積載荷重が常時作用する構造のものに限る。）	安全装置の作動時の安全率
(1)	(2)項以外のもので鋼製とし、鋼製の支持金物で昇降路に取りつけられたもの	3.0	2.0
(2)	令第3章第8節第3款の規定に基づき短期に生ずる力に対する許容応力度が定められた鋼材その他の金属を用いたもの	材料の破壊強度を令第3章第8節第3款の規定に基づき定められた短期に生ずる力に対する許容応力度で除した数値に1.5を乗じた数値	材料の破壊強度を令第3章第8節第3款の規定に基づき定められた短期に生ずる力に対する許容応力度で除した数値

三　かごを主索でつるエレベーターのイに掲げるエレベーターの主索及びその端部に係る安全率は、ロに定める数値とし、第129条の4第2項第四号に規定する限界安全率（以下単に「限界安全率」という。）はハに定める数値とする。

イ　主索及びその端部並びに綱車又は巻胴の直径が次に掲げるものであること。

　(1)　主索をワイヤーロープとし、直径は、10mm以上であること。ただし、次の(i)又は(ii)のいずれかのエレベーターに用いるものにあっては、直径は、8mm以上とすることができる。

　　(i)　かごの定格速度が30m以下、かごの積載荷重が2,000N以下で、かつ、昇降行程が10m以下であるもの

　　(ii)　かごの定格速度が15m以下で、かつ、かごの積載荷重が2,400N以下であるもの

　(2)　端部（クランプ止めとした巻胴式エレベーターの巻胴側の端部を除く。）は、次に掲

げるエレベーターにあっては、それぞれ(i)又は(ii)に掲げるものであること。

(i) (ii)以外のエレベーター　鋼製ソケットにバビット詰又は鋼製の楔式ソケット

(ii) (1)(i)又は(ii)に掲げるエレベーター　鋼製ソケットにバビット詰、鋼製の楔式ソケット、据え込み式止め金具、鉄製クリップ止め又はケミカル固定のロープソケット

(3) 綱車又は巻胴の直径は、主索の直径の40倍以上であること。ただし、次に掲げるものにあっては、それぞれ(i)から(iv)までに掲げる倍率以上とすることができる。

(i) 綱車で、主索に接する部分の長さがその周の長さの $\frac{1}{4}$ 以下であるもの　36倍

(ii) 第一号イ(2)の基準に適合するエレベーターの綱車又は巻胴　36倍

(iii) (1)(i)又は(ii)に掲げるエレベーターの綱車又は巻胴　30倍

(iv) (1)(ii)に掲げるエレベーターの綱車又は巻胴で、主索に接する部分の長さがその周の長さの $\frac{1}{4}$ 以下であるもの　20倍

ロ　主索及びその端部に係る安全率は、次の表に定める数値とする。

(1) 主索

エレベーターの種類		常時の安全率		安全装置作動時の安全率	
		設置時	使用時	設置時	使用時
(1)	(2)項以外のエレベーター	5.0	4.0	3.2	2.5
(2)	巻胴式エレベーターその他の主索に対し摩擦力による動力の伝達がないエレベーター(以下「巻胴式エレベーター等」という。)	5.0	4.0	2.5	2.5

(2) 主索の端部

常時の安全率		安全装置作動時の安全率	
設　置　時	使　用　時	設　置　時	使　用　時
4.0	3.0	2.0	2.0

ハ　エレベーターの主索及びその端部に係る限界安全率は、次の表に定める数値とする。

(1) 主索

エレベーターの種類		設置時の限界安全率	使用時の限界安全率
(1)	(2)項以外のエレベーター	3.2	2.5
(2)	巻胴式エレベーター等	2.5	2.5

(2) 主索の端部

設置時の限界安全率	使用時の限界安全率
2.0	2.0

第3　油圧エレベーターに係る強度検証法については、次の各号に定めるところによる。

一　α_1は、プランジャー（有効細長比を安全上支障がない場合を除き、250以下としたものに限り、これのシリンダーからの離脱を防止する装置を含む。以下同じ。）、シリンダーその他のかごを支える部分、これらに直接支えられるかご並びに圧力配管及び油圧ゴムホースにあっては1.3、その他の部分にあっては第2第一号イに掲げる数値とし、α_2は、第2第一号ロに掲げる数値とする。

二　かごを鎖でつるエレベーターの鎖以外の部分に係る安全率は、第2第二号及び第三号に定めるほか、次の表に定める数値とし、限界安全率は、第2第三号に定める数値とする。

イ　プランジャー、シリンダーその他のかごを支える部分及び圧力配管

常　時　の　安　全　率	安全装置作動時の安全率
3.0（脆性金属にあっては、5.0とする。）	2.0（脆性金属にあっては、3.3とする。）

ロ　油圧ゴムホース

常　時　の　安　全　率	安全装置作動時の安全率
6.0	4.0

三　かごを鎖でつるエレベーターのイに掲げる鎖に係る安全率は、ロに定める数値とし、限界安全率は、ハに定める数値とする。

イ　鎖及びその端部は、次に掲げるものであること。
(1)　ローラーチェーンであること。
(2)　端部は、1本ごとに鋼製留金具により緊結すること。

ロ　鎖及びその端部に係る安全率は、次の表に定める数値とする。

常　時　の　安　全　率		安全装置作動時の安全率	
設　置　時	使　用　時	設　置　時	使　用　時
5.0	4.0	2.5	2.5

ハ　鎖及びその端部に係る限界安全率は、次の表に定める数値とする。

設置時の限界安全率	使用時の限界安全率
2.5	2.5

第4　かごを鎖でつるエレベーターに係る強度検証法については、次の各号に定めるところによる。
一　α_1及びα_2は、それぞれ第2第一号に定める数値とする。
二　安全率は、第2第二号及び第3第三号に定める数値とする。
三　限界安全率は、第3第三号に定める数値とする。

第5　令第129条の4第3項第七号に規定する屋外に設けるエレベーターの風圧に対する構造耐力上の安全性を確かめるための構造計算の基準は、次のとおりとする。
一　屋外に設けるエレベーターで昇降路の壁の全部又は一部を有しないものにあっては、固定荷重、積載荷重及び風圧力によって、主要な支持部分（令第129条の4第1項に規定する主

要な支持部分をいう。以下同じ。）に生ずる力を計算すること。

二　主要な支持部分の断面に生ずる短期の応力度を次の式によって計算すること。

$$G_1 + \alpha_1(G_2 + P) + W$$

$$\left[\begin{array}{l} \text{この式において、} W \text{は、令第87条に規定する風圧力によって生ずる力を、} G_1、\alpha_1、 \\ G_2 \text{及び} P \text{は、令第129条の4第2項の表に規定するものとする。} \end{array}\right]$$

三　前号の規定によって計算した各応力度が、令第3章第8節第3款の規定による短期に生ずる力に対する各許容応力度を超えないことを確かめること。この場合において、主要な支持部分に規格が定められた鋼材等を用いる場合にあっては、当該材料の引張強さを第1から第4までに規定する安全装置作動時の安全率で除して求めた数値を基準強度とすることができる。

〔平成12年5月31日建設省告示第1418号〕
エスカレーター強度検証法の対象となるエスカレーター及びエスカレーターの強度検証法を定める件

建築基準法施行令（昭和25年政令第338号）第129条の12第2項において準用する第129条の4第1項第二号及び第2項の規定に基づき、エスカレーター強度検証法の対象となるエスカレーター及びエスカレーター強度検証法について次のように定める。

第1　建築基準法施行令（以下「令」という。）第129条の12第2項において準用する第129条の4第1項第二号のエスカレーター強度検証法の対象となるエスカレーターは、踏段を鎖に類するものでつるエスカレーター及び踏段をベルトでつくり、当該ベルトをつるエスカレーターとする。

第2　エスカレーター強度検証法については、次の各号に定めるところによる。

一　令第129条の12第2項において準用する第129条の4第2項第二号に規定する α_1 の数値は、1.0と、同号に規定する α_2 の数値は、1.5とする。

二　エスカレーターの踏段の床板及び枠並びにトラス又ははりに係る令第129条の12第2項において準用する第129条の4第2項第三号に規定する安全率（以下単に「安全率」という。）は、次の表に定める数値とする。

イ　踏段の床板及び枠

	常時の安全率	安全装置作動時の安全率
鋼製その他の金属製の踏段	3.0	2.0

ロ　トラス又ははり

	常時の安全率	安全装置作動時の安全率
鉄骨造の鋼材の部分	3.0	2.0

三　エスカレーターの鎖その他これに類するもの及びその端部又はベルトに係る安全率は、次の表に定める数値とする。

	常時の安全率		安全装置作動時の安全率	
	設置時	使用時	設置時	使用時
踏段をつる鎖その他これに類するもの及びその端部	7.0	4.0	2.5	2.5
ベルト	7.0	4.0	4.0	2.5

四　エスカレーターの鎖その他これに類するもの及びその端部又はベルト（踏段が他の摩損又は疲労破壊を生ずるおそれのないもので支えられていないものに限る。）について令第129条の12第2項において準用する第129条の4第2項第四号に規定する限界安全率は、次の表に定める数値とする。

	設置時の限界安全率	使用時の限界安全率
踏段をつる鎖その他これに類するもの及びその端部	2.5	2.5
ベルト	4.0	2.5

〔平成20年12月19日国土交通省告示第1494号〕

滑節構造とした接合部が地震その他の震動によって外れるおそれがない構造方法を定める件

建築基準法施行令（昭和25年政令第338号）第129条の4第3項第三号の規定に基づき、滑節構造とした接合部が地震その他の震動によって外れるおそれがない構造方法を次のように定める。

滑節構造とした接合部が地震その他の震動によって外れるおそれがない構造方法は、次に定めるものとする。

一　接合部は、かご及び釣合おもり（釣合おもりを設けないエレベーターにあっては、かご）に設けるガイドシュー、ガイドローラーその他これに類するもの（以下「ガイドシュー等」という。）と昇降路（昇降路を設けないエレベーターにあっては、壁又は床）に設けるガイドレールが接合し、かつ、ガイドシュー等が可動するものとすること。

二　かごを主索で吊るエレベーター及び油圧エレベーターにあっては、接合部は、次のイ又はロのいずれかに適合するものとすること。

　イ　ガイドシュー等とガイドレールが嵌合するものであること。

　ロ　ガイドレールは、その設置面に対して垂直方向にガイドシュー等と接する部分が、地震力によって生じると想定されるガイドレールのたわみよりも10mm以上長いものであること。

三　かごを主索で吊るエレベーター及び油圧エレベーター以外のエレベーターにあっては、接合部は、地震その他の震動による衝撃により外れるおそれがないよう必要な措置を講じたものであること。

附　則

この告示は、平成21年9月28日から施行する。

〔平成21年5月14日国土交通省告示第541号〕

滑節構造とした接合部が地震その他の震動によって外れるおそれがない構造方法を定める件

建築基準法施行令（昭和25年政令第338号）第129条の12第2項において準用する同令第129条の4第3項第三号の規定に基づき、滑節構造とした接合部が地震その他の震動によって外れるおそれがない構造方法を次のように定める。

滑節構造とした接合部が地震その他の震動によって外れるおそれがない構造方法は、次に定めるものとする。

一　踏段をくさりその他これに類するもので吊るエスカレーターにあっては、次に掲げるものとすること。
　　イ　接合部は、ローラーとトラス又ははりに設ける踏段レールが接合し、かつ、ローラーが可動するものであること。
　　ロ　地震その他の震動によりローラーが踏段レールから脱落するおそれのない構造であること。

二　踏段をベルトでつくり、当該ベルトを吊るエスカレーターにあっては、次に掲げるものとすること。
　　イ　接合部は、ベルトをローラーで支持し、かつ、ベルトが可動するものであること。
　　ロ　地震その他の震動によりベルトがローラーから脱落するおそれのないよう必要な措置を講じたものであること。

附　則

この告示は、平成21年9月28日から施行する。

〔平成21年6月8日国土交通省告示第621号〕

滑節構造とした接合部が地震その他の震動によって外れるおそれがない構造方法を定める件

建築基準法施行令（昭和25年政令第338号）第144条第2項において準用する同令第129条の4第3項第三号の規定に基づき、滑節構造とした接合部が地震その他の震動によって外れるおそれがない構造方法を次のように定める。

滑節構造とした接合部が地震その他の震動によって外れるおそれがない構造方法は、次に定めるものとする。

一　接合部は、次に掲げるもののいずれかとすること。

イ　客席部分及び釣合おもり（釣合おもりを設けない遊戯施設にあっては、客席部分）に設けるガイドシュー、ガイドローラーその他これに類するもの（以下「ガイドシュー等」という。）と、主要な支持部分（建築基準法施行令第144条第1項第一号に規定する主要な支持部分をいう。以下この号において同じ。）に設けるガイドレールが接合し、かつ、ガイドシュー等が可動するもの

ロ　ガイドロープがガイドシュー等を貫通し、かつ、ガイドシュー等が鉛直方向に可動するもの

ハ　客席部分と主要な支持部分又は主要な支持部分を相互に地震その他の震動により外れるおそれのないよう必要な措置を講じたピンにより接合し、かつ、客席部分又は主要な支持部分が可動するもの

二　前号イに掲げる接合部は、次のイからハまでのいずれかに適合するものとすること。

イ　ガイドシュー等とガイドレールが嵌合するものであること。

ロ　ガイドレールは、その設置面に対して垂直方向にガイドシュー等と接する部分が、地震力によって生じると想定されるガイドレールのたわみよりも 10 mm 以上長いものであること。

ハ　イ及びロに掲げるもののほか、地震その他の震動により外れるおそれのないよう必要な措置を講じたものであること。

附　則

この告示は、平成21年9月28日から施行する。

〔平成20年12月22日国土交通省告示第1498号〕
滑車を使用してかごを吊るエレベーターが地震その他の震動によって索が滑車から外れるおそれがない構造方法を定める件

建築基準法施行令（昭和25年政令第338号）第129条の4第3項第四号の規定に基づき、滑車を使用してかごを吊るエレベーターが地震その他の震動によって索が滑車から外れるおそれがない構造方法を次のように定める。

滑車を使用してかごを吊るエレベーターが地震その他の震動によって索が滑車から外れるおそれがない構造方法は、次に定めるものとする。

一　滑車は、索を滑車の溝にかけることにより円滑に回転するものとすること。

二　滑車の溝は、索の形状に応じたものとし、滑車の索に面する部分の端部からの溝の深さ（滑車の溝がその最深部に索が接しない形状である場合にあっては、当該溝に索が接した状態における索から溝の最深部までの最短距離を除いたもの。以下同じ。）は、3 mm 以上で、かつ、索の直径（平形の索にあっては、その短幅。以下同じ。）の $\frac{1}{3}$ 以上とすること。

三　索が滑車から外れないよう鉄製又は鋼製の枠その他これに類するもの（以下「ロープガー

ド」という。）を設けること。

四　ロープガードは、次に掲げる基準に適合するものとすること。

　　イ　滑車の索に面する部分の端部のうち、最も外側にあるものとの最短距離が索の直径の $\frac{3}{4}$ 以下であること。

　　ロ　滑車の索に面する部分の端部のうち、イに掲げるもの以外のものとの最短距離が索の直径の $\frac{17}{20}$ 以下であること。

五　滑車の索に面する部分の端部のうち、最も外側にあるものからの溝の深さが索の直径以上である巻胴式エレベーターにあっては、前2号の規定は適用しない。

　　　附　則

この告示は、平成21年9月28日から施行する。

〔平成21年6月8日国土交通省告示第622号〕
滑車を使用して客席部分を吊る遊戯施設が地震その他の震動によって索が滑車から外れるおそれがない構造方法を定める件

　建築基準法施行令（昭和25年政令第338号）第144条第2項において準用する同令第129条の4第3項第四号の規定に基づき、滑車を使用して客席部分を吊る遊戯施設が地震その他の震動によって索が滑車から外れるおそれがない構造方法を次のように定める。

　滑車を使用して客席部分を吊る遊戯施設が地震その他の震動によって索が滑車から外れるおそれがない構造方法は、次に定めるものとする。

一　滑車は、索を滑車の溝にかけることにより円滑に回転するものとすること。

二　滑車の溝は、索の形状に応じたものとし、滑車の索に面する部分の端部からの溝の深さ（滑車の溝がその最深部に索が接しない形状である場合にあっては、当該溝に索が接した状態における索から溝の最深部までの最短距離を除いたもの。以下同じ。）は、3mm以上で、かつ、索の直径の $\frac{1}{3}$ 以上とすること。

三　索が滑車から外れないよう鉄製又は鋼製の枠その他これに類するもの（以下「ロープガード」という。）を設けること。

四　ロープガードは、次に掲げる基準に適合するものとすること。

　　イ　滑車の索に面する部分の端部のうち、最も外側にあるものとの最短距離が索の直径の $\frac{3}{4}$ 以下であること。

　　ロ　滑車の索に面する部分の端部のうち、イに掲げるもの以外のものとの最短距離が索の直径の $\frac{17}{20}$ 以下であること。

五　滑車の索に面する部分の端部のうち、最も外側にあるものからの溝の深さが索の直径以上である巻胴式の駆動装置による遊戯施設にあっては、前2号の規定は適用しない。

六　主要な支持部分（建築基準法施行令第144条第1項第一号に規定する主要な支持部分をいう。）に走行又は回転時の衝撃及び非常止め装置の作動時の衝撃が加えられた場合に索が滑車から外れるおそれのないよう、客席部分の走行速度、円周速度及び傾斜角度を保つことができるものとすること。

　　　附　則

この告示は、平成21年9月28日から施行する。

〔平成25年10月29日国土交通省告示第1048号〕
地震その他の震動によってエレベーターの釣合おもりが脱落するおそれがない構造方法を定める件

建築基準法施行令（昭和25年政令第338号。以下「令」という。）第129条の4第3項第五号の規定に基づき、地震その他の震動によってエレベーターの釣合おもりが脱落するおそれがない構造方法は、次に定めるものとする。ただし、実験により釣合おもりが第二号に規定する地震力によって脱落しないことが確かめられた場合においては、この限りでない。

一　釣合おもりは、釣合おもりの枠（たて枠、上下の枠その他の釣合おもり片の脱落を防止する部材をいい、これらの接合部を含む。以下同じ。）及び釣合おもり片により構成されること。

二　次に定めるところにより構造計算を行うこと。

　イ　固定荷重及びロに規定する地震力によって、釣合おもりの枠に生ずる力を計算すること。

　ロ　釣合おもりの枠の断面に生ずる短期の応力度を次の式によって計算すること。

　　　G＋K

　　　　この式において、Gは釣合おもりの固定荷重に1.3（特別な調査又は研究の結果に基づき、地震時に釣合おもりに生ずる加速度を考慮した数値を定めた場合は、その数値）を乗じたものによって生ずる力を、Kは地震力によって生ずる力を表すものとする。

　　　　この場合において、地震力は、特別な調査又は研究の結果に基づき定める場合のほか、水平方向及び鉛直方向について次の式によって計算した数値とするものとする。

　　　$P＝kw$

　　　　この式において、P、k及びwは、それぞれ次の数値を表すものとする。
　　　P　　地震力（単位　N）
　　　k　　令第88条第1項に規定するZの数値に、次に掲げる設計用水平標準震度又は設計用鉛直標準震度の数値以上の数値を乗じて得た数値とする。
　　　　設計用水平標準震度　0.6
　　　　設計用鉛直標準震度　0.3
　　　w　　釣合おもりの固定荷重（単位　N）

　ハ　釣合おもりの枠の部分ごとにロの規定によって計算した各短期の応力度が、令第3章第

　　8節第3款の規定による短期に生ずる力に対する各許容応力度を超えないことを確かめる
　　こと。この場合において、釣合おもりの枠に規格が定められた鋼材等を用いる場合にあっ
　　ては、当該材料の引張強さを2.0で除して求めた数値を基準強度とすることができる。
　三　釣合おもりのたて枠は、釣合おもり片及び釣合おもりの上下の枠を全て貫通するボルトに
　　よるボルト接合その他のたわみ（前号に規定する地震力によって釣合おもりのたて枠に生ず
　　ると想定されるたわみをいう。以下同じ。）によって釣合おもり片が脱落するおそれがない
　　措置を講ずる場合を除き、釣合おもり片と接する部分のたわみの方向の長さが、たわみより
　　も10mm以上長いものとすること。この場合において、特別な調査又は研究の結果に基づ
　　き接合部の剛性及び耐力に関する性能を確かめた場合を除き、たて枠及び上下の枠の接合部
　　をピンによる接合とみなして構造計算を行うこと。

　　　附　則
この告示は、平成26年4月1日から施行する。

〔平成25年10月29日国土交通省告示第1049号〕
地震その他の震動によって遊戯施設の釣合おもりが脱落するお それがない構造方法を定める件

　建築基準法施行令（昭和25年政令第338号。以下「令」という。）第144条第2項において準用
する令第129条の4第3項第五号の規定に基づき、地震その他の震動によって遊戯施設の釣合お
もりが脱落するおそれがない構造方法は、次に定めるものとする。ただし、実験により釣合おも
りが第二号に規定する地震力によって脱落しないことが確かめられた場合においては、この限り
でない。
　一　釣合おもりは、釣合おもりの枠（たて枠、上下の枠その他の釣合おもり片の脱落を防止す
　　る部材をいい、これらの接合部を含む。以下同じ。）及び釣合おもり片により構成されるこ
　　と。
　二　次に定めるところにより構造計算を行うこと。
　　イ　固定荷重及びロに規定する地震力によって、釣合おもりの枠に生ずる力を計算するこ
　　と。
　　ロ　釣合おもりの枠の断面に生ずる短期の応力度を次の式によって計算すること。

　　　　G＋K

　　　　　この式において、Gは釣合おもりの固定荷重に1.3（特別な調査又は研究の結果
　　　　に基づき、地震時に釣合おもりに生ずる加速度を考慮した数値を定めた場合は、そ
　　　　の数値）を乗じたものによって生ずる力を、Kは地震力によって生ずる力を表すも
　　　　のとする。
　　　　　この場合において、地震力は、特別な調査又は研究の結果に基づき定める場合の
　　　　ほか、水平方向及び鉛直方向について次の式によって計算した数値とするものとす
　　　　る。

$$P = k\,w$$

> この式において、P、k及びwは、それぞれ次の数値を表すものとする。
>
> P　地震力（単位　N）
>
> k　令第88条第1項に規定するZの数値に、次に掲げる設計用水平標準震度
> 又は設計用鉛直標準震度の数値以上の数値を乗じて得た数値とする。
>
> 設計用水平標準震度　0.6
>
> 設計用鉛直標準震度　0.3
>
> w　釣合おもりの固定荷重（単位　N）

ハ　釣合おもりの枠の部分ごとにロの規定によって計算した各短期の応力度が、令第3章第
8節第3款の規定による短期に生ずる力に対する各許容応力度を超えないことを確かめる
こと。この場合において、釣合おもりの枠に規格が定められた鋼材等を用いる場合にあっ
ては、当該材料の引張強さを2.0で除して求めた数値を基準強度とすることができる。

三　釣合おもりのたて枠は、釣合おもり片及び釣合おもりの上下の枠を全て貫通するボルトに
よるボルト接合その他のたわみ（前号に規定する地震力によって、釣合おもりのたて枠に生
ずると想定されるたわみをいう。以下同じ。）によって釣合おもり片が脱落するおそれがな
い措置を講ずる場合を除き、釣合おもり片と接する部分のたわみの方向の長さが、たわみよ
りも10mm以上長いものとすること。この場合において、特別な調査又は研究の結果に基
づき接合部の剛性及び耐力に関する性能を確かめた場合を除き、たて枠及び上下の枠の接合
部をピンによる接合とみなして構造計算を行うこと。

　　附　則

この告示は、平成26年4月1日から施行する。

〔平成25年10月29日国土交通省告示第1047号〕

エレベーターの地震その他の震動に対する構造耐力上の安全性を確かめるための構造計算の基準を定める件

建築基準法施行令（昭和25年政令第338号。以下「令」という。）第129条の4第3項第六号に
規定するエレベーターの地震その他の震動に対する構造耐力上の安全性を確かめるための構造計
算の基準は、次のとおりとする。

一　令第129条の5第1項に規定する固定荷重及び同条第2項に規定する積載荷重並びに次号
に規定する地震力によって、主要な支持部分（令第129条の4第1項に規定する主要な支持
部分をいう。以下同じ。）に生ずる力を計算すること。

二　前号の主要な支持部分の断面に生ずる短期の応力度を次の式によって計算すること。

$$G + P + K$$

> この式において、G及びPは、それぞれ令第129条の5第1項に規定する固定荷
> 重及び同条第2項に規定する積載荷重によって生ずる力を、Kは、次の力を表すも

のとする。この場合において、固定荷重及び積載荷重のうち昇降する部分の荷重にあっては、当該荷重に1.3を乗じたものとすること。ただし、特別な調査又は研究の結果に基づき、地震時に昇降する部分に生ずる加速度を考慮した数値を定める場合にあっては、この限りでない。

K　地震力によって生ずる力

この場合において、地震力は、特別な調査又は研究の結果に基づき定める場合のほか、水平方向及び鉛直方向について次の式によって計算した数値とするものとする。

$$P = k\,w$$

この式において、P、k 及び w は、それぞれ次の数値を表すものとする。

P　地震力（単位　N）

k　令第88条第1項に規定するZの数値に、次の表の階又は屋上の欄の区分に応じて、それぞれ同表の設計用水平標準震度又は設計用鉛直標準震度の欄に掲げる数値以上の数値を乗じて得た数値とする。

階又は屋上	設計用水平標準震度	設計用鉛直標準震度
地階及び1階	0.4	0.2
その他の階及び屋上	0.6	0.3

w　エレベーターの固定荷重と積載荷重との和（積載荷重にあっては、地震その他の震動によって人又は物からかごに作用する力の影響に基づいた数値を算出した場合は、その数値）（単位　N）

三　第一号の主要な支持部分ごとに前号の規定によって計算した各短期の応力度が、令第3章第8節第3款の規定による短期に生ずる力に対する各許容応力度を超えないことを確かめること。この場合において、主要な支持部分に規格が定められた鋼材等を用いる場合にあっては、当該材料の引張強さを平成12年建設省告示第1414号に規定する安全装置作動時の安全率で除して求めた数値を基準強度とすることができる。

　　　附　則

この告示は、平成26年4月1日から施行する。

〔平成12年5月31日建設省告示第1415号〕

用途が特殊なエレベーター及び当該エレベーターのかごの積載荷重を定める件

最終改正　平成27年12月28日国土交通省告示第1274号

建築基準法施行令（昭和25年政令第338号）第129条の5第2項の規定に基づき、用途が特殊なエレベーター及び当該エレベーターのかごの積載荷重を次のように定める。

建築基準法施行令（以下「令」という。）第129条の5第2項に規定する用途が特殊なエレベーターは、次の各号に掲げるエレベーターとし、同項に規定する当該用途に応じたかごの積載荷重（単位　N）は、それぞれ当該各号に定める数値とする。

一　次に掲げる基準に適合するトランクを設けたエレベーター　エレベーターのかごの面積をトランクの面積を除いた面積として、令第129条の5第2項の表に基づき算定した数値
　　イ　床面から天井までの高さが1.2m以下であること。
　　ロ　かごの他の部分とトランクの床面の段差が10cm以下であること。
　　ハ　施錠装置を有する扉を設けること。
　　ニ　かごの奥行き（トランク部分の奥行きを含む。以下同じ。）が2.2m以下であり、かつ、トランク部分の奥行きがかごの奥行きの$\frac{1}{2}$以下であること。

二　フォークリフトその他のかごに荷物を積み込む機械（以下「フォークリフト等」という。）がかごへの荷物の積込み時にかごに荷重をかける乗用及び寝台用エレベーター以外のエレベーター　次に掲げる数値のうち大きいもの
　　イ　実況に応じ算定した昇降させる人又は物の荷重に、フォークリフト等の荷重（荷物の積み込み時にかごにかかる荷重に限る。）を加えたものを1.5で除した数値
　　ロ　令第129条の5第2項の表に基づき算定した数値

三　昇降行程が10m以下で、かつ、かごの床面積が1.1m²以下のエレベーター　床面積1m²につき1,800として計算した数値で、かつ、1,300以上の数値

四　昇降行程が20m以下で、かつ、かごの床面積が1.3m²以下の住宅、下宿又は寄宿舎に設けるエレベーター　床面積1m²につき2,500として計算した数値で、かつ、1,300以上の数値

五　平成12年建設省告示第1413号第1第六号に掲げるエレベーター　床面積1m²につき1,800として計算した数値で、かつ、1,300以上の数値（計算した数値が1,980を超える場合にあっては、1,980）

六　平成12年建設省告示第1413号第1第九号に掲げるエレベーター　次に定める床面積及び種類に応じた次に定める数値
　　イ　籠の床面積が1m²以下で住戸内に設置されるもの　床面積1m²につき1,800として計算した数値で、かつ、1,300以上の数値
　　ロ　籠の床面積が2m²以下のもの（イに掲げるものを除く。）　1,800
　　ハ　籠の床面積が2m²を超え2.25m²以下のもの　2,400

七　平成12年建設省告示第1413号第1第十号に掲げるエレベーター　900

〔平成20年12月10日国土交通省告示第1455号〕

かご内の人又は物による衝撃に対して安全なかごの各部の構造方法及びかご内の人又は物がかご外の物に触れるおそれのないかごの壁又は囲い及び出入口の戸の基準を定める件

最終改正　令和元年6月25日国土交通省告示第203号

建築基準法施行令（昭和25年政令第338号）第129条の6第1項第一号及び第三号の規定に基づき、かご内の人又は物による衝撃に対して安全なかごの各部の構造方法及びかご内の人又は物がかご外の物に触れるおそれのないかごの壁又は囲い及び出入口の戸の基準を次のように定める。

第1　建築基準法施行令（以下「令」という。）第129条の6第1項第一号に規定するかご内の人又は物による衝撃に対して安全なかごの各部の構造方法は、次に定めるものとする。

一　かごは、次のイからハまでに掲げる部分を除き、壁又は囲い、床及び天井で囲むこと。

イ　かごの出入口

ロ　令第129条の6第四号に規定する開口部

ハ　かごの壁又は囲い（床面からの高さが180cm以上又は30cm以下の部分に限る。）及び天井部に設ける換気上有効な開口部

二　前号のロに掲げる開口部には、かご内から開くことができない構造の戸を設けること。

三　第一号のハに掲げる開口部には、ガラリその他これに類するものを設けること。

四　かごの壁又は囲い及び出入口の戸は、任意の5cm²の面にこれと直角な方向の300Nの力がかご内から作用した場合において、次のイ及びロに適合するものとすること。

イ　15mmを超える変形が生じないものであること。

ロ　塑性変形が生じないものであること。

五　かごの壁又は囲い、床、天井及び出入口の戸の全部又は一部（構造上軽微な部分を除く。）に使用するガラスは、次のイ及びロに適合するものとすること。

イ　合わせガラス（日本産業規格R3205に適合するものに限る。）又はこれと同等以上の飛散防止性能を有するものであること。ただし、かごの出入口の戸（床面からの高さが1.1mを超える部分に限る。）に使用するガラスにあっては、厚さ6mm以上で幅20cm以下の網入ガラス（日本産業規格R3204に適合する網入板ガラスに限る。）とすることができる。

ロ　かごの壁又は囲い（床面からの高さが1.1m以下の部分に限る。）に使用するガラスにあっては、手すり（ガラスが用いられる部分以外の部分に堅固に取り付けられるものに限る。）を床面から0.8m以上1.1m以下の高さの位置に設けることその他安全上必要な措置が講じられたものであること。

六　かごの壁又は囲いは、その脚部を床版に、頂部を天井板に緊結すること。

七　かごの出入口の戸は、かご内の人又は物による衝撃により容易に外れないものとすること。

八　かごの床面で50lx（乗用エレベーター及び寝台用エレベーター以外のエレベーターにあっては25lx）以上の照度を確保することができる照明装置を設けること。

九　乗用エレベーター及び寝台用エレベーターにあっては、かごの天井の高さは2m以上とすること。

第2　令第129条の6第1項第三号に規定するかご内の人又は物がかご外の物に触れるおそれのないかごの壁又は囲い及び出入口の戸の基準は、次のとおりとする。

一　かごの出入口の戸は、空隙のないものであること。

二　かごの出入口の戸は、引き戸とすること。ただし、乗用エレベーター及び寝台用エレベーター以外のエレベーターにあっては、上げ戸、下げ戸又は上下戸とすることができる。

三　引き戸であるかごの出入口の戸は、閉じたときに、次のイからニまでに掲げるものを除き、すき間が生じないものであること。

　　イ　かごの出入口の戸と出入口枠のすき間で、8mm以下のもの

　　ロ　かごの出入口の戸と敷居のすき間で、8mm以下のもの

　　ハ　かごの出入口の戸の突合せ部分のすき間で、8mm以下のもの

　　ニ　2枚以上の戸が重なり合って開閉する構造のかごの出入口の戸にあっては、重なり合う戸のすき間で、8mm以下のもの

四　上げ戸、下げ戸又は上下戸であるかごの出入口の戸は、閉じたときに、次のイからニまでに掲げるものを除き、すき間が生じないものであること。

　　イ　かごの出入口の戸と出入口枠のすき間で、9.5mm以下のもの

　　ロ　上げ戸にあっては、かごの出入口の戸と敷居のすき間で、9.5mm以下のもの

　　ハ　上下戸にあっては、かごの出入口の戸の突合せ部分のすき間で、9.5mm以下のもの

　　ニ　2枚以上の戸が重なり合って開閉する構造のかごの出入口の戸にあっては、重なり合う戸のすき間で、9.5mm以下のもの

五　かごの出入口の戸は、安全かつ円滑に開閉するものであること。

六　かごの出入口の戸は、かごの昇降中に、かご内の人又は物による衝撃により容易に開かないものであること。

七　自動的に閉鎖する構造のかごの出入口の戸は、反転作動（人又は物が戸に挟まれ、又は挟まれるおそれがある場合において、戸の閉鎖を自動的に停止し、当該戸を開くことをいう。）ができるものであること。

八　自動的に閉鎖する構造の引き戸であるかごの出入口の戸は、150N以下の力により閉じるものであること。ただし、出入口の$\frac{1}{3}$が閉じられるまでの間は、この限りでない。

　　　附　則

　この告示は、平成21年9月28日から施行する。ただし、第1第五号及び第九号並びに第2第二号の規定は、平成22年9月28日から施行する。

〔平成12年5月31日建設省告示第1416号〕
防火上支障のないエレベーターのかご及び昇降路並びに小荷物専用昇降機の昇降路を定める件

　建築基準法施行令（昭和25年政令第338号）第129条の6第二号、第129条の7第二号及び第129条の13第二号の規定に基づき、防火上支障のないエレベーターのかご及び昇降路並びに小荷物専

用昇降機の昇降路を次のように定める。

第1　建築基準法施行令（以下「令」という。）第129条の6第二号に規定する防火上支障のないエレベーターのかごは、次の各号のいずれかに該当するエレベーターのかごとする。

一　主要構造部を準耐火構造以外の構造とした建築物に設けるもの

二　住宅に設ける昇降機で昇降路のすべての出入口が一の住戸内のみにあるもの

三　昇降路のすべての出入口が一の階のみにあるもの

四　昇降路のすべての出入口が一の吹抜き（当該部分と壁又は戸で区画されていない部分を含む。）のみにあるもの

第2　令第129条の7第二号に規定する防火上支障のないエレベーターの昇降路は、第1各号（第二号を除く。）のいずれかに該当するエレベーターの昇降路及び階数が3以下で延べ面積が200㎡以内の一戸建ての住宅又は長屋若しくは共同住宅の住戸に設けるエレベーターの昇降路とする。

第3　令第129条の13第二号に規定する防火上支障のない小荷物専用昇降機の昇降路は、第1各号（第二号を除く。）のいずれかに該当する小荷物専用昇降機の昇降路及び階数が3以下で延べ面積が200㎡以内の一戸建ての住宅又は長屋若しくは共同住宅の住戸に設ける小荷物専用昇降機の昇降路とする。

〔平成20年12月10日国土交通省告示第1454号〕
昇降路外の人又は物がかご又は釣合おもりに触れるおそれのない壁又は囲い及び出入口の戸の基準を定める件

最終改正　令和元年6月25日国土交通省告示第203号

建築基準法施行令（昭和25年政令第338号）第129条の7第一号の規定に基づき、昇降路外の人又は物がかご又は釣合おもりに触れるおそれのない壁又は囲い及び出入口の戸の基準を次のように定める。

建築基準法施行令第129条の7第一号に規定する昇降路外の人又は物がかご又は釣合おもりに触れるおそれのない壁又は囲い及び出入口の戸の基準は、次のとおりとする。

一　昇降路は、次のイからニまでに掲げる部分を除き、壁又は囲いで囲むものであること。

イ　昇降路の出入口（非常口を含む。次号から第五号まで及び第十号において同じ。）

ロ　機械室に通ずる主索、電線その他のものの周囲

ハ　昇降路の頂部及び底部

ニ　保守点検に必要な開口部（かぎを用いなければ昇降路外から開くことができない施錠装置を設けた戸を設けるものに限る。）であって、次の(1)又は(2)のいずれかに該当するもの

(1)　出入口の床面から開口部の下端までの高さが1.8m以上であるもの

(2)　自動的に閉鎖する戸（当該戸を自動的に施錠する機能を有する施錠装置を設けたものに限る。）を設けるもの

二　昇降路の壁又は囲い及び出入口の戸は、任意の5cm²の面にこれと直角な方向の300Nの力が昇降路外から作用した場合において、次のイ及びロに適合するものであること。

イ　15mmを超える変形が生じないものであること。

ロ　塑性変形が生じないものであること。

三　昇降路の壁又は囲い及び出入口の戸の全部又は一部（構造上軽微な部分を除く。）に使用するガラスは、合わせガラス（日本産業規格 R3205に適合するものに限る。）又はこれと同等以上の飛散防止性能を有するものであること。ただし、昇降路の出入口の戸（床面からの高さが1.1mを超える部分に限る。）に使用するガラスにあっては、厚さ6mm以上で幅20cm以下の網入ガラス（日本産業規格 R3204に適合する網入板ガラスに限る。）又はこれと同等以上の遮炎性能を有するものとすることができる。

四　昇降路の出入口の戸は、昇降路外の人又は物による衝撃により容易に外れないものであること。

五　昇降路の出入口の戸は、空隙のないものであること。

六　昇降路の出入口の戸は、引き戸とすること。ただし、乗用エレベーター及び寝台エレベーター以外のエレベーターにあっては、上げ戸、下げ戸又は上下戸とすることができる。

七　引き戸である昇降路の出入口の戸は、閉じたときに、次のイからニまでに掲げるものを除き、すき間が生じないものであること。

イ　昇降路の出入口の戸と出入口枠のすき間で、6mm以下のもの

ロ　昇降路の出入口の戸と敷居のすき間で、6mm以下のもの

ハ　昇降路の出入口の戸の突合せ部分のすき間で、6mm以下のもの

ニ　2枚以上の戸が重なり合って開閉する構造の昇降路の出入口の戸にあっては、重なり合う戸のすき間で、6mm以下のもの

八　上げ戸、下げ戸又は上下戸である昇降路の出入口の戸は、閉じたときに、次のイからニまでに掲げるものを除き、すき間が生じないものであること。

イ　昇降路の出入口の戸と出入口枠のすき間で、9.5mm以下のもの

ロ　上げ戸にあっては、昇降路の出入口の戸と敷居のすき間で、9.5mm以下のもの

ハ　上下戸にあっては、昇降路の出入口の戸の突合せ部分のすき間で、9.5mm以下のもの

ニ　2枚以上の戸が重なり合って開閉する構造の昇降路の出入口の戸にあっては、重なり合う戸のすき間で、9.5mm以下のもの

九　昇降路の非常口の戸は、開き戸又は引き戸とすること。ただし、開き戸にあっては、昇降路内に向かって開くことができない構造とすること。

十　昇降路の出入口の戸は、安全かつ円滑に開閉するものであること。

十一　自動的に閉鎖する構造の引き戸である昇降路の出入口の戸は、150N以下の力により閉じるものであること。ただし、出入口の $\frac{1}{3}$ が閉じられるまでの間は、この限りでない。

　　附　則

この告示は、平成21年9月28日から施行する。ただし、第三号及び第六号の規定は、平成22年9月28日から施行する。

〔平成20年12月9日国土交通省告示第1447号〕
昇降路外の人又は物が昇降路内に落下するおそれのない昇降路の出入口の戸の施錠装置の基準を定める件

最終改正　平成24年6月7日国土交通省告示第680号

建築基準法施行令（昭和25年政令第338号）第129条の7第三号の規定に基づき、昇降路外の人又は物が昇降路内に落下するおそれのない昇降路の出入口の戸の施錠装置の基準を次のように定める。

建築基準法施行令第129条の7第三号に規定する昇降路外の人又は物が昇降路内に落下するおそれのない昇降路の出入口の戸の施錠装置の基準は、次のとおりとする。

一　施錠装置は、昇降路の出入口の戸の昇降路内に面する部分に堅固に取り付けられたものであること。

二　施錠装置は、昇降路の出入口の戸が閉じた場合に、当該戸を自動的かつ機械的に施錠するものであること。

三　施錠装置は、かごが昇降路の出入口の戸の位置に停止していない場合においては、かぎを用いずに当該戸を開こうとした場合においても施錠された状態を保持する力が減少しないものであること。

四　施錠装置は、施錠された昇降路の出入口の戸に昇降路外の人又は物による衝撃が作用した場合において、当該戸が容易に開かないよう、施錠された状態を保持することができるものであること。

五　施錠装置は、腐食若しくは腐朽しにくい材料を用いたもの、又は有効なさび止め若しくは防腐のための措置が講じられたものであること。

六　施錠装置の係合部分は、7mm以上であること。

附　則
この告示は、平成21年9月28日から施行する。

〔平成20年12月19日国土交通省告示第1495号〕
建築基準法施行令第129条の7第五号イ(2)の国土交通大臣が定める措置を定める件

建築基準法施行令（昭和25年政令第338号）第129条の7第五号イ(2)の規定に基づき、国土交通大臣が定める措置を次のように定める。

建築基準法施行令第129条の7第五号イ(2)に規定する国土交通大臣が定める措置は、次に掲げるものとする。

一　かごと接合するガイドレールを取り付けるために昇降路内に設けるレールブラケットで、地震時にその回りに昇降路内の主索その他の索が掛かった場合において、エレベーターの機能に支障が生じるおそれのあるものにあっては、索が回り込まないように当該レールブラ

ケットの端部間に鉄線、鋼線又は鋼索を設けること。

二　釣合おもりと接合するガイドレールを取り付けるために昇降路内に設けるレールブラケットにあっては、索が回り込まないようにその端部間に鉄線、鋼線又は鋼索を設けること。

三　昇降路内に設ける横架材で、地震時にその回りに昇降路内の主索その他の索が掛かった場合において、エレベーターの機能に支障が生じるおそれのあるものにあっては、索が回り込まないように当該横架材の端部を昇降路の立柱に緊結すること。

　　　附　則

この告示は、平成21年9月28日から施行する。

〔平成21年7月6日国土交通省告示第703号〕

エレベーターの駆動装置及び制御器が地震その他の震動によって転倒し又は移動するおそれがない方法を定める件

最終改正　令和元年6月25日国土交通省告示第203号

建築基準法施行令（昭和25年政令第338号）第129条の8第1項の規定に基づき、エレベーターの駆動装置及び制御器が地震その他の震動によって転倒し又は移動するおそれがない方法を次のように定める。

建築基準法施行令（以下「令」という。）第129条の8第1項に規定するエレベーターの駆動装置及び制御器（以下「駆動装置等」という。）が地震その他の震動によって転倒し又は移動するおそれがない方法は、次に定めるものとする。

一　駆動装置等は、機械室の部分（機械室以外の部分に設置することが構造上やむを得ないものにあっては昇降路等の部分。以下同じ。）又は駆動装置等を支持する台（以下「支持台」という。）にボルトで緊結すること。ただし、防振ゴムを用いる場合にあっては、ボルト又はボルト及び形鋼、鋼板その他これらに類するもの（以下「形鋼等」という。）で固定すること。

二　支持台は、機械室の部分にボルトで緊結されたものであること。ただし、防振ゴムを用いる場合にあっては、ボルト又はボルト及び形鋼等で固定されたものであること。

三　駆動装置等及び支持台を設置する機械室の部分並びに支持台は、地震その他の震動に対して安全上の支障となる変形又はひび割れその他の損傷が生じないものであること。

四　支持台及び形鋼等は、次のイ又はロのいずれかに適合する材料を用いたものであること。
　イ　日本産業規格G3101に規定するSS330、SS400、SS490若しくはSS540に適合する鋼材又はこれと同等以上の強度を有するものであること。
　ロ　日本産業規格G5501に規定するFC250、FC300若しくはFC350に適合する鋳鉄又はこれと同等以上の強度を有するものであること。

五　ボルトは、次のイ及びロに適合するものであること。
　イ　座金の使用、ナットの二重使用その他これらと同等以上の効力を有する戻り止めの措置を講じたものであること。
　ロ　ボルトの軸断面に生ずる長期の引張り及びせん断の応力度並びに短期の引張り及びせん

断の応力度が次の表に掲げる式に適合することが確かめられたものであること。

力 の 種 類	式
長期に生ずる力	$\left(\dfrac{R_1}{Ra_1}\right)^2 + \left(\dfrac{S_1}{Sa_1}\right)^2 \leq 1$
短期に生ずる力	$\left(\dfrac{R_2}{Ra_2}\right)^2 + \left(\dfrac{S_2}{Sa_2}\right)^2 \leq 1$

この表において、R_1、Ra_1、S_1、Sa_1、R_2、Ra_2、S_2 及び Sa_2 は、それぞれ次の数値を表すものとする。

R_1　ボルトの軸断面に生ずる長期の引張りの応力度（単位　N/mm^2）

Ra_1　令第90条に規定するボルトの長期に生ずる力に対する引張りの許容応力度（単位　N/mm^2）

S_1　ボルトの軸断面に生ずる長期のせん断の応力度（単位　N/mm^2）

Sa_1　令第90条に規定するボルトの長期に生ずる力に対するせん断の許容応力度（単位　N/mm^2）

R_2　ボルトの軸断面に生ずる短期の引張りの応力度（単位　N/mm^2）

Ra_2　令第90条に規定するボルトの短期に生ずる力に対する引張りの許容応力度（単位　N/mm^2）

S_2　ボルトの軸断面に生ずる短期のせん断の応力度（単位　N/mm^2）

Sa_2　令第90条に規定するボルトの短期に生ずる力に対するせん断の許容応力度（単位　N/mm^2）

附　則

この告示は、平成21年9月28日から施行する。

〔平成12年5月31日建設省告示第1429号〕
エレベーターの制御器の構造方法を定める件

最終改正　平成20年12月15日国土交通省告示第1469号

建築基準法施行令（昭和25年政令第338号）第129条の8第2項の規定に基づき、エレベーターの制御器の構造方法を次のように定める。

第1　かごを主索で吊るエレベーター又はかごを鎖で吊るエレベーター（油圧エレベーターを除く。）の制御器の構造方法は、次に定めるものとする。

一　かごを主索で吊るエレベーターにあっては、かごに積載荷重の1.25倍（平成12年建設省告示第1415号第2に規定するフォークリフト等がかごの停止時にのみ乗り込む乗用及び寝台用エレベーター以外のエレベーターにあっては、1.5倍）の荷重が加わった場合においてもかごの位置が著しく変動しないものとすること。ただし、かごの停止位置が着床面を基準として75mm以上下降するおそれがある場合において、これを調整するための床合せ補正装置（着床面を基準として75mm以内の位置において補正することができるものに限る。以

下同じ。）を設けた場合にあっては、この限りでない。

二　かご又は昇降路の出入口の戸の開閉に応じて駆動装置の動力を調節する装置（次号におい
　て「調節装置」という。）を設けること。

三　調節装置の構造は、次のイ及びロに掲げる基準に適合するものとすること。

　　イ　かご又は昇降路の出入口の戸が開く場合に、自動的に作動し、かごを昇降させないもの
　　　であること。

　　ロ　建築基準法施行令第129条の7第三号に規定する施錠装置が施錠された後に自動的に作
　　　動し、かごを昇降させるものであること。

四　かご内及びかごの上で駆動装置の動力を切ることができる装置を設けること。ただし、次
　に掲げるエレベーターにあっては、かごの上で駆動装置の動力を切ることができる装置を設
　けないものとすることができる。

　　イ　昇降行程が10m以下であるエレベーター

　　ロ　かごに天井がないエレベーター

第2　油圧エレベーターの制御器の構造方法は、次に定めるものとする。

一　かごの停止時における自然降下を調整するための床合せ補正装置を設けること。

二　圧力配管には、有効な圧力計を設けること。

三　第1第二号から第四号までに定める構造とすること。

〔平成12年5月31日建設省告示第1423号〕
エレベーターの制動装置の構造方法を定める件

最終改正　平成21年8月4日国土交通省告示第859号

建築基準法施行令（昭和25年政令第338号）第129条の10第2項の規定に基づき、エレベーターの制動装置の構造方法を次のように定める。

エレベーターの制動装置の構造方法は、次に定めるものとする。

第1　かごを主索でつり、その主索を綱車又は巻胴で動かすエレベーターの制動装置の構造方法は、次の各号に掲げるエレベーターの区分に応じ、それぞれ当該各号に定めるものとする。

一　かごが停止する最上階にこれが停止したときのかごの枠の上端から昇降路の頂部にある床又ははりの下端までの垂直距離（以下「頂部すき間」という。）が次に掲げる基準のいずれかに該当し、かつ、かごが停止する最下階の床面から昇降路の底部の床面までの垂直距離（以下「ピットの深さ」という。）がイに掲げる基準に該当するエレベーター（第二号に掲げる基準に該当するエレベーターを除く。）　第2に定める構造方法

イ　頂部すき間及びピットの深さが、かごの定格速度に応じて、次の表に定める数値以上であること。ただし、ピットの深さを第2第六号に定める緩衝器を設置することができる数値以上とする場合にあっては、当該数値以上とすることができる。

かごの定格速度	頂部すき間 （単位　m）	ピットの深さ （単位　m）
45 m 以下の場合	1.2	1.2
45 m を超え、60 m 以下の場合	1.4	1.5
60 m を超え、90 m 以下の場合	1.6	1.8
90 m を超え、120 m 以下の場合	1.8	2.1
120 m を超え、150 m 以下の場合	2.0	2.4
150 m を超え、180 m 以下の場合	2.3	2.7
180 m を超え、210 m 以下の場合	2.7	3.2
210 m を超え、240 m 以下の場合	3.3	3.8
240 m を超える場合	4.0	4.0

ロ　イにかかわらず、主索のかごをつる側の反対側につり合おもりをつる構造のエレベーターの頂部すき間の基準にあっては(1)又は(2)に掲げる場合に応じ、それぞれ(1)又は(2)の式によって計算した数値以上と、巻胴式エレベーターの頂部すき間の基準にあってはかごが停止する最上階を超えて上昇した場合においてもかごが昇降路の頂部に衝突しない数値以上とすることができる。

(1)　緩衝器を(2)以外のものとした場合及び緩衝器を設けずに緩衝材を設けた場合

$$H = S + R + \frac{V^2}{720} + C$$

(2)　緩衝器を第2第六号ロに定めるものとした場合

$$H = S + R + \frac{V^2}{1,068} + C$$

> (1)及び(2)の式において、H、S、R、V及びCの値は、それぞれ次の数値を表すもの
> とする。
>
> 　H　　頂部すき間（単位　cm）
>
> 　S　　つり合おもり側の緩衝器のストローク又は緩衝材の厚さ（単位　cm）
>
> 　R　　かごが最上階に停止した場合におけるつり合おもりとつり合おもり側の緩衝器
> 　　　　又は緩衝材のすき間の垂直距離（単位　cm）
>
> 　V　　かごの定格速度（単位　毎分m）
>
> 　C　　かご上で運転をする場合で頂部安全距離1.2m以上を確保し、かつ、頂部安全
> 　　　　距離以上のかごの上昇を自動的に停止するリミットスイッチを設けた場合又はか
> 　　　　ご上で運転をしない場合においては2.5、それ以外の場合においては60
> 　　　　（単位　cm）

二　次に掲げる基準に該当するエレベーター　第3に定める構造方法

　イ　昇降行程が5m以下であること。

　ロ　かごの定格速度が15m以下であること。

　ハ　かごの床面積が1.5m²以下であること。

　二　頂部すき間及びピット深さが前号に掲げる基準に該当すること。

第2　第1第一号に定めるエレベーターの制動装置の構造方法は、次に掲げる安全装置を設けた
構造とすることとする。

一　かごを昇降路の出入口に自動的に停止させる装置又は操縦機の操作をする者が操作をやめ
た場合において操縦機がかごを停止させる状態に自動的に復する装置

二　かごの速度が異常に増大した場合において毎分の速度が定格速度に相当する速度の1.3倍
（かごの定格速度が45m以下のエレベーターにあっては、63m）を超えないうちに動力を自
動的に切る装置

三　動力が切れたときに惰性による原動機の回転を自動的に制止する装置

四　次のイ又はロに定める装置

　イ　かごの降下する速度が第二号に掲げる装置が作動すべき速度を超えた場合（かごの定格
速度が45m以下のエレベーターにあっては、かごの降下する速度が同号に掲げる装置が作
動すべき速度に達し、又はこれを超えた場合）において毎分の速度が定格速度に相当する
速度の1.4倍（かごの定格速度が45m以下のエレベーターにあっては、68m）を超えない
うちにかごの降下を自動的に制止する装置（かごの定格速度が45mを超えるエレベーター
又は斜行式エレベーターにあっては次第ぎき非常止め装置、その他のエレベーターにあっ
ては早ぎき非常止め装置又は次第ぎき非常止め装置に限る。ロにおいて同じ。）

　ロ　積載荷重が3,100N以下、かごの定格速度が45m以下で、かつ、昇降行程が13m以下の
エレベーターにあっては、主索が切れた場合においてかごの降下を自動的に制止する装置

五　かご又はつり合おもりが昇降路の底部に衝突しそうになった場合においてこれに衝突しないうちにかごの昇降を自動的に制御し、及び制止する装置

六　次のイ又はロ（かごの定格速度が60mを超える場合にあっては、ロ）に掲げる装置。ただし、かごの定格速度が30m以下で、かごの降下する毎分の速度が定格速度に相当する速度の1.4倍を超えないうちにかごの降下を自動的に制止する装置を設けたエレベーターにあっては、適当な緩衝材又は緩衝器とすることができる。

　　イ　ストロークがかごの定格速度に応じて次の表に定める数値以上であるばね緩衝器

かごの定格速度	ストローク（単位　cm）
30m以下の場合	3.8
30mを超え、45m以下の場合	6.6
45mを超え、60m以下の場合	10.0

　　ロ　ストロークが次の式によって計算した数値以上である油入緩衝器

$$L = \frac{V^2}{534}$$

　　　　この式において、L及びVは、それぞれ次の数値を表すものとする。
　　　　L　ストローク（単位　cm）
　　　　V　かごの定格速度（単位　毎分m）

七　巻胴式エレベーターにあっては、主索が緩んだ場合において動力を自動的に切る装置

第3　第1第二号に定めるエレベーターの制動装置の構造方法は、次のいずれかに掲げる構造とすることとする。

一　主索が切れた場合においてかごの降下を自動的に制止する安全装置を設けること。

二　第2第一号、第三号、第五号及び第七号に掲げる安全装置を設けること。

第4　かごを主索又は鎖を用いることなく油圧により直接動かすエレベーター（以下「直接式油圧エレベーター」という。）の制動装置の構造方法は、次の各号（かごの定格速度が30m以下の直接式油圧エレベーターその他安全上支障がない直接式油圧エレベーターにあっては、第二号ハを除く。）に定めるものとする。

一　昇降路の頂部すき間を、プランジャーの余裕ストロークによるかごの走行距離に2.5cmを加えた数値以上とすること。

二　次に掲げる安全装置を設けること。

　　イ　かごの上昇時に油圧が異常に増大した場合において、作動圧力（ポンプからの吐出圧力をいう。以下同じ。）が常用圧力（積載荷重を作用させて定格速度で上昇中の作動圧力をいう。）の1.5倍を超えないようにする装置

　　ロ　動力が切れた場合に油圧ジャッキ内の油の逆流によるかごの降下を自動的に制止する装置

　　ハ　油温を摂氏5度以上摂氏60度以下に保つための装置

　　ニ　プランジャーのシリンダーからの離脱を防止するための装置

　　ホ　電動機の空転を防止するための装置

　　へ　かご上運転をする場合において、頂部安全距離1.2ｍ以上を確保し、頂部安全距離以上のかごの上昇を自動的に制御するための装置

　　ト　第2第六号に掲げる装置

第5　かごを主索又は鎖でつり、その主索又は鎖を油圧で動かすエレベーターの制動装置の構造方法は、次に定めるものとする。

　一　昇降路の構造を次に定めるものとすること

　　イ　頂部すき間が、次の式によって計算した数値以上であること。

$$H = S + \frac{V^2}{706} + 2.5$$

　　　この式において、H、S及びVは、それぞれ次の数値を表わすものとする。
　　　　H　頂部すき間（単位　cm）
　　　　S　プランジャーの余裕ストロークによるかごの走行距離（単位　cm）
　　　　V　かごの定格速度（単位　毎分m）

　　ロ　ピット深さが第1第一号（同号イの表中の「かごの定格速度」にあっては「かごの下降定格速度（積載荷重を作用させて下降する場合の毎分の最高速度をいう。）」と読み替える。）に規定するピット深さであること。

　二　第2第五号及び第4第二号に掲げる安全装置及び次に掲げる安全装置を設けたものとすること

　　イ　第2第四号イ又はかごの定格速度が45ｍ以下のエレベーターにあっては主索が切れた場合においてかごの降下を自動的に静止する装置

　　ロ　主索又は鎖が緩んだ場合において動力を自動的に切る装置

　　ハ　主索又は鎖が伸びた場合において、プランジャーの行過ぎを防止する装置。ただし、プランジャーの余裕ストロークにより安全上支障ないものにあっては、この限りでない。

第6　段差解消機（平成12年建設省告示第1413号第1第九号に定めるエレベーターをいう。）の制動装置の構造方法は、次に掲げる装置を設けた構造とすることとする。

　一　動力が切れた場合にかごの降下を自動的に制止する装置

　二　主索又は鎖が切れた場合に自動的に停止する構造の場合を除き、かごの降下を自動的に制止する装置

　三　かごを油圧により動かす段差解消機にあっては、第4第二号イからへまでに掲げる装置

　四　かごを主索又は鎖でつり、その主索又は鎖を油圧で動かすエレベーターにあっては、第5第二号ロ及びハに掲げる装置

　五　かご又はつり合おもりが昇降路の底部に衝突しそうになった場合においてこれに衝突しないうちにかごの昇降を自動的に制御し、及び制止する装置

　六　かごが昇降路の底部に衝突した場合においても、かご内の人が安全であるように衝撃を緩和する緩衝器又は緩衝材

　七　乗降口及びかご内においてかごの昇降を停止させる装置

第7　いす式階段昇降機（平成12年建設省告示第1413号第1第十号に定めるエレベーターをいう。）の制動装置の構造方法は、次に掲げる装置を設けた構造とすることとする。

　一　操縦機の操作をする者が操作をやめた場合において操縦機がかごを停止させる状態に自動

的に復する装置

二　主索又は鎖が緩んだ場合において動力を自動的に切る装置

三　動力が切れたときに惰性による原動機の回転を自動的に制止する装置

四　かご又はつり合おもりが昇降路の底部に衝突しそうになった場合においてこれに衝突しないうちにかごの昇降を自動的に制御し、及び制止する装置

五　主索又は鎖が切れた場合においてかごの降下を自動的に制止する装置

〔平成20年12月26日国土交通省告示第1536号〕

地震その他の衝撃により生じた国土交通大臣が定める加速度並びに当該加速度を検知し、自動的に、かごを昇降路の出入口の戸の位置に停止させ、かつ、当該かごの出入口の戸及び昇降路の出入口の戸を開き、又はかご内の人がこれらの戸を開くことができることとする装置の構造方法を定める件

建築基準法施行令（昭和25年政令第338号）第129条の10第3項第二号及び同条第4項の規定に基づき、地震その他の衝撃により生じた国土交通大臣が定める加速度並びに同加速度を検知し、自動的に、かごを昇降路の出入口の戸の位置に停止させ、かつ、当該かごの出入口の戸及び昇降路の出入口の戸を開き、又はかごの内の人がこれらの戸を開くことができることとする装置の構造方法を次のように定める。

第1　建築基準法施行令第129条の10第3項第二号に規定する地震その他の衝撃により生じた加速度（以下単に「加速度」という。）は、建築物の基礎に鉛直方向又は水平方向に生ずる$0.1\,\mathrm{m/s^2}$以上$3.0\,\mathrm{m/s^2}$以下の加速度に相当するものとする。

第2　加速度を検知し、自動的に、かごを昇降路の出入口の戸の位置に停止させ、かつ、当該かごの出入口の戸及び昇降路の出入口の戸を開き、又はかご内の人がこれらの戸を開くことができることとする装置（以下「地震時等管制運転装置」という。）の構造方法は、次に定めるものとする。

一　地震時等管制運転装置は、建築物に加速度を検知することができるよう適切な方法で設置すること。

二　加速度を検知する部分は、機械室又は昇降路内（かごが停止する最下階の床面から昇降路の底部の床面までの部分に限る。）に固定すること。ただし、昇降路に震動が頻繁に生じることにより加速度を検知する上で支障がある場合にあっては、この限りでない。

三　地震時等管制運転装置は、次のイからハまでに適合するものとすること。

イ　かごが昇降路の出入口の戸の位置に停止している場合にあっては、加速度の検知後直ちに、自動的に、かごの出入口の戸及び昇降路の出入口の戸を開き、又はかご内の人がこれらの戸を開くことができるものであること。

ロ　かごが昇降している場合にあっては、加速度の検知後10秒（出入口のない昇降路の部分（その部分の昇降行程が、かごを10秒以内に安全に停止させることができる距離よりも

長く、かつ、42m以下であるものに限る。)を昇降する場合にあっては、加速度の検知後30秒)以内に、自動的に、最も短い昇降距離で、かごを昇降路の出入口の戸の位置に安全に停止させ、かつ、当該かごの出入口の戸及び昇降路の出入口の戸を開き、又はかご内の人がこれらの戸を開くことができるものであること。ただし、かごを昇降路の出入口の戸の位置に安全に停止させる前に、建築物の基礎に $0.8\,\mathrm{m/s^2}$ 以上の加速度に相当するものが生じた場合その他建築物の構造耐力上主要な部分の変形又は震動によってエレベーターの通常の昇降に支障があるおそれがある場合にあっては、当該支障が起こるおそれがなくなった後90秒以内に、自動的に、最も短い昇降距離で、かごを昇降路の出入口の戸の位置に安全に停止させ、かつ、当該かごの出入口の戸及び昇降路の出入口の戸を開き、又はかご内の人がこれらの戸を開くことができるものであること。

　ハ　加速度の検知後直ちに、その旨をかご内の見やすい場所に表示することができるものであること。

四　地震時等管制運転装置には、予備電源を設けること。

　附　則

この告示は、平成21年9月28日から施行する。

〔平成25年10月29日国土交通省告示第1050号〕
乗用エレベーター及び寝台用エレベーター以外のエレベーターの昇降路について安全上支障がない構造方法を定める件

建築基準法施行令（昭和25年政令第338号）第129条の11の規定に基づき、同令第129条の7第四号の規定を適用しないことにつき昇降路について安全上支障がない乗用エレベーター及び寝台用エレベーター以外のエレベーターの構造方法は、次の各号のいずれかに該当するものであること。

一　昇降路又はかごの出入口の戸が下げ戸又は上下戸である場合であって、戸が開いた状態において、下げ戸の上端が出入口の床先又はかごの床先と同じ高さになる場合にあっては、出入口の床先とかごの床先との水平距離から当該下げ戸の上端の部分の厚さ及び当該下げ戸と出入口枠のすき間（2枚以上の下げ戸が重なり合って開閉する構造の昇降路又はかごの出入口の戸である場合であって、戸が開いた状態において、すべての下げ戸の上端が出入口の床先又はかごの床先と同じ高さになる場合にあっては、当該重なり合う下げ戸のすき間を含む。)を除いた長さが4cm以下であること。

二　人又は物による衝撃により、安全上の支障となる損傷が生じない平板状の鋼板その他これに類するものを出入口の床先とかごの床先の間に設けるものであること。

　附　則

この告示は、平成26年4月1日から施行する。

〔平成25年10月29日国土交通省告示第1051号〕
乗用エレベーター及び寝台用エレベーター以外のエレベーターの制御器について安全上支障がない構造方法を定める件

　建築基準法施行令（昭和25年政令第338号）第129条の11の規定に基づき、同令第129条の8第2項第二号の規定を適用しないことにつき制御器について安全上支障がない乗用エレベーター及び寝台用エレベーター以外のエレベーターの構造方法は、次の各号に掲げるものとする。

　一　物を運搬する昇降機で、かご内から人が操作できない位置に操作盤（かごの昇降の操作を行う装置並びにかご及び昇降路の出入口の戸を閉じる装置に限る。以下同じ。）を設置するものであること。

　二　かごが停止していない階においては、かごを操作できないものであること。

　三　かごの戸及びかごが停止している階の昇降路の戸が閉じていなければ昇降の操作ができないものであること。

　四　かご内に人が出入りすることのできないものであることを明示した標識をかご内の見やすい場所、昇降路の出入口の戸の近くの見やすい場所及び操作盤の近くの見やすい場所に掲示すること。

　　　附　則
　この告示は、平成26年4月1日から施行する。

〔平成25年10月29日国土交通省告示第1052号〕
乗用エレベーター及び寝台用エレベーター以外のエレベーターの安全装置について安全上支障がない構造方法を定める件

　建築基準法施行令（昭和25年政令第338号。以下「令」という。）第129条の11の規定に基づき、乗用エレベーター及び寝台用エレベーター以外のエレベーターの安全装置について安全上支障がない構造方法を次のように定める。

第1　令第129条の10第3項第一号の規定を適用しないことにつき安全装置について安全上支障がない乗用エレベーター及び寝台用エレベーター以外のエレベーターの構造方法は、次の各号に掲げるものとする。

　一　物を運搬する昇降機で、かご内から人が操作できない位置に操作盤（かごの昇降の操作を行う装置並びにかご及び昇降路の出入口の戸を閉じる装置に限る。以下同じ。）を設置するものであること。

　二　かご内に人が出入りすることのできないものであることを明示した標識をかご内の見やすい場所、昇降路の出入口の戸の近くの見やすい場所及び操作盤の近くの見やすい場所に掲示すること。

第2　令第129条の10第3項第二号及び第三号の規定を適用しないことにつき安全装置について安全上支障がない乗用エレベーター及び寝台用エレベーター以外のエレベーターの構造方法

は、次の各号に掲げるものとする。

一　物を運搬する昇降機で、かご内から人が操作できない位置に操作盤を設置するものであること。

二　かご内に人が乗り昇降できないものであることを明示した標識をかご内の見やすい場所、昇降路の出入口の戸の近くの見やすい場所及び操作盤の近くの見やすい場所に掲示すること。

　　　　附　　則

この告示は、平成26年4月1日から施行する。

〔平成12年5月31日建設省告示第1417号〕
通常の使用状態において人又は物が挟まれ、又は障害物に衝突することがないようにしたエスカレーターの構造及びエスカレーターの勾配に応じた踏段の定格速度を定める件

建築基準法施行令（昭和25年政令第338号）第129条の12第1項第一号及び第五号の規定に基づき、通常の使用状態において人又は物が挟まれ、又は障害物に衝突することがないようにしたエスカレーターの構造及びエスカレーターの勾配に応じた踏段の定格速度を次のように定める。

第1　建築基準法施行令（以下「令」という。）第129条の12第1項第一号に規定する人又は物が挟まれ、又は障害物に衝突することがないようにしたエスカレーターの構造は、次のとおりとする。ただし、車いすに座ったまま車いす使用者を昇降させる場合に2枚以上の踏段を同一の面に保ちながら昇降を行うエスカレーターで、当該運転時において、踏段の定格速度を30m以下とし、かつ、2枚以上の踏段を同一の面とした部分の先端に車止めを設けたものにあっては、第一号及び第二号の規定は適用しない。

一　踏段側部とスカートガードのすき間は、5mm以下とすること。

二　踏段と踏段のすき間は、5mm以下とすること。

三　エスカレーターの手すりの上端部の外側とこれに近接して交差する建築物の天井、はりその他これに類する部分又は他のエスカレーターの下面（以下「交差部」という。）の水平距離が50cm以下の部分にあっては、保護板を次のように設けること。

　イ　交差部の下面に設けること。

　ロ　端は厚さ6mm以上の角がないものとし、エスカレーターの手すりの上端部から鉛直に20cm以下の高さまで届く長さの構造とすること。

　ハ　交差部のエスカレーターに面した側と段差が生じないこと。

第2　令第129条の12第1項第五号に規定するエスカレーターの勾配に応じた踏段の定格速度は、次の各号に掲げる勾配の区分に応じ、それぞれ当該各号に定める速度とする。

一　勾配が8度以下のもの　50m

二　勾配が8度を超え30度（踏段が水平でないものにあっては15度）以下のもの　45m

〔平成25年10月29日国土交通省告示第1046号〕
地震その他の震動によってエスカレーターが脱落するおそれがない構造方法を定める件

最終改正　令和元年6月25日国土交通省告示第203号

　建築基準法施行令（昭和25年政令第338号。以下「令」という。）第129条の12第1項第六号に規定する地震その他の震動によってエスカレーターが脱落するおそれがない構造方法は、エスカレーターが床又は地盤に自立する構造である場合その他地震その他の震動によって脱落するおそれがないことが明らかである場合を除き、次のいずれかに定めるものとする。

第1　次に定める構造方法とすること。

一　一の建築物に設けるものとすること。

二　エスカレーターのトラス又ははり（以下「トラス等」という。）を支持する構造は、トラス等の一端を支持部材を用いて建築物のはりその他の堅固な部分（以下「建築物のはり等」という。）に固定し、その他端の支持部材を建築物のはり等の上にトラス等がしゅう動する状態（以下「一端固定状態」という。）で設置したもの又はトラス等の両端の支持部材を建築物のはり等の上にトラス等がしゅう動する状態（以下「両端非固定状態」という。）で設置したものであること。

三　トラス等がしゅう動する状態で設置する部分（以下「非固定部分」という。）において、エスカレーターの水平投影の長辺方向（以下単に「長辺方向」という。）について、トラス等の一端の支持部材を設置した建築物のはり等とその他端の支持部材を設置した建築物のはり等との相互間の距離（以下単に「建築物のはり等の相互間の距離」という。）が地震その他の震動によって長くなる場合にトラス等の支持部材がしゅう動可能な水平距離（以下この号において「かかり代長さ」という。）が、次のイ又はロに掲げる場合に応じてそれぞれ次の表に掲げる式に適合するものであること。

イ　一端固定状態の場合

	隙間及び層間変位について想定する状態	かかり代長さ
(1)	$\sum \gamma H - C \leqq 0$ の場合	$B \geqq \sum \gamma H + 20$
(2)	$0 < \sum \gamma H - C \leqq 20$ の場合	$B \geqq \sum \gamma H + 20$
(3)	$20 < \sum \gamma H - C$ の場合	$B \geqq 2 \sum \gamma H - C$

一　この表において、C、γ、H及びBは、それぞれ次の数値を表すものとする。

　　C　非固定部分における建築物のはり等の相互間の距離が地震その他の震動によって長辺方向に短くなる場合にトラス等の支持部材がしゅう動可能な水平距離（以下「隙間」という。）（単位　mm）

　　γ　エスカレーターの上端と下端の間の各階の長辺方向の設計用層間変形角

　　H　エスカレーターの上端と下端の間の各階の揚程（単位　mm）

　　B　かかり代長さ（単位　mm）

二　(2)項及び(3)項の適用は、長辺方向の設計用層間変形角における層間変位によって、

> エスカレーターが建築物のはり等と衝突することによりトラス等に安全上支障となる変形が生じないことをトラス等強度検証法（第3に規定するトラス等強度検証法をいう。）によって確かめた場合に限る。

ロ　両端非固定状態の場合

	隙間及び層間変位について想定する状態	かかり代長さ
(1)	$\sum \gamma H - C - D \leqq 0$ の場合	$B \geqq \sum \gamma H + D + 20$
(2)	$0 < \sum \gamma H - C - D \leqq 20$ の場合	$B \geqq \sum \gamma H + D + 20$
(3)	$20 < \sum \gamma H - C - D$ の場合	$B \geqq 2\sum \gamma H - C$

一　この表において、C、D、γ、H 及び B は、それぞれ次の数値を表すものとする。

C　計算しようとする一端の隙間（単位　mm）

D　他端の隙間（単位　mm）

γ　エスカレーターの上端と下端の間の各階の長辺方向の設計用層間変形角

H　エスカレーターの上端と下端の間の各階の揚程（単位　mm）

B　かかり代長さ（単位　mm）

二　(2)項及び(3)項の適用は、長辺方向の設計用層間変形角における層間変位によって、エスカレーターが建築物のはり等と衝突することによりトラス等に安全上支障となる変形が生じないことをトラス等強度検証法によって確かめた場合に限る。

四　非固定部分は、エスカレーターの水平投影の短辺方向の設計用層間変形角における層間変位によって、エスカレーターが建築物のはり等に衝突しないようにすること。

五　前2号、第2四号及び第3の設計用層間変形角は次のいずれかによるものとする。

イ　令第82条の2の規定によって算出した層間変位の各階の高さに対する割合の5倍（その数値が $\frac{1}{100}$ に満たない場合にあっては、$\frac{1}{100}$）以上とすること。

ロ　地震力の大部分を筋かいで負担する鉄骨造の建築物であって、平成19年国土交通省告示第593号第一号イ又はロで規定する建築物に該当するものに設けられたエスカレーターにあっては、$\frac{1}{100}$ 以上とすること。

ハ　鉄筋コンクリート造の建築物であって、平成19年国土交通省告示第593号第二号イで規定する建築物に該当するものに設けられたエスカレーターにあっては、$\frac{1}{100}$ 以上とすること。

ニ　特別な調査又は研究の結果に基づき地震時における設計用層間変形角を算出することができる場合において、当該算出した値（その数値が $\frac{1}{100}$ に満たない場合にあっては、$\frac{1}{100}$）以上とすること。

ホ　$\frac{1}{24}$ 以上とすること。

六　トラス等の一端を支持部材を用いて建築物のはり等に固定する部分（以下「固定部分」という。）は、次の式の地震力による水平荷重が加わった場合又は第三号イの表の(2)項及び(3)項の場合に、安全上支障となる変形を生じないものであること。

$$S = Z\,Kh(G + P) + \mu(1 + Z\,Kv) \cdot R$$

　この式において、S、Z、Kh、G、P、μ、Kv 及び R は、それぞれ次の数値を表すものとする。

S　地震力により固定部分にかかる水平荷重（単位　N）

Z　令第88条第1項に規定するZの数値

Kh　次の表の固定部分を設ける場所における設計用水平標準震度の欄に掲げる数値（特別な調査又は研究の結果に基づき定めた場合は、その数値）

G　エスカレーターの固定荷重（単位　N）

P　令第129条の12第3項に規定するエスカレーターの積載荷重（エスカレーターの積載荷重は地震その他の震動によって人又は物から踏段に作用する力の影響に基づいた数値を算出した場合は、その数値）（単位　N）

μ　非固定部分の支持部材と建築物のはり等との摩擦係数

Kv　次の表の非固定部分を設ける場所における設計用鉛直標準震度の欄に掲げる数値（特別な調査又は研究の結果に基づき定めた場合は、その数値）

R　エスカレーターの固定荷重及び積載荷重により、非固定部分の建築物のはり等に作用する鉛直荷重（単位　N）

固定部分又は非固定部分を設ける場所	固定部分を設ける場所における設計用水平標準震度	非固定部分を設ける場所における設計用鉛直標準震度
地階及び1階	0.4	0.2
中間階	0.6	0.3
上層階及び屋上	1.0	0.5

この表において、上層階とは、地階を除く階数が2以上6以下の建築物にあっては最上階、地階を除く階数が7以上9以下の建築物にあっては最上階及びその直下階、地階を除く階数が10以上12以下の建築物にあっては最上階及び最上階から数えた階数が3以内の階、地階を除く階数が13以上の建築物にあっては最上階及び最上階から数えた階数が4以内の階をいい、中間階とは、地階、1階及び上層階を除く階をいうものとする。

2　2以上の部分がエキスパンションジョイントその他の相互に応力を伝えない構造方法のみで接している建築物の当該建築物の部分は、前項第一号の規定の適用については、それぞれ別の建築物とみなす。

第2　次に定める構造方法とすること。

一　第1第1項第一号、第二号、第四号及び第六号並びに第2項の規定に適合すること。

二　第1第1項第三号に適合すること。この場合において、同号に掲げる表のかかり代長さの欄に掲げる設計用層間変形角は、$\frac{1}{100}$ 以上とすること。

三　非固定部分の支持部材が建築物のはり等から外れた場合に、エスカレーターが落下しないよう支持する措置（以下「脱落防止措置」という。）を講ずること。

四　脱落防止措置に用いる支持部材（以下単に「脱落防止措置の支持部材」という。）は、次

に定めるものとすること。

イ　釣合い良く配置すること。

ロ　エスカレーターの固定荷重及び積載荷重を支持する強度を有することが確かめられたものとすること。

ハ　長辺方向の設計用層間変形角における層間変位が生じた場合に支持できるものとすること。この場合において、トラス等が長辺方向にしゅう動する状態でトラス等の支持部材を脱落防止措置の支持部材の上に設置するときは、建築物のはり等の相互間の距離が地震その他の震動によって長くなる場合にトラス等の支持部材がしゅう動可能な水平距離（以下「脱落防止措置のかかり代長さ」という。）が、次の場合に応じてそれぞれ次の表に掲げる式に適合するものであること。

(1)　一端固定状態の場合

	隙間及び層間変位について想定する状態	脱落防止措置のかかり代長さ
(1)	$\sum \gamma \mathrm{H} - \mathrm{C} \leqq 0$ の場合	$\mathrm{B} \geqq \sum \gamma \mathrm{k}\, \mathrm{Hk} + 20$
(2)	$0 < \sum \gamma \mathrm{H} - \mathrm{C} \leqq 20$ の場合	$\mathrm{B} \geqq \sum \gamma \mathrm{k}\, \mathrm{Hk} + 20$
(3)	$20 < \sum \gamma \mathrm{H} - \mathrm{C}$ の場合	$\mathrm{B} \geqq \sum \gamma \mathrm{k}\, \mathrm{Hk} + \sum \gamma \mathrm{H} - \mathrm{C}$

一　この表において、C、γ、H、B、γk 及び Hk は、それぞれ次の数値を表すものとする。

C　エスカレーターの端部の隙間（単位　mm）

γ　エスカレーターの上端と下端の間の各階の長辺方向の設計用層間変形角

H　エスカレーターの上端と下端の間の各階の揚程（単位　mm）

B　脱落防止措置のかかり代長さ（単位　mm）

γk　脱落防止措置が設けられた部分から固定部分までの間の各階の長辺方向の設計用層間変形角

Hk　脱落防止措置が設けられた部分から固定部分までの間の各階の揚程（単位　mm）

二　(2)項及び(3)項の適用は、長辺方向の設計用層間変形角における層間変位によって、エスカレーターが建築物のはり等と衝突することによりトラス等に安全上支障となる変形が生じないことをトラス等強度検証法によって確かめた場合に限る。

(2)　両端非固定状態の場合

	隙間及び層間変位について想定する状態		脱落防止措置のかかり代長さ
(1)	$\sum \gamma \mathrm{H} - \mathrm{C} - \mathrm{D} \leqq 0$ の場合	上端側	$\mathrm{B} \geqq \sum \gamma \mathrm{k_1}\, \mathrm{Hk_1} + \mathrm{C} + 20$
		下端側	$\mathrm{B} \geqq \sum \gamma \mathrm{k_2}\, \mathrm{Hk_2} + \mathrm{D} + 20$
(2)	$0 < \sum \gamma \mathrm{H} - \mathrm{C} - \mathrm{D} \leqq 20$ の場合	上端側	$\mathrm{B} \geqq \sum \gamma \mathrm{k_1}\, \mathrm{Hk_1} + \mathrm{C} + 20$
		下端側	$\mathrm{B} \geqq \sum \gamma \mathrm{k_2}\, \mathrm{Hk_2} + \mathrm{D} + 20$

(3)	$20 < \sum \gamma H - C - D$ の場合	上端側	$B \geqq \sum \gamma k_1 Hk_1 + \sum \gamma H - D$
		下端側	$B \geqq \sum \gamma k_2 Hk_2 + \sum \gamma H - C$

一　この表において、C、D、γ、H、B、γk_1、Hk_1、γk_2 及び Hk_2 は、それぞれ次の数値を表すものとする。

　　C　　エスカレーターの上端の隙間（単位　mm）

　　D　　エスカレーターの下端の隙間（単位　mm）

　　γ　　エスカレーターの上端と下端の間の各階の長辺方向の設計用層間変形角

　　H　　エスカレーターの上端と下端の間の各階の揚程（単位　mm）

　　B　　脱落防止措置のかかり代長さ（単位　mm）

　　γk_1　　脱落防止措置が設けられた部分からエスカレーターの上端までの間の各階の長辺方向の設計用層間変形角

　　Hk_1　　脱落防止措置が設けられた部分からエスカレーターの上端までの間の各階の揚程（単位　mm）

　　γk_2　　脱落防止措置が設けられた部分からエスカレーターの下端までの間の各階の長辺方向の設計用層間変形角

　　Hk_2　　脱落防止措置が設けられた部分からエスカレーターの下端までの間の各階の揚程（単位　mm）

二　(2)項及び(3)項の適用は、長辺方向の設計用層間変形角における層間変位によって、エスカレーターが建築物のはり等と衝突することによりトラス等に安全上支障となる変形が生じないことをトラス等強度検証法によって確かめた場合に限る。

第3　トラス等強度検証法は、衝突後のトラス等（次の各号に掲げる構造の種別の区分に応じ、それぞれ当該各号に定める基準に適合するものに限る。以下この号において同じ。）の残存応力度を次の表に掲げる式によって計算し、当該残存応力度がトラス等の常時の応力度（令第129条の12第2項において読み替えて準用する令第129条の4第2項第二号の規定によって計算した数値をいう。）を超えることを確かめることとする。

一　トラス　トラスに用いる鋼材は、日本産業規格 G3101 に規定する SS400 に適合する鋼材又はこれと同等以上の強度を有するもの（上弦材及び下弦材に用いる鋼材にあっては、山形鋼で、かつ、有効細長比が 100 以下であるものに限る。）とすること。

二　はり　はりに用いる鋼材は、日本産業規格 G3101 に規定する SS400 に適合する鋼材又はこれと同等以上の強度を有するもの（構造上主要な部分に用いる鋼材にあっては、H形鋼で、かつ、有効細長比が 100 以下であるものに限る。）とすること。

構造の種別	残存応力度（単位　N/mm^2）
トラス	$\dfrac{420 - (\sum \gamma H - C)}{1980}$ Fd
はり	$\dfrac{420 - (\sum \gamma H - C)}{1320}$ Fd

この表において、C、γ、H 及び Fd は、それぞれ次の数値を表すものとする。

C　エスカレーターの端部の隙間の合計（単位　mm）

γ　エスカレーターの上端と下端の間の各階の長辺方向の設計用層間変形角

H　エスカレーターの上端と下端の間の各階の揚程（単位　mm）

Fd　材料の破壊強度（単位　N/mm²）

2　前項のトラス等強度検証法を行うに当たっては、衝突により建築物のはり等に次の表に掲げる式によって計算した反力が作用する場合において、当該はり等にエスカレーターが脱落するおそれがある変形及び損傷が生じないことを確かめることとする。

	隙間及び層間変位について想定する状態	反力（単位　kN）
(1)	$0 < \sum \gamma H - C \leq 20$ の場合	$25 (\sum \gamma H - C)$
(2)	$20 < \sum \gamma H - C$ の場合	500

この表において、C、γ及びHは、それぞれ次の数値を表すものとする。

C　エスカレーターの端部の隙間の合計（単位　mm）

γ　エスカレーターの上端と下端の間の各階の長辺方向の設計用層間変形角

H　エスカレーターの上端と下端の間の各階の揚程（単位　mm）

附　則

この告示は、平成26年4月1日から施行する。

〔平成12年5月31日建設省告示第1424号〕
エスカレーターの制動装置の構造方法を定める件

建築基準法施行令（昭和25年政令第338号）第129条の12第5項の規定に基づき、エスカレーターの制動装置の構造方法を次のように定める。

エスカレーターの制動装置の構造方法は、次に定めるものとする。

一　建築基準法施行令第129条の12第三号から第五号までの基準に適合するエスカレーターの制動装置であること。

二　次のイからホまで（勾配が15度以下で、かつ、踏段と踏段の段差（踏段の勾配を15度以下としたすりつけ部分を除く。以下同じ。）が4mm以下のエスカレーターにあっては、ニを除く。）に掲げる状態を検知する装置を設けること。

イ　踏段くさりが異常に伸びた状態

ロ　動力が切断された状態

ハ　昇降口において床の開口部を覆う戸を設けた場合においては、その戸が閉じようとしている状態

ニ　昇降口に近い位置において人又は物が踏段側面とスカートガードとの間に強く挟まれた状態

ホ　人又は物がハンドレールの入込口に入り込んだ状態

三　前号イからホまでに掲げる状態が検知された場合において、上昇している踏段の何も乗せ

ない状態での停止距離を次の式によって計算した数値以上で、かつ、勾配が15度を超える
エスカレーター又は踏段と踏段の段差が4mmを超えるエスカレーターにあっては、0.6m
以下とすること。

$$S = \frac{V^2}{9,000}$$

この式において、S及びVは、それぞれ次の数値を表すものとする。

S　踏段の停止距離（単位　m）

V　定格速度（単位　毎分m）

〔平成20年12月9日国土交通省告示第1446号〕

小荷物専用昇降機の昇降路外の人又は物がかご又は釣合おもりに触れるおそれのない壁又は囲い及び出し入れ口の戸の基準を定める件

最終改正　令和元年6月25日国土交通省告示第203号

建築基準法施行令（昭和25年政令第338号）第129条の13第一号の規定に基づき、小荷物専用昇降機の昇降路外の人又は物がかご又は釣合おもりに触れるおそれのない壁又は囲い及び出し入れ口の戸の基準を次のように定める。

建築基準法施行令第129条の13第一号に規定する小荷物専用昇降機の昇降路外の人又は物がかご又は釣合おもりに触れるおそれのない壁又は囲い及び出し入れ口の戸の基準は、次のとおりとする。

一　昇降路は、次のイからニまでに掲げる部分を除き、壁又は囲いで囲むものであること。

イ　昇降路の出し入れ口

ロ　機械室に通ずる主索、電線その他のものの周囲

ハ　昇降路の頂部及び底部

ニ　保守点検に必要な開口部（かぎを用いなければ昇降路外から開くことができない施錠装置を設けた戸を設けるものに限る。）であって、次の(1)又は(2)のいずれかに該当するもの

(1)　出し入れ口の床面から開口部の下端までの高さが1.8m以上であるもの

(2)　自動的に閉鎖する戸（当該戸を自動的に施錠する機能を有する施錠装置を設けたものに限る。）を設けるもの

二　昇降路の壁又は囲い及び出し入れ口の戸は、任意の5cm²の面にこれと直角な方向の300Nの力が昇降路外から作用した場合において、次のイ及びロに適合するものであること。

イ　15mmを超える変形が生じないものであること。

ロ　塑性変形が生じないものであること。

三　昇降路の壁又は囲い及び出し入れ口の戸の全部又は一部（構造上軽微な部分を除く。）に使用するガラスは、合わせガラス（日本産業規格R3205に適合するものに限る。）又はこれと同等以上の飛散防止性能を有するものであること。

四　昇降路の出し入れ口の戸は、昇降路外の人又は物による衝撃により容易に外れないものであること。

五　昇降路の出し入れ口の戸は、空隙のないものであること。

六　昇降路の出し入れ口の戸は、上げ戸又は上下戸とすること。

七　上げ戸又は上下戸である昇降路の出し入れ口の戸は、閉じたときに、次のイからニまでに掲げるものを除き、すき間が生じないものであること。

　　イ　昇降路の出し入れ口の戸と出し入れ口枠のすき間で、6mm以下のもの

　　ロ　上げ戸にあっては、昇降路の出し入れ口の戸と敷居のすき間で、2mm（戸の敷居に面する部分に難燃性ゴムを使用するものにあっては、4mm）以下のもの

　　ハ　上下戸にあっては、昇降路の出し入れ口の戸の突合せ部分のすき間で、2mm（戸の突合せ部分に難燃性ゴムを使用するものにあっては、4mm）以下のもの

　　ニ　2枚の戸が重なり合って開閉する構造の上げ戸である昇降路の出し入れ口の戸にあっては、重なり合う戸のすき間で、6mm以下のもの

八　昇降路の出し入れ口の戸は、安全かつ円滑に開閉するものであること。

　　　附　則

この告示は、平成21年9月28日から施行する。ただし、第三号及び第六号の規定は、平成22年9月28日から施行する。

〔昭和46年1月29日建設省告示第112号〕

非常用エレベーターの籠及びその出入口の寸法並びに籠の積載荷重の数値を定める日本産業規格を指定

最終改正　令和元年6月25日国土交通省告示第203号

建築基準法施行令（昭和25年政令第338号）第129条の13の3第6項の規定に基づき、非常用エレベーターの籠及びその出入口の寸法並びに籠の積載荷重の数値を定める日本産業規格を次のように指定する。

日本産業規格A4301(エレベーターのかご及び昇降路の寸法)(昭和45年改正)のうちE‑17‑COに関する部分

〔平成12年5月31日建設省告示第1428号〕

非常用エレベーターの機能を確保するために必要な構造方法を定める件

建築基準法施行令（昭和25年政令第338号）第129条の13の3第12項に基づき、非常用エレベーターの機能を確保するために必要な構造方法を次のように定める。

第1　非常用エレベーターのかご（構造上軽微な部分を除く。）は、不燃材料で造り、又は覆う

こと。

第2　非常用エレベーターの昇降路の出入口の戸（構造上軽微な部分を除く。）は、不燃材料で造り、又は覆うこと。

〔平成28年4月22日国土交通省告示第697号〕
非常用エレベーターの昇降路又は乗降ロビーの構造方法を定める件

建築基準法施行令（昭和25年政令第338号）第129条の13の3第13項の規定に基づき、非常用エレベーターの昇降路又は乗降ロビーの構造方法を次のように定める。

建築基準法施行令（以下「令」という。）第129条の13の3第13項に規定する非常用エレベーターの乗降ロビーの構造方法は、平成28年国土交通省告示第696号各号に定めるものとする。この場合において、同告示（第一号ハを除く。）中「付室」とあるのは「乗降ロビー」と、同告示第一号ハ中「付室を令第129条の13の3第3項に規定する非常用エレベーターの乗降ロビーの用に供する場合」とあるのは「乗降ロビーを令第123条第3項に規定する特別避難階段の付室の用に供する場合」と、同告示第五号ロ中「と連絡する室のうち階段室以外の室」とあるのは「と連絡する室」と読み替えるものとする。

　　　附　則

この告示は、平成28年6月1日から施行する。

〔平成12年5月31日建設省告示第1425号〕
雷撃によって生ずる電流を建築物に被害を及ぼすことなく安全に地中に流すことができる避雷設備の構造方法を定める件

最終改正　令和元年6月25日国土交通省告示第203号

建築基準法施行令（昭和25年政令第338号）第129条の15第一号の規定に基づき、雷撃によって生ずる電流を建築物に被害を及ぼすことなく安全に地中に流すことができる避雷設備の構造方法を次のように定める。

雷撃によって生ずる電流を建築物に被害を及ぼすことなく安全に地中に流すことができる避雷設備の構造方法は、日本産業規格A4201（建築物等の雷保護）-2003に規定する外部雷保護システムに適合する構造とすることとする。

　　　附　則（平成17年国土交通省告示第650号）

一　この告示は、平成17年8月1日から施行する。

二　改正後の平成12年建設省告示第1425号の規定の適用については、日本産業規格A4201（建築物等の避雷設備（避雷針））-1992に適合する構造の避雷設備は、日本産業規格A4201（建築物等の雷保護）-2003に規定する外部雷保護システムに適合するものとみなす。

〔日本産業規格 JIS A 4201〕
建築物等の雷保護（抄）

1952 – 制定　2003 – 改正

序文　この規格は、1990年に第1版として発行された IEC 61024-1 : 1990, Protection of structures against lightning-Part 1 : General principles を翻訳し、技術的内容を変更して作成した日本工業規格である。

なお、この規格で側線又は点線の下線を施してある箇所は、原国際規格を変更している事項である。変更の一覧表をその説明を付けて、**附属書2（参考）**〔略〕に示す。

はじめに　雷保護システムは、雷そのものの発生を防止できないことに留意する必要がある。

この規格に従って設計及び施工した雷保護システムは、建築物等、人間又はその他対象物を完全に保護することを保証はできないが、この規格を適用することによって、被保護建築物等への落雷によって生じる損傷の危険を確実に減少することができる。

（中略）

効果的な接地システムを構成するための土壌の調査及び基礎の鋼製部分を適切に利用することは、現場の建設が始められてからではほとんど不可能である。したがって、計画のできるだけ早い段階で、大地抵抗率及び土質について検討しなければならない。基礎の建築設計作業に影響を及ぼすであろう接地システムの設計にとって、これは基本的資料となる。

不必要な作業を行わないようにするため、雷保護システムの設計者、建築設計者及び建築主間で十分な協議を行うことが重要である。

この規格は、建築物等の雷保護システムを構築するための事項を規定する。

雷保護システムの設計、施工及び材料については、この規格の条項にすべて適合しなければならない。

❶　一般事項

1.1　適用範囲及び目的

1.1.1　適用範囲　この規格は、建築物又は煙突、塔、油槽などの工作物その他のもの（以下、建築物等という。）に適用する雷保護システムの設計及び施工について規定する。

次の場合は、この規格の適用範囲外である。

a）～d）　（略）

　　備考　（略）

1.1.2　目的　この規格は、1.1.1に示す建築物等並びにその内部又は上部の人間、設備及び収容物に対する効果的な雷保護システムの設計、施工、検査及び保守に関する情報を提供する。

1.2　定義　この規格で用いる主な用語の定義は、次による。

1.2.1　落雷（Lightning flash to earth）　雲と大地間の大気に発生する放電で、1回以上の雷撃を含む。

1.2.2　雷撃（Lightning stroke）　落雷における1回の放電。

1.2.3　雷撃点（Point of strike）　雷撃が大地、建築物等又は雷保護システムと接触する点。

　　備考　落雷は、二つ以上の雷撃点をもつことがある。

1039

1.2.4　被保護物（Space to be protected）　この規格に従って雷の影響に対して保護しようとする建築物等の部分又は範囲。

1.2.5　雷保護システム［Lightning protection system (LPS)］　雷の影響に対して被保護物を保護するために使用するシステムの全体。これには、外部及び内部雷保護システムの両方を含む。

　　　備考　（略）

1.2.6　外部雷保護システム（External lightning protection system）　受雷部システム、引下げ導線システム及び接地システムからなるシステム。

1.2.7　内部雷保護システム（Internal lightning protection system）　被保護物内において雷の電磁的影響を低減させるため、**1.2.6**のシステムに追加するすべての措置で、等電位ボンディング及び安全離隔距離の確保を含む。

1.2.8　等電位ボンディング（Equipotential bonding）　内部雷保護システムのうち、雷電流によって離れた導電性部分間に発生する電位差を低減させるため、その部分間を直接導体によって又はサージ保護装置によって行う接続。

1.2.9　受雷部システム（Air-termination system）　外部雷保護システムのうち、雷撃を受けるための部分。

1.2.10　引下げ導線（Down-conductor）　外部雷保護システムのうち、雷電流を受雷部システムから接地システムへ流すための部分。

1.2.11　接地システム（Earth-termination system）　外部雷保護システムのうち、雷電流を大地へ流し拡散させるための部分。

　　　備考　抵抗率の大きい土壌において、接地システムは付近の大地への落雷によって土壌に流れる雷電流を捕そくすることがある。

1.2.12　接地極（Earth electrode）　大地と直接電気的に接触し、雷電流を大地へ放流させるための接地システムの部分又はその集合。

1.2.13　環状接地極（Ring earth electrode）　大地面又は大地面下に建築物等を取り巻き閉ループを構成する接地極。

1.2.14　基礎接地極（Foundation earth electrode）　建築物等の鉄骨又は鉄筋コンクリート基礎によって構成する接地極。

1.2.15　等価接地抵抗（Equivalent earth resistance）　接地電圧と接地電流のピーク値の比。一般に、このピーク値は同時に発生しないが、接地システムの効率を表すため、この比を慣例的に使用する。

1.2.16　接地電圧（Earth-termination voltage）　接地システムと無限遠大地間との電位差。

1.2.17　雷保護システムの"構造体利用"構成部材（"Natural" component of an LPS）　その目的のため特別に設置したものではないが、雷保護機能を果たす構成部材。

　　　備考　（略）

1.2.18　金属製工作物（Metal installations）　被保護物内において広い範囲にわたっている金属製部分で、配管構造物、階段、エレベータのガイドレール、換気用、暖房用及び空調用のダクト並びに相互接続した鉄筋などのように雷電流の経路を構成することができ

るもの。

1.2.19　ボンディング用バー（Bonding bar）　金属製工作物、系統外導電性部分、電力線、通信線、その他のケーブルを雷保護システムに接続することができるバー。

1.2.20　ボンディング用導体（Bonding conductor）　離れた設備部分間を等電位化するために用いる接続用導体。

1.2.21　相互接続した鉄筋（Interconnected reinforcing steel）　電気的に連続性があるとみなされる建築物等内の鉄筋組み。

1.2.22　危険な火花放電（Dangerous sparking）　雷電流によって被保護物内に発生する好ましくない放電。

1.2.23　安全離隔距離（Safety distance）　危険な火花放電を発生しない被保護物内の2導電性部分間の最小距離。

1.2.24　サージ保護装置（Surge suppressor）　火花ギャップ、サージ抑制器、半導体装置など、被保護物内の2点間におけるサージ電圧を制限するための装置。

1.2.25　試験用接続部（Test joint）　雷保護システム構成部分の電気的試験及び測定を容易にするために設置した接続部。

1.2.26　被保護物から独立した外部雷保護システム（External LPS isolated from the space to be protected）　雷電流の経路が被保護物に接触しないように受雷部システム及び引下げ導線システムを配置した雷保護システム。

1.2.27　被保護物から独立しない外部雷保護システム（External LPS not isolated from the space to be protected）　雷電流の経路が被保護物に接触して受雷部システム及び引下げ導線システムを配置した雷保護システム。

1.2.28　一般建築物等（Common structures）　商業用、工業用、農業用、公共用、住宅用など普通の用途に使用する建築物等。

1.2.29　保護レベル（Protection level）　雷保護システムを効率に応じて分類する用語。
　　　　　備考　保護レベルは、雷保護システムが雷の影響から被保護物を保護する確率を表す。

1.3　鉄筋コンクリート造建築物等　鉄筋コンクリート造建築物等内の鉄筋組みは、次のすべての条件に適合する場合には、電気的連続性があるとみなす。
　　　a）垂直バーと水平バーとの相互接続部の約50％が溶接又は結束などによって電気的連続性が確保されている。
　　　b）垂直バーは、溶接又はその直径の20倍以上の長さで重ね合わせ堅固に結束されている。
　　　c）個々のプレキャストコンクリートユニット及び隣接プレキャストコンクリートユニット間の鉄筋の電気的連続性が確保されている。

❷　外部雷保護システム

2.1　受雷部システム

2.1.1　一般事項　雷撃が被保護物に侵入する確率は、受雷部システムを適切に設計することによって大幅に減少する。
　　　受雷部システムは、次の各要素又はその組合せによって構成する。
　　　a）突針

　　b）水平導体

　　c）メッシュ導体

2.1.2　配置　受雷部システムの配置は、**表1**の要求事項に適合しなければならない。受雷部システムの設計に当たっては、次の方法を個別に又は組み合わせて使用することができる。

　　a）保護角法

　　b）回転球体法

　　c）メッシュ法

表1　保護レベルに応じた受雷部の配置

保　護 レベル	回転球体法 R (m)	保護角法　h（m）					メッシュ法幅 (m)
		20	30	45	60	60 超過	
		α (°)	α (°)	α (°)	α (°)	α (°)	
I	20	25	＊	＊	＊	＊	5
II	30	35	25	＊	＊	＊	10
III	45	45	35	25	＊	＊	15
IV	60	55	45	35	25	＊	20
＊　回転球体法及びメッシュ法だけを適用する。							

備考1.　R は、回転球体法の球体半径。

　　　　2.　h は、地表面から受雷部の上端までの高さとする。ただし、陸屋根の部分においては、h を陸屋根から受雷部の上端までの高さとすることができる。

保護範囲

2.1.3　構造　独立した雷保護システムの場合には、受雷部システムと被保護物内の金属製工作物との距離は、**3.2**による安全離隔距離より大きくなければならない。

　　被保護物から独立しない雷保護システムの場合には、雷電流の影響によって損傷を受けるおそれがない限り、受雷部システムを屋根上に直接又は若干の間隔をあけて施設することができる。

　　雷撃に対する保護範囲の決定に当たっては、金属製受雷部システムの実寸法だけによらなければならない。

2.1.4　"構造体利用"構成部材　建築物等の次の部分は、"構造体利用"受雷部構成部材であるとみることができる。

a）次に適合する被保護物を覆う金属板。
- 各部分の接続は、電気的に確実である。
- 金属板が雷電流によって穴があいてはならない構造のもの又は高温にさらされてはならないものである場合、その厚さは**表2**に示す t の値以上である。
- 金属板が雷電流によって穴があいても差し支えない構造のもの又は金属板の下部に着火する可燃物がない場合、その厚さは**表2**に示す t' の値以上である。
- 絶縁材料で被覆されていない。

b）屋根構造材の金属製部分（トラス、相互接続した鉄筋など）。

c）とい、飾り材、レールなどの金属製部分で、断面積が受雷部部材に規定された値以上のもの。

d）厚さが2.5mm以上の材料で作られた金属製の管及び槽で、穴があいても危険な状況、その他好ましくない状況を引き起こさないもの。

e）厚さが**表2**に示す t の値以上の材料で作られた金属製の管及び槽で、雷撃点の内表面の温度上昇が危険を引き起こさないもの。

> **備考**1.　薄い塗装、1mm以下のアスファルト又は0.5mm以下の塩化ビニルは、絶縁材料とはみなさない。
>
> 　　　2.　接続部のパッキンが非金属製である可燃性又は爆発性液体を通す配管は、これを構造体利用構成部材の受雷部として使用してはならない。

表2　受雷部システムにおける金属板又は金属管の最小厚さ

保護レベル	材　料	厚さ t (mm)	厚さ t' (mm)
I～IV	鉄	4	0.5
	銅	5	0.5
	アルミニウム	7	1

2.2　引下げ導線システム

2.2.1　一般事項
危険な火花放電が発生する可能性を低減するため、雷撃点から大地までの雷電流の経路として引下げ導線を通常次のように施設しなければならない。

a）複数の電流経路を並列に形成する。

b）電流経路の長さを最小に保つ。

2.2.2　独立した雷保護システムにおける配置
受雷部が独立した複数の柱（又は1本の柱）上に取り付けた突針からなる場合には、各柱には1条以上の引下げ導線が必要である。柱が金属又は相互接続した鉄筋からなる場合には、新たに引下げ導線を施設する必要はない。

受雷部が独立した複数の水平導体（又は1条の導体）である場合には、導体の各端末に1条以上の引下げ導線が必要である。

受雷部がメッシュ導体からなっている場合には、各支持構造物に1条以上の引下げ導線が必要である。

2.2.3　独立しない雷保護システムにおける配置　引下げ導線は、被保護物の外周に沿って、相互間の平均間隔が**表3**に示す値以下となるように引き下げる。いずれも2条以上の引下げ導線が必要である。ただし、一般建築物等の被保護物の水平投影面積が25 m² 以下のものは、1条でよい。

　　　備考1.　引下げ導線間の平均間隔は、**3.2**の安全離隔距離と相関関係にある。この値が**表3**に規定する値より大きい場合には、安全離隔距離を相当に増加することが望ましい。

　　　　2.　引下げ導線は、外周に沿って等間隔に配置することが望ましい。引下げ導線は、できるだけ建築物等の各突角部の近くに配置することが望ましい。

　引下げ導線は、地表面近く及び垂直方向最大20 m 間隔ごとに、水平環状導体などで相互接続しなければならない。

表3　保護レベルに応じた引下げ導線の平均間隔

保護レベル	平均間隔　m
I	10
II	15
III	20
IV	25

2.2.4　構造　独立した雷保護システムの場合には、引下げ導線システムと被保護物内の金属製工作物との距離は、**3.2**による安全離隔距離より大きくなければならない。

　被保護物から独立しない雷保護システムの場合には、引下げ導線は、次によって施設することができる。

－　壁が不燃性材料からなる場合には、引下げ導線は、壁の表面又は内部に施設してもよい。

－　壁が可燃性材料からなり、雷電流の通過による温度上昇が壁材料に危険を及ぼさない場合には、引下げ導線を壁の表面に取り付けることができる。

－　壁が可燃性材料からなり、引下げ導線の温度上昇が危険を及ぼす場合には、引下げ導線は、被保護物との距離が常に0.1 m を超えるように取り付けなければならない。この場合、金属製の取付用腕木は、壁に接触させてもよい。

　　　備考　とい内の水分によって引下げ導線に著しい腐食を生じるため、引下げ導線が絶縁材料で被覆されていても、それを軒とい又は縦とい管の中に施設してはならない。引下げ導線は、扉又は窓とは間隔をとって配置することを推奨する。

　引下げ導線は、大地に対して最短で最も直接的な経路を構成するように、真っすぐに、かつ、鉛直に施設しなければならない。ループを構成することは避けなければならない。ただし、やむを得ない場合はコの字形としてもよいが、導線の開口2点間の距離s及び開口点間の導線長lは、**3.2**に適合しなければならない（**図1**参照）。

図1　引下げ導線のループ

2.2.5 "構造体利用" 構成部材　建築物等の次の部分は、"構造体利用" 引下げ導線である
とみることができる。

a) 次に適合する金属製工作物。
- 各部分の接続は、**2.4.2**の要求事項に従って電気的に確実である。
- 寸法が引下げ導線に規定する値以上である。

　備考1.　金属製工作物は、絶縁材料で被覆されていてもよい。
　　　　2.　接続部のパッキンが非金属製である可燃性又は爆発性液体を通す配管は、
　　　　　　これを構造体利用構成部材の引下げ導線として使用してはならない。

b) 建築物等の金属製構造体。
c) 建築物等の相互接続した鋼。
d) 次に適合する飾り壁材、縁どりレール及び金属製飾り壁の補助構造材。
- 寸法が引下げ導線に対する要求事項に適合し、さらに、厚さが0.5 mm以上のもの。
- 垂直方向の電気的連続性が**2.4.2**の要求事項に適合するもの、又は金属部分間の間
隔が1 mm以下で、かつ、二つの部材の重なり面が100 cm²以上のもの。

　鉄骨構造の金属構造体又は建築物等の相互接続した鉄筋を引下げ導線として利用する場
合には、**2.2.3**の水平環状導体は必要ない。

2.2.6 試験用接続部　"構造体利用" 引下げ導線の場合を除き、各引下げ導線には接地シス
テムとの接続点において試験用接続部を設けなければならない。

　試験用接続部は、測定のため工具などでだけ開路できるようにし、通常は閉路しておく
ことが望ましい。

2.3 接地システム

2.3.1 一般事項　危険な過電圧を生じることなく雷電流を大地へ放流させるためには、接
地極の抵抗値より接地システムの形状及び寸法が重要な要素である。ただし、一般的には、
低い接地抵抗値を推奨する。

　構造体を使用した統合単一の接地システムとするのが雷保護の観点から望ましく、また、
各種の接地目的（すなわち、雷保護、低圧電力系統及び通信系統）にとっても適切である。

　やむを得ず接地システムを分離しなければならない場合には、**3.1**に適合する等電位ボ
ンディングによって統合した1点へ接続しなければならない。

　　備考　材質の異なるものを使用した接地システム相互を接続する場合には、特に腐
　　　　　食に注意する。

2.3.2 接地極　接地極には、次の種類のものを使用しなければならない。一つ又は複数の

環状接地極、垂直（又は傾斜）接地極、放射状接地極又は基礎接地極。

単独の長い接地導体を施設するよりも、数条の導体を適切に配置するほうが望ましい。保護レベルに応じた接地極（板状のものを除く。）の最小長さと大地抵抗率との関係を、**図2**に示す。ただし、深さが深くなるに従い大地抵抗率が減少する場所及び通常接地棒を打ち込む深さより深い地層で低い大地抵抗率が現れる場所では、深打ち接地極が効果的である。

図2　保護レベルに応じた接地極の最小長さ l_1

レベルⅢ～Ⅳは、大地抵抗率 ρ と無関係である。

2.3.3　接地施設　接地システムにおいて、接地極を基本的に二つの形態に分ける。

2.3.3.1　A型接地極　A型接地極は、放射状接地極、垂直接地極又は板状接地極から構成し、各引下げ導線に接続しなければならない。

接地極の数は、2以上としなければならない。

接地極の最小長さは、次による。

図2に示す放射状接地極の最小長さを l_1 とすると、放射状水平接地極は l_1 以上、垂直（又は傾斜）接地極は $0.5\,l_1$ 以上とする。板状接地極は表面積が片面 $0.35\,\mathrm{m^2}$ 以上とする。

この型の接地極の場合、人又は動物に危険を及ぼす区域では特別な措置を講じなければならない。

大地抵抗率が低く、$10\,\Omega$ 未満の接地抵抗が得られる場合は、**図2**に示す最小長さによらなくてもよい。

　備考1．組合せ接地極の場合には、合計長さで計算する（板状接地極を除く。）。
　　　　2．A型接地極は、大地抵抗率が低い場合及び小規模建築物等に適している。

2.3.3.2　B型接地極　B型接地極は、環状接地極、基礎接地極又は網状接地極から構成し、各引下げ導線に接続しなければならない。

環状接地極（又は基礎接地極）の場合には、環状接地極（又は基礎接地極）によって

囲われる面積の平均半径 r は、l_1 の値以上でなければならない。

$$r \geqq l_1$$

l_1 の保護レベルⅠ、Ⅱ及びⅢ－Ⅳに応じた値を、**図2**に示す。

要求値 l_1 が算定値 r より大きい場合には、放射状又は垂直（又は傾斜）接地極を追加施設し、それぞれの長さ lr（水平）及び lv（垂直）は次によらなければならない。

$$lr = l_1 - r$$

及び

$$lv = (l_1 - r)/2$$

2.3.4　接地極の施工　外周環状接地極は、0.5 m 以上の深さで壁から 1 m 以上離して埋設するのが望ましい。

接地極は、被保護物の外側に 0.5 m 以上の深さに施設し、地中において相互の電気的結合の影響が最小となるように、できるだけ均等に配置しなければならない。

埋設接地極は、施工中に検査が可能なように施設しなければならない。

埋設接地極の種類及び埋設深さは、腐食、土壌の乾燥及び凍結の影響を最小限に抑え、また、それによって安定した等価接地抵抗が得られるようなものでなければならない。土壌が凍結状態にあるときは、垂直接地極の最初の 1 m はその効果を無視することを推奨する。固い岩盤が露出した場所では、B型接地極を推奨する。

2.3.5　構造体利用接地極　コンクリート内の相互接続した鉄筋又は2.5の要求事項に適合するその他金属製地下構造物は、これを接地極として利用することができる。

2.4　取付け及び接続部

2.4.1　取付け　電気的応力又は不測の外力（例　振動、雪塊の滑落など）によって、導体の断線又は緩みが生じないように、受雷部及び引下げ導線を堅固に取り付けなければならない。

2.4.2　接続部　導体の接続部の箇所数は、最小限にとどめなければならない。接続は、黄銅ろう付け、溶接、圧着、ねじ締め、ボルト締めなどの方法によって確実に行わなければならない。

2.5　材料及び寸法

2.5.1　材料　使用材料は、雷電流による電気的及び電磁気的影響並びに予想される機械的ストレスに対し、損傷を受けないものでなければならない。

使用する材料及び寸法は、被保護建築物等又は雷保護システムに腐食が発生するおそれのあることを考慮して選定しなければならない。

雷保護システムの部材は、導電性及び耐食性が十分であれば、**表4**に示す材料で製作することができる。これ以外の金属材料は、これらと同等の機械的、電気的及び化学的（腐食）特性をもつ場合に使用することができる。

表4　雷保護システムの材料及び使用条件

材　料	使用条件			腐食条件		
	気　中	地　中	コンクリート内	耐　性	進行性	電解対象
	単線	単線	－	多くの物質に	・高濃度塩化物	－

銅	より線 棒、管、板 被覆用	より線 棒、管、板 被覆用		耐える	・硫黄化合物 ・有機物	
溶融亜鉛 めっき鋼	単線 より線 棒、管、板	単線 棒、管、板	単線 棒、管、板	酸性土壌中でも良好	–	銅
ステンレ ス鋼	単線 より線 棒、管、板	単線 棒、管、板	–	多くの物質に耐える	塩化物の水溶液	–
アルミニ ウム	単線 より線 棒、管、板	–	–		塩基性物質	銅
鉛	管、板 被覆用	管、板 被覆用	–	高濃度硫化物	酸性土壌	銅

2.5.2 寸法 最小寸法を、**表5**に示す。

備考 機械的ストレス及び腐食に対処するため、この値を増すことができる。

表5 雷保護システムの材料の最小寸法

保護レベル	材 料	受雷部 mm^2	引下げ導線 mm^2	接地極 mm^2
I ～ IV	銅 アルミニウム 鉄	35 70 50	16 25 50	50 – 80

❸ 内部雷保護システム

3.1 等電位ボンディング

3.1.1 一般事項 被保護物内において火災及び爆発危険並びに人命危険のおそれを減少させるために、等電位化は非常に重要な方法である。

雷保護システム、金属構造体、金属製工作物、系統外導電性部分並びに被保護物内の電力及び通信用設備をボンディング用導体又はサージ保護装置で接続することによって等電位化を行う。

雷保護システムを施設する場合には、被保護物の外側の金属体が影響を及ぼすことがある。このことは、システムの設計の際に考慮すべきである。外側の金属体には、等電位ボンディングが必要なこともある。

3.1.2 金属製工作物の等電位ボンディング 等電位ボンディングは、次の箇所で施さなければならない。

a) 地下部分又は地表面付近の箇所。ボンディング用導体は、検査が容易にできるように設計されまた施設されたボンディング用バーに接続しなければならない。このボンディング用バーは、接地システムに接続しなければならない。大規模建築物等では、二つ以上のボンディング用バーを施設することができ、この場合、それらを相互接続する。

b）高さが 20 m を超える建築物等では、垂直間隔 20 m 以下ごとの地表上の箇所。

　　引下げ導線に接続した水平環状導体をボンディング用バーに接続しなければならない（**2.2.3**参照）。

c）次の構造体で、絶縁の要求事項（**3.2**参照）に適合しない箇所。

　　−　相互接続した鉄筋コンクリート構造体

　　−　鉄骨構造体

　　−　これらと同等の遮へい特性をもつ構造体

　建築物等内の金属製工作物では、通常上記 b）及び c）の箇所における等電位ボンディングは必要ない。

　独立した雷保護システムでは、等電位ボンディングは地表面だけで行わなければならない。

　ガス管又は水管の途中に絶縁部品が挿入されている場合には、適切な動作条件をもつサージ保護装置（**1.2.24**）でその部分を橋絡しなければならない。

等電位ボンディングは、次によって行うことができる。

　−　自然的ボンディングでは電気的連続性が保証できないときは、ボンディング用導体。雷電流の全部又はその大部分がボンディング接続部を流れるとした場合の、ボンディング用導体の最小断面積を**表6**に示す。これ以外の場合の断面積を、**表7**に示す。

　−　ボンディング用導体を施設できないときは、サージ保護装置。

　　サージ保護装置は、検査が可能なように施設することが望ましい。

表6　雷電流の大部分を流すボンディング用導体の最小寸法

保護レベル	材　料	断面積　mm^2
Ⅰ〜Ⅳ	銅	16
	アルミニウム	25
	鉄	50

表7　雷電流のごく一部分を流すボンディング用導体の最小寸法

保護レベル	材　料	断面積　mm^2
Ⅰ〜Ⅳ	銅	6
	アルミニウム	10
	鉄	16

3.1.3　系統外導電性部分の等電位ボンディング　系統外導電性部分に施す等電位ボンディングは、できるだけ建築物等への引込口の付近で行わなければならない。このボンディング用接続部には、雷電流の大部分が流れると想定しなければならない。したがって、**3.1.2**の要求事項を適用しなければならない。

3.1.4　電力及び通信設備の等電位ボンディング　電力及び通信設備に対する等電位ボン

ディングを**3.1.2**に従って行わなければならない。等電位ボンディングは、できるだけ建築物等への引込口の付近で行わなければならない。

　電線が遮へいされているか又は金属電線管内に収められているときは、通常その遮へい体だけをボンディングすれば十分であるが、この場合、遮へい体の低抗は、それによる電位差でケーブル及び接続機器に危険を及ぼさないような値とする。

　電路の電線は、すべて直接又は間接にボンディングすることが望ましい。充電用電線は、必ずサージ保護装置を通して雷保護システムへボンディングすることが望ましい。TN系統において、PE又はPEN導体は直接雷保護システムへボンディングすることが望ましい。

3.2　外部雷保護システムの絶縁　受雷部又は引下げ導線と、被保護建築物等内の金属製工作物並びに電力、信号及び通信設備との間の絶縁は、それらの部分間の離隔距離 d を安全離隔距離 s 以上としなければならない。

$$d \geqq s$$
$$s = ki \frac{ke}{km} l \ (\mathrm{m})$$

ここに、ki　：雷保護システムの保護レベルにかかわる係数（**表8**）

　　　　ke　：引下げ導線に流れる雷電流にかかわる係数（**附属書1**参照）

　　　　km　：絶縁材料にかかわる係数（**表9**参照）

　　　　l　：離隔距離を適用する点から直近の等電位ボンディング点までの受雷部又は引下げ導線に沿った長さ

備考1.　4本の引下げ導線が等間隔に引き下げられた簡単な例では、kc の概算値として 0.4 と推定することができる。その他の場合の kc の値は、**附属書1**によって計算する。

　　　2.　建築物等に引き込まれた電線又は系統外導電性部分については、引込口において等電位ボンディング（直接接続又はサージ保護装置による接続）を必ず施す必要がある。

表8　係数 ki の値

保護レベル	ki
I	0.1
II	0.075
III及びIV	0.05

表9　係数 km の値

材　料	km
空気	1
コンクリート、れんが	0.5
塩化ビニル	20
ポリエチレン	60

3.3　人命危険に対する安全対策　被保護物内における人命危険に対する最も重要な保護対策は、等電位ボンディングである。

❹　雷保護システムの設計、保守及び検査

4.1　設計　雷保護システムの効率は、保護レベルIから保護レベルIVへと減少する。

　雷保護システムの設計の段階、被保護建築物等の設計及び施工の段階とを関連させることによって、技術的及び経済的に最適な雷保護システムの設計を行うことができる。特に、建

築物等の金属製部分を雷保護システムの部品として利用する可能性を、建築物等そのものの
設計の際に見越しておくことが望ましい。

4.2　検査及び保守

4.2.1　検査の範囲　検査の目的は、次の事項を確認することである。

a）雷保護システムが設計どおりに適合している。

b）雷保護システムの構成部材がすべて良好な状態にあり、設計どおりの機能を果たすこ
とができ、また、腐食がない。

c）増設された引込み又は構造物が、雷保護システムへの接続又は雷保護システムの拡張
によって被保護物内に組み込まれている。

4.2.2　検査の種類　検査は、**4.2.1**に従い、次によって行わなければならない。

－　建築物等の建設中において、埋設接地極をチェックするための検査

－　雷保護システムの施工完了後のa）及びb）についての検査

－　被保護物の種類及び腐食問題に関して決定する周期によって、定期的に行うa）、b）
及びc）についての検査

－　改修若しくは修理後、又は建築物等に雷撃があったことが確認されたときに、a）、b）
及びc）についての臨時検査

4.2.3　保守　雷保護システムの信頼性を保つためには、定期的な検査を行うことが基本的
条件である。不備が確認された場合には、遅滞なく修理を行わなければならない。

附属書　（略）

【政令第6章(建築物の用途)関係】

〔昭和45年12月28日建設省告示第1836号〕
建築基準法施行令の規定により国土交通大臣が指定する建築物
最終改正　平成16年3月31日国土交通省告示第396号

建築基準法施行令(昭和25年政令第338号)第130条の4第五号の規定により国土交通大臣が指定する建築物は、次に掲げるものとする。

一　認定電気通信事業者が認定電気通信事業の用に供する次のイ及びロに掲げる施設である建築物で執務の用に供する部分の床面積の合計が700 m² 以内のもの
　イ　電気通信交換所
　ロ　電報業務取扱所
二　電気事業の用に供する次のイ及びロに掲げる施設である建築物
　イ　開閉所
　ロ　変電所(電圧17万V未満で、かつ、容量90万kVA未満のものに限る。)
三　ガス事業の用に供する次のイからハまでに掲げる施設である建築物
　イ　バルブステーション
　ロ　ガバナーステーション
　ハ　特定ガス発生設備(液化ガスの貯蔵量又は処理量が3.5 t 以下のものに限る。)
四　液化石油ガス販売事業の用に供する供給設備である建築物(液化石油ガスの貯蔵量又は処理量が3.5 t 以下のものに限る。)
五　水道事業の用に供するポンプ施設(給水能力が毎分6 m³ 以下のものに限る。)である建築物
六　公共下水道の用に供する次のイ及びロに掲げる施設である建築物
　イ　合流式のポンプ施設(排水能力が毎秒2.5 m³ 以下のものに限る。)
　ロ　分流式のポンプ施設(排水能力が毎秒1 m³ 以下のものに限る。)
七　都市高速鉄道の用に供する次のイからハまでに掲げる施設である建築物(イに掲げる施設である建築物にあつては、執務の用に供する部分の床面積の合計が200 m² 以内のものに限る。)
　イ　停車場又は停留場
　ロ　開閉所
　ハ　変電所(電圧12万V未満で、かつ、容量4万kVA未満のものに限る。)

〔平成 5 年 6 月25日建設省告示第1451号〕

建築基準法施行令第130条の 5 の 4 第二号の規定に基づき建築物を指定

〔昭和60年 3 月30日建設省告示第725号を全文改正〕

最終改正　平成16年 3 月31日国土交通省告示第396号

　建築基準法施行令（昭和25年政令第338号）第130条の 5 の 4 第二号の規定により国土交通大臣が指定する建築物は、次に掲げるものとする。

一　認定電気通信事業者が認定電気通信事業の用に供する次のイからハまでに掲げる施設である建築物

　イ　電気通信交換所

　ロ　電報業務取扱所

　ハ　イ及びロに掲げる施設以外の施設の用途に供するものでその用途に供する部分の床面積の合計が 1,500 m² 以下のもの（ 3 階以上の部分をその用途に供するものを除く。）

二　電気事業の用に供する変電所である建築物（電圧 30 万 V 未満で、かつ、容量 110 万 kVA 未満のものに限る。）

三　ガス事業の用に供するガス工作物の工事、維持及び運用に関する業務の用に供する建築物で執務の用に供する部分の床面積の合計が 1,500 m² 以内のもの

〔平成 5 年 6 月24日建設省告示第1436号〕

建築基準法施行令第130条の 7 の 2 第二号の規定により国土交通大臣が指定する建築物

最終改正　平成16年 3 月31日国土交通省告示第396号

　建築基準法施行令（昭和25年政令第338号）第130条の 7 の 2 第二号の規定により国土交通大臣が指定する建築物は、次に掲げるものとする。

　認定電気通信事業者が認定電気通信事業の用に供する施設である建築物

〔平成 5 年 6 月24日建設省告示第1438号〕

建築基準法施行令の規定により国土交通大臣が指定する特殊の方法

最終改正　平成21年11月27日国土交通省告示第1250号

　建築基準法施行令（昭和25年政令第338号）第130条の 8 の 3 の規定により国土交通大臣が防音上有効な構造と認めて指定する空気圧縮機は、次に掲げるものとする。

　一　ロータリー式の空気圧縮機
　二　パッケージ式の空気圧縮機

〔平成5年6月24日建設省告示第1439号〕
建築基準法施行令の規定により屋内貯蔵所のうち位置、構造及び設備について国土交通大臣が定める基準

最終改正　平成12年12月26日建設省告示第2465号

　建築基準法施行令（昭和25年政令第338号）第130条の9第1項の規定により、屋内貯蔵所のうち位置、構造及び設備について国土交通大臣が定める基準に適合するものは、次に掲げるものとする。

　一　屋内貯蔵所のうちその貯蔵倉庫（軒高（危険物の規制に関する政令（昭和34年政令第306号）第10条第1項第四号に規定する軒高をいう。次号において同じ。）が6m未満のものに限る。）が危険物の規制に関する規則（昭和34年総理府令第55号）第16条の2の3第2項各号に掲げる基準に適合するもの
　二　屋内貯蔵所のうちその貯蔵倉庫（軒高が6m以上20m未満のものに限る。）が危険物の規制に関する規則第16条の2の3第2項第二号から第五号までに掲げる基準に適合するもの

〔平成26年12月26日国土交通省告示第1203号〕
圧縮ガス又は液化ガスを燃料電池又は内燃機関の燃料として用いる自動車にこれらのガスを充塡するための設備の基準を定める件

最終改正　令和3年2月26日国土交通省告示第134号

　建築基準法施行令（昭和25年政令第338号）第130条の9第1項の規定に基づき、圧縮ガス又は液化ガスを燃料電池又は内燃機関の燃料として用いる自動車にこれらのガスを充塡するための設備の基準を次のように定める。
　建築基準法施行令第130条の9第1項に規定する圧縮ガス又は液化ガスを燃料電池又は内燃機関の燃料として用いる自動車にこれらのガスを充塡するための設備の基準は、次の各号のいずれかに該当することとする。

　一　一般高圧ガス保安規則（昭和41年通商産業省令第53号。以下「一般則」という。）第2条第1項第二十三号に規定する圧縮天然ガススタンドであって、一般則第7条第2項各号に掲げる基準に適合するものとして、高圧ガス保安法（昭和26年法律第204号）第5条第1項の許可を受けて設置されるものであること。
　二　一般則第2条第1項第二十五号に規定する圧縮水素スタンドであって、一般則第7条の3第2項各号又は第7条の4第2項各号に掲げる基準に適合するものとして、高圧ガス保安法

第5条第1項の許可を受けて設置されるもの（製造設備の冷却の用に供する冷凍設備(一般則第7条の3第2項第二号のニただし書に規定するものを除く。)を用いるものを除く。）であること。

〔平成30年2月26日国土交通省告示第236号〕
農産物の処理に供する建築物を指定する件

建築基準法施行令（昭和25年政令第338号）第130条の9の3の規定に基づき、国土交通大臣が指定する農産物の処理に供する建築物を次のように定める。

建築基準法施行令第130条の9の3の規定により国土交通大臣が指定する農産物の処理に供する建築物は、次の各号のいずれかに該当するものとする。

一　米、小麦、大麦その他これらに類する農産物の乾燥又はもみすりに供する建築物であって、次のイ又はロのいずれかに該当する事業を営むもの

イ　当該農産物の乾燥で出力の合計が2kWを超える原動機を使用するもの

ロ　当該農産物のもみすりで出力の合計が4kWを超える原動機を使用するもの

二　大豆、小豆その他これらに類する農産物の乾燥に供する建築物であって、当該農産物の乾燥で出力の合計が2kWを超える原動機を使用するものを営むもの

三　茶の精揉に供する建築物であって、当該茶の精揉で出力の合計が2kWを超える原動機を使用するものを営むもの

　　　附　則

この告示は、平成30年4月1日から施行する。

〔平成17年3月29日国土交通省告示第359号〕
建築基準法施行令第130条の9の7第二号ロの規定により国土交通大臣が定める基準

最終改正　　令和3年2月26日国土交通省告示第134号

建築基準法施行令（昭和25年政令第338号）第130条の9の7第二号ロの規定により国土交通大臣が定める基準は、次に掲げるものとする。

一　水素の製造は、次のいずれかの方法により行われるものであること。

イ　電気により水を分解する方法

ロ　水蒸気により炭化水素を改質する方法

二　一般高圧ガス保安規則（昭和41年通商産業省令第53号。以下「一般則」という。）第2条第1項第二十五号に規定する圧縮水素スタンドであって、次のいずれかに該当するものであること。

イ　一般則第7条の3第2項各号又は第7条の4第2項各号に掲げる基準に適合するものと

して、高圧ガス保安法（昭和26年法律第204号）第5条第1項の許可を受けて設置される
もの（製造設備の冷却の用に供する冷凍設備（一般則第7条の3第2項第二号の二ただし
書に規定するものを除く。）を用いるものを除く。）

ロ　一般則第7条の3第2項各号に掲げる基準に適合するものとして、高圧ガス保安法第5
条第2項の届出がされたもの（製造設備の冷却の用に供する冷凍設備（一般則第7条の3
第2項第二号の二ただし書に規定するものを除く。）を用いるものを除く。）

ハ　一般則第12条の2第2項各号に掲げる基準に適合するものとして、高圧ガス保安法第5
条第2項の届出がされたもの

〔平成5年6月24日建設省告示第1440号〕

建築基準法施行令の規定により国土交通大臣が定める合成繊維の製造

最終改正　平成30年2月26日建設省告示第237号

建築基準法施行令（昭和25年政令第338号）第130条の9の7第三号の規定により、合成繊維の
製造のうち、国土交通大臣が安全上及び防火上支障がないと認めて定める物質を原料とするもの
及び国土交通大臣が安全上及び防火上支障がないと認めて定める工程によるものは、次に掲げる
ものとする。

合成繊維の製造のうち、次の各号に掲げる物質を原料とするそれぞれ当該各号に掲げる合成繊
維の製造であって重合反応を伴う工程によるもの以外のもの

一　アクリル繊維　アクリロニトリル

二　ポリエチレン繊維　エチレン

三　ポリエステル繊維　エチレングリコール

四　ポリ塩化ビニル繊維又はポリ塩化ビニリデン繊維　塩化ビニル

五　ビニロン　酢酸ビニル

六　ポリプロピレン繊維　プロピレン

〔平成5年6月24日建設省告示第1441号〕

建築基準法施行令の規定により国土交通大臣が石綿の粉じんの飛散の防止上有効であると認めて定める方法

最終改正　平成30年2月26日建設省告示第237号

建築基準法施行令（昭和25年政令第338号）第130条の9の7第五号の規定により、国土交通大
臣が石綿の粉じんの飛散の防止上有効であると認めて定める方法は、次に掲げるものとする。

随時閉鎖することができる構造の戸を有する開口部を除き、屋根及び壁で区画された作業場に
おいて、ろ過集じん機又は電気集じん機を使用して行われる作業

【政令第7章の5（型式適合認定等）関係】

〔平成12年5月31日建設省告示第1467号〕
建築基準法施行令第136条の2の11第一号イ⑵等の国土交通大臣の指定する構造方法を定める件

最終改正　令和元年6月21日国土交通省告示第200号

建築基準法施行令（昭和25年政令第338号）第136条の2の11第一号イ⑵及びロ⑵並びに第二号の表⑵の項及び⑷の項から⑹の項まで並びに同令第144条の2の表⑶の項の国土交通大臣の指定する構造方法を次のように定める。

第1　建築基準法施行令（以下「令」という。）第136条の2の11第一号ロ⑵並びに第二号の表⑶の項、⑷の項及び⑹の項から⑻の項までの国土交通大臣の指定する構造方法は、次の各号に掲げる規定の区分に応じ、それぞれ当該各号に掲げる構造方法とする。

一　令第129条の2の3第1項　平成12年建設省告示第1388号に定める構造方法
二　令第129条の2の4第2項第六号　昭和50年建設省告示第1597号に定める構造方法
三　令第129条の13の3第12項　平成12年建設省告示第1428号に定める構造方法

第2　令第144条の2の表⑶の項の国土交通大臣が指定する構造方法は、次の各号に掲げる規定の区分に応じ、それぞれ当該各号に掲げる構造方法とする。

一　令第144条第1項第一号イ　平成12年建設省告示第1419号第1に定める構造方法
二　令第144条第1項第六号　平成12年建設省告示第1419号第5に定める構造方法

【政令第7章の8（工事現場の危害の防止）関係】

〔昭和56年6月1日建設省告示第1105号〕
腹起しに用いる木材の許容応力度

最終改正　平成12年5月31日建設省告示第1448号

建築基準法施行令（昭和25年政令第338号）第136条の3第5項第三号イただし書（第139条第1項、第140条、第141条第2項、第142条、第143条及び第144条において準用する場合を含む。）の規定に基づき、腹起しに用いる木材の許容応力度を次のように定める。

腹起しに用いる木材の許容応力度は、次に掲げるとおりとする。

一　せん断の許容応力度

せん断の許容応力度は、建築基準法施行令（以下「令」という。）第89条第1項に規定する短期に生ずる力に対するせん断の許容応力度の数値とする。

二　めりこみの許容応力度

めりこみの許容応力度は、めりこみ試験の結果に基づき定める場合のほか、その繊維方向と加力方向とのなす角度に応じて次に掲げる数値とする。

イ　10度以下の場合　令第89条第1項の表に掲げる短期に生ずる力に対する圧縮の許容応力度の数値

ロ　10度を超え、70度未満の場合　イとハとに掲げる数値を直線的に補間した数値

ハ　70度以上90度以下の場合　次の表に掲げる数値

木材の種類		許容応力度（単位　N/mm²）
針葉樹	あかまつ、くろまつ及びべいまつ	6
	からまつ、ひば、ひのき及びべいひ	5
	つが、べいつが、もみ、えぞまつ、とどまつ、べにまつ、すぎ、べいすぎ及びスプルース	4
広葉樹	かし	8
	くり、なら、ぶな及びけやき	7

〔昭和39年1月27日建設省告示第91号〕
建築工事現場における落下物による危害を防止するための措置の基準

最終改正　平成5年6月25日建設省告示第1443号

建築基準法施行令（昭和25年政令第338号）第136条の5第2項の規定に基づき、建築工事現場における落下物による危害を防止するための措置の基準を次のように定める。

第1　工事現場の周囲その他危害防止上必要な部分は、落下物による危害を防止するため鉄網若しくは帆布でおおうか又はこれらと同等以上の効力を有する防護方法を講じなければならない。

第2　第1に規定する鉄網は、次の各号に該当するものでなければならない。

一　鉄網は、落下物に対し十分な強度を有すること。

二　鉄網を支持する骨組は、構造耐力上安全なものとし、鉄網は、骨組に緊結すること。

三　鉄網は間隙のできないように重ね合わせること。

第3　第1に規定する帆布は、次の各号に該当するものでなければならない。

一　帆布は、難燃処理したものであり、かつ、落下物に対して十分な強度を有すること。

二　帆布を支持する骨組は、構造耐力上安全なものとし、帆布は骨組に緊結すること。

【政令第7章の9（簡易な構造の建築物に対する制限の緩和）関係】

〔平成5年6月22日建設省告示第1426号〕
準耐火構造の壁を貫通する給水管、配電管その他の管の部分及びその周囲の部分の構造方法を定める件

最終改正　令和2年4月1日国土交通省告示第508号

建築基準法施行令（昭和25年政令第338号）第136条の9の規定に基づき、準耐火構造の壁を貫通する給水管、配電管その他の管の部分及びその周囲の部分の構造方法を次のように定める。

準耐火構造の壁を貫通する給水管、配電管その他の管の部分及びその周囲の部分の構造方法は、次に定めるものとする。

一　給水管、配電管その他の管と準耐火構造の壁との隙間がモルタルその他の不燃材料で埋められていること。

二　給水管、配電管その他の管の構造を建築基準法施行令（以下「令」という。）第129条の2の4第1項第七号イからハまでのいずれかに適合するものとすること。ただし、1時間準耐火基準に適合する準耐火構造の壁又は特定防火設備で建築物の他の部分と区画されたパイプシャフト、パイプダクトその他これらに類するものの中にある部分については、この限りでない。

三　換気、暖房又は冷房の設備の風道の準耐火構造の壁を貫通する部分又はこれに近接する部分に令第112条第21項に規定する構造の防火設備（令第114条第5項の規定において読み替えて準用する令第112条第21項に規定する構造の防火設備に限る。）が同項に規定する防火設備を設ける方法により設けられていること。

〔平成5年6月22日建設省告示第1427号〕
高い開放性を有する構造の建築物又は建築物の部分

建築基準法施行令（昭和25年政令第338号）第136条の9第一号の規定に基づき、高い開放性を有する構造の建築物又は建築物の部分を次のように定める。

一　壁を有しない建築物

二　次に掲げる基準に適合する建築物又は建築物の部分

イ　建築物又は建築物の部分の常時開放されている開口部の面積の合計が、その建築物又は建築物の部分の外壁又はこれに代わる柱の中心線（軒、ひさし、はね出し縁その他これらに類するものがある場合においては、その端。以下同じ。）で囲まれた部分の水平投影面積の $\frac{1}{6}$ 以上であること。

ロ　高さが2.1m（天井面又ははりの下端が床面から2.1m未満の高さにある場合は、その高さ）以上の常時開放された開口部の幅の総和が外壁又はこれに代わる柱の中心線の長さの

合計の $\frac{1}{4}$ 以上であること。

ハ　建築物又は建築物の部分の各部分から外壁の避難上有効な開口部に至る距離が20m以内であること。

〔平成12年5月31日建設省告示第1443号〕

防火上支障のない外壁及び屋根の構造を定める件

最終改正　令和元年6月25日国土交通省告示第203号

建築基準法施行令（昭和25年政令第338号）第136条の10第二号及び同条第三号イの規定に基づき、防火上支障のない外壁及び屋根の構造を次のように定める。

防火上支障のない外壁及び屋根の構造は、次に掲げるものとする。

第1　外壁にあっては、次の各号に掲げる建築物又は建築物の部分の外壁の区分に応じ、それぞれ当該各号に掲げる材料で造られ、又は覆われているもの

一　建築基準法施行令（以下「令」という。）第136条の9第一号イに該当する開放的簡易建築物（以下「特定開放的簡易建築物」という。）で床面積が150㎡以上のものの外壁　次に定める材料

イ　準不燃材料

ロ　ガラス繊維織物（繊維の径が3.3μ以上で4.05μ以下のものに限る。）に四ふっ化エチレン樹脂の含有率が90％以上である樹脂を表面処理したもので、かつ、次に掲げる基準に適合するもの

(1)　厚さが0.5mm以上であること。

(2)　ガラス繊維織物の重量が150g/㎡以上であること。

(3)　表面処理に係る樹脂の重量が400g/㎡以上1,100g/㎡以下であること。

(4)　通常の使用により容易に材料の劣化が生じないものであること。

二　床面積が150㎡未満の特定開放的簡易建築物の外壁の延焼のおそれのある部分　前号に定める材料

三　床面積が150㎡未満の特定開放的簡易建築物の外壁の延焼のおそれのある部分以外の部分　次に定める材料

イ　難燃材料

ロ　第一号ロに定める材料

ハ　ガラス繊維織物又はポリアミド系、ポリアラミド系、ポリエステル系若しくはポリビニルアルコール系の繊維織物に塩化ビニル樹脂、クロロプレンゴム、クロロスルフォン化エチレンゴム、ふっ素樹脂（ガラス繊維織物を用いるものにあっては四ふっ化エチレン樹脂を除く。）その他これらに類するものを表面処理したもので、次に掲げる基準に適合するもの

(1)　日本産業規格（以下「JIS」という。）A1322(建築物薄物材料の難燃性試験方法)に規定する防炎二級試験に合格するものであること。

(2)　通常の使用により容易に材料の劣化が生じないものであること。

ニ　エチレン-四ふっ化エチレン共重合樹脂フィルム（厚さが1.5mm以下のものに限る。）
で、ハ(1)及び(2)に掲げる基準に適合するもの

ホ　ポリカーボネート板（JIS K6719(ポリカーボネート成形材料)及びJIS K6735(ポリカーボ
ネート板)に適合するものに限る。）で、厚さが8mm以下のもの

四　令第136条の9第一号ロからニまで及び第二号のいずれかに該当する簡易な構造の建築物
又は建築物の部分の外壁で延焼のおそれのある部分　第一号に定める材料

五　令第136条の9第一号ロからニまでのいずれかに該当する建築物若しくは建築物の部分で
床面積が1,500m²を超えるもの又は同条第二号に該当する建築物若しくは建築物の部分で
床面積が1,000m²を超えるものの外壁で延焼のおそれのある部分以外の部分　次に定める
材料

イ　難燃材料

ロ　第一号ロに定める材料

ハ　ガラス繊維織物又はポリアミド系、ポリアラミド系、ポリエステル系若しくはポリビニ
ルアルコール系の繊維織物に塩化ビニル樹脂、クロロプレンゴム、クロロスルフォン化エ
チレンゴム、ふっ素樹脂（ガラス繊維織物を用いるものにあっては四ふっ化エチレン樹脂
を除く。）その他これらに類するものを表面処理したもので、次に掲げる基準に適合する
もの

(1)　厚さが0.5mm以上であること。

(2)　繊維織物の重量が100g/m²（ガラス繊維織物にあっては150g）以上であること。

(3)　表面処理に係る樹脂の重量が400g/m²以上1,100g/m²以下であること。

(4)　JIS A1322(建築物薄物材料の難燃性試験方法)に規定する防炎二級試験に合格するも
のであること。

(5)　通常の使用により容易に材料の劣化が生じないものであること。

ニ　第三号ニ又はホに定める材料

六　令第136条の9第一号ロからニまでのいずれかに該当する建築物若しくは建築物の部分で
床面積が1,500m²以下のもの又は同条第二号に該当する建築物若しくは建築物の部分で床
面積が1,000m²以下のものの外壁で延焼のおそれのある部分以外の部分　第三号に定める
材料

第2　屋根にあっては、次の各号に掲げる建築物又は建築物の部分の屋根の区分に応じ、それぞ
れ当該各号に定める構造又は建築基準法（昭和25年法律第201号）第22条第1項に規定する構
造

一　床面積が150m²以上の特定開放的簡易建築物の屋根　第1第一号に掲げる材料で造るか、
又はふいたもの

二　床面積が150m²未満の特定開放的簡易建築物の屋根で延焼のおそれのある部分　前号に
定めるもの

三　床面積が150m²未満の特定開放的簡易建築物の屋根で延焼のおそれのある部分以外の部
分　第1第三号に掲げる材料で造るか、又はふいたもの

四　令第136条の9第一号ロからニまで及び第二号のいずれかに該当する簡易な構造の建築物
又は建築物の部分の屋根で延焼のおそれのある部分　第一号に定めるもの

五　令第136条の9第一号ロからニまでのいずれかに該当する建築物若しくは建築物の部分で床面積が1,500 m² を超えるもの又は同条第二号に該当する建築物若しくは建築物の部分で床面積が1,000 m² を超えるものの屋根で延焼のおそれのある部分以外の部分　第1第五号に掲げる材料で造るか、又はふいたもの

六　令第136条の9第一号ロからニまでのいずれかに該当する建築物若しくは建築物の部分で床面積が1,500 m² 以下のもの又は同条第二号に該当する建築物若しくは建築物の部分で床面積が1,000 m² 以下のものの屋根で延焼のおそれのある部分以外の部分　第1第三号に掲げる材料で造るか、又はふいたもの

附　則

平成5年建設省告示第1428号は、廃止する。

〔平成5年6月24日建設省告示第1434号〕
通常の火災時における炎及び火熱を遮る上で有効と認める塀その他これに類するものの基準

建築基準法施行令（昭和25年政令第338号）第136条の10第三号ロの規定に基づき、通常の火災時における炎及び火熱を遮る上で有効と認める塀その他これに類するものの基準を次のように定める。

一　高さが2m（開放的簡易建築物の屋上の周囲で隣地境界線等からの水平距離が50cm以上の部分にあるものにあっては、1.5m）以上であること。
二　開放的簡易建築物の床面又は床版面からの高さ50cm以上の部分を覆うものであること。
三　不燃材料又は準不燃材料で造られ、又は覆われていること。

〔平成5年6月24日建設省告示第1435号〕
屋内側からの通常の火災時における炎及び火熱を遮る上で有効と認める屋根の基準

建築基準法施行令（昭和25年政令第338号）第136条の10第三号ハの規定に基づき、その屋内側からの通常の火災時における炎及び火熱を遮る上で有効と認める屋根の基準を次のように定める。

水平投影面積1m²の屋根の部分（1階部分の誘導車路の上部にある部分を除く。以下「当該部分」という。）ごとに、当該部分に設けられた孔の面積の合計（以下「孔面積」という。）が、次の式に適合すること。

$$S \leq 0.4H - 0.6$$

この式において、S及びHはそれぞれ、次の数値を表すものとする。
　S　孔面積（単位　m²）
　H　1階の天井の高さ（単位　m）

【政令第 8 章（既存の建築物に対する制限の緩和等）関係】

〔平成17年 6 月 1 日国土交通省告示第566号〕
建築物の倒壊及び崩落、屋根ふき材、特定天井、外装材及び屋外に面する帳壁の脱落並びにエレベーターの籠の落下及びエスカレーターの脱落のおそれがない建築物の構造方法に関する基準並びに建築物の基礎の補強に関する基準を定める件

最終改正　令和 2 年12月 7 日国土交通省告示第1436号

　建築基準法施行令（昭和25年政令第338号）第137条の 2 第一号イ(3)及びロ(3)並びに第二号イの規定に基づき、建築物の倒壊及び崩落、屋根ふき材、特定天井、外装材及び屋外に面する帳壁の脱落並びにエレベーターの籠の落下及びエスカレーターの脱落のおそれがない建築物の構造方法に関する基準を第 1 から第 3 までに、並びに同号ロの規定に基づき、建築物の基礎の補強に関する基準を第 4 に定める。ただし、国土交通大臣がこの基準の一部又は全部と同等以上の効力を有すると認める基準によって建築物の増築又は改築を行う場合においては、当該基準によることができる。

第1　建築基準法施行令（以下「令」という。）第137条の 2 第一号イ(3)に規定する建築物の倒壊及び崩落、屋根ふき材、特定天井、外装材及び屋外に面する帳壁の脱落並びにエレベーターの籠の落下及びエスカレーターの脱落のおそれがない建築物の構造方法に関する基準は、次の各号（建築基準法(昭和25年法律第201号。以下「法」という。)第20条第 1 項第一号後段に規定する構造計算又は令第81条第 2 項第一号ロに掲げる構造計算によって安全性を確かめる場合にあっては、第一号）に定めるところによる。

一　建築設備については、次のイからハまでに定めるところによる。

　イ　法第20条第 1 項第一号から第三号までに掲げる建築物に設ける屋上から突出する水槽、煙突その他これらに類するものは、令第129条の 2 の 3 第三号の規定に適合すること。

　ロ　建築物に設ける給水、排水その他の配管設備は、令第129条の 2 の 4 第 1 項第二号及び第三号の規定に適合すること。

　ハ　建築物に設ける令第129条の 3 第 1 項第一号及び第二号に掲げる昇降機は、令第129条の 4 、令第129条の 5 （これらの規定を令第129条の12第 2 項において準用する場合を含む。）、令第129条の 8 第 1 項並びに令第129条の12第 1 項第六号の規定に適合するほか、当該昇降機の籠が、籠内の人又は物による衝撃を受けた場合において、籠内の人又は物が昇降路内に落下し、又は籠外の物に触れるおそれのない構造であること。この場合において、既存のエスカレーター（エスカレーターの上端と下端の間の揚程が、次の式によって計算した数値以下であるものに限る。）に対する同号の規定の適用については、同号中「国土交通大臣が定めた構造方法を用いるもの」とあるのは、「平成25年国土交通省告示第1046号（第 3 第 2 項を除く。）に適合する構造」と読み替えるものとする。

$H = 100（C + 10）$

この式において、H 及び C は、それぞれ次の数値を表すものとする。

H　エスカレーターの上端と下端の間の揚程（単位　mm）

C　エスカレーターの端部の隙間（平成25年国土交通省告示第1046号第 1 第 1 項第三号イの表備考一の号に規定する隙間をいう。）の合計（単位　mm）

二　屋根ふき材、特定天井、外装材及び屋外に面する帳壁については、次のイ及びロに定めるところによる。

イ　屋根ふき材、外装材及び屋外に面する帳壁は、昭和46年建設省告示第109号に定める基準（増築又は改築に係る部分以外の部分の屋根瓦（増築又は改築に係る部分の屋根ふき材と構造上分離しているものに限る。）であって、軒及びけらばから 2 枚通りまでが 1 枚ごとに、その他の部分のうちむねにあっては 1 枚おきごとに、銅線、鉄線、くぎ等で下地に緊結され、又はこれと同等以上の効力を有する方法ではがれ落ちないようにふかれているものにあっては、同告示第 1 第三号に定める基準を除く。）に適合すること。

ロ　特定天井については平成25年国土交通省告示第771号第 3 に定める基準に適合すること又は令第39条第 3 項に基づく国土交通大臣の認定を受けたものであること。ただし、増築又は改築に係る部分以外の部分の天井（新たに設置するものを除く。）であって、増築又は改築に係る部分の天井と構造上分離しているもので当該天井の落下防止措置（ネット、ワイヤ又はロープその他の天井材(当該落下防止措置に用いる材料を除く。)の落下による衝撃が作用した場合においても脱落及び破断を生じないことが確かめられた部材の設置により、天井の落下を防止する措置をいう。）が講じられているものにあっては、この限りでない。

第2　令第137条の 2 第一号ロ(3)に規定する建築物の倒壊及び崩落、屋根ふき材、特定天井、外装材及び屋外に面する帳壁の脱落並びにエレベーターの籠の落下及びエスカレーターの脱落のおそれがない建築物の構造方法に関する基準は、次の各号に定めるところによる。

一　増築又は改築に係る部分以外の部分の構造耐力上主要な部分については、次のいずれかに定めるところによる。

イ　令第 3 章第 8 節の規定に適合すること。

ロ　令第 3 章第 8 節の規定（地震に係る部分に限る。）に適合し、かつ、地震時を除き、令第82条第一号から第三号まで（地震に係る部分を除く。）に定めるところによる構造計算によって構造耐力上安全であることを確かめること（法第20条第 1 項第二号から第四号までに掲げる建築物である場合に限る。）。

ハ　平成18年国土交通省告示第185号に定める基準によって地震に対して安全な構造であることを確かめ、かつ、地震時を除き、令第82条第一号から第三号まで（地震に係る部分を除く。）に定めるところによる構造計算によって構造耐力上安全であることを確かめること。

二　建築設備については、第 1 第一号に定めるところによる。

三　屋根ふき材、特定天井、外装材及び屋外に面する帳壁については、第 1 第二号に定めるところによる（法第20条第 1 項第一号後段に規定する構造計算又は令第81条第 2 項第一号ロに

掲げる構造計算によって安全性を確かめる場合を除く。)。

第3　令第137条の2第二号イに規定する建築物の倒壊及び崩落、屋根ふき材、特定天井、外装材及び屋外に面する帳壁の脱落並びにエレベーターの籠の落下及びエスカレーターの脱落のおそれがない建築物の構造方法に関する基準は、次の各号に定めるところによる。

一　建築物の構造耐力上主要な部分については、次のイからホまでに定めるところによる。

イ　増築又は改築に係る部分が令第3章（第8節を除く。）の規定及び法第40条の規定に基づく条例の構造耐力に関する制限を定めた規定に適合すること。

ロ　地震に対して、次のいずれかに定めるところによる。

(1)　令第3章第8節の規定（地震に係る部分に限る。）に適合すること。

(2)　令第42条、令第43条並びに令第46条第1項から第3項まで及び第4項（表3に係る部分を除く。）の規定（平成13年国土交通省告示第1540号に規定する枠組壁工法又は木質プレハブ工法（以下単に「枠組壁工法又は木質プレハブ工法」という。）を用いた建築物の場合にあっては同告示第1から第10までの規定）に適合することを確かめること（法第20条第1項第四号に掲げる建築物のうち木造のものである場合に限る。）。

ハ　地震時を除いては、次のいずれかに定めるところによる。

(1)　令第3章第8節の規定（地震に係る部分を除く。）に適合すること。

(2)　令第46条第4項（表2に係る部分を除く。）の規定（枠組壁工法又は木質プレハブ工法を用いた建築物の場合にあっては平成13年国土交通省告示第1540号第1から第10までの規定）に適合すること（法第20条第1項第四号に掲げる建築物のうち木造のものである場合に限る。）。

ニ　ロの規定にかかわらず、増築又は改築後の建築物（新たにエキスパンションジョイントその他の相互に応力を伝えない構造方法を設けることにより建築物を2以上の独立部分（令第36条の4に規定する部分をいう。以下同じ。）に分ける場合（以下「分離増改築を行う場合」という。）にあっては、既存の独立部分。以下ニにおいて同じ。）の架構を構成する部材（間柱、小ばりその他これらに類するものを除く。以下ニにおいて同じ。）が増築又は改築前の建築物の架構を構成する部材から追加及び変更（当該部材の強度及び耐力が上昇する変更を除く。）がない場合にあっては、平成18年国土交通省告示第185号に定める基準によって地震に対して安全な構造であることを確かめることができる。

ホ　ロ及びハの規定にかかわらず、分離増改築を行う場合にあっては、既存の独立部分については、第2第一号ハに定めるところによることができる。

二　建築設備については、第1第一号に定めるところによる。

三　屋根ふき材、特定天井、外装材及び屋外に面する帳壁については、第1第二号に定めるところによる（法第20条第1項第一号後段に規定する構造計算又は令第81条第2項第一号ロに掲げる構造計算によって安全性を確かめる場合を除く。）。

第4　建築物の基礎の補強に関する基準は、次の各号に定めるところによる。

一　既存の基礎がべた基礎又は布基礎であること。

二　地盤の長期に生ずる力に対する許容応力度（改良された地盤にあっては、改良後の許容応力度とする。）が、既存の基礎がべた基礎である場合にあっては $20\,kN/m^2$ 以上であり、既存の基礎が布基礎である場合にあっては $30\,kN/m^2$ 以上であること。

三　建築物の基礎の補強の方法は、次のイからニまでのいずれにも適合するものとする。

イ　次に掲げる基準に適合する鉄筋コンクリートを打設することにより補強すること。

⑴　打設する鉄筋コンクリート（以下この号において「打設部分」という。）の立上り部分の高さは、地上部分で30 cm 以上とすること。

⑵　打設部分の立上り部分の厚さは、12 cm 以上とすること。

⑶　打設部分の底盤の厚さは、べた基礎の補強の場合にあっては12 cm 以上とし、布基礎の補強の場合にあっては15 cm 以上とすること。

ロ　打設部分は、立上り部分の主筋として径12 mm 以上の異形鉄筋を、立上り部分の上端及び立上り部分の下部の底盤にそれぞれ1本以上配置し、かつ、補強筋と緊結したものとすること。

ハ　打設部分は、立上り部分の補強筋として径9 mm 以上の鉄筋を30 cm 以下の間隔で縦に配置したものとすること。

ニ　打設部分は、その立上り部分の上部及び下部にそれぞれ60 cm 以下の間隔でアンカーを設け、かつ、当該アンカーの打設部分及び既存の基礎に対する定着長さをそれぞれ6 cm 以上としたもの又はこれと同等以上の効力を有する措置を講じたものとすること。

四　構造耐力上主要な部分である柱で最下階の部分に使用するものの下部、土台及び基礎を地盤の沈下又は変形に対して構造耐力上安全なものとすること。

2　前項に規定する打設する鉄筋コンクリートについては、令第72条から令第76条までの規定を準用する。

〔平成18年9月29日国土交通省告示第1173号〕

建築材料から石綿を飛散させるおそれがないものとして石綿が添加された建築材料を被覆し又は添加された石綿を建築材料に固着する措置について国土交通大臣が定める基準を定める件

建築基準法施行令（昭和25年政令第338号）第137条の4の3第三号の規定に基づき、建築材料から石綿を飛散させるおそれがないものとして石綿が添加された建築材料を被覆し又は添加された石綿を建築材料に固着する措置について国土交通大臣が定める基準は、建築基準法（昭和25年法律第201号）第28条の2第一号及び第二号に適合しない建築材料であつて、人が活動することが想定される空間に露出しているもの（以下「対象建築材料」という。）に対して、次の各号のいずれかに掲げる措置を講じるものとする。

一　次のイからヘに適合する方法により対象建築材料を囲い込む措置

イ　対象建築材料を板等の材料であって次のいずれにも該当するもので囲い込むこと。

⑴　石綿を透過させないものであること。

⑵　通常の使用状態における衝撃及び劣化に耐えられるものであること。

ロ　イの囲い込みに用いる材料相互又は当該材料と建築物の部分が接する部分から対象建築材料に添加された石綿が飛散しないよう密着されていること。

ハ　維持保全のための点検口を設けること。

ニ　対象建築材料に劣化又は損傷の程度が著しい部分がある場合にあつては、当該部分から石綿が飛散しないよう必要な補修を行うこと。

ホ　対象建築材料と下地との付着が不十分な部分がある場合にあつては、当該部分に十分な付着が確保されるよう必要な補修を行うこと。

ヘ　結露水、腐食、振動、衝撃等により、対象建築材料の劣化が進行しないよう必要な措置を講じること。

二　次のイからニに適合する方法により対象建築材料に添加された石綿を封じ込める措置

イ　対象建築材料に建築基準法第37条第2項に基づく認定を受けた石綿飛散防止剤（以下単に「石綿飛散防止剤」という。）を均等に吹き付け又は含浸させること。

ロ　石綿飛散防止剤を吹き付け又は含浸させた対象建築材料は、通常の使用状態における衝撃及び劣化に耐えられるものであること。

ハ　対象建築材料に石綿飛散防止剤を吹き付け又は含浸させることによつて当該対象建築材料の撤去を困難にしないものであること。

ニ　第一号ニからへまでに適合すること。

附　則

この告示は、建築基準法施行令の一部を改正する政令の施行の日（平成18年10月1日）から施行する。

〔令和元年6月21日国土交通省告示第196号〕
20分間防火設備の構造方法を定める件

建築基準法施行令（昭和25年政令第338号）第137条の10第四号の規定に基づき、20分間防火設備の構造方法を次のように定める。

建築基準法施行令（以下「令」という。）第137条の10第四号に規定する20分間防火設備の構造方法は、次に定めるものとする。

一　建築基準法（昭和25年法律第201号。以下「法」という。）第2条第九号の二ロに規定する防火設備とすること。

二　法第27条第1項の規定による国土交通大臣の認定を受けた防火設備とすること。

三　建築物の周囲において発生する通常の火災による火熱が加えられた場合に、加熱開始後20分間加熱面以外の面（屋内に面するものに限る。）に火炎を出さないものとして、法第61条の規定による国土交通大臣の認定を受けた防火設備とすること。

附　則

1　この告示は、建築基準法の一部を改正する法律の施行の日（令和元年6月25日）から施行する。

2　防火地域又は準防火地域内にある建築物の外壁の開口部の延焼のおそれのある部分に設ける防火設備の構造方法を定める件（平成27年国土交通省告示第257号）は、廃止する。

【政令第9章（工作物）関係】

〔平成23年9月30日国土交通省告示第1002号〕
建築基準法及びこれに基づく命令の規定による規制と同等の規制を受けるものとして国土交通大臣が指定する工作物を定める件

　　　　　　　　　　　　最終改正　平成28年3月25日国土交通省告示第520号

　建築基準法施行令（昭和25年政令第338号）第138条第1項の規定に基づき、建築基準法（昭和25年法律第201号）及びこれに基づく命令の規定による規制と同等の規制を受けるものとして国土交通大臣が指定する工作物を次のように定める。

　建築基準法施行令第138条第1項の規定に基づき、建築基準法及びこれに基づく命令の規定による規制と同等の規制を受けるものとして国土交通大臣が指定する工作物は、次に掲げる工作物とする。

　一　鉄筋コンクリート造の柱、鉄柱、木柱その他これらに類するもの（架空電線路用並びに電気事業法（昭和39年法律第170号）第2条第1項第十七号に規定する電気事業者の保安通信設備用のものに限る。）
　二　太陽電池発電設備（電気事業法第2条第1項第十八号に規定する電気工作物であるものに限る。）
　三　風力発電設備（船舶安全法（昭和8年法律第11号）第2条第1項の規定の適用を受けるもの又は電気事業法第2条第1項第十八号に規定する電気工作物であるものに限る。）
　　　附　則
　この告示は、平成23年10月1日から施行する。

〔平成12年5月31日建設省告示第1449号〕
煙突、鉄筋コンクリート造の柱等、広告塔又は高架水槽及び擁壁並びに乗用エレベーター又はエスカレーターの構造計算の基準を改める件

　　　　　　　　　　　　最終改正　平成19年5月18日国土交通省告示第620号

　建築基準法施行令（昭和25年政令第338号）第139条第1項第四号イ（同令第140条第2項、第141条第2項及び第143条第2項において準用する場合を含む。）及び第142条第1項第五号の規定に基づき、煙突、鉄筋コンクリート造の柱等、広告塔又は高架水槽等及び擁壁並びに乗用エレベーター又はエスカレーターの安全性を確かめるための構造計算の基準を第1から第3までに定め、同令第139条第1項第三号（同令第140条第2項、第141条第2項及び第143条第2項において準用

する場合を含む。）の規定に基づき、高さが60ｍを超える煙突、鉄筋コンクリート造の柱等、広告塔又は高架水槽等及び乗用エレベーター又はエスカレーターの構造計算の基準を第4に定める。

第1　建築基準法施行令（以下「令」という。）第138条第1項に規定する工作物のうち同項第一号及び第二号に掲げる煙突及び鉄筋コンクリート造の柱等（以下「煙突等」という。）の構造計算の基準は、次のとおりとする。

一　煙突等の風圧力に関する構造計算は、次に定めるところによること。

　イ　令第87条第2項の規定により計算した速度圧に、同条第4項に規定する風力係数を乗じて得た風圧力に対して構造耐力上安全であることを確かめること。この場合において、令第87条第2項中「建築物の屋根の高さ」とあるのは、「煙突等の地盤面からの高さ」と読み替えるものとする。

　ロ　必要に応じ、風向と直角方向に作用する風圧力に対して構造耐力上安全であることを確かめること。

二　煙突等の地震力に関する構造計算は、次に定めるところによること。ただし、煙突等の規模又は構造形式に基づき振動特性を考慮し、実況に応じた地震力を計算して構造耐力上安全であることが確かめられた場合にあっては、この限りでない。

　イ　煙突等の地上部分の各部分の高さに応じ、それぞれ次の表に掲げる式によって計算した地震力により生ずる曲げモーメント及びせん断力に対して構造耐力上安全であることを確かめること。

曲げモーメント（単位　N·m）	0.4 h Csi W
せん断力（単位　N）	Csi W

この表において、h、Csi 及び W は、それぞれ次の数値を表すものとする。
h　煙突等の地盤面からの高さ（単位　m）
Csi　煙突等の地上部分の高さ方向の力の分布を表す係数で計算しようとする当該煙突等の部分の高さに応じて次の式に適合する数値
$$Csi \geq 0.3 Z \left[1 - \frac{hi}{h} \right]$$
この式において、Z 及び hi は、それぞれ次の数値を表すものとする。 　Z　令第88条第1項に規定する Z の数値 　hi　煙突等の地上部分の各部分の地盤面からの高さ（単位　m）
W　煙突等の地上部分の固定荷重と積載荷重との和（単位　N）

　ロ　煙突等の地下部分は、地下部分に作用する地震力により生ずる力及び地上部分から伝えられる地震力により生ずる力に対して構造耐力上安全であることを確かめること。この場合において、地下部分に作用する地震力は、煙突等の地下部分の固定荷重と積載荷重との和に次の式に適合する水平震度を乗じて計算するものとする。

$$k \geq 0.1 \left(1 - \frac{H}{40} \right) Z$$

> この式において、k、H及びZは、それぞれ次の数値を表すものとする。
>
> 　k　　水平震度
>
> 　H　　煙突等の地下部分の各部分の地盤面からの深さ（20を超えるときは20とする。）（単位　m）
>
> 　Z　　令第88条第1項に規定するZの数値

第2　　令第138条第1項に規定する工作物のうち同項第三号及び第四号に掲げる広告塔又は高架水槽等並びに同条第2項第一号に掲げる乗用エレベーター又はエスカレーター（以下「広告塔等」という。）の構造計算の基準は、次のとおりとする。

一　　広告塔等の構造上主要な部分の各部分に生ずる力を、次の表に掲げる式によって計算すること。

力の種類	荷重及び外力について想定する状態	一般の場合	令第86条第2項ただし書の規定により特定行政庁が指定する多雪区域における場合
長期に生ずる力	常時	G＋P	G＋P
	積雪時		G＋P＋0.7S
短期に生ずる力	積雪時	G＋P＋S	G＋P＋S
	暴風時	G＋P＋W	G＋P＋W
			G＋P＋0.35S＋W
	地震時	G＋P＋K	G＋P＋0.35S＋K

この表において、G、P、S、W及びKは、それぞれ次の力（軸方向力、曲げモーメント、せん断力等をいう。）を表すものとする。

　G　　広告塔等の固定荷重によって生ずる力

　P　　広告塔等の積載荷重によって生ずる力

　S　　令第86条に規定する積雪荷重によって生ずる力

　W　　令第87条に規定する風圧力によって生ずる力（この場合において、「建築物の屋根の高さ」とあるのは、「広告塔等の地盤面からの高さ」と読み替えるものとする。）

　K　　地震力によって生ずる力

　　この場合において、地震力は、次の式によって計算した数値とするものとする。ただし、広告塔等の規模や構造形式に基づき振動特性を考慮し、実況に応じた地震力を計算できる場合においては、当該荷重とすることができる。

$$P＝kw$$

> この式において、P、k及びwは、それぞれ次の数値を表すものとする。
>
> 　P　　地震力（単位　N）
>
> 　k　　水平震度（令第88条第1項に規定するZの数値に0.5以上の数値を乗じて得た数値とする。）
>
> 　w　　広告塔等の固定荷重と積載荷重との和（令第86条第2項ただし書の規

　　　　定による多雪区域においては、更に積雪荷重を加えたものとする。）

　　　（単位　N）

二　前号の規定により計算した構造上主要な部分の各部分に生ずる力に対し、構造耐力上安全
　　であることを確かめること。

三　広告塔等の地下部分については、第1第二号ロの基準を準用する。

第3　令第138条第1項に規定する工作物のうち同項第五号に掲げる擁壁の構造計算の基準は、
　　宅地造成等規制法施行令（昭和37年政令第16号）第7条に定めるとおりとする。ただし、次の
　　各号のいずれかに該当する場合又は実験その他の特別な研究による場合にあっては、この限り
　　でない。

一　宅地造成等規制法施行令第6条第1項各号のいずれかに該当するがけ面に設ける擁壁

二　土質試験等に基づき地盤の安定計算をした結果がけの安全を保つために擁壁の設置が必要
　　でないことが確かめられたがけ面に設ける擁壁

三　宅地造成等規制法施行令第8条に定める練積み造の擁壁の構造方法に適合する擁壁

四　宅地造成等規制法施行令第14条の規定に基づき、同令第6条第1項第二号及び第7条から
　　第10条までの規定による擁壁と同等以上の効力があると国土交通大臣が認める擁壁

第4　煙突等及び広告塔等のうち高さが60mを超えるものの構造計算の基準は、平成12年建設省
　　告示第1461号（第二号ハ、第三号ロ及び第八号を除く。）に掲げる基準によることとする。こ
　　の場合において、当該各号中「建築物」とあるのは、「工作物」と読み替えるものとする。

　　　附　則

昭和56年建設省告示第1104号は、廃止する。

〔平成12年5月31日建設省告示第1419号〕

遊戯施設の構造耐力上安全な構造方法及び構造計算、遊戯施設強度検証法の対象となる遊戯施設、遊戯施設強度検証法並びに遊戯施設の周囲の人の安全を確保することができる構造方法を定める件

最終改正　令和元年6月25日国土交通省告示第203号

　建築基準法施行令（昭和25年政令第338号）第144条第1項第一号イからハまで、同条第2項に
おいて準用する同令第129条の4第1項第二号及び第2項並びに同令第144条第1項第六号の規定
に基づき、遊戯施設の構造耐力上安全な構造方法及び構造計算、遊戯施設強度検証法の対象とな
る遊戯施設、遊戯施設強度検証法並びに遊戯施設の周囲の人の安全を確保することができる構造
方法を次のように定める。

第1　建築基準法施行令（以下「令」という。）第144条第1項第一号イに規定する構造耐力上安
　　全な構造方法は、同号ロ又はハ(2)の規定により国土交通大臣の認定を受けた構造方法を用いる
　　遊戯施設にあっては、組積造、補強コンクリートブロック造又は無筋コンクリート造以外の構

造で、令第36条の 3 、令第37条、令第38条第 1 項、第 5 項及び第 6 項並びに令第39条第 1 項の規定によるほか、次に掲げる基準に適合したものとする。

一　主要な支持部分のうち木造の部分にあっては、令第41条に規定する基準

二　主要な支持部分のうち鉄骨造の部分にあっては、令第70条に規定する基準

三　主要な支持部分のうち鉄筋コンクリート造の部分にあっては、令第72条、令第74条から令第76条まで及び令第79条に規定する基準

四　主要な支持部分のうち鉄骨鉄筋コンクリート造の部分にあっては、令第79条の 3 並びに令第79条の 4 において準用する令第72条、令第74条から令第76条まで及び令第79条に規定する基準

五　主要な支持部分のうち令第80条の 2 の規定に基づき国土交通大臣が安全上必要な技術的基準を定めたものにあっては、その技術的基準（国土交通大臣が耐久性等関係規定として指定するものに限る。）

六　主要な支持部分のうち繊維強化プラスチックその他これに類する材料は、軌道（軌道を支える部分を除く。）で摩損又は疲労破壊が生じにくい部分に限り用いるものとし、厚さがおおむね 5 mm 以上のものを用いること。

第2　令第144条第 1 項第一号イに規定する構造耐力上安全な構造方法は第 1 に規定する遊戯施設以外の遊戯施設にあっては、組積造、補強コンクリートブロック造又は無筋コンクリート造以外の構造で、令第36条の 3 、令第37条から令第39条までの規定によるほか、次に掲げる基準に適合したものとする。

一　主要な支持部分のうち木造の部分にあっては、令第40条から令第42条まで、令第44条、令第46条第 1 項及び第 2 項並びに令第47条に規定する基準

二　主要な支持部分のうち鉄骨造の部分にあっては、令第 3 章第 5 節に規定する基準

三　主要な支持部分のうち鉄筋コンクリート造の部分にあっては、令第 3 章第 6 節に規定する基準

四　主要な支持部分のうち鉄骨鉄筋コンクリート造の部分にあっては、令第 3 章第 6 節の 2 に規定する基準

五　主要な支持部分のうち令第80条の 2 の規定に基づき国土交通大臣が安全上必要な技術的基準を定めたものにあっては、その技術的基準

六　主要な支持部分のうち繊維強化プラスチックその他これに類する材料は、軌道（軌道を支える部分を除く。）で摩損又は疲労破壊が生じにくい部分に限り用いるものとし、厚さがおおむね 5 mm 以上のものを用いること。

第3　令第144条第 1 項第一号ロの国土交通大臣が定める基準は、平成12年建設省告示第1461号（第二号ハ、第三号ロ及び第八号を除く。）に掲げる基準によることとする。この場合において、当該各号中「建築物」とあるのは、「工作物」と読み替えるものとする。

第4　令第144条第 1 項第一号ハ(1)の国土交通大臣が定める基準は、次のとおりとする。

一　次項に規定する荷重及び外力によって遊戯施設の主要な支持部分に生ずる力を計算すること。

二　前号の主要な支持部分の断面に生ずる長期及び短期の各応力度を次の表に掲げる式によって計算すること。

力の種類	荷重及び外力について想定する状態	一般の場合	令第86条第2項ただし書の規定によって特定行政庁が指定する多雪区域における場合	備　考
長期に生ずる力	常　時	G + P + W	G + P + W	高さが15m以下の遊戯施設にあっては、Wを省略することができる。
	積雪時		G + P + W + 0.7S	高さが15m以下の遊戯施設にあっては、Wを省略し、積雪時に運行をしない遊戯施設にあっては、Pを省略することができる。
短期に生ずる力	積雪時	G + P + S	G + P + S	積雪時に運行をしない遊戯施設にあっては、Pを省略することができる。
	暴風時	G + P + W	G + P + W	遊戯施設の転倒、柱の引抜き等を検討する場合においては、Pについては、遊戯施設の実況に応じて積載荷重を減らした数値によるものとし、暴風時に利用をしない遊戯施設にあっては、暴風時におけるPを省略することができる。
			G + P + 0.35S + W	
	地震時	G + P + K	G + P + 0.35S + K	

　この表において、G、P、S、W及びKは、それぞれ次の力（軸方向力、曲げモーメント、せん断力等をいう。）を表すものとする。

　G　次項第一号に規定する固定荷重によって生ずる力

　P　次項第二号に規定する積載荷重によって生ずる力

　S　次項第三号に規定する積雪荷重によって生ずる力

　W　次項第四号に規定する風圧力によって生ずる力

　K　次項第五号に規定する地震力によって生ずる力

三　第一号の主要な支持部分ごとに、前号の規定によって計算した長期及び短期の各応力度が、それぞれ第3項の規定による長期に生ずる力又は短期に生ずる力に対する各許容応力度を超えないことを確かめること。

2　遊戯施設の構造計算をする場合においては、次に掲げる荷重及び外力を採用しなければならない。

一　遊戯施設の固定荷重は、当該遊戯施設の実況に応じて定めたものにしなければならない。この場合において、可動部の荷重にあっては当該遊戯施設の走行又は回転により生ずる衝撃による荷重を割り増して定めなければならない。ただし、別表第1の遊戯施設の種類に応じて定常走行速度（積載荷重を作用させて運転する場合の最高走行速度をいう。以下同じ。）及び勾配がそれぞれの欄に掲げる数値以下の遊戯施設及び別表第2の遊戯施設の種類に応じて定常円周速度（積載荷重を作用させて運転する場合の最高円周速度をいう。以下同じ。）及び傾斜角度がそれぞれの欄に掲げる数値以下の遊戯施設（以下「別表に掲げる遊戯施設」という。）にあっては、当該遊戯施設の実況に応じて定めた固定荷重に、それぞれの割増係数の欄に掲げる係数を乗じたものとすることができる。

二　遊戯施設の客席部分の積載荷重は、客席部分の種類に応じて、次に定める数値以上で当該遊戯施設の実況に応じて定めたものに、当該遊戯施設の走行又は回転により生ずる衝撃による荷重を割り増して定めなければならない。ただし、別表に掲げる遊戯施設にあっては、当該遊戯施設の実況に応じて定めた積載荷重に、それぞれの割増係数の欄に掲げる係数を乗じたものとすることができる。

　　イ　座席を有する客席部分にあっては、1座席につき640Nとして計算した数値（小児専用のものにあっては、使用条件により当該荷重を $\frac{1}{2}$ まで低減した数値）

　　ロ　イ以外の客席部分にあっては、床面積1m²につき3,600Nとして計算した数値

三　積雪荷重は、令第86条に基づき算定した数値を用いなければならない。

四　風圧力は、令第87条に基づき算定した数値を用いなければならない。ただし、長期に生ずる力を算定する場合にあっては、同条第2項の V_0 の値を15とすることができる。

五　地震力は、令第88条第1項、第2項及び第4項に基づき算定した数値を用いなければならない。

3　遊戯施設の次の表の左欄に掲げる部分に使用する材料の許容応力度は、当該材料の破壊強度をそれぞれ同表の中欄及び右欄に掲げる数値で除した数値に、これ以外の部分に使用する材料の許容応力度は、令第3章第8節第3款に定める許容応力度によらなければならない。ただし、国土交通大臣がその材料の種類に応じて指定したものにあっては、国土交通大臣が指定した数値によることができる。

		長期に生ずる力に対する許容応力度の算定に用いる数値	短期に生ずる力に対する許容応力度の算定に用いる数値
客席部分		6.0	2.0
動荷重を直接支持する柱又ははり	木材の部分	4.0	2.0
	鋼材の部分	4.0	2.0
	コンクリートの部分	7.0	2.0
	繊維強化プラスチックその他これに類するものの部分	5.0	3.0

プランジャー、シリンダーその他の可動部分、機械部分及び圧力配管	4.0（脆性金属にあっては、10）	2.0（脆性金属にあっては、3.3）
油圧ゴムホース	6.0	4.0

第5　　令第144条第2項において準用する第129条の4第1項第二号の遊戯施設強度検証法の対象となる遊戯施設は、客席部分を鎖で吊る遊戯施設及び客席部分を支える主要な支持部分を主索又は鎖で吊る遊戯施設とする。

第6　　遊戯施設強度検証法については、次の各号に定めるところによる。

一　令第144条第2項において準用する第129条の4第2項第二号に規定する α_1 の数値は、別表に掲げる遊戯施設について、その種類に応じて、それぞれ割増係数の欄に掲げる数値に2を乗じた数値とする。

二　令第144条第2項において準用する第129条の4第2項第二号に規定する α_2 の数値は、非常止め装置が設けられたもので、かつ、その非常止め装置の作動による衝撃が主索又は鎖にかかる力を増す方向に働くものにあっては固定荷重と積載荷重による力にその衝撃を加えた数値を固定荷重と積載荷重の和で除した値とし、その他のものにあっては1.0とする。

三　イに掲げる主索及びその端部についての令第144条第2項において準用する第129条の4第2項第三号に規定する常時及び安全装置作動時の設置時及び使用時の安全率（以下「安全率」という。）は、ロに定める数値とし、第144条第2項において準用する第129条の4第2項第四号に規定する設置時及び使用時の限界安全率（以下「限界安全率」という。）は、ハに定める数値とする。

イ　主索及びその端部並びに綱車又は巻胴の直径は、次に掲げるものであること。

(1)　主索は、建築基準法（昭和25年法律第201号）第37条第一号の規定に基づき指定された日本産業規格に適合するもの又は同条第二号に基づき国土交通大臣の認定を受けたものとすること。

(2)　主索の直径は、10mm（巻胴式の駆動装置に用いる主索にあっては、8mm）以上とすること。

(3)　端部は、シンブルを使用したクリップ止め（3箇所以上止める方法に限る。）その他これに類する方法により緊結すること。

(4)　綱車又は巻胴の直径は、主索の直径の40倍以上とすること。ただし、巻胴式の駆動装置に用いる案内用の綱車にあっては、主索の直径の20倍以上とすることができる。

ロ　主索及びその端部に係る安全率は、次の表に定める数値とする。

(1)　主索

常　時　の　安　全　率		安全装置作動時の安全率	
設　置　時	使　用　時	設　置　時	使　用　時
5.0	4.0	2.5	2.0

(2)　主索の端部

常　時　の　安　全　率		安全装置作動時の安全率	
設　置　時	使　用　時	設　置　時	使　用　時
4.0	3.0	2.0	2.0

ハ　主索及びその端部に係る限界安全率は、次の表に定める数値とする。

(1)　主索

設置時の限界安全率	使用時の限界安全率
2.5	2.0

(2)　主索の端部

設置時の限界安全率	使用時の限界安全率
2.0	2.0

四　イに掲げる鎖及びその端部に係る安全率は、ロに定める数値とし、限界安全率は、ハに定める数値とする。

イ　鎖及びその端部は、次に掲げるものであること。

(1)　鎖は、ローラーチェーンその他これに類するものであること。

(2)　端部は、鋼製留金具により緊結すること。

ロ　鎖及びその端部に係る安全率は、次の表に定める数値とする。

常　時　の　安　全　率		安全装置作動時の安全率	
設　置　時	使　用　時	設　置　時	使　用　時
5.0	4.0	2.5	2.5

ハ　鎖及びその端部に係る限界安全率は、次の表に定める数値とする。

設置時の限界安全率	使用時の限界安全率
2.5	2.5

第7　令第144条第1項第六号に規定する当該遊戯施設の周囲の人の安全を確保することができる構造方法は、次のとおりとする。

一　運転開始及び運転終了を知らせる装置を設けること。

二　遊戯施設への人の乗降は、客席部分を停止させて行う構造とすること。ただし、乗降部分において客席部分の乗降部分の床に対する毎分の速度が20m以下で安全上支障がない場合にあっては、この限りでない。

三　非常止め装置が作動した場合に、客席にいる人を安全に救出することができる位置へ客席

部分を移動するための手動運転装置又は客席にいる人を安全に救出することができる通路その他の施設を設けること。ただし、構造上客席にいる人が安全に避難することができる遊戯施設にあっては、この限りでない。

四　遊戯施設には、次に定めるところにより、安全柵を設けること。

イ　安全柵は、客席にいる人以外の人が遊戯施設の可動部分に触れるおそれのない位置及び地盤面からの高さが2m以上のプラットホームを設ける場合にあっては、その外周に設け、かつ、その高さを110cm以上とすること。

ロ　安全柵は縦柵で人が容易にくぐり抜けることのできない構造のものその他の人が容易に乗り越え、かつ、くぐり抜けることのできないものとすること。

ハ　安全柵の出入口は戸その他これに類するものを設け、次号の運転室から十分見通しのよい位置に設けるか、又は管理者以外の者が容易に開放することのできない構造とすること。

五　遊戯施設の運転室は、運転を行うために十分見通しのよい位置に設け、かつ、人の乗降を監視できる構造とすること。

六　駆動装置は、次のように設けること。

イ　油圧パワーユニット（ポンプ、流量制御弁、逆止弁、安全弁及び主モーターを主たる構成要素とするユニットをいう。）を遊戯施設ごとに設ける等一の駆動装置の異常が他の遊戯施設に及ばないように設けること。

ロ　油圧式の駆動装置の圧力配管に有効な圧力計を設けるほか、保守点検に必要な装置を設けること。

ハ　駆動装置のうち地震その他の震動及び衝撃により異常な作動をするおそれのあるものにあっては、地震その他の震動及び衝撃を緩和するための措置を講ずること。

別表第1

遊戯施設の種類		定常走行速度 （単位　km/h）	勾配（(4)項以外にあっては最大勾配とし、(4)項にあっては平均勾配とする。以下同じ。）（単位　度）	割　増　係　数
(1)	勾配が5度未満の軌道を走行するもの	40	—	1.5（ゴムタイヤの使用等振動を減少させる構造とした場合は、1.2）
(2)	軌条を走行するもので(1)項以外のもの	100	50	2.0（ゴムタイヤの使用等振動を減少させる構造とした場合は、1.5）
(3)	軌条を有さない軌道を走行するもので(1)項以外のもの	60	40	2.0（ゴムタイヤの使用等振動を減少させる構造とした場合は1.5、水路部分は1.3）
			曲線部分を有しない	

(4)	水を流した水路を人が直接滑走するもの	—	ものにあっては30、その他のものにあっては15	1.3
(5)	客席部分をつり昇降させるもの	18	90	1.5

別表第2

	遊戯施設の種類	定常円周速度（単位　m/min）	傾斜角度（単位　度）	割増係数
(1)	客席部分が主索によりつるされ、かつ、垂直軸又は傾斜した回転軸の周りを一定の速度で回転するもの	600	15	1.3
(2)	客席部分が垂直軸又は傾斜した回転軸の周りを一定の速度で回転するもの（客席部分をゆるやかに上下動させるものを含む。）	270	15	1.3（客席部分が上下動しないものにあっては1.2）
(3)	客席部分が、垂直軸又は傾斜した回転軸の周りを回転するもので(1)項又は(2)項に掲げるもの以外のもの	500	15	1.5
(4)	客席部分が固定された水平軸の周りを一定の速度で回転するもの	40	—	1.3
(5)	客席部分が可変軸の周りを一定の速度で回転するもの（客席部分をゆるやかに上下動させるものを含む。）	680	90	1.5
(6)	客席部分が可変軸の周りを回転するもので(5)項以外のもの	550	30	2.0
(7)	客席部分が垂直平面内のうち当該円の中心点より低い部分において回転運動の一部を反復して行うもの	800	—	1.3

〔平成29年3月29日国土交通省告示第247号〕
走行又は回転時の衝撃及び非常止め装置の作動時の衝撃が加えられた場合に客席にいる人を落下させない遊戯施設の客席部分の構造方法を定める件

〔平成12年建設省告示第1426号を全部改正〕

最終改正　令和2年3月6日国土交通省告示第252号

　建築基準法施行令（昭和25年政令第338号）第144条第1項第三号イの規定に基づき、遊戯施設の客席部分の構造方法を次のように定める。

第1　平成12年建設省告示第1419号の別表第1（以下「別表第1」という。）の遊戯施設の種類の欄(1)項から(3)項まで及び(5)項に掲げる遊戯施設並びに同告示の別表第2（以下「別表第2」という。）の遊戯施設の種類の欄(1)項から(3)項まで及び(5)項から(7)項までに掲げる遊戯施設の客席部分の構造方法は、別図に定める加速度領域一から加速度領域三までの範囲内にある加速度（単位は m/s² とし、継続時間が 0.2 秒以上であるものに限る。以下同じ。）及び 12 未満の横方向の加速度が客席部分に生ずるものについて、次項から第7項までに定めるところによらなければならない。

2　次の各号に掲げる客席部分に生ずる前後方向及び上下方向の加速度の区分に応じ、それぞれ当該各号に定める身体保持装置（シートベルトその他の客席部分にいる人が客席部分から落下することを防止する装置をいう。以下同じ。）を設けなければならない。

　一　別図に定める加速度領域一及び加速度領域二の範囲内にある加速度　次に定める基準に適合するものであること。

　　イ　解除し、又は緩めるために、乗客、運転者又は運転補助者による意図的な操作を必要とする構造であること。

　　ロ　運転者又は運転補助者による装着確認を容易に行うことができる構造であること。

　　ハ　座席に背もたれを設け、かつ、装着している間に乗客が容易にくぐり抜けることができない構造であること。

　二　別図に定める加速度領域三の範囲内にある加速度　次に定める基準に適合するものであること。

　　イ　前号に定める基準に適合するものであること。

　　ロ　客席部分にいる人の体格に応じて位置を調整することができる構造であること。ただし、客席部分にいる人が客席部分から落下するおそれがない構造である場合は、この限りでない。

3　前項の身体保持装置は、次の各号に掲げる客席部分に生ずる横方向の加速度の区分に応じ、それぞれ当該各号に定める基準に適合しなければならない。

　一　3以上5未満の加速度　客席部分にいる人に対し個別に設けた構造であること。ただし、横方向の加速度による横滑りを防止できるよう、座席に突起を設けることその他の措置を講じた場合は、この限りでない。

　二　5以上12未満の加速度　次に掲げる客席部分に生ずる前後方向及び上下方向の加速度の区分に応じ、それぞれ次に定める基準に適合するものであること。

　イ　前項第一号に掲げる加速度　次に掲げる基準に適合するものであること。

　　(1)　前項第二号ロに掲げる基準に適合するものであること。

　　(2)　前号に定める基準に適合するものであること。

　　(3)　客席部分に生ずる横方向の加速度により客席部分にいる人が危害を受けるおそれがないよう、緩衝材その他の上体を保護する部材を設けた構造であること。

　ロ　前項第二号に掲げる加速度　イ（(1)を除く。）に掲げる基準に適合するものであること。

4　前2項に定めるもののほか、身体保持装置は、客席部分に別図に定める加速度領域一から加速度領域三までの範囲内にある加速度が生ずる場合であって、次の各号のいずれかに該当する場合にあっては、それぞれ当該各号に定めるところによらなければならない。

一　客席部分の床（床がない場合にあっては、座席面。第7項第一号において同じ。）の最高部の高さが地盤面（客席部分の外側に十分な広さの床がある場合にあっては、当該床。以下同じ。）から2m以上である場合（第7項第二号に該当する場合を除く。）　第2項第二号ロに掲げる基準に適合するものであること。

二　客席部分が45度以上傾斜する場合（事故等で停止した場合に客席部分にいる人が客席部分から落下することなく速やかに客席部分が水平に戻るもの又は客席部分を壁若しくは囲いで囲う等客席部分にいる人が客席部分の外へ落下することを防止する措置を講じたものを除く。）　第2項第一号イの規定は適用せず、次のイからハまでに掲げる基準に適合するものであること。

　イ　第2項第二号ロに掲げる基準に適合するものであること。

　ロ　客席部分にいる人に対し個別に設けた構造であること。

　ハ　解除し、又は緩めるために、運転者又は運転補助者による意図的な操作を必要とする構造であること。

5　手すりその他の客席部分にいる人が自らの身体を支えることができる設備を設けなければならない。

6　乗降口の扉を設ける場合は、次の各号に掲げる基準に適合しなければならない。

一　施錠する装置を設けた構造であること。ただし、運転中に扉を開くことができない構造である場合は、この限りでない。

二　開閉するために、乗客、運転者又は運転補助者による意図的な操作を必要とする構造であること。

三　動力を用いて開閉する扉にあっては、扉の開閉により身体の一部が挟まれることのないように必要な措置を講ずるか、又はその閉まる力が150N以下となるようにすること。

7　客席部分に別図に定める加速度領域一の範囲内にある加速度が生ずる場合（客席部分に生ずる横方向の加速度が3未満である場合に限る。）であって、次の各号のいずれかに該当する場合（第4項第二号に該当する場合を除く。）にあっては、それぞれ当該各号に定める規定は、適用しない。

一　客席部分の床の最高部の高さが地盤面から2m未満である場合　第2項

二　次に掲げる客席部分の区分に応じてそれぞれ次に定める構造の側壁その他これに類するもの（以下「側壁等」という。）を客席部分に設け、かつ、乗降口に前項に定める構造の扉を設けた場合（客席部分に床がない場合を除く。）　第2項及び第5項

　　イ　客席部分にいる人が座席に座って利用するもので、客席部分の床の最高部の高さが地盤面から5m未満である客席部分　床面からの高さが55cm以上で、かつ、座席面からの高さが30cm以上の側壁等

　　ロ　客席部分にいる人が座席に座って利用するもので、客席部分の床の最高部の高さが地盤面から5m以上である客席部分　床面からの高さが80cm以上で、かつ、座席面からの高さが40cm以上の側壁等

　　ハ　客席部分にいる人が立って利用する客席部分　床面からの高さが1.1m以上の側壁等

第2　別表第1の遊戯施設の種類の欄(4)項に掲げる遊戯施設の客席部分の構造方法は、次に定めるところによらなければならない。

一　勾配が、別表第1の勾配の欄(4)項に掲げる数値以下であること。

二　高さを50cm（水を流した水路(以下「滑走路」という。)を滑走する人に走行方向に直交する方向に遠心力が作用する部分においては、さらに当該遠心力により滑走する人が外に飛び出さないために必要な高さを加えるものとする。）以上とした側壁を設けること。ただし、次に掲げる部分においては、この限りでない。

　　イ　滑走路への乗入口

　　ロ　滑走路からの出口（当該出口の直前1.5m以上の部分を直線とし、かつ、当該出口に深さを85cm、当該出口の先端からの長さを6m(安全上支障ない場合においては、3m)以上としたプールを設けた場合に限る。）

　　ハ　滑走路の両側に落下防止用の張り出し部分が設けられている部分（曲線部分を有しないものに限る。）

第3　別表第2の遊戯施設の種類の欄(4)項に掲げる遊戯施設の客席部分の構造方法は、次に定めるところによらなければならない。

一　定常円周速度が、別表第2の定常円周速度の欄(4)項に掲げる数値以下であること。

二　客席部分を壁、床、天井その他これらに類するもので囲い、かつ、乗降口に第1第6項に定める構造の扉を設けること。ただし、地盤面から客席部分までの高さが10m以下のもので第1第7項第二号に該当する構造としたものにあっては、この限りでない。

第4　客席部分には、遊戯施設の使用の制限に関する事項を掲示しなければならない。ただし、当該遊戯施設の乗り場において当該事項を掲示した場合は、この限りでない。

　　　附　則

1　この告示は、平成30年4月1日から施行する。

2、3　（略）

　　　別　図

注1）　▨▨▨とは、加速度領域一を示す。　　　▨▨▨とは、加速度領域二を示す。

　　　　▨▨▨とは、加速度領域三を示す。　　　☐とは、加速度領域三超を示す。

注2）　横軸上における正の値は前方向の加速度、負の値は後方向の加速度を示す。

注3）　縦軸上における正の値は上方向の加速度、負の値は下方向の加速度を示す。

注4）　◎とは、停止時の状態を示す。

注5）　領域間の境界線上の場合は、そのうち最も大きい領域とする。

〔令和2年3月6日国土交通省告示第252号〕
客席にいる人が他の構造部分に触れることにより危害を受ける おそれのない遊戯施設の客席部分の構造方法を定める件

　建築基準法施行令（昭和25年政令第338号）第144条第1項第三号ロの規定に基づき、客席にいる人が他の構造部分に触れることにより危害を受けるおそれのない遊戯施設の客席部分の構造方法を次のように定める。

第1　建築基準法施行令第144条第1項第三号ロに規定する客席にいる人が他の構造部分に触れることにより危害を受けるおそれのない遊戯施設の客席部分の構造方法は、別表に定める体格の人（遊戯施設を利用する人の体格の上限を定め、かつ、別表に定める体格が当該上限を超える場合にあっては、当該上限の体格の人）が、次の各号に掲げる場合の区分に応じて、それぞれ当該各号に定める範囲内において、他の構造部分（第2に規定する客席にいる人が触れることにより危害を受けるおそれのない他の構造部分を除く。）に触れることがないものとする。

　一　客席部分（座席に背もたれを設けたものに限る。以下この号から第三号までにおいて同じ。）に身体保持装置（シートベルトその他の客席部分にいる人が客席部分から落下するこ

とを防止する装置をいう。以下同じ。）のうち、座席の背もたれに上半身を固定し、客席に
いる人が身体を前方向又は横方向に容易に傾斜させることができないようにするもの（以下
「ハーネス等」という。）を設ける場合　客席部分に座った状態で身体を前方向又は横方向
に傾斜させないで手足を伸ばした際に手足その他身体の一部が届く範囲に10cmを加えた
範囲

二　客席部分にハーネス等以外の身体保持装置及び座席面からの高さが50cm以上の側壁そ
の他これに類するもの（以下「側壁等」という。）を設ける場合　客席部分に座った状態で
身体を横方向に傾斜させないで前方向に0度から70度まで傾斜させて手足を伸ばした際に
手足その他身体の一部が届く範囲に10cmを加えた範囲

三　客席部分にハーネス等以外の身体保持装置及び座席面からの高さが50cm未満の側壁等
を設ける場合　客席部分に座った状態で身体を前方向に0度から70度まで傾斜させ、かつ、
横方向に0度から45度まで傾斜させて手足を伸ばした際に手足その他身体の一部が届く範
囲に10cmを加えた範囲

四　前各号に掲げる場合以外の場合　実況に応じた範囲

第2　客席にいる人が触れることにより危害を受けるおそれのない他の構造部分は、次の各号の
いずれかに該当し、かつ、客席部分との隙間に身体の一部が挟まれることを防止するための措
置を講じたものとする。

一　客席部分の走行速度が5km/h以下である区間に存する他の構造部分

二　客席部分の走行速度が10km/h以下である区間に存する他の構造部分で、緩衝材を設け
ることその他の客席にいる人が当該部分に触れることによる衝撃を緩和するための措置を講
じたもの

別表

身長 （単位　cm）	肩峰高 （単位　cm）	座高 （単位　cm）	座位肩峰高 （単位　cm）	座位肘頭高 （単位　cm）	上肢長 （単位　cm）	股下高 （単位　cm）
187.2	154.6	97.4	65.3	25.5	77.9	88.9

　附　則

1　この告示は、建築基準法施行令の一部を改正する政令（令和元年政令第181号）の施行の日（令
和2年4月1日）から施行する。

2　（略）

〔平成12年5月31日建設省告示第1427号〕
遊戯施設の非常止め装置の構造方法を定める件

最終改正　平成29年3月29日国土交通省告示第247号

　建築基準法施行令（昭和25年政令第338号）第144条第六号〔現行＝第1項第五号＝平成19年3月政令第49号により改正〕の規定に基づき、遊戯施設の非常止め装置の構造方法を次のように定める。

　遊戯施設の非常止め装置の構造方法は、平成12年建設省告示第1419号の別表第1（以下「別表第1」という。）の遊戯施設の種類の欄各項に掲げる区分に応じ、定常走行速度及び勾配がそれぞれ同表の定常走行速度の欄及び勾配の欄各項に掲げる数値以下の遊戯施設及び同告示の別表第2（以下「別表第2」という。）の遊戯施設の種類の欄各項に掲げる区分に応じ、定常円周速度及び傾斜角度がそれぞれ同表の定常円周速度の欄及び傾斜角度の欄各項に掲げる数値以下の遊戯施設（別表第1⑷項に掲げる遊戯施設その他動力の切断、駆動装置の故障等により客席にいる人が危害を受けるおそれのある事故が発生し、又は発生するおそれのない遊戯施設を除き、別表第2⑷項に掲げる遊戯施設並びに平成29年国土交通省告示第247号の別図に定める加速度領域一から加速度領域三までの範囲内にある加速度（単位は m/s² とし、継続時間が0.2秒以上であるものに限る。以下同じ。）及び12未満の横方向の加速度が客席部分に生ずる遊戯施設（別表第2⑷項に掲げる遊戯施設を除く。）に限る。）について、次に定めるものとする。

　一　客席部分の走行速度、円周速度及び傾斜角度が、それぞれ通常の走行又は回転における速度又は角度を超えた場合に客席部分を制止する装置を設けること。ただし、動力を切った場合において客席部分が加速せず、かつ、安全に停止する構造のものにあっては、動力を切る装置とすることができる。

　二　動力が切れた場合又は駆動装置に故障が生じた場合に、加速するか、又は通常の走行又は回転の方向と逆の方向に走行又は回転するおそれがあるものにあっては、加速又は逆の方向への走行又は回転を防止する装置を設けること。

　三　油圧式の駆動装置による遊戯施設にあっては、次に掲げる装置を設けること。

　　イ　遊戯施設の運転中に油圧が異常に増大した場合に、自動的に作動し、かつ、作動圧力（ポンプからの吐出圧力をいう。）を定格圧力（積載荷重を作用させて連続して使用できる最高圧力をいう。）の1.25倍を超えないようにする装置

　　ロ　パワーシリンダーで客席部分を支持して昇降させる構造のものにあっては、圧力配管、油圧ゴムホース、ポンプ等が破損した場合に客席部分の急激な降下を防止する装置

　　ハ　油温を摂氏5度以上摂氏60度以下に保つための装置

　　ニ　プランジャー及びパワーシリンダーにあっては、ストロークの離脱を防止する装置

　四　一の軌道上に2以上の客席部分（複数の客席部分が連結されて走行するものにあっては、これを一の客席部分とみなす。）が同時に走行する遊戯施設にあっては、追突を防止する装置を設けること。

【政令第10章（雑則）関係】

〔平成12年5月31日建設省告示第1444号〕
安全上又は防火上重要である建築物の部分等を定める件

最終改正　令和2年4月1日国土交通省告示第508号

建築基準法施行令（昭和25年政令第338号）第144条の3第四号から第六号までの規定に基づき、安全上又は防火上重要である建築物の部分等を次のように定める。

第1　建築基準法施行令（以下「令」という。）第144条の3第四号の安全上又は防火上重要である建築物の内装又は外装の部分は、次に掲げるものとする。

一　令第112条第9項若しくは第11項第一号、令第123条第1項第二号若しくは第3項第四号又は令第129条の13の3第3項第五号の規定により、当該部分の仕上げを不燃材料でした壁及び天井（天井のない場合にあっては屋根。以下同じ。）の室内に面する部分

二　令第112条第6項、第8項若しくは第11項本文、令第120条第2項又は令第128条の5第1項から第6項までの規定により、当該部分の仕上げを準不燃材料でした壁及び天井の室内に面する部分

三　令第115条の2第1項第七号又は令第128条の5第1項若しくは第4項の規定により、当該部分の仕上げを難燃材料でした壁及び天井の室内に面する部分

第2　令第144条の3第五号の主要構造部以外の防火上重要な部分は、次に掲げるものとする。

一　令第112条第16項ただし書又は平成27年国土交通省告示第255号第1第三号ロ(3)若しくは令和元年国土交通省告示第193号第1第1項第三号ロ(2)の規定により設けられるひさし、袖壁その他これらに類するもの

二　令第120条又は令第121条の規定により設けられる屋外階段

三　令第121条第1項第三号若しくは第六号若しくは第3項、令第123条第3項、令第126条の7第五号若しくは令第129条の13の3第3項又は平成27年国土交通省告示第255号第1第三号イ若しくはロ(1)の規定により設けられるバルコニーその他これに類するもの

第3　令第144条の3第六号の安全上、防火上又は衛生上支障がない建築設備又はその部分は、主索で籠を吊るエレベーターの主索以外の建築設備又はその部分とする。

〔昭和45年12月28日建設省告示第1837号〕
建築基準法施行令の規定により国土交通大臣が定める自動車の転回広場に関する基準

最終改正　平成12年12月26日建設省告示第2465号

建築基準法施行令（昭和25年政令第338号）第144条の4第1項第一号ハの規定により国土交通大臣が定める自動車の転回広場に関する基準は、次の各号に掲げるものとする。

雑則
令10章

一　道の中心線からの水平距離が2mをこえる区域内において小型四輪自動車（道路運送車両
　　法施行規則（昭和26年運輸省令第74号）別表第1に規定する小型自動車で四輪のものをいう。
　　次号において同じ。）のうち最大なものが2台以上停車することができるものであること。

二　小型四輪自動車のうち最大なものが転回できる形状のものであること。

〔平成28年1月21日国土交通省告示第239号〕
確認等を要しない人が危害を受けるおそれのある事故が発生するおそれの少ない小荷物専用昇降機を定める件

　建築基準法施行令（昭和25年政令第338号）第146条第1項第二号の規定に基づき、確認等を要しない人が危害を受けるおそれのある事故が発生するおそれの少ない小荷物専用昇降機を次のように定める。

　建築基準法施行令第146条第1項第二号に規定する人が危害を受けるおそれのある事故が発生するおそれの少ない小荷物専用昇降機は、昇降路の全ての出し入れ口の下端が当該出し入れ口が設けられる室の床面よりも50cm以上高いものとする。

　　　附　則
　この告示は、平成28年6月1日から施行する。

【省令関係】

〔平成19年6月19日国土交通省告示第823号〕

建築基準法施行令第81条第2項第一号イ若しくはロ、同項第二号イ又は同条第3項に規定する国土交通大臣が定める基準に従った構造計算によりプレストレストコンクリート造の建築物等の安全性を確かめた場合の構造計算書を定める件

最終改正　平成27年1月29日国土交通省告示第184号

建築基準法施行規則（昭和25年建設省令第40号。以下「施行規則」という。）第1条の3第1項第一号ロ(2)(ii)の規定に基づき、プレストレストコンクリート造の建築物等の構造計算書を次のように定める。

　一　建築基準法施行令（昭和25年政令第338号。以下「令」という。）第81条第2項第一号イに規定する保有水平耐力計算と同等以上に安全性を確かめることができる構造計算によりプレストレストコンクリート造の建築物等の安全性を確かめた場合　別表第1とする。

　二　令第81条第2項第一号ロに規定する限界耐力計算と同等以上に安全性を確かめることができる構造計算によりプレストレストコンクリート造の建築物等の安全性を確かめた場合　別表第2とする。

　三　令第81条第2項第二号イに規定する許容応力度等計算と同等以上に安全性を確かめることができる構造計算によりプレストレストコンクリート造の建築物等の安全性を確かめた場合　別表第3とする。

　四　令第81条第3項に規定する令第82条各号及び令第82条の4に定めるところによる構造計算と同等以上に安全性を確かめることができる構造計算によりプレストレストコンクリート造の建築物等の安全性を確かめた場合　別表第4とする。

　　　附　則

この告示は、平成19年6月20日から施行する。

別表第1

	構造計算書の種類	明示すべき事項
(1)	構造計算チェックリスト	プログラムによる構造計算を行う場合において、申請に係る建築物が、当該プログラムによる構造計算によって安全性を確かめることのできる建築物の構造の種別、規模その他のプログラムの使用条件に適合するかどうかを照合するための事項
	使用構造材料一覧表	構造耐力上主要な部分である部材（接合部を含む。）に使用されるすべての材料の種別（規格がある場合にあっては、当該規格）及び使用部位

		使用する材料の許容応力度、許容耐力及び材料強度の数値及びそれらの算出方法
		使用する指定建築材料が建築基準法（昭和25年法律第201号。以下「法」という。）第37条の規定に基づく国土交通大臣の認定を受けたものである場合にあっては、その使用位置、形状及び寸法、当該構造計算において用いた許容応力度及び材料強度の数値並びに認定番号
	特別な調査又は研究の結果等説明書	法第68条の25の規定に基づく国土交通大臣の認定を受けた構造方法等その他特殊な構造方法等が使用されている場合にあっては、その認定番号、使用条件及び内容
		特別な調査又は研究の結果に基づき構造計算が行われている場合にあっては、その検討内容
		構造計算の仮定及び計算結果の適切性に関する検討内容
⑵	基礎・地盤説明書（施行規則第1条の3第1項の表3中の規定に基づき国土交通大臣があらかじめ適切であると認定した算出方法により基礎ぐいの許容支持力を算出する場合で当該認定に係る認定書の写しを添えた場合にあっては、当該算出方法に係る図書のうち国土交通大臣の指定したものを除く。）	地盤調査方法及びその結果
		地層構成、支持地盤及び建築物（地下部分を含む。）の位置
		地下水位（地階を有しない建築物に直接基礎を用いた場合を除く。）
		基礎の工法（地盤改良を含む。）の種別、位置、形状、寸法及び材料の種別
		構造計算において用いた支持層の位置、層の構成及び地盤調査の結果により設定した地盤の特性値
		地盤の許容応力度並びに基礎及び基礎ぐいの許容支持力の数値及びそれらの算出方法
	略伏図	各階の構造耐力上主要な部分である部材の種別、配置及び寸法並びに開口部の位置
	略軸組図	すべての通りの構造耐力上主要な部分である部材の種別、配置及び寸法並びに開口部の位置
	部材断面表	各階及びすべての通りの構造耐力上主要な部分である部材の断面の形状、寸法及び仕様
	荷重・外力計算書	固定荷重の数値及びその算出方法
		各階又は各部分の用途ごとに積載荷重の数値及びその算出方法
		各階又は各部分の用途ごとに大規模な設備、塔屋その他の特殊な荷重（以下「特殊な荷重」という。）の数値及びその算出方法

	積雪荷重の数値及びその算出方法
	風圧力の数値及びその算出方法
	地震力の数値及びその算出方法
	プレストレスの数値及びその算出方法
	土圧、水圧その他考慮すべき荷重及び外力の数値及びそれらの算出方法
	略伏図上に記載した特殊な荷重の分布
応力計算書（応力図及び基礎反力図を含む。）	構造耐力上主要な部分である部材に生ずる力の数値及びその算出方法
	地震時（風圧力によって生ずる力が地震力によって生ずる力を上回る場合にあっては暴風時）における柱が負担するせん断力及びその分担率並びに耐力壁又は筋かいが負担するせん断力及びその分担率
	平成19年国土交通省告示第817号別記第3号様式に定める応力図及び同告示別記第4号様式に定める基礎反力図に記載すべき事項
断面計算書（断面検定比図を含む。）	構造耐力上主要な部分である部材（接合部を含む。）の位置、部材に付す記号、部材断面の仕様、部材に生じる荷重の種別及び当該荷重が作用する方向
	構造耐力上主要な部分である部材（接合部を含む。）の軸方向、曲げ及びせん断の応力度
	構造耐力上主要な部分である部材（接合部を含む。）の軸方向、曲げ及びせん断の許容応力度
	構造耐力上主要な部分である部材（接合部を含む。）の応力度と許容応力度の比率
	昭和58年建設省告示第1320号（以下「告示」という。）第13第二号ロに規定する構造計算の計算書
	告示第13第二号ハに規定する構造計算の計算書
	告示第15第二号に規定する構造計算の計算書（告示第16に規定する構造計算を行った場合にあっては、省略することができるものとする。）
	平成19年国土交通省告示第817号別記第5号様式に定める断面検定比図に記載すべき事項
基礎ぐい等計算書	基礎ぐい、床版、小ばりその他の構造耐力上主要な部分であ

		る部材に関する構造計算の計算書
	使用上の支障に関する計算書	告示第13第二号ニに規定する構造計算の計算書
(3)	層間変形角計算書	層間変位の計算に用いる地震力
		地震力によって各階に生ずる水平方向の層間変位の算出方法
		各階及び各方向の地震力による層間変形角の算出方法
	層間変形角計算結果一覧表	各階及び各方向の地震力による層間変形角
		損傷が生ずるおそれのないことについての検証内容（層間変形角が $\frac{1}{200}$ を超え $\frac{1}{120}$ 以内である場合に限る。）
(4)	保有水平耐力計算書	保有水平耐力計算に用いる地震力
		各階及び各方向の保有水平耐力の算出方法
		令第82条の3第二号に規定する各階の構造特性を表すDs（以下この表において「Ds」という。）の算出方法
		令第82条の3第二号に規定する各階の形状特性を表すFes（以下この表において「Fes」という。）の算出方法
		各階及び各方向の必要保有水平耐力の算出方法
		構造耐力上主要な部分である柱、はり若しくは壁又はこれらの接合部について、局部座屈、せん断破壊等による構造耐力上支障のある急激な耐力の低下が生ずるおそれのないことについての検証内容
	保有水平耐力計算結果一覧表	各階の保有水平耐力を増分解析により計算する場合における外力分布
		架構の崩壊形
		保有水平耐力、Ds、Fes及び必要保有水平耐力の数値
		各階及び各方向のDsの算定時における構造耐力上主要な部分である部材に生ずる力の分布及び塑性ヒンジの発生状況
		各階及び各方向の構造耐力上主要な部分である部材の部材群としての部材種別
		各階及び各方向の保有水平耐力時における構造耐力上主要な部分である部材に生ずる力の分布及び塑性ヒンジの発生状況
		各階の保有水平耐力を増分解析により計算する場合において、建築物の各方向におけるせん断力と層間変形角の関係
(5)	使用構造材料一覧表	屋根ふき材、外装材及び屋外に面する帳壁に使用されるすべ

		ての材料の種別（規格がある場合にあっては当該規格）及び使用部位
		使用する材料の許容応力度、許容耐力及び材料強度の数値及びそれらの算出方法
		使用する指定建築材料が法第37条の規定に基づく国土交通大臣の認定を受けたものである場合にあっては、その使用位置、形状及び寸法、当該構造計算において用いた許容応力度及び材料強度の数値並びに認定番号
	荷重・外力計算書	風圧力の数値及びその算出方法
	応力計算書	屋根ふき材及び屋外に面する帳壁に生ずる力の数値及びその算出方法
	屋根ふき材等計算書	告示第17に規定する構造計算の計算書

構造計算書の作成に当たっては、次に掲げる事項について留意するものとする。

一　確認申請時に提出する構造計算書には通し頁を付すことその他の構造計算書の構成を識別できる措置を講じること。

二　建築物の構造等の実況に応じて、当該建築物の安全性を確かめるために必要な図書の追加、変更等を行うこと。

三　他の構造を併用する建築物にあっては、それぞれの構造種別に応じて構造計算書を作成すること。

四　この表の略伏図及び略軸組図は、構造計算における架構の様相を示した図に代えることができるものとするほか、プログラムによる構造計算を行わない場合にあっては省略することができるものとする。

別表第2

	構造計算書の種類	明　示　す　べ　き　事　項
⑴	構造計算チェックリスト	プログラムによる構造計算を行う場合において、申請に係る建築物が、当該プログラムによる構造計算によって安全性を確かめることのできる建築物の構造の種別、規模その他のプログラムの使用条件に適合するかどうかを照合するための事項
	使用構造材料一覧表	構造耐力上主要な部分である部材（接合部を含む。）に使用されるすべての材料の種別（規格がある場合にあっては、当該規格）及び使用部位
		使用する材料の許容応力度、許容耐力及び材料強度の数値及びそれらの算出方法
		使用する指定建築材料が法第37条の規定に基づく国土交通大臣の認定を受けたものである場合にあっては、その使用位置、

		形状及び寸法、当該構造計算において用いた許容応力度及び材料強度の数値並びに認定番号
	特別な調査又は研究の結果等説明書	法第68条の25の規定に基づく国土交通大臣の認定を受けた構造方法等その他特殊な構造方法等が使用されている場合にあっては、その認定番号、使用条件及び内容
		特別な調査又は研究の結果に基づき構造計算が行われている場合にあっては、その検討内容
		構造計算の仮定及び計算結果の適切性に関する検討内容
(2)	基礎・地盤説明書（施行規則第1条の3第1項の表3中の規定に基づき国土交通大臣があらかじめ適切であると認定した算出方法により基礎ぐいの許容支持力を算出する場合で当該認定に係る認定書の写しを添えた場合にあっては、当該算出方法に係る図書のうち国土交通大臣の指定したものを除く。）	地盤調査方法及びその結果
		地層構成、支持地盤及び建築物（地下部分を含む。）の位置
		地下水位（地階を有しない建築物に直接基礎を用いた場合を除く。）
		基礎の工法（地盤改良を含む。）の種別、位置、形状、寸法及び材料の種別
		構造計算において用いた支持層の位置、層の構成及び地盤調査の結果により設定した地盤の特性値
		地盤の許容応力度並びに基礎及び基礎ぐいの許容支持力の数値及びそれらの算出方法
	略伏図	各階の構造耐力上主要な部分である部材の種別、配置及び寸法並びに開口部の位置
	略軸組図	すべての通りの構造耐力上主要な部分である部材の種別、配置及び寸法並びに開口部の位置
	部材断面表	各階及びすべての通りの構造耐力上主要な部分である部材の断面の形状、寸法及び仕様
	荷重・外力計算書	固定荷重の数値及びその算出方法
		各階又は各部分の用途ごとに積載荷重の数値及びその算出方法
		各階又は各部分の用途ごとに特殊荷重の数値及びその算出方法
		積雪荷重の数値及びその算出方法
		風圧力の数値及びその算出方法
		地震力の数値及びその算出方法
		プレストレスの数値及びその算出方法

		土圧、水圧その他考慮すべき荷重及び外力の数値及びそれらの算出方法
		略伏図上に記載した特殊な荷重の分布
	応力計算書（応力図及び基礎反力図を含む。）（地下部分の計算を含む。）	構造耐力上主要な部分である部材に生ずる力の数値及びその算出方法
		地震時（風圧力によって生ずる力が地震力によって生ずる力を上回る場合にあっては暴風時）における柱が負担するせん断力及びその分担率並びに耐力壁又は筋かいが負担するせん断力及びその分担率
		平成19年国土交通省告示第817号別記第３号様式に定める応力図及び同告示別記第４号様式に定める基礎反力図に記載すべき事項
	断面計算書（断面検定比図を含む。）（地下部分の計算を含む。）	構造耐力上主要な部分である部材（接合部を含む。）の位置、部材に付す記号、部材断面の仕様、部材に生じる荷重の種別及び当該荷重が作用する方向
		構造耐力上主要な部分である部材（接合部を含む。）の軸方向、曲げ及びせん断の応力度
		構造耐力上主要な部分である部材（接合部を含む。）の軸方向、曲げ及びせん断の許容応力度
		構造耐力上主要な部分である部材（接合部を含む。）の応力度と許容応力度の比率
		告示第13第二号ロに規定する構造計算の計算書
		平成19年国土交通省告示第817号別記第５号様式に定める断面検定比図に記載すべき事項
	積雪・暴風時耐力計算書	構造耐力上主要な部分である部材（接合部を含む。）に生ずる力の数値及びその算出方法
		構造耐力上主要な部分である部材（接合部を含む。）の耐力の数値及びその算出方法
	積雪・暴風時耐力計算結果一覧表	構造耐力上主要な部分である部材（接合部を含む。）に生ずる力及び耐力並びにその比率
⑶	損傷限界に関する計算書	各階及び各方向の損傷限界変位の数値及びその算出方法
		建築物の損傷限界固有周期の数値及びその算出方法
		建築物の損傷限界固有周期に応じて求めた地震時に作用する地震力の数値及びその算出方法

		表層地盤による加速度の増幅率 Gs の数値及びその算出方法
		各階及び各方向の損傷限界耐力の数値及びその算出方法
	損傷限界に関する計算結果一覧表	令第82条の5第三号ハに規定する地震力及び損傷限界耐力
		損傷限界変位の当該各階の高さに対する割合
		損傷が生ずるおそれのないことについての検証内容（損傷限界変位の当該各階の高さに対する割合が $\frac{1}{200}$ を超え $\frac{1}{120}$ 以内である場合に限る。）
⑷	安全限界に関する計算書	各階及び各方向の安全限界変位の数値及びその算出方法
		建築物の安全限界固有周期の数値及びその算出方法
		建築物の安全限界固有周期に応じて求めた地震時に作用する地震力の数値及びその算出方法
		各階の安全限界変位の当該各階の高さに対する割合及びその算出方法
		表層地盤による加速度の増幅率 Gs の数値及びその算出方法
		各階及び各方向の保有水平耐力の数値及びその算出方法
		構造耐力上主要な部分である柱、はり若しくは壁又はこれらの接合部について、局部座屈、せん断破壊等による構造耐力上支障のある急激な耐力の低下が生ずるおそれのないことについての検証内容
	安全限界に関する計算結果一覧表	各階の保有水平耐力を増分解析により計算する場合における外力分布
		各階の安全限界変位の当該各階の高さに対する割合
		各階の安全限界変位の当該各階の高さに対する割合が $\frac{1}{75}$（木造である階にあっては $\frac{1}{30}$）を超える場合にあっては、建築物の各階が荷重及び外力に耐えることができることについての検証内容
		表層地盤による加速度の増幅率 Gs の数値を精算法で算出する場合にあっては、工学的基盤の条件
		令第82条の5第五号ハに規定する地震力及び保有水平耐力
		各階及び各方向の安全限界変形時における構造耐力上主要な部分である部材に生ずる力の分布
		各階及び各方向の安全限界変形時における構造耐力上主要な部分である部材に生ずる塑性ヒンジ及び変形の発生状況

		各階及び各方向の保有水平耐力時における構造耐力上主要な部分である部材に生ずる塑性ヒンジ及び変形の発生状況
		各階の保有水平耐力を増分解析により計算する場合において、建築物の各方向それぞれにおけるせん断力と層間変形角の関係
(5)	基礎ぐい等計算書	基礎ぐい、床版、小ばりその他の構造耐力上主要な部分である部材に関する構造計算の計算書
(6)	屋根ふき材等計算書	告示第18第六に規定する構造計算の計算書

構造計算書の作成に当たっては、次に掲げる事項について留意するものとする。
- 一　確認申請時に提出する構造計算書には通し頁を付すことその他の構造計算書の構成を識別できる措置を講じること。
- 二　建築物の構造等の実況に応じて、当該建築物の安全性を確かめるために必要な図書の追加、変更等を行うこと。
- 三　他の構造を併用する建築物にあっては、それぞれの構造種別に応じて構造計算書を作成すること。
- 四　この表の略伏図及び略軸組図は、構造計算における架構の様相を示した図に代えることができるものとするほか、プログラムによる構造計算を行わない場合にあっては省略することができるものとする。

別表第3

	構造計算書の種類	明 示 す べ き 事 項
(1)	構造計算チェックリスト	プログラムによる構造計算を行う場合において、申請に係る建築物が、当該プログラムによる構造計算によって安全性を確かめることのできる建築物の構造の種別、規模その他のプログラムの使用条件に適合するかどうかを照合するための事項
	使用構造材料一覧表	構造耐力上主要な部分である部材（接合部を含む。）に使用されるすべての材料の種別（規格がある場合にあっては、当該規格）及び使用部位
		使用する材料の許容応力度、許容耐力及び材料強度の数値及びそれらの算出方法
		使用する指定建築材料が法第37条の規定に基づく国土交通大臣の認定を受けたものである場合にあっては、その使用位置、形状及び寸法、当該構造計算において用いた許容応力度及び材料強度の数値並びに認定番号
	特別な調査又は研究の結果等説明書	法第68条の25の規定に基づく国土交通大臣の認定を受けた構造方法等その他特殊な構造方法等が使用されている場合に

		あっては、その認定番号、使用条件及び内容
		特別な調査又は研究の結果に基づき構造計算が行われている場合にあっては、その検討内容
		構造計算の仮定及び計算結果の適切性に関する検討内容
⑵	基礎・地盤説明書（施行規則第1条の3第1項の表3中の規定に基づき国土交通大臣があらかじめ適切であると認定した算出方法により基礎ぐいの許容支持力を算出する場合で当該認定に係る認定書の写しを添えた場合にあっては、当該算出方法に係る図書のうち国土交通大臣の指定したものを除く。）	地盤調査方法及びその結果
		地層構成、支持地盤及び建築物（地下部分を含む。）の位置
		地下水位（地階を有しない建築物に直接基礎を用いた場合を除く。）
		基礎の工法（地盤改良を含む。）の種別、位置、形状、寸法及び材料の種別
		構造計算において用いた支持層の位置、層の構成及び地盤調査の結果により設定した地盤の特性値
		地盤の許容応力度並びに基礎及び基礎ぐいの許容支持力の数値及びそれらの算出方法
	略伏図	各階の構造耐力上主要な部分である部材の種別、配置及び寸法並びに開口部の位置
	略軸組図	すべての通りの構造耐力上主要な部分である部材の種別、配置及び寸法並びに開口部の位置
	部材断面表	各階及びすべての通りの構造耐力上主要な部分である部材の断面の形状、寸法及び仕様
	荷重・外力計算書	固定荷重の数値及びその算出方法
		各階又は各部分の用途ごとに積載荷重の数値及びその算出方法
		各階又は各部分の用途ごとに特殊荷重の数値及びその算出方法
		積雪荷重の数値及びその算出方法
		風圧力の数値及びその算出方法
		地震力の数値及びその算出方法
		プレストレスの数値及びその算出方法
		土圧、水圧その他考慮すべき荷重及び外力の数値及びそれらの算出方法
		略伏図上に記載した特殊な荷重の分布
	応力計算書（応力図及び基	構造耐力上主要な部分である部材に生ずる力の数値及びその

		礎反力図を含む。）	算出方法
			地震時（風圧力によって生ずる力が地震力によって生ずる力を上回る場合にあっては暴風時）における柱が負担するせん断力及びその分担率並びに耐力壁又は筋かいが負担するせん断力及びその分担率
			平成19年国土交通省告示第817号別記第3号様式に定める応力図及び同告示別記第4号様式に定める基礎反力図に記載すべき事項
		断面計算書（断面検定比図を含む。）	構造耐力上主要な部分である部材（接合部を含む。）の位置、部材に付す記号、部材断面の仕様、部材に生じる荷重の種別及び当該荷重が作用する方向
			構造耐力上主要な部分である部材（接合部を含む。）の軸方向、曲げ及びせん断の応力度
			構造耐力上主要な部分である部材（接合部を含む。）の軸方向、曲げ及びせん断の許容応力度
			構造耐力上主要な部分である部材（接合部を含む。）の応力度と許容応力度の比率
			告示第13第二号ロに規定する構造計算の計算書
			告示第13第二号ハに規定する構造計算の計算書
			平成19年国土交通省告示第817号別記第5号様式に定める断面検定比図に記載すべき事項
		基礎ぐい等計算書	基礎ぐい、床版、小ばりその他の構造耐力上主要な部分である部材に関する構造計算の計算書
		使用上の支障に関する計算書	告示第13第二号ニに規定する構造計算の計算書
⑶		層間変形角計算書	層間変位の計算に用いる地震力
			地震力によって各階に生ずる水平方向の層間変位の算出方法
			各階及び各方向の地震力による層間変形角の算出方法
		層間変形角計算結果一覧表	各階及び各方向の地震力による層間変形角
			損傷が生ずるおそれのないことについての検証内容（層間変形角が $\frac{1}{200}$ を超え $\frac{1}{120}$ 以内である場合に限る。）
⑷		使用構造材料一覧表	屋根ふき材、外装材及び屋外に面する帳壁に使用されるすべての材料の種別（規格がある場合にあっては当該規格）及び使用部位

		使用する材料の許容応力度、許容耐力及び材料強度の数値及びそれらの算出方法
		使用する指定建築材料が法第37条の規定に基づく国土交通大臣の認定を受けたものである場合にあっては、その使用位置、形状及び寸法、当該構造計算において用いた許容応力度及び材料強度の数値並びに認定番号
	荷重・外力計算書	風圧力の数値及びその算出方法
	応力計算書	屋根ふき材及び屋外に面する帳壁に生ずる力の数値及びその算出方法
	屋根ふき材等計算書	告示第17に規定する構造計算の計算書
(5)	剛性率・偏心率計算書	各階及び各方向の剛性率を計算する場合における層間変形角の算定に用いる層間変位の算出方法
		各階及び各方向の剛性率の算出方法
		各階の剛心周りのねじり剛性の算出方法
		各階及び各方向の偏心率の算出方法
		告示第15第一号ロに規定する構造計算の計算書
	剛性率・偏心率計算結果一覧表	各階の剛性率及び偏心率
		告示第15第一号ロに規定する構造計算の結果が適切であること

構造計算書の作成に当たっては、次に掲げる事項について留意するものとする。

一　確認申請時に提出する構造計算書には通し頁を付すことその他の構造計算書の構成を識別できる措置を講じること。

二　建築物の構造等の実況に応じて、当該建築物の安全性を確かめるために必要な図書の追加、変更等を行うこと。

三　他の構造を併用する建築物にあっては、それぞれの構造種別に応じて構造計算書を作成すること。

四　この表の略伏図及び略軸組図は、構造計算における架構の様相を示した図に代えることができるものとするほか、プログラムによる構造計算を行わない場合にあっては省略することができるものとする。

別表第4

	構造計算書の種類	明　示　す　べ　き　事　項
(1)	構造計算チェックリスト	プログラムによる構造計算を行う場合において、申請に係る建築物が、当該プログラムによる構造計算によって安全性を確かめることのできる建築物の構造の種別、規模その他のプ

		ログラムの使用条件に適合するかどうかを照合するための事項
	使用構造材料一覧表	構造耐力上主要な部分である部材（接合部を含む。）に使用されるすべての材料の種別（規格がある場合にあっては、当該規格）及び使用部位
		使用する材料の許容応力度、許容耐力及び材料強度の数値及びそれらの算出方法
		使用する指定建築材料が法第37条の規定に基づく国土交通大臣の認定を受けたものである場合にあっては、その使用位置、形状及び寸法、当該構造計算において用いた許容応力度及び材料強度の数値並びに認定番号
	特別な調査又は研究の結果等説明書	法第68条の25の規定に基づく国土交通大臣の認定を受けた構造方法等その他特殊な構造方法等が使用されている場合にあっては、その認定番号、使用条件及び内容
		特別な調査又は研究の結果に基づき構造計算が行われている場合にあっては、その検討内容
		構造計算の仮定及び計算結果の適切性に関する検討内容
(2)	告示第13及び第17に規定する構造計算の適用	告示第14各号に適合していることの検証内容
	基礎・地盤説明書（施行規則第1条の3第1項の表3中の規定に基づき国土交通大臣があらかじめ適切であると認定した算出方法により基礎ぐいの許容支持力を算出する場合で当該認定に係る認定書の写しを添えた場合にあっては、当該算出方法に係る図書のうち国土交通大臣の指定したものを除く。）	地盤調査方法及びその結果
		地層構成、支持地盤及び建築物（地下部分を含む。）の位置
		地下水位（地階を有しない建築物に直接基礎を用いた場合を除く。）
		基礎の工法（地盤改良を含む。）の種別、位置、形状、寸法及び材料の種別
		構造計算において用いた支持層の位置、層の構成及び地盤調査の結果により設定した地盤の特性値
		地盤の許容応力度並びに基礎及び基礎ぐいの許容支持力の数値及びそれらの算出方法
	略伏図	各階の構造耐力上主要な部分である部材の種別、配置及び寸法並びに開口部の位置
	略軸組図	すべての通りの構造耐力上主要な部分である部材の種別、配置及び寸法並びに開口部の位置
	部材断面表	各階及びすべての通りの構造耐力上主要な部分である部材の断面の形状、寸法及び仕様

荷重・外力計算書	固定荷重の数値及びその算出方法
	各階又は各部分の用途ごとに積載荷重の数値及びその算出方法
	各階又は各部分の用途ごとに特殊荷重の数値及びその算出方法
	積雪荷重の数値及びその算出方法
	風圧力の数値及びその算出方法
	地震力の数値及びその算出方法
	プレストレスの数値及びその算出方法
	土圧、水圧その他考慮すべき荷重及び外力の数値及びそれらの算出方法
	略伏図上に記載した特殊な荷重の分布
応力計算書（応力図及び基礎反力図を含む。）	構造耐力上主要な部分である部材に生ずる力の数値及びその算出方法
	地震時（風圧力によって生ずる力が地震力によって生ずる力を上回る場合にあっては暴風時）における柱が負担するせん断力及びその分担率並びに耐力壁又は筋かいが負担するせん断力及びその分担率
	平成19年国土交通省告示第817号別記第3号様式に定める応力図及び同告示別記第4号様式に定める基礎反力図に記載すべき事項
断面計算書（断面検定比図を含む。）	構造耐力上主要な部分である部材（接合部を含む。）の位置、部材に付す記号、部材断面の仕様、部材に生じる荷重の種別及び当該荷重が作用する方向
	構造耐力上主要な部分である部材（接合部を含む。）の軸方向、曲げ及びせん断の応力度
	構造耐力上主要な部分である部材（接合部を含む。）の軸方向、曲げ及びせん断の許容応力度
	構造耐力上主要な部分である部材（接合部を含む。）の応力度と許容応力度の比率
	告示第13第二号ロに規定する構造計算の計算書
	告示第13第二号ハに規定する構造計算の計算書
	平成19年国土交通省告示第817号別記第5号様式に定める断面検定比図に記載すべき事項

		基礎ぐい等計算書	基礎ぐい、床版、小ばりその他の構造耐力上主要な部分である部材に関する構造計算の計算書
		使用上の支障に関する計算書	告示第13第二号ニに規定する構造計算の計算書
(3)		使用構造材料一覧表	屋根ふき材、外装材及び屋外に面する帳壁に使用されるすべての材料の種別（規格がある場合にあっては当該規格）及び使用部位
			使用する材料の許容応力度、許容耐力及び材料強度の数値及びそれらの算出方法
			使用する指定建築材料が法第37条の規定に基づく国土交通大臣の認定を受けたものである場合にあっては、その使用位置、形状及び寸法、当該構造計算において用いた許容応力度及び材料強度の数値並びに認定番号
		荷重・外力計算書	風圧力の数値及びその算出方法
		応力計算書	屋根ふき材及び屋外に面する帳壁に生ずる力の数値及びその算出方法
		屋根ふき材等計算書	告示第17に規定する構造計算の計算書

構造計算書の作成に当たっては、次に掲げる事項について留意するものとする。

一　確認申請時に提出する構造計算書には通し頁を付すことその他の構造計算書の構成を識別できる措置を講じること。

二　建築物の構造等の実況に応じて、当該建築物の安全性を確かめるために必要な図書の追加、変更等を行うこと。

三　他の構造を併用する建築物にあっては、それぞれの構造種別に応じて構造計算書を作成すること。

四　この表の略伏図及び略軸組図は、構造計算における架構の様相を示した図に代えることができるものとするほか、プログラムによる構造計算を行わない場合にあっては省略することができるものとする。

〔平成19年6月19日国土交通省告示第824号〕
建築基準法施行令第81条第2項第一号ロに規定する国土交通大臣が定める基準に従った構造計算により免震建築物の安全性を確かめた場合の構造計算書を定める件

最終改正　平成27年1月29日国土交通省告示第184号

　建築基準法施行規則（昭和25年建設省令第40号）第1条の3第1項第一号ロ(2)(ii)の規定に基づき、建築基準法施行令（昭和25年政令第338号）第81条第2項第一号ロに規定する限界耐力計算と同等以上に安全性を確かめることができる構造計算により免震建築物の安全性を確かめた場合における免震建築物の構造計算書を別表に定める。

　　　附　則
　この告示は、平成19年6月20日から施行する。

別表

	構造計算書の種類	明示すべき事項
(1)	構造計算チェックリスト	プログラムによる構造計算を行う場合において、申請に係る建築物が、当該プログラムによる構造計算によって安全性を確かめることのできる建築物の構造の種別、規模その他のプログラムの使用条件に適合するかどうかを照合するための事項
	使用構造材料一覧表	構造耐力上主要な部分である部材（接合部を含む。）に使用されるすべての材料の種別（規格がある場合にあっては、当該規格）及び使用部位
		使用する材料の許容応力度、許容耐力及び材料強度の数値及びそれらの算出方法
		使用する指定建築材料が建築基準法（昭和25年法律第201号。以下「法」という。）第37条の規定に基づく国土交通大臣の認定を受けたものである場合にあっては、その使用位置、形状及び寸法、当該構造計算において用いた許容応力度及び材料強度の数値並びに認定番号
	特別な調査又は研究の結果等説明書	法第68条の25の規定に基づく国土交通大臣の認定を受けた構造方法等その他特殊な構造方法等が使用されている場合にあっては、その認定番号、使用条件及び内容
		特別な調査又は研究の結果に基づき構造計算が行われている場合にあっては、その検討内容
		構造計算の仮定及び計算結果の適切性に関する検討内容
(2)	基礎・地盤説明書（施行規	地盤調査方法及びその結果

則第1条の3第1項の表3中の規定に基づき国土交通大臣があらかじめ適切であると認定した算出方法により基礎ぐいの許容支持力を算出する場合で当該認定に係る認定書の写しを添えた場合にあっては、当該算出方法に係る図書のうち国土交通大臣の指定したものを除く。)	地層構成、支持地盤及び建築物（地下部分を含む。）の位置
	地下水位（地階を有しない建築物に直接基礎を用いた場合を除く。）
	基礎の工法（地盤改良を含む。）の種別、位置、形状、寸法及び材料の種別
	構造計算において用いた支持層の位置、層の構成及び地盤調査の結果により設定した地盤の特性値
	地盤の許容応力度並びに基礎及び基礎ぐいの許容支持力の数値及びそれらの算出方法
略伏図	各階の構造耐力上主要な部分である部材の種別、配置及び寸法並びに開口部の位置
略軸組図	すべての通りの構造耐力上主要な部分である部材の種別、配置及び寸法並びに開口部の位置
部材断面表	各階及びすべての通りの構造耐力上主要な部分である部材の断面の形状、寸法及び仕様
荷重・外力計算書	固定荷重の数値及びその算出方法
	各階又は各部分の用途ごとに積載荷重の数値及びその算出方法
	各階又は各部分の用途ごとに大規模な設備、塔屋その他の特殊な荷重の数値及びその算出方法
	積雪荷重の数値及びその算出方法
	風圧力の数値及びその算出方法（免震層を除く。）
	地震力の数値及びその算出方法（免震層を除く。）
	土圧、水圧その他考慮すべき荷重及び外力の数値及びそれらの算出方法
	略伏図上に記載した特殊な荷重の分布
応力計算書（応力図及び基礎反力図を含む。）	構造耐力上主要な部分である部材に生ずる力の数値及びその算出方法
	地震時（風圧力によって生ずる力が地震力によって生ずる力を上回る場合にあっては暴風時）における柱が負担するせん断力及びその分担率並びに耐力壁又は筋かいが負担するせん断力及びその分担率
	平成19年国土交通省告示第817号別記第3号様式に定める応力図及び同告示別記第4号様式に定める基礎反力図に記載す

1109

			べき事項
	断面計算書（断面検定比図を含む。）		構造耐力上主要な部分である部材（接合部を含む。）の位置、部材に付す記号、部材断面の仕様、部材に生じる荷重の種別及び当該荷重が作用する方向
			構造耐力上主要な部分である部材（接合部を含む。）の軸方向、曲げ及びせん断の応力度
			構造耐力上主要な部分である部材（接合部を含む。）の軸方向、曲げ及びせん断の許容応力度
			構造耐力上主要な部分である部材（接合部を含む。）の応力度と許容応力度の比率
			平成19年国土交通省告示第817号別記第5号様式に定める断面検定比図に記載すべき事項
	積雪・暴風時耐力計算書		構造耐力上主要な部分である部材（接合部を含む。）に生ずる力の数値及びその算出方法（免震層を除く。）
			構造耐力上主要な部分である部材（接合部を含む。）の耐力の数値及びその算出方法（免震層を除く。）
	積雪・暴風時耐力計算結果一覧表		構造耐力上主要な部分である部材（接合部を含む。）に生ずる力及び耐力並びにその比率（免震層を除く。）
(3)	免震層の構造計算に関する計算書	免震層の構造計算の過程に係る部分	平成12年建設省告示第2009号（以下「告示」という。）第6第2項第二号の積雪時に免震層に作用する積雪荷重の数値及び算出方法
			免震層の偏心率の算出方法
			免震層の設計限界変位の算出方法
			設計限界固有周期の数値及びその算出方法
			履歴免震材料による免震層の等価粘性減衰定数の数値及びその算出方法
			流体系の減衰材による免震層の等価粘性減衰定数の数値及びその算出方法
			設計限界固有周期における免震層の振動の減衰による加速度の低減率の数値及びその算出方法
			表層地盤による加速度の増幅率 Gs の数値及びその算出方法
			免震層に作用する地震力の数値及びその算出方法
			免震層の地震応答変位の算出方法
			暴風により免震層に作用する風圧力の数値及びその算出方法

			免震層の風応答変位の算出方法
			免震層の応答速度の算出方法
			流体系減衰材の負担せん断力係数の算出方法
			免震建築物の接線周期の算出方法
			免震材料のばらつき、環境及び経年変化に関する検討内容
		免震層の構造計算の結果に係る部分	免震層の偏心率の数値
			免震層の地震応答変位及び設計限界変位の数値
			免震層の風応答変位及び設計限界変位の数値
			免震層の応答速度及び平成12年建設省告示第1446号別表第2第1第九号に掲げる建築材料の項（ろ）欄第三号に規定する限界速度の数値
			流体系減衰材の負担せん断力係数の数値
			免震建築物の接線周期の数値
			免震材料が告示第6第2項第十号イ及びロの規定に適合することの検証内容
		免震層の応答の確保に関する部分	上部構造の各階の層間変形角の数値
			上部構造と建築物の下部構造及び周囲の構造物その他の物件との水平距離の数値
			下部構造が告示第6第4項第三号の規定に適合することの検証内容
(4)	基礎ぐい等計算書		基礎ぐい、床版、小ばりその他の構造耐力上主要な部分である部材に関する構造計算の計算書
(5)	使用上の支障に関する計算書		建築基準法施行令第82条第四号に規定する構造計算の計算書
(6)	土砂災害特別警戒区域内破壊防止計算書		告示第6第5項に規定する構造計算の計算書

構造計算書の作成に当たっては、次に掲げる事項について留意するものとする。

一　確認申請時に提出する構造計算書には通し頁を付すことその他の構造計算書の構成を識別できる措置を講じること。

二　建築物の構造等の実況に応じて、当該建築物の安全性を確かめるために必要な図書の追加、変更等を行うこと。

三　他の構造を併用する建築物にあっては、それぞれの構造種別に応じて構造計算書を作成すること。

四　この表の略伏図及び略軸組図は、構造計算における架構の様相を示した図に代えること

> ができるものとするほか、プログラムによる構造計算を行わない場合にあっては省略する
> ことができるものとする。

〔平成19年 6 月19日国土交通省告示第825号〕

建築基準法施行令第81条第 2 項第一号イに規定する国土交通大臣が定める基準に従った構造計算により壁式ラーメン鉄筋コンクリート造の建築物又は建築物の構造部分の安全性を確かめた場合の構造計算書を定める件

最終改正　平成27年 1 月29日国土交通省告示第184号

　建築基準法施行規則（昭和25年建設省令第40号）第 1 条の 3 第 1 項第一号ロ(2)(ii)の規定に基づき、建築基準法施行令（昭和25年政令第338号。以下「令」という。）第81条第 2 項第一号イに規定する保有水平耐力計算と同等以上に安全性を確かめることができる構造計算により壁式ラーメン鉄筋コンクリート造の建築物又は建築物の構造部分の安全性を確かめた場合における壁式ラーメン鉄筋コンクリート造の建築物又は建築物の構造部分の構造計算書を別表に定める。

　　附　　則

　この告示は、平成19年 6 月20日から施行する。

別表

	構造計算書の種類	明 示 す べ き 事 項
(1)	構造計算チェックリスト	プログラムによる構造計算を行う場合において、申請に係る建築物が、当該プログラムによる構造計算によって安全性を確かめることのできる建築物の構造の種別、規模その他のプログラムの使用条件に適合するかどうかを照合するための事項
	使用構造材料一覧表	構造耐力上主要な部分である部材（接合部を含む。）に使用されるすべての材料の種別（規格がある場合にあっては、当該規格）及び使用部位
		使用する材料の許容応力度、許容耐力及び材料強度の数値及びそれらの算出方法
		使用する指定建築材料が建築基準法（昭和25年法律第201号。以下「法」という。）第37条の規定に基づく国土交通大臣の認定を受けたものである場合にあっては、その使用位置、形状及び寸法、当該構造計算において用いた許容応力度及び材料強度の数値並びに認定番号
	特別な調査又は研究の結果	法第68条の25の規定に基づく国土交通大臣の認定を受けた構

	等説明書	造方法等その他特殊な構造方法等が使用されている場合にあっては、その認定番号、使用条件及び内容
		特別な調査又は研究の結果に基づき構造計算が行われている場合にあっては、その検討内容
		構造計算の仮定及び計算結果の適切性に関する検討内容
(2)	基礎・地盤説明書（施行規則第1条の3第1項の表3中の規定に基づき国土交通大臣があらかじめ適切であると認定した算出方法により基礎ぐいの許容支持力を算出する場合で当該認定に係る認定書の写しを添えた場合にあっては、当該算出方法に係る図書のうち国土交通大臣の指定したものを除く。）	地盤調査方法及びその結果
		地層構成、支持地盤及び建築物（地下部分を含む。）の位置
		地下水位（地階を有しない建築物に直接基礎を用いた場合を除く。）
		基礎の工法（地盤改良を含む。）の種別、位置、形状、寸法及び材料の種別
		構造計算において用いた支持層の位置、層の構成及び地盤調査の結果により設定した地盤の特性値
		地盤の許容応力度並びに基礎及び基礎ぐいの許容支持力の数値及びそれらの算出方法
	略伏図	各階の構造耐力上主要な部分である部材の種別、配置及び寸法並びに開口部の位置
	略軸組図	すべての通りの構造耐力上主要な部分である部材の種別、配置及び寸法並びに開口部の位置
	部材断面表	各階及びすべての通りの構造耐力上主要な部分である部材の断面の形状、寸法及び仕様
	荷重・外力計算書	固定荷重の数値及びその算出方法
		各階又は各部分の用途ごとに積載荷重の数値及びその算出方法
		各階又は各部分の用途ごとに大規模な設備、塔屋その他の特殊な荷重の数値及びその算出方法
		積雪荷重の数値及びその算出方法
		風圧力の数値及びその算出方法
		地震力の数値及びその算出方法
		土圧、水圧その他考慮すべき荷重及び外力の数値及びそれらの算出方法
		略伏図上に記載した特殊な荷重の分布
	応力計算書（応力図及び基	構造耐力上主要な部分である部材に生ずる力の数値及びその

	礎反力図を含む。）	算出方法
		地震時（風圧力によって生ずる力が地震力によって生ずる力を上回る場合にあっては暴風時）における柱が負担するせん断力及びその分担率並びに耐力壁又は筋かいが負担するせん断力及びその分担率
		平成19年国土交通省告示第817号別記第3号様式に定める応力図及び同告示別記第4号様式に定める基礎反力図に記載すべき事項
	断面計算書（断面検定比図を含む。）	構造耐力上主要な部分である部材（接合部を含む。）の位置、部材に付す記号、部材断面の仕様、部材に生じる荷重の種別及び当該荷重が作用する方向
		構造耐力上主要な部分である部材（接合部を含む。）の軸方向、曲げ及びせん断の応力度
		構造耐力上主要な部分である部材（接合部を含む。）の軸方向、曲げ及びせん断の許容応力度
		構造耐力上主要な部分である部材（接合部を含む。）の応力度と許容応力度の比率
		平成19年国土交通省告示第817号別記第5号様式に定める断面検定比図に記載すべき事項
	基礎ぐい等計算書	基礎ぐい、床版、小ばりその他の構造耐力上主要な部分である部材に関する構造計算の計算書
	使用上の支障に関する計算書	令第82条第四号に規定する構造計算の計算書
(3)	層間変形角計算書	層間変位の計算に用いる地震力
		地震力によって各階に生ずる水平方向の層間変位の算出方法
		各階及び各方向の地震力による層間変形角の算出方法
	層間変形角計算結果一覧表	各階及び各方向の地震力による層間変形角
		損傷が生ずるおそれのないことについての検証内容（層間変形角が $\frac{1}{200}$ を超え $\frac{1}{120}$ 以内である場合に限る。）
(4)	剛性率・偏心率等計算書	各階及び各方向の剛性率を計算する場合における層間変形角の算定に用いる層間変位の算出方法
		各階及び各方向の剛性率の算出方法
		各階の剛心周りのねじり剛性の算出方法
		各階及び各方向の偏心率の算出方法

	剛性率・偏心率等計算結果一覧表	各階の剛性率及び偏心率
(5)	保有水平耐力計算書	保有水平耐力計算に用いる地震力
		各階及び各方向の保有水平耐力の算出方法
		平成13年国土交通省告示第1025号（以下「告示」という。）第12に規定する各階の構造特性を表すDs（以下この表において「Ds」という。）の算出方法
		告示第10ホに規定する各階の形状特性を表すFe（以下この表において「Fe」という。）の算出方法
		各階及び各方向の必要保有水平耐力の算出方法
		けた行方向の架構について、保有水平耐力を計算するに当たっての各部に生ずる力に対して、特定の階の層間変位が急激に増大するおそれのないことについての検証内容
	保有水平耐力計算結果一覧表	各階の保有水平耐力を増分解析により計算する場合における外力分布
		架構の崩壊形
		保有水平耐力、Ds、Fe及び必要保有水平耐力の数値
		各階及び各方向のDsの算定時における構造耐力上主要な部分である部材に生ずる力の分布及び塑性ヒンジの発生状況
		各階及び各方向の構造耐力上主要な部分である部材の部材群としての部材種別
		各階及び各方向の保有水平耐力時における構造耐力上主要な部分である部材に生ずる力の分布及び塑性ヒンジの発生状況
		各階の保有水平耐力を増分解析により計算する場合において、建築物の各方向におけるせん断力と層間変形角の関係
(6)	使用構造材料一覧表	屋根ふき材、外装材及び屋外に面する帳壁に使用されるすべての材料の種別（規格がある場合にあっては当該規格）及び使用部位
		使用する材料の許容応力度、許容耐力及び材料強度の数値及びそれらの算出方法
		使用する指定建築材料が法第37条の規定に基づく国土交通大臣の認定を受けたものである場合にあっては、その使用位置、形状及び寸法、当該構造計算において用いた許容応力度及び材料強度の数値並びに認定番号

荷重・外力計算書	風圧力の数値及びその算出方法
応力計算書	屋根ふき材及び屋外に面する帳壁に生ずる力の数値及びその算出方法
屋根ふき材等計算書	令第82条の4に規定する構造計算の計算書

構造計算書の作成に当たっては、次に掲げる事項について留意するものとする。

一　確認申請時に提出する構造計算書には通し頁を付すことその他の構造計算書の構成を識別できる措置を講じること。

二　建築物の構造等の実況に応じて、当該建築物の安全性を確かめるために必要な図書の追加、変更等を行うこと。

三　他の構造を併用する建築物にあっては、それぞれの構造種別に応じて構造計算書を作成すること。

四　この表の略伏図及び略軸組図は、構造計算における架構の様相を示した図に代えることができるものとするほか、プログラムによる構造計算を行わない場合にあっては省略することができるものとする。

〔平成19年6月19日国土交通省告示第826号〕

建築基準法施行令第81条第2項第一号イに規定する国土交通大臣が定める基準に従った構造計算により枠組壁工法又は木質プレハブ工法を用いた建築物又は建築物の構造部分の安全性を確かめた場合の構造計算書を定める件

　　　　　　　　　　　　　　最終改正　平成27年1月29日国土交通省告示第184号

　建築基準法施行規則（昭和25年建設省令第40号）第1条の3第1項第一号ロ(2)(ⅱ)の規定に基づき、建築基準法施行令（昭和25年政令第338号。以下「令」という。）第81条第2項第一号イに規定する保有水平耐力計算と同等以上に安全性を確かめることができる構造計算により枠組壁工法又は木質プレハブ工法を用いた建築物又は建築物の構造部分の安全性を確かめた場合における枠組壁工法又は木質プレハブ工法を用いた建築物又は建築物の構造部分の構造計算書を別表に定める。

　　　附　則

　この告示は、平成19年6月20日から施行する。

別表

	構造計算書の種類	明示すべき事項
(1)	構造計算チェックリスト	プログラムによる構造計算を行う場合において、申請に係る建築物が、当該プログラムによる構造計算によって安全性を確かめることのできる建築物の構造の種別、規模その他のプ

		ログラムの使用条件に適合するかどうかを照合するための事項
	使用構造材料一覧表	構造耐力上主要な部分である部材（接合部を含む。）に使用されるすべての材料の種別（規格がある場合にあっては、当該規格）及び使用部位
		使用する材料の許容応力度、許容耐力及び材料強度の数値及びそれらの算出方法
		使用する指定建築材料が建築基準法（昭和25年法律第201号。以下「法」という。）第37条の規定に基づく国土交通大臣の認定を受けたものである場合にあっては、その使用位置、形状及び寸法、当該構造計算において用いた許容応力度及び材料強度の数値並びに認定番号
	特別な調査又は研究の結果等説明書	法第68条の25の規定に基づく国土交通大臣の認定を受けた構造方法等その他特殊な構造方法等が使用されている場合にあっては、その認定番号、使用条件及び内容
		特別な調査又は研究の結果に基づき構造計算が行われている場合にあっては、その検討内容
		構造計算の仮定及び計算結果の適切性に関する検討内容
(2)	基礎・地盤説明書（施行規則第1条の3第1項の表3中の規定に基づき国土交通大臣があらかじめ適切であると認定した算出方法により基礎ぐいの許容支持力を算出する場合で当該認定に係る認定書の写しを添えた場合にあっては、当該算出方法に係る図書のうち国土交通大臣の指定したものを除く。）	地盤調査方法及びその結果
		地層構成、支持地盤及び建築物（地下部分を含む。）の位置
		地下水位（地階を有しない建築物に直接基礎を用いた場合を除く。）
		基礎の工法（地盤改良を含む。）の種別、位置、形状、寸法及び材料の種別
		構造計算において用いた支持層の位置、層の構成及び地盤調査の結果により設定した地盤の特性値
		地盤の許容応力度並びに基礎及び基礎ぐいの許容支持力の数値及びそれらの算出方法
	略伏図	各階の構造耐力上主要な部分である部材の種別、配置及び寸法並びに開口部の位置
	略軸組図	すべての通りの構造耐力上主要な部分である部材の種別、配置及び寸法並びに開口部の位置
	部材断面表	各階及びすべての通りの構造耐力上主要な部分である部材の断面の形状、寸法及び仕様
	荷重・外力計算書	固定荷重の数値及びその算出方法

		各階又は各部分の用途ごとに積載荷重の数値及びその算出方法
		各階又は各部分の用途ごとに大規模な設備、塔屋その他の特殊な荷重の数値及びその算出方法
		積雪荷重の数値及びその算出方法
		風圧力の数値及びその算出方法
		地震力の数値及びその算出方法
		土圧、水圧その他考慮すべき荷重及び外力の数値及びそれらの算出方法
		略伏図上に記載した特殊な荷重の分布
	応力計算書（応力図及び基礎反力図を含む。）	構造耐力上主要な部分である部材に生ずる力の数値及びその算出方法
		地震時（風圧力によって生ずる力が地震力によって生ずる力を上回る場合にあっては暴風時）における柱が負担するせん断力及びその分担率並びに耐力壁又は筋かいが負担するせん断力及びその分担率
		平成19年国土交通省告示第817号別記第３号様式に定める応力図及び同告示別記第４号様式に定める基礎反力図に記載すべき事項
	断面計算書（断面検定比図を含む。）	構造耐力上主要な部分である部材（接合部を含む。）の位置、部材に付す記号、部材断面の仕様、部材に生じる荷重の種別及び当該荷重が作用する方向
		構造耐力上主要な部分である部材（接合部を含む。）の軸方向、曲げ及びせん断の応力度
		構造耐力上主要な部分である部材（接合部を含む。）の軸方向、曲げ及びせん断の許容応力度
		構造耐力上主要な部分である部材（接合部を含む。）の応力度と許容応力度の比率
		平成19年国土交通省告示第817号別記第５号様式に定める断面検定比図に記載すべき事項
	基礎ぐい等計算書	基礎ぐい、床版、小ばりその他の構造耐力上主要な部分である部材に関する構造計算の計算書
	使用上の支障に関する計算書	令第82条第四号に規定する構造計算の計算書

(3)	層間変形角計算書	層間変位の計算に用いる風圧力及び地震力
		風圧力及び地震力によって各階に生ずる水平方向の層間変位の算出方法
		各階及び各方向の風圧力及び地震力による層間変形角の算出方法
	層間変形角計算結果一覧表	各階及び各方向の風圧力及び地震力による層間変形角
		損傷が生ずるおそれのないことについての検証内容（層間変形角が $\frac{1}{200}$ を超え $\frac{1}{120}$ 以内である場合に限る。）
(4)	保有水平耐力計算書	保有水平耐力計算に用いる地震力
		各階及び各方向の保有水平耐力の算出方法
		令第82条の3第二号に規定する各階の構造特性を表すDs（以下この表において「Ds」という。）の算出方法
		令第82条の3第二号に規定する各階の形状特性を表すFes（以下この表において「Fes」という。）の算出方法
		各階及び各方向の必要保有水平耐力の算出方法
		構造耐力上主要な部分である柱、はり若しくは壁又はこれらの接合部について、局部座屈、せん断破壊等による構造耐力上支障のある急激な耐力の低下が生ずるおそれのないことについての検証内容
	保有水平耐力計算結果一覧表	各階の保有水平耐力を増分解析により計算する場合における外力分布
		耐力壁のせん断破壊による崩壊
		保有水平耐力、Ds、Fes及び必要保有水平耐力の数値
		各階及び各方向のDsの算定時における構造耐力上主要な部分である部材に生ずる力の分布
		各階及び各方向の構造耐力上主要な部分である部材の部材群としての部材種別
		各階及び各方向の保有水平耐力時における構造耐力上主要な部分である部材に生ずる力の分布
		各階の保有水平耐力を増分解析により計算する場合において、建築物の各方向におけるせん断力と層間変形角の関係

構造計算書の作成に当たっては、次に掲げる事項について留意するものとする。

―　確認申請時に提出する構造計算書には通し頁を付すことその他の構造計算書の構成を識別できる措置を講じること。

　二　建築物の構造等の実況に応じて、当該建築物の安全性を確かめるために必要な図書の追加、変更等を行うこと。

　三　他の構造を併用する建築物にあっては、それぞれの構造種別に応じて構造計算書を作成すること。

　四　この表の略伏図及び略軸組図は、構造計算における架構の様相を示した図に代えることができるものとするほか、プログラムによる構造計算を行わない場合にあっては省略することができるものとする。

〔平成19年 6 月19日国土交通省告示第827号〕

建築基準法施行令第81条第 3 項に規定する国土交通大臣が定める基準に従った構造計算により特定畜舎等建築物の安全性を確かめた場合の構造計算書を定める件

　　　　　　　　　　　　　　最終改正　平成27年 1 月29日国土交通省告示第184号

　建築基準法施行規則（昭和25年建設省令第40号）第 1 条の 3 第 1 項第一号ロ(2)(ⅱ)の規定に基づき、建築基準法施行令（昭和25年政令第338号）第81条第 3 項に規定する令第82条各号及び令第82条の 4 に定めるところによる構造計算と同等以上に安全性を確かめることができる構造計算により特定畜舎等建築物の安全性を確かめた場合における特定畜舎等建築物の構造計算書を別表に定める。

　　　　附　則

　この告示は、平成19年 6 月20日から施行する。

別表

	構造計算書の種類	明　示　す　べ　き　事　項
(1)	構造計算チェックリスト	プログラムによる構造計算を行う場合において、申請に係る建築物が、当該プログラムによる構造計算によって安全性を確かめることのできる建築物の構造の種別、規模その他のプログラムの使用条件に適合するかどうかを照合するための事項
	使用構造材料一覧表	構造耐力上主要な部分である部材（接合部を含む。）に使用されるすべての材料の種別（規格がある場合にあっては、当該規格）及び使用部位
		使用する材料の許容応力度、許容耐力及び材料強度の数値及びそれらの算出方法
		使用する指定建築材料が建築基準法（昭和25年法律第201号。以下「法」という。）第37条の規定に基づく国土交通大臣の認定を受けたものである場合にあっては、その使用位置、形

		状及び寸法、当該構造計算において用いた許容応力度及び材料強度の数値並びに認定番号
	特別な調査又は研究の結果等説明書	法第68条の25の規定に基づく国土交通大臣の認定を受けた構造方法等その他特殊な構造方法等が使用されている場合にあっては、その認定番号、使用条件及び内容
		特別な調査又は研究の結果に基づき構造計算が行われている場合にあっては、その検討内容
		構造計算の仮定及び計算結果の適切性に関する検討内容
(2)	基礎・地盤説明書（施行規則第1条の3第1項の表3中の規定に基づき国土交通大臣があらかじめ適切であると認定した算出方法により基礎ぐいの許容支持力を算出する場合で当該認定に係る認定書の写しを添えた場合にあっては、当該算出方法に係る図書のうち国土交通大臣の指定したものを除く。）	地盤調査方法及びその結果
		地層構成、支持地盤及び建築物（地下部分を含む。）の位置
		地下水位（地階を有しない建築物に直接基礎を用いた場合を除く。）
		基礎の工法（地盤改良を含む。）の種別、位置、形状、寸法及び材料の種別
		構造計算において用いた支持層の位置、層の構成及び地盤調査の結果により設定した地盤の特性値
		地盤の許容応力度並びに基礎及び基礎ぐいの許容支持力の数値及びそれらの算出方法
		平成14年国土交通省告示第474号第2に規定する特定畜舎等建築物の基礎について定める構造計算の計算書
	略伏図	各階の構造耐力上主要な部分である部材の種別、配置及び寸法並びに開口部の位置
	略軸組図	すべての通りの構造耐力上主要な部分である部材の種別、配置及び寸法並びに開口部の位置
	部材断面表	各階及びすべての通りの構造耐力上主要な部分である部材の断面の形状、寸法及び仕様
	荷重・外力計算書	固定荷重の数値及びその算出方法
		各階又は各部分の用途ごとに積載荷重の数値及びその算出方法
		各階又は各部分の用途ごとに大規模な設備、塔屋その他の特殊な荷重の数値及びその算出方法
		積雪荷重の数値及びその算出方法
		風圧力の数値及びその算出方法
		地震力の数値及びその算出方法

	土圧、水圧その他考慮すべき荷重及び外力の数値及びそれらの算出方法
	略伏図上に記載した特殊な荷重の分布
応力計算書（応力図及び基礎反力図を含む。）	構造耐力上主要な部分である部材に生ずる力の数値及びその算出方法
	地震時（風圧力によって生ずる力が地震力によって生ずる力を上回る場合にあっては暴風時）における柱が負担するせん断力及びその分担率並びに耐力壁又は筋かいが負担するせん断力及びその分担率
	平成19年国土交通省告示第817号別記第3号様式に定める応力図及び同告示別記第4号様式に定める基礎反力図に記載すべき事項
断面計算書（断面検定比図を含む。）	構造耐力上主要な部分である部材（接合部を含む。）の位置、部材に付す記号、部材断面の仕様、部材に生じる荷重の種別及び当該荷重が作用する方向
	構造耐力上主要な部分である部材（接合部を含む。）の軸方向、曲げ及びせん断の応力度
	構造耐力上主要な部分である部材（接合部を含む。）の軸方向、曲げ及びせん断の許容応力度
	構造耐力上主要な部分である部材（接合部を含む。）の応力度と許容応力度の比率
	平成19年国土交通省告示第817号別記第5号様式に定める断面検定比図に記載すべき事項
基礎ぐい等計算書	基礎ぐい、床版、小ばりその他の構造耐力上主要な部分である部材に関する構造計算の計算書
使用上の支障に関する計算書	平成12年建設省告示第1459号に規定する構造計算の計算書

構造計算書の作成に当たっては、次に掲げる事項について留意するものとする。

一　確認申請時に提出する構造計算書には通し頁を付すことその他の構造計算書の構成を識別できる措置を講じること。

二　建築物の構造等の実況に応じて、当該建築物の安全性を確かめるために必要な図書の追加、変更等を行うこと。

三　他の構造を併用する建築物にあっては、それぞれの構造種別に応じて構造計算書を作成すること。

四　この表の略伏図及び略軸組図は、構造計算における架構の様相を示した図に代えることができるものとするほか、プログラムによる構造計算を行わない場合にあっては省略する

> ことができるものとする。

〔平成19年 6 月19日国土交通省告示第828号〕

建築基準法施行令第81条第 2 項第一号イ又は同条第 2 項第二号イに規定する国土交通大臣が定める基準に従った構造計算により膜構造の建築物又は建築物の構造部分の安全性を確かめた場合の構造計算書を定める件

最終改正　平成27年 1 月29日国土交通省告示第184号

建築基準法施行規則（昭和25年建設省令第40号。以下「施行規則」という。）第 1 条の 3 第 1 項第一号ロ(2)(ii)の規定に基づき、膜構造の建築物又は建築物の構造部分の構造計算書を次のように定める。

一　建築基準法施行令（昭和25年政令第338号。以下「令」という。）第81条第 2 項第一号イに規定する保有水平耐力計算と同等以上に安全性を確かめることができる構造計算により膜構造の建築物又は建築物の構造部分の安全性を確かめた場合　別表第 1 とする。

二　令第81条第 2 項第二号イに規定する許容応力度等計算と同等以上に安全性を確かめることができる構造計算により膜構造の建築物又は建築物の構造部分の安全性を確かめた場合　別表第 2 とする。

　　附　則

この告示は、平成19年 6 月20日から施行する。

別表第 1

	構造計算書の種類	明 示 す べ き 事 項
(1)	構造計算チェックリスト	プログラムによる構造計算を行う場合において、申請に係る建築物が、当該プログラムによる構造計算によって安全性を確かめることのできる建築物の構造の種別、規模その他のプログラムの使用条件に適合するかどうかを照合するための事項
	使用構造材料一覧表	構造耐力上主要な部分である部材（接合部を含む。）に使用されるすべての材料の種別（規格がある場合にあっては、当該規格）及び使用部位
		使用する材料の許容応力度、許容耐力及び材料強度の数値及びそれらの算出方法
		使用する指定建築材料が建築基準法（昭和25年法律第201号。以下「法」という。）第37条の規定に基づく国土交通大臣の認定を受けたものである場合にあっては、その使用位置、形

		状及び寸法、当該構造計算において用いた許容応力度及び材料強度の数値並びに認定番号
	特別な調査又は研究の結果等説明書	法第68条の25の規定に基づく国土交通大臣の認定を受けた構造方法等その他特殊な構造方法等が使用されている場合にあっては、その認定番号、使用条件及び内容
		特別な調査又は研究の結果に基づき構造計算が行われている場合にあっては、その検討内容
		構造計算の仮定及び計算結果の適切性に関する検討内容
⑵	基礎・地盤説明書（施行規則第1条の3第1項の表3中の規定に基づき国土交通大臣があらかじめ適切であると認定した算出方法により基礎ぐいの許容支持力を算出する場合で当該認定に係る認定書の写しを添えた場合にあっては、当該算出方法に係る図書のうち国土交通大臣の指定したものを除く。）	地盤調査方法及びその結果
		地層構成、支持地盤及び建築物（地下部分を含む。）の位置
		地下水位（地階を有しない建築物に直接基礎を用いた場合を除く。）
		基礎の工法（地盤改良を含む。）の種別、位置、形状、寸法及び材料の種別
		構造計算において用いた支持層の位置、層の構成及び地盤調査の結果により設定した地盤の特性値
		地盤の許容応力度並びに基礎及び基礎ぐいの許容支持力の数値及びそれらの算出方法
	略伏図	各階の構造耐力上主要な部分である部材の種別、配置及び寸法並びに開口部の位置
	略軸組図	すべての通りの構造耐力上主要な部分である部材の種別、配置及び寸法並びに開口部の位置
	部材断面表	各階及びすべての通りの構造耐力上主要な部分である部材の断面の形状、寸法及び仕様
	荷重・外力計算書	固定荷重の数値及びその算出方法
		各階又は各部分の用途ごとに積載荷重の数値及びその算出方法
		各階又は各部分の用途ごとに大規模な設備、塔屋その他の特殊な荷重（以下「特殊な荷重」という。）の数値及びその算出方法
		積雪荷重の数値及びその算出方法
		風圧力の数値及びその算出方法
		地震力の数値及びその算出方法

		膜面の張力の数値及びその算出方法
		土圧、水圧その他考慮すべき荷重及び外力の数値及びそれらの算出方法
		略伏図上に記載した特殊な荷重及び膜面の張力の分布
	応力計算書（応力図及び基礎反力図を含む。）	構造耐力上主要な部分である部材に生ずる力の数値及びその算出方法
		地震時（風圧力によって生ずる力が地震力によって生ずる力を上回る場合にあっては暴風時）における柱が負担するせん断力及びその分担率並びに耐力壁又は筋かいが負担するせん断力及びその分担率
		平成19年国土交通省告示第817号別記第3号様式に定める応力図及び同告示別記第4号様式に定める基礎反力図に記載すべき事項
	断面計算書（断面検定比図を含む。）	構造耐力上主要な部分である部材（接合部を含む。）の位置、部材に付す記号、部材断面の仕様、部材に生じる荷重の種別及び当該荷重が作用する方向
		構造耐力上主要な部分である部材（接合部を含む。）の軸方向、曲げ及びせん断の応力度
		構造耐力上主要な部分である部材（接合部を含む。）の軸方向、曲げ及びせん断の許容応力度
		構造耐力上主要な部分である部材（接合部を含む。）の応力度と許容応力度の比率
		平成14年国土交通省告示第666号（以下「告示」という。）第5第2項に規定する構造計算の計算書
		平成19年国土交通省告示第817号別記第5号様式に定める断面検定比図に記載すべき事項
	基礎ぐい等計算書	基礎ぐい、床版、小ばりその他の構造耐力上主要な部分である部材に関する構造計算の計算書
	使用上の支障に関する計算書	告示第5第1項第四号に規定する構造計算の計算書
(3)	相対変形量に関する計算書	告示第5第3項に規定する構造計算の計算書
(4)	層間変形角計算書	層間変位の計算に用いる地震力
		地震力によって各階に生ずる水平方向の層間変位の算出方法
		各階及び各方向の地震力による層間変形角の算出方法

	層間変形角計算結果一覧表	各階及び各方向の地震力による層間変形角
		損傷が生ずるおそれのないことについての検証内容（層間変形角が $\frac{1}{200}$ を超え $\frac{1}{120}$ 以内である場合に限る。）
(5)	保有水平耐力計算書	保有水平耐力計算に用いる地震力
		各階及び各方向の保有水平耐力の算出方法
		令第82条の3第二号に規定する各階の構造特性を表すDs（以下この表において「Ds」という。）の算出方法
		令第82条の3第二号に規定する各階の形状特性を表すFes（以下この表において「Fes」という。）の算出方法
		各階及び各方向の必要保有水平耐力の算出方法
		構造耐力上主要な部分である柱、はり若しくは壁又はこれらの接合部について、局部座屈、せん断破壊等による構造耐力上支障のある急激な耐力の低下が生ずるおそれのないことについての検証内容
	保有水平耐力計算結果一覧表	各階の保有水平耐力を増分解析により計算する場合における外力分布
		架構の崩壊形
		保有水平耐力、Ds、Fes及び必要保有水平耐力の数値
		各階及び各方向のDsの算定時における構造耐力上主要な部分である部材に生ずる力の分布及び塑性ヒンジの発生状況
		各階及び各方向の構造耐力上主要な部分である部材の部材群としての部材種別
		各階及び各方向の保有水平耐力時における構造耐力上主要な部分である部材に生ずる力の分布及び塑性ヒンジの発生状況
		各階の保有水平耐力を増分解析により計算する場合において、建築物の各方向におけるせん断力と層間変形角の関係
(6)	使用構造材料一覧表	屋根ふき材、外装材及び屋外に面する帳壁に使用されるすべての材料の種別（規格がある場合にあっては当該規格）及び使用部位
		使用する材料の許容応力度、許容耐力及び材料強度の数値及びそれらの算出方法
		使用する指定建築材料が法第37条の規定に基づく国土交通大臣の認定を受けたものである場合にあっては、その使用位置、形状及び寸法、当該構造計算において用いた許容応力度及び

		材料強度の数値並びに認定番号
	荷重・外力計算書	風圧力の数値及びその算出方法
	応力計算書	屋根ふき材及び屋外に面する帳壁に生ずる力の数値及びその算出方法
	屋根ふき材等計算書	告示第5第5項に規定する構造計算の計算書

構造計算書の作成に当たっては、次に掲げる事項について留意するものとする。

一　確認申請時に提出する構造計算書には通し頁を付すことその他の構造計算書の構成を識別できる措置を講じること。

二　建築物の構造等の実況に応じて、当該建築物の安全性を確かめるために必要な図書の追加、変更等を行うこと。

三　他の構造を併用する建築物にあっては、それぞれの構造種別に応じて構造計算書を作成すること。

四　この表の略伏図及び略軸組図は、構造計算における架構の様相を示した図に代えることができるものとするほか、プログラムによる構造計算を行わない場合にあっては省略することができるものとする。

別表第2

	構造計算書の種類	明示すべき事項
(1)	構造計算チェックリスト	プログラムによる構造計算を行う場合において、申請に係る建築物が、当該プログラムによる構造計算によって安全性を確かめることのできる建築物の構造の種別、規模その他のプログラムの使用条件に適合するかどうかを照合するための事項
	使用構造材料一覧表	構造耐力上主要な部分である部材（接合部を含む。）に使用されるすべての材料の種別（規格がある場合にあっては、当該規格）及び使用部位
		使用する材料の許容応力度、許容耐力及び材料強度の数値及びそれらの算出方法
		使用する指定建築材料が法第37条の規定に基づく国土交通大臣の認定を受けたものである場合にあっては、その使用位置、形状及び寸法、当該構造計算において用いた許容応力度及び材料強度の数値並びに認定番号
	特別な調査又は研究の結果等説明書	法第68条の25の規定に基づく国土交通大臣の認定を受けた構造方法等その他特殊な構造方法等が使用されている場合にあっては、その認定番号、使用条件及び内容
		特別な調査又は研究の結果に基づき構造計算が行われている場合にあっては、その検討内容

		構造計算の仮定及び計算結果の適切性に関する検討内容
(2)	基礎・地盤説明書（施行規則第1条の3第1項の表3中の規定に基づき国土交通大臣があらかじめ適切であると認定した算出方法により基礎ぐいの許容支持力を算出する場合で当該認定に係る認定書の写しを添えた場合にあっては、当該算出方法に係る図書のうち国土交通大臣の指定したものを除く。）	地盤調査方法及びその結果
		地層構成、支持地盤及び建築物（地下部分を含む。）の位置
		地下水位（地階を有しない建築物に直接基礎を用いた場合を除く。）
		基礎の工法（地盤改良を含む。）の種別、位置、形状、寸法及び材料の種別
		構造計算において用いた支持層の位置、層の構成及び地盤調査の結果により設定した地盤の特性値
		地盤の許容応力度並びに基礎及び基礎ぐいの許容支持力の数値及びそれらの算出方法
	略伏図	各階の構造耐力上主要な部分である部材の種別、配置及び寸法並びに開口部の位置
	略軸組図	すべての通りの構造耐力上主要な部分である部材の種別、配置及び寸法並びに開口部の位置
	部材断面表	各階及びすべての通りの構造耐力上主要な部分である部材の断面の形状、寸法及び仕様
	荷重・外力計算書	固定荷重の数値及びその算出方法
		各階又は各部分の用途ごとに積載荷重の数値及びその算出方法
		各階又は各部分の用途ごとに特殊な荷重の数値及びその算出方法
		積雪荷重の数値及びその算出方法
		風圧力の数値及びその算出方法
		地震力の数値及びその算出方法
		膜面の張力の数値及びその算出方法
		土圧、水圧その他考慮すべき荷重及び外力の数値及びそれらの算出方法
		略伏図上に記載した特殊な荷重及び膜面の張力の分布
	応力計算書（応力図及び基礎反力図を含む。）	構造耐力上主要な部分である部材に生ずる力の数値及びその算出方法
		地震時（風圧力によって生ずる力が地震力によって生ずる力を上回る場合にあっては暴風時）における柱が負担するせん

		断力及びその分担率並びに耐力壁又は筋かいが負担するせん断力及びその分担率
		平成19年国土交通省告示第817号別記第3号様式に定める応力図及び同告示別記第4号様式に定める基礎反力図に記載すべき事項
	断面計算書（断面検定比図を含む。）	構造耐力上主要な部分である部材（接合部を含む。）の位置、部材に付す記号、部材断面の仕様、部材に生じる荷重の種別及び当該荷重が作用する方向
		構造耐力上主要な部分である部材（接合部を含む。）の軸方向、曲げ及びせん断の応力度
		構造耐力上主要な部分である部材（接合部を含む。）の軸方向、曲げ及びせん断の許容応力度
		構造耐力上主要な部分である部材（接合部を含む。）の応力度と許容応力度の比率
		告示第5第2項に規定する構造計算の計算書
		平成19年国土交通省告示第817号別記第5号様式に定める断面検定比図に記載すべき事項
	基礎ぐい等計算書	基礎ぐい、床版、小ばりその他の構造耐力上主要な部分である部材に関する構造計算の計算書
	使用上の支障に関する計算書	告示第5第1項第四号に規定する構造計算の計算書
(3)	相対変形量に関する計算書	告示第5第3項に規定する構造計算の計算書
(4)	層間変形角計算書	層間変位の計算に用いる地震力
		地震力によって各階に生ずる水平方向の層間変位の算出方法
		各階及び各方向の地震力による層間変形角の算出方法
	層間変形角計算結果一覧表	各階及び各方向の地震力による層間変形角
		損傷が生ずるおそれのないことについての検証内容（層間変形角が $\frac{1}{200}$ を超え $\frac{1}{120}$ 以内である場合に限る。）
(5)	使用構造材料一覧表	屋根ふき材、外装材及び屋外に面する帳壁に使用されるすべての材料の種別（規格がある場合にあっては当該規格）及び使用部位
		使用する材料の許容応力度、許容耐力及び材料強度の数値及びそれらの算出方法
		使用する指定建築材料が法第37条の規定に基づく国土交通大

		臣の認定を受けたものである場合にあっては、その使用位置、形状及び寸法、当該構造計算において用いた許容応力度及び材料強度の数値並びに認定番号
	荷重・外力計算書	風圧力の数値及びその算出方法
	応力計算書	屋根ふき材及び屋外に面する帳壁に生ずる力の数値及びその算出方法
	屋根ふき材等計算書	告示第5第5項に規定する構造計算の計算書
(6)	剛性率・偏心率計算書	各階及び各方向の剛性率を計算する場合における層間変形角の算定に用いる層間変位の算出方法
		各階及び各方向の剛性率の算出方法
		各階の剛心周りのねじり剛性の算出方法
		各階及び各方向の偏心率の算出方法
		令第82条の6第三号の規定に基づき国土交通大臣が定める基準による計算の根拠
	剛性率・偏心率計算結果一覧表	各階の剛性率及び偏心率
		令第82条の6第三号の規定に基づき国土交通大臣が定める基準に適合していること

構造計算書の作成に当たっては、次に掲げる事項について留意するものとする。

一　確認申請時に提出する構造計算書には通し頁を付すことその他の構造計算書の構成を識別できる措置を講じること。

二　建築物の構造等の実況に応じて、当該建築物の安全性を確かめるために必要な図書の追加、変更等を行うこと。

三　他の構造を併用する建築物にあっては、それぞれの構造種別に応じて構造計算書を作成すること。

四　この表の略伏図及び略軸組図は、構造計算における架構の様相を示した図に代えることができるものとするほか、プログラムによる構造計算を行わない場合にあっては省略することができるものとする。

〔平成19年 6 月19日国土交通省告示第829号〕
建築基準法施行令第81条第 3 項に規定する国土交通大臣が定める基準に従った構造計算によりテント倉庫建築物の安全性を確かめた場合の構造計算書を定める件

最終改正　平成27年 1 月29日国土交通省告示第184号

　建築基準法施行規則（昭和25年建設省令第40号）第 1 条の 3 第 1 項第一号ロ(2)(ii)の規定に基づき、建築基準法施行令（昭和25年政令第338号）第81条第 3 項に規定する令第82条各号及び令第82条の 4 に定めるところによる構造計算と同等以上に安全性を確かめることができる構造計算によりテント倉庫建築物の安全性を確かめた場合におけるテント倉庫建築物の構造計算書を別表に定める。

　　　附　　則
　この告示は、平成19年 6 月20日から施行する。

別表

	構造計算書の種類	明 示 す べ き 事 項
(1)	構造計算チェックリスト	プログラムによる構造計算を行う場合において、申請に係る建築物が、当該プログラムによる構造計算によって安全性を確かめることのできる建築物の構造の種別、規模その他のプログラムの使用条件に適合するかどうかを照合するための事項
	使用構造材料一覧表	構造耐力上主要な部分である部材（接合部を含む。）に使用されるすべての材料の種別（規格がある場合にあっては、当該規格）及び使用部位
		使用する材料の許容応力度、許容耐力及び材料強度の数値及びそれらの算出方法
		使用する指定建築材料が建築基準法（昭和25年法律第201号。以下「法」という。）第37条の規定に基づく国土交通大臣の認定を受けたものである場合にあっては、その使用位置、形状及び寸法、当該構造計算において用いた許容応力度及び材料強度の数値並びに認定番号
	特別な調査又は研究の結果等説明書	法第68条の25の規定に基づく国土交通大臣の認定を受けた構造方法等その他特殊な構造方法等が使用されている場合にあっては、その認定番号、使用条件及び内容
		特別な調査又は研究の結果に基づき構造計算が行われている場合にあっては、その検討内容
		構造計算の仮定及び計算結果の適切性に関する検討内容

(2)	基礎・地盤説明書（施行規則第1条の3第1項の表3中の規定に基づき国土交通大臣があらかじめ適切であると認定した算出方法により基礎ぐいの許容支持力を算出する場合で当該認定に係る認定書の写しを添えた場合にあっては、当該算出方法に係る図書のうち国土交通大臣の指定したものを除く。）	地盤調査方法及びその結果
		地層構成、支持地盤及び建築物（地下部分を含む。）の位置
		地下水位（地階を有しない建築物に直接基礎を用いた場合を除く。）
		基礎の工法（地盤改良を含む。）の種別、位置、形状、寸法及び材料の種別
		構造計算において用いた支持層の位置、層の構成及び地盤調査の結果により設定した地盤の特性値
		地盤の許容応力度並びに基礎及び基礎ぐいの許容支持力の数値及びそれらの算出方法
		平成14年国土交通省告示第667号第5に規定するテント倉庫建築物の基礎について定める構造計算の計算書
	略伏図	各階の構造耐力上主要な部分である部材の種別、配置及び寸法並びに開口部の位置
	略軸組図	すべての通りの構造耐力上主要な部分である部材の種別、配置及び寸法並びに開口部の位置
	部材断面表	各階及びすべての通りの構造耐力上主要な部分である部材の断面の形状、寸法及び仕様
	荷重・外力計算書	固定荷重の数値及びその算出方法
		各階又は各部分の用途ごとに積載荷重の数値及びその算出方法
		各階又は各部分の用途ごとに大規模な設備、塔屋その他の特殊な荷重の数値及びその算出方法
		積雪荷重の数値及びその算出方法
		風圧力の数値及びその算出方法
		地震力の数値及びその算出方法
		土圧、水圧その他考慮すべき荷重及び外力の数値及びそれらの算出方法
		略伏図上に記載した特殊な荷重の分布
	応力計算書（応力図及び基礎反力図を含む。）	構造耐力上主要な部分である部材に生ずる力の数値及びその算出方法
		地震時（風圧力によって生ずる力が地震力によって生ずる力を上回る場合にあっては暴風時）における柱が負担するせん

	断力及びその分担率並びに耐力壁又は筋かいが負担するせん断力及びその分担率
	平成19年国土交通省告示第817号別記第3号様式に定める応力図及び同告示別記第4号様式に定める基礎反力図に記載すべき事項
断面計算書（断面検定比図を含む。）	構造耐力上主要な部分である部材（接合部を含む。）の位置、部材に付す記号、部材断面の仕様、部材に生じる荷重の種別及び当該荷重が作用する方向
	構造耐力上主要な部分である部材（接合部を含む。）の軸方向、曲げ及びせん断の応力度
	構造耐力上主要な部分である部材（接合部を含む。）の軸方向、曲げ及びせん断の許容応力度
	構造耐力上主要な部分である部材（接合部を含む。）の応力度と許容応力度の比率
	平成19年国土交通省告示第817号別記第5号様式に定める断面検定比図に記載すべき事項
基礎ぐい等計算書	基礎ぐい、床版、小ばりその他の構造耐力上主要な部分である部材に関する構造計算の計算書
使用上の支障に関する計算書	平成12年建設省告示第1459号に規定する構造計算の計算書

構造計算書の作成に当たっては、次に掲げる事項について留意するものとする。

一　確認申請時に提出する構造計算書には通し頁を付すことその他の構造計算書の構成を識別できる措置を講じること。

二　建築物の構造等の実況に応じて、当該建築物の安全性を確かめるために必要な図書の追加、変更等を行うこと。

三　他の構造を併用する建築物にあっては、それぞれの構造種別に応じて構造計算書を作成すること。

四　この表の略伏図及び略軸組図は、構造計算における架構の様相を示した図に代えることができるものとするほか、プログラムによる構造計算を行わない場合にあっては省略することができるものとする。

〔平成19年 6 月19日国土交通省告示第830号〕

建築基準法施行令第81条第 2 項第一号イ又は同条第 2 項第二号イに規定する国土交通大臣が定める基準に従った構造計算により鉄筋コンクリート組積造の建築物又は建築物の構造部分の安全性を確かめた場合の構造計算書を定める件

最終改正　平成27年 1 月29日国土交通省告示第184号

　建築基準法施行規則（昭和25年建設省令第40号。以下「施行規則」という。）第 1 条の 3 第 1 項第一号ロ(2)(ⅱ)の規定に基づき、鉄筋コンクリート組積造の建築物又は建築物の構造部分の構造計算書を次のように定める。

　　一　建築基準法施行令（昭和25年政令第338号。以下「令」という。）第81条第 2 項第一号イに規定する保有水平耐力計算と同等以上に安全性を確かめることができる構造計算により鉄筋コンクリート組積造の建築物又は建築物の構造部分の安全性を確かめた場合　別表第 1 とする。

　　二　令第81条第 2 項第二号イに規定する許容応力度等計算と同等以上に安全性を確かめることができる構造計算により鉄筋コンクリート組積造の建築物又は建築物の構造部分の安全性を確かめた場合　別表第 2 とする。

　　　附　則

　この告示は、平成19年 6 月20日から施行する。

別表第 1

	構造計算書の種類	明 示 す べ き 事 項
(1)	構造計算チェックリスト	プログラムによる構造計算を行う場合において、申請に係る建築物が、当該プログラムによる構造計算によって安全性を確かめることのできる建築物の構造の種別、規模その他のプログラムの使用条件に適合するかどうかを照合するための事項
	使用構造材料一覧表	構造耐力上主要な部分である部材（接合部を含む。）に使用されるすべての材料の種別（規格がある場合にあっては、当該規格）及び使用部位
		使用する材料の許容応力度、許容耐力及び材料強度の数値及びそれらの算出方法
		使用する指定建築材料が建築基準法（昭和25年法律第201号。以下「法」という。）第37条の規定に基づく国土交通大臣の認定を受けたものである場合にあっては、その使用位置、形状及び寸法、当該構造計算において用いた許容応力度及び材料強度の数値並びに認定番号

	特別な調査又は研究の結果等説明書	法第68条の25の規定に基づく国土交通大臣の認定を受けた構造方法等その他特殊な構造方法等が使用されている場合にあっては、その認定番号、使用条件及び内容
		特別な調査又は研究の結果に基づき構造計算が行われている場合にあっては、その検討内容
		構造計算の仮定及び計算結果の適切性に関する検討内容
(2)	基礎・地盤説明書（施行規則第1条の3第1項の表3中の規定に基づき国土交通大臣があらかじめ適切であると認定した算出方法により基礎ぐいの許容支持力を算出する場合で当該認定に係る認定書の写しを添えた場合にあっては、当該算出方法に係る図書のうち国土交通大臣の指定したものを除く。）	地盤調査方法及びその結果
		地層構成、支持地盤及び建築物（地下部分を含む。）の位置
		地下水位（地階を有しない建築物に直接基礎を用いた場合を除く。）
		基礎の工法（地盤改良を含む。）の種別、位置、形状、寸法及び材料の種別
		構造計算において用いた支持層の位置、層の構成及び地盤調査の結果により設定した地盤の特性値
		地盤の許容応力度並びに基礎及び基礎ぐいの許容支持力の数値及びそれらの算出方法
	略伏図	各階の構造耐力上主要な部分である部材の種別、配置及び寸法並びに開口部の位置
	略軸組図	すべての通りの構造耐力上主要な部分である部材の種別、配置及び寸法並びに開口部の位置
	部材断面表	各階及びすべての通りの構造耐力上主要な部分である部材の断面の形状、寸法及び仕様
	荷重・外力計算書	固定荷重の数値及びその算出方法
		各階又は各部分の用途ごとに積載荷重の数値及びその算出方法
		各階又は各部分の用途ごとに大規模な設備、塔屋その他の特殊な荷重（以下「特殊な荷重」という。）の数値及びその算出方法
		積雪荷重の数値及びその算出方法
		風圧力の数値及びその算出方法
		地震力の数値及びその算出方法倒壊
		土圧、水圧その他考慮すべき荷重及び外力の数値及びそれらの算出方法
		略伏図上に記載した特殊な荷重の分布

応力計算書（応力図及び基礎反力図を含む。）	構造耐力上主要な部分である部材に生ずる力の数値及びその算出方法
	地震時（風圧力によって生ずる力が地震力によって生ずる力を上回る場合にあっては暴風時）における柱が負担するせん断力及びその分担率並びに耐力壁又は筋かいが負担するせん断力及びその分担率
	平成19年国土交通省告示第817号別記第3号様式に定める応力図及び同告示別記第4号様式に定める基礎反力図に記載すべき事項
断面計算書（断面検定比図を含む。）	構造耐力上主要な部分である部材（接合部を含む。）の位置、部材に付す記号、部材断面の仕様、部材に生じる荷重の種別及び当該荷重が作用する方向
	構造耐力上主要な部分である部材（接合部を含む。）の軸方向、曲げ及びせん断の応力度
	構造耐力上主要な部分である部材（接合部を含む。）の軸方向、曲げ及びせん断の許容応力度
	構造耐力上主要な部分である部材（接合部を含む。）の応力度と許容応力度の比率
	平成19年国土交通省告示第817号別記第5号様式に定める断面検定比図に記載すべき事項
	平成15年国土交通省告示第463号（以下「告示」という。）第9第一号に規定する構造計算の計算書
基礎ぐい等計算書	基礎ぐい、床版、小ばりその他の構造耐力上主要な部分である部材に関する構造計算の計算書
使用上の支障に関する計算書	令第82条第四号に規定する構造計算の計算書
(3) 層間変形角計算書	層間変位の計算に用いる地震力
	地震力によって各階に生ずる水平方向の層間変位の算出方法
	各階及び各方向の地震力による層間変形角の算出方法
層間変形角計算結果一覧表	各階及び各方向の地震力による層間変形角
	損傷が生ずるおそれのないことについての検証内容（鉄筋コンクリート組積造の構造部分を有する階以外の階であって、層間変形角が $\frac{1}{200}$ を超え $\frac{1}{120}$ 以内である場合に限る。）
(4) 保有水平耐力計算書	保有水平耐力計算に用いる地震力
	各階及び各方向の保有水平耐力の算出方法

		令第82条の3第二号に規定する各階の構造特性を表すDs（以下この表において「Ds」という。）の算出方法
		令第82条の3第二号に規定する各階の形状特性を表すFes（以下この表において「Fes」という。）の算出方法
		各階及び各方向の必要保有水平耐力の算出方法
		構造耐力上主要な部分である柱、はり若しくは壁又はこれらの接合部について、局部座屈、せん断破壊等による構造耐力上支障のある急激な耐力の低下が生ずるおそれのないことについての検証内容
	保有水平耐力計算結果一覧表	各階の保有水平耐力を増分解析により計算する場合における外力分布
		架構の崩壊形
		保有水平耐力、Ds、Fes及び必要保有水平耐力の数値
		各階及び各方向のDsの算定時における構造耐力上主要な部分である部材に生ずる力の分布及び塑性ヒンジの発生状況
		各階及び各方向の構造耐力上主要な部分である部材の部材群としての部材種別
		各階及び各方向の保有水平耐力時における構造耐力上主要な部分である部材に生ずる力の分布及び塑性ヒンジの発生状況
		各階の保有水平耐力を増分解析により計算する場合において、建築物の各方向におけるせん断力と層間変形角の関係
(5)	使用構造材料一覧表	屋根ふき材、外装材及び屋外に面する帳壁に使用されるすべての材料の種別（規格がある場合にあっては当該規格）及び使用部位
		使用する材料の許容応力度、許容耐力及び材料強度の数値及びそれらの算出方法
		使用する指定建築材料が法第37条の規定に基づく国土交通大臣の認定を受けたものである場合にあっては、その使用位置、形状及び寸法、当該構造計算において用いた許容応力度及び材料強度の数値並びに認定番号
	荷重・外力計算書	風圧力の数値及びその算出方法
	応力計算書	屋根ふき材及び屋外に面する帳壁に生ずる力の数値及びその算出方法
	屋根ふき材等計算書	令第82条の4に規定する構造計算の計算書

構造計算書の作成に当たっては、次に掲げる事項について留意するものとする。

一　確認申請時に提出する構造計算書には通し頁を付すことその他の構造計算書の構成を識
別できる措置を講じること。

二　建築物の構造等の実況に応じて、当該建築物の安全性を確かめるために必要な図書の追
加、変更等を行うこと。

三　他の構造を併用する建築物にあっては、それぞれの構造種別に応じて構造計算書を作成
すること。

四　この表の略伏図及び略軸組図は、構造計算における架構の様相を示した図に代えること
ができるものとするほか、プログラムによる構造計算を行わない場合にあっては省略する
ことができるものとする。

別表第2

	構造計算書の種類	明 示 す べ き 事 項
(1)	構造計算チェックリスト	プログラムによる構造計算を行う場合において、申請に係る建築物が、当該プログラムによる構造計算によって安全性を確かめることのできる建築物の構造の種別、規模その他のプログラムの使用条件に適合するかどうかを照合するための事項
	使用構造材料一覧表	構造耐力上主要な部分である部材（接合部を含む。）に使用されるすべての材料の種別（規格がある場合にあっては、当該規格）及び使用部位
		使用する材料の許容応力度、許容耐力及び材料強度の数値及びそれらの算出方法
		使用する指定建築材料が法第37条の規定に基づく国土交通大臣の認定を受けたものである場合にあっては、その使用位置、形状及び寸法、当該構造計算において用いた許容応力度及び材料強度の数値並びに認定番号
	特別な調査又は研究の結果等説明書	法第68条の25の規定に基づく国土交通大臣の認定を受けた構造方法等その他特殊な構造方法等が使用されている場合にあっては、その認定番号、使用条件及び内容
		特別な調査又は研究の結果に基づき構造計算が行われている場合にあっては、その検討内容
		構造計算の仮定及び計算結果の適切性に関する検討内容
(2)	基礎・地盤説明書（施行規則第1条の3第1項の表3中の規定に基づき国土交通大臣があらかじめ適切であ	地盤調査方法及びその結果
		地層構成、支持地盤及び建築物（地下部分を含む。）の位置
		地下水位（地階を有しない建築物に直接基礎を用いた場合を

ると認定した算出方法により基礎ぐいの許容支持力を算出する場合で当該認定に係る認定書の写しを添えた場合にあっては、当該算出方法に係る図書のうち国土交通大臣の指定したものを除く。)	除く。)
	基礎の工法（地盤改良を含む。）の種別、位置、形状、寸法及び材料の種別
	構造計算において用いた支持層の位置、層の構成及び地盤調査の結果により設定した地盤の特性値
	地盤の許容応力度並びに基礎及び基礎ぐいの許容支持力の数値及びそれらの算出方法
略伏図	各階の構造耐力上主要な部分である部材の種別、配置及び寸法並びに開口部の位置
略軸組図	すべての通りの構造耐力上主要な部分である部材の種別、配置及び寸法並びに開口部の位置
部材断面表	各階及びすべての通りの構造耐力上主要な部分である部材の断面の形状、寸法及び仕様
荷重・外力計算書	固定荷重の数値及びその算出方法
	各階又は各部分の用途ごとに積載荷重の数値及びその算出方法
	各階又は各部分の用途ごとに大規模な設備、塔屋その他の特殊な荷重（以下「特殊な荷重」という。）の数値及びその算出方法
	積雪荷重の数値及びその算出方法
	風圧力の数値及びその算出方法
	地震力の数値及びその算出方法
	土圧、水圧その他考慮すべき荷重及び外力の数値及びそれらの算出方法
	略伏図上に記載した特殊な荷重の分布
応力計算書（応力図及び基礎反力図を含む。)	構造耐力上主要な部分である部材に生ずる力の数値及びその算出方法
	地震時（風圧力によって生ずる力が地震力によって生ずる力を上回る場合にあっては暴風時）における柱が負担するせん断力及びその分担率並びに耐力壁又は筋かいが負担するせん断力及びその分担率
	平成19年国土交通省告示第817号別記第3号様式に定める応力図及び同告示別記第4号様式に定める基礎反力図に記載すべき事項

	断面計算書（断面検定比図を含む。）	構造耐力上主要な部分である部材（接合部を含む。）の位置、部材に付す記号、部材断面の仕様、部材に生じる荷重の種別及び当該荷重が作用する方向
		構造耐力上主要な部分である部材（接合部を含む。）の軸方向、曲げ及びせん断の応力度
		構造耐力上主要な部分である部材（接合部を含む。）の軸方向、曲げ及びせん断の許容応力度
		構造耐力上主要な部分である部材（接合部を含む。）の応力度と許容応力度の比率
		平成19年国土交通省告示第817号別記第5号様式に定める断面検定比図に記載すべき事項
		告示第11第一号ニに規定する構造計算の計算書
	基礎ぐい等計算書	基礎ぐい、床版、小ばりその他の構造耐力上主要な部分である部材に関する構造計算の計算書
	使用上の支障に関する計算書	令第82条第四号に規定する構造計算の計算書
(3)	層間変形角計算書	層間変位の計算に用いる地震力
		地震力によって各階に生ずる水平方向の層間変位の算出方法
		各階及び各方向の地震力による層間変形角の算出方法
	層間変形角計算結果一覧表	各階及び各方向の地震力による層間変形角
		損傷が生ずるおそれのないことについての検証内容（鉄筋コンクリート組積造の構造部分を有する階以外の階であって、層間変形角が $\frac{1}{200}$ を超え $\frac{1}{120}$ 以内である場合に限る。）
(4)	使用構造材料一覧表	屋根ふき材、外装材及び屋外に面する帳壁に使用されるすべての材料の種別（規格がある場合にあっては当該規格）及び使用部位
		使用する材料の許容応力度、許容耐力及び材料強度の数値及びそれらの算出方法
		使用する指定建築材料が法第37条の規定に基づく国土交通大臣の認定を受けたものである場合にあっては、その使用位置、形状及び寸法、当該構造計算において用いた許容応力度及び材料強度の数値並びに認定番号
	荷重・外力計算書	風圧力の数値及びその算出方法
	応力計算書	屋根ふき材及び屋外に面する帳壁に生ずる力の数値及びその算出方法

	屋根ふき材等計算書	令第82条の4に規定する構造計算の計算書
(5)	剛性率・偏心率計算書	各階及び各方向の剛性率を計算する場合における層間変形角の算定に用いる層間変位の算出方法
		各階及び各方向の剛性率の算出方法
		各階の剛心周りのねじり剛性の算出方法
		各階及び各方向の偏心率の算出方法
		令第82条の6第三号の規定に基づき国土交通大臣が定める基準による計算の根拠
	剛性率・偏心率計算結果一覧表	各階の剛性率及び偏心率
		令第82条の6第三号の規定に基づき国土交通大臣が定める基準に適合していること

構造計算書の作成に当たっては、次に掲げる事項について留意するものとする。

一　確認申請時に提出する構造計算書には通し頁を付すことその他の構造計算書の構成を識別できる措置を講じること。

二　建築物の構造等の実況に応じて、当該建築物の安全性を確かめるために必要な図書の追加、変更等を行うこと。

三　他の構造を併用する建築物にあっては、それぞれの構造種別に応じて構造計算書を作成すること。

四　この表の略伏図及び略軸組図は、構造計算における架構の様相を示した図に代えることができるものとするほか、プログラムによる構造計算を行わない場合にあっては省略することができるものとする。

〔平成19年6月19日国土交通省告示第831号〕
建築基準法施行令第81条第2項第一号ロの規定に基づきエネルギーの釣合いに基づく耐震計算等の構造計算によって建築物の安全性を確かめた場合の構造計算書を定める件

　　　　　　　　　　　　最終改正　平成27年1月29日国土交通省告示第184号

　建築基準法施行規則（昭和25年建設省令第40号）第1条の3第1項第一号ロ(2)(ii)の規定に基づき、建築基準法施行令（昭和25年政令第338号。以下「令」という。）第81条第2項第一号ロに規定する限界耐力計算と同等以上に安全性を確かめることができる構造計算であるエネルギーの釣合いに基づく耐震計算等の構造計算によって建築物の安全性を確かめた場合の構造計算書を別表に定める。

　　　　附　　則
　この告示は、平成19年6月20日から施行する。

別表

	構造計算書の種類	明示すべき事項
(1)	構造計算チェックリスト	プログラムによる構造計算を行う場合において、申請に係る建築物が、当該プログラムによる構造計算によって安全性を確かめることのできる建築物の構造の種別、規模その他のプログラムの使用条件に適合するかどうかを照合するための事項
	使用構造材料一覧表	構造耐力上主要な部分である部材（接合部を含む。）に使用されるすべての材料の種別（規格がある場合にあっては、当該規格）及び使用部位
		使用する材料の許容応力度、許容耐力及び材料強度の数値及びそれらの算出方法
		使用する指定建築材料が建築基準法（昭和25年法律第201号。以下「法」という。）第37条の規定に基づく国土交通大臣の認定を受けたものである場合にあっては、その使用位置、形状及び寸法、当該構造計算において用いた許容応力度及び材料強度の数値並びに認定番号
	特別な調査又は研究の結果等説明書	法第68条の25の規定に基づく国土交通大臣の認定を受けた構造方法等その他特殊な構造方法等が使用されている場合にあっては、その認定番号、使用条件及び内容
		特別な調査又は研究の結果に基づき構造計算が行われている場合にあっては、その検討内容
		構造計算の仮定及び計算結果の適切性に関する検討内容
(2)	基礎・地盤説明書（施行規則第1条の3第1項の表3中の規定に基づき国土交通大臣があらかじめ適切であると認定した算出方法により基礎ぐいの許容支持力を算出する場合で当該認定に係る認定書の写しを添えた場合にあっては、当該算出方法に係る図書のうち国土交通大臣の指定したものを除く。）	地盤調査方法及びその結果
		地層構成、支持地盤及び建築物（地下部分を含む。）の位置
		地下水位（地階を有しない建築物に直接基礎を用いた場合を除く。）
		基礎の工法（地盤改良を含む。）の種別、位置、形状、寸法及び材料の種別
		構造計算において用いた支持層の位置、層の構成及び地盤調査の結果により設定した地盤の特性値
		地盤の許容応力度並びに基礎及び基礎ぐいの許容支持力の数値及びそれらの算出方法
	略伏図	各階の構造耐力上主要な部分である部材の種別、配置及び寸法並びに開口部の位置

略軸組図	すべての通りの構造耐力上主要な部分である部材の種別、配置及び寸法並びに開口部の位置
部材断面表	各階及びすべての通りの構造耐力上主要な部分である部材の断面の形状、寸法及び仕様
荷重・外力計算書	固定荷重の数値及びその算出方法
	各階又は各部分の用途ごとに積載荷重の数値及びその算出方法
	各階又は各部分の用途ごとに大規模な設備、塔屋その他の特殊な荷重の数値及びその算出方法
	積雪荷重の数値及びその算出方法
	風圧力の数値及びその算出方法
	地震により建築物に作用するエネルギー量の数値及びその算出方法
	土圧、水圧その他考慮すべき荷重及び外力の数値及びそれらの算出方法
	略伏図上に記載した特殊な荷重の分布
応力計算書（応力図及び基礎反力図を含む。）（地下部分の計算を含む。）	構造耐力上主要な部分である部材に生ずる力の数値及びその算出方法
	地震時（風圧力によって生ずる力が地震力によって生ずる力を上回る場合にあっては暴風時）における柱が負担するせん断力及びその分担率並びに耐力壁又は筋かいが負担するせん断力及びその分担率
	平成19年国土交通省告示第817号別記第2号様式に定める応力図及び同告示別記第3号様式に定める基礎反力図に記載すべき事項
断面計算書（断面検定比図を含む。）	構造耐力上主要な部分である部材（接合部を含む。）の位置、部材に付す記号、部材断面の仕様、部材に生じる荷重の種別及び当該荷重が作用する方向
	構造耐力上主要な部分である部材（接合部を含む。）の軸方向、曲げ及びせん断の応力度
	構造耐力上主要な部分である部材（接合部を含む。）の軸方向、曲げ及びせん断の許容応力度
	構造耐力上主要な部分である部材（接合部を含む。）の応力度と許容応力度の比率
	平成19年国土交通省告示第817号別記第5号様式に定める断

		面検定比図に記載すべき事項
	積雪・暴風時耐力計算書	構造耐力上主要な部分である部材（接合部を含む。）に生ずる力の数値及びその算出方法
		構造耐力上主要な部分である部材（接合部を含む。）の耐力の数値及びその算出方法
	積雪・暴風時耐力計算結果一覧表	構造耐力上主要な部分である部材（接合部を含む。）に生ずる力及び耐力並びにその比率
(3)	平成17年国土交通省告示第631号（以下「告示」という。）第4の構造計算に関する計算書	建築物の損傷限界時の各階の主架構に生ずる層せん断力の数値及びその算出方法
		各階の損傷限界時層間変位の数値及びその算出方法
		各階の主架構に弾性ひずみエネルギーとして吸収されるエネルギー量の数値及びその算出方法
		告示第4第一号に規定する Wdei の算出時に用いる各階のダンパー部分の層せん断力の数値及びその算出方法
		告示第4第一号に規定する Wdei の算出時に用いる各階のダンパー部分の層せん断力を各階のダンパー部分の水平方向の剛性で除して得た各階のダンパー部分の層間変位の数値及びその算出方法
		各階のダンパー部分に弾性ひずみエネルギーとして吸収されるエネルギー量の数値及びその算出方法
		告示第4第一号に規定する Wdpi の算出時に用いる各階のダンパー部分の層せん断力の数値及びその算出方法
		告示第4第一号に規定する Wdpi の算出時に用いる各階のダンパー部分の層せん断力を各階のダンパー部分の水平方向の剛性で除して得た各階のダンパー部分の層間変位の数値及びその算出方法
		各階のダンパー部分の塑性変形の累積の程度を表す数値 (ni) 及びその算出方法
		各階のダンパー部分に塑性ひずみエネルギーとして吸収されるエネルギー量の数値及びその算出方法
		建築物が損傷限界に達する時までに吸収することができるエネルギー量の数値及びその算出方法
		建築物が損傷限界に達する時の建築物の固有周期の数値及びその算出方法
		表層地盤による加速度の増幅率 Gs の数値及びその算出方法

		地震により建築物に作用するエネルギー量の速度換算値の数値及びその算出方法
		地震により建築物に作用するエネルギー量の数値及びその算出方法
		告示第4第四号に規定する建築物の各階に作用する層せん断力の数値及びその算出方法
	告示第4の構造計算に関する計算結果一覧表	建築物が損傷限界に達する時までに吸収することができるエネルギー量及び地震により建築物に作用するエネルギー量の数値
		各階に作用する層せん断力その他の各階に作用する力による層間変位の当該各階の高さに対する割合
		損傷が生ずるおそれのないことについての検証内容（建築物の各階に作用する層せん断力その他の各階に作用する力による層間変位の当該各階の高さに対する割合が $\frac{1}{200}$ を超え $\frac{1}{120}$ 以内である場合に限る。）
		地震により建築物に作用するエネルギーが作用した後に生ずる残留層間変位その他の残留変形によって、当該建築物に構造耐力上の支障が生じないものであることの検証内容
(4)	告示第6の構造計算に関する計算書	各階の主架構及びダンパー部分の保有エネルギー吸収量の数値及びその算出方法
		地震により建築物に作用するエネルギー量の速度換算値の数値及びその算出方法
		告示第6第一号ロ(1)に規定する Ts の数値及びその算出方法
		表層地盤による加速度の増幅率 Gs の数値及びその算出方法
		告示第4第一号の規定を準用して計算した建築物が損傷限界に達する時までに吸収することができるエネルギー量の数値及びその算出方法
		建築物の必要エネルギー吸収量の数値及びその算出方法
		各階の保有水平耐力の数値及びその算出方法
		各階の主架構及びダンパー部分の保有水平耐力の数値及びその算出方法
		各階の必要エネルギー吸収量に各階の保有水平耐力に対するダンパー部分の保有水平耐力の比を乗じた数値及びその算出方法
		各階の主架構の保有水平耐力を当該主架構の水平方向の剛性

		で除した得た各階の層間変位の数値及びその算出方法
		各階のダンパー部分の保有水平耐力を各階のダンパー部分の水平方向の剛性で除した得た各階のダンパー部分の層間変位の数値及びその算出方法
		建築物の1階の必要エネルギー吸収量に対する各階の必要エネルギー吸収量の比を表す基準値及びその算出方法
		建築物の1階の保有水平層せん断力係数に対する各階の保有水平層せん断力係数の比と Ai（昭和55年建設省告示第1793号第3に規定する Ai をいう。）の数値との比及びその算出方法
		各階の必要エネルギー吸収量に係る当該階の偏心による割増に等価な保有水平層せん断力係数の低減係数の数値及びその算出方法
		建築物の必要エネルギー吸収量を各階の剛性及び耐力に応じて各階に分配する程度を表す数値及びその算出方法
		各階の必要エネルギー吸収量の数値及びその算出方法
		各階の主架構の必要エネルギー吸収量の数値及びその算出方法
		告示第6第一号ロ(1)に規定する We が作用する時の各階の層間変位（δi）の数値及びその算出方法
		各階のダンパー部分の塑性変形の累積の程度を表す数値（nsi）及びその算出方法
		告示第6第一号ロ(1)に規定する地震に対してダンパー部分のみが塑性している時に当該ダンパー部分に塑性ひずみエネルギーとして吸収されるエネルギー量の数値及びその算出方法
		告示第4第二号に規定する地震によるエネルギー吸収量の割増係数の数値及びその算出方法
		各階のダンパー部分の塑性変形の累積の程度を表す数値（ndi）及びその算出方法
		告示第4第二号に規定する地震によって作用するエネルギーのうちダンパー部分に塑性ひずみエネルギーとして吸収されるエネルギー量の数値及びその算出方法
	告示第6の構造計算に関する計算結果一覧表	各階の主架構の保有エネルギー吸収量及び必要エネルギー吸収量の数値
		各階のダンパー部分の保有エネルギー吸収量及び必要エネルギー吸収量の数値

(5)	基礎ぐい等計算書	基礎ぐい、床版、小ばりその他の構造耐力上主要な部分である部材に関する構造計算の計算書
(6)	使用上の支障に関する計算書	令第82条第四号に規定する構造計算の計算書
(7)	屋根ふき材等計算書	告示第8に規定する構造計算の計算書
(8)	土砂災害特別警戒区域内破壊防止計算書	告示第9に規定する構造計算の計算書

構造計算書の作成に当たっては、次に掲げる事項について留意するものとする。
　一　確認申請時に提出する構造計算書には通し頁を付すことその他の構造計算書の構成を識別できる措置を講じること。
　二　建築物の構造等の実況に応じて、当該建築物の安全性を確かめるために必要な図書の追加、変更等を行うこと。
　三　この表の略伏図及び略軸組図は、構造計算における架構の様相を示した図に代えることができるものとするほか、プログラムによる構造計算を行わない場合にあっては省略することができるものとする。

〔平成28年4月1日国土交通省告示第612号〕
建築基準法施行令第81条第2項第一号イ、同項第二号イ又は同条第3項に規定する国土交通大臣が定める基準に従った構造計算により CLT パネル工法を用いた建築物又は建築物の構造部分の安全性を確かめた場合の構造計算書を定める件

　建築基準法施行規則（昭和25年建設省令第40号）第1条の3第1項第一号ロ(2)(ⅱ)の規定に基づき、この告示を制定する。
　建築基準法施行規則（以下「施行規則」という。）第1条の3第1項第一号ロ(2)(ⅱ)の規定に基づき、CLT パネル工法を用いた建築物又は建築物の構造部分（以下「建築物等」という。）の構造計算書を次のように定める。
　一　建築基準法施行令（昭和25年政令第338号。以下「令」という。）第81条第2項第一号イに規定する保有水平耐力計算と同等以上に安全性を確かめることができる構造計算により CLT パネル工法を用いた建築物等の安全性を確かめた場合　別表第1とする。
　二　令第81条第2項第二号イに規定する許容応力度等計算と同等以上に安全性を確かめることができる構造計算により CLT パネル工法を用いた建築物等の安全性を確かめた場合　別表第2とする。
　三　令第81条第3項に規定する令第82条各号及び令第82条の4に定めるところによる構造計算と同等以上に安全性を確かめることができる構造計算により CLT パネル工法を用いた建築物等の安全性を確かめた場合　別表第3とする。

別表第1

	構造計算書の種類	明 示 す べ き 事 項
(1)	構造計算チェックリスト	プログラムによる構造計算を行う場合において、申請に係る建築物が、当該プログラムによる構造計算によって安全性を確かめることのできる建築物の構造の種別、規模その他のプログラムの使用条件に適合するかどうかを照合するための事項
	使用構造材料一覧表	構造耐力上主要な部分である部材（接合部を含む。）に使用される全ての材料の種別（規格がある場合にあっては、当該規格）及び使用部位
		使用する材料の許容応力度、許容耐力及び材料強度の数値及びそれらの算出方法
		使用する指定建築材料が建築基準法（昭和25年法律第201号。以下「法」という。）第37条の規定に基づく国土交通大臣の認定を受けたものである場合にあっては、その使用位置、形状及び寸法、当該構造計算において用いた許容応力度及び材料強度の数値並びに認定番号
	特別な調査又は研究の結果等説明書	法第68条の25の規定に基づく国土交通大臣の認定を受けた構造方法等その他特殊な構造方法等が使用されている場合にあっては、その認定番号、使用条件及び内容
		特別な調査又は研究の結果に基づき構造計算が行われている場合にあっては、その検討内容
		構造計算の仮定及び計算結果の適切性に関する検討内容
(2)	基礎・地盤説明書（施行規則第1条の3第1項の表3中の規定に基づき国土交通大臣があらかじめ適切であると認定した算出方法により基礎ぐいの許容支持力を算出する場合で当該認定に係る認定書の写しを添えた場合にあっては、当該算出方法に係る図書のうち国土交通大臣の指定したものを除く。）	地盤調査方法及びその結果
		地層構成、支持地盤及び建築物（地下部分を含む。）の位置
		地下水位（地階を有しない建築物に直接基礎を用いた場合を除く。）
		基礎の工法（地盤改良を含む。）の種別、位置、形状、寸法及び材料の種別
		構造計算において用いた支持層の位置、層の構成及び地盤調査の結果により設定した地盤の特性値
		地盤の許容応力度並びに基礎及び基礎ぐいの許容支持力の数値及びそれらの算出方法
	略伏図	各階の構造耐力上主要な部分である部材の種別、配置及び寸法並びに開口部の位置

略軸組図	全ての通りの構造耐力上主要な部分である部材の種別、配置及び寸法並びに開口部の位置
部材断面表	各階及び全ての通りの構造耐力上主要な部分である部材の断面の形状、寸法及び仕様
荷重・外力計算書	固定荷重の数値及びその算出方法
	各階又は各部分の用途ごとに積載荷重の数値及びその算出方法
	各階又は各部分の用途ごとに大規模な設備、塔屋その他の特殊な荷重（以下「特殊な荷重」という。）の数値及びその算出方法
	積雪荷重の数値及びその算出方法
	風圧力の数値及びその算出方法
	地震力の数値及びその算出方法
	土圧、水圧その他考慮すべき荷重及び外力の数値及びそれらの算出方法
	略伏図上に記載した特殊な荷重の分布
応力計算書（応力図及び基礎反力図を含む。）	構造耐力上主要な部分である部材に生ずる力の数値及びその算出方法
	地震時（風圧力によって生ずる力が地震力によって生ずる力を上回る場合にあっては、暴風時）における柱が負担するせん断力及びその分担率並びに耐力壁又は筋かいが負担するせん断力及びその分担率
	平成19年国土交通省告示第817号別記第3号様式に定める応力図及び同告示別記第4号様式に定める基礎反力図に記載すべき事項
断面計算書（断面検定比図を含む。）	構造耐力上主要な部分である部材（接合部を含む。）の位置、部材に付す記号、部材断面の仕様、部材に生じる荷重の種別及び当該荷重が作用する方向
	構造耐力上主要な部分である部材（接合部を含む。）の軸方向、曲げ及びせん断の応力度
	構造耐力上主要な部分である部材（接合部を含む。）の軸方向、曲げ及びせん断の許容応力度
	構造耐力上主要な部分である部材（接合部を含む。）の応力度と許容応力度の比率

		平成19年国土交通省告示第817号別記第5号様式に定める断面検定比図に記載すべき事項
	基礎ぐい等計算書	基礎ぐい、床版、小ばりその他の構造耐力上主要な部分である部材に関する構造計算の計算書
	使用上の支障に関する計算書	令第82条第四号に規定する構造計算の計算書
(3)	層間変形角計算書	層間変位の計算に用いる地震力
		地震力によって各階に生ずる水平方向の層間変位の算出方法
		各階及び各方向の層間変形角の算出方法
	層間変形角計算結果一覧表	各階及び各方向の層間変形角
		損傷が生ずるおそれのないことについての検証内容（層間変形角が $\frac{1}{200}$ を超え $\frac{1}{120}$ 以内である場合に限る。）
(4)	保有水平耐力計算書	保有水平耐力計算に用いる地震力
		各階及び各方向の保有水平耐力の算出方法
		平成28年国土交通省告示第611号（以下単に「告示」という。）第8第二号に規定する各階の構造特性を表すDs（以下この表において「Ds」という。）の算出方法
		令第82条の3第二号に規定する各階の形状特性を表すFes（以下この表において「Fes」という。）の算出方法
		各階及び各方向の必要保有水平耐力の算出方法
		構造耐力上主要な部分である柱、はり若しくは壁又はこれらの接合部について、局部座屈、せん断破壊等による構造耐力上支障のある急激な耐力の低下が生ずるおそれのないことについての検証内容
	保有水平耐力計算結果一覧表	各階の保有水平耐力を増分解析により計算する場合における外力分布
		架構の崩壊形
		保有水平耐力、Ds、Fes及び必要保有水平耐力の数値
		各階及び各方向のDsの算定時における構造耐力上主要な部分である部材に生ずる力の分布及び塑性ヒンジの発生状況
		各階及び各方向の構造耐力上主要な部分である部材の部材群としての部材種別
		各階及び各方向の保有水平耐力時における構造耐力上主要な

		部分である部材に生ずる力の分布及び塑性ヒンジの発生状況
		各階の保有水平耐力を増分解析により計算する場合において、建築物の各方向におけるせん断力と層間変形角の関係
(5)	使用構造材料一覧表	屋根ふき材、外装材及び屋外に面する帳壁に使用される全ての材料の種別（規格がある場合にあっては、当該規格）及び使用部位
		使用する材料の許容応力度、許容耐力及び材料強度の数値及びそれらの算出方法
		使用する指定建築材料が法第37条の規定に基づく国土交通大臣の認定を受けたものである場合にあっては、その使用位置、形状及び寸法、当該構造計算において用いた許容応力度及び材料強度の数値並びに認定番号
	荷重・外力計算書	風圧力の数値及びその算出方法
	応力計算書	屋根ふき材及び屋外に面する帳壁に生ずる力の数値及びその算出方法
	屋根ふき材等計算書	令第82条の4に規定する構造計算の計算書

構造計算書の作成に当たっては、次に掲げる事項について留意するものとする。
一　確認申請時に提出する構造計算書には通し頁を付すことその他の構造計算書の構成を識別できる措置を講じること。
二　建築物の構造等の実況に応じて、当該建築物の安全性を確かめるために必要な図書の追加、変更等を行うこと。
三　他の構造を併用する建築物にあっては、それぞれの構造種別に応じて構造計算書を作成すること。
四　この表の略伏図及び略軸組図は、構造計算における架構の様相を示した図に代えることができるものとするほか、プログラムによる構造計算を行わない場合にあっては、省略することができる。

別表第2

	構造計算書の種類	明 示 す べ き 事 項
(1)	構造計算チェックリスト	プログラムによる構造計算を行う場合において、申請に係る建築物が、当該プログラムによる構造計算によって安全性を確かめることのできる建築物の構造の種別、規模その他のプログラムの使用条件に適合するかどうかを照合するための事項
	使用構造材料一覧表	構造耐力上主要な部分である部材（接合部を含む。）に使用される全ての材料の種別（規格がある場合にあっては、当該規格）及び使用部位

		使用する材料の許容応力度、許容耐力及び材料強度の数値及びそれらの算出方法
		使用する指定建築材料が法第37条の規定に基づく国土交通大臣の認定を受けたものである場合にあっては、その使用位置、形状及び寸法、当該構造計算において用いた許容応力度及び材料強度の数値並びに認定番号
	特別な調査又は研究の結果等説明書	法第68条の25の規定に基づく国土交通大臣の認定を受けた構造方法等その他特殊な構造方法等が使用されている場合にあっては、その認定番号、使用条件及び内容
		特別な調査又は研究の結果に基づき構造計算が行われている場合にあっては、その検討内容
		構造計算の仮定及び計算結果の適切性に関する検討内容
(2)	基礎・地盤説明書（施行規則第1条の3第1項の表3中の規定に基づき国土交通大臣があらかじめ適切であると認定した算出方法により基礎ぐいの許容支持力を算出する場合で当該認定に係る認定書の写しを添えた場合にあっては、当該算出方法に係る図書のうち国土交通大臣の指定したものを除く。）	地盤調査方法及びその結果
		地層構成、支持地盤及び建築物（地下部分を含む。）の位置
		地下水位（地階を有しない建築物に直接基礎を用いた場合を除く。）
		基礎の工法（地盤改良を含む。）の種別、位置、形状、寸法及び材料の種別
		構造計算において用いた支持層の位置、層の構成及び地盤調査の結果により設定した地盤の特性値
		地盤の許容応力度並びに基礎及び基礎ぐいの許容支持力の数値及びそれらの算出方法
	略伏図	各階の構造耐力上主要な部分である部材の種別、配置及び寸法並びに開口部の位置
	略軸組図	全ての通りの構造耐力上主要な部分である部材の種別、配置及び寸法並びに開口部の位置
	部材断面表	各階及び全ての通りの構造耐力上主要な部分である部材の断面の形状、寸法及び仕様
	荷重・外力計算書	固定荷重の数値及びその算出方法
		各階又は各部分の用途ごとに積載荷重の数値及びその算出方法
		各階又は各部分の用途ごとに特殊な荷重の数値及びその算出方法
		積雪荷重の数値及びその算出方法

		風圧力の数値及びその算出方法
		地震力の数値及びその算出方法
		土圧、水圧その他考慮すべき荷重及び外力の数値及びそれらの算出方法
		略伏図上に記載した特殊な荷重の分布
	応力計算書（応力図及び基礎反力図を含む。）	構造耐力上主要な部分である部材に生ずる力の数値及びその算出方法
		地震時（風圧力によって生ずる力が地震力によって生ずる力を上回る場合にあっては、暴風時）における柱が負担するせん断力及びその分担率並びに耐力壁又は筋かいが負担するせん断力及びその分担率
		平成19年国土交通省告示第817号別記第3号様式に定める応力図及び同告示別記第4号様式に定める基礎反力図に記載すべき事項
	断面計算書（断面検定比図を含む。）	構造耐力上主要な部分である部材（接合部を含む。）の位置、部材に付す記号、部材断面の仕様、部材に生じる荷重の種別及び当該荷重が作用する方向
		構造耐力上主要な部分である部材（接合部を含む。）の軸方向、曲げ及びせん断の応力度
		構造耐力上主要な部分である部材（接合部を含む。）の軸方向、曲げ及びせん断の許容応力度
		構造耐力上主要な部分である部材（接合部を含む。）の応力度と許容応力度の比率
		平成19年国土交通省告示第817号別記第5号様式に定める断面検定比図に記載すべき事項
	基礎ぐい等計算書	基礎ぐい、床版、小ばりその他の構造耐力上主要な部分である部材に関する構造計算の計算書
	使用上の支障に関する計算書	令第82条第四号に規定する構造計算の計算書
(3)	層間変形角計算書	層間変位の計算に用いる地震力
		地震力によって各階に生ずる水平方向の層間変位の算出方法
		各階及び各方向の層間変形角の算出方法
	層間変形角計算結果一覧表	各階及び各方向の層間変形角
		損傷が生ずるおそれのないことについての検証内容（層間変

		形角が $\dfrac{1}{200}$ を超え $\dfrac{1}{120}$ 以内である場合に限る。)
(4)	使用構造材料一覧表	屋根ふき材、外装材及び屋外に面する帳壁に使用される全ての材料の種別（規格がある場合にあっては、当該規格）及び使用部位
		使用する材料の許容応力度、許容耐力及び材料強度の数値及びそれらの算出方法
		使用する指定建築材料が法第37条の規定に基づく国土交通大臣の認定を受けたものである場合にあっては、その使用位置、形状及び寸法、当該構造計算において用いた許容応力度及び材料強度の数値並びに認定番号
	荷重・外力計算書	風圧力の数値及びその算出方法
	応力計算書	屋根ふき材及び屋外に面する帳壁に生ずる力の数値及びその算出方法
	屋根ふき材等計算書	令第82条の4に規定する構造計算の計算書
(5)	剛性率・偏心率等計算書	各階及び各方向の剛性率を計算する場合における層間変形角の算定に用いる層間変位の算出方法
		各階及び各方向の剛性率の算出方法
		各階の剛心周りのねじり剛性の算出方法
		各階及び各方向の偏心率の算出方法
		令第82条の6第三号の規定に基づき国土交通大臣が定める基準及び告示第9第二号による計算の根拠
	剛性率・偏心率等計算結果一覧表	各階の剛性率及び偏心率
		令第82条の6第三号の規定に基づき国土交通大臣が定める基準及び告示第9第二号に適合していること

構造計算書の作成に当たっては、次に掲げる事項について留意するものとする。

一　確認申請時に提出する構造計算書には通し頁を付すことその他の構造計算書の構成を識別できる措置を講じること。

二　建築物の構造等の実況に応じて、当該建築物の安全性を確かめるために必要な図書の追加、変更等を行うこと。

三　他の構造を併用する建築物にあっては、それぞれの構造種別に応じて構造計算書を作成すること。

四　この表の略伏図及び略軸組図は、構造計算における架構の様相を示した図に代えることができるものとするほか、プログラムによる構造計算を行わない場合にあっては、省略することができる。

別表第3

	構造計算書の種類	明 示 す べ き 事 項
(1)	構造計算チェックリスト	プログラムによる構造計算を行う場合において、申請に係る建築物が、当該プログラムによる構造計算によって安全性を確かめることのできる建築物の構造の種別、規模その他のプログラムの使用条件に適合するかどうかを照合するための事項
	使用構造材料一覧表	構造耐力上主要な部分である部材（接合部を含む。）に使用される全ての材料の種別（規格がある場合にあっては、当該規格）及び使用部位
		使用する材料の許容応力度、許容耐力及び材料強度の数値及びそれらの算出方法
		使用する指定建築材料が法第37条の規定に基づく国土交通大臣の認定を受けたものである場合にあっては、その使用位置、形状及び寸法、当該構造計算において用いた許容応力度及び材料強度の数値並びに認定番号
	特別な調査又は研究の結果等説明書	法第68条の25の規定に基づく国土交通大臣の認定を受けた構造方法等その他特殊な構造方法等が使用されている場合にあっては、その認定番号、使用条件及び内容
		特別な調査又は研究の結果に基づき構造計算が行われている場合にあっては、その検討内容
		構造計算の仮定及び計算結果の適切性に関する検討内容
(2)	基礎・地盤説明書（施行規則第1条の3第1項の表3中の規定に基づき国土交通大臣があらかじめ適切であると認定した算出方法により基礎ぐいの許容支持力を算出する場合で当該認定に係る認定書の写しを添えた場合にあっては、当該算出方法に係る図書のうち国土交通大臣の指定したものを除く。）	地盤調査方法及びその結果
		地層構成、支持地盤及び建築物（地下部分を含む。）の位置
		地下水位（地階を有しない建築物に直接基礎を用いた場合を除く。）
		基礎の工法（地盤改良を含む。）の種別、位置、形状、寸法及び材料の種別
		構造計算において用いた支持層の位置、層の構成及び地盤調査の結果により設定した地盤の特性値
		地盤の許容応力度並びに基礎及び基礎ぐいの許容支持力の数値及びそれらの算出方法
	略伏図	各階の構造耐力上主要な部分である部材の種別、配置及び寸法並びに開口部の位置
	略軸組図	全ての通りの構造耐力上主要な部分である部材の種別、配置

	及び寸法並びに開口部の位置
部材断面表	各階及び全ての通りの構造耐力上主要な部分である部材の断面の形状、寸法及び仕様
荷重・外力計算書	固定荷重の数値及びその算出方法
	各階又は各部分の用途ごとに積載荷重の数値及びその算出方法
	各階又は各部分の用途ごとに特殊な荷重の数値及びその算出方法
	積雪荷重の数値及びその算出方法
	風圧力の数値及びその算出方法
	地震力の数値及びその算出方法
	土圧、水圧その他考慮すべき荷重及び外力の数値及びそれらの算出方法
	略伏図上に記載した特殊な荷重の分布
応力計算書（応力図及び基礎反力図を含む。）	構造耐力上主要な部分である部材に生ずる力の数値及びその算出方法
	地震時（風圧力によって生ずる力が地震力によって生ずる力を上回る場合にあっては、暴風時）における柱が負担するせん断力及びその分担率並びに耐力壁又は筋かいが負担するせん断力及びその分担率
	平成19年国土交通省告示第817号別記第3号様式に定める応力図及び同告示別記第4号様式に定める基礎反力図に記載すべき事項
断面計算書（断面検定比図を含む。）	構造耐力上主要な部分である部材（接合部を含む。）の位置、部材に付す記号、部材断面の仕様、部材に生じる荷重の種別及び当該荷重が作用する方向
	構造耐力上主要な部分である部材（接合部を含む。）の軸方向、曲げ及びせん断の応力度
	構造耐力上主要な部分である部材（接合部を含む。）の軸方向、曲げ及びせん断の許容応力度
	構造耐力上主要な部分である部材（接合部を含む。）の応力度と許容応力度の比率
	平成19年国土交通省告示第817号別記第5号様式に定める断面検定比図に記載すべき事項

		基礎ぐい等計算書	基礎ぐい、床版、小ばりその他の構造耐力上主要な部分である部材に関する構造計算の計算書
		使用上の支障に関する計算書	令第82条第四号に規定する構造計算の計算書
(3)		使用構造材料一覧表	屋根ふき材、外装材及び屋外に面する帳壁に使用される全ての材料の種別（規格がある場合にあっては、当該規格）及び使用部位
			使用する材料の許容応力度、許容耐力及び材料強度の数値及びそれらの算出方法
			使用する指定建築材料が法第37条の規定に基づく国土交通大臣の認定を受けたものである場合にあっては、その使用位置、形状及び寸法、当該構造計算において用いた許容応力度及び材料強度の数値並びに認定番号
		荷重・外力計算書	風圧力の数値及びその算出方法
		応力計算書	屋根ふき材及び屋外に面する帳壁に生ずる力の数値及びその算出方法
		屋根ふき材等計算書	令第82条の4に規定する構造計算の計算書
(4)		偏心率等計算書	各階の剛心周りのねじり剛性の算出方法
			各階及び各方向の偏心率の算出方法
			告示第10（第1項第一号イ及びハを除く。）による計算の根拠
		偏心率等計算結果一覧表	各階の偏心率
			告示第10（第1項第一号イ及びハを除く。）に適合していること

構造計算書の作成に当たっては、次に掲げる事項について留意するものとする。

一　確認申請時に提出する構造計算書には通し頁を付すことその他の構造計算書の構成を識別できる措置を講じること。

二　建築物の構造等の実況に応じて、当該建築物の安全性を確かめるために必要な図書の追加、変更等を行うこと。

三　他の構造を併用する建築物にあっては、それぞれの構造種別に応じて構造計算書を作成すること。

四　この表の略伏図及び略軸組図は、構造計算における架構の様相を示した図に代えることができるものとするほか、プログラムによる構造計算を行わない場合にあっては、省略することができる。

〔平成19年 6 月14日国土交通省告示第817号〕

応力図、基礎反力図及び断面検定比図の様式を定める件

最終改正　平成22年 3 月29日国土交通省告示第246号

　建築基準法施行規則（昭和25年建設省令第40号）第 1 条の 3 第 1 項の表 3 の規定に基づき、応力図の様式を第 1 に、基礎反力図の様式を第 2 に、断面検定比図の様式を第 3 にそれぞれ定める。

第1　応力図

　　別記第 1 号様式による。

第2　基礎反力図

　　別記第 2 号様式による。

第3　断面検定比図

　　別記第 3 号様式による。

　　　附　則

　この告示は、平成19年 6 月20日から施行する。

別記様式　（略）

〔平成28年 4 月22日国土交通省告示第698号〕

申請に係る建築物が認定型式に適合する建築物の部分を有するものであることを確認するために必要な図書及び書類を定める件

　建築基準法施行規則（昭和25年建設省令第40号）第 1 条の 3 第 5 項第一号の規定に基づき、申請に係る建築物が認定型式に適合する建築物の部分を有するものであることを確認するために必要な図書及び書類を次のように定める。

　建築基準法施行規則第 1 条の 3 第 5 項第一号に規定する申請に係る建築物が認定型式に適合する建築物の部分を有するものであることを確認するために必要な図書及び書類は、次に掲げる事項を明示した図書とする。

　一　昇降機、貯水タンクその他大規模な建築設備に関する荷重

　二　防火区画を形成する昇降機の昇降路の部分（当該昇降路の乗降のための乗降ロビーを含む。）の防火設備の構造

　　　附　則

　この告示は、平成28年 6 月 1 日から施行する。

〔平成27年1月29日国土交通省告示第180号〕
構造計算基準に適合する部分の計画を定める件

　建築基準法施行規則（昭和25年建設省令第40号）第1条の3第10項の規定に基づき、構造計算基準に適合する部分の計画を次のように定める。

　建築基準法施行規則第1条の3第10項に規定する構造計算基準に適合する部分の計画は、増築又は改築後において、増築又は改築に係る部分とそれ以外の部分とがエキスパンションジョイントその他の相互に応力を伝えない構造方法のみで接するものとなる建築物の計画（以下「分離増改築計画」という。）のうち、増築又は改築に係る部分以外の部分（増築又は改築前において独立部分（建築物の2以上の部分がエキスパンションジョイントその他の相互に応力を伝えない構造方法のみで接している場合における当該建築物の部分をいう。）が2以上ある建築物にあっては、当該独立部分それぞれ。以下「既存部分」という。）の計画（次の各号のいずれかに該当するものに限る。）であって、直前の確認において既存部分の構造方法が構造計算（建築基準法施行令（昭和25年政令第338号）第81条第2項第一号イ若しくはロ又は第二号イ又は第3項に定める構造計算に限る。以下同じ。）により確かめられる安全性を有することが確認されたことにより、分離増改築計画のうち当該既存部分の構造方法が、その安全性を確かめる場合に用いることが認められる構造計算によって確かめられる安全性を有することが確認できるものとする。

　一　直前の確認を受けた計画から変更がないもの
　二　直前の確認を受けた計画から行われた変更が建築基準法施行規則第3条の2第八号から第十一号までに掲げるものその他の変更であって、直前の確認において構造方法の安全性を確かめた構造計算による既存部分の構造方法の安全性の確認に影響を及ぼさないことが明らかなもののみであるもの

　　　附　則
この告示は、平成27年6月1日から施行する。

〔平成28年12月26日国土交通省告示第1438号〕
安全上、防火上及び避難上の危険の度並びに衛生上及び市街地の環境の保全上の有害の度に著しい変更を及ぼさない変更を定める件

　建築基準法施行規則（昭和25年建設省令第40号）第3条の2第1項第十六号の規定に基づき、安全上防火上及び避難上の危険の度並びに衛生上及び市街地の環境の保全上の有害の度に著しい変更を及ぼさない変更を次のように定める。

　建築基準法施行規則第3条の2第1項第十六号に規定する安全上、防火上及び避難上の危険の度並びに衛生上及び市街地の環境の保全上の有害の度に著しい変更を及ぼさない変更は、次に掲げる規定に係るものであって、建築基準法令の規定に係る変更を伴わないものとする。

　一　建築基準法施行令（昭和25年政令第338号）第9条各号に掲げる法律の規定又はこれらの

規定に基づく命令若しくは条例の規定（建築物の敷地、構造又は建築設備に係るものに限る。）

二 高齢者、障害者等の移動等の円滑化の促進に関する法律（平成18年法律第91号）第14条第1項、第2項又は第3項の規定

三 都市緑地法（昭和48年法律第72号）第35条、第36条又は第39条第1項の規定

四 建築物のエネルギー消費性能の向上に関する法律（平成27年法律第53号）第11条第1項の規定

附　則

この告示は、平成29年4月1日から施行する。

〔平成19年7月5日国土交通省告示第885号〕

確認審査等に関する指針に従って確認審査等を行ったことを証する書類の様式を定める件

最終改正　令和2年4月1日国土交通省告示第508号

建築基準法施行規則（昭和25年建設省令第40号）第3条の5第3項第二号、第4条の7第3項第二号及び第4条の14第3項第二号の規定に基づき、これらの規定に規定する書類の様式を次のように定める。

第1　建築基準法施行規則（以下「施行規則」という。）第3条の5第3項第二号に規定する書類の様式は、次の各号に掲げる規定による確認のための審査の区分に応じ、それぞれ当該各号に定める様式とする。

一 建築基準法（昭和25年法律第201号。以下「法」という。）第6条の2第1項（法第87条第1項において準用する場合を含む。）　別記第1号様式

二 法第87条の4において準用する法第6条の2第1項　別記第2号様式

三 法第88条第1項又は第2項において準用する法第6条の2第1項　別記第3号様式

第2　施行規則第4条の7第3項第二号に規定する書類の様式は、次の各号に掲げる規定による完了検査の区分に応じ、それぞれ当該各号に定める様式とする。

一 法第7条の2第1項　別記第4号様式

二 法第87条の4において準用する法第7条の2第1項　別記第5号様式

三 法第88条第1項又は第2項において準用する法第7条の2第1項　別記第6号様式

第3　施行規則第4条の14第3項第二号に規定する書類の様式は、別記第7号様式とする。

附　則

この告示は、平成19年6月20日から施行する。

別記様式　（略）

〔平成27年1月29日国土交通省告示第178号〕

建築基準法施行規則第3条の13第1項第四号の規定に基づき国土交通大臣が定める者を定める件

　建築基準法施行規則（昭和25年建設省令第40号）第3条の13第1項第四号の国土交通大臣が定める者は、次の各号のいずれかに該当する者とする。

一　建築基準法施行規則第3条の13第1項第三号に規定する登録特定建築基準適合判定資格者講習と同等以上の内容を有すると国土交通大臣が認める講習（建築基準法の一部を改正する法律（平成26年法律第54号）の施行の日（平成27年6月1日）前に行ったものに限る。）を修了した者

二　学校教育法（昭和22年法律第26号）による大学若しくはこれに相当する外国の学校において建築物の構造に関する科目を担当する教授若しくは准教授の職にあり、若しくはこれらの職にあった者又は建築物の構造に関する科目の研究により博士の学位を授与された者

三　前各号と同等以上の知識及び経験を有すると国土交通大臣が認める者

　　附　則

この告示は、平成27年6月1日から施行する。

〔平成27年9月24日国土交通省告示第1009号〕

登録特定建築基準適合判定資格者講習に用いる教材の内容として国土交通大臣が定める事項を定める件

　建築基準法施行規則（昭和25年建設省令第40号）第3条の18第四号の規定に基づき、登録特定建築基準適合判定資格者講習に用いる教材の内容として国土交通大臣が定める事項を定める件を次のように定める。

　登録特定建築基準適合判定資格者講習に用いる教材の内容は次の表の左覧に掲げる科目に応じ、それぞれ同表の右覧に掲げる内容を含むものとすること。

科　　　　　目	内　　　　　容
木造の建築物の構造計算に係る審査方法	木造の建築物の構造計算及びその審査方法についての知識に関する事項
鉄骨造の建築物の構造計算に係る審査方法	鉄骨造の建築物の構造計算及びその審査方法についての知識に関する事項
鉄筋コンクリート造の建築物の構造計算に係る審査方法	鉄筋コンクリート造の建築物の構造計算及びその審査方法についての知識に関する事項

〔平成27年 2 月23日国土交通省告示第248号〕

建築基準法第 7 条の 6 第 1 項第二号に規定する国土交通大臣が
定める基準に従って認定を行ったことを証する書類として国土
交通大臣が定める様式を定める件

　建築基準法施行規則（昭和25年建設省令第40号）第 4 条の16の 2 第 3 項第二号の規定に基づき、建築基準法（昭和25年法律第201号）第 7 条の 6 第 1 項第二号に規定する国土交通大臣が定める基準に従って認定を行ったことを証する書類として国土交通大臣が定める様式を次のように定める。

　建築基準法施行規則第 4 条の16の 2 第 3 項第二号の規定に基づき、建築基準法第 7 条の 6 第 1 項第二号に規定する国土交通大臣が定める基準に従って認定を行ったことを証する書類として国土交通大臣が定める様式は、次の各号に掲げる規定による同項第二号の規定による仮使用の認定のための審査の区分に応じ、それぞれ当該各号に定める様式とする。

　一　平成27年国土交通省告示第247号第 1 第 2 項　別記第 1 号様式
　二　平成27年国土交通省告示第247号第 1 第 3 項第一号　別記第 2 号様式
　三　平成27年国土交通省告示第247号第 1 第 3 項第二号　別記第 3 号様式

　　様　式　（略）

　　附　則

　この告示は、平成27年 6 月 1 日から施行する。

〔平成20年3月10日国土交通省告示第282号〕
建築物の定期調査報告における調査及び定期点検における点検の項目、方法及び結果の判定基準並びに調査結果表を定める件

最終改正　令和3年2月26日国土交通省告示第126号

　建築基準法施行規則（昭和25年建設省令第40号。以下「施行規則」という。）第5条第2項及び第3項並びに第5条の2第1項の規定に基づき、建築基準法（昭和25年法律第201号。以下「法」という。）第12条第1項に規定する調査及び同条第2項に規定する点検（以下「定期調査等」という。）の項目、方法及び結果の判定基準並びに調査結果表を次のように定める。

第1　定期調査等は、施行規則第5条第2項及び第5条の2第1項の規定に基づき、別表（い）欄に掲げる項目（ただし、法第12条第2項に規定する点検においては損傷、腐食、その他の劣化状況に係るものに限る。）に応じ、同表（ろ）欄に掲げる方法により実施し、その結果が同表（は）欄に掲げる基準に該当しているかどうかを判定することとする。

第2　特定行政庁は、第1に規定する定期調査等の項目、方法及び結果の判定基準について、規則で、必要な項目、方法又は結果の判定基準を付加することができる。

第3　第1の規定にかかわらず、特定行政庁は、安全上、防火上又は衛生上支障がないと認める場合においては、法第12条第1項の規定により特定行政庁が指定する特定建築物（同項に規定する国等の建築物を除く。）又は同条第2項に規定する特定建築物（法第6条第1項第一号に掲げる建築物で安全上、防火上又は衛生上特に重要であるものとして法第12条第1項の政令で定めるものを除く。以下「国等の特定建築物」という。）について、規則で、第1に規定する定期調査等の項目の一部を適用しないことができる。この場合において、国等の特定建築物について規則を定めようとするときは、あらかじめ、建築審査会の同意を得なければならない。

第4　調査結果表は、施行規則第5条第3項の規定に基づき、別記のとおりとする。

　　附　則
　この告示は、平成20年4月1日から施行する。

別表

		（い）調査項目		（ろ）調査方法	（は）判定基準
1 敷地及び地盤	(1)	地盤	地盤沈下等による不陸、傾斜等の状況	目視により確認する。	建築物周辺に陥没があり、安全性を著しく損ねていること。
	(2)	敷地	敷地内の排水の状況	目視により確認する。	排水管の詰まりによる汚水の溢れ等により衛生上問題があること。
	(3)	建築基準法施行令（昭和25年政令第338号。以下「令」という。）	敷地内の通路の確保の状況	目視により確認する。	敷地内の通路が確保されていないこと。
	(4)		有効幅員の確保の状況	設計図書等により確認し又は鋼製巻尺等により測	敷地内の通路の有効幅員が不足していること。

				定する。	
	(5)	第128条に規定する通路（以下「敷地内の通路」という。）	敷地内の通路の支障物の状況	目視により確認する。	敷地内の通路に支障物があること。
	(6)	塀	組積造の塀又は補強コンクリートブロック造の塀等の耐震対策の状況	設計図書等により確認し又は鋼製巻尺等により測定する。	令第61条又は令第62条の8の規定に適合しないこと。
	(7)		組積造の塀又は補強コンクリートブロック造の塀等の劣化及び損傷の状況	目視、下げ振り等により確認する。	著しいひび割れ、破損又は傾斜が生じていること。
	(8)	擁壁	擁壁の劣化及び損傷の状況	必要に応じて双眼鏡等を使用し目視により確認する。	著しい傾斜若しくはひび割れがあること又は目地部より土砂が流出していること。
	(9)		擁壁の水抜きパイプの維持保全の状況	必要に応じて双眼鏡等を使用し目視により確認するとともに、手の届く範囲は必要に応じて鉄筋棒等を挿入し確認する。	水抜きパイプに詰まりがあること。
2 建築物の外部	(1)	基礎	基礎の沈下等の状況	目視及び建具の開閉具合等により確認する。	地盤沈下に伴う著しいひび割れがあること又は建具開閉等に支障があること。
	(2)		基礎の劣化及び損傷の状況	目視により確認する。	礎石にずれがあること又はコンクリート面に鉄筋露出若しくは著しいひび割れ、欠損等があること。
	(3)	土台（木造に限る。）	土台の沈下等の状況	目視及び建具の開閉具合等により確認する。	土台にたわみ、傾斜等があること又は建具開閉に支障があること。
	(4)		土台の劣化及び損傷の状況	目視及び手の届く範囲はテストハンマーによる打	木材に著しい腐朽、損傷若しくは虫害があること

				診等により確認する。	又は緊結金物に著しい錆、腐食等があること。
(5)	外壁	躯体等	外壁、軒裏及び外壁の開口部で延焼のおそれのある部分の防火対策の状況	設計図書等により確認する。	法第23条、法第25条又は法第61条の規定に適合しないこと。
(6)			木造の外壁躯体の劣化及び損傷の状況	必要に応じて双眼鏡等を使用し目視により確認する。	木材に著しい腐朽、損傷若しくは虫害があること又は緊結金物に著しい錆、腐食等があること。
(7)			組積造の外壁躯体の劣化及び損傷の状況	必要に応じて双眼鏡等を使用し目視により確認する。	れんが、石等に割れ、ずれ等があること。
(8)			補強コンクリートブロック造の外壁躯体の劣化及び損傷の状況	必要に応じて双眼鏡等を使用し目視により確認する。	目地モルタルに著しい欠落があること又はブロック積みに変位等があること。
(9)			鉄骨造の外壁躯体の劣化及び損傷の状況	必要に応じて双眼鏡等を使用し目視により確認する。	鋼材に著しい錆、腐食等があること。
(10)			鉄筋コンクリート造及び鉄骨鉄筋コンクリート造の外壁躯体の劣化及び損傷の状況	必要に応じて双眼鏡等を使用し目視により確認する。	コンクリート面に鉄筋露出又は著しい白華、ひび割れ、欠損等があること。
(11)		外装仕上げ材等	タイル、石貼り等（乾式工法によるものを除く。）、モルタル等の劣化及び損傷の状況	開口隅部、水平打継部、斜壁部等のうち手の届く範囲をテストハンマーによる打診等により確認し、その他の部分は必要に応じて双眼鏡等を使用し目視により確認し、異常が認められた場合に	外壁タイル等に剥落等があること又は著しい白華、ひび割れ、浮き等があること。

				あっては、落下により歩行者等に危害を加えるおそれのある部分を全面的にテストハンマーによる打診等により確認する。ただし、竣工後、外壁改修後若しくは落下により歩行者等に危害を加えるおそれのある部分の全面的なテストハンマーによる打診等を実施した後10年を超え、かつ3年以内に落下により歩行者等に危害を加えるおそれのある部分の全面的なテストハンマーによる打診等を実施していない場合にあっては、落下により歩行者等に危害を加えるおそれのある部分を全面的にテストハンマーによる打診等により確認する（3年以内に外壁改修等が行われることが確実である場合又は別途歩行者等の安全を確保するための対策を講じている場合を除く。）。	
	⑿		乾式工法によるタイル、石貼り等の劣化及び損傷の状況	必要に応じて双眼鏡等を使用し目視により確認する。	ひび割れ、欠損等があること。
	⒀		金属系パネル（帳壁を含む。）の劣化及び損傷の状況	必要に応じて双眼鏡等を使用し目視により確認する。	パネル面又は取合い部が著しい錆等により変形していること。
	⒁		コンクリート系パネル（帳	必要に応じて双眼鏡等を使用し目視により確認す	錆汁を伴ったひび割れ、欠損等があること。

			壁を含む。）の劣化及び損傷の状況	る。	
	⒂	窓サッシ等	サッシ等の劣化及び損傷の状況	必要に応じて双眼鏡等を使用し目視により確認し又は開閉により確認する。	サッシ等の腐食又はネジ等の緩みにより変形していること。
	⒃		はめ殺し窓のガラスの固定の状況	触診により確認する。	昭和46年建設省告示第109号第3第四号の規定に適合していないこと。
	⒄	外壁に緊結された広告板、空調室外機等	機器本体の劣化及び損傷の状況	必要に応じて双眼鏡等を使用し目視により確認する。	機器本体に著しい錆又は腐食があること。
	⒅		支持部分等の劣化及び損傷の状況	必要に応じて双眼鏡等を使用し目視により確認し又は手の届く範囲をテストハンマーによる打診等により確認する。	支持部分に緊結不良があること又は緊結金物に著しい錆、腐食等があること。
3 屋上及び屋根	⑴	屋上面	屋上面の劣化及び損傷の状況	目視により確認する。	歩行上危険なひび割れ若しくは反りがあること又は伸縮目地材が欠落し植物が繁茂していること。
	⑵	屋上回り（屋上面を除く。）	パラペットの立ち上り面の劣化及び損傷の状況	目視及びテストハンマーによる打診等により確認する。	モルタル等の仕上げ材に著しい白華、ひび割れ等があること又はパネルが破損していること。
	⑶		笠木モルタル等の劣化及び損傷の状況	目視及びテストハンマーによる打診等により確認する。	モルタル面に著しいひび割れ、欠損等があること。
	⑷		金属笠木の劣化及び損傷の状況	目視及びテストハンマーによる打診等により確認する。	笠木に著しい錆若しくは腐食があること又は笠木接合部に緩みがあり部分的に変形していること。
	⑸		排水溝（ドレーンを含む。）の劣化及び損傷の状況	目視及びテストハンマーによる打診等により確認する。	排水溝のモルタルに著しいひび割れ、浮き等があること。

(6)	屋根		屋根の防火対策の状況	設計図書等により確認する。	防火地域又は準防火地域内の建築物の屋根にあっては法第62条の規定に適合しないこと又は法第22条の規定に基づき特定行政庁が防火地域及び準防火地域以外の市街地について指定する区域内の建築物の屋根にあっては同条の規定に適合しないこと。
(7)			屋根の劣化及び損傷の状況	必要に応じて双眼鏡等を使用し目視により確認し又はテストハンマーによる打診等により確認する。	屋根ふき材に割れがあること又は緊結金物に著しい腐食等があること。
(8)	機器及び工作物（冷却塔設備、広告塔等）		機器、工作物本体及び接合部の劣化及び損傷の状況	目視及びテストハンマーによる打診等により確認する。	機器若しくは工作物本体又はこれらと屋上及び屋根との接合部に著しい錆、腐食等があること。
(9)			支持部分等の劣化及び損傷の状況	目視及びテストハンマーによる打診等により確認する。	支持部分に緊結不良若しくは緊結金物に著しい腐食等又はコンクリート基礎等に著しいひび割れ、欠損等があること。
4 建築物の内部	(1)	防火区画	令第112条第11項から第13項までに規定する区画の状況	設計図書等により確認する。	令第112条第11項から第13項までの規定に適合しないこと。ただし、令第129条の2第1項の規定が適用され、かつ全館避難安全性能に影響を及ぼす修繕や模様替え等（以下「修繕等」という。）が行われていない場合を除く。
	(2)		令第112条第1項、第4項、第5項又は第7項から第10項までの各	設計図書等により確認する。	令第112条第1項、第4項、第5項又は第7項から第10項まで（令第129

		項に規定する区画の状況		条の2第1項の規定が適用され、かつ全館避難安全性能に影響を及ぼす修繕等が行われていない場合にあっては、第7項を除く。）の規定に適合しないこと。
(3)		令第112条第18項に規定する区画の状況	設計図書等により確認する。	令第112条第18項の規定に適合しないこと。ただし、令第129条の2第1項の規定が適用され、かつ全館避難安全性能に影響を及ぼす修繕等が行われていない場合を除く。
(4)		防火区画の外周部	令第112条第16項に規定する外壁等及び同条第17項に規定する防火設備の処置の状況	設計図書等により確認する。	令第112条第16項又は17項の規定に適合しないこと。
(5)			令第112条第16項に規定する外壁等及び同条第17項に規定する防火設備の劣化及び損傷の状況	目視により確認する。	令第112条第16項に規定する外壁等、同条第17項に規定する防火設備に損傷があること。
(6)	壁の室内に面する部分	躯体等	木造の壁の室内に面する部分の躯体の劣化及び損傷の状況	必要に応じて双眼鏡等を使用し目視により確認する。	木材に著しい腐朽、損傷若しくは虫害があること又は緊結金物に著しい錆、腐食等があること。
(7)			組積造の壁の室内に面する部分の躯体の劣化及び損傷の状況	必要に応じて双眼鏡等を使用し目視により確認する。	れんが、石等に割れ、ずれ等があること。

⑻		補強コンクリートブロック造の壁の室内に面する部分の躯体の劣化及び損傷の状況	必要に応じて双眼鏡等を使用し目視により確認する。	目地モルタルに著しい欠落があること又はブロック積みに変位があること。
⑼		鉄骨造の壁の室内に面する部分の躯体の劣化及び損傷の状況	必要に応じて双眼鏡等を使用し目視により確認する。	鋼材に著しい錆、腐食等があること。
⑽		鉄筋コンクリート造及び鉄骨鉄筋コンクリート造の壁の室内に面する部分の躯体の劣化及び損傷の状況	必要に応じて双眼鏡等を使用し目視により確認する。	コンクリート面に鉄筋露出又は著しい白華、ひび割れ、欠損等があること。
⑾	耐火構造の壁又は準耐火構造の壁（防火区画を構成する壁に限る。）	準耐火性能等の確保の状況	設計図書等により確認する。	次の各号のいずれかに該当すること。 ㈠　令第112条第1項、第4項から第6項まで又は第18項（令第129条の2第1項の規定が適用され、かつ、全館避難安全性能に影響を及ぼす修繕等が行われていない場合にあっては、第18項を除く。）の規定による防火区画1時間準耐火基準に適合しないこと。 ㈡　令第112条第7項又は第10項（令第129条の2第1項の規定が適用され、かつ、全館避難安全性能に影響を及

				ぼす修繕等が行われていない場合にあっては、第7項を除く。）の規定による防火区画　令第107条の規定に適合しないこと。 （三）　令第112条第11項から第13項まで又は第16項（令第129条の2第1項の規定が適用され、かつ、全館避難安全性能に影響を及ぼす修繕等が行われていない場合にあっては、第11項から第13項までを除く。）の規定による防火区画　令第107条の2の規定に適合しないこと。
(12)		部材の劣化及び損傷の状況	目視により確認する。	各部材及び接合部に穴又は破損があること。
(13)		鉄骨の耐火被覆の劣化及び損傷の状況	設計図書等により確認し、修繕等が行われ、かつ、点検口等がある場合にあっては、点検口等から目視により確認する。	耐火被覆の剥がれ等により鉄骨が露出していること。
(14)		給水管、配電管その他の管又は風道の区画貫通部の充填等の処理の状況	設計図書等により確認し、修繕等が行われ、かつ、点検口等がある場合にあっては、点検口等から目視により確認する。	令第112条第20項若しくは第21項又は令第129条の2の4の規定に適合しないこと。
(15)	令第114条に規定する界壁、間仕切壁及び隔	令第114条に規定する界壁、間仕切壁及び隔壁の状況	設計図書等により確認し、法第12条第1項の規定に基づく調査以後に法第6条第1項の規定に基づく確認を要しない規模の修繕等が行われ、かつ、点検口等がある場合に	令第114条の規定に適合しないこと。

		壁		あっては、点検口等から目視により確認する。	
(16)		令第128条の5各項に規定する建築物の壁の室内に面する部分	室内に面する部分の仕上げの維持保全の状況	設計図書等により確認する。	令第128条の5（令第128条の6第1項の規定が適用され、かつ区画避難安全性能に影響を及ぼす修繕等が行われていない場合、令第129条第1項の規定が適用され、かつ階避難安全性能に影響を及ぼす修繕等が行われていない場合又は令第129条の2第1項の規定が適用され、かつ全館避難安全性能に影響を及ぼす修繕等が行われていない場合にあっては、第2項、第6項、第7項及び階段に係る部分以外の規定を除く。）の規定に適合しないこと。
(17)	床	躯体等	木造の床躯体の劣化及び損傷の状況	目視により確認する。	木材に著しい腐朽、損傷若しくは虫害があること又は緊結金物に著しい錆、腐食等があること。
(18)			鉄骨造の床躯体の劣化及び損傷の状況	目視により確認する。	鋼材に著しい錆、腐食等があること。
(19)			鉄筋コンクリート造及び鉄骨鉄筋コンクリート造の床躯体の劣化及び損傷の状況	目視により確認する。	コンクリート面に鉄筋露出又は著しい白華、ひび割れ、欠損等があること。
(20)		耐火構造の床又は準耐火構	準耐火性能等の確保の状況	設計図書等により確認する。	次の(一)から(三)までのいずれかに該当すること。 (一) 令第112条第1項、第4項から第6項まで

		造の床		又は第18項（令第129
		（防火		条の2第1項の規定が
		区画を		適用され、かつ、全館
		構成す		避難安全性能に影響を
		る床に		及ぼす修繕等が行われ
		限る。）		ていない場合にあって
				は、第18項を除く。）
				の規定による防火区画
				1時間準耐火基準に適
				合しないこと。
				㈡　令第112条第7項又
				は第10項（令第129条
				の2第1項の規定が適
				用され、かつ、全館避
				難安全性能に影響を及
				ぼす修繕等が行われて
				いない場合にあって
				は、第7項を除く。）
				の規定による防火区画
				令第107条の規定に
				適合しないこと。
				㈢　令第112条第11項か
				ら第13項まで又は第16
				項（令第129条の2第
				1項の規定が適用さ
				れ、かつ、全館避難安
				全性能に影響を及ぼす
				修繕等が行われていな
				い場合にあっては、第
				11項から第13項までを
				除く。）の規定による
				防火区画　令第107条
				の2の規定に適合しな
				いこと。
⒇		部材の劣化及び損傷の状況	目視により確認する。	各部材又は接合部に穴又は破損があること。
⒇		給水管、配電管その他の管又は風道の区画貫通部の充	設計図書等により確認し、修繕等が行われ、かつ、点検口等がある場合にあっては点検口等から	令第112条第20項若しくは第21項又は令第129条の2の4の規定に適合しないこと。

1173

			填等の処理の状況	目視により確認する。	
�23	天井	令第128条の5各項に規定する建築物の天井の室内に面する部分	室内に面する部分の仕上げの維持保全の状況	設計図書等により確認する。	令第128条の5（令第128条の6第1項の規定が適用され、かつ区画避難安全性能に影響を及ぼす修繕等が行われていない場合、令第129条第1項の規定が適用され、かつ階避難安全性能に影響を及ぼす修繕等が行われていない場合又は令第129条の2第1項の規定が適用され、かつ全館避難安全性能に影響を及ぼす修繕等が行われていない場合にあっては、第2項、第6項、第7項及び階段に係る部分以外の規定を除く。）の規定に適合しないこと。
24			室内に面する部分の仕上げの劣化及び損傷の状況	必要に応じて双眼鏡等を使用し目視により確認し又はテストハンマーによる打診等により確認する。	室内に面する部分の仕上げに浮き、たわみ等の劣化若しくは損傷があること又は剥落等があること。
25		特定天井	特定天井の天井材の劣化及び損傷の状況	必要に応じて双眼鏡等を使用し目視により確認する。	天井材に腐食、緩み、外れ、欠損、たわみ等があること。
26	防火設備（防火扉、防火シャッターその他これらに類するものに限る。）又は戸		区画に対応した防火設備又は戸の設置の状況	目視及び設計図書等により確認する。	令第112条第19項の規定に適合しないこと。
27			居室から地上へ通じる主たる廊下、階段その他の通路に設置された防火設備又は	目視及び設計図書等により確認する。	令第112条第19項の規定に適合しないこと。

		戸におけるくぐり戸の設置の状況		
⑱		昭和48年建設省告示第2563号第1第一号ロに規定する基準についての適合の状況	常時閉鎖した状態にある防火扉又は戸（以下「常閉防火扉等」という。）にあっては、各階の主要な常閉防火扉等の閉鎖時間をストップウォッチ等により測定し、扉の重量により運動エネルギーを確認するとともに、必要に応じて閉鎖する力をテンションゲージ等により測定する。ただし、3年以内に実施した点検の記録がある場合にあっては、当該記録により確認することで足りる。	昭和48年建設省告示第2563号第1第一号ロの規定に適合しないこと。
⑲		防火設備又は戸の開放方向	目視により確認する。	令第123条第1項第六号、第2項第二号又は第3項第十号（令第129条第1項の規定が適用され、かつ階避難安全性能に影響を及ぼす修繕等が行われていない場合にあっては、第3項第十号（屋内からバルコニー又は付室に通ずる出入口に係る部分に限る。）を除き、令第129条の2第1項の規定が適用され、かつ全館避難安全性能に影響を及ぼす修繕等が行われていない場合にあっては、第1項第六号、第2項第二号及び第3項第十号を除く。）の規定に適合しないこと。
⑳		常時閉鎖又は	目視により確認する。	常閉防火設備等の変形又

		作動した状態にある防火設備又は戸（以下「常閉防火設備等」という。）の本体と枠の劣化及び損傷の状況		は損傷により遮炎性能又は遮煙性能（令第112条第19項第二号に規定する特定防火設備又は常閉防火設備等に限る。）に支障があること。
(31)		常閉防火設備等の閉鎖又は作動の状況	各階の主要な常閉防火設備等の閉鎖又は作動を確認する。ただし、3年以内に実施した点検の記録がある場合にあっては、当該記録により確認することで足りる。	常閉防火設備等が閉鎖又は作動しないこと。
(32)		常閉防火設備等の閉鎖又は作動の障害となる物品の放置の状況	目視により確認する。	物品が放置されていることにより常閉防火設備等の閉鎖又は作動に支障があること。
(33)		常閉防火扉等の固定の状況	目視により確認する。	常閉防火扉等が開放状態に固定されていること。
(34)	照明器具、懸垂物等	照明器具、懸垂物等の落下防止対策の状況	必要に応じて双眼鏡等を使用し目視により確認し又は触診により確認する。	照明器具又は懸垂物に著しい錆、腐食、緩み、変形等があること。
(35)		防火設備又は戸の閉鎖の障害となる照明器具、懸垂物等の状況	目視により確認する。	防火設備又は戸の閉鎖に支障があること。
(36)	警報設備	警報設備の設置の状況	目視及び設計図書等により確認する。ただし、6月以内に実施した消防法（昭和23年法律第186号）第17条の3の3の規定に基づく点検（以下「消防法に基づく点検」という。）の記録がある場合	令第110条の5の規定に適合しないこと。

			にあっては、当該記録により確認することで足りる。	
⑶⑺		警報設備の劣化及び損傷の状況	目視により確認する。ただし、6月以内に実施した消防法に基づく点検の記録がある場合にあっては、当該記録により確認することで足りる。	警報設備に著しい腐食、変形、損傷等があること。
⑶⑻	居室の採光及び換気	採光のための開口部の面積の確保の状況	設計図書等により確認し又は鋼製巻尺等により測定する。	法第28条第1項又は令第19条の規定に適合しないこと。
⑶⑼		採光の妨げとなる物品の放置の状況	目視により確認する。	採光の妨げとなる物品が放置されていること。
⑷⑽		換気のための開口部の面積の確保の状況	設計図書等により確認し又は鋼製巻尺等により測定する。	法第28条第2項、令第20条の2又は令第20条の3の規定に適合しないこと。
⑷⑴		換気設備の設置の状況	設計図書等により確認する。	法第28条第2項若しくは第3項、令第20条の2又は令第20条の3の規定に適合しないこと。
⑷⑵		換気設備の作動の状況	各階の主要な換気設備の作動を確認する。ただし、3年以内に実施した法第12条第3項の規定に基づく検査（以下「定期検査」という。）の記録がある場合にあっては、当該記録により確認することで足りる。	換気設備が作動しないこと。
⑷⑶		換気の妨げとなる物品の放置の状況	目視により確認する。	換気の妨げとなる物品が放置されていること。
⑷⑷	石綿等を添加した建築材料	吹付け石綿及び吹付けロックウールでそ	設計図書、分析機関による分析結果、目視等により確認する。	平成18年国土交通省告示第1172号各号に定める石綿をあらかじめ添加した

			の含有する石綿の重量が当該建築材料の重量の0.1%を超えるもの（以下「吹付け石綿等」という。）の使用の状況		建築材料を使用していること。
	(45)		吹付け石綿等の劣化の状況	3年以内に実施した劣化状況調査の結果を確認する。	表面の毛羽立ち、繊維のくずれ、たれ下がり、下地からの浮き、剥離等があること又は3年以内に劣化状況調査が行われていないこと。
	(46)		除去又は囲い込み若しくは封じ込めによる飛散防止措置の実施の状況	必要に応じて双眼鏡等を使用し目視により確認する。	次に掲げる各号の何れかに該当すること。 (一) 増築若しくは改築を行った場合の当該部分、増築若しくは改築に係る部分の床面積の合計が令第137条に定める基準時（以下「基準時」という。）における延べ面積の$\frac{1}{2}$を越える増築若しくは改築を行った場合の当該部分以外の部分又は大規模の修繕若しくは大規模の模様替えを行った場合の当該部分において、吹付け石綿等の除去をしていないこと。 (二) 増築若しくは改築に係る部分の床面積の合計が基準時における延べ面積の$\frac{1}{2}$を越えない増築若しくは改築を行った場合の当該部分

					以外の部分又は大規模の修繕若しくは大規模の模様替えを行った場合の当該部分以外の部分において、吹付け石綿等の除去、封じ込め又は囲い込みをしていないこと。
	(47)		囲い込み又は封じ込めによる飛散防止措置の劣化及び損傷の状況	必要に応じて双眼鏡等を使用し目視により確認する。	石綿飛散防止剤又は囲い込み材に亀裂、剥落等の劣化又は損傷があること。
5 避難施設等	(1)	令第120条第2項に規定する通路	令第120条第2項に規定する通路の確保の状況	設計図書等により確認する。	令第120条又は第121条（令第129条第1項の規定が適用され、かつ階避難安全性能に影響を及ぼす修繕等が行われていない場合又は令第129条の2第1項の規定が適用され、かつ全館避難安全性能に影響を及ぼす修繕等が行われていない場合にあっては、令第120条を除く。）の規定に適合しないこと。
	(2)	廊下	幅の確保の状況	設計図書等により確認し又は鋼製巻尺等により測定する。	幅が令第119条の規定に適合しないこと。ただし、令第129条第1項の規定が適用され、かつ階避難安全性能に影響を及ぼす修繕等が行われていない場合又は令第129条の2第1項の規定が適用され、かつ全館避難安全性能に影響を及ぼす修繕等が行われていない場合を除く。
	(3)		物品の放置の	目視により確認する。	避難の支障となる物品が

			状況		放置されていること。
(4)	出入口		出入口の確保の状況	目視及び設計図書等により確認する。	令第118条、第124条、第125条又は第125条の2（令第129条第1項の規定が適用され、かつ階避難安全性能に影響を及ぼす修繕等が行われていない場合にあっては令第124条第1項第二号を除き、令第129条の2第1項の規定が適用され、かつ全館避難安全性能に影響を及ぼす修繕等が行われていない場合にあっては令第124条第1項並びに第125条第1項及び第3項を除く。）の規定に適合しないこと。
(5)			物品の放置の状況	目視により確認する。	物品が放置されていることにより扉等の開閉に支障があること。
(6)	屋上広場		屋上広場の確保の状況	目視により確認する。	令第126条の規定に適合しないこと。
(7)	避難上有効なバルコニー		避難上有効なバルコニーの確保の状況	目視及び設計図書等により確認する。	令第121条の規定に適合しないこと。
(8)			手すり等の劣化及び損傷の状況	目視及びテストハンマーによる打診等により確認する。	著しい錆又は腐食があること。
(9)			物品の放置の状況	目視により確認する。	避難に支障となる物品が放置されていること。
(10)			避難器具の操作性の確保の状況	目視及び作動により確認する。	避難ハッチが開閉できないこと又は避難器具が使用できないこと。
(11)	階段	階段	直通階段の設置の状況	目視及び設計図書等により確認する。	令第120条、第121条又は第122条（令第129条第1項の規定が適用され、かつ階避難安全性能に影響

					を及ぼす修繕等が行われていない場合又は令第129条の2第1項の規定が適用され、かつ、全館避難安全性能に影響を及ぼす修繕等が行われていない場合にあっては、令第120条を除く。）の規定に適合しないこと。
(12)		幅の確保の状況	設計図書等により確認し又は鋼製巻尺等により測定する。		令第23条、第24条又は第124条（令第129条第1項の規定が適用され、かつ階避難安全性能に影響を及ぼす修繕等が行われていない場合にあっては令第124条第1項第二号を除き、令第129条の2第1項の規定が適用され、かつ全館避難安全性能に影響を及ぼす修繕等が行われていない場合にあっては令第124条第1項を除く。）の規定に適合しないこと。
(13)		手すりの設置の状況	目視により確認する。		令第25条の規定に適合しないこと。
(14)		物品の放置の状況	目視により確認する。		通行に支障となる物品が放置されていること。
(15)		階段各部の劣化及び損傷の状況	目視により確認する。		歩行上支障があるひび割れ、錆、腐食等があること。
(16)	屋内に設けられた避難階段	階段室の構造の状況	目視及び設計図書等により確認する。		令第123条第1項（令第129条の2第1項の規定が適用され、かつ全館避難安全性能に影響を及ぼす修繕等が行われていない場合にあっては第一号及び第六号を除く。）の規定に適合しないこと。

(17)	屋外に設けられた避難階段	屋内と階段との間の防火区画の確保の状況	目視及び設計図書等により確認する。	令第123条第2項（第129条の2第1項の規定が適用され、かつ全館避難安全性能に影響を及ぼす修繕等が行われていない場合にあっては第2項第二号を除く。）の規定に適合しないこと。
(18)		開放性の確保の状況	目視及び設計図書等により確認する。	開放性が阻害されていること。
(19)	特別避難階段	令第123条第3項第一号に規定するバルコニー（以下単に「バルコニー」という。）又は付室（以下単に「付室」という。）の構造及び面積の確保の状況	設計図書等により特別避難階段の位置及びバルコニー又は付室の構造を確認する。	令第123条第3項（令第129条第1項の規定が適用され、かつ階避難安全性能に影響を及ぼす修繕等が行われていない場合にあっては第一号、第二号、第十号（屋内からバルコニー又は付室に通ずる出入口に係る部分に限る。）及び第十二号を除き、令第129条の2第1項の規定が適用され、かつ全館避難安全性能に影響を及ぼす修繕等が行われていない場合にあっては第一号から第三号まで、第十号及び第十二号を除く。）の規定に適合しないこと。
(20)		階段室又は付室（以下「付室等」という。）の排煙設備の設置の状況	目視及び設計図書等により確認する。	排煙設備が設置されていないこと。
(21)		付室等の排煙設備の作動の状況	各階の主要な排煙設備の作動を確認する。ただし、3年以内に実施した定期検査の記録がある場	排煙設備が作動しないこと。

				合にあっては、当該記録により確認することで足りる。
(22)			付室等の外気に向かつて開くことができる窓の状況	目視及び作動により確認する。	外気に向かつて開くことができる窓が開閉しないこと又は物品により排煙に支障があること。
(23)			物品の放置の状況	目視により確認する。	バルコニー又は付室に物品が放置されていること。
(24)	排煙設備等	防煙壁	防煙区画の設置の状況	設計図書等により確認する。	令第126条の3の規定に適合しないこと。ただし、令第128条の6第1項の規定が適用され、かつ区画避難安全性能に影響を及ぼす修繕等が行われていない場合、令第129条第1項の規定が適用され、かつ階避難安全性能に影響を及ぼす修繕等が行われていない場合又は令第129条の2第1項の規定が適用され、かつ全館避難安全性能に影響を及ぼす修繕等が行われていない場合を除く。
(25)			防煙壁の劣化及び損傷の状況	目視により確認する。	防煙壁にき裂、破損、変形等があること。
(26)			可動式防煙壁の作動の状況	各階の主要な可動式防煙壁の作動を確認する。ただし、3年以内に実施した定期検査の記録がある場合にあっては、当該記録により確認することで足りる。	可動式防煙壁が作動しないこと。
(27)		排煙設備	排煙設備の設置の状況	目視及び設計図書等により確認する。	令第126条の2の規定に適合しないこと。ただ

					し、令第128条の6第1項の規定が適用され、かつ区画避難安全性能に影響を及ぼす修繕等が行われていない場合、令第129条第1項の規定が適用され、かつ階避難安全性能に影響を及ぼす修繕等が行われていない場合又は令第129条の2第1項の規定が適用され、かつ全館避難安全性能に影響を及ぼす修繕等が行われていない場合を除く。
(28)			排煙設備の作動の状況	各階の主要な排煙設備の作動を確認する。ただし、3年以内に実施した定期検査の記録がある場合にあっては、当該記録により確認することで足りる。	排煙設備が作動しないこと。
(29)			排煙口の維持保全の状況	目視により確認するとともに、開閉を確認する。	排煙口が開閉しないこと又は物品により排煙に支障があること。
(30)	その他の設備等	非常用の進入口等	非常用の進入口等の設置の状況	目視及び設計図書等により確認する。	令第126条の6又は第126条の7の規定に適合しないこと。
(31)			非常用の進入口等の維持保全の状況	目視により確認する。	物品が放置され進入に支障があること。
(32)		非常用エレベーター	令第129条の13の3第3項に規定する乗降ロビー(以下単に「乗降ロビー」という。)の構造及び面積の確保の状況	目視及び設計図書等により確認する。	令第129条の13の3第3項の規定に適合しないこと。

(33)		昇降路又は乗降ロビー（以下「乗降ロビー等」という。）の排煙設備の設置の状況	目視及び設計図書等により確認する。	排煙設備が設置されていないこと。
(34)		乗降ロビー等の排煙設備の作動の状況	各階の主要な排煙設備の作動を確認する。ただし、3年以内に実施した定期検査の記録がある場合にあっては、当該記録により確認することで足りる。	排煙設備が作動しないこと。
(35)		乗降ロビー等の外気に向かつて開くことができる窓の状況	目視により確認するとともに、開閉を確認する。	外気に向かつて開くことができる窓が開閉しないこと又は物品により排煙に支障があること。
(36)		物品の放置の状況	目視により確認する。	乗降ロビーに物品が放置されていること。
(37)		非常用エレベーターの作動の状況	非常用エレベーターの作動を確認する。ただし、3年以内に実施した定期検査の記録がある場合にあっては、当該記録により確認することで足りる。	非常用エレベーターが作動しないこと。
(38)	非常用の照明装置	非常用の照明装置の設置の状況	目視及び設計図書等により確認する。	令第126条の4の規定に適合しないこと。
(39)		非常用の照明装置の作動の状況	各階の主要な非常用の照明装置の作動を確認する。ただし、3年以内に実施した定期検査の記録がある場合にあっては、当該記録により確認することで足りる。	非常用の照明装置が作動しないこと。

	(40)		照明の妨げとなる物品の放置の状況	目視により確認する。	照明の妨げとなる物品が放置されていること。
6 その他	(1)	特殊な構造等	膜構造建築物の膜体、取付部材等	膜体及び取付部材の劣化及び損傷の状況	必要に応じて双眼鏡等を使用し目視により確認する。ただし、3年以内に実施した点検の記録がある場合にあっては、当該記録により確認することで足りる。	膜体に破れ、雨水貯留、接合部の剥がれ等があること。
	(2)			膜張力及びケーブル張力の状況	必要に応じて双眼鏡等を使用し目視により確認する。ただし、3年以内に実施した点検の記録がある場合にあっては、当該記録により確認することで足りる。	膜張力又はケーブル張力が低下していること。
	(3)		免震構造建築物の免震層及び免震装置	免震装置の劣化及び損傷の状況（免震装置が可視状態にある場合に限る。）	目視により確認するとともに、3年以内に実施した点検の記録がある場合にあっては、当該記録により確認する。	鋼材部分に著しい錆、腐食等があること。
	(4)			上部構造の可動の状況	目視により確認する。ただし、3年以内に実施した点検の記録がある場合にあっては、当該記録により確認することで足りる。	上部構造の水平移動に支障がある状態となっていること又は障害物があること。
	(5)	避雷設備		避雷針、避雷導線等の劣化及び損傷の状況	必要に応じて双眼鏡等を使用し目視により確認する。	避雷針又は避雷導線が腐食、破損又は破断していること。
	(6)	煙突	建築物に設ける煙突	煙突本体及び建築物との接合部の劣化及び損傷の状況	必要に応じて双眼鏡等を使用し目視により確認する。	煙突本体及び建築物との接合部に著しいひび割れ、肌分かれ等があること。
	(7)			付帯金物の劣	必要に応じて双眼鏡等を	付帯金物に著しい錆、腐

			化及び損傷の状況	使用し目視により確認する。	食等があること。
(8)		令第138条第1項第一号に掲げる煙突	煙突本体の劣化及び損傷の状況	必要に応じて双眼鏡等を使用し目視により確認する。	煙突本体に鉄筋露出若しくは腐食又は著しい錆、錆汁、ひび割れ、欠損等があること。
(9)			付帯金物の劣化及び損傷の状況	必要に応じて双眼鏡等を使用し目視により確認する。	アンカーボルト等に著しい錆、腐食、緊結不良等があること。

別　記　（略）

〔平成20年 3 月10日国土交通省告示第285号〕
建築設備（昇降機を除く。）の定期検査報告における検査及び定期点検における点検の項目、事項、方法及び結果の判定基準並びに検査結果表を定める件

最終改正　令和 2 年 4 月 1 日国土交通省告示第508号

　建築基準法施行規則（昭和25年建設省令第40号。以下「施行規則」という。）第 6 条第 1 項から第 3 項まで並びに第 6 条の 2 第 1 項及び第 2 項の規定に基づき、第 6 条第 3 項に規定する建築設備（昇降機を除く。）について建築基準法（昭和25年法律第201号。以下「法」という。）第12条第 3 項に規定する検査及び同条第 4 項に規定する点検（以下「定期検査等」という。）の項目、事項、方法及び結果の判定基準並びに検査結果表を次のように定める。

第 1　施行規則第 6 条第 1 項並びに第 6 条の 2 第 1 項及び第 2 項の規定に基づき、換気設備、排煙設備並びに給水設備及び排水設備について国土交通大臣が定める検査の項目は、別表第 1 （い）欄に掲げる項目のうち 1 項(9)、(10)及び(16)から(21)まで、別表第 2 （い）欄に掲げる項目のうち 1 項(18)、(19)、(37)及び(38)並びに 2 項(24)並びに別表第 4 （い）欄に掲げる項目のうち 3 項(7)とする。

第 2　定期検査等は、施行規則第 6 条第 2 項及び第 6 条の 2 第 1 項の規定に基づき、換気設備、排煙設備、非常用の照明装置並びに給水設備及び排水設備（以下「換気設備等」という。）について、次の各号に掲げる別表第 1 から別表第 4 までの（い）欄に掲げる項目に応じ、同表（ろ）欄に掲げる事項（ただし、法第12条第 4 項に規定する点検においては損傷、腐食、その他の劣化状況に係るものに限る。）ごとに定める同表（は）欄に掲げる方法により実施し、その結果が同表（に）欄に掲げる基準に該当しているかどうかを判定することとする。ただし、特定行政庁が規則により定期検査等の項目、事項、方法又は結果の判定基準について定める場合（定期検査等の項目若しくは事項について削除し又は定期検査等の方法若しくは結果の判定基準について、より緩やかな条件を定める場合を除く。）にあっては、当該規則の定めるところによるものとする。

　一　換気設備　別表第 1
　二　排煙設備　別表第 2
　三　非常用の照明装置　別表第 3
　四　給水設備及び排水設備　別表第 4

2　前項の規定にかかわらず、法第68条の25第 1 項又は法第68条の26第 1 項に規定する認定を受けた構造方法を用いた換気設備等に係る定期検査等については、当該認定に係る申請の際に提出された施行規則第10条の 5 の21第 1 項第三号に規定する図書若しくは同条第 3 項に規定する評価書又は施行規則第10条の 5 の23第 1 項第三号に規定する図書に検査の方法が記載されている場合にあっては、当該方法によるものとする。

第 3　換気設備等の検査結果表は、施行規則第 6 条第 3 項の規定に基づき、次の各号に掲げる建築設備の種類に応じ当該各号に定めるとおりとする。

　一　換気設備　別記第 1 号
　二　排煙設備　別記第 2 号

三　非常用の照明装置　別記第3号
四　給水設備及び排水設備　別記第4号
　　　附　則
この告示は、平成20年4月1日から施行する。

別表第1

		(い) 検査項目	(ろ) 検査事項	(は) 検査方法	(に) 判定基準
1　法第28条第2項又は第3項の規定に基づき換気設備が設けられた居室（換気設備を設けるべき調理室等を除く。）	(1)	機械換気設備	機械換気設備（中央管理方式の空気調和設備を含む。）の外観	給気機の外気取り入れ口並びに直接外気に開放された給気口及び排気口への雨水等の防止措置の状況	目視により確認する。	建築基準法施行令（昭和25年政令第338号。以下「令」という。）第129条の2の5第2項第三号の規定に適合しないこと。
	(2)			給気機の外気取り入れ口及び排気機の排気口の取付けの状況	目視又は触診により確認する。	取付けが堅固でないこと又は著しい腐食、損傷等があること。
	(3)			各居室の給気口及び排気口の設置位置	給気口及び排気口の位置関係を目視及び設計図書等により確認するとともに、必要に応じて気流方向を気流検知器等を用いて確認する。	著しく局部的な空気の流れが生じていること。
	(4)			各居室の給気口及び排気口の取付けの状況	目視又は触診により確認する。	取付けが堅固でないこと又は著しい腐食、損傷等があること。
	(5)			風道の取付けの状況	目視又は触診により確認する。	風道の接続部に損傷があり空気が漏れていること又は取付けが堅固でないこと。
	(6)			風道の材質	目視又は触診により確認する。	令第129条の2の5第2項第五号の規定に適合しないこと。
	(7)			給気機又は排	目視又は触診により確認	機器に損傷があること、

		気機の設置の状況	する。	取付けが堅固でないこと又は著しい腐食、損傷等があること。
(8)		換気扇による換気の状況	目視により確認する。	外気の流れにより著しく換気能力が低下する構造となっていること。
(9)	機械換気設備（中央管理方式の空気調和設備を含む。）の性能	各居室の換気量	給気口の同一断面内から5箇所を偏りなく抽出し、風速計を用いて風速を測定し、次の式により換気量を算出する。ただし、風速の測定が困難な場合にあっては、在室者がほぼ設計定員の状態において、還気の二酸化炭素含有率又は還気と外気の二酸化炭素含有率の差を検知管法又はこれと同等以上の測定方法により確認する。 $V = 3600 \nu AC$ この式において、V、ν、A及びCは、それぞれ次の数値を表すものとする。 V　換気量 　（単位　m³/h） ν　平均風速 　（単位　m/s） A　給気口断面積 　（単位　m²） C　次の式により計算した給気量に対する外気の混合比 $C = \dfrac{V_2}{V_1}$ この式においてV₁及びV₂は、それぞれ次の数値を表すものとする。	令第20条の2第一号ロ若しくはハの規定に適合しないこと又は風速の測定が困難な場合にあっては、次のイ若しくはロのいずれかに該当すること。 イ　還気の二酸化炭素含有率を確認した場合にあっては、還気の二酸化炭素含有率が$\dfrac{1,000}{100万}$を超えていること。 ロ　還気と外気の二酸化炭素含有率の差を確認した場合にあっては、還気と外気の二酸化炭素含有率の差が$\dfrac{650}{100万}$を超えていること。

| | | | | V₁ 空気調和設備の送風空気量（単位 m³/h）V₂ 空気調和設備への取り入れ外気量（単位 m³/h） | |

(10)		中央管理室における制御及び作動状態の監視の状況	中央管理室において制御及び作動の状況を確認する。		中央管理室において制御又は作動の状況を確認できないこと。
(11)	中央管理方式の空気調和設備	空気調和設備の主要機器及び配管の外観	空気調和設備の設置の状況	目視又は触診により確認する。	取付けが堅固でないこと又は著しい腐食、損傷等があること。
(12)			空気調和設備及び配管の劣化及び損傷の状況	目視により確認する。	空気調和機器又は配管に変形、破損又は著しい腐食があること。
(13)			空気調和設備の運転の状況	目視又は触診により確認する。	運転時に異常な音、異常な振動又は異常な発熱があること。
(14)			空気ろ過器の点検口	目視により確認する。	昭和45年建設省告示第1832号第四号の規定に適合しないこと又は点検用の十分な空間が確保されていないこと。
(15)			冷却塔と建築物の他の部分との離隔距離	目視により確認するとともに、必要に応じ鋼製巻尺等により測定する。	令第129条の2の6第二号の規定に適合しないこと。
(16)		空気調和設備の性能	各居室の温度	居室の中央付近において温度計により測定する。	令第129条の2の5第3項の表(4)項の規定に適合しないこと。
(17)			各居室の相対湿度	居室の中央付近において湿度計により測定する。	令第129条の2の5第3項の表(5)項の規定に適合しないこと。
(18)			各居室の浮遊粉じん量	居室の中央付近において粉じん計により測定す	令第129条の2の5第3項の表(1)項の規定に適合

				る。	しないこと。
	(19)		各居室の一酸化炭素含有率	居室の中央付近においてガス検知管等により測定する。	令第129条の2の5第3項の表(2)項の規定に適合しないこと。
	(20)		各居室の二酸化炭素含有率	居室の中央付近においてガス検知管等により測定する。	令第129条の2の5第3項の表(3)項の規定に適合しないこと。
	(21)		各居室の気流	居室の中央付近において風速計により測定する。	令第129条の2の5第3項の表(6)項の規定に適合しないこと。
2 換気設備を設けるべき調理室等	(1)	自然換気設備及び機械換気設備	排気筒、排気フード及び煙突の材質	目視又は触診により確認する。	不燃材でないこと。
	(2)		排気筒、排気フード及び煙突の取付けの状況	目視又は触診により確認する。	取付けが堅固でないこと又は著しい腐食、損傷等があること。
	(3)		給気口、給気筒、排気口、排気筒、排気フード及び煙突の大きさ	目視により確認するとともに、必要に応じて鋼製巻尺等により測定する。	令第20条の3第2項第一号イ(3)、(4)、(6)又は(7)の規定に適合しないこと。
	(4)		給気口、排気口及び排気フードの位置	目視により確認するとともに、必要に応じて鋼製巻尺等により測定する。	令第20条の3第2項第一号イ(1)又は(2)の規定に適合しないこと。
	(5)		給気口、給気筒、排気口、排気筒、排気フード及び煙突の設置の状況	目視又は触診により確認する。	鳥の巣等により給排気が妨げられていること。
	(6)		排気筒及び煙突の断熱の状況	目視又は触診により確認する。	断熱材に脱落又は損傷があること。
	(7)		排気筒及び煙突と可燃物、電線等との離	目視により確認するとともに、必要に応じて鋼製巻尺等により測定する。	令第115条第1項第三号イ(2)又は第2項の規定に適合しないこと。

		隔距離		
(8)		煙突等への防火ダンパー、風道等の設置の状況	目視又は触診により確認する。	昭和45年建設省告示第1826号第4第二号又は第三号の規定に適合しないこと。
(9)	自然換気設備	煙突の先端の立ち上がりの状況（密閉型燃焼器具の煙突を除く。）	目視により確認するとともに、必要に応じて鋼製巻尺等により測定する。	令第115条第1項第一号又は第二号の規定に適合しないこと。
(10)	機械換気設備	煙突に連結した排気筒及び半密閉式瞬間湯沸器等の設置の状況	目視により確認する	昭和45年建設省告示第1826号第4第四号の規定に適合しないこと。
(11)		換気扇による換気の状況	目視により確認する	外気の流れにより著しく換気能力が低下する構造となっていること。
(12)		給気機又は排気機の設置の状況	目視又は触診により確認する。	機器に損傷があること、取付けが堅固でないこと又は著しい腐食、損傷等があること。
(13)		機械換気設備の換気量	排気口の同一断面内から5箇所を偏りなく抽出し、風速計を用いて風速を測定し、次の式により換気量を算出する。 $$V = 3600\,v\,A$$ この式において、V、v及びAは、それぞれ次の数値を表すものとする。 V　換気量（単位　m³/h） v　平均風速（単位　m/s） A　開口断面積（単位　m²）	令第20条の3第2項第一号イ又は昭和45年建設省告示第1826号第3の規定に適合しないこと。

3　法第28条第2項又は第3項の規定に基づき換気設備が設けられた居室等	(1)	防火ダンパー等（外壁の開口部で延焼のおそれのある部分に設けるものを除く。）	防火ダンパーの設置の状況	設計図書等により確認するとともに、目視により確認する。	令第112条第21項の規定に適合しないこと。
	(2)		防火ダンパーの取付けの状況	目視又は触診により確認する。	平成12年建設省告示第1376号第1の規定に適合しないこと又は著しい腐食があること。
	(3)		防火ダンパーの作動の状況	作動の状況を確認する。	ダンパーが円滑に作動しないこと。
	(4)		防火ダンパーの劣化及び損傷の状況	目視又は触診により確認する。	防火ダンパー本体に破損又は著しい腐食があること。
	(5)		防火ダンパーの点検口の有無及び大きさ並びに検査口の有無	目視により確認する。	平成12年建設省告示第1376号第3の規定に適合しないこと。
	(6)		防火ダンパーの温度ヒューズ	目視により確認する。	適正な溶解温度の温度ヒューズを使用していないこと。
	(7)		壁及び床の防火区画貫通部の措置の状況	目視により確認する。	平成12年建設省告示第1376号第2の規定に適合しないこと。
	(8)		連動型防火ダンパーの煙感知器、熱煙複合式感知器及び熱感知器の位置	目視により確認するとともに、必要に応じて鋼製巻尺等により測定する。	煙感知器又は熱煙複合式感知器にあっては昭和48年建設省告示第2563号第1第二号ニ(2)に適合しないこと。熱感知器にあっては昭和48年建設省告示第2563号第2第二号ロ(2)の規定に適合しないこと。
	(9)		連動型防火ダンパーの煙感知器、熱煙複合式感知器及び熱感知器との連動の状況	発煙試験器、加熱試験器等により作動の状況を確認する。	感知器と連動して作動しないこと。

　　次の表の左欄に掲げる項目については、それぞれ同表の右欄に掲げる記録がある場合には、(は)欄に掲げる検査方法にかかわらず、当該記録により確認することで足りる。

1項(3)、(9)及び(16)から(21)まで、2項(13)並びに3項(9)	前回の検査後にそれぞれ(は)欄に掲げる検査方法と同等の方法で実施した検査等の記録
1項(1)、(2)、(5)から(8)まで、(10)から(12)まで、(14)及び(15)	前回の検査後にそれぞれ(は)欄に掲げる検査方法と同等の方法で一級建築士、二級建築士又は建築設備検査員（以下「一級建築士等」という。）が実施した検査の記録
1項(4)及び(13)	前回の検査後にそれぞれ(は)欄に掲げる検査方法と同等の方法で一級建築士等が実施した検査の記録又は前回の検査後に建築基準法令以外の法令の規定に基づき実施した点検等の記録

別表第2

		(い) 検査項目	(ろ) 検査事項	(は) 検査方法	(に) 判定基準
1　令第123条第3項第二号に規定する階段室又は付室、令第129条の13の3第13項に規定する昇降路又は乗降ロビー、令第126条の2第1項に規定する居室	(1)	排煙機	排煙機の外観	排煙機の設置の状況	目視又は触診により確認する。	基礎架台の取付けが堅固でないこと又は著しい腐食があること。
	(2)			排煙風道との接続の状況	目視により確認する。	接続部に破損又は変形があること。
	(3)			煙排出口の設置の状況	目視により確認する。	排出された煙により他への影響のおそれがあること。
	(4)			煙排出口の周囲の状況	目視により確認する。	煙の排出を妨げる障害物があること。
	(5)			屋外に設置された煙排出口への雨水等の防止措置の状況	目視により確認する。	浸入した雨水等を排出できないこと。
	(6)		排煙機の性能	排煙口の開放との連動起動の状況	作動の状況を確認する。	排煙口と連動して排煙機が作動しないこと。
	(7)			作動の状況	聴診又は触診により確認する。	排煙機の運転時の電動機又は送風機に異常な音又は異常な振動があること。

等	⑻		電源を必要とする排煙機の予備電源による作動の状況	予備電源により作動の状況を確認する。	予備電源により作動しないこと。
	⑼		排煙機の排煙風量	煙排出口の同一断面内から5箇所を偏りなく抽出し、風速計を用いて1点につき30秒以上継続して風速を測定し、次の式により排煙風量を算出する。 $$Q = 60\,A\,Vm$$ この式において、Q、A及びVmは、それぞれ次の数値を表すものとする。 Q　排煙風量 　　（単位　m^3/min） A　煙排出口面積 　　（単位　m^2） Vm　平均風速 　　（単位　m/S）	令第123条第3項第二号若しくは令第129条の13の3第13項（これらの規定中国土交通大臣が定めた構造方法のうち排煙機に係る部分に限る。）又は令第126条の3第1項第九号（令第128条の6第1項の規定が適用され、かつ、区画避難安全性能に影響を及ぼす修繕等が行われていない場合にあっては、令第126条の3第1項第九号を、令第129条第1項又は令第129条の2第1項の規定が適用され、かつ、階避難安全性能又は全館避難安全性能に影響を及ぼす修繕等が行われていない場合にあっては、令第123条第3項第二号及び令第126条の3第1項第九号を除く。）の規定に適合しないこと。
	⑽		中央管理室における制御及び作動状態の監視の状況	中央管理室において制御及び作動の状況を確認する。	中央管理室において制御又は作動の状況を確認できないこと。
	⑾	排煙口	機械排煙設備の排煙口の外観	排煙口の位置	目視により確認する。	平成12年建設省告示第1436号第三号又は令第126条の3第1項第三号の規定に適合しないこと。ただし、令第128条の6第1項、令第129条第1項又は令第129条の

				2第1項の規定が適用され、かつ、区画避難安全性能、階避難安全性能又は全館避難安全性能に影響を及ぼす修繕等が行われていない場合を除く。
(12)		排煙口の周囲の状況	目視により確認する。	排煙口の周囲に開放を妨げる障害物があること。
(13)		排煙口の取付けの状況	目視により確認する。	取付けが堅固でないこと又は著しい腐食、損傷等があること。
(14)		手動開放装置の周囲の状況	目視により確認する。	周囲に障害物があり操作できないこと。
(15)		手動開放装置の操作方法の表示の状況	目視により確認する。	令第126条の3第1項第五号の規定に適合しないこと。ただし、令第128条の6第1項、令第129条第1項又は令第129条の2第1項の規定が適用され、かつ、区画避難安全性能、階避難安全性能又は全館避難安全性能に影響を及ぼす修繕等が行われていない場合を除く。
(16)	機械排煙設備の排煙口の性能	手動開放装置による開放の状況	作動の状況を確認する。	排煙口の開放が手動開放装置と連動していないこと。
(17)		排煙口の開放の状況	目視又は聴診により確認する。	常時閉鎖状態を保持し開放時気流により閉鎖すること又は著しい振動があること。
(18)		排煙口の排煙風量	排煙口の同一断面内から5箇所を偏りなく抽出し、風速計を用いて1点につき30秒以上継続して風速を測定し、次の式により排煙風量を算出す	令第126条の3第1項第九号の規定に適合しないこと。ただし、令第128条の6第1項、令第129条第1項又は令第129条の2第1項の規定が適用

				る。 $$Q = 60\,A\,Vm$$ この式において、Q、A及びVmは、それぞれ次の数値を表すものとする。 Q 排煙風量 （単位 m³/min) A 排煙口面積 （単位 m²) Vm 平均風速 （単位 m/S)	され、かつ、区画避難安全性能、階避難安全性能又は全館避難安全性能に影響を及ぼす修繕等が行われていない場合を除く。
(19)			中央管理室における制御及び作動状態の監視の状況	中央管理室において制御及び作動の状況を確認する。	中央管理室において制御又は作動の状況を確認できないこと。
(20)			煙感知器による作動の状況	発煙試験器等により作動の状況を確認する。	排煙口が連動して開放しないこと。
(21)	排煙風道	機械排煙設備の排煙風道（隠蔽部分及び埋設部分を除く。）	排煙風道の劣化及び損傷の状況	目視により確認する。	排煙風道に変形、破損又は著しい腐食があること。
(22)			排煙風道の取付けの状況	目視又は触診により確認する。	接続部及び吊りボルトの取付けが堅固でないこと又は変形若しくは破損があること。
(23)			排煙風道の材質	目視により確認する。	令第126条の3第1項第二号の規定に適合しないこと。ただし、令第128条の6第1項、令第129条第1項又は令第129条の2第1項の規定が適用され、かつ、区画避難安全性能、階避難安全性能又は全館避難安全性能に影響を及ぼす修繕等が行われていない場合を除く。
(24)			防煙壁の貫通	目視により確認する。	令第126条の3第1項第

			措置の状況		七号の規定に適合しないこと。ただし、令第128条の 6 第 1 項、令第129条第 1 項又は令第129条の 2 第 1 項の規定が適用され、かつ、区画避難安全性能、階避難安全性能又は全館避難安全性能に影響を及ぼす修繕等が行われていない場合を除く。
(25)			排煙風道と可燃物、電線等との離隔距離及び断熱の状況	目視により確認するとともに、必要に応じて鋼製巻尺等により測定する。	断熱材に脱落又は損傷があること又は令第126条の 3 第 1 項第七号で準用する令第115条第 1 項第三号イ(2)の規定に適合しないこと。ただし、令第128条の 6 第 1 項、令第129条第 1 項又は令第129条の 2 第 1 項の規定が適用され、かつ、区画避難安全性能、階避難安全性能又は全館避難安全性能に影響を及ぼす修繕等が行われていない場合を除く。
(26)	防火ダンパー（外壁の開口部で延焼のおそれのある部分に設けるものを除く。）		防火ダンパーの取付けの状況	目視又は触診により確認する。	取付けが堅固でないこと。
(27)			防火ダンパーの作動の状況	作動の状況を確認する。	ダンパーが円滑に作動しないこと。
(28)			防火ダンパーの劣化及び損傷の状況	目視又は触診により確認する。	防火ダンパー本体に破損又は著しい腐食があること。
(29)			防火ダンパーの点検口の有無及び大きさ並びに検査口の有無	目視により確認する。	天井、壁等に一辺の長さが45cm 以上の保守点検が容易に行える点検口並びに防火設備の開閉及び作動状態を確認できる

					検査口が設けられていないこと。
(30)			防火ダンパーの温度ヒューズ	目視により確認する。	適正な溶解温度の温度ヒューズを使用していないこと。
(31)			壁及び床の防火区画貫通部の措置の状況（防火ダンパーが令第112条第20項に規定する準耐火構造の防火区画を貫通する部分に近接する部分に設けられている場合に限る。）	目視により確認する。	防火ダンパーと防火区画との間の風道が厚さ1.5mm以上の鉄板で造られていないこと又は鉄網モルタル塗その他の不燃材料で被覆されていないこと。
(32)	特殊な構造の排煙設備	特殊な構造の排煙設備の排煙口及び給気口の外観	排煙口及び給気口の大きさ及び位置	目視により確認する。	平成12年建設省告示第1437号第一号ロ又はハ及び第二号ロ又はハの規定に適合しないこと。ただし、令第128条の6第1項、令第129条第1項又は令第129条の2第1項の規定が適用され、かつ、区画避難安全性能、階避難安全性能又は全館避難安全性能に影響を及ぼす修繕等が行われていない場合を除く。
(33)			排煙口及び給気口の周囲の状況	目視により確認する。	周囲に排煙又は給気を妨げる障害物があること。
(34)			排煙口及び給気口の取付けの状況	目視により確認する。	取付けが堅固でないこと又は著しい腐食、損傷等があること。
(35)			手動開放装置	目視により確認する。	周囲に障害物があり操作

		の周囲の状況		できないこと。
(36)		手動開放装置の操作方法の表示の状況	目視により確認する。	令第126条の3第1項第五号の規定に適合しないこと。ただし、令第128条の6第1項、令第129条第1項又は令第129条の2第1項の規定が適用され、かつ、区画避難安全性能、階避難安全性能又は全館避難安全性能に影響を及ぼす修繕等が行われていない場合を除く。
(37)	特殊な構造の排煙設備の排煙口の性能	排煙口の排煙風量	排煙口の同一断面内から5箇所を偏りなく抽出し、風速計を用いて1点につき30秒以上継続して風速を測定し、次の式により排煙風量を算出する。 $$Q = 60 \, A \, Vm$$ この式において、Q、A及びVmは、それぞれ次の数値を表すものとする。 　Q　排煙風量 　　　（単位　m³/min） 　A　排煙口面積 　　　（単位　m²） 　Vm　平均風速 　　　（単位　m/S）	令第126条の3第2項の規定に適合しないこと。ただし、令第128条の6第1項、令第129条第1項又は令第129条の2第1項の規定が適用され、かつ、区画避難安全性能、階避難安全性能又は全館避難安全性能に影響を及ぼす修繕等が行われていない場合を除く。
(38)		中央管理室における制御及び作動状態の監視の状況	中央管理室において制御及び作動の状況を確認する。	中央管理室において制御又は作動の状況を確認できないこと。
(39)		煙感知器による作動の状況	発煙試験器等により作動の状況を確認する。	排煙口が連動して開放しないこと。
(40)	特殊な構造の	給気風道の劣化及び損傷の	目視により確認する。	給気風道に変形、破損又は著しい腐食があるこ

		排煙設	状況		と。
(41)		備の給気風道（隠蔽部分及び埋設部分を除く。）	給気風道の材質	目視により確認する。	令第126条の３第１項第二号の規定に適合しないこと。ただし、令第128条の６第１項、令第129条第１項又は令第129条の２第１項の規定が適用され、かつ、区画避難安全性能、階避難安全性能又は全館避難安全性能に影響を及ぼす修繕等が行われていない場合を除く。
(42)			給気風道の取付けの状況	目視又は触診により確認する。	接続部及び吊りボルトの取付けが堅固でないこと又は変形若しくは破損があること。
(43)			防煙壁の貫通措置の状況	目視により確認する。	令第126条の３第１項第七号の規定に適合しないこと。ただし、令第128条の６第１項、令第129条第１項又は令第129条の２第１項の規定が適用され、かつ、区画避難安全性能、階避難安全性能又は全館避難安全性能に影響を及ぼす修繕等が行われていない場合を除く。
(44)		特殊な構造の排煙設備の給気送風機の外観	給気送風機の設置の状況	目視又は触診により確認する。	基礎架台の取付けが堅固でないこと又は著しい腐食、損傷等があること。
(45)			給気風道との接続の状況	目視により確認する。	接続部に空気漏れ、破損又は変形があること。
(46)		特殊な構造の排煙設	排煙口の開放と連動起動の状況	作動の状況を確認する。	令第126条の３第２項の規定に適合しないこと。ただし、令第128条の６

	備の給気送風機の性能			第1項、令第129条第1項又は令第129条の2第1項の規定が適用され、かつ、区画避難安全性能、階避難安全性能又は全館避難安全性能に影響を及ぼす修繕等が行われていない場合を除く。
(47)		作動の状況	聴診又は触診により確認する。	送風機の運転時の電動機又は送風機に異常な音又は異常な振動があること。
(48)		電源を必要とする給気送風機の予備電源による作動の状況	予備電源により作動の状況を確認する。	予備電源により作動しないこと。
(49)		給気送風機の給気風量	吸込口の同一断面内から5箇所を偏りなく抽出し、風速計を用いて1点につき30秒以上継続して風速を測定し、次の式により給気風量を算出する。 　　Q＝60 A Vm この式において、Q、A及びVmは、それぞれ次の数値を表すものとする。 Q　給気風量 　　（単位　m³/min） A　吸込口面積 　　（単位　m²） Vm　平均風速 　　（単位　m/S）	令第126条の3第2項の規定に適合しないこと。ただし、令第128条の6第1項、令第129条第1項又は令第129条の2第1項の規定が適用され、かつ、区画避難安全性能、階避難安全性能又は全館避難安全性能に影響を及ぼす修繕等が行われていない場合を除く。
(50)		中央管理室における制御及び作動状態の監視の状況	中央管理室において制御及び作動の状況を確認する。	中央管理室において制御又は作動の状況を確認できないこと。

	(51)	特殊な構造の排煙設備の給気送風機の吸込口	吸込口の設置位置	目視により確認する。	排煙設備の煙排出口等の開口部に近接していること又は吸込口が延焼のおそれのある位置に設置されていること。
	(52)		吸込口の周囲の状況	目視により確認する。	周囲に給気を妨げる障害物があること。
	(53)		屋外に設置された吸込口への雨水等の防止措置の状況	目視により確認する。	浸入した雨水等を排出できないこと。
2　令第123条第3項第二号に規定する階段室又は付室、令第129条の13の3第13項に規定する昇降路又は乗降ロビー	(1)	特別避難階段の階段室又は付室及び非常用エレベーターの昇降路又は乗降ロビーに設ける排煙口及び給気口	排煙機、排煙口及び給気口の作動の状況	作動の状況を確認する。	連動して作動しないこと。
	(2)		給気口の周囲の状況	目視により確認する。	周囲に給気を妨げる障害物があること。
	(3)	加圧防排煙設備	排煙風道（隠蔽部分及び埋設部分を除く。）	排煙風道の劣化及び損傷の状況	目視により確認する。	排煙風道に変形、破損又は著しい腐食があること。
	(4)			排煙風道の取付けの状況	目視又は触診により確認する。	接続部及び吊りボルトの取付けが堅固でないこと又は変形若しくは破損があること。
	(5)			排煙風道の材質	目視により確認する。	不燃材料で造られていないこと。ただし、令第129条第1項又は第129条の2第1項の規定が適用され、かつ、階避難安全性能又は全館避難安全性能に影響を及ぼす修繕等が行われていない場合を除く。
	(6)		給気口	給気口の周囲	目視により確認する。	周囲に給気を妨げる障害

		の外観	の状況		物があること。
(7)			給気口の取付けの状況	目視により確認する。	取付けが堅固でないこと又は著しい腐食、損傷等があること。
(8)			給気口の手動開放装置の周囲の状況	目視により確認する。	周囲に障害物があり操作できないこと。
(9)			給気口の手動開放装置の操作方法の表示の状況	目視により確認する。	平成28年国土交通省告示第696号第五号イ(2)(i)の規定に適合しないこと。ただし、令第129条第1項又は第129条の2第1項の規定が適用され、かつ、階避難安全性能又は全館避難安全性能に影響を及ぼす修繕等が行われていない場合を除く。
(10)		給気口の性能	給気口の手動開放装置による開放の状況	作動の状況を確認する。	手動開放装置と連動して給気口が開放していないこと。
(11)			給気口の開放の状況	目視又は聴診により確認する。	開放時に気流により閉鎖すること又は著しい振動があること。
(12)		給気風道（隠蔽部分及び埋設部分を除く。）	給気風道の劣化及び損傷の状況	目視により確認する。	給気風道に変形、破損又は著しい腐食があること。
(13)			給気風道の取付けの状況	目視又は触診により確認する。	接続部及び吊りボルトの取付けが堅固でないこと又は変形若しくは破損があること。
(14)			給気風道の材質	目視により確認する。	不燃材料で造られていないこと。ただし、令第129条第1項又は第129条の2第1項の規定が適用され、かつ、階避難安全性能又は全館避難安全性能に影響を及ぼす修繕等が行われていない場合を

				除く。
(15)	給気送風機の外観	給気送風機の設置の状況	目視又は触診により確認する。	基礎架台の取付けが堅固でないこと又は著しい腐食、損傷等があること。
(16)		給気風道との接続の状況	目視により確認する。	接続部に空気漏れ、破損又は変形があること。
(17)	給気送風機の性能	給気口の開放と連動起動の状況	作動の状況を確認する。	平成28年国土交通省告示第696号第五号イ(5)の規定に適合しないこと。ただし、令第129条第1項又は第129条の2第1項の規定が適用され、かつ、階避難安全性能又は全館避難安全性能に影響を及ぼす修繕等が行われていない場合を除く。
(18)		給気送風機の作動の状況	聴診又は触診により確認する。	送風機の運転時の電動機又は送風機に異常な音又は異常な振動があること。
(19)		電源を必要とする給気送風機の予備電源による作動の状況	予備電源により作動の状況を確認する。	予備電源により作動しないこと。
(20)		中央管理室における制御及び作動状態の監視の状況	中央管理室において制御及び作動の状況を確認する。	中央管理室において制御又は作動の状況を確認できないこと。
(21)	給気送風機の吸込口	吸込口の設置位置	目視により確認する。	排煙設備の煙排出口等の開口部に近接していること又は吸込口が延焼のおそれのある位置に設置されていること。
(22)		吸込口の周囲の状況	目視により確認する。	周囲に給気を妨げる障害物があること。
(23)		屋外に設置された吸込口へ	目視により確認する。	浸入した雨水等を排出できないこと。

		の雨水等の防止措置の状況		
(24)	遮煙開口部の性能	遮煙開口部の排出風速	加圧防排煙設備を作動させた状態で遮煙開口部の開口幅を 40 cm 開放し、同一断面内から 9 箇所を偏りなく抽出し、風速計を用いて 1 点につき 30 秒以上継続して風速を測定する。	平成28年国土交通省告示第696号第五号ハの規定に適合しないこと。ただし、令第129条第 1 項又は第129条の 2 第 1 項の規定が適用され、かつ、階避難安全性能又は全館避難安全性能に影響を及ぼす修繕等が行われていない場合を除く。
(25)	空気逃し口の外観	空気逃し口の大きさ及び位置	目視により確認する。	平成28年国土交通省告示第696号第五号ロの規定に適合しないこと。ただし、令第129条第 1 項又は第129条の 2 第 1 項の規定が適用され、かつ、階避難安全性能又は全館避難安全性能に影響を及ぼす修繕等が行われていない場合を除く。
(26)		空気逃し口の周囲の状況	目視により確認する。	周囲に空気の流れを妨げる障害物があること。
(27)		空気逃し口の取付けの状況	目視により確認する。	取付けが堅固でないこと又は著しい腐食、損傷等があること。
(28)	空気逃し口の性能	空気逃し口の作動の状況	目視により確認する。	給気口と連動して空気逃し口が開放しないこと。
(29)	圧力調整装置の外観	圧力調整装置の大きさ及び位置	目視により確認する。	平成28年国土交通省告示第696号第五号ハの規定に適合しないこと。ただし、令第129条第 1 項又は第129条の 2 第 1 項の規定が適用され、かつ、階避難安全性能又は全館避難安全性能に影響を及ぼす修繕等が行われてい

					ない場合を除く。
(30)		圧力調整装置の周囲の状況	目視により確認する。		周囲に空気の流れを妨げる障害物があること。
(31)		圧力調整装置の取付けの状況	目視により確認する。		取付けが堅固でないこと又は著しい腐食、損傷等があること。
(32)	圧力調整装置の性能	圧力調整装置の作動の状況	目視により確認する。		扉の閉鎖と連動して開放しないこと。
3　令第126条の2第1項に規定する居室等	(1)	可動防煙壁	手動降下装置の作動の状況	作動の状況を確認する。	片手で容易に操作できないこと。
	(2)		手動降下装置による連動の状況	作動の状況を確認する。	連動して作動しないこと。
	(3)		煙感知器による連動の状況	作動の状況を確認する。	連動して作動しないこと。
	(4)		可動防煙壁の材質	目視により確認する。	不燃材料でないこと。
	(5)		可動防煙壁の防煙区画	目視により確認する。	脱落又は欠損があり煙の流動を妨げる効果がないこと。
	(6)		中央管理室における制御及び作動状態の監視の状況	中央管理室において制御及び作動の状況を確認する。	中央管理室において制御又は作動の状況を確認できないこと。
4　予備電源	(1)	自家用発電装置	自家用発電装置等の状況	自家用発電機室の防火区画等の貫通措置の状況	目視により確認する。	令第112条第20項若しくは第21項又は令第129条の2の4第1項第七号の規定に適合しないこと。
	(2)			発電機の発電容量	予備電源の容量を確認する。	自家用発電装置の出力容量が少なく、防災設備を30分以上運転できないこと。
	(3)			発電機及び原動機の状況	目視又は触診により確認する。	端子部の締め付けが堅固でないこと、計器若しくは制御盤の表示ランプ等に破損があること又は原

					動機若しくは燃料タンクの周囲に油漏れ等があること。
(4)			燃料油、潤滑油及び冷却水の状況	目視により確認する。	燃料タンク若しくは冷却水槽の貯蔵量が少なく30分以上運転できないこと又は潤滑油が機器に表示された適正な範囲内にないこと。
(5)			始動用の空気槽の圧力	圧力計を目視により確認するとともに、聴診により確認する。	空気槽の自動充気圧力が、高圧側で2.2から2.9MPa、低圧側で0.7から1.0MPaに維持されていないこと又は圧力が低下しても警報を発しないこと。
(6)			セル始動用蓄電池及び電気ケーブルの接続の状況	目視により確認するとともに、蓄電池電圧を電圧計により測定する。	電圧が定格電圧以下であること、電解液量が機器に表示された適正量より少ないこと又は電気ケーブルとの接続部に緩み、液漏れ等があること。
(7)			燃料及び冷却水の漏洩の状況	目視により確認する。	配管の接続部等に漏洩等があること。
(8)			計器類及びランプ類の指示及び点灯の状況	目視により確認する。	発電機盤、自動制御盤等の計器類、スイッチ等に指示不良若しくは損傷があること又は運転表示ランプ類が点灯しないこと。
(9)			自家用発電装置の取付けの状況	目視又は触診により確認する。	基礎架台の取付けが堅固でないこと又は著しい腐食、損傷等があること。
(10)			自家用発電機室の給排気の状況（屋内に設置されてい	室内の温度を温度計により測定するとともに、作動の状況を確認する。	給排気が十分でなく室内温度が摂氏40度を超えていること又は給排気ファンが単独で若しくは

			る場合に限る。）		発電機と連動して運転できないこと。
(11)			接地線の接続の状況	目視により確認する。	接続端子部に緩み又は著しい腐食があること。
(12)			絶縁抵抗	絶縁抵抗計により測定する。	測定結果が電気設備に関する技術基準を定める省令（平成9年通商産業省令第52号）第58条の規定値を下回っていること。
(13)		自家用発電装置の性能	電源の切替えの状況	作動の状況を確認する。	予備電源への切替えができないこと。
(14)			始動の状況	作動の状況を確認する。	空気始動及びセル始動により作動しないこと又は電圧が始動から40秒以内に確立しないこと。
(15)			運転の状況	目視、聴診又は触診により確認する。	運転中に異常な音、異常な振動等があること。
(16)			排気の状況	目視により確認する。	排気管、消音器等の変形、損傷、き裂等による排気漏れがあること。
(17)			コンプレッサー、燃料ポンプ、冷却水ポンプ等の補機類の作動の状況	作動の状況を確認する。	運転中に異常な音又は異常な振動があること。
(18)	直結エンジン	直結エンジンの外観	直結エンジンの設置の状況	目視又は触診により確認する。	据付けが堅固でないこと、アンカーボルト等に著しい腐食があること又は換気が十分でないこと。
(19)			燃料油、潤滑油及び冷却水の状況	目視により確認する。	燃料タンク若しくは冷却水槽の貯蔵量が足りず30分間以上運転できないこと又は潤滑油が機器に表示された適正な範囲内にないこと。
(20)			セル始動用蓄	目視により確認するとと	電圧が定格電圧以下であ

		電池及び電気ケーブルの接続の状況	もに、蓄電池電圧を電圧計により測定する。	ること、電解液量が機器に表示された適正量より少ないこと又は電気ケーブルとの接続部に緩み、液漏れ等があること。
(21)		計器類及びランプ類の指示及び点灯の状況	目視により確認する。	制御盤等の計器類、スイッチ類に指示不良若しくは損傷があること又は運転表示ランプ類が点灯しないこと。
(22)		給気部及び排気管の取付けの状況	目視により確認する。	変形、損傷、き裂等があること。
(23)		Vベルト	目視又は触診により確認する。	ベルトに損傷若しくはき裂があること又はたわみが大きいこと。
(24)		接地線の接続の状況	目視により確認する。	接続端子部に緩み又は著しい腐食があること。
(25)		絶縁抵抗	絶縁抵抗計により測定する。	測定結果が電気設備に関する技術基準を定める省令第58条の規定値を下回っていること。
(26)	直結エンジンの性能	始動及び停止並びに運転の状況	目視、聴診又は触診により確認する。	正常に作動若しくは停止できないこと、排煙口の開放と連動して直結エンジンが作動しないこと又は運転中に異常な音、異常な振動等があること。

　次の表の左欄に掲げる項目については、それぞれ同表の右欄に掲げる記録がある場合には、(は)欄に掲げる検査方法にかかわらず、当該記録により確認することで足りる。

1項(9)、(18)、(20)、(37)、(39)及び(49)並びに2項(24)	前回の検査後にそれぞれ(は)欄に掲げる検査方法と同等の方法で実施した検査等の記録
1項(2)、(4)、(6)から(8)まで、(10)、(12)から(14)まで、(16)、(19)、(21)、(22)及び(27)、2項(1)から(4)まで、(6)から(8)まで、(10)、(12)、(13)、(16)から(20)まで及び(26)から(28)まで、3項(2)、(3)、(5)及び	前回の検査後に建築基準法令以外の法令の規定に基づき実施した点検等の記録

(6)並びに4項(3)から(8)まで及び(10)から(17)まで	

別表第3

		（い）検査項目	（ろ）検査事項	（は）検査方法	（に）判定基準
1　照明器具	(1)	非常用の照明器具	使用電球、ランプ等	目視により確認する。	昭和45年建設省告示第1830号第1第一号の規定に適合しないこと。
	(2)		照明器具の取付けの状況	目視及び触診により確認する。	天井その他の取付け部に正しく固定されていないこと又は予備電源内蔵コンセント型照明器具である場合は、差込みプラグが壁等に固定されたコンセントに直接接続されていないこと若しくはコンセントから容易に抜ける状態であること。
2　電池内蔵形の蓄電池、電源別置形の蓄電池及び自家用発電装置	(1)	予備電源	予備電源への切替え及び器具の点灯の状況並びに予備電源の性能	作動の状況及び点灯時間を確認する。	昭和45年建設省告示第1830号第3第二号又は第三号の規定に適合しないこと。
	(2)	照度	照度の状況	避難上必要となる部分のうち最も暗い部分の水平床面において低照度測定用照度計により測定する。	昭和45年建設省告示第1830号第4の規定に適合しないこと。
	(3)	分電盤	非常用電源分岐回路の表示の状況	目視により確認する。	非常用の照明装置である旨の表示がないこと。
	(4)	配線	配電管等の防火区画の貫通措置の状況（隠蔽部分及び埋設部分を除く。）	目視又は触診により確認するとともに、必要に応じて鋼製巻尺等により測定する。	令第112条第20項又は令第129条の2の4第1項第七号の規定に適合しないこと。

3　電源別置形の蓄電池及び自家用発電装置	(1)	配線	照明器具の取付けの状況及び配線の接続の状況（隠蔽部分及び埋設部分を除く。）	目視により確認する。	昭和45年建設省告示第1830号第2の規定に適合しないこと。
	(2)		電気回路の接続の状況	目視により確認するとともに、必要に応じて回路計により測定する。	昭和45年建設省第1830号第2の規定に適合しないこと。
	(3)		接続部（幹線分岐及びボックス内に限る。）の耐熱処理の状況	目視により確認する。	昭和45年建設省告示第1830号第2の規定に適合しないこと。
	(4)		予備電源から非常用の照明器具間の配線の耐熱処理の状況（隠蔽部分及び埋設部分を除く。）	目視により確認する。	昭和45年建設省告示第1830号第2第三号の規定に適合しないこと。
	(5)	切替回路	常用の電源から蓄電池設備への切替えの状況	作動の状況を確認する。	昭和45年建設省告示第1830号第3の規定に適合しないこと。
	(6)		蓄電池設備と自家用発電装置併用の場合の切替えの状況	作動までの時間を確認する。	昭和45年建設省告示第1830号第3の規定に適合しないこと。
4　電池内蔵形の蓄電池	(1)	配線及び充電ランプ	充電ランプの点灯の状況	目視により確認する。	点滅スイッチを切断しても充電ランプが点灯しないこと。
	(2)		誘導灯及び非常用照明兼用器具の専用回路の確保の状況	目視により確認する。	昭和45年建設省告示第1830号第2の規定に適合しないこと。

5　電源別置形の蓄電池	(1)	蓄電池	蓄電池等の状況	蓄電池室の防火区画等の貫通措置の状況	目視により確認する。	令第112条第20項若しくは第21項又は令第129条の2の4第1項第七号の規定に適合しないこと。
	(2)			蓄電池室の換気の状況	室内の温度を温度計により測定する。	室温が摂氏40度を超えていること。
	(3)			蓄電池の設置の状況	目視又は触診により確認する。	変形、損傷、腐食、液漏れ等があること。
	(4)		蓄電池の性能	電圧	電圧計により測定する。	電圧が正常でないこと。
	(5)			電解液比重	比重計により測定する。	電解液比重が適正でないこと。
	(6)			電解液の温度	温度計により測定する。	電解液の温度が摂氏45度を超えていること。
	(7)		充電器	充電器室の防火区画等の貫通措置の状況	目視により確認する。	令第112条第20項若しくは第21項又は令第129条の2の4第1項第七号の規定に適合しないこと。
	(8)			キュービクルの取付けの状況	目視又は触診により確認する。	取付けが堅固でないこと。
6　自家用発電装置	(1)	自家用発電装置	自家用発電装置等の状況	自家用発電機室の防火区画等の貫通措置の状況	目視により確認する。	令第112条第20項若しくは第21項又は令第129条の2の4第1項第七号の規定に適合しないこと。
	(2)			発電機の発電容量	予備電源の容量を確認する。	自家用発電装置の出力容量が少なく、防災設備を30分以上運転できないこと。
	(3)			発電機及び原動機の状況	目視又は触診により確認する。	端子部の締め付けが堅固でないこと、計器若しくは制御盤の表示ランプ等に破損があること又は原動機若しくは燃料タンクの周囲に油漏れ等があること。
	(4)			燃料油、潤滑油及び冷却水	目視により確認する。	燃料タンク若しくは冷却水槽の貯蔵量が少なく

1214

			の状況		30分以上運転できないこと又は潤滑油が機器に表示された適正な範囲内にないこと。
(5)			始動用の空気槽の圧力	圧力計を目視により確認するとともに、聴診により確認する。	空気槽の自動充気圧力が、高圧側で2.2から2.9MPa、低圧側で0.7から1.0MPaに維持されていないこと又は圧力が低下しても警報を発しないこと。
(6)			セル始動用蓄電池及び電気ケーブルの接続の状況	目視により確認するとともに、蓄電池電圧を電圧計により測定する。	電圧が定格電圧以下であること、電解液量が機器に表示された適正量より少ないこと又は電気ケーブルとの接続部に緩み、液漏れ等があること。
(7)			燃料及び冷却水の漏洩の状況	目視により確認する。	配管の接続部等に漏洩等があること。
(8)			計器類及びランプ類の指示及び点灯の状況	目視により確認する。	発電機盤、自動制御盤等の計器類、スイッチ等に指示不良若しくは損傷があること又は運転表示ランプが点灯しないこと。
(9)			自家用発電装置の取付けの状況	目視又は触診により確認する。	基礎架台の取付けが堅固でないこと又は著しい腐食、損傷等があること。
(10)			自家用発電機室の給排気の状況（屋内に設置されている場合に限る。）	室内の温度を温度計により測定するとともに、作動の状況を確認する。	給排気状態が十分でなく室内温度が摂氏40度を超えていること又は給排気ファンが単独で若しくは発電機と連動して運転できないこと。
(11)			接地線の接続の状況	目視により確認する。	接続端子部に緩み又は著しい腐食があること。
(12)			絶縁抵抗	絶縁抵抗計により測定する。	測定結果が電気設備に関する技術基準を定める省

					令第58条の規定値を下回っていること。
(13)	自家用発電装置の性能	電源の切替えの状況	作動の状況を確認する。		予備電源への切替えができないこと。
(14)		始動の状況	作動の状況を確認する。		空気始動及びセル始動により作動しないこと又は電圧が始動から40秒以内に確立しないこと。
(15)		運転の状況	目視、聴診又は触診により確認する。		運転中に異常な音、異常な振動等があること。
(16)		排気の状況	目視により確認する。		排気管、消音器等の変形、損傷、き裂等による排気漏れがあること。
(17)		コンプレッサー、燃料ポンプ、冷却水ポンプ等の補機類の作動の状況	作動の状況を確認する。		運転中に異常な音、異常な振動等があること。

　5項(2)から(6)まで並びに6項(3)から(8)まで及び(10)から(17)までについては、前回の検査後に建築基準法令以外の法令の規定に基づき実施した点検等の記録がある場合には、(は)欄に掲げる検査方法にかかわらず、当該記録により確認することで足りる。

別表第4

		(い) 検査項目	(ろ) 検査事項	(は) 検査方法	(に) 判定基準
1 飲料用の配管設備及び排水設備	(1)	飲料用配管及び排水配管(隠蔽部分及び埋設部分を除く。)	配管の取付けの状況	目視により確認する。	平成12年建設省告示第1388号第4 第一号の規定に適合しないこと。
	(2)		配管の腐食及び漏水の状況	目視により確認する。	配管に腐食又は漏水があること。
	(3)		配管が貫通する箇所の損傷防止措置の状況	目視により確認する。	平成12年建設省告示第1388号第4 第二号の規定に適合しないこと。
	(4)		継手類の取付けの状況	目視により確認する。	平成12年建設省告示第1388号第4 第三号の規定に適合しないこと。

	(5)		保温措置の状況	目視により確認する。	令第129条の2の4第1項第五号又は第2項第四号の規定に適合しないこと。
	(6)		防火区画等の貫通措置の状況	目視により確認する。	令第129条の2の4第1項第二号又は第七号の規定に適合しないこと。
	(7)		配管の支持金物	目視により確認する。	平成12年建設省告示第1388号第4第一号又は第四号の規定に適合しないこと。
	(8)		飲料水系統配管の汚染防止措置の状況	目視により確認する。	令第129条の2の4第2項第一号又は第二号の規定に適合しないこと。
	(9)		止水弁の設置の状況	目視により確認する。	昭和50年建設省告示第1597号第1第一号ロの規定に適合しないこと。
	(10)		ウォーターハンマーの防止措置の状況	目視により確認する。	昭和50年建設省告示第1597号第1第一号イの規定に適合しないこと。
	(11)		給湯管及び膨張管の設置の状況	目視により確認する。	平成12年建設省告示第1388号第4第四号の規定に適合しないこと。
2　飲料水の配管設備	(1)	飲料用の給水タンク及び貯水タンク（以下「給水タンク等」という。）並びに給水ポンプ	給水タンク等の設置の状況	目視により確認するとともに、必要に応じて鋼製巻尺等により測定する。	昭和50年建設省告示第1597号第1第二号イ又はロの規定に適合しないこと。
	(2)		給水タンク等の通気管、水抜き管、オーバーフロー管等の設置の状況	目視により確認する。	昭和50年建設省告示第1597号第1第一号又は第二号の規定に適合しないこと。
	(3)		給水タンク等の腐食及び漏水の状況	目視により確認する。	令第129条の2の4第2項第五号の規定に適合しないこと。
	(4)		給水用圧力タ	作動の状況を確認する。	令第129条の2の4第1

		ンクの安全装置の状況		項第四号の規定に適合しないこと。
(5)		給水ポンプの運転の状況	水圧計により測定するとともに、作動の状況を確認する。	運転中に異常な音、異常な振動等があること又は定格水圧がないこと。
(6)		給水タンク及びポンプ等の取付けの状況	目視又は触診により確認する。	平成12年建設省告示第1388号第1又は第2の規定に適合しないこと。
(7)		給水タンク等の内部の状況	目視により確認する。	藻等の異物があること。
(8)	給湯設備（循環ポンプを含む。）	給湯設備（ガス湯沸器を除く。）の取付けの状況	目視又は触診により確認する。	平成12年建設省告示第1388号第2又は第5の規定に適合しないこと。
(9)		ガス湯沸器の取付けの状況	目視又は触診により確認する。	平成12年建設省告示第1388号第2若しくは第5の規定に適合しないこと又は引火性危険物のある場所及び燃焼廃ガスの上昇する位置に取り付けていること。
(10)		給湯設備の腐食及び漏水の状況	目視により確認する。	本体に腐食又は漏水があること。
3 排水設備	(1)	排水槽	排水槽のマンホールの大きさ	目視により確認するとともに、必要に応じて鋼製巻尺等により測定する。	昭和50年建設省告示第1597号第2第二号ロの規定に適合しないこと。
	(2)		排水槽の通気の状況	目視により確認する。	昭和50年建設省告示第1597号第2第二号ホの規定に適合しないこと。
	(3)		排水漏れの状況	目視により確認する。	漏れがあること。
	(4)		排水ポンプの設置の状況	目視により確認する。	取付けが堅固でないこと又は著しい腐食、損傷等があること。
	(5)		排水ポンプの運転の状況	水圧計により測定するとともに、作動の状況を確	運転中に異常な音、異常な振動等があること又は

			認する。	定格水圧がないこと。
(6)		地下街の非常用の排水設備の処理能力及び予備電源の状況	作動の状況を確認する。	昭和44年建設省告示第1730号第3第三号又は第四号の規定に適合しないこと。
(7)	排水再利用配管設備（中水道を含む。）	雑用水の用途	雑用水に着色等を行い、目視等により確認する。	令第129条の2の4第2項第一号又は昭和50年建設省告示第1597号第2第六号ハの規定に適合しないこと。
(8)		雑用水給水栓の表示の状況	目視により確認する。	昭和50年建設省告示第1597号第2第六号ニの規定に適合しないこと。
(9)		配管の標識等	目視により確認する。	昭和50年建設省告示第1597号第2第六号ロの規定に適合しないこと。
(10)		雑用水タンク、ポンプ等の設置の状況	目視により確認する。	取付けが堅固でないこと又は著しい腐食、損傷等があること。
(11)		消毒装置	目視により確認する。	消毒液がなくなり、装置が機能しないこと。
(12)	その他	衛生器具	衛生器具の取付けの状況	目視により確認する。	令第129条の2の4第2項第二号の規定に適合しないこと、取付けが堅固でないこと又は損傷があること。
(13)		排水トラップ	排水トラップの取付けの状況	目視により確認するとともに、必要に応じて鋼製巻尺等により測定する。	昭和50年建設省告示第1597号第2第三号イ、ロ、ハ又はニの規定に適合しないこと。
(14)		阻集器	阻集器の構造、機能及び設置の状況	目視により確認するとともに、必要に応じて鋼製巻尺等により測定する。	昭和50年建設省告示第1597号第2第四号イ、ロ又はハの規定に適合しないこと。
(15)		排水管	公共下水道等への接続の状	目視により確認する。	令第129条の2の4第3項第三号の規定に適合し

			況	ないこと。
(16)		雨水排水立て管の接続の状況	目視により確認する。	昭和50年建設省告示第1597号第2第一号ハの規定に適合しないこと。
(17)		排水の状況	目視により確認する。	排水勾配がないこと又は流れていないこと。
(18)		掃除口の取付けの状況	目視により確認する。	昭和50年建設省告示第1597号第2第一号イの規定に適合しないこと。
(19)		雨水系統との接続の状況	目視により確認する。	昭和50年建設省告示第1597号第2第三号イの規定に適合しないこと。
(20)		間接排水の状況	目視により確認する。	昭和50年建設省告示第1597号第2第一号ロの規定に適合しないこと又は損傷があること。
(21)	通気管	通気開口部の状況	目視により確認する。	昭和50年建設省告示第1597号第2第五号ハの規定に適合しないこと。
(22)		通気管の状況	目視又は嗅診により確認する。	昭和50年建設省告示第1597号第2第二号イ又は第五号の規定に適合しないこと又は損傷があること。

　次の表の左欄に掲げる項目については、それぞれ同表の右欄に掲げる記録がある場合には、(は)欄に掲げる検査方法にかかわらず、当該記録により確認することで足りる。

1項((2)を除く。)、2項((2)、(3)及び(7)を除く。)並びに3項((2)、(3)、(5)、(11)、(14)及び(22)を除く。)	前回の検査後にそれぞれ(は)欄に掲げる検査方法と同等の方法で一級建築士等が実施した検査の記録
1項(2)、2項(2)、(3)及び(7)並びに3項(2)、(3)、(5)、(11)、(14)及び(22)	前回の検査後にそれぞれ(は)欄に掲げる検査方法と同等の方法で一級建築士等が実施した検査の記録又は前回の検査後に建築基準法令以外の法令の規定に基づき実施した点検等の記録

別　記　（略）

〔平成28年5月2日国土交通省告示第723号〕
防火設備の定期検査報告における検査及び定期点検における点検の項目、事項、方法及び結果の判定基準並びに検査結果表を定める件

最終改正　令和2年4月1日国土交通省告示第508号

建築基準法施行規則（昭和25年建設省令第40号。以下「施行規則」という。）第6条第2項及び第3項並びに第6条の2第1項の規定に基づき、防火設備について建築基準法（昭和25年法律第201号。以下「法」という。）第12条第3項に規定する検査及び同条第4項に規定する点検（以下「定期検査等」という。）の項目、事項、方法及び結果の判定基準並びに検査結果表を次のように定める。

第1　定期検査等は、施行規則第6条第2項及び第6条の2第1項の規定に基づき、次の各号に掲げる別表第1から別表第4までの（い）欄に掲げる項目に応じ、同表（ろ）欄に掲げる事項（ただし、法第12条第4項に規定する点検においては損傷、腐食、その他の劣化状況に係るものに限る。）について、同表（は）欄に掲げる方法により実施し、その結果が同表（に）欄に掲げる基準に該当しているかどうかを判定することとする。ただし、特定行政庁が規則により定期検査等の項目、事項、方法又は結果の判定基準について定める場合（定期検査等の項目若しくは事項について削除し又は定期検査等の方法若しくは結果の判定基準について、より緩やかな条件を定める場合を除く。）にあっては、当該規則の定めるところによるものとする。

一　防火扉　別表第1

二　防火シャッター　別表第2

三　耐火クロススクリーン　別表第3

四　ドレンチャーその他の水幕を形成する防火設備（以下「ドレンチャー等」という。）　別表第4

2　前項の規定にかかわらず、法第68条の25第1項又は法第68条の26第1項に規定する認定を受けた構造方法を用いた防火設備に係る定期検査等については、当該認定に係る申請の際に提出された施行規則第10条の5の21第1項第三号に規定する図書若しくは同条第3項に規定する評価書又は施行規則第10条の5の23第1項第三号に規定する図書に検査の方法が記載されている場合にあっては、当該方法によるものとする。

第2　防火設備の検査結果表は、施行規則第6条第3項の規定に基づき、次の各号に掲げる防火設備の種類に応じ当該各号に定めるとおりとする。

一　防火扉　別記第1号

二　防火シャッター　別記第2号

三　耐火クロススクリーン　別記第3号

四　ドレンチャー等　別記第4号

附　則

この告示は、平成28年6月1日から施行する。

別表第1

		(い) 検査項目	(ろ) 検査事項	(は) 検査方法	(に) 判定基準
(1)	防火扉	設置場所の周囲状況	閉鎖の障害となる物品の放置の状況	目視により確認する。	物品が放置されていることにより防火扉の閉鎖に支障があること。
(2)		扉、枠及び金物	扉の取付けの状況	目視又は触診により確認する。	取付けが堅固でないこと。
(3)			扉、枠及び金物の劣化及び損傷の状況	目視により確認する。	変形、損傷又は著しい腐食があること。
(4)		危害防止装置	作動の状況	扉の閉鎖時間をストップウォッチ等により測定し、扉の質量により運動エネルギーを確認するとともに、プッシュプルゲージ等により閉鎖力を測定する。	運動エネルギーが10Jを超えること又は閉鎖力が150Nを超えること。
(5)	連動機構	煙感知器、熱煙複合式感知器及び熱感知器	設置位置	目視により確認するとともに、必要に応じて鋼製巻尺等により測定する。	煙感知器又は熱煙複合式感知器にあっては昭和48年建設省告示第2563号第1第二号ニ(2)に掲げる場所に設けていないこと。熱感知器にあっては昭和48年建設省告示第2563号第1第二号ニ(2)(i)及び(ii)に掲げる場所に設けていないこと。
(6)			感知の状況	(16)の項又は(17)の項の点検が行われるもの以外のものを対象として、加煙試験器、加熱試験器等により感知の状況を確認する。ただし、前回の検査以降に同等の方法で実施した検査の記録がある場合にあっては、当該記録により確認することで足りる。	適正な時間内に感知しないこと。

(7)	温度ヒューズ装置	設置の状況	目視により確認する。	温度ヒューズの代わりに針金等で固定されていること、変形、損傷若しくは著しい腐食があること又は油脂、埃、塗料等の付着があること。
(8)	連動制御器	スイッチ類及び表示灯の状況	目視により確認する。	スイッチ類に破損があること又は表示灯が点灯しないこと。
(9)		結線接続の状況	目視又は触診により確認する。	断線、端子の緩み、脱落又は損傷等があること。
(10)		接地の状況	回路計、ドライバー等により確認する。	接地線が接地端子に緊結されていないこと。
(11)		予備電源への切り替えの状況	常用電源を遮断し、作動の状況を確認する。	自動的に予備電源に切り替わらないこと。
(12)	連動機構用予備電源	劣化及び損傷の状況	目視により確認する。	変形、損傷又は著しい腐食があること。
(13)		容量の状況	予備電源試験スイッチ等を操作し、目視により確認する。	容量が不足していること。
(14)	自動閉鎖装置	設置の状況	目視又は触診により確認する。	取付けが堅固でないこと又は変形、損傷若しくは著しい腐食があること。
(15)		再ロック防止機構の作動の状況	閉鎖した防火扉を、連動制御器による復旧操作をしない状態で閉鎖前の位置に戻すことにより、作動の状況を確認する。	防火扉が自動的に再閉鎖しないこと。
(16)	総合的な作動の状況	防火扉の閉鎖の状況	煙感知器、熱煙複合式感知器若しくは熱感知器を作動させ、又は温度ヒューズを外し、全ての防火扉（(17)の項の点検が行われるものを除く。）の作動の状況を確認する。ただし、連動機構用	防火扉が正常に閉鎖しないこと又は連動制御器の表示灯が点灯しないこと若しくは音響装置が鳴動しないこと。

			予備電源ごとに、少なくとも1以上の防火扉について、予備電源に切り替えた状態で作動の状況を確認する。	
(17)		防火区画（建築基準法施行令(昭和25年政令第338号。以下「令」という。)第112条第11項から第13項までの規定による区画に限る。)の形成の状況	当該区画のうち1以上を対象として、煙感知器又は熱煙複合式感知器を作動させ、複数の防火扉の作動の状況及びその作動による防火区画の形成の状況を確認する。	防火扉が正常に閉鎖しないこと、連動制御器の表示灯が正常に点灯しないこと若しくは音響装置が鳴動しないこと又は防火区画が適切に形成されないこと。

別表第2

		(い)検査項目	(ろ)検査事項	(は)検査方法	(に)判定基準
(1)	防火シャッター	設置場所の周囲状況	閉鎖の障害となる物品の放置の状況	目視により確認する。	物品が放置されていることにより防火シャッターの閉鎖に支障があること。
(2)		駆動装置（(2)の項から(4)の項までの点検については、日常的に開閉するものに限る。)	軸受け部のブラケット、巻取りシャフト及び開閉機の取付けの状況	目視、聴診又は触診により確認する。	取付けが堅固でないこと。
(3)			スプロケットの設置の状況	目視により確認する。	巻取りシャフトと開閉機のスプロケットに心ずれがあること。
(4)			軸受け部のブラケット、ベアリング及びスプロケット又はロープ車の劣化及び損傷の状況	目視、聴診又は触診により確認する。	変形、損傷、著しい腐食、異常音又は異常な振動があること。

(5)		ローラチェーン又はワイヤロープの劣化及び損傷の状況	目視、聴診又は触診により確認する。	腐食があること、異常音があること若しくは歯飛びしていること、又はたるみ若しくは固着があること。
(6)	カーテン部	スラット及び座板の劣化等の状況	防火シャッターを閉鎖し、目視により確認する。	スラット若しくは座板に変形、損傷若しくは著しい腐食があること又はスラットに片流れ若しくは固着があること。
(7)		吊り元の劣化及び損傷並びに固定の状況	目視又は触診により確認する。	変形、損傷若しくは著しい腐食があること又は固定ボルトの締め付けが堅固でないこと。
(8)	ケース	劣化及び損傷の状況	目視により確認する。	ケースに外れがあること。
(9)	まぐさ及びガイドレール	劣化及び損傷の状況	目視により確認する。	まぐさ若しくはガイドレールの本体に変形、損傷若しくは著しい腐食があること又は遮煙材に著しい損傷若しくは脱落があること。
(10)	危害防止装置	危害防止用連動中継器の配線の状況	目視により確認する。	劣化、損傷又は脱落があること。
(11)		危害防止装置用予備電源の劣化及び損傷の状況	目視により確認する。	変形、損傷又は著しい腐食があること。
(12)		危害防止装置用予備電源の容量の状況	予備電源試験スイッチ等を操作し、目視により確認する。	容量が不足していること。
(13)		座板感知部の劣化及び損傷並びに作動の状況	目視により確認するとともに、座板感知部を作動させ、防火シャッターの降下が停止することを確認する。	変形、損傷若しくは著しい腐食があること又は防火シャッターの降下が停止しないこと。

(14)			作動の状況	防火シャッターの閉鎖時間をストップウォッチ等により測定し、シャッターカーテンの質量により運動エネルギーを確認するとともに、座板感知部の作動により防火シャッターの降下を停止させ、その停止距離を鋼製巻尺等により測定する。また、その作動を解除し、防火シャッターが再降下することを確認する。	運動エネルギーが10Jを超えること、座板感知部が作動してからの停止距離が5cmを超えること又は防火シャッターが再降下しないこと
(15)	連動機構	煙感知器、熱煙複合式感知器及び熱感知器	設置位置	目視により確認するとともに、必要に応じて鋼製巻尺等により測定する。	煙感知器又は熱煙複合式感知器にあっては昭和48年建設省告示第2563号第1第二号ニ(2)に掲げる場所に設けていないこと。熱感知器にあっては昭和48年建設省告示第2563号第1第二号ニ(2)(i)及び(ii)に掲げる場所に設けていないこと。
(16)			感知の状況	(26)の項又は(27)の項の点検が行われるもの以外のものを対象として、加煙試験器、加熱試験器等により感知の状況を確認する。ただし、前回の検査以降に同等の方法で実施した検査の記録がある場合にあっては、当該記録により確認することで足りる。	適正な時間内に感知しないこと。
(17)		温度ヒューズ装置	設置の状況	目視により確認する。	温度ヒューズの代わりに針金等で固定されていること、変形、損傷若しくは著しい腐食があること

				又は油脂、埃、塗料等の付着があること。
(18)	連動制御器	スイッチ類及び表示灯の状況	目視により確認する。	スイッチ類に破損があること又は表示灯が点灯しないこと。
(19)		結線接続の状況	目視又は触診により確認する。	断線、端子の緩み、脱落又は損傷等があること。
(20)		接地の状況	回路計、ドライバー等により確認する。	接地線が接地端子に緊結されていないこと。
(21)		予備電源への切り替えの状況	常用電源を遮断し、作動の状況を確認する。	自動的に予備電源に切り替わらないこと。
(22)	連動機構用予備電源	劣化及び損傷の状況	目視により確認する。	変形、損傷又は著しい腐食があること。
(23)		容量の状況	予備電源試験スイッチ等を操作し、目視により確認する。	容量が不足していること。
(24)	自動閉鎖装置	設置の状況	目視又は触診により確認する。	取付けが堅固でないこと又は変形、損傷若しくは著しい腐食があること。
(25)	手動閉鎖装置	設置の状況	目視により確認するとともに、必要に応じて鋼製巻尺等により測定する。	速やかに作動させることができる位置に設置されていないこと、周囲に障害物があり操作ができないこと、変形、損傷若しくは著しい腐食があること又は打ち破り窓のプレートが脱落していること。
(26)	総合的な作動の状況	防火シャッターの閉鎖の状況	煙感知器、熱煙複合式感知器若しくは熱感知器を作動させ、又は温度ヒューズを外し、全ての防火シャッター（(27)の項の点検が行われるものを除く。）の作動の状況を確認する。ただし、連動機構用予備電源ごとに、	防火シャッターが正常に閉鎖しないこと又は連動制御器の表示灯が点灯しないこと若しくは音響装置が鳴動しないこと。

			少なくとも1以上の防火シャッターについて、予備電源に切り替えた状態で作動の状況を確認する。	
(27)		防火区画（令第112条第11項から第13項までの規定による区画に限る。）の形成の状況	当該区画のうち1以上を対象として、煙感知器又は熱煙複合式感知器を作動させ、複数の防火シャッターの作動の状況及びその作動による防火区画の形成の状況を確認する。	防火シャッターが正常に閉鎖しないこと、連動制御器の表示灯が点灯しないこと若しくは音響装置が鳴動しないこと又は防火区画が適切に形成されないこと。

別表第3

		(い) 検査項目	(ろ) 検査事項	(は) 検査方法	(に) 判定基準
(1)	耐火クロススクリーン	設置場所の周囲状況	閉鎖の障害となる物品の放置の状況	目視により確認する。	物品が放置されていることにより耐火クロススクリーンの閉鎖に支障があること。
(2)		駆動装置	ローラチェーンの劣化及び損傷の状況	目視、聴診又は触診により確認する。	腐食があること、異常音があること若しくは歯飛びしていること、又はたるみ若しくは固着があること。
(3)		カーテン部	耐火クロス及び座板の劣化及び損傷の状況	耐火クロススクリーンを閉鎖し、目視により確認する。	変形、損傷又は著しい腐食があること。
(4)			吊り元の劣化及び損傷並びに固定の状況	目視又は触診により確認する。	変形、損傷若しくは著しい腐食があること又は固定ボルトの締め付けが堅固でないこと。
(5)		ケース	劣化及び損傷の状況	目視により確認する。	ケースに外れがあること。
(6)		まぐさ及びガイドレール	劣化及び損傷の状況	目視により確認する。	まぐさ若しくはガイドレールの本体に変形、損傷若しくは著しい腐食が

					あること又は遮煙材に著しい損傷若しくは脱落があること。
(7)		危害防止装置	危害防止用連動中継器の配線の状況	目視により確認する。	劣化、損傷又は脱落があること。
(8)			危害防止装置用予備電源の劣化及び損傷の状況	目視により確認する。	変形、損傷又は著しい腐食があること。
(9)			危害防止装置用予備電源の容量の状況	予備電源試験スイッチ等を操作し、目視により確認する。	容量が不足していること。
(10)			座板感知部の劣化及び損傷並びに作動の状況	目視により確認するとともに、座板感知部を作動させ、耐火クロススクリーンの降下が停止することを確認する。	変形、損傷若しくは著しい腐食があること又は耐火クロススクリーンの降下が停止しないこと。
(11)			作動の状況	イ　巻取り式 　耐火クロススクリーンの閉鎖時間をストップウォッチ等により測定し、カーテン部の質量により運動エネルギーを確認するとともに、座板感知部の作動により耐火クロススクリーンの降下を停止させ、その停止距離を鋼製巻尺等により測定する。また、その作動を解除し、耐火クロススクリーンが再降下することを確認する。	運動エネルギーが10Jを超えること、座板感知部が作動してからの停止距離が5cmを超えること又は耐火クロススクリーンが再降下しないこと。
				ロ　バランス式 　耐火クロススクリーンの閉鎖時間をストップウォッチ等により測定	運動エネルギーが10Jを超えること又は閉鎖力が150Nを超えること。

				し、カーテン部の質量により運動エネルギーを確認するとともに、プッシュプルゲージ等により閉鎖力を測定する。	
(12)	連動機構	煙感知器、熱煙複合式感知器及び熱感知器	設置位置	目視により確認するとともに、必要に応じて鋼製巻尺等により測定する。	煙感知器又は熱煙複合式感知器にあっては昭和48年建設省告示第2563号第1第二号ニ(2)に掲げる場所に設けていないこと。熱感知器にあっては昭和48年建設省告示第2563号第1第二号ニ(2)(i)及び(ii)に掲げる場所に設けていないこと。
(13)			感知の状況	(22)の項又は(23)の項の点検が行われるもの以外のものを対象として、加煙試験器、加熱試験器等により感知の状況を確認する。ただし、前回の検査以降に同等の方法で実施した検査の記録がある場合にあっては、当該記録により確認することで足りる。	適正な時間内に感知しないこと。
(14)		連動制御器	スイッチ類及び表示灯の状況	目視により確認する。	スイッチ類に破損があること又は表示灯が点灯しないこと。
(15)			結線接続の状況	目視又は触診により確認する。	断線、端子の緩み、脱落又は損傷等があること。
(16)			接地の状況	回路計、ドライバー等により確認する。	接地線が接地端子に緊結されていないこと。
(17)			予備電源への切り替えの状況	常用電源を遮断し、作動の状況を確認する。	自動的に予備電源に切り替わらないこと。
(18)		連動機構用	劣化及び損傷	目視により確認する。	変形、損傷又は著しい腐

	予備電源	の状況		食があること。
(19)		容量の状況	予備電源試験スイッチ等を操作し、目視により確認する。	容量が不足していること。
(20)	自動閉鎖装置	設置の状況	目視又は触診により確認する。	取付けが堅固でないこと又は変形、損傷若しくは著しい腐食があること。
(21)	手動閉鎖装置	設置の状況	目視により確認するとともに、必要に応じて鋼製巻尺等により測定する。	速やかに作動させることができる位置に設置されていないこと、周囲に障害物があり操作ができないこと、変形、損傷若しくは著しい腐食があること又は打ち破り窓のプレートが脱落していること。
(22)	総合的な作動の状況	耐火クロススクリーンの閉鎖の状況	煙感知器、熱煙複合式感知器又は熱感知器を作動させ、全ての耐火クロススクリーン（(23)の項の点検が行われるものを除く。）の作動の状況を確認する。ただし、連動機構用予備電源ごとに、少なくとも1以上の耐火クロススクリーンについて、予備電源に切り替えた状態で作動の状況を確認する。	耐火クロススクリーンが正常に閉鎖しないこと又は連動制御器の表示灯が点灯しないこと若しくは音響装置が鳴動しないこと。
(23)		防火区画（令第112条第11項から第13項までの規定による区画に限る。）の形成の状況	当該区画のうち1以上を対象として、煙感知器又は熱煙複合式感知器を作動させ、複数の耐火クロススクリーンの作動の状況及びその作動による防火区画の形成の状況を確認する。	耐火クロススクリーンが正常に閉鎖しないこと、連動制御器の表示灯が正常に点灯しないこと又は音響装置が鳴動しないこと及び防火区画が適切に形成されないこと。

別表第4

	（い）検査項目		（ろ）検査事項	（は）検査方法	（に）判定基準
(1)	ドレンチャー等	設置場所の周囲状況	作動の障害となる物品の放置の状況	目視により確認する。	物品が放置されていることによりドレンチャー等の作動に支障があること。
(2)		散水ヘッド	散水ヘッドの設置の状況	目視により確認する。	水幕を正常に形成できない位置に設置されていること又は塗装若しくは異物の付着等があること。
(3)		開閉弁	開閉弁の状況	目視により確認する。	変形、損傷又は著しい腐食があること。
(4)		排水設備	排水の状況	次に掲げる方法のいずれかによる。 イ　放水区域に放水することができる場合にあっては、放水し、排水の状況を目視により確認する。 ロ　放水区域に放水することができない場合にあっては、放水せず、排水口のつまり等を目視により確認する。	排水が正常に行われないこと。
(5)		水源	貯水槽の劣化及び損傷、水質並びに水量の状況	目視により確認する。	変形、損傷若しくは著しい腐食があること、水質に著しい腐敗、浮遊物、沈殿物等があること又は規定の水量が確保されていないこと。
(6)			給水装置の状況	目視により確認する。	変形、損傷又は著しい腐食があること。
(7)		加圧送水装置	ポンプ制御盤のスイッチ類及び表示灯の状況	目視又は作動の状況により確認する。	スイッチ類に破損があること、表示灯が点灯しないこと又はスイッチ類が機能しないこと。
(8)			結線接続の状	目視又は触診により確認	断線、端子の緩み、脱落

			況	する。	又は損傷等があること。
(9)			接地の状況	回路計、ドライバー等により確認する。	接地線が接地端子に緊結されていないこと。
(10)			ポンプ及び電動機の状況	目視又は触診により確認する。	回転が円滑でないこと、潤滑油等が必要量ないこと、装置若しくは配管への接続に緩みがあること又は基礎への取付けが堅固でないこと。
(11)			加圧送水装置用予備電源への切り替えの状況	常用電源を遮断し、作動の状況を確認する。	自動的に予備電源に切り替わらないこと。
(12)			加圧送水装置用予備電源の劣化及び損傷の状況	目視により確認する。	変形、損傷又は著しい腐食があること。
(13)			加圧送水装置用予備電源の容量の状況	予備電源試験スイッチ等を操作し、目視により確認する。	容量が不足していること。
(14)			圧力計、呼水槽、起動用圧力スイッチ等の付属装置の状況	目視又は作動の状況により確認する。	変形、損傷若しくは著しい腐食があること又は正常に作動しないこと。
(15)	連動機構	煙感知器、熱煙複合式感知器及び熱感知器（火災感知用ヘッド等の感知装置を含む。）	設置位置	目視により確認するとともに、必要に応じて鋼製巻尺等により測定する。	煙感知器又は熱煙複合式感知器にあっては昭和48年建設省告示第2563号第1第二号ニ(2)に掲げる場所に設けていないこと。熱感知器にあっては昭和48年建設省告示第2563号第1第二号ニ(2)(ⅰ)及び(ⅱ)に掲げる場所に設けていないこと。
(16)			感知の状況	(25)の項又は(26)の項の点検が行われるもの以外のものを対象として、加煙試	適正な時間内に感知しないこと。

			験器、加熱試験器等により感知の状況を確認する。ただし、前回の検査以降に同等の方法で実施した検査の記録がある場合にあっては、当該記録により確認することで足りる。	
(17)	制御器	スイッチ類及び表示灯の状況	目視により確認する。	スイッチ類に破損があること又は表示灯が点灯しないこと。
(18)		結線接続の状況	目視又は触診により確認する。	断線、端子の緩み、脱落又は損傷等があること。
(19)		接地の状況	回路計、ドライバー等により確認する。	接地線が接地端子に緊結されていないこと。
(20)		予備電源への切り替えの状況	常用電源を遮断し、作動の状況を確認する。	自動的に予備電源に切り替わらないこと。
(21)	連動機構用予備電源	劣化及び損傷の状況	目視により確認する。	変形、損傷又は著しい腐食があること。
(22)		容量の状況	予備電源試験スイッチ等を操作し、目視により確認する。	容量が不足していること。
(23)	自動作動装置	設置の状況	目視又は触診により確認する。	取付けが堅固でないこと又は変形、損傷若しくは著しい腐食があること。
(24)	手動作動装置	設置の状況	目視により確認するとともに、必要に応じて鋼製巻尺等により測定する。	速やかに作動させることができる位置に設置されていないこと、周囲に障害物があり操作ができないこと、変形、損傷若しくは著しい腐食があること又は打ち破り窓のプレートが脱落していること。
(25)	総合的な作動の状況	ドレンチャー等の作動の状	次のいずれかの方法により全てのドレンチャー等	ドレンチャー等が正常に作動しないこと又は制御

		況	（26の項の点検が行われるものを除く。）の作動の状況を確認する。ただし、連動機構用予備電源ごとに、少なくとも１以上のドレンチャー等について、予備電源に切り替えた状態で作動の状況を確認する。 イ　放水区域に放水することができる場合にあっては、煙感知器、熱煙複合式感知器又は熱感知器を作動させて行う方法 ロ　放水区域に放水することができない場合にあっては、放水試験による方法	盤の表示灯が点灯しないこと。
(26)		防火区画（令第112条第11項から第13項までの規定による区画に限る。）の形成の状況	当該区画のうち１以上を対象として、25の項（は）欄イ又はロに掲げる方法により複数のドレンチャー等の作動の状況及びその作動による防火区画の形成の状況を確認する。	ドレンチャー等が正常に作動しないこと、制御盤の表示灯が点灯しないこと又は防火区画が適切に形成されないこと。

別　記　（略）

〔平成20年３月10日国土交通省告示第283号〕

昇降機の定期検査報告における検査及び定期点検における点検の項目、事項、方法及び結果の判定基準並びに検査結果表を定める件

最終改正　　令和２年４月１日国土交通省告示第508号

　建築基準法施行規則（昭和25年建設省令第40号。以下「施行規則」という。）第６条第２項及び第３項、第６条の２第１項、第６条の２の２第２項及び第３項並びに第６条の２の３第１項の規定に基づき、第６条第３項に規定する昇降機及び第６条の２の２第３項に規定する観光用エレベーター等（以下単に「昇降機」という。）について建築基準法（昭和25年法律第201号。以下「法」という。）第12条第３項（法第88条第１項において準用する場合を含む。）に規定する検査及び法第12条第４項（法第88条第１項において準用する場合を含む。以下同じ。）に規定する点検（以下「定期検査等」という。）の項目、事項、方法及び結果の判定基準並びに検査結果表を次のように定める。

第1　定期検査等は、施行規則第６条第２項、第６条の２第１項、第６条の２の２第２項及び第６条の２の３第１項の規定に基づき、次の各号に掲げる別表第１から第６までの（い）欄に掲げる項目に応じ、同表（ろ）欄に掲げる事項（ただし、法第12条第４項に規定する点検においては損傷、腐食、その他の劣化状況に係るものに限る。）について、同表（は）欄に掲げる方法により実施し、その結果が同表（に）欄に掲げる基準に該当しているかどうかを判定することとし、併せて、前回の定期検査等以降に不具合が生じている場合にあっては、当該不具合に係る同表（い）欄に掲げる項目に応じ、不具合の改善の状況等について、適切な方法により実施し、改善措置が講じられていないかどうかを判定することとする。ただし、特定行政庁が規則により定期検査等の項目、事項、方法又は結果の判定基準について定める場合（定期検査等の項目若しくは事項について削除し又は定期検査等の方法若しくは結果の判定基準について、より緩やかな条件を定める場合を除く。）にあっては、当該規則の定めるところによるものとする。

　一　かごを主索又は鎖で吊るエレベーター（次号から第四号までに掲げるものを除く。）　別表第１

　二　油圧エレベーター（次号及び第四号に掲げるものを除く。）　別表第２

　三　車いすに座ったまま使用するエレベーターで、かごの定格速度が15ｍ以下で、かつ、その床面積が2.25㎡以下のものであって、昇降行程が４ｍ以下のもの又は階段及び傾斜路に沿って昇降するもの　別表第３

　四　階段及び傾斜路に沿って一人の者がいすに座った状態で昇降するエレベーターで、定格速度が９ｍ以下のもの　別表第４

　五　エスカレーター　別表第５

　六　小荷物専用昇降機　別表第６

2　前項の規定にかかわらず、法第68条の25第１項又は法第68条の26第１項に規定する認定を受けた構造方法を用いた昇降機に係る定期検査等については、当該認定に係る申請の際に提出された施行規則第10条の５の21第１項第三号に規定する図書若しくは同条第３項に規定する評価

書又は施行規則第10条の5の23第1項第三号に規定する図書に検査の方法が記載されている場合にあっては、当該方法によるものとする。

第2　昇降機の検査結果表は、施行規則第6条第3項及び第6条の2の2第3項の規定に基づき、次の各号に掲げる昇降機の種類に応じ、当該各号に定めるとおりとする。

一　第1第1項第一号に規定する昇降機　　別表第1号

二　第1第1項第二号に規定する昇降機　　別記第2号

三　第1第1項第三号に規定する昇降機　　別記第3号

四　第1第1項第四号に規定する昇降機　　別記第4号

五　第1第1項第五号に規定する昇降機　　別記第5号

六　第1第1項第六号に規定する昇降機　　別記第6号

附　則

この告示は、平成20年4月1日から施行する。

別表第1

		(い) 検査項目	(ろ) 検査事項	(は) 検査方法	(に) 判定基準
1 機械室（機械室を有しないエレベーターにあっては、共通）	(1)	機械室への通路及び出入口の戸	機械室の戸の設置及び施錠の状況	設置の状況を目視により確認し、施錠の状況を戸を解錠及び施錠して確認する。	建築基準法施行令（昭和25年政令第338号。以下「令」という。）第129条の9第四号の規定に適合しないこと又は解錠若しくは施錠ができないこと。
			手すりの位置及び取付けの状況	目視及び触診により確認する。	令第129条の9第五号の規定に適合しないこと又は取付けが確実でないこと。
			機械室への通路の状況	機械室までの通路において、高さ又は幅員が最小となる箇所及び障害物がある箇所を目視により確認し又は測定する。	通行経路の寸法が高さ1.8m未満又は幅0.7m未満であること。
			階段の状況	最も大きいけあげ及び最も小さい踏面を測定する。	令第129条の9第五号の規定に適合しないこと。
	(2)	機械室内の状況並びに照明装置及び換気設備等	昇降機以外の設備等の状況	目視により確認する。	定期検査又は定期点検に支障が生じていること。
			壁面及び天井からの漏水並	目視により確認する。	漏水が機器に達していること又は窓が破損してい

			びに窓の破損の状況		ること。
			機械室の床及び機器の汚損の状況	目視により確認する。	機器の作動に影響を与えるおそれのある汚損があること。
			照明装置の状況	照明の点灯の状況を確認する。	照明装置が正常に作動しないこと。
			開口部又は換気設備の設置及び換気の状況	設置及び作動の状況を確認し、起動設定温度があるものにあっては、その設定を確認する。	令第129条の9第三号の規定に適合しないこと又は起動設定温度が不適切に設定されていること。
(3)	機械室の床の貫通部		貫通部の状況	機械室又はかご上において目視により確認する。	主索、調速機ロープ等が機械室の床の貫通部分と接触していること。
(4)	救出装置		手巻きハンドル等又は充電池回路等の設置の状況	目視により確認する。	平成12年建設省告示第1413号（以下「特殊告示」という。）第1第一号ロ又は第三号トの規定に適合しないこと。
			制動装置等の開放の状況	制動装置等の作動の状況を確認する。	制動装置等を操作できず、かごが移動しないこと。
(5)	制御器	開閉器及び遮断器	作動の状況	手動により遮断操作及び投入操作を行い、電気的に開閉することを確認する。	電気的に開閉しないこと。
(6)		接触器、継電器及び運転制御用基板	作動の状況	昇降機を運転し、作動の状況を確認する。	昇降機が正常に作動しないこと。
			電動機主回路用接触器の主接点の状況	目視により確認し、交換基準に従って交換されているか確認する。	イ　著しい摩耗があること又は交換基準に従って交換されていないこと。
					ロ　変形があること。
			ブレーキ用接触器の接点の状況	目視により確認し、交換基準に従って交換されているか確認する。	イ　著しい摩耗があること又は交換基準に従って交換されていないこと。

					ロ　変形があること。
(7)		ヒューズ	設置の状況	目視により確認する。	ヒューズの溶断電流が制御器等で指定されたものと異なること。
(8)		絶縁	電動発電機、電動機、制御器等の回路の絶縁の状況（一次側と二次側が電気的に分離され、二次側の一方が接地され、他方にヒューズが設けられており、電圧が直流60V又は交流25V以下である回路を除く。）	絶縁抵抗計等により測定する。	回路の電圧が300Vを超えるものにあっては0.4MΩ、150Vを超え300V以下のものにあっては0.2MΩ、150V以下のものにあっては0.1MΩ以上の絶縁抵抗がないこと。
(9)		接地	接地の状況	触診により確認する。	接地線が接地端子に緊結されていないこと。
(10)	階床選択機		表示灯の点灯の状況	目視により確認する。	表示灯が点灯すべき時に点灯しないこと。
			呼びの応答の状況	昇降機を運転し、呼びの応答を確認する。	呼びの応答がないこと又は呼びを保持若しくは消去しないこと。
(11)	巻上機	減速歯車	潤滑油の油量の状況	オイルゲージ等を目視により確認する。	油量が適量でないこと。
			潤滑油の劣化の状況	色及び不純物を目視により確認する。	著しい変色又は摩耗粉があること。
			歯の状況（ウォーム・ホイール式のものに限る。）	異常音及び異常な振動がないか確認し、異常音又は異常な振動が認められる場合にあっては、歯の段差及び欠損について目視により確認し又は測定	イ　歯厚が設置時の$\frac{7}{8}$未満であること又は運行に支障が生ずるおそれがある歯の欠損があること。 ロ　異常音又は異常な振

				する。	動があること。
⑿		綱車又は巻胴	綱車と主索のかかりの状況（巻胴式のものを除く。）	主索及び溝の摩耗の状況を目視により確認し又は溝と主索のすき間若しくは綱車外周からの主索の出張りを測定し、主索と綱車が滑らないことを確認する。	溝と主索のすき間若しくは綱車外周からの主索の出張りが十分でなく運行に支障が生ずるおそれがあること、無積載のかごを低速で上昇させて最上階付近において停止させたときに主索と綱車に著しい滑りが生じていること若しくはU溝を除く溝で主索が底当たりしていること又は複数ある溝間に著しい摩耗差があること。
			回転の状況	振動を触診及び聴診により確認する。	回転時に異常音又は異常な振動があること。
			欠損及びびき裂の状況	目視により確認する。	欠損又はき裂があること。
⒀		軸受	発熱の状況	触診により確認する。	異常な発熱があること。
			音の状況	聴診により確認する。	異常音があること。
			振動の状況	触診及び聴診により確認する。	異常な振動があること。
⒁		ブレーキ	油の付着の状況	目視により確認する。	ドラム又はディスクのパッドのしゅう動面に制動力又は保持力に影響を与えるおそれがある油の付着があること。
			取付けの状況	目視及び触診により確認する。	取付けが確実でないこと又は可動部の給油が不十分であること。
			制動力の状況	かごの無積載上昇時（巻胴式にあってはかごの無積載下降時）のブレーキの制動を確認する。	ブレーキが作動しないこと又はかごが停止しないこと。
			保持力の状況	次に掲げる方法のいずれかによる。	平成12年建設省告示第1429号（以下「制御器告

					イ　ブレーキをかけた状態において、トルクレンチにより確認する。 ロ　ブレーキをかけた状態において、電動機にトルクをかけ確認する。 ハ　かごに荷重を加え、かごの位置を確認する。	示」という。）第1第一号の規定に適合しないこと。
				パッドの厚さの状況	パッドの厚さを測定し、前回の定期検査時又は定期点検時からのパッドの摩耗量を確認する。	イ　運行に支障が生じている又は次回の定期検査時若しくは定期点検時までにパッドが運行に支障が生ずる厚さとなるおそれがあるため、是正が必要な状態にあること。
						ロ　パッドの厚さが運行に支障が生ずるおそれがない最小の厚さの1.2倍（電気制動式のものにあっては、1.1倍）以下であって、重点的な点検が必要な状態にあること。
				パッドとドラム及びディスクとの接触の状況（同心軸上にて回転するパッドにより制動するものを除く。）	目視及び聴診により確認する。	走行中にパッドとドラム又はディスクが接触していること。
				ブレーキ制動時のプランジャーの状況	かごを保持している状態において目視により確認し、ストロークを測定する。	イ　プランジャーが他の機器等と干渉していること又はプランジャーのストロークが要是正となる基準値から外れ

1241

					ていること。
					ロ　プランジャーのストロークが要重点点検となる基準値から外れていること。
			ブレーキコイルの発熱の状況	触診により確認する。	ブレーキコイルに異常な発熱があること。
			構成機器の作動の状況	作動の状況を確認する。	作動時に異常音若しくは異常な振動があること又は作動が円滑でないこと。
			摩耗粉の状況（電気制動式のものに限る。）	ブレーキ周囲の摩耗粉を目視により確認する。	パッド等の摩耗粉があること。
			作動時の状況（電気制動式のものに限る。）	ブレーキ制動時の状態を目視及び聴診により確認する。	電気制動により停止速度に達する前にパッドとドラムがしゅう動していること。
(15)	そらせ車		外観の状況	目視により確認する。	欠損又はき裂があること。
			取付けの状況	テストハンマーによる打検又は緩み確認マークの位置等の点検（以下「テストハンマーによる打検等」という。）により確認する。	ナットに緩みがあること。
			音の状況	聴診により確認する。	異常音があること。
(16)	電動機		音の状況	聴診により確認する。	異常音があること。
			発熱の状況	触診により確認する。	異常な発熱があること。
			振動の状況	触診及び聴診により確認する。	異常な振動があること。
			整流子の状況	無負荷運転し、目視により火花を確認する。	著しい火花があること。
			ブラシの摩耗	目視により残存長さを確	ピグテールの金具から

			の状況	認し又は測定する。	5 mm 以内であること。
	(17)	電動発電機	音の状況	聴診により確認する。	異常音があること。
			発熱の状況	触診により確認する。	異常な発熱があること。
			振動の状況	触診及び聴診により確認する。	異常な振動があること。
			整流子の状況	無負荷運転し、目視により火花を確認する。	著しい火花があること。
			ブラシの摩耗の状況	目視により残存長さを確認し又は測定する。	ピグテールの金具から5 mm 以内であること。
	(18)	駆動装置等の耐震対策	転倒及び移動を防止するための措置の状況	駆動装置及び制御器の取付けの状況を目視又は触診により確認する。	巻上機等の駆動装置又は制御器をはり等へ堅固に取り付けていないこと。
			ロープガード等の状況	目視及び触診により確認し又は測定する。	令第129条の4第3項第四号の規定に適合しないこと。
	(19)	速度	かごの上昇時及び下降時の速度の状況	無負荷運転時のかごの速度を瞬間式回転速度計又は電子式速度表示装置（以下単に「瞬間式回転速度計」という。）により測定する。	定格速度の125%を超えていること。
2 共通	(1)	かご側調速機	滑車の状況	目視により確認する。	欠損又はき裂があること。
			取付けの状況	目視及び触診により確認する。	取付けが堅固でないこと。
			支点部の状況	目視及び触診により確認する。	イ　可動部の動きが円滑でないこと。
					ロ　給油が不十分であること。
			過速スイッチの作動の状況	作動の状況を確認する。	過速スイッチを作動したときに安全回路が遮断されないこと又は安全回路の遮断を保持できないこと。
			過速スイッチ	瞬間式回転速度計により	平成12年建設省告示第

		の作動速度の状況	作動速度を測定する。	1423号（以下「制動装置告示」という。）第2第二号の規定に適合しないこと。
		キャッチの作動速度の状況	瞬間式回転速度計により作動速度を測定する。	制動装置告示第2第四号の規定に適合しないこと。
		キャッチと過速スイッチとの整合性の状況	目視により作動の順位を確認する。	キャッチの作動速度が過速スイッチの作動速度を下回ること。
		キャッチの作動の状況	作動の状況を確認する。	キャッチが作動しないこと又は調速機用ロープが滑ること。
(2)	釣合おもり側調速機	滑車の状況	目視により確認する。	欠損又はき裂があること。
		取付けの状況	目視及び触診により確認する。	取付けが堅固でないこと。
		支点部の状況	目視及び触診により確認する。	イ　可動部の動きが円滑でないこと。
				ロ　給油が不十分であること。
		かご側調速機との整合性の状況	瞬間式回転速度計により釣合おもり側のキャッチの作動速度を測定し、かご側のキャッチの作動速度と比較する。	釣合おもり側のキャッチの作動速度がかご側のキャッチの作動速度以下であること又は釣合おもり側のキャッチの作動速度がかご側のキャッチの作動速度の1.1倍を超えていること。
		キャッチの作動の状況	作動の状況を確認する。	キャッチが作動しないこと又は調速機用ロープが滑ること。
(3)	主索又は鎖	主索の径の状況	乗降する頻度の最も高い階（以下「基準階」という。）から加速終了位置又は減速開始位置から基	イ　最も摩耗の進んだ部分の直径が綱車にかからない部分の直径と比較して90％未満であ

| | | | | 準階の間にかごがある場合に主索が綱車にかかる箇所、綱車による曲げ回数が多い箇所等における最も摩耗の進んだ部分の直径及び綱車にかからない部分の直径を測定する。 | ること。 |

| | | | | | ロ　最も摩耗の進んだ部分の直径が綱車にかからない部分の直径と比較して92％未満であること。 |

| | | | 主索の素線切れの状況 | 基準階から加速終了位置又は減速開始位置から基準階の間にかごがある場合に主索が綱車にかかる箇所、綱車による曲げ回数が多い箇所、傷のある箇所等を目視により確認し、最も摩損の進んだ部分については重点的に目視により確認する。 | イ　次に掲げる基準（以下「素線切れ要是正判定基準」という。）のいずれかに該当すること。
(1)　素線切れが平均的に分布する場合は、1よりピッチ内の素線切れ総数が6より鋼索にあっては24本、8より鋼索にあっては32本を超えていること又は1構成より1ピッチ内の素線切れが4本を超えていること。
(2)　素線切れが特定の部分に集中している場合は、1よりピッチ内の素線切れ総数が6より鋼索にあっては12本、8より鋼索にあっては16本を超えていること又は1構成より1ピッチ内の素線切れが9本を超えていること。
(3)　素線切れが生じた部分の断面積の摩損がない部分の断面積に対する割合が70％以下である場合は、 |

				1構成より1ピッチ内の素線切れが2本を超えていること。 (4)　谷部で素線切れが生じていること。
				ロ　次に掲げる基準（以下「素線切れ要重点点検判定基準」という。）のいずれかに該当すること。 (1)　素線切れが平均的に分布する場合は、1よりピッチ内の素線切れ総数が6より鋼索にあっては18本、8より鋼索にあっては24本を超えていること又は1構成より1ピッチ内の素線切れが3本を超えていること。 (2)　素線切れが特定の部分に集中している場合は、1よりピッチ内の素線切れ総数が6より鋼索にあっては9本、8より鋼索にあっては12本を超えていること又は1構成より1ピッチ内の素線切れが7本を超えていること。 (3)　素線切れが生じた部分の断面積の摩損がない部分の断面積に対する割合が70％以下であること。
			主索の錆及び錆びた摩耗粉の状況	全長の錆及び錆びた摩耗粉の固着の状況を目視により確認し、錆びた摩耗	イ　次に掲げる基準（以下「錆及び錆びた摩耗粉要是正判定基準」と

				粉により谷部が赤錆色に見える箇所がある場合にあっては、錆びた摩耗粉により谷部が赤錆色に見える部分の直径及び綱車にかからない部分の直径を測定するとともに、当該箇所を重点的に目視により確認する。	いう。）のいずれかに該当すること。 (1)　錆びた摩耗粉が多量に付着し、素線の状況が確認できないこと。 (2)　表面に点状の腐食が多数生じていること。 (3)　錆びた摩耗粉により谷部が赤錆色に見える部分の直径が綱車にかからない部分の直径と比較して94％未満であること。 (4)　錆びた摩耗粉により谷部が赤錆色に見える部分の1構成より1ピッチ内の素線切れが2本を超えていること。
					ロ　錆びた摩耗粉により谷部が赤錆色に見える箇所があること（以下「錆及び錆びた摩耗粉要重点点検判定基準」という。）。
			主索の損傷及び変形の状況	全長を目視により確認する。	著しい損傷又は変形があること。
			鎖の給油及び外観の状況	全長を目視により確認する。	イ　著しい損傷、変形、ねじれ、腐食等があること。
					ロ　給油が不十分であること。
			鎖の摩耗の状況	基準階から加速終了位置又は減速開始位置から基準階の間にかごがある場合に、鎖が鎖車にかかる	最も摩耗の進んだ部分の長さが鎖車にかからない部分の長さと比較してその伸びが1.5％以上で

			箇所等における最も摩耗の進んだ部分の鎖の長さ及び鎖車にかからない部分の長さを測定する。	あること。
⑷	主索又は鎖の張り	張りの状況	次に掲げる方法のいずれかによる。 イ　各主索又は鎖の端末部のスプリングの高さを目視により確認する。 ロ　かご上において主索又は鎖を揺らし、その振幅を確認する。 ハ　かご上において触診により主索又は鎖の張りが均等であることを確認する。	著しい不均等等があること。
⑸	主索又は鎖及び調速機ロープの取付部	昇降路の横架材並びにかご及び釣合おもりにおける止め金具の取付けの状況	目視及び触診により確認する。	ダブルナットにあってはナット間に緩みがあり、割ピンにあってはピンに欠損、曲げ不足等があり、その他の方法にあっては取付けが確実でないこと。
		主索又は鎖及び調速機ロープの端部における止め金具の取付けの状況	目視及び触診により確認する。	取付けが確実でないこと。
		止め金具及びその取付部の損傷の状況	目視により確認する。	止め金具又はその取付部に損傷があること。
⑹	主索又は鎖の緩み検出装置	取付けの状況	目視及び触診により確認する。	取付けが堅固でないこと。
		作動の状況	作動の状況を確認する。	作動しないこと。
⑺	主索又は鎖の巻過ぎ検出装置	取付けの状況	目視及び触診により確認する。	取付けが堅固でないこと。

		作動の状況	作動の状況を確認する。	作動しないこと。
		作動の位置	作動したときのかごと緩衝器等とのすき間及びロープの巻き溝の状況を確認する。	かごが緩衝器等に接する前に作動しないこと又はロープの巻き溝がなくなる前に作動しないこと。
(8)	はかり装置（乗用エレベーター又は寝台用エレベーターであって、特殊告示第1第六号に掲げるもの（籠の床面積が 1.1m² 以下のものに限る。以下同じ。）以外のものに限る。）	警報並びにかご及び乗り場の戸の状況	検出装置を作動させ確認する。	令第129条の10第3項第四号イの規定に適合しないこと。
		取付けの状況	目視及び触診により確認する。	取付けが堅固でないこと。
(9)	戸開走行保護装置	設置及び作動の状況	設置及び作動の状況を確認する。	令第129条の10第3項第一号の規定に適合しないこと。
(10)	地震時等管制運転装置（特殊告示第1第四号に掲げるエレベーターを除く。）	加速度を検知する部分の取付けの状況	目視及び触診により確認する。	平成20年国土交通省告示第1536号第2第一号又は第二号の規定に適合しないこと。
		作動の状況	作動の状況を確認する。	平成20年国土交通省告示第1536号第2第三号（かごの定格速度が240m以上の乗用エレベーター及び寝台用エレベーターにあっては、特殊告示第1第五号）の規定に適合しないこと。
		予備電源の作動の状況	予備電源回路に切り替え、作動の状況を確認する。	作動が確実でないこと。
(11)	降下防止装置	設置及び作動の状況	設置及び作動の状況を確認する。	特殊告示第1第三号チの規定に適合しないこと又は機械的にかごの降下を

					停止することができないこと。
	⑿	換気設備等（機械室を有しないエレベーターに限る。）	開口部又は換気設備の設置及び換気の状況	設置及び作動の状況を確認し、起動設定温度があるものにあってはその設定を確認する。	特殊告示第1第三号ニの規定に適合しないこと又は起動設定温度が不適切に設定されていること。
	⒀	制御盤扉（かご及び釣合おもりと干渉しないものを除く。）	設置又は開放スイッチの作動の状況	開放スイッチがあるものにあってはその作動の状況を確認し、開放スイッチがないものにあってはねじ等により固定されている等容易に制御盤扉が開かない措置が講じられているかを確認する。	開放スイッチがあるものにあっては制御盤扉を引き出したときに開放スイッチが作動しないこと、開放スイッチがないものにあっては容易に制御盤扉が開く又は開くおそれがあること。
3 かご室	⑴	かごの壁又は囲い、天井及び床	かごの構造及び設置の状況	目視により確認する。	変形、摩耗、腐食等により運行に支障が生じていること、ガラスの欠損若しくはひび割れがあること又は使用できない部材があること。
			可燃物の状況	目視により確認する。	令第129条の6第二号の規定に適合しないこと。
	⑵	かごの戸及び敷居	戸及び敷居の構造及び設置の状況	目視により確認する。	変形、摩耗、腐食等により運行に支障が生じていること、ガラスの欠損若しくはひび割れがあること又は使用できない部材があること。
			戸相互及び戸と出入口枠とのすき間の状況（特殊告示第1第七号に掲げるエレベーターを除く。）	目視により確認し又は測定する。	平成20年国土交通省告示第1455号第2第三号又は第四号の規定に適合しないこと。
			敷居とドアシューの摩耗	目視により確認する。	敷居又はドアシューに著しい摩耗があること。

		の状況		
		ドアシューのかかりの状況	目視により確認し又は測定する。	引き戸にあっては無負荷時において敷居溝とドアシューのかかりが6mm未満であること、上げ戸、下げ戸又は上下戸にあってはこれらを片側に寄せたときにおいて容易にドアシューが外れること。
		戸の可燃物の状況	目視により確認する。	令第129条の6第二号の規定に適合しないこと。
		戸の開閉の状況	目視及び触診により確認する。	戸の開閉が円滑でないこと。
		戸の反転作動の状況（動力により自閉するものに限る。）	目視及び触診により確認する。	反転作動をしないこと。
		連結ロープの状況	目視及び触診により確認する。	変形、摩耗、錆、腐食、素線切れ等により運行に支障が生じていること。
(3)	かごの戸のスイッチ	取付けの状況	目視及び触診により確認する。	取付けが堅固でないこと。
		スイッチの作動の状況	次に掲げる方法のいずれかによる。 イ　途中階においてかごを停止させ、かごの戸を開いた後、徐々に戸を閉め、作動の位置を目視により確認し又は測定する。 ロ　かごの戸が開いた状態において動かないことを確認した後、スイッチの作動の位置を目視により確認し又は測定する。	制御器告示第1第二号若しくは第三号の規定に適合しないこと又は作動の位置が両引き戸若しくは上下戸にあっては75mm、片引き戸、上げ戸若しくは下げ戸にあっては50mmを超えていること。
(4)	床合わせ補正装	床合わせ補正	着床面からかごをおおむ	制御器告示第1第一号の

	置及び着床装置	装置の状況	ね50mmの位置及び75mmを超え200mmの間に移動させ、戸を開いた状態で運転し、作動の状況を確認する。	規定に適合しないこと。
		着床装置の状況	作動の状況を確認する。	乗り場の床を基準として着床位置が上下75mmを超えること。
(5)	車止め、光電装置等（自動車運搬用エレベーターに限る。）	光電装置の状況	作動の状況を確認する。	特殊告示第1第七号ハの規定に適合しないこと。
		車止めの設置の状況	目視及び触診により確認する。	イ　車止めがない又はその機能が確実でないこと。
				ロ　車止めが変形又は摩損していること。
(6)	かご操作盤及び表示器	かご操作盤及び押しボタン等の取付けの状況	目視及び触診により確認する。	取付けが堅固でないこと。
		押しボタン等の作動の状況	作動の状況を確認する。	押しボタン等が機能しないこと又は操作が円滑に行えないこと。自動車運搬用エレベーターで、かごの壁又は囲い、天井及び出入口の戸の全部又は一部を有しないものにあっては、特殊告示第1第七号イの規定に適合しないこと。
		操作箱の施錠の状況	触診により確認する。	施錠できないこと。
		表示器の状況	目視により確認する。	表示しないこと又は表示が不鮮明であること。
		破損の状況	目視及び触診により確認する。	表示部又は押しボタン等が著しく破損していること。
(7)	操縦機	操作後の自動	作動の状況を確認する。	イ　制動装置告示第2第

		復帰の状況		一号の規定に適合しないこと。
				ロ　動きが円滑でないこと。
		作動の状況	作動の状況を確認する。	昇降機が正常に作動しないこと。
(8)	外部への連絡装置（令第129条の11の規定の適用のあるエレベーターを除く。）	設置及び作動の状況	通電時及び電源遮断時において外部との連絡ができるか確認する。	イ　令第129条の10第3項第三号の規定に適合しないこと又は連絡装置が作動しない若しくは容易に操作できないこと。
				ロ　通話装置の音量又は警報ベル等の鳴動音が小さいこと。
(9)	かご内の停止スイッチ	設置及び作動の状況	設置及び作動の状況を確認する。	制御器告示第1第四号の規定に適合しないこと又は作動時に昇降機が運転できること。
(10)	用途、積載量及び最大定員の標識	設置及び表示の状況	設置及び表示の状況を確認する。	令第129条の6第五号の規定に適合しないこと又は表示に誤りがあること。
(11)	かごの照明装置	設置、作動及び照度の状況	目視により確認し又は照度計により測定する。	平成20年国土交通省告示第1455号第1第八号の規定に適合しないこと。
(12)	停電灯装置（乗用エレベーター及び寝台用エレベーターに限る。）	設置、作動及び照度の状況	設置の状況を目視により確認するとともに、照明電源を遮断し、作動の状況をおおむね1分間確認し、操作注意銘板が容易に認識できることを確認する。	令第129条の10第3項第四号の規定に適合しないこと又は操作注意銘板が容易に認識できないこと。
(13)	かごの床先（令第129条の11の規定の適用のあるエレベーター及び特殊告示第	かごの床先と昇降路壁及び出入口の床先とのすき間の状況	目視により確認し又はかごの床先と昇降路壁及び出入口の床先との水平距離を測定する。	令第129条の7第四号の規定に適合しないこと。

		1第七号に掲げるものを除く。）	フェッシアプレートの取付けの状況	目視及び触診により確認する。	取付けが堅固でないこと。
4 かご上	(1)	かご上の停止スイッチ	設置及び作動の状況	設置及び作動の状況を確認する。	制御器告示第1第四号の規定に適合しないこと又は作動時に昇降機が運転できること。
	(2)	頂部安全距離確保スイッチ	設置及び作動の状況	設置及び作動の状況を確認する。	制動装置告示第1の規定に適合しないこと又は作動時に昇降機が上昇運転できること。
			取付けの状況	目視及び触診により確認する。	取付けが堅固でないこと。
	(3)	上部ファイナルリミットスイッチ及びリミット（強制停止）スイッチ	設置及び作動の状況	設置及び作動の状況を確認する。	制動装置告示第2第五号の規定に適合しないこと又は作動時にファイナルリミットスイッチにあっては昇降機が運転できること、リミットスイッチにあっては昇降機が上昇運転できること。
			ファイナルリミットスイッチの作動の位置	スイッチの作動の位置及び作動したときのかご又は釣合おもりと緩衝器とのすき間を確認する。	ばね緩衝器又は緩衝材を使用している場合にあっては釣合おもりが緩衝器又は緩衝材に接するまでに、油入緩衝器を使用している場合にあってはストロークの$\frac{1}{2}$を超えるまでに、巻胴式の場合にあってはかごが上部緩衝器又は上部緩衝材に接するまでに作動しないこと。
			リミットスイッチの作動の位置	スイッチの作動の位置がドアゾーン内であることを確認する。	ドアゾーン内で作動しないこと。
			取付けの状況	目視及び触診により確認する。	取付けが堅固でないこと。

⑷	上部緩衝器又は上部緩衝材	設置及び取付けの状況	目視及び触診により確認する。	制動装置告示第1の規定に適合しないこと又は取付けが堅固でないこと。
		劣化の状況	目視により確認する。	著しい損傷又は腐食があること。
⑸	頂部綱車	外観の状況	目視により確認する。	欠損又はき裂があること。
		取付けの状況	テストハンマーによる打検等により確認する。	ナットに緩みがあること。
		音の状況	聴診により確認する。	異常音があること。
⑹	調速機ロープ	径の状況	基準階から加速終了位置又は減速開始位置から基準階の間にかごがある場合にロープが綱車にかかる箇所、綱車による曲げ回数が多い箇所等における最も摩耗の進んだ部分の直径及び綱車にかからない部分の直径を測定する。	イ　最も摩耗の進んだ部分の直径が綱車にかからない部分の直径と比較して90％未満であること。 ロ　最も摩耗の進んだ部分の直径が綱車にかからない部分の直径と比較して92％未満であること。
		素線切れの状況	基準階から加速終了位置又は減速開始位置から基準階の間にかごがある場合にロープが綱車にかかる箇所、綱車による曲げ回数が多い箇所、傷のある箇所等を目視により確認し、最も摩損の進んだ部分については重点的に目視により確認する。	イ　素線切れ要是正判定基準のいずれかに該当すること。 ロ　素線切れ要重点点検判定基準のいずれかに該当すること。
		錆及び錆びた摩耗粉の状況	全長の錆及び錆びた摩耗粉の固着の状況を目視により確認し、錆びた摩耗粉により谷部が赤錆色に見える箇所がある場合にあっては、錆びた摩耗粉により谷部が赤錆色に見える部分の直径及び綱車	イ　錆及び錆びた摩耗粉要是正判定基準のいずれかに該当すること。 ロ　錆及び錆びた摩耗粉要重点点検判定基準に該当すること。

			にかからない部分の直径を測定するとともに、当該箇所を重点的に目視により確認する。	
		損傷及び変形の状況	全長を目視により確認する。	著しい損傷又は変形があること。
(7)	かごの非常救出口（特殊告示第1第七号に掲げるエレベーターを除く。）	構造及び設置の状況	ふたの構造及びスイッチの作動の状況を確認する。	令第129条の6第一号又は第四号（かごの天井部に救出用の開口部を設けないエレベーターにあっては、特殊告示第1第一号）の規定に適合しないこと。
(8)	かごのガイドシュー及びガイドローラーその他これに類するもの（以下「ガイドシュー等」という。）	取付けの状況	テストハンマーによる打検等により確認する。	ナットに緩みがあること。
		摩耗の状況	目視、聴診及び触診により確認する。	しゅう動部又は回転部の摩耗により運行に支障が生じていること。
(9)	かご吊り車	外観の状況	目視により確認する。	欠損又はき裂があること。
		取付けの状況	テストハンマーによる打検等により確認する。	ナットに緩みがあること。
		音の状況	聴診により確認する。	異常音があること。
(10)	ガイドレール及びレールブラケット	取付けの状況	テストハンマーによる打検等により確認する。	ナットに緩みがあること。
		劣化の状況	目視により確認する。	著しい損傷又は腐食があること。
(11)	施錠装置	取付けの状況	目視及び触診により確認する。	取付けが堅固でないこと。
		ロック機構の状況	作動の状況を確認する。	令第129条の7第三号の規定に適合しないこと。
		スイッチの作動の状況	作動の状況を確認する。	令第129条の8第2項の規定に適合しないこと。
		スイッチの作動の位置	スイッチの作動の位置を確認する。	昇降機の検査標準（JIS A4302）における乗り場

				の戸のロック及びスイッチに係る規定に適合しないこと。
		劣化の状況	目視により確認する。	イ　著しい損傷又は腐食があること。
				ロ　ロック機構に変形があること。
(12)	昇降路における壁又は囲い	昇降路の構造及び設置の状況	目視により確認する。	き裂若しくは漏水により運行に支障が生じていること、ガラスの欠損若しくはひび割れがあること又は使用できない部材があること。
		可燃物の状況	目視により確認する。	令第129条の 7 第二号の規定に適合しないこと。
(13)	乗り場の戸及び敷居	戸及び敷居の構造及び設置の状況	目視により確認する。	変形、摩耗、腐食等により運行に支障が生じていること、ガラスの欠損若しくはひび割れがあること又は使用できない部材があること。
		戸相互及び戸と出入口枠とのすき間の状況	目視により確認し又は測定する。	平成20年国土交通省告示第1454号第七号又は第八号の規定に適合しないこと。
		敷居とドアシューの摩耗の状況	目視により確認する。	敷居又はドアシューに著しい摩耗があること。
		ドアシューのかかりの状況	目視により確認し又は測定する。	引き戸にあっては敷居溝とドアシューのかかりが 6 mm 未満であること、上げ戸、下げ戸又は上下戸にあってはこれらを片側に寄せたときにおいて容易にドアシューが外れること。
		戸の可燃物の状況	目視により確認する。	令第129条の 7 第二号の規定に適合しないこと。

1257

			戸の開閉の状況	目視及び触診により確認する。	戸の開閉が円滑でないこと。
			戸の自閉の状況	目視及び触診により確認する。	ドアクローザーの作動領域で自閉しないこと。
			連結ロープ及びドアクローザーロープの状況	目視及び触診により確認する。	変形、摩耗、錆、腐食、素線切れ等により運行に支障が生じていること。
⑭	昇降路内の耐震対策		ロープガード等の状況	目視及び触診により確認し又は測定する。	令第129条の4第3項第四号の規定に適合しないこと。
			ガイドレールとのかかりの状況	目視により確認し又は測定する。	令第129条の4第3項第三号の規定に適合しないこと。
			突出物の状況	目視により確認する。	令第129条の7第五号の規定に適合しないこと又は保護措置に係る部品等に変形、損傷等があること。
⑮	移動ケーブル及び取付部		移動ケーブルの損傷の状況	目視により確認する。	損傷があること。
			取付けの状況	目視及び触診により確認する。	移動ケーブルの端部又は引止め部の取付けが確実でなく、運行に支障が生ずるおそれがあること。
⑯	釣合おもりの各部		枠の状況	目視及び触診により確認する。	枠の組立てが堅固でないこと又は変形があること。
			ガイドシュー等の取付けの状況	テストハンマーによる打検等により確認する。	ナットに緩みがあること。
			ガイドシュー等の摩耗の状況	目視、聴診及び触診により確認する。	しゅう動部又は回転部の摩耗により運行に支障が生じていること。
			釣合おもり片の脱落防止措置の状況	目視及び触診により確認する。	釣合おもり片の脱落防止措置が確実でないこと。

(17)	釣合おもり非常止め装置	機構部の状況	目視により確認する。	著しい損傷又は腐食があること。
		取付けの状況	目視及び触診により確認する。	取付けが堅固でないこと。
		作動の状況	次に掲げる方法のいずれかによる。 イ　無積載の状態において非常止め作動時にブレーキを開放してもかごが動かないことを確認する。 ロ　非常止め作動時に綱車が空転することを確認し又は空転検知を示す発光ダイオード、信号等により確認する。 ハ　非常止め作動時にかごを持ち上げ、主索の緩みを確認する。 ニ　スラック式のものにあっては、主索を緩めた後に釣合おもりが動かず、主索が緩んだままであることを確認する。	非常止め装置が作動しないこと。
		作動時及び復帰時の構成機器の状況	目視、聴診及び触診により確認する。	イ　非常止め作動時に機械装置、調速機、ロープ若しくはスラックロープに損傷があること又は正常に復帰しないこと。
				ロ　可動部の動きが円滑でないこと又は変形があること。
(18)	釣合おもりの吊り車	外観の状況	目視により確認する。	欠損又はき裂があること。
		取付けの状況	テストハンマーによる打検等により確認する。	ナットに緩みがあること。

1259

			音の状況	聴診により確認する。	異常音があること。
	(19)	かごの戸の開閉機構	開閉の状況	目視及び聴診により確認する。	戸の開閉時の異常音又は異常な振動により、戸の開閉に支障が生じていること。
			摩耗の状況	目視により確認する。	開閉機構が摩耗していることにより、戸の開閉に支障が生じていること。
			構成部材の取付けの状況	目視及び触診により確認する。	取付けが堅固でないこと。
			停電時等の手動開放の状況	かごの戸と乗り場の戸のロック機構の係合が外れた位置に停止させ、手動によりかごの戸が開くことを確認する。	停電時等にかごの戸が手動により開放できないこと。
	(20)	かごの枠	かごの枠材相互の取付けの状況	テストハンマーによる打検等により確認する。	ナットに緩みがあること。
5 乗り場	(1)	押しボタン等及び表示器	押しボタン等の取付けの状況	目視及び触診により確認する。	取付けが堅固でないこと。
			押しボタン等の作動の状況	作動の状況を確認する。	押しボタン等が機能しないこと又は操作が円滑に行えないこと。
			表示器の状況	目視により確認する。	表示しないこと又は表示が不鮮明であること。
			破損の状況	目視及び触診により確認する。	表示部又は押しボタン等が著しく破損していること。
	(2)	非常解錠装置	設置及び作動の状況	最上階及び最下階にあっては専用の鍵により乗り場から解錠でき、途中階にあってはかご上から装置を操作し、解錠できることを確認する。	イ　平成20年国土交通省告示第1447号第三号の規定に適合しないこと又は解錠できないこと。
					ロ　可動部の動きが円滑でないこと又は変形があること。

			取付けの状況	目視及び触診により確認する。	取付けが堅固でないこと。
	(3)	乗り場の戸の遮煙構造	気密材の状況	目視により確認する。	劣化、破損等があること。
			気密材の取付けの状況	目視及び触診により確認する。	取付けが確実でないこと。
			停電時の戸閉機能の状況	戸開状態において主電源以外による作動の状況を確認する。	戸が閉じないこと。
			火災時の戸閉機能の状況	制御器に火災信号を入力し、作動の状況を確認する。	戸が閉じないこと。
			戸閉時間の状況（戸の面積が3m²以内のものに限る。）	戸の閉鎖時間を確認する。	昭和48年建設省告示第2563号第1第一号イの規定に適合しないこと。
	(4)	昇降路の壁又は囲いの一部を有しない部分の構造	構造及び設置の状況	目視により確認する。	特殊告示第1第二号の規定に適合しないこと。
	(5)	制御盤扉（三方枠の一部に収納されたものに限る。）	構造及び設置の状況	目視及び触診により確認する。	制御盤扉がないこと、破損していること又は施錠若しくは解錠ができないこと。
6 ピット	(1)	保守用停止スイッチ	作動の状況	作動の状況を確認する。	特殊告示第1第三号チの規定に適合しないこと、作動時にかごが動く又は自己保持しないこと。
	(2)	底部安全距離確保スイッチ	設置及び作動の状況	設置及び作動の状況を確認する。	特殊告示第1第三号チの規定に適合しないこと又は作動時に昇降機が下降運転できること。
			取付けの状況	目視及び触診により確認する。	取付けが堅固でないこと。
	(3)	下部ファイナルリミットスイッチ及びリミット	設置及び作動の状況	設置及び作動の状況を確認する。	制動装置告示第2第五号の規定に適合しないこと又は作動時にファイナル

		（強制停止）スイッチ			リミットスイッチにあっては昇降機が運転できること、リミットスイッチにあっては昇降機が下降運転できること。
			ファイナルリミットスイッチの作動の位置	スイッチの作動の位置及び作動したときのかごと緩衝器とのすき間を確認する。	ばね緩衝器又は緩衝材を使用している場合及び巻胴式の場合にあっては、かごが緩衝器又は緩衝材に接するまでに、油入緩衝器を使用している場合にあっては、ストロークの$\frac{1}{2}$を超えるまでに作動しないこと。
			リミットスイッチの作動の位置	スイッチの作動の位置を確認する。	ドアゾーン内で作動しないこと。
			取付けの状況	目視及び触診により確認する。	取付けが堅固でないこと。
⑷	緩衝器及び緩衝材		設置及び取付けの状況	目視及び触診により確認する。	制動装置告示第2第六号の規定に適合しないこと又は取付けが堅固でないこと。
			劣化の状況	目視により確認する。	著しい損傷又は腐食があること。
			作動の状況（油入式のものに限る。）	圧縮した後、復帰することを確認する。	復帰しないこと。
			油量の状況（油入式のものに限る。）	目視によりオイルゲージ等を確認する。	イ　油量が適量でないこと。
					ロ　ドレン部から油漏れがあること。
⑸	張り車		張り車の作動の状況	目視及び聴診により確認する。	かごの走行中の異常音、異常な振動等があり運行に支障が生じていること。
			張り車の取付	目視及び触診により確認	張り車の取付けが確実で

		け及びピット床等とのすき間の状況	する。	ないこと又はピット床若しくはピット機器に干渉していること。
		タイダウンスイッチの作動の状況	作動の状況を確認する。	作動しないこと。
		タイダウンの取付けの状況	目視及び触診により確認する。	取付けが堅固でないこと。
(6)	ピット床	汚損及び防水の状況	目視により確認する。	汚損又は防水不良があり運行に支障が生じていること。
		冠水の状況	目視により確認する。	機器に影響を及ぼす冠水があること。
		ピット内機器の状況	目視及び触診により確認する。	著しい損傷又は腐食があること。
(7)	かご非常止め装置	機構部の状況	目視により確認する。	著しい損傷又は腐食があること。
		取付けの状況	目視及び触診により確認する。	取付けが堅固でないこと。
		作動の状況	次に掲げる方法のいずれかによる。 イ　釣合おもりよりかごが重い状態において非常止め作動時にブレーキを開放してもかごが動かないことを確認する。 ロ　非常止め作動時に綱車が空転することを確認し又は空転検知を示す発光ダイオード、信号等により確認する。 ハ　非常止め作動時に釣合おもりを持ち上げ、主索又は鎖が緩んだことを確認する。 ニ　スラック式のものにあっては、主索又は鎖	非常止め装置が作動しないこと。

				を緩めた後にかごが動かず、主索又は鎖が緩んだままであることを確認する。	
			非常止め作動時のかごの水平度	かごの床若しくはかごの枠を目視により確認し又はかごの床の傾きを精密水準器により測定する。	非常止め装置が作動した状態においてかごの床の水平度が$\frac{1}{30}$を超えていること。
			作動時及び復帰時の構成機器の状況	目視、聴診及び触診により確認する。	イ　非常止め作動時に機械装置、調速機、ロープ若しくはスラックロープに損傷があること又は正常に復帰しないこと。
					ロ　可動部の動きが円滑でないこと又は変形があること。
			非常止めロープの状況	目視により確認する。	巻き取り、ロープ抜け出し、形崩れ、より戻り、錆等があり非常止め装置の作動に支障が生じていること。
(8)	かご下綱車		外観の状況	目視により確認する。	欠損又はき裂があること。
			取付けの状況	テストハンマーによる打検等により確認する。	ナットに緩みがあること。
			音の状況	聴診により確認する。	異常音があること。
(9)	釣合ロープ又は釣合鎖の取付部		摩耗の状況	目視により確認する。	著しい摩耗、変形、伸び又は錆があること。
			釣合ロープの張りの状況	次に掲げる方法のいずれかによる。 イ　釣合ロープを揺らし、その振幅を確認する。 ロ　触診により釣合ロープの張りが均等であることを確認する。	著しい不均等があること。
			釣合鎖とピッ	目視により確認する。	釣合鎖がピット床に接触

		ト床のすき間の状況			していること。
		かご及び釣合おもりにおける止め金具の取付けの状況	目視及び触診により確認する。		ダブルナットにあってはナット間に緩みがあり、割ピンにあってはピンに欠損、曲げ不足等があり、その他の方法にあっては取付けが確実でないこと。
		釣合ロープ又は釣合鎖の端部における止め金具の取付けの状況	目視及び触診により確認する。		取付けが確実でないこと。
		止め金具及びその取付部の損傷の状況	目視により確認する。		止め金具又はその取付部に損傷があること。
(10)	釣合おもり底部すき間	すき間の状況	すき間を測定する。		イ　最小値が昇降機の検査標準（JIS A4302）における「かご、釣合おもりと緩衝器の距離」の規定値を満たしていないこと又は最大値が当該検査標準における「定格速度と頂部すき間」の頂部すき間の規定値を確保できないこと。
					ロ　次回の定期検査時又は定期点検時までにイの基準に該当するおそれがあること。
(11)	移動ケーブル及び取付部	移動ケーブルの軌跡の状況	かごの昇降時の移動ケーブルの振れを目視により確認する。		移動ケーブルが他の機器若しくは突出物と接触し、損傷を受けるおそれがある又は損傷があること。
		取付けの状況	目視及び触診により確認		移動ケーブルの端部又は

				する。	引止め部の取付けが確実ではなく、運行に支障が生ずるおそれがあること。
			移動ケーブルとピット床のすき間の状況	かごを最下階に停止させ、移動ケーブルとピット床とのすき間を確認し又はかごの停止位置と最下階床面までの距離及び移動ケーブルとピット床面までの距離を確認する。	移動ケーブルがピット床と接触していること又はかごの停止位置と最下階床面までの距離の$\frac{1}{2}$より移動ケーブルとピット床面までの距離が長くないこと。
	(12)	ピット内の耐震対策	ロープガード等の状況	目視及び触診により確認し又は測定する。	令第129条の4第3項第四号の規定に適合しないこと。
			ガイドレールとのかかりの状況	目視により確認し又は測定する。	令第129条の4第3項第三号の規定に適合しないこと。
			突出物の状況	目視により確認する。	令第129条の7第五号の規定に適合しないこと又は保護措置に係る部品等に変形、損傷等があること。
	(13)	駆動装置の主索保護カバー（機械室を有しないエレベーターに限る。）	取付けの状況	目視及び触診により確認する。	取付けが堅固でないこと。
	(14)	かごの枠	かごの枠材相互の取付けの状況	テストハンマーによる打検等により確認する。	ナットに緩みがあること。
7 非常用エレベーター	(1)	かご呼び戻し装置	作動の状況	乗り場及び中央管理室のかご呼び戻し装置を操作し、かご及び乗り場の呼びが取り消され、かご内に設けられた非常停止スイッチの機能が停止することを確認する。	令第129条の13の3第7項の規定に適合しないこと。

		取付け及び操作の状況	目視及び触診により確認する。	取付けが堅固でないこと又は操作が円滑に行えないこと。
(2)	一次消防運転	作動の状況	作動の状況を確認する。	一次消防運転をしないこと又は乗り場の呼びに応答すること。
		取付け及び操作の状況	目視及び触診により確認する。	スイッチの取付けが堅固でないこと又は操作が円滑に行えないこと。
		最下階床面以下のスイッチの切り離し又は防滴処理の状況	スイッチ等に防滴処理がされていない場合は一次消防運転モード時の信号入力が制御器で正しく処理されているか確認し、スイッチ等に防滴処理がされている場合はその外観を目視により確認する。	信号が入力されても作動しないこと。ただし、防滴処理がされている場合は、防滴処理が適切に施されていないこと。
(3)	二次消防運転	作動の状況	作動の状況を確認する。	令第129条の13の3第9項の規定に適合しないこと、通常時の戸閉時間と同程度の間ブザーが鳴動しないこと、通常時の戸閉時間内で起動すること又はかごの戸若しくは乗り場の戸を開いた状態で運転をしないこと。
		取付け及び操作の状況	目視及び触診により確認する。	取付けが堅固でないこと又は操作が円滑に行えないこと。
		最下階床面以下のスイッチの切り離し又は防滴処理の状況	スイッチ等に防滴処理がされていない場合は二次消防運転モード時の信号入力が制御器で正しく処理されているか確認し、スイッチ等に防滴処理がされている場合はその外観を目視により確認す	信号が入力されても作動しないこと。ただし、防滴処理がされている場合は、防滴処理が適切に施されていないこと。

				る。	
			速度の状況	瞬間式回転速度計により測定する。	令第129条の13の3第11項の規定に適合しないこと。
	(4)	予備電源切替え回路	作動の状況	予備電源回路に切り替え、作動の状況を確認する。	作動が確実でないこと。
	(5)	その他	中央管理室とかごの連絡装置の設置及び作動の状況	通話状態が良好か確認する。	令第129条の13の3第8項の規定に適合しないこと又は通話が確実でないこと。
			かご及び昇降路の可燃物の状況	目視により確認する。	令第129条の13の3第4項の規定に適合しないこと、特殊告示第1第三号ロの規定に適合しないこと又は平成12年建設省告示第1428号第1若しくは第2の規定に適合しないこと。
			ピット内の水に浮く物の状況	目視により確認する。	ピット内の水に浮く物があること。
			防滴処理の状況	目視により確認する。	機器の防滴処理が適切に施されていないこと。

別表第2

		(い)検査項目	(ろ)検査事項	(は)検査方法	(に)判定基準
1 機械室（機械室を有しないエレベ	(1)	機械室への通路及び出入口の戸	機械室の戸の設置及び施錠の状況	設置の状況を目視により確認し、施錠の状況を戸を解錠及び施錠して確認する。	令第129条の9第四号の規定に適合しないこと又は解錠若しくは施錠ができないこと。
			手すりの位置及び取付けの状況	目視及び触診により確認する。	令第129条の9第五号の規定に適合しないこと又は取付けが確実でないこと。
			機械室への通路の状況	機械室までの通路において、高さ又は幅員が最小	通行経路の寸法が高さ1.8m未満又は幅0.7m

			となる箇所及び障害物が ある箇所を目視により確 認し又は測定する。	未満であること。
ー タ ー に あ っ て は 、 共 通 ）		階段の状況	最も大きいけあげ及び最 も小さい踏面を測定す る。	令第129条の9第五号の 規定に適合しないこと。
		機械室の戸の 自閉機能の状 況	戸の自閉の状況を確認す る。	自閉できないこと。
	(2) 機械室内の状況 並びに照明装置 及び換気設備等	昇降機以外の 設備等の状況	目視により確認する。	定期検査又は定期点検に 支障が生じていること。
		壁面及び天井 からの漏水並 びに窓の破損 の状況	目視により確認する。	漏水が機器に達している こと又は窓が破損してい ること。
		機械室の床及 び機器の汚損 の状況	目視により確認する。	機器の作動に影響を与え るおそれのある汚損があ ること。
		照明装置の状 況	照明の点灯の状況を確認 する。	照明装置が正常に作動し ないこと。
		開口部又は換 気設備の設置 及び換気の状 況	設置及び作動の状況を確 認し、起動設定温度があ るものにあっては、その 設定を確認する。	令第129条の9第三号の 規定に適合しないこと又 は起動設定温度が不適切 に設定されていること。
		防油堤の状況	目視により確認する。	欠損又はき裂があり、外 部に油が流出するおそれ があること。
		標識の状況	目視により確認する。	火気厳禁の標識が掲示さ れていないこと又は容易 に認識できないこと。
		消火設備の状 況	目視により確認する。	機械室又は機械室付近に 消火器又は消火砂が設置 されていないこと。
	(3) 救出装置	手巻きハンド ル等又は充電 池回路等の設 置の状況	目視により確認する。	特殊告示第1第一号ロ又 は第三号トの規定に適合 しないこと。

			下降弁等の開放の状況	下降弁等の作動の状況を確認する。	下降弁等を操作できず、かごが移動しないこと。
(4)	制御器	開閉器及び遮断器	作動の状況	手動により遮断操作及び投入操作を行い、電気的に開閉することを確認する。	電気的に開閉しないこと。
(5)		接触器、継電器及び運転制御用基板	作動の状況	昇降機を運転し、作動の状況を確認する。	昇降機が正常に作動しないこと。
			電動機主回路用接触器の主接点の状況	目視により確認し、交換基準に従って交換されているかを確認する。	イ　著しい摩耗があること又は交換基準に従って交換されていないこと。
					ロ　変形があること。
(6)		ヒューズ	設置の状況	目視により確認する。	ヒューズの溶断電流が制御器等で指定されるものと異なること。
(7)		絶縁	電動機、制御器等の回路の絶縁の状況（一次側と二次側が電気的に分離され、二次側の一方が接地され、他方にヒューズが設けられており、電圧が直流60V又は交流25V以下である回路を除く。）	絶縁抵抗計等により測定する。	回路の電圧が300Vを超えるものにあっては0.4MΩ、150Vを超え300V以下のものにあっては0.2MΩ、150V以下のものにあっては0.1MΩ以上の絶縁抵抗がないこと。
(8)		接地	接地の状況	触診により確認する。	接地線が接地端子に緊結されていないこと。
(9)	空転防止装置		設置及び作動の状況	ストップバルブを閉じ、かごを上昇させ、作動の状況を確認する。	制動装置告示第4第二号又は第5第二号の規定に適合しないこと。

⑽	階床選択機		表示灯の点灯の状況	目視により確認する。	表示灯が点灯すべき時に点灯しないこと。
			呼びの応答の状況	昇降機を運転し、呼びの応答を確認する。	呼びの応答がないこと又は呼びを保持若しくは消去しないこと。
⑾	油圧パワーユニット	電動機及びポンプ	音の状況	聴診により確認する。	異常音があること。
			発熱の状況（油浸式のものを除く。）	触診により確認する。	異常な発熱があること。
			振動の状況	触診及び聴診により確認する。	異常な振動があること。
			電動機とポンプの連結部の状況（油浸式のものを除く。）	目視、聴診又は触診により確認する。	欠損、き裂又は滑りの異常があること。
			ポンプのパッキン部の状況（油浸式のものを除く。）	目視により確認する。	著しい油漏れがあること。
⑿		圧力計	設置の状況	目視により確認する。	制御器告示第2第二号の規定に適合しないこと。
			作動の状況	作動の状況を確認する。	作動が確実でないこと。
			損傷の状況	目視により確認する。	圧力表示に影響があるような損傷があること。
⒀		安全弁	設置及び作動の状況	ストップバルブを閉じ、かごを上昇させること又はプランジャーストッパーの作動の位置でかごを上昇させることにより安全弁作動時の圧力計の指示値を確認する。	制動装置告示第4第二号又は第5第二号の規定に適合しないこと。
⒁		逆止弁	設置及び作動の状況	かごが下降中に動力用電源を遮断して作動の状況を確認する。	制動装置告示第4第二号又は第5第二号の規定に適合しないこと、かごが停止しないこと又は作動が緩慢であること。

(15)		流量制御弁	作動の状況	加速時、減速時及び走行時のかごの振動を確認する。	かごの加速時若しくは減速時に異常な衝撃があること、加速若しくは減速が緩慢であること又は走行中に異常な振動があること。
(16)		油タンク及び圧力配管	油漏れの状況	目視により確認する。	油タンク、圧力配管、圧力計、ふた、エアーブリーザー、油面計等に著しい油漏れがあること。
			作動油の状況	目視又は触診により確認する。	運行に支障が生ずるおそれがある異物の混入があること。
			作動油の油量の状況	かごを最上階若しくは最下階に停止させ、油面計を確認し又はかごを最上階に停止させ、作動油の油面の高さを目視により確認する。	油面計の下限値未満であること又は作動油の油面の高さが吸込口より低いこと。
(17)		作動油温度抑制装置	設置及び作動の状況	起動設定温度の操作又は起動信号の入力を行い確認する。	制動装置告示第4第二号若しくは第5第二号の規定に適合しないこと又は作動しないこと。
			起動設定温度の状況	目視により確認する。	設定値が低温にあっては摂氏5度未満、高温にあっては摂氏60度を超えないよう設定されていないこと。
(18)	ストップバルブ		作動の状況	ストップバルブを閉じ、かごを上昇させ、かごの位置又は作動油量を目視により確認する。	かごが動くこと又は作動油量が変動すること。
			油漏れの状況	目視により確認する。	油漏れがあること。
(19)	高圧ゴムホース		変形の状況	ストップバルブが閉じている状態又はプランジャーストッパーが作動した状態においてかごを上昇させ、目視により確	異常な変形があること。

				認する。	
			油漏れ及び損傷の状況	目視により確認する。	イ　油漏れ、き裂等の損傷があること。
					ロ　油のにじみがあること。
			曲げの状況	目視により確認し又は測定する。	ゴムホースの曲げが液圧用鋼線補強ゴムホースアセンブリの規格（JIS B8360）の最小曲げ半径又は液圧用繊維補強ゴムホースアセンブリの規格（JIS B8364）の最小曲げ半径未満であること。
			可動部との接触の状況	目視により確認する。	可動部と接触していること。
	(20)	駆動装置等の耐震対策	転倒及び移動を防止するための措置の状況	駆動装置及び制御器の取付けの状況を目視又は触診により確認する。	巻上機等の駆動装置又は制御器をはり等へ堅固に取り付けていないこと。
2　共通	(1)	圧力配管	取付けの状況	目視及び触診により確認する。	取付けが堅固でないこと又は可動部と接触していること。
			劣化の状況	目視により確認する。	著しい損傷又は腐食があること。
			油漏れの状況	目視により確認する。	油漏れがあること。
			浸水の状況	目視により確認する。	圧力配管又はブラケットが水に浸かること。
	(2)	調速機（間接式のエレベーターに限る。）	滑車の状況	目視により確認する。	欠損又はき裂があること。
			取付けの状況	目視及び触診により確認する。	取付けが堅固でないこと。
			支点部の状況	目視及び触診により確認する。	イ　可動部の動きが円滑でないこと。
					ロ　給油が不十分であること。
			過速スイッチ	作動の状況を確認する。	過速スイッチを作動した

			の作動の状況		ときに安全回路が遮断されないこと又は安全回路の遮断を保持できないこと。
			過速スイッチの作動速度の状況	瞬間式回転速度計により作動速度を測定する。	制動装置告示第5第二号の規定に適合しないこと。
			キャッチの作動速度の状況	瞬間式回転速度計により作動速度を測定する。	制動装置告示第5第二号の規定に適合しないこと。
			キャッチと過速スイッチとの整合性の状況	目視により作動の順位を確認する。	キャッチの作動速度が過速スイッチの作動速度を下回ること。
			キャッチの作動の状況	作動の状況を確認する。	キャッチが作動しないこと又は調速機用ロープが滑ること。
(3)	主索又は鎖（間接式のエレベーターに限る。）		主索の径の状況	基準階から加速終了位置又は減速開始位置から基準階の間にかごがある場合に主索が綱車にかかる箇所、綱車による曲げ回数が多い箇所等における最も摩耗の進んだ部分の直径及び綱車にかからない部分の直径を測定する。	イ　最も摩耗の進んだ部分の直径が綱車にかからない部分の直径と比較して90％未満であること。
					ロ　最も摩耗の進んだ部分の直径が綱車にかからない部分の直径と比較して92％未満であること。
			主索の素線切れの状況	基準階から加速終了位置又は減速開始位置から基準階の間にかごがある場合に主索が綱車にかかる箇所、綱車による曲げ回数が多い箇所、傷のある箇所等を目視により確認し、最も摩損の進んだ部分については重点的に目視により確認する。	イ　素線切れ要是正判定基準のいずれかに該当すること。
					ロ　素線切れ要重点点検判定基準のいずれかに該当すること。
			主索の錆及び	全長の錆及び錆びた摩耗	イ　錆及び錆びた摩耗粉

1274

			錆びた摩耗粉の状況	粉の固着の状況を目視により確認し、錆びた摩耗粉により谷部が赤錆色に見える箇所がある場合にあっては、錆びた摩耗粉により谷部が赤錆色に見える部分の直径及び綱車にかからない部分の直径を測定するとともに、当該箇所を重点的に目視により確認する。	要是正判定基準のいずれかに該当すること。
					ロ　錆及び錆びた摩耗粉要重点点検判定基準に該当すること。
			主索の損傷及び変形の状況	全長を目視により確認する。	著しい損傷又は変形があること。
			主索又は鎖の伸びの状況	かごを最上階に移動させてプランジャーリミットスイッチの作動の状況を確認する。	かごが最上階の着床位置より低い状態でプランジャーリミットスイッチが作動すること。
			鎖の給油及び外観の状況	全長を目視により確認する。	イ　著しい損傷、変形、ねじれ、腐食等があること。
					ロ　給油が不十分であること。
			鎖の摩耗の状況	基準階から加速終了位置又は減速開始位置から基準階の間にかごがある場合に、鎖が鎖車にかかる箇所等における最も摩耗の進んだ部分の鎖の長さ及び鎖車にかからない部分の長さを測定する。	最も摩耗の進んだ部分の長さが鎖車にかからない部分の長さと比較してその伸びが1.5%以上であること。
(4)	主索又は鎖の張り（間接式のエレベーターに限る。）	張りの状況	次に掲げる方法のいずれかによる。 イ　各主索又は鎖の端末部のスプリングの高さを目視により確認する。 ロ　かご上において主索又は鎖を揺らし、その	著しい不均等があること。

			振幅を確認する。 ハ　かご上において触診により主索又は鎖の張りが均等であることを確認する。	
⑸	主索又は鎖及び調速機ロープの取付部（間接式のエレベーターに限る。）	かご及びシリンダーにおける止め金具の取付けの状況	目視及び触診により確認する。	ダブルナットにあってはナット間に緩みがあり、割ピンにあってはピンに欠損、曲げ不足等があり、その他の方法にあっては取付けが確実でないこと。
		主索又は鎖及び調速機ロープの端部における止め金具の取付けの状況	目視及び触診により確認する。	取付けが確実でないこと。
		止め金具及びその取付部の損傷の状況	目視により確認する。	止め金具又はその取付部に損傷があること。
⑹	主索又は鎖の緩み検出装置（間接式のエレベーターに限る。）	取付けの状況	目視及び触診により確認する。	取付けが堅固でないこと。
		作動の状況	作動の状況を確認する。	作動しないこと。
⑺	はかり装置（乗用エレベーター又は寝台用エレベーターであって、特殊告示第1第六号に掲げるもの以外のものに限る。）	警報並びにかご及び乗り場の戸の状況	検出装置を作動させ確認する。	令第129条の10第3項第四号イの規定に適合しないこと。
		取付けの状況	目視及び触診により確認する。	取付けが堅固でないこと。
⑻	プランジャー	取付けの状況	目視及び触診により確認する。	構成部材の取付けが堅固でないこと。
		劣化の状況	かご上又はピットにおいて目視又は触診により確認し、シリンダーパッキ	著しい損傷又は腐食があること。

			ンからの著しい油漏れがある場合にあっては、全長を詳細に確認する。	
⑼	プランジャーストッパー	設置及び作動の状況	リミットスイッチを無効とした上でかごを上昇させ、作動の状況を確認する。	制動装置告示第4第二号又は第5第二号の規定に適合しないこと又はかごが停止しないこと。
⑽	シリンダー	劣化の状況	目視により確認する。	著しい損傷又は腐食があること。
		パッキン及びエア抜き部からの油漏れの状況	目視により確認する。	著しい油漏れがあること。
		取付けの状況	テストハンマーによる打検等により確認する。	ナットに緩みがあること。
⑾	防火区画貫通部	油圧配管、電線及び作動油戻し配管の防火区画貫通部の状況	防火区画貫通部の措置の状況を目視により確認する。	令第112条第20項又は令第129条の2の4第1項第七号の規定に適合しないこと。
⑿	速度	かごの上昇時及び下降時の速度の状況	無負荷運転時のかごの速度を瞬間式回転速度計により測定する。	定格速度の125％を超えていること。
⒀	戸開走行保護装置	設置及び作動の状況	設置及び作動の状況を確認する。	令第129条の10第3項第一号の規定に適合しないこと。
⒁	地震時等管制運転装置（特殊告示第1第四号及び第八号に掲げるエレベーターを除く。）	加速度を検知する部分の取付けの状況	目視及び触診により確認する。	平成20年国土交通省告示第1536号第2第一号又は第二号の規定に適合しないこと。
		作動の状況	作動の状況を確認する。	平成20年国土交通省告示第1536号第2第三号の規定に適合しないこと。
		予備電源の作動の状況	予備電源回路に切り替え、作動の状況を確認する。	作動が確実でないこと。
⒂	降下防止装置	設置及び作動	設置及び作動の状況を確	特殊告示第1第三号チの

			の状況	認する。	規定に適合しないこと又は機械的にかごの降下を停止することができないこと。
	(16)	換気設備等（機械室を有しないエレベーターに限る。）	開口部又は換気設備の設置及び換気の状況	設置及び作動の状況を確認し、起動設定温度があるものにあってはその設定を確認する。	特殊告示第１第三号ニの規定に適合しないこと又は起動設定温度が不適切に設定されていること。
	(17)	制御盤扉（かごと干渉しないものを除く。）	設置又は開放スイッチの作動の状況	開放スイッチがあるものにあってはその作動の状況を確認し、開放スイッチがないものにあってはねじ等により固定されている等容易に制御盤扉が開かない措置が講じられているかを確認する。	開放スイッチがあるものにあっては制御盤扉を引き出したときに開放スイッチが作動しないこと、開放スイッチがないものにあっては容易に制御盤扉が開く又は開くおそれがあること。
3 かご室	(1)	かごの壁又は囲い、天井及び床	かごの構造及び設置の状況	目視により確認する。	変形、摩耗、腐食等により運行に支障が生じていること、ガラスの欠損若しくはひび割れがあること又は使用できない部材があること。
			可燃物の状況	目視により確認する。	令第129条の６第二号の規定に適合しないこと。
	(2)	かごの戸及び敷居	戸及び敷居の構造及び設置の状況	目視により確認する。	変形、摩耗、腐食等により運行に支障が生じていること、ガラスの欠損若しくはひび割れがあること又は使用できない部材があること。
			戸相互及び戸と出入口枠とのすき間の状況（特殊告示第１第七号及び第八号に掲げるエレベーターを除く。）	目視により確認し又は測定する。	平成20年国土交通省告示第1455号第２第三号又は第四号の規定に適合しないこと。

		敷居とドアシューの摩耗の状況	目視により確認する。	敷居又はドアシューに著しい摩耗があること。
		ドアシューのかかりの状況	目視により確認し又は測定する。	引き戸にあっては無負荷時において敷居溝とドアシューのかかりが6mm未満であること、上げ戸、下げ戸又は上下戸にあってはこれらを片側に寄せたときにおいて容易にドアシューが外れること。
		戸の可燃物の状況	目視により確認する。	令第129条の6第二号の規定に適合しないこと。
		戸の開閉の状況	目視及び触診により確認する。	戸の開閉が円滑でないこと。
		戸の反転作動の状況（動力により自閉するものに限る。）	目視及び触診により確認する。	反転作動をしないこと。
		連結ロープの状況	目視及び触診により確認する。	変形、摩耗、錆、腐食、素線切れ等により運行に支障が生じていること。
⑶	かごの戸のスイッチ	取付けの状況	目視及び触診により確認する。	取付けが堅固でないこと。
		スイッチの作動の状況	次に掲げる方法のいずれかによる。 イ　途中階においてかごを停止させ、かごの戸を開いた後、徐々に戸を閉め、作動の位置を目視により確認し又は測定する。 ロ　かごの戸が開いた状態において動かないことを確認した後、スイッチの作動の位置を目視により確認し又は	制御器告示第2第三号の規定に適合しないこと又は作動の位置が両引き戸若しくは上下戸にあっては75mm、片引き戸、上げ戸若しくは下げ戸にあっては50mmを超えていること。

			測定する。	
(4)	戸開き状態において作動する予圧装置	作動の状況	予圧時にかごが動かないことを確認する。	かごが動くこと。
(5)	床合わせ補正装置及び着床装置	床合わせ補正装置の状況	着床面からかごをおおむね50mmの位置及び75mmを超え200mmの間に移動させ、戸を開いた状態で運転し、作動の状況を確認する。	制御器告示第2第一号の規定に適合しないこと。
		着床装置の状況	作動の状況を確認する。	乗り場の床を基準として着床位置が上下75mmを超えること。
(6)	ドアゾーン行き過ぎ制限装置	作動の状況	かごを着床面からおおむね300mmの位置に停止させてかごの戸を開き作動を確認する。	かごが動くこと。
(7)	車止め、光電装置等（自動車運搬用エレベーターに限る。）	光電装置の状況	作動の状況を確認する。	特殊告示第1第七号ハの規定に適合しないこと。
		車止めの設置の状況	目視及び触診により確認する。	イ　車止めがない又はその機能が確実でないこと。
				ロ　車止めが変形又は摩損していること。
(8)	かご操作盤及び表示器	かご操作盤及び押しボタン等の取付けの状況	目視及び触診により確認する。	取付けが堅固でないこと。
		押しボタン等の作動の状況	作動の状況を確認する。	押しボタン等が機能しないこと又は操作が円滑に行えないこと。自動車運搬用エレベーターで、かごの壁又は囲い、天井及び出入口の戸の全部又は一部を有しないものにあっては、特殊告示第1第七号イの規定に適合しないこと。

		操作箱の施錠の状況	触診により確認する。	施錠できないこと。
		表示器の状況	目視により確認する。	表示しないこと又は表示が不鮮明であること。
		破損の状況	目視及び触診により確認する。	表示部又は押しボタン等が著しく破損していること。
(9)	外部への連絡装置（令第129条の11の規定の適用のあるエレベーターを除く。）	設置及び作動の状況	通電時及び電源遮断時に外部との連絡ができるか確認する。ヘリコプターの発着の用に供される屋上に突出して停止するエレベーターで、屋上部分の昇降路の囲いの全部又は一部を有しないもの（以下「ヘリポート用エレベーター」という。）にあっては、屋上と他の出入口との連絡ができるかを併せて確認する。	イ　令第129条の10第3項第三号の規定に適合しないこと、連絡装置が作動しない若しくは容易に操作できないこと又はヘリポート用エレベーターにあっては特殊告示第1第八号ロの規定に適合しないこと。
				ロ　通話装置の音量又は警報ベル等の鳴動音が小さいこと。
(10)	かご内の停止スイッチ	設置及び作動の状況	設置及び作動の状況を確認する。	制御器告示第2第三号の規定に適合しないこと又は作動時に昇降機が運転できること。
(11)	用途、積載量及び最大定員の標識	設置及び表示の状況	設置及び表示の状況を確認する。	令第129条の6第五号の規定に適合しないこと又は表示に誤りがあること。
(12)	かごの照明装置	設置及び照度の状況	目視により確認し又は照度計により測定する。	平成20年国土交通省告示第1455号第1第八号の規定に適合しないこと。
(13)	停電灯装置（乗用エレベーター及び寝台用エレベーターに限る。）	設置、作動及び照度の状況	設置の状況を目視により確認するとともに、照明電源を遮断し、作動の状況をおおむね1分間確認し、操作注意銘板が容易に認識できることを確認する。	令第129条の10第3項第四号の規定に適合しないこと又は操作注意銘板が容易に認識できないこと。

	(14)	かごの床先（令第129条の11の規定の適用のあるエレベーター及び特殊告示第1第七号に掲げるものを除く。）	かごの床先と昇降路壁及び出入口の床先とのすき間の状況	目視により確認し又はかごの床先と昇降路壁及び出入口の床先との水平距離を測定する。	令第129条の7第四号の規定に適合しないこと。
			フェッシアプレートの取付けの状況	目視及び触診により確認する。	取付けが堅固でないこと。
4 かご上	(1)	かご上の停止スイッチ	設置及び作動の状況	設置及び作動の状況を確認する。	制御器告示第2第三号の規定に適合しないこと又は作動時に昇降機が運転できること。
	(2)	頂部安全距離確保スイッチ	設置及び作動の状況	設置及び作動の状況を確認する。	制動装置告示第4第二号又は第5第二号の規定に適合しないこと又は作動時に昇降機が上昇運転できること。
			取付けの状況	目視及び触診により確認する。	取付けが堅固でないこと。
	(3)	上部リミット（強制停止）スイッチ（間接式のエレベーターに限る。）	設置及び作動の状況	設置及び作動の状況を確認する。	昇降機が上昇運転できること。
			作動の位置	スイッチの作動の位置がドアゾーン内であることを確認する。	ドアゾーン内で作動しないこと。
			取付けの状況	目視及び触診により確認する。	取付けが堅固でないこと。
	(4)	プランジャーリミットスイッチ（間接式のエレベーターに限る。）	設置及び作動の状況	設置及び作動の状況を確認する。	制動装置告示第5第二号の規定に適合しないこと又は作動時に昇降機が上昇運転できること。
			作動の位置	スイッチによりかごを停止させ、その停止位置を確認する。	スイッチより先にプランジャーストッパーが作動すること。
			取付けの状況	目視及び触診により確認する。	取付けが堅固でないこと。
	(5)	プランジャーストッパーで停止	すき間の状況	プランジャーストッパーによりかごを停止させ、	昇降機の検査標準（JIS A4302）の「かご最上部

	したときのかごの頂部すき間（間接式のエレベーターに限る。）		かごの頂部すき間を測定する。	の機器との頂部すき間」の規定値を満たしていないこと。
(6)	頂部綱車（間接式のエレベーターに限る。）	外観の状況	目視により確認する。	欠損又はき裂があること。
		取付けの状況	テストハンマーによる打検等により確認する。	ナットに緩みがあること。
		音の状況	聴診により確認する。	異常音があること。
(7)	プランジャー頂部綱車又は鎖車（間接式のエレベーターに限る。）	外観の状況	目視により確認する。	欠損又はき裂があること。
		取付けの状況	テストハンマーによる打検等により確認する。	ナットに緩みがあること。
		音の状況	聴診により確認する。	異常音があること。
		鎖車と鎖のかみ合いの状況	目視及び聴診により確認する。	かみ合いに異常があること。
(8)	プランジャーのガイドシュー等	取付けの状況	テストハンマーによる打検等により確認する。	ナットに緩みがあること。
		摩耗の状況	目視、聴診及び触診により確認する。	しゅう動部又は回転部の摩耗により運行に支障をきたしていること。
(9)	調速機ロープ	径の状況	基準階から加速終了位置又は減速開始位置から基準階の間にかごがある場合にロープが綱車にかかる箇所、綱車による曲げ回数が多い箇所等における最も摩耗の進んだ部分の直径及び綱車にかからない部分の直径を測定する。	イ　最も摩耗の進んだ部分の直径が綱車にかからない部分の直径と比較して90％未満であること。
				ロ　最も摩耗の進んだ部分の直径が綱車にかからない部分の直径と比較して92％未満であること。
		素線切れの状況	基準階から加速終了位置又は減速開始位置から基準階の間にかごがある場合にロープが綱車にかかる箇所、綱車による曲げ	イ　素線切れ要是正判定基準のいずれかに該当すること。
				ロ　素線切れ要重点点検判定基準のいずれかに

			回数が多い箇所、傷のある箇所等を目視により確認し、最も摩損の進んだ部分については重点的に目視により確認する。	該当すること。
		錆及び錆びた摩耗粉の状況	全長の錆及び錆びた摩耗粉の固着の状況を目視により確認し、錆びた摩耗粉により谷部が赤錆色に見える箇所がある場合にあっては、錆びた摩耗粉により谷部が赤錆色に見える部分の直径及び綱車にかからない部分の直径を測定するとともに、当該箇所を重点的に目視により確認する。	イ　錆及び錆びた摩耗粉要是正判定基準のいずれかに該当すること。 ロ　錆及び錆びた摩耗粉要重点点検判定基準に該当すること。
		損傷及び変形の状況	全長を目視により確認する。	著しい損傷又は変形があること。
(10)	かごの非常救出口（特殊告示第1第七号に掲げるエレベーターを除く。）	構造及び設置の状況	ふたの構造及びスイッチの作動の状況を確認する。	令第129条の6第一号又は第四号（かごの天井部に救出用の開口部を設けないエレベーターにあっては、特殊告示第1第一号）の規定に適合しないこと。
(11)	かごのガイドシュー等	取付けの状況	テストハンマーによる打検等により確認する。	ナットに緩みがあること。
		摩耗の状況	目視、聴診及び触診により確認する。	しゅう動部又は回転部の摩耗により運行に支障が生じていること。
(12)	ガイドレール及びレールブラケット	取付けの状況	テストハンマーによる打検等により確認する。	ナットに緩みがあること。
		劣化の状況	目視により確認する。	著しい損傷又は腐食があること。
(13)	施錠装置（特殊告示第1第八号に掲げるエレ	取付けの状況	目視及び触診により確認する。	取付けが堅固でないこと。
		ロック機構の	作動の状況を確認する。	令第129条の7第三号の

		状況		規定に適合しないこと。
	ベーターの屋上の昇降路の開口部の戸を除く。)	スイッチの作動の状況	作動の状況を確認する。	令第129条の8第2項の規定に適合しないこと。
		スイッチの作動の位置	スイッチの作動の位置を確認する。	昇降機の検査標準（JIS A4302）における乗り場の戸のロック及びスイッチに係る規定に適合しないこと。
		劣化の状況	目視により確認する。	イ　著しい損傷又は腐食があること。
				ロ　ロック機構に変形があること。
⒁	昇降路における壁又は囲い	昇降路の構造及び設置の状況	目視により確認する。	き裂若しくは漏水により運行に支障が生じていること、ガラスの欠損若しくはひび割れがあること又は使用できない部材があること。
		可燃物の状況	目視により確認する。	令第129条の7第二号の規定に適合しないこと。
⒂	乗り場の戸及び敷居（特殊告示第1第八号に掲げるエレベーターの屋上の昇降路の開口部の戸を除く。）	戸及び敷居の構造及び設置の状況	目視により確認する。	変形、摩耗、腐食等により運行に支障が生じていること、ガラスの欠損若しくはひび割れがあること又は使用できない部材があること。
		戸相互及び戸と出入口枠とのすき間の状況	目視により確認し又は測定する。	平成20年国土交通省告示第1454号第七号又は第八号の規定に適合しないこと。
		敷居とドアシューの摩耗の状況	目視により確認する。	敷居又はドアシューに著しい摩耗があること。
		ドアシューのかかりの状況	目視により確認し又は測定する。	引き戸にあっては敷居溝とドアシューのかかりが6mm未満であること、上げ戸、下げ戸又は上下

				戸にあってはこれらを片側に寄せたときにおいて容易にドアシューが外れること。
		戸の可燃物の状況	目視により確認する。	令第129条の7第二号の規定に適合しないこと。
		戸の開閉の状況	目視及び触診により確認する。	戸の開閉が円滑でないこと。
		戸の自閉の状況	目視及び触診により確認する。	ドアクローザーの作動領域で自閉しないこと。
		連結ロープ及びドアクローザーロープの状況	目視及び触診により確認する。	変形、摩耗、錆、腐食、素線切れ等により運行に支障が生じていること。
(16)	昇降路内の耐震対策	ロープガード等の状況	目視及び触診により確認し又は測定する。	令第129条の4第3項第四号の規定に適合しないこと。
		ガイドレールとのかかりの状況	目視により確認し又は測定する。	令第129条の4第3項第三号の規定に適合しないこと。
		突出物の状況	目視により確認する。	令第129条の7第五号の規定に適合しないこと又は保護措置に係る部品等に変形、損傷等があること。
(17)	移動ケーブル及び取付部	移動ケーブルの損傷の状況	目視により確認する。	損傷があること。
		取付けの状況	目視及び触診により確認する。	移動ケーブルの端部又は引止め部の取付けが確実でなく、運行に支障が生ずるおそれがあること。
(18)	かごの戸の開閉機構	開閉の状況	目視及び聴診により確認する。	戸の開閉時の異常音又は異常な振動により、戸の開閉に支障が生じていること。
		摩耗の状況	目視により確認する。	開閉機構が摩耗していることにより、戸の開閉に

				支障が生じていること。
		構成部材の取付けの状況	目視及び触診により確認する。	取付けが堅固でないこと。
		停電時等の手動開放の状況	かごの戸と乗り場の戸のロック機構の係合が外れた位置に停止させ、手動によりかごの戸が開くことを確認する。	停電時等にかごの戸が手動により開放できないこと。
	(19)	かごの枠	かごの枠材相互の取付けの状況	テストハンマーによる打検等により確認する。	ナットに緩みがあること。
5 乗り場	(1)	押しボタン等及び表示器	押しボタン等の取付けの状況	目視及び触診により確認する。	取付けが堅固でないこと。
			押しボタン等の作動の状況	作動の状況を確認する。ヘリポート用エレベーターにあっては、鍵を用いなければ操作できないことを併せて確認する。	押しボタン等が機能しない若しくは操作が円滑に行えないこと又はヘリポート用エレベーターにあっては、特殊告示第1第八号ホの規定に適合しないこと。
			表示器の状況	目視により確認する。	表示しないこと又は表示が不鮮明であること。
			破損の状況	目視及び触診により確認する。	表示部又は押しボタン等が著しく破損していること。
	(2)	非常解錠装置	設置及び作動の状況	最上階及び最下階にあっては専用の鍵により乗り場から解錠でき、途中階にあってはかご上から装置を操作し、解錠できることを確認する。	イ　平成20年国土交通省告示第1447号第三号の規定に適合しないこと又は解錠できないこと。
					ロ　可動部の動きが円滑でないこと又は変形があること。
			取付けの状況	目視及び触診により確認する。	取付けが堅固でないこと。
	(3)	乗り場の戸の遮	気密材の状況	目視により確認する。	劣化、破損等があること。

		煙構造	気密材の取付けの状況	目視及び触診により確認する。	取付けが確実でないこと。
			停電時の戸閉機能の状況	戸開状態において主電源以外による作動の状況を確認する。	戸が閉じないこと。
			火災時の戸閉機能の状況	制御器に火災信号を入力し、作動の状況を確認する。	戸が閉じないこと。
			戸閉時間の状況（戸の面積が 3 m² 以内のものに限る。）	戸の閉鎖時間を確認する。	昭和48年建設省告示第2563号第1第一号イの規定に適合しないこと。
	(4)	昇降路の壁又は囲いの一部を有しない部分の構造	構造及び設置の状況	目視により確認する。	特殊告示第1第二号の規定に適合しないこと。
	(5)	屋上の昇降路の開口部の戸（ヘリポート用エレベーターに限る。）	可燃物の状況	目視により確認する。	令第129条の7第二号の規定に適合しないこと。
	(6)	屋上の柵及び警報装置（ヘリポート用エレベーターに限る。）	柵の設置及び警報装置の作動の状況	設置及び作動の状況を確認する。	特殊告示第1第八号ロの規定に適合しないこと。
	(7)	制御盤扉（三方枠の一部に収納されたものに限る。）	構造及び設置の状況	目視及び触診により確認する。	制御盤扉がないこと、破損していること又は施錠若しくは解錠ができないこと。
6 ピット	(1)	保守用停止スイッチ	作動の状況	作動の状況を確認する。	特殊告示第1第三号チの規定に適合しないこと、作動時にかごが動く又は自己保持しないこと。
	(2)	底部安全距離確保スイッチ	設置及び作動の状況	設置及び作動の状況を確認する。	特殊告示第1第三号チの規定に適合しないこと又

				は作動時に昇降機が下降運転できること。
		取付けの状況	目視及び触診により確認する。	取付けが堅固でないこと。
(3)	下部ファイナルリミットスイッチ及びリミット（強制停止）スイッチ（間接式のエレベーターに限る。）	設置及び作動の状況	設置及び作動の状況を確認する。	制動装置告示第5第二号の規定に適合しないこと又は作動時にファイナルリミットスイッチにあっては昇降機が運転できること、リミットスイッチにあっては昇降機が下降運転できること。
		ファイナルリミットスイッチの作動の位置	スイッチの作動の位置及び作動したときのかごと緩衝器とのすき間を確認する。	ばね緩衝器又は緩衝材を使用している場合にあってはかごが緩衝器又は緩衝材に接するまでに、油入緩衝器を使用している場合にあってはストロークの $\frac{1}{2}$ を超えるまでに作動しないこと。
		リミットスイッチの作動の位置	スイッチの作動の位置を確認する。	ドアゾーン内で作動しないこと。
		取付けの状況	目視及び触診により確認する。	取付けが堅固でないこと。
(4)	緩衝器及び緩衝材	設置及び取付けの状況	目視及び触診により確認する。	制動装置告示第4第二号又は第5第二号の規定に適合しないこと又は取付けが堅固でないこと。
		劣化の状況	目視により確認する。	著しい損傷又は腐食があること。
		作動の状況（油入式のものに限る。）	圧縮した後、復帰することを確認する。	復帰しないこと。
		油量の状況（油入式のものに限る。）	目視によりオイルゲージ等を確認する。	イ　油量が適量でないこと。
				ロ　ドレン部から油漏れ

				があること。
(5)	張り車（間接式のエレベーターに限る。）	作動の状況	目視及び聴診により確認する。	かごの走行中の異常音、異常な振動等により運行に支障が生じていること。
		取付け及びピット床等とのすき間の状況	目視及び触診により確認する。	取付けが確実でないこと又はピット床若しくはピット機器に干渉していること。
(6)	ピット床	汚損及び防水の状況	目視により確認する。	汚損又は防水不良があり運行に支障が生じていること。
		冠水の状況	目視により確認する。	機器に影響を及ぼす冠水があること。
		ピット内機器の状況	目視及び触診により確認する。	著しい損傷又は腐食があること。
(7)	かご非常め装置（間接式のエレベーターに限る。）	機構部の状況	目視により確認する。	著しい損傷又は腐食があること。
		取付けの状況	目視及び触診により確認する。	取付けが堅固でないこと。
		作動の状況	主索又は鎖が緩んだことを目視又は緩み検出装置の作動により確認する。	非常止め装置が作動しないこと。
		非常止め作動時のかごの水平度	かごの床若しくはかごの枠を目視により確認し又はかごの床の傾きを精密水準器により測定する。	非常止め装置が作動した状態においてかごの床の水平度が $\frac{1}{30}$ を超えていること。
		作動時及び復帰時の構成部材の状況	目視、聴診及び触診により確認する。	イ　非常止め作動時に機械装置、調速機、ロープ若しくはスラックロープに損傷があること又は正常に復帰しないこと。
				ロ　可動部の動きが円滑でないこと又は変形があること。
(8)	かご下綱車（間	外観の状況	目視により確認する。	欠損又はき裂があるこ

	接式のエレベーターに限る。）			と。
		取付けの状況	テストハンマーによる打検等により確認する。	ナットに緩みがあること。
		音の状況	聴診により確認する。	異常音があること。
(9)	シリンダー下の綱車（間接式のエレベーターに限る。）	外観の状況	目視により確認する。	欠損又はき裂があること。
		取付けの状況	テストハンマーによる打検等により確認する。	ナットに緩みがあること。
		音の状況	聴診により確認する。	異常音があること。
(10)	移動ケーブル及び取付部	移動ケーブルの軌跡の状況	かごの昇降時の移動ケーブルの振れを目視により確認する。	移動ケーブルが他の機器若しくは突出物と接触し、損傷を受けるおそれがあること又は損傷があること。
		取付けの状況	目視及び触診により確認する。	移動ケーブルの端部又は引止め部の取付けが確実ではなく、運行に支障が生ずるおそれがあること。
		移動ケーブルとピット床のすき間の状況	かごを最下階に停止させ、移動ケーブルとピット床とのすき間を確認し又はかごの停止位置と最下階床面までの距離及び移動ケーブルとピット床面までの距離を確認する。	移動ケーブルがピット床と接触していること又はかごの停止位置と最下階床面までの距離の $\frac{1}{2}$ より移動ケーブルとピット床面までの距離が長くないこと。
(11)	ピット内の耐震対策	ロープガード等の状況（間接式のエレベーターに限る。）	目視及び触診により確認し又は測定する。	令第129条の４第３項第四号の規定に適合しないこと。
		ガイドレールとのかかりの状況	目視により確認し又は測定する。	令第129条の４第３項第三号の規定に適合しないこと。
		突出物の状況	目視により確認する。	令第129条の７第五号の規定に適合しないこと又

				は保護措置に係る部品等に変形、損傷等があること。
(12)	かごの枠	かごの枠材相互の取付けの状況	テストハンマーによる打検等により確認する。	ナットに緩みがあること。

別表第3

		(い) 検査項目	(ろ) 検査事項	(は) 検査方法	(に) 判定基準
1 駆動装置（油圧式以外）	(1)	電動機	音の状況	聴診により確認する。	異常音があること。
			発熱の状況	触診により確認する。	異常な発熱があること。
			振動の状況	触診及び聴診により確認する。	異常な振動があること。
	(2)	減速機	音の状況	聴診により確認する。	異常音があること。
			振動の状況	聴診及び触診により確認する。	異常な振動があること。
			潤滑油の油量の状況	オイルゲージ等を目視により確認する。	油量が適量でないこと。
			潤滑油の劣化の状況	色及び不純物を目視により確認する。	著しい変色又は摩耗粉があること。
			油漏れの状況	目視により確認する。	オイルシールから著しい油漏れがあること。
			発熱の状況	触診により確認する。	異常な発熱があること。
			非常止め装置のキャッチの作動の状況（間接駆動があるものに限る。）	作動の状況を確認する。	キャッチが作動しないこと。
	(3)	ブレーキ	油の付着の状況	目視により確認する。	ドラム又はディスクのパッドのしゅう動面に制動力又は保持力に影響を与えるおそれのある油の付着があること。
			パッドとドラム及びディス	目視及び聴診により確認する。	走行中にパッドとドラム又はディスクが接触して

1292

			クとの接触の状況（同心軸上にて回転するパッドにより制動するものを除く。）		いること。
			ブレーキコイルの発熱の状況	触診により確認する。	ブレーキコイルに異常な発熱があること。
			制動力の状況	次に掲げる方法のいずれかにより確認する。 イ　かごに積載荷重の1.25倍の荷重を加え、定格速度で下降中に動力を遮断し、制動距離を確認する。 ロ　かごが無負荷の状態において定格速度で下降中に動力を遮断し、制動距離を確認する。	イの検査方法により検査した場合にあっては制動距離が100mmを超えていること、ロの検査方法により検査した場合にあっては制動距離が次の式によって算出されるLを超えていること。 $$L = \frac{100\,G}{G + 1.25\,P}$$ この式において、L、G及びPは、それぞれ次の数値を表すものとする。 L　制動距離の基準値 　　（単位　mm） G　かご等の昇降する部分の固定荷重 　　（単位　kg） P　定格積載量 　　（単位　kg）
(4)	駆動方式（該当するものを選択する。）	ロープ式・巻胴式	主索の径の状況	基準階から加速終了位置又は減速開始位置から基準階の間にかごがある場合に主索が綱車にかかる箇所、綱車による曲げ回数が多い箇所等における最も摩耗の進んだ部分の直径及び綱車にかからない部分の直径を測定す	イ　最も摩耗の進んだ部分の直径が綱車にかからない部分の直径と比較して90％未満であること。
					ロ　最も摩耗の進んだ部分の直径が綱車にかからない部分の直径と比較して92％未満であ

					る。	ること。
				主索の素線切れの状況	基準階から加速終了位置又は減速開始位置から基準階の間にかごがある場合に主索が綱車にかかる箇所、綱車による曲げ回数が多い箇所、傷のある箇所等を目視により確認し、最も摩損の進んだ部分については重点的に目視により確認する。	イ　素線切れ要是正判定基準のいずれかに該当すること。
						ロ　素線切れ要重点点検判定基準のいずれかに該当すること。
				主索の錆及び錆びた摩耗粉の状況	全長の錆及び錆びた摩耗粉の固着の状況を目視により確認し、錆びた摩耗粉により谷部が赤錆色に見える箇所がある場合にあっては、錆びた摩耗粉により谷部が赤錆色に見える部分の直径及び綱車にかからない部分の直径を測定するとともに、当該箇所を重点的に目視により確認する。	イ　錆及び錆びた摩耗粉要是正判定基準のいずれかに該当すること。
						ロ　錆及び錆びた摩耗粉要重点点検判定基準に該当すること。
				主索の損傷及び変形の状況	全長を目視により確認する。	著しい損傷又は変形があること。
				主索の張りの状況	触診により主索の張りが均等であることを確認する。	著しい不均等があること。
				主索と昇降路の横架材並びにかご及び釣合おもりにおける止め金具の取付けの状況	目視及び触診により確認する。	ダブルナットにあってはナット間に緩みがあり、割ピンにあってはピンに欠損、曲げ不足等があり、その他の方法にあっては取付けが確実でないこと。
				主索の端部における止め金具の取付けの	目視及び触診により確認する。	取付けが確実でないこと。

			状況		
			止め金具及びその取付部の損傷の状況	目視により確認する。	止め金具又はその取付部に損傷があること。
			ロープ式におけるスプロケット型綱車の歯の欠損及びき裂の状況	目視により確認する。	欠損又はき裂があること。
			巻胴式における主索の緩み検出装置の作動の状況	作動の状況を確認する。	作動しないこと。
			綱車又は巻胴の欠損及びき裂の状況	目視により確認する。	欠損又はき裂があること。
		ラックピニオン式	音の状況	聴診により確認する。	異常音があること。
			振動の状況	聴診及び触診により確認する。	異常な振動があること。
			取付けの状況	目視及び触診により確認する。	取付けが堅固でないこと。
			歯の欠損及びき裂の状況	目視により確認する。	歯に欠損又はき裂があること。
		チェーンスプロケット式	滑車の作動の状況	作動の状況を確認する。	動力の伝達に支障が生ずるおそれがあること。
			鎖の張りの状況	触診により鎖の張りが均等であることを確認する。	著しい不均等があること。
			鎖の摩耗の状況	基準階から加速終了位置又は減速開始位置から基準階の間にかごがある場合に、鎖が鎖車にかかる箇所等における最も摩耗の進んだ部分の鎖の長さ及び鎖車にかからない部分の長さを測定する。	最も摩耗の進んだ部分の長さが鎖車にかからない部分の長さと比較してその伸びが 1.5％ 以上であること。
		チェー	滑節構造部材	作動の状況を確認する。	動力の伝達に支障が生ず

			ンラック クピニ オン式	の作動の状況		るおそれがあること。
				鎖の摩耗の状況	基準階から加速終了位置又は減速開始位置から基準階の間にかごがある場合に、鎖が鎖車にかかる箇所等における最も摩耗の進んだ部分の鎖の長さ及び鎖車にかからない部分の長さを測定する。	最も摩耗の進んだ部分の長さが鎖車にかからない部分の長さと比較してその伸びが 1.5% 以上であること。
2 駆動装置（油圧式）	(1)	空転防止装置		設置及び作動の状況	ストップバルブが設置されているものにあってはストップバルブを閉じ、かごを上昇させ、作動の状況を確認し、ストップバルブが設置されていないものにあっては機械的にロックする位置において作動の状況を確認する。	制動装置告示第6第三号の規定に適合しないこと。
	(2)	油圧パワーユニット	油圧パワーユニットの取付けの状況	パワーユニットの状況	目視により確認する。	転倒防止又は移動防止ストッパーの取付けが確実でないこと。
				油圧配管の状況	目視により確認する。	圧力配管の固定、振動又は衝撃緩和措置が確実でないこと。
				油圧配管貫通部の状況	目視により確認する。	圧力配管の壁、床等の貫通部への措置が適切に行われていないこと。
	(3)		電動機及びポンプ	音の状況	聴診により確認する。	異常音があること。
				発熱の状況（油浸式のものを除く。）	触診により確認する。	異常な発熱があること。
				振動の状況	触診及び聴診により確認する。	異常な振動があること。
				電動機とポンプの連結部の状況（油浸式のものを除	目視、聴診又は触診により確認する。	欠損、き裂又は滑りの異常があること。

		く。)		
		ポンプのパッキン部の状況（油浸式のものを除く。）	目視により確認する。	著しい油漏れがあること。
(4)	圧力計	設置の状況	目視により確認する。	制御器告示第2第二号の規定に適合しないこと。
		作動の状況	作動の状況を確認する。	作動が確実でないこと。
		損傷の状況	目視により確認する。	圧力表示に影響があるような損傷があること。
(5)	安全弁	設置及び作動の状況	ストップバルブを閉じ、かごを上昇させること又はプランジャーストッパーの作動の位置でかごを上昇させることにより安全弁作動時の圧力計の指示値を確認する。	制動装置告示第6第三号の規定に適合しないこと又は安全弁作動圧力の銘板値があるときはその値を超えていること。
(6)	逆止弁	設置及び作動の状況	かごが下降中に動力用電源を遮断して作動の状況を確認する。	制動装置告示第6第三号の規定に適合しないこと、かごが停止しないこと又は作動が緩慢であること。
(7)	流量制御弁	作動の状況	加速時、減速時及び走行時のかごの振動を確認する。	かごの加速時若しくは減速時に異常な衝撃があること、加速若しくは減速が緩慢であること又は走行中に異常な振動があること。
(8)	油タンク及び圧力配管	油漏れの状況	目視により確認する。	油タンク、圧力配管、圧力計、ふた、エアーブリーザー、油面計等に著しい油漏れがあること。
		作動油の状況	目視又は触診により確認する。	運行に支障が生ずるおそれがある異物の混入があること。
		作動油の油量の状況	かごを最上階若しくは最下階に停止させ、油面計	油面計の下限値未満であること又は作動油の油面

			を確認し又はかごを最上階に停止させ、作動油の油面の高さを目視により確認する。	の高さが吸込口より低いこと。
(9)	作動油温度抑制装置	設置及び作動の状況	起動設定温度の操作又は起動信号の入力を行い確認する。	制動装置告示第6第三号の規定に適合しないこと又は作動しないこと。
		起動設定温度の状況	目視により確認する。	設定値が低温にあっては摂氏5度未満、高温にあっては摂氏60度を超えないよう設定されていないこと。
(10)	トップバルブ	作動の状況	ストップバルブを閉じ、かごを上昇させ、かごの位置又は作動油量を目視により確認する。	かごが動くこと又は作動油量が変動すること。
		油漏れの状況	目視により確認する。	油漏れがあること。
(11)	高圧ゴムホース	変形の状況	ストップバルブが閉じている状態又はプランジャーストッパーが作動した状態においてかごを上昇させ、目視により確認する。	異常な変形があること。
		油漏れ及び損傷の状況	目視により確認する。	イ　油漏れ、き裂等の損傷があること。
				ロ　油のにじみがあること。
		曲げの状況	目視により確認し又は測定する。	ゴムホースの曲げが液圧用鋼線補強ゴムホースアセンブリの規格（JIS B8360）の最小曲げ半径又は液圧用繊維補強ゴムホースアセンブリの規格（JIS B8364）の最小曲げ半径未満であること。
		可動部との接触の状況	目視により確認する。	可動部と接触していること。

(12)	圧力配管	取付けの状況	目視及び触診により確認する。	取付けが堅固でないこと又は可動部と接触していること。
		劣化の状況	目視により確認する。	著しい損傷又は腐食があること。
		油漏れの状況	目視により確認する。	油漏れがあること。
		浸水の状況	目視により確認する。	圧力配管又はブラケットが水に浸かること。
(13)	パンタグラフ式（下枠及びアーム）	かごの保持の状況	上部乗り場において、かごの前後又は左右に概ね65kgの偏荷重をかけ、かごの床の傾きを目視により確認し又はかごの床の傾きを精密水準器により測定する。	かごの床の水平度が$\frac{1}{30}$を超えていること。
		下枠及びアーム部の状況	テストハンマーによる打検等により確認する。	ナットに緩みがあること。
(14)	プランジャー	取付けの状況	目視及び触診により確認する。	構成部材の取付けが堅固でないこと。
		劣化の状況	かご上又はピットにおいて目視又は触診により確認し、シリンダーパッキンからの著しい油漏れがある場合にあっては、全長を詳細に確認する。	著しい損傷又は腐食があること。
(15)	プランジャーストッパー	設置及び作動の状況	リミットスイッチを無効とした上でかごを上昇させ、作動の状況を確認する。	制動装置告示第6第三号の規定に適合しないこと又はかごが停止しないこと。
(16)	シリンダー	劣化の状況	目視により確認する。	著しい損傷又は腐食があること。
		パッキン及びエア抜き部からの油漏れの状況	目視により確認する。	著しい油漏れがあること。
		取付けの状況	テストハンマーによる打検等により確認する。	ナットに緩みがあること。

(17)	主索又は鎖（間接式のエレベーターに限る。)	主索の径の状況	基準階から加速終了位置又は減速開始位置から基準階の間にかごがある場合に主索が綱車にかかる箇所、綱車による曲げ回数が多い箇所等における最も摩耗の進んだ部分の直径及び綱車にかからない部分の直径を測定する。	イ　最も摩耗の進んだ部分の直径が綱車にかからない部分の直径と比較して90％未満であること。
				ロ　最も摩耗の進んだ部分の直径が綱車にかからない部分の直径と比較して92％未満であること。
		主索の素線切れの状況	基準階から加速終了位置又は減速開始位置から基準階の間にかごがある場合に主索が綱車にかかる箇所、綱車による曲げ回数が多い箇所、傷のある箇所等を目視により確認し、最も摩損の進んだ部分については重点的に目視により確認する。	イ　素線切れ要是正判定基準のいずれかに該当すること。
				ロ　素線切れ要重点点検判定基準のいずれかに該当すること。
		主索の錆及び錆びた摩耗粉の状況	全長の錆及び錆びた摩耗粉の固着の状況を目視により確認し、錆びた摩耗粉により谷部が赤錆色に見える箇所がある場合にあっては、錆びた摩耗粉により谷部が赤錆色に見える部分の直径及び綱車にかからない部分の直径を測定するとともに、当該箇所を重点的に目視により確認する。	イ　錆及び錆びた摩耗粉要是正判定基準のいずれかに該当すること。
				ロ　錆及び錆びた摩耗粉要重点点検判定基準に該当すること。
		主索の損傷及び変形の状況	全長を目視により確認する。	著しい損傷又は変形があること。
		鎖の給油及び外観の状況	全長を目視により確認する。	イ　著しい損傷、変形、ねじれ、腐食等があること。
				ロ　給油が不十分であること。

				鎖の摩耗の状況	基準階から加速終了位置又は減速開始位置から基準階の間にかごがある場合に、鎖が鎖車にかかる箇所等における最も摩耗の進んだ部分の鎖の長さ及び鎖車にかからない部分の長さを測定する。	最も摩耗の進んだ部分の直径が鎖車にかからない部分の直径と比較してその伸びが 1.5％ 以上であること。
	(18)	主索又は鎖の伸び		主索又は鎖の伸びの状況	かごを最上階の着床位置に移動させてプランジャーリミットスイッチの作動の状況を確認する。	かごが最上階の着床位置より低い状態でプランジャーリミットスイッチが作動すること。
	(19)	主索又は鎖の張り（間接式のエレベーターに限る。）		張りの状況	触診により主索の張りが均等であることを確認する。	著しい不均等があること。
	(20)	主索又は鎖の取付部（間接式のエレベーターに限る。）		昇降路の横架材並びにかご及び釣合おもりにおける止め金具の取付けの状況	目視及び触診により確認する。	ダブルナットにあってはナット間に緩みがあり、割ピンにあってはピンに欠損、曲げ不足等があり、その他の方法にあっては取付けが確実でないこと。
				主索又は鎖の端部における止め金具の取付けの状況	目視及び触診により確認する。	取付けが確実でないこと。
				止め金具及びその取付部の損傷の状況	目視により確認する。	止め金具又はその取付部に損傷があること。
	(21)	主索又は鎖の緩み検出装置（間接式のエレベーターに限る。）		取付けの状況	目視及び触診により確認する。	取付けが堅固でないこと。
				作動の状況	作動の状況を確認する。	作動しないこと。
3 共通	(1)	救出装置		手巻きハンドル等又は充電池回路等の設	目視により確認する。	手巻きハンドル等又は充電池回路等が設置されていないこと。

			置の状況		
			制動装置等の開放の状況（油圧式のエレベーター以外のものに限る。）	制動装置等の作動の状況を確認する。	制動装置等を操作できず、かごが移動しないこと。
			下降弁等の開放の状況（油圧式のエレベーターに限る。）	下降弁等の作動の状況を確認する。	下降弁等を操作できず、かごが移動しないこと。
			専用救出用具の設置の状況	目視により確認する。	渡し板等の専用救出用具が装備されていないこと。
(2)	制御器	開閉器及び遮断器	作動の状況	手動により遮断操作及び投入操作を行い、電気的に開閉することを確認する。	電気的に開閉しないこと。
(3)		接触器、継電器及び運転制御用基板	作動の状況	昇降機を運転し、作動の状況を確認する。	昇降機が正常に作動しないこと。
			電動機主回路用接触器の主接点の状況	目視により確認する。	イ　著しい摩耗があること。
					ロ　変形があること。
(4)		ヒューズ	設置の状況	目視により確認する。	ヒューズの溶断電流が制御器等で指定されたものと異なること。
(5)		絶縁	電動機、制御器等の回路の絶縁の状況（一次側と二次側が電気的に分離され、二次側の一方が接地され、他方にヒューズが設けられ	絶縁抵抗計等により測定する。	回路の電圧が300Vを超えるものにあっては0.4MΩ、150Vを超え300V以下のものにあっては0.2MΩ、150V以下のものにあっては0.1MΩ以上の絶縁抵抗がないこと。

				ており、電圧が直流60V又は交流25V以下である回路を除く。)		
	(6)		接地	接地の状況	触診により確認する。	接地線が接地端子に緊結されていないこと。
	(7)	耐震対策		ロープガード等の状況	目視及び触診により確認し又は測定する。	令第129条の4第3項第四号の規定に適合しないこと。
				ガイドレールとのかかりの状況	目視により確認し又は測定する。	令第129条の4第3項第三号の規定に適合しないこと。
				突出物の状況	目視により確認する。	令第129条の7第五号の規定に適合しないこと又は保護措置に係る部品等に変形、損傷等があること。
				転倒及び移動を防止するための措置の状況	駆動装置及び制御器の取付けの状況を目視又は触診により確認する。	令第129条の8第1項の規定に適合しないこと。
	(8)	速度		かごの上昇時及び下降時の速度の状況	無負荷運転時のかごの速度を瞬間式回転速度計により測定する。	定格速度の125%を超えていること。
4 かご室	(1)	かごの壁又は囲い、天井及び床		かごの構造及び設置の状況	目視により確認する。	変形、摩耗、腐食等により運行に支障が生じていること。
	(2)	かごの戸又は可動式の手すり		戸又は可動式の手すりの構造及び設置の状況	目視により確認する。	特殊告示第1第九号ロの規定に適合しないこと又は変形、摩耗、腐食等により運行に支障が生じていること。
				戸又は可動式の手すりの開閉の状況	目視及び触診により確認する。	戸又は可動式の手すりの開閉が円滑でないこと。
	(3)	かごの戸又は可		スイッチの設	乗降位置において戸又は	特殊告示第1第九号ハの

		置及び作動の状況	可動式の手すりを徐々に閉じ、作動の状況を確認する。	規定に適合しないこと又は戸若しくは可動式の手すりが閉じていない状態においてかごが昇降すること。
	動式の手すりのスイッチ（かごの戸又は可動式の手すりのスイッチが必要なものに限る。）	取付けの状況	目視及び触診により確認する。	取付けが堅固でないこと。
(4)	かご操作盤及び表示器	かごの操作盤及び押しボタン等の取付けの状況	目視及び触診により確認する。	取付けが堅固でないこと。
		押しボタン等の作動の状況	作動の状況を確認する。	押しボタン等が機能しないこと又は操作が円滑に行えないこと。
		表示器の状況	目視により確認する。	表示しないこと又は表示が不鮮明であること。
		破損の状況	目視及び触診により確認する。	表示部又は押しボタン等が著しく破損していること。
(5)	リモートコントロールスイッチ	押しボタン等の取付けの状況	目視及び触診により確認する。	取付けが堅固でないこと。
		押しボタン等の作動の状況	作動の状況を確認する。	押しボタン等が機能しないこと又はかご操作ボタン等の停止機能が優先されないこと。
(6)	外部への連絡装置	作動の状況	作動の状況を確認する。	イ　通話装置、警報ベル等の連絡装置が作動しないこと又は容易に操作できないこと。
				ロ　通話装置の音量又は警報ベル等の鳴動音が小さいこと。
(7)	非常停止スイッチ	作動の状況	作動の状況を確認する。	制動装置告示第6第七号の規定に適合しないこと又は作動しないこと。
		取付けの状況	目視及び触診により確認	取付けが堅固でないこ

			する。	と。
⑻	用途、積載量及び最大定員の標識	設置及び表示の状況	設置及び表示の状況を確認する。	特殊告示第1第九号イの規定に適合しないこと又は表示に誤りがあること。
⑼	車止め	取付けの状況	目視及び触診により確認する。	車止めの機能が適切でないこと。
⑽	かごの床先と出入口の床先との水平距離	かごの床先と出入口の床先とのすき間の状況	目視により確認し又はかごの床先と昇降路壁及び出入口の床先との水平距離を測定する。	特殊告示第1第九号ロの規定に適合しないこと。
		渡し板の劣化の状況及び作動の状況	目視により確認し及び作動の状況を確認する。	著しい損傷若しくは腐食があること又は渡し板若しくはその跳ね上げ機構が作動しないこと。
⑾	かご非常止め装置（かご非常止め装置が必要なものに限る。）	作動の状況	非常止め装置を作動させ、ブレーキを開放し、かごが動かないことを確認する。	かごが動くこと。
		劣化の状況	目視により確認する。	著しい損傷又は腐食があること。
		取付けの状況	目視及び触診により確認する。	取付けが堅固でないこと。
		非常止め作動時のかごの水平度	かごの床の傾きを精密水準器により測定する。	非常止め装置が作動した状態においてかごの床の水平度が$\frac{1}{30}$を超えていること。
⑿	かごのガイドシュー等	取付けの状況	テストハンマーによる打検等により確認する。	ナットに緩みがあること。
		摩耗の状況	目視、聴診及び触診により確認する。	しゅう動部又は回転部の摩耗により運行に支障が生じていること。
⒀	かごの折りたたみ機構	作動の状況（手動でかごを開閉するものに限る。）	作動の状況を確認する。	かごが昇降中に、かごの折りたたみ機構が開いてもかごが停止しないこと又はかごの折りたたみ機構を折りたたんでもかご

				が停止しないこと。
		作動の状況（動力を使用してかごを開閉するものに限る。）	作動の状況を確認する。	特殊告示第1第九号ニの規定に適合しないこと。
(14)	かごの着脱機構（かごが着脱するものに限る。）	ロックの状況	作動の状況を確認する。	作動しないこと。
		インターロックの状況	作動の状況を確認する。	機械的ロックがかかる前に、電気スイッチが入ること。
		機構部の状況	目視により確認する。	著しい損傷又は腐食があること。
(15)	運転キー（運転キーが必要なものに限る。）	作動の状況	作動の状況を確認する。	特殊告示第1第九号ニの規定に適合しないこと又は作動しないこと。
5 乗り場及び昇降路	(1) 乗り場の操作盤	押しボタン等の取付けの状況	目視及び触診により確認する。	取付けが堅固でないこと。
		押しボタン等の作動の状況	作動の状況を確認する。	押しボタン等が機能しないこと又は操作が円滑に行えないこと。
		表示器の状況	目視により確認する。	表示しないこと又は表示が不鮮明であること。
		破損の状況	目視及び触診により確認する。	表示部又は押しボタン等が著しく破損していること。
	(2) 乗り場の戸又は可動式の手すりのスイッチ（乗り場の戸又は可動式の手すりのスイッチが必要なものに限る。）	スイッチの作動の状況	乗降位置において、徐々に戸又は可動式の手すりを閉じ、作動の状況を確認する。	特殊告示第1第九号ハの規定に適合しないこと又は戸若しくは可動式の手すりが閉じていない状態においてかごが昇降すること。
		取付けの状況	目視及び触診により確認する。	取付けが堅固でないこと。
	(3) ドアロック	取付けの状況	目視及び触診により確認する。	取付けが堅固でないこと。
		インターロッ	作動の状況を確認する。	機械的ロックがかかる前

		クの状況		に、電気スイッチが入ること。
		ドアロックの解錠の状況（電気式解錠タイプのものに限る。）	かごを乗り場停止位置以外で停止させ、解錠の状況を確認する。	解錠すること。
		ドアロックの解錠の状況（機械式解錠タイプのものに限る。）	かごを乗り場停止位置から 50 mm から 100 mm までの位置に停止させ、解錠の状況を確認する。	解錠すること。
(4)	非常停止スイッチ	作動の状況	作動の状況を確認する。	制動装置告示第 6 第七号の規定に適合しないこと又は作動しないこと。
		取付けの状況	目視及び触診により確認する。	取付けが堅固でないこと。
(5)	乗り場の戸又は可動式の手すり	戸又は可動式の手すりの構造及び設置の状況	目視により確認する。	変形、摩耗、腐食等により運行に支障が生じていること。
		戸又は可動式の手すりの開閉の状況	目視及び触診により確認する。	戸又は可動式の手すりの開閉が円滑でないこと。
(6)	ファイナルリミットスイッチ及びリミット（強制停止）スイッチ	設置の状況	設置の状況を確認する。	制動装置告示第 6 第五号の規定に適合しないこと。
		作動の状況	作動の状況を確認する。	ファイナルリミットスイッチにあっては緩衝器若しくは緩衝材に当たる前に作動しないこと又はファイナルリミットスイッチの代替スイッチ（障害物検出装置等を含む。）が床面等に当たっても作動しないこと、リミットスイッチにあっては着床位置の 75 mm 以

				内において作動しないこと又はリミットスイッチが作動している状態において昇降機が運転できること（上部リミットスイッチ作動時における昇降機の下降運転の場合又は下部リミットスイッチ作動時における昇降機の上昇運転の場合を除く。）。
		取付けの状況	目視及び触診により確認する。	取付けが堅固でないこと。
(7)	移動ケーブル及びトロリー	移動ケーブルの軌跡の状況	目視により確認する。	移動ケーブルが他の機器若しくは突出物と接触し、損傷を受けるおそれがあること又は損傷があること。
		取付けの状況	目視及び触診により確認する。	移動ケーブル及びトロリーの端部及び引止め部の取付けが確実でなく、運行に支障が生ずるおそれがあること。
(8)	昇降路側壁等の囲い	囲いの構造及び設置の状況	目視により確認する。	き裂又は漏水により運行に支障が生じていること。
(9)	ガイドレール及びレールブラケット	取付けの状況	テストハンマーによる打検等により確認する。	ナットに緩みがあること。
		劣化の状況	目視により確認する。	著しい損傷又は腐食があること。
(10)	ガイドレール、駆動装置等のカバー	取付けの状況	目視及び触診により確認する。	取付けが堅固でないこと。
(11)	障害物検出装置	作動の状況	作動の状況を確認する。	接触式にあっては障害物に接触しても作動しないこと、非接触式にあっては障害物を感知しても作動しないこと。

		(い) 検査項目	(ろ) 検査事項	(は) 検査方法	(に) 判定基準
			障害物除去後の作動の状況	作動の状況を確認する。	操作ボタンを押し直さなくとも作動すること。
	⑿	折りたたみレール	ジョイント部の状況	かごを昇降して確認する。	ジョイント部のすき間、段差又は芯ずれにより、走行中に著しいかごの振動があること。
			進入防止用安全スイッチの作動の状況	レールを折りたたんだ状態でかごを昇降し、進入防止用安全スイッチの作動の状況を確認する。	進入防止用安全スイッチが作動しないこと。
			進入防止用ストッパーの状況（機械式のものに限る。）	目視及び触診により確認する。	進入防止用ストッパーの取付けが堅固でないこと。

別表第4

		(い) 検査項目	(ろ) 検査事項	(は) 検査方法	(に) 判定基準
1 駆動装置	⑴	制御器	開閉器及び遮断器	作動の状況	手動により遮断操作及び投入操作を行い、電気的に開閉することを確認する。	電気的に開閉しないこと。
	⑵		接触器、継電器及び運転制御用基板	作動の状況	昇降機を運転し、作動の状況を確認する。	昇降機が正常に作動しないこと。
				電動機主回路用接触器の主接点の状況	目視により確認する。	イ　著しい摩耗があること。
						ロ　変形があること。
	⑶		ヒューズ	設置の状況	目視により確認する。	ヒューズの溶断電流が制御器等で指定されたものと異なること。
	⑷		絶縁	電動機、制御器等の回路の絶縁の状況（一次側と二次側が電気的に分離され、二次側の一方が接地され、	絶縁抵抗計等により測定する。	回路の電圧が300 Vを超えるものにあっては0.4 MΩ、150 Vを超え300 V以下のものにあっては0.2 MΩ、150 V以下のものにあっては0.1 MΩ以上の絶縁抵抗がないこと。

				他方にヒューズが設けられており、電圧が直流60 V又は交流25 V以下である回路を除く。)
(5)		接地	接地の状況	触診により確認する。	接地線が接地端子に緊結されていないこと。
(6)	電動機		音の状況	聴診により確認する。	異常音があること。
			発熱の状況	触診により確認する。	異常な発熱があること。
			振動の状況	触診及び聴診により確認する。	異常な振動があること。
(7)	減速機		音の状況	聴診により確認する。	異常音があること。
			振動の状況	聴診及び触診により確認する。	異常な振動があること。
			潤滑油の油量の状況	オイルゲージ等を目視により確認する。	油量が適量でないこと。
			潤滑油の劣化の状況	色及び不純物を目視により確認する。	著しい変色又は摩耗粉があること。
			油漏れの状況	目視により確認する。	オイルシールから著しい油漏れがあること。
			発熱の状況	触診により確認する。	異常な発熱があること。
			非常止め装置のキャッチの作動の状況（間接駆動があるものに限る。)	作動の状況を確認する。	キャッチが作動しないこと。
(8)	ブレーキ		油の付着の状況	目視により確認する。	ドラム又はディスクのパッドのしゅう動面に制動力又は保持力に影響を与えるおそれのある油の付着があること。
			パッドとドラム及びディス	目視及び聴診により確認する。	走行中にパッドとドラム又はディスクが接触して

		クとの接触の状況（同心軸上にて回転するパッドにより制動するものを除く。）		いること。
		ブレーキコイルの発熱の状況（開封点検できる場合に限る。）	触診により確認する。	ブレーキコイルに異常な発熱があること。
		制動力の状況	次に掲げる方法のいずれかにより確認する。 イ　いすに積載荷重の1.25倍の荷重を加え、定格速度で下降中に動力を遮断し、制動距離を確認する。 ロ　いすが無負荷の状態において定格速度で下降中に動力を遮断し、制動距離を確認する。	イの検査方法により検査した場合にあっては制動距離が100mmを超えていること、ロの検査方法により検査した場合にあっては、制動距離が次の式によって算出されるLを超えていること。 $$L=\frac{100\,G}{G+1.25\,P}$$ この式において、L、G及びPは、それぞれ次の数値を表すものとする。 L　制動距離の基準値（単位　mm） G　かご等の昇降する部分の固定荷重（単位　kg） P　定格積載量（単位　kg）
(9)	駆動方式（該当するものを選択する。）	摩擦式（駆動ローラー）	駆動ローラーの状況	かごを昇降して確認する。	ローラーの摩耗又は損傷により昇降できないこと。
		ラックピニオン式	音の状況	聴診により確認する。	異常音があること。
			振動の状況	聴診及び触診により確認する。	異常な振動があること。

			取付けの状況	目視及び触診により確認する。	取付けが堅固でないこと。
			歯の欠損及びき裂の状況	目視により確認する。	歯に欠損又はき裂があること。
		チェーンスプロケット式	滑車の作動の状況	作動の状況を確認する。	動力の伝達に支障が生ずるおそれがあること。
			鎖の張りの状況	触診により鎖の張りが均等であることを確認する。	著しい不均等等があること。
			鎖の摩耗の状況	基準階から加速終了位置又は減速開始位置から基準階の間にかごがある場合に、鎖が鎖車にかかる箇所等における最も摩耗の進んだ部分の鎖の長さ及び鎖車にかからない部分の長さを測定する。	最も摩耗の進んだ部分の長さが鎖車にかからない部分の長さと比較してその伸びが 1.5％ 以上であること。
		チェーンラックピニオン式	滑節構造部材の作動の状況	作動の状況を確認する。	動力の伝達に支障が生ずるおそれがあること。
			鎖の摩耗の状況	基準階から加速終了位置又は減速開始位置から基準階の間にかごがある場合に、鎖が鎖車にかかる箇所等における最も摩耗の進んだ部分の鎖の長さ及び鎖車にかからない部分の長さを測定する。	最も摩耗の進んだ部分の長さが鎖車にかからない部分の長さと比較してその伸びが 1.5％ 以上であること。
⑽	鎖の緩み検出装置		作動の状況	作動の状況を確認する。	作動しないこと。
⑾	駆動装置等のカバー		取付けの状況	目視及び触診により確認する。	取付けが堅固でないこと。
⑿	かご非常止め装置（かご非常止め装置が必要なものに限る。）		作動の状況	非常止め装置を作動させ、ブレーキを開放し、かごが動かないことを確認する。	かごが動くこと。
			劣化の状況	目視により確認する。	著しい損傷又は腐食があること。

		取付けの状況	目視及び触診により確認する。	取付けが堅固でないこと。
		非常止め作動時のかごの水平度	かごの床の傾きを精密水準器により測定する。	非常止め装置が作動した状態においてかごの床の水平度が $\frac{1}{30}$ を超えていること。
⑬	かごのガイドシュー等	取付けの状況	テストハンマーによる打検等により確認する。	ナットに緩みがあること。
		摩耗の状況	目視、聴診及び触診により確認する。	しゅう動部又は回転部の摩耗により運行に支障が生じていること。
⑭	ファイナルリミットスイッチ及びリミット（強制停止）スイッチ	設置の状況	設置の状況を確認する。	制動装置告示第7第四号の規定に適合しないこと。
		作動の状況	作動の状況を確認する。	ファイナルリミットスイッチにあっては緩衝器若しくは緩衝材に当たる前に作動しないこと又はファイナルリミットスイッチの代替スイッチ（障害物検出装置等を含む。）が床面等に当たっても作動しないこと、リミットスイッチにあっては着床位置の75mm以内において作動しないこと又はリミットスイッチが作動している状態において昇降機が運転できること（上部リミットスイッチ作動時における昇降機の下降運転の場合又は下部リミットスイッチ作動時における昇降機の上昇運転の場合を除く。）。
		取付けの状況	目視及び触診により確認する。	取付けが堅固でないこと。

	(15)	充電池	作動電圧の状況	電圧を電圧計等により測定する。	定格電圧が得られないこと。
			外観の状況	目視により確認する。	電解液漏れがあること。
			端子部の状況	触診により確認する。	端子部に緩みがあること。
			給電部の絶縁処置の状況	目視により確認する。	通常の使用状態において給電部に容易に触れられること。
	(16)	駆動装置等の耐震対策	転倒及び移動を防止するための措置の状況	駆動装置及び制御器の取付けの状況を目視又は触診により確認する。	令第129条の8第1項の規定に適合しないこと。
	(17)	速度	かごの上昇時及び下降時の速度の状況	無負荷運転時のかごの速度を瞬間式回転速度計により測定する。	定格速度の125%を超えていること。
2 いす関係	(1)	いす部	いす部の構造及び設置の状況	目視により確認する。	変形、摩耗、腐食等により運行に支障が生じていること。
	(2)	いす操作盤のボタン等及び操作レバー	押しボタン又は操作レバーの作動の状況	作動の状況を確認する。	押しボタン又は操作レバーから手を離しても停止しないこと。
	(3)	いすの回転装置	回転装置の作動の状況	作動の状況を確認する。	回転装置のロックがかからないこと。
			インターロックの状況	作動の状況を確認する。	機械的ロックがかかる前に、電気スイッチが入ること。
	(4)	用途、積載量及び最大定員の標識	設置及び表示の状況	設置及び表示の状況を確認する。	令第129条の6第五号の規定に適合しないこと又は表示に誤りがあること。
	(5)	障害物検出装置	作動の状況	作動の状況を確認する。	接触式にあっては障害物に接触しても作動しないこと、非接触式にあっては障害物を感知しても作動しないこと。
			障害物除去後	作動の状況を確認する。	操作ボタンを押し直さな

			の作動の状況		くとも作動すること。
	(6)	運転キー	作動の状況	作動の状況を確認する。	作動しないこと。
	(7)	安全ベルト	安全ベルトの状況	目視により確認する。	変形若しくは破損により切断するおそれがあること又は切断していること。
			装着の状況	装着することにより確認する。	バックルを装着できないこと又は装着した状態を保持できないこと。
			取付けの状況	目視及び触診により確認する。	装置の取付ビス又はボルトに緩みがあること。
	(8)	いすの折りたたみ機構	作動の状況	作動の状況を確認する。	いすの折りたたみ機構が折りたたまれた状態又は開いた状態を保持しないこと。
			損傷の状況	目視により確認する。	構成部材の損傷、摩耗等によりいすが水平な状態を保持できないこと。
3 乗り場及び階段	(1)	乗り場の押しボタン等	押しボタン等の作動の状況	作動の状況を確認する。	押しボタン等から手を離しても停止しないこと。
	(2)	リモートコントロールスイッチ	押しボタン等の取付けの状況	目視及び触診により確認する。	取付けが堅固でないこと。
			押しボタン等の作動の状況	作動の状況を確認する。	押しボタン等が機能しないこと又はかご操作ボタン等の停止機能が優先されないこと。
	(3)	ガイドレール及びレールブラケット	取付けの状況	テストハンマーによる打検等により確認する。	ナットに緩みがあること。
			劣化の状況	目視により確認する。	著しい損傷又は腐食があること。
	(4)	折りたたみレール	ジョイント部の状況	かごを昇降して確認する。	ジョイント部のすき間、段差又は芯ずれにより、走行中に著しいかごの振動があること。
			進入防止用安	レールを折りたたんだ状	進入防止用安全スイッチ

		全スイッチの作動の状況	態でかごを昇降し、進入防止用安全スイッチの作動の状況を確認する。	が作動しないこと。
		進入防止用ストッパーの状況（機械式のものに限る。）	目視及び触診により確認する。	進入防止用ストッパーの取付けが堅固でないこと。
(5)	移動ケーブル及びトロリー	移動ケーブルの軌跡の状況	目視により確認する。	移動ケーブルが他の機器若しくは突出物と接触し、損傷を受けるおそれがあること又は損傷があること。
		取付けの状況	目視及び触診により確認する。	移動ケーブル及びトロリーの端部及び引止め部の取付けが確実でなく、運行に支障が生ずるおそれがあること。
(6)	充電装置	充電の状況	充電されることを確認する。	充電されないこと。
		端子部の状況	触診により確認する。	端子部に緩みがあること。
		接触子の状況	目視により確認する。	接触子に変形、摩耗、錆又は腐食があること。
(7)	耐震対策	ロープガード等の状況	目視及び触診により確認し又は測定する。	令第129条の4第3項第四号の規定に適合しないこと。
		ガイドレールとのかかりの状況	目視により確認し又は測定する。	令第129条の4第3項第三号の規定に適合しないこと。
		突出物の状況	目視により確認する。	令第129条の7第五号の規定に適合しないこと又は保護措置に係る部品等に変形、損傷等があること。

別表第5

		(い) 検査項目	**(ろ)** 検査事項	**(は)** 検査方法	**(に)** 判定基準
1 機械室	(1)	機械室内の状況	昇降機以外の設備等の状況	目視により確認する。	機械室内に昇降機と関係のない設備等があること又は定期検査若しくは定期点検に支障が生じていること。
			汚損の状況	目視により確認する。	機器の作動に影響を及ぼすおそれのある汚損があること。
	(2)	制御器	開閉器及び遮断器	作動の状況	手動により遮断操作及び投入操作を行い、電気的に開閉することを確認する。	電気的に開閉しないこと。
	(3)		接触器、継電器及び運転制御用基板	作動の状況	昇降機を運転し、作動の状況を確認する。	昇降機が正常に作動しないこと。
				電動機主回路用接触器の主接点の状況	目視により確認し、交換基準に従って交換されているか確認する。	イ　著しい摩耗があること又は交換基準に従って交換されていないこと。
						ロ　変形があること。
				ブレーキ用接触器の接点の状況	目視により確認し、交換基準に従って交換されているか確認する。	イ　著しい摩耗があること又は交換基準に従って交換されていないこと。
						ロ　変形があること。
	(4)		ヒューズ	設置の状況	目視により確認する。	ヒューズの溶断電流が制御器等で指定されたものと異なること。
	(5)		絶縁	電動機、制御器等の回路の絶縁の状況（一次側と二次側が電気的に分離され、二次側の一方が接地され、	絶縁抵抗計等により測定する。	回路の電圧が 300 V を超えるものにあっては 0.4 MΩ、150 V を超え 300 V 以下のものにあっては 0.2 MΩ、150 V 以下のものにあっては 0.1 MΩ 以上の絶縁抵抗がないこと。

			他方にヒューズが設けられており、電圧が直流60V又は交流25V以下である回路を除く。)		
(6)		接地	接地の状況	触診により確認する。	接地線が接地端子に緊結されていないこと。
(7)	電動機		音の状況	聴診により確認する。	異常音があること。
			発熱の状況	触診により確認する。	異常な発熱があること。
			振動の状況	触診及び聴診により確認する。	異常な振動があること。
			整流子の状況	無負荷運転し、目視により火花を確認する。	著しい火花があること。
			ブラシの摩耗の状況	目視により残存長さを確認し又は測定する。	ピグテールの金具から5mm以内であること。
(8)	ブレーキ		油の付着の状況	目視により確認する。	ドラム又はディスクのパッドのしゅう動面に制動力又は保持力に影響を与えるおそれのある油の付着があること。
			パッドの厚さの状況	パッドの厚さを測定し、前回の定期検査時又は定期点検時からのパッドの摩耗量を確認する。	イ　次回の定期検査時又は定期点検時までにパッドが運行に支障が生ずる厚さとなるおそれがあるため、是正が必要な状態にあること。
					ロ　パッドの厚さが運行に支障が生ずるおそれがない最小の厚さの1.2倍（電気制動式のものにあっては、1.1倍）以下であって、重点的に点検が必要な状態にあること。

		パッドとドラム及びディスクとの接触の状況（同心軸上にて回転するパッドにより制動するものを除く。）	目視及び聴診により確認する。	走行中にパッドとドラム又はディスクが接触していること。
		ブレーキ制動時のプランジャーの状況	踏段を保持している状態において目視により確認し、ストロークを測定する。	イ　プランジャーが他の機器等と干渉していること又はプランジャーのストロークが要是正となる基準値から外れていること。
				ロ　プランジャーのストロークが要重点点検となる基準値から外れていること。
		ブレーキコイルの発熱の状況	触診により確認する。	ブレーキコイルに異常な発熱があること。
		構成機器の作動の状況	作動の状況を確認する。	作動時に異常音若しくは異常な振動があること又は作動が円滑でないこと。
		停止距離の状況	踏段の無積載上昇時に非常停止ボタンを押し、停止距離を測定する。	平成12年建設省告示第1424号第三号の規定に適合しないこと。
(9)	減速機	潤滑油の油量の状況	オイルゲージ等を目視により確認する。	油量が適量でないこと。
		潤滑油の劣化の状況	色及び不純物を目視により確認する。	著しい変色又は摩耗粉があること。
		油漏れの状況	目視により確認する。	オイルシールから著しい油漏れがあること。
		発熱の状況	触診により確認する。	異常な発熱があること。
		音の状況	聴診により確認する。	異常音があること。
		振動の状況	触診及び聴診により確認	異常な振動があること。

				する。	
(10)	駆動鎖（駆動鎖を設けたものに限る。）	駆動鎖の張りの状況	鎖を揺らし、その振幅を測定する。	振幅が基準値から外れていること。	
		スプロケットと駆動鎖とのかみ合いの状況	目視及び聴診により確認する。	スプロケットと駆動鎖とのかみ合いに異常があること。	
		駆動鎖の伸びの状況	駆動鎖の伸びを測定する。	イ　駆動鎖の伸びが要是正となる基準値を超えていること。	
				ロ　駆動鎖の伸びが要重点点検となる基準値を超えていること。	
		駆動スプロケットと従動スプロケットの芯ずれ	駆動スプロケットと従動スプロケットの芯ずれを測定し、又はスプロケットの歯面を目視により確認する。	イ　駆動スプロケットと従動スプロケットの芯ずれが要是正となる基準値を超えていること又はスプロケットの歯面に傷若しくは欠損があること。	
				ロ　駆動スプロケットと従動スプロケットの芯ずれが要重点点検となる基準値を超えていること。	
		給油の状況	目視により確認する。	給油が適切でないこと。	
(11)	踏段反転装置	反転歯車と踏段鎖とのかみ合いの状況（ベルトのものを除く。）	目視及び聴診により確認する。	反転歯車と踏段鎖とのかみ合いに異常があること。	
		反転装置の作動の状況	目視及び聴診により確認する。	踏段の反転が円滑でないこと。	
		踏段鎖の張りの状況（ベルトのものを除く。）	目視により確認する。	従動輪に著しい揺れがあること。	

2 昇降口	(1)	ランディングプレート	劣化の状況	目視により確認する。	著しい損傷又は腐食があること。
	(2)	くし板	欠損の状況	目視により確認する。	くし歯が欠損していること。
	(3)	くし板及び踏段のかみ合い	かみ合いの状況	目視により確認する。	くし板と踏段とのかみ合いに異常があること。
	(4)	インレットガード	取付けの状況	目視及び触診により確認する。	取付けが堅固でないこと。
	(5)	昇降起動スイッチ	作動の状況	作動の状況を確認する。	作動しないこと。
	(6)	警報及び運転休止スイッチ	作動の状況	作動の状況を確認する。	警報音が鳴動しないこと又は運転休止ができないこと。
	(7)	速度	踏段の上昇時及び下降時の速度の状況	無負荷運転時の踏段の速度を瞬間式回転速度計により測定する。	定格速度の110%を超えていること。
3 中間部	(1)	ハンドレール駆動装置	スプロケットと駆動鎖とのかみ合いの状況	目視及び聴診により確認する。	スプロケットと駆動鎖とのかみ合いに異常があること。
			ハンドレールの駆動力の状況	踏段の下降中に上部乗り場においてハンドレールを手で水平に引っ張ることにより確認し又はばね秤等を使用しハンドレールが停止する力を測定するとともに、駆動装置の劣化の状況を目視及び聴診により確認する。	イ　ハンドレールが150N未満の力により停止すること。 ロ　駆動輪、ローラー若しくはベルトにき裂、摩耗等があること又は異常音があること。
			ハンドレールと踏段の同期の状況	踏段の上昇及び下降中に踏段上でハンドレールをつかみ、踏段とハンドレールの同期を確認する。	令第129条の12第1項第三号（速度が途中で変化するエスカレーターにあっては、特殊告示第2第三号ト）の規定に適合しないこと。
	(2)	ハンドレール	劣化の状況	目視により確認する。	著しい損傷又は腐食があること。

(3)	内側板	劣化の状況	目視により確認する。	著しい損傷又は腐食があること。
(4)	踏段	踏面とライザー面の劣化の状況	目視により確認する。	著しい損傷又は腐食があること。
		ローラーゴムの劣化の状況	目視により確認する。	著しい損傷又は腐食があること。
(5)	踏段レール又はローラー	劣化及び振動の状況	目視により確認し、踏段上での振動の有無を確認する。	著しい損傷若しくは腐食があること又は踏段上で異常な振動があること。ただし、ローラーにあっては剥離、損傷、ローラー締結部の緩み等によりベルトの運行に支障が生ずるおそれがあること。
		取付けの状況	目視及び触診により確認する。	取付けが堅固でないこと。
(6)	踏段鎖、ベルト又は踏段相互のすき間	踏段鎖の給油の状況	目視により確認する。	給油が適切でないこと。
		ベルトの劣化の状況	目視により確認する。	剥離、摩耗、亀裂又はたるみがあること。
		踏段相互のすき間	上水平部において最も大きい踏段相互のすき間を測定する。	イ　平成12年建設省告示第1417号第1第二号（速度が途中で変化するエスカレーターにあっては、特殊告示第2第三号ハ）の規定に適合しないこと。
				ロ　平成12年建設省告示第1417号第1第二号（速度が途中で変化するエスカレーターにあっては、特殊告示第2第三号ハ）に定める基準の0.95倍を超えていること。
(7)	スカートガード	劣化の状況	目視により確認する。	著しい損傷又は腐食があ

					ること。
			踏段とスカートガードのすき間	全長にわたり目視により確認し又は測定する。	平成12年建設省告示第1417号第1第一号（速度が途中で変化するエスカレーターにあっては、特殊告示第2第三号ロ）の規定に適合しないこと。
4 安全装置	(1)	インレットスイッチ	設置及び作動の状況	設置及び作動の状況を確認する。	平成12年建設省告示第1424号第二号ホの規定に適合しないこと又は作動しないこと。
	(2)	非常停止ボタン	作動の状況	作動の状況を確認する。	作動しないこと。
	(3)	スカートガードスイッチ	設置及び作動の状況	設置の状況を目視により確認し及びスイッチを作動させ、昇降機が停止すること又はスイッチを作動させた状態で昇降機が起動しないことを確認する。	平成12年建設省告示第1424号第二号ニの規定に適合しないこと又は作動しないこと。
	(4)	踏段鎖安全スイッチ又はベルト安全スイッチ	設置及び作動の状況	設置の状況を目視により確認し及びスイッチを作動させ、昇降機が停止すること又はスイッチを作動させた状態で昇降機が起動しないことを確認する。	平成12年建設省告示第1424号第二号イの規定に適合しないこと又は作動しないこと。
			可動部の状況	目視及び触診により確認する。	イ　可動部の動きが円滑でないこと。
					ロ　給油すべき箇所の給油が不十分であること。
	(5)	踏段浮上り検出装置	作動の状況	スイッチを作動させ、昇降機が停止すること又はスイッチを作動させた状態で昇降機が起動しないことを確認する。	昇降機が停止することを確認する場合にあっては昇降機が停止しないこと、昇降機が起動しないことを確認する場合にあっては昇降機が起動すること。

			可動部の状況	目視及び触診により確認する。	イ　可動部の動きが円滑でないこと。
					ロ　給油すべき箇所の給油が不十分であること。
	(6)	駆動鎖切断時停止装置	作動の状況	スイッチを作動させ、昇降機が停止すること又はスイッチを作動させた状態で昇降機が起動しないことを確認する。	昇降機が停止することを確認する場合にあっては昇降機が停止しないこと、昇降機が起動しないことを確認する場合にあっては昇降機が起動すること。
			可動部の状況	目視及び触診により確認する。	イ　可動部の動きが円滑でないこと。
					ロ　給油すべき箇所の給油が不十分であること。
			設定の状況	駆動鎖切断を検出したときに停止機構が作動する設定がなされていることを確認する。	設定されていないこと。
	(7)	ハンドレール停止検出装置	作動の状況	ハンドレール停止を検出する信号を入力し、作動の状況を確認する。	作動しないこと。
5 安全対策	(1)	交差部固定保護板	取付けの状況	目視及び触診により確認し又は設置寸法を測定する。	平成12年建設省告示第1417号第1第三号の規定に適合しないこと又は取付けが堅固でないこと。
			破損の状況	目視により確認する。	破損していること。
	(2)	転落防止柵、進入防止用仕切板及び誘導柵	ハンドレールと転落防止柵及び誘導柵とのすき間	ハンドレールの外縁若しくは先端から周囲500mm以内の範囲を目視により確認し又は測定する。	ハンドレールの外縁と転落防止柵若しくは誘導柵とのすき間が140mm未満であること又は200mmを超えていること。
			外側板及び建物壁と進入防止用仕切板と	ハンドレールの外縁若しくは先端から周囲500mm以内の範囲を目視に	外側板又は建物壁と進入防止用仕切板とのすき間が100mmを超えている

		のすき間	より確認し又は測定する。	こと。
		ハンドレールから仕切板までの距離	ハンドレールの外縁若しくは先端から周囲500 mm以内の範囲を目視により確認し又は距離を測定する。	ハンドレールから仕切板までの距離が50 mm未満であること又は150 mmを超えていること。
		取付けの状況	ハンドレールの外縁又は先端から周囲500 mm以内の範囲を目視及び触診により確認する。	取付けが堅固でないこと。
		破損の状況	ハンドレールの外縁又は先端から周囲500 mm以内の範囲を目視により確認する。	破損していること。
(3)	落下物防止網	破損の状況	ハンドレールの外縁あるいは先端から周囲500 mm以内の範囲を目視により確認する。	破損していること。
(4)	踏段上直部の障害物	障害物の状況	目視により確認し又は測定する。	踏段から鉛直距離2,100 mm以内に障害物があること。
(5)	交差部可動警告板	設置の状況	目視により確認し又は測定する。	可動警告板が厚さ3 mm未満、前縁の円筒部が直径50 mm未満又は円筒部がハンドレールを乗り越えること。
		取付けの状況	目視及び触診により確認する。	取付けが堅固でないこと。
		破損の状況	目視により確認する。	破損していること。
(6)	踏段面注意標識	標識の状況	目視により確認する。	標識が鮮明でないこと。
(7)	登り防止用仕切板	設置の状況	目視により確認し又は測定する。	ハンドレールから仕切板までの距離が50 mm未満であること。
		取付けの状況	目視及び触診により確認する。	取付けが堅固でないこと。
		破損の状況	目視により確認する。	破損していること。

		(い) 検査項目	(ろ) 検査事項	(は) 検査方法	(に) 判定基準
	(8)	防火区画を形成するシャッター又は戸との連動停止装置（連動停止装置が必要なものに限る。）	設置及び連動停止の作動の状況	設置の状況を目視により確認し並びにシャッター及び戸の閉鎖を検出する信号を入力し、作動の状況を確認する。	平成12年建設省告示第1424号第二号ハの規定に適合しないこと又は作動しないこと。
6 その他	(1)	車いす搬送用踏段（車いす搬送用踏段が必要なものに限る。）	車いすを搬送する運転の状況	目視により確認する。	踏面が同一水平でないこと又は車止めに異常があること。

別表第6

		(い) 検査項目		(ろ) 検査事項	(は) 検査方法	(に) 判定基準
1 機械室	(1)	機械室への経路及び点検口の戸		機械室への経路の状況	目視により確認する。	機械室への経路が確保されていないこと。
				点検口の戸の設置及び施錠の状況	設置の状況を目視により確認し、施錠の状況を戸を解錠及び施錠して確認する。	戸がないこと、戸が破損していること又は解錠若しくは施錠ができないこと。
	(2)	点検用コンセント		設置の状況	目視により確認する。	コンセントが設置されていないこと。
				破損の状況	目視により確認する。	破損していること。
				通電の状況	点検灯、作業灯、テスター等により通電の状況を確認する。	通電していないこと。
	(3)	制御器	開閉器及び遮断器	作動の状況	手動により遮断操作及び投入操作を行い、電気的に開閉することを確認する。	電気的に開閉しないこと。
	(4)		接触器、継電器及び運転制御用基板	作動の状況	昇降機を運転し、作動の状況を確認する。	昇降機が正常に作動しないこと。
				電動機主回路用接触器の主接点の状況	目視により確認し、交換基準に従って交換されているか確認する。	イ　著しい摩耗があること又は交換基準に従って交換されていないこと。
						ロ　変形があること。

		ブレーキ用接触器の接点の状況	目視により確認し、交換基準に従って交換されているか確認する。	イ　著しい摩耗があること又は交換基準に従って交換されていないこと。
				ロ　変形があること。
(5)	ヒューズ	設置の状況	目視により確認する。	ヒューズの溶断電流が制御器等で指定されたものと異なること。
(6)	絶縁	電動機、制御器等の回路の絶縁の状況（一次側と二次側が電気的に分離され、二次側の一方が接地され、他方にヒューズが設けられており、電圧が直流60V又は交流25V以下である回路を除く。）	絶縁抵抗計等により測定する。	回路の電圧が300Vを超えるものにあっては0.4MΩ、150Vを超え300V以下のものにあっては0.2MΩ、150V以下のものにあっては0.1MΩ以上の絶縁抵抗がないこと。
(7)	接地	接地の状況	触診により確認する。	接地線が接地端子に緊結されていないこと。
(8)	巻上機　減速歯車	音の状況	聴診により確認する。	異常音があること。
		振動の状況	聴診及び触診により確認する。	異常な振動があること。
		潤滑油の油量の状況	オイルゲージ等を目視により確認する。	油量が適量でないこと。
		潤滑油の劣化の状況	色及び不純物を目視により確認する。	著しい変色又は摩耗粉があること。
		油漏れの状況	目視により確認する。	オイルシールから著しい油漏れがあること。
		発熱の状況	触診により確認する。	異常な発熱があること。
(9)	綱車又は巻胴	綱車と主索のかかりの状況	主索及び溝の摩耗の状況を目視により確認し又は	溝と主索のすき間若しくは綱車外周からの主索の

			（巻胴式のものを除く。）	溝と主索のすき間若しくは綱車外周からの主索の出張りを測定し、主索と綱車が滑らないことを確認する。	出張りが十分でなく運行に支障が生ずるおそれがあること、無積載のかごを低速で上昇させて最上階付近において停止させたときに主索と綱車に著しい滑りが生じていること若しくはU溝を除く溝で主索が底当たりしていること又は複数ある溝間に著しい摩耗差があること。
			回転の状況	振動を触診及び聴診により確認する。	回転時に異常音又は異常な振動があること。
			欠損及びき裂の状況	目視により確認する。	欠損又はき裂があること。
⑽		軸受	発熱の状況	触診により確認する。	異常な発熱があること。
			音の状況	聴診により確認する。	異常音があること。
			振動の状況	触診及び聴診により確認する。	異常な振動があること。
⑾		ブレーキ	油の付着の状況	目視により確認する。	ドラム又はディスクのパッドのしゅう動面に制動力又は保持力に影響を与えるおそれのある油の付着があること。
			取付けの状況	目視及び触診により確認する。	取付けが確実でないこと又は可動部の給油が不十分であること。
			パッドの厚さの状況	パッドの厚さを測定し、前回の定期検査時又は定期点検時からのパッドの摩耗量を確認する。	イ　次回の定期検査時又は定期点検時までにパッドが運行に支障が生ずる厚さとなるおそれがあるため、是正が必要な状態にあること。
					ロ　パッドの厚さが運行に支障が生ずるおそれ

					がない最小の厚さの1.2倍（電気制動式のものにあっては、1.1倍）以下であって、重点的な点検が必要な状態にあること。
			パッドとドラム及びディスクとの接触の状況（同心軸上にて回転するパッドにより制動するものを除く。）	目視及び聴診により確認する。	走行中にパッドとドラム又はディスクが接触していること。
			ブレーキ制動時のプランジャーの状況	かごを保持している状態において目視又は触診により確認する。	プランジャーが他の機器等と干渉していること又はプランジャーの余裕ストロークがないこと。
			ブレーキコイルの発熱の状況	触診により確認する。	ブレーキコイルに異常な発熱があること。
			構成機器の作動の状況	作動の状況を確認する。	作動時に異常音若しくは異常な振動があること又は作動が円滑でないこと。
			作動時の状況（電気制動式のものに限る。）	ブレーキ制動時の状態を目視及び聴診により確認する。	電気制動により停止速度に達する前にパッドとドラムがしゅう動していること。
			制動力の状況	かごの無積載上昇時（巻胴式にあってはかごの無積載ト降時）にブレーキの制動を確認する。	ブレーキが作動しないこと又はかごが停止しないこと。
(12)	そらせ車		外観の状況	目視により確認する。	欠損又はき裂があること。
			取付けの状況	テストハンマーによる打検等により確認する。	ナットに緩みがあること。
			音の状況	聴診により確認する。	異常音があること。

	(13)	電動機	音の状況	聴診により確認する。	異常音があること。
			発熱の状況	触診により確認する。	異常な発熱があること。
			振動の状況	触診及び聴診により確認する。	異常な振動があること。
	(14)	主索の緩み検出装置	取付けの状況	目視及び触診により確認する。	取付けが堅固でないこと。
			作動の状況	作動の状況を確認する。	作動しないこと。
	(15)	主索の巻過ぎ検出装置	取付けの状況	目視及び触診により確認する。	取付けが堅固でないこと。
			作動の状況	作動の状況を確認する。	作動しないこと。
			作動の位置	作動したときのかごと緩衝器等とのすき間及びロープの巻き溝の状況を確認する。	かごが緩衝器等に接する前に作動しないこと又はロープの巻き溝がなくなる前に作動しないこと。
	(16)	速度	かごの上昇時及び下降時の速度の状況	無負荷運転時のかごの速度を瞬間式回転速度計により測定する。	定格速度の125%を超えていること。
2 かご室	(1)	かごの壁又は囲い、天井及び床	かごの構造及び設置の状況	目視により確認する。	変形、摩耗、腐食等により運行に支障が生じていること。
			可燃物の状況	目視により確認する。	難燃材料を使用していないこと。
	(2)	積載量の標識	設置及び表示の状況	設置及び表示の状況を確認する。	設置されていないこと又は表示に誤りがあること。
	(3)	搭乗禁止の標識	設置の状況	目視により確認する。	設置されていないこと。
	(4)	かごの戸	戸の開閉の状況	目視及び触診により確認する。	戸の開閉が円滑でないこと。
3 最上階出し入れ口	(1)	主索	径の状況	出し入れする頻度の最も高い階から加速終了位置又は減速開始位置から当該階の間にかごがある場合に主索が綱車にかかる箇所、綱車による曲げ回数が多い箇所等における最も摩耗の進んだ部分の	イ　最も摩耗の進んだ部分の直径が綱車にかからない部分の直径と比較して90%未満であること。 ロ　最も摩耗の進んだ部分の直径が綱車にかからない部分の直径と比

			直径及び綱車にかからない部分の直径を測定する。	較して 92 % 未満であること。
		素線切れの状況	出し入れする頻度の最も高い階から加速終了位置又は減速開始位置から当該階の間にかごがある場合に主索が綱車にかかる箇所、綱車による曲げ回数が多い箇所、傷のある箇所等を目視により確認し、最も摩損の進んだ部分については重点的に目視により確認する。	イ　素線切れ要是正判定基準のいずれかに該当すること。
				ロ　素線切れ要重点点検判定基準のいずれかに該当すること。
		錆及び錆びた摩耗粉の状況	全長の錆及び錆びた摩耗粉の固着の状況を目視により確認し、錆びた摩耗粉により谷部が赤錆色に見える箇所がある場合にあっては、錆びた摩耗粉により谷部が赤錆色に見える部分の直径及び綱車にかからない部分の直径を測定するとともに、当該箇所を重点的に目視により確認する。	イ　錆及び錆びた摩耗粉要是正判定基準のいずれかに該当すること。
				ロ　錆及び錆びた摩耗粉要重点点検判定基準に該当すること。
		損傷及び変形の状況	全長を目視により確認する。	著しい損傷又は変形があること。
(2)	主索の張り	張りの状況	触診により主索の張りが均等であることを確認する。	著しい不均等があること。
(3)	主索の取付部	昇降路の横架材並びにかご及び釣合おもりにおける止め金具の取付けの状況	目視及び触診により確認する。	ダブルナットにあってはナット間に緩みがあり、割ピンにあってはピンに欠損、曲げ不足等があり、その他の方法にあっては取付けが確実でないこと。
		主索の端部に	目視及び触診により確認	取付けが確実でないこ

			おける止め金具の取付けの状況	する。	と。
			止め金具及びその取付部の損傷の状況	目視により確認する。	止め金具又はその取付部に損傷があること。
	(4)	上部リミット（強制停止）スイッチ	作動の状況	作動の状況を確認する。	作動時にかごが上昇すること。
			作動の位置	作動の位置を確認する。	かごが最上階を行き過ぎても停止せず、昇降路の頂部に衝突すること又は衝突するおそれがあること。
			取付けの状況	目視及び触診により確認する。	取付けが堅固でないこと。
	(5)	かごのガイドシュー等	取付けの状況	テストハンマーによる打検等により確認する。	ナットに緩みがあること。
			摩損の状況	目視、聴診及び触診により確認する。	しゅう動部又は回転部の摩耗により運行に支障をきたしていること。
	(6)	かご吊り車	外観の状況	目視により確認する。	欠損又はき裂があること。
			取付けの状況	テストハンマーによる打検等により確認する。	ナットに緩みがあること。
			音の状況	聴診により確認する。	異常音があること。
4 各階出し入れ口	(1)	昇降路における壁又は囲い	昇降路の構造及び設置の状況	目視により確認する。	き裂若しくは漏水により運行に支障が生じていること、ガラスの欠損若しくはひび割れがあること又は使用できない部材があること。
			可燃物の状況	目視により確認する。	令第129条の13第二号の規定に適合しないこと。
	(2)	出し入れ口の戸及び出し入れ口枠	戸及び出し入れ口枠の構造及び設置の状況	目視により確認する。	変形、摩耗、腐食等により運行に支障が生じていること、ガラスの欠損若しくはひび割れがあるこ

			と又は使用できない部材があること。
	戸相互及び戸と出し入れ口枠とのすき間の状況	視により確認し又は測定する。	平成20年国土交通省告示第1446号第七号の規定に適合しないこと。
	敷居とドアシューの摩耗の状況	目視により確認する。	敷居又はドアシューに著しい摩耗があること。
	ドアシューのかかりの状況	目視により確認し又は測定する。	引き戸にあっては敷居溝とドアシューのかかりが6mm未満であること、上げ戸、下げ戸又は上下戸にあってはこれらを片側に寄せたときにおいて、容易にドアシューが外れること。
	戸の可燃物の状況	目視により確認する。	令第129条の13第二号の規定に適合しないこと。
	戸の開閉の状況	目視及び触診により確認する。	戸の開閉が円滑でないこと。
	連結ロープ及びドアクローザーロープの状況	目視及び触診により確認する。	変形、摩耗、錆、腐食、素線切れ等により、運行に支障が生じていること。
(3)	操作ボタン及び信号装置	作動の状況	作動の状況を確認する。
			操作ボタン又は信号装置が機能しないこと又は操作が円滑に行えないこと。
(4)	走行停止ボタン又はスイッチ	設置及び作動の状況	かごの走行中にボタン等を押して確認する。
			設置されていないこと又は作動せずかごが停止しないこと。
(5)	ドアスイッチ	取付けの状況	目視及び触診により確認する。
			取付けが堅固でないこと。
		作動の状況	作動の状況を確認する。
			令第129条の13第三号の規定に適合しないこと又は全閉位置から30mm

				を超えるすき間があり、戸が開いた状態においてかごが走行すること。
(6)	ドアロック	取付けの状況	目視及び触診により確認する。	取付けが堅固でないこと。
		作動の状況	作動の状況を確認する。	令第129条の13第四号の規定に適合しないこと。
		劣化の状況	目視により確認する。	イ　著しい損傷又は腐食があること。
				ロ　変形があること。
(7)	戸開放防止警報装置	作動の状況	作動の状況を確認する。	戸を開放した後、3分以上経過しても作動しないこと。
(8)	2方向同時開放警告装置	作動の状況	作動の状況を確認する。	2方向の戸が同時開放されたときに作動しないこと。
(9)	積載量の標識	設置及び表示の状況	設置及び表示の状況を確認する。	設置されていないこと又は表示に誤りがあること。
(10)	搭乗禁止の標識	設置の状況	目視により確認する。	設置されていないこと。
(11)	ガイドレール及びレールブラケット	取付けの状況	テストハンマーによる打検等により確認する。	ナットに緩みがあること。
		劣化の状況	目視により確認する。	著しい損傷又は腐食があること。
5 最下階出し入れ口	(1) 下部リミット（強制停止）スイッチ	作動の状況	作動の状況を確認する。	作動時にかごが下降すること。
		作動の位置	作動の位置を確認する。	かごが最下階を行き過ぎても停止せず、ピット床に衝突すること又は衝突するおそれがあること。
		取付けの状況	目視及び触診により確認する。	取付けが堅固でないこと。
	(2) ピット床	汚損及び防水の状況	目視により確認する。	汚損又は防水不良があり運行に支障が生じていること。
		冠水の状況	目視により確認する。	機器に影響を及ぼす冠水

				があること。
		ピット内機器の状況	目視及び触診により確認する。	著しい損傷又は腐食があること。
(3)	釣合おもり底部すき間	すき間の状況	ピット床又は緩衝器と釣合おもり底部のすき間を目視により確認する。	かごが最上階に停止させたときにすき間がないこと。
(4)	釣合おもりの各部	取付けの状況	目視及び触診により確認する。	おもり片の落下等のおそれがあること又は取付けが確実でなく運行に支障が生じていること。
		ガイドシュー等の摩耗の状況	目視、聴診及び触診により確認する。	しゅう動部又は回転部の摩耗により運行に支障が生じていること。
(5)	釣合おもりの吊り車	外観の状況	目視により確認する。	欠損又はき裂があること。
		取付けの状況	テストハンマーによる打検等により確認する。	ナットに緩みがあること。
		音の状況	聴診により確認する。	異常音があること。
(6)	移動ケーブル及び取付部	移動ケーブルの損傷の状況	目視により確認する。	損傷していること。
		取付けの状況	目視及び触診により確認する。	移動ケーブルの端部及び引止め部の取付けが確実でなく、運行に支障が生ずるおそれがあること。
(7)	かご非常止め装置	機構部の状況	目視により確認する。	著しい損傷又は腐食があること。
		取付けの状況	目視及び触診により確認する。	取付けが堅固でないこと。
		作動の状況	作動の状況を確認する。	非常止め装置が作動しないこと。
		復帰時の状況	目視により確認する。	非常止め装置とガイドレールが接触していること。
(8)	釣合おもり非常止め装置	機構部の状況	目視により確認する。	著しい損傷又は腐食があること。
		取付けの状況	目視及び触診により確認	取付けが堅固でないこ

				する。	と。
			作動の状況	作動の状況を確認する。	非常止め装置が作動しないこと。
			復帰時の状況	目視により確認する。	非常止め装置とガイドレールが接触していること。

別　記　（略）

〔平成20年3月10日国土交通省告示第284号〕
遊戯施設の定期検査報告における検査及び定期点検における点検の項目、事項、方法及び結果の判定基準並びに検査結果表を定める件

最終改正　平成29年3月29日国土交通省告示第247号

　建築基準法施行規則（昭和25年建設省令第40号。以下「施行規則」という。）第6条の2の2第2項及び第3項並びに第6条の2の3第1項の規定に基づき、第6条の2の2第3項に規定する遊戯施設（以下単に「遊戯施設」という。）について建築基準法（昭和25年法律第201号。以下「法」という。）第88条第1項において準用する法第12条第1項に規定する調査及び法第88条第1項において準用する法第12条第3項に規定する検査並びに法第88条第1項において準用する法第12条第2項及び第4項に規定する点検（以下「定期検査等」という。）の項目、事項、方法及び結果の判定基準並びに検査結果表を次のように定める。

第1　定期検査等は、施行規則第6条の2の2第2項及び第6条の2の3第1項の規定に基づき、遊戯施設について、別表(い)欄に掲げる項目に応じ、同表(ろ)欄に掲げる事項（ただし、法第88条第1項において準用する法第12条第2項及び第4項に規定する点検においては損傷、腐食、その他の劣化状況に係るものに限る。）ごとに定める同表(は)欄に掲げる方法により実施し、その結果が同表(に)欄に掲げる基準に該当しているかどうかを判定することとする。ただし、特定行政庁が規則により定期検査等の項目、事項、方法又は結果の判定基準について定める場合（定期検査等の項目若しくは事項について削除し又は定期検査等の方法若しくは結果の判定基準について、より緩やかな条件を定める場合を除く。）にあっては、当該規則の定めるところによるものとする。

2　前項の規定にかかわらず、法第68条の25第1項又は法第68条の26第1項に規定する認定を受けた構造方法を用いた遊戯施設に係る定期検査等については、当該認定に係る申請の際に提出された施行規則第10条の5の21第1項第三号に規定する図書若しくは同条第3項に規定する評価書又は施行規則第10条の5の23第1項第三号に規定する図書に検査の方法が記載されている場合にあっては、当該方法によるものとする。

第2　遊戯施設の検査結果表は、施行規則第6条の2の2第3項の規定に基づき、別記に示すとおりとする。

　　　　附　則

　この告示は、平成20年4月1日から施行する。

別表

		(い) 検査項目	(ろ) 検査事項	(は) 検査方法	(に) 判定基準
1 構造部分	(1)	地盤	遊戯施設付近の地盤の陥没、土砂流出及び地割れ等	目視により確認する。	イ　遊戯施設の周辺地盤に陥没があること。
					ロ　遊戯施設の周辺地盤に土砂流出、地割れ等

		の状況		があること。
(2)	基礎	基礎コンクリートのき裂の状況	き裂の幅が最も大きい箇所を測定する。	イ　おおむね幅0.5mmを超えるき裂などにより、コンクリート面に著しいひび割れ、欠損等があること。
				ロ　おおむね幅0.3mmを超えるき裂などにより、コンクリート面にひび割れ、欠損等が進行するおそれがあること。
		基礎の不同沈下及び移動の状況	目視により確認する。	不同沈下又は移動があること。
(3)	道床	道床付近の地盤の陥没、土砂流出及び地割れ等並びに道床の不同沈下、傾斜及び移動等の状況	目視により確認する。	イ　道床の周辺地盤に陥没があること又は道床に不同沈下、傾斜、移動等があること。
				ロ　道床の周辺地盤に土砂流出、地割れ等があること。
(4)	基礎と構造物を定着させる部分	アンカーボルト及びベースプレートのき裂、破損及び変形の状況	目視により確認する。	き裂、破損又は変形があること。
		ベースプレートの錆及び腐食の状況	目視により確認し、腐食が認められた場合にあっては、腐食を除去して部材厚さが最も薄い箇所を測定する。	イ　腐食により部材の残存厚みが設置時の厚みの90％未満であること。
				ロ　著しい錆又は腐食があること。
		アンカーボルト及びナットの錆及び腐食の状況	目視により確認する。	イ　腐食があること。
				ロ　著しい錆があること。
		アンカーボル	テストハンマーによる打	ボルト又はナットに緩み

		ト及びナットの緩みの状況	検又は目視による緩み確認マークの位置の確認その他ナットの緩みを確認できる方法により確認する。	があること。
		ナットの緩み止めの状況	目視により確認する。	ナットの緩み止めが施されてないこと。
		根巻きコンクリートのき裂及び剥離の状況	き裂の幅が最も大きい箇所を目視により確認し、測定する。	イ　おおむね幅0.5mmを超えるき裂などにより、コンクリート面に著しいひび割れ、欠損等があること。
				ロ　おおむね幅0.3mmを超えるき裂などにより、コンクリート面にひび割れ、欠損等が進行するおそれがあること。
(5)	構造物	構造部材及び補助部材の取付けの状況	テストハンマーによる打検又は目視による緩み確認マークの位置の確認その他ナットの緩みを確認できる方法により確認する。	構造部材又は補助部材の取付けが堅固でないこと。
		構造部材の腐食の状況	目視により確認し、腐食が認められた場合にあっては、腐食を除去して部材厚さが最も薄い箇所を測定する。	イ　腐食により部材の残存厚みが設置時の厚みの90%未満であること。
				ロ　著しい錆又は腐食があること。
		補助部材の腐食の状況	目視により確認し、腐食が認められた場合にあっては、腐食を除去して部材厚さが最も薄い箇所を測定する。	イ　腐食により部材の残存厚みが設置時の厚みの90%未満であること。
				ロ　著しい錆又は腐食があること。
		構造部材の変形、偏位、き	目視により確認する。	構造部材に変形、偏位、き裂又は破損があるこ

1339

		裂及び破損の状況		と。
		構造部材の接合部分の緩み及びき裂の状況	き裂を目視により確認するとともに、テストハンマーによる打検又は目視による緩み確認マークの位置の確認その他ナットの緩みを確認できる方法により確認する。	接合部に緩みがあること又は溶接部にき裂があること。
		設置時の荷重を超える荷重の有無	設計図書との照合等により確認する。	設計図書と異なる構造物又は装飾物等が設置されていること。
(6)	舞台及び床	舞台の構造部材及び床の破損、腐食及び変形の状況	目視により確認する。	構造耐力上又は運転上支障をきたすおそれがある破損、腐食又は変形があること。
		舞台及び床の接合部の緩みの状況	テストハンマーによる打検又は目視による緩み確認マークの位置の確認その他ナットの緩みを確認できる方法により確認する。	接合部に緩みがあること。
		安全柵及び手すりの破損の状況	目視及び触診により確認する。	安全柵又は手すりに破損があること。
		回転舞台と接する床との隙間及び段差の状況	回転舞台と接する床面との隙間及び段差を測定する。	回転舞台と床が接触すること又は隙間及び段差が是正が必要な状態として製造者が定める基準値（製造者が指定していない場合にあっては、すき間にあっては30 mm、段差にあっては ±10 mm）を超えていること。
(7)	屋根及び天井	屋根の構造部材及び天井の破損、腐食及び変形の状況	目視により確認する。	構造耐力上又は運転上支障をきたすおそれがある破損、腐食又は変形があること。

			屋根及び天井の接合部の緩みの状況	テストハンマーによる打検又は目視による緩み確認マークの位置の確認その他ナットの緩みを確認できる方法により確認する。	接合部に緩みがあること。
2 軌道部分	(1)	軌条、軌道、水路及び滑走路	軌条、軌道及び水路のき裂及び変形の状況	目視により確認する。	き裂又は変形があること。
			軌条、軌道及び水路の錆及び腐食の状況	目視により確認し、腐食が認められた場合にあっては、腐食を除去して部材の厚さが最も薄い箇所を測定する。	イ　腐食により部材の残存厚みが設置時の厚みの90％未満であること。
					ロ　著しい錆又は腐食があること。
			軌条、軌道及び水路の摩耗の状況	部材の厚さが最も薄い箇所を測定する。	イ　摩耗量が製造者が定める基準値（基準値がない場合にあっては遊戯施設の検査標準(JIS A1701)表1に規定する値）を超えていること。
					ロ　摩耗量が製造者が定める基準値（基準値がない場合にあっては遊戯施設の検査標準(JIS A1701)表1に規定する値）の90％を超えていること。
			軌条、軌道及び水路の接合部の緩み及びき裂の状況	き裂を目視により確認するとともに、テストハンマーによる打検又は目視による緩み確認マークの位置の確認その他ナットの緩みを確認できる方法により確認する。	接合部に緩みがあること又は溶接部にき裂があること。
			軌条、軌道及	目視により確認する。	運転上支障をきたすおそ

			び水路の接合部の緩衝用ゴム材の破損及び劣化の状況		れがある破損又は劣化があること。
			軌条の軌間寸法及びカント（高架を走行する子供汽車その他これに類するものに限る。）の状況	軌条の軌間寸法及びカントを目視により確認し、異常が認められた場合には測定する。	製造者が定める軌間寸法又はカントの許容値（製造者が指定していない場合にあっては、軌間寸法は0mmから＋15mm、カントは0度から＋3度)から外れていること。
			ソフトマット製滑走路その他これに類する滑走路の劣化及び損傷の状況	目視及び触診により確認する。	イ　滑走路表面にき裂又は剥離があること。
					ロ　滑走路表面に変色又はざらつきがあること。
			繊維強化プラスチック製滑走路の劣化及び損傷の状況	目視及び触診により確認する。	イ　クモの巣状のき裂若しくは微細なき裂が集中していること又は繊維が露出していること。
					ロ　クモの巣状のき裂又は微細なき裂があること。
			金属製滑走路の劣化及び損傷の状況	目視及び触診により確認するとともに、必要に応じて残存厚みを測定する。	イ　残存厚みが設置時の厚みの90％未満であること又は滑走路表面の塗膜にき裂若しくは剥離があること。
					ロ　滑走路表面の塗膜厚が摩耗により著しく薄くなっていること。
			コンクリート製滑走路の劣化及び損傷の状況	目視及び触診により確認するとともに、必要に応じてき裂を測定する。	イ　コンクリートに幅0.5mm程度を超えるき裂があること又は滑走路表面の塗膜にき裂

				若しくは剥離があること。
				ロ　滑走路表面の塗膜厚が摩耗により著しく薄くなっていること。
		滑走路の接合部の取付け及び漏水の状況	漏水を目視により確認するとともに、テストハンマーによる打検又は目視による緩み確認マークの位置の確認その他ナットの緩みを確認できる方法により確認する。	滑走路の接合部に緩みがあること又は接合部より著しい漏水があること。
		滑走路張出し部分、飛出防止壁の取付けの状況並びにき裂、破損及び変形の状況	き裂等を目視により確認するとともに、テストハンマーによる打検又は目視による緩み確認マークの位置の確認その他ナットの緩みを確認できる方法により確認する。	滑走路張出し部分又は滑走路飛出防止壁にき裂、破損若しくは変形があること又は接合部に緩みがあること。
		水路及びその接合部の漏水の状況	目視により確認する。	水路のき裂、水路の接合部のパッキンの破損等により著しい漏水があること。
(2)	支持部材	支持部材のき裂及び変形の状況	目視により確認する。	き裂又は変形があること。
		支持部材の腐食の状況	目視により確認し、腐食が認められた場合にあっては、腐食を除去して部材厚さが最も薄い箇所を測定する。	イ　腐食により部材の残存厚みが設置時の厚みの90％未満であること。
				ロ　著しい錆又は腐食があること。
		支持部材の取付部の緩みの状況	テストハンマーによる打検又は目視による緩み確認マークの位置の確認その他ナットの緩みを確認できる方法により確認する。	支持部材の取付部に緩みがあること。

			軌条、軌道、水路及び滑走路と支持部材及び支柱との取付けの状況	テストハンマーによる打検又は目視による緩み確認マークの位置の確認その他ナットの緩みを確認できる方法により確認する。	支持部材若しくは支柱との接合部に緩みがあること又は溶接部にき裂があること。
3 駆動装置及び伝動装置	(1)	電動機及び制動機	電動機の取付けの状況	テストハンマーによる打検又は目視による緩み確認マークの位置の確認その他ナットの緩みを確認できる方法により確認する。	取付部に緩みがあること。
			電動機の作動の状況	目視、触診及び聴診により確認する。	異常音、異常な発熱又は異常な振動があること。
			制動片の残存厚みの状況	製造者が指定する方法により確認する。ただし、製造者が検査方法を指定していない場合にあっては、制動片の残存厚みを測定し、前回の定期検査又は定期点検時からの制動片の摩耗量を確認する。	イ　摩耗が是正が必要な状態として製造者が定める基準を超えていること。ただし、製造者が検査方法を指定していない場合にあっては、パッド以外の部分がドラム又はディスクに接触していること。
					ロ　摩耗が重点的な点検が必要な状態として製造者が定める基準を超えていること（製造者がパッドの厚みについて是正が必要な状態の基準を定めており、かつ重点的な点検が必要な状態の基準を定めていない場合においては、電気制動タイプのものにあっては是正が必要な状態として製造者が定める基準値の1.1倍以下、ブレーキ制動タイプのものに

				あっては是正が必要な状態として製造者が定める基準値の 1.2 倍以下であること）。ただし、製造者が検査方法を指定していない場合は、パッド以外の部分がドラム又はディスクに接触するまでの残存厚みが前回の定期検査時からの摩耗量の 1.2 倍以下であること。
		制動機の機能の状況	作動の状況を確認する。	制動が確実でなく、制動力の調整が不十分であること。
(2)	軸継手	軸継手の取付けの状況	目視及び聴診により確認するとともに、作動の状況を確認する。	取付部に心ずれ若しくは偏心があること又は運転時に異常音若しくは異常な振動があること。
		軸継手の結合の状況	目視及び聴診により確認するとともに、作動の状況を確認する。	結合が円滑でないこと。
		油及び粉体の量及び劣化の状況	目視及び触診により確認する。	継手の媒体となる油又は粉体に過不足、異物の混入又は著しい変色があること。
		ローラーチェーン、ゴム等の継手媒体の摩耗、変形及び劣化の状況	運転状態において目視により確認し、異常が認められた場合にあっては分解して確認する。	運転上支障をきたすおそれがある摩耗、変形又は劣化があること。
		クラッチの作動の状況	運転状態において目視により確認し、滑り等がある場合にあっては摩擦板の摩耗、表面の傷及び破損の状況を目視により確認する。	クラッチによる動力の伝達又は遮断が確実でないこと。

(3)	減速機	減速機の取付けの状況	取付部を目視により確認するとともに、テストハンマーによる打検又は目視による緩み確認マークの位置の確認その他ナットの緩みを確認できる方法により確認する。	取付けが堅固でないこと。
		開放型減速機の歯車の歯面の摩耗の状況	片当たり及び偏摩耗を目視、触診及び聴診により確認するとともに、歯の厚さを測定する。	歯車の歯面に片当たり又は偏摩耗があること又は歯の摩耗が遊戯施設の検査標準（JIS　A1701）5.3.3bに規定する値を超えていること。
		減速機の軸受部の給油の状況及び軸受の破損の状況	運転状態において目視、触診及び聴診により確認する。	異常音、異常な発熱又は異常な振動があること又は回転が円滑でないこと。
		密閉型減速機の潤滑油の量及び劣化の状況	油量を油面計等により確認するとともに、油を少量抜き取り、目視及び触診により確認する。	油量が適量でないこと又は著しい変色若しくは摩耗粉があること。
		減速機の作動の状況	運転状態において目視、触診及び聴診により確認する。	異常音、異常な発熱又は異常な振動があること。
(4)	伝動装置	伝動装置の取付け及び給油の状況	取付部及び給油の状況を目視により確認するとともに、テストハンマーによる打検又は目視による緩み確認マークの位置の確認その他ナットの緩みを確認できる方法により確認する。	取付けが堅固でないこと又は給油が適切でないこと。
		ローラーチェーン及びVベルトの設置及び摩耗の状況	目視及び運転状態において聴診により確認する。	ローラーチェーンに著しい伸びがあること、Vベルトがプーリ溝に底当たりすること又はスリップ、異常音若しくは異常な振動があること。

(5)	軸及び軸受装置	軸受装置の取付部の取付け並びに劣化及び損傷の状況	損傷等を目視により確認するとともに、テストハンマーによる打検又は目視による緩み確認マークの位置の確認その他ナットの緩みを確認できる方法により確認する。	取付けが堅固でないこと又は取付部に著しい錆、腐食若しくは損傷があること。
		軸受装置の給油の状況	目視により確認する。	給油が適切でないこと。
		軸及び軸受装置の劣化及び損傷の状況	運転状態において目視、触診及び聴診により確認する。	回転時に異常音、異常な発熱若しくは異常な振動があること、著しい劣化があること又は損傷があること。
(6)	駆動用歯車装置	駆動用歯車装置の設置の状況	軸及び歯車を目視及び触診により確認するとともに、テストハンマーによる打検又は目視による緩み確認マークの位置の確認その他ナットの緩みを確認できる方法により確認する。	取付けが堅固でないこと又は歯車装置に心ずれ若しくは過度な余裕があること。
		駆動用歯車装置の劣化及び損傷の状況	目視により確認する。	著しい錆又は腐食があること。
		歯車の歯面の摩耗の状況	片当たり及び偏摩耗を目視、触診及び聴診により確認するとともに、歯の厚さを測定する。	歯車の歯面に片当たり若しくは偏摩耗があること又は歯の摩耗が遊戯施設の検査標準（JIS A1701）5.3.6b に規定する値を超えていること。
		歯車の給油の状況	運転状態において目視、触診及び聴診により確認する。	回転時に異常音、異常な発熱若しくは異常な振動があること又は給油が適切でないこと。
		歯車の劣化及び損傷の状況	目視により確認する。	運転上支障をきたすおそれがあるき裂又は部分的な欠損があること。

(7)	駆動車輪装置	車輪の取付け及び給油の状況	運転状態において心ずれを目視により確認するとともに、軸受部の給油状況を聴診により確認する。	回転時に異常音、異常な発熱、異常な振動若しくはすべりがあること又は給油が適切でないこと。
		軸受の劣化及び損傷の状況	運転状態において目視、触診及び聴診により確認する。	回転時に異常音、異常な発熱若しくは異常な振動があること。
		車輪（溝付きタイヤを除く。）の摩耗の状況	車輪（溝付きタイヤを除く。）の径を測定する。	イ　摩耗が是正が必要な状態として製造者が定める基準値（製造者が指定していない場合にあっては、鋼製車輪及び溝無しソリッドタイヤにおいては設置時の直径の2.5％又は6mmのうちいずれか小さい値、ウレタン等によりライニングされた車輪においては設置時の厚みの25％又は5mmのうちいずれか小さい値）を超えていること。
				ロ　摩耗が是正が必要な状態として製造者が定める基準値（製造者が指定していない場合にあっては、鋼製車輪及び溝無しソリッドタイヤにおいては設置時の直径の2.5％又は6mmのうちいずれか小さい値、ウレタン等によりライニングされた車輪においては設置時の厚みの25％又は5mmのうちいずれか小さい値）の90％を超

						えていること。
				車輪表面の劣化及び損傷の状況	目視により確認する。	運転上支障をきたすおそれがある傷、剥離又は偏摩耗があること。
				溝付きタイヤの溝深さの状況	目視により確認し、又は溝深さを測定する。	溝深さが製造者が定める基準に適合していないこと。ただし、製造者が基準を定めていない場合にあっては、溝深さが設置時の 25 % 未満であること。
				空気入りタイヤの空気圧の状況	運転状態で目視及び聴診により確認するとともに、空気圧を測定する。	スリップ等の運転上支障をきたすおそれがあること又は空気圧が適正な状態として製造者が定める基準値の 90 % 未満であること。
				車輪の取付金具及び取付ボルトの劣化及び損傷の状況	目視により確認する。	き裂又は破損があること。
				車軸の劣化及び損傷の状況	目視により確認する。	き裂又は著しい摩耗があること。
4 巻上装置	(1)	チェーンコンベア巻上装置	巻上用チェーン	巻上用チェーンの劣化及び損傷並びに給油の状況	目視により確認する。	チェーンのリンク板若しくは軸にき裂若しくは著しい錆若しくは腐食があること又は給油が適切でないこと。
				巻上用チェーンの軸、リンク孔及びリンク板の摩耗の状況	目視により確認し、異常が認められた場合にあっては、2リンク以上抜き取り、摩耗量を測定する。また、目視により異常が確認されない場合にあっては、1 年以内に行った測定の結果により確認する。	イ　摩耗が是正が必要な状態として製造者が定める基準値（製造者が指定していない場合にあっては、設置時の直径の 10 %）を超えていること。
						ロ　摩耗が是正が必要な状態として製造者が定める基準値（製造者が

					指定していない場合にあっては、設置時の直径の10%）の90％を超えていること。
		巻上用チェーンの伸びの状況	４リンク以上の長さを測定する。	イ　伸び率が是正が必要な状態として製造者が定める基準値（製造者が指定していない場合にあっては、設置時の長さの1.5%）を超えていること。	
				ロ　伸び率が是正が必要な状態として製造者が定める基準値（製造者が指定していない場合にあっては、設置時の長さの1.5%）の90％を超えていること。	
	スプロケット	スプロケットの歯の摩耗の状況	歯の幅を測定する。	イ　摩耗が是正が必要な状態として製造者が定める基準値（製造者が指定していない場合にあっては、設置時の幅の15%）を超えていること。	
				ロ　摩耗が是正が必要な状態として製造者が定める基準値（製造者が指定していない場合にあっては、設置時の幅の15%）の90％を超えていること。	
	軸及び軸受装置	スプロケット軸受装置の取付部の取付け並びに劣化及び損傷の状況	損傷等を目視により確認するとともに、テストハンマーによる打検又は目視による緩み確認マークの位置の確認その他ナットの緩みを確認できる方法により確認する。	取付けが堅固でないこと又は取付部に著しい錆若しくは腐食若しくは異常な振動があること。	

			スプロケット軸受装置の給油の状況	目視により確認する。	給油が適切でないこと。
			スプロケット軸及びスプロケット軸受装置の劣化及び損傷の状況	運転状態において目視、触診及び聴診により確認する。	回転時に異常音、異常な発熱若しくは異常な振動があること、著しい劣化があること又は損傷があること。
		チェーンガイド	チェーンガイドの取付け及び変形の状況	目視により確認する。	チェーンガイドの取付けに緩みがあること又は変形があること。
			しゅう動材の取付け並びに摩耗及び変形の状況	目視により確認する。	しゅう動材の取付けに緩みがあること、著しい摩耗があること又は変形があること。
(2)	ベルトコンベア巻上装置	巻上用ベルト	巻上用ベルトの滑りの状況	滑りの有無を目視及び聴診により確認する。	運転状態において、駆動用プーリー又は乗物との間に滑りがあること。
			巻上用ベルトの劣化及び損傷の状況	目視により確認する。	運転上支障をきたすおそれがある破損、摩耗又は劣化があること。
			巻上用ベルト接合部の劣化及び損傷の状況	目視により確認する。	き裂又は剥離があること。
		駆動用プーリ及びローラー	駆動用プーリのき裂、腐食及びライニングの摩耗の状況	目視により確認する。	運転上支障をきたすおそれがあるき裂若しくは腐食があること又はライニングに摩耗があること。
			駆動用プーリの取付けの状況	取付部を目視により確認するとともに、テストハンマーによる打検又は目視による緩み確認マークの位置の確認その他ナットの緩みを確認できる方法により確認する。	取付けが堅固でないこと又は取付部に心ずれ、偏心若しくはベルトの緩みがあること。
			ローラーの回	運転状態において目視に	ローラーの回転が円滑で

			転の状況	より確認する。	ないこと。
		軸及び軸受装置	軸受装置の取付部の取付け並びに劣化及び損傷の状況	損傷等を目視により確認するとともに、テストハンマーによる打検又は目視による緩み確認マークの位置の確認その他ナットの緩みを確認できる方法により確認する。	取付けが堅固でないこと又は取付部に著しい錆若しくは腐食若しくは損傷があること。
			軸受装置の給油の状況	目視により確認する。	給油が適切でないこと。
			軸及び軸受装置の劣化及び損傷の状況	運転状態において目視、触診及び聴診により確認する。	回転時に異常音、異常な発熱若しくは異常な振動があること、著しい劣化があること又は損傷があること。
(3)	ワイヤロープ巻上装置	主索	径の状況	乗降位置から加速終了位置又は減速開始位置から乗降位置の間に客席部分がある場合に主索が綱車にかかる箇所、綱車による曲げ回数が多い箇所等における最も摩耗の進んだ部分の直径及び綱車にかからない部分の直径を測定する。	イ　最も摩耗の進んだ部分の直径が綱車にかからない部分の直径と比較して90％未満であること。
					ロ　最も摩耗の進んだ部分の直径が綱車にかからない部分の直径と比較して92％未満であること。
			素線切れの状況	乗降位置から加速終了位置又は減速開始位置から乗降位置の間に客席部分がある場合に主索が綱車にかかる箇所、綱車による曲げ回数が多い箇所、傷のある箇所等を目視により確認し、最も摩損の進んだ部分については重点的に目視により確認する。	イ　次に掲げる基準（以下「遊戯施設素線切れ要是正判定基準」という。）のいずれかに該当すること。 (1)　素線切れが平均的に分布する場合は、1よりピッチ内の素線切れ総数が6より鋼索にあっては18本、8より鋼索にあっては24本を超えていること又は1

構成より1ピッチ内
の素線切れが3本を
超えていること。

(2)　素線切れが特定の
部分に集中している
場合は、1よりピッ
チ内の素線切れ総数
が6より鋼索にあっ
ては10本、8より
鋼索にあっては12
本を超えていること
又は1構成より1
ピッチ内の素線切れ
が7本を超えている
こと。

(3)　素線切れが生じた
部分の断面積の摩損
がない部分の断面積
に対する割合が80
％以下である場合
は、1構成より1
ピッチ内の素線切れ
が2本を超えている
こと。

(4)　谷部で素線切れが
生じていること。

ロ　次に掲げる基準（以
下「遊戯施設素線切れ
要重点点検判定基準」
という。）のいずれか
に該当すること。

(1)　素線切れが平均的
に分布する場合は、
1よりピッチ内の素
線切れ総数が6より
鋼索にあっては12
本、8より鋼索に
あっては16本を超
えていること又は1
構成より1ピッチ内

							の素線切れが2本を超えていること。 (2)　素線切れが特定の部分に集中している場合は、1よりピッチ内の素線切れ総数が6より鋼索にあっては9本、8より鋼索にあっては10本を超えていること又は1構成より1ピッチ内の素線切れが6本を超えていること。 (3)　素線切れが生じた部分の断面積の摩損がない部分の断面積に対する割合が80％以下であること。
				錆及び錆びた摩耗粉の状況	全長の錆及び錆びた摩耗粉の固着の状況を目視により確認し、錆びた摩耗粉により谷部が赤錆色に見える箇所がある場合にあっては、錆びた摩耗粉により谷部が赤錆色に見える部分の直径及び綱車にかからない部分の直径を測定するとともに、当該箇所を重点的に目視により確認する。	ロ　次に掲げる基準（以下「遊戯施設錆及び錆びた摩耗粉要是正判定基準」という。）のいずれかに該当すること。 (1)　錆びた摩耗粉が多量に付着し、素線の状況が確認できないこと。 (2)　表面に点状の腐食が多数生じていること。 (3)　錆びた摩耗粉により谷部が赤錆色に見える部分の直径が綱車にかからない部分の直径と比較して94％未満であること。 (4)　錆びた摩耗粉によ

							り谷部が赤錆色に見える部分の1構成より1ピッチ内の素線切れが2本を超えていること。
							ロ　錆びた摩耗粉により谷部が赤錆色に見える箇所があること（以下「遊戯施設錆び及び錆びた摩耗粉要重点点検判定基準」という。）。
				損傷及び変形の状況	全長を目視により確認する。	著しい損傷又は変形があること。
			主索の張り	張りの状況	次に掲げる方法のいずれかによる。 イ　各主索端末部のスプリングの高さを目視により確認する。 ロ　主索を揺らし、その振幅を確認する。 ハ　触診により主索の張りが均等であることを確認する。	著しい不均等等があること。
			主索及び取付部（止め金具があるものに限る。）	止め金具の取付けの状況	目視、触診等により確認する。	ダブルナットにあってはナット間に緩みがあること、割ピンにあってはピンに欠損、曲げ不足等があること又はその他の方法にあっては取付けが確実でないこと。
				主索の端部における止め金具の取付けの状況	目視及び触診により確認する。	取付けが確実でないこと。
				止め金具及びその取付部の損傷の状況	目視により確認する。	止め金具及びその取付部に損傷があること。
			綱車	綱車の配列の	目視により確認する。	ワイヤロープが外れない

			状況		よう綱車が配列されていないこと。
			綱車の劣化及び損傷の状況	綱車のき裂及び摩耗を目視により確認するとともに運転時に滑りの有無を確認する。	耳部に欠損、き裂又は溝部に著しい摩耗があること又はワイヤロープとの間で滑りがあること。
			綱車の軸受の劣化及び損傷並びに給油の状況	運転状態において目視、触診及び聴診により確認する。	回転時に異常音、異常な発熱若しくは異常な振動があること又は給油が適切でないこと。
			綱車の取付けの状況	取付部を目視により確認するとともに、テストハンマーによる打検又は目視による緩み確認マークの位置の確認その他ナットの緩みを確認できる方法により確認する。	取付けが堅固でないこと。
		巻上機	巻上機の取付けの状況	取付部を目視により確認するとともに、テストハンマーによる打検又は目視による緩み確認マークの位置の確認その他ナットの緩みを確認できる方法により確認する。	取付けが堅固でないこと。
			駆動ドラムの劣化及び損傷の状況	目視により確認する。	駆動ドラムに腐食若しくはき裂があること又はロープ溝に著しい摩耗があること若しくは摩耗が不均一であること。
		ロープガード	ロープガードの状況	目視及び触診により確認するとともに、滑車の索に面する部分の端部との距離を測定する。	次のいずれかに該当すること。 (1)　滑車の索に面する部分の端部のうち、最も外側にあるものとの最短距離が索の直径の$\frac{3}{4}$以下でないこと。 (2)　滑車の索に面する部分の端部のうち、(1)に

				掲げるもの以外のものとの最短距離が索の直径の $\frac{17}{20}$ 以下でないこと。
(4)	緊張装置	緊張装置の劣化及び損傷の状況	目視により確認する。	運転上支障をきたすおそれのある腐食、変形、偏位、き裂又は破損があること。
		緊張装置の取付けの状況	取付部を目視により確認するとともに、テストハンマーによる打検又は目視による緩み確認マークの位置の確認その他ナットの緩みを確認できる方法により確認する。	取付けが堅固でないこと。
		緊張装置の機能の状況	目視及び触診で確認する。	作動が円滑でないこと又は張力の調整ができないこと。
(5)	釣合おもり	釣合おもりの枠の状況	目視及び触診により確認する。	枠の組立てが堅固でないこと又は変形があること。
		釣合おもりのガイドシュー及びガイドローラーその他これに類するもの（以下「ガイドシュー等」という。）の取付けの状況	テストハンマーによる打検等により確認する。	ナットに緩みがあること。
		釣合おもりのガイドシュー等の摩耗の状況	目視、聴診及び触診により確認する。	しゅう動部又は回転部の摩耗により運行に支障が生じていること。
		釣合おもり片の脱落防止措置の状況	目視及び触診により確認する。	釣合おもり片の脱落防止措置が確実でないこと。

5 安全装置	(1)	非常止め装置	非常止め装置の作動の状況	作動の状況を確認する。	非常止め装置の作動が確実でないこと。
			非常止め装置の劣化及び損傷の状況	目視により確認する。	著しい錆又は腐食があること。
			非常止め装置の取付けの状況	取付部を目視により確認するとともに、テストハンマーによる打検又は目視による緩み確認マークの位置の確認その他ナットの緩みを確認できる方法により確認する。	取付けが堅固でないこと。
			過速スイッチの作動の状況	作動の状況を確認する。	過速スイッチを作動したときに安全回路が遮断されないこと又は安全回路の遮断を保持できないこと。
			キャッチと過速スイッチの整合性の状況	目視により作動の順位を確認する。	キャッチの作動速度が過速スイッチの作動速度を下回ること。
			キャッチの作動の状況	作動の状況を確認する。	キャッチが作動しないこと又は調速機ロープが滑ること。
	(2)	緩衝装置	緩衝装置の取付けの状況	取付部を目視により確認するとともに、テストハンマーによる打検又は目視による緩み確認マークの位置の確認その他ナットの緩みを確認できる方法により確認する。	取付けが堅固でないこと。
			緩衝装置の作動の状況（油入式を除く。）	作動させて機能を確認する。作動させることが困難な場合は、低速で圧縮してストロークを確認する。	減速度が急激であること。
			緩衝装置の作動の状況（油入式に限る。）	全圧縮した後、復帰するまでの時間を確認する。	90秒以内に復帰しないこと。

		油量（油入式に限る。）	目視により確認する。	油量が適切でないこと。
		緩衝装置の腐食の状況	目視により確認する。	緩衝器本体又は取付部に著しい腐食があること。
(3)	乗物逆行防止装置	乗物逆行防止装置の乗物側の取付並びに劣化及び損傷の状況	損傷等を目視により確認するとともに、テストハンマーによる打検又は目視による緩み確認マークの位置の確認その他ナットの緩みを確認できる方法により確認する。	逆行防止装置の乗物側の取付けが堅固でないこと又は著しい錆、腐食若しくは損傷があること。
		乗物逆行防止装置の固定側の取付並びに劣化及び損傷の状況	損傷等を目視により確認するとともに、テストハンマーによる打検又は目視による緩み確認マークの位置の確認その他ナットの緩みを確認できる方法により確認する。	逆行防止装置の固定側の取付けが堅固でないこと又は著しい摩耗、腐食若しくは損傷があること。
		乗物逆行防止装置の作動の状況	乗物を巻上げ部の途中で停止させ、作動の状況を確認する。	作動が確実でないこと。
(4)	乗物急激降下防止装置	乗物急激降下防止装置の取付け並びに劣化及び損傷の状況	損傷等を目視により確認するとともに、テストハンマーによる打検又は目視による緩み確認マークの位置の確認その他ナットの緩みを確認できる方法により確認する。	急激降下防止装置の取付けが堅固でないこと又は損傷若しくは著しい腐食があること。
		乗物急激降下防止装置の作動の状況	絞り弁を全閉から除々に開放し作動の状況を確認する。	作動が確実でないこと。
(5)	制動装置	制動装置の取付けの状況	取付部を目視により確認するとともに、テストハンマーによる打検又は目視による緩み確認マークの位置の確認その他ナットの緩みを確認できる方法により確認する。	制動装置の固定側の取付けが堅固でないこと。

制動装置本体、ブレーキライニング及び乗物の制動板の劣化及び損傷の状況	目視により確認する。	著しい錆、腐食又は変形があること。
制動装置の機能の状況	作動の状況を確認する。	制動作用が確実でなく、制動力の調整が不十分であること。
ブレーキライニング及び乗物の制動板の残存厚みの状況	制動板の残存厚みを測定する。	イ　残存厚みが是正が必要な状態として製造者が定める基準値（製造者が指定していない場合にあっては、ブレーキライニングは設置時の厚みの50％、制動板は設置時の厚みの75％）以下であること又は取付ビス、リベット等の頭が車両を傷つけていること。
		ロ　残存厚みが是正が必要な状態として製造者が定める基準値（製造者が指定していない場合にあっては、ブレーキライニングは設置時の厚みの50％、制動板は設置時の厚みの75％）の1.2倍以下であること。
ブレーキライニングの取付けの状況及び表面の傷の状況	表面の傷を目視により確認するとともに、テストハンマーによる打検又は目視による緩み確認マークの位置の確認その他ナットの緩みを確認できる方法により確認する。	ブレーキライニングの取付けが確実でないこと又は表面に著しい傷があること。
制動装置の作	手動操作で開閉し、作動	作動が円滑でないこと。

		動の状況	の状況を確認する。	
		制動用ばねの取付の状況及び緩み止めの状況	目視により確認するとともに、テストハンマーによる打検又は目視による緩み確認マークの位置の確認その他ナットの緩みを確認できる方法により確認する。	制動用ばねを固定するボルト及びナットの締付けが堅固でないこと又は緩み止めが施されてないこと。
		制動装置のセンサーの取付けの状況	目視及び触診により確認する。	センサーの取付けが堅固でないこと。
		制動装置のセンサーの作動の状況	手動で制動装置を解放させ作動の状況を確認する。	センサーの作動が確実でないこと。
		リンク装置の取付けの状況及び給油の状況	取付部を目視により確認するとともに、テストハンマーによる打検又は目視による緩み確認マークの位置の確認その他ナットの緩みを確認できる方法により確認する。	取付けが堅固でないこと、変形、破損若しくは著しい摩耗、錆若しくは腐食があること又は給油が適切でないこと。
		空圧シリンダーその他のアクチュエーターの取付けの状況	目視により確認する。	取付けが堅固でないこと又は著しい錆若しくは腐食があること。
(6)	追突防止装置	追突防止装置の作動の状況	先行する乗物が停止している状態において作動の状況を確認する。	追突防止装置の作動が確実でないこと。
		追突防止装置のセンサーの取付けの状況	目視及び触診により確認する。	取付けが堅固でないこと。
		追突防止装置のセンサーの作動の状況	作動の状況を確認する。	作動が確実でないこと。
(7)	水位検出装置	水位検出装置の作動の状況	作動の状況を確認する。	作動が確実でないこと。

			水位検出装置の取付け並びに劣化及び損傷の状況	目視により確認する。	取付けが堅固でないこと又は破損若しくは腐食があること。
6 乗物関係	(1)	乗物	外装及び床	乗物の外装及び床の劣化及び損傷の状況	目視により確認する。	き裂、破損、著しい錆若しくは腐食又は浸水があること。
			構造部材	乗物の構造部材及び接合部の劣化及び損傷の状況	目視により確認する。	き裂、破損、変形、緩み又は著しい錆若しくは腐食があること。
			座席、手すり等	乗物の座席、手すり、握り棒、安全棒等の取付け並びに劣化及び損傷の状況	目視により確認する。	取付けが堅固でないこと又は破損があること。
			扉、窓及び掛金	乗物の扉、窓、掛金等の劣化及び損傷の状況	目視により確認する。	破損があること。
			身体保持装置	身体保持装置の作動の状況	目視及び触診により確認する。	作動又はロックが確実でないこと。
				身体保持装置の取付け並びに劣化及び損傷の状況	損傷等を目視により確認するとともに、テストハンマーによる打検又は目視による緩み確認マークの位置の確認その他ナットの緩みを確認できる方法により確認する。	取付けが堅固でないこと又はき裂、破損、変形若しくは著しい錆があること。
	(2)	客席部取付装置		客席部取付装置の取付台の劣化及び損傷の状況	損傷を目視により確認するとともに、テストハンマーによる打検又は目視による緩み確認マークの位置の確認その他ナットの緩みを確認できる方法により確認する。	取付けが堅固でないこと又は破損があること。
				客席部取付装	目視、触診及び聴診によ	回転時に異常音、異常な

			置の回転軸部の給油の状況	り確認する。	発熱若しくは異常な振動があること又は給油が適切でないこと。
			客席部分を吊る丸鋼、リンクチェーン等の取付けの状況	テストハンマーによる打検又は目視による緩み確認マークの位置の確認その他ナットの緩みを確認できる方法により確認する。	取付部に緩みがあること。
			客席部分を吊る丸鋼、リンクチェーン等の径の状況	最も摩耗の進んだ部分の直径及び摩耗していない部分の直径を測定する。	イ　最も摩耗の進んだ部分の直径が摩耗していない部分の直径と比較して 90 % 未満であること。
					ロ　最も摩耗の進んだ部分の直径が摩耗していない部分の直径と比較して 92 % 未満であること。
			客席部分を吊る丸鋼、リンクチェーン等の劣化の状況	目視により確認する。	き裂、破損、変形又は著しい錆若しくは腐食があること。
			客席部分を吊るワイヤロープの径の状況	乗降位置から加速終了位置又は減速開始位置から乗降位置の間に客席部分がある場合にワイヤロープが綱車にかかる箇所、綱車による曲げ回数が多い箇所等における最も摩耗の進んだ部分の直径及び綱車にかからない部分の直径を測定する。	イ　最も摩耗の進んだ部分の直径が綱車にかからない部分の直径と比較して 90 % 未満であること。
					ロ　最も摩耗の進んだ部分の直径が綱車にかからない部分の直径と比較して 92 % 未満であること。
			客席部分を吊るワイヤロープの素線切れの状況	乗降位置から加速終了位置又は減速開始位置から乗降位置の間に客席部分がある場合にワイヤロープが綱車にかかる箇所、	イ　遊戯施設素線切れ要是正判定基準のいずれかに該当すること。
					ロ　遊戯施設素線切れ要重点点検判定基準のい

		綱車による曲げ回数が多い箇所、傷のある箇所等を目視により確認し、最も摩損の進んだ部分については重点的に目視により確認する。	ずれかに該当すること。
	客席部分を吊るワイヤロープの錆及び錆びた摩耗粉の状況	全長の錆及び錆びた摩耗粉の固着の状況を目視により確認し、錆びた摩耗粉により谷部が赤錆色に見える箇所がある場合にあっては、錆びた摩耗粉により谷部が赤錆色に見える部分の直径及び綱車にかからない部分の直径を測定するとともに、当該箇所を重点的に目視により確認する。	イ　遊戯施設錆及び錆びた摩耗粉要是正判定基準のいずれかに該当すること。
			ロ　遊戯施設錆及び錆びた摩耗粉要重点点検判定基準に該当すること。
	客席部分を吊るワイヤロープの損傷及び変形の状況	全長を目視により確認する。	著しい損傷又は変形があること。
	客席部分を吊るワイヤロープの張りの状況	次に掲げる方法のいずれかによる。 イ　各ワイヤロープ端末部のスプリングの高さを目視により確認する。 ロ　ワイヤロープを揺らし、その振幅を確認する。 ハ　触診によりワイヤロープの張りが均等であることを確認する。	著しい不均等があること。
	客席部分を吊るワイヤロープ端部の止め金具及びその取付部の損傷	目視により確認する。	止め金具及びその取付部に損傷があること。

			の状況		
			綱車の配列の状況	目視により確認する。	ワイヤロープが外れないよう綱車が配列されていないこと。
			綱車の劣化及び損傷の状況	綱車のき裂及び摩耗を目視により確認するとともに運転時に滑りの有無を確認する。	欠損、き裂又は溝部に著しい摩耗があること又はワイヤロープとの間で滑りがあること。
			綱車の軸受の劣化及び損傷並びに給油の状況	運転状態において目視、触診及び聴診により確認する。	回転時に異常音、異常な発熱若しくは異常な振動があること又は給油が適切でないこと。
			綱車の取付けの状況	取付部を目視により確認するとともに、テストハンマーによる打検又は目視による緩み確認マークの位置の確認その他ナットの緩みを確認できる方法により確認する。	取付けが堅固でないこと。
(3)	走行台車	台車枠	走行台車枠の劣化及び損傷の状況	目視により確認し、異常が認められた場合にあっては、探傷試験（超音波探傷、磁粉探傷又は浸透液探傷のいずれか適した方法による。以下同じ。）により確認する。また、目視により異常が認められない場合にあっては、分解検査等において実施した探傷試験の結果（人力で走行するものは5年以内、それ以外で定常走行速度が毎時40km以下のものは3年以内、それら以外のものは1年以内に行ったもの）により確認する。	著しい錆若しくは腐食、き裂、破損又は著しい摩耗があること。
		台車先	走行台車先端	台車先端軸に振動を加	イ　摩耗が是正が必要な

端軸	軸の摩耗の状況	え、台車先端軸が振動する状況を確認し、異常が認められた場合にあっては、台車先端軸と軸受け間の隙間を測定する。また、異常が認められない場合にあっては、分解検査等において実施した測定結果（人力で走行するものは5年以内、それ以外で定常走行速度が毎時40km以下のものは3年以内、それら以外のものは1年以内に行ったもの）により確認する。	状態として製造者が定める基準値（製造者が指定していない場合のうち、ころがり軸受で軸が回転する場合にあっては隙間が0.03mm、ころがり軸受で軸が回転しない場合にあっては隙間が軸の直径の$\frac{1}{200}$又は0.2mmのうちいずれか小さい値、すべり軸受の場合にあっては隙間が軸の直径の$\frac{1}{200}$）を超えていること。
			ロ　摩耗が是正が必要な状態として製造者が定める基準値（製造者が指定していない場合のうち、ころがり軸受で軸が回転する場合にあっては隙間が0.03mm、ころがり軸受で軸が回転しない場合にあっては隙間が軸の直径の$\frac{1}{200}$又は0.2mmのうちいずれか小さい値、すべり軸受の場合にあっては隙間が軸の直径の$\frac{1}{200}$）の90％を超えていること。
	走行台車先端軸のき裂の状況	目視により確認し、異常が認められた場合にあっては、探傷試験により確認する。また、目視により異常が認められない場合にあっては、分解検査等において実施した探傷試験の結果（人力で走行	き裂又は損傷があること。

					するものは 5 年以内、それ以外で定常走行速度が毎時 40 km 以下のものは 3 年以内、それら以外のものは 1 年以内に行ったもの)により確認する。	
			台車中心軸	走行台車中心軸の摩耗の状況	台車中心軸に振動を加え、台車中心軸が振動する状況を確認し、異常が認められた場合にあっては、台車中心軸と軸受間の隙間を測定する。また、異常が認められない場合にあっては、分解検査等において実施した測定結果（人力で走行するものは 5 年以内、それ以外で定常走行速度が毎時 40 km 以下のものは 3 年以内、それら以外のものは 1 年以内に行ったもの）により確認する。	イ　摩耗が是正が必要な状態として製造者が定める基準値（製造者が指定していない場合のうち、ころがり軸受で軸が回転する場合にあっては隙間が 0.03 mm、ころがり軸受で軸が回転しない場合にあっては隙間が軸の直径の $\frac{1}{200}$ 又は 0.2 mm のうちいずれか小さい値、すべり軸受の場合にあっては隙間が軸の直径の $\frac{1}{200}$）を超えていること。
						ロ　摩耗が是正が必要な状態として製造者が定める基準値（製造者が指定していない場合のうち、ころがり軸受で軸が回転する場合にあっては隙間が 0.03 mm、ころがり軸受で軸が回転しない場合にあっては隙間が軸の直径の $\frac{1}{200}$ 又は 0.2 mm のうちいずれか小さい値、すべり軸受の場合にあっては、隙間が軸の直径の $\frac{1}{200}$）の 90 % を超えていること。

			走行台車中心軸のき裂の状況	目視により確認し、異常が認められた場合にあっては、探傷試験により確認する。また、目視により異常が認められない場合にあっては、分解検査等において実施した探傷試験の結果（人力で走行するものは5年以内、それ以外で定常走行速度が毎時40km以下のものは3年以内、それら以外のものは1年以内に行ったもの）により確認する。	き裂又は損傷があること。
(4)	車輪装置	車輪	車輪の回転及び軸受の給油の状況	目視、触診及び聴診により確認する。	回転時に異常音、異常な発熱若しくは異常な振動があること又は給油が適切でないこと。
			車輪（溝付きタイヤを除く。）の摩耗並びに劣化及び損傷の状況	目視により確認するとともに、車輪（溝付きタイヤを除く。）の径を測定する。	イ　摩耗が是正が必要な状態として製造者が定める基準値（製造者が指定していない場合にあっては、鋼製車輪及び溝無しソリッドタイヤにおいては設置時の直径の2.5％又は6mmのうちいずれか小さい値、ウレタン等によりライニングされた車輪においては設置時の厚みの25％又は5mmのうちいずれか小さい値）を超えていること。
					ロ　摩耗が是正が必要な状態として製造者が定める基準値（製造者が指定していない場合にあっては、鋼製車輪及

					び溝無しソリッドタイヤにおいては設置時の直径の 2.5 % 又は 6 mm のうちいずれか小さい値、ウレタン等によりライニングされた車輪においては設置時の厚みの 25 % 又は 5 mm のうちいずれか小さい値）の 90 % を超えていること。
			溝付きタイヤの溝深さの状況	目視により確認し、又は溝深さを測定する。	溝深さが製造者が定める基準に適合していないこと。ただし、製造者が基準を定めていない場合にあっては、溝深さが設置時の 25 % 未満であること。
			空気入りタイヤの空気圧の状況	運転状態で目視及び聴診により確認するとともに、空気圧を測定する。	スリップ等の運転上支障をきたすおそれがあること又は空気圧が適正な状態として製造者が定める基準値の 90 % 未満であること。
			車輪の取付けの状況	取付部を目視により確認するとともに、テストハンマーによる打検又は目視による緩み確認マークの位置の確認その他ナットの緩みを確認できる方法により確認する。	取付ピン、ボルト、ナット等の締付けが適正でないこと又は緩み止めが必要なものについて緩み止めが施されてないこと。
		車輪軸（主輪軸、側輪軸及び受輪軸）	車輪軸の摩耗の状況	車輪軸に振動を加え、車輪軸が振動する状況を確認し、異常が認められた場合にあっては、車輪軸と軸受け間の隙間を測定する。また、異常が認められない場合にあっては、分解検査等において	イ　摩耗が是正が必要な状態として製造者が定める基準値（製造者が指定していない場合のうち、ころがり軸受で軸が回転する場合にあっては隙間が 0.03 mm、ころがり軸受で

1369

					実施した測定結果（人力で走行するものは5年以内、それ以外で定常走行速度が毎時40km以下のものは3年以内、それら以外のものは1年以内に行ったもの）により確認する。	軸が回転しない場合にあっては、隙間が軸の直径の $\frac{1}{200}$ 又は0.2mmのうちいずれか小さい値、すべり軸受の場合にあっては、隙間が軸の直径の $\frac{1}{200}$ ）を超えていること。
						ロ　摩耗が是正が必要な状態として製造者が定める基準値（製造者が指定していない場合のうち、ころがり軸受で軸が回転する場合にあっては隙間が0.03mm、ころがり軸受で軸が回転しない場合にあっては、隙間が軸の直径の $\frac{1}{200}$ 又は0.2mmのうちいずれか小さい値、すべり軸受けの場合にあっては、隙間が軸の直径の $\frac{1}{200}$ ）の90%を超えていること。
				車輪軸のき裂の状況	目視により確認し、異常が認められた場合にあっては、探傷試験により確認する。また、目視により異常が確認されない場合にあっては、分解検査等において実施した探傷試験の結果（人力で走行するものは5年以内、それ以外で定常走行速度が毎時40km以下のものは3年以内、それら以外のものは1年以内に行ったもの）により確認する。	き裂又は損傷があること。

		車輪取付枠	車輪取付枠の取付の状況	目視により確認するとともに、テストハンマーによる打検又は目視による緩み確認マークの位置の確認その他ナットの緩みを確認できる方法により確認する。	取付ピン、ボルト、ナット等の締付けが適正でないこと又は緩み止めが必要なものについて緩み止めが施されてないこと。
			車輪取付枠の劣化及び損傷の状況	目視により確認し、異常が認められた場合にあっては、探傷試験により確認する。また、目視により異常が確認されない場合にあっては、分解検査等において実施した探傷試験の結果（人力で走行するものは5年以内、それ以外で定常走行速度が毎時40km以下のものは3年以内、それら以外のものは1年以内に行ったもの）により確認する。	著しい錆若しくは腐食、き裂、破損又は著しい摩耗があること。
(5)	乗物引上げ金具		引上げ金具の取付けの状況	テストハンマーによる打検又は目視による緩み確認マークの位置の確認その他ナットの緩みを確認できる方法により確認する。	取付けが堅固でないこと。
			引上げ金具の作動の状況	作動の状況を確認する。	作動が確実でないこと。
(6)	車両連結器		車両連結器の劣化及び損傷の状況	目視により確認する。	腐食又は破損があること。
			連結軸の摩耗の状況	連結軸に振動を加え、連結軸が振動する状況を確認し、異常が認められた場合にあっては、連結軸と軸受間の隙間を測定する。また、異常が認められない場合にあって	イ　摩耗が是正が必要な状態として製造者が定める基準値（製造者が指定していない場合のうち、ころがり軸受で軸が回転する場合にあっては隙間が0.03

				検査方法	判定基準
				は、分解検査等において実施した測定結果（人力で走行するものは５年以内、それ以外で定常走行速度が毎時40km以下のものは３年以内、それら以外のものは１年以内に行ったもの）により確認する。	mm、ころがり軸受で軸が回転しない場合にあっては、隙間が軸の直径の $\frac{1}{200}$ 又は0.2mmのうちいずれか小さい値、すべり軸受けの場合にあっては、隙間が軸の直径の $\frac{1}{200}$ ）を超えていること。
					ロ　摩耗が是正が必要な状態として製造者が定める基準値（製造者が指定していない場合のうち、ころがり軸受で軸が回転する場合にあっては隙間が0.03mm、ころがり軸受で軸が回転しない場合にあっては、隙間が軸の直径の $\frac{1}{200}$ 又は0.2mmのうちいずれか小さい値、すべり軸受の場合にあっては隙間が軸の直径の $\frac{1}{200}$ ）の90％を超えていること。
			車両連結器の取付けの状況	取付部を目視により確認するとともに、テストハンマーによる打検又は目視による緩み確認マークの位置の確認その他ナットの緩みを確認できる方法により確認する。	取付ピン、ボルト、ナット等の締付けが適正でないこと又は緩み止めが必要なものについて緩み止めが施されてないこと。
7 ガイドシュー等	(1)	ガイドシュー等（ガイドローラーを除く。）	取付けの状況	テストハンマーによる打検又は目視による緩み確認マークの位置の確認その他ナットの緩みを確認できる方法により確認する。	ナットに緩みがあること。

		摩耗の状況	目視、聴診及び触診により確認する。	しゅう動部の摩耗により運転上支障をきたすおそれがあること。
(2)	ガイドローラー	ガイドローラーの取付け及び給油の状況	運転状態において心ずれを目視により確認するとともに、軸受部の給油状況を聴診により確認する。	回転時に異常音、異常な発熱若しくは異常な振動があること又は給油が適切でないこと。
		軸受の劣化及び損傷の状況	運転状態において目視、触診及び聴診により確認する。	回転時に異常音、異常な発熱又は異常な振動があること。
		ガイドローラー（溝付きタイヤを除く。）の摩耗の状況	車輪（溝付きタイヤを除く。）の径を測定する。	イ　摩耗が是正が必要な状態として製造者が定める基準値（製造者が指定していない場合にあっては、鋼製車輪及び溝無しソリッドタイヤにおいては設置時の直径の 2.5% 又は 6 mm のうちいずれか小さい値、ウレタン等によりライニングされた車輪においては設置時の厚みの 25% 又は 5 mm のうちいずれか小さい値）を超えていること。
				ロ　摩耗が是正が必要な状態として製造者が定める基準値（製造者が指定していない場合にあっては、鋼製車輪及び溝無しソリッドタイヤにおいては設置時の直径の 2.5% 又は 6 mm のうちいずれか小さい値、ウレタン等によりライニングされた車輪においては設置時

					の厚みの 25% 又は 5 mm のうちいずれか小さい値）の 90% を超えていること。
			ガイドローラーの表面の劣化及び損傷の状況	目視により確認する。	運転上支障をきたすおそれがある傷、剥離又は偏摩耗があること。
			溝付きタイヤの溝深さの状況	目視により確認し、又は溝深さを測定する。	溝深さが製造者が定める基準に適合していないこと。ただし、製造者が基準を定めていない場合にあっては、溝深さが設置時の 25% 未満であること。
			空気入りタイヤの空気圧の状況	運転状態で目視及び聴診により確認するとともに、空気圧を測定する。	スリップ等の運転上支障をきたすおそれがあること又は空気圧が適正な状態として製造者が定める基準値の 90% 未満であること。
			ガイドローラーの取付金具及び取付ボルトの劣化及び損傷の状況	目視により確認する。	き裂又は破損があること。
			車軸の劣化及び損傷の状況	目視により確認する。	き裂又は著しい摩耗があること。
	(3)	ガイドレール及びレールブラケット	取付けの状況	テストハンマーによる打検又は目視による緩み確認マークの位置の確認その他ナットの緩みを確認できる方法により確認する。	ナットに緩みがあること。
			劣化の状況	目視により確認する。	著しい損傷又は腐食があること。
	(4)	ガイドシュー等とガイドレール	ガイドシュー等とガイド	目視により確認するとともに、ガイドシュー等と	次のいずれかに該当すること。

		の接合部	レールの接合部の状況	ガイドレールのかかり代長さを測定する。	(1)　ガイドシュー等とガイドレールが嵌合しないものであること。 (2)　ガイドレールは、その設置面に対して垂直方向にガイドシュー等と接する部分が、地震力によって生じると想定されるガイドレールのたわみよりも 10 mm 以上長いものでないこと。 (3)　(1)及び(2)に掲げるもののほか、地震その他の震動により外れるおそれのないよう必要な措置が講じられていないこと。
(5)	ガイドロープ		径の状況	ガイドシュー等がガイドロープを移動する範囲内で最も摩耗が進んだ部分の直径及びガイドシュー等が移動する範囲以外の部分の直径を測定する。	イ　最も摩耗の進んだ部分の直径が移動する範囲以外の部分の直径と比較して 90％ 未満であること。
					ロ　最も摩耗の進んだ部分の直径が移動する範囲以外の部分の直径と比較して 92％ 未満であること。
			素線切れの状況	ガイドシュー等がガイドロープを移動する範囲内で傷のある箇所等を目視により確認し、最も摩損の進んだ部分については重点的に目視により確認する。	イ　遊戯施設素線切れ要是正判定基準のいずれかに該当すること。
					ロ　遊戯施設素線切れ要重点点検判定基準のいずれかに該当すること。
			錆及び錆びた摩耗粉の状況	全長の錆及び錆びた摩耗粉の固着の状況を目視により確認し、錆びた摩耗粉により谷部が赤錆色に	イ　遊戯施設錆及び錆びた摩耗粉要是正判定基準のいずれかに該当すること。

					見える箇所がある場合にあっては、錆びた摩耗粉により谷部が赤錆色に見える部分の直径及び綱車にかからない部分の直径を測定するとともに、当該箇所を重点的に目視により確認する。	ロ　遊戯施設錆及び錆びた摩耗粉要重点点検判定基準に該当すること。
				損傷及び変形の状況	全長を目視により確認する。	著しい損傷又は変形があること。
				張りの状況	次に掲げる方法のいずれかによる。 イ　ガイドロープ端末部のスプリングの高さを目視により確認する。 ロ　ガイドロープを揺らし、その振幅を確認する。 ハ　触診によりガイドロープの張りが均等であることを確認する。	著しい不均等等があること。
				止め金具の取付けの状況	目視及び触診により確認する。	ダブルナットにあってはナット間に緩みがあること、割ピンにあってはピンに欠損、曲げ不足等があること又はその他の方法にあっては取付けが確実でないこと。
				ガイドロープの端部における止め金具の取付けの状況	目視及び触診により確認する。	取付けが確実でないこと。
				止め金具及びその取付部の損傷の状況	目視により確認する。	止め金具及びその取付部に損傷があること。
8 油圧装置	(1)	油圧装置	油圧パワーユニット	油圧パワーユニットの取付け及び作動の	目視、触診及び聴診により確認する。	取付けが堅固でないこと、油漏れがあること又は異常音があること。

			状況		
置、空圧装置及び揚水装置		安全弁	安全弁の作動の状況	安全弁の設定値を目視で確認するとともに、作動の状況を確認する。	常用圧力の1.25倍を超える設定値であること又は安全弁が正常に作動しないこと。
		圧力計	圧力計の取付けの状況	設計図書との照合等により確認する。	圧力計が設計図書のとおりに取り付けられていないこと。
			圧力計の破損及び作動の状況	目視により確認する。	破損していること若しくは指示が読み取れないこと又は作動が確実でないこと。
		制御弁	制御弁の取付けの状況	目視及び触診により確認する。	制御弁の取付けが堅固でないこと又は作動が確実でないこと。
			制御弁の作動の状況	油漏れを目視により確認するとともに、作動の状況を確認する。	油漏れがあること又は作動が確実でないこと。
		油タンク	作動油の劣化及び油量の状況	油量を油面計で確認するとともに、油の状況を目視及び触診により確認する。	運転上支障をきたすおそれのある油の汚れ、劣化又は油量不足があること。
			油圧タンクの劣化及び損傷の状況	目視により確認する。	著しい腐食があること。
		油温等	油温	油温を制御する装置の設定値を目視で確認するとともに、作動の状況を確認する。	油温が摂氏5度から60度の範囲を超える設定値であること又は油温を制御する装置が正常に作動しないこと。
			冷却水の配管系統の設置の状況	目視により確認する。	冷却水の配管が飲料水系統に直結していること。
(2)	空圧装置	コンプレッサー	コンプレッサーの取付け及び作動の状況	目視、触診及び聴診により確認する。	取付けが堅固でないこと又は異常音若しくは異常な振動があること。

				コンプレッサーの潤滑油の量及び劣化の状況	目視により確認する。	運転上支障をきたすおそれのある汚れ、劣化又は油量不足があること。
			安全弁	安全弁の機能の状況	安全弁の設定値を目視で確認するとともに、作動の状況を確認する。	常用圧力の1.25倍を超える設定値であること又は安全弁が正常に作動しないこと。
			圧力計	圧力計の取付けの状況	設計図書との照合等により確認する。	圧力計が設計図書のとおりに取り付けられていないこと。
				圧力計の破損及び作動の状況	目視により確認する。	破損していること若しくは指示が読み取れないこと又は作動が確実でないこと。
			制御弁	制御弁の取付けの状況	目視及び触診により確認する。	制御弁の取付けが堅固でないこと又は作動が確実でないこと。
				制御弁の作動の状況	空気漏れを目視により確認するとともに、作動の状況を確認する。	空気漏れがあること又は作動が確実でないこと。
			エアタンク	エアタンクの劣化及び損傷の状況	目視により確認する。	著しい腐食があること。
(3)	揚水装置	揚水ポンプ	揚水ポンプの取付け及び作動の状況	触診及び聴診により確認する。	取付けが堅固でないこと又は異常音若しくは異常な振動があること。
			揚水ポンプの軸受部の給油の状況	触診及び聴診により確認する。	異常な発熱があること。
			グランドパッキンの摩耗の状況	目視により確認する。	摩耗により著しい漏水があること。
		電動機	揚水ポンプ電動機の電流	電流値を測定する。	運転時の電流が定格電流値を超えていること。
		弁類	弁類の取付け及び破損の状	目視により確認するとともに、作動の状況を確認	取付けが堅固でないこと又は破損していること。

		集毛器	集毛器の損傷の状況	目視により確認する。	集毛器若しくは集毛かごに腐食若しく変形があること又は集毛器若しくは集毛かごが破損していること。
		圧力計	圧力計の取付けの状況	設計図書との照合等により確認する。	圧力計が設計図書のとおりに取り付けられていないこと。
			圧力計の破損及び作動の状況	目視により確認する。	破損していること若しくは指示が読み取れないこと又は作動が確実でないこと。
⑷	アクチュエーター	アクチュエーターの取付けの状況	目視により確認する。	取付けが堅固でないこと又は運転継続に支障をきたしていること。
		アクチュエーターの劣化及び損傷の状況	目視により確認する。	ロッド表面に運転上支障をきたすおそれのあるあばた状の錆又は傷があること。
		アクチュエーターの作動の状況	目視により確認する。	作動が円滑でないこと又は異常音、異常な振動、著しい油漏れ若しくは空気漏れがあること。
⑸	離脱防止装置	プランジャーの離脱防止装置の状況	目視により確認する。	プランジャーの離脱防止装置の作動が確実でないこと。
⑹	配管及び耐震対策	配管の固定の状況	目視により確認する。	固定が不十分で、運転上支障をきたしていること。
		配管の油、空気、水等の漏れの状況	目視、触診及び聴診により確認する。	継手の接続部より著しい油、空気、水等の漏れがあること。
		配管の劣化及び損傷の状況	目視により確認する。	著しい錆又は腐食があること。
		配管の耐震措置の状況	目視及び触診により確認する。	地震その他の震動又は衝撃を緩和するための措置

					が講じられていないこと。
	(7)	油圧ゴムホース	油圧ゴムホースの劣化及び損傷の状況	目視により確認する。	異常な変形若しくは油漏れがあること又は表層部に著しい傷若しくは摩損があること。
9 電気設備	(1)	受電盤、制御盤及び操作盤	受電盤の設置位置の状況	目視により確認する。	受電盤主開閉器が安全かつ容易に操作できないこと。
			盤の取付け並びに劣化及び損傷の状況	目視により確認する。	取付けが堅固でないこと又は腐食があること。
			盤内環境の状況	目視により確認する。	盤内に著しいほこりの堆積等があること又は過度の湿気の滞留があること。
			盤内の各機器の取付けの状況	目視により確認する。	取付けが堅固でないこと又は緩みがあること。
			盤内の各機器の作動の状況	作動の状況を確認する。	開閉器、接触器、継電器、抵抗器、スイッチ等の作動が確実でないこと。
			回路の絶縁の状況	絶縁抵抗値を測定する。	絶縁抵抗値が遊戯施設の検査標準（JIS A1701）表6に規定する値に適合していないこと。
			盤の接地の状況	接地抵抗値を測定する。	接地抵抗値が遊戯施設の検査標準（JIS A1701）表7に規定する値に適合していないこと。
	(2)	電圧計、電流計及び表示灯	盤内の計器及び表示灯の作動の状況	目視により確認する。	電圧計、電流計又は表示灯の指示、作動又は点灯が確実でないこと。
			盤内の計器及び表示灯の破損の状況	目視により確認する。	電圧計、電流計又は表示灯が破損していること。
	(3)	配電線及び配管	電線の劣化及	目視により確認する。	傷又は接続部の緩みによ

		び損傷の状況		り短絡のおそれがあること。
		接地線の接地抵抗	接地抵抗値を測定する。	接地抵抗値が遊戯施設の検査標準（JIS A1701）表7に規定する値に適合していないこと。
(4)	避雷設備	避雷設備の総合接地抵抗	総合接地抵抗値を測定する。	総合接地抵抗値が 10Ω を超えていること。
		突針、支持金物、引下げ導線等の取付けの状況	目視により確認する。	突針、支持金物、引下げ導線等の取付けが堅固でないこと。
(5)	照明電飾	照明器具の取付け及び破損の状況	目視により確認する。	取付けが堅固でないこと又は灯管球が破損していること。
		変圧器の取付けの状況	目視により確認する。	取付けが堅固でないこと。
		照明電飾回路の絶縁抵抗	絶縁抵抗値を測定する。	絶縁抵抗値が遊戯施設の検査標準（JIS A1701）表6に規定する値に適合していないこと。
		照明電飾器具の取付けの状況	目視により確認する。	取付けが堅固でないこと。
(6)	給電線及び集電装置	給電線の取付けの状況	目視により確認する。	取付けが堅固でないこと又は断線していること。
		集電装置の取付け及び接触の状況	目視により確認するとともに、集電装置側の電圧を測定する。	取付けが堅固でないこと、破損していること又は接触不良があること。
		給電線及び集電子の摩耗の状況	給電線及び集電子の摩耗を測定する。	摩耗が是正が必要な状態として製造者が定める基準値（製造者が指定していない場合にあっては、給電線においては設置時の 30%、集電子においては設置時の厚みの 50%）を超えていること又

					は取付ビスが給電線を傷つけていること。
			給電線及び集電装置の破損の状況	目視により確認する。	破損していること。
	(7)	リミットスイッチ及びセンサー	リミットスイッチ及びセンサーの取付けの状況	目視及び触診により確認する。	取付けが堅固でないこと。
			リミットスイッチ及びセンサーの錆及び腐食並びに破損の状況	目視により確認する。	著しい錆若しくは腐食又は破損があること。
			リミットスイッチ及びセンサーの作動の状況	作動の状況を確認する。	作動が確実でないこと。
	(8)	非常停止ボタン	非常停止ボタンの作動の状況	作動の状況を確認する。	作動が確実でないこと。
			非常停止ボタンの設置位置の状況	目視により確認する。	速やかに作動させることができる位置に設置されていないこと。
10 その他の設備	(1)	乗降場及びスタート台	乗降場の劣化及び損傷の状況	目視により確認する。	構造部材に運行上支障をきたすおそれのある腐食があること又は破損していること。
			点検用はしご、踊場の取付け並びに劣化及び損傷の状況	取付部を目視により確認するとともに、テストハンマーによる打検又は目視による緩み確認マークの位置の確認その他ナットの緩みを確認できる方法により確認する。	取付けが堅固でないこと、運行上支障をきたすおそれのある腐食があること又は破損していること。
			スタート台及び階段の構造部材の劣化及	目視により確認する。	構造部材に運行上支障をきたすおそれのある腐食があること又は破損して

			び損傷の状況		いること。
			スタート台及び階段の床の劣化及び損傷の状況	目視により確認する。	腐食があること又は破損していること。
(2)	着水部	着水部及び水深	着水部の寸法及び水深（平成29年国土交通省告示第247号第2第二号に掲げる側壁を設けていないものに限る。）	着水部の寸法及び水深を測定する。	客席部分からの出口の直前1.5m以上の部分を直線とし、かつ、当該出口に深さを85cm、当該出口の先端からの長さを6m（安全上支障ない場合においては、3m）以上としたプールを設けていないこと。
			着水部の劣化及び損傷の状況	目視により確認する。	き裂があること若しくは破損していること又は滑走者の安全上支障をきたす床若しくは側壁表面の傷又は塗装の剥離があること。
			着水部の漏水の状況	24時間漏水試験により確認する。	漏水により水深が規定の95％以上確保できないこと。
			二重吸い込み防止柵の取付けの状況	目視及び触診により確認する。	二重吸い込み防止柵が設置されていないこと、緩み、変形若しくは腐食があること又は破損していること。
(3)	点検用歩廊		点検用歩廊の取付け並びに劣化及び損傷の状況	取付部を目視により確認するとともに、テストハンマーによる打検又は目視による緩み確認マークの位置の確認その他ナットの緩みを確認できる方法により確認する。	取付けが堅固でないこと、運行上支障をきたすおそれのある腐食若しくは変形があること又は破損していること。
(4)	安全柵		安全柵の構造及び寸法の状況	目視及び採寸により確認する。	構造及び寸法が平成12年建設省告示第1419号第7第四号の規定に適合しな

				いこと。
		安全柵の取付け及び劣化及び損傷の状況	目視及び触診により取付部を確認するとともに、テストハンマーによる打検又は目視による緩み確認マークの位置の確認その他ナットの緩みを確認できる方法により確認する。	取付けが堅固でないこと、運行上支障をきたすおそれのある腐食若しくは変形があること又は破損していること。
(5)	運転室	運転室の劣化及び損傷並びに窓及び扉の施錠の状況	目視により確認する。	錆若しくは腐食があること、部分的に破損していること又は窓若しくは扉の施錠が確実でないこと。
		運転室の設置の状況	目視により確認する。	運転室から人の乗降が監視できないこと。
		カーブミラー、モニターテレビ等の破損及び作動の状況	目視により確認するとともに、作動の状況を確認する。	破損していること又は作動が正常でないこと。
(6)	機械室	機械室の劣化及び損傷並びに窓及び扉の機能の状況	目視により確認する。	錆若しくは腐食があること、部分的に破損していること又は窓若しくは扉の施錠が確実でないこと。
(7)	放送設備及び信号装置	警報ベル、ブザー等の作動の状況	作動の状況を確認する。	警報ベル又はブザーが鳴動しないこと。
		放送設備の作動の状況	作動の状況を確認する。	放送できないこと。
(8)	定員及び使用制限等の表示	定員の表示の状況	目視により確認する。	客席部分の見やすい位置に定員を明示した標識が掲示されていないこと。
		使用制限の表示の状況	目視により確認する。	客席部分又は乗り場に施設の使用の制限に関する事項が掲示されていないこと。

		運転室の運行管理者、運転者、定期検査報告済証等の表示の状況	目視により確認する。	運行管理者、運転者、定期検査報告済証その他必要な事項が掲示されていないこと。
(9)	風速計	発信器の取付け及び作動の状況	目視により確認する。	取付けが堅固でないこと又は回転が円滑でないこと若しくは感知しないこと。
		風速計の機能の状況	作動の状況を確認する。	警報設定値が製造者等が定める基準値と異なること。ただし、製造者等が指定していない場合にあっては、警報設定値が毎秒15mを超えていること。
(10)	非常救出装置	予備動力装置の作動の状況	作動の状況を確認する。	作動しないこと。
		手動装置の作動の状況	作動の状況を確認する。	作動が確実でないこと。
		バッテリーの機能の状況	目視により確認する。	電解液の量又は充電量が適切でないこと。
		移動式の救出用具の設置及び破損の状況	目視により確認する。	破損しており使用できないこと又は保管されていないこと。
(11)	装飾物	装飾物の取付けの状況	取付部を目視により確認するとともに、テストハンマーによる打検又は目視による緩み確認マークの位置の確認その他ナットの緩みを確認できる方法により確認する。	取付けが堅固でないこと。
		装飾物の取付部の劣化及び損傷の状況	目視により確認する。	取付部に腐食があること又は破損していること。

別　記　(略)

〔平成28年 4 月22日国土交通省告示第699号〕
建築設備についての検査等と併せて検査等を一体的に行うこと が合理的である防火設備を定める件

　建築基準法施行規則（昭和25年建設省令第40号）第 6 条の 6 の表(2)の項に基づき、建築設備についての検査等と併せて検査等を一体的に行うことが合理的である防火設備を次のように定める。

　建築基準法施行規則第 6 条の 6 の表(2)の項に規定する建築設備についての検査等と併せて検査等を一体的に行うことが合理的である防火設備は、防火ダンパーとする。

　　　　附　則
　この告示は、平成28年 6 月 1 日から施行する。

〔平成28年 4 月22日国土交通省告示第700号〕
建築基準法施行規則の規定により建築に関する知識及び経験を 有する者として国土交通大臣が定める者を指定する件

最終改正　平成29年 9 月29日国土交通省告示第888号

　建築基準法施行規則（昭和25年建設省令第40号）第 6 条の 9 第一号（同規則第 6 条の12、第 6 条の14及び第 6 条の16において準用する場合を含む。）の規定に基づき、建築に関する知識及び経験を有する者として国土交通大臣が定める者を次のように定める。

第1　登録特定建築物調査員講習を受講することができる者は、次の各号のいずれかに該当する者とする。
　一　学校教育法（昭和22年法律第26号）による大学（短期大学を除く。以下単に「大学」という。）において、正規の建築学、土木工学、機械工学若しくは電気工学又はこれらに相当する課程を修めて卒業した後、建築に関して 2 年以上の実務の経験を有する者
　二　学校教育法による短期大学（修業年限が 3 年であるものに限り、同法による専門職大学の 3 年の前期課程を含む。第 2 第二号、第 3 第二号及び第 4 第二号において「 3 年短期大学等」という。）において、正規の建築学、土木工学、機械工学若しくは電気工学又はこれらに相当する課程（夜間において授業を行うものを除く。）を修めて卒業した後（同法による専門職大学の前期課程にあっては、修了した後。次号、第 2 第二号及び第三号、第 3 第二号及び第三号並びに第 4 第二号及び第三号において同じ。）、建築に関して 3 年以上の実務の経験を有する者
　三　学校教育法による短期大学（同法による専門職大学の前期課程を含む。第 2 第三号、第 3 第三号及び第 4 第三号において単に「短期大学」という。）又は高等専門学校（以下単に「高等専門学校」という。）において、正規の建築学、土木工学、機械工学若しくは電気工学又はこれらに相当する課程を修めて卒業した後、建築に関して 4 年以上の実務の経験を有する者（前号に掲げる者を除く。）

四　学校教育法による高等学校又は中等教育学校（以下単に「高等学校等」という。）において、正規の建築学、土木工学、機械工学若しくは電気工学又はこれらに相当する課程を修めて卒業した後、建築に関して7年以上の実務の経験を有する者

五　建築に関して11年以上の実務の経験を有する者

六　建築行政に関して2年以上の実務の経験を有する者

七　火災予防業務に関して5年以上の消防吏員としての実務の経験を有する者

八　消防法（昭和23年法律第186号）第8条の2の2第1項に規定する防火対象物点検資格者として5年以上の実務の経験を有する者

九　消防法第17条の6第2項に規定する甲種消防設備士として5年以上の実務の経験を有する者

十　前各号と同等以上の知識及び経験を有する者

第2　登録建築設備検査員講習を受講することができる者は、次の各号のいずれかに該当する者とする。

一　大学において、正規の建築学、機械工学若しくは電気工学又はこれらに相当する課程を修めて卒業した後、建築設備に関して2年以上の実務の経験を有する者

二　3年短期大学等において、正規の建築学、機械工学若しくは電気工学又はこれらに相当する課程（夜間において授業を行うものを除く。）を修めて卒業した後、建築設備に関して3年以上の実務の経験を有する者

三　短期大学又は高等専門学校において、正規の建築学、機械工学若しくは電気工学又はこれらに相当する課程を修めて卒業した後、建築設備に関して4年以上の実務の経験を有する者（前号に掲げる者を除く。）

四　高等学校等において、正規の建築学、機械工学若しくは電気工学又はこれらに相当する課程を修めて卒業した後、建築設備に関して7年以上の実務の経験を有する者

五　建築設備に関して11年以上の実務の経験を有する者

六　建築行政（建築設備に関するものに限る。）に関して2年以上の実務の経験を有する者

七　建築士法（昭和25年法律第202号）第2条第5項に規定する建築設備士の資格を有する者

八　前各号と同等以上の知識及び経験を有する者

第3　登録防火設備検査員講習を受講することができる者は、次の各号のいずれかに該当する者とする。

一　大学において、正規の建築学、機械工学若しくは電気工学又はこれらに相当する課程を修めて卒業した後、防火設備に関して2年以上の実務の経験を有する者

二　3年短期大学等において、正規の建築学、機械工学若しくは電気工学又はこれらに相当する課程（夜間において授業を行うものを除く。）を修めて卒業した後、防火設備に関して3年以上の実務の経験を有する者

三　短期大学又は高等専門学校において、正規の建築学、機械工学若しくは電気工学又はこれらに相当する課程を修めて卒業した後、防火設備に関して4年以上の実務の経験を有する者（前号に掲げる者を除く。）

四　高等学校等において、正規の建築学、機械工学若しくは電気工学又はこれらに相当する課程を修めて卒業した後、防火設備に関して7年以上の実務の経験を有する者

五　防火設備に関して11年以上の実務の経験を有する者

六　建築行政（防火設備に関するものに限る。）に関して２年以上の実務の経験を有する者

七　火災予防業務に関して消防吏員として５年以上の実務経験を有する者

八　感知器に関して消防法施行規則（昭和36年自治省令第６号）第31条の６第６項に規定する消防設備点検資格者として５年以上の実務経験を有する者

九　感知器に関して消防法第17条の６第２項に規定する甲種消防設備士又は乙種消防設備士として５年以上の実務経験

十　前各号と同等以上の知識及び経験を有する者

第4　登録昇降機等検査員講習を受講することができる者は、次の各号のいずれかに該当する者とする。

一　大学において、正規の機械工学若しくは電気工学又はこれらに相当する課程を修めて卒業した後、昇降機又は遊戯施設に関して２年以上の実務の経験を有する者

二　３年短期大学等において、正規の機械工学若しくは電気工学又はこれらに相当する課程（夜間において授業を行うものを除く。）を修めて卒業した後、昇降機又は遊戯施設に関して３年以上の実務の経験を有する者

三　短期大学又は高等専門学校において、正規の機械工学若しくは電気工学又はこれらに相当する課程を修めて卒業した後、昇降機又は遊戯施設に関して４年以上の実務の経験を有する者（前号に掲げる者を除く。）

四　高等学校等において、正規の機械工学若しくは電気工学又はこれらに相当する課程を修めて卒業した後、昇降機又は遊戯施設に関して７年以上の実務の経験を有する者

五　昇降機又は遊戯施設に関して11年以上の実務の経験を有する者

六　建築行政（昇降機又は遊戯施設に関するものに限る。）に関して２年以上の実務の経験を有する者

七　昇降機又は遊戯施設に関する法令の施行に関して５年以上の実務の経験（前号に掲げるものを除く。）を有する者

八　前各号と同等以上の知識及び経験を有する者

附　則

この告示は、平成28年６月１日から施行する。

〔平成13年10月15日国土交通省告示第1541号〕

構造耐力上主要な部分である壁及び床版に、枠組壁工法により設けられるものを用いる場合における技術的基準に適合する当該壁及び床版の構造方法を定める件

最終改正　令和2年8月28日国土交通省告示第821号

　　建築基準法施行規則（昭和25年建設省令第40号）第8条の3の規定に基づき、構造耐力上主要な部分である壁及び床版に、枠組壁工法（木材を使用した枠組に構造用合板その他これに類するものを打ち付けることにより、壁及び床版を設ける工法をいう。）により設けられるものを用いる場合における国土交通大臣が定める技術的基準に適合する当該壁及び床版の構造方法を次のように定める。

第1　構造耐力上主要な部分である壁に、枠組壁工法により設けられるものを用いる場合における技術的基準に適合する当該壁の構造方法は、次の各号に定めるところによる。

　一　耐力壁は、外壁又は間仕切壁のそれぞれについて、木質接着複合パネル（平成12年建設省告示第1446号第1第十三号に規定する木質接着複合パネルをいう。以下同じ。）を使用するものとこれ以外の工法によるものとを併用してはならない。

　二　耐力壁は、建築物に作用する水平力及び鉛直力に対して安全であるように、釣合い良く配置しなければならない。この場合において、耐力壁の負担する鉛直力を負担する柱又は耐力壁以外の壁（常時作用している荷重(固定荷重と積載荷重との和(建築基準法施行令(昭和25年政令第338号。以下「令」という。)第86条第2項ただし書の規定によって特定行政庁が指定する多雪区域においては、更に積雪荷重を加えたものとする。))によって生ずる応力度が、当該柱又は耐力壁以外の壁の各断面の長期に生ずる力に対する許容応力度を超えないことが確かめられたものに限る。）を設ける場合においては、当該耐力壁にかえて当該柱又は耐力壁以外の壁を配置することができる。

　三　2階部分又は3階部分に耐力壁を設けず当該部分を小屋裏とする場合においては、直下階の構造耐力上主要な部分が当該小屋裏の荷重を直接負担する構造としなければならない。

　四　耐力壁の下枠、たて枠及び上枠の寸法は、枠組壁工法構造用製材及び枠組壁工法構造用たて継ぎ材の日本農林規格(昭和49年農林省告示第600号。以下「枠組壁工法構造用製材等規格」という。)に規定する寸法型式204、205、206、208、304、306、404、405、406、408若しくは204Wに適合するもの又は厚さ38mm以上で幅89mm以上のものであって、かつ、下枠、たて枠若しくは上枠と床版の枠組材（床根太、端根太又は側根太をいう。以下同じ。）、頭つなぎ、まぐさ受け若しくは筋かいの両端部との緊結及び下枠若しくは上枠とたて枠との緊結に支障がないものとしなければならない。

　五　各階の張り間方向及び桁行方向に配置する耐力壁は、それぞれの方向につき、耐力壁のたて枠相互の間隔が50cmを超える場合においては次の表1の、当該間隔が50cm以下の場合においては次の表1-2の耐力壁の種類の欄に掲げる区分に応じて当該耐力壁の長さに同表の倍率の欄に掲げる数値を乗じて得た長さの合計を、その階の床面積（その階又は上の階の小屋裏、天井裏その他これらに類する部分に物置等を設ける場合にあっては、平成12年建

設省告示第1351号に規定する面積をその階の床面積に加えた面積）に次の表2に掲げる数値（特定行政庁が令第88条第2項の規定によって指定した区域内における場合においては、次の表2に掲げる数値のそれぞれ1.5倍とした数値）を乗じて得た数値以上で、かつ、その階（その階より上の階がある場合においては、当該上の階を含む。）の見付面積（張り間方向又はけた行方向の鉛直投影面積をいう。以下同じ。）からその階の床面からの高さが1.35m以下の部分の見付面積を減じたものに次の表3に掲げる数値を乗じて得た数値以上としなければならない。

表1

耐力壁の種類				倍率
	緊結の方法			
	くぎ又はねじの種類	くぎ又はねじの本数	くぎ又はねじの間隔	
(1) 構造用合板若しくは化粧ばり構造用合板（合板の日本農林規格（平成15年農林水産省告示第233号。以下「合板規格」という。）に規定する特類又は一類（屋外に面する部分（防水紙その他これに類するもので有効に防水されている部分を除く。）又は湿潤状態となるおそれのある部分（常時湿潤状態となるおそれのある部分を除く。）に用いる場合は特類に限る。）をいう。以下「構造用合板等」という。）のうち厚さ7.5mm以上の一級若しくは厚さ9mm以上の二級、構造用パネル（構造用パネルの日本農林規格（昭和62年農林水産省告示第360号。以下「構造用パネル規格」という。）に規定する一級、二級、三級又は四級をいう。表1-2(4)及び(7)において同じ。）、ハードボード（日本産業規格（以下「JIS」という。）A5905（繊維板)-1994に規定するハード	CN50 CNZ50 BN50	—	壁材の外周部分は10cm以下、その他の部分は20cm以下	3.0

	ファイバーボードの35タイプ又は45タイプをいう。以下同じ。）のうち厚さ7mm以上のもの又はパーティクルボード（JIS A5908（パーティクルボード)-1994に規定する18タイプ、13タイプ、24-10タイプ、17.5-10.5タイプ又は30-15タイプをいう。以下同じ。）のうち厚さ12mm以上のものを片側全面に打ち付けた耐力壁			
(2)	構造用合板等のうち厚さ7.5mm以上9mm未満の二級又はハードボードのうち厚さ5mm以上7mm未満のものを片側全面に打ち付けた耐力壁	CN50 CNZ50 BN50	―	壁材の外周部分は10cm以下、その他の部分は20cm以下	2.5
(3)	構造用せっこうボードA種（JIS A6901（せっこうボード製品)-2005に規定する構造用せっこうボードA種をいう。以下同じ。）のうち厚さ12mm以上のものを片側全面に打ち付けた耐力壁	GNF40 SF45 WSN DTSN	―	壁材の外周部分は10cm以下、その他の部分は20cm以下	1.7
(4)	構造用せっこうボードB種（JIS A6901（せっこうボード製品)-2005に規定する構造用せっこうボードB種をいう。以下同じ。）のうち厚さ12mm以上のものを片側全面に打ち付けた耐力壁	GNF40 SF45 WSN DTSN	―	壁材の外周部分は10cm以下、その他の部分は20cm以下	1.5
(5)	フレキシブル板（JIS A5430（繊維強化セメント板)-2001に規定するフレキシブル板をいう。以下同じ。）のうち厚さ6mm以上のものを片側全面に打ち付けた耐力壁	GNF40 SF45	―	壁材の外周部分は15cm以下、その他の部分は30cm以下	1.5

(6)	強化せっこうボード（JIS A6901（せっこうボード製品）-2005に規定する強化せっこうボードをいう。以下同じ。）のうち厚さ12mm以上のものを片側全面に打ち付けた耐力壁	GNF40 SF45 WSN DTSN	—	壁材の外周部分は10cm以下、その他の部分は20cm以下	1.3
(7)	せっこうボード（JIS A6901（せっこうボード製品）-2005に規定するせっこうボードをいう。以下同じ。）のうち厚さ12mm以上のものを片側全面に打ち付けた耐力壁	GNF40 SF45 WSN DTSN	—	壁材の外周部分は10cm以下、その他の部分は20cm以下	1
(8)	シージングボード（JIS A5905（繊維板）-1994に規定するシージングボードをいう。以下同じ。）のうち厚さ12mm以上のものを片側全面に打ち付けた耐力壁	SN40	—	壁材の外周部分は10cm以下、その他の部分は20cm以下	1
(9)	(1)から(8)までに掲げる壁材を両側全面に打ち付けた耐力壁	(1)から(8)までのそれぞれの種類	(1)から(8)までのそれぞれの本数	(1)から(8)までのそれぞれの間隔	(1)から(8)までのそれぞれの数値と(1)から(8)までのそれぞれの数値との和（5を超えるときは、5）
(10)	厚さ18mm以上、幅89mm以上の筋かいを入れた耐力壁	CN65 CNZ65	下枠、たて枠及び上枠2本	—	0.5
		BN65	下枠、たて枠及び上枠3本		
(11)	(1)から(9)までに掲げる耐力壁と(10)に掲げる筋かいとを併用	(1)から(10)までのそれぞ	(1)から(10)までのそれぞ	(1)から(10)までのそれぞ	(1)から(9)までのそれぞれの数値と(10)の数値と

した耐力壁	れの種類	れの本数	れの間隔	の和（5を超えるときは、5）

1　この表において、SF45、CN50、CN65、CNZ50、CNZ65、BN50、BN65、GNF40及びSN40は、それぞれJIS A5508（くぎ）-2005に規定するSF45、CN50、CN65、CNZ50、CNZ65、BN50、BN65、GNF40及びSN40を、WSNは、JIS B1112（十字穴付き木ねじ）-1995に適合する十字穴付き木ねじであって、呼び径及び長さが、それぞれ3.8mm及び32mm以上のものを、DTSNは、JIS B1125（ドリリングタッピンねじ）-2003に適合するドリリングタッピンねじであって、頭部の形状による種類、呼び径及び長さが、それぞれトランペット、4.2mm及び30mm以上のものを表すものとする。以下表1-2において同じ。

2　⑩に掲げる耐力壁であって、壁の枠組材と筋かいの両端部の短期に生ずる力に対する許容せん断力が1,100N/箇所以上であることが確かめられた場合においては、緊結の方法の欄に掲げる方法によらないことができる。

表1-2

	耐 力 壁 の 種 類				倍　率
		緊結の方法			
		くぎ又はねじの種類	くぎ又はねじの本数	くぎ又はねじの間隔	
(1)	構造用合板等のうち厚さ12mm以上の一級若しくは二級又は構造用パネル（構造用パネル規格に規定する一級、二級又は三級のものに限る。(5)において同じ。）のうち厚さが12mm以上のものを片側全面に打ち付けた耐力壁	CN65 CNZ65	―	壁材の外周部分は5cm以下、その他の部分は20cm以下	4.8
(2)	構造用パーティクルボード（JIS A5908（パーティクルボード）-2015に規定する構造用パーティクルボードに限る。以下同じ。）又は構造用MDF（JIS A5905（繊維板）-2014に規定する構造用MDFに限る。以下同じ。）を片側全面に打ち付けた耐力壁	CN50 CNZ50	―	壁材の外周部分は5cm以下、その他の部分は20cm以下	4.8

(3)	構造用合板等のうち厚さ12mm以上の一級又は二級を片側全面に打ち付けた耐力壁	CN65 CNZ65	—	壁材の外周部分は7.5cm以下、その他の部分は20cm以下	4.5
(4)	構造用合板等のうち厚さ9mm以上の一級若しくは二級又は構造用パネルのうち厚さが9mm以上のものを片側全面に打ち付けた耐力壁	CN50 CNZ50	—	壁材の外周部分は5cm以下、その他の部分は20cm以下	3.7
(5)	構造用合板等のうち厚さ12mm以上の一級若しくは二級又は構造用パネルのうち厚さが12mm以上のものを片側全面に打ち付けた耐力壁	CN65 CNZ65	—	壁材の外周部分は10cm以下、その他の部分は20cm以下	3.6
(6)	構造用合板等のうち厚さ9mm以上の一級を片側全面に打ち付けた耐力壁	CN50 CNZ50 BN50	—	壁材の外周部分は10cm以下、それ以外の部分は20cm以下	3.5
(7)	構造用合板等のうち厚さ7.5mm以上9mm未満の一級若しくは厚さ9mm以上の二級、ハードボードのうち厚さ7mm以上のもの、パーティクルボードのうち厚さ12mm以上のもの、構造用パーティクルボード、構造用MDF又は構造用パネルを片側全面に打ち付けた耐力壁	CN50 CNZ50 BN50	—	壁材の外周部分は10cm以下、その他の部分は20cm以下	3
(8)	構造用合板等で厚さ7.5mm以上9mm未満の二級、ハードボードで厚さ5mm以上7mm未満のもの又は硬質木	CN50 CNZ50	—	壁材の外周部分は10cm以下、その他の部	2.5

	片セメント板で厚さ12mm以上のものを片側全面に打ち付けた耐力壁	BN50		分は20cm以下	
(9)	フレキシブル板のうち厚さ6mm以上のものを片側全面に打ち付けた耐力壁	GNF40 SF45	—	壁材の外周部分は15cm以下、その他の部分は30cm以下	2
(10)	パルプセメント板（JIS A5414（パルプセメント板）-1993に規定する1.0板をいう。）のうち厚さ8mm以上のものを片側全面に打ち付けた耐力壁	GNF40 SF45	—	壁材の外周部分は10cm以下、その他の部分は20cm以下	2
(11)	構造用せっこうボードA種のうち厚さ12mm以上のものを片側全面に打ち付けた耐力壁	GNF40 SF45 WSN DTSN	—	壁材の外周部分は10cm以下、その他の部分は20cm以下	1.7
(12)	構造用せっこうボードB種のうち厚さ12mm以上のものを片面全面に打ち付けた耐力壁	GNF40 SF45 WSN DTSN	—	壁材の外周部分は10cm以下、その他の部分は20cm以下	1.5
(13)	厚さ13mm以上、幅21cm以上の製材を片側全面に斜めに打ち付けた耐力壁	CN50 CNZ50	下枠、たて枠及び上枠2本	—	1.5
		BN50	下枠、たて枠及び上枠3本		
(14)	強化せっこうボードのうち厚さ12mm以上のものを片側全面に打ち付けた耐力壁	GNF40 SF45 WSN DTSN	—	壁材の外周部分は10cm以下、その他の部分は20cm	1.3

				以下	
(15)	せっこうボードのうち厚さ12mm以上のものを片側全面に打ち付けた耐力壁	GNF40 SF45 WSN DTSN	—	壁材の外周部分は10cm以下、その他の部分は20cm以下	1
(16)	ラスシート（角波亜鉛鉄板は厚さ0.4mm以上、メタルラスは厚さ0.6mm以上のものに限る。）を片側全面に打ち付けた耐力壁	CN50 CNZ50 BN50	—	壁材の外周部分は10cm以下、その他の部分は20cm以下	1
(17)	シージングボードのうち厚さ12mm以上のものを片側全面に打ち付けた耐力壁	SN40	—	壁材の外周部分は10cm以下、その他の部分は20cm以下	1
(18)	厚さ13mm以上、幅21cm以上の製材を片側全面に横に打ち付けた耐力壁	CN50 CNZ50	下枠、たて枠及び上枠2本	—	0.5
		BN50	下枠、たて枠及び上枠3本		
(19)	(1)から(18)までに掲げる壁材を両側全面に打ち付けた耐力壁	(1)から(18)までのそれぞれの種類	(1)から(18)までのそれぞれの本数	(1)から(18)までのそれぞれの間隔	(1)から(18)までのそれぞれの数値と(1)から(18)までのそれぞれの数値との和（5を超えるときは、5）
(20)	厚さ18mm以上、幅89mm以上の筋かいを入れた耐力壁	CN65 CNZ65	下枠、たて枠及び上枠2本	—	0.5
			下枠、たて		

			BN65	枠及び上枠 3本		
(21)	(1)から(19)までに掲げる耐力壁と(20)に掲げる筋かいとを併用した耐力壁	(1)から(20)までのそれぞれの種類	(1)から(20)までのそれぞれの本数	(1)から(20)までのそれぞれの間隔	(1)から(19)までのそれぞれの数値と(20)との和（5を超えるときは、5）

1　(18)に掲げる耐力壁であって、壁の枠組材と筋かいの両端部の短期に生ずる力に対する許容せん断力が1,100N/箇所以上であることが確かめられた場合においては、緊結の方法の欄に掲げる方法によらないことができる。

2　2以上の項に該当する場合は、これらのうち倍率の欄に掲げる数値が最も大きいものである項に該当するものとする。

表2

			階の床面積に乗ずる数値（単位　cm/m²）						
建築物			地階を除く階数が1の建築物（以下「平屋建ての建築物」という。）	地階を除く階数が2の建築物（以下「2階建ての建築物」という。）		地階を除く階数が3の建築物で、3階部分に耐力壁を設けず当該部分を小屋裏とし、かつ、3階の床面積が2階の床面積の$\frac{1}{2}$以下の建築物（以下「3階建ての小屋裏利用建築物」という。）		地階を除く階数が3の建築物で、左欄に掲げる建築物以外のもの（以下「3階建ての建築物」という。）		
				1階	2階	1階	2階	1階	2階	3階
令第86条第2項ただし書の規定によって特定行	屋根を金属板、石板、木板その他これらに類する軽い	11	29	15	38	25	46	34	18

(1)	政庁が指定する多雪区域(以下単に「多雪区域」という。)以外の区域における建築物	材料でふいたもの								
		屋根をその他の材料でふいたもの	15	33	21	42	30	50	39	24
(2)	多雪区域における建築物	令第86条第1項に規定する垂直積雪量(以下単に「垂直積雪量」という。)が1mの区域におけるもの	25	43	33	52	42	60	51	35
		垂直積雪量が1mを超え2m未満の区域におけるもの	25と39とを直線的に補間した数値	43と57とを直線的に補間した数値	33と51とを直線的に補間した数値	52と66とを直線的に補間した数値	42と60とを直線的に補間した数値	60と74とを直線的に補間した数値	51と68とを直線的に補間した数値	35と55とを直線的に補間した数値
		垂直積雪量が2mの区域におけるもの	39	57	51	66	60	74	68	55

　この表において、屋根に雪止めがなく、かつ、その勾配が30度を超える建築物又は雪下ろしを行う慣習のある地方における建築物については、垂直積雪量をそれぞれ次のイ又はロに定める数値とみなして(2)を適用した場合における数値とすることができる。

この場合において、垂直積雪量が1m未満の区域における建築物とみなされるものについては、平屋建て建築物にあっては25と39とを、2階建ての建築物の1階にあっては43と57とを、2階建ての建築物の2階にあっては33と51とを、3階建ての小屋裏利用建築物の1階にあっては52と66とを、3階建ての小屋裏利用建築物の2階にあっては42と60とを、3階建ての建築物の1階にあっては60と74とを、3階建ての建築物の2階にあっては51と68とを、3階建ての建築物の3階にあっては35と55とをそれぞれ直線的に延長した数値とする。

　イ　令第86条第4項に規定する屋根形状係数を垂直積雪量に乗じた数値（屋根の勾配が60度を超える場合は、0）

　ロ　令第86条第6項の規定により積雪荷重の計算に用いられる垂直積雪量の数値

表3

	区　　　　　域	見付面積に乗ずる数値（単位　cm/m²）
(1)	特定行政庁がその地方における過去の風の記録を考慮してしばしば強い風が吹くと認めて規則で指定した区域	50を超え、75以下の範囲において特定行政庁がその地方における風の状況に応じて規則で定めた数値
(2)	(1)に掲げる区域以外の区域	50

六　耐力壁相互の距離は12m以下とし、かつ、耐力壁線により囲まれた部分の水平投影面積は40m²以下としなければならない。ただし、床版の枠組材と床材とを緊結する部分を構造耐力上有効に補強した場合にあっては、当該水平投影面積を60m²以下（耐力壁線により囲まれた部分の長辺の長さに対する短辺の長さの比が$\frac{1}{2}$を超える場合にあっては72m²）とすることができることとする。

七　外壁の耐力壁線相互の交さする部分（以下この号及び第3第二号において「交さ部」という。）には、長さ90cm以上の耐力壁を1以上設けなければならない。ただし、交さ部を構造耐力上有効に補強した場合において、交さ部に接する開口部又は交さ部からの距離が90cm未満の開口部で、幅（交さ部から開口部までの距離を含み、外壁の双方に開口部を設ける場合は、それらの幅の合計とする。）が4m以下のものを設けるときは、この限りでない。

八　耐力壁のたて枠相互の間隔は、次の表に掲げる数値以下（たて枠に枠組壁工法構造用製材等規格に規定する寸法型式206、306若しくは406に適合する製材又は厚さ38mm以上で幅140mm以上の製材を使用する耐力壁については、50cm（当該耐力壁を3階建ての建築物の3階、2階建ての建築物の2階又は平屋建ての建築物に用いる場合については、65cm）以下、たて枠に枠組壁工法構造用製材等規格に規定する寸法型式208若しくは408に適合する製材又は厚さ38mm以上で幅184mm以上の製材を使用する耐力壁については、65cm以下）としなければならない。ただし、令第82条第一号から第三号までに定める構造計算によって構造耐力上安全であることが確かめられた場合においては、たて枠相互の間隔は、当該計算に用いた数値（当該耐力壁に木質断熱複合パネルを用いる場合を除き、当該数値が65cmを超えるときは、65cm）とすることができる。この場合において、同条各号中「構造耐力上主要な部分」とあるのは、「耐力壁」と読み替えて計算を行うものとする。

	建　築　物	3階建ての建築物の3階、2階建ての建築物の2階又は平屋建ての建築物（単位　cm）	3階建ての建築物の2階、3階建ての小屋裏利用建築物の2階又は2階建ての建築物の1階（単位　cm）	3階建ての小屋裏利用建築物の1階（単位　cm）
(1)	多雪区域以外の区域における建築物	65	50	45
(2)	多雪区域における建築物 — 垂直積雪量が1mの区域におけるもの	50	45	35
	垂直積雪量が1mを超え1.5m以下の区域におけるもの	50	35	31
	垂直積雪量が1.5mを超え2m以下の区域におけるもの	45	35	31

　この表において、屋根に雪止めがなく、かつ、その勾配が30度を超える建築物又は雪下ろしを行う慣習のある地方における建築物については、垂直積雪量がそれぞれ第五号の表2のイ又はロに定める数値の区域における建築物とみなして、この表の(2)を適用した場合における数値とすることができる。この場合において、垂直積雪量が1m未満の区域における建築物とみなされるものについては、次の表のとおりとする。

建　築　物	3階建ての建築物の3階、2階建ての建築物の2階又は平屋建ての建築物（単位　cm）	3階建ての建築物の2階、3階建ての小屋裏利用建築物の2階又は2階建ての建築物の1階（単位　cm）	3階建ての小屋裏利用建築物の1階（単位　cm）
垂直積雪量が50cm以下の区域における建築物とみなされるもの	50	50	45
垂直積雪量が50cm			

を超え1m未満の区域における建築物とみなされるもの	50	45	41

九　各耐力壁の隅角部及び交さ部には次に定めるところによりたて枠を用いるものとし、当該たて枠は相互に構造耐力上有効に緊結しなければならない。

　イ　耐力壁のたて枠に枠組壁工法構造用製材等規格に規定する寸法型式204、205、304、405又は204Wに適合する製材のみを使用し、かつ、当該たて枠相互の間隔を前号の表に掲げる数値以下とする場合にあっては、当該耐力壁により構成される隅角部及び交さ部に同規格に規定する寸法型式204、205又は304に適合する製材を3本以上使用すること。ただし、同規格に規定する寸法型式204Wに適合する製材を1本使用したときは、同規格に規定する寸法型式204に適合する製材を2本使用したものとみなし、同規格に規定する寸法型式405に適合する製材を1本使用したときは、同規格に規定する寸法型式204に適合する製材を3本使用したものとみなす。

　ロ　耐力壁のたて枠に枠組壁工法構造用製材等規格に規定する寸法型式206、208、306、404、406又は408に適合する製材を使用し、かつ、当該たて枠相互の間隔を前号の表に掲げる数値以下とする場合にあっては、当該耐力壁により構成される隅角部及び交さ部に同規格に規定する寸法型式206、208、306、404、406又は408に適合する製材を2本以上使用すること。

　ハ　イ及びロ以外の場合にあっては、次に定めるところによる。

　　(1)　耐力壁のたて枠に枠組壁工法構造用製材等規格に規定する寸法型式206に適合する製材又は厚さが38mmを超え、幅が140mmを超える製材を使用し、かつ、当該たて枠相互の間隔を50cm以下（3階建ての建築物の3階、2階建ての建築物の2階又は平屋建ての建築物の耐力壁のたて枠にあっては65cm以下）とする場合にあっては、当該耐力壁により構成される隅角部及び交さ部に同規格に規定する寸法型式206に適合する製材を3本以上又は厚さが38mmを超え、幅が140mmを超える製材を2本以上使用すること。

　　(2)　耐力壁のたて枠に枠組壁工法構造用製材等規格に規定する寸法型式208に適合する製材又は厚さが38mmを超え、幅が184mmを超える製材を使用し、かつ、当該たて枠相互の間隔を65cm以下とする場合にあっては、当該耐力壁により構成される隅角部及び交さ部に同規格に規定する寸法型式208に適合する製材を3本以上（3階建ての建築物の3階、2階建ての建築物の2階又は平屋建ての建築物にあっては2本以上）又は厚さが38mmを超え、幅が184mmを超える製材を2本以上使用すること。

十　屋外に面する部分で、かつ、隅角部又は開口部の両端の部分にある耐力壁のたて枠は、直下の床の枠組に金物（くぎを除く。以下同じ。）又は壁材で構造耐力上有効に緊結しなければならない。

十一　耐力壁の上部には、当該耐力壁の上枠と同寸法の断面を有する頭つなぎを設け、耐力壁相互を構造耐力上有効に緊結しなければならない。ただし、当該耐力壁の上枠と同寸法以上の断面を有する床版の枠組材を当該上枠に緊結し、耐力壁相互を構造耐力上有効に緊結する場

合においては、この限りでない。

十二　耐力壁線に設ける開口部の幅は4m以下とし、かつ、その幅の合計は当該耐力壁線の長さの$\frac{3}{4}$以下としなければならない。

十三　幅90cm以上の開口部の上部には、開口部を構成するたて枠と同寸法以上の断面を有するまぐさ受けによってささえられたまぐさを構造耐力上有効に設けなければならない。ただし、構造耐力上有効な補強を行った場合においては、この限りでない。

十四　筋かいには、欠込みをしてはならない。

十五　壁の各部材相互及び壁の各部材と床版、頭つなぎ（第十一号ただし書の規定により耐力壁の上枠と床版の枠組材とを緊結する場合にあっては、当該床版の枠組材。以下この号において同じ。）又はまぐさ受けとは、次の表の緊結する部分の欄に掲げる区分に応じ、それぞれ同表の緊結の方法の欄に掲げるとおり緊結しなければならない。ただし、接合部の短期に生ずる力に対する許容せん断耐力が、同表の緊結する部分の欄に掲げる区分に応じ、それぞれ同表の許容せん断耐力の欄に掲げる数値以上であることが確かめられた場合においては、この限りでない。

緊結する部分		緊 結 の 方 法			許容せん断耐力
		くぎの種類	くぎの本数	くぎの間隔	
(1)	たて枠と上枠又は下枠	C N 90 C N Z 90	2本	—	1箇所当たり 1,000 N
		C N 75 C N Z 75 B N 90 C N 65 C N Z 65 B N 75	3本		
		B N 65	4本		
(2)	下枠と床版の枠組材 / 3階建ての建築物の1階	C N 90 C N Z 90	—	25cm以下	1m当たり 3,200 N
		B N 90	—	17cm以下	
	下枠と床版の枠組材 / その他の階	C N 90 C N Z 90	—	50cm以下	1m当たり 1,600 N
		B N 90	—	34cm以下	
(3)	上枠と頭つなぎ	C N 90 C N Z 90	—	50cm以下	1m当たり 1,600 N
		B N 90	—	34cm以下	
(4)	たて枠とたて枠又はまぐ	C N 75 C N Z 75	—	30cm以下	1m当たり

さ受け				2,200 N
	B N75	—	20 cm以下	

この表において、くぎの種類の欄に掲げる記号は、JIS A 5508（くぎ）-2005に規定する規格を表すものとする。以下第2第七号の表において同様とする。

六　地階の壁は、一体の鉄筋コンクリート造（2以上の部材を組み合わせたもので、部材相互を緊結したものを含む。）としなければならない。ただし、直接土に接する部分及び地面から30 cm以内の外周の部分以外の壁は、これに作用する荷重及び外力に対して、第二号及び第四号から前号までの規定に準じ、構造耐力上安全なものとした枠組壁工法による壁とすることができる。

第2　構造耐力上主要な部分である床版に、枠組壁工法により設けられるものを用いる場合における技術的基準に適合する当該床版の構造方法は、次の各号に定めるところによる。

一　床根太、端根太及び側根太の寸法は、枠組壁工法構造用製材等規格に規定する寸法型式206、208、210、212若しくは306に適合するもの又は厚さ38 mm以上で幅140 mm以上のものであって、かつ、床根太、端根太若しくは側根太と土台、頭つなぎ若しくは床材との緊結に支障がないものとしなければならない。

二　床根太の支点間の距離は、8 m以下としなければならない。この場合において、床根太に枠組壁工法構造用製材等規格に規定する寸法型式212に適合するもの又は辺長比（当該床根太に使用する製材の厚さに対する幅の比をいう。）が286を38で除した数値より大きい数値の製材を使用する場合（当該床根太を2以上緊結して用いる場合又は床根太の支点間の距離を4.5 m未満とする場合を除く。）にあっては、3 m以下ごとに転び止めを設けなければならない。

三　床根太相互及び床根太と側根太との間隔（以下「床根太間隔」という。）は、65 cm以下としなければならない。

四　床版に設ける開口部は、これを構成する床根太と同寸法以上の断面を有する床根太で補強しなければならない。

五　2階又は3階の耐力壁の直下に耐力壁を設けない場合においては、当該耐力壁の直下の床根太は、構造耐力上有効に補強しなければならない。

六　床材は、厚さ15 mm以上の構造用合板等、厚さ18 mm以上のパーティクルボード又は構造用パネル（構造用パネル規格に規定する一級のものに限る。）としなければならない。ただし、床根太間隔を50 cm以下とする場合においては、厚さ12 mm以上の構造用合板等、厚さ15 mm以上のパーティクルボード又は構造用パネル（構造用パネル規格に規定する一級、二級又は三級（床根太相互又は床根太と側根太との間隔が31 cmを超える場合においては、同規格に規定する一級又は二級）のものに限る。）と、床根太間隔を31 cm以下とする場合においては、厚さ18 mm以上の硬質木片セメント板と、それぞれすることができる。

七　床版の各部材相互及び床版の枠組材と土台又は頭つなぎ（第1第十一号ただし書の規定により耐力壁の上枠と床版の枠組材とを緊結する場合にあっては、当該上枠。）とは、次の表の緊結する部分の欄に掲げる区分に応じ、それぞれ同表の緊結の方法の欄に掲げるとおり緊結しなければならない。ただし、接合部の短期に生ずる力に対する許容せん断耐力が、同表

の緊結する部分の欄に掲げる区分に応じ、それぞれ同表の許容せん断耐力の欄に掲げる数値以上であることが確かめられた場合においては、この限りでない。

	緊結する部分		緊 結 の 方 法			許容せん断耐力
			くぎの種類	くぎの本数	くぎの間隔	
(1)	床根太と土台又は頭つなぎ		C N 75 C N Z 75	2本	－	1箇所当たり 1,100 N
			C N 65 C N Z 65 B N 75	3本		
			B N 65	4本		
(2)	端根太又は側根太と土台又は頭つなぎ	地階を除く階数が3の建築物の1階	C N 75 C N Z 75	－	25 cm以下	1 m 当たり 2,200 N
			B N 75	－	18 cm以下	
		その他の階	C N 75 C N Z 75	－	50 cm以下	1 m 当たり 1,100 N
			B N 75	－	36 cm以下	
(3)	床版の枠組材と床材	床材の外周部分	C N 50 C N Z 50	－	15 cm以下	1 m 当たり 2,800 N
			B N 50	－	10 cm以下	
		その他の部分	C N 50 C N Z 50	－	20 cm以下	1 m 当たり 2,100 N
			B N 50	－	15 cm以下	

八　次に掲げる場合において、令第82条第一号から第三号までに定める構造計算及び建築物等の地上部分について行う令第82条の6第二号及び第三号に定める構造計算により、構造耐力上安全であることを確かめられたものについては、前各号の規定は、適用しない。

　イ　2階以上の階の床版を鉄筋コンクリート造とする場合

　ロ　2階以上の階の床版に直交集成板（平成12年建設省告示第1446号第1第二十三号に規定する直交集成板をいう。次号において同じ。）を使用する場合

　ハ　2階以上の階の床根太に軽量H形鋼（平成13年国土交通省告示第1540号第4第八号ロに規定する軽量H形鋼をいう。以下同じ。）を使用する場合

九　前号に掲げるもののほか、次に掲げる場合において、令第82条第一号から第三号までに定める構造計算により、構造耐力上安全であることを確かめられたものについては、第一号から第七号までの規定は、適用しない。この場合において、同条各号中「構造耐力上主要な部分」とあるのは、「床版」と読み替えて計算を行うものとする。

　イ　1階の床版を鉄筋コンクリート造とする場合

ロ　床ばり又はトラスを用いる場合

ハ　床版に木質断熱複合パネル（平成12年建設省告示第1446号第十二号に規定する木質断熱複合パネルをいう。）を使用する場合

ニ　床版に木質接着複合パネルを使用する場合

ホ　1階の床版に直交集成板を使用する場合

ヘ　床根太、端根太又は側根太に木質接着成形軸材料（平成12年建設省告示第1446号第1第十号に規定する木質接着成形軸材料をいう。）又は木質複合軸材料（平成12年建設省告示第1446号第1第十一号に規定する木質複合軸材料をいう。）を使用する場合

ト　床根太に薄板軽量形鋼（平成13年国土交通省告示第1540号第2第四号に規定する薄板軽量形鋼をいう。）を使用する場合

チ　1階の床根太に軽量H形鋼を使用する場合

十　前2号に掲げるもののほか、大引き又は床つかを用いる場合において、当該大引き又は床つか及びそれらの支持する床版に常時作用している荷重（固定荷重と積載荷重との和（令第86条第2項ただし書の規定によって特定行政庁が指定する多雪区域においては、更に積雪荷重を加えたものとする。））によって生ずる応力度が、当該大引き又は床つか及びそれらの支持する床版の各断面の長期に生ずる力に対する許容応力度を超えないことを確かめられたものについては、第一号から第七号までの規定は適用しない。

第3　第1及び第2で定めるもののほか、次に定める構造計算によって構造耐力上安全であることが確かめられた構造耐力上主要な部分である壁及び床版に枠組壁工法により設けられるものを用いた建築物又は建築物の構造部分（以下「建築物等」という。）については、次の各号に掲げるところによる。

一　次のイ及びロに該当する建築物等については、第1及び第2の規定（第2第一号の規定を除く。）は適用しない。

イ　次の(1)から(5)までに定めるところにより行う構造計算によって構造耐力上安全であることが確かめられたもの

(1)　令第82条各号に定めるところによること。

(2)　構造耐力上主要な部分に使用する構造部材相互の接合部がその部分の存在応力を伝えることができるものであることを確かめること。

(3)　建築物等の地上部分について、令第87条第1項に規定する風圧力（以下「風圧力」という。）によって各階に生じる水平方向の層間変位の当該各階の高さに対する割合が$\frac{1}{200}$（風圧力による構造耐力上主要な部分の変形によって建築物等の部分に著しい損傷が生ずるおそれのない場合にあっては、$\frac{1}{120}$）以内であることを確かめること。

(4)　建築物等の地上部分について、令第88条第1項に規定する地震力（以下「地震力」という。）によって各階に生ずる水平方向の層間変位の当該各階の高さに対する割合が$\frac{1}{200}$（地震力による構造耐力上主要な部分の変形によって建築物等の部分に著しい損傷が生ずるおそれのない場合にあっては、$\frac{1}{120}$）以内であることを確かめること。

(5)　建築物等の地上部分について、令第82条の3各号に定めるところによること。この場合において、耐力壁に木質接着複合パネルを用いる場合にあっては、同条第二号中「各階の構造特性を表すものとして、建築物の構造耐力上主要な部分の構造方法に応じた減

衰性及び各階の靱性を考慮して国土交通大臣が定める数値」とあるのは、「0.55以上の数値。ただし、当該建築物の振動に関する減衰性及び当該階の靱性を適切に評価して算出することができる場合においては、当該算出した数値によることができる。」と読み替えるものとする。

ロ　構造耐力上主要な部分のうち、直接土に接する部分及び地面から30cm以内の外周の部分が、鉄筋コンクリート造、鉄骨造その他腐朽及びしろありその他の虫による害で構造耐力上支障のあるものを生ずるおそれのない構造であること。

二　次のイ及びロに定めるところにより行う構造計算によって構造耐力上安全であることが確かめられた建築物等については、第1第五号、第六号、第七号（交さ部に設けた外壁の耐力壁の長さの合計が90cm以上である場合に限る。）、第十二号及び第十五号並びに第2第二号（床根太の支点間の距離に係る部分に限る。）及び第七号の規定は適用しない。

イ　前号イ(1)及び(2)に定めるところによること。

ロ　建築物等の地上部分について、令第82条の6第二号ロに定めるところによること。

三　第一号イ(1)及び(2)に定めるところにより行う構造計算によって構造耐力上安全であることが確かめられた建築物等については、第1第五号、第九号、第十一号、第十五号及び第十六号並びに第2第三号（床根太の間隔を1m以下とした場合に限る。）及び第七号の規定は適用しない。

〔令和元年 6 月21日国土交通省告示第189号〕
建築基準法施行規則第10条の 4 の 3 第 1 項第一号ヌの国土交通大臣が定める方法を定める件

　建築基準法施行規則（昭和25年建設省令第40号）第10条の 4 の 3 第 1 項第一号ヌの規定に基づき、国土交通大臣が定める方法を次のように定める。

　建築基準法施行規則第10条の 4 の 3 第 1 項第一号ヌの国土交通大臣が定める方法は、次の式により計算する方法とする。

$$L_\gamma + (\Delta L_1 + \Delta L_2 + \Delta L_3)$$

　この式において、L_γ、ΔL_1、ΔL_2 及び ΔL_3 は、それぞれ次の数値を表すものとする。

　L_γ　　敷地境界線上における騒音の大きさの基準値（単位　dB）

　ΔL_1　　距離による騒音の減衰量（単位　dB）

　ΔL_2　　消音装置を設けることその他の室外機に講じる措置による騒音の減衰量（単位　dB）

　ΔL_3　　遮音上有効な機能を有する壁その他これに類するものを設置することによる騒音の減衰量（単位　dB）

2　前項の敷地境界線上における騒音の大きさの基準値は、次の表の左欄に掲げる時間の区分に応じ、それぞれ同表の右欄に掲げる数値とする。

時　　　間	騒音の大きさの基準値（単位　dB）
午前 6 時から午後10時	55
午後10時から午前 6 時	45

3　第 1 項の距離による騒音の減衰量は、次の式によって算出するものとする。

$$\Delta L_1 = 20 \log_{10} \frac{\gamma}{\gamma_0}$$

　この式において、γ 及び γ_0 は、それぞれ次の数値を表すものとする。

　γ　　室外機から敷地境界線までの距離（単位　m）

　γ_0　　室外機から公称騒音値（当該室外機に付属する取扱説明書に記載された値その他の当該室外機の製造者が任意の地点で測定した値として表示された値をいう。）の測定地点までの距離（単位　m）

　　附　　則
　この告示は、建築基準法の一部を改正する法律の施行の日（令和元年 6 月25日）から施行する。

〔令和元年 6 月21日国土交通省告示第190号〕

建築基準法施行規則第10条の 4 の 3 第 1 項第二号リ及び第三号カの国土交通大臣が定める措置を定める件

建築基準法施行規則（昭和25年建設省令第40号）第10条の 4 の 3 第 1 項第二号リ及び第三号カの規定に基づき、国土交通大臣が定める措置を次のように定める。

建築基準法施行規則第10条の 4 の 3 第 1 項第二号リ及び第三号カの国土交通大臣が定める措置は、次に掲げるものとする。

一　室外機には、消音装置を設けることその他の騒音の防止のために必要な措置を講じること。

二　室外機の周囲には、遮音壁を設けること。

　　附　　則

この告示は、建築基準法の一部を改正する法律の施行の日（令和元年 6 月25日）から施行する。

〔令和元年 6 月21日国土交通省告示第191号〕

建築基準法施行規則第10条の 4 の 3 第 1 項第三号ヨの国土交通大臣が定める措置を定める件

建築基準法施行規則（昭和25年建設省令第40号）第10条の 4 の 3 第 1 項第三号ヨの規定に基づき、国土交通大臣が定める措置を次のように定める。

建築基準法施行規則第10条の 4 の 3 第 1 項第三号ヨの国土交通大臣が定める措置は、次に掲げるものとする。

一　空気圧縮機は、原動機の出力の合計が 7.5 kW 以下で、かつ、ロータリー式又はパッケージ式のものとすること。

二　空気圧縮機の周囲には、遮音壁を設けること。

　　附　　則

この告示は、建築基準法の一部を改正する法律の施行の日（令和元年 6 月25日）から施行する。

2　その他の建築関係法に基づく主要な告示

高齢者、障害者等の移動等の円滑化の促進に関する法律に基づく告示

〔令和2年6月18日　国家公安委員会、総務省　告示第1号〕
　　　　　　　　　　文部科学省、国土交通省

移動等円滑化の促進に関する基本方針（抄）

〔平成23年国家公安委員会・総務省・国土交通省告示第1号を全部改正〕

最終改正　令和2年12月25日　国家公安委員会、総務省　告示第2号
　　　　　　　　　　　　　　　文部科学省、国土交通省

　高齢者、障害者等の移動等の円滑化の促進に関する法律（平成18年法律第91号）第3条第1項の規定に基づき、移動等円滑化の促進に関する基本方針（平成23年国家公安委員会・総務省・国土交通省告示第1号）の全部を改正する告示を次のように定める。

　高齢者、障害者等の移動等の円滑化の促進に関する法律（平成18年法律第91号。以下「法」という。）第3条第1項の規定に基づき、高齢者、障害者等の移動又は施設の利用に係る身体の負担を軽減することにより、その移動上又は施設の利用上の利便性及び安全性を向上すること（以下「移動等円滑化」という。）の促進に関する基本方針について、国、地方公共団体、高齢者、障害者等、施設設置管理者その他の関係者が互いに連携協力しつつ移動等円滑化を総合的かつ計画的に推進していくため、以下のとおり定める。

一　移動等円滑化の意義及び目標に関する事項

1　移動等円滑化の意義

　　我が国においては、世界のどの国もこれまで経験したことのない本格的な高齢社会を迎え、今後更なる高齢化が進展すると見込まれており、高齢者の自立と社会参加による、健全で活力ある社会の実現が求められている。また、今日、障害者が障害のない者と同等に生活し活動する社会を目指す、ノーマライゼーションの理念の社会への浸透が進み、自立と共生の理念の下、障害の有無にかかわらず国民誰もが相互に人格と個性を尊重し支え合う「共生社会」の実現が求められている。さらに、近年、障害者の権利に関する条約（平成26年条約第1号）の締結及び障害者基本法（昭和45年法律第84号）等の関連法制の整備に加え、ユニバーサル社会の実現に向けた諸施策の総合的かつ一体的な推進に関する法律（平成30年法律第100号）が公布・施行されたこと、東京オリンピック競技大会及び東京パラリンピック競技大会が開催されること等を契機として、共生社会の実現を目指し、全国において更にバリアフリー化を推進するとともに、高齢者、障害者等も含めて誰もが包摂され活躍できる社会の実現に向けた取組を進めることが必要となっている。

　　このような社会の実現のためには、高齢者、障害者等が自立した日常生活及び社会生活を営むことができる社会を構築することが重要であり、そのための環境の整備を一刻も早く推進していくことが求められている。移動及び施設の利用は、高齢者、障害者等が社会参加をするための重要な手段であることから、移動等円滑化を促進することは、このような社会の

実現のために大きな意義を持つものである。

　また、移動等円滑化の促進は、高齢者、障害者等の社会参加を促進するのみでなく、「どこでも、誰でも、自由に、使いやすく」というユニバーサルデザインの考え方に基づき、全ての利用者に利用しやすい施設及び車両等の整備を通じて、国民が生き生きと安全に暮らせる活力ある社会の維持に寄与するものである。

　さらに、法第1条の2の基本理念の規定に定めるように、この法律に基づく措置は、高齢者、障害者等にとって日常生活又は社会生活を営む上で障壁となるような社会における事物、制度、慣行、観念その他一切のもの（いわゆる「社会的障壁」）の除去や、共生社会の実現に資するものであり、移動等円滑化の促進の意義はますます大きくなっている。

　なお、法にいう「高齢者、障害者等」には、高齢者、全ての障害者（身体障害者のみならず知的障害者、精神障害者及び発達障害者を含む。）及び妊産婦等、日常生活又は社会生活において身体の機能上の制限を受ける者は全て含まれる。

　また、障害特性は様々であり、例えば視覚障害についても、障害の程度によって期待される移動等円滑化の内容が異なることもあり得ること並びに身体の機能上の制限には、知的障害者、精神障害者及び発達障害者等の知覚面又は心理面の働きが原因で発現する疲れやすさ、喉の渇き、照明への反応、表示の分かりにくさ等の負担の原因となる様々な制約が含まれることから、法が促進することとしている移動等円滑化には、このような負担を軽減することによる移動上又は施設の利用上の利便性及び安全性を向上することも含まれることに留意する必要がある。

　また、移動等円滑化を進めるに当たっては、高齢者、障害者等の意見を十分に聴き、それを反映させることが重要である。

2　移動等円滑化の目標

　移動等円滑化を実現するためには、高齢者、障害者等が日常生活又は社会生活において利用する施設についてハード・ソフト両面の移動等円滑化のための措置が講じられ、移動等円滑化に携わる様々な者が連携することにより、移動の連続性を確保することが重要である。

　したがって、法では、これらの施設を設置し、又は管理する者に対して移動等円滑化のために必要な措置を講ずるよう努める一般的な責務を課すとともに、これらの施設の中で、特に日常生活及び社会生活において通常移動手段として用いられ、又は通常利用される旅客施設及び車両等、一定の道路及び旅客特定車両停留施設、路外駐車場、公園施設並びに建築物の各々について、新設等に際し各々に対応した移動等円滑化基準への適合を義務付けることとしている。さらに、公共交通事業者等については、既存施設を含む更なるハード対策及び旅客支援等のソフト対策の一体的な取組を推進するための計画制度が設けられている。

　また、市町村が定める移動等円滑化促進地区において、法第24条の2第1項の移動等円滑化の促進に関する方針（以下「移動等円滑化促進方針」という。）に即して、届出制度等により交通結節点における移動の連続性を確保することとしている。

　さらに、市町村が定める重点整備地区において、移動等円滑化に係る特定事業その他の事業が法第25条第1項の移動等円滑化に係る事業の重点的かつ一体的な推進に関する基本的な構想（以下「基本構想」という。）に即して重点的かつ一体的に実施されることとしている。

　移動等円滑化の促進に当たっては、国、地方公共団体、施設設置管理者、都道府県公安委

員会等の関係者が必要に応じて緊密に連携しながら、法に基づく枠組みの活用等により、次に掲げる事項を達成することを目標とする。

(1)　旅客施設

　　個々の旅客施設における1日当たりの平均的な利用者数については、新型コロナウイルス感染症のような特殊な外的要因により、年度によっては前年度に比べ著しく増減する可能性があることから、例えば、過去3年度における1日当たりの平均的な利用者数の平均値を用いるなど、適切に補正した結果も考慮することとする。

①　鉄道駅及び軌道停留場

　　1日当たりの平均的な利用者数が3,000人以上である鉄道駅及び軌道停留場(以下「鉄軌道駅」という。)並びに1日当たりの平均的な利用者数が2,000人以上3,000人未満であって重点整備地区内の生活関連施設である鉄軌道駅については、令和7年度までに、原則として全てについて、エレベーター又はスロープを設置することを始めとした段差の解消、ホームドア、可動式ホーム柵、点状ブロックその他の視覚障害者の転落を防止するための設備の整備、視覚障害者誘導用ブロックの整備、運行情報提供設備その他の案内設備の設置、便所がある場合には障害者対応型便所の設置等の移動等円滑化を実施する。この場合、地域の要請及び支援の下、鉄軌道駅の構造等の制約条件を踏まえ、可能な限りの整備を行うこととする。また、これ以外の鉄軌道駅についても、利用者数のみならず、高齢者、障害者等の利用の実態等に鑑み、基本構想及び移動等円滑化促進方針(以下「基本構想等」という。)の作成状況その他の地域の実情を踏まえて、移動等円滑化を可能な限り実施する。

　　ホームドア又は可動式ホーム柵については、転落及び接触事故の発生状況、プラットホームをはじめとする鉄軌道駅の構造及び利用実態、地域の実情等を勘案し、優先度が高いプラットホームでの整備の加速化を目指し、地域の支援の下、令和7年度までに3,000番線を整備する。そのうち、1日当たりの平均的な利用者数が10万人以上の鉄軌道駅において、800番線を整備する。

　　また、高齢者、障害者等に迂回による過度な負担が生じないよう、大規模な鉄軌道駅については、当該鉄軌道駅及び周辺施設の状況、当該鉄軌道駅の利用状況等を踏まえ、可能な限り移動等円滑化された経路を2以上設ける。

　　さらに、車椅子使用者が単独で列車に乗降しやすい鉄軌道駅の整備を進めるため、駅施設及び車両の構造等に応じて、十分に列車の走行の安全確保が図れることを確認しつつ、可能な限りプラットホームと車両乗降口の段差及び隙間の縮小を進める。

②　バスターミナル

　　(略)

③　旅客船ターミナル

　　(略)

④　航空旅客ターミナル施設

　　(略)

(2)　車両等

　　(略)

①～⑥　(略)

(3)　道路

　　　重点整備地区内の主要な生活関連経路を構成する道路等で国土交通大臣が指定する特定道路の約70％について、令和7年度までに、移動等円滑化を実施する。

(4)　都市公園

　①　園路及び広場

　　　　(略)

　②　駐車場

　　　　(略)

　③　便所

　　　　(略)

(5)　路外駐車場

　　　(略)

(6)　建築物

　　　床面積の合計が2,000㎡以上の特別特定建築物（小学校、中学校、義務教育学校又は中等教育学校（前期課程に係るものに限る。）で公立のもの（以下「公立小学校等」という。）を除く。）の総ストックの約67％について、令和7年度までに、移動等円滑化を実施する。また、床面積の合計が2,000㎡未満の特別特定建築物等についても、地方公共団体における条例制定の促進並びにガイドラインの作成及び周知により、移動等円滑化を実施する。

　　　公立小学校等については、別に定めるところにより、障害者対応型便所、スロープ、エレベーター等の設置等の移動等円滑化を実施する。

(7)　信号機等

　　　(略)

(8)　基本構想等

　　　(略)

(9)　移動等円滑化に関する国民の理解と協力（心のバリアフリー）

　　　(略)

二　移動等円滑化のために施設設置管理者が講ずべき措置に関する基本的な事項

　　　施設設置管理者は、利用者の利便性及び安全性の向上を図る観点から、施設及び車両等の整備、適切な役務の提供、利用者支援、適切な情報の提供、職員等関係者に対する適切な教育訓練並びに高齢者障害者等用施設等の適正な利用の推進について関係者と連携しながら、1から6までに掲げる各々の措置を適切に講ずることにより、移動等円滑化を進めることが必要である。特に、法第9条の4の計画の作成が求められる公共交通事業者等においては、法第9条の2第1項の公共交通事業者等の判断の基準となるべき事項（以下「判断基準」という。）を踏まえ、当該計画を作成し、着実にこれらの措置を講ずることが必要である。また、それ以外の公共交通事業者等においても、判断基準を踏まえ、計画的に、これらの措置を進めていくことが望ましい。

　　　(後段　略)

1　施設及び車両等の整備

　移動等円滑化を図るためには、まず、施設及び車両等についてのハード面の整備が必要である。したがって、法では、施設設置管理者が、自らが設置し、又は管理する旅客施設及び車両等、一定の道路及び旅客特定車両停留施設、路外駐車場、公園施設並びに建築物を新設等するときは、当該施設及び車両等の移動等円滑化基準への適合及びその維持が義務付けられており、また、既存の施設及び車両等については、施設設置管理者は、当該施設及び車両等を移動等円滑化基準に適合させるために必要な措置を講ずるよう努めることとされている。

　施設設置管理者が、施設及び車両等について移動等円滑化のために必要な措置を講ずる際には、次に掲げる観点が重要である。

　　イ　高齢者、障害者等が施設内外の移動及び施設の利用を円滑に行うために必要な施設及び設備を整備し、連続した移動経路を1以上確保すること。また、経路確保に当たっては、高齢者、障害者等の移動上の利便性及び安全性の確保に配慮すること。

　　ロ　便所等附属する設備を設置する場合は、1以上は障害者対応型にするなど、高齢者、障害者等の利用に配慮したものにすること。また、障害者対応型の設備についてはその旨を示す案内用図記号を表示し、一般の利用者による高齢者、障害者等への配慮を促すこと。

　　ハ～ヘ　（略）

　なお、移動等円滑化基準に定められていない内容であっても、上記の観点等から移動等円滑化に資すると考えられる措置については、施設設置管理者はこれを積極的に実施していくよう努力することが望ましい。

　特に、旅客施設及び旅客特定車両施設の移動等円滑化に関しては、当該施設のみでは構造上その他の理由により移動等円滑化基準への適合が困難な場合であっても、協定の締結により当該施設に必要な高齢者、障害者等の利用に配慮した便所等を隣接又は近接する建築物に設置すること及び当該建築物について容積率特例を措置している認定制度を活用すること等により、積極的に移動等円滑化を図ることが望ましい。

　また、建築物の移動等円滑化に関しては、移動等円滑化が義務化されていない特定建築物の移動等円滑化にも積極的に取り組むことが望ましい。特定建築物の新築時等における移動等円滑化に当たっては、ユニバーサルデザインの考え方に配慮した整備が求められているとともに、建築物ストックの長寿命化等その有効活用が求められていることから、誘導的な建築物移動等円滑化基準に適合する特定建築物について容積率の特例及び表示制度等を措置している認定特定建築物制度を積極的に活用することが望ましい。

2　適切な役務の提供

　　（略）

3　利用者支援

　　（略）

4　適切な情報の提供

　　（略）

5　職員等関係者に対する適切な教育訓練

（略）

6　高齢者障害者等用施設等の適正な利用の推進

（略）

三　移動等円滑化促進方針の指針となるべき事項

市町村は、移動等円滑化促進方針を作成する場合には、次に掲げる事項に基づいて作成する必要があり、施設設置管理者、都道府県公安委員会等の関係者は、これらの事項に留意する必要がある。

1　移動等円滑化促進地区における移動等円滑化の促進の意義に関する事項

⑴　移動等円滑化促進地区における移動等円滑化の促進の意義

（略）

⑵　移動等円滑化促進方針作成に当たっての留意事項

（略）

①　目標の明確化

（略）

②　都市計画との調和

（略）

③　地域公共交通計画との調和

（略）

④　地方公共団体の移動等円滑化に関する条例、計画、構想等との調和

（略）

⑤　関係者の意見の反映及び移動等円滑化促進方針の作成等の提案

（略）

⑥　都道府県による市町村に対する援助

（略）

⑦　段階的かつ継続的な発展（スパイラルアップ）

（略）

⑧　施設間の連携

（略）

⑨　バリアフリーマップ等の作成

移動等円滑化を図るためには、高齢者、障害者等が利用可能な施設や経路を選択できるよう、これらの施設や経路が所在する場所を示したバリアフリーマップ等を作成することが効果的である。このため、市町村は積極的に施設等のバリアフリー情報を収集の上、バリアフリーマップ等を作成し、一元的に提供することが重要である。

（後段　略）

⑩　移動等円滑化に関する住民その他の関係者の理解の増進及び協力の確保

（略）

2　移動等円滑化促進地区の位置及び区域に関する基本的な事項

⑴　移動等円滑化促進地区の要件

（略）

(2)　留意事項

　　市町村は、移動等円滑化促進地区を定めるに当たっては、次に掲げる事項に留意するものとする。

　①　移動等円滑化促進地区の数

　　（略）

　②　複数の市町村及び都道府県の協力

　　（略）

　③　移動等円滑化促進地区の境界

　　（略）

3　生活関連施設及び生活関連経路並びにこれらにおける移動等円滑化の促進に関する事項

　（略）

(1)　生活関連施設

　（略）

(2)　生活関連経路

　（略）

(3)　移動等円滑化の促進に関する事項

　（略）

4　移動等円滑化の促進に関する住民その他の関係者の理解の増進及び移動等円滑化の実施に関するこれらの者の協力の確保に関する基本的な事項

　（略）

(1)　移動等円滑化促進地区における移動等円滑化に住民その他の関係者の理解の増進及び協力の確保が果たす役割

　（略）

(2)　住民その他の関係者の理解の増進及び協力の確保に関する関係者の取組

　（略）

5　1から4までに掲げるもののほか、移動等円滑化促進地区における移動等円滑化の促進のために必要な事項

(1)　記載事項

　①　地域特性等の尊重及び創意工夫

　　（略）

　②　積雪及び凍結に対する配慮

　　（略）

　③　高齢者、障害者等への適切な情報提供

　　（略）

(2)　その他移動等円滑化促進方針の作成に当たっての留意事項

　（略）

四　基本構想の指針となるべき事項

　　市町村は、基本構想を作成する場合には、次に掲げる事項に基づいて作成する必要があり、施設設置管理者、都道府県公安委員会等の関係者は、これらの事項に留意する必要がある。

1　重点整備地区における移動等円滑化の意義に関する事項

(1)　重点整備地区における移動等円滑化の意義

　　（略）

(2)　基本構想に即した各種事業の重点的かつ一体的な推進のための基本的視点

　　（略）

　①～③　（略）

(3)　基本構想作成に当たっての留意事項

　　市町村は、効果的に移動等円滑化を推進するため、次に掲げる事項に留意して基本構想を作成する必要がある。

　①　目標の明確化

　　（略）

　②　都市計画との調和

　　（略）

　③　地域公共交通計画との調和

　　基本構想の作成に当たっては、地域公共交通の活性化及び再生に関する法律第5条第1項に規定する地域公共交通計画との調和が保たれている必要がある。

　④　地方公共団体の移動等円滑化に関する条例、計画、構想等との調和

　　地方公共団体において、移動等円滑化に関する条例、計画、構想等を有している場合は、基本構想はこれらとの調和が保たれている必要がある。特に、障害者基本法第11条第3項に規定する市町村障害者計画、障害者の日常生活及び社会生活を総合的に支援するための法律第88条第1項に規定する市町村障害福祉計画、老人福祉法第20条の8第1項に規定する市町村老人福祉計画等の市町村が定める高齢者、障害者等の福祉に関する計画及び中心市街地の活性化に関する法律第九条に規定する基本計画等都市機能の増進に関する計画との調和が保たれていることに留意する必要がある。

　⑤　各種事業の連携と集中実施

　　（略）

　⑥　高齢者、障害者等の意見の反映及び基本構想の作成等の提案

　　生活関連施設を利用する高齢者、障害者等を始め関係者の参画により、関係者の意見が基本構想に十分に反映されるよう努める。このため、基本構想の作成に当たっては、法第26条に規定する協議会（以下「基本構想協議会」という。）を積極的に活用し、高齢者、障害者等の参画を得ることが求められる。この際、既に同条第2項各号に掲げる構成員からなる協議体制度を運用している場合、又は、他の法令に基づいて同項各号に掲げる構成員からなる協議体制度を運用しようとする場合は、当該協議体制度を基本構想協議会と位置付けることも可能である。なお、意見を求めるべき障害者には、視覚障害、聴覚障害、内部障害等の身体障害者のみならず、知的障害者、精神障害者及び発達障害者も含まれることに留意する必要がある。

　　また、法第27条に規定する基本構想の作成等に係る提案制度が積極的に活用されるよう環境の整備に努めるとともに、当該提案を受けた際には、基本構想の作成等の必要性を判断する機会と捉え、基本構想の作成等について積極的な検討を行うことが求められ

る。なお、提案を受け検討した結果、基本構想の作成等を行わない場合でも、地域のニーズに対して必要な説明責任を果たすため、同条第2項に基づきその理由を公表する必要がある。

⑦　都道府県による市町村に対する援助

（略）

⑧　段階的かつ継続的な発展（スパイラルアップ）

（略）

⑨　バリアフリーマップ等の作成

移動等円滑化を図るためには、高齢者、障害者等が利用可能な施設や経路を選択できるよう、これらの施設や経路が所在する場所を示したバリアフリーマップ等を作成することが効果的である。このため、市町村は積極的に施設等のバリアフリー情報を収集の上、バリアフリーマップ等を作成し、一元的に提供することが重要である。

また、公共交通事業者等及び道路管理者は、市町村の求めに応じて必要な情報を当該市町村に提供しなければならないこととされており、路外駐車場管理者等、公園管理者等及び建築主等は、市町村の求めに応じて必要な情報を当該市町村に提供するよう努めなければならないとされているところである。なお、市町村は、施設設置管理者に求める情報提供の内容を定めるに当たっては、基本構想協議会を活用するなどにより障害者、高齢者等及び施設設置管理者等の意見を十分に反映するよう努めるとともに、施設設置管理者に過度な負担が生じないよう配慮しつつ、高齢者、障害者等にとって必要な情報が得られるよう留意することが必要である。

⑩　移動等円滑化に関する住民その他の関係者の理解の増進及び協力の確保

（略）

2　重点整備地区の位置及び区域に関する基本的な事項

(1)　重点整備地区の要件

法では、市町村は、法第2条第二十四号イからハまでに掲げる要件に該当するものを、移動等円滑化に係る事業を重点的かつ一体的に推進すべき重点整備地区として設定するよう努めることとされている。また、重点整備地区の区域を定めるに当たっては、次に掲げる要件に照らし、市町村がそれぞれの地域の実情に応じて行うことが必要である。

①〜③　（略）

(2)　留意事項

市町村は、重点整備地区を定めるに当たっては、次に掲げる事項に留意するものとする。

①　重点整備地区の数

（略）

②　複数の市町村及び都道府県の協力

（略）

③　重点整備地区の境界

（略）

3　生活関連施設及び生活関連経路並びにこれらにおける移動等円滑化に関する事項

重点整備地区において長期的に実現されるべき移動等円滑化の姿を明らかとする観点か

ら、生活関連施設、生活関連経路等については次に掲げるとおり記載することが望ましい。

(1) 生活関連施設

(略)

(2) 生活関連経路

(略)

(3) 移動等円滑化に関する事項

(略)

4 生活関連施設、特定車両及び生活関連経路を構成する一般交通用施設について移動等円滑化のために実施すべき特定事業その他の事業に関する基本的な事項

(1) 特定事業

特定事業としては、公共交通特定事業、道路特定事業、路外駐車場特定事業、都市公園特定事業、建築物特定事業、交通安全特定事業及び教育啓発特定事業があり、各々の事業の特性を踏まえ、必要となる事業について基本構想に記載するものとする。

(中、後段 略)

(2) その他の事業

その他の事業としては、特定旅客施設以外の旅客施設、生活関連経路を構成する駅前広場、通路等（河川施設、港湾施設、下水道施設等が生活関連経路を構成する場合にあっては、これらの施設を含む。）の整備があり、おおむねの事業内容を基本構想に記載するものとする。

(3) 留意事項

市町村は、基本構想を作成しようとするときは、これに定めようとする特定事業その他の事業に関する事項について、関係する施設設置管理者、都道府県公安委員会及び学校（学校については、教育啓発特定事業のうち法第2条第三十二号イに掲げる事業を定めようとする場合に限る。）等と十分に事前に協議することが必要であり、事業の記載に当たっては、高齢者、障害者等の移動又は施設の利用の状況、都市計画及び市町村マスタープランの位置付け、事業を実施することとなる者の意向等を踏まえることが重要である。

(中、後段 略)

5 4に規定する事業と併せて実施する土地区画整理事業、市街地再開発事業その他の市街地開発事業に関し移動等円滑化のために考慮すべき基本的な事項、自転車その他の車両の駐車のための施設の整備に関する事項その他の重点整備地区における移動等円滑化に資する市街地の整備改善に関する基本的な事項その他重点整備地区における移動等円滑化のために必要な事項

(1) 土地区画整理事業、市街地再開発事業その他の市街地開発事業に関する基本的な事項

重点整備地区における重点的かつ一体的な移動等円滑化を図るために実施される4に規定する事業を実施する場合、重点整備地区における市街地の状況並びに生活関連施設及び生活関連経路の配置の状況によっては、これらの事業を単独で行うのではなく、土地区画整理事業、市街地再開発事業その他の市街地開発事業と併せて行うことが効果的な場合がある。

① 具体的事業の内容

　　　（略）
　② 記載事項
　　　基本構想には、事業の種類、おおむねの位置又は区域等をそれぞれ記載するものとする。
　　　（後段　略）
(2) 自転車その他の車両の駐車のための施設の整備に関する事項その他の重点整備地区における移動等円滑化に資する市街地の整備改善に関する基本的な事項
　　　移動等円滑化の妨げとなっている自転車その他の車両の放置及び違法駐車を防止するための抜本的な施策として、駐輪場等自転車その他の車両の駐車のための施設を特定事業その他の事業と一体的に整備することは極めて有効であることから、具体的な位置等これらの整備に関するおおむねの内容を記載するほか、その他の重点整備地区における移動等円滑化に資する市街地の整備改善に関する事項について記載することとする。
(3) その他重点整備地区における移動等円滑化のために必要な事項
　① 推進体制の整備
　　　（略）
　② 事業推進上の留意点
　　イ 地域特性等の尊重及び創意工夫
　　　　（略）
　　ロ 積雪及び凍結に対する配慮
　　　　（略）
　　ハ 特定事業に関する公的な支援措置の内容
　　　　（略）
　　ニ 基本構想に即した特定事業計画の作成上の留意事項
　　　　施設設置管理者及び都道府県公安委員会が基本構想に即して特定事業計画を作成するに当たっては、早期作成の重要性を十分認識するとともに、協議会を活用することによって当事者である高齢者、障害者等を始め関係者の参画を図ること等により、関係者の意見が特定事業計画に十分に反映されるよう努めることが重要である。特に、教育啓発特定事業のうち第2条第三十二号イに掲げる事業に係る特定事業計画を作成する際は、計画作成段階で学校の意見を十分に聴くことが円滑かつ確実な事業の実施のために重要である。
　　ホ 基本構想作成後の特定事業その他の事業の実施状況の把握等
　　　　（略）
　　ヘ 高齢者、障害者等への適切な情報提供
　　　　施設設置管理者及び都道府県公安委員会は、高齢者、障害者等に対して、重点整備地区における移動等円滑化のために必要な情報を適切に提供するよう努めることが重要である。
　③ その他基本構想の作成及び事業の実施に当たっての留意事項
　　　基本構想は、市町村の発意及び主体性に基づき自由な発想で作成されるものであるので、この基本方針の四に定めのない事項についても基本構想に記載することが望まし

い。

五　移動等円滑化の促進に関する国民の理解の増進及び移動等円滑化の実施に関する国民の協力の確保に関する基本的な事項

1　「心のバリアフリー」の定義及び取組に当たっての留意事項

　　移動等円滑化を実現するためには、施設及び車両等の整備のみならず、国民の高齢者、障害者等の移動等円滑化に関する理解及び協力、いわゆる「心のバリアフリー」が不可欠である。「心のバリアフリー」とは、ユニバーサルデザイン2020行動計画（平成29年2月ユニバーサルデザイン2020関係閣僚会議決定）に記載のとおり、様々な心身の特性や考え方を持つすべての人々が、相互に理解を深めようとコミュニケーションをとり、支え合うことを意味し、当該行動計画においては次に掲げる3点が「心のバリアフリー」を体現するためのポイントとして示されている。

①　障害のある人への社会的障壁を取り除くのは社会の責務であるという「障害の社会モデル」を理解すること。

②　障害のある人（及びその家族）への差別（不当な差別的取扱い及び合理的配慮の不提供）を行わないよう徹底すること。

③　自分とは異なる条件を持つ多様な他者とコミュニケーションを取る力を養い、すべての人が抱える困難や痛みを想像し共感する力を培うこと。

　　移動等円滑化に関する「心のバリアフリー」の取組についても、これらのポイントを踏まえて推進することが必要である。

2　移動等円滑化に関する「心のバリアフリー」の取組の推進に当たっての関係者の基本的な役割

(1)　国の役割

　　　（略）

(2)　地方公共団体の役割

　　　（略）

(3)　施設設置管理者その他高齢者、障害者等が日常生活及び社会生活において利用する施設を設置又は管理する者の役割

　　　（略）

(4)　国民の役割

①　基本的な役割

　　　（略）

②　高齢者障害者等用施設等の適正な利用

　　　（略）

六　移動等円滑化に関する情報提供に関する基本的な事項

1　移動等円滑化に関する情報提供の重要性

　　高齢者、障害者等の移動及び施設の利用に当たって、高齢者、障害者等が自らの障害特性に応じて、移動に係る経路若しくは手段又は利用可能な施設を選択するためには、移動等円滑化に関する情報の取得が不可欠である。

　　（中、後段　略）

　2　観光施設に係る移動等円滑化に関する情報提供

　　　生活の本拠の周辺地域以外の場所における移動等円滑化が高齢者、障害者等の自立した日常生活及び社会生活を確保する上で重要な役割を果たすことに鑑み、高齢者、障害者等が日常生活でなじみのない施設を利用しようとする際に、事前にハード・ソフト両面のバリアフリー情報を適確に把握できる環境を整備する必要がある。

　　　このため、国は、宿泊施設、飲食店その他の観光施設について、高齢者、障害者等が円滑に利用するために必要な用具の備付け、バリアフリー情報の提供その他の必要な措置を講じている施設を認定する仕組みを整備する。また、認定を受けた施設について、認定を受けた旨を外形上わかりやすく表示させることを可能とするとともに、民間のノウハウやネットワークも活用しながら、バリアフリー情報が高齢者、障害者等のもとによりわかりやすい形で提供されるよう十分配慮する。

七　移動等円滑化の促進のための施策に関する基本的な事項その他移動等円滑化の促進に関する事項

　1　国の責務及び講ずべき措置

　(1)　国の責務（スパイラルアップ）

　　　国は、高齢者、障害者等、地方公共団体、施設設置管理者その他の者と協力して、基本方針及びこれに基づく施設設置管理者の講ずべき措置の内容その他の移動等円滑化の促進のための施策の内容について、移動等円滑化の進展の状況等を勘案しつつ、関係行政機関及びこれらの者で構成する会議における定期的な評価その他これらの者の意見を反映させるために必要な措置を講じた上で、適時に、かつ、適切な方法により検討を加え、その結果に基づいて必要な措置を講ずるよう努めることにより、スパイラルアップを図るものとする。

　(2)　国の講ずべき措置（地方公共団体に対する助言・指導、設備投資等に対する支援及び研究開発等）

　　　国は、全国の地方公共団体における移動等円滑化に係る取組の知見や、バリアフリー教室の開催等の経験を活用し、移動等円滑化促進方針や基本構想について障害当事者や施設設置管理者等と調整しながら作成を進める手法や、法第5条に基づき国の施策に準じて移動等円滑化を促進するために必要な措置を講ずるためのノウハウ等について、地方公共団体に対して助言・指導を行うなど必要な援助を行う。

　　　また、施設設置管理者等による移動等円滑化のための措置を促進するため、設備投資等に対する必要な支援措置を講ずる。

　　　（中、後段　略）

　2　地方公共団体の責務及び講ずべき措置

　　　地方公共団体は、地域住民の福祉の増進を図る観点から、国の施策に準じ、1に掲げる責務を果たすとともに、措置を講ずることが必要である。特に、地域の実情に即して、移動等円滑化のための事業に対する支援措置、移動等円滑化に関する地域住民の理解を深めるための広報活動等移動等円滑化を促進するために必要な措置を総合的かつ計画的に講ずるよう努めるとともに、移動等円滑化促進方針協議会を活用すること等により移動等円滑化の進展の状況等の定期的な評価を行うよう努めることが必要である。

なお、建築物の移動等円滑化に関しては、地方公共団体が所要の事項を条例に定めることにより、対象区域を設定して義務付け対象となる用途の追加及び規模の引き下げ並びに基準の強化をすることで地域の実情に応じた建築物の移動等円滑化を図ることが可能な仕組みとなっているので、積極的な活用に努めることが必要である。また、建築物の部分のうち駅等に設けられる一定の要件を満たす通路等については、建築基準法（昭和25年法律第201号）第52条第14項第一号の規定による容積率制限の特例を受けることが可能であるので、同法に規定する特定行政庁は、当該規定の適切な運用に努めることが重要である。

3 施設設置管理者以外の高齢者、障害者等が日常生活又は社会生活において利用する施設を設置又は管理する者の責務

高齢者、障害者等の円滑な移動及び施設の利用を実現するために、地下街、自由通路、駅前広場その他の高齢者、障害者等が日常生活及び社会生活において移動手段として利用し得る施設を設置し、又は管理する者においても、移動等円滑化のために必要な措置を講ずるよう努めることが必要である。

　　附　則

この告示は、高齢者、障害者等の移動等の円滑化の促進に関する法律の一部を改正する法律（令和2年法律第28号）附則第1条ただし書に規定する規定の施行の日（令和2年6月19日）から施行する。

〔平成18年12月15日国土交通省告示第1481号〕

高齢者、障害者等の移動等の円滑化の促進に関する法律第24条の規定に基づく国土交通大臣が高齢者、障害者等の円滑な利用を確保する上で有効と認めて定める基準

高齢者、障害者等の移動等の円滑化の促進に関する法律（平成18年法律第91号）第24条の規定に基づき、建築物特定施設（建築基準法（昭和25年法律第201号）第52条第5項に規定する共同住宅の共用の廊下及び階段を除く。）の床面積が高齢者、障害者等の円滑な利用を確保するための通常の床面積よりも著しく大きい建築物に関し国土交通大臣が高齢者、障害者等の円滑な利用を確保する上で有効と認めて定める基準を次のように定める。

第1 特定建築物にあっては、高齢者、障害者等が円滑に利用できるようにするために誘導すべき建築物特定施設の構造及び配置に関する基準を定める省令（平成18年国土交通省令第114号）（以下「建築物移動等円滑化誘導基準」という。）に適合すること。

第2 特定建築物以外の建築物にあっては、建築物特定施設（高齢者、障害者等の利用上支障がない部分を除く。）が次に掲げる基準に適合すること。

一 出入口は、次に掲げるものであること。

イ 幅は、80cm以上とすること。

ロ 戸を設ける場合には、自動的に開閉する構造その他車いすを使用している者（以下「車いす使用者」という。）が容易に開閉して通過できる構造とすること。

　　ハ　車いす使用者が通過する際に支障となる段を設けないこと。

　二　廊下その他これに類するものは、次に掲げるものであること。

　　イ　表面は、粗面とし、又は滑りにくい材料で仕上げること。

　　ロ　幅は、住宅の用途に供する部分に設けるものにあっては85cm（柱等の箇所にあっては80cm）以上、住宅の用途に供する部分以外の部分に設けるものにあっては90cm以上とすること。

　　ハ　段を設ける場合においては、当該段は、次号に定める構造に準じたものとすること。

　　ニ　第一号に定める構造の出入口に接する部分は、水平とすること。

　三　階段は、次に掲げるものであること。

　　イ　手すりを設けること。

　　ロ　表面は、粗面とし、又は滑りにくい材料で仕上げること。

　四　便所を設ける場合においては、次に定める基準に適合する便所を1以上設けること。

　　イ　腰掛便座及び手すりの設けられた便房があること。

　　ロ　イに掲げる便房の出入口又は当該便房のある便所の出入口の幅は、80cm以上とすること。

　　ハ　イに掲げる便房の出入口又は当該便房のある便所の出入口に戸を設ける場合には、自動的に開閉する構造その他車いす使用者が容易に開閉して通過できる構造とすること。

　五　敷地内の通路は、次に掲げるものであること。

　　イ　表面は、粗面とし、又は滑りにくい材料で仕上げること。

　　ロ　直接地上へ通ずる第一号に定める構造の出入口から道又は公園、広場その他の空地に至る敷地内の通路のうち、1以上の敷地内の通路は、次に定める構造とすること。

　　　⑴　幅員は、90cm以上とすること。

　　　⑵　段を設ける場合においては、当該段は、第三号に定める構造に準じたものとすること。

　　　附　則

1　この告示は、高齢者、障害者等の移動等の円滑化の促進に関する法律（平成18年法律第91号）の施行の日（平成18年12月20日）から施行する。

2　平成15年国土交通省告示第275号は、廃止する。

〔平成18年12月15日国土交通省告示第1497号〕

高齢者、障害者等の移動等の円滑化の促進に関する法律施行令の規定により視覚障害者の利用上支障がない廊下等の部分等を定める件

　高齢者、障害者等の移動等の円滑化の促進に関する法律施行令（平成18年政令第379号）第11条第二号ただし書、第12条第五号ただし書、第13条第四号ただし書、第21条第1項ただし書及び同条第2項第二号ロの規定に基づき、視覚障害者の利用上支障がない廊下等の部分等を次のように定める。

第1　高齢者、障害者等の移動等の円滑化の促進に関する法律施行令（以下「令」という。）第

11条第二号ただし書に規定する視覚障害者の利用上支障がないものとして国土交通大臣が定める場合は、階段又は傾斜路の上端に近接する廊下等の部分が次の各号のいずれかに該当するものである場合とする。

一 勾配が $\frac{1}{20}$ を超えない傾斜がある部分の上端に近接するもの

二 高さが 16 cm を超えず、かつ、勾配が $\frac{1}{12}$ を超えない傾斜がある部分の上端に近接するもの

三 主として自動車の駐車の用に供する施設に設けるもの

第2 令第12条第五号ただし書に規定する視覚障害者の利用上支障がないものとして国土交通大臣が定める場合は、段がある部分の上端に近接する踊場の部分が第1第三号に定めるもの又は段がある部分と連続して手すりを設けるものである場合とする。

第3 令第13条第四号ただし書に規定する視覚障害者の利用上支障がないものとして国土交通大臣が定める場合は、傾斜がある部分の上端に近接する踊場の部分が第1各号のいずれかに該当するもの又は傾斜がある部分と連続して手すりを設けるものである場合とする。

第4 令第21条第1項ただし書に規定する視覚障害者の利用上支障がないものとして国土交通大臣が定める場合は、道等から案内設備までの経路が第1第三号に定めるもの又は建築物の内にある当該建築物を管理する者等が常時勤務する案内所から直接地上へ通ずる出入口を容易に視認でき、かつ、道等から当該出入口までの経路が令第21条第2項に定める基準に適合するものである場合とする。

第5 令第21条第2項第二号ロに規定する視覚障害者の利用上支障がないものとして国土交通大臣が定める部分は、第1第一号若しくは第二号に定めるもの又は段がある部分若しくは傾斜がある部分と連続して手すりを設ける踊場等とする。

附　則

1 この告示は、高齢者、障害者等の移動等の円滑化の促進に関する法律（平成18年法律第91号）の施行の日（平成18年12月20日）から施行する。

2 平成15年国土交通省告示第175号は、廃止する。

〔平成18年12月15日国土交通省告示第1496号〕
高齢者、障害者等の移動等の円滑化の促進に関する法律施行令の規定により車いす使用者用便房の構造を定める件

高齢者、障害者等の移動等の円滑化の促進に関する法律施行令（平成18年政令第379号）第14条第1項第一号の規定に基づき、車いす使用者用便房の構造を次のように定める。

高齢者、障害者等の移動等の円滑化の促進に関する法律施行令第14条第1項第一号に規定する車いす使用者が円滑に利用できるものとして国土交通大臣が定める構造は、次に掲げるものとする。

一 腰掛便座、手すり等が適切に配置されていること。

二 車いす使用者が円滑に利用することができるよう十分な空間が確保されていること。

附　則

1　この告示は、高齢者、障害者等の移動等の円滑化の促進に関する法律（平成18年法律第91号）の施行の日（平成18年12月20日）から施行する。

2　平成15年国土交通省告示第176号は、廃止する。

〔平成18年12月15日国土交通省告示第1495号〕

高齢者、障害者等の移動等の円滑化の促進に関する法律施行令の規定により車いす使用者用浴室等の構造を定める件

　高齢者、障害者等の移動等の円滑化の促進に関する法律施行令（平成18年政令第379号）第15条第2項第二号イの規定に基づき、車いす使用者用浴室等の構造を次のように定める。

　高齢者、障害者等の移動等の円滑化の促進に関する法律施行令第15条第2項第二号イに規定する車いす使用者が円滑に利用することができるものとして国土交通大臣が定める構造は、次に掲げるものとする。

一　浴槽、シャワー、手すり等が適切に配置されていること。

二　車いす使用者が円滑に利用することができるよう十分な空間が確保されていること。

附　則

　この告示は、高齢者、障害者等の移動等の円滑化の促進に関する法律（平成18年法律第91号）の施行の日（平成18年12月20日）から施行する。

〔平成18年12月15日国土交通省告示第1494号〕

高齢者、障害者等の移動等の円滑化の促進に関する法律施行令の規定により視覚障害者の利用上支障がないエレベーター及び乗降ロビーを定める件

　高齢者、障害者等の移動等の円滑化の促進に関する法律施行令（平成18年政令第379号）第18条第2項第五号リただし書の規定に基づき、視覚障害者の利用上支障がないエレベーター及び乗降ロビーを次のように定める。

　高齢者、障害者等の移動等の円滑化の促進に関する法律施行令第18条第2項第五号リただし書に規定する視覚障害者の利用上支障がないものとして国土交通大臣が定める場合は、エレベーター及び乗降ロビーが主として自動車の駐車の用に供する施設に設けるものである場合とする。

附　則

1　この告示は、高齢者、障害者等の移動等の円滑化の促進に関する法律（平成18年法律第91号）の施行の日（平成18年12月20日）から施行する。

2　平成15年国土交通省告示第177号は、廃止する。

〔平成18年12月15日国土交通省告示第1493号〕

高齢者、障害者等の移動等の円滑化の促進に関する法律施行令の規定によりエレベーターのかご内及び乗降ロビーに設ける制御装置を視覚障害者が円滑に操作することができる構造とする方法を定める件

　高齢者、障害者等の移動等の円滑化の促進に関する法律施行令（平成18年政令第379号）第18条第2項第五号リ(2)の規定に基づき、エレベーターのかご内及び乗降ロビーに設ける制御装置を視覚障害者が円滑に操作することができる構造とする方法を次のように定める。

　高齢者、障害者等の移動等の円滑化の促進に関する法律施行令第18条第2項第五号リ(2)に規定する国土交通大臣が定める方法は、次に掲げるものとする。

　一　文字等の浮き彫り

　二　音による案内

　三　点字及び前2号に類するもの

　　　附　則

　この告示は、高齢者、障害者等の移動等の円滑化の促進に関する法律（平成18年法律第91号）の施行の日（平成18年12月20日）から施行する。

〔平成18年12月15日国土交通省告示第1492号〕

高齢者、障害者等の移動等の円滑化の促進に関する法律施行令の規定により特殊な構造又は使用形態のエレベーターその他の昇降機等を定める件

最終改正　平成21年8月4日国土交通省告示第859号

　高齢者、障害者等の移動等の円滑化の促進に関する法律施行令（平成18年政令第379号）第18条第2項第六号の規定に基づき、特殊な構造又は使用形態のエレベーターその他の昇降機等を次のように定める。

第1　高齢者、障害者等の移動等の円滑化の促進に関する法律施行令（以下「令」という。）第18条第2項第六号に規定する国土交通大臣が定める特殊な構造又は使用形態のエレベーターその他の昇降機は、次に掲げるものとする。

　一　車いすに座ったまま使用するエレベーターで、かごの定格速度が15m/min以下で、かつ、その床面積が2.25m²以下のものであって、昇降行程が4m以下のもの又は階段及び傾斜路に沿って昇降するもの

　二　車いすに座ったまま車いす使用者を昇降させる場合に2枚以上の踏段を同一の面に保ちながら昇降を行うエスカレーターで、当該運転時において、踏段の定格速度を30m/min以下とし、かつ、2枚以上の踏段を同一の面とした部分の先端に車止めを設けたもの

第2　　令第18条第２項第六号に規定する車いす使用者が円滑に利用することができるものとして国土交通大臣が定める構造は、次に掲げるものとする。

　一　第1第一号に掲げるエレベーターにあっては、次に掲げるものであること。

　　イ　平成12年建設省告示第1413号第１第九号に規定するものとすること。

　　ロ　かごの幅は70cm以上とし、かつ、奥行きは120cm以上とすること。

　　ハ　車いす使用者がかご内で方向を変更する必要がある場合にあっては、かごの幅及び奥行きが十分に確保されていること。

　二　第1第二号に掲げるエスカレーターにあっては、平成12年建設省告示第1417号第１ただし書に規定するものであること。

　　　附　則

1　この告示は、高齢者、障害者等の移動等の円滑化の促進に関する法律（平成18年法律第91号）の施行の日（平成18年12月20日）から施行する。

2　平成15年国土交通省告示第178号は、廃止する。

〔平成18年12月15日国土交通省告示第1491号〕

高齢者、障害者等の移動等の円滑化の促進に関する法律施行令の規定により移動等円滑化の措置がとられたエレベーターその他の昇降機又は便所の配置を視覚障害者に示す方法を定める件

　高齢者、障害者等の移動等の円滑化の促進に関する法律施行令（平成18年政令第379号）第20条第２項の規定に基づき、移動等円滑化の措置がとられたエレベーターその他の昇降機又は便所の配置を視覚障害者に示す方法を次のように定める。

　高齢者、障害者等の移動等の円滑化の促進に関する法律施行令第20条第２項に規定する国土交通大臣が定める方法は、次に掲げるものとする。

　一　文字等の浮き彫り

　二　音による案内

　三　点字及び前２号に類するもの

　　　附　則

　この告示は、高齢者、障害者等の移動等の円滑化の促進に関する法律（平成18年法律第91号）の施行の日（平成18年12月20日）から施行する。

〔平成18年12月15日国土交通省告示第1490号〕

高齢者、障害者等の移動等の円滑化の促進に関する法律施行令の規定により、認定特定建築物等の建築物特定施設の床面積のうち、通常の建築物の建築物特定施設の床面積を超えることとなるものを定める件

最終改正　　令和 3 年 9 月30日国土交通省告示第1295号

　高齢者、障害者等の移動等の円滑化の促進に関する法律施行令（平成18年政令第379号）第24条〔現行＝第26条＝令和 2 年12月政令第345号により改正〕の規定に基づき、認定特定建築物の建築物特定施設の床面積のうち、通常の建築物の建築物特定施設の床面積を超えることとなるものを次のように定める。

　高齢者、障害者等の移動等の円滑化の促進に関する法律施行令（以下「令」という。）第26条に規定する認定特定建築物の建築物特定施設又は認定協定建築物の協定建築物特定施設の床面積のうち、通常の建築物の建築物特定施設の床面積を超えることとなるものとして国土交通大臣が定める床面積は、次の各号に掲げる建築物特定施設（高齢者、障害者等の移動等の円滑化の促進に関する法律（平成18年法律第91号。以下「法」という。）第17条第 1 項の申請に係る特定建築物（特別特定建築物（令第 5 条第一号に規定する公立小学校等を除く。以下同じ。）を除く。）にあっては多数の者が利用するもの（当該申請に係る特別特定建築物にあっては不特定かつ多数の者が利用し、又は主として高齢者、障害者等が利用するもの）、法第22条の 2 第 1 項の申請に係る協定建築物にあっては協定建築物特定施設であるものに限る。）ごとに、それぞれ当該各号に定める数値を超える床面積の合計とする。

　一　廊下等

廊下の用途 ＼ 廊下の部分	両側に居室がある廊下（単位　m²）	その他の廊下（単位　m²）
(1) 小学校、中学校、義務教育学校、高等学校又は中等教育学校における児童用又は生徒用のもの	2.30 L	1.80 L
(2) 病院における患者用のもの又は 3 室以下の専用のものを除き居室の床面積の合計が200m²（地階にあっては、100m²）を超える階におけるもの	1.60 L	1.20 L
(3) (1)及び(2)に掲げる廊下以外のもの	1.20 L	

　この表において、Lは、廊下等の長さ（単位　m）を表すものとする。

　二　階段

階段の用途 ＼ 階段の部分	段がある部分（単位　m²）	踊　場（単位　m²）
(1) 小学校（義務教育学校の前期課程を含む。）にお	2.28 H	1.68

		傾斜がある部分 （単位　m²）	踊　場 （単位　m²）

けける児童用のもの

(2)	中学校（義務教育学校の後期課程を含む。）、高等学校若しくは中等教育学校における生徒用のもの又は物品販売業（物品加工修理業を含む。以下同じ。）を営む店舗で床面積の合計が1,500m²を超えるもの、劇場、映画館、演芸場、観覧場、公会堂若しくは集会場における客用のもの	2.03 H	1.68
(3)	直上階の居室の床面積の合計が200m²を超える地上階又は居室の床面積の合計が100m²を超える地階若しくは地下工作物内におけるもの	1.44 H	1.44
(4)	(1)から(3)までに掲げる階段以外のもの	0.72 H	0.90

この表において、Hは、階段の高さ（単位　m）を表すものとする。

三　傾斜路

	傾斜路の用途 ＼ 傾斜路の部分	傾斜がある部分 （単位　m²）	踊　場 （単位　m²）
(1)	小学校、中学校、義務教育学校、高等学校若しくは中等教育学校における児童用若しくは生徒用のもの又は物品販売業を営む店舗で床面積の合計が1,500m²を超えるもの、劇場、映画館、演芸場、観覧場、公会堂若しくは集会場における客用のもの	11.20 H	1.68
(2)	直上階の居室の床面積の合計が200m²を超える地上階又は居室の床面積の合計が100m²を超える地階若しくは地下工作物内におけるもの	9.60 H	1.44
(3)	(1)及び(2)に掲げる傾斜路以外のもの	6.00 H	0.90

この表において、Hは、傾斜路の高さ（単位　m）を表すものとする。

四　便所（車椅子使用者用便房に係る部分に限る。）　1.00（単位　m²）

五　駐車場（車椅子使用者用駐車施設に係る部分に限る。）　15.00（単位　m²）

　　附　則

1　この告示は、高齢者、障害者等の移動等の円滑化の促進に関する法律（平成18年法律第91号）の施行の日（平成18年12月20日）から施行する。

2　平成15年国土交通省告示第262号は、廃止する

〔平成18年12月15日国土交通省告示第1482号〕

高齢者、障害者等の移動等の円滑化の促進に関する法律施行規則の規定により認定特定建築物が特定建築物の建築等及び維持保全の計画の認定を受けている旨の表示を付することができるものを定める件

　高齢者、障害者等の移動等の円滑化の促進に関する法律施行規則（平成18年国土交通省令第110号）第12条第1項第三号の規定に基づき、国土交通大臣が定めるものを次のように定める。

　高齢者、障害者等の移動等の円滑化の促進に関する法律施行規則第12条第1項第三号に規定する国土交通大臣が定めるものは、次に掲げるものとする。

　一　宣伝用物品

　二　情報を提供するために作成する電磁的記録

　　　附　則

1　この告示は、高齢者、障害者等の移動等の円滑化の促進に関する法律（平成18年法律第91号）の施行の日（平成18年12月20日）から施行する。

2　平成15年国土交通省告示第268号は、廃止する。

〔平成18年12月15日国土交通省告示第1489号〕

高齢者、障害者等が円滑に利用できるようにするために誘導すべき建築物特定施設の構造及び配置に関する基準を定める省令の規定により視覚障害者の利用上支障がない廊下等の部分等を定める件

　高齢者、障害者等が円滑に利用できるようにするために誘導すべき建築物特定施設の構造及び配置に関する基準を定める省令（平成18年国土交通省令第114号）第3条第1項第三号ただし書、第4条第八号ただし書、第6条第1項第七号ただし書、第16条ただし書の規定に基づき、視覚障害者の利用上支障がない廊下等の部分等を次のように定める。

第1　高齢者、障害者等が円滑に利用できるようにするために誘導すべき建築物特定施設の構造及び配置に関する基準を定める省令（以下「建築物移動等円滑化誘導基準」という。）第3条第1項第三号ただし書に規定する視覚障害者の利用上支障がないものとして国土交通大臣が定める場合は、階段又は傾斜路の上端に近接する廊下等の部分が次の各号のいずれかに該当するものである場合とする。

　一　勾配が $\frac{1}{20}$ を超えない傾斜がある部分の上端に近接するもの

　二　高さが16cmを超えず、かつ、勾配が $\frac{1}{12}$ を超えない傾斜がある部分の上端に近接するもの

　三　主として自動車の駐車の用に供する施設に設けるもの

第2　建築物移動等円滑化誘導基準第４条第八号ただし書に規定する視覚障害者の利用上支障が
ないものとして国土交通大臣が定める場合は、段がある部分の上端に近接する踊場の部分が第
１第三号に定めるもの又は段がある部分と連続して手すりを設けるものである場合とする。

第3　建築物移動等円滑化誘導基準第６条第１項第七号ただし書に規定する視覚障害者の利用上
支障がないものとして国土交通大臣が定める場合は、傾斜がある部分の上端に近接する踊場の
部分が第１各号のいずれかに該当するもの又は傾斜がある部分と連続して手すりを設けるもの
である場合とする。

第4　建築物移動等円滑化誘導基準第16条ただし書に規定する視覚障害者の利用上支障がないも
のとして国土交通大臣が定める場合は、道等から案内設備までの経路が第１第三号に定めるも
の又は建築物の内にある当該建築物を管理する者等が常時勤務する案内所から直接地上へ通ず
る出入口を容易に視認でき、かつ、道等から当該出入口までの経路が高齢者、障害者等の移動
等の円滑化の促進に関する法律施行令第21条第２項に定める基準に適合するものである場合と
する。

　　　附　則

1　この告示は、高齢者、障害者等の移動等の円滑化の促進に関する法律（平成18年法律第91号）
の施行の日（平成18年12月20日）から施行する。

2　平成15年国土交通省告示第263号は、廃止する。

〔平成18年12月15日国土交通省告示第1488号〕

高齢者、障害者等が円滑に利用できるようにするために誘導すべき建築物特定施設の構造及び配置に関する基準を定める省令の規定により車いす使用者の利用上支障がない廊下等の部分等を定める件

　高齢者、障害者等が円滑に利用できるようにするために誘導すべき建築物特定施設の構造及び
配置に関する基準を定める省令（平成18年国土交通省令第114号）第３条第２項、第５条ただし書、
第６条第２項及び第11条第３項の規定に基づき、車いす使用者の利用上支障がない廊下等の部分
等を次のように定める。

第1　高齢者、障害者等が円滑に利用できるようにするために誘導すべき建築物特定施設の構造
及び配置に関する基準を定める省令（以下「建築物移動等円滑化誘導基準」という。）第３条
第２項に規定する車いす使用者の利用上支障がないものとして国土交通大臣が定める部分は、
車いす使用者用駐車施設が設けられていない駐車場、階段等のみに通ずる廊下等の部分とする。

第2　建築物移動等円滑化誘導基準第５条ただし書に規定する車いす使用者の利用上支障がない
ものとして国土交通大臣が定める場合は、階段が車いす使用者用駐車施設が設けられていない
駐車場等のみに通ずるものである場合とする。

第3　建築物移動等円滑化誘導基準第６条第２項に規定する車いす使用者の利用上支障がないも
のとして国土交通大臣が定める部分は、車いす使用者用駐車施設が設けられていない駐車場、

階段等のみに通ずる傾斜路の部分とする。

第4　建築物移動等円滑化誘導基準第11条第3項に規定する車いす使用者の利用上支障がないものとして国土交通大臣が定める部分は、車いす使用者用駐車施設が設けられていない駐車場、段等のみに通ずる敷地内の通路の部分とする。

　　附　則

1　この告示は、高齢者、障害者等の移動等の円滑化の促進に関する法律（平成18年法律第91号）の施行の日（平成18年12月20日）から施行する。

2　平成15年国土交通省告示第264号は、廃止する。

〔平成18年12月15日国土交通省告示第1486号〕

高齢者、障害者等が円滑に利用できるようにするために誘導すべき建築物特定施設の構造及び配置に関する基準を定める省令の規定により視覚障害者の利用上支障がないエレベーター及び乗降ロビーを定める件

　高齢者、障害者等が円滑に利用できるようにするために誘導すべき建築物特定施設の構造及び配置に関する基準を定める省令（平成18年国土交通省令第114号）第7条第6項ただし書の規定に基づき、視覚障害者の利用上支障がないエレベーター及び乗降ロビーを次のように定める。

　高齢者、障害者等が円滑に利用できるようにするために誘導すべき建築物特定施設の構造及び配置に関する基準を定める省令第7条第6項ただし書に規定する視覚障害者の利用上支障がないものとして国土交通大臣が定める場合は、エレベーター及び乗降ロビーが主として自動車の駐車の用に供する施設に設けるものである場合とする。

　　附　則

1　この告示は、高齢者、障害者等の移動等の円滑化の促進に関する法律（平成18年法律第91号）の施行の日（平成18年12月20日）から施行する。

2　平成15年国土交通省告示第265号は、廃止する。

〔平成18年12月15日国土交通省告示第1487号〕

高齢者、障害者等が円滑に利用できるようにするために誘導すべき建築物特定施設の構造及び配置に関する基準を定める省令の規定によりエレベーターのかご内及び乗降ロビーに設ける制御装置を視覚障害者が円滑に操作することができる構造とする方法を定める件

高齢者、障害者等が円滑に利用できるようにするために誘導すべき建築物特定施設の構造及び配置に関する基準を定める省令（平成18年国土交通省令第114号）第7条第6項第二号に規定する国土交通大臣が定める方法は、次に掲げるものとする。

一　文字等の浮き彫り

二　音による案内

三　点字及び前2号に類するもの

　　附　則

この告示は、高齢者、障害者等の移動等の円滑化の促進に関する法律（平成18年法律第91号）の施行の日（平成18年12月20日）から施行する。

〔平成18年12月15日国土交通省告示第1485号〕

高齢者、障害者等が円滑に利用できるようにするために誘導すべき建築物特定施設の構造及び配置に関する基準を定める省令の規定により特殊な構造又は使用形態のエレベーターその他の昇降機等を定める件

最終改正　平成21年8月4日国土交通省告示第859号

高齢者、障害者等が円滑に利用できるようにするために誘導すべき建築物特定施設の構造及び配置に関する基準を定める省令（平成18年国土交通省令第114号）第8条の規定に基づき、特殊な構造又は使用形態のエレベーターその他の昇降機等を次のように定める。

第1　高齢者、障害者等が円滑に利用できるようにするために誘導すべき建築物特定施設の構造及び配置に関する基準を定める省令（以下「建築物移動等円滑化誘導基準」という。）第8条に規定する国土交通大臣が定める特殊な構造又は使用形態のエレベーターその他の昇降機は、次に掲げるものとする。

一　車いすに座ったまま使用するエレベーターで、かごの定格速度が15m/min以下で、かつ、その床面積が2.25m²以下のものであって、昇降行程が4m以下のもの又は階段及び傾斜路に沿って昇降するもの

二　車いすに座ったまま車いす使用者を昇降させる場合に2枚以上の踏段を同一の面に保ちながら昇降を行うエスカレーターで、当該運転時において、踏段の定格速度を30m/min以下

とし、かつ、2枚以上の踏段を同一の面とした部分の先端に車止めを設けたもの

第2 建築物移動等円滑化誘導基準第8条に規定する車いす使用者が円滑に利用することができるものとして国土交通大臣が定める構造は、次に掲げるものとする。

一 第1第一号に掲げるエレベーターにあっては、次に掲げるものであること。

イ 平成12年建設省告示第1413号第1第九号に規定するものとすること。

ロ かごの幅は70cm以上とし、かつ、奥行きは120cm以上とすること。

ハ 車いす使用者がかご内で方向を変更する必要がある場合にあっては、かごの幅及び奥行きが十分に確保されていること。

二 第1第二号エスカレーターにあっては、平成12年建設省告示第1417号第1ただし書に規定するものであること。

附 則

1 この告示は、高齢者、障害者等の移動等の円滑化の促進に関する法律（平成18年法律第91号）の施行の日（平成18年12月20日）から施行する。

2 平成15年国土交通省告示第266号は、廃止する。

〔平成18年12月15日国土交通省告示第1484号〕

高齢者、障害者等が円滑に利用できるようにするために誘導すべき建築物特定施設の構造及び配置に関する基準を定める省令の規定により車いす使用者用浴室等の構造を定める件

高齢者、障害者等が円滑に利用できるようにするために誘導すべき建築物特定施設の構造及び配置に関する基準を定める省令（平成18年国土交通省令第114号）第10条第2項第三号イの規定に基づき、車いす使用者用浴室等の構造を次のように定める。

高齢者、障害者等が円滑に利用できるようにするために誘導すべき建築物特定施設の構造及び配置に関する基準を定める省令第10条第2項第三号イに規定する車いす使用者が円滑に利用することができるものとして国土交通大臣が定める構造は、次に掲げるものとする。

一 浴槽、シャワー、手すり等が適切に配置されていること。

二 車いす使用者が円滑に利用することができるよう十分な空間が確保されていること。

附 則

1 この告示は、高齢者、障害者等の移動等の円滑化の促進に関する法律（平成18年法律第91号）の施行の日（平成18年12月20日）から施行する。

2 平成15年国土交通省告示第267号は、廃止する。

〔平成18年12月15日国土交通省告示第1483号〕

高齢者、障害者等が円滑に利用できるようにするために誘導すべき建築物特定施設の構造及び配置に関する基準を定める省令の規定により移動等円滑化の措置がとられたエレベーターその他の昇降機又は便所の配置を視覚障害者に示す方法を定める件

高齢者、障害者等が円滑に利用できるようにするために誘導すべき建築物特定施設の構造及び配置に関する基準を定める省令（平成18年国土交通省令第114号）第15条第2項の規定に基づき、移動等円滑化の措置がとられたエレベーターその他の昇降機又は便所の配置を視覚障害者に示す方法を次のように定める。

高齢者、障害者等が円滑に利用できるようにするために誘導すべき建築物特定施設の構造及び配置に関する基準を定める省令第15条第2項に規定する国土交通大臣が定める方法は、次に掲げるものとする。

一　文字等の浮き彫り

二　音による案内

三　点字及び前2号に類するもの

　　附　則

この告示は、高齢者、障害者等の移動等の円滑化の促進に関する法律（平成18年法律第91号）の施行の日（平成18年12月20日）から施行する。

建築物の耐震改修の促進に関する法律に基づく告示

〔平成18年1月25日国土交通省告示第184号〕
建築物の耐震診断及び耐震改修の促進を図るための基本的な方針

最終改正　平成30年12月21日国土交通省告示第1381号

耐震改修促進法

　建築物の耐震改修の促進に関する法律（平成7年法律第123号）第4条第1項の規定に基づき、建築物の耐震診断及び耐震改修の促進を図るための基本的な方針を次のように策定したので、同条第3項の規定により告示する。

　平成7年1月の阪神・淡路大震災では、地震により6,434人の尊い命が奪われた。このうち地震による直接的な死者数は5,502人であり、さらにこの約9割の4,831人が住宅・建築物の倒壊等によるものであった。この教訓を踏まえて、建築物の耐震改修の促進に関する法律（以下「法」という。）が制定された。

　しかし近年、平成16年10月の新潟県中越地震、平成17年3月の福岡県西方沖地震、平成20年6月の岩手・宮城県内陸地震、平成28年4月の熊本地震、平成30年9月の北海道胆振東部地震など大地震が頻発しており、特に平成23年3月に発生した東日本大震災は、これまでの想定をはるかに超える巨大な地震・津波により、一度の災害で戦後最大の人命が失われるなど、甚大な被害をもたらした。また、東日本大震災においては、津波による沿岸部の建築物の被害が圧倒的であったが、内陸市町村においても建築物に大きな被害が発生した。さらに、平成30年6月の大阪府北部を震源とする地震においては塀に被害が発生した。このように、我が国において、大地震はいつどこで発生してもおかしくない状況にあるとの認識が広がっている。また、南海トラフ地震、日本海溝・千島海溝周辺海溝型地震及び首都直下地震については、発生の切迫性が指摘され、ひとたび地震が発生すると被害は甚大なものと想定されており、特に、南海トラフ巨大地震については、東日本大震災を上回る被害が想定されている。

　建築物の耐震改修については、建築物の耐震化緊急対策方針（平成17年9月中央防災会議決定）において、全国的に取り組むべき「社会全体の国家的な緊急課題」とされるとともに、南海トラフ地震防災対策推進基本計画（平成26年3月中央防災会議決定）において、10年後に死者数を概ね8割、建築物の全壊棟数を概ね5割、被害想定から減少させるという目標の達成のため、重点的に取り組むべきものとして位置づけられているところである。また、首都直下地震緊急対策推進基本計画（平成27年3月閣議決定）においては、10年後に死者数及び建築物の全壊棟数を被害想定から半減させるという目標の達成のため、あらゆる対策の大前提として強力に推進すべきものとして位置づけられているところである。特に切迫性の高い地震については発生までの時間が限られていることから、効果的かつ効率的に建築物の耐震改修等を実施することが求められている。

この告示は、このような認識の下に、建築物の耐震診断及び耐震改修の促進を図るため、基本的な方針を定めるものである。

一 建築物の耐震診断及び耐震改修の促進に関する基本的な事項

1 国、地方公共団体、所有者等の役割分担

住宅・建築物の耐震化の促進のためには、まず、住宅・建築物の所有者等が、地域防災対策を自らの問題、地域の問題として意識して取り組むことが不可欠である。国及び地方公共団体は、こうした所有者等の取組をできる限り支援するという観点から、所有者等にとって耐震診断及び耐震改修を行いやすい環境の整備や負担軽減のための制度の構築など必要な施策を講じ、耐震改修の実施の阻害要因となっている課題を解決していくべきである。

2 公共建築物の耐震化の促進

公共建築物については、災害時には学校は避難場所等として活用され、病院では災害による負傷者の治療が、国及び地方公共団体の庁舎では被害情報収集や災害対策指示が行われるなど、多くの公共建築物が応急活動の拠点として活用される。このため、平常時の利用者の安全確保だけでなく、災害時の拠点施設としての機能確保の観点からも公共建築物の耐震性確保が求められるとの認識のもと、強力に公共建築物の耐震化の促進に取り組むべきである。具体的には、国及び地方公共団体は、各施設の耐震診断を速やかに行い、耐震性に係るリストを作成及び公表するとともに、整備目標及び整備プログラムの策定等を行い、計画的かつ重点的な耐震化の促進に積極的に取り組むべきである。

また、公共建築物について、法第22条第3項の規定に基づく表示を積極的に活用すべきである。

3 法に基づく指導等の実施

所管行政庁は、法に基づく指導等を次のイからハまでに掲げる建築物の区分に応じ、それぞれ当該イからハまでに定める措置を適切に実施すべきである。

イ 耐震診断義務付け対象建築物

法第7条に規定する要安全確認計画記載建築物及び法附則第3条第1項に規定する要緊急安全確認大規模建築物（以下「耐震診断義務付け対象建築物」という。）については、所管行政庁は、その所有者に対して、所有する建築物が耐震診断の実施及び耐震診断の結果の報告義務の対象建築物となっている旨の十分な周知を行い、その確実な実施を図るべきである。また、期限までに耐震診断の結果を報告しない所有者に対しては、個別の通知等を行うことにより、耐震診断結果の報告をするように促し、それでもなお報告しない場合にあっては、法第8条第1項（法附則第3条第3項において準用する場合を含む。）の規定に基づき、当該所有者に対し、相当の期限を定めて、耐震診断の結果の報告を行うべきことを命ずるとともに、その旨を公報、ホームページ等で公表すべきである。

法第9条（法附則第3条第3項において準用する場合を含む。）の規定に基づく報告の内容の公表については、建築物の耐震改修の促進に関する法律施行規則（平成7年建設省令第28号。以下「規則」という。）第22条（規則附則第3条において準用する場合を含む。）の規定により、所管行政庁は、当該報告の内容をとりまとめた上で公表しなければならないが、当該公表後に耐震改修等により耐震性が確保された建築物については、公表内容にその旨を付記するなど、迅速に耐震改修等に取り組んだ建築物所有者が不利になることの

ないよう、営業上の競争環境等にも十分に配慮し、丁寧な運用を行うべきである。

　また、所管行政庁は、報告された耐震診断の結果を踏まえ、当該耐震診断義務付け対象建築物の所有者に対して、法第12条第1項の規定に基づく指導及び助言を実施するよう努めるとともに、指導に従わない者に対しては同条第2項の規定に基づき必要な指示を行い、正当な理由がなく、その指示に従わなかったときは、その旨を公報、ホームページ等を通じて公表すべきである。

　さらに、指導・助言、指示等を行ったにもかかわらず、当該耐震診断義務付け対象建築物の所有者が必要な対策をとらなかった場合には、所管行政庁は、構造耐力上主要な部分の地震に対する安全性について著しく保安上危険であると認められる建築物（別添の建築物の耐震診断及び耐震改修の実施について技術上の指針となるべき事項（以下「技術指針事項」という。）第1第一号又は第二号の規定により構造耐力上主要な部分の地震に対する安全性を評価した結果、地震の震動及び衝撃に対して倒壊し、又は崩壊する危険性が高いと判断された建築物をいう。以下同じ。）については速やかに建築基準法（昭和25年法律第201号）第10条第3項の規定に基づく命令を、損傷、腐食その他の劣化が進み、そのまま放置すれば著しく保安上危険となるおそれがあると認められる建築物については、同条第1項の規定に基づく勧告や同条第2項の規定に基づく命令を行うべきである。

ロ　指示対象建築物

　法第15条第2項に規定する特定既存耐震不適格建築物（以下「指示対象建築物」という。）については、所管行政庁は、その所有者に対して、所有する建築物が指示対象建築物である旨の周知を図るとともに、同条第1項の規定に基づく指導及び助言を実施するよう努め、指導に従わない者に対しては同条第2項の規定に基づき必要な指示を行い、正当な理由がなく、その指示に従わなかったときは、その旨を公報、ホームページ等を通じて公表すべきである。

　また、指導・助言、指示等を行ったにもかかわらず、当該指示対象建築物の所有者が必要な対策をとらなかった場合には、所管行政庁は、構造耐力上主要な部分の地震に対する安全性について著しく保安上危険であると認められる建築物については速やかに建築基準法第10条第3項の規定に基づく命令を、損傷、腐食その他の劣化が進み、そのまま放置すれば著しく保安上危険となるおそれがあると認められる建築物については、同条第1項の規定に基づく勧告や同条第2項の規定に基づく命令を行うべきである。

ハ　指導・助言対象建築物

　法第14条に規定する特定既存耐震不適格建築物（指示対象建築物を除く。）については、所管行政庁は、その所有者に対して、法第15条第1項の規定に基づく指導及び助言を実施するよう努めるべきである。また、法第16条第1項に規定する既存耐震不適格建築物についても、所管行政庁は、その所有者に対して、同条第2項の規定に基づく指導及び助言を実施するよう努めるべきである。

4　計画の認定等による耐震改修の促進

　所管行政庁は、法第17条第3項の計画の認定、法第22条第2項の認定、法第25条第2項の認定について、適切かつ速やかな認定が行われるよう努めるべきである。

　国は、これらの認定について、所管行政庁による適切かつ速やかな認定が行われるよう、

必要な助言、情報提供等を行うこととする。

5　所有者等の費用負担の軽減等

　　耐震診断及び耐震改修に要する費用は、建築物の状況や工事の内容により様々であるが、相当の費用を要することから、所有者等の費用負担の軽減を図ることが課題となっている。このため、地方公共団体は、所有者等に対する耐震診断及び耐震改修に係る助成制度等の整備や耐震改修促進税制の普及に努め、密集市街地や緊急輸送道路・避難路沿いの建築物の耐震化を促進するなど、重点的な取組を行うことが望ましい。国は、地方公共団体に対し、必要な助言、補助・交付金、税の優遇措置等の制度に係る情報提供等を行うこととする。

　　また、法第32条の規定に基づき指定された耐震改修支援センター（以下「センター」という。）が債務保証業務、情報提供業務等を行うこととしているが、国は、センターを指定した場合においては、センターの業務が適切に運用されるよう、センターに対して必要な指導等を行うとともに、都道府県に対し、必要な情報提供等を行うこととする。

　　さらに、所有者等が耐震改修工事を行う際に仮住居の確保が必要となる場合については、地方公共団体が、公共賃貸住宅の空家の紹介等に努めることが望ましい。特に、耐震診断義務付け対象建築物については早急な耐震診断の実施及び耐震改修の促進が求められることから、特に重点的な予算措置が講じられることが望ましい。

6　相談体制の整備及び情報提供の充実

　　近年、悪質なリフォーム工事詐欺による被害が社会問題となっており、住宅・建築物の所有者等が安心して耐震診断及び耐震改修を実施できる環境整備が重要な課題となっている。特に、「どの事業者に頼めばよいか」、「工事費用は適正か」、「工事内容は適切か」、「改修の効果はあるのか」等の不安に対応する必要がある。このため、国は、センター等と連携し、耐震診断及び耐震改修に関する相談窓口を設置するとともに、耐震診断及び耐震改修の実施が可能な建築士及び事業者の一覧や、耐震改修工法の選択や耐震診断・耐震改修費用の判断の参考となる事例集を作成し、ホームページ等で公表を行い、併せて、地方公共団体に対し、必要な助言、情報提供等を行うこととする。また、全ての市町村は、耐震診断及び耐震改修に関する窓口を設置するよう努めるべきであるとともに、地方公共団体は、センター等と連携し、先進的な取組事例、耐震改修事例、一般的な工事費用、専門家・事業者情報、助成制度概要等について、情報提供の充実を図ることが望ましい。

7　専門家・事業者の育成及び技術開発

　　適切な耐震診断及び耐震改修が行われるためには、専門家・事業者が耐震診断及び耐震改修について必要な知識、技術等の更なる習得に努め、資質の向上を図ることが望ましい。国及び地方公共団体は、センター等の協力を得て、講習会や研修会の開催、受講者の登録・紹介制度の整備等に努めるものとする。特に、耐震診断義務付け対象建築物の耐震診断が円滑に行われるよう、国は、登録資格者講習（規則第5条に規定する登録資格者講習をいう。以下同じ。）の十分な頻度による実施、建築士による登録資格者講習の受講の促進のための情報提供の充実を図るものとする。

　　また、簡易な耐震改修工法の開発やコストダウン等が促進されるよう、国及び地方公共団体は、関係団体と連携を図り、耐震診断及び耐震改修に関する調査及び研究を実施することとする。

8　地域における取組の推進

　　地方公共団体は、地域に根ざした専門家・事業者の育成、町内会や学校等を単位とした地震防災対策への取組の推進、ＮＰＯとの連携や地域における取組に対する支援、地域ごとに関係団体等からなる協議会の設置等を行うことが考えられる。国は、地方公共団体に対し、必要な助言、情報提供等を行うこととする。

9　その他の地震時の安全対策

　　地方公共団体及び関係団体は、ブロック塀の倒壊防止、窓ガラス、天井、外壁等の非構造部材の脱落防止対策についての改善指導や、地震時のエレベーター内の閉じ込め防止対策、エスカレーターの脱落防止対策、給湯設備の転倒防止対策、配管等の設備の落下防止対策等の実施に努めるべきであり、これらの対策に係る建築基準法令の規定に適合しない建築物で同法第3条第2項の適用を受けているものについては、改修の促進を図るべきである。また、南海トラフ沿いの巨大地震による長周期地震動に関する報告（平成27年12月）を踏まえて、長周期地震動対策を推進すべきである。国は、地方公共団体及び関係団体に対し、必要な助言、情報提供等を行うこととする。

二　建築物の耐震診断及び耐震改修の実施に関する目標の設定に関する事項

1　建築物の耐震化の現状

　　平成25年の統計調査に基づき、我が国の住宅については総数約5,200万戸のうち、約900万戸（約18％）が耐震性が不十分であり、耐震化率は約82％と推計されている。この推計では、耐震性が不十分な住宅は、平成15年の約1,150万戸から10年間で約250万戸減少しているが、大部分が建替えによるものであり、耐震改修によるものは10年間で約55万戸に過ぎないと推計されている。

　　また、法第14条第一号に掲げる建築物（以下「多数の者が利用する建築物」という。）については、約42万棟のうち、約6万棟（約15％）が耐震性が不十分であり、耐震化率は約85％と推計されている。

2　建築物の耐震診断及び耐震改修の目標の設定

　　南海トラフ地震防災対策推進基本計画、首都直下地震緊急対策推進基本計画及び住生活基本計画（平成28年3月閣議決定）における目標を踏まえ、住宅の耐震化率及び多数の者が利用する建築物の耐震化率について、平成32年までに少なくとも95％にすることを目標とするとともに、平成37年までに耐震性が不十分な住宅を、同年を目途に耐震性が不十分な耐震診断義務付け対象建築物を、それぞれおおむね解消することを目標とする。耐震化率を95％とするためには、平成25年から平成32年までの間に、少なくとも住宅の耐震化は約650万戸（うち耐震改修は約130万戸）とする必要があり、建替え促進を図るとともに、耐震改修のペースを約3倍にすることが必要である。また、多数の者が利用する建築物の耐震化は少なくとも約4万棟（うち耐震改修は約3万棟）とする必要があり、建替え促進を図るとともに、現在の耐震改修のペースを約2倍にすることが必要となる。

　　また、建築物の耐震化のためには、耐震診断の実施の促進を図ることが必要であり、平成25年から平成32年までの間に、耐震化率の目標達成のために必要な耐震改修の戸数又は棟数と同程度の耐震診断の実施が必要となると考えて、少なくとも住宅については約130万戸、多数の者が利用する建築物については約3万棟の耐震診断の実施を目標とすることとする。

　　特に、公共建築物については、各地方公共団体において、できる限り用途ごとに目標が設定されるよう、国土交通省は、関係省庁と連携を図り、必要な助言、情報提供を行うこととする。

三　建築物の耐震診断及び耐震改修の実施について技術上の指針となるべき事項

　　建築物の耐震診断及び耐震改修は、既存の建築物について、現行の耐震関係規定に適合しているかどうかを調査し、これに適合しない場合には、適合させるために必要な改修を行うことが基本である。しかしながら、既存の建築物については、耐震関係規定に適合していることを詳細に調査することや、適合しない部分を完全に適合させることが困難な場合がある。このような場合には、建築物の所有者等は、技術指針事項に基づいて耐震診断を行い、その結果に基づいて必要な耐震改修を行うべきである。

四　建築物の地震に対する安全性の向上に関する啓発及び知識の普及に関する基本的な事項

　　建築物の所有者等が、地震防災対策を自らの問題、地域の問題として意識することができるよう、地方公共団体は、過去に発生した地震の被害と対策、発生のおそれがある地震の概要と地震による危険性の程度等を記載した地図（以下「地震防災マップ」という。）、建築物の耐震性能や免震等の技術情報、地域での取組の重要性等について、町内会等や各種メディアを活用して啓発及び知識の普及を図ることが考えられる。国は、地方公共団体に対し、必要な助言及び情報提供等を行うこととする。

　　また、地方公共団体が適切な情報提供を行うことができるよう、地方公共団体とセンターとの間で必要な情報の共有及び連携が図られることが望ましい。

五　都道府県耐震改修促進計画の策定に関する基本的な事項その他建築物の耐震診断及び耐震改修の促進に関する重要事項

　1　都道府県耐震改修促進計画の策定に関する基本的な事項

　　イ　都道府県耐震改修促進計画の基本的な考え方

　　　都道府県は、法第5条第1項の規定に基づく都道府県耐震改修促進計画（以下単に「都道府県耐震改修促進計画」という。）を、建築物の耐震改修の促進に関する法律施行令の一部を改正する政令（平成30年政令第323号。以下「改正令」という。）の施行後できるだけ速やかに改定すべきである。

　　　都道府県耐震改修促進計画の改定に当たっては、道路部局、防災部局、衛生部局、観光部局、商工部局、教育委員会等とも連携するとともに、都道府県内の市町村の耐震化の目標や施策との整合を図るため、市町村と協議会を設置する等の取組を行いながら、市町村の区域を超える広域的な見地からの調整を図る必要がある施策等を中心に見直すことが考えられる。

　　　また、都道府県耐震改修促進計画に基づく施策が効果的に実現できるよう、その改定に当たっては、法に基づく指導・助言、指示等を行う所管行政庁と十分な調整を行うべきである。

　　　なお、都道府県は、耐震化の進捗状況や新たな施策の実施等にあわせて、適宜、都道府県耐震改修促進計画の見直しを行うことが望ましい。

　　ロ　建築物の耐震診断及び耐震改修の実施に関する目標

　　　都道府県耐震改修促進計画においては、二2の目標を踏まえ、各都道府県において想定

される地震の規模、被害の状況、建築物の耐震化の現状等を勘案し、可能な限り建築物の用途ごとに目標を定めることが望ましい。なお、都道府県は、定めた目標について、一定期間ごとに検証すべきである。

特に耐震診断義務付け対象建築物については、早急に耐震化を促進すべき建築物である。このため、都道府県耐震改修促進計画に法第5条第3項第一号及び第二号に定める事項を記載する場合においては早期に記載するとともに、二2の目標を踏まえ、耐震診断義務付け対象建築物の耐震化の目標を設定すべきである。また、耐震診断結果の報告を踏まえ、耐震化の状況を検証すべきである。

さらに、庁舎、病院、学校等の公共建築物については、関係部局と協力し、今後速やかに耐震診断を行い、その結果の公表に取り組むとともに、具体的な耐震化の目標を設定すべきである。加えて、重点化を図りながら着実な耐震化を推進するため、都道府県は、公共建築物に係る整備プログラム等を作成することが望ましい。

ハ　建築物の耐震診断及び耐震改修の促進を図るための施策

都道府県耐震改修促進計画においては、都道府県、市町村、建築物の所有者等との役割分担の考え方、実施する事業の方針等基本的な取組方針について定めるとともに、具体的な支援策の概要、安心して耐震改修等を行うことができるようにするための環境整備、地震時の総合的な安全対策に関する事業の概要等を定めることが望ましい。

法第5条第3項第一号の規定に基づき定めるべき公益上必要な建築物は、地震時における災害応急対策の拠点となる施設や避難所となる施設等であるが、例えば庁舎、病院、学校の体育館等の公共建築物のほか、病院、ホテル・旅館、福祉施設等の民間建築物のうち、災害対策基本法（昭和36年法律第223号）第2条第十号に規定する地域防災計画や防災に関する計画等において、大規模な地震が発生した場合においてその利用を確保することが公益上必要な建築物として定められたものについても、積極的に定めることが考えられる。なお、公益上必要な建築物を定めようとするときは、法第5条第4項の規定に基づき、あらかじめ、当該建築物の所有者等の意見を勘案し、例えば特別積合せ貨物運送以外の一般貨物自動車運送事業の用に供する施設である建築物等であって、大規模な地震が発生した場合に公益上必要な建築物として実際に利用される見込みがないものまで定めることがないよう留意すべきである。

法第5条第3項第二号又は第三号の規定に基づき定めるべき道路は、沿道の建築物の倒壊によって緊急車両の通行や住民の避難の妨げになるおそれがある道路であるが、例えば緊急輸送道路、避難路、通学路等避難場所と連絡する道路その他密集市街地内の道路等を定めることが考えられる。特に緊急輸送道路のうち、市町村の区域を越えて、災害時の拠点施設を連絡する道路であり、災害時における多数の者の円滑な避難、救急・消防活動の実施、避難者への緊急物資の輸送等の観点から重要な道路については、沿道の建築物の耐震化を図ることが必要な道路として定めるべきである。

このうち、現に相当数の建築物が集合し、又は集合することが確実と見込まれる地域を通過する道路、公園や学校等の重要な避難場所と連絡する道路その他の地域の防災上の観点から重要な道路については、同項第二号の規定に基づき早期に通行障害建築物の耐震診断を行わせ、耐震化を図ることが必要な道路として定めることが考えられる。

改正令の施行の際、現に同号の規定に基づき通行障害既存耐震不適格建築物（耐震不明建築物であるものに限る。以下同じ。）に係る耐震診断の結果の報告の期限に関する事項が都道府県耐震改修促進計画に記載されている場合においては、必要に応じて、当該都道府県耐震改修促進計画を速やかに改定し、建築物の耐震改修の促進に関する法律施行令（平成7年政令第429号）第4条第二号に規定する組積造の塀に係る耐震診断の結果の報告の期限に関する事項を別に記載すべきである。ただし、やむを得ない事情により当該都道府県耐震改修促進計画を速やかに改定することが困難な場合においては、改正令の施行の際現に法第5条第3項第二号の規定に基づき当該都道府県耐震改修促進計画に記載されている通行障害既存耐震不適格建築物に係る耐震診断の結果の報告の期限に関する事項は、建築物の耐震改修の促進に関する法律施行令第4条第一号に規定する建築物に係るものであるとみなす。また、同条第二号に規定する組積造の塀については、規則第4条の2の規定により、地域の実情に応じて、都道府県知事が耐震診断義務付け対象建築物となる塀の長さ等を規則で定めることができることに留意すべきである。

さらに、同項第四号の規定に基づく特定優良賃貸住宅に関する事項は、法第28条の特例の適用の考え方等について定めることが望ましい。

加えて、同項第五号の規定に基づく独立行政法人都市再生機構又は地方住宅供給公社（以下「機構等」という。）による建築物の耐震診断及び耐震改修の実施に関する事項は、機構等が耐震診断及び耐震改修を行う地域、建築物の種類等について定めることが考えられる。なお、独立行政法人都市再生機構による耐震診断及び耐震改修の業務及び地域は、原則として都市再生に資するものに限定するとともに、地域における民間事業者による業務を補完して行うよう留意する。

二　建築物の地震に対する安全性の向上に関する啓発及び知識の普及

都道府県耐震改修促進計画においては、個々の建築物の所在地を識別可能とする程度に詳細な地震防災マップの作成について盛り込むとともに、相談窓口の設置、パンフレットの作成・配布、セミナー・講習会の開催、耐震診断及び耐震改修に係る情報提供等、啓発及び知識の普及に係る事業について定めることが望ましい。特に、地震防災マップの作成及び相談窓口の設置は、都道府県内の全ての市町村において措置されるよう努めるべきである。

また、地域における地震時の危険箇所の点検等を通じて、住宅・建築物の耐震化のための啓発活動や危険なブロック塀の改修・撤去等の取組を行うことが効果的であり、必要に応じ、市町村との役割分担のもと、町内会や学校等との連携策についても定めることが考えられる。

ホ　建築基準法による勧告又は命令等の実施

法に基づく指導・助言、指示、命令等について、所管行政庁は、優先的に実施すべき建築物の選定及び対応方針、公表の方法等について定めることが望ましい。

また、所管行政庁は、法第12条第3項（法附則第3条第3項において準用する場合を含む。）又は法第15条第3項の規定による公表を行ったにもかかわらず、建築物の所有者が耐震改修を行わない場合には、建築基準法第10条第1項の規定による勧告、同条第2項又は第3項の規定による命令等を実施すべきであり、その実施の考え方、方法等について定

めることが望ましい。

2　市町村耐震改修促進計画の策定に関する基本的な事項

イ　市町村耐震改修促進計画の基本的な考え方

　　平成17年3月に中央防災会議において決定された地震防災戦略において、東海地震及び東南海・南海地震の被害を受けるおそれのある地方公共団体については地域目標を定めることが要請され、その他の地域においても減災目標を策定することが必要とされている。こうしたことを踏まえ、法第6条第1項において、基礎自治体である市町村においても、都道府県耐震改修促進計画に基づき、市町村耐震改修促進計画を定めるよう努めるものとされたところであり、可能な限り全ての市町村において市町村耐震改修促進計画が策定されることが望ましい。また、改正令の施行前に市町村耐震改修促進計画を策定している市町村にあっては、当該市町村耐震改修促進計画を改正令の施行後できるだけ速やかに改定すべきである。

　　市町村耐震改修促進計画の策定及び改定に当たっては、道路部局、防災部局、衛生部局、観光部局、商工部局、教育委員会等とも連携するとともに、都道府県の耐震化の目標や施策との整合を図るため、都道府県と協議会を設置する等の取組を行いながら、より地域固有の状況に配慮して作成することが考えられる。

　　また、市町村耐震改修促進計画に基づく施策が効果的に実現できるよう、法に基づく指導、助言、指示等を行う所管行政庁と十分な調整を行うべきである。

　　なお、市町村は、耐震化の進捗状況や新たな施策の実施等にあわせて、適宜、市町村耐震改修促進計画の見直しを行うことが望ましい。

ロ　建築物の耐震診断及び耐震改修の実施に関する目標

　　市町村耐震改修促進計画においては、都道府県耐震改修促進計画の目標を踏まえ、各市町村において想定される地震の規模、被害の状況、建築物の耐震化の現状等を勘案し、可能な限り建築物の用途ごとに目標を定めることが望ましい。なお、市町村は、定めた目標について、一定期間ごとに検証すべきである。

　　特に耐震診断義務付け対象建築物については、早急に耐震化を促進すべき建築物である。このため、市町村耐震改修促進計画に法第6条第3項第一号に定める事項を記載する場合においては早期に記載するとともに、二2の目標を踏まえ、耐震診断義務付け対象建築物の耐震化の目標を設定すべきである。また、耐震診断の結果の報告を踏まえ、耐震化の状況を検証すべきである。

　　さらに、庁舎、病院、学校等の公共建築物については、関係部局と協力し、今後速やかに耐震診断を行い、その結果の公表に取り組むとともに、具体的な耐震化の目標を設定すべきである。加えて、重点化を図りながら着実な耐震化を推進するため、市町村は、公共建築物に係る整備プログラム等を作成することが望ましい。

ハ　建築物の耐震診断及び耐震改修の促進を図るための施策

　　市町村耐震改修促進計画においては、都道府県、市町村、建築物の所有者等との役割分担の考え方、実施する事業の方針等基本的な取組方針について定めるとともに、具体的な支援策の概要、安心して耐震改修等を行うことができるようにするための環境整備、地震時の総合的な安全対策に関する事業の概要等を定めることが望ましい。

　　法第6条第3項第一号又は第二号の規定に基づき定めるべき道路は、沿道の建築物の倒壊によって緊急車両の通行や住民の避難の妨げになるおそれがある道路であるが、例えば緊急輸送道路、避難路、通学路等避難場所と連絡する道路その他密集市街地内の道路等を定めることが考えられる。特に緊急輸送道路のうち、市町村の区域内において、災害時の拠点施設を連絡する道路であり、災害時における多数の者の円滑な避難、救急・消防活動の実施、避難者への緊急物資の輸送等の観点から重要な道路については、沿道の建築物の耐震化を図ることが必要な道路として定めるべきである。

　　このうち、現に相当数の建築物が集合し、又は集合することが確実と見込まれる地域を通過する道路、公園や学校等の重要な避難場所と連絡する道路その他の地域の防災上の観点から重要な道路については、同項第一号の規定に基づき早期に沿道の建築物の耐震化を図ることが必要な道路として定めることが考えられる。

　　改正令の施行の際、現に同号の規定に基づき通行障害既存耐震不適格建築物に係る耐震診断の結果の報告の期限に関する事項が市町村耐震改修促進計画に記載されている場合においては、必要に応じて、当該市町村耐震改修促進計画を速やかに改定し、建築物の耐震改修の促進に関する法律施行令第4条第二号に規定する組積造の塀に係る耐震診断の結果の報告の期限に関する事項を別に記載すべきである。ただし、やむを得ない事情により当該市町村耐震改修促進計画を速やかに改定することが困難な場合においては、改正令の施行の際現に法第6条第3項第一号の規定に基づき当該市町村耐震改修促進計画に記載されている通行障害既存耐震不適格建築物に係る耐震診断の結果の報告の期限に関する事項は、建築物の耐震改修の促進に関する法律施行令第4条第一号に規定する建築物に係るものであるとみなす。また、同条第二号に規定する組積造の塀については、地域の実情に応じて、市町村長が耐震診断義務付け対象建築物となる塀の長さ等を規則で定めることができることに留意すべきである。

ニ　建築物の地震に対する安全性の向上に関する啓発及び知識の普及

　　市町村耐震改修促進計画においては、個々の建築物の所在地を識別可能とする程度に詳細な地震防災マップの作成について盛り込むとともに、相談窓口の設置、パンフレットの作成・配布、セミナー・講習会の開催、耐震診断及び耐震改修に係る情報提供等、啓発及び知識の普及に係る事業について定めることが望ましい。特に、地震防災マップの作成及び相談窓口の設置は、全ての市町村において措置されるよう努めるべきである。

　　また、地域における地震時の危険箇所の点検等を通じて、住宅・建築物の耐震化のための啓発活動や危険なブロック塀の改修・撤去等の取組を行うことが効果的であり、必要に応じ、町内会や学校等との連携策についても定めることが考えられる。

ホ　建築基準法による勧告又は命令等の実施

　　法に基づく指導・助言、指示等について、所管行政庁である市町村は、優先的に実施すべき建築物の選定及び対応方針、公表の方法等について定めることが望ましい。

　　また、所管行政庁である市町村は、法第12条第3項（法附則第3条第3項において準用する場合を含む。）又は法第15条第3項の規定による公表を行ったにもかかわらず、建築物の所有者が耐震改修を行わない場合には、建築基準法第10条第1項の規定による勧告、同条第2項又は第3項の規定による命令等を実施すべきであり、その実施の考え方、方法

等について定めることが望ましい。

3　計画の認定等の周知

　　所管行政庁は、法第17条第3項の計画の認定、法第22条第2項の認定及び法第25条第2項の認定について、建築物の所有者へ周知し、活用を促進することが望ましい。なお、法第22条第2項の認定制度の周知に当たっては、本制度の活用は任意であり、表示が付されていないことをもって、建築物が耐震性を有さないこととはならないことについて、建築物の利用者等の十分な理解が得られるよう留意すべきである。

　　附　則

1　この告示は、建築物の耐震改修の促進に関する法律の一部を改正する法律（平成17年法律第120号）の施行の日（平成18年1月26日）から施行する。

2　平成7年建設省告示第2089号は、廃止する。

3　この告示の施行前に平成7年建設省告示第2089号第1ただし書の規定により、国土交通大臣が同告示第1の指針の一部又は全部と同等以上の効力を有すると認めた方法については、この告示の別添第1ただし書の規定により、国土交通大臣が同告示第1の指針の一部又は全部と同等以上の効力を有すると認めた方法とみなす。

（別添）

**　建築物の耐震診断及び耐震改修の実施について技術上の指針となるべき事項**

第1　建築物の耐震診断の指針

　建築物の耐震診断は、当該建築物の構造耐力上主要な部分（建築基準法施行令(昭和25年政令第338号。以下「令」という。)第1条第三号に規定するものをいう。以下同じ。）及び建物（建築物の耐震改修の促進に関する法律施行令第4条第二号に規定する建物をいう。以下同じ。）に附属する組積造の塀の配置、形状、寸法、接合の緊結の度、腐食、腐朽又は摩損の度、材料強度等に関する実地調査、当該建築物の敷地の状況に関する実地調査等の結果に基づき、次の各号によりそれぞれ地震に対する安全性を評価するものとする。この場合において、木造の建築物又は木造と鉄骨造その他の構造とを併用する建築物の木造の構造部分（以下「木造の建築物等」という。）にあっては、第一号の規定による評価の結果、地震の震動及び衝撃に対して倒壊し、又は崩壊する危険性が低いと判断され、かつ、当該木造の建築物等の敷地が第四号に掲げる基準に適合することが確かめられた場合に、木造の構造部分を有しない建築物又は木造と鉄骨造その他の構造とを併用する建築物（いずれも建物に附属する組積造の塀を除く。）の木造以外の構造部分（第二号において「鉄骨造、鉄筋コンクリート造、鉄骨鉄筋コンクリート造等の建築物等」という。）にあっては、第二号の規定による評価の結果、地震の震動及び衝撃に対して倒壊し、又は崩壊する危険性が低いと判断され、かつ、当該鉄骨造、鉄筋コンクリート造、鉄骨鉄筋コンクリート造等の建築物等の敷地が第四号に掲げる基準に適合することが確かめられた場合に、建物に附属する組積造の塀にあっては、第三号の規定による評価の結果、地震の震動及び衝撃に対して倒壊し、又は崩壊する危険性が低いと判断された場合に、当該建築物は地震に対して安全な構造であると判断できるものとする。ただし、国土交通大臣がこの指針の一部又は全部と同等以上の効力を有すると認める方法によって耐震診断を行う場合においては、当該方法によることができる。

　一　木造の建築物等については、各階の張り間方向及びけた行方向の構造耐震指標を次のイか

らハまでに定めるところによりそれぞれ求め、別表第1により構造耐力上主要な部分の地震に対する安全性を評価すること。ただし、この安全性を評価する際には、実地調査等により建築物の部材等の劣化状況を適切に考慮するものとする。

イ　建築物の各階の張り間方向又はけた行方向の構造耐震指標は、次の式により計算すること。

$$Iw = \frac{Pd}{Qr}$$

この式において、Iw、Pd 及び Qr は、それぞれ次の数値を表すものとする。

Iw　各階の張り間方向又はけた行方向の構造耐震指標

Pd　各階の張り間方向又はけた行方向の耐力（以下「保有耐力」という。）を表すものとして、各階の当該方向の壁を設け又は筋かいを入れた軸組（以下「壁等」という。）の強さ及び配置を考慮してロに定めるところにより算出した数値（単位　kN）

Qr　各階の必要保有耐力を表すものとして、各階の床面積、積雪荷重、建築物の形状、地盤の種類等を考慮してハに定めるところにより算出した数値（単位　kN）

ロ　イに定める建築物の各階の張り間方向又はけた行方向の Pd は、次の式によって得られる数値とする。ただし、建築物の各階の保有水平耐力（令第82条の4に規定する各階の水平力に対する耐力をいう。以下同じ。）及び靱性を適切に評価して算出することができる場合においては、当該算出によることができるものとする。

$$Pd = (Pw + Pe) \, E$$

この式において、Pd、Pw、Pe 及び E は、それぞれ次の数値を表すものとする。

Pd　イに定める Pd の数値（単位　kN）

Pw　各階の張り間方向又はけた行方向につき、壁等の強さに基礎の仕様並びに壁等の両側の柱の頂部及び脚部の接合方法による低減係数を乗じた数値（単位　kN）。ただし、壁等の強さは、各階の張り間方向又はけた行方向につき、令第46条第4項の表1の軸組の種類の欄に掲げる区分に応じて倍率の欄に掲げる数値に1.96を乗じた数値（別表第2の軸組の種類の欄に掲げる軸組にあっては、それぞれ同表の倍率の欄に掲げる数値とする。）（以下「壁強さ倍率」という。）に当該軸組の長さ（単位　m）を乗じた数値とし、基礎の仕様並びに壁等の両側の柱の頂部及び脚部の接合方法による低減係数は、最上階及び地階を除く階数が一の建築物にあっては別表第3－1、地階を除く階数が2の建築物の1階並びに地階を除く階数が3の建築物の1階及び2階にあっては別表第3－2の壁強さ倍率、基礎の仕様並びに壁等の両側の柱の頂部及び脚部の接合方法に応じて、これらの表の低減係数の欄に掲げる数値とする。

Pe　壁等の強さ以外の耐力を表す数値として、ハに定める Qr の数値に0.25を乗じた数値とする（単位　kN）。ただし、建築物の壁等の部分以外の部分の耐力として、建築物の保有水平耐力及び靱性に及ぼす影響を適切に評価して算出することができる場合においては、当該算出によることができるものとする。

　　　E　壁等の配置による保有耐力の低減を表す数値として、別表第4の側端部分の壁
　　　　量充足率、反対側の側端部分の壁量充足率及び直上階の床の仕様に応じて、同表
　　　　の低減係数の欄に掲げる数値

　ハ　イに定める建築物の各階の Qr は、次の式によって得られる数値（1階が鉄骨造又は鉄
　　筋コンクリート造で2階又は3階が木造である建築物の木造部分の階の Qr にあっては、
　　同式によって得られる数値を1.2倍した数値）とする。ただし、令第88条第1項及び第2
　　項の規定により各階の地震力を算出する場合においては、当該算出によることができるも
　のとする。

$$Qr = (Cr + Ws)\, Af\, Z\, Cd\, Cg$$

　　この式において、Qr、Af、Cr、Ws、Z、Cd 及び Cg は、それぞれ次の数値を表す
　　ものとする。
　　　Qr　イに定める Qr の数値（単位　kN）
　　　Cr　単位床面積当たりの必要保有耐力として、別表第5の建築物の種類及び階数に
　　　　応じて、同表の単位床面積当たりの必要保有耐力の欄に掲げる数値
　　　　（単位　kN/m²）
　　　Ws　令第86条第2項ただし書の規定により、特定行政庁が指定する多雪区域内の建
　　　　築物にあっては、同条第3項に規定する垂直積雪量（単位　m）に0.26を乗じ
　　　　た数値、それ以外の建築物にあっては0（単位　kN/m²）
　　　Af　当該階の床面積（単位　m²）
　　　Z　令第88条第1項に規定する Z の数値
　　　Cd　張り間方向又ははけた行方向のいずれか短い方の長さが4m未満の建築物であっ
　　　　て、地階を除く階数が2の建築物の1階又は地階を除く階数が3の建築物の1階
　　　　若しくは2階の場合には1.13、その他の場合には1
　　　Cg　令第88条第2項ただし書の規定により、地盤が著しく軟弱な区域として特定行
　　　　政庁が指定する区域内における建築物にあっては1.5、それ以外の建築物にあっ
　　　　ては1

二　鉄骨造、鉄筋コンクリート造、鉄骨鉄筋コンクリート造等の建築物等については、各階の
　構造耐震指標を次のイからハまでに、各階の保有水平耐力に係る指標を二に定めるところに
　によりそれぞれ求め、これらの指標に応じ別表第6により構造耐力上主要な部分の地震に対す
　る安全性を評価すること。ただし、この安全性を評価する際には、実地調査等により建築物
　の部材等の劣化状況を適切に考慮するものとする。
　イ　建築物の各階の構造耐震指標は、次の式により計算すること。

$$Is = \frac{Eo}{Fes\, Z\, Rt}$$

　　この式において、Is、Eo、Fes、Z 及び Rt は、それぞれ次の数値を表すものとする。
　　ただし、Fes については、地震時における建築物の形状が当該建築物の振動の性状に
　　与える影響を適切に評価して算出することができる場合においては、当該算出による
　　ことができる。

　　　Is　各階の構造耐震指標

　　　Eo　各階の耐震性能を表すものとして、各階の保有水平耐力及び各階の靱性を考慮

　　　　して口に定めるところにより算出した数値

　　　Fes　令第82条の4第二号に規定する *Fes* の数値

　　　Z　令第88条第1項に規定する *Z* の数値

　　　Rt　令第88条第1項に規定する *Rt* の数値

ロ　イに定める建築物の各階の *Eo* は、次の(1)の式によって得られる数値又は次の(2)の式によって得られる数値（当該建築物の構造耐力上主要な部分である柱、壁若しくははり又はこれらの接合部が、せん断破壊等によって構造耐力上支障のある急激な耐力の低下を生ずるおそれがなく、かつ、当該建築物の特定の部分に生ずる塑性変形が過度に増大しないことが確かめられる場合には、これらの式の右辺に次の(3)の式により得られる割増係数を乗じることができるものとする。）のいずれか大きなものとする。ただし、各階の *Eo* は、塑性変形の度が著しく低い柱が存在する場合又は地震力の大部分を負担する柱、筋かい又は壁以外の一部の柱のみの耐力の低下によって建築物が容易に倒壊し、又は崩壊するおそれがある場合においては次の(1)の式によって計算するものとするほか、建築物の保有水平耐力及び靱性を適切に評価して算出することができる場合においては、当該算出によることができるものとする。

　(1)　$Eo = \dfrac{Qu\,F}{W\,Ai}$

　(2)　$Eo = \dfrac{\sqrt{(Q_1\,F_1)^2 + (Q_2\,F_2)^2 + (Q_3\,F_3)^2}}{W\,Ai}$

　(3)　$\alpha = \dfrac{2}{3}\dfrac{(2\,n+1)}{(n+1)}$

(1)から(3)までの式において、*Eo*、*Qu*、*F*、*W*、*Ai*、Q_1、Q_2、Q_3、F_1、F_2、F_3、α 及び *n* は、それぞれ次の数値を表すものとする。

　　Eo　イに定める *Eo* の数値

　　Qu　各階の保有水平耐力

　　F　各階の靱性を表す数値で、柱及びはりの大部分が鉄骨造である階にあっては、当該階に作用する地震力の多くを負担する架構の種類に応じた別表第7に掲げる *Fi* と、その他の階にあっては、当該階に作用する地震力の多くを負担する柱又は壁の種類に応じた別表第8に掲げる *Fi* とする。ただし、当該階の地震力の大部分を負担する柱、筋かい又は壁以外の一部の柱の耐力の低下によって建築物が容易に倒壊し、又は崩壊するおそれがある場合においては、柱及びはりの大部分が鉄骨造である階にあっては、当該柱を含む架構の種類に、その他の階にあっては、当該柱の種類に応じた数値としなければならない。

　　W　令第88条第1項の規定により地震力を計算する場合における当該階が支える部分の固定荷重と積載荷重との和（多雪区域においては、更に積雪荷重を加えるものとする。）

　　Ai　令第88条第1項に規定する当該階に係る *Ai* の数値

Q_1　ハに定める第1グループに属する架構又はこれを構成する柱若しくは壁（以下「第1グループの架構等」という。）の水平力に対する耐力の合計

Q_2　ハに定める第2グループに属する架構又はこれを構成する柱若しくは壁（以下「第2グループの架構等」という。）の水平力に対する耐力の合計

Q_3　ハに定める第3グループに属する架構又はこれを構成する柱若しくは壁（以下「第3グループの架構等」という。）の水平力に対する耐力の合計

F_1　第1グループの架構等の種類に応じた別表第7及び別表第8に掲げる当該架構等の Fi の最小値

F_2　第2グループの架構等の種類に応じた別表第7及び別表第8に掲げる当該架構等の Fi の最小値

F_3　第3グループの架構等の種類に応じた別表第7及び別表第8に掲げる当該架構等の Fi の最小値

α　割増係数

n　建築物の地階を除く階数

ハ　別表第7及び別表第8に掲げる Fi の大きさに応じ、架構又はこれを構成する柱若しくは壁（以下「架構等」という。）を3組に区分する場合において、Fi の最も小さな架構等を含む組を第1グループ、Fi の最も大きな架構等を含む組を第3グループ、その他の組を第2グループとする。

ニ　建築物の各階の保有水平耐力に係る指標は、次の式により計算すること。

$$q = \frac{Qu}{Fes\ W\ Z\ Rt\ Ai\ St}$$

この式において、q、Qu、Fes、W、Z、Rt、Ai 及び St は、それぞれ次の数値を表すものとする。

q　各階の保有水平耐力に係る指標

Qu　ロに定める Qu の数値

Fes　イに定める Fes の数値

W　ロに定める W の数値

Z　イに定める Z の数値

Rt　イに定める Rt の数値

Ai　ロに定める Ai の数値

St　建築物の構造方法に応じて定まる数値で、鉄骨造及び鉄骨鉄筋コンクリート造にあっては0.25、その他の構造方法にあっては0.3とする。

三　建物に附属する組積造の塀については、その前面道路に面する部分が次に掲げる基準に適合するかどうかを確かめ、別表第9により地震に対する安全性を評価すること。ただし、この安全性を評価する際には、実地調査等により塀の部材等の劣化状況を適切に考慮するものとする。

イ　材料の腐食、腐朽等により、構造耐力上支障となる損傷、変形等が生じていないこと。

ロ　次に掲げる基準に適合すること。

（1）　地震時に生じる力に対して、鉄筋等により壁の一体性が確保されていること。

　(2)　地震時に生じる力に対して、鉄筋等により壁と控壁等の一体性が確保されていること。

　(3)　壁及び控壁等の重量による復元モーメントと縦筋等による降伏モーメントの和が、地震時に生じる力により壁の基礎より上の部分において当該塀の面外方向に作用するモーメントを上回ること。

　ハ　壁、控壁等及び基礎部の重量による復元モーメントと基礎根入れ部の周辺地盤等による抵抗モーメントの和が、地震時に生じる力により壁の面外方向に作用するモーメントを上回ること。

四　建築物の敷地については、次に掲げる基準に適合するかどうかを確かめること。

　イ　高さが2mを超える擁壁を設けた建築物の敷地にあっては、当該擁壁が次の基準に適合すること。ただし、当該擁壁の崩壊が、周囲の建築物に被害を与えるおそれがなく、かつ、当該擁壁が崩壊する場合においても当該敷地内の建築物の基礎が地震時に生じる力を地盤に安全に伝えることができることを確かめられる場合は、この限りでない。

　(1)　材料の腐食、腐朽等により、構造耐力上支障となる損傷、変形等が生じていないこと。

　(2)　石造の擁壁にあっては、裏込めにコンクリートを用いること等により、石と石とを充分に結合したものであること。

　(3)　擁壁の裏面の排水をよくするために水抜穴を設け、擁壁の裏面で水抜穴の周辺に砂利等を詰めること等の措置が講じられていること。

　(4)　擁壁が垂直方向に増設されている場合にあっては、当該擁壁全体が地震時に生じる土圧等により崩壊しないことが構造計算等により確かめられたものであること。

　ロ　がけ崩れ等による被害を受けるおそれのある建築物の敷地にあっては、次のいずれかの基準に適合すること。

　(1)　イ(1)から(4)までに掲げる基準に適合する擁壁の設置その他安全上適当な措置が講じられていること。

　(2)　当該敷地内の建築物について、がけから安全上支障のない距離が確保されていること等により、被害を受けるおそれのないことが確かめられること。

　ハ　地震時に液状化するおそれのある地盤の土地である建築物の敷地にあっては、当該地盤の液状化により建築物に構造耐力上著しい支障が生じることがないよう適当な地盤の改良等が行われていること。

第2　建築物の耐震改修の指針

　建築物の耐震改修は、耐震診断の結果に基づき、当該建築物及びその敷地が第1に定める地震に対して安全な構造となるように、当該建築物の構造耐力上主要な部分、建物に附属する組積造の塀及び当該建築物の敷地について、次に掲げる基準に適合する方法によって行うものとする。

一　建築物を使用しつつ耐震改修を行う場合にあっては、構造耐力上主要な部分を釣合いよく配置し、地震の震動及び衝撃に対して一様に当該建築物の構造耐力が確保されるものとすること。

二　耐震改修による地盤の沈下又は変形に対して、建築物の基礎を構造耐力上安全なものとすること。

三　木造の建築物等にあっては、前2号に適合するほか、次の方法によること。

イ　建築物に作用する地震の震動及び衝撃に耐えるように、軸組を構成する柱及び間柱並びにはり、けた、土台その他の横架材に合板をくぎで打ち付けること等によって軸組を補強すること。

ロ　筋かいは、その端部を、柱とはりその他の横架材との仕口に接近して、ボルト、かすがい、くぎその他の金物で緊結し、構造耐力上主要な部分である継手又は仕口は、ボルト締、かすがい打、込み栓打その他の構造方法によりその部分の存在応力を伝えるように緊結すること。

ハ　地盤の沈下又は変形に対して、構造耐力上主要な部分である柱で最下階の部分に使用するものの下部、土台及び基礎が構造耐力上安全なものとなるように、当該柱の下部若しくは土台を基礎に緊結し、足固めを使用し、又は基礎を鉄筋コンクリートで補強すること。

ニ　外壁のうち、鉄網モルタル塗その他軸組が腐りやすい構造である部分又は柱、筋かい及び土台のうち、地面から1m以内の部分には、有効な防腐措置を講ずるとともに、必要に応じて、白蟻（あり）その他の虫による害を防ぐための措置を講ずること。

四　鉄骨造の建築物又は鉄骨造とその他の構造とを併用する建築物の鉄骨造の部分については、第一号及び第二号に適合するほか、次の方法によること。

イ　建築物に作用する地震の震動及び衝撃に耐えるように、筋かいを補強し、又は増設すること。この場合において、当該筋かいの端部及び接合部が破断しないものとすること。

ロ　柱若しくははり又はこれらの接合部が、局部座屈、破断等を生ずるおそれのある場合においては、これらの部分を添板等によって補強すること。

ハ　柱の脚部の基礎との接合部において、アンカーボルトの破断、基礎の破壊等の生ずるおそれのある場合においては、当該柱の脚部を鉄筋コンクリート造の基礎に埋め込むこと等によって当該接合部を補強すること。

ニ　腐食のおそれのある部分に使用する鋼材には、有効な錆（さび）止めを講ずること。

五　鉄筋コンクリート造等（組積造、鉄筋コンクリート造、鉄骨鉄筋コンクリート造及び無筋コンクリート造をいう。以下この号において同じ。）の建築物又は鉄筋コンクリート造等とその他の構造とを併用する建築物（いずれも建物に附属する組積造の塀を除く。）の鉄筋コンクリート造等の部分にあっては、第一号及び第二号に適合するほか、次の方法によること。

イ　建築物に作用する地震の震動及び衝撃に耐えるように、壁を厚くすること等により補強し、又は壁若しくは鉄骨造の筋かいを増設すること。

ロ　柱がせん断破壊等によって急激な耐力の低下を生ずるおそれのある場合には、当該柱に鋼板を巻き付けることその他の靱（じん）性をもたせるための措置を講ずること。

六　建物に附属する組積造の塀にあっては、第一号及び第二号に適合するほか、塀に作用する地震の震動及び衝撃に耐えるように、一体性の確保及び転倒防止のための補強又は高さの低減等を行うことその他安全上必要な措置を講ずること。

七　建築物の敷地にあっては、次の方法によること。

イ　高さが2mを超える擁壁を設けた建築物の敷地であって、当該擁壁の崩壊により建築物が被害を受けるおそれのある場合においては、当該擁壁について、地盤アンカー体、格子状に組み合わせた鉄筋コンクリート造の枠等を用いて補強すること。

ロ　がけ崩れ等による被害を受けるおそれのある建築物の敷地であって、がけ崩れ等により

建築物が被害を受けるおそれのある場合においては、新たに擁壁を設置すること、イに定める方法により擁壁を補強すること、がけの下の建築物にあっては土砂の流入を防止するための防護塀を設けることその他安全上必要な措置を講ずること。

ハ　地震時に液状化するおそれのある地盤の土地である建築物の敷地であって、当該地盤の液状化により建築物に構造耐力上著しい支障が生じるおそれのある場合においては、締固め等により地盤の改良を行うこと、当該建築物の基礎の構造を鉄筋コンクリート造のべた基礎とすることその他安全上必要な措置を講ずること。

八　前各号に定めるもののほか、建築物が地震に対して安全な構造となるように有効な措置を講ずること。

別表第1

	構造耐震指標	構造耐力上主要な部分の地震に対する安全性
(1)	Iw が 0.7 未満の場合	地震の震動及び衝撃に対して倒壊し、又は崩壊する危険性が高い。
(2)	Iw が 0.7 以上 1.0 未満の場合	地震の震動及び衝撃に対して倒壊し、又は崩壊する危険性がある。
(3)	Iw が 1.0 以上の場合	地震の震動及び衝撃に対して倒壊し、又は崩壊する危険性が低い。
この表において、Iw は、構造耐震指標を表す数値とする。		

別表第2

	軸　組　の　種　類	倍　率
(1)	塗り厚が9cm 以上の土塗壁（中塗り土の塗り方が両面塗りのものに限る。）	3.9
(2)	厚さ1.5cm 以上で幅9cm 以上の木材又は径9mm 以上の鉄筋の筋かいを入れた軸組（筋かいの端部の接合が平成12年建設省告示第1460号（以下「告示第1460号」という。）第一号の規定に適合しないものに限る。）	1.6
(3)	厚さ3cm 以上で幅9cm 以上の木材の筋かいを入れた軸組（筋かいの端部の接合が告示第1460号第一号の規定に適合しないものに限る。）	1.9
(4)	厚さ4.5cm 以上で幅9cm 以上の木材の筋かいを入れた軸組（筋かいの端部の接合が告示第1460号第一号の規定に適合しないものに限る。）	2.6
(5)	9cm 角以上の木材の筋かいを入れた軸組（筋かいの端部の接合が告示第1460号第一号の規定に適合しないものに限る。）	2.9
(6)	木ずりその他これに類するものを柱及び間柱の片面に打ち付け、これにラスシート、ワイヤラス又はメタルラスを止め付けたモルタル塗りの壁を設けた軸組	1.6

(7)	柱及び間柱並びにはり、けた、土台その他の横架材の片面に窯業系サイディングをくぎ又はねじ（JIS A5508（くぎ）-1992に適合するGNF40、GNC40その他これらと同等以上の品質を有するものに限る。）で打ち付けた壁（くぎの間隔が20cm以下のものに限る。）を設けた軸組	1.7
(8)	厚さ1.5cm以上で幅4.5cm以上の木材を50cm以下の間隔で柱及び間柱並びにはり、けた、土台その他の横架材にくぎ（JIS A5508（くぎ）-1992に適合するN50又はこれと同等以上の品質を有するものに限る。）で打ち付けた胴縁に、窯業系サイディングをくぎ又はねじ（JIS A5508（くぎ）-1992に適合するGNF40、GNC40その他これらと同等以上の品質を有するものに限る。）で打ち付けた壁（くぎの間隔が20cm以下のものに限る。）を設けた軸組	1.7
(9)	柱及び間柱の片面にせっこうボード（JIS A6901（せっこうボード製品）-1994に適合するせっこうボードで厚さが12mm以上のものに限る。以下この表において同じ。）をくぎ又はねじ（JIS A5508（くぎ）-1992に適合するGNF40、GNC40その他これらと同等以上の品質を有するものに限る。）で打ち付けた壁（垂れ壁及び腰壁を除き、くぎの間隔が20cm以下のものに限る。）を設けた軸組	1.2
(10)	厚さ1.5cm以上で幅4.5cmの木材を31cm以下の間隔で柱及び間柱にくぎ（JIS A5508（くぎ）-1992に適合するN50又はこれと同等以上の品質を有するものに限る。）で打ち付けた胴縁に、せっこうボードをくぎ又はねじ（JIS A5508（くぎ）-1992に適合するGNF40、GNC40その他これらと同等以上の品質を有するものに限る。）で打ち付けた壁（垂れ壁及び腰壁を除き、くぎの間隔が20cm以下のものに限る。）を設けた軸組	1.2
(11)	厚さ3cm以上で幅4cm以上の木材を用いて柱及び間柱にくぎ（JIS A5508（くぎ）-1992に適合するN75又はこれと同等以上の品質を有するものに限る。）で打ち付けた受材（くぎの間隔が30cm以下のものに限る。）及び間柱、胴つなぎその他これらに類するものに、せっこうボードをくぎ又はねじ（JIS A5508（くぎ）-1992に適合するGNF40、GNC40その他これらと同等以上の品質を有するものに限る。）で打ち付けた壁（垂れ壁及び腰壁を除き、くぎの間隔が20cm以下のものに限る。）を設けた軸組	1.3
(12)	構造用合板（構造用合板の日本農林規格（昭和51年農林水産省告示第894号）に規定するもの（屋外に面する壁又は常時湿潤の状態となるおそれのある壁に用いる場合は特類に限る。）で厚さが	2.5

	7.5 mm 以上のものに限る。）を柱及び間柱にくぎ（JIS A5508（くぎ）-1992に適合するN50又はこれと同等以上の品質を有するものに限る。）で打ち付けた壁（垂れ壁及び腰壁を除き、くぎの間隔が20 cm 以下のものに限る。）を設けた軸組	
(13)	化粧合板で厚さが5.5 mm 以上のものを柱及び間柱にくぎ（JIS A5508（くぎ）-1992に適合するN38又はこれと同等以上の品質を有するものに限る。）で打ち付けた壁（垂れ壁及び腰壁を除き、くぎの間隔が20 cm 以下のものに限る。）を設けた軸組	1.4
(14)	厚さ3 cm 以上で幅4 cm 以上の木材を用いて柱及び間柱にくぎ（JIS A5508（くぎ）－1992に適合するN75又はこれと同等以上の品質を有するものに限る。）で打ち付けた受材（くぎの間隔が30 cm 以下のものに限る。）及び間柱、胴つなぎその他これらに類するものに、化粧合板で厚さが5.5 mm 以上のものをくぎ（JIS A5508（くぎ）-1992に適合するN38又はこれと同等以上の品質を有するものに限る。）で打ち付けた壁（垂れ壁及び腰壁を除き、くぎの間隔が20 cm 以下のものに限る。）を設けた軸組	1.0
(15)	令第46条第4項の表1の(1)から(8)まで又は(1)から(14)までに掲げる壁又は筋かいを併用した軸組	併用する軸組の令第46条第4項の表1の(1)から(8)までの倍率の欄に掲げる数値に1.96 を乗じた数値又は(1)から(14)までの倍率の欄に掲げる数値の和（当該数値の和が9.8を超える場合は9.8）

別表第3－1

壁強さ倍率	基礎の仕様	壁等の両側の柱の頂部及び脚部の接合方法	低減係数
	鉄筋コンクリート造のべた基礎又は布基礎	告示第1460号第二号に適合する接合方法としたもの	1.0
		告示第1460号第二号に適合しない場合であって、告示第1460号表3（ろ）から（ぬ）までに掲げる接合方法としたもの	1.0
		告示第1460号第二号に適合しない場合であって、告示第1460号表3（い）に掲げる接合方法としたもの（当該軸組を	0.7

		含む面内にある軸組のうち、端部の柱が通し柱の場合に限る。）	
2.5未満		その他の接合方法としたもの	0.7
	著しいひび割れのある鉄筋コンクリート造のべた基礎若しくは布基礎、無筋コンクリート造の布基礎又は玉石基礎（柱脚に足固めを設けたものに限る。）	告示第1460号第二号に適合する接合方法としたもの	0.85
		告示第1460号第二号に適合しない場合であって、告示第1460号表3（ろ）から（ぬ）までに掲げる接合方法としたもの	0.85
		告示第1460号第二号に適合しない場合であって、告示第1460号表3（い）に掲げる接合方法としたもの（当該軸組を含む面内にある軸組のうち、端部の柱が通し柱の場合に限る。）	0.7
		その他の接合方法としたもの	0.7
	その他の基礎	—	0.7
2.5以上4.0未満	鉄筋コンクリート造のべた基礎又は布基礎	告示第1460号第二号に適合する接合方法としたもの	1.0
		告示第1460号第二号に適合しない場合であって、告示第1460号表3（ろ）から（ぬ）までに掲げる接合方法としたもの	0.8
		告示第1460号第二号に適合しない場合であって、告示第1460号表3（い）に掲げる接合方法としたもの（当該軸組を含む面内にある軸組のうち、端部の柱が通し柱の場合に限る。）	0.6
		その他の接合方法としたもの	0.35
	著しいひび割れのある鉄筋コンクリート造のべた基礎若しくは布基礎、無筋コンクリート造の布基礎又は玉石基礎（柱脚に足固めを設けたものに限る。）	告示第1460号第二号に適合する接合方法としたもの	0.7
		告示第1460号第二号に適合しない場合であって、告示第1460号表3（ろ）から（ぬ）までに掲げる接合方法としたもの	0.6
		告示第1460号第二号に適合しない場合であって、告示第1460号表3（い）に掲げる接合方法としたもの（当該軸組を含む面内にある軸組のうち、端部の柱が通し柱の場合に限る。）	0.5

		その他の接合方法としたもの	0.35
	その他の基礎	—	0.35
4.0以上 6.0未満	鉄筋コンクリート造のべた基礎又は布基礎	告示第1460号第二号に適合する接合方法としたもの	1.0
		告示第1460号第二号に適合しない場合であって、告示第1460号表3（ろ）から（ぬ）までに掲げる接合方法としたもの	0.65
		告示第1460号第二号に適合しない場合であって、告示第1460号表3（い）に掲げる接合方法としたもの（当該軸組を含む面内にある軸組のうち、端部の柱が通し柱の場合に限る。）	0.45
		その他の接合方法としたもの	0.25
	著しいひび割れのある鉄筋コンクリート造のべた基礎若しくは布基礎、無筋コンクリート造の布基礎又は玉石基礎（柱脚に足固めを設けたものに限る。）	告示第1460号第二号に適合する接合方法としたもの	0.6
		告示第1460号第二号に適合しない場合であって、告示第1460号表3（ろ）から（ぬ）までに掲げる接合方法としたもの	0.45
		告示第1460号第二号に適合しない場合であって、告示第1460号表3（い）に掲げる接合方法としたもの（当該軸組を含む面内にある軸組のうち、端部の柱が通し柱の場合に限る。）	0.35
		その他の接合方法としたもの	0.25
	その他の基礎	—	0.25
6.0以上	鉄筋コンクリート造のべた基礎又は布基礎	告示第1460号第二号に適合する接合方法としたもの	1.0
		告示第1460号第二号に適合しない場合であって、告示第1460号表3（ろ）から（ぬ）までに掲げる接合方法としたもの	0.5
		告示第1460号第二号に適合しない場合であって、告示第1460号表3（い）に掲げる接合方法としたもの（当該軸組を含む面内にある軸組のうち、端部の柱が通し柱の場合に限る。）	0.35
		その他の接合方法としたもの	0.2

	著しいひび割れのある鉄筋コンクリート造のべた基礎若しくは布基礎、無筋コンクリート造の布基礎又は玉石基礎(柱脚に足固めを設けたものに限る。)	告示第1460号第二号に適合する接合方法としたもの	0.6
		告示第1460号第二号に適合しない場合であって、告示第1460号表3(ろ)から(ぬ)までに掲げる接合方法としたもの	0.35
		告示第1460号第二号に適合しない場合であって、告示第1460号表3(い)に掲げる接合方法としたもの(当該軸組を含む面内にある軸組のうち、端部の柱が通し柱の場合に限る。)	0.3
		その他の接合方法としたもの	0.2
	その他の基礎	—	0.2

　この表において、最上階の壁については、基礎の仕様の欄に掲げる鉄筋コンクリート造のべた基礎又は布基礎の項の数値を用いるものとする。

別表第３－２

壁強さ倍率	基礎の仕様	壁等の両側の柱の頂部及び脚部の接合方法	低減係数
2.5未満	—	—	1.0
2.5以上4.0未満	鉄筋コンクリート造のべた基礎又は布基礎	告示第1460号第二号に適合する接合方法としたもの	1.0
		告示第1460号第二号に適合しない場合であって、告示第1460号表3(ろ)から(ぬ)までに掲げる接合方法としたもの	1.0
		告示第1460号第二号に適合しない場合であって、告示第1460号表3(い)に掲げる接合方法としたもの(当該軸組を含む面内にある軸組のうち、端部の柱が通し柱の場合に限る。)	0.8
		その他の接合方法としたもの	0.8
	著しいひび割れのある鉄筋コンクリート造のべた基礎若しくは布基礎、無筋コン	告示第1460号第二号に適合する接合方法としたもの	0.9
		告示第1460号第二号に適合しない場合であって、告示第1460号表3(ろ)から(ぬ)までに掲げる接合方法としたもの	0.9

	クリート造の布基礎又は玉石基礎(柱脚に足固めを設けたものに限る。)	告示第1460号第二号に適合しない場合であって、告示第1460号表3(い)に掲げる接合方法としたもの(当該軸組を含む面内にある軸組のうち、端部の柱が通し柱の場合に限る。)	0.8
		その他の接合方法としたもの	0.8
	その他の基礎	—	0.8
4.0以上6.0未満	鉄筋コンクリート造のべた基礎又は布基礎	告示第1460号第二号に適合する接合方法としたもの	1.0
		告示第1460号第二号に適合しない場合であって、告示第1460号表3(ろ)から(ぬ)までに掲げる接合方法としたもの	0.9
		告示第1460号第二号に適合しない場合であって、告示第1460号表3(い)に掲げる接合方法としたもの(当該軸組を含む面内にある軸組のうち、端部の柱が通し柱の場合に限る。)	0.7
		その他の接合方法としたもの	0.7
	著しいひび割れのある鉄筋コンクリート造のべた基礎若しくは布基礎、無筋コンクリート造の布基礎又は玉石基礎(柱脚に足固めを設けたものに限る。)	告示第1460号第二号に適合する接合方法としたもの	0.85
		告示第1460号第二号に適合しない場合であって、告示第1460号表3(ろ)から(ぬ)までに掲げる接合方法としたもの	0.8
		告示第1460号第二号に適合しない場合であって、告示第1460号表3(い)に掲げる接合方法としたもの(当該軸組を含む面内にある軸組のうち、端部の柱が通し柱の場合に限る。)	0.7
		その他の接合方法としたもの	0.7
	その他の基礎	—	0.7
6.0以上	鉄筋コンクリート造のべた基礎又は布基礎	告示第1460号第二号に適合する接合方法としたもの	1.0
		告示第1460号第二号に適合しない場合であって、告示第1460号表3(ろ)から(ぬ)までに掲げる接合方法としたもの	0.8

		告示第1460号第二号に適合しない場合であって、告示第1460号表3（い）に掲げる接合方法としたもの（当該軸組を含む面内にある軸組のうち、端部の柱が通し柱の場合に限る。）	0.6
		その他の接合方法としたもの	0.6
	著しいひび割れのある鉄筋コンクリート造のべた基礎若しくは布基礎、無筋コンクリート造の布基礎又は玉石基礎（柱脚に足固めを設けたものに限る。）	告示第1460号第二号に適合する接合方法としたもの	0.8
		告示第1460号第二号に適合しない場合であって、告示第1460号表3（ろ）から（ぬ）までに掲げる接合方法としたもの	0.7
		告示第1460号第二号に適合しない場合であって、告示第1460号表3（い）に掲げる接合方法としたもの（当該軸組を含む面内にある軸組のうち、端部の柱が通し柱の場合に限る。）	0.6
		その他の接合方法としたもの	0.6
	その他の基礎	—	0.6

　この表において、地階を除く階数が3の建築物の2階部分の壁については、基礎の仕様の欄に掲げる鉄筋コンクリート造のべた基礎又は布基礎の項の数値を用いるものとする。

別表第4

側端部分の壁量充足率	左欄の側端部分の反対側の側端部分の壁量充足率	直上階の床の仕様	低減係数
0.33 未満	0.33 未満	—	1.0
	0.33 以上 0.66 未満	横架材に合板を釘打ちしたもの又はこれと同等以上の性能を有するもの	0.7
		火打ち材を設けたもの又はこれと同等以上の性能を有するもの	0.5
		その他の仕様	0.3
	0.66 以上 1.0 未満	横架材に合板を釘打ちしたもの又はこれと同等以上の性能を有するもの	0.6
		火打ち材を設けたもの又はこれと同等以上の性能を有するもの	0.45

		その他の仕様	0.3
	1.0 以上	横架材に合板を釘打ちしたもの又はこれと同等以上の性能を有するもの	0.6
		火打ち材を設けたもの又はこれと同等以上の性能を有するもの	0.45
		その他の仕様	0.3
0.33 以上 0.66 未満	0.33 以上 0.66 未満	—	1.0
	0.66 以上 1.0 未満	横架材に合板を釘打ちしたもの又はこれと同等以上の性能を有するもの	0.8
		火打ち材を設けたもの又はこれと同等以上の性能を有するもの	0.8
		その他の仕様	0.75
	1.0 以上	—	0.75
0.66 以上	0.66 以上	—	1.0

　この表における壁量充足率の算定方法については、平成12年建設省告示第1352号第一号及び第二号の規定を準用する。この場合においては、同告示第一号中「令第46条第4項の規定の表1の数値」とあるのは「令第46条第4項の規定の表1の数値に1.96を乗じたもの又は別表第2の数値」と、「同項の表2の数値」とあるのは「別表第5の数値」と、それぞれ読み替えるものとする。

別表第5

建築物の種類		単位床面積当たりの必要保有耐力(kN/m²)					
		階数が1の建築物	階数が2の建築物の1階	階数が2の建築物の2階	階数が3の建築物の1階	階数が3の建築物の2階	階数が3の建築物の3階
(1)	土蔵造の建築物その他これに類する壁の重量が特に大きい建築物	0.64	1.41	0.78	2.07	1.59	0.91
(2)	(1)に掲げる建築物以外の建築物で屋根を金属板、石板、木板その他これらに類する軽い材料でふいたもの	0.28	0.83	0.37	1.34	0.98	0.43

| (3) | (1)及び(2)に掲げる建築物以外の建築物 | 0.4 | 1.06 | 0.53 | 1.66 | 1.25 | 0.62 |

この表における階数の算定については、地階の部分の階数は、算入しないものとする。

別表第6

	構造耐震指標及び保有水平耐力に係る指標	構造耐力上主要な部分の地震に対する安全性
(1)	Is が 0.3 未満の場合又は q が 0.5 未満の場合	地震の震動及び衝撃に対して倒壊し、又は崩壊する危険性が高い。
(2)	(1)及び(3)以外の場合	地震の震動及び衝撃に対して倒壊し、又は崩壊する危険性がある。
(3)	Is が 0.6 以上の場合で、かつ、q が 1.0 以上の場合	地震の震動及び衝撃に対して倒壊し、又は崩壊する危険性が低い。

この表において、Is 及び q は、それぞれ次の数値を表すものとする。
Is　各階の構造耐震指標
q　各階の保有水平耐力に係る指標

別表第7

	架　構　の　種　類	鉄骨造の架構の Fi の数値
(1)	柱及びはりの座屈が著しく生じ難く、かつ、これらの接合部、筋かいの接合部及び柱の脚部の基礎との接合部(以下この表において「接合部」という。)の破断が著しく生じ難いこと等のため、塑性変形の度が特に高いもの	4.0
(2)	柱及びはりの座屈が生じ難く、かつ、接合部の破断が著しく生じ難いこと等のため、塑性変形の度が高いもの	3.0
(3)	柱及びはりの座屈が生じ難く、かつ、接合部の破断が生じ難いこと等のため、耐力が急激に低下しないもの	2.5
(4)	接合部の破断が生じ難いが、柱及びはりの座屈が生じ易いこと等のため、耐力が低下するもの	2.0
(5)	柱及びはりの座屈が生じ易く、かつ、接合部に塑性変形が著しく生じ易いこと等のため、耐力が急激に低下するもの	1.5
(6)	接合部又は筋かいの破断が生じ易いもの又は(1)から(5)までに掲げるもの以外のもの	1.0

この表において、Fi は、架構の靱性を表す数値とする。

別表第8

	柱 又 は 壁 の 種 類	鉄骨鉄筋コンクリート造の柱又は壁の Fi の数値	鉄骨造及び鉄骨鉄筋コンクリート造の柱又は壁以外の柱又は壁の Fi の数値
(1)	せん断破壊が著しく生じ難いため、塑性変形の度が特に高い柱	3.5	3.2
(2)	せん断破壊が著しく生じ難いはりに専ら塑性変形が生ずる架構の柱	3.5	3.0
(3)	せん断破壊が生じ難いため、塑性変形の度が高い柱	2.4	2.2
(4)	せん断破壊が生じ易いはりに専ら塑性変形が生ずる架構の柱	2.0	1.5
(5)	塑性変形の度は高くないが、せん断破壊が生じ難い柱	1.3	1.3
(6)	せん断破壊が生じ易いため、塑性変形の度が低い柱	1.3	1.0
(7)	せん断破壊が著しく生じ易いため、耐力が急激に低下する柱	1.0	0.8
(8)	基礎の浮き上がり等により回転変形を生ずる壁	3.5	3.0
(9)	せん断破壊が著しく生じ難いため、塑性変形の度が特に高い壁	2.5	2.0
(10)	せん断破壊が生じ易いため、塑性変形の度が低い壁	1.3	1.0
この表において、Fi は、柱又は壁の靱性を表す数値とする。			

別表第9

	別添第1第三号に掲げる基準への適合性	塀の地震に対する安全性
(1)	別添第1第三号に掲げる基準のいずれかに適合しない場合	地震の震動及び衝撃に対して倒壊し、又は崩壊する危険性がある。
(2)	別添第1第三号に掲げる基準のいずれにも適合する場合	地震の震動及び衝撃に対して倒壊し、又は崩壊する危険性が低い。

〔平成18年1月25日国土交通省告示第185号〕

建築物の耐震改修の促進に関する法律第17条第3項第一号の規定に基づき地震に対する安全上耐震関係規定に準ずるものとして定める基準

最終改正　平成25年10月29日国土交通省告示第1061号

　建築物の耐震改修の促進に関する法律（平成7年法律第123号）第8条第3項第一号〔現行＝第17条第3項第一号＝平成25年5月法律第20号により改正〕の規定に基づき、地震に対する安全上耐震関係規定に準ずるものとして国土交通大臣が定める基準を次のように定める。

　建築物の耐震改修の促進に関する法律第4条第2項第三号に掲げる建築物の耐震診断及び耐震改修の実施について技術上の指針となるべき事項に定めるところにより耐震診断を行った結果、地震に対して安全な構造であることが確かめられること。

　　　附　則

1　この告示は、建築物の耐震改修の促進に関する法律の一部を改正する法律（平成17年法律第120号）の施行の日（平成18年1月26日）から施行する。

2　平成7年建設省告示第2090号は、廃止する。

〔平成25年10月29日国土交通省告示第1062号〕

建築物の耐震改修の促進に関する法律第22条第2項及び第25条第2項の規定に基づき地震に対する安全上耐震関係規定に準ずるものとして定める基準

　建築物の耐震改修の促進に関する法律（平成7年法律第123号）第22条第2項及び第25条第2項の規定に基づき、地震に対する安全上耐震関係規定に準ずるものとして定める基準を次のように定める。

　建築物の耐震改修の促進に関する法律施行規則（平成7年建設省令第28号）第5条第1項各号のいずれかに掲げる者が建築物の耐震改修の促進に関する法律第4条第2項第三号に掲げる建築物の耐震診断及び耐震改修の実施について技術上の指針となるべき事項に定めるところにより耐震診断を行った結果、地震に対して安全な構造であることが確かめられること。ただし、国土交通大臣が認める場合には、同規則第5条第1項各号のいずれかに掲げる者が耐震診断を行うことを要しない。

　　　附　則

1　この告示は、建築物の耐震改修の促進に関する法律の一部を改正する法律の施行の日（平成25年11月25日）から施行する。

2　（略）

〔平成25年10月29日国土交通省告示第1066号〕
建築物の耐震改修の促進に関する法律施行令附則第2条第1項第一号の規定に基づき国土交通大臣が定める危険物及び国土交通大臣が定める距離を定める件

　建築物の耐震改修の促進に関する法律施行令（平成7年政令第429号）附則第2条第1項第一号の規定に基づき、国土交通大臣が定める危険物及び国土交通大臣が定める距離を定める件を次のように定める。

　建築物の耐震改修の促進に関する法律施行令第8条第1項第十九号に掲げる建築物の倒壊により当該建築物の敷地外に被害を及ぼすおそれが大きいものとして国土交通大臣が定める危険物は、次の表の左欄に掲げるものとし、国土交通大臣が定める当該建築物の外壁又はこれに代わる柱の面から敷地境界線までの距離は、同表の左欄に掲げる危険物の区分に応じ、それぞれ同表の右欄に掲げるもの（同表の左欄に掲げる危険物の2種類以上を貯蔵し、又は処理しようとする建築物にあっては、当該2種類以上の危険物の区分に応じ、それぞれ同表の右欄に掲げるもののうち最大のもの）とする。ただし、令第7条第2項第二号から第五号までに掲げる危険物を貯蔵し、又は処理しようとする建築物であって、川、海その他これらに類するものに敷地が接するものについては、当該建築物の外壁又はこれに代わる柱の面から当該川、海その他これらに類するものの反対側の境界線までの距離を当該建築物の外壁又はこれに代わる柱の面から敷地境界線までの距離とみなす。

危険物	建築物の外壁又はこれに代わる柱の面から敷地境界線までの距離
令第7条第2項第一号に掲げる危険物	火薬類取締法施行規則（昭和25年通商産業省令第88号）第4条第1項第四号に規定する危険工室等を有する建築物にあっては同号に規定する第一種保安物件（同規則第1条第十一号に規定する第一種保安物件をいう。）に対する保安距離（以下「第一種保安距離」という。）、同規則第4条第2項に規定する不発弾等解撤工室等を有する建築物にあっては同項に規定する第一種保安距離、火薬庫を有する建築物にあっては同規則第23条に規定する第一種保安距離、同規則第67条第4項に規定する不発弾等廃薬処理場を有する建築物にあっては同項第一号に規定する第一種保安距離
令第7条第2項第二号から第五号までに掲げる危険物	50 m
令第7条第2項第六号に掲げる危険物	$13\left(\dfrac{1}{3}\right)$ m

令第7条第2項第七号に掲げる危険物	一般高圧ガス保安規則（昭和41年通商産業省令第53号）第6条第1項に規定する製造施設である建築物又は同規則第22条若しくは第23条に規定する第一種貯蔵所である建築物にあっては同規則第2条第2項第十九号に規定する第一種設備距離、コンビナート等保安規則（昭和61年通商産業省令第88号）第5条第1項に規定する製造施設であって同項第二号に規定する製造施設である建築物にあっては同号に規定する保安距離、同項に規定する製造施設であって同項第三号の表の第1欄に掲げる製造施設である建築物にあっては同項第二号及び第三号の規定による保安距離、同項に規定する製造施設であって同項第四号に規定する製造施設である建築物にあっては同号ロに規定する距離、同項に規定する製造施設であって同項第五号に規定する製造施設である建築物にあっては50m
令第7条第2項第八号に掲げる危険物	一般高圧ガス保安規則第6条第1項若しくは第6条の2第1項に規定する製造施設である建築物又は同規則第22条若しくは第23条に規定する第一種貯蔵所である建築物にあっては同規則第2条第2項第十九号に規定する第一種設備距離、液化石油ガス保安規則（昭和41年通商産業省令第52号）第6条第1項若しくは第7条第1項に規定する製造施設である建築物又は同規則第23条第1項若しくは第24条に規定する第一種貯蔵所である建築物にあっては同規則第2条第1項第十六号に規定する第一種設備距離、コンビナート等保安規則第5条第1項に規定する製造施設であって同項第二号に規定する製造施設である建築物にあっては同号に規定する保安距離、同項に規定する製造施設であって同項第三号の表の第1欄に掲げる製造施設である建築物にあっては同項第二号及び第三号の規定による保安距離、同項に規定する製造施設であって同項第四号に規定する製造施設である建築物にあっては同号ロに規定する距離、同項に規定する製造施設であって同項第五号に規定する製造施設である建築物にあっては50m

附　則

　この告示は、建築物の耐震改修の促進に関する法律の一部を改正する法律（平成25年法律第20号）の施行の日（平成25年11月25日）から施行する。

〔平成25年10月29日国土交通省告示第1056号〕

建築物の耐震改修の促進に関する法律施行規則第5条第1項第一号（同規則附則第3条において準用する場合を含む。）の規定に基づき国土交通大臣が定める要件

　建築物の耐震改修の促進に関する法律施行規則（平成7年建設省令第28号）第5条第1項第1号（同規則附則第3条において準用する場合を含む。）の規定に基づき、国土交通大臣が定める

要件を次のように定める。

　建築物の耐震改修の促進に関する法律施行規則第5条第1項第一号（同規則附則第3条において準用する場合を含む。）に規定する国土交通大臣が定める要件は、耐震診断に関し罪を犯して罰金以上の刑に処せられた者及び耐震診断に関し建築士法（昭和25年法律第202号）第10条第1項各号に該当し、同項の規定により一級建築士若しくは二級建築士又は木造建築士の業務の停止を命ぜられ、又は免許を取り消された者以外の者であることとする。

　　　附　則

　この告示は、建築物の耐震改修の促進に関する法律の一部を改正する法律（平成25年法律第20号）の施行の日（平成25年11月25日）から施行する。

〔平成25年10月29日国土交通省告示第1057号〕
建築物の耐震改修の促進に関する法律施行規則第5条第1項第二号（同規則附則第3条において準用する場合を含む。）の規定に基づき国土交通大臣が定める者を定める件

　建築物の耐震改修の促進に関する法律施行規則（平成7年建設省令第28号）第5条第1項第二号（同規則附則第3条において準用する場合を含む。）の規定に基づき、国土交通大臣が定める者を次のように定める。

　建築物の耐震改修の促進に関する法律施行規則（以下「規則」という。）第5条第1項第二号（規則附則第3条において準用する場合を含む。）の国土交通大臣が定める者は、次の各号のいずれかに該当する者とする。

　一　規則第5条第1項第一号に規定する一級建築士、二級建築士又は木造建築士であって、同号に規定する登録資格者講習と同等以上の内容を有すると国土交通大臣が認める講習を修了した者（建築士法（昭和25年法律第202号）第3条第1項、第3条の2第1項若しくは第3条の3第1項に規定する建築物又は同法第3条の2第3項(同法第3条の3第2項において準用する場合を含む。)の規定に基づく条例に規定する建築物について耐震診断を行わせる場合にあっては、それぞれ当該各条に規定する建築士に限る。）

　二　学校教育法（昭和22年法律第26号）による大学若しくはこれに相当する外国の学校において建築物の構造に関する科目その他の講習事務（規則第6条第1項に規定する講習事務をいう。以下この号において同じ。）に関する科目を担当する教授若しくは准教授の職にあり、若しくはこれらの職にあった者又は建築物の構造に関する科目その他の講習事務に関する科目の研究により博士の学位を授与された者

　三　前各号と同等以上の知識及び経験を有すると国土交通大臣が認める者

　　　附　則

　この告示は、建築物の耐震改修の促進に関する法律の一部を改正する法律（平成25年法律第20号）の施行の日（平成25年11月25日）から施行する。

〔平成25年10月29日国土交通省告示第1058号〕
建築物の耐震改修の促進に関する法律施行規則第10条第四号の規定に基づき登録資格者講習に用いる教材の内容として国土交通大臣が定める事項を定める件

　建築物の耐震改修の促進に関する法律施行規則（平成7年建設省令第28号）第10条第四号の規定に基づき、登録資格者講習に用いる教材の内容として国土交通大臣が定める事項を定める件を次のように定める。

第1　木造耐震診断資格者講習に用いる教材の内容は次の表の左欄に掲げる科目に応じ、それぞれ同表の右欄に掲げる内容を含むものとすること。

科　　目	内　　　　　容
建築物の耐震診断総論	地震による建築物の倒壊等の被害事例、耐震診断の方法の種類、耐震診断の手順その他の建築物の耐震診断の基礎知識に関する事項
木造の建築物の耐震診断の方法	木造の建築物の構造耐震指標の求め方、建築物の敷地の状況に関する実地調査の方法その他の建築物の耐震改修の促進に関する法律（平成7年法律第123号）第4条第2項第三号に掲げる建築物の耐震診断及び耐震改修の実施について技術上の指針となるべき事項（以下「技術指針事項」という。）に定めるところによる木造の建築物の耐震診断の方法に関する事項
例題演習	耐震診断の方法の選択、木造の建築物の構造耐震指標の算出、建築物の敷地の状況に関する実地調査その他の木造の建築物の耐震診断を行う者として必要な知識及び技能の修得のための演習に関する事項

第2　鉄骨造耐震診断資格者講習に用いる教材の内容は次の表の左欄に掲げる科目に応じ、それぞれ同表の右欄に掲げる内容を含むものとすること。

科　　目	内　　　　　容
建築物の耐震診断総論	地震による建築物の倒壊等の被害事例、耐震診断の方法の種類、耐震診断の手順その他の建築物の耐震診断の基礎知識に関する事項
鉄骨造の建築物の耐震診断の方法	鉄骨造の建築物の構造耐震指標の求め方、建築物の敷地の状況に関する実地調査の方法その他の技術指針事項に定めるところによる鉄骨造の建築物の耐震診断の方法に関する事項
例題演習	耐震診断の方法の選択、鉄骨造の建築物の構造耐震指標の算出、建築物の敷地の状況に関する実地調査その他の鉄骨造の建築物の耐震診断を行う者として必要な知識及び技能の修得のための演習に関する事項

第3　鉄筋コンクリート造耐震診断資格者講習に用いる教材の内容は次の表の左欄に掲げる科目に応じ、それぞれ同表の右欄に掲げる内容を含むものとすること。

科　目	内　　　　容
建築物の耐震診断総論	地震による建築物の倒壊等の被害事例、耐震診断の方法の種類、耐震診断の手順その他の建築物の耐震診断の基礎知識に関する事項
鉄筋コンクリート造の建築物の耐震診断の方法	鉄筋コンクリート造の建築物の構造耐震指標の求め方、建築物の敷地の状況に関する実地調査の方法その他の技術指針事項に定めるところによる鉄筋コンクリート造の建築物の耐震診断の方法に関する事項
例題演習	耐震診断の方法の選択、鉄筋コンクリート造の建築物の構造耐震指標の算出、建築物の敷地の状況に関する実地調査その他の鉄筋コンクリート造の建築物の耐震診断を行う者として必要な知識及び技能の修得のための演習に関する事項

第4　鉄骨鉄筋コンクリート造耐震診断資格者講習に用いる教材の内容は次の表の左欄に掲げる科目に応じ、それぞれ同表の右欄に掲げる内容を含むものとすること。

科　目	内　　　　容
建築物の耐震診断総論	地震による建築物の倒壊等の被害事例、耐震診断の方法の種類、耐震診断の手順その他の建築物の耐震診断の基礎知識に関する事項
鉄骨鉄筋コンクリート造の建築物の耐震診断の方法	鉄骨鉄筋コンクリート造の建築物の構造耐震指標の求め方、建築物の敷地の状況に関する実地調査の方法その他の技術指針事項に定めるところによる鉄骨鉄筋コンクリート造の建築物の耐震診断の方法に関する事項
例題演習	耐震診断の方法の選択、鉄骨鉄筋コンクリート造の建築物の構造耐震指標の算出、建築物の敷地の状況に関する実地調査その他の鉄骨鉄筋コンクリート造の建築物の耐震診断を行う者として必要な知識及び技能の修得のための演習に関する事項

附　則

　この告示は、建築物の耐震改修の促進に関する法律の一部を改正する法律（平成25年法律第20号）の施行の日（平成25年11月25日）から施行する。

〔平成25年11月21日国土交通省告示第1130号〕
建築物の耐震改修の促進に関する法律施行規則第10条第七号の国土交通大臣が定める者及び国土交通大臣が定める科目を定める件

最終改正　平成27年1月29日国土交通省告示第188号

　建築物の耐震改修の促進に関する法律施行規則（平成7年建設省令第28号）第10条第七号の規定に基づき、国土交通大臣が定める者及び国土交通大臣が定める科目を次のように定める。

　登録資格者講習の講義を受講した者と同等以上の知識を有する者は、建築士法（昭和25年法律第202号）第10条の2の2第1項に規定する構造設計一級建築士とし、国土交通大臣が定める科目は、建築物の耐震改修の促進に関する法律施行規則第10条第三号の表の左欄に掲げる講習の種類の区分に応じ、それぞれ建築物の耐震診断の総論及び例題演習とする。

　　　附　則

　この告示は、建築物の耐震改修の促進に関する法律の一部を改正する法律（平成25年法律第20号）の施行の日（平成25年11月25日）から施行する。

〔平成25年10月29日国土交通省告示第1059号〕
建築物の耐震改修の促進に関する法律施行規則第22条第二号（附則第3条において準用する場合を含む。）の規定に基づき国土交通大臣が定める事項を定める件

最終改正　平成30年12月21日国土交通省告示第1381号

　建築物の耐震改修の促進に関する法律施行規則（平成7年建設省令第28号）第22条第二号（同規則附則第3条において準用する場合を含む。）の規定に基づき、国土交通大臣が定める事項を次のように定める。

　建築物の耐震改修の促進に関する法律施行規則（以下「規則」という。）第22条第二号（附則第3条において準用する場合を含む。）の規定に基づき、国土交通大臣が定める事項を次のように定める。

　規則第22条第二号の国土交通大臣が定める事項は、次の各号に掲げる事項とする。

一　次の表の左欄に掲げる耐震診断の区分に応じてそれぞれ同表の右欄に掲げる耐震診断の結果に関する事項

耐震診断の区分	耐震診断の結果に関する事項
平成18年国土交通省告示第184号（以下「基本方針」という。）別添第1第一号の規定により、同第1に規定する木造の建築物等について行う耐震診断	基本方針別添第1第一号イに規定するI_w及び当該I_wに応じて基本方針別表第1の右欄に定める構造耐力上主要な部分の地震に対する安全性に関する事項

基本方針別添第1第二号の規定により、同第1に規定する鉄骨造、鉄筋コンクリート造、鉄骨鉄筋コンクリート造等の建築物等について行う耐震診断	基本方針別添第1第二号イに規定する I_S 及び q 並びに当該 I_S 及び q に応じて基本方針別表第6の右欄に定める構造耐力上主要な部分の地震に対する安全性に関する事項
基本方針別添第1第三号の規定により、同第1に規定する建物に附属する組積造の塀について行う耐震診断	基本方針別添第1第三号に掲げる基準への適合性に関する事項及び基本方針別表第9の右欄に定める塀の地震に対する安全性に関する事項
基本方針別添第1ただし書に規定する方法によって行う耐震診断	耐震診断の方法の名称及び当該耐震診断による構造耐力上主要な部分又は塀の地震に対する安全性の評価結果に関する事項

二　規則第5条第3項に規定する報告書に耐震改修、建替え又は除却の予定が記載された場合にあっては、その内容及び実施時期

　　附　則

　この告示は、建築物の耐震改修の促進に関する法律の一部を改正する法律（平成25年法律第20号）の施行の日（平成25年11月25日）から施行する。

〔平成25年10月29日国土交通省告示第1060号〕
建築物の耐震改修の促進に関する法律施行規則第23条第1項及び第2項の規定に基づき国土交通大臣が定める額を定める件

最終改正　令和元年10月1日国土交通省告示第578号

　建築物の耐震改修の促進に関する法律施行規則（平成7年建設省令第28号）第23条第1項及び第2項の規定に基づき、国土交通大臣が定める額を次のように定める。

　建築物の耐震改修の促進に関する法律施行規則第23条第1項及び第2項の国土交通大臣が定める額は、次の各号に掲げる場合の区分に応じ、それぞれ当該各号に定める額及び同条第1項の国土交通大臣が定める額にあっては都道府県知事が、同条第2項の国土交通大臣が定める額にあっては市町村長が特別の事情があると認める耐震診断の実施に要する費用の額を合算した額とする。

一　建築物（建物（建築物の耐震改修の促進に関する法律施行令（平成7年政令第429号）第4条第二号に規定する建物をいう。以下同じ。）に附属する組積造の塀を除く。以下同じ。）及び建物に附属する組積造の塀について耐震診断を行った場合　建築物の延べ面積に応じてそれぞれ次の表1に定める額及び塀の長さに応じてそれぞれ次の表2に定める額を合算した額

二　建築物についてのみ耐震診断を行った場合　建築物の延べ面積に応じてそれぞれ次の表1に定める額

三　建物に附属する組積造の塀についてのみ耐震診断を行った場合　塀の長さに応じてそれぞれ次の表2に定める額

1

建築物の延べ面積	額（単位　円）
1,000 m² 未満	3,570 A
1,000 m² 以上	2,550,000＋1,020 A

この表において、A は、建築物の延べ面積（単位　m²）を表すものとする。

2

塀　の　長　さ	額（単位　円）
10 m 未満	5,100 L
10 m 以上	48,960＋204 L

この表において、L は、塀の長さ（単位　m）を表すものとする。

　　附　則

　この告示は、建築物の耐震改修の促進に関する法律の一部を改正する法律（平成25年法律第20号）の施行の日（平成25年11月25日）から施行する。

〔平成25年10月29日国土交通省告示第1064号〕
建築物の耐震改修の促進に関する法律施行規則第33条第1項第二号及び第2項第二号の規定に基づき国土交通大臣が定める書類を定める件

　　　　　　　　　　　　　　　最終改正　平成27年1月29日国土交通省告示第184号

　建築物の耐震改修の促進に関する法律施行規則（平成7年建設省令第28号）第33条第1項第二号及び第2項第二号の規定に基づき、国土交通大臣が定める書類を次のように定める。

　建築物の耐震改修の促進に関する法律施行規則第33条第1項第二号の国土交通大臣が定める書類は、耐震関係規定の施行又は適用の日以後に新築、増築、改築、大規模の修繕又は大規模の模様替の工事（建築物の耐震改修の促進に関する法律施行令（平成7年政令第429号）第3条各号に掲げるものを除く。）に着手し、建築基準法（昭和25年法律第201号）第7条第5項、第7条の2第5項又は第18条第18項の規定（以下「建築基準法の規定」という。）により交付を受けた検査済証（建築基準法施行令（昭和25年政令第338号）第137条の14第一号に定める建築物の部分（以下「独立部分」という。）が2以上ある建築物にあっては、当該2以上の独立部分の全部について同日以後にこれらの工事に着手し、建築基準法の規定により交付を受けたものに限る。）（以下「新築等の工事に着手し、交付を受けた検査済証」という。）とし、同規則第33条第2項第二号の国土交通大臣が定める書類は、昭和56年6月1日以後耐震関係規定の施行又は適用の日の前日までに新築等の工事に着手し、交付を受けた検査済証とする。

　　附　則

　この告示は、建築物の耐震改修の促進に関する法律の一部を改正する法律（平成25年法律第20号）の施行の日（平成25年11月25日）から施行する。

　〔平成25年10月29日国土交通省告示第1063号〕

建築物の耐震改修の促進に関する法律施行規則第35条第1項第三号の規定に基づき国土交通大臣が定めるものを定める件

　建築物の耐震改修の促進に関する施行規則（平成7年建設省令第28号）第35条第1項第三号の規定に基づき、国土交通大臣が定めるものを次のように定める。

　建築物の耐震改修の促進に関する法律施行規則第35条第1項第三号に規定する国土交通大臣が定めるものは、次に掲げるものとする。

　一　宣伝用物品

　二　情報を提供するために作成する電磁的記録

　　附　則

　この告示は、建築物の耐震改修の促進に関する法律の一部を改正する法律（平成25年法律第20号）の施行の日（平成25年11月25日）から施行する。

住宅の品質確保の促進等に関する法律に基づく主要な告示

〔平成13年8月14日国土交通省告示第1346号〕

日本住宅性能表示基準

最終改正　令和3年12月1日消費者庁・国土交通省告示第1号

〔未施行：本書巻末「3　令和4年1月2日以降施行の改正規定」参照〕

住宅の品質確保の促進等に関する法律（平成11年法律第81号）第3条第1項の規定に基づき、日本住宅性能表示基準を定める。

第1　趣旨

この基準は、住宅の品質確保の促進等に関する法律（平成11年法律第81号。以下「法」という。）第3条第1項の規定に基づき、住宅の性能に関し表示すべき事項及びその表示の方法を定めるものとする。

第2　適用範囲

この基準は、法第2条第1項に規定する住宅について適用する。

第3　用語の定義

この告示における用語の定義は、評価方法基準（平成13年国土交通省告示第1347号）に定めるもののほか、次に定めるところによる。

1　この基準において「構造躯体」とは、建築基準法施行令（昭和25年政令第338号）第1条第三号に規定する構造耐力上主要な部分をいう。

2　この基準において「構造躯体等」とは、鉄筋コンクリート造又は鉄骨鉄筋コンクリート造の建築物にあっては構造躯体及びそれと一体としてつくられた鉄筋コンクリート造又は鉄骨鉄筋コンクリート造の部分をいい、それら以外の建築物にあっては構造躯体をいう。

3　この基準において「評価対象住戸」とは、住宅性能評価の対象となる一戸建ての住宅又は共同住宅等のうち住宅性能評価の対象となる一の住戸をいう。

4　この基準において「他住戸等」とは、評価対象住戸以外の住戸その他の室（評価対象住戸と一体となって使用される室を除く。）をいう。

5　この基準において「多雪区域」とは、建築基準法施行令第86条第2項に規定する多雪区域をいう。

6　この基準において「避難階」とは、建築基準法施行令第13条の3第一号に規定する避難階をいう。

7　この基準において「特定測定物質」とは、ホルムアルデヒド、トルエン、キシレン、エチルベンゼン及びスチレンをいう。

8　この基準において「同一階等」とは、評価対象住戸が存する階及びその直下の階をいう。

9　この基準において「評価対象建築物」とは、評価対象住戸を含む建築物をいう。

10　この基準において「特定建材」とは、評価方法基準（平成13年国土交通省告示第1347号）

第5の6－1(2)イ②に規定する特定建材をいう。

11　この基準において「内装」とは、建築基準法施行令第20条の7第1項第一号に規定する内装をいう。

12　この基準において「天井裏等」とは、天井裏、小屋裏、床裏、壁、物置その他これらに類する住宅の部分をいう。

第4　表示すべき事項及び表示の方法

1　表示すべき事項は、別表（新築住宅にあっては別表1をいい、既存住宅（新築住宅以外の住宅をいう。以下同じ。)にあっては別表2－1をいう。以下第4及び第5において同じ。)の(い)項に掲げるものとする。ただし、性能を表示しようとする住宅（以下「性能表示住宅」という。)が(ろ)項に掲げる適用範囲に該当しない場合においては、この限りでない。

2　表示の方法は、別表の(い)項に掲げる表示すべき事項に応じ、(は)項に掲げるものとする。ただし、評価方法基準に従った評価の対象となるものが当該性能表示住宅に存しない場合にあっては、その旨を表示することとする。

3　住宅の性能に関し、別表の(い)項に掲げる事項について、(は)項に掲げる方法により表示をする場合において、その説明を付するときは、(に)項に掲げる事項に応じ、(ほ)項に掲げる文字を用いて表示することとする。

第5　遵守事項

日本住宅性能表示基準に従って住宅の性能を表示している旨を表示する場合にあっては、次の事項を遵守しなければならない。

1　登録住宅性能評価機関が行う住宅性能評価の結果に基づかずに表示する場合においては、その旨を明示すること。

2　設計住宅性能評価又は建設住宅性能評価の別（性能表示住宅が新築住宅である場合に限る。)、新築住宅又は既存住宅の別（住宅性能評価が建設住宅性能評価である場合に限る。)及び住宅性能評価において従った評価方法基準を特定できる情報を明示すること。

3　住宅の性能に関し、別表の(い)項に掲げる事項以外の事項を併せて表示し、又は(い)項に掲げる事項について(は)項に掲げる方法以外の方法により併せて表示する場合においては、その旨を明示すること等により、当該表示が日本住宅性能表示基準に従ったものであるとの誤解を招くことがないようにすること。

4　表示する内容が評価方法基準に従って評価を行った結果であること、表示する内容が評価した時点におけるものに過ぎないこと等を明記することにより、表示する内容について誤解を招くことがないよう配慮すること。

別表1　（新築住宅に係る表示すべき事項等）

	(い)	(ろ)	(は)	(に)	(ほ)
	表示すべき事項	適用範囲	表示の方法	説明する事項	説明に用いる文字
1 構造の 安定に	1－1 耐震等 級（構	一戸建 ての住 宅又は	等級（1、2又は3）による。	耐震等 級（構 造躯体	地震に対する構造躯 体の倒壊、崩壊等の しにくさ

関する こと	造躯体 の倒壊 等　防 止）	共同住 宅　等 （1　− 3にお いて、 免震建 築物で あると された ものを 除く。）		の倒壊 等　防 止）	
				等級3	極めて稀に（数百年 に1度程度）発生す る地震による力（建 築基準法施行令第88 条第3項に定めるも の）の1.5倍の力に 対して倒壊、崩壊等 しない程度
				等級2	極めて稀に（数百年 に1度程度）発生す る地震による力（建 築基準法施行令第88 条第3項に定めるも の）の1.25倍の力 に対して倒壊、崩壊 等しない程度
				等級1	極めて稀に（数百年 に1度程度）発生す る地震による力（建 築基準法施行令第88 条第3項に定めるも の）に対して倒壊、 崩壊等しない程度
	1−2 耐震等 級（構 造躯体 の損傷 防止）	一戸建 ての住 宅又は 共同住 宅　等 （1　− 3にお いて、 免震建 築物で あると された ものを	等級（1、2又は3）による。	耐震等 級（構 造躯体 の損傷 防止）	地震に対する構造躯 体の損傷（大規模な 修復工事を要する程 度の著しい損傷）の 生じにくさ
				等級3	稀に（数十年に1度 程度）発生する地震 による力（建築基準 法施行令第88条第2 項に定めるもの）の 1.5倍の力に対して 損傷を生じない程度

				等級2	稀に（数十年に1度程度）発生する地震による力（建築基準法施行令第88条第2項に定めるもの）の1.25倍の力に対して損傷を生じない程度
				等級1	稀に（数十年に1度程度）発生する地震による力（建築基準法施行令第88条第2項に定めるもの）に対して損傷を生じない程度
1－3 その他（地震に対する構造躯体の倒壊等防止及び損傷防止）	一戸建ての住宅又は共同住宅等	評価対象建築物が免震建築物であるか否かを明示する。		その他（地震に対する構造躯体の倒壊等防止及び損傷防止）	評価対象建築物が免震建築物であるか否か
1－4 耐風等級（構造躯体の倒壊等防止及び損傷防止）	一戸建ての住宅又は共同住宅等	等級（1又は2）による。		耐風等級（構造躯体の倒壊等防止及び損傷防止）	暴風に対する構造躯体の倒壊、崩壊等のしにくさ及び構造躯体の損傷（大規模な修復工事を要する程度の著しい損傷）の生じにくさ
				等級2	極めて稀に（500年に1度程度）発生する暴風による力（建築基準法施行令第87条に定めるものの1.6倍）の1.2倍の力に対して倒壊、崩壊

除く。）

					等せず、稀に（50年に1度程度）発生する暴風による力（同条に定めるもの）の1.2倍の力に対して損傷を生じない程度
				等級1	極めて稀に（500年に1度程度）発生する暴風による力（建築基準法施行令第87条に定めるものの1.6倍）に対して倒壊、崩壊等せず、稀に（50年に1度程度）発生する暴風による力（同条に定めるもの）に対して損傷を生じない程度
1−5 耐積雪等級 （構造躯体の倒壊等防止及び損傷防止）	多雪区域に存する一戸建ての住宅又は共同住宅等	等級（1又は2）による。		耐積雪等級 （構造躯体の倒壊等防止及び損傷防止）	屋根の積雪に対する構造躯体の倒壊、崩壊等のしにくさ及び構造躯体の損傷（大規模な修復工事を要する程度の著しい損傷）の生じにくさ
				等級2	極めて稀に（500年に1度程度）発生する積雪による力（建築基準法施行令第86条に定めるものの1.4倍）の1.2倍の力に対して倒壊、崩壊等せず、稀に（50年に1度程度）発生する積雪による力（同条に定めるもの）の1.2倍の力に対して

						損傷を生じない程度
				等級1		極めて稀に（500年に1度程度）発生する積雪による力（建築基準法施行令第86条に定めるものの1.4倍）に対して倒壊、崩壊等せず、稀に（50年に1度程度）発生する積雪による力（同条に定めるもの）に対して損傷を生じない程度
	1-6地盤又は杭の許容支持力等及びその設定方法	一戸建ての住宅又は共同住宅等	地盤の許容応力度（単位をkN/m²とし、整数未満の端数を切り捨てる。地盤改良を行った場合、又は行う場合は、改良後の数値を記入する。）、杭の許容支持力（単位をkN/本とし、整数未満の端数を切り捨てる。）又は杭状改良地盤の改良後の許容支持力度（単位をkN/m²とし、整数未満の端数を切り捨てる。）若しくは許容支持力（単位をkN/本とし、整数未満の端数を切り捨てる。）及び地盤調査の方法その他それらの設定の根拠となった方法（地盤改良を行った場合、又は行う場合は、その方法を含む。）を明示する。		地盤又は杭の許容支持力等及びその設定方法	地盤又は杭に見込んでいる常時作用する荷重に対し抵抗し得る力の大きさ及び地盤に見込んでいる抵抗し得る力の設定の根拠となった方法（地盤改良を行った場合、又は行う場合は、その方法を含む。）
	1-7基礎の構造方法及び形式等	一戸建ての住宅又は共同住宅等	直接基礎にあっては基礎の構造方法及び形式を、杭基礎にあっては杭種、杭径（単位をcmとし、整数未満の端数を切り捨てる。）及び杭長（単位をmとし、整数未満の端数を切り捨てる。）を明示する。		基礎の構造方法及び形式等	直接基礎の構造及び形式又は杭基礎の杭種、杭径及び杭長
2火災時の安全に関すること	2-1感知警報装置設置等級（自宅又は共同住宅等	一戸建ての住宅又は共同住宅等	等級（1、2、3又は4）による。		感知警報装置設置等級（自住戸火	評価対象住戸において発生した火災の早期の覚知のしやすさ

	住戸火災時)			災時)	
				等級4	評価対象住戸において発生した火災のうち、すべての台所及び居室で発生した火災を早期に感知し、住戸全域にわたり警報を発するための装置が設置されている
				等級3	評価対象住戸において発生した火災のうち、すべての台所及び居室で発生した火災を早期に感知し、当該室付近に警報を発するための装置が設置されている
				等級2	評価対象住戸において発生した火災のうち、すべての台所及び寝室等で発生した火災を感知し、当該室付近に警報を発するための装置が設置されている
				等級1	評価対象住戸において発生した火災のうち、すべての寝室等で発生した火災を感知し、当該室付近に警報を発するための装置が設置されている
	2−2 感知警報装置設置等級（他住戸等	共同住宅等（避難階に存する住戸及び	等級（1、2、3又は4）による。	感知警報装置設置等級（他住戸等火災	評価対象住戸の同一階又は直下の階にある他住戸等において発生した火災の早期の覚知のしやすさ

火災時）	他住戸等を同一階等に有しない住戸を除く。）		時）		
			等級4		他住戸等において発生した火災について、当該他住戸等に火災を自動で感知するための装置が設置され、かつ、評価対象住戸に自動で警報を発するための装置が設置されている
			等級3		他住戸等において発生した火災について、当該他住戸等に火災を自動で感知するための装置が設置され、かつ、評価対象住戸に手動で警報を発するための装置が設置されている
			等級2		他住戸等において発生した火災について、評価対象住戸に手動で警報を発するための装置が設置されている
			等級1		その他
2-3 避難安全対策（他住戸等火災時・共用廊下）	共同住宅等（避難階に存する住戸及び他住戸等を同一階等に有しない住戸を除く。）	次のイのaからeまでのうち、該当する一の排煙形式及び次のロのaからcまでのうち、該当する一の平面形状を明示する。この場合において、ロのcを明示するときは、耐火等級（避難経路の隔壁の開口部）を等級（1、2又は3）により併せて明示する。 イ.排煙形式 　a.開放型廊下 　b.自然排煙 　c.機械排煙（一般） 　d.機械排煙（加圧式）	避難安全対策（他住戸等火災時・共用廊下）		評価対象住戸の同一階又は直下の階にある他住戸等における火災発生時の避難を容易とするために共用廊下に講じられた対策
			排煙形式		共用廊下の排煙の形式
			平面形状		避難に有効な共用廊下の平面形状
			耐火等		避難経路の隔壁の開

		e．その他 ロ．平面形状 　a．通常の歩行経路による2以上の方向への避難が可能 　b．直通階段との間に他住戸等がない 　c．その他	級（避難経路の隔壁の開口部）	口部に係る火災による火炎を遮る時間の長さ
			等級3	火炎を遮る時間が60分相当以上
			等級2	火炎を遮る時間が20分相当以上
			等級1	その他
2−4 脱出対策（火災時）	地上階数3以上の一戸建ての住宅又は共同住宅等（避難階に存する住戸を除く。）	次のイからニまでのうち、該当する脱出対策を明示する。この場合において、ハ又はニを明示するときは、具体的な脱出手段を併せて明示する。 イ．直通階段に直接通ずるバルコニー ロ．隣戸に通ずるバルコニー ハ．避難器具 ニ．その他	脱出対策（火災時）	通常の歩行経路が使用できない場合の緊急的な脱出のための対策
2−5 耐火等級（延焼のおそれのある部分（開口部））	一戸建ての住宅又は共同住宅等	等級（1、2又は3）による。	耐火等級（延焼のおそれのある部分（開口部））	延焼のおそれのある部分の開口部に係る火災による火炎を遮る時間の長さ
			等級3	火炎を遮る時間が60分相当以上
			等級2	火炎を遮る時間が20分相当以上
			等級1	その他
2−6 耐火等級（延	一戸建ての住宅又は	等級（1、2、3又は4）による。	耐火等級（延焼のお	延焼のおそれのある部分の外壁等（開口部以外）に係る火災

	焼のおそれのある部分（開口部以外））	共同住宅等		それのある部分（開口部以外））	による火熱を遮る時間の長さ
				等級4	火熱を遮る時間が60分相当以上
				等級3	火熱を遮る時間が45分相当以上
				等級2	火熱を遮る時間が20分相当以上
				等級1	その他
	2−7 耐火等級（界壁及び界床）	共同住宅等	等級（1、2、3又は4）による。	耐火等級（界壁及び界床）	住戸間の界壁及び界床に係る火災による火熱を遮る時間の長さ
				等級4	火熱を遮る時間が60分相当以上
				等級3	火熱を遮る時間が45分相当以上
				等級2	火熱を遮る時間が20分相当以上
				等級1	その他
3 劣化の軽減に関すること	3−1 劣化対策等級（構造躯体等）	一戸建ての住宅又は共同住宅等	等級（1、2又は3）による。	劣化対策等級（構造躯体等）	構造躯体等に使用する材料の交換等大規模な改修工事を必要とするまでの期間を伸長するため必要な対策の程度
				等級3	通常想定される自然条件及び維持管理の条件の下で3世代（おおむね75〜90年）まで、大規模な改修工事を必要とするまでの期間を伸長するため必要な対策

					が講じられている
				等級2	通常想定される自然条件及び維持管理の条件の下で2世代（おおむね50〜60年）まで、大規模な改修工事を必要とするまでの期間を伸長するため必要な対策が講じられている
				等級1	建築基準法に定める対策が講じられている
4 維持管理・更新への配慮に関すること	**4−1** 維持管理対策等級（専用配管）	一戸建ての住宅又は共同住宅等	等級（1、2又は3）による。	維持管理対策等級（専用配管）	専用の給排水管、給湯管及びガス管の維持管理（清掃、点検及び補修）を容易とするため必要な対策の程度
				等級3	掃除口及び点検口が設けられている等、維持管理を容易にすることに特に配慮した措置が講じられている
				等級2	配管をコンクリートに埋め込まない等、維持管理を行うための基本的な措置が講じられている
				等級1	その他
	4−2 維持管理対策等級（共用配管）	共同住宅等	等級（1、2又は3）による。	維持管理対策等級（共用配管）	共用の給排水管、給湯管及びガス管の維持管理（清掃、点検及び補修）を容易とするため必要な対策の程度
				等級3	清掃、点検及び補修

				ができる開口が住戸外に設けられている等、維持管理を容易にすることに特に配慮した措置が講じられている
			等級2	配管をコンクリートに埋め込まない等、維持管理を行うための基本的な措置が講じられている
			等級1	その他
4-3 更新対策（共用排水管）	共同住宅等	等級（1、2又は3）及び次のイからホまでのうち、該当する共用排水立管の位置を明示する。 イ．共用廊下に面する共用部分 ロ．外壁面、吹き抜け等の住戸外周部 ハ．バルコニー ニ．住戸専用部 ホ．その他	更新対策（共用排水管）	共用排水管の更新を容易とするため必要な対策
			更新対策等級（共用排水管）	共用排水管の更新を容易とするため必要な対策の程度
			等級3	配管が共用部分に設置されており、かつ、更新を容易にすることに特に配慮した措置が講じられている
			等級2	配管が共用部分に設置されている等、更新を行うための基本的な措置が講じられている
			等級1	その他
			共用排水立管の位置	共用排水立管が設置されている位置
4-4 更新対	共同住宅及び	次のイ及びロに掲げるものを明示する。	更新対策（住	住戸専用部の間取りの変更を容易とする

	策（住戸専用部）	長屋	イ．躯体天井高（「○mm以上」と記載する。）を明示する。この場合において、異なる躯体天井高が存するときは、最も低い部分の空間の内法高さ及び次のaからcまでのうち、当該最も低い部分が該当する部位を併せて明示する。 　a．はり 　b．傾斜屋根 　c．その他 ロ．住戸専用部の構造躯体の壁又は柱の有無を明示する。この場合において、構造躯体の壁又は柱があるときは、壁又は柱の別を併せて明示する。	戸専用部）	ため必要な対策
				躯体天井高	住戸専用部の構造躯体等の床版等に挟まれた空間の高さ
				住戸専用部の構造躯体の壁又は柱の有無	住戸専用部の構造躯体の壁又は柱で間取りの変更の障害となりうるものの有無
5 温熱環境・エネルギー消費量に関すること	5－1 断熱等性能等級	一戸建ての住宅又は共同住宅等	等級（1、2、3又は4）による。この場合においては、建築物エネルギー消費性能基準等を定める省令における算出方法等に係る事項（平成28年国土交通省告示第265号。以下「非住宅・住宅計算方法」という。）別表第10に掲げる地域の区分（1、2、3、4、5、6、7又は8。以下「地域の区分」という。）を併せて明示する。また、等級4にあっては、外皮平均熱貫流率（単位はW/(m²・K)とし、地域の区分の8地域を除く。）及び冷房期の平均日射熱取得率（地域の区分の1、2、3及び4地域を除く。）を併せて明示することができる。	断熱等性能等級	外壁、窓等を通しての熱の損失の防止を図るための断熱化等による対策の程度
				等級4	熱損失等の大きな削減のための対策（建築物エネルギー消費性能基準等を定める省令（平成28年経済産業省令・国土交通省令第1号。以下「基準省令」という。）に定める建築物エネルギー消費性能基準に相当する程度）が講じられている
				等級3	熱損失等の一定程度の削減のための対策が講じられている
				等級2	熱損失の小さな削減のための対策が講じられている

				等級1	その他
5−2 一次エネルギー消費量等級	一戸建ての住宅又は共同住宅等	等級（1、4又は5）による。この場合においては、地域の区分を併せて明示する。また、等級5にあっては、床面積当たりの一次エネルギー消費量（単位をMJ/(m²・年)とする。）を併せて明示することができる。	一次エネルギー消費量等級	一次エネルギー消費量の削減のための対策の程度
				等級5	一次エネルギー消費量のより大きな削減のための対策（基準省令に定める建築物のエネルギー消費性能の向上の一層の促進のために誘導すべき基準(その設定の基礎となる基準一次エネルギー消費量が、基準省令第12条第1項の規定により求められたものであるものに限る。)に相当する程度）が講じられている
				等級4	一次エネルギー消費量の大きな削減のための対策（基準省令に定める建築物エネルギー消費性能基準(その設定の基礎となる基準一次エネルギー消費量が、基準省令第5条第1項の規定により求められたものであるものに限る。)に相当する程度）が講じられている
				等級1	その他
6	6−1	一戸建	次のイからハまでのうち、該当する	ホルム	居室の内装の仕上げ

空気環境に関すること	ホルムアルデヒド対策（内装及び天井裏等）	ての住宅又は共同住宅等	ものを明示する。この場合において、ロを明示するときは、居室の内装の仕上げ及び居室に係る天井裏等（平成15年国土交通省告示第274号第1第三号に適合しない場合（同号ロに該当する場合を除く。）のものに限る。）の下地材等のそれぞれについて、ホルムアルデヒド発散等級（居室の内装の仕上げにあっては1、2又は3、居室に係る天井裏等の下地材等にあっては2又は3）を併せて明示する。 イ．製材等（丸太及び単層フローリングを含む。）を使用する ロ．特定建材を使用する ハ．その他の建材を使用する	アルデヒド対策（内装及び天井裏等）	及び換気等の措置のない天井裏等の下地材等からのホルムアルデヒドの発散量を少なくする対策
				ホルムアルデヒド発散等級	居室の内装の仕上げ及び換気等の措置のない天井裏等の下地材等に使用される特定建材からのホルムアルデヒドの発散量の少なさ
				等級3	ホルムアルデヒドの発散量が極めて少ない（日本産業規格又は日本農林規格のF☆☆☆☆等級相当以上）
				等級2	ホルムアルデヒドの発散量が少ない（日本産業規格又は日本農林規格のF☆☆☆等級相当以上）
				等級1	その他
	6－2 換気対策	一戸建ての住宅又は共同住宅等	次のイのa又はbのうち、該当する居室の換気対策を明示し、かつ、次のロのaからcまでのうち、便所、浴室及び台所のそれぞれについて、該当する局所換気対策を明示する。この場合において、イのbを明示するときは、具体的な換気対策を併せて明示する。 イ．居室の換気対策 　a．機械換気設備 　b．その他 ロ．局所換気対策 　a．機械換気設備 　b．換気のできる窓	換気対策	室内空気中の汚染物質及び湿気を屋外に除去するために必要な換気対策
				居室の換気対策	住宅の居室に必要な換気量が確保できる対策
				局所換気対策	換気上重要な便所、浴室及び台所の換気のための対策

			c．なし		
	6-3 室内空気中の化学物質の濃度等	一戸建ての住宅又は共同住宅等	特定測定物質（測定の対象となるものに限る。以下同じ。）ごとに、次のイからへまでに掲げるものを明示する。 イ．特定測定物質の名称 ロ．特定測定物質の濃度（単位をppm、ppb、mg/m³、μg/m³ その他一般的に使用されるものとし、平均の値（測定値が一の場合にあっては、その値）又は最高及び最低の値とする。） ハ．特定測定物質の濃度を測定（空気の採取及び分析を含む。）するために必要とする器具の名称（空気の採取及び分析を行う器具が異なる場合にあっては、それぞれの名称） ニ．採取を行った年月日、採取を行った時刻又は採取を開始した時刻及び終了した時刻並びに内装仕上げ工事（造付け家具の取付けその他これに類する工事を含む。）の完了した年月日 ホ．採取条件（空気を採取した居室の名称、採取中の室温又は平均の室温、採取中の相対湿度又は平均の相対湿度、採取中の天候及び日照の状況、採取前及び採取中の換気及び冷暖房の実施状況その他特定測定物質の濃度に著しい影響を及ぼすものに限る。） ヘ．特定測定物質の濃度を分析した者の氏名又は名称（空気の採取及び分析を行った者が異なる場合に限る。）	室内空気中の化学物質の濃度等	評価対象住戸の空気中の化学物質の濃度及び測定方法
7 光・視環境に関する	7-1 単純開口率	一戸建ての住宅又は共同住	単純開口率（○％以上と記載する。）を明示する。	単純開口率	居室の外壁又は屋根に設けられた開口部の面積の床面積に対する割合の大きさ

こと		宅等			
	7-2 方位別 開口比	一戸建 ての住 宅又は 共同住 宅等	東面、南面、西面、北面及び真上の各方位について、方位別開口比（○％以上と記載し、当該方位の開口部の面積が0の場合にあっては0％とする。）を明示する。	方位別 開口比	居室の外壁又は屋根に設けられた開口部の面積の各方位毎の比率の大きさ
8 音環境 に関す ること	8-1 重量床 衝撃音 対策	共同住 宅等	上階の住戸及び下階の住戸との間の界床のそれぞれについて、次のいずれかの方法により明示する。 イ．重量床衝撃音対策等級 　重量床衝撃音対策等級が最も低い居室の界床及び最も高い居室の界床について、その等級（1、2、3、4又は5）を明示する。 ロ．相当スラブ厚（重量床衝撃音） 　次に掲げる相当スラブ厚（重量床衝撃音）の数値が最も低い居室の界床及び最も高い居室の界床について、その相当スラブ厚（重量床衝撃音）を明示する。 　a．27cm以上 　b．20cm以上 　c．15cm以上 　d．11cm以上 　e．その他	重量床 衝撃音 対策	居室に係る上下階との界床の重量床衝撃音（重量のあるものの落下や足音の衝撃音）を遮断する対策
				重量床 衝撃音 対策等 級	居室に係る上下階との界床の重量床衝撃音（重量のあるものの落下や足音の衝撃音）を遮断するため必要な対策の程度
				等級5	特に優れた重量床衝撃音の遮断性能（特定の条件下でおおむね日本産業規格のLi,r,H-50等級相当以上）を確保するため必要な対策が講じられている
				等級4	優れた重量床衝撃音の遮断性能（特定の条件下でおおむね日本産業規格のLi,r,H-55等級相当以上）を確保するため必要な対策が講じられている
				等級3	基本的な重量床衝撃音の遮断性能（特定の条件下でおおむね日本産業規格のLi,r,H-60等級相当以

				上）を確保するため必要な対策が講じられている
			等級2	やや低い重量床衝撃音の遮断性能（特定の条件下でおおむね日本産業規格のLi,r,H－65等級相当以上）を確保するため必要な対策が講じられている
			等級1	その他
			相当スラブ厚（重量床衝撃音）	居室に係る上下階との界床の重量床衝撃音（重量のあるものの落下や足音の衝撃音）の遮断の程度をコンクリート単板スラブの厚さに換算した場合のその厚さ
8－2 軽量床衝撃音対策	共同住宅等	上階の住戸及び下階の住戸との間の界床のそれぞれについて、次のいずれかの方法により明示する。 イ．軽量床衝撃音対策等級 　　軽量床衝撃音対策等級が最も低い居室の界床及び最も高い居室の界床について、その等級（1、2、3、4又は5）を明示する。 ロ．軽量床衝撃音レベル低減量（床仕上げ構造） 　　次に掲げる軽量床衝撃音レベル低減量（床仕上げ構造）の数値が最も低い居室の界床及び最も高い居室の界床について、その軽量床衝撃音レベル低減量（床仕上げ構造）を明示する。 　a．30 dB 以上 　b．25 dB 以上 　c．20 dB 以上	軽量床衝撃音対策	居室に係る上下階との界床の軽量床衝撃音（軽量のものの落下の衝撃音）を遮断する対策
			軽量床衝撃音対策等級	居室に係る上下階との界床の軽量床衝撃音（軽量のものの落下の衝撃音）を遮断するため必要な対策の程度
			等級5	特に優れた軽量床衝撃音の遮断性能（特定の条件下でおおむね日本産業規格のLi,r,L－45等級相当以上）を確保するため必要な対策が講じ

		d .15 dB 以上 e .その他		られている
			等級 4	優れた軽量床衝撃音の遮断性能（特定の条件下でおおむね日本産業規格の Li,r,L −50等級相当以上）を確保するため必要な対策が講じられている
			等級 3	基本的な軽量床衝撃音の遮断性能（特定の条件下でおおむね日本産業規格の Li, r,L −55等級相当以上）を確保するため必要な対策が講じられている
			等級 2	やや低い軽量床衝撃音の遮断性能（特定の条件下でおおむね日本産業規格の Li, r,L −60等級相当以上）を確保するため必要な対策が講じられている
			等級 1	その他
			軽量床衝撃音レベル低減量（床仕上げ構造）	居室に係る上下階との界床の仕上げ構造に関する軽量床衝撃音（軽量のものの落下の衝撃音）の低減の程度
8−3 透過損失等級（界壁）	共同住宅等	等級（1、2、3又は4）による。	透過損失等級（界壁）	居室の界壁の構造による空気伝搬音の遮断の程度
			等級 4	特に優れた空気伝搬音の遮断性能（特定

1495

					の条件下で日本産業規格の Rr - 55等級相当以上）が確保されている程度
				等級3	優れた空気伝搬音の遮断性能（特定の条件下で日本産業規格の Rr - 50等級相当以上）が確保されている程度
				等級2	基本的な空気伝搬音の遮断性能（特定の条件下で日本産業規格の Rr - 45等級相当以上）が確保されている程度
				等級1	建築基準法に定める空気伝搬音の遮断の程度が確保されている程度
	8-4 透過損失等級（外壁開口部）	一戸建ての住宅又は共同住宅等	東面、南面、西面及び北面の各方位について、等級（1、2又は3）による。	透過損失等級（外壁開口部）	居室の外壁に設けられた開口部に方位別に使用するサッシによる空気伝搬音の遮断の程度
				等級3	特に優れた空気伝搬音の遮断性能（日本産業規格の $Rm_{(1/3)}$ - 25相当以上）が確保されている程度
				等級2	優れた空気伝搬音の遮断性能（日本産業規格の $Rm_{(1/3)}$ - 20相当以上）が確保されている程度
				等級1	その他
9	9-1	一戸建	等級（1、2、3、4又は5）による。	高齢者	住戸内における高齢

高齢者等への配慮に関すること	高齢者等配慮対策等級（専用部分）	ての住宅又は共同住宅等		等配慮対策等級（専用部分）	者等への配慮のために必要な対策の程度
				等級 5	高齢者等が安全に移動することに特に配慮した措置が講じられており、介助用車いす使用者が基本的な生活行為を行うことを容易にすることに特に配慮した措置が講じられている
				等級 4	高齢者等が安全に移動することに配慮した措置が講じられており、介助用車いす使用者が基本的な生活行為を行うことを容易にすることに配慮した措置が講じられている
				等級 3	高齢者等が安全に移動するための基本的な措置が講じられており、介助用車いす使用者が基本的な生活行為を行うための基本的な措置が講じられている
				等級 2	高齢者等が安全に移動するための基本的な措置が講じられている
				等級 1	住戸内において、建築基準法に定める移動時の安全性を確保

					する措置が講じられている
9-2 高齢者等配慮対策等級（共用部分）	共同住宅等	等級（1、2、3、4又は5）による。		高齢者等配慮対策等級（共用部分）	共同住宅等の主に建物出入口から住戸の玄関までの間における高齢者等への配慮のために必要な対策の程度
				等級5	高齢者等が安全に移動することに特に配慮した措置が講じられており、自走式車いす使用者と介助者が住戸の玄関まで容易に到達することに特に配慮した措置が講じられている
				等級4	高齢者等が安全に移動することに配慮した措置が講じられており、自走式車いす使用者と介助者が住戸の玄関まで容易に到達することに配慮した措置が講じられている
				等級3	高齢者等が安全に移動するための基本的な措置が講じられており、自走式車いす使用者と介助者が住戸の玄関まで到達するための基本的な措置が講じられている
				等級2	高齢者等が安全に移動するための基本的な措置が講じられている

					等級1	建築基準法に定める移動時の安全性を確保する措置が講じられている
10 防犯に関すること	**10−1** 開口部の侵入防止対策	一戸建ての住宅又は共同住宅等	住戸の階ごとに、次の表の左欄に掲げる住戸及び同表の中欄に掲げる開口部の区分に応じ、それぞれ外部からの侵入を防止するための対策として同表の右欄に掲げるものから該当するものを明示するとともに、雨戸又はシャッターによってのみ対策が講じられている開口部が含まれる場合は、その旨を明示する。		開口部の侵入防止対策	通常想定される侵入行為による外部からの侵入を防止するための対策

イ．一戸建ての住宅	a．住戸の出入口 b．地面から開口部の下端までの高さが2m以下、又は、バルコニー等から開口部の下端までの高さが2m以下であって、かつ、バルコニー等から当該開口部までの水平距離が0.9m以下であるもの（aに該当するものを除く。） c．a及びbに掲げるもの以外のも	(i) すべての開口部が侵入防止対策上有効な措置の講じられた開口部である (ii) その他 (iii) 該当する開口部なし

				の		
			ロ．共同住宅等（建物出入口の存する階の住戸）	a．住戸の出入口 b．地面から開口部の下端までの高さが2m以下、又は、共用廊下、共用階段若しくはバルコニー等から開口部の下端までの高さが2m以下であって、かつ、共用廊下、共用階段若しくはバルコニー等から当該開口部までの水平距離が0.9m以下であるもの（aに該当するものを除く。） c．a及びbに掲げるもの以外のもの	(i) すべての開口部が侵入防止対策上有効な措置の講じられた開口部である (ii) その他 (iii) 該当する開口部なし	
			ハ．共同住宅等（建物出入口の存	a．住戸の出入口 b．地面から開口部の下端までの高さが2m以下、又は、	(i) すべての開口部が侵入防止対策上有効な措置	

		する階以外の階の住戸）	次の(i)若しくは(ii)から開口部の下端までの高さが2m以下であって、かつ、(i)若しくは(ii)から開口部までの水平距離が0.9m以下であるもの（aに該当するものを除く。） (i) 共用廊下又は共用階段 (ii) バルコニー等（(i)に該当するものを除く。） c. a及びbに掲げるもの以外のもの	の講じられた開口部である (ii) その他 (iii) 該当する開口部なし	

別表2−1　（既存住宅に係る表示すべき事項等）

	（い）	（ろ）	（は）	（に）	（ほ）
	表示すべき事項	適用範囲	表示の方法	説明する事項	説明に用いる文字
現況検査により認められる劣化等	現況検査により認められる劣化等	一戸建ての住宅又は共同住宅等	次のイ及びロについて、それぞれ次に掲げる方法により明示する。 イ．部位等・事象別の判定 　別表2−2の(い)項に掲げる部位又は設備（以下「部位等」という。）	現況検査により認められる劣化等	評価対象建築物に認められる詳細な調査又は補修を要する程度の劣化事象等の有無等

の状況に関すること	の状況		のそれぞれについて、同表の(ろ)項に掲げる劣化事象等その他これに類するものが認められたか否か、認められた劣化事象等の名称及び次のaからeまでに掲げるものを明示する。ただし、それぞれの部位等が全く確認できず、又は検査における確認の程度がdの④に該当し、かつ、劣化事象等が認められない場合にあっては、当該劣化事象等が認められるか否かを明示しないこととする。 a. 部位等の仕上げの種別 b. 認められた劣化事象等のうち主たるものの内容及び箇所 c. 検査に用いた器具の名称その他検査の方法 d. 同表の(い)項の(1)から(16)までに掲げる部位等ごとの検査における確認の程度で次の①から⑤までに掲げるもののうち該当するもの 　① すべて又はほとんど確認できた 　② 過半の部分が確認できた 　③ 過半の部分が確認できなかった 　④ ほとんど確認できなかった 　⑤ 全く確認できなかった e. 同表の(い)項の(1)から(3)まで及び(17)から(24)までに掲げる部位等ごとの検査における確認できた範囲 ロ. 総合判定 「特定劣化事象等のすべてが認められない」又は「特定劣化事象等のいずれかが認められる」のいずれかを明示する。	の状況	
				部位等・事象別の判定	評価対象建築物の部位等ごとに認められる詳細な調査又は補修を要する程度の劣化事象等の有無による判定
				総合判定	評価対象建築物に認められる詳細な調査又は補修を要する程度の特定の劣化事象等の有無による現況の総合的な判定
	特定現況検査	一戸建ての住	次のイのa又はbのうち該当する腐朽等の現況及び次のロのa又はbの	特定現況検査	評価対象建築物に認められる腐朽等及び

	により認められる劣化等の状況（腐朽等・蟻害）	宅又は共同住宅等（木造の構造部分を有する住宅に限る。）	うち該当する蟻害の現況並びにこれらの検査を補助した者の氏名又は名称を明示する。この場合において、イのb又はロのbを明示するときは、腐朽等又は蟻害の内容及びこれが認められる部位を併せて明示する。 イ　腐朽等の現況 　a　腐朽、菌糸及び子実体が認められない 　b　腐朽、菌糸又は子実体が認められる ロ　蟻害の現況 　a　しろありの蟻道及び被害（複数のしろありが認められることを含む。）が認められない 　b　しろありの蟻道又は被害（複数のしろありが認められることを含む。）が認められる		により認められる劣化等の状況（腐朽等・蟻害）	蟻害の有無
個別性能に関すること	1 構造の安定に関すること	1-1 耐震等級（構造躯体の倒壊等防止）	一戸建ての住宅又は共同住宅等（1-3において、免震建築物であるとされたものを除く。）	等級（0、1、2又は3）による。この場合において、等級0によるときは、その理由を併せて明示する。また、耐震診断を行った場合にあっては、その方法を明示する。	耐震等級（構造躯体の倒壊等防止）	地震に対する構造躯体の倒壊、崩壊等のしくにさ
					等級3	構造耐力に大きく影響すると見込まれる劣化事象等が認められず、かつ、極めて稀に（数百年に1度程度）発生する地震による力（建築基準法施行令第88条第3項に定めるもの）の1.5倍の力に対して倒壊、崩壊等しない程度
					等級2	構造耐力に大きく影響すると見込まれる

					劣化事象等が認められず、かつ、極めて稀に（数百年に1度程度）発生する地震による力（建築基準法施行令第88条第3項に定めるもの）の1.25倍の力に対して倒壊、崩壊等しない程度
				等級1	構造耐力に大きく影響すると見込まれる劣化事象等が認められず、かつ、極めて稀に（数百年に1度程度）発生する地震による力（建築基準法施行令第88条第3項に定めるもの）に対して倒壊、崩壊等しない程度
				等級0	その他
	1-2 耐震等級（構造躯体の損傷防止）	一戸建ての住宅又は共同住宅等（1-3において、免震建築物であるとされたものを除く。）	等級（0、1、2又は3）による。この場合において、等級0によるときは、その理由を併せて明示する。	耐震等級（構造躯体の損傷防止）	地震に対する構造躯体の損傷（大規模な修復工事を要する程度の著しい損傷）の生じにくさ
				等級3	構造耐力に大きく影響すると見込まれる劣化事象等が認められず、かつ、稀に（数十年に1度程度）発生する地震による力（建築基準法施行令第88条第2項に定めるもの）の1.5倍の力に対して損傷を生じない程度

				等級2	構造耐力に大きく影響すると見込まれる劣化事象等が認められず、かつ、稀に（数十年に1度程度）発生する地震による力（建築基準法施行令第88条第2項に定めるもの）の1.25倍の力に対して損傷を生じない程度
				等級1	構造耐力に大きく影響すると見込まれる劣化事象等が認められず、かつ、稀に（数十年に1度程度）発生する地震による力（建築基準法施行令第88条第2項に定めるもの）に対して損傷を生じない程度
				等級0	その他
	1－3　その他（地震に対する構造躯体の倒壊等防止及び損傷防止）	一戸建ての住宅又は共同住宅等	評価対象建築物が免震建築物であるか否かを明示する。	その他（地震に対する構造躯体の倒壊等防止及び損傷防止）	評価対象建築物が免震建築物であるか否か
	1－4　耐風等級（構造躯体の倒壊等防止及び損	一戸建ての住宅又は共同住宅等	等級（0、1又は2）による。この場合において、等級0によるときは、その理由を併せて明示する。	耐風等級（構造躯体の倒壊等防止及び損傷防	暴風に対する構造躯体の倒壊、崩壊等のしにくさ及び構造躯体の損傷（大規模な修復工事を要する程度の著しい損傷）の生じにくさ

		傷防止）			止）	
					等級2	構造耐力に大きく影響すると見込まれる劣化事象等が認められず、かつ、極めて稀に（500年に1度程度）発生する暴風による力（建築基準法施行令第87条に定めるものの1.6倍）の1.2倍の力に対して倒壊、崩壊等せず、稀に（50年に1度程度）発生する暴風による力（同条に定めるもの）の1.2倍の力に対して損傷を生じない程度
					等級1	構造耐力に大きく影響すると見込まれる劣化事象等が認められず、かつ、極めて稀に（500年に1度程度）発生する暴風による力（建築基準法施行令第87条に定めるものの1.6倍）に対して倒壊、崩壊等せず、稀に（50年に1度程度）発生する暴風による力（同条に定めるもの）に対して損傷を生じない程度
					等級0	その他
		1－5 耐積雪等級（構造	多雪区域に存する一戸建て	等級（0、1又は2）による。この場合において、等級0によるときは、その理由を併せて明示する。	耐積雪等級（構造躯体	屋根の積雪に対する構造躯体の倒壊、崩壊等のしにくさ及び構造躯体の損傷（大

〈躯体の倒壊等防止及び損傷防止）	の住宅又は共同住宅等		の倒壊等防止及び損傷防止）	規模な修復工事を要する程度の著しい損傷）の生じにくさ
			等級2	構造耐力に大きく影響すると見込まれる劣化事象等が認められず、かつ、極めて稀に（500年に1度程度）発生する積雪による力（建築基準法施行令第86条に定めるものの1.4倍）の1.2倍の力に対して倒壊、崩壊等せず、稀に（50年に1度程度）発生する積雪による力（同条に定めるもの）の1.2倍の力に対して損傷を生じない程度
			等級1	構造耐力に大きく影響すると見込まれる劣化事象等が認められず、かつ、極めて稀に（500年に1度程度）発生する積雪による力（建築基準法施行令第86条に定めるものの1.4倍）に対して倒壊、崩壊等せず、稀に（50年に1度程度）発生する積雪による力（同条に定めるもの）に対して損傷を生じない程度
			等級0	その他

	1-6 地盤又は杭の許容支持力等及びその設定方法	一戸建ての住宅又は共同住宅等	地盤の許容応力度（単位をkN/m²とし、整数未満の端数を切り捨てる。地盤改良を行った場合、又は行う場合は、改良後の数値を記入する。）、杭の許容支持力（単位をkN/本とし、整数未満の端数を切り捨てる。）又は杭状改良地盤の改良後の許容支持力度（単位をkN/m²とし、整数未満の端数を切り捨てる。）若しくは許容支持力（単位をkN/本とし、整数未満の端数を切り捨てる。）及び地盤調査の方法その他それらの設定の根拠となった方法（地盤改良を行った場合、又は行う場合は、その方法を含む。）を明示する。	地盤又は杭の許容支持力等及びその設定方法	地盤又は杭に見込んでいる常時作用する荷重に対し抵抗し得る力の大きさ及び地盤に見込んでいる抵抗し得る力の設定の根拠となった方法（地盤改良を行った場合、又は行う場合は、その方法を含む。）
	1-7 基礎の構造方法及び形式等	一戸建ての住宅又は共同住宅等	直接基礎にあっては基礎の構造方法及び形式を、杭基礎にあっては杭種、杭径（単位をcmとし、整数未満の端数を切り捨てる。）及び杭長（単位をmとし、整数未満の端数を切り捨てる。）を明示する。	基礎の構造方法及び形式等	直接基礎の構造及び形式又は杭基礎の杭種、杭径及び杭長
2 火災時の安全に関すること	2-1 感知警報装置設置等級（自住戸火災時）	一戸建ての住宅又は共同住宅等	等級（0、1、2、3又は4）による。	感知警報装置設置等級（自住戸火災時）	評価対象住戸において発生した火災の早期の覚知のしやすさ
				等級4	評価対象住戸において発生した火災のうち、すべての台所及び居室で発生した火災を早期に感知し、住戸全域にわたり警報を発するための装置が設置されている
				等級3	評価対象住戸において発生した火災のうち、すべての台所及

					び居室で発生した火災を早期に感知し、当該室付近に警報を発するための装置が設置されている
				等級2	評価対象住戸において発生した火災のうち、すべての台所及び寝室等で発生した火災を感知し、当該室付近に警報を発するための装置が設置されている
				等級1	評価対象住戸において発生した火災のうち、すべての寝室等で発生した火災を感知し、当該室付近に警報を発するための装置が設置されている
				等級0	その他
	2-2 感知警報装置設置等級（他住戸等火災時）	共同住宅等（避難階に存する住戸及び他住戸等を同一階等に有しない住戸を除く。）	等級（1、2、3又は4）による。	感知警報装置設置等級（他住戸等火災時）	評価対象住戸の同一階又は直下の階にある他住戸等において発生した火災の早期の覚知のしやすさ
				等級4	他住戸等において発生した火災について、当該他住戸等に火災を自動で感知するための装置が設置され、かつ、評価対象住戸に自動で警報を発するための装置が設置されている

				等級3	他住戸等において発生した火災について、当該他住戸等に火災を自動で感知するための装置が設置され、かつ、評価対象住戸に手動で警報を発するための装置が設置されている
				等級2	他住戸等において発生した火災について、評価対象住戸に手動で警報を発するための装置が設置されている
				等級1	その他
2−3 避難安全対策（他住戸等火災時・共用廊下）	共同住宅等（避難階に存する住戸及び他住戸等を同一階等に有しない住戸を除く。）	次のイのaからeまでのうち、該当する一の排煙形式及び次のロのaからcまでのうち、該当する一の平面形状を明示する。この場合において、ロのcを明示するときは、耐火等級（避難経路の隔壁の開口部）を等級（1、2又は3）により併せて明示する。 イ．排煙形式 　a．開放型廊下 　b．自然排煙 　c．機械排煙(一般) 　d．機械排煙(加圧式) 　e．その他 ロ．平面形状 　a．通常の歩行経路による2以上の方向への避難が可能 　b．直通階段との間に他住戸等がない 　c．その他	避難安全対策（他住戸等火災時・共用廊下）		評価対象住戸の同一階又は直下の階にある他住戸等における火災発生時の避難を容易とするために共用廊下に講じられた対策
			排煙形式		共用廊下の排煙の形式
			平面形状		避難に有効な共用廊下の平面形状
			耐火等級（避難経路の隔壁の開口部）		避難経路の隔壁の開口部に係る火災による火炎を遮る時間の長さ
			等級3		火炎を遮る時間が60分相当以上
			等級2		火炎を遮る時間が20分相当以上

					等級1	その他
2－4 脱出対策（火災時）	地上階数3以上の一戸建ての住宅又は共同住宅等（避難階に存する住戸を除く。）	次のイからニまでのうち、該当する脱出対策を明示する。この場合において、ハ又はニを明示するときは、具体的な脱出手段を併せて明示する。 イ．直通階段に直接通ずるバルコニー ロ．隣戸に通ずるバルコニー ハ．避難器具 ニ．その他		脱出対策（火災時）		通常の歩行経路が使用できない場合の緊急的な脱出のための対策
2－5 耐火等級（延焼のおそれのある部分（開口部）)	一戸建ての住宅又は共同住宅等	等級（1、2又は3）による。		耐火等級（延焼のおそれのある部分（開口部）)		延焼のおそれのある部分の開口部に係る火災による火炎を遮る時間の長さ
					等級3	火炎を遮る時間が60分相当以上
					等級2	火炎を遮る時間が20分相当以上
					等級1	その他
2－6 耐火等級（延焼のおそれのある部分（開口部以外）)	一戸建ての住宅又は共同住宅等	等級（1、2、3又は4）による。		耐火等級（延焼のおそれのある部分（開口部以外）)		延焼のおそれのある部分の外壁等（開口部以外）に係る火災による火熱を遮る時間の長さ
					等級4	火熱を遮る時間が60分相当以上
					等級3	火熱を遮る時間が45分相当以上

				等級2	火熱を遮る時間が20分相当以上
				等級1	その他
	2−7 耐火等級（界壁及び界床）	共同住宅等	等級（1、2、3又は4）による。	耐火等級（界壁及び界床）	住戸間の界壁及び界床に係る火災による火熱を遮る時間の長さ
				等級4	火熱を遮る時間が60分相当以上
				等級3	火熱を遮る時間が45分相当以上
				等級2	火熱を遮る時間が20分相当以上
				等級1	その他
3 劣化の軽減に関すること	**3−1** 劣化対策等級（構造躯体等）	一戸建ての住宅又は共同住宅等	等級（0、1、2又は3）による。この場合において、等級0によるときは、その理由を併せて明示する。また、中性化深さの測定を行った場合にあっては、その旨を明示する。	劣化対策等級（構造躯体等）	構造躯体等に使用する材料の交換等大規模な改修工事を必要とするまでの期間を伸長するため必要な対策の程度
				等級3	劣化対策に大きく影響すると見込まれる劣化事象等が認められず、かつ、通常想定される自然条件及び維持管理の条件の下で、3世代（おおむね75〜90年）まで、大規模な改修工事を必要とするまでの期間を伸長するため必要な対策が講じられている
				等級2	劣化対策に大きく影響すると見込まれる劣化事象等が認められず、かつ、通常想定される自然条件及

						び維持管理の条件の下で、2世代（おおむね50～60年）まで、大規模な改修工事を必要とするまでの期間を伸長するため必要な対策が講じられている
					等級1	劣化対策に大きく影響すると見込まれる劣化事象等が認められず、かつ、建築基準法に定める対策が講じられている
					等級0	その他
4 維持管理・更新への配慮に関すること	4－1 維持管理対策等級（専用配管）	一戸建ての住宅又は共同住宅等	等級（1、2又は3）による。		維持管理対策等級（専用配管）	専用の給排水管、給湯管及びガス管の維持管理（清掃、点検及び補修）を容易とするため必要な対策の程度
					等級3	掃除口及び点検口が設けられている等、維持管理を容易にすることに特に配慮した措置が講じられている
					等級2	配管をコンクリートに埋め込まない等、維持管理を行うための基本的な措置が講じられている
					等級1	その他
	4－2 維持管理対策等級（共用配管）	共同住宅等	等級（1、2又は3）による。		維持管理対策等級（共用配管）	共用の給排水管、給湯管及びガス管の維持管理（清掃、点検及び補修）を容易とするため必要な対策の程度

				等級3	清掃、点検及び補修ができる開口が住戸外に設けられている等、維持管理を容易にすることに特に配慮した措置が講じられている
				等級2	配管をコンクリートに埋め込まない等、維持管理を行うための基本的な措置が講じられている
				等級1	その他
4−3 更新対策（共用排水管）	共同住宅等	等級（1、2又は3）及び次のイからホまでのうち、該当する共用排水立管の位置を明示する。 イ．共用廊下に面する共用部分 ロ．外壁面、吹き抜け等の住戸外周部 ハ．バルコニー ニ．住戸専用部 ホ．その他	更新対策（共用排水管）	共用排水管の更新を容易とするため必要な対策
			更新対策等級（共用排水管）	共用排水管の更新を容易とするため必要な対策の程度
			等級3	配管が共用部分に設置されており、かつ、更新を容易にすることに特に配慮した措置が講じられている
			等級2	配管が共用部分に設置されている等、更新を行うための基本的な措置が講じられている
			等級1	その他
			共用排水立管の位置	共用排水立管が設置されている位置
4−4 更新対	共同住宅及び	次のイ及びロに掲げるものを明示する。	更新対策（住	住戸専用部の間取りの変更を容易とする

	策（住戸専用部）	長屋	イ．躯体天井高（「○mm 以上」と記載する。）を明示する。この場合において、異なる躯体天井高が存するときは、最も低い部分の空間の内法高さ及び次のaからcまでのうち、当該最も低い部分が該当する部位を併せて明示する。 　a．はり 　b．傾斜屋根 　c．その他 ロ．住戸専用部の構造躯体の壁又は柱の有無を明示する。この場合において、構造躯体の壁又は柱があるときは、壁又は柱の別を併せて明示する。	戸専用部）	ため必要な対策
				躯体天井高	住戸専用部の構造躯体等の床版等に挟まれた空間の高さ
				住戸専用部の構造躯体の壁又は柱の有無	住戸専用部の構造躯体の壁又は柱で間取りの変更の障害となりうるものの有無
5 温熱環境・エネルギー消費量に関すること	5－1 断熱等性能等級	一戸建ての住宅又は共同住宅等	等級（1、2、3又は4）による。この場合においては、地域の区分を併せて明示する。等級1によるときはその理由を併せて明示する。また、等級4にあっては、外皮平均熱貫流率（単位を $W/(m^2 \cdot K)$ とし、地域の区分の8地域を除く。）及び冷房期の平均日射熱取得率（地域の区分の1、2、3及び4地域を除く。）を併せて明示することができる。	断熱等性能等級	外壁、窓等を通しての熱の損失の防止を図るための断熱化等による対策の程度
				等級4	断熱等性能に大きく影響すると見込まれる劣化事象等が認められず、かつ、熱損失等の大きな削減のための対策（基準省令に定める建築物エネルギー消費性能基準に相当する程度）が講じられている
				等級3	断熱等性能に大きく影響すると見込まれる劣化事象等が認められず、かつ、熱損失等の一定程度の削減のための対策が講じられている
				等級2	断熱等性能に大きく影響すると見込まれる劣化事象等が認め

						られず、かつ、熱損失の小さな削減のための対策が講じられている
					等級1	その他
	5－2 一次エネルギー消費量等級	一戸建ての住宅又は共同住宅等	等級（1、3、4又は5）による。この場合においては、地域の区分を併せて明示する。等級1によるときはその理由を併せて明示する。また、等級5にあっては、床面積当たりの一次エネルギー消費量（単位をMJ/（m²・年）とする。）を併せて明示することができる。	一次エネルギー消費量等級		一次エネルギー消費量の削減のための対策の程度
					等級5	一次エネルギー消費量に大きく影響すると見込まれる劣化事象等が認められず、かつ、一次エネルギー消費量のより大きな削減のための対策（基準省令に定める建築物のエネルギー消費性能の向上の一層の促進のために誘導すべき基準（その設定の基礎となる基準一次エネルギー消費量が、基準省令第12条第1項の規定により求められたものであるものに限る。）に相当する程度）が講じられている
					等級4	一次エネルギー消費量に大きく影響すると見込まれる劣化事象等が認められず、かつ、一次エネルギー消費量の大きな削減のための対策（基準省令に定める建築物エネルギー消

					等級	
						費性能基準(その設定の基礎となる基準一次エネルギー消費量が、基準省令第5条第1項の規定により求められたものであるものに限る。)に相当する程度）が講じられている
					等級 3	一次エネルギー消費量に大きく影響すると見込まれる劣化事象等が認められず、かつ、一次エネルギー消費量の一定程度の削減のための対策（基準省令に定める建築物エネルギー消費性能基準(その設定の基礎となる基準一次エネルギー消費量が、基準省令附則第4条第2項の規定により読み替えて適用する基準省令第5条第1項の規定により求められたものであるものに限る。)に相当する程度）が講じられている
					等級 1	その他
6 空気環境に関すること	6 － 2 換気対策（局所換気対策）	一戸建ての住宅又は共同住宅等	便所、浴室及び台所のそれぞれについて、次のイからハまでのうち、該当する局所換気対策を明示する。 イ．機械換気設備 ロ．換気のできる窓 ハ．なし	局所換気設備	換気上重要な便所、浴室及び台所の換気のための設備
	6 － 3 室内空気中の	一戸建ての住宅は	特定測定物質（測定の対象となるものに限る。以下同じ。）ごとに、次のイからへまでに掲げるものを明示	室内空気中の化学物	評価対象住戸の空気中の化学物質の濃度及び測定方法

| 化学物質の濃度等 | 共同住宅等 | する。
イ．特定測定物質の名称
ロ．特定測定物質の濃度（単位をppm、ppb、mg/m³、μg/m³ その他一般的に使用されるものとし、平均の値（測定値が一の場合にあっては、その値）又は最高及び最低の値とする。）
ハ．特定測定物質の濃度を測定（空気の採取及び分析を含む。）するために必要とする器具の名称（空気の採取及び分析を行う器具が異なる場合にあっては、それぞれの名称）
ニ．採取を行った年月日並びに採取を行った時刻又は採取を開始した時刻及び終了した時刻
ホ．採取条件（空気を採取した居室の名称、当該居室に存する家具(造付け家具を除く。)、カーテンその他これらに類するものの名称、採取中の室温又は平均の室温、採取中の相対湿度又は平均の相対湿度、採取中の天候及び日照の状況、採取前及び採取中の換気及び冷暖房の実施状況その他特定測定物質の濃度に著しい影響を及ぼすものに限る。）
ヘ．特定測定物質の濃度を分析した者の氏名又は名称（空気の採取及び分析を行った者が異なる場合に限る。） | 質の濃度等 | |
| 6－4
石綿含有建材の有無等 | 一戸建ての住宅又は共同住宅等 | 次のイ及びロに掲げる建材の有無並びに次のイからハまでに掲げる建材ごとの次のaからfまでに掲げるものを明示する。
イ．吹き付け石綿（囲い込み又は封じ込めの飛散防止のための措置が施されているものを除く。ロにおいて同じ。）
ロ．吹き付けロックウール
ハ．イ及びロ以外の建材のうち測定 | 石綿含有建材の有無等 | 評価対象住戸における飛散のおそれのある吹き付け石綿及び吹き付けロックウールの有無並びに測定する建材ごとの石綿含有率等 |

| | | | | を行うもの
　a．建材の名称
　b．建材における石綿含有率（単位を％とする。）
　c．建材の使用部位
　d．採取条件（試料を採取した建築物の名称及び施工年（石綿含有建材の施工時期が分かる場合はその施工年）、試料の採取部位及び場所、試料の大きさ、採取方法、採取を行った年月日その他測定の対象となる石綿含有建材における石綿含有率等に著しい影響を及ぼすものに限る。）
　e．分析条件（試料粉砕方法、使用した分析機器、分析方法、残さ率、検出下限、定量下限、分析年月日その他測定の対象となる石綿含有建材における石綿含有率等に著しい影響を及ぼすものに限る。）
　f．石綿含有建材における石綿含有率を分析した者の氏名又は名称（建材の採取及び測定を行った者が異なる場合に限る。） | | |
| | | 6－5
室内空気中の石綿の粉じんの濃度等 | 一戸建ての住宅又は共同住宅等 | 居室等ごとに次のイからホまでに掲げるものを明示する。
イ．空気中の石綿の粉じん濃度（単位をf/lとし、測定した濃度の平均値又は最高及び最低の値とする。）
ロ．採取を行った年月日並びに採取を開始した時刻及び終了した時刻
ハ．採取条件（空気を採取した居室等の名称、採取を行った居室内の位置又はその近傍における採取中の平均の室温及び平均の相対湿度、採取中の天候及び日照の状況、採取前及び採取中の換気及び冷暖房の実施状況その他石綿の粉じんの濃度に著しい影響を及ぼすものに限る。） | 室内空気中の石綿の粉じんの濃度等 | 評価対象建築物の居室等における空気中の石綿の粉じんの濃度及び測定方法 |

			ニ．分析条件（空気中の石綿の粉じんの濃度を測定（空気の採取及び分析を含む。）するために使用した顕微鏡等の器具の種類、計測視野数、定量下限その他石綿の粉じんの濃度に著しい影響を及ぼすものに限る。） ホ．石綿の粉じんの濃度を分析した者の氏名又は名称（空気の採取及び分析を行った者が異なる場合に限る。）		
7 光・視環境に関すること	7-1 単純開口率	一戸建ての住宅又は共同住宅等	単純開口率（○％と記載する。）を明示する。	単純開口率	居室の外壁又は屋根に設けられた開口部の面積の床面積に対する割合の大きさ
	7-2 方位別開口比	一戸建ての住宅又は共同住宅等	東面、南面、西面、北面及び真上の各方位について、方位別開口比（○％と記載する。）を明示する。	方位別開口比	居室の外壁又は屋根に設けられた開口部の面責の各方位毎の比率の大きさ
9 高齢者等への配慮に関すること	9-1 高齢者等配慮対策等級（専用部分）	一戸建ての住宅又は共同住宅等	等級（0、1、2⁻、2、3、4又は5）による。	高齢者等配慮対策等級（専用部分）	住戸内における高齢者等への配慮のために必要な対策の程度
				等級5	高齢者等が安全に移動することに特に配慮した措置が講じられており、介助用車いす使用者が基本的な生活行為を行うことを容易にすることに特に配慮した措置が講じられている
				等級4	高齢者等が安全に移動することに配慮した措置が講じられて

						おり、介助用車いす使用者が基本的な生活行為を行うことを容易にすることに配慮した措置が講じられている
					等級3	高齢者等が安全に移動するための基本的な措置が講じられており、介助用車いす使用者が基本的な生活行為を行うための基本的な措置が講じられている
					等級2	高齢者等が安全に移動するための基本的な措置が講じられている
					等級2⁻	高齢者等が安全に移動するための基本的な措置の一部が講じられている
					等級1	建築基準法に定める移動時の安全性を確保する措置が講じられている
					等級0	その他
	9-2 高齢者等配慮対策等級（共用部分）	共同住宅等	等級（0、1、2⁻、2、3、4又は5）による。	高齢者等配慮対策等級（共用部分）		共同住宅等の主に建物出入口から住戸の玄関までの間における高齢者等への配慮のために必要な対策の程度
					等級5	高齢者等が安全に移動することに特に配慮した措置が講じられており、自走式車いす使用者と介助者

							が住戸の玄関まで容易に到達することに特に配慮した措置が講じられている
						等級4	高齢者等が安全に移動することに配慮した措置が講じられており、自走式車いす使用者と介助者が住戸の玄関まで容易に到達することに配慮した措置が講じられている
						等級3	高齢者等が安全に移動するための基本的な措置が講じられており、自走式車いす使用者と介助者が住戸の玄関まで到達するための基本的な措置が講じられている
						等級2	高齢者等が安全に移動するための基本的な措置が講じられている
						等級2⁻	高齢者等が安全に移動するための基本的な措置の一部が講じられている
						等級1	建築基準法に定める移動時の安全性を確保する措置が講じられている
						等級0	その他
	10 防犯に関	10-1 開口部の侵入防止対	一戸建ての住宅又は共同住	住戸の階ごとに、次の表の左欄に掲げる住戸及び同表の中欄に掲げる開口部の区分に応じ、それぞれ外部からの侵入を防止するための対策とし		開口部の侵入防止対策	通常想定される侵入行為による外部からの侵入を防止するための対策

すること	策	宅等	て同表の右欄に掲げるものから該当するものを明示するとともに、雨戸又はシャッターによってのみ対策が講じられている開口部が含まれる場合は、その旨を明示する。		
			イ．一戸建ての住宅	a．住戸の出入口 b．地面から開口部の下端までの高さが2m以下、又は、バルコニー等から開口部の下端までの高さが2m以下であって、かつ、バルコニー等から当該開口部までの水平距離が0.9m以下であるもの（aに該当するものを除く。） c．a及びbに掲げるもの以外のもの	(i) すべての開口部が侵入防止対策上有効な措置の講じられた開口部である (ii) その他 (iii) 該当する開口部なし
			ロ．共同住宅等（建物出入口の存する	a．住戸の出入口 b．地面から開口部の下端までの高さが2m以下、又は、共用廊下、	(i) すべての開口部が侵入防止対策上有効な措置の講じ

| | | | | 階の住戸） | 共用階段若しくはバルコニー等から開口部の下端までの高さが2m以下であって、かつ、共用廊下、共用階段若しくはバルコニー等から当該開口部までの水平距離が0.9m以下であるもの（aに該当するものを除く。）
c．a及びbに掲げるもの以外のもの | られた開口部である
(ii)　その他
(iii)　該当する開口部なし | | |
| | | | | ハ．共同住宅等（建物出入口の存する階以外の階の住戸） | a．住戸の出入口
b．地面から開口部の下端までの高さが2m以下、又は、次の(i)若しくは(ii)から開口部の下端までの高さが2m以下であって、かつ、(i)若しくは(ii)から開口 | (i)　すべての開口部が侵入防止対策上有効な措置の講じられた開口部である
(ii)　その他
(iii)　該当する開口部な | | |

			部までの水平距離が0.9m以下であるもの（aに該当するものを除く。） (i) 共用廊下又は共用階段 (ii) バルコニー等（(i)に該当するものを除く。） c. a及びbに掲げるもの以外のもの	し		

この表において「特定劣化事象等」とは、評価方法基準（平成13年国土交通省告示第1347号）第5の11－1(2)イ②に規定する特定劣化事象等をいう。

別表２－２ （部位等ごとの劣化事象等）

(い)	(ろ)	
部　位　等	劣　化　事　象　等	
(1) 基礎のうち屋外に面する部分（壁又は柱と異なる仕上げとなっている場合に限る。）	(a) コンクリート直仕上げによる仕上げの場合	幅が0.5mm以上のものその他の著しいひび割れ又は深さが20mm以上のものその他の著しい欠損
	(b) モルタル仕上げその他の塗り仕上げの場合	著しいひび割れ、著しい欠損又は仕上げ部分の著しい剥がれ
	(c) その他の仕上げの場合	(a)又は(b)の場合における劣化事象等に準じるもの
(2) 壁、柱、基礎（屋外に面する部分が壁又は柱と同一	(a) コンクリート直仕上げによる仕上げの場合	幅が0.5mm以上のものその他の著しいひび割れ、深さが20mm以上のものその他の著しい欠損、シーリング材の破断若しくは接着破壊（片側が屋内である部分に限る。以下同

の仕上げとなっている場合に限る。）及び梁のうち屋外に面する部分		じ。）、手すり（転落防止のためのものに限る。以下同じ。）の著しいぐらつき又は手すり若しくはこれを支持する部分の著しい腐食等（当該部分が金属である場合にあっては腐食、木材である場合にあっては腐朽等、コンクリートその他これに類するものである場合にあってはひび割れをいう。以下同じ。）
	(b) モルタル仕上げその他の塗り仕上げの場合	著しいひび割れ、著しい欠損、仕上げ部分の著しい浮き若しくは剥がれ、シーリング材の破断若しくは接着破壊、手すりの著しいぐらつき又は手すり若しくはこれを支持する部分の著しい腐食等
	(c) サイディングボードその他の板状の仕上げ材による仕上げの場合	仕上げ材の著しい割れ、欠損若しくは剥がれ、仕上げ材（金属であるものに限る。）の著しい腐食、シーリング材の破断若しくは接着破壊、手すりの著しいぐらつき又は手すり若しくはこれを支持する部分の著しい腐食等
	(d) タイルによる仕上げの場合	著しいひび割れ、著しい欠損、仕上げ材の著しい浮き若しくは剥がれ、シーリング材の破断若しくは接着破壊、手すりの著しいぐらつき又は手すり若しくはこれを支持する部分の著しい腐食等
	(e) その他の仕上げの場合	(a)から(d)までの場合における劣化事象等に準じるもの
(3) 屋根	(a) 粘土瓦、厚形スレート又は住宅屋根用化粧スレートによる仕上げの場合	仕上げ材の著しい割れ、欠損、ずれ又は剥がれ
	(b) 金属系の屋根ふき材（基材が鋼板であるものに限る。）による仕上げの場合	仕上げ材の著しい腐食
	(c) アスファルト防水（保護層を有するものに限る。）による場合	保護層（コンクリートであるものに限る。）の著しいせり上がり
	(d) アスファルト防水（保護層を有するものを除く。）又は改質アスファルト防水による場合	防水層の破断又はルーフィングの接合部の剥離（防水層が単層である改質アスファルト防水による場合に限る。）

	(e) シート防水による場合	防水層の破断又はシートの接合部の剥離
	(f) 塗膜防水による場合	防水層の破断
	(g) その他の防水方法の場合	(a)から(f)までの場合における劣化事象等に準じるもの
⑷ 壁、柱及び梁のうち屋内に面する部分（専用部分）	(a) モルタル仕上げその他の塗り仕上げの場合	著しいひび割れ、著しい欠損、漏水等の跡又は壁若しくは柱における$\frac{6}{1,000}$以上の傾斜（鉄筋コンクリート造その他これに類する構造の部分を除く。以下同じ。）
	(b) 化粧石こうボードその他の板状の仕上げ材による仕上げの場合	漏水等の跡、仕上げ材の著しい割れ、欠損若しくは剥がれ、仕上げ材（金属であるものに限る。）の著しい腐食又は壁若しくは柱における$\frac{6}{1,000}$以上の傾斜
	(c) タイルによる仕上げの場合	著しいひび割れ、著しい欠損、漏水等の跡又は壁若しくは柱における$\frac{6}{1,000}$以上の傾斜
	(d) 壁紙その他のシート状の仕上げ材による仕上げの場合	著しいひび割れ、著しい欠損、漏水等の跡又は壁若しくは柱における$\frac{6}{1,000}$以上の傾斜
	(e) その他の仕上げの場合	(a)から(d)までの場合における劣化事象等に準じるもの
⑸ 壁、柱及び梁のうち屋内に面する部分（共用部分）	(a) コンクリート直仕上げによる仕上げの場合	幅が0.5mm以上のものその他の著しいひび割れ、深さが20mm以上のものその他の著しい欠損又は漏水等の跡
	(b) モルタル仕上げその他の塗り仕上げの場合	著しいひび割れ、著しい欠損、漏水等の跡又は仕上げ部分の著しい浮き若しくは剥がれ
	(c) サイディングボードその他の板状の仕上げ材による仕上げの場合	漏水等の跡、仕上げ材の著しい割れ、欠損若しくは剥がれ又は仕上げ材（金属であるものに限る。）の著しい腐食
	(d) タイルによる仕上げの場合	著しいひび割れ、著しい欠損、漏水等の跡又は仕上げ材の著しい浮き若しくは剥がれ
	(e) 壁紙その他のシート状の仕上げ材による仕上げの場合	著しいひび割れ、著しい欠損又は漏水等の跡
	(f) その他の仕上げの場合	(a)から(e)までの場合における劣化事象等に準じるもの
⑹ 屋内の床	(a) フローリングその他の板	著しい沈み、$\frac{6}{1,000}$以上の傾斜（居室に存す

（専用部分）	状の仕上げ材による仕上げの場合	るものに限る。以下同じ。）又は仕上げ材の著しい割れ、欠損若しくは剥がれ
	(b) タイルによる仕上げの場合	著しいひび割れ、著しい欠損、著しい沈み、$\frac{6}{1,000}$ 以上の傾斜又は仕上げ材の著しい剥がれ
	(c) その他の仕上げの場合	(a)又は(b)の場合における劣化事象等に準じるもの
(7) 床（共用部分）	(a) コンクリート直仕上げによる仕上げの場合	幅が0.5mm以上のものその他の著しいひび割れ又は深さが20mm以上のものその他著しい欠損
	(b) モルタル仕上げその他の塗り仕上げの場合	著しいひび割れ、著しい欠損又は仕上げ部分の著しい剥がれ
	(c) タイルによる仕上げの場合	著しいひび割れ、著しい欠損又は仕上げ材の著しい剥がれ
	(d) 板状の仕上げ材による仕上げの場合	仕上げ材の著しい割れ、欠損又は剥がれ
	(e) その他の仕上げの場合	(a)から(d)までの場合における劣化事象等に準じるもの
(8) 天井（専用部分）	(a) 石こうボードその他の板状の仕上げ材による仕上げの場合	漏水等の跡、仕上げ材の著しい割れ、欠損若しくは剥がれ又は仕上げ材（金属であるものに限る。）の著しい腐食
	(b) 壁紙その他のシート状の仕上げ材による仕上げの場合	著しいひび割れ、著しい欠損又は漏水等の跡
	(c) その他の仕上げの場合	(a)又は(b)の場合における劣化事象等に準じるもの
(9) 天井（共用部分）及び軒裏	(a) コンクリート直仕上げによる仕上げの場合	著しいひび割れ、著しい欠損又は漏水等の跡
	(b) モルタル仕上げその他の塗り仕上げの場合	著しいひび割れ、著しい欠損、漏水等の跡又は仕上げ部分の著しい浮き若しくは剥がれ
	(c) サイディングボードその他の板状の仕上げ材による仕上げの場合	漏水等の跡、仕上げ材の著しい割れ、欠損若しくは剥がれ又は仕上げ材（金属であるものに限る。）の著しい腐食
	(d) 壁紙その他のシート状の仕上げ材による仕上げの場合	著しいひび割れ、著しい欠損又は漏水等の跡

		(e)　その他の仕上げの場合	(a)から(d)までの場合における劣化事象等に準じるもの
⑽	階段（専用部分）	構造体の著しい欠損若しくは腐食等、踏面の著しい沈み、欠損若しくは腐食等、手すりの著しいぐらつき又は手すり若しくはこれを支持する部分の著しい腐食等	
⑾	階段（共用部分）	構造体の著しい欠損若しくは腐食等、踏面の著しい沈み、欠損若しくは腐食等、手すりの著しいぐらつき又は手すり若しくはこれを支持する部分の著しい腐食等	
⑿	バルコニー	床の著しい沈み、欠損、腐食等若しくは防水層の破断（直下が屋内である場合に限る。）、支持部分の欠損若しくは腐食等（直下が屋内でない場合に限る。）、手すりの著しいぐらつき又は手すり若しくはこれを支持する部分の著しい腐食等	
⒀	屋外に面する開口部（雨戸、網戸及び天窓を除く。）	建具の周囲の隙間、建具の著しい開閉不良、手すりの著しいぐらつき又は手すり若しくはこれを支持する部分の著しい腐食等	
⒁	雨樋	破損	
⒂	土台及び床組	土台若しくは床組（木造のものに限る。）の接合部の著しい割れ又は床組（鉄骨造のものに限る。）の著しい腐食	
⒃	小屋組	雨漏り等の跡、小屋組（木造のものに限る。）の接合部の著しい割れ又は小屋組（鉄骨造のものに限る。）の著しい腐食	
⒄	給水設備（専用部分）	漏水、赤水又は給水流量の不足	
⒅	給水設備（共用部分）	漏水、給水管の著しい腐食、受水槽若しくは給水ポンプの著しい損傷若しくは腐食又は受水槽若しくは給水ポンプを支持する部分の著しい損傷若しくは腐食	
⒆	排水設備（専用部分）	漏水、排水の滞留、浄化槽（地上に存する部分に限る。）の著しい損傷若しくは腐食（一戸建ての住宅に限る。）又は浄化槽のばっ気装置（地上に存する部分に限る。）の著しい作動不良（一戸建ての住宅に限る。）	
⒇	排水設備（共用部分）	漏水、排水管の著しい腐食、浄化槽（地上に存する部分に限る。）の著しい損傷若しくは腐食又は浄化槽のばっ気装置（地上に存する部分に限る。）の著しい作動不良	
⒇	給湯設備（専用部分）	漏水又は赤水	
⒇	給湯設備	漏水、給湯管の著しい腐食、給湯管の保温材の脱落又は熱源装置の著しい損	

	（共用部分）	傷若しくは腐食
㉓	機械換気設備（専用部分）	作動不良又は当該換気設備に係るダクトの脱落
㉔	換気設備（共用部分）	換気ファンの作動不良又は排気ガラリの閉鎖若しくは著しい腐食
㉕	(1)から㉔までに掲げる部位等	腐朽等（木造の構造部分を有する住宅に認められるものに限る。）、蟻害（木造の構造部分を有する住宅に認められるものに限る。）又は鉄筋の露出（鉄筋コンクリート造その他これに類する構造の住宅に認められるものに限る。）

附　則

1　この告示は、平成14年 4 月 1 日から施行する。

2　この告示の施行に伴い、日本住宅性能表示基準（平成12年建設省告示第1652号）は、廃止する。

3　評価方法基準（平成13年国土交通省告示第1347号）附則第 3 項及び第 4 項の規定が適用される住戸については、日本住宅性能表示基準（平成12年建設省告示第1652号）に従って性能の表示を行わなければならない。

〔平成13年 8 月14日国土交通省告示第1347号〕
評価方法基準（抄）

最終改正　令和 3 年12月 1 日国土交通省告示第1487号

　住宅の品質確保の促進等に関する法律（平成11年法律第81号）第 3 条第 1 項〔現行＝第 3 条の 2 第 1 項＝平成21年 6 月法律第49号により改正〕の規定に基づき、評価方法基準を次のように定める。

第1　趣旨

　この基準は、住宅の品質確保の促進等に関する法律（平成11年法律第81号。以下「法」という。）第 3 条の 2 第 1 項に規定する評価方法基準として、日本住宅性能表示基準（平成13年国土交通省告示第1346号）に従って表示すべき住宅の性能に関する評価の方法の基準について定めるものとする。

第2　適用範囲

　この基準は、法第 2 条第 1 項に規定する住宅について適用する。

第3　用語の定義

　次の 1 から 8 までに掲げるもののほか、この基準において使用する用語は、法及びこれに基づく命令において使用する用語の例によるものとする。

　1　この基準において「施工関連図書」とは、材料等の納品書、工事写真、施工図、品質管理記録その他当該住宅の建設工事が設計住宅性能評価書に表示された性能を有する住宅のものであることを証する図書をいう。

2　この基準において「評価対象住戸」とは、住宅性能評価の対象となる一戸建ての住宅又は共同住宅等のうち住宅性能評価の対象となる一の住戸をいう。

3　この基準において「評価対象建築物」とは、評価対象住戸を含む建築物をいう。

4　この基準において「評価事項」とは、各性能表示事項において評価されるべき住宅の性能その他の事項及びその水準をいう。

5　この基準において「評価基準（新築住宅）」とは、新築住宅について、各性能表示事項において評価事項を満たすか否かの判断を行うための基準をいう。

6　この基準において「評価基準（既存住宅）」とは、既存住宅（新築住宅以外の住宅をいう。以下同じ。）について、各性能表示事項において評価事項を満たすか否かの判断を行うための基準をいう。

7　この基準において「他住戸等」とは、評価対象住戸以外の住戸その他の室（評価対象住戸と一体となって使用される室を除く。）をいう。

8　この基準において「劣化事象等」とは、劣化事象その他不具合である事象をいう。

第4　評価の方法の基準（総則）

1　設計住宅性能評価

　　設計住宅性能評価は、その対象となる住宅の設計図書等（別記第1号様式の設計内容説明書及び設計者が作成する諸計算書（計算を要する場合に限る。）並びにそれらの内容の信頼性を確認するために必要な図書をいう。）を評価基準（新築住宅）と照合することにより行う。ただし、日本住宅性能表示基準別表1の(い)項に掲げる事項のうち「6－3　室内空気中の化学物質の濃度等」（第4において「6－3」という。）及び別表2－1の(い)項に掲げる事項については、設計住宅性能評価を行わないものとする。

2　新築住宅に係る建設住宅性能評価

　　新築住宅に係る建設住宅性能評価は、次に定めるところにより行う。ただし、6－3については、次の(6)は適用しない。

(1)　建設住宅性能評価は、建設住宅性能評価の対象となる住宅の施工について、設計住宅性能評価を受けた当該住宅の設計図書等（住宅性能評価に係るものに限る。）に従っていることを確認することにより行う。ただし、6－3については、評価対象住戸において測定（空気の採取及び分析を含む。以下同じ。）することにより行う。

(2)　建設住宅性能評価における検査を行うべき時期は、次に掲げる住宅の規模に応じ、それぞれ次に掲げる時期とする。ただし、6－3については、居室の内装仕上げ工事（造付け家具の取付けその他これに類する工事を含む。）の完了後（造付け家具以外の家具その他の物品が室内に搬入される前に限る。）とする。

　イ　階数が3以下（地階を含む。）の建築物である住宅　基礎配筋工事の完了時（プレキャストコンクリート造の基礎にあってはその設置時。ロにおいて同じ。）、躯体工事の完了時、下地張りの直前の工事の完了時及び竣工時とする。

　ロ　階数が4以上（地階を含む。）の建築物である住宅　基礎配筋工事の完了時、最下階から数えて2階及び3に7の自然数倍を加えた階の床の躯体工事の完了時、屋根工事の完了時、下地張りの直前の工事の完了時及び竣工時とする。ただし、建築基準法（昭和25年法律第201号）第7条の3第1項又は第7条の4第1項の規定により同法第7条の

3 第1項各号に規定する特定工程に係る検査（床の躯体工事の完了時に行われるものに限る。以下このロにおいて同じ。）が行われる場合にあっては、床の躯体工事の完了時に行う検査は、直近の特定工程に係る検査と同じ時期とすることができる。

(3) 建設住宅性能評価における検査は、建築士が作成する工事監理報告書及び工事施工者が作成する別記第2号様式の施工状況報告書を確認するとともに、建設住宅性能評価の対象となる住宅の目視又は計測（目視又は計測が困難な場合にあっては、施工関連図書の審査）によりそれらの内容の信頼性を確認することにより行う。ただし、6-3については、評価基準（新築住宅）に定めるところにより測定を行う。

(4) 建設住宅性能評価の対象となる住宅の目視又は計測に当たって、対象となる部位を抽出して確認する方法による場合においては、検査を行う者は、当該部位について工事施工者に対してあらかじめ通知をせずに当該目視又は計測を行う。ただし、6-3については、空気の採取を行う居室を抽出する場合において、検査を行う者は、当該居室について工事施工者に対してあらかじめ通知をせずに当該測定を行う。

(5) 共同住宅又は長屋においては、住戸ごとに定まる性能についての検査に際し、少なくとも、評価対象住戸の総数の$\frac{1}{10}$（1未満の端数は切り上げる。）以上の住戸について目視又は計測を行う。この場合において、検査を行う者は、目視又は計測を行う住戸について工事施工者に対してあらかじめ通知をせずに当該目視又は計測を行う。ただし、6-3については、すべての評価対象住戸について測定を行う。

(6) 設計住宅性能評価の対象となった設計図書等に従って工事が行われたことが確認できない場合において、工事の修正により当該設計図書等に従って工事が行われたことが確認できないとき又は変更後の設計図書等について変更設計住宅性能評価（設計住宅性能評価が完了した住宅でその計画の変更をしようとするものに係る設計住宅性能評価をいう。）が行われないときは、当該工事に関係する性能表示事項については、最低水準の評価を行う。ただし、部分的な工事の変更で容易に評価基準（新築住宅）との照合を行うことができる場合においては、この限りでない。

(7) 検査の記録は、施工状況報告書に設ける施工状況確認欄及び測定記録欄に行う。

3 既存住宅に係る建設住宅性能評価

既存住宅に係る建設住宅性能評価は、次に定めるところにより行う。

(1) 建設住宅性能評価は、次に掲げる方法により行う。ただし、ロに掲げる方法による場合にあっては、劣化事象等、作動等の確認に限り、評価対象建築物の現況を評価基準（既存住宅）と照合することにより行う。

　　イ　日本住宅性能表示基準別表2-1の(い)項に掲げる「現況検査により認められる劣化等の状況」及び「特定現況検査により認められる劣化等の状況（腐朽等・蟻害）」については、評価対象建築物の現況を評価基準（既存住宅）と照合することにより行う。なお、共同住宅又は長屋の共用部分について現況検査により認められる劣化等の状況の評価の結果が存する場合にあっては、評価対象建築物の現況と当該評価の結果に相違が認められないことを確認することにより行うことができる。

　　ロ　日本住宅性能表示基準別表2-1の「個別性能に関すること」のうち、(い)項に掲げる表示すべき事項（「6-3室内空気中の化学物質の濃度等」、「6-4石綿含有建材の

有無等」及び「６－５室内空気中の石綿の粉じんの濃度等」を除く。）については、評価対象建築物の現況又は評価対象建築物の図書等（平面図その他の図面、諸計算書（計算を要する場合に限る。）、施工状況報告書その他の図書及びそれらの内容の信頼性を確認するために必要な図書をいい、新築住宅を対象とする建設住宅性能評価（日本住宅性能表示基準別表２－１の(い)項に掲げる「１－１耐震等級（構造躯体の倒壊等防止）」、「１－２耐震等級（構造躯体の損傷防止）」、「１－３その他（地震に対する構造躯体の倒壊等防止及び損傷防止）」、「１－４耐風等級（構造躯体の倒壊等防止及び損傷防止）」、「１－５耐積雪等級（構造躯体の倒壊等防止及び損傷防止）」、「１－６地盤又は杭の許容支持力等及びその設定方法」、「１－７基礎の構造方法及び形式等」、「２－５耐火等級（延焼のおそれのある部分(開口部)）」、「２－６耐火等級（延焼のおそれのある部分(開口部以外)）」、「３－１劣化対策等級（構造躯体等）」、「４－２維持管理対策等級（共用配管）」及び「４－３更新対策等級（共用排水管）」にあっては、既存住宅(共同住宅及び長屋に限る。)を対象とするものを含む。）又はこれと同等の信頼性を有する検査の完了時に用いられたと認められるものに限る。以下同じ。）に記載された内容を評価基準（既存住宅）と照合することにより行う。なお、評価対象建築物の図書等に記載された内容を評価基準（既存住宅）と照合する場合にあっては、当該内容と評価対象建築物の現況に相異が認められないことを併せて確認する。ただし、評価対象建築物の図書等（建設住宅性能評価の完了時に用いられたものに限る。）をもって評価を行う場合であって、かつ、対象となる性能表示事項に係る評価基準に変更がない場合にあっては、劣化事象等、作動等の確認を除き、評価基準（既存住宅）と照合することを要しない。

ハ　６－３、６－４及び６－５については、評価対象住戸において測定することにより行う。

(2)　建設住宅性能評価における検査は、評価基準（既存住宅）にそれぞれ定めるところにより行う。ただし、評価対象建築物の現況と現況検査により認められる劣化等の状況の評価の結果に相異が認められないことの確認及び評価対象建築物の図書等に記載された内容と評価対象建築物の現況に相異が認められないことの確認にあっては、当該評価対象建築物の改修等の記録を確認するとともに、評価対象建築物の外観の著しい変更がないことを目視により確認することにより行い、６－３、６－４及び６－５にあっては、評価基準（既存住宅）に定めるところにより測定を行う。

(3)　現況検査により認められる劣化等の状況に係る検査の際に、評価対象建築物の現況と当該性能表示事項の評価の結果の相違（現況検査により認められる劣化等の状況に係る評価基準(既存住宅)と明らかに関連のないものを除く。）が認められる場合においては、評価対象建築物を評価基準（既存住宅）と照合することにより行う。

(4)　現況検査により認められる劣化等の状況及び特定現況検査により認められる劣化等の状況（腐朽等・蟻害）以外の性能表示事項に係る検査の際に、(1)ロに掲げる性能表示事項にあっては評価対象建築物と評価基準（既存住宅）との照合ができず、かつ、評価対象建築物の図書等に記載された内容と評価対象建築物の現況とに相異（対象とする性能表示事項に係る評価基準(既存住宅)と明らかに関連のないもの及び仕上げ材等により隠蔽された部分に明らかに改変等がないと認められるものを除く。）が認められる場合（当該図書等が

ない場合を含む。）においては、対象とする性能表示事項について、最低水準の評価を行う。

　⑸　評価を行った結果、該当すると認められる等級が複数存する場合にあっては、等級は、該当すると認められる等級のうち、最も高いものとする。

　⑹　検査の記録は、性能表示事項ごとに、検査に用いた器具等の名称その他の検査の方法及び評価基準への適否、測定結果その他の検査の結果を書面に記載することにより行う。

第5　評価の方法の基準（性能表示事項別）（略）

附　則

1　この告示は、平成14年4月1日から施行する。

2　この告示の施行に伴い、評価方法基準（平成12年建設省告示第1654号）は、廃止する。

3　この告示の施行の日（以下「施行日」という。）に現に設計住宅性能評価を受けている住宅については、引き続き評価方法基準（平成12年建設省告示第1654号）に従って設計住宅性能評価を行うことができる。

4　前項の住宅及び施行日前に設計住宅性能評価を受けた住宅について、当該住宅の変更設計住宅性能評価又は建設住宅性能評価を行う場合においては、評価方法基準（平成12年建設省告示第1654号）に従わなければならない。

5、6　（略）

　　別　記　（略）

〔平成12年7月19日建設省告示第1655号〕
住宅型式性能認定の対象となる住宅又はその部分を定める件

最終改正　平成18年2月23日国土交通省告示第308号

　住宅の品質確保の促進等に関する法律（平成11年法律第81号）第31条第1項の規定に基づき、住宅型式性能認定の対象となる住宅又はその部分を次のように定める。

　住宅の品質確保の促進等に関する法律第31条第1項の住宅型式性能認定の対象となる住宅又はその部分は、新築住宅又はその部分のうち、それぞれ次に掲げるものとする。

　一　住宅　日本住宅性能表示基準（平成13年国土交通省告示第1346号）の別表1の(い)項に掲げる表示すべき事項の一について、同表の(は)項に掲げる表示の方法による性能の表示ができるもの

　二　住宅の部分　日本住宅性能表示基準の別表1の(い)項に掲げる表示すべき事項の一について、同表の(は)項に掲げる表示の方法による性能の表示ができないもの

〔平成12年7月19日建設省告示第1656号〕
規格化された型式の住宅の部分又は住宅を定める件

最終改正　平成18年2月23日国土交通省告示第308号

住宅の品質確保の促進等に関する法律（平成11年法律第81号）第33条第1項の規定に基づき、規格化された型式の住宅の部分又は住宅を次のように定める。

住宅の品質確保の促進等に関する法律第33条第1項の規格化された型式の住宅の部分又は住宅は、それぞれ次に掲げるものとする。

一　規格化された型式の住宅の部分　平成12年建設省告示第1655号第二号に定める住宅の部分で、当該住宅の部分に用いられる材料の種類、形状、寸法及び品質並びに構造方法が標準化されており、かつ、据付工事に係る工程以外の工程が工場において行われるもの

二　規格化された型式の住宅　平成12年建設省告示第1655号第一号に定める住宅で、当該住宅に用いられる材料の種類、形状、寸法及び品質並びに構造方法が標準化されており、かつ、当該住宅の工場において製造される部分の工程の合計がすべての製造及び施工の工程の$\frac{2}{3}$以上であるもの

〔平成12年7月19日建設省告示第1653号〕
住宅紛争処理の参考となるべき技術的基準

最終改正　平成18年2月23日国土交通省告示第308号

住宅の品質確保の促進等に関する法律（平成11年法律第81号）第74条の規定に基づき、住宅紛争処理の参考となるべき技術的基準を次のように定める。

第1　趣旨

この基準は、住宅の品質確保の促進等に関する法律（平成11年法律第81号）第74条に規定する指定住宅紛争処理機関による住宅紛争処理の参考となるべき技術的基準として、不具合事象の発生と構造耐力上主要な部分に瑕疵が存する可能性との相関関係について定めるものとする。

第2　適用範囲

この基準は、住宅に発生した不具合である事象で、次に掲げる要件に該当するもの（以下「不具合事象」という。）について適用する。

1　新築時に建設住宅性能評価書が交付された住宅で、指定住宅紛争処理機関に対してあっせん、調停又は仲裁の申請が行われた紛争に係るものにおいて発見された事象であること。

2　当該住宅を新築する建設工事の完了の日から起算して10年以内に発生した事象であること。

3　通常予測できない自然現象の発生、居住者の不適切な使用その他特別な事由の存しない通常の状態において発生した事象であること。

第3　各不具合事象ごとの基準

1　傾斜

次に掲げる部位の区分に応じ、それぞれ次に掲げる表の(ろ)項の住宅の種類ごとに掲げる不具合事象が発生している場合における構造耐力上主要な部分に瑕疵が存する可能性は、同表の(は)項に掲げるとおりとする。

(1)　壁又は柱

(い)	(ろ)		(は)
レベル	住　宅　の　種　類		構造耐力上主要な部分に瑕疵が存する可能性
	木造住宅、鉄骨造住宅、鉄筋コンクリート造住宅又は鉄骨鉄筋コンクリート造住宅		
1	$\dfrac{3}{1,000}$ 未満の勾配（凹凸の少ない仕上げによる壁又は柱の表面と、その面と垂直な鉛直面との交差する線（2m程度以上の長さのものに限る。）の鉛直線に対する角度をいう。以下この表において同じ。）の傾斜		低い。
2	$\dfrac{3}{1,000}$ 以上 $\dfrac{6}{1,000}$ 未満の勾配の傾斜		一定程度存する。
3	$\dfrac{6}{1,000}$ 以上の勾配の傾斜		高い。

(2)　床（排水等の目的で勾配が付されているものを除く。）

(い)	(ろ)		(は)
レベル	住　宅　の　種　類		構造耐力上主要な部分に瑕疵が存する可能性
	木造住宅、鉄骨造住宅、鉄筋コンクリート造住宅又は鉄骨鉄筋コンクリート造住宅		
1	$\dfrac{3}{1,000}$ 未満の勾配（凹凸の少ない仕上げによる床の表面における2点（3m程度以上離れているものに限る。）の間を結ぶ直線の水平面に対する角度をいう。以下この表において同じ。）の傾斜		低い。
2	$\dfrac{3}{1,000}$ 以上 $\dfrac{6}{1,000}$ 未満の勾配の傾斜		一定程度存する。
3	$\dfrac{6}{1,000}$ 以上の勾配の傾斜		高い。

2　ひび割れ

次に掲げる部位及びその仕上げの区分に応じ、それぞれ次に掲げる表の(ろ)項の住宅の種類ごとに掲げる不具合事象が発生している場合における構造耐力上主要な部分に瑕疵が存する可能性は、同表の(は)項に掲げるとおりとする。

(1)　壁、柱、床、天井、はり又は屋根（パラペット及び庇の部分を除く。）

イ　乾式の仕上材（布その他これに類する材料を除く。以下同じ。）による仕上げ

（い）	（ろ）			（は）
レベル	住　宅　の　種　類			構造耐力上主要な部分に瑕疵が存する可能性
	木造住宅	鉄骨造住宅	鉄筋コンクリート造住宅又は鉄骨鉄筋コンクリート造住宅	
1	レベル2及びレベル3に該当しないひび割れ	レベル2及びレベル3に該当しないひび割れ	レベル2及びレベル3に該当しないひび割れ	低い。
2	複数の仕上材にまたがったひび割れ（レベル3に該当するものを除く。）	複数の仕上材にまたがったひび割れ（レベル3に該当するものを除く。）	①複数の仕上材にまたがった幅0.3mm以上のひび割れ（レベル3に該当するものを除く。） ②仕上材と構造材にまたがった幅0.3mm以上0.5mm未満のひび割れ（レベル3に該当するものを除く。）	一定程度存する。
3	①複数の仕上材（直下の部材が乾式であるものに限る。）にまたがったひび割れ ②仕上材と乾式の下地材又は構造材にまたがったひび割れ	①複数の仕上材（直下の部材が乾式であるものに限る。）にまたがったひび割れ ②仕上材と乾式の下地材又は構造材にまたがったひび割れ ③さび汁を伴うひび割れ（構造耐力上主要な部分でない壁、柱又ははりに発生したものを除く。）	①複数の仕上材（直下の部材が乾式であるものに限る。）にまたがったひび割れ ②仕上材と乾式の下地材にまたがったひび割れ ③仕上材と構造材にまたがった幅0.5mm以上のひび割れ ④さび汁を伴うひび割れ（構造耐力上主要な部分でない壁、柱又ははりに発生したものを除く。）	高い。

ロ　湿式の仕上材による仕上げ

（い）	（ろ）			（は）
	住　宅　の　種　類			構造耐力上

レベル	木造住宅	鉄骨造住宅	鉄筋コンクリート造住宅又は鉄骨鉄筋コンクリート造住宅	主要な部分に瑕疵が存する可能性
1	レベル2及びレベル3に該当しないひび割れ	レベル2及びレベル3に該当しないひび割れ	レベル2及びレベル3に該当しないひび割れ	低い。
2	乾式の下地材又は構造材の表面まで貫通したひび割れ（レベル3に該当するものを除く。）	乾式の下地材又は構造材の表面まで貫通したひび割れ（レベル3に該当するものを除く。）	仕上材と構造材にまたがった幅0.3mm以上0.5mm未満のひび割れ（レベル3に該当するものを除く。）	一定程度存する。
3	仕上材と乾式の下地材又は構造材にまたがったひび割れ	①仕上材と乾式の下地材又は構造材にまたがったひび割れ ②さび汁を伴うひび割れ（構造耐力上主要な部分でない壁、柱又ははりに発生したものを除く。）	①仕上材と乾式の下地材にまたがったひび割れ ②仕上材と構造材にまたがった幅0.5mm以上のひび割れ ③さび汁を伴うひび割れ（構造耐力上主要な部分でない壁、柱又ははりに発生したものを除く。）	高い。

ハ　構造材による仕上げ

(い)	(ろ)			(は)
	住　宅　の　種　類			構造耐力上主要な部分に瑕疵が存する可能性
レベル	木造住宅	鉄骨造住宅	鉄筋コンクリート造住宅又は鉄骨鉄筋コンクリート造住宅	
1			レベル2及びレベル3に該当しないひび割れ	低い。
2			幅0.3mm以上0.5mm未満のひび割れ（レベル3に該当するものを除く。）	一定程度存する。

3			①幅0.5mm以上のひび割れ ②さび汁を伴うひび割れ	高い。

(2)　基礎

　イ　乾式の仕上材による仕上げ

(い)	(ろ)		(は)
レベル	住　宅　の　種　類		構造耐力上主要な部分に瑕疵が存する可能性
	木造住宅、鉄骨造住宅、鉄筋コンクリート造住宅又は鉄骨鉄筋コンクリート造住宅		
1	レベル2及びレベル3に該当しないひび割れ		低い。
2	①複数の仕上材にまたがった幅0.3mm以上のひび割れ（レベル3に該当するものを除く。） ②仕上材と構造材にまたがった幅0.3mm以上0.5mm未満のひび割れ（レベル3に該当するものを除く。）		一定程度存する。
3	①複数の仕上材（直下の部材が乾式であるものに限る。）にまたがったひび割れ ②仕上材と乾式の下地材にまたがったひび割れ ③仕上材と構造材にまたがった幅0.5mm以上のひび割れ ④さび汁を伴うひび割れ		高い。

　ロ　湿式の仕上材による仕上げ

(い)	(ろ)		(は)
レベル	住　宅　の　種　類		構造耐力上主要な部分に瑕疵が存する可能性
	木造住宅、鉄骨造住宅、鉄筋コンクリート造住宅又は鉄骨鉄筋コンクリート造住宅		
1	レベル2及びレベル3に該当しないひび割れ		低い。
2	仕上材と構造材にまたがった幅0.3mm以上0.5mm未満のひび割れ（レベル3に該当するものを除く。）		一定程度存する。
3	①仕上材と乾式の下地材にまたがったひび割れ ②仕上材と構造材にまたがった幅0.5mm以上のひび割れ ③さび汁を伴うひび割れ		高い。

ハ　構造材による仕上げ

(い)	(ろ)	(は)
レベル	住　宅　の　種　類	構造耐力上主要な部分に瑕疵が存する可能性
	木造住宅、鉄骨造住宅、鉄筋コンクリート造住宅又は鉄骨鉄筋コンクリート造住宅	
1	レベル2及びレベル3に該当しないひび割れ	低い。
2	幅0.3mm以上0.5mm未満のひび割れ（レベル3に該当するものを除く。）	一定程度存する。
3	①幅0.5mm以上のひび割れ ②さび汁を伴うひび割れ	高い。

3　欠損

次に掲げる部位及びその仕上げの区分に応じ、それぞれ次に掲げる表の(ろ)項の住宅の種類ごとに掲げる不具合事象が発生している場合における構造耐力上主要な部分に瑕疵が存する可能性は、同表の(は)項に掲げるとおりとする。

(1)　壁、柱、床、天井、はり又は屋根（パラペット及び庇の部分を除く。）

イ　乾式の仕上材による仕上げ

(い)	(ろ)			(は)
レベル	住　宅　の　種　類			構造耐力上主要な部分に瑕疵が存する可能性
	木造住宅	鉄骨造住宅	鉄筋コンクリート造住宅又は鉄骨鉄筋コンクリート造住宅	
1	レベル2及びレベル3に該当しない欠損	レベル2及びレベル3に該当しない欠損	レベル2及びレベル3に該当しない欠損	低い。
2	複数の仕上材にまたがった欠損（レベル3に該当するものを除く。）	複数の仕上材にまたがった欠損（レベル3に該当するものを除く。）	①複数の仕上材にまたがった欠損（レベル3に該当するものを除く。） ②構造材における深さ5mm以上20mm未満の欠損（レベル3に該当するものを除く。）	一定程度存する。
3	①複数の仕上材（直下の部材が乾式であるものに限る。）に	①複数の仕上材（直下の部材が乾式であるものに限る。）に	①複数の仕上材（直下の部材が乾式であるものに限る。）に	高い。

またがった欠損 ②仕上材と乾式の下地材又は構造材にまたがった欠損	またがった欠損 ②仕上材と乾式の下地材にまたがった欠損 ③さび汁を伴う欠損（構造耐力上主要な部分でない壁、柱又ははりに発生したものを除く。）	またがった欠損 ②仕上材と乾式の下地材にまたがった欠損 ③構造材における深さ20mm以上の欠損 ④さび汁を伴う欠損（構造耐力上主要な部分でない壁、柱又ははりに発生したものを除く。） ⑤鉄筋又は鉄骨が露出する欠損（構造耐力上主要な部分でない壁、柱又ははりに発生したものを除く。）	

ロ　湿式の仕上材による仕上げ

(い)	(ろ)			(は)
レベル	住　宅　の　種　類			構造耐力上主要な部分に瑕疵が存する可能性
	木造住宅	鉄骨造住宅	鉄筋コンクリート造住宅又は鉄骨鉄筋コンクリート造住宅	
1	レベル2及びレベル3に該当しない欠損	レベル2及びレベル3に該当しない欠損	レベル2及びレベル3に該当しない欠損	低い。
2	乾式の下地材又は構造材の表面まで貫通した欠損（レベル3に該当するものを除く。）	乾式の下地材又は構造材の表面まで貫通した欠損（レベル3に該当するものを除く。）	構造材における深さ5mm以上20mm未満の欠損（レベル3に該当するものを除く。）	一定程度存する。
3	仕上材と乾式の下地材又は構造材にまたがった欠損	①仕上材と乾式の下地材にまたがった欠損 ②さび汁を伴う欠損（構造耐力上主要な部分でない壁、柱又ははりに発生したも	①仕上材と乾式の下地材にまたがった欠損 ②構造材における深さ20mm以上の欠損 ③さび汁を伴う欠損（構造耐力上主要な	高い。

| | | のを除く。) | 部分でない壁、柱又ははりに発生したものを除く。)
④鉄筋又は鉄骨が露出する欠損（構造耐力上主要な部分でない壁、柱又ははりに発生したものを除く。) | |

ハ　構造材による仕上げ

(い)	(ろ)			(は)
レベル	住　宅　の　種　類			構造耐力上主要な部分に瑕疵が存する可能性
	木造住宅	鉄骨造住宅	鉄筋コンクリート造住宅又は鉄骨鉄筋コンクリート造住宅	
1			レベル2及びレベル3に該当しない欠損	低い。
2			深さ5mm以上20mm未満の欠損（レベル3に該当するものを除く。)	一定程度存する。
3			①深さ20mm以上の欠損 ②さび汁を伴う欠損 ③鉄筋又は鉄骨が露出する欠損	高い。

(2)　基礎

イ　乾式の仕上材による仕上げ

(い)	(ろ)		(は)
レベル	住　宅　の　種　類		構造耐力上主要な部分に瑕疵が存する可能性
	木造住宅	鉄骨造住宅、鉄筋コンクリート造住宅又は鉄骨鉄筋コンクリート造住宅	
1	レベル2及びレベル3に該当しない欠損	レベル2及びレベル3に該当しない欠損	低い。

| 2 | ①複数の仕上材にまたがった欠損（レベル３に該当するものを除く。）
②構造材における深さ５mm以上20mm未満の欠損（レベル３に該当するものを除く。） | ①複数の仕上材にまたがった欠損（レベル３に該当するものを除く。）
②構造材における深さ５mm以上20mm未満の欠損（レベル３に該当するものを除く。） | 一定程度存する。 |
| 3 | ①複数の仕上材（直下の部材が乾式であるものに限る。）にまたがった欠損
②仕上材と乾式の下地材にまたがった欠損
③構造材における深さ20mm以上の欠損
④さび汁を伴う欠損
⑤鉄筋が露出する欠損 | ①複数の仕上材（直下の部材が乾式であるものに限る。）にまたがった欠損
②仕上材と乾式の下地材にまたがった欠損
③構造材における深さ20mm以上の欠損
④さび汁を伴う欠損
⑤鉄筋又は鉄骨が露出する欠損 | 高い。 |

ロ　湿式の仕上材による仕上げ

(い)	(ろ)		(は)
レベル	住　宅　の　種　類		構造耐力上主要な部分に瑕疵が存する可能性
	木造住宅	鉄骨造住宅、鉄筋コンクリート造住宅又は鉄骨鉄筋コンクリート造住宅	
1	レベル２及びレベル３に該当しない欠損	レベル２及びレベル３に該当しない欠損	低い。
2	構造材における深さ５mm以上20mm未満の欠損（レベル３に該当するものを除く。）	構造材における深さ５mm以上20mm未満の欠損（レベル３に該当するものを除く。）	一定程度存する。
3	①仕上材と乾式の下地材にまたがった欠損 ②構造材における深さ20mm以上の欠損 ③さび汁を伴う欠損 ④鉄筋が露出する欠損	①仕上材と乾式の下地材にまたがった欠損 ②構造材における深さ20mm以上の欠損 ③さび汁を伴う欠損 ④鉄筋又は鉄骨が露出する欠損	高い。

ハ　構造材による仕上げ

(い)	(ろ)	(は)

レベル	住宅の種類		構造耐力上主要な部分に瑕疵が存する可能性
	木造住宅	鉄骨造住宅、鉄筋コンクリート造住宅又は鉄骨鉄筋コンクリート造住宅	
1	レベル2及びレベル3に該当しない欠損	レベル2及びレベル3に該当しない欠損	低い。
2	深さ5mm以上20mm未満の欠損（レベル3に該当するものを除く。）	深さ5mm以上20mm未満の欠損（レベル3に該当するものを除く。）	一定程度存する。
3	①深さ20mm以上の欠損 ②さび汁を伴う欠損 ③鉄筋が露出する欠損	①深さ20mm以上の欠損 ②さび汁を伴う欠損 ③鉄筋又は鉄骨が露出する欠損	高い。

4　破断又は変形

　布その他これに類する材料により仕上げられた、壁、柱、床、天井、はり又は屋根（パラペット及び庇の部分を除く。）において、次に掲げる表の(ろ)項の住宅の種類ごとに掲げる不具合事象が発生している場合における構造耐力上主要な部分に瑕疵が存する可能性は、同表の(は)項に掲げるとおりとする。

(い)	(ろ)			(は)
レベル	住宅の種類			構造耐力上主要な部分に瑕疵が存する可能性
	木造住宅	鉄骨造住宅	鉄筋コンクリート造住宅又は鉄骨鉄筋コンクリート造住宅	
1	レベル3に該当しない破断又は変形	レベル3に該当しない破断又は変形	レベル2及びレベル3に該当しない破断又は変形	低い。
2			①構造材における幅0.3mm以上0.5mm未満のひび割れと連続した破断又は変形（レベル3に該当するものを除く。） ②構造材における深さ5mm以上20mm未満の欠損と連続した破断又は変形（レベル3に該当するも	一定程度存する。

			のを除く。)	
3	①乾式の下地材又は構造材のひび割れと連続した破断又は変形 ②乾式の下地材又は構造材の欠損と連続した破断又は変形	①乾式の下地材又は構造材のひび割れと連続した破断又は変形 ②乾式の下地材の欠損と連続した破断又は変形 ③さび汁を伴う破断又は変形（構造耐力上主要な部分でない壁、柱又ははりに発生したものを除く。)	①乾式の下地材のひび割れと連続した破断又は変形 ②構造材における幅0.5mm以上のひび割れと連続した破断又は変形 ③乾式の下地材の欠損と連続した破断又は変形 ④構造材における深さ20mm以上の欠損と連続した破断又は変形 ⑤鉄筋又は鉄骨が露出する欠損と連続した破断又は変形（構造耐力上主要な部分でない壁、柱又ははりに発生したものを除く。) ⑥さび汁を伴う破断又は変形（構造耐力上主要な部分でない壁、柱又ははりに発生したものを除く。)	高い。

第4　留意事項

この基準を住宅紛争処理の参考とするに当たっては、次に掲げる事項に留意するものとする。

1　次の(1)又は(2)に掲げる不具合事象については、この基準を参考としないこと。

(1)　材料特性の異なる下地材及び構造材又は下地材同士若しくは構造材同士が接合された部分に発生したひび割れ又は欠損

(2)　鉄筋コンクリート造又は鉄骨鉄筋コンクリート造の住宅における次に掲げる事象

　　イ　乾式の仕上材による仕上げが施された屋根に発生した複数の乾式の仕上材にまたがったひび割れ又は欠損（構造材との間にまたがった幅0.3mm以上のひび割れ、構造材における深さ5mm以上の欠損及び鉄筋又は鉄骨が露出する欠損を除く。)

　　ロ　ひび割れ誘発目地に発生したひび割れ若しくは欠損又はひび割れ誘発目地から連続したひび割れ若しくは欠損

　　ハ　土に接する壁、柱、床、天井又ははりに発生したさび汁が伴うひび割れ、欠損又は破

　　　断若しくは変形

　ニ　はね出し縁（バルコニー、片廊下その他これに類するものをいう。）の床の先端部分
　　　に発生したひび割れ又は欠損

2　特殊な建築材料又は構造方法を用いた住宅については、その建築材料又は構造方法の特性
　に配慮した上で、この基準を参考とすること。

3　この基準における「構造耐力上主要な部分における瑕疵」は、大規模な修補が必要となる
　比較的重要なものから局部的な修補のみが必要となる比較的軽微なものまでを含むものであ
　ること。

4　紛争処理委員は、この基準を参考とする場合であっても、個別の住宅における不具合事象
　の発生状況その他の状況を総合的に勘案して、住宅紛争処理を迅速かつ適正に進めること。

5　この基準は、構造耐力上主要な部分における瑕疵の有無を特定するためのものではないた
　め、レベル1に該当しても構造耐力上主要な部分に瑕疵が存する場合があり、また、レベル
　3に該当しても構造耐力上主要な部分に瑕疵が存しない場合もあること。

〔平成12年 7 月19日建設省告示第1661号〕
住宅性能評価を受けなければならない性能表示事項を定める件

最終改正　令和 3 年12月 1 日消費者庁・国土交通省告示第 2 号

〔未施行：本書巻末「3　令和4年1月2日以降施行の改正規定」参照〕

　住宅の品質確保の促進等に関する法律施行規則（平成12年建設省令第20号）第 3 条第 2 項の規
定に基づき、住宅性能評価を受けなければならない性能表示事項を次のように定める。

　住宅の品質確保の促進等に関する法律施行規則第 3 条第 2 項の住宅性能評価を受けなければな
らない性能表示事項は、次の各号に掲げる住宅性能評価に応じ、それぞれ当該各号に定めるもの
とする。

　一　設計住宅性能評価及び新築住宅に係る建設住宅性能評価　日本住宅性能表示基準（平成13
　　年国土交通省告示第1346号）の別表 1 の(い)項に掲げる表示すべき事項のうち、次に掲げる
　　ものとする。

　　イ　耐震等級（構造躯体の倒壊等防止）

　　ロ　その他（地震に対する構造躯体の倒壊等防止及び損傷防止）

　　ハ　地盤又は杭の許容支持力等及びその設定方法

　　ニ　基礎の構造方法及び形式等

　　ホ　劣化対策等級（構造躯体等）

　　ヘ　維持管理対策等級（専用配管）

　　ト　維持管理対策等級（共用配管）

　　チ　更新対策（共用排水管）

　　リ　断熱等性能等級又は一次エネルギー消費量等級

　二　既存住宅に係る建設住宅性能評価　日本住宅性能表示基準の別表 2 - 1 の(い)項に掲げる
　　表示すべき事項のうち、次に掲げるものとする。

　　イ　現況検査により認められる劣化等の状況

  ロ　高齢者等配慮対策等級（共用部分）の住宅性能評価の申請を行う場合にあっては、高齢者等配慮対策等級（専用部分）

  ハ　共同住宅等について高齢者等配慮対策等級（専用部分）の住宅性能評価の申請を行う場合にあっては、高齢者等配慮対策等級（共用部分）

長期優良住宅の普及の促進に関する法律に基づく主要な告示

〔平成21年 2 月24日国土交通省告示第208号〕
長期優良住宅の普及の促進に関する基本的な方針

最終改正　令和 3 年10月20日国土交通省告示第1364号

〔未施行：本書巻末「3　令和 4 年 1 月 2 日以降施行の改正規定」参照〕

　長期優良住宅の普及の促進に関する法律（平成20年法律第87号）第 4 条第 1 項の規定に基づき、長期優良住宅の普及の促進に関する基本的な方針を定めたので、同条第 4 項の規定に基づき、次のように公表する。

　住生活基本法（平成18年法律第61号）においては、ストック重視の住宅政策に転換することとしており、「いいものを作って、きちんと手入れして、長く大切に使う」社会へ移行することが重要となっている。このような状況にかんがみ、住宅を長期にわたり使用することにより、住宅の解体や除却に伴う廃棄物の排出を抑制し、環境への負荷を低減するとともに、建替えに係る費用の削減によって国民の住宅に対する負担を軽減し、より豊かで、より優しい暮らしへの転換を図ることを目的として、長期優良住宅の普及の促進に関する法律（以下「法」という。）が制定されたところである。

　この基本的な方針は、法の趣旨に則り、長期優良住宅の普及を促進するための施策が効率的かつ効果的に推進されるよう、長期優良住宅の普及の促進の意義に関する事項等の必要な事項を定めるものである。

一　長期優良住宅の普及の促進の意義に関する事項

1　背景及び必要性

　少子高齢化の急速な進展や環境問題の深刻化等の社会経済情勢の変化に伴い、住宅の「量」の確保だけではなく、住宅及び居住環境の「質」の向上が求められているところである。今後の住宅政策においては、住生活基本法に定められた基本理念に基づき、住生活基本計画（全国計画）（平成18年 9 月19日閣議決定）に掲げた目標の実現に向け、住宅単体のみならず居住環境を含む住生活全般の「質」の向上を図り、良質なストックを将来世代へ承継するための政策に転換することとしている。特に、住宅は国民の経済活動や社会生活の基盤であり、長期にわたる住生活の安定及び向上を実現する上で不可欠である貴重な資産であることから、良質な住宅ストックの形成を図り、その長期使用の促進を図ることは重要な課題となっている。

2　長期優良住宅の普及をめぐる状況

　我が国において取り壊される住宅の平均築後年数は、欧米諸国に比べると短い状況である。また、我が国の住宅流通市場全体に占める既存住宅の流通シェアは、欧米諸国に比べると格段に低い状況である。

3　長期優良住宅の普及の促進を図ることの重要性

長期優良住宅の普及を促進することにより、住宅ストックの資産価値の向上をもたらし、次のような種々のメリットを生み出すこととなる。

(1)　環境負荷の低減等

今後急速に世界の人口が増加し、途上国の経済が成長することが想定される中で、資源の枯渇とともに地球環境問題が深刻な課題になると指摘されている。このため、我が国においては、つくったものを世代を超えて長持ちさせて大切に使い、資源の有効利用や地球温暖化防止を図ることにより「持続可能社会」へと転換するための取組を進めている。

その中で、良質な住宅ストックを形成して次世代に引き継ぐことは、将来の世代の暮らしを豊かにしつつ、地球環境を保全することにつながることとなる。

また、我が国の滅失住宅の平均築後年数は欧米諸国に比べて短い状況にあり、近年、建設廃棄物の排出量は減少している一方で、建築関連の産業廃棄物は量及び割合とも増大している。住宅関連の産業廃棄物は建築関連の産業廃棄物の半数以上を占めており、産業廃棄物の最終処分場の残余年数がひっ迫している現状にかんがみれば、その排出量と最終処分量の削減は緊急の課題である。

こうした深刻な課題を抱えている状況においては、住宅を長期にわたり使用して建替えを減らすことは、環境負荷の低減に大きく貢献するものである。

さらに、森林吸収源対策としての地域材利用など地域建材を利用することにより、二酸化炭素の排出抑制や地域活性化地域の活性化を図りつつ、地球温暖化の防止及び循環型社会の形成に寄与することが可能である。

(2)　国民負担の軽減

長期優良住宅の普及を促進することにより、住宅の建替えを減らし、費用を削減することにより、その削減分を最新設備の導入やリフォーム等による住生活の「質」の向上に活かすことはもちろん、福祉や余暇活動等に充てることで、経済的なゆとりや豊かさを実感できる社会の実現につながると考えられる。例えば、現状の4倍程度の長期にわたって住宅を使用した場合、住宅の建築、取得及び維持保全に必要な費用全体で$\frac{2}{3}$程度に縮減されることも可能との試算がある。

(3)　国民資産の向上

我が国の国富は土地に偏っており、住宅資産の割合はアメリカでは3割を占める一方、我が国では1割にも満たない状況である。これに対し、長期優良住宅を建築し、適切な維持保全を行うことにより、住宅の資産価値が維持され、国民の住宅に係る資産の割合が向上して我が国の国富構造を是正することにつながるほか、ストック重視の国民意識の醸成にもつながる。

二　長期優良住宅の普及の促進のための施策に関する基本的事項

1　国、地方公共団体等の各主体の役割

長期優良住宅の普及を促進するためには、住宅の建築主等が、長期優良住宅の建築及び維持保全を行うことの重要性を認識して取り組むことが不可欠である。国及び地方公共団体は、こうした建築主等の取組をできる限り支援するという観点から、建築主等にとって長期優良住宅の建築及び維持保全を行いやすい環境の整備や負担軽減のための制度の構築など必要な施策を講ずるよう努めることとする。

2　長期優良住宅の普及を促進するための各種施策
(1)　長期優良住宅の普及を促進するための基本的な考え方
　①　長期優良住宅の建築の促進
　　　　住宅を長期にわたり良好な状態で使用するためには、物理的耐用性（耐久性、耐震性
　　　及び維持保全容易性）及び社会的耐用性（可変性）に優れた住宅とすることが必要であ
　　　るほか、バリアフリー性能や省エネルギー性能など、次世代に引き継ぐべき社会的資産
　　　として政策的に誘導すべき性能を備えていることや住環境への配慮が求められており、
　　　こうした性能等を備えた長期優良住宅の建築を促進するよう努めることとする。
　②　長期優良住宅の維持保全の促進
　　　　長期優良住宅であっても、ライフサイクルの変化等にあわせてリフォームしたり、設
　　　備を更新しなければ陳腐化することとなる。住宅を長期にわたり良好な状態で使用する
　　　ためには、定期的に点検又は調査を行い、必要に応じて修繕又は改良を行う等、維持保
　　　全を適切に実施することが必要である。そのため、住宅の所有者等に対し、維持保全の
　　　重要性を啓発し、情報提供や環境整備を行うこと等により適切な維持保全の実施を誘導
　　　するよう配慮することとする。
　③　既存住宅の流通の促進
　　　　住宅を長期にわたり良好な状態で使用するためには、住宅が必要とされなくなった場
　　　合に、当該住宅を必要とする別の者に譲渡され、その使用が継続されることが求められ
　　　る。その際には、既存住宅の品質又は性能に関する不安、情報不足を解消し、既存住宅
　　　の流通を促進するよう努めることとする。
　　　　①から③までにおいて挙げた課題を解決し、長期優良住宅の普及を促進するためには、
　　　建築、維持保全及び流通の各段階又は全体において、行政や関係業界のみならず、国民一
　　　般を含めた新たな社会モデルの構築が必要である。そのため、総合的な支援措置を講ずる
　　　よう努めることとする。
(2)　建築段階における施策
　①　長期優良住宅建築等計画の認定制度の意義
　　　　長期優良住宅の建築を促進するためには、先導的な取組に対してインセンティブを付
　　　与し、その普及を図る必要がある。そのため、長期優良住宅建築等計画の認定制度を活
　　　用し、長期優良住宅の建築、維持保全及び流通を図るよう配慮することとする。
　②　長期優良住宅の建築及び取得時の負担の軽減
　　　　長期優良住宅は、一般的な住宅と比較して建築に係る費用がある程度高くなることが
　　　見込まれる。長期優良住宅の建築及び取得を促進するためには、新たな社会モデルへの
　　　変革を先導する公共性を有する投資に対するインセンティブを付与することが必要であ
　　　る。このため、償還期間を延長し毎月の返済額の引下げを図り、担保となる住宅以外に
　　　も支払いの責任が遡及しない非遡及型ローン（ノンリコース・ローン）が提供される仕
　　　組みの構築や各種支援措置の実施を図るよう努めることとする。
(3)　維持保全段階における施策
　①　住宅の計画的な点検又は調査、及び必要に応じた修繕又は改良等の実施等
　　　　長期優良住宅を長期にわたり良好な状態で使用するためには、維持保全に関する計画

　　に従って、計画的な点検又は調査を行い、必要に応じて修繕又は改良等を実施すること
　　が必要である。維持保全を行うことにより、居住者にとって良好な居住環境が維持され
　　るほか、長い目で見ると維持保全に係る費用の軽減や資産価値の維持が期待できる。
　　　また、計画的な点検、修繕等が行われることから、これらに対応した住宅の瑕疵に係
　　る保険等のより一層の充実を図るよう努めることとする。
　　　さらに、数世代にわたり社会的資産としての住宅ストックを活用していくため、維持
　　保全に関する技術の開発、普及及び人材の育成を進めるよう配慮することとする。
　② 　住宅のリフォームへの支援
　　　長期優良住宅を長期にわたり良好な状態で使用するためには、内装や設備等について、
　　社会的な要請やライフサイクルの変化等に応じたリフォームを行い、住宅の陳腐化を防
　　止する必要がある。また、資産価値の維持及び向上を図る面からも、適時適切なリフォー
　　ムの実施が求められる。このため、健全なリフォーム市場を整備することが重要であり、
　　リフォーム事業者に関する情報提供や相談体制を充実するよう努めることとする。また、
　　リフォームの資金調達が困難な高齢者等に対する高齢者居住支援センターによる債務保
　　証が活用されるよう配慮することとする。
　③ 　住宅の管理体制の整備
　　　長期優良住宅を長期にわたり良好な状態で使用するため、設計や建築の段階から必要
　　な維持保全に関する計画を作成するとともに、住宅を適切に管理するための体制を整備
　　するよう努めることとする。
　　　マンションについては、適切な維持保全を促進するため、現行の管理組合方式に加え、
　　専門的な知識及び経験を有する者が責任を持って維持保全を実施する仕組みを検討する
　　こととする。また、第三者が長期修繕計画の作成の支援等を行う仕組みや大規模修繕等
　　を円滑に行う仕組みを構築するよう配慮することとする。
　④ 　資産としての住宅の活用
　　　住宅の資産価値の適正な評価を前提とした場合、その資産価値を活用して融資する仕
　　組みを構築することで高齢者が多様な生活設計を行うことを可能とするため、死亡時に
　　住宅を処分して一括返済するリバース・モーゲージが提供される仕組みを構築するよう
　　努めることとする。
　　　さらに、一個人の生涯を大きく超える長期にわたり住宅が使用される新たな社会にお
　　いては、戸建て住宅等においても、従来のように個人が維持保全を行うのではなく、新
　　たなビジネスモデルが創出されることも想定される。
　(4) 　流通段階における施策等
　① 　既存住宅の流通の促進
　　　市場重視・ストック重視の住宅政策を展開するためには、住宅の質が適切に評価され、
　　適切な価格で安心して既存住宅を取引することができる流通市場の形成を図ることが必
　　要である。そのため、国民が円滑に利用できる適正な評価の仕組みを構築し、既存住宅
　　を含め、適切に維持保全が行われた住宅の資産価値が適正に評価される市場環境を整備
　　するよう配慮することとする。
　　　また、既存住宅の取得時にリフォームを行う場合は、取得に対する融資限度額にリ

フォームに係る費用を上乗せするなど、住宅の質や資産価値の維持及び向上を図るための施策を講ずることが必要であり、リフォームの資金調達が困難な高齢者等に対する高齢者居住支援センターによる債務保証を活用することが重要である。

さらに、住宅の資産価値の維持及び向上を踏まえ、新たな住宅金融（住宅を売却する際に売主の住宅ローンが買主に承継され、金利上昇局面において、従来の低金利をそのまま利用できる債務承継型ローン（アシューマブル・ローン））の実現を図るよう努めることとする。

② 既存住宅の性能及び品質に関する評価の充実、活用等

既存住宅の購入時の不安解消や適切な維持保全の実施を確保するためには、専門的かつ中立的な立場からの評価及び助言を受けることを可能とするため、専門的技術の確立並びに当該技術を円滑かつ的確に運用するための体制の整備及び充実を図るよう配慮することとする。

また、既存住宅において住宅性能評価書が売買契約書に添付された場合において当該評価書に表示された性能を有する住宅を引き渡すことを契約したものとみなす措置を講じたところであり、加えて、既存住宅の経年劣化等について簡便で一定の客観性を確保した既存住宅の評価手法の検討を行っていくこととする。さらに、既存住宅の売買に関する瑕疵に係る保険等の内容の充実を図るよう努めることとする。

③ 既存住宅の取引情報の充実

既存住宅の取引情報については、土地総合情報システムや指定流通機構（レインズ）において整備されているが、既存住宅の売却又は取得を行おうとする者に対する情報提供の充実がより図られるよう努めることとする。また、住宅の性能及び品質に関する情報についても、簡易な表示のあり方や入手の容易性などに配慮しつつ、価格情報との連携を視野に入れた適切な提供の仕組みを確立するよう配慮することとする。

④ 住替え・2地域居住の支援

個人の多様な価値観や生活に最適な条件を満たす住まいが市場において容易に確保できるようにするため、住替えや2地域居住を推進する仕組みが必要である。そのため、住替えを円滑化する仕組みの充実、住替えや2地域居住の推進に資する特定非営利活動法人等の取組への支援、住替えや2地域居住に有益な各種の情報提供の推進等に加え、住宅ローン等においても、住替え等を支援する仕組みを推進するよう努めることとする。

(5) 記録の整備・活用等

既存住宅の円滑な流通や計画的な維持保全を行うため、住宅の所有者は、長期優良住宅の建築及び維持保全の状況に関する記録（以下「住宅履歴書」という。）を作成し、これを保存することが必要である。新築、増改築、点検、修繕時等において、設計図書、材料及び設備、施工者名等の情報が確実に保存され、かつ蓄積されることにより、適切な点検、修繕、リフォーム等が可能となり、快適な生活環境を長期にわたって効率的に確保できるだけでなく、蓄積される情報の信頼性が確保されることで、より適切な評価に資するなど安心して既存住宅を取引することも可能となり、既存住宅の流通時における活用が期待されるほか、災害や事故の際にも、迅速かつ適切な対応を行うことが可能となる。また、国及び地方公共団体は、住宅履歴書の作成及び保存を容易にするため、必要な援助を行うよ

う努めるものとする。

　また、住宅履歴書については、長期優良住宅以外の住宅においても整備されるよう努めることとする。

(6)　長期優良住宅の普及に向けた啓発等

　①　長期優良住宅の建築、維持保全及び流通を担う人材の育成

　　長期優良住宅の建築、維持保全及び流通のそれぞれの分野において専門的な知識が必要になることから、基盤となる建築物に関する技術開発の支援及び誘導に加え、実際に施工、管理等を行う技術者及び技能者等の育成や技能の継承を図るよう配慮することとする。また、長期優良住宅の建築に関する技術のみならず、維持保全に関する技術について、更なる開発、普及並びに人材の養成及び資質の向上を進めるよう努めることとする。

　②　国民に対する情報提供、事業者からの適切な情報提供、教育・啓発活動の充実

　　長期優良住宅の内容、メリット、維持保全の方法、売却時、賃貸時及び住替え時における注意点等について、国や、長期優良住宅の建築、販売又は維持保全を業として行う者による国民に対する情報提供を充実するよう努めることとする。

　　また、住宅性能への関心や住宅の維持保全への意識の向上など、住宅を長く大切に使用することに関する国民意識を醸成するためには、子供の頃から住宅や住まい方に関する教育を受けることで、長期にわたり使用可能な質の高い住宅ストックの形成やその活用に関して十分な認識を持つとともに、自らの住生活のあり方について学び、考え、実践する機会を設けることが重要である。

(7)　研究開発の推進

　長期優良住宅の普及を促進するため、住宅の建設における木材の使用に関する伝統的な技術を含め、住宅の構法、材料、施工技術の開発及び維持保全技術の開発を行うとともに、その成果の普及に努めることとする。併せて、交換された部材や設備の再利用を進めて住宅関連の産業廃棄物を減少させるための研究開発や成果の普及を図るよう努めることとする。

三　長期優良住宅建築等計画の認定に関する基本的事項

1　長期優良住宅建築等計画及びその認定の基本的な考え方

　法第5条の規定のとおり、長期優良住宅建築等計画は、長期優良住宅の建築及び維持保全に関する計画である。その認定に関する基準については、住宅の構造や構法にかかわらず、認定可能とする内容とする。

　また、新たな技術開発の成果を、認定基準へ継続的に反映していくよう配慮することとする。

2　建築段階に係る事項

　所管行政庁は、認定計画実施者に対し、認定長期優良住宅の建築の状況について報告を求めることができることから、認定を受けた長期優良住宅建築等計画に従って長期優良住宅が建築されることを確保するため、建築工事が終了した旨の報告を求めるなど、必要な措置をとることが必要である。その際、認定計画実施者は、認定長期優良住宅建築等計画に従って建築工事が行われた旨を建築士等が確認した書類により報告を行うこととする。

3　維持保全段階に係る事項

　　認定計画実施者は、長期優良住宅建築等計画に基づき認定長期優良住宅の維持保全を実施することが必要であるが、その実施に当たっては、建築士や維持保全に係る専門的な知識及び経験を有する者を活用することが望ましい。

　　また、認定長期優良住宅がマンションである場合には、認定計画実施者は、長期優良住宅建築等計画に記載された維持保全の方法が、当該マンションの管理規約及び長期修繕計画においても反映されるよう努めるべきである。

4　良好な景観の形成その他の地域における居住環境の維持及び向上への配慮に係る事項

　　法第6条第1項第三号の「良好な景観の形成その他の地域における居住環境の維持及び向上に配慮されたものであること」については、長期優良住宅が将来にわたってまちなみ等の一部を形成することを踏まえ、地域のまちなみ等との調和が図られているかどうかの観点から判断される。

　　このため、認定を受けて建築をしようとする長期優良住宅が、例えば都市計画法（昭和43年法律第100号）第4条第9項に規定する地区計画等、景観法（平成16年法律第110号）第8条第1項に規定する景観計画、建築基準法（昭和25年法律第201号）第69条に規定する建築協定、景観法第81条第1項に規定する景観協定、条例による良好な景観の形成その他の地域における居住環境の維持及び向上に関する制限の内容に適合していない場合、都市計画法第4条第6項に規定する都市計画施設の区域内その他の住宅の建築制限のある区域内にある場合には、認定は行わないことを基本とする。こうした認定に関する事務において地域における居住環境の維持及び向上に関し、関係部局間で十分な連絡調整が図られることにより、地域における居住環境の維持及び向上に配慮された長期優良住宅の普及が促進される。

四　その他長期優良住宅の普及の促進に関する重要事項

1　国、地方公共団体、事業者等の各主体の相互連携

　　長期優良住宅の普及の促進を効果的に図るため、国及び地方公共団体において、住宅政策とまちづくり、環境、林業等に係る関係行政分野との連携を図るよう努めることとする。また、地域性豊かで良好な居住環境整備やまちづくり等を地域が主体的に進めていくため、行政と、行政の役割を補完し得る住民組織、特定非営利活動法人、企業、専門家等との緊密な連携を図るよう努めることとする。

　　さらに、成熟社会にふさわしいストック型社会における豊かな住生活の実現に向け、長期にわたり使用可能な質の高い住宅が国民全般に浸透し、国民運動として盛り上がることが期待される。

2　住宅の建設における木材の使用に関する伝統的な技術の継承及び向上への配慮に係る事項

　　長期優良住宅の普及の促進のための施策を講ずるに当たっては、住生活基本法の趣旨を踏まえ、地域材の利用、技能者の育成など、住宅の建設における木材の使用に関する伝統的な技術の継承及び向上に配慮する。

3　国産材その他の木材を使用した長期優良住宅の普及への配慮に係る事項

　　国産材（国内で生産された木材をいう。以下同じ。）の適切な利用が確保されることにより我が国における森林の適正な整備及び保全が図られ、地球温暖化の防止及び循環型社会の形成に資することにかんがみ、国産材その他の木材を使用した長期優良住宅の普及が図られ

るよう配慮する。

4　その他重要事項

これまでに挙げてきたもの以外にも、長期優良住宅の普及を促進するため、関連制度等についての検討が必要である。

附　則

この告示は、法の施行の日（平成21年6月4日）から施行する。

〔平成21年2月24日国土交通省告示第209号〕
長期使用構造等とするための措置及び維持保全の方法の基準

最終改正　令和3年12月1日国土交通省告示第1486号

〔未施行：本書巻末「3　令和4年1月2日以降施行の改正規定」参照〕

　長期優良住宅の普及の促進に関する法律施行規則（平成21年国土交通省令第3号）第1条各項及び第5条の規定に基づき、長期使用構造等とするための措置及び維持保全の方法の基準を次のように定める。

第1　趣旨

　この告示は、長期優良住宅の普及の促進に関する法律施行規則（以下「規則」という。）第1条各項に規定する国土交通大臣が定める措置及び規則第5条に規定する国土交通大臣が定める維持保全の方法の基準について定めるものとする。

第2　定義

　この告示における用語の定義は、評価方法基準（平成13年国土交通省告示第1347号）に定めるもののほか、次に定めるところによる。

1.　この告示において「住宅」とは、長期優良住宅の普及の促進に関する法律（平成20年法律第87号。以下「法」という。）第2条第1項に規定する住宅をいう。

2.　この告示において「一戸建ての住宅」とは、規則第4条第一号に規定する一戸建ての住宅をいう。

3.　この告示において「共同住宅等」とは、規則第4条第二号に規定する共同住宅等をいう。

4.　この告示において「認定対象住戸」とは、一戸建ての住宅又は共同住宅等に含まれる一の住戸であって、法第6条第1項の認定（以下単に「認定」という。）の対象となるものをいう。

5.　この告示において「認定対象建築物」とは、認定対象住戸を含む建築物をいう。

第3　長期使用構造等とするための措置

　規則第1条各項に規定する国土交通大臣が定める措置については、次に掲げる基準を満たすこととなる措置又はこれと同等以上の措置とする。

1.　構造躯体等の劣化対策

(1)　適用範囲

全ての住宅に適用する。

(2)　住宅を新築しようとする場合の基準（以下「新築基準」という。）

評価方法基準第5の3の3－1(3)の等級3の基準に適合し、かつ、次の①から③までに掲げる認定対象建築物の構造の種類に応じ、それぞれ次に掲げる基準に適合すること。

① 木造

次に掲げる基準に適合すること。

イ　区分された床下空間（人通孔等により接続されている場合は、接続されている床下空間を一の部分とみなす。）ごとに点検口を設けること。

ロ　区分された小屋裏空間（人通孔等により接続されている場合は、接続されている小屋裏空間を一の小屋裏空間とみなす。）ごとに点検口を設けること。

ハ　床下空間の有効高さを330mm以上とすること。ただし、浴室の床下等当該床下空間の有効高さを330mm未満とすることがやむ得ないと認められる部分で、当該部分の点検を行うことができ、かつ、当該部分以外の床下空間の点検に支障をきたさない場合にあっては、この限りでない。

② 鉄骨造

柱（ベースプレートを含む。以下②において同じ。）、はり又は筋かいに使用されている鋼材にあっては、次の表1の(い)項に掲げる鋼材の厚さの区分に応じ、それぞれ同表の(ろ)項に掲げるイ又はロ（鋼材の厚さが6mm以上の区分における最下階（地階を除く。）の柱脚部にあっては、イからハまで）のいずれかの防錆措置が講じられていること又は①に掲げる基準に適合すること。

表1

(い)	(ろ)	
鋼材の厚さ	防　錆　措　置	
	一　　般　　部	最下階（地階を除く。）の柱脚部
15mm以上		イ　表2における区分3から区分5までのいずれかの塗膜 ロ　表3における区分3から区分6までのいずれかのめっき処理
12mm以上	イ　表2における区分2から区分5までのいずれかの塗膜 ロ　表3における区分1から区分6までのいずれかのめっき処理	イ　表2における区分4から区分5までのいずれかの塗膜 ロ　表3における区分4から区分6までのいずれかのめっき処理
9mm以上	イ　表2における区分3から区分5までのいずれかの塗膜 ロ　表3における区分3から区分6までのいずれかのめっき処理	イ　表2における区分5の塗膜 ロ　表3における区分5又は区分6のいずれかのめっき処理
6mm以上	イ　表2における区分4又は区分5のいずれかの塗膜 ロ　表3における区分4から区分6までのいずれかのめっき処理	イ　表2における区分5の塗膜 ロ　表3における区分5又は区分6のいずれかのめっき処理 ハ　表3における区分4のめっき処理及び表2におけるh、i又

		は j のいずれかの塗膜
2.3mm 以上	イ　表2における区分5の塗膜 ロ　表3における区分5又は区分 　　6のいずれかのめっき処理	イ　表3における区分6のめっき 　　処理 ロ　表3における区分5又は区分 　　6のいずれかのめっき処理及び 　　表2におけるh、i又はjのい 　　ずれかの塗膜

1　この表において「柱脚部」とは、柱の脚部をコンクリートに埋め込む場合にあっては当該鋼材のうちコンクリート上端の下方10cmから上方1mまでの範囲の全面をいい、柱の脚部をコンクリートに埋め込む場合以外の場合にあっては当該鋼材下端から1mまでの範囲の全面をいう。

2　この表において「一般部」とは、最下階（地階を除く。）の柱脚部以外の部分をいう。

表2

		下塗り1	塗り回数	下塗り2	塗り回数	中塗り・上塗り	塗り回数
区分1	a	鉛・クロムフリーさび止めペイント	1回	—	—	鉛・クロムフリーさび止めペイント	1回
	b	ジンクリッチプライマー	1回	—	—		
	c	2液形エポキシ樹脂プライマー	1回	—	—		
区分2	d	厚膜形ジンクリッチペイント	1回	—	—	—	—
	e	鉛・クロムフリーさび止めペイント	2回	—	—	合成樹脂調合ペイント	2回
	f	2液形エポキシ樹脂プライマー	1回	—	—	合成樹脂調合ペイント	2回
	g	2液形エポキシ樹脂プライマー	1回	—	—	2液形エポキシ樹脂エナメル	1回
区分3	h	2液形エポキシ樹脂プライマー	1回	—	—	2液形エポキシ樹脂エナメル	2回
	i	ジンクリッチプラ	1回	—	—	2液形厚膜エポキ	1回

		イマー				シ樹脂エナメル	
区分4	j	ジンクリッチプライマー	1回	2液形エポキシ樹脂プライマー	1回	2液形エポキシ樹脂エナメル	1回
区分5	k	ジンクリッチプライマー	1回	2液形エポキシ樹脂プライマー	1回	2液形エポキシ樹脂エナメル	2回
	l	ジンクリッチプライマー	1回	2液形厚膜エポキシ樹脂プライマー	1回	2液形厚膜エポキシ樹脂エナメル	2回

1　この表においてa、c、e、f、g及びhの塗膜は、コンクリートに埋め込む部分には使用しないものとする。

2　この表においてc、f、g及びh以外の塗膜は、めっき処理を施した鋼材には使用しないものとする。

3　この表においてc、g及びhの塗膜をめっき処理を施した鋼材に使用する場合は、1にかかわらずコンクリートに埋め込む部分に使用できるものとする。

4　この表において下塗り1及び下塗り2は工場内にて行うものとする。

5　この表において「鉛・クロムフリーさび止めペイント」とは、日本工業規格K5674に規定する鉛・クロムフリーさび止めペイント1種をいう。

6　この表において「ジンクリッチプライマー」とは、日本工業規格K5552に規定するジンクリッチプライマーをいう。

7　この表において「2液形エポキシ樹脂プライマー」とは、日本工業規格K5551に規定する構造物さび止めペイントA種をいう。

8　この表において「厚膜形ジンクリッチペイント」とは、日本工業規格K5553に規定する厚膜形ジンクリッチペイントをいう。

9　この表において「2液形エポキシ樹脂エナメル」とは、日本工業規格K5659に規定する鋼構造物用耐候性塗料の中塗り塗料の規格に適合する膜厚が約 $30\mu\mathrm{m}$ 以上のものをいう。

10　この表において「合成樹脂調合ペイント」とは、日本工業規格K5516に規定する合成樹脂調合ペイントをいう。

11　この表において「2液形厚膜エポキシ樹脂プライマー」とは、日本工業規格K5551に規定する構造物用さび止めペイントB種をいう。

12　この表において「2液形厚膜エポキシ樹脂エナメル」とは、日本工業規格K5659に規定する鋼構造物用耐候性塗料の中塗り塗料の規格に適合する膜厚が約 $60\mu\mathrm{m}$ から $120\mu\mathrm{m}$ までのものをいう。

表3

	めっき処理
区分1	片面付着量が30 g/m² 以上60 g/m² 未満の溶融亜鉛めっき
	両面付着量が60 g/m² 以上120 g/m² 未満の溶融亜鉛めっき又は両面付着量表示記号Z06、Z08、Z10、F06、F08若しくはF10に該当する溶融亜鉛めっき鋼材
区分2	片面付着量が60 g/m² 以上90 g/m² 未満の溶融亜鉛めっき
	両面付着量が120 g/m² 以上180 g/m² 未満の溶融亜鉛めっき又は両面付着量表示記号Z12、Z14若しくはF12に該当する溶融亜鉛めっき鋼材
区分3	片面付着量が90 g/m² 以上120 g/m² 未満の溶融亜鉛めっき
	両面付着量が180 g/m² 以上240 g/m² 未満の溶融亜鉛めっき又は両面付着量表示記号Z18、Z20、Z22若しくはF18に該当する溶融亜鉛めっき鋼材
区分4	片面付着量が120 g/m² 以上180 g/m² 未満の溶融亜鉛めっき
	両面付着量が240 g/m² 以上360 g/m² 未満の溶融亜鉛めっき、両面付着量表示記号Z25、Z27、Z35若しくはZ37に該当する溶融亜鉛めっき鋼材又はY18に該当する溶融亜鉛－5％アルミニウム合金めっき鋼材
区分5	片面付着量が180 g/m² 以上225 g/m² 未満の溶融亜鉛めっき
	両面付着量が360 g/m² 以上450 g/m² 未満の溶融亜鉛めっき、両面付着量表示記号Z45若しくはZ60に該当する溶融亜鉛めっき鋼材、AZ70、AZ90若しくはAZ120に該当する溶融55％アルミニウム－亜鉛合金めっき鋼材又はY20若しくはY22に該当する溶融亜鉛－5％アルミニウム合金めっき鋼材
区分6	片面付着量が225 g/m² 以上の溶融亜鉛めっき
	両面付着量が450 g/m² 以上の溶融亜鉛めっき、両面付着量表示記号がZ45若しくはZ60に該当する溶融亜鉛めっき鋼材、AZ150、AZ170、AZ185若しくはAZ200に該当する溶融55％アルミニウム－亜鉛合金めっき鋼材又はY25、Y27、Y35、Y45若しくはY60に該当する溶融亜鉛－5％アルミニウム合金めっき鋼材

1　この表において「溶融亜鉛めっき」とは、日本工業規格H8641に規定する溶融亜鉛めっきをいう。

2　この表において「溶融亜鉛めっき鋼材」とは、日本工業規格G3302に規定する溶融亜鉛めっき鋼板及び鋼帯をいう。

3　この表において「溶融55％アルミニウム－亜鉛合金めっき鋼材」とは日本工業規格G3321に規定する溶融55％アルミニウム－亜鉛合金めっき鋼板及び鋼帯をいう。

4　この表において「溶融亜鉛－5％アルミニウム合金めっき鋼材」とは日本工業規格G3317に規定する溶融亜鉛－5％アルミニウム合金めっき鋼板及び鋼帯をいう。

5　この表において「両面付着量」とは、3点平均最小付着量をいう。

③　鉄筋コンクリート造

　　コンクリート（軽量コンクリートを除く。）の水セメント比が、次のイ又はロのいずれか（中庸熱ポルトランドセメント又は低熱ポルトランドセメントを使用する場合にあってはイ）に適合していること。ただし、フライアッシュセメントを使用する場合にあっては混合物を除いた部分を、高炉セメントを使用する場合にあっては混合物の $\frac{3}{10}$ を除いた部分をその質量として用いるものとする。

　イ　最小かぶり厚さが次の表の(い)項に掲げる部位の区分に応じ、それぞれ同表の(ろ)項(イ)項に掲げるものである場合においては、水セメント比が45％以下であること。

表

(い)			(ろ)	
部　　位			最小かぶり厚さ	
			(イ)	(ロ)
直接土に接しない部分	耐力壁以外の壁又は床	屋内	2 cm	3 cm
		屋外	3 cm	4 cm
	耐力壁、柱又ははり	屋内	3 cm	4 cm
		屋外	4 cm	5 cm
直接土に接する部分	壁、柱、床、はり又は基礎の立上り部分		4 cm	5 cm
	基礎（立上り部分及び捨てコンクリートの部分を除く。）		6 cm	7 cm

注　外壁の屋外に面する部位にタイル貼り、モルタル塗り、外断熱工法による仕上げその他これらと同等以上の性能を有する処理が施されている場合にあっては、屋外側の部分に限り、(ろ)項に掲げる最小かぶり厚さを1 cm減ずることができる。

　ロ　最小かぶり厚さがイの表の(い)項に掲げる部位の区分に応じ、それぞれ同表の(ろ)項(ロ)項に掲げるものである場合においては、水セメント比が50％以下であること。

(3)　住宅を増築し、又は改築しようとする場合の基準（以下「増改築基準」という。）

　　評価方法基準第5の3の3－1(4)の等級3の基準に適合し、かつ、次の①から③までに掲げる認定対象建築物の構造の種類に応じ、それぞれ次に掲げる基準に適合すること。ただし、仕様に応じた維持管理のために必要な点検隔を置く場合における評価方法基準第5の3の3－1(4)の等級3の基準の適用については、評価方法基準第5の3の3－1(3)イ①a中「地面からの高さ1m以内の部分」とあるのは「地面からの高さ1m以内の部分で床下空間に露出している部分及び増築又は改築の工事において露出する部分」と、評価方法基準第5の3の3－1(3)イ①b中「土台」とあるのは「土台のうち床下空間に露出している部分及び増築又は改築の工事において露出する部分」と、評価方法基準第5の3の3－1(3)イ①f(ⅱ)中「4m以下ごとに」とあるのは「5m以下ごとに」とすることがで

きる。また、評価方法基準第5の3の3−1(4)ハ①bの基準を適用した場合にあっては、評価方法基準第5の3の3−1(4)ハ①b(i)の基準を適用しない。

① 木造

次に掲げる基準に適合すること。

イ　(2)①に掲げる基準（点検口から目視等により床下空間の各部分の点検を行うことができる場合にあっては、当該基準のうち(2)①ハに掲げる基準を除く。）に適合すること。

ロ　評価方法基準第5の3の3−1(4)イ①a(iv)(b)、(v)(b)、(vi)(b)又は(vii)(b)の基準のいずれかを適用した場合にあっては、仕様に応じた維持管理のために必要な点検間隔を置くものとすること。

② 鉄骨造

次に掲げる基準に適合すること。

イ　(2)②に掲げる基準又は①イに掲げる基準に適合すること。

ロ　評価方法基準第5の3の3−1(4)ロ①a(ii)（(4)イ①a(vi)(b)に係る部分に限る。）又は(iii)（(4)イ①a(vii)(b)に係る部分に限る。）の基準のいずれかを適用した場合にあっては、仕様に応じた維持管理のために必要な点検間隔を置くものとすること。

③ 鉄筋コンクリート造

評価方法基準第5の3の3−1(4)ハ①aの基準を適用する場合にあってはイに掲げる基準に適合し、評価方法基準第5の3の3−1(4)ハ①bの基準を適用する場合にあってはロに掲げる基準に適合すること。

イ　(2)③に掲げる基準に適合すること。

ロ　次の(a)から(c)までの方法により確かめられたコンクリートの中性化深さ（以下「中性化深さ」という。）が、次の表の(い)項に掲げる築年数に応じ、耐力壁、柱又ははりの最小かぶり厚さのうち最も小さいものの数値が30 mm 以上 40 mm 未満である場合は同表の(ろ)項(イ)項に掲げる数値を、40 mm 以上である場合は同表の(ろ)項(ハ)項に掲げる数値を超えないこと。ただし、建築時に一定の品質管理がなされていると認められるときは、同表の(ろ)項(イ)項に代えて同表の(ろ)項(ロ)項を、同表の(ろ)項(ハ)項に代えて同表の(ろ)項(ニ)項を用いることができる。

(a) 採取条件

供試体又は削孔粉（以下「供試体等」という。）は、共用部分で仕上げ材のない箇所からの採取とし、地上階数が3以下である場合は1以上の階において、地上階数が4以上6以下である場合は最上階と最下階（地上に限る。）を含む2以上の階において、地上階数が7以上である場合は最上階・中間階・最下階（地上に限る。）を含む3以上の階において、当該階ごとに3箇所以上採取すること。ただし、評価方法基準第5の3の3−1(3)ハ①b(i)又は(ii)の基準に適合する場合にあっては、地上階数が5以下である場合は各階のうち少なくとも1の階において1箇所以上、地上階数が6以上である場合は最上階において1箇所以上採取することで足りるものとする。

(b) 採取方法

供試体等の採取の方法は、日本工業規格 A1107 に規定する方法又はこれと同等と認められる方法によること。

(c) 測定方法

中性化深さの測定方法は、日本工業規格 A1152 に規定する方法又はこれと同等と認められる方法によること。なお、測定結果のうち、中性化が最も進行している箇所の中性化深さの数値を用いて評価することとする。

表

(い)	(ろ)			
築年数	最小かぶり厚さ 30 mm 以上 40 mm 未満		最小かぶり厚さ 40 mm 以上	
	(イ)	(ロ)	(ハ)	(ニ)
10 年未満	4 mm	5 mm	7 mm	8 mm
10 年以上 20 年未満	6 mm	8 mm	10 mm	11 mm
20 年以上 30 年未満	7 mm	9 mm	12 mm	14 mm
30 年以上 40 年未満	8 mm	11 mm	14 mm	16 mm
40 年以上 50 年未満	9 mm	12 mm	16 mm	18 mm
50 年以上 60 年未満	10 mm	14 mm	17 mm	20 mm
60 年以上 70 年未満	11 mm	15 mm	19 mm	22 mm
70 年以上 80 年未満	12 mm	16 mm	20 mm	23 mm
80 年以上 90 年未満	13 mm	17 mm	21 mm	25 mm
90 年以上 100 年未満	13 mm	18 mm	22 mm	26 mm

2. 耐震性

(1) 適用範囲

全ての住宅に適用する。

(2) 新築基準

次の①から③までのいずれかに定めるところにより、基準に適合すること。

① 評価方法基準第 5 の 1 の 1 − 1 (3)イによる場合

認定対象建築物のうち、建築基準法（昭和25年法律第201号）第20条第 1 項第一号に規定する建築物以外の認定対象建築物について、次のイからハまでのいずれかの基準に適合すること。

イ 評価方法基準第 5 の 1 の 1 − 1 (3)イの基準に適合すること。ただし、地上部分の各階の安全限界変形（建築基準法施行令（昭和25年政令第338号）第82条の 5 第五号イに規定する安全限界変形をいう。以下同じ。）の当該階の高さに対する割合がそれぞれ $\frac{1}{100}$（木造である階にあっては、$\frac{1}{40}$）以下であること。

　　ロ　木造の建築物にあっては、各階の変形（平成12年建設省告示第1457号第9の建築物
　　　に生ずる水平力と当該水平力により建築物に生ずる変位の関係を満たすものとする。）
　　　について、各階の安全限界変形をそれぞれ75％以下とした変形を当該各階の安全限
　　　界変形と読み替えて、評価方法基準第5の1の1－1(3)イの基準に適合すること。
　　ハ　評価方法基準第5の1の1－1(3)の等級2又は等級3の基準に適合すること。ただ
　　　し、建築基準法施行令第82条の5第五号ハの表に規定するGsの数値は平成12年建設
　　　省告示第1457号第10第1項の規定に従って計算するものとし、地上部分の各階の安全
　　　限界変形の当該階の高さに対する割合がそれぞれ$\frac{1}{75}$（木造である階にあっては、$\frac{1}{30}$）
　　　以下であること。
　②　評価方法基準第5の1の1－1(3)ロからチまでによる場合
　　　認定対象建築物のうち、建築基準法第20条第1項第一号に規定する建築物以外の認定
　　　対象建築物について、評価方法基準第5の1の1－1(3)の等級2又は等級3の基準に適
　　　合すること。
　③　評価方法基準第5の1の1－3による場合
　　　評価方法基準第5の1の1－3(3)の免震建築物の基準に適合すること。
　(3)　増改築基準
　　　評価方法基準第5の1の1－1(4)の等級1の基準又は評価方法基準第5の1の1－3(4)
　　　の基準に適合すること。

3.　可変性
　(1)　適用範囲
　　　住宅のうち、共同住宅及び長屋に適用する。
　(2)　新築基準
　　　認定対象住戸について、評価方法基準第5の4の4－4(3)イ①及び②に定められた躯体
　　　天井高が2,650mm以上であること。
　(3)　増改築基準
　　　次の①又は②のいずれかに適合すること。
　①　(2)に掲げる基準に適合すること。
　②　認定対象住戸の居室（建築基準法第2条第四号に規定する居室をいう。）の床の上面
　　　から天井の下面までの空間の内法高さ（当該内法高さが2以上ある場合にあっては、当
　　　該居室の床面積の$\frac{1}{2}$以上が該当する空間の内法高さ）が2,400mm以上であること。

4.　維持管理・更新の容易性
　(1)　適用範囲
　　　全ての住宅に適用する。ただし、(2)②及び③並びに(3)②及び③については、一戸建ての
　　　住宅には適用しない。
　(2)　新築基準
　　　次に掲げる基準に適合すること。ただし、共用配管について、維持管理の円滑な実施の
　　　ために必要な措置が講じられている場合にあっては、当該共用配管に評価方法基準第5の
　　　4の4－2(3)イ⑦及び4－3(3)イ d の基準を適用しない。
　①　評価方法基準第5の4の4－1(3)の等級3の基準に適合すること。ただし、専用配管

のうち、ガス管に係るものを除く。

② 評価方法基準第5の4の4－2⑶の等級3の基準に適合すること。ただし、共用配管のうち、ガス管に係るものを除く。

③ 評価方法基準第5の4の4－3⑶イの等級3の基準に適合すること。

⑶ 増改築基準

次に掲げる基準に適合すること。ただし、専用配管及び共用配管について、現状支障なく使用できている場合で、長期優良住宅建築等計画に評価方法基準第5の4の4－1⑶イ①及び②、4－2⑶イ①及び②並びに4－3⑶イ①a及びbの基準に適合するよう将来更新することを記載する場合にあっては、当該専用配管及び共用配管に当該基準は適用せず、共用配管について、維持管理の円滑な実施のために必要な措置が講じられている場合にあっては、当該共用配管に評価方法基準第5の4の4－2⑶イ⑦及び4－3⑶イ①dの基準は、適用しない。

① 専用配管のうちガス管に係るものを除き、評価方法基準第5の4の4－1⑷の等級3の基準に適合すること。ただし、現状支障なく使用できている場合で、共同住宅等の専用配管でパイプスペースから認定対象住戸内への引き込み部分がシンダーコンクリート等へ埋め込まれている場合にあっては、当該専用配管については評価方法基準第5の4の4－1⑶イ①の基準は適用せず、現状支障なく使用できている場合で、一戸建ての住宅の専用配管で床下から屋外へ接続する部分が基礎下に配管されている場合にあっては、当該専用配管については評価方法基準第5の4の4－1⑶イ②の基準は、適用しない。

② 評価方法基準第5の4の4－2⑷の等級3の基準に適合すること。ただし、共用配管のうちガス管に係るものを除く。

③ 評価方法基準第5の4の4－3⑷イの等級3の基準に適合すること。

5. 高齢者等対策

⑴ 適用範囲

住宅のうち、共同住宅等に適用する。

⑵ 新築基準

評価方法基準第5の9の9－2⑶の等級3の基準（ハ①a及びb、ハ①cのうちイ①c及びdに係る部分、ハ②a⒤のうちロ②a⒤に係る部分、ハ②bのうちイ②bに係る部分並びにハ③b及びcを除く。）に適合すること。

⑶ 増改築基準

評価方法基準第5の9の9－2⑷の等級3の基準（⑶ハ①a及びb、⑶ハ①cのうち⑶イ①c及びdに係る部分、⑶ハ②a⒤のうち⑶ロ②a⒤に係る部分、⑶ハ②bのうち⑶イ②bに係る部分並びに⑶ハ③b及びcを除く。）に適合すること。ただし、各階を連絡する共用階段のうち少なくとも一つについて、その両側に手すりが設置されている場合にあっては、評価方法基準第5の9の9－2⑶ハ③の基準は、適用しない。

6. 省エネルギー対策

⑴ 適用範囲

全ての住宅に適用する。

(2)　新築基準

　　　評価方法基準第5の5の5－1(3)の等級4の基準に適合すること。

(3)　増改築基準

　　　次の①又は②のいずれかに適合すること。

　　①　評価方法基準第5の5の5－1(4)の等級4の基準に適合すること。ただし、増築又は改築をしない部分については、評価方法基準第5の5の5－1(4)ハ①の基準は、適用しない。

　　②　評価方法基準第5の5の5－1(4)の等級3及び5－2(4)の等級4の基準に適合すること。ただし、増築又は改築をしない部分については、評価方法基準第5の5の5－1(4)ハ②の基準は、適用しない。

第4　維持保全の方法の基準

　　規則第5条に規定する認定対象建築物の維持保全の方法の基準は、次に掲げるところにより、点検の時期及び内容が長期優良住宅建築等計画に定められていることとする。

1.　法第2条第3項各号に掲げる住宅の部分について、点検の対象となる部分の仕様に応じた点検の項目及び時期が定められたものであること。

2.　1.の点検の時期が、それぞれ認定対象建築物の建築の完了又は直近の点検、修繕若しくは改良から10年を超えないものであること。

3.　点検の結果を踏まえ、必要に応じて、調査、修繕又は改良を行うこととされていること。

4.　地震時及び台風時に臨時点検を実施することとされていること。

5.　住宅の劣化状況に応じて、維持保全の方法について見直しを行うこととされていること。

6.　長期優良住宅建築等計画の変更があった場合に、必要に応じて維持保全の方法を変更することとされていること。

　　　附　則

　この告示は、法の施行の日（平成21年6月4日）から施行する。

建築士法に基づく主要な告示

〔令和元年11月 1 日国土交通省告示第745号〕
建築士法第 4 条第 2 項第一号の国土交通大臣の指定する建築に関する科目を定める件

建築士法（昭和25年法律第202号）第 4 条第 2 項第一号の規定に基づき、建築士法第 4 条第 2 項第一号の国土交通大臣の指定する建築に関する科目を定める件を次のように定める。

第 1 建築士法第 4 条第 2 項第一号の国土交通大臣の指定する建築に関する科目は、次の各号のいずれかに定めるものとする。

一 次のイからリまでに定める講義又は演習（次号において「必修講義等」という。）の全てを履修することにより修得する総単位数が60単位以上であるもの

イ 7 単位以上の建築設計製図に関する講義又は演習（建築（土地に定着する工作物のうち屋根及び柱又は壁を有するもの（これに類する構造のものを含む。）をいう。以下この号において同じ。）の建築工事の実施のために必要な図面を作成することができるようにするための講義又は演習であって、建物の形態、建築材料及び構造を決め、これらを図面に表示することを標準的な内容とするものをいう。）

ロ 7 単位以上の建築計画に関する講義又は演習（空間における建物の配置に係る計画を作成する際に考慮することが必要な人間の行動及び意識並びに建物及びその周辺の空間のあり方が人間の行動及び意識に与える作用に関することを標準的な内容とするものをいう。）

ハ 2 単位以上の建築環境工学に関する講義又は演習（建物の室内における光、音、空気、温度その他これらに類する環境が人の健康に与える影響に関することを標準的な内容とするものをいう。）

ニ 2 単位以上の建築設備に関する講義又は演習（建物の快適な室内環境の形成及び維持のために必要な換気、暖房及び冷房の設備、建物の安全性を確保するために必要な消火及び排煙の設備、これらの設備を運転するために必要な電気及びガスの設備その他これらに類する設備に関することを標準的な内容とするものをいう。）

ホ 4 単位以上の構造力学に関する講義又は演習（建築物の応力又は変形を求める構造計算の基礎理論に関することを標準的な内容とするものをいう。）

ヘ 3 単位以上の建築一般構造に関する講義又は演習（建築物の一般的な構造に関することを標準的な内容とするものをいう。）

ト 2 単位以上の建築材料に関する講義又は演習（建築物に使用される木材、鋼材、コンクリートその他これらに類する材料に関することを標準的な内容とするものをいう。）

チ 2 単位以上の建築生産に関する講義又は演習（建物の企画、設計、工事施工その他これらに類する建築物が生産される過程に関することを標準的な内容とするものをいう。）

リ 1 単位以上の建築法規に関する講義又は演習（建築物に関する基準を定めた法令及び建築行政に関することを標準的な内容とするものをいう。）

建築士法

二　必修講義等の全てを履修することにより修得する総単位数が60単位未満である場合におい
　　て、当該必修講義等の履修により修得する総単位数と当該必修講義等以外の建築に関する1
　　又は複数の講義又は演習の履修により修得する総単位数の合計が60単位以上となるもの

第2　第1に規定する科目の単位の計算方法は、学校教育法（昭和22年法律第26号）による大学
を卒業した者については大学設置基準（昭和31年文部省令第28号）又は専門職大学設置基準（平
成29年文部科学省令第33号）の規定の例によるものとし、旧大学令（大正7年勅令第388号）
による大学を卒業した者については国土交通大臣が別に定めるものとする。

　　　附　則

この告示は、建築士法の一部を改正する法律（平成30年法律第93号）の施行の日（令和2年3
月1日）から施行する。

〔令和元年11月1日国土交通省告示第746号〕
建築士法第4条第2項第二号の国土交通大臣の指定する建築に関する科目を定める件

建築士法（昭和25年法律第202号）第4条第2項第二号の規定に基づき、建築士法第4条第2
項第二号の国土交通大臣の指定する建築に関する科目を定める件を次のように定める。

第1　建築士法第4条第2項第二号の国土交通大臣の指定する建築に関する科目は、次の各号の
いずれかに定めるものとする。

一　次のイからリまでに定める講義又は演習（次号において「必修講義等」という。）の全て
　　を履修することにより修得する総単位数が50単位以上であるもの

　イ　7単位以上の建築設計製図に関する講義又は演習（建物（土地に定着する工作物のうち
　　　屋根及び柱又は壁を有するもの（これに類する構造のものを含む。）をいう。以下この号に
　　　おいて同じ。）の建築工事の実施のために必要な図面を作成することができるようにするた
　　　めの講義又は演習であって、建物の形態、建築材料及び構造を決め、これらを図面に表示
　　　することを標準的な内容とするものをいう。）

　ロ　7単位以上の建築計画に関する講義又は演習（空間における建物の配置に係る計画を作
　　　成する際に考慮することが必要な人間の行動及び意識並びに建物及びその周辺の空間のあ
　　　り方が人間の行動及び意識に与える作用に関することを標準的な内容とするものをいう。）

　ハ　2単位以上の建築環境工学に関する講義又は演習（建物の室内における光、音、空気、
　　　温度その他これらに類する環境が人の健康に与える影響に関することを標準的な内容とす
　　　るものをいう。）

　ニ　2単位以上の建築設備に関する講義又は演習（建物の快適な室内環境の形成及び維持の
　　　ために必要な換気、暖房及び冷房の設備、建物の安全性を確保するために必要な消火及び
　　　排煙の設備、これらの設備を運転するために必要な電気及びガスの設備その他これらに類
　　　する設備に関することを標準的な内容とするものをいう。）

　ホ　4単位以上の構造力学に関する講義又は演習（建築物の応力又は変形を求める構造計算

の基礎理論に関することを標準的な内容とするものをいう。）

　　ヘ　3単位以上の建築一般構造に関する講義又は演習（建築物の一般的な構造に関すること
　　　を標準的な内容とするものをいう。）

　　ト　2単位以上の建築材料に関する講義又は演習（建築物に使用される木材、鋼材、コンク
　　　リートその他これらに類する材料に関することを標準的な内容とするものをいう。）

　　チ　2単位以上の建築生産に関する講義又は演習（建物の企画、設計、工事施工その他これ
　　　らに類する建築物が生産される過程に関することを標準的な内容とするものをいう。）

　　リ　1単位以上の建築法規に関する講義又は演習（建築物に関する基準を定めた法令及び建
　　　築行政に関することを標準的な内容とするものをいう。）

　二　必修講義等の全てを履修することにより修得する総単位数が50単位未満である場合におい
　　て、当該必修講義等の履修により修得する総単位数と当該必修講義等以外の建築に関する1
　　又は複数の講義又は演習の履修により修得する総単位数の合計が50単位以上となるもの

第2　第1に規定する科目の単位の計算方法は、学校教育法（昭和22年法律第26号）による短期
　大学を卒業した者については短期大学設置基準（昭和50年文部省令第21号）又は専門職短期大
　学設置基準（平成29年文部科学省令第34号）の規定の例に、同法による専門職大学の前期課程
　を修了した者については専門職大学設置基準（平成29年文部科学省令第33号）の規定の例によ
　るものとする。

　　　附　則

　この告示は、建築士法の一部を改正する法律（平成30年法律第93号）の施行の日（令和2年3
月1日）から施行する。

〔令和元年11月1日国土交通省告示第747号〕
建築士法第4条第2項第三号の国土交通大臣の指定する建築に関する科目を定める件

　建築士法（昭和25年法律第202号）第4条第2項第三号の規定に基づき、建築士法第4条第2
項第三号の国土交通大臣の指定する建築に関する科目を定める件を次のように定める。

第1　建築士法第4条第2項第三号の国土交通大臣の指定する建築に関する科目は、次の各号の
　いずれかに定めるものとする。

　一　次のイからリまでに定める講義又は演習（次号において「必修講義等」という。）の全て
　　を履修することにより修得する総単位数が40単位以上であるもの

　　イ　7単位以上の建築設計製図に関する講義又は演習（建物（土地に定着する工作物のうち
　　　屋根及び柱又は壁を有するもの（これに類する構造のものを含む。）をいう。以下この号に
　　　おいて同じ。）の建築工事の実施のために必要な図面を作成することができるようにするた
　　　めの講義又は演習であって、建物の形態、建築材料及び構造を決め、これらを図面に表示
　　　することを標準的な内容とするものをいう。）

　　ロ　7単位以上の建築計画に関する講義又は演習（空間における建物の配置に係る計画を作

　　　　成する際に考慮することが必要な人間の行動及び意識並びに建物及びその周辺の空間のあ
　　　　り方が人間の行動及び意識に与える作用に関することを標準的な内容とするものをいう。）

　　ハ　2単位以上の建築環境工学に関する講義又は演習（建物の室内における光、音、空気、
　　　　温度その他これらに類する環境が人の健康に与える影響に関することを標準的な内容とす
　　　　るものをいう。）

　　ニ　2単位以上の建築設備に関する講義又は演習（建物の快適な室内環境の形成及び維持の
　　　　ために必要な換気、暖房及び冷房の設備、建物の安全性を確保するために必要な消火及び
　　　　排煙の設備、これらの設備を運転するために必要な電気及びガスの設備その他これらに類
　　　　する設備に関することを標準的な内容とするものをいう。）

　　ホ　4単位以上の構造力学に関する講義又は演習（建築物の応力又は変形を求める構造計算
　　　　の基礎理論に関することを標準的な内容とするものをいう。）

　　ヘ　3単位以上の建築一般構造に関する講義又は演習（建築物の一般的な構造に関すること
　　　　を標準的な内容とするものをいう。）

　　ト　2単位以上の建築材料に関する講義又は演習（建築物に使用される木材、鋼材、コンク
　　　　リートその他これらに類する材料に関することを標準的な内容とするものをいう。）

　　チ　2単位以上の建築生産に関する講義又は演習（建物の企画、設計、工事施工その他これ
　　　　らに類する建築物が生産される過程に関することを標準的な内容とするものをいう。）

　　リ　1単位以上の建築法規に関する講義又は演習（建築物に関する基準を定めた法令及び建
　　　　築行政に関することを標準的な内容とするものをいう。）

　二　必修講義等の全てを履修することにより修得する総単位数が40単位未満である場合におい
　　　て、当該必修講義等の履修により修得する総単位数と当該必修講義等以外の建築に関する1
　　　又は複数の講義又は演習の履修により修得する総単位数の合計が40単位以上となるもの

第2　第1に規定する科目の単位の計算方法は、学校教育法（昭和22年法律第26号）による短期
　　大学を卒業した者については短期大学設置基準（昭和50年文部省令第21号）又は専門職短期大
　　学設置基準（平成29年文部科学省令第34号）の規定の例に、同法による専門職大学の前期課程
　　を修了した者については専門職大学設置基準（平成29年文部科学省令第33号）の規定の例に、
　　同法による高等専門学校を卒業した者については高等専門学校設置基準（昭和36年文部省令第
　　23号）の規定の例によるものとし、旧専門学校令（明治36年勅令第61号）による専門学校を卒
　　業した者については国土交通大臣が別に定めるものとする。

　　　附　則

　この告示は、建築士法の一部を改正する法律（平成30年法律第93号）の施行の日（令和2年3
月1日）から施行する。

〔令和元年11月1日国土交通省告示第748号〕
建築士法第4条第2項第一号から第四号までに掲げる者と同等以上の知識及び技能を有する者を定める件

　建築士法（昭和25年法律第202号）第4条第2項第五号の規定に基づき、同項第一号から第四号までに掲げる者と同等以上の知識及び技能を有する者を、次のとおり定める。

一　学校教育法（昭和22年法律第26号）による大学（短期大学を除く。）において、令和元年国土交通省告示第746号の第1第一号又は第二号に規定する科目（単位の計算方法は大学設置基準（昭和31年文部省令第28号）又は専門職大学設置基準（平成29年文部科学省令第33号）の規定の例によるものとする。次号において同じ。）を修めて卒業した者であって、その卒業後建築実務（建築士法第4条第2項第一号に規定する建築実務をいう。以下同じ。）の経験を3年以上有する者

二　学校教育法による大学（短期大学を除く。）において、令和元年国土交通省告示第747号の第1第一号又は第二号に規定する科目を修めて卒業した者であって、その卒業後建築実務の経験を4年以上有する者

三　学校教育法による短期大学（修業年限が3年であるものに限り、同法による専門職大学の3年の前期課程を含む。）において、令和元年国土交通省告示第747号の第1第一号又は第二号に規定する科目（単位の計算方法は、同法による短期大学を卒業した者については短期大学設置基準（昭和50年文部省令第21号）又は専門職短期大学設置基準（平成29年文部科学省令第34号）の規定の例に、同法による専門職大学の前期課程を修了した者については専門職大学設置基準の規定の例によるものとする。）を修めて卒業した者（同法による専門職大学の前期課程にあっては、修了した者）であって、その卒業後（同法による専門職大学の前期課程にあっては、修了後）建築実務の経験を4年以上有する者

四　学校教育法による専修学校の専門課程（修業年限が4年以上であるものに限る。）において令和元年国土交通省告示第745号の第1第一号又は第二号に規定する科目（単位の計算方法は専修学校設置基準（昭和51年文部省令第2号）の規定の例によるものとする。次号及び第六号において同じ。）を修めて卒業した者であって、その卒業後建築実務の経験を2年以上有する者

五　学校教育法による専修学校の専門課程（修業年限が3年以上であるものに限る。）において令和元年国土交通省告示第746号の第1第一号又は第二号に規定する科目を修めて卒業した者であって、その卒業後建築実務の経験を3年以上有する者

六　学校教育法による専修学校の専門課程（修業年限が2年以上であるものに限る。）において令和元年国土交通省告示第747号の第1第一号又は第二号に規定する科目を修めて卒業した者であって、その卒業後建築実務の経験を4年以上有する者

七　学校教育法による各種学校（同法による高等学校若しくは中等教育学校、旧中等学校令（昭和18年勅令第36号）による中等学校又はこれらに準ずる学校を卒業した者を入学資格とする修業年限2年以上のものに限る。）において、令和元年国土交通省告示第747号の第1第一号又は第二号に規定する科目（単位の計算は専修学校設置基準の規定の趣旨に準じて行うもの

とする。）を修めて卒業した者であって、その卒業後建築実務の経験を４年以上有する者

八　防衛省設置法（昭和29年法律第164号）による防衛大学校（以下「防衛大学校」という。）又は職業能力開発促進法（昭和44年法律第64号）による職業能力開発総合大学校（以下「職業能力開発総合大学校」という。）の総合課程若しくは同法による職業能力開発大学校（以下「職業能力開発大学校」という。）の応用課程において、令和元年国土交通省告示第745号の第１第一号又は第二号に規定する科目（単位の計算は大学設置基準の規定の趣旨に準じて行うものとする。次号において同じ。）を修めて卒業した者であって、その卒業後建築実務の経験を２年以上有する者

九　防衛大学校又は職業能力開発総合大学校の総合課程若しくは職業能力開発大学校の応用課程において、令和元年国土交通省告示第746号の第１第一号又は第二号に規定する科目を修めて卒業した者であって、その卒業後建築実務の経験を３年以上有する者

十　防衛大学校、職業能力開発総合大学校、職業能力開発大学校又は職業能力開発促進法による職業能力開発短期大学校（以下「職業能力開発短期大学校」という。）において、令和元年国土交通省告示第747号の第１第一号又は第二号に規定する科目（単位の計算は、防衛大学校、職業能力開発総合大学校又は職業能力開発大学校にあっては大学設置基準の規定の趣旨に準じて行うものとし、職業能力開発短期大学校にあっては短期大学設置基準の規定の趣旨に準じて行うものとする。）を修めて卒業した者であって、その卒業後建築実務の経験を４年以上有する者

十一　建築設備士として建築実務の経験を４年以上有する者

十二　平成24年国土交通省告示第1187号による改正前の平成20年国土交通省告示第745号第八号又は第九号（以下この号において「旧平成20年告示第八号等」という。）に掲げる課程（職業能力開発総合大学校の長期課程又は応用課程に限る。）を修めて卒業し、これらの課程の種類に応じてそれぞれ旧平成20年告示第八号等に定める年数以上の建築実務の経験を有する者

十三　建築士法等の一部を改正する法律（平成18年法律第114号）の施行の日（以下「平成18年改正法施行日」という。）前に昭和56年建設省告示第990号（以下「昭和56年告示」という。）第一号から第十七号に掲げる課程を修めて卒業し又は同告示第十八号若しくは第十九号に掲げる検定に合格し、建築実務の経験をこれらの課程又は検定の種類に応じてそれぞれ昭和56年告示第一号から第十七号又は第十八号若しくは第十九号（以下この号において「昭和56年告示第一号等」という。）に定める年数に満たない年数しか有しない者で、平成18年改正法施行日以後に平成18年改正法施行日前の建築に関する実務の経験年数と平成18年改正法施行日以後の建築実務の経験年数を合わせてこれらの課程又は検定の種類に応じてそれぞれ昭和56年告示第一号等に定める年数以上有することとなる者

十四　平成18年改正法施行日前から引き続き昭和56年告示第一号、第二号、第三号、第四号、第五号、第六号、第七号、第八号、第十号又は第十一号（以下この号において「昭和56年告示第一号等」という。）に掲げる課程に在学する者で、平成18年改正法施行日以後にこれらの課程を修めて卒業した後、これらの課程の種類に応じてそれぞれ昭和56年告示第一号等に定める年数以上の建築実務の経験を有することとなる者

十五　平成18年改正法施行日前に４年に満たない年数の建築実務の経験を有する建築設備士であ

る者で、平成18年改正法施行日以後に平成18年改正法施行日前の建築に関する実務の経験年数と平成18年改正法施行日以後の建築実務の経験年数を合わせて4年以上有することとなる者

夫 前各号に掲げる者のほか国土交通大臣が建築士法第4条第2項第一号から第四号までに掲げる者と同等以上の知識及び技能を有すると認める者

附　則

この告示は、建築士法の一部を改正する法律（平成30年法律第93号）の施行の日（令和2年3月1日）から施行する。

〔令和元年11月1日国土交通省告示第749号〕
建築士法第4条第4項第一号の国土交通大臣の指定する建築に関する科目を定める件

建築士法（昭和25年法律第202号）第4条第4項第一号の規定に基づき、建築士法第4条第4項第一号の国土交通大臣の指定する建築に関する科目を定める件を次のように定める。

第1 建築士法第4条第4項第一号の国土交通大臣の指定する建築に関する科目は、次の各号のいずれかに定めるものとする。

一 次のイからホまでに定める講義又は演習（次号において「必修講義等」という。）の全てを履修することにより修得する総単位数が40単位以上であるもの

　イ　3単位以上の建築設計製図に関する講義又は演習（建物（土地に定着する工作物のうち屋根及び柱又は壁を有するもの（これに類する構造のものを含む。）をいう。以下この号において同じ。）の建築工事の実施のために必要な図面を作成することができるようにするための講義又は演習であって、建物の形態、建築材料及び構造を決め、これらを図面に表示することを標準的な内容とするものをいう。）

　ロ　2単位以上の建築計画に関する講義若しくは演習（空間における建物の配置に係る計画を作成する際に考慮することが必要な人間の行動及び意識並びに建物及びその周辺の空間のあり方が人間の行動及び意識に与える作用に関することを標準的な内容とするものをいう。）、建築環境工学に関する講義若しくは演習（建物の室内における光、音、空気、温度その他これらに類する環境が人の健康に与える影響に関することを標準的な内容とするものをいう。）又は建築設備に関する講義若しくは演習（建物の快適な室内環境の形成及び維持のために必要な換気、暖房及び冷房の設備、建物の安全性を確保するために必要な消火及び排煙の設備、これらの設備を運転するために必要な電気及びガスの設備その他これらに類する設備に関することを標準的な内容とするものをいう。）

　ハ　3単位以上の構造力学に関する講義若しくは演習（建築物の応力又は変形を求める構造計算の基礎理論に関することを標準的な内容とするものをいう。）、建築一般構造に関する講義若しくは演習（建築物の一般的な構造に関することを標準的な内容とするものをいう。）又は建築材料に関する講義若しくは演習（建築物に使用される木材、鋼材、コンクリー

　　　ト　その他これらに類する材料に関することを標準的な内容とするものをいう。）

　　　ニ　1単位以上の建築生産に関する講義又は演習（建物の企画、設計、工事施工その他これ
　　　　らに類する建築物が生産される過程に関することを標準的な内容とするものをいう。）

　　　ホ　1単位以上の建築法規に関する講義又は演習（建築物に関する基準を定めた法令及び建
　　　　築行政に関することを標準的な内容とするものをいう。）

　二　必修講義等の全てを履修することにより修得する総単位数が40単位未満である場合におい
　　て、当該必修講義等の履修により修得する総単位数と当該必修講義等以外の建築に関する1
　　又は複数の講義又は演習の履修により修得する総単位数の合計が40単位以上となるもの

第2　第1に規定する科目の単位の計算方法は、学校教育法（昭和22年法律第26号）による大学
　　を卒業した者については大学設置基準（昭和31年文部省令第28号）、専門職大学設置基準（平
　　成29年文部科学省令第33号）、短期大学設置基準（昭和50年文部省令第21号）又は専門職短期
　　大学設置基準（平成29年文部科学省令第34号）の規定の例に、同法による専門職大学の前期課
　　程を修了した者については専門職大学設置基準の規定の例に、同法による高等専門学校を卒業
　　した者については高等専門学校設置基準（昭和36年文部省令第23号）の規定の例によるものと
　　し、旧大学令（大正7年勅令第388号）による大学又は旧専門学校令（明治36年勅令第61号）
　　による専門学校を卒業した者については国土交通大臣が別に定めるものとする。

　　　　附　　則

　この告示は、建築士法の一部を改正する法律（平成30年法律第93号）の施行の日（令和2年3
月1日）から施行する。

〔令和元年11月1日国土交通省告示第750号〕
建築士法第4条第4項第二号の国土交通大臣の指定する建築に関する科目を定める件

　建築士法（昭和25年法律第202号）第4条第4項第二号の規定に基づき、建築士法第4条第4
項第二号の国土交通大臣の指定する建築に関する科目を定める件を次のように定める。

第1　建築士法第4条第4項第二号の国土交通大臣の指定する建築に関する科目は、次の各号の
　　いずれかに定めるものとする。

　一　次のイからホまでに定める講義又は演習（次号において「必修講義等」という。）の全て
　　を履修することにより修得する総単位数が20単位以上であるもの

　　　イ　3単位以上の建築設計製図に関する講義又は演習（建物（土地に定着する工作物のうち
　　　　屋根及び柱又は壁を有するもの（これに類する構造のものを含む。）をいう。以下この号に
　　　　おいて同じ。）の建築工事の実施のために必要な図面を作成することができるようにするた
　　　　めの講義又は演習であって、建物の形態、建築材料及び構造を決め、これらを図面に表示
　　　　することを標準的な内容とするものをいう。）

　　　ロ　2単位以上の建築計画に関する講義若しくは演習（空間における建物の配置に係る計画
　　　　を作成する際に考慮することが必要な人間の行動及び意識並びに建物及びその周辺の空間

のあり方が人間の行動及び意識に与える作用に関することを標準的な内容とするものをいう。）、建築環境工学に関する講義若しくは演習（建物の室内における光、音、空気、温度その他これらに類する環境が人の健康に与える影響に関することを標準的な内容とするものをいう。）又は建築設備に関する講義若しくは演習（建物の快適な室内環境の形成及び維持のために必要な換気、暖房及び冷房の設備、建物の安全性を確保するために必要な消火及び排煙の設備、これらの設備を運転するために必要な電気及びガスの設備その他これらに類する設備に関することを標準的な内容とするものをいう。）

ハ　3単位以上の構造力学に関する講義若しくは演習（建築物の応力又は変形を求める構造計算の基礎理論に関することを標準的な内容とするものをいう。）、建築一般構造に関する講義若しくは演習（建築物の一般的な構造に関することを標準的な内容とするものをいう。）又は建築材料に関する講義若しくは演習（建築物に使用される木材、鋼材、コンクリートその他これらに類する材料に関することを標準的な内容とするものをいう。）

ニ　1単位以上の建築生産に関する講義又は演習（建物の企画、設計、工事施工その他これらに類する建築物が生産される過程に関することを標準的な内容とするものをいう。）

ホ　1単位以上の建築法規に関する講義又は演習（建築物に関する基準を定めた法令及び建築行政に関することを標準的な内容とするものをいう。）

二　必修講義等の全てを履修することにより修得する総単位数が20単位未満である場合において、当該必修講義等の履修により修得する総単位数と当該必修講義等以外の建築に関する1又は複数の講義又は演習の履修により修得する総単位数の合計が20単位以上となるもの

第2　第1に規定する科目の単位の計算方法は、学校教育法（昭和22年法律第26号）による高等学校又は中等教育学校を卒業した者については高等学校学習指導要領（平成30年文部科学省告示第68号）の規定の例によるものとし、旧中等学校令（昭和18年勅令第36号）による中等学校を卒業した者については国土交通大臣が別に定めるものとする。

　　　附　則

この告示は、建築士法の一部を改正する法律（平成30年法律第93号）の施行の日（令和2年3月1日）から施行する。

〔平成25年7月22日国土交通省告示732号〕

構造設計に関し建築士法第10条の2の2第1項第一号に掲げる一級建築士と同等以上の知識及び技能を有する一級建築士及び設備設計に関し同条第2項第一号に掲げる一級建築士と同等以上の知識及び技能を有する一級建築士を定める件

最終改正　平成27年1月29日国土交通省告示第188号

建築士法（昭和25年法律第202号）第10条の2〔現行＝第10条の3＝令和3年5月法律第44号により改正〕第1項第二号及び第2項第二号の規定に基づき、構造設計に関し建築士法第10条の2〔現行＝第10条の3＝令和3年5月法律第44号により改正〕第1項第一号に掲げる一級建築士

と同等以上の知識及び技能を有する一級建築士及び設備設計に関し同条第2項第一号に掲げる一級建築士と同等以上の知識及び技能を有する一級建築士を次のように定める。

第1　構造設計に関し建築士法第10条の2の2第1項第一号に掲げる一級建築士と同等以上の知識及び技能を有する一級建築士は、次の各号のいずれかに該当する一級建築士とする。

　一　5年以上次に掲げるいずれかの業務に従事した後、建築士法第10条の2の2第1項第一号に規定する講習の課程を構造設計一級建築士証の交付の申請前1年以内に修了した一級建築士

　　イ　一級建築士として従事する建築基準法（昭和25年法律第201号）第18条の3第1項に規定する確認審査等の業務（建築物の構造に関するものに限る。）

　　ロ　その他国土交通大臣が構造設計の業務と同等以上の知識及び技能を要すると認める業務

　二　前号に掲げる一級建築士のほか国土交通大臣が構造設計に関し建築士法第10条の2の2第1項第一号に掲げる一級建築士と同等以上の知識及び技能を有すると認める一級建築士

2　構造設計の業務並びに前項第一号イ及びロに掲げる業務に従事したそれぞれの期間は通算することができる。

第2　設備設計に関し建築士法第10条の2の2第2項第一号に掲げる一級建築士と同等以上の知識及び技能を有する一級建築士は、次の各号のいずれかに該当する一級建築士とする。

　一　5年以上次に掲げるいずれかの業務に従事した後、建築士法第10条の2の2第2項第一号に規定する講習の課程を設備設計一級建築士証の交付の申請前1年以内に修了した一級建築士

　　イ　一級建築士として従事する建築基準法第18条の3第1項に規定する確認審査等の業務（建築設備に関するものに限る。）

　　ロ　建築設備士として従事する建築設備に関する業務

　　ハ　その他国土交通大臣が設備設計の業務と同等以上の知識及び技能を要すると認める業務

　二　前号に掲げる一級建築士のほか国土交通大臣が設備設計に関し建築士法第10条の2の2第2項第一号に掲げる一級建築士と同等以上の知識及び技能を有すると認める一級建築士

2　設備設計の業務及び前項第一号イからハまでに掲げる業務に従事したそれぞれの期間は通算することができる。

〔令和元年11月1日国土交通省告示第751号〕
建築士法第14条第一号の国土交通大臣の指定する建築に関する科目を定める件

建築士法（昭和25年法律第202号）第14条第一号の規定に基づき、建築士法第14条第一号の国土交通大臣の指定する建築に関する科目を定める件を次のように定める。

第1　建築士法第14条第一号の国土交通大臣の指定する建築に関する科目は、次の各号のいずれかに定めるものとする。

　一　次のイからリまでに定める講義又は演習（次号において「必修講義等」という。）の全て

を履修することにより修得する総単位数が40単位以上であるもの

イ　7単位以上の建築設計製図に関する講義又は演習（建物（土地に定着する工作物のうち
屋根及び柱又は壁を有するもの（これに類する構造のものを含む。）をいう。以下この号に
おいて同じ。）の建築工事の実施のために必要な図面を作成することができるようにするた
めの講義又は演習であって、建物の形態、建築材料及び構造を決め、これらを図面に表示
することを標準的な内容とするものをいう。）

ロ　7単位以上の建築計画に関する講義又は演習（空間における建物の配置に係る計画を作
成する際に考慮することが必要な人間の行動及び意識並びに建物及びその周辺の空間のあ
り方が人間の行動及び意識に与える作用に関することを標準的な内容とするものをいう。）

ハ　2単位以上の建築環境工学に関する講義又は演習（建物の室内における光、音、空気、
温度その他これらに類する環境が人の健康に与える影響に関することを標準的な内容とす
るものをいう。）

ニ　2単位以上の建築設備に関する講義又は演習（建物の快適な室内環境の形成及び維持の
ために必要な換気、暖房及び冷房の設備、建物の安全性を確保するために必要な消火及び
排煙の設備、これらの設備を運転するために必要な電気及びガスの設備その他これらに類
する設備に関することを標準的な内容とするものをいう。）

ホ　4単位以上の構造力学に関する講義又は演習（建築物の応力又は変形を求める構造計算
の基礎理論に関することを標準的な内容とするものをいう。）

ヘ　3単位以上の建築一般構造に関する講義又は演習（建築物の一般的な構造に関すること
を標準的な内容とするものをいう。）

ト　2単位以上の建築材料に関する講義又は演習（建築物に使用される木材、鋼材、コンク
リートその他これらに類する材料に関することを標準的な内容とするものをいう。）

チ　2単位以上の建築生産に関する講義又は演習（建物の企画、設計、工事施工その他これ
らに類する建築物が生産される過程に関することを標準的な内容とするものをいう。）

リ　1単位以上の建築法規に関する講義又は演習（建築物に関する基準を定めた法令及び建
築行政に関することを標準的な内容とするものをいう。）

二　必修講義等の全てを履修することにより修得する総単位数が40単位未満である場合におい
て、当該必修講義等の履修により修得する総単位数と当該必修講義等以外の建築に関する1
又は複数の講義又は演習の履修により修得する総単位数の合計が40単位以上となるもの

第2　第1に規定する科目の単位の計算方法は、学校教育法（昭和22年法律第26号）による大学
を卒業した者については大学設置基準（昭和31年文部省令第28号）、専門職大学設置基準（平
成29年文部科学省令第33号）、短期大学設置基準（昭和50年文部省令第21号）又は専門職短期
大学設置基準（平成29年文部科学省令第34号）の規定の例に、同法による専門職大学の前期課
程を修了した者については専門職大学設置基準の規定の例に、同法による高等専門学校を卒業
した者については高等専門学校設置基準（昭和36年文部省令第23号）の規定の例によるものと
し、旧大学令（大正7年勅令第388号）による大学又は旧専門学校令（明治36年勅令第61号）
による専門学校を卒業した者については国土交通大臣が別に定めるものとする。

附　則

1　この告示は、建築士法の一部を改正する法律（平成30年法律第93号）の施行の日（令和2年

３月１日）から施行する。

2　建築士法第14条第一号の国土交通大臣の指定する建築に関する科目を定める件（平成20年国土交通省告示第740号）、建築士法第14条第二号の国土交通大臣の指定する建築に関する科目を定める件（平成20年国土交通省告示第741号）及び建築士法第14条第三号の国土交通大臣の指定する建築に関する科目を定める件（平成20年国土交通省告示第742号）は、廃止する。

〔令和元年11月１日国土交通省告示第752号〕
建築士法第14条第一号又は第二号に掲げる者と同等以上の知識及び技能を有する者を定める件

建築士法（昭和25年法律第202号）第14条第三号の規定に基づき、同条第一号又は第二号に掲げる者と同等以上の知識及び技能を有する者を、次のとおり定める。

一　学校教育法（昭和22年法律第26号）による専修学校の専門課程（修業年限が２年以上であるものに限る。）において、令和元年国土交通省告示第751号の第１第一号又は第二号に規定する科目（単位の計算方法は専修学校設置基準（昭和51年文部省令第２号）の規定の例によるものとする。）を修めて卒業した者

二　学校教育法による各種学校（同法による高等学校若しくは中等教育学校、旧中等学校令（昭和18年勅令第36号）による中等学校又はこれらに準ずる学校を卒業した者を入学資格とする修業年限２年以上のものに限る。）において、令和元年国土交通省告示第751号の第１第一号又は第二号に規定する科目（単位の計算は専修学校設置基準の規定の趣旨に準じて行うものとする。）を修めて卒業した者

三　防衛省設置法（昭和29年法律第164号）による防衛大学校（以下「防衛大学校」という。）、職業能力開発促進法（昭和44年法律第64号）による職業能力開発総合大学校（以下「職業能力開発総合大学校」という。）、同法による職業能力開発大学校（以下「職業能力開発大学校」という。）又は同法による職業能力開発短期大学校（以下「職業能力開発短期大学校」という。）において、令和元年国土交通省告示第751号の第１第一号又は第二号に規定する科目（単位の計算は、防衛大学校、職業能力開発総合大学校又は職業能力開発大学校にあっては大学設置基準（昭和31年文部省令第28号）の規定の趣旨に準じて行うものとし、職業能力開発短期大学校にあっては短期大学設置基準（昭和50年文部省令第21号）の規定の趣旨に準じて行うものとする。）を修めて卒業した者

四　建築設備士

五　建築士法等の一部を改正する法律（平成18年法律第114号）の施行の日（以下「平成18年改正法施行日」という。）前に昭和56年建設省告示第990号第一号から第十七号までに掲げる課程に在学した者であって、当該課程を修めて卒業した者

六　平成18年改正法施行日前に昭和56年建設省告示第990号第十八号又は第十九号に掲げる検定に合格した者

七　前各号に掲げる者のほか国土交通大臣が建築士法第14条第一号又は第二号に掲げる者と同

等以上の知識及び技能を有すると認める者

　附　則

1　この告示は、建築士法の一部を改正する法律（平成30年法律第93号）の施行の日（令和２年３月１日）から施行する。

2　建築士法第14条第一号から第四号までと同等以上の知識及び技能を有する者を定める件（平成20年国土交通省告示第745号）は、廃止する。

〔令和元年11月１日国土交通省告示第753号〕

建築士法第15条第一号の国土交通大臣の指定する建築に関する科目を定める件

建築士法（昭和25年法律第202号）第15条第一号の規定に基づき、建築士法第15条第一号の国土交通大臣の指定する建築に関する科目を定める件を次のように定める。

第1　建築士法第15条第一号の国土交通大臣の指定する建築に関する科目は、次の各号のいずれかに定めるものとする。

一　次のイからホまでに定める講義又は演習（次号において「必修講義等」という。）の全てを履修することにより修得する総単位数が20単位以上であるもの

　イ　３単位以上の建築設計製図に関する講義又は演習（建物（土地に定着する工作物のうち屋根及び柱又は壁を有するもの（これに類する構造のものを含む。）をいう。以下この号において同じ。）の建築工事の実施のために必要な図面を作成することができるようにするための講義又は演習であって、建物の形態、建築材料及び構造を決め、これらを図面に表示することを標準的な内容とするものをいう。）

　ロ　２単位以上の建築計画に関する講義若しくは演習（空間における建物の配置に係る計画を作成する際に考慮することが必要な人間の行動及び意識並びに建物及びその周辺の空間のあり方が人間の行動及び意識に与える作用に関することを標準的な内容とするものをいう。）、建築環境工学に関する講義若しくは演習（建物の室内における光、音、空気、温度その他これらに類する環境が人の健康に与える影響に関することを標準的な内容とするものをいう。）又は建築設備に関する講義若しくは演習（建物の快適な室内環境の形成及び維持のために必要な換気、暖房及び冷房の設備、建物の安全性を確保するために必要な消火及び排煙の設備、これらの設備を運転するために必要な電気及びガスの設備その他これらに類する設備に関することを標準的な内容とするものをいう。）

　ハ　３単位以上の構造力学に関する講義若しくは演習（建築物の応力又は変形を求める構造計算の基礎理論に関することを標準的な内容とするものをいう。）、建築一般構造に関する講義若しくは演習（建築物の一般的な構造に関することを標準的な内容とするものをいう。）又は建築材料に関する講義若しくは演習（建築物に使用される木材、鋼材、コンクリートその他これらに類する材料に関することを標準的な内容とするものをいう。）

　ニ　１単位以上の建築生産に関する講義又は演習（建物の企画、設計、工事施工その他これ

　　らに類する建築物が生産される過程に関することを標準的な内容とするものをいう。)

　　　ホ　1単位以上の建築法規に関する講義又は演習（建築物に関する基準を定めた法令及び建築行政に関することを標準的な内容とするものをいう。)

　二　必修講義等の全てを履修することにより修得する総単位数が20単位未満である場合において、当該必修講義等の履修により修得する総単位数と当該必修講義等以外の建築に関する1又は複数の講義又は演習の履修により修得する総単位数の合計が20単位以上となるもの

第2　第1に規定する科目の単位の計算方法は、学校教育法（昭和22年法律第26号）による大学を卒業した者については大学設置基準（昭和31年文部省令第28号）、専門職大学設置基準（平成29年文部科学省令第33号）、短期大学設置基準（昭和50年文部省令第21号）又は専門職短期大学設置基準（平成29年文部科学省令第34号）の規定の例に、同法による専門職大学の前期課程を修了した者については専門職大学設置基準の規定の例に、同法による高等専門学校を卒業した者については高等専門学校設置基準（昭和36年文部省令第23号）の規定の例に、同法による高等学校又は中等教育学校を卒業した者については高等学校学習指導要領（平成30年文部科学省告示第68号）の規定の例によるものとし、旧大学令（大正7年勅令第388号）による大学、旧専門学校令（明治36年勅令第61号）による専門学校又は旧中等学校令（昭和18年勅令第36号）による中等学校を卒業した者については国土交通大臣が別に定めるものとする。

　　　附　則

1　この告示は、建築士法の一部を改正する法律（平成30年法律第93号）の施行の日（令和2年3月1日）から施行する。

2　建築士法第15条第一号の国土交通大臣の指定する建築に関する科目を定める件（平成20年国土交通省告示第743号）及び建築士法第15条第二号の国土交通大臣の指定する建築に関する科目を定める件（平成20年国土交通省告示第744号）は、廃止する。

　　　　〔平成31年1月21日国土交通省告示第98号〕
建築士事務所の開設者がその業務に関して請求することのできる報酬の基準（抄)

　　　　　　　　　　　　　　〔平成21年国土交通省告示第15号を全文改正〕

　　　　　　　　　最終改正　令和2年12月23日国土交通省告示第1565号

　建築士法（昭和25年法律第202号）第25条の規定に基づき、建築士事務所の開設者がその業務に関して請求することのできる報酬の基準を次のように定める。

第1　業務報酬の算定方法

　　建築士事務所の開設者が建築物の設計、工事監理、建築工事契約に関する事務又は建築工事の指導監督の業務（以下「設計等の業務」という。)に関して請求することのできる報酬は、複数の建築物について同一の設計図書を用いる場合その他の特別の場合を除き、第2の業務経費、第3の技術料等経費及び消費税に相当する額を合算する方法により算定することを標準とする。

第2　業務経費

　業務経費は、次のイからニまでに定めるところによりそれぞれ算定される直接人件費、特別経費、直接経費及び間接経費の合計額とする。この場合において、これらの経費には、課税仕入れの対価に含まれる消費税に相当する額は含まないものとする。

　イ　直接人件費

　　直接人件費は、設計等の業務に直接従事する者のそれぞれについての当該業務に関して必要となる給与、諸手当、賞与、退職給与、法定保険料等の人件費の1日当たりの額に当該業務に従事する延べ日数を乗じて得た額の合計とする。

　ロ　特別経費

　　特別経費は、出張旅費、特許使用料その他の建築主の特別の依頼に基づいて必要となる費用の合計額とする。

　ハ　直接経費

　　直接経費は、印刷製本費、複写費、交通費等設計等の業務に関して直接必要となる費用（ロに定める経費を除く。）の合計額とする。

　ニ　間接経費

　　間接経費は、設計等の業務を行う建築士事務所を管理運営していくために必要な人件費、研究調査費、研修費、減価償却費、通信費、消耗品費等の費用（イからハまでに定める経費を除く。）のうち、当該業務に関して必要となる費用の合計額とする。

第3　技術料等経費

　技術料等経費は、設計等の業務において発揮される技術力、創造力等の対価として支払われる費用とする。

第4　直接人件費等に関する略算方法による算定

　業務経費のうち直接人件費並びに直接経費及び間接経費の合計額の算定については、第2のイ、ハ又はニの規定にかかわらず、次のイ又はロに定める算定方法を標準とした略算方法によることができるものとする。ただし、建築物の床面積の合計が、別添2に掲げる建築物の類型ごとに別添3に掲げる床面積の合計の欄に掲げる値のうちの最も小さい値を下回る建築物又は最も大きい値を上回る建築物にあっては、その略算方法によることができないものとする。

　イ　直接人件費

　　設計等の業務でその内容が別添1に掲げる標準業務内容であるものに係る直接人件費の算定については、別添2に掲げる建築物の類型に応じて、通常当該業務に従事する者1人について1時間当たりに要する人件費に別添3に掲げる標準業務人・時間数を乗じて算定する方法

　ロ　直接経費及び間接経費の合計額

　　直接経費及び間接経費の合計額の算定については、直接人件費の額に1.1を標準とする倍数を乗じて算定する方法

2　異なる2以上の用途に供する建築物で、別添2に掲げる建築物の類型のうち複数に該当するものに係る直接人件費については、前項イに定める算定方法に準ずる方法により、各用途ごとの当該用途に供する部分の床面積の合計その他の事情を考慮して算定することができるものとする。

3　第1項イに定める算定方法において、標準業務内容のうち一部の業務のみ行う場合は、別添
　　3に掲げる標準業務人・時間数から行われない業務に対応した業務人・時間数を削減すること
　　により算定するものとする。

4　第1項イに定める算定方法において、別添4に掲げる業務内容など標準業務内容に含まれな
　　い追加的な業務を行う場合は、別添3に掲げる標準業務人・時間数に当該業務に対応した業務
　　人・時間数を付加することにより算定するものとする。

5　第1項ロに定める算定方法において、直接経費及び間接経費が通常の場合に比べ著しく異な
　　る場合は、乗ずる倍数を調整することにより算定するものとする。

　　　　　附　則

1　この告示は、公布の日から施行する。

2　建築士事務所の開設者がその業務に関して請求することのできる報酬の基準（平成21年国土
　　交通省告示第15号）は、廃止する。

別　添　（略）

別　表　（略）

〔平成27年5月25日国土交通省告示第670号〕

建築士事務所の開設者が耐震診断及び耐震改修に係る業務に関して請求することのできる報酬の基準

最終改正　令和2年12月23日国土交通省告示第1565号

建築士法（昭和25年法律第202号）第25条の規定に基づき、建築士事務所の開設者が耐震診断（建築物の耐震改修の促進に関する法律（平成7年法律第123号）第2条第1項に規定する耐震診断をいう。以下同じ。）及び耐震改修（同条第2項に規定する耐震改修をいう。以下同じ。）に係る業務に関して請求することのできる報酬の基準を次のように定める。

第1　業務報酬の算定方法

　　建築士事務所の開設者が耐震診断又は耐震改修に係る建築物の設計、工事監理、建築工事契約に関する事務、建築工事の指導監督又は建築物に関する調査若しくは鑑定（以下「設計等」という。）の業務に関して請求することのできる報酬は、特殊な構造方法の建築物に係る設計等の業務を行う場合その他の特別の場合を除き、第2の業務経費、第3の技術料等経費及び消費税に相当する額を合算する方法により算定することを標準とする。

第2　業務経費

　　業務経費は、次のイからホまでに定めるところによりそれぞれ算定される直接人件費、検査費、特別経費、直接経費及び間接経費の合計額とする。この場合において、これらの経費には、課税仕入れの対価に含まれる消費税に相当する額は含まないものとする。

　イ　直接人件費

　　　直接人件費は、設計等の業務に直接従事する者のそれぞれについての当該業務に関して必

要となる給与、諸手当、賞与、退職給与、法定保険料等の人件費の1日当たりの額に当該業務に従事する延べ日数を乗じて得た額の合計とする。

ロ　検査費

　検査費は、溶接部の超音波探傷検査、コンクリート供試体の圧縮強度検査その他の設計等の業務に附随して行う検査を第三者に委託する場合における当該検査に係る費用の合計額とする。

ハ　特別経費

　特別経費は、出張旅費、特許使用料その他の設計等の委託者（以下「委託者」という。）の特別の依頼に基づいて必要となる費用（ロに定める経費を除く。）の合計額とする。

ニ　直接経費

　直接経費は、印刷製本費、複写費、交通費等設計等の業務に関して直接必要となる費用（ロ及びハに定める経費を除く。）の合計額とする。

ホ　間接経費

　間接経費は、設計等の業務を行う建築士事務所を管理運営していくために必要な人件費、研究調査費、研修費、減価償却費、通信費、消耗品費等の費用（イからニまでに定める経費を除く。）のうち、当該業務に関して必要となる費用の合計額とする。

第3　技術料等経費

　技術料等経費は、設計等の業務において発揮される技術力、創造力等の対価として支払われる費用とする。

第4　直接人件費等に関する略算方法による算定

　鉄骨造、鉄筋コンクリート造若しくは鉄骨鉄筋コンクリート造の建築物又は戸建木造住宅に係る設計等の業務を行う場合にあっては、業務経費のうち直接人件費並びに直接経費及び間接経費の合計額の算定については、第2のイ、ニ又はホにかかわらず、次のイ又はロに定める算定方法を標準とした略算方法によることができるものとする。ただし、建築物の床面積の合計が、鉄骨造、鉄筋コンクリート造又は鉄骨鉄筋コンクリート造の建築物にあっては別添2別表第1、戸建木造住宅にあっては別添2別表第2の床面積の合計の欄に掲げる値のうちの最も小さい値を下回る建築物又は最も大きい値を上回る建築物にあっては、その略算方法によることができないものとする。

イ　直接人件費

　設計等の業務でその内容が別添1に掲げる標準業務内容であるものに係る直接人件費の算定は、通常当該標準業務に従事する者一人について1時間当たりに要する人件費に、別添2に掲げる標準業務人・時間数（別添2に掲げる標準業務人・時間数によることができない場合にあっては、別添1に掲げる標準業務内容について一級建築士として2年又は二級建築士として7年の建築に関する業務経験を有する者が当該標準業務を行うために必要な業務人・時間数を建築士事務所ごとに算定した場合における当該業務人・時間数。以下「標準業務内容に応じた業務人・時間数」という。）を乗じて算定する方法

ロ　直接経費及び間接経費の合計額

　直接経費及び間接経費の合計額の算定は、直接人件費の額に1.0を標準とする倍数を乗じて算定する方法

2　前項イに定める算定方法において、標準業務内容のうち一部の業務のみ行う場合は、標準業務内容に応じた業務人・時間数から行われない業務に対応した業務人・時間数を削減することにより算定するものとする。

3　第1項イに定める算定方法において、別添3に掲げる業務など標準業務内容に含まれない追加的な業務を行う場合は、当該業務に対応した業務人・時間数を標準業務内容に応じた業務人・時間数に付加することにより算定するものとする。

4　第1項イに定める算定方法において、平面及び立面が不整形であるなど特殊な形状の建築物又は軟弱な地盤であるなど特殊な敷地上の建築物に係る設計等の業務を行うために必要な業務人・時間数が標準業務内容に応じた業務人・時間数を超過した場合は、当該超過した業務人・時間数を加算することにより算定するものとする。

5　第1項ロに定める算定方法において、直接経費及び間接経費が通常の場合に比べ著しく異なる場合は、乗ずる倍数を調整することにより算定するものとする。

別　添　（略）

〔平成20年9月2日国土交通省告示第1033号〕
建築士法施行規則第1条の2第1項第七号の国土交通大臣が定める実務を定める件

最終改正　令和元年11月1日国土交通省告示第754号

建築士法施行規則第10条第1項第六号〔現行＝第1条の2第1項第七号＝令和元年11月国土交通省令第42号により改正〕の国土交通大臣が定める実務を次のように定める。

第1　建築士法施行規則（昭和25年建設省令第38号。以下「規則」という。）第1条の2第1項第七号に規定する国土交通大臣が定める実務は、次に掲げるものとする。

一　次に掲げる業務の補助の実務（単なる記録の作成に関するものを除く。）

イ　住宅の品質確保の促進等に関する法律（平成11年法律第81号）第5条第1項の登録住宅性能評価機関が同法第13条の評価員に実施させる同法第7条第1項の評価の業務

ロ　建築物のエネルギー消費性能の向上に関する法律（平成27年法律第53号）第15条第1項の規定により同項に規定する登録建築物エネルギー消費性能判定機関が行う同法第12条第1項及び第2項並びに同法第13条第2項及び第3項の建築物エネルギー消費性能適合性判定の業務

ハ　建築物のエネルギー消費性能の向上に関する法律第24条第1項の規定により同項に規定する登録建築物エネルギー消費性能評価機関が行う特殊の構造又は設備を用いる建築物のエネルギー消費性能に関する評価の業務

ニ　独立行政法人住宅金融支援機構法施行令（平成19年政令第30号）第7条第1項第三号イに掲げる業務（貸付金に係る建築物又は建築物の部分の工事の審査に係るものに限る。）及び同号ロに掲げる業務

ホ　平成20年国土交通省告示第383号第1条第三号の現場検査員として行う同告示第1条第

　　二号の現場検査の業務

　二　次に掲げる工事（建築物に係るものに限る。）の施工の技術上の管理に関する実務

　　イ　とび・土工・コンクリート工事（建設業法(昭和24年法律第100号)別表第1に掲げるとび・土工・コンクリート工事をいい、鉄骨の組立てを行うもの又はコンクリート造の建築物の柱若しくははりを設置するものに限る。）

　　ロ　タイル・れんが・ブロック工事（建設業法別表第1に掲げるタイル・れんが・ブロック工事をいう。）

　　ハ　鋼構造物工事（建設業法別表第1に掲げる鋼構造物工事をいう。）

　　ニ　鉄筋工事（建設業法別表第1に掲げる鉄筋工事をいう。）

　　ホ　内装仕上工事（建設業法別表第1に掲げる内装仕上工事をいい、建築物の修繕又は改修に係るものに限る。）

　　ヘ　建具工事（建設業法別表第1に掲げる建具工事をいい、カーテンウォールに係るものに限る。）

　　ト　解体工事（建設業法別表第1に掲げる解体工事をいい、建築基準法(昭和25年法律第201号)第6条第1項第四号に規定する建築物に係るものを除く。）

　三　消防長又は消防署長が建築基準法第93条第1項の規定によって同意を求められた場合に行う審査に関する実務

　四　建築行政に関する実務（国の職員としての職務に係るものを除く。）

　五　地方公共団体が行う住宅に関する技術上の調査、審査、評価その他これらに類する業務に関する実務

　六　地方公共団体が行う都市計画法（昭和43年法律第100号）第4条第15項に規定する都市計画事業（建築物の整備に関するものに限る。）の施行に関する実務（第四号に掲げるものを除く。）

　七　学校教育法（昭和22年法律第26号）第1条に規定する学校において令和元年国土交通省告示第753号第1第一号イからホまでに定める講義又は演習の講師として従事する実務

　八　建築物に係る研究開発に関する実務（公正な第三者が関与して公表されるものに限る。）

　九　前各号に掲げるもののほか、国土交通大臣が規則第1条の2第1項第一号から第六号までに掲げる実務と同等以上の知識及び能力を要すると認める実務

2　学校教育法による大学院（第4項において単に「大学院」という。）の課程（建築に関するものに限る。）において、建築物の設計又は工事監理に係る実践的な能力を培うことを目的として建築士事務所その他の施設で行う実習（次項において「実務実習」という。）に係る単位を次の表の左欄に掲げる単位数修得した者にあっては、当該課程の在学期間のうち同表右欄に掲げる年数を規則第1条の2第1項の建築に関する実務の経験とする。

単　位　数	年　　　数
30単位以上	2　年
15単位以上30単位未満	1　年

3　実務実習に関連して必要となる科目の単位を修得したときは、その修得した単位の単位数を

前項の単位数のうちに加えることができる。

4　建築士法等の一部を改正する法律（平成18年法律第114号）の施行の日（以下「施行日」という。）前から引き続き大学院、学校教育法による大学の専攻科又は同法による高等専門学校の専攻科（いずれも建築に関するものに限る。以下「大学院等」という。）に在学している者（当該大学院等に入学する以前に正規の建築に関する課程又は正規の土木の課程を修めて卒業した者及びこれに準ずる者に限る。）が施行日以後に当該大学院等を修了又は卒業し、かつ当該大学院等における研究が建築に関するものであると認められる場合にあっては、その者の当該大学院等における在学期間は、2年を限度として規則第1条の2第1項に規定する建築に関する実務の経験とする。

　　　附　則

この告示は、建築士法等の一部を改正する法律の施行の日（平成20年11月28日）から施行する。

〔平成13年3月30日国土交通省告示第420号〕
建築士法施行規則第17条の18の規定に基づき国土交通大臣が定める要件

最終改正　令和元年11月27日国土交通省告示第841号

建築士法施行規則（昭和25年建設省令第38号）第17条の18の規定に基づく国土交通大臣が定める要件を次のように定める。

建築士法施行規則（昭和25年建設省令第38号）第17条の18に規定する国土交通大臣が定める要件は、次のいずれにも該当しない者であることとする。

一　未成年者

二　禁錮以上の刑に処せられ、その執行を終わり、又は執行を受けることがなくなった日から起算して2年を経過しない者

三　建築物の建築に関し罪を犯して罰金以上の刑に処せられ、その執行を終わり、又は執行を受けることがなくなった日から起算して2年を経過しない者

四　精神の機能の障害により建築設備士の業務を適正に行うに当たって必要な認知、判断及び意思疎通を適切に行うことができない者

〔令和元年11月1日国土交通省告示第755号〕
建築士法施行規則第21条第4項第一号ハの国土交通大臣が定める技術的基準を定める件

建築士法施行規則（昭和25年建設省令第38号）第21条第4項第一号ハの規定に基づき、国土交通大臣が定める技術的基準を次のように定める。

建築士法施行規則第21条第4項第一号ハの建築基準法施行令（昭和25年政令第338号）第80条

の2又は建築基準法施行規則（昭和25年建設省令第40号）第8条の3の技術的基準のうち国土交通大臣が定めるものは、次の各号に掲げる規定の区分に応じ、それぞれ当該各号に定める技術的基準とする。

　一　建築基準法施行令第80条の2　平成13年国土交通省告示第1540号第5第五号
　二　建築基準法施行規則第8条の3　平成13年国土交通省告示第1541号第1第五号に定める構
　　　造方法を用いること

　　　附　　則

　この告示は、建築士法の一部を改正する法律（平成30年法律第93号）の施行の日（令和2年3月1日）から施行する。

〔平成20年7月15日国土交通省告示第881号〕
建築士法に基づく中央指定登録機関等に関する省令第28条第二号の規定に基づき国土交通大臣が定める講義内容及び講義時間を定める件

　建築士法に基づく中央指定登録機関等に関する省令（平成20年国土交通省令第37号）第28条第二号の規定に基づき、国土交通大臣が定める講義内容及び講義時間を次のように定める。

　建築士法に基づく中央指定登録機関等に関する省令第28条第二号の講習科目（以下「科目」という。）ごとの講義内容は、次の表の第1欄に掲げる講習の区分に応じ、それぞれ同表の第2欄に掲げる科目ごとに同表の第3欄に掲げる内容とし、同号の講義時間は、同表の第1欄に掲げる講習の区分に応じ、それぞれ同表の第2欄に掲げる科目ごとに同表の第4欄に掲げる時間とする。

講　習	科　　目	内　　容	時　間
構造設計一級建築士講習	一　構造関係規定に関する科目	イ　構造関係規定に関し、目的、規制内容その他留意すべき事項 ロ　法適合性の確認に関する事項	4時間以上
	二　建築物の構造に関する科目	イ　構造設計一級建築士の役割、義務及び責任 ロ　荷重・外力、構造力学・解析、構造材料、構造計画及び構造計算に関する総論 ハ　木造、鉄筋コンクリート造、鉄骨造、鉄骨鉄筋コンクリート造その他の構造の特性に関する事項 ニ　その他建築物の構造に関し必要な事項	8時間以上
設備設計一級	一　設備関係規定に関す	イ　設備関係規定に関し、目的、規	6時間以上

建築士講習	る科目	制内容その他留意すべき事項 ロ　法適合性の確認に関する事項	
	二　建築設備に関する科目	イ　設備設計一級建築士の役割、義務及び責任 ロ　空調・換気設備、給排水衛生設備、電気設備、昇降機その他の建築設備の計画に関する事項 ハ　容量計算及び負荷計算に関する事項 ニ　設備機器の種類に関する事項 ホ　その他建築設備に関し必要な事項	12時間以上

附　則

　この告示は、建築士法等の一部を改正する法律（平成18年法律第114号）の施行の日（平成20年11月28日）から施行する。

〔平成20年11月28日国土交通省告示第1428号〕
建築士法に基づく中央指定登録機関等に関する省令第28条第九号の規定に基づき、講義を受講した者又は修了考査に合格した者と同等以上の知識を有する者として国土交通大臣が定める者及び講義又は修了考査のうち国土交通大臣が定める科目を定める件

　建築士法に基づく中央指定登録機関等に関する省令（平成20年国土交通省令第37号）第28条第九号の規定に基づき、講義を受講した者又は修了考査に合格した者と同等以上の知識を有する者として国土交通大臣が定める者及び講義又は修了考査のうち国土交通大臣が定める科目を、次のように定める。

　建築士法に基づく中央指定登録機関等に関する省令第28条第九号に規定する講義を受講した者又は修了考査に合格した者と同等以上の知識を有する者は、次の表の左欄に掲げる講習の区分に応じ、それぞれ同表の中欄に掲げる者とし、同号に規定する科目は、同表の中欄に掲げる者の区分に応じ、それぞれ同表の右欄に掲げる科目とする。

講　習	同等以上の知識を有する者	科　目
構造設計一級建築士講習	一　構造設計一級建築士講習の一部の科目の修了考査に合格し、その合格した構造設計一級建築士講習の行われた年度の初めから	当該科目の講義及び修了考査

	3年以内に構造設計一級建築士講習を受講する者	
設備設計一級建築士講習	一 一級建築士であって、かつ、建築設備士である者	建築設備に関する科目の講義（設備設計一級建築士の役割、義務及び責任に係る部分の講義を除く。）及び修了考査
	二 設備設計一級建築士講習の一部の科目の修了考査に合格し、その合格した設備設計一級建築士講習の行われた年度の初めから3年以内に設備設計一級建築士講習を受講する者	当該科目の講義及び修了考査

〔平成20年7月15日国土交通省告示第882号〕

建築士法に基づく中央指定登録機関等に関する省令第39条第二号の規定に基づき国土交通大臣が定める講義内容及び講義時間を定める件

最終改正 平成23年7月21日国土交通省告示第766号

建築士法に基づく中央指定登録機関等に関する省令（平成20年国土交通省令第37号）第39条第二号の規定に基づき、国土交通大臣が定める講義内容及び講義時間を次のように定める。

建築士法に基づく中央指定登録機関等に関する省令第39条第二号の講習科目（以下「科目」という。）ごとの講義内容は、次の表の第1欄に掲げる講習の区分に応じ、それぞれ同表の第2欄に掲げる科目ごとに同表の第3欄に掲げる内容とし、同号の講義時間は、同表の第1欄に掲げる講習の区分に応じ、それぞれ同表の第2欄に掲げる科目ごとにおおむね同表の第4欄に掲げる時間とする。

講 習	科 目	内 容	時 間
一級建築士定期講習	一 建築物の建築に関する法令に関する科目	イ 建築基準法（昭和25年法律第201号）、建築士法（昭和25年法律第202号）その他関係法令の最近の改正内容等	3時間30分
	二 設計及び工事監理に関する科目	イ 最新の建築技術 ロ 設計及び工事監理の実務の動向 ハ 建築物の事故事例及び処分事例並びにこれらを踏まえた職業倫理 ニ その他設計及び工事監理に関し	1時間30分

		必要な事項	
二級建築士定期講習	一　建築物の建築に関する法令に関する科目	イ　建築基準法、建築士法その他関係法令の最近の改正内容等	3時間
	二　建築物（建築士法第3条に規定する建築物を除く。）の設計及び工事監理に関する科目	イ　最新の建築技術 ロ　設計及び工事監理の実務の動向 ハ　建築物の事故事例及び処分事例並びにこれらを踏まえた職業倫理 ニ　その他設計及び工事監理に関し必要な事項	1時間
木造建築士定期講習	一　木造の建築物の建築に関する法令に関する科目	イ　建築基準法、建築士法その他関係法令の最近の改正内容等	3時間
	二　木造の建築物（建築士法第3条及び第3条の2に規定する建築物を除く。）の設計及び工事監理に関する科目	イ　最新の建築技術 ロ　設計及び工事監理の実務の動向 ハ　建築物の事故事例及び処分事例並びにこれらを踏まえた職業倫理 ニ　その他設計及び工事監理に関し必要な事項	1時間
構造設計一級建築士定期講習	一　構造関係規定に関する科目	イ　構造関係規定その他構造設計一級建築士の業務に関係する法令の規定の最近の改正内容等 ロ　最近の構造関係規定への不適合事例及び当該事例を構造関係規定に適合させるための方法等	3時間
	二　構造設計に関する科目	イ　最近の研究成果、技術開発の動向、事故事例、災害事例等を踏まえた構造設計方法等 ロ　その他構造設計に関し必要な事項	2時間
設備設計一級建築士定期講習	一　設備関係規定に関する科目	イ　設備関係規定その他設備設計一級建築士の業務に関係する法令の規定の最近の改正内容等 ロ　最近の設備関係規定への不適合事例及び当該事例を設備関係規定に適合させるための方法等	3時間
	二　設備設計に関する科目	イ　最近の研究成果、技術開発の動向、事故事例、災害事例等を踏まえた設備設計方法等	2時間

		ロ　その他設備設計に関し必要な事項	

附　則

　この告示は、建築士法等の一部を改正する法律（平成18年法律第114号）の施行の日（平成20年11月28日）から施行する。

〔平成20年7月15日国土交通省告示第883号〕
建築士法に基づく中央指定登録機関等に関する省令第42条第二号の規定に基づき国土交通大臣が定める講義内容及び講義時間を定める件

　建築士法に基づく中央指定登録機関等に関する省令（平成20年国土交通省令第37号）第42条第二号の規定に基づき、国土交通大臣が定める講義内容及び講義時間を次のように定める。

　建築士法に基づく中央指定登録機関等に関する省令第42条第二号の講習科目（以下「科目」という。）ごとの講義内容は、次の表の左欄に掲げる科目ごとに同表の中欄に掲げる内容とし、同号の講義時間は、同表の左欄に掲げる科目ごとにおおむね同表の右欄に掲げる時間とする。

科　　　目	内　　　　　容	時　間
一　建築士法その他関係法令に関する科目	イ　建築士法（昭和25年法律第202号）その他関係法令のうち建築士事務所に関する事項	1時間30分
二　建築物の品質確保に関する科目	イ　建築士事務所における業務の進め方に関する事項 ロ　建築士事務所の経営管理に関する事項 ハ　技術者の管理に関する事項 ニ　契約の締結及び履行に関する事項 ホ　紛争の防止に関する事項 ヘ　その他建築物の品質確保に関し必要な事項	3時間30分

附　則

　この告示は、建築士法等の一部を改正する法律（平成18年法律第114号）の施行の日（平成20年11月28日）から施行する。

津波防災地域づくりに関する法律に基づく告示

〔平成24年1月16日国土交通省告示第51号〕
津波防災地域づくりの推進に関する基本的な指針

　津波防災地域づくりに関する法律（平成23年法律第123号）第3条第1項の規定に基づき、津波防災地域づくりの推進に関する基本的な指針を次のように定めたので、同条第4項の規定に基づき公表する。

一　津波防災地域づくりの推進に関する基本的な事項

1　津波防災地域づくりの推進に関する基本的な指針（以下「津波防災地域づくり基本指針」という。）の位置づけ

　　平成23年3月11日に発生した東北地方太平洋沖地震は、我が国の観測史上最大のマグニチュード9.0という巨大な地震と津波により、広域にわたって大規模な被害が発生するという未曾有の災害となった。「災害には上限がない」こと、津波災害に対する備えの必要性を多くの国民があらためて認識し、最大規模の災害が発生した場合においても避難等により「なんとしても人命を守る」という考え方で対策を講ずることの重要性、歴史と経験を後世に伝えて今後の津波対策に役立てることの重要性などが共有されつつある。

　　また、東海・東南海・南海地震など津波による大規模な被害の発生が懸念される地震の発生が高い確率で予想されており、東北地方太平洋沖地震の津波による被災地以外の地域においても津波による災害に強い地域づくりを早急に進めることが求められている。

　　このような中、平成23年6月には津波対策に関する基本法ともいうべき津波対策の推進に関する法律（平成23年法律第77号）が成立し、多数の人命を奪った東日本大震災の惨禍を二度と繰り返すことのないよう、津波に関する基本的認識が示されるとともに、津波に関する防災上必要な教育及び訓練の実施、津波からの迅速かつ円滑な避難を確保するための措置、津波対策のための施設の整備、津波対策に配慮したまちづくりの推進等により、津波対策は総合的かつ効果的に推進されなければならないこととされた。また、国民の間に広く津波対策についての理解と関心を深めるようにするため、1854年に発生した安政南海地震の津波の際に稲に火を付けて暗闇の中で逃げ遅れていた人たちを高台に避難させて救った「稲むらの火」の逸話にちなみ、11月5日を「津波防災の日」とすることとされた。

　　一方、これまで津波対策については、一定頻度の津波レベルを想定して主に海岸堤防等のハードを中心とした対策が行われてきたが、東北地方太平洋沖地震の経験を踏まえ、このような低頻度ではあるが大規模かつ広範囲にわたる被害をもたらす津波に対しては、国がその責務として津波防災及び減災の考え方や津波防災対策の基本的な方向性や枠組みを示すとともに、都道府県及び市町村が、津波による災害の防止・軽減の効果が高く、将来にわたって安心して暮らすことのできる安全な地域づくり（以下「津波防災地域づくり」

という。）を、地域の実情等に応じて具体的に進める必要があると認識されるようになった。

　このため、平成23年12月、津波による災害から国民の生命、身体及び財産の保護を図ることを目的として、津波防災地域づくりに関する法律（平成23年法律第123号。以下「法」という。）が成立した。

　津波防災地域づくり基本指針は、法に基づき行われる津波防災地域づくりを総合的に推進するための基本的な方向を示すものである。

2　津波防災地域づくりの考え方について

　津波防災地域づくりにおいては、最大クラスの津波が発生した場合でも「なんとしても人命を守る」という考え方で、地域ごとの特性を踏まえ、既存の公共施設や民間施設も活用しながら、ハード・ソフトの施策を柔軟に組み合わせて総動員させる「多重防御」の発想により、国、都道府県及び市町村の連携・協力の下、地域活性化の観点も含めた総合的な地域づくりの中で津波防災を効率的かつ効果的に推進することを基本理念とする。

　このため、津波防災地域づくりを推進するに当たっては、国が、広域的な見地からの基礎調査の結果や津波を発生させる津波の断層モデル（波源域及びその変動量）をはじめ、津波浸水想定の設定に必要な情報提供、技術的助言等を都道府県に行い、都道府県知事が、これらの情報提供等を踏まえて、津波防災地域づくりを実施するための基礎となる法第8条第1項の津波浸水想定を設定する。

　その上で、当該津波浸水想定を踏まえて、法第10条第1項のハード・ソフト施策を組み合わせた市町村の推進計画の作成、推進計画に定められた事業・事務の実施、法第5章の推進計画区域における特別の措置の活用、法第7章の津波防護施設の管理等、都道府県知事による警戒避難体制の整備を行う法第53条第1項の津波災害警戒区域（以下「警戒区域」という。）や一定の建築物の建築及びそのための開発行為の制限を行う法第72条第1項の津波災害特別警戒区域（以下「特別警戒区域」という。）の指定等を、地域の実情に応じ、適切かつ総合的に組み合わせることにより、発生頻度は低いが地域によっては近い将来に発生する確率が高まっている最大クラスの津波への対策を効率的かつ効果的に講ずるよう努めるものとする。

　また、海岸保全施設等については、引き続き、発生頻度の高い一定程度の津波高に対して整備を進めるとともに、設計対象の津波高を超えた場合でも、施設の効果が粘り強く発揮できるような構造物の技術開発を進め、整備していくものとする。

　これらの施策を立案・実施する際には、地域における創意工夫を尊重するとともに、生活基盤となる住居や地域の産業、都市機能の確保等を図ることにより、地域の発展を展望できる津波防災地域づくりを推進するよう努めるものとする。

　また、これらの施策を実施するに当たっては、国、都道府県、市町村等様々な主体が緊密な連携・協力を図る必要があるが、なかでも地域の実情を最も把握している市町村が、地域の特性に応じた推進計画の作成を通じて、当該市町村の区域における津波防災地域づくりにおいて主体的な役割を果たすことが重要である。その上で、国及び都道府県は、それぞれが実施主体となる事業を検討することなどを通じて、積極的に推進計画の作成に参画することが重要である。

さらに、過去の歴史や経験を生かしながら、防災教育や避難訓練の実施、避難場所や避難経路を記載した津波ハザードマップの周知などを通じて、津波に対する住民その他の者（滞在者を含む。以下「住民等」という。）の意識を常に高く保つよう努めることや、担い手となる地域住民、民間事業者等の理解と協力を得るよう努めることが極めて重要である。

二　法第6条第1項の基礎調査について指針となるべき事項

1　総合的かつ計画的な調査の実施

都道府県が法第6条第1項の基礎調査を実施するに当たっては、津波による災害の発生のおそれがある地域のうち、過去に津波による災害が発生した地域等について優先的に調査を行うなど、計画的な調査の実施に努める。

また、都道府県は、調査を実施するに当たっては、津波災害関連情報を有する国及び地域開発の動向をより詳細に把握する市町村の関係部局との連携・協力体制を強化することが重要である。

2　津波による災害の発生のおそれがある地域に関する調査

津波による災害の発生のおそれがある地域について、津波浸水想定を設定し又は変更するために必要な調査として、次に掲げるものを行う。

ア　海域、陸域の地形に関する調査

津波が波源域から海上及び陸上へどのような挙動で伝播するかについて、適切に津波浸水シミュレーションで予測をするため、海底及び陸上の地形データの調査を実施する。

このため、公開されている海底及び陸上の地形データを収集するとともに、航空レーザ測量等のより詳細な標高データの取得に努めることとする。なお、広域的な見地から航空レーザ測量等については国が実施し、その調査結果を都道府県に提供する。これらに基づき、各都道府県において、地形に関する数値情報を構築した上で、津波浸水の挙動を精度よく再現できるよう適切な格子間隔を設定する。

イ　過去に発生した地震・津波に係る地質等に関する調査

最大クラスの津波を想定するためには、被害をもたらした過去の津波の履歴を可能な限り把握することが重要であることから、都道府県において、津波高に関する文献調査、痕跡調査、津波堆積物調査等を実施する。

歴史記録等の資料を使用する際には、国の中央防災会議等が検討に当たって用いた資料や気象庁、国土地理院、地方整備局、都道府県等の調査結果等の公的な調査資料等を用いることとする。また、将来発生の可能性が高いとされた想定地震、津波に関する調査研究成果の収集を行う。

国土交通大臣においては、各都道府県による調査結果を集約し、津波高に関する断片的な記録を広域的かつ分布的に扱うことで、当該津波を発生させる断層モデルの設定に係る調査を今後継続的に行っていくものとする。

ウ　土地利用等に関する調査

陸上に浸水した津波が、市街地等の建築物等により阻害影響を受ける挙動を、建物の立地など土地利用の状況に応じた粗度として表現し、津波浸水シミュレーションを行う

ため、都道府県において、土地利用の状況について調査を行い、既存の研究成果を用い、調査結果を踏まえた適切な粗度係数を数段階で設定する。

その際、建物の立地状況、建物の用途・構造・階数、土地の開発動向、道路の有無、人口動態や構成、資産の分布状況、地域の産業の状況等のほか、海岸保全施設、港湾施設、漁港施設、河川管理施設、保安施設事業に係る施設の整備状況など津波の浸水に影響のある施設の状況について調査・把握し、これらの調査結果を、避難経路や避難場所の設定などの検討の際の参考として活用することとする。

三　法第8条第1項に規定する津波浸水想定の設定について指針となるべき事項

法第8条第1項に規定する津波浸水想定の設定は、基礎調査の結果を踏まえ、最大クラスの津波を想定して、その津波があった場合に想定される浸水の区域及び水深を設定するものとする。

最大クラスの津波を発生させる地震としては、日本海溝・千島海溝や南海トラフを震源とする地震などの海溝型巨大地震があり、例えば、東北地方太平洋沖地震が該当する。

これらの地震によって発生する最大クラスの津波は、国の中央防災会議等により公表された津波の断層モデルも参考にして設定する。

中央防災会議等により津波の断層モデルが公表されていない海域については、現時点で十分な調査結果が揃っていない場合が多く、過去発生した津波の痕跡調査、文献調査、津波堆積物調査等から、最大クラスの津波高を推定し、その津波を発生させる津波の断層モデルの逆算を今後行っていくものとする。

上記による最大クラスの津波の断層モデルの設定等については、高度な知見と広域的な見地を要することから、国において検討し都道府県に示すこととするが、これを待たずに都道府県独自の考え方に基づき最大クラスの津波の断層モデルを設定することもある。

なお、最大クラスの津波について、津波の断層モデルの新たな知見が得られた場合には、適切に見直す必要がある。

都道府県知事は、国からの情報提供等を踏まえて、各都道府県の各沿岸にとって最大クラスとなる津波を念頭において、津波浸水想定を設定する。その結果として示される最大の浸水の区域や水深は、警戒区域の指定等に活用されることから、津波による浸水が的確に再現できる津波浸水シミュレーションモデルを活用する必要がある。

なお、津波浸水シミュレーションにより、津波が沿岸まで到達する時間が算定できることから、最大クラスの津波に対する避難時間等の検討にも活用できる。その際、最大クラスの場合よりも到達時間が短くなる津波の発生があることにも留意が必要である。

津波浸水想定により設定された浸水の区域（以下「浸水想定区域」という。）においては、「なんとしても人命を守る」という考え方でハード・ソフトの施策を総合的に組み合わせた津波防災地域づくりを検討するため、東北地方太平洋沖地震の津波で見られたような海岸堤防、河川堤防等の破壊事例などを考慮し、最大クラスの津波が悪条件下において発生し浸水が生じることを前提に算出することが求められる。このため、悪条件下として、設定潮位は朔望平均満潮位を設定すること、海岸堤防、河川堤防等は津波が越流した場合には破壊されることを想定することなどの設定を基本とする。

なお、港湾等における津波防波堤等については、最大クラスの津波に対する構造、強度、

減災効果等を考慮する必要があるため、当該施設に係る地域における津波浸水想定の設定に当たっては、法第8条第3項に基づき関係海岸管理者等の意見を聴くものとする。

また、津波浸水想定は、建築物等の立地状況、盛土構造物等の整備状況等により変化することが想定されるため、津波浸水の挙動に影響を与えるような状況の変化があった場合には、再度津波浸水シミュレーションを実施し、適宜変更していくことが求められる。

津波浸水想定の設定に当たっては、都道府県知事は、法第8条第2項に基づき、国土交通大臣に対して、必要な情報の提供、技術的助言その他の援助を求めることができるとしている。

都道府県知事は、津波浸水想定を設定又は変更した場合には、法第8条第4項及び第6項に基づき、速やかに、国土交通大臣へ報告し、かつ、関係市町村長へ通知するとともに、公表しなければならないこととされている。

津波浸水想定は、津波防災地域づくりの基本ともなるものであることから、公表にあたっては、都道府県の広報、印刷物の配布、インターネット等により十分な周知が図られるよう努めるものとする。

四　法第10条第1項に規定する推進計画の作成について指針となるべき事項

1　推進計画を作成する際の考え方

推進計画を作成する意義は、最大クラスの津波に対する地域ごとの危険度・安全度を示した津波浸水想定を踏まえ、様々な主体が実施するハード・ソフト施策を総合的に組み合わせることで低頻度ではあるが大規模な被害をもたらす津波に対応してどのような津波防災地域づくりを進めていくのか、市町村がその具体的な姿を地域の実情に応じて総合的に描くことにある。これにより、大規模な津波災害に対する防災・減災対策を効率的かつ効果的に図りながら、地域の発展を展望できる津波防災地域づくりを実現しようとするものであり、「一　津波防災地域づくりの推進に関する基本的な事項」に示した考え方を踏まえて作成するよう努めるものとする。

また、市町村が推進計画に事業・事務等を定める際には、都道府県が指定する警戒区域や特別警戒区域の制度の趣旨や内容を踏まえ、当該制度との連携や整合性に十分配意することによって、津波防災地域づくりの効果を最大限発揮できるよう努めるものとする。

津波防災地域づくりにおいては、地域の防災性の向上を追求することで地域の発展が見通せなくなるような事態が生じないよう推進計画を作成する市町村が総合的な視点から検討する必要があり、具体的には、推進計画は、住民の生活の安定や地域経済の活性化など既存のまちづくりに関する方針との整合性が図られたものである必要がある。このため、地域のあるべき市街地像、地域の都市生活、経済活動等を支える諸施設の計画等を総合的に定めている市町村マスタープラン（都市計画法(昭和43年法律第100号)第18条の2第1項の市町村の都市計画に関する基本的な方針をいう。以下同じ。）との調和が保たれている必要がある。また、景観法（平成16年法律第110号）第8条第1項に基づく景観計画その他の既存のまちづくりに関する計画や、災害対策基本法（昭和36年法律第223号）に基づく地域防災計画等とも相互に整合性が保たれるよう留意する必要がある。

なお、隣接する市町村と連携した対策を行う場合等、地域の選択により、複数の市町村が共同で推進計画を作成することもできる。

2　推進計画の記載事項について

ア　推進計画区域（法第10条第2項）について

推進計画区域は、必ず定める必要がある事項であり、市町村単位で設定することを基本とするが、地域の実情に応じて柔軟に定めることができる。ただし、推進計画区域を定める際には、浸水想定区域外において行われる事業等もあること、推進計画区域内において土地区画整理事業に関する特例、津波避難建築物の容積率の特例及び集団移転促進事業に関する特例が適用されること、津波防護施設の整備に関する事項を推進計画に定めることができることに留意するとともに、推進計画に定める事業・事務の範囲がすべて含まれるようにする必要がある。

イ　津波防災地域づくりの総合的な推進に関する基本的な方針（法第10条第3項第一号）について

本事項は、推進計画の策定主体である市町村の津波防災地域づくりの基本的な考え方を記載することを想定したものである。また、津波浸水想定を踏まえ、様々な主体が実施する様々なハード・ソフトの施策を総合的に組み合わせ、市町村が津波防災地域づくりの姿を総合的に描くという推進計画の目的を達成するために必要な事項である。

このため、推進計画を作成する市町村の概況（人口、交通、土地利用、海岸等の状況）、津波浸水想定により示される地域ごとの危険度・安全度、想定被害規模等について分析を行った上で、その分析結果及び地域の目指すべき姿を踏まえたまちづくりの方針、施設整備、警戒避難体制など津波防災・減災対策の基本的な方向性や重点的に推進する施策を記載することが望ましい。

また、市町村の津波防災地域づくりの考え方を住民等に広く周知し、推進計画区域内で津波防災地域づくりに参画する公共・民間の様々な主体が、推進計画の方向に沿って取り組むことができるよう、図面等で分かりやすく推進計画の全体像を示すなどの工夫を行うことが望ましい。

ウ　浸水想定区域における土地利用及び警戒避難体制の整備に関する事項（法第10条第3項第二号）について

本事項は、推進計画と浸水想定区域における土地利用と警戒避難体制の整備に関する施策、例えば警戒区域や特別警戒区域の指定との整合的・効果的な運用を図るために必要な事項を記載することを想定したものである。

都道府県知事が指定する警戒区域においては、避難訓練の実施、避難場所や避難経路等を定める市町村地域防災計画の充実などを市町村が行うことになり、一方、推進計画区域では、推進計画に基づき、避難路や避難施設等避難の確保のための施設の整備などが行われるため、これらの施策・事業間及び実施主体間の整合を図る必要がある。

また、頻度が低いが大規模な被害をもたらす最大クラスの津波に対して、土地区画整理事業等の市街地の整備改善のための事業や避難路や避難施設等の避難の確保のための施設等のハード整備を行う区域、ハード整備の状況等を踏まえ警戒避難体制の整備を特に推進する必要がある区域、ハード整備や警戒避難体制の整備に加えて一定の建築物の建築とそのための開発行為を制限することにより対応する必要がある区域等、地域ごとの特性とハード整備の状況に応じて、必要となる手法を分かりやすく示しておくことが

重要である。

　そこで、本事項においては、推進計画に定める市街地の整備改善のための事業、避難路や避難施設等の整備等に係る事業・事務と、警戒避難体制を整備する警戒区域や一定の建築物の建築とそのための開発行為を制限する特別警戒区域の指定などを、推進計画区域内において、地域の特性に応じて区域ごとにどのように組み合わせることが適当であるか、基本的な考え方を記載することが望ましい。また、これらの組み合わせを検討するに当たっては、津波浸水想定により示されるその地域の津波に対する危険度・安全度を踏まえるとともに、津波被害が想定される沿岸地域は市街化が進んだ都市的機能が集中するエリアであったり、水産業などの地域の重要な産業が立地するエリアであることも多いことから、市街化や土地利用の現状、地域の再生・活性化の方向性を含めた地域づくりの方針など多様な地域の実態・ニーズに適合するように努めるものとする。

エ　津波防災地域づくりの推進のために行う事業又は事務に関する事項（法第10条第3項第三号）について

　本事項は、推進計画の区域内において実施する事業又は事務を列挙することを想定したものである。

　法第10条第3項第三号イの海岸保全施設、港湾施設、漁港施設及び河川管理施設並びに保安施設事業に係る施設の整備に関する事項をはじめ、同号イからへまでに掲げられた事項については、一及び四．1に示した基本的な考え方を踏まえ、実施する事業等の全体としての位置と規模、実施時期、期待される効果等を網羅的に記載し、津波防災地域づくりの意義と全体像が分かるように記載することが望ましい。

　同号ロの津波防護施設は、津波そのものを海岸で防ぐことを目的とする海岸保全施設等を代替するものではなく、発生頻度が極めて低い最大クラスの津波が、海岸保全施設等を乗り越えて内陸に浸入するという場合に、その浸水の拡大を防止しようとするために内陸部に設ける施設である。このため、津波防護施設は、ソフト施策との組み合わせによる津波防災地域づくり全体の将来的なあり方の中で、当該施設により浸水の拡大が防止される区域・整備効果等を十分に検討した上で、地域の選択として、市町村が定める推進計画に位置づけ整備する必要がある。また、発生頻度が低い津波に対応するものであるため、後背地の状況等を踏まえ、道路・鉄道等の施設を活用できる場合に、当該施設管理者の協力を得ながら、これらの施設を活用して小規模盛土や閘門を設置するなど効率的に整備し一体的に管理していくことが適当である。なお、推進計画区域内の道路・鉄道等の施設が、人的災害を防止・軽減するため有用であると認めるときは、当該施設の所有者の同意を得て、指定津波防護施設に指定できることとしており、指定の考え方等については国が助言するものとする。

　同号ハの一団地の津波防災拠点市街地形成施設の整備に関する事業、土地区画整理事業、市街地再開発事業その他の市街地の整備改善のための事業は、津波が発生した場合においても都市機能の維持が図られるなど、津波による災害を防止・軽減できる防災性の高い市街地を形成するためのものであり、住宅、教育施設、医療施設等の居住者の共同の福祉又は利便のために必要な公益的施設、公共施設等の位置について十分勘案して実施する必要がある。「その他の市街地の整備改善のための事業」としては、特定利用

斜面保全事業、密集市街地の整備改善に関する事業等が含まれる。また、同号ホにより、住民の生命、身体及び財産を保護することを目的に集団移転促進事業について定めることができ、推進計画に定めた場合には、津波による災害の広域性に鑑み、都道府県が計画の策定主体となることも可能である。

同号ニの避難路、避難施設、公園、緑地、地域防災拠点施設その他の津波の発生時における円滑な避難の確保のための施設は、最大クラスの津波が海岸保全施設等を乗り越えて内陸に来襲してきたときに、住民等の命をなんとしても守るための役割を果たすものであり、津波浸水想定を踏まえ、土地利用の状況等を十分に勘案して適切な位置に定める必要がある。また、警戒区域内では、法第56条第1項、第60条第1項及び第61条第1項に基づく指定避難施設及び管理協定の制度により、市町村が民間建築物等を避難施設として確保することができることから、当該制度の積極的な活用を図ることが適当である。特に、人口が集中する地域など多くの避難施設が必要な地域にあっては、指定避難施設等の制度のほか、法第15条の津波避難建築物の容積率規制の緩和などの支援施策を活用し、民間の施設や既存の施設を活用して、必要な避難施設を効率的に確保するよう努める必要がある。

同号への地籍調査は、津波による災害の防止・軽減のための事業の円滑な施行等に寄与するために行うものであり、また、法第95条により、国は、推進計画区域における地籍調査の推進を図るため、その推進に資する調査を行うよう努めることとしている。

同号トは、同号イからヘまでに掲げられた事業等を実施する際に、民間の資金、経営能力等を活用するための事項を記載することを想定した項目である。例えば、民間資金等の活用による公共施設等の整備等の促進に関する法律（平成11年法律第117号）（PFI法）に基づく公共施設の整備、指定管理者制度の活用等が考えられる。なお、具体的な事業名を記載することができない場合においても、民間資金等を積極的に活用するという方針そのものを掲げることも含めて検討することが望ましい。

なお、法第5章第1節の土地区画整理事業に関する特例及び同章第3節の集団移転促進事業に関する特例を適用するためには、本事項に関係する事業を推進計画に記載する必要がある。

オ　推進計画における期間の考え方について

津波防災地域づくりは、発生頻度は低いが地域によっては近い将来に発生する確率が高まっている最大クラスの津波に対応するものであるため、中長期的な視点に立ちつつ、近い将来の危険性に対しては迅速に対応するとともに、警戒避難体制の整備については常に高い意識を持続させていくことが必要である。

このため、それぞれの対策に必要な期間等を考慮して、複数の選択肢の中から効果的な組み合わせを検討することが必要である。例えば、ハード整備に先行して警戒避難体制の整備や特別警戒区域の指定等のソフト施策によって対応するといったことが想定される。

なお、津波防災地域づくりを持続的に推進するため、推進計画には計画期間を設定することとしていないが、個々の施策には実施期間を伴うものがあるため、適時適切に計画の進捗状況を検証していくことが望ましい。

3　関係者との調整について

　　推進計画を作成する際には、推進計画の実効性を確実なものとする観点から、計画に定めようとする事業・事務を実施することになる者と十分な調整を図るとともに、市町村マスタープランとの調和を図る観点から、当該市町村の都市計画部局と十分な調整を図る必要がある。事業・事務を実施することになる者の範囲については、推進計画の策定主体である市町村において十分に検討し、協議等が必要となるかどうか当事者に確認することが望ましい。

　　また、推進計画を作成しようとするときには、津波防災地域づくりの推進のための事業・事務等について、推進計画の前提となる津波浸水想定の設定や、推進計画と相まって津波防災地域づくりの推進を図る警戒区域及び特別警戒区域の指定を行う都道府県と協議を行う必要がある。なお、この場合には、第10条第5項及び第11条第2項第二号の都道府県には都道府県公安委員会も含まれていることに留意が必要である。

　　法第10条第6項から第8項までの規定は、海岸保全施設、港湾施設、漁港施設、河川管理施設、保安施設事業に係る施設等の施設について、市町村と、これらの施設の関係管理者等との調整方法について定めている。その趣旨は、津波防災地域づくりを円滑に推進する観点から、関係する施設の管理者が作成する案に基づくこととし、市町村の方針とこれらの施設の事業計画との調整を図ろうというものである。各施設の管理者は、予算上の制約や隣接する地域の事情、関係する事業との関係等を総合的に勘案して事業計画を作成する必要があるが、市町村から申出があった場合には可能な限り尊重することが求められるものである。

4　協議会の活用について

　　関係者との調整を円滑かつ効率的に行うため、法第11条第1項の協議会の活用を検討することが望ましい。特に、複数の市町村が共同で作成する場合には、協議会を活用する利点は大きいと考えられる。

　　また、協議会には、学識経験者、住民の代表、民間事業者、推進計画に定めようとする事業・事務の間接的な関係者（例えば、兼用工作物である津波防護施設の関係者）等、策定主体である市町村が必要と考える者を構成員として加えることができる。

五　警戒区域及び特別警戒区域の指定について指針となるべき事項

1　警戒区域及び特別警戒区域の位置づけ

　　警戒区域は、最大クラスの津波が発生した場合の当該区域の危険度・安全度を津波浸水想定や法第53条第2項に規定する基準水位により住民等に「知らせ」、いざというときに津波から住民等が円滑かつ迅速に「逃げる」ことができるよう、予報又は警報の発令及び伝達、避難訓練の実施、避難場所や避難経路の確保、津波ハザードマップの作成等の警戒避難体制の整備を行う区域である。

　　また、特別警戒区域は、警戒区域のうち、津波が発生した場合に建築物が損壊・浸水し、住民等の生命・身体に著しい危害が生ずるおそれがある区域において、防災上の配慮を要する住民等が当該建築物の中にいても津波を「避ける」ことができるよう、一定の建築物の建築とそのための開発行為に関して建築物の居室の高さや構造等を津波に対して安全なものとすることを求める区域である。

　　なお、これらの区域の指定は、推進計画に定められたハード施策等との整合性に十分に配意して行う必要がある。

2　警戒区域の指定について

　　警戒区域は、最大クラスの津波に対応して、法第54条に基づく避難訓練の実施、避難場所や避難経路等を定める市町村地域防災計画の拡充、法第55条に基づく津波ハザードマップの作成、法第56条第1項、第60条第1項及び第61条第1項に基づく指定及び管理協定による避難施設の確保、第71条に基づく防災上の配慮を要する者等が利用する施設に係る避難確保計画の作成等の警戒避難体制の整備を行うことにより、住民等が平常時には通常の日常生活や経済社会活動を営みつつ、いざというときには津波から「逃げる」ことができるように、都道府県知事が指定する区域である。

　　このような警戒区域の指定は、都道府県知事が、津波浸水想定を踏まえ、基礎調査の結果を勘案し、津波が発生した場合には住民等の生命又は身体に危害が生ずるおそれがあると認められる土地の区域で、当該区域における人的災害を防止するために上記警戒避難体制を特に整備すべき土地の区域について行うことができるものである。警戒区域における法第53条第2項に規定する基準水位（津波浸水想定に定める水深に係る水位に建築物等への衝突による津波の水位の上昇を考慮して必要と認められる値を加えて定める水位）は、指定避難施設及び管理協定に係る避難施設の避難上有効な屋上その他の場所の高さや、特別警戒区域の制限用途の居室の床の高さの基準となるものであり、警戒区域の指定の際に公示することとされている。これについては、津波浸水想定の設定作業の際に併せて、津波浸水想定を設定するための津波浸水シミュレーションで、想定される津波のせき上げ高を算出しておき、そのシミュレーションを用いて定めるものとし、原則として地盤面からの高さで表示するものとする。

　　警戒区域の指定に当たっては、法第53条第3項に基づき、警戒避難体制の整備を行う関係市町村の長の意見を聴くこととされているが、警戒避難体制の整備に関連する防災、建築・土木、福祉・医療、教育等の関係部局、具体の施策を実施する市町村、関係者が緊密な連携を図って連絡調整等を行うとともに、指定後においても継続的な意思疎通を図っていくことが必要である。

　　なお、警戒区域内における各種措置を効果的に行うために、市町村長等が留意すべき事項については、以下のとおりである。

ア　市町村地域防災計画の策定

　　市町村防災会議（市町村防災会議を設置しない市町村にあっては、当該市町村の長）は、法第54条により、市町村地域防災計画に、警戒区域ごとに、津波に関する予報又は警報の発令及び伝達、避難場所及び避難経路、避難訓練等、津波による人的災害を防止するために必要な警戒避難体制に関する事項について定めることとなるが、その際、高齢者等防災上の配慮を要する者への配慮や住民等の自主的な防災活動の育成強化に十分配意するとともに、避難訓練の結果や住民等の意見を踏まえ、適宜適切に実践的なものとなるよう見直していくことが望ましい。また、特に、地下街等又は防災上の配慮を要する者が利用する施設については、円滑かつ迅速な避難の確保が図られるよう、津波に関する情報、予報又は警報の発令及び伝達に関する事項を定める必要がある。

イ　津波ハザードマップの作成

　　市町村の長は、法第55条により、市町村地域防災計画に基づき、津波に関する情報の伝達方法、避難施設その他の避難場所及び避難路その他の避難経路等、住民等の円滑な警戒避難を確保する上で必要な事項を記載した津波ハザードマップを作成・周知することとなるが、その作成・周知に当たっては、防災教育の充実の観点から、ワークショップの活用など住民等の協力を得て作成し、説明会の開催、避難訓練での活用等により周知を図る等、住民等の理解と関心を深める工夫を行うことが望ましい。また、津波浸水想定や市町村地域防災計画が見直された場合など津波ハザードマップの見直しが必要となったときは、できるだけ速やかに改訂することが適当である。併せて、市町村地域防災計画についても、必要な事項は平時から住民等への周知を図るよう努めるものとする。

ウ　避難施設

　　法第56条第1項の指定避難施設は、津波に対して安全な構造で基準水位以上に避難場所が配置等されている施設を、市町村長が当該施設の管理者の同意を得て避難施設に指定し、施設管理者が重要な変更を加えようとするときに市町村長への届出を要するもの、法第60条第1項又は第61条第1項の管理協定による避難施設は、市町村と上記と同様の基準に適合する施設の施設所有者等又は施設所有者等となろうとする者が管理協定を締結し、市町村が自ら当該施設の避難の用に供する部分の管理を行うことができるものである。

　　これらの避難施設は、津波浸水想定や土地利用の現況等地域の状況に応じて、住民等の円滑かつ迅速な避難が確保されるよう、その配置、施設までの避難経路・避難手段等に留意して設定することが適当である。また、避難訓練においてこれらの避難施設を使用するなどして、いざというときに住民等が円滑かつ迅速に避難できることを確認しておく必要がある。なお、法第15条の容積率の特例の適用を受ける建築物については、当該指定又は管理協定の制度により避難施設として位置づけることが望ましい。

エ　避難確保計画

　　避難促進施設（市町村地域防災計画に定められた地下街等又は一定の防災上の配慮を要する者が利用する施設）の所有者又は管理者は、法第71条第1項により、避難訓練その他当該施設の利用者の津波の発生時における円滑かつ迅速な避難の確保を図るために必要な措置に関する計画（避難確保計画）を作成することとなるが、市町村長は、当該所有者又は管理者に対して、避難確保計画の作成や避難訓練について、同条第3項に基づき、助言又は勧告を行うことにより必要な支援を行うことが適当である。

3　特別警戒区域の指定について

　　特別警戒区域は、都道府県知事が、警戒区域内において、津波から逃げることが困難である特に防災上の配慮を要する者が利用する一定の社会福祉施設、学校及び医療施設の建築並びにそのための開発行為について、法第75条及び第84条第1項に基づき、津波に対して安全なものとし、津波が来襲した場合であっても倒壊等を防ぐとともに、用途ごとに定める居室の床面の高さが基準水位以上であることを求めることにより、住民等が津波を「避ける」ため指定する区域である。

　また、法第73条第2項第二号に基づき、特別警戒区域内の市町村の条例で定める区域内では、津波の発生時に利用者の円滑かつ迅速な避難を確保できないおそれが大きいものとして条例で定める用途（例えば、住宅等の夜間、荒天時等津波が来襲した時間帯等によっては円滑な避難が期待できない用途）の建築物の建築及びそのための開発行為について、法第75条及び第84条第2項に基づき、上記と同様、津波に対して安全なものであること、並びに居室の床面の全部又は一部の高さが基準水位以上であること（建築物内のいずれかの居室に避難することで津波を避けることができる。）又は基準水位以上の高さに避難上有効な屋上等の場所が配置等されること（建築物の屋上等に避難することで津波を避けることができる。）のいずれかの基準を参酌して条例で定める基準に適合することを地域の選択として求めることができる。

　このような特別警戒区域は、都道府県知事が、津波浸水想定を踏まえ、基礎調査の結果を勘案し、警戒区域のうち、津波が発生した場合には建築物が損壊し、又は浸水し、住民等の生命又は身体に著しい危害が生ずるおそれがあると認められる土地の区域で、上記の一定の建築物の建築及びそのための開発行為を制限すべき土地の区域について指定することができるものである。その指定に当たっては、基礎調査の結果を踏まえ、地域の現況や将来像等を十分に勘案する必要があるとともに、法第72条第3項から第5項までの規定に基づき、公衆への縦覧手続、住民や利害関係人に対する意見書提出手続、関係市町村長の意見聴取手続により、地域住民等の意向を十分に踏まえて行うことが重要であり、また、住民等に対し制度内容の周知、情報提供を十分に行いその理解を深めつつ行うことが望ましい。

　また、その検討の目安として、津波による浸水深と被害の関係について、各種の研究機関や行政機関等による調査・分析が行われており、これらの結果が参考になる。なお、同じ浸水深であっても、津波の到達時間・流速、土地利用の状況、漂流物の存在等によって人的災害や建物被害の発生の程度が異なりうることから、地域の実情や住民等の特性を踏まえるよう努める必要がある。

　特別警戒区域の指定に当たっては、制限の対象となる用途等と関連する都市・建築、福祉・医療、教育、防災等の関係部局、市町村や関係者が緊密な連携を図って連絡調整等を行うとともに、指定後においても継続的な意思疎通を図っていくことが必要である。

4　警戒区域及び特別警戒区域の指定後の対応

　警戒区域及び特別警戒区域を指定するときは、その旨や指定の区域等を公示することとなるが、津波ハザードマップに記載するなど様々なツールを活用して住民等に対する周知に万全を期するよう努めるものとする。

　また、地震等の影響により地形的条件が変化したり、新たに海岸保全施設や津波防護施設等が整備されたりすること等により、津波浸水想定が見直された場合など、警戒区域又は特別警戒区域の見直しが必要となったときには、上記の指定の際と同様の考え方により、これらの状況の変化に合わせた対応を図ることが望ましい。

建築物のエネルギー消費性能の向上に関する法律に基づく主要な告示

〔平成28年11月30日国土交通省告示第1376号〕
建築物のエネルギー消費性能の向上に関する法律施行令第3条第三号の規定に基づき、居住者以外の者が主として利用していると認められるものを定める件

　建築物のエネルギー消費性能の向上に関する法律施行令（平成28年政令第8号）第3条第三号の規定に基づき、居住者以外の者が主として利用していると認められるものを次のように定める。

1　建築物のエネルギー消費性能の向上に関する法律施行令第3条第三号の居住者以外の者が主として利用していると認められるものとして国土交通大臣が定める建築物の部分（次項において「特定共用部分」という。）は、次に掲げる要件を満たす部分とする。

　一　居住者以外の者が当該部分を利用すること。

　二　当該部分の存する建築物における、居住者以外の者のみが利用する部分の床面積の合計が、居住者のみが利用する部分の床面積の合計より大きいこと。

2　建築物の計画から想定される当該部分の利用状況に照らして、前項第二号の要件により難い事情がある場合は、前項の規定にかかわらず、当該状況に応じて適当と認められる部分を特定共用部分とする。

　　　　附　則
　この告示は、建築物のエネルギー消費性能の向上に関する法律（平成27年法律第53号）の一部の施行の日（平成29年4月1日）から施行する。

〔平成28年11月30日国土交通省告示第1377号〕
建築物のエネルギー消費性能の向上に関する法律施行令第7条第1項第二号の規定に基づき、壁を有しないことその他の高い開放性を有するものを定める件

　建築物のエネルギー消費性能の向上に関する法律施行令（平成28年政令第8号）第7条第1項第二号の規定に基づき、壁を有しないことその他の高い開放性を有するものを次のように定める。

　建築物のエネルギー消費性能の向上に関する法律施行令第7条第1項第二号の壁を有しないこ

省エネ法　建築物

1605

とその他の高い開放性を有するものとして国土交通大臣が定める用途は、当該用途に供する建築物の構造が次のいずれかの要件を満たす用途とする。

一　壁を有しないこと。

二　内部に間仕切壁又は戸（ふすま、障子その他これらに類するものを除く。）を有しない階又はその一部であって、その床面積に対する常時外気に開放された開口部の面積の割合が $\frac{1}{20}$ 以上である部分のみで構成されていること。

　　附　則

この告示は、建築物のエネルギー消費性能の向上に関する法律（平成27年法律第53号）の一部の施行の日（平成29年4月1日）から施行する。

〔平成28年2月1日国土交通省告示第272号〕

建築物のエネルギー消費性能の向上に関する法律施行令の規定により、認定建築物エネルギー消費性能向上計画に係る建築物の床面積のうち通常の建築物の床面積を超えることとなるものを定める件

最終改正　令和3年3月12日国土交通省告示第173号

建築物のエネルギー消費性能の向上に関する法律施行令（平成28年政令第8号）第13条〔現行＝第15条第1項＝令和2年9月政令第266号により改正〕の規定に基づき、認定建築物エネルギー消費性能向上計画に係る建築物の床面積のうち通常の建築物の床面積を超えることとなるものを次のように定める。

建築物のエネルギー消費性能の向上に関する法律施行令第15条第1項（同条第2項の規定により読み替えて適用される場合を含む。）の国土交通大臣が定める床面積は、次の各号に掲げる設備を設ける部分の床面積の合計とする。

一　太陽熱集熱設備、太陽光発電設備その他再生可能エネルギー源を利用する設備であってエネルギー消費性能の向上に資するもの

二　燃料電池設備

三　コージェネレーション設備

四　地域熱供給設備

五　蓄熱設備

六　蓄電池（床に据え付けるものであって、再生可能エネルギー発電設備と連系するものに限る。）

七　全熱交換器

　　附　則

この告示は、建築物のエネルギー消費性能の向上に関する法律（平成27年法律第53号）の施行の日（平成28年4月1日）から施行する。

都市の低炭素化の促進に関する法律に基づく主要な告示

経済産業省
〔平成24年12月4日国土交通省告示第118号〕
環　境　省

都市の低炭素化の促進に関する基本的な方針

経済産業省
最終改正　令和元年11月18日国土交通省告示第73号
環　境　省

　都市の低炭素化の促進に関する法律（平成24年法律第84号）第3条第1項の規定に基づき、都市の低炭素化の促進に関する基本的な方針を次のとおり定めたので、同条第5項の規定に基づき公表する。

1．都市の低炭素化の意義及び目標に関する事項

(1)　意義

　我が国において、人口と建築物が相当程度集中する都市における低炭素化を進めることは、社会全体での地球環境問題への取組の中で大きな位置を占めており、京都議定書目標達成計画（平成17年4月28日閣議決定）において、「低炭素型の都市・地域構造や社会経済システムの形成」及び「温室効果ガス吸収源対策・施策」が位置づけられた。都市の低炭素化の促進に関する法律（以下「本法」という。）は、こうした都市の低炭素化に焦点を当ててこれを促進していくための枠組として制定されたものである。

　また、2015年12月に、温室効果ガス排出削減のための国際的な枠組みであるパリ協定が採択（2016年11月に発効）され、同協定を踏まえ、地球温暖化対策計画（平成28年5月13日閣議決定）において、2030年度の温室効果ガス排出量を2013年度と比較して26.0％削減する中期目標が掲げられている。

　こうした地球温暖化の防止を図るための施策に関する国の計画と調和しつつ、地球温暖化対策の推進に関する法律（平成10年法律第117号）と相まって、本法による施策を適切に実施することにより、都市の低炭素化の促進を図り、都市の健全な発展に寄与することが求められている。

　さらに、東日本大震災を契機としたエネルギー需給の構造変化や我が国が直面しているエネルギー制約を踏まえ、他法令に基づく施策等との連携を図りつつ、都市の低炭素化のための施策を遂行し、持続可能で活力ある国土・地域づくりを推進することが今日の重要な課題である。

(2)　目標

　都市の低炭素化は、我が国として二酸化炭素の排出量を削減していくための取組の一環を成すものであるとともに、その促進を図ることによって都市の健全な発展に寄与するものであり、次に掲げるまちづくりを実現していくことを目標とするものである。

①　二酸化炭素排出量と相関性の高い都市構造を従来の拡散型から転換し、都市機能の集約

1607

化とこれと連携した公共交通機関の利用促進、貨物運送の合理化等を進めることで、日常生活に伴う移動や都市内物流に係るエネルギー使用の削減につながるまちづくりを進めること。同時に、日常生活に必要なまちの機能が住まいの近くに集約されることを通じ、高齢者や子育て世帯にも暮らしやすい生活空間を創出するまちづくりを進めること。こうした取組を通じて、都市インフラの維持・更新の効率化・重点化等財政負担の軽減等にも資するまちづくりを進めること。

②　建築物の省エネルギー性能等を向上させ、年間での一次エネルギー消費量が正味（ネット）でゼロ又は概ねゼロとなる「ネット・ゼロ・エネルギー・ハウス」や「ネット・ゼロ・エネルギー・ビル」、資材製造や建設段階から運用段階までの二酸化炭素排出量の削減、住宅の長寿命化によりライフサイクル全体を通じた二酸化炭素排出量をマイナスにする「ライフサイクルカーボンマイナス住宅」等が普及するまちづくりを進めること。また、自動車についても、電気自動車の充電設備の整備等を進め、電気自動車等の環境対応車が普及するまちづくりを進めること。更に、こうした都市の構成要素の低炭素化にとどまらず、非化石エネルギーの利用や化石燃料の効率的な利用、地区・街区レベルでの効率的な熱の共同利用等の取組を通じて、都市のエネルギーシステムそのものを効率的で低炭素なものとするまちづくりを進めること。

③　都市構造の基盤であり、都市機能の拡散を抑制するとともに二酸化炭素の吸収源となる都市のみどりを積極的に保全・創出するまちづくりを進めること。併せて、緑化による地表面被覆の改善や風の道の確保等によるヒートアイランド現象の緩和機能を通じて、二酸化炭素の排出抑制につながるまちづくりを進めること。このようなみどりの保全・緑化の推進を通じて、都市の低炭素化を進めるとともに、生物多様性が保全される等、環境への負荷が小さく、人と自然が共生し、緑豊かで美しく風格あるまちづくりを進めること。

２．都市の低炭素化の促進のために政府が実施すべき施策に関する基本的な方針

(1)　基本的な考え方

①　施策の基本的な方向性

都市の低炭素化を促進していく上では、自動車に過度に頼らない都市構造の実現に向け、都市構造を集約型に転換していくことが施策の最も基本的な方向となる。このため、都市を支える流域圏や崖線などに存在する緑地をはじめ、都市の拠点となる地域の周辺における緑地の保全など、都市機能の拡散を抑制する施策を講じつつ、都市構造の集約型への転換を図る上で中心となる「都市機能の集約化」と「公共交通機関の利用促進」の両施策について、その一体的な実施に特に配慮しながら推進していくことを基本とする。

また、都市活動の大半は個人を含む民間による活動・投資であり、都市の低炭素化を実効あるものとして促進していく上で、経済の活性化の視点を欠かすことはできない。このため、各種の事業や技術開発に対する支援、施策効果の評価手法の開発や関連する基準の策定等の施策を講じることにより、都市の低炭素化に向けた民間の取組を促進し、その成功事例を蓄積するとともに、これを普及していくことで、都市の低炭素化の実現を図る。

②　施策の総合的な推進

都市の低炭素化の促進に関する施策は、都市構造の集約型への転換から緑豊かなまちづくりに至るまで多岐にわたるものであり、都市政策や交通政策に限らず、地球環境問題の

観点からは環境政策と、都市活動の省エネルギー化の観点からは省エネルギー政策とも係わるものである。また、例えば都市機能の集約は、福祉施設等の立地にも関わるものであることから、地域包括ケア等の福祉政策等にも係わるものであり、こうした幅広い政策分野との緊密な連携を図りながら、総合的かつ一体的に推進する。

また、環境未来都市における世界トップクラスの成功事例を積極的に普及していくとともに、環境未来都市、環境モデル都市においても本法における各種特例措置が必要な場合には低炭素まちづくり計画制度を活用するなど、環境未来都市、環境モデル都市とも十分に連携を図りながら、都市の低炭素化を促進する。

さらに、本法における各種の特例措置に関する事項に限らず、こうした幅広い政策分野において、引き続き、都市の低炭素化の促進のための施策の充実・強化に努める。

③　地方公共団体等における取組の支援

まちづくりの中核的な主体である市町村をはじめとして、事業者、ＮＰＯや住民によって都市の低炭素化に向けた取組が効果的に実施されるよう、必要な助言、情報提供、教育活動等を積極的に行う。

(2)　個別の分野における施策の方向性

①　都市機能の集約化のための施策の方向性

都市の拠点となる地域に、住宅等とともに、日常生活に必要な小売店舗や働く場である業務施設、高齢者等の暮らしを支える医療・福祉施設等が一体的に集約され、徒歩による移動で日常生活の大半のニーズが満たされるような都市など都市機能が集約されたまちづくりを進める。また、保育所や学校等が併せて集約され、あるいは、様々な施設がバリアフリー化された歩行空間等によってつながり、高齢者をはじめ人々が徒歩や自転車等により便利かつ安全に移動できるような歩いて暮らせるまちづくりを進める。さらに、都市内における交通渋滞等を抑制するため、駐車施設についても集約し、あるいは都市内物流を効率化する等により交通渋滞が軽減されたまちづくりを進める。

また、都市機能の集約化は、人口減少・超高齢社会や益々厳しくなる財政制約等の状況を踏まえた持続可能な社会の構築にも資するものであり、それに向けた各種施策等に対する支援を実施する。

特に、事業者、住民による取組を支援する地方公共団体が円滑に低炭素化のための措置を講じられるよう、医療・福祉施設と一体的に整備される共同住宅や、住宅と保育所等の身近な生活サービス機能を集約整備する等といった事業に代表される市街地の整備改善や住宅の整備その他の都市機能の集約化に関する施策を講ずる際には、社会資本整備総合交付金等による財政的な支援を重点的に実施するとともに、都市の拠点となる地域外で行われる拡散型の都市構造につながるような市街地の整備改善に関する事業については支援しないものとする。

また、都市の拠点となる地域への都市機能の集約化に向けた施策等に対する支援を実施する際には、それ以外の地域において生活環境の維持等を図ることも重要となるため、地方公共団体によるそうした取組についても促進するものとする。

②　公共交通機関の利用促進のための施策の方向性

鉄軌道は、大量輸送機関であり、他の交通機関に比べて二酸化炭素排出量が少なく、ま

た、バスは、日常生活における身近で一般的な移動手段として大きな役割を果たしており、輸送量当たりの二酸化炭素排出量が自家用車よりも少ないものでもあることから、これら公共交通機関の利用を促進することとする。

　特に、都市機能の集約化のための施策と連携しながら公共交通機関の利用促進を図るため、バス路線の新設・変更や鉄軌道の整備等により、公共交通機関の利便性向上を推進することが重要である。例えばパークアンドライドシステムの整備にあわせて、バス路線の新設やバスの停留所の新設を促進することや、ＬＲＴ（従来の路面電車から走行空間を改善させたものや、車両性能等を向上させたもので、高い速達性、定時性、輸送力等を持つもの）の整備を促進することが考えられる。

　このために、本法による特例を活用し、これらの取組の実施に際し必要となる複数の手続を一括して処理する等、手続を合理化・簡略化し、事業者の負担を低減することによって、事業者による環境負荷低減の取組を支援することとする。

　また、地域内のバス交通・デマンド交通等の確保・維持や、公共交通機関のバリアフリー化、ＬＲＴ、ＢＲＴ、ＩＣカードの導入等公共交通の利用環境改善等に対し、必要な財政上の支援を行っていくこととする。

　このほか、公共交通への理解と共感を高めるためのシンポジウムや、小中学生等に対する交通教室の開催等の啓発活動を積極的かつ継続的に推進することとする。

　加えて、通勤交通マネジメントについては、引き続き、地域のエコ通勤に関する取組と連携を図り、エコ通勤優良事業所認証制度の認証事業所数の増加を図ること等により、エコ通勤の普及・促進に向けた取組を実施することとする。

③　都市内物流の効率化の推進のための施策の方向性

　物流ニーズの更なる高度化を背景とした配送単位の小口化、配送頻度の増加、総輸送距離の増大等が、都市内物流に係る二酸化炭素排出量を増加させる可能性もあることが指摘される中、都市の低炭素化を促進するためには、物流の効率化に関する取組を一層推進し、二酸化炭素排出量削減や大気汚染の防止等を実現していくことが重要である。物流の効率化に関する取組のうち、運送の共同化、輸送網の集約、トラック積載率の向上等は物流事業者が積極的に行うことが求められるものであり、今後も引き続きこれらの取組の充実・強化が図られるべきものである。このうち、一定の区域内における貨物の運送について、２以上の事業者が共同して貨物を集約し、集貨・配達等を行う運送の共同化に関する事業は、本法において貨物運送共同化事業として定められているが、荷主、物流事業者等の個別の自助努力にその実施を任せるのでは限界があるため、市町村が主体となって各関係者の間の連携施策を促進していくことが重要であり、市町村が作成する低炭素まちづくり計画（以下「本計画」という。）に貨物の運送の共同化の推進を位置づけ、当該計画に即し貨物運送共同化事業の実施を促進するものとする。

④　自動車の低炭素化の促進のための施策の方向性

　自動車からの二酸化炭素の排出を抑制する上では、先ず、新車について燃費等を向上させるとともに、電気自動車等を含めた環境対応車の普及を図ることが必要であるため、技術の進歩に対応した燃費基準の策定、公共交通や物流を支えるトラック、バス等の分野における次世代自動車環境技術の開発・実用化の促進、税制、補助金等のインセンティブ措

置による環境対応車の普及促進等を推進することとする。

　効果的に自動車からの二酸化炭素の排出を抑制する上では、環境対応車の開発・普及の促進のみならず、既に使用されている自動車について、最適な利活用を促進することにより、運行中の二酸化炭素排出を抑制することが必要であり、具体的には、「エコドライブ10のすすめ」等を活用したエコドライブの普及啓発や、エコドライブを支援する機器の普及促進、電気自動車による電力使用の省エネ化・最適化を実現するためのシステムの実用化・普及、車載蓄電池の走行以外への活用、公共交通機関の利用促進等を推進することとする。

　また、地域特性等に合わせた超小型モビリティの利活用、公共交通や物流への電気自動車の集約的導入、電気自動車の充電施設の整備等、環境対応車を活用したまちづくりを推進することとする。地域における関連施策の推進に当たっては、超高齢社会への対応や子育て世代の移動支援、地域の活性化等、他の地域課題にも配慮し、環境負荷の低減と移動の質の確保の両方を実現すべく、それぞれの地域特性に合った最適なモビリティの普及や最適な利活用を促進することとする。

⑤　建築物の低炭素化の促進のための施策の方向性

　都市の低炭素化を促進する上では、これまでの建築物を「作っては壊す」社会から、「いいものを作って、きちんと手入れして、長く大切に使う」社会へと移行することが重要であり、このような観点を踏まえ、建築物の低炭素化を促進することとする。

　新築の建築物については、建築物のエネルギー消費性能の向上に関する法律（平成27年法律第57号）に基づく建築物エネルギー消費性能基準への適合の確保に向け、建築物の規模・用途ごとの特性に応じた実効性の高い対策を講ずるとともに、再生可能エネルギー等の先進的な取組をより評価しやすい評価手法の確立、建築物省エネルギー性能表示制度の普及、民間等の先導的な低炭素建築物の整備に対する支援等、低炭素化が図られた建築物の普及を図るための環境整備を推進することとする。

　建築物のストック全体に対する新築供給の割合に鑑みれば、建築物分野全体の低炭素化を促進するためには、既存の建築物の低炭素化を促進することは新築の建築物に係る対策以上に重要であり、既存ストックの低炭素化を着実に促進することとする。この際、客観的で分かりやすい指標をつくり、国民に示すとともに、建築物の低炭素化のための改修に係る各種支援を行う等、多面的な施策を推進することとする。

　再生可能エネルギーの導入拡大は、建築物の低炭素化を促進する観点からも重要であり、建築物においては、屋根等に太陽光発電パネルの設置が可能であって、再生可能エネルギーである太陽光発電の活用余地が大きいこともあるため、導入促進に向けた取組を特に推進することとする。加えて、民生部門におけるエネルギー消費量の約4割から6割を占める給湯や暖房等について、太陽熱や地中熱、下水熱といった再生可能エネルギーの利用やこれらと合わせて蓄電池その他のエネルギーの蓄積のための設備を活用することで、更なる二酸化炭素排出量の削減が可能であるため、建築物における再生可能エネルギー等の導入に対して支援を行う等、それらの取組を推進することとする。

　建築物からの二酸化炭素排出量のうち、運用段階において排出される量は全体の4分の3程度であり、残りの4分の1は建設・廃棄・再利用等の段階において排出されていると

ころ、建築物からの二酸化炭素排出量の更なる削減を進めるためには、建設・廃棄・再利用等の段階を含めたライフサイクル全体を通じた二酸化炭素排出量の削減を推進することが重要であるため、建設・廃棄・再利用等の各段階における二酸化炭素排出量を公平・公正に評価できる手法の普及や、地域の材料や技術を含めた適切な建材・技術の選択、建材の生産工程、輸送における低炭素化や省資源化等の取組を促進することとする。

⑥　非化石エネルギーの利用及び化石燃料の効率的利用に資する施設整備の推進のための施策の方向性

太陽光、太陽熱、風力、下水汚泥・食品廃棄物や木質バイオマス等のバイオマス、廃棄物処理施設や工場等の排熱、下水熱、地中熱といった再生可能・未利用エネルギーは、化石燃料の代替となるものであり、こうした非化石エネルギーの都市内における積極的な導入を促進する。特に、下水熱については、下水道管ネットワークを通じ都市内に豊富かつ安定的に存在するエネルギーであり、事業者による下水熱の有効活用等を積極的に推進する。また、熱需要の密度が高い都市の特性を活かして地区や街区といった一定の広がりをもった地域における熱の共同利用を推進する。

以上の取組も含め、非化石エネルギーの利用及び化石燃料の効率的な利用を通じて都市のエネルギーシステムを様々な側面から効率的で低炭素なものとしていく上で必要となる、太陽光パネル、風力発電施設、下水汚泥・食品廃棄物等のバイオマス利活用施設、発電された電力の出力安定化・平準化を図るとともに、非常時等の電源を確保するための蓄電池、地区・街区レベルでの熱の共同利用を図るための熱供給導管、港湾における省エネルギー型の荷役機械といった各種の施設について、その都市内での整備を推進するための技術開発や事業支援等に取り組むとともに、都市公園や下水処理場、港湾等の都市の公共空間について当該公共空間の本来の機能に留意しつつ活用を図る等環境整備を推進するものとする。

⑦　緑地の保全及び緑化の推進のための施策の方向性

都市の拠点となる地域においては、都市公園や公共空間における緑地の整備に加え、屋上緑化や壁面緑化等による建築物の敷地内の緑化など、きめ細やかな緑化を推進することとする。また、当該地域の周辺においては、都市構造の基盤であり、都市機能の拡散を抑制する緑地の保全を図るとともに、都市の集約化に伴って発生することが予想される空閑地の緑地化等を推進することとする。

樹木が二酸化炭素の吸収源となるという観点から、都市公園の整備や緑地の保全等への支援を行う等、都市の緑化の推進と緑地の保全を推進することとする。

また、都市緑化等は市民にとって、最も日常生活に身近な吸収源対策の一つであり、その推進は、実際の吸収源対策としての効果はもとより、都市の低炭素化を促進する趣旨の普及啓発にも大きな効果を発揮するものであることから、緑化運動等への積極的な展開に努める等各主体との連携した取組を推進することとする。

都市公園・下水処理場等の公共施設や建築物の敷地等における緑化による地表面被覆の改善、下水熱利用等による大気への人工排熱の抑制、連続した緑地等による風の道の確保等によるヒートアイランド対策を促進することにより、冷暖房需要を低減する等、間接的な二酸化炭素排出量の削減につながる取組を推進することとする。

　　都市の公園・街路から発生する剪定枝や倒木、刈草残渣等の木質バイオマス等未利用の植物廃材については、地産地消型再生可能エネルギーとして活用することにより、低炭素まちづくりの実現に寄与することが期待できる。このため、都市由来の植物廃材の特性に対応したエネルギー効率の高い発電プラントの開発、植物廃材の効率的な収集・運搬、エネルギー転換、副産物処理のためのシステムの構築など、木質バイオマス等の活用に向けた技術開発を推進し、その普及に努める。

３．低炭素まちづくり計画の作成に関する基本的な事項

⑴　低炭素まちづくり計画の作成全般に係る基本的な事項

①　基本的な考え方

　　都市の低炭素化に関する課題やニーズは、大都市と中小都市、寒冷地の都市と温暖地の都市等それぞれの都市によって多種多様であり、取り組むべき施策も自ずと異なるものである。このため、地域の実情に精通した市町村が、地域の真の課題やニーズを精査した上で、本計画を作成することが重要である。

　　また、都市の低炭素化を促進していくためには、国や地方公共団体のみならず、個人を含む民間の社会経済活動全般における取組が不可欠であるが、そのためには各市町村の目指すべき将来の都市像や具体的な取組を提示し、事業者の事業実施に当たっての予見可能性を高める等民間の低炭素化に向けた取組を後押しすることが重要となる。このため、本計画においては、目指すべき将来の都市像や施策の全体像を提示するものとして、また、地域の特性に応じた柔軟な低炭素まちづくりを進めるためのものとして、本法における各種の特例措置に関する事項に限らず、各市町村において、関係者間で共有する必要のある施策や事項を幅広く記載することが重要である。また、低炭素まちづくりを進めていくに当たっては、経済の活性化等の様々な視点にも配慮しながら、目指すべき将来の都市像を実現していくことが望ましい。

　　以上のことから、本計画の作成や実施に当たっては、事業者をはじめとする幅広い関係者が参画する低炭素まちづくり協議会を組織する等して、関係者の意見を集約し、合意形成を図りながら、着実に取組を進めていくことが望ましい。

　　また、本計画に、具体的な施策を記載する場合には、当該施策の実施主体との事前の協議等の調整を行うことが望ましい。例えば、歩道や自転車通行空間の整備等の施策を記載する場合には、道路管理者との事前の調整を行うことが望ましい。

②　低炭素まちづくり計画の区域

　　本計画の区域については、講ずる施策の種類やそれぞれの地域の実情に応じて設定されることが望ましいものであり、例えば公共交通機関の利便性の高いエリアに重点を置いて都市機能の集約を図る必要がある場合には当該エリア、市街地周辺に広く分布している緑地の積極的な保全を図る必要がある場合には当該緑地の分布に応じたエリア等、講ずる施策ごとに必要となる区域を適切に絞り込むとともに、それらを包括した区域として設定することが望ましい。

③　低炭素まちづくり計画の目標

　　本計画の目標においては、自家用車に過度に頼らない高齢者や子育て世帯にも暮らしやすいまち、ネット・ゼロ・エネルギー・ハウス、ネット・ゼロ・エネルギー・ビル等の普

及や蓄電池の導入促進等によりエネルギー的に自立できるようなまち、緑豊かなまち等、当該計画により実現を目指すべき将来の都市像を示すものとする。また、この都市像は本計画に位置付けられる各種施策を体系的に講じていくことにより実現されるものであり、都市の低炭素化の促進につながるものとして、当該計画の総合的な達成状況を的確に把握できるよう、例えば、個別施策ごとに目標値を定めたり、本法第7条第2項第2号の事項ごとに目標値を定めたりするなど、可能な範囲で定量的な目標を設定することが望ましい。

④　低炭素まちづくり計画の期間

本計画の期間については、当該計画の目標として記載する内容等も踏まえながら、目指すべき将来の都市像の実現に向け、各市町村において適切に設定するものであるが、例えば5年毎に必要な見直しが行われることが望ましい。

⑤　他の計画との関係

本計画は、地球温暖化対策の推進に関する法律に基づく地方公共団体実行計画（以下「実行計画」という。）に適合するとともに、都市計画法（昭和43年法律第100号）に基づく都市計画区域の整備、開発及び保全の方針や市町村の都市計画に関する基本的な方針と調和するものとされている。なお、都市再生特別措置法（平成14年法律第22号）に基づき、住宅及び都市機能増進施設の立地の適正化に関する基本的な方針が記載された立地適正化計画が公表された場合には、当該方針は市町村の都市計画に関する基本的な方針の一部とみなされることに十分に留意するものとする。また、これら以外でも、例えば緑地の保全及び緑化の推進の観点からは、都市緑地法（昭和48年法律第72号）に基づく緑地の保全及び緑化の推進に関する基本計画（以下「緑の基本計画」という。）との整合を図るとともに緑の基本計画においても低炭素化の視点を盛り込む等、関連する他の計画との関係に留意するものとする。

また、本計画の作成に当たっては、当該計画と、都市の低炭素化を含む温暖化対策全般に関する計画である実行計画、公共交通機関の利用促進を含む都市・地域における交通施策に関する戦略である都市・地域総合交通戦略、都市機能の集約化を含む中心市街地の活性化に関する計画である中心市街地活性化基本計画等の関連する他の計画とで、記載事項が共通する場合には、両者を一体として作成することが可能であり、これにより計画間での内容の整合が自ずと図られるとともに、市町村の計画作成に係る事務負担の軽減にもつながるものである。

(2)　低炭素まちづくり計画の目標達成のために必要な事項の記載に関する基本的な事項

①　都市機能の集約を図るための拠点となる地域の整備その他都市機能の配置の適正化に関する事項

【計画記載事項】

本計画には、高齢者福祉の向上や移動手段の改善、住民1人当たりの社会資本の維持コストの低減等の観点も踏まえた都市全体における都市機能の配置のあり方を踏まえ、都市機能の集約を図るための拠点となる地域の位置及び当該地域に集約を図る主要な都市機能の概要等について記載する。このうち、当該地域については、日常生活に必要な商業施設・業務施設・医療福祉施設等が住宅の身近に集約され、徒歩や自転車による移

動で日常生活の大半のニーズが満たされるような拠点となる地域を設定することが考えられる。

その上で、当該地域の整備を推進するため、例えば医療・福祉施設と共同住宅の一体的整備、住宅と保育所等の身近な生活サービス機能の集約整備といった集約都市開発事業や、病院や教育文化施設あるいは高齢者向け住宅などの集約立地、にぎわいを創出する交流施設の整備等、集約整備・立地を進める各種事業の概要について記載することが考えられる。また、これら各種事業の概要に併せて、当該地域の外からの都市機能の移転に係る負担の軽減や当該地域内での空き家の除却、当該地域の外で生じる空き地等の適切な管理のための取組や緑地等への転換を促す取組、当該地域の周辺における緑地の保全など都市機能の拡散を抑制する取組等、都市機能の集約化を促進するための環境整備に関する事項について記載することも考えられる。

こうした事項に加えて、都市機能が集約された都市において高齢者をはじめとする住民が自家用車に過度に頼ることなく安心して生活できるような歩いて暮らせるまちづくりの実現に寄与する歩道や自転車通行空間の整備、駐輪対策やバリアフリー化等に関する事項について記載することが考えられる。また都市機能の集約を図るための拠点となる地域等へのアクセスを確保するため、低炭素まちづくり協議会における交通事業者等との議論をもとに、公共交通機関や住居等の適切な配置・誘導に関する事項等について記載することが考えられる。

また、都市機能の集約化に合わせて考慮されるべき、駐車施設附置義務の特例である駐車機能集約区域並びに集約駐車施設の位置及び規模に関する事項、都市内物流の効率化を図るための各種のソフト施策と連携した未利用地の利活用や施設の共同利用等の荷捌き空間の適切な配置に関する事項等についても記載することが考えられる。

【留意事項】

集約駐車施設を定めるに当たり、交通規制の実施、交通安全施設の整備等が必要となる状況が現実に生じる場合には、都道府県公安委員会、道路管理者と十分に調整を図ることが望ましい。

② 公共交通機関の利用の促進に関する事項

【計画記載事項】

◇シームレスな運送サービスの提供

本計画には、複数の公共交通機関の乗り継ぎ利便性の向上を図るため、交通結節機能の高度化による鉄道、バス等の物理的な近接、共通乗車船券の発行やダイヤの連携といった公共交通機関同士の連携、パークアンドライドの推進といった自家用車による移動との連携の取組等について記載することが考えられる。

◇鉄道の利便性向上

本計画には、鉄道の利用者の利便の増進を図り、都市へのアクセス及び都市内の移動に際しての鉄道の利用を促進するため、鉄道利用のニーズが高い地域における鉄道路線の新設・延伸・改良や駅の新設・改良、子育て支援施設や医療施設等生活支援機能等の付与による駅の地域総合拠点化や駅車両のバリアフリー化といったハード施策、利用者が利用しやすい運賃設定や共通乗車船券等の充実、運行ダイヤの改善、自

家用車から鉄道による通勤への転換を促す広報等のソフト施策等について記載することが考えられる。また、バス等への乗継円滑化、駅前広場の整備等、多様な主体が協力した施策や駅等における再生可能エネルギー発電設備の設置や蓄電池を活用した車両等の導入等についても記載することが考えられる。

◇軌道の利便性向上

　　本計画には、軌道（路面電車・ＬＲＴ等）の利用者の利便の増進を図り、都市へのアクセス及び都市内の移動に際しての軌道の利用を促進するため、軌道利用のニーズが高い地域における軌道路線の新設・延伸・改良や停留場の新設・改良、停留場や車両のバリアフリー化といったハード施策、利用者が利用しやすい運賃設定や共通乗車船券等の充実、運行ダイヤの改善、自家用車から軌道による通勤への転換を促す広報等のソフト施策等について記載することが考えられる。また、バス等への乗継円滑化等、多様な主体が協力した施策や停留場等における再生可能エネルギー発電設備の設置や蓄電池を活用した車両等の導入等についても記載することが考えられる。

◇バスの利便性向上

　　本計画には、バスの利便性を向上し、自家用車からバスへの転換を図るため、パークアンドライドシステムの整備、集約駐車施設と市街地の商業施設や公共施設等とを結ぶバス路線の新設や停留所の新設、ＢＲＴの導入等について記載することが考えられる。また、鉄道駅やバスターミナル等の交通結節点におけるバスの乗り継ぎの利便性の向上、バスレーンやバスベイの整備等によるバスの走行環境の改善やバスロケーションシステムの導入等によるバスの利便性の向上、ノンステップバスの導入等によるバリアフリー化、エコドライブの徹底や低公害車の導入促進等についても記載することが考えられる。

◇公共交通機関の利用促進のためのその他の事項

　　本計画には、公共交通に係るシンポジウムや、小中学生等を対象とした交通教室の開催等公共交通機関の利用促進のための啓発活動の実施、エコ通勤の普及・促進といった通勤交通マネジメント等の取組について記載することが考えられる。

【留意事項】

　　低炭素まちづくりを進めるに当たり、軌道の整備、バス路線・停留所の新設、パークアンドライドに併せて講じる市街地への自動車の流入抑制のための対策等を実施する場合には、既存の交通流への影響や道路管理上の支障について、法令上、都道府県公安委員会や道路管理者との協議又は意見聴取が不要となる場合も含め、必要に応じ、本計画の作成に関する協議等を行う低炭素まちづくり協議会において、こうした関係者と計画作成の初期段階から密接に連携・調整しておくことが望ましい。

　　また、公共交通機関の利用促進に関する各種事業が相互に連携して相乗効果が創出されるよう、地域の関係者の間で十分な調整を行い、事業間の整合性を確保することが望ましい。

③　貨物の運送の合理化に関する事項

【計画記載事項】

　　本計画には、貨物の運送の合理化を通じ物流の効率化を実現するために現在実施して

いる、又は計画期間内に実施を予定している貨物運送共同化事業の概要について記載することが考えられるほか、都市の低炭素化に資する貨物の運送の合理化に関するその他の事項（例えば貨物運送における低公害車の導入、荷さばき施設の整備、荷主と物流事業者間で行う貨物運送頻度の調整等運送の合理化に資する納入条件見直し等に関する事項）についても、本計画の目標達成のために必要な事項として記載することが考えられる。

【留意事項】

　貨物運送共同化事業の実施主体は、多数にわたる場合もあるため、事業の実施運営に当たっては、事業を統括管理する主体や各事業者の役割分担を明確にするとともに、事業者間の意思の統一を徹底し、事業の一体性を確保することが望ましい。

　また、計画区域内であって、貨物自動車による交錯輸送が著しいことにより、貨物の運送の合理化を図ることが適切であると認められる地域においては、積極的に貨物運送共同化事業を推進することが望ましい。

④　緑地の保全及び緑化の推進に関する事項

【計画記載事項】

◇緑地の保全

　本計画には、都市構造の基盤となる緑地の適切な保全及び管理を図るため、緑地の保全にあたり活用する施策、保全すべき緑地及び管理の方法に関する事項を記載することが考えられる。また、多様な主体によるきめ細やかな緑地の保全を推進するため、市町村又は緑地保全・緑化推進法人による樹木等管理協定等を本計画に位置付けることが考えられる。さらに、まとまった面積の緑地が存在したり、保存すべき樹木等が広範囲に分布する場合においては、本計画に、重点的な樹木等の管理を必要とする樹木保全推進区域及び当該区域内で保全すべき樹木等の基準を記載することが考えられる。

◇緑化の推進

　本計画には、二酸化炭素の吸収量の増大を図るとともに、地表面被覆の改善や風の道の確保等によるヒートアイランド現象の緩和を図るため、都市公園の整備や公共施設や建築物の敷地等の緑化等の緑化の推進施策及び重点的に緑化を推進する施設や区域に関する事項を記載することが考えられる。

◇普及啓発

　本計画には、よりきめ細やかな緑地の保全及び緑化の推進施策の展開を図るため、住民、企業等による活動が積極的に展開されるよう、緑化等に関する普及啓発等に関する施策について記載することが考えられる。

◇木質バイオマス活用

　本計画には、都市の公園、街路から発生する剪定枝等の木質バイオマスを、地産地消型再生可能エネルギーとして活用を図るための施策について記載することが考えられる。

⑤　非化石エネルギーの利用及び化石燃料の効率的利用に資する施設の設置のための公共施設の活用に関する事項

【計画記載事項】

　本計画には、都市の公共空間を活用して、非化石エネルギーの利用及び化石燃料の効率的利用に資する施設の設置を推進する施策についての基本的考え方、施設を設置する場所、実施主体、事業の内容等を記載することが考えられる。

　具体的には、都市内へ再生可能エネルギーの積極的導入を図るため、都市公園や下水処理場、港湾においてその本来の機能に留意しつつ太陽光パネル等を設置するとともに発電された電力の出力安定化や平準化を図るための蓄電池等を設置するといった取組、下水汚泥・食品廃棄物等のバイオマスを有効利用するためのバイオガス利活用施設や下水汚泥固形燃料化施設を整備するといった取組や、街区レベルでの熱の共同利用を行うため市街地の整備・更新にあわせて熱供給導管のネットワークを整備するといった取組、都市内の熱需要密度の高いエリアにおける下水処理場や下水管路に存する下水熱を利用するための設備を整備するといった取組、港湾における荷役作業等の省エネ化を図るため港湾隣接地域内に省エネルギー型の荷役機械を整備するといった取組、木質バイオマス発電施設の整備といった取組等について、記載することが考えられる。

⑥　建築物の低炭素化の促進に関する事項

【計画記載事項】

　本計画には、既存の建築物の低炭素性能の診断の実施やこれに対する支援、建築物の所有者等からの相談への対応、改修等に対する支援、国の補助制度や税の優遇措置等に関する情報提供、既存建築物の管理者（テナント）に対する低炭素化に資するエネルギー消費の抑制方策等の助言、既存の建築物を低炭素化した場合の効果に関する情報提供、低炭素化の必要性等の啓発の実施、計画区域内の低炭素建築物の整備等について記載することが考えられる。

⑦　自動車の運行に伴い発生する二酸化炭素の排出の抑制の促進に関する事項

【計画記載事項】

◇環境対応車の普及促進

　本計画には、コンパクトなまちづくりにも適した交通手段である、超小型モビリティをはじめとする電気自動車等の環境対応車の普及を促進するため、当該地域の特性を踏まえた最適な自動車の種類やその利活用の場面、地域交通における位置付け、これを踏まえた駐車空間等における電気自動車等の充電施設等の整備等について記載するとともに、自動車の低炭素性能に関する住民の意識・知識の向上や、受けられる補助制度・税制優遇措置等に関する情報の提供等による地域内の環境対応車の導入の加速等について記載することが考えられる。

◇自動車の最適な利活用の推進

　本計画には、自動車の最適な利活用の推進のため、講習会開催や「エコドライブ10のすすめ」の周知等を通じたエコドライブの意義・必要性の啓発、エコドライブ支援機器の普及促進等によるエコドライブの推進、電気自動車等の車載蓄電池の蓄電・給電機能を活用した新しいエネルギーマネジメントシステムや災害時等の非常用電源供給システムの導入推進等について記載することが考えられる。

【留意事項】

　　　電気自動車のための充電施設の整備等環境整備、情報提供やエコドライブの推進に関する事項を本計画に記載するに当たっては、必要に応じて、都道府県公安委員会や道路管理者等との間で事前の調整を十分に図ることが望ましい。

⑧　その他都市の低炭素化の促進のために講ずべき措置に関する事項

　　　⑴①のとおり、本計画は、目指すべき将来の都市像や施策の全体像を提示するものとして、また、地域の特性に応じた柔軟な低炭素まちづくりを進めるためのものとして、各市町村において、関係者間で共有する必要のある施策や事項を幅広く記載することが重要である。このため、①から⑦に掲げる事項以外でも、本計画の目標を達成するため、当該計画を作成する市町村が必要と認める措置を記載することが望ましい。

⑶　低炭素まちづくり計画の達成状況の評価に関する事項

①　計画記載事項

　　　本計画には、本計画の達成状況の評価を行う時期、評価の方法、評価結果の公表方法等を記載することが考えられる。

②　評価を行う時期

　　　本計画の達成状況の評価は、原則として計画期間の終了時に行うこととするほか、本計画の見直し時点においても行うことが望ましい。なお、本計画に位置付けられた各種施策の進捗を管理するため、定期的に施策の進捗状況をとりまとめるほか、適宜、見直し期間の中間年次においても中間評価等を実施することが考えられる。

③　達成状況の評価の方法

　　　本計画の達成状況の評価は、本計画に定められた目標毎に実績値と比較し、達成状況を評価することが考えられる。この場合の達成状況の評価については、別紙に示す標準的な評価方法が参考となる。このほか、本法第7条第2項第2号の事項別など分野別に評価、考察を加えること等が考えられる。

　　　この際、評価の客観性を確保するため、例えば目標値に対する達成率等、その評価の尺度を本計画に定めておくことが考えられる。

　　　さらに、換算が可能な限りにおいて、本計画に対応した二酸化炭素排出削減量・吸収量を算出し、低炭素化効果の目安として示すことが望ましい。

　　　なお、計画期間の途中段階において、個別施策の進捗状況を管理できるよう、施策の実施スケジュールを工程表等にして本計画に記載しておくことも考えられる。

　　　そして、例えば都市の低炭素化に係る市町村独自の制度創設等、目標値を定めることが難しい場合には、当該工程表上の進捗状況により達成状況を評価することも考えられる。

④　評価の結果の活用

　　　評価の結果について分析を行い、施策の充実・強化等の検討を行うとともに、必要に応じて、目標設定の見直しや新規施策の追加等、本計画の見直しに反映することが望ましい。

⑷　低炭素まちづくり協議会の運営に関する基本的な事項

①　目的

　　　都市の低炭素化を進めるに当たっては、地域の関係者が活発な議論を交わすとともに、相互に連携し、それぞれが主体的に取り組むことが重要である。このため、本計画の作成及び実施に関し、あらかじめ関係者と協議し、調整を行い、その円滑かつ効率的な策定、

実施を図ることが有益であり、そのための場として、市町村は、関係者からなる低炭素まちづくり協議会を設置することができる。

② 構成員

低炭素まちづくり協議会は、当該市町村のほか、本計画とその実施に関し密接な関係を有する者、その他当該市町村が必要と認める者によって構成される。市町村以外の低炭素まちづくり協議会の構成員としては、ＮＰＯ等の団体、ディベロッパー、公共交通事業者等、都市の低炭素化に資する事業の実施主体となりうる事業者等とともに、都道府県、学識経験者、地域住民の代表等も想定される。

③ 協議の進め方

低炭素まちづくり協議会の運営については、協議会において必要な事項を定めることとされており、運営の透明性、公平性、実効性を確保する観点から、事務局の体制、協議事項、協議手続等を定めておくことが望ましい。また、その際には、必要に応じて協議事項別に分科会等を設置する等、柔軟かつ効率的な運営を図ることが望ましい。

また、市町村には、既に温暖化対策、まちづくり、交通に関係する協議会（地球温暖化対策の推進に関する法律に基づく地方公共団体実行計画協議会、地域公共交通の活性化及び再生に関する法律（平成19年法律第59号）に基づく協議会、都市・地域総合交通戦略要綱に基づく協議会等）が設置されている場合もあり、こうした既存の協議会を活用し、複数の協議会を束ねて、それぞれを兼ねるものとして運用する等、柔軟に対応することが望ましい。

４．低炭素建築物の普及の促進に関する基本的な事項

(1) 国、地方公共団体等の各主体の役割

低炭素建築物の普及を促進するに当たっては、建築物の建築主等が低炭素建築物の建築等を行うことの重要性を認識して取り組むことが不可欠である。国及び地方公共団体は、建築物の低炭素化の重要性に関し、建築主等の啓発に努めるとともに、こうした建築主等の取組をできる限り支援するという観点から、建築主等にとって低炭素建築物の建築等を行いやすい環境の整備や負担軽減のための制度の構築等必要な施策を講じるよう努めることとする。

(2) 低炭素建築物新築等計画の認定に関する基本的な事項

① 低炭素建築物新築等計画及びその認定の基本的な考え方

低炭素建築物新築等計画は、建築物の低炭素化に資する建築物の新築又は建築物の低炭素化のための建築物の改修等に関する計画である。その認定に関する基準については、建築物の構造や構法にかかわらず認定可能な内容とし、省エネルギー性能に加え、建築物総合環境性能評価（CASBEE）のこれまでの知見の蓄積も踏まえ、省資源に資する措置等省エネルギー性能以外の建築物の低炭素化のための措置についても評価を行うこととする。また、新たな技術開発の成果を認定基準へ継続的に反映していくよう配慮することとする。

② 低炭素建築物新築等計画に従った建築等の確保

所管行政庁は、認定建築主に対し、低炭素建築物の建築等の状況について報告を求めることができることから、認定を受けた低炭素建築物新築等計画に従って低炭素建築物が建築等されることを確保するため、建築・改修工事等が終了した旨の報告を求める等、必要

な措置をとることが必要である。その際、認定建築主は、認定を受けた低炭素建築物新築等計画に従って建築・改修工事等が行われた旨を建築士等が確認した書類により報告を行うこととする。

③　都市の緑地の保全への配慮

　　都市の低炭素化を促進する上で、都市の緑地を保全することが重要であることに鑑み、都市緑地法の緑地保全地域、特別緑地保全地区、緑化地域若しくは緑地協定、生産緑地法（昭和49年法律第68号）の生産緑地地区、建築基準法（昭和25年法律第201号）の建築協定、条例による緑地の保全に関する制限等の内容に適合していない場合又は都市施設である緑地の区域内にある場合には認定は行わないことを基本とし、こうした認定に関する事務において関係部局間で十分な連絡調整が図られるよう配慮するものとする。

(3)　低炭素建築物の建築等及び取得時の負担の軽減

　　低炭素建築物は、一般的な建築物と比較して建築等に係る費用がある程度高くなることが見込まれる。低炭素建築物の建築等及び取得に対するインセンティブを付与するため、建築物の低炭素化を図るために要する費用に係る各種支援措置の実施を図るよう努めることとする。

(4)　中小工務店等の技術力の向上等への配慮

　　低炭素建築物の建築等には専門的な知識が必要になることから、実際に設計・施工等を行う事業者や技術者等が低炭素建築物の設計や断熱施工に関する技術等を十分に習得できるよう努めることとする。特に、住宅・建設産業は、技術水準等に差のある中小工務店等の占める割合が大きいことから、中小工務店等に対する技術講習の実施等により、低炭素建築物の建築等に関する技術の普及並びに人材の養成及び資質の向上を進めるよう努めることとする。

(5)　国産材その他の木材を使用した低炭素建築物の普及への配慮

　　木材は製造時のエネルギー消費が少なく長期間にわたって炭素を貯蔵できる資材であり、建築物に木材が利用されることは都市の低炭素化につながることや、国産材（国内で生産された木材）の適切な利用が確保されることにより、我が国における森林の適正な整備及び保全が図られることに鑑み、国産材その他の木材を使用した低炭素建築物の普及が図られるよう配慮するものとする。

5．都市の低炭素化の促進に関する施策の効果についての評価に関する基本的な事項

(1)　施策の効果についての評価

　　都市の低炭素化を着実に進めるためには、施策の効果を的確に評価し、当該評価に基づき、適切な措置を講ずることが重要となる。

　　このため、国においては、市町村における本計画の策定状況、当該計画の進捗状況や、各分野毎の施策効果等について、一定期間ごとに検証するとともに、検証結果に基づき支援策の強化、低炭素まちづくり計画制度の見直しを行うほか、情報提供、技術開発を講ずるなど、都市の低炭素化が更に促進されるために必要な措置を講ずるものとする。

　　一方、市町村においては、本計画の達成状況の評価を実施し、評価に基づき、施策の充実・強化等、施策の効果を高めるために必要な措置を講ずることが望ましい。

(2)　施策の効果の二酸化炭素排出量・二酸化炭素吸収量への換算

　施策の低炭素化効果を評価するためには、施策の効果が、二酸化炭素排出削減量や二酸化炭素吸収量として換算されることが必要である。

　施策の効果を換算するに当たっては、個別に換算が可能な施策だけでなく、複数の施策の効果を包括して換算することが適当な施策があることにも留意しつつ、二酸化炭素排出量・吸収量への算出式、算出に必要な各種データ、算出に当たっての前提条件などの換算方法を確立することが必要であるが、現時点で二酸化炭素排出量・吸収量への換算方法が確立していないものについては、国において、順次適切な換算方法を確立するべく検討を進めることとする。また、換算方法が確立されたものについても、換算方法の精度の向上や簡略化に向け、調査・分析手法の改善や知見の向上を図るべく検討を進めることとする。

　なお、市町村においては、それぞれの地域性を考慮して、国が示す換算方法をもとにより精度の高い方法を工夫し、施策の効果の的確な評価に反映させることが考えられる。

　二酸化炭素排出量・吸収量への換算方法のうち、現時点で参考となるものは、別紙のとおりである。

6．都市の低炭素化の促進に関する重要事項

　本計画を作成する市町村や自らも施策を実施することとなる都道府県においては、都市の低炭素化の促進に向けた体制を整備していくに当たって、都市担当部局や交通担当部局のみならず、環境担当部局や省エネ担当部局、福祉担当部局をはじめとした関係部局間で十分な連携をとることが可能な体制整備に努めるものとする。

低炭素まちづくり計画の標準的な評価方法

1．達成状況の評価の目的

　低炭素まちづくり計画の達成状況の評価は、計画に位置付けられた目標値の達成状況等を的確に評価、分析し、当該評価、分析に基づき、適切に計画の見直し等を行うことにより、効率的で効果的な都市の低炭素化の促進を図ることを目的とするものである。

2．実施方法

(1)　目標の設定

　〇目標については、計画の総合的な達成状況を的確に把握する観点から、可能な範囲で定量的に設定することが望ましく、例えば、個別施策ごとに目標値を設定すること、法第7条第2項第2号の事項など分野別に目標値を設定すること、などが考えられる。

(2)　評価基準の設定

　〇評価の客観性を確保する観点から、予め、目標値に対する達成率や達成状況等に応じた評価の基準を計画に位置づけることも考えられる。

(3)　考察・分析の実施

　〇分野によって程度の差はあるものの、都市の低炭素化を推進するためには、各施策を、分野毎に相互の連携を図りつつ総合的に実施することが必要である。

　〇この観点から、定められた目標の達成状況を評価することに加え、当該目標の達成状況を踏まえ、分野ごとに、総括的な評価、考察を加え、その要因等を分析する取組も有効と考えられる。

(4)　計画への反映

　　計画の達成状況にかかる評価、及びそれに基づく適切な考察、分析を踏まえ、必要に応じ、
目標設定の見直し、施策の充実、追加や、関係部局間の協働による施策連携の強化など、計
画の見直しや取組体制の強化、見直し等に反映することが望ましい。

３．二酸化炭素排出量・吸収量への換算について

　○計画実施による低炭素化効果を把握する観点から、換算が可能な限りにおいて二酸化炭素
　　排出量・吸収量を算出し、低炭素化効果の目安として示すことが望ましい。

　○施策効果の二酸化炭素排出・吸収量への換算は、施策を講じた場合と講じない場合の排出・
　　吸収量の差を求めることにより行うことが基本となるが、それぞれの施策の特性に応じて
　　算定する必要がある。その際、参考となる算定式を以下に示す。

　《二酸化炭素排出・吸収量の参考となる算定式》

---

①交通に起因する二酸化炭素排出量

　　二酸化炭素排出量＝交通量×移動距離（トリップ長）×排出原単位

②家庭・業務部門におけるエネルギー消費に起因する二酸化炭素排出量

　　二酸化炭素排出量＝建物用途別床面積×建物用途別エネルギー負荷原単位

　　　　　　　　　　　　　　÷熱源設備総合効率×エネルギー種別排出係数

③みどりによる二酸化炭素吸収量

　　二酸化炭素吸収量＝高木植栽本数×原単位（吸収係数）

　　※高木植栽本数が把握できない場合は緑地面積等で置き換えることが可能

経済産業省
〔平成24年12月4日国土交通省告示第119号〕
環　境　省
建築物に係るエネルギーの使用の合理化の一層の促進その他の
建築物の低炭素化の促進のために誘導すべき基準を定める件

経済産業省
最終改正　令和元年11月15日国土交通省告示第72号
環　境　省

　　都市の低炭素化の促進に関する法律（平成24年法律第84号）第54条第1項第一号の規定に基づき、建築物のエネルギーの使用の効率性その他の性能に関する建築物に係るエネルギーの使用の合理化の一層の促進その他の建築物の低炭素化の促進のために誘導すべき基準を次のように定める。

Ⅰ．建築物に係るエネルギーの使用の合理化の一層の促進のために誘導すべき基準

　　住宅以外の用途のみに供する建築物（以下「非住宅建築物」という。）の建築主等は第1に、住宅の建築主等は第2に、住宅の用途及び住宅以外の用途に供する建築物（以下「複合建築物」という。）の建築主等は第3に、それぞれ適合する措置を講ずるものとする。

第1　非住宅建築物に係る判断の基準

　　非住宅建築物の建築主等は、次の1及び2に適合する措置を講ずるものとする。

　1　外壁、窓等を通しての熱の損失の防止に関する基準

　1－1　非住宅建築物の建築主等は、次に掲げる事項に配慮し、非住宅建築物の外壁、窓等を通しての熱の損失の防止を図るものとする。

　　⑴　外壁の方位、室の配置等に配慮して非住宅建築物の配置計画及び平面計画を策定すること。

　　⑵　外壁、屋根、床、窓等の開口部を断熱性の高いものとすること。

　　⑶　窓からの日射の適切な制御が可能な方式の採用等により日射による熱負荷の低減を図ること。

　1－2　非住宅建築物（別表第1⑻項に掲げる用途に供するものを除く。1－3において同じ。）の外壁、窓等に関して1－1に掲げる事項に係る措置が的確に講じられているかどうかについての判断は、1－3によるものとする。ただし、特別な調査又は研究の結果に基づき、非住宅建築物が外壁、窓等を通しての熱の損失の防止に関し、1－3に定める方法による計算による場合とおおむね同等以上の性能を有することを確かめることができる計算による場合においては、この限りでない。

　1－3　非住宅建築物の屋内周囲空間（各階の外気に接する壁の中心線から水平距離が5m以内の屋内の空間、屋根の直下の階の屋内の空間及び外気に接する床の直上の屋内の空間をいう。以下同じ。）の年間熱負荷を各階の屋内周囲空間の床面積の合計（単位　m²）で除して得た数値は、別表第1の用途及び地域区分ごとに掲げる数値（単位　MJ／(m²・年)）以下とするものとする。この場合において、屋内周囲空間の年間熱負荷は、次の⑴に定めるところによるものとする。また、別表第1の用途のうち複数の用途を含む建築物の取扱いにつ

いては、次の(2)に定めるところによるものとする。

(1) 屋内周囲空間の年間熱負荷は、1年間（室用途ごとに使用時間が設定されている場合には、その時間に限る。以下同じ。）における次のイからニまでに掲げる熱による暖房負荷及び冷房負荷を合計したもの（単位　MJ）とすること。

　イ　外気と屋内周囲空間との温度差（暖房期については 22 度と外気の温度との差とし、中間期については 24 度と外気の温度との差とし、冷房期については 26 度と外気の温度との差とする。）によって外壁、窓等を貫流する熱

　ロ　外壁、窓等からの日射熱

　ハ　屋内周囲空間で発生する熱

　ニ　取入外気と屋内周囲空間との温湿度の差（暖房期については 22 度 40 ％ と外気の温湿度との差、中間期については 24 度 50 ％ と外気の温湿度との差、冷房期については 26 度 50 ％ と外気の温湿度との差）及び取入外気量に基づく取入外気の熱

(2) 別表第1の用途のうち複数の用途を含む建築物については、各用途の屋内周囲空間の年間熱負荷の合計を各用途の屋内周囲空間の床面積の合計（単位　m²）で除して得た数値は、用途及び地域区分ごとに別表第1の各項に掲げる数値（単位　MJ／（m²・年））をそれぞれの屋内周囲空間の床面積で加重平均した数値以下とするものとする。

2　一次エネルギー消費量に関する基準

2－1　非住宅建築物の建築主等は、都市の低炭素化の促進に関する法律（以下「法」という。）第53条第1項の規定による認定の申請をしようとする非住宅建築物（以下「認定申請非住宅建築物」という。）の設計一次エネルギー消費量（2－3に定める方法により算出した数値をいう。）が、当該認定申請非住宅建築物の基準一次エネルギー消費量（2－2に定める方法により算出した数値をいう。）を上回らないようにするものとする。ただし、特別な調査又は研究の結果に基づき、2－2及び2－3に定める方法による計算と同等以上に当該認定申請非住宅建築物がエネルギーの使用上効率的であることを確かめることができる計算による場合においては、この限りでない。

2－2　基準一次エネルギー消費量の算定方法

　非住宅建築物の基準一次エネルギー消費量 E_{ST}（単位　GJ/年）は、次の式により算出するものとし、小数点第二位を切り上げた数値とする。

$$E_{ST} = \{(E_{SAC} + E_{SV} + E_{SL} + E_{SW} + E_{SEV}) \times 0.9 + E_M\} \times 10^{-3}$$

この式において、E_{SAC}、E_{SV}、E_{SL}、E_{SW}、E_{SEV} 及び E_M は、それぞれ次の数値を表すものとする。

　E_{SAC}　：空気調和設備の基準一次エネルギー消費量（単位　MJ/年）

　E_{SV}　：空気調和設備以外の機械換気設備の基準一次エネルギー消費量（単位　MJ/年）

　E_{SL}　：照明設備の基準一次エネルギー消費量（単位　MJ/年）

　E_{SW}　：給湯設備の基準一次エネルギー消費量（単位　MJ/年）

　E_{SEV}　：昇降機の基準一次エネルギー消費量（単位　MJ/年）

　E_M　：その他一次エネルギー消費量（単位　MJ/年）

(1) E_{SAC} は、次の式により算出するものとする。

$$E_{SAC} = \sum_i^n (\alpha_{SAC,i} \times Ai)$$

この式において、$\alpha_{SAC,i}$、Ai 及び n は、それぞれ次の数値を表すものとする。

$\alpha_{SAC,i}$：室 i の室用途及び地域区分ごとに別表第3に掲げる空気調和設備に係る係数
　　　　（単位　MJ/(m²・年)）

Ai　　：室 i の床面積の合計（単位　m²）

n　　　：当該非住宅建築物における空気調和対象室の数

(2)　E_{SV}は、次の式により算出するものとする。

$$E_{SV} = \sum_i^n (\alpha_{SV,i} \times Ai)$$

この式において、$\alpha_{SV,i}$、Ai 及び n は、それぞれ次の数値を表すものとする。

$\alpha_{SV,i}$：室 i の室用途ごとに別表第3に掲げる機械換気設備に係る係数
　　　　（単位　MJ/(m²・年)）

Ai　　：室 i の床面積の合計（単位　m²）

n　　　：当該非住宅建築物における機械換気対象室の数

(3)　E_{SL}は、次の式により算出するものとする。

$$E_{SL} = \sum_i^n (\alpha_{SL,i} \times Ai)$$

この式において、$\alpha_{SL,i}$、Ai 及び n は、それぞれ次の数値を表すものとする。

$\alpha_{SL,i}$：室 i の室用途ごとに別表第3に掲げる照明設備に係る係数（単位　MJ/(m²・年)）

Ai　　：室 i の床面積の合計（単位　m²）

n　　　：当該非住宅建築物における照明対象室の数

(4)　E_{SW} は、次の式により算出するものとする。

$$E_{SW} = \sum_i^n (\alpha_{SW,i} \times Ai)$$

この式において、$\alpha_{SW,i}$、Ai 及び n は、それぞれ次の数値を表すものとする。

$\alpha_{SW,i}$：室 i の室用途及び地域区分ごとに別表第3に掲げる給湯設備に係る係数（単位　MJ/(m²・年)）

Ai　　：室 i の床面積の合計（単位　m²）

n　　　：当該非住宅建築物における給湯対象室の数

(5)　E_{SEV} は、次の式により算出するものとする。

$$E_{SEV} = \sum_i^n \left(\frac{L_{SEV,i} \times V_{SEV,i} \times C_{SEV} \times T_{SEV,i} \times M_{SEV,i}}{860} \times N_{SEV,i} \right) \times 9760 \times 10^{-3}$$

この式において、$L_{SEV,i}$、$V_{SEV,i}$、C_{SEV}、$T_{SEV,i}$、$M_{SEV,i}$、$N_{SEV,i}$ 及び n は、それぞれ次の数値を表すものとする。

$L_{SEV,i}$：昇降機系統 i の積載質量（単位　kg）

$V_{SEV,i}$：昇降機系統 i の定格速度（単位　m/min）

C_{SEV}　：基準設定速度制御係数 $\left(\frac{1}{40} \right)$

$T_{SEV,i}$：昇降機系統 i の年間運転時間（単位　h）

$M_{SEV,i}$：昇降機系統 i の輸送能力係数（単位　無次元）

$N_{SEV,i}$：昇降機系統 i に属する昇降機の台数（単位　台）

n　　：当該非住宅建築物における昇降機の対象系統数

(6)　E_M は、次の式により算出するものとする。

$$E_M = \sum_{i}^{n} (\alpha_{SM,i} \times Ai)$$

この式において、$\alpha_{SM,i}$、Ai 及び n は、それぞれ次の数値を表すものとする。

$\alpha_{SM,i}$：室 i の室用途ごとに別表第3に掲げるその他設備等に係る係数

　　　　（単位　MJ/(m²·年)）

Ai　：室 i の床面積の合計（単位　m²）

n　　：当該非住宅建築物における対象となる室の数

2-3　設計一次エネルギー消費量の算定方法

非住宅建築物の設計一次エネルギー消費量 E_T（単位　GJ/年）は、次の式により算出するものとする。

$$E_T = (E_{AC} + E_V + E_L + E_W + E_{EV} - E_S + E_M) \times 10^{-3}$$

この式において、E_{AC}、E_V、E_L、E_W、E_{EV}、E_S 及び E_M は、それぞれ次の数値を表すものとする。

E_{AC}　：空気調和設備の設計一次エネルギー消費量（単位　MJ/年）

E_V　：空気調和設備以外の機械換気設備の設計一次エネルギー消費量（単位　MJ/年）

E_L　：照明設備の設計一次エネルギー消費量（単位　MJ/年）

E_W　：給湯設備の設計一次エネルギー消費量（単位　MJ/年）

E_{EV}　：昇降機の設計一次エネルギー消費量（単位　MJ/年）

E_S　：エネルギーの効率的利用を図ることのできる設備又は器具（以下「エネルギー利用効率化設備」という。）による設計一次エネルギー消費量の削減量

　　　　（単位　MJ/年）

E_M　：2-2に定めるその他一次エネルギー消費量（単位　MJ/年）

(1)　E_{AC} は、次のイからホまでに定める方法によるものとする。

イ　E_{AC} は、以下の式により算出するものとする。

$$E_{AC} = \sum_{i}^{n_{AHU}} \sum_{d}^{D_{AHU,i}} E_{AC,AHU,d,i} + \sum_{i}^{n_{PUMP}} \sum_{d}^{D_{PUMP,i}} E_{AC,PUMP,d,i} + \sum_{i}^{n_{REF}} \sum_{d}^{D_{REF,i}} E_{AC,REF,d,i}$$

この式において、$E_{AC,AHU,d,i}$、$D_{AHU,i}$、n_{AHU}、$E_{AC,PUMP,d,i}$、$D_{PUMP,i}$、n_{PUMP}、$E_{AC,REF,d,i}$、$D_{REF,i}$ 及び n_{REF} はそれぞれ次の数値を表すものとする。

$E_{AC,AHU,d,i}$：日付 d における空気調和機等 i の1日当たりの設計一次エネルギー消費量（単位　MJ/日）

$D_{AHU,i}$　　：空気調和機等 i の年間稼働日数（単位　日）

n_{AHU}　　：当該空気調和設備内の空気調和機等の数（単位　台）

$E_{AC,PUMP,d,i}$：日付 d におけるポンプ等 i の1日当たりの設計一次エネルギー消費量（単位　MJ/日）

$D_{PUMP,i}$　　：ポンプ等 i の年間稼働日数（単位　日）

n_{PUMP}　　：当該空気調和設備内のポンプ等の数（単位　台）

$E_{AC,REF,d,i}$　：日付 d における熱源機器等 i の 1 日当たりの設計一次エネルギー消費量（単位　MJ/日）

$D_{REF,i}$　　：熱源機器等 i の年間稼働日数（単位　日）

n_{REF}　　：当該空気調和設備内の熱源機器等の数（単位　台）

ロ　$E_{AC,AHU,d,i}$ 及び $E_{AC,PUMP,d,i}$ については、各機器が処理する暖冷房負荷を算出し、この負荷の大きさに応じて機器のエネルギー消費特性が変化することを考慮したうえで、エネルギー消費量を求めるものとする。

ハ　$E_{AC,REF,d,i}$ については、各機器が処理する暖冷房負荷を算出し、この負荷の大きさ及び気象条件に応じて機器の能力及びエネルギー消費特性が変化することを考慮したうえで、エネルギー消費量を求めるものとする。

ニ　暖冷房負荷の算出においては、次の(イ)から(ハ)までに掲げる事項について勘案するものとする。

　(イ)　次に掲げる運転時間等については、室用途ごとに定められる標準的な室の使用条件を用いること。

　　(i)　空気調和設備の運転時間及び温度設定

　　(ii)　居住者の在室時間及び在室人数並びに発熱量及び発湿量

　　(iii)　照明設備、ＯＡ機器等の使用時間及び発熱量

　　(iv)　外気の取入時間及び取入量

　(ロ)　気象条件については、別表第4に掲げる地域区分ごとに定められる気象情報を用いること。

　(ハ)　暖冷房負荷の算出においては、次に掲げる熱を勘案すること。

　　(i)　室温と外気温との温度差によって外壁、窓等を貫流する熱

　　(ii)　日射の吸収又は夜間放射によって発生する熱

　　(iii)　照明設備、ＯＡ機器、人体その他室内に存する物体から発生する熱

　　(iv)　取入外気の熱

ホ　エネルギーの量を熱量に換算する係数は、別表第6に掲げる値を用いるものとする。

(2)　E_V は、次のイからニまでに定める方法によるものとする。

　イ　E_V は、次の式により算出するものとする。

$$E_v = \sum_{i}^{n} \sum_{d}^{Di} (E_{V,i} \times T_{V,d,i} \times F_{V,i}) \times fprim \times 10^{-6}$$

　　この式において、$E_{V,i}$、$T_{V,d,i}$、$F_{V,i}$、Di、n 及び $fprim$ は、それぞれ次の数値を表すものとする。

　　$E_{V,i}$　：機械換気設備 i の消費電力（単位　W）

　　$T_{V,d,i}$：日付 d における機械換気設備 i の 1 日当たりの運転時間（単位　h）

　　$F_{V,i}$　：機械換気設備 i の制御方法に応じて定められる係数（単位　無次元）

　　Di　　：機械換気設備 i の年間稼働日数（単位　日）

　　n　　　：当該非住宅建築物における機械換気設備の数（単位　台）

fprim　：別表第6に掲げる電気の量1kWhを熱量に換算する係数（単位　kJ/kWh）

ロ　機械換気設備は、次の(イ)から(ハ)までに掲げる機器とする。

(イ)　給気機

(ロ)　排気機

(ハ)　その他機械換気設備の種類に応じて必要となる機器

ハ　$T_{V,d,i}$は、室用途ごとに定められる標準的な室の使用時間を用いるものとする。

ニ　$F_{V,i}$は、高効率電動機、インバータ、送風量制御等の採用の有無を勘案して算出するものとする。

(3)　E_Lは、次のイからハまでに定める方法によるものとする。

イ　E_Lは、次の式により算出するものとする。

$$E_L = \sum_i^n \sum_d^{Di} (E_{L,i} \times T_{L,d,i} \times F_{L,i} \times C_{L,i}) \times fprim \times 10^{-6}$$

この式において、$E_{L,i}$、$T_{L,d,i}$、$F_{L,i}$、$C_{L,i}$、Di、n 及び fprim は、それぞれ次の数値を表すものとする。

$E_{L,i}$　：照明設備 i の消費電力（単位　W）

$T_{L,d,i}$：日付 d における照明設備 i の1日当たりの運転時間（単位　h）

$F_{L,i}$　：照明設備 i の制御方法に応じて定められる係数（単位　無次元）

$C_{L,i}$　：照明設備 i を設置する室の形状に応じて定められる係数（単位　無次元）

Di　　：照明設備 i の年間稼働日数（単位　日）

n　　　：当該非住宅建築物における照明設備の数（単位　台）

fprim：別表第6に掲げる電気の量1kWhを熱量に換算する係数（単位　kJ/kWh）

ロ　$T_{L,d,i}$は、室用途ごとに定められる室の標準的な使用時間を用いるものとする。

ハ　$F_{L,i}$は、在室検知制御、明るさ検知制御、タイムスケジュール制御等の採用の有無を勘案して算出するものとする。

(4)　E_Wは、次のイからハまでに定める方法によるものとする。

イ　E_Wは、次の式により算出するものとする。

$$E_w = \sum_i^n \sum_d^{Di} \left(\frac{Q_{w,d,i}}{\eta_{w,d,i}} \right) \times 10^{-3}$$

この式において、$Q_{w,d,i}$、$\eta_{w,d,i}$、Di 及び n は、それぞれ次の数値を表すものとする。

$Q_{w,d,i}$：日付 d における給湯設備 i の1日当たりの給湯負荷（単位　kJ/日）

$\eta_{w,d,i}$：日付 d における給湯設備 i のシステム効率（単位　無次元）

Di　　：給湯設備 i の年間稼働日数（単位　日）

n　　　：当該非住宅建築物における給湯設備の数（単位　台）

ロ　$Q_{w,d,i}$の算出においては、次の(イ)から(ニ)までに掲げる事項を勘案するものとする。

(イ)　地域ごとに定められる外気温度及び給水温度

(ロ)　給湯配管からの熱損失量

(ハ)　室用途ごとに定められる標準的な1日当たりの使用湯量

(ニ)　節湯器具の使用又は太陽熱利用設備等の予熱設備の有無

ハ　エネルギーの量を熱量に換算する係数は、別表第6に掲げる値を用いるものとする。

(5)　E_{EV} は、次のイ及びロに定める方法によるものとする。

　イ　E_{EV} は、次の式により算出するものとする。

$$E_{EV} = \sum_{i}^{n} \sum_{d}^{Di} \left(\frac{L_{EV,i} \times V_{EV,i} \times C_{EV,i} \times T_{EV,d,i}}{860} \times N_{EV,i} \right) \times fprim \times 10^{-3}$$

　　　この式において、$L_{EV,i}$、$V_{EV,i}$、$C_{EV,i}$、$T_{EV,d,i}$、$N_{EV,i}$、Di、n 及び fprim は、それぞれ次の数値を表すものとする。

　　　$L_{EV,i}$　：昇降機系統 i の積載質量（単位　kg）

　　　$V_{EV,i}$　：昇降機系統 i の定格速度（単位　m/min）

　　　$C_{EV,i}$　：昇降機系統 i の制御方法に応じて定められる係数

　　　$T_{EV,d,i}$：日付 d における昇降機系統 i の1日当たりの運転時間（単位　h）

　　　$N_{EV,i}$　：昇降機系統 i に属する昇降機の台数（単位　台）

　　　Di　　：昇降機系統 i の年間稼働日数（単位　日）

　　　n　　　：当該非住宅建築物における昇降機の対象系統数

　　　fprim　：別表第6に掲げる電気の量1kWhを熱量に換算する係数（単位　kJ/kWh）

　ロ　$C_{EV,i}$ については、当該昇降機の速度制御方法の種類を勘案して算出するものとする。

(6)　E_S は、次のイからハまでに定める方法によるものとする。

　イ　E_S は、次の式により算出するものとする。

$$E_S = \sum_{i}^{n} \sum_{d}^{Di} E_{S,d,i}$$

　　　この式において、$E_{S,d,i}$、Di 及び n は、それぞれ次の数値を表すものとする。

　　　$E_{S,d,i}$：日付 d におけるエネルギー利用効率化設備 i による1日当たりの一次エネルギー消費量の削減量（単位　MJh/日）

　　　Di　　：エネルギー利用効率化設備 i の年間稼働日数（単位　日）

　　　n　　　：当該非住宅建築物における算出対象エネルギー利用効率化設備の数

　ロ　$E_{S,d,i}$ は、気象条件並びに設備の性能及び設置状況を勘案して算出するものとする。

　ハ　エネルギーの量を熱量に換算する係数は、別表第6に掲げる値を用いるものとする。

(7)　E_M は、2-2の(6)に定める方法によるものとする。

第2　住宅に係る判断の基準

　　住宅の建築主等は、次の1及び2に適合する措置を講ずるものとする。

1　外壁、窓等を通しての熱の損失の防止に関する基準

1-1　住宅の建築主等は、次に掲げる事項に配慮し、一戸建ての住宅及び共同住宅、長屋その他の一戸建ての住宅以外の住宅（以下「共同住宅等」という。）における一の住戸（以下第2において「単位住戸」という。）の外壁、窓等を通しての熱の損失の防止を図るものとする。

(1)　外壁の方位、室の配置等に配慮して住宅の配置計画及び平面計画を策定すること。

(2)　外壁、屋根、床、窓等の開口部を断熱性の高いものとすること。

(3)　窓からの日射の適切な制御が可能な方式の採用等により日射による熱負荷の低減を図ること。

(4)　気密性の確保、防露性能の確保、室内空気汚染の防止等に十分配慮すること。

1-2　単位住戸の外壁、窓等に関して1-1の(1)から(3)までに掲げる事項に係る措置が的確に講じられているかどうかについての判断は1-3によるものとし、1-1の(4)に掲げる事項に係る措置を講ずるに当たっては1-4から1-7までに留意するものとする。ただし、1-3にかかわらず、次の(1)から(3)までによる場合においては、この限りでない。

(1)　特別な調査又は研究の結果に基づき、外壁、窓等を通しての熱の損失の防止に関し、1-3に定める方法とおおむね同等以上の性能を有することを確かめることができた場合

(2)　規格化された型式の住宅であって、外壁、窓等を通しての熱の損失の防止に関し、1-3に定める方法とおおむね同等以上の性能を有すると国土交通大臣が認めた場合

(3)　法第53条第1項に規定する所管行政庁が地域の気候及び風土に応じた住まいづくりの観点から適切と認めた場合

1-3　外皮平均熱貫流率等の基準

　単位住戸が、(1)に定める地域区分に応じた外皮平均熱貫流率（内外の温度差1℃当たりの総熱損失量（換気による熱損失を除く。）を外皮等（外気（外気又は外気に通じる床裏、小屋裏、天井裏等をいう。）に接する天井（小屋裏又は天井裏が外気に通じていない場合には、屋根）、壁、床及び開口部、共同住宅における隣接する住戸又は共用部に接する部分等をいう。以下同じ。）の面積の合計で除した値をいう。以下同じ。）の基準及び(2)に定める地域区分に応じた冷房期の平均日射熱取得率（入射する日射量に対する室内に侵入する日射量の割合を外皮等面積で平均した値をいう。以下同じ。）の基準に適合するようにするものとする。

(1)　地域区分に応じた外皮平均熱貫流率の基準

　イからハまでに定める方法により算出される外皮平均熱貫流率が、別表第4に掲げる地域区分に応じ、次の表に掲げる基準値以下であること。

別表第4に掲げる地域区分	1	2	3	4	5	6	7	8
基準値（単位　W/m²·度）	0.46	0.46	0.56	0.75	0.87	0.87	0.87	－

イ　外皮平均熱貫流率U_A（単位　W/(m²·度)）は、次の式により算出するものとする。

$$U_A = \left(\sum_i^n Ai\, Ui\, Hi + \sum_j^m Lj\, \Psi j\, Hj \right) \Big/ A$$

この式において、Ai、Ui、Hi、n、Lj、Ψj、Hj、m及びAは、それぞれ次の数値を表すものとする。

　Ai　：外皮等の第 i 部位の面積（単位　m²）

　Ui　：外皮等の第 i 部位の熱貫流率（単位　W/(m²·度)）

　Hi　：外皮等の第 i 部位の隣接空間との温度差による貫流熱量の低減等を勘案した係数（以下イにおいて「温度差係数」という。）

　n　：外皮等の部位数

　Lj　：第 j 熱橋等（熱橋（構造部材、下地材、窓枠下材その他断熱構造を貫通する部分であって、断熱性能が周囲の部分より劣るものをいう。）及び土間床等（地盤面をコンクリートその他これに類する材料で覆ったもの又は床裏が外気に通じないものをいう。）の外周部をいう。以下(1)において同じ。）の長さ（単位　m）

　Ψj　：第 j 熱橋等の線熱貫流率（単位　W/(m·度)）

　　Hj　：第 j 熱橋等の温度差係数

　　m　：熱橋等の数

　　A　：外皮等面積の合計（単位　m²）

ロ　Ui は、当該部位を熱の貫流する方向に構成している材料の種類及び厚さ等を勘案した数値とする。

ハ　Ψj は、当該熱橋等を熱の貫流する方向に構成している材料の種類及び厚さ等を勘案して算出した数値とする。

⑵　地域区分に応じた冷房期の平均日射熱取得率の基準

　　イにより算出される冷房期の平均日射熱取得率が、別表第4に掲げる地域区分に応じ、次の表に掲げる基準値以下であること。

別表第4に掲げる地域区分	1	2	3	4	5	6	7	8
基準値	－	－	－	－	3.0	2.8	2.7	6.7

イ　冷房期の平均日射熱取得率 η_{AC} は、次の式により算出するものとする。

$$\eta_{AC} = \left(\sum_{i}^{n} Ai\, \eta i\, \nu i \diagup A \right) \times 100$$

この式において、Ai、ηi、νi、n 及び A は、それぞれ次の数値を表すものとする。

Ai　：外皮等の第 i 部位の面積（単位　m²）

ηi　：外皮等の第 i 部位の日射熱取得率

νi　：外皮等の第 i 部位の方位及び別表第4に掲げる地域区分ごとに次の表に掲げる係数

n　：外皮等の部位数

A　：外皮等の部位の面積の合計（単位　m²）

方位	別表第4に掲げる地域区分							
	1	2	3	4	5	6	7	8
上面	1.0							
北	0.329	0.341	0.335	0.322	0.373	0.341	0.307	0.325
北東	0.430	0.412	0.390	0.426	0.437	0.431	0.415	0.414
東	0.545	0.503	0.468	0.518	0.500	0.512	0.509	0.515
南東	0.560	0.527	0.487	0.508	0.500	0.498	0.490	0.528
南	0.502	0.507	0.476	0.437	0.472	0.434	0.412	0.480
南西	0.526	0.548	0.550	0.481	0.520	0.491	0.479	0.517
西	0.508	0.529	0.553	0.481	0.518	0.504	0.495	0.505
北西	0.411	0.428	0.447	0.401	0.442	0.427	0.406	0.411
下面	0							

1-4　気密性の確保

　　室内に直接侵入する隙間風の防止による暖冷房負荷の削減、断熱材の断熱効果の補完及び的確な計画換気の実現のため、気密性の確保のための措置を講じるものとする。

1-5　防露性能の確保

　　次の(1)及び(2)に留意し、単位住戸の断熱性能及び耐久性能を損なうおそれのある結露の発生を防止するための措置を講じるものとする。

(1)　表面結露の防止

　　　1-3の(1)のイに定める外皮平均熱貫流率の基準に適合する場合であっても、断熱構造化すべき部位において、表面結露の発生のおそれのある著しく断熱構造を欠く部分（開口部を除く。）を設けないこと。

(2)　内部結露の防止

　　　断熱材の内部又は断熱材よりも屋外側で外気に開放されていない部分においては、内部結露の発生を防止するため、水蒸気の侵入及び排出について考慮し、当該部分に多量の水蒸気が滞留しないよう適切な措置を講じること。

1-6　暖房機器等による室内空気汚染の防止

　　単位住戸に燃焼系の暖房機器又は給湯機器を設置する場合にあっては、室内空気汚染をできる限り防止するための措置を講じるものとする。

1-7　防暑のための通気経路の確保

　　夏期の防暑上通風が有効である地域における単位住戸について、防犯及び騒音防止の観点から生活上支障のない範囲で通風経路の確保に努めるものとする。

2　一次エネルギー消費量に関する基準

2-1

　　住宅の建築主等は、法第53条第1項の規定による認定の申請をしようとする単位住戸又は共同住宅等全体（以下「認定申請住宅」という。）の設計一次エネルギー消費量（2-3に定める方法により算出した数値をいう。）が、当該認定申請住宅の基準一次エネルギー消費量（2-2に定める方法により算出した数値をいう。）を上回らないようにするものとする。ただし、特別な調査又は研究の結果に基づき、2-2及び2-3に定める方法による計算と同等以上に当該認定申請住宅がエネルギーの使用上効率的であることを確かめることができる計算による場合においては、この限りでない。

2-2　基準一次エネルギー消費量の算定方法

　　住宅の基準一次エネルギー消費量は、単位住戸の基準一次エネルギー消費量については(1)に定める方法、共同住宅等全体の基準一次エネルギー消費量については(2)に定める方法によるものとする。

(1)　単位住戸の基準一次エネルギー消費量 E_{ST}（単位　GJ/年）は、次の式により算出するものとし、小数点第二位を切り上げた数値とする（(2)で用いる場合を除く。）。

$$E_{ST} = \{(E_{SH} + E_{SC} + E_{SV} + E_{SL} + E_{SW}) \times 0.9 + E_M\} \times 10^{-3}$$

　　　この式において、E_{SH}、E_{SC}、E_{SV}、E_{SL}、E_{SW}及びE_Mは、それぞれ次の数値を表すものとする。

　　　E_{SH}：暖房設備の基準一次エネルギー消費量（単位　MJ/年）

E_{SC}：冷房設備の基準一次エネルギー消費量（単位　MJ/年）

E_{SV}：機械換気設備の基準一次エネルギー消費量（単位　MJ/年）

E_{SL}：照明設備の基準一次エネルギー消費量（単位　MJ/年）

E_{SW}：給湯設備の基準一次エネルギー消費量（単位　MJ/年）

E_M：その他一次エネルギー消費量（単位　MJ/年）

イ　E_{SH}は、次(イ)から(ヘ)までに定める方法によるものとする。

(イ)　E_{SH}は、単位住戸又は単位住戸の各室の単位時間当たりの標準的な暖房設備の基準一次エネルギー消費量の暖房期間（1年間のうち日平均外気温が15度以下となる全ての期間をいう。以下同じ。）における合計とし、次の式により算出するものとする。

$$E_{SH} = \sum_{t}^{n} \sum_{i}^{m} E_{SH.t.i} + \sum_{t}^{n} \sum_{r}^{R} Q_{UT.SH.t.r} \times \alpha_{UT.SH.r}$$

この式において、$E_{SH.t.i}$、$Q_{UT.SH.t.r}$、$\alpha_{UT.SH.r}$、m、n及びRは、それぞれ次の数値を表すものとする。

$E_{SH.t.i}$　：時刻tにおける1時間当たりの標準的な暖房設備iの基準一次エネルギー消費量（単位　MJ/h）

$Q_{UT.SH.t.r}$　：室rの時刻tにおける1時間当たりの標準的な暖房設備により処理されない暖房負荷（単位　MJ/h）

$\alpha_{UT.SH.r}$　：室rにおける標準的な暖房設備により処理されない暖房負荷を一次エネルギー消費量に換算する係数であって別表第4に掲げる地域区分ごとに別表第7に掲げる係数

m　：単位住戸における標準的な暖房設備の数

n　：1年間に暖房する時間（単位　h）

R　：室の数

(ロ)　$E_{SH.t.i}$は、標準的な暖房設備iの種類及び仕様、単位住戸の床面積、外気の温湿度並びに標準的な暖房設備により処理される暖房負荷を勘案して算出するものとし、$E_{SH.t.i}$を時刻tにおける1時間当たりの標準的な暖房設備iの基準一次エネルギー消費係数を用いて算出する場合においては、次の式により算出するものとする。

$$E_{SH.t.i} = C_{SH.t.i} \times Q_{T.SH.t.i}$$

この式において、$C_{SH.t.i}$及び$Q_{T.SH.t.i}$は、それぞれ次の数値を表すものとする。

$C_{SH.t.i}$　：時刻tにおける1時間当たりの標準的な暖房設備iの基準一次エネルギー消費係数

$Q_{T.SH.t.i}$　：時刻tにおける1時間当たりの標準的な暖房設備iにより処理される暖房負荷（単位　MJ/h）

(ハ)　$C_{SH.t.i}$は、標準的な暖房設備の種類及び仕様、単位住戸の床面積、外気の温湿度並びに標準的な暖房設備iにより処理される暖房負荷を勘案した数値とする。

(ニ)　標準的な暖房設備により処理されない暖房負荷は、暖房負荷が標準的な暖房設備による最大出力以上となる場合は暖房負荷から最大出力を減じた数値とし、暖房負荷が標準的な暖房設備による最大出力を超えない場合は0とする。

(ホ)　暖房負荷は、①から④までに掲げる事項を勘案するものとする。

①　暖房負荷の算出においては、住宅の種別及び別表第4に掲げる地域区分に応じ、外皮平均熱貫流率及び暖房期の平均日射熱取得率として次の表に掲げる値を用いることとする。

	住宅の種別	別表第4に掲げる地域区分							
		1	2	3	4	5	6	7	8
外皮平均熱貫流率（単位 W/(m²·度))	一戸建ての住宅	0.46	0.46	0.56	0.75	0.87	0.87	0.87	3.32
	共同住宅等	0.41	0.41	0.44	0.69	0.75	0.75	0.75	1.73
暖房期の平均日射熱取得率	一戸建ての住宅	2.5	2.3	2.7	3.7	4.5	4.3	4.6	－
	共同住宅等	1.5	1.3	1.5	1.8	2.1	2.0	2.1	－

②　暖房負荷の算出においては、次に掲げる事項を勘案すること。

(i)　標準的な暖房設備の運転時間及び温度設定

(ii)　居住者の在室時間及び在室人数並びに発熱量

(iii)　局所機械換気及び全般機械換気の運転時間並びに換気量及び換気経路

(iv)　家電製品の運転時間及び発熱量

(v)　調理の時間及び発熱量

③　外気温（日平均外気温を含む。ロ(ホ)③において同じ。）については、別表第4に掲げる地域区分ごとの気象情報を用いること。

④　暖房負荷の算出においては、次に掲げる熱を勘案すること。

(i)　室温と外気温又は地温との温度差によって外壁、窓等を貫流する熱

(ii)　換気又は漏気によって輸送される熱

(iii)　日射の吸収又は夜間放射によって発生する熱

(iv)　家電製品、人体その他室内に存する物体から発生する熱

(v)　床、壁その他熱容量の大きな部位に蓄えられる熱

(vi)　調理により発生する熱のうち、暖房負荷削減に寄与する熱

(ヘ)　エネルギーの量を熱量に換算する係数は、別表第6に掲げる値を用いるものとする。

ロ　E_{SC} は、次の(イ)から(ヘ)までに定める方法によるものとする。

(イ)　E_{SC} は、単位住戸又は単位住戸の各室の単位時間当たりの標準的な冷房設備の基準一次エネルギー消費量の冷房期間（1年間のうち日最高外気温が23度以上となる全ての期間をいう。以下同じ。）における合計とし、次の式により算出するものとする。

$$E_{SC} = \sum_{t}^{n} \sum_{i}^{m} E_{SC.t.i}$$

この式において、$E_{SC.t.i}$、m及びnは、それぞれ次の数値を表すものとする。

$E_{SC.t.i}$　：時刻 t における1時間当たりの標準的な冷房設備 i の基準一次エネル

ギー消費量（単位　MJ/h）

m　　　：単位住戸における標準的な冷房設備の数

n　　　：1年間に冷房する時間（単位　h）

㈹　$E_{SC.t.i}$ は、標準的な冷房設備の種類及び仕様、単位住戸の床面積、外気の温湿度並びに標準的な冷房設備により処理される冷房負荷を勘案して算出するものとし、$E_{SC.t.i}$ を時刻 t における1時間当たりの冷房設備の基準一次エネルギー消費係数を用いて算出する場合においては、次の式により算出するものとする。

$$E_{SC.t.i} = C_{SC.t.i} \times Q_{T.SC.t.i}$$

この式において、$C_{SC.t.i}$ 及び $Q_{T.SC.t.i}$ は、それぞれ次の数値を表すものとする。

$C_{SC.t.i}$　　：時刻 t における1時間当たりの標準的な冷房設備 i の基準一次エネルギー消費係数

$Q_{T.SC.t.i}$　：時刻 t における1時間当たりの標準的な冷房設備 i により処理される冷房負荷（単位　MJ/h）

㈻　$C_{SC.t.i}$ は、標準的な冷房設備の種類及び仕様、単位住戸の床面積、外気の温湿度並びに標準的な冷房設備により処理される冷房負荷を勘案した数値とする。

㈾　標準的な冷房設備により処理される冷房負荷は、次に掲げる処理顕熱負荷及び処理潜熱負荷の合計とする。

①　標準的な冷房設備による処理顕熱負荷は、冷房顕熱負荷が標準的な冷房設備による最大顕熱出力を超えない場合は冷房顕熱負荷とし、冷房顕熱負荷が標準的な冷房設備による最大顕熱出力以上となる場合は当該冷房設備による最大顕熱出力とする。

②　標準的な冷房設備による処理潜熱負荷は、冷房潜熱負荷が標準的な冷房設備による最大潜熱出力を超えない場合は冷房潜熱負荷とし、冷房潜熱負荷が標準的な冷房設備による最大潜熱出力以上となる場合は当該冷房設備による最大潜熱出力とする。

㈿　冷房負荷は、①から④までに掲げる事項を勘案するものとする。

①　冷房負荷の算出においては、住宅の種別及び別表第4に掲げる地域区分に応じ、外皮平均熱貫流率及び冷房期の平均日射熱取得率として次の表に掲げる値を用いることとする。

	住宅の種別	別表第4に掲げる地域区分							
		1	2	3	4	5	6	7	8
外皮平均熱貫流率（単位　W/(m²·度)）	一戸建ての住宅	0.46	0.46	0.56	0.75	0.87	0.87	0.87	3.32
	共同住宅等	0.41	0.41	0.44	0.69	0.75	0.75	0.75	1.73
冷房期の平均	一戸建ての住宅	1.9	1.9	2.0	2.7	3.0	2.8	2.7	6.7

日射熱取得率									
	共同住宅等	1.1	1.1	1.1	1.4	1.5	1.4	1.3	2.8

② 冷房負荷の算出においては、次に掲げる事項を勘案すること。

(i) 標準的な冷房設備の運転時間及び温湿度設定

(ii) 居住者の在室時間及び在室人数並びに発熱量及び発湿量

(iii) 局所機械換気及び全般機械換気の運転時間並びに換気量及び換気経路

(iv) 家電製品の運転時間及び発熱量

(v) 調理の時間並びに発熱量及び発湿量

③ 外気温については、別表第4に掲げる地域区分ごとに定められる気象情報を用いること。

④ 冷房負荷の算出においては、次の(i)及び(ii)に掲げる熱をそれぞれ勘案すること。

(i) 顕熱

    a 室温と外気温又は地温との温度差によって外壁、窓等を貫流する熱

    b 換気(通風のための措置を含む。(ii)において同じ。)又は漏気によって輸送される熱

    c 日射の吸収又は夜間放射によって発生する熱

    d 家電製品、人体その他室内に存する物体から発生する熱

    e 床、壁その他熱容量の大きな部位に蓄えられる熱

    f 調理により発生する熱のうち、冷房負荷増加に寄与する熱

(ii) 潜熱

    a 換気又は漏気によって輸送される水蒸気が保有する熱

    b 厨房器具、人体その他室内に存する物体から発生する水蒸気が保有する熱

    c 床、壁その他湿気容量の大きな部位に蓄えられる水蒸気が保有する熱

    d 調理により発生する水蒸気が保有する熱のうち、冷房負荷増加に寄与する水蒸気が保有する熱

(ヘ) エネルギーの量を熱量に換算する係数は、別表第6に掲げる値を用いるものとする。

ハ E_{SV} は、次の式により算出するものとする。

$$E_{SV} = \alpha_{SV} \times A_{total} + \beta_{SV}$$

この式において、α_{SV}、A_{total} 及び β_{SV} は、それぞれ次の数値を表すものとする。

α_{SV} :床面積の合計の区分ごとに次の表に掲げる係数(単位 MJ/(m²・年))

β_{SV} :床面積の合計の区分ごとに次の表に掲げる係数(単位 MJ/年)

A_{total}: 当該単位住戸の床面積の合計(単位 m²)

係 数	床面積の合計の区分		
	(い)	(ろ)	(は)
	床面積の合計が	床面積の合計が	床面積の合計が

	30 m² 未満	30 m² 以上かつ 120 m² 未満	120 m² 以上
α_{SV}	33	38	33
β_{SV}	129	-21	579

ニ　E_{SL} は、次の式により算出するものとする。

$$E_{SL} = 31 \times A_{total} + 169 \times A_{MR} + 39 \times A_{OR}$$

この式において、A_{total}、A_{MR} 及び A_{OR} は、それぞれ次の数値を表すものとする。

A_{total}: 当該単位住戸の床面積の合計（単位　m²）

A_{MR}　：当該単位住戸の主たる居室の床面積の合計（単位　m²）

A_{OR}　：当該単位住戸のその他の居室の床面積の合計（単位　m²）

ホ　E_{SW} は、次の式により算出するものとする。ただし、浴室その他浴槽又は身体の清浄を目的とした設備を有する室（以下「浴室等」という。）、台所及び洗面所が無い場合は 0 とする。

$$E_{SW} = \alpha_{SW} \times A_{total} + \beta_{SW}$$

この式において、α_{SW}、A_{total} 及び β_{SW} は、それぞれ次の数値を表すものとする。

α_{SW}　：床面積の合計の区分ごとに次の表に掲げる係数（単位　MJ/(m²・年)）

β_{SW}　：床面積の合計の区分ごとに次の表に掲げる係数（単位　MJ/年）

A_{total}: 当該単位住戸の床面積の合計（単位　m²）

別表第4に掲げる地域区分	給湯対象室	係数	床面積の合計の区分				
			(い)	(ろ)	(は)	(に)	(ほ)
			床面積の合計が30 m² 未満	床面積の合計が30 m² 以上 60 m² 未満	床面積の合計が60 m² 以上 90 m² 未満	床面積の合計が90 m² 以上 120 m² 未満	床面積の合計が120 m² 以上
1	浴室等が有る場合	α_{SW}	－	234	307	109	－
		β_{SW}	11946	4926	546	18366	31446
	浴室等が無く、台所又は洗面所が有る場合	α_{SW}	－	32	78	15	－
		β_{SW}	4835	3875	1115	6785	8585
	浴室等が有る場合	α_{SW}	－	228	300	107	－
		β_{SW}	11696	4856	536	17906	30746

2	浴室等が無く、台所又は洗面所が有る場合	α_{SW}	–	32	77	15	–
		β_{SW}	4742	3782	1082	6662	8462
3	浴室等が有る場合	α_{SW}	–	212	280	100	–
		β_{SW}	10892	4532	452	16652	28652
	浴室等が無く、台所又は洗面所が有る場合	α_{SW}	–	30	72	14	–
		β_{SW}	4442	3542	1022	6242	7922
4	浴室等が有る場合	α_{SW}	–	205	272	97	–
		β_{SW}	10575	4425	405	16155	27795
	浴室等が無く、台所又は洗面所が有る場合	α_{SW}	–	29	70	13	–
		β_{SW}	4321	3451	991	6121	7681
5	浴室等が有る場合	α_{SW}	–	200	276	103	–
		β_{SW}	10440	4440	– 120	15450	27810
	浴室等が無く、台所又は洗面所が有る場合	α_{SW}	–	29	71	14	–
		β_{SW}	4165	3295	775	5905	7585
6	浴室等が有る場合	α_{SW}	–	181	249	93	–
		β_{SW}	9401	3971	– 109	13931	25091
	浴室等が無く、台所又は洗面所が有る場合	α_{SW}	–	26	64	12	–
		β_{SW}	3755	2975	695	5375	6815
7	浴室等が有る場合	α_{SW}	–	165	227	85	–
		β_{SW}	8499	3549	– 171	12609	22809
	浴室等が無く、台所又は洗面所が有る場合	α_{SW}	–	23	57	11	–
		β_{SW}	3402	2712	672	4812	6132

8	浴室等が有る場合	α_{SW}	−	130	178	67	−
		β_{SW}	6672	2772	− 108	9882	17922
	浴室等が無く、台所又は洗面所が有る場合	α_{SW}	−	18	45	9	−
		β_{SW}	2679	2139	519	3759	4839

ヘ　E_M は、次の式により算出するものとする。

$$E_M = \alpha_M \times \text{Atotal} + \beta_M$$

この式において、α_M、Atotal 及び β_M は、それぞれ次の数値を表すものとする。

α_M　：床面積の合計の区分ごとに次の表に掲げる係数（単位　MJ/(m²·年)）

β_M　：床面積の合計の区分ごとに次の表に掲げる係数（単位　MJ/年）

Atotal：当該単位住戸の床面積の合計（単位　m²）

係数	床面積の合計の区分				
	(い)	(ろ)	(は)	(に)	(ほ)
	床面積の合計が 30 m² 未満	床面積の合計が 30 m² 以上 60 m² 未満	床面積の合計が 60 m² 以上 90 m² 未満	床面積の合計が 90 m² 以上 120 m² 未満	床面積の合計が 120 m² 以上
α_M	0	87.63	166.71	47.64	0
β_M	12181.13	9552.23	4807.43	15523.73	21240.53

(2)　共同住宅等全体の基準一次エネルギー消費量 $E_{ST.all}$（単位　GJ/年）は、次のイ又はロに掲げる式により算出するものとし、小数点第2位を切り上げた数値とする。

イ　$E_{ST.all} = \left(\sum_{i}^{n} E_{ST.i} + (\text{Esac} + \text{Esv} + \text{Esl} + \text{Esw} + \text{Esev}) \times 0.9 \right) \times 10^{-3}$

(2)において、$E_{ST.i}$、Esac、Esv、Esl、Esw、Esev 及び n は、それぞれ次の数値を表すものとする。

$E_{ST.i}$　：住戸 i の基準一次エネルギー消費量（単位　MJ/年）

Esac　：共用部の空気調和設備の基準一次エネルギー消費量（単位　MJ/年）

Esv　：共用部の機械換気設備の基準一次エネルギー消費量（単位　MJ/年）

Esl　：共用部の照明設備の基準一次エネルギー消費量（単位　MJ/年）

Esw　：共用部の給湯設備の基準一次エネルギー消費量（単位　MJ/年）

Esev　：共用部の昇降機の基準一次エネルギー消費量（単位　MJ/年）

n　：当該共同住宅等全体における単位住戸数

(イ)　Esac は、次の式により算出するものとする。

$$Esac = \sum_{i}^{n} (\alpha sac, i \times Ai)$$

この式において、$\alpha sac, i$、Ai 及び n は、それぞれ次の数値を表すものとする。

$\alpha sac, i$：空気調和対象室 i の室用途及び別表第4に掲げる地域区分ごとに次の表に
掲げる係数（次の表に該当する用途がない場合にあっては別表第3に掲げ
る係数）（単位　MJ/(m²·年)）

Ai　　：空気調和対象室 i の床面積の合計（単位　m²）

n　　　：当該共同住宅等全体における空気調和対象室の数

室 用 途	別表第4に掲げる地域区分							
	1	2	3	4	5	6	7	8
ロビー	1198	1215	1064	1093	1142	1166	1114	1223
管理人室	431	428	366	386	394	440	418	520
集会室	576	549	452	453	451	478	472	538
屋内廊下	937	973	705	745	801	829	858	799

(ロ)　Esv は、次の式により算出するものとする。

$$Esv = \sum_{i}^{n} (\alpha sv, i \times At, i)$$

この式において、$\alpha sv, i$、At, i 及び n は、それぞれ次の数値を表すものとする。

$\alpha sv, i$：空気調和対象室を除く機械換気対象室 i の室用途ごとに次の表に掲げる係
数（次の表に該当する用途がない場合にあっては別表第3に掲げる係数）（単
位　MJ/(m²·年)）

At, i：空気調和対象室を除く機械換気対象室 i の床面積の合計（単位　m²）

n　　：当該共同住宅等全体における次の表の用途の室のうち空気調和対象室以外
の室数

室 用 途	$\alpha_{sv, i}$
機械室	712
電気室	1425
屋内駐車場	997
廃棄物保管場所等	2137

(ハ)　Esl は、次の式により算出するものとする。

$$Esl = \sum_{i}^{n} (\alpha sl, i \times At, i)$$

この式において、$\alpha sl, i$、At, i 及び n は、それぞれ次の数値を表すものとする。

$\alpha sl, i$：照明対象室 i の室用途ごとに次の表に掲げる係数（次の表に該当する用途

がない場合にあっては別表第3に掲げる係数）（単位　MJ/(m²・年)）

At,i　：照明対象室 i の床面積の合計（単位　m²）

n　　：当該共同住宅等全体における照明対象室の数

室　用　途	αsl,i
ロビー	1026
管理人室	369
集会室	113
屋内廊下	513
屋外廊下	256
機械室	10
電気室	10
屋内駐車場	308
廃棄物保管場所等	308

(二)　Esw は、次の式により算出するものとする。

$$Esw = \sum_{i}^{n} (\alpha sw,i \times At,i)$$

この式において、αsw,i、At,i 及び n は、それぞれ次の数値を表すものとする。

αsw,i：給湯対象室 i の室用途及び別表第4に掲げる地域区分ごとに次の表に掲げる係数（次の表に該当する用途がない場合にあっては別表第3に掲げる係数）（単位　MJ/(m²・年)）

At,i　：給湯対象室 i の床面積の合計（単位　m²）

n　　：当該共同住宅等全体における給湯対象室の数

室用途	別表第4に掲げる地域区分							
	1	2	3	4	5	6	7	8
管理人室	25	24	23	22	21	19	17	14
集会室	97	95	89	87	83	75	69	56

(ホ)　Esev は、次の式により算出するものとする。

$$Esev = \sum_{i}^{n} \left(\frac{Lev,i \times Vev,i \times Fst \times Tev,i \times Mev,i}{860} \times Nev,i \right) \times 9760 \times 10^{-3}$$

この式において、Lev,i、Vev,i、Fst、Tev,i、Mev,i、Nev,i 及び n は、それぞれ次の数値を表すものとする。

Lev,i：昇降機系統 i に属する昇降機の積載質量（単位　kg）

Vev,i：昇降機系統 i に属する昇降機の定格速度（単位　m/min）

$\qquad$ Fst　：基準設定速度制御係数 $\left(\frac{1}{40}\right)$

$\qquad$ Tev,i：昇降機系統 i の昇降機年間運転時間（単位　h）

$\qquad$ Mev,i：昇降機系統 i の輸送能力係数（単位　無次元）

$\qquad$ Nev,i：昇降機系統 i に属する昇降機の台数（単位　台）

$\qquad$ n　　：当該共同住宅等全体における昇降機の対象系統数

ロ　$E_{ST.all} = \left(\sum_{i}^{n} E_{ST.i} \right) \times 10^{-3}$

2−3　設計一次エネルギー消費量の算定方法

　住宅の設計一次エネルギー消費量は、単位住戸の設計一次エネルギー消費量については(1)に定める方法、共同住宅等全体の設計一次エネルギー消費量については(2)に定める方法によるものとする。

(1)　単位住戸の設計一次エネルギー消費量 E_T（単位　GJ/年）は、次の式により算出するものとする。

$$E_T = (E_H + E_C + E_V + E_L + E_W - E_S + E_M) \times 10^{-3}$$

　この式において、E_H、E_C、E_V、E_L、E_W、E_S 及び E_M は、それぞれ次の数値を表すものとする。

$\qquad$ E_H：暖房設備の設計一次エネルギー消費量（単位　MJ/年）

$\qquad$ E_C：冷房設備の設計一次エネルギー消費量（単位　MJ/年）

$\qquad$ E_V：機械換気設備の設計一次エネルギー消費量（単位　MJ/年）

$\qquad$ E_L：照明設備の設計一次エネルギー消費量（単位　MJ/年）

$\qquad$ E_W：給湯設備（排熱利用設備を含む。以下同じ。）の設計一次エネルギー消費量（単位　MJ/年）

$\qquad$ E_S：エネルギー利用効率化設備による設計一次エネルギー消費量の削減量（単位　MJ/年）

$\qquad$ E_M：2−2の(1)に定めるその他一次エネルギー消費量（単位　MJ/年）

イ　E_H は、次の(イ)から(ト)までに定める方法によるものとする。

(イ)　E_H は、単位住戸全体又は各室ごとの単位時間当たりの暖房設備の一次エネルギー消費量の暖房期間における合計とし、次の式により算出するものとする。

$$E_H = \sum_{t}^{n} \sum_{i}^{m} E_{H.t.i} + \sum_{t}^{n} \sum_{r}^{R} Q_{UT.H.t.r} \times \alpha_{UT.H.r}$$

　この式において、$E_{H.t.i}$、$Q_{UT.H.t.r}$、$\alpha_{UT.H.r}$、m、n 及び R は、それぞれ次の数値を表すものとする。

$\qquad$ $E_{H.t.i}$　：時刻 t における1時間当たりの暖房設備 i の設計一次エネルギー消費量（単位　MJ/h）

$\qquad$ $Q_{UT.H.t.r}$：部屋 r の時刻 t における1時間当たりの処理されない暖房負荷（単位　MJ/h）

$\qquad$ $\alpha_{UT.H.r}$　：部屋 r における処理されない暖房負荷を一次エネルギー消費量に換算する係数であって別表第4に掲げる地域区分ごとに別表第7に掲げる

係数

m ：当該単位住戸における暖房設備の数

n ：1年間に暖房する時間（単位　h）

R ：部屋の数

(ロ) $E_{H,t,i}$ は、暖房設備の種類及び仕様、当該単位住戸の床面積、外気の温湿度、暖房設備により処理される暖房負荷並びに太陽熱利用設備又は排熱利用設備により供給される熱を勘案して算出するものとし、$E_{H,t,i}$ を時刻 t における1時間当たりの暖房設備の設計一次エネルギー消費係数を用いて算出する場合においては、次の式により算出するものとする。

$$E_{H,t,i} = C_{H,t,i} \times Q_{T,H,t,i}$$

この式において、$C_{H,t,i}$ 及び $Q_{T,H,t,i}$ は、それぞれ次の数値を表すものとする。

$C_{H,t,i}$ ：時刻 t における1時間当たりの暖房設備 i の設計一次エネルギー消費係数

$Q_{T,H,t,i}$ ：時刻 t における1時間当たりの暖房設備 i により処理される暖房負荷（単位　MJ/h）

(ハ) $C_{H,t,i}$ は、暖房設備の種類及び仕様、当該単位住戸の床面積、外気の温湿度並びに暖房設備により処理される暖房負荷を勘案した数値とする。

(ニ) $Q_{T,H,t,i}$ は、太陽熱利用設備又は排熱利用設備により供給される熱等を減じた数値とすることができるものとする。

(ホ) 暖房設備により処理されない暖房負荷は、暖房負荷が暖房設備による最大出力以上となる場合は暖房負荷から最大出力を減じた数値とし、暖房負荷が暖房設備による最大出力を超えない場合は0とする。

(ヘ) 暖房負荷は、①から③までに掲げる事項について勘案するものとする。

① 暖房負荷の算出においては、次に掲げる運転時間等を勘案すること。

(i) 暖房設備の運転時間及び温度設定

(ii) 居住者の在室時間、在室人数及び発熱量

(iii) 局所機械換気及び全般機械換気の運転時間並びに換気量及び換気経路

(iv) 家電製品の運転時間及び発熱量

(v) 調理の時間及び発熱量

② 外気温（日平均外気温を含む。）については、別表第4に掲げる地域区分ごとの気象情報を用いること。

③ 暖房負荷の算出においては、次に掲げる熱を勘案すること。

(i) 室温と外気温又は地温との温度差によって外壁、窓等を貫流する熱

(ii) 換気又は漏気によって輸送される熱

(iii) 日射の吸収又は夜間放射によって発生する熱

(iv) 家電製品、人体その他室内に存する物体から発生する熱

(v) 床、壁その他熱容量の大きな部位に蓄えられる熱

(vi) 調理により発生する熱のうち、暖房負荷削減に寄与する熱

　　㈦　太陽熱利用設備又は排熱利用設備により供給される熱

　㈧　エネルギーの量を熱量に換算する係数は、別表第6に掲げる値を用いるものとする。

ロ　E_C は、次の㈠から㈥までに定める方法によるものとする。

　㈠　E_C は、単位住戸全体又は各室ごとの単位時間当たりの冷房設備の一次エネルギー消費量の冷房期間における合計とし、次の式により算出するものとする。

$$E_C = \sum_t^n \sum_i^m E_{C.t.i}$$

　　この式において、$E_{C.t.i}$、m 及び n は、それぞれ次の数値を表すものとする。

　　$E_{C.t.i}$：時刻 t における1時間当たりの冷房設備 i の設計一次エネルギー消費量（単位　MJ/h）

　　m　　：当該単位住戸における冷房設備の数

　　n　　：1年間に冷房する時間（単位　h）

　㈡　$E_{C.t.i}$ は、冷房設備の種類及び仕様、当該単位住戸の床面積、外気の温湿度並びに冷房設備により処理される冷房負荷を勘案して算出するものとし、$E_{C.t.i}$ を時刻 t における1時間当たりの冷房設備の設計一次エネルギー消費係数を用いて算出する場合においては、次の式により算出するものとする。

$$E_{C.t.i} = C_{C.t.i} \times Q_{T.C.t.i}$$

　　この式において、$C_{C.t.i}$ 及び $Q_{T.C.t.i}$ は、それぞれ次の数値を表すものとする。

　　$C_{C.t.i}$　：時刻 t における1時間当たりの冷房設備 i の設計一次エネルギー消費係数

　　$Q_{T.C.t.i}$：時刻 t における1時間当たりの冷房設備 i により処理される冷房負荷（単位　MJ/h）

　㈢　$C_{C.t.i}$ は、冷房設備の種類及び仕様、当該単位住戸の床面積、外気の温湿度並びに冷房設備により処理される冷房負荷を勘案した数値とする。

　㈣　冷房設備により処理される冷房負荷は、次に掲げる処理顕熱負荷及び処理潜熱負荷の合計とする。

　　①　冷房設備による処理顕熱負荷は、冷房顕熱負荷が冷房設備による最大顕熱出力を超えない場合は冷房顕熱負荷とし、冷房顕熱負荷が冷房設備による最大顕熱出力以上となる場合は当該冷房設備による最大顕熱出力とする。

　　②　冷房設備による処理潜熱負荷は、冷房潜熱負荷が冷房設備による最大潜熱出力を超えない場合は冷房潜熱負荷とし、冷房潜熱負荷が冷房設備による最大潜熱出力以上となる場合は当該冷房設備による最大潜熱出力とする。

　㈤　冷房負荷は、①から③までに掲げる事項について勘案するものとする。

　　①　冷房負荷の算出においては、次に掲げる運転時間等を勘案すること。

　　　(ⅰ)　冷房設備の運転時間及び温湿度設定

　　　(ⅱ)　居住者の在室時間及び在室人数並びに発熱量及び発湿量

　　　(ⅲ)　局所機械換気及び全般機械換気の運転時間並びに換気量及び換気経路

　　　　(iv)　家電製品の運転時間及び発熱量

　　　　(v)　調理の時間並びに発熱量及び発湿量

　　②　外気温（日平均外気温を含む。）については、別表第4に掲げる地域区分ごとに定められる気象情報を用いること。

　　③　冷房負荷の算出においては、次の(i)及び(ii)に掲げる熱をそれぞれ勘案すること。

　　　(i)　顕熱

　　　　a　室温と外気温又は地温との温度差によって外壁、窓等を貫流する熱

　　　　b　換気（通風のための措置を含む。(ii)において同じ。）又は漏気によって輸送される熱

　　　　c　日射の吸収又は夜間放射によって発生する熱

　　　　d　家電製品、人体その他室内に存する物体から発生する熱

　　　　e　床、壁その他熱容量の大きな部位に蓄えられる熱

　　　　f　調理により発生する熱のうち、冷房負荷削減に寄与する熱

　　　(ii)　潜熱

　　　　a　換気又は漏気によって輸送される水蒸気が保有する熱

　　　　b　厨房器具、人体その他室内に存する物体から発生する水蒸気が保有する熱

　　　　c　床、壁その他湿気容量の大きな部位に蓄えられる水蒸気が保有する熱

　　　　d　調理により発生する水蒸気が保有する熱のうち、冷房負荷削減に寄与する水蒸気が保有する熱

　(ハ)　エネルギーの量を熱量に換算する係数は、別表第6に掲げる値を用いるものとする。

ハ　E_Vは、次の(イ)から(ニ)までに定める方法によるものとする。

　(イ)　E_Vは、次の式により算出するものとする。

$$E_V = \sum_t^{n_1} \sum_i^{m_1} E_{VG,t,i} + \sum_t^{n_2} \sum_i^{m_2} E_{VL,t,i}$$

　　この式において、$E_{VG,t,i}$、$E_{VL,t,i}$、m_1、n_1、m_2及びn_2は、それぞれ次の数値を表すものとする。

　　$E_{VG,t,i}$：時刻tにおける1時間当たりの全般機械換気設備iの設計一次エネルギー消費量（単位　MJ/h）

　　$E_{VL,t,i}$：時刻tにおける1時間当たりの局所機械換気設備iの設計一次エネルギー消費量（単位　MJ/h）

　　m_1　　：当該単位住戸における全般機械換気設備の数

　　n_1　　：全般機械換気設備iの年間稼働時間（通年稼働のものにあっては8760）（単位　h）

　　m_2　　：当該単位住戸における局所機械換気設備の数

　　n_2　　：局所機械換気設備iの年間稼働時間（単位　h）

　(ロ)　$E_{VG,t,i}$及び$E_{VL,t,i}$は、次の式により算出するものとする。

$$E_{VG,t,i} = f_{SFP,i} \times V_{R,i} \times f_{prim} \times 10^{-6}$$

$$E_{VL,t,i} = pv,i \times fprim \times 10^{-6}$$

この式において、$f_{SFP,i}$、$V_{R,i}$、fprim 及び pv,i は、それぞれ次の数値を表すものとする。

　　$f_{SFP,i}$ ：全般機械換気設備 i の比消費電力（単位　$W/(h \cdot m^3)$）

　　$V_{R,i}$ ：全般機械換気設備 i の参照機械換気量（単位　m^3/h）

　　fprim ：別表第6に掲げる電気の量1kWh を熱量に換算する係数
　　　　　　（単位　kJ/kWh）

　　pv,i ：局所機械換気設備 i の消費電力（単位　W）

(ハ) $f_{SFP,i}$ は、機械換気設備の種類及び仕様並びに全般機械換気設備の設計風量を勘案して算出するものとする。

(ニ) $V_{R,i}$ は、当該単位住戸の床面積の合計に、天井高及び全般機械換気設備に求められる換気回数を乗じた値に余裕率を勘案し、機械換気設備の有効換気量率で除して求められる換気量とする。

ニ　E_L は、次の(イ)から(ニ)までに定める方法によるものとする。

(イ) E_L は、次の式により算出するものとする。

$$E_L = \sum_{t}^{n} \sum_{i}^{m} E_{L,t,i}$$

この式において、$E_{L,t,i}$、m 及び n は、それぞれ次の数値を表すものとする。

　　$E_{L,t,i}$：時刻 t における1時間当たりの照明区画（照明器具の種類、照明設備の制御方法及び配置、照度の設定、室等の形状並びに内装仕上げが同一の部分をいう。以下同じ。）i に設置される照明設備の設計一次エネルギー消費量
　　　　　　　（単位　MJ/h）

　　m ：当該単位住戸における照明区画の数

　　n ：照明区画 i における年間点灯時間（単位　h）

(ロ) $E_{L,t,i}$ は、以下の式により算出するものとする。

$$E_{L,t,i} = Pi \times Ci \times fprim \times 10^{-6} \times ri,d,t$$

この式において、Pi、Ci、fprim 及び ri,d,t は、それぞれ次の数値を表すものとする。

　　Pi ：照明区画 i に設置される照明設備の消費電力の合計値（単位　W）

　　Ci ：照明区画 i に設置される照明設備の消費電力の補正値

　　fprim：別表第6に掲げる電気の量1kWh を熱量に換算する係数
　　　　　　（単位　kJ/kWh）

　　ri,d,t：時刻 t における照明区画 i に設置される照明設備の使用時間率

(ハ) Pi は、照明設備の種類及び仕様並びに照明区画 i の床面積を勘案して算出するものとする。

(ニ) Ci は、照明設備の設置状況及び用途、調光、人感センサー並びに多灯分散照明方式の採用の有無を勘案して算出するものとする。

ホ　E_W は、次の(イ)から(ト)までに定める方法によるものとする。

(イ)　E_W は、次の式により算出するものとする。

$$E_W = \sum_d^D E_{W,d}$$

この式において、$E_{W,d}$ 及び D は、それぞれ次の数値を表すものとする。

$E_{W,d}$：日付 d における1日当たりの給湯設備の設計一次エネルギー消費量
　　　　（単位　MJ/日）

D　　：給湯設備の年間稼働日数（単位　日）

(ロ)　$E_{W,d}$ は、給湯設備の種類及び仕様、外気温湿度、給水温度並びに給湯負荷を勘案し、日付 d における1日当たりの給湯設備の設計一次エネルギー消費係数を用いて算出する場合においては、以下の式により算出するものとする。

$$E_{W,d} = C_{W,d} \times L_{W,d}$$

この式において、$C_{W,d}$ 及び $L_{W,d}$ は、それぞれ次の数値を表すものとする。

$C_{W,d}$：日付 d における1日当たりの給湯設備の設計一次エネルギー消費係数

$L_{W,d}$：日付 d における1日当たりの給湯負荷（単位　MJ/日）

(ハ)　$C_{W,d}$ は給湯設備の種類及び仕様、外気温湿度、給水温度並びに給湯負荷を勘案した数値とする。

(ニ)　$L_{W,d}$ は、当該単位住戸の床面積、給湯対象室の有無、外気温湿度、給水温度、節湯器具の仕様及び給湯配管の仕様を勘案するものとし、さらに太陽熱利用設備を利用する場合においては太陽熱利用設備の種類、仕様、直達日射量及び天空放射量を勘案して算出するものとする。

(ホ)　エネルギーの量を熱量に換算する係数は、別表第6に掲げる値を用いるものとする。

ヘ　E_S は、次の(イ)及び(ロ)に定める方法によるものとする。

(イ)　E_S は、次の式により算出するものとする。

$$E_S = \sum_t^n \sum_i^m E_{E,s,t,i} \times fprim \times 10^{-3}$$

この式において、$E_{E,s,t,i}$、m、n 及び fprim は、それぞれ次の数値を表すものとする。

$E_{E,s,t,i}$：時刻 t における1時間当たりのエネルギー利用効率化設備 i による消費
　　　　　　電力量の削減量（単位　kWh/h）

m　　：当該単位住戸におけるエネルギー利用効率化設備の数

n　　：エネルギー利用効率化設備 i の年間稼働時間（単位　h）

fprim　：別表第6に掲げる電気の量1kWh を熱量に換算する係数（単位　kJ/kWh）

(ロ)　$E_{E,s,t,i}$ は、気象条件、設備の性能及び設置状況を勘案して算出するものとする。

ト　E_M は、2-2の(1)のへに定める方法によるものとする。

(2)　共同住宅等全体の設計一次エネルギー消費量については、次のイ又はロに掲げる共同住宅等の区分に応じ、それぞれに定めるとおりとする。

イ　基準一次エネルギー消費量について2-2(2)イに定める方法により算出した共同住宅等　(1)により算出した各単位住戸の設計一次エネルギー消費量の合計に、第1の2-3

により算出した共用部の設計一次エネルギー消費量を加算した数値

　　ロ　基準一次エネルギー消費量について2−2(2)ロに定める方法により算出した共同住宅
　　　　等(1)により算出した各単位住戸の設計一次エネルギー消費量を合計した数値

第3　複合建築物に係る判断の基準

　複合建築物の建築主等は、次の1及び2に適合する措置を講ずるものとする。

1　外壁、窓等を通しての熱の損失の防止に関する基準

　　複合建築物の建築主等は、法第53条第1項の規定による認定の申請をしようとする複合建
　築物全体又は複合建築物における一の住戸（以下第3において「単位住戸」という。）（以下
　「認定申請複合建築物」という。）の住宅以外の用途に供する部分については第1の1に、
　住宅の用途に供する部分については第2の1に、それぞれ適合する措置を講ずるものとす
　る。ただし、複合建築物における住宅以外の用途に供する部分の床面積の合計が300 m² 未
　満の場合においては、当該部分について第2の1に適合する措置を講ずるものとすることが
　できるものとする。

2　一次エネルギー消費量に関する基準

2−1　複合建築物の建築主等は、当該認定申請複合建築物の設計一次エネルギー消費量（2

　−3に定める方法により算出した数値をいう。）が、当該認定申請複合建築物の基準一次エ
　ネルギー消費量（2−2に定める方法により算出した数値をいう。）を上回らないようにす
　るものとする。ただし、特別な調査又は研究の結果に基づき、2−2及び2−3に定める方
　法による計算と同等以上に当該認定申請複合建築物がエネルギーの使用上効率的であること
　を確かめることができる計算による場合においては、この限りでない。

2−2　基準一次エネルギー消費量の算定方法

　　複合建築物の基準一次エネルギー消費量は、複合建築物全体については(1)に定める方法、
　複合建築物における単位住戸については(2)に定める方法によるものとする。

　(1)　複合建築物全体の基準一次エネルギー消費量は、イ及びロにより求められる値の合計値
　　　とする。

　　イ　住宅以外の用途に供する部分については、第1の2−2に定める方法により算出した
　　　　基準一次エネルギー消費量

　　ロ　住宅の用途に供する部分については、当該複合建築物における単位住戸が一である場
　　　　合には第2の2−2の(1)に定める方法により算出した基準一次エネルギー消費量とし、
　　　　当該複合建築物における単位住戸が複数ある場合には、第2の2−2の(2)に定める方法
　　　　により算出した基準一次エネルギー消費量とする。

　(2)　複合建築物における単位住戸の基準一次エネルギー消費量は、第2の2−2の(1)に定め
　　　る方法により算出したものとする。

2−3　設計一次エネルギー消費量の算定方法

　　複合建築物の設計一次エネルギー消費量は、複合建築物全体については(1)に定める方法、
　複合建築物における単位住戸については(2)に定める方法によるものとする。

　(1)　複合建築物全体の設計一次エネルギー消費量は、イ及びロにより求められる値の合計値
　　　とする。

　　イ　住宅以外の用途に供する部分については、第1の2−3に定める方法により算出した

設計一次エネルギー消費量

ロ　住宅の用途に供する部分については、当該複合建築物における単位住戸が一である場合には第2の2-3の(1)に定める方法により算出した設計一次エネルギー消費量とし、当該複合建築物における単位住戸が複数ある場合には第2の2-3の(2)に定める方法により算出した設計一次エネルギー消費量とする。

(2)　複合建築物における単位住戸の設計一次エネルギー消費量は、第2の2-3の(1)に定める方法により算出したものとする。

II．建築物の低炭素化の促進のために誘導すべきその他の基準

建築物の建築主等は、第1又は第2のいずれかに適合する建築物の低炭素化のための措置を講ずるものとする。ただし、認定申請複合建築物が複合建築物全体である場合は、住宅の用途に供する部分及び住宅以外の用途に供する部分について、それぞれ第1又は第2のいずれかに適合する措置を講ずるものとする。

第1　次の1から8までに掲げる項目のうち、2以上の項目に適合するものとする。

1　節水に関する取組について、次のいずれかに該当すること。

(1)　設置する便器の半数以上に節水に資する便器を採用すること。

(2)　設置する水栓の半数以上に節水に資する水栓を採用すること。

(3)　定置型の電気食器洗い機を設置すること。ただし、共同住宅等全体及び複合建築物については、住戸の半数以上に設置すること。

2　雨水、井戸水又は雑排水の利用のための設備を設置すること。

3　エネルギー管理に関する取組について、次のいずれかに該当すること。

(1)　HEMS（住宅の所有者が使用する空気調和設備、照明設備等の電力使用量等の住宅のエネルギー消費量に関する情報について、個別に計測、蓄積及び表示をすることが可能で、その電力使用を調整するための制御機能を有するホームエネルギー管理システムをいう。）を設置していること。ただし、共同住宅等全体及び複合建築物については、住戸の半数以上に設置すること。

(2)　BEMS（空気調和設備、照明設備等の電力使用量等の建築物のエネルギー消費量に関する情報について、個別に計測、蓄積及び表示をすることが可能で、その電力使用を調整するための制御機能を有するビルエネルギー管理システムをいう。）を設置すること。

4　太陽光発電設備等の再生可能エネルギー発電設備と連系した蓄電池（床に据え付けるものに限る。）を設置すること。ただし、共同住宅等全体及び複合建築物については、住戸の半数以上に設置すること。

5　ヒートアイランド対策に関する取組について、次のいずれかに該当すること。

(1)　敷地面積に対する緑地、水面等の面積割合を10％以上とすること。

(2)　日射反射率の高い舗装材により被覆した面積の敷地面積に対する割合を10％以上とすること。

(3)　緑化等の対策をした面積の屋根面に対する割合を20％以上とすること。

(4)　緑化対策をした面積の外壁面積に対する割合を10％以上とすること。

(5)　(1)の割合、(2)の割合、(3)の割合の$\frac{1}{2}$及び(4)の割合の合計を10％以上とすること。

6　日本住宅性能表示基準（平成13年国土交通省告示第1346号）に定める劣化対策等級に係る

　　　　評価が等級3に該当する措置を講ずること。

　7　木造住宅又は木造建築物であること。

　8　高炉セメント又はフライアッシュセメントを構造耐力上主要な部分に使用していること。

第2　建築物の総合的な環境性能評価に基づき、標準的な建築物と比べて低炭素化に資する建築物として、法第53条第1項に規定する所管行政庁が認めるものとする。

　　　　　　　　　　　　　経済産業省
　　　附　則　（平成25年国土交通省告示第149号）
　　　　　　　　　　　　　環　境　省

（施行期日）

1　この告示は、平成26年4月1日から施行する。

（経過措置）

2　この告示の適用については、前項の規定にかかわらず、平成27年3月31日までの間は、なお従前の例によることができる。

3　この告示の施行前のエネルギーの使用の合理化に関する法律（昭和54年法律第49号）第75条第1項前段又は第75条の2第1項前段の規定に基づく届出がされた建築物に対する同第75条第1項後段又は同第75条の2第1項後段の規定に基づく変更の届出に係るこの告示の適用については、前2項の規定にかかわらず、当分の間、なお従前の例によることができる。

別表第1

用　　途		地　　域　　区　　分							
		1	2	3	4	5	6	7	8
(1) 事務所等		480	480	480	470	470	470	450	570
(2) ホテル等	客室部	650	650	650	500	500	500	510	670
	宴会場部	990	990	990	1260	1260	1260	1470	2220
(3) 病院等	病室部	900	900	900	830	830	830	800	980
	非病室部	460	460	460	450	450	450	440	650
(4) 百貨店等		640	640	640	720	720	720	810	1290
(5) 学校等		420	420	420	470	470	470	500	630
(6) 飲食店等		710	710	710	820	820	820	900	1430
(7) 集会所等	図書館等	590	590	590	580	580	580	550	650
	体育館等	790	790	790	910	910	910	910	1000
	映画館等	1490	1490	1490	1510	1510	1510	1510	2090
(8) 工場等		−	−	−	−	−	−	−	−

1　「事務所等」とは、事務所、官公署その他エネルギーの使用の状況に関してこれらに類するものをいう。

2　「ホテル等」とは、ホテル、旅館その他エネルギーの使用の状況に関してこれらに類するものをいう。

3　「病院等」とは、病院、老人ホーム、福祉ホームその他エネルギーの使用の状況に関してこれらに類するものをいう。

4　「百貨店等」とは、百貨店、マーケットその他エネルギーの使用の状況に関してこれらに類するものをいう。

5　「学校等」とは、小学校、中学校、義務教育学校、高等学校、大学、高等専門学校、専修学校、各種学校その他エネルギーの使用の状況に関してこれらに類するものをいう。

6　「飲食店等」とは、飲食店、食堂、喫茶店、キャバレーその他エネルギーの使用の状況に関してこれらに類するものをいう。

7　「図書館等」とは、図書館、博物館その他エネルギーの使用の状況に関してこれらに類するものをいい、「体育館等」とは、体育館、公会堂、集会場、ボーリング場、劇場、アスレチック場、スケート場、公衆浴場、競馬場又は競輪場、社寺その他エネルギーの使用の状況に関してこれらに類するものをいい、「映画館等」とは、映画館、カラオケボックス、ぱちんこ屋その他エネルギーの使用の状況に関してこれらに類するものをいう。

8　「工場等」とは、工場、畜舎、自動車車庫、自転車駐車場、倉庫、観覧場、卸売市場、火葬場その他エネルギーの使用の状況に関してこれらに類するものをいう。

別表第2　削除

別表第3

室用途		設備別基準一次エネルギー消費量に関する係数（単位　MJ/(m²・年))																		
		空気調和設備								空気調和設備以外の機械換気設備	照明設備	給湯設備								その他設備等
		地域区分										地域区分								
		1	2	3	4	5	6	7	8			1	2	3	4	5	6	7	8	
事務所等	事務室	1060	1063	995	1018	1084	1173	1180	1478	0	498	20	20	19	18	17	16	14	12	498
	電子計算機器事務室	1063	1068	1146	1173	1284	1386	1418	1787	0	498	20	20	19	18	17	16	14	12	1245
	会議室	1303	1287	1109	1126	1167	1246	1241	1567	0	231	51	50	47	45	43	39	36	29	42
	喫茶室	1303	1287	1109	1126	1167	1246	1241	1567	0	254	1712	1678	1572	1531	1454	1322	1209	978	42
	社員食堂	465	458	412	418	432	484	469	626	0	141	2568	2517	2358	2297	2180	1983	1813	1467	0
	中央監視室	2444	2458	2975	3097	3349	3549	3752	4634	0	1171	46	45	42	41	39	36	33	26	2565
	ロビー	770	766	702	714	727	790	773	958	0	547	6	6	6	5	5	5	4	3	0
	廊下	770	766	702	714	727	790	773	958	0	245	0	0	0	0	0	0	0	0	0
	便所	770	766	702	714	727	790	773	958	413	367	0	0	0	0	0	0	0	0	0
	喫煙室	770	766	702	714	727	790	773	958	826	202	0	0	0	0	0	0	0	0	0
	更衣室又は倉庫	925	928	873	894	935	1016	1018	1283	138	202	995	975	914	890	845	768	702	569	0
	厨房	0	0	0	0	0	0	0	0	3514	322	0	0	0	0	0	0	0	0	0
	機械室	0	0	0	0	0	0	0	0	769	10	0	0	0	0	0	0	0	0	0
	電気室	0	0	0	0	0	0	0	0	1539	10	0	0	0	0	0	0	0	0	0
	湯沸室等	0	0	0	0	0	0	0	0	88	64	0	0	0	0	0	0	0	0	0
	食品庫等	0	0	0	0	0	0	0	0	176	70	0	0	0	0	0	0	0	0	0
	印刷室等	0	0	0	0	0	0	0	0	176	106	0	0	0	0	0	0	0	0	0
	屋内駐車場	0	0	0	0	0	0	0	0	1366	123	0	0	0	0	0	0	0	0	0
	廃棄物保管場所等	0	0	0	0	0	0	0	0	527	35	0	0	0	0	0	0	0	0	0
ホテル等	客室	1752	1568	1156	1124	1137	1144	1092	1171	0	308	936	917	859	837	795	723	661	535	131
	客室内の浴室等	1752	1568	1156	1124	1137	1144	1092	1171	385	342	936	917	859	837	795	723	661	535	131
	終日利用されるフロント	4328	4235	4626	4723	5295	5458	5587	6757	0	1710	0	0	0	0	0	0	0	0	0
	日中のみ利用されるフロント	3178	3126	3476	3620	4014	4195	4442	5506	0	926	0	0	0	0	0	0	0	0	0
	終日利用される事務室	2471	2421	2517	2619	2879	3059	3285	4136	0	1394	62	60	57	55	52	48	43	35	641
	日中のみ利用される事務室	1596	1567	1711	1792	1960	2114	2298	2902	0	871	62	60	57	55	52	48	43	35	534
	終日利用されるロビー	4328	4235	4626	4723	5295	5458	5587	6757	0	1026	31	30	28	28	24	22	22	0	0
	日中のみ利用されるロビー	3178	3126	3476	3620	4014	4195	4442	5506	0	556	62	60	57	55	52	48	43	35	0
	宴会場	4685	4793	5864	6134	6828	7133	7651	9590	0	1282	216	211	198	193	183	166	152	123	470
	会議室	4347	4319	4846	5082	5691	6020	6461	8085	0	1282	216	211	198	193	183	166	152	123	0
	結婚式場	4017	3966	4439	4587	5124	5344	5584	6859	0	1282	92	91	85	83	78	71	65	53	0

レストラン	4557	4416	4281	4375	4770	4926	5120	6426	0	556	3889	3813	3572	3479	3302	3003	2746	2222	463
ラウンジ	3286	3232	3217	3269	3537	3699	3842	4729	0	598	62	60	57	55	52	48	43	35	0
バー	1507	1471	1394	1419	1509	1580	1603	1956	0	128	62	60	57	55	52	48	43	35	0
店舗	2420	2354	2352	2413	2643	2770	2907	3704	0	638	31	30	28	28	26	24	22	18	994
社員食堂	3906	3823	3852	3970	4303	4435	4646	5811	0	997	3889	3813	3572	3479	3302	3003	2746	2222	0
終日利用される廊下	2367	2311	2286	2346	2522	2580	2671	3310	0	513	0	0	0	0	0	0	0	0	0
日中のみ利用される廊下	1657	1602	1476	1512	1589	1638	1694	2123	0	278	0	0	0	0	0	0	0	0	0
終日利用される共用部の便所	4328	4235	4626	4723	5295	5458	5587	6757	1154	1026	0	0	0	0	0	0	0	0	0
日中のみ利用される共用部の便所	3178	3126	3476	3620	4014	4195	4442	5506	625	556	0	0	0	0	0	0	0	0	0
終日利用される喫煙室	4328	4235	4626	4723	5295	5458	5587	6757	2308	564	0	0	0	0	0	0	0	0	0
日中のみ利用される喫煙室	3178	3126	3476	3620	4014	4195	4442	5506	1250	306	0	0	0	0	0	0	0	0	0
更衣室又は倉庫	3221	3149	3220	3307	3647	3791	3971	4904	385	564	502	492	461	449	427	388	355	287	0
厨房	0	0	0	0	0	0	0	0	5622	515	0	0	0	0	0	0	0	0	0
機械室	0	0	0	0	0	0	0	0	769	15	0	0	0	0	0	0	0	0	0
電気室	0	0	0	0	0	0	0	0	1539	15	0	0	0	0	0	0	0	0	0
湯沸室等	0	0	0	0	0	0	0	0	141	103	0	0	0	0	0	0	0	0	0
食品庫等	0	0	0	0	0	0	0	0	281	112	0	0	0	0	0	0	0	0	0
印刷室等	0	0	0	0	0	0	0	0	281	170	0	0	0	0	0	0	0	0	0
屋内駐車場	0	0	0	0	0	0	0	0	3420	308	0	0	0	0	0	0	0	0	0
廃棄物保管場所等	0	0	0	0	0	0	0	0	843	56	0	0	0	0	0	0	0	0	0
病院等　病室	2602	2393	1841	1813	1812	1824	1760	1970	0	514	1842	1806	1692	1648	1564	1422	1301	1053	160
看護職員室	2419	2218	1763	1725	1731	1740	1715	1903	0	813	267	262	246	239	227	206	189	153	160
診察室	1020	990	818	837	823	883	871	1034	0	448	214	210	196	191	182	165	151	122	327
待合室	1020	990	818	837	823	883	871	1034	0	303	214	210	196	191	182	165	151	122	327
手術室	1486	1472	1119	1155	1147	1206	1166	1369	0	929	408	400	375	365	347	315	288	233	725
検査室	1486	1472	1119	1155	1147	1206	1166	1369	0	465	408	400	375	365	347	315	288	233	725
集中治療室	3529	3511	3922	4076	4544	4797	5034	6192	0	1394	510	500	469	457	433	394	360	292	2565
解剖室等	912	911	925	971	1045	1163	1201	1543	0	44	49	48	45	44	42	38	35	28	362
浴室等	2602	2393	1841	1813	1812	1824	1760	1970	616	598	1842	1806	1692	1648	1564	1422	1301	1053	160
レストラン	2601	2570	2835	2926	3284	3424	3579	4347	0	522	3889	3813	3572	3479	3302	3003	2746	2222	427
事務室	912	911	925	971	1045	1163	1201	1543	0	418	49	48	45	44	42	38	35	28	362
終日利用されるロビー	2808	2602	1967	1963	1934	1950	1923	2138	0	1026	31	30	28	28	26	24	22	18	0
日中のみ利用されるロビー	961	930	713	719	693	728	708	818	0	342	49	48	45	44		38	35		0
終日利用される廊下	2770	2582	1950	1942	1897	1918	1907	2093	0	564	0	0	0	0	0	0	0	0	0

	日中のみ利用される廊下	898	871	675	686	663	686	685	774	0	188	0	0	0	0	0	0	0	0	0
	終日利用される共用部の便所	2808	2602	1967	1963	1934	1950	1923	2138	1154	1026	0	0	0	0	0	0	0	0	0
	日中のみ利用される共用部の便所	961	930	713	719	693	728	708	818	385	342	0	0	0	0	0	0	0	0	0
	終日利用される喫煙室	2808	2602	1967	1963	1934	1950	1923	2138	2308	564	0	0	0	0	0	0	0	0	0
	日中のみ利用される喫煙室	961	930	713	719	693	728	708	818	769	188	0	0	0	0	0	0	0	0	0
	更衣室又は倉庫	1194	1188	1148	1172	1261	1329	1351	1654	128	169	402	394	369	359	341	310	284	230	0
	厨房	0	0	0	0	0	0	0	0	9662	886	0	0	0	0	0	0	0	0	0
	機械室	0	0	0	0	0	0	0	0	769	26	0	0	0	0	0	0	0	0	0
	電気室	0	0	0	0	0	0	0	0	1539	26	0	0	0	0	0	0	0	0	0
	湯沸室等	0	0	0	0	0	0	0	0	242	180	0	0	0	0	0	0	0	0	0
	食品庫等	0	0	0	0	0	0	0	0	483	197	0	0	0	0	0	0	0	0	0
	印刷室等	0	0	0	0	0	0	0	0	483	298	0	0	0	0	0	0	0	0	0
	屋内駐車場	0	0	0	0	0	0	0	0	3420	308	0	0	0	0	0	0	0	0	0
	廃棄物保管場所等	0	0	0	0	0	0	0	0	1449	98	0	0	0	0	0	0	0	0	0
百貨店等	大型店の売場	2555	2447	2048	2084	2091	2169	2158	2507	0	931	62	60	57	55	52	48	43	35	1781
	専門店の売場	2555	2447	2048	2084	2091	2169	2158	2507	0	829	62	60	57	55	52	48	43	35	1781
	スーパーマーケットの売場	2555	2447	2048	2084	2091	2169	2158	2507	0	764	62	60	57	55	52	48	43	35	1781
	事務室	1696	1616	1373	1396	1388	1458	1484	1673	0	755	62	60	57	55	52	48	43	35	652
	荷さばき場	1042	984	781	784	777	819	819	920	0	125	31	30	28	28	26	24	22	18	142
	ロビー	1465	1419	1297	1315	1369	1409	1420	1601	0	1246	31	30	28	28	26	24	22	18	0
	便所	1465	1419	1297	1315	1369	1409	1420	1601	625	556	0	0	0	0	0	0	0	0	0
	喫煙室	1465	1419	1297	1315	1369	1409	1420	1601	1250	306	0	0	0	0	0	0	0	0	0
	更衣室又は倉庫	1877	1834	1818	1864	2018	2120	2196	2674	208	306	502	492	461	449	427	388	355	287	0
	厨房	0	0	0	0	0	0	0	0	5973	548	0	0	0	0	0	0	0	0	0
	機械室	0	0	0	0	0	0	0	0	769	16	0	0	0	0	0	0	0	0	0
	電気室	0	0	0	0	0	0	0	0	1539	16	0	0	0	0	0	0	0	0	0
	湯沸室等	0	0	0	0	0	0	0	0	149	110	0	0	0	0	0	0	0	0	0
	食品庫等	0	0	0	0	0	0	0	0	299	119	0	0	0	0	0	0	0	0	0
	印刷室等	0	0	0	0	0	0	0	0	299	181	0	0	0	0	0	0	0	0	0
	屋内駐車場	0	0	0	0	0	0	0	0	2147	193	0	0	0	0	0	0	0	0	0
	廃棄物保管場所等	0	0	0	0	0	0	0	0	896	60	0	0	0	0	0	0	0	0	0
学校等	小中学校の教室	562	563	467	457	602	656	635	841	0	176	218	213	200	195	185	168	154	124	8
	高等学校の教室	562	563	467	457	602	656	635	841	0	176	83	81	76	74	70	64	58	47	8
	小中学校又は高等学校の食堂	291	290	231	226	262	286	271	319	0	63	1392	1365	1279	1245	1182	1075	983	796	0
	大学の教室	603	596	498	510	553	594	591	831	0	183	69	67	63	61	58	53	49	39	32

	大学の食堂	2582	2553	2410	2459	2664	2735	2754	3405	0	333	3825	3750	3513	3421	3248	2954	2700	2186	0
	職員室	1390	1325	933	960	968	1052	1022	1155	0	382	61	59	56	54	51	47	43	35	223
	研究室	995	976	945	967	1021	1109	1109	1456	0	557	49	48	45	44	42	38	35	28	1026
	電子計算機演習室	872	876	844	882	932	1041	1081	1426	0	312	102	100	93	91	86	78	72	58	1129
	実験室	872	876	844	882	932	1041	1081	1426	0	514	102	100	93	91	86	78	72	58	1129
	実習室	872	876	844	882	932	1041	1081	1426	0	386	102	100	93	91	86	78	72	58	1129
	講堂又は体育館	1081	1076	909	937	973	1052	1028	1293	0	103	142	140	131	127	121	110	100	81	0
	宿直室	1552	1415	1058	1042	1061	1075	1058	1133	385	311	936	917	859	837	795	723	661	535	131
	事務室	795	787	617	627	638	705	658	832	0	383	41	40	37	36	35	31	29	23	228
	ロビー	1663	1661	1796	1858	2061	2187	2262	2813	0	282	41	40	37	36	35	31	29	23	0
	廊下	633	627	560	574	575	628	606	757	0	188									
	便所	633	627	560	574	575	628	606	757	318	282									
	喫煙室	633	627	560	574	575	628	606	757	635	155									
	更衣室又は倉庫	993	998	964	980	1049	1130	1133	1406	106	155	332	325	305	297	282	256	234	190	0
	厨房	0	0	0	0	0	0	0	0	2108	193									
	機械室	0	0	0	0	0	0	0	0	769	6									
	電気室	0	0	0	0	0	0	0	0	1539	6									
	湯沸室等	0	0	0	0	0	0	0	0	53	39									
	食品庫等	0	0	0	0	0	0	0	0	105	42									
	印刷室等	0	0	0	0	0	0	0	0	105	64									
	屋内駐車場	0	0	0	0	0	0	0	0	1171	105									
	廃棄物保管場所等	0	0	0	0	0	0	0	0	316	21									
飲食店等	レストランの客室	1834	1823	1741	1817	1918	1965	1933	2358	0	926	3889	3813	3572	3479	3302	3003	2746	2222	1008
	軽食店の客室	1706	1721	1460	1518	1618	1682	1705	1920	0	556	1296	1271	1191	1160	1101	1001	915	741	0
	喫茶店の客室	1749	1771	1567	1637	1755	1808	1784	2064	0	940	2593	2542	2381	2319	2201	2002	1830	1481	317
	バー	433	426	372	375	380	404	395	423	0	116	2074	2033	1905	1855	1761	1602	1464	1185	0
	フロント	845	856	716	732	732	752	727	793	0	509	0	0	0	0	0	0	0	0	0
	事務室	1071	1094	903	943	981	1008	974	1080	0	755	31	30	28	28	26	24	22	18	463
	ロビー	845	856	716	732	732	752	727	793	0	556	31	30	28	28	26	24	22	18	0
	廊下	845	856	716	732	732	752	727	793	0	278									
	便所	845	856	716	732	732	752	727	793	625	556									
	喫煙室	845	856	716	732	732	752	727	793	1250	306									
	更衣室又は倉庫	1083	1120	881	915	957	999	998	1028	208	306	502	492	461	449	427	388	355	287	0
	厨房	0	0	0	0	0	0	0	0	5973	548									
	機械室	0	0	0	0	0	0	0	0	769	16									
	電気室	0	0	0	0	0	0	0	0	1539	16									
	湯沸室等	0	0	0	0	0	0	0	0	149	110									
	食品庫等	0	0	0	0	0	0	0	0	299	119									
	印刷室等	0	0	0	0	0	0	0	0	299	181									
	屋内駐車場	0	0	0	0	0	0	0	0	1952	176									

廃棄物保管場所等	0	0	0	0	0	0	0	0	896	60	0	0	0	0	0	0	0	0	0
アスレチック場の運動室	1800	1752	1884	1952	2129	2272	2367	2961	175	635	1267	1243	1164	1134	1076	979	895	724	288
アスレチック場のロビー	1703	1630	1779	1812	1953	2060	2095	2533	0	425	26	25	24	23	22	20	18	15	0
アスレチック場の便所	1703	1630	1779	1812	1953	2060	2095	2533	526	467	0	0	0	0	0	0	0	0	0
アスレチック場の喫煙室	1703	1630	1779	1812	1953	2060	2095	2533	1052	257	0	0	0	0	0	0	0	0	0
公式競技用スケート場	2688	2621	2753	2841	3069	3211	3375	4242	183	1780	478	468	439	427	405	369	337	273	0
一般競技用スケート場	2688	2621	2753	2841	3069	3211	3375	4242	183	890	478	468	439	427	405	369	337	273	0
レクリエーション用スケート場	2688	2621	2753	2841	3069	3211	3375	4242	183	358	478	468	439	427	405	369	337	273	0
公式競技用体育館	2688	2621	2753	2841	3069	3211	3375	4242	183	1187	478	468	439	427	405	369	337	273	0
一般競技用体育館	2688	2621	2753	2841	3069	3211	3375	4242	183	593	478	468	439	427	405	369	337	273	0
レクリエーション用体育館	2688	2621	2753	2841	3069	3211	3375	4242	183	236	478	468	439	427	405	369	337	273	0
競技場の客席	2231	2164	2163	2223	2363	2505	2614	3281	0	93	117	115	108	105	99	90	83	67	0
競技場のロビー	1758	1721	1872	1905	2043	2149	2187	2637	0	443	29	29	27	26	25	23	21	17	0
競技場の便所	1758	1721	1872	1905	2043	2149	2187	2637	549	488	0	0	0	0	0	0	0	0	0
競技場の喫煙室	1758	1721	1872	1905	2043	2149	2187	2637	1097	268	0	0	0	0	0	0	0	0	0
公衆浴場の浴室	1964	1898	1898	1935	2030	2119	2187	2696	224	688	4861	4766	4464	4348	4128	3754	3432	2778	0
公衆浴場の休憩室	1964	1898	1898	1935	2030	2119	2187	2696	224	399	62	60	57	55	52	48	43	35	0
公衆浴場の脱衣所	1964	1898	1898	1935	2030	2119	2187	2696	224	359	4861	4766	4464	4348	4128	3754	3432	2778	0
公衆浴場のロビー	1964	1898	1898	1935	2030	2119	2187	2696	0	544	62	60	57	55	52	48	43	35	0
公衆浴場の便所	3623	3580	3862	3924	4285	4502	4660	5662	673	598	0	0	0	0	0	0	0	0	0
公衆浴場の喫煙室	3623	3580	3862	3924	4285	4502	4660	5662	1347	329	0	0	0	0	0	0	0	0	0
映画館の客席	6690	6474	6441	6605	7145	7398	7716	9685	0	128	308	302	283	275	261	238	217	176	0
映画館のロビー	3644	3634	4072	4118	4538	4739	4852	5802	0	641	31	30	28	28	26	24	22	18	0
映画館の便所	3860	3814	4114	4188	4586	4817	4981	6044	721	641	0	0	0	0	0	0	0	0	0
映画館の喫煙室	3860	3814	4114	4188	4586	4817	4981	6044	1443	353	0	0	0	0	0	0	0	0	0
図書館の図書室	1410	1327	1232	1256	1274	1372	1375	1735	0	488	52	51	48	46	44	40	37	30	90
図書館のロビー	2379	2292	2464	2513	2708	2875	2938	3568	0	360	52	51	48	46	44	40	37	30	
図書館の便所	2379	2292	2464	2513	2708	2875	2938	3568	405	360	0	0	0	0	0	0	0	0	0
図書館の喫煙室	2379	2292	2464	2513	2708	2875	2938	3568	809	198	0	0	0	0	0	0	0	0	0
博物館の展示室	1167	1088	967	977	965	1024	1004	1219	0	261	8	8	7	7	7	6	5	4	0
博物館のロビー	1992	1917	2049	2084	2226	2367	2408	2927	0	288	52	51	48	46	44	40	37	30	0
博物館の便所	1992	1917	2049	2084	2226	2367	2408	2927	324	288	0	0	0	0	0	0	0	0	0
博物館の喫煙室	1992	1917	2049	2084	2226	2367	2408	2927	647	158	0	0	0	0	0	0	0	0	0
劇場の舞台	2853	2760	2870	2987	3262	3387	3596	4571	0	441	212	208	194	189	180	163	149	121	0
劇場の楽屋	904	892	913	952	1027	1085	1136	1444	0	299	42	42	39	38	36	33	30	24	0

集会所等

	1	2	3	4	5	6	7	8	9	10	11	12	13	14	15	16	17	18	19
劇場の客席	2853	2760	2870	2987	3262	3387	3596	4571	0	265	212	208	194	189	180	163	149	121	0
劇場のロビー	1788	1732	1827	1875	2014	2109	2176	2647	0	265	42	42	39	38	36	33	30	24	0
劇場の便所	1788	1732	1827	1875	2014	2109	2176	2647	298	265	0	0	0	0	0	0	0	0	0
劇場の喫煙室	1788	1732	1827	1875	2014	2109	2176	2647	595	146	0	0	0	0	0	0	0	0	0
競馬場又は競輪場の客席	1700	1647	1681	1739	1805	1965	2020	2595	0	298	117	115	108	105	99	90	83	67	325
競馬場又は競輪場の券売場	1281	1249	1343	1363	1447	1532	1553	1878	0	298	0	0	0	0	0	0	0	0	0
競馬場又は競輪場の店舗	1281	1249	1343	1363	1447	1532	1553	1878	0	298	0	0	0	0	0	0	0	0	0
競馬場又は競輪場のロビー	1281	1249	1343	1363	1447	1532	1553	1878	0	325	29	29	27	26	25	23	21	17	0
競馬場又は競輪場の便所	1281	1249	1343	1363	1447	1532	1553	1878	411	325	0	0	0	0	0	0	0	0	0
競馬場又は競輪場の喫煙室	1281	1249	1343	1363	1447	1532	1553	1878	823	179	0	0	0	0	0	0	0	0	0
社寺の本殿	3329	3183	3134	3244	3503	3581	3736	4765	0	198	212	208	194	189	180	163	149	121	0
社寺のロビー	1971	1890	2026	2064	2221	2325	2387	2898	0	294	42	42	39	38	36	33	30	24	0
社寺の便所	1971	1890	2026	2064	2221	2325	2387	2898	331	294	0	0	0	0	0	0	0	0	0
社寺の喫煙室	1971	1890	2026	2064	2221	2325	2387	2898	661	162	0	0	0	0	0	0	0	0	0
カラオケボックス	4925	5129	4263	4529	4864	4994	4978	5356	1154	1368	123	121	113	110	105	95	87	70	233
ボーリング場	2641	2640	2988	3048	3371	3529	3649	4376	673	798	31	30	28	28	26	24	22	18	445
ぱちんこ屋	3451	3433	3252	3399	3603	3687	3656	4471	625	1019	154	151	141	138	131	119	109	88	3139
厨房	0	0	0	0	0	0	0	0	7027	644	0	0	0	0	0	0	0	0	0
機械室	0	0	0	0	0	0	0	0	769	19	0	0	0	0	0	0	0	0	0
電気室	0	0	0	0	0	0	0	0	1539	19	0	0	0	0	0	0	0	0	0
湯沸室等	0	0	0	0	0	0	0	0	176	129	0	0	0	0	0	0	0	0	0
食品庫等	0	0	0	0	0	0	0	0	351	141	0	0	0	0	0	0	0	0	0
印刷室等	0	0	0	0	0	0	0	0	351	213	0	0	0	0	0	0	0	0	0
屋内駐車場	0	0	0	0	0	0	0	0	1562	141	0	0	0	0	0	0	0	0	0
廃棄物保管場所等	0	0	0	0	0	0	0	0	1054	70	0	0	0	0	0	0	0	0	0
工場等　倉庫	0	0	0	0	0	0	0	0	0	211	0	0	0	0	0	0	0	0	0
工場等　屋外駐車場又は駐輪場	0	0	0	0	0	0	0	0	0	105	0	0	0	0	0	0	0	0	0

別表第4

地域区分	都道府県名	市町村
1	北海道	夕張市、士別市、名寄市、伊達市（旧大滝村に限る。）、留寿都村、喜茂別町、愛別町、上川町、美瑛町、南富良野町、占冠村、下川町、美深町、音威子府村、中川町、幌加内町、猿払村、浜頓別町、中頓別町、枝幸町（旧歌登町に限る。）、津別町、訓子府町、置戸町、佐呂間町、遠軽町、滝上町、興部町、西興部村、雄武町、上士幌町、中札内村、更別村、幕別町（旧忠類村に限る。）、大樹町、豊頃町、足寄町、陸別町、標茶町、弟子屈町、鶴居村、別海町、中標津町
2	北海道	札幌市、小樽市、旭川市、釧路市、帯広市、北見市、岩見沢市、網走市、留萌市、苫小牧市、稚内市、美唄市、芦別市、江別市、赤平市、紋別市、三笠市、根室市、千歳市、滝川市、砂川市、歌志内市、深川市、富良野市、登別市、恵庭市、伊達市（旧伊達市に限る。）、北広島市、石狩市、北斗市、当別町、新篠津村、木古内町、七飯町、鹿部町、森町、八雲町（旧八雲町に限る。）、長万部町、今金町、せたな町、島牧村、寿都町、黒松内町、蘭越町、ニセコ町、真狩村、京極町、倶知安町、共和町、岩内町、泊村、神恵内村、積丹町、古平町、仁木町、余市町、赤井川村、南幌町、奈井江町、上砂川町、由仁町、長沼町、栗山町、月形町、浦臼町、新十津川町、妹背牛町、秩父別町、雨竜町、北竜町、沼田町、鷹栖町、東神楽町、当麻町、比布町、東川町、上富良野町、中富良野町、和寒町、剣淵町、増毛町、小平町、苫前町、羽幌町、初山別村、遠別町、天塩町、枝幸町（旧枝幸町に限る。）、豊富町、礼文町、利尻町、利尻富士町、幌延町、美幌町、斜里町、清里町、小清水町、湧別町、大空町、豊浦町、壮瞥町、白老町、厚真町、洞爺湖町、安平町、むかわ町、日高町、平取町、新冠町、浦河町、様似町、えりも町、新ひだか町、音更町、士幌町、鹿追町、新得町、清水町、芽室町、広尾町、幕別町（旧幕別町に限る。）、池田町、本別町、浦幌町、釧路町、厚岸町、浜中町、白糠町、標津町、羅臼町
	青森県	平川市（旧碇ヶ関村に限る。）
	岩手県	八幡平市（旧安代町に限る。）、葛巻町、岩手町、西和賀町、九戸村
	秋田県	小坂町
	福島県	檜枝岐村、南会津町（旧舘岩村、旧伊南村、旧南郷村に限る。）
	栃木県	日光市（旧栗山村に限る。）
	群馬県	嬬恋村、草津町、片品村
	長野県	塩尻市（旧楢川村に限る。）、川上村、南牧村、南相木村、北相木村、軽井沢町、木祖村、木曽町（旧開田村に限る。）
3	北海道	函館市、室蘭市、松前町、福島町、知内町、八雲町（旧熊石町に限る。）、

		江差町、上ノ国町、厚沢部町、乙部町、奥尻町
	青森県	青森市、弘前市、八戸市、黒石市、五所川原市、十和田市、三沢市、むつ市、つがる市、平川市（旧尾上町、旧平賀町に限る。）、平内町、今別町、蓬田村、外ヶ浜町、西目屋村、藤崎町、大鰐町、田舎館村、板柳町、鶴田町、中泊町、野辺地町、七戸町、六戸町、横浜町、東北町、六ヶ所村、おいらせ町、大間町、東通村、風間浦村、佐井村、三戸町、五戸町、田子町、南部町、階上町、新郷村
	岩手県	盛岡市、花巻市、久慈市、遠野市、二戸市、八幡平市（旧西根町、旧松尾村に限る。）、一関市（旧大東町、旧藤沢町、旧千厩町、旧東山町、旧室根村に限る。）、滝沢市、雫石町、紫波町、矢巾町、住田町、岩泉町、田野畑村、普代村、軽米町、野田村、洋野町、一戸町
	宮城県	七ヶ宿町
	秋田県	能代市（旧二ツ井町に限る。）、横手市、大館市、湯沢市、鹿角市、大仙市、北秋田市、仙北市、上小阿仁村、藤里町、美郷町、羽後町、東成瀬村
	山形県	新庄市、長井市、尾花沢市、南陽市、西川町、朝日町、大江町、大石田町、金山町、最上町、舟形町、真室川町、鮭川村、戸沢村、高畠町、川西町、小国町、飯豊町
	福島県	二本松市（旧東和町に限る。）、下郷町、只見町、南会津町（旧田島町に限る。）、北塩原村、磐梯町、猪苗代町、柳津町、三島町、金山町、昭和村、鮫川村、平田村、小野町、川内村、葛尾村、飯舘村
	栃木県	日光市（旧足尾町に限る。）
	群馬県	上野村、長野原町、高山村、川場村
	石川県	白山市（旧白峰村に限る。）
	山梨県	北杜市（旧小淵沢町に限る。）、笛吹市（旧芦川村に限る。）、忍野村、山中湖村、鳴沢村、小菅村、丹波山村
	長野県	上田市（旧真田町、旧武石村に限る。）、岡谷市、小諸市、大町市、茅野市、佐久市、小海町、佐久穂町、御代田町、立科町、長和町、富士見町、原村、辰野町、平谷村、売木村、上松町、王滝村、木曽町（旧木曽福島町、旧日義村、旧三岳村に限る。）、麻績村、生坂村、朝日村、筑北村、白馬村、小谷村、高山村、山ノ内町、野沢温泉村、信濃町、小川村、飯綱町
	岐阜県	飛騨市、郡上市（旧高鷲村に限る。）、下呂市（旧小坂町、旧馬瀬村に限る。）、白川村
	奈良県	野迫川村
	広島県	廿日市市（旧吉和村に限る。）
4	青森県	鰺ヶ沢町、深浦町

岩手県	宮古市、大船渡市、北上市、一関市（旧一関市、旧花泉町、旧川崎村に限る。）、陸前高田市、釜石市、奥州市、金ケ崎町、平泉町、大槌町、山田町
宮城県	石巻市、塩竈市、気仙沼市、白石市、名取市、角田市、岩沼市、登米市、栗原市、東松島市、大崎市、蔵王町、大河原町、村田町、柴田町、川崎町、丸森町、亘理町、松島町、七ヶ浜町、利府町、大和町、大郷町、富谷市、大衡村、色麻町、加美町、涌谷町、美里町、女川町、南三陸町
秋田県	秋田市、能代市（旧能代市に限る。）、男鹿市、由利本荘市、潟上市、三種町、八峰町、五城目町、八郎潟町、井川町、大潟村
山形県	山形市、米沢市、鶴岡市、酒田市（旧八幡町、旧松山町、旧平田町に限る。）、寒河江市、上山市、村山市、天童市、東根市、山辺町、中山町、河北町、大蔵村、白鷹町、三川町、庄内町、遊佐町
福島県	会津若松市、白河市、須賀川市、喜多方市、二本松市（旧二本松市、旧安達町、旧岩代町に限る。）、田村市、伊達市、本宮市、桑折町、国見町、川俣町、大玉村、鏡石町、天栄村、西会津町、会津坂下町、湯川村、会津美里町、西郷村、泉崎村、中島村、矢吹町、棚倉町、矢祭町、塙町、石川町、玉川村、浅川町、古殿町、三春町
茨城県	城里町（旧七会村に限る。）、大子町
栃木県	日光市（旧日光市、旧今市市、旧藤原町に限る。）、那須塩原市、塩谷町、那須町
群馬県	高崎市（旧倉渕村に限る。）、桐生市（旧黒保根村に限る。）、沼田市、神流町、南牧村、中之条町、東吾妻町、昭和村、みなかみ町
埼玉県	秩父市（旧大滝村に限る。）
東京都	檜原村、奥多摩町
新潟県	小千谷市、十日町市、村上市、魚沼市、南魚沼市、阿賀町、湯沢町、津南町、関川村
石川県	白山市（旧河内村、旧吉野谷村、旧鳥越村、旧尾口村に限る。）
福井県	池田町
山梨県	甲府市（旧上九一色村に限る。）、富士吉田市、北杜市（旧明野村、旧須玉町、旧高根町、旧長坂町、旧大泉村、旧白州町に限る。）、甲州市（旧大和村に限る。）、道志村、西桂町、富士河口湖町
長野県	長野市、松本市、上田市（旧上田市、旧丸子町に限る。）、諏訪市、須坂市、伊那市、駒ヶ根市、中野市、飯山市、塩尻市（旧塩尻市に限る。）、千曲市、東御市、安曇野市、青木村、下諏訪町、箕輪町、飯島町、南箕輪村、中川村、宮田村、松川町、高森町、阿南町、阿智村、根羽村、下條村、天龍村、泰阜村、豊丘村、大鹿村、南木曽町、大桑村、山形村、池田町、松川村、坂

		城町、小布施町、木島平村、栄村
	岐阜県	高山市、中津川市（旧長野県木曽郡山口村、旧坂下町、旧川上村、旧加子母村、旧付知町、旧福岡町、旧蛭川村に限る。）、本巣市（旧根尾村に限る。）、郡上市（旧八幡町、旧大和町、旧白鳥町、旧明宝村、旧和良村に限る。）、下呂市（旧萩原町、旧下呂町、旧金山町に限る。）、東白川村
	愛知県	豊田市（旧稲武町に限る。）、設楽町（旧津具村に限る。）、豊根村
	兵庫県	香美町（旧村岡町、旧美方町に限る。）
	奈良県	奈良市（旧都祁村に限る。）、五條市（旧大塔村に限る。）、曽爾村、御杖村、黒滝村、天川村、川上村
	和歌山県	高野町
	鳥取県	若桜町、日南町、日野町
	島根県	飯南町、吉賀町
	岡山県	津山市（旧阿波村に限る。）、真庭市（旧湯原町、旧美甘村、旧川上村、旧八束村、旧中和村に限る。）、新庄村、西粟倉村、吉備中央町
	広島県	庄原市（旧総領町、旧西城町、旧東城町、旧口和町、旧高野町、旧比和町に限る。）、安芸太田町、世羅町、神石高原町
	愛媛県	新居浜市（旧別子山村に限る。）、久万高原町
	高知県	いの町（旧本川村に限る。）、梼原町
5	宮城県	仙台市、多賀城市、山元町
	秋田県	にかほ市
	山形県	酒田市（旧酒田市に限る。）
	福島県	福島市、郡山市、いわき市、相馬市、南相馬市、広野町、楢葉町、富岡町、大熊町、双葉町、浪江町、新地町
	茨城県	水戸市、土浦市（旧新治村に限る。）、石岡市、結城市、下妻市、常総市、常陸太田市、高萩市、北茨城市、笠間市、取手市、牛久市、つくば市、ひたちなか市、常陸大宮市、那珂市、筑西市、坂東市、稲敷市、かすみがうら市、桜川市、行方市、鉾田市、つくばみらい市、小美玉市、茨城町、大洗町、城里町（旧常北町、旧桂村に限る。）、東海村、美浦村、阿見町、河内町、八千代町、五霞町、境町、利根町
	栃木県	宇都宮市、栃木市、鹿沼市、小山市、真岡市、大田原市、矢板市、さくら市、那須烏山市、下野市、上三川町、益子町、茂木町、市貝町、芳賀町、壬生町、野木町、高根沢町、那珂川町
	群馬県	桐生市（旧新里村に限る。）、渋川市、富岡市、安中市、みどり市、榛東村、吉岡町、下仁田町、甘楽町、板倉町

埼玉県	秩父市（旧秩父市、旧吉田町、旧荒川村に限る。）、飯能市、日高市、毛呂山町、越生町、滑川町、嵐山町、小川町、川島町、吉見町、鳩山町、ときがわ町、横瀬町、皆野町、長瀞町、小鹿野町、東秩父村、美里町、神川町、寄居町
千葉県	印西市、富里市、栄町、神崎町
東京都	青梅市、羽村市、あきる野市、瑞穂町、日の出町
神奈川県	山北町、愛川町、清川村
新潟県	新潟市、長岡市、三条市、柏崎市、新発田市、加茂市、見附市、燕市、糸魚川市、妙高市、五泉市、上越市、阿賀野市、佐渡市、胎内市、聖籠町、弥彦村、田上町、出雲崎町、刈羽村、粟島浦村
富山県	富山市、高岡市、魚津市、氷見市、滑川市、黒部市、砺波市、小矢部市、南砺市、射水市、舟橋村、上市町、立山町、入善町、朝日町
石川県	七尾市、輪島市、珠洲市、加賀市、羽咋市、かほく市、白山市（旧美川町、旧鶴来町に限る。）、能美市、川北町、津幡町、内灘町、志賀町、宝達志水町、中能登町、穴水町、能登町
福井県	大野市、勝山市、あわら市、坂井市、永平寺町、南越前町、若狭町
山梨県	甲府市（旧中道町に限る。）、都留市、山梨市、大月市、韮崎市、南アルプス市、北杜市（旧武川村に限る。）、甲斐市、笛吹市（旧春日居町、旧石和町、旧御坂町、旧一宮町、旧八代町、旧境川村に限る。）、上野原市、甲州市（旧塩山市、旧勝沼町に限る。）、中央市、市川三郷町、早川町、身延町、富士川町
長野県	飯田市、喬木村
岐阜県	大垣市（旧上石津町に限る。）、中津川市（旧中津川市に限る。）、美濃市、瑞浪市、恵那市、郡上市（旧美並村に限る。）、土岐市、関ケ原町、坂祝町、富加町、川辺町、七宗町、八百津町、白川町、御嵩町
静岡県	御殿場市、小山町、川根本町
愛知県	設楽町（旧設楽町に限る。）、東栄町
三重県	津市（旧美杉村に限る。）、名張市、いなべ市（旧北勢町、旧藤原町に限る。）、伊賀市
滋賀県	大津市、彦根市、長浜市、栗東市、甲賀市、野洲市、湖南市、高島市、東近江市、米原市、日野町、竜王町、愛荘町、豊郷町、甲良町、多賀町
京都府	福知山市、綾部市、宮津市、亀岡市、京丹後市、南丹市、宇治田原町、笠置町、和束町、南山城村、京丹波町、与謝野町
大阪府	豊能町、能勢町

	兵庫県	豊岡市、西脇市、三田市、加西市、丹波篠山市、養父市、丹波市、朝来市、宍粟市、加東市、猪名川町、多可町、市川町、神河町、上郡町、佐用町、新温泉町（旧温泉町に限る。）
	奈良県	生駒市、宇陀市、山添村、平群町、吉野町、大淀町、下市町、十津川村、下北山村、上北山村、東吉野村
	和歌山県	田辺市（旧龍神村に限る。）、かつらぎ町（旧花園村に限る。）、日高川町（旧美山村に限る。）
	鳥取県	倉吉市、智頭町、八頭町、三朝町、南部町、江府町
	島根県	益田市（旧美都町、旧匹見町に限る。）、雲南市、奥出雲町、川本町、美郷町、邑南町、津和野町
	岡山県	津山市（旧津山市、旧加茂町、旧勝北町、旧久米町に限る。）、高梁市、新見市、備前市、真庭市（旧北房町、旧勝山町、旧落合町、旧久世町に限る。）、美作市、和気町、鏡野町、勝央町、奈義町、久米南町、美咲町
	広島県	府中市、三次市、庄原市（旧庄原市に限る。）、東広島市、廿日市市（旧佐伯町に限る。）、安芸高田市、熊野町、北広島町
	山口県	下関市（旧豊田町に限る。）、萩市（旧むつみ村、旧福栄村に限る。）、美祢市
	徳島県	三好市、上勝町
	愛媛県	大洲市（旧肱川町、旧河辺村に限る。）、内子町（旧小田町に限る。）
	高知県	本山町、大豊町、土佐町、大川村、いの町（旧吾北村に限る。）、仁淀川町
	福岡県	東峰村
	熊本県	八代市（旧泉村に限る。）阿蘇市、南小国町、小国町、産山村、高森町、南阿蘇村、山都町、水上村、五木村
	大分県	佐伯市（旧宇目町に限る。）、由布市（旧湯布院町に限る。）、九重町、玖珠町
	宮崎県	椎葉村、五ヶ瀬町
6	茨城県	日立市、土浦市（旧新治村を除く。）、古河市、龍ケ崎市、鹿嶋市、潮来市、守谷市、神栖市
	栃木県	足利市、佐野市
	群馬県	前橋市、高崎市（旧倉渕村を除く。）、桐生市（旧桐生市に限る。）、伊勢崎市、太田市、館林市、藤岡市、玉村町、明和町、千代田町、大泉町、邑楽町
	埼玉県	さいたま市、川越市、熊谷市、川口市、行田市、所沢市、加須市、本庄市、東松山市、春日部市、狭山市、羽生市、鴻巣市、深谷市、上尾市、草加市、

		越谷市、蕨市、戸田市、入間市、朝霞市、志木市、和光市、新座市、桶川市、久喜市、北本市、八潮市、富士見市、三郷市、蓮田市、坂戸市、幸手市、鶴ヶ島市、吉川市、ふじみ野市、白岡市、伊奈町、三芳町、上里町、宮代町、杉戸町、松伏町
	千葉県	千葉市、銚子市、市川市、船橋市、木更津市、松戸市、野田市、茂原市、成田市、佐倉市、東金市、旭市、習志野市、柏市、市原市、流山市、八千代市、我孫子市、鴨川市、鎌ケ谷市、君津市、富津市、浦安市、四街道市、袖ケ浦市、八街市、白井市、南房総市、匝瑳市、香取市、山武市、いすみ市、大網白里市、酒々井町、多古町、東庄町、九十九里町、芝山町、横芝光町、一宮町、睦沢町、長生村、白子町、長柄町、長南町、大多喜町、御宿町、鋸南町
	東京都	東京23区、八王子市、立川市、武蔵野市、三鷹市、府中市、昭島市、調布市、町田市、小金井市、小平市、日野市、東村山市、国分寺市、国立市、福生市、狛江市、東大和市、清瀬市、東久留米市、武蔵村山市、多摩市、稲城市、西東京市
	神奈川県	横浜市、川崎市、相模原市、平塚市、鎌倉市、小田原市、茅ヶ崎市、逗子市、秦野市、厚木市、大和市、伊勢原市、海老名市、座間市、南足柄市、綾瀬市、葉山町、寒川町、大磯町、二宮町、中井町、大井町、松田町、開成町、箱根町、真鶴町、湯河原町
	石川県	金沢市、白山市（旧松任市に限る。）、小松市、野々市市
	福井県	福井市、敦賀市、小浜市、鯖江市、越前市、越前町、美浜町、高浜町、おおい町
	山梨県	甲府市（旧甲府市に限る。）、南部町、昭和町
	岐阜県	岐阜市、大垣市（旧大垣市、旧墨俣町に限る。）、多治見市、関市、羽島市、美濃加茂市、各務原市、可児市、山県市、瑞穂市、本巣市（旧本巣町、旧真正町、旧糸貫町に限る。）、海津市、岐南町、笠松町、養老町、垂井町、神戸町、輪之内町、安八町、揖斐川町、大野町、池田町、北方町
	静岡県	浜松市、熱海市、三島市、富士宮市、島田市、掛川市、袋井市、裾野市、湖西市、伊豆市、菊川市、伊豆の国市、西伊豆町、函南町、長泉町、森町
	愛知県	名古屋市、岡崎市、一宮市、瀬戸市、半田市、春日井市、豊川市、津島市、碧南市、刈谷市、豊田市（旧稲武町を除く。）、安城市、西尾市、蒲郡市、犬山市、常滑市、江南市、小牧市、稲沢市、新城市、東海市、大府市、知多市、知立市、尾張旭市、高浜市、岩倉市、豊明市、日進市、田原市、愛西市、清須市、北名古屋市、弥富市、みよし市、あま市、長久手市、東郷町、豊山町、大口町、扶桑町、大治町、蟹江町、飛島村、阿久比町、東浦町、南知多町、美浜町、武豊町、幸田町
	三重県	津市（旧津市、旧久居市、旧河芸町、旧芸濃町、旧美里村、旧安濃町、旧

	香良洲町、旧一志町、旧白山町に限る。）、四日市市、伊勢市、松阪市、桑名市、鈴鹿市、尾鷲市、亀山市、鳥羽市、いなべ市（旧員弁町、旧大安町に限る。）、志摩市、木曽岬町、東員町、菰野町、朝日町、川越町、多気町、明和町、大台町、玉城町、度会町、大紀町、南伊勢町、紀北町
滋賀県	近江八幡市、草津市、守山市
京都府	京都市、舞鶴市、宇治市、城陽市、向日市、長岡京市、八幡市、京田辺市、木津川市、大山崎町、久御山町、井手町、精華町、伊根町
大阪府	大阪市、堺市、岸和田市、豊中市、池田市、吹田市、泉大津市、高槻市、貝塚市、守口市、枚方市、茨木市、八尾市、泉佐野市、富田林市、寝屋川市、河内長野市、松原市、大東市、和泉市、箕面市、柏原市、羽曳野市、門真市、摂津市、高石市、藤井寺市、東大阪市、泉南市、四條畷市、交野市、大阪狭山市、阪南市、島本町、忠岡町、熊取町、田尻町、太子町、河南町、千早赤阪村
兵庫県	神戸市、姫路市、尼崎市、明石市、西宮市、洲本市、芦屋市、伊丹市、相生市、加古川市、赤穂市、宝塚市、三木市、高砂市、川西市、小野市、南あわじ市、淡路市、たつの市、稲美町、播磨町、福崎町、太子町、香美町（旧村岡町、旧美方町を除く。）、新温泉町（旧浜坂町に限る。）
奈良県	奈良市（旧都祁村を除く。）、大和高田市、大和郡山市、天理市、橿原市、桜井市、五條市（旧大塔村を除く。）、御所市、香芝市、葛城市、三郷町、斑鳩町、安堵町、川西町、三宅町、田原本町、高取町、明日香村、上牧町、王寺町、広陵町、河合町
和歌山県	海南市、橋本市、有田市、田辺市（旧本宮町に限る。）、紀の川市、岩出市、紀美野町、かつらぎ町（旧花園村を除く。）、九度山町、湯浅町、広川町、有田川町、日高町、由良町、日高川町（旧川辺町、旧中津村に限る。）、上富田町、北山村
鳥取県	鳥取市、米子市、境港市、岩美町、湯梨浜町、琴浦町、北栄町、日吉津村、大山町、伯耆町
島根県	松江市、浜田市、出雲市、益田市（旧益田市に限る。）、大田市、安来市、江津市、海士町、西ノ島町、知夫村、隠岐の島町
岡山県	岡山市、倉敷市、玉野市、笠岡市、井原市、総社市、瀬戸内市、赤磐市、浅口市、早島町、里庄町、矢掛町
広島県	広島市、呉市、竹原市、三原市、尾道市、福山市、大竹市、廿日市市（旧佐伯町、旧吉和村を除く。）、江田島市、府中町、海田町、坂町、大崎上島町
山口県	宇部市、山口市、萩市（旧萩市、旧川上村、旧田万川町、旧須佐町、旧旭村に限る。）、防府市、下松市、岩国市、光市、長門市、柳井市、周南市、山陽小野田市、周防大島町、和木町、上関町、田布施町、平生町、阿武町

	徳島県	徳島市、鳴門市、吉野川市、阿波市、美馬市、勝浦町、佐那河内村、石井町、神山町、那賀町、牟岐町、松茂町、北島町、藍住町、板野町、上板町、つるぎ町、東みよし町
	香川県	全ての市町
	愛媛県	今治市、八幡浜市、西条市、大洲市（旧大洲市、旧長浜町に限る。）、伊予市、四国中央市、西予市、東温市、上島町、砥部町、内子町（旧内子町、旧五十崎町に限る。）、伊方町、松野町、鬼北町
	高知県	香美市、馬路村、いの町（旧伊野町に限る。）、佐川町、越知町、日高村、津野町、四万十町、三原村、黒潮町
	福岡県	北九州市、大牟田市、久留米市、直方市、飯塚市、田川市、柳川市、八女市、筑後市、大川市、行橋市、豊前市、中間市、小郡市、筑紫野市、春日市、大野城市、宗像市、太宰府市、古賀市、福津市、うきは市、宮若市、嘉麻市、朝倉市、みやま市、糸島市、那珂川町、宇美町、篠栗町、須恵町、久山町、水巻町、岡垣町、遠賀町、小竹町、鞍手町、桂川町、筑前町、大刀洗町、大木町、広川町、香春町、添田町、糸田町、川崎町、大任町、赤村、福智町、苅田町、みやこ町、吉富町、上毛町、築上町
	佐賀県	全ての市町
	長崎県	佐世保市、松浦市、対馬市、雲仙市（旧小浜町に限る。）、東彼杵町、川棚町、波佐見町、佐々町
	熊本県	八代市（旧坂本村、旧東陽村に限る。）、人吉市、荒尾市、玉名市、山鹿市、菊池市、合志市、美里町、玉東町、南関町、和水町、大津町、菊陽町、西原村、御船町、益城町、甲佐町、錦町、多良木町、湯前町、相良村、山江村、球磨村、あさぎり町
	大分県	大分市（旧野津原町に限る。）、別府市、中津市、日田市、臼杵市、津久見市、竹田市、豊後高田市、杵築市、宇佐市、豊後大野市、由布市（旧挾間町、旧庄内町に限る。）、国東市、姫島村、日出町
	宮崎県	小林市、えびの市、高原町、西米良村、諸塚村、美郷町、高千穂町、日之影町
	鹿児島県	伊佐市、湧水町
7	千葉県	館山市、勝浦市
	東京都	大島町、利島村、新島村、神津島村、三宅村、御蔵島村、八丈町、青ヶ島村
	神奈川県	横須賀市、藤沢市、三浦市
	静岡県	静岡市、沼津市、伊東市、富士市、磐田市、焼津市、藤枝市、下田市、御前崎市、牧之原市、東伊豆町、河津町、南伊豆町、松崎町、清水町、吉田町
	愛知県	豊橋市

	三重県	熊野市、御浜町、紀宝町
	大阪府	岬町
	和歌山県	和歌山市、御坊市、田辺市（旧龍神村、旧本宮町を除く。）、新宮市、美浜町、印南町、みなべ町、白浜町、すさみ町、那智勝浦町、太地町、古座川町、串本町
	山口県	下関市（旧豊田町を除く。）
	徳島県	小松島市、阿南市、美波町、海陽町
	愛媛県	松山市、宇和島市、新居浜市（旧新居浜市に限る。）、松前町、愛南町
	高知県	高知市、室戸市、安芸市、南国市、土佐市、須崎市、宿毛市、土佐清水市、四万十市、香南市、東洋町、奈半利町、田野町、安田町、北川村、芸西村、中土佐町、大月町
	福岡県	福岡市、志免町、新宮町、粕屋町、芦屋町
	長崎県	長崎市、島原市、諫早市、大村市、平戸市、壱岐市、五島市、西海市、雲仙市（旧小浜町を除く。）、南島原市、長与町、時津町、小値賀町、新上五島町
	熊本県	熊本市、八代市（旧八代市、旧千丁町、旧鏡町に限る。）、水俣市、宇土市、上天草市、宇城市、天草市、長洲町、嘉島町、氷川町、芦北町、津奈木町、苓北町
	大分県	大分市（旧野津原町を除く。）、佐伯市（旧宇目町を除く。）
	宮崎県	宮崎市、都城市、延岡市、日南市、日向市、串間市、西都市、三股町、国富町、綾町、高鍋町、新富町、木城町、川南町、都農町、門川町
	鹿児島県	鹿児島市、鹿屋市、枕崎市、阿久根市、出水市、指宿市、西之表市、垂水市、薩摩川内市、日置市、曽於市、霧島市、いちき串木野市、南さつま市、志布志市、南九州市、姶良市、三島村、十島村、さつま町、長島町、大崎町、東串良町、錦江町、南大隅町、肝付町、中種子町、南種子町、屋久島町
8	東京都	小笠原村
	鹿児島県	奄美市、大和村、宇検村、瀬戸内町、龍郷町、喜界町、徳之島町、天城町、伊仙町、和泊町、知名町、与論町
	沖縄県	全ての市町村

備考　この表に掲げる区域は、令和元年5月1日における行政区画によって表示されたものとする。ただし、括弧内に記載する区域は、平成13年8月1日における旧行政区画によって表示されたものとする。

別表第5　削除

別表第6

重油	41,000 kJ/l
灯油	37,000 kJ/l
液化石油ガス	50,000 kJ/kg
都市ガス	45,000 kJ/m^3
他人から供給された熱 （蒸気、温水、冷水）	1.36 kJ/kJ（他人から供給された熱を発生するために使用された燃料の発熱量を算出する上で適切と認められるものを求めることができる場合においては、当該係数を用いることができる。）
電気	9,760 kJ/kWh（夜間買電（電気事業法（昭和39年法律第170号）第2条第1項第9号に規定する一般送配電事業者が維持し、及び運用する電線路を介して22時から翌日8時までの間に電気の供給を受けることをいう。）を行う場合においては、昼間買電（同号に規定する一般送配電事業者が維持し、及び運用する電線路を介して8時から22時までの間に電気の供給を受けることをいう。）の間の消費電力量については9,970 kJ/kWhと、夜間買電の消費電力量については9,280 kJ/kWhとすることができる。）

別表第7

地域区分	住宅全体を連続的に暖房する方式	居室のみを暖房する方式			
		主たる居室		その他居室	
		連続運転	間歇運転	連続運転	間歇運転
1	1.61	1.59	1.21	1.59	1.22
2	1.46	1.66	1.22	1.66	1.24
3	1.32	1.63	1.22	1.63	1.23
4	1.30	1.60	1.21	1.60	1.23
5	1.20	1.53	1.05	1.53	1.04
6	1.09	1.57	0.96	1.57	1.00
7	1.12	1.63	1.01	1.63	1.34
8					

〔平成24年12月4日国土交通省告示第1393号〕

都市の低炭素化の促進に関する法律施行令の規定により、低炭素建築物の床面積のうち通常の建築物の床面積を超えることとなるものを定める件

最終改正　平成28年2月1日国土交通省告示第273号

　都市の低炭素化の促進に関する法律施行令（平成24年政令第286号）第13条の規定に基づき、低炭素建築物の床面積のうち通常の建築物の床面積を超えることとなるものを次のように定める。

　都市の低炭素化の促進に関する法律施行令第13条に規定する低炭素建築物の床面積のうち通常の建築物の床面積を超えることとなるものとして国土交通大臣が定める床面積は、次の各号に掲げる設備を設ける部分の床面積の合計とする。

一　太陽熱集熱設備、太陽光発電設備その他再生可能エネルギー源を利用する設備であって低炭素化に資するもの

二　燃料電池設備

三　コージェネレーション設備

四　地域熱供給設備

五　蓄熱設備

六　蓄電池（床に据え付けるものであって、再生可能エネルギー発電設備と連系するものに限る。）

七　全熱交換器

八　雨水、井戸水又は雑排水の利用設備

3　令和4年1月2日以降施行の改正規定

目　次

【住宅の品質確保の促進等に関する法律に基づく主要な告示】

〔平成13年8月14日国土交通省告示第1346号〕
日本住宅性能表示基準

> **令和4年1月2日以降施行の改正規定**

改正　令和3年消費者庁・国土交通省告示第1号による改正　　**（令和4年4月1日から施行）**
（＿＿の部分）

前文　（略）
第1～第5　（略）
別表1　（新築住宅に係る表示すべき事項等）

	（い）	（ろ）	（は）	（に）	（ほ）
	表示すべき事項	適用範囲	表示の方法	説明する事項	説明に用いる文字
1～4	（略）				
5 温熱環境・エネルギー消費量に関すること	5−1 断熱等性能等級	一戸建ての住宅又は共同住宅等	等級（1、2、3、4又は5）による。この場合においては、建築物エネルギー消費性能基準等を定める省令における算定方法等に係る事項（平成28年国土交通省告示第265号。以下「非住宅・住宅計算方法」という。）別表第10に掲げる地域の区分（1、2、3、4、5、6、7又は8。以下「地域の区分」という。）を併せて明示する。また、等級5にあっては、外皮平均熱貫流率（単位をW/(m²・K)とし、地域の区分の8地域を除く。）及び冷房期の平均日射熱取得率（地域の区分の1、2、3及び4地域を除く。）を併せて明示することができる。	断熱等性能等級　等級5　等級4～等級1	外壁、窓等を通しての熱の損失の防止を図るための断熱化等による対策の程度　熱損失等のより大きな削減のための対策が講じられている　（略）
	5−2 一次エネル	一戸建ての住宅又は	等級（1、4、5又は6）による。この場合においては、地域の区分を併せて明示する。また、等級6に	一次エネルギー消	一次エネルギー消費量の削減のための対策の程度

				費量等級	
ギー消費量等級	共同住宅等	あっては、床面積当たりの一次エネルギー消費量（単位を MJ/（m²・年）とする。）を併せて明示することができる。		等級6	一次エネルギー消費量の著しい削減のための対策が講じられている
				等級5 等級4 等級1	（略）

6〜10	（略）

別表2−1 （既存住宅に係る表示すべき事項等）

		（い）	（ろ）	（は）	（に）	（ほ）
		表示すべき事項	適用範囲	表示の方法	説明する事項	説明に用いる文字
現況検査により認められる劣化等の状況に関すること		（略）				
個別性能に関すること	1〜4	（略）				
	5 温熱環境・エネルギー消費量に関す	5−1 断熱等性能等級	一戸建ての住宅又は共同住宅等	等級（1、2、3、4又は5）による。この場合においては、地域の区分を併せて明示する。等級1によるときはその理由を併せて明示する。また、等級5にあっては、外皮平均熱貫流率（単位を W/（m²・K）とし、地域の区分の8地域を除く。）及び冷房期の平均日射熱取得率（地域の区分の1、2、3及び4地域を除く。）を併せて明示することができる。	断熱等性能等級	外壁、窓等を通しての熱の損失の防止を図るための断熱化等による対策の程度
					等級5	熱損失等のより大きな削減のための対策が講じられている
					等級4〜等級1	（略）
		5−2	一戸建	等級（1、3、4、5又は6）による。	一次エ	一次エネルギー消費

1673

ること	一次エネルギー消費量等級	ての住宅又は共同住宅等	この場合においては、地域の区分を併せて明示する。等級１によるときはその理由を併せて明示する。また、等級6にあっては、床面積当たりの一次エネルギー消費量（単位をMJ/（m²・年）とする。）を併せて明示することができる。	ネルギー消費量等級	量の削減のための対策の程度
				等級6	一次エネルギー消費量に大きく影響すると見込まれる劣化事象等が認められず、かつ、一次エネルギー消費量の著しい削減のための対策が講じられている
				等級5〜等級3等級1	（略）
6〜10	（略）				
（略）					

別表２－２　（略）

〔平成12年７月19日建設省告示第1661号〕
住宅性能評価を受けなければならない性能表示事項を定める件

令和４年１月２日以降施行の改正規定

改正　令和３年消費者庁・国土交通省告示第２号による改正　　　　（令和４年10月１日から施行）
（＿＿の部分）

前文　（略）
　一　（略）
　　イ～チ　（略）

　リ　断熱等性能等級<u>及び一次エネルギー消費量等級</u>
二　（略）

【長期優良住宅の普及の促進に関する法律に基づく主要な告示】

〔平成21年 2 月24日国土交通省告示第208号〕
長期優良住宅の普及の促進に関する基本的な方針

令和 4 年 1 月 2 日以降施行の改正規定

改正　令和 3 年国土交通省告示第1364号による改正　　　　　　　（**令和 4 年 2 月20日から施行**）
（＿＿＿の部分）

前文　（略）
一　長期優良住宅の普及の促進に関する基本的な方針
　1　背景及び必要性
　　　少子高齢化の急速な進展や環境問題の深刻化等の社会経済情勢の変化に伴い、住宅の「量」
　　の確保だけではなく、住宅及び居住環境の「質」の向上が求められているところである。今
　　後の住宅政策においては、住生活基本法に定められた基本理念に基づき、住生活基本計画（全
　　国計画）（令和 3 年 3 月19日閣議決定）に掲げた目標の実現に向け、住宅単体のみならず居
　　住環境を含む住生活全般の「質」の向上を図り、良質なストックを将来世代へ承継するため
　　の政策に転換することとしている。特に、住宅は国民の経済活動や社会生活の基盤であり、
　　長期にわたる住生活の安定及び向上を実現する上で不可欠である貴重な資産であることか
　　ら、良質な住宅ストックの形成を図り、その長期使用の促進を図ることは重要な課題となっ
　　ている。
　2　（略）
　3　長期優良住宅の普及の促進を図ることの重要性
　　　（略）
　(1)　環境負荷の低減等
　　　　今後急速に世界の人口が増加し、途上国の経済が成長することが想定される中で、資源
　　　の枯渇とともに地球環境問題が深刻な課題になると指摘されている。このため、我が国に
　　　おいては、つくったものを世代を超えて長持ちさせて大切に使い、資源の有効利用や地球
　　　温暖化防止を図ることにより「持続可能社会」へと転換するための取組を進めている。
　　　　その中で、良質な住宅ストックを形成して次世代に引き継ぐことは、将来の世代の暮ら
　　　しを豊かにしつつ、地球環境を保全することにつながることとなる。

　また、我が国の滅失住宅の平均築後年数は欧米諸国に比べて短い状況にあり、建築関連の産業廃棄物は量及び建設廃棄物に占める割合とも増大している。住宅関連の産業廃棄物は建築関連の産業廃棄物の約半数を占めており、産業廃棄物の最終処分場の残余年数がひっ迫している現状及び我が国における2050年までの脱炭素社会の実現が求められている状況をかんがみれば、その排出量と最終処分量の削減、とりわけ有機性廃棄物である木材の直接最終処分量の削減は緊急の課題である。

　こうした深刻な課題を抱えている状況においては、住宅を長期にわたり使用して建替えを減らすことは、環境負荷の低減に大きく貢献するものである。

　さらに、森林吸収源対策としての地域材の利用などにより、地域経済を支えつつ、二酸化炭素の排出抑制及び炭素の貯蔵を通じ、地球温暖化の防止及び循環型社会の形成に寄与することが可能である。

　(2)、(3)　(略)

二　長期優良住宅の普及の促進のための施策に関する基本的事項

　1　(略)

　2　長期優良住宅の普及を促進するための各種施策

　(1)　(略)

　(2)　建築段階における施策

　　①　長期優良住宅建築等計画の認定制度の意義

　　　長期優良住宅の建築を促進するためには、先導的な取組に対してインセンティブを付与し、その普及を図る必要がある。そのため、長期優良住宅建築等計画の認定制度を活用し、長期優良住宅の建築、維持保全及び流通を図るよう配慮することとする。また、認定を受けた計画に基づく建築に係る住宅に関する各種の特例措置は、維持保全が適切になされ将来にわたり認定長期優良住宅であることを前提に講じられていることを踏まえ、建築主等に対して適切な維持保全の必要性について、周知徹底を図ることが重要である。

　　②　長期優良住宅の建築及び取得時の負担の軽減

　　　長期優良住宅は、一般的な住宅と比較して建築に係る費用がある程度高くなることが見込まれる。長期優良住宅の建築及び取得を促進するためには、新たな社会モデルへの変革を先導する公共性を有する投資に対するインセンティブを付与することが必要である。このため、長期優良住宅について住宅ローンの金利を優遇するとともに、償還期間を延長し毎月の返済額を引き下げる住宅ローンの普及を図りつつ、担保となる住宅以外に支払いの責任が遡及しない非遡及型ローン(ノンリコース・ローン)が提供される仕組みの構築・普及や各種支援措置の実施を図るよう努めることとする。

　(3)　維持保全段階における施策

　　①　(略)

　　②　住宅のリフォームへの支援

　　　長期優良住宅を長期にわたり良好な状態で使用するためには、内装や設備等について、社会的な要請やライフサイクルの変化等に応じたリフォームを行い、住宅の陳腐化を防止する必要がある。また、資産価値の維持及び向上を図る面からも、適時適切なリ

フォームの実施が求められる。このため、健全なリフォーム市場を整備することが重要であり、住宅リフォーム事業者団体登録制度の運用を含めたリフォーム事業者に関する情報提供や相談体制を充実するよう努めることとする。また、高齢者居住安定基金により、リフォームの資金調達が困難な高齢者等に対する債務保証が活用されるよう配慮することとする。

③　住宅の管理体制の整備

　長期優良住宅を長期にわたり良好な状態で使用するため、設計や建築の段階から必要な維持保全に関する計画を作成するとともに、住宅を適切に管理するための体制を整備するよう努めることとする。

　マンションについては、適切な維持保全を促進するため、管理組合方式に加え、専門的な知識及び経験を有する者が責任を持って維持保全を実施するための施策を実施してきた。これにより、第三者による長期修繕計画の作成の支援や大規模修繕等の円滑な実施が期待され、引き続き外部専門家の活用の促進に努めることとする。

④　資産としての住宅の活用

　住宅の資産価値の適正な評価を前提とした場合、その資産価値を活用して融資する仕組みを構築することで高齢者が多様な生活設計を行うことを可能とするため、死亡時に住宅を処分して一括返済するリバース・モーゲージの普及に努めることとする。

　さらに、一個人の生涯を大きく超える長期にわたり住宅が使用される新たな社会においては、戸建て住宅等においても、従来のように個人が維持保全を行うのではなく、新たなビジネスモデルが創出されることも想定される。

(4)　流通段階における施策等

①　既存住宅の流通の促進

　市場重視・ストック重視の住宅政策を展開するためには、住宅の質が適切に評価され、適切な価格で安心して既存住宅を取引することができる流通市場の形成を図ることが必要である。そのため、国民が円滑に利用できる適正な評価の仕組みを構築し、既存住宅を含め、適切に維持保全が行われた住宅の資産価値が適正に評価される市場環境を整備するよう配慮することとする。

　また、既存住宅の取得時にリフォームを行う場合は、取得に対する融資限度額にリフォームに係る費用を上乗せするなど、住宅の質や資産価値の維持及び向上を図るための施策を講ずることが必要であり、高齢者居住安定基金により、リフォームの資金調達が困難な高齢者等に対する債務保証を活用することが重要である。

　さらに、住宅の資産価値の維持及び向上を踏まえ、住宅を売却する際に売主の住宅ローンが買主に承継され、金利上昇局面において、従来の低金利をそのまま利用できる債務承継型ローン（アシューマブル・ローン）の普及に努めることとする。

②～④　（略）

(5)、(6)　（略）

(7)　研究開発の推進

　長期優良住宅の普及を促進するため、住宅の建設における木材の使用に関する伝統的な技術を含め、住宅の構法、材料、施工技術の開発及び維持保全技術の開発や支援を行うと

ともに、その成果の普及に努めることとする。併せて、交換された部材や設備の再利用を進めて住宅関連の産業廃棄物を減少させるための研究開発や成果の普及を図るよう努めることとする。

三　長期優良住宅建築等計画の認定に関する基本的事項

1～3　（略）

4　良好な景観の形成その他の地域における居住環境の維持及び向上への配慮に係る事項

法第6条第1項第三号の「良好な景観の形成その他の地域における居住環境の維持及び向上に配慮されたものであること」については、長期優良住宅が将来にわたってまちなみ等の一部を形成することを踏まえ、地域のまちなみ等との調和が図られているかどうかの観点から判断される。

このため、認定を受けて建築をしようとする長期優良住宅（以下「認定申請対象住宅」という。）が、例えば都市計画法（昭和43年法律第100号）第4条第9項に規定する地区計画等、景観法（平成16年法律第110号）第8条第1項に規定する景観計画、建築基準法（昭和25年法律第201号）第69条に規定する建築協定、景観法第81条第1項に規定する景観協定、条例による良好な景観の形成その他の地域における居住環境の維持及び向上に関する制限の内容に適合していない場合、都市計画法第4条第6項に規定する都市計画施設の区域内その他の住宅の建築制限のある区域内にある場合には、認定は行わないことを基本とする。こうした認定に関する事務において地域における居住環境の維持及び向上に関し、関係部局間で十分な連絡調整が図られることにより、地域における居住環境の維持及び向上に配慮された長期優良住宅の普及が促進される。

5　自然災害による被害の発生の防止又は軽減への配慮に係る事項

法第6条第1項第四号の「自然災害による被害の発生の防止又は軽減に配慮されたものであること」については、認定を受けて建築をしようとする長期優良住宅を長期にわたり良好な状態で使用していくため、その立地する地域において想定される自然災害のリスクに対する配慮がされているかどうかの観点から判断される。

このため、次のとおり、地域の実情を踏まえ、自然災害のリスクに応じて所管行政庁の判断で、認定を行わない又は自然災害による被害の発生の防止又は軽減への配慮のために必要な措置等を講じている場合に認定を行うこととする。

①　認定申請対象住宅が、例えば、地すべり等防止法（昭和33年法律第30号）第3条第1項に規定する地すべり防止区域内、急傾斜地の崩壊による災害の防止に関する法律（昭和44年法律第57号）第3条第1項に規定する急傾斜地崩壊危険区域内、土砂災害警戒区域等における土砂災害防止対策の推進に関する法律（平成12年法律第57号。以下「土砂法」という。）第9条第1項に規定する土砂災害特別警戒区域内にある場合には、認定を行わないことを基本とする。

②　認定申請対象住宅が、例えば、建築基準法第39条第1項に規定する災害危険区域内、津波防災地域づくりに関する法律（平成23年法律第123号。以下「津波法」という。）第72条第1項に規定する津波災害特別警戒区域内、特定都市河川浸水被害対策法（平成15年法律第77号）第56条第1項に規定する浸水被害防止区域内にある場合には、自然災害のリスクに応じて所管行政庁の判断で、認定を行わない又は認定にあたって必要な措置等を講じて

いる場合に認定を行うことが考えられる。

③　認定申請対象住宅が、例えば、水防法（昭和24年法律第193号）第14条第1項に規定する洪水浸水想定区域内、同法第14条の2第1項に規定する雨水出水浸水想定区域内、同法第14条の3第1項に規定する高潮浸水想定区域内、土砂法第7条第1項に規定する土砂災害警戒区域内、津波法第53条第1項に規定する津波災害警戒区域内その他自然災害のリスクが想定される区域（①及び②に掲げる区域を除く。）内にある場合には、認定にあたって、必要な措置等を講じている場合に認定を行うことが考えられる。

こうした認定に関する事務において、関係部局間で十分な連絡調整が図られることにより、地域における自然災害による被害の発生の防止又は軽減に配慮された長期優良住宅の普及が促進される。

四　その他長期優良住宅の普及の促進に関する重要事項

1、2　（略）

3　国産材その他の木材を使用した長期優良住宅の普及への配慮に係る事項

国産材（国内で生産された木材をいう。以下同じ。）の適切な利用が我が国における森林の適正な整備及び保全並びに地球温暖化の防止及び循環型社会の形成に資することにかんがみ、国産材その他の木材を使用した長期優良住宅の普及が図られるよう配慮する。

4　（略）

〔平成21年2月24日国土交通省告示第209号〕
長期使用構造等とするための措置及び維持保全の方法の基準

令和4年1月2日以降施行の改正規定

改正　令和3年国土交通省告示第1486号による改正　　　　　（令和4年4月1日から施行）
（＿＿の部分）

前文　（略）

第1、第2　（略）

第3　長期使用構造等とするための措置

（略）

1.〜5.　（略）

6.　省エネルギー対策

(1)、(2)　（略）

(3)　増改築基準

次の①又は②のいずれかに適合すること。

① 評価方法基準第5の5の5－1(4)の等級4の基準に適合すること。ただし、増築又は改築をしない部分については、評価方法基準第5の5の5－1(4)ハ②の基準は、適用しない。

② 評価方法基準第5の5の5－1(4)の等級3及び5－2(4)の等級4の基準に適合すること。ただし、増築又は改築をしない部分については、評価方法基準第5の5の5－1(4)ハ③の基準は、適用しない。

第4 （略）

建築関係法廃止告示一覧

〔平成12年建築関係法廃止告示一覧〕

昭和26年建告第　26号　　　平成12年 7 月 5 日建告第1597号により廃止
昭和27年建告第1074号 ＊　　平成12年 5 月31日建告第1455号により廃止

昭和34年建告第2545号 ＊　　平成12年 5 月24日建告第1359号により廃止
昭和39年建告第1675号 ＊　　平成12年 5 月30日建告第1399号により廃止

昭和44年建告第2999号　　　平成12年 5 月31日建告第1445号により廃止
昭和44年建告第3183号 ＊　　平成12年 5 月31日建告第1422号により廃止
昭和45年建告第1828号 ＊　　平成12年 5 月30日建告第1400号により廃止
昭和46年建告第　108号　　　平成12年 7 月 5 日建告第1597号により廃止
昭和46年建告第1687号　　　平成12年 7 月 5 日建告第1597号により廃止
昭和47年建告第　30号 ＊　　平成12年 5 月31日建告第1436号により廃止
昭和47年建告第　31号 ＊　　平成12年 5 月31日建告第1436号により廃止
昭和47年建告第　32号 ＊　　平成12年 5 月31日建告第1436号により廃止
昭和47年建告第　33号 ＊　　平成12年 5 月31日建告第1436号により廃止
昭和47年建告第　34号 ＊　　平成12年 5 月31日建告第1411号により廃止

昭和50年建告第　558号　　　平成12年 7 月 5 日建告第1597号により廃止
昭和51年建告第1231号 ＊　　平成12年 5 月30日建告第1401号により廃止
昭和55年建告第1794号 ＊　　平成12年12月26日建告第2464号により廃止
昭和55年建告第1795号 ＊　　平成12年12月26日建告第2466号により廃止
昭和56年建告第1097号　　　平成12年 5 月25日建告第1372号により廃止
昭和56年建告第1101号 ＊　　平成12年 5 月29日建告第1389号により廃止
昭和56年建告第1103号　　　平成12年 5 月31日建告第1447号により廃止
昭和56年建告第1104号 ＊　　平成12年 5 月31日建告第1449号により廃止
昭和56年建告第1108号 ＊　　平成12年 5 月31日建告第1453号により廃止
昭和56年建告第1110号　　　平成12年 7 月 5 日建告第1597号により廃止

平成 2 年建告第1125号 ＊　　平成12年 5 月25日建告第1369号により廃止
平成 4 年建告第　548号 ＊　　平成12年 5 月31日建告第1439号により廃止
平成 5 年建告第1428号 ＊　　平成12年 5 月31日建告第1443号により廃止
平成 5 年建告第1453号 ＊　　平成12年 5 月24日建告第1358号により廃止
平成 5 年建告第1454号　　　平成12年 5 月31日建告第1445号により廃止
平成 6 年建告第2246号　　　平成12年 7 月 5 日建告第1597号により廃止

〔平成13年建築関係法廃止告示一覧〕

昭和45年建告第1825号　　　平成13年3月29日国交告第 357号により廃止
昭和46年建告第 111号＊　　平成13年7月2日国交告第1113号により廃止
昭和46年建告第 797号　　　平成13年3月29日国交告第 358号により廃止
昭和46年建告第 798号　　　平成13年3月29日国交告第 359号により廃止
昭和46年建告第 799号　　　平成13年3月29日国交告第 360号により廃止
昭和46年建告第1016号＊　　平成13年3月29日国交告第 361号により廃止
昭和47年建告第1295号＊　　平成13年3月29日国交告第 361号により廃止

昭和55年建告第1799号＊　　平成13年6月12日国交告第1024号により廃止
昭和57年建告第 56号＊　　平成13年10月15日国交告第1540号により全部改正
昭和58年建告第1319号＊　　平成13年6月12日国交告第1026号により廃止
昭和59年建告第 106号　　　平成13年3月30日国交告第 415号により廃止

昭和61年建告第1423号　　　平成13年3月30日国交告第 419号により廃止
昭和62年建告第1598号＊　　平成13年6月12日国交告第1025号により廃止

平成12年建告第1652号＊　　平成13年8月14日国交告第1346号により廃止
平成12年建告第1654号＊　　平成13年8月14日国交告第1347号により廃止

〔平成14年建築関係法廃止告示一覧〕

昭和45年建告第 101号　　　平成14年5月31日旧法第38条の経過措置終了により失効
昭和49年建告第1580号　　　平成14年5月31日旧法第38条の経過措置終了により失効
昭和56年建告第1111号　　　平成14年5月31日旧法第38条の経過措置終了により失効
昭和61年建告第 859号＊　　平成14年5月15日国交告第 411号により廃止
平成6年建告第1059号　　　平成14年5月31日旧法第38条の経過措置終了により失効

〔平成15年建築関係法廃止告示一覧〕

平成6年建告第1987号　　　平成15年3月13日国交告第 203号により廃止
平成7年建告第 814号　　　平成15年3月27日国交告第 275号により廃止

〔平成18年建築関係法廃止告示一覧〕

平成7年建告第2089号＊　　平成18年1月25日国交告第 184号により廃止
平成7年建告第2090号＊　　平成18年1月25日国交告第 185号により廃止

平成15年国交告第 175号＊　　平成18年12月15日国交告第1497号により廃止
平成15年国交告第 176号＊　　平成18年12月15日国交告第1496号により廃止
平成15年国交告第 177号＊　　平成18年12月15日国交告第1494号により廃止
平成15年国交告第 178号＊　　平成18年12月15日国交告第1492号により廃止

平成15年国交告第 262号 ＊　平成18年12月15日国交告第1490号により廃止
平成15年国交告第 263号 ＊　平成18年12月15日国交告第1489号により廃止
平成15年国交告第 264号 ＊　平成18年12月15日国交告第1488号により廃止
平成15年国交告第 265号 ＊　平成18年12月15日国交告第1486号により廃止
平成15年国交告第 266号 ＊　平成18年12月15日国交告第1485号により廃止
平成15年国交告第 267号 ＊　平成18年12月15日国交告第1484号により廃止
平成15年国交告第 268号 ＊　平成18年12月15日国交告第1482号により廃止
平成15年国交告第 275号 ＊　平成18年12月15日国交告第1481号により廃止

〔平成19年建築関係法廃止告示一覧〕

昭和55年建告第1790号 ＊　平成19年 5 月18日国交告第 593号により廃止
昭和59年建告第 834号　　平成19年 5 月18日国交告第 616号により廃止
平成13年国交告第1371号 ＊　平成19年 5 月18日国交告第 594号により廃止
平成15年国交告第 995号 ＊　平成19年 5 月18日国交告第 594号により廃止

〔平成20年建築関係法廃止告示一覧〕

昭和56年建告第 990号 ＊　平成20年 6 月16日国交告第 745号により廃止

〔平成21年建築関係法廃止告示一覧〕

昭和54年建告第1206号 ＊　平成21年 1 月 7 日国交告第 15号により廃止

〔平成23年建築関係法廃止告示一覧〕

平成18年公安・総務・国交告第 1 号 ＊
　　　　　　　　　　平成23年 3 月31日公安・総務・国交告第 1 号により全部改正

〔平成25年建築関係法廃止告示一覧〕

平成11年通産・建告第 1 号 ＊　平成25年経産・国交告第 1 号により廃止
平成18年経産・国交告第 3 号 ＊　平成25年経産・国交告第 1 号により廃止

〔平成27年建築関係法廃止告示一覧〕

平成12年建告第1366号 ＊　平成27年 2 月23日国交告第257号により全部改正
平成12年建告第1380号　　平成27年 2 月23日国交告第252号により廃止
平成12年建告第1381号　　平成27年 2 月23日国交告第252号により廃止
平成20年国交告第37号　　平成27年 1 月29日国交告第191号により廃止
平成20年国交告第38号　　平成27年 1 月29日国交告第191号により廃止

〔平成28年建築関係法廃止告示一覧〕

昭和44年建告第1728号	平成28年4月22日国交告第689号により廃止
昭和45年建告第1833号	平成28年4月22日国交告第689号により廃止
平成12年建告第1434号＊	平成28年4月22日国交告第693号により廃止
平成13年国交告第356号	平成28年4月22日国交告第689号により廃止
平成16年国交告第1165号	平成28年4月22日国交告第689号により廃止
平成16年国交告第1166号	平成28年4月22日国交告第689号により廃止
平成17年国交告第 572号	平成28年4月22日国交告第689号により廃止
平成25年国交告第 532号	平成28年4月22日国交告第689号により廃止
平成25年経産・国交告第1号	平成28年経産・国交告第8号により廃止

〔平成30年建築関係法廃止告示一覧〕

平成元年建告第1941号	平成30年7月13日国交告第931号により廃止
平成12年建告第1426号＊	平成29年3月29日国交告第247号により全部改正

〔平成31年・令和元年建築関係法廃止告示一覧〕

昭和62年建告第1903号＊	令和元年6月21日国交告第194号により廃止
昭和62年建告第1904号＊	令和元年6月21日国交告第194号により廃止
昭和62年建告第1905号＊	令和元年6月21日国交告第194号により廃止
平成21年国交告第 15号＊	平成31年1月21日国交告第98号により全文改正
平成27年国交告第253号＊	令和元年6月21日国交告第195号により廃止
平成27年国交告第254号＊	令和元年6月21日国交告第193号により廃止
平成27年国交告第257号＊	令和元年6月21日国交告第196号により廃止

〔令和2年建築関係法廃止告示一覧〕

平成12年建告第1441号＊	令和2年4月1日国交告第510号により全部改正
平成12年建告第1442号＊	令和2年4月1日国交告第511号により全部改正
平成20年国交告第740号＊	令和元年11月1日国交告第751号により廃止
平成20年国交告第741号＊	令和元年11月1日国交告第751号により廃止
平成20年国交告第742号＊	令和元年11月1日国交告第751号により廃止
平成20年国交告第743号＊	令和元年11月1日国交告第753号により廃止
平成20年国交告第744号＊	令和元年11月1日国交告第753号により廃止
平成20年国交告第745号＊	令和元年11月1日国交告第752号により廃止
平成23年公安・総務・国交告第1号＊	
	令和2年6月18日公安・総務・文科・国交告第1号により全部改正

＊の告示は新規告示の公布により廃止されたものを示す。（施行日基準による。）

令和 4 年版
基本建築関係法令集〔告示編〕

平成13年1月15日　　初版発行
令和4年1月25日　　第21次改正版発行

編　集　　国土交通省住宅局建築指導課
　　　　　建 築 技 術 者 試 験 研 究 会
発行者　　石川泰章
発　行　　**株式会社井上書院**

　　　　　〒113-0034
　　　　　東京都文京区湯島2-17-15　斎藤ビル4階
　　　　　電話 03(5689)5481　FAX 03(5689)5483
　　　　　https://www.inoueshoin.co.jp/
　　　　　振替 00110-2-100535

組　版　　日之出印刷株式会社
印刷所　　新日本印刷株式会社

ISBN978-4-7530-2175-8　C3052